中華大典

醫藥衛生典

四川出版集團·巴蜀書社

《藥學分典》總目錄

藥學分典 十

藥物總部

[illegible]

藥學分典 十

目錄

獸部

野獸分部

鼠分部

寓分部

人部

《藥物總部》提要

《藥物總部》是《藥學分典》中内容最龐大的一個總部，下列『部』與『分部』兩級經目。其中一級經目按藥物自然屬性分二十三個部。鑒於各部藥物内容相對獨立，為方便使用，本分典將本總部分八册，各自獨立成書。這八册在整個分典的位置及所屬各部名稱參見前《藥學分典》總目録。本總部藥物的編排順序與先行出版的《本草圖録總部》基本相同，僅少數藥物的位置有所調整。

本總部收載的動物藥中，不乏當今已列為重點保護的野生動物（如犀牛、虎、麋鹿等）。本分典為保存古代醫藥文獻而收載這些動物的有關史料，但反對將這些珍稀動物用作藥物。

本總部在緯目『綜述』及『雜録』下設專題名，即單味藥的正名。單味藥在本總部中為最小單元，其正名乃從該藥諸多名稱中遴選得來。正名之下諸書所出藥名雖有不同，但據其文字描述或藥圖（須參《本草圖録總部》）所示，均屬同一藥物。本總部共收載藥物四千三百零二種。各藥條下的主要内容有基原鑒别、生長地區與環境、采收時月、炮製、性味良毒、七情、功用主治、相關附方等。

由於本分典的編纂宗旨在於全面客觀地反映中國古代藥物學的豐富内容，因此必須尊重古代某些傳統分類法，以容納古代曾出現過某些特殊藥物。本此原則本總部設置了火、水、土、製釀、器用等部。其他部的設置大體按礦物、植物、動物為序，主要采用傳統分類名稱（如草部、菜部、果部、藤蔓部、木部、蟲部、魚部、獸部、人部等）。但在尊重古代傳統分類的同時，又再細化類别。例如藻菌、地衣苔蘚、蕨部

屬於低等植物，今從古代『草部』分出。古代籠統的蟲、魚部，今則細分為蟲、介甲、蛇蜥、魚四個部，以盡量貼近動物進化分類序列。此外各部下的某些分部（如蟲部下的濕生分部、卵生分部、兩棲分部）乃爲兼顧傳統分類與現代分類而設。

本總部體現現代分類進展及中藥鑒別最新成果之處，主要是部或分部下的藥物排列方式。例如動植物類各部及分部下的藥物，一般都按現代分類法，將同科的動植物集中相鄰排列，並將包含常用藥居多的動植物科屬排在前面。例如『草部·山草分部』的緯目『綜述』之下，依次是甘草、黄耆、苦參（豆科）、人參、竹節參、珠兒參、三七、西洋參（五加科）、桔梗、沙參、薺苨、黨參（桔梗科）等。

本總部單味藥的確定，以藥物基原為主。同一基原的動植物，其藥用部分可有多種。例如桑的樹皮（桑白皮）、樹葉（桑葉）、果實（桑椹）等均可入藥。對此情況，按古代本草慣例，取其常用部位歸類。故桑雖列入木部，但不再把各藥用部位拆分，仍在桑條下表述其不同藥物部分的功用。又，鑒於本總部未設花部，因此某些花類藥往往據其植物屬性，分别散入草、木等部，或附在同基原常用藥用部位所屬部類之中，例如『梅花』權且附在『梅』（烏梅、白梅）之後。

本總部藥物基原的確定，主要依據文字描述與藥圖。在充分汲取國内外中藥鑒定的最新成果的基礎上，編纂人員又逐一對以往尚無研究的藥物進行考訂，采用『以形相從』的方法，盡力確定其科屬或近似的分類位置。對缺乏形態描述與圖形的藥物，則多采『以名相從』之法，將其排在名稱近似藥物之後。例如《滇南本草》中基原不明的白雲參、還元參、土人參、黄參等藥，均附列在人參之後。若名稱亦無相似者，則依據古本草『有名未用』舊例，將不明來源的藥物集中起來，排列在相關的部或分部之末，設經目『某部藥存疑』，或在緯目『雜錄』中予以表現。

本總部的文字編排及標記體例，除遵從大典總體要求外，針對本分典的特點，有如下需說明之處：《證類本草》一書的《神農本草經》《名醫别録》《藥對》三書文字雜糅在一起，原書采用『白大字』（大號陰文）表示《神農本草經》，『黑大字』（大號陽文）表示《名醫别録》文，『黑小字』（小號陽文）表示《藥對》文。對此類條文，本分典將『白大字』用五號黑體，『黑大字』用五號宋體表示，『黑小字』用小五號宋體，並在文獻出處後的六角符號『〔　〕』中，用同體、同號字標出各書名，以提示原本混排之三書文字的區别。又，《證類本草》除采用陰陽文、大小字之外，還用特定文字（如『今定』、『新補』等）及特殊符號（如墨蓋子）來表示文字出處。為適應《中華大典》體例，使讀者一目了然知其明確出處，本總部一律增補該書所引原書之名。另外，對少數本草書采用的特殊標記，本分典在不與大典統一標記衝突的前提下，用其他符號予以替代。例如《本草品彙精要》將藥品分為二十四項，每項名稱用黑魚尾括注。由於此標記與大典省略文字標記相同，故本分典將其改為白魚尾。

《藥物總部》之末，附『藥名索引』。進入索引的藥名僅限於藥物正名。

禽鳥部

題解

宋・李昉《太平御覽》卷九一四羽族部 《周禮》曰：庖人供六禽，辨其名物。六禽：雁、鶉、鷃、雉、鳩、鴿。

《爾雅》曰：鳥之雌雄不可別者，以翼右掩左，雄；左掩右，雌。鳥少美長醜為鸖鷅。二足而羽謂之禽。

《禽經》曰：山禽之味多短，水禽之味多長。山禽之尾多修，水禽之尾多促。林鳥以朝嘲，水鳥以夜啾。

《淮南子》又曰：毛羽者，飛行之類也，故屬於陽。又曰：鳥魚皆生於陰，屬於陽，故鳥魚皆卵。魚游於水，鳥翔於雲。

明・李時珍《本草綱目》卷四七禽部 李時珍曰：二足而羽曰禽。師曠《禽經》云：羽蟲三百六十，毛協四時，色合五方。山禽岩棲，原鳥地處。林鳥朝嘲，水鳥夜啾。山禽咮短而尾修，水禽咮長而尾促。其交也，或以尾臎，或以睛睨，或以聲音，或合異類。雉、孔與蛇交之類。其生也，或以翼孚卵，或以同氣變，鷹化鳩之類。或以異類化，田鼠化鴽之類。或變入無情。雀入水爲蛤之類。噫！物理萬殊若此，學者其可不致知乎？五鳩九扈，少皞取以名官；雄雉鴟鴞，詩人得之觀感。厥旨微矣。不妖夭，不覆巢，不殈卵，而庖人供六禽，翨音翅。氏攻猛鳥，𧢩蔟覆夭鳥之巢。聖人之於物也，用舍仁殺之意，夫豈徒然哉？《記》曰：天產作陽。羽類則陽中之陽，大抵多養陽。於是集其可供庖藥及毒惡當知者，爲禽部，凡七十七種。分爲四類：曰水，曰原，曰林，曰山。舊本禽部三品，共五十六種。今併入一種，自獸部移入一種，蟲部移入一種，有名未用移入一種。

明・應麐《食治廣要》卷五禽部 師曠《禽經》云：羽蟲三百六十，毛協四時，色合五方。交感變化，物理萬殊，所當致知。《記》曰：天產作陽，羽類則陽中之陽也，故多養陽攝生者。宜謹節焉。

明・施永圖《本草醫旨・食物類》卷三 凡諸禽中之形色異常，如白身玄首，或白首玄身，凡死不閉目、不伸足、三足四距、六指四翼，種種異狀者，斷不宜食，食之殺人。

施子曰：今羽蟲三百六十，毛協四時，色合五方。山禽岩棲，原鳥地處，林鳥朝嘲，水鳥夜啾。山禽咮短而尾修，水禽咮長而尾促。其交也，或以尾臎，或以睛睨，或以聲音，或合異類。雉孔與蛇交之類。其生也，或以翼孚卵，或以同氣變，鷹化鳩之類。或以異類化，田鼠化鴽之類。或變入無情。雀入水為蛤之類。物理萬殊若此，學者可不致知乎！《記》曰：天產作陽，羽類則陽中之陽。故列禽部。

清・穆石匏《本草洞詮》卷一四 禽部 二足而羽曰禽。羽蟲三百六十，毛協四時，色合五方。山禽岩棲，原鳥地處，林鳥朝嘲，水鳥夜啾。山禽咮短而尾脩，水禽咮長而尾促。其交也，或以尾臎，或以睛睨，或以聲音，或合異類。其生也，或以翼孚卵，或以同氣變，或以異類化，或變入無情。禽類萬殊若此，物理可勝窮乎？記曰天產作陽。羽類則陽中之陽，大抵多養陽者也。

清・汪紱《醫林纂要探源》卷三 羽部，鳥也。凡能飛者，雖非鳥，亦屬之羽蟲。如蟬如蝱是也。若蝙蝠非羽而亦附羽蟲，以能飛也。凡羽蟲之所成，亦附羽蟲，如蜂房、五倍子、桑螵蛸、蜂蜜是也。

清・章穆《調疾飲食辯》卷五 鳥獸類 古聖王制物，以前民用，而物亦得並生於天地之間，誠以取有時、用有節。仁人君子為天地惜生，即為我身惜福。而《周禮》庖人供六畜、六禽、六獸，凡以為祭祀賓客，辯其死生鱻薨，非為朵頤也。故夫不麛、不卵、不殺胎、不殀夭、不覆巢，仁之至、義之盡矣。若乃豢養之物，生殺隨心，無故不宰之。謂何，微獨虧仁，亦且越分。而其為用於病，不得已也。藉以肆其殘殺，是我欲求生彼先死。醫者而出於此，夫豈愛人以德歟。即貴人賤畜之理，亦豈如是歟。

綜述

鸊鷉

宋・唐慎微《證類本草》卷一九禽部〔唐・陳藏器《本草拾遺》〕　鸊扶黎反鷉天黎反膏　主耳聾，滴耳中。又主刀劍令不鏽，以膏塗之。水鳥也，如鳩，鴨脚連尾，不能陸行，常在水中，人至即沉，或擊之便起。《爾雅》注云：膏，主堪瑩劍。《續英華》詩云馬銜苜蓿葉，劍瑩鸊鷉膏，是也。

宋・鄭樵《通志》卷七六《昆蟲草木略》　鷉　《爾雅》曰須鸁。鷿鷉也。似鳧而小，其膏可瑩刀劍。古詩云：馬銜苜蓿葉，劍瑩鷿鷉膏。鷉、鸁，音梯、螺。

元・忽思慧《飲膳正要》卷三　水札　味甘，平，無毒。補中益氣。宜炙食之，甚美。

元・吴瑞《日用本草》卷四　刁鴨　野鴨中最小者，呼為鴒鶙鴺子，味最佳，食之補益。

明・劉文泰《本草品彙精要》卷二八　水札無毒　卵生。

水札：主補中益氣，宜炙食甚美。今補。〔地〕謹按：舊本不載所產，今池澤、水田多有之。其形似水雞，小而尖喙，長頸短尾，蒼赤色。飛躍水面，能捕魚食者也。〔時〕生：無時。採：無時。〔用〕肉。〔色〕蒼赤。〔味〕甘。〔性〕平。〔氣〕氣之薄者，陽中之陰。〔臭〕腥。

明・盧和、汪穎《食物本草》卷三禽類　鸊鷉　膏，主耳聾，滴耳中。又主刀劍，令不鏽。水鳥也，如鳩，鴨腳連尾，不能陸行，常在水中，人至即沉，或擊之便起。

明・李時珍《本草綱目》卷四七禽部・水禽類　鸊鷉音甓梯。《拾遺》。

〔釋名〕須鸁《爾雅》　水札音札。《正要》。　鶙鴺《日用》　刁鴨《食療》　油鴨俗。時珍曰：鸊鷉、須鸁，並未詳。札、刁、零丁，皆狀其小也。油，言其肥也。〔集解〕藏器曰：鸊鷉，水鳥也。大如鳩，鴨脚連尾，不能陸行，常在水中。人至即沉，或擊之便起。其膏塗刀劍不鏽。《續英華》詩云馬銜苜蓿葉，劍瑩鸊鷉膏，是也。韓保昇曰：野鴨有與家鴨相似者，有全別者。其甚小者名刁鴨，味最佳。時珍曰：鸊鷉，南方湖溪多有之。似野鴨而小，蒼白文，多脂味美。冬月取之，其類甚多。揚雄《方言》所謂野鳧，甚小而好没水中者，南楚之外謂之鸊鷉，大者謂之鶻鷉，是也。

肉　〔氣味〕甘，平，無毒。〔主治〕補中益氣。五味炙食，甚美。時珍。出《正要》。

膏　〔主治〕滴耳，治聾藏器。

明・穆世錫《食物輯要》卷五　油鴨　味甘，平，無毒。補中氣，養精血。冬月食，良。脂膏，滴耳治聾。

明・應麐《食治廣要》卷五　鸊鷉音甓梯。一名刁鴨，一名油鴨，一名鶙鴺。肉：甘，平，無毒。主補中益氣。五味炙食，甚美。膏：滴耳治聾。塗刀劍不鏽。按：此即野鴨之最小者，有蒼白文，多脂味美。揚雄《方言》所謂野鳧甚小而好没水中，即是物矣。

明・姚可成《食物本草》卷一二禽部・水禽類　鸊鷉音甓梯。一名刁鴨。水鳥也，大如鳩，鴨脚連于尾，不能陸行，常在水中。人至即沉，或擊之便起。其膏塗刀劍，不鏽。《續英華詩》云馬銜苜蓿葉，劍塗鸊鷉膏是也。野鴨有與家鴨相似者，有全別者。其甚小者名刁鴨，味最佳。〇李時珍曰：鸊鷉，南方湖溪多有之。似野鴨而小，蒼白文，多脂美味。冬月取之，其類甚多。揚雄所謂野鳧甚小而好没水中者，南楚之外謂之鷿鷉，大者謂之鶻鷉是也。

〔鸊〕鷉肉：味甘，平，〔無毒。主〕補中益氣。五味炙食，甚美。

〔膏：滴耳〕，治聾。

明・施永圖《本草醫旨・食物類》卷三　鸊鷉音甓梯。〇名刁鴨，水鳥也。常在水中，人至即沉，或擊之便起。其膏塗刀劍不鏽。〇俗呼水胡盧，似野鴨而小，蒼白文，多脂味美。肉：味甘，平，無毒。治：補中益氣，五味炙食甚美。膏：治：滴耳治聾。

清・穆石匏《本草洞詮》卷一四　鷿鷉　似鳧而小，常在水中，人至即沉，擊之則起。肉甘，平，無毒。補中益氣，脂多而味美也。其膏塗刀劍不鏥。《詩》云馬啣苜蓿葉，劍瑩鷿鷉膏是矣。

清・吴儀洛《本草從新》卷六　鸊鷉〔補氣。〕音甓梯。俗名油鴨。甘，平。補中益氣。一名刁鴨。似野鴨而小，蒼白文，多脂。冬月取之，五味炙食甚美。

題清・徐大椿《藥性切用》卷八　鸊鷉　一名刁鴨，俗名油鴨。甘平補益，炙食甚美。形較諸鴨為獨小。膏油，滴耳治聾。

清・李文培《食物小録》卷下　鷿鷉即油鴨。　甘，平，無毒。補中益氣。五味炙食，甚美。

清・章穆《調疾飲食辯》卷五　鷿鷉：《爾雅》曰：須鸁，《食療本草》曰刁鴨。《日用本草》曰鸊鷉。《綱目》曰油鴨，則非。油鴨亦生於水，善沒不善鳴，冬月肥，脂肉腥臊無味，油塗刀劍不鏽，此鳥名鸄子。《飲膳正要》曰：水鸄，春暮肥美，油不可塗刀劍，善鳴。宋人詩曰：綠陰鳴鸄靜頻嘶。而《英華集》云：馬啣苜蓿葉，劍瑩鸊鷉膏。郭注《爾雅》亦曰：膏中瑩刀。皆誤以油鴨為鷿鷉。南方最多，北方亦有。郅支單于之地，有水名鷿鷉泉。李義山《上契苾何力》詩曰：日晚鷿鷉泉畔獵，路人遥識郅都鷹。或作鷿鵜，羅鄴詩曰：臘晴江暖鷿鵜飛。誤，鵜亦水鳥，另是一種。《詩》：維鵜在梁。注曰：淘河，大鳥也。鷿鷉性能滋補，然食魚蝦，不免於熱，陰虚血熱及諸熱病忌之。且每歲惟暮春一二十日可得，俗云此時眼瞎。過此則高飛不可羅致，性雖滋補，不能長食。況熱則有毒，其身又小，一篚須費十餘命，補物甚多，何必此也。

清・王孟英《隨息居飲食譜・毛羽類》　鸊鷉一名刁鴨，一名油鴨。　甘，平。補中開胃。

清・陳其瑞《本草撮要》卷八　鷿鷉　味甘，平，入手太陰、足少陰經，功專補中益氣。一名刁鴨，又名油鴨。似鴨而小，蒼白文，多脂，冬月取之。五味炙食甚美。膏滴耳中治耳聾。

鵜鶘

宋・唐慎微《證類本草》卷一九禽部〔宋・掌禹錫《嘉祐本草》〕　鵜鶘觜　味鹹，平，無毒。主赤白久痢成疳者，燒爲黑末，服一方寸匕。鳥大如蒼鵝。頤下有皮袋，容二升物，展縮由袋，中盛水以養魚。一名逃河。身是水沫，惟胸前有兩塊肉，如拳。云昔爲人竊肉入河，化爲此鳥。今猶有肉，因名逃河。《詩》云：維鵜在梁，不濡其咮。鄭云：鵜鶘咮，喙也。言愛其觜新補。

宋・鄭樵《通志》卷七六《昆蟲草木略》　鵜　《爾雅》曰鴮鸅。鴮，音烏。鸅，音澤。鵜鶘也。形極大，喙長尺餘，頷下有胡大如數升囊，好群飛，沉水食魚，俗謂之淘河，許慎云鵬也。

明・劉文泰《本草品彙精要》卷二八　鵜鶘。卵生。

鵜鶘嘴：主赤白久痢成疳者，燒爲黑末，服一方寸匕。名醫所錄。

〔名〕逃河。〔地〕《圖經》曰：舊不載所出州土，今江北水澤間皆有之。此鳥大如蒼鵝，頤下有皮袋，容數升物，展縮由袋，中盛水以養魚。其性好群飛，沉水食魚。若遇小澤有魚，各以頤下胡去水，令水竭魚露，乃共食之。身是水沫，惟胸前有兩塊肉，如拳。云昔人竊肉入河，化爲此鳥，今猶有肉，因名逃河。《詩》云：維鵜在梁，不濡其咮竹救切。鄭云：鵜鶘咮，喙也。言愛其嘴，其油能透人肌骨，故膏藥中多用之。〔時〕生：春夏。採：無時。〔收〕油，以諸器不能盛貯，惟以此鳥頤下皮袋盛之則不漏。〔用〕嘴及油。〔質〕類蒼鵝而大，頷下有囊。〔色〕灰白。〔味〕鹹。〔性〕平，軟。〔氣〕味厚于氣，陰中之陽。〔臭〕腥。〔製〕嘴，燒灰爲末用。

明・盧和、汪穎《食物本草》卷三禽類　鵜鶘　味鹹，平，無毒，主赤白久痢。成疳者，觜燒灰為末，服方寸匕愈。又名淘河，俗呼誤為鮀鶴。《詩》所謂維鵜在梁也。

明・王文潔《太乙仙製本草藥性大全》卷七《本草精義》　鵜鶘嘴　今名鵝。此鳥大如蒼鵝，頤下有皮袋，容二升物，展縮由袋，中盛水以養魚。一名逃河。身是水沫，惟胸前有兩塊肉如拳，云昔爲人竊肉入河，化爲此鳥。今猶有肉，因名逃河。《詩》云：惟鵜在梁，不濡其咮。鄭云：鵜鶘咮，喙也。言愛其嘴。

明・王文潔《太乙仙製本草藥性大全》卷七《仙製藥性》　鵜鶘嘴　味鹹，氣平，無毒。　主治：主赤白久痢成疳，燒黑末服方寸〔匕〕良。

明・李時珍《本草綱目》卷四七禽部・水禽類　鵜鶘宋《嘉祐》

〔釋名〕犁鶘　鴮鸅音户澤。　逃河一作淘。　淘鵝禹錫曰：昔有人竊肉入河，化爲此鳥，今猶有肉，因名逃河。時珍曰：此俚言也。案《山海經》云：沙水多犁鶘，其名自呼。後人轉爲鵜鶘耳。又吳諺云：夏至前來，謂之犁鶘，言主水也；夏至後來，謂之犁塗，言主旱也。陸璣云：遇水澤即以胡盛水，戽涸取魚食，故曰鴮鸅，曰淘河。俗名淘鵝，因形也。又訛而爲鮀鶴。〔集解〕禹錫曰：鵜鶘，大如蒼鵝。頤下有皮袋，容二升物，展縮由之，袋中盛水以養魚。云身是水沫，惟胸前有兩塊肉，列如拳。《詩》云：惟鵜在梁，不濡其咮。咮，喙也，言愛其嘴也。時珍曰：鵜鶘處處有之，水鳥也。似鶚而甚大，灰色如蒼鵝。喙長尺餘，直而且廣，口中正赤，頷下胡大如數升囊。好群飛，沉水食魚，亦能竭小水取魚。俚人食其肉，取其脂入藥。用翅骨、䯒骨作筒，吹喉、鼻藥甚妙。其盛水養魚、身是水沫之説，蓋妄談也。○又案晁以道云：鵜之屬有曰漫畫者，以嘴畫水求魚，無一息之停；有曰信天

緣者，終日凝立，不易其處，俟魚過乃取之。所謂信天緣者，即俗名青翰者也，又名青莊。此可喻人之貪廉。

脂油時珍曰：剥取其脂，熬化掠取，就以其嗉盛之，則不滲漏。他物即透走也。

【氣味】鹹，温，滑，無毒。【主治】塗癰腫，治風痹，透經絡，通耳聾時珍。

【發明】時珍曰：淘鵝油性走，能引諸藥透入病所拔毒，故能治聾、痹、腫毒諸病。

【附方】新一。耳聾：用淘油半匙，磁石一小豆，麝香少許，和勻，以綿裹成挺子，塞耳中，口含生鐵少許。用三五次即有效。《青囊》。

嘴【氣味】鹹，平，無毒。【主治】赤白久痢成疳，燒存性研末，水服一方寸匕《嘉祐》。

舌【主治】疔瘡時珍。

毛皮【主治】反胃吐食，燒存性，每酒服二錢。時珍。出《普濟》。

明·梅得春《藥性會元》卷下　鵜鶘　味鹹，平，無毒。一名逃河。主治赤白痢疾成疳，燒為黑灰，服方寸匕效。其鳥大如蒼鵝，頤下有皮，可容二升物，展縮由袋，中盛水以養魚。

明·穆世錫《食物輯要》卷五　淘鵝　味鹹，性溫，無毒。主風濕肌肉不仁。脂，通耳聾，散癰腫痺症，引藥透入病所。舌，治疔毒。

明·姚可成《食物本草》卷一二禽部·水禽類　鵜鶘一名淘鵝。大如蒼鵝，頤下有皮袋，容二升物，展縮由之，袋中盛水以養魚。云身是水沫，惟胸前有兩塊肉，列如拳，《詩》云：惟鵜在梁，不濡其味。味，喙也，言〔愛其嘴也。李時〕珍曰：鵜鶘處處〔有之，水鳥，似鶚而甚大，灰色如蒼鵝。喙長〕尺餘，直而且〔廣，口中正赤，頷下胡大如〕數升囊。好群飛，沈水食〔魚，亦能竭小水取魚〕。俚人食其肉，取其脂入藥。用翅骨、䯒骨作筒，吹喉、鼻藥甚妙。其盛水養魚、身是水沫之說，蓋妄談也。又案晁以道云：鵜之屬有曰漫畫者，以嘴畫水求魚，無一息之停；有曰信天緣者，終日凝立，不易其處，俟魚過乃取之。所謂信天緣者，即俗名青翰者也，又名青莊。此可喻人之貪廉。

鵜鶘脂油：剝取其脂，熬化掠取，就以其嗉盛之，則不滲漏。他物即透走也。味鹹，溫，滑，無毒。治塗癰腫，治風痹，透經絡，通耳聾。嘴：味鹹，平，無毒。主赤白久痢成疳，燒存性，研末，水服一方寸匕。舌：治疔瘡。毛皮：主反胃吐食，燒存性，每酒服二錢。

明·李中梓《醫宗必讀·本草徵要下》　淘鵝油味鹹，溫，無毒。理痹痛癰疽，可穿筋透骨。取其脂熬化就，以其嗉盛之，則不滲漏，雖金銀磁玉之器盛之，無不透漏者，可見入骨透髓之功。然但資外傅，不入湯丸。

明·施永圖《本草醫旨·食物類》卷三　鵜鶘名淘鵝。大如蒼鵝，頤下有毛袋，容二升物。脂油剝取其脂，熬化掠取，就以其嗉盛之，則不滲漏，他物即透走也。味：鹹，溫，滑，無毒。治：塗癰腫，治風痹透經絡，通耳聾。

附方　耳聾：用淘鵝油半匙，磁石一小豆，麝香少許，和勻，以綿裹成梃子，塞耳中，口含生鐵少許，用三五次，即有效。

嘴：味鹹，平，無毒。主：赤白久痢成疳，燒存性，研末，水服一方寸匕。

舌：治：疔瘡。毛皮：治：反胃吐食，燒存性，每酒服二錢。

清·穆石匏《本草洞詮》卷一四　鵜鶘　一名淘鵞。大如蒼鵞，喙長尺餘，直而且廣，頷下如數升囊，終日凝立，不易其處，俟魚過乃取之，俗名青翰，亦名青莊。《詩》云惟鵜在梁，不濡其味是矣。脂油，鹹溫滑，無毒。透經絡，治風痺耳聾，塗癰腫。蓋油性走，能引諸藥透入病所拔毒，故治聾、痺、腫毒諸病也。

清·劉雲密《本草述》卷三〇　鵜鶘俗名淘鵞。

脂油：氣味：鹹温，滑，無毒。主治：塗癰腫，治風痹，透經絡，通耳聾時珍。時珍曰：淘鵞油性走，能引諸藥透入病所拔毒，故能治痹腫毒諸病。又曰：剝取其油熬化，掠取就以其嗉盛之，則不滲漏，他物即透走也。

附方　耳聾，用淘鵞油半匙，磁石一小豆，麝香少許，和勻，以綿裹成挺子，塞耳中，口含生鐵少許，用三五次，即有效。

清·郭章宜《本草匯》卷一七　鵜鶘油　味鹹，溫滑。塗癰腫，治風痺。透經絡，通耳聾。

按：鵜鶘油，性走，能引諸藥入透病所拔毒，故能治聾、痺、腫毒諸病。

清·张璐《本經逢原》卷四　鵜鶘即淘鵝。鹹，溫，滑，無毒。發明：淘鵝油性走，能引諸藥透入病所拔毒，故治聾痹腫毒諸病。其舌治疔瘡，取入心拔毒外出也。

清·吳儀洛《本草從新》卷六　鵜鶘油〔通，資外敷。〕一名淘鵝油。鹹，溫，滑。塗癰腫，治風痺，透經絡，通耳聾。時珍曰：淘鵝油，性走，能引諸藥透入病所拔毒，故能治聾痺、腫毒諸病。剝取其脂，熬化掠取，就以其嗉盛之則不滲漏，他物即透走也。可見其入骨透髓之功。然但資外敷，不入湯丸。

題清·徐大椿《藥性切用》卷八　鵜鶘油　鹹溫性滑善走，拔毒，引諸藥

直達病所。治聾痺癰腫，取油熱化，即以其嗉盛之。僅堪外敷，不入湯丸。

清・楊時泰《本草述鉤元》卷三〇 鵜鶘即淘鵝。 油： 剝取其油，熬化掠起，即以其嗉盛之，則不滲漏，他物即透走。 味鹹，氣溫。 性滑，能引諸藥透入病所。塗癰腫，治風痺，透經絡，通耳聾。 附方： 耳聾，用淘鵝油半匙，磁石一小豆，麝香少許，和勻，以綿裹成挺子，塞耳中，口含生鐵少許，用三五次即效。

清・趙其光《本草求原》卷一九禽部 淘鵝 即鵜鶘。 脂油，鹹，溫，滑，無毒。 性走，能引諸藥透入病所拔毒。 故治風痹、癰腫、塗之。 耳聾。調磁石、麝，綿包塞耳，口含生鐵少許。 其舌，治疔瘡。 其毛皮，治反胃，燒灰酒下。 能入心胃，拔毒外出也。

清・陳其瑞《本草撮要》卷八 鵜鶘油 味鹹，溫滑，入足少陰、太陰經，功專塗癰腫，治風痹，透經絡，通耳聾，引諸藥透入病所。

鸕鷀

宋・唐慎微《證類本草》卷一九禽部〔《別錄》〕 鸕鷀屎 一名蜀水花。去面黑䵟黶誌。

頭： 微寒。 主鯁及噎。 燒服之。

〔梁・陶弘景《本草經集注》〕云： 溪谷間甚多見之，當自取其屎，擇用白處。 市賣不可信。 骨亦主魚鯁。 此鳥不卵生，口吐其雛，獨爲一異。

〔宋・掌禹錫《嘉祐本草》〕按： 陳藏器云： 鸕鷀，本功外，主易產，臨時令產婦執之。 此鳥胎生，仍從口出，如兔吐兒，二物產同，其療亦一。 又其類有二種，頭細身長頂上白者名魚蚊。 杜臺卿《淮賦》云： 鸕鷀吐雛於八九，鵁鶄銜翼而低昂。《藥性論》云： 蜀水花亦可單用，鸕鷀鳥糞是。 有毒。 能去面上䵟皰。 日華子云： 冷，微毒。療面瘢疵及湯火瘡痕。 和脂油調傅丁瘡。

〔宋・蘇頌《本草圖經》〕曰： 鸕鷀屎，《本經》不載所出州土，今水鄉皆有之。 此鳥胎生，從口中吐雛，如兔子類。 故杜臺卿《淮賦》云鸕鷀吐雛於八九，鵁鶄銜翼而低昂是也。產婦臨蓐令執之，則易生。 其屎多在山石上，紫色如花，就石上刮取用之。 南人用治小兒疳蚘，乾碾爲末，炙猪肉點與噉，有奇功。《本經》名蜀水花。 而唐面膏方，有使鸕鷀屎，又使蜀水花者，安得一物而兩用，未知其的。 別有一種似鸕鷀，而頭細，背長，項上有白者名白鮫，不堪藥用。

〔宋・唐慎微《證類本草》〕《聖惠方》： 治鼻面酒皶皰。 用鸕鷀糞一合研，以臘月猪脂和，每夜傅之。《外臺秘要》： 治魚骨鯁。 口稱鸕鷀則下。 又方： 治斷酒。 鸕鷀糞灰，水服方寸匕。 孫真人： 治噎欲發時，銜鸕鷀觜，遂下。《外臺秘要》同。

宋・寇宗奭《本草衍義》卷一六 鸕鷀 陶隱居云： 此鳥不卵生，口吐其雛。 今人謂之水老鴉，巢於大木，群集，宿處有常，久則木枯，以其糞毒也。懷妊者不敢食，爲其口吐其雛。 陳藏器復云使易產，臨時令產婦執之，與陶相戾。 嘗官於澧州，公宇後有大木一株，其上有三四十巢。 日夕觀之，既能交合，兼有卵殼布地，其色碧。 豈得雛吐口中？ 是全未考尋，可見當日聽人之誤言也。

宋・王繼先《紹興本草》卷一九 鸕鷀 紹興校定： 鸕鷀屎，主治已載《本經》，此物每於水邊捉魚食之，傳化為水，即非性冷，又非無毒。 其屎近世未聞用之，當作微溫、有小毒是矣。 及云頭療哽及噎，燒服，蓋借意為用，亦無驗矣。

宋・鄭樵《通志》卷七六《昆蟲草木略》 鴢 《爾雅》曰頭鵁。 鴢，於鳥反。郭云： 似鳧，腳近尾，略不能行。 江東謂之魚鵁許交反。 按此鳥類野鴨而文彩，不能行，多溷野鴨群中浮游。

宋・鄭樵《通志》卷七六《昆蟲草木略》 鵅 《爾雅》曰烏鸔。 鵅，音洛。郭云： 水鳥也。 似鶂而短頸，腹翅紫白，背上綠色，江東呼烏鸔。 鸔，音駮。

鸕鷀 《爾雅》曰鶿於計反。

宋・陳衍《寶慶本草折衷》卷一六 鸕鷀屎頭及骨附。 一名蜀水花。 ○其鳥一名水老鴉。 ○舊云此鳥口吐其雛者，寇氏謂卵生，其卵殼碧色，豈得雛吐口中？ 乃誤言也。 出水鄉溪谷山石上。 刮取其屎。冷，微毒。 ○去面黑䵟黶痣。 ○日華子云： 療面瘢疵，湯火瘡痕，和脂油調，傅丁瘡。 ○《圖經》曰： 屎紫色如花，治小兒疳蚘，乾研末，炙猪肉點噉。 又別有一種似鸕鷀而頭細項白者，名白鮫，不堪藥用。 ○白鮫，又號魚蛟。

附： 頭灰在內。 ○微寒。 主鯁及噎，燒服之。 附： 骨。 ○主魚鯁。

明・王綸《本草集要》卷六 鸕鷀頭 氣微寒。 主鯁及噎，燒服之。

明・滕弘《神農本經會通》卷九 鸕鷀屎 一名蜀水花。《本經》云：去面黑䵟，黶誌。 頭，微寒。 主鯁及噎，燒服之。《藥性論》云： 鸕鷀鳥糞，有毒。 能去面上䵟黯。 日華子云： 冷，微毒。 療面瘢疵，及湯火瘡痕，和脂油調，傅丁瘡。《圖經》云： 其屎多在山石上，紫色如花，就石上刮取用之。南人用治小兒疳蚘，乾碾為末，炙猪肉，點與噉，有奇功。

明・劉文泰《本草品彙精要》卷二八 鸕鷀屎有毒。 附頭。

鸕鷀屎：　主去面黑䵟，黶誌。○頭，微寒，主鯁及噎，燒服之。名醫所錄。

〖名〗蜀水花。　〖地〗《圖經》曰：　舊不載所出州土，今水鄉皆有之。此鳥胎生，從口中吐雛如兔子類。故杜臺卿《淮賦》云，鸕鷀吐雛於八九，鵁鶄銜翼而低昂，是也。產婦臨蓐，令執之則易生。其屎多在山石上，紫色如花，就石上刮取用之。《本經》名蜀水花，而唐之面膏方有用鸕鷀屎，又用蜀水花者，安得一物而兩用，未知其的。別有一種，似鸕鷀而頭細，背長，項上有白者，名曰白鮫，不堪藥用。《衍義》曰：　此鳥不卵生，口吐其雛，今人謂之水老鴉。巢於大木，群集宿處，常久則木枯，以其糞毒也。懷妊者不敢食，蓋爲口吐其雛。又云：　執之易產，二說相戾。嘗官於澧州，公宇後有大木一株，其上有三四十巢，日夕觀之，既能交合，兼有卵殼布地，其色碧，豈得雛吐口中，是未目及，蓋傳聞之誤也。　〖時〗生：　無時。採：　無時。　〖用〗屎。　〖色〗紫。　〖性〗冷。　〖氣〗氣之薄者，陽中之陰。　〖臭〗腥。　〖製〗研細用。　〖治〗療：　陶隱居云：　骨，治魚骨鯁。《別錄》云：　糞燒灰水服方寸匕，能斷酒。　〖合治〗糞和脂油調，傅面瘢疵，及湯火瘡痕並疔瘡。○屎乾碾爲末，炙豬肉點與小兒啖之，治疳蛔。○糞一合，研，以臘月豬脂和，每夜傅鼻面酒皶皰。　〖禁〗肉，懷妊不宜食。

明・盧和、汪穎《食物本草》卷三禽類　鸕鷀　肉，冷，微毒。頭骨，主鯁及噎，燒服之。屎，治小兒疳蚘。

明・王文潔《太乙仙製本草藥性大全》卷七《本草精義》　鸕鷀屎　一名蜀水花。《本經》不載所出州土，今水鄉皆有之。此鳥胎生，從口中吐雛如兔子類，故杜臺卿《淮賦》云鸕鷀吐雛於八九，鵁鶄銜翼而低昂是也。產婦臨蓐令執之則易生。其屎多在山石上，色紫如花，就石上刮取用之。南人用治小兒疳蚘，乾研爲末，炙猪肉點與啖有奇功。而唐面膏方有使鸕鷀屎，又使蜀水花者，安得一物而兩用？　未知其的。別有一種，似鸕鷀而頭細者，長項上有白者，名魚鮫，不堪藥用。

明・王文潔《太乙仙製本草藥性大全》卷七《仙製藥性》　鸕鷀屎　氣冷，有微毒。　主治：　療面瘢黑䵟黶痣，治疔瘡湯火瘡痕。　補註：　治鼻面酒皶皰，用鸕鷀糞一合，研以臘月猪脂和，每夜傅之。○治魚骨骾，口稱鸕鷀則下。○治斷酒，鸕鷀糞灰，水服方寸〔匕〕。治噎欲發時，銜鸕鷀嘴遂下。

鸕鷀頭：　微寒。主魚骨骾神方，治吃噎捷徑。

明・皇甫嵩《本草發明》卷六　鸕鷀屎　去面黑䵟黶痣。○頭，主鯁及噎，燒灰服之。

明・李時珍《本草綱目》卷四七禽部・水禽類　鸕鷀《別録》下品

〖釋名〗鷧音意。《爾雅》。　水老鴉《衍義》　時珍曰：　案韻書，盧與茲並黑也。此鳥色深黑，故名。鷧者，其聲自呼也。

〖集解〗時珍曰：　鸕鷀，處處水鄉有之。似鶂而小，色黑。亦如鴉，而長喙微曲，善没水取魚。日集洲渚，夜巢林木，久則糞毒多令木枯也。南方漁舟往往縻畜數十，令其捕魚。杜甫詩：　家家養烏鬼，頓頓食黃魚。或謂即此。又一種似鸕鷀，而蛇頭長項，冬月羽毛落盡，栖息溪岸，見人不能行，即没入水者，此即《爾雅》所謂鴢頭、魚鮫者，不入藥用。鴢音拗。藏器曰：　一種頭細身長項上白者，名魚鮫，不入藥用。

〖正誤〗弘景曰：　此鳥不卵生，口吐其雛，亦一異也。藏器曰：　此鳥胎生，從口出，如兔吐兒，故產婦執之易生。宗奭曰：　人言孕婦忌食鸕鷀，爲其口吐雛。嘗官于澧州，公廨後有一大木，上有三四十窠。日夕視之，既能交合，又有碧色卵殼布地。則陶、陳之說，誤聽人言也。時珍曰：　一種鶂鳥，或作鷁，似鸕鷀而色白，人誤以爲白鸕鷀是也。雌雄相睨，雄鳴上風，雌鳴下風而孕，口吐其子。莊周所謂白鶂相視，眸子不運而風化者也。昔人誤以吐雛爲鸕鷀。蓋鶂、鷧音相近耳。鶂善高飛，能風能水，故舟首畫之。又有似鶂而短項，背上緑色，腹背紫白色者，名青鶂。一名烏鸔。陶氏謂烏賊魚乃此鳥所化。或云即鴨，非也。

肉　〖氣味〗酸、鹹，冷，微毒。　〖主治〗大腹鼓脹，利水道時珍。

〖發明〗時珍曰：　鸕鷀，《別録》不見功用。惟雷氏《炮炙論・序》云：　體寒腹大，全賴鸕鷀。注云：　治腹大如鼓體寒者，以鸕鷀燒存性爲末，米飲服之，立愈。竊謂諸腹鼓大，皆屬于熱，衛氣並循于血脉則體寒。此乃水鳥，其氣寒冷而利水。寒能勝熱，利水能去濕故也。又《外臺》云：　凡魚骨骾者，但密念鸕鷀不已即下。此乃厭伏之意耳。

頭　〖氣味〗微寒。　〖主治〗哽及噎，燒研，酒服《別録》。

骨　〖主治〗燒灰水服，下魚骨骾弘景。

〖附方〗新一。　雀卵面斑：　鸕鷀骨燒研，入白芷末，猪脂和，夜塗旦洗。《摘玄方》。

喙　〖主治〗噎病，發即啣之，便安范汪。

嗉　〖主治〗魚鯁，吞之最效時珍。

翅羽　〖主治〗燒灰，水服半錢，治魚哽噎即愈。時珍。出《太平御覽》。

蜀水花《別録》曰：　鸕鷀屎也。弘景曰：　溪谷間甚多，當自取之，擇用白處。市賣者不可信。頌曰：　屎多在山石上，色紫如花，就石刮取。《別録》謂屎即蜀水花，而唐面膏方中，二物並用，未知其的。時珍曰：　當以《別録》爲正。唐方蓋傳寫之訛誤也。　〖氣味〗

冷，微毒。【主治】去面上黑皯黶痣《別録》。療面瘢疵，及湯火瘡痕。和脂油，傅丁瘡大明。南人治小兒疳蚘，乾研爲末，炙猪肉蘸食，云有奇效蘇頌。殺蟲時珍。

【附方】舊二，新一。鼻面酒皶：鸕鷀屎一合研末，以臘月猪脂和之。每夜塗旦洗。《千金》。魚骨骾咽：鸕鷀屎研，水服方寸匕，并以水和塗喉外。《范汪方》。斷酒：鸕鷀屎燒研，水服方寸匕，日一服。《外臺》。

明・穆世錫《食物輯要》卷五 水老鴉 味酸醎，性冷，有微毒。利水道，寬膨脹。嗉，消骨骾。凡骨骾者，密念鸕鷀不已，即下。

明・吴文炳《藥性全備食物本草》卷三 水老鴉 味酸、醎，性冷，有微毒。利水道，寬膨脹。嗉消骨鯁，凡骨鯁者密念鸕鷀不已，即下。屎：療面瘢黑皯黶痣，治疔瘡湯火瘡痕。

鸕鷀嘴：治噎，欲發時啣之遂下。凡鳥皆卵生，此鳥胎生，從口中吐雛，如兔子類，故杜臺卿賦云鸕鷀吐雛於八九，鵁鶄銜翼而低昂是也。產婦臨蓐，令執之易生。一種頭細背長，項有白者名魚鮫，不堪藥用。

明・應麐《食治廣要》卷五 鸕鷀 氣味：酸、醎，冷，微毒。主治：大腹鼓脹，利水道。《外臺》云：凡魚骨鯁者，但密念鸕鷀不已，即下。此乃厭伏之意耳。

明・姚可成《食物本草》卷一二禽部・水禽類 鸕鷀一名水老鴉。處處水鄉有之。色黑如鴉，長喙微曲，善沒水取魚。日集洲渚，夜巢林木，久則糞毒多令木枯也。〔南〕方漁舟往往縻畜數十，令其捕魚。杜甫詩家家養烏鬼，頓頓食黄魚是也。

鸕鷀肉：味酸、醎，冷，微毒。治鼓脹，利水道。頭：味：微寒，治哽及噎，燒研酒服。骨：燒灰水服，治魚骨骾。喙：主噎病，發即銜之，便安。嗉：治魚骾，吞之最効。翅羽：燒灰，水服半錢，治魚骾，即愈。《外臺》云：凡魚骨骾者，但密念鸕鷀不已，即下。此乃厭之意也。

明・施永圖《本草醫旨・食物類》卷三 鸕鷀名水老鴉。○南方漁舟往往縻畜數十，令其捕魚。○此鳥胎生，從口出，如兔吐兒，故產婦執之易生。肉：味酸、醎，冷，微毒。治：大腹鼓脹，利水道。治腹大如鼓，體寒者，以鸕鷀燒存性，為末，米飲服之，立愈。頭：味：微寒。治：哽及噎，燒研酒服。骨：治：燒灰水服，下魚骨骾。喙：治噎病，發即銜之，便安。嗉：治：魚骾，吞之最效。羽：治：燒灰，水服半錢，治魚骾噎，即愈。蜀水花：鸕鷀屎也。味：冷，微毒。治：去面上黑皯黶痣，療面瘢疵及湯火瘡痕。和脂油，傅丁瘡。南人治小兒疳蚘，乾研為末，炙豬肉蘸食，云有奇效，殺蟲。

附方 鼻面酒皶：鸕鷀屎一合，研末，以臘月猪脂和之，每夜塗旦洗。魚骨哽骾咽：鸕鷀屎，研，水服方寸匕，并以水和塗喉外。斷酒：鸕鷀屎燒研，水服方寸匕，日一服。

清・穆石匏《本草洞詮》卷一四 鸕鷀 日集洲渚，夜巢林木，善沒水取魚，漁舟畜之，杜詩家家養烏鬼，頓頓食黄魚是矣。肉酸醎，冷，微毒。治大腹鼓脹，利水道。雷公云：體寒腹大，全賴鸕鷀。按諸腹鼓大，皆屬于熱。衛氣並循于血脉則體寒。此乃水鳥，其氣寒而利水，寒能勝熱，利水能去濕也。《外臺》云：凡魚骨骾者，密念鸕鷀不已，即下，此厭伏之意也。

清・郭章宜《本草匯》卷一七 鸕鷀 味酸、醎，冷，微毒。治蠱脹，利水道。

按：鸕鷀，不載功用，惟雷氏序云：體寒腹大，全賴鸕鷀，燒存性，為末，米飲服之立愈。時珍曰：諸腹脹大，皆屬於熱。衛氣並存於血脈，則體寒。此鳥氣寒利水，寒能勝熱，利水能去濕，故也。

此鳥不卵生，口吐其雛，亦一異也。

清・朱本中《飲食須知・禽類》 鸕鷀肉 味酸、醎，性冷，微毒。即水老鴉。凡魚骨骾者，密念鸕鷀不已，即下。妊婦食之，令逆生。

清・何其言《養生食鑒》卷下 鸕鷀一名水老鴉，漁人畜之。似鴉而小，色黑。味酸、鹹，性冷，微毒。利水道，寬胸膈噫。頭骨：主鯁及噎，燒研酒服。屎：治小兒疳蚘，乾研為末，炙猪肉蘸食，效。

清・张璐《本經逢原》卷四 鸕鷀即水老鴉。酸、鹹，溫，微毒。或云鹹寒，誤。發明：鸕鷀性寒利水，能治腹大如皷體寒者，以鸕鷀燒存性為末，米飲服之。其骨煅灰蜜調綿裹，治魚骨鯁，與白鷺骨同功，嘴骨尤效。○鸕鷀屎多在石上，色紫如花，就石刮取，名蜀水花，能去面上皯黑黶痣，滅瘢疵及湯火瘡痕。和猪脂敷疔瘡。

清・浦士貞《夕庵讀本草快編》卷六 鸕鷀《別錄》 韻書盧與兹並黑也，此鳥深黑色，故名。鸕鷀肉味酸鹹冷，有微毒。《別錄》不著功用。雷斅《炮炙・序》始云：體寒腹大，全賴鸕鷀。註云：腹脹體寒者，令燒存性，

為末，米飲調服，立愈。竊謂諸腹鼓大，皆屬於熱，衛氣並循於血脉則體寒，取其水鳥，其氣寒冷，專能走水，寒能勝熱，濕利則腫消矣！其喙其嗉，皆治骨哽噎病，其翅其羽，燒服亦同。若屎名曰蜀水花，能殺蟲斷酒，去面鼾酒皶、小兒疳蚘。炙以為末，猪肉蘸食，並皆奇驗。

清·李文培《食物小錄》卷下 鸕鷀 酸、鹹，冷，微毒。大腹鼓脹，以此治利水道。

清·趙學敏《本草綱目拾遺》卷九禽部 鸕鷀涎蛋 鸕鷀形如鵝而色黑面紅，俗呼摸魚公，水鄉人家多養之以捕魚。十月後飼以狗肉，則身暖不畏寒，雖破冰入水，亦不瘵死。治腎咳，俗呼頓嗆，從小腹下逆上而咳，連嗽數十聲，少住又作。甚或咳發必嘔，牽掣兩脇，涕淚皆出，連月不愈者，用鸕鷀涎滾水沖服，下咽即止。

蛋：能打胎。有不欲留孕者，取一個，白水煮服，胎即化為血水，從小便出，多則二服，無有不驗。

清·趙其光《本草求原》卷一九禽部 鸕鷀即水老鴉。 酸寒勝熱，鹹利水濕。治腹大如鼓、體寒者。衛氣並於血脈則身寒。燒存性，米飲下。頭及骨治魚骨鯁及噎。燒灰酒下。魚骨鯁，但密念鸕鷀則下，以其食魚故也。其屎多在石上，色紫如花，去面上鼾黑、黶痣、瘢疵，及湯火瘡痕、疔瘡、豬脂和塗。魚骨鯁。水調服，並塗喉外。

清·文晟《新編六書》卷六《藥性摘錄》 鸕鷀 酸鹹，性冷，微毒。○頭骨，燒研，酒服，治魚骨哽咽。○屎，治小兒疳癆，乾研為末，炙臘肉蘸食，效。

鷺

宋·鄭樵《通志》卷七六《昆蟲草木略》 鷺，《爾雅》曰春鉏。白鷺也。亦曰鷺鷥。陸璣曰：汶陽謂之白鷺，齊魯謂之春鉏，遼東、樂浪、吳、揚皆謂之白鷺。

明·盧和、汪穎《食物本草》卷三禽類 鷺鷥 味鹹，平，無毒。主瘦虛，益脾補氣，炙食之。一種白鶴子，腳黃，形侶鷺，但頭上無毿毛㲦耳。又紅鶴，形亦相類。

明·李時珍《本草綱目》卷四七禽部·水禽類 鷺《食物》

〔釋名〕鷺鷥《禽經》 絲禽陸龜蒙 雪客李昉所命。 舂鋤《爾雅》 白鳥時珍曰：《禽經》云：鸖飛則霜，鷺飛則露，其名以此。步于淺水，好自低昂，如舂如鋤之狀，故曰舂鋤。陸璣《詩疏》云：青、齊之間謂之舂鋤，遼東、吳、揚皆云白鷺。

〔集解〕時珍曰：鷺，水鳥也。林棲水食，群飛成序。潔白如雪，頸細而長，脚青善翹，高尺餘，解指短尾，喙長三寸。頂有長毛十數莖，毿毿然如絲，欲取魚則弭之。郭景純云：其毛可爲睫䍦。《變化論》云：鷺以目盼而受胎。穎曰：似鷺而頭無絲、脚黄色者，俗名白鶴子。又有紅鶴，相類色紅，《禽經》所謂朱鷺是也。

肉 〔氣味〕鹹，平，無毒。〔主治〕虚瘦，益脾補氣，炙熟食之汪穎。

頭 〔主治〕破傷風，肢强口緊，連尾燒研，以臘猪脂調傅瘡口《救急方》。

明·穆世錫《食物輯要》卷五 鷺鷥 味醎，平，無毒。益脾胃，補氣血。一種白鶴子，頭無毿毛㲦耳，黃腳，功用頗同。

明·應廔《食治廣要》卷五 鷺鷥 氣味：鹹，平，無毒。主虛瘦，益脾補氣。汪穎曰：似鷺而頭無絲，腳黃色者，俗名白鶴子。又有紅鶴，相類色紅，《禽經》所謂朱鷺是也，主治略同。

明·姚可成《食物本草》卷一二禽部·水禽類 鷺一名鷺鷥。水鳥也。林棲水食，群飛成序，潔白如雪，頸細而長，脚青善翹，高尺餘，解指短尾，喙長三寸。頂有長毛十數莖，毿毿然如絲，欲取魚則弭之。

鷺肉：味鹹，平，無毒。主虛瘦，益脾氣，炙熟食之。頭：治破傷風，肢強口緊，連尾燒研，以臘豬脂調傅瘡口。

明·施永圖《本草醫旨·食物類》卷三 鷺名鷺鷥。○水鳥也，鷺以目盼而受胎。

肉：味鹹，平，無毒。治：虛瘦，益脾補氣，炙熟食之。頭：治：破傷風，肢強口緊。連尾燒研，以臘豬脂調，傅瘡口。

清·穆石匏《本草洞詮》卷一四 鷺 鷺飛則露，故名。林棲水食，群飛成序，潔白如雪，以目盼而受胎，步於淺水，好自低昂，如舂如鋤之狀，《詩疏》謂之舂鋤。有紅色者，《禽經》謂之朱鷺。肉鹹平，無毒。炙熟食之，益脾補氣。

清·丁其譽《壽世秘典》卷四 鷺鷥 水鳥也。林棲水食，群飛成序，潔白如雪，頸細而長，腳青善翹，步于淺水，好自低昂，如舂如鋤之狀。故《爾雅》謂之舂鋤，李昉命為雪客。喙長三寸，頂有長毛十數莖，毿毿如絲，欲取魚則弭之，性惡露。今人畜之可馴，每至白露降日，定飛揚去，不可復畜矣。 氣味：鹹，平，無毒。治虛瘦，益脾補氣，炙熟食之。

清·何其言《養生食鑒》卷下 鷺林棲水食，群飛成序，潔白如雪，頸細而長，脚青善翹，解指短尾，喙長三寸，頂有長毛十數莖，毿毿然如絲，欲取魚則弭之。 味鹹，性

平，無毒。益脾胃，補氣血，炙食良。一種白鶴子，頭無毿毛長耳黃脚，功用頗同。

清・王道純《本草品彙精要續集》卷六 鷺無毒。卵生。

鷺肉：主虛瘦，益脾補氣，炙熟食之《食物本草》。【名】鷺鷥《禽經》、絲禽陸龜蒙、雪客李昉所命、春鋤《爾雅》、白鳥。《禽經》云鶴飛則霜，鷺飛則露，其名以此。步於淺水，好自低昂，如春如鋤之狀，故曰春鋤。陸璣《詩疏》云：青齊之間，謂之春鋤，遼東、吳揚諸處皆云白鷺。【地】出青齊、遼東、吳揚，諸處皆有。【時】生：無時。採：無時。【用】肉及頭。【質】李時珍云：鷺，水鳥也。林棲水食，群飛成序，頸細而長，脚善翹，高尺餘，解指短尾，喙長三寸，頂有長毛十數莖，毿毿然如絲，欲取魚則弭之。郭景純云：其毛可爲睫羅。《變化論》云：鷺，以目盼而受胎。【色】潔白如雪，脚青。汪穎云：似鷺而頭無絲，脚黃色者，俗名白鶴子。又有紅鶴相類，色紅。《禽經》所謂朱鷺是也。【味】鹹。【性】平。【治】《救急方》：鷺頭，治破傷風，肢強口緊，連尾燒研，以臘豬脂調，傅瘡口。

清・吳儀洛《本草從新》卷六 鷺鷥〔補氣。〕 鹹，平。益脾補氣。治虛瘦。一名白鷺。時珍曰：鷺，水鳥也。林棲水食，群飛成序，潔白如雪，頸細脚青，頂有長毛十數莖如絲。炙食良。

題清・徐大椿《藥性切用》卷八 鷺鷥 一名白鷺。性味鹹平，益脾補氣，治虛羸，炙食良。

清・李文培《食物小錄》卷下 鷺鷥 鹹，平，無毒。炙食益脾補氣。

清・王孟英《隨息居飲食譜・毛羽類》 鷺即鷺鷥 鹹，涼。炙熟食，解魚蝦毒。其卵似鴨卵，稍鋭而色較青，土人混入鴨卵售之，氣腥而冷，更不宜人。

清・陳其瑞《本草撮要》卷八 鷺鷥 味鹹，平，入手太陰經，功專益脾補氣，治虛瘦。一名白鷺。

鸀鳿

宋・唐慎微《證類本草》卷一九禽部〔唐・陳藏器《本草拾遺》〕 鸀鳿鳥 主溪毒、砂蝨、水弩、射工、蜮短狐、蝦鬚等病。將鳥來病人邊，則能唼人身，訖以物承之，當有砂石出也。其砂即是含沙射人，砂是此蟲之箭也。亦可燒屎及毛作灰服之。亦可籠以近人，令鳥氣相吸。山中水毒處，即生此鳥，當爲食毒蟲所致。已前數病，大略相似，俱是山水間蟲含沙射影。亦有無水處患者，防之。發，夜卧常以手摩身體，覺辣痛處，熟視當有赤點如鍼頭，急捻之，以芋葉入肉刮，卻視有細沙石，以蒜封瘡頭上，不爾，少即寒熱，瘡漸深也。其蝦鬚瘡，桂嶺獨多，著者十活一二。唯有早覺者，當用芋草及大芋、甘蔗等葉，屈角入肉鈎之，深盡根，蒜封可差。須臾即根入至骨，其根拔出如蝦鬚，瘡號蝦鬚瘡，有如丁腫，最惡著人幽隱處。自餘六病，或如瘧及天行初著寒熱，亦有瘡出者，亦有無瘡者，要當出得砂石，遲緩易療，不比蝦鬚。鸀鳿鳥，如鴨而大，眼赤觜斑，好生山溪中。

明・盧和、汪穎《食物本草》卷三禽類 鸀鳿鳥 主溪毒、砂虱、水弩、射工、蜮等病。肉，亦可食。

明・李時珍《本草綱目》卷四七禽部・水禽類 鸀鳿音燭玉。《拾遺》。

【釋名】鸑鷟時珍曰：鸀鳿名義未詳。案許慎《說文》云：鸑鷟，鳳屬也。又江中有鸑鷟，似鳧而大，赤目。據此則鸀鳿，乃鸑鷟聲轉。蓋此鳥有文彩如鳳毛，故得同名耳。

【集解】藏器曰：鸀鳿，山溪有水毒處即有之，因爲食毒蟲所致也。其狀如鴨而大，長項，赤目斑嘴，毛紫紺色，如鵁鶄色也。時珍曰：案《三輔黃圖》及《事類合璧》，並以今人所呼白鶴子者爲鸀鳿，謂其鳥潔白如玉也。與陳氏似鴨紫紺之說不同。白鶴子狀白如鷺，長喙高脚，但頭無絲耳。姿標如鶴，故得鶴名。林栖水食，近水處極多。人捕食之，味不甚佳。

毛及屎 【主治】燒灰水服，治溪（鳥）毒、砂蝨、水弩、射工、蜮、短狐、蝦鬚等病。亦可將鳥近病人，即能唼人身，訖，以物承之，當有沙出，其沙即含沙射人之箭也。又可籠鳥近人，令鳥氣相吸藏器。

【發明】藏器曰：已上數病，大略相似，俱是山水間蟲含沙射影所致。亦有無水處患者。或如瘧，或如天行寒熱，或有瘡無瘡。但夜卧時以手摩身體，有辣痛處，熟視當有赤點如針頭，急捻之，以芋葉入內，刮出細沙，以蒜封之則愈，否則寒熱漸深也。惟蝦鬚瘡最毒，十活一二，桂嶺獨多。但早覺時，以芋及甘蔗葉，屈角入肉，勾出其根如蝦鬚狀則愈。遲則根入至骨，有如丁腫，最惡，好著人隱處。時珍曰：水弩、短狐、射工、蜮，一物也。陳氏分爲四，非矣。溪毒，有氣無形。砂蝨，沙中細蟲也。

明・姚可成《食物本草》卷一二禽部・水禽類 鸀鳿音燭玉。一名鸑鷟。山溪有水毒處即有之，因為食毒出所致也。其狀如鴨而大，長項，赤目斑嘴，毛紫紺色，如鵁鶄色也。姿標如鶴，林栖水食，近水處極多。人捕食之，味不甚佳。

鸀鳿毛及屎：燒灰，治溪（鳥）毒、砂蝨、水弩、射工、蜮、短狐、蝦鬚等病。亦可將〔鳥〕近病人，即能唼人身，訖，以物承之，當有沙出，〔其〕沙即含沙射人〔之〕箭也。又可籠

鳥近人，令鳥氣相吸。○陳藏器曰：已上數病大略相似，俱是山水間蟲含沙射影所致。亦有無水處患者。或如瘧，或如天行寒熱，或有瘡無瘡。但夜臥時以手摩身體，有辣痛處，熟視當有赤點如針頭，急捻之，以芋葉入內，刮出細沙，以蒜封之即愈，否則寒熱漸深也。惟蝦鬚瘡最毒，十活一二，桂嶺獨多。但早覺時，以芋及甘蔗葉，屈角入肉，勾出其根如蝦鬚狀則愈。遲則根入至骨，有如丁腫。最惡，好著人隱處。○李時珍曰：水弩、短狐、射工、蜮，一物也。溪毒，有氣無形。砂蝨，沙中細蟲也。

明・施永圖《本草醫旨・食物類》卷三 鸀鳿音燭玉。名鸑鷟，似鳧而大。毛及屎：治：燒灰，水服，治溪（鳥）毒、砂蝨、水弩、射工、蜮、短狐、蝦鬚等病。亦可將鳥近病人，即能唼人身，訖以物承之，當有沙出，其沙即含沙射人之箭也。又可籠鳥近人，令鳥氣相吸。

清・穆石匏《本草洞詮》卷一四 鸀鳿 凡山溪有水毒處，即有之。許慎《說文》云：鸑鷟，鳳屬也。鸀鳿，乃鸑鷟聲轉。蓋此鳥有文彩，如鳳毛也。毛及屎燒灰水服，治溪（鳥）毒，砂蝨、水弩、射工、蜮、短狐、蝦鬚等病。亦可將鳥近病人，即能唼人身，訖，以物承之，當有砂出，其砂即含砂射人之箭也。亦可籠鳥近人，令鳥氣相吸，亦愈。

鸛

宋・唐慎微《證類本草》卷一九禽部〔《別錄》〕 鸛骨 味甘，無毒。主鬼蠱諸疰毒，五尸心腹疾。

〔梁・陶弘景《本草經集注》〕云：鸛亦有兩種：似鵠而巢樹者爲白鸛；黑色曲頸者爲烏鸛。今宜用白者。

〔宋・馬志《開寶本草》〕按：《陳藏器本草》云：鸛脚骨及觜，主喉痹飛尸，蛇虺咬，及小兒閃癖，大腹痞滿，益煮汁服之，亦燒爲黑灰飲服。有小毒。殺樹木，禿人毛髮，沐湯中下少許，髮盡脫，亦更不生。人探巢取鸛子，六十里旱。能群飛激雲，雲散雨歇，其巢中以泥爲池，含水滿池中，養魚及蛇，以哺其子。

〔宋・掌禹錫《嘉祐本草》〕按：《藥性論》云：鸛骨，大寒。亦可單用，治尸疰，鬼疰、腹痛，炙令黃末，空心暖酒服方寸匕。

宋・寇宗奭《本草衍義》卷一六 鸛 頭無丹，項無烏帶，身如鶴者，是。兼不善唳，但以啄相擊而鳴，作池養魚、蛇以哺子之事，豈可垂示後世？此禽多在樓殿吻上作窠，日夕人觀之，故知其未審耳。礜石條中亦著。

宋・王繼先《紹興本草》卷一九 鸛骨 紹興校定：鸛骨，《本經》云味甘，無毒。雖載主治，但諸方未聞用驗之據。然此物食諸毒物，及注云能落人毛髮，固非無毒矣。今當作味甘、寒、有小毒為定。

宋・陳衍《寶慶本草折衷》卷一六 白鸛骨脚及觜附。○今從陶隱居加以白字。此白色鸛之骨也。生所在處有之。見緡雲。

味甘，寒，無毒。○主鬼蠱諸疰毒，五尸，心腹疾。

附：脚骨及觜灰在內。○小毒。主喉痹，飛尸，蛇虺咬及小兒閃癖，大腹痞滿，並煮汁服之。亦燒為黑灰，飲服。

元・吳瑞《日用本草》卷四 鸛骨 有二種，似鵠而巢樹者為白鸛，曲頭者為烏鸛。味甘，無毒。主鬼疰，諸蠱毒，五尸心腹疾。

明・滕弘《神農本經會通》卷九 鸛骨 有兩種，似鶴而巢樹者為白鸛，黑色曲頸者為烏鸛。今宜用白者。味甘，無毒。一云：有小毒。一云：大寒。《本經》云：主鬼蠱諸疰毒，五尸，心腹疾。陳藏器云：鸛脚骨及觜，主喉痺，飛尸，蛇虺咬，及小兒閃癖，大腹痞滿，并煮汁服之。亦燒為黑灰，飲服。有小毒。殺樹木，禿人毛髮，沐湯中下少許，髮盡脫，亦更不生。人探巢取鸛子，六十里旱，能群飛激雲，雲散雨歇，其巢中以泥為池，含水滿池中，養魚及蛇，以哺其子。《藥性論》云：鸛骨，大寒。亦可單用。治尸疰鬼疰，腹大，炙令黃，為末，空心暖酒服方寸匕。

明・劉文泰《本草品彙精要》卷二八 鸛骨無毒。

鸛骨：主鬼蠱，諸疰毒，五尸，心腹疾。名醫所錄。〔地〕陶隱居云：鸛有兩種，似鵠而巢樹者爲白鸛，黑色曲頸者爲烏鸛，入藥以白者良。《衍義》曰：其巢棲殿吻上，亦有鸛，頭無丹，項〔無〕烏帶，身如鶴者，是惟不善唳，但以喙相繫而鳴也。〔時〕生：春夏。採：無時。〔用〕骨、嘴、腳。〔色〕白。〔味〕甘。〔性〕大寒。〔氣〕氣之薄者，陽中之陰。〔臭〕腥。〔治〕療：陶隱居云：腳骨及觜，治喉痹，飛尸，蛇虺咬及小兒閃癖，大腹痞滿，並煮汁服之。燒爲黑灰飲服亦佳。〔合治〕骨炙令黃末，空心合暖酒服方寸匕，治屍疰，鬼疰，腹痛。

明・盧和、汪穎《食物本草》卷三禽類 鸛 味甘，無毒。腳觜，主喉痹飛尸，蛇虺咬及小兒閃癖，大腹痞滿，並煮汁服之。又云：鸛骨大寒，治尸疰腹痛，炙令黃，為末，空心暖酒服方寸匕。又云：有小毒，殺樹木。沐湯

中着少許，令毛髮盡脱更不生。入藥用白者良。

明・王文潔《太乙仙製本草藥性大全》卷七《本草精義》　鸛骨　鸛亦有兩種，似鵠而巢樹者爲白鸛，黑色曲頸者爲烏鸛。今宜用白者。人探巢取鸛子，六十里旱，能群飛激雲，雲散雨歇，其巢中以泥爲池，含水滿中，中養魚及蛇以哺其子。《衍義》云：鸛，頭無丹，項無烏帶，身如鶴者是，兼不善唳，但以啄相擊而鳴。此禽多在樓殿吻上作窠，日夕人觀之，故知其未審耳。《博物志》云：鸛伏卵時，取礜石周圍繞卵以取暖氣。方術家取鸛巢中者爲真也。

明・王文潔《太乙仙製本草藥性大全》卷七《仙製藥性》　鸛骨：味甘，氣大寒，無毒。凡用脚骨及嘴。主治：主鬼蠱諸疰毒，治五尸心腹疼。喉痹飛尸即除，蛇虺咬螫堪止。小兒閃癖用之大效，大腹痞滿服之如神。補註：治尸疰鬼疰腹痛，炙令黄，末，空心暖酒服方寸〔匕〕。〇或燒爲黑灰，飲。有小毒，殺樹木，花人毛髮。沐湯中下少許，髮盡脱，亦更不生。

明・皇甫嵩《本草發明》卷六　鸛骨味甘，寒。主鬼蠱，諸疰毒五屍，心腹疾。炙令黄，末，空心暖酒服方寸匕。

明・李時珍《本草綱目》卷四七禽部・水禽類　鸛《别録》下品

〔釋名〕皂君《詩疏》　負釜同　黑尻時珍曰：鸛字，篆文象形。其背、尾色黑，故陸璣《詩疏》有皂君諸名。

〔集解〕弘景曰：鸛有兩種：似鵠而巢樹者爲白鸛，黑色曲頸者爲烏鸛。今宜用白者。宗奭曰：鸛身如鶴，但頭無丹，項無烏帶，兼不善唳，止以喙相擊而鳴。多在樓殿吻上作窠。嘗日夕觀之，並無作池養魚之説。時珍曰：鸛似鶴而頂不丹，長頸赤喙，色灰白，翅尾俱黑。多巢於高木。其飛也，奮於層霄，旋遶如陣，仰天號鳴，必主有雨。其抱卵以影，或云以聲聒之。《禽經》云：鸛生三子，一爲鶴。巽極成震，陰變陽也。震爲鶴，巽爲鸛也。

〔正誤〕藏器曰：人探巢取鸛子，六十里旱，能群飛激散雲也。其巢中以泥爲池，含水滿中，養魚、蛇以哺子。鸛之伏卵恐冷，取礜石圍之，以助燥氣。時珍曰：寥郭之大，陰陽升降，油然作雲，沛然下雨。區區微鳥，豈能以私忿使天壤赤旱耶？況鸛乃水鳥，可以候雨乎？作池、取石之説，俱出自陸璣《詩疏》、張華《博物志》，可謂愚矣。

骨　〔氣味〕甘，大寒，無毒。藏器曰：有小毒。入沐湯浴頭，令髮盡脱，更不生也。又殺樹木。

〔主治〕鬼蠱諸疰毒，五尸心腹痛《别録》。甄權曰：亦可單炙黄研，空心暖酒服方寸匕。時珍曰：《千金》治尸疰，有鸛骨丸。

脚骨及嘴　〔主治〕喉痹飛尸，蛇虺咬，及小兒閃癖，大腹痞滿，並煮汁服之，亦燒灰飲服藏器。

卵　〔主治〕預解痘毒，水煮一枚，與小兒啖之，令不出痘，或出亦稀。時珍。出《活幼全書》。

屎　〔主治〕小兒天釣驚風，發歇不定。炒研半錢，入牛黄、麝香各半錢，炒蠍五枚，爲末。每服半錢，新汲水服時珍。

明・穆世錫《食物輯要》卷五　鸛　味酸，平，無毒。有風疾者、濕病者宜食。多食，發瘡疥。卵，預解痘毒。骨，主尸疰心腹痛。

明・吴文炳《藥性全備食物本草》卷三　鸛　似鶴，但頭無丹，項無烏耳。《博物誌》云：鸛伏卵時，取礜石周圍繞卵，以取暖氣。方術家取鸛巢者真也。

肉：　味酸，平，無毒，有風疾者、濕病者宜食。多食發瘡疥。

骨：　主鬼疰蠱毒五屍，治心腹疼痛，炙黄為末，空心酒下。

脚骨及觜：　主喉痺飛尸，及小兒閃癖，大腹痞滿，並煮汁服之，或燒為黑灰飲。有小毒，殺樹木，花人毛髮。沐湯中不少許，髮盡脱落，亦更不生。

卵：　預解痘毒，煮食之良。

明・姚可成《食物本草》卷一二禽部・水禽類　鸛鸛有兩種：似鵠而巢樹者為白鸛，黑色曲頸者為烏鸛。白者良。鸛身如鶴，但頭無丹，項無烏帶，兼不善唳，止以喙相擊而鳴。多在樓殿吻上作窠。李時珍曰：鸛似鶴而頂不丹，長頸赤喙，色灰白，翅尾俱黑。多巢于高木。其飛也，奮于層霄，旋遶如陣，仰天號鳴，必主有雨。其抱卵以影，或云以聲聒之。《禽經》云：鸛生三子，一為鶴。巽極成震，陰變陽也。震為鶴，巽為鸛也。

鸛：　味甘，大寒，無毒。主鬼蠱諸疰毒，五尸心腹痛。　脚骨及嘴：治喉痹飛尸，蛇虺咬及小兒閃癖，大腹痞滿，並煮汁服之，亦燒灰飲服。

卵：　預解痘毒，水煮一枚，與小兒啖之，令不出痘，或出亦稀。　屎：主小兒天釣驚風，發歇不定。炒研半錢，入牛黄、麝香各半錢，炒蠍五枚，為末。每服半錢，新汲水服。〇陳藏器曰：人探巢取鸛子，六十里旱，能群飛激散雨也。其巢中以泥為池，含水滿中，養魚、蛇以哺子。鸛之伏卵恐冷，取礜石圍之，以助燥氣。李時珍曰：寥郭之大，陰陽升降，油然作雲，沛然下雨。區區微鳥，豈能以私忿使天壤赤旱耶？況鸛乃水鳥，可以候雨乎？作池取石之説，俱出陸璣《詩疏》、張華《博物志》，可謂愚矣。

明・施永圖《本草醫旨・食物類》卷三　鸛名皂君。鸛身如鶴，但頭無丹，項

無烏帶，兼不善唳，止喙相擊而鳴。○鸛生三子，一為鶴，巽極成震，陰變陽也。震為鶴，巽為鸛也。　骨：味甘，大寒，無毒。有小毒，入沐湯浴頭，令髮盡脱，更不生也。治：鬼蠱諸疰毒，五尸心腹痛。　脚骨及嘴：治：喉痹飛尸，蛇虺咬及小兒閃癖，大腹痞滿，並煮汁服之，亦燒灰飲服。　卵：治：預解痘毒，水煮一枚，與小兒啖之，令不出痘或出亦稀。　屎：治小兒天釣驚風，發歇不定，炒研半錢，入牛黄、麝香各半錢，炒蠍五枚為末，每服半錢，新汲水服。

清・穆石鉋《本草洞詮》卷一四　鸛　鸛似鶴，而頂不丹，長頸赤喙，色灰翅白，巢於高木，飛於層霄，旋繞如陣，不善唳，以喙相擊而鳴，主有雨。陳藏器謂鸛巢中，以泥為池，含水滿中，養魚蛇以哺子。伏卵恐冷，取礜石圍之。此出自陸璣《詩疏》，張華《博物志》中，實妄談也。　鸛骨甘，大寒，無毒。治鬼蠱諸疰毒，心腹痛。　鸛卵預解痘毒。

清・朱本中《飲食須知・禽類》　鸛肉　有毒，不可食。其骨入沐湯浴頭，令髮盡脱，更不生也。又能殺樹木。　鸛生三子，一為鶴，巽極成震，陰變陽也。

清・张璐《本經逢原》卷四　鸛骨　甘，寒，小毒。　發明：鸛骨治尸疰，喉痹，蛇虺傷，專用其毒以攻伏匿之毒也。嘴及腳骨尤良。卵能預解痘毒，水煮一枚與兒啖之，令不出痘或出亦稀，與鶴卵同功。

陽烏

宋・唐慎微《證類本草》卷一九禽部〔唐・陳藏器《本草拾遺》〕　陽烏　鸛注陶云：陽烏是鸛。按二物殊不似，陽烏身黑，頸長白，殊小鸛觜。主惡蟲咬作瘡者，燒爲末，酒下。亦名陽鴉。出建州。

明・施永圖《本草醫旨・食物類》卷三　陽烏出建州。似鸛而味小，身黑頸長而白。　嘴：治：燒灰酒服，治惡蟲咬成瘡。

鴨

唐・孫思邈《千金要方》卷二六《食治・鳥獸》　鶩肪　味甘，平，無毒。主風虚寒熱。　肉：補虚乏，除客熱，利藏腑，利水道。　黄帝云：六月勿食鶩肉，傷人神氣。

附：日・丹波康賴《醫心方》卷三〇　鴨　《本草》云：肉，補虚熱，和藏府，利水道。孟詵云：寒。補中益氣，消食。馬琬云：目精白者，食之殺人。

宋・唐慎微《證類本草》卷一九禽部〔《別錄》〕　鶩音牧肪　味甘，無毒。主風虚寒熱。〔宋・掌禹錫《嘉祐本草》〕按：陳士良云：鶩肪，大寒。

白鴨屎：名通。主殺石藥毒，解結縛，散蓄熱。

肉：補虚，除熱，和藏腑，利水道。

〔梁・陶弘景《本草經集注》〕云：鶩即是鴨，鴨有家、有野。又《本經》云鴈肪一名鶩肪，其療小異，此説則專是家鴨爾。黄雌鴨爲補最勝。鴨卵不可合鼈肉食之。凡鳥自死口不閉者，皆不可食，食之殺人。

〔唐・蘇敬《唐本草》〕注云：《別録》云，鴨肪主水腫。血主解諸毒。肉主小兒驚癇。頭主水腫，通利小便。古方療水用鴨頭丸。

〔宋・馬志《開寶本草》〕按：陳藏器《本草》云：《尸子》云，野鴨爲鳧，家鴨爲鶩，不能飛翔，如庶人守耕稼而已。

〔宋・掌禹錫《嘉祐本草》〕按：《蜀本》注云：《爾雅》云：野鳧，鶩。注云：鴨也。《本經》用鶩肪，即家鴨也。野鴨與家鴨有相似者，有全别者，甚小。小者名刀鴨，味最重，食之補虚。孟詵云：野鴨，主補中益氣，消食。九月已後即中食，全勝家者，雖寒不動氣，消十二種蟲，平胃氣，調中輕身。又身上諸小熱瘡，多年不可者，但多食之，即差。又云：白鴨肉，補虚，消毒熱，利水道，及小兒熱驚癇，頭生瘡腫。又和葱、豉作汁飲之，去卒煩熱。又，糞主熱毒，毒痢。又取和雞子白，封熱腫毒上消。又黑鴨，滑中發冷痢，下脚氣。不可食之。子微寒，少食之，亦發氣，令背膊悶。日華子云：野鴨，涼，無毒。補虚助力，和胃氣，消食，治熱毒風及惡瘡癤，殺腹藏一切蟲。九月後立春前採。大補益病人，不可與木耳、胡桃、豉同食。家鴨，冷，微毒。補虚，消熱毒，利小腸，止驚癇，解丹毒，止痢，緑頭者佳。頭治水腫，煮服。糞治熱毒瘡并腫毒，以雞子調傅内消。卵治心腹胸膈熱，多食發冷疾。

〔宋・唐慎微《證類本草》〕《食療》：項中熱血，解野葛毒，飲之差。卵，小兒食之，脚軟不行，愛倒。鹽淹食之，即宜人。屎，可搨蚯蚓咬瘡。《外臺秘要》：解金、銀、銅、鐵毒，取鴨屎汁解之。《百一方》：卒大腹水病。取青雄鴨，以水五升，煮取一升，飲盡，厚蓋之取汗，佳。又方：石藥過劑者。白鴨屎末，和水調服之，差。《食醫心鏡》：治十種水病不差，垂死。青頭鴨一隻，治如食法，細切和米并五味，煮令極熟作粥，空腹食之。又云：主水氣脹滿浮腫，小便澁少。白鴨一隻，去毛、腸湯洗，饋飯半升，以飯、薑、椒釀鴨腹中，縫定如法蒸，候熟食之。孫真人：蚰蜒咬，以屎傅瘡。又云：鴨肉合鼈食之害人。

宋・寇宗奭《本草衍義》卷一六　鶩肪　陶隱居云：鶩音牧即是鴨，然

有家鴨，有野鴨。陳藏器《本草》曰：《尸子》云，野鴨爲鳧，家鴨爲鶩。《蜀本》注云：《爾雅》云：野鳧，鶩。注云：鴨也。如此，則鳧、鶩皆是鴨也。又云：《本經》用鶩肪，即家鴨也。如此所説各不同，其義不定。又按唐王勃《滕王閣記》云：落霞與孤鶩齊飛。則明知鶩爲野鴨也。勃，唐之名儒，必有所據，故知鶩爲野鴨明矣。

宋・鄭樵《通志》卷七六《昆蟲草木略》 舒鳧 《爾雅》曰鶩。鴨也。

宋・陳衍《寶慶本草折衷》卷一六 新分鶩音牧肉頭、子、屎及黄、黑、青鴨附。

一名家鴨，一名白鴨，乃家養不能飛翔者。生處處有之。見縉雲。○附：子，一名鴨卵，俗號鶩實，一名鶩元。○又附：屎，一名鴨通。○其肉及子，皆忌合鼈食之。

冷，微毒。○補虚，除熱，和藏府，利水道。自鶩肪條分。○肪，音分。○《唐本》註云：主小兒驚癇。○日華子云：解丹毒，止痢。緑頭者佳。○《食醫心鏡》：主水氣脹滿浮腫。白鴨壹隻去毛腸，湯洗，飯半升，以薑、椒釀鴨腹中，縫定，蒸熟食之。○孫真人云：鴨合鼈，食之害人。附：頭。○主水腫，利小便。附：子。○微寒。治心腹胸膈熱。多食發冷疾氣，令背膊悶，小兒食，脚軟不能行。鹽淹即宜人。亦忌鼈。附：屎。○主殺藥石、金銀銅鐵毒。散蓄熱毒痢。又熱腫毒，和雞子白封之。又蚰蜒咬，以屎傅之。附：黄雌鴨。○為補最勝。附：黑鴨。○滑中，發冷痢，下脚氣，不可多食。附：青雄鴨。○主大腹水病，以水五升，煮取壹升，飲盡，厚蓋取汗。

元・忽思慧《飲膳正要》卷三 鴨 肉，味甘，冷，無毒。補内虚，消毒熱，利水道及治小兒熱驚癇。

元・吴瑞《日用本草》卷四 鶩肪 家鴨也。緑頭者佳。味甘，冷，無毒。主風虚寒熱，水腫。白鴨：味甘，無毒。主補虚，消熱毒，利水道及瘡腫。黑鴨：冷。不可多食，腸風下血、脚氣者尤忌。子：雞、鵝、鴨，主滑中，發冷痢，下脚氣。十種水病，以青頭鴨，如法修食之。鴨卵：微寒。發氣，令背膊悶。合鱉肉食，令人短氣；孕婦多食，令子不順；鹽淹者，瘡家忌食。主治心腹胸膈熱。

明・蘭茂撰，清・管暄校補《滇南本草》卷上 鴨 味甘，大寒。治風寒水腫，丹毒，止熱痢。頭，生瘡煮食效；敷瘡毒。同猪肉煑食，補氣。同羊肉煑食，主人氣散發瘡。老鴨同猪蹄煑食，補氣而肥體。忌同牛肉煑食，冷骨而散血。同鷄煑食，治血暈頭痛。

明・蘭茂原撰，范洪等抄補《滇南本草圖説》卷七 鴨 氣味甘寒，無毒。主治：風寒水腫氣腫，解丹毒，止熱痢。頭，能消頂上禿瘡。腦，能敷一切瘡毒。同豬肉煮食，能補氣。同羊肉煮食，主散氣而發瘡。老鴨熬服，能肥體補氣而健中。忌同牛肉食之，若食者，冷骨而破血。同雞肉食，止血暈頭痛。

明・王綸《本草集要》卷六 白鴨屎 殺石藥毒，解結縛，散畜熱。主熱毒痢，為末，水調服之。熱腫毒瘡，雞子白和傅之。又傅蚰蜒咬瘡，良。○肉，補虚除熱，和臟腑，利水道，主病水浮腫，古方用鴨頭丸；又取白鴨或青頭鴨一隻，治如食法，和米并五味煮，令極熟，作粥食之。

明・滕弘《神農本經會通》卷九 鶩肪 野鴨為鳧，家鴨為鶩。味甘，無毒。一云：大寒。《本經》云：主風虚寒熱。《别録》云：鴨肪，主水腫。

白鴨屎：《本經》云：主殺石藥毒，解結縛，散蓄熱。孟詵云：糞，主熱毒毒痢。又取和雞子白，封熱腫毒上，消。日華子云：糞，治熱毒瘡并腫，以雞子調傅，内消。《食療》云：可搨蚯蚓吹瘡。

白鴨肉：緑頭者佳。《本經》云：補虚，除熱，和藏府，利水道。陶云：黄雌鴨，為補最勝。《别録》云：肉，主小兒驚癇。孟詵云：白鴨肉，補虚，消毒熱，利水道，及小兒熱驚癇，頭生瘡腫。又和葱、豉作汁飲之，去卒煩熱。

鴨頭血：味甘，氣溫，平，無毒。又云：治水腫之盛。《别録》云：血，主解諸毒。又頭，主水腫，通利小便。古方療水，用鴨頭丸。日華子云：頭，治水腫，煮服。《心鏡》云：治十種水病不差垂死，青頭鴨一隻，治如食法，細切，和米并五味，煮令極熟，作粥，空腹食之。

鴨卵：陶云：不可合鼈肉食。日華子云：卵，治心腹胸膈熱。多食發冷疾。孟詵云：子，微寒。少食之，亦發氣，令背膊悶。《食療》云：卵，鹽淹食之，即宜人。

野鴨、家鴨：《蜀本》云：野鴨小者名刀鴨，味最重，食之補虚。孟詵云：野鴨，主補中益氣，消食。九月已後即中食，全勝家者，雖寒不動氣，消

十二種蟲，平胃氣，調中輕身。又身上諸小熱瘡，多年不可者，但多食之即差。日華子云：野鴨，涼，無毒。補虛助力，和胃氣，消食，治熱毒風，及惡瘡癧。殺腹藏一切蟲。九月後、立春前採，大補益病人。不可與木耳、胡桃同食。又家鴨，冷，微毒。補虛，消熱毒，利小腸，止驚癇，解丹毒，止痢。綠頭者佳。孟詵云：黑鴨，滑中，發冷痢，下脚氣，不可多食。

明・劉文泰《本草品彙精要》卷二六　鶩肪無毒。附白鴨屎、肉。　卵生。

鶩肪：　主風虛寒熱。○白鴨屎，主殺石藥毒，解結縛，散蓄熱。○肉，補虛除熱，和臟腑，利水道。名醫所錄。　【名】刀鴨小鴨也。通白鴨屎也。【地】《衍義》曰：江湖間處處有之。陶隱居云：鶩，即鴨，然有家鴨，有野鴨。陳藏器《本草》：《尸子》云野鴨爲鳧，家鴨爲鶩。《爾雅》云：野鳧，鶩。注云：鴨也。如此，則鳧、鶩皆是鴨也。又云：《本經》用鶩肪，即家鴨也。如此所說各不同，其意不定。又按唐王勃《滕王閣記》云落霞與孤鶩齊飛，則明知鶩爲野鴨也。勃乃唐之名儒，必有所據，故知鶩爲野鴨明矣。

【時】採：九月後。【用】脂。【色】黃。【味】甘。【性】大寒。【氣】氣之薄者，陽中之陰。【臭】腥。【治】療：《唐本》注云：鴨肪，治水腫。○鴨肉，治小兒驚癇。○鴨頭，治水腫，通利小便。日華子云：野鴨，消食及治熱毒風，並惡瘡癧，殺腹臟一切蟲。○家鴨，消熱毒，利小腸，止驚癇及痢。綠頭者亦佳。○卵，治心腹胸膈熱。孟詵云：野鴨，消十二種蟲，平胃氣，調中輕身，及治身上小熱瘡，多年不愈者，食之瘥。○白鴨肉，治小兒頭生瘡腫。○糞，治熱毒，毒痢。《食療》云：屎，可搨蚯蚓咬瘡。《別錄》云：青雄鴨，治卒大腹水病，以水五升，煮取一升，飲盡，厚蓋之取汗，瘥。補：日華子云：家鴨，補虛。孟詵云：野鴨，補中益氣。【合治】白鴨肉合葱豉作汁飲之，治卒煩熱。○鴨糞和雞子白，調傅熱毒瘡，及腫毒內消。○青頭鴨一隻，細切，和米並五味煮，令極熟，作粥空腹食之，治十種水病不瘥垂死者。○白鴨一隻去毛腸，湯洗，饋甫云切，半蒸飯。飯半升，以飯薑釀鴨腹中，縫合，蒸，候熟食之，治水氣脹滿，浮腫，小便澀少。【禁】凡鳥自死口不閉者，食之殺人。黑鴨食之，能滑中，發冷痢，下脚氣。鴨卵多食發氣動冷疾，令背膊悶，小兒食之脚軟不能行。【忌】鴨卵及肉不可合鱉肉同食，能害人。野鴨，病人不可與木耳、胡桃、豉同食。【解】鴨血解諸毒及野葛毒，飲之，瘥。家鴨肉解丹毒。白鴨屎汁和水調服，解服石藥過劑者及金、銀、銅、鐵毒。

明・盧和、汪穎《食物本草》卷三禽類　鴨　肉補虛，除熱，和臟腑，利水道，消脹，止驚癇，解丹毒，止痢血，解毒頭，治水腫，白鴨尤佳。屎，殺石藥毒，解結縛，散蓄熱，主熱毒痢，為末，水調服之。熱腫毒瘡，和鷄卵白傅之，又傅蚰蜒咬瘡良。黃雌鴨最補，綠頭、青頭鴨佳。黑鴨滑中，發冷痢脚氣。卵，微寒，主心膈熱，發氣并冷疾。小兒食之脚軟，鹽醃者稍可。肉與卵並不可同鱉肉食，害人。

鶩肪　味甘，無毒。主風虛寒熱。考之《禮》云：庶人執鶩。《尸子》云：野鴨為鳧，家鴨為鶩。然王勃《滕王閣序》又謂：落霞與孤鶩齊飛。則野鴨亦謂之鶩。《唐本》《別錄》云：鴨肪主水腫。陶隱居言：此鶩為家鴨肪。用者擇也。

明・鄭寧《藥性要略大全》卷一〇　鶩音牧。家鴨也。　主風虛寒熱，補虛除熱，和臟腑，利水道。　味甘，大寒，無毒。　白鴨肉：　補虛，消毒熱，利水道，及小兒驚癇，頭生瘡腫。和葱、豉作汁飲之，去卒暴煩熱。　鴨頭血：　醫風腫之盛。○鴨子不可合鱉肉食。

明・陳嘉謨《本草蒙筌》卷一〇　白鴨屎　性寒。無毒。乾者勿用，新者撿來。解結縛殊功，散蓄熱立效。腹中五金燥毒，諸石藥毒，並絞濃汁飲之；身上作腫惡瘡，作癢熱瘡，悉調雞清敷上。蚯蚓咬嚙，亦堪搨消。肉性微寒，補虛最勝。葛可久用治勞怯，白鳳膏曾載方書。利小便消水腫脹滿，和臟腑退卒熱驚癇。擇白毛黑嘴為佳，忌烏龜鼈肉同食。頭綠者亦堪入藥，目白者有毒殺人。血調酒頻吞，解諸毒極驗。頭作丸旋服，古方有鴨頭丸。治水腫亦靈。卵寒去熱於心胸，食多漸軟其脚膝。愛嬰兒者，不可不知。

明・方穀《本草纂要》卷一〇　綠頭雄鴨　味厚，氣盛，屬陽。黃毛雌鴨味厚，氣薄，屬陰。凡人陽虛不足，食雄鴨而可以補陽；陰虛不足，食雌鴨而可以補陰。大率雄鴨所生，其頭更綠，其聲更啞，聲不出則陽不妄發，而精銳之氣皆聚於項矣。然群鴨中少得一二，則衆鴨皆得其雄也，豈不為補陽之物乎？若謂雌鴨所生，其稟太厚，其子不斷，夫嘗因子有餘而欲求雛，未嘗因稟少薄而欲少生。但純陰之體，有爲生生不息之物，豈不爲補陰之藥乎？

烏骨白鴨：　味甘，氣寒，無毒。主安五臟，益脾胃，養氣血，壯心腎，退勞熱，理內傷，乃滋陰固本之聖藥也。又曰：鴨欲水，吾觀水腫之症，食鴨可

也。鴨食蟲，吾見腹中有蟲而可以殺也。鴨稟寒，吾見蓄熱之症而可以散也。大抵鴨之爲物，與雞不同。鴨本性寒，而雞本性熱。鴨無毒，而雞有毒。又云鴨不毒而鴨子具毒，雞更毒而雞子不毒。

明・寧源《食鑒本草》卷上　鴨　味甘，微涼，無毒。療風虛寒熱，和臟腑，利水道，除熱補虛。

明・王文潔《太乙仙製本草藥性大全》卷七《本草精義》　白鴨　鴨有家鴨，有野鴨。舊本不著所出州土，今江湖河泊在處有之。陳藏器：野鴨爲鳧，家鴨爲鶩。陶隱居云：鶩是鴨，家鴨不能飛翔，野鴨形類家鴨，翅能遠飛江北。多生冬月，可食。霜降後立春前食勝家鴨。《本經》云：鴈肪，一名鶩肪。其療小異，此說則專是家鴨爾。黃雌鴨爲補最勝，鴨卵不可和鼈肉食之。凡鳥自死，口不閉者，皆不可食，食之殺人。《唐本》注云：《別録》云，鴨肪主水腫。血，主解諸毒。肉，主小兒驚癇。卵，主水腫，通小便。古方療水，用鴨頭丸。孟詵云：野鴨，主補中益氣，消食，九月已後即中食，全勝家者。雖寒，不動氣，消十二種蟲，平胃氣，調中輕身。又身上諸小熱瘡多年不差者，但多食之即差。不可與木耳、胡桃、豉同食。又云：白鴨肉補虛，消毒熱，利水道，及小兒驚癇，頭生瘡腫。又和葱豉作汁飲之，去卒煩熱。又糞主熱毒，毒痢。又取和雞子白，封熱腫毒上，消。又黑鴨，滑中，發冷痢，下脚氣，不可食之。子微寒，少食之，亦發氣，令背胸悶。止痢綠頭者佳。頭，治水腫。糞，治熱毒瘡併腫毒，以雞子調傅內消。卵，治心腹胸膈熱，多食發冷疾。《食療》云：項中熱血，解野葛毒，飲之差。卵，小兒食之，脚軟不行愛倒，鹽淹食之即宜。又屎可搨蚯蚓咬瘡。

按：野鴨與家鴨有相似者，有全別者。《尸子》曰：野鴨爲鳧，家鴨爲鶩鶩音木，質木故也。鶩性木，不能飛翔，如庶人守耕稼而已，故《周官》庶人執鶩。即此觀之，則鶩爲家鴨明矣。寇氏《衍義》引王勃云落霞與孤鶩齊飛，乃以鶩爲野鴨，殊不知詞人描寫景象，托物起興而已，難以泥其形迹，況下條鴈肪《本經》亦以鶩名，此指鴈未可知。若據此以鶩爲野鴨，則鳧又當爲何鴨耶？

明・王文潔《太乙仙製本草藥性大全》卷七《仙製藥性》　白鴨屎　性溫，無毒。乾者勿用，新者揀來。　主治：解結縛殊功，散蓄熱立效。腹中五金燥毒，諸石藥毒並絞濃汁飲之。身生作腫惡瘡作痒、熱瘡，悉調鴨清敷上，蚯蚓咬齧亦堪搨消。　補註：蚰蜒咬，以屎傅瘡。又云鴨肉合鱉食之害人。〇食藥過劑者，白鴨屎末和水調服之差。〇解金銀錫鐵毒，取鴨屎汁解之良。　鴨肉：味甘，氣微寒，無毒。　主治：補虛最勝。葛可久用治勞怯，白鳳膏曾載方書。利小便，消水腫脹滿，和臟腑，退卒熱驚癇。擇白毛黑嘴爲佳。忌烏龜鱉肉同食。頭綠者亦堪入藥。目白者有毒殺人。　補註：卒大腹水病，取青雄鴨，以水五升，煮一升飲盡，厚蓋之，取汗佳。〇治十種水病不差垂死，青頭鴨一隻，治如食法，細切和米併五味，煮令極熟作粥，空腹食之。〇水氣脹滿浮腫，小便澁少，白鴨一隻，去毛、腸，湯洗，饙飯半升，以飯、薑、椒釀鴨腹中縫定，如法蒸，候熟食之良。　鴨血：調酒頻吞，解諸毒極驗。　鴨頭：作丸旋服，古方有鴨頭丸。治水腫亦靈。　鴨卵：寒，去熱於心胸，多食漸軟其脚膝，愛孩兒者，不可不知。

明・王文潔《太乙仙製本草藥性大全》卷七《仙製藥性》　鶩肪　味甘，氣寒，無毒。　主治：主風虛寒熱大效。

明・皇甫嵩《本草發明》卷六　白鴨屎性寒，無毒。　不用乾，惟取新者揀來。解結縛，散畜熱。日華子云：鴨糞治熱毒瘡并腫毒，以雞子清調敷，亦清蚯蚓咬毒。〇肉，性微寒。除熱，補虛，和藏府，利水道。日華子云：止驚癇，解丹毒，治勞怯。用白鴨為白鳳膏。白毛烏嘴者佳。綠頭鴨，亦堪入藥。目白者，殺人。忌與龜、鼈肉同食。〇血，調酒服，解諸毒。〇頭，作丸，治水腫。古有鴨頭丸方。〇卵《食療》云：小兒食脚軟，宜少與食。醃食之即宜人，去心胸熱。

雄鴨肉一方：治卒大腹水腫，用一隻，加水五升，煮取一升，飲盡，厚覆取汗。又方：治十種水氣垂死，以青頭鴨一隻，治如食法，細切，和米并五味煮令極熟，作粥食。又方：主水氣脹滿浮腫，小便澁少，用白鴨一隻，去毛腸洗淨，饙飯半升，以飯、薑、椒釀鴨腹中，縫定，如法蒸，候食之。東垣又云：鴨頭，治水腫之盛。

黃雌鴨，為補最勝。又云：黑鴨，滑中，發冷痢，下脚氣，不堪食。

明・皇甫嵩《本草發明》卷六　鶩肪味甘，寒。　主風虛寒熱。此即野鴨之類。

明・李時珍《本草綱目》卷四七禽部・水禽類　鶩音木。《別録》上品。

【釋名】鴨《說文》　舒鳧《爾雅》　家鳧《綱目》　鵏鴄音末匹。時珍曰：鶩通作木。鶩性質木，而無他心，故庶人以爲贄。《曲禮》云：庶人執匹。匹，雙鶩也。匹夫卑末，故《廣雅》謂鴨爲鵏鴄。《禽經》云鴨鳴呷呷，其名自呼。鳧能高飛，而鴨舒緩不能飛，故曰

舒鳧。

【正誤】弘景曰：鶩即鴨。有家鴨、野鴨。藏器曰：《尸子》云：野鴨爲鳧，家鴨爲鶩，不能飛翔，如庶人守耕稼而已。保昇曰：《爾雅》云：野鳧，鶩。而《本草》鶩肪，乃家鴨也。宗奭曰：據數説，則鳧、鶩皆鴨也。王勃《滕王閣序》云落霞與孤鶩齊飛，則鶩爲野鴨明矣。勃乃名儒，必有所據。時珍曰：四家惟藏器爲是。陶以鳧、鶩混稱，寇以鶩爲野鴨，韓引《爾雅》錯舒鳧爲野鳧，並誤矣，今正之。蓋鶩有舒鳧之名，而鳧有野鶩之稱，故王勃可以通用，而其義自明。案《周禮》庶人執鶩，豈野鴨乎？《國風》弋鳧與雁，豈家鴨乎？屈原《離騷》云：寧與騏驥抗軛乎？將與鷄鶩争食乎？寧昂昂若千里駒乎？將汎汎若水中之鳧乎？此以鳧、鶩對言，則家也、野也，益自明矣。

【集解】時珍曰：案《格物論》云：鴨，雄者緑頭文翅，雌者黄斑色。但有純黑、純白者。又有白而烏骨者，藥食更佳。鴨皆雄瘖雌鳴。重陽後乃肥腯味美。清明後生卵，則内陷不滿。伏卵聞礱磨之聲，則毈而不成。無雌抱伏，則以牛屎嫗而出之。此皆物理之不可曉者也。

鶩肪白鴨者良，鍊過用。【氣味】甘，大寒，無毒。思邈曰：甘，平。【主治】風虚寒熱，水腫《别録》。

【附方】新一。瘰癧汁出：不止。用鴨脂調半夏末傅之。《永類方》。

肉【氣味】甘，冷，微毒。弘景曰：黄雌鴨爲補最勝。詵曰：白鴨肉最良。黑鴨肉有毒，滑中，發冷利、脚氣，不可食。目白者，殺人。瑞曰：腸風下血人不可食。時珍曰：嫩者毒，老者良。尾臎不可食，見《禮記》。昔有人食鴨肉成癥，用秫米治之而愈。見秫米下。【主治】補虚除客熱，和臟腑，利水道，療小兒驚癇《别録》。解丹毒，止熱痢日華。頭生瘡腫。和葱、豉煮汁飲之，去卒然煩熱孟詵。並用白鴨。

【發明】劉完素曰：鶩之利水，因其氣相感而爲使也。時珍曰：鴨，水禽也。治水利小便，宜用青頭雄鴨，取水木生發之象；治虚勞熱毒，宜用烏骨白鴨，取金水寒肅之象也。

【附方】舊三，新一。白鳳膏：葛可久云：治久虚發熱，咳嗽吐痰，咳血，火乘金位者。用黑嘴白鴨一隻，取血入温酒量飲，使直入肺經以潤補之。將鴨乾撏去毛，脇下開竅去腸拭净，入大棗肉二升，參苓平胃散末一升，縛定。用沙甕一個，置鴨在内以炭火慢煨。將陳酒一瓶，作三次入之。酒乾爲度，取起，食鴨及棗。頻作取愈。《十藥神書》。大腹水病：小便短少。《百一方》用青頭雄鴨煮汁飲，厚蓋取汗。○《心鏡》：治十種水病垂死。用青頭鴨一隻，如常治切，和米并五味煮作粥食。○又方：用白鴨一隻治净，以豉半升，同薑、椒入鴨腹中縫定，蒸熟食之。

頭雄鴨者良。【主治】煮服，治水腫，通利小便。恭曰：古方有鴨頭丸。

【附方】新一。鴨頭丸：治陽水暴腫，面赤，煩躁喘急，小便濇，其效如神，此裴河東方也。用甜葶藶炒二兩，熬膏，漢防己末二兩，以緑頭鴨血同頭全搗三千杵，丸梧子大。每木通湯下七十丸，日三服。一加猪苓一兩。《外臺秘要》。

腦【主治】凍瘡，取塗之良時珍。

血白鴨者良。【氣味】鹹，冷，無毒。【主治】解諸毒《别録》。熱飲，解野葛毒，已死者，入咽即活孟詵。熱血，解中生金、生銀、丹石、砒霜諸毒，射工毒。又治中惡及溺水死者，灌之即活。蚯蚓咬瘡，塗之即愈時珍。

【附方】新三。卒中惡死：或先病痛，或卧而忽絶。並取雄鴨，向死人口斷其頭，瀝血入口。外以竹筒吹其下部，極則易人，氣通即活也。《肘後》。解百蠱毒：白鴨血熱飲之。《廣記》。小兒白痢：似魚凍者。白鴨殺取血，滚酒泡服，即止也。《摘玄方》。

舌【主治】痔瘡殺蟲，取相制也時珍。

涎【主治】小兒痓風，頭及四肢皆往後，以鴨涎滴之。又治蚯蚓吹小兒陰腫，取雄鴨抹之即消。時珍。出《海上》。

膽【氣味】苦、辛，寒，無毒。【主治】塗痔核，良。又點赤目初起，亦效時珍。

肫衣即膍胵内皮也。【主治】諸骨哽，炙研，水服一錢即愈，取其消導也時珍。

卵【氣味】甘、鹹，微寒，無毒。詵曰：多食發冷氣，令人氣短背悶。小兒多食，脚軟。鹽藏食之，即宜人。士良曰：生瘡毒者食之，令惡肉突出。弘景曰：不可合鼈肉、李子食，害人。合椹食，令人生子不順。【主治】心腹胸膈熱日華。

【發明】時珍曰：今人鹽藏鴨子，其法多端。俗傳小兒泄痢，炙鹹卵食之，亦間有愈者。蓋鴨肉能治痢，而炒鹽亦治血痢故耳。

白鴨通即鴨屎也。與馬通同義。【氣味】冷，無毒。【主治】殺石藥毒，解結縛，散畜熱《别録》。主熱毒、毒痢。又和鷄子白，塗熱瘡腫毒，即消。塗蚯蚓咬，亦效孟詵。絞汁服，解金、銀、銅、鐵毒時珍。

【附方】舊一，新二。石藥過劑：白鴨屎爲末，水服二錢，效。《百一方》。乳石發動：煩熱。用白鴨通一合，湯一盞漬之，澄清冷飲。《聖惠方》。熱瘡腫痛：不可忍。用家鴨糞同鷄子清調傅，即消。《聖惠》。

明·梅得春《藥性會元》卷下　鶩肪　味甘，無毒。即鴨也。主治風虚寒熱，補虚除熱，和五臟，利水道。白鴨屎：名通。主殺石藥毒，解結

縛，散蓄熱。家鴨為鶩，野鴨為鳧。　鴨頭血：　止風腫。即《滕王閣賦》落霞與孤鶩齊飛是也。

明・穆世錫《食物輯要》卷五　鴨　味甘，性寒，無毒。壓丹石毒，解河豚毒，補虛乏，去客熱，和臟腑，利小水，止熱痢，小兒驚癇。同鱉肉食，成瘕。黃雌鴨補虛，烏骨白鴨尤良。去虛勞蒸熱。黑鴨有毒，滑中發痢，患腳氣人忌食之。食新鴨有毒，以其多食蚯蚓也。目白者，殺人。昔有多食鴨成瘕，用秫米治之而痊。血，解諸藥毒，有中藥而死者，入喉即活。一人卒中惡，腹痛而死，急殺，熱血灌入口。一人以竹筒頻吹下竅，使氣通即活。治蚯蚓咬瘡，塗之頓痊。卵，去心腹胸膈熱。多食，令人氣短背悶。患毒瘡人忌食。同鱉、李食，害人。小兒多食，令腳軟。涎，解蚯蚓咬陰腫。有過食鴨肉所傷，以糯米泔溫服一二盞，漸消。

明・李中立《本草原始》卷一〇　鶩　弘景曰：鶩即是鴨。然有家鴨，有野鴨。藏器曰：《尸子》云：野鴨為鳧，家鴨為鶩。時珍曰：鶩音木。鶩性質木，而無他心，故庶人以為贄。《曲禮》云：庶人執匹。匹，雙鶩也。匹夫卑末，故《廣雅》謂鴨為[木鳥]鷗。《禽經》曰：鴨鳴呷呷，其名自呼。鳧能高飛，而鴨舒緩不能飛，故《爾雅》謂鴨為舒鳧。

鶩肪　氣味：甘，大寒，無毒。主治：風虛，寒熱水腫。　肉：　氣味：甘，冷，微毒。主治：補虛，除客熱，和臟腑及水道，療小兒驚癇。〇解丹毒，止熱痢。〇頭生瘡腫，和葱豉煮汁飲之。去卒然煩熱。　頭：　雄鴨者良。主治：煮服，治水腫，通利小便。　腦：　主治：凍瘡，取塗之良。　血：　白鴨者良。氣味：鹹，冷，無毒。主治：解諸毒。〇熱飲解野葛毒，已死者，入咽即活。〇熱血，解中生金、生銀、丹石、砒霜諸毒，射工毒。又治中惡及溺水死者，灌之即活。蚯蚓咬瘡，塗之即愈。　鴨涎：　主治：小兒痓風，頭及四肢皆往後，以鴨涎滴之。又治蚯蚓吹小兒陰腫，取雄鴨涎，抹之即消。　鴨舌：　治痔瘡，殺蟲。　膽：　主治：痔核，良。又點赤目初起亦效。　肫衣：　主治：諸骨鯁，炙研，水服之即愈。　卵：　主治：心腹胸膈熱。　白鴨屎：　主治：殺石藥毒，解結縛，散畜熱。〇治熱毒毒痢。又和雞子白塗熱瘡腫毒，及蚯蚓咬，即消。

鶩，《別錄》上品。【圖略】雛鴨形。　按《格物論》云：鴨，雄者綠頭文翅，雌者黃斑色。又有純黑、純白者。有白而烏骨者，藥食更佳。鴨皆雄瘖、雌鳴。重陽後乃肥腯味美。清明後生卵，則內陷不滿。伏卵聞礱磨之聲，則㲉而不成。無雌抱伏，則以牛屎嫗而出之。此皆物理之不可曉者也。　時珍曰：鴨，水禽也。利小便宜用青頭雄鴨，取水木生發之象；治虛勞熱毒宜用。烏骨白鴨，取金水寒肅之象也。　弘景曰：　黃雌鴨為補最勝。　詵曰：白鴨肉最良。黑鴨肉有毒，滑中，發冷利、腳氣者不可食。　瑞曰：腸風下血，不可食。　時珍曰：　嫩者毒，老者良。尾臎不可食。　詵曰：卵多食發冷氣，令人氣短背悶。小兒多食腳軟。鹽藏食之即益人。　士良曰：卵生瘡毒者食之，令惡肉突出。　弘景曰：　卵不可合鱉肉、李子食，害人。合椹食，令人生子不順。　《摘玄方》：　治小兒白痢疾似魚凍者，殺白鴨取血，滾酒泡服，即時止。

明・吳文炳《藥性全備食物本草》卷三　鴨　鴨，自呼名也，或曰可押，故謂之鴨。有家野二種，味甘，性寒，無毒。壓丹石毒，解河豚毒，補虛乏，去客熱，和臟腑，利小水，止熱痢，小兒驚癇。黃雌鴨補虛，烏骨白鴨尤良，去虛勞蒸熱。黑鴨有毒，滑中，發痢，患腳氣人忌食之。食新鴨有毒，以其多食蚯蚓也。目白者殺人。昔有多食鴨成瘕，用秫米治之而痊。　血：　解諸藥毒，有中藥而死者，入喉即活。一人卒中惡腹痛而死，急殺熱血灌入口，一人以竹筒頻吹下竅，使氣通即活。治蚯蚓咬瘡塗之頓痊。　卵：　去心腹胸膈熱，多食令人氣短背悶。患毒瘡人忌食。同鱉、李食害人；　小兒多食令腳軟。　涎：　解蚯蚓咬陰腫。有過食鴨肉所傷，以糯米泔溫服一二盞漸消。　屎：　主散蓄熱，熱毒瘀痢；　解結熱，殺金、銀、鐵石藥毒，為末水調服之；　熱毒瘡腫并蚯蚓咬，和鷄卵白傅之。

明・趙南星《上醫本草》卷四　鴨　一名鶩音木，一名家鳧。黃雌鴨為補最勝，白鴨最良，老者亦良。　肉：　甘，冷，微毒。主治：補虛，除客熱，和臟腑及水道，解丹毒，止熱痢，療小兒驚癇並用白鴨。　黑鴨有毒，滑中發冷，利腳氣，不可食。目白者，殺人。腸風下血人不可食。尾臎不可食。嫩者亦有毒。昔有人食鴨肉成癥，用秫米治之而愈，見秫米下。　血白鴨者良：　鹹，冷，無毒。主治：　解諸毒熱。飲解野葛毒已死者，入咽即活。解中生金、生銀、丹石、砒霜諸毒，射工毒。又治中惡及溺水死者，灌之即活。蚯蚓咬瘡，塗之即愈。

附方　小兒白痢似魚凍者：　白鴨殺取血，滾酒泡服即止也。

卵：　鹽藏食之，宜人。　甘、鹹，微寒，無毒。　主治：　心腹胸膈熱。　多食鮮鴨卵發冷氣，令人氣短背悶。　小兒多食，腳軟。　生瘡毒者食之，令惡肉突出。〔弘景曰：〕不可合鼈肉、李子食，害人。　合椹食，令人生子不順。

明・李中梓《藥性解》卷六　黑嘴白鴨　味甘，性微寒，無毒，入肺、腎二經。　主大補虚勞，最消毒熱，利小便，除水腫，消脹滿，利臟腑，退瘡腫，定驚癇。　緑頭者亦堪用，白目者能殺人。　忌鼀鼈肉。　按：　肺之色屬白，腎之色屬黑，黑嘴白鴨宜其入此二經。　肺腎受補，誠為勞症仙方，得童便煮服，功眇不可盡述。

明・倪朱謨《本草彙言》卷一八　鴨血：　味鹹，氣寒，無毒。　陳氏曰：　野鴨爲鳧，家鴨爲鶩。　不能飛翔，如庶人守耕稼而已。　又按《周禮》庶人執鶩，因其性質木而無他心，故庶人以爲贄。　其鳴呷呷，以名自呼。　又按《格物論》云：　雄鴨緑頭、文翅，雌鴨頭黃、斑色，其身毛又有純白、純黑者。

鴨血：　《別錄》解諸毒之藥也。　趙天民曰：　鴨血寒凝而復能行散，故李時珍方取血乘熱飲，善解一切金、銀、丹石、砒霜諸毒，及一切毒蟲、毒草，如野葛、射工、百蟲惡毒垂死者，灌入喉即能活。　鴨肉：　味甘，氣寒，無毒。　葛可久補虚羸勞熱骨蒸之藥也。　金山臺曰：　以五味調和，作羹食更佳，以白羽者絶效。　如病痢疾人食之，病轉劇，切戒。

明・應廔《食治廣要》卷五　鶩即家鴨也。《爾雅》作舒鳧。　肉：　氣味：　甘，冷，微毒。　主補虚，除客熱，和藏府，利水道，解丹毒、熱痢、瘡腫、煩熱。　陶弘景曰：　黃雌鴨為補最勝。　孟詵曰：　白鴨肉最良。　黑鴨肉有毒，滑中，發冷利、腳氣，〔不可食〕。　目白者，殺人。　腸風下血人不可食。　嫩者毒，老者良。　頭：　主水腫，通利小便。　血：　鹹，冷，無毒。　能解野葛、生金、生銀、丹石、砒霜、射工諸毒。　又主中惡及溺水死者，灌之即活。　蚯蚓咬瘡，塗之即愈。　卵：　甘、鹹，微寒，無毒。　主治：　心腹胸膈熱。　多食滯氣，令人氣短背悶。　小兒多食，腳軟。　經鹽藏者良。　生瘡毒人食之，令肉突出。

明・姚可成《食物本草》卷一二禽部・水禽類　鶩音木。一名鴨，一名家鳧。雄者緑頭文翅，雌者黃斑色，但有純黑、純白者。又有白而烏骨者，藥食更佳。鴨則雄瘖雌鳴。重陽後乃肥腯味美，清明後生卵，則内陷不滿。伏卵聞礱磨之聲，則毈而不成。無雌抱伏，則以牛屎嫗而出之。此皆物理之不可曉者也。

鶩肉：　味甘，冷，微毒。　主補虚，除客熱，和臟腑，利水道，療小兒驚癇。　解丹毒，止熱痢。　頭生〔瘡腫。　和葱、豉煮汁〕飲之，去卒然煩熱。　白鴨肉最良，黑鴨肉有毒，滑中，發冷利、脚氣，不可食。　目白者，殺人。　腸風下血人不可食。　嫩者毒，老者良。　尾臎不可食，見《禮記》。　昔有人食鴨肉成癥，用秫米治之而愈。　見秫米下。　肪：　味甘，大寒，無毒。　治風虚寒熱，水腫。　頭：　煮服，治水腫，通利小便。　腦：　主凍瘡，取塗之良。　血：　味鹹，冷，無毒。　主解諸毒。　熱飲，解野葛毒。　已死者，入咽即活。　熱血，解中生金、生銀、丹石、砒霜諸毒，射工毒。　又治中惡及溺水死者，灌之即活。　蚯蚓咬瘡，塗之即愈。　舌：　治痔瘡殺蟲，取相制也。　涎：　治小兒痓風，頭及四肢皆往後，以鴨涎滴之。　又治蚯蚓吹小兒陰腫，取鴨涎抹之即消。　肫衣：　膽：　味苦、辛，寒，無毒。　主塗痔核，良。　又點赤目初起，亦効。　肫衣：　治諸骨哽，炙研，水服一錢即愈。　取其消導也。　卵：　味甘、鹹，微寒，無毒。　治心腹胸膈熱。　多食發冷氣，令人氣短背悶。　小兒多食，脚軟。　鹽藏食之，即宜人。　生瘡毒者食之，令惡肉突出。　不可合鼈肉、李子食。　合桑椹食，令人生子不順。　○李時珍曰：　今人鹽藏鴨子，其法多端。　俗傳小兒泄痢，炙鹹卵食之，亦間有愈者。　蓋鴨肉能治痢，而炒鹽亦治血痢故耳。

明・顧逢柏《分部本草妙用》卷一〇禽部　鶩即鴨。野鴨為鳧，家鴨為鶩。白黃色雌者為良，黑者有毒。　甘，冷，微毒。　主治：　補虚除熱，和臟腑水道，小兒驚癇，止熱痢。　若治水利小便，宜青頭雄鴨，取水木生發之象。　治虚勞熱毒，宜烏骨白鴨，取金水寒肅之象。　血，解諸毒，熱飲解野葛毒，即已死者，入咽即活。　熱血，解生金銀、丹石、砒霜諸毒，射工毒，及中惡。　溺水死者灌之即活。　蚯蚓咬痛，塗之即愈。　○取雄鴨，斷頸向死人瀝血入口，以竹筒吹下部，氣通則活。　白鴨熱血，解蠱毒、百毒。　卵，甘鹹，微寒，無毒。　主腹胸膈熱。　多食發冷氣，氣短，小兒腳軟。　生瘡者食之，惡肉突出。　不可與鼈、李同食。　白鴨屎，殺石藥毒，解熱毒痢。　和雞子白塗熱瘡即消。　絞汁，解金銀銅鐵毒。

明・李中梓《醫宗必讀・本草徵要下》　鴨味甘、鹹，平，無毒。入肺、腎二經。流行水府，滋陰氣以除蒸；　闖達金宮，化虚痰而止嗽。　類有數種，惟毛白而烏嘴鳳頭者，為虚癆聖藥。　白屬西金，黑歸北水，故葛可久治癆，有白鳳膏也。

明・鄭二陽《仁壽堂藥鏡》卷六　鴨　味甘，冷。　利小便，用青頭雄鴨；

治虛勞熱，烏骨白鴨。　主補虛，除熱，和臟腑。頭：　療病水浮腫。白鴨屎：　殺石藥毒，散蓄熱，解結縛，療熱毒痢，為末水調服。野者名鳧。主補中益氣，平胃消食，治水腫，除熱毒風，殺十二種蟲。身上有諸小熱瘡，年久不愈，但多食即瘥。　蕭炳云：　白鴨多食，令人發冷氣。不可同鱉食。

卵：　寒。去熱干心胸，多食漸軟其脚膝。

明・張景岳《景岳全書》卷四九《本草正》　鴨血　味鹹，微涼，善解諸毒。凡中金銀、丹石、砒霜、鹽滷毒者，俱宜服此解之。若野葛毒殺人至死，熱飲之，入口即解。若溺水死者，灌之即活。蚯蚓咬瘡，塗之即愈。

明・施永圖《本草醫旨・食物類》卷三　鶩音木，即名鴨。○野鴨為鳧，家鴨為鶩。○鴨肉與卵不可與鼈同食，能殺人。又不可與胡桃、豆豉同食。　鶩肪：　白鴨者良，鍊過用。味甘，大寒，無毒。治：　風虛寒熱，水腫。

附方　瘰癧汁出不止：　用鴨脂調半夏末，傅之。

肉：　味甘，冷，微毒。黃雌鴨為補最勝。○白鴨肉最良。黑鴨肉有毒，滑中，發冷利脚氣，不可食。○腸風下血人不可食。嫩者毒，老者良。治：　補虛，除客熱，和臟腑及水道。療小兒驚癇，解丹毒，止熱痢，頭生瘡腫。和葱豉煮汁飲之，去卒然煩熱。治水，利小便，宜用青頭雄鴨，取水木生發之象。治虛勞熱毒，宜用烏骨白鴨，取金水寒肅之象也。

附方　白鳳膏：　治久虛發熱，欬嗽，吐痰咳血，火乘金位者，用黑嘴白鴨一隻，取血，入溫酒量飲，使直入肺金以潤補之。將鴨乾撏去毛，脇下開竅，去腸拭淨，入大棗肉二升，參苓平胃散末一升，縛定，用沙甕一箇，置鴨在內，以炭火慢煨，將陳酒一瓶，作三次入之，酒乾為度，取起，食鴨及棗，頻作取愈。大腹水病：　用青頭雄鴨煮汁飲，厚蓋取汗。用青頭鴨一隻，如常治切，和米并五味煮作粥食。○又方，用白鴨一隻，治淨，以豉半升，同薑、椒入鴨腹中，縫定，蒸熟食之。　頭：　雄鴨者良。治：　煮服，治水腫，通利小便。

腦：　治：　凍瘡，取塗之良。　血：　白鴨者良。味：　鹹，冷，無毒。治：　解諸毒。熱飲，解野葛毒，已死者入咽即活。熱血，解中生金、生銀、丹石、砒霜諸毒，射工毒。又治中惡及溺水死者，灌之即活。蚯蚓咬瘡，塗之即愈。

附方　卒中惡死：　或先病痛，或卧而忽絕，並取雄鴨向死人口，斷其頭瀝血入口，外以竹筒吹其下部，極則易入，氣通即活也。解白蟲毒：　白鴨血熱飲之。小兒白痢：似魚凍者，白鴨殺取血，滾酒泡服，即止也。

舌：　治：　痔瘡，殺蟲，取相制也。　涎：　治：　小兒痓風，頭及四肢皆往後，以鴨涎滴之。又治蚯蚓吹小兒陰腫，取雄鴨抹之即消。穀芒刺喉，飲鴨涎即消。　膽：　味苦、辛，寒，無毒。治：　塗痔核良，又點赤目初起，亦效。　肫衣：　即膍胵肉也。治：　諸骨鯁，炙研，水服一錢，即愈。取其消導也。　卵：　味甘、鹹，微寒，無毒。多食發冷氣，令人氣短背悶，小兒多食，脚軟。鹽藏食之即宜人。○生瘡毒者，食之令惡肉突出。○不可合鼈肉、李子食，害人。合椹食，令人生子不順。治：　心腹胸膈熱。今人鹽藏鴨子，其法多端。俗傳小兒泄痢，炙鹹卵食之，亦間有愈者。　白鴨通：　即鴨屎也。味：　冷，無毒。治：　殺石藥毒，解結縛，散畜熱。主熱毒、毒痢。又和雞子白，塗熱瘡腫毒即消，塗蚯蚓咬亦效。絞汁服，解金銀銅鐵毒。

附方　石藥過劑：　白鴨屎為末，水服二錢效。乳石發動：　煩熱，用白鴨通一合，湯一盞漬之，澄清冷飲。熱瘡腫痛：　用家鴨糞同雞子清，調傅即消。

明・李中梓《本草通玄》卷下　鴨　味甘，性平。　主虛癆骨蒸。惟白毛黑嘴者方有奇功。取金肅水寒之象也。　嫩者毒，老者良。

清・穆石匏《本草洞詮》卷一四　鶩　鶩家鴨也。鶩性質水而無他心，故庶人以為贄。肉甘，平，無毒。一云冷，微毒。主補虛除熱，和臟腑，利水道。凡治水利小便，宜用青頭雄鴨，取水木生發之象。治虛勞熱毒，宜用烏骨白鴨，取金水寒肅之象也。鴨子甘鹹，微寒。多食發冷氣，鹽藏食之即宜人。小兒泄痢，炙鹹卵食之，間有愈者。蓋鴨肉能治痢，而炒鹽亦治血痢故耳。

清・丁其譽《壽世秘典》卷四　鴨一名鶩，音木。野鴨為鳧，家鴨為鶩，一名家鳧，又名舒鳧。蓋鶩有舒鳧之名，而鳧有野鶩之稱，故二名可以通用，遂致混稱無辨。鴨雄者綠頭文翅，雌者黃斑色。有純黑純白者，又有白而烏骨者，藥食更佳。雄瘖雌鳴。重陽後，乃肥腯味美。清明後生卵，則內陷不滿。伏卵，聞礱磨之聲，則毈而不成。無雌抱伏，則以牛矢嫗而出之。此皆物理之不可曉者也。

肉：　氣味：　甘，冷，微毒。主治補虛除熱，和臟腑，利水道，止驚癇，解丹毒。

發明陶弘景曰：　黃雌鴨為補最勝，白鴨良。綠頭鴨、黑鴨有毒，滑中，發冷利、脚氣，不可食。目白者殺人，腸風下血人不可食。李時珍曰：　嫩者毒，老者良，尾臎不可食。又云：　鴨，水禽也。治水，利小便，宜用青頭雄鴨，取水木生發之象；　治虛勞、熱毒，宜用烏骨白鴨，取金水寒肅之象也。

血：　白鴨者良。氣味：　鹹，冷，無毒。主解諸毒，熱飲解中生金、生銀、丹石、砒霜毒、射工毒。又治中惡及溺水死者，灌之即活。蚯蚓咬瘡，塗之即

愈。　涎：　治小兒痓風，頭及四肢皆往後，以鴨涎滴之。又治蚯蚓吹小兒陰腫，取雄鴨涎，抹之即消。

卵：　氣味：　甘，微寒，無毒。治心腹胸膈熱。多食發冷疾，小兒多食脚軟。鹽藏食之，宜人。

發明陶弘景曰：　鴨肉與卵並不可與鼈同食，能害人。亦不可與胡桃、豆豉同食。合桑椹食，令人生子不順。生瘡毒者食之，令惡肉突出。

清・劉雲密《本草述》卷三〇　鶩音木，俗名鴨。家鴨為鶩，野為鳧。　肉：　氣味：　甘，冷，微毒。時珍曰：　嫩者毒，老者良。　主治：　補虛，除客熱，和臟腑及水道。河間曰：　鶩之利水，因其氣相感而為使也。時珍曰：　鴨，水禽也。治水利小便，宜用青頭雄鴨，取水木生發之象。治虛勞熱毒，宜用烏骨白鴨，取金水寒肅之象也。

血：　氣味：　鹹，冷，無毒。　主治：　解中砒霜毒。又卒中惡死，或先病痛，或卧而忽絕，並取雄鴨，向死人口斷其頭，瀝血入口，外以竹筒吹其下部，極則易，人氣通即活也。

愚按：　食物如鶩類取其能補。第《本草》言其甘冷，得無以冷補乎？然觀治久虛咳血，用之者大有佐使，固非徒取其冷也。至於療大腹水病，則用之單行，又豈止以冷為功乎？　即劉河間以利水為氣相感，亦有未盡。試即血之能解中毒中惡而思之，則兹物亦有能達其氣之塞而欲絕，解其毒惡之結而未散者為功也。至於大腹水病，豈非氣之欲塞、戾之欲結者乎？夫血為水所化也，可以通於兹義矣。雖然，用雞血者，取諸其陽，用鴨血者，取諸其陰，大槩不可易也。

附方　白鳳膏，葛可久云治久虛發熱，咳嗽吐痰咳血，火乘金位者，用黑嘴白鴨一隻，取血入温酒，量飲，使直入肺金，以酒補之，將鴨乾撏去毛，脇下開竅去腸，拭淨，入大棗肉二升，參苓平胃散末一升，縛定，用沙甕一個，置鴨在内，以炭火慢煨，將陳酒一瓶，作三次入之，酒乾為度，取起，食鴨及棗，頻作取愈。　大腹水病，小便短少，《百一方》用青頭雄鴨煮汁飲，厚蓋取汗。又方：　用白鴨一隻，治淨，以豉半升，同薑、椒入鴨腹中，縫定蒸熟，食之。

清・郭章宜《本草匯》卷一七　鴨　味甘、鹹，平，入手太陰、足少陰血分。流行水府，滋陰氣以除蒸。闖達金宫，化虛痰而止嗽。

按：　鴨有數種，惟白毛而烏嘴鳳頭者，為虛勞聖藥。取金肅水寒之象也。故葛可久治勞嗽發熱，有白鳳膏，用黑嘴白鴨一隻，乾撏去毛，脇下開竅，去腸，拭淨，入大棗肉二斤，參苓白术散末一升，縛定，用沙甕一箇，置鴨于内，以炭火慢煨，將陳酒一甕，作三次入之，酒乾為度。　野者，更益病人。老者佳，嫩者毒。

清・尤乘《食鑒本草・禽類》　鶩即鴨，音木。　黄雌鴨為補，白者良，黑者毒。骨中發冷、脚氣人不可食，腸風下血人不可食。嫩者毒，老者良。六月忌食。鴨目白者殺人。卵勿與蒜、鱉同食，殺人。又勿同胡椒、豆豉食。野鴨九月後宜食。熱瘡久不好，多食愈。

清・朱本中《飲食須知・禽類》　鴨肉　味甘，性寒。黑鴨有毒。滑中發冷利，患脚氣人忌食之。新鴨有毒，以其多食蚯蚓等蟲也。目白者殺人。腸風下血人不可食鴨。　鴨血，味鹹，性冷。解諸藥毒。　鴨卵，味甘、鹹，性微寒。多食發冷氣，令人氣短背悶。妊婦多食，令子失音，且生蟲。小兒多食，令脚軟。患瘡毒人食之，令惡肉突出。不可合鼈肉、李子食，害人。合桑椹食，令妊婦生子不順。過食鴨肉所傷成瘕者，以糯米泔溫服一二盞，漸消。

清・何其言《養生食鑒》卷下　鴨雄者，綠頭，文翅，聲瘖；　雌者，黄斑色，聲鳴。又有純黑、純白者，惟白而骨烏者，更佳。　味甘，性冷，無毒。補虛乏，除客熱，和臟腑，利水道，治小兒驚癇、熱痢。黄雌鴨者，為補最勝。白鴨肉尤良。黑鴨滑中，發冷痢、脚氣。凡鴨，新嫩者毒，長壯者良，老者大寒。痰火食之，失音。腸風下血人，不可食。　血：　解諸毒。有中藥而死者，入喉即活。并治卒中惡而死，急殺，取熱血滿口灌之。治小兒白痢似魚凍者，白鴨殺取血，滚酒泡服，即止。　卵：　去心腹胸膈熱氣，多食令人氣短背悶。小兒多食，令脚軟。痘疹食之，犯眼患。瘡人食之，令惡肉出。鹽醃者稍宜。并不可與鱉肉同食。

清・王翃《握靈本草》卷一〇　鴨　主治：　鴨，甘，冷，微毒。主補虛，除客熱，和藏府及水道。

清・汪昂《本草備要》卷四　鴨補陰。　甘，冷。入肺腎血分，滋陰補虛，除蒸止嗽，利水道，治熱痢。　白毛烏骨者，爲虛勞聖藥，取金肅水寒之象也。葛可久有白鳳膏。　老者良。酒或童便煮。　熱血：　解金、銀、丹石、砒霜百毒，及中惡、溺死者。　卵：　甘、鹹，微寒。能滋陰，除心腹膈熱。鹽藏

食，良。

清・王逊《藥性纂要》卷四 鶩 【略】東圃曰：鴨，水禽也。性寒。醫惹濕，有濕痰者不宜食。鴨屎從無乾硬，故稱鶩溏。若大便滑者，亦不宜食。葛可久《十藥神書》：治虚勞發熱，痰嗽吐血，有白鳳膏，用參苓平胃、大棗配黑嘴白鴨一隻，為丸，取血入酒飲之。王燾《外臺秘要》：治陽水暴腫，面赤煩躁，喘急，小便澀，有鴨頭丸，用綠頭鴨血同頭全搗，配甜葶藶二兩，熬膏，漢防己末二兩，丸梧子大，每服七十丸，木通湯下，日三服。

清・顧靖遠《顧氏醫鏡》卷八 鴨甘，寒。入肺腎二經。補虚勞而除骨蒸，宜用烏骨白鴨，取金水清肅之象也。治水腫而利小便。宜用青頭雄鴨，煮汁飲之，取水木生發之象也。野鴨甘涼補中，大益病人。

清・李熙和《醫經允中》卷二三 鶩 即鴨。野者為鳧，家者為鶩。白黃色雌者良，黑者有毒。鴨目白者殺人。甘，冷，微毒。主治補虚除熱，和臟腑水道，小兒驚癇。若治水利小便，宜青頭雄鴨，取水木生發之象。治虚勞熱毒，宜烏頭白鴨，取金水寒肅之象。血，解諸毒，熱飲解野葛毒，即已死者，入咽即活。解砒霜毒、射工毒，及中惡、溺水死者，灌之即活。蚯蚓咬痛，塗之即愈。卵，多食發冷疾，短氣，小兒脚軟。生瘡食之惡肉突出。不可與鼈、李同食。

清・馮兆張《馮氏錦囊秘錄・雜症痘疹藥性主治合參》卷一〇 鴨味甘，鹹，平，無毒。白毛烏嘴鳳頭者，為虚癆聖藥，專入肺腎。蓋白屬西金，黑歸北水，故名白鳳膏也。 鴨肉補虚，治勞怯，止嗽化虚痰。利小便，消水腫脹滿。和臟腑，退卒熱驚癇。卵，寒。去熱於心胸，食多漸軟脚膝，小兒尤宜忌之。野鴨雖冷，而不動氣，去熱而能愈瘡，消食積，和胃輕身，退水腫，補虚益力。除惡瘡癤，敺熱毒風。忌與胡桃、豆豉、木耳同食。又小者名刀鴨，味亦甘涼，食之補益。

清・张璐《本經逢原》卷四 鶩即家鴨。 甘，温，無毒。嫩者有毒，老者無毒。 發明：鶩之逼火而生，啜水而長，未出卵時先得火氣，故不憚冰雪，偏喜淫雨，而尾䐅濁最甚，故群雌一被其氣皆得生化之機，不待鶩尾之遍也。温中補虚、扶陽利水，是其本性。男子陽氣不振者食之最宜。患水腫人用之最妥。黑嘴白毛者，治腸胃久虚，葛可久白鳳膏用之，取金水相生之義。綠頭老鴨治陽水暴腫，《外臺》鴨頭丸用之，取通調水道之義。白鴨生血，能補血解毒，勞傷吐血衝熱酒調服屢效。中射工溪毒及野葛砒霜毒，灌之即解。悮吞金銀入腹，乘熱頓飲數升，其金即下。諸鴨涎治穀麥芒入喉及小兒痙風反張，滴之即消。卵能閉氣，以混沌未分，塞人聰慧。諸病忌食，而滯下尤禁。白鴨通殺石藥毒，凡服藥過劑昏迷眩暈者，取白鴨通一合，湯漬，澄清服之即解，勿以其穢而棄諸。

清・汪啟賢等《食物須知・諸葷饌》 鴨 白者更佳，肉性微寒，補虚最勝。葛可久用治癆怯，白鳳膏曾載方書。利小便，消水腫脹滿；和臟腑，退卒熱驚癇。忌烏黿、鱉肉同食。綠頭者，亦堪入藥；目白者，有毒殺人。血，調酒頻吞，解諸毒極驗。 卵，寒。去熱於心胸。食多漸軟其腳膝。愛嬰兒者，不可不知。

清・浦士貞《夕庵讀本草快編》卷六 鶩《別錄》、鴨 鶩音木，其性質木而無他心，故庶人為贄。古者以鳧鶩通用，《周禮》云庶人執鶩，豈野鴨乎？《國風》弋鳧，豈家鴨乎？《楚詞》云：寧與騏驥抗軛乎？將與雞鶩爭食乎？切勿以落霞與孤鶩齊飛一句即定也。 鴨，水禽也。味雖甘而大寒，嫩者毒而老者良。若欲利水道除客熱，和臟府止熱痢，以青頭黄雄者為佳，取水木生發之義，裴河東鴨頭丸是也。治虚勞去骨蒸，療咳嗽痰血，須烏骨白毛者為佳，取金水寒肅之象，葛可久白鳳膏是也。

清・劉漢基《藥性通考》卷六 鴨 味甘，冷，入肺腎血分。滋陰補虚，除蒸止嗽，利水道，治熱痢。白毛烏骨者，為虚勞聖藥，取金肅水寒之象也。老酒良，或酒、或童便煮熱血，解金、銀、丹石、砒霜百毒，及中惡溺死者。卵，甘、鹹，微寒。能滋陰，除心腹膈熱之病。多年老鴨，煮湯食之，能補元氣，止虚汗。

清・葉盛《古今治驗食物單方》 鴨 瘰癧出汁不止，鴨油調半夏末敷之。 鴨頭煮食，治水腫，利小便。 鴨血止小兒白痢，亦解百蟲毒。 卒中惡死，取雄鴨向死人口斷其頭，瀝血入口，外以竹筒吹其下部，極則易人，氣通即活也。 白濁不止，鴨蛋一枚，去白少許，入川大黄末，填滿絞匀，以紙封口，飯鍋内蒸熟，空心服之，自止。

清・吴儀洛《本草從新》卷六 鶩〔補陰。〕即鴨。 甘，平，微鹹。入肺、腎血分。補陰除蒸，止嗽利水。治熱痢，化虚痰。鴨有數種，唯毛白而烏嘴鳳頭者為虚勞聖藥。白屬西金，黑屬北水，故葛可久治癆有白鳳膏。時珍曰：

治水利小便宜用青頭雄鴨，取水木生發之象。治虛勞熱毒宜用烏骨白鴨，取金水寒肅之象也。老者良。熱血，解金銀丹石砒霜諸毒及中惡溺死者，塗蚯蚓咬瘡。卵：甘，寒，鹹。除心腹膈熱。多食損人。孟詵曰：多食發冷氣，令人氣短胸悶，小兒多食脚軟。陳士良曰：生瘡毒者食之，令惡肉突出。不可合鱉肉、李子、桑葚食。

清·汪紱《醫林纂要探源》卷三　鴨　甘，鹹，寒。毛色不一。滋陰補虛，行積水，去妄熱。羽蟲屬火，鳧鴨之類游於水，則火中之水，如心之內含真陰而能主脈用血也。其入水不濡，是能瀉腎中之積水妄熱，行脈中之邪濕痰沫，故治勞熱骨蒸之真陰有虧。以至邪濕之生熱者，其長固在於滋陰行水也。去勞熱，故治咳嗽，亦治熱痢。以老者良。白毛烏骨尤貴。蓋黑專入腎，白又有清金生水之意，是更能補腎之正。且一雄能統百雌，雌又乘雌，不可盡交雄，能傳所受之雄精，播偏同類，卵則皆可雛，是其甘寒，又實能養腎，以填固精髓也。　血：鹹，寒。解丹石、砒霜及魚蟲百毒。黑鴨血尤良。○冬入水而不知寒，其一身皆寒，而心獨熱也。故用以滋陰者，宜去心。　卵：甘，鹹，寒。補心清肺，除胸膈間邪熱。宜煮勿煎。止熱嗽，治喉痛齒痛。百沸湯沖食，清肺火，解陽明結熱。　醃卵：久者能解暑，利小便。補心，去邪熱，行水也。實大腸，治痢止瀉。醃久則黃變黑，能入腎，有濇味，能斂肺而止泄。其白入肺，鹹輭堅，寒去熱。　變蛋：辛，寒。瀉肺熱，醒酒，去大腸火，治瀉痢。用石灰雜柴灰、鹽醃之，味辛濇，兼甘鹹，能散能斂。

清·嚴潔等《得配本草》卷九　鴨即鶩。　忌黿、鱉肉。　甘，冷。入手太陰、足少陰經血分。滋陰補虛，除蒸止嗽。利臟腑，治熱痢，定驚癇，消水腫。　青頭雄鴨，利小便。烏嘴烏骨白鴨，補虛勞。或酒或童便煮服。　腸風下血者禁用。純黑者勿用。目白者殺人。

題清·徐大椿《藥性切用》卷八　鶩　即家鴨。甘平微鹹，入肺腎血分，補陰退熱，利水化痰。黑嘴白毛鳳頭者，為滋補虛勞耑藥。鴨血，解砒磠毒，乘熱生飲。鴨卵，閉氣滯下，忌之。鴨頭，利水消腫。鴨腦，塗罨凍瘡。鴨涎，治穀麥芒入喉。

清·黃宮繡《本草求真》卷一　鴨肉補虛除癆，逐痰利水。　鴨肉耑入脾胃，兼入肺腎。氣味甘溫，逼火而生，喫水而長，未出卵時，先得火氣，故不憚冰雪，偏喜淫雨，而尾臎膻濁最甚，故群雌一被其氣，皆得化生之機，不待鶩尾之遍也。溫中補虛，扶陽利水，時珍曰：鴨，水禽也。治水利小便，宜用青頭雄鴨，取水木發生之象。是其本性。此主性溫者而言也，有言其性微冷，能入肺腎血分，滋陰補虛，除癆止嗽化痰，利水消腫為要。葛可久治久虛發熱咳嗽，吐痰咳血。火乘金位者，用黑嘴白鴨一隻，取血入溫酒，量飲，使直入肺經，以酒補之。將鴨乾撏去毛，脇下開竅，去腸拭淨，入大棗肉二升，參苓平胃散末一升，縛定。用沙甕一個，置鴨在內，以炭火慢煨，將陳酒一瓶，作三次入之，酒乾為度。取起食鴨及棗，頻作取愈。服之陰虛亦不見燥，陽虛亦不見冷，非其性平，烏能若是乎？但雌則微溫而雄則微冷，不可不辨。若黑骨白毛者，為虛癆聖藥，亦金水相生之義耳。老者良，血解金銀、丹石、砒霜百毒，及中惡溺死者。卵甘鹹微寒，能滋陰，除心腹膈熱，炒鹽藏食佳。

清·李文培《食物小錄》卷下　鴨　甘，冷，微毒。黃雌鴨為補最甚，白鴨肉最良。黑鴨肉有毒，滑中，發冷利、脚氣，不可食。目白者殺人。腸風下血人，不可食。嫩者毒，老者良。尾臎不可食。　血，鹹，冷，無毒。解諸毒。　卵，甘、鹹，寒，無毒。多食發冷氣，令人氣短。生瘡毒者，食之令人惡肉突出。不可同鱉肉、李子食。合椹食，令人生子不順。

清·羅國綱《羅氏會約醫鏡》卷一八禽獸部　鴨味甘鹹，冷，入肺腎二經。滋陰除蒸。止嗽化痰，消水腫利水，治熱痢。虛而熱者可用。　鴨血，善解諸毒。凡中金銀、丹石、砒霜、野葛毒者，熱飲。溺水死者灌之即活。　卵，甘鹹，能滋陰，鹽藏者亦能滯膈。食多軟脚，小兒尤忌。　野鴨：補虛益力。退水腫，去虛熱，消食積，療瘡癧。忌與胡桃、豆豉、木耳同食。

清·章穆《調疾飲食辯》卷五　鶩　《說文》曰鴨，《爾雅》曰舒鳧，《廣雅》曰鴂鴎。《衍義》曰：王勃《滕王閣序》落霞與孤鶩齊飛，鶩乃野鴨。《綱目》曰：《曲禮》：庶執匹。注：雙鶩。《周禮》：庶人執鶩。《尸子》曰：野鴨為鳧，家鴨為鶩。鶩不能飛，如庶人卑末，守耕稼而已，故以為贄，豈野鴨乎？《左傳》：公膳日雙雞，饔人竊更之以鶩。亦豈野鴨乎？且《離騷》云將與騏驥並軛乎，將與雞鶩爭食〔乎〕，寧昂昂若千里駒乎，將汎汎若水中之鳧乎。鳧、鶩並舉，將俱為野鴨乎？　其性善清肺金，除內熱，故治虛勞欬嗽，吐血同海參煮食。又善浮水，故治水腫，老者愈佳，雄者亦可。

血　乘熱生飲，解野葛、砒霜、生金毒。又治中惡卒死，及血痢熱在腸中久不愈，滾酒服出《摘元方》。　卵，難克化，傷目，生膿發毒，過於雞卵。鹽藏、糟藏、灰包、石灰包，其法多端，總之無益。又合桑椹食，令人生子不順，婦人切戒。抱卵聞礱磨聲，則毈而不成。　屎名鴨通馬屎亦名通，可和雞子

白塗惡瘡腫毒出《食療本草》。《格古編》曰：水中砂內產金，不可撈取，鴨屎內淘之。

清・張德裕《本草正義》卷下 鴨血 鹹，涼。善解諸毒。凡中砒霜、鹽滷毒者，急宜服之。若溺水死者，灌之可活。

清・楊時泰《本草述鉤元》卷三〇 鴨家為鶩，野為鳧。 肉：氣味甘，冷，微毒。嫩者毒，老者良。補虛除客熱，和臟腑，利水道。治水利小便，用青頭雄鴨，取水木生發之象；治虛勞熱毒，宜烏骨白鴨，取金水寒肅之象也。附方：大腹水病，小便短少，用青頭雄鴨煮汁飲，厚蓋取汗。又方：用白鴨一隻，治淨，以豉半升同薑、椒入鴨腹中，縫定，蒸熟食之。白鳳膏：治久虛發熱，欬嗽吐痰欬血，火乘金位者，用黑嘴白鴨一隻取血，入溫酒，量飲，使直入肺經，以酒補之。即將鴨乾撏去毛，脇下開竅，去腸拭淨，入大棗肉二升、參苓平胃散末一升縛定，用甕盛貯，炭火慢煨，將陳酒一瓶，作三次入之，酒乾為度，食鴨及棗，頻作取愈葛可久。 血：氣味鹹冷。用雞血者取其陽，用鴨血者取其陰。解中砒毒。猝中惡死，或先病痛，或卧而忽絕，並取雄鴨向死人口斷其頭，瀝血入口，外以竹筒吹其下部，極則易人，氣通即活。

論：鴨肉甘冷，用治久虛欬血，須大有佐使，非徒取其冷也，惟療大腹水病，則用之單行，河間以利水為氣相感，亦有未盡。試即血之解中毒、中惡者思之，大抵能達夫氣之塞而欲絕，又解夫毒惡之結而未散者。彼大腹水病，非即氣之欲塞而戾之欲結者乎？血為水所化可以通於茲義矣。

清・葉桂《本草再新》卷九 鴨掌味甘，性寒，無毒。入肺、腎二經。滋陰降火。取足太陰之氣，以滋陰。

清・趙其光《本草求原》卷一九禽部 鴨 逼火而生，喜水而長。甘，冷，微毒。老則無毒。入肺以達氣塞，滋脾腎以解毒結。綠頭者，水木生發之象。利水，治水暴腫，木達肺通則水調。卒中惡死，取雄鴨向口斷其頭，血滴口中，外以竹筒吹其下部。解砒毒。黑嘴白毛者治腸胃熱乘肺，咳嗽痰血，取金水相生也。取血先調熱酒飲；次用參苓平胃散加棗肉，酒燉食，名白鳳膏。熱痢、瘡腫宜煮食。

鴨掌：得足太陽之氣，以滋陰降火。 白鴨血：補血，生血。熱飲，解諸藥毒及誤吞金銀。中惡溺水死者，沖熱酒食。治白痢，如魚凍。勞傷吐血。 腦：塗凍瘡。 涎：治穀、麥芒入喉及小兒瘂風反張，滴之即消。 肫內皮：治諸骨鯁。炙研水下。 卵：甘、鹹，微寒。除心腹膈熱，止泄痢。惟鹽藏食良，否則閉氣。諸病咸忌，滯下尤忌。 白鴨屎：解石、藥、金、銀、銅、鐵毒，服藥過劑昏暈，以湯浸，澄清服。塗熱瘡腫毒。同雞子清。

清・文晟《新編六書》卷六《藥性摘錄》 鴨 甘，冷。新嫩者毒，壯者良，白者尤佳。〇血，解諸毒。餘詳藥部。〇鴨卵，去心腹胸膈熱氣。多食氣短。鹽醃署宜。

鴨肉 氣味甘溫，一作微冷。補虛除癆，止咳逐痰，利水消腫。〇一曰雄微溫，雌微冷。黑骨白毛者為虛癆聖藥，老者良。〇鴨血，解丹石、金銀、砒霜百毒，及中惡溺死者。〇卵，甘鹹，微寒。能滋陰，除心腹膈熱。炒鹽藏食佳。

清・王孟英《隨息居飲食譜・毛羽類》 鴨本名鶩，一名舒鳧。甘，涼。滋五藏之陰，清虛勞之熱，補血行水，養胃生津，止嗽，息驚，消螺螄積。雄而肥大，極老者良。同火腿、海參煨食，補力尤勝。多食滯氣滑腸，凡陽虛脾弱，外感未清，痞脹，腳氣，便瀉腸風，皆忌之。其血熱飲，救中惡溺死，及服金銀、丹石、砒霜、野葛、亞片、諸蠱毒，入咽即活；併塗蚯蚓齩瘡。其卵夜下，純陰性寒，難熟滯氣，甚於雞子，諸病皆不可食，惟醃透者，煮食可口，且能愈瀉痢。更有造為皮蛋、糟蛋者，味雖香美，皆非病人所宜。

清・劉善述、劉士季《草木便方》卷二人禽獸部 老鴨 鴨甘補虛能滋陰，久嗽骨蒸熱痢清。膽塗痔校點目赤，矢血解熱毒痢輕。脛皮末水下骨鯁，卵甘滋陰健脾神。

清・田綿淮《本草省常・禽獸類》 鴨 一名鶩，一名家鳧，一名舒鳧。性冷。補虛除蒸。常食易成癥瘕，或發冷利腳氣。同蒜及李子食滯氣，同芥菜、狗肉食生瘡癤，同鼈食殺人。小兒忌之。 鴨蛋，性寒。宜鹽醃食之，除膈熱。多食發冷疾，令人背悶。小兒食之腳軟。同葱蒜食令人氣短，同李子、核桃、桑椹食令人病，同鼈食殺人。

清・戴葆元《本草綱目易知錄》卷五 鴨家鳧、鶩。 肉，甘，冷，微毒。補虛，除客熱，和臟腑，利水道，療小兒驚癇，解丹毒，止熱痢，治頭上瘡腫。和葱豉煮汁飲，去卒然煩熱。黃雌肉補，白鴨最良。嫩者毒，老者良。黑鴨有毒，目白者殺人，多食滑中，發冷痢，患脚氣人勿食。【略】涎：治小兒瘂

風頭及四肢皆往後，以鴨涎滴之。治小兒被蚯蚓咬陰腫，取雄鴨抹之，即消。葆按驗：小兒陰頭腫，將鴨以手掀開，嘴向腫處呵氣，自消。

清・陳其瑞《本草撮要》卷八 鶩 味甘平微鹹，入手太陰、足少陰經，功專補陰除蒸，止嗽利水，治熱痢化虛痰。白毛而老者良。葛可久有白鳳膏，治虛勞。熱血解石砒毒及中惡溺死者，並塗蚯蚓皺瘡。卵甘寒鹹，除心腹膈熱，多食發冷氣，令人氣短胸悶，小兒多食脚輭，生瘡者食之令惡肉突出，不可合鱉肉、李子、桑葚食。頭利小便，治水腫。腦塗凍瘡良。即鴨也。

清・吴汝紀《每日食物却病考》卷下 鴨附蛋。又名鶩。味甘，冷，微毒。補虛，除客熱，和臟腑，利水道，止驚癇及熱痢。雄者，綠頭而瘖。雌者，黄斑色，善鳴。白者、綠頭者佳，白而烏骨者更佳。黑鴨有毒，滑中，發冷痢脚氣，人不可食。目白者，殺人。重陽後乃肥美。卵，微寒。療心膈熱。多食發冷氣，小兒多食脚軟，鹽藏者稍可。卵並肉俱不可同鱉食。

方目

宋・鄭樵《通志》卷七六《昆蟲草木略》 鷭 《爾雅》曰澤虞。鷭，孚往反。郭云：今婟澤鳥，似水鴞，蒼黑色，常在澤中，見人輒鳴喚不去，有象主守之官，因名云。俗呼護田鳥。按此鳥亦多在田中，閩人呼為姑雞紡。以其聲類紡聲，且聒聒不輟。

明・李時珍《本草綱目》卷四七禽部・水禽類 方目一名鴋，音紡，一名澤虞，俗名護田鳥，西人謂之蝦蟆護，水鳥也。常在田澤中，形似鷗、鷺，蒼黑色，頭有白肉冠，赤足。見人輒鳴喚不去。漁人呼爲烏雞，閩人訛爲姑雞。

明・姚可成《食物本草》卷一二禽部・水禽類 方目水鳥也。常在田澤中。形似鷗、鷺，蒼黑色，頭有白肉冠，赤足。見人輒鳴喚不去。 方目，味甘，平，無毒。炙食，止渴。

鵁鶄

宋・唐慎微《證類本草》卷一九禽部〔唐・陳藏器《本草拾遺》〕 鵁鶄 水鳥，人家養之，厭火災。似鴨，綠衣，馴擾不去。出南方池澤。《爾雅》云：鳽，鳽音堅也。鵁鶄。畜之厭火災。《博物志》云：鵁鶄巢於高樹，生子穴中，銜其母翅飛下。

宋・鄭樵《通志》卷七六《昆蟲草木略》 鳽，《爾雅》曰鵁鶄。水鳥也。今亦謂之鵁鶄，似鳬，脚高，毛冠。郭云：江東人家養之，以厭火災。

明・盧和、汪穎《食物本草》卷三禽類 鵁鶄 水鳥，可食。似鴨，綠毛。相傳人家養以厭火災，恐未必。

明・寧源《食鑒本草》卷上 鵁鶄 性寒。肉不堪食，人家宜養之，最厭火殃。

明・李時珍《本草綱目》卷四七禽部・水禽類 鵁鶄音交睛。《拾遺》。

〔釋名〕交鸕《説文》 茭鷄俗 鳽音堅。出《爾雅》。時珍曰：按《禽經》云：白鶂相睨而孕，鵁鶄睛交而孕。又曰：旋目其名鷃，方目其名鴋，交目其名鳽。觀其眸子，而命名之義備矣。《説文》謂之交鸕，鸕亦目瞳子也。俗呼茭鷄，云多居茭菰中，而脚高似鷄。其説亦通。

〔集解〕藏器曰：鵁鶄，水鳥也，出南方池澤。似鴨綠衣。人家養之，馴擾不去。可厭火灾。《博物志》云：鵁鶄巢于高樹，生子穴中，銜其母翼，飛下飲食。時珍曰：鵁鶄大如鳬、鶩，而高脚似鷄，長喙好啄，其頂有紅毛如冠，翠鬣碧斑，丹嘴青脛。養之可玩。

肉 〔氣味〕甘、鹹，平，無毒。〔主治〕炙食，解諸魚、蝦毒時珍。

明・穆世錫《食物輯要》卷五 鵁鶄 味甘、醎，平，無毒。解鰕、魚毒。炙食，益人。養之，厭火災。

明・姚可成《食物本草》卷一二禽部・水禽類 鵁鶄音交睛。水鳥也。出南方池澤。似鴨綠衣。人家養之，馴擾不去。可厭火災。《博物志》云：鵁鶄巢于高樹，生子穴中，銜其母翼飛下飲食。李時珍曰：鵁鶄大如鳬、鶩，而高脚似雞，長喙好啄。其頂有紅毛如冠，翠鬣碧斑，丹嘴青脛，養之可玩。 鵁鶄肉，味甘、鹹，平，無毒。炙食，解諸魚、蝦毒。

明・施永圖《本草醫旨・食物類》卷三 鵁鶄音交睛。○名茭雞，水鳥也。人家養之，可厭火災。大如鳬鶩，而高脚似雞，長喙。 肉：味甘、鹹，平，無毒。治：炙食，解諸魚蝦毒。

清・穆石匏《本草洞詮》卷一四 鵁鶄 睛交而孕，故名。巢於高樹，人家養之，馴擾不去，可厭火災。肉甘鹹，平，無毒。炙食解魚蝦毒。

清・何其言《養生食鑒》卷下 鵁鶄俗名赤冠雞，大如鳬鶩，而高脚似雞，長喙好啄，其頂有紅色如冠，翠鬣碧班，丹嘴青脛，養之可玩也。 味甘、鹹，性平，無毒。解魚蝦毒，炙食，益人。養之，能厭火災。

清・李文培《食物小録》卷下 鵁鶄 甘、鹹，平，無毒。炙食解諸魚鰕毒。

旋目

明・李時珍《本草綱目》卷四七禽部・水禽類　旋目水鳥也，生荆郢間。大如鷺而短尾，紅白色，深目，目旁毛皆長而旋。《上林賦》云交睛旋目是矣。

明・姚可成《食物本草》卷一二禽部・水禽類　旋目水鳥也。生荊、郢間。大如鷺而短尾，紅白色，深目，目旁毛皆長而旋。《上林賦》云交睛旋目是矣。　旋目，味甘，平，無毒。食之，益人補中。

野鴨

宋・鄭樵《通志》卷七六《昆蟲草木略》　鳧鷖，陸璣云：大如鳩，青灰色，卑脚短喙，水鳥之謹愿者也。

宋・鄭樵《通志》卷七六《昆蟲草木略》　鷉，《爾雅》曰沈鳧。似鶩而小，尾白，俗呼水鴘，好没，故曰沈鳧。鷉，音施。

宋・陳衍《寶慶本草折衷》卷一六　新分野鳧○力鴨附。　一名野鴨。一名舒鳧。《禮記》疏謂在野舒飛遠者為鳧。生處處有之。見縉雲。○附：刀鴨，《泊宅編》云一名寇鳧，乃鳧之小者。○今並以冬採。○並不可與木耳、胡桃、豉同食。

涼，無毒。○主補中益氣，消食，全勝家者，平胃調中。又身上諸熱瘡，食之差。分前條孟詵說。○日華子云：治熱毒風及惡瘡癤，殺腹藏蟲。九月後立春前，大補益病人。

附：刀鴨。○味最重，食之補虛。

續說云：鶩之與鳧，其名互出，絲棼難辨。今以陳藏器之註，參《爾雅釋》及《禮記疏》諸書，野鴨曰鳧，家鴨曰鶩，辭斷名定，則鶩為家鴨，不能飛矣。王勃言落霞與孤鶩齊飛者，蓋即席成文，一時對景，無暇致格物之思，遽以鳧為鶩耳。寇氏嘗援為證者，誤也。

元・忽思慧《飲膳正要》卷三　野鴨　味甘，微寒，無毒。補中益氣，消食，和胃氣，治水腫。綠頭者為上，尖尾者為次。

元・吴瑞《日用本草》卷四　野鴨　名鳧，比家鴨能遠飛。味涼，無毒。不動氣，全勝家鴨。九月後立春前採之，中食。木耳、胡桃、豉不可同食。主補中益氣，消食，去熱毒。患諸熱瘡，多年不愈，多食之則瘥。

明・盧和、汪穎《食物本草》卷三禽類　野鴨　涼，無毒。補中益氣，助力，大益病人，消食，殺十二種蟲。又多年小熱瘡，多食即差。一種小者，名刀鴨，味最重，食之更補人虛。九月後至立春前食之，絶勝。家鴨不可與木耳、胡桃、豆豉同食。又一種名油鴨，味更佳。

明・陳嘉謨《本草蒙筌》卷一〇　野鴨肉　味甘，氣涼。無毒。形類家鴨，翅能遠飛。江北多生，冬月可食。霜降後立春前食勝家鴨。雖冷而不動氣，去熱而能愈瘡。小瘡久〔不〕愈者，多食即差。消食積和胃輕身，退水腫補虛益力。除惡瘡癤，毆熱毒風。同食切忌三般，胡桃豆豉木耳。又甚小者，刀鴨呼之。味亦甘涼，食之補益。謨按：野鴨與家鴨有相似者，有全別者。尹子曰：野鴨為鳧，家鴨為鶩。鶩音木，質木故也。鶩性木，不能飛翔，如庶人守耕稼而已。故《周官》庶人執鶩，即此觀之，則鶩為家鴨明矣。寇氏《衍義》引王勃云：落霞與孤鶩齊飛。乃以鶩為野鴨，殊不知詞人模寫景象，托物啟興而已，難以泥其形迹。況下條鴈肪，《本經》亦以鶩名。此指鴈未可知，若據此而以鶩為野鴨，則鳧又當為何鴨耶？

明・寧源《食鑒本草》卷上　野鴨　味重，微涼，無毒。補中益氣，消食利水，導熱毒，去風氣，瘡瘇。　日華子云：治十種水氣浮腫，和五味作粥，啖之妙。

明・王文潔《太乙仙製本草藥性大全》卷七《仙製藥性》　野鴨　味甘，氣涼，無毒。　主治：雖冷而不動氣，去熱而能愈瘡。小瘡久不愈者，多食即差。消食積，和胃輕身；　退水腫，補虛益力。除惡瘡癤，毆熱毒風。同食切忌三般：　胡桃、豆豉、木耳。○又甚小者，刀鴨呼之，味亦甘涼，食之補益。

明・皇甫嵩《本草發明》卷六　野鴨肉味甘，氣涼，雖冷而不動氣。　補中益氣，平胃氣，去身上諸小熱瘡，消食積，并十二種蟲。九月後立春前採，大補益，勝家鴨。不可與木耳、胡桃、豆豉同食。　一種甚小者，名刀鴨味重，食之亦補益。《戶子》曰：　野鴨名為鳧。

明・李時珍《本草綱目》卷四七禽部・水禽類　鳧《食療》

【釋名】野鴨《詩疏》　野鶩同上　鷉音施。　沉鳧時珍曰：　鳧從几音殊，短羽高飛貌，鳧義取此。《爾雅》云：　鷉，沉鳧也。鳧性好没故也。俗作晨鳧，云鳧常以晨飛，亦通。

【集解】時珍曰：　鳧，東南江海湖泊中皆有之。數百爲群，晨夜蔽天，而飛聲如風雨，所至稻粱一空。陸璣《詩疏》云：　狀似鴨而小，雜青白色，背上有文，短喙長尾，卑脚紅掌，水鳥之謹愿者，肥而耐寒。或云食用綠頭者爲上，尾尖者次之。海中一種冠鳧，頭上有冠，乃石首魚所化也。　並宜冬月取之。

肉 〔氣味〕甘，凉，無毒。詵曰：九月以後，立春以前，即中食，大益病人，全勝家者，雖寒不動氣。日華曰：不可合胡桃、木耳、豆豉同食。〔主治〕補中益氣，平胃消食，除十二種蟲。身上有諸小熱瘡，年久不愈者，但多食之，即瘥孟詵。治熱毒風及惡瘡癧，殺腹臟一切蟲，治水腫日華。

血 〔主治〕解挑生蠱毒，熱飲探吐。時珍。出《摘玄》。

明·穆世錫《食物輯要》卷五 野鴨 味甘，性凉，無毒。寒而不動氣，平胃消食，殺蟲，散水腫熱毒風疾。患小熱瘡久不痊者，多食可瘥。九月至立春前宜食，補氣益血。切勿同胡椒、木耳、豆豉食。血，解挑生蠱毒，熱飲探吐而瘥。

明·吴文炳《藥性全備食物本草》卷三 野鴨 名鶩。性凉，無毒。肉主補中益氣，補虚助力，和胃氣，大益病人，消食利水，導熱氣，去風氣及惡瘡癧腫，殺臟腹一切蟲。又身上諸小熱瘡多年不可者，多食即差。九月後立春前食之絶勝。家鴨雖寒不動風。但不可與木耳、胡桃、豆豉同食。 肪：甘，溫，主風虚寒熱水腫。 鴨頭：取青色者，治如食法：細切和米併五味煮令極熟，作粥，空腹食之，治十種水病不瘥垂死者効。一種小者名刀鴨，味最重，食之更補虚。又一種名油鴨，其味更佳。

明·趙南星《上醫本草》卷四 水鴨 一名野鴨，一名鳧，東南江海湖泊中皆有之。陸璣《詩疏》云：狀似鴨而小，雜青白色，背上有文，短喙長尾，卑腳紅掌。水鳥之謹願者，肥而耐寒。或云：食用，綠頭者為上，尾尖者次之。並宜冬月取之，即中食，大益病人，全勝家者，雖寒不動氣。 肉：甘，凉，無毒。主治：補中益氣，平胃消食，除十二種蟲。身上有諸小熱瘡，年久不愈者，但多食之即瘥。不可合胡桃、木耳、豆豉同食。

明·應廛《食治廣要》卷五 鳧即野鴨也。《詩疏》作野鶩。 氣味：甘，凉，無毒。主治：補中益氣，平胃消食，治水腫，除十二種蟲。身上有諸小熱瘡，年久不愈者，但多食即瘥。九月以後，立春以前，食之大益病人，全勝家者，雖寒不致動氣。但不可合胡桃、木耳、豆豉同食。

明·姚可成《食物本草》卷一二禽部·水禽類 鳧一名野鴨，一名野鶩。東南江海湖泊中皆有之。數百為群，晨夜蔽天而飛，聲如風雨，所至稻粱一空。陸璣《詩疏》云：狀似鴨而小，雜青白色，背上有文，短喙長尾，卑脚紅掌，水鳥之謹愿者，肥而耐寒。或云食用綠頭者為上，尾尖者次之。海中一種冠鳧，頭上有冠，乃石首魚所化也。並宜冬月取之。

鳧肉：味甘，凉，無毒。主補中益氣，平胃消食，除十二種蟲。身上有諸小熱瘡，年久不愈者，但多食之，即瘥。治熱毒風及惡瘡癧，殺腹臟一切蟲，治水腫。九月以後，立春以前，即中食，大益病人，全勝家者。雖寒，不動氣。不可合胡桃、木耳、豆豉同食。 血：解挑生蠱毒，熱飲探吐。挑生蠱解見後蠱毒方中。

明·顧逢柏《分部本草妙用》卷一〇禽部 鳧即野鴨 甘，凉，無毒。不可合胡桃、木耳、豆豉同食。 主治：補中益氣，平胃消食，除蟲愈瘡，解熱毒風，腹中蟲，治水腫。 血，解蠱毒，熱飲探吐。

明·施永圖《本草醫旨·食物類》卷三 鳧名野鴨。〇海中一種冠鳧，頭上有冠，乃石首魚所化也。〇不可與木耳、胡桃、豆豉同食。小者名刀鴨，味重，補虚。一種名油鴨，味更佳。 肉：味甘，凉，無毒。九月以後，立春以前，即中食，大益病人。治：補中益氣，平胃消食，除十二種蟲。身上有諸小熱瘡年久不愈者，但多食之，即瘥。治熱毒風及惡瘡癧，殺腹臟一切蟲，治水氣浮腫。 血：治：解挑生蠱毒，熱飲探吐。

清·穆石匏《本草洞詮》卷一四 鳧 鳧，野鶩也。常以晨飛，故曰晨鳧。甘，凉，無毒。主補中益氣，平胃消食。治熱毒風水腫，及惡瘡癧，殺腹臟一切蟲。身上有諸小熱瘡，年久不愈者，多食之即瘥。

清·丁其譽《壽世秘典》卷四 鳧一名野鴨。狀似鴨而小，雜青白色，背上有文，短喙長尾，卑腳紅掌，肥而耐寒。南方湖溪多有之，數百為群，晨夜蔽天而飛，聲如風雨所至，稻粱一空。一種似野鴨而小，蒼白文，鴨腳連尾，不能陸行，常在水中，人至即沉，或擊之便起，名水鴜，又名油鴨，《本草拾遺》謂之鸊鷉。多脂，味更肥美，補益與野鴨同。 氣味：甘，凉，無毒。主補中益氣，平胃消食，大益病人，殺腹臟一切蟲。又治熱毒風及惡瘡癧，身上諸小熱瘡，年久不愈者，多食即瘥。 發明孟詵曰：九月後，至立春前，食之尤勝，補虚益人。不可與胡桃、木耳、豆豉同食。

清·朱本中《飲食須知·禽類》 野鴨 味甘，性凉。不可同胡桃、木耳、豆豉食。

野雞，味酸、甘，性微寒，春夏有小毒。患痢人不可食。久食令人瘦，發五痔諸瘡疥。同蕎麥麪食，生肥蟲。同菌蕈、木耳食，發五痔，立下血。同胡桃食，發頭風眩運及心痛，損多益少，不可常食。卵同葱食，生寸白蟲。同家

雞食，成遁尸病。自死爪甲不伸者，食之殺人。不可與鹿肉、猪肝、鯽魚、鮎魚、鮰魚同食。

清・何其言《養生食鑒》卷下　野鴨一名水鴨，狀似鴨而小，雜青白色，背上有文，短喙長尾，卑脚紅掌。肥而耐寒，能入水取蜆食，亦名蜆鴨。　味甘，性涼，無毒。補中益氣，平胃消食，殺十二種蟲，散水腫、熱毒、風疾。身患小熱瘡久不痊者，多食可愈。九月以後，立春以前，最可食，大益痰人，絕勝家鴨。一種小者，名刀鴨，味最重，食之更補虛。又一種名油鴨，其味更佳。俱不可與木耳、胡桃、豆豉同食。　血：解挑生蠱毒，熱飲探吐而瘥。

清・李熙和《醫經允中》卷二三　鳧　即野鴨。不可胡桃、木耳、豆豉同食。　甘，涼，無毒。主治補中益氣，平胃消食，殺腹中蟲，解毒，大益病人。

清・張璐《本經逢原》卷四　鳧即野鴨　甘，平，無毒。　發明：鳧逐群飛，夏藏冬見，與鴻雁不異。其在九月以後、立春以前，味極鮮美，病人食之，全勝家鴨。以其肥而不脂，美而易化，故滯下泄瀉，喘欬上氣，虛勞失血及產後、病後無不宜之。雖有安中利水之功，而方藥曾未之及，孟詵除十一種蟲等治未能深信。《摘玄方》解挑生蠱毒，取生鳧血熱飲探吐。於此可悟，生鵝血可吐胸腹諸蟲、血積，總以血引血同氣相應之力耳。

清・汪啟賢等《食物須知・諸葷饌》　野鴨肉味甘，氣涼，無毒。形類家鴨，翅能遠飛，江北多生。冬月可食，霜降後，立春前食，勝家鴨。雖冷而不動氣，去熱而愈瘡。小瘡久不愈者，多食即瘥。消食積和胃，輕身退水腫。補虛益力，除惡瘡癤，驅熱毒風。同食切忌三般：胡桃、豆豉、木耳。又，甚小者，刀鴨呼之。味亦甘涼，食之補益。　按：野鴨與家鴨有相似者，有全別者。《尸子》曰：野鴨為鳧，家鴨為鶩。鶩音木，質木故也。鶩性木，不能飛翔。如庶人守耕稼而已，故《周官》庶人執鶩。即此觀之，則鶩為家鴨明矣。寇氏《衍義》引王勃云落（露）［霞］與孤鶩齊飛，以鶩為野鴨。殊不知詞人模寫景象，托物起興而已，難以泥其形跡。況下條雁肪，《本經》亦名鶩，此指雁未可知。若據此而以鶩為野鴨，則鳧又當為何鴨耶？

清・王道純《本草品彙精要續集》卷六　鳧無毒。原本誤注鶩爲野鴨，《綱目》正誤分條。　卵生。

鳧肉：　主補中益氣，平胃消食，除十二種蟲，身上有諸小熱瘡年久不愈者，但多食之即瘥《食療本草》。　［名］野鴨《詩疏》、野鶩同上、鸍音施、沉鳧。○李時珍云：鳧，從几，音殊，短羽高飛貌。鳧義取此。《爾雅》云：鸍，沉鳧也。鳧性好沒故也，俗作晨鳧，云鳧常以晨飛，亦通。鳧爲野鴨，鶩爲家鴨。今按李時珍正誤云鶩有舒鳧之名，鳧有野鶩之稱，故王勃《滕王閣序》云：落霞與孤鶩齊飛。可以通用，其義自明。《周禮》庶人執鶩，豈野鴨乎？《國風》弋鳧與雁，豈家鴨乎？屈原《離騷》云將與雞鶩爭食乎，將泛泛然若水中之鳧乎，此以鳧鶩對言，則家鴨野鴨益自明矣。［地］李時珍云：鳧生東南，江海湖泊中皆有之，數百爲群，晨夜蔽天而飛，聲如風雨，所至稻粱一空。［時］生：無時。採：冬月取之。孟詵云：九月以後立春以前即中食，大益病人，全勝家者，雖寒不動氣。［用］肉與血，或云食用綠頭者爲上，尾尖者次之。［質］陸璣《詩疏》云：狀似鴨而小，短喙長尾，卑腳紅掌，水鳥之謹願者，肥而耐寒。海中一種冠鳧，頭上有冠，乃石首魚所化也，亦宜冬月取之。［色］雜青白色，背上有紋。［味］甘。［性］涼。［治］日華子云：治熱毒風及惡瘡癤，殺腹臟一切蟲，又治水腫。［忌］日華子云：不可合胡桃、木耳、豆豉同食。［解］《摘元方》云：鳧血解挑生蠱毒，熱飲探吐。

清・吳儀洛《本草從新》卷六　鳧（補氣。）即野鴨。甘，涼。補中益氣，孟詵曰：九月以後立春以前即中食，大益病人。全勝家者，雖寒不動氣。平胃消食。治水腫及熱毒風，療惡瘡癤，孟詵曰：身上有諸小熱瘡年久不愈者，但多食之即瘥。殺臟腑一切蟲。《日華》曰：不可合胡桃、木耳、豆豉食。

清・汪紱《醫林纂要探源》卷三　鳧　甘，鹹，寒。野鴨也。補心養陰，行水去熱。性浮而善飛揚，清補心肺，不專入腎。

清・嚴潔等《得配本草》卷九　野鴨即鳧。　忌與胡桃、木耳、豆豉同食。甘，涼。消食積，退水腫，除瘡癤，驅風熱。

題清・徐大椿《藥性切用》卷八　鳧　即野鴨。性味甘平，補陰益氣，利水安中，殊勝家鴨。虛勞失血，無不宜之。野（鳧）［鴨］血，熱飲解蠱毒。

清・黃宮繡《本草求真》卷九　鳧補中利水。　鳧專入脾胃，兼入肺腎。即野鴨，又類鴻鴈。夏藏冬見，群飛蔽日，味甘氣平無毒。其肉肥而不脂，美而易化。凡滯下泄瀉，喘欬上氣，失血產後之症，服此最宜。以其具有補中利水之功也。但在九月以後，立春以前，服之味美，他時不及。血，吐挑生蠱毒可服，以血引血之故，同氣相應之義也。

清·李文培《食物小録》卷下 野鴨 甘，冷，無毒，補中益氣，平胃消食。

清·章穆《調疾飲食辯》卷五 鳧 《詩疏》曰野鴨，又名野鶩。《爾雅》曰：鸍，沉鳧。後人或作晨鳧，謂其飛必以晨也。《食療本草》曰：冬月食之，能補中益氣。蓋其飛之勁疾，凡羽族皆莫能比，由力大筋強，故能補益。《天文測食篇》日月一日夜行二萬六千里，與飛鳧同算。此喻雖極無理，然可知鳧飛之速矣。日華子曰不可合胡桃、木耳、豆豉食，則亦未嘗不熱也。

清·趙其光《本草求原》卷一九禽部 野鴨綠頭者上。夏藏冬出，九月後得霜雪而肥，稟水氣之精。甘，平，無毒。益肺胃陰氣，平胃消食，肥而不脂，美而易化。殺腹中諸蟲，金平風木也。利水。肺通調也。凡滯下，泄瀉，喘咳，虛勞，失血，産後惡瘡，熱毒，俱宜食。其血，解挑生蠱毒。生血熱飲探吐。

清·文晟《新編六書》卷六《藥性摘録》 野鴨 甘，涼。補中益氣，利水消穀。凡滯下泄瀉，喘嗽上氣，失血産後諸症，服之皆宜。但在九月後，立春前，味佳。○血，吐挑生(蟲)〔蠱〕毒。

清·王孟英《隨息居飲食譜·毛羽類》 鳧野鴨也。甘，涼。補脾腎，祛風濕，行水消腫，殺蟲，清熱，開胃運食，療諸瘡癇。病後虛人食之有益。肥而其喙如鴨者良，冬月為勝。

清·陳其瑞《本草撮要》卷八 鳧 味甘，涼，入手太陰、足少陰經。功專補中益氣，平胃消食，治水腫及熱毒風氣惡瘡。身上有諸小熱瘡，年久不愈者，但多食之即愈。並殺臟腑一切蟲。忌與胡桃、木耳、豆豉同食。即野鴨也。

清·吴汝紀《每日食物却病考》卷下 鳧 即野鴨也，又為野鶩，故王勃稱孤鶩。味甘，涼，無毒。補中益氣，平胃消食，大益病人，殺諸蟲。多年小熱瘡，多食之即瘥。一種小者名刀鴨，味佳，更補人。九月後至春初，食之絕勝家鴨。又一種名油鴨，亦佳。不可與木耳、胡椒、豆豉同食。

雁

唐·孫思邈《千金要方》卷二六《食治·鳥獸》 鴈肪 味甘，平，無毒。主風攣拘急、偏枯，血氣不通利。肉：味甘，平，無毒。久服長髮鬢鬚眉，益氣不飢，輕身耐暑。黄帝云：六月勿食鴈肉，傷人神氣。

宋·李昉《太平御覽》卷第九八八 鴈肪 《本草經》曰：鴈肪，一名鶩肪。味甘，平。生池澤。治風攣拘急，偏枯，氣不通，久服長髮，益氣不飢，不(能)老輕身。生南海。《吴氏本草經》曰：鴈肪，神農、岐伯、雷公：甘，無毒。採無時。鶩肪，殺諸石藥毒。

宋·唐慎微《證類本草》卷一九禽部〔《本經·別録》〕 **鴈肪 味甘，平，無毒。主風攣拘急偏枯，氣不通利。久服長毛髮鬚眉，益氣不飢，輕身耐老。一名鶩肪。** 生江南池澤。取無時。

〔梁·陶弘景《本草經集注》〕云：《詩》云：大曰鴻，小曰鴈。今鴈類亦有大小，皆同一形。又别有野鵝大於鴈，猶似家蒼鵝，謂之駕音加鵝。鴈肪自不多食，其肉應亦好。鶩作木音，云是野鴨，今此一名鶩肪。則鴈、鶩皆相類爾。此前又有鴨事注在前，夫鴈乃住江湖，夏應産伏，皆往北，恐鴈門北人不食此鳥故也。中原亦重之爾。雖採無時，以冬月爲好。

〔唐·蘇敬《唐本草》〕注云：鴈喉下白毛。療小兒癇有效。夫鴈爲陽鳥，冬則南翔，夏則北徂，時當春夏，則孳音兹育於北，豈謂北人不食之乎？然鴈與鷰相反，鷰來則鴈往，鷰往則鴈來，故《禮》云秋候鴈來，春玄鳥至。

〔宋·掌禹錫《嘉祐本草》〕按：吴氏云：鴈肪：神農、岐伯、雷公：甘，無毒。殺諸石藥毒。孟詵云：鴈膏可合生髮膏，仍治耳聾。骨灰和泔洗頭長髮。日華子云：涼，無毒。治風、麻痹。久服助氣，壯筋骨。脂和豆黄作丸，補勞瘦，肥白人。其毛自落者，小兒帶之療驚癇。

〔宋·唐慎微《證類本草》〕《梅師方》：治灸瘡腫痛。取鴈屎白、人精相和研，傅瘡。孫真人：六月、七月勿食鴈，傷神。《食醫心鏡》：主風攣拘急偏枯，血氣不通利。鴈肪四兩煉濾過，每日空心暖酒一盃，肪一匙頭，飲之。

宋·寇宗奭《本草衍義》卷一六 雁肪 人多不食者，謂其知陰陽之升降，分長少之行序。世或謂之天厭，亦道家之一説爾，食之則治諸風。《唐本》注曰雁爲陽鳥，其義未盡。兹蓋得中和之氣，熱則即北，寒則即南，以就和氣。所以爲禮幣者，一以取其信，二取其和。

宋·王繼先《紹興本草》卷一九 雁肪 紹興校定：雁肪，性味、主治、出産已載《本經》，而近世罕入于方，未聞的驗之據，此乃厭物，亦非宜作食品矣。

宋·鄭樵《通志》卷七六《昆蟲草木略》 鴾，《爾雅》曰鵱鷜。今之野鵝。鴾，音六。鷜，力于反。

宋·陳衍《寶慶本草折衷》卷一六 新分鴈肉 大者名鴻，小者名鴈。

○其肪亦名鶩肪。生江南池澤，及江湖、鴈門、中原。冬南翔，夏北徂。○以冬月採為好。

凉，無毒。○治風痹，助氣，壯筋骨。分鴈肪條日華子說。○寇氏曰：人多不食，謂之天厭，亦道家之說。

元・忽思慧《飲膳正要》卷三 鴈 味甘，平，無毒。主風攣拘急，偏枯，氣不通利，益氣，壯筋骨，補勞瘦。鴈骨灰和米泔洗頭，長髮。鴈膏，治耳聾，亦能長髮。鴈脂，補虛羸，令人肥白。六月、七月勿食鴈，令人傷神。

元・尚從善《本草元命苞》卷七 雁 名陽鳥。肪，味甘，平。治風攣拘急偏枯，療麻痺，氣不通利，久服長毛髮鬚眉，常餌壯筋骨益氣。六七月食之傷神，冬月間捕之尤妙。人多不食，謂其神異，知陰陽升降，分長少行序。熱則北飛，寒則南往，得中和之氣，有去就之靈，隨時以知保身，失配而能終節。

元・吳瑞《日用本草》卷四 雁 大曰鴻，小曰雁。似家蒼鵝，冬則南翔，夏則北征。以其守節義，為天厭，人少食之。味甘，平，無毒。主風攣拘急，偏枯，氣不通利。膏：可合生髮〔膏〕，仍治耳聾。六月勿食，傷人神氣。

明・王綸《本草集要》卷六 雁肪 味甘，氣平，無毒。主風攣拘急偏枯，氣不通利。久服益氣，不飢，輕身耐老。

明・滕弘《神農本經會通》卷九 鴈肪 味甘，氣平，無毒。《本經》云：主風攣拘急偏枯，氣不通利。久服長毛髮鬚眉，益氣不飢，輕身耐老。吳氏云：殺諸石藥毒。孟詵云：鴈膏，可合生髮膏，仍治耳聾。骨灰，和泔洗頭，長髮。日華子云：凉，無毒。治風痲痺，久服助氣，壯筋骨。脂，和豆黃作丸，補勞瘦，肥白人。其毛自落者，小兒帶之，療驚癇。

明・劉文泰《本草品彙精要》卷二六 雁肪無毒。卵生。

雁肪出《神農本經》：**主風攣拘急，偏枯，氣不通利。久服益氣不飢，輕身耐老。**以上朱字《神農本經》。長毛髮、鬚眉。以上黑字名醫所錄。【地】《圖經》曰：生江南池澤。陶隱居云：大曰鴻，小曰雁。今雁類亦有大小，皆同一形，然冬則南翔，夏則北徂，時當春夏則孳音茲育於北。又別有野鵝，大於雁，猶似家蒼鵝，謂之駕音加鵝。雁肪自不多有，食其肉亦好。《衍義》曰：雁，人多不食者，謂其知陰陽之升降，分長少之行序，世謂之天厭，亦道家之一說爾。雁爲陽鳥，其義未盡。茲蓋得中和之氣，熱則即北，寒則即南，以就和氣。所以爲禮幣者，一以取其信，二以取其和也。【時】生：無時。採：無時。又云：冬月取者良。【用】肪、毛。【色】白。【味】甘。【性】平。【氣】氣之薄者，陽中之陰。【臭】腥。【治】療：《唐本》注云：雁喉下白毛，治小兒癇疾。日華子云：雁肪，治風麻痹。○其毛自落者，小兒帶之，療驚癇。《衍義》曰：雁肪，治諸風。孟詵云：雁膏，可合生髮膏及治耳聾。補：日華子云：雁肪，久食，助氣，壯筋骨。【合治】骨灰和泔，洗頭長髮。○脂和豆黃作丸，補勞瘦，肥白人。○雁屎白合人精和，傅灸瘡腫痛。○雁肪四兩，煉濾過，每日空心合暖酒一杯，肪一匙頭，飲之，治風攣拘急，偏枯，血氣不通利。【禁】六月、七月食雁，傷神。【解】殺諸石藥毒。

明・盧和、汪穎《食物本草》卷三禽類 鴈 味甘，氣平，無毒。主風攣拘，偏枯，氣不通利，久服益氣，不飢，輕身耐老。六月勿食，傷神氣。一種鴇，無後趾，亦鴈類。

明・陳嘉謨《本草蒙筌》卷一〇 鴈肪 味甘，氣平，無毒。多宿蘆洲，亦居草渚。小曰鴈，大曰鴻，《本經》條中又名鶩，恐差。長幼行序不紊；寒投南，熱投北，陰陽升降預知。常得氣之中和，人故用為禮幣。一取其信，二則尚其和也。世人因之，不忍殺食。或謂天厭，道家謬言。入藥覓肪，冬取纔妙。六月七月，食之傷神。合豆黃為丸，能補勞瘦；單煉濾調酒，酒一盃調肪一匙，空心服。專逐風攣。多服長毛髮生鬚，久服壯筋骨助氣。膏亦長髮，用和泔水洗頭；亦治耳聾。毛可敺癇，取與小兒帶佩。自落者妙。一說：喉下白毛治驚癇尤効。

明・寧源《食鑒本草》卷上 鴈 味甘，平，無毒。主風拘急偏枯，氣不通利。久食益氣力，長鬚眉毛髮，輕身耐老，殺諸石藥毒。

明・王文潔《太乙仙製本草藥性大全》卷七《本草精義》 鴻鴈 一名鶩肪。鴈、鶩、鴨、鵝四物皆相類，但大小不同耳。多宿蘆洲，亦居草渚。鴈爲陽鳥，冬則南翔，夏則北徂，時當春夏，則孳育於北，豈謂北人不食之乎？然鴈與鷰相反，鷰來則鴈往，鷰往則雁來，故《禮》云：秋候鴈來，春玄鳥至。按《本經》云：小曰鴈，大曰鴻，長幼行序不紊；寒投南，熱投北，陰陽升降預知。常得氣之中和，人故用爲禮幣。一取其信，二則尚其和也。世人因之不忍殺食，或謂天厭，道家謬言。入藥覓肪，冬取纔妙。六月、七月食之

傷神。

明・王文潔《太乙仙製本草藥性大全》卷七《仙製藥性》　鴈肪　味甘，氣平，無毒。　主治：殺諸石藥毒，治偏枯不通。合黄豆爲丸，能補勞瘦。單煉濾調酒，酒一盃，調肪一匙，空心服。專逐風攣。多服長毛髮生鬚，久服壯筋骨助氣。　補註：主風攣拘急偏枯，血氣不通利。鴈肪四兩，煉濾過，每日空心暖酒一盃，肪一匙，頓飲之良。　鴈膏：亦長髮，用和泔水洗頭，亦治耳聾。　鴈毛：可毆癎，取與小兒帶佩。自落者妙。一説喉下白毛，治驚癎尤效。　鴈屎：灸瘡腫痛，屎白研和人精傅之。

明・皇甫嵩《本草發明》卷六　鴈肪味甘，平，無毒。小曰鴈，大曰鴻。　主風攣拘急偏枯，氣不通利。久服益氣，長毛髮，輕身。殺諸石藥毒。取肪入藥，宜冬時，若六七月食之，傷神。鴈肪自不多，食其肉應亦好。日華子云脂和豆黄為丸，能補勞瘦，肥白人，治風攣云云等，用暖酒一盃，肪一匙，每空腹飲之。膏，長毛髮，和泔水洗頭。亦治耳聾。〇喉下白毛，療小兒驚癎有效。又云：毛除癎，小兒佩之。但自落者妙。

明・李時珍《本草綱目》卷四七禽部・水禽類　雁《本經》上品

〔釋名〕鴻時珍曰：按《禽經》云：鳿以水言，自南而北；鴈以山言，自北而南，張華注云：鳿、鴈並音雁。冬則適南，集于水干，故字從干；春則嚮北，集于山岸，故字從岸。小者曰雁，大者曰鴻。鴻，大也。多集江渚，故從江。梵書謂之僧娑。〔集解〕《别録》曰：雁生江南池澤，取無時。弘景曰：《詩疏》云：大曰鴻，小曰雁。今雁類亦有大小，皆同一形。又有野鵝大于雁，似人家蒼鵝，謂之駕鵝。雁在江湖，夏當産伏，故皆往北，恐雁門北人不食之也。雖采無時，以冬月爲好。恭曰：雁爲陽鳥，與燕往來相反，冬南翔，夏北徂，孳育于北也。豈因北人不食之乎。宗奭曰：雁，熱則即北，寒則即南，以就和氣。所以爲禮幣者，一取其信，二取其和也。時珍曰：雁狀似鵝，亦有蒼、白二色。今人以白而小者爲雁，大者爲鴻，蒼者爲野鵝，亦曰鴚鵝，《爾雅》謂之鵱鷜也。雁有四德：寒則自北而南，止于衡陽，熱則自南而北，歸于雁門，其信也；飛則有序，而前鳴後和，其禮也；失偶不再配，其節也；夜則群宿而一奴巡警，晝則啣蘆以避繒繳，其智也。而捕者豢之爲媒，以誘其類，是則一愚矣。南來時瘠瘦不可食，北嚮時乃肥，故宜取之。又漢、唐書，並載有五色雁云。

雁肪〔正誤〕一名鶩肪。弘景曰：鶩是野鴨，《本經》雁肪亦名鶩〔肪〕，是雁鶩相類而誤耳。〔氣味〕甘，平，無毒。〔主治〕風攣拘急偏枯，血氣不通利。久服，益氣不飢，輕身耐老《本經》。《心鏡》云：上證，用肪四兩鍊净，每日空心暖酒服一匙。長毛髮鬚眉《别録》。詵曰：合生髮膏用之。殺諸石藥毒吴普。治耳聾，和豆黄作丸，補勞瘦，肥白人日華。塗癰腫耳疳，又治結熱胸痞嘔吐。時珍曰：《外臺》治此證有雁肪湯。〔附方〕新一。　生髮：雁肪日日塗之。《千金方》。

肉〔氣味〕甘，平，無毒。思邈曰：七月勿食雁，傷人神。《禮》云食雁去腎，不利人也。〔主治〕風麻痹。久食動氣，壯筋骨日華。利臟腑，解丹石毒時珍。〔發明〕弘景曰：雁肪人不多食，〔其肉〕亦應好。宗奭曰：人不食雁，謂其知陰陽之升降、少長之行序也。道家謂之天厭，亦一説耳。食之則治諸風。

骨〔主治〕燒灰和米泔沐頭，長髮孟詵。

毛〔主治〕喉下白毛，療小兒癎有效蘇恭。自落翎毛，小兒佩之，辟驚癎日華。〔發明〕時珍曰：案《酉陽雜俎》云：臨邑人，春夏羅取鴻雁毛以禦暑。又《淮南萬畢術》云：鴻毛作囊，可以渡江。此亦中流一壺之意，水行者不可不知。

屎白〔主治〕灸瘡腫痛，和人精塗之《梅師》。

明・梅得春《藥性會元》卷下　雁肪　味甘、平，無毒。　主治風攣拘急，偏枯，氣不通利。久食長毛髮、鬚眉，益氣不飢。孫真人曰：六七月勿食雁，食則傷神。

明・穆世錫《食物輯要》卷五　雁　味甘，平，無毒。解丹石毒。和五臟，壯筋骨，散風麻痹，久食壯氣。腎，無毒。大益人。鴈肪，無毒。主風攣偏枯，血氣不通利。久服，益氣不飢。

明・吴文炳《藥性全備食物本草》卷三　雁　陽鳥也。從住在野下，宿於水厓也。從人何也？取執摯奠雁為意也。冬則南翔，夏則北徂，時當春夏則孳育於北，豈謂北人不食之乎？然雁與燕相反，燕來則雁往，燕往則雁來，故《禮》云：秋候雁來，春玄鳥至。按《爾雅》云：小曰雁，大曰鴻，長幼行序不紊。寒投南，熱投北，陰陽升降預知。常得氣之中和，人故用為禮幣，一取其信，二則尚其和也。世人因之不忍殺食，或謂天厭，道家謬言耳。

肪脂：主風攣拘急，偏枯麻痺，血氣不通利，取四兩煉洋。濾過，每日空心暖酒調服一匙。久服益氣力，壯筋骨，長鬚髮，聰耳，輕身耐老，殺諸藥石毒。又和黄豆作丸，補勞瘦，肥白人。六七月食之傷神。其毛自落者，小兒帶之療驚癎。　屎：治灸瘡腫痛，研和猪脂傅之。

明・應𪇑《食治廣要》卷五　鴈　肉：氣味甘，平，無毒。主治：諸風

麻痹。久食動氣，壯筋骨，利臟腑，解丹石毒。孫真人曰：七月勿食鴈，傷人神。宗奭曰：人不食鴈，謂其知陰陽之升降，少長之行序也。道家謂之天厭，亦一說耳。食之則治諸風。

明・姚可成《食物本草》卷一二禽部・水禽類　雁一名鴻。雁為陽鳥，與燕往來相反，冬南翔，夏北徂，孳育于北也，豈因北人不食之乎？○寇宗奭曰：雁熱則即北，寒則即南，以就和氣，則所以為禮幣者，一取其信，二取其和也。李時珍曰：雁狀似鵝，亦有蒼、白二色。今人以白而小者為雁，大者為鴻，蒼色者為野鵝。雁有四德：寒則自北而南，止于衡陽，熱則自南而北，歸于雁門，其信也；飛則有序而前鳴後和，其禮也；失偶不再配，其節也；夜則群宿而一奴巡警，晝則啣蘆以避繒繳，其智也。而捕者豢之為媒，以誘其類，是則一愚矣。南來時瘠瘦不可食，北嚮時乃肥，故宜取之。

雁：味甘，平，無毒。治風麻痹。久食動氣，壯筋骨。利臟腑，解丹石毒。孫思邈曰：七月勿食雁，傷人神。《禮》云：食雁去腎。不利人也。○寇宗奭曰：人不食雁，謂其知陰陽之升降，少長之行序也。道家謂之天厭，亦一說耳。食之則治諸風。肪：味甘，平，無毒。風攣拘急偏枯，血氣不通利。久服益氣不飢，輕身耐老。長毛髮鬚眉。殺諸石藥毒。治耳聾。和豆黃作丸，補勞瘦，肥白人。塗癰腫耳疳，又治結熱胸痞嘔吐。骨：燒灰和米泔沐頭，長髮。毛：治喉下白毛，療小兒癇有効。自落翎毛，小兒佩之，辟驚癇。○李時珍曰：案《酉陽雜俎》云：臨邑人，春夏羅取鴻雁毛以禦暑。又《淮南萬畢術》云：鴻毛作囊，可以渡江。此亦中流一壺之意，水行者不可不知。屎白：灸瘡腫痛，和人精塗之。

明・顧逢柏《分部本草妙用》卷一〇禽部　雁肪　甘，平，無毒。主治：風攣拘急偏枯，血氣不通利。久服益氣，不飢輕身耐老。其肉治風麻痺。久食動氣，壯筋骨，利五臟，解丹石毒。

明・施永圖《本草醫旨・食物類》卷三　鴈鴈為陽鳥，與燕往來相反。冬南翔，夏北徂，以就和氣，所以為禮幣者，一取其信，二取其和也。鴈有四德：春往秋來，信也；飛則有序，禮也；失偶不再配，節也；夜則巡警，智也。○一種名野鵝，又名鴐鵝，又名沙鵝，功與鴈同。○大曰鴻，小曰雁，六七月食之，主傷神氣。　鴈肪：一名鶩肪。味：甘，平，無毒。治：風攣拘急，偏枯，血氣不通利。久服益氣，不飢，輕身耐老，長毛髮鬚眉，殺諸石藥毒，治耳聾。和豆黃作丸，補勞瘦，肥白人。塗癰腫，耳疳。又治結熱胸痞，嘔吐。

附方　生髮：鴈肪日日塗之。

肉：味甘，平，無毒。治：風麻痹，久食動氣，壯筋骨，利臟腑，解丹石毒。骨：治：燒灰，和米泔，沐頭長髮。毛：治：喉下白毛療小兒癇，有效。自落翎毛，小兒佩之，辟驚癇。屎白：治：灸瘡腫痛，和人精塗之。

清・穆石匏《本草洞詮》卷一四　鴈　大曰鴻，小曰鴈。鴈為陽鳥，冬南征，夏北徂，與燕往來相反。人稱其有四德：冬則自北而南，止於衡陽，夏則自南而北，歸於鴈門，其信也；飛則有序，而前鳴後和，其禮也；失偶不再配，其節也；晝則銜蘆，以避繒繳，夜則群宿，而一鴈巡警，其智也。鴈肪、鴈肉甘平，無毒。治諸風，壯筋骨，利臟腑，久服益氣耐老。《萬畢術》云：鴻毛作囊，可以渡江。此亦中流一壺之意，水行者不可不知也。

清・丁其譽《壽世秘典》卷四　雁小者曰雁，大者曰鴻，多集江渚，亦有蒼、白二色。今人以白而小者為雁，大者為鴻，蒼者為野鵝。南來時瘠瘦不可食，北嚮時乃肥，故宜取之。食雁去腎，不利人也。寇宗奭曰：人不食雁，謂其知陰陽之升降，少長之行序也。道家謂之天厭，亦一說耳。　氣味：甘，平，無毒。治諸風麻痹，利五臟，解丹石毒，久食動氣，壯筋骨。

清・劉雲密《本草述》卷三〇　鴈　肪音方。鴈脂也。　氣味：甘，平，無毒。　主治：風攣拘急，偏枯，血氣不通利《本經》。《心鏡》云：上證用肪四兩，煉淨，每日空心暖酒服一匙。又治熱結胸痞，嘔吐。

時珍曰：《外臺》治此證，有鴈肪湯。治耳聾。和豆黃作丸補勞瘦。

愚按：鴈有四德：寒則自北而南，止於衡陽，熱則自南而北，歸於鴈門，其信也；飛則有序，而前鳴後和，其禮也；失偶不再配，其節也；夜則羣宿，而一奴巡警，晝則銜蘆以避繒繳，其智也。寇宗奭曰：人不食鴈，謂其知陰陽之升降，少長之行序也。道家謂之天厭，亦一說耳。食之則治諸風。

清・尤乘《食鑒本草・禽類》　鴈一名鶩。與燕往來相反。有四德：春往夏來，信也；飛則有序，禮也；失偶不再配，節也；夜則巡警，智也。大曰鴻，小曰鴈。六七月食之，主傷神氣。治風麻痺，久食動氣，壯筋骨，利藏府，解丹石毒。

清・朱本中《飲食須知・禽類》　雁肉　味甘，性平。七月勿食，傷人神。道家謂之天厭，不食為妙。久食動氣。《禮記》云：食雁去腎，不利

人也。

清・何其言《養生食鑒》卷下　雁似鵝，有蒼、白二色，小者為雁，大者為鴻。南來時瘠瘦，不可食；　北向時肥，宜食。　味甘，性平，無毒。解丹石毒，和五臟，壯筋骨，散風氣麻痹。久食壯氣。六月勿食，傷神。　腎：　無毒，大益人。肪：　即膏脂。主風攣偏枯，血氣不通利。鍊淨，每日空心暖酒服一匙，良。

清・李熙和《醫經允中》卷二三　鴈肪　甘，平，無毒。主治風攣拘急，偏枯，氣血不利。其肉治風麻痺。久食動氣，解丹石毒。雖治症如左，義鳥當禁取也。孫真人云：　鴈有序兮犬有義，黑鱧朝北知臣禮，人無禮義反食之，天地神明俱不喜。

清・馮兆張《馮氏錦囊秘錄・雜症痘疹藥性主治合參》卷一〇　雁肪　小曰雁，大曰鴻。能補勞瘦，善逐風攣。多服長毛髮，生鬚。久服壯筋膏，助氣。

清・张璐《本經逢原》卷四　雁　甘，溫，無毒。　《本經》主風攣拘急偏枯，血氣不通利。　發明：　雁為信鳥，豈宜食之。故道家謂之天厭。性善通利血氣，風攣拘急，偏枯，取肉炙熟貼之。昔黃帝製指南，於雁脛骨空中製鍼，取其能定南北也。但覓之不易，今人於鯉魚腦中製之，以其性專伏土，定而不移，可定水土之方向也。

清・汪啟賢等《食物須知・諸葷饌》　雁　味甘，氣平，無毒。多宿蘆洲，亦居草渚。小曰雁，大曰鴻。《本經》又名鶩，長幼行序不紊。寒投南，熱投北。陰陽升降預知，常得氣之中和，人故用為禮幣。一取其信，二則尚其和也，世人因之不忍殺食。冬取則妙，夏食傷神。專逐風攣。多食長毛髮生鬚，久服壯筋骨助氣。

清・汪紱《醫林纂要探源》卷三　鴈　甘，微辛，溫。色蒼或白。益陽氣，暖水臟。以冬月隨陽，且居水濱也。然古人食鴈去腎云，餘功用略同家鵝。

清・黃宮繡《本草求真》卷九　鴈通利血氣。　鴈耑入肺，兼入肝腎。狀考之時珍，謂有蒼白二種，今人以白而小者為鴈，大者為鴻。蒼者為野鵝，亦曰鴚鳥。《爾雅》謂之鵱鷜也。鴈有四德：　寒則自北而南，止於衡陽，熱則自南而北，歸於鴈門，其信也；　飛則有序，而前鳴後和，其禮也；　失偶不再配，其節也；　夜則群宿而一奴巡更，晝則銜蘆以避繒繳，其智也。而捕者豢之為媒，以誘其類，是則一愚矣。故鴈謂之信鳥，人不宜食。道家謂之天厭，味甘氣平，其性通利血氣，故能補癆瘦，逐風攣，取肉炙熟以貼。多服長毛髮生鬚，久服壯筋骨助氣。昔黃帝製指南，於鴈脛骨空中製針，取其能定南北。但覓之不易，後人於鯉魚腦中製之，以其性專伏土，定南北不移，可定水土之方向也。今又傳用午時稻花水煮，子時荷花水煮以定南北。取鴈，南來時瘦不可食，北嚮時乃肥，可取之。

清・李文培《食物小錄》卷下　雁大者曰鴻，小者曰雁。　甘，平，無毒，微腥。壯筋骨，利五藏。久食動氣，七月勿食雁，傷人神。《禮》云：　食雁去腎不利人。道家指為天厭。

清・羅國綱《羅氏會約醫鏡》卷一八禽獸部　雁肪　小曰雁，大曰鴻。補虛勞，逐風攣。多服長鬚髮，久食壯筋骨。

清・章穆《調疾飲食辯》卷五　雁　大者曰鴻，亦曰陽鳥。《禹貢》：　彭蠡既瀦，陽鳥攸居。其脚指間有幕相連。《爾雅》曰：　鳧、雁醜其足蹼。注曰：　蹼屬相着。凡水禽如鵝、鶩之類，足多蹼，故云鳧、雁醜。其踵企。注曰：　飛則伸脚。鳥雀醜其掌縮。注曰：　飛則縮脚。其棲宿常在淺水。《詩・九罭》章：　鴻飛遵渚，鴻飛遵陸。《禽經》曰：　鳱以水言，自北而南。鳵以山言，自南而北。注曰：　鳱、鳵皆雁字，冬則南飛集於水，故字從干；　夏則北翥集於山岸，故字從岸。雁有四德：　寒則南來，熱則北往，信也。飛有序，而前鳴後和，禮也。失偶不再配，節也。夜則群宿，而一奴巡警；　晝則啣蘆，以避繒繳，知也。其南也，止於衡陽。衡山以南，兩粵、嶺、海、滇、黔之地則無雁。故王勃《滕王閣詩序》曰：　雁陣驚寒，聲斷衡陽之浦。楊升庵《黃夫人詩》曰：　雁飛曾不到衡陽，錦字何由寄永昌。其北也，歷朝使命來往，任遠涉窮荒絕漠，無人曾見雁在何處度暑。惟《山海經》云：　雁門山，雁出其間。在高柳北，今山西。《梁州記》云。梁州界有雁塞山，山有大池，雁集其間，故名。然亦非度暑之地。其傳書也，始自漢人之誑匈奴，云天子於苑中射雁，得蘇武所寄帛書云云，與鯉魚傳書同屬子虛烏有，後世遂用為故典。凡音書得達曰鱗鴻有便，否則曰雁杳魚沉。古詩云：　天上多鴻雁，河中足鯉魚。其行肩隨有序，故兄弟曰雁行。其不再配，故婚姻之禮納采奠雁。《詩》曰：　雝雝鳴雁，旭日始旦。士而歸妻，迨冰未泮。其飛極高，不可射取之者，多畜媒誘之。或俟其棲宿，以矰繳、火器得之。故揚子《法言》曰：　鴻飛冥冥，弋人何篡焉或作何慕。而《國策》：　楚人之告頃襄王，鶀雁、青首、羅

鷙，張而射之，可以囊載，左縈而右拂之，酒上諸侯可一旦而盡。蓋喻言耳。《左傳》：衛懿公戒孫文子、甯惠子食，戒，約也。日旰不召，而射雁於囿中。亦極言其嬉游無度，語言不信，與孟子之譏學奕不專，心馳於外，意同也。至於將翱將翔，弋鳧與雁，乃就昧旦時飛鳴入耳者，以相勸勉。蓋詩家即景生情之筆，可射不可射，不必論矣。又《曲禮》凡贄大夫雁，取其知時而有序也。又白雁，古以為珍，《左傳》：曹伯陽好田弋，鄙人公孫彊獻白雁，使為司城。或以為瑞，明世宗西內營齋，媚臣屢獻白鹿、白雁。然《談苑》云：北方有白雁，小於常雁，秋深則至。故元順帝既失燕都，旋輿大漠，其中國之舊臣慆以詩曰：金輿玉輅無消息，腸斷西風白雁飛。明人《白雁詩》曰：錦瑟夜調冰作柱，玉關晨度雪沾衣。天涯兄弟離群久，皓首江湖猶未歸。是又自有種類，非珍非瑞也。諸史四夷列傳有五色雁，區區白雁，何瑞何珍。肉，利藏府，壯筋骨，鮮者、煙熏者俱佳。肪和豆黃作丸，補勞瘦。肪，脂膏也。豆黃，用黑豆蒸熟，罨生黃衣，為末，雁油調作丸，極補瘦人，肥人忌服。無雁油，猪板油亦可。《淮南萬畢術》曰：鴻毛作囊，可以渡江。果爾，似較勝中流一瓠也。又道家以雁為天厭，戒勿食。解者以為因其行有序，非也。蓋以其失偶不再配，食其一，則其一孤飛獨宿，為可憫耳。古詩云：莫打南來雁，從他向北飛。打時雙打取，莫遣兩分離。誦之心惻也。

清・楊時泰《本草述鉤元》卷三〇　雁肪雁脂也　氣味甘平。主治風攣拘急偏枯，血氣不通利《本經》。又治熱結胸痞嘔吐，更療耳聾。和豆黃作丸補勞瘦。《心鏡》：治攣急偏枯，用肪四兩煉淨，每日空心暖酒服一匙。

清・趙其光《本草求原》卷一九禽部　雁　甘，平，無毒。通利氣血，壯筋骨。治風麻痹、拘攣、偏枯。取肉炙熟貼之，取脂煎汁，每日溫酒下。其脂：生髮，塗之。補勞瘦，治熱結，胸痞嘔吐。其脛骨：能定南北，可制指南。入骨空中製，今人入鯉魚腦中製，以其伏土，定而不移也。

清・葉志詵《神農本草經贊》卷一　雁肪　味甘，平。主風攣拘急偏枯，氣不通利。久服益氣不飢，輕身耐老。一名鶩肪。生池澤。

北鄉南翔，知時識序。烹舍能鳴，繳加何取。截玉雪凝，釀松泉煮。強健筋骸，躡風高舉。

《禮》：季冬之月，雁北鄉。魏文帝歌行：群燕辭歸雁南翔。成公綏賦序：奇其應氣而知時。《莊子》：命豎子殺雁而烹之。主人曰：殺不能鳴者。《史記・世家》：楚人有好以弱弓微繳加歸雁之上者，頃襄王召而問之。對曰：見鳥六雙，以王何取。魏文帝書：美玉白如截肪。李損之詩：凝階似截肪。陸游詩：汲泉小甕釀松肪。陳鑒賦：筋骸強健。陶潛詩：願言躡清風，高舉尋吾契。

清・文晟《新編六書》卷六《藥性摘錄》　雁　甘，平。解丹石毒，和五臟，筋骨，散風氣麻痹。久食壯氣。六月勿食，傷神。〇肪，即膏脂，治風攣偏枯，每日空心暖酒食一匙。

清・王孟英《隨息居飲食譜・毛羽類》　鴈　甘，平。解毒，祛風。多食動氣。君子勿食，以其知陰陽之升降，少長之有序也。道家謂之天厭。

清・田綿淮《本草省常・禽獸類》　鴈　大者為鴻，有毒，不可食。鴻鴈有四德，飛則有序，禮也；夜則巡驚，智也；往來有時，信也；失耦不再配，節也。孫真人《衛生歌》曰：鴈有序兮犬有義，黑魚朝北知臣禮。人無義禮反食之，天地鬼神俱不喜。

清・戴葆元《本草綱目易知錄》卷五　雁　肉，甘，平。壯筋骨，利臟腑。治諸風麻痹，解丹石毒，久食動氣。【略】肪：脂也，煉用。甘，平。酒服，治風攣拘急，偏枯，血氣不通利，熱結胸痞嘔吐，耳聾，殺諸石藥毒。和豆黃作丸服，補勞瘦。塗耳疳及癰腫。久服，益氣不飢，長毛髮鬚眉，生髮膏用之。

清・吳汝紀《每日食物却病考》卷下　鴈　味甘，平，無毒。治風攣拘急，偏枯，血氣不通利。久食益氣不飢，輕身耐老。肪，塗疽腫、耳疳及熱結胸痞。

洋鴨

清・趙學敏《本草綱目拾遺》卷九禽部　洋鴨　朱排山《柑園小識》：洋鴨種出海洋。形如鴨，紅冠群羽，馴而善飛，雄者重至十斤，雌者如常。其性淫，雌雄相交，日必四五次，故房術用之。卵大如鵝子，味極美，以母雞伏之，約一月餘，則雛出矣，雛極易長大。助陽道，健腰膝，補命門，暖水臟。

鴛鴦

唐・孫思邈《千金要方》卷二六《食治・鳥獸》　鴛鴦肉　味苦，微溫，無毒。主瘻瘡，清酒浸之，炙令熱，以傅之，亦炙服之。又治夢思慕者。

宋・唐慎微《證類本草》卷一九禽部〔宋・掌禹錫《嘉祐本草》〕　鴛鴦　味鹹，平，小毒。肉，主諸瘻疥癬病，以酒浸，炙令熱，傅瘡上，冷更易。食其

肉，令人患大風新補。

〔宋・唐慎微《證類本草》〕《食療》：其肉，主瘻瘡，以清酒炙食之。食之則令人美麗。又，主夫婦不和，作羹臛，私與食之，即立相憐愛也。《食醫心鏡》：主五痔瘻瘡。鴛鴦一隻，治如食法，煮令極熟，細細切，以五味、醋食之，羹亦妙。《荆楚記》云：鄧木鳥，主齒痛，鴦是也。

元・忽思慧《飲膳正要》卷三 鴛鴦 味鹹，平，有小毒。主治瘻瘡。若夫婦不和者，作羹，私與食之，即相愛。

元・吴瑞《日用本草》卷四 鴛鴦 味酸，有小毒。主諸瘻疥癬，酒浸炙熱傅瘡上，冷易之。食之令人患大風。主夫婦不和，作羹臛私與食，則立相憐愛。此禽雌雄暫時不捨。一失其一，則朝夕思慕，憔悴而死。

明・滕弘《神農本經會通》卷九 鴛鴦 味鹹，氣平，小毒。《本經》云：肉，主諸瘻疥癬病，以酒浸炙令熱，傅瘡上，冷更易。食其肉，令人患大風。

明・劉文泰《本草品彙精要》卷二八 鴛鴦有小毒。卵生。

鴛鴦肉：主諸瘻疥癬病，以酒浸，炙令熱，傅瘡上，冷更易。名醫所錄。

謹按：《格物論》云：鴛鴦，文禽也。類鳧，毛有文采，和鳴多好音。雌雄並飛，未嘗相離，人得其一，則一相思而死，故謂之匹鳥也。【名】匹鳥、鄧木鳥鴦也。【時】生：春夏。採：無時。【用】肉。【質】類鳧。【色】彩。【味】鹹。【性】平，軟。【氣】味厚于氣，陰中之陽。【臭】腥。【治】療：《食療》云：肉，食之則令人美麗，及治夫婦不和，作羹臛，私與食之，立相愛也。《別錄》云：鄧木鳥，治齒痛。【合治】肉合清酒炙食之，治瘻瘡。○鴛鴦一隻，煮令極熟，細細切，合五味、醋食之，治五痔瘻瘡。作羹亦妙。【禁】肉多食，令人患大風。

明・盧和、汪穎《食物本草》卷三禽類 鴛鴦 味鹹，平，有小毒。主諸瘻疥癬，以酒浸炙，熱傅其上，冷即易。一云：食其肉，令人患大風。

明・寧源《食鑒本草》卷上 鴛鴦 味鹹，平，有小毒。主痔瘻疥癬。以酒浸炙食，熱傅瘡上，冷更易之。陶隱君云：人間夫婦不和，作羹私與食之，即相憐愛也。食之令人容顔常美。

明・王文潔《太乙仙製本草藥性大全》卷七《本草精義》 鴛鴦 舊本並不具文，今江湖河海溪澗中俱有之。其色文具五綵，甚足美觀。又名匹鳥，乃合歡之禽也。雌雄匹配而不相狎，遊則比翼，睡則交頸。《荆楚記》云：鄧木鳥，主齒痛，即鴦是也。

明・王文潔《太乙仙製本草藥性大全》卷七《仙製藥性》 鴛鴦 味鹹，氣平，有小毒。主治：肉，治諸瘻疥癬有效，主夫婦不和奇功。補註：主瘻瘡，以清酒炙食之，食之則令人美麗。○又主夫婦不和，作羹臛私與食之，即立相憐愛也。○主五漏瘻瘡，鴛鴦一隻，治如食法，炙令極熟，細細切，以五味、醋食之，羹亦妙。

明・李時珍《本草綱目》卷四七禽部・水禽類 鴛鴦宋《嘉祐》

【釋名】黄鴨《綱目》 匹鳥時珍曰：鴛鴦終日並游，有宛在水中央之意也。或曰：雄鳴曰鴛，雌鳴曰鴦。崔豹《古今注》云：鴛鴦雄雌不相離，人獲其一，則一相思而死，故謂之匹鳥。《涅槃經》謂之婆羅迦鄰提。【集解】時珍曰：鴛鴦，鳧類也，南方湖溪中有之。棲于土穴中，大如小鴨，其質杏黄色，有文采，紅頭翠鬣，黑翅黑尾，紅掌，頭有白長毛垂之至尾。交頸而卧，其交不再。

肉 【氣味】鹹，平，有小毒。孫曰：苦，微温，無毒。瑞曰：酸，無毒。詵曰：多食，令人患大風。【主治】諸瘻疥癬，以酒浸，炙令熱，傅貼瘡上，冷即易《嘉祐》。清酒炙食，治瘻瘡。作羹臛食之，令人肥麗。夫婦不和者，私與食之，即相愛憐孟詵。炙食，治夢寐思慕者孫思邈。

【附方】舊一，新一。五瘻漏瘡：鴛鴦一隻，治如常法，炙熟細切，以五味醋食之。作羹亦妙。《食醫心鏡》。血痔不止：鴛鴦一隻，治净切片，以五味、椒、鹽醃炙，空心食之。《奉親養老方》。

明・穆世錫《食物輯要》卷五 鴛鴦 味鹹，平，有小毒。治瘻瘡。多食，令人風病。吴瑞云：夫婦不和，私與食之，令相愛。煮食，治夢寐思慕者。

明・吴文炳《藥性全備食物本草》卷三 鴛鴦 即雎鳩，文禽也。其色文具五綵，甚足美觀。又名匹鳥，乃合歡之禽也。雌雄匹配而不相狎，游則比翼，睡則交頸。《荆楚詞》云鄧木鳥主齒痛，即此鳥也。肉味鹹，性平，有小毒。主諸瘻疥癬，酒浸炙食，或炙熱傅瘡上，冷則易。多食令人患大風。又夫婦不和，作羹私與食之，令相愛也。煮食治夢寐思慕者効。

明・應麐《食治廣要》卷五 鴛鴦 氣味：鹹，平，有小毒。主諸瘻疥癬。作羹臛食之，令人肥麗。夫婦不和者，私與食之，即相愛憐。孫真人

云：炙食，能治夢寐思慕者。

明・姚可成《食物本草》卷一二禽部・水禽類 鴛鴦一名匹鳥。鳧類也。南方湖溪中有之。棲于土穴中，大如小鴨，其質杏黃色，有文采，紅頭翠鬣，黑翅黑尾，紅掌，頭有白長毛垂之至尾。交頸而卧，其交不再。 鴛鴦肉，味鹹，平，有小毒。治諸瘻疥癬，以酒浸，炙令熱，傅貼瘡上，冷即易。清酒炙食，治瘻瘡。作羹臛食之，令人肥麗。夫婦不和者，私與食之，即相愛憐。炙食，治夢寐思慕者。多食，令人患大風。

附方 治五瘻漏瘡。鴛鴦一隻，治如常法，炙熟細切，以五味、醋食之。作羹亦妙。 血痔不止。鴛鴦一隻，治淨切片，以五味、椒、鹽醃炙，空心食之。

明・顧逢柏《分部本草妙用》卷一〇禽部 鴛鴦 鹹，平，有微毒。主治： 諸瘡疥癬，令人肥麗。夫婦不和者，私與食之，即相愛矣。炙食可止夢寐思慕者。

明・施永圖《本草醫旨・食物類》卷三 鴛鴦名匹鳥。○雄曰鴛，雄雌不相離，人獲其一，則一相思而死。○頭有白長毛垂之至尾，交頸而卧。 肉： 味鹹，平，有小毒。多食令人患大風。治： 諸瘻疥癬，以酒浸炙令熱，傅貼瘡上，冷即易。清酒炙食，治瘻瘡。作羹臛食之，令人肥麗。夫婦不和者，私與食之，即相愛憐。炙食，治夢寐思慕者。

附方 五瘻漏瘡： 鴛鴦一隻，治如常法，炙熟細切，以五味醋食之，作羹亦妙。 血痔不止： 鴛鴦一隻，治淨切片，以五味椒鹽醃炙，空心食之。

清・穆石匏《本草洞詮》卷一四 鴛鴦 雄雌不相離，人獲其一，則一相思而死，故謂之匹鳥。肉鹹，平，有小毒。凡夫婦不和者，私與食之，即相憐愛也。亦治夢寐思慕之病。

清・丁其譽《壽世秘典》卷四 鴛鴦鳧類也，南方湖溪中有之，棲于土穴。大如小鴨，其質杏黃色有文采，紅頭翠鬣，黑翅黑尾，紅掌，頭有白長毛垂之至尾。交頸而卧，其交不再。《古今注》云：鴛鴦雄雌不相離，人獲其一，則一相思而死，故謂之匹鳥。 氣味： 鹹，平，有小毒。清酒炙食，治瘻瘡。作羹臛食之，令人肥麗。夫婦不和者私與食之，即相愛憐。

清・朱本中《飲食須知・禽類》 鴛鴦肉 味鹹，性平，有小毒。多食令人患大風病。

清・何其言《養生食鑒》卷下 鴛鴦溪湖中有之，棲于土穴中，大如小鴨。其質杏黃色，有文采，紅頭翠鬣，黑翅黑尾，紅掌，頭有白長毛垂之至尾。交(頭)〔頸〕而卧，其交不再。 味鹹，性平，有小毒。治諸瘻疥癬，酒浸炙食，或炙熱敷瘡上，冷即易。作羹臛食之，令人肥麗。夫婦不和者，私與食之，即相憐愛。炙食，治夢寐思慕者。多食，令人患風病。

清・李熙和《醫經允中》卷二三 鴛鴦 鹹，平，無毒。主治令人肥麗。夫婦不和者，私與食之即相愛矣。

清・汪紱《醫林纂要探源》卷三 鴛鴦 甘，鹹，寒。匹鳥，生有定偶相依，不肯再匹。雄者備五彩，腹下白質，黑縷如繡，頭上有長白毛冠，夾尾有二毛，如鉞斧。雌者無彩。 殺魚蟲及短狐毒。短狐，蜮也，似鱉，三足，又曰射工。在水中含沙射人影，中者輒生瘡，作寒熱。此與鸂鶒，性食短狐。 美心意，令人夫婦相媚。

清・文晟《新編六書》卷六《藥性摘錄》 鴛鴦 鹹，平，有小毒。治瘻疥癬。夫婦不和者，私與食之，即相憐愛。多食令人患風病。

清・吳汝紀《每日食物却病考》卷下 鴛鴦 味鹹，平，有小毒。治諸瘻疥癬，以酒浸，炙熱貼瘡上，冷即易。又云，清酒炙食。多食患大風。

鸂鶒

宋・唐慎微《證類本草》卷一九禽部〔宋・掌禹錫《嘉祐本草》〕 鸂鶒 味甘，平，無毒。治驚邪。食之，主短狐。可養，亦辟之。今短狐處多有鸂鶒，五色，尾有毛如船柂，小於鴨。《臨海異物志》曰：鸂鶒，水鳥，食短狐。在山澤中無復毒氣也。又杜臺卿《淮賦》云：鸂鶒尋邪而逐害是也新補。

元・忽思慧《飲膳正要》卷三 鸂鶒 味甘，平，無毒。治驚邪。

元・吳瑞《日用本草》卷四 鸂鶒 如小鷗鴨，五色有毛，如船柂。味甘，性平，無毒。 主驚邪，食之主短狐，可養，亦辟之。今短狐處多有，亦辟，無復毒。

明・滕弘《神農本經會通》卷九 鸂鶒 味甘，氣平，無毒。《本經》云： 治驚邪，食之。主短狐，可養，亦辟之。今短狐處多有鸂鶒，五色，尾有毛如船柁，小於鴨。《臨海異物志》曰： 鸂鶒，水鳥，食短狐，在山澤中，無復毒氣也。

明・劉文泰《本草品彙精要》卷二八 鸂鶒無毒。 卵生。

鸂鶒： 主食之去驚邪及短狐毒，亦可養以辟之。名醫所錄。 〔地〕《圖

經》曰：鸂鶒五色，尾有毛，如船舵，小於鴨。《臨海異物志》曰：鸂鶒，水鳥，食短狐。蓋短狐即《史記》云蜮，其形似鱉，含沙射人爲害者。○謹按《埤雅》云：沈約《郊居賦》所謂秋鷖寒鶒，修鷁短兜，是也。性食短狐，在山澤中無復毒氣，故《淮賦》云：鸂鶒尋邪而逐害。此鳥蓋溪中之敕邪逐害者，故以名之。如鳩之步罡，鴛之畫印，鸂鶒之敕，蜾蠃之祝，皆物之有術智者也。然其溪遊，雄者左，雌者右，雖群伍皆有式度也。〔時〕生：無時。採：無時。〔用〕肉。〔味〕甘。〔性〕平，緩。〔氣〕氣厚于味，陽中之陰。〔臭〕腥。

明・盧和、汪穎《食物本草》卷三禽類　鸂鶒　味甘，平，無毒。治驚邪及中水中短狐疾。

明・王文潔《太乙仙製本草藥性大全》卷七《本草精義》　鸂鶩　舊本不著所出州土，今短狐處有之。鸂鶩五色，有毛如船柂，小於鴨。《臨海異物志》曰：鸂鶩，水鳥，食短狐。在山澤中，無復毒氣也。又杜臺卿《淮賦》云鸂鶩尋邪而逐害是也。

明・王文潔《太乙仙製本草藥性大全》卷七《仙製藥性》　鸂鶩　味甘，氣平，無毒。　主治：治驚邪，煮食之良。主短狐，可養辟之。

明・李時珍《本草綱目》卷四七禽部・水禽類　鸂鶒音溪敕。宋《嘉祐》。

〔釋名〕溪鴨《異物志》　紫鴛鴦時珍曰：按杜臺卿賦云：鸂鶒尋邪而逐害。此鳥專食短狐，乃溪中敕逐害物者。其游于溪也，左雄右雌，群伍不亂，似有式度者，故《說文》又作溪鳿。其形大于鴛鴦，而色多紫，亦好並遊，故謂之紫鴛鴦也。〔集解〕藏器曰：鸂鶒，南方有短狐處多有之。性食短狐也，所居處無復毒氣，人家宜畜之。形小如鴨，毛有五采，首有纓，尾有毛如船柁形。

肉　〔氣味〕甘，平，無毒。冬月用之。　〔主治〕食之，去驚邪及短狐毒《嘉祐》。

明・梅得春《藥性會元》卷下　鸂鶩　味甘，平，無毒。　主治驚邪。食之，主短狐。可養，亦辟之。今短狐處多畜之。又有五色尾，有毛如舡柂，小於鴨。《臨海異物志》曰：鸂鶩水鳥，食短狐，在山澤中無復毒氣。臺卿《淮賦》云：鸂鶩尋邪而逐害。故今之言官繡放補也。

明・穆世錫《食物輯要》卷五　鸂鶒　味甘，平，無毒。解驚邪、野狐毒。冬月宜食。一名溪鴨。

明・吳文炳《藥性全備食物本草》卷三　鸂鶒　五色，有毛如船柂，小於鴨，臨水。《異物志》曰：鸂鶒，水鳥，食短狐，在山澤中，無復毒氣也。又杜臺卿賦云鸂鶒尋邪而逐害是也。肉味甘，性平，無毒。食之治驚邪，養之辟短狐。

明・應廛《食治廣要》卷五　鸂鶒　氣味：甘，平，無毒。食之去驚邪及短狐毒。　按：陳藏器曰：鸂鶒好食短狐，所居處無復毒氣，人家宜畜之。形小如鴨，毛有五彩，首有纓，尾有毛如船舵形者是矣。

明・姚可成《食物本草》卷一二禽部・水禽類　鸂鶒音溪敕。南方有短狐處，多有之，性食短狐也。所居處無復毒氣，人家宜畜之。形小如鴨，毛有五采，首有纓，尾有毛如船柁鬣。

鸂鶒肉，味甘，平，無毒。食之，去驚邪及短狐毒。

明・施永圖《本草醫旨・食物類》卷三　鸂鶩音溪敕。○名紫鴛鴦。

肉：味甘，平，無毒。治：食之去驚邪及短狐毒。

清・汪紱《醫林纂要探源》卷三　鸂鶒　甘，鹹，寒。亦名紫鴛鴦，形似而較大，色多紫，紺頂無長白毛。殺魚蟲、短狐毒。杜臺卿賦云：鸂鶒尋邪而逐害。此鳥專食短狐，乃溪中敕逐害物者。其游於溪也，左雄右雌，群伍不亂，似有式度者，故《說文》又作溪鳿。南方有短狐處多有之，人家宜畜。

鵝

唐・孫思邈《千金要方》卷二六《食治・鳥獸》　白鵝脂　主耳卒聾，消以灌耳。毛：主射工水毒。肉：味辛，平，利五藏。

宋・唐慎微《證類本草》卷一九〔《別錄》〕　白鵝膏　主耳卒聾。以灌之。〔宋・掌禹錫《嘉祐本草》〕按：耳聾通用藥云：白鵝膏，微寒。

毛：主射工水毒。

肉：平。利五藏。

〔梁・陶弘景《本草經集注》〕云：東川多溪毒，養鵝以辟之，毛羽亦佳，中射工毒者飲血，又以塗身，鵝未必食射工，蓋以威相制爾。乃言鵝不食生蟲，今鵝子亦噉蚯蚓輩。

〔唐・蘇敬《唐本草》〕注云：鵝毛，主小兒驚癇極者。又燒灰主噎。

〔宋・馬志《開寶本草》〕按：陳藏器《本草》云：鵝，主消渴。取煮鵝汁飲之。

〔宋・掌禹錫《嘉祐本草》〕按：陳藏器云：蒼鵝食蟲，白鵝不食蟲。主射工，當以蒼者良。主渴，以白者勝。孟詵云：脂，可合面脂。肉性冷，不可多食，令人易霍亂，與服丹石人相宜，亦發痼疾。日華子云：蒼鵝，冷，有毒。發瘡膿。糞可傳蛇蟲咬

毒。舍中養能辟蟲、蛇。白鵝，涼，無毒。解五藏熱，止渴。脂潤皮膚。尾罌治聤耳及聾，內之，亦療手足皴。子，補中益氣，不可多食。尾燒灰，酒服下，治噎。

〔宋・唐慎微《證類本草》〕《食療》：卵，溫，補五藏，亦補中益氣，多發痼疾。《肘後方》：誤吞鐶若指彄，燒鵝羽數枝，末，飲服之。《子母秘録》：小兒鵝口不乳者，白鵝矢汁灌口中。

宋・鄭樵《通志》卷七六《昆蟲草木略》 舒雁，《爾雅》曰鵝。

宋・陳衍《寶慶本草折衷》卷一六 新分白鵝肉子、毛及蒼鵝附。○涎灡續附。

《爾雅》云：一名舒鴈。生人家養之。見縉雲。○附：子，一名鵝卵。○續附：涎灡，取活鵝倒吊，待鵝口涎灡流出，以器承貯。○灡，音賴。

平，涼，無毒。○利五藏自白鵝膏條分。○陳藏器云：主消渴，煮汁飲之。○孟詵云：多食令人霍亂。與服丹石人相宜。亦發痼疾。○日華子云：解藏熱。附：子。○溫。補中益氣，補五藏。多食發痼疾。附：毛灰在內。○主射工水毒及小兒驚癇。又主噎氣逆，燒灰服。又誤吞鐶等，燒羽數枚，米飲服之。

附：蒼鵝。○冷，有毒。發瘡膿。

續說云：《夷堅志》謂鵝涎能化穀，故方坦然治穀、麥(蒙)〔芒〕梗刺七亦切喉中，悶塞疼痛者，以活鵝口中涎灡服之，其梗即隨鵝涎而下。

元・忽思慧《飲膳正要》卷三 鵝 味甘，平，無毒。利五藏，主消渴。孟詵云：肉性冷，不可多食，亦發痼疾。日華子云：蒼鵝性冷有毒，食之發瘡。白鵝無毒，解五藏熱，止渴。脂潤皮膚，主治耳聾。鵝彈補五藏，益氣。有痼疾者，不宜多食。

元・吴瑞《日用本草》卷四 鵝肉 味甘，性涼，無毒。有蒼白二色。白者食草，蒼者食蟲。 主利五臟，益氣，止消渴，久食發癎疾、霍亂，發痼疾。□服丹石毒。白者涼，解五臟熱，止渴；蒼者冷，有毒，發瘡膿。 膏：可合面脂，潤皮膚。蛇蟲咬毒。 鵝卵：性溫，補五臟，益氣。多食發癎疾。

明・蘭茂原撰，范洪等抄補《滇南本草圖說》卷七 白鵝 氣味甘，微寒，無毒。主治：五臟熱而清六腑，潤皮膚而解毒。熬膏，耑治耳聾。膽，塗痔瘡。卵，補中。毛，燒灰為末，治驚風，噎食反胃，其效如神。取掌調羹，大補氣血。掌上黄皮，燒灰，調油，搽黄水瘡即愈。

明・蘭茂撰，清・管暄校補《滇南本草》卷上 鵝 味甘，微寒。治五臟熱而潤皮膚，可容脂血，解毒。白鵝膏治耳聾。膽，搽痔瘡。蛋，補中益氣。毛燒灰，治噎食。小兒驚風，水酒下。掌上黄皮，燒灰，調油，搽黄水瘡、凍瘡神效。

明・王綸《本草集要》卷六 白鵝膏 氣微寒，無毒。 主耳卒聾，以灌之。○毛，主射工水毒。亦可飲其血，及以塗身。又主小兒驚癇極者。又燒灰，主噎。○肉，平。利五臟，主消渴，煮汁飲之。

明・滕弘《神農本經會通》卷九 白鵝膏 微寒。一云：涼，無毒。《本經》云：主耳卒聾，以灌之。

鵝毛 《本經》云：主射工水毒。陶云：東川多溪毒，養鵝以辟之。毛羽亦佳。中射工者，飲血，又以塗身。《唐本》注云：鵝毛，主小兒驚癇極者。又燒灰，主噎。陳藏器云：蒼鵝食蟲，主射工，當以蒼者良。白鵝不食蟲，主渴以白者勝。

鵝肉 一云：蒼鵝，冷，有毒。一云：白鵝，涼，無毒。《本經》云：平。利五藏。陳藏器云：鵝，主消渴，取煮鵝汁，飲之。孟詵云：脂，可合面脂。肉，性冷。不可多食，令人易霍亂。與服丹石人相宜，亦發痼疾。日華子云：蒼鵝，冷，有毒。發瘡膿。糞，可傅蛇蟲咬毒，舍中養，能辟蟲蛇。白鵝，涼，無毒。解五藏熱，止渴。脂，潤皮膚。尾罌，治聤耳及聾，內之。亦療手足皴。子，補中益氣。不可多食。尾，燒灰，酒服下，治噎。《食療》云：卵，溫。補五藏，亦補中益氣。多發痼疾。

明・劉文泰《本草品彙精要》卷二六 白鵝膏無毒。 卵生。

白鵝膏：主耳卒聾，以灌之。○毛，主射工水毒。○肉，平，利五臟。名醫所錄。

〔地〕陶隱居云：東川多溪毒，養鵝以辟之。毛羽亦佳。中射工毒者，飲血，又以塗身。鵝未必食射工，蓋以威相制爾。乃言鵝不食生蟲，今鵝子亦啖蚯蚓。陳藏器云：蒼鵝有毒，食蟲。白鵝無毒，不食蟲。主射工毒，當以蒼者良；主渴，以白者勝。〔時〕生：無時。採：無時。〔用〕脂、毛、肉、卵。〔色〕白。〔味〕微寒。〔性〕氣之薄者，陽中之陰。〔臭〕腥。〔治〕療：《唐本》注云：白鵝，治消渴，煮汁飲之。○鵝毛，治小兒驚癇極者。燒灰，治噎疾。日華子云：蒼鵝糞，傅蛇蟲咬毒。○白鵝，解五臟熱。○脂，潤皮膚。○尾罌，治聤耳及耳聾，內之。亦治手足皴。孟詵云：脂可合面脂。《别錄》云：鵝羽，治誤吞鐶若指彄者，燒數枝末，

飲服之。○白鵝屎，治小兒鵝口不食乳者，汁灌口中，愈。補： 日華子云： 子，補中益氣。《食療》云： 子，補五臟。 【合治】尾燒灰合酒服，治噎。

【禁】蒼鵝不宜多食，發瘡膿，及令人易霍亂，發痼疾。子，亦發痼疾。 【解】肉解服丹石人毒。

明・盧和、汪穎《食物本草》卷三禽類 鵝 肉利五臟，解煩止渴，白者勝。又云： 性冷，不可多食，令人霍亂，發痼疾。白鵝膏，氣微寒，無毒。主耳卒聾，以灌之，又潤皮膚。毛，主射工水毒。又飲其血及塗身，又主小兒驚癇極者。又燒灰主噎。蒼者，有毒，發瘡膿。卵，溫，補中益氣，補五臟。多食發痼疾。

明・陳嘉謨《本草蒙筌》卷一〇 白鵝膏 味甘，氣微寒。無毒。近水鄉村多養，可辟溪毒； 依山屋舍，但蓄即禁蛇蟲。謂辟溪毒禁蛇蟲者，未必能食之，蓋以威相制耳。 夜能提更，猶堪鎮宅。蒼鵝多食蟲有毒，發諸瘡疥，除射工最靈； 白鵝不食蟲性寒，解五臟熱，止消渴極効。凡資食療，惟白為宜。兩耳卒聾，膏灌下通竅； 一身麄澁，脂敷上潤肥。尾與毛俱辟射工，仍燒灰治卒噎須記； 肉和卵並補臟腑，但食多發痼疾尤防。悞吞稻刺塞喉，求涎旋嚥； 忽染溪毒着體，覓血遍塗。蛇蟲嚙傷，糞可敷愈。

明・方穀《本草纂要》卷一〇 白鵝膏 味甘，氣微寒，無毒。主治卒暴耳聾，同乾臙脂又治耳瘡； 同麝香亦開耳竅。若鵝肉平利五臟，充實元氣，消渴之症，煮汁飲之，其渴自止。鵝毛主諸氣鬱滯不行，悶肭積聚不利，腰脊有難俛仰，關節有難行動，用此鵝羽燒灰，好酒調服，惟血管者佳。吾觀鵝羽利水之物，利水即利氣也。血管者通血之物，通血則行血也。若夫小兒驚癇，大人驚悸，或跌撲傷損，或積聚痞塊，或噎食不利，或關格癥瘕，是皆氣血所滯之症，惟羽灰可以治之，以其利氣行血之太速也。又曰： 濕熱之症，不可食鵝，非鵝生濕熱之謂，但利氣行血之物，有動濕熱之症者乎。

明・寧源《食鑒本草》卷上 鵝 味重，甘，溫，無毒。補中氣，和臟腑，滑肌膚。 脂膏： 療手足皴裂。 卵： 補中氣。多食傷胃滯氣，發痼疾。

明・王文潔《太乙仙製本草藥性大全》卷七《本草精義》 白鵝 一名草鴨。狀如鴨更大，能食草。舊本不著所出州土，今在處有之。鵝有蒼白二種。近水鄉村多養，可辟溪毒，依山屋舍但蓄，即禁蛇蟲。謂辟溪毒，禁蛇蟲者，未必能食之，蓋以威相制耳。 夜能提更，猶堪鎮宅。陳藏器云： 鵝主消渴，取煮汁飲之。蒼鵝食蟲，白鵝不食蟲。主射工當以蒼者良，主渴以白者勝。孟詵云： 脂，可合面脂。肉，性冷，不可多食，令人易霍亂。與服丹石人相宜，亦發痼疾。

明・王文潔《太乙仙製本草藥性大全》卷七《仙製藥性》 白鵝膏 味甘，氣微寒，無毒。 蒼鵝： 多食蟲，有毒。發諸瘡疥，除射工最靈。白鵝： 不食蟲，性寒，解五臟熱，止消渴極效。凡資食療，惟白爲宜。鵝膏： 兩耳卒聾，灌下通竅。 脂： 一身麄澁，敷上潤肥。 鵝尾： 與毛俱辟射工，仍燒灰治卒噎須記。 鵝肉： 和卵： 並補臟腑，但食多發痼疾。 鵝涎： 悞吞稻刺塞喉，當求旋嚥。 鵝血： 忽染溪毒着體，快覓遍塗。 鵝屎： 蛇蟲齧傷，敷之立愈。 補註： 小兒鵝口不乳者，白鵝屎汁灌口中。 鵝毛羽： 主小兒驚癇極者。燒灰主噎。 補註： 誤吞鐶若指彄，燒鵝羽數枝，末飲服之。 鵝尾罌： 治聤耳及聾，內之。仍療手足皴。 鵝尾： 燒灰酒服下，治噎病。 鵝卵： 補五臟，和中益氣。多食發痼疾難痊。

明・皇甫嵩《本草發明》卷六 白鵝不食蟲。 主消渴，畜之可辟溪毒，禁蛇蟲。○白鵝膏微寒，主耳卒聾，灌耳竅內。○肉，平。利五藏。日華子云： 涼，解五藏熱，止渴動濕，疸病與水腫，忌之。○脂，潤皮膚粗澁。○尾罌，治聤耳及聾，內之。亦療手足皴。○子，補中益氣，勿多食。○尾，燒灰，酒服下，治噎。○血，主中射工毒，飲之。又塗身。○涎，主悞吞稻刺，嚥之愈。 蒼鵝，多食蟲，有毒。發諸瘡疥，除射工。其糞可敷蛇蟲嚙傷。若主射工，當以蒼鵝良。主消渴，又以白鵝勝。

明・李時珍《本草綱目》卷四七禽部・水禽類 鵝《別録》上品

【釋名】家雁《綱目》 舒雁時珍曰： 鵝鳴自呼。江東謂之舒雁，似雁而舒遲也。

【集解】時珍曰： 江淮以南多畜之。有蒼、白二色，及大而垂胡者。並緑眼黄喙紅掌，善鬭，其夜鳴應更。師曠《禽經》云脚近臎者能步，鵝、鶩是也。又云鵝伏卵則逆月，謂向月取氣助卵也。性能啖蛇及蚓，制射工，故養之能辟蟲虺，或言鵝性不食生蟲者，不然。

白鵝膏臘月煉收。 【氣味】甘，微寒，無毒。 【主治】灌耳，治卒聾《別録》。潤皮膚，可合面脂日華。塗面急，令人悦白。唇瀋，手足皴裂，消癰腫，解礜石毒時珍。

肉 【氣味】甘，平，無毒。日華曰： 白鵝，辛涼，無毒。蒼鵝，冷，有毒，發瘡腫。

詵曰：鵝肉性冷，多食令人霍亂，發痼疾。李（廷）〔鵬〕飛曰：嫩鵝毒，老鵝良。【主治】利五臟《別録》。解五臟熱，服丹石人宜之孟詵。煮汁，止消渴藏器。

【發明】藏器曰：蒼鵝食蟲，主射工毒爲良；白鵝不食蟲，止渴爲勝。時珍曰：鵝氣味俱厚，發風發瘡，莫此爲甚，火熏者尤毒。曾目擊其害，而《本草》謂其性凉利五臟，韓懋《醫通》謂其踈風，豈其然哉？又葛洪《肘後方》云：人家養白鵝、白鴨，可辟食射工。則謂白鵝不食蟲，不發病之説，亦非矣。但比蒼鵝薄乎云耳。若夫止渴，凡發胃氣者皆能生津，豈獨止渴者便曰性凉乎？參苓白术散乃治渴要藥，何嘗寒凉耶？

臎一名尾罌，尾肉也。時珍曰：《内則》舒雁臎不可食，爲氣臊可厭耳，而俗夫嗜之。

【主治】塗手足皴裂。納耳中，治聾及聤耳日華。

血【氣味】鹹，平，微毒。【主治】中射工毒者，飲之，并塗其身陶弘景。解藥毒。時珍曰：祈禱家多用之。

膽【氣味】苦，寒，無毒。【主治】解熱毒及痔瘡初起，頻塗抹之，自消時珍。

【附方】新一。痔瘡有核：白鵝膽二三枚，取汁，入熊膽二分，片腦半分，研匀，甆器密封，勿令泄氣，用則手指塗之，立效。劉氏《保壽堂方》。

卵【氣味】甘，温，無毒。【主治】補中益氣。多食發痼疾孟詵。

涎【主治】咽喉穀賊時珍。

【發明】時珍曰：按洪邁《夷堅志》云：小兒誤吞稻芒，着咽喉中不能出者，名曰穀賊。惟以鵝涎灌之即愈。蓋鵝涎化穀相制耳。

毛【主治】射工水毒《別録》。小兒驚癇。又燒灰酒服，治噎疾蘇恭。

【發明】弘景曰：東川多溪毒，養鵝以辟之，毛羽亦佳，并飲其血。鵝未必食射工，蓋以威相制耳。時珍曰：《禽經》云：鵝飛則蜮沉。蜮即射工也。又《嶺南異物志》云：邕州蠻人選鵝腹毳毛爲衣、被絮，柔暖而性冷。嬰兒尤宜之，能辟驚癇。柳子厚詩云鵝毛禦臘縫山罽，即此。蓋毛與肉性不同也。

【附方】新二。通氣散：治誤吞銅錢及鈎繩。鵝毛一錢燒灰，磁石皂子大煅，象牙一錢，燒存性，爲末。每服半錢，新汲水下。《醫方妙選》。噎食病：白鵝尾毛燒灰，米湯每服一錢。

掌上黄皮【主治】燒研，搽脚趾縫濕爛。焙研，油調，塗凍瘡良。時珍。出談埜翁諸方。

屎【主治】絞汁服，治小兒鵝口瘡。時珍。出《秘録》。蒼鵝屎：傅蟲、蛇咬毒日華。

【附方】新一。鵝口瘡：自内生出可治，自外生入不可治。用食草白鵝下清糞濾汁，入沙糖少許搽之；或用雄鵝糞眠倒者燒灰，入麝香少許搽之，並效。《永類鈐方》。

明・穆世錫《食物輯要》卷五 鵝 味甘，性寒，無毒。解内熱消渴。多食，發瘡疥痼疾。患霍亂者忌食。甯原云：蒼鵝食蟲，解射工毒。火熏者微毒。虚火咳嗽者勿食。血，解諸藥毒。卵，補氣。涎，消穀賊。膽，解熱毒，抹痔亦効。一云：煮鵝，下櫻桃葉數片，易軟。

明・李中立《本草原始》卷一〇 鵝 江淮以南多畜之。有蒼、白二色，緑眼，黄喙，紅掌。其夜鳴應更，舍中養，能辟蟲蛇。時珍曰：鵝鳴自呼。江東謂之舒雁，似雁而舒遲也。

白鵝膏：氣味：甘，微寒，無毒。主治：灌耳，治卒聾。○潤皮膚，可合面脂。肉：氣味：甘，平，無毒。主治：利五臟。○解五臟熱。服丹石人宜之。煮汁止消渴。日華子曰：白者辛凉，無毒。蒼者冷，有毒，發瘡腫。○詵曰：鵝肉性冷，多食令人霍亂，發痼疾。○李（廷）〔鵬〕飛曰：嫩鵝毒，老鵝良。臎，尾肉也。主治：塗手足皴裂。納耳中治聾及聤耳。血：氣味：鹹，平，無毒。主治：中射工毒者飲之，并塗其身。○解藥毒。時珍曰：鵝血，祈禱家多用之。膽：主治：解熱毒及痔瘡初起，頻塗之自消。卵：主治：補中益氣。多食發痼疾。涎：主治：咽喉穀賊，灌之即愈。毛：主治：射工水毒。○小兒驚癇。又燒灰酒服，治噎疾。掌上黄皮：主治：燒研，搽腳趾縫濕爛。焙研油調，塗凍瘡，良。屎：主治：絞汁服，治小兒鵝口瘡。蒼鵝屎，傅蟲蛇咬毒。

鵝，《別録》上品。【圖略】時珍曰：鵝氣味俱厚，發風發瘡，莫此為甚。火熏者尤毒。曾目擊其害。而本草謂其性涼，利五臟；韓懋《醫通》謂其疏風，豈其然乎？

明・吴文炳《藥性全備食物本草》卷三 鵝 自鳴聲也。有蒼白二種，近水鄉村多養，可辟溪毒；依山屋舍即禁蛇蟲，蓋以威相制耳。夜能提更，猶堪鎮宅。白鵝肉解五臟熱，止渴，煮汁飲之。多食令人霍亂，發痼疾，惟丹石人相宜。

膏：微寒，潤肌膚，療手足皸裂，卒耳聾，以膏塗之。毛：燒灰主噎及小兒驚癇。血：解溪毒，塗之良。涎：消稻芒。糞：治蛇蟲嚙傷。卵：補五臟，和中益氣。多食發痼疾難痊。膽：解熱毒，抹痔亦

効。　蒼鵝肉：　冷，發瘡膿。　毛：　主水毒尤良。陳藏器云：　白鵝不食蟲，主渴為勝。蒼鵝食蟲，主射工為勝。

明・趙南星《上醫本草》卷四　鵝　一名家雁。白鵝及老鵝良。　肉：　甘，平，無毒。主治：　利五臟，解五臟熱，服丹石人宜之。煮汁，止消渴。　蒼鵝及性冷，多食令人霍亂，發痼疾，發風，發瘡腫，莫此為甚，火熏者尤毒。蒼鵝及嫩鵝有毒。　卵：　甘，溫，無毒。主治：　補中益氣。　多食發痼疾。

明・倪朱謨《本草彙言》卷一八　鵝膽　味苦，氣寒，無毒。李氏曰：　鵝，淮以南多畜之。有蒼白二色，綠眼、黃喙、紅掌。夜鳴應更，性能啖蛇及蚓，能制射工。養之能辟一切毒蟲毒虺。性喜食米粞、穀菜諸物。囚禁罏甕諸器物中，其身能亦隨器方圓長短。　鵝膽：　解熱毒，劉河間消痔瘡之藥也。江魯陶曰：　按李時珍方治痔瘡有核，以鵝膽汁一個，入冰片五釐研勻，磁器密封，臨用以指蘸搽，立效。　掌上黃皮：　李時珍解濕毒爛瘡之藥也。王大生曰：　按談埜翁方治脚指縫濕爛，以鵝掌黃皮燒研成細灰，臨用，濕者乾糝足指縫中，并治凍瘡。

明・應麐《食治廣要》卷五　鵝　氣味：　甘，平，無毒。主治：　解五藏熱，服丹石人宜之。煮食，止消渴。日華子曰：　白鵝，辛涼，無毒。蒼鵝，冷，有毒，發瘡腫。孟詵曰：　鵝肉性冷，多食令人霍亂，發痼疾。李鵬飛曰：　嫩鵝毒，老鵝良。李時珍曰：　鵝氣味俱厚，發風發瘡，莫此為甚，火熏者尤毒。曾目擊其害，而《本草》謂其性涼利五藏，《醫通》謂其疏風，豈其然哉？　鵝血：　鹹，平，微毒。中射工毒者，飲之，并塗其身。又解藥毒。鵝卵：　甘，溫，無毒。主治：　補中益氣。多食發痼疾。

明・姚可成《食物本草》卷一二禽部・水禽類　鵝一名家雁。江淮以南多畜之。有蒼、白二色及大而垂胡者。並綠眼黃喙紅掌，其夜鳴應更。師曠《禽經》云：　脚近臎者能步，鵝、鶩是也。又云：　鵝伏卵則逆月，謂向月取氣助卵也。性能啖蛇及蚓，制射工，故養之能辟蟲虺。或言鵝性不食生蟲。

鵝肉：　味甘，平，無毒。主利五臟，解五臟熱，服丹石人宜之。煮汁，止消渴。鵝肉性冷，多食令人霍亂，發痼疾。嫩鵝毒，老鵝良。〇李時珍曰：　鵝氣味俱厚，發風發瘡，莫此為甚，火熏者尤毒，曾目擊其害。　臎：　一名尾罌，尾肉也。　塗手足皴裂。納耳中，治聾及聤耳。　血：　味鹹，平，微毒。治中射工毒者，飲之，并塗其身。解藥毒。祈禱家多用之。　膽：　味苦，寒，無毒。解熱毒及痔瘡初起，頻塗抹之，自消。　卵：　味甘，溫，無毒。補中益氣，多食發痼疾。　涎：　治咽喉穀芒骾刺。　毛：　主射工水毒，小兒驚癇。又燒灰酒服，治噎疾。〇陶弘景曰：　東川多溪毒，養鵝以辟之，毛羽亦佳，并飲其血。鵝未必食射工，蓋以威相制耳。〇李時珍曰：　《禽經》云：　鵝飛則蜮沉。蜮即射工也。又《嶺南異物志》云：　邕州蠻人選鵝腹毳毛為衣、被絮，柔暖而性冷，嬰兒尤宜之，能辟驚癇。柳子厚詩云鵝毛禦臘縫山罽，即此。蓋毛與肉性不同也。　掌上黃皮：　燒研，搽脚趾縫濕爛。焙研，油調，塗凍瘡良。　屎：　絞汁服，治小兒鵝口瘡。蒼鵝屎傅蟲、蛇咬毒。

附方：　通氣散，治誤吞銅錢及鉤繩。鵝毛一錢，燒灰；　磁石皂子大，煅；　象牙一錢，燒存性。為末。每服半錢，新汲水下。〔治〕噎食病。〔白鵝尾毛燒灰。米湯每服一錢〕。　治〔鵝口瘡〕。自〔內生出可治，自外生入不可治。用食〕草白鵝下清糞濾汁，入沙糖〔少許搽之。或用雄鵝〕糞眠倒者燒灰，入麝香少許搽之，並効。

明・顧逢柏《分部本草妙用》卷一〇禽部　鵝　甘，平，無毒。白鵝清涼，蒼鵝冷毒發瘡。嫩者毒，而老者良。多食霍亂，發痼疾。　主治：　和五臟。熱服丹石人宜之。煮汁，止消渴。其白鵝膏微寒，灌耳治卒聾，潤膚可合面脂，令人悅白。　血，解射工毒，并塗其身。解藥毒。以膽塗初起痔，痔瘡立消。　掌上黃皮，燒灰，研搽脚趾縫濕爛。油調塗凍瘡，俱良。屎，絞汁服，治小兒鵝口瘡。

明・施永圖《本草醫旨・食物類》卷三　鵝名家鴈。〇白者食草，蒼者食蟲。白鵝膏：　味甘，微寒，無毒。治：　灌耳，治卒聾。潤皮膚，可合面脂，塗面急，令人悅白。唇瀋，手足皴裂，消癰腫，解礜石毒。　肉：　味甘，平，無毒。白鵝辛涼，無毒。蒼鵝冷，有毒。發瘡腫。〇鵝肉性冷，多食令人霍亂，發痼疾。〇嫩鵝毒，老鵝良。治：　利五臟，解五臟熱，服丹食人宜之，煮汁止消渴。蒼鵝食蟲，主射工毒為良。白鵝不食蟲，止渴為勝。〇發風發瘡，莫此為甚，火熏者尤毒。　臎：　尾肉也。治：　塗手足皴裂，納耳中治聾及聤耳。　血：　味鹹，平，微毒。治：　中射工毒者，飲之并塗其身，解藥毒。　膽：　味苦，寒，無毒。治：　解熱毒及痔瘡初起，頻塗抹之，自消。

附方　痔瘡有核：　白鵝膽二三枚，取汁，入熊膽二分，片腦半分，研勻，磁器密封，勿令泄氣，用則手指塗之。立效。

卵：味甘，溫，無毒。治：補中益氣，多食發痼疾。涎：治：咽喉穀賊。小兒誤吞稻芒着咽喉中，不能出者，名曰穀賊，惟以鵝涎灌之即愈。毛：治：射工水毒，小兒驚癇。又燒灰，酒服，治噎疾。掌上黃皮：治：燒研，搽脚趾縫濕爛。焙研，油調，塗凍瘡良。屎：主絞汁服，治小兒鵝口瘡。蒼鵝屎，傅蟲蛇咬毒。

附方　鵝口瘡：自內生出可治，自外生入不可治。用食草白鵝下清糞，濾汁，入沙糖少許，搽之。或用雄鵝糞眠倒者，燒灰入麝香少許，搽之並效。

清・穆石匏《本草洞詮》卷一四　鵞　鵞夜鳴應更。伏卵則逆月，謂向月取氣助卵也。能啖蛇及蚓，制射工，辟蟲虺。《禽經》云：鵞飛則蜮沉也。鵞肉甘平，無毒。利五臟，止消渴。凡中射工毒者，鵞血飲之，并塗其身，甚效。李瀕湖謂鵞氣味俱厚，發風發瘡，莫此為甚。凡發胃氣者，皆能生津，豈得因其止渴，便謂性涼耶？《嶺南志》云：邕州蠻人，選鵞腹毳毛為衣被絮，柔暖而性冷，嬰兒尤宜之，能辟驚癇。蓋毛與肉性不不同也。

清・丁其譽《壽世秘典》卷四　鵝一名家雁，又名舒雁。有蒼、白二色，蒼鵝食蟲，性能啖蛇及蚓，伏制射工。《禽經》云：鵝飛則蜮沉。蜮即射工也，故養之能辟蟲虺。或言鵝性不食生蟲者，不然。葛洪《肘後方》云：人家養白鵝、白鴨，可辟射工。則謂白鵝不食蟲、不發病之說亦非矣，但比蒼鵝薄乎云耳。○射工，山溪水中甲蟲也，因水勢含沙以射人影成病，故曰射工。《志林》云：鵝能驚盜，亦能辟蛇。《嶺南異物志》：邕州蠻人有選鵝腹毳毛為衣被絮，柔暖而性冷，嬰兒尤宜之，能辟驚癇。柳子厚詩，鵝毛禦臘縫山罽即此。

肉：氣味：甘，平，無毒。主利五臟。煮汁，止消渴，服丹石人宜之。

鵝卵：氣味：甘，溫，無毒。主補中益氣。多食發痼疾。鵝毛：治小兒驚癇，射工水毒。掌上黃皮：燒研，搽腳趾縫濕爛。焙研，油調，塗凍瘡良。

發明日華子曰：白鵝涼，無毒。蒼鵝冷，有毒，發瘡腫。孟詵曰：鵝肉性冷，多食令人霍亂，發痼疾。嫩鵝毒，老鵝良。李時珍曰：鵝氣味俱厚，動風發瘡，莫此為甚，火熏者尤毒。而《本草》謂其性涼，利五臟。韓悉《醫通》謂其疎風，豈其然哉？但白鵝比蒼鵝差勝耳。尾肉名臎，忌食。《內則》：舒雁臎，不可食。為氣臊可厭耳。

清・劉雲密《本草述》卷三〇　鵞　膽：氣味：苦，寒，無毒。主治：解熱毒，及痔瘡初起，頻塗抹之，自消時珍。

附方　痔瘡有核，白鵞膽二三枚，取汁，入熊膽二分，片腦半分，研勻，甆器密封，勿令泄氣，用則手指塗之，立效。　水珍膏善治痔瘡，冰片一分，珍珠一分，共研細末，用鵞膽二個，取汁入盃內，攪勻，將雞毛搽敷患處。　噎食病，白鵞尾毛燒灰，米湯每服一錢。

清・尤乘《食鑒本草・禽類》　鵝名家鴈。白者食草，無毒；蒼者食蟲，有毒，發瘡腫。性並冷，多食令人霍亂，發風動氣。卵尤不可食。火熏者尤毒。然老者良，解五藏熱，服丹石人宜之。

清・朱本中《飲食須知・禽類》　鵝肉　味甘，性寒。蒼鵝，性冷有毒；嫩鵝，有毒。多食令人霍亂，發痼疾，生瘡疥。患腫毒者勿食。火熏者尤毒，虛火咳嗽者勿食。　鵝血，味鹹，微毒。　鵝卵，味甘，性溫。多食鵝卵，發痼疾。煮鵝下櫻桃葉數片，易軟。

清・何其言《養生食鑒》卷下　鵝有蒼、白二種。　白鵝，味甘，性微寒，無毒。解五臟熱，止渴，煮汁飲之。多食令人霍亂，發痼疾，惟丹石人相宜。嫩者毒，老者良。蒼者，發瘡毒膿腫。李時珍曰：鵝氣味俱厚，發風發瘡，莫此為甚，火熏者尤毒。有病人俱忌食之。　血：解藥毒。　膽：治痔瘡初起，調冰片塗之，自消。　卵：補中益氣，多食發痼疾。

清・李熙和《醫經允中》卷二三　鵝　白鵝清涼，蒼鵝冷毒發瘡。老者良。　甘，平，無毒。主治：煮汁止消渴。其白鵝膏微寒，灌耳治卒聾，潤膚，可合面脂，令人悅白。血解射工毒，并塗其身，解藥毒。以膽塗初起痔瘡立消。掌上黃皮燒灰，研搽脚指縫濕爛，油調塗凍瘡良。屎絞汁服，治小兒鵝口瘡。鵝鴨涎治悞吞稻芒。

清・馮兆張《馮氏錦囊秘錄・雜症痘疹藥性主治合參》卷一〇　蒼鵝　蒼鵝有毒，因多食蟲，發諸瘡疥，能除射工。白鵝，不食蟲，性寒，解五臟熱，善止消渴。其肉和卵性同，並補臟腑。但食多能發痼疾。　主治痘疹合參：鵝尾肉，凡痘中食，能解毒達漿。

清・张璐《本經逢原》卷四　鵝　白者，甘，平，無毒。蒼者，有毒，嫩者尤劣。　發明：鵝氣味俱厚，發風發瘡莫此為甚。《別錄》謂其性涼利五藏，是指蒼者而言。韓氏謂其疎風，是言白者之性耳。昔人治癘風方中，取純白鵝通身之毛，及嘴足之皮，與肫肝內皮，同固濟，煅灰存性，和風藥用之，為風藥之嚮導也。然不可遺失一處，其處即不能愈。又不可用雜色者，若有一處色蒼，風愈之後，其處肌膚色黑。此與蛇發風毒，白花蛇善解風毒之義不殊。白鵝脂祛風潤燥，解礜石毒，血能涌吐胃中瘀結，開血膈吐逆，食不得入，乘熱恣飲，即能嘔出病根，以血引血，同氣相求之驗也。中射工毒者，飲

之并塗其身即解，以其能食此蟲也。尾腒內耳中治聾及聤耳，取以達三焦之氣也。涎治誤吞稻芒，亦物性之相制耳。白鵝屎絞汁治小兒鵝口瘡，蒼鵝屎傅蟲蛇咬毒。

清・汪啟賢等《食物須知・諸葷饌》 鵝 味甘，氣微寒，無毒。近水鄉村多養，可辟溪毒。依山屋舍，但蓄即禁蛇蟲。夜能提更，猶堪鎮宅。 蒼鵝，多食蟲，有毒，發諸瘡疥，除射工最靈。 白鵝，不食蟲，性寒，解五臟熱，止消渴極效。凡資食療，以白為宜，肉、卵並補臟腑。但食多發痼疾，尤防。

清・浦士貞《夕庵讀本草快編》卷六 鵝《別錄》、家雁 鵝名自呼，且鳴能應更。 鵝有蒼白二種，味平氣厚。雖有利五藏、解丹毒之功，發風發瘡莫此為甚。本草言其性涼，韓悉言其疎風。豈其然哉？按《禽經》云鵝飛則蜮沉，故東川養之以辟溪毒，蠻人取為毳毛以為衣被，皆此意也。柳子厚詩云鵝毛禦冷縫山罽，是爾。但其胆可以消痔瘡，卵可以補中氣，脂可以潤皮膚，腒可以療耳聾。雖食用宜忌，然亦有所補也。

清・葉盛《古今治驗食物單方》 鵝 噎食，白鵝尾毛燒灰，米湯每服一錢。

清・吳儀洛《本草從新》卷六 鵝 甘，溫，有毒。發風發瘡。火熏者尤毒。鵝血，愈噎膈反胃。鵝卵，甘，溫。補中益氣。多食發痼疾。

清・汪紱《醫林纂要探源》卷三 鵝 甘，微辛，溫。色白或蒼。 益氣，發瘡毒，動痼疾。亦好鬬，而勇逐雞。亦游水，非若鴨之恒習於水，性似舒緩，而實躁急，陽之陷而未能發者。白鵝性純，蒼鵝色雜。助肝氣，究竟皆有小毒，作血分之熱，而動氣發瘡。 脂： 甘，平。雞脂甘而有腥氣，惟此獨佳，而不膩。 潤皮膚，愈龜坼。亦治癬禿瘡疥。 卵： 甘，鹹，平。有草氣、腥氣。不益人。

題清・徐大椿《藥性切用》卷八 鵝肉 甘溫微毒，發風發瘡，火薰尤甚。 蒼者性涼，利藏。 鵞血，開血膈噎塞，乘熱生飲。 鵞涎，治誤吞稻芒，滴入喉中即順。 鵝卵，補益，多食發病。

清・黃宮繡《本草求真》卷九 鵝膩滯壅發之品。 鵝專入脾，兼入肝肺。 肉按書有言味甘性平，有言味辛性涼，有言氣味俱厚而毒，有言服則解熱解毒，有言服則發風發瘡發毒，持論不同，臆見各一。究之味甘不補，味辛不散，體潤而滯，性平而涼。人服之而可以解五臟之熱，及於服丹之人最宜者，因其病屬體實氣燥，得此甘平以解之也，煮汁能止渴者，以其肉多肥膩而壅不渴之意也！ 發風、發瘡、發毒，因其病多濕熱，得此濕勝氣壅外發熱出者意也。是以鵝體之潤，在膏與腒。腒即鵝尾之肉。 可以潤皮膚而合面脂，灌孔耳而治卒聾，塗皺裂而消癰毒，在涎可以入喉而治穀芒，一皆體潤和燥之力，即卵氣味甘溫，可以補中益氣，而猶有多食發疾之戒。 非性屬膩滯，曷為其有是乎？ 血兼熱飲，可治血膈吐逆不食病根，非是以血引血之意乎？ 血與毛可治射工之毒。《異物志》云： 邕州蠻人選鵝腹毳毛為衣被絮，柔暖而性冷，嬰兒尤宜之。能辟驚癇。 非鵝能食此蟲以物制物之意乎？ 弘景曰： 東川多溪毒，養鵝以辟之。又曰： 鵝未必食射工，蓋以威相制耳。《禽經》云： 鵝飛則蜮沉，蜮即射工也。 屎可以治小兒鵝口瘡，自內生出可治，自外生入不可治。治用食草白鵝下清糞濾汁，入沙糖少許搽之。或用雄鵝糞眠倒者燒灰，入麝香少許搽之，並效。 及敷蛇咬之毒，非藉穢以入穢解毒之意乎？ 膽可以解熱毒、痔瘡。白鵝膽二三枚取汁，入熊膽二分，片腦半分，研勻，磁器密封，勿令洩氣，用則手指塗之，立效。 非其鵝性不溫而膽亦能潤燥之意乎？ 凡此所見治略，皆有義存，不可僅執是溫是冷之說，以致忘其主腦也。

藏器曰： 蒼鵝食蟲，主射工毒為良，白鵝不食蟲，止渴為勝。

清・李文培《食物小錄》卷下 鵝 甘，平，微毒。開胃助脾，氣味俱厚，發風瘡莫此為甚，火熏食尤毒。 血，鹹，平，微毒。解藥毒。 卵，甘，溫，無毒。補中益氣，多食發痼疾。

清・羅國綱《羅氏會約醫鏡》卷一八禽獸部 蒼鵝： 肉有毒。因多食蟲，發諸瘡疥。 白鵝： 不食蟲，性寒，解五臟熱，止消渴。其卵性同，但多食發痼疾。

清・趙學敏《本草綱目拾遺》卷九禽部 鵝毛屎、涎、蛋殼、腿骨、喉管 《綱目》鵝下載其毛治射工毒、通氣、辟癇、開噎，其屎治小兒鵝口，蒼鵝者可傅蟲蛇咬，而不知毛可治癰，屎更治犬咬，悉為補之。

治癰毒： 《集驗方》： 用鵝毛煅灰一兩，明礬二兩，研末麪糊為丸，每服二錢，好酒下。 大麻風： 《赤水元珠》參毛丸： 治大麻風神效，苦參一斤，鵝毛八兩，煅存性為末，陳米糊為丸，桐子大，每服五十丸，酒送下，一日二次。 神功至寶丹： 王秋泉家傳秘方： 專治男婦溜膿肥瘡、膿窠瘡、臘梨頭、遍身風癩、癮疹疥癬，瘙癢異常，麻木不仁，諸風手足酸痛，皮膚破爛，陰囊癢極，並婦人陰癢溼癢，酒丸散擦，藥洗貼如神，隨病上下，茶湯送下，日進二次，戒暴怒房勞，炙煿發毒之物。苦參一斤為末，鵝毛香油炒存性六兩，

黄米糊丸，硃砂為衣，此方與《元珠》治大麻風所用，大同小異，因並存之。

按：鵝白者能疎風，瀕湖謂其氣味俱厚，發風發瘡，莫此為甚，而駁韓悉《醫通》以為疎風大悮。殊不知鵝能發瘡生溼，火熏者并發火毒宿疾，害誠有之，而疎風之功，亦不可盡誣。至其毛與肉，則性尤不同。《本經逢原》云：昔人治癘風方中，取純白鵝通身之毛，及嘴足之皮，與肫肝內皮，固濟煅灰存性，和風藥用之，為風藥之嚮導也。然不可遺失一處，遺一處，即不能愈。又不可用雜色者，若有一處色蒼，風愈之後，其處肌膚色黑。正取其疏利而不燥，能和風藥之熯烈，而不用蒼色者，以純白鵝無毒耳。

絕胎方：《保和堂秘方》用血管鵝毛燒灰、百草霜各一錢，行經後酒調下，終身無孕。又《周氏家寶方》：用鵝毛一把，煅細，茶煎湯，經後服，永不生。此二方雖存，不可輕用。《寶生論》有受打不痛法：用血管鵝毛七根，地龍七條，煅過，同乳香、白蠟為丸，好酒送下。治瘰癧初起：《傳信方》：白鵝大者二隻，取週身毛翎并口脚黄皮，新瓦焙焦為末，分作十服，每日食後服之，服完即愈。治腫毒：《救生苦海》：用血管鵝毛一握，銅鍋炒焦，腐皮包裹，酒吞下，即內消，初起者效。○諸腫毒痛甚，有膿即潰，無膿即消。用鵝毛燒灰一兩，雄黄三錢，川烏、草烏各錢半，黄蠟鎔化，入前藥為丸，每服一錢，好酒送下《嚴氏方》。諸毒內消方：吴涵宇用鵝毛二個炒，蜈蚣十條醋炒，穿山甲一兩炒，殭蠶一兩炒，全蠍五錢洗，廣膠二兩炒，桑黄二兩炒，羊角屑二兩炒，共為末，每服三錢，砂糖調好酒下，以醉為度。發背疔瘡，對口風毒：《醫宗彙編》：穿山甲、蛇蜕、蟬蜕、蜈蚣俱為末，鵝毛全副燒灰存性，全蠍、血管雞毛二翅燒灰，人指甲用十分之一、敗龜板一個、殭蠶，俱為末，每用一錢，酒下。悮吞銅錢及鉤線：《慈惠方》：用鵝毛一錢燒灰，慈石、皂角子火煅、象牙一錢，燒存性為末，每服五分，新汲水下。艾火帶，乃灸火所傷，爛痛不可忍。《同壽錄》：用雉雞毛同鵝毛燒傅之，效。

喉蜨癬：《傳信方》：用鵝毛灰三分，兒茶二錢，牛黄三釐，雄黄一錢，人中白一錢半，煅存性，如吃深，加珍珠煅存性一分，為末，先將生桐油探刷一番，後用藥吹入，加膽礬更妙。

鵝屎　《救生苦海》：治犬咬，以鵝屎傅之，不爛痛。　鵝涎　《綱目》止載治咽喉穀賊。今人治小兒鵝口瘡，甚效。

鵝蛋殼　《急救方》：癰疽無頭，用新生鵝蛋殼燒灰存性，為末，醋調傅，立出膿血，妙。

鵝腿骨　《奇效方》：犬傷日久發者，用鵝腿脡骨煅存性，研末摻之。

鵝喉管　《家寶方》：治喉症，用鵝喉氣管一個，陰陽瓦炙黄色，冰片一分，共為細末，吹二三次愈。治赤白帶：《家寶方》：取鵝水喉管煅存性，研末，酒調臨卧服之。

清·章穆《調疾飲食辯》卷五　鵝　一名家雁。《爾雅》名舒雁，郭注曰：江東呼為䴈。其鳴應更。性惟食草，不食生蟲。而《綱目》謂善啖蛇蚓，能制射工，水蟲名，含沙射人影，能令人病，故以事誣人者，謂之影射。辟蟲虺，未必然也。《別錄》曰：利五臟。《食療本草》曰：性冷，解熱毒。韓悉《醫通》曰：疏風。均大誤。《綱目》曰：鵝，氣味俱厚，發風發瘡，莫此為甚。火熏尤毒。則正論也。又鵝、鴨臎尾肉皆不可食。《內則》作翠，曰舒雁、舒鳧臎勿食。鴨臎不過腥臊，鵝臎則最毒。卵，傷目，難化困脾，生膿發毒，較雞鴨卵尤甚。《食療》亦云補中益氣，悉屬謬言。凡有病人，概宜嚴戒。一種野鵝，《爾雅》名鴚鵝，性較家鵝略平。

清·楊時泰《本草述鉤元》卷三〇　鵝　膽：氣味苦寒。主解熱毒。痔瘡初起，頻塗抹之自消。附方：痔瘡有核，白鵝膽二三枚取汁，入熊膽二分、片腦半分，研勻，甆器密封，勿令洩氣，用則手指塗之，立效。冰珍膏，善治痔瘡，冰片一分、珍珠一分共研細，用鵝膽二箇取汁，入盃內攪勻，將雞毛搽縛患處。噎食病，白鵝尾毛燒灰，米湯每服一錢。

清·葉桂《本草再新》卷九　鵝味甘，性溫，有毒。入脾、肺二經。去風發瘡。血，治噎膈反胃。

清·趙其光《本草求原》卷一九禽部　鵝　蒼者冷毒，發風發瘡。惟中射工毒者，取血飲之並塗身即解，以其食此蟲也。　鵝腦：同犀角，治目睛突出。　鵝血：治噎膈、反胃。

白鵝：甘，平，無毒。治癘風。取糞口邊尾毛及嘴足皮、肫內皮，同煅存性，和風藥用，為風藥嚮導也。然不可遺失一處，其處即不愈；又不可雜別色，恐愈後其處色黑。此即蛇發風毒，而（祁）〔蘄〕蛇反治風毒之義。　其脂：祛風、潤燥，除手足皴裂。解礜石毒，治卒聾。灌耳。　其肉：止渴，解熱。其尾肉，餘手足皴裂；納耳中，治聾及聤耳，取達三焦之氣也。　其血：能吐胸腹諸蟲血積。瘀結吐

逆，食不入，乘熱飲之，即吐出病根，以血引血也。 其涎： 治誤吞稻芒。鵝食穀，性相制也。 其膽： 苦，寒，解毒。治痔。調珍珠、冰片搽，有核加熊膽。 其卵： 補中氣，消諸瘡。入糞尿中養四十九日取出，調冰麝塗之。 其腹毛： 為衣被絮，辟驚癇。 其尾毛燒灰，治噎食。酒或米飲下。 其屎： 濾汁，治小兒鵝口瘡。自內生出可治，自外生入死。同砂糖搽，或燒灰和麝搽。 蒼鵝屎敷蟲蛇咬毒。

清・文晟《新編六書》卷六《藥性摘錄》 鵝 甘，寒。白者良。解五臟熱，服丹石者最宜。然屬膩滯壅發之品，勿多食。患風痰及瘡毒者，尤忌。○鵝血，可治血膈吐逆。○尾肉，可合面脂，滴汁灌耳，治卒聾。○鵝涎，入喉治穀芒。○鵝屎，燒灰，少入麝香，治小兒鵝口瘡，及敷蛇咬毒。○白鵝膽，少入冰片，可塗痔瘡初起，○卵，補中益氣。多食發痢。凡食鵝，不宜火熏。○蒼鵝，更易發病。

清・王孟英《隨息居飲食譜・毛羽類》 鵝 甘，溫。暖胃升津，性與葛根相似，能解鉛毒，故造銀粉者，月必一食也。鮮美補虛，益氣，味較雞、鶩為濃。動風發瘡，凡有微恙者，其可嘗試乎？ 肥嫩者佳，烤食尤美，其肫其掌，性較和平。煨食補虛，宣於病後。其卵補中滯氣，更甚於雞。其血解一切金石毒，熱飲即瘥。其毛於銅鍋內炒焦，研末，豆腐皮包，酒吞服三錢，能內消諸般腫毒。

清・劉善述、劉士季《草木便方》卷二人禽獸部 鵝 鵝掌黃皮焙末塗，足趾縫爛凍瘡除。毛煅解毒驚癇退，矢塗蛇毒口瘡服。

清・田綿淮《本草省常・禽獸類》 鵝 一名家鴈，一名舒鴈。性冷，有毒。動風，生霍亂，發瘡腫痼疾。 鵝蛋，性寒，有小毒。宜鹽醃食之。 益氣補中，發瘡腫痼疾。同鼈食殺人。

清・戴葆元《本草綱目易知錄》卷五 鵝 肉，甘，平。利五臟，解五臟熱。煮汁飲，止消渴，服丹石人宜之。性啖蛇及蚓，制射工，故養之者，能辟蛇蟲，嫩者微毒，老者及白毛者良。【略】涎： 治咽喉穀賊，塗小兒鵝口瘡。時珍曰： 小兒悞吞稻芒，着咽不能出，名穀賊。以鵝涎灌之，即愈。葆按： 小兒鵝口瘡，滿口白漫，以蠶沙泡湯洗。不退，以鵝涎絹蘸頻擦，效。取法，用鵝弔脚，使頭向下，以器盛涎。 毛： 治射工水毒，小兒驚癇。燒灰酒服，治噎疾。擇腹下毳毛為衣被，柔暖性冷，嬰兒宜之。【略】 掌上黃皮： 焙研，搽脚指縫濕爛。油調，塗凍瘡，鵝掌風。葆按： 予侄殿臣，中年秋末冬初，手掌起頑皮，痒極，須抓破血出，痒止痛又作。予曰： 此症經受癘風，初起於掌，漸涎遍身似癩，冬寒即發，春暖漸愈。體弱，內服固元，外用柏油、麻油、牛油各二兩，亂髮大團，蒼耳、浮萍、當歸、白芷、白及各二錢，和油熬藥焦，去滓，復熬數沸，下黃蠟五錢，溶化，取起，再入鵝掌上黃皮一副，焙，白斂三錢，共末，入內勻，每手見水，拭乾，以膏薄擦，甚效驗。

清・陳其瑞《本草撮要》卷八 鵝 味甘，溫，有毒，入足厥陰經，功專發風發瘡。火熏者尤毒。卵甘溫補中氣，多食發痼疾。鵝血愈噎膈反胃。痔瘡有核，白鵝膽二三枚，取汁入熊膽二分，片腦五釐，研勻，密封磁器內勿洩氣，用時以手指塗之立效。噎膈病，白鵝尾毛燒灰米湯下，每服一錢，數次即愈。

清・吳汝紀《每日食物却病考》卷下 鵝附蛋。 利五臟，解熱止渴。白者涼，無毒。蒼者冷，有毒，發瘡瘇痼疾。嫩鵝毒甚，老者稍可，火薰者為害尤甚。鵝膏，微寒，無毒。耳卒聾，以灌之。 卵，甘，溫，無毒。補中益氣。多食發痼疾。掌上黃皮，燒研油調，治脚縫濕爛及凍瘡，良。

天鵝

元・忽思慧《飲膳正要》卷三 天鵝 味甘，性熱，無毒。主補中益氣。鵝有三、四等，金頭鵝為上，小金頭鵝為次。有花鵝者。有一等鵝不能鳴者，飛則翎響，其肉微腥，皆不及金頭鵝。

明・劉文泰《本草品彙精要》卷二八 天鵝無毒。 卵生。

天鵝： 主補中益氣。今補。 〖地〗謹按： 此種出江淮間，水澤處多有之。狀似家鵝而大，嘴黑頂黃，其頸細長，足黑毛白，俗謂之金頭鵝。以大者爲上，小者次之。又有花者，亦有不能鳴者，飛則翎響。其肉微腥，皆不及金頭爲勝也。 〖時〗生： 春夏。採： 無時。 〖用〗肉。 〖色〗白。 〖味〗甘。 〖性〗熱。 〖氣〗氣之厚者，陽也。 〖臭〗腥。

明・盧和、汪穎《食物本草》卷三禽類 天鵝 味甘，平，無毒。性冷，醃炙佳。絨毛，療刀杖瘡立愈。

明・李時珍《本草綱目》卷四七禽部・水禽類 鵠《食物》

〖釋名〗天鵝時珍曰： 案師曠《禽經》云鵠鳴哠哠，故謂之鵠。吳僧贊寧云： 凡物大者，皆以天名。天者，大也。則天鵝名義，蓋亦同此。羅氏謂鵠即鶴，亦不然。 〖集解〗時珍曰： 鵠大于鴈，羽毛白澤，其翔極高而善步，所謂鵠不浴而白，一舉千里，是也。亦有黃鵠、丹鵠，湖、海、江、漢之間皆有之，出遼東者尤甚，而畏海青鶻。其皮毛可爲服飾，謂之天鵝

絨。案《飲膳正要》云：天鵝有四等，大金頭鵝，似雁而長項，入食爲上，美于雁；小金頭鵝，形差小；花鵝，色花；一種不能鳴鵝，飛則翔響，其肉微腥。並不及大金頭鵝，各有所產之地。

肉【氣味】甘，平，無毒。穎曰：冷。忽氏曰：熱。【主治】腌炙食之，益人氣力，利臟腑時珍。

油冬月取肪煉收。【氣味】缺。【主治】塗癰腫，治小兒疳耳時珍。

【附方】新一。疳耳出膿：用天鵝油調草烏末，入龍腦少許，和傅立效。無則以雁油代之。《通玄論》。

絨毛【主治】刀杖金瘡，貼之立愈汪穎。

明・穆世錫《食物輯要》卷五 天鵝：味甘，平，無毒。益氣力，利臟腑。脂，散癰腫，小兒疳瘡。

明・吳文炳《藥性全備食物本草》卷三 天鵝 肉味甘，平，無毒，性冷。醃食佳。絨毛療刀杖瘡立愈。

明・應麐《食治廣要》卷五 鵠即天鵝。肉：甘，平，無毒。醃炙食之，益人氣力，藏府。油：塗癰腫，治小兒疳耳。絨毛：貼刀瘡、金瘡，立愈。

明・姚可成《食物本草》卷一二禽部・水禽類 鵠一名天鵝。鵠大于雁，羽毛白澤，其翔極高而善步，所謂鵠不浴而白，一舉千里是也。亦有黃鵠、丹鵠，湖、海、江、漢之間皆有之。出遼東者尤甚，而畏海東青鶻。其皮毛可為服飾，謂之天鵝絨。

天鵝：味甘，平，無毒。醃炙食之，益人氣力，利五臟。油：主塗癰腫，治小兒疳耳。絨毛：治刀杖金瘡，貼之立愈。

明・施永圖《本草醫旨・食物類》卷三 鵠名天鵝。○鵠大於鴈，羽毛白澤，其翔極高而善步。肉：味甘，平，無毒。治：醃炙食之，益人氣力，利臟腑。油：治：塗癰腫，治小兒疳耳。附方 疳耳出膿：用天鵝油調草烏末，入龍腦少許，和傅立效。無則以鴈油代之。

絨毛：治：刀杖金瘡，貼之立愈。

清・丁其譽《壽世秘典》卷四 鵠一名天鵝，大于雁，羽毛白澤，其翔極高而善步，所謂鵠不浴而白，一舉千里是也。亦有黃鵠、丹鵠，湖海、江漢之間皆有之，出遼東者尤甚，而畏海東青鶻。其皮毛可為服飾，謂之天鵝絨。有四等：大金頭鵝，似雁而長項，入食為上，美于雁；小金頭鵝，形差小；花鵝色花；一種不能鳴鵝，飛則翔響，其肉微腥。各有所產之地。氣味：甘，平，無毒。醃炙食之，益人氣力，利臟腑。

清・尤乘《食鑒本草・禽類》 鵠即天鵝。益人氣力，利藏府，醃炙食之。油塗癰腫良。治小兒耳疳，調草烏末，入龍腦少許，和傅立効，無則雁油可代。

清・汪紱《醫林纂要探源》卷三 鴻 甘，溫。天鵝也。多出和州、泗州。然人每渾以鴻雁言之。

清・章穆《調疾飲食辯》卷五 天鵝 一名鵠，大於雁。僧贊寧曰：凡物大者皆以天名也。《爾雅翼》曰即鶴，非也。鵠亦大於鶴。杜詩：黃鵠高於五尺童。有黃、白、蒼諸色。其飛更高不可射。《楚辭》曰：黃鵠一舉兮知山川之紆曲，再舉兮識天地之盈虛。《史記・陳涉世家》曰：燕雀安知鴻鵠之志。皆言其飛之高遠也。而射者取以為的，云設鵠命中。《中庸》曰失諸正鵠，蓋舉難射者以為期也。《飲膳正要》曰：一種大金頭鵝，最佳。一種小者，又一種最小者，僅如鳧、鶩皆不及。《綱目》曰：食之益氣力，利藏府。

按：此物似鵝而食魚蝦，恐不免亦有小毒，凡患風損瘡瘍人，不食為是。絨毛可貼金瘡，可為服飾，名天鵝絨。

清・王孟英《隨息居飲食譜・毛羽類》 鵠一名天鵝甘，平。醃炙食之，利藏府。

鷹

附：日・丹波康賴《醫心方》卷三〇 鷹《本草》云：肪，味甘，平，無毒。主風擊，拘急偏枯，氣不通。久服長髮鬢眉，益氣。崔禹〔錫〕云：味甘，小冷。主風熱，煩心。駐面色，理腰腳痿弱。凡鷹類甚多，大曰鴻，小曰鷹。《七卷經》云：食無損益。

宋・唐慎微《證類本草》卷一九禽部〔《別錄》〕 鷹屎白：主傷撻滅瘢。〔梁・陶弘景《本草經集注》〕云：止單用白，亦不能滅瘢。復應合諸藥殭蠶、衣魚之屬，以爲膏也。〔唐・蘇敬《唐本草》〕注云：鷹屎灰，酒服方寸匕，主惡酒。勿使飲人知。〔宋・馬志《開寶本草》〕按：陳藏器《本草》云：鷹肉，食之主邪魅、野狐魅。觜及爪主五痔，狐魅，燒爲末服之。〔宋・掌禹錫《嘉祐本草》〕按：滅瘢通用藥云：鷹屎白，平。《藥性論》云：鷹屎，臣，微寒，有小毒。主中惡。又，頭燒灰，和米飲服之，治五痔。又，眼睛和乳

汁研之，夜三注眼中，三日見碧霄中物。忌煙熏。

〔宋·唐慎微《證類本草》〕《外臺秘要》：主食哽，鴈、鷹屎燒末，服方寸匕。虎、狼、鵰屎亦得。

宋·寇宗奭《本草衍義》卷一六 鷹屎白 兼他藥用之。作潰虛積藥。治小兒奶癖黃，鷹糞白一錢，蜜佗僧一兩，舶上硫黃一分，丁香二十一個。右爲末，每服一字。三歲已上半錢，用乳汁或白麵湯調下，并不轉瀉。一復時取下青黑物後，服補藥，醋石榴皮半兩，炙黑色，伊祁一分，木香一分，麝香半錢，同爲末。每服一字，溫薄酒調下，併喫二服。凡小兒脇下硬如有物，乃是癖氣，俗謂之奶脾，只服溫脾化積氣丸子藥，不可取轉〔瀉〕，無不愈也。取之多失。

宋·陳衍《寶慶本草折衷》卷一六 鷹屎白臣。灰在內。○肉、觜、爪、頭附。此黃鷹糞白也。○《是齋方》用成梃者名黃鷹條。

平，微寒，有小毒。○主傷撻滅瘢。○《藥性論》云：主中惡。○《外臺秘要》：主食噎，燒末，服方寸匕。○寇氏曰：兼他藥，用潰虛積，治小兒奶癖黃。

附：肉。○主邪魅野狐。附：觜及爪。○主五痔狐魅，燒末服之。

附：頭。○治五痔，燒灰和水飲服。

明·王綸《本草集要》卷六 鷹眼睛 和乳汁研之，夜三注眼中，三日見碧霄中物。

明·滕弘《神農本經會通》卷九 鷹屎白 臣也。平。一云：微寒，有小毒。《本經》云：主傷撻，滅瘢。陳藏器云：鷹肉，食之主邪魅，野狐魅。觜及爪，主五痔狐魅，燒為末，服之。《藥性論》云：主中惡。又頭燒灰，和米飲服之，治五痔。眼睛和乳汁研之，夜三注眼中，三日見碧霄中物。忌煙熏。

明·劉文泰《本草品彙精要》卷二七 鷹屎白有小毒。

鷹屎白：主傷撻，滅瘢。名醫所錄。謹按：鷹之爲物，其目如電，其嘴如鉤，劍翎鐵爪，勢力勇健，有降伏百鳥之威，乃羽蟲中猛烈者也，故取以辟邪魅。其搏啖快利，所以食哽之疾用之。乃物類之相制，此哲人格致之理，斯可見矣。〖名〗鷹條。〖時〗採：無時。〖用〗頭、嘴、爪、肉、屎、目睛。〖色〗白。〖性〗平，微寒。〖氣〗氣之薄者，陽中之陰。〖臭〗臭。〖主〗中惡。〖治〗療：陳藏器云：肉，食之，主邪魅，野狐魅。○嘴及爪，主五痔，狐魅，燒爲末服之。《別錄》云：治食哽，以鷹屎燒末服方寸匕，虎狼雕屎亦得。〖合治〗頭燒灰合米飲服之，主五痔。○眼睛合乳汁研之，夜三注眼中，三日見碧霄中物，忌煙熏。○黃鷹屎白一錢，合密陀僧一兩，舶上硫黃一分，丁香二十一個，爲末，每服一字，治小兒奶癖。三歲以上半錢，用乳汁或白麵湯調下，並不轉瀉。一伏時取下青黑物，後服補藥。酸石榴皮半兩炙黑色，蚺蛇一分，木香一分，麝香半錢，同爲末，每服一字，溫薄酒調下，併吃二服。凡小兒脇下硬如有物，乃是癖氣，俗謂之奶脾。只服溫脾化積氣丸藥，不可取瀉，無不愈也。取之多失。○鷹屎白獨用不能滅瘢，須合諸藥，殭蠶衣魚之屬爲膏，則有驗也。

明·盧和、汪穎《食物本草》卷三禽類 鷹 肉，食之主邪魅，五痔。屎，主傷撻，滅瘢，合殭蠶、衣魚為膏甚驗。眼睛，和乳汁研之，夜三注眼中，三日見碧霄中物。一種鷂，用與鷹同。《詩》云鴥彼晨風，亦此類鸇也。

明·王文潔《太乙仙製本草藥性大全》卷七《本草精義》 鷹鷂 舊本不著所出州土，今高林崖谷俱有之。鷹之種類甚多，其名不一，大者爲鷹，小者名鷂。又有蒼鷹、黃鷹、麻鷹。取時以法取之，屎宜收採篩過，取白者用。頭、肉、嘴、爪，俱入藥用。

明·王文潔《太乙仙製本草藥性大全》卷七《仙製藥性》 鷹屎白臣 氣平，又云微寒，有小毒。主治：屎，主中惡，止丹神效，滅傷撻瘢痕殊功。補註：主惡酒：鷹屎，酒服方寸〔匕〕，勿使飲人知也。○滅瘢止丹，用屎白和殭蠶、衣魚之屬爲膏。○主食哽，鴻鷹屎燒末，服方寸〔匕〕。虎、狼、鵰屎亦得。○治小兒奶痢，黃鷹屎白一錢，蜜佗僧一兩，舶上硫黃一分，丁香二十一個，右爲末，每服一字，三歲已上半錢，用乳汁或白麪湯調下，並不轉瀉。一復時取下青黑物後，服補藥，醋石榴皮半兩，炙黑色，蚺蛇一分，木香一分，麝香五分，同爲末，每服一字，溫薄酒調下并喫二服。凡小兒脇下硬如有物，乃是癖氣，俗謂之奶脾，只服溫脾化積氣，丸子藥，不可取轉〔瀉〕，無不愈也。取之多失。 鷹肉：味鹹，氣平。 主治：主邪魅、野孤魅，取之煮食尤良。 鷹嘴及爪：主五痔狐魅，燒灰爲末服之。 鷹頭：能醫五般痔疾，燒灰米飲服良。 鷹眼睛：同乳汁研和注目中，三日能見碧霄中物。但忌烟燻。

明・皇甫嵩《本草發明》卷六　鷹屎白　主傷撻，滅瘢，止丹。○鷹目(精)〔睛〕乳汁研之，每夜三注目中，三日見碧霄中物。

明・李時珍《本草綱目》卷四九禽部・山禽類　鷹《本經》中品

〖釋名〗角鷹《綱目》　鷞鳩時珍曰：鷹以膺擊，故謂之鷹。其頂有毛角，故曰角鷹。其性爽猛，故曰鷞鳩。昔少皞氏以鳥名官，有祝鳩、鳲鳩、鶻鳩、雎鳩、鷞鳩五氏。蓋鷹與鳩同氣禪化，故得稱鳩也。《禽經》云小而鷙者皆曰隼，大而鷙者皆曰鳩，是矣。《爾雅翼》云：在北爲鷹，在南爲鷂。一云大爲鷹，小爲鷂。梵書謂之嘶那夜。〖集解〗時珍曰：鷹出遼海者上，北地及東北胡者次之。北人多取雛養之，南人八九月以媒取之。乃鳥之疏暴者。有雉鷹、兔鷹，其類以季夏之月習擊，孟秋之月祭鳥。隋魏彦深《鷹賦》頗詳，其略云：資金方之猛氣，擅火德之炎精。指重十字，尾貴合盧。觜同鈎利，脚等荆枯。或白如散花，或黑如點漆。大文若錦，細斑似纈。身重若金，爪剛如鐵。毛衣屢改，厥色無常。寅生酉就，總號爲黄。二周作鶬，三歲成蒼。雌則體大，雄則形小。察之爲易，調之實難。薑以取熱，酒以排寒。生於窟者好眠，巢於木者常立。雙骹長者起遲，六翮短者飛急。

肉　〖氣味〗缺。　〖主治〗食之治野狐邪魅藏器。

頭　〖主治〗五痔，燒灰飲服《藥性》。治痔瘻，燒灰，入麝香少許，酥酒服之。治頭風眩運，一枚燒灰，酒服。時珍曰：出王右軍法帖，及温隱居《海上方》。

〖附方〗新一。　頭目虚運：車風一個，即鷹頭也，去毛焙，川芎一兩，爲末。酒服三錢。《選奇方》。

觜及爪　〖主治〗五痔狐魅，燒灰水服藏器。

睛　〖主治〗和乳汁研之，日三注眼中，三日見碧霄中物，忌烟熏《藥性》。

骨　〖主治〗傷損接骨。燒灰，每服二錢，酒服。隨病上下，食前、食後時珍。

毛　〖主治〗斷酒。水煮汁飲，即止酒也《千金》。

屎白　〖氣味〗微寒，有小毒。　〖主治〗傷撻滅痕《本經》。燒灰酒服，治中惡《藥性》。燒灰，酒服方寸匕，主邪惡，勿令本人知蘇恭。消虚積，殺勞蟲，去面皰皯䵟時珍。

〖發明〗弘景曰：單用不能滅瘢。須合殭蠶、衣魚之屬爲膏，乃效。

〖附方〗舊二，新四。　奶癖：寇曰：凡小兒膈下硬如有物，乃俗名奶癖者也。只服温脾化積丸藥，不可轉瀉。用黄鷹屎一錢，密陀僧一兩，舶上硫黄一分，丁香二十一個，爲末。每服一字，三歲已上半錢，用乳汁或白麪湯調下。並不轉泄，一復時取下青黑物。後服補藥：以醋石榴皮炙黑半兩，蚌螂一分，木香一分，麝香半錢，爲末。每服一字，薄酒調下，連喫二服。　面疱：鷹屎白二分，胡粉一分，蜜和傅之。《外臺》。　滅痕：《千金》用鷹屎白和人精傅，日三。○《聖惠》用鷹屎二兩，殭蠶一兩半，爲末，蜜和傅。○《總録》用鷹屎白、白附子各一兩，爲末，醋和傅，日三五次，痕滅止。　食哽：鷹糞燒灰，水服方寸匕。《外臺》。

明・穆世錫《食物輯要》卷五　鷹　味酸，平，無毒。辟野狐邪魅。毛，斷酒，煮汁服効。屎白，消積聚，殺勞蟲。

明・李中立《本草原始》卷一〇　鷹　出遼海者上，北地及東北胡者次之。北人多取雛養之，南人以媒取之。雌則體大，雄則形小。有雉鷹、兔鷹，其頂有毛角，俗呼角鷹。時珍曰：鷹，以膺擊，故謂之鷹。《本經》中品。【圖略】　鷹肉：主治：食之治野狐邪魅。　頭：主治：五痔，燒灰飲服。○治痔瘻，燒灰，入麝香少許，酥、酒服之。治頭風眩運，一枚燒灰，酒服。　觜及爪：主治：五痔狐魅，燒灰水服。　睛：主治：和乳汁研之，日三注眼中，三日見碧霄中物。忌煙熏。　骨：主治：傷損接骨，燒灰，每二錢酒服，食前食後，隨病上下。　毛：主治：斷酒，水煮汁飲，即止酒也。　屎白：氣味：微寒，有小毒。主治：傷撻滅痕。燒灰酒服，治中惡。燒灰，酒服方寸匕，主邪惡，勿令本人知。○消虚積，殺勞蟲，去面上皰皯䵟。

《千金方》：滅痕，用鷹屎白，和人精傅之，日三，良。鷹屎，臣。

明・吴文炳《藥性全備食物本草》卷三　鷹肉：味鹹，氣平，主邪魅狐魅。　嘴爪頭：燒灰服，主五痔。　屎白：平，小毒。主中惡，小兒乳癖。和殭蠶、衣魚之屬為膏，滅傷撻瘢痕。　眼睛：和乳汁研，點眼，三日見碧霄中物。忌煙。

明・姚可成《食物本草》卷一二禽部・山禽類　鷹出遼海者上，北地及東北胡者次之。北人多取雛養之，南人八九月以媒取之。乃鳥之疏暴者。有雉鷹、兔鷹，其類以季夏之月習擊，孟秋之月祭鳥。隋魏彦深《鷹賦》頗詳，其略云：資金方之猛氣，擅火德之炎精。指重十字，尾貴合盧。嘴同鉤利，脚等荊枯。或白如散花，或黑如點漆。大文若錦，細斑似纈。身重若金，爪剛如鐵。毛衣屢改，厥色無常。寅生酉就，總號為黄。二周作鷂，三歲成蒼。雌則體大，雄則形小。察之為易，調之實難。薑以取熱，酒以排寒。生于窟者好眠，巢于木者常立。雙骹長者起遲，六翮短者飛急。

鷹肉：食之，治野狐邪魅。　頭：治五痔，燒灰飲服，及痔瘻，燒灰，入麝香少許，酥酒服之。治頭風眩運，一枚燒灰，酒服。　嘴及爪：治五痔

狐魅，燒灰酒服。　睛：　治和乳汁研之，日三注眼中，三日見碧霄中物，忌烟熏。　骨：　治傷損，接骨。燒灰，每服二錢，酒服。隨病上、下，食前、食後。　毛：　治斷酒。水煑汁飲，即止酒也。　屎白：　味：　微寒，有小毒。治傷撻滅痕。燒灰酒服，治中惡。燒灰，酒服方寸匕，主邪惡，勿令本人知。消虛積，殺勞蟲，去面皰皯䵳。

明・施永圖《本草醫旨・食物類》卷三　鷹　肉：　味缺。治：　食之，治野狐邪魅。　頭：　治：　五痔，燒灰飲服。治痔瘻，燒灰，入麝香少許，酥酒服之。治頭風眩運，一枚，燒灰，酒服。

附方　頭目虛運：　車風一箇，即鷹頭也，去毛焙，川芎一兩，為末，酒服三錢。

嘴及爪：　治：　五痔、狐魅，燒灰水服。　睛：　治：　和乳汁研之，日三，注眼中，三日見碧霄中物。忌烟熏。　骨：　治：　傷損接骨，燒灰，每服二錢，酒服，隨病上下，食前食後。　毛：　治：　斷酒，水煑汁飲，即止酒也。　屎白：　味：　微寒，有小毒。治：　傷撻滅疤。燒灰，酒服，治中惡。燒灰，酒服方寸匕，主邪惡，勿令本人知。消虛積，殺勞蟲，去面皰皯䵳。單用不能滅瘢，須合殭蠶、衣魚之屬為膏，乃效。

附方　面皰：　鷹屎白二分，胡粉一分，蜜和傅之。　滅痕：　用鷹屎白和人精傅，日三。又用鷹屎二兩，殭蠶一兩半，為末，蜜和傅。○又用鷹屎白、白附子各一兩，為末，醋和傅，日三五次，滅痕止。　食骾：　鷹糞燒灰，水服方寸匕。

清・穆石匏《本草洞詮》卷一四　鷹　鷹以膺擊，故謂之鷹。《禽經》云：小而鷙者曰隼，大而鷙者曰鷹。《爾雅翼》云：在北為鷹，在南為鷂。

鷹鵰雛鷙而畏燕子，物無大小也。

鷹肉食之，治野狐邪魅。鷹骨主傷損，燒灰，酒服二錢，隨病上下，食前食後。鷹、鶚、鵰、鷂皆能接骨，蓋鷙鳥之力在骨，故以骨治骨，從其類也。　氣味諸家並缺。

清・丁其譽《壽世秘典》卷四　鷹其性爽猛，一曰鷞鳩，昔少皡氏以鳥名官，有祝鳩、鳲鳩、鶻鳩、雎鳩、鷞鳩五氏，蓋鷹與鳩同氣禪化，故得稱鳩也。有雉鷹，有兔鷹。一云大為鷹，小為鷂。生于窟者好伏，巢于木者常立，雙骹長者起遲，六翮短者飛急。《禽經》云：小而鷙者皆曰隼，大而鷙者皆曰鳩。孔穎達云：隼者，貪殘之鳥，鸇鷂之屬。顏師古曰：即今所謂鶻也。鷹不擊伏，鶻不擊妊。　肉：　氣味：　缺。食之治野狐邪魅。　骨：　治傷損接骨，燒灰，每服二錢，酒服。隨病上下，食前食後。　屎白：　去面皰皯䵳。　發明陶弘景曰：單用不能滅瘢，須合殭蠶、衣魚之屬為膏，乃效。

清・郭章宜《本草匯》卷一七　鷹睛　明眼目，退翳障。

按：　鷹以膺擊，故謂之鷹。資金方之猛氣，擅火德之炎精。蓋梟鷙之鳥也。取其睛和乳汁研之，日三注眼中，三日見碧霄中物。忌烟燻。附諸鳥有毒：　凡鳥自死目不閉，自死足不伸，白鳥玄首，玄鳥白首，三足四距，六指四翼，異形異色，並不可食，食之殺人。

清・何其言《養生食鑒》卷下　鷹粵名麻鷹。北人多取雛養之，有雉鷹、兔鷹。味酸，性平，無毒。食之辟野狐邪魅。　頭：　燒灰，入麝香少許為末，酒服，治痔瘻、頭風。　屎：　治傷撻瘢痕，合殭蠶、衣魚為膏，塗之效。

清・张璐《本經逢原》卷四　鷹屎白　微寒，無毒。《本經》主傷撻滅瘢。

發明：　虎嘯則風生於地，鷹揚則風動於天，具體雖殊，機應則一。鷹具雄健之翮不能長恃無虞，至秋火伏金生，令行改革，勁翮漸脫，弱翎未振，即有雄風，未遂奮揚，是以眾鳥侮之，《月令》所謂鷹乃祭鳥是也。古聖觸物致思，專取鷹之屎白滅傷撻痕。雖取穢惡滌漬，實取其翮之善脫也。後人推而廣之，用以滌除目中宿瞖，吹點藥中咸取用之。其屎中化未盡之毛，謂之鷹條，入陰丹、陽丹，不特取其翮之善脫，以治難脫之病，并取其屎中未化之羽，以消目中未脫之瞖，穎脫之妙用，崇古未宣，因顯示後起，毋失《本經》取用之義。

清・黄元御《玉楸藥解》卷五　鷹屎白　味淡，微寒。入手太陰肺、足厥陰肝經。消積滅痕，化硬退皰。鷹屎白滅打傷瘢痕，消頭面皯䵳，化癖積骨鯁。

清・汪紱《醫林纂要探源》卷三　鷹骨　辛，鹹，溫。最大，純黑者曰鷲。次大，黑斑翅如車輪者曰皂鵰。赤色斑者曰鶉。鶉，音團。又次則色蒼者，為蒼鷹。餘則有曰鸇、曰鶖、曰鷹、曰海東青，皆鷹類而稍異。若鷂，則別是一類。又謂之隼，又鳩鳥亦名伯勞，亦攫食鳥雀。然雄健惟鷹，肉亦可食。壯筋骨，益氣力，除痺祛風，明目去積，消雞骨骾。酥炙用。○目最明，雲霄中能俯見伏草莽間物。術家刺取眼內水以點人目，凡用七鷹，可令目明，見雲霄外物。云佩其爪，亦能辟邪。若雞骨骾，以爪搔喉間，即下。

清・李文培《食物小錄》卷下　鷹　食之，治野孤邪魅。

清・趙學敏《本草綱目拾遺》卷九禽部　鷹吐毛鷹條　《百草鏡》：　鷹每日食雀時，連毛與食，肉化而毛不化，聚成一團，如芡實大，次早吐出，收用入藥。《綱目》有鷹毛，無吐毛，故補之。

按：鷹稟西方兑金之氣，其性猛烈而竄捷，故余居士以其頭治眩運，王燾以其糞治食哽，皆取其得庚辛鋭氣，一往無滯。反胃之症，食而復吐，久積於胃，不能運化，故旋出，大概由於憂鬱者居多，取此復吐之意，而又得其爽猛之性為治，其義精矣。

治反胃，煅存性研。《醫方集解》：查將軍家傳噎膈方，用牙烏灑出毛肘，即鷹吐鳥毛也。要七個，不可落地，用布接在架中，微火熯燥為末服之，營内凡喂毛肘但在下午，次日天明即吐出，最易得，不可使肘落地。落地則不驗。

鷹條：《本經逢原》云：鷹屎中化未盡之毛，謂之鷹條，入陰丹陽丹用，不特取其翮之善脱，以治難脱之病，并取屎中未化之羽，以消目中未脱之瞖，可謂妙用。

清・趙其光《本草求原》卷一九禽部 鷹屎白 鷹揚則風動於天。健翮善擊，至秋則翮革，有善脱之義。且屎中有未化之毛，更治難脱之病。故滅傷撻痕，同僵蠶蜜塗，又同白附子醋敷。面疱，同胡粉蜜敷。消虚積，殺勞蟲，治中惡，燒灰酒服。消翳，入陰丹、陽丹。頭燒灰和麝，治痔瘻頭風。酒下。

清・劉善述、劉士季《草木便方》卷二人禽獸部 鷂鷹 鷹頭嘴爪療五痔，頭風眩運煅酒利。骨治損傷接續服，屎殺勞蟲默斑易。

鵰

明・李時珍《本草綱目》卷四九《禽部・山禽類》 鵰音凋。《綱目》。

【釋名】鷲音就。《山海經》。 鷻《説文》。音團。時珍曰：《禽經》云：鷹以膺之，鶻以猾之，隼以尹之，鵰以周之，鷲以就之，鷻以摶之。皆言其擊摶之異也。梵書謂之揭羅闍。

【集解】時珍曰：鵰似鷹而大，尾長翅短，土黄色，鷙悍多力，盤旋空中，無細不覩。皂鵰即鷲也，出北地，色皂。青鵰出遼東，最俊者謂之海東青。羌鷲出西南夷，黄頭赤目，五色皆備。鵰類能摶鴻鵠、獐鹿、犬豕。又有虎鷹，翼廣丈餘，能搏虎也。鷹、鵰雖鷙而畏燕子，物無大小也。其翮可爲箭羽。劉郁《西使記》云：皂鵰一産三卵者，内有一卵化犬。短毛灰色，與犬無異，但尾背有羽毛數莖耳。隨母影而走，所逐無不獲者，謂之鷹背狗。

骨 【氣味】缺。 【主治】折傷斷骨。燒灰，每服二錢，酒下，在上食後，在下食前，骨即接如初。時珍。出《接骨方》。

【發明】時珍曰：鷹、鶚、鵰骨，皆能接骨。蓋鷙鳥之力在骨，故以骨治骨，從其類也。

屎 【主治】諸鳥獸骨骾。燒灰，酒服方寸匕。時珍。出《外臺秘要》。

明・姚可成《食物本草》卷一二禽部・山禽類 鵰一名鷲。似鷹而大，尾長翅短，土黄色，鷙悍多力，盤旋空中，無細不覩。皂鵰，即鷲也，出北地，色皂。青鵰，出遼東，最俊者謂之海東青。羌鷲，出西南夷，黄頭赤目，五色皆備。鵰類能摶鴻鵠、獐鹿、犬豕。又有虎鷹，翼廣丈餘，能搏虎也。鷹、鵰雖鷙而畏燕子，物無大小也。其翮可為箭羽。劉郁《西(域)〔使〕記》云：皂鵰一産三卵者，内有一卵化犬，短毛灰色，與犬無異，但尾背有羽毛數莖耳。隨母影而走，所逐無不獲者，謂之鷹背狗。

鵰肉：同鷹肉。 骨：治折傷斷骨，燒灰，每服二錢，酒下。在上食後，在下食前，骨即接如初。 屎：治諸鳥獸骨骾，燒灰，酒服方寸匕。

明・施永圖《本草醫旨・食物類》卷三 鵰音凋。〇名鷲。鷹以膺之，鶻以猾之，隼以尹之，鵰以周之，鷲以就之，鷻以摶之。皆言其擊摶之異也。〇鵰似鷹而大，尾長翅短，土黄色，鷙悍多力。〇鷹鵰雖鷙，而畏燕子，物無大小也。其翮可為箭羽。 骨：味缺。治：折傷斷骨，燒灰，每服二錢，酒下，在上食後，在下食前，骨即接如初。鷹、鶚、鵰骨，皆能接骨，蓋鷙鳥之力在骨，故以骨治骨，從其類也。 屎：治：諸鳥畜骨骾，燒灰，酒服方寸匕。

清・丁其譽《壽世秘典》卷四 雕雕似鷹而大，尾長翅短，土黄色。鷙悍多力，盤旋空中，無細不覩。皂雕，即鷲也，出北地，色皂青。雕出遼東，最俊者謂之海東青。雕類能摶鴻鵠、獐鹿、犬豕，其翮可為箭羽。鷹雕雖鷙，而畏燕子，物無大小也。 肉：與鷹肉同。 骨：治折傷斷骨，燒灰每服二錢，酒下，在上食後，在下食前，骨即接如初。 發明李時珍曰：鷹、雕骨皆能接骨，蓋鷙鳥之力在骨，故以骨治骨，從其類也。

清・张璐《本經逢原》卷四 鵰 溫，小毒。 發明：鷹、鶚、鵰骨皆能接骨，以鷙鳥之力在骨，故以骨治骨，從其類也。折傷斷骨，燒灰每服二錢酒下，在上食後，在下食前，骨即接如初。但在三日内者易治，三日外則難治，以氣血凝滯不能合轍也。

清・王道純《本草品彙精要續集》卷六 雕音凋。 卵生。

雕《本草綱目》：骨，主接骨斷傷。〇屎，主鳥獸骨骾《品彙續集》。 【名】鷲、音就，《山海經》。 鷻音團，《説文》。《禽經》云：鷹以膺之，鶻以猾之，隼以尹之，雕以周之，鷲以就之，鷻以摶之，皆言其擊摶之異也。梵書謂之揭羅闍。 【地】皂雕，即鷲也，出北地。青雕，出遼東。羌鷲，出西南夷。 【用】骨、屎，其翮可爲箭羽。 【質】雕，似鷹而大，尾長翅短，鷙悍多力，盤旋空中，無細不覩，能摶鴻鵠、獐、鹿、豕、犬。又有虎鷹，翼廣丈餘，能搏虎也。劉郁《西

(域)〔使〕記》云：皂雕，一產三卵者，內有一卵化犬。短尾灰色，與犬無異，但尾背有羽毛數莖耳。隨母影而走，所逐無不獲者，謂之鷹背狗。〔色〕雕，土黃色；皂雕，色皂青。雕最俊者，謂之海東青。羌鷲，黃頭赤目，五色皆備。〔治〕接骨方治折傷斷骨，用骨燒灰，每服二錢，酒下。在上食後，在下食前服。骨即接如初。《外臺秘要》方治諸鳥獸骨骾，用屎燒灰，酒服方寸匕。〔忌〕李時珍云：鷹雕，雖鷙而畏鸇子，物無大小也。

鶺

附：日・丹波康賴《醫心方》卷三〇　鶺　崔禹〔錫〕云：味甘，溫，無毒。主赤白下利，補中，下氣。貌似鴿，有白喙，隼眼而翅羽蕺蕺，斑斑可愛。

鴟

宋・唐慎微《證類本草》卷一九禽部　鴟尺脂切頭　味鹹，平，無毒。主頭風眩顛倒，癇疾。

〔梁・陶弘景《本草經集注》〕云：即俗人呼爲老鴟者。一名鳶。又有鵰、鶚，并相似而大。雖不限雌雄，恐雄者當勝。今鴟頭酒用之，當微炙，不用蠹蟲者。

〔宋・唐慎微《證類本草》〕《食療》云：頭，燒灰，主頭風目眩，以飲服之。肉，食之，治癲癇疾。《千金方》：治癲癇瘈瘲。飛鴟頭二枚，鈆丹一斤，右二味末之，蜜丸。先食後三丸，日三，瘈者稍加之。

宋・鄭樵《通志》卷七六《昆蟲草木略》　狂　《爾雅》曰茅鴟。郭云：今鸃鴟也。似鷹而白。

晨風　《爾雅》曰鸇。似鷂而小，青黃色，燕頷。

鴟鴞　《爾雅》曰鸋鴂。陸機諸儒皆謂為巧婦，誤看《詩》文也。今按郭氏說此及《方言》皆謂是鴟類。據下言茅鴟、怪鴟，則此應是鴟，無緣得是巧婦。鴞、鸋、鴂音遙、寧、決。

鶨　《爾雅》曰鵙老。鶨，音象。郭云：鴝鶨也。俗呼癡鳥。《字林》云：句喙鳥。按：此蓋鴟類，能捕雀。句喙，目圓黃，可畏，如拳大小者猶俊。

鸗　《爾雅》曰負雀。鸗，音淫。郭云：鸗，鷂也。江南人呼之為鸗。善捉雀，因名云。按此即今之小鷂也，蓋鶻類。南方無鷹，唯呼此為鷹。

元・吳瑞《日用本草》卷四　鴟鴞　俗呼為老鴟者，一名鳶。又有雕鴞，並相似而大。雖不限雌雄，恐雄者當勝。今鴟頭酒用，當微炙，不用蠹蟲者。味醎，平，無毒。主頭風眩，顛倒癇疾。

明・滕弘《神農本經會通》卷九　鴟頭　一名鳶，鵰鶚并相似而大。味鹹，氣平，無毒。《本經》云：主頭風眩顛倒，癇疾。《食療》云：頭，燒灰，主頭風目眩，以飲服之。肉，食之，治癇，癲疾。

明・劉文泰《本草品彙精要》卷二八　鴟頭無毒。　卵生。

鴟頭：主頭風眩顛倒，癇疾。名醫所錄。〔名〕鴟休、隻狐、鳶。〔地〕謹按《埤雅》云：怪鴟，即鵂鶹也。貓目鷲頰，似鷹而白，其鳴即雨，爲囮可以聚諸鳥，晝無所見，夜則飛。啖蚊、虻。鴞、鵩、鬼車之類，《莊子》所謂鴟鵂，夜撮蚤，察毫末，晝則瞑目而不見丘山、藍田。呂氏曰：惡聲之鷙鳥也。有鴞萃止，翩彼飛鴞，爲梟、爲鴟，此亦梟之類爾。《本經》不載所出州土，今處處有之。〔用〕頭。〔色〕蒼褐。〔味〕鹹。〔性〕平，軟。〔氣〕味厚于氣，陰中之陽。〔治〕療：《食療》云：肉，治癲癇疾。〔合治〕飛鴟頭二枚，合鉛丹一斤，右二味末，和蜜丸，食後三丸，治癲癇瘛瘲。

明・王文潔《太乙仙製本草藥性大全》卷七《本草精義》　鴟鶚頭　一名鳶，即俗人呼爲老鴟是也。其首似猫頭，其色麻褐色，與鵰鶚相似而大，雖不限雌雄，恐雄者當勝。今鴟頭酒用之，當微炙，不用蠹蟲者。

明・王文潔《太乙仙製本草藥性大全》卷七《仙製藥性》　鴟鶚頭　味鹹，氣平，無毒。主治：主頭風眩痛大效，治癲倒癇疾神功。補註：頭燒灰，主頭風目眩，以飲服之。肉食之，治癲癇疾。〇治癲癇瘈瘲，飛鴟頭二枚，鉛丹一斤，右二件末之，蜜丸，先食後三丸，日三，瘈者稍加之。

明・皇甫嵩《本草發明》卷六　鴟頭，即俗呼老鴉者。主頭風眩顛倒，癇疾。《食療》：頭，燒灰，主頭風目眩顛倒，癇。

明・李時珍《本草綱目》卷四九禽部・山禽類　鴟《別録》下品

〔釋名〕雀鷹《詩疏》　鳶《詩經》　鸗音淫。　隼本作鵻，音筍。　鷂時珍曰：鴟、鳶二字，篆文象形。一云：鴟，其聲也。鳶，攫物如射也。隼，擊物準也。鷂，目擊遥也。《詩疏》云：隼有數種，通稱爲鷂。雀鷹，春化布穀。《爾雅》謂之茅鴟，齊人謂之擊正，或謂之題肩。《爾雅》云：鸗，負雀也。梵書謂之阿黎耶。〔集解〕弘景曰：鴟，即俗呼老鴟者。又有鵰、鶚，並相似而大。時珍曰：鴟似鷹而稍小，其尾如舵，極善高翔，專捉雞、雀。鴟類有數種。按《禽經》云：善摶者曰鶚，竊玄者曰鵰，骨曰鶻，瞭曰鷂，展曰鸇，奪曰𪀚。又云：鶻生三子，一爲鴟。鶻，小於鴟而最猛捷，能擊鳩、鴿，亦名鷸子，一名籠脫。鸇，色青，

向風展翅迅摇，搏捕鳥雀，鳴則大風，一名晨風。鷂，小於鸇，其脰上下，亦取鳥雀如攘掇也，一名鷂子。又《月令》：二月鷹化爲鳩，七月鳩化爲鷹。《列子》云：鷂爲鸇，鸇爲布穀，布穀復爲鷂。皆指此屬也。隼鶻雖鷙而有義，故曰鷹不擊伏，隼不擊胎。鶻握鳩而自暖，乃至旦而見釋，此皆殺中有仁也。

鴟頭　【修治】弘景曰：雖不限雌雄，雄者當勝。用須微炙，不用蠹者。古方治頭面方有鴟頭酒。

【氣味】鹹，平，無毒。時珍曰：按段成式云：唐肅宗張后專權，每進酒置鴟腦於内，云令人久醉健忘。則鴟頭亦有微毒矣。

【主治】頭風目眩顛倒，癇疾《别録》。

【附方】舊二。

癲癇瘈瘲：飛鴟頭三枚，鉛丹一斤，爲末，蜜丸梧子大。每酒服三丸，日三次。《千金》。

旋風眩冒：鴟頭丸：用鴟頭一枚炒黄，真䕡茹、白术各一兩，川椒半兩，炒去汗，爲末，蜜和丸梧子大。每酒下二十丸。《聖惠》。

肉　【氣味】缺。

【主治】食之，治癲癇孟詵。食之，消鷄肉、鵪鶉成積時珍。

骨　【主治】鼻衄不止。取老鴟翅關大骨，微炙研末，吹之。時珍。出《聖濟總録》。

明・梅得春《藥性會元》卷下　鴟頭　一名鳶。俗呼為老鴉。味鹹，平，無毒。　主治頭眩癲倒，癇疾。

明・穆世錫《食物輯要》卷五　鴟　味酸，平，微毒。勿多食。消雞、鵪鶉積。治癲癇，頭更効。有微毒在腦。同酒食，令易醉健忘。

明・姚可成《食物本草》卷一二禽部・山禽類　鴟一名鳶，一名隼，一名鷂。似鷹而稍小，其尾如舵，極善高翔，專捉雞、雀。鴟類有數(和)〔種〕。按《禽經》云：善摶者曰鶚，竊玄者曰鵰，骨曰鶻，瞭曰鷂，展曰鸇，奪曰鵽。又云：鶻生三子，一為鴟。鶻，小于鴟而最猛捷，能擊鳩、鴿，亦名鷸子，一名籠脱。鸇，色青，向風展翅迅摇，搏捕鳥雀，鳴則大風，一名晨風。鵽小于鸇，其脰上下，亦取鳥雀如攘掇也，一名鷂子。又《月令》：二月鷹化為鳩，七月鳩化為鷹。《莊子》云：鷂為鸇，鸇為布穀，布穀復為鷂。皆指此屬也。隼鶻雖鷙而有義，故曰鷹不擊伏，隼不擊胎。鶻握鳩而自暖，乃至旦而見釋，此皆殺中有仁也。

鴟肉：食之，治癲癇。食之，消雞肉、鵪鶉成積。　頭：味鹹，平，無毒。治頭風目眩，顛倒癇疾。按段成式云：唐肅宗張后專權，每進酒寘鴟腦於内，云令人久醉健忘。則鴟頭亦有微毒矣。　骨：治鼻衄不止，取老鴟翅關大骨，微炙研末，吹之。

明・施永圖《本草醫旨・食物類》卷三　鴟名鳶、隼、鷂。鴟似鷹而稍小，其尾如舵，極善高翔，專捉雞、雀。○鶻生三子，一為鴟，鶻小於鴟而最猛捷。〔頭〕：味鹹，平，無毒。治：頭風，目眩顛倒，癇疾。

附方　癲癇瘈瘲：鴟頭三枚，鉛丹一斤，為末，蜜丸梧子大，每酒服三丸，日三次。旋風眩冒：用鴟頭一枚，炒黄，真䕡茹、白术各一兩，川椒半兩，炒去汗，為末，蜜和丸梧子大，每酒下二十丸。　肉：味缺。治：食之，治癲癇。食之，消雞肉、鵪鶉成積。　骨：治：鼻衄不止，取老鴟翅關大骨，微炙，研末，吹之。

清・朱本中《飲食須知・禽類》　鴟腦　有毒。同酒食，令人久醉健忘。

清・张璐《本經逢原》卷四　鴟　鹹，平，小毒。　發明：鴟頭治頭風目眩，顛倒癇疾。《千金》治頭風眩轉，面上遊風，有鴟頭酒。《聖惠》治旋風眩冒，有鴟頭丸。總取旋風健搏之力。

清・趙其光《本草求原》卷一九禽部　鴟梟即貓頭鷹。　日伏夜出，鳴主傷人，故俗名鬼鳩。酸，寒，鹹，乃陰毒之味，專殺陰毒之蟲，引陰邪外出。故治勞瘵，酒煮焙乾，同大風鱓七條，攤薄荷上，蒸爛去骨，和淮山粉為丸酒下，功同獺肝。瘧疾。油煠食。風虚眩暈，煮食其骨燒酒下。

鳶

宋・李昉《太平御覽》卷第九八八　蔵頭并尾。　《本草經》曰：蔵，辟不祥。生淮南。《吴氏本草》曰：蔵尾，治蠱毒。

明・盧和、汪穎《食物本草》卷三禽類　鳶　其飛戾於天，《本草》謂之鴟，味鹹，平，無毒。主頭風眩，顛倒癇疾。得之者，宜藏其首。

明・吴文炳《藥性全備食物本草》卷三　鴟鴞　一名鳶，即俗呼為掘窟鳥是也。其首似猫頭，其色麻褐色，與鵰鶚相似而大。取其頭燒灰，主頭風目眩。又取飛鴟頭二枚，鉛丹一斤，右二件末之蜜丸，先食後服丸，治顛癇瘈瘲。

鶚

宋・鄭樵《通志》卷七六《昆蟲草木略》　鸒　《爾雅》曰白鷢。鸒、鷢，音揚、厥。郭云：似鷹，尾上白。

鵙鳩　《爾雅》曰王鵙。鶚類。多在水邊，尾有一點白，故揚雄云白鷢。舊説鵰類，誤矣。鵙，七徐反。

明・盧和、汪穎《食物本草》卷三禽類　鶚　肉，肥美，古人重其炙，主鼠瘻。目，吞之令人夜中見物。

明・李時珍《本草綱目》卷四九禽部・山禽類　鶚《綱目》

【釋名】魚鷹《禽經》　鵰鷄《詩疏》　雎鳩《周南》　王雎音疽。　沸波《淮南子》　下窟烏時珍曰：鶚狀可愕，故謂之鶚。其視雎健，故謂之雎。能入穴取食，故謂之下窟烏。翱翔水上，扇魚令出，故曰沸波。《禽經》云：王雎，魚鷹也。尾上白者名白鷢。

【集解】時珍曰：鶚，鵰類也。似鷹而土黄色，深目好峙。雄雌相得，鷙而有別，交則雙翔，別則異處。能翱翔水上捕魚食，江表人呼爲食魚鷹。亦啖蛇。《詩》云：關關雎鳩，在河之洲。即此。其肉腥惡，不可食。陸璣以爲鷲，揚雄以爲白鷢，黄氏以爲杜鵑，皆誤矣。《禽經》云：鳩生三子，一爲鶚鳩，尸鳩也。杜預以王雎爲尸鳩，或以此也。

骨【主治】接骨時珍。

【附方】新一。　接骨：用下窟烏即鶚也，取骨燒存性，以古銅錢一個，煅紅醋淬七次，爲末等分。酒服一錢，不可過多。病在下空心，在上食後服，極有效驗。須先夾縛定，乃服此。唐藺道人方。

觜【主治】蛇咬。燒存性研末，一半酒服，一半塗之時珍。

明・穆世錫《食物輯要》卷五　鶚　味甘，平，無毒。甚微美，極明目，治鼠瘻。骨，能接骨。

明・姚可成《食物本草》卷一二禽部・山禽類　鶚一名雎鳩。鵰類也。似鷹而土黄色，深目好峙。雌雄相得，鷙而有別，交則雙翔，別則異處。能翱翔水上捕魚食，江表人呼為食魚鷹。亦啖蛇。《詩》云：關關雎鳩，在河之洲。即此。其肉腥惡，不可食之。《禽經》云：鳩生三子，一為鶚鳩。尸鳩也。

鶚肉：腥臭，不可食。　骨：接骨。　嘴：治蛇咬。燒存性研末，一半酒服，一半塗之。

明・施永圖《本草醫旨・食物類》卷三　鶚鵰類也。能翱翔水上捕魚食。《詩》云關關雎鳩，在河之洲，即此。其肉腥惡，不可食。　骨：治：接骨。　嘴：治：蛇咬，燒存性，研末，一半酒服，一半塗之。

清・朱本中《飲食須知・禽類》　鶚　即魚鷹。能啖蛇，其肉腥惡，不可食。

清・王道純《本草品彙精要續集》卷六　鶚　卵生。

鶚　骨，主接骨。○嘴，主蛇咬傷《本草綱目》。　【名】魚鷹《禽經》、雕雞《詩疏》、雎鳩《周南》、王雎音疽、沸波《淮南子》、下窟烏。李時珍云：鶚，狀可愕，故謂之鶚。其視雎健，故謂之雎。能入穴取食，故謂之下窟烏。翱翔水上，扇魚令出，故曰沸波。《禽經》云：王雎，魚鷹也。尾上白者，名白鷢。【地】《禽經》云：鳩，生三子，一爲鶚鳩，鳲鳩也。杜預：以王雎爲尸鳩，或以此也。【時】採：無時。【用】骨、嘴。【質】李時珍云：鶚，雕類也。似鷹，深目好峙，雄雌相得，鷙而有別，交則雙翔，別則異處，能翱翔水上，捕魚食，江表人呼爲食魚鷹，亦啖蛇。《詩》云：關關雎鳩，在河之洲。即此。【色】土黄色。【臭】腥。【製】燒存性。【治】李時珍方：治蛇咬，用嘴，燒存性，研末，一半酒服一半塗之。【合治】唐藺道人方：治骨折傷，用下窟烏，即鶚也。取骨燒存性，以古銅錢一個，煅紅，醋淬七次，爲末，等分，酒服一錢，不可過多。病在下空心服，在上食後服，極有效驗。須先夾縛定，乃服此。○李時珍云：鷹、雕、鶚骨，皆能接骨。蓋鷙鳥之力在骨，故以骨治骨，從其類也。【禁】其肉腥惡不可食。【解】凡蛇咬，用嘴，燒研末傅之。【贋】陸璣：以爲鷲。揚雄：以爲白鷢。黄氏：以爲杜鵑。李時珍：皆以爲誤。今按《周南》朱注云：雎鳩，水鳥，一名王雎。狀類鳧鷖，想其形不甚大，恐非雕類。李時珍：未必非誤，再俟識者。

鶉

附：日・丹波康賴《醫心方》卷三〇　鶉　孟詵云：溫補五藏，益中續氣，實筋骨，耐寒暑，消結氣。又云：不可共猪肉食之，令人多生瘡。今案：《拾遺》云：共猪肉食之，令人生小黑子。又云：患利人可和生薑煮食之。《七卷經》云：味辛，平。食之令人善忘。崔禹〔錫〕云：鶕鶉，無毒。主赤白下利，漏下血，暴風濕痹，養肝肺氣，利九竅。

宋・唐慎微《證類本草》卷一九禽部〔宋・掌禹錫《嘉祐本草》〕　鶉　補五藏，益中續氣，實筋骨，耐寒溫，消結熱。小豆和生薑煮食之，止洩痢。酥煎，偏令人下焦肥。與豬肉同食之，令人生小黑子。又不可和菌子食之，令人發痔。四月已前未堪食，是蝦蟆化爲也。新補。

〔宋・唐慎微《證類本草》〕楊文公《談苑》：至道二年夏秋間，京師鬻鶉者，積於市門，皆以大車載而入，鶉纔直二文，是時雨水絕無蛙聲，人有得於水次者，半爲鶉，半爲蛙。《列子・天瑞篇》曰：蛙變爲鶉。張湛注云：事見《墨子》，斯不謬矣。又田鼠亦爲鶉，蓋物之變，非一揆也。《月令》云：田鼠化爲鴽。《素問》云：鴽，鶉也。

宋・寇宗奭《本草衍義》卷一六　鶉　有雌雄，從卵生。何言化〔也〕，其說甚容易。嘗于田野屢得其卵。初生謂之羅鶉，至初秋謂之旦秋，中秋已後謂之白唐。然一物四名，當悉書之。小兒患疳及下痢五色，旦旦食之，有效。

宋・鄭樵《通志》卷七六《昆蟲草木略》 鵪鶉 《爾雅》曰：其雄鵲，牝庳。鵪類，此別其雌雄之異名耳。鶉，蝦蟇所化。庳，音脾。

宋・陳衍《寶慶本草折衷》卷一六 鶉 一名鶕音諳鶉。張松。○一名鴽。初生名羅鶉，初秋時名早秋，中秋後名白唐。○《泊宅編》云：一名赤鳳，一名鷒。○舊云此鳥是他物化生，寇氏謂從卵生，皆有證據。竊恐或卵生，或化生，風土不同，各自有種也。○忌與豬肉、菌子同食。○鷒，音團。

平，無毒。張松。○補五藏，益中續氣，實筋骨，消結熱。小豆和生薑煮食，止洩痢。酥煎，令人下焦肥。與豬肉同食，生小黑子。和菌子食，發痔。四月已前未堪食。○寇氏曰：小兒患疳及下痢，旦旦食之有效。

元・忽思慧《飲膳正要》卷三 鵪鶉 味甘，溫平，無毒。益氣，補五藏，實筋骨，耐寒暑，消結熱。酥煎食之，令人肥下焦。四月以前未可食。

元・尚從善《本草元命苞》卷七 鶉 補五臟，續氣益中，實筋骨，耐寒溫，消結熱，止洩痢。酥油煎餌，下焦肥。菌子同食，發諸痔。山菌子，生江東山林間，如小雞，無尾。四月已前不食，蓋為蝦蟇所化。

元・吳瑞《日用本草》卷四 鶉 如雞雛大，褐色黑斑。畏寒，多以錦囊畜之。 味甘，平。同猪肉食，令人生黑子。和菌食，令人發痔。 主補五臟，益中，實筋骨，耐寒，消結熱。小豆和生薑食之，能止洩痢。四月以前不堪食。

明・滕弘《神農本經會通》卷九 鶉 四月已前未堪食，是蝦蟇化為也。《本經》云：補五臟，益中續氣，實筋骨，耐寒溫，消結熱。小豆和生薑煮食之，止洩痢。酥煎，偏令人下焦肥。與猪肉同食之，令人生小黑子。又不可和菌子，食之令人發痔。

明・劉文泰《本草品彙精要》卷二八 鶉無毒。 卵生。

鶉：主補五臟，益中續氣，實筋骨，耐寒溫，消結熱。小豆和生薑煮食之，止洩痢。酥煎，食令人下焦肥。四月勿食，蝦蟆化爲也。名醫所錄。

【名】羅鶉、早秋、白唐。 【地】《別錄》云：鶉有兩種，有丹，有白，江北田野處皆有之。此鳥性淳惷，不越橫草。若遇小草橫於前，即旋行避礙，以其性淳厚之易熟，故曰鶉也。然鶉無常居而有常匹。《詩》云鶉之奔奔，言能不亂其匹。《本經》云：四月已前不宜食鶉，以其蛙變故耳。是時雨水絕，無蛙聲，人有得于水次者，半爲蛙。張湛注云：事見《墨子》，斯不謬矣。《月令》云：田鼠化爲鴽。《素問》云：鴽，鶉也。蓋物之變，非一揆也。《衍義》曰：鶉有雌雄，從卵生，何言化也？其說甚容易，嘗于田野屢得其卵，初生謂之羅鶉，至初秋謂之早秋，中秋已後謂之白唐。然一物四名，當悉書之。【時】生：夏生。採：冬取。【用】肉。【色】赤、黃、白。【味】甘。【性】溫，平。【氣】氣厚于味，陽中之陰。【臭】腥。【治】療：《衍義》曰：治小兒患疳，及下痢五色，旦食之有效。【忌】與豬肉同食，令人生小黑子。和菌子食之，令人發痔。

明・盧和、汪穎《食物本草》卷三禽類 鵪鶉 味甘，平。補五臟，益中，續氣，實筋骨，耐寒溫，消結熱。小豆和生薑煮，食之止洩痢。酥煎令人下焦肥。與猪肉同食，令人生小黑子。和菌子食，發痔。小兒患疳及下痢五色，旦旦食之有効。春月勿食。《本草》言：蝦蟆所化。《素問》言：田鼠化為鴽，即鶉也。寇宗奭曰：鶉有雌雄，卵生，非化也。

明・寧源《食鑒本草》卷上 鵪鶉 味甘，平，無毒。補五臟，益中氣，續筋骨，耐寒溫，消結氣。

明・王文潔《太乙仙製本草藥性大全》卷七《本草精義》 鵪鶉 鶉有雌雄，從卵生。何言化也？其說甚容易，嘗於田野屢得其卵，初生謂之羅鶉，至初秋謂之早秋，中秋已後謂之白唐，然一物四名，當悉書之。《月令》云：田鼠化爲鴽。《素問》云：鴽，鶉也。楊文公《談苑》云：夏初間是時雨水，絕無蛙聲，人有得於水次者，半爲鶉，半爲蛙。《列子・天瑞篇》曰：蛙變爲鶉。張湛注云：事見《墨子》，斯不謬矣。蓋物之變化，非一揆也！

明・王文潔《太乙仙製本草藥性大全》卷七《仙製藥性》 鵪鶉四月已前未堪食，是蝦蟆化爲也。 主治：補五臟而實筋骨，消結熱而耐寒溫。止洩住痢，續氣益中。與猪肉食，必發黑子。同菌子喫，痔疾必生。 補註：小兒患疳及下痢五色，日旦時常食之立效。

明・皇甫嵩《本草發明》卷六 鶉 補五藏，益中續氣，實筋骨，耐寒溫，消結熱。小豆和生薑煮食之，止洩痢。酥煎，令人下焦肥。

明・李時珍《本草綱目》卷四八禽部・原禽類 鶉《嘉祐》

【釋名】時珍曰：鶉性醇，竄伏淺草，無常居而有常匹，隨地而安，《莊子》所謂聖人鶉居是矣。其行遇小草即旋避之，亦可謂醇矣。其子曰鳼。宗奭曰：其卵初生謂之羅鶉，至秋初謂之早秋，中秋已後謂之白唐，一物四名也。 【集解】禹錫曰：鶉，蝦蟆所化也。楊

億《談苑》云：至道二年夏秋，汴人鬻鵪者，車載積市，皆蛙所化，猶有未全變者，《列子》所謂蛙變爲鵪也。宗奭曰：鵪有雌雄，常於田野屢得其卵，何得言化也。時珍曰：鵪大如鷄雛，頭細而無尾，毛有斑點，甚肥。雄者足高，雌者足卑。其性畏寒，其在田野，夜則群飛，晝則草伏。人能以聲呼取之，畜令鬥搏。《萬畢術》云：蝦蟆得瓜化爲鵪。《交州記》云：南海有黄魚，九月變爲鵪。以鹽炙食甚肥美。蓋鵪始化成，終以卵生，故四時常有之。鴽則始由鼠化，終復爲鼠，故夏有冬無。

肉　〔氣味〕甘，平，無毒。禹錫曰：四月以前未堪食。不可合猪肝食，令人生黑子；合菌子食，令人發痔。　〔主治〕補五臟，益中續氣，實筋骨，耐寒暑，消結熱。和小豆、生薑煮食，止洩痢。酥煎食，令人下焦肥《嘉祐》。小兒患疳，及下痢五色，旦旦食之，有效寇宗奭。

〔發明〕時珍曰：按董炳《集驗方》云：魏秀才妻，病腹大如鼓，四肢骨立，不能貼席，惟衣被懸卧。穀食不下者數日矣。忽思鵪食，如法進之，遂運劇。少頃雨汗，莫能言，但有更衣狀。扶而圊，小便突出白液，凝如鵝脂。如此數次，下盡遂起。此蓋中焦濕熱積久所致也。詳《本草》鵪解熱結，療小兒疳，亦理固然也。董氏所説如此。時珍謹按：鵪乃蛙化，氣性相同，蛙與蝦蟆皆解熱治疳，利水消腫，則鵪之消鼓脹，蓋亦同功云。

明·穆世錫《食物輯要》卷五　鵪　味甘，平，無毒。補五臟乏氣，堅筋骨，消結熱膨脹。酥炙食，令下焦肥，止小兒疳痢。同小豆、生薑食，止瀉痢。同猪肝食，生黑子。同菌子食，發痔。

明·李中立《本草原始》卷一〇　鵪　大如雞雛，頭細而無尾，毛有斑點。雄者足高，雌者足卑。其性畏寒，在田野中夜則群飛，晝則草伏。人能以聲呼取之，畜令鬪(搏)〔搏〕。《萬畢術》云：蝦蟆得瓜化為鵪。禹錫曰：鵪，蝦蟆所化也。蓋鵪始化成，終以卵生，故四時常有之。時珍曰：鵪，性醇，竄伏淺草，無常居而有常匹，隨地而安，故俗呼鵪鶉。《莊子》所謂聖人鶉居是矣。其行遇小草，即旋避之，亦可謂醇矣。宗奭曰：其卵初生，謂之羅鶉，至初秋謂之早秋，中秋已後謂之白唐，一物四名也。又有錦毛者，謂之錦鶉。

鶉肉：氣味：甘，平，無毒。主治：補五臟，益中續氣，實筋骨，耐寒暑，消熱結。和小豆、生薑煮食，止洩痢。酥煎，令人下焦肥。小兒患疳，及下痢五色，旦旦食之，有效。

【圖略】禹錫曰：鵪，四月以前未堪食。不可合豬肝食，令人生黑子。合菌子食，令人發痔。楊文公《談苑》云：至道二年夏秋間，京師鬻鵪者，車載積市，皆蛙所化，猶有未全變者，《列子》所謂蛙變為鵪也。《交州記》云：南海有黄魚，九月變為鵪。《月令》云：田鼠化為鴽。《素問》曰：鴽，鶉也。時珍曰：按董炳《集驗方》云：魏秀才妻，病腹大如鼓，四肢骨立，不能貼席，惟衣被懸臥，穀食不下者數日矣。忽思鶉食，如法進之，遂運劇，少頃雨汗，莫能言。但有更衣狀，扶而圊，小便突出白液，凝如鵝脂，如此數次，下盡遂起。此蓋中焦濕熱積久所致也。詳《本草》鶉解熱結，療小兒疳，亦理固然也。董氏所說如此。時珍謹按：鶉乃蛙化，氣性相同，蛙與蝦蟆皆解熱〔結〕治疳，利水消腫，則鶉之消鼓脹，蓋亦同功云。

明·吴文炳《藥性全備食物本草》卷三　鵪鶉　有雌雄，從卵生。何言化也，其說甚異。嘗於田野屢得其卵，初生謂之羅鶉，至秋初謂之早秋，中秋已後謂之白唐，然一物四名也。《月令》云田鼠化為鴽。《素問》云：鴽，鶉也。四月已前未堪食，是蝦蟆化為也。主補五臟，實筋骨，消結熱，耐寒暑，止泄痢，益中氣。與猪肉食必發黑子，同菌子食發痔疾。又小兒疳痢，同小豆、生薑煮食良。

明·趙南星《上醫本草》卷四　鶉　大如雞雛，頭細而無尾，毛有斑點，甚肥。雄者足高，雌者足卑。其性醇，竄伏淺草，無常居而有常匹，隨地而安。莊子所謂聖人鶉居是矣。　肉：甘，平，無毒。主治：補五臟，益中續氣，實筋骨，耐寒暑，消結熱。和小豆、乾薑煮食，止洩痢。酥煎食，令人下焦肥。小兒患疳及下痢五色，旦旦食之有效。　四月以前未堪食。不可合豬肝食，令人生黑子。合菌子食，令人發痔。

明·應麐《食治廣要》卷五　鶉　氣味：甘，平，無毒。補五藏，益中續氣，實筋骨，耐寒暑，消結熱。和小豆、生薑煮食，止洩痢。酥煎食，令人下焦肥。掌禹錫曰：四月以前不堪食，又不可合猪肝食，食之令人生黑子。合菌子食，令人發痔。李時珍曰：鶉性醇，竄伏淺草，無常居而有常匹，隨地而安。今北人畜令鬬搏者是矣。又《交州記》云：南海有黄魚，九月變為鶉。以鹽炙食甚肥美。蓋鶉始因化成，終以卵生，故四時常有之。鴽則始由鼠化，終復為鼠，故夏有冬無之。為異也。

明·姚可成《食物本草》卷一二禽部·原禽類　鶉蝦蟆所化也。楊億《談苑》云：正道二年夏秋，汴人鬻鶉者，車載積市，皆蛙所化，猶有未全變者，《列子》所謂蛙變為鶉也。寇宗奭曰：鶉有雌雄，常于田野，夜則群飛，晝則草伏。人能以聲呼取之，畜令鬬搏。

《萬畢術》云：蝦蟆得瓜化為鶉。《交州記》云：南海有黄魚，九月變為鶉。以鹽炙〔食甚肥〕美。蓋鶉始化成，終以卵生，故四〔時常有之。鴽則始由鼠化，終復為鼠，故夏有冬無〕。

鶉肉，味甘，平，無毒。主補五臟，益中續氣，實筋骨，耐寒暑，消結熱。和小豆、生薑煮食，止洩痢。酥煎食，令人下焦肥。小兒患疳及下痢五色，旦旦食之，有効。四月以前未堪食。不可合豬肝食，令人生黑子。合菌子食，令人發痔。〇李時珍曰：按董炳《集驗方》云：魏秀才妻，病腹大如鼓，四肢骨立，不能貼席，惟衣被懸臥，穀食不下者數日矣。忽思鶉食，如法進之，遂運劇。少頃雨汗，莫能言，但有更衣狀。扶而圊，小便突出白液，凝如鵝脂。如此數次，下盡遂起。此蓋中焦濕熱積久所致也。詳本草鶉解熱結，療小兒疳，亦理固然也。董氏所說如此。時珍謹按：鶉乃蛙化，氣性相同。蛙與蝦蟆皆解熱治疳，利水消腫，則鶉之消鼓脹，蓋亦同功云。

明・施永圖《本草醫旨・食物類》卷三 鶉鶉大如雞雛，頭細而無尾，毛有斑點，甚肥。雄者足高，雌者足卑。其性畏寒，蝦蟆得瓜化為鶉。南海有黄魚，九月變為鶉。〇以鹽炙食甚肥美。 肉：味甘，平，無毒。四月以前未堪食。不可合食猪肝食，令人生黑子。合菌子食，令人發痔。治：補五臟，益中續氣，實筋骨，耐寒暑，消結熱。和小豆、生薑煮食，止洩痢。酥煎食，令人下焦肥。小兒患疳及下痢五色，旦旦食之有效。

清・穆石匏《本草洞詮》卷一四 鶉 性醇，無常居而有常匹，隨地而安。《莊子》所謂聖人鶉居是矣。肉甘，平，無毒。主益中續氣，耐寒暑，消結熱，治疳痢。董炳云：一婦病腹大如鼓，四肢骨立，穀食不下者數日矣，忽思鶉食，如法進之，遂運劇，少頃雨汗，不能言，但有更衣狀，扶而圊，小便突出白液如脂，下盡遂起。此蓋中焦濕熱積久所致也，鶉乃蛙化，氣性相同，蛙與蝦蟇皆解熱，治疳利水，消腫，則鶉之消鼓脹，有功同云。

清・丁其譽《壽世秘典》卷四 鵪鶉鵪與鶉兩物也，形狀相似，俱黑色，但無斑者為鵪也，今人總以鵪鶉名之。鶉大如雞雛，頭細而無尾，有斑點，甚肥。雄者足高，雌者足卑，其性畏寒，其在田野，夜則群飛，晝則草伏，無常居而有常匹，隨地而安。人能以聲呼取之，畜令摶鬭。 氣味：甘，平，無毒。主補五臟，益中氣，實筋骨，消結熱，療小兒疳。 發明掌禹錫曰：和小豆、生薑煮食之，止洩痢。酥煎令人下焦肥。春月勿食。與猪肝同食，令人生黑子。和菌子食，令人發痔。

清・劉雲密《本草述》卷三〇 鶉 《萬畢術》云：蝦蟆得瓜化為鶉。《交州記》云：南海有黄魚，九月變為鶉。是鶉始以化成，終以卵生，故四時常有之。鵪與鶉兩物也，形狀相似，俱黑色，但無斑者為鵪，今人總以鵪鶉名之。 肉： 氣味：甘，平，無毒。 主治：補五臟，益中續氣，實筋骨，耐寒暑，消結熱。和小豆、生薑煮食，止洩痢。酥煎食，令人下焦肥《嘉祐》。小兒患疳及下痢五色，旦旦食之有效寇宗奭。 時珍曰：按董炳《集驗方》云：魏秀才妻病腹大如鼓，四肢骨立，不能貼席，惟衣被懸卧，穀食不下者數日矣。忽思鶉食，如法進之，遂暈劇，少頃雨汗，莫能言，但有更衣狀，扶而圊，小便突出白液，凝如鵞脂，如此數次，下盡遂起。此蓋中焦溼熱積久所致也。詳《本草》鶉解熱結，療小兒疳，亦理固然也。董氏所說如此，時珍謹按鶉乃蛙化，氣性相同，蛙與蝦蟆，皆解熱治疳，利水消腫，則鶉之消鼓脹，蓋亦同功云。

愚按：鶉之用，在《本草》謂其益中續氣，消結熱，療小兒疳痢。又董炳《集驗方》亦云 治中焦溼熱，如魏秀才妻病鼓證，食之輒愈者是也。乃時珍云 鶉為蛙化，而治療約畧相同。是則此味所謂益中續氣者，毋亦水土合德之微。雖食物之細，而亦有合焉者，以為中土之益有如是乎。若泛以通利水氣之用視之，則又不得云旦旦食之矣。

清・尤乘《食鑒本草・禽類》 鵪鶉 《本草》云蝦蟇所化。痢疾宜用，和小豆、生薑煮食。同猪肝食而生黑子，與菌食發痔。

清・朱本中《飲食須知・禽類》 鶉肉鵪肉 味甘，性平。不可同猪肝食，令人生黑子。同木耳、菌子食，令人發痔。鶉毛有斑點，善鬭搏。始由蝦蟆、黄魚所化，終以卵生，四時常有。鵪肉，與鶉性味相同，形亦相似，但色黑無斑。始由鼠化，終復為鼠。夏有冬無，今通呼為鵪鶉也。

清・何其言《養生食鑒》卷下 鶉大如雞雛，頭細而無尾，毛有班點，甚肥。雄者足高，雌者足卑。其性畏寒。其在田野間，夜則群飛，晝則單伏。 味甘，性平，無毒。補五臟，益中續氣，實筋骨，耐寒暑，消結熱。和小豆、生薑煮食，止洩痢。酥煎食，令人下焦肥。小兒患疳及下痢五色，並食之，有效。不可與猪肝、菌子同食。春月勿食。

清・李熙和《醫經允中》卷二三 鵪鶉 甘，平，無毒。主解熱結疳利水消腫。

清・张璐《本經逢原》卷四 鶉 甘，平，無毒。 發明：鶉主腹大如

鼓，解熱結，療小兒疳。按：鶉乃蛙化，氣性相同，蛙與蝦蟆皆解熱結，治疳利水消腫。則鶉之消鼓脹，蓋亦同功，食後下如鵝脂，數次即愈。

清·浦士貞《夕庵讀本草快編》卷六　鶉《嘉祐》。附鷃。　鶉性醇，竄伏草間。無常居，有常匹。莊子謂聖人鶉居是也。《萬畢術》云：蝦蟆得瓜化為鶉。蓋初由蟆化，終以卵生，故四時常有。鴽則始由鼠化，終復為鼠，故夏有冬無。且鶉畜令鬪，若有知識，鴽名鷃，一類二種。《禮記》鶉羹鴽煮，釀之以蓼，今人並稱，悞矣。　鶉肉甘平補五臟，益中續氣實筋骨，耐寒暑消熱解毒。和小豆、生薑可止洩痢，酥煎頻食能肥下焦，小兒患疳下痢五色並驗。董炳謂其專消腹脹如鼓，小便旋出白液，便愈。然鶉非消腫之物，因蟆性猶在耳。

清·汪紱《醫林纂要探源》卷三　鶉　甘，溫。形如小雞，大如拳，色黃赤或白，文皆細繡如鱗。雌雄相隨，飛不高，行不越草。補脾和胃，長氣血。性純謹，故氣味亦和緩。然雞類無不好鬬者，故皆助肝風。

題清·徐大椿《藥性切用》卷八　鶉　俗呼鵪鶉。性味甘平，雌者時人以供食品，雄者善鬥，世皆耦以賭輸贏。

清·李文培《食物小錄》卷下　鶉　甘，平，無毒。補五臟，益中。

清·章穆《調疾飲食辯》卷五　鶉　《綱目》曰：鶉無常居有常匹，隨地而安。故《莊子》曰：聖人鶉居。其行，遇小草亦旋避之，可謂淳矣，子曰鴳，俗呼鵪鶉。鵪乃田鼠所化之鴽。極小子名鷃，名鸋，又名鳸。《禮》曰：鶉羹鴽釀之蓼。《爾雅》曰：鴽，鴾母。注曰：鵪也。鶉乃蝦蟆所化。《爾雅》曰：鷯，鶉。其雄鶛，牝痺。注曰：鵪屬。則非一物可知。鶉體稍大，頭細尾禿，有圓斑點。夜則群飛，晝則草伏。人或畜以賭鬬。化鴽化鶉，雖古有其語，然實各有種類，非盡由變化。《嘉祐本草》曰：補五藏，實筋骨，耐寒暑，消結熱。《衍義》曰：小兒患疳，及熱利五色，食之良。董炳《集驗方》：魏秀才妻病大腹水腫，偶食鶉，遂小便出白液而愈。但此鳥稟性淳良，與人無害，若無以上諸病，不宜戕害之也。

清·楊時泰《本草述鉤元》卷三〇　鶉無斑者鵪也，此則有斑。　鶉始以化成，蝦蟆得瓜化為鶉。《交州記》：南海有黃魚，九月變為鶉。終以卵生，故四時常有之。

肉：氣味甘平。補五臟，益中續氣，實筋骨，耐寒暑，消結熱。小兒患疳，下痢五色，旦旦食之有效。和小豆、生薑煮食，止瀉痢。酥煎食，令人下焦肥。濕熱臌脹腹大，四肢骨立，不能貼席，穀食不下者，取鶉肉食之。昏暈，少傾，雨汗莫能言，但有更衣狀，扶而圊，小便突出白液，凝如鵝脂，數次，下盡遂起，此中焦濕熱積久所致也。

論：鶉乃蛙化，氣性相同。蛙與蝦蟆，皆解熱治疳，利水消腫。鶉之功用，約略似之。《本草》謂其益中續氣者，毋亦水土合德之微，此物實有合焉，故能為中土之益，而中焦濕熱積久，致成疳痢臌脹者，食之輒愈也。

清·趙其光《本草求原》卷一九禽部　鶉　甘，平，無毒。補土續氣，實筋骨，調肺，利水濕，消濕熱。治腹大如鼓，瀉痢，疳積。皆中焦濕熱也。和小豆、生薑煮食，得下白液即愈。蓋鶉乃蛙化，蛙解熱結、消水腫、治疳也。

清·文晟《新編六書》卷六《藥性摘錄》　鶉　甘，平。補五臟，益中續氣，實筋骨，耐寒。和小豆、生薑煮食，止泄痢。不可與豬肝、菌子同食。春月勿用。

清·王孟英《隨息居飲食譜·毛羽類》　鶉　甘，平。和胃，消結熱，利水化濕，止疳痢，除膨脹，愈久瀉。

清·田綿淮《本草省常·禽獸類》　鶉〔鵪〕　非鵪，莊子云聖人鶉居是也。初夏為菜花，至秋為早秋，至冬為白唐。性平。補五臟，壯筋骨，益中續氣。四月以前有毒，不可食。同豬肝食生面䵟，同菌蕈食發痔瘡。鵪，音安。

鵪，一名鴽。《夏小正》云三月田鼠化為鴽是也。因聲似牛，俗名地牻牛。與鶉形略同而性相近。

清·吴汝紀《每日食物却病考》卷下　鵪鶉　味甘，平，無毒。補五臟，益中續氣，實筋骨，消結熱。小兒患疳及下痢，常常食之，甚効。《本草》云：蝦蟇所化；或云，田野常得其卵。蓋鶉有化成，亦有卵生，故四時常有之。鴽則始由鼠化，終復為鼠，故夏有冬無。春月末，宜食鶉。不可合猪肉同食。昔有腹脹大如鼓危甚者，炙食之，少頃，汗出如雨，小便出白液如脂，數次遂愈。

鷓鴣

宋·唐慎微《證類本草》卷一九禽部〔唐·蘇敬《唐本草》〕　鷓鴣　味甘，溫，無毒。主嶺南野葛、菌毒、生金毒及溫瘴久欲死不可差者，合毛熬酒漬之。生擣取汁服，最良。生江南。形似母雞，鳴云鉤輈格磔者是。

〔唐・蘇敬《唐本草》〕注云：　有鳥相似，不爲此鳴者，則非也。

〔宋・掌禹錫《嘉祐本草》〕按：　孟詵云：　鷓鴣，能補五藏，益心力，聰明。此鳥出南方。不可與竹笋同食，令人小腹脹，自死者不可食。一言此鳥天地之神，每月取一隻饗至尊，所以自死者不可食也。日華子云：　微毒。療蠱氣瘴疾欲死者。酒服之。

〔宋・蘇頌《本草圖經》〕曰：　鷓鴣，出江南，今江西、閩、廣、蜀、夔州郡皆有之。形似母雞，臆前有白圓點，背間有紫赤毛，彼人亦呼爲越雉，又謂之隨陽之鳥。《南越志》云：　鷓鴣雖東西徊翅，然開翅之始，必先南翥。崔豹《古今注》云：　其鳴自呼，此不然也。其鳴若云鉤輈格磔者是矣。亦有一種鳥酷相類，但不作此鳴，不可食之。彼土人食鷓鴣，云主野葛、生金、蛇、菌等毒，不可與竹笋同食。自死者亦禁食之。其脂膏手可以已瘒瘃，令不龜裂。

宋・寇宗奭《本草衍義》卷一六　鷓鴣　鄭谷所謂相呼相應湘天闊者，南方專充庖。然治瘴及菌毒，甚效。餘悉如《經》。

宋・王繼先《紹興本草》卷一九　鷓鴣　紹興校定：　鷓鴣，性味已載《本經》，雖有主治之說，固非起疾之物也。閩廣川蜀多產之，當從《本經》味甘、溫、無毒是矣。及云生擣取汁服最良，尤不可為據矣。

宋・陳衍《寶慶本草折衷》卷一六　鷓鴣　一名越雉，一名隨陽之鳥。出南江，及江西、閩、廣、蜀、夔州郡。○忌竹笋。

味甘，溫，微毒。○主嶺南野葛鉤吻也、菌毒、生金毒，及溫瘴。○孟詵云：　補五藏，益心力。與竹笋同食，令人小腹脹。○日華子云：　療蠱氣，酒服之。○《圖經》曰：　形似母雞，臆前有白點，背間有紫毛。

元・吳瑞《日用本草》卷四　鷓鴣　狀如麻母雞。味甘，溫，無毒。不可同竹笋食，令人小腹脹。　主嶺南野葛、菌毒、生金毒、溫瘴、蠱氣、瘒，欲死者，酒漬服。此禽天地之神，每月取一隻饗至尊，所以自死者，人不食之。

明・王綸《本草集要》卷六　鷓鴣　味甘，氣溫，無毒。一云：　微毒。主嶺南野葛、菌毒，生金毒，及溫瘴久欲死者，合毛熬酒漬之，生擣取汁服，最良。不可與竹笋同食。

明・滕弘《神農本經會通》卷九　鷓鴣　不可與竹笋同食，令人小腹脹。味甘，氣溫，無毒。

《本經》云：　主嶺南野葛菌毒、生金毒，及溫瘴久欲死不可差者，合毛熬，酒漬服之。生擣取汁服，最良。孟詵云：　能補五藏，益心力，聰明。日華子云：　微毒。療蠱氣瘴疾欲死者，酒服之。

明・劉文泰《本草品彙精要》卷二六　鷓鴣無毒。　卵生。

鷓鴣：　主嶺南野葛菌毒、生金毒，及溫瘴久欲死不可瘥者。合毛熬酒漬之，生擣取汁服，最良。名醫所錄。　【名】越雉、隨陽鳥。　【地】《圖經》曰：　生江南，今江西、閩廣、蜀夔州郡皆有之。其形似母雞，臆前有白圓點，背間有紫赤毛，彼人呼爲越雉。《南越志》云：　鷓鴣，雖東西回翔，然開翅之始，必先南翥，故謂之隨陽鳥。崔豹《古今注》云：　人言其名自呼，此則不然，其鳴若云鉤輈格磔，即鄭谷所謂相呼相喚湘江曲者是也。　【時】生：　無時。採：　無時。　【用】毛肉。　【質】類母雞。　【色】紫赤。　【味】甘。　【性】溫，緩。　【氣】氣厚于味，陽也。　【治】療：　《圖經》曰：　其脂膏手可以已瘒徒用切瘃跛王切，令不龜裂。《衍義》曰：　肉，治瘴。補：　孟詵云：　肉，能補五臟，益心力，聰明。　【合治】肉，合酒服，治蠱氣瘴疾欲死者。　【禁】其自死者，不可食。　【忌】與竹笋同食，令人小腹脹。　【解】蛇菌等毒。

明・盧和、汪穎《食物本草》卷三禽類　鷓鴣　味甘，溫，無毒。主補五臟，益心力，解野葛、蛇菌等毒及瘟瘴病久而危者，合毛熬酒漬之，或生擣汁服良。脂澤手不裂。食之忌笋。

明・王文潔《太乙仙製本草藥性大全》卷七《本草精義》　鷓鴣　出江南，今江西、閩廣、蜀夔州郡皆有之。形似母雞，臆前有白圓點，背間有紫赤毛，彼人亦呼爲越雉，又謂之隨陽之鳥。能〔補〕五臟，益心力聰明。此鳥出南方，不可與竹笋同食，令人小腹脹。自死者不可食。一言此鳥天地之神，每月取一隻饗至尊，所以自死者不可食也。《南越志》云：　鷓鴣雖東西徊翅，然開翅之始，必先南翥。崔豹《古今注》云：　其名自呼，此不然也。其鳴若云鉤輈格磔者是矣。亦有一種鳥酷相類，但不作此鳴，不可食之。其脂膏於可以已皸瘃，令不龜裂。

明・王文潔《太乙仙製本草藥性大全》卷七《仙製藥性》　鷓鴣　味甘，氣溫，無毒。又云有微毒。　主治：　主野葛生金諸菌毒大效，治蠱氣瘴疾欲死者殊功。療瘴瘧神方，益心力妙法。　補註：　野葛、菌毒、生金毒及溫瘴久欲死不可差者，合毛熬酒漬之，生擣取汁服良。○療蠱氣瘴疾欲死者，酒服之。

明・皇甫嵩《本草發明》卷六　鷓鴣　主嶺南野葛、菌及生金、蛇毒，溫瘴久欲死，合毛熬，酒漬之，生搗取汁，服瘥。生江南，形似母雞，鳴云鈎輈格磔者是也。

明・李時珍《本草綱目》卷四八禽部・原禽類　鷓鴣《唐本草》

【釋名】越雉時珍曰：按《禽經》云：隨陽，越雉也。飛必南翥。晉安曰懷南，江左曰逐影。張華注云：鷓鴣其名自呼，飛必南嚮。雖東西回翔，開翅之始，必先南翥。其志懷南，不徂北也。【集解】孔志約曰：鷓鴣生江南。形似母鷄，鳴云鈎輈格磔者是。有鳥相似，不作此鳴者，則非矣。頌曰：今江西、閩廣、蜀夔州郡皆有之。形似母鷄，頭如鶉，臆前有白圓點如真珠，背毛有紫赤浪文。時珍曰：鷓鴣性畏霜露，早晚稀出，夜栖以木葉蔽身。多對啼，今俗謂其鳴曰行不得哥也。其性好潔，獵人因以䊪竿粘之。或用媒誘取。南人專以炙食充庖，云肉白而脆，味勝鷄、雉。

肉【氣味】甘，温，無毒。日華曰：微毒。詵曰：不可與竹笋同食，令人小腹脹。自死者不可食。或言此鳥天地之神每月取一隻飨至尊，所以自死者不可食。【主治】嶺南野葛、菌子毒，生金毒，及温瘧久病欲死者，合毛熬酒漬服之。或生擣汁服，最良《唐本》。酒服，主蠱氣欲死日華。能利五臟，益心力聰明孟詵。

【發明】時珍曰：按《南唐書》云：丞相馮延巳，苦腦痛不已。太醫吴廷紹曰：公多食山鷄、鷓鴣，其毒發也。投以甘草湯而愈。此物多食烏頭、半夏苗，故以此解其毒爾。又《類説》云：楊立之通判廣州，歸楚州。因多食鷓鴣，遂病咽喉間生癰，潰而膿血不止，寢食俱廢。醫者束手。適楊吉老赴郡，邀診之，曰：但先啖生薑一斤，乃可投藥。初食覺甘香，至半斤覺稍寬，盡一斤，覺辛辣，粥食入口，了無滯礙。此鳥好啖半夏，毒發耳，故以薑制之也。觀此二説，則鷓鴣多食，亦有微毒矣；而其功用又能解毒解蠱，功過不相掩也。凡鳥獸自死者，皆有毒，不可食，爲其受厲氣也。何獨鷓鴣即神取飨帝乎？鄙哉其言也！

脂膏【主治】塗手皸瘃，令不龜裂蘇頌。

明・梅得春《藥性會元》卷下　鷓鴣　味甘，溫，無毒。主解嶺南野葛、菌毒、生金毒，及中瘟瘴欲死不可活者。連毛熬酒漬之，生搗，取汁服之良。

明・穆世錫《食物輯要》卷五　鷓鴣　味甘，性溫，無毒。和五臟，補心力，祛溫瘧。中蠱者，帶毛熬酒浸飲。同竹笋食，令小腹脹。有天神取其享至尊，自死者禁食。

明・應麐《食治廣要》卷五　鷓鴣　1氣味：甘，溫，無毒。主治：利五藏，益心力，聰明。解野葛、菌子毒。不可同竹笋食，令人小腹脹。自死者不可食。昔吴廷詔楊吉老治中此毒者，用甘草湯并生薑解之而愈。

明・姚可成《食物本草》卷一二禽部・原禽類　鷓鴣生江南。形似母雞，鳴云鈎輈格磔者是。有鳥相似，不作此鳴者，則非。蘇頌曰：今江西、閩、廣、蜀夔州郡皆有之。形似母雞，頭如鶉，臆前有白圓點如真珠，背毛有紫赤浪文。○李時珍曰：鷓鴣性畏霜露，早晚稀出，夜栖以木葉蔽身。多對啼，今俗謂其鳴曰行不得哥也。其性好潔，獵人因以䊪竿粘之，或用媒誘取。南人專以炙食充庖，云肉白而脆，味勝雞雉。

鷓鴣肉：味甘，溫，無毒。治嶺南野葛、菌子毒，生金毒及溫瘧久病欲死者，合毛熬酒漬服之，或生擣汁服，最良。〔酒服，主〕蠱氣欲死。能〔補五〕臟，益心力聰明。不可與竹〔筍〕同食，令人小腹脹。自死者不可食。或言此鳥，天地之神每月取一隻饗至尊，所以自死者不可食。○李時珍曰：按《南唐書》云：丞相馮延巳，苦腦痛不已。太醫吴廷紹曰：公多食山雞、鷓鴣，其毒發也。投以甘草湯而愈。此物多食烏頭、半夏苗，故以此解其毒爾。又《類説》云：楊玄之通判廣州，歸楚州。因多食鷓鴣，遂病咽喉間生癰，潰而膿血不止，寢食俱廢。醫者束手。適楊吉老赴郡，邀診之，曰：但先啖生薑一斤，乃可投藥。初食覺甘香，至半斤覺稍寬，盡一斤覺辛辣，粥食入口，了無滯礙。此鳥好啖半夏，毒發耳，故以薑制之也。觀此二説，則鷓鴣多食，亦有微毒矣。而其功用又能解毒解蠱，功過不相掩也。凡鳥獸自死者，皆有毒，不可食，為其受癘氣也，何獨鷓鴣即神取饗帝乎？鄙哉其言也。

脂膏：主塗手皸瘃，令不龜裂。

明・顧逢柏《分部本草妙用》卷一〇禽部　鷓鴣　甘，溫，有毒。主補五臟，明心。專救瘟瘴欲死，酒煮服之良。

明・施永圖《本草醫旨・食物類》卷三　鷓鴣飛必南翅，其志懷南，不徂北。

肉：味甘，溫，無毒。不可與竹笋同食，令人小腹脹。自死者不可食。或言此鳥天地之神，每月取一隻饗至尊。治：嶺南野葛菌子毒、生金毒，及溫瘧久病欲死者，合毛熬，酒漬服之，或生搗汁服，最良。酒服，主蠱氣欲死，能利五臟，益心力聰明。

脂膏：治：塗于皸瘃，令不龜裂。

清・穆石匏《本草洞詮》卷一四　鷓鴣　隨陽越雉也，飛必南向，雖東西回翔，開翅之始，必先南翥，其志懷南，不徂北也。性畏霜露，夜棲以木葉蔽身，多對啼，鳴曰鈎輈格磔。氣味甘，溫，微毒。主利五臟，益聰明，解嶺南野葛菌子毒，生金毒，治蠱氣及瘟瘧久病欲死者。鷓鴣炙食充庖，甚美，人多嗜

之。《南唐書》載：馮延巳苦腦痛。醫曰：公多食山雞、鷓鴣，其毒發也。投甘草湯而愈。《類說》云：楊玄之多食鷓鴣，遂病咽喉生癰，潰而膿血不止。楊吉老教啖生薑一斤，初食覺甘香，至半斤覺稍寬，盡一斤覺辛辣，粥食入口，了無滯礙，此鳥好啖半夏，故以薑制之也。

清・丁其礜《壽世秘典》卷四 鷓鴣今江西、閩廣、蜀夔州郡皆有之，形似母雞，頭如鶉，臆前有白圓點如真珠，背毛有紫赤浪文，性畏霜露，早晚稀出，夜棲以木葉蔽身，多對啼，今俗謂其鳴曰行不得哥也。其性好潔，獵人因以糯竿粘之，或用媒誘取之。炙食充庖，肉白而脆，味勝雞雉。氣味：甘，溫，微毒。主利五臟，益心力，解野葛、菌子、生金毒。及溫瘧病久而危者，合毛熬酒漬之，或生擣汁服良。發明孟詵曰：鷓鴣忌與竹笋同食，自死者不可食。或言此鳥天地之神，每月取一隻饗至尊，所以自死者不可食。凡鳥獸自死者，皆有毒不可食，為其受厲氣也，何獨鷓鴣即神取饗帝乎？此不經之謬談也。李時珍曰：鷓鴣好啖烏頭、半夏苗，多食有毒，能發咽喉之疾，而其功用又能解毒、解蠱，功過不相掩也。

清・朱本中《飲食須知・禽類》 鷓鴣肉 味甘，性溫。不可與竹筍同食，令人小腹脹。或言此鳥天地之神，每月取一隻饗至尊。所以自死者，不可食。其鳥飛必南翅。

清・何其言《養生食鑒》卷下 鷓鴣形如雞母，頭如鶉，臆前有白圓點如珍珠，背毛有紫赤浪文，鳴云鉤輈格磔者是。味甘，性溫，無毒。主補五臟，益心力，能消積痰，祛溫瘧。解野葛蛇菌毒及瘟瘴病久而危者，合毛熬酒漬之，或生擣汁服，良。不可與竹筍同食。自死者，不可食。脂膏塗手皸，不裂。

清・李熙和《醫經允中》卷二三 鷓鴣 甘，溫，有毒。主補五臟，益氣。專救瘟瘴欲死，酒煮服之。

清・张璐《本經逢原》卷四 鷓鴣 甘，溫，小毒。發明：此物食烏頭、半夏苗，好啖此者，多發咽喉頭腦腫痛，甘草、生薑並可解之。《唐本》言鷓鴣治嶺南野葛菌子生金毒及溫瘧。久病欲死者，合毛熬酒漬服之，或生擣汁服最良。《日華》云，酒服主蠱氣欲死。孟詵云：能利五藏益心力，令人聰明。

清・汪紱《醫林纂要探源》卷三 鷓鴣 甘，溫。越鳥也。閩粤有，嶺北無。形如母雞，體近方，毛黃褐色，有白點，短尾。補中消痰，作羹能辟蠅。食半夏苗，故能消痰。然有毒，薑湯可解。

清・黃宫繡《本草求真》卷九 鷓鴣解溫瘧蠱毒，仍防烏頭、半夏苗。鷓鴣耑入脾、胃、心。性畏於露，早晚稀出，夜栖於木，葉蔽其身，其性好潔時珍。常食烏頭半夏苗。故書載其氣味甘溫，但有小毒，食之者須防咽喉、頭腦腫痛，犯此宜用生薑甘草解之。《類說》云：楊玄之通判廣州歸楚州，因多食鷓鴣，遂病咽喉間生癰，潰而膿血不止，寢食俱廢，醫者束手。適楊吉老赴郡，邀診之曰：但先啖生薑一斤，乃可投藥。初食覺甘香，至半觔覺稍寬，盡一觔覺辛辣，粥食入口，了無滯礙。此鳥好啖半夏，毒發耳，故以薑制之也。又丞相馮延巳苦腦痛不已。太醫吳廷紹曰：公多食山雞、鷓鴣，其毒發也，故以甘草湯而愈。而其功用又言，服此能解嶺南野葛菌子，並溫瘧久病欲死，蠱氣欲死，或者無毒得此則犯，有毒得此則解之意也乎！蠱亦畏鷓鴣。至書有言服此能利五臟，益心力，令人聰明，猶是冗統之辭。未有確指，無足信也。脂膏塗凍瘡，令不龜裂。自死者勿食。同竹筍食，則小腹脹。

清・李文培《食物小錄》卷下 鷓鴣此係原禽，誤入此條。甘，溫，無毒。能利五臟，益心力，聰明。

清・章穆《調疾飲食辯》卷五 鷓鴣 《禽經》曰：越雉飛必南翥。注曰：雖東西迴翔，開翅之始，必南向。江、廣、閩、蜀俱有，似母雞，頭類鶉，臆前有白圓點，背毛紫赤。鄭谷以《詠鷓鴣》詩得名，呼鄭鷓鴣。其詩曰：暖戲煙蕪錦翼齊，品流應得近山雞。山雞即鸐雞、錦雞也，未免過譽。其鳴曰：鉤輈格磔。又曰：行不得也哥哥。《唐本草》曰：能解野葛、菌子、生金毒。日華子曰：治蠱毒欲死。《食療本草》曰：利五藏，益心力。似為佳物，然亦喜食半夏苗。宋楊元之因多食，致咽喉生瘡，膿血不止，楊吉老令啖薑至一斤乃愈。此法不佳，學者勿為所誤。必清涼解毒，佐以薑乃可。則亦不宜輕食也。

清・趙其光《本草求原》卷一九禽部 鷓鴣 甘，溫，小毒。治溫瘧久病欲死，合毛熬酒漬服，或生擣汁服。蠱氣欲死。酒服。利五臟，益心力聰明。皆除痰降氣之效。解野葛、菌子、生金毒。以毒攻毒。但此鳥食烏頭、半夏苗，多食則咽喉癰腫潰爛，或頭腦腫痛。甘草、生薑並可解。

清・文晟《新編六書》卷六《藥性摘錄》 鷓鴣 甘，溫。補五臟，能消痰，解瘟瘧蠱毒，及野葛、蛇、菌毒。勿與竹筍同食。自死者勿食。○鷓鴣有小毒，中者生薑、甘草可解。

清・王孟英《隨息居飲食譜・毛羽類》　鷓鴣　甘，溫。利五藏，開胃，益心神，解野葛、菌蕈、生金、蠱毒。南方之鳥也，飛必南翔，集必南首，故一名懷南。性屬火，多食發腦痛、喉癰。蓋天產作陽，本乎天者親上，飛禽之性，無不升發，於鷓鴣何尤？

清・吴汝紀《每日食物却病考》卷下　鷓鴣　味甘，溫，無毒。利五臟，益心力，治野葛菌蛇等毒及瘟瘧。久病，酒漬食之良。性畏霜露，故閩、廣、蜀暖地多生之。南人充庖，肉味勝鷄、雉。不可與筍同食。

團尾

明・穆世錫《食物輯要》卷五　團尾　味甘，平，無毒。同五味煮食，肥甘。江南珍重。

雞

唐・孫思邈《千金要方》卷二六《食治・鳥獸》　丹雄雞肉　味甘，微溫，無毒。主女人崩中漏下、赤白沃，補虚，溫中，能愈久傷乏瘡不肯差者，通神，殺惡毒。黄雌雞肉：味酸，鹹，平，無毒。主傷中、消渴、小便數而不禁，腸澼泄利，補益五藏絶傷五勞，益氣力。雞子黄：微寒。主除熱、火灼爛瘡、痓。可作虎魄神物。卵白汁：微寒。主目熱赤痛，除心下伏熱，止煩滿、欬逆，小兒泄利。婦人產難，胞衣不出，生吞之。白雄雞肉：味酸，微溫，無毒。下氣，去狂邪，安五藏，傷中，消渴。烏雄雞肉：味甘，溫，無毒。補中，止心痛。黑雌雞肉：味甘，平，無毒。除風寒濕痹、五緩六急，安胎。黄帝云：一切雞肉合魚肉汁食之，成心瘕。雞具五色者，食其肉必狂。若有六指四距，玄雞白頭，家雞及野雞鳥生子有文八字，雞及野鳥死不伸足爪，此種食之害人。雞子白共蒜食之，令人短氣。雞子共鼈肉蒸，食之害人。雞肉、獺肉共食，作遁尸注，藥所不能治。食雞子啖生葱，變成短氣。雞肉、犬肝腎共食害人。生葱共雞、犬肉食，令人穀道終身流血。烏雞肉合鯉魚肉食，生癰疽。雞、兔、犬肉和食，必泄利。野雞肉共家雞子食之，成遁尸，尸鬼纏身，四肢百節疼痛。小兒五歲已下飲乳未斷者，勿食雞肉。二月勿食雞子，令人常惡心。丙午日食雞、雉肉，丈夫燒死目盲，婦人血死妄見。四月勿食暴雞肉，作内疽，在胸腋下出漏孔，丈夫少陽，婦人絶孕，虚勞乏氣。八月勿食雞肉，傷人神氣。

宋・唐慎微《證類本草》卷一九禽部〔《本經・別錄》〕　**丹雄雞**　味甘，微溫、微寒，無毒。**主女人崩中漏下赤白沃，補虚，溫中止血**，久傷乏瘡，**通神，殺毒，辟不祥。**〔宋・掌禹錫《嘉祐本草》〕按：孟詵云：主患白虎，可鋪飯於患處，使雞食之良。又取熱糞封之取熱，使伏於患人牀下。其肝入補腎方中。用冠血和天雄四分，桂心二分，太陽粉四分，丸服之，益陽氣。日華子云：朱雄雞冠血，療白癜風。糞，治白虎風并傳風痛。

頭：**主殺鬼。**東門上者尤良。

白雄雞肉：味酸，微溫。主下氣，療狂邪，安五藏，傷中消渴。〔宋・掌禹錫《嘉祐本草》〕按：日華子云：白雄雞調中，除邪，利小便，去丹毒。

烏雄雞肉：微溫。主補中止痛。

膽：微寒。主療目不明，肌瘡。〔宋・掌禹錫《嘉祐本草》〕按：孟詵云：烏雄雞，主心痛，除心腹惡氣。又，虚弱人取一隻，治如食法，五味汁和肉一器中，封口，重湯中煮之，使骨肉相去，即食之，甚補益。仍須空腹飽食之。肉須爛，生即反損。亦可五味醃，經宿，炙食之，分作兩頓。又，刺在肉中不出者，取尾二七枚燒作灰，以男子乳汁和封瘡，刺當出。又，目淚出不止者，以三年冠血傅目睛上，日三度。日華子云：溫，無毒。止肚痛，除風濕麻痹，補虚羸，安胎，治折傷并癰疽。生罯竹木刺不出者。

心：主五邪。

血：主踒折骨痛及痿痹。〔宋・掌禹錫《嘉祐本草》〕按：踒折通用藥云：烏雄雞血，平。

肪：主耳聾。〔宋・掌禹錫《嘉祐本草》〕按：《藥對》云：雞肪，寒。

腸：主遺溺，小便數不禁。

肝及左翅毛：主起陰。

冠血：主乳難。

肶胵裏黄皮：微寒。**主洩利，**小便利，遺溺，除熱止煩。〔宋・掌禹錫《嘉祐本草》〕按：日華子云：諸雞肶胵，平，無毒。止泄精并尿血，崩中帶下，腸風，瀉痢，此即是肶内黄皮。

屎白：微寒。**主消渴，傷寒，寒熱，**破石淋及轉筋，利小便，止遺溺，滅瘢痕。

黑雌雞：主風寒濕痹，五緩六急，安胎。

血：無毒。主中惡腹痛及踒折骨痛，乳難。〔宋・掌禹錫《嘉祐本草》〕按：《藥性論》云：黑雌雞，味甘。安胎通用藥云：烏雌雞，溫。中惡通用藥云：烏雌雞血，平。孟詵云：產後血不止，以雞子三枚，醋半升，好酒二升，煎取一升，分爲四服，如人行三

二里，微暖進之。又，新産婦，可取一隻，理如食法，和五味炒熟香，即投二升酒中，封口經宿，取飲之，令人肥白。又，和烏油麻二升，熬令黄香，末之入酒，酒盡極效。日華子云：烏雌雞，溫，無毒。安心定志，除邪辟惡氣，治血邪，破心中宿血及治癰疽，排膿補新血，補産後虚羸，益色助氣。膽，治肬目、耳㾓瘡，日三傅。腸，治遺尿并小便多。糞，治中風失音，痰逆，消渴，破石淋，利小腸，餘瀝，傅瘡痍，滅瘢痕。炒服，治小兒客忤，蠱毒。翼，治小兒夜啼，安席下勿令母知。窠中草，治頭瘡白秃，和白頭翁草燒灰，猪脂傅。

翮羽：主下血閉。

黄雌雞：味酸、甘，平。主傷中消渴，小便數不禁，腸澼洩利，補益五藏，續絶傷，療勞益氣。〔宋·掌禹錫《嘉祐本草》〕按：日華子云：黄雌雞，溫，無毒。

肋骨：主小兒羸瘦，食不生肌。〔宋·掌禹錫《嘉祐本草》〕按：孟詵云：黄雌雞，主腹中水癖水腫。以一隻理如食法，和赤小豆一升同煮，候豆爛，即出食之。其汁，日二夜一，每服四合。補丈夫陽氣，治冷氣。瘦著牀者，漸漸食之，良。又，先患骨熱者，不可食之。雞子動風氣，不可多食。又，光粉諸石爲末，和飯與雞食之，後取雞食之，甚補益。又，子醋煮熟，空腹食之，治久赤白痢。又，人熱毒發，可取三顆雞子白和蜜一合服之，差。日華子云：黄雌雞，止勞劣，添髓補精，助陽氣，暖小腸，止泄精，補水氣。

雞子：主除熱火瘡，癇痙。可作虎魄神物。〔宋·掌禹錫《嘉祐本草》〕按：《藥對》云：雞子，平。

卵白：微寒。療目熱赤痛，除心下伏熱，止煩滿欬逆，小兒下洩，婦人産難胞衣不出。醯漬之一宿，療黄疸，破大煩熱。

卵中白皮：主久欬結氣，得麻黄、紫菀和服之，立已。

雞白蠹肥脂：生朝鮮平澤。〔梁·陶弘景《本草經集注》〕云：雞，比例甚多。又云：雞子作虎魄用。欲毈卵黄白混雜煮作之，亦極相似，惟不拾芥爾。又煮白合銀口含，須臾色如金。雞又不可合葫蒜及李子食之。烏雞肉不可合犬肝、犬腎食之。小兒食雞肉好生蚘蟲。又雞不可合芥葉蒸食之。朝鮮乃在玄菟、樂浪，不應總是雞所出。今云白蠹，不知是何物？别恐一種爾。〔唐·蘇敬《唐本草》〕注云：白雞距及腦，主産難，燒灰酒服之。腦，主小兒驚癇。

今注：雞入藥用，蓋取朝鮮者良。又按陳藏器《本草》云：雞，主馬咬瘡及剝驢、馬傷手。熱雞血及熱浸之。黄雌雞，溫補益陽。白雞，寒，利小便，去丹毒風。屎白，雄雞三年者，能爲鬼神所使。烏雌雞，殺鬼物。卵白，解熱煩。屎，炒服之，主蠱咬毒。黄脚雞，主白虎病。布飯病處，將雞來食飯，亦可抱雞來壓之。雄雞脇血塗白癜風、癧瘍風。雞子益氣，多食令人有聲。一枚以濁水攪煮兩沸，合水服之，主産後痢。和蠟作煎餅，與小兒食之，止痢。取二枚，破著器中，以白粉和如稀粥，頓服之，主婦人胎動腰臍，下血。又，取一枚打開，取白釅醋如白之半，攪調吞之，主産後血閉不下。又，取卵三枚，醋半升，酒二升，攪和，煮取二升，分四服，主産後血下不止。又，白虎病，取雞子揩病處，呪願送糞堆頭，不過三度差。白虎是糞神，愛喫雞子。雞屎和黑豆炒，浸酒，主賊風、風痹，破血。〔宋·掌禹錫《嘉祐本草》〕按：《蜀本》注云：凡雞子及卵白等，以黄雌産者良。雞膽、心、肝、腸、肪、肶胵及糞等，以烏雄爲良。頭，以丹雄爲良。翮，以烏雄爲良。《藥性論》云：雞子，使，味甘，微寒，無毒。能治目赤痛。黄，和常山末爲丸，竹葉煎湯下，治久瘧不差。治漆瘡，塗之。醋煮，治産後虚及痢。主小兒發熱。煎服，主痢，除煩熱。煉之，主嘔逆。屎，能破石淋，利小便。日華子云：雞子，鎮心，安五藏，止驚，安胎，治懷姙天行熱疾狂走，男子陰囊濕痒，及開聲喉。卵，醋煮，治久痢。和光粉炒乾，止小兒疳痢及婦人陰瘡。和豆淋酒服，治賊風麻痹。醋浸令壞，傅疵皯。作酒，止産後血運，并暖水藏，縮小便，止耳鳴。和蠟炒，治疳痢，耳鳴及耳聾。黄，炒取油和粉，傅頭瘡。殼，研摩障瞖。

〔宋·蘇頌《本草圖經》〕曰：諸雞，《本經》云雞白蠹肥脂，出朝鮮平澤。陶隱居云：朝鮮不應總是雞所出，而云白蠹，不知何物？恐别是一種耳。《開寶》注便謂雞入藥用，蓋取朝鮮者良。今處處人家畜養甚多，不聞自朝鮮來也。雞之類最多。丹雄雞、白雄雞、烏雄雌雞，頭、血、冠、腸、肝、膽、肶胵裏黄、脂肪、羽翮、肋骨、卵黄白、屎白等并入藥。古今方書用之尤多。其肉雖有小毒，而補虚羸最要，故食治方中多用之。《素問》心腹滿，旦食則不能暮食，名爲鼓脹，治之以雞矢醴。一劑知，二劑已。注云：今本草雞矢，利小便，微寒，并不治鼓脹。今方制法，當取用處，湯漬服之耳。又張仲景治轉筋爲病，其人臂脚直脉上下行微弦，轉筋入腹，雞屎白散主之。取雞屎白爲末，量方寸匕，以水六合和，溫服，差。雞子入藥最多，而髮煎方特奇。劉禹錫《傳信方》云：亂髮雞子膏，主孩子熱瘡。雞子五枚，去白取黄，亂髮如雞子許大，二味相和，於鐵銚子中，炭火熬，初甚乾，少頃即髮焦，遂有液出，旋取，置一甆椀中，以液盡爲度，取塗熱瘡上，即以苦參末粉之。頃在武陵生子，蓐內便有熱瘡發於臀腿間，初塗以諸藥及他藥無益，日加劇，蔓延半身，狀候至重，晝夜啼號，不乳不睡，因閱本草至髮髲，《本經》云合雞子黄煎之，消爲水，療小兒驚熱，下痢。注云：俗中嫗母爲小兒作雞子煎，用髮雜熬，良久得汁，與小兒服，去痰熱，主百病。用髮，皆取久梳頭亂者。又撿雞子，《本經》云療火瘡，因是用之，果如神，立效。其殼亦主傷寒勞復，見《深師方》。取雞子空殼碎之，熬令黄黑，擣篩，熱湯和一合，服之，溫卧，取汗出，愈。

〔宋·唐慎微《證類本草》〕《食療》云：治大人及小兒發熱，可取卵三顆，白蜜一合，相和服之，立差。卵并不得和蒜食，令人短氣。又，胞衣不出，生吞雞子清一枚。治目赤痛，除心下伏熱，煩滿咳逆，動心氣，不宜多食。烏雌雞，溫，味酸，無毒。主除風寒濕痹，治反胃，安胎及腹痛，踒折骨疼，乳癰。月蝕瘡遶耳根，以烏雌雞膽汁傅之，日三。以烏油麻一升，熬之令香，末，和酒服之，即飽熱能食。雞具五色者，食之致狂。肉和魚肉汁食之，

成心瘕。六指、玄雞白頭、家雞及雞死足爪不伸者，食并害人。雞子和葱，食之氣短。雞子白共鱉同食損人。雞子共獺肉同食，成遁尸注，藥不能治。雞、兔同食成洩痢。小兒五歲已下，未斷乳者，勿與雞肉食。雷公云：雞子，凡急切要用，勿便敲損，恐得二十一日滿，在内成形，空打損後無用。若要用，先於溫湯中試之，若動，是成形也；若不動，即敲損，取清者用，黄即去之。内有自潰者，亦不用也。《聖惠方》：主蚰蜒咬人方，以雞屎傅之。《外臺秘要》：主天行，嘔逆不下食，食即出。以雞卵一枚，煮三五沸出，以水浸之，外熟内熱則吞之，良。《千金方》：鼠瘻。以卵一枚，米下蒸半日，取出黄，熬令黑，先拭瘡上汁令乾，以藥内瘡孔中，三度即差。又方：小兒驚啼。燒雞屎白，米飲下。又方：治小兒瘧。燒雞胵中黄皮爲末，乳服之，男雄女雌。《肘後方》：治心痛。以卵一箇打破，頭醋二合，和攪令勻，暖過頓服。又方：肝風虚，轉筋入腹。以屎白乾末，熱酒調下一錢匕服。又方：自縊死，定安心神，徐緩解之，慎勿割繩斷，抱取心下猶溫者。刺雞冠血滴口中，即活，男雌女雄。又方：以雞屎白如棗大，酒半盞，和灌之及鼻中，佳。又方：救卒死，或先病，或常居寢臥，奄忽而絕，皆是中惡。割雄雞冠，取血塗其面，乾後復塗，并以灰營死人一周。又方：卒得嗽。烏雞一枚，治如食法，以好酒漬之，半日出雞，服酒。一云苦酒一斗，煮白雞，取三升，分三服，食雞莫與鹽食，良。又方：治卒得浸淫瘡轉有汁，多起於心，不早治之，續身周匝則殺人，以冠血傅之差。《葛氏方》：治卒乾嘔不息。破卵去白，吞黄數枚，差。又方：蚰蜒入耳。小雞一隻去毛、足，以油煎令黄，筋穿作孔枕之。又方：卒腹痛，下赤白痢，數日不絕。以卵一枚，取出黄去白，内胡粉令滿殼，燒成屑，以酒服一錢匕。又方：治小便不通。卵黄一枚服之，不過三。又方：卒腹痛，安胎。烏雞肝一具切，過酒五合服令盡。姚云：肝勿令入水中。又方：中風寒，痙直，口噤，不知人。屎白一升，熬令黄極熱，以酒三升和攪去滓服。又方：被壓榨墮墜、舟船車轢、馬踏牛觸，胸腹破陷，四肢摧折，氣悶欲死。以烏雞一隻，合毛杵一千二百杵，好苦酒一升，相和得所。以新布搨病上，取藥塗布，以乾易。覺寒振欲吐，不可輒去藥，須臾復上，一雞少，則再作。又方：馬咬人瘡，有毒腫疼痛。以冠血著瘡中三下。牡馬用雌，牝馬用雄。又方：狐尿刺棘人，腫痛欲死。破雞搨之差。又方：食諸菜中毒，發狂悶吐下欲死。屎末燒研，水服方寸匕。《經驗方》：治小兒疳痢、肚脹方：用雞子一箇，打破眼子如豆大，内巴豆一粒去皮，膩粉一錢，用五十重紙裹，於飯甑上蒸三度，放冷打破，取雞子肉同巴粉一時研，入少麝，添麵糊丸如米粒大。食後、夜臥溫湯下二丸至三丸。《經驗後方》：主婦人産後口乾舌縮渴不止。打雞子一箇，水一盞衝之，碟蓋少時服。又方：治齒痛不可忍。取雞屎白燒末，綿裹安痛處咬，立差。又方：治諸癰不消已成膿，懼針不得欲令速決。取白雞翅下第一毛，兩邊各一莖，燒灰研，水調服之。又方：治因瘡中風，腰脊反張，牙關口噤，四肢强直。雞屎白一升，大豆五升，和炒令變色，乘熱以酒沃之，微煮令豆味出，量性飲之，覆身出汗，慎勿觸風。又方：治蜈蚣咬人痛不止。燒雞屎酒和服之，佳。又取雞屎和醋傅之。孫真人：家雞合水雞食作遁尸。又云：如小兒未斷乳，食雞生蛔蟲。又方：卒中五尸遁尸，其狀腹脹，氣急衝心，或磥塊踊起，或牽腰脊者。以卵一枚，取白吞之，困者搖頭令下。又云：雞，味辛。補肺，主漆瘡，雞子黄傅之。《食醫心鏡》：主脾胃氣虚，腸滑下痢。以炙雞散，黄雌雞一隻，治如食法，以炭炙之，槌了以鹽、醋刷之，又炙令極，熬熟乾燥，空腹食之。又云：主赤白痢，食不下。肥雌雞一隻，治如常法，細研爲臛作麵餛飩，空心食之。又云：主消渴，傷中，小便數。黄雌雞一隻，治如常，煮令熟，去雞停冷，渴即飲之，肉亦可食，若和米及鹽、豉作粥，及以五味作羹并得。又云：主小便數，虚冷。雞腸一具，治如常，炒作臛，暖酒和飲之。又云：主風寒濕痹，五緩六急。烏雞一隻，治如食法，煮令極熟調作羹食之。又云：理狂邪癲癎，不欲眠臥，自賢自智，驕倨妄行不休，安五藏，下氣。白雄雞一隻，煮令熟，五味調和作羹粥食之。又云：勿食暴雞肉，殺人，發疽。《續十全方》：主子死腹中不出。雄雞糞二十一枚，水二升，煎取五合，下米作粥食，即出。《勝金方》：主百蟲入耳不出。以雞冠血滴入耳内，即出。《集驗方》：主鱉癥及心腹宿癥，及卒得癥。以白雌雞屎，無多少，小便和之，於器中火上熬令燥，末，服方寸匕，多服不限度。以膏熬飯飼彌佳。又方：治遺屎。取雄雞腸燒末，三指撮朝服暮愈。又方：治尿床。雞肶胵一具，并腸服之，男雌女雄。又方：治湯火燒瘡。熟雞子一十箇，取黄炒取油，入十文膩粉攪勻，用雞翎掃瘡上，永除瘢痕。《古今録驗》：主腫大如斗。取雞翅毛，其毛一孔生兩毛者佳。左腫取左翅，右取右翅，雙腫取兩邊翅，并燒灰研，飲服。又方：治蛔蟲攻心臍如刺，口吐清水。雞子一枚，開頭去黄，以好漆内殼中合和，仰頭吞之，蟲出。又方：治莖中淋石。取屎白日中半乾，熬令香，末，以路漿、飯飲服方寸匕。《兵部手集》：主蛇、蝎、蜘蛛毒。卵，輕敲一小孔，合咬處，立差。《廣濟方》：主咽喉塞，鼻中瘡出及乾嘔頭痛，食不下。生雞子一顆，開頭取白去黄，著米酢拌，煻火頓沸，起擎下沸定，更頓三度成就。熱飲酢盡，不過一二差。《錢相公篋中方》：主蜈蚣、蜘蛛毒，以雞冠血傅之。《子母秘録》：主妊娠得時疾，令胎不傷。以雞子七枚内井中令極冷，破吞之。又方：治小兒心腹胸脇煩滿欲死。燒雞子殼，末，酒服方寸匕。又方：治小兒下血。雌雞翅下血服之。又方：小兒頭身諸瘡。燒卵殼研，和猪脂傅之。又方：兒頭上瘡，及白禿髮不生，汁出者。雞子七箇去白、皮，於銅器中熬，和油傅之。又方：小兒鵝口不乳。燒雞胵黄皮，末，乳和服。又方：妊娠下血

不止，名曰漏胎。雞肝，細剉，以酒一升，和服。《産寶》：產後小便不禁。以屎燒作灰，空心酒服方寸匕。又方：治妬乳及癰腫。雞屎末，服方寸匕，須臾三服愈。《梅師》亦治乳頭破裂，方同。《楊氏産乳》：妊娠不得食。雞子、乾鯉魚合食，則令兒患瘡。妊娠不得雞肉與糯米合食，令兒多寸白。《譚氏方》：小兒卒驚，似有痛處，而不知疾狀。取雄雞冠血，臨兒口上滴少許，差。又方：小兒急丹胤不止，以雞子白和赤小豆末傅之。治痢：生雞子一箇，連紙一幅，烏梅十箇有肉者。取雞子白攤徧連紙，日乾，揭作四重，包撮烏梅，安熨斗中，用白炭火燒煙欲盡，取出以盞椀蓋覆候冷，研令極細，入水銀粉少許，和勻。如大人患分爲二服，小兒分三服，不拘赤白痢，空心井花水調服，如覺藏府微微有疏利，更不須再服。

宋・寇宗奭《本草衍義》卷一六　丹雄雞　今言赤雞者是也，蓋以毛色言之。巽爲雞爲風，雞鳴於五更者，日將至巽位，感動其氣而鳴也。體有風，人故不可食。《經》所著其用甚備。產後血暈、身痓直、帶眼、口角與目外眵向上牽急，不知人。取子一枚，去殼，分清，以荆芥末二錢調服，遂安。仍依次調治。若無他疾，則不須。功甚敏捷，烏雞子尤善。《經》注皆不言雞發風。今體有風，人食之無不發作；爲雞爲巽，信可驗矣。食雞者當審慎。

宋・劉明之《圖經本草藥性總論》卷下　烏雄雞　肉，微溫。主補中，止痛。膽，微寒。主療目不明、肌瘡。心，主五邪。血，主踒折骨痛及痿痺。肪，主耳聾。腸，主遺溺，小便數不禁。肝及左翅，主起陰。冠血，主乳難。肶胵內黃皮，主洩利、小便遺溺，除熱止煩。屎白，微寒。主消渴、傷寒寒熱，破石淋及轉筋，利小便，止遺溺，滅瘢痕。　黑雌雞：主風寒濕痺、五緩六急，安胎。血，無毒。主中惡腹痛，及踒折骨痛，乳難。翮羽，主下血閉。日華子云：溫，無毒。安心定志，除邪辟惡氣，治血邪，破心中宿血，及治癰疽排膿，補新血，產後虛羸，益色助氣。膽，治肬目、耳癌瘡。腸，治遺尿。糞，治中風。

宋・張杲《醫說》卷一〇　小兒不可食雞　《養生論》曰：雞肉不可令小兒食，食之令生蚘蟲，又令體消瘦《杜陽雜編》。

宋・陳衍《寶慶本草折衷》卷一六　禽上丹雄雞白雄雞、黑雌雞、黃雌雞附。

一名朱雄雞，一名赤雞。○附：黑雌雞，一名烏雌雞。○其餘諸色者，一名雞，一名家雞。○班固云：一名巽羽。○田簡云：一名五德。戴冠，文也；足恃距，武也；敵鬪，勇也；得食相呼，義也；鳴不失時，信也，是為五德。○義，一作仁。生朝鮮平澤，今處處人家多養之。○忌兔及水雞。水雞乃鼃屬也。○鼃，音蛙。

味甘，微溫，有小毒。○主女人崩中，漏下赤白，補虛溫中，止血，久傷乏瘡。○《食療》云：雞、兔同食成洩痢。○孫真人云：家雞合水雞食，作遁尸。

附：白雄雞。○味酸，微溫，小毒。主下氣，止消渴，調中，利小便，去丹毒，理狂邪癲癇。和五味煮食之。○忌兔等如上。　附：黑雌雞。○味甘，溫，無毒。主寒濕痹，治反胃，安胎，及產後虛羸腹痛，踒折骨疼，助氣，安心定志，除邪，辟惡氣，治血邪，破心中宿血。治癰疽，排膿，補新血。忌兔等如上。　附：黃雌雞。○味酸、甘，平，溫，無毒。主傷中消渴，小便數不禁，腸澼洩利，補五藏，續絕傷，療勞益氣，及主水癖水腫，添髓補精，助陽止洩。治冷氣瘦，先患骨熱者，不可食。忌兔等亦如上。

新分烏雄雞膽、心、腸、肝、冠、肶胵及屎附。○屎，一作灰。　其名及所出、所忌，並與丹雄雞同。又不可合犬肝、犬腎食。○附：肶胵皮，一名雞內金，乃肫中黃皮也。○肶，妣脂切；胵，九脂切；肫，踐倫切。

味甘用丹雄雞云，微溫，無毒。○主補中止痛自前條分。○孟詵云：除心腹惡氣。又虛羸人煮食，甚補益，仍須爛，生即反損。○日華子云：止肚痛，除濕痹，安胎，治折傷並癰疽，生罯竹木刺不出。忌兔及水雞，致患之說並與前條同。

附：膽。○味苦用諸獸膽云，微寒。療目不明，肌瘡耳癌力戈切瘡，及月蝕遶耳瘡。以膽汁傅之。○諸雞通用，下皆同。

附：心。○主五邪。　附：腸。○主遺溺，小便數不禁。　附：肝。○主補腎安胎，及妊娠下血、卒腹痛。雞肝壹具，切過，酒伍合煮服。盞勿令入水中。　附：冠血。○主乳難，療白癜風，目淚出不止。以冠血傅目睛上，日三。主蜈蚣、蜘蛛毒。冠血傅之。又益陽氣，用冠血和天雄肆分，桂心貳分，丸服之。　附：肶胵皮灰在內。○平，微寒，無毒。主洩利，小便利，遺溺，除熱止煩，止泄精尿血，崩中帶下，腸風瀉痢，小兒瘧及鵝口不乳，並燒末，乳汁和服。　附：屎白灰在內。○微寒。主消渴，傷寒寒熱，破石淋，及轉筋，止遺溺，滅瘢痕，治中風失音痰逆。又治小兒客忤蠱毒，炒服之。主蠱及蜈蚣咬。燒屎和酒醋傅之。又治齒痛，燒屎白末，綿裹安痛處咬之。

又食諸菜中毒，狂悶吐下，屎末燒，研，水服方寸匕。〇更有雞矢醴，並附酒後。

續説云：雞之等色實繁有徒，張松獨選烏雄雞以為條，須冠羽皮肉徹骨純黑者真也。今其膽腸之屬，循《圖經》括諸雞腹中者并附焉。《録驗方》治瘡疹不快，黑陷之證，擇勇壯雄雞二隻，不論毛色，先放鬬數合，隔開，割取冠血伍柒點，入麝香末少屑，名雞冠散，非時酒調服之。若夫諸雞之肉，寇氏謂體有風，人食之則發作。而《養生論》小兒食之，則生蚘蟲，肌體消瘦，皆所當忌也。

新分烏雞子使。黃在内。〇黃雞子通用。〇白及皮、殼附。〇素雞子續附。〇今從寇氏加以烏字。

一名雞子，一名雞卵。〇所出與丹雄雞同。〇忌蒜、葱及獺肉。〇附：卵白，一名雞子白。又云，一名雞子清。忌鱉。〇又附：外殼，一名雞子空殼。《是齋方》用者名鳳凰退。〇續附：素雞子，俗號淡雞子。

味甘，平，微寒，無毒。〇主除熱火瘡，癇痙。同前分。〇陳藏器云：益氣。多食令人有聲。主產後痢。〇《藥性論》云：治目赤痛。黃子中之黃和常山末，治久瘧。治漆瘡，塗之。及主小兒發熱。〇日華子云：止驚安胎，治懷姙，天行熱疾，男子陰濕痒。和光粉炒乾，止小兒疳痢及婦人陰瘡。和豆淋酒服，治賊風麻痹。醋浸，傅疵皯。作酒，止產後血運。暖水藏，縮小便。和蠟炒，治耳鳴耳聾。黃炒取液，和傅頭瘡。〇《食療》云：卵不得和蒜、葱食，令人短氣。共獺肉同食，成遁尸疰。〇《經驗後方》：主產後舌縮，渴不止，打雞子壹箇，煎水壹盞，衝服。〇寇氏曰：產後血暈，身痓直，口角與目牽急，取子壹枚，去殼分清，以荊芥末貳錢調服，仍依次調治。

附：卵白黃外清漿。〇微寒。療目熱赤痛，伏熱煩滿，欬逆，小兒下洩，婦人產難，胞衣不出。又療黃疸，破煩熱，醯漬一宿。又小兒急丹毒，雞子白和赤小豆末傅之。〇共鱉同食損人。附：卵中白皮貼殼裏薄皮。〇主久欬結氣，麻黃、紫(苑)〔菀〕和服。附：外殼灰在内。〇摩障瞖，研用。主傷寒勞復，碎熬黃黑，擣篩，熱湯和壹合服之，汗出愈。治小兒心腹胸脇煩滿，燒殼末，酒服方寸匕。又小兒頭身諸瘡，燒殼研和猪脂傅之。

續説云：寇氏以烏雞子尤善，蓋與衆方所用同也。《蜀本》註則以黃雞子為良，蓋亦可通用也。餘雞所產者固不逮。新生未經旬者，未能成形，且無潰敗之虞。又《是齋方》取素雞子入治噎之藥。素者，雌雞無雄，或自生其子，功更勝焉。

元·王好古《湯液本草》卷六 雞子黃 氣温，味甘。《本草》云：陰不足，補之以血。若咽有瘡，雞子一枚去黃，苦酒傾殼中，以半夏入苦酒中，取殼，置刀環上，熬微沸，去柤，旋旋呷之。又主除熱，火瘡癇痙。可作琥珀神物。黃，和常山末為丸，竹葉湯服，治久瘧不差。黃，合鬀髮煎消為水，療小兒驚熱下痢。

元·忽思慧《飲膳正要》卷三 丹雄鷄 味甘，平，微溫，無毒。主婦人崩中漏下赤白，補虚，溫中，止血。 白雄鷄，味酸，無毒。主下氣，療狂邪，補中，安五藏，治消渴。 烏雄鷄，味甘酸，無毒。主補中，止痛，除心腹惡氣。虚弱者，宜食之。 烏雌鷄，味甘，溫，無毒。主風寒濕痹，五緩六急，中惡，腹痛及傷折骨疼，安胎血，療乳難。 黃雌鷄，味酸，平，無毒。主傷中，消渴，小便數不禁，腸澼，洩痢，補五藏。先患骨熱者，不可食。 鷄子，益氣，多食令人有聲。主產後痢，與小兒食之止痢。日華子云：鷄子，鎮心，安五藏。其白微寒，療目赤熱痛，除心下伏熱，止煩滿、欬逆。

元·尚從善《本草元命苞》卷七 丹雄雞 味甘，性微寒，無毒。主崩中漏下赤白，補虚損溫中止血。白雄者，下氣，療狂邪。黑雌者，除痺，安胎孕。烏雄，補中，定疼痛。黃雌，斷痢，止小便。冠血，治乳難。翮羽，下血閉。膽，療目不明。血，主折骨痛。肪，治耳聾。腸，除遺溺。左翅毛，起陰。肶黃皮，止痢。惟雞子黃除煩熱火瘡，癇痓。卵中白，療難產，胞衣不出。雞入藥用，朝鮮者良。體有風邪，不可多餌。

元·吴瑞《日用本草》卷四 丹雄雞 毛紫赤色。味甘，溫，無毒。主女人崩中，漏下赤白，補虚，溫中，止血。久傷乏瘡，通神，殺毒，辟不祥。諸雞有毒，發腸風痔瘻癰疽瘡癤。皆忌與胡蒜、薤同食，令人氣滯。合牛肉同食，患心瘕。小兒未斷乳食之，生中瘧。病後忌食。姙婦食雞及稉米食，子腹内多蟲。 烏雄雞：味甘，溫。主補中，止踒折，骨痛痿痹。 頭：殺鬼魅。 膽：療目不明，肌瘡。 心：主五邪。 血：主踒折。 肪：主耳聾。 腸：主遺溺，小便不禁。 肝及左翅毛：主起陰。 冠血：主乳難。 肶胵裏黃皮：微寒，主洩痢。 糞白：主消渴、傷寒、石淋，滅瘢痕。 白雄雞：純白毛，丹冠。味酸，微溫。肉有五色及生六爪者殺人。

主下氣，療狂邪，安五臟，傷中消渴。共獺肉食作鬼疰，不能治。　烏雌雞：　味甘，溫，無毒。　主風寒痹，安胎益血，破宿補新血，產後虛羸乳少，並皆可食。頭白者殺人。　黃雌雞：　味甘，無毒。先患骨熱者，不可食。主傷中消渴，補益氣。　雞卵：　即雞子也。味甘，微寒。同葱、蒜食，令人氣促生瘡；同鱉食，患異病；韭子同食，患歷節風。雞子有毒，醋能制之。卵白：　療目赤痛，止煩滿，小兒下洩，產難，胎衣不下，安胎，血運。白：性冷，調赤豆粉塗瘡癤。卵黃：　除熱，火灼爛瘡，頭瘡。　諸雞肶胵：　即雞肶內皮也。主泄精溺血，崩帶，腸風，血痢。　丹雄雞，赤雞也，蓋以毛色言之。巽為雞，為風。雞鳴於五更者，日將至，巽位感動其氣而鳴也。〇自縊死，安定心神，徐緩解之，慎勿割繩斷，抱取心下猶溫者，刺雞冠血滴口中即活。

元・朱震亨《本草衍義補遺》　鷄　風之為病，西北氣寒，為風所中人者，誠有之矣。東南氣溫而地多濕，有風病者，非風也，皆濕生痰，痰生熱，熱生風也。《經》曰：　亢則害，承乃制。河間曰：　土極似木。數千年得經意，河間一人耳。《衍義》云：　鷄動風者，習俗所（疑）〔移〕也。鷄屬土，而有金與木火。性補，故助濕中之火，病邪得之為有助而病劇。非鷄而已，與夫魚肉之類，皆能助病者也，《衍義》不暇及也。又云：　鷄屬巽，助肝火。

元・徐彥純《本草發揮》卷三　雞　成聊攝云：　陰不足者，以甘補之。雞子黃、阿膠之甘以補血。　海藏云：　陰不足者，補之以血。若咽有瘡，以雞子一枚，去黃留白，用苦酒傾殼中，以半夏入苦酒中，取殼置刀環上，安火上熬微沸，去滓，旋旋呷之。

明・蘭茂原撰，范洪等抄補《滇南本草圖說》卷七　雄雞　紅白者，氣味甘，無毒，酸，寒。家用所畜之雞，大小毛色雖不同，而氣味無異。古稱雞有五德，頭戴冠文也，足搏距武也，敵在前敢（一）〔鬭〕勇也，見食相呼仁也，守夜不失信也。然不具論其性。紅者主治婦人諸虛損，崩漏血疾，溫中下氣。白雞療風治狂，下氣消渴。烏骨雞主補中益氣，止疼最良。肶能治小兒疳痰及小兒痞塊等症。

明・蘭茂撰，清・管暄校補《滇南本草》卷上　雄鷄　味甘。治婦人虛熱，血崩漏下，溫中。白者，療狂下氣，消渴。烏骨者，補中止渴。

明・蘭茂撰，清・管暄校補《滇南本草》卷下　雞肶皮　性溫，味甘。寬中健脾，消食磨胃。小兒乳食結滯，肚大筋青，痞積疳積。

明・蘭茂《滇南本草》〔叢本〕卷下　鷄肶皮　味甘，性平。寬中健脾，消食磨胃。治小兒乳食結滯，肚大筋青，痞積肝積，疳痰。

明・王綸《本草集要》卷六　丹雄雞　味甘，《難》云：　辛。氣微溫，無毒。一云：　有小毒。　主女子崩中漏下，赤白沃，補虛溫中，止血，通神殺毒，辟不祥。〇冠血，主乳難，療白癜風、諸瘡。又自縊死心下溫者，刺血滴口中，男雌女雄。百蟲入耳中，滴之即出。〇頭，主殺鬼。〇肪，主耳聾。〇腸，主遺溺，小便數不禁。〇肝及左翅毛，起陰。〇肶胵裏黃皮，微寒。主洩痢，小便遺溺，除熱止煩，并尿血，崩中帶下。〇屎白，微寒。主消渴，傷寒寒熱，破石淋，利小便，止遺溺，滅瘢痕，傅風痛。〇翮羽，主下血閉。〇黑雌雞，主風寒濕痹，五緩六急，安胎，補產後虛羸。治癰疽，排膿，補新血。〇血，主中惡腹痛，及踒折骨痛，乳產。〇黃雌雞，味甘酸。主傷中消渴，小便數不禁，腸澼洩痢，補益五臟，續絕傷，止勞劣，補精助陽。〇雞子，主除熱，火瘡癇痙。可作虎魄神物。〇卵白，微寒。療目熱赤痛，除心下伏熱，止煩滿咳逆，小兒下洩，婦人產難，胞衣不出。醯漬之一宿，療黃疸，破大煩熱。　諸雞肉，補虛羸最要，故食治方中多用之。有風人不宜食。又患骨熱者不可食。丹溪云：　屬土而有金與木、火，性補，故助濕中之火。又云：　屬巽，助肝火。遺尿，肶胵一具，并腸燒末，服之，男雌女雄。小兒鵝口不乳，燒肶胵黃皮末，乳和服之。小兒卒驚，似有痛處而不知疾狀。冠血，滴口中少許，差。

明・滕弘《神農本經會通》卷九　丹雄雞　味甘，氣微溫、微寒，無毒。一云：　有小毒。

《本經》云：　主女人崩中，漏下赤白沃，補虛溫中，止血，久傷乏瘡，通神，殺毒，辟不祥。《圖經》云：　雖有小毒，而補虛羸最要，故食治方中多用之。《食療》云：　雞，具五色者，食之致狂。六指、玄雞白頭（雞），及雞死足爪不伸者，食并害人。雞、兎同食，成洩痢。小兒五歲已下，未斷乳者，勿與雞肉食。丹溪云：　風之為病，西北氣寒為風，故中人者，誠有之矣。東南氣溫，而地多濕，有風病者，非風也，皆濕生痰，痰生熱，熱生風也。《衍義》云：　謂雞動風者，習俗所移也。雞屬土而有金與木火，性善補，故助濕中之火，邪得之為有助而病劇。非雞而已，與夫魚肉之類，皆能助病也。又云：　雞屬巽，助肝火。《集》云：　有風人不宜食，又患骨熱者不可食。雄雞烏者補中，

赤者止血。黄肶胵，止遺尿難禁。

雞頭　《本經》云：主殺鬼，東門上者尤良。《蜀本》云：頭，以丹雄為良。

白雄雞肉　味酸，氣微溫。一云：寒。《本經》云：主下氣，療狂邪，安五藏，傷中，消渴。日華子云：調中，除邪，利小便，去丹毒。《唐本》注云：白雞距及腦，生產難，燒灰，酒服之。腦，主小兒驚癇。又云：白雞，寒。利小便，去丹毒風。

烏雄雞　微溫。《本經》云：主補中，止痛。孟詵云：主心痛，除心腹惡氣。又虚弱人，取一隻，治如食法，五味汁和，內器中，封口，重湯中煮之，使骨肉相去，即食之，甚補益，須空腸飽食之。肉須爛，生即反損。又刺在肉中不出，取尾二七枚，燒灰，以男子乳汁和封，瘡刺當出。日華子云：溫，無毒。止肚痛，除風濕痹，補虚羸，安胎，治折傷，并癰疽。生罯竹木刺不出者。《蜀本》云：雞膽、心、肝、腸、肪、肶胵及糞等，以烏雄為良。《局》云：雞有烏雄可補中，治崩止血用丹雄。若將肶胵黄皮使，洩利遺溲却有功。

雞膽　微寒。《本經》云：主療目不明，肌瘡。日華子云：烏雌雞膽，治肬目，耳瘑瘡，日三傅。

雞心　《本經》云：主五邪。

雞血　平。《本經》云：主踒折，骨痛及痿痹。《唐本》注云：雄雞脇血，塗白癜風，癧瘍風。孟詵云：又目淚出不止者，以三年冠血，傅目睛上，日三度。

雞肪　《本經》云：主耳聾。《藥性》云：寒。

雞腸　《本經》云：主遺溺，小便數不禁。日華子云：烏雌雞腸，治遺尿，并小便多。

雞肝及左翅毛　《本經》云：起陰。日華子云：烏雌雞翼，治小兒夜啼，安席下，勿令母知。

雞冠血　《本經》云：主乳難。孟詵云：用冠血，和天雄四分，桂心二分，大陽粉四分，丸服之，益陽氣。日華子云：朱雄雞冠血，療白癜風，并傅風痛。孟詵云：目淚出不止者，以三年冠血，傅目睛上，日三度。黑雌雞血，無毒。主中惡腹痛，及踒折骨痛，乳難。

雞肶胵裏黄皮　微寒。一云：平，無毒。《本經》云：主洩痢，小便利，遺溺，除熱止煩。日華子云：諸雞肶胵，平，無毒。止遺精，并尿血，崩中帶下，腸風瀉痢。此即是肫内黄皮。

雞屎白　微寒。《本經》云：主消渴，傷寒寒熱，破石淋，及轉筋，利小便，止遺溺，滅瘢痕。日華子云：糞，治白虎風，并傅風痛。又云：烏雌雞糞，治中風失音，痰逆，消渴，破石淋，利小腸餘瀝。傅瘡痍，滅瘢痕。炒服，治小兒客忤，蠱毒。《圖經》云：仲景治轉筋入腹，脉微弦，雞屎白散主之。

黑雌雞　味甘。一云：血，平。《本經》云：主風寒濕痹，五緩六急，安胎。血，無毒。主中惡腹痛，及踒折骨痛，乳難。日華子云：溫，無毒。安心定志，除邪，辟惡氣，治血邪，破心中宿血，及治癰疽排膿，補新血，補產後虚羸，益色。窠中草，治頭瘡白禿，和白頭翁草燒灰，猪脂傅。孟詵云：新產婦，取一隻，理如食法，和五味炒熟香，即投二升酒中，封口，經宿取飲之，令人肥白。

雞翮羽　《本經》云：主下血閉。《蜀本》云：翮以烏雌為良。

黄雌雞　味酸、甘，氣平。一云：溫，無毒。《本經》云：主傷中，消渴，小便數不禁，腸澼洩利，補益五臟，續絕傷。療勞，益氣。孟詵云：主腹中水癖水腫，以一隻，理如食法，和赤小豆一升，同煮，候豆爛即出食之。其汁日二夜一，每服四合。補丈夫陽氣，治冷氣，瘦着牀者，漸漸食之良。又先患骨熱者，不可食之。日華子云：止勞劣，添髓補精，助陽氣，暖小腸，洩精，補水氣。《唐本》注云：溫，補益陽。

雞肋骨　《本經》云：主小兒羸瘦，食不生肌。

雞子　味甘，微寒，無毒。一云：平。《本經》云：主除熱火瘡，癇痓。可作虎魄神物。孟詵云：雞子，動風氣，不可多食。又子，醋煮熟，空腹食之，治久赤白痢。又云：產後血不止，以雞子三枚，醋半升，好酒二升，煎取一升，分兩服，徐緩進之。《唐本》注云：雞子，益氣，多食令人有聲。一枚，以濁水攪，煮兩沸，合水服之。《藥性論》云：雞子液，味甘，微寒，無毒。治目赤痛，黄和常山末為丸，竹葉煎湯下，治久瘧。治漆瘡，塗之。醋煮，治產後虚，及痢，主小兒發熱。煎服，主痢，除煩熱。鍊之，主嘔逆。日華子云：雞子，鎮心，安五藏，止驚，安胎，治懷妊天行熱疾狂走，男子陰囊濕

痒。日華子云：　卵，醋煮，治久痢。和光粉炒乾，主小兒疳痢，及婦人陰瘡。和豆淋酒服，治賊風麻痺。醋浸令（懷）〔壞〕，傅疕皯。作酒，止產後血運，主暖水藏，縮小便，止耳鳴。和蠟炒，治疳痢，耳鳴及耳聾。黃，炒取油，和粉，傅頭瘡。殼，研，摩障瞖。《圖經》云：《傳信方》亂髮雞子膏，主孩子熱瘡，雞子五枚，去白取黃，亂髮如雞子許大，二味相和，於鐵銚子中炭火熬，初甚乾，少頃即髮焦，遂有液出，旋取，置一甆椀中，以液盡為度，取塗熱瘡上，即以苦參末粉之。《食療》云：　雞子和蒜食，令人氣短。《蜀本》云：　凡雞子及卵白等，以黃雌雞產者良。《湯》云：　雞子黃，氣溫，味甘。《本草》云：陰不足，補之以血。若咽有瘡，雞子一枚，去黃，苦酒傾殼中，以半夏入苦酒中，取殼，置刀環上，熬微沸，去柤，旋旋呷之。又主除熱火瘡，癇痓。可作琥珀神物，黃和恒山末為丸，竹葉湯服，治久瘧不差。黃合鬢髮，煎消為水，療小兒驚熱，下痢。

卵白　微寒。《本經》云：　療目熱赤痛，除心下伏熱，止煩滿欬逆，小兒下洩，婦人產難，胞衣不出。醯漬之一宿，療黃疸，破大煩熱。

卵中白皮　《本經》云：　主久欬結氣，得麻黃、紫（苑）〔菀〕和服之，立已。

明・劉文泰《本草品彙精要》卷二一六　丹雄雞無毒。附頭、肪、腸、肶胵、屎白、翮羽。　卵生。

丹雄雞出《神農本經》：　**主女人崩中，漏下，赤白沃，補虛，溫中，止血，通神，殺毒，辟不祥。〇頭，主殺鬼。〇肪，主耳聾。〇腸，主遺溺。〇肶胵裏黃皮，主洩痢。〇屎白，主消渴，傷寒，寒熱。〇翮羽，主下血閉。〇雞白蠹肥脂。**以上朱字《神農本經》。　久傷乏瘡。以上黑字名醫所錄。　【地】《圖經》曰：　朝鮮不應總是雞所雞，《本經》云：　雞白蠹肥脂，出朝鮮平澤。陶隱居云：　朝鮮不應總是雞所出。而云白蠹。不知何物？　恐別是一種耳。《開寶》注便謂之雞入藥用，蓋取朝鮮者良。今處處人家畜養甚多，不聞自朝鮮來也。《衍義》曰：　丹雄雞，今言赤雞者是也，蓋以毛色言之。巽爲雞爲風，雞鳴於五更者，日將至巽位，感動其氣而鳴也。體有風人故不可食。《經》、注皆不言雞發風，今體有風，人食之無不發作。爲雞爲巽，信可驗矣。食雞者，當審慎之。　謹按：丹雄雞出《神農本經》，烏白雄雞、黃黑雌雞皆《名醫》所附。蓋雞之色類雖多，而體之所具者莫不同有也。惟雌雄及卵爲異爾。故《蜀本》注云：　雞子黃及白，用黃雌雞者。膽、心、肝、腸、肪、肶胵及糞，用烏雄雞者。丹雄雞用頭，烏雌雞用翮羽，似爲詳矣。當時以丹雄雞之文而附具諸雞條下者，蓋各從其類爾。掌氏因襲至此，用者不無致疑於其間也。今以《神農》朱書摭集於丹雄雞之下，《名醫》諸雞主療、功用隨類墨書於次，其卵仍立一條。若此，則今古之文不紊，而其取用有所歸矣。　【時】生：　無時。採：　無時。

【用】肉、肪、腸、頭東門上者良、屎白、翮羽、肶胵裏黃皮。　【色】赤。　【味】甘。　【性】微溫，緩。　【氣】氣厚于味，陽中之陰。　【臭】腥。　【治】療：

《素問》云：　雞矢醴，治心腹滿，旦食則不能暮食，名爲鼓脹。《圖經》曰：　屎白，爲末，量方寸匕，水六合和，溫服，療轉筋入腹。日華子云：　冠血，療白癜風。〇糞，治白虎風並傅風痛。〇肝，入補腎方。〇肶胵裏黃皮，止泄精並尿血，崩中，帶下，腸風，瀉痢。孟詵曰：　患白虎痛風者，可鋪飯於患處，使雞食之，良。又取熱糞封之。《別錄》云：　冠血，主百蟲入耳不出，以滴耳中即出。及傅蜈蚣、蜘蛛毒。又治小兒卒驚，似有痛處，不知疾狀者，取少許塗兒口上，瘥。又塗馬咬瘡有毒疼痛，效。若牡馬用雌，牝馬用雄。並主自縊死，安定心神，徐緩解之，慎勿割繩斷，抱取，心下猶溫者，取滴口中，立活。男用雌，女用雄。又救卒死，或先病，或常寢臥奄忽而絕，皆是中惡，取塗其面，乾後復塗，並以灰營死人一周。又療卒得浸淫瘡，轉有汁，多起於心，不早治之，延及周身則殺人，傅之瘥。〇屎白，傅蚰蜒咬，良。又燒研，水服方寸匕，療食藥中毒，發狂悶，吐下欲死。及療妒乳並乳頭破裂及癰腫。

【合治】燒屎白，合米飲下，療小兒驚啼。〇乾屎白末，合熱酒下一錢匕，療肝風虛，轉筋入腹。〇屎白如棗大，合酒半盞，療自縊死，灌入口鼻中，立活。〇屎白一升，熬令黃極熱，合酒二升，攪和去滓服，療中風寒，痓直，口噤不知人。〇屎白燒灰綿裹，治齒痛不可忍。安痛處咬之，立瘥。〇屎白一升，合大豆五升，炒令變色，乘熱以酒沃之，微煮令豆味出，量性飲之，覆身出汗，慎勿觸風。治因瘡中風，腰脊反張，牙關口噤，四肢強直。〇糞三七枚，水二升，煎取五合，下米作粥，主子死腹中不出。〇屎白日中曬半乾，熬令燥，末合漿飯飲方寸匕，治石淋。〇屎燒灰合酒空心服方寸匕，療產後小便不禁。

【禁】雞具五色者食之，致狂。〇雞死足爪不伸者食之，並害人，小兒五歲以下未斷乳者，勿與雞同食。　【忌】雞兔同食，成洩痢。〇肉和魚肉汁食之，成心瘕。

白雄雞：卵生。白雄雞肉，主下氣，療狂邪，安五臟，傷中消渴。名醫所錄。【地】《圖經》曰：處處人家畜養之。陳藏器云：白雄雞三年者，能爲鬼神所使。《經》云：除狂邪，安五臟，良有自矣。今惟烏骨、金睛、翠耳者爲世所貴，入藥尤良。【時】生：無時。採：無時。【用】肉、脞胵裏黄皮、腦、屎白、翅下毛、距。【色】白。【味】鹹。【性】微溫。【氣】味厚于氣，陰中之陽。【臭】腥。【製】治如食法。【治】療：《唐本》注云：腦，主小兒驚癇。日華子云：肉，調中除邪，利小便，去丹毒。○脞胵裏黄皮，止泄精，尿血，崩中，帶下，腸風，瀉痢。陳藏器云：屎，炒服，主蟲咬毒。《别錄》云：取翅下第一毛，兩邊各一莖，燒灰研，水調服，治諸癰不消已成膿，懼針不得，欲令速快者。【合治】以一隻煮熟，合五味作羹粥食之，療顛癇不欲眠臥，自賢自智，驕倨妄行不休者。○距及腦燒灰合酒服，主産難。○以一隻合苦酒一㪷，煮取三升，分三服，治卒得嗽。○白雌雞屎隨多少，合小便内器中，火熬令燥，爲末，每服方寸匕，多服之療諸瘕。【禁】白頭家雞及雞死足爪不伸者，食並害人。

烏雄雞無毒：卵生。烏雄雞肉，主補中，止痛。○膽，微寒，主療目不明，肌瘡。○心，主五邪。○血，平，主踒折骨痛及痿痹。○肪，寒，主耳聾。○腸，主遺溺，小便數不禁。○肝及左翅毛，主起陰。○冠血，主乳難。○脞胵裏黄皮，微寒，主泄利，小便利，遺溺，除熱止煩。○屎白，微寒，主消渴，傷寒寒熱，破石淋，及轉筋，利小便，遺溺，滅瘢痕。名醫所錄。【地】《圖經》曰：處處人家畜養之，惟羽純黑無雜色者入藥殊好。【時】生：無時。採：無時。【用】肉、膽、心及血、肪、腸、肝、左翅毛、冠血、脞胵裏黄皮、屎白。【色】黑。【味】甘。【性】微溫。【氣】氣厚于味，陽中之陰。【製】理如食法。【治】療：日華子云：止肚痛，除風濕麻痹，安胎，治折傷並癰疽。生罯竹木刺不出者。○脞胵裏黄皮，止泄精並尿血，崩中，帶下，腸風，瀉痢。孟詵云：止心痛，除心腹惡氣。○三年冠血，點目眦上，日三度，療目淚不止。補：日華子云：補虚羸。孟詵云：以一隻如食法，五味汁和，内一器中，封口，重湯煮之，使骨肉相去，虚弱人食之，甚補益。【合治】肝一具，勿令入水，切過，合酒服盡，療卒腹痛，安胎。○尾毛二七枚，燒灰合小兒乳汁和，塗刺在肉中不出者，即瘥。○臘月屎一升，炒黄爲末，絹袋盛之，合酒三升漬，溫服之，常令醺酣，療頭風。

黑雌雞無毒：卵生。黑雌雞，主風寒濕痹，五緩六急，安胎。○血，無毒，主中惡，腹痛，及踒折，骨痛，乳難。○翮羽，主下血閉。名醫所錄。【地】《圖經》曰：處處人家畜養之。《蜀本》注云：血及翮羽去病，黑雌雞者最優。【時】生：無時。採：無時。【用】肉、血、翮羽。【色】黑。【味】甘。【性】溫。【氣】氣之厚者，陽也。【製】如食法。【治】療：日華子云：安心定志，除邪辟惡氣，治血邪，破心中宿血，及治癰疽排膿。○膽，治肬目，耳瘑瘡，日三傅，良。○腸，治遺尿並小便多。○糞，治中風失音，痰逆，消渴，破石淋，利小腸餘瀝，傅瘡痍，滅瘢痕，炒服，治小兒客忤，蠱毒。○翼，治小兒夜啼，安席下，勿令母知。《食療》云：肉，除反胃，消乳癰。○膽汁，傅月蝕瘡繞耳根者，日三度，良。補：日華子云：主産後虚羸，養新血，益色，助氣。【合治】以一隻治如食法，合好酒漬半日，出雞，服酒，療卒得嗽。○又合五味炒熟香，即投二升酒中，封口經宿，取飲之，令人肥白。又合烏麻油二升熬令黄香，末，入酒飲盡，極效。

黄雌雞無毒：卵生。黄雌雞，主傷中消渴，小便數，不禁，腸澼洩痢，補益五臟，續絶傷，療勞益氣。○肋骨，主小兒羸瘦，食不生肌。名醫所錄。【地】《圖經》曰：處處人家畜養之。《蜀本》注云：雞子以此産者入藥爲良，故析條詳注於後。【時】生：無時。採：無時。【用】肉及肋骨。【色】黄。【味】鹹，甘。【性】溫。【氣】氣厚于味，陽中之陰。【治】療：日華子云：止勞劣及泄精，除腹中水癖水腫。補：日華子云：添髓補精，助陽氣，暖小腸，補水臟。陳藏器云：益陽。【合治】以一隻理如食法，合赤小豆一升，同煮候豆爛，即出食之，其汁日二夜一，每服四合，補丈夫陽氣及冷氣瘦著牀者，漸漸食之，良。若先患骨熱者不可食之。○屎合黑豆炒，浸酒服，主賊風，風痹，破血。

雞子出《神農本經》：**主除熱火瘡，癇痙，可作琥珀神物。**以上朱字《神農本經》。卵白，微寒，療目熱赤痛，除心下伏熱，止煩滿，欬逆，小兒下泄，婦人産難，胞衣不出，醯漬之一宿，療黄疸，破大煩熱。○卵中白皮，主久欬結氣，得麻黄、紫菀和服之，立已。以上黑字名醫所錄。【地】陶隱居云：雞子作琥珀，用毈卵黄白混雜煮作之，亦極相似，惟不拾芥爾。又煮白合銀，口含須臾，其色如金。謹按：雞子乃《神農》之文，舊本分注黄雌雞條下，今另立本條，蓋由諸色雌雞亦各生子，治病所宜稍有區別。【時】生：無時。

採：　無時。〖用〗白、黃、殼、白皮。〖色〗紅白。〖味〗甘。〖性〗微寒。〖氣〗氣薄味厚，陰中之陽。〖治〗療：《唐本》注云：　烏雞卵白，解煩熱。○黃雞子一枚，濁水攪煮兩沸，連水服之，主產後痢。《藥性論》云：雞子液，除目赤。○黃，塗傅漆瘡良，煎服主痢，除煩熱，煉之主嘔逆。日華子云：　雞子，鎮心安五臟，止驚，安胎，及懷妊，天行有熱痰，狂走，及男子陰囊濕癢。又開喉聲。○殼研，摩瞖障。《別錄》云：　雞子，一枚，水煮令外熟內熱，吞之，療天行，嘔逆不下食，食之即出。又以一枚打破，用水一盞衝之，碟蓋少時服，主婦人產後口乾舌縮，渴不止者。又卒中五尸、遁尸，其狀腹脹氣急衝心，或磥磈踴起，或牽腰脊者，以卵一枚取白吞之，困者搖頭令下。補：《唐本》注云：　黃雞子，益氣。〖合治〗烏雞子，三枚，合醋半斤，好酒二升，分爲四服，微溫，飲之，治產後血不止。○黃雞子合醋煮，空腹食之，療久赤白痢。○又以三枚取白和蜜一合生服，療大人小兒發熱。○合蠟作煎餅，與小兒食，止痢。○二枚破於器中，合白粉調如稀粥，主婦人胎動，腰臍下血。○以一枚取白，合釅醋如白之半攪和吞之，主產後血閉不下。○雞子黃合常山末爲丸，竹葉煎湯下，治久瘧不瘥。○卵合光粉炒乾，止小兒疳痢，及婦人陰瘡。○又合豆淋酒服，治賊風麻痹。○又合醋浸令壞，傅疵皯。○合蠟炒，治疳痢，耳鳴，耳聾。○雞子黃炒，取油和粉，傅頭瘡。○又五枚合亂髮如雞子許大，煎化成汁，取傅初生小兒熱瘡甚妙。服之去小兒驚熱下痢及痰熱，主百病。○以一枚去殼分清，合荊芥末二錢調服，療產後血暈，身痙直帶眼口角與目外眵向上牽急不知人者，遂安。功甚敏捷，烏雞子尤善。〖禁〗黃雞子動風氣，不可多食。〖忌〗雞卵白、鱉同食損人，獺肉同食成遁尸疰，和葱食之氣短。

明・盧和、汪穎《食物本草》卷三禽類　鷄

主虛羸甚要。屬巽，巽為風，故有風病人食之無不發作。丹雄鷄，味甘，氣微溫，無毒。一云：　有小毒。主女人崩中漏下，赤白沃，補虛溫中，止血通神，殺毒辟不祥。冠血，益氣，主乳難，療白癜風諸瘡。人自縊死心下溫者，刺血滴口中，男雌女雄。百蟲入耳中，滴之即出。頭，主殺鬼。烏雄鷄肉，微溫，無毒，主補虛弱，止心腹痛，安胎，療折傷痹病。膽，主療目不明，肌瘡。心，主五邪。肝及左翅毛，主起陰。冠血，主乳難。血，主踒折骨痛及痿痹。肪，主耳聾。腸，主遺溺，小便數不禁。肶內黃皮，微寒，主洩痢，小便遺溺，除熱止煩，并尿血崩中帶下。屎白，微寒，主消渴，傷寒寒熱，破石淋及轉筋，滅瘢痕，傅風痛。白雄鷄肉，味酸，微溫，主下氣，療狂邪，安五臟傷中消渴，調中，利小便，去丹毒。三年者能為鬼神所使。黑雌鷄肉，味甘溫，無毒，主風寒濕痹，安胎，止產後下血，虛羸，五緩六急，安心定志，除邪辟惡，腹痛及踒折骨痛，乳難。翮羽，主下血閉。黃雌鷄肉，味甘酸，溫平，無毒，主傷中消渴，小便數不禁，腸澼洩痢，補益五臟，續絕傷，添精髓，止勞劣，助陽，利水腫。肋骨，主小兒羸瘦，食不生肌。鷄子，主除熱火瘡，癇痙，可作琥珀神物。卵白，微寒，療目熱赤痛，除心下伏熱，止煩滿，欬逆，小兒下洩，婦人產難，胞衣不出。醯漬之，療黃疸，破大煩熱。卵中白皮，主久欬結氣，麻黃、紫(苑)〔菀〕和服之，立愈。凡鷄，以光粉和飲喂之，後取食人尤補益。卵黃溫，卵白微寒，黃鷄所下者為最。《素問》曰：　陰不足，補之以血。鷄卵，血也。卵不可多食，動風氣，有毒，醋解之。抱鷄肉不可食，發疸。鷄具五色者與烏鷄白頭者〔勿食〕。又不可與蒜、薤、芥、李子、牛肉、犬肉汁、肝腎同食，各致病。小兒五歲以下，不可與鷄肉食，令生蟲蠱。妊娠食，亦令子腹內生蟲。丹溪言：　鷄助肝火。《衍義》云：　鷄動風者。亦習俗所移。然鷄屬土而有金與水火，性補，故助濕中之火，病邪得之為有助而病劇也。

明・許希周《藥性粗評》卷四　雞亦生風。

雞肉，雞有數種，其雄有丹、有白、有烏，其雌有烏、有黃，皆可入藥，以毛色辨之。其內臟諸物亦各有取。味甘，性微溫，無毒。丹雄雞溫中補虛，治崩止血；刺冠取血，以療白癜，食肝以補腎；糞以傅白虎風痛。白雄雞下氣除邪，止消渴，利小便。烏雄雞補虛，爛煮，調以五味，空服任意食之，有益。心主五邪；血主折傷；肪主耳聾；腸主小便不禁；刺冠取血，調酒服，以主乳難；胵裏黃皮主煩熱，澁遺溺；屎白炒焦，淬酒，以治轉筋陰症。烏雌雞主治風寒濕痹，排膿，補血安胎，利產婦。其血亦主折傷。黃雌雞主治癆損，腸澼洩利，小便不禁，添精補髓。卵白微寒，可點目赤，煮食可除伏熱。卵中白皮可治久欬結氣。成聊攝云：　三陰不足者，以甘補之，雞子黃、阿膠之甘以補血。大抵《本草》雞之取用甚多，不可備述。但能動風，凡體有風者不可食。丹溪云：　病邪得之，為有助而反劇。觀此可見。

單方：　折傷：　凡被重壓高墜，或馬踏、牛觸胸腹破陷，手足摧折，諸色所傷，氣悶欲死者，烏雄雞二隻，合毛杵一千二百下，好醋三升，相和，以新布搭患處，取藥攤布上，待乾，

復易之，如雞少，再作，可保復舊無虞。　自縊：凡遇自縊者，徐徐解下，慎勿割繩欲速，如心下尚溫，可刺雞冠血滴口中即活，男雌女雄；或以雞屎白如棗大，酒半盞，和勻灌之，及鼻竅中亦可。　丈夫脾胃虛滑：凡患胃氣虛弱，腸滑下痢，或飲食後好洞洩者，以黃雌雞一隻，治如食法，以炭炙之，搥了，以鹽醋刷之，又炙令極熬熟乾燥，空腹食之。　小兒頭身諸瘡：雞卵殼不拘多少，燒煅過，研末，和猪脂調勻傅之，或頭上白禿，髮不生，其汁常出者，雞子七枚，去白皮，於銅器熬熟，和油傅之，日二三次，甚效。

明·鄭寧《藥性要略大全》卷一〇　白雞冠血　治中風不省人事。能行乳汁。

遇中風者，急令人咬碎活雞冠，開牙關，將熱血滴入喉內，良久即甦。

味甘、鹹，氣平，無毒。　雞：品類多，大概味鹹，平，性溫。補五臟虛損，治女人崩漏，赤白帶下。溫中止血，消渴，續絕傷，黃疾。　雞子，主除熱，治火瘡癇痓，〔傅〕打傷。　卵白，微寒，無毒。治目熱赤痛，除心下伏熱，止煩滿，咳逆，小兒下瀉，女人產難，胞衣不出。醋漬一宿，用治黃疸大熱，除煩熱。卵黃、白全者，益氣和血。

明·陳嘉謨《本草蒙筌》卷一〇　丹雄鷄　味甘，氣微溫。一云微寒，無毒。各處雖多，為饌堪用。朝鮮國名者妙，入藥宜求。性動風患筋攣切忌，味助火助肝火及助濕中之火。病骨熱須防。合水鷄食作遁屍，和魚汁食成心瘕。凡資食療，不可不知。補虛溫中，通神健脉。止血除血漏，殺毒辟不祥。　糞頭殺鬼疰魅精，東門上者尤良。肝補腎虛肝損。　腦刺血，點飛絲眼免害；　糞淬酒，炒黑，淬之。治白虎風止疼。　白雄鷄味略辛酸小差，飼三年能為鬼神役使。療狂邪下氣，止消渴調中。仍利小便，更壓丹毒。距主婦人難產，腦禁小兒驚癇。　烏雄鷄微溫，補中止痛；　療折傷癰腫，殺鬼安胎。冠血滴自縊人口中，按胸中回暖即活；　熱血浸馬咬人患處，及踒折骨痛俱甦。肪去耳聾，心除邪夢。腸烘燥止溺，肝左翅起陰。膽汁敷月蝕耳瘡，眼目昏暗；　膓血塗白癜風癢，癧瘍浸淫。剝取肶胵黃皮，即肫裏黃皮，一名鷄內金。性寒亦去煩熱。男子溺遺精洩，赤白痢者並調。女人漏下崩中，赤白沃者總禁。尾燒灰封皮肉出刺，翮燒灰下閉血調經。屎白微寒，自古多用。仲景治轉筋作散，有鷄屎白散，治轉筋入腹。《素問》消鼓脹載名。有云：治以鷄矢醴，矢與屎同。主亡津液渴消，解傷風寒寒熱。破石淋，利小水，止遺溺，滅瘢痕。黃雄鷄益氣壯陽，主傷中消渴；　安五臟禁痢止洩，療勞劣遺尿。續絕傷，健脾胃。子絕哺者，肉食殺人。蓄養之家，亦當謹記。鷄卵煮啖，鎮心止驚。益氣漸開喉音，生啖亦妙，謳唱者多用之。去風尤安胎孕。黃白混搗，同鯖魚枕搗之。琥珀堪為。拾芥不能，謀利則可。卵生未煮熟者。漬醋令壞，敷面疵皯生光。卵黃和亂髮同煎，自消作水，用服主小兒驚熱下痢，痰搐百病齊敺，用敷去小兒火熱瘡瘍，頭癩漆瘡並掃。卵白拌釅醋少許，調蜜亦奇，醋者通產後瘀血閉疼，胎衣不下更飲，蜜者去身外熱毒欲發，目熱赤腫須搽。殼內白衣，名鳳凰退。得麻黃紫（苑）〔菀〕和服，散久欬結氣如神。〇黑雌鷄養血安胎，治癰疽排膿通瘀。主風寒濕痹，補產後虛羸。哺者勿嘗，殺人亦速。卵啖補真陰不足，止產血來勤；　衣亦殼內衣。研點瞖障侵睛，理傷寒勞復。窠中草禁兒夜哭，安薦下勿令母知。

謨按：鷄之種類最多，古今方書常用，並以毛色分其劣優。丹雄者取冠血併頭，黃雌者稱卵白及卵。其心、肝、膽、血、腸、肪、翮、翅、肶胵黃皮及屎等類，悉取烏雄者為優焉。夫烏與黑同，黑乃水色。丹溪曰鷄屬土有金與木火，則所禀者，惟少水耳。今得毛色之烏，是五行具全，不致偏勝。用之治病，寧不為優。古人取義，實在於此。然常五更鳴者，蓋巽為鷄，巽位屬於東方，五更陽升，必從此位，鷄感其氣，故亦聲鳴。又陽主動，雞初鳴兩翅先拍，則可知矣。

明·方穀《本草纂要》卷一〇　丹雄雞　味甘、微辛，氣微溫，有小毒。主補中益氣，溫經暖胃，起陰助陽。女子崩中漏下，婦人產後虛羸，小兒痘瘡不發，大人內損陽虛，惟此並能治之。嘗考：冠主血，通乳汁而治諸瘡；腸主氣，止遺溺而利小便；頭主通神，殺邪毒而辟不祥；糞主微寒，治消渴而破石淋；肪脛療聾，肝翅起陰。大抵雞爲陽物，遇陽則啼，遇陰則起，遇病則發，用動而不用靜也。又曰：雞有毒，是雞食毒物而稟毒太多，毒之難發者，用雞而攻之，正所謂以毒而攻毒之謂乎；又人被蟲毒所傷，或腫或痛或麻痹不已，用雞涎而塗之，是雞本殺毒之物，亦所謂以毒而治毒之謂乎。

白烏雞：味甘、微鹹，氣微寒，有小毒。主補陰血，退勞熱，降陰火，殺勞蟲，滋陰腎，壯筋骨，止崩漏，通乳汁，治消渴，破淋閉，此陰虛血弱之症，是以並皆治之也。然而，其用又有陰陽不同，色紅行陽，色黑行陰，故丹雞治陽，烏雞治陰，丹雞起陽，烏雞起陰。《本經》云：丹雞治男子陽虛精冷，女子經閉淋瀝；烏雞治男子陰虛不足，女子血虛勞熱。此又在識者詳之。

毛雌雞：味甘、微淡，氣溫，有毒。凡人脾胃久虛不健，產後勞傷不續，

五臟氣虚不安，元陽空脱不守，此物能開胃氣，暖筋骨，去勞蟲，補氣力，爲心脾之聖藥也。又雞子能溫中暖胃，益陰壯陽，至若雞子清性凉，亦能解熱毒，如腫毒初發時，紅赤之際，與此調藥敷毒，其毒自消；　亦有雞子黄性熱，能發熱毒，凡毒之腫赤，欲腐爛者，此藥敷之易破而易潰。各有所治之不同也。

明・寧源《食鑒本草》卷上

丹雄鷄　味甘，溫。主女人赤白漏下，補虚溫中，通神明，殺毒辟邪。　白雄鷄：　味酸，微溫。下氣調中，療狂邪，利小便，消丹毒。　白雌鷄：　味酸、甘，平。補五臟勞傷，婦人崩中下血，赤漏下，產後虚損，腸澼洩利及小便不禁，消渴等症。　烏雄鷄：　味甘，微溫。補中，止痛，續傷損。　烏雌鷄：　骨毛俱黑者為上。主風寒濕痹、五緩六急及踒折骨痛。治乳難乳癰，攻癰疽排膿。　日華子云：　安心定志，除邪辟惡氣，破心腹中宿血。治產後虚羸，生心血，益胃氣，壯顔色。　雞卵：　味甘，寒。去邪熱，鎮心安驚，安五臟。治潦湯疼痛。　《博濟方》：　治產婦胎衣不下，吞生鷄子清一枚，效。治火燒瘡，以生鷄子傅之有效。　《經驗方》：　治傷寒時疫，舌黄，煩燥，狂言，熱極。吞生鷄子一枚，效。　《聖惠方》：　治小水不通，空心吞生鷄子三枚，效。

明・王文潔《太乙仙製本草藥性大全》卷七《本草精義》

諸雞　《本經》云：　雞白蠹肥脂，出朝鮮平澤。陶云：　雞出處白蠹，不知何物，恐是別一種耳。《開寶》註謂：　雞入藥，蓋取朝鮮者良。性動風，患筋攣切忌。味助火，助肝火，及助濕中之火。病骨熱須防。合水雞食作遁屍，和魚汁食成心瘕。凡資食療，不可不知。雞之類最多：　丹雄雞、白雄雞、烏雄、雌雞，頭、血、冠、腸、肝、膽、肶胵裹黄、脂肪、羽翮、肋骨、卵黄白、屎白等並入藥，古今方書用之尤多。其肉雖有小毒，而補虚羸最要，故食治方中多用之。《蜀本》注云：　凡雞子及卵白等，以黄雌產者良；　雞膽、心、肝、腸、肪、肶胵及糞等，以烏雄爲良；　頭以丹雄爲良；　翮以烏雄爲良。《藥性論》云：　雞子液味甘，微寒，無毒，能治目赤痛。黄和常山末爲丸，竹葉煎湯下，治久瘧不差。治膝瘡塗之。醋煮治產後虚及痢，主小兒發熱；　煎服主痢除煩熱，鍊之主嘔逆。屎能破石淋，利小便。主脾胃氣虚，腸滑下痢，以炙雞散：　黄雄雞一隻，治如食法，以炭炙之，槌了以鹽、醋刷之，又炙令極，熬熟乾燥，空腹食之。又云：　主赤白痢，食不下。用雌雞一隻，治如常法，細切爲臛，作麵餛飩，空心服之。又云：　主消渴傷中，小便數。黄雌雞一隻，治如常煮令熟，去雞停冷，渴即飲之，肉亦可食，若和米及鹽、豉作粥，及以五味作羹並得。又云：　主小便數，虚冷。雞腸一具，治如常法，炒作臛，暖酒和飲之。又云：　主風寒濕痹，五緩六急。烏雞一隻，治如食法，煮令極熟，調作羹食之。又云：　主狂邪癲癇，不欲眠臥，自賢自智，驕倨妄行不休，安五臟，下氣。白雄雞一隻，煮令熟，五味調作羹粥食之。又云：　勿食暴雞肉，殺人，發疽。雞又不可合葫蒜及李子食之，烏雞肉不可合犬肝、犬腎食之。小兒食雞肉，好生蚘蟲。又雞不可和芥葉蒸食之。《唐本》注云：　白雞距及腦，主產難，燒灰酒服之。腦，主小兒驚癇。《本草》云：　雞主馬咬瘡，及剝驢馬傷手，熱雞血及熱浸之。黄雌雞，溫補益陽。白雞，寒，利小便，去丹毒風。烏雌雞，殺鬼物。卵白，解熱煩。屎，炒服之，主蟲咬毒。黄雌雞，主白虎病，布飯病處，將雞來食飯，亦可抱雞壓之。雄雞脇血，塗白癜風、癧瘍風。雞子，益氣，多食令人有聲。一枚以濁水攪煮兩沸，和水服之，主產後痢，和蠟作煎餅，與小兒食之吐痢。以二枚破著器中，以白粉和稀粥頓服之，主婦人胎動腰臍下血。取一箇打開，取釅醋如白之半，攪勻吞之，主產後血閉不下。又取卵三枚，醋半升，酒二升，攪和煮取二升，分四服，主產後血下不止。又白虎病，取雞子揩病處，咒願送糞堆頭，不過三度差；　白虎是糞神，愛喫雞子。雞糞和黑豆炒酒浸，去賊風風痹，破血。《素問》治心腹滿，旦食則不能暮食，名爲鼓脹，治之以雞屎醴，一劑知，二劑已。注云：　今《本草》雞屎，利小便，微寒，並不治鼓脹。今方制法，當取用處，湯漬服之耳。又張仲景治轉筋爲病，其人臂腳直，脉上下行，微弦，轉筋入腹，雞屎白散主之：　取屎白爲末，量方寸匕，以水六合，溫服差。雞子入藥最多，而髮煎方特奇，劉禹錫《傳信方》云：　亂髮雞子膏，主孩子熱瘡，雞子五枚，去白取黄，亂髮如雞子許大，二件相和於鐵銚子中，炭火熬，初甚乾，少頃即髮燋，遂有液出，旋取置新磁碗中，以液盡爲度，取塗熱瘡上，即以苦參末粉之。○頃在武陵生子，蓐內便有熱瘡發於臀腿間，初塗以諸藥及他藥無益，日加劇蔓延半身，狀候至重，晝夜啼號，不乳不睡，因閲《本草》至髮髲，《本經》云：　合雞子黄煎之，消爲水，療小兒驚熱下痢。注云：　俗中嫗母，爲小兒作雞子煎，用髮雜熬，良久得汁，與小兒服，去痰熱，主百病。用髮皆取久梳頭亂者。又檢雞子，《本經》云療火瘡。因是用之，果如神立效。其殼亦主傷寒勞復。見《深師方》。取雞子空殼，碎之，熬令黄黑，擣篩，熱湯和一合服之，溫臥取汗出愈。

按：雞之種類最多，古今方書常用，並以毛色分其優劣。丹雄者取冠血併頭黃，雌者稱卵白及卵，其心、肝、膽、血、腸、肪、翮翅、肶胵黃皮及屎等類，悉取烏雄者爲優焉。夫烏與黑同，黑乃水色。丹溪曰：雞屬土有金與木火，則所稟者惟少水耳，今得毛色之烏，是五行具全，不致偏勝，用之治病，寧不爲優！古人取義，實在於此。然常五更鳴者，蓋巽爲雞，巽位屬乎東方，東方五更陽升，必從此位，雞感其氣，故亦聲鳴。又陽主動，雞初鳴兩翅先拍，則可知矣。

明·王文潔《太乙仙製本草藥性大全》卷七《仙製藥性》 丹雄雞 味甘，氣微溫，一云微寒，無毒。主治：補虛溫中通神，健脉止血。除血漏，殺毒，辟不祥。主女人漏下崩中赤白沃帶，屢效。補註：主患白虎，可鋪飯於患處，使鷄食之良。又取熱糞封之，使伏於患人床下。○妊娠不得(食)鷄子、乾鯉魚合食，則令兒生瘡。妊娠不得鷄肉同糯米合食，令兒多寸白蟲。○治蚰蜒入耳，小鷄一隻，去爪足，以油煎令黃，筯穿作孔枕之。雞頭：殺鬼疰魅精。東門上者尤良。肝：補腎虛肝損。補註：妊娠下血不止，名曰漏胎，鷄肝細剉，以酒一升和服。冠血：益陽氣之神方，去白癜風之妙藥。補註：益陽事，冠血和天雄四分，桂心二分，太陽粉四分，丸服之效。○白癜風，朱雄雞冠血，酒調下。○百蟲入耳不出，以鷄冠血滴入耳內即出。○馬咬人瘡，有毒腫疼痛，以冠血着瘡中，三下，牡馬用雌，牝馬用雄。雞腦：刺血點飛絲眼免害。雞糞：炒黑淬酒，治白虎風止疼。補註：產後小便不禁，以屎燒灰，空心酒服方寸〔匕〕。○蜈蚣咬人，痛不止，以屎燒灰，酒和服之佳，又取屎和醋敷之。○治妬乳及癰腫，屎末服方寸〔匕〕，須臾三服愈。白雄雞：味辛、酸，氣微溫，無毒。飼養三年能爲鬼神役使。主治：療狂邪下氣，止消渴調中。仍理小便，更壓丹毒。距：主婦人難產。腦：禁小兒驚癇。燒末酒調服良。翎：消癰疽腫毒，小兒下血。補註：治諸癰不消，已成膿，懼針不得，欲令速決。取白雞翅下第一毛，兩邊各一莖，燒灰，研水調服之。○治腫大如斗，取雞翅毛，其毛一孔生兩毛者佳，左腫取左翅，右腫取右翅，雙腫取兩邊翅，並燒灰研，飲服。○治小兒下血，雌雞翅下血服之。烏雄雞：味甘，氣溫，又云微溫，無毒。主治：補中止痛，療折傷癰腫，殺鬼，安胎孕。補註：主心痛，除心腹惡氣。又，虛弱人取二隻，治如食法，五味汁和肉，一器中封口，重湯煮之，使骨肉相去即食之，甚補益，仍須空腹飽食之。肉須爛，生則反損。亦可五味醃經宿，炙食之，分作兩頓服。○被壓榨墮墜、舟船車轢、馬踏牛觸，胸腹破陷，四肢摧折，氣悶欲死，以烏雞一隻，合毛杵一千二百杵，好苦酒三升相和得所，以新布搨病上，取藥塗布，以乾易。覺寒振欲吐，不可輒去藥，須臾復上，一雞少，則再作。○卒得嗽，烏雞一枚，治如食法，以好酒漬之半日，出雞服酒。一云，苦酒一斗煮白雞，取三升，分三服食雞，莫與鹽食良。

冠血：滴自縊人口中，按胸中回暖即活。治中惡，寢臥奄絕，塗面上，復塗立甦。補註：自縊死，定安心神，徐緩解之，慎勿割繩斷，抱取心下猶溫者，刺雞冠血滴口中即活，男雌女雄。○救卒死，或先病，或常居寢臥奄忽而絕，皆是中惡，割雄雞冠血塗其面，乾後復塗，并以灰營死人周。○治小兒卒驚，似有痛處而不知疾狀，取雄雞冠血，臨兒口上滴少許差。○治蜈蚣、蜘蛛毒，以冠血傅之。○治卒得浸淫瘡轉有汁，多起於心，不早治之，續身周匝則殺人，以冠血敷之差。熱血：浸馬咬人患處及踒折骨痛俱甦。脇血：塗白癜風癢，癧瘍浸淫。肪：去耳聾。心：除邪夢。腸：烘燥止溺。肝左〔翅起陰〕。補註：治遺尿，取雄雞腸燒末，三指撮朝服暮愈。○卒腹痛，安胎，烏雞肝一具，切過，酒五合，服令盡。姚云：肝勿令入水中。雞翅：起陰，又能安胎。治卒腹痛。膽汁：敷月蝕耳瘡，眼目昏暗。補註：治反胃，安胎及腹痛，踒折骨疼，乳癰。月蝕瘡繞耳根。以烏雌雞膽汁傅之，日三。以烏油麻一升熬之令香，末，和酒服之，即飽熱能食。雞，具五色者良。肶胵黃皮：即肫裏黃皮，一名雞內金。性寒。主治：主去煩熱，男子溺遺精洩，赤白痢者；並調女人漏下崩中，赤白沃者總禁。補註：治小兒瘧，燒雞胵中黃皮，爲末，乳服之，男雌女雄。○小兒鵝口不乳，燒胵黃皮末，乳和服。○治尿床，雞肫胵一具并腸服之，男雌女雄。尾燒灰封皮肉出刺，翮燒灰下閉血調經。屎白：微寒。自古多用，仲景治轉筋作散。有雞屎白散，治轉筋入腹。《素問》消鼓脹載名。有云：治以雞屎醴。主亡津液渴消，解傷風寒寒熱。破石淋，利小便，止遺溺，滅瘢痕。補註：療頭風，臘月烏雞屎一升，炒令黃，爲末，絹袋盛，酒三升漬之，溫服，多少任性，常令醺酣。○主蟲蟻咬人，以屎傅之。○小兒驚啼，燒屎白，米飲下。又以雞屎白如棗大，酒半盞，和灌之及鼻中佳。○治齒痛不可忍，取雞屎白燒末，綿裹安痛處咬立差。○食諸菜中毒，發狂悶吐下欲死，燒屎

末研，水服方寸〔匕〕。〇中風寒，痹直，口禁，不知人，屎白一升，熬令黃，極熱以酒三升和攪，去滓服。〇治莖中淋石，取屎白日中半乾，熬令香，末以露漿飯飲服方寸〔匕〕。〇主子死腹中不出，雄雞屎二十枚，水二升，煎五合，下米作粥食即出。〇治因産中風，腰脊反張，牙關口禁，四肢強直。雞屎白一升，大豆五升，和炒令變色，乘熱以酒沃之，微煮令豆味出，量性飲之，覆身出汗，慎勿冒風。〇主鱉癥及心腹宿癥，并卒得癥，以白雌雞屎，不拘多少，小便和之，於器中火上熬令燥，末，服方寸匕，多服不限度，以膏熬飯飼彌佳。

黃雌雞： 味酸、甘，氣平，又云氣溫，無毒。 主治： 益氣壯陽，主傷中消渴。安五臟，禁痢止洩。療勞劣遺尿，續絶傷，健脾胃。子絶哺者，肉食殺人，蓄養之家，亦當謹記。 補註： 主腹中水癖水腫，以一隻雞〔理〕如常法，和赤小豆一升同煮，候豆爛即出食之，其汁日二夜一，每服四合，補丈夫陽氣，治冷氣。瘦着床者，漸漸食之，良。〇先患骨熱者，不可食之。〇光粉諸石爲末，和飯與雞食之，後取雞食之，甚補益。 雞卵： 煮啖鎮心止驚，益氣漸開喉音，生啖亦妙，謳唱者多用之。去風又安胎孕。 補註： 卒中五尸遁尸，其狀腹脹，氣急衝心，或磥塊踴起，或牽腰脊者。以卵一枚，取白吞之，困者搖頭令下。又云雞味辛，補肺。 主漆瘡，雞子黃傅之。〇治大人及小兒發熱，可取卵三個，白蜜一合，相和服之立差。〇治天行嘔逆不下食，食即出，以雞卵一枚，煮三五沸，出以水浸之，外熟內熱則吞之良。〇鼠瘻以卵一枚，米下蒸半日，取出黃熬令黑，先拭瘡上汁令乾，以藥內瘡孔中，三度即差。〇治心痛，以卵一枚打破，投醋二合，和攪令勻，暖過頓服。〇主蛇、蝎、蜘蛛毒，卵輕敲一小孔，合咬處立差。〇治小兒疳痢，肚脹，用雞子一個，打破眼子如豆大，內巴豆一粒，去皮，膩粉一錢，用五十重紙裹，於飯甑上蒸三度，放冷打破，取雞子肉同巴粉一時研，入少麝香添麪糊丸如米粒大，食後夜臥溫湯下二丸至三丸。〇主妊娠得時疾，令胎不傷，以雞子七枚，內井中令極冷，破吞之。〇主婦人産後口乾舌縮，渴不止，打雞子一個，水一盞衝之，碟蓋少時服。〇生雞子一個，連紙一幅，烏梅十個有肉者，雞子白鋪遍連紙，日乾，折作四重，包撮烏梅，安熨斗中，用白炭火燒烟欲盡，取出，以盞椀蓋覆候冷，研令極細，入水銀粉少許和勻。如大人患，分爲二服，小兒分三服，不拘赤白痢，空心井花水調服，如覺臟腑微有踈利，更不須再服。 卵黃： 和亂髮同煎，自消作水，用服主小兒驚熱，下痢，痰搐，百病齊毆。 用敷去小兒火熱瘡瘍，頭癩漆瘡並掃。 補註： 卒腹痛下赤白痢，數日不絶，以卵一枚，取出黃去白，內胡粉令滿殼，燒成屑，以酒服一錢。〇治小便不通，卵黃一枚服之，不過三。〇治卒乾嘔者，破卵去白吞黃數枚差。〇治湯火燒瘡，熟雞子二十個，取黃炒取油入十文膩粉，攪勻，用雞翎掃瘡上，永除瘢痕。〇小兒頭上瘡及白禿，髮不生，汁出者。雞子七枚，去白、皮，於銅器中熬，和油傅之。

卵白： 拌釅醋少許，調蜜亦奇。 醋者，通産後瘀血閉疼，胎衣不下更飲。蜜者，去身外熱毒欲發，目熱赤腫須搽。 補註： 治諸蟲攻心臍如刺，口吐清水，雞子一枚，開頭去黃，以好漆內殼中，合和仰頭吞之，蟲出。〇主咽喉塞，鼻中瘡出及乾嘔頭痛，食不下，生雞子一枚，開頭取白去黃，着米酢拌，煻火頓沸熱擎下，沸定，更頓三度成，乘熱飲酢盡，不過一二差。〇小兒急丹胤不止，以卵白和赤小豆傅之。〇熱毒發，可取卵白二個，和蜜一合，取之差。〇又煮白，合銀口含，須臾色如金。 卵殼內白衣： 名鳳凰退，得麻黃、紫(苑)〔菀〕和服，散久欸結氣如神。 黃白混搗，同鯖魚枕搗之。琥珀堪爲。 拾芥不能，謀利則可。 卵生未煮熟者。 漬醋令壞，敷面疵皯生光。 卵殼： 治小兒心腹胸脇煩滿欲死，燒雞子殼末，酒服方寸〔匕〕。小兒頭身諸瘡，燒卵殼研和猪脂傅之。 黑雌雞： 即烏雌雞。 味甘，氣溫，無毒。 主治： 養血安胎，治癰疽排膿通瘀。 主風寒濕痹，補産後虛羸。哺者勿嘗，殺人亦速。 補註： 新産婦可取一隻，理如食法，和五味炒熟香，即投二升酒中，封口經宿，取飲之，令人肥白。又和烏油麻二升，熬令黃香，末之入酒，酒盡極效。〇日華子云： 烏雌雞，溫，無毒。安心定志，除邪辟惡，破心中宿血及治癰，排膿補新血。 産後虛羸，益色助氣。 膽，治疣目、耳瘑瘡，日三傅。 腸，治遺尿并小便多。 糞，治中風失音，痰逆消渴，破石淋，利小腸除瀝，傅瘡痍，滅瘢痕。炒服，治小兒客忤，蠱毒。 翼，治小兒夜啼，安席下，勿令母知。 窠中草，治頭瘡白禿，和白頭翁草燒灰，猪脂傅。 卵： 啖補真陰不足，止産血來動。 衣： 亦殼內衣。 研點瞖障侵睛，理傷寒勞復。 補註： 産後血不止，以雞子三枚，醋半升，好酒二升，煎取一升，分爲四服，如人行二三里，微暖進之。

明・皇甫嵩《本草發明》卷六 雞 種類多，古今方書並以毛色分優劣。 上品。

發明曰： 雞屬土有金與水火，惟毛色之烏者，其象屬水，是五行全具，治療惟此為優。 蓋屬巽，位乎東方，五更雞陽升從此位，雞感其氣而鳴，故主陽

主動。又屬木，主風，故其性動風，(患筋)患筋攣者忌之。味助火，病骨熱者宜戒，雄雞皆然。惟丹色者為甚。又云：諸雞肉補虛羸最要，故食治方中多用之。

丹雄雞，氣微溫，味甘。補虛溫中，通神健脉，止血，除血漏，殺毒，除不祥。○頭，殺鬼魅精。東門上者尤良。○肝，補腎虛肝損。○腦，刺血，點飛絲眼。○屎，炒黑淬酒，治白虎風痛。烏雄雞，微溫。主補中，止痛。○註云：虛人爛煮其肉，食之甚補。又云：安胎，療折傷，除風濕麻痺，療癰疽，殺鬼，主心痛，除心腹惡氣。○心，主除邪夢。○肝及左翅，主起陰。○膽汁，微寒。主目不明。敷月蝕耳瘡。○肪，主耳聾。○腸，烘燥，止遺溺，小便不禁。○血，主踒折骨痛及痿痺。○冠血，主乳難。註云：熱血浸馬咬人患處及踒折骨痛，俱甦。○脇血，塗白癜風癢、癧瘍浸淫。○肶胵裏黃皮，即肶內黃皮，微寒。剝取之。主洩利，小便利，遺溺，去煩熱。○日華子云：諸雞肶止洩精，尿血，崩中帶下，腸風瀉痢。小兒鵝口不語，燒皮末，和乳服之。○取翮，燒灰，下閉血調血。《附餘》方治轉食，用翻翅雞一隻，煮熟去骨，入人參、當歸各五錢，為末，再煮，與食之，勿令人共食。○《集成方》治番胃，氣結所致，以烏雞一隻，修製如常法，令淨，用胡荽子入雞內，用線縫，煮食之，未已再一隻妙。○屎白，微寒。主消渴，傷寒寒熱，破石淋，利小便，止遺溺，滅瘢痕。仲景雞屎白散，治轉筋入腹，消皷脹。《素問》云：治以雞矢醴，矢與屎同。○一治驗方：治膨脹水脹等湯，羯雞屎一升，研細，炒黑色，地上出火毒，研極細，百沸湯三升，淋汁，每服一大盞，調木香、檳榔末各一錢，日二服，空服，以平為期，名雞矢醴。黑雌雞，主風寒濕痺，五緩六急，養血安胎。○日華子云：主產後虛羸，安心，除邪惡氣，破心中宿血，治癰疽排膿，生新血。○血，主中惡腹痛及踒折骨痛，乳難。○膽，治(肬)〔疣〕目耳瘑瘡，日三傅之。○腸，治遺尿，小便多。雄雞者同。○屎，治中風失音，痰逆，小兒客忤蠱毒，炒服。餘治同雄雞屎。白雄雞肉，味酸，微溫。療狂邪，主下氣，止消渴傷中。日華子云：調中，除邪，利小便，兼去丹毒。又云：三年者能為鬼神所使，今時烏骨白毛者，補益良多，尤宜女人，益血有子。距，主婦人難產，燒灰，酒服。○腦，主小兒驚癇。黃雌雞，味酸、甘，平。主傷中消渴，小便數不禁，腸澼洩利，補益五臟，續絶傷，療勞益氣。日華子云：添髓補精，助陽氣，暖小腸，止洩精，補水氣。又云：主腹中水澼水腫，和赤小豆煮爛出食之。又補虛冷。先患骨熱，不可食。○雞子，凡雞子及卵白等，以黃雌產者良。主除熱火瘡，癇痙。日華子云：雞子鎮心安臟，止驚安胎，治懷姙天行熱疾狂走，男子陰濕痒。生啖，開喉音，去風。醋煮，止久痢。和光粉炒乾，止小兒疳痢及婦人陰瘡。和豆淋酒服，治賊風麻痺。醋浸令壞，傅疵皯。作酒，止產後血暈，縮小便，止耳鳴。和蠟作煎餅，與小兒食，止痢。取二枚，破着器中，用白粉和如稀粥，頓服之，主婦人胎動，腰臍下血。○卵白，微寒。療目熱赤痛，除心下伏熱，煩滿欬逆，小兒下洩。又方：拌醋少許，通產後瘀血閉疼。下胎衣，取卵三枚，醋半升，酒二升，攪和，煮二升，分四服。主產後下血不止，蜜調服。去身外熱毒將發，搽目熱赤腫。《集要》云：雞卵白醋浸一宿，療黃疸，破大煩熱。《附餘》方治小便不通，用雞子黃一枚，服之，不過三。殼內白衣，名鳳凰退。得麻黃、紫(苑)〔菀〕和服，散久欬結氣。○卵黃白，同鯖魚枕搗之為琥珀。不如真者療病。

《食戒》云：雞具五色者，食之致狂。六指玄雞、白頭家雞及雞死爪不伸者，凡雞無故暴死者，食之並傷人。風疾者不可食雄雞。雞肉合水雞食作遁尸。和魚汁食成心瘕，丹雄雞尤甚。雞兔同食成洩痢。又不可合葫蒜及李子食，不可合犬肝腎食，不可合芥葉蒸食、同獺肉。小兒五歲以下未斷乳者，勿與雞肉食。雞子和葱食短氣，雞子同鼈肉食損人。

明・李時珍《本草綱目》卷四八禽部・原禽類

鷄《本經》上品

〔釋名〕燭夜時珍曰：按徐鉉云：鷄者稽也，能稽時也。《廣志》云：大者曰蜀，小者曰荆。其雛曰㲉。梵書名鷄曰鳩七咤。〔集解〕《別録》曰：鷄生朝鮮平澤。弘景曰：鷄屬甚多。朝鮮乃玄菟、樂浪，不應總是鷄所出也。馬志曰：入藥取朝鮮者，良爾。頌曰：今處處人家畜養，不聞自朝鮮來。時珍曰：鷄類甚多，五方所產，大小形色往往亦異。朝鮮一種長尾鷄，尾長三四尺。遼陽一種食鷄，一種角鷄，味俱肥美，大勝諸鷄。南越一種長鳴鷄，晝夜啼叫。南海一種石鷄，潮至即鳴。蜀中一種鶤鷄，楚中一種傖鷄，並高三四尺。江南一種矮鷄，脚纔二寸許也。鷄在卦屬巽，在星應昴，無外腎而虧小腸。凡人家無故群鷄夜鳴者，謂之荒鷄，主不祥。若黃昏獨啼者，主有天恩，謂之盜啼。老鷄能人言者，牝鷄雄鳴者，雄鷄生卵者，並殺之即已。俚人畜鷄無雄，即以鷄卵告竈而伏出之。南人以鷄卵畫墨，煮熟驗其黃，以卜凶吉。又以鷄骨占年。其鳴也知時刻，其棲也知陰晴。《太清外術》言：蓄蠱之家，鷄輒飛去。《萬畢術》言：其羽焚之，可以致風。《五行志》言雄鷄毛燒着酒中飲之，所求必得。古人言鷄能辟邪，則鷄亦靈禽也，不獨充庖而已。

諸鷄肉　〔氣味〕食忌。詵曰：鷄有五色者，玄鷄白首者，六指者，四距者，鷄死足不伸者，並不可食，害人。時珍曰：《延壽書》云：閹鷄能啼者有毒。四月勿食抱鷄肉，令

人作癰成漏，男女虚乏。弘景曰：小兒五歲以下食鷄生蚘蟲。鷄肉不可合葫蒜、芥、李食，不可合犬肝、犬腎食，並令人洩痢。同兔食成痢，同魚汁食成心瘕，同鯉魚食成癰癤，同獺肉食成遁尸，同生葱食成蟲痔，同糯米食生蚘蟲。

【發明】宗奭曰：巽爲風爲鷄。鷄鳴于五更者，日至巽位，感動其氣而然也。今有風病人食之，無不發作。巽爲鷄，信可驗矣。震亨曰：鷄屬土而有金、木、火，又屬巽，能助肝火。寇言動風者，習俗所移也。鷄性補，能助濕中之火。病邪得之，爲有助也。若魚肉之類皆然。且西北多寒，中風者誠有之。東南氣温多濕，有風者非風也，皆濕生痰，痰生熱，熱生風耳。時珍曰：《禮記》云：天産作陽，地産作陰。鷄卵生而地産，羽不能飛，雖爲陽精，實屬風木，是陽中之陰也。故能生熱動風，風火相扇，乃成中風。朱駁寇説爲非，亦非矣。頌曰：鷄肉雖有小毒，而補虚羸是要，故食治方多用之。

丹雄鷄肉 【氣味】甘，微温，無毒。扁鵲曰：辛。 【主治】女人崩中漏下赤白沃。通神，殺惡毒，辟不祥《本經》。補虚温中止血。能愈久傷乏瘡不瘥者《别録》。補肺孫思邈。

【發明】普曰：丹雄鷄一名載丹。宗奭曰：即朱鷄也。時珍曰：鷄雖屬木，分而配之，則丹雄鷄得離火陽明之象，白雄鷄得庚金太白之象，故辟邪惡者宜之；烏雄鷄屬木，烏雌鷄屬水，故胎産宜之；黄雌鷄屬土，故脾胃宜之；而烏骨者，又得水木之精氣，故虚熱者宜之，各從其類也。吴球云：三年䳘鷄，常食治虚損，養血補氣。

【附方】新二。 辟禳瘟疫：冬至日取赤雄鷄作腊，至立春日煮食至盡，勿分他人。《肘後方》。 百蟲入耳：鷄肉炙香，塞耳中引出。《總録》。

白雄鷄肉 【氣味】酸，微温，無毒。藏器曰：甘，寒。 【主治】下氣，療狂邪，安五臟，傷中消渴《别録》。調中除邪，利小便，去丹毒風日華。

【發明】藏器曰：白雄鷄養三年，能爲鬼神所使。時珍曰：按陶弘景《真誥》云：學道山中，宜養白鷄、白犬，可以辟邪。今術家祈禳皆用白鷄，其原本此。是乃異端一説耳，鷄亦何神何妖哉？

【附方】舊三，新四。 癲邪狂妄：自賢自聖，行走不休。白雄鷄一隻煮，以五味和作羹粥食。《心鏡》。 驚憤邪僻：治因驚憂怖迫，或激憤惆悵，致志氣錯越，心行違僻者。白雄鷄一頭，治如食法，真珠四兩，薤白四兩，水三升，煮二升，盡食之，飲汁令盡。《肘後》。 卒然心痛：白鷄一頭，治如食法，水三升，煮二升，去鷄，煎取六合，入苦酒六合，真珠一錢，煎取六合，納麝香二豆許，頓服之。《肘後》。 赤白痢下：白雄鷄一隻，如常作臛及餛飩，空心食。《心鏡》。 卒得欬嗽：白鷄一隻，苦酒一斗，煮取三升，分三服，並淡食鷄。《肘後》。 水氣浮腫：小豆一升，白雄鷄一隻，治如食法，以水三斗煮熟食之，飲汁令盡。《肘後方》。 肉壞怪病：凡口鼻出腥臭水，以椀盛之，狀如鐵色蝦魚走躍，捉之即化爲水，此肉壞也。但多食鷄饌即愈。夏子益《奇疾方》。

烏雄鷄肉 【氣味】甘，微温，無毒。 【主治】補中止痛《别録》。止肚痛，心腹惡氣，除風濕麻痺，諸虚羸，安胎，治折傷并癰疽。生擣，塗竹木刺入肉日華。

【發明】時珍曰：按李(廷)〔鵬〕飛云：黄鷄宜老人。烏鷄宜産婦，暖血。馬益卿云：妊婦宜食牡鷄肉，取陽精之全于天産者。此亦胎教宜見虎豹之意耳。又唐崔行功《纂要》云：婦人産死，多是富貴家擾攘致婦驚悸氣亂故耳。惟宜屏除一切人，令其獨産，更爛煮牡鷄取汁，作粳米粥與食，自然無恙，乃和氣之效也。蓋牡鷄汁性滑而濡。不食其肉，恐難消也。今俗産家，每産後即食鷄啖卵，氣壯者幸而無恙，氣弱者因而成疾，皆由不解此意也。

【附方】舊四，新六。 補益虚弱：詵曰：虚弱人用烏雄鷄一隻治净，五味煮極爛。食生即反損人。或五味淹炙食，亦良。 反胃吐食：用烏雄鷄一隻，治如食法，入胡荽子半斤在腹内，烹食二隻愈。 老人中風：煩熱語澀。每用烏雄鷄一隻，切，葱白一握，煮臛，下麻〔子〕汁、五味，空心食之。《養老書》。 脚氣煩懣：用烏雄鷄一隻，治如食法，入米作羹食。《養老書》。 寒疝絞痛：用烏雄鷄一頭，治如食法，生地黄七斤，同剉，着甑中蒸之，以器盛取汁。清旦温服，至晚令盡，當下諸寒癖證，以白粥食之。久疝不過三服。《肘後》。 卒得欬嗽：烏雄鷄一隻，治如食法，酒漬半日飲之。《肘後》。 腎虚耳聾：烏雄鷄一隻治净，以無灰酒三升煮熟，乘熱食三五隻，效。 狐尿刺瘡：棘人，腫痛欲死。破烏鷄搨之，良。《肘後方》。 猫眼睛瘡：身面生瘡，似猫兒眼，有光采，無膿血，但痛痒不常，飲食減少，名曰寒瘡。多喫鷄、魚、葱、韭自愈。夏子益《奇疾方》。 打傷顛撲：及牛馬觸動，胸腹破血，四肢摧折。以烏鷄一隻，連毛杵一千二百下，苦酒三升和匀。以新布搨病處，將膏塗布上。覺寒振欲吐，徐徐取下，須臾再上。一鷄少，頃再作，以愈爲度。《肘後方》。

黑雌鷄肉 【氣味】甘、酸，温、平，無毒。 【主治】作羹食，治風寒濕痺，五緩六急，安胎《别録》。安心定志，除邪辟惡氣，治血邪，破心中宿血，治癰疽，排膿補新血，及産後虚羸，益色助氣日華。治反胃及腹痛，踒折骨痛，乳癰。又新産婦以一隻治净，和五味炒香，投二升酒中，封一宿取飲，令人肥白。又和烏油麻二升熬香，入酒中極效孟詵。

【發明】時珍曰：烏色屬水，牝象屬陰，故烏雌所治，皆血分之病，各從其類也。

【附方】新三。 中風舌强：不語，目睛不轉，煩熱。烏雌鷄一隻治净，以酒五升，煮取二升去滓，分作三次，連服之。食葱薑粥，暖卧，取小汗。《飲膳正要》。 死胎不

下：烏鷄一隻去毛，以水三升，煮二升去鷄。用帛蘸汁摩臍下，自出。《婦人良方》。　虛損積勞：治男女因積虛或大病後，虛損沉困，酸疼盜汗，少氣喘惙，或小腹拘急，心悸胃弱，多卧少起，漸至瘦削。若年深，五臟氣竭，則難治也。用烏雌鷄一頭，治如食法，以生地黄一斤，切，飴糖一升，納腹内縛定，銅器貯，于瓶中蒸五升米熟，取出，食肉飲汁，勿用鹽。一月一作，神效。《姚僧坦方》。

黄雌鷄肉　〔氣味〕甘、酸、鹹，平，無毒。日華曰：性温。患骨熱人勿食。

〔主治〕傷中消渴，小便數而不禁，腸澼洩痢，補益五臟，〔續〕絶傷，療五勞，益氣力《别録》。治勞劣，添髓補精，助陽氣，暖小腸，止洩精，補水氣日華。補丈夫陽氣，治冷氣疾着牀者，漸漸食之，良。以光粉、諸石末和飯飼鷄，煮食甚補益孟詵。治産後虛羸，煮汁煎藥服，佳時珍。

〔發明〕時珍曰：黄者土色，雌者坤象，味甘歸脾，氣温益胃，故所治皆脾胃之病也。丹溪朱氏謂鷄屬土者，當指此鷄而發，他鷄不得侔此。

〔附方〕舊三，新六。　水癖水腫：詵曰：腹中水癖水腫，以黄雌鷄一隻，如常治净，和赤小豆一升同煮汁飲，日二夜一。　時行黄疾：時行發黄。用金色脚黄雌鷄，治如食法，煮熟食之，并飲汁令盡，不過再作。亦可少下鹽豉。《肘後方》。　消渴飲水：小便數。以黄雌鷄煮汁冷飲，并作羹食肉。《心鏡》。　下痢禁口：黄肥雌鷄一隻，如常爲臛，作（濕）〔麪〕餛飩，空心食之。《心鏡》。　脾虛滑痢：用黄雌鷄一隻炙，以鹽、醋塗，煮熟食之。《心鏡》。　脾胃弱乏：人痿黄瘦。黄雌鷄肉五兩，白麪七兩，切肉作餛飩，下五味煮熟，空心食之。日一作，益顔色，補藏府。《壽親》。　産後虛羸：黄雌鷄一隻，去毛〔及腸肚〕，背上開破，入生百合三枚、白粳米半升縫合，入五味汁中煮熟，開腹取百合并飯，和汁作羹食之，并食肉。《聖惠》。　病後虛汗：傷寒後虛弱，日夜汗出不止，口乾心躁。用黄雌鷄一隻，去腸胃，治净，麻黄根一兩，水七大盞，煮汁三大盞，去滓及鷄，入肉蓯蓉酒浸一宿，刮净一兩，牡蠣煅粉二兩，煎取一盞半，一日服盡。《聖惠》。　老人噎食：不通。黄雌鷄肉四兩，切，茯苓二兩，白麪六兩，作餛飩，入豉汁煮食，三五服效。《養老書》。

烏骨鷄　〔氣味〕甘，平，無毒。　〔主治〕補虛勞羸弱，治消渴，中惡鬼擊心腹痛，益産婦，治女人崩中帶下，一切虛損諸病，大人小兒下痢禁口，並煮食飲汁，亦可擣和丸藥時珍。

〔發明〕時珍曰：烏骨鷄，有白毛烏骨者，黑毛烏骨者，斑毛烏骨者，有骨肉俱烏者，肉白骨烏者；但觀鷄舌黑者，則肉骨俱烏，入藥更良。鷄屬木，而骨反烏者，巽變坎也，受水木之精氣，故肝腎血分之病宜用之。男用雌，女用雄。婦人方科有烏鷄丸，治婦人百病，煮鷄至爛和藥，或并骨研用之。按《太平御覽》云：夏侯弘行江陵，逢一大鬼引小鬼數百行。弘潛捉末後一小鬼問之。曰：此廣州大殺也，持弓戟往荆、揚二州殺人。若中心腹者死，餘處猶可救。弘曰：治之有方乎。曰：但殺白烏骨鷄，薄心即瘥。時荆、揚病心腹者甚衆，弘用此治之，十愈八九。中惡用烏鷄，自弘始也。此説雖涉迂怪，然其方則神妙，謂非神傳不可也。鬼擊卒死，用其血塗心下，亦效。

〔附方〕新三。　赤白帶下：白果、蓮肉、江米各五錢，胡椒一錢，爲末。烏骨鷄一隻，如常治净，裝末入腹煮熟，空心食之。　遺精白濁：下元虛憊者。用前方食之良。　脾虛滑泄：烏骨母鷄一隻治净，用豆蔻一兩，草果二枚，燒存性，摻入鷄腹内，紮定煮熟，空心食之。

反毛鷄　〔主治〕反胃。以一隻煮爛，去骨，入人參、當歸、食鹽各半兩，再同煮爛，食之至盡。時珍。出《乾坤生意》。

〔發明〕時珍曰：反毛鷄，即翻翅鷄也，毛翮皆反生向前。治反胃者，述類之義耳。

泰和老鷄　〔氣味〕甘、辛，熱，無毒。　〔主治〕内托小兒痘瘡時珍。

〔發明〕時珍曰：江西泰和、吉水諸縣，俗傳老鷄能發痘瘡，家家畜之，近則五六年，遠則一二十年。待痘瘡發時，以五味煮爛，與兒食之，甚則加胡椒及桂、附之屬。此亦陳文中治痘用木香異功散之意，取其能助濕熱發膿也。風土有宜不宜，不可以爲法。

鷄頭丹、白雄鷄者良。　〔主治〕殺鬼，東門上者良《本經》。治蠱，禳惡，辟瘟時珍。

〔發明〕時珍曰：古者正旦，磔雄鷄，祭門户，以辟邪鬼。蓋鷄乃陽精，雄者陽之體，頭者陽之會，東門者陽之方，以純陽勝純陰之義也。《千金》轉女成男方中用之，亦取此義也。按應劭《風俗通》云：俗以鷄祀祭門户。鷄乃東方之牲，東方既作，萬物觸户而出也。《山海經》祠鬼神皆用雄鷄，而今治賊風有鷄頭散，治蠱用東門鷄頭，治鬼痱用雄鷄血，皆以禦死辟惡也。又崔寔《月令》云：十二月，東門磔白鷄頭，可以合藥。《周禮》鷄人：凡祭祀禳釁，供其鷄牲。注云：禳郊及疆，却災變也。作宫室器物，取血塗釁隙。《淮南子》曰鷄頭已瘻，此類之推也。

〔附方〕新一。　卒魘死昏：東門上鷄頭爲末，酒服之。《千金方》。

鷄冠血三年雄鷄良。　〔氣味〕鹹，平，無毒。　〔主治〕烏鷄者，主乳難《别録》。治目淚不止，日點三次，良孟詵。亦點暴赤目時珍。〇丹鷄者，治白癜風日華。並療經絡間風熱。塗頰，治口喎不正；塗面，治中惡；卒飲之，治縊死欲絶，及小兒卒驚客忤。塗諸瘡癬，蜈蚣、蜘蛛毒，馬嚙瘡，百蟲入耳時珍。

〔發明〕時珍曰：鷄冠血，用三年老雄者，取其陽氣充溢也。風中血脉則口僻喎，冠血

鹹而走血透肌，鷄之精華所聚，本乎天者親上也。丹者陽中之陽，能辟邪，故治中惡、驚忤諸病。烏者陽形陰色，陽中之陰，故治産乳、目淚諸病。其治蜈蚣、蜘蛛諸毒者，鷄食百蟲，制之以所畏也。高武《痘疹正宗》云：鷄冠血和酒服，發痘最佳。鷄屬巽屬風，頂血至清至高，故也。

〔附方〕舊八，新十一。

益助陽氣：詵曰：丹雄鷄冠血，和天雄、太陽粉各四分，桂心二分，丸服之。

鬼擊卒死：烏鷄冠血，瀝口中令嚥；仍破此鷄搨心下，冷乃棄之道邊，妙。《肘後》。

卒死寢死：治卒死，或寢卧奄忽而絶，皆是中惡。用雄鷄冠血塗面上，乾則再上，仍吹入鼻中，并以灰營死人一周。《肘後》。

卒然忤死：不能言。用鷄冠血，和真珠，丸小豆大。納三、四丸入口中，效。《肘後方》。

卒縊垂死：心下猶温者，勿斷繩。刺鷄冠血滴口中，以安心神。云：男用雌，女用雄。《肘後》。

小兒卒驚：似有痛處，不知疾狀。用雄鷄冠血少許，滴口中，妙。《譚氏小兒》。

小兒解顱：丹雄鷄冠上血滴之，以赤芍藥末粉之，甚良。《普濟》。

陰毒卒痛：用雄鷄冠血，入熱酒中飲之，暖卧取汗。《傷寒藴要》。

女人陰血：女人交接違理，血出。用雄鷄冠血塗之。《集驗》。

爛弦風眼：鷄冠血點之，日三五度。《聖惠》。

對口毒瘡：熱鷄血頻塗之，取散。《皆效方》。

發背癰疽：用雄鷄冠血滴疽上，血盡再换，不過五六鷄，痛止毒散，數日自愈。《保壽堂方》。

浸淫瘡毒：不早治，周身殺人。以鷄冠血塗之，日四五度。《肘後》。

燥癬作癢：雄鷄冠血，頻頻塗之。《范汪方》。

馬咬成瘡：腫痛。用鷄冠血塗之。(駁)〔牡〕馬用雌鷄，牝馬用雄鷄。《肘後方》。

蜈蚣咬瘡：鷄冠血塗之。錢相公《篋中方》。

蜘蛛咬瘡：同上。

中蜈蚣毒：舌脹出口是也。雄鷄冠血浸舌，并咽之。《青囊雜纂》。

諸蟲入耳：鷄冠血滴入即出。《勝金》。

鷄血烏鷄、白鷄者良。

〔氣味〕鹹，平，無毒。

〔主治〕踒折骨痛及痿痹，中惡腹痛，乳難《别録》。治剥驢馬被傷，及馬咬人，以熱血浸之。白癜風、瘻瘍風，以雄鷄翅下血塗之藏器。熱血服之，主小兒下血及驚風，解丹毒蠱毒，鬼排陰毒，安神定志。時珍曰：《肘後》治驚邪恍惚，大方中亦用之。

〔附方〕舊一，新九。

陰毒：鷄血衝熱酒飲。

鬼排卒死：用烏雄鷄血塗心下，即甦。《風俗通》。

解百蠱毒：白鷄血，熱飲之。《廣記》。

驚風不醒：白烏骨雄鷄血，抹唇上即醒。《集成》。

縊死未絶：鷄血塗喉下。《千金》。

黄疸困篤：用半斤大雄鷄，背上破開，不去毛，帶熱血合患人胸前，冷則换之。日换數鷄，拔去積毒即愈。此鷄有毒，人不可食，犬亦不食也。唐瑶《經驗方》。

筋骨折傷：急取雄鷄一隻刺血，量患人酒量，或一椀，或半椀，和飲，痛立止，神驗。《青囊》。

雜物眯目：不出。以鷄肝血滴少許，即出。《聖惠》。

蚰蜒入耳：生油調鷄心血，滴入即出。《總録》。

金瘡腸出：以乾人屎末抹入，桑皮線縫合，熱鷄血塗之。《生生編》。

肪烏雄鷄者良。

〔氣味〕甘，寒，無毒。

〔主治〕耳聾《别録》。頭秃髮落時珍。

〔附方〕新一。

年久耳聾：用鍊成鷄肪五兩，桂心十八銖，野葛六銖，同以文火煎三沸，去滓。每用棗許，以葦筒炙溶，傾入耳中。如此十日，耵聹自出，長寸許也。《千金翼》。

腦白雄鷄者良。

〔主治〕小兒驚癇。燒灰酒服，治難産蘇恭。

心烏雄鷄者良。

〔主治〕五邪《别録》。

肝雄鷄者良。

〔氣味〕甘、苦，温，無毒。時珍曰：微毒。《内則》云食鷄去肝，爲不利人也。

〔主治〕起陰《别録》。補腎。治心腹痛，安漏胎下血，以一具切，和酒五合服之孟詵。療風虚目暗。治女人陰蝕瘡，切片納入，引蟲出盡，良時珍。

〔附方〕新三。

陰痿不起：用雄鷄肝三具，菟絲子一升，爲末，雀卵和丸小豆大。每服一百丸，酒下，日二。《千金》。

肝虚目暗：老人肝虚目暗。烏雄鷄肝一具切，以豉和米作羹成粥食之。《養老書》。

睡中遺尿：雄鷄肝、桂心等分，搗丸小豆大。每服一丸，米飲下，日三服。遺精，加白龍骨。

膽烏雄鷄者良。

〔氣味〕苦，微寒，無毒。

〔主治〕目不明，肌瘡《别録》。月蝕瘡，遶耳根，日三塗之孟詵。燈心蘸點胎赤眼，甚良，水化搽痔瘡，亦效時珍。

〔附方〕新四。

沙石淋瀝：用雄鷄膽乾者半兩，鷄屎白炒一兩，研勻。温酒服一錢，以利爲度。《十便良方》。

耳瘑肬目：黑雌鷄膽汁塗之，日三。《聖惠》。

眼熱流淚：五倍子、蔓荆子煎湯洗，後用雄鷄膽點之。《摘玄方》。

塵沙眯目：鷄膽汁點之。《醫説》。

腎雄鷄者良。

〔主治〕齆鼻作臭，用一對與脖前肉等分，入豉七粒，新瓦焙研，以鷄子清和作餅，安鼻前，引蟲出。忌陰人、鷄、犬見《十便良方》。

嗉

〔主治〕小便不禁，及氣噎食不消時珍。

〔附方〕新三。

氣噎不通：鷄嗉兩枚連食，以濕紙包，黄泥固，煅存性爲末，入木香、沉香、丁香末各一錢，棗肉和丸梧子大。每汁下三丸。

小便不禁：雄鷄喉嚨，及膍胵，并屎白，等分爲末。麥粥清服之。《衛生易簡方》。

發背腫毒：鷄嗉及肫内黄皮，

培研。濕則乾掺，乾則油調搽之。《醫林正宗》。

膍胵裏黄皮，一名鷄内金。膍胵音脾鴟，鷄肫也。近人諱之，呼肫内黄皮爲鷄内金。男用雌，女用雄。【氣味】甘，平，無毒。【主治】洩痢，小便頻遺，除熱止煩《別録》。止泄精並尿血，崩中帶下，腸風瀉血日華。治小兒食瘧，療大人淋漓反胃，消酒積，主喉閉乳蛾，一切口瘡，牙疳諸瘡時珍。

【附方】舊二，新十八。小便遺失：用鷄膍胵一具，并腸燒存性，酒服。男用雌，女用雄。《集驗》。小便淋瀝：痛不可忍。鷄肫内黄皮五錢，陰乾燒存性，作一服，白湯下，立愈。《醫林集要》。膈消飲水：鷄内金洗晒乾、栝樓根炒五兩，爲末，糊丸梧桐子大。每服三十丸，温水下，日三。《總録》。反胃吐食：鷄膍胵一具，燒存性，酒調服。男用雌，女用雄。《千金》。消導酒積：鷄膍胵、乾葛爲末，等分，麪糊丸梧子大。每服五十丸，酒下。《袖珍方》。禁口痢疾：鷄内金焙研，乳汁服之。小兒瘧疾：用鷄膍胵黄皮燒存性，乳服。男用雌，女用雄。《千金》。喉閉乳蛾：鷄肫黄皮勿洗，陰乾燒末，用竹管吹之即破，愈。《青囊方》。一切口瘡：鷄内金燒灰傅之，立效。《活幼新書》。鵝口白瘡：鷄肫黄皮爲末，乳服半錢。《子母秘録》。走馬牙疳：《經驗》用鷄肫黄皮不落水者五枚，枯礬五錢，研搽立愈。○《心鑒》用鷄肫黄皮，燈上燒存性，入枯礬、黄柏末等分，麝香少許。先以米泔洗漱後，貼之。陰頭疳蝕：鷄内金不落水拭净，新瓦焙脆，出火毒，爲細末。先以米泔水洗瘡，乃搽之。亦治口疳。《經驗方》。穀道生瘡：久不愈。用鷄膍胵燒存性爲末，乾貼之，如神。《總録》。脚脛生瘡：雄鷄肫内皮，洗净貼之。一日一易，十日愈。小山《奇方》。瘡口不合：鷄膍胵皮，日貼之。發背初起：用鷄肫黄皮不落水者陰乾，臨時温水潤開貼之。隨乾隨潤，不過三五個，即消。《楊氏經驗方》。發背已潰：用鷄肫黄皮，同綿絮焙末搽之，即愈。金顋瘡蝕：初生如米豆，久則穿蝕。用鷄内金焙、鬱金等分，爲末。鹽漿漱了貼之。忌米食。《總録》。小兒疣目：鷄肫黄皮擦之，自落。《集要》。鷄骨鯁咽：活鷄一隻打死，取出鷄内金洗净，燈草裹，于火上燒存性。竹筒吹入咽内，即消，不可見肉。《攝生方》。

腸男用雌，女用雄。【主治】遺溺，小便數不禁。燒存性，每服三指，酒下《別録》。止遺精、白濁、消渴時珍。

【附方】舊一。小便頻遺：《心鏡》用雄鷄腸一具作臛，和酒服。○《普濟》用雄鷄腸，水煎汁服，日三次。

肋骨烏骨鷄者良。【主治】小兒羸瘦，食不生肌《別録》。

【附方】新二。小兒顖陷：因藏府壅熱，氣血不榮。用烏鷄骨一兩，酥炙黄，生地黄焙二兩，爲末。每服半錢，粥飲調下。《聖惠方》。瘡中朽骨：久疽久漏，中有朽骨。以烏骨鷄脛骨，實以砒石，鹽泥固濟，煅紅出毒，以骨研末，飯丸粟米大。每以白紙撚送一粒入竅中，以拔毒膏藥封之，其骨自出。《醫學正傳》。

距白雄鷄者良。【主治】産難，燒研酒服蘇恭。下骨鯁，以鷄足一雙，燒灰水服。時珍。出《外臺》。

翮翎白雄鷄者良。【主治】下血閉。左翅毛，能起陰《別録》。治婦人小便不禁，消陰㿗，療骨鯁，蝕癰疽。止小兒夜啼，安席下，勿令母知時珍。

【發明】時珍曰：翅翮形鋭而飛揚，乃其致力之處。故能破血消腫，潰癰下鯁。按葛洪云：凡古井及五月井中有毒，不可輒入，即殺人。宜先以鷄毛試之，毛直下者無毒，回旋者有毒也。又《感應志》云：五酉日，以白鷄左翅燒灰揚之，風立至；以黑犬皮毛燒灰揚之，風立止也。巽爲風，鷄屬巽，於此可見。

【附方】舊二，新七。陰腫如斗：取鷄翅毛，一孔生兩莖者，燒灰飲服。左腫取右翅，右腫取左翅，雙腫並取。《肘後方》。陰卒腫痛：鷄翮六枝燒存性，蛇牀子末等分，隨左右傅之。《肘後方》。婦人遺尿：雄鷄翎燒灰，酒服方寸匕，日三。《千金翼》。咽喉骨鯁：白雄鷄左右翮大毛各一枚，燒灰水服。《外臺》。腸内生癰：雄鷄頂上毛并屎燒末，空心酒服。《千金》。決癰代鍼：白鷄翅下兩邊第一毛，燒灰水服，即破。《外臺》。解蜀椒毒：鷄毛燒烟吸之，并水調一錢服之。《千金方》。馬汗入瘡：鷄毛燒灰，酒服方寸匕。《集驗方》。蠼螋尿瘡：烏鷄翅毛燒灰，油調傅之，蟲畏鷄故也。《瑣碎録》。

尾毛【主治】刺入肉中，以二七枚，和男子乳封之，當出孟詵。解蜀椒毒，燒烟吸之，并以水調灰服。又治小兒痘瘡後生癰，燒灰和水傅之時珍。

【附方】新一。小便不禁：雄鷄翎燒研，酒服方寸匕。《外臺秘要》。

屎白雄鷄屎乃有白，臘月收之，白鷄烏骨者更良。《素問》作鷄矢。【氣味】微寒，無毒。【主治】消渴，傷寒寒熱，破石淋及轉筋，利小便，止遺尿，滅瘢痕《別録》。治中風失音痰迷。炒服，治小兒客忤蠱毒。治白虎風，貼風痛日華。治賊風、風痹，破血，和黑豆炒，酒浸服之。亦治蟲咬毒藏器。下氣，通利大小便，治心腹鼓脹，消癥瘕，療破傷中風，小兒驚啼。以水淋汁服，解金銀毒。以醋和，塗蜈蚣、蚯蚓咬毒時珍。

【發明】頌曰：按《素問》云：心腹滿，旦食不能暮食，名爲鼓脹。治之以鷄屎醴，一劑知，二劑已。王冰注云：《本草》鷄屎利小便，並不治鼓脹。今方法當用湯漬服之耳。時珍曰：鼓脹生於濕熱，亦有積滯成者。鷄屎能下氣消

積，通利大小便，故治鼓脹有殊功，此岐伯神方也。醴者，一宿初來之酒醅也。又按《范汪方》云：宋青龍中，司徒吏顏奮女苦風疾，一髀偏痛。一人令穿地作坑，取鷄屎、荆葉然之，安髀入坑熏之，有長蟲出，遂愈也。

【附方】舊十四，新三十一。　鷄矢醴：《普濟方》云：治鼓脹，旦食不能暮食。由脾虚不能制水，水反勝土，水穀不運，氣不宣流，故令中滿，其脉沉實而滑。宜鷄矢醴主之。何大英云：諸腹脹大，皆屬於熱。精氣不得滲入膀胱，别走於府，溢於皮裏膜外，故成脹滿，小便短澀。鷄矢性寒利小便，誠萬金不傳之寶也。用臘月乾鷄矢白半斤，袋盛，以酒醅一斗，漬七日。温服三盃，日三。或爲末，服二錢亦可。○《宣明》用鷄矢、桃仁、大黄各一錢，水煎服。○《正傳》用鷄矢炒研，沸湯淋汁。調木香、檳榔末二錢服。○一方：用鷄矢、川芎藭等分爲末，酒糊丸服。　牽牛酒：治一切肚腹、四肢腫脹，不拘鼓脹、氣脹、濕脹、水脹等。有峨嵋一僧，用此治人得效，其人牽牛來謝，故名。用乾鷄矢一升炒黄，以酒醅三椀，煮一椀，濾汁飲之。少頃，腹中氣大轉動，利下，即自脚下皮皺消也。未盡，隔日再作。仍以田螺二枚，滚酒瀹食，後用白粥調理。《積善堂經驗方》。　小兒腹脹：黄瘦。用乾鷄矢一兩，丁香一錢，爲末，蒸餅丸小豆大。每米湯下十丸，日三服。《活幼全書》。　心腹鼈瘕：及宿癥，并卒得癥，以飯飼白雄鷄取糞，同小便于瓦器中熬黄爲末，每服方寸匕，温酒服之，日四五服，或雜飯飼之，以消爲度，亦佳。《集驗方》。　食米成瘕：好食生米，口中出清水。以鷄矢同白米各半合，炒爲末，以水一鍾調服。良久，吐出如米形，即瘥。昔慎道恭病此，肌瘦如勞，蜀僧道廣處此方而愈。《醫説》。　反胃吐食：以烏骨鷄一隻，與水飲四五日，勿與食。將五蒲蛇二條，竹刀切與食。待鷄下糞，取陰乾爲末，水丸粟米大，每服一分，桃仁湯下。五七服即愈。《證治發明》。　中諸菜毒：發狂，吐下欲死。用鷄矢燒末，水服方寸匕。《葛氏方》。　石淋疼痛：鷄矢白，日中半乾，炒香爲末。以酸漿飲服方寸匕，日二，當下石出。《古今録驗》。　小兒血淋：鷄矢尖白如粉者，炒研，糊丸緑豆大。每服三五丸，酒下。四五服效。　産後遺溺：不禁。鷄矢燒灰，酒服方寸匕。《産寶》。　轉筋入腹：其人臂脚直，其脉上下，微弦。用鷄矢爲末，水六合，和方寸匕，温服。張仲景方。　中風寒痹：口噤，不知人。以鷄矢白一升炒黄，入酒三升攪，澄清飲。葛氏。　白虎風痛：詵曰：鋪飯於患處，以丹雄鷄食之。良久，取熱糞封之。取訖，使伏於患人牀下。　破傷中風：腰脊反張，牙緊口噤，四肢强直。用鷄矢白一升，大豆五升，炒黄，以酒沃之，微烹令豆澄下。隨量飲，取汗避風。《經驗方》。　産後中風：口噤瘈瘲，角弓反張。黑豆二升半，同鷄矢白一升炒熟，入清酒一升半，浸取一升，入竹瀝服，取汗。《産寶》。　角弓反張：四肢不隨，煩亂欲死。鷄矢白一升，清酒五升，搗篩，合揚千遍，乃飲。大人服一升，少小五合，日三服。《肘後》。　小兒口噤：面赤者屬心，白者屬肺。用鷄矢白如棗大，綿裹，以水一合煮，分二服。一方：酒研服之。《千金》。　小兒緊唇：鷄矢白，研末傅之。有涎易去。《聖惠》。　小兒驚啼：鷄矢白燒灰，米飲服二字。《千金方》。　頭風痹木：用臘月烏鷄矢一升，炒黄爲末，絹袋盛，漬三升酒中。頻頻温服令醉。《千金方》。　喉痹腫痛：鷄矢白含之嚥汁。《聖惠》。　牙齒疼痛：鷄矢白燒末，綿裹咬痛處，立瘥。《經驗方》。　鼻血不止：鷄矢取有白色半截者，燒灰吹之。唐氏《經驗方》。　牙齒不生：不拘大人、小兒。用雄鷄矢、雌鷄矢十五顆焙研，入麝香少許，先以針挑破出血，傅之。年高者不過二十日，年少者十日必生。○《普濟》但用烏鷄雌雄糞，入舊麻鞋底燒存性，等分，入麝香少許，三日夜不住擦，令熱爲佳。李察院亮卿嘗用，有效。　耳聾不聽：鷄矢白炒半升，烏豆炒一升，以無灰酒二升，乘熱投入服，取汗。耳如鼓鼙勿訝。《外臺》。　面目黄疸：鷄矢白、小豆、秫米各二分，爲末，分作三服，水下，當有黄汁出也。《肘後方》。　子死腹中：雌鷄糞二十一枚，水二升五合，煮之，下米作粥食。《産寶》。　乳妒乳癰：鷄矢白炒研，酒服方寸匕，三服愈。《産寶》。　乳頭破裂：方同上。　内癰未成：取伏鷄屎，水和服，即瘥。《千金》。　頭瘡白秃：雄鷄屎末，和陳醬、苦酒洗之。《千金》。　消滅瘢痕：以猪脂三升，飼烏鷄一隻，三日後取矢，同白芷、當歸各一兩，煎十沸，去滓，入鷹矢白半兩調傅。《外臺》。　耳中惡瘡：鷄矢白炒研，傅之。《聖惠》。　瘰癧瘻瘡：雄鷄矢燒灰，臘猪脂和，傅之。《千金》。　食金中毒：已死。取鷄矢半升，水淋取汁一升，飲之，日三。《肘後方》。　縊死未絶：鷄矢白如棗大，酒半盞和，灌口鼻。《肘後》。　尸脚坼裂：無冬夏者。鷄屎煮湯，漬半日，取瘥乃止。《千金》。　射工溪毒：白鷄矢白者二枚，以餳和，塗瘡上。《肘後》。　骨疽不合：骨從孔中出。掘地作坑，口小裏大，深三尺。以乾鷄屎二升，同艾及荆葉搗碎，入坑内，燒令烟出。以疽口就熏，用衣擁之。勿令洩氣。半日當有蟲出，甚效。《千金方》。　陰毒腹痛：鷄糞、烏豆、地膚子各一把，亂髮一團，同炒，烟起，傾入好酒一椀浸之，去滓，熱服即止。《生生編》。　小兒心痛：白烏骨屎五錢，晒研，松脂五錢，爲末，葱頭汁和丸梧子大，黄丹爲衣。每醋湯服五丸。忌生冷、硬物，三四日立效。《嬰童百問》。

鷄子即鷄卵也。黄雌者爲上，烏雌者次之。　【氣味】甘，平，無毒。思邈曰：微寒。畏醇醋。鼎曰：多食，令人腹中有聲，動風氣。和葱、蒜食之，氣短；同韭子食，成風痛；共鱉肉食，損人；共獺肉食，成遁尸；同兔肉食，成洩痢。妊婦以鷄子、鯉魚同食，令兒生瘡；同糯米食，令兒生蟲。時珍曰：小兒患痘疹，忌食鷄子，及聞煎食之氣，令生翳膜。

【主治】除熱火灼爛瘡、癇痓，可作虎魄神物《别録》。弘景曰：用欲毈子，黄白混雜者，煮作之，極相似，惟不拾芥爾。又煮白，合銀口含，須臾色如金也。　鎮心，安五

臟，止驚安胎，治妊娠天行熱疾狂走，男子陰囊濕痒，及開喉聲失音。醋煮食之，治赤白久痢，及産後虚痢。光粉同炒乾，止疳痢，及婦人陰瘡。和豆淋酒服，治賊風麻痹，醋浸令壞，傅疵䵟。作酒，止産後血運，暖水臟，縮小便，止耳鳴。和蠟炒，治耳鳴、聾，及疳痢日華。益氣。以濁水煮一枚，連水服之，主産後痢。和蠟煎，止小兒痢藏器。小兒發熱，以白蜜一合，和三顆攪服，立瘥孟詵。〇《太平御覽》云：正旦吞烏鷄子一枚，可以練形。《岣嶁神書》云：八月晦日夜半，面北吞烏鷄子一枚，有事可隱形。

〔發明〕時珍曰：卵白象天，其氣清，其性微寒；卵黄象地，其氣渾，其性温；卵則兼黄白而用之，其性平。精不足者補之以氣，故卵白能清氣，治伏熱、目赤、咽痛諸疾；形不足者補之以味，故卵黄能補血，治下痢、胎産諸疾；卵則兼理氣血，故治上列諸疾也。

〔附方〕舊八，新二十三。天行不解：已汗者。用新生鷄子五枚，傾盞中，入水一鷄子攪渾，以水一升煮沸投入，納少醬啜之，令汗出愈。《許仁則方》。天行嘔逆：食入即吐。鷄子一枚，水煮三五沸，冷水浸少頃，吞之。《外臺》。傷寒發狂：煩躁熱極。吞生鷄子一枚，效。《食鑒》。三十六黄：《救急方》用鷄子一顆，連殼燒灰，研醋一合和之，温服，鼻中蟲出爲效。身體極黄者，不過三枚，神效。《外臺秘要》。白虎風病：藏器曰：取鷄子指病處，呪願，送糞堆頭上，不過三次瘥。白虎是糞神，愛喫鷄子也。身面腫滿：鷄子黄白相和，塗腫處，乾再上。《肘後方》。年深哮喘：鷄子略敲損，浸尿缸中三四日，煮食，能去風痰。《集成》。心氣作痛：鷄子一枚打破，醋二合調服。《肘後》。小兒疳痢：肚脹。用鷄子一個開孔，入巴豆一粒，輕粉一錢，用紙五十重裹，于飯上蒸三度，放冷去殼研，入麝香少許，糊和丸米粒大。食後温湯下二丸至三丸。《經驗方》。預解痘毒：《保和方》用鷄卵一枚，活地龍一條入卵内，飯上蒸熟，去地龍，與兒食，每歲立春日食一枚，終身不出痘也。〇李氏用鷄卵一枚，童便浸七日，水煮食之，永不出痘。李捷用頭生鷄子三五枚，浸厠坑内五七日，取出煮熟與食，數日再食一枚，永不出痘。徐都司得于浙人之方。痘瘡赤瘢：鷄子一個，酒醅浸七日，白殭蠶二七枚，和匀，揩赤塗之，甚效。《聖惠》。雀卵面皰：鷄卵醋浸壞，取出傅之。《聖惠》。妊娠時疾：令胎不動。以鷄子七枚，納井中令冷，取出打破吞之。《子母秘録》。病欲去胎：鷄子一枚，入鹽三指撮，服。《張文仲方》。胎動下血：藏器曰：鷄子二枚打破，以白粉和稀食之。子死腹中：用三家鷄卵各一枚，三家鹽各一撮，三家水各一升，同煮，令婦東向飲之。《千金方》。産後血多：不止。烏鷄子三枚，醋半升，酒二升，和攪，煮取一升，分四服。《拾遺》。産後心痛：鷄子煮酒，食即安。《備急方》。産後口乾：舌縮。用鷄子一枚打破，水一盞攪服。《經驗方》。婦人白帶：用酒及艾葉煮鷄卵，日日食之。《袖珍方》。頭風白屑：新下烏鷄子三枚，沸湯五升攪，作三度沐之，甚良。《集驗》。腋下胡臭：鷄子兩枚，煮熟去殼，熱夾，待冷，棄之三叉路口，勿回顧。如此三次效。《肘後》。乳石發渴：水浸鷄子，取清生服，甚良。《總録》。解野葛毒：已死者，物開口後，灌鷄子三枚。須臾吐出野葛，乃甦。《肘後》。胡蔓草毒：即斷腸草。一葉入口，百竅流血。惟急取鳳凰胎，即鷄卵抱未成雛者，已成者不用，研爛，和麻油灌之。吐出毒物乃生，少遲即死。《嶺南衛生方》。癰疽發背：初作及經十日以上，腫赤焮熱，日夜疼痛，百藥不效者。用毈鷄子一枚，新狗屎如鷄子大，攪匀，微火熬令稀稠得所，捻作餅子，于腫頭上貼之，以帛包抹，時時看視，覺餅熱即易，勿令轉動及歇氣，經一宿定。如日多者，三日貼之，一日一易，至瘥乃止。此方穢惡，不可施之貴人。一切諸方皆不能及，但可備擇而已。《千金方》。蜘蛛蛇傷：鷄子一個，輕敲小孔合之，立瘥。《兵部手集》。蠼螋尿瘡：同上法。身體發熱：不拘大人、小兒。用鷄卵三枚，白蜜一合和服，立瘥。《普濟》。

卵白〔氣味〕甘，微寒，無毒。〔主治〕目熱赤痛，除心下伏熱，止煩滿欬逆，小兒下泄，婦人産難，胞衣不出，並生吞之。醋浸一宿，療黄疸，破大煩熱《别録》。産後血閉不下，取白一枚，入醋一半攪服藏器。和赤小豆末，塗一切熱毒、丹腫、腮痛神效。冬月以新生者酒漬之，密封七日取出，每夜塗面，去䵟䵳皰，令人悦色時珍。

〔發明〕宗奭曰：産後血運，身痙直，口、目向上牽急，不知人。取鷄子一枚，去殼分清，以荆芥末二錢調服即安，甚敏捷，烏鷄子尤善。

〔附方〕舊四，新六。時行發黄：醋酒浸鷄子一宿，吞其白數枚。《肘後方》。下痢赤白：生鷄子一個，取白攤連紙上日乾，摺作四重，包肥烏梅十個，安熨斗中，以白炭燒存性，取出碗覆，冷定研末，入水銀粉少許。大人分二服，小兒三服，空心井花水調下。如覺微利，不須再服。《證類》。蚘蟲攻心：口吐清水。以鷄子一枚去黄，納好漆入鷄子殼中和合。仰頭吞之，蟲即出也。《古今録驗》。五種遁尸：其狀腹脹，氣急冲心，或磥魂踊起，或牽腰脊。以鷄卵白七枚，頓吞之良。《千金方》。咽塞鼻瘡：及乾嘔頭痛，食不下。用鷄子一枚，開一竅，去黄留白，着米酢，煻火頓沸，取下更頓，如此三次。乘熱飲之，不過一二度即愈。《普濟方》。面生皰瘡：鷄子，以三歲苦酒浸之三宿，待軟，取白塗之。《肘後》。湯火燒灼：鷄子清和酒調洗，勤洗即易生肌。忌發物。或生傅之亦可。《經驗秘方》。頭髮垢䐈：鷄子白塗之，少頃洗去，光澤不燥。瀕湖。面黑

令白：鷄子三枚，酒浸，密封四七日。每夜以白傅面，如雪白也。《普濟》。塗面駐顔：鷄子一枚，開孔去黄留白，入金華胭脂及硇砂少許，紙封，與鷄抱之，俟别卵抱出，以塗面。洗之不落，半年尚紅也。《普濟》。

卵黄 【氣味】甘，温，無毒。【主治】醋煮，治産後虚痢，小兒發熱。煎食，除煩熱。鍊過，治嘔逆。和常山末爲丸，竹葉湯服，治久瘧《藥性》。炒取油，和粉，傅頭瘡日華。卒乾嘔者，生吞數枚，良。小便不通者，亦生吞之，數次效。補陰血，解熱毒，治下痢，甚驗時珍。

【發明】時珍曰：鷄子黄，氣味俱厚，陰中之陰，故能補形。昔人謂其與阿膠同功，正此意也。其治嘔逆諸瘡，則取其除熱引蟲而已。頌曰：鷄子入藥最多，而髮煎方特奇，劉禹錫《傳信方》云亂髮鷄子膏，治孩子熱瘡。用鷄子五枚煮熟，去白取黄，亂髮如鷄子大，相和，於鐵銚中炭火熬之。初甚乾，少頃即髮焦，乃有液出。旋取置椀中，以液盡爲度。取塗瘡上，即以苦參末粉之。頃在武陵生子，蓐内便有熱瘡，塗諸藥無益，而日益劇，蔓延半身，晝夜號啼，不乳不睡。因閲《本草》髮髮條云：合鷄子黄煎之，消爲水，療小兒驚熱、下痢。註云：俗中嫗母爲小兒作鷄子煎，用髮雜熬之，良久得汁，與小兒服，去痰熱，主百病。又鷄子條云：療火瘡。因是用之，果如神效也。

【附方】舊三，新十一。赤白下痢：鷄卵一枚，取黄去白，入胡粉滿殻，燒存性。以酒服一錢匕。葛氏方。妊娠下痢：絞痛。用烏鷄子一枚，開孔去白留黄，入黄丹一錢在内，厚紙裹定，泥固煨乾爲末。每服三錢，米飲下。一服愈者是男，兩服愈者是女。《三因方》。子死腹中：鷄子黄一枚，薑汁一合，和服，當下。小腸疝氣：鷄子黄攪，温水服之。三服效。小兒癇疾：鷄子黄和乳汁攪服。不過三兩枚，自定。《普濟》。小兒頭瘡：煮熟鷄子黄，炒令油出，以麻油、膩粉搽之。《事林廣記》。鼠瘻已潰：鷄卵一枚，米下蒸半日，取黄熬令黑。先拭瘡令乾，以藥納孔中，三度即愈。《千金方》。脚上臭瘡：熟鷄子黄一個，黄蠟一錢，煎油塗之。湯火傷瘡：熟鷄子十個，取黄炒取油，入膩粉十文攪匀，掃上，三五日永除瘢痕。《集驗方》。杖瘡已破：鷄子黄熬油搽之，甚效。唐瑶《經驗方》。天泡水瘡：方同上。消滅瘢痕：鷄子五七枚煮熟，取黄炒黑，拭塗，日三。久久自滅。《聖惠方》。妊娠胎漏：血下不止，血盡則子死。用鷄子黄十四枚，以好酒二升，煮如餳服之。未瘥再作，以瘥爲度。《普濟方》。耳疳出汁：鷄子黄炒油塗之，甚妙。《談埜翁方》。

抱出卵殻時珍曰：俗名混沌池、鳳凰蜕。用抱出者，取其蜕脱之義也。○李石《續博物志》云：踏鷄子殻，令人生白癜風。【主治】研末，磨障翳日華。傷寒勞復，熬令黄黑爲末，熱湯和一合服，取汗出即愈。蘇頌。出《深師方》。燒灰油調，塗癬及小兒頭身諸瘡。酒服二錢，治反胃時珍。

【附方】舊二，新七。小便不通：鷄子殻、海蛤、滑石，等分爲末。每服半錢，米飲下，日三。《聖惠方》。小兒煩滿：欲死。鷄子殻燒末，酒服方寸匕。《子母秘録》。瘢痘入目：鷄子殻燒研，入片腦少許，點之。《鴻飛集》。頭瘡白禿：鷄子殻七個，炒研油和，傅之。《秘録》。頭上軟癤：用抱出鷄卵殻，燒存性研末，入輕粉少許，清油調傅。《危氏方》。耳疳出膿：用抱出鷄卵殻，炒黄爲末，油調灌之，疼即止。《杏林摘要》。玉莖下疳：鷄卵殻炒研，油調傅之。同上。外腎癰瘡：抱出鷄卵殻、黄連、輕粉等分，爲細末。用鍊過香油調塗。《醫林正宗》。痘瘡惡證：瘢痘倒陷，毒氣壅遏於裏，則爲便血、昏睡不醒，其證甚惡。用抱出鷄子殻去膜，新瓦焙研。每服半錢，熱湯調下。嬰兒以酒調，抹唇、舌上，并塗風池、胸、背，神效。

卵殻中白皮 【主治】久欬氣結，得麻黄、紫(苑)〔菀〕服，立效《别録》。

【發明】時珍曰：按《仙傳外科》云：有人偶含刀在口，割舌，已垂未斷。一人用鷄子白皮袋之，摻止血藥於舌根。血止，以蠟化蜜調冲和膏，敷鷄子皮上。三日接住，乃去皮，只用蜜蠟勤敷，七日全安。若無速效，以金鎗藥參治之。此用鷄子白皮無他，但取其柔軟而薄，護舌而透藥也。

【附方】新二。欬嗽日久：鷄子白皮炒十四枚，麻黄三兩，焙，爲末。每服方寸匕，飲下，日二。《必效方》。風眼腫痛：鷄子白皮、枸杞白皮，等分爲末。吹鼻中，一日三次。《聖濟總録》。

鷄白蠹肥脂《本經》弘景曰：不知是何物。恐别一種耳。藏器曰：今鷄亦有白臺，如卵而硬，有白無黄，云是牡鷄所生，名父公臺。臺字似槖字，疑傳誤也。機曰：此《本經》文，列于黑雌鷄條下，似指雌鷄之肥脂，如蠹蟲之肥白，因其似而名之也。時珍曰：蠹音妬，而藏器以爲槖何耶？今牡鷄生子，亦時或有之，然不當有肥脂字，當以機説爲近。否則，必雌鷄之生腸也。《本經》有其名，不具其功，蓋脱簡之文。

窠中草 【主治】頭瘡白禿，和白頭翁草燒灰，猪脂調傅日華。天絲入眼，燒灰淋清汁洗之，良。時珍。出《不自秘方》。

【附方】新一。小兒夜啼：鷄窠草安席下，勿令母知。《日華本草》。産後遺尿：鷄窠草燒末，酒服一錢匕。《聖惠方》。

𤏱鷄湯 【主治】消渴，飲水無度，用𤏱雄鷄水，濾澄服之。不過二鷄之水愈，神效。《楊氏經驗方》。

【附方】新一。鷄眼作痛：剥去皮，以𤏱鷄湯洗之。《簡便方》。

題明・薛己《本草約言》卷二《藥性本草》 雞 屬土有金與木火，惟毛

色之烏者，其象屬水，是五行全具，治療惟此為優。蓋雞屬巽，位乎東方，五更陽升從此位，雞感其氣而鳴，故主陽，主動。又屬木主風，故其性動風患，若患筋攣者忌之。味屬火，病骨熱者宜戒。雄雞皆然，惟丹色者為甚。　又云：　諸雞肉補虛羸最要，故食治方中多用之。

明・梅得春《藥性會元》卷下　丹雄雞肉　味酸，微溫。凡食雞，如畜二三年之上者，勿食其冠。蓋雞冠最毒，可殺人，即如鶴頂之類。緣雞食諸蜈蚣等毒物，其毒皆聚於冠也。　主下氣，療狂邪，安五臟，傷中消渴，利小便，去丹毒。　烏骨雄雞肉：　主補中，止痛。　膽：　微寒。　主療目不明，肌瘡。　腸：　主遺溺，小便數。　肝及左翅毛：　主起陰。　冠血：　主乳難。　雞屬巽，動肝火。　黑雌雞：　主治風寒濕痹，五緩六急，安胎。　血：無毒。　主治中惡腹痛及踒折骨痛，乳難。　翅羽：　主下血閉。　黃雌雞：味酸，甘，平。　主治傷中消渴，小便數不禁，腸澼泄洩，痢疾，補益五臟，續絕傷，療勞益氣。　雞子：　主除熱火瘡，痓病。　卵白：　微寒，療目熱赤痛，除心下伏熱，止煩滿欬逆，小兒下洩，婦人產難，胞衣不出。醋漬之，療黃疸，破大煩熱。　即雞子清也。　卵中白皮：　治久欬逆結氣，得麻黃、紫(苑)[菀]和服之，立愈。

明・王肯堂《傷寒證治準繩》卷八　鷄子黃　氣溫，味甘，無毒。《本草》云：　陰不足，補之以血。若咽有瘡，鷄子一枚，去黃，苦酒傾殼中，以半夏入苦酒中，取殼置刀環上，熬微沸，去柤，旋旋呷之。又主除熱火瘡，癇痓。卵白，為肌肉皮毛。卵黃，為藏府。卵白象天，卵黃象地。故有陰陽、表裏、氣血之分焉。

明・穆世錫《食物輯要》卷五　雞　屬巽，巽主風木，善發風助肝火。同葫蒜、芥，同李、兔，同犬肝、腎食，竝令人泄痢。同魚汁食，成心瘕。同鯉魚食，生疽毒。同獺肉食，成遁尸病。同糯米食，生蛔蟲。同葱食，多生蟲發痔。小兒喜食雞肉，多生蟲。四月勿食抱雞肉，發瘡癤成漏。凡雞具五色者，食之旺神氣。嫩黃者，宜老人。線雞能啼者，忌食。

丹雄雞：　味甘，性微溫，無毒。辟不祥，溫中補虛，益肺止血。治女人崩漏，赤白帶淋。　白雄雞：　味甘，酸，性微溫，無毒。調中下氣，袪邪，散丹毒風，安五臟，止消渴，利小水。　黑雄雞：　味甘，性微溫，無毒。補虛乏，去心腹惡氣及風濕麻痹，安胎。　黑雌雞：　味甘、酸，性溫，無毒。止反胃，定心志，去風寒濕痹，排癰膿，破宿血，生新血，安胎。　黃雌雞：　味甘、酸，鹹，平，無毒。補五臟，益氣力，壯陽道。治瀉痢消渴，小便不禁。有骨蒸熱者，勿食。治產後虛乏，煮汁煎藥良。

明・李中立《本草原始》卷一〇　雞　在處畜養，大小形色不同。古稱雞之德五：　戴冠者，文也；　足搏距者，武也；　敵在前敢鬬者，勇也；　見食相告者，仁也；　鳴不失時者，信也，故俗呼為五德禽。《廣志》云：　大者曰蜀，小者曰荊。崔豹《古今注》：　雞為燭夜。《爾雅翼》云：　司時之畜。徐鉉云：　雞者，稽也，能稽時也。《易》曰：　巽為雞。《風俗通》曰：　呼雞為朱朱者，俗說雞乃朱翁所化。《禮記》宗廟之雞，名曰翰音。

《本草綱目》云：　雞類甚多。朝鮮一種尾長三四尺；　遼陽一種角雞，味俱肥美，大勝諸雞；　南越一種長鳴雞，晝夜啼鳴；　南海一種石雞，潮至即鳴；　蜀中一種鵾雞，楚中一種傖雞，並高三四尺；　廣東一種矮雞，纔二寸許也。凡人家無故群雞夜鳴，謂之荒雞，主凶；　黃昏獨啼，主有天恩，謂之盜啼。老雞作人言，牝雞雄鳴，雄雞生卵，並宜殺之。

雞，《本經》上品。【圖略】養雞法：　雞勿餵濕飯，食濕飯則臍內生膿而死。近柳柴煙則傷。有病灌香油便活。生雞以稍熱水洗足，放之自不走，且免爭鬬。

諸雞肉食忌　詵曰：　雞有五色者，玄雞白首者，六指者，四距者，雞死足不伸者，並不可食，害人。《延壽書》云：　閹雞能啼者有毒。四月勿食抱雞肉，令人作癰成漏，男女虛乏。

弘景曰：　小兒五歲以下食雞，生蛔蟲。雞肉不可合葫、蒜、芥、李食，不可合犬肝、犬腎食，並令人洩痢。同兔食成痢，同魚汁食成心瘕，同鯉魚食成癰癤，同獺肉食成遁尸，同生葱食成蟲痔，同糯米食生蛔蟲。

丹雄雞肉：　氣味：　甘，微溫，無毒。主治：　女人崩中，漏下赤白沃，通神。殺惡毒，辟不祥。〇補虛溫中，止血。能愈久傷乏瘡不差者。補肺。

白雄雞肉：　氣味：　酸，微溫，無毒。主治：　下氣，療狂邪，安五臟，傷中消渴。〇調中除邪，利小便，去丹毒風。　烏雄雞肉：　氣味：　甘，微溫，無毒。主治：　補中止痛。〇止肚痛，心腹惡氣，除風濕麻痹，諸虛羸，安胎，治折傷并癰疽。生搗，塗竹木刺入肉。　黑雌雞肉：　氣味：　甘、酸，溫、平，無毒。主治：　作羹食治風寒濕痹，五緩六急，安胎。〇安心定志，除邪辟惡

氣，治血邪，破心中宿血。治癰疽排膿，補新血，及産後虛羸，益血助氣。○治反胃及腹痛，踒折骨痛，乳癰。又新産婦，以一隻，治淨，和五味炒香，投二升酒中，封一宿，取飲之，令人肥白。又和烏油麻二升，熬香，入酒中極效。

黄雌雞肉：　氣味：　甘、酸、鹹，平，無毒。主治：　傷中消渴，小便數而不禁，腸澼洩痢，補益五臟絕傷，療五勞，益氣力。○治勞劣，添髓補精，助陽氣，暖小腸，止洩精，補水氣。○補丈夫陽氣，治冷氣疾着牀者，漸漸食之，良。以光粉、諸石末和飯飼雞，煮食甚補益。治産後虛羸，煮汁煎藥服佳。日華子曰：　黄雌雞肉性溫，患骨熱人勿食。　烏骨雞：　氣味：　甘，平，無毒。主治：　補虛羸弱，治消渴，中惡鬼擊心腹痛。益産婦，治女人崩中帶下。一切虛損諸病。大人、小兒下痢禁口，並煮食飲汁，亦可搗和丸藥。烏骨雞有白毛烏骨，黑毛烏骨，黄毛烏骨，斑毛烏骨。有骨肉俱烏，肉白骨烏者，但看雞舌黑者，則肉骨俱烏，入藥更良。乃肝腎血分之藥。男用雌，女用雄。

按：《太平御覽》云：　夏侯弘行江陵，逢一大鬼引小鬼數百行。弘潛捉末後一小鬼問之，曰：　此廣州大殺也，持弓戟往荊、揚二州殺人。若中心腹者死，餘處猶可救。弘曰：　治之有方乎？　曰：　但殺白烏骨雞，薄心即瘥。時荊、揚病心腹者甚衆。弘用此治之，十愈八九。中惡用烏雞，自弘始也。此說雖涉迂怪，然其方則神妙，謂非神傳不可也。鬼擊卒死，用其血塗心下亦效。

反毛雞：　治反胃，以一隻煮爛，去骨，入人參、當歸、食鹽各半兩，再同煮爛，食之至盡。　雞頭：　丹、白雄雞者良。主治：　殺鬼，東門上者良。

雞冠血：　三年雄雞者良。氣味：　鹹，平，無毒。主治：　烏雞者主乳難。治目淚不止，日點三四次良。○丹雞者治白癜風。○並療經絡間風熱。塗頰，治口喎不正；　塗面，治中惡卒。飲之，治縊死欲絕，及小兒卒驚客忤。塗諸瘡癬，蜈蚣、蜘蛛毒，馬齧瘡，百蟲入耳。　雞血：　烏雞、白雞者良。氣味：　鹹，平，無毒。主治：　踒折骨痛及痿痹，中惡腹痛，乳難。○治剝驢、馬被傷，及馬咬人，以熱血浸之。主小兒下血及驚風，解丹毒、蠱毒，鬼排陰毒，安神定志，熱血服之。白癜風、瀝瘍風，以雄雞翅下血塗之。　腦：　白雄雞者良。主治：　小兒驚癇。燒灰酒服，治難産。　肪：　烏雄雞者良。主治：　耳聾。○頭禿髮落。　心：　主治：　五邪。　肝：　雄雞者良。主治：　起陰。○補腎。治心腹痛，安漏胎下血，以一具切和酒五合服之。膽：　烏雄雞者良。主治：　目不明，肌瘡。○月蝕瘡遶耳根，日三塗之。燈心蘸，點胎赤眼甚良。水化，搽痔瘡亦效。　腎：　雄雞者良。主治：　齆鼻作臭，用一對，與脖前肉等分，入豉七粒，新瓦上焙研，以雞子清和作餅，安鼻前引蟲出，忌陰人、雞、犬見。　嗉：　主治：　小便不禁，及氣噎，食不消。

腸：　男用雌，女用雄。主治：　遺溺，小便數不禁，燒存性，每服三指，酒下。　肋骨：　烏骨雞者良。主治：　小兒羸瘦，食不生肌。　膍胵裏黄皮：　一名雞內金。男用雌，女用雄。氣味：　甘，平，無毒。主治：　洩痢，小便頻遺，除熱止煩。○止泄精並尿血，崩中帶下，腸風瀉血。○治小兒食瘧，療大人淋濁，反胃，消酒積，主喉閉，乳蛾，一切口瘡、牙疳，諸瘡。　距：白雄雞者良。主治：　産難，燒研酒服。○下骨鯁，以雞足一雙，燒灰水服。

翮翎：　白雄雞者良。主治：　下血閉。左翅毛能起陰，治婦人小便不禁，消陰癩，療骨鯁，蝕癰疽。止小兒夜啼，安席下，勿令母知。《感應志》云：五酉日，以白雞左翅燒灰，揚之，風立至，以黑犬皮毛燒灰揚之，風立止。尾毛：　主治：　刺入肉中，以二毛根和男子乳封之，當出。　屎白：　雄雞屎乃有白，臘月收之。白雞烏骨者更良。氣味：　微寒，無毒。主治：　消渴，傷寒寒熱，破石淋及轉筋，利小便，止遺尿，滅瘢痕。○治中風失音，痰迷。炒服，治小兒客忤蠱毒。治白虎風，貼風痛。○治賊風風痹，破血，和黑豆炒，酒浸服之。亦治蟲咬毒。○下氣，通利大小便，治心腹鼓脹，消癥瘕，療破傷中風，小兒驚啼。以水淋汁服，解金銀毒。以醋和，塗蜈蚣、蚯蚓咬毒。　雞子：　即雞卵也，俗呼雞蛋。黄雌者上，烏者次之。氣味：　甘，平，無毒。主治：　除熱火灼爛瘡，癇痓，可作虎魄神物，鎮心安五臟，止驚安胎，治妊娠天行熱疾狂走，男子陰囊濕痒，及開喉聲失音。醋煮食之，治赤白久痢，及産後虛痢。光粉同炒乾，止疳痢及婦人陰瘡。和豆淋酒服，治賊風麻痹。醋浸令壞，傅疵䵟。作酒，止産後血運，暖水臟，縮小便，止耳鳴。和蠟炒，治耳鳴、聾及疳痢。○益氣以濁水煮一枚，連水服之，主産後痢；　和蠟煎，止小兒痢。○小兒發熱，以白蜜一合，和三顆攪服，立瘥。《太平御覽》云：　正旦吞烏雞子一枚，可以練形。《岣嶁神書》云：　八月晦日夜半鼎曰：　雞卵多食，令人腹中有聲，動風氣。和葱、蒜食之氣短。同韭子食，成風痛。共鱉肉食損人。共獺肉食，成遁尸。同兔肉食，成洩痢。妊婦以雞

子、鯉魚同食，令兒生瘡。同糯米食，令兒生蟲。〇小兒患痘疹，忌食雞子，及聞煎食之氣，令生翳膜。　卵白：　氣味：　甘、〔鹹〕，微寒，無毒。　主治：目熱赤痛，除心下伏熱，止煩滿欬逆，小兒下泄，婦人產難，胞衣不出，並生吞之。醋浸一宿，療黃疸，破大煩熱。〇產後血閉不下，取白一枚，入醋一半攪服。〇和赤小豆末塗一切熱毒、丹腫、顋痛，神效。冬月以新生者，酒漬之，密封七日，取出，每夜塗面，去䵟䵳、皻皰，令人悅色。　戲術：　布線縛火：用布線一條，雞子白塗之，向日正午能縛火，火燒不斷。　卵黃：　氣味：甘，溫，無毒。　主治：　醋煮，治產後虛痢，小兒發熱。煎食，除煩熱。煉過，治嘔逆。和常山末為丸，竹葉湯服，治久瘧。〇炒取油，和粉傅頭瘡。〇卒乾嘔者，生吞數枚，良。小便不通者，亦生吞之，數次效。補陰血，解熱毒，治下痢甚驗。

唐瑤《經驗方》：　治杖瘡破損，雞子黃熬油，搽之甚效。

抱出卵殼：　俗名混沌池、鳳凰蛻，研末，磨障翳。〇傷寒勞復，熬令黃黑，為末，熱湯和一合服，取汗出，即愈。　卵殼中白皮：　主治：　久欬氣結，得麻黃、紫(苑)〔菀〕服，立效。　窠中草：　小兒夜啼，安席下，勿令母知。

明・張懋辰《本草便》卷二

丹雄雞　味甘，氣微溫，無毒。一云有小毒。　主女子崩中漏下赤白沃，補虛溫中，止血通神，殺毒辟不祥。　冠血　主乳難，療白癜風、諸瘡；　又自縊死心下溫者，刺血滴口中，男雌女雄；　百蟲入耳中，滴之即出。〇諸雞肉補虛羸最要，故食治方中多用之。有風人不宜食；　又患骨熱者不可食。丹溪云：　屬土而有金與木火，性補，故助濕中之火；　又屬巽，助肝火。

明・吳文炳《藥性全備食物本草》卷三

雞　屬巽。巽主風木，善發風，助肝火。同胡椒、芥，同李、兔，同犬肝腎食，並令人泄瀉；　同魚汁食成心瘕；　同鯉魚食生疽毒；　同獺肉食成遁尸病；　同糯米食生蚘蟲；　同葱食多生蟲發痔。小兒喜食雞肉多生蟲。四月勿食抱雞肉，發瘡癧成漏。凡雞具五色者，食之旺神氣，嫩黃者宜老人。線雞能啼者忌食。

丹雄雞：　丹，言色也；　雄，壯也，陽氣壯也。雞，稽也。稽候日將至巽位，感動其氣而鳴，故巽為雞，為風。　肉：　主女人崩中漏下，赤白沃，止血補虛，溫中，久傷乏瘡。　冠血：　主自縊死心下溫者，刺血滴口中，男雌女雄，即活。百蟲入耳，滴之即出。小兒卒驚，似有痛處而不知疾狀，臨兒口中滴少許差。兼療乳難。白癜風，諸瘡浸淫瘡，馬咬人瘡毒腫疼痛，蜈蚣咬，並取塗之。　烏雄雞：　甘，溫，補中氣不足，取一隻，治如食法以五味炆爛食之，生即反損。又止心腹痛，除風濕麻痺，安胎，治折傷，攻癰疽。　肝及左翅毛：　主強陰。　膽：　療目不明，月蝕瘡。　腸：　主遺溺，小便不禁。

肶胵裏黃皮：　微寒，無毒。主洩利，小便遺溺，除熱止煩，止洩精、尿血，腸風瀉痢，婦人崩中帶下，小兒瘧疾，鵝口不乳，並宜燒灰用之。　頭：　主殺鬼。　心：　主五邪。　肪：　主耳聾。　翮羽：　主下閉血。　血：　主中惡腹痛，踒折骨痛，乳難，痿痺及馬咬瘡，剝馬被刺，熱血浸之。　屎白：　微寒，主消渴，破石淋，消皷脹風痺。又齒痛燒末，綿裹安痛處咬之。蜈蚣咬，醋和傅之。子死腹中，濃煎煮粥食之。產後小便不禁及妬乳癰腫，燒灰酒下。

抑論諸雞補虛羸之最要，故食治方中多用之。有風疾人及患骨熱人不宜食。小兒未斷乳，食之生蛔蟲。又不可合犬肝腎、芥菜同食；　合兔肉食生泄痢；　合水雞食作遁尸。六指、玄雞白頭及自死足爪不伸者，抱雞肉及蜈蚣傷者，食之殺人發疽。凡用雞膽、心、肝、腸、肪、肶胵、糞等，以烏雄雞為良，卵以黃雌、頭以丹雄、翮以烏雄雞為良。大抵丹者入心，白者入肺，黑者入腎，黃者入脾，總是歸於肝也。丹溪云：　屬土而有金與木火，性補，故助濕中之火，病邪得之則劇。然非但雞而已，魚肉之類皆助病者也。

烏雌雞：　骨毛俱黑者為上，治乳難乳癰，風寒濕痺，攻癰疽排膿，安心定志，除邪辟惡氣，益胃氣，壯顏色，破腹中宿血，生新血，補產後虛羸。　白雄雞：　甘、酸，微溫。調中下氣，療狂言，止渴利便，消丹毒，白毛烏骨者佳。

白雌雞：　補五臟勞傷，潤肺益腎，止消渴，治濕痺，腸澼洩痢及小便不禁，婦人崩中下血，赤白漏下，產後虛損等症。　黃雌雞：　甘、酸，性平，無毒。補精，助陽氣，補益五臟絕傷，止腸澼洩痢，止洩精，小便不禁。又和赤豆同煮爛并汁食之，主腹中水癖水腫。其肋骨主小兒羸瘦，食不生肌。　卵：生絞汁入藥，除煩熱及孕婦天行熱疾狂走，豁開淡煮，大能却痰潤聲，養胃，益心血，止驚。和蠟炒止久泄疳痢。和黑豆入酒服，治癇痓賊風麻痺。黃熬油和粉傅頭瘡。　卵白：　微寒，療目赤火燒瘡，除心下伏熱，止煩滿欬逆，小兒下洩，婦人產難，胞衣不出；　醋漬一宿，療黃疸。多食動心氣。和葱食

氣短，和鱉食損人，又不可合獺肉、蒜、李同食。　卵殼：　細研磨障翳；　又傷寒勞復，炒黃為末，熱湯下，汗出即愈。　卵中白皮名鳳凰衣，主久欬結氣，得麻黃、紫(苑)〔菀〕和服之立已。小兒頭身諸瘡，燒灰，猪脂調傅。

《內則》云：　食雞去肝，為不利人。老雞頭有毒，勿食。雞卵小兒有痘者不惟忌食，禁嗅其煎食之氣，恐生翳膜。治過食蛋傷用紫蘇子能消。　解蛋毒用醋。

明・趙南星《上醫本草》卷四　雞　一名燭夜。時珍曰：　雞類甚多，五方所產，大小形色往往亦異。凡人家無故群雞夜鳴者，謂之荒雞，主不祥。若黃昏獨啼者，主有天恩，謂之盜啼。老雞能人言者、牝雞雄鳴者、雄雞生卵者，並殺之即已。俚人畜雞無雄，即以雞卵告竈而伏出之。南人以雞卵畫墨，煮熟驗其黃，以卜凶吉。又以雞骨占年。其鳴也，知時刻。其棲也，知陰晴。《太清外術》言：　蓄蠱之家，雞輒飛去。《萬畢術》言：　其羽焚之可以致風。《五行志》言：　雄雞毛著酒中飲之，所求必得。古人言雞能辟邪，則雞亦靈禽也，不獨充庖而已。吳球云：　三年騸雞常食，治虛損，養血補氣。

丹雄雞：　一名載丹，即朱雞也。　肉：　甘，微溫，無毒。　主治：　補虛補肺，溫中止血，女人崩中漏下，赤白沃。　通神，殺惡毒，辟不祥，能愈久傷之瘡不瘥者。

附方　辟禳瘟疫：　冬至日取赤雄雞作腊，至立春日煮食至盡，勿分他人。

百蟲入耳：　雞肉炙香塞耳中，引出。

白雄雞：　養三年能為鬼神所使，可以辟邪，今術家祈禳皆用白雞。　肉：　酸，微溫，無毒。　主治：　調中下氣，療狂邪，安五臟，傷中消渴，利小便，去丹毒風。

附方　赤白痢下：　白雄雞一隻，如常作臛及餛飩，空心食。

烏雄雞肉：　甘，微溫，無毒。　主治：　補中止痛，止肚痛，心腹惡氣，除風濕麻痹，諸虛羸，安胎，治折傷并癰疽。　生搗，塗竹木刺入肉。

附方　補益虛弱：　用烏雄雞一隻治淨，五味煮極爛食，生即反損人。或五味淹炙食，亦良。　反胃吐食：　用烏雄雞一隻，治如食法，入胡荽子半斤在腹內，烹食。二隻，愈。　老人中風，煩熱語澀：　每用烏雄雞一隻，切，葱白一握，煮臛，下麻〔子〕汁、五味，空心食之。　脚氣煩懣：　用烏雄雞一隻，治如食法，入米作羹食。　卒得欬嗽：　烏雄雞一隻，治如食法，酒漬半日飲之。　腎虛耳聾：　烏雄雞一隻治淨，以無灰酒三升煮熟，乘熱食。三五隻，効。

黑雌雞肉：　甘、酸，溫、平，無毒。　主治：　作羹食，治風寒濕痹，五緩六急，安心定志，除邪辟惡氣，治血邪，破心中宿血。　治反胃及腹痛，踒折骨痛。治癰疽，排膿補新血，及乳癰。　安胎及產後虛羸，益色助氣。

附方　虛損積勞：　治男女因積虛或大病後虛損沉困，酸疼盜汗，少氣喘惙，或小腹拘急，心悸胃弱，多臥少起，漸至瘦削。　若年深，五臟氣竭，則難治也。　用烏雌雞一隻，治如食法，以生地黃一斤，切，飴糖一升，納腹內，縛定，銅器貯，于瓶中蒸五升米熟，取出，食肉飲汁，勿用鹽。　一月一作，神効。

黃雌雞肉：　甘、酸、鹹，無毒。　主治：　傷中消渴，小便數而不禁，腸澼洩痢，補益五臟絕傷，療五勞，益氣力，添髓補精，助陽氣，暖小腸，止洩精，補水氣。　治冷氣疾著牀者，漸漸食之良。　治產後虛羸，煮汁煎藥服，佳。　以光粉諸石末，和飯飼雞，煮食甚補益。　患骨熱人勿食。

附方　下痢禁口：　黃肥雌雞一隻，如常為臛，作濕餛飩，空心食之。　脾虛滑痢：　用黃雌雞一隻，炙，以鹽、醋塗，煮熟食之。　脾胃弱乏，人痿黃瘦：　黃雌雞肉五兩，白麵七兩，切肉作餛飩，下五味煮熟，空心食之。日一作，益顏色，補藏府。　老人噎食不通：　黃雌雞肉四兩切，茯苓〔末〕二兩，白麵六兩，作餛飩，入豉汁煮食，三五服効。

烏骨雞：　有白毛烏骨者，黑毛烏骨者，斑毛烏骨者，有骨肉俱烏者，肉白骨烏者。但觀雞舌黑者，則肉骨俱烏，入藥更良。　男用雌，女用雄。《婦人方科》有烏雞丸治婦人百病。　肉：　甘，平，無毒。　主治：　補虛勞羸弱，治消渴，中惡鬼擊心腹痛，益產婦，治女人崩中帶下，一切虛損諸病。　大人、小兒下痢禁口，並煮食飲汁，亦可搗和丸藥。　按《太平御覽》云：　夏侯弘行江陵，逢一大鬼引小鬼數百行，弘潛捉末後一小鬼。　問之，曰：　此廣州大殺也。持弓戟往荊、揚二州殺人，若中心腹者死，餘處猶可救。　弘曰：　治之有方乎？　曰：　但殺白烏骨雞薄心即瘥。　時荊、(楊)〔揚〕病心腹者甚衆，弘用此治之，十愈八九。　中惡用烏雞，自弘始也。　此說雖涉迂怪，然其方則神妙，謂非神傳不可也。　鬼擊卒死，用其血塗心下，亦効。

附方　脾虛滑泄：　烏骨母雞一隻治淨，用豆蔻一兩，草果二枚，燒存性，摻入雞腹內，紮定煮熟，空心食之。　以上諸雞肉，風病人勿食。　雞有五

色者、玄雞白首者、六指者、四距者，雞死足不申者，並不可食，害人。閹雞能啼者有毒。四月勿食抱雞肉，令人作癰成漏，男女虚乏。雞肉不可合葫蒜、芥、李食，不可合犬肝、犬腎食，並令人洩痢。同兔食成痢，同魚汁食成心瘕，同鯉魚食成癰癤，同獺肉食成遁尸，同生葱食成蟲痔，同糯米食生蚘蟲。小兒五歲以下，食雞肉生蚘蟲。

雞子： 即雞卵也。黄雌者為上，烏雌者次之。《太平御覽》云： 正旦吞烏雞子一枚，可以練形。《岣嶁神書》云： 八月晦日夜半，面北吞烏雞子一枚，有事可隱形。 甘，平，無毒。 主治： 除熱火灼爛瘡，鎮心，安五臟，益氣，止驚，安胎，治妊娠天行，熱疾狂走，男子陰囊濕痒，及開喉聲失音。醋煮食之，治赤白久痢，及產後虚痢。光粉同炒乾，止疳痢，及婦人陰瘡。和豆淋酒服，治賊風麻痹。醋浸令壞，傅疵䵟。作酒，止產後血運，暖水臟，縮小便，止耳鳴。和蠟炒，治耳鳴、聾，及疳痢。以濁水煮一枚，連水服之，主產後痢。和蠟煎，止小兒痢。小兒發熱，以白蜜一合，和三顆攪服，立瘥。

附方 心氣作痛： 雞子一枚打破，醋二合調〔勻，暖過頓服〕。 咽塞鼻瘡及乾嘔頭痛： 食不下，用雞子一枚，開一竅，去黄留白，著米酢，煻火頓沸，取下更頓，如此三次。乘熱飲之，不過一、二度即愈。 湯火燒灼： 雞子清和酒調洗，勤洗即易生肌。忌發物。或生傅之亦可。 一切熱毒、丹腫，腮痛： 用雞子清和〔赤〕小豆末塗之，神效。 小便不通： 吞生雞子黄，數次效。 小腸疝氣： 雞子黄攪，溫水服之。三服效。 湯火傷瘡： 熟雞子十箇，取黄炒取油，入膩粉十文攪勻，〔用雞翎〕掃上，三五日永除瘢痕。 多食雞子令人腹中有聲，動風氣。和葱蒜食之氣短，同韭子食成風痛，共鱉肉食損人，共獺肉食成遁尸，同兔肉食成洩痢。妊婦以雞子、鯉魚同食，令兒生瘡； 同糯米食，令兒生蟲。小兒患痘疹，忌食雞子及聞煎食之氣，令生翳膜。

雞血： 烏雞、白雞者良。 鹹，平，無毒。 主治： 踒折骨痛，安神定志。

附方 筋骨折傷： 急取雄雞一隻，刺血，量患人酒量，用一椀或半椀和飲，痛立止，神驗。 雜物眯目不出： 以雞肝血滴少許，即出。 縊死未絕： 雞血塗喉下。 又方： 刺雞冠血滴口中即活。男用雌，女用雄。 縊繩徐緩解之，慎勿割斷。 雞翮翎： 白雄雞者良。 葛洪云： 凡古井及五月井中有毒，不可輒入，即殺人。 宜先以雞毛試之，毛直下者無毒，回旋者有毒也。

明·繆希雍《本草經疏》卷一九 雞 〔疏〕按雞為陽禽，屬木而外應乎風，故在卦為巽，其色雖有丹、白、黄、烏，其種復有烏骨之異，總之性熱，補陽起陰，兼有風火之義。惟烏骨者，別是一種，獨得水木之精，故主陰虚發熱、蓐勞、崩中等證也。 〔簡誤〕雞，性熱動風。凡熱病初愈，癰疽未潰，素有風病人，咸忌之。弘景云： 小兒五歲以下，食雞生蚘蟲。雞肉不可合葫、芥、李食，不可合犬肝、犬腎，並令人洩痢。同兔食成痢。同魚汁食成心瘕。同鯉魚食成癰癤。同獺肉食成遁尸。同生葱食成蟲痔。同糯米食生蚘蟲。年久老雞，腦有大毒，食之能發疔，中其毒發疔者，以玉樞丹丸可解。

烏骨雞 味甘，平，無毒。主補虚勞羸弱，消渴，中惡鬼擊心腹痛，益產婦，治女人崩中帶下，一切虚損諸疾。

〔疏〕烏骨雞，得水木之精氣，其性屬陰，能走肝腎血分，補血益陰，則虚勞羸弱可除。陰回熱去，則津液自生，渴自止矣。陰平陽秘，表裏固密，邪惡之氣不得入，心腹和而痛自止，鬼亦不能犯矣。益陰則衝、任、帶三脈俱旺，故能除崩中帶下，一切虚損諸疾也。古方烏骨雞丸，治婦人百病者，以其有補虚、益陰、入血分之功也。 〔主治參互〕古方烏骨雞丸，治婦人產後蓐勞及陰虚等證。方中半夏、人參，乃立方者之誤，宜去之。 用骨一具煅存性，同紅藥子、白及、白斂、冰片、雄黄、朱砂、乳香、沒藥，醋、蜜調傅一切癰疽腫毒，神效。 治中惡心腹痛欲死，但殺白烏骨雞，乘熱薄心即瘥。 如鬼擊卒死，用其熱血塗心下亦妙。

雞冠血 主乳難。用三年老雄者，取其陽氣充溢也。凡風中血脈則口角僻喎，冠血鹹而走血，透肌肉，故以之治中風口喎不正，塗頰上效。丹雄雞為陽禽，冠血乃諸陽之所聚，故能治中惡客忤邪氣。高武《痘疹正宗》云： 雞冠血和酒服，發痘最佳，雞屬巽，屬風，頂血至清至高故也。

〔主治參互〕《皆效方》對口毒瘡，熱雞冠血，頻塗之，取散。 《青囊襍纂》中蜈蚣毒，舌脹出口是也。雄雞冠血，浸舌，并咽之。 《勝金方》諸蟲入耳，雞冠血滴入即出。 〔簡誤〕痘瘡須分寒熱。雞血性溫，天行瘡子虚寒者得之，固可資其起發； 倘因血熱而乾枯焦黑者，誤用之能更轉劇。世人類用雞血、桑蠹蟲發痘，而不分寒熱，誤也。

肝　主起陰氣。

〖疏〗肝，本經主起陰氣，性溫可知。味甘微苦，入足厥陰、少陰經。今人用以治少兒疳積，眼目不明者，取其導引入肝，氣類相感之用也。〖主治參互〗同蕪荑、使君子、胡黃連、青黛、五穀蟲、穀精草、蘆薈，治小兒疳熱，目生障翳。《千金方》陰痿不起，用雄雞肝三具，菟絲子一升，為末，雀卵和丸小豆大。每五六十丸，酒下，日二服。

屎白　微寒。主消渴，傷寒寒熱，破石淋及轉筋，利小便，止遺溺，滅瘢痕。雄雞屎乃有白，臘月收之。白雞烏骨者更良。《素問》作雞矢。

〖疏〗雞屎白微寒，乃腸胃所出之物，故復能走腸胃治病。《素問》云：心腹滿，旦食不能暮食，名為鼓脹。治之以雞矢醴，一劑知，二劑已。王太僕註云：《本草》雞矢，並不治蠱脹，但能利小便。蓋蠱脹皆生于濕熱，濕熱脹滿則小便不利，雞屎能通利下泄，則濕熱從小便而出，蠱脹自愈。故曰治濕不利小便，非其治也。本經主石淋，利小便，止遺溺者，正此意耳。轉筋者，血熱也。傷寒寒熱及消渴者，熱在陽明也。瘢痕者，血熱壅滯肌肉也。寒能總除諸熱，故主之也。日華子炒服，治中風失音痰迷。陳藏器和黑豆炒酒浸服，治賊風風痹。蓋風為陽邪，因熱而生，雞屎寒能除熱，雞本與風木之氣相通，取其治本從類之義也。〖主治參互〗《普濟方》雞矢醴，治臌脹，旦食不能暮食，用臘月乾雞矢白半斤，袋盛，以酒醅一斗，漬七日，溫服三盃，日三。或為末服二錢亦得。《積善堂經驗方》治一切肚腹四肢腫脹，不拘鼓脹、氣脹、濕脹、水脹等，用乾雞矢一升，炒黃，以酒醅三碗，煮一碗，濾汁飲之。少頃腹中氣大轉動利下，即自腳下皮皺消也。未盡，隔日再作。

雞子　主除熱火瘡，癇痙。

卵白　微寒，療目熱赤痛，除心下復熱，止煩滿欬逆，小兒下洩，婦人產難，胞衣不出。醯漬之一宿，療黃疸，破大煩熱。

〖疏〗雞子稟生化最初之氣，如混沌未分之形。故卵白象天，其氣清，其性微寒。卵黃象地，其氣濁，其性微溫。卵則兼清濁而為體。其味甘，氣平，無毒。凡癇痙皆火熱為病，雞子之甘，能緩火之標，平即兼涼，能除熱，故主癇痙及火瘡，并治傷寒少陰咽痛，神效。〖主治參互〗《醫方集成》年深哮喘，雞子略敲損，浸尿缸中三四日，煮食，能去風痰。又方，用頭生雞卵七枚，童便浸七日，取出煮熟，每日食一枚，永不出痘。仲景苦酒湯：治少陰病，咽中傷生瘡，痛不能語言，聲不出者，用半夏十四枚碎，雞子一枚去黃，內入半夏、苦酒令滿，置刀環中，安火上，令三沸，去滓，少少含嚥之。不瘥更作。此方有神效。《普濟方》咽塞生瘡，乾嘔頭痛，食不下。法同上，無半夏。《經驗秘方》湯火燒灼，雞子清和酒調洗，勤洗止痛生肌。《普濟方》塗面駐顏，雞子一枚，開孔，去黃留白，入金華臙脂，及桑硇少許，紙封，與雞抱之，俟別卵抱出，以塗面。洗之不落，半年尚紅也。仲景方治少陰病，得之二三日以上，心中煩，不得臥者，用黃連、黃芩、芍藥、阿膠、雞子黃，先煎三物成，去滓，膠烊盡小冷，雞子黃攪勻，溫服。劉禹錫《傳信方》亂髮雞子膏：治孩子熱瘡效，見髮髮條下。

抱出卵殼　研末，磨障翳。取其蛻脫之義也。蘇頌又主傷寒勞復。熬令黃黑，為末，熱湯和一合服，取汗出即愈，炒，研細，傅下疳亦妙。卵中白皮，主久欬氣結，得麻黃、紫菀和服之立止。

肶胵裏黃皮　微寒。主洩利，小便利，遺溺，除熱止煩。

〖疏〗此即肶內黃皮，一名雞內金是也。肶是雞之脾，乃消化水穀之所。其氣通達大腸、膀胱。二經有熱則洩痢遺溺，得微寒之氣則熱除而洩痢遺溺自愈矣。煩因熱而生，熱去故煩自止也。今世又以之治諸疳瘡多效。〖主治參互〗《醫林集要》小便淋瀝，痛不可忍。雞肶內黃皮五錢，陰乾燒存性，作一服，白湯下，立愈。《子母秘錄》鵝口白瘡，雞肶內黃皮，為末，乳服半錢，并可傅之。《經驗方》走馬牙疳，雞肶內黃皮，不落水者五枚，焙存性，枯礬一錢，研細，搽。并治陰頭疳蝕。

明・倪朱謨《本草彙言》卷一八　諸雞　李氏曰：雞類甚多，五方所產，大小形色，往往亦異。其在卦屬巽，在星應昴，無外腎而缺小腸。其鳴也知時刻，其棲也知陰晴，鄉人畜雞無雄，以雞卵告竈而伏出之。《太清外術》言：蓄蠱之家，雞輒飛去。《萬畢術》言：其羽焚之，可以致風。古人言雞能辟邪鬼，則雞亦靈禽也，不獨充庖厨而已。

雞冠血：味鹹，氣平，無毒。發痘點，解百蠱，李珣定驚癇客忤之藥也。祝多士曰：按李氏方云：雞爲陽禽，冠爲陽分，冠血乃諸陽所聚，大能祛風活血，使陽氣充溢，反陰爲陽，從裏出表。凡風中血脉而口角偏喎，或中惡卒死而驚癇客忤，或痘瘡初發而閉逆不出，或毒蟲咬傷而疼痛不止，此乃鹹能

走血，以血治血。如風邪火邪，驚氣毒氣，壅遏營道而不清者，冠頂之血，至清至高，使風可散，痘可拔，中惡驚忤可回，毒蟲傷痛可定。或取之敷塗，或和之酒飲，奏效頗奇捷也。如天行痘子虛寒者，用此可資起發，倘因血熱而乾枯焦黑者，用之亦無驗也。

雞肝：味甘，微苦，氣溫，無毒。孟詵補腎安胎，李時珍消疳明目之藥也。王嘉生曰：目乃肝竅，疳本肝疾，小兒肝熱致虛，故成疳疾目暗者，以雞肝和藥服，取其導引入肝，氣類相感之用也。婦人胎妊雖繫胞中，而實厥陰肝藏主之。今胎妊有不安而欲墮者，以雞肝入養榮諸丸，取其保固胞蒂，養肝以安藏血之藏也。

集方：錢氏方治小兒一切疳疾，以致目生障翳者。用雞肝二十個，生搗爛成膏，蕪荑、草果仁、山查肉、使君子肉、穀精草、枳實、白朮各四錢，白丑三錢，共微炒，研爲細末，以雞肝爲丸如彈子大。每早晚各服一丸，米湯化下。○《方脉正宗》治妊婦胎氣不安，欲小產者。用雞肝四十個煮熟，搗爛成膏，川芎一兩，當歸、白芍藥、生地黄、杜仲、白朮各二兩，俱酒拌炒研爲末，雞肝爲丸梧子大。每早晚各服五錢，白湯下。

雞屎白：味苦，氣寒，無毒。臘月收之。白雞烏骨者更佳。李時珍消臌脹，《別錄》通石淋，藏器散風痹之藥也。周志含曰：雞屬風木，陽禽也。屎出爲白，又得陰金之化耳。故《素問》方主臌脹，旦食不能暮食。《別錄》方治石淋，閉塞澀痛，溲道欲通不通。藏器方治賊風偏痹，如咬如鑽，如剝如裂，疼痛不已，俱用雞屎白治之。此三證皆風木內甚，水穀不運，氣不宣流，故令中滿如臌，或溲道淋塞閉痛，或肢體偏痛不仁等證，蓋此藥能下氣消積，通利膀胱，驅風活血也。故前人治此三證，且大有殊功。

集方：《醫學正傳》治臌脹。取臘月雞屎白半斤炒焦，浸酒一日，每日取木香、檳榔各一錢爲末，以酒調服。○《古今錄驗》治石淋澀痛難忍。用雞屎白一兩炒焦爲末，每用一錢，以白蘿蔔搗汁一碗，調服。○《范汪方》治四肢偏痹，風疾疼痛，不能舉動，并治白虎歷節風痛。用雞屎白一兩，浸好酒一壺煮熱，每日熏洗痛處。

雞卵：味甘，氣平，無毒。藏器益氣養血，日華子清火解熱毒之藥也。邢元璧曰：按李氏發明云：雞子禀生化最初之氣，如混沌未分之形，白象天，其氣清，其性寒；黄象地，其氣渾，其性溫。白能清氣，故大氏方治咽痛欬逆，瘡腫盜汗諸疾。黄能補血，故陳氏方治產後諸虛，力衰眩暈，久痢腸脫，疳積瘰癧諸疾。兼黄白并用之，則調氣生血，而與阿膠同功也。但性質凝滯，雖稱補養之物，如胃中有冷痰積飲者，脾藏冷滑常泄瀉者，胸中有宿食積滯未清者，俱勿宜用。

集方：仲景方治傷寒少陰病，咽中生瘡，痛不能語言，聲不出者。用生半夏十枚，雞子一個去黄，內入半夏、苦酒令滿，置刀環中，安火上，令三沸，去半夏，少少含嚥之，三作即效。○治氣虛欬逆。用雞子三個，去黄取白，以酒微煮，溫和食之。○《千金方》治癰疽發背，一切腫毒初作，或經十日以上，腫赤焮熱，日夜疼痛，百藥不效者。用雞子五枚，傾出黄白在砂鍋內，以箸打勻，取新狗屎四兩，入雞子黄白內攪勻，微火熬，以雞子熟爲度。待溫和，取敷腫頭上，以帛包紮，時時看視，熱即易。經一宿後，如日多者，一日一易，至瘥乃止。此方穢惡，不可施之貴人。一切諸方皆不能及，但宜備擇而已。○《方脉正宗》治陰虛盜汗夜熱者。用雞子五枚微擊碎，入童便內浸一日，煮食。○同上治產後諸虛。用雞子三個，白酒內浸一日，隨用酒煮食。○同上治久痢腸脫不止。用雞子十個，去黄取清，和薑汁、醬油各十茶匙攪勻，蒸熟食之。○同上治瘰癧延生，消長不已。用雞子一個，用箸頭將黄白攪勻，取斑猫二個去翅，裝入雞子內，飯鍋蒸熟，去斑猫，取雞子食，間日食一個，食三十個，全愈。○治疳積。用雞子一個，用藥製法見木鱉子集方中。○張仲景方治少陰病得之二三日以上，心中煩，不得臥者。用黄連、黄芩、白芍藥各二錢，煎汁一碗，去渣，入阿膠一錢五分，烊盡，再加雞子清黄一個，攪勻服。○寇氏方治產後血暈發痓，身强直，目向上，四肢牽急，不知人。用雞子清五個，取荆芥焙研細末二錢，取雞子清調服即安

膍胵裏黄皮：味甘，氣溫，無毒。治小兒諸疳，又止久痢之藥也。葉振華曰：雞膍胵，雞之脾也，乃消化穀食之所。雞所食諸蟲百物及砂石土屑，入此無不消化。其色黄，其質燥，其體堅而厚。如錢氏小兒方中，用此爲消食積，化疳結也。如竇氏外科方中，用此作糝藥，入癰疽瘡口內，去膿長肌肉也。又安氏方治走馬牙疳方中，用此止臭爛頗捷也。此三病，蓋取其堅而能消，溫而能長之義。

集方：錢仲陽方治小兒一切疳積，并傷食作瀉。用雞膍胵黄皮五個，水洗淨曬乾，於白朮二兩，枳實一兩，砂仁一兩，俱炒燥，研爲末。每服一錢，米

湯調服。〇《竇氏外科》方治一切癰疽潰爛，久不收口。用雞膍胵黃皮三個，水洗淨曬乾，爐甘石五錢，真鉛粉三錢，共研極細，加冰片二分，再研勻，入磁罐收貯，密封。每早晚用溫湯洗患處，用少許摻之。〇治走馬牙疳。用雞膍胵黃皮二個，水洗淨，曬乾，研細末，銅青二錢，鉛粉一錢，共研勻，冰片三分，再總研極細，入磁罐收貯，密封，凡遇是證，先用髮帚蘸此湯洗淨牙根，用小匙挑藥摻。

明・應麐《食治廣要》卷五 鷄

丹雄鷄肉：氣味：甘，微溫，無毒。主治：女人崩中漏下，補虛止血。白雄鷄肉：氣味：酸，微溫，無毒。主療狂邪，安五藏，調中消渴，利小便，去丹毒。烏雄鷄肉：氣味：甘，微溫，無毒。主治：補中止痛，除心腹惡氣，風濕麻痹，虛羸，安胎，治折傷。李鵬飛曰：最宜產婦。黑雌鷄：氣味：甘、酸，溫、平，無毒。主治：傷中消渴，節小便，腸澼，洩痢，治勞劣，補髓添精。烏骨鷄：氣味：甘，平，無毒。主治：補虛勞羸弱，治消渴中惡，女人崩中帶下，一切虛損諸病舌黑者，入藥良。反毛鷄：主反胃，以一隻煮爛去骨，入人參、當歸、食鹽各半兩，再同煮爛，食之至盡。出《乾坤生意》。泰和老鷄：氣味：甘、辛，熱，無毒。主治：內托小兒痘瘡。此亦陳文中治痘用木香異攻之意，取其能助濕熱發膿也。風土有宜與不宜，不可輕用。血：烏鷄、白鷄者良。鹹，平，無毒。主瘻痹，中惡腹痛，解丹毒。心：主五邪。肝：甘、苦，溫，無毒。《內則》曰：食鷄去肝為不利人也。主治例云：起陰補腎，療風虛目暗，治女人陰蝕瘡毒。《延壽書》曰：閹鷄能啼者有毒。陶弘景曰：小兒五歲以下，食鷄生蚘蟲。又不可合胡蒜、芥、李、犬肝腎、兔肉、鯉魚、生葱、糯米等同食。鷄子：甘，平，無毒。李時珍曰：卵白象天，其氣清，其性微寒；卵黃象地，其氣渾，其性溫。卵則兼黃白而用之，其性平。精不足者補之以氣，故卵白能清氣，治伏熱、目赤咽痛諸疾。形不足者補之以味，故卵黃能補血，治下痢胎產諸疾。卵則兼理氣血，似於有益。《本經》治療甚繁，不能細述。

按：麐昔好啖糖心鷄子，每日不缺，久之成積。上痰下瀉，漸而入口下咽即腹痛下瀉，瀉盡則已，禁絕數年。偶有人傳一法，將鷄子煮熟，略敲損外殼，隨意入食鹽、花椒、茶葉少許，砂罐注煮，愈久愈嫩，香美可口。既不為積，且開脾胃。因俗傳糖心鷄子補人，故備述以告來者。

明・姚可成《食物本草》卷一二禽部・原禽類

雞李時珍曰：雞類甚多，五方所產，大小形色，往往亦異。朝鮮一種長尾雞，尾長三四尺。遼陽一種食雞，一種角雞，味俱肥美，大勝諸雞。南越一種長鳴雞，晝夜啼叫。南海一種石雞，潮至即鳴。蜀中一種鶤雞，楚中一種傖雞，並高三四尺。江南一種矮雞，脚纔二寸許也。雞在卦屬巽，在星應昴，無外腎而虧小腸。凡人家無故群雞夜鳴者，謂之荒雞，主不祥。若黃昏獨啼者，主有天恩，謂之盜啼。老雞能人言者，牝雞雄鳴者，雄雞生卵者，並殺之即已。俚人畜雞無雄，即以雞卵告竈而伏出之。南人以雞卵畫墨，煮熟驗其黃，以卜凶吉。又以雞骨占年。其鳴也知時刻，其棲也知陰晴。《太清外術》言：蓄蠱之家，雞輒飛去。《萬畢術》言：其羽焚之，可以致風。《五行〔書〕》言之雄雞毛燒着酒中飲之，所求必得。古人言雞能辟邪，則雞亦靈禽也，不獨充庖而已。〇烹治多年老雞，以桑柴火煮之，即爛。

諸雞肉：味甘，溫，無毒。主補虛辟邪，能發宿疾，不可多食。〇寇宗奭曰：巽為風，為雞。今有風病人食之，無〔不〕發作。巽為雞，信可驗矣。朱震亨曰：雞屬土而有金、木、火，又屬巽，能助肝火。寇言動風者，習俗所移也。雞性補，能助濕中之火，病邪得之，為有助也。魚肉皆然。西北多寒，中風者諸有之。東南氣溫多濕，有風者非風也，皆濕生痰，痰生熱，熱生風耳。李時珍曰：雞雖陽精，實屬風木，陽中之陰也，能生熱動風，風火相扇，乃成中風。朱駁寇說為非，仍為非矣。

丹雄雞肉：味甘，微溫，無毒。治女人崩中漏下赤白沃。通神，殺惡毒，辟不祥。補虛溫中止血，能愈久傷乏瘡不瘥者，補肺。〇李時珍曰：雞雖屬木，分而配之，則丹雄雞得離火陽明之象，白雄雞得庚金太白之象，故辟邪惡者宜之；烏雄雞屬木，烏雌雞屬水，故胎產宜之；黃雌雞屬土，故脾胃宜之；而烏骨者，又得水木之清氣，故虛熱者宜之。各從其類也。吳球云：三年騸雞，常食治虛損，養血補氣。白雄雞肉：味酸，微溫，無毒。主下氣，療狂邪，安五臟傷中消渴。調中除邪，利小便，去丹毒風。〇陳藏器曰：白雄雞〔養三〕年，能為鬼神所使。烏雄雞肉：味甘，微溫，無毒。〔補中〕止痛。止肚痛，心腹惡氣，除風濕麻痹，諸虛〔羸，安〕胎，折傷并癰疽。生搗，塗竹木刺入肉。〇李時珍曰：按李〔廷〕〔鵬〕飛云：黃雞宜老人，烏雞宜產婦暖血。馬益卿云：妊婦宜食牡雞肉，取陽精之全于天產者。此亦胎教宜見虎豹之意耳。又唐崔行功《纂要》云：婦人產死，多是富貴家擾攘，致婦驚悸氣亂故耳。惟宜屏除一切人，令其獨產，更爛煮牡雞取汁，作粳米粥與食，自然無恙，乃和氣之効也。蓋牡雞汁性滑而濡。不食其肉，恐難

消也。今俗産家，每産後即食啖雞卵。氣壯者幸而無恙，氣弱者因而成疾，由不解此意也。　黑雌雞肉：　味甘、酸，溫、平，無毒。作羹食，治風寒濕痹，五緩六急，安胎。安心定志，除邪辟惡氣，治血邪，破心中宿血，治癰疽排膿，補新血及産後虛羸，益色助氣。治反胃及腹痛，踒折骨痛，乳癰。又新産婦以一隻治淨，和五味炒香，投二升酒中，封一宿取飲，令人肥白。又和烏油麻二升熬香，入酒中極效。　黃雌雞肉：　味甘、酸、鹹，平，無毒。主傷中消渴，小便數而不禁，腸澼洩痢，補益五臟絕傷，療五勞，益氣力。治勞劣，添髓補精，助陽氣。暖小腸，止洩精，補水氣，補丈夫陽氣，治冷氣疾着牀者，漸漸食之，良。以光粉諸石末和飯飼雞，煮食甚補益。治産後虛羸，煮汁煎藥服，佳。　烏骨雞：　味甘，平，無毒。主補虛勞羸弱，治消渴，中惡鬼擊心腹痛，益産婦，治女人崩中帶下，一切虛損諸病，大人小兒下痢禁口，並煮食飲汁，亦可擣和丸藥。○李時珍曰：　烏骨雞，有白毛烏骨者，黑毛烏骨者，斑毛烏骨者，有骨肉俱烏者，但觀雞舌黑者，則肉骨俱烏，入藥更良。雞屬木而反烏者，巽變坎也，受水木之精氣，故肝腎血分之病宜用之。男用雌，女用雄。婦人方科有烏雞丸，治婦人百病。煮雞至爛和藥，或并骨研用之。按《太平御覽》云：　夏侯弘行江陵，逢一大鬼引小鬼數百行，弘潛捉末後一小鬼問之。曰：　此廣州大殺也，持弓戟往荊、揚二州殺人。若中心腹者死，餘處猶可救。弘曰：　治之有方乎？曰：　但殺白烏骨雞薄心即瘥。時荊、揚病心腹者甚眾，弘用此治之，十愈八九。中惡用烏雞，自弘始也。此說雖涉迂怪，然其方則神妙，謂非神傳不可也。鬼擊卒死，用其血塗心下，亦效。　反毛雞：　治反胃。以一隻煮爛，去骨，入人參、當歸、食鹽各半兩，再同煮爛，食之至盡。○李時珍曰：　反毛雞，即翻翅雞也，毛翮皆反生向前，治反胃者，述類之義耳。　泰和老雞：　味甘、辛熱，無毒。主內托小兒痘瘡。○李時珍曰：　江西泰和、吉水諸縣俗傳老雞能發痘瘡，家家畜之，近則五六年，遠則一二十年。待痘瘡發時，以五味煮爛，與兒食之，甚則加胡椒及桂、附之屬。此亦陳文中治痘用木香異攻散之意，取其能助濕熱發膿也。風土有宜不宜，不可以為法。

雞頭：　丹、白雄雞者良。主殺鬼，東門上者良。治蠱，禳惡，辟瘟。○李時珍曰：　古者正旦宰雄雞祭門戶，以辟邪鬼。蓋雞乃陽精，雄者陽之體，頭者陽之會，東門者陽之方，以純陽勝純陰之義也。《千金》轉女成男方中用之，亦取此義也。按應劭《風俗通》云：　俗以雞除門戶。雞乃東方之牲，東方既作，萬物觸戶而出也。《山海經》祠鬼神皆用雄雞，而今治賊風有雞頭散，治蠱用東門雞頭，治鬼痒用雄雞血，皆以禦死辟惡也。又崔寔《月令》云：　十二月，東門磔白雞頭，可以合藥。《周禮》雞人，凡祭祀禳釁，供其雞牲。注云：　禳郊及彊，却災變也。作宮室器物，取血塗釁隙。《淮南子》曰雞頭已瘻，此類之推也。　雞冠血：　味鹹，平，無毒。烏雞者，主乳難。治目淚不止，日點三次，良。亦點暴赤目。丹雞者，治白癜風，並療經絡間風熱。塗頰，治口喎不正。塗面，治中惡。卒飲之，治縊死欲絕及小兒卒驚客忤。塗諸瘡癬，蜈蚣、蜘蛛毒，馬齧瘡，百蟲入耳。　雞血：　味鹹，平，無毒。治踒折骨痛及痿痹，中惡腹痛，乳難。治剝驢馬被傷及馬咬人，以熱血浸之。白癜風、癧瘍風，以雄雞翅下血塗之。熱血服之，主小兒下血及驚風，解丹毒、蠱毒、鬼排陰毒，安神定志。　肪：　味甘，寒，無毒。治耳聾，頭禿髮落。　腦：　治小兒驚癇。燒灰酒服，治難産。　心：　治五邪。　肝：　味甘、苦，溫，無毒。主起陰補腎，治心腹痛，安漏胎下血，以一具切，和酒五合服之，療風虛目暗。治女人陰蝕瘡，切(井)〔片〕納入，引蟲出盡，良。○李時珍曰：　微毒。《內則》云食雞去肝，為不利于人也。　膽：　味苦，微寒，無毒。治目不明，肌瘡。月蝕瘡，遶耳根，日三塗之。燈心蘸點胎赤眼，甚良。水化搽痔瘡，亦效。　腎：　治齆鼻作臭，用一對與脖前肉等分，入豉七粒，新瓦焙研，以雞子清和作餅，安鼻前，引蟲出。忌陰人、雞、犬見。　嗉：　治小便不禁及氣噎食不消。　膍胵裏黃皮：　一名雞內金。味甘，平，無毒。主泄痢，小便頻遺，除熱止煩，止泄精並尿血，崩中帶下，腸風瀉血。治小兒食瘧，療大人淋漓，反胃，消酒積，主喉閉乳蛾，一切口瘡，牙疳諸瘡。　腸：　主遺溺，小便數不禁。燒存性，每服三指，酒下。止遺精、白濁、消渴。　肋骨：　治小兒羸瘦，食不生肌。　距：　治産難，燒研酒服下。下骨鯁，以雞足一雙，燒灰水服。　翮翎：　主下血閉。左翅毛能起陰。治婦人小便不禁，消陰癩，療骨鯁，蝕癰疽。止小兒夜啼，安席下，勿令母知。　尾毛：　治刺入肉中，以二七枚〔燒作灰〕，和男子乳封之，當出。解蜀椒毒，燒烟吸之，并以水調灰服。又治小兒痘瘡後生癰，燒灰和水傅之。　屎白：　味：　微寒，無毒。主消渴，傷寒寒熱，破石淋及轉筋，利小便，止遺尿，滅瘢痕。治中風失音痰迷。炒服，治小兒客忤蠱毒。治白虎風，貼風痛，治賊風、風痹，破血，和

黑豆炒，酒浸服之。亦治蠱咬毒。下氣，通利大小便，治心腹鼓脹，消癥瘕。療破傷中風，小兒驚啼。以水淋汁服，解金、銀毒。以醋和，塗蜈蚣、蚯蚓咬毒。

雞子：即雞卵也。味甘，平，無毒。治除熱火灼爛瘡，癇痓。可作虎魄神物。鎮心，安五臟，止驚安胎。治妊娠天行熱疾狂走，男子陰囊濕痒及開喉聲失音。醋煮食之，治赤白久痢及產後虛痢。光粉同炒乾，止疳痢及婦人陰瘡。和豆淋酒服，治賊風麻痹。醋浸令壞，傅疵䵟。作酒，止產後血運，暖水臟，縮小便，止耳鳴。和蠟炒，治耳鳴、聾及疳痢。益氣。以濁水煮一枚，連水服之，主產後痢。和蠟煎，止小兒痢。小兒發熱，以白蜜一合，和三顆攪服，立瘥。多食，令人腹中有聲，動風氣。和葱、蒜食之，短氣；同韭子食，成風痛；共鼈肉食，損人；共獺肉食，成遁尸；同兔肉食，成洩痢。妊婦以雞子、鯉魚同食，令兒生瘡；同糯米食，令兒生蟲。小兒患痘疹，忌食雞子及聞煎食之氣，令生翳膜。《太平御覽》云：正旦吞烏雞子一枚，可以練形。《岣嶁神書》云：八月晦日夜〔半〕，面北吞烏雞子一枚，有事可以隱形。

卵白：味甘，微寒，無毒。治目熱赤痛，除心下伏熱，止煩滿欬逆，小兒下泄，婦人產難，胞衣不出，並生吞之。醋浸一宿，療黄疸，破大煩熱。產後血閉不下，取白一枚，入醋一半攪服。和赤小豆末，塗一切熱毒、丹腫、顋痛，神効。冬月以新生者酒漬之，密封七日取出，每夜塗面，去䵟黯齇皰，令人悅色。卵黄：味甘，溫，無毒。醋煮，治產後虛痢，小兒發熱。煎食，除煩熱。鍊過，治嘔逆。和常山末為丸，竹葉湯服，治久瘧。炒取油，和粉，傅頭瘡。卒乾嘔者，生吞數枚，良。小便不通者，亦生吞之，數次效。補陰血，解熱毒，治下痢，甚驗。抱出卵殼：俗名混沌池、鳳凰蜕。用抱出者，取其蜕脫之義也。研末，磨障翳。傷寒勞復，熬令黄黑為末，熱湯和一合服，取汗出即愈。燒灰油調，塗癬及小兒頭身諸瘡。酒服二錢，治反胃。〇李石《續博物志》云：踏雞子殼，令人生白癜風。卵殼中白皮：治久欬氣結，得麻黄、紫(苑)〔菀〕服，立効。窠中草：治頭瘡白禿，和白頭翁草燒灰，猪脂調傅。天絲入眼，燒灰淋清汁洗之，良。燖雞湯：主消渴，飲水無度，用燖雄雞水，濾澄服之。不過二雞之水愈，神効。諸雞肉：有五色者，玄雞白首者，六指者，四距者，雞死足不申者，竝不可食，害人。〇李時珍曰：《延壽書》云：閹雞能啼者有毒。四月勿食抱雞肉，令人作癰成漏，男女虛乏。小兒五歲以下食雞生蚘蟲。雞肉不可合葫蒜、芥、李食，不可合犬肝、犬腎食，並令人洩痢。同兔食成痢，同魚汁食成心瘕，同鯉魚食成癰癤，同獺肉食成遁尸，同生葱食成蟲痔，同糯米食生蚘蟲。

附方：辟禳瘟疫。冬至日取赤雄雞作腊，至立春日煮食至盡，勿分他人。

治癲邪狂妄，自賢自聖，行走不休。白雄雞一隻，煮以五味，和作羹粥食之。

補益虛弱。用烏雄雞一隻，治淨，五味煮極爛食之。治反胃吐食。用烏雄雞一隻，治如食法，入胡荽子半斤在腹内，烹食二隻愈。治死胎不下。用烏雞一隻去毛，以水三升煮二升，去雞，用帛蘸汁摩臍下，自出。

治小兒眼上生瘤，用雞肫黄皮擦之，自落。

明·顧逢柏《分部本草妙用》卷一〇禽部

雞

食忌：雞有雜色者，玄雞白首者，六指四距者，雞死足不伸者，閹雞能蹄者，俱有毒，不可食。有風病人不宜食雞，以巽為雞，為風，以其發風故耳。丹雄雞肉，甘，微溫，無毒。主女人崩漏，補虛，溫中補肺，辟惡。雞雖屬木，而丹為離火，陽明之象。白得庚金，太白之象。故辟惡者宜之。烏雄屬木，烏雌屬水，故胎產宜之。黄雌屬土，故脾胃宜之。烏骨者得水木之精氣，故虛熱宜之。各從其類也。白雄雞，酸，微溫，無毒。主下氣，療狂邪，安五臟，傷中消渴，調中除邪，利小便，去丹毒風。烏雄雞，甘，微溫，無毒。主治：下氣，療心腹惡氣，除風濕麻痺，諸虛羸，安胎，治折傷，癰疽。擣塗，竹木刺入肉。李(飛庭)〔鵬飛〕云：黄雞宜老人，烏雞宜產婦。暖血煮牡雞汁，作粳米粥與食，自然無恙。然產後氣虛者，因食而成疾，未可食之太早。黑雌雞，甘、酸，溫、平，無毒。主治：安心定志，除邪辟惡，補產後虛羸，益色助氣，反胃，踒折癰瘡，去宿血。烏色屬水，牝象屬陰，所治皆血分之病。黄雌雞，甘酸鹹，平，無毒。骨熱人勿食。主治：洩痢，補益勞傷，添髓補精，助陽，暖小腸，治產後虛瘦。黄為土色，雌得坤象，味甘歸脾，氣溫益胃，故所治皆脾胃病。烏骨雞，甘，平，無毒。主治：補虛，消渴，益產婦，治崩帶，一切虛損諸病，大人小兒下痢禁口。雞屬木，而骨反烏者，巽變坎也，受水木之精，故肝腎血分之病宜之。男用雌，女用雄，肉骨俱黑者更佳，但看舌黑者是矣。反毛雞，反胃，以一隻煮爛，去骨，入人參、當歸、食鹽各半兩，再同煮爛，食盡。此物同其類之義也。泰和老雞，甘、辛，熱，無毒。主托小兒痘瘡。當論風土，不可概用。諸雞血，鹹，平，無毒。熱飲，止小兒下血驚風，

解丹毒陰毒，安神定志。熟食生血。肝，切片，入陰治陰蝕瘡。生合雞肝丸，治疳積甚良。雞卵，甘平，無毒。主除熱火灼爛瘡，癇痓。可作虎魄神物，開喉聲失音，止血運，暖水臟。卵白象天，其氣清而寒。卵黃象地，其氣渾而溫。精不足者，補之以氣，故卵白能清氣，治伏熱目赤，咽痛諸疾。形不足者補之以味，故卵黃能補血，治下痢，胎產諸疾。卵兼理氣血𥳑品也。

卵殼中白皮，久欬氣結，得麻黃、紫（苑）〔菀〕服之，立效。

明·鄭二陽《仁壽堂藥鏡》卷六 雞子黃 氣溫，味甘。成聊攝云：陰不足者，以甘補之，雞子黃、阿膠之甘以補血。海藏云：陰不足者，補之以血。若咽有瘡，以雞子一枚，去黃留白，用苦酒傾殼中，以半夏入苦酒中，取殼置刀環上，安火上熬微沸，去滓，旋旋呷之。煮熟，去白取黃五六枚，用亂髮一團，鐵銚中煮熬甚乾，少頃髮焦，乃有液出。旋取至碗中，以液盡為度。療小兒驚熱。又取塗孩子熱瘡，以苦參末糝之。冠血：去乳難，療白癜風、諸瘡。又縊死心下溫者，刺血滴口中。百蟲入耳，滴之即出。腸：主遺溺，小便數、不禁。屎白：下氣消積，利大小便，治蠱脹。雞子清：主煩渴，斂瘡口。婦人難產，胎衣不下。又，塗眼，止目熱赤痛。

明·鄭二陽《仁壽堂藥鏡》卷六 雞 味甘，氣微溫。有五色者，黑雞白首者，六指者，雞死足不伸者，並不可食。主補虛羸最要，故食治方多用之。木屬巽，巽為風，助肝邪。有風人不宜食。又屬土而有金與木火，性補，能助濕中之火。骨熱者不可食，病邪得之為有助也。白毛、舌黑、烏骨者入藥。雞屬木，而骨反黑，巽變坎也。受水木之精氣，故肝腎血分之病宜之。男用雌，女用雄。婦人方科中有烏雞丸，治婦人百病。煮雞至爛，和藥，或並骨研用之。丹溪云：風之為病，西北氣寒，為風所中，誠有之矣。東南氣溫而地多濕，有風病者，非風也，皆因濕生痰，痰生熱，熱生風也。《經》曰：亢則害，承乃制。河間云：土極似木。數千年得《經》意者，河間一人爾！《衍義》云：雞動風者，習俗所移也。雞屬土而有金與木火，性補，故助濕中之火病。邪得之為有助，而病反劇，非雞而已。與夫魚肉之類，皆助病邪者也。

明·張景岳《景岳全書》卷四九《本草正》 雞血 味鹹，性平。主療瘘痹中惡腹痛，解丹毒蠱毒蟲毒鹽滷毒，及小兒驚風便結。亦能下乳，俱宜以熱血服之。若馬咬人傷，宜以熱血浸之。雞冠血：治白癜風，經絡風熱。塗頦頰，治口喎不正。卒灌之，治縊死欲絶，及小兒卒驚客忤。和酒服，發痘最佳。塗諸瘡癬蜈蚣蜘蛛馬嚙等毒。若百蟲入耳，宜用熱血滴之。

明·施永圖《本草醫旨·食物類》卷三 雞 諸雞肉食忌：雞有五色者，玄雞白首者、六指者、四距者、雞死足不伸者，並不可食，害人。○閹雞能啼者，有毒。四月勿食抱雞肉，令作癰成漏，男女虛乏。○小兒五歲以下，食雞生蚘蟲。雞肉不可合胡蒜、芥、李食，不可合犬肝、犬腎食，並令人洩痢。同兔食成痢，同魚汁食成心瘕，同鯉魚食成癰癤，同獺肉食成遁尸，同生葱食成蟲痔，同糯米食生蚘蟲。○巽為風、為雞。雞鳴於五更者，日至巽位，感動其氣而然也。今有風病人食之，無不發作，信可驗矣。

丹雄雞：味甘，微溫，有小毒。主女人崩中漏下赤白沃，補虛溫中，止血，通神，殺毒辟不祥，能愈久傷乏瘡不瘥者，補肺。丹雄雞得離火陽明之象，白雄雞得庚金太白之象，故辟邪惡者宜之。烏雄雞屬木，烏雌雞屬水，故胎產宜之。黃雌雞屬土，故脾胃宜之。而烏骨者，又得水木之精氣，故虛熱者宜之。各從其類也。○三年𪃿雞常食，治虛損，養血補氣。冠血：益氣，主乳難，療白癜風諸瘡。人自縊死，心下溫者，刺血滴口中，男雌女雄。又百蟲入耳，取血滴之，即出。○頭：主殺鬼。

附方 辟禳瘟疫：冬至日取赤雄雞作腊，至立春日煮食至盡，勿分他人。

白雄雞：味酸，微溫，無毒。治：下氣，療狂邪，安五臟，傷中，消渴，調中除邪，利小便，去丹毒風。三年者，能為鬼神所使。養白雞、白犬，可以辟邪。今道家祈禳，皆用白雞，其原本此。烏雄雞：味酸、甘，微溫，無毒。主補中，止痛，止肚痛，心腹惡氣，除風濕麻痹，諸虛羸，安胎，治折傷并癰疽。生搗塗竹木刺入肉。產婦爛煮牡雞，取汁作粳米粥，與食，自然無恙。

附方 補益虛弱：用烏雄雞一隻，治淨，五味煮極爛。生食反損人。反胃吐食：用烏雄雞一隻，治如食法，入胡荽子半斤在腹內，烹食二隻愈。卒得欬嗽：烏雄雞一隻，治如食法，酒漬半日，飲之。腎虛耳聾：烏雄雞一隻，治淨，以無灰酒三升煮熟，乘熱食，三五隻效。狐尿刺瘡：刺人腫痛欲死，破烏雞，搨之良。

黑雌雞肉：味甘、酸，溫，平，無毒。治：作羹食，治風寒濕痹，五緩六急，安胎，安心定志，除邪辟惡氣。治血邪，破心中宿血，治癰疽，排膿，補新血及產後虛羸，益色助氣，治反胃及腹痛，踒折骨痛，乳癰。又新產婦，以一隻治淨，和五味炒香，投二升酒中，封一宿，取飲，令人肥白。又和烏油麻二升，熬香入酒中極效。烏色屬水，牝象屬陰，故烏雌所治皆血分之病，各從其類也。

附方　死胎不下：烏雞一隻，去毛，以水三升，煮二升，去雞用帛蘸汁，摩臍下，自出。

黃雌雞肉：味甘、酸、鹹，平，無毒。性溫，患骨熱人勿食。治：傷中消渴，小便數而不禁，腸澼洩痢。補益五臟絕傷，療五勞，益氣力，治勞劣，添髓補精，助陽氣，暖小腸，止洩精補水氣，補丈夫陽氣。治冷氣疾着牀者，漸漸食之良。以光粉諸石末和飯飼雞，煮食甚補益。治產後虛羸，煮汁煎藥服，佳。黃者土色，雌者坤象。味甘歸脾，氣溫益胃，故所治皆脾胃之病也。

附方　消渴飲水：小便數，以黃雌雞煮汁，冷飲，并作羹食肉。脾虛滑痢：用黃雌雞一隻，炙，以鹽、醋塗，煮熟食之。

烏雞骨：味甘，平，無毒。治：補虛勞羸弱，治消渴，中惡，鬼擊心腹痛，益產婦，治女人崩中帶下，一切虛損諸病。大人小兒下痢禁口，並煮食飲汁，亦可搗和丸藥。雞屬木而骨反烏者，巽變坎也。受木水之精氣，故肝腎血分之病宜用之。男用雌，女用雄。

附方　赤白帶下：白果、蓮肉、糯米各五錢，胡椒一錢，為末，烏骨雞一隻，如常治法，裝末入腹，煮熟，空心食之。遺精白濁：下元虛憊者，用前方食之良。脾虛滑泄：烏骨雞一隻，治淨，用荳蔻一兩，草果二枚，燒存性，摻入雞腹內，紮定，煮熟，空心食之。

反毛雞：治：反胃，以一隻煮爛，去骨，入人參、當歸、食鹽各半兩，再同煮爛，食之至盡。即翻翅雞也，毛翮皆反生向前，治反胃者，述類之義耳。泰和老雞：味甘、辛，熱，無毒。治：內托小兒痘瘡。雞頭：丹白雄雞者良。治：殺鬼，東門上者良，治蠱，禳惡辟瘟。雞冠血：三年雄雞者良。味：鹹，平，無毒。凡烏雞者，主乳難。治目淚不止，日點三次良，亦點暴赤目。○丹雞者，治白癜風，並療經絡間熱。塗頰，治口喎不正。塗面，治中惡。卒飲之，治縊死欲絕及小兒卒驚客忤。塗諸瘡癬、蜈蚣蜘蛛毒、馬嚙瘡、百蟲入耳。雞冠血用三年老雄者，取其陽氣充溢也。

附方　益助陽氣：丹雄雞冠血，和天雄、太陽粉各四分，桂心二分，丸服之。小兒卒驚：用雄雞冠血少許，滴口中妙。爛弦風眼：雞冠血點之，日三五度。對口毒瘡：熱雞血頻塗之，取散。燥癬作痒：雄雞冠血頻頻塗之。蜈蚣咬瘡：雞冠血塗之。中蜈蚣毒：舌脹出口，雄雞冠血浸舌，并咽之。諸蟲入耳：雞冠血滴入即出。

雞血：烏雞、白雞者良。味：鹹，平，無毒。治：踒折骨痛及痿痹，中惡腹痛，乳難。治剝驢馬被傷及馬咬人，以熱血浸之。白癜風、癧瘍風，以雄雞翅下血塗之。熱血服之，主小兒下血及驚風，解丹毒蠱毒，鬼排陰毒，安神定志。

附方　解百蠱毒：白雞血熱飲之。驚風不醒：白烏骨雄雞血抹唇上，即醒。縊死未絕：雞血塗喉下。蚰蜒入耳：生油調雞心血，滴入即出。肪：烏雄雞者良。味：甘，寒，無毒。治：耳聾，頭禿髮落。腦：治：小兒驚癇，燒灰，酒服。治難產。心：烏雄雞者良。治：五邪。肝：雄雞者良。味：甘、苦，溫，無毒。雞去肝，為不利人也。治：起陰補腎，治心腹痛。安漏胎下血，以一具切，和酒五合，服之。療風虛目暗，治女人陰蝕瘡，切片納入，引蟲出盡良。

附方　肝虛目暗：老人肝虛目暗，烏雄雞肝一具切，以豉和米作羹成粥食之。膽：烏雄雞者良。味：苦，微寒，無毒。治：目不明，肌瘡，月蝕瘡遶耳根，日三塗之。燈心蘸，點胎赤眼甚良。水化，搽痔瘡亦效。

附方　耳瘑眈目：黑雌雞膽汁塗之，日三。眼熱流淚：五倍子、蔓荊子煎湯，洗後，用雄雞膽點之。塵沙眯目：雞膽汁點之。

腎：雄雞者良。治：齆鼻作臭，用一對，與脖前肉等分，入豉七粒，新瓦焙研，以雞子清和作餅，安鼻前，引蟲出，忌陰人、雞、犬見。嗉：治：小便不禁及氣噎食不消。

附方　發背腫毒：雞嗉及肫內黃皮，焙研，濕則乾摻，乾則油調搽之。

膍胵裏黃皮：一名雞內金。雞肫也。味：甘，平，無毒。治：洩痢，小便頻遺，除熱止煩，止洩精，並尿血，崩中，帶下，腸風瀉血。治小兒食瘧，療大人淋瀝反胃，消酒積，主喉閉乳蛾，一切口瘡。

附方　禁口痢疾：雞內金焙研，乳汁服之。小兒瘧疾：用雞膍胵黃皮，燒存性，乳服，男用雌，女用雄。一切口瘡：雞內金燒灰傅之，立效。鵝口白瘡：雞肫黃皮為末，人乳服半錢。穀道生瘡：用雞膍胵燒存性，為末，乾貼之，如神。瘡口不合：雞膍胵皮，日貼之。發背已潰：用雞肫黃皮同綿絮焙末，搽之即愈。小兒疣目：雞肫黃皮擦之自落。

腸：男用雌，女用雄。治：遺溺，小便不禁，燒存性，每服三指，酒下，止遺精白濁，消渴。

附方：小便頻遺：用雄雞腸一具，作臛，和酒服。○用雄雞腸，水煮汁服，日三次。

肋骨：烏骨雞者良。治：小兒羸瘦，食不生肌。距：白雄雞者良。治：產難，燒研，酒服。下骨鯁，以雞足一雙，燒灰水服。翮翎：白雄雞者良。治：下血閉。左翅毛，能起陰。治婦人小便不禁，消陰癩，療骨鯁，蝕癰疽。止小兒夜啼，安席下，勿令母知。凡古井及五月井中有毒，不可輒入，即殺人。宜先以雞毛試之，毛直下者無毒，迴旋者有毒。

附方　咽喉骨鯁：白雄雞左右翮大毛各一枚，燒灰水服。解蜀椒毒：雞毛燒烟，吸之，井水調一錢，服之。

尾毛：治：刺入肉中，以二七枚和男子乳封之當出。解蜀椒毒，燒烟吸之，并以水調灰服。又治小兒痘瘡後生癰，燒灰和水傅之。

附方　小便不禁：雄雞翎，燒研，酒服方寸匕。

屎白：雄雞屎乃有白，臘月收之，白雞烏骨者更良。味：微寒，無毒。治：消渴，傷寒寒熱，破石淋及轉筋，利小便，止遺尿，滅瘢痕。治中風失音，痰迷。炒服，治小兒客忤蠱毒。治白虎風，貼風痛。治賊風，風痹，破血，和黑豆炒，酒浸服之，亦治蟲咬毒。下氣，通利大小便。治心腹鼓脹，消癥瘕。療破傷中風。小兒驚啼，以水淋汁服。解金銀毒。以醋和，塗蜈蚣、蚯蚓咬毒。

雞子：即雞卵也。黃雌者為上，烏雌者次之。味：甘，平，無毒。多食令人腹中有聲，動風氣。和葱、蒜食之氣短，同韭子食成風痛，共鼈肉食損人，共獺肉食成遁尸，同兔肉食成泄痢。姙婦以雞子、鯉魚同食，令兒生瘡；同糯米食，令兒生蟲。○小兒患痘疹，忌食雞子及聞煎食之氣，令生翳膜。治：除熱火灼爛瘡，癇痓。可作虎魄神物，鎮心，安五臟，止驚安胎，治姙娠天行，熱疾狂走，男子陰囊濕痒及開喉聲失音。醋煮食之，治赤白久痢及產後虛痢。光粉同炒乾，止疳痢及婦人陰瘡。和豆淋酒服，治賊風麻痹。醋浸令壞，傅疵䵟。作酒，止產後血暈，暖水臟，縮小便，止耳鳴。和蠟炒，治耳鳴聾及疳痢。益氣，以濁水煮一枚，連水服之。主產後痢，和蠟煎。止小兒痢、小兒發熱，以白蜜一合，和三顆攪服立瘥。

附方　天行嘔逆：雞子一枚，水煮三五沸，冷水浸少頃，吞之。傷寒發狂：煩燥熱極，吞生雞子一枚，效。水瀉：用米醋煮雞子，食之即止。身面腫滿：雞子黃白相和，塗腫處，乾再上。年深哮喘：雞子略敲損，浸尿缸中三四日，煮食，能去風痰。心氣作痛：雞子一枚，打破，醋三合，調服。

卵白：味甘，微寒，無毒。治：目熱赤痛，除心下伏熱，止煩滿，欬逆，小兒下泄，婦人產難，胞衣不出，並生吞之。醋浸一宿，療黃疸，破大煩熱。產後血閉不下，取白一枚，入醋一半，攪服。和赤小豆末，塗一切熱毒丹腫腮痛，神效。冬月以新生者，酒漬之，密封七日，取出，每夜塗面，去䵟黯皻皰，令人悅色。

卵黃：味甘，溫，無毒。治：醋煮，治產後虛痢，小兒發熱。煎食，除煩熱。鍊過，治嘔逆。和常山末為丸，竹葉湯服，治久瘧。炒取油，和粉，傅頭瘡。卒乾嘔者，生吞數枚良。小便不通者，亦生吞之，數次效。補陰血，解熱毒，治下痢甚驗。

抱出卵殼：治：研末，磨障翳。傷寒勞復，熬令黃黑為末，熱湯和一合服，取汗出即愈。燒灰油調，塗癬及小兒頭身諸瘡。酒服二錢，治反胃。

卵殼中白皮：治久欬氣結，得麻黃、紫(苑)〔菀〕服，立效。

燖雞湯：治消渴，飲水無度。用燖雄雞水，濾澄服之，不過二雞之水愈，神效。

明・盧之頤《本草乘雅半偈》帙一一

丹雄雞《本經》中品　氣味：甘，微溫，無毒。主治：主女子崩中，漏下，赤白沃，補虛，溫中，止血。頭主殺鬼，東門上者良。

雞子隱居《別錄》：氣味：甘，平，無毒。主治：主除熱火灼爛瘡，癇痓，開喉聲，療失音。

卵中白隱居《別錄》：氣味：甘，微寒。主治：去心下伏熱煩滿，破大熱煩。

卵中黃隱居《別錄》：氣味：甘，溫，無毒。主治：〔煎食〕主除煩熱，〔生吞之，〕解熱毒。

卵殼隱居《別錄》　氣味：鹹，平，無毒。主治：主傷寒勞復，發音聲。

覈曰：雞，羽屬，五方所產，種類甚多，大小形色，各各殊異。蓋日中有雞，西方物也。大明生東，故雞入之。卵生思抱，伏而未孚者，謂之曰涅。又曰：雞伏無雄亦卵，以卵告灶，伏亦出之，俗曰灶雞。破卵而出，毛羽遂具。無外腎，虧小腸。好睨視，跑而食之，每有所擇，故曰雞廉。食而不飲，有屎無溺也。呼曰朱朱，相傳雞本朱氏翁化為之者。按漢祝雞翁，居尸鄉山下，養雞百餘載，皆有名字，呼名則種別而至，則朱乃祝之轉也。其棲也知陰晴，其鳴也知時刻。鳴必三度，又能自守，不為風雨止。《詩》云：風雨淒淒，雞鳴喈喈，風雨蕭蕭，雞鳴膠膠，風雨如晦，雞鳴不已。喈喈鳴而不失其和，膠膠不失其固也。雞老歲久至曉方鳴，持寒也。或乙丙夜，輒獨鳴，則行旦有赦，謂之盜啼。無故群鳴，謂之荒雞；牝雞雄鳴，雄雞乳卵，老雞人言，謂之不祥。古稱雞有五德：戴冠，文也；搏矩，武也；敢鬭，勇也；得食相告，仁也；守夜不失時，信也。有此五德猶日瀹而食之，何也？以其所從

來近也。《埤雅》云：蜀魯荊越諸雞，越雞小，蜀雞大，魯雞猶其大者。《莊子》云：一越雞不能伏鵠卵，魯雞固能矣。成玄英云：越雞，荊雞也；魯雞，今之蜀雞也。按韓子云：魯雞之不期，蜀雞之不支，則玄英所謂魯雞，今之蜀雞者，非是矣。《爾雅翼》云：荊與越為小，蜀與魯為大。荊越相近，蜀非巴蜀，魯成公會于蜀者，亦魯地云爾。李時珍云：蜀中鶤雞，楚中傖雞，並高三四尺；江南矮雞，脚僅二寸許；南越長鳴雞，晝夜啼叫；南海石雞，潮至則鳴；遼陽食雞、角雞，俱肥美大勝諸雞；朝鮮長尾雞，尾長四尺。丹赤者，入藥最良。近道稱太和者為第一。下元歲戊子，兩浙群雞，肋尖都生爪甲，五爪具者，輙登天而鳴，去則不知所往。破卵者，每多五彩鳳形，或三足、四足、五足、連胸，或連脇，或四翼、五翼、六翼、連脊，或連頸，或羽、或毛、或鱗、或介、或獸頸而雞身，或雞首而獸體，或兩身三身而一頭，或二頭三頭而兩翼，或毛羽之根，偏生爪甲，或爪甲之端，多生毛羽，或卵大如鵠子，或蛋小如雀卵。色相千端，鳴啼百怪，時有小雞，或作人言也。是年吳之崇明，每潮來，即浪滾丹赤雄雞，雞身馬蹄，無小大各重二觔許，不啻千萬計，必協群黿池魚一湧偏海面，來不復去也。至犬羊禽鳥，或人身而犬頭，或羊首而人軀，或一體二三首，或兩犬聯脊，或三羊並尾，或四豕一蹄，或獅頭猴身，或人手犬足，災害叠出，不堪枚舉也。悲夫，人畜莫辨，猶從事鼎鼐者，亦曰殞哉。《延壽書》云：具五色者，玄身白首者，六指者，四距者，死不足中者，並不可食。但閹雞而啼者，有毒。四月勿食抱雞肉，令人作癰，成漏，并男子虛乏。弘景云：五歲小兒以下，食雞者多生蛔及寸白。雞不可合胡蒜、芥、李、犬肝、犬腎食，並令人洩血痢。同兔食，亦作血痢。同魚汁食，成心瘕。同鯉魚食，癰癤。同獺肉食，成遁尸。同生葱食，成血痔。同糯米食，生小蟲，一粒一蟲，易生速計者也。其卵黃雌者為上，烏雌者次之，首乳者力勝。上銳下圓，端有點血，鮮赤者，首乳也。羽爪肪嗉，冠血膍胵，筋骨屎白，草窠衣殼，咸收藥用。其羽焚之猶可致風，畜蠱之家雞輙飛走，此靈禽也，寧獨克庖餌食而已。

參曰：東方肝木，其音角也，其竅目也，其主筋也，其卦巽也，其畜雞也。故雞鳴日出于寅，雞伏日入于酉，通晝夜之闔闢，木秉金為用也。蓋營行脈中，衛行脈外，經經緯絡，陽出陰入而晝夜分，故主衛失兩陸之常，惺反寂而寂反惺，寤反寐而寐反寤者，或營失經緯之守，崩反瘀而瘀反崩，積反漏而漏反積者，功力捷如影響。頭為陽首，大明東生，鬼魅不祥，莫之敢攖矣。《經》云：卵應想成，便裹殼衣，範圍黃白，所謂天地之先，陰陽之始，胚形未兆，其氣渾若也。破卵而出，解甲之孚，曰混沌衣，曰鳳凰蛻，取蛻脫之義爾。仲景苦酒湯，用未伏之卵，鴻濛未判而力用專。去黃留白以從陽，高懸之以類相求也。破之使出，音始出，聲始發，一陰機彀動，會厭發，分氣張，竇端而言，答述而語矣。去白留黃者，以從陰也，蓋白賦陽外之形，黃鑄陰內之藏。主少陰病，衛䘏歸內，煩難臥者，仍使之衛歸陰陸，睡臥忻眠，不與覺時同也。并主百合病，百脈一宗，悉致其病者，罔劇湧泄，仍假百合藥象，從治其本病，而後君以卵黃，乃治其標病。疾流陰氣以成陽，合夫榮行脈中，衛行脈外，出陽入陰，如環無端，形與形相親，藏與藏相叶，物各從其類也。若屎白之主轉筋，脈微弦，上下行，臂脚挺直而艱曲者，馮藏真通于肝，肝藏筋膜之氣也。仍合筋轉脈搖，和柔相離，如雞舉足曰平，晝者晝，夜者夜，闢者闢，闔者闔矣。

明·李中梓《本草通玄》卷下　烏骨雞　北方之色，故補陰退熱。若他色者最能動風助火。蓋巽為雞，感風木之化也。　雞內金：乃肫內黃皮。主反胃吐食，大腸洩痢，小便頻數，精滑崩帶。　雞屎白乃雄雞屎也。主脹滿水腫，能下氣，利大小便。此岐伯神方。大虛者，亦勿用。　雞卵：性平。精不足者，補之以氣，故卵白能清氣，治伏熱目赤，咽痛諸疾。形不足者，補之以味，故卵黃能補血，治下痢，胎產諸疾。

清·顧元交《本草彙箋》卷八　雞合雞冠血。　雞爲陽禽，屬木，而外應乎風，在卦爲巽。其色雖有丹、白、黃、烏，其種復有烏骨之異，總之性熱補陽起陰，兼有風火之義。惟烏骨者，得水木之精，故主陰虛發熱，蓐勞崩中等證。　古方烏骨雞丸，治婦人產後蓐勞，及陰虛之證，方中半夏、人參，乃立方者之誤，宜去之。　雞冠血，治風中血脈，口角僻喎，塗頰上效。須三年老雄者，取其陽氣充溢，鹹而走血，透肌肉也。　雞肝，用以治小兒疳積，眼目不明。及絞汁，和硃砂，治小兒驚風，皆取導引入肝之義。　雞屎白，微寒，乃腸胃所出之物，故能走腸胃治病也。《素問》云：心腹滿，旦食不能暮食，名爲鼓脹，治之以雞矢醴。王太僕注云：《本草》雞矢並不治蠱脹，但能利小便。蓋蠱脹生於濕熱，濕熱脹滿，則小便不利。雞屎能通利下泄，則濕熱

從小便而出，故曰治濕不利小便，非真治也。　雞子，稟生化最初之氣，卵白象天，氣清，性微寒，卵黃象地，氣濁性微溫，故凡治咽中病，及外科敷藥，皆用雞子白。　膍胵裏黃皮，膍胵，音脾鴟，一名雞內金。乃消化水穀之所，其氣通達大腸、膀胱，其治洩痢遺溺者，蓋得其微寒之氣，以除二經之熱也。或用之以治反胃，及諸疳瘡，一用其消磨，一用其清熱耳。

清·穆石匏《本草洞詮》卷一四　雞雄雞、烏骨雞、老雞、雞頭、雞冠血、雞屎白、雞子

雞在卦屬巽，在星應昴，無外腎而虧小腸。其鳴也知時刻，其棲也知陰晴。俚人畜雞無雄，以雞卵告竈，而伏出之。南人以雞卵畫墨煮熟，諗其黃以卜吉凶。又以雞骨占年。《太清外術》言蓄蠱之家，雞輒飛去。《萬畢術》言：其羽焚之，可以致風。則雞亦靈禽，不獨充庖而已。丹雄雞、烏雄雞氣味甘，微溫。白雄雞酸，微溫。黑雌雞甘酸，平。黃雌雞甘酸鹹，平。並無毒。諸雞肉皆有溫中補虛之功，分而配之，則丹雄雞得離火陽明之象，白雄雞得庚金太白之象，故辟邪惡者宜之。烏雄雞屬木，烏雌雞屬水，故胎產宜之。黃雌雞屬土，故脾胃宜之。而烏骨者，又得水木之精氣，故虛熱者宜之。各從其類也。惟風病人不宜食之。蓋雞鳴五更者，日至巽位，感動其氣故也。馬益卿謂妊婦宜食牡雞肉，取陽精之全於天產者，此亦胎教，宜見虎豹之意。崔行功云：婦人產死，多是富貴家擾攘，致婦驚悸氣亂故耳。惟宜屏除一切，爛煮牡雞取汁，作粳米粥與食，自然無恙，乃和氣之効也。蓋牡雞汁性滑而濡，不食其肉，恐難消也。烏骨雞甘平，無毒。主補虛勞，治消渴，煮汁飲之，治下痢噤口。雞屬木，而骨反烏者，巽變坎也，受水木之精氣，故肝腎血分之病宜之。《太平御覽》云：夏侯弘行江陵，逢一大鬼，引小鬼數百行，弘潛捉末後一鬼問之，曰：此廣州大殺也。持弓矢往荊揚二州殺人，若中心腹者死，餘處猶可救。弘曰：治之有方乎？曰：但殺烏骨雞，薄心即瘥。時荊揚病心腹者甚眾，弘用此治之皆愈。中惡用烏雞，自弘始也。鬼擊卒死，用其血塗心，亦效。老雞甘辛，熱，無毒。江西吉水泰和諸縣，俗傳老雞發痘，家家畜之，五六年至一二十年，痘發時以五味煮爛，與兒食之，甚則加胡椒、桂、附之類，此亦陳文中治痘用木香異攻散之意，取其能助濕熱發膿也。風土有宜不宜，不可為法。雄雞頭殺鬼治蠱，禳惡辟瘟。古者正旦磔雄雞祭門戶，以辟邪鬼。蓋雞乃陽精，雄者陽之體，頭者陽之會，東門者陽之方，以純陽勝純陰之義。故《千金》轉女為男方亦用之。《周禮》雞人，凡祭祀禳釁，供其雞牲。今治賊風，有雞頭散。治蠱用東門雞頭，皆以禦邪辟惡也。雞冠血，鹹，平，無毒。烏雞者治產難，目淚不止。丹雞者治白癜風，並療經絡間風熱，塗頰治口喎不正，塗面治中惡卒死，飲之治小兒卒驚客忤，塗諸瘡癬，蜈蚣、蜘蛛毒，馬嚙瘡，百蟲入耳。蓋雞食百蟲，制之以所畏也。冠血乃雞之精華所聚，用三年老雄者佳，取陽氣充滿也。雞屎白，微寒，無毒。利大小便，治心腹鼓脹，消癥瘕，滅瘢痕。《素問》云：心腹滿，旦食不能暮食，名為鼓脹。治之以雞矢醴，一劑知，二劑已。王冰謂雞屎利小便，並不治蠱脹。夫諸腹脹大，皆屬於熱，精氣不得滲入膀胱，別走於腑，溢於皮裏膜外，故成脹滿，小便短澀。雞屎性寒，能下氣消積，利水而治鼓脹，此岐伯神方也。凡治一切肚腹、四肢腫脹，不拘鼓脹、氣脹、濕脹、水脹等，有峨嵋一僧用此治人得效，其人牽牛來謝，遂名其方為牽牛酒。用乾雞矢一升，炒黃，以酒醅三碗，煮一碗，濾汁飲之，少頃腹中氣大轉動，利下，即自腳下皮皺消也。夫雞無外腎，而虧小腸，乃其屎白則利小便，亦猶羊無睛，而羊肝獨能明目，形缺而氣全，同一理也。雞屎載於《素問》，而方藥多用之，能治反胃吐食，石淋血淋，轉筋遺溺，破傷中風，角弓反張，口噤喉痺，鼻血不止，牙齒不生，面目黃疸，瘰癧瘻瘡，骨疽乳癰，種種危難之證。又解金銀毒，塗蜈蚣、蚯蚓咬毒，其用廣矣，大矣，不可以穢而棄之也。雞子，白象天，其氣清，其性微寒；黃象地，其氣渾，其性溫；兼黃白而用之，其性平，白能清氣，治伏熱，目赤咽痛諸疾，黃能補血，治下痢，胎產諸疾；兼黃白則兼理氣血，與阿膠同功也。醋煮食治赤白久痢；和豆淋酒服，治賊風麻痺；醋浸令壞，傅疵䵟；作酒止產後血運，暖水臟，止耳鳴；和白蜜攪服，止小兒發熱。雞子入藥最多，而髮煎方特奇，治嬰兒熱瘡，用雞子五枚，去白取黃，亂髮如雞子大，相和，於鐵銚中炭火熬之，初甚乾，少頃髮焦，乃有液出，旋取置椀中，以液盡為度，取塗瘡上，以苦參末摻之。劉禹錫云：頃在武陵生子，蓐內便有熱瘡，塗諸藥，日益劇，因用此方，果如神效。亦可與小兒服之，去痰熱，療百病。

清·丁其譽《壽世秘典》卷四　雞雞類甚多，五方所產，大小形色亦異，在卦屬巽，在星應昴，無外腎而虧小腸，其鳴也知時刻，其棲也知陰晴。《太清外術》言：蓄蠱之家，雞輒飛去。古人言，雞能辟邪。正旦，磔雄雞祭門戶，以辟邪惡。蓋雞乃陽精，雄者陽之體，頭者陽之會，東門者陽之方，以純陽勝純陰之義也。《千金》轉女成男方中用之，亦取用此義。

雄雞：　氣味：　甘，溫，有小毒。　主補虛溫中，益氣力，添精髓，助陽氣，女人崩中漏下、赤白沃，殺惡毒，辟不祥。　雌雞：　氣味：　甘，溫，無毒。　主風寒濕痹，安心定志，除邪辟惡，安胎及產後虛羸，益色助氣。　烏骨雞：　氣味：　甘，平，無毒。　主補虛勞羸弱，治消渴，中惡鬼擊心腹痛，益產婦，治婦人崩中帶下，一切虛損諸病。　發明蘇頌曰：　雞雖有小毒，而補虛羸是要，故食治方多用之。　李時珍曰：　雞雖屬木，分而配之，則丹雄雞得離火陽明之象，白雄雞得庚金太白之象，故辟邪惡者宜之。　烏雄雞屬木，烏雌雞屬水，故胎產宜之。　黃雌雞屬土，故脾胃宜之。　而烏骨雞又得水木之精氣，故陰虛發熱、蓐勞、崩中等證宜之，各從其類也。　烏骨雞有白毛烏骨者，黑毛烏骨者，斑毛烏骨者，有骨肉俱烏者，肉白骨烏者。　但觀雞舌黑者，則肉骨俱烏，入藥更良，男用雌，女用雄。　俗傳江西泰和吉水諸縣老雞能發痘瘡，以五味煮爛與兒食之，甚則加胡椒及桂附之屬，取其能助濕熱發膿也。　風土有宜不宜，不可以為法。　李廷飛云：　黃雞宜老人，烏雞宜產婦暖血。　吳球云：　三年𮪍雞，常食治虛損，養血補氣。　馬益卿云：　妊婦宜食牡雞，取陽精之全于天產者，此亦胎教宜見虎豹之意耳。　繆希雍云：　雞性熱，補陽起陰，兼有風火之義，能助火動風，凡熱病初愈，癰疽未潰，素有內病人，咸忌之。《芷園臆草》云：　雞屬巽而入肝，性溫能活滯血，養新血，產婦可常食。　孟詵曰：　雞具五色者，食之致狂；　黑雞白頭食之病人；　六指者，四距者，食之殺人；　雞死足不伸，不可食。《延壽書》云：　𮪍雞能啼者，有毒。　老雞食蜈蚣、百蟲久而蓄毒，皆不可食。　腦有大毒，能發疔腫。

肝：　氣味：　甘、微苦，溫，微毒。　主補腎起陰，療風虛目暗。　治女人陰蝕瘡，切片納入，引蟲出盡，良。　雄雞者，良。　發明《本經》主起陰氣，性溫可知，入足厥陰、少陰經。今人用以治小兒疳積、眼目不明者，取其導引入肝氣，類相感之用也。《內則》云：　食雞去肝，為不利人。　豈未詳其性效與？

雞卵：　氣味：　甘，平，無毒。　主除熱火瘡，癇痓，鎮心安五臟，開喉聲，治赤白久痢及產後虛痢。　發明孫思邈曰：　微寒，畏醇醋，多食令人腹中有聲，動風氣。和葱、蒜食氣短，同鼈肉食損人，同兔肉食成洩痢。　妊婦以雞子、鯉魚同食令兒生瘡，同糯米食令兒生蟲。　李時珍曰：　卵白象天，其氣清，其性微寒；　卵黃象地，其氣濁，其性微溫；　卵則兼清濁而為體，其性平。　精不足者補之以氣，故卵白能清氣，治目熱赤痛，心下伏熱，煩滿咽痛；　諸疾形不足者補之以味，故卵黃能補血，治下痢、胎產諸疾。　卵則兼理氣血，故治上列諸疾也。　又云：　黃雌者為上，烏雌者次之。　小兒患痘疹，忌食雞子及聞煎食之氣，令生翳膜。

清・張志聰《侶山堂類辯》卷下　丹雄雞　羽蟲三百六十，秉火運而生，故飛翔于上下。　雞在卦屬巽，冠羽皆丹，感木火之氣者也。　在支屬酉，又得金之制化，故鳴于寅酉二時，鳴則先鼓其翼，風之象也。　鳴者，金之聲也。　玉師曰：　木擊金則鳴。　其性好鬭，秉肅殺之氣也。　故主女子崩中漏下赤白。　蓋崩中漏下，肝主之血也。　夫凡物各有自然之性，得其物性，施于治道，若合符節，故舉一以推之。

清・劉雲密《本草述》卷三〇　雞　愚按：　雞雖禽類一種，在朱丹溪先生以為屬土而有金、木、火，又屬巽，能助肝火。　且曰雞性補，能助溼中之火。　數語於此種殊有當也。　迺李瀕湖非之，云雞專屬風木，易於動風，一似無所取云爾。　是豈為能察物理哉？　請更悉之。　夫雞性能補，不獨丹溪言之，在先哲亦類言之。　如純屬風木，則何利益之有，而槩云補也？　且一種而毛羽有各具一色者，豈非中土得兼四氣，乃隨其偶合之一以賦形乎？　是雞固巽木，必不能離土以生育，豈為專稟風木者乎？　更先哲有云，雞在卦屬巽，在星應昴，兌見而巽伏。　合而繹之，是巽木之屬，固為土之主，而效金之用者也。　何以明其效用於金？　試觀星應於昴者，每於丑寅司晨，則巽之伏於兌，有可思也。　兌見巽伏，出《易雜傳》。　丑寅司晨者，由金而木，是金為木主之義也。　夫人身臟腑之病，由脾胃之行氣於三陰三陽者，或苦於土不得木之主，更或患於木之不為金用耳。　如土得木主，而木為金用，則中土運化之氣，無不宣暢而盈溢。　似此謂其補虛羸可也，豈能責於專屬風木之物乎哉？　試觀方書中唯雞之肫名雞膍胵，及肫內黃皮呼為雞內金者，是固雞臟也，方書用之，条其對治諸證，亦似取其為中土之臟，乃得木為土主，而木隨為金用者，以至土而益腎，豈得力於單行之風木哉？　即此可以推求全雞之用矣。　是丹溪屬土而有金、木、火之說，良不謬。　即能助溼中之火一語，亦槩同魚肉之類為言耳。

頌曰：　雞肉雖有小毒，而補虛羸是要，故食治方多用之。　吳（琳）〔球〕云：　三年𮪍雞常食，治虛損，養血補氣。

黑雌雞肉：　氣味：　甘、酸，溫平，無毒。　主治：　男女因積虛，或大病後虛損，沉困酸疼，盜汗，少氣喘惙，或小腹拘急，心悸胃弱，多臥少起，漸至瘦削，若年深五臟氣竭，則難治也。　用烏雌雞一頭，治如食法，以生地黃一斤，切，飴糖一升，納腹內縛定，銅器貯於瓶中蒸五升米熟，取出，食肉飲汁，勿用鹽，一月一作，神效。　時珍曰：　烏雞屬水，牝象屬陰，故烏雞所治皆血分之病，各從其類也。

黃雌雞肉：　氣味：　甘、酸、鹹，平，無毒。

附方　消渴飲水，小便數，以黄雌雞煮汁，冷飲，并作羹食肉。　脾虚滑痢，用黄雌雞一隻炙，以鹽、醋塗，煮熟食之。　産後虚羸，黄雌雞一隻，去毛，背上開破，入生百合三枚，白粳米半升，縫合，入五味汁中煮熟，開腹，取百合并飯，和汁作羹食之，并食肉。

愚按：　雞有丹、白、黄、烏，所謂屬土而偶合五行之一以賦形也。　然要取烏色與黄色之雌者，蓋雞所稟於木火氣較勝，故以水土賦形，而歸其氣於水土，更屬於雌之陰者以為補益，庶幾其能奏功也。　若烏骨雞，固是另一種耳。

烏骨雞肉：　氣味：　甘，平，無毒。　主治：　補虚勞羸弱，治女子崩中帶下，一切虚損諸病時珍。　時珍曰：　烏骨雞有白毛烏骨者，黑毛烏骨者，斑毛烏骨者；　有骨肉俱烏者，肉白骨烏者。　但觀雞舌黑者，則肉骨俱烏，入藥更良。　雞屬木，而骨反烏者，巽變坎也，受水木之精氣，故肝腎血分之病宜用之。　男用雌，女用雄。　婦人方科有烏雞丸，治婦人百病。　煮雞至爛，和藥或并骨研用之。　希雍曰：　雞雖有丹、白、黄、烏，總之性温，補陽起陰，兼有風火之義。　惟烏骨者别是一種，獨得水木之精，故主陰虚發熱，蓐勞崩中等證也。

愚按：　繆仲淳謂烏骨雞别是一種，其説良然。　李瀕湖謂此種獨得水木之精，亦能探取精義矣。　故不獨療女子諸疾，其稟水木之精，實為生育之化原也。　是以古方有青蒿烏雞丸以為凉補，又小烏雞丸以為温行，而皆用此為補益之主，隨用温凉，無不可者。　近代名醫亦謂前二方凉補温行，因其所宜而投，固不能舍此種。　惟大烏雞丸主方雜亂欠妥，不足取也。　又金蓮種子丸，亦用烏骨雞立方，更有可思也。　同前二方，俱列《濟陰綱目》第六卷，治血虚不孕類。

雞冠血：　氣味：　鹹，平，無毒。　時珍曰：　雞冠血以三年老雄雞者良，取其陽氣充溢也。　更貴丹者，又陽中之陽也。　丹雞者，治白癜風日華子。　並療經絡間風熱。　塗頰治風中血脈，口喎不正時珍。　陰毒卒痛，用雄雞冠血入熱酒中飲之，暖卧取汗。　高武《痘疹》，正宗云：　雞冠血和酒服發痘最佳。　雞屬巽屬風，頂血至清至高故也。　希雍曰：　痘瘡須分寒熱；雞血性温，天行瘡子虚寒者得之，固可資其起發。　倘因血熱而乾枯焦黑者，誤用之能更轉劇。　世人類用雞血、桑蠹蟲發痘，而不分寒熱，誤也。

金。

雞膍胵：音皮癡，雞臟也。即雞肫。男用雌，女用雄。　又其裏黄皮，名雞内金。　氣味：　甘，平，無毒。　諸本草主治：　洩痢，小便頻遺《别録》。　止泄精及尿血，崩中帶下日華子。　療大人淋漓，反胃時珍。　方書主治：　雞肶胵治消癉，小便數及不禁，並療遺精。　雞内金亦治消癉。

愚按：　雞膍胵即雞臟也。　希雍謂即雞之脾，乃消化水穀之所。　若然，是則亦猶人身之脾臟耳。　然閲方書，療消癉若腎瀝散，治消腎，腎氣虚損，發渴小便數；　又白茯苓丸，治消腎，因消中之後，胃熱入腎，消爍腎脂，令腎枯燥，遂致此疾。　二方固皆用之。　又天門冬丸治初得消中，食已如飢，手足煩熱，小便白濁，是方亦用之。　一則專主腎氣之虚，一則由胃熱移入於腎以為腎消，一則專為中消之熱，總因兹證類由熱鬱傷陰以為病。　而脾為太陰，腎為至陰，二臟之病固相因。　雖分治中下之消，而亦無不宜也。　更治小便數有菟絲子丸，又小便不禁用菟絲子散，二方大補腎氣，微有小異，俱得用之，而同於熱補者也。　更遺精之既濟丸，但調水火之交，絶禁熱劑，與前治消中之天冬丸，俱得用之，而同於凉補者也。　若然，是兹味不為脾腎投劑之主乎？　第補脾腎之陰，其味亦不少矣，何以獨是之取也？　曰：　惟雞為巽木之屬，却為土主，更為金用，以致土化而且歸於腎，乃其脾臟是獨受三陰具足之氣，雖微物而理有妙合者，取以療前證，其能舍諸。　更条治療諸方，小便遺失者固治之，而小便淋瀝最痛者亦治之，則知非以通塞為功，固以三陰具足之氣能為功也。　由此繹之，則消癉反胃，並禁口痢諸證，皆可以明其治療之本矣。　抑更有出於寒治熱治之外以為功，而粗者不致審耳。　然則丹溪屬土而有金、木、火者，豈不信而有徵哉？

雞屎白：　雄雞屎乃有白，臘月收之，白雞烏骨者更良。《素問》作雞矢。　氣味：　微寒，無毒。　主治：　中風失音，及白虎風、賊風風痹，破血，和黑豆炒，酒浸服之，療破傷中風，及心腹鼓脹，並轉筋入腹，下氣利小便，破石淋。

愚按：　雞矢白之用，在後學鹵莽者，見《素問》以雞矢醴治鼓脹，遂止謂此劑為通利而用，却不深求前哲製斯劑者，有主本在通利之先，而夢夢者誤執標以為論治，詎知即《素問》投雞矢醴以治鼓脹，果祇以通利為功乎？　試觀諸本草主治，或中風失音，或白虎風，或賊風風痹，或破傷中風，用此療他風證，殊亦不少，則以雞為巽風之屬，還用治風者，義固有所取也。　蓋

肝屬風木，其所勝者，脾之土也；　其所不勝者，肺之金也。所以治心腹鼓脹，轉筋入腹，皆肝木侮其所勝之土，而其所不勝之金，不能為之主也。又如石淋疼痛，小水不利，則是肝木不得脾土以為用，并不得肺金以為主，還病於肝臟之血也。更如癥瘕為病，乃脾土不得肝木血臟之化，更不得肺金氣臟之化也。即如療風諸治，又豈止歸其責於風木哉？　葢亦本於氣血之臟，宿有不為風木之主之用者，以致此也。統繹斯義，則木土交為用，金木互為化者，雞雖微物，而具此妙理，是其本也。其矢白乃木為土主，更為金用，以致脾臟轉化而出者，還為氣血戾眚之治，是其標也。若舍其本，而取其標，謂此矢白遂為氣血轉化之權輿，有是理乎？　如時珍、希雍指積滯溼熱而言鼓脹，固拾其一端，而憒憒亦不少。且時珍謂專屬風木一語，不知其何以療諸證也？　即以治諸風證，未審其能得當否？　然則丹溪屬土而又有金、木、火，更為巽風之屬者，視此鹵莽輩為何如也？　抑木為金伏，即矢用白可知，就是可以覘其微義矣。

附雞矢醴論：《普濟方》云：　治鼓脹，旦食不能暮食，由脾虛不能制水，水反勝土，水穀不運，氣不宣流，故令中滿，其脈沉實而滑，宜雞矢醴主之。何大英云：　諸腹脹大，皆屬於熱。精氣不得滲入膀胱，別走於腑，溢於皮裏膜外，故成脹滿，小便短濇。雞矢性寒，利小便。誠萬金不傳之寶也。用臘月乾雞矢白半斤，袋盛，以酒醅一斗，漬七日，温服三盃，日三，或為末，服二錢亦可。

附方　破傷中風，腰脊反張，牙緊口噤，四肢強直，用雞矢白一升，大豆五升，炒黃，以酒沃之，微烹令豆澄下，隨量飲，取汗避風。　角弓反張，四肢不隨，煩亂欲死，雞矢白一升，清酒五升，搗篩，合揚千遍，乃飲，大人服一升，少小五合，日二服。　反胃吐食，以烏骨雞一隻，與水飲四五日，勿與食，將五蒲蛇二條，竹刀切，與食，待雞下糞，取陰乾為末，水丸粟米大，每服一分，桃仁湯下，五七服即愈。　轉筋入腹，其人背脚直，其脈上下微弦，用雞矢為末，水六合，和方寸匕，温服。　陰毒腹痛，雞糞、烏豆、地膚子各一把，亂髮一團同炒，烟入，傾入好酒一椀，浸之，去滓，熱服即止。　心腹鼈瘕及宿癥，并卒得癥，以飯飼白雄雞，取糞，同小便於瓦器中熬黃，為末，每服方寸匕，温酒服之，日四五服。或雞飯飼之，以消為度，亦佳。　石淋疼痛，雞矢白，日中半乾，炒香為末，以酸漿飲服方寸匕，日二，當下石出。　耳聾不聽，雞矢白炒半升，烏豆炒一升，以無灰酒二升，乘熱投入，服取汗，耳如鼓鼙勿訝。

以上諸方，所治皆是本巽木之氣而為土致其用，却由巽伏於兑，更得致木之用於土也。故取其腸胃之所轉化而出者，以療諸證為切。且其獨取雄雞，即是可明於氣化之義，與風證對待，葢氣屬陽，故取雄也。

雞卵：　黃雞者為上，烏雞者次之。　氣味：　甘，平，無毒。　時珍曰：　卵白象天，其氣清，其性微寒。卵黃象地，其氣渾，其性温。故卵白能清氣，治伏熱。卵黃能補血。全卵則合而有之。

附方　治小兒疳痢，肚脹，用雞子一個，開孔，入巴豆一粒，輕粉一錢，用紙五十重，裹於飯上蒸三度，放冷去殼，研入麝香少許，糊和丸米粒大，食後温湯下二丸至三丸。　癰疽發背初作，及經十日以上，腫赤焮熱，日夜疼痛，百藥不效者。用毈雞子一枚，新狗屎如雞子大，攪勻，微火熬令稀稠得所，捻作餅子，於腫頭上貼之，以帛包抹，時時看視，覺餅熱即易，勿令轉動及歇氣，經一宿定，如日多者，三日貼之，一日一易，至瘥乃止。此方穢惡，不可施之貴人。一切諸方，皆不能及，但可備擇而已。

雞子白：　氣味：　甘，微寒，無毒。　主治：　目熱赤痛，除心下伏熱，止煩滿欬逆《別録》。又時珍主治：　和赤小豆塗一切熱毒，丹腫顋痛，神效。又《經驗方》主湯火燒灼，雞子清和酒調洗，勤洗生肌，或生傅之亦可。更藏器主產後血閉不下，取白一枚，入醋一半，攪服。又宗奭主產後血暈，身痙直，口目向上牽急，不知人，取雞子一枚，去殼分清，以荊芥末二錢，調服即安，甚敏捷。烏雞子尤良。

愚按：　時珍云雞子白象天，其氣清，每用之以清氣，其說亦本於前主治之證也。然於藏器、宗奭所主產後之證，又覺清氣一語不足以槩其功。且閱《本草》人參條後，其所輯方，此味同參用者殊不少，如霍亂嘔吐，人參二兩，雞子白二枚也。咳嗽上氣，喘急而嗽吐血，其脈無力者，人參末三錢，用雞子清調之。又消渴引飲，人參為末，雞子清調服一錢。此三證止二味同用也。其又反胃嘔吐，用人參、雞子白外，加粟米、薤白以煮粥食也。又胃寒氣喘，不能傳化水穀者，人參為君，亦與雞子清同用，但加生附及生薑耳。更橫生倒產，用人參亦同於雞子清，止加乳香及丹砂研末，同生薑汁也。如時珍清氣之說，豈非因其清陽上浮，以為包舉濁陰之化育者，葢得於出地之最先，而有微寒之氣乎？　第如諸羽蟲之卵白，何以一無所取

也？不原本於雞屬巽木，而出地升天之氣化，巽木受之最先者，漫謂其能清伏熱，不幾與他清熱之味，例論而滚同用之，其可乎哉？唯悉斯義，然後知雞子清之象天，舉清陽而上浮者，庶幾與人參之化濁陰而下濟也，乃可奏升降調氣之效。如諸證所治，若徒以清熱為功，則就諸證所治之中，有横生倒產一證，豈一清熱所能了，而奏效於斯須危急之際乎？先哲所云習而不察者，如此是其一班矣。苐清熱二字，本清陽上浮之義推之，如以兹味同於諸味之寒治熱者，漫無辨别，則亦猶是粗工耳。蓋前所治諸熱湯火等證，原非取其寒也，蓋取其陽之最清者以散熱，依稀乎從治之義也。如是，然後可以通於產後之治矣。

附方　蚘蟲攻心，口吐清水，以雞子一枚，去黄，納好漆入雞子殼中和合，仰頭吞之，蟲即出也。　咽塞鼻瘡，及乾嘔頭痛，食不下，用雞子一枚，開一竅，去黄留白，着米酢糠火頓沸，取下更頓，如此三次，乘熱飲之，不過一二度，即愈。

卵黄：氣味：甘，温，無毒。

附方　妊娠下痢絞痛，用烏雞子一枚，開孔，去白留黄，入黄丹一錢在内，厚紙裹定，泥固煨乾，為末，每服三錢，米飲下。　妊娠胎漏，血下不止，血盡則子死，用雞子黄十四枚，以好酒二升煮如餳，服之，未瘥再作，以瘥為度。　去白留黄，入酒中攪匀同煮，可如餳也。　鼠瘻已潰，雞卵一枚，米下蒸半日，取黄熬令黑，先拭瘡令乾，以藥納孔中，三度即愈。

頌曰：雞子入藥最多，而髮煎方特奇。劉禹錫《傳信方》云：亂髮雞子膏治孩子熱瘡，用雞子五枚，煮熟，去白取黄，亂髮如雞子大，相和，於鐵銚中炭火熬之，初甚乾，少頃即髮焦，乃有液出，旋取置椀中，以液盡為度，取塗瘡上，即以苦參末粉之。頃在武陵生子，蓐内便有熱瘡，塗諸藥無益，而日益劇，蔓延半日，晝夜號啼，不乳不睡。因閲《本草》髮髲條云，合雞子黄煎之，消為水，療小兒驚熱下痢。註云：俗中嫗母為小兒作雞子煎，用髮雜熬之，良久得汁，與小兒服，去痰熱，主百病。又雞子條云，療火瘡。因是用之，果如神效也。

愚按：此食物也，如希雍所云，稟生化最初之氣，誠然。苐諸禽中，而雞得風木出地之始氣以為生化，如服之而佐使得當，是亦養生之一助也。但卵黄謂為陰中之陰，如時珍補血之説，便當思其補而不滯者為如何，至合白用，則又兼之微寒矣。故服食貴於調和耳。今產後類頻頻用之，不知產後氣血兩虚，脾胃受傷，其可恣食以為快哉？

清・尤乘《食鑒本草・禽類》　雞　黄者宜老人，烏者宜產婦。烏雞白頭及六指四距者，死不伸足，口目不閉，卵有八字紋者，俱不可食。烏雞合鯉魚食生癰疽。卵敗血，小兒尤不宜食。同生葱食成蟲痔。同糯米食生蚘蟲。閹雞能啼者毒。四月勿食抱雞，令人作癰成漏。

清・朱本中《飲食須知・禽類》　雞肉　味甘、酸，性微温。善發風助肝火。同葫蒜、芥、李及兔、犬肝、犬腎食，並令人瀉痢。同魚汁食，成心瘕。同鯉魚、鯽魚、蝦子食，成癰癤。同獺肉食，成遁尸病。同生葱食，成蟲痔。同糯米食，生蚘蟲。小兒食多，腹内生蟲，五歲以下忌食。四月勿食抱雞肉，令人作癰成漏。男女虚乏、有風病人食之，無不立發。勿同野雞、鼈肉食。黄雌雞，患骨蒸熱者，勿食。雞有五色者、玄雞白首者、六指者、四距者、雞死足不伸者、閹雞能啼者，並有毒，食之害人。老雞頭有毒，勿食。

雞肝，味甘、苦，性温，微毒。《内則》云：食雞去肝，為不利人。雞卵，味甘，性平，微寒。多食令人腹中有聲，動風氣。同葱蒜食，令氣短。同韭食，成風痛。同鼈肉食，損人。同獺肉食，成遁尸病。同兔肉食，成瀉痢。妊婦多食，令子失音。以雞子、鯉魚同食，令兒生瘡。同糯米食，令兒生寸白蟲。同魚膾、同乾薑食，令子生疳，發瘡疥。小兒患痘疹者，不惟忌食，禁嗅其煎食之氣，恐生翳膜也。醋能解蛋毒。過食蛋傷，紫蘇子能消。人踏抱出雞子殼，令生白癜風。

清・何其言《養生食鑒》卷下　雞皆家中畜者，異色，種各異而性亦自殊也。宜忌註于後。　丹雄雞：味甘，性微温，無毒。辟不詳，温中補虚，益肺止血，治女人崩中漏下，赤白帶淋。　白雄雞：味甘、酸，性微温，無毒。調中下氣，療狂邪，安五臟，止消渴，利小水。　烏雄雞：味甘，性微温，無毒。補虚羸，去心腹惡氣及風濕麻痹，安胎，止腹痛。　黑雌雞：味甘、酸，性温、平，無毒。止反胃，定心志，去風寒濕痹，排癰膿，破宿血，生新血，安胎，並補產後虚羸。　黄雌雞：味甘、酸、鹹，性平，無毒。補五臟，益氣力，壯陽道，添精髓，治瀉痢消渴，小便不禁。產後食之，補益尤勝。　烏骨白雞：味甘，性平，無毒。治女人崩中、帶下，一切虚損諸病，助氣血，補虚弱，益產婦，去心腹痛。最治虚熱，男用雌，女用雄。　反毛雞：治反胃病，同人參、當

歸，食鹽各半兩，煮爛，去骨，食之至盡，效。　泰和老雞：味甘、酸，性熱，無毒。補益人，以五味煮，與出痘者食，內托發膿，一二十年，尤效。此法粵中不可用，以南方風土暖，不可以火濟火也。慎之，慎之！

雞頭：老者有毒，切勿食之。　雞冠血：治蜈蚣咬痛，搽之即安。百蟲入耳，滴之即出。　雞肝：味甘、苦，性溫，無毒。雄雞者良，起陰補腎，治心腹痛。安漏胎下血，以一具切，和酒煮食之。亦療風虛目暗。治女人陰蝕瘡，切片納入，引蟲出盡，良。　雞卵：味甘，性平，無毒。黃雌者為上，烏雌者次之。卵白補氣。卵黃補血，和五臟，鎮心，安胎，暖水臟，縮小便。酒煮，治產後血暈。忌與鱉肉、兔肉、獺肉同食。小兒痘後，不惟忌食，禁嗅其煎食之氣，恐生翳膜。多食動風氣，有毒，醋解之。

已上諸色雞肉，俱有補虛羸之功，故食治方中多用之。然雞屬巽，巽主風木，能動風痰，助肝火，凡陰虛骨熱者忌之。語云：痰火食雞，猶如食砒。小兒五歲以下，不可與食。痘病最忌，卵亦如之。抱卵雞不可食，食之發痘。自死者，忌食。同茱萸食，殺人。

清・閔鉞《本草詳節》卷一一　鷄【略】按：諸鷄補虛羸之最要，故食治方中多用。凡用心、膽、肝、腸、肪、肶胵、糞等，以烏雄鷄為良。卵以黃雌，頭以黃雄，翮以烏雄為良。大抵鷄雖屬木，分而配之，則黃雄鷄得離火陽明之象，白雄鷄得庚金太白之象，故辟邪惡者宜之。烏雄鷄屬木，烏雌鷄屬水，故胎產宜之。黃雌鷄屬土，故脾胃宜之。而烏骨者又得水木之精，故虛熱者宜之。各從其類也。三年閹鷄常食，養血補氣。丹溪云：鷄性補，能助濕中之火，病邪得之則劇。此又非但鷄而已，魚肉亦然。

清・汪昂《本草備要》卷四　鷄補。屬巽屬木。故動風。其肉甘溫，補虛溫中。日華曰：黑雌鷄補產後虛勞。馬益卿曰：妊婦宜食牡鷄，取陽精之全于天也。崔行功曰：婦人產死，多是富貴擾攘，致產婦驚亂故耳。屏人靜產，更爛煮牡鷄汁，作粳米粥與食，自然無恙。鷄汁性滑而濡，不食其肉，恐難化也。俗家每產後即食鷄啖卵，壯者幸無事，弱者因而致疾矣。龔雲林曰：四五年老母鷄，取湯煮粥食，能固胎。　鷄冠居清高之分，其血乃精華所聚，雄而丹者屬陽，故治中惡驚忤。以熱血瀝口，塗面，吹鼻，良。本乎天者親上，故塗口眼喎邪。用老者，取其陽氣充足也。能食百蟲，故治蜈蚣、蚰蜒、蜘蛛咬毒。　鷄子：甘，平。鎮心，安五藏，益氣補血，清咽開音，散熱定驚，止嗽止痢，醋煮食，治赤白久痢。利產安胎。胞衣不下者，吞卵黃二三枚，解髮刺喉令吐，即下。多食令人滯悶。　哺雛蛋殼細研，麻油調，搽痘毒神效。　鷄肶皮：一名鷄內金，一名肶胵，音皮鴟。甘，平，性濇。鷄之脾也。能消水穀，除熱止煩，通小腸、膀胱。治瀉痢便數，遺溺溺血，崩帶腸風，膈消反胃，小兒食瘧。男用雌，女用雄。　鷄矢醴：微寒。下氣消積，利大小便，《內經》用治蠱脹。臘月取雄雞屎白收之。醋和，塗蚯蚓、蜈蚣咬毒。合米炒，治米癥。

清・李熙和《醫經允中》卷二三　鷄　食忌雜色者，玄鷄白首者，六指四距者，鷄死足不伸者，閹鷄能啼者，俱有毒，不可食。有風病人不宜食。《易》以巽為鷄為風，能發風故耳。　鷄雖屬木，而丹為離火陽明之象，白得庚金太白之象，故辟邪毒宜之。烏雄屬木，烏雌屬水，故胎產宜之。黃雌屬土，故脾胃宜之。烏骨者得水木之精氣，故虛熱宜之。各從其類也。

丹雄鷄肉：甘，微溫，無毒。主女人崩漏，補虛，溫中辟惡。　白雄鷄：酸，微溫，無毒。主療狂邪，安五臟，利小便，去丹毒風。　烏雄鷄：甘，微溫，無毒。主治下氣，療心腹惡氣，安胎。　黑雌鷄：甘、酸，溫平，無毒。主補產後虛羸，去宿血。　黃雌鷄：骨熱人勿食。甘、酸、鹹，平，無毒。主補益勞傷，暖小腸，治產後虛瘦。　烏骨鷄：甘，平，無毒。主補虛，消渴，益產婦，治崩帶，一切虛損諸病，大人小兒下痢禁口。　鷄屬木，而骨烏者，巽變坎也，受水木之精，故肝腎血分之病宜之。　反毛鷄：治反胃，以一隻煮爛去骨，入人參、當歸、食鹽各半兩，再同煮爛食盡。此物取同類之義也。　泰和老鷄：甘、辛，熱，無毒。主托小兒痘瘡。當論風土，不可概用。凡鷄以光粉和飲喂之後取食，人尤補益。　諸鷄血：鹹，平，無毒。熱飲止小兒下血驚風，解丹毒、陰毒。熟食生血。肝切片入陰戶治陰蝕瘡。合鷄肝丸治疳積。　鷄卵：甘，平，無毒。主治熱火灼爛瘡，開喉聲失音，止血暈。卵白象天，其氣清而寒，卵黃象地，其氣渾而溫。精不足者補之以氣，故卵白能清氣，治伏熱目赤，咽痛諸疾；形不足者補之以味，故卵黃能補血，治下痢，胎產諸疾。殼中白皮，久欬氣結，得麻黃、紫（苑）〔菀〕，服之立効。　鷄肶皮：一名鷄內金。甘，平，性濇。雞之脾也，能消水穀，除熱。　雞矢醴，微寒，下氣消積，利大小便。

清・馮兆張《馮氏錦囊秘錄・雜症痘疹藥性主治合參》卷一〇　雞雞為陽禽，屬木，而外應乎風，故在卦為巽，故性熱動風。其色雖有丹、白、黃、烏，總之性熱，補陽

起陰，兼有風火之義。惟烏骨者，別是一種，獨得水木之精氣，故主陰虛發熱，蓐勞崩中等證也。但雞性熱，動風，凡熱病初愈，癰疽未潰，素有風病，咸宜忌之。烏骨雞，得水木之精氣，味甘，平，無毒。其性屬陰，能走肝腎血分，補血益陰，則虛勞羸弱可除，陰回熱去，則津液自生，渴自止矣。陰平陽秘，表裏固密，邪惡之氣不得入，心腹和而痛自止，鬼亦不能犯矣。益陰，則衝任帶三脉俱旺，故能除崩中帶下，一切虛損諸疾也。【略】　主治痘疹合參：　雄雞頭雞腦，大能發痘。凡不起發，或頭面陷伏，不能潰膿者，食之最妙。當灌漿時，不拘雞頭，即雞肉煮食極佳。雞冠血，和無灰酒漿服之，初起發痘最宜。蓋雞為陽精，而屬巽風，頂血又至清至高也，用之神效。

清・张璐《本經逢原》卷四　雞　甘，平，小毒。諸雞有五色者，黑雞白首者，六指者，死足不伸者，並不可食。　發明：　雞屬巽而動風，外應乎木，內通乎肝，得陽氣之最早，故先寅而鳴，鳴必鼓翅，火動生風之象，風火易動而易散，人之陽事不力者不宜食雞，是以昔人有利婦人不利男子之說。而東南之人，肝氣易動，動則生火、生痰，病邪得之為有助也。北方陽氣潛伏，最宜發越。病邪得之，便能作汗，以其能助肝氣也。姑以物性之常變言之，諸雞中惟烏骨白絲毛者最良。巽象變坎，得水木之精氣，肝腎血分病宜之。烏骨雞丸治經癸胎產虛熱諸病，以其峻補肝血也。今人治賊風痛痹，專取五爪烏骨雄雞，置病人痛處任其鳴啄，少頃其痛自止，雞之五爪者有毒，此專取其毒以引其毒外泄也。丹雄雞治女人崩中漏下赤白沃，通神明，殺惡毒，辟不祥，中惡魔魅，以血灌鼻即甦。中風口眼喎斜，乘熱塗患處即正。雞冠血和酒釀調鯪鯉甲末，治痘瘡肝熱毒盛而變青乾紫黑陷伏。黃雌雞治產後虛羸，煮汁煎藥最宜。黑雌雞治妊娠胎息不安。泰和老雞內托小兒痘瘡。近世治產後虛羸寒熱，亦取用之，以其能助肝經生氣也。雄雞肝取不落水者研爛，和蜂蠟酒釀頓熟，治小兒疳積、壞眼，日服無間，瞖盡為度。雞膍胵俗名雞內金，治食積腹滿，反胃泄利，及眼目障瞖。雞卵治傷寒發狂，欬嗽失音，並生食之。以雞卵略敲損，勿令清漏，浸尿中，冬三、夏一日，取煮食之，治哮喘風痰。雞子清治伏熱目赤喉痛。雞子黃治產後胞衣不下，并用生者。又以煮熟去白取黃，同亂髮、香油熬化，塗嬰孩胎毒熱瘡。抱出卵殼，研細為末，去目中障瞖。燒灰蜜調，塗嬰兒頭身諸瘡。卵殼中白皮同麻黃、紫菀，治久欬氣結。毈雞子乃不孵之卵，取以同犬屎敷腫瘍，其痛立止，《千金方》也。雞矢白為散，無灰酒下一錢匕，治蠱脹腹滿，《內經》雞矢醴也。溏矢和石灰末塗疔腫，半日許即能拔出。

清・汪啟賢等《食物須知・諸葷饌》　丹雄雞　味甘，氣微溫，一云微寒，無毒。各處雖多，為饌堪用。性動風，患筋攣切忌；味助火，病骨熱須防。合水雞食，作遁屍；和魚汁食，成心瘕。凡資食饌不可不知。補虛溫中，通神健脈。止血，除血漏；殺毒，辟不祥。　白雄雞，味略辛酸，小差。飼三年，能為鬼神役使。止消渴調中，仍利小便，更壓丹毒。　烏雄雞，微溫，補中止痛，療折傷癰腫，殺鬼安胎。　黃雄雞，益氣壯陽，主傷中消渴。安五臟，禁痢止瀉，療癆劣，道尿，續絕傷，健脾胃。子絕哺者肉食殺人。蓄養之家，亦當謹記。　黑雌雞，養血安胎，治癰疽，排膿通瘀。主風濕痹，補產後虛羸。哺者勿嚐，殺人亦速。　雞子，(主)〔生〕啖，鎮心止驚。益氣，漸開喉音；去風，尤安胎孕。補真陰不足，止產血來勤。

清・浦士貞《夕庵讀本草快編》卷六　鷄《本經》　鷄，稽也，謂能稽時也。鷄乃地產而卵生，羽不能飛。在卦屬巽，在星應昴。雖一類而有色味之殊，不可不審者也。丹雄者法離火陽明之象，故能殺惡而辟不祥，溫中而止崩血；　白雄者得庚金太白之象，能療狂邪而止消渴，安五藏而調下痢；　黑雌者屬水，專主風寒濕痺，補虛安胎，宜于血分之疾也；　黃雌者屬土，治腸澼瀉利，助陽暖胃，宜于脾虛力乏之疾也；　惟烏骨者甘平無毒，受水木之精，變巽為坎，凡男子諸虛羸弱，鬼疰，心腹作痛，女人帶下崩中，產門虛損，《局方》烏鷄丸著功久矣。反毛者可以治翻胃；　泰和者可以發痘瘡，此皆從類全用之法也。若分而論之，鷄頭可以懸東門而禳疫癘；　冠血可以塗口喎而鎮驚悸；　肝可以治目暗而起陰痿；　肪可以治耳聾而生頭髮；　致若膍胵走大腸、膀胱二經，故小便頻數，腸風下血，膈噎嘔吐，酒横疳瘧，無不統矣。矢白乃腸胃所出，岐伯用以消膨，復其故道，真神方也。兼治消渴石淋，中風痰塞，癥瘕蠱毒者，取其微寒能化濕，濕去則熱消而病寧矣。卵乃混元之體，白氣清而法天，治伏熱目赤，煩滿咳逆，所謂精不足者，益之以氣也；黃乃象地，凡產後虛痢，煩熱嘔逆，所謂形不足者補之以味也。且其與膠飴同功，在食品所重，非鵝子、鴨子之可比也。　附：　治陰陽虛損，用藥過多，見藥則畏者，予每用雞子七(故)〔枚〕，置器內，日以熱尿尿之。每用一枚，破頂入紫河車末三分，攪勻紙封煮熟，其河車末凝聚中心，乃天地既濟之妙也，空心白湯服七二之數，勞怯自旺，且能種子。

清・葉盛《古今治驗食物單方》　鷄　百蟲入耳，鷄肉炙香塞耳中，引出。　反胃吐食，烏雄鷄一隻，治如食法，入胡荽子半斤在腹內，烹食二隻，愈。　死胎不下，烏鷄一隻去毛，如常治淨，不去腸，水三升，煮二升，去鷄，以汁蘸帛摩臍上，即出。　男之遺精白濁，女之赤白帶下，白果、蓮肉、江米各五錢，胡椒一錢為末，烏骨鷄一隻，如常治淨，裝木瓜并前藥入腹，煮熟食之。　鬼擊卒死、寢死、忤死、縊死，俱用紅鷄血滴口令咽。　女子交接違理血出，雄鷄冠血塗之。　縊死未絕，鷄血塗喉下。　睡中遺尿，雄鷄肝、桂心等分，搗丸小荳大，每服米飲下一丸。　小便遺失，鷄膍胵一個，并腸燒存性，酒服，男用雌，女用雄。　小便淋瀝，痛不可忍，鷄肫內黃皮五錢，陰乾，燒存性，作一服，白湯下，立愈。　治反胃，用鷄膍胵一具，燒存性，酒調服，男用雌，女用雄。　噤口痢，鷄內金焙乾研末，乳汁服之。　一切口瘡，鷄內金燒灰敷之，立效。　走馬牙疳，鷄肫皮不落水者五枚，枯礬五錢，研搽立愈。　陰頭疳蝕、穀道生瘡，俱可搽之。　陰腫如斗，取鷄翅毛一孔生兩莖者，燒灰服，左腫取右翅，右腫取左翅，雙腫雙取。　咽喉骨鯁，白雄鷄左右翮大毛各一枚，燒灰水服。　産後中風，口噤瘈瘲，角弓反張，黑荳二升半，同鷄屎一升炒熟，入清酒一升半，浸取一升，入竹瀝服，取汗。　小兒驚啼，鷄屎白，燒灰，米飲服二字。　脚開裂縫，無冬夏者，鷄屎煮湯，漬半日取效。　天行時病，已汗不解者，用新生鷄子五枚，傾盞中，入水一鷄子許，攪渾，以水一升煮沸，投入，納少醬啜之，令汗出愈。　三十六黃病，鷄子一顆，連殼炒灰，研，醋一合和之，溫服，鼻中蟲出為效，身體極黃者，不過三枚，神效。　子死腹中，用三家鷄卵各一枚，三家鹽各一撮，三家水合一升，同煎，令産婦東向飲之，即下。　白帶，用酒、艾煮鷄子，日日食之。　腋下狐臭，鷄子二枚，煮熟去殼，熱夾待冷，棄之叉路上，勿回顧，如此三次即不臭。　赤白痢下，鷄卵一枚，取黃去白，入胡粉滿殼，燒存性，以酒服一錢。　妊孕下痢絞痛，用烏鷄子一枚，開孔，去白留黃，入黃丹一錢在內，厚紙裹之，泥固煨乾，為末，每服三錢，米飲下。　一服愈者，是男；　兩服愈者，是女。　耳疳出汁，鷄子黃炒油塗之。　頭上白禿，抱出鷄殼七個，炒研，油和敷之，燒存性，入輕粉少許，清油調，可敷頭上軟癤，又敷玉莖下疳。

清・修竹吾廬主人《得宜本草分類・下部補養並瘍科感症門》　白雄雞　赤白痢，白雄雞如常作臛食之，或作餛飩與食。　水氣浮腫，赤小豆一升，白雄雞一隻，治如食法，以水三斗，煮爛食之，飲汁令盡。以上二方出《肘後》。

烏雄雞：　肉氣味甘溫。主治補中，止痛，除風濕麻痺，諸虛羸，安胎。治折傷并癰疽。　生搗，塗竹木刺入肉。　補益虛弱，用烏雄雞一隻，洗淨，五味煮極爛食。　反胃吐食，用烏雄一隻，治如食法，入胡荽子半斤在腹內，烹食，二隻愈。　胡荽，辛，溫，微毒。主消穀，止頭痛，通小腹氣及心竅，利大小腸。其香竄辟一切不正之氣。痧疹痘瘡不出，煎酒噴之。　又有石胡荽，即鵝不食草，氣溫而升，味辛而散。人但知其搐鼻而通，而落瘜肉，不知其治頭風之功最捷，治瞖之功更奇。研塞鼻中，瞖能自落。　老人中風，煩熱語澀，用烏雄雞一隻，切葱白一握，煮臛，下麻汁、五味，煮爛空心食之。　寒疝絞痛，用烏雄一頭，治如食法，生地黃七斤，同剉，著蒸甑中蒸之，以器盛取汁清，旦溫服，至晚令盡，當下諸寒癖證，以白粥補之，久疝三服效《肘後方》。　卒得欬嗽，烏雄雞一隻，治如食法，酒漬半日飲之。　腎虛耳聾，烏雄雞一隻，治淨，以無灰酒二升，煮熟，乘熱食，三五隻效。　猫眼睛瘡，身面上瘡似猫眼，有光采，無膿血，但痛痒不常，飲食減少，名曰寒瘡，多食雞、魚、葱、韭自效夏子益《奇方》。

黑雌雞：　肉甘，酸，溫，平。作羹食，安胎，産後虛羸。　烏色屬腎水，牝象屬陰，故烏雌所治皆血分之病。　中風舌強不語，目睛不轉，煩熱，烏雌雞一隻，治淨，以酒五升，煮取二升，去滓，分作三次，連服之，食葱粥暖卧取小汗《飲膳正要》。　虛損積勞，治男女積勞虛，或大病後虛損，沉困酸疼，盜汗，少氣喘促，或小腹拘急，心悸胃弱，多卧少起，漸至瘦削，若年〔深〕五臟氣竭，則難治。　用烏雌雞一隻，治淨，以生地黃一斤，切，飴糖一升，納腹內縛定，銅器貯於瓶中，蒸五升米熟，取出，食肉飲汁，勿用鹽。一月一作，神效。姚僧坦方。

黃雌雞：　肉甘、酸、鹹，平。主治傷中消渴，小便數而不禁，腸澼洩痢，補益五臟。療五勞，益氣力，助陽氣，暖小腸，止洩精，治産後虛羸，煮汁煎藥良。黃者，土色。雌者，坤象。味甘歸脾，氣溫益胃，所治皆脾胃之病。　水澼水腫，腹中水澼水腫，以黃雌雞一隻，如常治淨，同赤小豆一升，同煮汁飲，日二夜一。　消渴飲水，小便數，以黃雌雞煮汁，冷飲，并作羹食肉《心鏡》。　下痢噤口，黃肥雞一隻，如常治淨，作臛、作餛飩空心食之。《心鏡》。余意麵宜用蕎麥。　脾虛滑痢，以黃雌雞一隻，治淨，同鹽、醋煮熟食之《心鏡》。　脾胃

弱乏人痿黃、瘦黃，雌雞肉五兩，白麵七兩，切肉作餛飩，下五味食之，日一作，益顏色，補臟腑《壽親》。　產後虛羸，黃雌雞一隻，去毛淨，背上開一孔，入百〔合〕三枚、白粳米半升，縫，入五味汁中煮熟，開腹取百合并飯，和汁作臛羹食之，并食之肉《聖惠》。　病後虛汗，傷寒後虛弱，日夜汗出不止，口乾心躁，用黃雌雞一隻，去腸胃，入麻黃根一兩，水七大盞，煮汁三大盞，去滓及雞，入蓯蓉酒浸一宿，刮淨一兩，牡蠣煅粉二兩，煎取一盞半，濾淨，一日服盡《聖惠》。　老人噎食不通，黃雌肉四兩，茯苓一兩，白麵六(麯)兩，作餛飩，入豉汁煮食，三五服效《養老書》。

烏骨雞：甘，平。補勞羸弱，治消渴，益產婦，治女人崩中帶下，一切虛損諸病，大小兒下痢噤口，並煮食飲，亦可搗和丸藥。其雞有白毛烏骨者，黑毛烏骨者，斑毛烏骨者，有骨肉俱烏者，肉白骨〔烏〕者，但觀雞舌黑者，則骨肉俱黑，入藥更良。雞屬木，而骨反烏者，巽變為坎也，受水木之精氣，故肝腎血分之病宜用之。男用雌，女用雄。　赤白帶下，白菓、蓮肉、江米各五錢，胡椒一錢，為末，烏骨雞一隻，如常治淨，裝木瓜〔入〕腹，煮熟空心食之。　遺精白濁，下元虛憊者，用上方食之良。　脾虛滑泄，烏骨母雞一隻，治淨，用豆蔻一兩，草菓一枚，燒存性，摻入雞腹內，紮定，煮熟空心食之。

反毛雞：治反胃，以雞煮爛，入人參、當歸末、食鹽各半兩，再同煮糊食之。出《乾坤生意》。

雞冠血：三年雄雞者良。氣味鹹，平。烏雞者，主乳難，治目淚不止，日點三次。並治筋絡間風熱。塗頰治口喎不正。飲之，治縊死欲絕，及小兒卒驚客忤。塗諸瘡癬，蜈蚣蜘蛛毒、馬嚙瘡、百蟲入耳。益助陽氣，丹雄冠血，和天雄、太陽粉、桂心各四分，和丸服之。　小兒解顱，丹雄雞冠血滴之，以赤芍末粉之良《普濟》。　爛弦風眼，雞冠血點之，日三次《聖惠》。　發背癰疽，用雄雞冠血滴上，血盡再換，不過五六雞，痛止毒散，數日自愈《保壽堂方》。　浸淫毒瘡，不早治，周身殺人。以雞冠血塗之，日四五度《肘後》。諸蟲入耳，雞冠血滴入即出《勝金》。

雞血：烏雞、白雞者良。氣味鹹，平。治踒折骨痛，及痿痹，中惡腹痛，乳難。馬咬人，以熱血浸之。白癜風、瀝瘍風，以雄雞翅下血塗之，熱血服之。治小兒下血，驚風，解丹毒、蟲毒，鬼排陰毒，安神定志《肘後》。　治驚邪恍惚，陰毒，雞血冲熱酒服。　驚風不甦，白烏骨雞血，抹唇上即甦。　縊死未絕，雞血塗喉下《千金》。　金瘡腸出，以人屎抹入，桑皮線縫合，雞血塗之《生生編》。

雞肪：即雞油。甘，寒。治耳聾，頭禿髮落。　年久耳聾，用鍊成雞肪五兩，桂心十八銖，野葛六銖，文火煎三沸，去滓，每棗許，以葦筒炙溶傾入耳中，如此十日，聤聹自出，長寸許也《千金翼》。

雞腦：白雄雞者良。治小兒驚癇，燒灰，酒服，治難產。

肝：甘、苦，溫，無毒。起陰補腎，治心腹痛，安漏胎，下血。以一具，切，和酒五合，服之。　療風虛目暗，治女人陰蝕瘡，切片納入，納入陰中引蟲出盡良。　陰痿不起，用雄雞肝三具，菟絲子一升，為末，雀卵和丸小豆大，每服一百丸，酒下，日二《千金》。　肝虛目暗，老人患此。烏雄肝一具，切以豉和米作羹食，成粥食《養老書》。　睡中遺尿，雄雞肝、桂心等分，搗丸小豆大，每服一丸，米飲下，日三服。遺精，加白龍骨。

雞膽：烏雄者良。氣味苦，微寒，無毒。目不明，肌瘡、月蝕瘡遶耳根，日三塗之。燈心蘸點胎赤眼甚良。水化，搽痔瘡。　沙石淋瀝，雄雞膽乾者半兩，雞屎白炒一兩，研勻，溫酒服一錢，以利為度《十便良方》。　眼熱流淚，五倍子、蔓荊子煎湯洗後，用雄雞膽點之《摘元方》。　塵沙眯目，雞膽汁點之《醫說》。

雞嗉：即喉嚨。主治小便不禁，及氣噎食不消。　氣噎不通，雞嗉兩枚，連食，以濕帋包，黃泥固，煅存性，為末，入木香、沉香、丁香末各一錢，棗肉和丸梧子，每汁下三丸。　小便不禁，雞嗉(及)及膍胵音脾鴟。并屎白等分，為麥粥清服之《衛生易簡方》。　發背腫毒，雞嗉及肫內黃皮，焙研，濕則乾摻，乾則油調搽之《醫林正宗》。

雞膍胵裏黃皮：一名雞內金。男用雌，女用雄。氣味甘，平。治洩痢，小便頻遺，除熱止煩，止洩精尿血，崩中帶下，腸風瀉血。治小兒食瘧，療大人淋漓反胃，消酒積，主喉閉乳蛾，一切口瘡，牙疳諸瘡。　小便遺失，用雞膍胵一具并腸，燒存性，酒服。男用雌，女用雄。　小便淋瀝痛不可忍，雞肫內黃皮五錢，陰乾，燒存性，作一服，白湯下，立愈《醫林集要》。　膈消飲水，雞內金洗晒，乾栝蔞根炒五兩，為末，丸如梧子大，每服二十丸，溫水下，日三《集要》。　反胃吐食，雞膍胵一具，燒存〔性〕，酒調服，男用雌，女用雄《千金》。　消導酒積，雞膍胵、乾葛為末，等分，麵糊為丸如梧子，每服五十丸，酒下《袖珍方》。　噤口痢疾，雞內金，焙研，乳汁服之。　小兒瘧疾，用雞膍胵黃

皮，燒存性，乳服。男用雌，女用雄。《千金》。　喉閉乳蛾，用雞肫黄皮，勿洗陰乾，燒末，吹入即破《青囊方》。　一切口瘡，雞肫黄皮，燒灰傅之《活幼新書》。　鵝口白瘡，上方為末乳服。　雞肫黄皮，為末，乳服半錢《子母秘錄》。　走馬牙疳，用雞肫黄皮，不落水者五枚，枯礬研搽立愈《心鑒》。　用雞肫黄皮，燒存性，枯礬、黄柏末等分，麝香少許，先以米水漱，後搽之。　陰頭疳蝕，雞内金不落水，拭淨，新瓦焙脆，出火毒，為細末，先以米泔水洗瘡，乃搽之。亦治口疳。　穀道生瘡，久不愈，用雞膍胵燒存性，為末，乾摻之如神《總錄》。　瘡口不合方仝上。

脚脛生瘡，雄雞肫内皮，洗淨貼之，一日一易，十日愈《小山奇方》。　發背初起，雞肫黄皮不落水，陰乾，臨時溫水潤開，貼之，隨乾隨潤，三五箇即效消楊氏《經驗方》。　發背已潰，雞肫黄皮，同棉絮焙末，搽之即愈。　金顋瘡蝕，初生如米豆，久則穿蝕，用雞内〔金〕焙，欝金等為末，鹽漿漱了，貼之，忌米食《總錄》。　小兒疣目，雞肫皮擦之，自落《集要方》。　雞骨鯁咽，活雞一只，打死，取出雞内金，洗淨，燈草裹於火上，燒存性，竹筒吹入咽。肉即用，不可見肉。

雞腸：　治遺溺，小便數不禁，燒存性，每服三指，酒下，止遺精白濁，消渴。

肋骨：　烏骨雞者良。　治小兒羸瘦，食不生肌。　小兒顖陷，因臟腑壅熱，氣血不榮，用烏雞骨一兩，酥炙黄，生地黄焙二兩，為末，每服五分，米飲下《聖惠方》。　瘡中朽骨，久疽久漏，中有朽骨，以烏骨雞脛骨，實以石鹽，泥固濟，煅紅出火毒，以研末，飯丸粟米大，紙撚一粒，入竅中，以拔毒藥封之，其骨自出《醫學正傳》。

雞距，治產難，燒研酒服。　下骨鯁，以雞足雙，燒灰，水服《外臺》。

翮翎白雄雞良。　下血閉，左翅毛能起陰，治婦人小便不禁，消陰，療骨鯁，蝕癰疽，止小兒夜啼。　安席下，勿令母知。　陰腫如斗，取雞翅毛一孔生兩莖者，燒灰飲服。　左腫取右翅，右腫取左翅，雙腫並取《肘後方》。　陰卒腫痛，雞翮六枝，燒存性，蛇床子末等分，敷之《肘後方》。　婦人遺尿，雄雞翎燒灰，酒服方寸匕，日三《千金翼》。　咽喉骨鯁，白雄雞左右翮大毛各一枚，燒灰，水服《外臺》。　腸内生癰，雄雞頂上毛并屎，燒末，空心酒服《千金》。　決癰代針，白雞翅下兩邊第一毛，燒灰，水服即破《外臺》。　解蜀椒毒，雞毛燒煙吸之，并水調一錢，服之《千金方》。　蠷螋尿瘡，烏雞翅毛，燒灰，油調敷之蟲畏雞故也。《瑣碎錄》。　雞尾毛，治小兒痘瘡後生癰，燒灰和水敷之。

雞屎白：　雄雞屎乃有白，臘月收之，烏骨雄雞更良。　氣味：　微寒，無毒。　治消渴，破石淋及轉筋，利小便，止遺尿，治中風失音，痰迷。　炒服治白虎風風痛，治賊風風痺，下氣，通利大小便，治心腹鼓脹，消癥瘕，療破傷中風，小兒驚啼。　以水淋汁服，解金銀毒。　以醋和，塗蜈蚣、蚓咬毒。　時珍曰：　蠱脹生於濕熱，亦有積滯成者，雞屎能下氣消積，通利大小便，故治蠱脹有殊功。醴者，一宿初來之酒(焙)〔醅〕也。

濕熱鼓脹，以雞屎白為末，服二錢，亦可。《宣明》用雞屎、桃仁、大黄各一錢，水煎服《正傳》。　雞屎炒研，沸湯淋汁，調木香、檳榔末一錢服。　一方：　用雞屎、川芎等分，為〔末〕，酒糊為丸，服。　又方：　治一切肚腹四肢腫脹，不拘鼓脹、氣脹、濕脹、水脹，用乾雞矢一升，炒黄，以酒焙，三碗煎一碗，濾汁飲之，少頃腹中氣大轉動，利下，自脚下皮縐而消。　未盡消，隔日再作。　仍以田螺二枚，滚酒瀹食，後用白粥補之。　諸脹腹大，皆屬於熱，脉沉實而滑。

清・徐大椿《神農本草經百種錄》上品　丹雄雞　味甘，微溫。　主女崩中漏下，赤白沃，補肺疎肝。　補虚溫中，止血。　滋養血脈。　頭：　主殺鬼，雞得清肅之氣而頭為之會，故能除鬼邪。　東門上者尤良。　東門上者，東門上所磔雞頭，取陽方之生氣也。　肶胵裏黄皮：　微寒，主洩利。　雞食砂石亦能消化，故治食積不化之洩利。　屎白：　主消渴，雞善食而不善飲，其腸胃不能容水，故主消渴。　傷寒寒熱。　治傷寒有食邪之寒熱。　凡血肉之物，鮮屬金者，惟雞于十二支屬酉，而身輕能飛，其聲嘹亮，于五音屬商，乃得金氣之清虚者也。　五藏之氣，木能疎土，金能疎木，雞屬金，故能疏達肝氣。　本血肉之物，故又能不尅伐而調養肝血也。

清・黄元御《長沙藥解》卷一　雞子黄　味甘，微溫，入足太陰脾、足陽明胃經。　補脾精而益胃液，止泄利而斷嘔吐。　《傷寒》黄連阿膠湯方在阿膠。用之治少陰病，心中煩，不得臥者，以其補脾而潤燥也。《金匱》百合雞子湯方在百合。　用之治百合病，吐之後者，以其滌胃而降逆也。　排膿散方在桔梗。　用之，以其補中脘而生血肉也。　雞子黄溫潤淳濃，體備土德，滋脾胃之精液，澤中脘之枯槁，降濁陰而止嘔吐，升清陽而斷泄利，補中之良藥也。

煎油治小兒濕熱諸瘡，甚效。　雞子白在三卷中。

清・黄元御《長沙藥解》卷三　雞子白　味甘，氣腥，微寒。　入手太陰肺

經。療咽喉之腫痛，發聲音之暗啞。《傷寒》苦酒方方在苦酒。治少陰病，咽中生瘡，聲音不出。用之以其消腫痛，而發聲音也。雞子白秉天之清氣，有金象焉，善消腫痛，而利咽喉，清肺金而發聲音。其諸主治，塗鼻瘡，治發黃，傅腫痛，洗燒灼。雞子黃在一卷。

清・黃元御《長沙藥解》卷四　雞屎白　微寒，入足太陽膀胱經。利水而泄濕，達木而舒筋。《金匱》雞屎白散，雞屎白為散，水服方寸匕。治轉筋為病，臂腳直，脈上下微弦，轉筋入腹。筋司于肝，水寒土濕，肝木不舒，筋脈攣縮，則病轉筋。雞屎白利水道，而泄濕寒，則木達而筋舒也。《素問・腹中論》有病心腹滿，旦食則不能暮食，名為鼓脹。治之以雞矢醴，一劑知，二劑已。其性神于泄水。一切淋瀝黃疸之證皆醫，兼能化瘀破結，善磨癥瘕，而消癰腫，傅瘰癧而塗鼠瘻。白雞者良。臘月收之。

清・黃元御《玉楸藥解》卷五　雞內金　味甘，氣平。入手陽明大腸、足厥陰肝經。止痢斂血，利水秘精。雞內金扶中燥土，治泄痢崩帶，尿血便紅，喉痹乳蛾，口瘡牙疳，失溺遺精，酒積食宿，胃反膈噎，並消癰疽發背。

清・吳儀洛《本草從新》卷六　鷄〔補虛溫中。〕甘，溫。屬巽屬木。故動風。補虛溫中。《日華》曰：黑雌鷄，補產後虛勞。馬益卿曰：妊婦宜食牡鷄，取陽精之全於天也。崔行功〔崔行功《纂要方》。〕曰：婦人產死，多是富貴擾攘，致產婦驚亂爾。屏人靜產，更爛煮牡鷄汁，煮糯米粥與食，自然無恙。鷄汁性滑而濡，不食其肉，恐難化也。龔雲林〔龔雲林《醫鑑》。〕曰：四五年老母鷄，取湯煮粥食能固胎。孟詵曰：腹中水癖水腫，以黃雌鷄一隻，如常治淨，和赤小豆一升同煮汁飲，日二夜一。時珍曰：黃者土也，雌者坤象，味甘歸脾，氣溫益胃，故所治皆脾胃之病也。丹溪所謂鷄屬土者當指此鷄。鷄冠，居清高之分，其血乃精華所聚，雄而丹者屬陽，故治中惡驚忤；以熱血瀝口、塗面、吹鼻良。本乎天者親上，故塗口眼喎斜。用老者，取其陽氣充足也。能食百蟲，故治蜈蚣、蚯蚓、蜘蛛咬毒。鷄子，甘，平。鎮心，安五臟，益氣補血，清咽開音，年深哮喘，鷄子略敲損，浸尿缸中三四日，煮食，薑汁、竹瀝湯送，能去風痰。散熱定驚，止嗽止痢，醋煮食治赤白久痢。安胎利產。胞衣不下，吞卵黃三四枚，解髮刺喉，令吐即下。多食令人滯悶。今俗每產後即啖鷄卵，然必煮極老極熟，方易消化，若生而嫩即易停滯。哺鷄蛋殼，主傷寒勞復，研敷下疳，麻油調，搽痘毒神效。卵中白皮，主久咳結氣。《仙傳外科》云：一人偶含刀在口，割舌已垂，未斷。一人用鷄子白皮袋之，摻止血藥於舌根，血止，以蠟化蜜調冲和膏敷鷄子白皮上，三日接住。乃去皮，只用蜜蠟勤敷，七日全安。若無速效，以金瘡藥參治之。此用鷄子白皮無他，但取其柔軟而薄，護舌而透藥也。雞肫皮，一名鷄內金，一名肶胵，音皮鴟。甘，平，性澀。鷄之脾也。能消水穀，除熱止煩，通小腸、膀胱。治瀉痢便數，遺溺溺血，崩帶腸風，膈消反胃，小兒食瘧。男用雌，女用雄。雞屎白，微寒。下氣消積，通利大小便。《內經》用治蠱脹。合米炒，治米瘕。醋和，塗蚯蚓、蜈蚣咬毒。雄鷄屎乃有白，臘月收之，白鷄烏骨者更良。《素問》作鷄矢醴。

烏骨鷄〔補虛勞。〕甘，平。鷄屬木，而骨黑者屬水，得水木之精氣，故能益肝腎，退熱補虛。治虛勞消渴，下痢噤口，煮汁益胃。帶下崩中，肝腎血分之病。鬼擊卒死者，用烏鷄冠血瀝口中，令咽，仍破此鷄貼心下，冷乃棄之道，妙。骨肉俱黑者良。舌黑者，骨肉俱黑。男用雌，女用雄。女科有烏鷄丸。

清・汪紱《醫林纂要探源》卷三　雞　甘，辛，溫。形色性味，各有不同。溫中補虛，益肝木，長氣血。然每能動風助火，肥膩壅滯，有外邪者皆忌食之。羽蟲也。亦巽木也，故雄性急躁好動，色赤者動風助火尤甚。然風寒濕痺，滯於血脈，又可藉其雄悍而善入之性，以通之逐之。雌性和緩，甚有補益。昔人云：孕婦宜食牝雞。抑知牝雞較勝，但伏而未醒者則無益。若色黑，骨肉純烏者，則不問雌雄，皆得水之色，減躁熱之性，入腎入骨，滋潤命門，甘溫補養，能去骨蒸虛勞，止虛火煩渴，治崩中帶下，陰虛血熱之病。巽陰下伏，主肝腎而能風以散之也。有白絲毛而黑透骨肉者，尤良。倒毛者治反胃。如雄而鐓過者，去其躁急之性，謂之羯雞，尤專補益。冠血：鹹，溫。精華萃於雄冠。塗惡風，口眼喎斜，及中惡猝忤，及百蟲齩毒。性善入，故竄走經絡。伏於陰而發聲於陽，能卻陰伏之邪。食百蟲，故能殺蟲毒。血：塗心胸間，治鬼擊猝死。黑骨者良。○血無益，勿同肉煮。肝：苦，甘，鹹，溫。治小兒疳積，殺蟲。善怒，見蟲則怒啄，故肝尤殺蟲。肶胵：甘，鹹，濇。一曰肫皮，一曰雞內金。補脾胃，益心肺，斂散氣，滲邪濕。此即其脾也。其化食而不溺者以此，故能消食，縮小便。鹹補心，去熱除煩，清小腸之火；濇補肺，治瀉痢，通大腸之火，故併治溺血、腸風諸證。亦治食隔反胃，及小兒食瘧。屎：苦，鹹，寒。用雄者。降逆氣，燥脾濕，輭堅積，去瘀血，續筋骨。《內經》以雞矢醴治蠱脹，取其降濁氣，燥脾濕，輭堅去積。而雄悍之性，又能下達以去太陰之結，且能殺百蟲毒。凡小兒食癖，皆可隨所嗜作引以治之。打跌傷，酒和雞矢白飲之，瘀即散，而筋骨續矣。卵：甘，鹹，平。鳥卵皆有鹹味，此尤易見。《本草》多不言，何也？補心安神，活血去瘀，散妄熱，定驚悸。宜煮，勿煎。清咽喉，開音聲，止咳嗽。此宜用生卵，以百沸湯沖下，攪熟飲之。甘以益肺，且使心火不聚而上炎也。止久痢久瀉。以醋煮。補虛勞骨蒸。伺其生出，乘熱即刺孔吸之。或浸童便一宿，煮食。

利產安胎。只宜煮食。去傷，殺蟲。取卵黄煎出油，同髮灰治痢血。又外傅擊傷，及諸蟲瘡毒。卵殼：治瘡腫痘毒。用抱雞已出之殼尤良。俗名混沌皮，炙研，麻油調敷。

題清・徐大椿《藥性切用》卷八 鷄 屬巽。性味甘溫，益肝補虛，宜於女子。多食動風發病，男子陽痿者忌。黄雌鷄，補產後虛羸。丹雄鷄，除漏下崩中。五爪白絲毛鷄，鳩啄，驚忤痺痛。雄鷄冠血，辟中惡客忤，塗口眼歪斜。鷄肝，不落生水，磨疳積翳目。鷄內金，一名鷄肫皮，一名鷄胜胵，攻腹脹，消堅積。炒研用。鷄卵，甘平，養心潤肺，清咽開音。多食令人悶。哺出蛋殼，研末，乳調，點目去翳。卵中白衣，開久欬結氣。鷄矢白，燒灰酒服，治臌脹，旦食不能暮食。鷄溏糞，拔毒敷疔，散癰疽紅腫皆效。烏骨鷄：屬水屬木。性味甘平，益肝滋腎，退熱補勞，為經癸胎產虛熱耑藥。舌黑者良。草雞，粗劣，不堪入藥。鷄兼五色，黑鷄白頭，五爪六指，鷄死不能伸足者，皆有毒，不可輕食。

清・黄宮繡《本草求真》卷一 雞肉補肝火，動肝風。 雞肉耑入肝。補虛溫中，載之《本經》。不為不是，然雞屬巽而動風。巽生風。外應乎木，內通乎肝，得陽氣之最早，故先寅而鳴。宗奭曰：雞鳴於五更，日至巽位，感動其氣然也。鳴必鼓翅，火動風生之象。時珍曰：《禮記》云：天產作陽，地產作陰，雞卵生而地產。羽不能飛，雖為陽精，實屬風木，是陽中之陰也，故能生熱動風。風火相扇，乃成中風。風火易動而易散，人之陽事不力者不宜食雞，是以昔人有利婦人，不利男子之說。而東南之人肝氣易動，則生火生痰，病邪得之，為有助也。故陰虛火盛者不宜食雞，食則風火益助矣。脾胃虛弱者不宜食雞，食則肝邪益甚，而脾益敗矣。味者不察，既犯陰虛火動，脾虛不食兩症，又不撙節口腹，反執補虛溫中之說，殊為可惜。至於婦人小產胎動，尤不宜食。食則肝氣益動，而血益損，脾益虛而胎益墮。惟有烏骨一雞，別是一種，獨得水木之精，性耑走肝腎血分，補血益陰，為補虛除癆、祛熱生津止渴，及下痢噤口、帶下崩中要藥。時珍曰：烏色屬水，牝象屬陰，故烏雌所治皆血分之病，各從其類也。如古方有用烏骨雞丸以治婦人百病。取其補虛益陰。鬼擊卒死用熱血以塗心下即甦。《肘後》用烏雞冠血，瀝口中令嚥，仍破此雞搨心下，冷乃棄之道邊妙。雞冠位處至高，精華所聚。凡年久雄雞色赤，尤為陽氣充盛，故可刺血以治中惡驚忤。陰不勝陽。及或中風口眼喎斜，用血塗其頰上即正。鹹能走血透肌，故主之。雞血和酒調服，可以使痘即發。對口毒瘡，可用血塗即散。風勢善行，以毒攻毒。中蜈蚣毒，舌脹出口，可用冠血浸舌并咽即消，取其物性之有畏惡而得制伏。其效甚眾。至於雄雞肝味甘微苦而溫，何書載治陰痿不起，《千金方》用雞肝三具，並菟絲子一觔為末，雀卵和丸如小豆大，每服五六十丸，酒下。及小兒疳積，眼目不明，並肝經實熱虛熱。實熱，用雄雞軟肝，並胡黄連、白芙蓉花、肉豆蔻為末，化服。虛熱，用雞肝同明雄黄、桑白皮、雞內金為末，酒蒸去藥食。皆以取其肝以入肝，氣類相感之意。雞屎白性寒不溫，用之以治鼓脹。《普濟方》云：治鼓脹旦食不能暮食，由脾虛不能制水，水反勝土，水穀不運，氣不宣流，故令中滿，其脉沉實而滑，宜雞矢醴主之。何大英云：諸腹脹大，皆屬於熱，精氣不得滲入膀胱，別走於腑，溢於皮裏膜外，故成脹滿，小便短澁。雞矢性寒，利小便，誠萬金不傳之寶也。用臘月乾雞矢白半觔，袋盛，以酒醅一斗，漬七日，溫服三盃，日三。或為末服二錢亦可。石淋、《古今驗錄》：用雞矢白日中半乾，炒香為末，以酸漿飲服方寸匙，日二次，當下石出。瘢痕、《外臺》以猪脂三升，飼烏雞一隻，三日取矢，同白芷、當歸各一兩煎十沸，去渣，入鷹矢白半兩調敷。風痹，《千金方》用臘月烏雞矢一升，炒黄為末，絹袋盛，漬三升酒中，頻頻溫服令醉。亦以終其消導利濕，清熱除風之義。惟雞子性稟生化最初之氣，兼清濁而為體，味甘氣寒，性專除熱療火，為風熱癎痓及傷寒少陰咽痛必用之藥。

卵清微寒，性專治熱解毒，為目痛赤痛，煩滿欬逆，小兒下洩，婦人難產、胞衣不出，癰疽敷腫必用之藥。卵黄微溫，性耑利產安胎，但多食則滯。鼎曰：勿多食，令人腹中有聲，動風氣，和葱、蒜食之氣短，同韭子食成風痛，共鱉肉食損人，共獺肉食成遁尸，同兔肉食成洩痢。姙婦以雞子、鯉魚同食令兒生瘡，同糯米食令兒生(蠱)〔蟲〕。他如卵殼研末，磨障除翳及或敷下疳瘡。蓋以取其蛻脫之義，傷寒勞復用此熬令黄黑為末，熱湯調服，亦以取其風性發散之意。肫內黄皮，性耑清穀除熱，止煩通溺。並卵中白皮，能散久欬結氣，皆以取其性氣上行下入之妙。然要雞中具有溫性，則能動火助風；具有寒性，則能清熱利濕；具有平性，則能益陰秘陽。用雞而在於肝，則可通肝以治疳。用雞而在於肫於屎，則可入腑以消食。用雞而在於抱出皮殼，則可入目以磨翳。而仍不越乎巽木風動以為之主，故能直入厥陰而不歧耳。凡血虛筋攣及陰虛火起骨蒸，服此大忌。諸雞惟烏骨、烏肉、白毛最良。

清・沈金鰲《要藥分劑》卷五 鷄肫皮 【略】鰲按：肫即鷄之脾，乃消化水穀之物。其氣通達大腸、膀胱二經，故以之治水，而水從小便出也。若小兒疳積病，乃肝脾二經受傷，以致積熱為患。鷄肫皮能入肝而除肝熱，入

脾而消脾積，故後世以此治疳病如神也。

鷄屎白：【略】鼇按：蠱脹由濕熱而生，固已然，亦有因積滯而成者。屎白不但通利下洩，使濕熱盡從小便出，并能下氣消積，使大小便俱利，故蠱脹由濕熱成者自愈，即由積滯成者，亦無不愈也。此岐伯治蠱脹之方，為通神也。

清・李文培《食物小錄》卷下　雞　丹雄雞肉，甘，微溫，無毒。補虛溫中。白雄雞，肉酸，微溫，無毒。安五臟，治傷中消渴。烏雄雞肉，甘，微溫，無毒。補中止痛，補虛弱。黑雌雞肉，甘、酸，溫、平，無毒。安胎，安心定志。黃雌雞肉，甘、酸、鹹，平，無毒。補五臟絕傷，療五勞，益氣力，添髓補精，助陽氣。產後虛羸，煮汁煎藥佳。烏骨雞，甘，平，無毒。補勞傷羸弱，益產婦。反毛雞，反胃，以一隻煮爛去骨，入人參、當歸、食鹽各半兩，再煮爛，食之至盡。泰和雞，甘，溫、熱，無毒。托小兒痘疹，老者良。雞血，鹹，平，無毒。安神定志。肝，甘、苦，溫，無毒。補腎明目。卵，甘，平，無毒。鎮心，安五臟，止驚安胎，開喉殺失音。

清・羅國綱《羅氏會約醫鏡》卷一八禽獸部　雞味鹹平，入肺腎二經。補陽起陰，兼有風火之義。屬巽木，木動風。其肉甘溫，補虛溫中，固胎利產。姙婦用牡雞湯汁，煮米粥常食，胎前能固，產時快利。【略】雞性熱，凡初病者忌之。惟烏骨雞別是一種，雞屬木，黑屬水，得水木之精氣。主陰虛發熱、蓐勞崩中，凡肝腎不足之病俱能補益。惟舌黑者骨肉俱黑。男用雌，女用雄，更妙。

清・趙學敏《本草綱目拾遺》卷九禽部　白鷀雞　《珍異藥品》：文首白翼黃足。治嗌痛。鬱雞：《珍異藥品》：出廣中。孫碶川云：此物在山中多食鬱金苗，故肉鬆脆。解鬱，散結氣。豁雞：出廣中。雞頭而烏喙色黃，腹毛純黑，尾長下垂，鳴聲豁豁，性嗜蛇。其哺子時，取雛折其兩足，乃以蛇飼之，三日即復，屢折屢復。捕食之，能治骨節折傷。

雄雞卵　茅昆來云：雞本南方積陽之象，於卦為巽，五更則日臨巽位，故鳴。凡鳥雌卵而雄否，惟雞則雄者間亦生卵，乃陽極而陰乘之。其卵較小於雌雞卵，殼堅如石，殼色微紅，入藥用，可安胎稀痘。王棫《秋燈叢話》：古北口叭噠嶺，有喇嘛令巡檢張某市雄雞卵，張笑曰：雄雞焉能生卵，故相難也。曰：非也，俗有斯言，即有斯物，第覓之可得也。張漫應之，語其役。役曰：聞前村民畜雄雞，連生三卵，眾以為不祥，嘔異而藏之。命役取送，喇嘛收其一，給價五十金。張詢所用，曰：能醫眼疾，年遠瞽者，得其汁點之，即復明，與空青同。陳藏器《本草》：今雞有白臺，如卵而硬，有白無黃，云是牡雞所生，名父公臺。《二申野錄》：成化二十三年，吳縣湯惟信家雄雞生卵。《平湖縣誌》：萬曆四十八年四月，施太史家公雞生子，形如雀卵，色紫。《史異纂》：天啟二年，陝民王進榜白雄雞生卵。《三岡識略》：壬申二月二十九日，提標左營韋元鼎廨中，雄雞連生二卵。《述異記》：康熙甲戌十二月，松江吳南林家雄雞生卵，大如鴿蛋，殼甚堅厚，椎破之，亦有黃白，白如凝脂不散，黃帶赤色。《質直談耳》：嘉定湖南村民錢嵩家雄雞生卵，與雌無異，乾隆壬寅夏間事。紀曉嵐先生云：雄雞卵大如指頂，形似閩中落花生，不能正圓，外有斑點，向日映之，其中深紅如琥珀，以點目眚，甚效。德少司空成、汪副憲承霈皆嘗以是物合藥，然不易得，一枚可以值十金。阿少司農迪斯曰：是雖罕睹，實亦人力所為。以肥壯雄雞閉籠內，縱群雌繞籠外，使相近而不能相接，久而精氣團結，自能成卵，此亦理所宜然。然雞秉巽風之氣，故食之發瘡毒。其卵以盛陽不洩鬱積而成，自必蘊熱，不知何以反明目。本草之所未載，醫經之所未言，何以知其能明目，此則莫明其故矣。汪副憲曰：有以蛇卵售欺者，但映日不紅，即為偽托，亦不可不知也。

敏按：諸書所載雄雞生卵，自古有之，原非有異。據陳藏器所說，有白無黃，而《述異記》所載則有黃有白，想本間氣所生，其形色亦無一定。乾隆庚戌，臨安慈聖寺有放生雄雞，忽生卵，日產其一，如是旬餘，人以為異。其卵較小，色紫而殼堅，為一錫匠索去。予時適館臨安，聞而索之，已無有矣。錫匠徽人，亦云其卵白可入藥，故乞之歸里。然此物又不特入藥。李懷白先生云：曾見喇嘛誦黑經，用雄雞蛋；川中鬼師，有用雄雞蛋以行禳者；白蓮教則又需以解魘迷術。今人徒咤其異，而不知天生此正所為世用也。安胎，稀痘，開瞽。

清・章穆《調疾飲食辯》卷五　雞　《綱目》曰：《爾雅》云：雞大者曰蜀，未成雞曰僆，高三尺曰鶤，雉之暮子為鷚。郭注曰：今呼小雞亦曰鷚。《廣志》曰：小者曰荊，其雛曰雛。此誤也，鷔即鷇字。《爾雅》云：生哺鷇。注曰：鳥子須母哺之。生噣雛。注曰：能自食。雞不須母哺，當名雛，不當曰鷇。《韓詩外傳》曰：雞有五德：平頭戴冠，文也；足搏距，武也；遇敵敢鬬，勇也；見

食相告，仁也；夜不失時，信也。其鳴聲最長大，故中孚之上九曰：翰音登於天。注曰：雞肥則聲長。或曰：雞鳴必振其羽。是音隨翰出也。《春秋題辭》曰：雞為積陽，故陽出雞鳴，以類感也。朝鮮雞尾長三四尺，南越長鳴雞晝夜啼叫，南海石雞潮至則鳴，蜀中鶤雞、楚中傖雞並高三四尺，吾鄉泰和雞亦然。江南矮雞脚二寸。在卦屬巽，故善動風，朱震亨乃云屬土，扯入濕字、痰字，狗屁不通。在星應昴。凡群雞夜鳴為荒雞，主不祥。黄昏獨啼，主有天恩。此更不祥，主有死喪。老雞能人言，雌雞雄鳴，雄雞生卵，並殺之則已。皆極不祥，理宜反躬思過，修德弭災，未必殺雞則已。而雌雞雄鳴，更不祥之至。《書·牧誓》曰：牝雞無晨，牝雞之晨，惟家之索。

按：此物質稟陽精，性屬風木。《易林》曰：巽為雞。故《淮南萬畢術》言：焚其羽，可致風。性專補血暖肝，凡肝虛血少，及胎產後血分虛寒，宜食三年以內。《拾遺》曰：白雄雞三年者，能為鬼神所役。閹雞或雌雞，老雞有毒殺人，見《洗冤錄》。愚俗反云大補，雖不盡死，致病則多矣。故食雞必取三年以內。亦主男子肝腎陽虛，傷中羸弱。雄雞有毒，病人忌食。而古方有用之者，悮也。《姚僧坦方》治男女諸虛，及產後虛弱：同生地黃、飴糖煮食，勿用鹽。既取其補血，用飴糖不如用鹽。《食療本草》曰：煮宜極爛，不則反損人。然動風助火，發毒生蟲，凡內外諸病無不忌之。平素好食雞者，若無吐衄血痔風損，必有目疾。血熱則生風，肝熱則傷目。而《內則》云：濡雞醢醬實蓼。雞性本熱，可助之以蓼乎？此與今之愚婦，用胡椒炒雞，治月事不調者何異？古人不可盡信如此。

血，治鬼擊卒死：用大雄雞破開，搨心下，取血滴口中。縊死心中猶溫者：男用雌，女用雄，雞血灌數匕。俱出《肘後方》。觸犯土木神煞，腹中急痛，唇面手足爪青，雄雞血塗太陽、眉心。金瘡腸出，納入塗瘡口。出《生生編》。《臨桂雜志》曰：一人夜炊，有蜈蚣在吹筒內，驚竄入喉，漸下胸膈。用生雞血灌之，更飲菜子油一二琖，少頃必和油、血吐出，續飲雄黃水解其毒。或用生雞卵，取白，吞數枚，復啖生油一椀，亦必吐出。

肝，治肝虛目暗，常入粥食。出《養老書》。加沙苑蒺藜尤妙。小兒疳眼緊閉不開，久之必瞽。男用雌，女用雄，雞肝焙，研末，另研草決明、石決明、萆薢、蔓荊子末各七分，和勻，分數次服。出《秘授奇方》。雞一身惟肝能治疳明目，且無毒。《內則》反云不可食，亦悮。

膽，點熱眼流淚，塵沙眯目。

卵，極傷目，又難尅化，癰瘍瘡腫，目疾及中寒人，宜終身戒。諸禽卵同。

卵黃，傷寒少陰病，心煩不臥，黃連阿膠湯用之，取其養陰也。此症難辨，方又宜加減，故不錄。又治娠妊傷胎，血下不止，血盡則子死難出。《普濟方》用雞子黃十四枚，煮熟，捻為細粉，入好酒內，再煮二三沸服，未瘥再作。又解誤服斑蝥、芫青毒欲死者：生雞、鴨卵，鴨卵尤佳，連灌五六枚，得吐即愈。劉禹錫《傳信方》治瘡瘍久不收口：用五枚，煮熟去白，亂髮如雞子大一團，共熬，候焦盡油出，取油去火毒，塗瘡上，摻以苦參細末。熱甚者，不如大黃，或滑石末。如無熱，但不能生肌，不如海螵蛸。耳疳出汁，此油塗。出《談野翁方》。卵白，治產後血運，身痙，目上，不知人：烏雞子白去黃，入醋少許，調荊芥末二錢服。出《衍義》。面生瘡皰：醋浸雞子，密封二七日，殼輭取白塗。出《肘後方》。黯黚醜陋：酒浸雞子，密封四七日，每夜以一枚取白塗面。出《普濟方》。凡諸禽卵，其白性冷，故食之寒中難化。又可解熱毒，塗瘡腫，手指上生蛇頭疔：以諸卵開一小孔，入白礬末二錢、蜈蚣末三分、雄黃末三分，套患指上，麪糊封口，須臾卵熱如火，易之，至三四枚愈矣。鴨卵尤佳。

抱出雞子殼，治痘瘡倒陷、便血、昏沉惡症：新瓦焙存性，去膜研，酒服二錢，并塗風池、胸背。下疳蝕爛，外腎癰瘡，俱用陳香油調塗。出《醫林正宗》。

抱出雞卵殼中皮，俗名鳳凰衣，治久欬氣結，同麻黃、紫(苑)〔菀〕研末服。出《名醫別錄》。

膍胵內黃皮，膍胵即脾，其內黃皮即胃。凡羽族脾胃，皆緊相粘着，俗名為肫。俗名雞內金。《別錄》云：止小便頻數。日華子云：治泄精、溺血、崩帶、腸風。其味本澀，尚可信也。《綱目》用治喉痹、乳蛾。《千金方》用治反胃，及噤口痢疾。《經驗方》用治走馬牙疳，又治發背。《攝生方》用治疣目、治骨鯁。俗醫用消食積，皆極無理，方亦不驗，不錄。

雞屎，《素問》作矢，有雞矢醴，以雞矢炒香，煎酒服，治鼓脹朝食不能暮食。後人附益，至主百十餘病，甚屬無謂，方概不錄。

燖雞湯，《經驗方》用治消渴，濾澄服，不過二雞愈。小兒頭生瘡癤久不愈，連洗數次即愈。夏子益《奇疾方》云：肉壞怪病，口鼻出腥臭水，盛椀內變為鐵色，魚蝦走跳，捉之化為水，但多食雞肉即愈。寒瘡怪病，遍身生瘡如

猫眼有光，無膿血，痛癢不常，但多食雞、魚、葱、韭自愈。《肘後方》治打傷胸肋、四肢：烏雞連毛搗，入醋和匀敷，新布緊紮之。《乾坤生意》用反毛雞治反胃，《綱目》謂泰和二十年老雞能發痘瘡，並無理。此二方本不應錄出，因恐人誤用，故存之以糾其謬也。又古有雞卜，又有雞骨占年之法，又食蟲蟻，為人除害，是小物含靈且有功也。若為口腹殺之，非吉祥之事也。

又按：諸凡禽獸，既各有一定之性，必不因毛色而異，但純色者佳，駁色者劣耳。而各本草皆言，雞黄色補脾，白色補肺，黑色補腎，是禽獸本無一定之性，因羽毛之五色而入五臟，然則斑駁者具二三色，將分入二三臟乎？抑一無所入乎？且野生之物，形色皆有一定，何以不聞鷺能補肺，鴉能補腎乎？語有似是而非者，此類是也。

清・吴鋼《類經證治本草・足厥陰肝臟藥類》 雞肉 【略】〇子：【略】誠齋曰：癰疽不長肉及陷凹者，煮食之，俟肉生即止。食雞蛋成積者，以醋飲之自消，或白豆蔻去殼，研末服。

清・張德裕《本草正義》卷下 雞血 鹹，平。可療痿痹，及中惡腹痛，解丹毒、蟲毒、鹽滷毒，俱可熱血服之。馬咬傷，熱血浸之。 雞冠血：治白癜風。塗面頰，可治口眼喎斜。卒灌治縊死欲絶。和酒服，發痘最佳。塗解蜈蚣、蛛蜘等毒。蟲入耳，可灌滴。

清・楊時泰《本草述鉤元》卷三〇 雞 總論：雞屬土而有金木火，其性補，又屬巽，能助肝火及濕中之火。本丹溪。觀於毛羽各具一色，是中土得兼四氣，隨其偶合之一以賦形也。然則雞豈專稟風木者乎？瀕湖謂專稟風木。先哲又云：雞在卦屬巽，在星應昴，兑見而巽伏，合而繹之，是以風木為土之主，而效金之用者。星應于昴者，由金而木，每于丑寅司晨，金為木生，則巽之伏于兑可思。夫人身臟腑之病，由脾胃之行氣於三陰三陽者，或苦於土不得木為之主，更或患於木之不為金用耳，如土得木主而木為金用，則中宫運化之氣，無不宣暢而盈溢，即謂之補虚羸可也。雞之肫名膍胵，肫内黄皮為雞内金，是雞臟也，參其對治諸證，亦取中土之臟，得木為主，而木隨為金用者，以至土而益腎，豈得力於單行之風木哉？即此可以推全雞之用矣。三年𩿧雞常食，治虚損養血補氣吴球。

黑雌雞肉：味甘、酸，氣溫平。黑屬水，牝象陰，所主皆血分病。附方：治男女因積虚，或大病後虚損沉困酸疼，少氣喘惙盗汗，或小腹拘急，心悸胃弱，多卧少起，漸至瘦削。若年深五臟氣竭則難治。用烏雌雞一頭，治如食法，以生地黄一斤切，飴糖一升納腹内，縛定，銅器貯於甑中，蒸五升米熟，取出食肉飲汁，勿用鹽，一月一作，神效。

黄雌雞肉：氣味甘、酸、鹹，平。附方：消渴小便數，以黄雌雞煮汁冷飲，并作羹食肉。脾虚滑痢，用黄雌雞一隻炙，以鹽醋塗，煮熟食之。産後虚羸，黄雌雞一隻去毛，背上開破，入生百合三枚，白粳米半升縫合，加五味汁中煮熟，開腹取百合，并飯和汁作羹食之，并食肉。

論：雞稟木火氣較勝，服食必取烏色黄色之雌者，以水土賦形而歸其氣於水土，更屬於雌之陰以為補益也，烏骨雞是另一種。

烏骨雞肉：雞舌黑，則骨肉俱烏，入藥更良。氣味甘平。補虚勞羸弱，治女子崩中、帶下虚損一切病。涼補溫行，皆可為主。

論：雞屬木而骨反烏，巽變坎也，專得水木之精氣，故肝腎血分病，如陰虚發熱蓐勞、崩帶宜用之。修事：男用雌，女用雄，煮爛和藥，或并骨研。

雞冠血：三年老雄雞者良，更貴丹雄雞。氣味鹹平。療經絡間風熱，塗頰治風中血脈，口喎不正。丹雞者，治白癜風。入熱酒中飲之，暖卧取汗，治陰毒卒痛。同牛蒡子、荊芥穗研末，和酒服，發痘升頭面漿。 繆氏云：雞冠血性溫，天行痘瘡虚寒者，可資起發。倘因血熱而乾枯焦黑，誤用轉劇。

雞膍胵男用雌，女用雄。並雞内金：氣味甘平。膍胵主洩痢，小便頻遺，小便淋瀝，止泄精及尿血，治反胃，消癉，女子崩帶。雞内金亦治消癉。

論：膍胵即雞之脾，消化水穀，猶人身脾臟。脾為太陰，腎為至陰，二臟之病常相因，凡欲補脾腎之陰者，茲味每為投劑之主。夫雞本巽木之屬，乃木為土主，更為金用，以致土化而歸於腎，是其脾臟獨受三陰具足之氣，故小便遺失者治之，即淋瀝最痛者亦治之。至於消癉、反胃、瀉痢諸證，總以三陰具足之氣其為功，有出於寒治熱治之外者。

雞矢白：雄雞矢乃有白，臘月收之，白雞烏骨者更良。氣味：微寒。主治中風失音及白虎風、賊風風痺，破血。和黑豆炒，酒浸，服之療破傷中風，及心腹鼓脹，並轉筋入腹，下氣利小便，破石淋。附方：反胃吐食，取烏骨雞勿與食，止與水飲，四五日，將五蒲蛇二條竹刀切飼之，待下糞，取起陰乾，為末水丸粟米大，每服一分，桃仁湯下，五七服愈。雞矢醴，治鼓脹中滿，旦食不能暮食，其脈沉實而滑，用臘月乾雞矢白半斤袋盛，以酒醅一斗，漬七日，溫服

三盃，日三，或為末服二錢，亦可。此治精氣不得滲入膀胱，別走於腑，滲於皮裏膜外，為脹滿而小便短澁，故用雞矢寒利小便。　破傷中風，腰脊反張，牙緊口噤，四肢強直，用雞矢白一升、大豆五升炒黃，以酒沃之，微烹，令豆澄下，隨量飲，取汗避風。　角弓反張，四肢不隨，煩亂欲死，雞矢白一升、青酒五升，擣篩，合揚千遍，乃飲，大人服一升，少小五合，日二服。　轉筋入腹，其人背脚直，其脈上下微弦，用雞矢白為末，水和方寸匕，溫服。　陰毒腹痛，雞矢白、烏豆、地膚子各一把，亂髮一團，同炒煙起，傾入好酒一盌浸之，去渣熱服，即止。　石淋疼痛，雞矢白晒半乾，炒香為末，以酸漿湯和服方寸匕，日二，當下石出。　心腹鼈瘕及宿癥，并猝得癥，以飯飼白雄雞取糞，同小便於瓦器中熬黃為末，每用溫酒服方寸匕，日四五服，或雜飯食之，以消為度。　耳聾不聽，雞矢白炒半升、烏豆炒一升，以無灰酒二升乘熱投入服，取汗，耳如鼓鼙，勿訝。　諸方所治，是皆本巽木之氣而為土致其用，却由巽伏於兌，更得致木之用於土也，故取其腸胃轉化而出者色白屬金。　任之，且矢獨雄雞有白，即可明於氣化之義，氣屬陽故也。

論：《素問》以雞矢醴治鼓脹，非止為通利而用，其本有在通利之先者。夫肝屬風木，其所勝者，脾之土也；所不勝者，肺之金也。雞矢白治心腹鼓脹，轉筋入腹，是肝木侮其所勝之土，而所不勝之金不能為之主也。其治石淋疼痛，小水不利，是肝木不得脾土以為用，并不得肺金以為主，還病於肝臟之血也。其治宿癥、鼈瘕，是脾土不得肝木血臟之化，更不得肺金氣臟之化也。至於中風、失音，白虎賊痺，破傷諸風之治，又豈止歸其責於風木哉？總因主氣肺、統血脾之臟，宿有不為風木之主之用者。雞雖微物，具有土木交為用，金木互為化之元機，是治療之本也。其矢白乃正木為土主，更為金用，以致脾臟轉化而出者，故還取為氣戾血眚之治也。若不探其本，而謂矢白遂為氣血轉化之權輿，有是理乎？抑木為金伏，即矢之用白，亦可覘其微義矣。

雞卵：黃雞者為上，烏雞次之。氣味甘平。卵白象天，其氣清，其性微寒，卵黃象地，其氣渾，其性溫。故白能清氣治伏熱，黃能補血，全卵則合而有之。附方：小兒疳痢腹脹，用雞子開孔，入巴豆一粒、輕粉一錢，用紙五十重裹，飯上蒸三度，放冷去殼，研入麝香少許，糊和丸米粒大，食後，溫湯下二丸至三丸。癰疽發背初作及經十日以上腫赤焮熱，日夜疼痛，百藥不效者，毈雞子一枚、新狗糞如雞子大攪勻，微火熬令稀稠得所，捻作餅子，於腫頭上貼之，以帛包抹，時時看，覺餅熱即易，勿令轉動及歇氣，經一宿定。如日多者，三日貼之，一日一易，至瘥乃止。此方穢惡，不可施之貴人，但諸方皆不能及。

雞子白：味甘，氣微寒。主治目熱赤痛，除心下伏熱，止煩滿欬逆。和赤小豆，塗一切熱毒丹腫、顋痛，神效。湯火燒燙，雞子清和酒調洗，勤洗生肌，或生敷之亦可。產後血閉不下，取白一枚，入醋一半攪服。產後血暈，身痙直，口目向上，牽急不知人，取雞子清調服荊芥末二錢，即安，烏雞子尤良。橫生倒產，雞子白同人參湯，加乳香、丹砂研末，入薑汁服。反胃嘔吐，雞子白同人參加粟米、薤白煮粥食。胃寒氣喘，不能傳化水穀者，人參為君，同雞子清加生附、生薑服。蚘蟲攻心，口吐清水，用雞子去黃，納好漆入殼中，和合，仰頭吞之，蟲即出也。咽塞、鼻瘡及乾嘔頭痛食不下，用雞子開孔，去黃，着米醋白中，糠火燉沸，取下更燉，如此三次，乘熱飲之，不過一二度即愈。

論：雞子白象天，其氣清，每用之以清氣。及觀治產後血閉、血暈諸證，又覺清氣不足概其功，且此味與人參同用方殊不少。如霍亂、嗽血、上氣喘急，其脈無力。消渴三證，且止二味相對，而不及他藥，此何以故？蓋因雞屬巽木，出地升天之氣化，巽木受之最先。雞子清象天，舉清陽之上浮，庶與人參之化濁陰而下濟，可奏升降調氣之效，而不徒以清熱為功，所以倒產橫生，亦能奏效於危急之際也。至於清熱二字，又當本清陽上浮之火推之，所治諸熱湯火等證，蓋取其陽之最清者以散熱，依稀乎從治之義，非取其寒也，知此則可明產後之治。

卵黃：氣味甘溫。茲味為陰中之陰，功能補血。附方：妊娠下痢絞痛，用烏雞子開孔，去白留黃，入黃丹一錢在內，厚紙裹定，泥固，煨乾為末，每服三錢，米飲下。胎漏不止，血盡則子死，用雞子黃十四枚，以好酒二升，攪勻，同煮如餳服之，未瘥再作，以瘥為度。鼠瘻已潰，雞子一枚米下蒸半日，取黃，熬令黑，先拭瘡令乾，以藥納孔中，三度即愈。亂髮雞子膏：治孩子熱瘡，用雞子五枚煮熟，去白取黃，亂髮如雞子大相和，於鐵銚中炭火熬之，初甚乾，少頃，髮焦有液出，旋取置椀中，以液盡為度，取塗瘡上。即以苦參末粉之，神效。

清・葉桂《本草再新》卷九　雄雞頭味甘，性溫，無毒。入肝、腎二經。　養肝

益腎，宣陽助陰，通經活血。治小兒痘漿不起，時疹毒瘡。墮死胎，安生胎，均有奇效。　雞冠血：味甘，性溫，無毒。入肝、肺、腎三經。專理血分氣分，無血可生，血多可破，氣弱可補，氣逆可舒，補中益腎，利水通經。○此中之血，與他血不同，得天地之靈氣，聚一身之精華，其品最為清高，故能專理血氣。

雞血：味辛，性熱，無毒。入心、肝二經。治心血枯，肝火旺，利關節，通經絡。

雞內金：味甘，性平，無毒。入脾、胃二經。健脾開胃，消食化痰，理氣利濕。

雞子黃：味甘，性平，無毒。入心、肺、腎三經。補中益氣，養腎益陰，潤肺止欬，能使心腎交，能教肺腎足，虛癆吐血均有功焉。○雞卵殼，能消疽瘤，解毒，治氣下胎。　烏骨雞：味甘，性平，無毒。入肝、腎二經。平肝去風，除煩熱，益腎養陰，治虛損，補瘵，消渴，下痢噤口，帶下崩中，為肝腎血分之要藥。

清·趙其光《本草求原》卷一九禽部

雞　卦屬巽木，星應西昴金，先寅鼓翼而鳴。火動生風之象。味甘，入脾胃。氣溫，達肝。小毒。故丹溪謂其屬土而有金、木、火；性補而助肝中濕火。又謂男子陽事不力不宜食，以風火易動而易散也。但毛色不一，是土兼四氣隨其偶合而變，當分別用之。但雞本木火氣勝，惟黑、黃二色歸氣於水土。雌又屬陰，功乃專補。

黑雌雞：甘、酸，溫、平，無毒。治虛勞、少氣、盜汗、心悸、同生地、飴糖燉食，不用鹽。破心血、和血、安胎、益新產血，同黑芝麻煮酒和以五味食。去風濕痹、中風、舌強直視。煮酒食，又食薑葱粥，取汗。　烏骨雞：毛有白有黑，總以舌黑為良。甘，平，無毒。補肺脾以滋肝血。平肝去風，除煩熱，養陰血。治崩中、赤白帶，同白果、蓮肉、苡米、胡椒煮食。遺濁，同上。脾虛滑，豆蔻果燒存性，入內煮食。虛勞羸瘦、消渴、婦人胎產虛熱、一切弱病。古有青蒿烏雞丸清補，小烏雞丸溫行，皆用之。下痢噤口。煮食，飲汁亦可。入丸，煮爛取肉或並骨研用。　五爪烏骨雄雞：有毒。治賊風痛痹。置痛處，任其鳴啄即止，以毒引毒外泄也。　黃雌雞：甘、鹹、酸，溫。益肝脾氣。治產後虛羸，煮汁、煮藥俱佳。病後虛汗，同麻黃根、蓯蓉、牡蠣煅煮。消渴尿數，煮汁冷飲。下痢，噎食，胃弱。取肉同茯苓、麵作餛飩食。助陽固精、健脾，醋煮。產後虛熱，同百合、粳米和以五味煮食。水腫。同赤小豆煮。　反毛雞：治反胃。煮爛去骨，入參、鹽、歸煮。　泰和老雞：托痘瘡。寒甚，加胡椒、桂、附。　丹雄雞：甘，溫，純陽，得離明之象。治崩漏、赤白沃，通神，殺惡毒，辟不祥瘟疫，煮，獨食盡。中惡魔魅，以血灌鼻。中風喎斜，乘熱敷患處。百蟲入耳，炙香塞耳即出。溫中。　白雄雞：酸，溫，屬金，平木下氣。治癲狂，以五味作羹粥食。驚憂憤致心行違僻，珍珠、薤白煮食。卒心痛，治食，和珍珠、麝、醋服。赤白痢，以麵作餛飩。水腫。同赤小豆煮。口鼻出腥臭水，以碗盛之，如魚蝦走躍，捉之化水，為肉壞。食雞饌即愈。止渴，利小便。肺通調則水利。

雄雞頭：甘溫宣陽，暖肝腎。通經，活血，起痘，安生胎、墮死胎。　丹雞冠血：三年者良。純陽之氣充溢。鹹，走血透肌；平，去風活絡。生血活血，補氣舒氣，通經。治風中血脈僻喎，熱塗頰。陰毒卒痛，入熱酒飲，取汗。中惡卒死，自縊卒驚，俱滴口、塗面、吹鼻，仍破雞押心下。女人交接出血，爛弦風眼，並搽。蜈蚣、蜘蛛、馬咬，塗之。中蜈蚣毒舌脹，浸舌並咽。百蟲入耳，滴耳。浸淫瘡。不治周身殺人，急塗之。痘瘡虛寒青白不起。和酒飲。痘熱忌之。　雞血：鹹，平。安神定志，治驚邪，鬼擊，自縊，塗心下、喉下，抹唇。陰毒，筋骨折，和酒飲。雜物入目，滴眼。蚰蜒入耳，滴耳。解百蟲毒，熱飲。小兒下血，乘熱飲。治心血枯少。肝火旺，利關節，通經絡。　烏雄雞肪：甘，寒。治久聾，煎好，入桂、葛再煎，去渣常滴。塗髮禿。　雄雞肝：甘、苦，溫。起陽，同菟絲、雀卵為丸，酒下。肝虛目暗，同豉、米煮粥。疳積壞眼，不入水研，和蠟酒煮，常食。遺尿遺精，同桂心、龍骨為丸，米飲下。漏胎下血，和酒食。陰蝕。切片納入引蟲。　烏雄雞膽：苦，寒。明目，治眼熱淚，五棓蔓荊湯洗後點之。塵沙眯目，胎赤眼。點之。治沙、石淋，曬乾，焙雞屎白研勻，酒下。搽痔。　雄雞腎：治齆鼻作臭。用一對，與脖前肉等分，豉七粒焙研，雞子清和作餅，安鼻前引蟲，忌陰人、雞、犬見。　雞喉嚨：治尿不禁，同雞內金、屎白等分研，麥粥清服。氣噎、食不消。煅存性，同沉、木、丁三香等分，棗肉和丸。　雞內金：即雞肫內黃皮。屬雞脾。能磨沙石。味甘，健脾，以行氣於三陰三陽。氣辛，入肺以調水道，利濕化痰，為鬱熱傷陰要藥。治尿頻及遺，並腸燒存性酒下。男用雌，女用雄。淋痛，燒研，白湯下。上消，同花粉為丸。中消，天門冬丸用之。腎消，腎氣虛有腎曆散，胃熱入腎有白茯苓丸，皆用之。反胃，酒調下。噤口痢，焙研，乳汁下。瘧疾，乳下。乳蛾，吹之。食積腹滿，目翳，鵝口白瘡，乳服。走馬牙疳，同枯礬搽。雞骨鯁。吹咽。敷諸瘡生肌，皆消堅益陰之功也。又同葛根，治酒積；同血藥，治尿血、崩帶、下血；同腸煅，止遺精、白濁。　脛骨：炙研，治能食而瘦。入砒石煅，拔疽漏枯骨。插入，外以拔毒膏藥蓋之。　毛：燒灰，破血。消陰腫，左腫取右翅，右腫取左翅。腸癰，雄雞頂上毛並屎燒，酒下。下骨鯁。　屎白：即雞矢。雄雞屎乃有白，臘月收之。白雞

烏骨者良。色白，微寒，無毒。調肺氣以通水道，活血平肝，使肝不至於克土。治中風、風痹、破傷風、同黑豆炒，浸酒食。不為金用，則巽風自化也。心腹蠱脹，脾虛熱而肝乘，則水液不得下滲，脈沉實而滑。小兒脹滿黃瘦，俱炒，黃酒下；寒者加丁香，米湯下。凡鼓脹、濕脹、水脹、氣脹並治。轉筋入腹、手足直而脈弦，癥瘕，好食生米者同米炒為散。石淋，血淋，遺溺，尿秘，乳妒，乳癰，內癰未成，俱酒調。鼻衄，燒灰吹。白秃瘡，為末和醋洗。止牙痛，和麝擦，或加麻鞋底灰妙。下死胎，煮水煎粥食。耳內瘡，炒敷。疔腫，溏屎和石灰塗。瘰癧。乾矢灰、臘豬脂和敷。 卵白：屬金。象天。甘，微寒，無毒。得巽木清陽浮之氣，以包舉浮火下降，為從治之法。治目赤痛、心下伏熱、煩滿咳逆、霍亂、消渴、脈洪無力，俱調參末服。熱泄難產，生吞。時行黃疸，酒醋浸一宿，生吞。產後血閉、血暈，身痙直視，加醋調荊芥末。一切熱毒、丹腫、腮痛、和赤小豆塗。湯火傷，和酒搽。反胃，同人參、薤白、米煮粥。胃寒喘、食不化，同參、附、薑煎。橫生倒產，同參、丹砂、乳香、薑汁。悅顏色，冬月酒浸七日，塗面去黯皰；或入胭脂、硼砂，紙封取塗更妙。咽塞，鼻瘡及乾嘔頭痛。入米醋糠火燉，滾三次熱飲。 卵黃：象地。甘，溫，無毒。得風木出地之初氣以生化陰血，補中益氣，養肺腎之陰以交心。止咳，治肺，腎虛勞吐血，妊娠下痢，入黃丹煨乾為末，米飲下。產後痢，醋煮。妊娠漏血，酒煮頻食。瘰癧已破，米蒸半日，熬黑納孔中。煩熱，煎食。乾嘔，生吞。久瘧，同常山為丸，竹葉湯下。下死胎。薑汁和服。與亂髮同熬油，塗一切頭瘡、小兒火熱瘡、杖瘡已破、天泡水瘡、耳疳出汁、湯火傷。或加輕粉。 全卵：甘，平。鎮心、安臟，除熱，益氣血，清咽，開音，傷寒發狂、咳嗽失音，並生吞。定驚。治風痰哮喘，尿中浸四五日煮食。赤白痢，醋煮。產後虛痢，同上。疳痢腹脹，入巴豆一粒，輕粉一錢，包蒸熟，加麝糊丸，溫湯下。賊風痹麻，和豆淋酒。產後血暈，煮酒。產後口乾、舌縮，攪水食。白帶、酒艾煮。癰疽，蛛蠍蛇傷，新狗屎攪入，合患處。皆平補氣血，引蟲去毒之功。但多食則滯悶。同蠟煎止痢。 抱出卵殼：治目翳，研末。痘毒、癬及白秃、頭身諸瘡。燒灰油調。 卵殼白皮：治割舌未斷，以蜜調沖，和膏塗皮上袋之；再以止血藥搽舌根，七日而安。久嗽氣結。同麻黃、紫菀炒末飲下。 窠中草：治白秃，同白頭翁燒灰，豬脂開搽。天絲入目。燒灰淋汁洗。

清・葉志詵《神農本草經贊》卷一 丹雄雞 味甘，微溫。主女人崩中，漏下赤白沃，補虛溫中，止血通神，殺毒，辟不祥。頭，主殺鬼，東門上者尤良。肪，主耳聾。腸，主遺溺。肶胵裏黃皮，主洩利。屎白，主消渴，傷寒寒熱。

黑雌雞：主風寒濕痹，五緩六急，安胎。翮羽，主下血閉。雞子，主除熱火瘡癇痓。可作虎魄神物。雞白蠹肥脂。生平澤。

巽權金畜，棲桀棲塒。雄鳴應節，雌伏知慈。尾交孳化，翼長孚期。不聞拾芥，挾巧何奇。

《易》：巽以行權漢上。《易傳》：巽位在巳，王於酉，故雞又為金畜。《詩》：雞棲於塒。又雞棲於桀。《九家易》：風應節而變，雞時至而鳴。《淮南子》：慈雌嘔暖覆伏。柳宗元碑：不自知其慈。《書傳》：孳尾乳化曰孳，交接曰尾。《左傳》：子西曰勝如卵，余翼而長之。《埤雅》：鳥之孚卵，皆如其期。陶弘景曰：用欲毈子黃白混雜者作，極似琥珀，惟不拾芥耳。司馬光序：挾巧取奇。

清・文晟《新編六書》卷六《藥性摘錄》 雞 丹雄雞，甘，微溫。補虛益肺，溫中止血，治女人崩帶。○白雄雞，甘酸，微溫。調中下氣，療狂邪，安五臟，止消渴，利小水。○黑雄雞，甘，微溫。補虛羸，去心腹惡氣，安胎，止腹痛。○黑雌雞，甘酸，溫，平。止反胃，定心志，排癰膿，破宿血，生新血，安胎，并補產後虛羸。○黃雌雞，性味同上，并治瀉痢、消渴、小便不禁，產後尤宜。○烏骨白毛雞，治女人一切虛損諸症，較他雞尤勝。○以上諸雞，皆有補虛羸之功。但多食能動風痰，助肝火。小兒五歲以下，不可食。病黃疸尤忌。○雞卵，甘，平。○自死雞不可食。餘詳藥部溫中。

雞肉 入肝，補脾溫中。多食動肝風，凡血虛筋攣，及陰虛火起骨蒸，切忌。○雄雞冠刺血，治中惡驚悸，塗心上，效。或中風口眼喎邪，用血塗頰上，即正。中蜈蚣毒，舌脹出口，用冠血浸並咽，即消。○雞血和酒服，可發痘瘡。以血塗對口毒瘡，即散。○雄雞肝，入肝，治疳積及肝熱。○雞矢白，漬飲，消導利濕，清熱除風。○肫內黃皮，消食除熱，通溺。○雞子清，除熱解毒，治目赤痛，煩滿欬逆，小兒下泄，婦人難產，胞衣不出，癰疽敷腫。○卵黃，利產安胎。多食則滯。○卵殼，研末，敷下疳瘡。○殼中白皮，散久欬結氣。

烏骨雞：入肝腎血分。補血益陰，為補虛，除癆祛熱，生津止渴，及下痢噤口，帶下崩中要藥。古方有烏骨雞丸，治婦人百病。若鬼擊卒死，以烏骨雞冠血瀝口中，含咽妙；或用熱血塗心下，即甦；重者破此雞，罨心下，冷即棄之道邊，再換一隻甚妙。

清・劉東孟傳《本草明覽》卷九　丹雄雞　【略】按：雞之種類最多，古今方書多用，然皆以烏者為優。丹溪云：雞屬金，有土與木火。所稟者，惟少水耳。今得色之烏者，則五行全，其不致偏勝，用之治病，豈不為優。取義實由于此。又云：雞性補，能助濕中之火，病邪得之為有助而加劇。然非但雞也，凡有血氣物如魚肉之類，皆助藥病者也。

清・張仁錫《藥性蒙求・禽部》　鷄子黄白　鷄子甘平，開音散逆。黄補營陰，白療欬逆。益氣養血，清咽止嗽。○卵黄養陰補血。○卵白微寒，治目熱赤痛，解熱除煩。○多食令人滯悶，須煮極老極熟。　鷄內金一具五分：鷄內金平，能消水穀。通利膀胱，熱煩可逐。一名雞肫皮，一名膍胵。男用雌，女用雄。性濇，乃消化水穀之物，小兒疳積。○治疳病如神也。○燒存性，研末冲。

清・王孟英《隨息居飲食譜・毛羽類》　雞　甘，溫。補虛暖胃，強筋骨，續絕傷，活血調經，拓癰疽，止崩帶，節小便頻數。主娩後虛羸，以騸過細皮肥大而嫩者勝；肥大雌雞亦良。若老雌雞，熬汁最佳。烏骨雞滋補功優。多食生熱動風。凡時感前後、痘疹後、瘡瘍後、瘧痢疳疸、肝氣目疾喉證、腳氣諸風病，皆忌之。未騸者愈老愈毒，諸病均不可食。惟辟邪宜用丹雄雞也。　中惡昏憒，丹雄雞一隻，安放病者心間，以雞頭向病人之面，雞伏而不動，待其飛下，病者亦甦。

雞冠血：老雄雞者力勝，治無故卒死，或寢臥奄忽而絕，皆是中惡，刺取雞冠血塗面上，乾則再上，併滴入口鼻中。卒縊垂死，心中猶溫者，勿斷繩，刺雞冠血，滴口中。卒然忤死不能言，刺雞冠血，和真珠末，丸小豆大，納三丸入口中。小兒卒驚，似有痛處，不知疾狀，亦刺血滴口中。鬼擊卒死，刺雞冠血瀝口中，令嚥，仍破此雞，搨心下，冷仍棄之道旁。女人交接，違禮血出，刺雞冠血頻塗。對口發背諸毒，刺雞冠血滴疽上，血盡再換，不過五六雞，痛止毒散。浸淫瘡不旦治殺人，宜刺雞冠血塗，日四五次。蜈蚣、蜘蛛齩，馬齩成瘡，燥癬作癢，竝刺雞冠血塗。中蜈蚣毒，舌脹出口者是也，刺雞冠血浸舌，併嚥之。諸蟲入耳，雞冠血滴耳中。

雞膍胵：一名雞內金。治喉痹，雞內金勿洗，陰乾，煅末，竹管吹之。一切口瘡，雞內金煅灰，傅。　鵝口白，雞內金為末，乳服五分。　走馬牙疳，雞內金不落水者五枚，枯礬五錢，共研，搽。　小兒疣目，雞內金擦之，自落。　小兒瘧疾，雞內金煅存性，乳服，男用雌，女用雄。　噤口痢，雞內金焙，研，乳汁服。　反胃，雞內金一具，煅存性，研，酒下，男用雌，女用雄。發背初起，雞內金不落水者，陰乾，用時溫水潤開，貼之，隨乾隨潤，以愈為度。發背已潰，雞內金同緜絮焙末，搽。瘡口不合，雞內金日貼之。陰頭疳蝕，雞內金不落水，拭淨，新瓦焙脆，出火毒，研細，先以米泔洗淨，搽之，亦治口疳。　穀道生瘡，雞內金燒存性，研，傅。

雞腸：治遺濁淋帶，消渴，遺溺，小便不禁或頻數，無火者並可炙食。

雞卵：一名雞子，亦曰雞蛋。甘，平。補血安胎，鎮心清熱，開音，止渴濡燥，除煩解毒，息風，潤下，止逆。新下者良。竝宜打散，以白湯，或米飲，或豆腐漿攪熟服。若囫圇煑食，性極難熟，雖可果腹，甚不易消。惟帶殼略煑之後，將殼擊碎，再入瓷罐內，多加粗茶葉同煨三日，茶汁即入，蛋亦熟透，剝殼食之，色黑而味香美，不甚閉滯也。多食動風阻氣，諸外感及瘧疸疳痞腫滿，肝鬱，痰飲，腳氣，痘疹，皆不可食。小兒、產婦氣壯者，幸食無恙；弱者多因此成疾，不可不知。　解野葛毒，雖已死者，抉開口灌生雞子三枚，須臾吐出。　胎動下血，雞子二枚，打散，粥湯攪熟服。　產後血暈，身痙直，口目向上，不知人，雞子清一枚，調荊芥末二錢，灌之。　妊娠下血不止，血盡則子死，名曰胎漏，雞子黄十四枚，以好酒二升，煑如餳服，未止再服。　鳳皇胎即雞卵抱已成雛而未出者，用為傷科長骨之藥，甚妙。其殼名鳳皇衣，煅存性，研服，治勞復及小便不通，暨飲停脘痛。外治痘瘡入目，白禿，聤耳，下疳囊癰，均為妙品。

清・劉善述、劉士季《草木便方》卷二人禽獸部　鳳凰衣　雞雛殼煅末油塗，頭身瘡癬痘毒除。反胃末服搽障瞖，脛骨煅末續筋骨。抱雞兒蛋殼。

清・田綿淮《本草省常・禽獸類》　雞（抱窩雞）　大曰蜀，小曰荊，一名燭夜，一名德禽。李（廷）〔鵬〕飛云：黄雞宜老人，烏雞宜產婦。性溫。補虛溫中，動風發瘡。同蒜及李子食滯氣，同芥菜、狗肉、魚鼈食生瘡癤，同兔肉食成瀉痢，同生葱食生寸白蟲，同江米食生蚘蟲，同黄蠟食殺人。小兒五歲以下皆忌之。　抱窩雞，有大毒，食之作癰成漏。　雞蛋，性溫。安五臟，益氣補血。多食令人滯悶，腹中有聲。必煮極熟極老，方可食之。若生而嫩，最易停滯，惟同醋食則易消。同葱蒜食令人氣短，同韭子食成風痛，同鼈食殺人。食乳小兒忌之，患痘疹者尤忌。

清・戴葆元《本草綱目易知錄》卷五　丹雄雞　肉，甘，微溫。補肺補

虛，溫中止血，通神，殺惡毒，辟不祥。治女人崩漏，赤白沃，能愈久傷乏瘡不瘥者。風病人忌食。　白雄雞：肉，酸，微溫。調中下氣，除邪，安五臟，療癲狂，利小便，消浮腫。治傷中消渴，去丹毒風。【略】　烏雄雞：肉，甘，微溫。補中止痛，培諸虛羸，安胎滑產，止肚痛，心腹惡氣，除風濕麻痹，治折傷并癰疽。生擣，塗竹木刺入肉。《纂要》云：產死，多是富貴家擾攘，致婦驚悸氣亂，唯宜屏除一切人，令其獨產。煮牡雞取汁，作粳米粥食，待時至自產。取雞汁性滑而濡，不食其肉者，恐難消化也。今人產後即食雞啖卵，氣壯者幸無恙，氣弱者，因而成疾者多矣。【略】　黑雌雞：肉，甘，酸，溫，平。黑屬水，牝象陰，主血分病，安心安胎，定志助氣。作羹食，治風寒濕痹，五緩六急，反胃腹痛，踒折骨痛，乳癰癰疽，排膿除邪，辟惡氣，治血邪，補新血，破心中宿血，產後虛羸。療新產婦，以一隻，治淨，和五味炒香，投二升酒中，封一宿，取飲，或和烏脂麻二升，炒香，入酒中，極效。【略】　黃雌雞：肉黃者，土色，雌屬坤象，味甘，歸脾，氣溫。益胃而兼酸鹹，故能補肝腎，添精髓，助陽氣，療五勞，暖小腸，止洩精，補丈夫陽氣，通老人噎食。治傷中消渴，腸澼瀉痢，小便數而不禁，治產後虛羸，煮汁煎藥服，佳。冷氣疾着牀者，漸漸食之，以光粉諸石末飼雞治食甚補益。骨熱人勿食。【略】　烏骨雞要舌黑者：甘，平。雞屬巽，而骨烏者，巽變坎也，受水木之精氣，故治肝腎血分之病。補虛勞羸弱，消渴遺精，崩中帶下，補益產婦一切虛損諸病。大人小兒下痢噤口，煮食飲汁，亦可擣和丸藥服。

雞頭：丹白雄雞者良。治蠱禳惡，辟瘟殺鬼，取東向屋者良。　雞冠血：三年雄雞者良。鹹，平。烏雞者，通乳難，點目淚不止，亦點目暴赤。丹雞者，治白癜風，並療經絡間風熱，塗頰正口喎，塗面治中惡，卒飲之治縊死欲絕及小兒卒驚客忤。塗諸瘡癬，蜈蚣蜘蛛咬毒，馬囓瘡，百蟲入耳。女人交接違理血出，用塗產門。【略】　雞血：烏白雞良。鹹，平。安神定志，治踒折骨痛及痿痹，中惡腹痛，乳難，小兒下血及驚風不醒。解丹毒，蠱毒，鬼排陰毒。剝驢馬被傷及馬咬人，以熱血浸之。白癜風及瀝瘍風，以雄雞翅下取血塗之。【略】　肝：雄雞良。甘、苦，溫。補腎，起陰痿。治心腹痛，安漏胎下血，以一具和酒煮服。治女人陰蝕瘡，切片納入，引蟲出盡，良。【略】葆按：小兒疳積目盲。夜明砂、穀精草各一錢，蘆薈、胡連各四分，研末，和雄雞肝一具，燉一時許，食肝飲汁，作三次，愈。　雞內金膍胵內黃皮：甘，平，性濇。雞之脾也。清水穀，消酒積，除熱止煩，通小腸膀胱。治反胃瀉痢，小便頻遺，止洩精尿血，崩中帶下，腸風瀉血，小兒食瘧，大人淋瀝。焙末，吹喉痹乳蛾，一切口瘡及牙疳諸瘡。【略】　屎白：微寒。破血下氣，治消渴，破石淋，止遺尿，消癥瘕，滅瘢痕，通利大小便。治傷寒寒熱，中風失音，痰迷，賊風風痹，心腹鼓脹，轉筋入腹，蠱毒，及蟲咬毒，破傷中風，白虎風，貼風痛，小兒客忤及驚啼。水淋汁服，解金銀毒。醋和，塗蜈蚣、蚯蚓咬毒。【略】　雞子：黃雌雞良。甘，平。鎮心益氣，安胎止驚，安五臟，開喉音，暖水臟，縮小便。治賊風麻痹，耳鳴耳聾，男子陰囊濕痒，婦人白帶陰瘡，妊娠天行熱病狂走及胎動下血，產後血運，小兒發熱疳痢。醋煮食，止赤白久痢，及心氣痛，產後虛痢。解野葛、胡蔓草毒。多食，令腹中有聲，動風氣。小兒痘疹忌食。【略】　卵殼中白皮：治久嗽氣結，同麻黃、紫(苑)〔菀〕服，立效。《仙傳外科》：有人含刀在口，悞割舌，已垂未斷。以雞子白皮袋之，摻止血藥於舌根，血止，以蠟化蜜，調沖和膏，敷雞子皮上，三日接住，乃去卵白皮，只用蜜蠟勤敷，七日全安。用雞子殼皮者，取其軟薄，護舌而透藥也。葆按：取殼皮法，用醋浸雞子一宿，其皮自脫殼，易取。

清・陳其瑞《本草撮要》卷八　雞　味甘，溫，入手足太陰、陽明經。功專補虛溫中，以血塗面瀝口吹鼻，治中惡驚忤。雞子甘平益氣補血。雞子略敲損，浸尿缸中三日煮熟，薑汁竹瀝湯送下，治年深哮喘風痰。醋煮雞子治赤白痢。哺雞子殼主治傷寒勞復，研敷下疳，麻油調搽痘毒神效。卵中白皮，治久嗽結氣。雞肫皮一名雞內金，又名膍胵，甘平性濇，雞之脾也。消水穀，除煩熱，通小腸膀胱，治瀉痢便數遺溺，血崩溺血帶下，腸風膈消反胃，小兒食瘧。男用雌，女用雄。雞屎白微寒，下氣消積，通利大小便，治蠱脹。合米炒，治米癥。醋和塗蚯蚓、蜈蚣齩毒。小兒緊唇以之研敷，有涎易去。牙痛以之燒末，綿裹咬患處效。雞汁煮粥食固胎。然性升發，有宿疾者宜禁食。雞屎一名雞矢醴。　烏骨雞：味甘鹹，入手太陰、足厥陰少陰經，功專補勞傷。得涼血補精藥，治勞瘵。鬼擊卒死者，用烏雞冠血瀝口中令嚥，仍破此雞搨心下，冷乃棄之道邊妙。骨肉俱黑者佳。男用雌，女用雄。女科有烏雞丸。

清・吴汝紀《每日食物却病考》卷下　鷄附蛋、血、臟　味甘、酸，溫，無毒。大要能補虛羸。種類甚多，功用亦有少異。　丹雄鷄，甘，微溫，無毒。補虛溫中，止血殺毒，辟不祥，治女人崩漏赤白下。自縊死心下溫者，刺血滴

口中，男雄女雌，即尅。　白雄鷄，酸，微溫。下氣，療狂邪，安五臟消渴，調中，利小便，去丹毒，辟除邪。　烏雄鷄，甘，微溫。補虛弱，止心腹痛，安胎，治折傷。　黑雌鷄，甘，溫。治風寒濕痹，安胎安心，定志除邪，破宿血，補心血及產後虛羸。　黃雌鷄，甘、酸，溫、平。治傷中消渴，小便數而不禁，益五臟，療五勞，益氣力，填精補髓，助陽氣。　烏骨鷄，味甘，平。補虛勞羸弱，治消渴，中惡鬼擊，心腹痛，益產婦。噤口痢，煮汁飲之。舌黑者，則骨肉俱黑，更良。　反毛鷄，治反胃。　泰和鷄，托小兒痘瘡。　鷄卵，甘，平，無毒。鎮心，安五臟，安胎，治產後痢。卵黃溫，卵白涼。精不足，補之以氣，故卵白能清氣，治伏熱目赤、咽痛諸疾。形不足，補之以味，故卵黃能補血，治下痢、胎產諸疾，炒油治諸瘡。兼用之，則性平，兼理氣血。多食，動風氣，有毒，醋解之。黃鷄者上，烏鷄者次之。　鷄血，鹹，平，無毒。治小兒下血，驚風，丹毒。冠血，可點暴赤目。塗頰，治口歪。　鷄肝，起陰補腎，治心腹痛，漏胎下血。　鷄肫，治反胃，洩痢，小便頻遺，除熱。肫內黃，治喉閉，乳蛾，口瘡，牙疳，穀道瘡，並燒存性用。　凡鷄具五色者、玄鷄白首者、六指者、四距者、死而足不伸者，並能害人。抱鷄肉不可食，發疽。小兒五歲以下食鷄肉，令生蚘蟲。妊娠食，亦令子腹內生蟲。不可同蒜、薤、芥、李食。

清·周巖《本草思辨錄》卷四　雞矢白、雞子白、雞子黃　雞屬酉金，又為巽木，具金木之氣，本有伐土之長。用其水穀所化之矢白，則尤能化滯消積，領濁下趨。故脾土職復，則鼓脹以消；風木氣平，則轉筋自止。利小便並止遺溺者，以遺溺故小便不利也。用白者，取其得金氣多，無白亦可不拘。《聖惠方》用原蠶沙治霍亂轉筋，是從雞矢白散脫胎，亦以蠶沙能勝風去濕，領濁下趨耳。　卵白為陽黃為陰，白氣輕而黃氣重。故白能解散浮陽，療目熱赤痛，與咽中生瘡。黃能涵育真陰，主心中煩不得臥，與百合病吐後，孩子熱瘡，妊娠胎漏。《本經》卵白止小兒下泄一語，最宜體會。小兒熱泄，只以氣清微寒之卵白治之即效。若丈夫則宜於苦寒矣。今人治泄，不知有熱壅經隧，水穀不能化赤而直趨大腸一證，概從事於淡滲溫燥，讀此能無惘然。

烏骨雞

明·穆世錫《食物輯要》卷五　烏骨白雞　肉味甘，平，無毒。補虛弱，益氣血胎產。治噤口痢，煮汁飲，有効。入丸藥，最治虛熱病。男用雌，女用雄。　反毛雞：治反胃病。同人參、當歸、食鹽各半兩，煮食良。　泰和雞：味甘、辛，性熱，無毒。補益人。以五味煮，與出痘者食，內托發膿，一二十年雞尤效。

老雞頭：有毒，勿食。肝，味甘、苦，性溫，無毒。補腎起陰。治風虛目暗，女人漏胎。《內則》云：食雞去肝，為不利人。雞卵，味甘，平，無毒。白補氣，黃補血。安五臟，鎮心，安胎。多食，令人腹中有聲，動風氣。同蔥、蒜食，令氣短。同鱉肉食，損人。同獺肉食，成遁尸病。同兔肉食，成瀉痢。小兒出痘者，不惟忌食，禁嗅其煎食之氣，恐生翳膜也。治過食蛋傷，用紫蘇子能消。解蛋毒，用醋。

明·李中梓《藥性解》卷六　烏骨毛雞　味甘，性微溫，有小毒，入五臟諸經。主虛羸折傷癰疽，及心腹惡氣，亦能安胎，過食生火動風。按：丹溪曰：雞屬土而有金與木火。則所稟者惟少水爾，今得其毛骨之黑，是五行具備，故于五臟靡弗也。于卦為巽，巽為木，故能生火；又為風，故能動風。日華子以為除風濕麻痹，于理未合。

明·李中梓《醫宗必讀·本草徵要下》　烏骨雞味甘、鹹，平，無毒。入肺、腎二經。最辟妖邪，安五臟；善通小便，理煩蒸。產中亟取，崩帶多求。雞為陽禽，屬木應風，在卦為巽，其色有丹、白、黃、烏之異，總不如白毛烏骨，翠耳金胸，為最上乘也。雞冠血發痘瘡，通乳難，塗口喎；肝可起陰，治小兒疳積目昏。雞屎白惟雄雞屎有白。利小便，治鼓脹。雞子清煩熱，止欬逆。卵殼主傷寒痨復，研敷下疳，卵中白皮主久欬、氣結。肫內黃皮，名雞裏金，去煩熱，通大小腸。

明·蔣儀《藥鏡》卷三平部　烏骨毛鷄　五行具備，故能和五臟，而崩帶兼調。養血益陰，故能補勞弱，而津液自長。老雄鷄冠血，塗頰上驟正口斜。和酒吞，善能發痘。諸蟲入耳宜滴，中毒舌脹須含。鷄肝去肝熱目衣，鷄矢利濕熱膨脹。鷄子黃敷腫毒易破易潰，兼能溫中暖胃，益陰壯陽。鷄子清治傷寒少陰疼咽，并塗湯火灼傷，熱毒紅腫。鷄內金療鵞口卵蝕牙疼，亦除便溺澁痛，健脾消積。抱出卵殼，取其蛻脫之義，研末而障翳堪磨。卵內薄皮，和以紫菀、麻黃，久欬而氣結可服。然其用各有不同，丹雄鷄起陽，治男子陽虛精冷，女人經閉淋瀝。烏雄鷄起陰，治男子陰虛不足，女人血虛勞熱。有識者須辨之爾。

清・郭章宜《本草匯》卷一七　烏骨雞　味甘、鹹，平，入足厥陰、少陰經。補虛勞羸弱，治滑泄脾虛。安心志，益胃氣。

按：鷄，屬土而有金木火。雖有丹、黄、白、黑異色，而總不若白毛烏骨，翠耳金胸為最上乘也。蓋鷄為陽禽，屬木應風，茲骨反烏者，巽變坎也，受水木之精，具五行之體，故肝腎血分之病，與虛熱者，皆宜用之。鷄稟土金木火之精，又得毛色之烏，是五行全具，不致偏勝，古人取義，實在於此。若他色者，最能動風助火。鷄冠血，發痘瘡和酒服，塗口喎。口喎，風中血脉之故。冠血，鹹而走血，透肌肉也。須用三年老者，取其陽氣充溢。若縊死心猶溫者，勿斷繩，刺冠血滴口中，男用雌，女用雄，以安心神。肝，可起陰痿，又治小兒疳積昏目。取其導引入肝氣也。膍胵，音脾鴟。乃肫內黄皮，即鷄內金也。為消化水穀之所，通達大腸、膀胱二經，能止洩痢，愈淋瀝，消酒積，固便遺。用鷄內金一具并腸，燒存性，酒服。男用雌，女用雄。屎白，惟雄鷄有白，臘月收之。即《素問》所謂鷄矢醴也。下氣消積，通利大小便，治蠱脹有殊功。食米成瘕，以鷄矢同白米各半，合炒末，水調，取吐。大虛者，勿用。鷄子，黄雌者為上，烏雌者次之。清煩熱，止欬逆。其白微寒，其黄性溫，兼用則平。精不足者，補之以氣。故卵白能清氣，治伏熱。形不足者，溫之以味。故卵黄能補血，治下痢。性畏醇醋，不可多服。併不可與葱、蒜、韭子、鱉肉、兔肉同食。妊婦不可與鯉魚同食，令兒生瘡。同糯米食，令兒生蟲。小兒痘疹忌食，及聞煎食之氣，令生翳膜。卵殼，名混沌也。抱出者用。研末，磨翳障。油調，傅下疳。卵白，治產後血運，身痙直不知人，取白，以荊芥末二錢，調服即安，甚敏捷。卵中白皮，名鳳凰衣。主久嗽氣結，同麻黄、紫(苑)〔菀〕和服，立効。刀傷，以白皮貼之，能續。　燖鷄湯，治鷄眼作痛，剝去皮，以湯洗之。

清・汪昂《本草備要》卷四　烏骨鷄補虛勞。　甘，平。鷄屬木，而骨黑者屬水，得水木之精氣，故能益肝腎，退熱補虛。治虛勞消渴，下痢噤口，煮汁益胃。帶下崩中，肝腎血分之病。鬼卒擊死者，用其血塗心下效。《睽車志》：夏侯弘捉得一小鬼，問所持何物，曰：殺人以此矛戟，中心腹者，無不輒死。弘曰：治此有方否？鬼曰：以烏鷄薄之即瘥。骨肉俱黑者良。舌黑者骨肉俱黑。男用雌，女用雄。女科有烏鷄丸，治百病。

清・顧靖遠《顧氏醫鏡》卷八　烏骨雞甘，平。入肝腎二經。　補虛勞羸弱，治崩中帶下。益陰，則衝任帶三脉俱旺矣。雞為陽禽，屬木應風，惟白毛烏骨者，性屬陰，而為補血益陰之品。雞子，白寒黄溫，全甘平。宜生用。除煩熱而清咽喉，指暴失音言。定咳逆而止久痢。皆補陰血，解熱毒之功也。雞裹金炙研，消積滯。雞腸炙研，止遺尿。雞肝，取其引藥入肝，療疳積目昏。雄雞冠血，用以塗面灌口，治中惡卒死。

清・劉漢基《藥性通考》卷六　烏骨鷄　味甘，平。鷄屬木，而骨黑者屬水，得水木之精氣，故能益肝腎，退熱，補虛勞，消渴，下痢噤口，帶下崩中，肝腎血分之病。鬼卒擊死者，用其血塗心下效。骨肉俱黑者良。舌黑者，肉骨俱黑，男用雌，女用雄，用於藥中，以一觔或觔半大者更妙。

清・王子接《得宜本草・中品藥》　烏骨雞　味甘、鹹。入手太陰、足厥陰、少陰經。得涼血補精藥治勞瘵。

清・嚴潔等《得配本草》卷九　烏骨雞血、肝、腸、翮翎、雞內金、雞子、抱出卵殼、雞矢白。　甘，平、微溫。入足厥陰、少陰經血分。益肝腎之陰，除陰虛之熱，祛心腹惡氣，治折傷癰疽。胎前崩漏，產後蓐勞，得此自愈。佐白果、蓮肉，治帶下。使豆蔻、草果，治脾泄。純酒煮。久服動肝經風火。吐血者不宜食。以其能動血也。故產後宜之。烏雞白首者，六指四距，雞死〔足〕不伸者，并不可食，害人。雞屬木，烏骨者得水木之氣，故虛熱者宜之。怪症：口鼻流水，腥臭難狀，以碗盛之，有鐵色魚蝦如米粒大者，此肉敗也。任意食雞肉而愈。血：鹹、平。塗心下，治鬼擊而死。塗中風口眼喎邪。冠血尤佳。配酒漿，發痘。肝：甘、苦，溫。補腎虛，安胎漏，療風虛目暗。得白芙蓉花，治疳眼。得朱砂，治驚風。腸：止遺濁。翮翎：破血消腫，解蛇蟲風毒。雞內金：肫內黄皮。甘，平。入大腸、膀胱。健脾開胃。祛腸風，治泄痢，消水穀，除酒積。得花粉，治膈消飲水。配枯礬，敷牙疳口瘡。清熱之功。拌人乳，治小兒瘧疾。〔同〕鬱金，貼金腮瘡蝕。燒存性，研。雞子：即雞卵。甘，平。益氣補血。白：解熱毒，治下痢，安胎利產，定驚止嗽，清咽開音。黄：救厥陰之陰，以安胃氣，補離中之氣，以定心神。配阿膠，交心腎。煨研，釀黄丹，治妊痢。入亂髮熬煎汁，療小兒驚熱下痢。凡治俱生用。治黄疸，醋浸服。調赤小豆末，塗毒。小兒痘疹，氣滯者，禁用。卵有八字紋者不可食。抱出卵殼：治痘陷便血惡症。磨障翳，敷下疳。殼中白衣治久咳。炒研末用。雞矢白：微寒。下氣消積。利二便，治臌脹。羯雞乾糞炒黄，酒煮三分之一，去渣服，腹轉脹自

消。除脹，酒漬。消積利便，炒黃，水煎。怪症：腳肚或遍身肉窠處生瘡毒，漸即内肉翻出，但紅亮而無膿血，飲食不進，疼痛欲絶，名翻花石榴。用爛溏雞屎時時抹之自愈。

清·王龍《本草纂要稿·禽獸部》 烏雄雞　味甘，微温。補中止痛，殺鬼安胎。消癰腫，療折傷。屎，微寒。仲景治轉筋作散，《素問》消膨脹載名。主亡津渴消，解傷風寒熱。利小水，滅瘢痕。雌雞：養血安胎，補産後虚羸。通瘀排膿，主風寒濕痺。哺者勿嘗，殺人甚速。卵：補真陰不足，止産血來勤。窠中草：禁小兒夜啼，安蓆下勿令母知。

清·劉善述、劉士季《草木便方》卷二人禽獸部 烏雞　烏雞甘平補虚勞，膽汁明目五痔療。肫皮化積治反胃，崩帶瀉痢固精牢。矢寒下氣消腫脹，打痧氣痛黄饍調。

雉

唐·孫思邈《千金要方》卷二六《食治·鳥獸》 雉肉　酸，微寒，無毒。補中益氣，止泄利。久食之，令人瘦。嘴：主蟻瘻。黄帝云：八月建酉日食雉肉，令人短氣。八月勿食雉肉，損人神氣。

附：日·丹波康賴《醫心方》卷三〇 雉　《本草》云：肉味酸，微寒，無毒。主補中益氣力，止洩利，除蟻瘻。陶〔弘〕景注云：雉雖非辰屬，而正是離禽，丙午日不可食者。蘇敬注曰：雉味甘。主諸瘻瘡。崔禹〔錫〕云：主行步汲汲然。益肝氣，明目，癬瘍諸淺瘡。丙午日食，生心瘕，損肝氣，五鬼起於内，致不祥。朱思簡《食經》云：凡食雉肉，不得食骨，大傷人筋骨。

宋·唐慎微《證類本草》卷一九禽部〔《别錄》〕　雉肉　味酸，微寒，無毒。主補中，益氣力，止洩痢，除蟻瘻。

〔梁·陶弘景《本草經集注》〕云：雉雖非辰屬，而正是離禽，丙午日不可食者，明王於火也。

〔唐·蘇敬《唐本草》〕注云：雉，温。主諸瘻瘡。

〔宋·掌禹錫《嘉祐本草》〕按：孟詵云：山雞，主五藏氣，喘不得息者，食之發五痔。和蕎麥麪食之生肥蟲。卵不與葱同食，生寸白蟲。又野雞，久食令人瘦。又九月至十二月食之，稍有補。他月即發五痔及諸瘡疥。不與胡桃同食，菌子、木耳同食發五痔，立下血。日華子云：雉雞，平，微毒。有痼疾人不宜食。秋冬益，春夏毒。

〔宋·蘇頌《本草圖經》〕曰：雉，《本經》不載所出州土，今南北皆有之。多取以充庖厨。《周禮·庖人》共六禽，雉是其一，亦食品之貴，然有小毒，不宜常食。九月以後至十一月以前食之，即有補，它月則發五痔及諸瘡疥。又不可與胡桃、菌蕈、木耳之類同食，亦發痔疾，立下血，須禁之。《爾雅》所載雉名尤衆，今人鮮能盡識。江淮、伊洛間有一種尾長而小者，爲山雞，人多畜之，樊中則所謂翟山雉者也。江南又有一種白而背有細黑文，名白鷴，亦堪畜養，彼人食其肉，亦雉之類也，其餘不復用之。

〔宋·唐慎微《證類本草》〕《食療》云：不與胡桃同食，即令人發頭風，如在船車内，兼發心痛。亦不與豉同食。自死足爪不伸，食之殺人。《食醫心鏡》：主消渴，飲水無度，小便多，口乾渴。雉一隻，細切，和鹽、豉作羹食。又云：主脾胃氣虚下痢，日夜不止，腸滑不下食。野雞一隻，如食法，細研，著橘皮、椒、葱、鹽、醬，調和作餛飩熟煮。空心食之。又云：治消渴，舌焦口乾，小便數。野雞一隻，以五味煮令極熟，取二升半已來，去肉取汁，渴飲之，肉亦可食。又云：治産後下痢，腰腹痛。野雞一隻，作餛飩食之。

宋·寇宗奭《本草衍義》卷一六 雉　其飛若矢，一往而墮，故今人取其尾置船車上，意欲如此快速也。漢吕太后名雉，高祖字之曰野雞，其實即雞屬也。食之，所損多，所益少。

宋·王繼先《紹興本草》卷一九 雉　紹興校定：雉肉，乃野生雞之類也。《經》注雖具性味、主治，但罕聞驗據。作食品，能發痼疾即有之。《經》注皆云治下痢，明非所宜也。今當作有微毒者是矣。

宋·鄭樵《通志》卷七六《昆蟲草木略》 雉之類多。《爾雅》曰：鷂雉，鷮雉。鳪雉，鷩雉。秩秩，海雉。鸐，山雉。雗雉，鵫雉。雉絶有力，奮。伊洛而南，素質五采皆備成章曰翬。江淮而南，青質五采皆備成章曰鷂。南方曰𠷎，東方曰鶅，北方曰鵗，西方曰鷷。鷂，音遥。鷂雉，即鷮雉也，青質而有五采者。鷮，音驕。鳪，音卜。鳪雉，即鷩雉也，朱冠緑臉，項背有文，腹下黄赤，大如雞，雄者有文彩，據文勢是如此。郭氏離此為四物，誤矣。秩秩者，即海雉也。郭云：如雉而黑，在海中山上。鸐音狄，即山雉也。此與鷩雉是一種，小異，亦有文彩。郭云：長尾者。雗音汗，即鵫雉也，今謂之白鷳，似鵲而大，白色，紅臉可愛。鳥之健勇者惟雉。雉之有力者曰奮。翬、鷂皆所産之異，𠷎、鶅、鵗、鷷皆所呼之異。𠷎，音儔。鷷，音遵。

宋·陳衍《寶慶本草折衷》卷一六 雉肉白鷳附。　一名雉雞，一名雉，一名山雉，一名山雞，一名野雞。○《尚書》云：一名華蟲。○《左氏傳》註云：西方名鷷雉，東方名鶅雉，南方名翟雉，北方名鵗雉，伊洛之南名翬雉。○潘岳云：一名原禽。○鷷，音存；鶅，側其切；翟，音狄；鵗，音希；翬，許韋

切。生江淮間，今南北皆有之。○忌蕎麥、胡桃、菌子、木耳、豉。○附：白鷴生江南。○鷴，音閑。

味酸，平，微寒，微毒。○主補中益氣力，止洩痢，除蟻瘻。○陶隱居云：正是离禽，丙午日不可食，生於火也。○《唐本》註云：主諸瘻瘡。○孟詵云：主五藏氣喘，發五痔。和蕎麥麪食，生肥蟲，久食令人瘦。九月至十一月食，稍補，他月即發諸瘡疥。不與胡桃、菌子、木耳同食，發痔，下血。○日華子云：痼疾人不宜食。○《圖經》曰：《周禮》庖人共雉，亦食品之貴，不宜常食。○《食療》云：不與胡桃同食，發頭風、心痛。亦不與豉同食。○《食醫心鏡》：主消渴，小便多，脾胃氣虚，下痢腸滑，著橘皮、椒、葱、鹽、醬調和，熟煮，空心食之。又治産後痢，腰腹痛，作餛飩食之。○寇氏曰：食之損多益少。

附：白鷴。○人食其肉，性亦有毒，病者勿食。白而背有細黑文，亦雉類也。

元・忽思慧《飲膳正要》卷三 野鷄 味甘、酸，微寒，有小毒。主補中益氣，止洩痢。久食令人瘦。九月至十一月食之，稍有益，他月即發五痔及諸瘡，亦不可與胡桃及菌子、木耳同食。

元・尚從善《本草元命苞》卷七 雉 肉味酸，微溫，無毒。補中，益氣力。止痢，除蟻瘻。和五味煮汁飲之，治消渴，口乾舌焦。同鹽豉作羹食之，療脾胃氣虚洩痢。春夏有毒，秋冬補益。痼疾不宜服，久餌令人瘦。胡桃同食則發頭風。爪足不伸，遂乃殺人。

元・吴瑞《日用本草》卷四 雉雞 身備五色，尾長垂地。其飛若矢，一往而墮。二種，一則尾長而小，則山雞；一則尾短，身出多斑，遇雨則叫泥滑滑，形雖殊，性則一。味酸，微寒，無毒。九月至十二月食之有補。他月則發五痔痼疾諸瘡疥。忌豉，不可與胡桃、菌、蕈、木耳同食，發痔下血。和蕎麥食，生寸白蟲。同家雞子食，成遁尸。主補中益氣，止洩痢，除蟻瘻。則野雞也。

明・滕弘《神農本經會通》卷九 雉肉 味酸，氣微寒，無毒。一云：溫。一云：平，微毒。一云：有小毒。《本經》云：主補中，益氣力，止洩痢，除蟻瘻。《唐本》注云：主諸瘻瘡。孟詵云：山雞，主五臟氣喘不得息者。食之發五痔。和蕎麥麪食，生肥蟲。卵，不與葱同食。又野雞，久食令人瘦。九月至十二月食之，稍有補，它月即發五痔及諸瘡疥。不與胡桃同食。菌子、木耳同食，發五痔，立下血。日華子云：有痼疾人不宜食。《圖經》云：江南有一種白而背有細黑文，名曰白鷴，亦堪畜養，彼人食其肉，亦雉之類也，其餘不復用之。

明・劉文泰《本草品彙精要》卷二七 雉無毒。日華子云：有小毒。附白鷴。卵生。

雉肉：主補中，益氣力，止洩痢，除蟻瘻。名醫所錄。【名】山雞、翟山雉、野雞。【地】《圖經》曰：《本經》不載所出州土，今南北皆有之。類家雞而尾長，頂具朱冠，羽分五彩。《周禮》庖人供六禽，而雉居其一，亦食品之貴者。《爾雅》所載雉名尤多，今人鮮能盡識。江淮、伊洛間一種，尾長而小者爲山雞，人多畜之。樊中所謂翟山雉也。江南又一種毛白而背有細黑文，名曰白鷴，亦堪畜養。彼人食其肉，亦雉之類，其餘不復用也。《衍義》曰：其飛若矢，一往而墮，故今人取其尾置船車上，意欲取其快速之義也。【時】生：冬夏。採：秋冬取。【用】肉。【質】類家雞，尾長而有五色。【味】酸。【性】微寒。【氣】味厚于氣，陰也。【治】療：《唐本》注云：肉，治諸瘻瘡。《别錄》云：主五臟氣喘，不得息者，效。作餛飩食，治産後下痢，腰腹痛。【合治】和鹽豉作羹食之，治消渴，飲水無度，小便多，口乾渴。○野雞一隻，如食法細切，合橘皮、椒、葱、鹽、醬調和，作餛飩煮熟，空心食之，治脾胃氣虚，下痢日夜不止，腸滑，不下食。【禁】九月至十一月食之即有補。他月有毒，食之發五痔及諸瘡疥。自死足爪不伸者，食之殺人。【忌】不可與胡桃、菌蕈、木耳、豉之類同食，令人發頭風及心痛，亦發痔疾，立下血。與蕎麥麵同食，生肥蟲。卵與葱同食，生寸白蟲。

明・盧和、汪穎《食物本草》卷三禽類 雉 肉，味酸，微寒，無毒。一云：溫，微毒。補中，益氣力，止洩痢小便多，除蟻瘻。又治消渴，飲水無度，雉和鹽豉作羹食。又治脾胃氣虚下痢，日夜不止，腸滑不下食，良。又云：雖野味之貴，食之損多益少，九月〔至〕十一月食之有補，餘月有小毒，發五痔疥瘡。又不可與胡桃、木耳、菌蕈同食，發痔疾，立下血。有痼疾不可食。一種微小於雉，走而且鳴，《詩》所謂有集維鷮是也。

明・陳嘉謨《本草蒙筌》卷一○ 雉肉 味酸，氣微寒。無毒。一云平、溫，微毒。南北山野俱有，雌雄毛色不同，聲作鷄鳴，實係鷄屬。呂后名雉，

故高祖字以野鷄也。其飛不高，若矢直往。百步即墮，因以雉名。今船車中，取尾插其竿頭，亦欲快速之如矢爾。庖廚堪用，益少損多。九十月間，食之有補。五臟氣逆喘息不止，及消渴小便多者殊功；腸胃氣虛下痢無度，兼禁口大孔痛者立効。更主諸瘻，尤為要方。餘月食之，生瘡發痔。一說雉是離禽，明旺于火，丙午日遇，切忌沾唇。合胡桃肉食，發頭風心疼；合蕎麥麵食，生蚘蟲腹痛。菌蕈木耳同食，發痔下血難休。自死者足爪不伸，若食之殺人傾刻。久食漸瘦，痼疾復興。卵煮同葱，食之方妙。錦鷄與丹雄鷄類，尾毛長尺餘；毛羽具紅黄色多，有圓斑點。嗉藏肉綬，晴則外舒。見者不明，咸謂吐錦。煮食香美適口，且令聰明；養觀文彩動人，更禳火疫。

鶡鷄黃黑，上黨多生。《禽經》篇中，稱為毅鳥。謂鶡毅鳥也，鷗信鳥也。因能猛氣健鬪，鬪死不離，至今武人頭盔常着其尾。多食男健，且補虛羸。○英鷄體熱無毛，吃碎石英所致。人食肥健潤澤，補足陽道而然。惟出澤州，得之亦易。竹鷄形小尾短。即山鷄，今江東極多。○山鷄形小尾長。並可網羅為饌，饜酒食多中毒，急嚼生薑。蓋此二鳥常食半夏苗葉，故此可解也。

明·寧源《食鑒本草》卷上 雉鷄 味酸，微寒，有小毒。補中益氣，治痰氣上喘，發五痔瘡疥。

明·王文潔《太乙仙製本草藥性大全》卷七《本草精義》 雉肉 雉，《本經》不載所出州土，今在處有之，南北山野俱生。雌雄毛色不同，聲作雞鳴，實係雞屬。呂后名雉，故高祖字以野雞也。其飛不高若矢，直往百步即墮，因以雉名。今船車中取尾插其竿頭，亦欲快速之如矢爾。南北皆有之，多取以充庖廚。《周禮·庖人》共六禽，雉是其一，亦食品之貴。然有小毒，不宜常食。九月以後至十一月以前，食之即有補，他月則發五痔及諸瘡疥。又不可與胡桃、菌蕈、木耳之類同食，亦發痔疾立下血，須禁之。不與胡桃同食，即令人發頭風，如在船車內，兼發心痛。亦不與豉同食。自死足爪不伸，食之殺人。《爾雅》所載雉名尤衆，今人鮮能盡識。江淮、伊洛間有一種尾長而小者爲山雞，人多蓄之樊中，則以之翟山雉者也。江南又有一種，白而背有細黑紋，名白鷴，亦堪蓄養，彼人食其肉，亦雉之類也。其餘不復用之。

明·王文潔《太乙仙製本草藥性大全》卷七《仙製藥性》 雉肉 味酸，氣微寒，無毒。一云平，溫，微毒。 主治： 補五臟，氣逆喘息不止，及消渴小便多者殊功。腸胃氣虛，下痢無度，兼噤口大孔痛者立效。更主諸瘻尤爲要方。餘月食之生瘡發痔。一說雉是離禽，明旺於火，丙午日遇，切忌沾唇。合胡桃肉食，發頭風心疼。合蕎麥麫食，生蚘蟲腹痛。菌蕈、木耳同食，發痔下血難休。自死者足爪不伸，若食之殺人頃刻。久食漸瘦，痼疾復興。卵煮同葱，食之方妙。 補註： 主消渴，飲水無度，小便多，口乾渴。雉一隻細切，和鹽、豉作羹食之。○主脾胃氣虛下痢，日夜不止，腸滑不下食。野鷄一隻如食法，細研著橘皮、椒、葱、鹽、醬調和，作餛飩熟煮，空心服之良。○治消渴，舌燋口乾，小便數，野鷄一隻，以五味煮令極熟，取二升半已來，去肉取汁，渴飲之，肉亦可食。○治産後下痢，腰腹痛，雉一隻，作餛飩食之。

明·皇甫嵩《本草發明》卷六 雉肉 上品。氣微寒，味酸。一云平，溫。 主補中，益氣力，止洩痢，除蟻瘻。註云： 主氣逆喘息及消渴小便多，腸胃虛，下痢無度。久食令人瘦，發痼疾。合胡桃發頭風及發心痛。合蕎麥麫食生蚘蟲，腹痛。同菌蕈木耳食發五痔，下血難止。自死爪不伸者，食之殺人。九月至十一月宜食，餘月食生瘡，發五痔。一說雉是離禽，明旺于火，丙午日勿食。夫所損者多，所益者少，食者當慎之。○一種尾長而小者，為山雞，即山雉也。一種白而背有細黑文，名白鷴。皆雉之類也。

明·李時珍《本草綱目》卷四八禽部·原禽類 雉《別録》中品

〔釋名〕野鷄 宗奭曰： 雉飛若矢，一往而墮，故字從矢。今人取其尾置舟車上，欲其快速也。漢呂太后名雉，高祖改雉爲野鷄。其實鷄類也。時珍曰：《黄氏韻會》云： 雉，理也。雉有文理也。故《尚書》謂之華蟲，《曲禮》謂之疏趾。雉類甚多，亦各以形色爲辨耳。《禽經》云： 雉，介鳥也。素質五采備曰翬雉，青質五采備曰鷂雉，朱黄曰鷩雉，白曰鵫雉，音罩，玄曰海雉。《爾雅》云： 鷂雉，青質五采。鳪雉，黄色自呼。翟雉，山雉也，長尾。鷮雉，長尾，走且鳴。秩秩，海雉也。梵書謂雉曰迦頻闍羅。

〔集解〕時珍曰： 雉，南北皆有之。形大如鷄，而斑色繡翼。雄者文采而尾長，雌者文暗而尾短。其性好鬪，其鳴曰鷕，鷕音杳，其交不再，其卵褐色。將卵時，雌避其雄而潛伏之，否則雄食其卵也。《月令》季冬雉始雊。謂陽動則雉鳴而勾其頸也。孟冬，雉入大水爲蜃。蜃，大蛤也。陸佃《埤雅》云： 蛇交雉則生蜃。蜃，蛟類也。類書云： 蛇與雉交而生子，曰蟂。蟂，水蟲也。陸禋《續水經》云： 蛇雉遺卵於地，千年而爲蛟龍之屬，似蛇四足，能害人。魯至剛《俊靈機要》云： 正月蛇與雉交生卵，遇雷入土數丈爲蛇形，經二三百年成蛟飛騰。若卵不入土，仍爲雉耳。又任昉《述異記》云： 江淮中有獸名能，音耐，乃蛇精所化也。冬則爲雉，春復爲蛇。晉時武庫有雉。張華曰： 必蛇化也。視之果得蛇蜕。此皆異類同情，造化之變易，不可臆測者也。

肉 〔氣味〕酸，微寒，無毒。恭曰： 温。日華曰： 平，微毒。秋冬益，春夏毒。

有痢人不可食。頌曰：《周禮》庖人供六禽，雉是其一，亦食品之貴。然有小毒，不可常食，損多益少。詵曰：久食令人瘦。九月至十一月稍有補，他月則發五痔、諸瘡疥。不與胡桃同食，發頭風眩運及心痛。與菌蕈、木耳同食，發五痔，立下血。同蕎麥食，生肥蟲。卵，同葱食，生寸白蟲。自死爪甲不伸者，殺人。【正誤】思邈曰：黄帝書云：丙午日勿食鷄、雉肉，丈夫燒死目盲，女人血死妄見。野鷄肉同家鷄子食，成遁尸，尸鬼纏身。弘景曰：雉非辰屬，正是離禽。丙午不可食，明王於火也。時珍曰：雉屬離火，鷄屬巽木。故鷄煮則冠變，雉煮則冠紅，明其屬火也。春夏不可食者，爲其食蟲蟻，及與蛇交，變化有毒也，能發痔及瘡疥。令人瘦病者，爲其能生蟲，與鷄肉同也。有鄙人者，假黄帝爲書，謂丙午日不可食及成遁尸之説，乃不經謬談；而陶氏和之，孫氏取之，皆誤矣。今正其誤。【主治】補中，益氣力，止洩痢，除蟻瘻《别録》。

【發明】時珍曰：雉肉，諸家言其發痔，下痢人不可食，而《别録》用治痢、瘻何邪？蓋雉在禽上應胃土，故能補中；而又食蟲蟻，故能治蟻瘻，取其制伏耳。若久食及食非其時，則生蟲有毒，故不宜也。

【附方】舊三，新一。　脾虚下痢：日夜不止，野鷄一隻，如食法，入橘皮、葱、椒、五味，和作餛飩煮，空心食之。《食醫心鏡》。　産後下痢：用野鷄一隻，作餛飩食之。同上。　消渴飲水：小便數。用野鷄一隻，五味煮取三升已來汁飲之。肉亦可食，甚效。同上。　心腹脹滿：野鷄一隻，不拘雄雌，茴香炒、馬芹子炒、川椒炒、陳皮、生薑等分，用醋以一夜蒸餅和雉肉作餡料，外以麪皮包作餛飩，煮熟食，仍早服嘉禾散，辰服此，午服導氣枳殼丸。《朱氏集驗方》。

腦　【主治】塗凍瘡時珍。

嘴　【主治】蟻瘻孫思邈。

尾　【主治】燒灰和麻油，傅天火丹毒時珍。

屎　【主治】久瘧時珍。

【附方】新一。　久瘧不止：雄野鷄屎、熊膽、五靈脂、恒山等分爲末，醋糊丸黑豆大。正發時，冷水下一丸。《聖惠》。

明・梅得春《藥性會元》卷下　雉肉　味酸，微寒，無毒。主補中，益氣力，止洩痢，除蟻瘻。秋冬有益，春夏有毒。

明・穆世錫《食物輯要》卷五　野雞　味酸、甘，性微寒，無毒。益滋味，補中氣，解消渴。多食，發痼疾，令人瘦。同鹽、豉作羹食，療氣虚不食及下痢。同蕎麥麵食，生肥蟲。同菌蕈、木耳食，發痔下血。同胡桃食，發頭風眩運及心痛。卵，同葱食，生蟲。同家雞食，成遁尸病。思邈云：九月至十一月食，益人。春夏勿食雉，防蛇咬毒。丙午日不可食雞雉。

明・李中立《本草原始》卷一〇　雉　南北皆有之。形大如雞，而斑色繡翼。雄者文彩而尾長，雌者文暗而尾短。其交不再，其卵褐色。將卵，雌避雄而潛伏之，否則雄食其卵也。《月令》仲冬雉始雊，謂陽動則雉鳴，而勾其頸也。孟冬雉入大水為蜃。蜃，大蛤也。宗奭曰：雉飛若矢，一往而墮，故字從矢。今人取其尾置舟車上，欲其快速也。漢呂太后名雉，高祖改雉為野雞，其實雞類也。黄氏《韻會》云：雉，理也。雉有文理也。故《尚書》謂之華蟲。《曲禮》謂之疏趾。雉類甚多，亦各以其形色為辨耳。《禽經》云：雉，介鳥也。素質五采備曰翬雉，青質五采備曰鷂雉，朱黄曰鷩雉，白曰鵫雉，玄曰海雉。梵書謂雉曰迦頻闍羅。

雉腦：主治：塗凍瘡。　嘴：主治：蟻瘻。　尾：主治：燒灰，和麻油傅天火丹毒。　屎：主治：久瘧不止，與熊膽、五靈脂、常山等分為末，醋糊丸黑豆大，正發時冷水下。　肉：氣味：酸，微寒，無毒。主治：補中益氣力，止洩痢，除蟻瘻。　恭曰：温。《日華》曰：平，微毒。秋冬益，春夏毒。有痢疾人不宜食。頌曰：《周禮》庖人供六禽，雉是其一，亦食品之貴。然有小毒，不可常食，損多益少。詵曰：久食令人瘦。九月至十一月稍有補，他月則發五痔，諸瘡疥。不與胡桃同食，發頭風眩運及心痛。與菌蕈、木耳同食，發五痔，立下血。同蕎麥食，生肥蟲。自死爪甲不伸者，殺人。卵同葱食，生寸白蟲。

雉，《别錄》中品。【圖略】

《食醫心鏡》：治消渴，舌焦口乾，小便數，野雞一隻，以五味煮令極熟，取二升半已來，去肉取汁渴飲之，肉亦可食。

明・吴文炳《藥性全備食物本草》卷三　雉　俗名野雞。味甘、酸，性微寒，無毒。益滋味，補中氣，解消渴。多食發痼疾，令人瘦。同鹽、豉作羹食，療氣虚不食及下痢，除蟻瘻。同蕎麥麪食生肥蟲，同菌蕈、木耳食發痔下血，同胡桃食發頭風眩運及心痛。卵同葱食生蟲，同家雞食成遁尸病。孫真人云：九月至十一月食益人，春夏勿食。雉防蛇交毒，丙午日不可食雉肉。

明・應廖《食治廣要》卷五　雉即野雞。　氣味：酸，微寒，無毒。主治：補中益氣力，止洩痢，除蟻瘻。孟詵曰：久食令人瘦。九月至十一月稍有補，他月食之發五痔諸瘡疥。忌與胡桃、菌蕈、木耳、蕎麥麪同食。死後

爪甲不伸者，有毒殺人。

明・姚可成《食物本草》卷一二禽部・原禽類 雉一名野雞。李時珍曰：雉，南北皆有之。形大如雞，而斑色繡翼。雄者文采而尾長，雌者文暗而尾短。其性好鬭，其鳴曰鷕。鷕音杳。其交不再，其卵褐色。將卵時，雌避其雄而潛伏之，否則雄食其卵也。《月令》仲冬雉始雊，謂陽動則雉鳴而勾其頸也。孟冬雉入大水為蜃。蜃，大蛤也。陸佃《埤雅》云：蛇交雉，則生蜃。蜃，蛟類也。類書云：蛇與雉交而生子，曰蟂。蟂，水蟲也。陸禋《續水經》云：蛇雉遺卵于地，千年而為蛟龍之屬，似蛇，四足，能害人。魯至剛《俊靈機要》云：正月蛇與雉交生卵，遇雷入土數丈為蛇形，經二三百年成蛟飛騰。若卵不入土，仍為雉耳。又任昉《述異記》云：江淮中有獸名能，音耐，乃蛇精所化也。冬則為雉，春復為蛇。晉時武庫有雉，張華曰：必蛇化也。視之果得蛇蜕。此皆異類同情，造化之變易，不可臆測者也。

雉肉：味酸，微寒，無毒。主補中益氣力，止泄痢，除蟻瘻。秋冬食之益，春夏食之毒，有痢人不可食。《周禮》庖人供六禽，雉是其一，亦食品之貴。然有小毒，不可常食，損多益少。久食令人瘦。九月至十一月稍有補，他月則發五痔、諸瘡疥。不與胡桃同食，發頭風眩運及心痛。與菌蕈、木耳同食，發五痔，立下血。同蕎麥食，生肥蟲。卵：同葱食，生寸白蟲。自死爪甲不申者，殺人。腦：塗治凍瘡。嘴：治蟻瘻。尾：燒灰和麻油，傅天火丹毒。屎：治久瘧不止。

附方：治產後下痢。用野雞一隻，作餛飩食之。

明・顧逢柏《分部本草妙用》卷一〇禽部 雉 酸，微寒，無毒。痢不可食，元月至十一月有補，他〔月〕發諸疾。主治：補中益氣，除蟻瘻，止泄痢。按：諸先賢言其發痔病，不宜痢人。而《別錄》偏用治痢瘻，何耶？蓋雉應胃土，故能補中。又食蟲蟻，故能制蟻瘻，取其制伏也。若久食，并非其時，則生蟲有毒，為不宜爾。

明・施永圖《本草醫旨・食物類》卷三 雉名野雞。〇孟冬雉入大水為蜃。蜃，大蛤也。〇蛇交雉則生蜃，蜃，蛟類也。〇正月蛇與雉交，生卵，遇雷入土數丈，為蛇，二三百年成蛟飛騰。若卵不入土，仍為雉耳。肉：味酸，微寒，無毒。秋冬益，春夏毒，有痢人不可食。久食令人瘦。九月至十一月稍有補，他月則發五痔，諸瘡疥。不與胡桃同食，發頭風眩運及心痛。與菌、蕈、木耳同食，發五痔，立下血。同蕎麥食，生肥蟲。卵同葱食，生寸白蟲。自死爪甲不申者，殺人.治：補中，益氣力，止泄痢，除蟻瘻。

附方 產後下痢：用野雞一隻，作餛飩食之。消渴飲水：用野雞一隻，五味煮取三升已來汁飲之，肉亦可食。

腦：治：塗凍瘡。嘴：治：蟻瘻。尾：治：燒灰，和麻油，傅天火丹毒。屎：治：久瘧。

清・穆石匏《本草洞詮》卷一四 雉 雉飛若矢，一徃而墮。今人取其尾，置舟車上，欲其快速也。雞屬巽木，雉屬離火，故雉煮則冠紅也。肉鹹，微寒，無毒。主補中益氣。諸家言其發痔下痢，人不可食。而陶氏謂止泄痢，除蟻瘻，何也？蓋雉在禽，上應胃土，故能補中，而又食蟲蟻，故能治蟻瘻。若久食，及春夏食之，則生蟲有毒也。

清・丁其譽《壽世秘典》卷四 雉一名野雞，漢呂后名雉，故改為野雞。其類甚多，亦各以形色為辨。形大如雞，而斑色繡翼，雄者文采而尾長，雌者文暗而尾短。其性好鬭，其鳴曰鷕鷕，其交不再，其卵褐色。將卵時，雌避其雄而潛伏之，否則雄食其卵。《月令》：仲冬，雉始雊。謂陽動則雉鳴而勾其頸也。氣味：酸，微毒。主補中益氣。多食，發五痔、瘡疥。發明孟詵曰：久食令人瘦，秋冬益，春夏毒，為其食蟲蟻，及與蛇交，變化有毒也。不可與胡桃、蕎麥同食，發頭風眩運及心痛。與菌蕈、木耳同食，發五痔，立下血。有痼疾者，勿食。自死爪甲不伸者殺人。

清・尤乘《食鑒本草・禽類》 雉即野雞。秋冬益人，春夏有毒。下利人忌食。與胡桃同食發頭風眩運及心痛，與菌、木耳食發痔血，與蕎麥食生蟲，卵同葱食生寸白蟲。自死爪甲不直者殺人。

清・何其言《養生食鑒》卷下 野雞即雉，漢呂太后名雉，高祖改雉為野雞，其實雞類也。形大如雞，班色繡翼。雄者，文采而尾長；雌者，文暗而尾短。味甘、酸，性微寒，無毒。補中，益氣力，止泄痢、小便多，除蟻瘻。又治消渴，飲水無度。和鹽取作羹食，療脾胃氣虛，食不能下，并腸滑下痢不止。又不可與胡桃、木耳、菌同食，有痼疾者尤忌之。孫真人云：九月至十一月，食益人，春夏勿食。防雉與蛇交，有毒。卵忌同葱食，亦不可與家雞同食。

清・王翃《握靈本草》補遺 雉 肉，補產後下痢，療消渴便數。腦，塗凍瘡。

清・李熙和《醫經允中》卷二三 雉 痢不可食。九月到十一月有益，他月發諸疾。又不可與胡桃、木耳、菌蕈同食。酸，微寒，無毒。主治蟻瘻。久食非其時則生蟲有毒。

清・馮兆張《馮氏錦囊秘錄・雜症痘疹藥性主治合參》卷一〇 雉 益

少損多，九十兩月宜食，主補五臟，氣逆喘息不止，消渴小便多者，并腸胃氣虛，下痢無度，噤口大孔痛者并效。餘月食之，生瘡發痔。

清・张璐《本經逢原》卷四　雉即野雞。　甘酸，溫，小毒。　發明：《埤雅》云：　蛇交雉則生蜃，蜃為雉入大水所化。推其變化之源，必由異氣所感。《水經》云，蛇雉遺卵於地而為蛟，其卵遇雷則入地，不遇雷則仍為雉，於此可悟，其化蜃總由靈蛇之性未泯，不得山靈之氣遂其飛騰，則得滄溟之氣恣其吞吐，是與虹霓奚擇哉。《別錄》言其補中益氣力，止泄痢，除蟻瘻。此指尋常之雉而言。《千金》以之治蟻瘻，因其喜於食蟻，乃用以制之也。《周禮》庖人供六禽，雉是其一，亦食品之貴。然有毒，不可常食，有病人尤非所宜。而春夏不可食者，以其食蟲蟻也。時珍曰，雉屬離火，雞屬巽木，故煮雞則冠變，煮雉則冠紅。火性暴烈，發痔發瘡，與家雞子同食令人發疰，遍身疼痛，為患種種，惡得謂之無毒乎？

清・汪啟賢等《食物須知・諸葷饌》　野雞　一名雉雞。味酸，氣微寒，無毒。一云：　平溫，微毒。南北山野俱有，雌雄毛色不同。聲作雞鳴，實係雞屬。其飛不高，若矢直往，百步即墜，因以雉名。庖廚堪用，益少損多。九月、十月間食之，有補。五臟氣逆，喘息不止及消渴小便多者，殊功；　腸胃氣虛，下痢無度兼噤口大孔痛者，立效。更生諸瘻，尤為要方。餘月食之，生瘡發痔。又有一說，雉是離禽，明旺於火，丙午日遇，切忌沾唇。合胡桃肉食，發頭風心疼；　合蕎麵食，生蛔蟲腹痛。菌蕈木耳同食，發痔下血難休。自死者足爪不伸，若食之殺人傾刻。久食漸瘦，痼疾復興。　卵同葱煮，食之方妙。

清・浦士貞《夕庵讀本草快編》卷六　雉《別錄》、鷮　雉飛若矢，一往而墮，故字從之。漢高避呂后名，改為野雞。《周禮》士執雉，取其耿介。交有時，別有倫也。雷鳴而應，性精剛也。交合不再，信貞篤也。《月令》云：　孟冬，雉入大水為蜃。陸佃云：　蛇交雉則生蜃。陸禋云：　蛇、雉遺卵於地，千年成蛟。晉武庫獲雉，人以為妖。張華云：　此蛇化也。檢之果得蛇蛻。其類十有四種，《爾雅》別之甚詳。諺云：　四足之美有鹿，兩翼之美有鷮。

雉味甘平而微酸，應人胃土，故能補中氣而止洩痢。《周禮》庖人供六禽，雉亦與焉，為食品之貴久矣。鄙人假黃帝之書，謂丙午日不可食，且有尸鬼纏身之說。陶氏和之，孫氏取之，以非為是，不經甚矣。殊不知雉屬離火，雞本巽木，故雞煮則冠變，雉煮則冠紅，明其陽也。春夏不可食者，為其食蟲蟻，與蛇相通，變化有毒也。發痔及瘡，令人瘦病者，謂其能生蟲，與雞肉同也。《別錄》用其治(鼠)〔蟻〕瘻，乃反制之義耶。

清・葉盛《古今治驗食物單方》　雉　產後下痢，用野鷄一隻，作餛飩食之。　消渴引飲、小便數，用雉鷄一隻，五味煮汁三升飲之。肉亦可食，甚效。

清・吳儀洛《本草從新》卷六　雉〔補氣，止痢。〕即野雞。　酸，甘，微寒。補中益氣力，止泄痢，治蟻瘻。

清・汪紱《醫林纂要探源》卷三　雉　甘辛，溫。野雞也。凡翬翟鷂鷮之類，毛色各有不同，通謂之雉。溫中補虛，益肝和血。然亦能生風動氣。屬離火，性好鬭，故亦補肝生風。然文明炳著於外，則不至如家雞之性熱。

題清・徐大椿《藥性切用》卷八　雉　即野雞。性屬離火。酸甘微溫，補益止瀉，善除蟻(瘘)〔瘻〕。多食亦能發火動風。

清・黃宫繡《本草求真》卷九　雉治蟻下痢，然終有毒害人。　雉㟁入心，兼入胃。由異氣所感，靈蛇所變，《俾雅》云蛇交雉則生蜃，蜃爲雉，入大水則化雉。《經》云蛇遺卵於地而爲蛟，其卵遇雷則入地，不遇雷則仍爲雉。不得山川之氣遂其飛騰，則得滄溟之氣恣其吞吐，是與虹霓出沒無異。時珍云：　雉屬離，雞屬巽，故凡雞煮則冠變，雉煮則冠紅。飛必先鳴，食多蟲蟻，此雖食品之貴，食可補中益土，雉應胃土。及治蟻瘻下痢，然終性熱有毒。故書言其八九兩月可食，春夏不可食者，以其雉食蟲蟻，及與蛇交變化有毒也。發痔、發瘡、發痢，與家雞子同食，令人發疰，周身疼痛者，謂其雉食蟲蟻有毒，兼性暴烈有火也。但書既言發痢、發痔，而書又曰可治蟻瘻與痢，亦以雉素好食蟻，故可以制蟻瘻而治其毒耳。

清・李文培《食物小錄》卷下　野雞　肉，甘、酸，微寒，有小毒。補中，益氣力。秋冬益，春夏毒，有痢人不可食。久食令人瘦。九月至十一月稍有補，他月則發五痔、諸瘡疥。同胡桃食，則發頭風眩運及心痛。同菌蕈木耳食，則發五痔，立下血。同蕎麥食，生蟲。　卵，同葱食，生寸白蟲。自死爪甲不伸者，殺人，不可食。　《周禮》：　庖人供六禽。雉其一也，亦食品之貴。然有小毒，不可常食，損多益少。

清・羅國綱《羅氏會約醫鏡》卷一八禽獸部　雉　益少損多。九十兩月

宜食，補五臟，止消渴，治氣逆喘息、小便頻數，并腸胃氣虛、下痢口噤。餘月食之，發瘡毒。

清・章穆《調疾飲食辯》卷五　雉　漢呂后名雉，改呼野雞。文彩五色，故又名華蟲。其鳴曰雊。《詩》曰：有鷕雉鳴。雌雄相誘曰雊。《月令》：季冬之月，雉雊。《詩》：雉之朝雊，尚求其雌。《書・高宗肜》曰：越有雊雉。《左傳》：少皞以鳥名官，五雉為五工正。注曰：五方之雉有五種，東方曰鶅，西方曰鷷，南方曰鷂，《爾雅》：南方曰𢑴。北方曰鵗。伊洛而南，素質五彩成章曰翬。翬與鷂最華美，故以飾后、夫人之服。《禮・玉藻》：王后褘衣，夫人揄狄與鷂同。注曰：褘即翬也。褘衣元質而畫翬，揄狄青質而畫狄。駱賓王檄：踐元后於翬狄。江淮而南，青質五色曰鷂，朱黃小冠曰鷩，黃色自呼曰鳪，長尾走且鳴曰鷮。《詩》：依彼平林，有集為鷮。注：尾長五六尺，白曰鶾，黑曰海。又有翰、山、澤諸種。《爾雅翼》曰：澤雉，十步一啄，百步一飲，分守疆界，不相侵越。《抱朴子》曰：南越多白雉。然則成王時，越裳氏今安南，即交趾國。貢此，乃貢土物，非獻祥瑞也。《禮記》：雉曰疏趾。注：雉肥則足開。又苽食雉羹。注：二物相宜。又夏宜腒鱐。注：腒乾雉；鱐，乾魚。《埤雅》曰：蛇交雉則生蜃。《月令》：孟冬，雉入大水為蜃。類書曰：蛇交雉則生蟂，即蜃也。《俊靈機要》曰：正月，蛇與雉交生卵，遇雷入土為蛇，經二三百年成蛟。《述異記》曰：江淮中有獸名能，蛇所化也，冬則為〔雉〕，春復為蛇。晉時武庫有雉，張華曰蛇所化也，視之，果得蛇蛻。此物既化蛇、化蜃，又與蛇交而生蟂、生蜃，有毒甚矣。平人且不宜食，況病人乎？動風發毒，助火生蟲之害，較家雞殆過焉。《食療本草》曰：與菌、蕈、木耳同食，令人立下血，或生痔。同莜麥食，生肥蟲。同蔥食，生寸白蟲。自死爪甲不伸者殺人。此諸禽所同，而雉為甚。

清・趙其光《本草求原》卷一九禽部　野雞　即雉。　雉與蛇交，遺卵，遇雷則入地為蛟，不遇雷則仍為雉。雖與蛇交變有毒，然星應胃土，甘溫補中。止虛痢，產後痢。同陳皮、椒、蔥作餛飩。又食蟲蟻，治蟻瘻。但多食發瘡痔；同家雞食，周身疼痛。

清・文晟《新編六書》卷六《藥性摘錄》　雉　即野雞。甘酸，寒。補中益氣，止泄痢。然性熱，有毒。春夏食之，發痔、發瘡、發痢。與家雞子同食發疰，周身痛。

清・王孟英《隨息居飲食譜・毛羽類》　雉一名野雞。　甘，溫。補中益氣，止泄利，除蟻瘻。冬月無毒。多食損人，發痔，諸病人忌之。勿與莜麥、胡桃、木耳、菌蕈同食。春夏秋皆毒，以其善食蟲蟻，而與蛇交也。又諸鳥自死者，皆有毒，勿食。

清・戴葆元《本草綱目易知錄》卷五　雉野雞　酸，微寒。補中，益氣力，止瀉痢，除蟻瘻。春夏有毒，勿食。秋冬宜之。多食，發痔瘡及瘡疥。

清・陳其瑞《本草撮要》卷八　雉　味酸甘，（味）〔氣〕寒，入足太陰經。功專補中益氣力，止洩痢，治蟻瘻，動風。有宿疾者禁忌。即野雞也。

清・吳汝紀《每日食物却病考》卷下　雉　野鷄也。味酸，寒，微毒。補中，益氣力，止洩痢小便多，除蟻瘻。雖野味之貴，食之損多益少。九月至十一月，食之有補。春夏不可食，為其食蟲蟻及與蛇交，變化有毒，能發五痔、諸瘡疥也。《埤雅》云：蛇交雉而生蜃。蜃，蛟類也。《靈機要》云：正月蛇與雉交，生卵。遇雷，入土數丈為蛇形，經二三百年，為蛟飛騰。若不入土，仍為雉。晉時，武庫中有雉，張華云必蛇化也，視之果得蛇蛻。其物類變化有如此。不可與胡桃、木耳、菌同食。

白鷴

明・盧和、汪穎《食物本草》卷三禽類　白鷴　肉可食。《本草》謂其堪畜養，或疑即白雉也。

明・李時珍《本草綱目》卷四八禽部・原禽類　白鷴《圖經》。校正：原附雉條，今分出。

【釋名】白鵫音寒。　閑客時珍曰：按張華云：行止閒暇，故曰鷴。李昉命爲閑客，薛氏以爲雉類，汪氏以爲白雉。按《爾雅》白雉名鵫，南人呼閑字如寒，則鷴即鵫音之轉也。當作白鵫，如錦鷄謂之文鵫也。鵫者，羽美之貌。又《西京雜記》云：南粵王獻白鷴、黑鷴各一。蓋雉亦有黑色者，名鸕雉，彼通呼爲鵫矣。

【集解】頌曰：白鷴出江南，雉類也。白色，而背有細黑文。可畜，彼人亦食之。穎曰：即白雉也。時珍曰：鷴似山鷄而色白，有黑文如漣漪，尾長三四尺，體備冠距，紅頰赤嘴丹爪，其性耿介。李太白言其卵可以鷄伏。亦有黑鷴。

肉【氣味】甘，平，無毒。【主治】補中解毒汪穎。

明・穆世錫《食物輯要》卷五　白鷴　味甘，平，無毒。解諸毒，補中氣。患瘡癤者，勿食。一種黑鷴，功用相同。

明・吴文炳《藥性全備食物本草》卷三 白鷴 肉可食。色白而背有細黑文，亦堪蓄養，或疑即白雉也。患瘡癤者勿食。

明・應廖《食治廣要》卷五 白鷴 氣味：甘，平，無毒。主治：補中解毒。

明・姚可成《食物本草》卷一二禽部・原禽類 白鷴即白雉也。出江南。白色而背有細黑文。可畜，人亦食之。〇李時珍曰：鷴似山雞而色白，有黑文如漣漪，尾長三四尺，體備冠距，紅頰赤嘴丹爪，其性耿介。李太白言其卵可以雞伏。 白鷴肉，味甘，平，無毒。主補中解毒。

明・施永圖《本草醫旨・食物類》卷三 白鷴即白雉。 肉：味甘，平，無毒。治：補中，解毒。

清・朱本中《飲食須知・禽類》 白鷴肉黑鷴 味甘，性平。患瘡癤者勿食。黑鷴，氣味相同。

清・何其言《養生食鑒》卷下 白鷴似山雞而色白，有黑文如漣漪，尾長二三尺，體備冠距，紅頰，赤嘴，丹爪。 味甘，性平，無毒。補中氣。患瘡癤者勿食。一種黑者，功用相同。

清・王道純《本草品彙精要續集》卷六 白鷴無毒。原本注雉內，《綱目》分條。 卵生。

白鷴出《圖經本草》： 肉主補中《食物本草》。 【名】白鶾音寒、閑客。張華云：行止閒暇，故曰鷴。李昉命爲閑客。薛氏以爲雉類。汪氏以爲白雉。按《爾雅》白雉，名鶾，南人呼閑如寒，則鷴即鶾音之轉也，當作白鶾，如錦雞謂之文鶾也。鶾者，羽美之貌。又《西京雜記》云：南粵王獻白鷴、黑鷴各一。蓋雉亦有黑色者，名鸕雉，彼通呼爲鶾矣。 【地】蘇頌云：白鷴出江南，雉類也。彼人亦食之。 【時】生：無時。採：冬月取之。 【用】肉。 【質】李時珍云：鷴似山雞，尾長三四尺，體備冠距，其性耿介。李太白言其卵可以雞伏。 【色】白色而背有細黑紋，可畜養之。汪穎云：即白雉也。李時珍云：色白有黑紋如漣漪，紅頰赤嘴丹爪。亦有黑鷴，同類耳。 【味】甘。 【性】平。 【解】毒。

清・汪紱《醫林纂要探源》卷三 鷴 甘，酸，平。毛冠色綠，面正赤，身正白，有黑文細繡，如魚鱗，尾長而殺，如錦雞，白黑相間而顯。雌者無長毛。亦有黑鷴。 補中益肺。

清・吴汝紀《每日食物却病考》卷下 白鷴 味甘，平，無毒。補中解毒。似山鷄而色白有黑文，尾長三四尺，備冠距、紅頰、赤嘴、丹爪。其性耿介，閩中有畜以為翫者。

竹雞

宋・唐慎微《證類本草》卷一九禽部〔唐・陳藏器《本草拾遺》〕 山菌子 味甘，平，無毒。主野雞病，殺蟲。煮炙食之。生江東山林間，如小雞，無尾。

明・盧和、汪穎《食物本草》卷三禽類 竹鷄 味甘，平，無毒。主野鷄病，殺蟲，煮炙食之。即山菌子。

明・王文潔《太乙仙製本草藥性大全》卷七《本草精義》 竹鷄 竹鷄其狀如雉，形小尾短，即小苗子。山鷄，似雉形小，尾長，並可網羅爲饌。饜酒食多中毒，急嚼生薑，蓋此二鳥常食半夏苗葉，故此可解也。

明・皇甫嵩《本草發明》卷六 竹雞形小尾短，山雞形小尾長。二鳥常食半夏葉，多食中毒，生薑可解。

明・李時珍《本草綱目》卷四八禽部・原禽類 竹鷄《拾遺》

【釋名】山菌子藏器 鷄頭鶻《蘇東坡集》 泥滑滑穎曰：山菌子即竹鷄也。時珍曰：菌子，言味美如菌也。蜀人呼爲鷄頭鶻，南人呼爲泥滑滑，因其聲也。 【集解】藏器曰：山菌子生江東山林間。狀如小鷄，無尾。時珍曰：竹鷄今江南川廣處處有之，多居竹林。形比鷓鴣差小，褐色多斑，赤文。其性好啼，見其儔必鬥。捕者以媒誘其鬥，因而網之。諺云：家有竹鷄啼，白蟻化爲泥。蓋好食蟻也。亦辟壁虱。

肉 【氣味】甘，平，無毒。時珍曰：按唐小說云：崔魏公暴亡。太醫梁新診之，曰：中食毒也。僕曰：好食竹鷄。新曰：竹鷄多食半夏苗也。命搗薑汁折齒灌之，遂甦。則吴廷紹、楊吉老之治鷓毒，蓋祖乎此。 【主治】野鷄病，殺蟲，煮炙食之藏器。

明・穆世錫《食物輯要》卷五 竹雞 味甘，平，無毒。主野雞病，能殺蟲。多用生薑煮食，良。

明・吴文炳《藥性全備食物本草》卷三 竹雞 味甘，平，無毒。主野雞病，能殺蟲。此雞常食半夏苗葉，多用生薑同煮食。固濟火炟為末，米飲下，兼治小兒驚癇鬼魅。 目睛：汁注目中，治目暗。 頭骨：燒灰傅土蜂瘻。

明・應廖《食治廣要》卷五 竹雞 氣味：甘，平，無毒。主治：殺

蟲。　按：唐小說云：崔魏公暴死，太醫梁新（胗）〔診〕之曰：此中食毒也。其僕曰：好食竹鷄。新曰：竹鷄多食半夏苗。命搗薑汁灌之，遂甦。觀此，則吳廷詔、楊吉老之治鷓鴣毒，蓋祖乎此也。

明・姚可成《食物本草》卷一二禽部・原禽類　竹雞今江南、川、廣處處有之，多居竹林。形比鷓鴣差小，褐色多斑，赤文。其性好啼，見其儔必鬭，捕者以媒誘其鬭，因而網之。諺曰：家有竹雞啼，白蟻化為泥。蓋好食蟻也。亦辟壁虱。又按《臨海異物志》云：閩越有杉雞，常居杉樹下。頭上有長黄毛，冠頰正青色，如垂縷，亦可食，如竹雞。竹雞肉，味甘，平，無毒。治野雞病，殺蟲，煮炙食之。　李時珍曰：按唐小說云：崔魏公暴亡。太醫梁新診之，曰：中食毒也。僕曰：好食竹雞。新曰：竹雞多食半夏苗也。命搗薑汁挖齒灌之，遂甦。則吳廷紹、楊吉老之治鷓毒，蓋祖乎此。

清・朱本中《飲食須知・禽類》　竹雞肉　味甘，性平，即泥滑滑。諺云：家有竹雞啼，白蟻化為泥。亦辟壁虱。

清・何其言《養生食鑒》卷下　竹雞形如鷓鴣，居竹林，褐色，班赤文，性好啼。見其儔必鬭，捕者以媒誘其鬭，網之。　味甘，性平，無毒。能殺蟲毒，煮食之良。

清・汪紱《醫林纂要探源》卷三　竹雞　甘，溫。補中，殺蟲，解毒，消砂石毒。好食臭芹及白蟻、臭蝨、砂石，故有此功效。

清・黄宫繡《本草求真》卷九　竹雞殺蟲解毒。　竹雞耑入心、脾、肝。狀如小雞，無尾，性好食蟻。又食半夏苗，故諺有言，家有竹雞啼，白蟻化為泥。又唐小說有言，崔魏公暴亡。太醫梁新診之曰中食毒。僕曰好食竹雞。新曰竹雞多食半夏苗，命搗薑汁抉齒灌之，遂甦。則知竹雞其味雖甘，其性雖平，而亦有食半夏之毒耳。究其主治，止言煮食可以殺蟲。並治野雞毒。他無有取，則知竹雞治毒，或者以毒攻毒，與蟲畏雞之意。不爾，曷為其有是耶？無毒之說，似不足信。

清・李文培《食物小錄》卷下　竹雞　甘，平，有毒。炙食之殺蟲。諺云：家有竹雞啼，白蟻化為泥。蓋善食蟻也。

清・章穆《調疾飲食辯》卷五　竹雞下下品　其鳴曰：泥滑滑。蜀人呼雞頭鶻。《拾遺》名山菌子，菌乃毒物，觀其名知其性矣。性一無可取。又多食半夏苗，故有毒。唐小說曰：崔魏公常中其毒暴死，太醫梁新搗薑汁灌之，始甦。又諺云：家有竹雞啼，白蟻化為泥。或云能辟蜚蟲即壁蝨，皆不足信也。

清・文晟《新編六書》卷六《藥性摘錄》　竹雞　甘，平。殺蟲毒。

清・王孟英《隨息居飲食譜・毛羽類》　竹雞　甘，平。解野雞、山菌毒，殺腹内諸蟲。

清・吳汝紀《每日食物却病考》卷下　竹鷄　味甘，平，無毒。治野鷄毒，殺蟲，炙食之良。多居山原竹林中，形如小鷄，無尾，褐色，多斑赤文，性好啼喜鬭。又名山菌子，言味美如菌也。南人呼為泥滑滑，因其聲也。諺云家有竹鷄啼，白蟻化為泥，蓋好食蟻也。畜之，能辟壁虱。

杉雞

明・李時珍《本草綱目》卷四八禽部・原禽類　杉鷄時珍曰：按《臨海異物志》云：閩越有杉鷄，常居杉樹下。頭上有長黄毛，冠頰正青色，如垂縷，亦可食如竹鷄。

英雞

宋・唐慎微《證類本草》卷一九禽部〔唐・陳藏器《本草拾遺》〕　英雞　味甘，溫，無毒。主益陽道，補虚損，令人肥健悅澤，能食，不患冷，常有實氣而不發也。出澤州有石英處，常食碎石英，體熱無毛，飛翔不遠。人食之，取其英之功也。如雉，尾短，腹下毛赤，腸中常有碎石英。凡鳥食之，石入腸必致銷爛，終不出。今人以末石英飼雞，取其卵而食，則不如英雞。

宋・鄭樵《通志》卷七六《昆蟲草木略》　蜜肌，《爾雅》曰繫英。英雞也。喙啖石英，故得名焉。

明・盧和、汪穎《食物本草》卷三禽類　英鷄　味甘，溫，無毒。主益陽道，補虚損，令人肥健悅澤能食，不患冷。常有實氣而不發也。

明・王文潔《太乙仙製本草藥性大全》卷七《本草精義》　英雞　出澤州有石英處，常食碎石英。體熱無毛，飛翔不遠。人食之取其英之功也。如雉尾短，腹下毛赤，腸中常有碎石英。凡鳥食之石入腸必致銷爛，終不出，今人以末石英飼雞，取其卵而食，則不如英〔雞〕。

明・王文潔《太乙仙製本草藥性大全》卷七《仙製藥性》　英鷄　味甘，氣溫，無毒。　主治：主益陽道，而補助虚損。令人肥健，而悅澤顔色。食致能食而不患冷，常有實氣而不發也。

明・皇甫嵩《本草發明》卷六　英雞躰熱無毛，食碎石英所致。食之令人肥健，潤澤，補陽道。

明・李時珍《本草綱目》卷四八禽部・原禽類　英鷄《拾遺》

〔集解〕藏器曰：　英鷄出澤州有石英處，常食碎石英。狀如鷄而短尾，體熱無毛，腹下毛赤，飛翔不遠，腸中常有石英。人食之，取英之功也。今人以石英末飼鷄，取卵食，終不及此。

肉　〔氣味〕甘，温，無毒。　〔主治〕益陽道，補虚損，令人肥健悦澤，能食，不患冷，常有實氣而不發也藏器。

明・穆世錫《食物輯要》卷五　英雞　味甘，性溫，無毒。治蟻瘻病。同五味煮食，良。秋月即無。

明・應廑《食治廣要》卷五　英鷄　氣味：　甘，溫，無毒。主治：　益陽道，補虚損，令人肥健悦澤。此鷄出石英處有之，以常食碎石英得名也。

明・姚可成《食物本草》卷一二禽部・原禽類　英雞出澤州有石英處，常食碎石英。狀如雞而雉尾，體熱無毛，腹下毛赤，飛翔不遠，腸中常有石英。人食之，取英之功也。今人以石英末飼雞，取卵食，終不及此。　英雞肉，味甘，溫，無毒。主益陽道，補虚損，令人肥健悦澤，能食，不患冷，常有實氣而不發也。

清・丁其譽《壽世秘典》卷四　英雞出澤州有石英處，常食碎石英，狀如雞而雉尾，體熱無毛，腹下毛赤，飛翔不遠，腸中常有石英。　氣味：　甘，溫，無毒。主益陽道，補虚損，令人肥健悦澤。

清・朱本中《飲食須知・禽類》　英雞肉　味甘，性溫。常食石英，秋月即無。

清・何其言《養生食鑒》卷下　英雞狀如雞而短尾，體熱無毛，腹下毛赤，飛翔不遠，食碎石英。　味甘，性溫，無毒。益陽道，補虚損，令人肥健悦澤，能食，不患冷，常有實氣而不發也。

清・王道純《本草品彙精要續集》卷六　秧雞無毒。

秧雞肉：　主蟻瘻《食物本草》。　〔地〕多居田澤畔。　〔時〕夏至後夜鳴達旦，秋後即止。　〔用〕肉。　〔質〕大如小雞，長嘴短尾。　〔色〕白頰，背有白斑。　〔味〕甘。　〔性〕溫。　李時珍云：　又有一種鸋音鄧雞，亦秧雞之類也。大如雞而長腳紅冠。雄者，大而色褐；　雌者，小而色斑。秋月即無，其聲甚大，人並食之。

蒼雞

明・盧和、汪穎《食物本草》卷三禽類　蒼鷄　味甘，溫。主殺蟲蠱毒。狀如鶴大，兩頰紅，頂無丹。

錦雞

宋・唐慎微《證類本草》卷一九禽部〔唐・陳藏器《本草拾遺》〕　鷩鳰主火災。《天竺法真登羅山疏》云：　《山海經》曰，鷩雉養之，禳火災，如雉五色。

宋・鄭樵《通志》卷七六《昆蟲草木略》　鵫，《爾雅》曰天雞。鵫，音汗。《逸周書》曰：　蜀人獻文鵫。文鵫者，若翬雉。按今有吐錦雞，蓋雉類。惟蜀中有之。仰日吐錦，甚有文彩。

明・盧和、汪穎《食物本草》卷三禽類　錦雞　肉，食之令人聰明。文采形狀略佀雄雉，毛羽皆作圓斑點，尾倍長，嗉有肉綬，晴則舒於外。人謂之吐錦。

明・王文潔《太乙仙製本草藥性大全》卷七《本草精義》　錦鷄　與丹雄鷄類，尾長尺餘，毛羽俱紅黄色，多有圓斑點，嗉藏肉綬，晴則外舒，見者不明，咸謂吐錦。煮食香美適口，且令聰明，養觀文彩動人，更禳火疫。

明・皇甫嵩《本草發明》卷六　錦雞與丹雄雞相類，尾長尺餘，尾紅黄色，多圓斑點。味香美，且令聰明。文采可觀，畜之禳火疫。

明・李時珍《本草綱目》卷四八禽部・原禽類　鷩雉敝、鼈二音。《拾遺》。

〔釋名〕山鷄《禽經》　錦鷄同上　金鷄《綱目》　采鷄《周書》　鵕鸃音峻儀。時珍曰：　鷩性憋急耿介，故名。鵕鸃，儀容俊秀也。周有鷩冕，漢有鵕鸃冠，皆取其文明俊秀之義。鷩與鸐同名山鷄，鸐大而鷩小；　鷩與鶡同名錦鷄，鶡文在綬而鷩文在身，以此爲異，大抵皆雉屬也。按《禽經》云：　首有采毛曰山鷄，腹有采色曰錦鷄，項有采囊曰避株。是山鷄、錦鷄又稍有分别，而俗通呼爲一矣。蓋是一類，不甚相遠也。　〔集解〕藏器曰：　鷩似雉五色，《山海經》云小華之山多赤鷩，養之禳火灾，是也。時珍曰：　山鷄出南越諸山中，湖南、湖北亦有之。狀如小鷄，其冠亦小，背有黄赤文，緑項紅腹紅嘴，利距善鬭，以家鷄鬭之，即可獲。此乃《爾雅》所謂鷩，山鷄者也。《逸周書》謂之采鷄。錦鷄則小於鷩，而背文揚赤，膺前五色炫耀如孔雀羽。此乃《爾雅》所謂鵫，天鷄者也。《逸周書》謂之文鵫，音汗。二種大抵同類，而錦鷄文尤燦爛如錦。或云錦鷄乃其雄者，亦通。劉敬叔《異苑》云：　山鷄愛其羽毛，照水即舞，目眩多死，照鏡亦然。與鸐鷄愛尾餓死，皆以文累其身者也。

肉　〔氣味〕甘，温，微毒。　〔主治〕食之令人聰慧汪穎。養之禳火灾藏器。

明・穆世錫《食物輯要》卷五　錦雞　味甘，性熱，微毒。主聰慧。食

之，發疔腫。養之，禳火災。

明・應廖《食治廣要》卷五　鷩雉敝、鼈二音，錦鷄也。　氣味：甘，溫，微毒。食之令人聰慧，養之可禳火災。

明・姚可成《食物本草》一二禽部・原禽類　鷩雉敝、鼈二音。一名錦雞。鷩似雉五色，《山海經》云小華之山多赤鷩，養之禳火災是也。○李時珍曰：山雞出南越諸山中，湖南、湖北亦有之。狀如小雞，背有黃赤文，綠項紅腹紅嘴。利距善鬭，以家雞鬭之，即可獲。此乃《爾雅》所謂鷩，山雞者也。○劉敬叔《異苑》云：山雞自愛羽毛，照水即舞，目眩多死，照鏡亦然。與鸐雞愛尾餓死，皆以文累其身者也。又有一種吐綬雞，出巴峽及閩廣山中，人多畜玩。大如家雞，小者如鴝鵒。頭頰似雉，羽色多黑，雜以黃白圓點，如真珠斑。項有嗉囊，內藏肉綬，常時不見，每春夏晴明，則向日擺之。頂上先出兩翠角，二寸許，乃徐舒其頷下之綬，長闊近尺，紅碧相間，采色煥爛，踰時悉斂不見。或剖而視之，一無所覩。此鳥生亦反哺。行則避草木。　鷩雉肉，味甘，溫，微毒。食之令人聰慧，養之禳火災。

明・施永圖《本草醫旨・食物類》卷三　錦雞名鷩雉。○性耿介，多文采。肉：味甘、酸，有小毒。食之令人聰明，益容色。形狀略似雄雉，毛羽皆作圓斑，尾倍長。嗉有肉綬，晴則舒於外，人謂之吐錦，又謂之吐綬鳥。養之禳火災。　又種名鶡雞：味甘，平，無毒。治：炙食之，令人勇健肥潤。　又種名麥雞：味甘，溫。補虛益脾。　又種名蒼雞：味甘，溫。主：殺蟲蠱毒。其狀如鶴而毛羽蒼色，兩頰紅，頂無丹。　又種名秧雞：味甘，溫。治：蟻瘻效。大如錦雞，白頰長嘴短尾，背有白斑，多居田澤，夏至後夜鳴達旦，秋後即止。　又種名英雞：味甘，溫，無毒。主：益陽道，補虛損，令人肥健悅澤，能食，不患冷，常有實氣而不發也。　又種名竹雞：味甘，平，無毒。解野雞毒，殺腹中諸蟲，煮炙食之，又解山菌毒。狀如小雞，無尾。○諺云：家有竹雞啼，白蟻化為泥。蓋好食蟻也。

清・何其言《養生食鑒》卷下　錦雞即山雞，狀如小雞，其冠亦小，皆有黃赤文，綠頂紅腹，利距而鬭，以家雞鬭之，即可獲。　味甘，性溫，無毒。食之，令人聰慧。養之，可禳火災。

清・汪啟賢等《食物須知・諸葷饌》　錦雞　與丹雞類，尾長尺餘，毛羽俱紅黃色。多有圓斑點。嗉藏肉綬，晴則外舒，見者不明，咸謂吐錦。煮食，香美適口，且令聰明；養觀，文彩動人，更禳火疫。

清・汪紱《醫林纂要探源》卷三　鷩鷄　甘，辛，溫。錦雞也。毛冠色黃，身黃質而備五色，腹下正赤，尾亦長而弱於翟雉，黑白細文相間，雌者無文彩，色黃黑相雜。功用同雉。

清・吳汝紀《每日食物却病考》卷下　錦鷄　肉，食之令人聰明。文彩似雉而更豔，《本草》曰鷩鷄，即錦鷄也。

孔雀

宋・唐慎微《證類本草》卷一九禽部〔《別錄》〕　孔雀屎　微寒。主女子帶下，小便不利。

〔梁・陶弘景《本草經集注》〕云：出廣、益諸州。方家不見用。

〔唐・蘇敬《唐本草》〕注云：孔雀，交、廣有，劍南元無。

〔宋・掌禹錫《嘉祐本草》〕按：陳藏器云：孔雀，味鹹，無毒。日華子云：孔雀，涼，微毒。解藥毒、蠱毒。血，治毒藥，生飲良。糞，治崩中帶下及可傅惡瘡。

宋・寇宗奭《本草衍義》卷一六　孔雀　尾不可入目，昏翳人眼。

宋・王繼先《紹興本草》卷一九　孔雀屎　紹興校定：孔雀屎，《經》注雖具性及主治，但未聞方用驗據。此物產于廣南，如雞，食諸毒蟲，當云性溫，有毒是矣。

元・吳瑞《日用本草》卷四　孔雀屎　味鹹，微寒，無毒。　主女子崩中帶下，小便不利。　血：解諸藥及蠱毒，生飲良。可傅惡瘡，不可入目。

明・滕弘《神農本經會通》卷九　孔雀屎　味鹹，無毒。一云：微寒。一云：涼，微毒。《本經》云：主女子帶下，小便不利。日華子云：孔雀，涼，微毒。解藥蠱毒。血，治毒藥等，生飲良。糞，治崩中帶下，及可傅惡瘡。《衍義》云：尾，不可入目，昏翳人眼。

明・劉文泰《本草品彙精要》卷二八　孔雀屎日華子云：孔雀，微毒。　孔雀屎：主女子帶下，小便不利。名醫所錄。　〔地〕陶隱居云：出廣、益諸州，方家不見用。《唐本》注云：交廣有，劍南元無，其屎堪入藥用。○謹按《埤雅》云：孔雀不必配合，只以音影相接便孕，亦與蛇偶。《禽經》曰：鵲見蛇則噪而賁。孔雀見蛇則婉而躍。《博物志》云：孔雀尾多變色，或紅或黃，喻如雲霞，其色無定，人拍其尾則舞，尾有金翠，五年之後成。始生三年，金翠尚小，初春乃生，三四月後復凋，其金翠亦與花萼同衰榮也。其類有雌有雄，雌者不冠，尾短而無金翠，雄者有冠，尾長而多金翠。其性頗妒忌，自矜其尾，雖馴養已久，遇婦人、童子服錦彩者，必逐而啄之。每欲山棲，先擇置尾之地。欲生捕者，候雨甚，往擒之，因其尾沾雨重，不能高翔。

人雖至且愛其尾，不復騫揚也。人採其尾以飾扇，惟生取則金翠之色不減。南人取其尾者，持刀預潛隱于叢竹處，伺過即斬其尾，若不即斷，回頭一顧，金翠無復光彩矣。【用】屎、血、肉。【色】青白。【味】肉鹹。【時】生：無時。採：無時。【性】屎，微寒。肉，涼。【氣】味厚于氣，陰也。【臭】臭。【製】研細用。【治】療：日華子云：糞，治崩中帶下及傅惡瘡。【禁】尾入人眼則瞖，入人耳則聾。【解】肉，解藥毒、蠱毒。血，生飲之，解毒藥。

明·盧和、汪穎《食物本草》卷三禽類 孔雀 味鹹，無毒。又云：涼，微毒。解藥毒、蠱毒。血，治毒藥，生飲良。屎，微寒，主女子崩中，帶下，小便不利。尾，不可入目，昏翳人眼。此禽因雷聲而孕，或言血即鴆毒。

明·王文潔《太乙仙製本草藥性大全》卷七《本草精義》 孔雀 舊本不著所出州土。陶隱居云：出廣、益諸州。方家不見用。《唐本》云：交廣有，劍南原無，今時人家多蓄之。孔雀尾初春生，四月後子花俱榮衰，自惜其尾，欲棲必擇置尾處。取其尾者，持刀於叢篁間，急斷其尾，若回首一顧，金翠無復光彩矣。屎收貯聽用。

明·王文潔《太乙仙製本草藥性大全》卷七《仙製藥性》 孔雀屎 氣微寒，有小毒。主治：治崩中止帶下如神，傅惡瘡利小便大效。孔雀肉：味鹹，氣涼，有微毒。主治 肉：解藥毒、蠱毒效。血：治毒藥生飲良。

明·李時珍《本草綱目》卷四九禽部·山禽類 孔雀《别録》下品

【釋名】越鳥時珍曰：孔，大也。李昉呼爲南客。梵書謂之摩由邏。【集解】弘景曰：出廣、益諸州。方家罕用。恭曰：交廣多有，劍南元無。時珍曰：按《南方異物志》云：孔雀，交趾、雷、羅諸州甚多，生高山喬木之上。大如雁，高三四尺，不減於鶴。細頸隆背，頭戴三毛長寸許。數十群飛，棲遊岡陵。晨則鳴聲相和，其聲曰都護。雌者尾短無金翠。雄者三年尾尚小，五年乃長二三尺。夏則脱毛，至春復生。自背至尾有圓文，五色金翠，相繞如錢。自愛其尾，山棲必先擇置尾之地。雨則尾重不能高飛，南人因往捕之。或暗伺其過，生斷其尾，以爲方物。若回顧，則金翠頓減矣。山人養其雛爲媒，或探其卵，鷄伏出之。飼以猪腸、生菜之屬。聞人拍手歌舞，則舞。其性妬，見采服者必啄之。《北户録》云：孔雀不匹，以音影相接而孕。或雌鳴下風，雄鳴上風，亦孕。《翼越集》云：孔雀雖有雌雄，將乳時登木哀鳴，蛇至即交，故其血、膽猶傷人。《禽經》云孔見蛇則宛而躍者是矣。

肉 【氣味】鹹，涼，微毒。藏器曰：無毒。【主治】解藥毒、蠱毒日華。

【發明】時珍曰：按《紀聞》云：山谷夷人多食之，或以爲脯腊，味如鷄、鶩，能解百毒。人食其肉者，自後服藥必不效，爲其解毒也。又《續博物志》云：李衛公言，鵝驚鬼，孔雀辟惡，鵁鶄厭火。

血 【主治】生飲，解蠱毒，良日華。

【發明】時珍曰：熊太古言，孔雀與蛇交，故血、膽皆傷人；而日華及《異物志》言，其血與首，能解大毒，似不相合。按孔雀之肉既能解毒，何血獨傷人耶？蓋亦猶雉與蛇交時即有毒，而蛇伏蟄時即無毒之意耳。

屎 【氣味】微寒。【主治】女子帶下，小便不利《别録》。治崩中帶下，可傅惡瘡日華。

尾 【氣味】有毒。宗奭曰：不可入目，令人昏翳。

明·梅得春《藥性會元》卷下 孔雀屎 性微寒。主治女子帶下，小便不利。毛入目，令人目昏生翳。

明·穆世錫《食物輯要》卷五 孔雀 味鹹，性凉，微毒。解諸藥毒。味如雞鶩。山谷夷人多食之。血，解蠱毒。昝殷云：鵝驚鬼，鵁鶄厭火，孔雀辟惡。

明·吴文炳《藥性全備食物本草》卷三 孔雀 陶隱居云：孔雀尾初春生，四月後子花俱榮衰。自惜其尾，欲棲必擇置尾處，取其尾者，持刀於叢篁間，急斷其尾，若回首一顧，金翠無復光彩矣。肉：味鹹，性涼，有微毒。解藥毒、蠱毒。血：治毒藥，生飲良。屎：主女子帶下，小便不利，傅惡瘡。尾：入眼令昏翳。

明·姚可成《食物本草》卷一二禽部·山禽類 孔雀按《南方異物志》云：孔雀，生交趾，雷、羅諸州甚多，生高山喬木之上。大如雁，高三四尺，不減〔於鶴〕。細頸隆背，頭戴三毛，長寸許。數十群飛，棲遊岡陵。晨則鳴聲相和，其聲曰都護。雌者尾短無金翠。雄者三年尾尚小，五年乃長二三尺。夏則脱毛，至春復生。自背至尾有圓文，五色金翠，相繞如錢。自愛其尾，山棲必先擇置尾之地。雨則尾重，不能高飛，南人因往捕之。或暗伺其過，生斷其尾，以為方物。若回顧，則金翠頓減矣。山人養其雛為媒，或探其卵，雞伏出之。飼以猪腸、生菜之屬。聞人拍手歌舞則舞。其性妬，見采服者必啄之。《北戶錄》云：孔雀不匹，以音影相接而孕。或雌鳴下風，雄鳴上風，亦孕。《冀越集》云：孔雀雖有雌雄，將乳時登木哀鳴，蛇至即交，故其血、膽猶傷人。《禽經》云孔見蛇則宛而躍者是矣。

孔雀肉：味鹹，涼，微毒。主解藥毒、蠱毒。〇李時珍曰：按《紀聞》云：山谷夷人多食之，或以為脯腊，味如雞、鶩，能解百毒。人食其肉者，自

後服藥必不効，為其解毒也。　血：　生飲，解蠱毒良。　屎：　味：　微寒，治女子帶下，小便不利。治崩中帶下，可傅惡瘡。　尾毛：　有毒。不可入目，令人昏翳。

明・施永圖《本草醫旨・食物類》卷三　孔雀出廣、益諸州。〇此禽因雷聲而孕，故有毒。　肉：　味鹹，涼，微毒。治：　解藥毒、蠱毒。夷人多食之，或以為脯腊。味如雞鶩，能解百毒，人食其肉者，自後服藥必不效，為其解毒也。〇李衛公言：　鵝驚鬼，孔雀辟惡，鵁鶄厭火。　血：　治：　生飲，解蠱毒良。孔雀與蛇交，故血、膽皆傷人。　屎：　味：　微寒。治：　女子帶下，小便不利，治崩中帶下，可傅惡瘡。　尾：　味：　有毒。不可入目，令人昏翳。

清・穆石匏《本草洞詮》卷一四　孔雀　孔雀出交趾、雷、廉諸州。棲遊崗陵，晨則鳴聲相和。自背至尾，圓文五色，金翠相繞如錢。自愛其尾，山棲必先擇置尾之地。雨則尾重，不能高飛，因往捕之。或養其雛為媒，或採其卵，雞伏出之。聞人拍手歌舞則舞；　性妒，見采服者啄之。雌雄不匹，以音影相接而孕；　或雌鳴下風，雄鳴上風亦孕；　或云與蛇交。故其血膽傷人。李衛公言：　鵝驚鬼，孔雀辟惡，鵁鶄厭火。凡園圃有孔雀、鵁鶄類，匪徒玩好也。孔雀肉鹹涼，微毒。解藥毒、蠱毒。人食其肉者，自後服藥不效，為其解毒也。

清・丁其譽《壽世秘典》卷四　孔雀交廣、雷羅諸州甚多，生高山喬木之上，大如雁，高三四尺，細頸隆背，頭有三毛長寸許，晨則鳴聲相和。雌者尾短無金翠，雄者自背至尾有圓文，五色金翠，相繞如錢。自愛其尾，山棲必先擇置尾之地。雨則尾重不能高飛，因往捕之。或暗伺其過，生斷其尾，若回顧則金翠頓減矣。山人養其雛為媒，或探其卵，雞伏出之，飼以猪腸、生菜之屬。芳時媚景，聞管絃笙歌，必舒張翅尾，眄睇而舞，聞人拍手歌舞亦舞。其性妒，見美婦采服，必啄之。《北戶錄》云：　孔雀不匹，以音影相接而孕。《冀越集》云：　孔雀雖有雌雄，將乳時登木哀鳴，蛇至即交，故其血、膽皆傷人。《禽經》云：　孔雀見蛇則宛而躍者是矣。　氣味：　鹹，涼，微毒。　主解藥毒、蠱毒。　血：　生飲，解蠱毒良。　尾：　氣味：　有毒，不可入目，令人昏翳。

發明李時珍曰：　按《紀聞》云，山人多食之，以為脯腊，味如鵝，解百毒，食貝肉者服藥不能愈病。熊太古言：　孔雀與蛇交，故血、膽皆傷人。似不相合，夫肉既能解毒，何血獨傷人耶？　蓋亦猶雉與蛇交時即有毒，而蛇伏蟄時即無毒之意耳。

清・朱本中《飲食須知・禽類》　孔雀肉　味鹹，性涼，微毒。食其肉者，自後服藥必不效，為其解毒也。尾有毒，不可入目，令人昏翳。

清・何其言《養生食鑒》卷下　孔雀一名越鳥。味鹹，性涼，微毒。解藥毒、蠱毒，山谷夷人多食之，或以為脯腊，味如雞、鶩。能解百毒。人食其肉，自後服藥，必不效云。

清・趙其光《本草求原》卷一九禽部　孔雀血　生飲，解蠱毒，肉亦同功。但食後服百藥無功。其屎，治崩中帶下，敷惡瘡。孔雀與蛇交而不食蛇，蛇交時則毒，蛇伏蟄時則無毒，性與雉同。若似孔雀而食蛇者，鴆也，能殺人。

鳳凰

宋・唐慎微《證類本草》卷一九禽部〔唐・陳藏器《本草拾遺》〕　鳳凰臺　味辛，平，無毒。主勞損，積血，利血脉，安神。《異志》云：　驚邪、癲癇、雞癇，發熱狂走，水磨服之。此鳳凰脚下物，如白石也。鳳雖靈鳥，時或來儀，候其棲止處，掘土二三尺取之。狀如圓石，白似卵。然鳳鳥非梧桐不棲，非竹實不食。不知棲息那復近地，得臺入土，正是物有自然之理，不可識者。今有鳳處未必有竹，有竹處未必有鳳，恐是諸國麟鳳洲有之。如漢時所貢續絃膠，即煎鳳髓所造。有亦曷足怪乎？　今雞亦有白臺，如卵硬，中有白無黃，云是牡雞所生，名爲父公臺。《本經》雞白橐，橐字似臺，後人寫之誤耳。《書記》云：　諸天國食鳳卵，如此土人食雞卵也。

宋・鄭樵《通志》卷七六《昆蟲草木略》　鳳凰　《爾雅》曰：　鶠，鳳，其雌皇。神鳥也。其雛曰鸑鷟。雞冠，蛇頸，魚尾，龍文，龜背，燕頷，前後五色備舉，高六尺許。京房云：　高丈二。出於東方君子之國，飛則群鳥從以萬數，非梧桐不棲，非竹實不食。晨鳴曰發鳴，朝鳴曰上翔，晝鳴曰滿昌，昏鳴曰固常，夜鳴曰保長。鳳，古作朋字。

明・王文潔《太乙仙製本草藥性大全》卷七《本草精義》　鳳凰臺　《神物誌》云：　鳳凰脚下物如白石也。鳳雖靈鳥，時或來儀，候其棲【缺】。

明・王文潔《太乙仙製本草藥性大全》卷七《仙製藥性》　鳳凰臺　味辛，氣平，無毒。　主治：　主癆損并積血殊功，通血脉祛驚邪秘方。治癲癇、雞癇，除發熱顛狂。水磨服之效。

明・李時珍《本草綱目》卷四九禽部・山禽類　鳳凰《拾遺》

〔釋名〕瑞鶠時珍曰：　《禽經》云：　雄鳳雌凰，亦曰瑞鶠。鶠者，百鳥偃伏也。羽蟲三百六十，鳳爲之長，故從鳥從凡。凡，總也。古作朋字，象形。凰者，美也，大也。　〔集解〕時珍曰：　鳳，南方朱鳥也。按《韓詩外傳》云：　鳳之象，鴻前麟後，燕頷鷄喙，蛇頸魚尾，

鸛顙鴛顋，龍文龜背。羽備五采，高四五尺。翱翔四海，天下有道則見。其翼若干，其聲若簫，不啄生蟲，不折生草。不群居，不侶行。非梧桐不棲，非竹實不食，非醴泉不飲。《山海經》云：丹穴之山有鳥，狀如鷄，五采而文，飲食自然，自歌自舞，見則天下安寧。蔡衡云：象鳳有四：赤多者鳳，青多者鸞，黃多者鵷，紫多者鸑鷟，白多者鵠。又群書立名各異，文繁不録。按羅存齋《爾雅翼》云：南恩州北甘山，壁立千仞，猿狖不能至。鳳凰巢其上，惟食蟲魚，遇大風雨飄墮其雛，小者猶如鶴，而足差短。

鳳凰臺　【氣味】辛，平，無毒。　【主治】勞損積血，利血脉，安神。治驚邪，癲癇鷄癇，發熱狂走，水磨服之。藏器。

【發明】藏器曰：鳳凰脚下白物如石者，名鳳凰臺。鳳雖靈鳥，時或來儀。候其棲止處，掘土二三尺取之，狀如圓石、白似卵者，是也。然鳳非梧桐不棲，非竹實不食，那復近地而有臺入土乎。正物有自然之理，不可曉也。今有鳳處未必有竹，有竹處未必有鳳，恐是麟鳳洲有之。如漢時所貢續絃膠，煎鳳髓造成者，曷足怪哉？時珍曰：按《呂氏春秋》云：流沙之西，丹山之南，有鳳鳥之卵，沃民所食。則所産之地不以爲異也。續絃膠，《洞冥記》以爲鸞血作成。故《雷公炮炙論》云：斷弦折劍，遇鸞血而如初。陳氏以爲鳳髓所作，要皆誕言，不必深辯。

明・吳文炳《藥性全備食物本草》卷三　鳳凰臺　《神物志》云：鳳凰脚下物如白石也，鳳雖靈鳥，時或來儀，候其棲止處，掘土三尺取之，狀如圓石，白似卵。然鳳鳥非梧桐不棲，非竹實不食，不知棲息，那復近地得臺入土，正是物有自然之理，不可識者。今有鳳處未必有竹，有竹處未必有鳳，恐是諸國麟鳳洲有之。如漢時所貢續絃膠，即煎鳳髓所造，亦有曷足怪乎？今雞亦有白臺如卵硬，中有白無黃，云是牡雞所生，名為父公臺。《本經》雞白橐，橐字似臺，後人寫之誤耳。《書記》云：諸天國食鳳卵，如此土人食雞卵也。味辛，氣平，無毒。主癆損積血，通血脉，袪驚邪，治癲狂雞癇。

清・穆石匏《本草洞詮》卷一四　鳳凰　羽蟲三百六十，鳳為之長。鴻前麟後，燕頷雞喙，蛇頸魚尾，鸛顙鴛顋，龍文龜背，羽備五采，翱翔四海。其翼若竿，其聲若簫。不啄生蟲，不折生草。不群居，不侶行。非梧桐不棲，非竹實不食，非醴泉不飲。見則天下安寧。鳳雖靈鳥，時或來儀，候其棲止處，掘土二三尺取之，白物如石，名鳳凰臺。氣味辛平，無毒。水磨服之，安神，利血脉，治驚邪癲癇。然鳳棲梧桐，安得近地而有臺入土乎？按《呂氏春秋》云：流沙之西，丹山之南，有鳳鳥之卵，則産鳳之地，或不以為異耶？

鶡雞

宋・唐慎微《證類本草》卷一九禽部〔唐・陳藏器《本草拾遺》〕　鶡雞　味甘，無毒。食肉，令人勇健。出上黨。魏武帝賦云：鶡雞猛氣，其鬬終無負，期於必死。今人以鶡曷渴二音爲冠，像此也。

明・盧和、汪穎《食物本草》卷三禽類　鶡鷄　味甘，無毒。食之令人勇健肥潤。

明・王文潔《太乙仙製本草藥性大全》卷七《本草精義》　鶡雞　《禽經》篇中稱爲毅鳥。其形亦雞類，其色黃黑。上黨多生，因能猛氣健鬥，生死不離，至今武人頭盔常著其尾。魏武帝賦云：鶡雞猛氣，其鬥終無負，期於必死。今人以鶡曷竭二音爲冠，像此也。

明・王文潔《太乙仙製本草藥性大全》卷七《仙製藥性》　鶡鷄　味甘，無毒。主治：食之令人勇健，多食且補虛羸。

明・皇甫嵩《本草發明》卷六　鶡雞黃黑色，稱為毅鳥。因猛健，鬪死不離，今武人頭盔常着其尾。多食，勇健，補虛羸。

明・李時珍《本草綱目》卷四八禽部・原禽類　鶡鷄曷、渴二音。《拾遺》。【釋名】時珍曰：其羽色黑黃而褐，故曰鶡。青黑色者名曰鴭，音介，性耿介也。青鳳亦名鶡，取象於此也。　【集解】藏器曰：鶡鷄出上黨。魏武帝賦云：鶡鷄猛氣，其鬬期於必死。今人以鶡爲冠，象此也。時珍曰：鶡狀類雉而大，黃黑色，首有毛角如冠。性愛其黨，有被侵者，直往赴鬬，雖死猶不置。故古者虎賁戴鶡冠。《禽經》云鶡，毅鳥也，毅不知死，是矣。性復粗暴，每有所攫，應手摧碎。上黨即今潞州。

肉　【氣味】甘，平，無毒。　【主治】炙食，令人勇健藏器。炙食，令人肥潤汪穎。

明・穆世錫《食物輯要》卷五　鶡雞　味甘，平，無毒。多食令人肥潤，益氣力。初病後勿食。

明・應麐《食治廣要》卷五　鶡鷄　氣味：甘，平，無毒。炙食令人勇健肥潤。

以上皆雉屬，但略有不同耳。

明・姚可成《食物本草》卷一二禽部・原禽類　鶡雞鶡，音曷。出上黨，即今潞州。魏武帝賦云：鶡雞猛氣，其鬬期于必死。今人以鶡為冠，象此也。○李時珍曰：鶡狀類雉而大，黃黑色，首有毛角如冠。性愛其黨，有被侵者，直往赴鬬，雖死猶不置。故古

者虎賁戴鶡冠。《禽經》云鶡，毅鳥也，毅不知死是矣。性復粗暴，每有所攫，應手摧碎。鶡雞肉，味甘，平，無毒。炙食，令人勇健肥潤。

清·朱本中《飲食須知·禽類》 鶡雞肉 味甘，性平。初病後勿食。鶡氣猛，鬬期必死。

清·何其言《養生食鑒》卷下 鶡雞音曷，狀類雉而大，黄黑色，首有一角，如冠。性愛其黨，有(彼)〔被〕侵者，直往赴鬬，雖死猶不罷。故古者虎賁戴鶡冠。 味甘，性平，無毒。食之令人勇健、肥潤。病初愈勿食。

山雞

宋·張杲《醫説》卷六 中山雞、鷓鴣毒 南唐相馮延巳苦腦中痛，累日不減。太醫令吴廷紹密詰廚人曰：相公平日嗜何等物？對曰：多食山雞、鷓鴣。廷紹曰：吾得之矣！投以甘豆湯而愈。蓋山雞、鷓鴣皆食烏頭、半夏，故以此解其毒出《南唐書》。

元·忽思慧《飲膳正要》卷三 山鷄 味甘，溫，有小毒。主五藏氣喘不得息者，如食法服之。然久食能發五痔，與蕎麥麵同食生蟲。今遼陽有食鷄，味甚肥美；有角鷄，味尤勝諸鷄肉。

元·吴瑞《日用本草》卷四 山雞 又名竹雞。味甘，溫，無毒。主五臟氣喘不息，如常食法。頻食發五痔，同蕎麥麵食生肥蟲。卵：同葱食，生寸白蟲。痼疾人不宜食。秋冬有益，春夏有毒。食中之貴，小毒，不宜常食。

明·李時珍《本草綱目》卷四八禽部·原禽類 鸐雉音狄。《食療》。

【釋名】鸐鷄《禽經》 山鷄同上 山雉 時珍曰：翟，美羽貌。雉居原野，鸐居山林，故得山名。大者爲鷮。

【集解】頌曰：伊洛、江淮間一種雉，小而尾長者，爲山鷄，人多畜之樊中，即《爾雅》所謂鸐，山雉也。時珍曰：山鷄有四種，名同物異。似雉而尾長三四尺者，鸐雉也。似鸐而尾長五六尺，能走且鳴者，鷮雉也，俗通呼爲鸐矣。其二則鷩雉、錦鷄也。鷮、鸐皆勇健自愛其尾，不入叢林，雨雪則岩伏木栖，不敢下食，往往餓死。故師曠云：雪封枯原，文禽多死。南方隸人，多插其尾於冠。其肉皆美於雉。傳云：四足之美有麃，兩足之美有鷮。

肉 【氣味】甘，平，有小毒。詵曰：發五痔，久食瘦人。和蕎麥食，生肥蟲。同豉食，害人。卵同葱食，生寸白蟲。餘並同雉。 【主治】五臟氣喘不得息者，作羹臛食孟詵。炙食，補中益氣時珍。

明·穆世錫《食物輯要》卷五 山雞 味甘，平，有小毒。益五臟氣，平喘息。多食，令人瘦及發痔。同蕎麥麪食，生肥蟲。同豆豉食，害人。卵，同葱食，生寸白蟲。一名菜雞。

明·應廖《食治廣要》卷五 鸐雉音狄，亦山雞也。 氣味：甘，平，有小毒。主治：五藏氣喘不得息，炙食補中益氣。不可同蕎麥麪、生葱食。

明·姚可成《食物本草》卷一二禽部·原禽類 鸐雉鸐音狄。一名山雉。伊洛、江淮間一種雉，小而尾長者，爲山雞，人多畜之樊中，即《爾雅》所謂鸐，山雞也。〇李時珍曰：山雞有四種，名同物異。似雉而尾長三四尺者，鸐雉也。似鸐而尾長五六尺，又能走且鳴者，鷮雉也。其二則鷩雉、錦雞也。鷮，鸐皆勇健，自愛其尾，不入叢林。雨雪則岩伏木栖，不敢下食，往往餓死。師曠《經》云：雪封枯原，文禽多死。南方隸人，多插其尾于冠。其肉皆美于雉。《傳》云：四足之美有麃，兩足之美有鷮。

鸐雉肉：味甘，平，有小毒。治五臟氣喘、不得息者，作羹臛食。炙食，補中益氣，發五痔，久食瘦人。和蕎麥食，生肥蟲。同豉食，害人。卵：同葱食，生寸白蟲。餘竝同雉。

明·施永圖《本草醫旨·食物類》卷三 鸐雉名山雉，大者為鷮。 肉：味甘，平，有小毒。久食瘦人。和蕎麥食，生肥蟲。同豉食，害人。卵同葱食，生寸白蟲。治：五臟氣喘不得息者，作羹臛食。炙食，補中益氣。

清·丁其譽《壽世秘典》卷四 鸐雉音狄。一名山雞，雉屬也。有四種，名同物異。似雉而尾長三四尺者，鸐雉也；似鸐而尾長五六尺，能走且鳴者，鷮雉也，俗通呼為鸐矣。皆勇健，自愛其尾，不入叢林，雨雪則岩伏木棲，不敢下食，往往餓死。故師曠云：雪封枯原，文禽多死。其二則鷩雉、錦雞也，鷩似雉而小于鸐，五色，性憋急耿介，又名鵕鸃，儀容俊秀也。錦雞則小于鷩，而背文揚赤，膺前五色炫耀，燦爛如錦，蓋是一類，不甚相遠也。

氣味：甘，平，有小毒。炙食，補中益氣。養之，禳火災。

清·朱本中《飲食須知·禽類》 鸐雉肉 味甘，性平，有小毒。多食令人瘦，發五痔。同蕎麥麪食，生肥蟲。同豆豉食，害人。卵同葱食，生寸白蟲。一名山雞。山雞有四種：似雉而尾長三四尺者，為鸐雉；似鸐而尾長五六尺，能走且鳴者，為鷮雉，俗通呼鸐矣；似鸐而小，首有采毛，為鵕鸃；似雉而腹有采色，為錦雞，俗通呼為錦雞矣。又有吐綬雞，每春夏晴明，徐舒頷下錦綬，文采煥爛，斂即不見，養之並辟火災，食之有毒。

清·汪啟賢等《食物須知·諸葷饌》 山雞 形小尾長。並可(綱)〔網〕羅為饌饜酒。食多中毒，急嚼生薑。蓋此野鳥常食半夏葉。

清·王道純《本草品彙精要續集》卷六 鸐雉音狄。有小毒。原本注雉內，

《綱目》分條。　卵生。

鸐雉肉：　主五臟氣喘不得息者《食療本草》。　〖名〗鸐雞《禽經》、山雞同上、山雉。李時珍云：　翟，美羽貌。雉居原野，鸐居山林，故得山名。大者爲鷮。〖地〗蘇頌云：　伊洛江淮間，一種雉小而尾長者爲山雞，人多畜之樊中，即《爾雅》所謂鸐，山雞也。〖時〗生：　無時。採：　冬月取之。〖用〗其肉皆美於雉。傳云：　四足之美有麃，兩足之美有鷮。　〖質〗山雞有四種，名同物異。似雉而尾長三四尺者，鸐雉也；　似鸐而尾長五六尺能走且鳴者，鷮雉也，俗通呼爲鸐矣。其二則鷩雉，錦雞也。鷮鸐皆勇健，自愛其尾，不入叢林，雨雪則岩伏木棲，不敢下食，往往餓死。故師曠云：　雪封枯原，文禽多死。南方隸人多插其尾於冠。　〖色〗《爾雅》云：　鷂雉黃色，自呼鸐雉，山雞也。〖味〗甘。〖性〗平。〖製〗肉作羹臛食，炙食，補中益氣。　〖禁〗孟詵云：　發五痔，久食瘦人。〖忌〗和蕎麥食，生肥蟲；　同豉食，害人；　卵同葱食，生寸白蟲，餘並同雉。

清・趙其光《本草求原》卷一九禽部　山雞即錦雞。凡鸐雞、鷩雉之類皆是。甘，平，小毒。治五臟氣喘不得息。作羹臛食。但發痔，忌豉；　其卵忌葱。

練鵲

宋・唐慎微《證類本草》卷一九禽》〔宋・掌禹錫《嘉祐本草》〕　練鵲　味甘，溫，平，無毒。益氣，治風疾。冬春間取，細剉，炒令香，袋盛於酒中浸。每朝取酒溫服之。似鸜鵒小，黑褐色，食槐子者佳。

宋・王繼先《紹興本草》卷一九　練鵲　紹興校定：　練鵲，世呼為麻練鵲是也。此鵲別是一種，世亦間作食品。《本經》雖有性味、主治，即無驗據，今未聞入方之用矣。

元・吴瑞《日用本草》卷四　練鵲　似鴝鵒而小，黑、褐、白色，尾長兩倍。　甘，溫，平，無毒。　主益氣，治風疾，冬春間取炒香，浸酒飲之。

明・劉文泰《本草品彙精要》卷二八　練鵲無毒。　卵生。

練鵲：　益氣，治風疾。冬春間取，細剉，炒令香，袋盛於酒中浸，每朝取酒溫服之。名醫所錄。　〖地〗《圖經》曰：　舊本不著所出州土，今山林間處處有之。形似鸜鵒，眼赤而小，雄者色白，雌則灰褐，其尾俱長，觜腳盡紅，項頷微翠，常與鴉鵲群飛，人以網得之。入藥唯食槐子者良。〖時〗生：　無時。採：　冬春間取。〖質〗類鸜鵒。〖色〗灰褐。〖味〗甘。〖性〗溫，平。〖氣〗氣之厚者，陽也。〖臭〗腥。〖製〗細剉，炒令香用。

明・盧和、汪穎《食物本草》卷三禽類　練鵲　味甘，平，溫，無毒。主益氣，治風疾，冬春間取食之。

明・寧源《食鑒本草》卷上　練鵲　味甘，平，無毒。諸風疾者，冬間取之，去羽毛，剉細，炒令香，用絹袋盛，清酒數十斤浸一月。每日溫飲之。

明・王文潔《太乙仙製本草藥性大全》卷七《仙製藥性》　練鵲　味甘，氣溫，平，無毒。　主治：　治風疾如神，益氣力奇捷。冬春間取，細剉炒香，袋盛於酒中浸，每朝取酒溫服之。似鸜鵒，小黑褐色，食槐子者佳。

明・李時珍《本草綱目》卷四九禽部・林禽類　練鵲宋《嘉祐》

〖集解〗禹錫曰：　練鵲似鴝鵒而小，黑褐色。食槐子者佳。冬春間采之。時珍曰：　其尾有長白毛如練帶者是也。《禽經》云：　冠鳥性勇，纓鳥性樂，帶鳥性仁。張華云：　帶鳥，練鵲之類是也。今俗呼爲拖白練。

〖氣味〗甘，温，平，無毒。　〖主治〗益氣，治風疾。細剉炒香，袋盛浸酒中，每日取酒温飲服之《嘉祐》。

明・梅得春《藥性會元》卷下　練鵲　味甘，平，氣溫，無毒。似鸜鵒小，黑褐色，食槐子者佳。　主治風疾，益氣。冬春間取細剉，炒令香，袋盛酒浸，每朝取酒，溫服之。

明・穆世錫《食物輯要》卷五　練鵲　味甘，平，無毒。益衛氣，有風疾者，炒香浸酒頻飲，良。

明・吴文炳《藥性全備食物本草》卷三　練鵲　味甘，氣溫，平，無毒。治風疾，益氣力。冬春間取，細剉炒香，袋盛浸酒，每朝取酒溫服之效。食槐子者尤佳。

明・姚可成《食物本草》卷一二禽部・林禽類　練鵲其形似鴝，黑褐色。其尾長，白毛如練帶，今為五品服是也。今人俗呼謂之拖白練。　練鵲，味甘，溫，平，無毒。主益氣，治風疾，細剉炒香，袋盛浸酒中，每日取酒溫飲服之。

明・施永圖《本草醫旨・食物類》卷三　練鵲似鸜鵒而小，黑褐色，其尾有長白毛如練帶者，俗呼為拖白練。　味：　甘，溫，平，無毒。治：　益氣。風疾，細剉炒香，袋盛浸酒中，每日取酒溫飲服之。

清・何其言《養生食鑒》卷下　練鵲似鴝鵒而小，黑褐色，其尾長白毛如練帶。味甘，性平，溫，無毒。主益氣，治風疾，冬間春間取食之。

清・李文培《食物小録》卷下　練鵲　甘，平，無毒。益氣，治風疾。

清・吴汝紀《每日食物却病考》卷下　練雀　味甘，平，無毒。主益氣，治風疾。似鴝鵒而小，黑褐色，尾長，白毛如練帶。食槐子者佳，冬春間取之。

雪雞

清・趙學敏《本草綱目拾遺》卷九禽部　雪雞　生西陲。千百成群，棲止雪中。《西域聞見録》：喀什噶爾雪雞群飛，極肥美，人以為食，惟性燥耳。入藥雄者良。　暖丹田，壯元陽，除一切積冷陰寒痼癖之疾，較雪蓮尤效。

吐綬雞

明・李時珍《本草綱目》卷四八禽部・原禽類　吐綬鷄時珍曰：出巴峽及閩廣山中，人多畜玩。大〔者〕如家鷄，小者如鴝鵒。頭頰似雉，羽色多黑，雜以黄白圓點，如真珠斑。項有嗉囊，内藏肉綬，常時不見，每春夏晴明，則向日擺之。頂上先出兩翠角，二寸許，乃徐舒其頷下之綬，長闊近尺，紅碧相間，采色煥爛，逾時悉斂不見。或剖而視之，一無所覩。此鳥生亦反哺，行則避草木，故《禽經》謂之避株。《食物本草》謂之吐錦鷄，《古今注》謂之錦囊，蔡氏《詩話》謂之真珠鷄，《倦游録》謂之孝鳥。《詩經》謂之鷊，音厄，邛有旨鷊是矣。

清・汪紱《醫林纂要探源》卷三　鷊　甘，溫。吐綬也。頷下有胡如囊，晴暖則舒，五色備而鮮好，圓如月華，陰雨則收不見，故曰吐綬。頭上有兩毛角，故又名角雞。身毛色黑而有白點。

駝鳥

宋・唐慎微《證類本草》卷一九禽部〔唐・陳藏器《本草拾遺》〕　駝鳥矢　無毒。主人中鐵刀入肉，食之立銷。鳥如駝，生西夷，好食鐵。永徽中，吐火羅獻鳥，高七尺，如駝，鼓翅行，能食鐵也。

明・李時珍《本草綱目》卷四九禽部・山禽類　駝鳥《拾遺》

〔釋名〕駝蹄鷄《綱目》　食火鷄同上　骨托禽　時珍曰：駝，象形。托亦駝字之訛。

〔集解〕藏器曰：駝鳥如駝，生西戎。高宗永徽中，吐火羅獻之。高七尺，足如橐駝，鼓翅而行，日三百里，食銅鐵也。時珍曰：此亦是鳥也，能食物所不能食者。按李延壽《後魏書》云：波斯國有鳥，形如駝，能飛不高，食草與肉，亦噉火，日行七百里。郭義恭《廣志》云：安息國貢大雀，雁身駝蹄，蒼色，舉頭高七八尺，張翅丈餘，食大麥，其卵如甕，其名駝鳥。劉郁《西使記》云：富浪有大鳥，駝蹄，高丈餘，食火炭，卵大如升。費信《星槎録》云：竹步國、阿丹國俱出駝蹄鷄，高者六七尺，其蹄如駝。彭乘《墨客揮犀》云：骨托禽出河州，狀如鵰，高三尺餘，其名自呼，能食鐵石。宋祁《唐書》云：開元初，康國貢駝鳥卵。鄭曉《吾學編》云：洪武初，三佛齊國貢火鷄，大於鶴，長三四尺，頸、足亦似鶴，鋭嘴軟紅冠，毛色如青羊，足二指，利爪，能傷人腹致死，食火炭。諸書所記稍有不同，實皆一物也。

屎〔氣味〕無毒。　〔主治〕人誤吞鐵石入腹，食之立消藏器。

明・姚可成《食物本草》卷一二禽部・山禽類　駝鳥一名食火雞，一名骨托禽。其狀如駝，生西戎。高宗永徽中，吐火羅獻之。高七尺，足如橐駝，鼓翅而行，日三百里，食銅鐵也。李時珍曰：此亦是鳥也，能食物所不能食者。按李延壽《後魏書》云：波斯國有鳥，形如駝，能飛不高，食草與肉，亦噉火，日行七〔百〕里。郭義恭《廣志》云：安息國貢大雀，雁身駝蹄，蒼色，舉頭高七八尺，張翅丈餘，食大麥，其卵如甕，其名駝鳥。劉郁《西〔域〕〔使〕記》云：富浪有大鳥，駝蹄，高丈餘，食火炭，卵大如升。費信《星槎録》云：竹步國、阿丹國俱出駝蹄雞，高者六七尺，其蹄如駝。彭乘《墨客揮犀》云：骨托禽出河州，狀如鵰，高三尺餘，其名自呼，能食鐵石。宋祁《唐書》云：開元初，康國貢駝鳥卵。鄭曉《吾學編》云：洪武初，三佛齊國貢火雞，大如鶴，長三四尺，頸、足亦似鶴，鋭觜軟紅冠，毛色如青羊，足二指，利爪，能傷人腹致死，食火炭。諸書所記稍有不同，實皆一物也。

駝鳥肉：　味甘，無毒。食之，能削堅積。　屎：　無毒。治人誤吞鐵石入腹，食之立消。

明・施永圖《本草醫旨・食物類》卷三　駝鳥生西戎。高七尺，足如橐駝，鼓翅而行，日三百里，食鋼鐵也。　屎：　味無毒。治：　人誤吞鐵石入腹，食之立消。

鴳

宋・唐慎微《證類本草》卷一九禽部〔唐・陳藏器《本草拾遺》〕　鴳　蟬注陶云：雀、鴳、蜩、范。按鴳是小鳥，如鶉之類，一名鴽。鄭注《禮記》以鴳爲鴽。又云：鴽，鴾母也。《莊子》云：斥鴳。人食之，無別功用也。

宋・鄭樵《通志》卷七六《昆蟲草木略》　鴽　《爾雅》曰鴾母，即鶕也。青州呼鴾母。田鼠所化。鴽鴾，音如謀。

明・李時珍《本草綱目》卷四八禽部・原禽類　鴳《拾遺》

〔釋名〕鶕一作鷂。　鸋音寧。　鴽音如。　鳸　時珍曰：鴳不木處，可謂安寧自如矣。《莊子》所謂騰躍不過數仞，下翔蓬蒿之間者也。張華註《禽經》謂之籬鴳，即此。鶕則鴳音之轉也。青州謂之鴾母，亦曰鴳雀。又鳸有九種，此其一也。　〔集解〕藏器曰：鴳是小鳥，鶉類也。一名鴽。鄭玄註《禮記》雉、兔、鶉、鴳，以鴳爲鴽。人多食之。時珍曰：鴳，候鳥也。常晨鳴如鷄，趨民收麥，行者以爲候。《春秋運斗樞》云立春、雨水鶉鶕鳴是矣。

鵪與鶉兩物也。形狀相似，俱黑色，但無斑者爲鵪也。今人總以鵪鶉名之。按《夏小正》云：三月田鼠化爲鴽。八月鴽化爲田鼠。註云：鵪也。《爾雅》云：鶉子，鳼；鴽子，鸋。註云：鵪，鶉屬也。鴽，鵪也。《禮記》云：鶉羹，鴽釀之以蓼。注云：鴽小，不可爲羹，以酒蓼釀之，蒸煮食也。據數説，則鶉與鵪爲兩物明矣。因其俱在田野，而形狀彷彿，故不知別之。則夫鶉也，始由蝦蟆、海魚所化，終即自卵生，故有斑而四時常有焉；鵪也，始由鼠化，終復爲鼠，故無斑而夏有冬無焉。本原既殊，性療當別，何可混邪。

肉 【氣味】甘，平，無毒。【主治】諸瘡陰䘌。煮食去熱時珍。

明·穆世錫《食物輯要》卷五 鷃 味甘，平，無毒。解熱毒，治諸瘡陰䘌。一名鴽。三月，田鼠化為鴽；八月，鴽化為田鼠。

明·應麐《食治廣要》卷五 鷃釋名鵪，又名鴽。 氣味：甘，平，無毒。主諸瘡陰䘌。煮食去熱。《春秋運斗樞》云：立春雨水鶉鵪鳴。蓋鵪與鶉兩物也。形狀相似，俱黑色，但無斑者為鵪也。今人總以鵪鶉名之。又按《夏小正》云：三月田鼠化為鴽，八月鴽化為田鼠。據數說，則鶉與鵪為兩物明矣。因其形狀彷彿，世俗混而無別爾，本原既殊，性療迥別，安可以不辨耶？

明·姚可成《食物本草》卷一二禽部·原禽類 鷃一名鵪，一名鴽。小鳥也。人多食之。李時珍曰：鷃，候鳥也。常晨鳴如雞，趨民收麥，行者以為候。《春秋運斗樞》云立春、雨水鶉鵪鳴是矣。鵪與鶉兩物也，形狀相似，俱黑色，但無斑者為鵪也。今人總以鵪鶉名之。按《夏小正》云：三月田鼠化為鴽。八月鴽化為田鼠。〔鷃〕肉，味甘，平，無毒。治諸瘡陰䘌。煮食去熱。

明·施永圖《本草醫旨·食物類》卷三 鷃名鵪。又名鴽。人多食之。鵪與鶉形狀相似，俱黑者，但無斑者為鵪也。三月田鼠化為鴽，八月鴽化為田鼠。 肉：味甘，平，無毒。治：諸瘡陰䘌，煮食去熱。

清·汪紱《醫林纂要探源》卷三 鴽 甘，平。鵪也。亦作鷃。即《月令》田鼠化為鴽者。今曰田雞，又曰水雞。身圓短而色黑，與鶉殊不相類，乃合而呼其名，誤久矣。

清·王孟英《隨息居飲食譜·毛羽類》 鷃一作鵪。甘，平。清熱，療陰䘌諸瘡。

鶴

宋·唐慎微《證類本草》卷一九禽部〔宋·掌禹錫《嘉祐本草》〕 白鶴 味鹹，平，無毒。血主益氣力，補勞乏，去風益肺。肫中砂石子，摩服治蠱毒邪。今鶴有玄有黃，有白有蒼。取其白者爲良。佗者次之。《穆天子傳》云：天子至巨蒐二氏獻白鶴之血，以飲天子。注云：血益人氣力新補。

元·吳瑞《日用本草》卷四 白鶴 有玄、黃、蒼、白四色，取其白者為佳。味鹹，平，無毒。取血用。主益氣力，補勞乏，去風益肺。肫中沙石子：磨服，治蠱毒邪氣。

明·滕弘《神農本經會通》卷九 白鶴 味鹹，氣平，有毒。《本經》云：血，主益氣力，補勞乏，去風，益肺。肫中砂石子，摩服，治蠱毒邪。今鶴有玄、有黃、有白、有蒼，取其白者為良。佗者次之。

明·劉文泰《本草品彙精要》卷二八 白鶴無毒。 卵生。

白鶴血：主益氣力，補勞乏，去風益肺。○肫中砂石子，磨服，治蠱毒邪。名醫所錄。【名】胎禽。【地】《圖經》曰：生青田及揚州，今處處有之。其形似鸛而大，竦身，高脚，頂丹，身白，項有烏帶，翼末有黑羽，其唳清亮，遠聞數里。《小雅》云鶴鳴於九皋，聲聞於野是也。然有玄，有黃，有白，有蒼，白者堪用，餘者次之。《穆天子傳》云：天子至，巨蒐二氏獻白鶴之血，以飲天子。注云：血，益人氣力。【時】生：無時。採：無時。【色】白。【味】鹹。【性】平。【氣】味厚于氣，陰中之陽。【臭】腥。

明·盧和、汪穎《食物本草》卷三禽類 鶴 味鹹，平，無毒。血，主益氣力，補勞乏，去風，益肺。肫中沙石子，磨服〔治〕蠱毒邪。鶴有玄，有黃，有白，有蒼，白者良。

明·寧源《食鑒本草》卷上 仙鶴 味鹹，平，無毒。益氣力，去風，補肺勞，弱者宜食之。血：補勞乏，益血虛。

明·王文潔《太乙仙製本草藥性大全》卷七《本草精義》 白鶴 舊不著所出州土，今在處有之。鶴色不一，有玄、有黃、有白、有蒼，取其白者爲良，他者次之。《穆天子傳》云：天子至，巨蒐二氏獻鶴之血以飲天子。注云：血益人氣力。

明·王文潔《太乙仙製本草藥性大全》卷七《仙製藥性》 白鶴 味鹹，氣平，無毒。主治：血，益氣力而去風，補勞乏而益肺。肫中砂石子：治蠱毒，祛邪魔，酒服神效。

明·皇甫嵩《本草發明》卷六 白鶴味鹹，平，無毒。 血，主益氣力，補勞乏，去風益肺。肫中砂石子，磨服，治蠱毒邪。鶴有玄，有黃，有白，有蒼，惟白者良。頂血，毒人致死。

明·李時珍《本草綱目》卷四七禽部·水禽類　鶴宋《嘉祐》

〔釋名〕仙禽《綱目》　胎禽時珍曰：鶴字，篆文象翹首短尾之形。一云白色嚯嚯，故名。《八公相鶴經》云：鶴乃羽族之宗，仙人之驥，千六百年乃胎產。則胎、仙之稱以此。世謂鶴不卵生者，誤矣。〔集解〕禹錫曰：鶴有白有玄，有黃有蒼。入藥用白者，他色次之。時珍曰：鶴大於鵠，長三尺，高三尺餘，喙長四寸。丹頂赤目，赤頰青脚，修頸凋尾，粗膝纖指。白羽黑翎，亦有灰色、蒼色者。嘗以夜半鳴，聲唳雲霄。雄鳴上風，雌鳴下風，聲交而孕。亦啖蛇虺，聞降真香烟則降，其糞能化石，皆物類相感也。按《相鶴經》云：鶴，陽鳥也，而遊於陰。行必依洲渚，止不集林木。二年落子毛，易黑點；三年產伏；又七年羽翮具；又七年飛薄雲漢；又七年舞應節；又七年鳴中律；又七年大毛落，氄毛生，或白如雪，或黑如漆；百六十年雌雄相視而孕；千六百年形始定，飲而不食，乃胎化也。又按俞琰云：龜鶴能運任脉，故多壽。無死氣於中也。鶴骨爲笛，甚清越。

白鶴血　〔氣味〕鹹，平，無毒。〔主治〕益氣力，補虛乏，去風益肺《嘉祐》。

〔發明〕禹錫曰：按《穆天子傳》云：天子至巨蒐二氏，獻白鶴之血飲之。云益人氣力也。

腦　〔主治〕和天雄、葱實服之，令人目明，夜能書字《抱朴子》。

卵　〔氣味〕甘、鹹，平，無毒。〔主治〕預解痘毒，多者令少，少者令不出。每用一枚煮，與小兒食之。時珍。出《活幼全書》。

骨　〔主治〕酥炙，入滋補藥時珍。

肫中砂石子　〔主治〕磨水服，解蠱毒邪《嘉祐》。

明·穆世錫《食物輯要》卷五　鶴　肉、血，味鹹，平，無毒。補虛乏，養氣血，去風保肺。腦，和葱實、天雄服，令人目明。卵，味甘、鹹，平，無毒。食之預解痘毒，多者令少，少者免出。

明·吴文炳《藥性全備食物本草》卷三　白鶴　有玄，有黃，有白，有蒼，取其白者為良，佗者次之。《穆天子傳》云：天子至，臣蒐二氏獻鶴之血以飲天子。注云：血益人氣力。肉：味鹹，性平，無毒。益氣力而去風，補勞乏而益肺。肫中砂石子：取以磨酒服，治蠱毒，祛邪魔，用之奇効。

卵：味鹹，平，無毒，食之預解痘毒，多者令少，少者免出。

明·姚可成《食物本草》卷一二禽部·水禽類　鶴一名仙禽。有白有玄，有黃有蒼。白者良，他色次之。李時珍曰：鶴大於鵠，長三尺，高三尺餘，喙長四寸。丹頂赤目，赤頰青脚，修頸凋尾，粗膝纖指。白羽黑翎，亦有灰色、蒼色者。嘗以夜半鳴，聲唳雲霄。雄鳴上風，雌鳴下風，聲交而孕。亦啖蛇虺，聞降真香烟則降，其糞能化石，皆物類相感也。按《相鶴經》云：鶴，陽鳥也，而遊于陰。行必依洲渚，止不集林木。二年落子毛，易黑點；三年產伏；又七年羽翮具；又七年飛薄雲漢；又七年舞應節；又七年鳴中律，又七年大毛落，氄毛生，或白如雪，或黑如漆；百六十年雌雄相視而孕；千六百年形始定，飲而不食，乃胎化也。又按俞琰云：龜鶴能運任脉，故多壽。無死氣于中也。鶴骨為笛，甚清越。

鶴血：味鹹，平，無毒。主益氣力，補虛乏，去風益肺。腦：和天雄、葱實服之，令人目明，夜能書字。卵：味甘、鹹，平，無毒。主預解痘毒，多者令少，少者令不出。每用一枚煮，與小兒食之。骨：酥炙，入滋補藥。

肫中砂石子：磨水服，解蠱毒邪。

明·施永圖《本草醫旨·食物類》卷三　鶴名仙禽。龜鶴能運任脉，故多壽。頂血飲之立死。鶴能食蛇，蛇聞聲遠去，故人家多畜之以闢蛇。有大毒。白鶴血：味鹹，平，無毒。治：益氣力，補虛乏，去風益肺。腦：治：和天雄、葱實服之，令人目明，夜能書字。卵：味甘、鹹，平，無毒。治：預解痘毒，多者令少，少者令不出，每用一枚煮，與小兒食之。骨：治：酥炙，入滋補藥。

肫中砂石子：治：磨水服，解蠱毒邪。

清·穆石匏《本草洞詮》卷一四　鶴　鶴陽鳥也，而游於陰。行必依洲渚，止不集林木。七年羽翮具，又七年飛薄雲漢，又七年舞應節，又七年鳴中律，以夜半鳴，聲唳雲霄。雄鳴上風，雌鳴下風而孕。聞降真香則降。其糞能化石，乃羽族之宗，仙人之驥也。鶴血鹹平，無毒。主益氣力，補虛乏。《穆天子傳》云：天子至巨蒐二氏，獻白鶴之血飲之，益人氣力也。鶴骨為笛甚清越。鶴腦和天雄、葱實飲之，令人目明，夜書細字。鶴卵煮與小兒食之，預解痘毒。蓋龜、鶴能運任脉，故多壽，無死氣於中也。然則鶴之益人宜矣。

清·丁其譽《壽世秘典》卷四　鶴一名仙禽。生他處，足黑，魚鱗紋。以南通州呂四場產者為佳，足皆綠色，背有龜紋。相傳呂純陽四至其地，故場名呂四。鶴為黃鶴遺種，其聲較他產者，更覺清亮，舉止聳秀。雄鳴上風，雌鳴下風，聲交而孕。亦啖蛇虺。《內典》云：鶴影生。今鶴雌雄相隨，如道士步，斗履其跡而孕。《禽經》：鸛俯鳴則陰，仰鳴則晴。鸛似鶴而頂不丹，長頸赤喙，色灰白，翅尾俱黑，多巢于高木。其飛也，奮于層霄，旋遶如陣，仰天號鳴，必主有雨。其抱卵以影，或云以聲聒之。〇作巢擇取礜石，周圍繞卵，以助暖氣。故方術家以鸛巢中礜石為真物也。　鶴卵：氣味：甘、鹹，平，無毒。主預解痘毒，水煮一枚與小兒食之，令出痘稀少。出《活幼全書》

清・朱本中《飲食須知・禽類》 鶴肉 有毒，頂血飲之立死。性喜食蛇，蛇聞聲而遠去，人家畜之，以辟蛇。

清・何其言《養生食鑒》卷下 鶴有白色、玄色、黄色、蒼色，用以白者為良，他色次之。 味鹹，性平，無毒。益氣力。 血：益血虚，補勞乏，去風，補肺。勞弱者，宜食之。 卵：味甘、鹹，性平，無毒。預解痘毒，可令稀少，每用一枚，煮與小兒食之。

清・张璐《本經逢原》卷四 鶴頂 辛，溫，大毒。 發明：鶴食蛇虺而頂血大毒，力能殺人，人之欲求自盡者，服之即斃。而《嘉祐》又以鶴血益氣力，補虚乏，去風益肺，恐未必然。肫中砂石子磨水服，能解蠱毒。

清・吳儀洛《本草從新》卷六 白鶴血〔補虚，祛風。〕以下水禽類。 鹹，平。益氣力，補虚乏，去風益肺。《穆天子傳》云天子至巨蒐二氏獻白鶴之血飲之，益人氣力也。

清・汪紱《醫林纂要探源》卷三 鶴骨 辛，鹹，溫。少陽之鳥，秉陽逐陰，引氣多壽。能罡步，殺蛇虺，辟不祥。然食毒蟲，毒聚於頂，故頂上正赤，甚毒。肉則可食，解蛇蟲諸毒。壯筋骨，除痺痿，祛風辟邪。解魚蛇毒，化魚骨鯁。

題清・徐大椿《藥性切用》卷八 鶴頂 鶴食蛇虺，頂血最毒。欲求自盡，服之即斃。肫中砂石子，磨汁解蠱毒。

清・趙學敏《本草綱目拾遺》卷九器用部 靈鶴盞 李金什曾客淮南，言山陽一帶洲渚皆蘆葦，產鶴，多卵育於中。村人有能識其期者，俟鶴下卵後，竊歸，入鍋煮熟，急以涼水沃之，看卵殼不熱復置其窠，鶴不知而尤煦伏之。過三七日，其卵中黄白復鮮如故。又竊之歸，急煮而又納窠，鶴又伏之，如是者三次，則鶴卵外殼厚如紫玉，而盃成矣。復竊之歸，鋸去其頂，外則鑲飾金玉，令成盃形，名靈鶴盞。注酒其中，輒有小鶴影浮酒上，云食之益壽延年，且能治心疾。不易得，有市者價亦不貲。 安神魂，定心悸。小兒用之，除驚癇。孕婦用之，養胎稀痘。出外帶之，辟蛇蠱及一切毒。

清・趙其光《本草求原》卷一九禽部 鶴 有玄、蒼、黄、白四種，惟白者人藥。鶴閉目養神，能運任脈，其益在血。故白鶴血鹹平，無毒。補肺腎真氣，益力，去風。張璐玉謂鶴食蛇虺，頂血大毒，殺人，不知所指何鶴。 腦，和天雄、葱實服，明目，夜能書字。 肫中砂石子，解蠱毒。磨水食。

鴇雞

宋・鄭樵《通志》卷七六《昆蟲草木略》 鴇 《爾雅》曰麋鴰，即鴇鴰也。

明・盧和、汪穎《食物本草》卷三禽類 麥鷄 味甘，溫，補虚益脾。

明・李時珍《本草綱目》卷四七禽部・水禽類 鴇鷄《食物》

〔釋名〕鴇鴰《爾雅》 麋鴰《爾雅》 鴰鹿《爾雅翼》 麥鷄時珍曰：按羅願云：鴇麋，其色蒼，如麋也。鴰鹿，其聲也。關西呼曰鴰鹿，山東呼曰鴇鴰，訛爲錯落，南人呼爲鴇鷄，江人呼爲麥鷄。 〔集解〕穎曰：鴇鷄狀如鶴大，而頂無丹，兩頰紅。時珍曰：鴇，水鳥也，食于田澤洲渚之間。大如鶴，青蒼色，亦有灰色者。長頸高脚，群飛，可以候霜。或以爲即古之鸕鷀，其皮可爲裘，與鳳同名者也。

肉 〔氣味〕甘，温，無毒。 〔主治〕殺蟲，解蠱毒汪穎。 〔發明〕時珍曰：鴇，古人多食之。故宋玉《小招》云：鵠酸臇凫煎鴻鶬。景差《大招》云：炙鴰蒸凫煔鶉陳。今惟俚人捕食，不復充饌品矣。

明・穆世錫《食物輯要》卷五 麥雞 味甘，性溫，無毒。解蠱毒，補虚乏，益脾胃，殺諸蟲。

明・姚可成《食物本草》卷一二禽部・水禽類 鴇雞一名麥雞。鴇，水鳥也，食于田澤洲渚之間。大如鶴，青蒼色，亦有灰色者。長頸高脚，群飛，可以候霜。或以為即古之鸕鷀，其皮可為裘，與鳳同鳴者也。 鴇雞，味甘，溫，無毒。主殺蟲，解蠱毒。○李時珍曰：鴇，古人多食之。今惟俚人捕食，不復充饌品矣。 陽烏出建州。似鸛而殊小，身黑頸長而白。 陽烏嘴：燒灰，酒服，治惡蟲咬成瘡。

明・施永圖《本草醫旨・食物類》卷三 鴇雞名麥雞。 肉：味甘，溫，無毒。治：殺蟲解蠱毒。

清・穆石匏《本草洞詮》卷一四 鴇雞 鴇雞大如鶴，而頂不丹，長頸高脚，色蒼頰紅，食於田澤洲渚之間，群飛，可以候霜。或云即鸕鷀也。皮可為裘。肉甘溫，無毒。殺蟲解蠱毒。古人多食之。

清・何其言《養生食鑒》卷下 鴇雞鴇，水鳥也。食于田澤洲渚之間，大如鶴，青蒼色，亦有灰色者，長頸高脚，群飛，可以候霜，一名麥雞。俗名雨落母，以見其飛鳴則多有雨。 味甘，性溫，無毒。補虚乏，益脾胃，解蠱毒，殺諸蟲。

清・王道純《本草品彙精要續集》卷六 鴇雞無毒 卵生。鴇雞肉：主殺蟲《食物本草》。 〔名〕鴇鴰《爾雅》、麋鴰同上、鴰鹿《爾雅

翼》、麥雞。羅願云：鶬麋，其色蒼如麋也；鴰鹿，其聲也。關西呼曰鴰鹿；山東呼曰鶬鴰，訛爲錯落；南人呼爲鶬雞；江人呼爲麥雞諸名。〔地〕處處有之。〔時〕生：無時。採：無時。〔用〕肉。李時珍曰：鶬雞，古人多食之，故宋玉《小招》云：鵠酸臇鳧煎鴻鶬。景差《大招》云：炙鴰蒸鳧煔鶉陳。今惟俚人捕食，不復充饌品矣。〔質〕汪穎云：鶬雞，狀如鶴大而頂無丹，兩頰紅。李時珍云：鶬，水鳥也。食于田澤洲渚之間，大如鶴，長頸高腳，群飛，可以候霜。或以爲即古之鷫鷞，其皮可爲裘，與鳳同名者也。〔色〕青蒼色，亦有灰色者。〔味〕甘。〔性〕溫。〔解〕蠱毒。

清・文晟《新編六書》卷六《藥性摘錄》　鶬雞　水鳥也。生田野，大如鶴，青蒼色，亦有灰色。甘，溫。補虛乏，益脾胃，解蠱毒諸蟲。

鷫鷞

明・李時珍《本草綱目》卷四七禽部・水禽類　鷫鷞時珍曰：按羅願《爾雅翼》云：鷫鷞水鳥，雁屬也。似雁而長頸，緑色，皮可爲裘，霜時乃來就暖。故《禽經》云：鷫飛則霜，鷺飛則雨。鷺即商羊也。又西方之鳳，亦名鷫鷞。

鵚鶖

元・忽思慧《飲膳正要》卷三　鴜鵝　味甘，溫，無毒。補中益氣，食之甚有益人，炙食之味尤美。然有數等，白鴜鵝、黑頭鴜鵝、胡鴜鵝，其肉皆不同。髓，味甘美，補精髓。

明・劉文泰《本草品彙精要》卷二八　鴜鵝無毒。卵生。鴜鵝：主補中益氣，食之甚有益人。○髓，味甘美，補精髓。今補。〔地〕謹按：此鳥舊本不載，今考其形，似鶴而小，灰色，赤頰，項有白帶。然有數種，有白鴜鵝、黑頭鴜鵝、胡鴜鵝，其味皆不同也。今處處田澤中有之。〔時〕生：春夏。採：無時。〔用〕肉、髓。〔質〕類鶴而小。〔色〕灰褐。〔味〕甘。〔性〕溫，緩。〔氣〕氣之厚者，陽也。〔臭〕腥。〔製〕炙食之味尤美。

明・盧和、汪穎《食物本草》卷三禽類　禿鶖　味鹹，微寒。主中蠱魚毒。觜，治魚骨鯁。狀如鶴而大，長頸赤目，頭高六七尺。《詩》謂有鶖在梁是也。

明・李時珍《本草綱目》卷四七禽部・水禽類　鵚鶖《食物》

〔釋名〕扶老《古今注》　鴜鵝俗作鶩鵝。時珍曰：凡鳥至秋毛脱禿。此鳥頭禿如秋毨，又如老人頭童及扶杖之狀，故得諸名。《説文》作禿鳩。〔集解〕時珍曰：禿鶖，水鳥之大者也。出南方有大湖泊處。其狀如鶴而大，青蒼色，張翼廣五六尺，舉頭高六七尺，長頸赤目，頭項皆無毛。其頂皮方二寸許，紅色如鶴頂。其喙深黄色而扁直，長尺餘。其嗉下亦有胡袋，如鵜鶘狀。其足爪如鷄，黑色。性極貪惡，能與人鬥，好啖魚、蛇及鳥雛。《詩》云有鶖在梁，即此。自元入我朝，常賦猶有鴜鵝之供獻。案《飲膳正要》云：鴜鵝老有三種，有白者，黑者，花者。名爲胡鴜鵝，其肉色亦不同也。又案景煥《閒談》云：海鳥鶢鶋，即今之禿鶖。其説與《環氏吴紀》所謂鳥之大者禿鶖，小者鶬鶂相合。今潦年鶖或飛來近市，人或怪駭，此又同魯人怪鶢鶋之意，皆由不常見耳。

肉　〔氣味〕鹹，微寒，無毒。《正要》曰：甘，温。〔主治〕中蠱、魚毒汪穎。補中益氣，甚益人，炙食尤美。作脯饈食，强氣力，令人走及奔馬時珍。○出《飲膳正要》及《古今注》《禽經》。

髓　〔氣味〕甘，温，無毒。〔主治〕補精髓《正要》。

喙　〔主治〕魚骨哽汪穎。

毛　〔主治〕解水蟲毒。時珍。出《埤雅》。

明・穆世錫《食物輯要》卷五　鵚鶖　味鹹，性微寒，無毒。解中魚蟲毒。補中，益氣血，壯筋骨。髓，補精髓。

明・姚可成《食物本草》卷一二禽部・水禽類　鵚鶖一名鴜鵝。水鳥之大者也。出南方有大湖泊處。其狀如鶴而大，青蒼色，張翼廣五六尺，舉頭高六七尺，長頸赤目，頭項皆無毛。其頂皮方二寸許，紅色如鶴頂。其喙深黄色而扁直，長尺餘。其嗉下亦有胡袋，如鵜鶘狀。其足爪如雞，黑色。性極貪惡，能與人鬭，好啖魚、蛇及鳥雛。《詩》云有鶖在梁，即此。自元入我朝，常賦猶有鴜鵝之供獻。按《飲膳正要》云：鴜鵝有三種：有白者、黑者、花者。名為胡鴜鵝，其肉色亦不同也。又案景煥《閒談》云：海鳥鶢鶋，即今之禿鶖。其説與環氏《吴紀》所謂鳥之大者禿鶖，小者鶬鶂相合。今潦年鶖或飛入近市，人或怪駭，此又同魯人怪鶢鶋之意，皆由不常見耳。

鵚鶖：味鹹，微寒，無毒。治中蠱、魚毒，補中益氣，甚益人，炙食尤美。作脯饈食，强氣力，令人走及奔馬。髓：味甘，溫，無毒。補精髓。喙：治魚骨骾。毛：解水蟲毒。

明・施永圖《本草醫旨・食物類》卷三　頺鶖凡鳥至秋，毛脱禿。此鳥頭禿如秋毨，故名。○水鳥之大者也。其狀如鶴而大，青蒼色。肉：味鹹，微寒，無毒。治：中蠱魚毒，補中益氣，甚益人，炙食尤美。作脯饈食，強氣力，令人走及

奔馬。　髓：　味甘，溫，無毒。治：　補精髓。　喙：　治：　魚骨鯁。

毛：　治：　解水蟲毒。

清・穆石匏《本草洞詮》卷一四　鴰鷺　凡鳥至秋毛禿，此鳥〔頭〕禿如秋毨，故名。張翼廣五六尺，舉頭高六七尺，所謂鳥之小者鴝鵒，大者鴰鷺。潦年或飛近市，人驚駭之，所謂鶖鶬是也。性極貪惡，能與人鬬。好啖魚蛇鳥雛。《詩》云有鶖在梁即此。肉鹹甘，微寒，一云溫，無毒。補中益氣，甚益人。髓甘溫，補精髓。

清・丁其譽《壽世秘典》卷四　鴰鷺俗作鶖鶬，水鳥之大者，出南方有大湖泊處。其狀如鶴而大，青蒼色，張翼廣五六尺，舉頭高六七尺，長頸赤目，頭項皆無毛，其頂皮方二寸許，紅色如鶴頂，其喙深黃色而扁，直長尺餘，其嗉下亦有胡袋如鵜鶘狀，其足爪如雞，黑色。性極貪惡，能與人鬬，好啖魚、蛇及鳥雛。《詩》云有鶖在梁，即此。又景煥《閒談》云海鳥鶢鶋，即今之禿鶖。今潦年鶖或飛走近市，人多怪駭，亦由不常見耳。　氣味：　甘，溫，無毒。主補中益氣，甚益人，炙食尤美，作脯饈食，強氣力，令人走及奔馬。

髓：　主補精髓。　喙：　治魚骨鯁。　毛：　解水蟲毒。

清・张璐《本經逢原》卷四　鴰鷺即鶖鶬。　鹹，寒，無毒。　發明：　鴰鷺好啖魚蛇及鳥雛，故治痞積，有丸鶖鶬用之為君，治食魚鼈成瘕者尤效。其骨酥炙，和南蓬砂吹喉治骨鯁，忍之須臾，輕輕咯之，骨與痰涎俱出。

鸏𪆷

明・李時珍《本草綱目》卷四七禽部・水禽類　鸏𪆷音蒙童。《綱目》。

〔釋名〕越王鳥《綱目》　鶴頂同　鶨鵰同　〔集解〕時珍曰：　案劉欣期《交州志》云：　鸏𪆷即越王鳥，水鳥也。出九真、交趾。大如孔雀，喙長尺餘，黃白黑色，光瑩如漆，南人以爲飲器。《羅山疏》云：　越王鳥狀如烏鳶而足長，口勾末如冠，可受二升許，以爲酒器，極堅緻。不踐地，不飲江湖，不唼百草，不食魚，惟啖木葉。糞似薰陸香，山人得之以爲香，可入藥用。楊慎《丹鉛録》云：　鸏𪆷，即今鶴頂也。

糞　〔主治〕水和，塗雜瘡竺真《羅山疏》。

清・王道純《本草品彙精要續集》卷六　鸏𪆷音蒙童。

鸏𪆷《本草綱目》：　糞主水和塗雜瘡竺真《羅山疏》。　〔名〕越王鳥《綱目》、鶴頂同上、鶨鵰同上。　〔地〕劉欣期《交州志》云：　鸏𪆷，即越王鳥也，是水鳥，出九真、交趾。　〔時〕生：　無時。　採：　無時。　〔用〕糞。　〔質〕《羅山疏》云：　越王鳥大如孔雀狀，如烏鳶而足長，口勾末如冠，可受二升許，以爲酒器，極堅緻，不踐地，不飲江湖，不唼百草，不食魚，惟啖木葉。糞似薰陸香，山人得之，以爲香可入藥用。楊慎《丹鉛錄》云：　鸏𪆷，即今鶴頂也。

〔色〕劉欣期《交州志》云：　鸏𪆷，喙長尺餘，黃白黑色，光瑩如漆，南人以爲飲器。

秧雞

明・盧和、汪穎《食物本草》卷三禽類　秧鷄　味甘，溫，治蟻瘻。

明・李時珍《本草綱目》卷四八禽部・原禽類　秧鷄《食物》

〔集解〕時珍曰：　秧鷄大如小鷄，白頰，長嘴短尾，背有白斑。多居田澤畔。夏至後夜鳴達旦，秋後即止。一種䳾音鄧鷄，亦秧鷄之類也。大如鷄而長脚紅冠。雄者大而色褐，雌者稍小而色斑。秋月即無，其聲甚大，人並食之。

肉　〔氣味〕甘，温，無毒。　〔主治〕蟻瘻汪穎。

明・應麐《食治廣要》卷五　秧鷄　氣味：　甘，溫，無毒。　主治：　蟻瘻。

按：　秧鷄大如小鷄，白頰長嘴短尾，背有白斑。多居田澤畔。夏至後夜鳴達旦。又一種名䳾鷄，大如鷄而長腳紅冠。雄者大而色褐，雌者稍小而色斑。秋月即無。其聲甚大。人並食之。

明・姚可成《食物本草》卷一二禽部・原禽類　秧雞　大如小雞，白頰，長嘴短尾，背有白斑。多居田澤畔，夏至後夜鳴達旦，秋後即止。一種䳾音鄧雞，亦秧雞之類也。大如雞而長脚紅冠。雄者大而色褐，雌者稍小而色斑。秋月即無，其聲甚大，人並食之。

秧雞肉，味甘，溫，無毒，治蟻瘻。

清・吳汝紀《每日食物却病考》卷下　秧鷄附䳾鷄。　味甘，溫，無毒。治蟻瘻。生田澤間，如小鷄，白頰，長嘴，短尾，背有白斑。夏至後夜鳴，秋後即止。

又一種䳾鷄，大如鷄，長脚紅冠，聲甚大，秋月即無。亦其類也。

鴇

元・忽思慧《飲膳正要》卷三　鴇　肉，味甘，平，無毒。補益人。其肉麁味美。

明・劉文泰《本草品彙精要》卷二八　鴇無毒。　卵生。

鴇肉：　主補益人。今補。○謹按《埤雅》云：　此鳥似雁而足無後指，亦無舌，性不木止。毛有豹文，故名獨豹。肉雖粗而味美，遇鷙鳥能激糞禦之，著其毛悉脫。其群居如雁，自然而有行列。《詩》曰肅肅鴇羽，集于苞桑是也。

〔時〕生：　春夏。　採：　無時。　〔用〕肉。　〔色〕斑。　〔味〕甘。

〖性〗平。　〖氣〗氣厚于味，陽中之陰。　〖臭〗腥。

明・李時珍《本草綱目》卷四七禽部・水禽類　鴇音保。《綱目》。

〖釋名〗獨豹時珍曰：案羅願云：鴇有豹文，故名獨豹，而訛爲鴇也。陸佃云：鴇性群居，如雁有行列，故字從𠤏。𠤏音保，相次也。《詩》云鴇行是矣。

〖集解〗時珍曰：鴇，水鳥也。似雁而斑文，無後趾。性不木止，其飛也肅肅，其食也齡，肥脂多脂，肉粗味美。閩語曰：鴇無舌，兔無脾。或云：純雌無雄，與他鳥合。或云：鴇見鷙鳥，激糞射之，其毛自脱也。

肉　〖氣味〗甘，平，無毒。時珍曰：《禮記》：不食鴇奥。奥者，膍胵也，深奥之處也。

〖主治〗補益虚人，去風痹氣《正要》。

肪　〖主治〗長毛髪，澤肌膚，塗癰腫時珍。

明・穆世錫《食物輯要》卷五　鴇　味甘，平，無毒。補氣血，去風痹。肪，長鬚髪。

明・姚可成《食物本草》卷一二禽部・水禽類　鴇音保。水鳥也。似雁而斑文，無後趾。性不木止，其飛也肅肅，其食也齡。肥脂多脂，肉粗味美。純雌無雄，與他鳥合。或云：鴇見鷙鳥，激糞射之，其毛自脱也。　鴇肉：味甘，平，無毒。補益虚人，去風痹氣。　肪：長毛髪，澤肌膚，塗癰腫。

明・施永圖《本草醫旨・食物類》卷三　鴇音保。○鴇似鴈而斑文，無後趾，性不木止。《詩》云肅肅鴇羽是也。性最淫。　肉：味甘，平，無毒。治：補益虚人，去風痹氣。　肪：治：長毛髪，澤肌膚，塗癰腫。

清・丁其譽《壽世秘典》卷四　鴇水鳥也，似雁而斑文，無後趾，性不木棲，其飛也肅肅，其食也齡，肥脂多脂，肉粗而味美。或云純雌無雄，與他鳥合。遇鷙鳥能激糞禦之，着其毛則盡脱。《禮記》不食鴇奥，奥者，膍胵也，深奥之處也。陸佃云：鴇性淫而無定匹，故今指老妓曰老鴇。　氣味：甘，平，無毒。主補益虚人，去風痹氣。

清・王孟英《隨息居飲食譜・毛羽類》　鴇　甘平。補虚，已風痹病。

鷸

宋・唐慎微《證類本草》卷一九禽部〔唐・陳藏器《本草拾遺》〕　鷸　蝟注蘇云：如蚌鷸。按鷸如鶉，觜長，色蒼，在泥塗間作鷸鷸聲，人取食之如鶉，無別餘功。蘇恭云：如蚌鷸之相持也。新注云：取用補虚，甚暖。村民云：田雞所化，亦鵪鶉同類也。

明・盧和、汪穎《食物本草》卷三禽類　鷸　肉甚暖，食之補虚。

明・李時珍《本草綱目》卷四八禽部・原禽類　鷸音述。《拾遺》。

〖集解〗藏器曰：鷸如鶉，色蒼觜長，在泥塗間作鷸鷸聲，村民云田鷄所化，亦鵪鶉類也。蘇秦所謂鷸蚌相持者，即此。時珍曰：《説文》云鷸知天將雨則鳴，故知天文者冠鷸。今田野間有小鳥，未雨則啼者是矣。與翡翠同名而物異。

肉　〖氣味〗甘，温，無毒。　〖主治〗補虚，甚暖人藏器。

明・穆世錫《食物輯要》卷五　鷸　味甘，性温，無毒。補虚乏，温五臟，暖人。此鳥天將雨即鳴。

明・姚可成《食物本草》卷一二禽部・原禽類　鷸音聿。鷸如鶉，色蒼嘴長，在泥塗間作鷸鷸聲，村民云田雞所化，亦鵪鶉類也。蘇秦所謂鷸蚌相持者，即此。李時珍曰：《説文》云鷸知天將雨則鳴，故知天文者冠鷸。今田野間有小鳥未雨則啼者，是矣。與翡翠同名而物異。　鷸肉，味甘，温，無毒。主補虚，甚暖人。

明・施永圖《本草醫旨・食物類》卷三　鷸音述。○如鶉色蒼，嘴長。田雞所化，天將雨則鳴。　肉：味甘，温，無毒。治：補虚，甚暖人。

清・何其言《養生食鑒》卷下　鷸形如鶉，色蒼嘴長，在泥塗間作鷸鷸聲，所謂鷸蚌相持者，即此。將雨，此鳥即鳴。　味甘，性温，無毒。補虚乏，甚暖人，煮食良。

清・王孟英《隨息居飲食譜・毛羽類》　鷸與翡翠同名異物。　甘，温。暖胃補虚。

鷗

明・盧和、汪穎《食物本草》卷三禽類　鷗　味甘，無毒。主躁渴狂邪。五味醃，炙食之。

明・李時珍《本草綱目》卷四七禽部・水禽類　鷗《食物》

〖釋名〗鷖音醫。　水鴞時珍曰：鷗者浮水上，輕漾如漚也。鷖者，鳴聲也。鴞者，形似也。在海者名海鷗，在江者名江鷗，江夏人訛爲江鵝也。海中一種隨潮往來，謂之信鳧。

〖集解〗時珍曰：鷗生南方江海湖溪間。形色如白鴿及小白鷄，長喙長脚，群飛耀日，三月生卵。羅氏謂青黑色，誤矣。

肉　〖氣味〗缺。

明・吴文炳《藥性全備食物本草》卷三　鷗肉　甘，無毒。主躁渴狂邪，五味淹炙食之。

明・姚可成《食物本草》卷一二禽部・水禽類　鷗在海者名海鷗，在江者名江鷗。海中一種隨潮往來，謂之信鷗。○李時珍曰：鷗生南方江海湖溪間，形色如白鴿及

小白雞，長喙長脚，群飛耀日，三月生卵。　鷗肉，味甘，無毒。主躁渴狂邪，五味炙食之。

明・施永圖《本草醫旨・食物類》卷三　鷗名鷖。○浮水上，輕漾如漚也，在海者名海鷗，在江者名江鷗。海中一種，隨潮往來，謂之信鳧。　肉：　味甘，寒，無毒。主：　躁渴狂邪諸病，宜五味醃炙食之，有效。

清・王道純《本草品彙精要續集》卷六　鷗

鷗《食物本草》　【名】鷖音醫、水鴞。李時珍云：　鷗者，浮水上，輕漾如漚也。鷖者，鳴聲也；　鴞者，形似也。在海者，名海鷗；　在江者，名江鷗；江夏人訛爲江鵝也。海中一種隨潮往來，謂之信鳧。按《大雅》云鳧鷖在涇是矣。　【地】鷗生南方江海湖溪間。　【質】長喙長脚，群飛耀日。　【時】三月生卵。　【用】肉。　【色】形色如白鴿及小白雞。　【贗】羅氏謂青黑色，誤矣。

清・汪紱《醫林纂要探源》卷三　鷗　甘，鹹，寒。小於鳧，而色多白，一名鷖。善沒水，偶見人則群沒水中，越數十丈而復出，俗曰刁鴨，又曰水伶行，又曰鶗鶘。其膏拭刀劍，可不鏽。可去肺腎之邪。

突厥雀

宋・鄭樵《通志》卷七六《昆蟲草木略》　鵽鳩　《爾雅》曰寇雉。郭云：　鵽大如鴿，似雌雉，鼠腳，無後指，歧尾，為鳥憨急，群飛，出北方沙漠地。

明・李時珍《本草綱目》卷四八禽部・原禽類　突厥雀《拾遺》

【釋名】鵽鳩音奪。　寇雉藏器曰：　雀從北來，當有賊下，邊人候之，故名。時珍曰：　案《唐書》云：　高宗時，突厥犯塞，有鳴鵽群飛入塞。邊人驚曰：　此鳥一名突厥雀，南飛則突厥必入寇。已而果然。案此即《爾雅》鵽鳩，寇雉也。然則奪寇之義，亦由此矣。

【集解】藏器曰：　突厥雀，生塞北，狀如雀而身赤。時珍曰：　案郭璞云：　鵽鳩生北方沙漠地。大如鴿，形似雌雉，鼠脚無後趾，歧尾。爲鳥憨急群飛。張華云：　鵽生關西。飛則雌前雄後，隨其行止。莊周云：　青鵽，愛其子而忘其母。

肉　【氣味】甘，熱，無毒。　【主治】補虛暖中藏器。

明・姚可成《食物本草》卷一二禽部・原禽類　突厥雀一名鵽鳩。鵽音奪。李時珍曰：　案《唐書》云：　高宗時，突厥犯塞。有鳴鵽群飛入塞。邊人驚曰：　此鳥一名突厥雀，南飛則突厥必入寇。已而果然。○陳藏器曰：　突厥雀生塞北，狀如雀而身赤。　李時珍曰：　案郭璞云：　鵽鳩生北方沙漠地。大如鴿，形似雌雉，鼠脚，無後趾，歧尾。為鳥憨急群飛。張華云：　鵽生關西。飛則雌前雄後，隨其行止。莊周云：　青鵽，愛其子而亡其母。

突厥雀肉，味甘，熱，無毒。主補虛暖中。

明・施永圖《本草醫旨・食物類》卷三　突厥雀生塞北。狀如雀而身大。高宗時，突厥犯塞，有鳴雀群飛入塞，邊人驚曰：　此鳥一名突厥雀，南飛則突厥必入寇。已而果然。　肉：　味甘，熱，無毒。治：　補虛暖中。

清・朱本中《飲食須知・禽類》　鵽鳩肉　味甘，性熱。即突厥雀。形似雌雉，鼠脚無後趾，歧尾，憨急群飛，雌前雄後。

清・王道純《本草品彙精要續集》卷六　突厥雀無毒。

突厥雀肉：　主補虛暖中《本草拾遺》。　【名】鵽鳩音奪、寇雉。陳藏器云：　雀從北來，當有賊下，邊人候之，故名。李時珍按《唐書》云：　高宗時突厥犯塞，有鳴鵽群飛入塞，邊人驚曰：　此鳥一名突厥雀，南飛則突厥必入寇。已而果然。按此即《爾雅》鵽鳩、寇雉也，然則奪寇之義，亦由此矣。【地】陳藏器云：　突厥雀，生塞北。郭璞云：　鵽鳩，生北方沙漠池。張華云：　鵽生關西。　【質】郭璞云：　大如鴿，形似雌雉，鼠腳無後趾，歧尾。爲鳥憨急群飛。張華云：　飛則雌前雄後，隨其行止。　【色】陳藏器云：狀如雀而身赤。莊周云：　青鵽，愛其子而忘其母。　【味】甘。　【性】熱。

鴿

宋・唐慎微《證類本草》卷一九禽部〔宋・掌禹錫《嘉祐本草》〕　白鴿味鹹，平，無毒。

肉：　主解諸藥毒，及人、馬久患疥。

屎：　主馬疥一云犬疥。鳩類也。鴿、鳩類翔集屋間，人患疥食之，立愈。馬患疥入鬃尾者，取屎炒令黄，擣爲末，和草飼之。又云：　鵓鴿，暖，無毒。調精益氣，治惡瘡疥并風瘙，解一切藥毒。病者食之雖益人，緣恐食多減藥力。白癜、癧瘍風，炒，酒服。傅驢、馬疥瘡亦可新補。

〔宋・唐慎微《證類本草》〕《聖惠方》：　主頭極痒，不痛，生瘡。用白鴿屎五合，以好醋和如稀膏，煮三兩沸，日三二上傅之。又方：　治白禿，以糞擣細，羅爲散，先以泔洗了傅之，立差。《外臺秘要》：　救急治蠱。以白鴿毛、糞燒灰，以飲和服之。《食醫心鏡》：　治消渴，飲水不知足。白花鴿一隻，切作小臠，以土蘇煎，含之嚥汁。

宋・寇宗奭《本草衍義》卷一六　白鴿　其毛羽色於禽中品第最多。野鴿糞一兩，炒微焦，麝香別研，吴白术各一分，赤芍藥、青木香各半兩，柴胡三分，延胡索一兩炒赤色，去薄皮，七物同爲末。溫無灰酒，空心調一錢服，治

帶下排膿。候膿盡即止後服，仍以他藥補血臟。

宋・陳衍《寶慶本草折衷》卷一六　白鴿屎附。　一名白花鴿，一名鵓鴿，一名野鴿，乃鳩類也。○鵓，音勃。翔集屋間。

味鹹，平，暖，無毒。○主解諸藥毒。調精益氣。治惡瘡疥，風瘙。食多減藥力。白癜、癧瘍風，炒酒服。傅驢馬疥瘡亦可。○《食醫心鏡》：治消渴，壹隻，切小臠，以土蘇煎，含嚥汁。附：屎毛灰在內。○主頭極痒，生瘡，以醋和如稀膏，煮三沸，日三二傅之。又治白禿，以擣細，先以酸米泔洗了，傅之。又治蠱，以毛屎燒灰，飲和服。入藥治帶下，亦主馬疥、犬疥。

元・忽思慧《飲膳正要》卷三　鵓鴿　味鹹，平，無毒。調精益氣，解諸藥毒。

元・尚從善《本草元命苞》卷七　鵓鴿　鹹，平，性暖，無毒。調精益氣，解諸藥毒。治惡疥風瘙，療蠱毒白癜。頭痒生瘡，醋熬糞搽之。白禿不效，擣為末乾摻。先以米泔汁洗淨，後用糞末傅之，立差。

元・吴瑞《日用本草》卷四　白鴿　翔集屋間，滋生，易得成群，純白色。味鹹，平，無毒。　主解諸藥毒及人馬久患疥。食之雖益人，緣恐食多減藥力。

鵓鴿　灰色者性暖，無毒。調精益血，補氣，解一切藥毒。

明・滕弘《神農本經會通》卷九　白鴿　鳩類也。　味鹹，氣平，無毒。《本經》云：肉，主解諸藥毒，及人馬久患疥。屎，主馬疥。鴿，鳩類，翔集屋間，人患疥食之，立愈。馬患疥，入鬃尾者，取屎，炒令黃，擣為末，和草飼。又云：鵓鴿，暖，無毒。調精益氣，治惡瘡疥，并風瘙，解一切藥毒。病者食之，雖益人，緣恐食多減藥力。白癜、癧瘍風，炒，酒服。傅驢馬疥瘡，亦可。

明・劉文泰《本草品彙精要》卷二八　白鴿無毒。　卵生。

白鴿肉：　主解諸藥毒，及人、馬久患疥。○屎，主馬疥一云犬疥。人患疥，食之立愈。馬患疥入鬃尾者，取屎炒令黃，搗爲末，和草飼之。又云：鵓鴿，暖，無毒。調精益氣，治惡瘡疥，並風瘙，白癜，癧瘍風，炒，酒服。傅驢、馬疥瘡亦可。名醫所錄。　【地】《圖經》曰：舊不著所出州土，今處處有之。此鳥類鳩而大，畜之能馴，攜至數十里縱之，亦能抵家，乃禽中之靈者也。其種羽色品類尤多，而以純白者堪入藥用。一種野鴿，其形不殊，但集巢於寺觀樓閣上，其性不受人畜。所謂左盤龍者，是其屎也。風藥多用之。

【時】生：無時。採：無時。　【用】肉、屎。　【質】類鳩而大。　【色】白。　【味】鹹。　【性】平。　【氣】味厚于氣，陰中之陽。　【臭】腥。　【治】療：《別錄》云：白禿瘡，以糞搗羅爲散，先以醋米泔洗了，傅之，立瘥。　【合治】白鴿屎五合，以好醋和如稀膏，煮三兩沸，日三傅之，治頭極癢不痛，生瘡者。○白鴿毛、糞燒灰，以飲和服之，治蠱。○白花鴿一隻，切作小臠，合土蘇煎，含咽汁，治消渴，飲水不知足。○野鴿糞一兩，炒微焦，合麝香別研，白术各一分，赤芍藥、青木香各半兩，柴胡三分，延胡索一兩炒赤色，去薄皮，七物同爲末，溫無灰酒空心調一錢服，治帶下排膿，候膿盡即止，後服仍以他藥補血臟。　【禁】病者食之雖益，恐多食減藥力。　【解】一切藥毒。

明・盧和、汪穎《食物本草》卷三禽類　鵓鴿　肉暖，無毒。調精益氣，解一切藥毒，食之益人。若服藥人食之，減藥力，無効。又治惡瘡疥癬，風瘙白癩，癧瘍風。炒，酒服之，白色者佳。

明・陳嘉謨《本草蒙筌》卷一〇　白鴿肉　味鹹，氣平。無毒。鴿係鳩類，翔集屋間。毛色品第最多，雌雄相配不混。人家畜養，孳育極繁。欲肉充庖，以水浸死。解諸般藥毒，除久患疥瘡。屎收曝乾，炒黃搗末。治驢馬患疥不已，和草料逐日飼之。

明・寧源《食鑒本草》卷上　鴿子　性暖。益精氣。治白癜風并一切惡瘡。炒，酒服。《抱朴子》：治驢馬瘡疥，搗肉傅之。

明・王文潔《太乙仙製本草藥性大全》卷七《本草精義》　白鴿肉　鴿，鳩類，其毛羽色於禽中品第最多，翔集屋間。人患疥食之立愈。馬患疥入鬃尾者，取屎炒令黃，搗末和草飼之。勃鴿，病者食之雖益人，緣恐食多減藥力。

明・王文潔《太乙仙製本草藥性大全》卷七《仙製藥性》　白鴿肉　味鹹，氣平，無毒。　主治肉：解諸般藥毒，除久患疥瘡。　屎：收曝乾，炒黃搗末，治驢馬患疥不已，和草料日逐飼之。　補註：頭極痒，不痛生瘡，用白鴿屎五合，以好醋和如稀膏，煮三兩沸，日三二上傅之。○治白禿，以屎搗細，羅爲散，先以醋米泔洗了，傅之立差。○救急治蠱，以白鴿毛糞燒灰，以飲和服之。○治消渴飲水不知足，白花鴿一隻，切作小臠，以土蘇煎，含之嚥汁。○治帶下，野鴿糞一兩，炒微焦，麝香別研、吳白术各一分，赤芍藥、青

木香各半兩，柴胡三分，延胡索一兩炒赤色，去薄皮雜物，同爲末，溫無灰酒空心調一錢服，治帶下排膿。候膿盡即止，後服仍以他藥補血臟。　勃鴿：氣暖，無毒。　主治：治瘡疥風瘙，解一切藥毒。調精神方益氣妙劑，白癜瘰瘍風炒熟酒服。驢馬患疥瘡燒末傅良。

明・皇甫嵩《本草發明》卷六　白鴿肉　主解諸藥毒及人馬久患疥。○屎，主馬疥，取之燒黃，擣末，和草飼之。又云：人頭痒生瘡，取屎和醋傅，多食鴿肉，減藥力。

明・李時珍《本草綱目》卷四八禽部・原禽類　鴿宋《嘉祐》

〖釋名〗鵓鴿《食療》　飛奴時珍曰：鴿性淫而易合，故名。鵓者，其聲也。張九齡以鴿傳書，目爲飛奴。梵書名迦布德迦。〖集解〗宗奭曰：鴿之毛色，於禽中品第最多，惟白鴿入藥。凡鳥皆雄乘雌，此獨雌乘雄，故其性最淫。時珍曰：處處人家畜之，亦有野鴿。名品雖多，大要毛羽不過青、白、皂、緑、鵲斑數色。眼目有大小，黃、赤、緑色而已。亦與鳩爲匹偶。

白鴿肉　〖氣味〗鹹，平，無毒。詵曰：暖。　〖主治〗解諸藥毒，及人、馬久患疥，食之立愈《嘉祐》。調精益氣，治惡瘡疥癬，風瘡白癜，瀝瘍風，炒熟酒服。雖益人，食多恐減藥力孟詵。

〖附方〗舊一，新一。　消渴飲水：不知足。用白花鴿一隻，切作小片，以土蘇煎，含咽。《心鏡》。　預解痘毒：每至除夜，以白鴿煮炙飼兒，仍以毛煎湯浴之，則出痘稀少。

血　〖主治〗解諸藥、百蠱毒。時珍。出《事林廣記》。

卵　〖主治〗解瘡毒、痘毒時珍。

〖附方〗新一。　預解痘毒：小兒食之，永不出痘，或出亦稀。用白鴿卵一對，入竹筒封，置厠中，半月取出，以卵白和辰砂三錢，丸緑豆大。每服三十丸，三豆飲下，毒從大小便出也。潛江方。

屎名左盤龍。時珍曰：野鴿者尤良。其屎皆左盤，故《宣明方》謂之左盤龍也。

〖氣味〗辛，溫，微毒。　〖主治〗人、馬疥瘡，炒研傅之。驢、馬，和草飼之《嘉祐》。　消腫及腹中痞塊汪穎。　消瘰癧諸瘡，療破傷風及陰毒垂死者，殺蟲時珍。

〖附方〗舊四，新六。　帶下排膿：宗奭曰：野鴿糞一兩，炒微焦，白术、麝香各一分，赤芍藥、青木香各半兩，延胡索炒赤一兩，柴胡三分，爲末。溫無灰酒空心調服一錢。候膿盡即止，後服補子臟藥。　破傷中風：病傳入裏。用左蟠龍即野鴿糞、江鰾、白殭蠶各炒半錢，雄黃一錢，爲末。蒸餅丸梧子大，每服十五丸，溫酒下，取效。《保命集》。　陰症腹痛：面青甚者。鴿子糞一大抄，研末，極熱酒一鍾，和勻澄清，頓服即愈。劉氏。　冷氣心痛：鴿屎燒存性，酒服一錢，即止。　蠱毒腹痛：白鴿屎燒研，飲和服之。《外臺》。　項上瘰癧：左盤龍，炒研末，飯和丸梧桐子大，每服三五十丸，米飲下。張子和方。　頭痒生瘡：白鴿屎五合，醋煮三沸。杵傅之，日三上。《聖惠》。　頭瘡白禿：鴿糞研末傅之，先以醋、泔洗淨。亦可燒研摻之。同上。　反花瘡毒：初生惡肉如米粒，破之血出，肉隨生反出于外。用鵓鴿屎三兩，炒黃爲末。溫漿水洗，後傅之。《聖惠方》。　鵝掌風：鴿屎白、雄鷄屎，炒研，煎水日洗。

明・梅得春《藥性會元》卷下　白鴿　味鹹，平，無毒。　主解諸藥毒及人馬久患疥。鴿，鳩類也，翔集屋間。人患疥瘡，食之立愈。馬患疥入鬃尾者，取鴿屎炒令黃色，為末，和草飼之愈。又云：鵓鴿：暖，無毒。調精益氣，治惡瘡疥，并風瘙，解一切藥毒。病者食之，能益人，不可與藥並食。及多食減藥力。白癜、瀝瘍風，炒酒服。傅驢馬疥瘡亦可。

明・穆世錫《食物輯要》卷五　鵓鴿　味甘，平，無毒。解一切藥毒，調中益氣，治瘡瘍癜氣。□血，益血解毒。同蔔、酒服，消痞積。卵，解痘毒。未出痘者宜食。

明・李中立《本草原始》卷一〇　鴿　處處人家畜之。毛色品第最多，惟白鴿入藥。凡鳥皆雄乘雌，此獨雌乘雄。其性淫而易合，故名鴿。《食療本草》名鵓鴿。鵓者，其聲也。張九齡以鴿傳書，目為飛奴。宋《嘉祐》。【圖略】

白鴿肉：氣味：鹹，平，無毒。主治：解諸藥毒，及人馬久患疥，食之立愈。調精益氣，治惡瘡疥癬，風瘡白癜瀝瘍風，炒熟酒服。雖益人，食多恐減藥力。　血，解諸藥、百蠱毒。　卵，解瘡痘毒。　屎，辛，溫，微毒。治人、馬疥瘡，炒研傅之。驢馬和草飼之。○消腫及腹中痞塊。○消瘰癧諸瘡。療破傷風及陰毒垂死者，殺蟲。　白鴿肉，每至除夜，煮炙飼兒，仍以毛煎湯浴之，則出痘稀少。　屎，左盤，故《宣明方》名左盤龍。治陰症腹痛，面青甚者，用鴿屎一大抄，研末，極熱酒一鍾，和勻澄清，頓服即愈。

《聖惠方》：治反花瘡初生，惡肉如米粒，破之血出，肉隨生，反出于外，用鴿屎三兩，炒黃為末，溫漿水洗後傅之。

戲術：以細鴿一對，翦去翅養熟，冬月以猛火燒地熱，去火用罩將鴿蓋

住，近罩急敲鑼鼓，則鴿爪熱而跳躍，如此三四次，雖置冷地，聽鑼鼓之聲，亦自跳矣。名曰飛奴交舞。

明・趙南星《上醫本草》卷四　鴿　一曰鵓鴿，一曰飛奴。鴿性淫而易合，故名。鵓者，其聲也。張九齡以鴿傳書，目為飛奴□□□□□。此獨雌乘雄，亦與鳩為匹偶。惟白鴿入藥。　白鴿肉：鹹，平，無毒。主治：調精益氣，解諸藥毒，及人馬久患疥食之立愈。治惡瘡、風癬瘡，白癜、癧瘍風，炒熟酒服。雖益人，食多恐減藥力。

附方　預解痘毒：每至除夜，以白鴿煮炙飼兒，仍以毛煎湯浴之，則出痘希少。又方：用白鴿卵一對，入竹筒，封置廁中，半月取出。以卵白和辰砂三錢，丸菉豆大。令小兒每服三十丸，三豆飲下，毒從大小便出也。永不出痘，或出亦希。

明・繆希雍《本草經疏》卷一九　白鴿　味鹹，平，無毒。肉主辟諸藥毒及人馬久患疥。又云：暖，無毒。調精益氣，治惡瘡疥，并風瘙，白癜，癧瘍風。

〔疏〕白鴿稟水金之氣，故其味鹹，氣平，無毒。腎藏精，腎納氣，肺主皮毛，鹹入腎，故能調精益氣，平則兼辛入肺，故能主惡瘡疥，及白癜癧瘍風。凡毒藥之性多熱，鴿得金水之氣，故又能辟諸藥毒也。　其屎名左盤龍，亦能主人馬疥瘡。　〔主治參互〕《食醫心鏡》治消渴，飲水不知足，用白花鴿，切作小片，以土蘇煎，含之嚥汁。　瀕江方預辟痘毒，用白鴿卵一對，入竹筒封，置廁中，半月取出，以卵白和辰砂三錢，丸菉豆大。每服三十丸，豆子飲送下，毒從大小便出也。　《保命集》破傷中風病傳入裏，用左盤龍，白殭蠶各炒半錢，雄黃一錢，為末，蒸餅丸梧子大。每服十五丸，溫酒下，取效。　《聖惠方》頭痒生瘡，白鴿屎五合，醋煮三沸，杵傅之，日三上。　又方，頭瘡白禿，鴿糞研末，先以醋米泔洗淨，敷之。　〔簡誤〕鴿，本經雖云調精益氣，其用止長於去風解毒，然而未必益人。故孟詵云：食多減藥力。今世勞怯人多畜養，及煮食之，殊未當也。

明・倪朱謨《本草彙言》卷一八　鴿肉　味甘、鹹，氣平，無毒。　李氏曰：鴿，處處人家畜之。有家鴿，亦有野鴿。名品雖多，其毛羽不過青、白、皂、綠、紫、花斑數色。其眼目亦有大、小、黃、赤、綠、花斑等色。凡諸禽，皆雄乘雌，此獨雌乘雄。又與鳩爲匹偶，其性淫而易合，故名。其飛翔可遠數十里，能呼引他處來集者。

鴿肉：孟詵補虛羸，益精氣，《嘉祐》解諸藥毒之藥也。陳月坡曰：諸禽鳥屬火者多，出繆氏方此獨稟金水之氣。其肉柔嫩鮮甘，其味美於諸禽之肉，故賈似道取充庖用以食美女，使之悅顏色，調血氣也。又《嘉祐本草》療久患疥癬，日取一隻，調五味食之，半月立愈。又《瀕江方》預辟痘毒，用白鴿卵一對，入竹筒封置廁中，半月取出，以辰砂三錢研細，和卵白丸綠豆大，每服三十丸，黑豆湯送下，毒從大小便出也。又《嘉祐》方治人馬疥癬及小兒頭瘡。用鴿糞炒，研，醋調敷之。又劉氏方治心氣痛。用鴿糞三錢，炒焦研末，白湯調服立止。又張子和方治項上瘰癧。用鴿糞二兩，炒焦研末，飯丸梧桐子大，每服百丸，米飲下，一月全消。

明・應廖《食治廣要》卷五　鴿即鵓鴿。　氣味：鹹，平，無毒。主解諸藥毒，調精益氣，并諸風瘡癬疥。雖益人，多食恐減藥力。　血：解諸藥百蠱毒。　卵：主解瘡毒、痘毒。

明・姚可成《食物本草》卷一二禽部・原禽類　鴿一名鵓鴿。鴿之毛色，于禽中品第最多，凡鳥皆雄乘雌，此獨雌乘雄，故其性最淫。李時珍曰：處處人家畜之，亦有野鴿。名品雖多，大要毛羽不過青、白、皂、綠、鵲斑數色。眼目有大小，黃、赤、綠色而已。亦與鳩為匹。〇宋時吳中東禪寺僧林酒仙嗜之。一日，烹啖既畢，謂庖者曰：汝何竊食一臠？庖者謂誣。酒仙張口伸頸，見鴿飛出，竟缺一翼。今祀之者，每每用此。

鴿肉：味鹹，平，無毒。治解諸藥毒及人、馬久患疥，食之立愈。調精益氣，治惡疥瘡癬，風瘡白癜，癧瘍風，炒熟酒服。雖益人，食多恐減藥力。　血：解諸藥百蠱毒。　卵：治解瘡毒、痘毒。　屎：味辛，溫，微毒。治人、馬疥瘡，炒研傅之。驢、馬，和草飼之。消腫及腹中痞塊，消瘰癧諸瘡，療破傷風及陰毒垂死者，殺蟲。〇又能療勞瘵，故今患此疾，每每畜之。清晨開籠，以聞其氣，使其病漸除。撒水中可以毒魚。

附方：　治陰症腹痛，面青甚者。鴿子糞一大抄，研末，極熱酒一鍾和勻，澄清頓服，即愈。　治鵝掌風。鴿屎白、雄雞屎炒研，煎水日洗。

明・顧逢柏《分部本草妙用》卷一〇禽部　鴿　鹹，平，無毒。主解諸藥毒，治疥癬，調精。炒熟酒服，白色者可入藥。

明・施永圖《本草醫旨・食物類》卷三　鴿名鵓鴿。惟白鴿入藥。其性最淫。

白鴿肉：味鹹，平，無毒。治：解諸藥毒及人馬久患疥，食之立愈。調

精益氣，治惡瘡疥癬、風瘡白癜、癧瘍風，炒熟服。雖益人，食多恐減藥力。

附方　消渴飲水：不知足，用白花鴿一隻，切作小片，以土蘇煎含咽。　預解痘毒：每至除夜，以白鴿煮炙飼兒，仍以毛煎湯浴之，則出痘稀少。

血：　治：　解諸藥、百蠱毒。　卵：　治：　解瘡毒、痘毒。

附方　預解痘毒：小兒食之，永不出痘，或出亦稀。用白鴿卵一對，入竹筒，封置廁中半月，取出，以卵白和辰砂三錢，丸菉豆大。每服三十丸，三豆飲下，毒從大小便出也。

屎：　名左盤龍。野鴿者尤良。味：　辛，溫，微毒。治：　人馬疥瘡，炒研，敷之。驢、馬和草飼之。消腫及腹中痞塊，消瘰癧、諸瘡，破傷風及陰毒垂死者，殺蟲。

附方　陰症腹痛：面青甚者，鴿子糞一大抄，研末，極熱酒一鍾，和勻，澄清，頓服即愈。　蛔蟲腹痛：白鴿屎燒研，飲和服之。　冷氣心痛：鴿屎燒存性，酒服一錢，即止。　項上瘰癧：左盤龍炒，研末，飲和丸梧桐子大。每服三五十丸，米飲下。　頭痒生瘡：白鴿屎五合，醋煮三沸，杵，傅之，日三上。　頭瘡白禿：鴿糞研末，傅之，先以醋泔洗淨。亦可炒研摻之。　鵝掌風：鴿屎白、雄雞屎炒研，煎水日洗。

清・顧元交《本草彙箋》卷八　鴿附鴨、左盤龍。　鴿性最淫，其用止長於去風解毒，未必益人。且孟詵云：食多減藥力。今世勞怯人多畜養，及煮食之，殊未當也。如鴨，性本寒，若虛勞熱毒，宜用烏嘴白鴨，取金水寒肅之氣。今患虛症者，不問內寒內熱，概以爲補益之物而常食之，亦通俗之誤。

鴿糞名左盤龍，外科藥用之。

清・穆石匏《本草洞詮》卷一四　鴿　鴿性淫而易合。凡鳥皆雄乘雌，此獨雌乘雄也。肉鹹，平，無毒。主調精益氣，解藥毒，治惡瘡疥癬，白癜癧瘍風。人馬久患疥，食之立愈。多食雖益人，但減藥力也。

清・丁其譽《壽世秘典》卷四　鴿鴿之毛色于禽中品第最多，惟白鴿入藥。凡鳥皆雄乘雌，此獨雌乘雄，故其性最淫。　氣味：　鹹，溫，無毒。　主調精益氣，治惡瘡、疥癬、風瘡、白癜、癧瘍風。炒熟酒服，解諸藥毒。食多，恐減藥力。

血：　解諸藥、百蠱毒。　卵：　解瘡毒、痘毒。

清・劉雲密《本草述》卷三〇　白鴿鴿惟白者入藥。　肉：　氣味：　鹹，平，無毒。　主治：　解諸藥毒。　希雍曰：　凡毒藥之性多熱，鴿得金水之氣，故能解藥毒，而《本草》首及之。　卵：　主治：　解瘡毒、痘毒。

附方　預解痘毒，小兒食之，永不出痘，或出亦稀。用白鴿卵一對，入竹筒封置厠中半月取出，以卵白和辰砂三錢，丸綠豆大，每服三十丸，三豆飲下，毒從大小便出也。

屎名左盤龍。　時珍曰：　野鴿者尤良。　其屎皆左盤，故《宣明方》謂之左盤龍也。　氣味：　辛，温，無毒。

附方破傷中風，病傳入裏，用左盤龍即野鴿糞、江鰾、白殭蠶，各炒半錢，雄黃一錢，為末，蒸餅丸梧子大，每服十五丸，温酒下，取效。　陰證腹痛，面青甚者，鴿子糞一大抄，研末，極熱酒一鍾，和勻，澄清，頓服即愈。　反花瘡毒初生，惡肉如米粒，破之血出，肉隨生反出於外，用鵓鴿糞三兩，炒黃為末，温漿水洗後傅之。

愚按：　鴿肉鹹平，而其糞又得辛温，方書多用之治破傷風，其治乃風之入裏者也，是其所鬱之風已化熱而傷陰，非可以表散，所謂宜下之證也。唯是物為鹹平之辛温轉化而出者，從陰中化陽，可以導其邪而出之，故能幾其奏功也歟。用是物每同江鰾，蓋鰾出水中，是亦陰中之陽也。

清・朱本中《飲食須知・禽類》　鵓鴿肉　味甘、醎，性平。食多減一切藥力，其血解百藥蠱毒。不可與麞肉同食。

清・何其言《養生食鑒》卷下　鵓鴿人家畜之，亦有野鴿。名品雖多，毛羽不過青、白、皂、綠、鵲斑數色，白者良。　味甘、鹹，性平、暖，無毒。調精益氣，解一切藥毒，食之益人。若服藥人食之，藥力減少，無效。又治惡瘡疥癬，風瘙白癩、癧瘍風，炒熟，酒服之，良。　血：　益血解毒。同薑、酒服，消痞積。卵：　解瘡毒。小兒未出痘者，宜之。

清・李熙和《醫經允中》卷二三　鴿　鹹，平，無毒。主解諸藥毒。炒熟酒服，補精益氣。

清・馮兆張《馮氏錦囊秘錄・雜症痘疹藥性主治合參》卷一〇　鴿味鹹，氣平。稟水金之氣，入腎入肺，為調精益氣之需。兼肺主皮毛，甘寒能解諸毒，所以又主皮膚惡瘡，及白癜癧瘍風，并辟諸藥毒也。其卵能預解痘毒，使毒從二便而出。其屎名左盤龍，亦主人馬疥瘡，醋調敷白禿更效。　鴿肉，入腎、肺二經。能調精益氣，解諸般藥毒，除久患疥瘡。

清・张璐《本經逢原》卷四　鴿　鹹，平，無毒。　發明：　鴿之品類頗多，惟白者入藥。能解諸藥毒，久患虛羸者食之有益，調精益氣，治惡瘡疥癬，風瘡白癜風，瘰癧瘍風，煮熟酒服，無不宜之。鴿卵能稀痘，其矢氣臭之

能殺瘵蟲，虛勞家咸多畜之。

清・汪啟賢等《食物須知・諸葷饌》 白鴿肉 味鹹，氣平，無毒。鴿係鳩類，翔集屋間。毛色品第最多，雌雄相配不混。人家畜，孳育極繁。欲肉充庖，以水浸死。解諸般藥毒，除久患疥瘡。屎，收曝乾，炒黃，搗末，治驢馬患疥。不已，和草飼之。

清・浦士貞《夕庵讀本草快編》卷六 鴿宋《嘉祐》、鵓鴿 鴿性淫而易合。鵓其聲也。張九齡以其能傳書，號曰飛奴。鵓鴿以白者為勝，鹹平而暖，解諸毒之品也。故能調精益氣，止消渴而解痘毒，惡瘡疥癬，瘰癧瘍瘋，無不並効。久食之人，投藥少効，足見解毒之甚也。其屎左盤，《宣明方》謂之左盤龍。性辛溫有微毒，救陰症腹痛垂死者，消腹中痞塊腫脹皆効。驢馬有毒並能療之。古人云凡生癆怯者，宜清晨開鴿棚以吸其氣，則瘵蟲自化，可心悟矣！

清・葉盛《古今治驗食物單方》 鴿屎名左盤龍 預解痘毒，每至除夕夜，以白鴿煮炙，飼兒食之，以毛煎湯浴之，則出痘稀少。 破傷風傳入裏，鴿屎、江鰾、殭蠶各炒五分，雄黃一錢為末，蒸餅丸桐子大，每服十五丸，溫酒下，取效。 項上瘰癧，左盤龍炒，研末，飯和丸桐子大，每服三五十丸，米飲下。 頭上白禿，鴿糞研末敷之。 鵝掌風，鴿屎、白雄鷄屎，炒研，煎水，日日洗之。

清・吳儀洛《本草從新》卷六 鴿一名鵓鴿。 鹹，平。解諸藥毒及人馬久患疥。治惡瘡風癬，白癜癧瘍風。唯白色者入藥。凡鳥皆雄乘雌，鴿獨雌乘雄，故其性最淫。卵，解瘡毒痘毒。屎，名左盤龍。時珍曰：野鴿者尤良，其屎皆左盤，故《宣明方》云然。消腹中痞塊，瘰癧諸瘡，療破傷風及陰毒垂死者。人馬疥瘡，炒研敷之。驢馬和草飼之，消腫殺蟲。

清・汪紱《醫林纂要探源》卷三 鴿 甘，鹹，平。毛色不一。平陰陽，和氣血，補心血，解百藥毒。服藥者忌。若食此則藥不效。順肺氣，令人不噎。其飼子皆己食入腹，乃復吐出哺之。鳩類亦然。故皆能不噎，順肺氣，且和胃氣也。煖腎益精。鹹瀉腎，而甘則能補。其性好合，他鳥惟雄乘雌，此則雌雄迭相乘，雖有定匹，失偶亦改匹，故食此頗令人強陽好色。鳩聚陽氣。鳩鴿發聲在喉，陽氣聚於內也。能溫中而去寒。〇其美在血，用時惟以兩指擒閉口鼻而不割，留其血，使氣聚於中，然氣閉而斃，食此過多，亦恐氣壅。 卵： 甘，鹹，平。小兒食此，可稀痘毒。亦能補心，去瘀血，生新血，兼解伏毒。 屎： 苦，鹹，平。雄者左旋，故名左盤龍。雌者不用。下氣破積，攻蠱去瘀。

清・嚴潔等《得配本草》卷九 白鵓鴿卵、屎 鹹，平。調精益氣。患惡瘡、疥癬、風瘡、白癜、癧瘍，服之立愈。解諸藥毒。 卵： 小兒食之，預解痘毒。 屎： 名左盤龍。辛，溫，微毒。可敷諸瘡風毒。

題清・徐大椿《藥性切用》卷八 鴿 一名鵓鴿，野者為鵓，家者為鴿。性味鹹平，益精調氣，解諸藥毒，虛損人食之有益。兼治惡瘡頑癬。白者入藥。鴿卵，稀痘解毒。屎名左盤龍，臭之殺瘵蟲，酒服消積塊，虛勞家宜蓄之。人馬瘡疥，炒研敷之。

清・黃宮繡《本草求真》卷一 鴿肉補精益氣，兼除瘡疥。 鴿肉耑入肺腎。味鹹氣平，性稟金水，故能入腎入肺，為久患虛羸要藥。凡人肺腎受傷，多緣精虧氣弱，精愈損者，則氣益祛，氣愈祛者，則精益虛。精無氣不行，氣無精不附。服此味鹹溫平，則精既見其有補，而氣益見其有益也，此為甘平溫鹹之品，其性不涼不燥，故於治虛之外，更能兼理瘡疥嘉祐。凡一切皮膚惡瘡，及癜風、瘰癧瘍風等症，煮熟酒服，無不咸宜，并辟諸般藥毒，誠虛癆患疥之良劑，補精與氣之要藥也。但鴿形色甚多，時珍曰：鴿性淫而易合，故名。惟白者最良，卵能預解痘毒。用白鴿卵一對，入竹筒封置廁中半月，以卵和辰砂三錢，丸菉豆大，每服三十丸，三豆飲下。毒從大小便出也。屎亦能殺瘵蟲，虛癆家咸多畜之。

清・李文培《食物小錄》卷下 鴿 白鴿肉，鹹，平，溫，無毒。調中益氣，解諸藥毒。及人馬久患疥，食之立愈。 卵，解瘡毒、痘毒，益心腎。

清・羅國綱《羅氏會約醫鏡》卷一八禽獸部 鴿味鹹，氣平，入腎肺二經。調精益氣。治白癜瘡疥，解諸般藥毒。其卵能預解痘毒，從二便而出。其屎名左盤龍，醋調，敷白禿效。

清・章穆《調疾飲食辯》卷五 鴿 《綱目》曰：張九齡以鴿傳書，名曰飛奴。人家畜之，亦有野鴿。毛羽有青、白、皂、綠、斑駁諸色，眼目有大、小、黃、赤、綠數等。性能暖腎益精，調中補氣血。又能解毒，治惡瘡癬疥。性熱之物，豈能解毒，大悞。血，熱飲解百藥及諸蠱毒。此則或然，血乃陰液也。卵，解痘毒。尤不可信，凡卵皆生膿發毒。然性偏補陽，脾腎有火，及痘瘡血熱者，切忌。屎，名左盤龍，治陰毒腹痛，服薑、附不效者，炒黃，熱酒泡服，頗佳。

清・吳鋼《類經證治本草・經外藥類》 鴿 【略】誠齋曰： 此鳥雌乘雄，性最淫，婦人食之，慾不可遏。惟子最良，補虛損。雜色者多，以白者佳。

清・楊時泰《本草述鉤元》卷三〇　白鴿入藥惟白者。　肉：　氣味鹹平。解諸藥毒。毒藥性熱，得金水之氣，故解。　鴿卵：　解瘡毒、痘毒。預解痘毒方：　用白鴿卵一對，入竹筒封置廁中，半月取出，以卵白、辰砂三錢丸綠豆大，每服三十丸，三豆飲下，毒從大小便出，永不發痘，即出亦稀。　左盤龍：　即鴿屎，野鴿者尤良。味辛溫。附方：　陰證腹痛面青甚者，鴿糞一合炒研末，極熱酒一鍾和勻澄清，頓服即愈。反花瘡毒，初生惡肉如米粒，破之血出，肉隨生反出於外。用鵓鴿糞三兩炒黃為末，溫湯洗後，傅之。破傷中風病傳入裏，用野鴿糞、江鰾、白僵蠶，各炒半錢，雄黃一錢，為末，蒸餅丸梧子大，每服十五丸，溫酒下，取效。

論：　鴿肉鹹平，其糞乃辛溫，方書用治療破傷風入裏之證，蓋其所鬱之風，已化熱而傷陰，非可表散，止宜下之。是物為鹹平之辛溫轉化而出，能從陰中化導陽邪，其用每同江鰾者，以鰾出水中，亦陰中之陽也。

清・葉桂《本草再新》卷九　鴿味鹹，性寒，有微毒。入肝、腎二經。　治肝風肝火，滋腎益陰，療惡瘡風癬，白癜瘍風。

清・趙其光《本草求原》卷一九禽部　白鴿即鵓鴿。白者良。　鹹，平，無毒。得金水之精，滋腎陰，平肝風火，調精，清肺氣，解諸熱藥毒。益虛羸，治惡瘡、疥癬、風瘡、白癜、瘰癧、煮熟酒服。痘毒。煮食，仍以毛煎洗。止渴。煎湯咽。　血：　解藥蠱毒。　卵：　能稀痘。入竹筒封置廁中，半月取白和辰砂為丸食。

屎：　名左盤龍。野鴿尤良。辛，溫，無毒。由鹹平轉化辛溫，從陰化陽，凡風鬱化熱傷陰者，宜下不宜散。可導而出之。治破傷中風傳裏，同江鰾、薑、蠶砂，入雄黃為丸，酒下。陰毒腹痛，冷氣心痛。炒研酒和，澄清飲。蟲腹痛、瘰癧、炒研，飯為丸，米飲下。疥瘡、頭瘡、白禿、醋煮敷。反花瘡初如米粒，破之血出，肉又生反出。炒研，溫水洗敷之。消腫、消痞、殺勞蟲。炒嗅之。

清・文晟《新編六書》卷六《藥性摘錄》　鴿　甘鹹，性平，暖。調精益氣，解藥毒。服藥人食之，藥力減助。〇血，益血解毒。同薑酒服，消痞積。餘詳藥部平補。

鴿肉　鹹，平。耑入肺腎，補精益氣。治虛癆，兼治瘡疥瘰癧，癜風腸風等症。白者良。〇卵，能預解痘毒。〇屎，能殺瘵蟲，虛癆家多畜之。

清・王孟英《隨息居飲食譜・毛羽類》　鴿　甘，平。清熱解毒，愈瘡，止渴，息風。孕婦忌食。卵能稀痘，食品珍之。

清・劉善述、劉士季《草木便方》卷二人禽獸部　鴿子　鴿味鹹平解藥毒，疥癬風瘡瘰癧服。屎治潰瘍破傷風，陰毒垂死腹痛速。冷氣心痛消痞塊，疥瘡白禿掌風塗。

清・田綿淮《本草省常・禽獸類》　鴿　一名鵓鴿，一名飛奴。性平。解諸藥毒，益氣補精，愈惡瘡及癬疥。色白者良。

清・陳其瑞《本草撮要》卷八　鴿　味鹹，平，入手足太陽經。功專解諸藥毒，治惡瘡風癬白癜癧瘍風，唯色白者入藥。卵解瘡毒痘毒。屎名左盤龍，消腹中痞塊瘰癧諸瘡，療破傷風及陰毒垂死者。人馬疥瘡炒研敷之，驢馬和草飼之。消腫殺蟲，頭瘡白禿，鴿糞研末敷之，先以醋泔洗淨。

清・吳汝紀《每日食物却病考》卷下　鵓鴿　味甘、鹹，暖，無毒。解諸藥毒，調精益氣。治惡瘡疥、風癬等疾，炒熟，酒食之。品色雖多，白者為良。雖甚益人，食多恐減藥力。凡鳥皆雄乘雌，此獨雌乘雄，故其性最淫。

白頭翁

清・汪紱《醫林纂要探源》卷三　白頭翁　治熱勞，止吐衄。似脊鴒而稍大，毛黑長尾，有白文間之，頭頂一片白毛，故名。飛常循山谷深坑中，得澗谷之陰精，故能去邪熱。

斑鳩

附：　日・丹波康賴《醫心方》卷三〇　鳩　崔禹〔錫〕云：　味苦、鹹，平，無毒。主續絕傷，補中，堅筋骨。益氣力，好令趨走。妊〔身〕〔娠〕婦人尤不可食，其子門肥，充於產難故也。古人云：　是鳥，為不噎之鳥，故老人杖頭作鳩像，療噎之吒。

宋・唐慎微《證類本草》卷一九禽部〔宋・掌禹錫《嘉祐本草》〕　斑鷦　味甘，平，無毒。主明目。多食其肉，益氣，助陰陽，一名斑鳩。《范方》有斑鷦丸。是處有之。春分則化爲黃褐侯，秋分則化爲斑鷦。又有青鷦，平，無毒。安五藏，助氣虛損，排膿，治血，并一切瘡癧癰瘻，又名黃褐侯鳥新補。

宋・寇宗奭《本草衍義》卷一六　斑鷦　斑鳩也。嘗養之數年，并不見春秋分化。有有斑者，有無斑者，有灰色者，有小者，有大者。久病虛損，人食之補氣。雖有此數色，其用即一也。

宋・鄭樵《通志》卷七六《昆蟲草木略》　隹　《爾雅》謂之鳺鴀，亦曰祝

鳩，今所謂鶉鳩也。謹愿之鳥。凡鳥之短尾者皆謂之隹，惟夫不專名焉，故指隹為鳺鴀也。鳺，方扶反。鴀，方浮反。

宋·劉明之《圖經本草藥性總論》卷下　班鳩　味甘，平，無毒。主明目。多食其肉，益氣助陰陽。

宋·張杲《醫說》卷六　中斑鳩毒　浙人王夫人忽日面上生黑斑數點，日久滿面俱黑，遍求醫，治不效，忽遇一草澤醫云夫人中食毒爾，某治之一月平復。後覓其方，止用生薑一斤，切碎，研汁，將滓焙乾，却用薑汁煮糊元。問其故，云：夫人日食斑鳩，蓋此物日嘗食半夏苗，是以中其毒，故用薑以解之《名醫録》。

宋·陳衍《寶慶本草折衷》卷一六　斑鵻　一名斑鳩，一名錦鳩。見《局方》。○《蘇沈方》用者名貍鳩，一名花鳩。○歐黃詩云：一名勃姑。○俗號勃鳩。○舊云此鳥春秋分即化者。寇氏謂並不見其化也。生是處有之。

味甘，平，無毒。○主明目益氣，助陰陽。○寇氏曰：斑鵻有有斑者，有無斑者，有灰色者，有小者，有大者。久病虛損人，食之補氣。雖有數色，其用即一也。

元·忽思慧《飲膳正要》卷三　鳩　肉，味甘，平，無毒。安五藏，益氣明目，療癰腫，排膿血。

元·尚從善《本草元命苞》卷七　斑鳩　味甘，平，無毒。助陰陽益氣。春分化為黃褐侯，秋分化為斑鵻鳥。又有青鵻，性平，無毒。安五臟，助氣，補虛損勞傷。療瘡癤癰瘻，善治血排膿。

元·吴瑞《日用本草》卷四　斑鵻　有二種，灰褐色，或項生斑點，名斑鵻，又名錦鳩，總名鳩。子春分後化為黃褐鳩，秋分後則化為斑鵻、青鳩。味甘，平，無毒。　主安五臟，補虛，益陰陽，一切瘡癤癰瘻。有斑者，能明目。久病虛損人食之，補氣。

明·滕弘《神農本經會通》卷九　斑鵻　一名斑鳩。　味甘，氣平，無毒。　《本經》云：主明目。多食其肉，益氣助陰陽，《范方》有斑鵻丸。是處有之，春分則化為黃褐侯，秋分則化為斑鵻。又有青鵻，氣平，無毒。安五藏，助氣，虛損，排膿，治血，并一切瘡癤癰瘻。又名黃褐侯鳥。《衍義》云：久病虛損人，食之補氣。有有斑無斑，大小數色，其用即一也。

明·劉文泰《本草品彙精要》卷二八　斑鵻無毒。附青鵻。　卵生。

斑鵻：主明目，多食其肉，益氣，助陰陽。○又有青鵻，平，無毒。安五臟，助氣虛損，排膿，治血，並一切瘡癤癰瘻。名醫所錄。　〔名〕斑鳩、布穀、黃褐侯鳥。　〔地〕《圖經》曰：處處有之，春分則化爲黃褐，侯，秋分則化爲斑鵻。《衍義》曰：斑鵻，即斑鳩也。其性拙，不能爲巢。《詩》云：維鵲有巢，維鳩居之。正謂此也。然有斑者，有無斑者，有灰色者，有小者，有大者，雖有此數色，其用則一也。《經》云：能化，人嘗養之數年，並不見其春秋分化也。　〔時〕生：春夏生。採：無時。　〔用〕肉。　〔色〕灰紫。　〔味〕甘。　〔性〕平，緩。　〔氣〕氣厚于味，陽中之陰。　〔臭〕腥。　〔治〕補：《衍義》曰：久病虛損人食之，補氣。

明·盧和、汪穎《食物本草》卷三禽類　鳩　味甘，氣平，無毒。主明目，補氣，助陰陽。有有班者、有無班者、大者、小者之不一，其用一也。《詩》名鵻，又睢。鳩，水鳥也。

明·寧源《食鑒本草》卷上　斑鳩　味甘，平，無毒。主明目，益氣，助陰陽。

明·王文潔《太乙仙製本草藥性大全》卷七《本草精義》　斑鵻　一名斑鳩。今是處山林深塢俱有之。范氏有斑鵻丸。人家嘗養之數年，並不見春秋分化。有有斑者，有無斑者，有灰色者，有小者，有大者。久病虛損人食之補氣。雖有此數色，其用即一也。

明·王文潔《太乙仙製本草藥性大全》卷七《仙製藥性》　斑鵻　味甘，氣平，無毒。　主治：斑鵻，主明目，益氣而助陰陽。青鵻，安五臟，助氣而補虛損。能排膿散血，治癰瘻癤瘡。

明·李時珍《本草綱目》卷四九禽部·林禽類　斑鳩宋《嘉祐》

〔釋名〕斑隹音錐。　錦鳩《范汪方》　鵓鳩《左傳注》　祝鳩時珍曰：鳩也，鵓也，其聲也。斑也，錦也，其色也。隹者，尾短之名也。古者庖人以尸祝登尊俎，謂之祝鳩。此皆鳩之大而有斑者。其小而無斑者，曰隹，曰鵻音葵，曰荆鳩，曰楚鳩也。鳩之子曰鶉鳩，曰役鳩，曰糠鳩，曰郎皋，曰辟皋。揚雄《方言》混列諸鳩，不足據。　〔集解〕禹錫曰：斑鳩是處有之。春分化爲黃褐侯，秋分化爲斑鵻。黃褐侯，青鵻也。宗奭曰：斑鳩有有斑者，有無斑者，有灰色者，有大者，有小者。雖有此數色，其用則一也。嘗養之數年，並不見春秋分變化。時珍曰：鳴鳩能化鷹，而斑鳩化黃褐侯之説，則不知所出處也。今鳩小而灰色，及大而斑如梨花點者，並不善鳴。惟項下斑如真珠者，聲大能鳴，可以作媒引鳩，入藥尤良。鳩

性慤孝，而拙於爲巢，纔架數莖，往往墮卵。天將雨即逐其雌，霽則呼而反之。故曰鶻巧而危，鳩拙而安。或云雄呼晴，雌呼雨。

鳩肉 〔氣味〕甘，平，無毒。〔主治〕明目。多食，益氣，助陰陽《嘉祐》。久病虚損人食之，補氣宗奭。食之，令人不噎時珍。

〔發明〕時珍曰：《范汪方》治目有斑鶻丸，《總録》治目有錦鳩丸，倪惟德氏謂斑鳩補腎，故能明目。竊謂鳩能益氣，則能明目矣，不獨補腎已爾。古者仲春羅氏獻鳩以養國老，仲秋授年老者以鳩杖，云鳩性不噎，食之且復助氣也。

血 〔主治〕熱飲，解蠱毒，良時珍。

屎 〔主治〕治聤耳出膿疼痛，及耳中生耵聹，同夜明沙末等分，吹之時珍。

明・梅得春《藥性會元》卷下 鳩 一名斑鶻。味甘，平，無毒。主明目。多食其肉，益氣，助陰陽。春分化為黄褐侯，秋分化班鳩。

明・穆世錫《食物輯要》卷五 斑鳩 味甘，平，無毒。明目益氣。常食，令人不噎。治虚損，久病胃弱者。血，熱服，解蠱毒。

明・應鏖《食治廣要》卷五 斑鳩 氣味：甘，平，無毒。主治：明目，治噎。多食益氣助陰陽。久病虚損人食之補氣。敕山老人謂：斑鳩補腎，故能明目。竊謂鳩能益氣，則能明目矣。不獨補腎已爾。古者，仲春羅氏獻鳩以養國老。仲秋授年老者以鳩杖，云鳩性不噎，食之且復助氣也。

明・姚可成《食物本草》卷一二禽部・林禽類 斑鳩是處有之。小而灰色及大而斑如梨花點者，並不善鳴。惟項下斑如真珠者，聲大能鳴，可以作媒引鳩。性能慤孝而拙于為巢，纔架數莖，往往墮卵。天將雨，即連聲鵓果果，故世相傳為鳩喚雨。

斑鳩肉： 味甘，平，無毒。令人明目。多〔食，益氣，助陰陽。久〕病虚損人食之，補益。食之，令人不噎。今老人杖節刻鳩，謂之鳩杖，取鳩性不噎，食之且復助氣也。 血： 熱飲，解蠱毒良。 屎： 治聤耳出膿疼痛及耳中生耵聹，同夜明砂末等分，吹之。

明・顧逢柏《分部本草妙用》卷一〇禽部 班鳩 甘，平，無毒。主治： 明目。多食益助陰陽，久病虚損食之，補氣，令人不噎。 倪惟賢為鳩補腎，故明目。 鳩性不噎，食之故亦如是復助氣也。 屎治聤耳出膿及耳中耵聹，同夜明沙等分吹之。

明・施永圖《本草醫旨・食物類》卷三 斑鳩春分化為黄褐侯，秋分化為斑鶻。天將雨即逐其雌，霽則呼而反之。 肉： 味甘，平，無毒。治： 明目。多食，益氣，助陰陽。久病虚損人，食之補氣。食之令人不噎。 血： 治： 熱飲，解蠱毒良。 屎： 治聤耳出膿疼痛及耳中生耵聹，同夜明沙末等分，吹之。

清・穆石匏《本草洞詮》卷一四 斑鳩 鳩性慤孝，而拙於為巢，纔架數莖，往往墮卵，天將雨即逐其雌，霽則呼而反之，故曰鶻巧而危，鳩拙而安。或曰雄呼晴，雌呼雨。 肉甘，平，無毒。多食益氣，助陰陽。《范汪方》治目有斑鳩丸，《總錄》治目有錦鳩丸。 倪性賢謂斑鳩補腎，故明目。 竊謂鳩益氣，則能明目矣。 古者羅氏獻鳩以養國老，授年老者以鳩杖。 鳩性不噎，能益氣也。

清・郭章宜《本草匯》卷一七 斑鳩 甘，平。明眼目，助陰陽。益精氣，補虚損。

按： 斑鳩，即鵓鳩也。最能補腎助氣，故古方治目，有斑鳩丸、錦鳩丸，皆取其明目，而不獨補腎已也。

清・何其言《養生食鑒》卷下 班鳩即鵓鳩，有有班者，有無班者，有灰色者，有大者，有小者，雖有此數色，其用則一也。 味甘，性平，無毒。明目益氣，助陰陽，食之令人不噎。虚損久病，胃弱者食之，最補。 血： 熱飲，解蠱毒良。

清・李熙和《醫經允中》卷二三 班鳩 甘，平，無毒。主明目，多食益陰陽，久病食之補氣，令人不噎。屎治聤耳出膿，耳中耵聹同夜明沙吹之。

清・张璐《本經逢原》卷四 斑鳩 甘，平，無毒。 發明： 斑鳩補腎，故能明目，治虚損益氣，食之令人不噎。目科斑鳩丸、錦鳩丸用之，取氣血為引導，以助補腎明目之功也。

清・浦士貞《夕庵讀本草快編》卷六 斑鳩《嘉祐》、錦鳩、鵓鳩、斑鶻 鵓也鳩也，其聲也； 斑也錦也，其色也； 鶻言其尾短也。《月令》云： 仲春鷹化為鳩。 穀雨後五日鳴，鳩拂其羽。《詩》云： 翩翩者鵻。 謂其謹慤孝順也。 舜耕於歷山，感其母子飛鳴而作歌。 鳩性拙於為巢，纔架數莖，往往墮卵，天將雨則逐其雌，霽則呼而反之，故曰鶻巧而危，鳩拙而安也。 鳩性甘溫，多食更佳。 助陰陽、益氣力，補腎補虚，明目還光之藥也。 故《范汪方》治目有斑鶻丸，《總錄》有錦鳩丸，倪微德亦稱之尚矣，瀕湖用其治噎，何耶？ 按《周禮》仲春，羅氏獻鳩以養國老； 仲秋，授年老以鳩杖。 取其鳩性不噎，

且復助氣也。

清・吴儀洛《本草從新》卷六　斑鳩〔補氣。〕以下林禽類。　甘，平。益氣，助陰陽，明目愈噎。《范汪方》〔《范汪《東陽方》。〕治目有斑鳩丸，《總錄》治目有錦鳩丸。倪惟賢氏謂斑鳩補腎，故能明目。竊謂鳩能益氣則能明目，不獨補腎已爾。　性慤孝而拙於為巢。

清・汪紱《醫林纂要探源》卷三　鵓鳩　甘，鹹，平。其鳴姑惡姑者，居近人家，春而多聲，一名隹。隹，音追。一名夫不。不，音浮。一名鳴鳩，一名祝鳩。大小似鴿，而色青，微赤灰色。功用略同鴿。海外有白鳩，功用亦同。

清・嚴潔等《得配本草》卷九　斑鳩　甘，平。入足少陰經。助陰益陽，明目止噎。

題清・徐大椿《藥性切用》卷八　班鳩　形小者為鴿鴣，即俗呼八哥，能學人語。性味平甘，助陰益氣，治噎明目。斑鳩血熱飲，解蠱毒。

清・黃宮繡《本草求真》卷九　斑鳩溫補腎肺。　斑鳩耑入肺腎。雖屬野味，然味甘性平。治能補腎明目，補肺益氣，與於家鴿氣味治功恍惚相似。是以范汪治目則有斑鳩丸，《總錄》治目則有錦鳩丸，惟賢則謂斑鳩明目，是即補腎。腎補而目始明。時珍又謂斑鳩因於益氣，故能目明，不獨補腎已也。又云：古者仲春羅氏獻鳩以養國老，仲秋授老者以鳩杖，云鳩性不噎，食之且復助氣，則知鳩之明目，是即補腎補氣之治驗矣。鳩血熱飲，可以解毒。屎同夜明砂等分為末，以吹聤耳出膿疼痛諸疾。

清・李文培《食物小錄》卷下　斑鳩　甘，平，無毒。明目。多食益氣，助陰陽。久病虛損人，食之補氣，令人不噎。

清・章穆《調疾飲食辯》卷五　斑〔鳩〕　有二種：一種有斑者名斑鳩，尾短，故又名斑隹。音追，鳥尾禿為隹。《范汪方》作錦鳩。《爾雅》曰：隹其鳺鴀。郭注曰：鵓鳩。一種無斑者為鵓鳩，又名鶔。《綱目》曰：又名荊鳩、楚鳩、役鳩、糠鳩，又名郎皋、辟皋。《爾雅》曰：鶌鳩，鶻鵃。掌禹錫曰：春分化為黃褐侯，鳥名，似斑鳩，毛綠色。秋復為斑隹。誤也，此鳥不能變化。春暮將雛，雌雄拍翅作聲相誘，故《月令》：季春鳴鳩拂其羽。性慤而孝，能反哺，有定匹，必雙棲並宿。天將雨，則雄逐其雌，霽則呼而反之。拙於為巢，僅架數莖，往往墮卵。警於避禍，巢幽篁密樹，人偶見之，即啣其子或卵而去。其食不噎，故古禮羅氏獻鳩以養國老，仲秋授年老者以鳩杖。王右丞詩曰：鳩形將刻杖，龜殼用支牀。示祝老人健飯之意。故名祝鳩，一名鶻鳩。《左傳》：昭十七年，郯子來朝，昭子問焉，曰：我先祖少皞氏以鳥紀官，祝鳩司徒，鴡鳩司馬，鳲鳩司空，爽鳩司寇，鶻鳩司士，五鳩以鳩民聚民。可見鳩有多種。注家以爽鳩、鶻鳩為鷹鶻。《嘉祐本草》曰：食之明目，益氣助陰陽。恐此鳥在處所產不多，用為補益，必非一二枚所能，枉傷物命而已。《周禮》一書，至未可信也，宜存。又有一種，黑色，似鸜鵒而小，亦名鳩。《月令》：仲春鷹化為鳩，晴霽則無聲，陰晦則鳴，曰滴流流，雨必立至，詩賦中所謂鳩喚雨者是也。明人之譏萬安曰春來風雨尋常事，莫把天恩作己恩，咏鳩句也，非斑鳩、鵓鳩之同類也。

清・趙其光《本草求原》卷一九禽部　斑鳩　甘補脾益氣，平益肺明目，金能鑒物，取氣血物為引導也。食之令人不噎，氣充故也。血，熱飲解蠱。

清・文晟《新編六書》卷六《藥性摘錄》　班鳩　甘，平。補腎明目，補肺益氣，助陰陽，令人不噎。虛損久病，胃弱人最宜。○血，熱飲，解蠱毒。

清・王孟英《隨息居飲食譜・毛羽類》　斑鳩　甘，平。養老和中，令人不噎。

清・戴葆元《本草綱目易知錄》卷五　斑鳩鵓鳩　肉，甘，平。明目，多食益氣，助陰陽。久病虛損人食之，補氣。其性不噎，病人宜常食之。

清・陳其瑞《本草撮要》卷八　斑鳩　味甘，平，入手太陰、足少陰經。功專益氣，助陰陽，明目愈噎。血熱飲治蠱。

清・吴汝紀《每日食物却病考》卷下　鳩附布穀。　俗名斑鳩。然有斑者，有無斑者，大小不一，其用一也。有斑如真珠，聲大善鳴者尤良。味甘，平，無毒。主明目益氣，助陰陽。久病人食之最補益。又一種布穀，亦謂之鳩，乃《詩》所稱鳲鳩。當布穀種時即鳴，非此之類。俗因其聲，云阿公阿婆割麥插禾者是也。

黃褐侯

宋・唐慎微《證類本草》卷一九禽部〔唐・陳藏器《本草拾遺》〕　黃褐侯　味甘，平，無毒。主蟻瘻惡瘡。五味淹炙食之，極美。如鳩，作綠褐色，聲如小兒吹竽。

宋・陳衍《寶慶本草折衷》卷一六　新分青鵃戶遊切。　一名褐侯鳥。○舊云春秋分則化者，寇氏謂並不見其化也。○所出與斑鵃同。

平，無毒。○安五藏，助氣虚損，排膿，治血並瘡癤癰瘻。自前條分。

元・吴瑞《日用本草》卷四　青鳩　春分後鳩子化成，名黄褐侯，緑色紫羽，聲如小兒吹竽。好食桑椹、半夏苗。　味甘，平，極肥美。　主安五臟，助氣，補損排膿，並瘡癤。久病食之補虚。

明・盧和、汪穎《食物本草》卷三禽類　黄褐侯　鳩類，主蟻瘻惡瘡，安五臟，助氣虚損，排膿血并一切癰癤。五味醃炙，食之極甘美。一種青鳩，同用。

明・李時珍《本草綱目》卷四九禽部・林禽類　青鵻音錐。《拾遺》。

〔釋名〕黄褐侯《拾遺》　〔集解〕藏器曰：黄褐侯，狀如鳩而緑褐色，聲如小兒吹竽。時珍曰：鳩有白鳩、緑鳩。今夏月出一種糠鳩，微帶紅色，小而成群，掌禹錫所謂黄褐侯秋化斑隹，恐即此也。好食桑椹及半夏苗。昔有人食之過多，患喉痹，醫用生薑解之愈。

肉　〔氣味〕甘，平，無毒。　〔主治〕蟻瘻惡瘡。五味淹炙食之，極美藏器。安五臟，助氣補虚損，排膿活血，并一切瘡癤癰瘻《嘉祐》。

明・穆世錫《食物輯要》卷五　黄褐侯　味甘，平，無毒。安五臟，補虚乏，排膿活血。多食，發喉痹，嗽生薑可解。即青鵻。

明・應廩《食治廣要》卷五　青鵻音錐。《釋名》：黄褐侯。　氣味：甘，平，無毒。主治：蟻瘻惡瘡，安五藏，助氣，補虚損。五味醃炙，食之極美。李時珍曰：鳩有白鳩、緑鳩。今夏月出一種糠鳩，微帶紅色，小而成群。掌禹錫所謂黄褐侯秋化斑鳩，恐即此也。好食桑椹及半夏苗。昔有人食之過多，患喉痺，醫以生薑解之愈。

明・姚可成《食物本草》卷一二禽部・林禽類　青鵻音錐。一名黄褐侯。狀如鳩而緑褐色，聲如小兒吹竽。○李時珍曰：鳩有白鳩、緑鳩。今夏月出一種糠鳩，微帶紅色，小而成群，掌禹錫所謂黄褐侯秋化斑隹，恐即此也。好食桑椹及半夏苗，昔人有食之過多，患喉痹，醫用生薑解之愈。　青鵻，味甘，平，無毒。治蟻瘻惡瘡。五味淹炙食之，極美。安五臟，助氣補虚，排膿活血，并一切瘡疥癤癰瘻之類。

明・施永圖《本草醫旨・食物類》卷三　青鵻名黄褐侯。狀如鳩而緑褐色，好食桑椹。　肉：味甘，平，無毒。治：蟻瘻惡瘡，五味醃炙，食之極美。安五臟，助氣，補虚損，排膿活血，并一切瘡癤癰瘻。

清・朱本中《飲食須知・禽類》　黄褐侯肉　味甘，性平。即青鵻。多食發喉痹，用生薑可解。

清・李文培《食物小録》卷下　青鵻　甘，平，無毒。安五臟，助氣，補虚損。

秦吉了

明・李時珍《本草綱目》卷四九禽部・林禽類　秦吉了時珍曰：即了哥也，《唐書》作結遼鳥，番音也。出嶺南容、管、廉、邕諸州峒中。大如鸜鵒，紺黑色，夾腦有黄肉冠，如人耳。丹咮黄距，人舌人目，目下連頸有深黄文，頂尾有分縫。能效人言，音頗雄重。用熟鷄子和飯飼之。亦有白色者。

鸚鵡

明・盧和、汪穎《食物本草》卷三禽類　鸚鵡　味甘，溫。主虚嗽。此鳥足四趾齊分，兩瞼俱動如人目，與衆鳥異。有白者、紺緑者、蒼黑者，白者良。養久能人言。

明・李時珍《本草綱目》卷四九禽部・林禽類　鸚䳇《食物》

〔釋名〕鸚哥俗名　乾臯時珍曰：按《字説》云鸚䳇如嬰兒之學母語，故字從嬰母。亦作鸚鵡。熊太古云：大者爲鸚䳇，小者爲鸚哥。則䳇義又取乎此。師曠謂之乾臯，李昉呼爲隴客，梵書謂之臊陀。　〔集解〕時珍曰：鸚䳇有數種：緑鸚䳇出隴蜀，而滇南、交廣近海諸地尤多，大如烏鵲，數百群飛，南人以爲鮓食；紅鸚䳇紫赤色，大亦如之；白鸚䳇出西洋、南番，大如母鷄；五色鸚䳇出海外諸國，大於白而小於緑者，性尤慧利。俱丹咮鉤吻，長尾赤足，金睛深目，上下目瞼皆能眨動，舌如嬰兒。其趾前後各二，異於衆鳥。其性畏寒，即發顫如瘴而死，飼以餘甘子可解。或云：摩其背則瘖。或云：雄者喙變丹，雌者喙黑不變。張思正《倦游録》云海中有黄魚能化鸚䳇，此必又一種也。有秦吉了、鳥鳳，皆能人言，並附於左。

鸚䳇肉　〔氣味〕甘、鹹，温，無毒。　〔主治〕食之，已虚嗽汪穎。

明・穆世錫《食物輯要》卷五　鸚鵡　味甘、鹹，性溫，無毒。治虚乏咳嗽，殺癆蟲。

明・姚可成《食物本草》卷一二禽部・林禽類　鸚䳇一名鸚哥。有數種。緑鸚䳇出隴蜀，而滇南、交廣近海諸地尤多，大如烏鵲，數百群飛，南人以為鮓〔食。紅鸚〕䳇紫赤色，大亦如之。白鸚䳇出西洋、南番，大如母雞。五色鸚䳇出海外諸國，大于緑而小于白者，性尤慧利。俱丹咮鉤吻，長尾赤足，金睛深目，上下目瞼皆能眨動，舌如嬰兒。其趾前後各二，異于衆鳥。其性畏寒，即發顫如瘴而死，飼以餘甘子可解。或云：摩其背則瘖。或云：雄者喙變丹，雌者喙黑不變。又有一種名秦吉了，即了哥也。《唐書》作結遼鳥，番音也。出嶺南容、管、廉、邕諸州峒中。大如鸜鵒，紺黑色，夾腦有黄肉冠，如人耳。丹咮〔黄〕距，人舌人目，目下連頸有深黄文，頂尾有分縫，能効人言，音頗雄重。用熟雞子和飯飼之。

亦有白色者。又有一種名鳥鳳，按范成大《虞衡志》云：鳥鳳出桂海左右兩江峒中。大〔如〕喜鵲，紺碧色。項毛似雄雞，頭上有冠。尾垂二弱骨，長一尺四五寸，至杪始有毛。其形略似鳳。音聲清越如笙簫，能度小曲合宮商，又能為百鳥之音。彼處亦自難得也。鸚鴞肉，味甘、鹹，溫，無毒。食之已虛嗽。

明·施永圖《本草醫旨·食物類》卷三 鸚鴞此鳥足四趾齊分，兩瞼俱動如人，足與眾鳥異。有白者、紺綠者、蒼黑者，養之久能作人言。肉：味甘、鹹，溫，無毒。治：食之已虛嗽。

清·穆石匏《本草洞詮》卷一四 鸚鴞 鸚鴞如嬰兒之學母語，故字從嬰母，亦作鸚鵡。師曠謂之乾皋，李昉呼為隴客。綠鸚鵡出隴蜀、滇南、交廣諸處。紅鸚鵡、白鸚鵡出西洋南番。五色鸚鵡出海外諸國。其趾前後各二，其性畏寒，摩其背則瘖。肉甘鹹，溫，無毒。食之治虛嗽。按鳥之能人言者，更有秦吉了，出嶺南、容、管、廉、邕諸州峒中，丹味黃距，人舌人目，音頗雄重。鳥鳳出桂海左右兩江峒中，形略似鳳，音清越如笙簫，能度曲，合宮商，又能為百鳥之音也。

清·丁其譽《壽世秘典》卷四 鸚鴞一名鸚鵡，俗名鸚哥，有數種，綠者出隴蜀，而滇南、交廣諸地尤多，數百群飛。紅鸚鵡紫赤色，白者出西洋南番。大如小鵝，羽毛玉雪，以手撫之，有粉沾指掌，如蛺蝶翅。又有五色鸚鵡，大于白而小于綠者，性尤慧利。俱丹味鉤吻，長尾赤足，金睛深目，上下目瞼皆能眨動，舌如嬰兒，巧解人言。其指前後各二，異于眾鳥。其性畏寒，即發顫如瘴而死，以柑子飼之則愈。忌以手頻觸其背，犯者多病顫而卒。或云摩其背則瘖，或云雄者喙變丹，雌者喙黑不變。有大如鴝鵒，紺黑色，夾腦有黃肉冠如人耳，丹味黃距，人舌人耳，目下連頸，有深黃文，頂尾有分縫，名秦吉了，亦能效人言，音頗雄重，用熟雞子和飯飼之。亦有白色者。

清·何其言《養生食鑒》卷下 鸚鵡如嬰兒之學母語，故字從嬰母，一名嬰哥。有白者、緋綠者、蒼黑者，白者良，亦能人言。味甘，性溫，無毒。食之，止虛嗽。自死者不可用。

清·王道純《本草品彙精要續集》卷六 鸚鴞無毒。卵生。鸚鴞肉：主食之已虛嗽《食物本草》。〔名〕鸚哥、鸚鵡、乾皋、隴客、臊陀。《字說》云：鸚鴞如嬰兒之學母語，故字從嬰母，亦作鸚鵡。熊太古云大者爲嬰母，小者爲嬰哥，則鴞義又取乎此。師曠謂之乾皋。李昉呼爲隴客。梵書謂之臊陀耳。〔地〕李時珍云：鸚鴞有數種，綠者出隴蜀，而滇南、交廣近海諸地尤多，數百群飛，白者出西洋南番，五色者出海外諸國。〔用〕肉，南人以爲鮓食。〔質〕綠者、紅者大如鳥鵲，白者大如母雞，五色者大於白而小於綠，性尤慧利，俱丹味鉤吻，長尾赤足，金睛深目，上下目瞼皆能眨動，舌如嬰兒。其趾前後各二，異於衆鳥。〔色〕有綠色、白色、五色。紅者，紫赤色，嘴俱赤，足俱赤。或云雄者喙變丹，雌者喙黑不變。〔味〕甘，鹹。〔性〕溫。〔禁〕或云摩其背則瘖。〔解〕其性畏寒，即發顫如瘴而死，飼以餘甘子可解。○張思正《倦遊錄》云：海中有黃魚，能化鸚鴞。此必又一種也。有秦吉了、鳥鳳，皆能人言，並附於左。

鳥鳳

明·李時珍《本草綱目》卷四九禽部·林禽類 鳥鳳按范成大《虞衡志》云：鳥鳳出桂海左右兩江峒中，大如喜鵲，紺碧色。項毛似雄鷄，頭上有冠。尾垂二弱骨，長一尺四五寸，至杪始有毛。其形略似鳳。音聲清越如笙簫，能度小曲合宮商，又能爲百鳥之音。彼處亦自難得。

布穀

宋·唐慎微《證類本草》卷一九禽部〔唐·陳藏器《本草拾遺》〕 布穀腳、脛骨 令人夫妻相愛。五月五日收帶之各一，男左女右。云置水中，自能相隨。又江東呼爲郭公。北人云：撥穀一名穫穀，似鷂，長尾。《爾雅》云：鳲鳩。注云：今之布穀也，牝牡飛鳴，以翼相拂。《禮記》云：鳴鳩拂其羽。鄭注云：飛且翼相擊。

宋·鄭樵《通志》卷七六《昆蟲草木略》 鳲鳩 《爾雅》曰鴶鵴。即布穀也。一名桑鳩，一名繫穀。江東呼為穫穀。《禮記》謂之鳴鳩。鴶，苦八反。鵴音菊。

元·吴瑞《日用本草》卷四 布穀 江東呼為郭公，北人云撥穀。似鷂長尾，牝牡飛鳴，以翼相拂。五月五日收取腳脛骨，男左女右帶之，令夫妻相愛。

明·盧和、汪穎《食物本草》卷三禽類 布穀 味甘，溫。主安神定志，令人少睡。

明·寧源《食鑒本草》卷上 布穀 食之令夫妻相愛。以爪并頭，五月五日收，帶之各一，男左女右。

明·王文潔《太乙仙製本草藥性大全》卷七《仙製藥性》 布穀腳脛骨 令人夫妻和愛。五月五日帶之各一，男左女右，云置水中自能相隨。又江東

呼爲郭公，北人云撥穀，一名穫穀，似鷂長尾。《爾雅》云：鳲鳩。注云：今之布穀也。牡牝飛鳴，以翼相拂。《禮記》云：鳴鳩拂其羽。鄭注云：飛且翼【缺】。

明·李時珍《本草綱目》卷四九禽部·林禽類　鳲鳩《拾遺》

〔釋名〕布穀《列子》　鴶鵴音戛匊。　穫穀《爾雅注》　郭公藏器曰：布穀，鳲鳩也。江東呼爲穫穀，亦曰郭公。北人名撥穀。時珍曰：布穀名多，皆各因其聲似而呼之。如俗呼阿公阿婆割麥插禾、脱却破袴之類，皆因其鳴時可爲農候故耳。或云：鳲鳩即《月令》鳴鳩也，鳲乃鳴字之訛，亦通。《禽經》及《方言》並謂鳲鳩即戴勝，郭璞云非也。〔集解〕藏器曰：布穀似鷂長尾，牝牡飛鳴，以翼相拂擊。時珍曰：案《毛詩義疏》云：鳴鳩大如鳩而帶黄色，啼鳴相呼而不相集。不能爲巢，多居樹穴及空鵲巢中。哺子朝自上下，暮自下上也。二月穀雨後始鳴，夏至後乃止。張華《禽經》註云：仲春鷹化爲鳩，仲秋鳩復化爲鷹。故鳩之目，猶如鷹之目。《列子》云：鷂之爲鸇，鸇之爲布穀，布穀久復爲鷂。是矣。《禽經》又云：鳩生三子，一爲鶚。

肉〔氣味〕甘，温，無毒。　〔主治〕安神定志，令人少睡汪穎。

脚脛骨〔主治〕令人夫妻相愛。五月五日收帶之，各一，男左女右。云置水中，自能相隨也藏器。

明·吴文炳《藥性全備食物本草》卷三　鳲鳩　即布穀，江東人呼為郭公，北人云撥穀。一名穫穀。似鷂，長毛，牡牝飛鳴，以翼相拂。《禮記》云：鳴鳩拂其羽。　肉：味甘，性溫，無毒。安神定志，令人少睡。　脚脛骨：令夫婦相愛，五月五日各帶一骨，男左女右，有取雌雄骨置水中，果自相隨也。

明·應麐《食治廣要》卷五　鳲鳩《釋名》：布穀。　氣味：甘，溫，無毒。主治：安神定志，令人少睡。陳藏器云：五月五日，以腳脛骨男左女右各一，收帶之，令夫婦相愛。或云，鳴鳩即《月令》鳲鳩也。鳲乃鳴字之訛。按：布穀名多，皆各因其聲似而呼之。如俗呼阿公阿婆割麥插禾之類。又按，《禽經》註云：仲春鷹化為鳩，仲秋鳩復化為鷹，故鳩之目猶如鷹之目。《列子》云鷂之為鸇，鸇之為布穀，布穀久復為鷂是矣。

明·姚可成《食物本草》卷一二禽部·林禽類　鳲鳩一名布穀。似鷂長尾，牝牡飛鳴，以翼相拂擊。〇李時珍曰：鳲鳩大如鳩而帶黄色，啼鳴相呼，而不相集。不能為巢，多居樹穴及空鵲巢中。哺子朝自上下，暮自下上也。二月穀雨後始鳴，夏至後乃止。

鳲鳩肉：味甘，溫，無毒。安神定志，令人少睡。　脚脛骨：令人夫妻相愛。五月五日收帶之，各一，男左女右。云置水中，自能相隨也。

明·施永圖《本草醫旨·食物類》卷三　鳲鳩名布穀。仲春鷹化為鳩，仲秋鳩復化為鷹。〇鳩生三子，一為鶚。　肉：味甘，溫，無毒。治：安神定志，令人少睡。　脚脛骨：治：令人夫妻相愛，五月五日收帶之，各一，男左女右，云置水中自能相隨也。

清·穆石匏《本草洞詮》卷一四　鳲鳩　鳲鳩飛鳴以翼，不能為巢，穀雨後始鳴，夏至後乃止。《禽經》以為戴勝，《列子》以為布穀。張華云：仲春鷹化為鳩，仲秋鳩復為鷹，故鳩之目猶鷹也。肉甘，溫，無毒。主安神定志。五月五日收腳脛骨，男左女右，帶之各一，令人夫妻相愛。云置水中，自能相隨也。

清·汪紱《醫林纂要探源》卷三　斑鳩　甘，鹹，平。其鳴布穀者，季春始鳴，居小林中。一名布穀，一名鳲鳩，一名結掬，一名郭公。一名戴勝，以頭有毛勝也。一名鸐鶔，以毛斑駁如破衣也。比鵓鳩稍大。

清·李文培《食物小錄》卷下　布穀　甘，溫，無毒。安神定志，令人少睡。

清·趙其光《本草求原》卷一九禽部　布穀俗名穀公穀婆，因其聲而呼也。甘，溫，無毒。安神定志，令人少睡。

清·王孟英《隨息居飲食譜·毛羽類》　鳴鳩即布穀甘，溫。定志安神，令人少睡。

杜鵑

宋·唐慎微《證類本草》卷一九禽部〔唐·陳藏器《本草拾遺》〕　杜鵑　初鳴先聞者，主離別。學其聲，令人吐血。於厠溷上聞者不祥。厭之法，當爲狗聲以應之，俗作此說。按《荆楚歲時記》亦云有此言，乃復古今相會。鳥小似鷂，鳴呼不已。《蜀王本記》云：杜宇爲望帝，淫其臣鼈靈妻，乃亡去，蜀人謂之望帝。《異苑》云：杜鵑先鳴者，則人不敢學其聲，有人山行，見一群，聊學之，嘔血便殞。《楚詞》云鶗鴂鳴而草木不芳。人云口出血，聲始止，故有嘔血之事也。

宋·鄭樵《通志》卷七六《昆蟲草木略》　巂　《爾雅》曰巂周。即子規也。多出蜀巂郡，故名焉。蜀主望帝化為子規。巂，希規反。

元·吴瑞《日用本草》卷四　杜鵑　初鳴先聞者，主離別。學其聲，令人

吐血。於廁上聞音，不祥。厭之法，當為狗聲以應之。

明・滕弘《神農本經會通》卷九　杜鵑　陳藏器云：　初鳴，先聞者主離別。學其聲，令人吐血。於廁溷上聞者，不祥。（猒）〔厭〕之法，當為狗聲以應之，俗作此說。《荊楚記》亦云有此言，《楚詞》云鶗鴂鳴而草木不芳。人云口出血，聲始止，故有嘔血之事也。

明・李時珍《本草綱目》卷四九禽部・林禽類　杜鵑《拾遺》

〔釋名〕杜宇《禽經》　子巂音攜　子規亦作秭歸。　鶗鴂音弟桂。亦作鷤鴂。　催歸亦作思歸。　怨鳥　周燕《說文》　陽雀時珍曰：　蜀人見鵑而思杜宇，故呼杜鵑。說者遂謂杜宇化鵑，訛矣。鵑與子巂、子規、鶗鴂、催歸諸名，皆因其聲似，各隨方音呼之而已。其鳴若曰不如歸去。諺云陽雀叫，鶗鴂央，是矣。《禽經》云：　江左曰子規，蜀右曰杜宇，甌越曰怨鳥。服虔注《漢書》，以鶗鴂爲伯勞，誤矣，名同物異也。伯勞一名鴂，音決，不音桂。

〔集解〕藏器曰：　杜鵑小如鷂，鳴呼不已。《蜀王本紀》云：　杜宇爲望帝，淫其臣鼈靈妻，乃禪位亡去。時子規鳥鳴，故蜀人見鵑鳴而悲望帝。《荊楚歲時記》云：　杜鵑初鳴，先聞者主離別，學其聲令人吐血，登廁聞之不祥。厭法，但作狗聲應之。《異苑》云：　有人山行，見一群，聊學之，嘔血便殞。人言此鳥啼至血出乃止，故有嘔血之事。時珍曰：　杜鵑出蜀中，今南方亦有之。狀如雀、鷂而色慘黑，赤口有小冠。春暮即鳴，夜啼達旦，鳴必向北，至夏尤甚，晝夜不止，其聲哀切。田家候之，以興農事。惟食蟲蠹，不能爲巢，居他巢生子。冬月則藏蟄。

肉　〔氣味〕甘，平，無毒。　〔主治〕瘡瘻有蟲，薄切炙熱貼之，蟲盡乃已時珍。

〔發明〕時珍曰：　按《呂氏春秋》云：　肉之美者巂燕之翠。則昔人亦嘗食之矣。

明・穆世錫《食物輯要》卷五　子規　味甘，平，無毒。解毒，益人，治瘡瘻，長肌肉。

明・吳文炳《藥性全備食物本草》卷三　杜鵑　按《本草》云：　初鳴先聞者主離別，學其聲令人吐血。鳴至口中出血始止，故有嘔血事也。

明・姚可成《食物本草》卷一二禽部・林禽類　杜鵑一名杜宇，一名子規，一名鶗鴂，一名催歸。杜鵑初啼，先聞者主別離，學其聲令人吐血，登廁聞之不祥。厭法，但作狗聲應之。《異苑》云：　有人山行，見一群，聊學之，嘔血便殞。人言此鳥啼至血出乃止，故有嘔血之事。〇李時珍曰：　杜鵑出蜀中，今南方亦有之。狀如雀、鷂而色慘黑，赤口，有小冠。春暮即鳴，夜啼達旦，鳴必向北，至夏尤甚，晝夜不止，其聲哀切。昔人有詩云：　杜宇曾為蜀帝王，化禽飛去舊城荒，年年來叫桃花月，為向春風訴國亡。田家候之，以興農事。惟食蟲蠹，不能為巢，居于他鳥之巢生子，冬月藏蟄。　杜鵑肉：　味甘，平，無毒。治瘡瘻有蟲，薄切炙熱貼之，蟲盡乃已。

明・施永圖《本草醫旨・食物類》卷三　杜鵑名杜宇，又名子規。赤口有小冠，春暮即鳴，夜啼達旦，鳴必向北，至夏尤甚，晝夜不止，其聲哀切。田家候之，以興農事。

肉：　味甘，平，無毒。治：　瘡瘻有蟲。薄切，炙熱貼之，蟲盡乃已。

清・穆石匏《本草洞詮》卷一四　杜鵑　鳴必向北，夜啼達旦，春暮即鳴，至夏尤盛，其聲哀切，啼至血出乃止。有子巂、子規、秭歸、鶗鴂、催歸諸名，皆因其聲，各隨方音呼之也。田家候之，以興農事。《荊楚記》云：　杜鵑初鳴，先聞者主離別，學其聲令人嘔血也。肉甘，平，無毒。瘡瘻有蟲，薄切炙熱，貼之蟲盡乃已。《食療》諸家不載。按《呂氏春秋》云肉之美者巂燕之翠，則昔人亦嘗食之矣。

清・丁其譽《壽世秘典》卷四　杜鵑一名杜宇，又名子規，《老學庵筆記》子規自呼為謝豹。唐顧況送張衛尉詩：　綠樹村中謝豹啼。又名鶗鴂。音弟桂。蜀人見鵑而思杜宇，故呼杜鵑。說者遂謂杜宇化鵑，訛矣。《蜀王本紀》云：　杜宇為望帝，淫其臣鼈靈妻乃禪位，亡去時，子規鳥鳴，故蜀人見鵑鳴而思望帝。《荊楚歲時記》杜鵑初鳴，先聞者，主別離。學其聲，令人吐血。登廁聞之，不祥。厭法，但作狗聲應之。此鳥啼至血出乃止，故有吐血之事。杜鵑出蜀中，狀如雀鷂而色慘黑，赤口，有小冠。春暮即鳴，夜啼達旦，鳴必向北，至夏尤甚，晝夜不止，其聲哀切。田家候之，以興農事。惟食蟲蠹，不能為巢，居他巢生子，冬月則藏蟄。

氣味：　甘，平，無毒。治瘡瘻有蟲，薄切，炙熱貼之，蟲盡乃已。

清・何其言《養生食鑒》卷下　杜鵑狀如雀鷂，而色慘黑，赤口，有小冠，春暮即鳴，夜啼達旦，鳴必向北，至夏尤甚，晝夜不止，其聲哀切。一名子規，又名子巂、怨鳥、周燕。味甘，性平，無毒。治瘡瘻有蟲，薄切，炙熱貼之，蟲盡乃已。按《呂氏春秋》云肉之美者巂燕之翠，則昔人亦嘗食之矣。

清・李文培《食物小錄》卷下　杜鵑即子規。　甘，平，無毒。其味甚美，然亦可多食。

鴞

宋・唐慎微《證類本草》卷一九禽部〔唐・陳藏器《本草拾遺》〕　鴞目無毒。吞之，令人夜中見物，又食其肉，主鼠瘻。古人重其炙，固當肥美。《內則》云：　鵲鴞眸，其一名梟，一名鵂。吳人呼爲魑魂，惡聲鳥也。賈誼云：　鵩似鴞，其實一物，入室主人當去，此鳥盛午不見物，夜則飛行，常入人家捕鼠。《周禮》哲蔟氏掌覆妖鳥之巢。注云：　惡鳴之鳥，若鴞鵂也。

宋・鄭樵《通志》卷七六《昆蟲草木略》　萑　《爾雅》曰老鵵。郭云：木兔也。似鵋鵂而小，兔頭，有角，毛腳，夜飛，好食雞。臣疑此即訓狐，以其首似兔，故有此等名。鵵，音兔。

梟　《爾雅》曰鴟。即訓狐。日暝而夜作。賈誼所賦鵩鳥是也。其肉甚美，可為羹臛，又可為炙，漢供御物。《說文》云：梟食母，不孝之鳥。故冬至捕梟，磔之。字從鳥首在木上。或說即今伯勞也，食母。

明・李時珍《本草綱目》卷四九禽部・山禽類　鴞《拾遺》

【釋名】梟鴟音嬌。　土梟《爾雅》　山鴞晋灼　鵩鴞《十六國史》　鵩《漢書》　訓狐《拾遺》　流離《詩經》　魖魂時珍曰：鴞、梟、訓狐，其聲也。鵩，其色如服色也。俚人訛訓狐爲幸胡者是也。鴟與鴞，二物也。周公合而詠之，後人遂以鴟鴞爲一鳥，誤矣。魖字韻書無攷，當作匈擁切。魖魂、流離，言其不祥也。吴球方作逐魂。梟長則食母，故古人夏至磔之，而其字從鳥首在木上。　【集解】藏器曰：鴞即梟也，一名鵩，吴人呼爲魖魂，惡聲鳥也。賈誼云：鵩似鴞，其實一物也，入室主人當去。此鳥盛午不見物，夜則飛行，常入人家捕鼠食。《周禮》哲蔟氏掌覆夭鳥之巢。註云：惡鳴之鳥，若鴞、鵩、鬼車之屬。時珍曰：鴞、鵩、鵂鶹、梟，皆惡鳥也，説者往往混註。賈誼謂鵩似鴞，藏器謂鴞與訓狐爲二物，許慎、張華謂鴞鵩、鵂鶹爲一物，王逸謂鵩即訓狐，陳正敏謂梟爲伯勞，宗懔謂土梟爲鵂鶹，各執一說。今通攷據，并諮詢野人，則鴞、梟、鵩、訓狐，一物也。鵂鶹，一物也。藏器所謂訓狐之狀者，鵂鶹也。鴞，即今俗所呼幸胡者是也，處處山林時有之。少美好而長醜惡，狀如母鷄，有斑文，頭如鴝鵒，目如猫目，其名自呼，好食桑椹。古人多食之，故《禮》云不食鴞胖，謂脇側薄弱也。《莊子》云：見彈而求鴞炙。《前凉録》云：張天錫言，北方美物，桑椹甘香，鷄鴞革饗。皆指此物也。按《巴蜀〔異〕物志》云：鵩如小鷄，體有文色，土俗因名之。不能遠飛，行不出域。盛弘之《荆州記》云：巫縣有鳥如雌鷄，其名爲鴞。楚人謂之鵩。陸璣《詩疏》云：鴞大如鳩，緑色，入人家兇，賈誼所賦鵩是也。其肉甚美，可爲羹臛、炙食。劉恂《嶺表録〔異〕》云：北方梟鳴，人以爲怪。南中晝夜飛鳴，與烏、鵲無異。桂林人家家羅取，使捕鼠，以爲勝狸也。合諸説觀之，則鴞、鵩、訓狐之爲一物明矣。又按郭義恭《廣志》云：鴞，楚鳩所生也，不能滋乳，如騾、駏驉焉。然梟長則食母，是自能孳乳矣，抑所食者即鳩耶？《淮南子》云：甑瓦投之，能止梟鳴，性相勝也。

肉　【氣味】甘，温，無毒。　【主治】鼠瘻，炙食之藏器。　風癇，噎食病時珍。

【附方】新二。　風癇：　風癇，考《寶鑒》第九卷名神應丹。惺神散，《醫方大成》下册。　噎食：　取鵩鳥未生毛者一對，用黄泥固濟，煅存性爲末。每服一匙，以温酒服。《壽域神方》。

頭　【主治】痘瘡黑陷。用臘月者一二枚，燒灰，酒服之，當起。時珍。出《雲岐子保命集》。

目　【主治】吞之，令人夜見鬼物藏器。

明・穆世錫《食物輯要》卷五　鴞　味甘，性溫，無毒。和中利氣，噎病人宜食。治風癇鼠瘻。

明・姚可成《食物本草》卷一二禽部・山禽類　鴞處處山林時有之。少美好而長醜惡，狀如母雞，有斑文，頭如鴝鵒，目如猫眼，其名自呼，好食桑椹。古人多食之，陸璣《詩疏》云：鴞大如鳩，綠色，入人家凶，其肉甚美，可為羹臛、炙食。劉恂《嶺表錄》云：北方梟鳴，人以為怪。南中晝夜飛鳴，與烏、鵲無異。桂林人家家羅取，使捕鼠，以為勝狸也。《淮南子》云：甑瓦投之，能止梟鳴。性相勝也。

鴞肉：　味甘，溫，無毒。治鼠瘻，炙食之。風癇，噎食病。　頭：　治痘瘡黑陷，用臘月者一二枚，燒灰，酒服之，當起。　目：　吞之，令人夜見鬼物。

明・施永圖《本草醫旨・食物類》卷三　鴞名鴞鴟。○鴟與鴞二物也，鴞即梟也，此鳥盛午不見物，夜則飛行。常入人家捕鼠。　肉：　味甘，溫，無毒。治：　鼠瘻，炙食。風癇，噎食病。

附方　噎食：　取鴞鳥未生毛者一對，用黃泥固濟，煅存性，為末。每用一匙，以溫酒服。

頭：　治：　痘瘡黑陷，用臘月者一二枚，燒灰，酒服之，當起。　目：　治：　吞之，令人夜見鬼物。　附錄：　鴆狀如孔雀，五色雜斑，高大，黑頸赤喙，出廣之深山中。人誤食其肉立死。用鴆毛為毒酒，故名鴆酒。　毛：　味有大毒，入五臟爛殺人。　喙：　治：　帶之殺蝮蛇毒。蛇中人，刮末塗之，登時愈也。

清・张璐《本經逢原》卷四　鴞　甘，溫，小毒。　發明：　鴞治風癇噎食，取初生無毛者一對，黃泥固濟，煅存性為末，每服一匙，溫酒服之。頭主痘瘡黑陷，用臘月者燒灰，酒服之當起。

清・汪紱《醫林纂要探源》卷三　梟　甘，辛，溫。頭似猴，毛如衣藍縷，兩距有毛至足，狀甚兇惡。一名訓狐，一名隻狐。目圓大，晝昏眊，夜乃明見蚊蚋，常夜鳴。此則人面而食母，不孝之鳥也。可為炙，壯筋骨，治頭眩。其身純筋，痛鞭竹箠，肉乃少鬆。頭善旋轉，能迴見尾，故治頭眩。

清・嚴潔等《得配本草》卷九　逐魂鳥　黃泥封，煅存性，研服酒下，治噎食。

清·李文培《食物小録》卷下 鴞即貓兒頭。 甘，溫，無毒。風癇、噎病宜食之。惟此鳥其性最惡，長則食母。 凡諸鳥雀為網取、鎗銃所傷，硝黄熏鑠，且又啄食百蟲，不能無毒。養生者宜以身命自重，切宜少食。故孟子曰：守熟為大，守身為大。誠至言也。

清·王孟英《隨息居飲食譜·毛羽類》 鴞亦作梟，俗呼貓頭鳥。 甘，溫。補虚勞，殺蟲，辟鬼魅，開胃消食，利噎，平驚，治痁瘧、顛癇，愈惡瘡、鼠瘻。炙食味美，古人所珍，莊子見彈而求鴞炙是也。病後及衰弱勞瘵人最宜，惟孕婦忌之。

清·戴葆元《本草綱目易知録》卷五 鴞梟鵩 肉，甘，溫。治鼠瘻，炙食之。風癇噎食，煅服。

鴟鵂

宋·唐慎微《證類本草》卷一九禽部〔唐·陳藏器《本草拾遺》〕 鉤鵅 入城城空，入宅宅空，怪鳥也。常在一處，則無若聞，其聲如笑者，宜速去之。鳥似鵄，有角，夜飛晝伏。《爾雅》云：鵅，鵋欺。注云：江東人呼謂之鉤鵅音革。北土有訓胡，二物相似，抑亦有其類，訓胡聲呼其名。兩目如猫兒，大於鴝鵒，乃云作笑聲，當有人死。又有鵂鶹，亦是其類，微小而黄，夜能入人家，拾人手爪，知人吉凶。鳴則有殃。《五行書》云：除手爪，埋之户内，恐此鳥得之也。《爾雅》云：鵅，鵋欺，人獲之者，於嗉中猶有爪甲。《莊子》云：鵄鴞夜撮蚤，察毫釐，晝則瞑目不見立山，言殊性也。

宋·鄭樵《通志》卷七六《昆蟲草木略》 白鴟 《爾雅》曰怪鴟。《廣雅》謂之鴟鵂。郭云：今關東呼此屬為怪鳥。

鵅 《爾雅》曰鵋䴕。鵅，音格。鵋䴕，音忌欺。郭云：今江東呼鵂鶹為鵋䴕，亦謂之鴝鵒。

明·李時珍《本草綱目》卷四九禽部·山禽類 鴟鵂《拾遺》

〔釋名〕角鴟《説文》 怪鴟《爾雅》 雚音丸。 老兔《爾雅》 鉤鵅音格。 鵋䴕音忌欺。 轂轆鷹蜀人所呼。 呼哼鷹楚人所呼。 夜食鷹吴人所呼。 時珍曰：其狀似鴟而有毛角，故曰鴟，曰角。曰雚，雚字象鳥頭目有角形也。老兔，象頭目形。鵂、怪，皆不祥也。鉤鵅、轂轆、呼哼，皆其聲似也。蜀人又訛鉤格爲鬼各哥。

〔集解〕藏器曰：鉤鵅，即《爾雅》鵋䴕也。江東呼爲鉤鵅。其狀似鴟有角，怪鳥也。夜飛晝伏，入城城空，入室室空。常在一處則無害。若聞其聲如笑者，宜速去之。北土有訓狐，二物相似，各有其類。訓狐聲呼其名，兩目如猫兒，大如鴝鵒，作笑聲，當有人死。又有鵂鶹，亦是其類，微小而黄，夜能入人家，拾人手爪，知人吉凶。有人獲之，嗉中猶有爪甲。故除爪甲者，埋之户内，爲此也。時珍曰：此物有二種：鴟鵂大如鴟鷹，黄黑斑色，頭目如猫，有毛角兩耳。晝伏夜出，鳴則雌雄相唤，其聲如老人，初若呼，後若笑，所至多不祥。《莊子》云：鴟鵂夜拾蚤，察毫末，晝出而不見丘山。何承天《纂文》云：鴟鵂白日不見人，夜能拾蚤虱。俗訛蚤爲人爪，妄矣。一種鵂鶹，大如鴝鵒，毛色如鷂，頭目亦如猫，鳴則後竅應之，其聲連轉，如云休留休留，故名曰鵂鶹。江東呼爲車載板，楚人呼爲快扛鳥，蜀人呼爲春哥兒，皆言其鳴主有人死也。試之亦驗。《説文》謂之雀，音爵，言其小也。藏器所謂訓狐者，乃鴞也；所謂鵂鶹者，乃鴟鵂之小者也。並誤矣。《周禮》哲蔟氏掌覆夭鳥之巢，以方書十日之號，十二月之號，十二辰之號，十二歲之號，二十有八宿之號，懸其巢則去。《續博物志》云：鵂鶹、鸛、鵲，其抱以聒。

肉 〔氣味〕缺。 〔主治〕瘧疾。用一隻，去毛腸，油煠食之。時珍。出陰憲副方。 〔附方〕新一。 風虚眩運：大頭鷹閉殺去毛，煮食；以燒骨存性，酒服。《便民食療》。

肝 〔主治〕入法術家用時珍。

明·穆世錫《食物輯要》卷五 猫頭鷹 味甘，平，無毒。炙食香美，益胃和中。夜勿煮炙，能引鬼魅。

明·姚可成《食物本草》卷一二禽部·山禽類 鴟鵂一名猫頭鷹，一名轂轆鴟。其狀似鴟有角，怪鳥也。夜飛晝伏，入城城空，入室室空。在一處則無害。若聞其聲如笑者，宜速去之。北土有訓狐，二物相似，各有其類。訓狐聲呼其名，兩目如猫兒，大如鴝鵒，作笑聲，當有人死。又有鵂鶹，亦是其類，微小而黄，夜能入人家，拾人手爪，知人吉凶。有人獲之，嗉中猶有爪甲。故除爪甲者，埋之户内，為此也。〇李時珍曰：此物有二種：鴟鵂大如鴟鷹，黄黑斑色，頭目如猫，有毛角兩耳。晝伏夜出，鳴則雌雄相唤，其聲如老人，初若呼，後若笑，所至多不祥。《莊子》云：鴟鵂夜拾蚤，察毫末，晝出不見丘山。何承天《纂文》云：鴟鵂白日不見人，夜能拾蚤虱。俗訛蚤為人爪，妄矣。一種鵂鶹，大如鴝鵒，毛色如鷂，頭目亦如猫。鳴則後竅應之，其聲連轉，如云休留休留，故名曰鵂鶹。江東呼為車載板，楚人呼為快扛鳥，蜀人呼為春哥兒，皆言其鳴主有人死也，試之亦驗。

鴟鵂肉：治瘧疾，用一隻去毛腸，油煠食之。 肝：入法術家用。

明·施永圖《本草醫旨·食物類》卷三 鴟鵂名角鴟。狀似鴟而有毛角，怪鳥也。夜飛晝伏，入城城空，入室室空，常在一處則無害。若聞其聲如笑者，宜速去之。

肉：味缺。治：瘧疾。用一隻去毛、腸，油煠食之。

附方　風虚眩運：大頭鷹，閉殺去毛，煮食。以骨燒存性，酒服。

肝：治：入法術家用。

清・朱本中《飲食須知・禽類》　猫頭鷹　夜勿煮炙，能引鬼魅。

清・张璐《本經逢原》卷四　鵋鵂俗呼貓頭鷹。　酸、微鹹，小毒。　發明：鵋鵂，不祥之物，古方罕用。近世治傳屍勞瘵，專取陰毒之味，以殺陰毒之蟲也。方用鵋鵂酒煮焙乾，同大鰻鱺七條，攤薄荷上蒸爛，和薯蕷一觔，搗焙細末為丸，空腹酒下三錢。功用與獺肝彷彿。方士用以昏夜露煮以聚鬼魅，是以至陰之味，誘至陰之物也。

清・汪紱《醫林纂要探源》卷三　鵂鶹　甘，辛，溫。一名貓頭鷹，一名鵋梟，一名角鵋。有毛角，色蒼黃，嘗夜鳴，鳴則不祥。亦梟類而小耳。　治頭痛風眩。

清・戴葆元《本草綱目易知錄》卷五　鵋鵂角鵋、貓頭雞　肉，治瘧疾，去毛腸，油煠食之，療風虚眩運，煮食之，仍以骨燒末，酒服。【略】

燕窩

明・穆世錫《食物輯要》卷三　燕窩菜　味甘，平，無毒。和中益胃，清熱消痰。同鮮雞猪肉煮食，味尤美。機云：此菜海中小魚所化者。

清・丁其譽《壽世秘典》卷四　燕窩本草諸書無載之者，按王世懋《閩部疏》云：燕窩菜，竟不辨是何物，漳海邊已有之。蓋海燕所築，啣之飛渡海中，翮力倦，則擲置海面，浮之若杯，身坐其中，久之，復啣以飛。多為海風吹泊山灣，土人得之以貨，為食品最珍。陳懋仁《泉南雜志》：閩之遠海近番處，有燕名金絲者。首尾似燕而甚小，毛如金絲。臨卵育子時，群飛近汐沙泥有石處，啄蠶螺食。有詢土番，云：蠶螺背上肉有兩肋如楓蠶絲，堅潔而白，故此燕食之，肉化而肋不化，并津液嘔出，結為小窩附石上，久之與小雛鼓翼而飛。彼人依時拾之，故曰燕窩。　氣味：甘，平，無毒。主補虚損，治勞痢。

清・朱本中《飲食須知・魚類》　燕窩　味甘，性平。黃黑黴爛者有毒，勿食。

清・何其言《養生食鑒》卷上　燕窩菜　味甘，平，無毒。和中益胃，清熱消痰。同米煮粥食，治禁口痢症。同鮮雞、猪肉煮食，味美益人。

清・张璐《本經逢原》卷四　燕窩　甘，平，無毒。　發明：鳥啣海粉作窩，得風日陽和之氣，化鹹寒為甘平，能使金水相生，腎氣上滋於肺，而胃氣亦得以安。食品中之最馴良者，惜乎《本草》不收，方書罕用。今人以之調補虚勞，咳吐紅痰，每兼冰糖煮食，往往獲效。然惟病勢初淺者為宜。若陰火方盛，血逆上奔，雖用無濟，以其幽柔無剛毅之力耳。

清・吴儀洛《本草從新》卷六　燕窩〔大養肺陰，潤，化痰。〕以下原禽類。　甘，淡，平。大養肺陰，化痰止嗽。補而能清，為調理虚損癆瘵之聖藥。一切病之由於肺虚不能清肅下行者，用此皆可治之。開胃氣，已勞痢，益小兒痘疹。《閩部疏》〔王世懋《閩部疏》。〕云：燕窩菜，竟不辨是何物，漳海邊已有之。燕飛渡海中，翮力倦則擲置海面，浮之若杯，身坐其中，久之復銜以飛。《泉南雜記》〔陳懋仁《泉南雜記》。〕云：閩之遠海近番處，有燕名金絲者，首尾似燕而甚小，毛如金絲。臨卵育子時，群飛近沙汐泥有石處，啄蠶螺食之。有詢海商聞之土番云：蠶螺背上肉有兩肋，如楓蠶絲，堅潔而白，食之可補虚損，已勞痢。故此燕食之，肉化而肋不化，并津液嘔出，結為小窩，附石上，久之與小雛鼓翼而飛，海人依時拾之，故曰燕窩。而予近聞之漳人，殊為不然。燕窩國，大海中有高山，冬月群燕來巢其上，燕矢之厚沒人兩膝。春取小魚，纍之窩中，人取之林中，窩毁子墜，傾覆闌干，燕之雌雄，群然悲鳴，傷物特甚。嗚呼！誰為燕窩蔬房哉！生命之苦，過火爇刀割矣。蘇長公謂雖八珍之美，投箸而不忍食，此物此志也。《閩小記》〔周櫟園《閩小記》。〕云：余在漳南，詢之海上人，皆云燕銜小魚粘之於石，久而成窩。有烏白紅三色，烏色品最下，紅色最難得，能益小兒痘疹，白色能愈痰疾。《廣東新語》云：崖州海中石島有玳瑁山，其洞穴皆燕所巢。燕大者如烏，啖魚輒吐涎沫，以備冬月退毛之食。土人皮衣皮帽，秉炬探之，燕驚撲人，年老力弱，或致墜崖而死，故有多獲者，有空手而還者。或謂海濱石上，有海粉積結如苔，燕啄食之，吐出為窩，纍纍岩壁之間。島人俟其秋去，以修竿接鏟取之。海粉性寒，而為燕所吞吐則暖；海粉味鹹，而為燕所吞吐則甘；其形質盡化，故可以消痰開胃云。凡有烏白二色，紅者難得。蓋燕屬火，紅者尤其津液。一名燕蔬，香有龍涎，菜有燕窩，是皆補草木之不足者，故曰蔬。榆肉產於北，燕窩產於南，皆蔬也。可入煎藥，或單煮汁服。今人用以煮粥或用鷄汁煮之，雖甚可口，然亂其清補之本性，豈能已疾耶？有與冰糖同煎則甘壅矣，豈能助肺金清肅下行耶？燕肉，不可食，損人神氣。

清・汪紱《醫林纂要探源》卷三　燕窩　甘，鹹，平。此亦銀魚之類。海燕銜之以作巢者，膠粘成片，形如蓮瓣。出海外孤島中。　滋陰養陽，調和氣血，補虚勞，去蒸熱。甘能和脾，養肺緩肝。鹹能補心活血，瀉腎除熱。其膠粘之性，尤能滋涸竭而化痰涎。又經海燕銜吐，有精液聚焉，神志注焉，故能大補虚勞。宜和米煮粥，淡食之。

清・嚴潔等《得配本草》卷九　燕窩一名燕蔬。燕糞。　甘，淡，平。補陰潤肺，生津養胃，化痰止嗽，能使金水相生，腎氣上滋於肺，而胃氣自安。調理虚損之品，惟此為最。　化痰潤肺，淡煎。滋陰養胃，和米煎粥，或冰糖煎。　燕糞：辛，平，有毒。治久瘧，臨發日攪酒，熏鼻即止。　配獨蒜，用燕糞三合，炒研為丸，清湯送下，除蠱毒，殺鬼疰，破五癃，利小水。

題清·徐大椿《藥性切用》卷八　燕窩菜　甘淡性平，養陰潤肺，止渴化痰，為虚勞滋補良藥。有紅、白、黑三種。黑者品下；紅入血分，煑以淡粥，益小兒痘疹；白開胃氣，煑以冰糖，能已勞痢。燕窩脚，色紅紫，名血燕，性重下達，微鹹下潤，治噎膈最宜。假燕窩，白如銀絲，不堪用。

清·黄宫繡《本草求真》卷一　燕窩補胃，潤肺，滋腎。　燕窩耑入肺、脾、腎。書中稱為食物上品，及為補虚除瘵之用。考之本草不收，方書罕用。蓋謂此物由於鳥銜海粉作窩，懸於石崖，得陽和風日之氣而成者也。海粉本屬寒鹹，得鳥銜於風高之處而為甘平，洵可入肺生氣，肺處至高之處。入腎滋水，鹹入腎。入胃補中。甘入脾胃。俾其補不致燥，潤不致滯，而為藥中至平至美之味者也，是以虚瘵藥石難進，咳吐紅痰，每兼冰糖煮食。用此往往獲效，義由於此。然使火勢急迫，則又當用至陰重劑以為拯救，不可恃此輕淡以為扶衰救命之本，而致委靡自失耳。

清·李文培《食物小錄》卷下　燕窩　甘，平，微腥，無毒。為饌之上品。補脾，助肺氣，養腎氣。凡氣虚火旺，和白鴨服。兼有痰者，加大烏海參和服。氣虚火衰者，和黄雌雞或閹雞服。有痰，亦加海參。但胃氣實者宜少食。血燕為上，白者次之，凡食，必浸去內中細毛。

清·趙學敏《本草綱目拾遺》卷九禽部　燕窩素燕窩　一名燕蔬菜。《從新》云：出漳泉，沿海處有之，乃燕銜小魚，春壘之窩中，人取之。《閩小記》云：燕取小魚，黏之於石，久而成窩，有烏、白、紅三色，烏色品最下，紅者最難得，能益小兒痘疹，白色能愈痰疾。《泉南雜志》：閩之遠海近番處，有燕名金絲者，首尾似燕而甚小，毛如金絲，臨卵育子時，群飛近沙汐泥有石處，啄蠶螺食之。蠶螺背上肉有兩筋，如楓蠶絲，堅潔而白，食之可補虚損，已痢瘵症。此燕食之，肉化而筋不化，并津液嘔出，結為小窩，附石上，久之與小雛鼓翼而飛，海人依時拾之，故曰燕窩也。似此則形狀功用時候族類，俱有可信。《嶺南雜記》：燕窩有數種，日本以為蔬菜供僧。此乃海燕食海邊蟲，蟲背有筋不化，復吐出而為窩，綴於海山石壁之上，土人攀援取之，春取者白，夏取者黄，秋冬不可取，取之則燕無所棲凍死，次年無窩矣。《香祖筆記》：燕窩紫色者尤佳。《崖州志》：崖州海中石島有玳瑁山，其洞穴皆燕所巢。燕大者如烏，啖魚輒吐涎沫，以備冬月退毛之食。土人皮衣皮帽秉炬探之，燕驚撲人，年老力弱或致墜崖而死，故有多獲者，有空手而返者，是為燕窠之菜。《粤録》：海濱石上有海粉，積結如苔，燕啄食之，吐出為窩，纍纍巖壁之間，島人俟其秋去，以修竿接鏟取之。海粉性寒，而為燕所吞吐則暖；海粉味鹹，而為燕所吞吐則甘，其形質盡化，故可以清痰開胃云。凡有烏、白二色，紅者難得，蓋燕屬火，紅者尤其精液。一名燕蔬，以其補草木之不足，故曰蔬。榆肉產於北，燕窩產於南，皆蔬也。《宦遊筆記》：燕窩出南海日本諸國，春間取者色白為上，秋間取者色黄次之。一種微黑而多毛，是揀擇所遺者，價亦不能廉。怯症人久服之，亦能潤肺止嗽，功等參苓。《查浦輯聞》：南燕歸海外，水邊難達，因啄小魚肉作窩，口銜之而飛，飛倦，即投窩水中，棲止其上，少息，復銜之而飛，故東南風則飄掠近岸，人就取之。阮葵生《茶餘客話》：許青巖松佶方伯語予云：燕窩產海島中，窮巖邃谷，足力繩竿之所不及。估舶養小猿猴，善解人意，至山島間，以小布囊繫猿背上，縱之往升木深巖，盡剝塞囊中而歸。猿之去也，苦不得食，三數日始返，海客以果餌充囊中，俾之遠出不飢，拙者出即剝塞囊中，歸而傾囊，不過數片，為果餌占地也。其黠者將果餌傾巖竇間，剝塞滿囊，盡燕窩矣，空而復去，尤為便捷，猿一值數百金，價數倍於拙者。云：許謹齋黄門每晨起食蔗漿燕窩一巨觥，以融軟為度，謂他人皆生食也，終日不溺。

味甘淡，平，大養肺陰，化痰止嗽，補而能清，為調理虚損勞瘵之聖藥。一切病之由於肺虚不能清肅下行者，用此皆可治之。開胃氣，已勞痢，益小兒痘疹，可入煎藥，或單煮汁服。《從新》云：今人用以煮粥，或用雞汁煮之，雖甚可口，然亂其清補之本性，豈能已痰耶。有與冰糖同煎，則甘壅矣，豈能助肺金清肅下行耶。《物理小識》：燕窩能止小便數。《逢原》云：甘，平，無毒。鳥銜海粉作窩，得風日陽和之氣，化鹹寒為甘平，能使金水相生，腎氣上滋於肺，而胃氣亦得以安。食品中之最馴良者，惜乎本草不收，方書罕用。今人以之調補虚勞咳吐紅痰，每兼冰糖煮食，往往獲效。然惟病勢初淺者為宜，若陰火方盛，血逆上奔，雖用無濟，以其幽柔無剛毅之力耳。張石頑云：暴得咳嗽吐血乍止，以冰糖與燕窩菜同煮連服，取其平補肺胃，而無止截之患也。惟胃中有痰溼者，令人欲嘔，以其甜膩戀膈故也。《食物宜忌》云：壯陽益氣，和中開胃，添精補髓，潤肺，止久瀉，消痰涎。《嶺南雜記》：紅色者治血痢；入梨加冰糖蒸食，治膈痰。何惠川

云：翻胃久吐，有服人乳、多吃燕窩而愈者。

老年痰喘：《文堂集驗方》：用秋白梨一個，去心。入燕窩一錢，先用滾水泡。再入冰糖一錢蒸熟，每日早晨服下，勿間斷，神效。噤口痢：《救生苦海》：白燕窩二錢，人參四分，水七分，隔湯頓熟，徐徐食之，立效。

素燕窩：《月湖筆藪》：近時素食中盛行一種素燕窩，甯波洋行頗多，形白而細長，空心虛軟，儼如食鋪中饊子而細，有七八寸至尺長不等，望之晶瑩，握之輕虛，每三十餘枝作一束，廚人買得，湯沃之即起脹，蕤蕤然凝白類官燕，以入素饌為珍品，食之亦淡而少味，不知何物造成。或曰，糯粉、山穀為之，何以見沸湯反脆美？或曰，銅鉛之苗，產海外深山，食之可明目。近日始知有用者，不知然否，附記俟考。《北硯食規》有製素燕窩法：先入溫水一盪伸腰，即浸入滾過冷水內，俟作料配菜齊集，另鍋製好，笊籬撈出燕窩，將滾湯在笊籬上淋兩三遍，可用，軟而不糊，半爛用。

清・黃凱鈞《藥籠小品》 燕窩 養肺陰，滋脈絡，骨節有聲，用糯米煮粥服，即瘳。肥白為佳，多痰者忌。

清・章穆《調疾飲食辯》卷六 燕窩 此亦不知何物。《閩部疏》曰是海燕啣膾殘魚所作。人欲其來，刻桐木作雌雄二燕形投井中，則群燕自來作窩。一說此燕不至人家，作窩於海崖石上，大尋得取之。又一說雖作窩於海崖，却不粘着石上，燕每渡海，以此為舟。此則孩稚之語，海外風濤，不知其幾千百里，豈此戔戔之物所能渡乎？性能補氣。凡脾肺虛弱及一切虛在氣分者宜之。又能固表，表虛漏汗畏風者宜之。最佳者每枚可重一兩以上，色白如銀，瓊州人呼為崖燕，力尤大。一種色微紅者，食品所賤，名血燕，云能兼補血分。有表邪人切忌。

清・葉桂《本草再新》卷九 燕窩味甘、鹹，性平，有微毒。入心、肺、腎三經。大補元氣，潤肺滋陰，治虛癆欬嗽，咯血吐血，引火歸源，滑腸開胃。脾胃有寒，脾固弱。脾胃有火，脾亦不能壯。開胃者，乃瀉其火以補之。已勞痢，益小兒痘疹。○燕窩脚，治理相倣。性重，能達下。微鹹，能潤下，兼治噎膈之聖藥。

清・趙其光《本草求原》卷一九禽部 燕窩 燕食海粉，吐而成窩。得風日陽和之氣，燕又屬火，吞之則暖。化海粉之鹹寒為淡平，能使金土相生，養肺胃之陰，下滋腎水化痰。海粉本消痰。止嗽、健胃、消食，補而兼清，使肺氣清肅下行，為調理虛損勞瘵之仙品。凡肺胃虛勞，咳吐紅痰，或久下血、吐血，以冰糖煮食，往往獲效。肺胃氣行，則血隨氣止。但冰糖同煎，則甘壅氣滯，宜與陳及米煮粥。然陰柔性緩，惟陰虛不甚者宜之。若陰火太甚，血逆上奔，雖用無濟。又白者消痰，益痘疹。同米煮粥，治噤口痢、滑腸。紅者已勞痢，更止血，以紅為火燕之真液也，然甚難得。或煮汁，或入丸散湯劑俱可。窩脚：功同，而性重達下，為治噎膈妙品。窩中糞：煎浴，治小兒卒驚，似有痛處而不知。

清・文晟《新編六書》卷六《藥性摘錄》 燕窩 甘，平。補胃潤肺滋腎，治虛癆吐紅，每日兼冰糖煮食有効。然氣味輕淡，遇火勢急迫者無濟也。並見藥部。

燕窩 甘，平。補胃潤肺滋腎，兼治虛癆，咳吐紅痰。然火勢急迫者當用至陰之劑，不可恃此輕淡以扶衰救命也。

清・張仁錫《藥性蒙求・禽部》 燕窩三錢 燕窩甘淡，大養肺陰。化痰止嗽，補內兼清。為調理虛損勞瘵之聖藥。一切病之由於肺虛，不能清肅下行者，皆可治之。又能開胃氣，已勞痢。可入煎藥，須陳者佳。色如糙米者最佳。○假者無邊無毛，或微有邊毛，色白甚，有如銀絲，皆偽為之。

清・王孟英《隨息居飲食譜・毛羽類》 燕窩 甘，平。養胃液，滋肺陰，潤燥澤枯，生津益血，止虛嗽、虛痢，理虛膈、虛痰，病後諸虛尤為妙品。力薄性緩，久任斯優。病邪方熾勿投，其根較能達下。

清・田綿淮《本草省常・禽獸類》 燕窩 性平。大養肺陰，開胃氣，寧嗽化痰，補虛損，止勞痢，益小兒痘疹。

清・戴葆元《本草綱目易知錄》卷五 燕窩葆補 甘淡而平，氣薄味厚，可升可降，養臟汁，滌腑躁，入脾、胃經，為清虛痰、保肺氣之妙品。肺主朝百脈，胃為水穀海，故治五勞七傷，虛咳喘促，吐衂煩躁，瘻痺骨蒸，噎膈反胃，小兒痘疹。凡肺胃弱則清肅之氣失於宣布，故又治崩帶遺精，痔漏腸紅，五淋黃疸，消渴便閉，及補諸虛不足。然此物質薄，須按日常服，自有功效。若飲其汁而不食其滓，或食旬日而止，則冀其奏功難矣。便溏及虛寒者，慎用。葆按：此係海燕冬間結窠海島，羅布禦寒，伏氣其中，口內流涎，旋繞周密，至春飛去。近海居民負至廈門，分販廣閩，市人用缸漂浸，揀擇，分上中下三等以售。但此物係有情精氣所化，非比草木無情。凡勞傷，胃氣虛難運藥及不能受峻補者，最宜。然其力和緩無汁，須燉爛食良。

清・黃光霽《本草衍句》 燕窩 甘能和脾，養肺緩肝。鹹能補心，瀉腎除熱。滋涸竭而化痰涎，補虛勞而和氣血。

清・陳其瑞《本草撮要》卷八 燕窩 味甘平淡，入手太陰經，功專養肺陰，化痰止嗽，補而能清，為調理虛損癆瘵之聖藥。一切病人由於肺虛，不能清肅下行者，此皆可治。開胃氣，已勞痢，益小兒痘疹。用陳久糙米色者佳。喉閉不能下咽。人已神昏，用燕巢泥、雄黃高粱酒浸透，塗喉咽外兩旁邊，中留一線之縫，遂即喉能下咽，如牙關緊閉，先以烏梅擦牙根，再以燕巢泥等塗喉外方妙。燕窩脚名血燕，色紅紫，功用相倣，性重達下，微鹹潤下，治噎膈妙。假燕窩無邊無毛，或微有毛，色白如銀絲，服之無益。

清・唐成之《藥方雜錄》 燕窩 燕窩出廣東陽江縣最多。或云海燕採小魚營集，故名燕窩。或云海燕啄食螺肉，肉化而筋不化，並精液吐出，結為小窩，啣飛過海，倦則漂水上暫息小頃，又銜以飛。人依時拾之。《閩小紀》云：燕窩有烏白紅三種。紅者最難得，可治小兒痘疹。白者愈痰。今閩廣人貢者，鮮白無纖翳。云係人力折製所成，非天然如是也。吾鄉許青巖方伯松佶云：燕窩產海島中窮巖邃谷，足力繩竿之所不及。估舶養小猿之善解人意者，以小布囊繫猿背上，縱之往。升木躡崖，盡剝塞貯囊以歸。猿之去也，苦不得食，三數日始返。估客以果餌充囊中，俾之遠出不飢。拙者出即剝塞囊中，歸而傾囊，不過數片，為果餌占地也。黠者將果餌傾巖竇間，剝塞滿囊，往返數四，尤為便捷。此一猿值數百金，價數倍於拙者。許謹齋黃門志進，每晨起用燕窩合蔗漿蒸食之，以融軟為度，謂他人皆生食也，可終日不溺云。

魚狗

宋・唐慎微《證類本草》卷一九禽部〔唐・陳藏器《本草拾遺》〕 魚狗 味鹹，平，無毒。主鯁及魚骨入肉不可出痛甚者，燒令黑爲末，頓服之。煮取汁飲亦佳。今之翠鳥也，有大小，小者名魚狗，大者名翠。取其尾爲飾，亦有斑白者，俱能水上取魚，故曰魚狗。《爾雅》云：鴗，天狗。注曰：小鳥青似翠，食魚，江東呼爲魚狗。穴土爲窠。

宋・鄭樵《通志》卷七六《昆蟲草木略》 鴗 《爾雅》云天狗。魚狗也。似翡翠而小，青碧可愛。鴗，音立。

元・吳瑞《日用本草》卷四 魚狗 小者名魚狗，大者名翠奴。取毛為飾，亦有白者。味鹹，平，無毒。主魚骨鯁，入肉不可出痛甚者，燒令黑，為末服之。煮取汁飲亦佳。

明・王綸《本草集要》卷六 魚狗即翠鳥。味鹹，無毒。主鯁，及魚骨入肉不可出痛甚者，燒令黑，為末，頓服之；煮汁飲亦佳。

明・滕弘《神農本經會通》卷九 魚狗 今之翠鳥。味鹹，氣平，無毒。陳藏器云：主鯁，及魚骨入肉不可出痛甚者，燒令黑，為末，頓服之；煮取汁飲，亦佳。

明・劉文泰《本草品彙精要》卷二六 魚狗無毒。卵生。

魚狗：主鯁及魚骨入肉不可出痛甚者，燒令黑，爲末，頓服之。煮取汁飲亦佳。名醫所錄。

謹按：《爾雅》云：鴗立及切，天狗也。穴土爲巢，江東人呼爲水狗。《埤雅》云：此鳥知天將雨之鳥也，其形小不盈握，似鸞，紺色而長喙短尾。居溪曲以自藏匿，猶雉分畿，雖飛不越分域。至春先高作巢，及生子，愛之恐墮，稍下作巢。子生毛羽，復益愛之，又更下巢也。亦自炫其毛羽，日浴澄瀾之間，鮮縟可愛。或謂之翡翠，名前爲翡，名後爲翠。又云：雄赤曰翡，雌青曰翠。性善捕魚，故曰魚師，又謂之魚虎。其小者謂之翠碧，今花工取以爲女人面飾者是也。又蟲部一種亦名魚虎，但不能翔，而形質與此不侔也。〔名〕魚虎、魚師、天狗、水狗、翠碧、鷸。〔地〕出南海及江東，今水澤處多有之。〔時〕生：春夏。採：無時。〔色〕翠。〔味〕鹹。〔性〕平，軟。〔氣〕味厚于氣，陰中之陽。〔臭〕腥。〔製〕燒黑爲末，或煮汁用。

明・盧和、汪穎《食物本草》卷三禽類 魚狗 即翠鳥。味鹹，無毒。主鯁及魚骨刺入肉不可出痛甚者，燒令黑，為末，頓服之。煮汁飲亦佳。

明・皇甫嵩《本草發明》卷六 魚狗今之翠鳥，小者名魚狗，大者名翠，食魚。江東呼為魚狗。味鹹，平，無毒。 主鯁及魚骨入肉不可出痛甚，燒令黑，為末，頓服之。煮汁飲亦佳。

明・李時珍《本草綱目》卷四七禽部・水禽類 魚狗《拾遺》

〔釋名〕鴗《爾雅》 天狗同 水狗同 魚虎《禽經》 魚師同 翠碧鳥〔《尔雅翼》〕時珍曰：狗、虎、師，皆獸之噬物者。此鳥害魚，故得此類命名。〔集解〕藏器曰：此即翠鳥也。穴土爲窠。大者名翠鳥，小者名魚狗。青色似翠，其尾可爲飾。亦有斑白者，俱能水上取魚。時珍曰：魚狗，處處水涯有之。大如燕，喙尖而長，足紅而短，背毛翠色帶

碧，翅毛黑色揚青，可飾女人首物，亦翡翠之類。

肉　〖氣味〗鹹，平，無毒。　〖主治〗魚骾，及魚骨入肉不出痛甚者，燒研飲服。或煮汁飲，亦佳藏器。

〖發明〗時珍曰：　今人治魚骨骾，取得去腸，用陰陽瓦泥固煅存性，入藥用。　蓋亦取其相制之意。

明・姚可成《食物本草》卷一二禽部・水禽類　魚狗一名魚虎。　此即翠鳥也，穴土為窠。　大者名翠鳥，小者名魚狗。　青色似翠，其尾可為飾。　亦有斑白者，俱能水上取魚。　李時珍曰：　魚狗，處處水涯有之，大如燕，喙尖而長，足紅而短，背毛翠色帶碧，翅毛黑色揚青，可飾女人首物，亦翡翠之類。　魚狗肉，味鹹，平，無毒。　治魚骾及魚骨入肉不出者，燒研飲服，或煮汁飲，亦佳。　〇李時珍曰：　今人治魚骨骾，取得去腸，用陰陽瓦泥固，煅存性，入藥用。　蓋亦取其相制之意。

明・施永圖《本草醫旨・食物類》卷三　魚狗即翠鳥也。　大者名翠鳥，小者名魚狗。　青色似翠，其尾可為飾。　亦有斑白者，俱能水上取魚。　肉：　味平，無毒。　治：　魚骾及魚骨入肉不出痛甚者，燒研飲服，或煮汁飲亦佳。

清・何其言《養生食鑒》卷下　魚狗即翠鳥，穴土為巢，大如燕，喙尖而長，足紅而短，能水上取魚，背毛翠色，可裝女子首飾。　味鹹，性平，無毒。　可食，治魚鯁及魚骨入肉不出痛甚者，燒研飲服，或煮汁飲，亦佳。

清・趙學敏《本草綱目拾遺》卷九禽部　翠鳥舌　翠鳥，即魚翠也，其舌大而可用。《綱目》魚狗下止言其肉可治魚骨哽，而附以翡翠。　亦云方書無用此者，其功效大約相同，今為補其舌之用。

鍼頭風：　《集聽》：　翠鳥舌一個，以桐油浸曬乾，又浸又曬，硬如三棱鍼，方病發時，將鳥舌於頭上亂鍼，即愈。

清・趙其光《本草求原》卷一九禽部　魚狗即翠鳥，女子取其羽為首飾。　鹹，平，無毒。　能水上取魚。　故治魚骨鯁及魚骨入肉不出。　煎汁飲或存性飲下。

蚊母鳥

宋・唐慎微《證類本草》卷一九禽部〔唐・陳藏器《本草拾遺》〕　蚊母鳥翅主作扇，蚊即去矣。　鳥大如雞，黑色。　生南方池澤茹蘆中。　其聲如人嘔吐，每口中吐出蚊一二升。《爾雅》云：　鶛，蚊母。　注云：　常說常吐蚊，蚊雖是惡水中蟲羽化所生，然亦有蚊母吐之。　猶如塞北有蚊母草，嶺南有蝱母草，江東有蚊母鳥，此三物異類而同功也。

宋・鄭樵《通志》卷七六《昆蟲草木略》　鶛　《爾雅》曰鶛母。　郭云：　似烏鸔而大，黃白雜文，鳴如鴿聲。　今江東呼為蚊母。　俗說此鳥常吐蚊，因以名云。　鶛、鷃，音田、文。

明・李時珍《本草綱目》卷四七禽部・水禽類　蚊母鳥《拾遺》

〖釋名〗吐蚊鳥　鶛《爾雅》。　音田。　〖集解〗藏器曰：　此鳥大如鷄，黑色。　生南方池澤茹蘆中，江東亦多。　其聲如人嘔吐，每吐出蚊一二升。　夫蚊乃惡水中蟲，羽化所生。　而江東有蚊母鳥，塞北有蚊母草，嶺南有虻母木。　此三物異類而同功也。　時珍曰：　郭璞言：　蚊母似烏鸔而大，黃白雜文，鳴如鴿聲。《嶺南異物志》言：　吐蚊鳥，大如青鷁，大嘴食魚。　豈各地之產差異耶。

翅羽　〖主治〗作扇辟蚊藏器。

明・姚可成《食物本草》卷一二禽部・水禽類　蚊母鳥此鳥大如雞，黑色。　生南方池澤茹蘆中，江東亦多。　其聲如人嘔吐，每吐出蚊一二升。　蚊母鳥翅羽，作扇辟蚊。

明・施永圖《本草醫旨・食物類》卷三　蚊母鳥生南方池澤茹蘆中。　翅羽：　治：　作扇辟蚊。

翡翠

宋・鄭樵《通志》卷七六《昆蟲草木略》　翡翠　《爾雅》曰鷸音律。　其羽可以飾器物。

明・李時珍《本草綱目》卷四七禽部・水禽類　翡翠時珍曰：　《爾雅》謂之鷸，出交廣南越諸地。　飲啄水側，穴居生子，亦巢于木，似魚狗稍大。　或云：　前身翡，後身翠，如鵝翠、雁翠之義。　或云：　雄爲翡，其色多赤；　雌爲翠，其色多青。　彼人亦以肉作腊食之。　方書不見用，功應與魚狗相同。

明・穆世錫《食物輯要》卷五　翠鳥　味鹹，平，無毒。　可食，消魚骨骾。　羽青翠可愛。　雄者名翡，其色多赤。

明・吳文炳《藥性全備食物本草》卷三　翠鳥　味鹹，平，無毒。　主鯁及魚骨入肉痛甚者，燒令黑末，頓服，或煮汁飲之亦佳。　羽青翠可愛，雄者名翡，其色多赤。

明・姚可成《食物本草》卷一二禽部・水禽類　翡翠《爾雅》謂之鷸。　出交廣南越諸地。　飲啄水側，穴居生子，亦巢于木，〔似〕魚狗稍大。　或云：　前身翡，後身翠，如鵝翠、雁翠之義。　或云：　雄為翡，其色多赤；　雌為翠，其色多青。　彼人亦以肉作腊食之。　翡翠肉，味甘，平，無毒。　治水疾，利小便。

啄木鳥

宋・唐慎微《證類本草》卷一九禽部〔宋・掌禹錫《嘉祐本草》〕 啄木鳥 平，無毒。主痔瘻，及牙齒疳䘌蚛牙。燒爲末，内牙齒孔中，不過三數。此鳥有大有小，有褐有斑，褐者是雌，斑者是雄，穿木食蠹。《爾雅》云：鴷，斲木。《荆楚歲時記》云：野人以五月五日得啄木貨之。主齒痛。《古今異傳》云：本雷公採藥吏，化爲此鳥。《淮南子》云：斲木愈齲，信哉。又有青黑者，黑者頭上有紅毛，生山中，土人呼爲山啄木，大如鵲。新補。

〔宋・唐慎微《證類本草》〕姚大夫：治瘻有頭出膿水不止。以啄木一隻燒灰，酒下二錢匕。《深師方》：治蛀牙有孔，疼處以啄木鳥舌尖綿裹，於痛處咬之。

宋・鄭樵《通志》卷七六《昆蟲草木略》 鴷 《爾雅》曰啄木。鴷，音列。今亦謂之斲木鳥，常啄木剥剥然，取蠹蟲食。

宋・陳衍《寶慶本草折衷》卷一六 啄木鳥灰在內。 一名斲木，一名山啄木，一名鴷。○鴷，音列。生山中，五月採。《局方》臘月採。

平，無毒。○主痔瘻及牙齒疳䘌蚛牙，燒末内牙齒孔中。此鳥褐者是雌，斑者是雄。又有青黑者，大如鵲。口皆如錐，穿木取蠹而食。

元・吴瑞《日用本草》卷四 啄木鳥 如鵲大，褐者是雌，斑者是雄。或身黑，頭有紅毛者，為山啄木。皆能穿木食蠹。味平，無毒。主痔瘻及牙齒疳䘌蚛牙，燒為末，内牙齒孔中。久患瘡疥，食之能愈，兼治白癜、歷節風。

明・王綸《本草集要》卷六 啄木鳥 氣平，無毒。主痔瘻，燒灰，酒服之。牙齒疳䘌蚛牙，燒末，内牙齒孔中。《淮南子》曰：啄木愈齲。

明・滕弘《神農本經會通》卷九 啄木鳥 有大有小，有褐有斑，斑者是雄，褐者是雌，穿木食蠹。 氣平，無毒。 《本經》云：主痔瘻，及牙齒疳䘌蚛牙，燒為末，内牙齒孔中，不過三數。《淮南子》云：斵木，愈齲。姚大夫云：治瘻，有頭出膿水不止，以啄木一隻，燒灰，酒下二錢匕。

明・劉文泰《本草品彙精要》卷二八 啄木鳥無毒。 卵生。

啄木鳥：主痔瘻，及牙齒疳䘌，蚛牙。名醫所錄。 【地】《圖經》曰：啄木即鴷鳥也。有大有小，有褐有斑。褐者是雌，斑者是雄。剛爪利嘴，舌長寸餘而有利針，穿木食蠹。俗云：此鳥善爲禁法，能曲爪畫地爲印，則穴之塞自開，飛輒以翼墁之，此乃物之有智術者也。今人鼠竊用其印，以發扃鑰。《荆楚歲時記》云：野人以五月五日得啄木貨之，主齒痛。《古今異傳》云：本雷公採藥吏，化爲此鳥。《淮南子》云：斲木愈齲，信哉。又有青黑者，黑者頭上有紅毛，生山中，土人呼爲山啄木，大如鵲也。【時】生：無時。採：無時。【用】嘴、肉。【性】平。【氣】氣之薄者，陽中之陰。【臭】腥。【主】齒痛。【製】燒灰研細用。【治】療：《別錄》云：其舌尖治蛀牙有孔，疼痛，用綿裹咬於患處。○啄木鳥燒爲末，内蚛牙孔中，不過三次即愈。【合治】啄木一隻，燒灰，合酒下二錢，治瘻有頭，膿水出不止者。

明・盧和、汪穎《食物本草》卷三禽類 啄木鳥 平，無毒。主痔瘻，燒灰酒服之。牙齒疳䘌蚛牙，燒末内牙齒孔中。《淮南子》曰：啄木愈齲。

明・寧源《食鑒本草》卷上 啄木鳥 平，無毒。此鳥斑者是雄，褐者是雌，穿木食蠹。治痔瘻，療牙齒蚛䘌。《淮南子》曰：斲木愈齲，信哉。《千金方》：治蟲蛀牙齒疼痛。以啄木鳥燒灰存性，為末，納蛀孔中，不過三次而全。

明・王文潔《太乙仙製本草藥性大全》卷七《本草精義》 啄木鳥 此鳥有大有小，有褐有斑，褐者是雌，斑者是雄，穿木食蠹。《爾雅》云：鴷，斲木。《荆楚歲時記》云：野人以五月五日，得啄木貨之，主齒痛。《古今異傳》云：本雷公採藥吏，化爲此鳥。《淮南子》云：斲木愈齲。信哉！又有青黑者，黑者頭上有紅毛，生山中，土人呼爲山啄木，大如鵲。

明・王文潔《太乙仙製本草藥性大全》卷七《仙製藥性》 啄木鳥 氣平，無毒。 主治：主痔瘻疳䘌神方，治齒疼蚛牙妙法。 補註：治瘻有頭出膿水不止，以啄木鳥一隻燒灰，酒下二錢。○治蛀牙有孔，疼處以啄木鳥舌尖綿裹，於痛處咬之。○治齒蚛牙，又燒灰爲末，納齒孔中，不過三次即愈。

明・皇甫嵩《本草發明》卷六 啄木鳥 主痔瘻及牙齒疳䘌蚛牙。燒末，内齒孔，不過三敷。此鳥斑色是雄。

明・李時珍《本草綱目》卷四九禽部・林禽類 啄木鳥宋《嘉祐》

【釋名】斫木《爾雅》 鴷時珍曰：此鳥斫裂樹木取蠹食，故名。《禽經》云：鴷志在木，鵜志在水。

【集解】禹錫曰：《異物志》云：啄木有大有小，有褐有斑，褐者是雌，斑者是雄，穿木食蠹，俗云雷公采藥吏所化也。山中一種大如鵲，青黑色，頭上有紅毛者，土人呼爲山啄木。時珍曰：啄木小者如雀，大者如鴉，面如桃花，喙、足皆青色，剛爪利觜。觜

如錐，長數寸。舌長於咮，其端有針刺，啄得蠹，以舌鉤出食之。《博物志》云：此鳥能以觜畫字，令蟲自出。魯至剛云：今閩、廣、蜀人巫家收其符字，以收驚、療瘡毒也。其山啄木頭上有赤毛，野人呼爲火老鴉，能食火炭。王元之詩云：淮南啄木大如鴉，頂似仙鶴堆丹砂。即此也。亦入藥用，其功相同。

肉　【氣味】甘、酸，平，無毒。【主治】痔瘻，及牙齒疳䘌蟲牙。燒存性，研末，納孔中，不過三次《嘉祐》。追勞蟲，治風癇時珍。

【發明】禹錫曰：《淮南子》云：啄木愈齲，以類相攝也。《荊楚歲時記》云：野人以五月五日取啄木，主齒痛。時珍曰：追勞、治癇、治瘻，皆取制蟲之義也。

【附方】舊一，新二。瘻瘡膿水：不止，不合。用啄木一隻，或火老鴉亦可，鹽泥固濟，煅存性研末，酒下二錢匕。姚大夫方。　追勞取蟲：用啄木禽一隻，朱砂四兩，精猪肉四兩。餓令一晝夜，將二味和勻，餵之至盡。以鹽泥固濟，煅一夜。五更取出，勿打破，連泥埋入土中二尺。次日取出破開，入銀、石器内研末。以無灰酒入麝香少許，作一服。須謹候安排，待蟲出，速鉗入油鍋煎之。後服《局方》嘉禾散一劑。胡雲翱勞瘵方。　多年癇病：取臘月啄木鳥一個，無灰酒三升。先以瓦罐鋪荊芥穗一寸厚，安鳥於上，再以穗蓋一寸，傾酒入内，鹽泥固濟，炭火煅之，酒乾爲度。放冷取出爲末，入石膏二兩，鐵粉一兩，炮附子一兩，朱砂、麝香各一分，龍腦一錢，共研勻。每服一錢，先服温水三兩口，以温酒一盞調服即卧。發時又一服，間日再服，不過十服即愈。《保幼大全》。

舌　【主治】齲齒作痛，以綿裹尖，咬之《梅師》。

【附方】新一。啄木散：治蟲牙。啄木舌一枚，馬豆一枚，研勻，每以猪騣一莖，點少許於牙根上，立瘥。《聖惠》。

血　【主治】庚日向西熱飲，令人面色如朱，光彩射人。時珍。出《岣嶁神書》。

腦　【主治】魯至剛《俊靈機要》云：三月三日取啄木，以丹砂、大青拌肉餌之，一年取腦，和雄黃半錢，作十丸。每日向東水服一丸。久能變形，怒則如神鬼，喜則常人也。

明・穆世錫《食物輯要》卷五　啄木鳥　味甘、酸，平，無毒。殺癆蟲，治風癇、心痛、痔瘻。庚日取血，向西熱服，令人面發光彩。

明・李中立《本草原始》卷一〇　啄木鳥　有大有小，有褐有斑，褐者是雌，斑者是雄。又有一種大如鵲，青黑色，頭上有紅毛者，土人呼為山啄木，此鳥善為禁法，能曲爪畫地為印，則穴之塞自開，飛輒以翼墁之。舊云：斲木取蠹于深，以舌銛之。舌長于咮，杪有針刺。郭璞云：口如錐，長數寸，常斲木食蟲，因名斲木。

肉：氣味：甘、酸，平，無毒。主治：痔瘻，及牙齒疳䘌蟲牙，燒存性，研末，納孔中，不過三次。追勞蟲，治風癇。舌：主治：齲齒作痛，以綿裹尖咬之。血：主治：庚日向西熱飲，令人面色如朱，光彩射人。

腦：魯至剛《俊靈機要》云：三月三日取啄木，以丹砂、大青拌肉飼之一年，取腦，和雄黃半錢，作十丸，每日向東水服一丸。久能變形，怒則如神鬼，喜則常人也。

啄木鳥，宋《嘉祐》。【圖略】啄木鳥一名鴷。《禽經》云鴷志在木，即此也。

明・吴文炳《藥性全備食物本草》卷三　啄木：此鳥有大有小，有褐者是雌，斑者是雄。又有黑者，頭上有紅毛，大如鵲，觜如錐，長數寸，常穿木食蠹，故名。性平，無毒。主痔瘻有頭，膿水不止，取一隻燒灰，酒下二錢。牙齒疳䘌，蚛牙疼痛，燒為末，内牙孔中，不過三次；或取舌尖綿裹於痛處咬之。俱以端午日得者佳。殺癆蟲，治風癇心痛。庚日取血，向西熱服，令人面發光彩。

明・應廛《食治廣要》卷五　啄木鳥　氣味：甘、酸，平，無毒。主痔瘻及牙齒疳䘌、蟲牙，追勞蟲，治風癇。

明・姚可成《食物本草》卷一二禽部・林禽類　啄木鳥《異物志》云：啄木有大有小，有褐有斑，褐者是雌，斑者是雄，穿木食蠹，俗云雷公采藥吏所化也。山中一種大如鵲，青黑色，頭上有紅毛者，土人呼為山啄木。○李時珍曰：啄木小者如雀，大者如鴉，面如桃花，喙、足皆青色，剛爪利嘴。嘴如錐，長數寸。舌長於咮，其端有針刺，啄得蠹，以舌鉤出食之。《博物志》云：此鳥能以嘴畫字，令蟲自出。今閩、廣、蜀人巫家收其符字，以收驚療瘡者也。其山啄木頭上有赤毛，野人呼為火老鴉，能食火炭。○王元之詩云：淮南啄木大如鴉，頂似仙鶴堆丹砂。即此也。

啄木鳥肉：味甘、酸，平，無毒。治痔瘻及牙齒疳䘌蟲牙。燒存性，研末，納孔子中，不過三次。追勞蟲，治風癇。舌：治齲齒作痛，以綿裹尖咬之。血：庚日向西熱飲，令人面色如朱，光彩射人。腦：魯至剛《俊靈機要》云：三月三日取啄木，以丹砂、大青拌肉餌之，一年取腦，和雄黃半錢，作十丸，每日向東水服一丸。久能變形，怒則如神鬼，喜則常人也。

附方：取勞蟲。啄木一隻，精肉四兩，硃砂四兩。餓令一晝夜，將二味和勻，服之至盡。以鹽泥固濟，煅一夜，五更取出，勿打破，連泥埋入土中二

尺，次日取出破開，入銀、石器内研末。以無灰酒入麝香少許，作一服。須謹候安排，待蟲出，速鉗入油鍋内煎之，後服即効。

明·施永圖《本草醫旨·食物類》卷三 啄木鳥斲裂樹木，取蠹食，故名。

肉：味甘、酸。治：痔瘻及牙齒疳䘌。蟲牙，燒存性，研末，納孔中，不過三次。追癆蟲，治風癇。野人以五月五日嚐啄木，主齒痛。○追勞、治癇、治瘻，皆取制蟲之義也。

附方 瘻瘡膿水：用啄木一隻，或火老鴉亦可，鹽泥固濟，煅存性，研末，酒下二錢匕。

舌：治齲齒作痛，以綿裹尖咬之。

附方 啄木散：治蟲牙，啄木舌一枚，巴豆一枚，研勻，每以猪鬃一莖，點少許於牙根上，立瘥。

血：治：庚日向西，熱飲，令人面色如朱，光彩射人。

清·郭章宜《本草匯》卷一七 啄木鳥 味甘、酸，平。追癆蟲，治風癇。

按：啄木鳥，能斲裂樹蠹，取蟲而食，故以是稱。善追癆治癇，及痔漏牙蟲。《淮南子》曰：啄木愈齲。以類相攝也。

鹽泥固煅，五更連泥埋土中三尺，次日取出，入藥用。服此藥須安排淨器，待蟲出，速鉗入油鍋煎之。

清·何其言《養生食鑒》卷下 啄木鳥有大，有小。小者如雀，大者如鴉。面如桃花，喙足皆青色。有褐，有班。褐者是雌，班者是雄。嘴如錐，長數寸，(當)〔常〕穿木食蠹。味甘、酸，性平，無毒。追癆蟲，治風癇。痔瘻膿水不止，取一隻燒灰，酒下二錢。牙齒疳䘌、蟲牙痛，燒為末，納牙孔中，不過三次；或取舌，綿裹於痛處，咬之。俱以端午日得者佳。

清·张璐《本經逢原》卷四 啄木鳥 甘、酸，平，無毒。形色與畫眉鳥相似，但頭頂有紅毛一片，嘴與爪皆堅銳如鐵，故能啄木取蠹，不可不辯。

發明：啄木性專殺蠹，故治人藏府積蠹之患。時珍治勞瘵癇瘻，皆取制蟲之義。燒灰存性治痔漏。蟲牙納孔中，不過二三次愈。《丹方》治噎膈，諸藥不效，以之熬膏，入麝香一錢匕，晝夜六時嗅之，膈塞自開。蓋膈多有因鬱積所致，以其善開木鬱之邪也。

清·汪紱《醫林纂要探源》卷三 啄木鳥 甘，酸，平。治蛀齒，殺蟲䘌。有黃、黑、綠數色，身小，長喙如錐，能緣木枝倒懸而行。或煮汁含漱，或全體乾炙為末，擦牙可絕蛀。服之，亦殺蛔蟲寸白。擦疥癬，可治皮膚内蟲。蓋其啄木食蟲之性然也。○術家云：取此血，清晨東向飲之，能使面乍變五色，隨意所欲。

清·李文培《食物小錄》卷下 啄木鳥 甘、酸，平，無毒。痔瘻及牙疳、䘌牙人宜食之。

清·趙其光《本草求原》卷一九禽部 啄木鳥 啄裂木食蠹，褐者是雌，斑者是雄。甘、酸，平，無毒。治痔瘻膿水，煅酒下。勞蟲，同朱砂封煅，埋地中。先服朱砂肉，餓一夜，取出，入麝酒下。蟲出，鉗入油鍋煎入。久年癇病。同荊穗入罐内，加酒封煅，和石膏、附子、鐵粉、朱砂、冰麝研酒下，十服愈。

清·王孟英《隨息居飲食譜·毛羽類》 鴷啄木鳥也。甘，平。開膈利噎，平驚，追勞蟲，已痔瘻。牙疳、齒齲，煅末，塞之。

雲雀

附：日·丹波康賴《醫心方》卷三〇 雲雀 崔禹〔錫〕云：味鹹，大温，無毒。主補中，陰痿不起，虚勞内損，赤白下利。作臛食之，強陰氣。貌似雀而大，是鳥春夏在陽，秋冬在陰。陽時喜鳴，陰時不鳴，吸陰氣而登天，含陽氣而下地，翔於雲陽而吐氣，故以名之。其音密密然，似人大訇。

燕

唐·孫思邈《千金要方》卷二六《食治·鳥獸》 越鷰屎 味辛，平，有毒。主殺蠱毒鬼注，逐不祥邪氣，破五癃，利小便。熬香用之，治口瘡。肉不可食之，入水為蛟龍所殺。黄帝云：十一月勿食鼠肉、鷰肉，損人神氣。

宋·唐慎微《證類本草》卷一九禽部〔《本經·别錄》〕 **鷰屎** **味辛，平，有毒。** **主蠱毒鬼疰，逐不祥邪氣，破五癃，利小便。** 生高山平谷。

〔梁·陶弘景《本草經集注》〕云：鷰有兩種，有胡、有越。紫胸輕小者是越鷰，不入藥用；胸斑黑，聲大者是胡鷰。俗呼胡鷰爲夏侯，其作窠喜長，人言有容一疋絹者令家富。窠亦入藥用，與屎同，多以作湯洗浴，療小兒驚邪也。窠戶有北向及尾倔求勿切色白者，皆是數百歲鷰，食之延年。凡鷰肉不可食，令人入水爲蛟所吞。亦不宜殺之。

〔唐·蘇敬《唐本草》〕注云：《别録》云，胡鷰卵，主水浮腫。肉，出痔蟲。越鷰屎亦療痔，殺蟲，去目瞖也。

〔宋·馬志《開寶本草》〕按：陳藏器《本草》云：鷰屎，有毒。主瘧。取方寸匕，令患者發日平旦，和酒一升，攪調。病人兩手捧椀當鼻下承取氣，慎勿入口，毒人。又，主蠱毒。取屎三合，熬令香，獨頭蒜十枚，去皮，和擣爲丸。服三丸，如梧桐子，蟲當隨痢下而出。

〔宋・掌禹錫《嘉祐本草》〕按：　孟詵：　石鷰，在乳穴石洞中者，冬月採之，堪食。餘者不中，只可治病，食如常法，取二十枚，投酒一斗中漬之，三日後取飲。每服一二盞，隨性多少，甚益氣力。　日華子云：　石鷰，暖，無毒。壯陽，暖腰膝，添精補髓，益氣，潤皮膚，縮小便，禦風寒、嵐瘴、溫疫氣。

〔宋・唐慎微《證類本草》〕《圖經》：　文具雀卵條下。　HT〕《外臺秘要》：　治蠼螋尿瘡，繞身匝即死。以鷰巢中土、猪脂、苦酒和傅之。《肘後方》：　治卒大腹水病。取胡鷰卵中黃，頓吞十枚。《葛氏方》：　卒得浸淫瘡，有汁，多發於心，不早療，周匝身則殺人。胡鷰窠中土，水和傅之。又方：　若石淋者，取鷰屎末，以冷水服五錢匕，旦服至食時當尿石水。《賈相公牛經》：　牛有非時喫著雜蟲，腹脹滿。取鷰子糞一合，以水漿二升相和，灌之，效。

宋・鄭樵《通志》卷七六《昆蟲草木略》　燕　玄鳥也。《爾雅》曰鳦。陸璣云：　齊人謂之乙。燕有二種，《爾雅》又曰：　燕，白脰烏。則知此為紫燕矣。

元・吳瑞《日用本草》卷四　燕　味辛，有毒。有胡、越二種：　胸斑黑身，聲大者是胡燕，候其作窠善長，可入藥用；　紫胸輕小者是越燕，不入藥用，不可食，令人入水則為蛟所吞耳。其燕亦不宜殺之。　主蠱毒鬼疰，逐不祥邪氣，破五癃，利小便。　胡燕卵：　主水浮腫。肉，出痔蟲。　越燕屎：　療痔殺蟲，去目翳。取糞三合，熬令香，以獨蒜十枚，去皮，二件擣和為丸，每服七丸，日夜三服以利下，其蟲從大便中出，可用灰水中看之。

明・王綸《本草集要》卷六　鷰屎　味辛，氣平，有毒。胡燕者入藥。　主蠱毒鬼疰，逐不詳邪氣，破五癃，利小便。○窠，與屎同，多以作湯浴小兒，治驚邪。

明・滕弘《神農本經會通》卷九　鷰屎　鷰有兩種，紫胸輕小者是越鷰，不入藥用。胸斑黑，聲大者是胡鷰，其作窠喜長，人言有容一疋絹者令家富。凡鷰肉不可食，亦不宜殺之。

味辛，氣平，有毒。　《本經》云：　主蠱毒鬼疰，逐不祥邪氣，破五癃，利小便。陶云：　窠，亦入藥用，與屎同，多以作湯洗浴，療小兒驚邪。《別録》云：　胡鷰卵，主水浮腫。肉，出痔蟲。越鷰屎，亦療痔殺蟲，去目瞖。陳藏器云：　鷰屎，有毒。主瘧，取方寸匕，令患者發日平旦和酒一升，攪調，病人兩手捧椀，當鼻下承取氣，忌勿入口，毒人。又主蠱毒，取屎三合，熬令香，獨頭蒜十枚，去皮和擣，為丸，服三丸如梧桐子大，蠱當隨下而出。孟詵云：　石鷰，在乳穴石洞中者，冬月採之，堪食，餘者不中，只可治病。食如常法，取二十枚，投酒二升中漬之，三日後取飲，每夜服一二盞，隨性多少，甚益氣力。日華子云：　石鷰，暖，無毒。壯陽，暖腰膝，添精補髓，益氣，潤皮膚，縮小便，禦風寒，嵐瘟溫疫氣。

明・劉文泰《本草品彙精要》卷二七　鷰屎有小毒。

鷰屎：　主蠱毒，鬼疰，逐不祥邪氣，破五癃，利小便。《神農本經》。

〔名〕鷰：　鳦、玄鳥。　〔地〕《圖經》曰：　生高山平谷，今處處有之。陶隱居云：　鷰有兩種，有胡，有越。紫胸，輕小者是越鷰，不入藥用；　胸斑黑，聲大者是胡鷰，俗呼爲夏侯者是也。其作窠喜長，人言有容一疋絹者，令家富。窠亦入藥用，與屎同。惟抱子處者爲佳。《別錄》云：　一種石鷰，暖，無毒。在乳穴石洞中，冬月採之，堪食。餘不中食，只可治病也。〔時〕採：　三月至八月取屎。〔用〕屎、窠。〔味〕辛。〔性〕平。〔氣〕氣之薄者，陽中之陰。〔臭〕臭。〔治〕療：　陶隱居云：　胡鷰窠與屎作湯，浴小兒驚邪。《唐本》注云：　胡鷰卵，治水腫。○肉，出痔蟲。○越鷰屎，療痔，殺蟲，去目瞖。日華子云：　石鷰，縮小便，禦風寒，嵐瘴，瘟疫氣。《別錄》云：　胡鷰卵中黃，頓吞十枚，治卒大腹水病。○胡鷰窠中土，水和，傅卒得浸淫瘡有汁，多發於心，不早療，周匝身則殺人。○鷰屎末，以冷水服五錢匕，治石淋，旦服至食時，當尿石出。○鷰糞一合，以水漿二升相和，灌之，治牛非時吃著雜蟲，腹脹滿者。補：　日華子云：　石鷰，壯陽，暖腰膝，添精補髓，益氣，潤皮膚。〔合治〕鷰屎，取方寸匕，合酒一升調，令患人兩手捧碗，當鼻下承取氣，治瘧疾。慎勿入口，毒人。○取屎三合，熬令香，合獨頭蒜十枚，去皮，和擣爲丸如桐子大，每服三丸，治蠱毒，當隨利下而出。○鷰窠中土，合豬脂、苦酒和，傅蠼螋尿瘡。不速治，繞身匝即死。〔禁〕鷰肉不可食，亦不宜殺之。

明・盧和、汪穎《食物本草》卷三禽類　鷰　屎，味辛，氣平，有毒。主蠱毒鬼疰，逐不祥邪氣，破五癃，利小便。窩，與屎同，多以作湯，浴小兒，治驚邪。卵，主水浮腫。肉，出痔蟲。

明・陳嘉謨《本草蒙筌》卷一〇　鷰屎　味辛，氣平。有毒。種有兩般，用宜細認。胸紫赤而輕小者名越鷰，入劑不宜；　胸斑黑而聲大者名胡鷰，

治病方効。春夏則巢屋舍梁楣而孳育，秋冬乃入樹孔土穴以蟄藏。作窠喜長，堪容疋絹。屎積地上，依時採收。治久瘧最靈，臨發日攪酒一升，捧兩手，取氣漸熏鼻中，瘧即禁止；敺蠱毒尤驗，空心時炒香三合，丸獨蒜，獨蒜搗爛丸之。用湯竟送腹內，蠱立洩除。殺鬼疰而逐不祥，破五癃以利小水。肉搗敷痔，亦能出蟲。殺則不宜，死者方可。　窠取哺雛處所，作湯可浴小兒。悉逐驚癇，盡除瘡疥。

明·王文潔《太乙仙製本草藥性大全》卷七《本草精義》　燕屎　種有兩般，用宜細認：胸紫赤而輕小者，名越燕，入藥不宜；胸斑黑而聲大者名胡燕，治病方效。春夏則巢屋舍梁楣而孳育，秋冬乃入樹孔土穴以蟄藏。其作窠喜長，人言有容一疋絹者，令家富。窠亦入藥用，與屎同。屎積地上，依時收取，多以作湯洗浴，療小兒驚邪也。窠戶有北向及尾倔求力切色白者，皆是數百歲燕，食之延年。凡燕肉不可食，令人入水爲蛟所吞，亦不宜殺之。胡燕卵主水浮腫，肉出痔蟲。越燕屎，亦療痔，殺蟲，去目瞖也。

明·王文潔《太乙仙製本草藥性大全》卷七《仙製藥性》　燕屎　味辛，氣平，有毒。　主治：治久瘧最靈，臨發日攪酒一升，捧兩手取氣漸熏鼻中，瘧即禁止。敺蠱毒尤驗，空心時炒香三合，丸獨蒜，獨蒜搗爛丸之。用湯竟送腹內，蠱立洩除。殺鬼疰而逐不祥，破五癃以利小水。　補註：若石淋者，取燕屎末，以冷水服五錢，旦服至食時當尿石水。○牛有非時喫著雜蟲，腹脹滿，取燕子屎一合，以水漿二升相和，灌之效。　燕肉：搗敷痔，亦能出蟲。殺則不宜，死者方可。　燕窠：取哺雛處所，作湯可浴小兒，悉逐驚癇，盡除瘡疥。目瞖亦去，痔瘻可除。　補註：治蠼螋尿瘡，繞身匝即死。以燕窠中土、豬脂、苦酒和傅之。○卒得浸淫瘡有汁，多發於心，不早療，周匝身則殺人。胡燕窠中土，水和傅之。○陶隱居云燕有胡越二種，入藥用胡燕也。胡洽治疰，青羊脂丸中用之，其窠亦入藥。治濕瘑，取胡燕窠最寬大者，惟用其抱子處，餘不用，搗爲末，以漿水煎甘草，入少許鹽成湯，用洗瘡，洗訖拭乾，以窠末貼其上，三兩次便差。若患惡刺，以醋和末如泥，裹之三兩日，易便差。　燕卵：治水腫浮腫，用之極有效驗。　補註：治卒大腹水病，取胡燕卵中黄，頓吞十枚。

明·皇甫嵩《本草發明》卷六　鷰屎味辛，平，有毒。　主蠱毒鬼疰，逐不祥邪氣，破五癃，利小便。鷰屎毒，勿入口。但却蠱毒，空心時，炒三合丸，以獨蒜白湯吞，毒即隨利而下。鷰有二種，惟胸斑黑色大者，為胡鷰，取其巢之長者，才療病。巢亦入藥，與糞同。○卒得浸淫瘡，有汁，多發于心，不早治，周匝身殺人。取胡鷰窠中抱子處土，水和傅之。凡洗瘡，以漿和土，以甘草水入鹽少許，洗訖拭乾，即以窠末貼之，二三遍愈。又治蠼螋尿瘡，繞身匝即死，以窠中土、脂油、苦酒和傅之。又哺乳處土，作湯，浴小兒驚癇，除瘡疥。　卵，主水腫，取黄吞十枚。○越鷰屎，亦療痔殺蟲，去目翳。

明·李時珍《本草綱目》卷四八禽部·原禽類　燕《別録》中品

【釋名】乙鳥《説文》　玄鳥《禮記》　鷙鳥《古今注》　鷾鴯《莊子》　游波《炮炙論》　天女《易占》。時珍曰：燕字篆文象形。乙者，其鳴自呼也。玄，其色也。鷹鷂食之則死，能制海東青鶻，故有鷙鳥之稱。能興波祈雨，故有游波之號，雷斅云海竭江枯，投游波而立泛，是矣。《京房》云：人見白燕，主生貴女，故燕名天女。　【集解】《別録》曰：燕生高山平谷。弘景曰：燕有兩種：紫胸輕小者是越燕，不入藥用；胸斑黑而聲大者，是胡燕，可入藥用。胡燕作窠長，能容二匹絹者，令人家富也。若窠户北向而尾屈色白者，是數百歲燕，仙經謂之肉芝，食之延年。時珍曰：燕大如雀而身長，籋口豐頷，布翅歧尾，背飛向宿，營巢避戊己日，春社來，秋社去。其來也，啣泥巢於屋宇之下；其去也，伏氣蟄於窟穴之中。或謂其渡海者，謬談也。玄鳥至時祈高禖，可以求嗣，或以爲吞燕卵而生子者，怪説也。或云燕蟄於井底，燕不入屋，井虛也。燕巢有艾則不居。凡狐貉皮毛，見燕則毛脱。物理使然。

肉　【氣味】酸，平，有毒。弘景曰：燕肉不可食，損人神氣，入水爲蛟龍所吞。亦不宜殺之。時珍曰：《淮南子》言燕入水爲蜃蛤，故高誘註謂蛟龍嗜燕，人食燕者不可入水，而祈禱家用燕召龍。竊謂燕乃蟄而不化者，化蛤之説未審然否？但燕肉既有毒，自不必食之。

【主治】出痔蟲、瘡蟲《別録》。

胡燕卵黄　【主治】卒水浮腫，每吞十枚《別録》。

秦燕毛　【主治】解諸藥毒。取二七枚燒灰，水服時珍。

屎　【氣味】辛，平，有毒。　【主治】蠱毒鬼疰，逐不祥邪氣，破五癃，利小便，熬香用之《別録》。頌曰：胡洽治疰病，青羊脂丸中用之。　療痔，殺蟲，去目瞖蘇恭。　治口瘡、瘧疾孫思邈。作湯，浴小兒驚癇弘景。

【附方】舊三，新三。　解蠱毒：藏器曰：取燕屎三合炒，獨蒜去皮十枚和擣，丸梧子大。每服三丸，蠱當隨利而出。　厭瘧疾：藏器曰：燕屎方寸匕，發日平旦和酒一升，令病人兩手捧住吸氣。慎勿入口，害人。　下石淋：用燕屎末，以冷水服五錢。旦服，至食時，當尿石水下。　通小便：用燕屎、豆豉各一合，糊丸梧子大。每白湯下三丸，日三服。《千金》。　止牙痛：用燕子屎，丸梧桐子大。於疼處咬之，丸化即疼止。《袖

珍》。

小兒卒驚：似有痛處而不知。用燕窠中糞，煎湯洗浴之。《救急方》。

窠中土見土部。

燕蓐草即窠草。見草部之九。

明・穆世錫《食物輯要》卷五 燕 味酸，平，有毒。不可食，損人神氣。入水，為蛟龍所吞。亦不宜殺之。能出痔蟲瘡蟲。

明・李中立《本草原始》卷一〇 燕 生高山平谷。有兩種：紫胸輕小者是越燕，胸斑黑聲大者是胡燕。作窠長能容一疋絹者，令人家富也。時珍曰：燕字篆文象形。《說文》謂之乙鳥。乙者，其鳴自呼也。《禮記》謂之玄鳥。玄，言其色也。鷹、鷂食之則死。能制海東青鶻，故《古今注》有鷙鳥之稱。能興波祈雨，故《炮炙論》有游波之號。又有白燕。京房曰：人見白燕，主生貴女。故《易占》名天女。

燕肉 氣味：酸，平，有毒。主治：出痔蟲、瘡蟲。 卵黃：主治：卒水浮腫，每吞十枚。 毛：主解諸藥毒，取二七枚，燒灰水服。 屎：氣味：辛，平，有毒。主治：蠱毒鬼疰，逐不祥邪氣，破五癃，利小便。熬香用之，療痔，殺蟲，去目瞖，治口瘡，瘧疾。屎作湯，浴小兒驚癇。 弘景曰：燕肉不可食，損人神氣。入水為蛟龍所吞。亦不宜殺之。

【圖略】胡燕大如雀而身長，籋口豐頷，布翅歧尾。春社來，秋社去，食飛小蟲。

《賈相公牛經》：治牛有非時吃雜蟲腹脹滿，取燕子屎一合，以水漿二升相和，灌之效。

明・吳文炳《藥性全備食物本草》卷三 燕 擣傅痔蟲。須自死可用。殺則招禍。

窠中土：主卒得浸淫瘡有汁水，和塗之。又與屎等分以作湯浴小兒，治驚癇。 屎：治久瘧，臨發日攪酒一升，兩手捧取其氣，漸熏鼻中，瘧即禁止。歐蠱毒取三合炒香，以獨蒜搗爛丸之，用湯送下。泄盡蠱蟲，又殺鬼疰，逐不祥，破五癃，利小水。 卵：治水腫，取胡燕卵中黃，頓吞十枚立消。

明・姚可成《食物本草》卷一二禽部・原禽類 燕一名玄鳥，一名游波。有兩種：紫胸輕小者，是越燕；有斑黑而聲大者，是胡燕。胡燕做窠長，能容二疋絹者，令人家富也。若窠戶北向，而尾屈色白者，是數百歲燕，仙經謂之肉芝，食之延年。○李時珍曰：燕大如雀而長，籋口豐頷，布翅歧尾。背飛向宿，營巢避戊己日。春社來，秋社去。其來也，銜泥巢于屋宇之下；其去也，伏氣蟄于窟穴之中。或謂其渡海者，謬談也。鷹鷂食之則死，能制海東青鶻，能興波祈雨，故有游波之號。雷斅云海竭江枯，投遊波而立汎是矣。玄鳥至時祈高禖，可以求嗣。或以為吞燕卵而生子者，怪說也。燕巢有艾則不居。凡狐貉皮毛，見燕則毛脫，物理使然。

燕肉：味酸，平，有毒。治出痔蟲、瘡蟲。燕肉不可食，損人神氣。入水為蛟龍所吞。亦不宜殺之。○李時珍曰：《淮南子》言燕入水為蜃蛤，故高誘註謂蛟龍嗜燕，人食燕者不可入水，而祈禱家用燕召龍。竊謂燕乃蟄而不化者，化蛤之說未審然否？但燕肉既有毒，自不必食之。 胡燕卵黃：治卒水浮腫，每吞十枚。 秦燕毛：治解諸藥毒，取二七枚，燒灰水服。 屎：味辛，平，有毒。治蠱毒鬼疰，逐不祥邪〔氣，破〕五癃，利小便。熬香用之。療痔，殺蟲，去目瞖。治口瘡、瘧疾。作湯，浴小兒驚癇。

附方：治中蠱毒。取燕屎三合炒，獨蒜去皮十枚，和擣丸梧子大。每服三丸，蠱當隨利而出。 厭治瘧疾。燕屎方寸匕，發日平旦和酒一升，令病人兩手捧住吸氣。慎勿入口，害人。

明・施永圖《本草醫旨・食物類》卷三 燕名玄鳥。作窠長能容二疋絹者，令人家富也。若窠戶北向而尾屈色白者，是數百歲燕，仙經謂之肉芝，食之延年。 肉：味酸，平，有毒。燕肉不可食，損人神氣，入水為蛟龍所吞，亦不宜殺之。治：出痔蟲瘡蟲。 胡燕卵黃：治：卒水浮腫，每吞十枚。 秦燕毛：治：解諸藥毒，取二七枚，燒灰水服。 屎：味辛，平，有毒。治：蠱毒鬼疰，逐不祥邪氣，破五癃，利小便。熬香用之，療痔殺蟲，去目翳。治口瘡，瘧疾。作湯，浴小兒驚癇。

附方 解蠱毒：取燕屎三合，炒，蜀蒜去皮，十枚，和擣，丸梧子大。每服三丸，蠱當隨利而出。 下石淋：用燕屎末，以冷水服五錢，旦服，至食時，當尿石水下。 通小便：用燕屎、豆豉各一合，糊丸梧子大。每白湯下三丸，日三服。 止牙痛：用燕子屎，丸梧桐子大，於疼處咬之，丸化即疼止。

清・穆石匏《本草洞詮》卷一四 燕 燕，篆文象形也。《禮記》謂之玄鳥。《莊子》謂之鷾鴯。鷹鷂食之則死。能制海東青鶻，故有鷙鳥之稱。春社來，秋社去，來則啣泥巢於屋下，去則伏氣蟄於穴中。蛟龍嗜燕，人食燕者不可入水，而祈禱家用燕召龍，故有遊波之號。雷公云海竭江枯，投遊波而

立汎是矣。肉，酸，平，有毒。能出痔蟲瘡蟲，損人神氣，不可食。

清·丁其譽《壽世秘典》卷四　燕有兩種，紫胸輕小者是越燕，多在堂室中梁上作巢；胸斑聲大者是胡燕，多簷下作巢。營巢避戊己日，春社來，秋社去。其來啣泥巢於屋宇之下，其去也，伏氣蟄於窟穴之中。能制海東青鶻，故有鷙鳥之稱，能點波祈雨，又有遊波之號。雷斅云：海竭江枯，投遊波而立泛是矣。京房云：人見白燕主生貴女，故燕名天女。燕巢有艾則不居。凡狐貉皮毛見燕則毛脫，物理使然。　氣味：酸，平，有毒。不可食，損人神氣。人食燕者，入水為蛟龍所吞。亦不宜殺之，鷹鷂食則死。

清·朱本中《飲食須知·禽類》　燕肉　味酸，性平，有毒。不可食，損人神氣。不宜殺之。嗜燕人入水，為蛟龍所吞。燕作窩，長能容二疋絹者，令人家富也。窩穴北向，尾屈色白者，是數百歲燕，仙經謂之肉芝。

清·何其言《養生食鑒》卷下　燕一名玄鳥，啣泥巢於屋宇之下。　味酸，性平，有毒。不可食，損人神氣。治小兒卒驚似有痛處而不知，用燕窠中糞煎湯浴之。

清·馮兆張《馮氏錦囊秘錄·雜症痘疹藥性主治合參》卷一〇　燕屎　治久瘧最靈，臨發日攪酒熏鼻即止。毆蠱毒尤驗，空心時炒三合，丸獨蒜，用湯送服，蠱即洩除。殺鬼疰不祥，破五癃利水。窠作湯，可浴小兒，悉逐驚癇，盡除瘡疥。

清·浦士貞《夕庵讀本草快編》卷六　燕《別錄》、游波　燕字篆文象形，小鳥也。鷹鷂食之則死。　燕肉酸平而有毒，食之損人神氣。且蛟龍嗜燕，食燕之人不可入水，故祈禱家用以召龍。雷斅序云海竭江枯，投游波而立泛是也。春社來，秋社去。其來也，啣泥巢室或臻舊窠，知避戊己之日。至時祈高禖，可以求嗣。京房云：人見白燕，主生貴女，又號天女。若窠北向而尾屈曲色白者，乃數百歲燕也，仙經謂之肉芝，食可長年。未知果否？其窠置艾則不居。凡狐貉皮毛，見燕則脫。物理之微，博雅者不可不並究耳。

清·羅國綱《羅氏會約醫鏡》卷一八禽獸部　燕屎　治久瘧最靈，臨發日攪酒熏鼻即止。窠作湯浴小兒，逐驚癇，除瘡疥。

清·吳鋼《類經證治本草·經外藥類》　燕　肉有毒，不可食。【略】誠齋曰：食燕肉，終身不可渡江海。

清·葉志詵《神農本草經贊》卷二　燕屎　味辛，平。主蠱毒鬼注，逐不祥邪氣，破五癃，利小便。生平谷。

涏涏燕燕，飛啄差池。營巢泥帶，哺乳花遺。瘧寒吸氣，疰疢調脂。避知戊己，表瑞迎鼇。涏，堂練切。

《漢書·傳》：童謠，燕燕尾涏涏，燕飛來，燕啄矢。《詩》：差池其羽。杜牧詩：何處營巢夏將半。劉兼詩：江畔春泥帶雨銜。盧諶賦：銓先後而均哺。梁簡文帝詩：銜花落北戶。陳藏器曰：燕屎和酒，令人吸氣勿入口，厭瘧寒疾。名醫曰：和青羊脂丸治疰。《聞見後錄》：燕營巢避戊己日。肅詮詩：表瑞玉筐中。

清·文晟《新編六書》卷六《藥性摘錄》　燕　酸，平，有毒。不可食。窠中糞，煎湯，可浴小兒卒驚。〇窠土，醋調，可敷頸腫喉閉。

清·田綿淮《本草省常·禽獸類》　燕　一名乙鳥，一名玄鳥，一名鷙鳥，一名鷾鴯，一名游波，一名天女。有毒，不可食。陶真人曰：蛟龍嗜燕，食燕者，渡江海為蛟龍所啖。

石燕

明·李時珍《本草綱目》卷四八禽部·原禽類　石燕日華

【釋名】土燕《綱目》　【集解】詵曰：石燕在乳穴石洞中者。冬月采之堪食，餘月止可治病。炳曰：石燕似蝙蝠，口方，食石乳汁。時珍曰：此非石部之石燕也。《廣志》云：燕有三種，此則土燕乳于巖穴者是矣。

肉　【氣味】甘，暖，無毒。　【主治】壯陽，暖腰膝，添精補髓，益氣，潤皮膚，縮小便，禦風寒、嵐瘴、温疫氣日華。詵曰：治法取石燕二七枚，和五味炒熟，以酒一斗浸三日。每夜卧時飲一二盞，甚能補益，令人健力能食。

明·穆世錫《食物輯要》卷五　石燕　味甘，溫，無毒。壯陽暖腰膝，添精補髓，益氣潤皮膚，縮小便，禦風寒嵐瘴溫疫氣。瑞曰：即土燕，多棲巖穴，出乳穴洞中者尤佳。冬堪食，餘月止可治病。

明·姚可成《食物本草》卷一二禽部·原禽類　石燕在乳穴石洞中者，冬月采之，堪食，餘月止可治病。形似蝙蝠，口方，食石乳汁。〇李時珍曰：此非石部之石燕也。《廣志》云燕有三種，此則土燕，乳于巖穴者是矣。　石燕肉：味甘，暖，無毒。壯陽，暖腰膝，添精補髓，益氣潤皮膚，縮小便，禦風寒、嵐瘴、溫疫氣。

明·施永圖《本草醫旨·食物類》卷三　石燕在乳穴石洞中者，似蝙蝠，口方，食石乳汁。　肉：味甘，暖，無毒。治：壯陽，暖腰膝，添精補髓，益氣，潤皮膚，縮小便，禦風寒嵐瘴、溫疫氣。治法：取石燕二七枚，和五味炒熟，以酒一斗，

浸三日，每夜臥時飲一二盞。甚能補益，令人健力能食。

清・丁其譽《壽世秘典》卷四 石燕似蝙蝠，口方，食石乳汁，能飛，乃禽類也。在鍾乳穴石洞中，一名土燕，食之補助與鍾乳同功，故方書助陽藥多用之。一種如蜆蛤之狀，色如土，堅重如石，乃石類也。永州祁陽縣，江畔沙灘上有之，性涼，乃利竅行濕熱之物。久年腸風、赤白帶下，以一枚磨水服，立效。世俗不知，往往用此石為助陽藥，乃大相反，誤矣。《湘州記》云：零陵山有石燕，遇雨則飛如生燕，雨止則還如石。 氣味：甘，暖，無毒。主壯陽，暖腰膝，添精髓，益氣，潤皮膚，縮小便，禦風寒嵐瘴瘟疫氣。

清・吳儀洛《本草從新》卷六 石燕〔補陽益精。〕甘，溫。壯陽益氣，暖腰膝，添精髓，潤皮膚，縮小便，禦風寒嵐瘴，溫疫氣。孟詵曰：治法，取石燕二七枚，和五味炒熟，以酒一斗浸三日，每夜臥時飲一二盞，甚能補益，令人健力能食。一名土燕。似蝙蝠，口方，食石乳汁。《廣志》云：燕有三種，此則土燕乳於岩穴者。孟詵曰：石燕在乳穴石洞中者，冬月采之堪食，餘月止可治病。

清・李熙和《醫經允中》卷二一 石燕 鹹，寒，無毒。主治眼目障瞖，婦人難産者，兩手各握一枚立驗。石蠏氣味相同，主點目瞖，平癰落胎。

清・趙學敏《本草綱目拾遺》卷九 石燕 《粵語》：產西樵巖穴中，大如乳燕，足生翼末。《綱目》石燕條引《日華子本草》，無治疳之說，今廣人用之頗驗，故補之。 治兒疳，小兒羸瘦，取食即愈。諺曰嬰兒瘦，採石鷇，即此。

清・戴葆元《本草綱目易知錄》卷五 石燕土燕 肉，甘，暖。益氣壯陽，添精補髓，暖腰膝，潤皮膚，縮小便，禦風寒，嵐瘴疫氣。**【略】**葆按：石燕有二種，其一詳石部。

鶴

附：日・丹波康賴《醫心方》卷三〇 鶴 崔禹〔錫〕云：味酸，冷，無毒。主赤白下利，虛損不足，補中，安魂魄。

騎牛燕

清・趙其光《本草求原》卷一九禽部 騎牛燕 色黑如燕，形大頗似雀，尾甚長，每騎於牛背之上。以鹽連毛久醃，煎粥飲之，不論寒熱久痢並治，神效。

鶯

宋・鄭樵《通志》卷七六《昆蟲草木略》 皇 《爾雅》曰黃鳥，即黃鸝也。一名倉庚，一名商庚，一名鵹黃，一名楚雀，一名摶黍，一名黃離留。陸璣云：常以椹熟時來，故里語曰黃栗留，看我麥黃椹熟不。故又名黃栗留。

明・盧和、汪穎《食物本草》卷三禽類 黃鳥 味甘，溫。補陽益脾。此鳥感陰氣先鳴，所以補人。

明・李時珍《本草綱目》卷四九禽部・林禽類 鶯《食物》

【釋名】黃鳥《詩經》 離黃《說文》 黧黃《爾雅》 倉庚《月令》。《爾雅》作商庚。青鳥《左傳》 黃伯勞 時珍曰：《禽經》云鸎鳴嚶嚶，故名。或云鸎項有文，故從賏。賏，項飾也。或作鶯，鳥羽有文也。《詩》云有鶯其羽是矣。其色黃而帶黧，故有黧黃諸名。陸璣云：齊人謂之摶黍，周人謂之楚雀，幽州謂之黃鶯，秦人謂之黃鸝鶹，淮人謂之黃伯勞，唐玄宗呼爲金衣公子，或謂之黃袍。 【集解】時珍曰：鶯處處有之。大於鸜鵒，雌雄雙飛，體毛黃色，羽及尾有黑色相間，黑眉尖觜，青脚。立春後即鳴，麥黃椹熟時尤甚，其音圓滑，如織機聲，乃應節趨時之鳥也。《月令》云：仲春倉庚鳴。《說文》云：倉庚鳴則蠶生。冬月則藏蟄，入田塘中，以泥自裹如卵，至春始出。

肉 【氣味】甘，温，無毒。 【主治】補益陽氣，助脾汪穎。食之不妬時珍。

【發明】穎曰：此鳥感春陽先鳴，所以補人。時珍曰：按《山海經》云：黃鳥食之不妬。楊夔《止妬論》云：梁武帝郗后性妬，或言倉庚爲膳療忌，遂令茹之，妬果減半。

明・穆世錫《食物輯要》卷五 黃鸝 味甘，性溫，無毒。助脾胃，益陽道。婦人食之，不妬。此鳥立春即鳴。

明・應麐《食治廣要》卷五 鶯《釋名》：黃鳥。又名倉庚。又名，黃鸝。 氣味：甘，溫，無毒。主補益陽道，助脾，食之不妬。《月令》云：仲春倉庚鳴。冬月則藏蟄，入田塘中，以泥自裹如卵，至春始出。《山海經》云：黃鳥食之不妬。楊夔《止妬論》云：梁武帝郄后性妬，或言倉庚為膳療忌，遂令治之，妬果減半。

明・姚可成《食物本草》卷一二禽部・林禽類 鸎一名黃鳥，一名黃鸝，一名倉庚，一名青鳥。處處有之。大于鸜鵒，雌雄雙飛，體毛黃色，羽及尾有黑色相間，黑眉尖嘴，青脚。立春後即鳴，麥黃椹熟時尤甚，其音圓滑，如織機聲，乃應節趨時之鳥也。《月令》云：仲春倉庚鳴。《說文》云：倉庚鳴則蠶生。冬月則藏蟄，入田塘中，以泥自裹如卵，至春始出。 鸎肉，味甘，溫，無毒。主補益陽氣，助脾。食之不妬。此鳥感春陽先鳴，所以補人。〇李時珍曰：按《山海經》云：黃鳥食之不妬。楊夔《止妒論》云：梁武帝郗后性妬，或言倉庚為膳療忌，遂令試之，妬果減半。

明·施永圖《本草醫旨·食物類》卷三 鶯名黃鸝，淮人謂之黃伯勞。唐玄宗呼為金衣公子。○處處有之，大於鸜鵒，雌雄雙飛，體毛黃色。《月令》云：仲春倉庚鳴。冬月則藏蟄入田塘中，以泥自裹如卵，至春始出。 肉： 味甘，溫，無毒。治： 補益陽氣，助脾，食之不妬。感春陽先鳴，所以補人。

清·穆石匏《本草洞詮》卷一四 黃鸝 黃鸝之色，黃而帶黧，故名。《月令》謂之倉庚。唐玄宗呼為金衣公子。仲春倉庚鳴，倉庚鳴則蠶生。冬月則藏蟄入田塘中，以泥自裹如卵也。肉甘，溫，無毒。主補益陽氣。《山海經》謂黃鳥食之不妬。梁武帝郄后性妬，食之妬果減半。

清·丁其譽《壽世秘典》卷四 鶯一作鸎。一名黃鸝，其色黃而帶黧故名。《詩經》黃鳥，《月令》倉庚，即此。處處有之，大于鴝鵒，雌雄雙飛，體毛黃色，羽及尾有黑色相間，黑眉，尖嘴，青腳。立春後即鳴，麥黃、椹熟時尤甚，其音圓滑如織機聲，乃應節趨時之鳥也。冬月則藏蟄入田塘中，以泥自裹如卵，至春始出。 氣味： 甘，溫，無毒。主補陽益脾，食之不妬。

清·何其言《養生食鑒》卷下 黃鳥即鶯，一名黃鸝，一名倉庚。大於鴝鵒，雌雄雙飛，體毛黃色，羽及尾有黑色相間，黑眉，尖嘴，青脚，立春後即鳴。 味甘，性溫，無毒。助脾胃，益陽道，婦人食之，不妒。此鳥感春陽先鳴，所以補人云。

清·张璐《本經逢原》卷四 鸎俗作鶯，即黃鸝，《月令》名倉庚。 甘，溫，無毒。 發明： 此鳥感春陽先鳴，故能補益陽氣。食之令人不妬，以陽和之氣能勝陰毒也。按： 楊夔《止妬論》云，梁武帝郄后性妬，或言倉庚為膳療治，遂令食之，妬果減半。

清·浦士貞《夕庵讀本草快編》卷六 鸎《食物》、倉庚 鸎鳴嚶嚶，故字從之。或作鶯，毛羽有文也。《詩》云有鶯其羽，謂其色黃而帶黧，故有黃鸝、黃鳥之稱。《月令》云： 仲春倉庚鳴。《說文》云： 倉庚鳴則蠶生。冬月則藏於田塘中，以泥自裹如卵，自春始生毛而出也。故唐玄宗愛其色，呼為金衣公子。戴顒喜其聲，為俗耳針砭。 倉庚甘溫無毒，感春陽而先鳴，乃趨時應節之鳥也。故能益陽而補人，助脾而扶胃宜矣。獨《山海經》著其解妬，何哉？ 梁武帝信而膳郄后，后食之，妬果減半。帝神其事，左右復進曰： 願陛下廣羅作饈，遍使群臣，使不才者無妬於才，挾私者無妬其奉公，濁者無妬其清，貪者無妒其廉，亦助化之一端爾。帝善其言，為崇佛戒殺，乃止。予甚惜之。有客謂曰，今之妬婦既多，人之嫉忌不少，倘行其說而果驗，為倉庚者不益危乎！ 予不覺撫掌。

清·王道純《本草品彙精要續集》卷六 鸎無毒。 卵生。 鸎肉： 主補益陽氣，助脾《食物本草》。 【名】黃鳥《詩經》、黃鸝《說文》、黧黃《爾雅》、倉庚《月令》、青鳥《左傳》、黃伯勞。《禽經》云鸎鳴嚶嚶，故名。或云鸎項有紋，故從賏。賏，項飭也。或作鶯，鳥羽有紋也。《詩》云有鶯其羽是矣。《豳風》云： 有鳴倉庚。《爾雅》又名商庚。陸璣云： 齊人謂之摶黍，周人謂之楚雀，幽州謂之黃鸝，秦人謂之黃鸝鶹，淮人謂之黃伯勞，唐玄宗呼爲金衣公子，或謂之黃袍。 【地】處處有之。 【時】立春後即鳴，麥黃椹熟尤甚。其音圓滑如織機聲，乃應節趨時之鳥也。《月令》云： 仲春倉庚鳴。《說文》云： 倉庚鳴則蠶生，冬月則藏蟄入田塘中，以泥自裹如卵，至春始出。 【用】肉。 汪穎云： 此鳥感春陽先鳴，所以補人。 【質】大如鸜鵒，雌雄雙棲雙飛。 【色】體毛黃色，羽及尾有黑色相間，黑眉尖嘴青腳。 【味】甘。 【性】溫。 【治】《山海經》云： 黃鳥食之不妒。楊夔《止妒論》云梁武帝郄后性妬，或言倉庚爲膳療忌，遂令茹之，妬果減半。

清·汪紱《醫林纂要探源》卷三 鶯 甘，平。令人相愛，止妒。取鶯鳴求友之意，色正黃，故名。黃鳥兩兩相麗，故曰黃鸝。翼有黑羽間之，望之蒼然，故又曰鶬鶊。春出秋蟄，蓋有得於氣化之和，故能療妒。

清·李文培《食物小錄》卷下 黃鸝 甘，溫，無毒。補益陽氣，助脾，食之不妬。

清·趙其光《本草求原》卷一九禽部 黃鸝即倉庚。春陽先鳴，甘，溫，無毒。補益陽氣，達肝助脾。食之令人不妒，以陽和之氣可勝陰毒也。故梁武帝郄后食之而妒減。毛黃，尾有黑色相間，黑肩、青腳。亦名鶯。

清·文晟《新編六書》卷六《藥性摘錄》 黃鳥 即鶯，一名鶬鶊。甘，溫。助脾胃，益陽道。婦人食之不妬。

清·王孟英《隨息居飲食譜·毛羽類》 鸎《詩》云黃鳥，《左傳》曰青鳥，《爾雅》名商庚，《說文》謂黃鸝，《月令》作倉庚。 甘，溫。舒鬱和肝，令人不妒。

刺毛鶯

明·穆世錫《食物輯要》卷五 刺毛鶯 味甘，平，無毒。肥美，益胃和中。有瘡疥者，少食。

清·朱本中《飲食須知·禽類》 刺毛鶯肉 味甘，性平。有瘡疥者

少食。

鸜鵒

宋・唐慎微《證類本草》卷一九禽部〔唐・蘇敬《唐本草》〕　鴝鵒肉　味甘，平，無毒。主五痔，止血。炙食，或爲散飲服之。

〔唐・蘇敬《唐本草》〕注云：　鳥似鵙而有幘者是。

〔宋・馬志《開寶本草》〕按：　陳藏器《本草》云：　鴝鵒主吃，取炙食之，小兒不過一枚差也。臘月得者，主老嗽。《唐本》先附。

〔宋・掌禹錫《嘉祐本草》〕按：　日華子云：　治嗽及吃噫下氣，炙食之，作妖可通靈。眼睛和乳點眼，甚明。

〔宋・唐慎微《證類本草》〕陳藏器云：　目睛和乳汁研，滴目瞳子，能見雲外之物。五月五日取子，去舌端，能效人言。又可使取火。《食療》：　寒。主五痔，止血。又食法：　臘日採之，五味炙之，治老嗽。或作羹食之亦得，或擣爲散，白蜜和丸并得。治上件病，取臘月臘日得者良，有效。非臘日得者，不堪用。

宋・王繼先《紹興本草》卷一九　鴝鵒　紹興校定：　鴝鵒肉，性味、主治雖載《本經》及諸家注說，亦有主治，但近世罕入于方用，未聞驗據。亦曰目睛和乳汁滴目中，能見雲外之物，尤無據矣。

宋・鄭樵《通志》卷七六《昆蟲草木略》　鸜鵒　《爾雅》謂之鸖鵴。鸜，居物反。鸖鵴音骨嘲。今謂之鸜鵒，似山鵲而小，短尾，青黑色，多聲。江東亦呼為鸖鵴。《廣雅》謂斑鳩，誤矣。斑鳩，即鵓鳩也。

宋・陳衍《寶慶本草折衷》卷一六　鴝或作鸜。鵒肉　一名鴝鵒。生在處有之。見縉雲。○臘月取。

味甘，平，寒，無毒。○主五痔，止血。炙食或為散飲服。○《唐本》註云：　鳥似鵙而有幘。○百勞名鵙。○陳藏器云：　主吃。炙食，小兒不過壹枚差。主老嗽。○日華子云：　下氣，炙食之。

元・吴瑞《日用本草》卷四　鴝鵒　身黑似鵙而有幘者是也。能〔乃〕〔鳴〕叫，遇雪天則群飛。　味甘，平，無毒。　主五痔，止血。炙食或為散飲服之。治嗽及吃噫下氣，炙食之。　眼睛：　和人乳點眼中，甚明也。

明・王綸《本草集要》卷六　鴝鵒肉　臘月者良　主五痔止血，治老嗽及吃噫，炙食，或為散飲服。○目睛，和乳汁研，點眼甚明。

明・滕弘《神農本經會通》卷九　鴝鵒肉　鳥似鵙而有幘者是。　味甘，氣平，無毒。一云：　寒。《本經》云：　主五痔，止血，炙食，或為散，飲服之。陳藏器云：　主吃，取炙食之，小兒不過一枚差也。臘月得者，主老嗽。日華子云：　治嗽及吃噫下氣，炙食之。作妖，可通靈。眼睛，和乳點眼，甚明。五月五日取子，去舌端，能效人言。

明・劉文泰《本草品彙精要》卷二八　鴝鵒無毒。　卵生。

鴝鵒肉：　主五痔，止血，炙食，或爲散飲服之。名醫所録。　〔地〕《唐本》注云：　舊本不著所出州土，江南多有之。此鳥似鵙而有幘，黑身金眼，翅翎有白，人於端午以東壁土撚其舌，能效人言也。　〔時〕生：　無時。採：　臘月臘日取。　〔用〕肉。　〔質〕類鵙而有幘。　〔色〕黑。　〔味〕甘。〔性〕平，緩。　〔氣〕氣厚味薄，陽中之陰。　〔臭〕腥。　〔主〕止吃噫，除久嗽。　〔製〕《食療》云：　作羹食之或搗用。　〔治〕療：　日華子云：　肉，治老嗽及吃噫下氣，須臘月取者，炙食之。　〔合治〕臘月臘日取鴝鵒炙，搗爲末，合白蜜丸服之，治老嗽不瘥。非臘日得者，不堪用。目睛合乳汁研，點眼甚明，能見雲外之物。

明・盧和、汪穎《食物本草》卷三禽類　鴝鵒　肉，味甘，平，無毒。主五痔，止血，炙食或為散飲服之。又治老嗽及吃噫。目睛，和乳汁點眼中，能見煙霄外物。

明・寧源《食鑒本草》卷上　鴝鵒　味甘，平，無毒。主痔瘻下血。

《醫旦方》：　治老嗽、吃意，取一箇，蒸食之。

明・王文潔《太乙仙製本草藥性大全》卷七《仙製藥性》　鸜鵒肉　味甘，氣平，無毒。其鳥似鵙而有幘者是。　主治：　主五痔止血如神，治老嗽喫噫捷效。　目睛：　和乳汁研滴目中，能見雲外之物。　補註：　主五痔，止血。又食法：　臘月採之，五味炙之，治老嗽。或作羹食之亦得。或搗爲散，白蜜和丸並得。治上件並取臘月臘日者良有效，非臘日得者不堪用。○目睛和乳汁研，滴目瞳子點甚分明。五月五日取子去舌端，能效人言。又可使取火。主吃，取炙食之，小兒不過一枚差也。

明・李時珍《本草綱目》卷四九禽部・林禽類　鸜鵒音劬欲。《唐本草》。

〔釋名〕鴝鵒《周禮》　哵哵鳥《廣韵》　八哥俗名　寒臯《萬畢術》。時珍曰：　此鳥好浴水，其睛瞿瞿然，故名。王氏《字説》以爲其行欲也尾而足勾，故曰鴝鵒，從勾從欲省，亦通。哵哵，其聲也。天寒欲雪，則群飛如告，故曰寒臯。臯者，告也。　〔集解〕恭

曰：鸜鵒，似鵙而有幘者是也。藏器曰：五月五日取雛，剪去舌端，即能效人言，又可使取火也。時珍曰：鸜鵒巢於鵲巢、樹穴，及人家屋脊中。身首俱黑，兩翼下各有白點。其舌如人舌，剪剔能作人言。嫩則口黄，老則口白。頭上有幘者，亦有無幘者。《周禮》鴝鵒不踰濟，地氣使然也。

肉　［氣味］甘，平，無毒。詵曰：寒。　［主治］五痔止血。炙食，或爲散飲服《唐本》。炙食一枚，治吃噫下氣，通靈日華。治老嗽。臘月臘日取得，五味腌炙食，或作羹食，或擣散蜜丸服之。非臘日者不可用孟詵。

［附方］

目睛　［主治］和乳汁研，滴目中，令人目明，能見霄外之物藏器。

明·穆世錫《食物輯要》卷五　鸜鵒　味甘，平，無毒。通智慧，治吃噫下氣，止血。臘日以五味醃炙食，治久嗽、五痔。

明·吴文炳《藥性全備食物本草》卷三　鴝鵒　《格物論》云：鴝鵒，慧鳥也。端午日取子去舌端，能效人言句，若谷聲有應也。主老嗽，吃噫下氣，取一箇蒸食，或煮作羹食，或炙為末蜜丸服之。痔瘻下血，五味炙食之。俱以臘月臘日得者有効。　目睛：和乳汁研，點眼能見雲外之物。

明·應麐《食治廣要》卷五　鸜鵒俗名八哥。　氣味：甘，平，無毒。主五痔，止血，治吃噫，下氣通靈。臘月臘日取得，以五味醃炙食，或作羹食，能治老嗽。《周禮》云：鴝鵒不踰濟，地氣使然也。

明·姚可成《食物本草》卷一二禽部·林禽類　鸜鵒音鴝欲。一名鴝鵒，一名哵哵鳥，一名八哥。巢于鵲巢、樹穴及人家屋脊中。身首俱黑，兩翼下各有白點。其(也)［舌］如人舌，剪剔能作人言。嫩則口黄，老則口白。頭上有幘者，亦有無幘者。○昔有禪師，堂下偶蓄八哥，每夜隨僧念佛，後死，僧埋之，蓮花出自鳥口。僧為偈贊曰：有一飛禽八八兒，夜隨僧口念阿彌。死埋平地蓮花發，我輩為人反不如。

鸜鵒肉　味甘，平，無毒。治五痔止血，炙食，或為散飲服。炙食一枚，治吃噫下氣，通靈。治老嗽，臘月臘日取得，五味醃炙食，或作羹食，或擣散蜜(兒)［丸］服之。非臘日不可用。　目睛：和乳汁研，滴目中，令人目明，能見霄外之物。

明·施永圖《本草醫旨·食物類》卷三　鸜鵒音劬欲。○名八哥。天寒欲雪則群飛如告。○五月五日取雛，剪去舌端，即能效人言。　肉：味甘，平，無毒。治：五痔止血，炙食或為散飲服。炙食一枚，治吃噫，下氣通靈。治老嗽，臘月臘日取得，五味醃炙食，或作羹食，或擣散蜜丸服之。非臘日者，不可用。　目睛：治：和乳汁研，滴目中，令人目明，能見霄外之物。

清·穆石鞄《本草洞詮》卷一四　鸜鵒　鸜鵒好浴水，其睛瞿瞿然，故名。天寒欲雪，則群飛如告，故又謂之寒皋。俗名八哥，剪去舌端，能效人言。《周禮》鴝鵒不踰濟，地氣使然也。肉甘，平，無毒。主下氣通靈，治呃噫，止痔血。陳藏器云：取鸜鵒目睛和乳汁研，滴目中，能見霄外之物。

清·朱本中《飲食須知·禽類》　鸜鵒肉　味甘，性平，即八哥。天寒欲雪，即群飛如告。鴝鵒不踰濟，地氣使然也。

清·何其言《養生食鑒》卷下　鴝鵒俗名八哥。身首俱黑，兩翼下各有白點。其舌如人舌，剪剔能作人言。嫩則口黄，老則口白，頭有有幘者，有無幘者。　味甘，性平，無毒。治老嗽，止吃噫，下氣，通靈。除五痔下血，和五味蒸煮，或作羹食之。臘日得者尤妙。

清·張璐《本經逢原》卷四　鸜鵒俗名八哥。　甘，平，無毒。　發明：鸜鵒目和乳汁滴目，令人目明，能見霄外之物，甚言明目之效耳。肉治噎逆及五痔止血，並炙熟食之。

清·李文培《食物小録》卷下　八歌　甘，平，無毒。

清·趙其光《本草求原》卷一九禽部　鸜鵒俗名八哥。　甘，平，無毒。下氣，治噫逆，五痔，止血，炙食及為散飲下。止老嗽。其睛和乳汁滴目，令目明見遠。

清·吴汝紀《每日食物却病考》卷下　鴝鵒　即今俗名八哥也。味甘，平，無毒。治五痔，止血。炙食，或為散飲，治老嗽。目睛和乳汁點眼，能見霄外之物。端午日取雛，剪舌端，似鸚鵡能言。

烏鴉

宋·唐慎微《證類本草》卷一九禽部［唐·陳藏器《本草拾遺》］　烏目無毒。生吞之，令人見諸魅。或以目睛研注目中，夜見鬼也。肉及卵食之，令人昏志。毛把之，亦然，未必昏，爲其臭羶。

宋·唐慎微《證類本草》卷一九禽部［宋·掌禹錫《嘉祐本草》］　烏鴉平，無毒。治瘦，欬嗽，骨蒸勞。臘月瓦缻泥煨燒爲灰，飲下。治小兒癇及鬼魅。目睛注目中，通治目。

［宋·唐慎微《證類本草》］《圖經》：文具雄鵲條下。《聖惠方》：治土蜂瘻。以鴉頭燒灰，細研，傅之。

宋・王繼先《紹興本草》卷一九　烏鴉　紹興校定：　烏鴉，《本經》雖云平、無毒，而有主治，及諸方間亦用之，然未聞的驗之據，固非專起疾之物矣。

宋・鄭樵《通志》卷七六《昆蟲草木略》　鸒斯　《爾雅》曰鵯鶋。　亦謂之雅烏。　蓋雀類，差小，多群飛，食穀粟。　俗呼必烏。鵯，音匹，聲相近。

宋・劉明之《圖經本草藥性總論》卷下　烏鴉　平，無毒。　治瘦，欬嗽，骨蒸勞。　臘月者，瓦餅泥煨，燒為末，飲下。　治小兒癇及鬼魅。　目睛，注目中，通治目。　《聖惠方》治土蜂瘻以鴉頭燒灰，細研傅之。　《圖經》云：　古方用翅羽。　《肘後方》療從高墜下，瘀血搶心，面青短氣者，以烏鴉翅羽柒枚，得右翅最良，燒末，酒服之，當吐血便愈。

宋・陳衍《寶慶本草折衷》卷一六　烏鴉或作〔鴉〕。灰在內。○頭及翅羽附。　又云：　一名烏，〔一〕名若鴉。　生所在處有之。見縉雲。　○又云臘月取。

平，無毒。　○治瘦，咳嗽，骨蒸勞。　燒灰飲下，治小兒癇及鬼魅。　○《圖經》曰：　全者治急風，取翅羽觜足全，泥缶固濟火煅用。○分雄鵲條。

附：　頭。　○治土蜂瘻，以鴉頭燒灰研傅之。　附：　翅羽。　○療從高墮下，瘀血脹心，面青短氣。　以烏翅羽柒枚燒末，酒服之，當吐血便愈。　得右翅良。亦分雄鵲條。

元・忽思慧《飲膳正要》卷三　寒鴉　味酸、鹹，平，無毒。　主瘦病，止欬嗽，骨蒸羸弱者。

明・蘭茂撰，清・管暄校補《滇南本草》卷下　黑老鴉血　性微溫，味辛。　血味鹹，治一切年深日久吼喘，喉中如鋸聲，每遇傷風或北風即發。

附方：　黑老鴉血晒乾，每服三分，或五分，滾水送下。

明・蘭茂《滇南本草》〔叢本〕卷下　黑鴉血　味辛，性溫。　血微鹹，治一切年深日久吼喘，喉中如扯(据)〔鋸〕之聲，每遇傷風或北風即發。　黑鴉血晒乾，每服三分或五分，滾水送下。

明・王綸《本草集要》卷六　烏鴉　氣平，無毒。　治瘦，咳嗽，骨蒸勞，臘月瓦罐泥煨，燒為灰。

明・滕弘《神農本經會通》卷九　烏鴉　氣平，無毒。　《本經》云：　治瘦，欬嗽骨蒸。　臘月者，瓦瓶泥煨，燒為灰，飲下，治小兒癇，及鬼魅。　目睛注目中，通治目。　《圖經》云：　今人多用，而《本經》不著。　古方有用其羽翅者，葛洪《肘後方》療從高墮下，瘀血脹心，面青短氣，用雄烏翅羽七枚，得右翅最良，燒末，酒服之，當吐血，便愈。　近世方家多用烏鴉之全者，以治急風。　其法，臘月捕取翅羽嘴足全者，泥缶固濟，大火燒煅，入藥，烏犀丸用之。

明・劉文泰《本草品彙精要》卷二八　烏鴉無毒。　卵生。

烏鴉：　治瘦，欬嗽，骨蒸勞。　臘月瓦瓶泥煨燒爲灰，飲下，治小兒癇及鬼魅。　○目睛，注目中，通治目。名醫所錄。　〔地〕《圖經》曰：　舊不著所出州土，今在處有之。　謹按：　此鳥大於慈烏，身喙盡黑，其鳴啞啞，故名之烏鴉也。《格物論》云：　一種大喙白頸者，南人謂之鬼雀。　其聲惡而致人所憎。　故俗以吉凶占之也。　〔時〕生：　無時。　採：　臘月取。　〔用〕翅、羽、嘴、足、頭。　〔質〕類慈烏而大。　〔色〕黑。　〔味〕酸，鹹。　〔性〕平。〔氣〕味厚于氣，陰也。　〔臭〕腥。　〔主〕小兒風癇，大人骨蒸。　〔製〕燒灰用。　〔治〕療：　《別錄》云：　鴉頭，治土蜂瘻，以燒灰，細研，傅之。　○其翅羽七枚燒末，合酒服，治從高墮下，瘀血脹心，面青短氣者，當吐出血即愈。○烏鴉，以臘月取翅、羽、嘴、足全者，泥缶固濟，大火燒煅，入藥，治急風。

明・盧和、汪穎《食物本草》卷三禽類　烏鴉　平，無毒。　治瘦，欬嗽，骨蒸勞。　目睛，注目中，治目。　一種慈鴉，味酸鹹，平，無毒，用皆同。　《詩》謂弁彼鸒斯是也。

明・寧源《食鑒本草》卷上　烏鴉　味鹹，平。　治瘦人骨蒸勞熱欬嗽，又治小兒驚癇。　《野人手錄》：　治骨蒸勞熱欬嗽，臘月取，瓦罐外泥固煨燼，為末，米飲調下。

明・王文潔《太乙仙製本草藥性大全》卷七《本草精義》　烏鴉　一名老鴉。　今人多用，而《本經》不著。　古方有用其翅羽者。　葛洪《肘後方》，療從高墜下，瘀血脹心，面青短氣者，以烏翅羽七枚，得右翅最良，燒末酒服之，當吐血便愈。　近世方家多有烏鴉之全者，以治急風，其法：　臘月捕取翅羽、嘴足全者，泥□固濟，大火燒煅入藥，烏犀丸中用之。

明・王文潔《太乙仙製本草藥性大全》卷七《仙製藥性》　烏鴉　味鹹，氣平，無毒。　主治：　治瘦咳嗽神方，療骨蒸癆秘旨。　小兒癇疾可治，鬼魅目疾堪醫。　補註：　久咳蒸勞，臘月取，用瓦缸泥煨燒爲灰，飲調下。　○治目疾，用烏鴉目睛注目中效。　○治土蜂瘻，以鴉頭燒灰細研，傅之良。

明・皇甫嵩《本草發明》卷六　烏鴉平，無毒。　治瘦，欬嗽骨蒸勞。　臘

月瓦瓶泥煨，燒為灰，飲下。治小兒癇及鬼魅。目睛，注目中，通治目。〇又種寒鴉，小者名慈烏。主治同前。和五味醃炙之，食良。

明・李時珍《本草綱目》卷四九禽部・林禽類 烏鴉宋《嘉祐》

【釋名】鴉烏《小爾雅》 老雅雅與鴉同。 鷽音預。 鵯鶋音匹居。 楚烏《詩義問》 大觜烏《禽經》 【集解】時珍曰：烏鴉大觜而性貪鷙，好鳴，善避繒繳，古有《鴉經》以占吉凶。然北人喜鴉惡鵲，南人喜鵲惡鴉，惟師曠以白項者爲不祥，近之。

肉 【氣味】酸，澀，平，無毒。詵曰：肉澀臭不可食，止可治病。藏器曰：肉及卵食之，令人昏忘，把其毛亦然。蓋未必昏，爲其膻臭耳。 【主治】瘦病欬嗽，骨蒸勞疾。臘月以瓦瓶泥固燒存性，爲末，每飲服一錢。又治小兒癇疾及鬼魅《嘉祐》。治暗風癇疾，及五勞七傷，吐血欬嗽，殺蟲時珍。

【發明】頌曰：烏鴉今人多用治急風，而《本經》不著。宜於臘月捕取翅羽觜足全者，泥固煅過，入藥治諸風。烏犀丸中用之，見《和劑局方》。時珍曰：《聖濟總録》治破傷中風，牙關緊急，四肢强直，有金烏散，煅過入藥，品多不録。

【附方】新五。 五勞七傷：吐血欬嗽，烏鴉一枚，栝樓穰一枚，白礬少許，入鴉肚中，縫扎煮熟，作四服。《壽域神方》。 暗風癇疾：用臘月烏鴉一個，鹽泥固濟，於瓶中煅過，放冷取出爲末，入朱砂末半兩。每服一錢，酒下，日三服，不過十日愈。〇又方：用渾烏鴉一個，瓶固煅研，胡桃七枚，蒼耳心子七枚，爲末。每服一錢，空心熱酒下。並《保幼大全》。 疝氣偏墜：即前胡桃、蒼耳方，加入新生兒衣一副，煅研入之。同上。 經脉不通：積血不散，用烏鴉散主之。烏鴉去皮毛炙三分，當歸焙、好墨各三分，延胡索炒、蒲黄炒、水蛭以糯米炒過各半兩，芫青糯米炒過一分，爲末。每服一錢，酒下。《總録》。 虚勞瘵疾：烏鴉一隻，絞死去毛腸，入人參片、花椒各五錢，縫合，水煮熟食，以湯下。鴉骨、參、椒焙研，棗肉丸服。吴球《便民食療》。

烏目 【氣味】無毒。 【主治】吞之，令人見諸魅。或研汁注目中，夜能見鬼藏器。

頭 【主治】土蜂瘻，燒灰傅之《聖惠》。

心 【主治】卒得欬嗽，炙熟食之《肘後》。

膽 【主治】點風眼紅爛時珍。

翅羽 【主治】從高墜下，瘀血搶心，面青氣短者，取右翅七枚，燒研酒服，當吐血便愈。蘇頌。出《肘後》。治鍼刺入肉，以三五枚，炙焦研末，醋調傅之，數次即出，甚效。又治小兒痘瘡不出復入時珍。

【附方】新一。 痘瘡復陷：十二月取老鴉左翅，辰日燒灰，用豶猪血和，丸芡子大。每服一丸，以豶猪尾血同温水化服，當出也。聞人規《痘疹論》。

明・梅得春《藥性會元》卷下 烏鴉 平，無毒。 主治羸瘦咳嗽，骨蒸癆瘵。臈月瓦瓶泥煨燒為灰，飲下，治小兒癇及鬼魅，並目中諸疾。

明・穆世錫《食物輯要》卷五 烏鴉 味酸、澀，平，無毒。羶臭，不可食。殺癆蟲，治瘦怯失血，咳嗽骨蒸，及小兒驚癇。

明・姚可成《食物本草》卷一二禽部・林禽類 烏鴉一名老鴉。大嘴而性貪鷙，好鳴，善避繒繳，古有《鴉經》以占吉凶。然北人喜鴉惡鵲，南人喜鵲惡鴉，惟師曠以白項者為不祥，近之。

烏鴉肉： 味酸、澀，平，無毒。治瘦病欬嗽，骨蒸勞疾，臘月以瓦瓶泥固燒存性，為末，每飲服一錢。又治小兒癇疾及鬼魅。治暗風癇疾及五勞七傷，吐血欬嗽，殺蟲。肉澀臭，不可食，止可治病。〇陳藏器曰：肉及卵食之，令人昏忘，把其毛亦然。蓋未必昏，為其羶臭耳。 頭： 治土蜂瘻，燒灰傅之。 目： 味辛，無毒。吞之，令人見諸魅。或研汁注目中，夜能見鬼。 心： 治卒得欬嗽，炙熟食之。 膽： 治點風眼紅爛。 翅羽： 治從高墜下，瘀血搶心，面青氣短者，取右翅七枚，燒研酒服，當吐血便愈。治鍼刺入肉，以三五枚炙焦研末，醋調傅之，數次即出，甚効。又治小兒痘瘡不能發出，復入腹内。

附方： 治五勞七傷，吐血欬嗽。用烏鴉〔一〕枚，栝樓穰一枚，白礬少許，入鴉肚中，線縫扎緊，入磁罐内煮熟，作四服。

明・顧逢柏《分部本草妙用》卷一〇禽部 烏鴉 酸，澀，平，無毒。主治： 瘦病欬嗽，骨蒸勞疾，臘月以瓦瓶泥固，燒存性，為末，每服一錢。又治小兒癇疾，及鬼魅勞傷吐血，殺蟲。此但宜入藥用，不可供食。

明・施永圖《本草醫旨・食物類》卷三 烏鴉名雅烏，大嘴而性貪。 肉： 味酸、澀，平，無毒。肉澀臭不可食，止可治病。〇肉及卵食之令人昏，忘事。其毛亦然。蓋未必昏，為其羶臭耳。 治： 瘦病欬嗽，骨蒸勞疾，臘月以瓦瓶泥固，燒存性，為末，每飲服一錢。又治小兒癇疾及鬼魅，治暗風癇疾及五勞七傷，吐血欬嗽，殺蟲。

附方 五勞七傷： 吐血欬嗽，烏鴉一枚，栝樓瓤一枚，白礬少許，入鴉肚中，縫扎煮熟，作四服，妙。 疝氣偏墜： 用渾烏鴉一箇，瓶固煅，研，胡桃七枚，蒼耳心子七枚，加新生

兒衣一副，為末，每服一錢，空心熱酒下。虛勞瘵疾：烏鴉一隻，絞死，去毛腸，入人參片、花椒各五錢，縫合，水煮熟食，以湯下，鴉骨、參、椒焙研，棗肉丸服。

烏目：味無毒。治：吞之令人見諸魅，或研汁注目中，夜能見鬼。頭：治：土蜂瘻，燒灰傅之。心：治：卒得欬嗽，炙熟食之。膽：治：點風眼紅爛。翅羽：治：從高墜下，瘀血搶心，面青氣短者，取右翅七枚，燒研，酒服，當吐血便愈。治鍼刺入肉，以三五枚炙焦，研末，醋調敷之，數次即出，甚效。又治小兒痘瘡不出，復入。

附方〔痘瘡復陷〕：十一月取老鴉左翅，辰日燒灰，用豮猪血和丸芡子大。每服一丸，以豮猪尾血，同溫水化服，當出也。

清・穆石匏《本草洞詮》卷一四 烏鴉 烏鴉善避繒繳，古有《鴉經》，以占吉凶。北人喜鴉惡鵲，南人喜鵲惡鴉。師曠以白項者為不祥也。肉酸，澀平，無毒。羶臭不可食。今人多用治急風。而《本草》不著，《和劑局方》治諸風有烏犀丸，《聖濟總錄》治破傷中風，牙關緊急，四肢強直，有金烏散。蓋治風之物也。

清・丁其譽《壽世秘典》卷四 烏鴉一名老鴉，大觜而性貪鷙，善避繒繳。一種慈烏似烏鴉而小，多群飛，作啞啞聲。初生母哺六十日，長則反哺六十日，可謂慈孝矣，北方謂之寒鴉。有似慈烏而大觜，腹下白，不反哺者，鴉烏也。似鴉烏而大，白項者，燕烏也，一名白脰。似鴉烏而小，赤觜穴居者，山烏也，一名鸀。《禽經》云：慈烏反哺，白脰不祥。又蜀徼有火鴉，能啣火。種類雖多，治效相同。氣味：酸、澀，臭，無毒。不可食，止可療病。治暗風癇疾及骨蒸、勞瘦、吐血、欬嗽，殺蟲。

清・朱本中《飲食須知・禽類》 烏鴉肉 味酸、澁，性平。羶臭不可食，肉及卵食之，令人昏志。

清・何其言《養生食鑒》卷下 烏鴉一名老鴉，肉澁、臭不可食，止可治病。味酸，性平，無毒。治瘦病咳嗽，骨蒸癆疾。臘月，取翅、嘴、足全者，瓦確固濟，坭封，燒存性，為末，每服一錢，米飲調下。兼治小兒驚癇、鬼魅之症。

清・李熙和《醫經允中》卷二三 烏鴉 但宜入藥，不可供食。酸，濇，平，無毒。治欬嗽，骨蒸勞疾，臘月以瓦瓶泥固，燒存性，為末，每服一錢。又治小兒癇疾，勞傷吐血，殺蟲。

清・张璐《本經逢原》卷四 烏鴉 酸、甘，平，無毒。種類有四：小而純黑者為烏，大嘴而腹下白者為鴉，竝入藥用。其項白而大者為燕烏，嘴赤而小者為山烏，皆不入藥。發明：慈烏反哺，性稟孝慈。《嘉祐》雖有補勞治瘦之功，骨蒸羸弱欬嗽之治，然血肉之中豈無他味，而忍傷孝慈之物哉。○烏鴉嘴大，貪戾傷生，時珍取治暗風癇疾，勞傷吐血欬嗽，殺蟲等病，專取搜逐風毒之用，與慈烏之調補虛羸，各有仁慈剛暴之用，奚啻天淵。

清・嚴潔等《得配本草》卷九 烏鴉 酸、澀，平。主治暗風癇疾，咳嗽骨蒸。配瓜蔞穰、白礬，煮熟食之，治勞傷。

清・李文培《食物小錄》卷下 烏鴉 酸，濇，平，無毒。治五勞七傷，吐血，欬嗽，殺蟲。

清・趙其光《本草求原》卷一九禽部 烏鴉 有四種。純黑、小嘴，反哺其母者，為慈鴉。雖能補勞瘦、止骨蒸咳嗽，然人不敢食，以其孝也。烏鴉，嘴大、腹白，貪戾。專搜風毒。酸澀，平，無毒。治勞瘦骨蒸嗽咳，臘月取煅，酒下。吐血，入花粉、白礬煮。風癇，煅同朱砂，或同胡桃、蒼耳子研，酒下。疝氣偏墜，同胡桃、蒼耳、新胎衣煅，酒下。勞瘵，入人參、花椒煮食，其骨又和二味為丸服。皆血滯生風之病，非若慈烏之調補也。

清・文晟《新編六書》卷六《藥性摘錄》 烏鴉 一名老鴉。肉澀臭，不可食，止可治病。治疫病咳嗽，骨蒸癆疾。臘月取翅嘴足全者，瓦鑵固濟，燒存性，為末，米飲下一錢，效。兼治小兒驚癇、鬼魅之症。

清・吴汝紀《每日食物却病考》卷下 烏鴉 味酸，無毒。治瘦病，欬嗽，骨蒸。肉味羶臭，不堪食，止可入藥。以瓦瓶泥固，燒存性用。

慈烏

宋・唐慎微《證類本草》卷一九禽部〔宋・掌禹錫《嘉祐本草》〕 慈鴉 味酸、鹹，平，無毒。補勞治瘦，助氣止欬嗽。骨蒸羸弱者，和五味淹炙食之，良。慈鴉似烏而小，多群飛作鴉鴉聲者是。北土極多，不作膻臭也。今謂之寒鴉。新補。

〔宋・唐慎微《證類本草》〕《食療》：主瘦病，咳嗽，骨蒸者，可和五味淹炙食之，良。其大鴉不中食，肉澀，只能治病，不宜常食也。以目睛汁注眼中，則夜見神鬼。又神通目法中亦要用此物。又《北帝攝鬼録》中，亦用慈鴉卵。

宋・劉明之《圖經本草藥性總論》卷下 慈鴉 味酸、鹹，平，無毒。補勞治瘦，助氣止欬嗽，骨蒸羸弱者，和五味淹炙食良。只能治病，不宜常食。

元・吴瑞《日用本草》卷四 慈鴉 群飛作鴉聲，又名寒鴉。烏鴉比慈

鴉稍大，有白頸。　味酸，平，無毒。臈月者去風，及治小兒癇疾鬼魅。　主補勞治瘦，助氣，止欬嗽，骨蒸，和五味淹炙食之良。

明·滕弘《神農本經會通》卷九　慈鴉　今謂之寒鴉，似烏而小，多群飛，作鴉鴉聲者是。北土極多，不作膻臭也。　味酸、鹹，氣平，無毒。《本經》云：　補勞治瘦，助氣，止欬嗽。骨蒸羸弱者，和五味淹炙食之良。《食療》云：　主瘦病，咳嗽，骨蒸者，可和五味淹炙食之，良。其大鴉不中食，肉澀，只能治病，不宜常食也。以目睛汁注眼中，則夜見鬼神。

明·劉文泰《本草品彙精要》卷二八　慈鴉無毒。　卵生。

慈鴉：　補勞，治瘦，助氣，止欬嗽，骨蒸，羸弱者，和五味淹，炙食之，良。名醫所錄。

〔名〕慈烏、寒鴉。　〔地〕《圖經》曰：　舊本不著所出州土，今處處有之，惟北地極多。此烏似烏而小，多集群飛，作鴉鴉聲而能反哺，故名慈鴉。其肉不作膻臭，即今之寒鴉也。〇謹按《埤雅》云：　純黑而反哺者，謂之烏；　小而腹下白，不反哺者，謂之鴉；　烏，白項而群飛者，謂之鷰烏也。〔用〕肉、目、睛。　〔質〕類烏鴉而小。　〔色〕黑。　〔味〕酸，鹹。　〔性〕平。　〔氣〕味厚于氣，陰也。　〔臭〕腥。　〔主〕止嗽，補羸弱。　〔合治〕合五味醃炙食之，治瘦病，欬嗽，骨蒸。

明·寧源《食鑒本草》卷上　慈鴉　味鹹，平。補虚勞瘦弱，止上氣欬嗽及骨蒸發熱。和五味炙食之，良。

明·王文潔《太乙仙製本草藥性大全》卷七《本草精義》　鷀鴉　舊本不著所出去處，今謂之寒鴉，似烏而小，多群飛，作鴉鴉聲者是。北土極多，不作膻臭也。

明·王文潔《太乙仙製本草藥性大全》卷七《仙製藥性》　鷀鴉　味酸、鹹，氣平，無毒。　主治：　補勞傷而治瘦疾，止咳嗽而退骨蒸。助氣尤良，虚羸堪補。　補註：　主瘦病，咳嗽骨蒸者，可和五味，淹炙食之良。其大鴉不中食，肉澁，只能治病，不宜常食也。以目睛汁注眼中，則夜見鬼神。

明·李時珍《本草綱目》卷四九禽部·林禽類　慈烏宋《嘉祐》

〔釋名〕慈鴉《嘉祐》　孝烏《説文》　寒鴉時珍曰：　烏字篆文，象形。鴉亦作鵶，《禽經》鵶鳴啞啞，故謂之鵶。此烏初生，母哺六十日，長則反哺六十日，可謂慈孝矣。北人謂之寒鴉，冬月尤甚也。　〔集解〕禹錫曰：　慈烏北土極多，似烏鴉而小，多群飛作鴉鴉聲，不膻臭可食。　時珍曰：　烏有四種：　小而純黑，小觜反哺者，慈烏也；　似慈烏而大觜，腹下白，不反哺者，雅烏也；　似雅烏而大，白項者，燕烏也；　似鴉烏而小，赤觜穴居者，山烏也。山烏一名鷚，出西方。燕烏一名白脰，一名鬼雀，一名鵯鶋音轄軋。《禽經》云：　慈烏反哺，白脰不祥，大觜善警，玄烏吟夜。又云：　烏鳥背飛而向啼也。又蜀徼有火鴉，能銜火。

肉　〔氣味〕酸、鹹，平，無毒。　〔主治〕補勞治瘦，助氣止咳嗽。骨蒸羸弱者，和五味淹炙食之，良《嘉祐》。詵曰：　《北帝攝鬼録》中亦用慈鴉卵。

明·梅得春《藥性會元》卷下　慈烏　味酸、鹹，平，無毒。　主補癆治嗽，助益虚羸，補氣，並骨蒸，和五味淹炙之食良。此烏似烏而小，多群飛作鴉之聲者是。北地極多，不作膻臭，今謂之寒鴉。

明·穆世錫《食物輯要》卷五　慈鴉　味酸鹹，平，無毒。不羶臭。和中益氣力，除勞熱虚嗽。和五味淹炙，可食。嘴小者是。

明·吴文炳《藥性全備食物本草》卷三　慈鴉　似烏而小，多群飛，作鴉聲者是。北土極多，不作羶臭，即今之寒鴉。主補虚勞羸瘦乏弱，止上氣咳嗽及骨蒸發熱。和五味炙食之良。其大鴉肉澁，只能治病，不宜常食。又廣東一種白鴉，補陽氣，令人有子，治癆瘵尤佳。

明·應麐《食治廣要》卷五　慈烏《釋名》：　寒鴉。　氣味：　酸、鹹，平，無毒。　主治：　補勞治瘦，助氣，止咳嗽。骨蒸羸弱者，和五味醃炙，食之。按：　烏有四種。小而純黑，小嘴，反哺者，慈烏也；　似慈烏而大，嘴、腹下白，不反哺者，雅烏也；　似雅烏而大，白項者，燕烏也；　似鴉烏而小，赤嘴，穴居者，山烏也。

明·姚可成《食物本草》卷一二禽部·林禽類　慈烏一名慈鴉，一名孝烏，一名寒鴉。北土極多，似烏鴉而小，多群飛作鴉鴉聲。〇李時珍曰：　烏有四種：　小而純黑，小嘴反哺者，慈烏也；　似慈〔烏〕而大嘴，腹下白，不反哺者，雅烏也；　似雅烏〔而大〕，白項者，燕烏也；　似雅烏而〔小，赤〕嘴穴居者，小烏也。　慈烏肉，味酸、鹹，平，無毒。主補勞治瘦，助氣止咳嗽，骨蒸羸弱者，和五味淹炙食之，良。

明·施永圖《本草醫旨·食物類》卷三　慈烏名慈鴉。烏有四種，小而純黑，小嘴，反哺者，慈烏也。　肉：　味酸、鹹，平，無毒。　治：　補勞，治瘦，助氣，止咳嗽。骨蒸羸弱者，和五味淹炙，食之良。

清·穆石匏《本草洞詮》卷一四　慈烏　慈烏初生，母哺六十日，長則反哺六十日，謂之孝烏。冬日尤盛，謂之寒鴉。肉，酸鹹，平，無毒。主補勞治瘦，助氣，止咳嗽。骨蒸羸弱者。夫烏能反哺其母，可以興仁孝矣。而人顧

食之，治勞之藥多矣，定須此耶？

清·何其言《養生食鑒》卷下 慈烏即慈鴉，一名寒鵶，似烏鴉而小，多群飛，作鵶鵶聲者是。不羶臭，可食。 味酸、鹹，性平，無毒。補虛勞瘦，助氣。止咳嗽及骨蒸發熱，和五味炙食之，良。

清·李文培《食物小錄》卷下 慈烏 酸、鹹，平，無毒。補，治瘦，助氣。醃炙食之良。但此鳥初生，母哺六十日，長則反哺六十日，可謂至慈孝矣。而人則忍心而食之，誠不仁矣，不如鳥矣。

清·趙學敏《本草綱目拾遺》卷九禽部 烏鴉膽 此乃慈烏之膽，浙東最多，悉體肥黑而大，所在多有。予門人奉化徐朋圭居白巖，其地山僻徑幽，古木叢雜，言其土人有取鴉膽者。云烏鴉膽汁晝則散注身目，故精聚而能見烟霄外物； 夜則汁歸於膽。取之法： 須伺鴉夜睡時，乘其罔覺，以利刀斷其頭，急剖腹取之，膽汁全飽，並無漏溢，然後以線穿，陰乾入藥用。若取之不得法，或鴉被驚覺，縱殺得其膽，亦空皮無汁，不堪用。 明目開瞽，功勝空青，點青盲最驗，解藤黃毒。 爛弦風眼及翳障： 《不藥良方》： 烏鴉膽點之，即愈。

鵲

宋·唐慎微《證類本草》卷一九禽部〔《別錄》〕 雄鵲肉 味甘，寒，無毒。主石淋，消結熱。可燒作灰，以石投中散解者，是雄也。

〔梁·陶弘景《本草經集注》〕云： 五月五日鵲腦，入術家用。一名飛駮烏。烏之雌雄難別，舊云其翼左覆右是雄，右覆左是雌。又燒毛作屑內水中，沉者是雄，浮者是雌。今云投石，恐止是鵲也，餘鳥未必爾。

〔宋·馬志《開寶本草》〕按： 陳藏器《本草》云： 雄鵲子，下石淋，燒作灰淋取汁飲之，石即下。

〔宋·掌禹錫《嘉祐本草》〕按： 日華子云： 雄鵲，涼。主消渴疾。巢，多年者，療癲狂鬼魅及蠱毒等，燒之，仍呼祟物名號，亦傅瘻瘡，良。

〔宋·蘇頌《本草圖經》〕曰： 雄鵲，舊不著所出州土，今在處有之。肉，主風，大小腸澁，四肢煩熱，胸膈痰結，婦人不可食。《經》云： 燒作灰，以石投中散解者，是雄也。陶隱居云： 烏之雌雄難別。舊云翼左覆右是雄，右覆左是雌。又燒毛作屑內水，沉者是雄，浮者是雌。今云投石，恐止是鵲如此，餘鳥未必爾。鵲一名飛駮烏，又烏鴉今人多用，而《本經》不著，古方有用其翅羽者。葛洪《肘後方》療從高墮下，瘀血棖心，面青短氣者，以烏翅羽七枚，得右翅最良。燒末酒服之，當吐血便愈。近世方家多用烏鴉之全者，以治急風。其法： 臘月捕，取翅羽、觜、足全者，泥缶固濟，大火燒煅入藥，烏犀丸中用之。

宋·王繼先《紹興本草》卷一九 雄鵲 紹興校定： 雄鵲，《本經》雖具性味、主治及辨雄雌，但諸方罕見為用，固非專起疾之物矣。

宋·陳衍《寶慶本草折衷》卷一六 禽下雄鵲肉灰在內。○巢附。 一名雄鵲，一名飛駮烏。○曹孟德詩云： 一名烏鵲。○古詩云： 一名喜鵲。○生在處有之。

味甘，寒，無毒。○主石淋，消結熱。○陶隱居云： 翼左覆右是雄，右覆左是雌。○覆，音副，籠也。○陳藏器云： 下石淋，燒灰淋汁飲之。○日華子云： 主消渴疾。○《圖經》曰： 主風，大小腸澀，四肢煩熱，胸膈痰結。婦人不可食。

附： 鵲巢。○療癲狂鬼魅蠱毒等，燒之用。亦傅瘡瘻。其巢多年者良。

元·吳瑞《日用本草》卷四 雄鵲 如鴉大，尾長、頸白、身青黑，左翅掩右為雄。 味甘，寒，無毒。 主石淋，消結熱并消渴，燒鵲灰淋汁飲之。

明·王綸《本草集要》卷六 雄鵲 味甘，氣寒，無毒。燒作灰。以石投中，解散者雄。凡鳥雌雄難別，其翼左覆右者雄，右覆左者雌。 主石淋，消結熱，燒作灰，淋取汁飲之。○巢，多年者，療癲狂鬼魅及蠱毒等，燒之，仍呼(崇)〔祟〕物名號。亦傅瘻瘡良。

明·滕弘《神農本經會通》卷九 雄鵲肉 烏之雌雄難別，其翼左覆右是雄，右覆左是雌。又燒毛作灰，內水中，沉者是雄，浮者雌。 味甘，氣寒，無毒。 《本經》云： 主石淋，消結熱。可燒作灰，以石投中，散解者是雄也。陳藏器云： 雄鵲，下石淋，燒作灰，淋取汁飲之，石即下。日華子云： 雄鵲，涼。主消渴疾。巢，多年者，療顛狂鬼魅，及蠱毒等，燒之，仍呼祟物名號。亦主瘻瘡，良。

明·劉文泰《本草品彙精要》卷二八 雄鵲無毒。 卵生。

雄鵲： 主石淋，消結熱。名醫所錄。 〔名〕飛駮烏。 〔地〕《圖經》曰： 舊不著所出州土，今在處有之。每遇冬至架巢，春乃成之，其巢最爲完固。此鳥不交，惟是傳枝感氣育卵而生也。用之燒作灰，以石投中，散解者是雄也。陶隱居云： 烏之雌雄難別。舊云： 其翼左覆右者是雄，右覆左者是雌。又燒羽作屑，內水中沉者是雄，浮者是雌。今云投石，恐止是鵲也，餘鳥

未必爾。其腦五月五日取之，亦入術家用。〔時〕生：春夏。採：無時。〔用〕肉、腦。〔色〕黑白。〔味〕甘。〔性〕寒。〔氣〕氣之薄者，陽中之陰。〔臭〕腥。〔主〕消渴。〔製〕燒灰或淋汁用。〔治〕療：《圖經》曰：肉，治風及大小腸澀，四肢煩熱，胸膈痰結。陶隱居云：雄鵲子，下石淋，燒作灰淋取汁飲之。日華子云：肉，治消渴疾。○鵲巢多年者，燒灰，療癲狂，鬼魅及蠱毒，亦傅瘻瘡。〔禁〕婦人不可食。

明·盧和、汪穎《食物本草》卷三禽類 鵲 一名乾鵲，一名喜鵲。雄者肉，味甘，氣寒，無毒。燒作灰，以石投中散解者雄。又曰：凡鳥左翼覆右者雄，右翼覆左者雌。雄鵲，主石淋，消結熱，燒作灰，淋取汁飲之，石即下。巢，多年者，療顛狂鬼魅及蠱毒等，燒之，仍呼祟物名號。亦傅瘻瘡，良。

明·王文潔《太乙仙製本草藥性大全》卷七《本草精義》 雄鵲 一名飛鴳鳥。舊不著所出州土，今在處有之。肉，主風，大小腸澁，四肢煩熱，胸膈痰結。婦人不可食。《經》云：燒作灰，以石投中散群者是雄也。陶云：鳥之雌雄難別，舊云其翼左覆右是雄，右覆左是雌。又燒毛作屑內水，沉者是雄，浮者是雌。今云投石，恐止是鵲如此，餘鳥未必爾。一名飛鴳鳥，又烏鴉。

明·王文潔《太乙仙製本草藥性大全》卷七《仙製藥性》 雄鵲肉 味甘，氣寒，無毒。主治：主石淋秘方，消結熱效劑。補註：治石淋，用子燒作灰淋汁飲了，淋石自下。巢多草者，治癲狂鬼魅及蠱毒瘻瘡。補註：前諸病等用燒之，呼出祟物名號，亦傅瘻瘡良。

明·皇甫嵩《本草發明》卷六 雄鵲肉味甘，寒，無毒。主石淋，消結熱，燒灰，淋取汁飲。以石投中，解散是雄。

明·李時珍《本草綱目》卷四九禽部·林禽類 鵲《別録》下品

〔釋名〕飛駁烏陶弘景 喜鵲《禽經》 乾鵲《新語》。時珍曰：鵲古文作舄，象形。鵲鳴唶唶，故謂之鵲。鵲色駁雜，故謂之駁。靈能報喜，故謂之喜。性最惡濕，故謂之乾。佛經謂之芻尼，小説謂之神女。

〔集解〕時珍曰：鵲，烏屬也。大如鴉而長尾，尖觜黑爪，緑背白腹，尾翮黑白駁雜。上下飛鳴，以音感而孕，以視而抱，季冬始巢，開户背太歲向太乙。知來歲風多，巢必卑下。故曰乾鵲知來，狌狌知往。段成式云：鵲有隱巢木如梁，令鷙鳥不見。人若見之，主富貴也。鵲至秋則毛毨頭禿。《淮南子》云：鵲矢中蝟，蝟即反而受啄，火勝金也。

雄鵲肉 〔氣味〕甘，寒，無毒。日華曰：凉。〔主治〕石淋，消結熱。可燒作灰，以石投中解散者，是雄也《別録》。藏器曰：燒灰淋汁飲之，令淋石自下。治消渴疾、去風及大小腸澀，并四肢煩熱，胸膈痰結。婦人不可食蘇頌。冬至埋鵲於圊前，辟時疾温氣。時珍。出《肘後》。

〔發明〕弘景曰：凡鳥之雌雄難別者，其翼左覆右者是雄，右覆左者是雌。又燒毛作屑納水中，沉者是雌，浮者是雄。今云投石，恐止是鵲，餘鳥未必爾。

腦 〔主治〕弘景曰：五月五日取鵲腦，入術家用。時珍曰：按《淮南萬畢術》云：丙寅鵲腦令人相思。高誘註云：取鵲腦雌雄各一，道中燒之，丙寅日入酒中飲，令人相思，又媚藥方中亦有用之者，則陶氏所謂術家者，亦此類耳。

巢 〔主治〕多年者，燒之水服，療顛狂鬼魅及蠱毒，仍呼祟物名號。亦傅瘻瘡，良日華。正旦燒灰撒門内，辟盜。其重巢柴燒研，飲服方寸匕，一日三服，治積年漏下不斷困篤者，一月取效時珍。○出《洞天録》及《千金方》。重巢者，連年重産之巢也。

〔附方〕新一。 小便不禁：重鵲巢中草一個，燒灰，每服二錢匕，以薔薇根皮二錢煎湯服之，日二。《聖惠》。

明·穆世錫《食物輯要》卷五 喜鵲 味甘，性寒，無毒。去風解渴，散胸膈痰結，四肢煩熱，去石淋，利大小腸。雄者良。婦人忌食。

明·李中立《本草原始》卷一〇 鵲 在處有之。烏屬也。大如鴉而長尾，尖觜黑爪，緑背白腹，尾翮黑白駁雜。上下飛鳴，以音感而孕，以視而抱。季冬始巢。開戶背太歲，向太乙。知來歲風多，巢必卑下。故一名乾鵲，知來知往。段成式云：鵲有隱巢木如梁，令鷙鳥不見。人若見之，主富貴也。鵲至秋則毛毨頭禿。《淮南子》云：鵲矢中蝟，蝟即反而受啄，火勝金也。時珍曰：鵲，古文作舄，象形。鵲鳴唶唶，故謂之鵲。其色駁雜，故一名飛駁鳥。靈能報喜，故《禽經》曰喜鵲。佛經謂之芻尼。小説謂之神女。

雄鵲肉：氣味：甘，寒，無毒。主治：石淋，消結熱。可燒作灰，以石投中，解散者是雄也。治消渴疾，去風及大小腸澁，并四肢煩熱，胸膈痰結。婦人不可食。○冬至埋鵲於圊前，辟時疾溫氣。

雄鵲，《別錄》中品。【圖略】弘景曰：五月五日鵲腦，入術家用。高誘註云：鵲腦雌雄各一，道中燒之，丙寅日入酒中，飲，令人相思。又媚藥方中亦有用之者。陶隱居云：鳥之雌雄難別者，其翼左覆右是雄，右覆左是

雌。又燒毛作屑，內水中，沉者是雄，浮者是雌。今云投石，恐止是鵲也，餘鳥未必爾。

明・吳文炳《藥性全備食物本草》卷三　喜鵲　以翼左覆右是雄，右覆左是雌。又燒毛作屑，內水中沉者是雄，浮者是雌。入藥只取雄者。肉甘，無毒，主消渴，下石淋，消結熱，燒灰淋汁飲之，石即下。又主風秘，四肢煩熱，胸膈痰結。婦人不可食。　巢多年者主顛狂鬼魅及蠱毒等症，用燒之，仍呼祟物名號。亦可傳瘻瘡。

明・應廖《食治廣要》卷五　鵲即喜鵲。　雄雀肉：氣味：甘，寒，無毒。主石淋，消結熱，治消渴，去風及大小腸澁，并四肢煩熱，胸膈痰結。婦人不可食。段成式云：鵲有隱巢木如梁，令鷙鳥不見。人若見之，主富貴也。鵲至秋，則毛毿頭禿。《淮南子》云：鵲矢中蝟，蝟即反而受啄，火勝金也。今世俗訛傳，七夕牛郎織女相會，喜鵲填河成橋，爪去頭毛而禿者是矣。

明・姚可成《食物本草》卷一二禽部・林禽類　鵲一名喜鵲。烏屬也。大如鴉而長尾，尖嘴黑爪，綠背白腹，尾翮黑白駁雜。上下飛鳴，以音感而孕，以視而抱。季冬始巢，開戶背太歲向太乙。知來歲風多，巢必卑下。又每歲七夕，諸鵲飛集天河，頭尾相銜，架作津梁，以渡牛、女，至今世傳鵲橋相會，每於是日試之，果不見一鵲，次日則頭尾盡皆鬆亂，此其驗也。古人為之題咏，不能盡載。

鵲肉：　味甘，寒，無毒。治石淋，消結熱，可燒作灰。以石投中解散者，是雄也。治消渴疾，去風及大小腸澀，并四肢煩熱，胸膈痰結。婦人不可食。冬至埋鵲于圊前，辟時疾瘟氣。〇陶弘景曰：凡鳥之雌雄難別者，其翼左覆右者是雄，右覆左者是雌。又燒毛作屑納水中，沉者是雌，浮者是雄。今云投石，恐止是鵲，餘鳥未必爾。

巢　用多年者燒之水服，療顛狂鬼魅，蠱毒，仍呼祟物名號。亦傳瘻瘡，良。正旦燒灰撒門內，辟盜。其重巢柴燒研，飲服方寸匕，一日三服，治積年漏下不斷困篤者，一月取効。

明・顧逢柏《分部本草妙用》卷一〇禽部　喜鵲　甘，寒，無毒。雄者佳。左羽覆右者，是雄。　主治：石淋，消結熱，治消渴，去風，大小腸澀，胸膈痰煩熱。婦人不可食。冬至埋鵲于圊前，辟時疾瘟氣。

明・施永圖《本草醫旨・食物類》卷三　鵲名喜鵲。至秋則毛毿頭禿。　雄鵲肉：　味甘，寒，無毒。治：石淋，消結熱。可燒作灰，以石投中解散者，是雄也。燒灰淋汁飲之，令淋石自下。治：消渴疾，去風及大小腸澀，并四肢煩熱，胸膈痰結。婦人不可食。冬至埋鵲於圊前，辟時疾瘟氣。凡鳥之雌雄難別者，其翼左覆右者是雄，右覆左者是雌。又燒毛作屑，納水中沉者是雌，浮者是雄。　巢：治：多年者，燒之水服，療顛狂鬼魅及蠱毒，仍呼祟物名號，亦傳瘻瘡良。正旦燒灰撒門內，辟盜。其重巢柴燒研，飲服方寸匕，一日三服，治積年漏下不斷困篤者，一月取效。

附方　小便不禁：重鵲巢中草一箇，燒灰，每服二錢，以薔薇根皮二錢，煎湯服之，日二。

清・穆石匏《本草洞詮》卷一四　鵲　鵲鳴唶唶，故謂之鵲。靈能報喜，故名喜鵲。性最惡濕，又名乾鵲。音感而孕，相視而抱，季冬始巢，開戶背太歲向太乙。來歲風多，巢必卑下，秋則毛毿頭禿。雄鵲肉甘，寒，無毒。治石淋，消結熱。冬至埋鵲於圊前，辟時疾。丙寅日食鵲腦，令人相思，又媚藥方中用之。鵲巢多年者，燒之，水服，療顛狂鬼魅及蠱毒。凡鳥之雌雄難別者，其翼左覆右是雄，右覆左是雌。燒毛納水中，沉者是雌，浮者是雄也。

清・丁其譽《壽世秘典》卷四　鵲靈能報喜，故名喜鵲。性最惡濕，又謂之乾鵲。大如鴉而長尾，尖觜黑爪，綠背白腹，尾翮黑白駁雜，上下飛鳴，以音感而孕，以視而抱。季冬始巢，開戶背太歲向太乙。知來歲多風，巢必卑下。段成式云：鵲有隱巢木如梁，令鷙鳥不見。人若見之，主富貴也。鵲至秋則毛毿頭禿。　氣味：甘，寒，無毒。雄者治石淋，消結熱。燒灰淋取汁，飲之石即下。

清・朱本中《飲食須知・禽類》　喜鵲肉　味甘，性寒。婦人不可食。

清・何其言《養生食鑒》卷下　喜鵲以翼左覆右者，雄；右覆左者，雌。又燒毛作屑納水中，沉者是雄，浮者是雌。入藥，只取雄者。　味甘，性寒，無毒。治消渴，下石淋，消結熱。燒灰淋汁飲之，石即下。又主風秘煩熱，胸膈痰結，利大小腸。婦人忌食。

清・李熙和《醫經允中》卷二三　喜鵲　雄者佳，左翼覆右翼者是雄。甘，寒，無毒。主治石淋，消結熱，治消渴，去風，大小腸濇。婦人不可食。冬至埋鵲于圊前，辟時疾瘟氣。

清・張璐《本經逢原》卷四　鵲鵲重巢　甘，寒，無毒。　發明：鵲性靈慧，能知吉凶，觀其營巢開戶必背太歲而向太乙，非鶉鳩之可比，《別錄》用之，為下石淋專藥，以其鳴必掉尾，取其週身之氣悉向下通也。藏器有云，燒

灰淋汁飲汁，令人淋石自下。蘇頌言，婦人不可食，以其相視而通，音感而孕也。其腦燒之，入酒同飲，令人相思。蘇頌之說得非緣此。○鵲重巢，《日華》取多年者燒之，療癲狂鬼魅及蠱毒，仍呼祟物名號，亦敷瘻瘡。《千金》治婦人難產，取多年生育相安之義。

清·吳儀洛《本草從新》卷六 鵲〔瀉熱通淋。〕 甘，寒。消結熱，治消渴，石淋，去風及大小腸澀，并四肢煩熱，胸膈痰結。入藥用雄。其翼左覆右者是雄，又燒毛作屑，納水中浮者是雄。

清·汪紱《醫林纂要探源》卷三 鵲 甘，平。止鼻衄。衄病時作者，以鵲肉作羹，食之不復發。蓋衄雖肺火，而實作於肝風，肝主血，而風上越，則鼻衄頭痛，木侮金也。鵲知天風而巢最固，歲多風則巢卑，少風則巢高，是能防顛頂之風者，故治衄。

題清·徐大椿《藥性切用》卷八 鵲 甘寒止渴，瀉熱通淋，入藥用雄。

清·李文培《食物小錄》卷下 喜鵲 甘，寒，微苦，無毒。婦人不可食。

清·趙其光《本草求原》卷一九禽部 鵲 靈能報喜。造巢必背太歲，向太乙；鳴必尾掉，周身之氣悉通於下。甘，寒，無毒。故為石淋專藥。燒灰淋汁飲。治結熱、消渴、大小腸澀。其腦燒之，入酒同食，令人相思，故婦勿食。宜用雄。翼左覆右者為雄，燒毛浮水者為雄。其多年之巢，治癲狂、鬼魅、蠱毒、積年漏下、燒灰水下。難產，取多年生育相安之義。塗瘻瘡。

清·戴葆元《本草綱目易知錄》卷五 鵲飛駁鳥、喜鵲。 肉，甘，平。下石淋，消結熱，燒灰，淋汁服。去風，治消渴疾及大小腸澁，并四肢煩熱，胸膈痰結。婦人不可食。腦更甚，令相思。冬至，埋鵲於圊前，辟時疫濕氣。凡用，俱取雄者為良。

清·陳其瑞《本草撮要》卷八 鵲 味甘，寒，入手足太陰、太陽經及陽明經。功專消結熱，治消渴通淋去風，及大小腸澀，并四肢煩熱，胸膈痰結。入藥用雄。燒毛作屑，納水中浮者是雄。

清·吳汝紀《每日食物却病考》卷下 鵲 味甘，寒，無毒。俗名喜鵲。雄者，治渴疾，去風。婦人不可食，不甚益人。凡鳥，其翼左覆右者雄，右覆左者雌。

鶻嘲

宋·唐慎微《證類本草》卷一九禽部〔宋·掌禹錫《嘉祐本草》〕 鶻嘲 味鹹，平，無毒。助氣益脾胃，主頭風目眩。煮炙食之，頓盡一枚，至驗。今江東俚人呼頭風爲瘇頭。先從兩項邊筋起，直上入頭，目眩頭悶者是。大都此疾是下俚所患。其鳥南北總有，似鵲，尾短，黃色。在深林間，飛翔不遠。北人名鸜鵯。《爾雅》云：鳴鳩似鵲，鶻鵃似鵲，尾短多聲。《東京賦》云鶻嘲春鳴，或呼爲骨鵰新補。

元·吳瑞《日用本草》卷四 鶻嘲 似鵲，尾短多聲。北人名鸜鵯，又名嘲公。味鹹，平，無毒。主益脾胃，療頭風目眩，煮炙食之。

明·劉文泰《本草品彙精要》卷二八 鶻嘲 卵生。

鶻嘲：主助氣，益脾胃，頭風，目眩。煮炙食之，頓盡一枚，至驗。名醫所錄。

【名】鴝鵯、鶻鵃、鶻雕。【地】《圖經》曰：其鳥南北皆有，似鵲，尾短，黃色，多聲，在深林間，飛翔不遠，北人名鸜鵯。《東京賦》云鶻嘲春鳴，或呼爲骨雕也。○謹按《埤雅》云：鶻拳堅處，大如彈丸，俯擊鳩、鴿食之。鳩、鴿中其拳，隨空中即側身自下承之，捷於鷹、隼。舊言鶻有義性，杜甫所賦《義鶻行》是也。冬撮鳥之盈握者，夜以燠其爪掌，左右易之，旦即縱去，其在東矣，則是日不東嚮搏物，南北亦然。蓋其義性有擒有縱，如此，凡鳥朝鳴曰嘲，夜鳴曰啘。《禽經》曰：林棲之鳥多朝鳴，水宿之鳥多夜叫。此鳥朝鳴，故謂之鶻嘲也。【時】生：春夏。採：無時。【用】肉。【質】類鵲而尾短。【色】灰褐。【味】鹹。【性】平，軟。【氣】味厚于氣，陰中之陽。【臭】腥。【主】頭風目眩。【製】煮、炙用。【治】療：《圖經》曰：肉治江東人呼頭風爲瘇頭，先從兩項邊筋起，直上入頭，目眩頭悶者是。

明·盧和、汪穎《食物本草》卷三禽類 鶻鵃 鳩類，肉味鹹，平，無毒。助氣益脾胃，主頭風眩，煮炙食之，頓盡一枚，至効。一種鷙鳥，名鶻，不同此類。

明·王文潔《太乙仙製本草藥性大全》卷七《本草精義》 鶻嘲 其鳥南北總有，似鵲，尾短黃色，在深林間，飛翔不遠，北人名鸜鵯。《爾雅》云鳴鳩，似鵲。鶻鵰，似鵲。尾短多聲。《東京賦》云鶻嘲春鳴，或呼爲鶻鵰。

明·王文潔《太乙仙製本草藥性大全》卷七《仙製藥性》 鶻嘲 味鹹，氣平，無毒。主治：益脾胃助氣仙方，祛頭風目眩秘訣。補註：頭風目眩，取一隻煮炙食之頓盡極驗。今江東俚人呼頭風爲瘇頭，先從兩項邊筋起，直上入頭，目眩頭悶者是，大都此疾是下俚所致。

明・李時珍《本草綱目》卷四九禽部・林禽類　鶻嘲宋《嘉祐》。鶻，骨、猾二音。

〔釋名〕鶻鵃《爾雅》　鶻鳩《左傳》　鷗鳩《爾雅》　鷽鳩渥、學二音。　阿鵴《雜俎》　鸛鷜音藍呂。時珍曰：其目似鶻，其形似鷽。鷽，山鵲也，其聲啁嘲，其尾屈促，其羽如繿縷，故有諸名。阿鵴乃鷽鳩之訛也。陸佃云：凡鳥朝鳴曰嘲，夜鳴曰啄。此鳥喜朝鳴故也。《禽經》云林鳥朝嘲，水鳥夜啄，是矣。

〔集解〕禹錫曰：鶻嘲，南北總有。似山鵲而小，短尾，有青毛冠，多聲，青黑色，在深林間，飛翔不遠。北人呼爲鸛鷜鳥。《東都賦》云鶻嘲春鳴是也。時珍曰：此鳥春來秋去，好食桑椹，易醉而性淫。或云鶻嘲即戴勝，未審是否？鄭樵以爲鸜鵒，非矣。

肉　〔氣味〕鹹，平，無毒。　〔主治〕助氣益脾胃，主頭風目眩。煮炙食之，頓盡一枚，至驗。《嘉祐》。今江東俚人呼頭風爲瘇頭。先從兩項邊筋起，直上入頭，頭悶目眩者是也。

明・梅得春《藥性會元》卷下　鶻鵰　味鹹，平，無毒。　主助氣，益脾胃，治頭風眩暈，煮炙食之，頓盡一隻，極有功驗。

明・穆世錫《食物輯要》卷五　鶻嘲　味鹹，平，無毒。益脾胃，助氣生血。療頭風旋運，目暗。

明・吴文炳《藥性全備食物本草》卷三　鶻嘲　味鹹，氣平，無毒。助氣，益脾胃，去頭風目眩，煮炙食之。

明・姚可成《食物本草》卷一二禽部・林禽類　鶻嘲一名鶻鵃。南北總有之。似山鵲而小，短尾，有青毛冠，在深林間，飛翔不遠，春來秋去，好食桑椹子，易醉而性淫。　鶻嘲肉，味鹹，平，無毒。治助氣益脾胃，主頭風目眩。煮炙食之，頓盡一枚，至驗。

明・施永圖《本草醫旨・食物類》卷三　鶻嘲名鷽鳩。此鳥春來秋去，好食桑椹，易醉而性淫。　肉：味鹹，平，無毒。治：助氣，益脾胃。主頭風目眩，煮炙食之，頓盡一枚至驗。

清・何其言《養生食鑒》卷下　鶻嘲其目似鶻，其形似山鵲，其聲啁嘲，其尾屈促，其羽如繿縷。　味鹹，性平，無毒。助氣，益脾胃。治頭風目眩，煮炙食之，頓盡一枚至效。

山鵲

宋・鄭樵《通志》卷七六《昆蟲草木略》　鷽，《爾雅》曰山鵲。今喜鵲也。郭氏謂：似鵲而有文彩，長尾，觜脚赤。鷽，音握。

明・盧和、汪穎《食物本草》卷三禽類　山鷓　味甘，溫。食之解諸果毒。一種陽鵲，形色相侣。

明・李時珍《本草綱目》卷四九禽部・林禽類　山鵲《食物》

〔釋名〕鷽渥、學二音。《爾雅》。　鵫音汗。同上。　山鷓俗名　赤嘴烏《酉陽雜俎》　〔集解〕時珍曰：山鵲，處處山林有之。狀如鵲而烏色，有文采，赤嘴赤足，尾長不能遠飛，亦能食雞、雀。諺云：朝鷽叫晴，暮鷽叫雨。《説文》以此爲知來事之鳥。《字説》云能效鷹鸇之聲而性惡，其類相值則搏者，皆指此也。鄭樵以爲喜鵲，誤矣。有文采如戴花勝，人名戴鵀、戴鵟。

〔氣味〕甘，温，無毒。　〔主治〕食之解諸果毒汪穎。

明・穆世錫《食物輯要》卷五　山鵲　味甘，性溫，無毒。補益人，解諸菓之毒。

明・應麐《食治廣要》卷五　山鵲《酉陽雜俎》作赤嘴烏。　氣味：甘，溫，無毒。食之解諸果毒。　按：此鵲狀如鵲而烏色，有文采，赤嘴，赤足，尾長，不能遠飛者是矣。

明・姚可成《食物本草》卷一二禽部・林禽類　山鵲一名鷽。音渥。一名山鷓。處處山林有之。狀如鵲而烏色，有文采，赤嘴赤足，尾長不能遠飛，亦能食雞、雀。諺云：朝鷽叫晴，暮鷽叫雨。《説文》以此為知來事之鳥。《字説》云能效鷹鸇之聲而性惡，其類相值則搏者，皆指此也。　山鵲肉，味甘，溫，無毒。食之解諸果毒。

明・施永圖《本草醫旨・食物類》卷三　山鵲名鷽。狀如鵲而烏色。　味：甘，溫，無毒。治：食之解諸果毒。

清・丁其譽《壽世秘典》卷四　鷽音渥。一名山鷓，狀如鵲而烏色，有文采，赤觜，赤足，尾長不能遠飛，亦能食雞雀。諺云，朝鷽叫晴，暮鷽叫雨。　氣味：甘，溫，無毒。主解諸般果毒。

清・王道純《本草品彙精要續集》卷六　山鵲無毒。　卵生。

山鵲：主食之能去果毒《食物本草》。　〔名〕鷽、渥、學二音《爾雅》。鵫、音汗，同上。山鷓俗名、赤嘴烏《酉陽雜俎》。　〔地〕李時珍云：山鵲，處處山林有之。　〔時〕生：無時。採：無時。　〔用〕肉。　〔質〕狀如鵲而尾長，不能遠飛，亦能食雞雀。　〔色〕身上烏色有文彩，赤嘴赤足，如戴花勝，人因名戴鵀、戴鵟。　〔味〕甘。　〔性〕溫。　〔解〕肉解諸果毒。　〔臏〕鄭樵以爲

喜鵲，誤矣。○諺云：朝鸞叫晴，暮鸞叫雨。《說文》以此爲知來事之鳥。《字說》云：能效鷹鸇之聲而性惡，其類相值則搏者，皆指此也。

巧婦鳥

宋・唐慎微《證類本草》卷一九禽部〔唐・陳藏器《本草拾遺》〕 巧婦鳥 主婦人巧，吞其卵。小於雀，在林藪間爲窠，窠如小囊袋，亦取其窠燒，女人多以燻手令巧。《爾雅》云：桃蟲，鷦。注云：桃雀也，俗呼爲巧婦鳥也。

宋・鄭樵《通志》卷七六《昆蟲草木略》 桃蟲 《爾雅》曰鷦。其雌䳢。音艾。似黄雀而小。一名鷦鷯，一名鷦鸎，一名桃雀，俗呼巧婦。鳭鷯 《爾雅》曰剖葦。注云：好剖葦皮，食其中蟲，因名云。江東呼蘆虎。似雀，青斑，長尾。鷯，音遼。

明・盧和、汪穎《食物本草》卷三禽類 巧婦鳥 主聰明。炙食之甚美，即鷦鷯也。其雛化而為鵰，故古語曰鷦鷯生鵰，言始小而終大也。鵰，一種黑色，食草，但鷹而大，善鷙，謂之皂鵰，用與鷹同。

明・王文潔《太乙仙製本草藥性大全》卷七《仙製藥性》 巧婦鳥 主婦人巧蠶。其卵小於雀，在林藪間爲窠，窠如小囊袋。亦取其窠燒，女人多以燻手令巧。《爾雅》云：桃蟲鷦。注云：桃雀也，俗呼爲巧婦鳥也。

明・李時珍《本草綱目》卷四八禽部・原禽類 巧婦鳥《拾遺》

〔釋名〕鷦鷯《詩疏》 桃蟲《詩經》 蒙鳩《荀子》 女匠《方言》 黄脰雀俗 時珍曰：按《爾雅》云：桃蟲，鷦。其雌曰䳢。揚雄《方言》云：自關而東謂之巧雀，或謂之女匠。自關而西謂之襪雀，或謂之巧女。燕人謂之巧婦。江東謂之桃雀，亦曰布母。鳩性拙，鷦性巧，故得諸名。 〔集解〕藏器曰：巧婦小於雀，在林藪間爲窠。窠如小袋。時珍曰：鷦鷯處處有之。生蒿木之間，居藩籬之上，狀似黄雀而小，灰色有斑，聲如吹噓，喙如利錐。取茅葦毛毳爲窠，大如鷄卵，而繫之以麻髮，至爲精密。懸於樹上，或一房、二房。故曰巢林不過一枝，每食不過數粒。小人畜馴，教其作戲也。又一種鳭鷯，《爾雅》謂之剖葦。似雀而青灰斑色，長尾，好食葦蠹，亦鷦類也。

肉 〔氣味〕甘，温，無毒。 〔主治〕炙食甚美，令人聰明汪穎。

窠 〔主治〕燒烟熏手，令婦人巧蠶藏器。治膈氣噎疾。以一枚燒灰酒服，或一服三錢，神驗。時珍。出《衛生易簡方》。

明・穆世錫《食物輯要》卷五 鷦鷯 味甘，平，性溫，無毒。和中益脾。多食，令人聰明。長尾，青灰斑色。

明・吴文炳《藥性全備食物本草》卷三 巧婦鳥 主婦人巧蠶。其卵小於雀。在林藪間為窠，窠如小囊袋。亦取其窠燒，女人多以燻手令巧。

明・吴文炳《藥性全備食物本草》卷三 鷦鷯 味甘，性溫，無毒。和中氣，益脾胃。多食令人聰明。長尾青灰斑色。

明・姚可成《食物本草》卷一二禽部・原禽類 巧婦鳥一名鷦鷯。小于雀，在林藪間為窠，窠如小袋。○李時珍曰：鷦鷯處處有之。生蒿木之間，居藩籬之上。狀似黄雀而小，灰色有斑，聲如吹噓，喙如利錐，取茅葦毛毳為窠，大如雞卵，而繫之以麻髮，至為精密。懸于樹上，或一房、二房。故曰巢林不過一枝，每食不過數粒。小人畜馴教其作戲也。又一種鷦鷯，《爾雅》謂之剖葦。似雀而青灰斑色，長尾，好食葦蠹，亦鷦類也。

巧婦鳥肉：味甘，溫，無毒。炙食甚美，令人聰明。 窠：燒烟熏手，令婦人巧蠶。治膈氣噎疾。以一枚燒灰酒服，或一服三錢，神驗。

明・施永圖《本草醫旨・食物類》卷三 巧婦鳥名鷦鷯。 肉：味甘，溫，無毒。治：炙食甚美，令人聰明。 窠：治：燒烟熏手，令婦人巧蠶。治：膈氣噎疾，以一枚燒灰，酒服，或一服三錢，神驗。

清・穆石匏《本草洞詮》卷一四 鷦鷯 鷦鷯《詩》謂桃蟲是也。其性巧，謂之巧雀，亦謂之女匠。肉甘，溫，無毒。炙食甚美，食人聰明。鷦鷯窠治膈氣噎疾，以一枚燒灰，酒服，神驗。燒煙薰手，令婦人巧蠶。

清・劉雲密《本草述》卷三〇 巧婦鳥又名鷦鷯。俗名黄脰雀。 時珍曰：鷦鷯處處有之。生蒿木之間，居藩籬之上。狀似黄雀而小，灰色有斑，聲如吹噓，喙如利錐，取茅葦毛毳音翠，獸毛縟細者。為窠。大如雞卵，而繫之以麻髮，至為精密，懸於樹上，或一房二房，故曰巢林不過一枝。

窠：主治：膈氣噎疾，以一枚燒灰，酒服，或一服三錢，神驗。

清・何其言《養生食鑒》卷下 巧婦鳥一名鷦鷯，粤俗名种鷦，生蒿木之間，居藩籬之上，狀似黄雀而小，灰色有班，聲如吹噓，喙如利錐，取茅葦毛毳為窠，大如雞卵，而繫之以麻髮，至為精密。懸於樹上，或一房、二房，故曰巢林不過一枝，每食不過數粒。小人畜馴，教其作戲，并占卦者是也。 味甘，性溫，無毒。炙食甚美，令人聰明。

窠：治膈氣噎疾，以一枚燒灰，酒服。或一服二錢，神驗。

清・楊時泰《本草述鉤元》卷三〇 巧婦即鷦鷯，俗名黄脰。 窠：主治膈噎，以一枚燒灰酒服，或一服三錢，神驗。

清・趙其光《本草求原》卷一九禽部　巧婦鳥即黄脰雀，又名鷦鷯。　其巢大如雞卵，懸樹上，繫以麻髮，或一房，或二房，最精密。治膈噎，燒灰酒下。其肉，炙食，令人聰明。

清・文晟《新編六書》卷六《藥性摘録》　巧婦鳥　一名鷦鷯。甘，溫。炙食甚美，令人聰明。○窠，治膈氣噎疾，以一窠燒灰，酒服；或一服二錢，神效。

清・王孟英《隨息居飲食譜・毛羽類》　鷦鷯一名巧婦，俗呼黄脰雀。甘，溫。暖胃。

百舌

宋・唐慎微《證類本草》卷一九禽部〔唐・陳藏器《本草拾遺》〕　百舌鳥　主蟲咬，炙食之。亦主小兒久不語。又取其窠及糞，塗蟲咬處。今之鶯，一名反舌也。

元・吴瑞《日用本草》卷四　百舌　色褐，微有斑點。春作千百般巧聲，今之鶯，一名反舌。　主蟲咬。炙食之，亦主小兒久不語。又取其窠及糞，塗蟲咬處。

明・滕弘《神農本經會通》卷九禽部　百舌鳥　陳藏器云：　主蟲咬，炙食之，亦主小兒久不語。又取其窠及糞，塗蟲咬處。今之鶯，一名反舌也。

明・盧和、汪穎《食物本草》卷三禽類　百舌　主蟲咬。炙食之，亦主小兒久不語。

明・寧源《食鑒本草》卷上　百舌鳥　主蟲咬，心胃疼，炙食之。又治小兒久不語。

明・皇甫嵩《本草發明》卷六　百舌鳥　主蟲咬，炙食之。亦主小兒久不語，取其窠及屎，塗蟲咬處。一名反舌。

明・李時珍《本草綱目》卷四九禽部・林禽類　百舌《拾遺》

【釋名】反舌　鶷鶡音轄軋。時珍曰：按《易通》云：能反復如百鳥之音，故名鶷鶡，亦象聲。今俗呼爲牛屎哵哥，爲其形似鴝鵒而氣臭也。梵書名舍羅。【集解】藏器曰：當百舌，今之鶯也。時珍曰：百舌處處有之，居樹孔、窟穴中。狀如鴝鵒而小，身略長，灰黑色，微有斑點，喙亦尖黑，行則頭俯，好食蚯蚓。立春後則鳴囀不已，夏至後則無聲，十月後則藏蟄。人或畜之，冬月則死。《月令》仲夏反舌無聲即此。蔡邕以爲蝦蟆者，非矣。陳氏謂即鶯，服虔《通俗文》以鶷鶡爲白脰烏者，亦非矣。音雖相似，而毛色不同。

肉　【氣味】缺。　【主治】炙食，治小兒久不語，及殺蟲藏器。

窠及糞　【主治】諸蟲咬，研末塗之藏器。

小兒久不能語者，宜食。

明・穆世錫《食物輯要》卷五　百舌　味甘，平，無毒。殺諸蟲，益智慧。

明・吴文炳《藥性全備食物本草》卷三　百舌　味甘，平，無毒。殺諸蟲，益智慧，小兒久不能語者宜食。

明・應麐《食治廣要》卷五　百舌　肉：　氣味缺。陳藏器曰：　炙食，治小兒久不語及殺蟲。

明・姚可成《食物本草》卷一二禽部・林禽類　百舌一名反舌。處處有之，居樹孔、窟穴中。狀如鴝鵒而小，身略長，灰黑色，微有斑點，喙亦尖黑，行則頭俯，好食蚯蚓。立春後則鳴囀不已，能作諸鳥之聲。夏至後則無聲，十月後則藏蟄。人或畜之，冬月則死。《月令》仲夏反舌無聲即此。

百舌肉：　炙食，治小兒久不語及殺蟲。　窠及糞：　治諸蟲咬，研末塗之。

明・施永圖《本草醫旨・食物類》卷三　百舌名反舌。狀如鸜鵒而小，身略長，灰黑色，微有斑點，喙亦尖黑，行則頭俯，好食蚯蚓。立春後則鳴轉不已，夏至後則無聲。《月令》仲夏反舌無聲。　肉：　治：　炙食，〔治〕小兒久不語及殺蟲。　窠及糞：　治：　諸蟲咬，研末塗之。

清・穆石匏《本草洞詮》卷一四　百舌　百舌能反復如百鳥之音，故名。立春後則鳴囀不已，夏至後則無聲，十月後則藏蟄。炙食，治小兒久不語。

清・何其言《養生食鑒》卷下　百舌俗名生屎了，狀如鴝鵒而小，身略長，灰黑色，微有斑點，喙亦尖黑，行則頭俯，好食蚯蚓。　味甘，性平，無毒。殺諸蟲，益智慧。小兒久不能語者，宜食之。

清・李文培《食物小録》卷下　百舌俗呼牛屎八歌　炙食，治小兒久不語。

清・趙其光《本草求原》卷一九禽部　百舌即牛屎了。　狀如了哥而小，身略長，灰黑色，微有斑點。喙尖黑，行則頭俯，好食蚯蚓。甘，平，無毒。殺蟲，益智慧，治小兒久不能語。

雀

宋・唐慎微《證類本草》卷一九禽部〔《別録》〕　雀卵　味酸，溫，無毒。主下氣，男子陰痿不起，强之令熱，多精有子。

腦： 主耳聾。〔宋・掌禹錫《嘉祐本草》〕按： 耳聾通用藥云： 雀腦，平。

頭血： 主雀盲。

雄雀屎： 〔宋・掌禹錫《嘉祐本草》〕按： 齒痛通用藥云： 雄雀屎，溫。 療目痛，決癰癤，女子帶下，溺不利，除疝瘕。五月取之良。

〔梁・陶弘景《本草經集注》〕云： 雀性利陰陽，故卵亦然。《術》云： 雀卵和天雄丸服之，令莖大不衰。人患黃昏間目無所見，爲之雀盲。其頭血療之。雄雀屎兩頭尖者是也。亦療齲齒。雀肉不可合李子食之，亦忌合醬食之，妊身人尤禁之。

〔唐・蘇敬《唐本草》〕注云： 《别録》云： 雀屎，和男首子乳如薄泥，點目中，胬肉、赤脉貫瞳子上者即消，神效。以蜜和爲丸飲服，主癥癖久痼冷病。或和少乾薑服之，大肥悦人。

〔宋・馬志《開寶本草》〕按： 陳藏器《本草》云： 雀肉起陽道，食之令人有子。冬月者良。臘月收雀屎，俗呼爲青丹。主痃癖諸塊，伏梁。和乾薑、桂心、艾等爲丸，入腹能爛痃癖。患癰苦不潰，以一枚傅之，立決。又急黃欲死，以兩枚細研，水溫服之。

〔宋・掌禹錫《嘉祐本草》〕按： 孟詵云： 其肉十月已後正月已前食之。續五藏不足氣，助陰道，益精髓，不可停息。糞和天雄、乾薑爲丸，令陰强。腦，塗凍瘡。 日華子云： 雀，暖，無毒。壯陽，益氣，暖腰膝，縮小便，治血崩，帶下。糞，頭尖及成梃者雄，右掩左者亦是。

〔宋・蘇頌《本草圖經》〕曰： 雀，舊不著所出州土，今處處有之。其肉大溫，食之益陽，冬月者良。卵及腦、頭血，皆入藥。雄雀屎，臘月收之，俗呼爲青丹，頭尖者爲雄屎。《素問》云： 胸脅支滿者，妨於食，病至則先聞臊臭，出清液，先唾血，四肢清，目眩，時時前後血。病名血枯，得之年少時，有所大脱血。若醉入房，中氣竭，肝傷，故月事衰少不來。治之以烏鰂骨、藘茹，二物并合之，丸以雀卵，大如小豆，以五丸爲後飯，飲鮑魚汁，以利腸中及傷肝也。飯後藥先，謂之後飯。按： 古《本草》烏鰂魚骨、藘茹等，并不治血枯，然經法用之，是攻其所生所起耳。今人亦取雀肉，以蛇牀子熬膏，和合衆藥，丸服，補下有效，謂之驛馬丸。此法起於唐世，云明皇服之。又下有鸛屎條。陶隱居云： 有胡、越二種。入藥用胡鸛也。胡治治疰，青羊脂丸中用之。其窠亦入藥。崔元亮《海上方》治濕瘑，取胡鸛窠最寬大者，惟用其抱子處，餘處不用，擣爲末，以漿水煎甘草，入少許鹽成湯，用洗瘡。洗訖拭乾，便以窠末貼其上，三兩偏便愈。若患惡刺，以醋和窠末如泥裹之，三兩日易，便差。

〔宋・唐慎微《證類本草》〕《食療》： 卵白，和天雄末、菟絲子末爲丸，空心酒下五丸。主男子陰痿不起，女子帶下，便溺不利。除疝瘕，決癰腫，續五藏氣。 雷公云： 雀蘇，凡使勿用雀兒糞。其雀兒口黃，未經淫者糞是蘇。若底坐尖在上即曰雌，兩頭圓者是雄。陰人使雄，陽人使雌。凡採之，先去兩畔有附子生者，勿用。然後於鉢中研如粉，煎甘草湯浸一宿，傾上清甘草水盡，焙乾任用。《外臺秘要》： 療齒齲痛有蟲。取雄雀糞，以綿裹塞齒孔內，日一二易之。又方： 治咽喉閉塞、口噤。用雄雀糞細研，每服溫水調灌半錢匕。《肘後方》： 療目熱生膚赤白膜。取雀屎細直者，以人乳和傅上，自消爛盡。《梅師方》： 治諸癰不消，已成膿，懼針不得破，令速決。取雀屎塗頭上，即易之。雄雀屎佳。堅者爲雄。《簡要濟衆》： 婦人吹奶獨勝散： 白丁香半兩，擣羅爲散。每服一錢匕，溫酒調下，無時服。《廣利方》： 妊娠食雀肉飲酒，令子心淫亂。又云： 妊娠食雀肉及豆醬，令子面多䵟。《子母秘録》： 治小兒中風口噤，乳不下。雀屎，白水丸如麻子大，服二丸，即愈。又方： 治小兒凍瘡。用雀兒腦髓塗之，立差。

宋・寇宗奭《本草衍義》卷一六 雀卵 孟詵云： 肉，十月已後，正月已前食之。此蓋取其陰陽靜定，未決洩之義。卵亦取第一番者。

宋・王繼先《紹興本草》卷一九 雀 紹興校定： 雀卵，《本經》已具性味，及腦並頭血、屎各分主治。其卵雖有強陰之説，須借之以它藥為用，亦非獨恃此物，唯破者有力矣。當從《本經》味酸、溫、無毒是也。其屎，世呼為白丁香，破積決癰引膿用之頗驗。腦並頭血皆無驗據矣。

宋・陳衍《寶慶本草折衷》卷一六 禽中○新分雀肉五百三四。黃雀等通用。○屎附。

一名雀，其嫩者名雀兒。生處處有之。多棲牆屋間。○肥而淺黃者名黃雀，一名披綿。坡仙詩云： 披綿黃雀謾多脂。○長而斑褐者，俗號茅雀，棲於茅叢內。○並冬月取。○並忌李子。又妊婦忌雀同酒及醬食。

○附： 屎，一名雀蘇，一名青丹，一名白丁香。五月及臘月於雀屋下拾之。

暖，無毒。○起陽道，令人有子。分雀卵條陳藏器説。○孟詵云： 十月已後，正月已前食之，續五藏不足，益精髓。○日華子云： 益氣，暖腰膝，縮小便，治血崩帶下。○《廣利方》： 妊娠食雀肉，飲酒，令子心婬亂。又云： 妊娠食雀肉及豆醬，令子面多䵟。

附： 雄雀屎。○溫。療目痛，決癰癤，女子帶下，溺不利，除疝瘕，諸塊伏梁，和乾薑、桂心、艾等為丸服。療齒齲痛有蟲，以綿裹塞齒孔內，日一二易。又治吹奶，擣羅為散，每服壹錢，溫酒調下。又小兒風噤、乳不下，雀屎白水丸如麻子大，服貳丸。其屎兩頭尖及成梃者，是雄屎也。

元・忽思慧《飲膳正要》卷三 雀 肉，味甘，無毒，性熱。壯陽道，令人有子。冬月者良。

元・尚從善《本草元命苞》卷七 雀卵 酸，溫，無毒。主男子陰痿不

起，強者令熱，多精有子。雄雀屎，性溫，兩頭尖乃是。又曰白丁香。能療目精痛，決癰癤如神。凡瘡腫成膿，懼針不得破，取雀屎涂頭上，速決。除疝瘕尤效。肉，暖，性平，壯陽益氣，暖腰膝，縮小便，止血崩，治帶下，續五臟不足之氣，助陰道傷耗之精。立冬已後，正月已前服食，治病玄之又玄。忌與醬同啜，妊身者不然。

元·吴瑞《日用本草》卷四　雀肉　雄者頭小，左翼掩右。斑者，名麻雀；　黄者，名黄雀。背上有脂如披綿，性味皆同。　味甘，性暖，無毒。不可與李子同食。孕婦勿食雀肉飲酒，令子心淫亂。　主下氣，男子陰痿不起，強之令熱，多精有子。　腦：　主耳聾。　頭血：　療眼目黄昏不見人者，謂之雀盲。　雄雀屎：　療決癰癤，女子帶下，溺不利，除疝瘕，五月取之良，其糞頭尖者則雄糞，俗呼為青丹頭，又名白丁香。

明·蘭茂撰，清·管暄校補《滇南本草》卷下　麻雀、瓦雀糞一名白丁香。　性溫，味甘。雀腦入腎，興陽泄精。麻雀糞，即白丁香。要直立地上者，白色，方可用。磨翳退霧，遮睛不明。入眼藥用之。

明·蘭茂《滇南本草》〔叢本〕卷下　麻雀一名瓦雀。　味甘，性溫。腦可入腎，興陽泄精。白丁香，即公瓦雀屎，直立於地上，白色更好。磨翳退霧遮睛，不堪入藥用之。

明·王綸《本草集要》卷六　雀卵　味酸，氣溫，無毒。　主下氣，男子陰痿不起，強之令熱，多精有子。○腦，主耳聾，塗凍瘡立差。○頭血，主雀盲，黄昏間目無所見者是。○肉，大溫。壯陽益氣，暖腰膝，冬月者良。妊娠忌食之。○雄雀屎，名白丁香。兩頭尖者是。五月取之良。研如粉，煎甘草湯浸一宿，乾，任用。　療目熱痛，生胬肉、赤白膜，和（男首生）〔首生男〕乳如薄泥，點之即消，神效。　決癰癤，塗之立潰。　女下帶下，溺不利，蜜和丸服。　除疝瘕，爛痃癖，諸塊伏梁。

明·滕弘《神農本經會通》卷九　雀卵　味酸，氣溫，無毒。　《本經》云：　主下氣，男子陰痿不起，強之令熱，多精有子。　陶云：　雀，性利陰陽，故卵亦然。　雀卵和天雄丸服之，令莖大不衰。《局》云：　雀卵強陰能有子，肉溫益氣食宜冬。　白丁香即為雄糞，療目除瘕更潰癰。　瓦雀肉則益氣，卵則強陰，白丁香可潰癰療目。

雀腦：　平。　《本經》云：　主耳聾。　孟詵云：　腦，塗凍瘡。　雀頭血：　《本經》云：　主雀盲。　陶云：　人患黄昏目無所見，為之雀盲，其頭血療之。　雄雀屎：　五月取之良，兩頭尖者是，研如粉，煎甘草湯浸一宿，乾，任用。　名白丁香。　一名溫。　《本經》云：　療目痛，決癰癤，女子帶下，溺不利，除疝瘕。　陶云：　療齲齒。《別録》云：　雀屎，和首生男子乳如薄泥，點目中胬肉赤脉貫瞳子上者即消，神效。　以蜜和丸，飲服，主癥瘕，久痼冷病。或和少乾薑服之，大肥悦。　陳藏器云：　臘月收雀屎，俗呼為青丹。　主痃癖，諸塊伏梁，和乾薑、桂心、艾等為丸，入腹能爛痃癖。　患癰苦不潰，以一枚傅之，立決。　孟詵云：　糞，和天雄、乾薑為丸，令陰強。

雀肉：　溫，無毒。　日華子云：　雀肉，壯陽，益氣，暖腰膝，縮小便，治血崩帶下。　孟詵云：　其肉，十月已後，正月已前食之，續五臟不足氣，助陰道，益精髓，不可停息。　陳藏器云：　雀肉，起陽道，食之令人有子，冬月者良。陶云：　不可合李子食之，亦忌合醬食之，妊身人尤禁之。

明·劉文泰《本草品彙精要》卷二七　雀卵無毒。附腦、頭血、屎。

雀卵：　主下氣，男子陰痿不起，強之令熱，多精有子。○腦，平，主耳聾。○頭血，主雀盲。○雄雀屎，溫，療目痛，決癰癤，女子帶下，溺不利，除疝瘕。名醫所録。　〔名〕青丹、白丁香並雄雀糞也、雀蘇黄口小雀糞也。　〔地〕《圖經》曰：　舊本不著所出州土，今處處有之。○謹按《埤雅》云：　雀，頭如顆蒜，目如擘椒，物之至淫者也。　頭紫，頷，嘴黑色，腮白，身尾蒼褐，有黑斑相雜。　其聲嘖嘖不息，其行輕捷，跳躍不定，蓋其性屬陽故也。　正謂凡動屬火，所以功用能助陰道而益陽也。　〔時〕生：　春夏。　採：　五月取卵，冬月取肉，臘月取屎。　〔用〕卵及頭血、雄雀屎、腦。　〔色〕蒼褐有斑。　〔味〕酸。　〔性〕溫，收。　〔氣〕氣厚于味，陽也。　〔臭〕腥。　〔主〕益精，強陰。　〔製〕《雷公》云：　雀蘇，凡使，勿用雀兒糞，其雀兒口黄未經淫者糞是蘇。若底作尖在上者是雄，兩頭圓者是雌。　陰人使雄，陽人使雌。　凡採之，先去兩畔，有附子生者勿用。　然後於鉢中研如粉，煎甘草湯浸一宿，傾上清甘草水盡，焙乾任用。　〔治〕療：　陶隱居云：　頭血，治黄昏目無所見，謂之雀盲。○雄雀屎，治齲齒痛，有蟲，以綿裹塞孔中，日二三易之。　日華子云：　肉，縮小便，治血崩帶下。　孟詵云：　腦，塗凍瘡。《別録》云：　雄雀糞，治咽喉閉塞，口噤，細研，每服半錢匕，溫水調下，及治諸癰不消，已成膿者，取塗頭上即破，又治小兒中風，口噤，食乳不下，以雀屎白水丸如麻子大，服二丸

即愈。補：《唐本》注云：肉，起陽道，食之令人有子。日華子云：肉，益氣，暖腰膝。孟詵云：肉，十月已後，正月已前食之，續五臟不足，助陰道，益精髓。〔合治〕卵白合天雄、菟絲子末爲丸，空心酒下五丸，治男子陰痿不足，女子帶下，便溺不利。除疝瘕，決癰腫，續五臟氣。○屎合首生男兒乳，研如薄泥，點目中弩肉，赤脈貫瞳子者，即消。○合蜜和爲丸，飲服之，治癥瘕，久痢，冷病，或和少乾薑服之，大肥悅人。○臘月收雀屎合乾薑、桂心、艾等爲丸，治痃癖諸塊，伏梁入腹，能爛痃癖。患癰腫，若不潰，以一丸傅之，立決。及治急黃欲死，以二丸細研，水溫服之。○白丁香半兩，擣羅爲末，每服一錢匕，合溫酒不拘時調下，治婦人吹奶。〔忌〕雀肉不可與李子同食。又妊婦合醬食之，令子面上多生斑䵟。同酒食之，令子心淫亂。

明・盧和、汪穎《食物本草》卷三禽類 雀 肉，大溫，無毒。起陽道，益精髓，暖腰膝，令有子。冬月者良，取其陰陽未決也。卵，味酸，氣溫，無毒。主下氣，男子陰痿不起，強之令熱，多精有子。腦，主耳聾，塗凍瘡立差。頭血，主雀盲，鷄矇眼是也。雄雀屎，名白丁香，兩頭尖者是，五月取之良，研如粉，煎甘草湯浸一宿，乾，任用。療目赤痛，生弩肉赤白膜，赤脉貫瞳，用男首生乳和如薄泥，點之即消，神効。決癰癤，塗之立潰。女(下)〔子〕帶下，溺不利，蜜和丸服。又急黃欲危，以兩枚，研水溫服，愈。齲齒有蟲痛，用綿裹塞孔內，日一二易之。喉痹口禁，研調，溫水灌之半錢匕。又除疝瘕爛痃癖諸塊伏梁。一種佀雀而小，八九月群飛田間，謂之黃雀，亦可食用，稍不及。

明・許希周《藥性粗評》卷四 陽衰懷無後之憂，何似張羅永瓦雀。

瓦雀，麻雀也。好居屋上瓦間，飛鳴相逐，利於陰陽。冬三月取之，尚未決洩，性味尤全，可食。味甘，性溫，無毒。主治陰痿不起，益氣助陽，無後者食之□精有子。惟姙娠不宜食，令子多斑。卵白，味酸，性溫，無毒。其功亦然。和天雄末、菟絲子末為丸，梧桐子大，空心溫酒送下五丸或十丸，入房甚健。又主小便澁，疝氣久疼。屎，名白丁香，一名青丹。臘月收雄者，入藥兩頭俱尖為雄。

單方：乳癰：婦人吹奶，白丁香為末，酒調下一錢匕，立差。凡痈癤未潰，為末，以水調塗膿頭上，立潰。齒痛：白丁香一粒，綿裹塞齒上，風蟲俱佳。

明・鄭寧《藥性要略大全》卷一〇 雀卵 下氣，強陰，令陰熱，多精有子。味甘、鹹，氣溫、平，無毒。白丁香：治女人帶下，利小便，去目中白膜，潰癰腫。味甘、鹹，氣溫、平，無毒。直立者為母丁香，良。即瓦雀糞。

明・陳嘉謨《本草蒙筌》卷一〇 雀卵 味酸，氣溫。無毒。多生古屋栱內，依時可以取收。和蛇床子為丸，用房室中取藥。溫酒送下，專益丈夫。扶陰痿易致堅強，補陰衰常能固閉。腦髓治雙耳聾塞，仍敷凍瘡；頭血點兩目雀盲，使夜見物。肉大溫熱，益氣壯陽。暖腰膝有功，損妊娠忌食。○其雄雀糞，名白丁香。兩頭尖者真，端午取之妙。甘草湯浸一宿，曝乾研細收藏。決肌表軟癤癰，塗之即潰；療目內努肉血膜，點上立差。去癥瘕伏梁，爛痃癖積塊。齒痛通用，屢試有靈。

明・方穀《本草纂要》卷一〇瓦雀 味甘、酸，氣大溫，無毒。主壯元陽，益氣力，暖腰膝，起陰痿，治青盲，添精髓，乃興陽補腎之神藥也。其頭主明目，腦主耳聾，卵主起陰，血主益血。又糞名白丁香，一名兩頭尖，是其雄雀糞也。癰疽腫毒，將潰而不出膿，欲使刀針，猶恐傷內，必以此糞將膏藥上付之，名曰替針，得其易破而拔毒也。大抵此劑純陽之物，遇毒可攻，遇陽可興，遇努肉痞塊可破者也。

明・寧源《食鑒本草》卷上 雀 味溫。十二月取。治男子陰痿不起，益精有子。卵亦然。糞：亦名白丁香。去面上雀斑、酒刺。治目中瘀肉、赤筋遮附童人。和頭生男子乳，點之即消。

明・王文潔《太乙仙製本草藥性大全》卷七《本草精義》 雄雀屎 舊不著所出州土，今處處有之。其肉大溫，食之益陽，冬月者良。亦及腦、頭、血皆入藥。雄雀屎臘月收，俗呼爲青丹，頭尖者爲雄屎。《素問》云：胸脇支滿者妨於食，病至則先聞臊臭，出清液，先唾血，四肢清，目眩，時時前後血，病名血枯，得之年少時，有所大脫血。若醉入房中，氣竭肝傷，故月事衰少不來。治之以烏賊骨、藘茹二物，併合之，丸以雀卵，大如小豆，以五丸爲後飯，飲賊骨汁，以利腸中及傷肝也。飯後藥先，謂之後飯。按《本草》，烏鰂魚骨、藘茹等並不治血枯，然經法用之，是攻其所生所起耳。今人亦取雀肉，以蛇床子熬膏和合衆藥丸，服補下有效，謂之驛馬丸，此法起於唐世，云明皇服之。

明・王文潔《太乙仙製本草藥性大全》卷七《仙製藥性》 雀卵 味酸，氣溫，無毒。主治：和蛇床子爲丸，用房室中取樂。溫酒送下，專益丈夫。扶陰痿易致堅強，補陰衰常能固閉。補註：雀卵和天雄丸食之令莖

大不衰。人患黄昏開目無所見，爲之雀盲，其頭血治之。〇卵白和天雄末、菟絲子末爲丸，空心酒下五丸，主男子陰痿不起，女子帶下便溺不利。除疝瘕，決癰腫，續五臟氣。　雀腦髓：　治兩耳聾塞。仍敷凍瘡。　補註：　治小兒凍瘡，用雀兒腦髓塗之立差。　雀頭血：　點兩目雀盲，使夜見物。雀肉：　大溫，熱。益氣壯陽，暖腰膝有功。損妊娠，忌食。　補註：　妊娠食雀肉飲酒，令子心淫亂。又云妊娠食雀肉及豆醬，令子面多點。　白丁香：　即雀屎。兩頭尖者真。端午取之妙。甘草湯浸一宿，晒乾研細收藏。決肌表軟癤癰，塗之即潰。療目内努肉血膜，點上立差。去癥瘕伏梁，爛痃癖積塊。齒痛通用，屢試有靈。　補註：　療齒齲痛有蟲，取雄雀屎，以綿裹塞齒孔内，日一二易之。〇治咽喉閉塞，口噤，用雄雀屎細研，每服溫水調灌半錢。〇療目熱生膚赤白膜，取雀屎細直者，以人乳和傅上，自消爛盡。〇治諸癰不消，已成膿懼針不得破，令速決，取雀屎塗頭上，乾即易之。雄雀屎佳，堅者爲雄。〇婦人吹奶，獨勝散：　白丁香半兩，搗羅爲散，每服一錢，溫酒調下，無時服。〇治小兒中風口噤，乳不下，雀屎白，水丸如麻子大，服二丸即愈。〇主痃癖諸塊伏梁，與乾薑、桂心、艾等爲丸，入腹能爛痃癖。〇患癰若不潰，以一枚傅之立決。〇又急黄欲死，以兩枚細研，水溫服之效。太乙曰：　雀蘇，凡使勿用雀兒糞。其雀兒口黄，未經淫者，糞是蘇。若底坐尖在上即曰雌，兩頭圓者是雄。陰人使雄，陽人使雌。凡採之先去兩畔有附子生者勿用，然後於鉢中研如粉，煎甘草湯浸一宿，傾上清甘草水盡，焙乾任用。

明・皇甫嵩《本草發明》卷六　雀卵味酸，溫。　主下氣，男子陰痿不起，固精有子。和蛇床子為丸，用房術中最妙。又云：　和天雄丸服之，令莖大不衰。雀性利陰陽，故卵亦然。〇腦，治耳聾，又敷凍瘡。頭血，點雀盲。〇肉溫，起陽道，益氣，暖腰膝，縮小便，治崩帶，益精髓，不可停息食之，令人有子。冬月者良。不可合李子食。亦忌與醬食。妊娠人忌之。〇雄雀屎，溫，又名白丁香、兩頭尖。療目痛，決癰癤，塗之即潰。除疝瘕。和首生男乳，點目中努肉赤脉貫睛上，即消。收用冬月者良。又端午日取。

明・李時珍《本草綱目》卷四八禽部・原禽類　雀《別録》中品

【釋名】瓦雀　賓雀時珍曰：　雀，短尾小鳥也。故字從小，從隹。隹音錐，短尾也。棲宿檐瓦之間，馴近階除之際，如賓客然，故曰瓦雀、賓雀，又謂之嘉賓也。俗呼老而斑者爲麻雀，小而黄口者爲黄雀。　【集解】時珍曰：　雀，處處有之。羽毛斑褐，頷嘴皆黑。頭如顆蒜，目如擘椒。尾長二寸許，爪距黄白色，躍而不步。其視驚瞿，其目夜盲，其卵有斑，其性最淫。小者名黄雀，八九月群飛田間。體絶肥，背有脂如披綿。性味皆同，可以炙食，作鮓甚美。案《逸周書》云：　季秋雀入大水爲蛤。雀不入水，國多淫佚。又《臨海異物志》云：　南海有黄雀魚，常以六月化爲黄雀，十月入海爲魚。則所謂雀化蛤者蓋此類。若家雀則未常變化也。又有白雀，緯書以爲瑞應所感。

肉　【氣味】甘，温，無毒。弘景曰：　雀肉不可〔合〕李食，不可合諸肝食。妊婦食雀肉飲酒，令子多淫。食雀肉、豆醬，令子面䵟，凡服白术人忌之。　【主治】冬三月食之。起陽道，令人有子藏器。壯陽益氣，暖腰膝，縮小便，治血崩帶下日華。益精髓，續五臟不足氣。宜常食之，不可停輟詵。

【發明】宗奭曰：　正月以前、十月以後，宜食之，取其陰陽靜定未泄也。故卵亦取第一番者。頌曰：　今人取雀肉和蛇牀子熬膏，和藥丸服，補下有效，謂之驛馬丸。此法起于唐世，云明皇服之有驗。時珍曰：　《聖濟總録》治虚寒雀附丸，用肥雀肉三四十枚，同附子熬膏丸藥，亦祖此意也。

【附方】新八。　補益老人：　治老人臟腑虚損羸瘦，陽氣乏弱。雀兒五隻如常治，粟米一合，葱白三莖，先炒雀熟，入酒一合，煮少時，入水二盞，下葱、米作粥食。《食治方》。　心氣勞傷：　朱雀湯：　治心氣勞傷，因變諸疾。用雄雀一隻，取肉炙，赤小豆一合，人參、赤茯苓、大棗肉、紫石英、小麥各一兩，紫（苑）〔菀〕、遠志肉、丹參各半兩，甘草炙二錢半，細剉拌勻。每服三錢，用水一盞，煎六分，去滓，食遠溫服。《奇效方》。　腎冷偏墜：　疝氣。用生雀三枚，燎毛去腸，勿洗，以舶上茴香三錢，胡椒一錢，縮砂、桂肉各二錢，入肚内，濕帋裹，煨熟，空心食之，酒下良。《直指方》。　小腸疝氣：　用帶毛雀兒一枚去腸，入金絲礬末五錢縫合，以桑柴火煨成炭，爲末。空心無灰酒服。年深者，二服愈。《瑞竹堂方》。　赤白痢下：　臘月取雀兒，去腸肚皮毛，以巴豆仁一枚入肚内，缾固濟，煅存性，研末。以好酒煮黄蠟百沸，取蠟和丸梧子大，每服一二十丸。紅痢，甘草湯下；白痢，乾薑湯下。《普濟方》。　内外目障：　治目昏生翳，遠視似有黑花，及内障不見物。用雀兒十個，去翅足嘴，連腸胃骨肉研爛，磁石煅醋淬七次水飛、神麴炒、青鹽、肉蓯蓉酒浸炙各一兩，菟絲子酒浸三日晒三兩，爲末。以酒二升，少入煉蜜，同雀、鹽研膏和丸梧子大。每溫酒下二十丸，日二服。《聖惠方》。

雀卵　【氣味】酸，温，無毒。五月取之。　【主治】下氣，男子陰痿不起，强之令熱，多精有子《別録》。和天雄、菟絲子末爲丸，空心酒下五丸，治男子陰痿不起，女子帶下，便溺不利，除疝瘕孟詵。

【發明】弘景曰：雀利陰陽，故卵亦然。術云：雀卵和天雄服之，令莖不衰。頌曰：按《素問》云：胸脇支滿者，妨於食，病至則先聞臊臭，出清液，先唾血，四肢清，目眩，時時前後血。病名血枯，得之年少時，有所大脱血，若醉入房，中氣竭肝傷，故月事衰少不來。治之以烏鰂魚骨、藘茹，二物并合之，丸以雀卵，大如小豆，以五丸爲後飯，飲鮑魚汁，以利腸中及傷肝也。飲後藥先爲後飯。本草三藥並不治血枯，而經法用之，是攻其所生所起耳。時珍曰：今人知雀卵能益男子陽虚，不知能治女子血枯，蓋雀卵益精血耳。

肝 【主治】腎虚陽弱。《聖惠》四雄丸用之。

頭血 【主治】雀盲《别録》。弘景曰：雀盲，乃人患黄昏時無所見，如雀目夜盲也。日二，取血點之。

腦 【氣味】平。 【主治】綿裹塞耳，治聾。又塗凍瘡孟詵。時珍曰：按張子和方：臘月雀腦燒灰，油調塗之，亦可。

喙及脚脛骨 【主治】小兒乳癖，每用一具煮汁服。或燒灰，米飲調服時珍。

雄雀屎 一名白丁香俗名。青丹《拾遺》 雀蘇《炮炙論》 【修治】日華曰：凡鳥左翼掩右者是雄，其屎頭尖挺直。斆曰：凡使，勿用雀兒糞。雀兒口黄，未經淫者也。其雀蘇底坐尖在上是雄，兩頭圓者是雌，陰人使雄，陽人使雌。臘月采得，去兩畔附着者，鉢中研細，以甘草水浸一夜，去水焙乾用。時珍曰：《别録》止用雄雀屎，雌雄分用則出自雷氏也。

【氣味】苦，温，微毒。 【主治】療目痛，決癰疽，女子帶下，溺不利，除疝瘕《别録》。療齲齒陶弘景。 和首生男子乳點目中，努肉、赤脉貫瞳子者即消，神效。和蜜丸服，治癥瘕久痼諸病。和少乾薑服之，大肥悦人蘇恭。 癰癤不潰者，點塗即潰。急黄欲死者，湯化服之立甦。腹中痃癖、諸塊、伏梁者，和乾薑、桂心、艾葉爲丸服之，能令消爛藏器。和天雄、乾薑丸服，能强陰孟詵。 消積除脹，通咽塞口噤，女人乳腫，瘡瘍中風，風蟲牙痛。

【發明】時珍曰：雀食諸穀，易致消化。故所治疝瘕積脹痃癖，及目瞖努肉，癰疽瘡癤，咽噤齒齲諸症，皆取其能消爛之義也。

【附方】舊六，新八。 霍亂不通：脹悶欲死，因傷飽取凉者。用雄雀糞二十一粒，研末，温酒服。未效，再服。《總録》。 目中翳膜：治目熱生赤白膜。以雄雀屎和人乳點上，自爛。《肘後方》。 風蟲牙痛：雄雀屎，綿裹塞孔中，日二易之，效。《外臺》。 咽喉噤塞：雄雀屎末，温水灌半錢。《外臺》。 小兒口噤：中風。用雀屎，水丸麻子大。飲下二丸，即愈。《千金方》。 小兒不乳：用雀屎四枚末之，與吮。《總微》。 小兒痘靨：白丁香末，入麝少許，米飲服一錢。《保幼大全》。 婦人吹乳：白丁香半兩，爲末。以温酒服一錢。《聖惠》。 破傷風瘡：作白痂無血者，殺人最急。以雄雀糞直者研末，熱酒服半錢。《普濟》。 破決癰癤：諸癰已成膿，懼鍼者。取雀屎塗瘡頭，即易决。《梅師方》。 瘭瘡作痛：用雀屎、燕窠土研，傅之。《直指》。 浸淫瘡癬：洗净，以雀屎、醬瓣和研，日塗之。《千金翼》。 喉痹乳蛾：白丁香二十個，以沙糖和作三丸。每以一丸綿裹含嚥，即時遂愈。甚者不過一丸，極有奇效。《普濟方》。 面鼻酒皶：白丁香十二粒，蜜半兩，早夜點，久久自去。《聖惠》。

明・梅得春《藥性會元》卷下 雄雀屎 一名白丁香。 主治齒痛，通月經，療目痛，穿癰癤，女子帶下，溺不利，除疝瘕。五月五日取者良。 雀肉：益氣。 卵：强陰。 凡使，雀口黄未脱、未經淫合者之糞，名雀蘇。頭尖底平是雌麻雀糞，兩頭尖者是雄雀糞。女人用雄，男人用雌。 製法：取來去其左右雜附者，研如粉，煎甘草湯浸一宿，焙乾用。

明・穆世錫《食物輯要》卷五 雀 味甘，性温，無毒。補五臟，益精髓，暖腰膝，起陽道，縮小便，令人有子，止崩帶。勿同猪肝、李食。冬月食，良。肝、卵，益男子陽虚，女人血枯。 老而斑者，麻雀； 小而黄口者，是黄雀。

明・李中立《本草原始》卷一〇 雀 處處有之。羽毛斑褐，頷嘴皆黑，頭如顆蒜，目如擘椒，短尾距爪，躍而不步，俛而啄，仰而四顧。其卵有斑，其性最淫。故師曠《禽經》云：雀交不一，每栖宿檐瓦之間。故《詩》曰瓦雀。《說文》云：雀，依人小鳥也。故字從小，俗呼小蟲。《爾雅翼》云：雀入淮為蛤，雉入於淮則為蜃，蓋二物皆化於淮水中。故江以鴻止，而鴻從之； 淮以雀化，而雀從焉。此雀所以為隹也。

雀肉：氣味：甘，温，無毒。主治：冬三月食之，起陽，令人有子。○壯陽益氣，暖腰膝，縮小便，治血崩帶下。○益精髓，〔縮〕〔續〕五臟不足氣。宜常食之，不可停輟。 頭血：主治：雀盲。 腦：主治：綿裹塞耳，治聾。又塗凍瘡。 喙及腳脛骨：主治：小兒乳癖，每用一具，煮汁服。或燒灰，米飲調服。 雄雀屎，一名白丁香。氣味：苦，温，無毒。主治：療目痛，決癰疽。女子帶下，溺不利，除疝瘕。○療齲齒。○和首生男子乳點目中努肉，赤脉貫瞳子者，即消，神效。和蜜丸服，治癥瘕久痼諸病。和少乾薑服之，大肥悦人。○癰癤不潰者，點塗即潰。急黄欲死者，湯化服之立甦。腹中痃癖諸塊伏梁者，和乾薑、桂心、艾葉為丸服之，能令消爛。○和天雄、乾薑丸服，能強陰。○消積除脹，通咽塞口噤，女人乳腫瘡

瘍，中風，風蟲牙痛。

雀，《別錄》中品。【圖略】又有白雀，緯書以為瑞應所感。　日華子曰：凡鳥左翼掩右者是雄，其屎頭尖挺直。　修治：　雄雀屎，其底坐尖在上是雄，兩頭圓者是雌。臘月采得雄雀屎，去兩畔附着者，鉢中研細，以甘草水浸一宿，去水焙乾用。

《直指方》：　治瘭瘡作痛，用雄雀屎，燕窠土研傅之。

明・趙南星《上醫本草》卷四　雀　處處有之，其性最淫。俗呼老而斑者為麻雀，小而黃口者為黃雀。八九月群飛田間，體絕肥，背有脂如披綿，性味皆同，可以炙食，作鮓甚美。正月以前，十月以後，宜食之，取其陰陽靜定未泄也。故卵亦取第一番者。

附方　補益老人：　治老人臟腑虛損羸瘦，陽氣乏弱。雀兒五隻，如常治，粟米一合，葱白三莖。先炒雀熟，入酒一合，煮少時，入水二盞，下葱、米作粥食。

明・李中梓《藥性解》卷六　雄雀　味甘、鹹，性熱，無毒，入命門經。主益氣壯陽。其腦主耳聾及凍瘡，頭血主點雀盲。糞名白丁香，主潰癰癤，點目內努肉血膜，除癥瘕伏梁，爛痃癖積塊。　按：　雀之鹹熱，宜入命門而補火。然相火久熾，其水必衰，勿宜過服，致以傷腎臟，妊娠猶忌食之。腦血及白丁香之功，咸性熱以致爾。　雀卵：　味酸，溫，無毒。主下氣，男子陰痿不起，強之令熱，多精有子。腦主耳聾。頭血主雀盲。雄雀屎，齒痛通用藥，療目痛，治癰癤，女子帶下，溺不利，除疝瘕。五月取之良。注云：　兩頭尖者是雄雀屎。

明・繆希雍《本草經疏》卷一九　雀卵　味酸，溫，無毒。主下氣。男子陰痿不起，強之令熱，多精有子。

〔疏〕雀屬陽，其氣溫，味酸，其性淫，故能入下焦陰分，能補暖兩腎。夫人身兩腎，左為腎，右為命門：　左屬水，為陰；　右屬火，為陽。天非此火不能生物，人非此火不能有生。又云：　陽生則陰長。可見命門真陽之氣，乃人身生化之本也。故命門衰敗則陰痿精寒，絕化育之道。雀卵性溫補，暖命門之陽氣，則陰自熱而強，精自足而有子也。溫主通行，性又走下，故主下氣也。弘景云：　術家和天雄服之，令莖大不衰。孟詵云：　和天雄、菟絲子末為丸，空心酒下五丸，治男子陰痿，女子帶下，便溺不利，除疝瘕。以其有溫暖命門之功也。肉味甘溫，功用不及卵。

雄雀屎：　療目痛，決癰癤，女子帶下，溺不利，除疝瘕。一名白丁香，一頭尖者是雄，兩頭圓者是雌。凡用研細，甘草水浸一宿，焙乾用。

〔疏〕雀屎，本經無氣味。察其所主，應是辛苦溫之物，性善消散，故外用療目痛，決癰癤，內服治帶下，溺不利，疝瘕也。蘇恭以首生男子乳，研雀屎成泥，點目中弩肉，赤脈貫瞳子者，即消，神效。蓋取其辛散拔出火毒之義也。

〔主治參互〕《子母秘錄》小兒中風，口噤乳不下。雀屎丸如麻子大，服二丸即愈。　《梅師方》諸癰癤已成膿，不肯決，懼鍼者，塗雀屎瘡頭，即易決。　《普濟方》喉痹乳蛾，白丁香二十箇，以沙糖和作三丸。每以一丸，綿裹含嚥，即時遂愈。甚者不過二丸，極有奇效。　〔簡誤〕雀肉及卵，陰虛火盛者忌之。不可合李食。妊娠食雀肉飲酒，令子多淫。凡服术人忌之。雀屎療目痛，非風熱外邪者不宜用。女子帶下溺不利，屬腎虛有火者，並忌之。古方同天雄服，此藥性極熱，有大毒，非陰臟及真陽虛憊者，慎勿輕餌。

明・應儸《食治廣要》卷五　雀釋名瓦雀、賓雀。老而斑者曰麻雀；　小而黃口者曰黃雀。　氣味：　甘，溫，無毒。冬三月食之起陽道，有子，益氣壯陽，暖腰膝，縮小便，治血崩帶下。食諸肝、服白术人及孕婦忌之。《臨海異物志》云：　南海有黃雀魚，常以六月化為黃雀，十月入海為魚。則所謂雀化蛤者，豈此類耶？　家雀則未常變化也。　卵：　主男子陰痿不起，女子帶下瘕疝。

腦：　綿裹塞耳治聾。又塗凍瘡。

明・姚可成《食物本草》卷一一禽部・原禽類　雀處處有之。羽毛斑褐，頷嘴皆黑。頭如顆蒜，目如擘椒。尾長二寸許，爪距黃白色，躍而不步。其視驚瞿，其目夜盲，其卵有斑，其性最淫。小者名黃雀。八九月群飛田間。體絕肥，背有脂如披綿。味性皆同，可以炙食，作鮓甚美。案《逸周書》云：　季秋雀入大水為蛤。雀不入水，國多淫泆。又《臨海異物志》云：　南海有黃雀魚，常以六月化為黃雀，十月入海為魚。則所謂雀化蛤者蓋此類。若家雀則未嘗變化也。

雀肉：　味甘，溫，無毒。冬三月食之，起陽道，令人有子。壯陽益氣，暖腰膝，縮小便，治血崩帶下。益精髓，(縮)〔續〕五臟不足氣。宜常食之，不可停輟。不可合李食。不可同諸肝食。妊婦食雀肉、飲酒，令子多淫。食雀肉、豆醬，令子面鼾。凡服白朮人忌之。〇寇宗奭曰：　正月以前，十月以

後，宜食之，取其陰靜定未泄也。故卵亦取第一番者。　卵：　味酸，溫，無毒。五月取之，治下氣，男子陰痿不起，強之令熱，多精有子。和天雄、菟絲子末為丸，空心酒下五丸，治男子陰痿不起，女子帶下，便溺不利，除疝瘕。肝：　治腎虛陽弱。　頭血：　治雀盲。　腦：　綿裹塞耳，治聾。又塗凍瘡。

喙及脚脛骨：　治小兒乳癖，每用一具煮汁服，或燒灰米飲調服。雄雀屎：　一名白丁香。味苦，溫，微毒。療治目痛，決癰疽，女子帶下，溺不利，除疝瘕。療齲齒。和首生男子乳點目中，努肉、赤脉貫瞳子者即消，神効。和蜜丸服，治癥瘕久痼諸病。和少乾薑服之，大肥悅人。癰癤不潰者，點塗即潰。急黃欲死者，湯化服之，立甦。腹中痃癖諸塊伏梁者，和乾薑、桂心、艾葉為丸服之，能令消爛。和天雄、乾薑丸服，能強陰。消積除脹，通咽塞口噤，女人乳腫，瘡瘍中風，風蟲牙痛。

附方：　補益老人，治老人臟腑虛損羸瘦，陽氣乏弱。雀兒五隻，如常治，粟米一合，葱白三莖。先炒雀熟，入酒一合，煮少時，入水二盞，下葱、米作粥食。

治腎冷偏墜，疝氣。用生雀三枚，燎毛去腸，勿洗，以舶上茴香三錢，胡椒一錢，縮砂、桂肉各二錢，入肚內，濕紙裹，煨熟，空心食之。酒下，良。

治霍亂不通，脹悶欲死，因傷飽取涼者。用雄雀糞二十一粒，研末，溫酒服。未効，再服。

治咽喉噤塞。雄雀屎末，溫水灌半錢。

治喉痹乳蛾。白丁香二十個，以沙糖和作三丸，以一丸綿裹含嚥，即時遂愈。甚者不過一丸，極有奇效。

明・顧逢柏《分部本草妙用》卷一〇禽部

雀　甘，溫，無毒。不可同李及諸肝食，姙婦食之令子多淫。　主治：　血崩帶下，益精補氣，宜常食。冬三月食，起陽道，令人有子。　頌曰：　取雀肉和蛇床子熬膏，和藥丸，補下健行，名驛馬丸。　雀屎一名白丁香。臘月採取，研細，以甘草水浸一宿，焙乾。　苦溫，無毒。　主治：　療目痛帶溺，除疝瘕，療齲齒。和頭生男兒乳，點目努肉，及赤脉貫童者，神効。和蜜丸，治癥瘕久痼諸疾。少加乾薑服之，大肥悅人。凡伏梁腹塊積聚，和乾薑、桂心、艾葉為丸，服之令消爛。通咽塞口禁，乳腫瘡瘍，中風，風蟲牙痛。　雀食諸穀，易致消化，故所治疝瘕積脹，及目疾癰疽等證，皆取其易為消化之義也。

明・李中梓《醫宗必讀・本草徵要下》

雀卵味酸，溫，無毒。入腎經。強陰莖而壯熱，補精髓而多男。雀屬陽而性淫，故強壯陽事。下元有真陽謂之少火，天非此火不能生物，人非此火不能有生。火衰則陰痿精寒，火足則精旺陽強，雀卵之於人大矣。雄雀屎名白丁香，一頭尖者是雄，兩頭圓者是雌。療目痛，決癰癤，理帶下疝瘕。按：　陰虛火盛者勿食，不可同李食，孕婦食之生子多淫，服朮人亦忌之。

明・鄭二陽《仁壽堂藥鏡》卷六

雀　《本草》云：　雀，即小麻雀也。肉甘，無毒。　大溫，無毒。壯陽益精，暖腰膝。冬月者良。姙娠忌食。卵：　主下氣，男子陽痿不起，強之令熱，多精有子。　腦：　主耳聾，塗凍瘡立愈。　頭血：　主雀盲雞矇。　雄雀屎，名白丁香。兩頭尖者是。五月取研如粉，煎甘草湯浸一宿，乾用，療目熱赤痛。生努肉、赤白膜，初胎男乳和點即消。塗癰疽立潰。

明・蔣儀《藥鏡》卷一温部

雀卵　補暖兩腎，則精足而陰痿強。通行下焦，則氣降而帶溺利。耳聾主以雀腦，頭血即主雀盲。雄雀糞善散消，宜外用，頑癰難決，入藥罨頂，可以代鍼。速效（竪哦）〔乳蛾〕，糖拌綿包，待其噙嚥。首生男乳調點，努肉攀睛頓除。

明・施永圖《本草醫旨・食物類》卷三

雀俗呼老而斑者為麻雀，小而黃口者為黃雀。〇其目夜盲，其卵有斑，其性最淫。黃雀八九月群飛田間，體絕肥。〇南海有黃雀魚，常以六月化為黃雀，十月入海為魚。則所謂雀化蛤者，蓋此類。　肉：　味甘，溫，無毒。雀肉不可〔合〕李食，不可合諸肝食。姙婦食雀肉飲酒，令子多淫。食雀肉、豆醬，令子面䵟。凡服白朮人忌之。　治：　冬三月食之，起陽道，令人有子。壯陽益氣，暖腰膝，縮小便，治血崩帶下，益精髓，續五臟不足氣。宜常食之，不可停輟。

附方　補益老人：　雀兒五隻，如常治，粟米一合，葱白三莖，先炒雀熟，入酒一合，煮少時，入水二盞，下葱、米作粥食。　小腸疝氣：　用帶毛雀兒一枚，去腸，入金絲礬末五錢，縫合，以桑柴火煨成炭，為末，空心無灰酒服，年深者二服愈。

雀卵：　味酸，溫，無毒。五月取之，治下氣，男子陰痿不起，強之令熱，多精有子。和天雄、菟絲子末為丸，空心酒下五丸。女子帶下，便溺不利，除疝瘕。雀利陰陽，故卵亦然。　肝：　治：　腎虛陽弱。　頭血：　治：　雀盲。日日取血點之。　腦：　味平。治：　綿裹塞耳，治聾，又塗凍瘡。臘月雀腦燒灰，油調塗之，亦可。　喙及脚脛骨：　治：　小兒乳癖，每用一具，煮汁服，或燒灰，米飲調服。　雄雀屎：　一名白丁香。其屎頭尖挺直，尖在上，是雄。兩頭圓者，是雌。陰人使雄，陽人使雌。臘月采，缽中研細，以甘草水浸一夜，去水，焙乾用。　味：

苦，溫，微毒。治：療目痛，決癰疽，女子帶下，溺不利。除疝瘕，療齲齒。和首生男子乳點目中，胬肉、赤脉貫瞳子者即消，神效。和蜜丸服，治癥瘕久痼諸病。和少乾薑服之，大肥悅人。癰癤不潰者，點塗即潰。急黃欲死者，湯化服之立甦。腹中痃癖諸塊伏梁者，和乾薑、桂心、艾葉為丸，服之能令消爛。和天雄、乾薑丸服，能強陰，消積除脹，通咽塞口噤，女人乳腫，瘡瘍，中風，風蟲牙痛。雀食諸穀，易致消化，故所治疝瘕積脹痃癖及目翳胬肉、癰疽瘡癤、咽噤齒齲諸症，皆取其能消爛之義也。

附方　目中翳膜：目熱，生赤白膜，以雄雀屎和人乳點上，自爛。風蟲牙痛：雄雀屎綿裹塞孔中，日日易之，效。咽喉噤塞：雄雀屎末，溫水灌半錢。小兒口噤：中風，用雀屎，水丸麻子大，飲下二丸，即愈。小兒不乳：用雀屎四枚，末之，與吮。小兒痘黶：白丁香末，入麝香少許，米飲服一錢。婦人吹乳：白丁香半兩，為末，以溫酒服一錢。破決癰癤：諸癰已成膿，懼鍼者，取雀屎塗瘡頭，即易決。瘭瘡作痛：用雀屎、燕窠土，研，傅之。浸淫瘡癬：洗淨，以雀屎、醬瓣和研，日塗之。

清·顧元交《本草彙箋》卷八　雀卵合白丁香。　雀，氣溫味酸，性淫，故能入下焦陰分，補暖兩腎，故俗人每用雀卵以治陰痿。食雀者必取正月以前，十月以後，陰陽靜定未泄之時，其卵亦宜取第一番者。　雄雀糞，一名白丁香。凡鳥左翼掩右者爲雄，其糞頭尖挺直。蓋雀食諸穀，易致消化，故所治疝瘕積脹痃癖，及目翳胬肉，癰疽瘡癤，咽噤齒齲諸症，取其能消爛之義。

小兒中風，乳不下，雀屎丸如麻子大，服二丸愈。　癰癤已成膿不肯決，懼針者，塗雀屎，瘡頭即決。　喉痺乳蛾，用白丁香二十個，以沙糖和作三丸，以一丸綿裹，含嚥立愈。甚者不過二丸，有奇效。

清·穆石匏《本草洞詮》卷一四　雀雀肉、雀卵、雀屎　雀，短尾小鳥也。棲宿簷瓦之間，馴近階除之際，如賓客然，故曰瓦雀、賓雀。俗呼老而斑者為麻雀，小而黃口者為黃雀。躍而不步，其視驚瞿，其目夜盲，其卵有斑，其性極淫。雀肉，甘，溫，無毒。主益精髓，暖腰膝，縮小便，治崩帶。宜常食之。取雀肉和蛇牀子，熬膏和藥，補下甚効，謂之驛馬丸。唐明(王)〔皇〕服之有驗。雀卵，酸，溫，無毒。主下氣，男子陰痿不起，強之令熱，多精有子。《素問》治血枯，用烏鰂魚骨、蘆茹二物合之，和以雀卵。人知雀卵益男子陽虛，不知治女子血枯。蓋雀卵益精血也。雀屎，苦，溫，微毒。主消積除脹，通咽塞口噤。和人乳點目中努肉，赤脉貫童子者，即消。和蜜丸治癥瘕久痼諸病。癰癤不潰者，點塗即潰。急黃欲死者，湯化服之，立甦。腹中痃癖，諸塊伏梁者，和乾薑、桂心、艾葉為丸，服之能令消爛。蓋雀食諸穀，易致消化，故所治諸病，皆取其能消爛之義也。

清·丁其譽《壽世秘典》卷四　雀　羽毛斑褐，頷嘴皆黑，頭如顆蒜，目如擘椒，爪距黃白色，躍而不步，其視驚瞿，其目夜盲，其卵有斑，其性最淫。俗呼老而斑者為麻雀，小而黃口者為黃雀。八九月，群飛田間，體絕肥，背有脂如披綿，炙食作鮓甚美。一種似雀青黑色，多翔蓬蒿之間，名蒿雀，性效相同，食之美于諸雀。　氣味：甘，溫，無毒。主起陽道，益精髓，暖腰膝，令人有子。　卵：氣味：酸，溫，無毒。治男子陰痿不起，強之令熱，多精有子。　腦：治耳聾。又塗凍瘡。

發明陶弘景曰：雀肉不可合李食，不可同猪肉食。妊婦食雀肉飲酒，令子多淫。凡服白术者忌之。李時珍曰：今人知雀卵能益男子陽虛，不知能治女子血枯，蓋雀卵能益精血耳。繆希雍曰：雀肉味甘溫，功用不及卵，古方雀卵和天雄服之，令莖不衰，此藥性極熱，有大毒，非陰臟及真陽虛憊者，慎勿輕餌。

清·劉雲密《本草述》卷三〇　雀　卵：氣味：酸，温，無毒。主治：下氣，男子陰痿不起，強之令熱，多精有子《別録》。女子帶下，便溺不利，除疝瘕孟詵。　希雍曰：雀屬陽，氣温味酸，其性特淫，故暖腎而強陰。肉氣味甘温，功不及卵。

附方　雀卵丸，菟絲子末一斤，於春二三月取麻禾雀卵五百個，去黃用白，和丸梧子大，每八十丸，空心鹽湯或酒下。腰痛加杜仲四分之一；下元冷加附子六分之一。此藥當預製成末，遇有雀卵，不拘多少而用。

雄雀屎：一名白丁香。氣味：苦，温，微毒。和首生男子乳，點目中努肉赤脈貫童子者，即消，神效。和蜜丸服，治癥瘕久痼。諸病癰癤不潰者，點塗即潰。方書主治：水腫，癘風，癎，滯下。

愚按：雀卵之用，在腎中陰不配陽者，固在所忌。第如老人臟腑虛損，陽氣乏弱，先哲用為壯陽益氣之助，見於食治，是則應節而投，亦何可少也。且求嗣者云精清薄主雀卵丸，是則氣化生精，固人身生育之本也。《本草》所謂強之令熱，多精有子者，豈屬妄哉？第酸温之味多矣，惟其性之淫者，是陽氣之有餘，於是鳥足徵，而益腎有專功也。至於雀糞，又陽氣所轉化而出，如方書用治水腫癘風癎證滯下，又豈非人身之真陽，其氣化虛乏以為疾眚，如四證者，應為茲物所對待，而逐隊於諸味中以奏功者歟？

希雍曰：雀肉及卵，陰虛火盛者忌之。女子帶下，溺不利，屬腎虛有火者，並忌之。凡服朮者忌之。雀矢療目痛，非風熱外邪者不宜用。古方同天雄服此藥，性極熱，有大毒，非陰臟及真陽虛憊者，慎勿輕餌。

修治　雷公曰：凡使，勿用雀兒糞，雀兒口黃，未經淫者也。其雀蘇底坐尖在上是雄，兩頭圓者是雌，陰人使雄，陽人使雌。臘月采得，去兩畔附着者，鉢中研細，以甘草水浸一夜，去水焙乾用。麻雀糞收來，用漆桌一張，將水把桌子打溼，用溼袱畧㩳去水，留些水氣在上，却將雀糞滿桌鋪開，以筷頭展轉抄之，其白粉俱粘於桌上，將黑糞掠去，放桌於日中曬乾，用鵞翎掃下白糞用。

清·郭章宜《本草匯》卷一七　雀卵　味酸，氣溫，入足少陰經。強陰經而壯熱，補精水而多男。

按：雀，屬陽，其性淫，最益精血。入下焦陰分，溫暖兩腎。夫人身左腎屬水，為陰。右腎屬火，為陽。天非此火不能生物，人非此火不能有生。又云：陽生則陰長。可見命門真陽之氣，乃人身生化之本。故命門衰敗，則陰痿精寒，絕化育之路矣。雀卵能令人精強而陽旺，其於人亦大有補哉。今人第知雀卵之能益男子陽虛，而不知其能治女子血枯也。肉味甘溫，亦能壯陽益精，但功不及卵。《聖濟錄》治虛寒有雀附丸，用肥雀肉三四十枚，同附子熬膏，丸服，補下甚有驗也。陰虛火盛者忌之。古方同天雄服，雄性極熱，大毒，非陰臟及真陽虛憊者，慎勿輕餌。

卵取第一番者佳。服朮人忌之。雀肉不可與李同食。

雄雀屎：一名白丁香。　味辛、苦，溫，微毒。癰癤成膿不破者，塗之立潰。目赤胬肉貫瞳者，點之自消。同首生男子乳和之。　癥瘕伏梁，飲亦能化。瘡瘍吹乳，酒下成功。

按：雄雀屎，性善消散，故外用療目翳，決癰癤。內服除疝瘕，消積脹。皆取其能消爛之義。凡目痛，非風熱外邪者，不宜用。

頭尖挺直者是雄，兩頭圓者是雌。臘月採，去兩畔附着者，研細，以甘草水浸一日，去水焙乾用。日華曰：凡鳥左翼掩〔右〕者是雄，其糞頭尖挺。

清·尤乘《食鑒本草·禽類》　麻雀小而黃口者黃雀。　不可同猪肝及醬食。妊婦尤忌，令子多淫。凡餌朮人忌之。冬食補益，他月不利。雀肉同蛇床子熬膏和藥丸服，名驛馬丸，壯陽益腎。雀卵更勝，五月收取。

清·朱本中《飲食須知·禽類》　雀肉　味甘，性溫。勿同猪肝及李食。妊婦食雀肉飲酒，令子多淫。多食雀腦，動胎氣，令子雀目。同豆醬食，令子面䵟。服朮人忌之。

清·何其言《養生食鑒》卷下　雀即小麻雀，羽毛斑褐，頷嘴皆黑，頭如顆蒜，目如擘椒，尾長二寸許，爪距黃白色，躍而不步，其聲清響，〔口〕〔日〕夜不停。其卵有斑，其性最淫。　味甘，性溫，無毒。補五臟，益精髓，暖腰膝，起陽道，縮小便，令人有子。又治婦人血崩帶下。正月以前，十月以後，宜食之。　卵：　味酸，性溫，無毒。益精血，治男子陰痿不起，女人帶下，便溺不利，兼除疝瘕。和天雄、菟絲子末為丸，空心酒下，五丸效。

清·吴楚《寶命真詮》卷三　雀卵　【略】強陰莖而壯熱，補精髓而多男。雀屬陽而性淫，故強壯陽事，下元有真火，火足則精旺陽強，雀卵大有功。

清·陳士鐸《本草新編》卷五　雀卵　味酸，氣溫，無毒。益男子陽道，易致堅強，常能固閉，補陰扶陽之妙藥。然亦必入在人參、白朮、杜仲、蛇床子之內則有功，否則亦平常也。　雀卵益陽，取其淫氣也。然雀卵至小，多取則傷生，亦非延生續嗣之道。不得已則用之，不可因其興陽固精，窮日夜之力而頻取之，亦犯造物之忌也。

清·顧靖遠《顧氏醫鏡》卷八　雀卵酸，溫。五月取之。　強陰莖而壯熱，益精髓而多男。雀屬陽而氣溫，性淫，故強壯陽事。《內經》用治血枯症，以其益精血耳。肉，甘，溫。不可合李食。服白朮人忌之。　功用相同。同蛇床子熬膏，和藥丸服，補下甚效。唐明皇服之有驗。　陰虛火盛者忌之。孕婦食之，生子多淫。

清·李熙和《醫經允中》卷二三　雀　不可與李及諸肝食。妊婦食之，令子多淫。　甘，溫，無毒。主治血崩帶下，益精補氣，宜常食。冬三月食起陽道，令人有子。火衰陰痿精寒者最宜，取雀卵和床子熬膏和丸，補下健行，名驛馬丸。雀屎名白丁香，臘月採取，研細，以甘草水浸一宿，焙乾。主治療目痛。和頭生男兒乳，點目胬肉及赤脉貫童子者神効。和蜜丸治癥瘕，久痼諸疾；　少加乾薑服之，治伏梁腹塊積聚、癰疽成膿不破者，塗之即潰。雀食諸穀，易致消化，故治疝瘕積脹及目疾、癰疽等症，皆取其易為消化之義也。蒿雀，味甘，溫，益陽道；　腦塗凍瘡，手足不皸。此雀在蒿間坰野彌多，食之美于諸雀，性極熱，最補益人。但一下箸而傷數十命，亦仁人所不忍也。

清·馮兆張《馮氏錦囊秘錄·雜症痘疹藥性主治合參》卷一〇　雀卵　雀屬陽，味酸，氣溫。其性多淫，故能入下焦陰分，補暖兩腎。《本經》主下氣，男子陰痿不起，強

之令熱，多精有子。蓋雀卵性溫，補暖命門之陽氣，則陰自熱，精強自足而有子也。溫主通行，性又走下，故主下氣也。【略】 雀卵，和蛇床子丸，助房術取驗，溫酒送下，專益丈夫，扶陰痿，易致堅強，補陰衰，常能固閉，強陰莖而壯熱，補精髓而多男。肉，大溫熱，益氣壯陽，暖腰膝有功，損妊娠忌食。雄雀糞，名白丁香，塗軟癤即潰，點目胬立瘥，去癥癖，爛癖塊，治齒痛。

清・张璐《本經逢原》卷四 雀卵 甘，溫，無毒。服术人忌食。發明：雀屬陽而性淫，故能強壯陽事，火衰陰痿精寒者最宜。陰虛火盛者禁用。雀卵治血枯，《素問》有四烏鰂一藘茹丸，用之最妙。如無雀卵，生雀肝代之。頭血主雀盲，腦用綿裹塞耳治聾。雄雀屎名白丁香，去目中瞖膜及面上皯黑。但取直者即雄，與猳鼠糞無異，入藥有效。

清・汪啟賢等《食物須知・諸葷饌》 麻雀 味大溫熱，益氣壯陽。暖腰膝有功，損姙娠勿食。 卵，味酸，氣溫，無毒。多生古屋栱內，依時可以收取。專益丈夫，扶陰痿，易致堅強。

清・浦士貞《夕庵讀本草快編》卷六 雀《別錄》 雀，小鳥也，故字從小。栖宿檐瓦之間，馴近階除之際，故有瓦雀、賓雀之名。 雀肉甘溫無毒，卵亦如之，其性溫，故入下焦陰分。能壯陽道而益精，乃補少火之藥也。夫命門為生化之源，陽生則陰長，若命門虧敗則陰痿精寒，化育之道絕，安能有子？得此以健之，則火自充而氣自壯矣。所以癩疝痃癖，帶下溺阻并皆治也。若其尿能祛目翳，腦能開耳聾，功更奇爾。

清・黄元御《玉楸藥解》卷五 雀卵 味鹹，性溫。入足少陰腎、足厥陰肝經。壯陽起痿，暖血溫精。雀卵溫補肝腎精血。治男子陽痿、女子帶下、精寒血枯、固瘕癀疝之證。《素問》治女子血枯，月事衰少不來。用烏鰂骨、藘茹，丸以雀卵。雄雀屎名白丁香，能點瞖膜努肉，消積聚癥瘕，點敷疽癰潰頂，吹喉間痹。

清・吴儀洛《本草從新》卷六 雀〔補陽益精。〕甘，溫。壯陽氣，藏器曰：冬月食之，起陽道，令人有子。益精髓，暖腰膝，縮小便。治血崩帶下。宗奭曰：正月以前，十月以後宜食之，取其陰陽定靜未泄也，故卵亦取第一番者。蘇頌曰：今人取雀肉，和蛇床子熬膏，和藥丸服，補下有效，謂之驛馬丸。此法起於唐世，云明皇服之有驗。《總錄》治虛寒雀附丸，用肥雀肉三四十枚，同附子熬膏丸藥，亦祖此意也。不可同李及諸肝食。妊婦食之，令子多淫。凡陰虛火盛者勿食，服白朮人忌之。俗呼老而斑者為麻雀，小而黄口者為黄雀。八九月群飛田間，體絕肥，背有脂，如披綿，性味皆同。可以炙食，作鮓甚美。今人以之頓雞蛋，肥而可口。

雀卵〔補陽益精。〕 酸，溫。益精血。治男子陰痿不起，女子帶下，便溺不利。除疝瘕。弘景曰：雀利陰陽，故卵亦然，和天雄服之令莖不衰。《素問》云：胸脇支滿者，妨於食，病至則先聞腥臊臭，出清液，先唾血，四肢清，目眩，時時前後血，病名血枯。得之少年時有所大脫血，若醉入房中，氣竭肝傷，故月事衰少不來。治之以烏〔鰂〕魚骨、藘茹，二物并合之，丸以雀卵，大如小豆。以五丸為後飯，飲鮑魚汁，以利腸中及傷肝也。飲後藥先再後飯。本草三藥并不治血枯，而經法用之，是攻其所生所起爾。時珍曰：今人知雀卵能益男子陽虛，不知能治女子血枯，蓋雀卵益精血爾。

白丁香〔消積。〕 苦，溫，微毒。治疝瘕積脹痃癖及目翳胬肉，癰疽瘡癤，咽噤齒齲。時珍曰：雀食諸穀，皆易消化，故所治諸證，皆取其能消爛之義也。陰人使雄，陽人使雌。臘月采得，去兩畔附着者，鉢中研細，以甘草水浸一宿，去水焙乾用。《日華》曰：凡鳥左翼掩右者是雄，其屎頭尖挺直。雷斆曰：凡使勿用雀兒糞。雀兒黄口，未經淫者也。其雀屎底坐尖在上者是雄，兩頭圓者是雌。時珍曰：《別錄》止用雄雀屎，雌雄分用則出自雷氏也。

清・汪紱《醫林纂要探源》卷三 雀 甘，溫。其類不一，人所取食，房舍簷瓦及木穴、牆穴中者，所謂瓦雀，俗曰麻雀。大於此者，蒿雀，色綠。小於此者，黄雀，色黄，及蠛雀、鷦鷯，則鮮有食之者。大壯元陽，令人多子。性最淫，方春時一雄乘數雌，求合不已。頭殼薄，滿裹髓，故壯陽益精，然助淫而已。 屎：苦，鹹，平。又曰白丁香。雄矢上有尖，雌矢不用。下氣攻積，破痼冷。 卵：甘，鹹，溫。有亦斑點。補心明目，充髓。治雞盲眼。

清・嚴潔等《得配本草》卷九 雀并卵頭血、腦、白丁香。 甘、鹹，性熱。并入命門。益氣壯陽。治陰痿帶下，除疝瘕，利小便。 雀宜冬三月食之，卵宜五月取之。 陽氣旺者禁用。服白术者忌之。 頭血 點雀盲。 腦：治耳聾，塗凍瘡。 白丁香：即雄雀糞。苦，溫，微毒。療目疾，消積塊，決癰疽，治痘瘡倒靨，通咽塞口噤。 白湯化下，治急黄欲死。和人乳，點胬肉翳膜。 熱酒服，治破傷風瘡。作白痂無血者，殺人最急。和沙糖為丸，綿裹含嚥，愈喉痹乳蛾。和桂心、乾薑、艾葉為丸，治痃癖諸塊。入麝香少許，米飲下，治痘瘡倒靨。 兩頭尖挺直者，是雄雀屎。臘月采得，去兩畔附着者，研細，以甘草水浸一宿，去水焙乾用。

題清・徐大椿《藥性切用》卷八 雀 即黄雀、麻雀。性味甘溫，壯陽益

精。孕婦勿食。雀卵，性味酸溫，益精養血，暖腎調經，四烏鰂骨一藘茹丸用之。白丁香：即雄雀糞。苦溫微毒，性善消積，去目中翳膜。細研，甘草水飛，焙乾用。

清・李文培《食物小錄》卷下　麻雀　甘，溫，無毒。調精益氣。冬三月食之起陽道，令人有子，暖腰膝，縮小便。小兒夜尿食之效。

清・羅國綱《羅氏會約醫鏡》卷一八禽獸部　雀卵味酸，氣溫，入腎、命門二經。

溫主通行，性善走下。補陽滋陰，主廣嗣續。同天雄、菟絲子為丸，空心酒下五丸，治男子陰痿，婦人帶下，溫補命門之功也。肉，大溫熱。益氣補陽，暖腰膝，而功用不及於卵。孕婦忌食。雄雀屎：一頭尖者是雄，兩頭團者是雌。名白丁香。能破軟癤，以雄雀屎塗頂。去努肉。以婦人首生男子之乳，研雀屎成泥，點目中努肉、赤脉貫瞳子者，立消。

清・章穆《調疾飲食辯》卷五　雀　《綱目》曰：棲宿檐瓦，故名瓦雀。酧酢階除，故名賓雀。老而斑，為麻雀。小而黃口，為黃雀。其行躍而不步，故凡有喜慶，自謙曰雀躍。其視驚瞿，其目夜盲。《月令》：季秋雀入大水為蛤。《臨海異物志》云：南海有黃雀魚，常以六月化為雀，十月入海，復化為魚。則化蛤者，殆此類歟。若家雀則未嘗變化。肉與卵雖能壯陽道，暖腰腎，補精血，然非多食不能取效。此物甚小，不戕若干物命，始能一縱淫慾，仁者必不為也。若為子嗣起見，則壯陽補腎之藥極多，更不宜先自敗德，壞其積福之基。糞名白丁香，可點頑瘡不潰，蝕爛瘡死肌惡肉。又點目，蝕努肉，去螺旋。

清・王龍《本草纂要稿・禽獸部》　雀卵　味鹹。扶陰痿，補陰衰。腦：治耳聾，敷凍瘡。白丁香：塗軟癤頑癰即潰，去努肉血膜立痊。

清・楊時泰《本草述鉤元》卷三〇　雀　卵：氣味酸溫。雀屬陽，其性特淫，故暖腎而強陰，其肉氣味甘溫，功不及卵。主治下氣，男子陰痿不起，強之令熱，多精有子，女子帶下，便溺不利，除疝瘕。附方：雀卵丸：菟絲子末一斤，於春二三月，取麻雀卵五百個，去黃用白，和丸梧子大，每八十丸，空心鹽湯或酒下。腰痛加杜仲四分之一，下元冷加附子六分之一。當預製成末，遇有雀卵，不拘多少丸之。白丁香：即雄雀矢。氣味苦溫，微毒。方書治水腫、癘風、癇證、滯下。目中胬肉，赤脈貫瞳子者，和首生男子乳，點之即消，神效。非風熱外邪者勿用。和蜜丸服，治癥瘕久痼諸病。癰癤不潰者，點塗即潰。

論：雀卵之用，在老人臟腑虛損，陽氣乏弱，藉此為壯陽益氣之助，亦何可少。若腎中陰不配陽者，即在所忌。求嗣者云：精清薄主雀卵丸，是則氣化生精，固人身生育之本也。《別錄》所謂強之令熱，多精有子者，義固不妄。第酸溫之味多矣，惟性之淫者，乃陽氣有餘之徵，而益腎有專功耳。雀糞又陽氣所轉化而出，所治水腫、癘風、癇證、滯下，皆人身之真陽氣化虛乏以為病者。

繆氏云：凡服术者，忌雀肉及卵。

修事：雀兒口黃，未經淫者，其屎勿用。凡底坐尖在上者是雄糞，兩頭圓者雌，男用雌，女用雄。臘月采得，去兩畔附着者，研細，以甘草水浸一宿，去水焙乾用。取白法，用漆桌一張，將水打濕桌面，濕袱略搌去水，留些水氣，却將雀糞滿桌鋪開，以筷頭展轉抄之，其白粉俱粘桌上，掠去黑糞，移桌日中，晒乾，用鵝翎掃下白用。

清・葉桂《本草再新》卷九　白丁香味苦，性溫，有微毒。入肝、腎二經。治疝瘕，積脹痃癖，及目翳努肉，癰疽瘡癤，咽噤齒齲。

清・趙其光《本草求原》卷一九禽部　雀　屬陽，性淫。甘，溫，無毒。壯陽益氣，暖腰膝，縮小便，治崩帶，益精髓，腎冷偏墜，同大茴、胡椒、砂仁、桂煮酒服。小腸疝氣、反胃，俱帶毛去腸，入金絲礬末，煨炭酒下。赤白痢。入巴豆煆，溶蠟為丸。紅痢甘草湯，白痢乾薑湯下。雀反白术，忌李及諸肝。卵：酸，溫，無毒，達肝氣以化生精血。治血枯，烊烏賊骨內；如無雀卵，生雀肝代之。起陰痿，同天雄、菟絲為丸，酒下。治帶下、疝瘕。頭血：治雀目、夜盲。點之。腦：治聾，綿包塞之。凍瘡。燒灰，油調塗。雄雀屎：名白丁香。頭尖而直者為雄。雀食穀易化而出，故能消爛。苦，溫，微毒。治目翳、胬肉，和人乳點。化瘡腐，不潰者點之即潰。疝瘕、積脹、痃癖，同蜜、薑、桂。急黃欲死，湯化服。咽塞口噤，溫水調灌。風蟲牙痛，綿包塞孔中。痘黶，同麝飲下。吹乳、破傷風、瘡作白痂無血，傷人最急，俱研末酒下。喉痹、乳蛾，砂糖和丸，綿包含咽。面䵟黑酒齇。蜜調點。

用漆桌抹微濕，鋪雀屎於桌，以箸輾轉抄之，則白粉粘於桌上，將黑糞掠去，曬乾白粉，以甘草水浸一夜，去水，焙曬用。亦治風熱目痛。

清・文晟《新編六書》卷六《藥性摘錄》　雀　甘，溫。補五臟，益精髓，暖腰膝，起陽道，縮小便。又治婦人血崩帶下。十月後正月前，宜食。〇卵，酸，溫。治男子陰痿不起，婦人帶下，便溺不利，兼除疝瘕。和天雄、兔絲子

為丸，空心酒下五分，効。

清・王孟英《隨息居飲食譜・毛羽類》 雀 甘，溫。壯陽，暖腰膝，縮小便，已崩帶。但宜冬月食之。陰虛內熱及孕婦忌食。其卵利經脈，調衝任，治女子血枯，崩帶，疝瘕諸病。

清・劉善述、劉士季《草木便方》卷二人禽獸部 麻雀 麻雀甘溫益髓精，暖腎縮便止帶崩。令人生子起陽道，屎治女帶除疝癥。乳癰瘡瘍療目痛，風火蟲牙利便清。

清・田綿淮《本草省常・禽獸類》 雀 一名瓦雀，一名賓雀，在家者為家雀。雀字從小、從隹，故俗名小蟲。性溫。益氣壯陽，暖腰膝，縮小便。多食令人淫。同諸肝食傷人，同李子食滯氣。服蒼朮、白朮者忌之，孕婦尤忌。

清・戴葆元《本草綱目易知錄》卷五 雀瓦雀、麻雀。 肉，甘，溫。【略】 雀卵： 酸，溫。益男子陽虛，療女人血枯，益精血，除疝瘕。和天雄、菟絲子丸，酒下，治男子陰痿不起，強之令熱，多精有子，女子帶下，便溺不痢，主下氣，五月取之。【略】 雄雀屎： 白丁香、雀酥。 苦，溫。消積除障，磨翳潰癰，除疝瘕，療齲齒，通咽塞口噤，女人乳腫瘡瘍，中風，風蟲牙痛，女子帶下，溺澁不利。和蜜丸服，治癥瘕久痼諸證，及治腹中痃癖，伏梁諸塊。和乾薑、桂心、艾葉丸服之，能令消爛。和天雄、乾薑丸服，能強陰，大肥悅人。急黃欲死者，湯化服之，立甦。癰癤不潰者，點塗即潰。和首生男孩乳，點目中胬肉及赤脉貫瞳子，即消，神效。

清・陳其瑞《本草撮要》卷八 雀 味甘，溫，入手足少陰、太陽經。功專壯陽起陽道，令人有子，益精髓，暖腰膝，縮小便，治血崩帶下。得蛇牀子熬膏，和藥丸服補下，謂之驛馬丸。得附子熬膏丸治虛寒，名雀附丸。凡陰虛火盛及服白朮、李並諸肝切忌，孕婦尤須避之。頭血取點雀盲數十次即愈。雀卵酸溫益精血，治男子陰痿不起，女子帶下，便溺不利。和天雄服之，令莖不衰。

清・吳汝紀《每日食物却病考》卷下 雀附卵 即瓦雀也。味甘，大溫，無毒。壯陽益氣，起陽道，益精髓，暖腰膝，令人有子。可常食之，冬三月食之最良。 卵，溫，無毒。更起陰痿。腦，塗凍瘡立瘥。 雄雀糞，名白丁香，頭尖挺直者是也。其主治甚廣，須研細，以甘草汁浸一宿，焙乾用。此鳥躍而不步，其目夜盲，其卵有斑，其性最淫。八九月，群飛田間，謂之黃雀，即此之類。又有入水化為蛤者，別是一種也。

鶺鴒

宋・鄭樵《通志》卷七六《昆蟲草木略》 鶺鴒 《爾雅》曰雝渠。雀屬也。長尾，背上青赤色，腹下白，頸下黑，飛則鳴，行則搖。

蒿雀

宋・唐慎微《證類本草》卷一九禽部〔唐・陳藏器《本草拾遺》〕 蒿雀 味甘，溫，無毒。食之益陽道，取其腦，塗凍瘡，手足不皸。似雀，青黑，在蒿間，塞外彌多。食之美於諸雀。塞北突厥雀，如雀，身赤，從北來，當有賊下，邊人候之。食其肉，極熱，益人也。

元・忽思慧《飲膳正要》卷三 蒿雀 味甘，溫，無毒。食之益陽道，美於諸雀。

明・盧和、汪穎《食物本草》卷三禽類 蒿雀 味甘，溫。益陽道。腦，塗凍瘡，手足不皸。此雀青黑，在蒿間坰野彌多，食之美於諸雀，性極熱，最補益人。

明・李時珍《本草綱目》卷四八禽部・原禽類 蒿雀《拾遺》

〔集解〕藏器曰： 蒿雀似雀，青黑色，在蒿間，塞外彌多。食之，美於諸雀。

肉 〔氣味〕甘，温，無毒。 〔主治〕食之，益陽道，補精髓藏器。

腦 〔主治〕塗凍瘡，手足不皸藏器。

明・穆世錫《食物輯要》卷五 蒿雀 味甘，性溫，無毒。美于諸雀。補精髓，益陽道，暖腰膝。

明・應廖《食治廣要》卷五 蒿雀 氣味： 甘，溫，無毒。主治： 溫腎益陽道，補精髓。 腦： 塗凍瘡，手足不皸。陳藏器曰： 蒿雀似雀〔而〕青黑色，在蒿間，塞外彌多。食之美於諸雀。

明・姚可成《食物本草》卷一二禽部・原禽類 蒿雀其形似雀，青黑色，在蒿草間，塞外彌多。食之，美于諸雀。 蒿雀肉： 味甘，溫，無毒。食之，益陽道，補精髓。 腦： 塗治凍瘡，手足不皸。

清・吳汝紀《每日食物却病考》卷下 蒿雀 味甘，溫，無毒。益陽道，補精髓。似雀而青黑色，在蒿間坰野，塞外彌多，食之美於他雀。性熱，更補益人。今燕都多市，名鐵脚者，疑即此。

宋・唐慎微《證類本草》卷一九禽部〔宋・掌禹錫《嘉祐本草》〕 百勞平,有毒。毛,主小兒繼病。繼病,母有娠乳兒,兒有病如瘧痢,他日亦相繼腹大,或差或發。他人相近,亦能相繼。北人未識此病。懷姙者取毛帶之。又取其蹋枝鞭小兒,令速語。鄭《禮注》云:鵙,博勞也。新補。〔宋・唐慎微《證類本草》〕《楚詞》云:左見兮鳴鵙,言其鳴惡也。《白澤圖》云:屋間鬭,不祥。《月令》云:鵙始鳴。鄭云:博勞也。

宋・陳衍《寶慶本草折衷》卷一六 百勞毛蹋枝附。其鳥一名博勞,一名鵙。○《白帖》云:一名伯趙氏。○鵙,主覔切。

平,有毒。○主小兒繼病,母有娠乳兒,兒病如瘧痢,腹大,或差或發。他人相近,亦能相繼。懷妊者,取毛帶之。

附:蹋枝。○鞭小兒,令速語。

元・吴瑞《日用本草》卷四 百勞 味平,有毒。毛主小兒繼病。繼病,母有娠乳兒,有病如瘧痢,他日亦相繼腹大,或瘥或發,他人相近,亦能相繼。北人未識此病。懷姙者取毛帶之,又取其蹋枝鞭小兒,令速語。

明・滕弘《神農本經會通》卷九 博勞 即百勞。氣平,有毒。毛,主小兒繼病。繼病,母有娠乳兒,乳兒有病,如瘧痢,他日亦相繼腹大,或差或發,他人相近,亦能相繼。北人未識此病。懷姙者取毛帶之。

明・劉文泰《本草品彙精要》卷二八 百勞 卵生。

百勞毛:主小兒繼病。繼病,母有娠乳兒,兒有病如瘧痢,他日亦相繼腹大,或瘥或發。他人相近,亦能相繼。北人未識此病,懷妊者取毛帶之,又取其蹋枝鞭小兒,令速語。名醫所録。〔名〕鵙、博勞、伯趙。〔地〕《圖經》曰:舊不著所出州土,今處處有之。鄭《禮注》云:鵙,博勞也,其飛不能翱翔,但竦翅上下而已。《月令》鵙始鳴,應陰氣之動,陽氣爲仁義,陰氣爲殘賊。伯勞,賊害之鳥也,其聲鵙鵙,故因其音而名之。《詩》曰:七月鳴鵙,八月載績。蓋倉庚知分,鳴鵙知至,故陽氣分而倉庚鳴,可蠶之候也;陰氣至而鵙鳴,可績之候也。或曰:鵙鳴在上,蛇盤不動;鵲鳴在上,蝟反不行。金得伯勞之血則昏,鐵得鸊雞之膏則瑩,石得鵲髓則化,銀得雉糞則枯,凡物之相制有如此也。〔時〕生:春夏。採:無時。〔用〕毛。〔性〕平。〔氣〕氣之薄者,陽中之陰。〔臭〕腥。

明・王文潔《太乙仙製本草藥性大全》卷七《仙製藥性》 百勞 鄭《禮注》云:鵙,博勞也。即鵙也。《楚詞》云左見兮鳴鵙,言其鳴惡也。羽毛:主小兒繼病。蹋枝:鞭兒令速語。補註:繼病,母有妊乳兒,兒有病如瘧痢,他日亦相繼腹大,或差,或發,他人相近,亦能相繼,北人未識此病。懷妊者取毛帶之。又取其蹋枝鞭小兒令速語。

明・李時珍《本草綱目》卷四九禽部・林禽類 伯勞宋《嘉祐》

〔釋名〕伯鷯《夏小正》注 博勞《詩疏》 伯趙《左傳》 鵙《豳詩》。音狊。 鴂《孟子》,音决。時珍曰:案曹植《惡鳥論》云鵙聲嗅嗅,故以名之。感陰氣而動,殘害之鳥也。謂其爲惡聲者,愚人信之,通士略之。世傳尹吉甫信後妻之讒,殺子伯奇,後化爲此鳥。故所鳴之家以爲凶者,好事傳會之言也。伯勞,象其聲也。伯趙,其色皂也,趙乃皂訛。

〔集解〕時珍曰:伯勞即鵙也。夏鳴冬止,乃《月令》候時之鳥。《本草》不著形狀,而後人無識之者。郭璞註《爾雅》云:鵙似鶷鶡而大。服虔云:鶷鶡,音轄軋,白項鴉也。張華註《禽經》云:伯勞形似鴝鵒。鴝鵒喙黄,伯勞喙黑。許慎《説文》云:鴝鵒似鵙而有幘。顔師古註《漢書》,謂鴂爲子規。王逸註《楚詞》,謂鴂爲巧婦。揚雄《方言》,謂鵙爲鶡鴠。陳正敏《遁齋閑覽》,謂鵙爲梟。李肇《國史補》,謂鴂爲布穀。楊慎《丹鉛録》,謂鵙爲駕犁。九説各異。竊謂鵙既可以候時,必非希見之鳥。今通考其得失:王説已謬,不必致辯。據郭説,則似今苦鳥。據張、許二説,則似今之百舌,似鴝鵒而有幘者。然鵙好單栖,鳴則蛇結;而百舌不能制蛇,爲不同也。據顔説,則子規名鷤鴂音弟桂,伯勞名鴂音决。且《月令》起於北方,子規非北鳥也。據揚説,鶡鴠乃寒號蟲,惟晋地有之。據陳説,則謂其目擊,斷然以爲梟矣,而不具其形似,與陳藏器鴞即梟之説不合。而《爾雅》鴟鴞一名鸋鴂,與此不同。據李説,則布穀一名鴶鵴,字音相近,又與《月令》鳴鳩拂其羽相犯。據楊説,則駕犁乃鵧鳩,小如鴝鵒,三月即鳴,與《禮記》五月鵙始鳴、《豳風・七月》鳴鵙之義不合。八説不同如此,要之當以郭説爲準。案《爾雅》謂鵲、鵙之醜,其飛也翪,斂足竦翅也。既以鵲、鵙並稱,而今之苦鳥,大如鳩,黑色,以四月鳴,其鳴曰苦苦,又名姑惡,人多惡之。俗以爲婦被其姑苦死所化,頗與伯奇之説相近,但不知其能制蛇否。《淮南萬畢術》云:伯勞之血塗金,人不敢取。

毛 〔氣味〕平,有毒。 〔主治〕小兒繼病,取毛帶之。繼病者,母有娠乳兒,兒病如瘧痢,他日相繼腹大,或瘥或發。他人有娠,相近亦能相繼也。北人未識此病《嘉祐》。

〔發明〕時珍曰:案《淮南子》云:男子種蘭,美而不芳,繼子得食,肥而不澤,情不相往來也。蓋情在腹中之子故也。繼病亦作鬾病,鬾乃小鬼之名,謂兒羸瘦如鬾鬼也,大抵亦丁奚疳病。

踏枝 〔主治〕小兒語遲,鞭之即速語《嘉祐》。

【發明】時珍曰：案羅氏《爾雅翼》云：《本草》言伯勞所踏樹枝鞭小兒令速語者，以其當萬物不能鳴時而獨能鳴之故，以類求之也。

明・吴文炳《藥性全備食物本草》卷三 百勞 鄭《禮注》云：鵙，博勞也。羽毛主小兒繼病，母有娠乳兒，兒有病如瘧痢，他日亦相繼腹大，或差或發，他人相近，亦能相繼，北人未識此病。懷妊者取毛帶之。 蹋枝：治小兒語遲，取以鞭之，令速語。

明・姚可成《食物本草》卷一二禽部・林禽類 伯勞一名鶪，一名鴂。○李時珍曰：伯勞，即鶪也。夏鳴冬止，乃月令候時之鳥。本草不著形狀，而後人無識之者。淮南子云：伯勞之血塗金，人不敢取之也。

伯勞毛：味甘，平，有毒。治小兒繼病，取毛帶之。繼病者，母有娠乳兒，兒病如瘧痢，他日相繼腹大，或瘥或發。他人有娠，相近亦能相繼也。北人未識此病。 踏枝：治小兒語遲，鞭之即速語。此即伯勞所踏樹枝也。

明・施永圖《本草醫旨・食物類》卷三 伯勞名鴂。夏鳴冬止，乃《月令》候時之鳥。○《豳風》：七月鳴鵙。 毛：味平，有毒。治：小兒繼病，取毛帶之。繼病者，母有娠乳兒，兒病如瘧痢，他人相繼腹大，或瘥或發。他人有娠，相近亦能相繼也。北人未識此病。

清・穆石匏《本草洞詮》卷一四 伯勞 伯勞夏鳴冬止，感陰氣而動，殘害之鳥也。《豳風》謂之鵙，《孟子》謂之鴂。世傳尹吉甫信後妻之(殘)〔讒〕，殺子伯奇，化為此鳥。亦傅會之言耳。伯勞毛，性平，有毒。小兒繼病，取毛帶之。繼病者，掌禹錫謂母有娠乳兒，兒病如瘧痢，他日相繼腹大，或瘥或發，他人有娠相近，亦能相繼也。按《淮南子》云：男子種蘭，美而不芳。繼子得食，肥而不澤。情不相往來也。蓋情在腹中之子故也，故謂之繼病。亦作魃病，魃乃小鬼之名，謂羸瘦如魃形也。《爾雅翼》云：取伯勞所踏樹枝，鞭小兒令速語，以其當萬物不能鳴之時而獨鳴，故以類求之也。

清・张璐《本經逢原》卷四 伯勞 平，有毒。 發明：方藥未有用者。其毛治小兒繼病，欲作魃病，取毛帶之。繼病者，母有娠乳兒，兒病如瘧痢，他日相繼腹大，或瘥或發，他人有娠相近，亦能相繼也。北人未識此病。

清・嚴潔等《得配本草》卷九 伯勞毛 平，有毒。主治小兒繼病，取毛帶之。繼病者，母有妊乳兒，兒病如瘧痢，相繼腹大，或瘥或發，他人有娠相近，亦能相繼也。北人不識此病。

清・趙其光《本草求原》卷一九禽部 伯勞 其肉，方書不用。其毛，治母有娠乳兒，兒病如瘧痢，羸瘦如魃鬼，他日相繼腹大，或瘥或發；他人有娠相近亦能相繼，謂之繼病，俗名魃病，即丁奚疳也，取毛帶之。

桑鳸

宋・鄭樵《通志》卷七六《昆蟲草木略》 鳸之類多，皆雀屬也。《爾雅》曰：老鳸，鷃。鷃音晏，雀也。又曰：春鳸，鳻鶞。夏鳸，竊玄。秋鳸，竊藍。冬鳸，竊黄。桑鳸，竊脂。棘鳸，竊丹。行鳸，唶唶。宵鳸，嘖嘖。竊，古淺字，言其色之淺。唶唶音即，嘖嘖音責，皆其聲然也。或取其毛彩，或取其鳴聲以命名。鳸雖雀屬，皆以時見，亦猶鷃雁然，農家須其鳴以候時，故又命以四時也。桑鳸，郭云：俗謂青雀。今名蠟觜，性慧可教。桑棘之鳸，多在是木，故名。行鳸者，多在籬落如雞雉然，不飛去，故名。宵鳸者，能傳衣，故名。鳻，音汾。鶞，敕倫反。

明・盧和、汪穎《食物本草》卷三禽類 桑鳸 味甘，温，無毒。主肌羸虛弱，益脾，澤膚。此鳥不粟食，喜盗膏脂而食之，所以於人有補。又名竊脂，俗呼青觜。

明・李時珍《本草綱目》卷四九禽部・林禽類 桑鳸《食物》

【釋名】竊脂《爾雅》 青雀郭璞 蠟觜雀 時珍曰：鳸意同扈，止也。《左傳》少皞氏以鳥名官，九鳸爲九農正，所以止民無淫也。桑鳸乃鳸之在桑間者，其觜或淡白如脂，或凝黄如蠟，故古名竊脂，俗名蠟觜。淺色曰竊。陸璣謂其好盗食脂肉，殆不然也。【集解】時珍曰：鳸鳥處處山林有之。大如鸜鵒，蒼褐色，有黄斑點，好食粟稻。《詩》云交交桑鳸，有鶯其羽是矣。其觜喙微曲，而厚壯光瑩，或淺黄淺白，或淺青淺黑，或淺玄淺丹。鳸類有九種，皆以喙色及聲音別之，非謂毛色也。《爾雅》云春鳸鳻鶞，夏鳸竊玄，秋鳸竊藍，冬鳸竊黄，桑鳸竊脂，棘鳸竊丹，行鳸唶唶，宵鳸嘖嘖，老鳸鷃鷃是矣。今俗多畜其雛，教作戲舞。

肉 【氣味】甘，温，無毒。 【主治】肌肉虛羸，益皮膚汪穎。

明・穆世錫《食物輯要》卷五 蠟嘴 味甘，性温，無毒。補虛乏，長皮肉。初病後勿食。

明・應廩《食治廣要》卷五 桑鳸即蠟嘴。 氣味：甘，温，無毒。主肌肉虛羸，益皮膚。此即《毛詩》所謂交交桑鳸，有鶯其羽。今俗多畜其雛，教作戲舞者是矣。

明・姚可成《食物本草》卷一二禽部・林禽類 桑鳸處處山林有之。大如

鴝鵒，蒼褐色，有黃斑點，好食粟稻。《詩》云交交桑扈，有鶯其羽是矣。其嘴喙微曲，而厚壯光瑩，或淺黃淺白，或淺青淺黑，或淺玄淺丹。今俗多畜其雛，教作戲舞。　桑鳸肉，味甘，溫，無毒。治肌肉虛羸，益皮膚。

明・施永圖《本草醫旨・食物類》卷三　桑鳸名竊脂。《詩》云交交桑鳸，有鶯其羽是矣。俗名蠟嘴。　肉：味甘，溫，無毒。治：肌肉虛羸，益皮膚。

清・穆石匏《本草洞詮》卷一四　桑鳸　鳸有九種，皆以喙色辨之。《左傳》九鳸為九農，正是矣。今俗多畜其雛，教作戲舞。肉甘，溫，無毒。食之益肌肉。

清・朱本中《飲食須知・禽類》　桑鳸肉　味甘，性溫，即蠟嘴。初病後勿食。

清・何其言《養生食鑒》卷下　桑鳸即蠟嘴和鵠，大如鴝鵒，蒼褐色，有黃班點，其喙微曲而厚壯，淺黃色。

味甘，性溫，無毒。補肌肉虛羸，益皮膚。

清・王道純《本草品彙精要續集》卷六　桑鳸無毒。　卵生。

桑鳸肉：　主肌肉虛羸，益皮膚《食物本草》。　【名】竊脂《爾雅》、青雀郭璞、蠟脂雀。李時珍云：鳸，意同扈，止也。《左傳》少皞氏以鳥名官，九鳸爲九農正，所以止民無淫也。桑鳸，乃鳸之在桑間者。其嘴或淡白如脂，或凝黃如蠟，故古名竊脂，俗名蠟嘴。淺色曰竊。陸璣謂其好盜食脂肉，殆不然也。【地】處處山林有之，好食粟稻。《詩》云交交桑扈是矣。【質】大如鴝鵒，其嘴喙微曲而厚壯光瑩。【色】其毛蒼褐色，有黃斑點，其嘴喙有淺黃、淺白、淺青、淺黑、淺藍、淺丹。鳸類有九種，皆以喙色及聲音別之，非謂毛色也。【味】甘。【性】溫。《爾雅》云：春鳸鳻鶞，夏鳸竊黑，秋鳸竊藍，冬鳸竊黃，桑鳸竊脂，棘鳸竊丹，行鳸唶唶，宵鳸嘖嘖，老鳸鷃鷃。是矣。今俗多畜其雛，教作戲舞。

清・李文培《食物小錄》卷下　蠟觜雀　甘，溫，無毒。治肌肉虛羸，益皮膚。

清・王孟英《隨息居飲食譜・毛羽類》　桑鳸一名蠟嘴雀　甘，溫。補胃。

鷑鳩

宋・鄭樵《通志》卷七六《昆蟲草木略》　鵖鴒，《爾雅》曰戴鵀。鵖，彼及反。鴒，力丁反。鵀，女金反。郭云：鵀即頭上勝，今亦呼為戴勝。鵖鴒，猶鶝鷊，語聲轉耳。按《方言》，關東曰戴鵀。

宋・鄭樵《通志》卷七六《昆蟲草木略》　鷑鳩　《爾雅》曰鵧鷑。郭云：小黑鳥，鳴自呼。江東名為烏鵃。按此似鸜鵒，無冠而長尾，多在山寺厨檻間，今謂之烏鵃。鷑音及。按《玉篇》《廣韻》無鷑字，惟有鵖字，音及。鵧，步丁反。

明・李時珍《本草綱目》卷四九禽部・林禽類　鷑鳩時珍曰：鷑鳩，《爾雅》名鵧鷑音批及，又曰鵖鴔音匹汲，戴勝也。一曰鵯鵊，訛作批鵊鳥。羅願曰：即祝鳩也。江東謂之烏鵃音匊，又曰鴉鵃。小于烏，能逐烏。三月即鳴，今俗謂之駕犁，農人以爲候。五更輒鳴，曰架架格格，至曙乃止。故滇人呼爲榨油郎，亦曰鐵鸚鵡。能啄鷹鶻烏鵲，乃隼屬也。南人呼爲鳳凰皂隸，汴人呼爲夏鷄。古有催明之鳥，名喚起者，蓋即此也。其鳥大如燕，黑色，長尾有歧，頭上戴勝。所巢之處，其類不得再巢，必相鬥不已。楊氏指此爲伯勞，乃謂批頰爲鸎鷄，俱誤矣。《月令》：三月戴勝降于桑。

鴆

宋・唐慎微《證類本草》卷三〇有名未用〔《別錄》〕　鴆直蔭切鳥毛　有大毒。入五藏爛殺人。其口，主殺蝮蛇毒。一名鶤音運日。生南海。

〔梁・陶弘景《本草經集注》〕云：此乃是兩種：鴆鳥，狀如孔雀，五色雜斑，高大，黑頸，赤喙，出交、廣深山中；鶤日鳥，狀如黑傖雞，其共禁大朽樹，令反覓蛇吞之，作聲似云同力，故江東人呼爲同力鳥，並噉蛇。人誤食其肉，立即死。鴆毛羽，不可近人，而並療蛇毒。帶鴆喙，亦辟蛇。昔時皆用鴆毛爲毒酒，故名鴆酒。頃來不復爾。又云：有物赤色，狀如龍，名海薑，生海中，亦大有毒，甚於鴆羽也。

〔唐・蘇敬《唐本草》〕注云：此鳥，商州以南、江嶺間大有，人皆諳識。其肉，腥，有毒，亦不堪噉。云羽畫酒殺人，此是浪證。按《玉篇》引郭璞云：鴆鳥，大如鶡，長項，赤喙，食蛇。又《說文》《廣雅》《淮南子》皆一名運日。鶤、運同也。問交廣人，並云：鶤日，一名鴆鳥，一名同力。鶤日鳥外，更無如孔雀者。陶云如孔雀者，交、廣人誑也。

明・李時珍《本草綱目》卷四九禽部・山禽類　鴆音沉去聲。《別録》下品。

校正：自有名未用移入此。

【釋名】鶤日與運日同。《別録》。　同力鳥陶弘景　【集解】《別録》曰：鴆生南海。弘景曰：鴆與鶤日是兩種。鴆鳥，狀如孔雀，五色雜斑，高大，黑頸赤喙，出廣之深山中。鶤日狀如黑傖鷄，作聲似云同力，故江東人呼爲同力鳥。並啖蛇，人誤食其肉立死，並療蛇毒。昔人用鴆毛爲毒酒，故名鴆酒，頃不復爾。又海中有物赤色，狀如龍，名海薑，亦有大毒，甚於鴆羽。恭曰：鴆鳥出商州以南江嶺間大有，人皆諳識，其肉腥有毒不堪啖。云羽畫酒殺人，亦是浪證。郭璞云：鴆大如鶡，長頸赤喙，食蛇。《說文》《廣雅》《淮南子》皆以鴆爲

鴞曰。交廣人亦云鴞曰即鴆，一名同力鳥，更無如孔雀者。陶爲人所誣也。時珍曰：按《爾雅翼》云：鴆似鷹而大，狀如鴞，紫黑色，赤喙黑目，頸長七八寸。雄名運日，雌名陰諧。運日鳴則晴，陰諧鳴則雨。食蛇及橡實。知木石有蛇，即爲禹步以禁之，須臾木倒石崩而蛇出也。蛇入口即爛。其屎溺着石，石皆黄爛。飲水處，百蟲吸之皆死。惟得犀角即解其毒。又楊廉夫《鐵厓集》云：鴆出蘄州黄梅山中，狀類訓狐，聲如擊腰鼓。巢於大木之顛，巢下數十步皆草不生也。

毛 〔氣味〕有大毒。入五臟，爛殺人《别録》。

喙 〔主治〕帶之，殺蝮蛇毒《别録》。時珍曰：蛇中人，刮末塗之，登時愈也。

明・姚可成《食物本草》卷一二禽部・山禽類 鴆一名鴞日，一名同力鳥。○李時珍曰：按《爾雅翼》云：鴆似鷹而大，狀如鴞，紫黑色，赤喙黑目，頸長七八寸。雄名運日，雌名陰諧。運日鳴則晴，陰諧鳴則雨。食蛇及橡實。知木石有蛇，即為禹步以禁之，須臾木倒石崩而蛇出也，蛇入口即爛。其屎溺着石，石皆黄爛。飲水處，百蟲吸之皆死。惟得犀角即解其毒。又楊廉夫《鐵厓集》云：鴆出蘄州黄梅山中，狀類訓狐，聲如擊腰鼓。巢于大木之顛，巢下數十步草木不生也。

鴆毛：有大毒。入五臟，爛殺人。 喙：帶之，殺蝮蛇毒。蛇中人，刮末塗之，登時愈也。

清・穆石匏《本草洞詮》卷一四 鴆 鴆似鷹而大，食蛇，知木石有蛇，即為禹步以禁之，須臾木倒石崩，而蛇出也。其溺着石，石皆黄爛。巢于大木之顛，巢下數十步皆不生草。鴆毛入五臟，爛殺人。鴆喙帶之殺蝮蛇毒。

清・张璐《本經逢原》卷四 鴆 大毒。發明：鴆産蠱毒瘴癘之鄉，鍾毒最烈，非宿檳榔不能自安，以其無枝，人莫能捕也，人欲求自盡者，以翅羽調酒服之立斃，與鶴頂之毒無異。《别錄》云鴆喙殺蝮蛇毒。時珍言蝮蛇中人，刮末塗之即愈。如極惡之人有以用之，未嘗不解危救急也。

清・趙其光《本草求原》卷一九禽部 鴆 似孔雀，黑頸、赤喙，産於瘴癘之鄉，宿於檳榔，大毒，其羽晝酒能殺人。但性善啖蛇，故中蛇咬毒，刮喙末塗之立愈。

清・戴葆元《本草綱目易知錄》卷五 鴆 毛 性善啖蛇，有大毒。入人腹爛五臟死，惟磨犀角服，解之。 喙：帶之，殺蝮蛇毒。被蛇咬，刮末塗之即愈。

清・徐士鑾《醫方叢話》卷五 解中鴆鳥毒 《洗冤録》表云：解鴆毒，用乾葛末，井水調服，即愈。○又方云：誤食其肉立死，惟得犀角，其毒即解。

清・毛祥麟《對山醫話》卷四 鴆 毒鳥也。邕州朝天鋪及深山處有之，其種有二，一大如鴉，黑身赤目；一大如鶚，毛紫緑色，頸長七八寸。雄曰運日，雌曰陰諧，聲如羯鼓。遇毒蛇，則鳴聲邦邦，蛇入石穴，禹步作法，石裂蛇出。秋冬解羽蟄穴，薰之出走，暈眩而斃。以法取膽，盛以銀瓶，倘染指，指即斷； 用作毒矢，着人立死。鴆羽瀝酒，犀角即解。凡鴆穴處必多犀，天地所以制殺機也。

姑獲鳥

宋・唐慎微《證類本草》卷一九禽部〔唐・陳藏器《本草拾遺》〕 姑獲能收人魂魄。今人一云乳母鳥，言産婦死變化作之，能取人之子，以爲己子，胸前有兩乳。《玄中記》云：姑獲，一名天帝少女，一名隱飛，一名夜行遊女。好取人小兒養之。有小子之家，則血點其衣以爲誌。今時人小兒衣，不欲夜露者爲此也。時人亦名鬼鳥。《荆楚歲時記》云：姑獲，一名鉤星。衣毛爲鳥，脱毛爲女。《左傳》云：鳥鳴于亳。杜注云：譩譆音希是也。《周禮》庭氏以救日之弓，救月之矢，射之，即此鳥也。

明・李時珍《本草綱目》卷四九禽部・山禽類 姑獲鳥《拾遺》

〔釋名〕乳母鳥《玄中記》 夜行遊女同 天帝少女同 無辜鳥同 隱飛《玄中記》 鬼鳥《拾遺》 譩譆杜預《左傳注》 鉤星《歲時記》。時珍曰：昔人言此鳥産婦所化，陰慝爲妖，故有諸名。 〔集解〕藏器曰：姑獲能收人魂魄。《玄中記》云：姑獲鳥，鬼神類也。衣毛爲飛鳥，脱毛爲女人。云是産婦死後化作，故胸前有兩乳，喜取人子養爲己子。凡有小兒家，不可夜露衣物。此鳥夜飛，以血點之爲誌。兒輒病驚癇及疳疾，謂之無辜疳也。荆州多有之。亦謂之鬼鳥。《周禮》庭氏以救日之弓，救月之矢，射夭鳥，即此也。時珍曰：此鳥純雌無雄，七八月夜飛，害人尤毒也。

明・姚可成《食物本草》卷一二禽部・山禽類 姑獲鳥能收人魂魄。《玄中紀》云：姑獲鳥，鬼神類也。衣毛為飛鳥，脱毛為女人。云是産婦死後化作，故胸前有兩乳，喜取人子養為己子。凡有小兒家，不可夜露衣物。此鳥夜飛，以血點之為誌。兒輒病驚癇及〔疳〕疾，謂之無辜疳也。荊州多有之。亦謂之鬼鳥。《周禮》庭氏以救日之弓、救月之矢，射之。即此鳥也。○李時珍曰：此鳥純雌無雄，七八月間夜飛，能害人，尤毒也。 姑獲鳥肉，有毒，不可食。

清・汪紱《醫林纂要探源》卷三 鵩 甘，平。羽色緑如鸚鵡，嘗居林木間，其鳴云苦也，苦也，俗曰苦鳥。入人家則不祥。又曰姑獲鳥。昔人言其嘗夜飛，若遇夜露小兒

衣物，誌以血點，則魂為所攝，兒輒減食黃腫，謂之無辜疳。食之已疳。鳥類非可盡述，只擇其可常供食及可入藥者。餘置不錄。

治鳥

明・李時珍《本草綱目》卷四九禽部・山禽類 治鳥《綱目》

〔集解〕時珍曰：按干寶《搜神記》云：越地深山有治鳥，大如鳩，青色。穿樹作窠，大如五六升器，口徑數寸，飾以土堊，赤白相間，狀如射侯。伐木者見此樹即避之，犯之則能役虎害人，燒人廬舍。白日見之，鳥形也；夜聞其鳴，鳥聲也。時或作人形，長三尺，入澗中取蟹，就人間火炙食，山人謂之越祝之祖。又段成式《酉陽雜俎》云：俗説昔有人遇洪水，食都樹皮，餓死化爲此物。居樹根者爲猪都，居樹中者爲人都，居樹尾者爲鳥都。鳥都左脇下有鏡印，闊二寸一分。南人食其窠，味如木芝也。竊謂獸有山都、山猱、木客，而鳥亦有治鳥、山蕭、木客鳥。此皆戾氣所賦，同受而異形者與？今附於左。

窠表 〔主治〕作履屧，治脚氣。時珍。出《雜俎》。

明・姚可成《食物本草》卷一二禽部・山禽類 治鳥李時珍曰：按干寶《搜神記》云：越地深山有治鳥，大如鳩，青色。穿樹作窠，大如五六(深)〔升〕器，口徑數寸，飾以土堊，赤白相間，狀如射侯。伐木者見此樹即避之，犯之則能役虎害人，燒人廬舍。白日見之，鳥形也；夜聞其鳴，鳥聲也。時或作人形，長三尺，入澗中取蟹，就人間火炙食，山人謂之越祀之祖。又段成式《酉陽雜俎》云：俗說昔有人遇洪水，食都樹皮，餓死化為此物。居樹根者為猪都，居樹中者為人都，居樹尾者為鳥都。鳥都左脇下有鏡印，闊二寸一分。南人食其窠，味如木芝也。

治鳥肉：不可食之。　窠表：作履屧，治脚氣。

清・王道純《本草品彙精要續集》卷六 治鳥

治鳥《本草綱目》：窠表，主作履屧，治腳氣出《雜俎》。〔地〕干寶《搜神記》云：越地深山有治鳥。〔質〕大如鳩。〔色〕青色。〔忌〕穿樹作窠，大如五六升器，口徑數寸，飾以土堊，赤白相間，狀如射侯。伐木者見此樹，即避之，犯之則能役虎害人、燒人廬舍。白日見之鳥形也，夜聞其鳴鳥聲也。時或作人形，長三尺，入澗中取蟹，就人間火炙食，山人謂之越祀之祖。又段成式《酉陽雜俎》云：俗說昔有人遇洪水，食都樹皮，餓死化爲此物。居樹根者爲豬都，居樹中者爲人都，居樹尾者爲鳥都。鳥都左脇下有鏡印，闊二寸一分，南人食其窠，味如木芝也。竊謂獸有山都、山猱、木客，而鳥亦有治鳥、山蕭、木客鳥。此皆戾氣所賦，同受而異形者歟，今附於左。

獨足

明・李時珍《本草綱目》卷四九禽部・山禽類 獨足鳥一名山蕭鳥。《廣州志》云：獨足鳥，閩廣有之。大如鵠，其色蒼，其聲自呼。《臨海志》云：獨足，文身赤口，晝伏夜飛，或時晝出，群鳥譟之，惟食蟲豸，不食稻粱，聲如人嘯，將雨轉鳴。即孔子所謂一足之鳥，商羊者也。《山海經》云：羭次之山，有鳥狀如梟，人面而一足，名曰橐𩇯，音肥，冬則蟄，服之不畏雷。孫愐《唐韻》云：鷫，土精也，似雁，一足黃色，毀之殺人。

木客鳥

明・李時珍《本草綱目》卷四九禽部・山禽類 木客鳥時珍曰：按《異物志》云：木客鳥，大如鵲，千百爲群，飛集有度。俗呼黃白色，有翼有綬，飛獨高者爲君長，居前正赤者爲五伯，正黑者爲鈴下，緗色雜赤者爲功曹，左脇有白帶者爲主簿，各有章色。廬陵郡東有之。

鬼車鳥

宋・唐慎微《證類本草》卷一九禽部〔唐・陳藏器《本草拾遺》〕 鬼車晦瞑則飛鳴，能入人室，收人魂氣。一名鬼鳥。此鳥昔有十首，一首爲犬所噬，今猶餘九首，其一常下血，滴人家則凶，夜聞其飛鳴，則捩狗耳，猶言其畏狗也。亦名九頭鳥。《荆楚歲時記》云姑獲夜鳴，聞則捩耳，乃非姑獲也，鬼車鳥耳。二鳥相似，故有此同。《白澤圖》云：蒼鸆，昔孔子與子夏所見，故歌之，其圖九首。

明・李時珍《本草綱目》卷四九禽部・山禽類 鬼車鳥《拾遺》

〔釋名〕鬼鳥《拾遺》　九頭鳥同上　蒼鸆《白澤圖》　奇鶬　時珍曰：鬼車，妖鳥也，取《周易》載鬼一車之義。似鶬而異，故曰奇鶬。〔集解〕藏器曰：鬼車，晦瞑則飛鳴，能入人家，收人魂氣。相傳此鳥昔有十首，犬噛其一，猶餘九首。其一常滴血，血着人家則凶。荆楚人夜聞其飛鳴，但滅燈、打門、捩狗耳以厭之，言其畏狗也。《白澤圖》蒼鸆有九首，及孔子與子夏見奇鶬九首，皆此物也。《荆楚歲時記》以爲姑獲者，非矣。二鳥相似，故同名鬼鳥。時珍曰：鬼車狀如鵂鶹，而大者翼廣丈許，晝盲夜瞭，見火光輒墮。按劉恂《嶺表録》云：鬼車出秦中，而嶺外尤多。春夏之交，稍遇陰晦，則飛鳴而過，聲如刀車鳴。愛入人家，鑠人魂氣。血滴之家，必有兇咎。《便民圖纂》云：冬月鬼車夜飛，鳴聲自北而南，謂之出巢，主雨；自南而北，謂之歸巢，主晴。周密《齊東野語》云：宋李壽翁守長沙，曾捕得此鳥。狀類野鳧，赤色，身圓如箕。十頸環簇，有九頭，其一獨無而滴鮮血。每頸兩翼，飛則霍霍並進。又周漢公主病，此鳥飛至砧石即薨。嗚呼！怪氣所鍾，妖異如此，不可不知。

明・姚可成《食物本草》卷一二禽部・山禽類 鬼車鳥一名九頭鳥、鬼車。晦瞑則飛鳴，能入人家，收人魂氣。相傳此鳥昔有十首，犬齧其一，猶餘九首。其一常滴血，

血滴人家則凶。荊楚人夜聞其飛鳴，但滅燈、打門、捩犬耳以厭之，言其畏狗也。《白澤圖》蒼鸕有九首，及孔子與子夏見奇鶬九首，皆此物也。《荊楚歲時》以為姑獲者非矣。二鳥相似，故同名鬼鳥。李時珍曰：鬼車狀如鵂鶹，而大者翼廣丈許，晝盲夜瞭，見火光輒墮。按劉恂《嶺表錄》云：鬼車出秦中，而嶺外尤多。春夏之交，稍遇陰晦，則飛而過，聲如刀車鳴。愛入人家，鑠人魂氣。血滴之家，必有凶咎。《便民圖》云：冬月鬼車夜飛，鳴聲自北而南，謂之出巢，主雨；自南而北，謂之歸巢，主晴。周密《齊東野語》云：宋李壽翁守長沙，曾捕得此鳥，狀類野鳧，赤色，身圓如箕。十頸環簇，有九頭，其一獨無而滴鮮血。每頸兩翼，飛則霍霍並進。又周漢公主病，此鳥飛至砧石即薨。嗚呼，怪氣所鍾，妖異如此，不可不〔知〕。鬼車肉，戾氣所鍾，正人所不入口。

鎖幅鳥

清・丁其譽《壽世秘典》卷四　鎖幅鳥其羽細密，如衣幅鎖緊。其毳織以為布，紋如紈綺，今名鎖伏。哈烈志名曰梭服。

鴰鵱

明・穆世錫《食物輯要》卷五　鴰鵱　味酸，平，無毒。消痞積癥瘕，及去風濕病。

青鳩

明・穆世錫《食物輯要》卷五　青鳩　味甘，性溫，無毒。番鳥。善噉椒。煮食味佳。

諸鳥有毒

宋・唐慎微《證類本草》卷一九禽部〔唐・陳藏器《本草拾遺》〕　諸鳥有毒　凡鳥自死目不閉者勿食。鴨目白者殺人。鳥三足四距殺人。鳥六指不可食。鳥死足不伸不可食。白鳥玄首、玄鳥白首不可食。卵有八字不可食。婦人姙娠食雀腦，令子雀目。凡鳥飛投人，其口中必有物，拔毛放之吉也。

元・吴瑞《日用本草》卷四　諸禽有毒　白色玄首者、玄色白首者、卵有八字者、自死無傷者、鴨目色白者、有大爪者、死而不伸足者、死而不閉目者，已上皆殺人，不可食。雞具五色，食之必狂。姙娠食雀腦，令子雀目。凡鳥投人者，口中必有物，當拔毛放之吉也。生葱同雞、犬肉食，令人穀道終身流血。

明・盧和、汪穎《食物本草》卷三禽類　右諸禽有毒　形色異常，白身玄首，玄身白首及死不伸足，不閉目之類，有毒。《記》曰：天產作陽，地產作陰。禽獸皆天地生物，而禽卵生羽飛，又陽中之陽，雖氣味各有陰熱之分，大概肉所以養陽。然人之身，陽常有餘，陰常不足，陽足而復補陽，陰益虧矣。丹溪曰：諸肉能助起濕中之火，久而生病。《素問》曰：膏粱之變，足生大丁。故禽之肉雖益人，亦不宜多食也。

明・李時珍《本草綱目》卷四九禽部・附録　諸鳥有毒《拾遺》　凡鳥自死目不閉、自死足不伸、白鳥玄首、玄鳥白首、三足、四距、六指四翼、異形異色，並不可食，食之殺人。

明・穆世錫《食物輯要》卷五　凡鳥，自死目閉，自死足不伸者，白鳥玄首，玄鳥白首，三足、四距、六指、四翼、異形異色；野禽生卵有八字形者，肝色青者，竝有毒。誤食，殺人。

明・吴文炳《藥性全備食物本草》卷三　《食治心鑒》云：凡鳥自死目閉、自死足不伸者，白鳥玄首，玄鳥白首，三足四距，六指、四翼，異形異色及野禽生卵有八字形者，肝色青者，並有毒，誤食殺人。諸雀之卵並能補腎氣，助陽道。凡鳥飛投人，其口中必有物，撥毛放之吉。凡鳥自死口不開、翅不合者不可食，鳥自死者食之殺人。凡鳥投人不可捉食。鴛鴦肉，人食患大風，夫婦不相愛，私煮鴛鴦肉食之，當相愛也。鶘鳩與笋同食令人腹脹。雁肉食之損人神氣，雁臘可和豆黄末服，令人肥白。雀肉不可合醬食及李子食，雀不可合雜生肝食。雀肉和乾薑末蜜丸服，令人肥白。鶉和生薑煮食止泄痢，酥煎偏令下焦肥，與猪肉食令人生黑子。鶉四月至八月不可食。斑鳩多食益氣助陽。鴉，勞瘦病嗽骨蒸者可和五味炙食，鴉眼睛研注人目中，夜見鬼神。雉不可同胡桃同食，令人發頭風兼發心痛；雉不與木耳、菌子同食，發五痔立下血；雉不與豉同食，殺人；雉肉不可與蕎麥麪食之，生肥蟲；雉蛋不可與雞蛋同食，生寸白蟲；雉肉久食令人嗽；丙午日食雉肉丈夫燒死目盲，女人血死妄見。錦雞一名山雞，養之禳火災。竹雞有毒，不宜多食。雞玄色白頭，食病人；雞有六指食之殺人；雞有五色殺人；雞有四距重翼者，龍也，殺之震死；雞并子不可合李子食；雞肉或煮，不可合胡荽蒜，食之令人喘氣。雉雞肉不可合生葱、芥菜食之。雞子不可合鯉魚食。雞死不伸足爪，此種食之害人。雞子白共蒜食之令人短氣。雞子共鱉肉蒸食之害人。雞肉犬肝腎心，食之害人。生葱共雞犬肉食之害人，穀道終身流血。烏雞肉合鯉魚肉食之生癰疽。雞兔犬肉和食必泄痢。野雞肉共家雞肉合食之成遁尸，四肢百節疼痛。雞子多食動風氣。烏雞最暖可補血，產

婦可食。閹雞善啼，有毒忌食。鵝肉生冷，不可多食，令人易霍亂。老鵝善漱有毒。

明·應麐《食治廣要》卷五　諸鳥有毒　凡鳥自死目不閉、自死足不伸、白鳥玄首、玄鳥白首、三足、四距、六指、四翼、異形異色，以上並不可食，食之殺人。

明·姚可成《食物本草》卷一二禽部·山禽類　諸鳥有毒　凡鳥自死目不閉、自死足不伸、白鳥玄首、玄鳥白首、三足、四距、六指、四翼、異形異色，並不可食，食之殺人。

右諸禽有毒，形色異常，白首玄首之類，俱不可食。《記》曰：天產作陽，地產作陰。禽獸皆天地生物，而禽卵生羽飛，又陽中之陽。雖氣味各有寒熱之分，大概肉所以養陽。然人之身，陽常有餘，陰常不足。陽足而復補陽，陰益虧矣。丹溪曰：諸肉能助起濕中之火，久而生病。《素問》曰：膏粱之變，足生大丁。故禽之肉益人，亦不宜〔多食也〕。

清·朱本中《飲食須知·禽類》　諸鳥有毒　凡鳥自死目閉、自死足不伸，白鳥玄首、玄鳥白首、三足、六指、異形異色、四翼、肝色青者、野禽生卵有八字形者，並有毒，食之殺人。

清·何其言《養生食鑒》卷下　（有）〔又〕禽本乎天，為陽中之陽，雖云補益，不宜多食。陰虛者，慎之慎之。且種類最多，不識其性味，決不可食。凡有形色異常，如白首玄身、白身玄首，及死不伸足、不閉目者，食之殺人。

清·章穆《調疾飲食辯》卷五　諸鳥有毒　鳥死目閉，足縮不伸，爪拳不開。白鳥黑首，黑鳥白首。三足，四距，六趾，四翼。異形異色。五色備。

清·趙其光《本草求原》卷一九禽部　凡禽，本乎天，為陽中之陽，多是補陽，陰虛人不宜。且種類甚多，不識其性味決不可食。凡有形色異常，及死不伸足、不閉目者，食之殺人。

獸部

題解

《靈樞經·五味第五十六》　五畜：牛甘，犬酸，豬鹹，羊苦，雞辛。

宋·李昉《太平御覽》卷八八九獸部　《爾雅》曰：四足而毛謂之獸。

《周禮》：又《天官下》曰：獸醫掌療獸病，療獸瘍。凡療獸病，灌而行之，以節之，以動其氣，觀其所發而養之。凡療獸瘍，灌而劀之，以發其惡，然後藥之，養之，食之。獸之有病、有瘍者，使療之，死則計其數，以進退之。又《天官上》曰：內饔，辨腥臊羶香之不可食者。牛夜鳴則【广十酉】，羊泠毛而毳，羶。犬赤股而躁，臊。鳥皫色而沙鳴，狸豕盲眡而交睫，腥。馬黑脊而般臂，螻。

《淮南子》又曰：【略】凡毛者生於庶獸。食草者善走而愚，食肉者勇敢而悍。

明·李時珍《本草綱目》卷五〇獸部　李時珍曰：獸者四足而毛之總稱，地產也。豢養者謂之畜。《素問》曰五畜爲益是矣。周制庖人供六畜馬、牛、雞、羊、犬、豕，六獸麋、鹿、狼、麕、兔、野豕也。辨其死生鮮薨之物。獸人辨其名物。凡祭祀賓客，供其死獸生獸。皮毛筋骨，入於玉府。冥氏攻猛獸，穴氏攻蟄獸。嗚呼！聖人之於養生事死，辨物用物之道，可謂慎且備矣。後世如黃羊黃鼠，今爲御供；犏尾貂皮，盛爲時用。山獺之異，狗寶之功，皆服食所須，而典籍失載。羵羊之問，宣父獨知；鼫鼠之對，終軍能究。地生之羊，彭侯之肉，非博雅君子，孰能別之？況物之性理萬殊，人之用舍宜慎，蓋不但多識其名而已也。於是集諸獸之可供膳食、藥物、服器者爲獸類，凡八十六種，分爲五類：曰畜，曰獸，曰鼠，曰寓，《爾雅·釋獸》有鼠屬、寓屬。邢昺注曰：猴類漸肖於人，寄寓山林，故曰寓屬。曰怪。舊本獸部三品，共五十八種。今併入五種，移一種入鱗部，一種入禽部，自蟲部移入三種。

明·趙南星《上醫本草》卷四　李時珍曰：獸者四足而毛之總稱，地產

也。豢養者，謂之畜。《素問》曰五畜為益是矣。周制庖人供六畜，馬、牛、羊、雞、犬、豕。六獸，麋、鹿、狼、麕、兔、野豕也。辨其死生鮮薨之物。獸人辨其名物。凡祭祀賓客，供其死獸生獸。皮毛筋骨，入于玉府。冥氏攻猛獸，穴氏攻蟄獸。嗚呼！聖人之于養生事死，辨物用物之道，可謂慎且備矣。

清・穆石匏《本草洞詮》卷一五　獸部　四足而毛曰獸。豢養者謂之畜。《素問》曰五畜為益是矣。周制庖人供六畜六獸，獸人辨其名物，冥氏攻猛獸，穴氏攻蟄獸。辨物用物之道，慎且備矣。後世如黃羊、黃鼠進為御供，蝙尾、貂皮盛為時用，山獺之異，狗寶之功，皆服食所需，而典籍失載。羵羊之問，宣父獨知。鼨鼠之對，終軍能究。地生之羊，彭侯之肉，非博雅君子，孰能悉之？況庖藥之間，用舍宜慎，蓋不但多識其名而已也。

清・汪紱《醫林纂要探源》卷三　毛部，獸也。四足而走，皆毛也。

畜分部

題解

明・應慶《食治廣要》卷六　《素問》云：五畜為益，是以周制庖人以供祭祀賓客。聖人之於養生事死，辨用物理之道，可謂慎且備矣。後世縱嗜無厭，日以為常，病所由生。蓋以不能用舍耳。攝生者宜加謹焉。

綜述

狗

唐・孫思邈《千金要方》卷二六《食治・鳥獸》　狗陰莖：味酸，平，無毒。主傷中，丈夫陰痿不起。　狗腦：主頭風痹，下部䘌瘡，鼻中息肉。肉：味酸、鹹，溫，無毒。宜腎，安五藏，補絕傷勞損、久病大虛者，服之輕身，益氣力。黃帝云：白犬合海鮋食之，必得惡病。白犬自死不出舌者，食之害人。犬，春月多狂，若鼻赤起而燥者，此欲狂，其肉不任食。九月勿食犬肉，傷人神氣。

宋・唐慎微《證類本草》卷一七獸部中品〔《本經・別錄》〕　**牡狗陰莖味鹹，平，無毒。主傷中，陰痿不起，令强熱大，生子，除女子帶下十二疾。一名狗精。**六月上伏取，陰乾百日。〔宋・掌禹錫《嘉祐本草》〕按：日華子云：犬陰治絕陽及婦人陰瘻。

膽：主明目，痂瘍惡瘡。〔宋・掌禹錫《嘉祐本草》〕按：鼻衄血通用藥云：狗膽，平。《藥性論》云：狗膽，亦可單用。味苦，有小毒。主鼻齆，鼻中息肉。孟詵云：膽去腸中膿水。又白犬膽，和通草、桂爲丸服，令人隱形。青犬尤妙。日華子云：膽，主撲損瘀血，刀箭瘡。

心：主憂恚氣，除邪。〔宋・掌禹錫《嘉祐本草》〕按：日華子云：心治狂犬咬，除邪氣，風痹，療鼻衄及下部瘡。

腦：主頭風痹，下部䘌瘡，鼻中息肉。

齒：主癲癇寒熱，卒風痱，伏日取之。〔宋・掌禹錫《嘉祐本草》〕按：癲癇通用藥云：狗齒，平。日華子云：齒，理小兒客忤，燒入用。

頭骨：主金瘡止血。〔宋・掌禹錫《嘉祐本草》〕按：金瘡通用藥云：狗頭骨，平。《蜀本》云：餘骨主補虛，小兒驚癇，止下痢。《藥性論》云：狗頭骨，使。燒灰爲末，治久痢，勞痢。和乾薑、莨菪焦炒見煙，爲丸。白飲空心下十丸，極效。日華子云：頭骨燒灰用亦壯陽，黃者佳。

四脚蹄：煮飲之，下乳汁。〔宋・掌禹錫《嘉祐本草》〕按：下乳汁通用藥云：狗四足，平。

白狗血：味鹹，無毒。主癲疾發作。〔宋・掌禹錫《嘉祐本草》〕按：癲癇通用藥及《藥對》云：白狗血，溫。日華子云：血，補安五藏。

肉：味鹹、酸，溫。主安五藏，補絕傷，輕身益氣。〔宋・掌禹錫《嘉祐本草》〕按：孟詵云：犬肉，益陽事，補血脉，厚腸胃，實下焦，填精髓。不可炙食，恐成消渴，但和五味煮，空腹食之。不與蒜同食，必頓損人。若去血，則力少不益人。瘦者多是病，不堪食。日華子云：犬肉，暖，無毒。補胃氣，壯陽，暖腰膝，補虛勞，益氣力。

屎中骨：主寒熱，小兒驚癇。

〔梁・陶弘景《本草經集注》〕云：白狗、烏狗入藥用。白狗骨燒屑，療諸瘡瘻及妬乳癰腫，黃狗肉大補虛不及牡者。牡者，父也。又呼爲犬，言脚上別有一懸蹄者是也。白狗血合白雞肉、白鵝肝、白羊肉、烏雞肉、蒲子羹等，皆病人不可食。犬春月目赤鼻燥、欲狂猘者不宜食。

〔唐·蘇敬《唐本草》〕注云：《别録》云，狗骨灰，主下痢，生肌，傅馬瘡。烏狗血，主産難横生，血上搶心者。下頷骨，主小兒諸癇。陰卵，主婦人十二疾，爲灰服之。毛，主産難。白狗屎，主丁瘡。水絞汁服，主諸毒不可入口者。

〔宋·馬志《開寶本草》〕按：陳藏器《本草》云：狗正黄色者，肉溫，補宜腰腎，起陽道。骨煎爲粥熱補，令婦人有子。乳汁，主青盲。取白犬生子目未開時乳汁，注目中，療十年盲，狗子目開即差。膽，塗惡瘡。腎，主婦人産後，腎勞如瘧者。婦人體熱用猪腎，體冷即用犬腎。肝、心，主狂犬咬，以傅瘡上。屎，主癉疽徹骨痒者，當燒作灰塗瘡，勿令病者知。又屎和臘月猪脂傅瘻瘡。又傅溪毒，丁腫出根。頸下毛，主小兒夜啼。絳袋盛，繫著兒兩手。狗肝，主脚氣攻心，作生薑、醋進之，當洩，先洩勿服之。

〔宋·掌禹錫《嘉祐本草》〕按：《藥對》云：屎中骨，平。日華子云：犬黄者大補益，餘色微補。古言署預涼而能補，犬肉暖而不補，雖有此言，服終有益，然奈穢甚，不食者衆。

〔宋·唐慎微《證類本草》〕《圖經》：文具羖羊角條下。《唐本餘》：牡狗陰莖并同。白狗血，主女人生子不出。内酒中服之，主下痢，卒風痱。伏日取之，主補虚，小兒驚癇，止下痢。《食療》：牡狗陰莖，補髓。肉，溫。主五藏，補七傷五勞，填骨髓，大補益氣力。空腹食之。黄色牡者上，白、黑色者次，女人妊娠勿食。又，上伏日採膽，以酒調服之。明目，去眼中膿水。又，主惡瘡痂痒，以膽汁傅之止。膽傅惡瘡，能破血。有中傷因損者，熱酒調半箇服，瘀血盡下。又，犬傷人，杵生杏人封之差。比來去血食之，卻不益人也。肥者血亦香美，即何要去血？去血之後，都無效矣。犬自死，舌不出者，食之害人。九月勿食犬肉，傷神。《聖惠方》：治眼痒急赤澁，用犬膽汁注目中。又方：治附骨疽及魚眼瘡，用狗頭骨燒煙熏之。又方：治婦人赤白帶下久不止。用狗頭燒灰爲細散，每日空心及食前，溫酒調下一錢匕。《外臺秘要》：療食魚肉等成癥結在腹并諸毒氣方：狗糞五升，燒末之，綿裹，酒五升漬，再宿取清。分十服，日再，已後日三服使盡，隨所食癥結即便出矣。又方：療腰痛。取黄狗皮，炙裹腰痛處，取暖徹爲度，頻即差也。徐伯玉方同。又方：治馬鞍瘡。狗牙灰酢和傅之。又五月五日取牡狗糞燒灰數傅之，良。又方：治發背神驗。牡狗白糞半升，覺欲作腫時，以暖水一升，絞取汁，分再服，仍以滓傅上，每日再爲之，差止。《千金翼方》：治産後煩悶不能食。白犬骨一味，燒研，以水服方寸匕。《葛氏方》：治久下痢，經時不止者，此成休息。療之取犬骨炙令黄焦擣，飲服方寸匕，日三服，即愈。又方：治小兒卒得癇。刺取白犬血一棗許含之。又，塗身上。又方：療猘犬咬人，仍殺所咬犬，取腦傅之，後不復發。《百一方》：鬼擊之病，得之無漸，卒著如刀刺狀，胸脇腹内絞急切痛，不可抑按，或即吐血、衄血、下血。一名鬼排。斷白犬頭取熱血一升飲之。又方：卒得痼瘡，常對在兩脚。塗白犬血立愈。《經驗方》：治血氣攪撮不可忍者。黑狗膽一箇，半乾半濕，割開，以篦子挑丸如菉豆大，蛤粉滚過。每服五丸，燒生鐵淬酒下，其痛立止。《經驗後方》：治婦人産後血不定，奔四肢并違墮。狗頭骨灰，以酒調下二錢匕，甚效。《梅師方》：食鬱肉漏脯中毒。燒犬屎末，酒服方寸匕。《聖惠方》同。又方：治熱油湯火燒瘡，痛不可忍。取狗毛細剪以烊膠和毛傅之，至瘡落漸差。《食醫心鏡》：治脾胃冷弱，腸中積冷脹滿刺痛。肥狗肉半斤，以米、鹽、豉等煮粥，頻喫一兩頓。又方，下痢，臍下切痛。狗肝一具洗，細切，米一升，稀調煮粥。空腹點三兩，合蒜喫，椒、葱、鹽、醬任性著之。又，治浮腫，小便澀少。精肥狗肉五斤熟蒸，空腹服之。又，主氣水鼓脹，浮腫。狗肉一斤，細切，和米煮粥。空腹喫，作羹臛喫亦佳。《子母秘録》：療小兒桃李哽，狗頭煮湯摩頭上差。《楊氏産乳》：妊娠不得食狗肉，令兒無聲。《魏志》：河内太守劉勳女病左膝瘡痒。華佗視之，以繩繫犬後足不得行，斷犬腹取膽向瘡口，須臾有蟲若蛇從瘡上出，長三尺，病愈。《丹房鏡源》：白狗糞煮錫。

宋·寇宗奭《本草衍義》卷一六 犬膽 塗鉛如金色。又救生接元氣，補虚損憊：黄狗脊骨一條，去兩頭，截為五七段，帶肉些小。用好硇砂一兩，細研。漿水二升，入硇砂，在漿水中攪勻。浸骨三日後，以炭火炙令黄色，又入汁蘸，候汁盡為度，其狗骨已酥脆，搗令極細。後入諸藥。肉蓯蓉、去沙，薄切，火焙乾。菟絲子、酒浸二日，曝乾。杜仲、去粗皮。肉桂、去皮上粗澀。附子、炮去皮臍。鹿茸、急燎去毛，酥微炙黄色，不可令焦。乾薑、炮。已上各一兩。蛇床子、半兩，微炒。陽起石，半兩，酒煮一日，令數人不住手研一日。將前八味同杵，羅為末。次入陽起石並狗骨末，用熟棗肉五兩，酥一兩，同和。再搗千餘下，看硬軟，丸如小豆大，曬乾。每日空心鹽湯下二十丸。

宋·鄭樵《通志》卷七六《昆蟲草木略》 狗之屬多。《爾雅》曰：犬生，三猣，二師，一玂。猣、玂，音宗、祈。又曰：未成毫，狗。郭云：狗子未生𣯛毛者。又曰：長喙，獫。短喙，猲獢。《駟驖》云：載獫猲獢。獫，音呼儉切。猲，音呼謁切。獢，音呼驕切。又曰：絕有力，狣。音兆。尨，狗也。

宋·張杲《醫説》卷七 猘犬所傷 沈約《宋書》曰：張收嘗為猘犬所傷。醫云宜食蝦蟇膾。收甚難之。醫含笑先嘗。收因此乃食，瘡亦即愈。犬傷：犬傷人，量所傷大小，爛嚼杏仁，沃破處，以帛繫定，至差無苦《本草衍義》。

宋·陳衍《寶慶本草折衷》卷一五 新分狗膽骨、血、肉、腎等附。 其狗一名犬，足脛後各有小蹄倒垂者，即名犬也。○《毛詩》云：一名尨。《尚書》云：一名獒。○俗號地羊。○附：肉忌蒜。

味苦，平，有小毒。○主明目，痂瘍惡瘡。自牡狗陰莖條分。○《藥性論》云：主鼻齆烏貢切，鼻中息肉。○孟詵云：去腸中膿水，白犬、青犬尤妙。○日華子云：止撲損瘀血，刀箭瘡。

附：黃狗頭骨。使。日華子用黃者。○灰在內。○平。主金瘡，止血。又壯陽。治久痢勞痢，及婦人赤白帶下，並燒灰，空心溫酒調下。附：黃狗脊骨寇氏用黃者。○接元氣，補虛憊。以壹條去兩頭，截伍柒段，用好硇砂壹兩細研，和漿水貳升攪，浸骨三日後，炭火炙黃，蘸汁盡為度。其骨酥脆，搗細入藥。○硇，女交切。附：雜骨諸狗身中雜骨。○灰在內。○主補虛，小兒驚癇，止下痢。其黃狗骨，熱補，令婦人有子，煎為粥食。其白狗骨，療諸瘡瘻，妬乳，癰腫，生肌，及傅馬瘡，燒屑用。附：白狗血。○味鹹，溫，無毒。主癲疾，止小兒驚癇及下痢。又女人生子不出，内酒中服。其烏狗血，主產難橫生，血上搶心。附：黃牡狗肉身腿肉也。○陶隱居用黃牡者。○味鹹、酸，溫，無毒。益陽，暖腰膝。黃牡者上，白黑次之。狂猘及瘦狗皆不堪食。不可炙食，成消渴。又不可與蒜同食，必頓損人。○猘，音制。妊婦不得食，令兒無聲。附：四蹄肉。○平。下乳汁，煮飲之。附：腎。○主產後腎勞如瘧。

續說云：古傳以犬為地厭，日華子又言犬肉無補而穢甚，故不食者眾也。或食之則發虛陽，亂血氣。過多必熱壅之患生焉。

元·忽思慧《飲膳正要》卷三 犬 肉，味鹹，溫，無毒。安五藏，補絕傷，益陽道，補血脉，厚腸胃，實下焦，填精髓。黃色犬肉尤佳。不與蒜同食，必頓損人。九月不宜食之，令人損神。犬四脚蹄，煮飲之，下乳汁。

元·尚從善《本草元命苞》卷七 牡狗陰莖 鹹，平，無毒。主傷中，陰痿不起，令強熱，陽絕不興。肉，味鹹、酸，溫。益陽事，補血脈，填精髓，實下焦，補絕傷，輕身厚腸，和胃益氣。去血則力不加，炙食成消渴證。黃犬大能補虛，白犬只堪入藥。膽，主撲損瘀血，又療齆鼻瘜肉，除痂瘍惡瘡，去腸膿，明目。心，主憂恚氣，除邪。齒，治癲癇病寒熱。蹄腳，下乳汁如神，煮汁頻飲。頭骨，療金瘡，止血，燒灰用之。肝，醫腳氣攻心。血，治橫生難產。

元·吴瑞《日用本草》卷三 犬肉 味鹹、酸，性暖，無毒。反商陸，忌蒜，畏杏仁。凡狗瘦者多是病，不堪食。熱病差後，食之殺人，不可炙食，恐成消渴。同菱米食，令人生癌癩；妊娠食之，令子失音。自死不出舌，食之害人。悮食犬、鼠餘物，令人發瘻瘡。牡者良。白狗肉溫補，宜腰腎；黃者大補，餘者微補。凡犬傷，研杏仁塗之。犬肝：脚氣攻〔心〕。犬心：主除邪，安五臟絕傷，益陽事，補血脉，厚腸胃，填骨髓。犬莖：主傷中，陰痿不起，除女子帶下十二疾。犬血：主補安五臟，白狗血主癇疾。犬骨：補虛，小兒驚癇。犬膽：主明目，注目中良。頭骨：主金瘡出血，燒灰止之。女人赤白帶下久不止，燒灰為末，空心溫酒調服。

元·朱震亨《本草衍義補遺》 犬 世俗言虛損之病，言陽虛而易治。殊不知人身之虛，悉是陰虛。若果虛損，其死甚易，敏者亦難措手。夫病在可治者，皆陰虛也。《衍義》書此方於犬條下，以為習俗所移之法。惜哉！○犬肉不可炙食，恐致消渴。不與蒜同食，必頓損人。

元·徐彥純《本草發揮》卷三 犬 丹溪云：世俗言犬治虛損之病，似指陽虛而議治。殊不知人身之虛，悉是陰虛，若陽果虛，其死甚易，敏者亦難措手。夫病在可治者，皆陰虛也。

明·蘭茂原撰，范洪等抄補《滇南本草圖說》卷七 狗 氣味鹹酸溫，無毒，微臊。處處有之，其類甚廣。田犬長嘴善獵，家犬短嘴善守，食犬體肥供饌。《本經》所用者，皆食犬也。主治：安五臟，補陽道，益氣。治五勞，暖腰膝，填精補髓。和五味煮，空心食之甚良。性反商陸、杏仁、大蒜。

明·蘭茂撰，清·管暄校補《滇南本草》卷上 狗肉 味酸、鹹，溫。安五臟，補純陽，輕身，益氣，補益腎胃，壯陽道，補腰膝，益氣力，治五癆七傷，補血脉而厚腸胃，補下焦而填精髓。和五味煑，空心食之。蹄，氣味酸平，治癲狂病。血，氣味鹹，補五臟。心，治憂恚氣，除邪。腎，氣味平，治婦人產後瘧疾。反商陸、大蒜、杏仁，用者記之。

明·王綸《本草集要》卷六 牡狗陰莖 味鹹，氣平，無毒。六月上伏取，陰乾百日。主傷中，陰痿不起，令強熱大，生子，除女子帶下十二疾。○膽，主明目，酒調服之，及注目中。又傅痂瘍惡瘡。○頭骨，主金瘡止血，燒灰存性，傅之。附骨疽及魚眼瘡，燒煙熏之。○白狗血，味鹹。主癲疾發作，及鬼擊之病，取熱血一升，飲之，又塗身上。○肉，味鹹酸，性溫。主安五臟，補絕

傷，壯陽道，輕身益氣。黃色者上，白黑次之。陰虛發熱人不宜食。大抵人身之虛，多是陰虛，世俗往往用此為補，不知其害。又犬肉不可炙食，致消渴。又不可與蒜同食，頓損人。○乳汁，主青盲，取白犬生子目未開時汁注目中，療十年盲，狗子目開即差。

明·滕弘《神農本經會通》卷八　牡狗陰莖　六月上伏取，陰乾百日。黃色為上，黑白次之。　味鹹，氣平，無毒。　《本經》云：主傷中，陰痿不起，令強熱大生子，女子帶下十二疾。日華子云：犬陰治絕陽，及婦人陰(痿)〔瘻〕。陳藏器云：腎，主婦人產後腎勞如瘧者，婦人體熱，用猪腎，冷即用犬腎。《食療》云：補髓。又犬傷人，杵杏仁封之。

狗膽：一云：味苦，有小毒。《本經》云：主明目，痂瘍惡瘡。禹錫云：膽，平。《藥性論》云：亦可單用，主鼻齆，鼻中息肉。日華子云：主撲損瘀血，刀箭瘡。陳藏器云：膽，塗惡瘡。

狗心附肝　《本經》云：主憂恚氣，除邪。日華子云：心，治狂犬咬，除邪氣風痺。療鼻衄，及下部瘡。陳藏器云：肝、心，主狂犬咬，以傅瘡上。又肝，主脚氣攻心，作生薑、醋進之，當泄，先泄勿服。

狗腦：《本經》云：主頭風痺，下部䘌瘡，鼻中息肉。

狗齒：平。《本經》云：主癲癇寒熱，卒風(沸)〔痱〕，伏日取之。日華子云：理小兒客忤，燒灰用。

狗頭骨：使也。平。《本經》云：主金瘡，止血。《蜀本》云：餘骨，主補虛，小兒驚癇，止下痢。《藥性論》云：使。燒灰為末，治久痢勞痢。和乾薑、莨菪焦炒見煙，為丸，白飲空心下十丸，極效。日華子云：燒灰用，亦壯陽，黃者佳。陶隱〔居〕云：白狗骨，燒屑，療諸瘡瘻，及妬乳癰腫。《別録》云：狗骨灰，主下痢，生肌。傅馬瘡。又下頷骨，主小兒諸癇。陳藏器云：骨，煎為粥熱補，令婦人有子。

狗四脚蹄：平。《本經》云：煮飲之，下乳汁。

白狗血：味鹹，溫，無毒。《本經》云：主癲疾發作。日華子云：血，補安五臟。本注云：烏狗血，主產難橫生，血上搶心者。

狗肉：味鹹、酸，氣溫。一云：暖，無毒。《本經》云：主安五臟，補絕傷，輕身益氣。陶云：黃狗肉，大補虛。不及牡者，牡者，父也。孟詵云：犬肉，益陽事，補血脉，厚腸胃，實下焦，填精髓。不可炙食，恐成消渴。但和血均煮，空腹食之。不與蒜同食，必頓損人。若去血則力少，不益人。犬者，脚上別有一懸蹄是也。日華子云：犬肉，暖，無毒。補胃氣，壯陽，暖腰膝，補虛勞，益氣力。陳藏器云：正黃色者，肉，溫補，宜腰腎，起陽道。肉煎為粥，熱補，令婦人有子。日華子云：犬黃者，大補益，餘色微補。古言薯蕷涼而能補，犬肉暖而不補。雖有此言，服總有益。然奈穢甚，不食者眾。《食療》云：主五臟，補七傷五勞，填骨髓，大補益氣力，空腹食之。黃色壯者上，白黑色者次。女人妊娠勿食。丹溪云：陰虛發熱人不宜食。大抵世俗言虛損之病，乃陽虛而易治，殊不知人身之虛，多是陰虛，世俗往往用此為補，不知其害。若果虛損，其死甚易。夫病在可治者，皆陰虛也。《衍義》書此方於犬條下，以為習俗所移之戒。犬肉不可炙食，發消渴。又不可與蒜同食，頓損人。

狗屎中骨：平。《本經》云：主寒熱，小兒驚癇。陳藏器云：屎，主瘭疽徹骨痒者，燒灰，塗瘡，勿令病者知。又屎和臘月猪脂，傅瘻瘡，又傅溪毒、丁腫出根。

狗乳汁：陳藏器云：主青盲，取白犬生子目未開時乳汁，注目中，療十年盲，狗子目開，即差。

明·劉文泰《本草品彙精要》卷二四　牡狗陰莖無毒。附膽、心、齒、骨、蹄、血、肉、腦。　胎生。

牡狗陰莖出《神農本經》：**主傷中，陰痿不起，令強熱大，生子，除女子帶下十二疾。**以上朱字《神農本經》。膽苦平，主明目，痂瘍，惡瘡。○心，主憂恚氣，除邪。○腦，主頭風痹，下部䘌瘡，鼻中瘜肉。○齒，性平，主顛癇，寒熱，卒風疿，伏日取之。○頭骨，性平，主金瘡，止血。○四腳蹄，性平，煮飲之，下乳汁。○白狗血，味鹹，性溫，無毒，主顛疾發作。○肉，味鹹，酸，溫。主安五臟，補絕傷，輕身益氣。○屎中骨，主寒熱，小兒驚癇。以上黑字名醫所錄。

【名】狗精。【地】陶隱居云：舊不載所出州土，今處處有之。其種腳上別有一懸蹄，人呼爲犬者是也。白狗、烏狗皆入藥用，惟正黃色者溫補，餘色者微補爲不及也。【時】採：六月上伏取。【收】陰乾百日。【用】陰莖、頭骨、膽、心、腦、齒、肉、四腳蹄、血、屎中骨。【味】鹹。【性】平。【氣】味厚于氣，陰中之陽。【臭】腥。【主】強陰。【治】療：陶隱居云：白狗骨，燒末，療諸瘡瘻及妒乳癰腫。《唐本》注云：骨，燒灰，主下

痢，生肌，傅馬瘡。○烏狗，主血，難產橫生，血上搶心。○下頷骨，治小兒諸癇。○陰卵，燒灰，主婦人十二疾。○毛，主產難。○白狗糞，治疔瘡。《藥性論》云：　膽，治鼻齆及鼻中瘜肉。　日華子云：　陰莖，治婦人陰瘻。○膽，主撲損瘀血及刀箭瘡。○心，療狂犬咬，除邪氣，風痹，及鼻衄，下部瘡。○齒，燒爲末，湯調服，治小兒客忤。　孟詵云：　膽，去腸中膿水。《別錄》云：　膽汁，注目中，治眼癢急赤澀。○頭骨，燒煙熏，治附骨疽及魚眼瘡。○黃狗皮，炙，裹腰痛處，取暖徹爲度。○白犬骨，燒研爲末，以水服方寸匕，治產後煩悶，不能食。○骨，炙黃焦，搗爲末，飲服方寸匕，日三服，治久下痢不止者，名休息痢。○猘犬咬人，即殺所咬犬，取腦傅之，後不復發。○白犬頭取熱血一升飲之，治鬼擊之病，卒著如刀刺狀，胸脇腹內絞痛不可抑按，或即吐血，衄血，下血，立效。○骨，煮湯摩頭上，療小兒桃李骾。○活狗膽，治左膝瘡癢，華佗視之，以膽塗瘡口，須臾有蟲若蛇從瘡口出，長二三尺，病即愈。

補：　陶隱居云：　黃狗肉，大補虛。　日華子云：　陰莖，續絕陽。○頭骨，燒灰，壯陽氣。○血，安五臟。○肉，益胃氣，暖腰膝，壯陽氣，補虛勞，益氣力。陳藏器云：　肉，益腰腎，起陽道。○骨，煎汁爲粥食之，令婦人有子。《別錄》云：　陰莖，益髓。○肉，溫五臟，補五勞七傷，填骨髓，大補氣力，空腹食之佳。

【合治】頭骨，燒灰爲末，合乾薑、莨菪焦炒見煙，爲丸，治久痢及勞痢，以白飲空心下十丸，極效。○屎，合臘月豬脂，傅瘻瘡，及傅溪毒疔腫。○肝，合生薑、醋作湯，治腳氣攻心，服之當泄其邪。若大便不實者，勿服之。○膽，合酒服之，明目。○膽半個合酒，治中傷因損，調服之，瘀血盡下。○頭骨燒灰爲末，每日空心合酒調服一錢匕，治婦人赤白帶下。○狗牙燒灰合酢，調傅馬鞍瘡。○毛細剪，以膠烊，塗湯火燒瘡，痛不可忍。○肉半斤，合米、鹽、豉等煮粥，頻食一兩頓，治脾胃虛弱，腸中積冷，腹脹刺痛，神驗。○肉一斤細切，和米煮食之，治水鼓脹浮腫，作羹臛吃亦佳。

【禁】狗肉不可炙食，恐成消渴疾。狗瘦者多是病，不堪食。諸犬春月目赤鼻燥，欲狂猘者，不宜食。妊娠不可食犬肉，令兒無聲。自死、舌不出者，食之害人。九月勿食犬肉，能損神。

【忌】不與蒜同食，食之損人。白狗血合白雞肉、白鵝肝、白羊肉、烏雞肉、蒲子羹等，病人皆不可食。

明・盧和、汪穎《食物本草》卷三獸類　狗　肉，味鹹、酸，溫。主安五臟，補絕傷，輕身，益氣力血脈，厚腸胃，實下焦，暖腰膝，填精髓。一云：　所補在血，去血不益人。心，主憂恚氣，除邪。腦，主頭風痹，下部䘌瘡，鼻中息肉。頭骨，主金瘡，止血。膽，主明目，痂瘍惡瘡。腳蹄，主下乳。齒，主癲癇，寒熱卒風疿。乳汁，主青盲，取白犬生子目未開時汁，注目中，療十年盲，犬子目開即差。牡狗陰莖，味鹹，平，無毒。主傷中，陰痿不起，令強熱大，生子，除女子帶下十二疾。白狗、烏狗入藥，牡者勝。又云：　黃狗大補，白、黑次之，餘者微補。犬欲顛者不可食，陰虛發熱人與妊娠勿食。不可炙食，致消渴。又不可與蒜同食，頓損人。嘗見人食犬者多致病，南人為甚，大抵人之虛多是陰虛，犬肉補陽，世俗往往用此，不知其害，審之。

明・許希周《藥性粗評》卷四　犬能動火。

犬肉，狗有四色，黃、白、斑、黑，服食之家，以黃為上，白黑次之，斑又次之。須以打死，不去血者有功。九月不可食犬，恐傷神，亦不可與蒜同食。味鹹、酸，性溫，微熱，無毒。主治冷病虛羸，及年老衰弱，厚腸胃，益陽事，補血脈，實下焦。須空腹食之。牡陰莖，味鹹，性平，無毒。主治丈夫陰痿不起，婦人陰瘻。並以六月上伏日取，陰乾為末，酒調服妙。其餘白狗血以治顛狂，膽汁以點目瞖。心主憂恚，膽主頭風，齒主風痱，四蹄煮飲以下乳汁。其肉同米煮粥，以治氣水鼓脹。惟妊娠不得食犬，令兒無聲。雖然犬甚動火，陰虛火動之人不可食，暗動火邪，其殺人甚於刀刃，丹溪已有明戒，不可徇世俗之見以為有補而貪得也。

明・鄭寧《藥性要略大全》卷一〇　狗肉　味鹹、酸，性溫，無毒。安五臟，補絕傷，補血脈，厚腸胃，實下焦，填精髓。不宜炙食，恐成消渴。益氣輕身。若去血則力少不益人。宜與蒜同食，補胃氣，壯陽暖腰膝，補虛勞。其色純黃、黑者為尚。　狗血：　味鹹，性溫，無毒。治癲疾，安五臟。　膽：　明目。治痂瘍惡瘡，眼痒赤澁。以膽汁注目中。　心：　主〔憂〕恚氣，除邪。　腦：　主頭風風癇，下部䘌瘡。　狗齒：　主癲癇寒熱，生風疿。伏日取。　狗頭骨：　主金瘡，止血，治久痢勞痢。　狗四蹄腳：　性平。煮汁飲之，下乳汁。　狗莖：　治傷中陰痿，令人有子。除女人帶下十二疾。　味甘、鹹，氣熱。無毒。

明・陳嘉謨《本草蒙筌》卷九　牡狗陰莖　味鹹，氣平。無毒。大者狗喚，小以犬稱。煮啖尚色黃，入藥取毛白。六月上伏，將莖刮收。文火烘乾，方不臭腐。專助房術，又名狗精。堅舉男子陽莖，兩三時不痿；禁止婦人帶漏，十二疾咸瘳。膽汁敷痂瘍惡瘡，目疼可點兩眦；熱血治發狂顛疾，鬼

擊可塗遍身。腦主頭風，併瘜肉塞鼻；齒療客忤，及風痱盈肌。心主憂恚氣除邪，腎理產勞熱如瘧。肝毆痢下刮痛，調稀粥任加醬與鹽；乳點眼久青盲，擇狗雛未開目即取。狗雛目開，其疾亦愈。頭骨止諸瘡血出，懸蹄通兩乳汁流。肉味鹹酸，性稍溫熱。安五臟，益氣力，壯陽道，補絕傷。同蒜食損人，若炙食作渴。孕婦入口，生子缺唇。九月下咽，傷神損氣。陰虛火動，尤甚禁之。骨煮粥補虛，令婦人結孕。頷下骨去驚癇抽搐，屎中骨禁寒熱往來。屎曝燒灰，塗瘰疽止癢；猪脂調末，敷疔腫拔根。

謨按：丹溪云：人身之虛，皆陰虛也。陰虛則陽必亢，用此為補，寧不助火以添病耶？世俗言其大治虛損，似指陽虛議治，殊不知悉屬陰虛。若陽果虛損，死甚不難。雖有敏者，亦難措手，豈此之能補乎。今人每每信之，而啖之多者，是皆泥乎習俗之說也。

明・方穀《本草纂要》卷一一 黃雄狗 味鹹、甘，氣大溫，無毒。主陽虛腎冷，小便遺溺，或陰痿不起，精道衰弱，或耳內虛閉，倦怠昏澁，或精神短少，陰虛無力，或子宮久冷，不能孕育。是皆腎虛不足之症，惟此可以補之。大抵狗爲陽物，雄爲陽體，黃亦陽色，乃至陽之物，而治至陰之症。是則陰與陽合，陰陽和順而爲生生不息之運用爾，何虛之有？

明・寧源《食鑒本草》卷上 牡犬肉 味鹹、酸，溫。黃者為上，不與大蒜同食。益氣血，厚腸胃，補下元，壯陽事，填精髓，續絕傷，食近腰連腎者極佳。 陰莖：味鹹，平。六月上伏日取，陰乾百日用。治勞傷陰痿不起，令強大有子。除女人帶下十二疾。 膽：味苦，有小毒。去鼻中息肉并齇、鼻瘡及刀箭傷損瘡。

明・王文潔《太乙仙製本草藥性大全》卷七《本草精義》 狗陰莖 今在處有之。大者爲狗，小者爲犬稱。然其色有五樣，白狗、烏狗入藥用。白狗骨燒屑，療諸瘡瘻及妬乳癰腫。黃狗肉大補虛不及牡者，牡者父也。又呼爲犬，言腳上別有一懸蹄者是也。犬黃者大補益，餘色微補。古言薯蕷涼而能補，犬肉暖而不補。〔雖〕有此言，服終有益。然奈穢甚，不食者衆。煮啖尚色黃，入藥取毛白。六月上伏將莖刮收，文火烘乾方不臭腐。又犬傷人，杵生杏仁封之差。比來去血食之，却不益人也。肥者血亦香美，即何要去血，去血之後都無效矣。犬自死，舌不出者，食之害人。九月勿食犬肉，傷神。白狗血合白鷄肉、白鵝肝、白羊肉、烏鷄肉、蒲子羹等，皆病人，不可食。犬春月目赤鼻燥，欲狂猘者不宜食。《本草》狗正黃色者肉溫，補虛腰腎，起陽道。骨煎爲粥熱補，令婦人有子。益陽氣，補血脉，厚腸胃，實下焦，填精髓。不可炙食，恐成消渴。但和五味煮，空腹食之，不與蒜同食，食必損人。若去血則力少，不益人。瘦者多是病，不堪食。膽，塗惡瘡，去腸中膿水。又白犬膽和通草、桂爲丸服，令人隱形，青犬尤妙。河內太守劉勳女，病左膝瘡痒，華佗視之，以繩繫犬後足不得行，斷犬腹取膽向瘡口，須臾更有蟲若蛇從瘡上出，長三尺，病愈。狗骨灰，主下痢、生肌，傅馬瘡。烏狗血，主產難橫生，血上搶心者。下頷骨，主小兒諸癇。陰卵，主婦人十二疾，爲灰服之。毛，主產難。頸下毛，主小兒夜啼，以絳囊盛繫兒兩手立止。屎，主瘰疽徹骨痒者，當燒作灰塗瘡，勿令病者知。又和臘月猪脂塗蠆瘡，又傅溪毒丁腫出根。白狗屎，主丁瘡，水絞汁服，主諸毒不可入口者。腎，主婦人產後腎勞如瘧者，婦人體熱用猪腎，體冷用犬腎。肝心，主狂犬咬，以傅瘡上。肝，主腳氣攻心，作生薑、醋進之當洩，先洩勿服之。

按：丹溪云：人身之虛，皆陰虛也，陰虛則陽必亢，用此爲補，寧不助火以添病耶？世俗言其大治虛損，以指陽虛議治。殊不知悉屬陰虛，若陽果虛損，死甚不難，雖有敏者，亦難措手，豈此之能補乎？今人每每信之，而啖之多者，是皆泥乎習俗之說也。

明・王文潔《太乙仙製本草藥性大全》卷七《仙製藥性》 牡狗陰莖 味鹹，氣平，無毒。 主治：專助房術，又名狗精。堅舉男子陽莖，兩三時不痿。禁止婦人帶漏，十二疾咸瘳。 補註：婦人生子不出，用陰莖同白狗血投酒中服之。 狗膽汁：味甘，氣平，有小毒。 主治：傅痂瘍惡瘡，點目疼兩眦。主鼻齇，去鼻中息肉。治撲損，去瘀血箭瘡。 補註：治血氣搊撮不可忍者，黑狗膽一個，半乾半濕割開，以篦子挑丸如菉豆大，蛤粉滾過，每服五丸，燒生鐵淬酒下，其痛立止。○又上伏日採膽，以酒調服之明目，去眼中膿水。又主惡瘡痂痒，以膽汁傅之止。膽傅惡瘡能破血。有中傷因損者，熱酒調半個服，瘀血盡下。○治眼痒急赤澁，以膽汁注目中。 狗血：味鹹，無毒。 主治：治發狂癲疾，鬼擊可塗遍身。補五臟血脉，絕傷亦宜充口。 補註：治小兒卒得癇，刺取白犬血一升許含之，又塗身上。○鬼擊之病，得之無漸，卒着如刀刺狀，胸脇腹內絞急切痛，不可抑按，或即吐血、衄血、下血，一名鬼排，斷白犬頭，取熱血一升飲之。○卒得瘑瘡，常對

在兩脚，塗白犬血立差。　狗腦：　主下部𧏾瘡，去鼻中瘜肉。清頭風如神，除風痹大驗。　補註：　治猘犬咬人，仍殺所咬犬，取腦傅之，後不復發。

狗齒：　主癲癇寒熱神方，療客忤風痓妙劑。　補註：　治馬鞍瘡，狗牙灰酢和塗之差。　狗心：　主憂恚氣而除邪氣，療下部瘡而治風痹。　狂犬傷用之有效，鼻衄血服之尤靈。　狗腎：　主産後腎勞如瘧，治體冷虚弱服靈。

狗肝：　主下痢臍下切痛，調稀粥，和醬與服。　補註：　下痢，臍下切痛，狗肝一具，洗細切，米一升，稀調煮粥，空腹，點一二合蒜、椒、葱、鹽、醬，任性服之。　狗乳汁：　點眼，久青盲，擇狗雛未開目即取。　補註：　目盲，取白犬生子未開目時乳汁注目中，療十年盲，狗子目開即差。　狗頭骨使：　氣平，無毒。　主治：　主金瘡諸瘡止血神效，治久痢勞痢壯陽殊功。　補註：　治久痢勞痢，狗頭骨燒灰，和乾薑、莨菪焦炒見烟，爲丸，白飲空心下十丸效。○治婦人赤白帶下久不止，狗頭骨燒灰，爲細散，每日空心及食前溫酒調下一錢。○治附骨疽及魚眼瘡，用狗頭骨燒烟熏之。○治婦人産後血不定，奔四肢并違墮。狗頭骨燒灰，酒調下二錢甚效。○療小兒桃李鞭，狗骨頭燒湯，摩頭上差。　狗懸蹄：　即四足蹄。　能通兩乳汁流。　狗肉：　味鹹、酸，性稍溫熱。　主治：　安氣臟，益氣力。壯陽道，補絕傷。　同蒜食損人，若炙食作渴。　孕婦入口生子缺唇。　九月下咽傷神損氣，陰虚火動尤甚禁之。　補註：　治脾胃冷弱，腸中積冷脹滿刺痛。　肥狗肉半斤，以米、鹽、豉等煮粥，頻喫一兩頓。○又治浮腫，小便澁，少精，肥狗肉五斤，熟蒸，空腹服之。○主氣水鼓脹浮腫，肥狗肉一斤細切，和米煮粥，空腹食，作羹臛亦佳。○妊娠不得食肉，令兒無聲。　狗骨：　煮粥補虚，令婦人有孕。　止驚下痢，理小兒客忤。　補註：　治産後煩悶不能食，白犬骨一味，燒研末，以水服方寸〔匕〕。○治久下痢，經時不止者，此成休息，療之取白犬骨灰令黄焦，擣飲服方寸〔匕〕，日三服即愈。　黄狗皮：　灸裹腰間疼痛，取暖徹爲度即差。

狗頷下骨：　去驚癇抽搐。　狗屎中骨：　禁寒熱往來。　狗頸下毛：　主小兒夜啼不止，絳囊盛繫兒手即安。　補註：　治熱泄湯火燒，瘡痛不可忍，取狗毛細剪，以烊膠和毛傅之，至瘡落便差。　狗屎：　曝乾燒灰，塗瘭疽止癢。　猪脂調末敷疔腫拔根。　補註：　療食魚肉等成癥結在腹，并諸毒氣方：　狗屎五升，燒末以綿裹，酒五升漬，再宿取清，分十服，日再，已後日三服使盡，隨所食癥結即便出矣。○治食鬱肉、漏脯中毒，燒犬屎末，酒服方寸〔匕〕。○治馬鞍瘡，取五月五日牡狗屎燒灰，數傅之良。○治發背，取牡狗白糞半升，覺欲作腫時，以暖水一升，絞汁分再服，仍以滓傅上，每日再爲，差止。

明・皇甫嵩《本草發明》卷六

牡狗陰莖中品。氣平，味鹹，無毒。大為狗，小為犬。食肉黄毛者佳。入藥白毛者勝。　發明曰：　牡狗莖，專助房術，故主男子陽莖不舉及傷中，女人帶漏十二疾。六月上伏取，陰乾百日。○肉，稍溫、熱，味酸、鹹。安五臟，益氣，壯陽道，補絕傷。　同蒜食損人。　炙食作湯，蓋以熱益熱也。陰虚火動者禁之，為其助火興陽，以益病耳。古言犬肉暖而不補，良為是也。雖有此言，服終有益。○心，主憂恚氣，除邪。○腎，註云：　治産勞熱如瘧。○肝，註云：　主脚氣攻心。　作生薑、醋進之當洩，先洩勿服之。　或云：　治痢下刮痛，調稀任加鹽、醬。○膽，主明目，敷痂瘍惡瘡，亦主鼻齆及瘜肉，與撲損瘀血，刀箭瘡。○白狗血，主癲疾，發狂鬼擊，塗遍身。　註云：　血，補安五臟。○腦，主頭風痺，下部𧏾瘡，鼻中息肉。○四脚蹄，煮飲，下乳汁。○頭骨，主金瘡止血，又治附骨疽、魚眼瘡，燒煙熏之。　燒灰為末，治久痢勞痢，亦治婦人赤白帶下久不止，俱溫酒調服。○餘骨，亦主補虚，小兒驚癇，止下痢。○齒，主癲癇寒熱，卒風痱，伏日取之。○頷下骨，去驚癇抽搐。○乳，點眼，久青盲。○屎中骨，禁寒熱往來，小兒驚癇。○屎，燒灰，塗瘭疽。　猪脂調末，傅疔腫拔根。　治發背驗方：　牡狗白糞半升，覺欲作腫時，以暖水一升，絞取汁，分再服，仍以滓傅上，每日再為之，差止服。

明・李時珍《本草綱目》卷五〇獸部・畜類

狗《本經》中品

〔釋名〕犬《説文》　地羊　時珍曰：　狗，叩也。吠聲有節，如叩物也。或云爲物苟且，故謂之狗，韓非云蠅營狗苟是矣。　卷尾有懸蹄者爲犬，犬字象形，故孔子曰視犬字如畫狗。　齊人名地羊。俗又諱之以龍，稱狗有烏龍、白龍之號。　許氏《説文》云：　多毛曰尨，長喙曰獫音斂，短喙曰猲音歇，去勢曰猗，高四尺曰獒，狂犬曰猘音折。　生一子曰獴、曰玂音其，二子曰獅，三子曰獵。　〔集解〕時珍曰：　狗類甚多，其用有三：　田犬長喙善獵，吠犬短喙善守，食犬體肥供饌。　凡本草所用，皆食犬也。　犬以三月而生，在畜屬木，在卦屬艮，在禽應婁星。　豺見之跪，虎食之醉，犬食番木鱉則死，物性制伏如此。　又遼東有鷹背狗，乃鷹産三卵，一鷹一鵰一犬也。　以禽乳獸，古所未聞。　詳見鷹條。　又有老木之精，狀如黑狗而無尾，名曰彭侯，可以烹食。　無情化有情，精靈之變也。

肉黄犬爲上，黑犬、白犬次之。　〔氣味〕鹹、酸，温，無毒。　反商陸，畏杏仁。　同蒜食，損人。　同菱食，生癲。　思邈曰：　白犬合海鮋食，必得惡病。　時珍曰：　鮋，小魚也。　道家

以犬爲地厭，不食之。凡犬不可炙食，令人消渴。妊婦食之，令子無聲。熱病後食之，殺人。服食人忌食。〇九月勿食犬，傷神。〇瘦犬有病，猘犬發狂，自死犬有毒，懸蹄犬傷人，赤股而躁者氣臊，犬目赤者，並不可食。

［主治］安五臟，補絶傷，輕身益氣《別録》。宜腎思邈。補胃氣，壯陽道，暖腰膝，益氣力日華。補五勞七傷，益陽事，補血脈，厚腸胃，實下焦，填精髓，和五味煮，空心食之。凡食犬不可去血，則力少不益人孟詵。

［發明］弘景曰：白狗、烏狗入藥用。黄狗肉大補虚勞，牡者尤勝。大明曰：黄犬大補益人，餘色微補。古言薯蕷凉而能補，犬肉暖而不補。雖有此言，服終有益。但因食穢，不食者衆。震亨曰：世言犬能治勞損陽虚之疾，然人病多是陰虚。若陽果虚，其死甚易，亦安能措手哉？時珍曰：脾胃屬土，喜暖惡寒。犬性温暖，能治脾胃虚寒之疾。脾胃温和，而腰腎受蔭矣。若素常氣壯多火之人，則宜忌之。丹溪獨指陰虚立説，矯枉過（扁）〔正〕矣。《濟生》治真陽虚憊諸虚證，有黄犬肉丸，藥多不載。

［附方］舊三，新五。

戊戌酒：大補元氣。用黄犬肉一隻，煮一伏時，搗如泥，和汁拌炊糯米三斗，入麴如常釀酒。候熟，每旦空心飲之。《養老方》。

戊戌丸：治男子、婦人一應諸虚不足，骨蒸潮熱等證。用黄童子狗一隻，去皮毛腸肚同外腎，於砂鍋内用酒醋八分，水二升，入地骨皮一斤，前胡、黄耆、肉蓯蓉各四兩，同煮一日。去藥，再煮一夜。去骨，再煮肉如泥，擂濾。入當歸末四兩，蓮肉、蒼术末各一斤，厚朴、橘皮末十兩，甘草末八兩，和杵千下，丸梧子大。每空心鹽酒下五七十丸。《乾坤秘韞》。

脾胃虚冷：腹滿刺痛。肥狗肉半斤。以米同鹽、豉煮粥，頻食一兩頓。《心鏡》。

虚寒瘧疾：黄狗肉煮臛，入五味，食之。

氣水鼓脹：狗肉一斤切，和米煮粥，空腹食之。《心鏡》。

浮腫（屎）〔尿〕澀：肥狗肉五斤熟蒸，空腹食之。《心鏡》。

卒中惡死：破白狗搨心上，即活。《肘後方》。

痔漏有蟲：《鈐方》用狗肉煮汁，空腹服，能引蟲也。〇危氏用熟犬肉蘸藍汁，空心食，七日效。

蹄肉［氣味］酸，平。

［主治］煮汁，能下乳汁《別録》。

血白狗者良。

［氣味］鹹，温，無毒。弘景曰：白狗血和白鷄肉、烏鷄肉、白（鷄）〔鵝〕肝、白羊肉、蒲子羹等食，皆病人。時珍曰：黑犬血灌蟹燒之，集鼠。

［主治］白狗血：治癲疾發作。烏狗血：治産難横生，血上搶心，和酒服之《別録》。補安五臟日華。熱飲，治虚勞吐血，又解射罔毒。點眼，治痘瘡入目。又治傷寒熱病發狂見鬼及鬼擊病，辟諸邪魅時珍。

［發明］時珍曰：術家以犬爲地厭，能禳辟一切邪魅妖術。按《史記》云秦時殺狗磔四門以禦災，殺白犬血題門以辟不祥，則自古已然矣。又《華陀別傳》云：琅琊有女子，右股病瘡，痒而不痛，愈而復作。陀取稻糠色犬一隻繫馬，馬走五十里，乃斷頭向痒處合之。須臾一蛇在皮中動，以鈎引出，長三尺許，七日而愈。此亦怪證，取狗之血腥，以引其蟲耳。

［附方］舊二，新四。

熱病發狂：傷寒、時氣、温病六七日，熱極發狂，見鬼欲走。取白狗從背破取血，乘熱攤胸上，冷乃去之。此治垂死者亦活。無白犬，但純色者亦可。《肘後方》。

鬼擊之病：脇腹絞痛，或即吐血、衄血、下血，一名鬼排。白犬頭取熱血一升，飲之。《百一方》。

小兒卒癇：刺白犬血一升，飲之。並塗身上。《葛氏方》。

卒得瘑瘡：常時生兩脚間。用白犬血塗之，立愈。《肘後方》。

兩脚癬瘡：白犬血塗之，立瘥。《奇效》。

疔瘡惡腫：取白犬血頻塗之，有效。《肘後》。

心血［主治］心痹心痛。取和蜀椒末，丸梧子大。每服五丸，日五服。時珍。出《肘後》。

乳汁白犬者良。［主治］十年青盲。取白犬生子目未開時乳，頻點之。狗子目開即瘥藏器。赤禿髮落，頻塗甚妙時珍。

［附方］新二。

拔白：白犬乳塗之。《千金》。

斷酒：白犬乳，酒服。《千金》。

脂并脏白犬者良。［主治］手足皴皺。入面脂，去皯黯。柔五金時珍。

腦［主治］頭風痹，鼻中息肉，下部䘌瘡《別録》。猘犬咬傷，取本犬腦敷之，後不復發。時珍。出《肘後》。

［附方］新一。

眉髮火瘢：不生者。蒲灰，以正月狗腦和敷，日三，則生。《聖惠方》。

涎［主治］諸骨哽脱肛，及誤吞水蛭時珍。

［附方］新三。

諸骨哽咽：狗涎頻滴骨上，自下。仇遠《稗史》。

大腸脱肛：狗涎抹之，自上也。《扶壽精方》。

誤吞水蛭：以蒸餅半個，絞出狗涎，吃之，連食二三，其物自散。《德生堂方》。

心［主治］憂恚氣，除邪《別録》。治風痹鼻衄，及下部瘡，狂犬咬日華。

腎［氣味］平，微毒。時珍曰：《内則》食犬去腎，爲不利人也。

［主治］婦人産後腎勞如瘧者。婦人體熱用猪腎，體冷用犬腎藏器。

肝時珍曰：按沈周《雜記》云：狗肝色如泥土，臭味亦然。故人夜行土上則肝氣動，蓋相感也。又張華《物類志》云：以狗肝和土泥竈，令婦妾孝順。則狗肝應土之説相符矣。

［主治］肝同心腎搗，塗狂犬咬。又治脚氣攻心，切生，以薑、醋進之，取泄。先泄者勿用藏器。

［附方］舊一，新一。

下痢腹痛：狗肝一具切，入米一升煮粥，合五味食。《心

鏡》。 心風發狂： 黄石散： 用狗肝一具批開，以黄丹、硝石各一錢半，研勻擦在肝內，用麻縛定，水一升煮熟。細嚼，以本汁送下。《楊氏家藏》。

膽青犬、白犬者良。 【氣味】苦，平，有小毒。斆曰：鮭魚插樹，立便乾枯；狗膽塗之，却還榮盛。 【主治】明目《本經》。鼎曰：上伏日採膽，酒服之。 敷痂瘍惡瘡《別録》。 療鼻齆，鼻中瘜肉甄權。 主鼻衄聤耳，止消渴，殺蟲除積，能破血。凡血氣痛及傷損者，熱酒服半個，瘀血盡下時珍。 治刀箭瘡日華。 去腸中膿水。 又和通草、桂爲丸服，令人隱形孟詵。

【發明】慎微曰：按《魏志》云：河内太守劉勳女病左膝瘡痒。華陀視之，用繩繫犬後足不得行，斷犬腹取膽向瘡口，須臾有蟲若蛇着瘡上出，長三尺，病愈也。

【附方】舊二，新七。 眼赤澀痒： 犬膽汁注目中，效。《聖惠》。 肝虚目暗： 白犬膽一枚，螢火蟲二七枚，陰乾爲末，點之。《聖惠》。 目中膿水： 上伏日採犬膽，酒服之。《聖濟總録》。 聤耳出膿： 用狗膽一枚，枯礬一錢，調勻。綿裹塞耳內，三四次即瘥。《奇效良方》。 拔白換黑： 狗膽汁塗之。《千金》。 血氣撮痛： 不可忍者。用黑狗膽一個，半乾半濕剜開，以篦子排丸緑豆大，蛤粉滚過。每服四十丸，以鐵淬酒送下，痛立止。《經驗方》。 反胃吐食： 不拘丈夫婦人老少，遠年近日。用五靈脂末，黄狗膽汁和，丸龍眼大，每服一丸，好酒半盞磨化服。不過三服，即效。《本事》。 痞塊疳積： 五靈脂炒煙盡、真阿魏去砂研等分，用黄雄狗膽汁和，丸黍米大。空心津嚥三十丸。忌羊肉、醋、麪。《簡便》。 赤白下痢： 臘月狗膽一百枚，每枚入黑豆充滿，麝香少許。每服一枚，赤以甘草、白以乾薑湯送下。《奇效良方》。

牡狗陰莖 【釋名】狗精六月上伏日取，陰乾百日。《別録》。 【氣味】鹹，平，無毒。思邈曰：酸。 【主治】傷中，陰痿不起，令强熱大，生子，除女子帶下十二疾《本經》。 治絶陽及婦人陰瘻日華。 補精髓孟詵。

陰卵 【主治】婦人十二疾，燒灰服蘇恭。

皮 【主治】腰痛，炙熱黄狗皮裹之。 頻用取瘥。 燒灰，治諸風時珍。

【發明】時珍曰：《淮南萬畢術》云：黑犬皮毛燒灰揚之，止天風。則治風之義，有取乎此也。

毛 【主治】産難蘇恭。 頸下毛： 主小兒夜啼，絳囊盛，繫兒背上藏器。 燒灰湯服一錢，治邪瘧。 尾： 燒灰，敷犬傷時珍。

【附方】舊一。 湯火傷瘡： 狗毛細翦，以烊膠和毛敷之。痂落即瘥。《梅師》。

齒 【氣味】平，微毒。 【主治】癲癇寒熱，卒風痱，伏日取之《別録》。 磨汁，治犬癇。 燒研醋和，敷發背及馬鞍瘡。 同人齒燒灰湯服，治痘瘡倒陷，有效時珍。

頭骨黄狗者良。 【氣味】甘、酸，平，無毒。 【主治】金瘡止血《別録》。 燒灰，治久痢、勞痢。 和乾薑、莨菪炒見煙，爲丸，空心白飲服十丸，極效甄權。 燒灰，壯陽止瘧日華。 治癰疽惡瘡，解顱，女人崩中帶下時珍。 頷骨： 主小兒諸癇、諸瘻，燒灰酒服蘇恭。

【附方】舊三，新十。 小兒久痢： 狗頭燒灰，白湯服。《千金》。 小兒解顱： 黄狗頭骨炙爲末，鷄子白和，塗之。《直指》。 赤白久痢： 臘月狗頭骨一兩半，燒灰，紫笋茶末一兩，爲末。每服二錢，米飲下。《聖惠方》。 赤白帶下： 不止者。狗頭燒灰，爲末。每酒服一錢，日三服。《聖惠》。 産後血亂： 奔入四肢，並違墮。以狗頭骨灰，酒服二錢，甚效。《經驗方》。 打損接骨： 狗頭一個，燒存性爲末。熱醋調塗，暖卧。《衛生易簡》。 附骨疽瘡： 狗頭骨燒煙，日熏之。《聖惠》。 癰疽癤毒： 狗頭骨灰、芸薹子等分爲末，水和敷之。《千金》。 惡瘡不愈： 狗頭骨灰同黄丹末等分，敷之。《壽域方》。 長肉生肌： 老狗頭腦骨瓦炒二兩，桑白皮一兩，當歸二錢半，爲末。麻油調敷。《直指》。 鼻中瘜肉： 狗頭灰方寸匕，苦丁香半錢，研末吹之，即化爲水。或同硇砂少許，尤妙。《朱氏集驗》。 夢中泄精： 狗頭鼻梁骨燒研，卧時酒服一錢。

頭風白屑： 作痒。狗頭骨燒灰，淋汁沐之。《聖惠方》。

骨白狗者良。 【氣味】甘，平，無毒。 【主治】燒灰，生肌，敷馬瘡《別録》。 燒灰，療諸瘡瘻，及妬乳癰腫弘景。 燒灰，補虚，理小兒驚癇客忤《蜀本》。 煎汁，同米煮粥，補婦人，令有子藏器。 燒灰，米飲日服，治休息久痢。 猪脂調，敷鼻中瘡時珍。

【附方】舊二。 産後煩懣： 不食者。白犬骨燒研，水服方寸匕。《千金翼》。 桃李哽咽： 狗骨煮湯，摩頭上。《子母秘録》。

屎白狗者良。 【氣味】熱，有小毒。《丹房鑑源》云：白狗糞煮銅。 【主治】疔瘡。 水絞汁服，治諸毒不可入口者蘇恭。 瘭疽徹骨痒者，燒灰塗瘡，勿令病者知。 又和臘猪脂，敷瘻瘡腫毒，疔腫出根藏器。 燒灰服，發痘瘡倒黶，治霍亂癥積，止心腹痛，解一切毒時珍。

【發明】時珍曰：狗屎所治諸病，皆取其解毒之功耳。

【附方】舊三，新五。 小兒霍亂： 卒起者。用白狗屎一丸，絞汁服之。 心痛欲死： 狗屎炒研，酒服二錢，神效。 勞瘧瘴瘧： 久不愈。用白狗糞燒灰，發前冷水

服二錢。《聖惠方》。　月水不調：　婦人産後，月水往來，乍多乍少。白狗糞燒末，酒服方寸匕，日三服。《千金》。　魚肉成癥：　并治諸毒。用狗糞五升燒末，綿裹，於五升酒中浸二宿，取清，日三服，癥即便出也。《外臺》。　漏脯中毒：　犬屎燒末，酒服方寸匕。《肘後》。　發背癰腫：　用白犬屎半升，水絞取汁服，以滓敷之，日再。《外臺》。　疔瘡惡腫：　牡狗屎五月五日，燒灰塗敷，數易之。又治馬鞍瘡，神驗。《聖惠》。

屎中粟白狗者良。一名白龍沙。　〔主治〕噎膈風病，痘瘡倒陷，能解毒也時珍。

〔附方〕新二。　噎膈不食：　黄犬乾餓數日，用生粟或米乾飼之。俟其下糞，淘洗米粟令净，煮粥，入薤白一握，泡熟去薤，入沉香末二錢食之。《永類鈐方》。　痘瘡倒靨：　用白狗或黑狗一隻，餵以生粟米。候下屎，取未化米爲末，入麝香少許，新汲水服二錢。《保幼大全》。

屎中骨　〔主治〕寒熱，小兒驚癇《別録》。

明·梅得春《藥性會元》卷下　牡狗陰莖　味鹹，平，無毒。　主治傷中，陰痿不起，令其強熱而大，生子；　除女子帶下十二疾。名狗精。六月上伏取，陰乾，百日可用。　膽：　主明目，痂惡瘡瘍。孟詵云：　主去腸風及腸中膿血水。又白犬膽和通草、桂為丸服，令人隱形。　肉：　主安五臟、補絕，輕身益氣。不可多食，恐致渴。不可與蒜同食。　白狗血：　味鹹，無毒。主治癲疾發作。

明·穆世錫《食物輯要》卷四　狗　肉，味鹹、酸，性溫，無毒。安五臟，厚腸胃，填精髓，煖腎經，實下焦。宜和五味，空腹食。凡用，勿去血，去血則不益人；　勿炙食，令消渴。同海鮋食，發惡疾。同蒜食，損人。同蕎麥麪食，發癲癇。患疫病後食之，害人。服丹石人忌食。蹄血，下乳汁。腎，去産後虚乏似瘧。陰莖，壯陽生子，補精髓，治帶淋。士良云：　犬肉補陽，有陰虚發熱者勿食。黄牡犬補益人，餘次之。春末夏初有狂犬，忌食。猘犬、瘦犬有病者，無故自死者，懸蹄者，赤股乾燥者，氣臊目赤者，俱不可食。田犬長喙善獵，吠犬短喙善守。白犬虎紋，黑犬白耳，畜之家富貴。純白者，主凶。斑青者，識盜而咬。凡食犬肉傷，用杏仁二三兩，帶皮研細，熱湯二三盞拌匀，三次服，能使肉盡消出而愈。

明·李中立《本草原始》卷九　狗　處處有之。狗類甚多，田犬長喙善獵，吠犬短喙善守，食犬體肥供饌。凡本草所用，皆食犬也。《爾雅》云：　狗，家獸也。時珍曰：　狗，叩也，吠聲有節，如叩物也。或云：　為物苟且，故謂之狗。韓非云蠅營狗苟是已。卷尾有懸蹄者為犬。犬字象形，故孔子曰：　視犬字如畫狗。齊人名地羊。俗又諱之以龍，稱狗有烏龍、白龍之號。許氏《說文》曰：　多毛曰尨，長喙曰獫，短喙曰猲，去勢曰猗，高四尺曰獒，狂犬曰猘。生一子曰獴、曰玂，二子曰獅，三子曰猣。

狗肉：　氣味：　鹹、酸，溫，無毒。：　主治：　安五臟，補絕傷，輕身益氣。○宜腎。○補胃氣，壯陽道，暖腰膝，益氣力。○補五勞七傷，益陽氣，補血脉，厚腸胃，實下焦，填精髓，和五味煮，空心食之。凡食犬不可去血，則力少不益人。黄犬為上，黑犬、白犬次之。反商陸，畏杏仁。同蒜食損人，同菱食生癲。

狗，《本經》中品。【圖略】思邈曰：　白犬合海鮋食，必生惡疾。　時珍曰：　凡犬不可炙食，令人消渴。妊婦食之，令子無聲。熱病後食之，殺人。九月食之，傷神。瘦犬有病，猘犬發狂，自死犬有毒，懸蹄犬傷人，赤股而躁者，氣臊犬目赤者，並不可食。

蹄肉：　氣味：　酸，平。主治：　煮汁，能下乳汁。　血白犬者良。氣味：　鹹，溫，無毒。主治：　癲疾發作，補安五臟。○熱飲，治虚勞吐血。又解射罔毒。點眼，治痘瘡入目。又治傷寒，熱病發狂，見鬼及鬼擊病，辟諸邪魅。○烏狗血治産難横生，血上搶心，和酒服之。　乳汁：　白犬者良。主治：　十年青盲，取白犬生子目未開時乳，頻點之，狗子目開即瘥。○赤秃髮落，頻塗甚妙。　脂並脏：　白犬者良。主治：　手足皴皺。入面脂，去䵟䵴。柔五金。　腦：　主治：　頭風痹，鼻中息肉，下部䘌瘡。○猘犬咬傷，取本〔犬〕大腦敷之，後不復發。　心：　主治：　憂恚氣，除邪。○治風痹，鼻衄及下部瘡，狂犬咬。　腎：　氣味：　平，微毒。主治：　婦人産後腎勞如瘧者，婦人體熱用猪腎，冷用犬腎。　肝：　主治：　肝同心腎，搗塗狂犬咬。又治腳氣攻心，切，生以薑醋進之，取洩。先洩者勿用。　膽：　青犬、白犬者良。氣味：　苦，平，有小毒。主治：　明目。○敷痂瘍惡瘡，療鼻齆，鼻中瘜肉。○主鼻衄，聤耳，止消渴，殺蟲除積，能破血。凡血氣痛，及傷損者，熱酒服半箇，瘀血盡下。○治刀箭瘡。去腸中膿水。又和通草、桂為丸服，令人隱形。　牡狗陰莖：　六月上伏日取，陰乾百日。氣味：　鹹，平，無毒。主治：　傷中，陰痿不起，令強熱大，生子。除女子帶下十二疾。○治絕

傷及婦人陰瘻。○補精髓。　陰卵：　主治：　婦人十二疾，燒灰服。　皮：　主治：　腰痛，炙熱，黃狗皮裹之，頻用取瘥。燒灰治諸風。《淮南萬畢術》云：　黑犬皮毛燒灰，揚之，止天風。　毛：　主治：　產難。○頸下毛主小兒夜啼，絳袋盛，著兒背上。　齒：　主治：　癲癇寒熱，卒風痱，伏日取之。○同人齒燒灰湯，治痘瘡倒陷，有效。　頭骨：　黃狗者良。主治：　金瘡止血。○燒灰，治久痢、勞痢，和乾薑、莨菪炒見煙，為丸梧子大，空心日飲服十丸，極效。○壯陽，止瘧，治癰疽惡瘡，解顱，女子崩中帶下。　頷骨：　主小兒諸癇、諸瘻，燒灰酒服。　骨：　白狗者良。主治：　燒灰，生肌。敷馬瘡。○燒灰，療諸瘡瘻及妬乳癰腫。○燒灰，補虛。理小兒驚癇客忤。○煎汁，同米煮粥，補婦人令有子。○燒灰，米飲日服，治休息久痢。猪脂調敷鼻中瘡。　屎：　白狗者良。氣味：　熱，有小毒。主治：　疔瘡。水絞汁服，治諸毒不可入口者。○瘭疽，徹骨痒者，燒灰塗瘡，勿令病者知。又和臘猪脂傅瘻瘡腫毒，疔腫出根。

《華陀別傳》云：　琅琊有女子，右股瘡痒而不痛，愈而復作。陀取稻糠色犬一隻繫馬，馬走五十里，乃斷頭合痒處，須臾一蟲如蛇在皮中動，以鉤引出，長三尺許，七日而愈。此亦怪證，取狗之血腥，以引其蟲耳。

明・吳文炳《藥性全備食物本草》卷二　狗　叩也。叩，聲吠以守也。肉　鹹、酸，有毒。壯陽道，補下元，益氣血，暖脾胃，厚腸臟。食近腰連腎者佳。黃色牡狗為上，黑白次之。宜和五味空心腹食。凡用勿去血，去血則不益人。勿炙食，令消渴。同海鮋食發惡疾，同蒜食損人，同蕎麥麪食發癲癇，患疫病後食之害人，服丹石人忌食，狂犬及自死者不可食，陰虛人食之發熱難治，孕婦食之令兒無聲，九月食之傷神。古云山藥涼而能補，犬肉暖而不補。又有猘犬、瘦犬、懸蹄者、赤股乾燥者、氣臊目赤者，俱不可食。田犬長喙善獵，吠犬短喙善守。白犬虎紋，黑犬白耳，畜之家富貴。純白者主凶，斑青者識盜而咬。凡食犬肉傷，用杏仁二三兩帶皮研細，熱湯二三盞拌勻，三次服，能使肉盡消出而愈。

陰莖：　鹹，平，無毒，六月上伏日取陰乾百日用，治勞傷陰痿不起，令強大有子，除女人帶下十二病。　白狗血：　鹹，溫，無毒。主臨產橫生，血上搶心。若孕時服之令生子不出。又治癲疾發作，及鬼擊腹痛失血，取熱血飲之，并塗身上，卒得瘑瘡，常對在兩脚，塗之立愈。　乳汁：　主十年青盲，取白犬生子目未開時乳汁注目中，狗仔眼開即光。　頭骨：　平，補虛壯陽，治頭風眩，主崩中帶下，血痢；　燒灰酒下，金瘡止血生肌；　諸瘻瘻，妬乳癰腫，燒灰傅之；　附骨疽及魚眼瘡，燒煙薰之。餘骨主補虛，止小兒客忤驚癇，令婦人有子。黃色者佳，火炟研用。　腦髓：　主頭風痺，下部䘌瘡，鼻中息肉。　膽：　苦，平，小毒。主明目，鼻齆，鼻中息肉，去腸中膿水，又治撲損刀箭瘡，熱酒調服瘀血盡下。塗諸惡瘡痂瘍有効。　狗寶：　生在膽中，治肺經風毒痰火，癰疽惡瘡。犬夜吠月發狂者多有之，然忣自採乃得其真。入藥用乾豆腐挖一竅，入黃於中間合定，水煮半日，細研用。　心：　主憂恚。　肝：　主脚氣衝心。　腎：　去產後虛乏似瘧。　齒：　主癲癇痘疹。　四脚蹄：　煮飲之下乳汁。　山狗：　形如家狗，脚微短，好食鮮果，肉味甘美，皮可為裘，在處有之，蜀中出者名天狗。

明・趙南星《上醫本草》卷四　狗　一名犬。狗類甚多。其用有三：　田犬長喙善獵，吠犬短喙善守，食犬體肥供饌。凡《本草》所用，皆食犬也。犬以三月而生，在畜屬木，在卦屬艮，在禽應婁星。豺見之跪，虎食之醉，犬食番木鱉則死，物性制伏如此。又遼東有鷹背狗，乃鷹產三卵，一鷹，一鵰，一犬也。以禽乳獸，古所未聞，詳見鷹條。又有老木之精，狀如黑狗而無尾，名曰彭侯。可以烹食，無情化有情，精靈之變也。白犬、黑犬入藥，黃犬大補虛勞，牡者尤勝。凡食犬不可去血，則力少不益人。

肉：　鹹、酸，溫，無毒。主治：　安五臟，補絕傷，輕身益氣，宜腎，補胃氣，壯陽道，暖腰膝，益氣力。補五勞七傷，益陽事，補血脉，厚腸胃，實下焦，填精髓，和五味煮，空心食之。　反商陸，畏杏仁。同蒜食損人，同菱食生癲。瘦犬有病，猘犬發狂，自死犬有毒，懸蹄犬傷人，赤股而躁者氣臊，犬目赤者，並不可食。白犬肉合海鮋食，必得惡病。鮋，小魚也。妊婦食犬肉，令子無聲。熱病後食之殺人。服食人忌食，道家以犬為地厭，不食之。九月食犬傷神。

附方　痔漏有蟲：　用熟犬肉蘸藍汁，空心食，七日効。　斷酒：　白犬乳，酒服。　反胃吐食：　不拘丈夫、婦人、老少，遠年、近日。用五靈脂末，黃狗膽汁和丸龍眼大。每服一丸，好酒半盞，磨化服。不過三服，即効。

明・李中梓《藥性解》卷六　狗肉　味鹹酸，性熱，無毒，入命門經。主壯元陽，補絕傷，安五臟，益氣力。其陰莖最助房事，及治婦人帶漏十二疾，

血主補陰辟邪。療癲狗，忌蒜。　按：狗亦醎熱之品，命門之所由歸也，助火最速，有熱症者所宜深戒。炙而食之，令人發渴不止。九月食之傷神。孕婦食之，生子缺唇且無聲。丹溪曰：人之虛，皆陰虛也，陰虛則陽必亢，用狗為補，寧不熾其火以甚其病耶。世人信其補虛，以為指陽虛也。不知凡虛屬陰，若果陽虛，死亡立至，倉扁復生，無能措手。豈此之能補乎？雖然，丹溪生平主意，只是滋陰，故有此論，而溫補之功，諸家俱道。當非虛語，惟命門脉弱，素無火症者，始為相宜。不然則未獲其功，先嘗其禍矣。

明·繆希雍《本草經疏》卷一七　牡狗陰莖　味醎，平，無毒。主傷中，陰痿不起，令強熱大，生子。除女子帶下十二疾。一名狗精，六月上伏取，陰乾百日。

【疏】狗陰莖，氣味與馬陰莖同，其所主亦相似。性專補右腎命門真火，故能令陽道豐隆，精暖盈溢，使人生子也。女子帶下十二疾，皆衝任虛寒所致。醎溫入下焦，補暖二脈，故亦主之也。　【主治參互】同菟絲子、覆盆子、魚膠、車前子、巴戟天、肉蓯蓉、鹿茸、沙苑蒺藜、山茱萸，能益陽暖精，使人有子。　【簡誤】陽事易舉者忌之。內熱多火者勿服。

頭骨：　主金瘡止血。燒灰，用黃狗者良。餘骨燒灰，生肌，敷馬瘡，及療諸瘡瘻，妬乳，癰腫。

【疏】狗頭骨，本經無氣味。察其功用，應是甘醎溫之物。醎能入血，甘能補血，溫能和血，故主金瘡止血也。　【主治參互】同血竭、乳香、沒藥、蚺蛇膽、䗪蟲、天靈蓋、自然銅，治跌撲損傷有神。臨杖時服之護心止痛，杖後服之生肌長肉。　《千金方》治小兒久痢，狗頭骨燒灰，白湯服。非久痢虛寒者勿用。　《和劑局方》狗頭骨丸，治久痢臍腹疞痛，所下雜色，晝夜不止；或其人久虛，所下腸垢，謂之惡痢，竝能治之。赤石脂、乾薑各半兩，肉豆蔻煨、附子炮去皮各一兩，狗頭骨灰一兩，為末，醋和丸如桐子大。每服六七十丸，空心米飲下。非陰臟人及陽虛極者不宜用。　《聖惠方》赤白帶下不止者，狗頭骨燒存性，為末。每酒服一錢，日三。　《經驗方》產後血不定，奔四肢，以狗頭骨灰，酒服二錢，甚效。　《衛生易簡方》打損接骨，狗頭骨灰，熱醋調塗傷處，暖臥。　《壽域方》惡瘡不愈，狗頭骨灰、黃丹等分，敷之。　同白斂等分，為末，生白酒調服五錢，治少腹癰，有神。

白狗血：　味醎，無毒。主癲疾發作。

【疏】癲疾屬手少陰，少陰主血，藏神，血虛而神自不寍，故發是證。此物入心補血，以類相從，故主癲疾發作也。　【簡誤】犬性熱，以其稟火土之氣，故助陽，陽勝則發熱、動火、生痰、發渴。凡病人陰虛內熱，多痰多火者，慎勿食之。天行病後，尤為大忌。治痢亦非所宜。

肉：　味醎、酸，溫。主安五藏，補絕傷，輕身，益氣。

【疏】犬，火畜也。其味醎酸，氣溫，無毒。乃脾胃家肉也。五臟皆賴脾胃以養，脾胃得補，故主安五臟，五臟安而身自輕，氣自益，絕傷自補矣。日華子主補胃氣，壯陽道，暖腰膝，益氣力。孟詵主補五勞七傷，益陽事，補血脈，厚腸胃，實下焦，填骨髓者，皆取其溫暖脾胃之功，則氣血生長，腰腎受庇，陽道壯健而下焦暖也。　【主治參互】《乾坤秘韞》戊戌丸，治男子婦人一應諸虛不足，大補元氣。用黃童子狗一隻，去皮毛肚腸同外腎，於砂鍋內，以酒、酢八分，水二升，入地骨皮一斤，前胡、黃耆、肉蓯蓉各半斤，同煮一日。去藥，再煮一夜，去骨，再煮肉如泥，擂細。入當歸末四兩，蓮肉、蒼朮末各一斤，山藥、菟絲子末各十兩，甘草末八兩，和杵千下，丸梧子大。每空心酒下六七十丸。　危氏方痔漏有蟲，用熟犬肉蘸藍汁，空心食，七日效。　【簡誤】氣壯多火，陰虛之人不宜食。凡犬肉不可炙食，令人消渴。妊婦食之，令子無聲。熱病後食之殺人。道家以犬為地厭，忌食。

明·應麐《食治廣要》卷六　狗肉黃犬為上，黑、白次之。　氣味：醎、酸，溫，無毒。補胃氣，壯陽道，暖腰膝，填精髓。反商陸，畏杏仁。同蒜食損人。孟詵云：食犬去血，則力少不益人。李時珍曰：脾胃屬土，喜暖惡寒。犬性溫暖，能治脾胃虛寒之疾。脾胃溫和，而腰膝受蔭矣。若素常氣壯多火之人，則宜忌之。

明·姚可成《食物本草》卷一三獸部·豢畜類　狗一名犬。○李時珍曰：狗類甚多，其用有三：田犬長喙善獵，吠犬短喙善守，食犬體肥供饌。凡本草所用，皆食犬也。犬以三月而生，在畜屬木，在卦屬艮，在禽應婁星。豺見之跪，虎食之醉，犬食番木鱉則死，物性制伏如此。又遼東有鷹背狗，乃鷹產三卵，一鷹一鵰一犬也。以禽乳獸，古所未聞，詳見鷹條。又有老木之精，狀如黑狗而無尾，名曰彭侯，可以烹食。無情化有情，精靈之變也。

狗肉黃犬為上，黑犬、白犬次之。　味醎、酸，溫，無毒。主安五臟，補絕傷，輕身益氣。宜腎。補胃氣，壯陽道，暖腰膝，益氣力。補五勞七傷，益陽事，補

血脉，厚腸胃，實下焦，填精髓，和五味煮，空心食之。凡食犬不可去血，則力少不益人。同蒜食，損人；同菱食，生癩。白犬合海鮋食，必得惡病。道家以犬為地厭，不食之。凡犬不可炙食，令人消渴。妊婦食之，令子無聲。熱病後食之，殺人。服食人忌食。九月勿食犬，傷神。瘦犬有病，猘犬發狂，自死犬有毒，懸蹄犬傷人，赤股而躁者，犬目赤者，竝不可食。　蹄肉：　味酸，平。主煮汁，能下乳汁。　血：　味鹹，溫，無毒。用白狗血，治癲疾發作。烏狗血治產難橫生，血上搶心，和酒服之。補安五臟。熱飲，治虛勞吐血，又解射罔毒。點眼，治痘瘡入目。又治傷寒熱病發狂見鬼及鬼擊病，辟諸邪。〇李時珍曰：術家以犬禳辟一切邪魅妖術。按《史記》云：秦時殺狗，磔四門以禦災。殺白犬血題門，以辟不祥，則自古已然矣。又瑯琊有女子，病瘡痒而不痛，華佗殺糠色犬，頭向痒處合之。須臾，一蛇在皮中動，鉤出而愈。　心血：　主心痹心痛。取和蜀椒末，丸梧子大。每服五丸，日五服。　乳汁：　主十年青盲。取白犬生子目未開時乳，頻點之，狗子目開即瘥。赤禿髮落，頻塗甚妙。　脂并𦙶：　治手足皴皺。入面脂，去䵟黷。柔五金。　腦：　主頭風痹，鼻中瘜肉，下部𧏾瘡。猘犬咬傷，取本犬腦敷之，後不復發。　心：　主憂恚氣，除邪。治風痹鼻衄及下部瘡，狂犬咬。　腎：　味平，微毒。治婦人產後腎勞如瘧者，婦人體熱，用豬腎；體冷，用犬腎。　肝：　主肝。同心、腎搗，塗狂犬咬。又治脚氣攻心，切生，以薑、醋進之，取洩。先洩者勿用。李時珍曰：按沈周《雜記》云：狗肝色如泥土，臭味亦然。故人夜行土上則肝氣動，蓋相感也。又張華《物類志》云：以狗肝和土泥竈，令婦妾孝順。則狗肝應土之說相符矣。　膽：　味苦，平，有小毒。主明目。敷痂瘍惡瘡，療鼻齆，鼻中瘜肉，主鼻衄聤耳。止消渴，殺蟲除積。能破血，凡血氣痛及傷損者，熱酒服半箇，瘀血盡下。治刀箭瘡，去腸中膿水。又和通草、桂為丸服，令人隱形。〇雷斅曰：鮭魚插樹，立便乾枯；狗膽塗之，却還榮勝。　牡狗陰莖：　味鹹，平，無毒。主傷中，陰痿不起，令強熱大，生子，除女子帶下十二疾。治絕陽及婦人陰瘻，補精髓。　陰卵：　治婦人十二疾，燒灰服。　皮：　治腰痛，炙熱黃狗皮裹之，頻用取瘥。燒灰，治諸風。　毛：　治產難。　頸下毛：　主小兒夜啼，絳囊盛，繫兒背上。燒灰，湯服一錢，治邪瘧。　尾：　燒灰，敷犬傷。　齒：　味平，微毒。治癲癇寒熱，卒風痱。伏日取之，磨汁，治犬癇。燒研醋和，敷發背及馬鞍瘡。同人齒燒灰湯服，治痘瘡倒陷，有效。　頭骨：　味甘、酸，平，無毒。主金瘡止血。燒灰，治久痢、勞痢。和乾薑、莨菪炒見煙，為丸，空心白飲服十丸，極效。治癰疽惡瘡，解顱，女人崩中帶下。　頷骨：　主小兒諸癇、諸瘻，燒灰酒服。　骨：　味甘，平，無毒。主燒灰生肌，敷馬瘡。療諸瘡瘻及妬乳癰腫。補虛，理小兒驚癇客忤。米飲日服，治休息久痢。豬脂調，敷鼻中瘡。煎汁，同米煮粥，補婦人，令有子。

附方：　戊戌酒。大補元氣。用黃犬肉一隻，煮一伏時，搗如泥，和汁拌炊糯米三斗，入麴，如常釀酒。每旦飲之。　治諸骨骾咽。狗涎頻滴骨上，自下。　治大腸脫肛。狗涎抹之，自上也。　治誤吞水蛭。以蒸餅半箇，絞出狗涎，喫之。連食二三，其物自散。　治肝虛目暗。白犬膽一枚，螢火蟲二七枚，陰乾為末，點之。　治產後血亂，奔入四肢，并違墮。以狗頭骨灰，酒服二錢，甚効。　治打損接骨。狗頭一箇，燒存性，為末。熱醋調塗，暖臥。　治附骨疽瘡。狗頭骨燒烟，日熏之。　治惡瘡不愈。狗頭灰同黃丹末等分敷之。　治夢中洩精。狗頭鼻梁骨燒研，臥時酒服一錢。

明・顧逢柏《分部本草妙用》卷一〇獸部　狗肉　鹹、酸，溫，無毒。犬肉，服食家忌者。姙娠婦食之，令子無聲。熱病後食之，殺人。瘦猘自死、反懸蹄、赤股、目赤者，竝不可食。　主治：　安五臟，補絕傷，輕身益氣，宜腎補胃，壯陽暖腎益力。令大去血，則力少無益。　人言犬能補虛健陽，惟宜無病人食之。至于多火者，絕宜忌之。惟色白者大補，餘色俱次之矣。多食助胃火，及膀胱經火。

明・李中梓《醫宗必讀・本草徵要下》　狗肉味鹹，溫，無毒。入脾、腎二經。反商陸，畏杏仁，惡蒜。　暖腰膝而壯陽道，厚腸胃而益氣力。狗寶結成狗腹中者。專攻翻胃，善理疔疽。屬土性溫，故能暖脾，脾暖則腎亦旺矣。黃犬益脾，黑犬補腎，他色者不宜用也。內外兩腎，俱助陽事，屎中粟米，起痘治噎。按：氣壯多火。陽事易舉者忌之。姙婦食之，令子無聲。熱病後食之殺人。道家以犬為地厭，忌食。

明・鄭二陽《仁壽堂藥鏡》卷七　犬肉　味鹹、酸，氣溫。主安五臟，補絕傷，輕身益氣。　丹溪云：世俗言犬治虛損之病，似指陽虛而議治。殊不知人身之虛，悉是陰虛。若陽果虛，其死甚易，敏者亦難措手。夫病在可治者，皆陰虛也。　孟詵云：犬血益陽事。　孕婦食之，令兒無聲、缺唇。

陰虛人食之，發熱難治。同蒜食損人。

明・施永圖《本草醫旨・食物類》卷四

狗　肉：黄犬為上，黑犬白犬次之。味：鹹、酸，溫，無毒。反商陸，畏杏仁。同蒜食損人，同菱食生癲，白犬合海鮋食，必得惡病。凡犬不可炙食，令人消渴。妊娠食之，令子無聲。熱病後食之，殺人。服藥人，忌食。九月勿食犬，傷神。○瘦犬有病，猘犬發狂，自死犬有毒，懸蹄犬傷人，赤股而躁者氣臊，犬目赤者，並不可食。治：安五臟，補絕傷，輕身益氣，宜腎，補胃氣，壯陽道，暖腰膝，益氣力，補五勞七傷，益陽事，補血脈，厚腸胃，實下焦，填精髓。和五味煮，空心食之。凡食犬，不可去血，則力少不益人。白狗、烏狗入藥用，黄狗肉大補虛勞，牡者尤勝。

附方　戊戌酒：大補元氣，用黄犬肉一隻，煮一伏時，搗如泥，和汁拌，炊糯米三斗入麴，如常釀酒，候熟，每旦空心飲之。戊戌丸：治男子婦人一應諸虛不足，骨蒸潮熱等證。用黄童子狗一隻，去皮毛、腸、肚，同外腎於砂鍋內，用酒醋八分，水二升，入地骨皮一斤，前胡、黄芪、肉蓯蓉各四兩，同煮一日，去藥。再煮一夜，去骨。再煮肉如泥，擂，濾。入當歸末四兩，蓮肉、蒼术末各一斤，厚朴、橘皮末十兩，甘草末八兩，和杵千下，丸梧子大。每空心鹽酒下五七十丸。脾胃虛冷：腹滿刺痛，肥狗肉半斤，以水同鹽豉煮粥，頻食一兩。虛寒瘧疾：黄狗肉煮臛，入五味食之。氣水鼓脹：狗肉一斤，切，和米煮粥，空腹食之。浮腫(屎)〔尿〕澀：肥狗肉五斤，熟蒸，空腹食之。卒中惡死：破白狗，塌心上即活。痔漏有蟲：用狗肉煮汁，空腹服，能引蟲也。○用熟犬肉蘸藍汁，空心食七日，效。

蹄肉：味酸，平。治：煮汁，能下乳汁。　血：白狗者良。味：鹹，溫，無毒。白狗血和白雞肉、烏雞肉、白雞肝、白羊肉、蒲子羹等食，皆病人。治：白狗血治癲疾發作，烏狗血治產難橫生，血上搶心，和酒服之。補安五臟。熱飲，治虛勞吐血，又解〔射〕罔毒。點眼，治痘瘡入目。又治傷寒熱病發狂見鬼及鬼擊病，辟諸邪魅。

附方　小兒卒癇：刺白犬血一升，含之，并塗身上。兩脚癬瘡：白犬血塗之立瘥。疔瘡惡腫：取白犬血頻塗之，有效。

心血：治：心痹、心痛，取和蜀椒末，丸梧子大，每服五丸，日五服。

乳汁：白犬者良。治：十年青盲，取白犬生子目未開時乳，頻點之。狗子目開，即瘥。赤禿髮落，頻塗甚妙。

附方　拔白：白犬乳塗之。斷酒：白犬乳酒服。

脂并脏：白犬者良。治手足皴皺，入面脂，去皯黯，柔五金。　腦：治：頭風痹，鼻中瘜肉，下部䘌瘡。猘犬咬傷，取本犬腦敷之，後不復發。

涎：治：諸骨鯁，脫肛及誤吞水蛭。

附方　諸骨鯁咽：狗涎頻滴骨上，自下。大腸脫肛：狗涎抹之，自上也。

心：治：憂恚氣，除邪。治風痹，鼻衄及下部瘡，狂犬咬。　腎：味：平，微毒。《內則》云：食犬去腎，為不利人也。治婦人產後，腎勞如瘧者，婦人體熱用豬腎，體冷用犬腎。　肝：治：肝同心、腎擣，塗狂犬咬。又治脚氣攻心，生切，薑、醋浸之，先洩者勿用。　膽：青犬、白犬者良。味：苦，平，有小毒。治：明目，上伏日采膽，酒服之。敷痂瘍惡瘡，療鼻齆，鼻中瘜肉，主鼻衄、聤耳。止消渴，殺蟲，除積，能破血。凡血氣痛及傷損者，熱酒服半箇，瘀血盡下。治刀箭瘡，去腸中膿水。又和通草、桂為丸服，令人隱形。

附方　眼赤澀痒：犬膽汁注目中，效。肝虛目暗：白犬膽一枚，螢火蟲二七枚，陰乾為末，點之。目中膿水：上伏日采犬膽，酒服之。聤耳出膿：用狗膽一枚，枯礬一錢，調勻，綿裹塞耳內，三四次即瘥。拔白換黑：狗膽汁塗之。

牡狗陰莖：六月上伏日取，陰乾百日。味鹹，平，無毒。治：傷中陰痿不起，令強熱大，生子。除女子帶下十二疾。治絕陽及婦人陰瘻，補精髓。

陰卵：治：婦人十二疾，燒灰服。　皮：治：腰痛，炙熱黄狗皮裹之，頻用取瘥。燒灰，治諸風。　毛：治：產難。　頸下毛：主小兒夜啼，絳囊盛繫兒背上。燒灰，湯服一錢，治邪瘧。尾燒灰，敷犬傷。

附方　湯火傷瘡：狗毛細翦，以烊膠和毛，敷之，痂落即瘥。

齒：味：平，微毒。治：癲癇寒熱，卒風痱，伏日取之。磨汁，治犬癇。燒研，醋和，敷發背及馬鞍瘡。同人齒燒灰，湯服，治痘瘡倒陷有效。

頭骨：黄狗者良。味：甘、酸，平，無毒。治：金瘡止血，燒灰。治久痢勞痢，和乾薑、莨菪炒見煙，為丸，空心白飲服十丸，極效。燒灰，壯陽止瘧，治癰疽惡瘡，解顱，女人崩中帶下。　頷骨：主小兒諸癇、諸瘻，燒灰酒服。

附方　小兒久痢：狗頭燒灰，白湯服。小兒解顱：黄狗頭骨炙為末，雞子白和塗之。赤白帶下：不止者，狗頭燒灰，為末，每酒服一錢，日三服。產後血亂：以狗頭骨灰，酒服二錢，甚效。打損接骨：狗頭一箇，燒存性，為末，熱醋調塗，暖臥。附骨疽瘡：狗頭骨燒烟，日熏之。癰疽癤毒：狗頭骨灰、芸薹子等分，為末，水和敷之。惡瘡不愈：狗頭骨灰，同黄丹末等分，敷之。夢中洩精：狗頭鼻梁骨燒研，臥時酒服一錢。頭風白屑：作痒，狗頭骨燒灰，淋汁沐之。

骨：白狗者良。味：甘，平，無毒。治：燒灰，補虛，理小兒驚癇客忤。煎汁同米煮粥，補婦人，令有子。燒灰，米飲日服，治休息久痢。猪脂調，敷鼻中瘡。

附方　產後煩懣：不食者，白犬骨燒研，水服方寸匕。桃李哽咽：狗骨煮湯，摩頭上。

屎中粟：白狗者良，一名白龍沙。治：噎膈，風病，痘瘡倒陷，能解毒也。

附方　噎膈不食：黃犬乾餓數日，用生粟或米乾飼之，俟其下糞，淘洗米粟，令淨，煮粥，入薤白一握，泡熟去薤，入沉香末二錢，食之。痘瘡倒靨：用白狗或黑狗一隻，喂以生粟米，候下屎，取未化米為末，入麝香少許，新汲水服二錢。

明·盧之頤《本草乘雅半偈》帙六　牡狗陰莖《本經》中品　氣味：鹹，平，無毒。　主治：主傷中，陰痿不起，令強熱大，生子，〔除〕女子帶下十二疾。

覈曰：狗有三，守狗、獵狗、豢狗也。在禽為婁，卦為艮，五行為木，十二子為戌，斗精所生也。七九六十三，陽氣生，故狗三月而生也。三子曰猣音宗，二子曰獅，一子曰玂音祈，未成曰毫。《爾雅》云：狣音沼、尨音龐，狗也；尨，犬多毛也。獫音獻，犬吠不止也。獒，犬知人心所使也。犴音興，健犬也。狄，赤犬也。秏，白犬也。狡，小犬也。獹，黑色，韓良犬。猔音鵲，黑白，宋良犬也。犴音弁，逐虎犬也。窮奇，驅妖神狗也。長喙曰獫音斂，短喙曰猲音歇。去勢曰猗。高四尺曰獒。狂犬曰猘音折。善守者喙長，善獵者喙短，供饌者體肥，入藥者守狗也。獵者搏食，守者苟食，性險而出，警吠止禦，故艮為狗，艮陽在上故也。豺見之跪，虎食之醉，食木鱉則死。遼東有鷹〔背狗〕，產必三卵，一鷹，一鵰，一犬，以禽乳獸，類化生也。又老木之精，狀如狗，色黑無尾，烹之可食，無情化有情，精靈之變也。《荊楚記》云：雞寒狗熱。畏杏仁，反商陸。合蒜食損人，同菱食生癲。犬不炙食，令人消渴；妊婦食之，其子無聲。熱病後食之，卒殺人也。病犬、狂犬、自死犬，有大毒。懸蹄之犬〔傷人〕；赤股而躁者，其氣臊；犬目赤者有屍毒，不則欲狂而尾垂矣。

条曰：犬象形。孔子曰：視犬字如畫。韓非云：蠅營狗苟。狗苟，故從苟也。《埤雅》云：犬獵狗狩，狩以守之，獵以逐之。孔子曰：狗，叩也。叩氣吠以守也，其群以時，言能守也。對待不知持滿，以欲竭精，致傷中陰痿不起者。功能警禦嚴守，令強熱大，必持其精氣滿溢而寫則生子矣。女子帶下十二疾，可默會矣。

清·穆石匏《本草洞詮》卷一五　狗肉、血、皮　狗類有三：田犬長喙善獵，吠犬短喙善守，食犬體肥供饌。犬以三月而生，在畜屬木，在卦屬艮，在禽應婁星。豺見之跪，虎食之醉。遼東有鷹背狗，乃鷹產三卵，一鷹一鵰一犬，以禽而乳獸也。又有老木之精，狀如黑狗而無尾，名曰彭侯，可以烹食，無情化有情，精靈之變也。術家以犬為地厭，能禳除一切邪魅妖術。秦時殺狗磔四門，以禦災。殺白犬血題門以辟不祥，則自古已然矣。狗肉，鹹酸，溫，無毒。主補胃氣，壯陽道，暖腰膝，益氣力。黃犬大補益人，餘色微補。朱丹溪謂：世言犬能治勞損陽虛之疾，然人病多是陰虛，若陽果虛，亦安能措手哉？夫脾胃屬土，喜暖惡寒，犬性溫暖，能治脾胃虛寒之疾，脾胃溫和，而腰腎受蔭矣。若素常氣壯多火之人，則宜忌之。丹溪獨主陰虛立說，矯枉過正矣。狗血，鹹，溫，無毒。辟諸邪魅。白狗血治癲疾，烏狗血治產難血上搶心，和酒服之。華陀治一女子，右股病瘡痒而不痛，愈而復作，取狗一隻繫馬，馬走五十里，乃斷頭向痒處合之，須臾一蛇在皮中動，以鉤引出，長三尺，七日而愈。此蓋取狗血之腥，以引蟲也。狗皮治腰痛，炙熱黃狗皮裹之，頻用取瘥。燒灰治諸風，《萬畢術》云：黑犬皮毛燒灰，揚之止天風。則治風之義，取乎此也。

清·丁其譽《壽世秘典》卷四　狗種類甚多，其用有三：田犬長喙善獵，吠犬短喙善守，食犬體肥供饌。凡《本草》所用皆食犬也。犬以三月而生，在畜屬木，在禽應婁星，性喜雪。豺見之跪，虎食之醉，犬食番木鼈則死，物性制伏如此。術家以犬為地厭，能禳辟一切邪魅妖術。按《史記》云：秦時殺狗磔四門以禦災，殺白犬血題門以辟不祥，則自古已然矣。

氣味：鹹、酸，溫，無毒。治五勞七傷，壯陽事，益氣力，厚腸胃，實下焦，暖腰膝，填精髓。所補在血，去血則力少，不益人。　發明陶弘景曰：黃狗肉大補虛勞，牡者尤勝，黑者、白者次之。李時珍曰：凡犬肉不可炙食，令人消渴、妊婦食之，令子無聲。熱病後食之殺人，服食人忌食。反商陸，畏杏仁，同蒜食損人，同菱食生癲。瘦犬有病，猘犬發狂，自死犬有毒，懸蹄犬傷人，赤股而躁者氣臊，犬目赤者，並不可食。又云：犬性溫暖，能治脾胃虛寒之疾，若素常氣壯多火者忌之。

牡狗陰莖：氣味：鹹，溫，無毒。治傷中，陰痿不起，令強熱大生子，除女子帶下十二疾《本經》。補精髓《食療本草》。　發明繆希雍曰：牡狗陰莖與馬陰莖同，其所主亦相似，性專補命門真火，故能令陽道豐隆，精暖盈溢，使人生子也。女子帶

下十二疾，皆衝任虛寒所致，鹹溫入下焦，補暖二脉，故亦主之也。陽事易舉者忌之，內熱多火者勿服。

清·劉雲密《本草述》卷三一　狗卷尾，有懸蹄者為犬。　時珍曰：狗類甚多，其用有三：田犬長喙，善獵；吠犬短喙，善守；食犬體肥，供饌。凡《本草》所用，皆食犬也。又曰：道家以犬為地厭，不食之。同蒜食損人。

肉：黃犬為上，黑犬、白犬次之。氣味：鹹、酸，溫，無毒。主治：補胃氣，壯陽道，暖腰膝，益氣力日華子。丹溪云：世言犬能補陽虛，但陰虛病者多不宜食。時珍曰：脾胃屬土，喜暖惡寒。犬性溫暖，能治脾胃虛寒之疾。脾胃溫和，而腰腎受蔭矣。若素常氣壯多火之人，則宜忌之。丹溪獨指陰虛立說，矯枉過偏矣。

膽：黃犬、白犬者良。氣味：苦，平，有小毒。主治：療鼻齆，鼻中瘜肉甄權。納耳中，治聤耳，除積。能破血，凡血氣痛及傷損者，熱酒服半個，瘀血盡下時珍。治反胃，殺蟲方書。慎微曰：按《魏志》云：一女子病左膝瘡癢。華陀視之，用繩繫犬，後足不得行，斷犬腹，取膽向瘡口，須臾有蟲若蛇，着瘡上出，長三尺，病愈也。

附方　反胃吐食，不拘丈夫婦人老少，遠年近日，用五靈脂末、黃狗膽汁，和丸龍眼大，每服一丸，好酒半盞，磨化服，不過三服即效。痞塊疳積，五靈脂炒烟盡，真阿魏去砂研，等分，用黃雄狗膽汁和丸黍米大，空心津咽三十丸。忌羊肉、醋、麪。

陰莖：六月上伏日取，陰乾百日。氣味：鹹，平，無毒。主治：傷中，陰痿不起，令強熱大，生子，除女子帶下十二疾本經。希雍曰：其性專補命門相火，女子帶下十二疾，皆衝任虛寒所致。鹹溫入下焦，補暖二脈，故亦主之。同菟絲子、覆盆子、魚膠、車前子、巴戟天、肉蓯蓉、鹿茸、沙苑蒺藜、山茱萸，能益陽暖精，使人有子。　又曰：陽事易舉者忌之。內熱多火者，勿服。

愚按：《春秋攷異郵》曰：七九六十三，陽氣通，故斗運狗三月而生。宋均注曰：狗，斗精所生也。據此，則狗之為陽畜可知矣。第《內經》在畜屬木，而《易》在卦屬艮，為木為土，是將誰為適主乎？曰：《易》云艮為狗，是非屬土歟。第土繼水之後，所以止水也。而木即繼土之後，即所以妙水木相生之化而達陽也。艮卦固兼之矣。造化玄機，以進氣為先，犬畜應於木者此也。應於木，故犬為陽，而得三數以生。三數謂何？天三生木也。《本草》謂犬肉補陽，誠非臆說。即療虛寒瘧疾而屢驗，不可徵乎？或曰：狗肝如泥土，臭味亦然，安能舍土而盡言木乎？曰：是蓋土為木用，猶運氣司天，其年何氣為主，而有從之以化者，應於物類種種矣。土從乎木，而水盡以土為用，故狗肝有如斯也。所謂犬無胃，非無其形質也，其胃氣少耳。胃氣者，土也，又為土從乎木之一證乎？然非獨肝，即以狗膽言之，夫膽之精氣，皆因肝之餘氣溢入於膽者也。在人物皆然，故五畜膽俱無化血散結之主治，而惟狗膽有之。因肝及膽，以致土為木用之氣化，乃得化血益血，有如是耳。惟木合土用，更能殺蟲，即華陀所治，可明方書中用治反胃，固不止於化滯血也。總之是物屬木之陽，有中五之土成之。如膽得陽木之氣，以化陰土之血，所以異於諸畜之膽也。至陰莖補陽，又何疑乎？是陽所生之始，《本經》之主治，豈為無據哉？

希雍曰：犬肉助陽，陽勝則發熱動火，生痰發渴。凡陰虛內熱，多痰多火者，戒勿食之。天行病後，尤為大忌。治痢亦非所宜。

清·郭章宜《本草匯》卷一七　狗肉　味鹹，氣溫，入足太陰、少陰經。暖腰膝而壯陽道，厚腸胃而益氣力。填精髓而補虛寒，增元氣而理勞傷。

按：犬，屬土，而能暖脾。脾暖則腎受蔭矣。黃者益脾，黑者益腎，他色者不宜用也。內外兩腎，俱助陽事。屎中粟米，起痘治噎。

清·尤乘《食鑒本草·獸類》　犬肉　大熱，助陽，暖下元。食者忌茶。白犬虎紋，黑犬白耳，畜之家富貴。斑青者識盜賊則吠，純白者不可畜。春末夏初，犬多發狂，被咬者必害，宜預防之。凡犬不宜炙食，令人消渴，九月傷神。

清·朱本中《飲食須知·獸類》　狗肉　味酸、鹹，性溫。服食人忌食。九月食犬傷神。反商陸。同生葱、蒜食，損人。同菱食，生癲。白犬合海鮋食，必得惡病。勿炙食，令消渴。妊婦食之，令子無聲，且生蟲。疫症及熱病後食之，殺人。勿同鯉魚、鱓魚、牛腸食，令人多病。春末夏初多猘犬，宜忌食。瘦犬、有病、發狂、暴死、無故自死者，有毒殺人。懸蹄犬，傷人。赤股而躁者氣臊、犬目赤者，並不可食。白狗血和白雞肉、烏雞肉、白雞肝、白羊肉、蒲子羹等食，皆病人。白犬乳酒服，能斷酒。犬腎，微毒，《內則》云食犬去腎，不利人也。田犬長喙善獵，吠犬短喙善守。白犬虎紋、黑犬白耳，畜之家富貴。純白者主凶，斑青者識盜而咬。凡食犬肉傷，用杏仁二三兩，帶皮研

細，熱湯二三盞拌勻，三次服，能使肉盡消。犬智甚巧，力能護家，食之無益，何必嗜之。

清・何其言《養生食鑒》卷下 狗狗類甚多，其用有三：田犬，長喙善獵；吠犬，短喙善守；食犬，體肥供饌。黃犬為上，黑犬、白犬次之。 狗肉：味鹹、酸，性溫，無毒。安五臟，壯陽道，補下元，益氣血，厚腸胃。食，近腰連腎者佳。凡用，勿去血，始益人。陰虛人食之，發熱難治。孕婦忌食。狂犬及自死者，不可食。 陰莖：鹹，平，無毒。六月上伏日取，陰乾百日用。治勞傷陰痿不起，令強而有子。除女子帶下十二病，每蚤磨酒服之。 腎：去產後虛乏似瘧。 凡食狗肉傷者，用杏仁二三兩，帶皮研細，熱湯二三盞拌勻，三次服，能使肉盡消出而愈。

清・閔鉞《本草詳節》卷一〇 狗肉 【略】按：犬屬土，故暖脾胃，脾胃暖而腰腎受蔭矣。若素常氣壯多火之人，則忌之。乃丹溪則云，勞損多是陰虛，犬補陽而不補陰，其說亦似過偏。

清・汪昂《本草備要》卷四 犬肉補虛寒。 酸而鹹溫。暖脾益胃，脾胃暖則腰腎受蔭矣。補虛寒，助陽事。兩腎、陰莖尤勝。 黃者補脾，黑者補腎。畏杏仁，忌蒜。道家以爲地厭。黃犬血，酒服二碗，治腸癰。

清・顧靖遠《顧氏醫鏡》卷八 狗陰莖鹹，溫。打扁，酥塗炙。 治陰痿不起，令堅強熱。 大補精髓，能生子。其氣味功用，與白馬陰莖、驢陰莖相似，性專補命門真火，故能令陽道豐隆，精暖盈益，使人生子也。 牡狗肉，鹹，溫。入脾腎二經。反商陸。病犬及自死者，不可食。 黃色、黑色而肥者良。 填精壯陽，暖腰膝而實下焦。 補胃溫脾，厚腸胃而益氣力。皆溫暖脾腎之功。 性專助陽，陽盛則發熱，動火生痰。 陰虛者忌之，陽道易舉者勿用。 孕婦食之，令子無聲。 熱病後食之，殺人。 道家以犬為地厭，忌食。

清・李熙和《醫經允中》卷二二 狗肉 姙婦食之令子無聲，熱病後食之殺人。 瘦猘自死，反懸蹄，赤股赤目者，不可食。 忌蒜。 鹹、酸，溫，無毒。 主安五臟，補絕傷，開胃壯陽，暖腎益力，內外兩腎俱助陽事。 惟宜無病人食之，有火者忌之。 惟白色者大補，餘色次之矣。 語云：牢字從牛，獄字從犬，不食牛犬，牢獄永免。 道家以犬為地厭，不宜食。《可徵録》載：金壇張公亮嗜啖狗肉，一歲館段氏，夢見一人曰：知君嗜狗，今爛煮以待。其人即揭釜蓋以示，見一嬰兒甚短而肥，肉汁油油然浮釜中。公亮夢中大駭，曰：是人也，吾不復食。明日薄暮，有陳漢章至，小坐便起曰：君送我。公亮行數十步將止，漢章曰：無還，知君嗜狗，已爛煮以待矣。公亮大驚，告以夢，遂終身不食狗。愚思先見之夢兆，神氣感通故也。輪迴果報，一定之理，不可為一氏之言，輒生疑謗也。

狗寶 甘、苦，溫，小毒。狀如白石，微帶青色，擊碎如蟲白蠟者真。 治噎膈反胃，下氣開結。

清・馮兆張《馮氏錦囊秘錄・雜症痘疹藥性主治合參》卷九 狗陰莖 狗陰莖，一名狗精。 氣味與馬莖同，其所主亦相似。性專補右腎命門真火，故能令陽道豐隆，精暖盈溢，使人生子也。女子帶下十二疾，皆衝任虛寒所致。鹹溫入下焦，補暖二脉，故亦主之也。宜六月上伏時取之，陰乾百日。 狗頭骨，宜黃狗者良，燒灰，主金瘡止血，久虛雜色惡痢，女人赤白帶下，跌撲損陽，杖瘡及敷惡瘡，妬乳癰腫，皆取其鹹能入血，甘能補血，溫能和血，故所致甚效。 白狗血，入心補血，治血虛顛疾。 肉，味鹹酸，氣溫，屬土，無毒。 乃脾胃家肉也。五臟皆賴脾胃以養，脾胃得補，則五臟皆安，故補絕傷，壯陽道，暖腰膝，益氣力，補血脉，厚腸胃，實下焦，填骨髓也。 黃犬益脾，黑犬補腎，他色者不宜用也。 內外兩腎俱助陽事。但肉不可炙食，令人消渴。 氣壯多火之人，不宜食。 若姙婦食之，令子無聲。 熱病後服之，殺人。 狗寶如牛之有黃也，第狗性熱，其寶定是苦溫之物。世人用治噎證，以其苦能下泄，溫能通行耳。又主癰疽疔腫，同蟾酥、腦麝、雄黃、乳香、沒藥等用。然性熱，善消噎病，由於痰及虛寒而得者，猶可暫用。若因血液衰少，脾胃虛弱，以致噎膈者，法所當忌。 狗陰，堅舉男子陽莖，婦人虛寒帶漏。 肉性溫熱，安五臟，益氣力，壯陽道，補絕傷，暖腰膝。 不可炙食及同蒜食，孕婦亦忌。 主治痘疹合參：狗蠅，治倒靨色黑，每用七箇，擂細，和酒少許調服。夏月極多，易得，冬月則藏於耳中。

清・张璐《本經逢原》卷四 狗 鹹、酸，溫，無毒。熱病後忌食。妊婦食之令子無聲。 發明：狗屬土而有火，故歹人履其地雖臥必省，天時亢熱則臥陰地。下元虛人，食之最宜，但食後必發口燥，惟啜米湯以解之。敗瘡稀水不斂，日噉狗肉最佳。痔漏人歲久不愈，日食自瘥。凡食犬肉不消，心下堅或腹脹口乾大渴，心急發熱，妄語如狂，或洞下泄，以杏仁一升，合皮熟研，沸湯三升，和取汁，分三服，利下肉片大驗。狗膽，《本經》主明目，取其夜能見物也。陰莖治傷中陰痿不起，除女子帶下十二疾。狗頭骨煅末，止婦人崩中下痢，取其溫而能散也。狗屎中米，名戌腹糧，又名白龍砂，主噎膈風病，及痘瘡倒靨，用此催漿為最，取其性溫熱也。若乾紫黑焦為血熱毒盛，慎勿悞用。其血能破妖邪，以性屬陽，陰邪不能勝之也。

清・汪啟賢等《食物須知・諸葷饌》 犬肉 味鹹酸，性稍溫熱。安五

臟，益氣力，壯陽道，補絕傷。同蒜食損人，若炙食作渴。孕婦入口，生子缺脣。九月下咽，傷神損氣。陰虛火動，尤甚禁之。　膽汁，敷痂瘍惡瘡，目疼可點兩眦。　熱血，治發狂癲，療鬼擊，可塗遍身。　腦，主頭風，併瘜肉塞鼻。　齒，療客忤，及風痱盈肌。　心，主憂恚氣，除邪。　腎，主產痨如瘧。　肝，驅痢下刮痛，調稀粥，任加醬鹽。　乳，點眼久青盲，擇狗雛未開目即取，狗雛目開，其疾即愈。　項骨，止諸瘡血出。　懸蹄，通兩乳汁流。　項下骨，去驚癇抽搐。　按：丹溪云：人身之虛皆陰虛也。陰虛則陽必亢，以此為補，寧不助火以添病耶？世俗言其大治虛損，似指人虛議治。殊不知悉屬陰虛。若陽果虛損，死甚不難，雖有敏者，亦難措手，豈此之能補乎？今人每信之，而啖之多者，是皆泥乎習俗之說也！

清・浦士貞《夕庵讀本草快編》卷六　狗《本經》。附：狗寶。　狗，叩也，吠聲有節，如叩物也。韓非云：蠅營狗苟。言其為物苟且爾。　犬，火畜也，其味鹹酸氣溫，取黃牡者佳，為其入足陽明太陰也。夫脾胃屬土，為五藏之主，喜暖而畏寒，犬既溫補中宮，則五藏安而身自輕，氣自益，絕傷自補矣。日華謂其壯陽道，暖腰膝。孟詵謂其祛勞傷，實下焦，亦皆重其溫暖脾胃之功，則氣血生長，腰膝受蔭，陽道壯健而下焦暖也。養老戊戌酒、《秘緼》戊戌丸，古所驗焉。獨丹溪指陰虛立論，矯枉過哉！其陰莖乃純陽所鍾，與馬陰所主相同，專走命門補真火，故能令陽道豐隆，精暖盈溢，使人生子也。女子帶下十二疾者，亦衝任虛寒所致，鹹溫補下，并俱療爾。更如白狗血，可以治癲疾而辟邪魅。頭骨灰，善能主瘧痢而收崩中。若欲噎膈自開，須服屎中之米；若欲妻妾孝順，當以肝而塗灶。此雖相感之微，在醫亦所當知也。致於狗寶，乃生癩狗腹中，猶如人之癥痞。世人用以治噎，蓋取其苦能下泄，溫能通行耳。然須病主於痰、於寒者，方為對症，倘血液衰涸，脾胃不振之疾，又不宜戒。

清・劉漢基《藥性通考》卷六　犬肉　味酸、鹹，氣溫。辛能暖脾益胃，脾胃暖則腰腎受蔭矣。補虛寒，助陽事。黃者補脾，黑者補腎。畏杏仁，忌蒜。犬油能塗湯火瘡，甚效。

清・葉盛《古今治驗食物單方》　狗　心痛，狗屎炒研，酒服二錢，神效。　月水不調，乍多乍少，狗屎燒灰，酒下一錢。　狗骨燒灰，香油調敷凍瘡，神效。

清・黃元御《玉楸藥解》卷五　白狗膽　味苦，性寒。入足少陰膽、足厥陰肝經。明目退赤，破瘀消積。白狗膽苦寒，清肝膽風熱，治眼痛、鼻齆、鼻衄、耳聤，殺蟲化積，止痛破血。凡刀箭損傷，及腹脇瘀血瘀痛，熱酒服半枚，瘀血盡下。兼敷一切惡瘡。白狗乳點久年青盲，於目未開時點，目開而瘥。塗赤禿髮落，拔白生黑。白狗血治癲疾，黑狗血治難產橫生，鬼魅侵淩。狗寶溫胃降逆，止噎納穀，療癰疽疔毒。狗陰莖壯陽起痿，除女子帶下陰癢。

清・吳儀洛《本草從新》卷六　狗〔補虛寒。〕　酸而鹹溫。暖脾益胃，脾胃暖則腰腎受蔭矣。補虛寒，助陽事。兩腎陰莖尤勝。狗寶，結成狗腹中者。專攻翻胃，善理疔疽。屎中粟米，起痘治噎。屎中骨，治寒熱小兒驚癇。氣壯多火，陽事易舉者忌之。妊婦食之，令子無聲。熱病後食之殺人。道家以犬為地厭，忌食。黃犬益脾，黑犬補腎，他色者不宜用也。反商陸。畏杏仁。惡蒜。

清・汪紱《醫林纂要探源》卷三　犬　甘，酸，鹹，溫。北犬高大而瘦，有懸蹄，垂耳長尾。南犬矮小而肥，無懸蹄，豎耳茸尾。南海外則有小如兔，茸毛如獅子，曰哈叭狗。西北大者，有茸毛大尾如獅，又謂之尨。其毛色不一，而犬狗互名，猶豬、豕、豨、彘並呼耳。或云大曰犬，小曰狗。或云有懸蹄曰犬，無懸蹄曰狗。古人皆未嘗如此分也。　補肺氣，固腎氣，壯營衛，強腰膝，嚴外衛內，搜邪察姦。金畜也。《易》艮為犬，取其止也。時日家以戌屬犬，戌火庫，亦金辰也。《周禮》犬人屬秋官司寇，是以為金畜矣。其守昏，亦金水之時。昔人未嘗言補，然食之則氣頓強，且酸能斂氣，是補肺矣。肺主氣，腎納氣，皆秋冬斂藏之令，所以安息陽氣而固存之。其能固斂陽氣，亦猶能守夜以固門戶也。肺得所斂，則腎得所納，是以兼能補腎，故充實衛氣，掃寒濕，活血脈，強腰膝。自道家擯為地厭，其功用不復詳矣。夫古人宗廟之禮犬曰羹獻，鄉飲酒禮烹狗於東方。《月令》天子秋月食麻與犬，何世俗不知考，則惟崇異端而深戒也。但難烹爛，恐不化傷脾，且多食之亦傷脾。或云益脾胃，則不儘然，非不益，其功不在此。忌同蒜食，飽後忌茶，令人黃腫發渴，不可不知。《內則》云狗去腎，以苟淫也。今有用犬陰莖為補助陽事者，是何去取之大相反也。　血：鹹，溫。辟鬼氣，敗邪術。犬於卦為艮者，陽極於上而止，因能止群陰也。先天位西北，秋冬之交，暮夜之時，斂藏之會也。後天位東北，則成終又以成始之用也。其象下垂，似肺，一陽為主，百脈所朝，群陰所止，又肺主皮毛，所以固衛一身之血氣，在面則象鼻，鼻為肺竅，司息之出入者。艮爲土為石，亦為金，人知艮屬土，不知艮屬金耳。犬鼻最靈，齅氣而知禽獸之蹤，其以陽而止陰，昏夜能察鬼魅之形，是以邪僻皆畏之。蓋不止其血為然，而血腥所觸，幽接神明，尤能無所不感。人每以豬狗血並言，而謂其帶厭，抑知其非厭，且非豬血所可並言

者。心：甘，酸，鹹，溫。安神守舍，令人心靈。犬心有土氣，土，金之母也，臥土上，百步外氣息微動輒知之，夜雖睡，神自清，守黄庭能不昧故也。治昏睡不醒人事，又心血合酒飲，治腸癰。肝：甘，苦，鹹，溫。古人合腸間脂炙之曰肝膋，列為八珍之一。脬：甘，鹹，溫。膀胱也。止小兒遺溺，治疝。骨：燒灰，治骨鯁，消肉積。

清・嚴潔等《得配本草》卷九 狗 畏杏仁。反商陸。忌大蒜。鹹、酸，性熱。入右腎命門。壯元陽，補胃氣，除膝冷，暖五臟。黄者補脾，黑者補腎。白狗一隻，餓數日，飼以米粟，其糞洗淨，取粟米曬乾為末，每二兩加抱出雞子殼炒一錢，滚湯下二錢，治隔食。陰虚、懷孕、食之生子無聲。內熱者，禁食。丹溪先生曰：人之癆怯，多是陰虚。若陽果虚乏，而成癆瘵者，其死甚速。抑且辛熱之品，投之元氣愈散，反使焦燥，狗肉烏足以救其萬一也。且陰虚者食之，則陰火益亢，病更難療，藥更無益，世之人何竟不察其原，而妄食之。

題清・徐大椿《藥性切用》卷八 狗 大者名犬。均酸鹹性溫，助陽暖胃，益腎壯脾。多火者忌。狗寶，耑攻反胃，善理疔疽。屎中粟米，起痘開噎。屎中剩骨，治寒熱驚癇。黄犬益脾，黑犬補腎，他色不宜。妊婦食之，令子無聲。且凡犬多義，理宜戒食。

清・黄宫綉《本草求真》卷二 犬肉補脾陰，溫腎陰。犬肉耑入脾胃腎。味鹹性溫，屬土有火，故歹人履地，雖臥必醒。其肉食之，能令脾胃溫暖，且脾胃溫則五臟皆安，故又能補絕傷，壯陽道，暖腰膝，益氣力，補血脉，厚腸胃，實下焦，填骨髓也。色黄者則於脾益補，色黑者則於腎更妙，兩腎能助陽事。但肉炙食益熱，令人消渴。妊婦食之，令子無聲。熱病後及中滿症服，更能殺人。畏杏仁。

清・李文培《食物小錄》卷下 犬 鹹、酸，溫，無毒。補胃氣，壯陽道，暖腰膝，益氣力。然此物雖有補益，但有功于人而最有義，終不可食也。《衛生》曰：鴈行有序犬有義，鱧朝北斗知臣禮，人無禮義反食之，天地鬼神皆不喜。道家指為地厭。又云：牢字從牛，獄字從犬，不食二物，牢獄永免。夫牛上應星宿，下益地利，犬能夜守，二物大有功用于人，而人反忍心殺害以充口腹，且二物皆有大毒，予每見食牛犬之肉而中毒者，或生癰疽，或發皆對口，甚至生疔殞命，藥而不救，何自罹于口腹之害？若此可憫哉，可惜哉，胡不勉而戒之。

清・羅國綱《羅氏會約醫鏡》卷一八禽獸部 犬肉味鹹，入脾腎二經。反商陸，畏杏仁，惡蒜。酸而鹹，溫暖脾胃，而腰腎亦受其蔭矣。補虚寒，長陽氣。內外兩腎尤勝。陽旺者勿食。姙婦食之，令子無聲。熱病後食之，殺人。道家以為地厭，不食。狗寶，結成胸腹中者。專治翻胃，善理疔疽。噎由痰及虚寒者相宜，若血枯胃弱者切忌。

清・章穆《調疾飲食辯》卷五 犬 牛雖能耕種，而無戀主之忱。犬則盡忠所事，不以盛衰改節，不以貧富易心。且也赴湯蹈火，以殉主難，彰彰奇蹟，載籍頻書。食其食者死其事，人且愧焉，牛敢比乎。即或平居無事，而儆夜司閽，皆出於絕無所為。又或山居野處，微獨宵小潛踪，即狐魅亦因之斂跡。折衝禦侮，為勞極不小矣。帷蓋之恩，宜與馬同其厚也。《禮》曰敝蓋不棄，為埋狗也。畜而有功於人，即自死，猶不忍食之。若乃刀鋸屠焉，鼎鑊烹焉，罪豈應得。而《本草》盛言其有功於病，恐亦饞心涎口之談。至術家取犬血以厭精魅，更屬不然。夫精魅之敢干與否，視乎其人，何關犬血。而名號頗多，見傳記者皆足以資考訂也。《本經》曰狗。《星禽圖》亦曰婁金狗齊。俗呼地羊。《爾雅》曰：犬生一子曰玂，亦曰獴。二子曰師，三子曰猣，絕有力曰狣，未成毫曰狗。《説文》曰：多毛曰狡，亦曰庬。《詩・召南》：無使庬也吠。猛能逐虎，曰豣。《虎薈》載：遼興宗出獵，遇三虎，縱犬獲之。吠不止曰獫。長喙曰獫，短喙曰猲。《詩・秦風》：載獫猲驕。去勢曰猗。高四尺曰獒，《書》：西旅底貢厥獒，太保乃作旅獒。小而善獵為盧，《説文》作獹。《詩疏》曰田犬。上黨者為最，故曰韓盧。《詩・齊風》盧令令、盧重鋂、盧重環。《廣雅》曰：殷曰虞，晉曰獒。提彌明之衛趙盾，晉人曰：君之獒不若臣之獒。楚茹黄，韓盧，宋猈，亦作鵲。其食不避穢，臥不擇地，為物苟且，故《韓非子》曰：蠅營狗苟。人以聲使之其鳴曰吠，噬曰咋。張牙而吠，作欲噬狀，曰狺。《説文》作犴。人以聲使之搏噬，曰嗾。狂犬曰猘，亦曰瘈。《左傳》：衛子木曰：國狗之瘈，無不噬也。又宋人逐瘈犬，入於華臣之室，國人從之，華臣疑其攻己，遂奔陳。《後漢書》曰：帝高辛氏有狗名槃瓠，文五色。時犬戎兵強，募能得犬戎吳將軍首者，妻以少女。槃瓠得之，於是少女從槃瓠，生男女十二人，後子孫繁盛。《內則》曰：狗赤股而躁，臊。

凡熱病後即傷寒，食犬肉死。犬有病者，瘦骨立者，赤眼者，猘者，自死

者，並毒人至死。犬老而瘦，腹中生痞，名狗寶。《本草》云能治隔噎，然試之不驗。《拾遺》曰：十年青盲，取白犬生子目未開時乳頻點，狗子目開即愈。然點一切肝虚目疾，則屢用有效也。溺及膽汁點洗熱眼，亦勝於諸溺、諸膽。屎可敷疔瘡惡腫。出《聖惠方》。頭骨，和猫頭骨煅研，能治瘡瘍久不收口。身上蠅五七枚，擂酒服，或和保元湯，能托痘瘡不起，冬月在狗耳中。並出《易簡方》。《大唐雜錄》謂：春州人以狗腸為琵琶絃，聲甚淒楚，未知果否。

清・楊時泰《本草述鉤元》卷三一　狗

卷尾有懸蹄者。《本草》所用惟食犬，非獵犬及守家吠犬也。

肉：黄犬為上，黑白次之。味鹹、酸，氣溫。同蒜食損人。補胃氣，壯陽道，暖腰膝，益氣力。陰虚病，多不宜食。虚寒瘧疾，黄狗肉煮臛，入五味食之。

狗膽：黄犬、白犬者良。氣味苦平，有小毒。療鼻齆及瘜肉，納耳中治聤耳，能破血除積，凡血氣痛及損傷者，熱酒服半個，瘀血盡下。治反胃殺蟲。《魏志》：一女子左膝瘡癢，華陀視之，用繩繫犬後足，斷腹取膽向瘡口，須臾有蟲若蛇着瘡上出，長三尺，病癒。附方：反胃吐食，不拘男女老少，遠年近日，用五靈脂末，黄狗膽汁和丸龍眼大，每服一丸，好酒半盞磨化服，三服效。痞塊疳積，五靈脂炒煙盡，真阿魏去砂研，等分，用黄雄狗膽汁和丸黍米大，空心津咽三十丸。忌羊肉、醋、麪。

狗陰莖：氣味鹹平。主治傷中，陰痿不起，令強熱大生子。其性專補命門相火。除女子帶下十二疾。鹹溫入下焦，補暖衝任二脈虚寒故。同菟絲、覆盆、車前子、魚膠、巴戟、蓯蓉、鹿角、鹿茸、沙苑子、山萸，能益陽暖精，使人有子。陽強易舉者，忌。內熱多火，弗服仲淳。修事：六月上伏日取，陰乾百日。

論：狗為陽畜，在《內經》屬木，在《易》卦屬艮，木與土將誰為主乎。夫土繼水之後，所以止水也，木即繼土之後，所以妙水木相生之化而達陽也。艮卦兼之，造化元機，以進氣為先，犬之應於木者此也。應於木，故犬得三數以生，孕三月生。《本草》謂其肉補陽，誠非臆說。或曰：狗肝如泥土，臭味亦然，安能舍土而但言木乎？曰：是蓋土為木用，猶運氣司天，其年何氣為主，而有從之以化者。即所云犬無胃，非無形質也，其胃氣少耳。胃氣者土，非又土從乎木之一證乎，微獨肝為然。即以膽言之，五畜膽俱無化血散結之主治，惟狗膽有此，因肝及膽以致土為木用之氣化，乃能化血能殺蟲，方書用治反胃，固不止於化滯血也。總之，是物屬木之陽，有中五之土成之，如膽得陽木之氣以化陰土之血，所以異於諸畜之膽耳。

繆氏云：犬肉助陽，陽勝則發熱動火，生痰發渴。凡陰虚內熱，多痰多火者，忌之。天行病後，尤為大忌。

清・趙其光《本草求原》卷二〇獸部　狗

按艮為狗，肖於戌，屬土，能制水。而《內經》以為木畜，謂其酸溫，達肝陽以化陰土也。故能壯陽，暖腰膝，填髓，實下焦。狗黑者暖腎，黄者暖脾胃，以其性溫屬土也。然味酸鹹，亦補腰腎，壯元氣。煮爛，和糯米飯，入麯釀酒。氣虚勞熱，入骨皮、前胡、北芪、蓯蓉、酒、醋煮至爛，去藥及骨，加當歸、蓮肉、陳皮、蒼术、厚朴、炙草末為丸，鹽酒下。寒瘧、水鼓、氣脹、敗瘡稀水不斂、痔瘻，有蟲者和藍葉。俱宜食，食後發渴，粥飲解之。食犬不消，發熱腹脹，心下堅或泄，杏仁茶可解。

血：鹹，溫。白狗血，治癲癇。溫熱發狂，從背破，取熱飲。鬼擊吐衄血，疔腫。塗之。黑狗血，治難產，血上沖心，酒下。虚勞吐血，解藥毒、俱生熱飲。痘瘡入目，點之。辟邪魅怪病。一女生瘡，癢而不痛，愈而復發，繫犬於馬，馬走五十里，斷犬頭合癢處，一蛇在皮中動，鉤取之，長三尺。腥能引蟲。心血，治心痹痛。和川椒末服。乳：初生子者。治十年青盲。頻點，狗子開目即愈。腦：治頭風、鼻瘜、陰䘌、狂犬傷。即本犬腦塗。涎：用鹽擦鼻即出。治諸骨鯁、脱肛，抹之。誤吞水蛭。以餅點食。腎：平，微毒。治產後身冷如瘧。身熱用豬腰。膽：小毒，屬木土，達肝陽化陰土。而苦平，上行肺心，以活血散結，諸畜膽所不能。治衄血，傷損，血氣痛，酒下半個，瘀即下。刀箭瘡，惡瘡，鼻齆鼻瘜，塗之。聤耳出膿，同枯礬綿包塞之。目赤澀癢，目中出水，肝虚目暗，上伏日采，酒服，又入螢火陰乾點，或生點。反胃，和五靈脂為丸龍眼大，酒下，三次即效。痞塊，疳積，同炒枯五靈脂、阿魏等分，為丸黍米大，津咽三十丸。赤白痢，入黑豆陰乾，加麝，赤以甘草湯、白以乾薑湯下。去腸中膿水。和通草、桂為丸。服之令人隱形，搨蟲、蛇癰瘑怪瘡，功同狗血。殺蟲。青白犬良。鮭魚插樹立枯，狗膽塗之即生。

陰莖：六月上伏日采，陰乾。鹹，平，無毒。走下焦，補命火、暖精興陽，同菟絲、沙苑、盆子、魚膠、山萸、鹿茸、巴戟、蓯蓉。補衝任，多火忌之。治帶下，衝任虚寒所致。婦人陰瘻。頸尾毛灰：頸毛灰，治邪瘧。湯下。尾毛灰，敷犬傷、湯火傷。和烊膠塗。齒：平，微毒。治癲癇寒熱，磨汁服。燒灰治痘

陷。向人牙灰湯下。　頭骨灰：　止金瘡血，治跌撲損傷。同血竭、蚺蛇膽、䗪蟲、天靈蓋、自然銅、乳、沒。　臨杖服，護心止痛；　杖後服，最生肌長肉。　治久痢，湯下。　解顱，雞子白調塗。　赤白帶，夢泄，產後血奔四肢，俱酒下。　接骨，熱醋調塗。　止瘧、止崩、斂瘡生肌、同桑白、當歸為末，油搽。　化鼻瘜為水，同苦丁香吹之。　消諸瘻。酒下。　骨灰：　生肌，治諸瘻，妒乳，休息痢。　屎：　熱，毒。　燒灰，治心痛欲死，酒下。　發痘陷，治魚、肉癥積。酒浸飲。　解諸毒，敷諸瘡、疔腫、瘻瘡。並酒浸飲。　黃白犬屎中粟：　乾餓數日，以生粟飼，俟其瀉下，淘取之。　治噎膈，煮粥入薤白泡熟，去薤白，入沉香末食。　痘倒陷，為末入麝，新汲水服。　解毒之功也。黑犬亦可。　肝：　治心風發狂，批開，以黃丹、朴硝擦之；　縛定，水煮飲食。　腳氣攻心，生切，以薑醋進取泄。先泄勿用。　塗狂犬咬。同心腎搗。

清・葉志詵《神農本草經贊》卷二　牡狗陰莖　味鹹，平。　主傷中陰痿不起，令強熱大生子，除女子帶下十二疾。　一名狗精。　膽，主明目。

敝蓋何須，東方烹狗。　陰固剛中，陽生啟後。　譬馬春通，如牛風誘。　照膽調漿，秋毫析剖。

《禮》：　敝蓋不棄，為埋狗也。　又：　烹狗於東方，祖陽氣之發於東方也。　張華詩：　固陰寒節升。《易》：　以剛中也。《春秋考異郵》：　狗三月而生，陽生於三。《晉書・志》：　永啟厥後。《周禮注》：　中春通淫，合馬之牝牡也。《左傳疏》：　風馬牛者，牝牡相誘謂之風。　庾信賦：　照膽照心。《聖濟總錄》：　上伏日采狗膽，酒服之，治目中膿水。《孟子》：　明足以察秋毫之末。

清・文晟《新編六書》卷六《藥性摘錄》　犬肉　鹹，溫，有火。　溫腎陰，補脾陰，壯陽道，暖腰膝，益氣力，補血脈，厚腸胃，實下焦，填骨髓。　色黃者益脾，色黑者益腎，並助陽事。　但肉炙食益熱，令人消渴。　姙娠勿食犬肉。熱病後及中滿症，服之殺人。　〇畏杏仁。

狗肉　酸鹹，溫。　安五臟，益氣血，壯陽道，厚腸胃。　陰虛人及孕婦勿食。〇狂犬及自死者不可食。〇陰莖，治陰痿不起，女子帶病。　臘月陰乾，磨酒服。〇食狗肉傷者，杏仁帶皮三兩，研細，熱酒三盞，拌勻，三次服，即消。　餘詳藥部溫腎。

清・王孟英《隨息居飲食譜・毛羽類》　狗肉廣南名曰地羊。　《本草》云：　味、酸，溫。　中其毒者，杏仁解之。　孕婦食之，令子無聲。　時病後食之必死。　道家謂之地厭。

清・劉善述、劉士季《草木便方》卷二人禽獸部　犬　狗頭骨甘止刃血，久痢崩帶瘡瘍滅。　白屎煅末塗疔癩，解毒除癥湯火捷。　地厭。

清・田綿淮《本草省常・禽獸類》　狗　一名犬，一名守戶使者。　性熱。補虛壯陽。　九月食之傷人神，多食生邪熱、助腎火。　同蒜及無鱗魚食殺人，同一切蟲魚食生惡症，同一切禽獸食生瘡癤，同菱角食生癲，同生蔥食生寸白蟲，甚則七竅流血。　熱病後忌之，陽事易舉者忌之，孕婦忌之，服商陸者尤忌。

清・戴葆元《本草綱目易知錄》卷六　狗　肉，鹹、酸，溫。　屬艮木，應婁宿，性溫暖，能培脾胃虛寒，輕身益氣，宜腎，安五臟，補絕傷，暖腰膝，壯陽道，益氣力，厚腸胃，補血脉，填精髓，實下焦，補五勞七傷，和五味煮，空心食。　凡食犬，勿去血，則力減不益人。　反商陸，畏杏仁。　若體壯多火，病後形衰，俱宜忌戒。　產婦食令子無聲，同蒜食損人。【略】　膽：　苦，平，有小毒。明目殺蟲，除積，止消渴，敷痂瘍惡瘡，除鼻齆，瘜肉，鼻衄，聤耳。　又能破血，凡血氣痛及損傷者，熱酒服半箇，瘀血盡下。　塗刀箭瘡，去腸中膿水，痞塊疳積。【略】　毛：　【略】湯火傷瘡，狗毛細剪，以烊膠和毛敷之，痂落即瘥。〇葆驗：　截瘧法，烏狗尾毛，剪小團，桃樹枝七個，約寸許，大蒜五瓣，豆豉、胡椒各七粒，共搗泥，分作兩敷，發日五更時，一敷脉門上，男左女右，一敷臍下一寸，俱用巾裹，次日，棄三叉路口，勿回顧。此法無論老弱男婦俱效。

清・陳其瑞《本草撮要》卷八　狗　味鹹酸，溫，入手太陰、足少陰經。功專暖脾益胃，補虛寒，助陽事。　狗寶結成狗腹中者，專攻翻胃，善理疔疽。氣壯多火，陽事易舉，熱病之後及孕婦均忌。　反商陸，畏杏仁，惡蒜。

清・吳汝紀《每日食物却病考》卷下　狗　味鹹、酸，溫。　安五臟，補胃氣，壯陽道，實下焦，暖腰膝。　其類甚多，其用有三：　田犬，長喙善獵；　吠犬，短喙善守；　食犬，體肥止可供饍。　弘景曰：　白狗、烏狗入藥，黃狗補虛勞，牡者勝，餘色次之。　瘦犬及有病者、發狂者、自死者、目赤者，俱不可食，傷人。　陰虛發熱人與妊婦勿食。　人嘗有食犬而致病者，南人為甚。　大抵人之虛多在陰虛，犬肉補陽，世俗不察，用而不知其害，審之。

彭侯

明・李時珍《本草綱目》卷五一獸部・寓類怪類　彭侯《綱目》

【集解】時珍曰：按《白澤圖》云：木之精名曰彭侯，狀如黑狗，無尾，可烹食。千歲之木有精曰賈朏，狀如豚，食之味如狗。《搜神記》云：吳時敬叔伐大樟樹血出，中有物，人面狗身。敬叔云：此名彭侯。乃烹而食之，味如狗也。

肉【氣味】甘、酸，温，無毒。【主治】食之辟邪，令人志壯《白澤圖》。

清·王道純《本草品彙精要續集》卷五　彭侯無毒。

彭侯《本草綱目》：肉主食之辟邪，令人志壯出《白澤圖》。【用】肉可烹食。【質】狀如狗，無尾。【色】黑。【味】甘，酸。【性】溫。《白澤圖》云：木之精名曰彭侯，狀如黑狗，無尾，可烹食。千歲之木有精，曰賈朏，狀如豚，食之味如狗。《搜神記》云：吳時敬叔伐大樟樹血出，中有物人面狗身。敬叔云：此名彭侯。乃烹而食之，味如狗也。

狗寶

明·李時珍《本草綱目》卷五〇獸部·畜類　狗寶《綱目》

【集解】時珍曰：狗寶生癩狗腹中，狀如白石，帶青色，其理層疊，亦難得之物也。按賈似道《悅生隨抄》云：任丘縣民家一犬甚惡，後病衰，爲衆犬所噬而死。剖之，其心已化，似石非石，其重如石，而包膜絡之如寒灰，觀其脈理猶是心，不知何緣致此？嘗聞人患石淋，有石塊刀斧不能破。又嘗見龍脛骨中髓皆是白石，虎目光落地亦成白石，星之光氣也落則成石，松亦化石，蛇、蟹、蠶皆能成石。萬物變化如此，不可一概斷也。時珍嘗静思之，牛之黄，狗之寶，馬之墨，鹿之玉，犀之通天，獸之鮓答，皆物之病，而人以爲寶。人靈於物，而猶不免此病，況物乎？人之病淋有沙石者，非獸之鮓答乎？人之病癖，有心似金石者，非狗之寶乎？此皆囿於物而不能化者，故禽鳥有生卵如石者焉。按《程氏遺書》載：有波斯人發閩中古冢，棺内俱盡，惟心堅如石。鋸開觀之，有山水青碧如畫，傍有一女，靚粧凴欄。蓋此女有愛山癖，朝夕注意，故融結如此。又宋《潛溪文集》載：臨川浮屠法循，行般舟三昧法，示寂後火焚，惟心不化，出五色光，有佛像高三寸，非骨非石，百體具足。又徽水有優婆塞，行禪觀之法，及死火葬，心内包觀音像如刻成。此皆志局於物，用志不分，精靈氣液，因感而凝形，正如孕女感異像而成鬼胎之類，非祥也，病也，有情之無情也。

【氣味】甘、鹹，平，有小毒。【主治】噎食及癰疽瘡瘍時珍。

【附方】新四。　噎食病：數月不愈者。用狗寶爲末，每服一分，以威靈仙二兩，鹽二錢，搗如泥，將水一鍾攪勻，去滓調服，日二。不過三日愈，後服補劑。《杏林摘要》。

狗寶丸：治癰疽發背諸毒，初覺壯熱煩渴者。用癩狗寶一兩，臘月黑狗膽、臘月鯉魚膽各一枚，蟾酥二錢，蜈蚣炙七條，硇砂、乳香、没藥、輕粉、雄黄、烏金石各一錢，粉霜三錢，麝香一分，同爲末。用首生男兒乳一合，黄蠟三錢，熬膏和丸綠豆大。每服一丸或三丸，以白丁香七枚研，調新汲水送下。暖卧，汗出爲度。不過三服立效，後食白粥補之。《濟生方》。　赤疔瘡：狗寶丸：用狗寶八分，蟾酥二錢，龍腦二錢，麝香一錢，爲末，好酒和丸麻子大。每服三丸，以生葱三寸同嚼細，用熱葱酒送下，暖卧，汗出爲度。後服流氣追毒藥，貼拔毒膏，取愈。《通玄論》。　反胃膈氣：丁丹崖祖傳狗寶丸：用硫黄、水銀各一錢，同炒成金色，入狗寶三錢，爲末。以鷄卵一枚，去白留黄，和藥攪勻，紙封泥固，煻火煨半日，取出研細。每服五分，燒酒調服，不過三服見效。楊氏《頤真堂方》。

明·謝肇淛《五雜俎》卷九　又有一種狗，不飲不食，常望月而嘷者，非瘈，乃肚中有狗寶也。寶如石，大者如鵝卵，小如雞子，專治噎食之疾。余在東郡，獲其一，每以施醫者，然不甚效也。

明·繆希雍《本草經疏》卷三〇　狗寶　狗寶，如牛之有黄也。第狗性熱，其寶定是苦溫之物。世人用治噎證，以其苦能下泄，溫能通行耳。又能主癰疽疔腫，同蟾酥、腦、麝、雄黄、乳香、沒藥等用。

【簡誤】狗寶性熱，善消噎病。由於痰及虛寒而得者，猶可暫用取效。若因血液衰少以致噎膈者，法所當忌。世醫不諳藥理，不察病本，一概妄投，致病增劇。戒之！戒之！又，凡有脾胃虛弱，羸瘦不振之病，尤不宜用。

清·穆石匏《本草洞詮》卷一五　狗寶　狗寶生癩狗腹中，狀如白石，帶青色，其理層疊。亦難得之物也。從來星隕成石，松亦化石，龍脛骨中髓皆是白石，虎目光落地亦成白石，蛇蟹蠶皆能化石，狗腹中亦成石，同一類也。牛之黄，狗之寶，馬之墨，鹿之玉，犀之通天，獸之鮓答，皆物之病，而人以為寶。人靈於物，而猶有病淋如沙石者，病癖如金石者，況於物乎？昔有發古塚者，見棺内俱盡，惟心堅如石，鋸開觀之，山水青碧如畫，傍有一女靚粧憑欄。蓋此女有愛山水癖，朝夕注意，故融結如此。凡人用志，不分精靈，氣液因感而凝，如孕女感異像而成鬼胎之類，同一理也。狗寶，甘鹹，平，有小毒。治噎食及癰疽瘡。此物之病而又能治病，從其類而化也。鮓答生走獸及牛馬諸畜肝膽之間，有肉囊裹之，多至升許，大者如雞子，小者如栗如榛，其狀白色，似石非石，似骨非骨，打破層疊。嘉靖庚子年，蘄州屠殺一黄牛得此物，無識者。有番僧云：此至寶也。牛馬豬畜皆有之，可以祈雨。西域有密咒，則霖雨立至。不知咒者，以水浸搬弄，亦能致雨。鮓答亦牛黄、狗寶之類也。而蒙古人以之禱雨，精靈之極，通乎神矣，而況治病乎？

清·张璐《本經逢原》卷四　狗寶　甘、苦，溫，小毒。狀如白石，微帶青

色，擊碎其理如蟲白蠟者真。　發明：　狗寶專治噎膈反胃之病，取苦能下降，溫能開結也。予嘗推廣其用。凡癰疽潰瘍不收，癲狂冷痰積結，無不可用。惟鬱結傷脾，氣血枯槁者，誤投則有負薪救火之厄。

清・嚴潔等《得配本草》卷九　狗寶　甘、鹹，平，有小毒。治反胃噎食，療癰疽瘡瘍。　得龍腦、蟾酥、麝香，酒丸，用葱酒嚼下，治赤疔。　治反胃噎食，以其耑降冷痰積結。　氣血枯槁者服之，何殊負薪救火。　生癩狗腹中，狀如白石，帶青色，其理層疊，亦難得之物也。

清・趙其光《本草求原》卷二〇獸部　狗寶　苦，能下降；　溫，能開結。故治噎膈反胃、為末，以靈仙湯加鹽調下。癰疽痔瘍不收、冷痰積結癲癇。　鬱熱傷脾，血氣枯槁者忌。

驢

唐・孫思邈《千金要方》卷二六《食治・鳥獸》　驢肉　味酸，平，無毒。主風狂，愁憂不樂，能安心氣。病死者不任用。其頭燒却毛，煮取汁，以浸麴釀酒，甚治大風動搖不休者。皮膠亦治大風。

驢乳　味酸，寒。一云大寒，無毒。主大熱、黄疸，止渴。

宋・唐慎微《證類本草》卷一八獸部下品〔唐・蘇敬《唐本草》〕　驢屎　熬之，主熨風腫瘻瘡。

屎汁：　主心腹卒痛，諸疰忤。

尿：　主癥癖，胃反吐不止，牙齒痛，水毒。

牝驢尿：　主燥水。

駮驢尿：　主濕水，一服五合良。燥水者畫體成字，濕水者不成字。

乳：　主小兒熱，急黄等。多服使痢。〔宋・掌禹錫《嘉祐本草》〕按：《蜀本》云：　味甘，性冷利。療消渴。驢色類多，以烏者爲勝。蕭炳云：　驢乳主熱黄，小兒熱，驚邪，赤痢。日華子云：　乳治小兒癇，客忤，天弔，風疾。

尾下軸垢：　主瘧。水洗取汁，和麫如彈丸二枚，作燒餅。瘧未發前食一枚，至發時食一枚，療瘧無久新，發無期者。

〔宋・馬志《開寶本草》〕按：　陳藏器《本草》云：　驢黑者溺及乳，并主蜘蛛咬。以物盛浸之。瘡亦取驢溺處臭泥，傅之亦佳。蚰蜒入耳，取驢乳灌耳中，當消成水。《唐本》先附。

〔宋・掌禹錫《嘉祐本草》〕按：　孟詵云：　肉，主風狂，憂愁不樂，能安心氣。又，頭燖去毛，煮汁以漬麴醖酒，去大風。又，生脂和生椒熟擣，綿裹塞耳中，治積年耳聾。狂癲不能語、不識人者，和酒服三升良。皮，覆患瘧人良。又，和毛煎，令作膠，治一切風毒，骨節痛呻吟不止者，消和酒服良。又，骨煮作湯，浴漬身，治歷節風。又，煮頭汁，令服三二升，治多年消渴，無不差者。又，脂和烏梅爲丸，治多年瘧，未發時服三十丸。又，頭中一切風，以毛一斤炒令黄，投一斗酒中，漬三日。空心細細飲，使醉，衣覆卧取汗。明日更依前服。忌陳倉米、麥麪等。　日華子云：　驢肉，涼，無毒。解心煩，止風狂。釀酒，治一切風。脂，傅惡瘡疥及風腫。頭汁，洗頭風、風屑。皮，煎膠食，治一切風并鼻洪、吐血、腸風血痢及崩中帶下。

〔宋・唐慎微《證類本》〕《食療》云：　卒心痛，絞結連腰臍者，取驢乳三升，熱服之差。　《外臺秘要》：　治反胃。昔幼年經患此疾，每服食餅及羹粥等，須臾吐出。貞觀中，許奉御兄弟及柴、蔣等家時稱名醫奉勑令治，罄竭所患，竟不能療，漸羸憊，候絕朝夕。忽有一衛士云：　服驢小便極驗。日服二合，後食唯吐一半。晡時又服二合，人定時食粥吐，即便定。迄至今日午時奏知之，大内中五六人患反胃同服，一時俱差。此藥稍有毒，服時不可過多。盛取尿及熱服二合。病深，七日以來服之，良。後來療人并差。　又方：　斷酒。用驢駒衣燒灰，酒服之。　《千金方》：　治眼中瘜肉。驢脂、石鹽和勻，注兩眦頭，日夜三，一月差。　又方：　治身體手足腫，以脂和鹽傅之。　《經驗方》：　治飲酒過度，欲至穿腸。驢蹄硬處削下者，以水濃煮汁，冷飲之。襄州散將樂小蠻，得此方效。　又方：　蠍螫，以驢耳垢傅之差。崔給事傳。　《食醫心鏡》：　主中風頭眩，心肺浮熱，手足無力，筋骨煩疼，言語似澁，一身動搖。烏驢頭一枚，燖洗如法，蒸令極熟，細切，更於豉汁内煮，着五味調，點少酥食。又，主中風，手足不隨，骨節煩疼，心躁，口面喎斜。取烏驢皮一領，燖洗如法，蒸令極熟，切，於豉汁中煮，五味和再煮，空心食之。又，主風狂，憂愁不樂，能安心氣。驢肉一斤，切，於豉汁内煮，五味和，腌腊食之。作粥及煮并得。　《簡要濟衆》：　治小兒解顱不合。驢蹄不計多少，燒灰研，以生油和傅於頭骨縫上，以差爲度。　《廣利方》：　治心熱風癇。黑驢乳食上暖服三大合，日再服。　《傷寒類要》：　治黄，百藥不差。煮驢頭熟，以薑虀啖之，并隨多少飲汁。

宋・寇宗奭《本草衍義》卷一六　驢肉　食之動風，脂肥尤甚，屢試屢驗。日華子以謂止風狂，治一切風，未可憑也。煎膠用皮者，取其發散皮膚之外也，仍須烏者；　用烏之意，如用烏雞子、烏蛇、烏鴉之類。其物雖治風，然更取其水色，蓋以制其熱則生風之義。

宋・陳衍《寶慶本草折衷》卷一五　驢屎尿、肉、脂、皮、蹄附。　熬之主熨風腫瘻瘡。　附：　尿。○有毒。主癥癖，胃反吐不止，牙痛，水毒。不可多

服。　附：　肉身腿肉也。○涼，無毒。解心煩，動風。　附：　頭肉。○治消渴，煮汁服。　附：　脂。○傅惡瘡。尤動風。　附：　烏驢皮。《蜀本》用烏者。○煎膠在內。○患瘧人覆之良。又治風並鼻洪、吐血，腸風血痢，崩中帶下。並煎膠食。又治風毒骨節痛，以酒消膠和服。　附：　蹄灰。○治小兒解顱不合，生油和傅頭骨縫上，以差為度。○更有驢乳，已掇其要，移並馬乳後。

元・忽思慧《飲膳正要》卷三　驢　肉，味甘，寒，無毒。治風狂，憂愁不樂，安心氣，解心煩。　頭肉，治多年消渴，煮食之良。烏驢者，尤佳。　脂，和烏梅作丸，治久瘧。　野驢，性味同。比家驢鬃尾長，骨格大。食之能治風眩。

元・尚從善《本草元命苞》卷七　驢肉　性涼，無毒。安心氣憂愁不樂。乳汁，味甘，性冷。治熱黃，驚風天弔。煎膠，療吐血鼻洪。熬脂，傅惡瘡疥癬。頭，煮汁釀酒，能醫大風。蹄，燒灰和油，善合解顱。《簡要濟眾方》：治小兒解顱不合，用驢蹄不拘多少，燒灰，以生油和，傅於頭骨縫上，以差為度。　驢駒衣，燒灰酒服，可以斷酒。　熟驢頭，薑齏同餌，能除病黃。

元・吳瑞《日用本草》卷三　驢肉　味甘，涼，無毒。腹內物皆可食。同荸薺食之，患筋急。　主風狂，憂愁不樂，安心氣，解煩，治一切風。娠婦食之難產。　驢尿：　主癥癖，反胃。　驢糞：　主心腹卒痛，取新濕糞絞汁，頓服半斤。忌陳倉米。　驢頭：　煮汁服，治多年消渴。

明・滕弘《神農本經會通》卷八　驢屎　《纂要》云：　烏驢糞，燒灰為末，治口鼻出血，或血汗不止。《本經》云：　熬之，主熨風腫瘻瘡。屎汁，主心腹卒痛，諸疰忤。　驢尿：　《本經》云：　主癥癖，胃反吐不止，牙齒痛，水毒。牝驢尿，主燥水。駁驢尿，主濕水，一服五合，良。燥水者畫體成字，濕水者不成字。　驢肉：　《衍義》云：　食之動風，脂肥尤甚。日華子以謂止風狂，治一切風，未可憑也。日華子云：　氣涼，無毒。解心煩，止風狂。釀酒，治一切風。又脂，傅惡瘡疥及風腫。又頭汁，洗頭風，風屑。又皮，煎膠食，治一切風，并鼻洪，吐血，腸風血痢，及崩中帶下。

明・劉文泰《本草品彙精要》卷二五　驢屎附尿、乳、軸垢、肉、脂、頭、皮、毛。

驢屎：　熬之主熨風腫瘻瘡。○屎汁，主心腹卒痛，諸疰忤。○屎，主癥癖，胃反吐不止，牙齒痛，水毒。○牝驢尿，主燥水。○駁驢尿，主濕水，一服五合，良。燥水者，畫體成字；　濕水者，不成字。○乳，甘，冷，主小兒熱急黃等，多服使利。○尾下軸垢，主瘧，水洗取汁，和麵如彈丸二枚作燒餅，瘧未發前食一枚，至發時食一枚，療瘧無久新，發無期者。名醫所錄。　〔地〕《蜀本》注云：　驢色類多，以烏者爲勝，今河南、山陝，北地多有之。日華子云：　驢肉涼，無毒，解心煩，止風狂，釀酒，治一切風。《衍義》曰：　驢肉食之動風，脂肥尤甚，屢試屢驗。日華子乃以止風狂，治一切風，未可憑也。煎膠用黑驢皮，取其發散耳，仍須烏者。用烏之意如用烏雞子、烏蛇、烏鴉之類，其物雖治風，然更取其水色，蓋以制其熱則生風之義也。　〔用〕屎、乳、肉、脂、頭、皮、毛及軸垢。　〔色〕黑。　〔臭〕臭。　〔主〕去風毒，安心氣。

〔治〕療：　日華子云：　驢乳，治小兒癇，客忤，天吊，風疾。○驢肉，解心煩，止風狂。○脂，傅惡瘡疥及風腫。○驢頭，煮汁，洗頭風，風屑。○皮煎膠食，治一切風並鼻洪，吐血，腸風血痢及崩中帶下。陳藏器云：　黑驢溺及乳並治蜘蛛咬，以物盛浸之，瘡亦取驢溺處臭泥傅之。○驢乳，治蚰蜒入耳，灌耳中，即消成水。孟詵曰：　驢骨，煮作湯，浴漬身，治歷節風。○煮頭汁令服二三升，治多年消渴，瘥。○皮，覆患瘧人，良。《食療》云：　驢乳三升，熱服之，治卒心痛，連腰臍痛。《別錄》云：　驢溺熱服二合，日三，治反胃吐食，稍有毒，服時不可過多。○驢蹄硬處削下者，治飲酒過度欲至穿腸，以水濃煮汁冷飲之，瘥。○驢耳中垢，傅蠍螫。○黑驢乳，食後暖服三大合，治心熱風癇。

〔合治〕驢頭撏去毛，煮汁以漬麴醞酒食之，去大風。○生脂和生椒熟搗，綿裹塞耳中，治積年耳聾。○皮和毛煎令作膠，合酒服，治一切風毒，骨節痛呻吟不止者。○脂和烏梅爲丸，如桐子大，治多年瘧，未發時服三十丸。○以毛一斤炒令黃，投一斗酒中，浸三日，空心細細飲使醉，衣覆臥取汗，明日更依前服，治頭中一切風，忌陳倉米、麥麵。○驢肉釀酒服之，治一切風。○驢駒衣燒灰合酒服之，能斷酒。○驢脂合石鹽和勻，注兩眥，治眼中瘀肉。○脂和鹽，傅身體手足腫。○烏驢頭一枚，撏洗如法，蒸熟細切，於豉汁內煮，著五味調，點少酥食之，治中風頭眩，心肺浮熱，手足無力，筋骨煩疼，言語似澀，一身動搖。○烏驢皮一張撏洗如法，蒸熟，切，於豉汁中煮，和五味再煮，空心食之，治中風，手足不隨，骨節煩疼，心躁，口面喎邪。○驢肉一斤，切，於豉汁內煮五味食之，治風狂，憂愁不樂，能安心氣。○驢蹄不計多少，燒灰研，以生油和傅於頭骨縫上，治小兒解顱不合。○驢頭煮熟，合

薑齏啖之，治黄疸病。　［禁］驢肉不宜多食，多食動風，脂肥尤甚。及患眼疾者不宜食肉，食之喪明。

明・盧和、汪穎《食物本草》卷三獸類　驢　肉，涼，無毒。主風狂，憂愁不樂，能安心氣。烏驢佳。一云：食之動風，脂尤甚，屢試驗。諸家云治風，恐未可憑。其用烏驢者，蓋因水色，以制熱則生風之意。凡腹内物，食之皆令筋急。尿、屎皆入藥。

明・鄭寧《藥性要略大全》卷一〇　驢皮膠　治風，衄血、吐血、腸風血痢，和崩漏帶下。　驢肉：涼，無毒。解心煩，止風狂。　驢血内筋：專治諸般心脾疼痛。水煎食之。　驢脂：傅惡瘡疥風腫。　驢頭汁：洗頭，去風屑。〇牝驢尿：主燥水。　駁驢尿：主濕水，一服五合。〇燥水者，畫體成字；濕水者不成字。　驢尿：主癥癖，翻胃吐逆，止牙齒痛，水毒。　烏驢屎：炒熱，熨風腫瘻瘡。〇屎汁：治心腹卒痛，諸疰忤。　驢乳：味甘，性冷。治消渴及小兒熱驚、熱黄、天吊等症。多服使痢。

明・陳嘉謨《本草蒙筌》卷九　驢屎　處處有，河南多。似馬類耳長，逢五更嘶叫。龐不駿，故稱曰蹇；色弗一，只取其烏。背能負重趲程，屎堪入藥拯病。不拘乾濕，惟用合宜。熨風腫瘻瘡，主癥癖反胃。牙痛立止，水腫專醫。牝驢屎治燥水殊功。駁驢屎治濕水神効。以指畫體成字跡者，知内為燥水。不成字跡者，知内為濕水也。一服五合，並記勿差。屎汁理心腹卒疼，併疰忤當覓。尿溺浸蜘蛛咬毒，及噎隔宜求。頭熬汁漸嘗，解纏久消渴；骨煮湯頻浴，去歷節痛風。毛炒黄多漬酒吞，諸頭風悉逐；皮熬膠亦和酒飲，各風毒咸敺。又治鼻洪、吐血、崩中、帶下、血痢、疫瘧等證。脂療多般，只宜生用。和生椒末搗，綿裹塞耳，俾積年聾證轉聰；同烏梅肉丸，水送下喉，令多年瘧疾竟截。拌鹽敷愈瘡疥，攙酒服退癲狂。肉性微寒，啖食宜少。雖解心煩而安心氣，防發痼疾以動風淫。乳性冷利味甘，誠療小兒諸恙。除天吊客忤，止赤痢驚癇。蜒蚰入兩耳中，用之灌入即化。又尾下軸垢，治瘧發無期，水洗汁一盃，麵和作兩餅。如燒餅樣熟者。未發前先食其一，至發時再食轅完。物雖甚微，功亦屢奏。

明・寧源《食鑒本草》卷上　驢肉　味甘，微涼，無毒。黑者最良。療風狂，解心煩，治憂愁不樂。　頭：味甘，微涼。黑者為上。治頭風眩暈，口眼喎斜，語言謇澁，一身動摇，筋骨痠疼，心肺浮熱。用驢頭一箇，燖洗去毛，蒸令爛熟，細切，少助以五味食之。　古方：治反胃轉食，每服二合。早晚洫食，飲之大效。　尿：主翻胃吐不止，治牙齒疼，下水毒癥癖。

明・王文潔《太乙仙製本草藥性大全》卷七《本草精義》　驢屎　處處有，河南多。似馬類耳長，逢五更嘶叫。龐不駿故稱曰蹇，色弗一只取其烏。背能負重趲程，屎堪入藥拯病。不拘乾濕，惟用合宜。又云：動風，脂肥尤甚，屢試屢驗。日華子以謂止風狂，治一切風，未可憑也。驢肉，涼，無毒，解心煩，止風狂，釀酒治一切風。脂傅惡瘡疥及風腫。頭汁洗頭風、風屑。皮煎膠食，治一切風并鼻洪吐血，腸風血痢，及崩中帶下。煎膠用皮者，取其發散皮膚之外也。仍須烏者，用烏之意，如用烏鷄子、烏蛇、烏鴉之類。其物雖治風，然更取其水色，蓋以制其熱則主風之義。

明・王文潔《太乙仙製本草藥性大全》卷七《仙製藥性》　驢屎　味甘，氣冷，無毒。　主治：屎堪入藥，拯病扶危，不拘乾濕，惟用合宜。熨風腫瘻瘡，主癥瘕反胃。牙痛立止，水腫專醫。　牝驢屎：治燥水殊功。　駁驢屎：治濕水神效，以指畫體成字跡者，知内爲燥。水不成字跡者，知内爲濕水也。一服五合，並記勿差。　屎汁：理心腹卒痛，併疰忤當覓。　驢溺：蜘蛛咬毒及噎膈宜求。　補註：蜘蛛咬，以器盛浸之，瘡亦取驢溺處臭泥傅之亦佳。〇翻胃膈食，經年醫療無法治者，服驢小便極效，日服二合，後食唯吐一半，晡時又服二合，人定時食粥吐，即便定。迄至今日午時奏知之，大内中五六人患反胃，同服，一時俱差。此藥稍有毒，不可過多，盛取尿及熱服二合。病深，七日以來服之良。後來療人並差。　驢頭：熬汁漸嘗，解纏久消渴。　補註：去大風，以頭燖去毛，煮汁以漬麯醖酒服效。〇中風頭眩，心肺浮熱，手足無力，筋骨煩疼，言語似澁，一身動摇，烏驢頭一枚，燖洗如法，蒸令極熟，細切，更於豉汁内煮，着五味調，點少酥食之。〇治黄，百藥不差，煮驢頭熟，以薑虀噉之，并隨多少飲汁。〇治多年消渴，頭汁令服二三升，無不差者。　驢骨：煮湯頻浴，去(癧癤)〔歷節〕癤痛風。　驢毛：炒黄，多漬酒吞，諸頭風悉逐。　補註：頭中一切風，以毛一斤，炒令黄，投一斗酒中，漬三日，空心細細飲之使醉，衣覆臥取汗，明日更依前服。忌陳倉米、麥麪等。　黑驢脂：療多般只宜生用。和生椒搗，綿裹塞耳，俾積年聾證轉聰。同烏梅肉丸，水送下喉，令多年瘧疾竟截。拌鹽傅愈瘡疥，攙酒服退癲狂。　補註：治眼中瘜肉，驢脂、石鹽和匀，注兩眦頭，日夜三，一月

差。○治身體手足腫，以脂和鹽傅之。○狂癲不能語，不識人，酒和服三升良。　黑驢皮：　治中風四肢拘攣，主骨節煩疼心燥，口眼喎斜，用之立驗。

補註：　主中風手足不隨，骨節煩疼，心燥，口面喎斜，取烏驢皮一領，燖洗如法，蒸令熟，切於豉汁煮，五味和，再煮，空心食之。　驢蹄：　主小兒解顱不合，治飲酒過度穿腸。　補註：　治飲酒過度，飲至穿腸，驢蹄硬處削下者，以水濃煮汁，冷飲之。○治小兒解顱不合，驢蹄不計多少，燒灰研，以生油和敷於頭骨縫上，以差爲度。　驢肉：　味甘，氣涼，又云微溫，無毒。主治：　雖解心煩而安心氣，防發痼疾以動風淫。　補註：　主風狂，憂愁不樂，能安心氣。驢肉一斤切，於豉汁內煮，五味和，醃臘食之，作粥及煮並得。

驢耳垢：　傅蝎螫人甚良。　驢駒衣：　斷酒燒灰，酒下效。　驢乳：　味甘，性冷利，無毒。　主治：　療小兒諸恙，除天吊客忤，止赤痢驚癇。蜒蚰入兩耳中，用之灌入即化。　補註：　卒心痛絞結連腰臍者，取驢乳三升，熱服之差。○治心熱風，黑驢乳食上暖服三大合，日再服。　尾下軸垢：　治瘧發無期，水洗汁一盞，麵和作兩餅，如燒餅樣熟者。未發前先食其一，至發再食輳完。物雖甚微，功亦屢奏。

明・皇甫嵩《本草發明》卷六

驢肉微寒。　解心煩，安心氣。防發痼疾，動風淫，宜少食。○脂，和生椒末搗，綿裹塞耳，治耳聾。同烏梅肉丸，水吞，截年久瘧。拌鹽，敷疥瘡。攙酒，退癲狂。○烏驢皮，熬阿膠。○頭，煮汁，解纏久消渴。○骨，煮浴歷節風痛。○毛，炒黃，漬酒，逐諸頭風。○乳，性冷利，味甘，除小兒天吊客忤，止赤痢驚癇。以上俱用烏驢妙。○驢屎，熬之，主熨大風腫瘻瘡，又主癥癖及胃，止牙疼，消水腫。○牝驢屎，治燥水。燥水者，晝躰成字。　駁驢屎，主濕水。濕水者，不成字。○屎汁，理心腹卒痛，并鬼疰忤。○尿溺，治反胃噎膈及蜘蛛咬毒。

明・李時珍《本草綱目》卷五〇獸部・畜類

驢《唐本草》

【釋名】時珍曰：　驢，臚也。臚，腹前也。馬力在膊，驢力在臚也。

【集解】時珍曰：　驢，長頰廣額，磔耳修尾，夜鳴應更，性善馱負。有褐、黑、白三色，入藥以黑者爲良。女直、遼東出野驢，似驢而色駁，鬃尾長，骨骼大，食之功與驢同。西土出山驢，有角如羚羊，詳羚羊下。東海島中出海驢，能入水不濡。又有海馬、海牛、海猪、海獾等物，其皮皆供用。藏器曰：　海驢、海馬、海〔牛〕皮毛在陸地，皆候風潮則毛起。物性如此。

肉已下通用烏驢者良。　【氣味】甘，涼，無毒。思邈曰：　酸，平。吳瑞曰：　食驢肉，飲荆芥茶，殺人。妊婦食之，難産。同鳧茈食，令人筋急。病死者有毒。【主治】解心煩，止風狂。釀酒，治一切風日華。主風狂，憂愁不樂，能安心氣。同五味煮食，或以汁作粥食孟詵。補血益氣，治遠年勞損，煮汁空心飲。療痔引蟲時珍。　野驢肉功同《正要》。

【發明】宗奭曰：　驢肉食之動風，脂肥尤甚，屢試屢驗。日華子以爲止一切風狂，未可憑也。

頭肉　【主治】煮汁，服二三升，治多年消渴，無不瘥者。又以漬麴醞酒服，去大風動搖不休者孟詵。亦洗頭風風屑日華。同薑齏煮汁日服，治黄疸百藥不治者時珍。○出《張文仲方》。

【附方】舊一。　中風頭眩：　心肺浮熱，肢軟骨疼，語蹇身顫。用烏驢頭一枚，如食法，豉汁煮食。《心鏡》。

脂　【主治】敷惡瘡疥癬及風腫日華。和酒服三升，治狂癲，不能語，不識人。和烏梅爲丸，治多年瘧，未發時服二十丸。又生脂和生椒搗熟，綿裹塞耳，治積年聾疾孟詵。和酒等分服，治卒咳嗽。和鹽，塗身體手足風腫時珍。出《千金》。

【附方】舊一，新一。　滴耳治聾：　烏驢脂少許，鯽魚膽一個，生油半兩，和匀，納樓葱管中，七日取滴耳中，日二。《聖惠》。　眼中瘜肉：　驢脂、白鹽等分，和匀，注兩目眦頭，日三次，一月瘥。《千金》。

髓　【氣味】甘，溫，無毒。　【主治】耳聾時珍。

【附方】新二。　多年耳聾：　重者用三兩度，初起者一上便效。用驢前脚脛骨打破，嚮日中瀝出髓，以瓷盒盛收。每用綿點少許入耳內，側卧候藥行。其髓不可多用，以白色者爲上，黄色者不堪。○又方：　驢髓以針砂一合，水二合，浸十日。取清水少許，和髓攪匀，滴少許入耳中。外以方新磚半個燒赤，潑醋，鋪磁石末一兩在磚上，枕之至晚。如此三度，即通。並《普濟方》。

血　時珍曰：　熱血，以麻油一盞，和攪去沫，煮熟即成白色。此亦可異，昔無言及者。

【氣味】鹹，涼，無毒。　主治：　利大小腸，潤燥結，下熱氣時珍。

乳　【氣味】甘，冷利，無毒。思邈曰：　酸，寒。　【主治】小兒熱急黄，多服使利《唐本》。療大熱，止消渴孫思邈。小兒熱，急驚邪赤痢蕭炳。小兒癇疾，客忤天弔風疾日華。卒心痛連腰臍者，熱服三升孟詵。蜘蛛咬瘡，器盛浸之。蚰蜒及飛蟲入耳，滴之當化成水藏器。頻熱飲之，治氣鬱，解小兒熱毒，不生

痘疹。浸黄連取汁，點風熱赤眼時珍。○出《千金》諸方。

【附方】舊一，新三。　心熱風癇：黑驢乳，暖服三合，日再服。《廣利方》。　小兒口噤：驢乳、猪乳各二升，煎一升五合服。《千金》。　重舌出涎：方同上。　撮口胎風：先灸兩乳中三壯，後用此方大驗。用烏驢乳一合，以東引槐枝三寸長十根，火煨，一頭出津，拭净，浸乳中。取乳滴口中甚妙。《聖惠方》。

陰莖　【氣味】甘，温，無毒。　【主治】强陰壯筋時珍。

駒衣　【主治】斷酒。煅研，酒服方寸匕《外臺》。

皮　【主治】煎膠食之，治一切風毒，骨節痛，呻吟不止。和酒服更良孟詵。煎膠食，主鼻洪吐血，腸風血痢，崩中帶下。其生皮，覆瘧疾人良。日華。詳見阿膠。

【附方】舊一，新一。　中風喎僻：骨疼煩躁者。用烏驢皮燖毛，如常治净蒸熟，入豉汁中，和五味煮食。《心鏡》。　牛皮風癬：生驢皮一塊，以朴硝醃過，燒灰，油調搽之，名一掃光。李樓《奇方》。

毛　【主治】頭中一切風病，用一斤炒黄，投一斗酒中，漬三日。空心細飲令醉，暖卧取汗。明日更飲如前。忌陳倉米、麪孟詵。

【附方】新二。　小兒客忤：剪驢膊上旋毛一彈子，以乳汁煎飲。《外臺》。　襁褓中風：取驢背前交脊中毛一拇指大，入麝香豆許，以乳汁和，銅器中慢炒爲末。乳汁和，灌之。《千金》。

骨　【主治】煮湯，浴歷節風孟詵。牝驢骨煮汁服，治多年消渴，極效時珍。

頭骨　【主治】燒灰和油，塗小兒顱解時珍。

懸蹄　【主治】燒灰，傅癰疽，散膿水。和油，傅小兒解顱，以瘥爲度時珍。

【附方】舊一，新三。　腎風下注：生瘡。用驢蹄二十片燒灰，密陀僧、輕粉各一錢，麝香半錢，爲末，傅之。《奇效方》。　天柱毒瘡：生脊大椎上，大如錢，赤色，出水。驢蹄二片，胡粉熬一分，麝香少許，爲末，醋和塗之，乾則摻之。《聖惠》。　飲酒穿腸：飲酒過度，欲至穿腸者。用驢蹄硬處削下，水煮濃汁，冷飲之。襄州散將樂小蠻，得此方有效。《經驗方》。　鬼瘧不止：用白驢蹄剉炒、砒霜各二分，大黄四兩，緑豆三分，雄黄一分，朱砂半分，研，丸梧子大。未發平旦冷水服二丸，即止。七日忌油。《肘後》。

溺　【氣味】辛，寒，有小毒。　【主治】〔癥癖，反胃不止，牙齒痛，治水腫，每服五合良。畫體成字者爲燥水，用牝驢尿；不成字者爲濕水，用駁驢尿《唐本》。〕浸蜘蛛咬瘡，良藏器。治反胃噎病，狂犬咬傷，癬癘惡瘡，並多飲取瘥。風蟲牙痛，頻含漱之，良時珍。○出《千金》諸方。

【發明】震亨曰：一婦病噎，用四物加驢尿與服，以防其生蟲，數十帖而愈。時珍曰：張文仲《備急方》言：幼年患反胃，每食羹粥諸物，須臾吐出。貞觀中，許奉御兄弟及柴、蔣諸名醫奉敕調治，竟不能療。漸疲困，候絶旦夕。忽一衛士云：服驢小便極驗。遂服二合，後食止吐一半。晡時再服二合，食粥便定。次日奏知，則宫中五六人患反胃者同服，一時俱瘥。此物稍有毒，服時不可過多。須熱飲之。病深者七日當效。後用屢驗。

【附方】新三。　狐尿刺瘡：烏驢尿頓熱漬之。《千金》。　白（玷）〔癜〕風：驢尿、薑汁等分，和匀頻洗。《聖濟録》。　耳聾：人中白一分，乾地龍一條，爲末，以烏驢駒尿一合和匀，瓷器盛之。每滴少許入耳。《聖惠》。

屎　【主治】熬之，熨風腫漏瘡。絞汁，主心腹疼痛，諸疰忤。燒灰吹鼻，止衄甚效。和油，塗惡瘡濕癬時珍。

【附方】新四。　卒心氣痛：驢屎絞汁五合，熱服即止。《肘後方》。　經水不止：及血崩。用黑驢屎燒存性研末，麪糊丸梧子大。每空心黄酒下五七十丸，神妙。龔雲林《醫鑒》。　疔瘡中風：腫痛。用驢屎炒，熨瘡上五十遍，極效。《普濟方》。　小兒眉瘡：黑驢屎燒研，油調塗，立效。《聖惠方》。

耳垢　【主治】刮取塗蝎螫崔氏。

尾軸垢　【主治】新久瘧無定期者。以水洗汁，和麪如彈丸二枚，作燒餅。未發前食一枚，發時食一枚，效恭。

溺下泥　【主治】傅蜘蛛傷藏器。

驢槽　【主治】小兒拗哭不止，令三姓婦人抱兒卧之，移時即止，勿令人知藏器。

【發明】時珍曰：《錦囊詩》云：繫蟹懸門除鬼疾，畫驢掛壁止兒啼。言關西人以蟹殻懸之，辟邪瘧；江左人畫倒驢掛之，止夜啼。與驢槽止哭之義同，皆厭禳法耳。

題明・薛己《本草約言》卷二《藥性本草》　驢肉　解心煩，安心氣，防發痼疾。動風淫，宜少食。

明・穆世錫《食物輯要》卷四　驢　肉，味甘，性凉，無毒。安心氣，去風狂，補血益氣。同鳧茈食，令人筋急。多食動風。脂與荊芥、茶相反，同食殺人。野驢肉功同。頭肉，煮汁服，止消渴。同薑虀煮汁服，治黄疸。脂，生和

椒研，塞耳聾有効。血，無毒。下熱氣，利大小腸。將熱血和麻油一盞，攪去沫，煮熟成白色，亦一異也。乳，無毒。解熱，止消渴、赤痢、驚邪。陰莖，無毒，強陰壯筋。皮，煎膠，和酒服，去風毒骨節痛。治吐衄、崩痢。用阿井水煎成，名阿膠。味甘，平，無毒。補血液，清肺寧嗽，定喘下膈，踈痰止吐。以其用濟水趨下之性，能治逆上之痰，及利大小腸也。用無病黑驢皮煎成膠，良。

明·李中立《本草原始》卷九　驢　長頰廣額，大耳修尾，夜鳴應更，性善馱負。有褐、黑、白三色，入藥以黑者為良。處處養育，河南最多。時珍曰：驢，臚也。臚，腹前也。馬力在膊，驢力在臚也。

驢：《唐本草》。【圖略】

烏驢肉：氣味：甘，涼，無毒。主治：解心煩，止風狂。釀酒，治一切風。〇主風狂，憂愁不樂，能安心氣，同五味煮食，或以汁作粥食之。〇補血益氣，治遠年勞損，煮汁空心飲。療痔引蟲。

頭肉：煮汁服二三升，治多年消渴，無不瘥者。又以漬麴釀酒服，去大風動搖不伏者。〇亦洗頭風，風屑。〇同薑、虀煮汁日服，治黃疸百藥不治者。　脂：主治：敷惡瘡疥癬及風腫。〇和酒服三升，治狂癲不能語，不識人。和烏梅為丸治多年瘧，未發時服二十丸。又生脂和生椒搗熟，綿裹塞耳，治積年聾疾。　乳：氣味：甘，冷利，無毒。主治：小兒熱急黃，多服使利。〇療大熱，止消渴。〇小兒熱，急驚邪，赤痢。〇小兒癇疾客忤，天弔風疾。〇卒心痛連腰臍者，熱服三升。蜘蛛咬瘡，器盛浸之。蚰蜒及飛蟲入耳，滴之，當化成水。　陰莖：氣味：甘，溫，無毒。主治：強陰壯筋。

駒衣：主治：斷酒。煅研，酒服方寸匕。　骨：煮湯，浴歷節風。頭骨：燒灰，和油塗小兒顱解。　懸蹄：燒灰，敷癰疽，散膿水。　溺：浸蜘蛛咬瘡，良。　屎：主治：熬之，熨風腫漏瘡。絞汁，主心腹疼痛諸疰忤，癥癖，反胃不止。牙齒痛，治水腫，每服五合，良。

明·吳文炳《藥性全備食物本草》卷二　驢肉　味甘，性涼，無毒。安心氣，去風狂，補血益氣。黑者最良。同鳧茈食令人筋急，多食動風。脂與荊芥、茶相反，同食殺人。野驢肉功同。　頭肉：煮汁服止消渴，同薑虀煮汁服治黃疸。　脂：生和生椒搗，綿裹塞耳治聾。同烏梅肉丸服截久瘧，拌鹽傅瘡疥，攙酒服治顛狂。　血：無毒，下熱氣，利大小腸。將熱血和麻油一盞，攪去沫，煮熱成白色，亦一異也。　乳：無毒，解熱，止消渴，赤痢，驚邪。　陰莖：無毒，強陰壯筋。　蹄：治小兒解顱不合，燒灰研，以生油和傅頭骨縫上，以差為度。又飲酒過度，欲至穿腸，驢蹄硬處削下者，以水濃煮汁，冷服之。　尾下軸垢：治瘧疾發無期，水洗汁一盞，麪和作兩餅如燒餅樣，熟者未發前先食其一，至發再食湊完，物雖甚微，功亦屢奏。　皮：煎膠和酒服，去風毒骨節痛，治吐衄崩痢。用阿井水煎成名阿膠，味甘，平，無毒。補血液，清肺寧嗽定喘，下膈踈痰，止吐，以其用濟水趨下之性，能治逆上之痰及利大小腸，用無病烏驢皮煎成膠良。凡腹中物，食之皆令筋急。

明·應麐《食治廣要》卷六　驢　肉：氣味：甘，涼，無毒。主治：解心煩，憂愁不樂，能安心氣。妊婦食之，難產。飲荊芥茶，殺人。寇宗奭曰：驢肉動風，脂肥尤甚，屢試屢驗。日華子以為止一切風狂，未可憑也。

頭肉：煮汁飲，治多年消渴，無不瘥者。同薑虀煮汁日服，治黃疸百藥不効者。　血：鹹，涼，無毒。主利大小腸，潤燥結，下熱氣。李時珍曰：熱血以麻油一盞和攪，去沫，煮熟，即成白色。此亦可異，昔人無言及此者。乳：甘，冷利，無毒。解小兒熱毒，止消渴，驚邪。蜘蛛咬瘡，器盛浸之，愈。蚰蜒入耳，滴之，當化成水。　陰莖：甘，溫，無毒。強陰壯筋。

明·姚可成《食物本草》卷一三獸部·豢畜類　驢李時珍曰：驢，長頰廣額，槊耳修尾，夜鳴應更，性善馱負。有褐、黑、白色。女直、遼東出野驢，似驢而色駁，鬃尾長，骨骼大，食之功與驢同。西〔土〕出山驢，有角如羚羊。東海島中出海驢，能入水不濡。又有海馬、海牛、海豬、海貛等物，其皮皆供用。

驢肉：味甘，涼，無毒。治解心煩，止風狂。釀酒，治一切風。又治憂愁不樂，能安心氣，同五味煮食，或以汁作粥食。補血益氣，治遠年勞損，煮汁空心飲。療痔引蟲。野驢肉功同。食驢肉，飲荊芥茶殺人。妊婦食之，產難。同鳧茈食，令人筋急。病死者有毒。〇寇宗奭曰：驢肉食之動風，脂肥尤甚，屢試屢驗。昔人以為止一切風狂，未可憑也。

頭肉：煮汁服二三升，治多年消渴，無不瘥者。又以漬麴醖酒服，去大風動搖不伏者。亦洗頭風風屑。同薑虀煮汁日服，治黃疸百藥不治者。脂：敷治惡瘡疥癬及風腫。和酒服三升，治狂癲，不能語，不識人。和烏梅為丸，治多年瘧，未發時服二十丸。又生脂和生椒搗熟，綿裹塞耳，治積年聾疾。和酒等分服，治卒咳嗽。和鹽，塗身體手足風腫。　髓：味甘，溫，無

毒。治耳聾。　血：　味鹹，涼，無毒。　主利大小腸，潤燥結，下熱氣。　乳：　味甘，冷利，無毒。小兒熱急黃，多服使利。療大熱，止消渴。小兒熱急驚邪赤痢。小兒癇疾，客忤天弔風疾。卒心痛連腰臍者，熱服三升。蜘蛛咬瘡，器盛浸之。蚰蜒及飛蟲人耳，滴之當化成水。頻熱飲之，治氣鬱，解小兒熱毒，不生痘疹。浸黃連取汁，點風熱赤眼。　陰莖：　味甘，溫，無毒。主強陰壯筋。　駒衣：　斷酒。煅研，酒服方寸匕。　皮：　煎膠食之，治一切風毒，骨筋痛，呻吟不止。和酒服更良。膠食，主鼻洪吐血，腸風血痢，崩中帶下。其生皮覆瘧疾人，良。　毛：　治骨頭中一切風病，用一斤炒黃，投一斗酒中，漬三日，空心細飲，令醉，暖臥取汗，明日更飲如前。忌陳倉米粥。　頭骨：　燒灰和油，塗小兒顱解。　懸蹄：　燒灰傅癰疽，散膿水。和油，傅小兒解顱，以瘥為度。　溺：　味辛，寒，有小毒。浸蜘蛛咬瘡，良。治反胃噎病，狂犬咬傷，癬癘惡瘡，並多飲取瘥。風蟲牙痛，頻含漱之，良。　屎：　熬之，熨風腫漏瘡。絞汁，主心腹疼痛，諸疰忤癥癖，反胃不止，牙齒痛，治水腫，每服五合，良。燒灰吹鼻，止衄甚効。和油，塗惡瘡溼癬。　耳垢：　刮取，塗治蠍螫。　尾軸垢：　治新久瘧無定期者，以水洗汁，和麪如彈丸二枚，作燒餅，未發前食一枚，發時食一枚，力效。　驢槽：　治小兒拗哭不止，令三姓婦人抱兒臥之，移時即止，勿令人知。〇李時珍曰：《錦囊詩》云：繫蟹懸門除鬼疾，畫驢掛壁止兒啼。言關西人以蟹殼懸之辟邪瘧，江左人畫倒驢掛之止〔夜〕啼。與驢槽止哭之義同，皆厭禳之法耳。〇朱丹溪曰：一婦病噎，用四物湯加驢尿與服，以防其生蟲，數十貼而愈。〇時珍曰：張文仲《備急方》言幼年患反胃，每食羹粥諸物，須臾吐出。貞觀中，許奉御兄弟及柴、蔣諸名醫奉勑調治，竟不能療。漸疲困，候絕旦夕，忽一衛士云服驢尿極驗。遂服二合，後食止吐一半。晡時再服二合，食粥便定。次日奏知，則宮中五六人患反胃者同服，一時俱瘥。此物稍有毒，服時不可過多，須熱飲之。病深者七日當效，後用屢驗。

附方：　治風入頭腦，頭目眩暈。用烏驢頭一箇，如食法豉汁煮食之，立止。

治目中弩肉凸出。用驢脂、白鹽等分，和勻，注兩目眦，日三次。一月瘥。

治小兒口噤，不啼哭。驢乳、猪乳各二升，煎一升五合服，大效。　治中風口眼喎斜。用烏驢皮燖毛，如常治淨蒸熟，入豉汁中，和五味煮食之，即愈。此方又治骨節疼痛，極效。　治多年耳聾。重者用三兩度，初起者一上便效。用驢前脚脛骨打破，向日中瀝出髓，以磁器收之。每用綿點少許入耳內，側臥候藥行。其髓不可多用，以白色者為上，黃色者不堪。〇又方：烏驢脂少許，鯽魚膽一個，生油半兩，和勻，納葱管中七日，取滴耳中。　治牛皮風癬。生驢皮一片，以朴硝淹過，燒灰，油調搽之，名一掃光。　治飲酒過度成漏，欲穿腸者。用驢蹄硬處削下，水煮濃汁，冷飲之。襄州散將樂小蠻得此方大效。　治白（玷）〔癜〕風。驢尿、薑汁等分和勻，頻洗。

明·顧逢柏《分部本草妙用》卷一〇獸部　驢　甘，涼，無毒。忌荊芥湯。妊娠食之難產。病死者有毒。多食動風，脂肥尤甚。　主治：　解心煩，止風狂。釀酒，治一切風，補血益氣，遠勞損。煮汁，空心飲，療痔引蟲。

明·施永圖《本草醫旨·食物類》卷四　驢馬力在膊，驢力在臚也。　肉：已下通用烏驢者良。　味：　甘，涼，無毒。食驢肉飲荊芥茶殺人。妊婦食之難產。同鳧茈食，令人筋急。病死者有毒。　治：　解心煩，止風狂。釀酒治一切風，主風狂，憂愁不樂，能安心氣。同五味煮食，或以汁作粥食，補血益氣，治遠年勞損。煮汁空心飲，療痔引蟲。野驢肉功同。驢肉食之動風，脂肥尤甚，屢試屢驗。　頭肉：　治：　煮汁服二三升，治多年消渴，無不瘥者。又以漬麴醞酒服，去大風動搖不伏者，亦洗頭風風屑。同薑虀煮汁，日服，治黃疸百藥不治者。

附方　中風頭眩：　用烏驢頭一枚，如食法，豉汁煮食。

脂：　治：　敷惡瘡疥癬及風腫，和酒服三升，治狂癲不能語，不識人。和烏梅為丸，治多年瘧，未發時服二十丸。又生脂和生椒擣熟，綿裹塞耳，治積年聾疾。和酒等分服，治卒欬嗽。和鹽，塗身體手足風腫。　髓：　味甘，溫，無毒。　治：　耳聾。

附方　多年耳聾：　用驢前脚脛骨打破，向日中瀝出髓，以瓷盒盛收，每用綿點少許入耳內，側臥候藥行。其髓不可多用，以白色者為上，黃色者不堪。

血：　熱血以麻油一盞，和攪去沫，煮熟即成白色。　味：　鹹，涼，無毒。　治：　利大小腸，潤燥結，下熱氣。　乳：　味甘，冷利，無毒。　小兒熱急黃，多服使利。療大熱，止消渴，小兒熱，急驚邪赤痢，小兒癇疾，客忤天弔風疾，卒心痛連腰臍者，熱服三升。蜘蛛咬瘡，器盛浸之。蚰蜒及飛蟲入耳，滴之，當化成水。頻熱飲之，治氣鬱，解小兒熱毒，不生痘疹。浸黃連取汁，點風熱赤眼。

附方　心熱氣癇：　黑驢乳暖服三合，日再服。　小兒口噤：　驢乳、豬乳各二升，

煎一升五合服。重舌出涎： 方同上。

陰莖： 味甘，溫，無毒。治： 強陰壯筋。 駒衣： 治： 斷酒，煅研，酒服方寸匕。 皮： 治： 煎膠食之，治一切風毒骨節痛，呻吟不止，和酒服更良。〔煎〕膠食，主鼻洪吐血，腸風血痢，崩中帶下。其生皮覆瘧疾人良。

附方 中風喎僻： 骨疼煩躁者，用烏驢皮燖毛，如常治淨，蒸熟，入豉汁中，和五味煮食。牛皮風癬： 生驢皮一塊，以朴硝醃過，燒灰，油調搽之，名一掃光。 毛： 治： 骨頭中一切風病，用一斤炒黃，投一斗酒中漬三日，空心細飲，令醉，暖臥取汗，明日更飲如前。忌陳倉米麪。

附方 小兒客忤： 剪驢膊上旋毛一彈子，以乳汁煎飲。 襁褓中風： 取驢背前交脊中毛一拇指大，入麝香豆許，以乳汁和，銅器中慢炒為末，乳汁和灌之。

骨： 治： 煮湯，浴歷節風。牝驢骨煮汁服，治多年消渴，極效。 頭骨： 治： 燒灰和油，塗小兒顱解。 懸蹄： 治： 燒灰，敷癰疽，散膿水。和油敷小兒解顱，以瘥為度。 屎： 治： 熬之，熨風腫漏瘡。絞汁，主心腹疼痛，諸疰忤癥癖，反胃不止，牙齒痛，治水腫，每服五合良。燒灰吹鼻，止衄甚效。和油，塗惡瘡濕癬。

附方 疔瘡中風： 腫痛，用驢屎炒，熨瘡上五十徧，極效。 小兒眉瘡： 黑驢屎燒研，油調塗，立效。

耳垢： 治： 刮取，塗蠍螫。 溺下泥： 治： 傅蜘蛛傷。

清・穆石匏《本草洞詮》卷一五 驢 驢善馱負，夜鳴應更，腹前為驢，馬力在膊，驢力在臚也。驢肉，辛，涼，有小毒。補血益氣。日華子云： 治一切風。寇宗奭云： 食之動風。二家相反。或黑驢能治風耳。張文仲《備急方》言： 幼年患反胃，諸名醫奉勅調治，竟不能療。忽一衛士云： 服驢小便極驗。遂服二合，後食止吐一半，哺時再服二合，食粥便定。次日奏知，則宮中五六人患反胃者同服，一時俱瘥也。但此物有毒，服不可過多。須熱飲之，病深者七日當効。

清・丁其譽《壽世秘典》卷四 驢夜鳴應更，性善馱負，有褐、黑、白三色，入藥以烏驢為良。野驢似驢而色駁，鬃尾長，骨格大，食之功與驢同。 氣味： 甘，寒，無毒。主補血益氣，治遠年勞損。煮汁空心飲，療痔，引蟲。頭肉煮汁服，治多年消渴。同薑虀煮汁，日服，治黃疸百藥不治者。 發明寇宗奭曰： 驢肉食之動風，脂肥尤甚，屢驗。日華子以為止一切風狂，未可憑也。吳瑞曰： 食驢肉，飲荊芥茶，殺人。妊婦食之難產。不可與葧薺同食。病死者有毒，不可食。凡腹內物食之，皆令筋急。

陰莖： 氣味： 甘，溫，無毒。主強陰壯筋。

清・劉雲密《本草述》卷三一 驢 乳： 氣味： 甘，冷利，無毒。思邈曰： 酸，寒。主治： 頻熱飲之，治氣鬱，解小兒熱毒，不生痘疹。浸黃連取汁，點風熱赤眼時珍。

陰莖： 氣味： 甘，温，無毒。主治： 強陰壯筋時珍。

溺： 氣味： 辛，寒，有小毒。主治： 反胃噎病，殺蟲，狂犬咬傷，癬癬惡瘡，並多飲取瘥時珍。丹溪曰： 一婦病噎，用四物加驢尿與服，以防其生蟲，數十帖而愈。時珍曰： 張文仲《備急方》言幼年患反胃，每食羹粥諸物須臾吐出。貞觀中許奉御兄弟及柴蔣諸名醫奉勅調治，竟不能療，漸疲困候絕旦夕。忽一衛士云： 服驢小便極驗。遂服二合，後食止吐〔一〕半，哺時再服二合，食粥便定。次日奏知，則宮中五六人患反胃者同服，一時俱瘥。是物稍有毒，服時不可過多，須熱飲之。病深者七日當效，後用屢驗。

清・尤乘《食鑒本草・獸類》 驢肉 動風發痼疾。

清・朱本中《飲食須知・獸類》 驢肉 味甘，性平。與荊芥茶相反，同食殺人。同鳧茈食，令人筋急。多食動風，脂肥尤甚，屢試屢驗。凡驢無故自死者、疫死者、力乏病死者，並有毒，忌食。疥癩及破爛瘦損者，食之生疔腫。將熱驢血和麻油一盞，攪去沫，煮熟成白色，亦一異也。妊婦食之，令子難產。勿同猪肉食，傷氣。

清・何其言《養生食鑒》卷下 驢長頰廣額，(磔)〔傑〕耳修尾，夜鳴應更，性善馱負。有褐、白、黑三色，入藥以黑者為良。 驢肉： 味甘，性良，無毒。安心氣狂亂，補血氣虛損。多食動風。與荊芥茶相反，食之殺人。妊婦忌食。野驢肉，功同。 驢頭肉： 煮汁服，止消渴。同薑虀煮汁服，治黃疸。 驢血： 無毒，下熱氣，利大小腸。將熱血和麻油一盞，攪去沫，煮熟成白色，亦一異也。 驢乳： 無毒，止消渴，治小兒驚癇、赤痢。 陰莖： 無毒，強陰壯筋。

清・汪昂《本草備要》卷四 驢溺瀉，殺蟲。 辛，寒。殺蟲，治反胃噎膈。須熱飲之。張文仲《備急方》曰： 昔患反胃，奉敕調治，竟不能療。一衛士云： 服驢尿極驗。遂服二合，只吐一半，再服二合，食粥便定。宮中患反胃者五六人，同服之，一時俱瘥。

清・陳士鐸《本草新編》卷五 驢溺 〔味辛，氣寒，有小毒〕。入脾、胃、

大腸之經。專能殺蟲，能治反胃，然必黑驢之溺始可用，否則不堪入藥也。夫反胃乃腎經之病，驢溺非補腎之劑，何以能止反胃？不知反胃之症不同，有濕熱鬱于脾胃之間，上吐而下不瀉，久則濕熱生蟲，得食則少減，失食則必痛，痛甚則上吐矣。此等反胃，非止腎經之病，必須用驢溺順而下之，則蟲即盡化為水，從大腸而化，所以安然止吐。反胃定，仍須用六味地黃湯調理，則全愈矣。否則，腎氣甚衰，不能潤腸而下達，大腸細小不易傳送，水穀仍留在脾，濕熱再積，復生蟲矣。其反胃又安能愈哉？

驢鞭　驢鞭者，驢之外腎也。味甘，氣溫，無毒。最能長陽，然而單服此一味，絕不效。蓋驢鞭非長陽之物也，止能展筋耳。夫陽道之細小也，乃人肝膽之不足，而筋不能舒耳。驢鞭展筋，展筋則陽道宜于修偉矣。然而，驢鞭止能展身內之筋，而不能展身外之筋，必得龍骨、陽起石合用，則外之筋乃展。外筋既展，而謂陽不能展者乎。

或疑驢鞭亦尋常之物，而稱其功用之奇，豈因其驢勢之偉長，遂疑可以展陽。此亦無徵不可信之說也。曰：驢鞭不能展陽，余先言之矣。因其與龍骨、陽起石同用，而有相得之驗也。夫龍骨得驢〔鞭〕而化，龍〔骨〕得陽〔起石〕而興，三者配合，始建奇功，缺一則無功也。雖然舍人參、芪、术、菟絲、熟地補陽〔補陰〕之藥，而惟三者之配合也，奇功又何以建哉。

清・李熙和《醫經允中》卷二二　驢　忌荊芥。妊婦食之難產。病死者有毒。　甘，涼，無毒。釀酒治一切風，補血益氣，防發痼疾。動風淫，脂肥尤甚。煮汁空心飲，療痔引蟲。莖強陰壯筋，與白馬莖同功。

清・张璐《本經逢原》卷四　驢　甘，溫，無毒。《綱目》作甘涼，誤。

發明：驢肉食之動風，脂肥尤甚。日華子言治一切風，是指烏驢而言。烏驢皮治風補血，東魯阿井水煎膏用之。驢鬐熬膏，能長鬢髮，與馬鬐同功。驢莖強陰壯筋，與白馬莖同功。驢乳療黃癉濕熱，止渴。驢尿專於殺蟲、利水、止脹，其治噎膈，或單服，或入四物湯服之效。驢屎炒熨風腫漏瘡，絞汁主心腹疼痛，治水腫，服五合良。

清・汪啟賢等《食物須知・諸葷饌》　驢　肉性微寒，啖食宜少。雖解心煩而安心氣，防發痼疾以動風淫。脂，療多般，只宜生用。和生椒末搗，綿裹塞耳，俾積年聾證轉聰。同烏梅肉丸，水送下，令多年瘧疾竟截。拌鹽敷，愈瘡疥；攙酒服，退癲狂。烘燥燒灰，和猪屎共研作末，分勻調酒，每空心頓服二錢，能驅酒疸目黃，專消水腫腹脹。熱脹易效，冷脹難瘳。蓋此猪食苦參，致屎性大冷故爾。

清・浦士貞《夕庵讀本草快編》卷六　驢《唐本草》。附：阿膠。　驢，臚也，馬力在膊，驢力在臚。煎膠非烏驢皮者不佳，故附于此。驢候風潮則毛起，食其肉者有動風之患，乃本性也。日華謂其止風狂，恐非確識爾。其皮煎膠，取烏者為勝，以其屬坎也。又得東阿之井，乃濟水所注，色綠而性重，純陰而趨下，與他水不同。名傳致膠。味甘氣平，入手太陰、足少陰厥陰。故主女子下血，勞極洒洒如瘧，身疼腹痛，胎氣不安。丈夫小腹痛，陰虛羸弱，脚膝不能久立者，蓋由肝腎不足，法當養血補陰。《經》云精不足者補之以味，求其屬也。此藥得水氣之陰，其補陰之味，故療如上諸症。且肝為藏血之本，血既有虧，風熱乘之。或為吐衄，或為崩中。腎為納氣之主，陰虛則金水失於相生，或為咳嗽膿血，或為肺癰肺痿，得此膠凝之體，補血與液，熱平則肝自寧，水升則金不涸矣。且肝主筋，故攤緩偏風，小兒驚搐目眊，可皆療矣。肺合大腸，故伏暑作痢，濕毒壅滯，亦所需也。若其溺，可以殺蟲而滌胃中瘀血，故膈噎症用之。如白馬尿之能化痞癥，同一理耳。

清・吳儀洛《本草從新》卷六　驢溺〔瀉，殺蟲。〕　辛，寒。殺蟲。治反胃噎膈。　須熱飲之。張文仲〔張文仲《隨身備急方》。〕云：昔患反胃，奉敕調治，竟不能療。一衛士云：服驢尿極驗。遂服二合，只吐一半，再服二合，食粥便定。宮中患反胃者五六人同服之俱瘥。肉，甘，涼。補血益氣。治遠年勞損。煮汁空心飲，療痔引蟲。

清・汪紱《醫林纂要探源》卷三　驢　甘，寒。動風發毒。略同馬肉。

溺：鹹，辛，寒。功用同馬溺。能治反胃噎膈者，亦如雞矢醴之治鼓脹也。雞，木畜，以其矢治太陰脾之結。馬、驢火畜，以其溺治太陽小腸膀胱之結，皆行其所舊行之路，以潤之輭之，因而行之，使下達焉，是宜其效也。

清・嚴潔等《得配本草》卷九　驢溺　辛，寒，有小毒。治反胃，殺諸蟲。衝滋陰之劑，治噎膈。　得人中白、乾地龍，滴耳聾。

題清・徐大椿《藥性切用》卷八　白驢溺　辛寒殺蟲，治蟲膈反胃。驢肉，甘涼，補血益氣，治遠年勞損。煮汁，療痔引蟲。

清・李文培《食物小錄》卷下　驢　甘，涼，無毒。補血益氣，治遠年勞損。食驢肉忌荊芥茶。病人、妊婦食之，難產、動風。

清・羅國綱《羅氏會約醫鏡》卷一八禽獸部　驢溺　味辛，氣寒。　治反

胃，熱飲二三次便愈。殺諸蟲。

清·章穆《調疾飲食辯》卷五 驢 《衍義》云：驢肉動風，肥者尤甚。日華子云止一切風，誤也。《食療本草》曰：脂，和生花椒搗，綿裹塞耳，治老聾。《千金方》曰：和鹽少許，注目眦，治弩肉，日三次，一月瘥。《綱目》曰：熱驢血，和麻油一盞，攪去沫，煮熟即成白色，能利大小腸，潤燥結。李樓《奇方》曰：生驢皮，朴硝醃過，燒灰，油調，搽牛皮風癬，名一掃光。熬膠，入補血藥。在處皆可用，山東東阿者為最，故名阿膠。後世醫書，謂濟水為地之經脈，至東阿潛行地下，故阿井之水作膠，大補女人經血。若無好阿膠，不如牛膠。蓋阿膠本用牛皮，不用驢皮。《別錄》云：阿膠出東阿縣，煮牛皮作之。《圖經》云：牛膠只取黏物，製作不精耳。今之阿膠，製作更極不精。《錦囊詩》曰：繫蟹懸門除鬼疾，畫驢掛壁止兒啼。注云：小兒夜間拗哭，素紙墨畫大驢，倒懸臥室即止。蓋厭勝之術，理所有也。

清·楊時泰《本草述鉤元》卷三一 驢 乳：氣味甘、酸，冷利。治煩熱氣鬱，解小兒熱毒，不生痘疹。浸黃連取汁，點風赤眼。驢陰莖：氣味甘溫。能強陰壯筋。驢溺：氣味辛寒，有小毒。主反胃，因稍有毒，服時不可過多，須熱飲之，病深者，七日愈。噎病。用四物加驢尿，防其生蟲。殺蟲，治狂犬咬傷，癬癘惡瘡。並多飲取瘥。

清·趙其光《本草求原》卷二〇獸部 驢 肉，甘溫，食之動風，脂肥尤甚。或言其治一切風，是指烏驢言。其皮：治風狂，釀酒。補血。阿膠是其所製。其頭肉：治消渴、黃疸俱甚效。同薑齏煮汁食。釀酒，去大風。其膏：治癲不語，酒服。去聾，同鯽魚膽入葱管七日，滴之。或同生椒生搗，綿包塞之。消眼中瘜肉，同白鹽注兩眦。塗瘡疥癬、風腫。同鹽。其乳：甘，冷利，無毒。治黃疸、濕熱急驚、天吊、止渴，解氣鬱、稀痘、點風熱赤眼。浸黃連，取汁點。其陰莖：甘，溫。強陰壯筋。其尿：辛，寒，小毒。殺蟲，利水，止脹。治反胃，熱飲二合，不可過多；如病深者，連服七日，屢效。噎病，或單飲，或入四物湯內服。狂犬咬，癬癘惡瘡，俱多飲。風蟲牙痛。含漱。其屎：熨風腫、漏瘡。炒，絞汁，治心腹痛，水腫。燒灰，止鼻衄、塗瘡癬。油開。

清·文晟《新編六書》卷六《藥性摘錄》 驢肉 甘，涼。安心氣狂亂，補氣血虛損。多食動氣。與荊芥相反，食之殺人。〇頭肉，煮汁止消渴；同薑齏煮汁服，治黃疸。〇陰莖，強陰壯筋。〇乳，止消渴，治小兒赤痢、驚癇。

清·王孟英《隨息居飲食譜·毛羽類》 驢肉 酸，平，有毒。動風。反荊芥，犯之殺人。

清·劉善述、劉士季《草木便方》卷二人禽獸部 驢 驢皮甘涼補益功，一切風毒筋骨痛。崩帶瀉痢腸風血，屎吹鼻衄疥癰封。阿井水熬膠曰阿膠。

清·田綿淮《本草省常·禽獸類》 驢 性涼。益氣血。動風，發痼疾。多食洩瀉。同豬肉食成霍亂，同葧臍食成筋急病，同荊芥食殺人。孕婦忌之。

清·戴葆元《本草綱目易知錄》卷六 驢 肉，甘，涼。補血益氣，解心煩，能安心氣，止風狂，解憂愁不樂，同五味煮食，或以汁作粥食，並治遠年勞損。煮汁空心飲，療痔引蟲。性能動風，風疾人勿食，妊娠食之難產，忌荊芥。【略】 乳：甘，寒，冷，利。熱飲，治氣鬱，療大熱，止消渴，治卒心痛，連腰臍者，小兒癇疾客忤，天吊風疾，急驚急黃，赤痢口噤，又能解熱毒而稀痘疹。浸黃連，取汁，點風熱赤眼。蜘蛛咬傷，器盛浸之。蚰蜒咬及飛蟲入耳，滴之當化成水。【略】 溺：辛，寒，有小毒。治反胃噎病，頓熱服二合，深者七日，照服，當效。

清·陳其瑞《本草撮要》卷八 驢溺 味辛，寒，入足陽明經，功專殺蟲。得四物治反胃噎膈，得薑汁洗白玷風。驢陰莖強陰壯筋。乳浸黃連，取汁點風火赤眼良。

清·吴汝紀《每日食物却病考》卷下 驢 肉，涼，無毒。補血益氣，治遠年勞損，療痔引蟲。宗奭曰：食之動風，脂肥尤甚，屢試屢驗。入藥以黑者為良，故阿膠必用黑驢皮。妊婦食之難產。同荊芥茶食之殺人。自死者有毒，不可食。

阿膠

宋·李昉《太平御覽》卷第九八八 阿膠 《東水經》曰：東阿(膠)縣有大井，其巨若輪，深六七丈。歲常煮膠以貢天府，《本草》所謂阿膠也，故世俗有阿井之名。庾信《哀江南賦》云：阿膠不能止黃河之濁。

宋·唐慎微《證類本草》卷一六獸部上品〔《本經·別錄·藥對》〕 阿膠 **味甘，平、**微溫，無毒。**主心腹內崩，勞極洒洒**音蘚**如瘧狀，腰腹痛，四肢酸疼，女子下血，安胎，**丈夫小腹疼，虛勞羸瘦，陰氣不足，脚酸不能久立，養肝氣。**久服輕身益氣。一名傅致膠。**生東平郡。煮牛皮作之。出東阿。畏大

黃，得火良。

〔梁·陶弘景《本草經集注》〕云：出東阿，故曰阿膠也。今東都下亦能作之，用皮亦有老少，膠則有清濁。凡三種：清薄者畫用；厚而清者名爲盆覆膠，作藥用之，皆火炙，丸散須極燥，入湯微炙爾；濁黑者可膠物，不入藥用，用一片鹿角即成膠，不爾不成也。

〔宋·馬志《開寶本草》〕按：陳藏器《本草》云：阿井水煎成膠，人間用者多非真也。凡膠，俱能療風止洩補虛，驢皮膠主風爲最。

〔宋·掌禹錫《嘉祐本草》〕按：《藥性論》云：阿膠，君。主堅筋骨，益氣止痢。署預爲之使。

〔宋·蘇頌《本草圖經》〕曰：阿膠，出東平郡，煮牛皮作之。出東阿，故名阿膠。今鄆州皆能作之，以阿縣城北井水作煮爲真。造之，阿井水煎烏驢皮，如常煎膠法。其井官禁，真膠極難得，都下貨者甚多，恐非真。尋方書所說所以勝諸膠者，大抵以驢皮得阿井水乃佳耳。《廣濟方》：療癱緩風及諸風，手脚不遂，腰脚無力者。驢皮膠炙令微起，先煮葱豉粥一升别貯，又以水一升，煮香豉二合，去滓，内膠更煮六七沸，膠烊如餳，頓服之。及暖喫前葱豉粥，任意多少，如冷喫令人嘔逆，頓服三四劑即止。禁如藥法。又膠之止洩，得蠟、黃連尤佳。《續傳信方》著張仲景調氣方云，治赤白痢，無問遠近，小腹疞痛不可忍，出入無常，下重痛悶，每發面青，手足俱變者，黃連一兩去毛，好膠手許大，碎蠟如彈子大，三味以水一大升，先煎膠令散，次下蠟，又煎令散，即下黃連末，攪相和。分爲三服，惟須熱喫，冷即難喫，神妙。此膠功用，皆謂今之阿膠也。故陳藏器云諸膠皆能療風止洩補虛，而驢皮膠主風爲最。又今時方家用黃明膠，多是牛皮，《本經》阿膠亦用牛皮，是二皮亦通用。然今牛皮膠製作不甚精，但以膠物者，不堪藥用之。當以鹿角所煎者，而鹿角膠《本經》自謂之白膠，云出雲中，今處處皆得其法，可以作之。但功倍勞於牛膠，故鮮有真者，非自製造，恐多僞耳。

〔宋·唐慎微《證類本草》〕雷公云：凡使，先於猪脂内浸一宿，至明出，於柳木火上炙，待泡了，細碾用。《聖惠方》：治姙娠尿血。用阿膠炒令黃燥爲散，每食前以粥飲調下二錢匕。《梅師方》：姙娠無故卒下血不止。取阿膠三兩炙擣末，酒一升半，煎令消，一服愈。又一方：以阿膠二兩擣末，生地黃半斤擣取汁，以清酒三升，絞汁，分三服。《楊氏產乳》：療姙娠血痢。阿膠二兩，以酒一升半，煮取一升，頓服。宋王微《桃飴贊》云：阿膠續氣。

宋·王繼先《紹興本草》卷一九 阿膠 紹興校定：阿膠，性味、主療已具《本經》，謂用東平阿井水而熬成，然皆以驢、牛皮可就。若以固虛、養冲任、滋補，其效不及鹿角膠多也。其阿膠，但取濡潤之性即可矣。蓋鹿角與驢牛皮本性所宜，各頗遠矣，當云味苦甘、平、微溫、無毒為定是也。

金·張元素《潔古珍珠囊》〔見元·杜思敬《濟生拔粹》卷五〕 阿膠甘純陽。補肺，補虛，安胎，止痢。

宋·劉明之《圖經本草藥性總論》卷下 阿膠 味甘，平，微溫，無毒。主心腹内崩勞極，洒洒如瘧狀，腰腹痛，四肢酸疼，女子下血，安胎，丈夫小腹痛，虛勞羸瘦，陰氣不足，腳酸不能久立，養肝氣。《藥性論》云：君。主堅筋骨，益氣止痢。薯蕷為之使。畏大黃。得火良。《聖惠方》：治姙孕尿血用。

宋·陳衍《寶慶本草折衷》卷一五 阿膠君。一名傅致膠，一名盆覆膠，一名驢皮膠。其牛者，名牛皮膠。出東平郡東阿井。在鄆州。○及東都。此膠當用阿井水與烏驢皮煎成。亦有以黃牛皮煎者。○署預為使，畏大黃，得火良。

味甘，平，微溫，無毒。○主心腹内崩，勞極如瘧，腰腹四肢酸疼，女子下血安胎，丈夫小腹痛，虛勞羸瘦，陰氣不足，脚酸，養肝氣。○陶隱居云：用皮有老少，膠則有清濁。○陳藏器云：凡膠俱能療風止洩，補虛，驢皮為最。○《藥性論》云：堅筋骨，益氣止痢。○《圖經》曰：烏驢皮得阿井水，療癱緩諸風，手脚不遂。剉碎，用蛤粉或麩同炒成珠子以用。欲生使者，則從本方。

續說云：沈存中論阿水下膈踈痰止吐，日華子論驢皮治風止血療帶。汲此水煮此皮以為膠，故功效最勝，宜為世之所貴也。今之貨者，不知果驢皮、果阿水所煎耶？習用既久，莫可甄别矣。張松又言阿膠養肺氣，治欬嗽喘急之疾，然此膠尤能潤導澀結，古方有阿膠枳殼散，治羸瘦及風疾，血氣消削，臟腑枯燥，大便不通，急脹疼悶。以生阿膠、生枳殼去穰各壹兩，炙甘草貳錢，並剉碎，每服肆錢，水壹盞半，煎至捌分，連啜兩服，俟半日即通。老少虛實，胎前產後，皆可施也。

元·王好古《湯液本草》卷六 阿膠 氣微温，味甘平，無毒。甘平，味薄氣厚，升也，陽也。入手太陰經、足少陰經厥陰經。《象》云：主心腹痛内崩。補虛安胎，堅筋骨，和血脈，益氣止痢。炮用。《心》云：補肺金氣不足。除不足，甘温補血。出東阿，得火良。《本草》云：主心腹内崩，勞極洒洒如瘧狀，腰腹痛，四肢酸痛，女子下血，安胎，丈夫小腹痛，虛勞羸

瘦，陰氣不足，脚痛不能久立。養肝氣，益肺氣。肺虛極損，欬嗽唾膿血，非阿膠不補。仲景猪苓湯，用阿膠，滑以利水道。《活人書》四物湯加減例，妊娠下血者加阿膠。

元・尚從善《本草元命苞》卷七　阿膠　君藥。無毒，性味甘平微溫。畏大黃。得火者良。咳膿血非此不補。續氣止嗽，入手太陰之經。補血安胎，行足厥陰之路。止女子崩中下血，腰腹酸疼。治丈夫虛勞羸瘦，陰氣不足。止洩痢出入無常，腳痠軟不能久立。療癱瘓除風，堅筋骨益氣。出東阿。煮牛皮為之。烏驢皮煎者最妙。厚清入藥，黑濁不堪。

元・佚名氏《珍珠囊・諸品藥性主治指掌》〔見《醫要集覽》〕　阿膠　味甘，平，性微溫，無毒。降也，陽也。其用有四：保肺益金之氣，止嗽蠲咳之膿，補虛安妊之胎，治痿強骨之力。

元・徐彥純《本草發揮》卷三　阿膠　成聊攝云：陰不足者，以甘補之。阿膠之甘，以補血。　潔古云：性平，味淡。氣味俱薄，浮而升，陽也。能補肺氣不足，甘溫以補血不足。慢火炮脆，搓細用。　東垣云：喘者，用阿膠。　海藏云：入手太陰、足少陰、足厥陰。肺虛損極，欬唾膿血，非阿膠不能補。仲景猪苓湯用阿膠，滑以利水道。《活人》四物湯加減例，妊娠下血者加阿膠。

明・王綸《本草集要》卷六　阿膠君　味甘辛，氣平，微溫。味薄氣厚，陽也。無毒。入手太陰經、足少陰經、厥陰經。畏大黃。薯蕷為之使。得火良。用東阿井水煮牛皮或驢皮為之。　主心腹內崩勞極，洒洒如瘧狀，腰腹痛，四肢酸疼，小腹痛，止痢，養肝氣，益肺金，定喘。肺虛極損，咳唾膿血，非此不補。又治女子下血，安胎，血虛而胎不安者，須此炙服，輕身益氣。

明・滕弘《神農本經會通》卷八　阿膠　君也。畏大黃。得火良。薯蕷為之使。用東阿井水，煮牛皮作之。或驢皮為之。陶云：用皮，亦有老少，膠則有清濁。凡三種，清薄者畫用。厚而清者，名為盆覆膠，作藥，用之皆火炙，丸散須極燥，入湯微炙爾。濁黑者，可膠物，不入藥用。又云：阿井水煎成膠，人間用者多非真也。其井官禁，真膠極難得。

味甘、辛，氣平，微溫，無毒。《湯》云：氣微溫，味甘、辛，無毒。甘辛，平。味薄氣厚，升也。東云：止嗽痢。又云：降也，陽也。保肺益金之氣，止嗽蠲咳之膿，補虛安姙之胎，治痿強骨之力。珍云：補血補肺。《疌》云：益肺，止嗽膿，補虛，安胎氣，治痿，強陰壯骨。

《本經》云：主心腹內崩，勞極，洒洒如瘧狀，腰腹痛，四肢酸疼，女子下血，安胎，丈夫小腹痛，虛勞羸瘦，陰氣不足，脚酸不能久立，養肝氣。久服輕身益氣。《圖經》云：大抵以驢皮得阿井水乃佳。《廣濟方》療癱緩風，及諸風手脚不遂，腰脚無力者，驢皮膠炙令微起，先煮葱豉粥一升，別貯，又以水一斗，煮香豉二合，去滓，內膠更煮六七沸，膠烊如餳，頓服之，及暖喫前葱豉粥，任意多少。如冷喫，令人嘔逆，頓服三四劑，即止。膠之止洩，得蠟、黃連尤佳。《傳信方》著張仲景調氣方云：治赤白痢，無問遠近，小腹疞痛不可忍，出入無常，下重疼悶，每發面青，手足俱變者，黃連一兩去毛，好膠手許大，碎蠟如彈子大，三味以水一大升，先煎膠令散，次下蠟，又煎令散，即下黃連末，攪相和，分為三服，惟須熱喫，神妙。故陳藏器云驢膠主風為最。又今時方家，用黃明膠，多是牛皮。《本經》阿膠亦用牛皮，是二皮亦通用。陳藏器云：凡膠，俱能療風止洩補虛，而驢皮膠主風為最。《藥性論》云：君。主堅筋骨，益氣，止痢。薯蕷為之使。《象》云：主心腹痛，內崩，補虛，安胎，堅筋骨，和血脉，益氣，止痢。炮用。《心》云：補肺金氣不足，除不足。甘溫補血。出東阿，得火良。《湯》云：《本草》云主心腹內崩，勞極，洒洒如瘧狀，腰腹痛，四肢酸痛，女子下血，安胎，丈夫小腹痛，虛勞羸瘦，陰氣不足，脚酸不能久立，養肝氣，益肺氣，肺虛極損，欬嗽唾膿血，非阿膠不補。仲景猪苓湯用阿膠，滑以利水道。《活人書》四物湯加減例，妊娠下血者加阿膠。《集》云：血虛而胎不安者，須此。《湯》云：入手太陰經、足少陰經厥陰經。劍云：阿膠甘溫能益肺，又能止嗽唾如膿。補虛更可安胎氣，治痿強陰壯骨隆。《局》云：阿膠主療虛勞極，止血安胎及養肝。治痎去風攻洩痢，更除腰痛四肢疲。阿膠，止血，安胎，除嗽痢。

明・劉文泰《本草品彙精要》卷二三　阿膠無毒。　熬成。

阿膠出《神農本經》：**主心腹內崩，勞極洒洒**音蘚**如瘧狀，腰腹痛，四肢酸疼，女子下血，安胎。久服輕身益氣。**以上朱字《神農本經》。丈夫小腹痛，虛勞羸瘦，陰氣不足，腳酸不能久立，養肝氣。以上黑字名醫所錄。【名】傳致膠、盆覆膠。【地】《圖經》曰：出東平郡之東阿，故名阿膠也。其法：以阿縣城北井水煮烏驢皮成之。其井官禁，民間真者最爲難得。今之市者，形色製作頗精，入藥未聞其效。蓋不得此井水故耳。大抵驢皮得阿井水煎者乃

佳也。其餘但可膠物，不堪藥用。〖時〗無時。〖收〗陰乾。〖用〗明淨者佳。〖色〗黑綠。〖味〗甘。〖性〗平，微溫。〖氣〗氣厚味薄，陽也。〖臭〗腥。〖主〗益肺，安胎。〖行〗手太陰經，足少陰經厥陰經。〖助〗山藥爲之使，得火良。〖反〗畏大黃。〖製〗《雷公》云：凡使，先於豬脂內浸一宿，至明出於柳木火上炙，待泡了，細研用。今以剉如麻豆大，與蛤粉同入鍋內，炒令成珠，方入藥用。〖治〗療：《藥性論》云：止痢。陳藏器云：治風爲最。○諸膠，祛風止泄。補：《藥性論》云：堅筋骨，益氣。陳藏器云：補虛。《湯液本草》云：和血脈，補肺金不足。〖合治〗炒令黃燥爲散，每食前以粥飲調下二錢匕，療妊娠尿血。○以三兩炒搗末和酒一鍾半，煎令消化，療妊娠無故卒下血不止，一服即愈。○以二兩合酒一鍾半，煮取一鍾頓服，療妊娠血利。

明・葉文齡《醫學統旨》卷八　阿膠　氣平，味淡。無毒。浮而升，陽也。入手太陰、足少陰厥陰經。山藥為之使；畏大黃。得火良。驢皮得阿井水(仍)〔乃〕佳。蛤粉炒。　治心腹內崩勞極，洒洒如瘧狀，腰腹痛，四肢酸疼，小腹痛，止痢，養肝氣，益肺金，定喘，肺虛極損，欬唾膿血，非此不除；又治女子下血，安胎，崩漏。

明・許希周《藥性粗評》卷四　金屋阿膠，善解血傷之悶。

阿膠，驢皮所煉膠也。出山東阿縣，故名。以城北井水所煎者真，其井有官禁，防以密屋，故真膠難得，而偽造者多，要須識得。凡使置猪脂內浸一宿，於柳木火上炙，待炮了，研用。薯蕷為之使，畏大黃。味甘，性平、微寒，無毒。主治虛癆羸瘦，血塊癥瘕，丈夫小腹牽痛，陰氣不足，四肢痿弱，婦女崩漏，妊娠血暈，安胎，止痢，養肝氣。

單方：妊娠尿血：阿膠炒令黃焦，為末，食前以粥飲調下二錢匕，妙。　赤白諸痢：阿膠炒焦一錢，黃連二錢，黃蠟少許，水一鍾，煎八分，乘熱頓服，即差。

明・鄭寧《藥性要略大全》卷一〇　阿膠君　益肺氣，止咳嗽之膿血；補虛勞，安胎孕之崩漏。《賦》曰：治痿弱而強筋骨，止痢血而療咳嗽。《湯液》云：阿膠主內崩，勞極似瘧，腰腹痛，四肢酸痛，小腹痛，虛勞羸瘦，陰氣不足，腳痠不能久立。養肝氣，益肝肺，虛極損傷，咳嗽吐膿，非此不能補。《秘要》云：治孕婦無故卒下血不止，痰中血、嗽血等症。《活人書》中四物湯加阿膠，治妊娠下血。味甘，平，氣微溫，無毒。入手太陰肺、足少陰腎厥陰肝經。降也，陽也。薯蕷為之使。畏大黃。得火良。東阿井水煎牛皮或驢皮為之，切開有紅綠五色者，真也。

明・賀岳《醫經大旨》卷一《本草要略》　阿膠　味甘、辛，性微溫。能保肺氣，養肝血，補虛，故止血安胎，止嗽止痢，治痿等劑皆用之。其嗽痢血證，惟久痢久嗽，虛勞失血者宜用。其邪勝而初發者皆不可用，抑恐強閉其邪，致生他證也。

明・陳嘉謨《本草蒙筌》卷九　阿膠　味甘、辛，氣平，微溫。味薄氣厚，升也，陽也。無毒。汲東阿井水，東阿縣屬山東兗州府，井在城北。用純黑驢皮，諸膠多係牛皮熬成，惟此用驢皮耳。鹿角一片後加，文火漸進熬就。設官監禁，最難得真。凡覓拯痾，不可不試。真者質脆音翠易斷，明澈如冰；假者質軟難敲，枯黯似墨。製之宜剉薄片，蛤粉和炒成珠。入劑不煎，研末調化。藥煎熟時，傾淨渣滓，將末投內，自然烊化。使山藥，畏大黃。入太陰肺經，及肝腎二臟。風淫木旺，遍疼延肢體能駛；火盛金虛，久欬唾膿血即補。養血止吐衄崩帶，益氣扶羸瘦勞傷。利便閉，調猪苓湯吞；禁胎漏，加四物湯服。定喘促，同欵冬紫菀；止瀉痢，和蜜蠟黃連。安胎養肝，堅骨滋腎。

謨按：煎膠用皮，取其發散皮膚外也。匪特此膠為然，諸膠牛皮熬者，亦皆能之，仍擇烏色。如用烏鷄子、烏蛇之類，物雖治風，然更取其烏黑屬水，蓋以制其熱則生風之義。東阿井水，乃係濟水所注。性急下趨，清而且重。用之煎煮，攪濁澄清。服之者，能去濁汙，以及逆上痰也。

明・方穀《本草纂要》卷一　阿膠　味甘、辛，氣平，微溫，味薄氣厚，陽也，無毒。入手太陰肺經，能益肺止嗽；入足少陰腎經，能安胎止漏；復入厥陰肝經，療欬嗽膿血。故凡崩中下血，經漏不止，帶下淋瀝，或血虛胎動不安，或五勞七傷，咳嗽喘急，或陰虛火動，小腹酸疼，一切氣血兩虛之症，皆能療之。大抵此劑爲補氣血之藥，必用阿井水煎黑驢皮爲膠者妙。

明・王文潔《太乙仙製本草藥性大全》卷七《本草精義》　阿膠　一名傅致膠。生東平郡。煮牛皮作之，出東阿，故曰阿膠也。今東都下亦能作之。用皮亦有老少，膠亦有清濁。凡三種：清薄者，畫用；厚而清者名爲盆覆膠，作藥用之，皆火炙，丸散須極燥，入湯微炙爾；濁黑者可膠物，不入藥用。其法乃東阿井水，在山東兗州府東阿縣，井在城北。用純黑驢皮、諸膠多係牛皮熬成，惟此用驢皮耳。鹿角一片，後加文火漸進熬就。設官監禁，最難得真。凡覓拯痾，不可不試：真者質脆易斷，明澈如冰；假者質軟難敲，枯黯似墨。

製之宜剉薄片，蛤粉和炒成珠，入劑不煎，研末調化。藥煎熟時傾净渣滓，將末投內，自然鎔化。使山藥，畏大黃。入太陰肺經，又肝腎二臟。療癱緩風及諸風手腳不遂，腰腳無力者，驢皮膠炙令微起，先煮葱豉粥一升別貯，又以水煮香豉二合，去滓，內膠更煮六七沸，膠烊如餳，頓服之。及暖喫煎葱豉粥任意多少，如冷喫，令人嘔逆。頓服三四劑即止。禁如藥法。又膠之止洩，得蠟、黃連尤佳。又治赤白痢，無問遠近，小腹病痛不可忍，出入無常，下重痛悶，每發面青，手足俱變者。黃連一兩去毛，好膠手許大，碎蠟如彈子大，三味以水一大升，先煎膠令散，次下蠟，又煎令散，即下黃連末，攪相和，分爲三服，惟須熱喫，冷即難吞，神妙！此膠功用，皆謂今之阿膠也。故陳藏器云：諸膠皆能療風止洩補虛，而驢皮膠主風爲最。又今時方家用黃明膠，多是牛皮，《本經》阿膠亦用牛皮。是二皮亦通用，然今牛皮膠製作不甚精，但以膠物者，不堪藥用之。當以鹿角所煎者，而鹿角膠《本經》自謂之白膠，云出虞中，今處處皆得其法，可以作之，但功倍勞於牛膠，故鮮有真者，非自製造，恐多僞耳。

按：煎膠用皮取其發散皮膚外也。匪特此膠爲然，諸膠牛皮熬者亦皆能之。仍擇烏色，如用烏雞子、烏蛇之類，物雖治風，然更取其烏黑屬水，蓋以制其熱則生風之義。東阿井水，乃係濟水所注，性急下趨，清而且重，用之煎煮，攪濁澄清服之者，能去濁汙，以及逆上痰也。

明・王文潔《太乙仙製本草藥性大全》卷七《仙製藥性》 阿膠君 味甘、辛，氣平，微溫，味薄氣厚，升也，陽也，無毒。薯蕷爲之使。主治：風淫水旺遍疼延肢體能毆，火盛金虛久嗽唾膿血即補。養血止吐衄崩帶，益氣扶羸瘦勞傷。利便閉調猪苓湯吞，禁胎漏加四物湯服。定喘促同欵冬紫(苑)〔菀〕，止瀉痢和蜜蠟黃連。安胎養肝，堅骨滋腎。補註：治妊娠尿血，用阿膠炒令黃燥爲散，每食前以粥飲調下二錢。○妊娠無故卒下血不止，取阿膠三兩，炙搗末，酒升半，煎令消，一服愈。又方以阿膠二兩，搗末，生地黃半斤，搗取汁，以清酒三升，絞汁分三服。○療妊娠血痢，阿膠二兩，酒一升半，煮取一升頓服。太乙曰：凡使先於猪脂內浸一宿至明出，於柳木火上炙，待泡了細碾用。

明・皇甫嵩《本草發明》卷六 阿膠上品。氣微溫，味甘，平。味薄氣厚，升也，陽也。無毒。入手太陰、足少陰厥陰經。山藥為之使。畏大黃。發明曰：阿膠，養肝益肺，兼滋腎水，故水弱火盛金虛之候用之為當。故《本草》主心腹內崩，勞極洒洒如瘧狀，腰腹痛，四肢痠疼，女子下血，丈夫小腹痛，虛勞羸瘦，陰氣不足，脚痠不能立，養肝氣，益肺氣。是《本經》只言補不足，並不言主血症。至《象》云和血脉，《心》云補血出。又云：肺虛極損，欬嗽唾膿血，非此不補。故今時專用以主咳血吐衄崩痢之候。《本經》亦止言女子下血而已，似非專主血也。愚謂其旨一也。《經》亦主心腹內崩勞極，此明是火盛水虧，肺肝內損，隱然咳血衄崩痢之候在其中矣。○仲景猪苓湯用之，以滑利水道。《活人書》四物湯加減用之，以固漏胎。同欵花、紫(苑)〔菀〕之類，定喘促。和蜜蠟、黃連，止下痢。凡此皆為補虛之用也。陳藏器云：諸膠皆能療風，止洩補虛，而驢皮膠主風為最。故諸風手脚不隨，腰脚無力者用之。愚謂正以養肝和血脉耳。《本經》膠用牛皮，然今牛皮製作不精，不堪入藥。以烏驢皮屬水以制熱生風之義。阿井係濟水所注，性急趨下，清且重，去濁污以及逆上痰氣也。質脆易斷，明澈清厚者方真。製用海蛤粉炒成珠，治痰血妙。

明・李時珍《本草綱目》卷五〇獸部・畜類 阿膠《本經》上品

【釋名】傅致膠《本經》。弘景曰：出東阿，故名阿膠。時珍曰：阿井，在今山東兖州府陽穀縣東北六十里，即古之東阿縣也。有官舍禁之。酈道元《水經注》云東阿有井大如輪，深六七丈，歲常煮膠以貢天府者，即此也。其井乃濟水所注，取井水煮膠，用攪濁水則清。故人服之，下膈疏痰止吐。蓋濟水清而重，其性趨下，故治淤濁及逆上之痰也。【集解】《別録》曰：阿膠出東平郡東阿縣，煮牛皮作之。弘景曰：今東都亦能作之。用皮有老少，膠有清濁。熬時須用一片鹿角即成膠，不爾不成也。膠有三種：清而薄者，畫家用；清而厚者名覆盆膠，入藥用；濁而黑者不入藥，但可膠物爾。頌曰：今鄆州亦能作之，以阿縣城北井水作煮者爲真。其井官禁，真膠極難得，貨者多僞。其膠以烏驢皮得阿井水煎成乃佳爾。今時方家用黃明膠，多是牛皮；《本經》阿膠，亦用牛皮，是二皮可通用。但今牛皮膠製作不甚精，止可膠物，故不堪入藥也。陳藏器言諸膠皆能療風止泄補虛，而驢皮膠主風爲(是)〔最〕，此阿膠所以勝諸膠也。時珍曰：凡造諸膠，自十月至二三月間，用𤛓牛、水牛、驢皮者爲上，猪、馬、騾、駝皮者次之，其舊皮、鞋、履等物者爲下。俱取生皮，水浸四五日，洗刮極净。熬煮，時時攪之，恒添水。至爛，濾汁再熬成膠，傾盆內待凝，近盆底者名坌膠，煎膠水以鹹苦者爲妙。大抵古方所用多是牛皮，後世乃貴驢皮。若僞者皆雜以馬皮、舊革、鞍、靴之類，其氣濁臭，不堪入藥。當以黃透如琥珀色，或光黑如瑿漆者爲真。真者不作皮臭，夏月亦不濕軟。【修治】弘景曰：凡用皆火炙之。斅曰：凡用，先以猪脂浸一夜，取出，於柳木火上炙燥研用。時珍曰：今方法或炒成珠，或以麪炒，或以酥炙，或以蛤粉炒，或以草灰炒，或酒化成膏，或水化膏，當各從本方也。

【氣味】甘，平，無毒。《別録》曰：微温。張元素曰：性平味淡，氣味俱薄，浮而升，陽也。入手太陰、足少陰厥陰經。○得火良。薯蕷爲之使。畏大黄。【主治】心腹内崩，勞極洒洒音蘚。如瘧狀，腰腹痛，四肢酸痛，女子下血，安胎。久服，輕身益氣《本經》。丈夫小腹痛，虚勞羸瘦，陰氣不足，脚酸不能久立，養肝氣《別録》。堅筋骨，益氣止痢《藥性》。頌曰：止泄痢，得黄連、蠟尤佳。療吐血衄血，血淋尿血，腸風下痢。女人血痛血枯，經水不調，無子，崩中帶下，胎前産後諸疾。男女一切風病，骨節疼痛，水氣浮腫，虚勞咳嗽喘急，肺痿唾膿血，及癰疽腫毒。和血滋陰，除風潤燥，化痰清肺，利小便，調大腸，聖藥也時珍。

【發明】藏器曰：諸膠皆主風、止泄、補虚，而驢皮主風爲最。宗奭曰：驢皮煎膠，取其發散皮膚之外也。用烏者，取烏色屬水，以制熱則生風之義，如烏蛇、烏鴉、烏鷄之類皆然。時珍曰：阿膠大要只是補血與液，故能清肺益陰而治諸證。按陳自明云：補虚用牛皮膠，去風用驢皮膠。成無己云：陰不足者補之以味，阿膠之甘以補陰血。楊士瀛云：凡治喘嗽，不論肺虚肺實，可下可温，須用阿膠以安肺潤肺。其性和平，爲肺經要藥。小兒驚風後瞳人不正者，以阿膠倍人參煎服最良。阿膠育神，人參益氣也。又痢疾多因傷暑伏熱而成，阿膠乃大腸之要藥。有熱毒留滯者，則能疏導；無熱毒留滯者，則能平安。數説足以發明阿膠之藴矣。

【附方】舊四，新十四。

癱緩偏風：治癱緩風及諸風手脚不遂，腰脚無力者。驢皮膠微炙熟。先煮葱豉粥一升，別〔貯〕。又以水一升，煮香豉二合，去滓入膠，更煮七沸，膠烊如餳，頓服之乃暖吃葱豉粥。如此三四劑即止。若冷吃粥，令人嘔逆。《廣濟方》。

肺風喘促：涎潮眼竄。用透明阿膠切炒，以紫蘇、烏梅肉焙研等分，水煎服之。《直指》。

老人虚秘：阿膠炒二錢，葱白三根，水煎化，入蜜二匙，温服。

胞轉淋閟：阿膠三兩，水二升，煮七合，温服。○《千金方》。

赤白痢疾：黄連阿膠丸：治腸胃氣虚，冷熱不調，下痢赤白，裏急後重，腹痛，小便不利。用阿膠炒過水化成膏一兩，黄連三兩，茯苓二兩，爲末，搗丸梧子大。每服五十丸，粟米湯下，日三。《和劑局方》。

吐血不止：《千金翼》用阿膠炒二兩，蒲黄六合，生地黄三升，水五升，煮三升，分服。○《經驗》：治大人、小兒吐血。用阿膠炒、蛤粉各一兩，辰砂少許，爲末。藕節搗汁，入蜜調服。

肺損嘔血：并開胃。用阿膠炒三錢，木香一錢，糯米一合半，爲末。每服一錢，百沸湯點服，日一。《普濟》。

大衄不止：口耳俱出。用阿膠炙，蒲黄半兩，每服二錢，水一盞，生地黄汁一合，煎至六分，温服。急以帛繫兩乳。《聖惠》。

月水不調：阿膠一錢，蛤粉炒成珠，研末，熱酒服即安。一方入辰砂末半錢。

月水不止：阿膠炒焦爲末，酒服二錢。《秘韞》。

妊娠尿血：阿膠炒黄爲末，食前粥飲下二錢。《聖惠》。

妊娠血痢：阿膠二兩，酒一升半，煮一升，頓服。

妊娠下血：不止。阿膠三兩炙爲末，酒一升半煎化，〔一服〕即愈。○又方：用阿膠末二兩，生地黄半斤搗汁，入清酒二升，分三服。《梅師方》。

妊娠胎動：《删繁》用阿膠炙研二兩，香豉一升，葱一升，水三升，煮取一升，入膠化服。○《産寶》膠艾湯：用阿膠炒〔二兩〕，熟艾葉二兩，葱白一升，水四升，煮一升，分服。

産後虚閟：阿膠炒、枳殼炒各一兩，滑石二錢半，爲末，蜜丸梧子大。每服五十丸，温水下。未通，再服。《和劑局方》。

久嗽經年：阿膠炒、人參各二兩，爲末。每用三錢，豉湯一盞，葱白少許，煎服，日三次。《聖濟總録》。

題明・薛己《本草約言》卷二《藥性本草》卷一 阿膠 味甘、辛，氣微溫，無毒。陽也，可升可降，入手太陰、足少陰厥陰經。和血脉，益肝之損；定喘促，補肺之虛。止胎漏，安胎最妙；除腹痛，治痢尤宜。○阿膠能補肺氣，養肝血補虛，故止血安胎，止嗽止痢，治瘻等劑皆用之。其嗽、痢、血證，惟久而虛者宜之。若邪盛而初發者皆不可用，恐強閉其邪，致生他證也。《發明》云：阿膠養肝益肺，兼滋腎水，故水弱火盛金虛之候，用之為當。

明・梅得春《藥性會元》卷下 阿膠 味淡，氣平。浮而升，陽也。無毒。山藥為使。畏大黃。得火良。入手太陰肺經、足少陰腎經、足厥陰肝經藥。

主保肺益金之氣，止嗽蠲咳之膿；補血虛安胎之能，治勞瘻強骨之用。止痢、止血，補肺、補肝。療心腹內崩，勞極洒洒如瘧，腰腹作痛，四肢痠疼，女子下血，丈夫小腹痛，虛勞羸瘦，陰氣不足，脚弱不能久立。出山東東平州，東阿縣北阿井水煮驢皮，煎熬成膏者為真。用一片同鹿角煮，而角成膏者為佳。不則不為真也。製法：放於猪脂內浸一宿，火炙，滾水泡過，或用蛤粉炒珠，研細用之，能益肺金定喘。若肺虛損極，欬唾膿血者，非此不能除。

明・杜文燮《藥鑒》卷二 阿膠 氣微溫，味甘，平，無毒。降也，陽也。能保肺氣，養肝血，補虛羸，故止血安胎，止嗽止痢，治痰治瘻皆效。惟久嗽，久痢，久痰及虛勞失血之症者宜用。若初發邪勝者，不可驟用，恐強閉其邪，致生他證也。倘肺家要用，須用桑白皮同劑以監制之，立效。何者？蓋膠斂肺之藥，桑白皮瀉肺之藥，以此監彼，但取阿膠之能，而瀉阿膠之斂故耳。若痢家要用，即多枳殼、檳榔，無有不可，此又通變之妙用也。

明・王肯堂《傷寒證治準繩》卷八 阿膠 氣平，味甘，無毒。氣味俱薄，浮而升，陽也，入手少陰、足少陰厥陰經。得火良。藏器曰：諸膠皆主

風止洩，而驢皮主風為最。寇：驢皮煎膠，取其發散皮膚之外也。用烏者，取烏色屬水，以制熱則生風之義。如烏蛇、烏鴉、烏雞之類皆然。珍：阿膠，大要只是補血與液，故能清肺益陰，而治諸證。按陳自明云：補虛用牛皮膠，去風用驢皮膠。成氏云：陰不足者，補之以味。阿膠之甘，以補陰血。楊氏云：凡治喘嗽，不論肺虛肺實，可下可溫，須用阿膠以安肺潤肺，其性和平，為肺經要藥。剉如豆大，或以蛤粉，或以麩，或以草灰，皆炒成珠，研末用。或以湯酒鎔化，各從本方。

明・李中立《本草原始》卷九　阿膠　《圖經》曰：出東平郡，煮牛皮作之。出東阿，故名阿膠。今鄆州皆能作之，以阿縣城北井水作煮為真。其井官禁，真膠極難得，貨者多偽。其膠以烏驢皮，得阿井水煎成乃佳耳。《本經》一名傅致膠。

阿膠：氣味：甘，平，無毒。主治：心腹內崩，勞極洒洒如瘧狀，腰腹痛，四肢酸痛，女子下血，安胎。久服輕身益氣。○丈夫小腹痛，虛勞羸瘦，陰氣不足，腳酸不能久立，養肝氣。○堅筋骨，益氣，止痢。○療吐血、衄血、血淋、尿血，腸風下痢。女人血痛血枯，經水不調，無子，崩中帶下，胎前產後諸疾。男女一切風病，骨節疼痛，水氣浮腫，虛勞咳嗽喘急，肺痿唾膿血，及癰疽腫毒。和血滋陰，除風潤燥，化痰清肺，利小便，調大腸聖藥。張元素曰：性平味淡，氣味俱薄，浮而升，陽也。入手少陰、足少陰厥陰經。得火良。薯蕷為之使，畏大黃。

阿膠，《本經》上品。【圖略】修治：阿膠或炒成珠，或以麪炒，或以酥炒，或以蛤粉炒，或以草灰炒，或酒化成膏，或水化膏，當各從本方也。古方所用，多是牛皮，後世乃貴驢皮。偽者皆雜以馬、騾、駝皮，舊革、鞍、靴之類，其氣濁臭，不堪入藥。當以黃透如琥珀色，或光黑如瑿漆，擊之易碎者為真。真者不作皮臭，夏月亦不濕軟。

《梅師方》：治妊娠下血，真阿膠三兩，炙為末，酒一升半，煎化服之，即愈。阿膠，君。

明・張懋辰《本草便》卷二　阿膠君　味甘、辛，氣平、微溫，味薄氣厚，陽也，無毒。入手太陰經、足少陰經厥陰經。畏大黃。主心腹內崩勞極，洒洒如瘧狀，腰腹痛，四肢酸疼，小腹痛，止痢。養肝氣，益肺金，定喘，肺虛極損，欬唾膿血，非此不補。又治女子下血，安胎，血虛而胎不安者須此。

明・李中梓《藥性解》卷六　阿膠　味甘、鹹，性微溫，無毒，入肺、肝、腎三經。主風淫木旺肢節痿疼，火盛金衰喘嗽痰血，補勞傷療崩帶，滋腎安胎，益氣止痢。明澈如冰，質脆易斷者真。山藥為使，畏大黃，蛤粉炒成珠用。

按：阿膠用黑驢皮造成，黑屬水，耑入腎，能尅火，蓋以制熱則生風之義，故宜入肝。且火得制則金亦無侵，故又宜入肺。夫東阿井係濟水所生，性急下趨，清而且重，用之煎煮，攪濁澄清，所以能清上炎之火及上逆之痰也。

明・繆希雍《本草經疏》卷一六　阿膠　味甘，平、微溫，無毒。主心腹內崩，勞極洒洒如瘧狀，腰腹痛，四肢酸疼，女子下血，安胎，丈夫小腹痛，虛勞羸瘦，陰氣不足，腳酸不能久立，養肝氣。久服輕身益氣。一名傅致膠。得火良，薯蕷為之使。畏大黃。凡用以蛤粉炒，或酒化成膏亦得。

〔疏〕阿膠，舊云煮牛皮作之。藏器與蘇頌皆云是烏驢皮，其說為的。其功專在於水。按阿井在山東兗州府東阿縣，乃濟水之伏者所注，其水清而重，其色正綠，其性趨下而純陰，與眾水大別。《本經》味甘氣平。《別錄》微溫無毒。元素云：性平味淡。氣味俱薄。可升可降，陽中陰也。入手太陰，足少陰、厥陰經。其主女子下血，腹內崩，勞極洒洒如瘧狀，腰腹痛，四肢酸疼，胎不安，及丈夫少腹痛，虛勞羸瘦，陰氣不足，腳酸不能久立等證。皆由於精血虛，肝腎不足，法當補肝益血。《經》曰：精不足者，補之以味。味者，陰也。補精以陰，求其屬也。此藥得水氣之陰，具補陰之味，俾入二經而得所養，故能療如上諸證也。血虛則肝無以養，益陰補血，故能養肝氣。入肺腎補不足，故又能益氣，以肺主氣，腎納氣也。氣血兩足，所以能輕身也。今世以之療吐血、衄血、血淋、尿血、腸風下血、血痢、女子血氣痛、血枯、崩中、帶下、胎前產後諸疾，及虛勞咳嗽，肺痿肺癰膿血雜出等證神效者，皆取其入肺入腎，益陰滋水，補血清熱之功也。〔主治參互〕同天麥門冬、栝樓根、白藥子、五味子、桑白皮、剪草、生地黃、枸杞子、百部、蘇子、白芍藥，治肺腎俱虛，欬嗽吐血。同杜仲、枸杞子、白芍藥、山藥、麥門冬、地黃、黃耆、人參、青蒿、續斷、黃檗，治婦人崩中漏血。同白芍藥、炙甘草、麥冬、地黃、白膠、當歸、枸杞子、杜仲、續斷，治婦人胎痛，或胎漏下血。《直指方》老人虛秘，阿膠炒二錢，葱白三根，水煎化，入蜜二匙，溫服。仲景方黃連阿膠湯，治少陰病，得之二三日以上，心中煩，不得臥者。用阿膠三兩，黃連四兩，黃芩一兩，芍藥二兩，雞子黃二枚，以

水五升，先煮三物，取二升，去滓，內膠烊盡，小冷，內雞子黃，攪令相得。溫服七合，日三。《和劑局方》治腸胃氣虛，冷熱不調，下痢赤白，裏急後重腹痛，小便不利。用阿膠二兩炒，黃連三兩，茯苓二兩，為末，搗丸梧子大。每服五十丸，米湯下，日三。《千金翼》吐血不止，阿膠炒二兩，蒲黃六合，生地黃三兩，水五升，煮三升，分服。兼治衄血。《梅師方》妊娠下血不止，阿膠三兩炙為末，酒一升煎化，服即愈。《產寶方》膠艾湯，妊娠胎動，阿膠、艾葉各二兩，葱白一升，水四升，煮一升，分服。〔簡誤〕此藥多偽造，皆雜以牛馬皮、舊革鞍靴之類，其氣濁穢，不堪入藥。當以光如瑿漆，色帶油綠者為真。真者折之即斷，亦不作臭氣，夏月亦不甚濕軟。如入調經丸藥中，宜入醋，重湯頓化和藥。其氣味雖和平，然性黏膩，胃弱作嘔吐者，勿服。脾虛食不消者，亦忌之。

明・倪朱謨《本草彙言》卷一八 阿膠　味甘、微苦，氣平，無毒。氣味俱薄，浮而升，陽中陰也。入手少陰、足少陰厥陰經。《別錄》曰：阿膠，出東平郡東阿縣，有官舍禁之。酈氏《水經注》云：其井大如輪，深六七丈，歲常煮膠以貢天府。其井乃濟水所注，取井水煮膠用。攪濁水即清，性下趨，質清且重。煮法：必取烏驢皮或烏牛皮，洗刮淨，去毛，急流水中浸七日，入大鍋內，漸增阿井水，煮三日夜則皮化，濾清，再煮稠。貯磁盆中乃成。冬月易乾，其色深綠，且明亮輕燥而脆。味甘而淡乃佳。亦須陳久，方堪入藥。古方取烏牛皮浸洗淨，亦可煎膠。凡造阿膠，自十月至二月間，用烏驢皮，或牸牛、水牛皮爲上。修治：凡用須用小麥麪拌炒成珠，或以蛤粉拌炒成珠，或以酒頓化，或以滾湯頓化，各從其製便也。但貴烏驢皮者，取烏色屬水，以制熱則生風之義。盧氏曰：或云濟水所注，蓋濟爲楚，隱則伏流，顯則湧出，與阿水質之清重，性之下趨，似不相符，難考其所從來矣。驢力在臚。臚，腹前也。顧力在臚，色專者黑，精專者皮耳。

阿膠：清金養肺，滋木養肝，濟水養腎，平火養心，潤土養脾，葉氏《本草》培養五藏陰分不足之藥也。李秋江曰：此得水氣之陰，具補精之質，得甘平之味。故陳氏《本草》主衄血、吐血、咯血、唾血、溺血、便血、腸風糞血、崩中下血、經漏脱血，淋瀝不止；或胎動不安，血虛腹痛；或兩目昏眩，血虛頭旋；或虛火喘促，咳嗽血痰，而成肺痿肺癰；或熱傷營絡，下痢純紅，而腹痛不止，惟此藥補血益陰，調榮養液，故能療如上諸證也。然其氣味雖居和平而性質粘膩，如胃弱嘔吐，有寒痰留飲者；脾寒飲食不消運者，又當忌之。盧子繇先生曰：緣水性之下趨，故潤膈疏痰，降淤濁及上逆之血也。協皮革之外衛，故治內損脱血、崩淋血痢之下陷也。藉火力之煎熬爲膠，以成土化，如藏之五勞，形之六極，以及四肢經隧，或涸或污，爲痠爲痛，如胎孕不固之下墜等證，咸需用之，獲效實無量也。

集方：以下十三方俱出《方脉正宗》。治肺損嘔血。用真阿膠三錢，滾湯泡化，麥門冬五錢，煎湯調和服。○治肝虛脇痛，目昏、筋脉痿弱。用真阿膠三錢，葳蕤一兩，白芍藥五錢，敗龜板七錢，水煎服。○治腎虛腰脊痿軟，遺精盜汗。用真阿膠三錢，人參一錢，北五味七分，枸杞子、麥門冬各五錢，懷熟地四錢，水煎服。○治心虛火盛，煩渴不寧。用真阿膠三錢，懷生地五錢，人參、棗仁、麥門冬各二錢，北五味七分，蓮子四錢，水煎服。○治脾虛血燥，大便秘結。用真阿膠三錢，懷生地、麥門冬、肉蓯蓉各五錢，知母四錢，水煎服。○治吐血衄血，咯血唾血。用真阿膠三錢，生蒲黃、懷生地各五錢，黃芩二錢，燈心五十根，水煎服。○治溺中血。用真阿膠三錢，茜草、懷生地、白芍藥、地骨皮各二錢五分，車前子一錢，水煎服。○治糞前糞後便血，或腸風瀉血。用真阿膠三錢，蒼朮米泔浸炒、赤石脂、炮薑灰各五錢，北五味子一錢，水煎服。○治婦人崩中下血，或經漏脱血，淋瀝不止。用真阿膠四兩，川續斷、牡丹皮、丹參、當歸身、懷生地各三兩，白朮二兩，熬膏煉蜜收。每早午晚各服五錢，人參湯調服。○治血虛腹痛，或胎動不止。用真阿膠三錢，當歸四錢，白芍藥、懷熟地各五錢，砂仁殼、丹參、白朮、黃芩各二錢，川芎一錢，水煎服。○治血虛頭旋，兩目昏眩。用真阿膠二兩，蛤粉拌炒成珠，天麻、當歸、白朮、黃芩、密蒙花各二兩五錢，川芎、牡丹皮各一兩，俱用酒拌炒，研爲末，煉蜜丸梧子大。每服三錢，臨睡菊花湯送下。○治虛火喘促，咳嗽血痰，將成肺痿肺癰。用真阿膠三錢，桑白皮、懷生地、川貝母、紫(苑)〔菀〕、百部、百合、廣陳皮、薏苡仁、牛膝、茯苓各二錢，水煎服。○治熱傷營絡，下痢純紅，腹痛不止。用真阿膠三錢，白芍藥、川黃連、懷生地各二錢，甘草、炮薑灰各一錢，茯苓一錢五分，水煎服。○治妊娠下血，或痢血，或瘧疾，或久咳嗽，或衄血、吐血。用真阿膠三錢，黃芩一錢五分，茯苓、甘草各一錢，水煎服。○楊士行治小兒驚風後瞳人不正者。以真阿膠、人參各二錢，水煎服。○治虛勞咳怯之人，患痢疾腹痛、下赤白者。用真阿膠二錢，白芍藥三錢，甘草、

白茯苓、桑皮各一錢，桔梗五分，水煎服。積毒甚者，加川黃連八分，黃芩一錢；腹痛下重不行者，加枳殼一錢，久煉大黃八分。○治虛勞咳怯之人，下純血痢。用真阿膠三錢，懷生地五錢，白芍藥四錢，白茯苓二錢，當歸身一錢，川黃連八分，水煎服。○治吐血，先吐痰而後吐血者，是積熱也。用阿膠、生地、白芍、桑皮、黃芩、天麥二冬、紫(苑)〔菀〕、玄參、知母各二錢，甘草七分，水煎服。○治吐血，先吐血而後吐痰者，是陰虛也。用阿膠、黃柏、生熟二地、天麥二冬、白芍藥、知母、黃芩、沙參、山藥、玉竹各二錢，甘草七分，水煎服。

明·顧逢柏《分部本草妙用》卷四肺部·温補　阿膠　甘，平、微溫，無毒。薯蕷為使，畏大黃，得火良。　主治：心腹內崩勞極，洒洒如瘧，腰腹痛，四肢酸。女子下血，安胎，血痛血枯，調經，崩中，胎產諸疾。丈夫小腹痛，陰虛腳酸，養肝補勞，堅筋骨，止痢。療吐血衄血，血淋尿血，腸風，一切風病。欬嗽喘急，肺痿唾血。潤燥化痰，清肺，利小便，調大腸聖藥。　按：補虛用牛皮膠，去風用驢皮膠。阿膠大要，只是補血與液，清肺益陰之妙藥也。○凡治喘急，不論肺之虛實，可下可溫，須用阿膠，以安肺潤肺，其性最和，為肺經要藥。○小兒驚風後，瞳人不正者，以阿膠倍人參，煎服即止。又痢疾多因傷暑伏熱而成，用阿膠則熱毒留滯者，可以疏導。無熱毒流滯者，亦能平安，故為大腸妙藥。○有牛皮膠，名水膠，治一切男婦血症，為活血止痛，潤燥，利大小腸，為外科妙藥。

明·黃承昊《折肱漫録》卷三　阿井之水，相傳是濟水，其色綠，其性急而沉，其體較他水頗重。予曾至其井取試之，蓋濟性清而下，故阿膠能益肺降火。膠必得烏驢皮煎者，兼補腎臟，斯為合法。然世間阿膠，皆雜驢皮所煎，非親製不可得也。

明·李中梓《醫宗必讀·本草徵要下》　阿膠味鹹，平，無毒。入肺、肝二經。山藥為使，畏大黃。拌蛤粉炒。　止血兮兼能去瘀，疎風也又且補虛。西歸金腑，化痰止欬除癰痿；東走肝垣，強精養血理風淫。安胎始終並用，治痢新久皆宜。阿井乃濟水之眼，《內經》以濟水為天地之肝，故入肝，治血證風證如神。烏驢皮合北方水色，以制熱生風也。真者光明脆徹，歷夏不柔，偽者反能滯痰，不可不辨。按：胃弱作嘔吐，脾虛食不消者均忌。

明·鄭二陽《仁壽堂藥鏡》卷七　阿膠　氣微溫，味甘、辛，無毒。甘、辛，平。味薄氣厚，升也，陽也。　入手太陰經、足少陰經厥陰經。蛤粉炒成珠用。《象》云：主心腹痛內崩，補虛安胎，堅筋骨，和血脉，益氣止痢。炮用。《心》云：補肺金氣不足，除不足，甘溫補血。出東阿，得火良。《本草》云：主心腹內崩，勞極洒洒如瘧狀，腰腹痛，四肢酸痛，女子下血，安胎；丈夫小腹痛，虛勞羸瘦。陰氣不足，腳酸不能久立；養肝氣，益肺氣。肺虛極損，欬嗽唾膿血，非阿膠不補。仲景猪苓湯，用阿膠，滑以利水道。《活人書》四物湯加減例，妊娠下血者，加阿膠。　按：阿膠用黑驢皮造成。黑屬水，專走腎，能制火。火退則風不生，故入足厥陰，以理風淫木旺。水盛則金有救，故入手太陰經，以理火盛金衰。東阿井係濟水所生，性急下趨，清而且重，所以清上逆之痰也。《本草》云：阿膠畏大黃。　禹錫云：婦人服之，調經有子。治漏下赤白。

明·蔣儀《藥鏡》卷一温部　阿膠　安血虛胎動，止血熱吐衄。定痿弱之喘，止休息之痢。崩帶宜投，痔漏可入。同葱白、生蜜滋潤老人之燥秘，同天冬、生地培扶肺腎之枯虛。治肺痿，同桑根白皮。入痢藥，並檳榔、枳殼。

明·李中梓《頤生微論》卷三　阿膠　味鹹，性平，無毒。入肺、肝、腎三經。薯蕷為使。畏大黃。明徹質脆，色綠者真。蛤粉炒成珠用。主勞損，肢體酸疼，吐衄崩淋，尿血血痢，腸風帶下，經水不調，欬嗽喘急，肺痿肺癰，潤燥化痰，安胎，療腫毒，利小便，調大腸。

按：阿井乃濟水之眼，《內經》以濟水為天地之肝，故入肝多功。烏驢皮合北方水色，順而健行之物，故入腎多功。水充則火有制，火熄則風不生，故木旺風淫，火盛金衰之症，莫不應手取效。然邇來真者絕罕，悮用偽者，反為滯痰傷胃，不可輕忽也。

明·張景岳《景岳全書》卷四九《本草正》　阿膠　味甘、微辛，氣平，微溫。氣味頗厚，陽中有陰。製用蛤粉炒珠，入肺、肝、腎三經。其氣溫，故能扶勞傷，益中氣。其性降，故能化痰清肺，治肺癰肺痿，欬唾膿血，止嗽定喘。其性養血，故能止吐血衄血，便血尿血，腸風下痢，及婦人崩中帶濁血淋，經脉不調。其味甘緩，故能安胎固漏，養血滋腎，實腠理，止虛汗，托補癰疽腫毒。用惟鬆脆氣清者為佳，堅鞕臭劣者不美。

明·賈九如《藥品化義》卷六肺藥　阿膠　屬陰，體潤，色黑綠，氣腥，味微苦，性平，能降。力補血液，性氣與味俱厚濁，入肺肝腎三經。　阿膠用

黑驢皮，取北方元武之義。又用山東東阿井水煎成為膠，其水係濟水所經，性急下趨，清而且重，專入肺部，以清炎上之火，逆上之痰，治虛勞咳嗽，痰中帶血，因其氣性和平，力補血液，能令脈絡調和，血氣無阻，善治崩漏帶下，為安胎聖藥。及痢疾久虛，骨蒸肉熱，入腎以潤水，入肝以清火，女人血枯，男子精少，無不奏功。

明·施永圖《本草醫旨·食物類》卷四　阿膠出東平郡東阿縣。煮牛皮作之，熬時須用一片鹿角即成膠，不用不成也。○凡造諸膠，自十月至二三月間，用𤛓牛、水牛、驢皮者為上，豬、馬、騾、駝皮者次之，其舊皮鞋履等物者為下。俱取生皮，水浸四五日，洗刮極淨。熬煮，時時攪之，恒添水。至爛，濾汁再熬成膠，傾盆內待凝。近盆底者名坌膠。煎膠水以鹹苦者為妙。大抵古方所用，多是牛皮，後世乃貴驢皮。若偽者，皆雜以馬皮、舊革、鞍靴之類，其氣濁臭，不堪入藥。當以黃透如琥珀色，或光黑如豎漆者為真。真者不作皮臭，夏月亦不濕軟。○凡用，皆火炙之。○先以豬脂浸一夜，取出於柳木火上炙燥，研用。○今方法或炒成珠，以麪炒，或以酥炙，或以蛤粉炒，或以草灰炒，或酒化成膏，或水化膏，各從本方也。

味：　甘，平，無毒。氣味俱薄，浮而升，陽也。入手少陰、足少陰厥陰經。○得火良。薯蕷為之使。畏大黃。治：　心腹內崩，勞極洒洒如瘧狀，腰腹痛，四肢酸痛，女子下血，安胎，久服輕身益氣。丈夫小腹痛，虛勞羸瘦，陰氣不足，腳酸不能久立。養肝氣，堅筋骨，益氣止痢。止洩痢，得黃連、蠟尤佳。療吐血，衄血，血淋，尿血，腸風下痢，女人血痛血枯，經水不調，無子，崩中帶下，胎前產後諸疾。男女一切風病，骨節疼痛，水氣浮腫，虛勞咳嗽喘急，肺痿唾膿血及癰疽腫毒。和血滋陰，除風潤燥，化痰清肺，利小便，調大腸，聖藥也。驢皮煎膠，取其發散皮膚之外也。用烏者，取烏色屬水以制熱。補虛用牛皮膠，去風用驢皮膠。治喘嗽，不論肺虛肺實，可下可溫，須用阿膠以安肺潤肺，其性和平，為肺經要藥。阿膠乃大腸之要藥，有熱毒留滯者，則能疎導，無熱毒留滯者，則能平安。

附方　肺風喘促：　用透明阿膠，切炒，以紫蘇、烏梅肉焙研等分，水煎服之。老人虛秘：　阿膠炒二錢，葱白三根，水煎化，入蜜二匙，溫服。胞轉淋閟：　阿膠三兩，水二升，煮七合，溫服。吐血不止：　用阿膠炒二兩，蒲黃六合，生地黃三升，水五升，煮三升，分服。肺損嘔血：　〔並〕開胃，用阿膠炒三錢，木香一錢，糯米一合半，為末，每服一錢，百沸湯點服，日一。大衄不止：　用阿膠炙，蒲黃半兩，每服二錢，水一盞，生地黃汁一合，煎至六分，溫服，急以帛繫兩乳。月水不調：　阿膠一錢，蛤粉炒成珠，研末，熱酒服即安。一方入辰砂末半錢。月水不止：　阿膠炒焦，為末，酒服二錢。妊娠尿血：　阿膠炒黃，為末，食前粥飲下二錢。妊娠血痢：　阿膠二兩，酒一升半，煮一升，頓服。妊娠下血：　阿膠三兩炙為末，酒一升半，煎化服，即愈。○又方，用阿膠末二兩，生地黃半斤，擣汁，入清酒二升，分三服。妊娠胎動：　用阿膠炙研二兩，香豉一升，葱一升，水三升，煮取一升，入膠化服。○用阿膠炒熟，艾葉二兩，葱白一升，水四升，煮一升，分服。產後虛閟：　阿膠炒、枳殼炒各二兩，滑石二錢半，為末，蜜丸梧子大，每服五十丸，溫水下。未通再服。久嗽經年：　阿膠炒、人參各二兩，為末，每用三錢，豉湯一盞，入葱白少許，煎服，日三次。

明·盧之頤《本草乘雅半偈》帙三　阿膠《本經》上品　氣味：　甘，平，無毒。　主治：　主心腹內崩，勞極洒洒如瘧狀，腰腹痛，四肢痠疼，女子下血，安胎。久服輕身，益氣。

覈曰：　東阿井，在山東兗州府陽穀縣東北六十里，即古之東阿縣也。《水經注》云：　東阿井大如輪，深六七丈，水性下趨，質清且重，歲常煮膠以貢。煮法：　必取烏驢皮，刮淨去毛，急流水中浸七日，入瓷鍋內，漸增阿井水，煮三日夜則皮化，濾清再煮稠，貯盆中乃集爾。冬月易乾，其色深綠，且明燥輕脆，味淡而甘，亦須陳久，方堪入藥。設用牛皮，及黃膠，併雜他藥者，慎不可用。修治：　猪脂浸一夜，取出，柳木火上炙燥，研細。

条曰：　取義在水，仍存井名。膠者，已成之質也。一名傅致，如言傅會致使，會之始至也。或云濟水所注，蓋濟為楚，隱則伏流，顯則正出，正出者湧出也。與阿水質之清重，性之下趨，似不相符，難考其所從來矣。驢力在臚。臚，腹前也。亦黑也，皮也。顧力在臚，色專者黑，精專者皮耳。緣水性之下趨，協皮革之外衛，藉火力以成土化，從下者上，從外者內矣。雖轉甘平，仍含本有鹹寒，故走血以主內崩，此衛不將營，營將安傅乎。乃至形藏失其濡潤，遂成藏之五勞，形之六極，以及四肢經隧，或涸或污，痠且痛也。陰不足，則陽下陷。陽不足，則陰上乘。上乘下陷，故洒淅惡寒，輒復發熱如瘧狀。下血即血崩，血濡則胎固，專言心腹腰腹者，驢力在臚故也。《經》云：陰者藏精而起亟，陽者衛外而為固，阿膠兩得之矣。緣水性之下趨，協皮革之外衛，藉火力而上炎。從外者內，指外衛之皮革，藉火力而內向。外之合內，下之從上，中黃之位乎。正所謂傅會致使，會之使至也。從下者上，指下趨之水，藉火力而上炎。

明·李中梓《本草通玄》卷下　阿膠　甘，平，肺肝藥也。　主吐血、衄血、淋血、尿血，腸風下痢，女人血枯崩帶，胎產諸病，男女一切風病，水氣浮腫，勞症欬嗽喘急，肺痿肺癰。潤燥化痰，利小便，調大腸之聖藥也。　蛤粉或糯米炒成珠。

清・顧元交《本草彙箋》卷八　阿膠　阿膠取阿井水煎黑驢皮所成。阿井通濟水之源，濟水清而重，其性趨下，故治淤濁及逆上之痰。黑驢皮取其入水臟以制熱也。

今世僞造者，皆雜以牛馬皮、舊革靴之類，其氣濁穢，不堪入藥，當以光如豎漆，色帶油綠者爲真，真者折之即斷，亦不作臭氣，夏月亦不甚濕軟。如入調經丸藥，宜入醋重湯煮化。其氣味雖和平，然性黏膩，胃弱作嘔吐者，弗服。脾虛食不消者，亦忌之。

清・穆石匏《本草洞詮》卷一五　阿膠　東阿有井，大如輪，深六七丈，歲常煮膠，以貢天府。其井乃濟水所注，濟水清而重，其性趨下，用攪濁水則清。以之煮膠，取其治瘀濁及逆上之痰也。古方多是牛皮，後世乃貴驢皮。諸膠皆能止洩補虛，而驢皮膠主風為最，取其發散皮膚之外也。用烏者取烏色屬水，以制熱則生風之義。如烏蛇、烏雞、烏鴉之類也。阿膠，甘，平，無毒。療吐血衄血，血淋，腸風下痢，女人血崩血枯，經水不調，胎前產後諸疾，男女一切風病，骨節疼痛，水氣浮腫，虛勞咳嗽，肺痿，及癰疽腫毒。蓋阿膠補血與液，故能濇脈益陰，而治諸證也。楊士瀛云：凡治喘嗽，不論肺虛肺實，可下可溫，須用阿膠，以安肺潤肺。其性和平，為肺經要藥。小兒驚風後，瞳人不正者，以阿膠倍人參煎服，阿膠育神，人參益氣也。又痢疾，多因傷暑伏熱而成，阿膠乃大腸要藥，有熱毒留滯者則能疏導，無熱毒留滯者則能安平也。真膠難得。以黃透如琥珀色，及光黑如漆者真，不作皮臭，夏月亦不濕軟。

清・劉雲密《本草述》卷三一　阿膠　覈曰：東阿井在山東兖州府陽穀縣東北六十里，即古之東阿縣也。《水經注》云：東阿井大如輪，深六七丈，水性下趨，質清且重，歲嘗煮膠以貢。煮法必取烏驢皮，刮淨去毛，急流水中浸七日，入瓷鍋內，漸增阿井水煮三日夜，則皮化，濾清再煮稠，貯盆中乃集爾。冬月易乾，其色深綠，且明燥輕脆，味淡而甘。亦須陳久，方堪入藥。弘景曰：熬時須用一片鹿角即成膠，不爾不成也。大有妙理，可識羣陰必得一陽以化也。有仕於彼地者云，其井官封，熬膠進貢，則啟封而取水，且云大鍋七口，烏驢皮用牡者，皮入水已化，則每日遞減一口，聚其融化之極者，止得一口。然後搭於架上，任其順下而亦不斷，不如前貯盆中乃集之說也。且用鹿角膠亦的，但猶有藥味十餘種，大約計價二十餘兩，惜忘其為何藥耳。此種果難得真者，不可不審。

氣味：甘，平，無毒。《別錄》曰：微溫。潔古曰：性平，味淡，氣味俱薄，浮而升，陽也，入手少陰、足少陰、厥陰經。好古曰：入手太陰、足少陰、足厥陰三經。諸本草主治：虛勞羸瘦，陰氣不足，療虛勞，咳嗽喘急，肺痿唾膿血，并吐血衄血，血淋尿血，血痢，及女子血痛血枯，崩漏，經水不調，無子，並胎前產後諸疾。更男女血涸血污，四肢酸痛，勞極，洒洒如瘧，除風潤燥，化痰清肺，利小便調大腸聖藥也。方書主治：咳嗽喘，滯下，吐血咳嗽血，鼻衄，溲血下血，霍亂中風發熱瘧，頭痛臂痛，瘈瘲驚悸，瘖，消癉，大便不通，小便不禁，痔。按方書霍亂諸方，係治霍亂後諸證，非正治霍亂也。

宗奭曰：驢皮用烏者，取烏色屬水，以制熱則生風之義。如烏蛇、烏(鴨)〔鴉〕、烏雞之類皆然。時珍曰：阿井乃濟水所注，取井水煮膠，用攪濁水則清，故人服之，下膈疎痰止吐。蓋濟水清而重，其性趨下，故治淤濁及逆上之痰也。中梓曰：阿井乃濟水之眼，《内經》以濟水為天地之肝，故入肝多功。烏驢皮合北方水色，順而健行之物，故入腎多功。水充則火有制，火熄則風不生，故木旺風淫，火盛金衰之證，莫不應手取效。潔古曰：能補肺氣不足，甘溫以補血不足。杲曰：喘者，用阿膠。好古曰：肺虛損極，咳唾膿血，非阿膠不能補。士瀛曰：凡治喘嗽，不論肺虛肺實，可下可溫，須用阿膠，以安肺潤肺，其性和平，為肺經要藥。小兒驚風後，瞳人不正者，以阿膠倍人參煎服最良。阿膠育神，人參益氣也。又痢疾多因傷暑伏熱而成，阿膠乃大腸之要藥，有熱毒留滯者則能疏導，無熱毒留滯者則能平安。嘉謨曰：風淫木旺，偏疼延肢體能敺；火盛金虛，久咳唾膿血即補。養血止吐衄崩帶，益氣扶羸瘦勞傷。利便閉，調豬苓湯吞；禁胎漏，加四物湯服；定喘促，同欵冬、紫(苑)〔菀〕；止瀉痢，和蜜蠟、黃連。安胎養肝，堅骨滋腎。之頤曰：緣水性之下趨，協皮革之外衛，藉火力以成土化。火力土化，故潔古曰甘溫。從下者上，從外者內矣。又曰：從下者上，指下趨之水，藉火力而上炎；從外者內，指外衛之皮革，藉火力而內向。外之合內，下之從上，中黃之位乎。希雍曰：阿井乃濟水之伏者所注，其水清而重，其色正綠，其性趨下而純陰，與眾水大別。烏驢皮得此，□□成其功，強半在水。氣味俱薄，可升可降，陽中陰也，入手太陰、足少陰厥陰經。此藥得水氣之陰，具益陰之味，故能主治諸證也。

同天麥門冬、栝樓根、白藥子、五味子、桑白皮、剪草、生地黃、枸杞子、百部、蘇子、白芍，治肺腎俱虛，咳嗽吐血。　同杜仲、枸杞子、白芍藥、山藥、麥門冬、地黃、黃芪、人參、青蒿、續斷、黃蘗，治婦人崩中漏血。　同白芍藥、炙甘草、麥冬、地黃、白膠、當歸、枸杞子、杜仲、續斷，治婦人胎痛或胎漏下血。

愚按：　阿膠以烏驢皮得阿井水煎而成，然命名在阿，豈非取其質於皮，而化其質之氣於水乎？　夫皮毛者，肺之合，人物一也。　驢皮烏者，合北方水色，猶人身腎至於肺之義。　阿水清而重，其性下趨，合火化以成，其順而潤下，俾得返其所始。　昔哲云入手太陰、足少陰者是。　是所謂益肺元而不同於偕陽之味，調肺氣而不等於耗散之劑也。　抑氣，陽也。　昔哲言其補肺氣不足，又言其益陰，其義得勿相戾歟？　曰：　肺貫心脈而行呼吸，氣者火之靈，心乃火主也，豈不屬陽？　第離中有坎，腎脈之直者，上貫肝膈入肺中，而其支者，又從肺出絡心，注胸中，是肺固貫心脈以行呼吸，而離中之坎，心脈更藉肺陰以下注，肺陰即腎脈之貫膈而入者也。　按此味益肺陰，即前所云驢皮合北方水色，而合於阿水，清而下歸，因火化以成其潤下之功也。　即此便使肺陰下降入心矣。　蓋肺原貫心脈而行呼吸者也。　第肺本氣也，何以曰肺陰？　蓋肺為陽中之少陰，猶肝為陰中之少陽，陽中之陰，陰中之陽，尤陰陽闔捩子也。　故曰肺氣獨重肺陰，其所云陰從陽出者，而益陰即以裕陽，正屬闔捩子之義也。　肺氣或受六淫七情之侵，則肺陰傷而心火亢，火亢則金愈衰，而離中之坎不能合於金以化血，則真氣愈不足，肺陰下降以入膻中，舉火亢金衰，胥能療之，是為生血之化原，心固主血，此舉諸血證而悉能療者也。　唯是陰裕而陽乃得化，謂陰降而陽隨之，以歸命門，以神三焦之用者，皆不越此。　是此味由血而至於氣，故益虛勞羸瘦等證，功皆歸之者此也。　所以滋陰之味多傷氣，益氣之味類并陰，唯此味雖以益陰為功，獨其陰從陽出者，而益陰即以裕陽，正所謂膏肓之上中有父母。　又所謂上焦合而營諸陽，心肺是也。　故潔古首云入手少陰，而海藏首云入手太陰，其義不可互參乎？　第俱言其入厥陰者謂何？　蓋緣心包絡主血，肺陰不下降，則病乎包絡之血，手厥陰與足厥陰肝表裏，肝又藏血者也。　肺陰下降，則主血者不病，入心生血，則火息風平，而金媾於木，即藏血者亦不病，昔哲又謂其入厥陰肝者是也。　抑血病有順逆，此味固可療吐衄諸證，然即血淋尿血，又如女子之崩中而皆療者，緣此味能和膻中之氣化，以歸命門，又達真陰之化醇，以歸血海。　唯歸其元，故顺逆之血病無不可療。　如療血枯血痛，固其生血和血之功，至治勞極洒洒如瘧，虛勞咳嗽喘急，肺痿咳唾膿血，自是的對之劑。　先聖格物察理，以是水合是物，火化成功，從金生水，以為還元之助，即從陰益陽以為化生之地，真是無上妙品，唯在用之者，適投其所宜耳。　按阿膠由益陰而陽得化，以為氣之益，故此味益氣，不可泛同於益氣諸味，如參、耆輩。　而仁齋謂其疎利積熱，誠窺其所始也。　至於粘滯，乃其質如是耳，非性味也。　其又言除風，即益肝之陰氣，而金能媾以平之，非槩治天表之風也。　其言化痰，即陰氣潤下，能逐炎上之火所化者，非槩治溼滯之痰也。　其言治喘，即治炎上之火，屬陰氣不守之喘，非槩治風寒之外束，溼滯之上壅者也。　其言治血痢，如傷暑熱痢之血，非槩治溼感化熱之痢也。　其言治四肢酸痛，乃血涸血污之痛，非槩治外淫所傷之痛也。　即治吐衄，可徐徐奏功於虛損，而暴熱為患者，或外感抑鬱為患者，或怒氣初盛為患者，亦當審用，而別有中的之劑，豈可混投罔功，反諉其責於阿膠哉？

附方　癱緩偏風，及諸風手脚不遂，腰脚無力者，驢皮膠微炙熟，先煮葱豉粥一升，別又以水一升，煮香豉二合，去滓，入膠更煮七沸，膠烊如錫，頓服之，乃暖喫葱豉粥。　如此三四劑，即止。　若冷喫粥，令人嘔逆。　老人虛秘，阿膠炒二錢，葱白三根，水煎化，入蜜二匙，温服。　妊娠胎動，用阿膠炙研二兩，香豉一升，葱一升，水三升，煮取一升，入膠化服。

按：　此三證，癱緩風與妊娠胎動，皆用香豉及葱，謂宣氣達陽，以化陰氣之或濇或戾。　老人便秘，止用葱者，但借陽氣以行陰耳。　要皆本於阿膠以益陰。

吐血不止，用阿膠炒二兩，蒲黃六合，生地黃三升，水五升，煮三升，分服。　大衄不止，口耳俱出，用阿膠、炙蒲黃半兩，每服二錢，水一盞，生地黃汁一合，煎至六分，温服。　急以帛繫兩乳。

按：　此二證，皆主阿膠益陰氣，而入心包絡。　又蒲黃和中土之血，使陰能化。　生地涼血，助阿膠之益陰而退熱。

月水不調，阿膠一錢，蛤粉炒成珠，研末，熱酒服即安。　月水不止，阿膠炒焦，為末，酒服二錢。　妊娠血痢，阿膠二兩，酒一升半，煮一升，頓服。　妊娠下血不止，阿膠三兩，炙為末，酒一升半，煎，化服即愈。

按：　不調與不止有異，血痢與下血亦殊。　然皆主阿膠益陰，而用酒以和

血行氣，其相合之功用可思。

産後虛閉，阿膠炒、枳殼炒各一兩，滑石二錢半，為末，蜜丸梧子大，每服五十丸，温水下，未通再服。

統觀諸方之佐使，所以用阿膠者，可類推矣。丹溪曰：久嗽久痢，虛勞失血者宜用。若邪勝初發者用之，強閉其邪，而生他證。

希雍曰：此藥多偽造，皆雜以牛馬皮、舊革鞍靴之類，其氣濁穢不堪，入藥當以光如䃜音衣，黑色也。漆，色帶油緑者為真。真者折之即斷，亦不作臭氣，夏月亦不甚溼軟。如入調經丸藥中，宜入醋重湯頓化和藥。其氣味雖和平，然性黏膩，胃弱作嘔吐者勿服。脾虛食不消者，亦忌之。

按：繆氏所謂性黏膩者亦然，觀其搭於架上，任其下墜而不斷，則其黏膩可知。

清・郭章宜《本草匯》卷一七　阿膠　甘，鹹，微溫，氣味俱薄，浮而升，陽也，入手少陰、足少陰厥陰經。止血兼能清肺，疎風又且補虛。西歸金府，化痰止嗽除癱瘓。東走肝垣，強筋養血理風濕。安胎始終並用，治痢新久皆宜。《本經》主女子下血，洒洒如瘧，腰腹痛，四肢酸疼，胎不安者，皆由精血虛，肝腎不足，法當補肝益血。《經》曰：精不足者，補之以味。味者，陰也。補精以陰，求其屬也。此藥得水氣之精，具補陰之味，俾入二經，而得所養，故能療如上證也。

按：烏膠，乃烏驢皮所造，而其功專在於水。然驢皮而取烏者，合北方之水色，以制熱則生風之義也。治喘嗽者，不論肺虛肺實，可下可溫，須用以安肺潤肺。大抵補血與液，為肺與大腸之要藥耳。故傷暑伏熱，而成痢者，亦必用也。性甚和平，益陰。有熱毒留滯者，能疏導；無熱毒留滯者，能平安，皆足以發明阿膠之藴矣。一切風症，治之如神。胃弱作吐，與脾虛食不消者，忌之。

此藥多偽，偽者能滯痰。當以光如漆，色帶油緑者為真。真者折之即斷，亦不作臭氣。夏月亦不甚濕軟。蛤粉或糯米粉炒成珠。

清・蔣居祉《本草擇要綱目・溫性藥品》　阿膠　氣味：甘，平，無毒。浮而升，陽也。入手少陰足少陰、厥陰經。　主治：吐血衄血，血淋尿血，女人血痛血枯，經水不調，崩中帶下，胎前産後諸疾。男婦一切咳嗽喘急，肺痿及癱疽腫毒。滋陰潤燥，化痰清肺。利小便，調大腸。大抵陰不足者，補之以味，阿膠之甘，以補陰血也。

清・閔鉞《本草詳節》卷一〇　阿膠　【略】按：阿膠能補血與液，故清肺益陰，謂為主風者，清金制木，風自不生。色黑屬水，水能制火，金不受侵，此其所以主風為最也。楊士瀛云：凡喘嗽，不論肺虛肺實，可涼可溫，須用阿膠安肺潤肺。小兒驚風後，瞳人不正，以之倍人參煎服，阿膠育神，人參養正也。又大腸要藥，有熱毒留滯，則能疎導，無則能平安。大腸者，肺之合也。成無己云：陰不足者，補之以味，阿膠之甘，可補陰血，故血病資之也。丹溪云：安胎者，血虛胎不安也，與縮砂之止痛行氣，黄芩之清熱下火，均為安胎聖藥。數説足以盡其用矣。若胃弱作嘔吐，脾虛食不消者，亦不可用。

清・王翃《握靈本草》卷一〇　阿膠出東阿，故名。以烏驢皮，得阿井水煎成乃佳。今時方家多用黄明膠，乃牛皮膠也。阿膠必黄透如琥珀，或光黑如䃜漆，不作皮臭，夏月不濕軟者為真。凡用或麫炒，或蛤粉炒，或酒化，或水化。　主治：阿膠，甘，平，無毒。主心腹内崩勞極，洒洒如瘧，腰膝四肢痠痛。療諸血證，腸風下痢，女人血痛血枯，經水崩帶，胎前産後，男女血淋尿血，虛勞欬嗽喘急，肺痿癱疽，利小便，調大腸。

清・汪昂《本草備要》卷四　阿膠平補而潤。　甘，平。清肺養肝，滋腎益氣，肺主氣，腎納氣。和血補陰，肝主血，血屬陰。除風化痰，潤燥定喘，利大小腸。治虛勞咳嗽，肺痿吐膿，吐血衄血，血淋血痔，腸風下痢，傷暑伏熱成痢者，必用之。妊娠血痢尤宜。腰痠骨痛，血痛血枯，經水不調，崩帶胎動，或妊娠下血，酒煎服。癱疽腫毒及一切風病。瀉者忌用。大抵補血與液，爲肺、大腸要藥。寇宗奭曰：驢皮煎膠，取其發散皮膚之外。用烏者，取其屬水以制熱則生風之義，故又治風也。陳自明曰：補虛用牛皮膠，去風用驢皮膠。楊士瀛曰：小兒驚風後瞳人不正者，以阿膠倍人參服最良。阿膠育神，人參益氣也。按：阿井乃濟水伏流，其性趨下，用攪濁水則清，故治瘀濁及逆上之痰也。　用黑驢皮、阿井水煎成。蘇頌曰：《本經》阿膠亦用牛皮，是二膠可通用。牛皮膠製作不精，故不堪用。以黑光帶緑色、夏月不軟者真。剉炒成珠，或麵炒、蛤粉炒去痰、蒲黄炒止血。酒化、水化、童便和用。得火良，山藥爲使，畏大黄。

清・李世藻《元素集錦・本草發揮》　阿膠　能保肺氣，白芍能保脾氣，無問虛實寒熱，但屬二經之病，俱加用之有效。

清・陳士鐸《本草新編》卷五 阿膠 味甘、辛，氣平、微溫，降也，陽也，無毒。入太陰肺經，及肝、腎二臟。止血止嗽，止崩止帶，益氣扶衰，治勞傷，利便閉，禁胎漏，定喘促，止瀉痢，安胎養肝，堅骨滋腎，乃益肺之妙劑，生陰之靈藥，多用固可奏功，而少用亦能取效。惟覓真者為佳。

或疑阿膠煎膏，必取阿井之水、黑驢之皮以煎之，然而安得盡取黑驢之皮，彼地取雜驢皮以煎膏，亦可用乎？曰：阿膠原取阿井之水，非必取黑驢之皮也。阿井生東方，取其天一生水，且其性急而下趨，清而且重，乃濟水之所注，取其去濁以祛逆痰也。用驢皮者，驢性最純，而皮則取其外現于皮膚，原不必取黑以走腎也。夫水入于腎，而皮則走于肺，肺主皮毛，故用皮也。前人尚黑驢皮者，謂〔黑〕屬水以制其熱則生風之義，反為蛇足矣。

或問：阿膠益肺生陰，安得真者而用之乎？曰：阿膠出于東阿者即真，〔不必問其真假〕。東阿之水，皆濟水之所注也。

或問：近人阿膠，多加藥品同煎，想更有益乎？曰：阿膠之妙，全在濟水。若加藥味雜之，更失其義矣。本欲加藥味以取益，誰知反因藥味而失利乎。世人強不知以為知，半是此類。

清・顧靖遠《顧氏醫鏡》卷八 真阿膠甘，寒，平。入肺肝腎三經。用烏驢皮、阿井水煎成。真者色帶油綠，光明脆徹，歷夏不柔，亦無臭氣。但最難得，貨者皆偽，雜皮造成，質濁氣穢，不堪入藥。 止諸竅出血，除四肢痠痛。最療偏風癱瘓，善定虛勞咳喘。阿膠之功專在水，以濟水為天地之肝，阿井乃濟水之眼，故入肝補血，治血症風症如神。烏驢皮合北方水色，以制熱生風也。味鹹又能入腎益陰，且其水清而重，性速下趨，故能定咳止喘，治瘀濁及逆上之痰。胎產並用，皆取其益陰補血之功。血痢甚宜。久痢傷陰故也。胃弱作嘔吐，脾虛食不消者，勿服。偽者反能滯痰，不可用。

清・李熙和《醫經允中》卷一八 阿膠 山藥為使。蛤粉炒成珠用。畏大黃。 甘，平，微溫，無毒。主治養血調經，安胎，止吐衄崩帶，清肺化痰，定勞嗽喘促，肺痿唾膿，血痢尿血，胎漏腸風，調大腸要藥。惟久而虛者宜之，若邪盛初發者不可用。按：補益用牛皮膠，去風用驢皮膠。大要能補血與液，清肺益陰之妙劑也。又牛皮煎膠者名水膠，主治活血止痛，潤燥解毒，利大小腸，為外科要藥。

清・馮兆張《馮氏錦囊秘錄・雜症痘疹藥性主治合參》卷九 阿膠 既得阿井純陰之濟水，又得純黑補陰之驢皮，氣味俱陰，功力自大。味淡，性平。入手太陰、足少陰厥陰經。為補精養血，滋肝補腎。更能入肺腎，補不足。蓋肺主氣，腎納氣也。故既專補血，復能益氣。凡吐血、衄血、血淋、尿血、腸風下血、血痢、女子血氣痛，血枯、崩中帶下，胎前產後諸疾，及虛勞咳嗽，肺痿肺癰，膿血雜出等證神效者，皆取其入肺入腎，益陰滋水，補血清熱之功也。

阿膠，主心腹內崩勞極，洒洒如瘧狀，腰腹痛，四肢酸疼，養血安胎，陰氣不足。腳酸不能久立，久咳膿血，血崩帶下，羸瘦勞傷，咳嗽喘急，吐血衄血，血淋尿血，腸風血痢，肺痿肺癰，潤燥養肝，化痰清肺，更主女人下血。凡血痛血枯，調經崩中，胎產諸疾皆妙。久服輕身益氣，補血和血之聖藥也。又牛皮膠，名為水膠，潤燥利大小腸，為外科活血止痛要藥，兼治一切男婦血症。諸膠皆養血補虛，而阿膠又黑驢皮、阿井水所熬，即濟水所瀦，其色正綠，性極下趨，清而且重，其性純陰，與諸水大別，所以尤能潤肺養肝滋腎也。

按：阿井，乃濟水之眼，《內經》以濟水為天地之肝，故入肝多功。烏(驟)〔驢〕皮合北方水色，順而健行之物，故入腎多功。水充則火有制，火熄則風不生，故木旺風淫，火盛金衰之症，莫不應手取效。凡用當擇光如漆，帶油綠者為真，真者折之即斷，體堅而脆，味淡不臭，夏月不濕軟，不粘紙者為佳。宜切塊，蛤粉拌炒成珠，或酒化成膏。

清・张璐《本經逢原》卷四 阿膠 甘，平，微溫，無毒。辨真偽法：以頂有鬃文、極圓正者為真，折之沉亮，不作屑，不作皮臭，蛤粉炒成珠，經月不軟者為佳。東阿產者雖假猶無妨害，其水膠入木煤贋造，有傷脾氣，慎不可用。

《本經》主心腹內崩，勞極洒洒如瘧狀，腰腹痛，四肢酸疼，女子下血、安胎，久服輕身益氣。 發明：阿井本淄水之源，色黑性輕，故能益肺補腎。煎用烏驢必陽穀山中，驗其舌黑、其皮表裏通黑者，用以熬膠，則能補血、止血。《本經》治心腹內崩，下血安胎，為諸失血要藥。勞證欬嗽喘急，肺痿肺癰，潤燥滋大腸，治下痢便膿血，所謂陰不足者補之以味也。

清・張志聰、高世栻《本草崇原》卷上 阿膠 氣味甘，平，無毒。主治心腹內崩，勞極洒洒如瘧狀，腰腹痛，四肢痠疼，女子下血，安胎，久服輕身益氣。

山東兖州府，古東阿縣地有阿井，汲其水煎烏驢皮成膠，故名阿膠。此清濟之水，伏行地中，歷千里而發現於此井，濟居四瀆之一，內合於心。井有官舍封禁，發煮膠以供天府，故真膠難得，貨者多偽。其色黯綠，明淨不臭者為真，俗尚黑如漆。故偽造者，以尋常之水煎牛皮成膠，攙以黑豆汁，氣臭

質濁，不堪入藥。《本草乘雅》云：東阿井在山東兗州府陽穀縣東北六十里，即古之東阿縣也。《水經注》云：東阿井大如輪，深六七丈，水性下趨，質清且重，歲常煮膠以貢。煮法必取烏驢皮刮淨去毛，急流水中浸七日，入瓷鍋內漸增阿井水煮三日夜，則皮化，濾清再煮稠粘，貯盆中乃成耳。冬月易乾，其色深綠且明亮輕脆，味淡而甘，亦須陳久，方堪入藥。設用牛皮及黃明膠並雜他藥者，慎不可用。　余嘗逢親往東阿煎膠者，細加詢訪，聞其地所貨阿膠，不但用牛馬諸畜雜皮，並取舊箱匣上壞皮及鞍韂靴屐一切爛損舊皮皆充膠料。人間尚黑，則入馬料豆汁以增其色。人嫌穢氣，則加樟腦等香，以亂其氣，然美惡猶易辨也。今則作偽者，日益加巧，雖用舊皮浸洗日久，臭穢全去，然後煎煮，並不入豆汁及諸般香味，儼與真者相亂。人言真膠難得，真膠未嘗難得，特以偽者雜陳並得，真者而亦疑之耳。人又以膠色有黃有黑為疑者，緣冬月所煎者，汁不妨嫩，入春後嫩者，難於堅實，煎汁必老。嫩者色黃，老者色黑，此其所以分也。昔人以光如瑿漆，色帶油綠者為真，猶未悉其全也。又謂：真者拍之即碎，夫拍之即碎，此唯極陳者為然，新膠安得有此。至謂真者，絕無臭氣，夏月亦不甚濕軟，則今之偽者，未嘗不然，未可以是定美惡也。又聞古法先取狼溪水以浸皮，後取阿井水以煎膠，狼溪發源於洪範泉，其性陽，阿井水之性陰，取其陰陽相配之意，火用桑薪煎煉四日夜而後成。又謂：燒酒為服膠者所最忌，尤當力戒。此皆前人所未言者，故並記之。　阿膠乃滋補心肺之藥也。心合濟水，其水清重，其性趨下，主清心主之熱而下交於陰。肺合皮毛，驢皮主導肺氣之虛而內入於肌。又，驢為馬屬，火之畜也，必用烏驢，乃水火相濟之義。崩，墮也，心腹內崩者，心包之血，不散經脈，下入於腹而崩墮也。阿膠益心主之血，故治心腹內崩。勞極，勞頓之極也。洒洒如瘧狀者，勞極氣虛，皮毛洒洒如瘧狀之先寒也。阿膠益肺主之氣，故治勞極洒洒如瘧狀。夫勞極，則腰腹痛。洒洒如瘧狀，則四肢痠痛。心腹內崩，則女子下血也。心主血，肺主氣，氣血調和，則胎自安矣。滋補心肺，故久服輕身益氣。　按：《靈樞・經水》篇云：手少陰外合於濟水，內屬於心。隱庵心合濟水之說，蓋據此也。李中梓謂：《內經》以濟水為天地之肝，故阿膠入肝功多，當是誤記耳。

清・姚球《本草經解要》卷四　阿膠　氣平，味甘，無毒。主心腹內崩勞極，洒洒如瘧狀，腰腹痛，四肢酸疼，女子下血，安胎。久服輕身益氣。　阿膠氣平，稟天秋收之金氣，入手太陰肺經。味甘無毒，得地中正之土味，入足太陰脾經。氣味降多於升，色黑質潤，陰也。心腹者，太陰經行之地也。內崩勞極者，脾血不統，內崩而勞極也。陰者，中之守。陰虛則內氣餒，而洒洒惡寒如瘧狀也。其主之者，味甘可以益脾陰也。腰腹皆藏陰之處，陰虛則空痛。阿膠色黑益陰，所以止痛。四肢脾主之，酸疼者，血不養筋也。味甘益脾，脾血統，四肢之疼自止。女子下血，脾血不統也，味甘以統脾血，血自止也。安胎者，亦養血之功也。久服輕身益氣者，氣平益肺，肺主氣，氣充則身輕也。　製方：阿膠同杜仲、杞子、白芍、山藥、生地、人參、黃耆、續斷，治崩中漏下。同白芍、炙草、麥冬、生地、白膠、歸身、杞子、杜仲、續斷，治婦人胎漏下血。同川連、黃芩、白芍、雞子黃，名黃連阿膠湯，治少陰病，心煩不臥。同蒲黃、生地，治吐血衄血。同黃連、白茯丸，治下痢赤白。

清・楊友敬《本草經解要附餘・考證》　阿膠　一名傅致膠。《本經》阿膠，煮牛皮為之。今世惟重烏驢皮，療風勝諸膠。必用烏者，取色屬水以制熱則生風之義。貴阿井者，以濟水所注，清而重，其性趨下，故治淤濁及逆上之痰。糯米粉炒成珠用，然真者難得。或依法汲鹹苦井水自造用可也。並造白膠法，俱詳《綱目》。

清・王子接《得宜本草・上品藥》　阿膠　味鹹。入手太陰、足厥陰少陰經。功專益陰止血。得黃連治血痢，得生地止吐血，得蒲黃、生地治大衄不止。

清・徐大椿《神農本草經百種錄》上品　阿膠　味甘，平。主心腹內崩，血脫之疾。勞極洒洒如瘧狀，勞倦則脾傷而血虧，此肝脾之寒熱，故如瘧也。腰腹痛，四肢酸疼，血枯之疾。女子下血，安胎。養血則血自止而胎安。久服輕身益氣。補血則氣亦充。　阿井為濟水之伏流，濟之源為沇水，自沇水以至于阿井，伏見不常。若《夏書》所謂溢為滎，出于陶丘北者，皆伏流從下汎上者也。阿井在陶丘北三百里，泉雖流而不上汎，尤為伏脈中之靜而沉者，過此則其水皆上汎成川，且與他泉水亂而不純矣。故阿井之水較其旁諸水重十之一二不等。人之血脈，宜伏而不宜見，宜沉而不宜浮。以之成膠，真止血調經之上藥也。其必以驢皮煎者，驢肉能動風，肝為風藏而藏血，乃借風藥以引入肝經也。又凡皮皆能補脾，脾為後天生血之本，而統血，故又為補血藥中之聖品。

清・黃元御《長沙藥解》卷二　阿膠　味平，入足厥陰肝經。養陰榮木，

補血滋肝，止胞胎之阻疼，收經脈之陷漏，最清厥陰之風燥，善調乙木之疏泄。《金匱》膠艾湯，阿膠二兩，乾地黃六兩，芍藥四兩，當歸三兩，芎藭二兩，甘草二兩，艾葉三兩。治妊娠胞阻，腹痛下血。以乙木不達，侵克己土，是以腹痛；乙木鬱陷而生風燥，疏泄失藏，是以下血。膠、地、歸、芍養血而清風燥，甘草補中而緩迫急，芎藭疏木而達遏鬱，艾葉暖血而回陷漏也。膠薑湯，阿膠，乾薑。原方闕載，今擬加甘草、大棗、生薑、桂枝。治婦人經脈陷下，滴漏墨色。以脾腎陽虧，風木鬱陷，經寒血漏，色敗而黑。阿膠滋風木而止疏泄，乾薑溫經脈而收陷漏也。乙木生於癸水，而長於己土。水溫土燥，則木達而血升。水寒土濕，則木鬱而血陷。木氣抑遏不得發揚，於是怫鬱而生風燥。凡諸腹痛裏急，崩漏淋痢之證，無不以此。風木之性專於疏泄，泄而未遂，則梗澀不行。泄而太過，則注傾而下。阿膠息風潤燥，養血滋陰。猪苓方在猪苓、薯蕷方在薯蕷、黃土方在黃土、溫經方在茱萸、白頭翁方在白頭翁、炙甘草方在甘草、鱉甲煎方在鱉甲、黃連阿膠方在黃連、大黃甘遂方在大黃，諸方皆用之以滋乙木之風燥也。其性滋潤凝滯，最敗脾胃而滑大腸，陽衰土濕，飲食不消，脹滿溏滑之家，甚不相宜。必不得已，當輔以薑、桂、二苓之類。蛤粉炒，研用。

清・吳儀洛《本草從新》卷六　阿膠〔平補而潤。〕甘，平。清肺養肝，滋腎補陰，止血去瘀，除風化痰，潤燥定喘，利大小腸。治虛勞咳嗽，肺痿吐膿，吐血衄血，血淋血痔，腸風下痢，傷暑伏熱成痢者必用之，妊娠血痢尤宜。腰痠骨痛，血痛血枯，經水不調，崩帶胎動，或妊娠下血，酒煎服。及一切風病，藏器曰：諸膠皆能療風，補虛止泄，驢皮主風為最。宗奭曰：用驢皮煎膠，取其發散皮膚之外。用烏者，取其屬水，以制熱則生風之義也。癰疽腫毒。士瀛曰：小兒驚風後瞳神不正者，以阿膠倍人參服最良。阿膠育神，人參益氣也。按：阿井乃濟水伏流，其性趨下，用攪濁水則清，故治瘀濁及逆上之痰也。大抵補血與液，爲肺、大腸要藥。胃弱作嘔吐，脾虛食不消者均忌。用黑驢皮、阿井水煎成。以黑光帶綠色，夏月不軟者良。剉炒成珠，或麵炒、蛤粉炒、化痰。蒲黃炒。止血。酒化、水化、童便和用。得火良。山藥為使。畏大黃。

清・汪紱《醫林纂要探源》卷三　阿膠　甘，鹹，平。東阿縣阿井水，熬黑驢皮成膠，以黑光帶綠色，夏月不輭者佳。或麪粉，或蛤粉，或蒲黃炒，或酒、或水、或童便化，各隨宜制用。補肺固氣，澂清腎水，補心和血，散熱滋陰。皮本屬肺，膠則有粘固擎斂之用。然潤而不燥，補肺而得其和平。取驢者，凡畜皮多動風，驢為甚，熬成膠，則水火之化勻，且得所凝定，而風靜矣。取黑者，以其滋陰，且下入腎。必阿井者，其水即泲之伏流，性沉善伏行，而能澄汙濁也。膠本能澂水，而鹹以瀉腎，去下極之汙濁。然瀉而能滋，則不傷腎氣。膠亦血液之類，而甘鹹補心，其膠而不滯，滑而能行，則和血去瘀之道，氣血平和，則風熱不作，而陰得所滋矣。故能潤燥化痰，治虛勞喘咳，止吐衄及腸風血淋血痢。大小腸，心肺之表。治腰酸骨痛，血痛血枯，月經不調，崩帶胎動，以能澂清腎水，則邪熱去而肝木亦得其平。然愚謂濟甯東平濟南之境，凡地下得泉，皆泲水所伏，何獨東阿？牛馬之皮亦皆可膠，膠則滋補，何必黑驢？今之用藥者，殆亦多重名也矣。

清・嚴潔等《得配本草》卷九　阿膠　得火良。薯蕷為之使。畏大黃。甘，平、微溫。入手太陰、足少陰厥陰經血分。壯生水之源，補坎中之液，潤燥降痰。斂虛汗，利小便，定喘嗽，固胎漏，止諸血，治帶濁。一切血虛致疾，服無不效。得人參，正瞳人。得滑石，利前陰。佐川連，治血痢。君生地，治大衄吐血。膠能降火歸元。光如瑿漆，夏月不軟者真。和血，酒蒸。止血，蒲黃炒。止嗽，蛤粉炒。清火，童便化。肺氣下陷、食積嘔吐、脾胃虛弱，三者禁用。

題清・徐大椿《藥性切用》卷八　阿膠　性味甘平，養陰潤燥，清肺豁痰，為虛勞欬吐血耑藥。化痰蛤粉炒，潤燥生用，大便不實糯粉炒用，止血蒲黃灰炒。東阿縣井水煎成，不特益陰潤燥，力能反濁澄清，清痰止血神速。

清・黃宮繡《本草求真》卷一　阿膠入肝補血，通潤心肺與腎。阿膠耑入肝，兼入肺、腎、心。味甘氣平，質潤，專入肝經養血，何書又言除風化痰。蓋以血因熱燥，則風自生。阿膠得阿井純陰之濟水，又得純黑補陰之驢皮。宗奭曰：驢皮煎膠，取其發散皮膚之外也。用烏者取烏色屬水，以制熱則生風之義。如烏卵、烏雞之類皆然。氣味俱陰，既入肝經養血，復入腎經滋水，水補而熱自制，故風自爾不生。藏器曰：諸膠皆主風，止洩補虛，而驢皮主風為最。又膠潤而不燥，膠性既能潤肺，復能趨下降濁，使痰不至上逆耳。至於痔漏瘍風，衄血、血淋、下痢，痢因熱成。暨經枯崩帶，胎動癰腫，治克有効，亦是因血枯燥伏熱而成，故能得滋而解，此為血分養血潤燥、養肺除熱要劑。不似首烏功耑入肝，補血祛風，烏鬚黑髮，而於肺經潤燥定喘則未及。鹿膠性耑溫督，與衝以益其血，而於肺經清熱止嗽則未有。龜膠力補至陰，通達於任，退熱除蒸，而於陰中之陽未克有補。古人云：阿膠養神，人參益氣，正謂此也。以黑光帶綠，至夏不軟者良。削炒成珠，或麪炒，蛤粉炒去痰，蒲黃炒止血，或酒化水化為用。以山藥為使，惡大黃，牛膠功與阿膠相似。陳自明云：補虛用牛皮膠，去風用驢皮

膠。時珍云：阿膠難得，真牛皮膠亦可權用。其性味皆平補，宜於虛熱。若鹿角膠則性味熱補，非虛熱者所宜，不可不詳辨也。治能養血祛風，然總不如阿膠養血治風之為最耳。

清・楊璿《傷寒溫疫條辨》卷六補劑類　阿膠　味甘辛，氣平而厚，能升能降，陽中陰也。入肺、肝、腎。其性溫和，故潤肺，療癰痿，益氣，定喘嗽。其味甘辛，故除吐衄淋痢，扶勞傷羸瘦。其味甘緩，故安胎固漏。下血，酒煎服。理帶止崩，補肝血，滋腎水，利大小腸，並治瘀濁及逆上之痰也。楊士瀛曰：小兒驚風後瞳人不正，阿膠倍人參服最良。以阿膠育神，人參益氣也。仲景膠艾湯，治胎動血漏腹疼，並月水不調，淋瀝不斷。阿膠、艾葉、川芎二錢，當歸、生地黃三錢，白芍四錢，水酒煎服，熱加黃芩。

清・羅國綱《羅氏會約醫鏡》卷一八禽獸部　阿膠味甘辛，平，微溫，入肺、肝、腎三經。蛤粉炒成珠，或酒蒸化用。山藥為使，惡大黃。　養肝補腎，清肺益氣。肺主氣，腎納氣。治吐衄崩帶、血淋、血痔、腸風尿血、經脉不調、血枯血燥、傷暑熱痢。和血補血。療虛勞肺痿，止嗽，定喘，潤燥化痰。胎前產後養血，及除一切風病。血足養肝，則木平風息。久服輕身益氣，溫和之品也。阿井乃濟水之眼，《內經》以濟水為天地之肝，驢皮又合北方水色，氣味俱陰，功力自大，故入血，治血症及風證如神。取其益陰滋水、補血清熱之功也。光明微綠，體堅而脆，折之易斷，夏天不軟者真。

清・陳修園《神農本草經讀》卷二上品　阿膠　氣味甘，平，無毒。主心腹內崩，勞極洒洒如瘧狀，腰腹痛，四肢酸疼，女子下血，安胎。久服輕身益氣。　陳修園曰：阿膠以阿井之水，入黑驢皮煎煉成膠也。《內經》云：手少陰外合於濟水，內合於心，故能入心。又云：皮毛者，肺之合也。以皮煎膠，故能入肺。味甘無毒，得地中正之土氣，故能入脾。凡心包之血，不能散行經脈，下入於腹，則為崩墮，阿膠入心補血，故能治之。勞極氣虛，皮毛洒洒如瘧狀之先寒，阿膠入肺補氣，故能治之。脾為後天生血之本，脾虛則陰血內枯，腰腹空痛，四肢酸疼，阿膠補養脾陰，故能治之。且血得脾以統，所以有治女子下血之效。胎以血為養，所以有安胎之效。血足氣亦充，所以有輕身益氣之效也。

東阿井，在山東兗州府陽穀縣東北六十里，即古之東阿縣也。此清濟之水，伏行地中，歷千里而發於此井，其水較其旁諸水，重十之一二不等。人之血脈，宜伏而不宜見，宜沉而不宜浮。以之製膠，正與血脈相宜也。必用黑皮者，以濟水合於心，黑色屬於腎，取水火相濟之義也。所以妙者，驢亦馬類，屬火而動風，肝為風臟而藏血，今借驢皮動風之藥，引入肝經，又取阿水沉靜之性，靜以制動，俾風火熄而陰血生逆痰降。此《本經》性與天道之言，得聞文章之後，猶難語此，況其下乎？

清・趙學敏《本草綱目拾遺》卷九獸部　浙驢皮膠　黄雲盛言：近日浙人所造黑驢皮膠，其法一如造阿膠式，用臨平寶莊水煎熬而成，亦黑色、帶綠，頂有豬鬃紋，與東阿所造無二，入藥亦頗有效。蓋阿膠真者難得，有浙膠，則較勝於用雜膠也。寶莊在臨平湖西岸，有寶莊泉，土人名為大力水，云食之多力。向聞虎跑泉水注大缶中平口，投錢於中，能吞一百六十青錢，而水不溢。他水至八十，已浸漫於外矣，故虎跑泉食之益氣力。寶莊水能吞二百青錢不溢，其力更可知，以此水作膠，自可敵伏流之濟水。然予每索此膠於市，遍詢藥客，皆云造者亦少，不易得。而雲盛言之甚詳，姑存之以備異日考證。　補血潤燥，功同阿膠，治內傷腰痛，強力伸筋，添精固腎，尤別有殊能也。

清・王學權《重慶堂隨筆》卷下　驢皮　煎膠而用阿井水者，取濟水之伏流也。其不名驢皮膠而名阿膠，乃功歸至靜之水，以制浮動之火，故能愈血證。夫水尚欲其伏流，顧可以火熖而用乎？以此推之，則驢皮膠不必定以阿水煎也，伏流之泉無不可用。滋陰清熱之藥，皆不可以火熖也。一經火熖，則涼者溫而靜者動，清潤失而燥烈存，所謂火能革物之性也。或大苦大寒大毒之品，恐其太過，則或熖或炮，古人製法亦詳。最可笑者，如竹茹之類，用者不過取其清氣，而後人必熖而用之，不知是何肺腸？不但此也，凡清解之劑，煎須急火，則藥氣尚在，設緩煎濃煮，即全失清涼之味矣，況熖焦其藥哉！

清・黄凱鈞《藥籠小品》　阿膠　補血清熱，止血妄行，為血分要藥。蛤粉炒，但真者絕少。黄明膠治瘡疥血虛，不肯結痂。

清・王龍《本草纂要稿・禽獸部》　阿膠　味甘、辛，性微溫，無毒。保肺益金之氣，止嗽蠲咳之痰。禁胎漏而安胎妊，止吐衄而治崩帶。療便閉，止泄瀉，更補勞傷。疎木旺，遏風淫，兼驅骱痛。定喘促，養血止血。扶羸瘦，滋腎養肝。入手太陰、足少陰厥陰經。

清・張德裕《本草正義》卷上　阿膠　甘，溫。氣味頗厚，入肺、肝、腎。

能扶老益中，化痰清肺，治肺痿肺癰，咳吐膿血，止嗽定喘。又能養血，故可止吐血衄血，亦能安胎固漏。鬆脆氣清者佳，堅硬臭劣者不堪。宜蛤粉炒珠用。

清・楊時泰《本草述鉤元》卷三一

阿膠　東阿井乃濟水之伏者所注，其水清而重，其色正綠。煮膠法：必取烏驢皮牡者，刮淨，急流水浸狼溪水中為合法。中浸七日，入大鍋七口內，漸增阿井水煮至化，化後，每日遞減一口，聚其融化之極者，止得一口，熬時入鹿角一片，即成膠。群陰必得一陽以化也，膠成，搭於架上，任其順下而亦不斷。冬月易乾，其色深綠，且明燥輕脆，味淡而甘，亦須陳久，方堪入藥。

甘淡溫平，氣味俱薄，可升可降，陽中陰也。緣水性之下趨，協皮革之外衛，藉火力以成土化，從下者上，從外者內矣。入手太陰少陰足少陰、厥陰經。主治虛勞羸瘦，陰氣不足，療虛勞欬嗽喘急，肺痿吐膿血，并吐血衄血，血淋尿血血痢及女子血痛血枯，崩漏，經水不調無子，並胎前產後諸疾，更男女血涸血污，四肢痠痛，風淫木旺，肢體偏疼者，能毆之。勞極洒洒如瘧，除風潤燥，化痰清肺，利小便，調猪苓湯服。調大腸聖藥也。阿井乃濟水之眼，濟水為天地之肝，烏驢皮合北方水色，順而健行之物，故入肝入腎多功。水充則火有制，火熄則風不生，凡木旺風淫火盛金衰之證，應手輒效士材。阿膠用攪濁水則清，故人服之，下膈疎痰止吐，治諸淤濁及逆上之痰也瀕湖。凡治喘嗽，不論肺虛肺實，可下可溫，須用阿膠以安肺潤肺。肺虛損極，欬唾膿血，非阿膠不能補。痢疾多因傷暑、伏熱而成，阿膠乃大腸之要藥，有熱毒留滯者能疏導，無熱毒留滯者能平安。同蜜蠟、黃連用。小兒驚風後，瞳人不正者，以阿膠倍人參煎服最良，阿膠育神，人參益氣也。以上士瀛。同天冬、麥冬、生地、栝蔞根、白藥子、五味、枸杞、蘇子、桑皮、百部、白芍，治肺腎俱虛，咳嗽吐血。同杜仲、枸杞、白芍、山藥、麥冬、地黃、黃芪、人參、青蒿、續斷、黃蘗，治崩中漏血。同白芍、炙甘草、地黃、麥冬、白膠、當歸、枸杞、杜仲、續斷，治婦人胎痛，或胎漏下血。月水不調，阿膠一錢，蛤粉炒成珠，研末，熱酒服。月水不止，阿膠炒焦為末，酒服二錢。妊娠血痢，阿膠二兩、酒一升半，煮一升，頓服。妊娠下血不止，阿膠三兩、酒一升半，煎化服，即愈。此四證不調與不止有異，血痢與下血亦殊，然皆主阿膠益陰而用酒以和血行氣，其相合之功用可思。癱緩偏風及諸風手脚不遂，腰脚無力者，阿膠微炙熱，先煮葱豉粥一升，別以水一升煮香豉二合，去渣入膠，更煎七沸，烊如餳，頓服之，乃暖吃葱豉粥。若冷服，令人嘔逆。如此三四劑，即止。老人虛秘，阿膠炒二錢、葱白三根，水煎化，入蜜二匙，溫服。妊娠胎動，阿膠炙研二兩、香豉一升、葱一升，水三升，煮取一升，同膠化服。此三證癱緩與胎動，皆用葱、豉宣氣達陽，以化陰氣之或濇或戾，便秘止用葱者，借陽氣以行陰而已，要非本於阿膠以益陰不能成功。吐血不止，用阿膠炒二兩、蒲黃六合、生地黃三升，水五升，煮三升，分服。大衄不止，口耳俱出，用阿膠、炙蒲黃半兩，每服二錢，水一盞，生地黃汁一合，煎至六分，溫服，急以帛繫兩乳。此二證皆主阿膠益陰氣而入包絡，蒲黃和中土之血，使陰能化；生地冷血，助阿膠之益陰而退熱也。產後虛秘，阿膠炒枳殼炒各一兩、滑石二錢半，為末，蜜丸梧子大，每服五十丸，溫水下，未通，再服。觀諸方佐使所以用阿膠者，可類推矣。

論：阿膠以阿井水煎烏驢皮而成，取其質於皮，而化其質之氣於水，故命名在阿。夫皮毛者，肺之合，人物一也，烏驢皮合北方水色，猶人身腎至於肺之義。阿水清而重，其性下趨，合火化以成其順下而返於所始，所以入手太陰足少陰，益肺元而不病於僭陽，調肺氣而不類於耗散也，抑氣陽也。此味益陰，又言補肺氣不足，義似相戾，不知肺貫心脈而行呼吸，氣者火之靈，心乃火之主也，因離中有坎，故腎脈之直者，上貫肝膈入肺中，而其支者又從肺出絡心注胸中，是肺脈貫心，而心脈更藉肺陰以下注也。肺陰即腎脈之貫膈而入者，肺本主氣，何以曰肺陰？蓋肺為陽中之少陰，猶肝為陰中之少陽。陽中之陰，陰中之陽，尤陰陽關捩子也。肺氣獨重肺陰，所云陰從陽出者，益陰即以裕陽，正屬關捩子之義也。凡肺受六淫七情之侵，則肺陰傷而心火亢，火亢則金愈衰，而離中之坎不能合於金以化血，則真氣愈不足。如肺陰下降以入膻中，是為生血之化原，舉火亢金衰，胥能平之。用以療諸血證，陰裕而陽乃得化，陰降而陽即隨之，俾歸命門以神三焦之用者，皆不越此，所以由血而至於氣，舉益虛勞羸瘦等功，悉皆歸之也。大抵滋陰之味多傷氣，益氣之味類并陰，惟此味雖以益陰為功，獨其陰從陽出者，益陰即以裕陽，所謂膏肓之上，中有父母，又所謂上焦合而營諸陽，心肺是也。潔古首云入手少陰，海藏首云入手太陰，其義不可互參乎。至俱言其入足厥陰者，緣心包絡主血，與肝相表裏，肝固藏血之臟也，由肺之下降，而主血者不病，人心生血，則火息風平，而金媾於木，即藏血者亦不病矣。抑血病有順逆，而此無不治者，由能和膻中之氣化以歸命門，又達真陽之化醇以歸血海，舉生血和血之功，皆其從金生水以為還元之

助，即從陰益陽以為化生之地耳。阿膠由益陰而陽得化，故益氣不同於參、芪，仁齋謂其疏利積熱，誠窺其所始也。至於粘滯，乃其質如是耳，非性味也。至其除風，本於益肝之陰氣，而金能媾以平之，非槩治天表之風。其化痰本於陰氣之潤下，能逐炎上之火所化者，非槩治濕滯之痰。其治喘，但治炎上之火屬於陰氣不守者，非概治風寒外束及濕滯上壅之喘。其治血痢，止如傷暑熱痢之血，非概治濕盛化熱之痢。其治四肢痠痛，乃血涸血污之痛，非概治外淫所傷之痛。即治吐衄，亦止奏功於虛損。若暴熱為患，或外感鬱抑及怒氣初盛者，俱弗混投。

辨治：陳阿膠光如瑿漆，色帶油綠，折之即斷，不作臭氣，夏月亦不甚濕軟者，為真。調經丸藥中用，宜入醋重湯燉化，和藥。胃弱作嘔者，弗烊化服，打碎同蛤粉、蒲黃、牡蠣炒粉，隨宜。

清・葉桂《本草再新》卷九 阿膠 味甘，性溫，無毒。入心、肺、腎三經。 清肺養肝，補陰滋腎，定呵喘，治虛勞欬嗽，肺痿吐膿吐血，利大小腸，腰痠骨痛，血痛血枯，經水不調，崩帶胎動，一切風病，癰疽腫毒。

清・趙其光《本草求原》卷二〇獸部 阿膠 凡皮，皆肺之合，皆入肺。烏驢舌黑，而皮純黑，屬水，入腎。水性下趨，得火化而甘溫上行，則肺陰裕，而火不能傷。皮主外衛，煉成精液，則金化水下降，而主血之心火與藏血之肝氣皆和，而風火不作。故驢皮煎膠，本能潤肺益氣，滋肺以和心包，則火不食氣。滋腎益血，益陰而陽化，則血自生。養肝熄風，治一切風毒骨節痛。酒服。若阿井水煎成，特名阿膠，所重在阿也。阿井，是濟水之伏脈所注。《內經》云：手少陰外合於濟水，內合於心，故入心。以驢皮屬水，煎膠而氣平，入肺。味甘，入脾。則水上行心肺而血生，腎脈直者上貫肝膈入肺，其支從肺絡心，肺陰入心生血。皆藉腎脈貫膈而上，故曰血原於水，成於火。得甘以守之，而血乃行於肌腠，散於經脈。《經》曰：中焦取汁，變化而赤，是謂血。又曰：脾統血。是血之能生、能化、能行、能止者，此也。故治肺痿、吐血，同蒲黃、生地，或同辰砂、藕節汁蜜調。嘔血，同木香、糯米末，滾水下。衄血，同蒲黃、生地、薑汁。大衄者，以布紮兩乳。尿血，炒研，粥飲下。血痢，酒化。下血，同生地汁酒下。崩帶、經不調，蛤粉炒，同辰砂酒下。胞轉淋閉，水煮服。血痛，皆水不濟火，肺陰受傷，心包之血不能散行於經脈，而亂溢於上下。血枯、入心補血。勞極氣虛、洒洒惡寒如瘧狀、虛勞瘦弱、陰裕而陽化，則壯火不至食氣；陰降而陽隨之以歸元，則元氣亦受益，是由益陰化陽以益氣也。腰腹痛，四肢酸疼、脾為後天生血之本，脾血枯則內空而痛。安胎。胎得血養。其治肺風喘促，涎潮眼竄，同蘇葉梗、烏梅。諸風癱瘓者。以豉湯化，頓服，繼食葱豉熱粥。

驢本馬類，動風；肝為風臟，藏血。借動風之藥引入肝經，得阿水之沉靜制動，則風火自熄也。其化痰、定喘嗽、安胎者，同葱白、豉煎。陰降則火不化痰，與濕滯之痰異。陰內守則氣平也。與風寒濕壅之喘異。即治吐下等血，亦由暑熱傷陰之病，若風寒外鬱，怒氣初盛，濕盛化熱者，非所宜也。至虛秘、同葱白、蜜。肺癰、肺萎、尿秘、水腫皆用者，潤下滋燥之功也。人身血脈，宜伏不宜見，宜沉不宜浮，阿井水清而且重，性下趨，用攪濁水即清。故降瘀濁而去火炎上逆之痰，更與血脈相宜。同葱、豉，則宜氣達陽以化陰滯；同蒲黃，則心和於土而血化；同生地，則助其涼血以退熱；同酒，則行氣以和血，氣行血和，故癰疽腫毒可治；同枳殼、滑石、蜜，則通利二便。產後虛秘宜之。凡煮膠，須加鹿角乃成，有陰得陽化之妙。故《本經》又言其輕身益氣。凡肺病咳喘，不論肺之虛實，俱宜阿膠加紫菀、冬花；又同豬苓，則利水；同四物，則止胎漏；同蜜蠟、黃連，則止瀉痢；同杜、續、青蒿、北芪，則止崩漏。但阿井今奉官禁，惟熬貢膠乃啟封，真阿膠難得。雜水所熬，亦能去風補血，但無下趨僭陽之性，則止血、調經、化痰之力薄矣。乃偽造者，又以牛、馬舊革鞍靴之類，濁穢不堪入藥。當擇光黑如漆、色帶油綠、不作臭氣，夏月不濕軟者，真。《本經》阿膠亦用牛皮。如果生牛皮水浸熬膏，功不減驢皮，以牛水畜也。但今之牛膠製作不精，故不可。然性粘膩，胃弱作嘔，脾虛、食不消者勿用。同黃連、歸、乾薑，治冷熱不調、下痢赤白、裏急後重；同人參，治小兒驚風後瞳人不正。阿膠育神，人參益氣。補血，麵炒，飲化。止血，蒲黃炒，酒化，童便和。化痰，蛤粉炒。潤腸、利水，水煮。得火良。山藥為使，畏大黃。

清・葉志詵《神農本草經贊》卷一 阿膠 味甘，平。主心腹內崩勞極，洒洒如瘧狀，腰腹痛，四肢酸疼，女子下血，安胎。久服輕身益氣。一名傅致膠。

上選珍皮，犀兕方駕。坤性歸柔，坎功流下。滲漉膏凝，消堅形化。瑿黑珀黃，經春歷夏。

名醫曰：出東阿縣，煮牛皮作之。傅休奕賦：選珍皮之上翰。《左傳》：牛則有皮，犀兕尚多。《漢書・傳》：車騎不得方駕。《易》：坤為

子母牛。《道德指歸論》：歸柔去剛，水動流下。《易》：坎為水。《水經注》：東阿有井，濟水所注，水清而重，其性趨下。司馬相如書：滋液滲漉。《爾雅疏》：膏凝曰脂。《漢書・傳》：消堅甚於湯雪。《莊子》：其形化，其心與之然。李時珍曰：凡造膠，十二月、二三月為上。黄透如琥珀，黑如瑿玉者良，夏月亦不濕軟。倪瓚詩：經春歷夏又嗟秋。

清・文晟《新編六書》卷六《藥性摘錄》　阿膠　甘，平。質潤，入肝補血，通潤心肺與腎，除風化痰，養神。〇黑驢皮用（沙）〔阿〕井水熬成者最佳；黑光帶綠，夏月不軟者為佳。切小塊，蛤粉炒珠，化痰；蒲黃炒珠，止血。〇牛膠，亦能養血祛風。然遠遜真阿膠。

清・劉東孟傳《本草明覽》卷八　阿膠　【略】按：煎膠用皮，取其發散皮膚外也。而烏膠又取烏驢，如烏雞、烏蛇之類，物雖治風，而更取烏黑屬水，以制其熱則生風之義。東阿井水，乃濟水所注，性急下趨，清而且重，用之煎膠，必須攪過澄清，服者能去污濁，以及逆上之痰也。

清・張仁錫《藥性蒙求・獸部》　阿膠二錢、三錢　阿膠甘平，補陰清肺。止血熄風，虛勞可擬。養肝腎，止血，去瘀熄風，潤燥，治欬嗽，肺痿吐血膿及諸血症，婦人要品。得生地止吐血，得蒲黃、生地治大衄。〇蛤粉炒，兼化痰。蒲黃粉炒，止血。或酒化、水化、童便和用。〇用黑驢皮、阿井水煎成，黑光帶綠色，頓之易化，清而不膩，并不臭者良。

清・屠道和《本草匯纂》卷一溫補　阿膠　耑入肝，兼入肺、腎、心。味甘，氣平。入肝補血，通潤心肺與腎。除風和血，潤燥化痰，滋腎水，養心神，清肺，利小便，調大腸聖藥。療一切風病，咳嗽喘急，肺痿唾膿血，骨節疼痛，水氣浮腫，痔漏腸風，衄血血淋，尿血下痢，癰疽腫毒，心腹痛，內崩勞極，洒洒如瘧狀，四肢酸痛。女子經水不調，血痛血枯，崩帶，胎動下血，安胎及產後諸病。丈夫腰痛，小腹痛，虛勞羸瘦，陰氣不足，脚酸不能久立。養肝氣，堅筋骨，久服輕身益氣。黑光帶綠至夏不軟者良。化痰蛤粉炒，止血蒲黃炒，或酒化或水化均可。

清・戴葆元《本草綱目易知錄》卷六　阿膠　甘，平，入足厥陰、手足少陰經。清肺養肝，益氣和血，滋陰潤燥，除風化痰，止血安胎，利小便，調大腸聖藥。治虛勞咳嗽喘急，肺痿咳唾膿血，吐衄血淋，尿血血痔，下痢腸風，腰腹作痛，四肢酸疼，勞極寒熱，洒洒如瘧，癱瘓偏風，丈夫少腹痛，虛勞羸瘦，陰氣不足，脚酸不能久立，女人下血血痛，血枯，經水不調，無子，崩中帶下，及胎前產後諸疾，男子一切風痛，骨節疼痛，水氣浮腫，癰疽腫毒。瀉者忌用。

清・黄光霽《本草衍句》　阿膠甘、鹹，平。　潤燥養肝，化痰清肺。和血補陰，滋腎益氣。散熱除風，澄清腎水。心腹內崩，血脫之疾。勞極寒熱如瘧。四肢酸痛，血枯之疾。羸瘦腰腹內疼。利小便而調大腸，尿血下痢。痢疾多因傷暑伏熱而成，阿膠乃大腸之要藥。有熱毒留滯者則能疏導，無熱毒留滯者則能平安矣。治肺痿而吐膿血，吐衄崩中。咳嗽喘急，不論肺實肺虛。安肺潤肺，其性和平，為肺經之要藥。漏血安胎，無分產前產後。　吐血不止用阿膠炒二兩，蒲黃六合，生地三升，水煎服。　肺損嘔血，并開胃。阿膠三錢，木香一錢，糯米一合半，為末，每服一錢，百沸湯點服。　赤白痢疾，黄連阿膠丸，治腸胃氣虛，冷熱不調，下痢赤白，裏急後重，腹痛，小便不利，用阿膠炒，水化成膏一兩，黄連、茯苓，擣丸，粟米湯下。　大衄不止，口耳俱出，阿膠炙，蒲黃，生地汁，同煎溫服，急以帛繫兩乳。　月水不調，阿膠蛤粉炒成珠，研末，熱服即安。　月水不止，妊娠尿血，妊娠下血，妊娠血痢，俱用阿膠酒服。

清・陳其瑞《本草撮要》卷八　阿膠　味甘，平，入手太陰、足厥陰經，功專清肺養肝，滋腎補陰，止血去瘀，除風化痰，潤燥定喘，利大小腸，治虛勞咳嗽，肺痿吐膿，吐血衄血，血淋血痔，腸風下痢，腰痠骨痛，血痛血枯，經水不止。妊娠尿血下血，俱以酒沖服炒焦膠末良。小兒驚風後，瞳神不正，以膠倍人參服甚效。胃弱作嘔吐，脾虛食不消，及風寒而嗽者，均忌。蛤粉炒化痰，蒲黃炒止血，酒化、水化、童便和用，得火良。山藥為使，畏大黃。

清・李桂庭《藥性詩解》　賦得阿膠而痢嗽皆止得膠字。田春芳。　治胎兼治痢，最好是阿膠。止嗽尤能效，滋陰豈可拋。　按：阿膠性味甘平，本清養陰血之藥。止嗽潤燥，清肺養肝，滋腎益胎，乃皆甘平清潤之功，是以古有膠艾湯以治妊娠胎動也。

前題李慶霖　祇因醫嗽痢，所以用阿膠，熱去陰能補，痰清喘不哮。

清・仲昴庭《本草崇原集說》卷一　阿膠　【略】〔批〕盧子由撰《本草乘雅》，其父不遠著《本草博議》，即《乘雅》中間所引《博議》是也。不遠生於明季，與其子講求醫道，治病有奇驗。望風者，咸稱武林為醫藪焉。厥後子由喪明，乃坐索經旨，纂述父書，書中之言，皆出口授，文理未優。至隱庵開設

講堂，而其書遂無過問者矣！書名詳見《指月》，《指月》能記不遠始末，獨昧隱庵始末，即鄉老亦無有知其詳者。但云其人不出仕，當道投刺亦不答拜。【略】〔批〕《經讀》以氣味為主，味甘歸脾，故論脾。學者必與《崇原》會參而後得。【略】

仲氏曰：阿膠味甘性緩，氣平下濟，今市肆有驢皮膠而無阿膠，以阿井水不能遠汲也。凡用阿膠而深得《本經》主治之意者，莫若《傷寒》《金匱》及唐人《千金》《外臺》等書。蓋唐人猶守《本經》，今人等從俗解。守《本經》，則驢皮膠亦有所長，況阿膠乎；從俗解，則阿膠亦有所短，況驢皮膠乎。此係數十年閱歷之言，不是憑空撰出。

清・鄭奮揚著，曹炳章注《增訂偽藥條辨》卷四　阿膠　偽名上清膠。又一種名瑞芳膠。皆用尋常之水，煎牛皮成膠，並雜他藥偽造。色雖明亮，氣臭質濁，不堪入藥。張隱菴《本草崇原》辨之最詳。按古法先取狼溪水，以浸黑驢皮，後取阿井水以煎膠。考狼溪發源於洪範泉，其性陽，阿井水發源於濟水，其性陰，取其陰陽相配之意，火用桑柴，煎煉四日夜而後成膠。近時阿井水甚不易取，而煎法又失其真，故真阿膠，最難得也。貨者既多贋偽，辨之不明，不如不用為是。或第用江浙所煮黑驢皮膠，雖無阿井之水，而用寶莊之泉，其補血滋陰，平木熄風，功同阿膠，較之用假阿膠者，不更勝一着耶。

炳章按：阿膠出山東東阿縣，以純黑驢皮，阿井水煎之，故名曰阿膠。考阿井在東阿縣城西，《縣誌》云：昔有猛虎居西山，爪刨地得泉，飲之久，化為人，後遂將此泉為井。然此水實為濟水之源，其色綠，其性趨下。東阿城內，又有狼溪河，其水為漯水之源，乃洪範九泉之水所會歸，其性甘溫。故合此二水製膠為善。再按定每年春季，選擇純黑無病健驢，飼以獅耳山之草，飲以狼溪河之水，至冬宰殺取皮，浸狼溪河內四五日，刮毛滌垢，再浸漂數日，取阿井水，用桑柴火熬三晝夜，去滓濾清，再用銀鍋金鏟，加參、耆、歸、芎、橘、桂、甘草等藥汁，再熬至成膠。其色光潔，味甘鹹，氣清香，此即真阿膠也。按《本草經》云：阿膠性甘溫，清肺養肝，滋腎益氣，補陰祛風，化痰潤燥，止喘，善治虛勞咳嗽，肺癰吐膿吐血，衄血，腸風下痢，崩帶胎動，經水不調，及肺毒癰疽，一切風症，服之無不效驗。其偽者，以碎舊牛馬雜獸皮煎成膠，塊色亦如阿膠，名曰清膠。昧利者，以此炒成珠，曰阿膠珠。此等贋品，服之不但無效，而反發瘡生毒。因雜皮多器用皮，含有毒汁，故其為害甚烈。大抵鑒別之法，真阿膠烊化後，氣清香，有麻油氣，汁色黃白色，稠而不黏膩，味甘微鹹。其原塊在十年以內者，蒼翠色，質尚堅。至五六十年以上者，色轉黃而質鬆脆更佳，肺勞服之，殊有奇功。若本煎驢皮膏，烊化氣微腥，陳則無腥氣。汁黑褐色，甚黏膩，味亦微鹹兼甘，用作補血藥亦佳，以治肺病血病則礙胃，反不佳也。若清膠化烊，純屬臭穢腥濁氣，令人欲嘔，服之有毒，切勿沾唇，戒之戒之。

清・周巖《本草思辨錄》卷四　阿膠　阿膠為補血聖藥，不論何經，悉其所任。味厚為陰，阿膠之味最厚，用必以補，不宜補者勿用。白頭翁湯加阿膠，則曰下利虛極內補。當歸湯，則曰去血過多加阿膠。仲聖、孫真人皆有明訓。然非填補比，不得與熟地、山藥同論也。阿膠以濟水、黑驢皮煎煉而成，性易下行，且滑大腸，於下利非宜。何以白頭翁加甘草阿膠湯治下利？不知此乃滯下之熱痢，正借其滑利之功。故張潔古加減平胃散治熱痢，以膿多而用之。渴者非熱爍其液，即下焦陰液不上朝，阿膠不能清熱而性下行，何能止渴。乃猪苓湯治發熱而渴，又治下利而渴，證不宜阿膠而偏佐以阿膠。不知此皆因熱而渴而利，水畜於中而熱與水得，液既大傷，更與以猪苓輩淡滲燥劫之物，液不幾涸矣乎。佐阿膠所以潤液，而救猪苓輩之偏，非治其渴與利也。推之黃土湯燥濕，鱉甲煎丸破結，溫經湯行瘀，大黃甘遂湯下血逐水，亦斷非滋柔濁膩之阿膠所能為力。蓋其補血潤液而下行，不致掣燥濕、破結、行瘀、下血、逐水之肘，且能輔其不逮，故有需於阿膠。若執黃土湯諸方，而以燥濕各事責阿膠，則何異捫燭扣槃之見矣。

清・方仁淵《倚雲軒醫案醫話醫論》　阿膠補肝，泉膠補肺。阿膠真者難得。女子肝病，固以阿膠為佳。若男子肺病欬血，惠山泉所煎者亦宜。蓋阿井為濟水伏流，以至陰而出陽。肝為陰中之陽，宜升不宜降。肝虛者以阿膠補之，取益陰血而又寓升陽之意也。惠泉為山下出泉，以至陽而流入至陰。肺為陽中之陰，宜降不宜升。肺虛者以惠泉膠補之，取益陰而又寓降逆之意也。且惠泉易得，與其假阿膠，不若真惠泉膠之為得力也。

騾

明・寧源《食鑑本草》卷上　騾肉　味辛，溫，有小毒。性頑劣，食之不益人。孕婦忌食。

明・李時珍《本草綱目》卷五〇獸部・畜類　騾《食鑑》

【釋名】時珍曰：騾古文作驘。從馬，從羸，諧聲。【集解】時珍曰：騾大於驢而健於馬，其力在腰。其後有鎖骨不能開，故不孳乳。其類有五：牡驢交馬而生者，騾也；牡馬交驢而生者，爲駃騠音決題；牡驢交牛而生者，爲馲駋音宅陌；牡牛交驢而生者，爲驕䮾音謫蒙；牡牛交馬而生者，爲駏驉。今俗通呼爲騾矣。

肉【氣味】辛、苦，温，有小毒。甯源曰：騾性頑劣，肉不益人，孕婦食之難産。時珍曰：古方未見用騾者，近時小籍時有其方云。按《吕氏春秋》云：趙簡子有白騾甚愛之。其臣陽城胥渠有疾。醫云得白騾肝則生，不得則死。簡子聞之，曰：殺畜活人，不亦仁乎？乃殺騾取肝與之。胥渠病愈。此亦剪鬚以救功臣之意，書之於此，以備醫案。

蹄【主治】難産。燒灰，入麝香少許，酒服一錢《普濟方》。

屎【主治】打損，諸瘡，破傷中風，腫痛，炒焦裹熨之，冷即易時珍。

明・穆世錫《食物輯要》卷四　騾　肉，味辛、苦，性溫，有小毒。性頑劣，肉不益人。多食，令人健忘。

明・應慶《食治廣要》卷六　騾　肉：氣味：辛、苦，溫，有小毒。甯源曰：騾性頑劣，肉不益人。孕婦食之，難産。按：古方未有用騾治病者，獨《吕氏春秋》云：趙簡子有白騾，甚愛之。其臣陽城渠胥有疾，醫云：得白騾肝則生，不得則死。簡子聞之，曰：殺畜活人，不亦仁乎。乃殺騾取肝，與之胥渠，病愈。此亦剪鬚以救功臣之意，書此以備醫案。

明・姚可成《食物本草》卷一三獸部・豢畜類　騾李時珍曰：騾大于驢而健于馬，其力在腰。其後〔有〕鎖骨不〔能〕開，故不孳乳。其類有五：牡驢交馬而生者，騾也；牡馬交驢而生者，為駃騠，音決題。牡驢交牛而生者，為馲駋，音宅陌；牡牛交驢而生者，為驕䮾，音謫蒙；牡牛交馬而生者，為駏驉。今俗通呼為騾。

騾肉：味辛、苦，溫，有小毒。寧源曰：騾性頑劣，肉不益人，孕婦食之難産。昔趙簡〔子有白騾，甚愛之。其〕臣陽城渠胥有疾。醫云：得白〔騾肝則生，不得則死〕。簡子聞之曰：殺畜活人，不亦〔仁乎？乃殺騾取肝與〕之，渠胥病癒。但不載所患何疾。〔此亦剪鬚以救功臣之意，書之於〕此，以俟識者。蹄：治難産。燒灰，入麝香少許，酒〔服一〕錢。屎：治打損諸瘡，破傷中風，腫毒。炒焦裹熨之，冷即易。

明・施永圖《本草醫旨・食物類》卷四　騾騾大於驢而健於馬，其力在腰。驢交馬而生者，騾也；牡馬交驢而生者，為駃騠；牡驢交牛而生者，為馲駋；牡牛交驢而生者，為驕䮾；牡牛交馬而生者，為駏驉。今俗通呼為騾矣。肉：味辛、苦，溫，有小毒。孕婦食之難産。蹄：治：難産，燒灰，入麝香少許，酒服一錢。屎：治：打損諸瘡，破傷中風，腫痛，炒焦裹熨之，冷即易。

清・丁其譽《壽世秘典》卷四　騾騾大于驢，而健于馬，其力在腰，其後有鎖骨不能開，故不孳乳。其類有五：牡驢交馬而生者騾也；牡馬交驢而生者為駃騠；牡驢交牛而生者為馲駋，音宅陌；牡牛交驢而生者為驕䮾；牡牛交馬而生者為駏驉。今俗通呼為騾矣。氣味：辛、苦，溫，有小毒。性頑劣，肉不益人。孕婦食之，難産。

清・尤乘《食鑒本草・獸類》　騾肉　動風發瘡，脂肥者尤甚。不可與酒同食，致暴疾殺人。

清・朱本中《飲食須知・獸類》　騾肉　味辛、苦，性溫，有小毒。其性頑劣，肉不益人，多食令人健忘，妊婦食之難産。騾大於驢而健於馬，其力在腰，其後有鎖骨不能開，故不孳乳。牡驢交馬而生者騾也，牡馬交驢而生者為駃騠，牡驢交牛而生者為馲駋，牡牛交驢而生者為驕䮾，牡牛交馬而生者為駏驉。今俗通呼為騾矣。

清・何其言《養生食鑒》卷下　騾肉大于驢而健于馬，其力在腰。其後有鎖骨，不能開，故不孳乳。味辛、苦，性溫，有小毒。性頑劣，肉不益人，多食令人健忘。

清・王道純《本草品彙精要續集》卷五　騾肉有小毒。附蹄屎。胎生。騾蹄：主難産，燒灰，入麝香少許，酒服一錢《普濟方》。〇屎，主打損諸瘡，破傷中風，腫痛，炒焦裹熨之，冷即易《本草綱目》。【名】李時珍云：騾，古文作驘，從馬從羸，諧聲。【地】其類有五，牡驢交馬而生者，騾也。牡馬交驢而生者，爲駃騠音決題。牡驢交牛而生者，爲馲駋音宅陌，牡牛交驢而生者，為驕䮾音謫蒙。牡牛交馬而生者，爲駏驉。今俗通呼爲騾矣。【時】採：無時。【用】肝、蹄、屎。【質】騾大於驢而徤于馬，其力在腰，其後有鎖骨不能開，故不孳乳。【色】青、黄、黑、白。【味】辛，苦。【性】溫。【治】李時珍云：古方未見用騾者，近時小籍時有其方云。按《吕氏春秋》云：趙簡子有白騾，甚愛之，其臣陽城胥渠有疾，醫云：得白騾肝則生，不得則死。簡子聞之曰：殺畜活人，不亦仁乎？乃殺騾取肝與之，胥渠病癒。此亦剪鬚以救功臣之意，書之於此，以備醫案。【禁】甯原云：騾性頑劣，肉不益人，孕婦食之難産。

清・汪紱《醫林纂要探源》卷三　騾　甘，酸，寒。驢父馬母而生。不益人。

清·李文培《食物小錄》卷下 騾 辛、苦，溫，有小毒。性頑劣，不益人，孕婦食之難産。

清·章穆《調疾飲食辯》卷五 騾 《綱目》曰：古作蠃。其類有五：牡驢交馬而生為騾，牡馬交驢而生為駃騠，牡驢交牛而生為馲駋，牡牛交驢而生為騊駼，牡牛交馬而生為駏驉。今通呼為騾。其肉有毒不宜食。又凡牛、馬、驢、犬、羊等肉，孕婦概不宜食。騾則後有鎖骨不能開，故不孳孕，婦女尤不宜食。不拘有娠無娠，食之必有産厄。又《呂氏春秋》載：趙簡子殺白騾，療其臣陽城渠胥之疾。不言何疾，總屬幻談，醫家勿為所誤。

清·王孟英《隨息居飲食譜·毛羽類》 騾肉 辛、苦，溫，有毒。孕婦食之難産。

清·田綿淮《本草省常·禽獸類》 騾 性溫，有毒，不可食。食之動風，生暴疾，無藥可救。

馬

唐·孫思邈《千金要方》卷二六《食治·鳥獸》 馬心 主喜忘。肺：主寒熱，莖痿。肉：味辛、苦，平、冷，無毒。主傷中，除熱，下氣，長筋，強腰脊，壯健，強志利意，輕身不飢。黄帝云：白馬自死，食其肉害人。白馬玄頭，食其腦令人癲。白馬鞍下烏色徹肉裏者，食之傷人五藏。下利者，食馬肉必加劇。白馬青蹄，肉不可食。一切馬汗氣及毛不可入食中，害人。諸食馬肉心煩悶者，飲以美酒則解，白酒則劇。五月勿食馬肉，傷人神氣。野馬陰莖：味酸、鹹，溫，無毒。主男子陰痿縮，少精。肉：辛，平，無毒。主人馬癇，筋脉不能自收，周痹，肌不仁。病死者不任用。

馬乳汁 味辛，溫，無毒。止渴。

宋·唐慎微《證類本草》卷一七獸部中品〔《本經·別錄》〕 **白馬莖 味鹹**、甘，**平**，無毒。**主傷中，脉絶陰不起，强志益氣，長肌肉肥健，生子，**小兒驚癇。陰乾百日。〔宋·掌禹錫《嘉祐本草》〕按：《藥性論》云：白馬莖，使，味鹹。能主男子陰痿堅長，房中術偏要。孟詵云：白莖，益丈夫陰氣，陰乾者末，和蓯蓉蜜丸。空心酒下四十丸，日再，百日見效。

眼：主驚癇，腹滿，瘧疾。當殺用之。〔宋·掌禹錫《嘉祐本草》〕按：驚癇通用藥云：馬眼，平。

懸蹄：主驚邪瘈瘲，乳難，辟惡氣，鬼毒。蠱疰，不祥，止衂血，内漏，齲齒。生雲中平澤。〔宋·掌禹錫《嘉祐本草》〕按：《藥對》及齒痛通用藥云：馬懸蹄，平。孟詵云：懸蹄，主驚癇。

白馬蹄：療婦人瘻下白崩。

赤馬蹄：療婦人赤崩。〔宋·掌禹錫《嘉祐本草》〕按：崩中通用藥云：馬蹄甲，平。《藥訣》云：馬蹄，味甘，熱，無毒。孟詵云：赤馬蹄，主辟溫瘧。

齒：主小兒驚癇。〔宋·掌禹錫《嘉祐本草》〕按：日華子云：馬齒，水摩治驚癇。

鬐頭膏：主生髮。〔宋·掌禹錫《嘉祐本草》〕按：髮禿落通用藥云：馬鬐膏，平。

鬐毛：主女子崩中赤白。

心：主喜忘。〔宋·掌禹錫《嘉祐本草》〕按：孟詵云：患痢人不得食。

肺：主寒熱，小兒莖痿。〔宋·掌禹錫《嘉祐本草》〕今詳：莖痿，非小兒之疾，二字必誤。

肉：味辛、苦，冷。主熱下氣。長筋强腰脊，壯健，强志，輕身，不飢。〔宋·掌禹錫《嘉祐本草》〕按：孟詵云：肉有小毒。不與倉米同食，必卒得惡，十有九死。不與薑同食，生氣嗽。其肉多著浸洗，方煮得爛熟，兼去血盡，始可煮炙，肥者亦然，不爾，毒不出。陳士良云：馬肉有大毒。日華子云：此肉只堪煮，餘食難消。不可多食，食後以酒投之。皆須好清水搦洗三五遍，即可煮食之。懷娠人及患痢人并不可食。忌蒼耳、生薑。又鬃燒灰，止血并傅惡瘡。

脯：療寒熱痿痹。

屎：名馬通，微溫。主婦人崩中，止渴及吐、下血，鼻衂，金創止血。〔宋·掌禹錫《嘉祐本草》〕按：孟詵云：患丁腫，中風疼痛者。熓驢馬糞，熨瘡滿五十遍，極效。男子患，未可及，新差後，合陰陽，垂至死。取白馬糞五升，絞取汁，好器中盛，停一宿。一服三合，日夜二服。

頭骨：主喜眠，令人不睡。〔宋·掌禹錫《嘉祐本草》〕按：好眠通用藥云：馬頭骨，微寒。日華子云：頭骨治多睡，作枕枕之。燒灰傅頭、耳瘡佳。

溺：味辛，微寒。主消渴，破癥堅積聚，男子伏梁積疝，婦人瘕疾，銅器承飲之。

〔梁·陶弘景《本草經集注》〕云：東行白馬蹄下土作方術，知女人外情。馬色類甚多，以純白者爲良。其口、眼、蹄皆白，俗中時有兩三爾。小小用不必爾。馬肝及鞍下肉，舊言殺人，食駿馬肉不飲酒亦殺人。白馬青蹄亦不可食。《禮》云：馬黑脊而班臂亦不可食。馬骨傷人，有毒。人體有瘡，馬汗、馬氣、馬毛亦并能爲害。

〔唐・蘇敬《唐本草》〕注云：《别録》云：馬毛，主小兒驚癇。白馬眼，主小兒魃，母帶之。屎中粟，主金創，小兒客忤，寒熱，不能食。絆繩，主小兒癇，并洗之。

〔宋・馬志《開寶本草》〕按：陳藏器《本草》云：馬肉及血，有小毒。食之當飲美酒即解，婦人懷妊不得食馬驢騾，爲其十二月胎。騾又不產。馬頭骨於水上流浸之，則無水蜞音其，又埋安午地，令宜蠶。凡收白馬莖，當以遊牝時，力勢正强者，生取得爲良。馬牙燒作灰，唾和，緋帛貼丁腫上根出。屎絞取汁，主傷寒時疾，服之當吐下。亦主產後諸血氣及時行病起合陰陽垂死者，并溫服之。用馬屎及溺，當以白者最良。

〔宋・掌禹錫《嘉祐本草》〕按：《蜀本》注云：諸筋肉，非十二月採者，并宜火乾之。孟詵云：惡刺瘡。取黑馬尿熱漬當愈，數數洗之。日華子云：尿洗頭瘡白禿。

〔宋・唐慎微《證類本草》〕《圖經》：文具羖羊角條下。雷公云：要馬無病，嫩身如銀，春收者最妙。臨用以銅刀劈破作七片，將生羊血拌，蒸半日出，曬乾，以麤布拭上皮并乾羊血了，細剉用也。又馬自死，肉不可食。五月勿食，傷神。《食療》：白馬黑頭，食令人癲。白馬自死，食之害人。肉，冷，有小毒。主腸中熱，除下氣，長筋骨。赤馬蹄，辟溫。又，食諸馬肉心悶，飲清酒即解，濁酒即加。又，刺瘡，取黑駁馬尿熱浸，當蟲出。患杖瘡并打損瘡，中風疼痛者，炒馬、驢濕糞，分取半，替換熱熨之。冷則易之，滿五十過，極效。又，小兒患頭瘡，燒馬骨作灰，和醋傅。亦治身上瘡。白禿瘡，以駁馬不乏者尿，數數暖洗之十遍，差。又，白馬脂五兩，封瘡上。稍稍封之，白禿者髮即生。又，馬汗入人瘡，毒氣攻作膿，心懣欲絶者，燒粟榦草作灰，濃淋作濃灰汁，熱煮，蘸瘡於灰汁中，須臾白沫出盡即差。白沫者，是毒氣也。此方嶺南新有人曾得力。凡生馬血入人肉中，多只三兩日便腫，連心則死。有人剝馬，被骨傷手指，血入肉中，一夜致死。又，臆臕，似驢臕也。蹄無夜眼者勿食。又黑脊而斑不可食。患瘡疥人切不得食，加增難差。赤馬皮臨產鋪之，令產母坐上，催生。《聖惠方》：治頭赤禿。用白馬蹄燒灰末，以臘月猪脂和傅之。《外臺秘要》：剝馬被骨刺破中毒欲死，取剝馬腹中糞及馬尿洗，以糞傅之，大驗，絞糞汁飲之效。又方：治毒熱攻手足腫，疼痛欲脱。水煮馬糞汁漬之。又方：治小兒夜啼不已。馬骨末傅乳上飲，止。《千金方》：〔治〕小兒卒客忤。取馬屎三升，燒令煙絶，以酒三斗，煮三沸，去滓，浴兒。又方：治肉癥，思肉不已，食訖復思。白馬尿三升，空心飲，當吐肉，肉不出即死。又方：治齒䶪。切白馬懸蹄塞之，不過三度差。《肘後方》：若病人齒無色，舌上白，或喜睡眠，憒憒不知痛痒處，或下痢，可急治下部，不曉此者但攻其上，不以下爲意。下部生蟲，蟲食其肛門，爛，見五藏便死。燒馬蹄作灰末，猪脂和傅綿上導下部，日數度，差。又方：辟溫疫。馬蹄屑二兩，縫囊帶之，男左女右。又方：背瘡大驗。取白馬齒燒作灰，先以針刺瘡頭開，即以灰封，以濕麵周腫處，後以釅醋洗去灰，根出。又方：治齒痛。馬夜眼如米大内孔中，或綿裹著蟲孔中内之，即差，永斷根源。又方：治人嗜眠喜睡。馬頭骨燒灰末，水服方寸匕，日三夜一。《梅師方》：治吐血不止。燒白馬糞研，以水絞取汁，服一升。又方：馬咬人或刺破瘡，及馬汗入瘡毒痛。取馬糞燒灰爲末，研傅瘡上，及馬尿洗瘡，佳。《食醫心鏡》：治馬癇動發無時，筋脉不收，周痹，肌肉不仁。野馬肉一斤，細切，於豉汁中煮，著五味，葱白調和，作腌腊食之。作羹服及白煮喫妙。《簡要濟衆》：治小兒中馬毒，客忤。取馬尾於兒面前燒，令兒咽煙氣，每日燒之，差爲度。《集驗方》：治天行䵟瘡。燒蹄灰，以猪脂和傅，日五六用。《兵部手集》：多年惡瘡不差，或痛痒生䘌。爛研馬糞并齒傅上。不過三兩遍，良。武相在蜀，自脛有瘡，痒不可忍，得此方便差。又方：治豌豆瘡。馬肉爛煮汁洗，乾脯亦得。劉涓子：治被打，腹中瘀血。白馬蹄燒煙盡，取灰末，酒服方寸匕，日三夜一。亦治婦人血病，《塞上》《廣利方》同。又方：馬病疥，不可食，生寸白蟲。《子母秘録》：產後寒熱，心悶極脹及百病。馬通絞取汁一盞，以酒和服之，差。《產寶》：療乳腫。以馬溺塗之，立愈。《巢氏病源》：白馬尿，治鱉瘕。出《搜神記》。《禮記》：馬黑脊而班臂漏不可食。《前漢》：轅固與黄任爭論於上前，上曰：食肉毋食馬肝，未爲不知味也。注：馬肝有毒，食之殺人。秦穆公：亡善馬，歧下蜀人共得食之，吏欲法之。公曰：君子無以畜害人，吾聞食善馬肉，不飲酒傷人，皆賜酒。《漢志》：文成食馬肝而死。又韋莊《又玄集》序云：食馬留肝。《丹房鏡源》：馬脂柔五金，糞養一切藥力。

宋・唐慎微《證類本草》卷一六獸部上品〔《别録》〕 馬乳　止渴。

〔梁・陶弘景《本草經集注》〕云：今人不甚服，當緣難得也。

〔唐・蘇敬《唐本草》〕注云：馬乳與驢乳性同冷利，止渴療熱。馬乳作酪，彌應酷冷。江南乏馬乳，今俱合是冷委言之。驢乳療微熱黄，小兒中熱，驚熱，服之亦利。胡言馬酪性溫，飲之消肉。多以物類，自相制伏，不拘冷熱也。

〔宋・掌禹錫《嘉祐本草》〕按：《蜀本》云：馬乳，味甘。又消渴通用藥云：馬乳，冷。《藥性論》云：馬乳，無毒。

〔宋・唐慎微《證類本草》〕陳藏器：味甘，治熱，性冷利。孫真人：合生魚食則作瘕。《食醫心鏡》：馬乳，飲之止渴。

宋・鄭樵《通志》卷七六《昆蟲草木略》 馬之類多。《爾雅》曰：駒駼，馬。音陶徒。《字林》云：北狄良馬也。郭云：色青。又曰：野馬。郭云：如馬而小。《穆天子傳》云：野馬日走五百里。又曰：駮，如馬，倨

牙，食虎豹。倨，即鋸也。《山海經》云：中曲山有獸如馬而身黑，三尾一角，音如鼓，名駮，食虎豹，可以禦兵。又曰：騉，蹄趼，善陞甗。騉蹄者，其蹄如趼。秦時有騉蹄苑。甗，山嶺也。郭云：形似甑，上大下小。騉、趼，音昆、硯。又曰：騉駼，枝蹄趼，善陞甗。枝蹄，如牛蹄是也。牛枝蹄，馬溷蹄。又曰：小領，盜驪。《穆天子傳》云：天子駕八駿，右盜驪，左綠耳。小領，細頸也。又曰：絕有力，駥。馬高八尺曰駥。音戎。又曰：膝上皆白，惟馵。四骹皆白，驓。四蹢皆白，首。前足皆白，騱。後足皆白，翑。前右足白，啓。左白，踦。後右足白，驤。左白，馵。騚馬白腹，騵。驪馬白跨，驈。白州，驠。尾本白，騴。尾白，駺。馰顙，白顛。白達素，縣。面顙皆白，惟駹。骹，膝下也。蹢，蹄也。騵，赤色。驪，黑色。跨，髀間也。州，竅也。尾本，尾根也。尾根白曰騴，尾毛白曰駺。顛，額上也。素，鼻莖也。顙，額也。尾駮、驓、騱、翑、踦、騵、驈、驠、騴、駺、馰，音敲、繒、奚、劬、欺、刓、聿、燕、晏、郎、的。又曰：回毛在膺，宜乘。在肘後，減陽。在幹，茀方。在背，闋廣。減、廣，音淡、光。又曰：回毛，旋毛也。膺，胸也。幹，脇也。又曰：逆毛，居馻。音兗。郭云：馬毛逆刺。又曰：騋牝，驪牡。鄭玄謂七尺曰騋，牝者色驪，牡者色玄。注《周禮》復謂七尺已上者為騋。又曰：玄駒，褭驂。褭，奴了反。郭云：玄駒，小馬之別名。又曰：牡曰騭，牝曰騇。郭云：江東呼駁馬曰騭。騇，音捨。草馬也。又曰：騚白，駁。黃白，騜。騚馬黃脊，騝。驪馬黃脊，騽。青驪，駽。青驪驎，驒。青驪繁鬣，騥。驪白雜毛，駂。黃白雜毛，駓。陰白雜毛，駰。蒼白雜毛，騅。彤白雜毛，騢。白馬黑鬣，駱。白馬黑脣，駩。黑喙，騧。一目白，瞯。二目白，魚。孫炎云：騚，赤色也。青驪，駽。郭云：今之鐵驄也。青驪驎，驒，謂青黑二色相雜如魚鱗，郭氏謂今之連錢驄是也。駂，郭云：今之烏驄。駓，郭云：今之桃花馬。陰，淺黑色也。駰，郭氏謂今之泥驄，蒼，淺青色也。彤，赤色也。喙，口也。凡此所言，皆典籍所載之馬，人或不曉其毛物，故《爾雅》釋之。騝、騽，音虔、習。駽，呼縣反。驎，良刃反。驒、騥、駂、駓、騢、駩、瞯，音陀、柔、保、皮、遐、詮、閑。

宋・劉明之《圖經本草藥性總論》卷下　馬乳　止渴。《唐本》注云：冷利。止渴，療熱。驢乳，冷。療熱黃，小兒中熱驚熱。

宋・陳衍《寶慶本草折衷》卷一五　馬乳驢乳附。　所出與馬懸蹄同。○取小駒飲餘之乳也。○忌生魚。

味甘，冷，無毒。○止渴。○《唐本》註云：療熱。○孫真人云：合生魚食則作瘕。

附：驢乳。○味甘，冷，無毒。用馬乳云。療熱黃，小兒中熱驚熱，急黃客忤，天弔風癇疾，服之亦利。○兼括驢屎說。

宋・陳衍《寶慶本草折衷》卷一五　新分馬懸蹄蹄、肉、鬃、屎等附。　此馬足倒垂小蹄甲不著地者。生雲中平澤。○附：肉，忌倉米、蒼耳、生薑。○又附：屎，一名馬通。

平。○主驚邪瘈瘲，乳難，辟惡氣鬼毒蠱疰，止衄血內漏，齲丘禹切，蠹也。齒。自白馬莖條分。

附：白馬蹄此着地蹄甲也。○味甘，平，熱，無毒。療婦人瘻下白崩。

附：赤馬蹄灰在內。○味甘，平，熱，無毒。療婦人赤崩，辟溫瘧。又燒灰，赤、白馬蹄皆可燒也，治下部生蟲，蟲食肛門爛。以猪脂和灰傅綿上，導下部，日三度差。附：肉脯在內。○味辛、苦，冷，有毒。主熱，長筋強腰脊。此肉難消，煮得爛熟，不可多食，食後以酒投之。不與倉米同食，必卒得惡；不與薑同食，生氣嗽。又忌蒼耳。又懷娠及患痢，並不可食。若作脯，療寒熱痿痹。附：鬃灰。○止血，傅惡瘡。附：屎汁在內。○微溫。主婦人崩中，止渴，及吐血鼻衄，金創。患丁腫，中風疼痛，熓音炒之熨瘡。又絞汁，主傷寒時疾，服之吐下。亦主產後諸血氣及時行病起，合陰陽垂死，並溫服之。以白者良。○《指迷方》乃用赤馬糞。

續說云：陶隱居言人體有瘡者，馬汗、馬氣、馬毛並能為害，而白馬汗其毒尤酷也。諸馬五臟悉皆有毒，應是疾病並當忌焉。

元・忽思慧《飲膳正要》卷三　馬　肉，味辛苦，冷，有小毒。主熱，下氣，長筋骨，強腰膝，壯健輕身。馬頭骨，作枕令人少睡。馬肝，不可食。馬蹄，白者，治婦人漏下、白崩；赤者，治婦人赤崩。白馬莖，味鹹、甘，無毒。主傷中，脉絕。強志益氣，長肌肉，令人有子，能壯盛陰氣。馬心，主喜忘。馬肉內有生黑墨汁者，有毒，不可食。白馬多有之。馬乳，性冷，味甘。止渴，治熱。有三等，一名升堅，一名晃禾兒，一名窓元。以升堅為上。

元・尚從善《本草元命苞》卷七　白馬莖　為使。鹹、甘，平，無毒。主傷中脈絕，陰痿不起，長肌肉肥健，陰氣堅長。《藥性論》：能主男子陰痿堅長，房中術偏要。又孟詵云：益丈夫陰氣。陰乾者，末和茯苓蜜丸，空腹酒下，四十九日再服，百

日見效。馬蹄，療婦人漏下崩中。白馬蹄主白崩，赤馬蹄主赤崩。馬眼，治小兒驚癇，腹滿。齒，療馬癇。日華子云：水磨馬齒，療驚癇。心，醫喜忘。肉，有大毒，味辛苦冷，雖云強腰脊，壯健，其與倉米食殺人。患痢、懷姙大忌，生薑、蒼耳亦然。

元・吴瑞《日用本草》卷三　馬肉　味辛，性溫，有毒。可煮食，餘食之難消。忌蒼耳、生薑，同食，令人生氣嗽；與倉米同食，必得卒患，十有九死。𩡶肉不可食，發百病。姙婦及患痢人並忌。主除熱下氣，長筋強腰脊，壯健強志。作脯，治寒熱痿痹。馬頭：微寒，主好睡。骨，令人不睡。馬鬃：主生髮。懸蹄：主驚邪瘈瘲，辟惡鬼毒，止衄血。馬眼：主驚癇。馬心：主喜忘。患痢人忌食，悮食心悶。馬齒：主馬癇。赤馬蹄：療婦人赤崩，辟瘟瘧。白馬蹄：治婦人瘻下，白崩。馬尿：味辛，微寒。主消渴，破癥堅，男子伏梁積疝，婦人瘕疾。銅器盛飲之。黑馬尿：乘熱能洗諸惡瘡。馬屎：名馬通。微溫。主婦人崩中、吐血、衄血、金瘡。如患疔腫，中風疼痛，熁糞熨之，不計遍數，極妙。白馬莖：理丈夫陰痿，堅長。陰乾者為末，和蓯蓉、茯苓蜜丸，空腹酒下四十丸。鬐毛：主女子崩中，漏下赤白。

馬乳　止渴，發痼疾。性冷，與驢乳性味同。合生魚食則作瘕。

元・朱震亨《本草衍義補遺》　白馬脛骨　煅過，再研用。味甘，寒，可代黃芩、黃連。中氣不足者用之。〇其白馬莖，味鹹。能主男子陰痿，房中術偏用。又，陰乾者，末和蓯蓉蜜丸，空心酒下四十丸。

明・蘭茂《滇南本草》卷上　馬肉　味辛、苦，冷，有毒。治傷中，除濕熱，下氣，長筋骨，強腰脊，壯健強智，輕身耐飢。治寒熱痿痹。鬃，燒灰，敷瘡毒，癰疽疔瘡，神效。蹄，燒灰為末，調油搽禿頭瘡，癬疥。皮，燒灰，調油，搽銅錢牛皮癬，立效。

明・蘭茂原撰，范洪等抄補《滇南本草圖說》卷七　馬　氣味辛苦冷，有毒。主治：傷中除熱，下氣，長筋壯骨，壯健腰脊，亦能強志輕身。治痿痹最良。取鬃燒灰，敷瘡最效。取蹄殼燒灰，調油搽老瘡。取皮煅灰，搽癬瘡立瘥。產滇中，毛色甚多，以純白者為上。馬應月，故十二月始生。年以齒別，一歲曰馬，二歲曰駣，三歲、四歲曰駣。牡馬曰騭、曰兒，牝馬曰騇、曰騍。《馬經》云：馬者，武也。

明・王綸《本草集要》卷六　白馬莖使　味鹹甘，氣平，無毒。陰乾百日用。　主傷中脈絕，陰不起，強志益氣，長肌肉，肥健生子。〇眼，主驚癇腹滿，瘧疾，殺用之。〇懸蹄，主驚邪瘈瘲，乳難，衄血，內漏崩，辟惡氣鬼毒，蠱疰不祥。〇齒，主小兒驚癇，水摩服。〇溺，味辛，微寒。主消渴，破癥堅積聚，男子伏梁積疝，婦人瘕疾，銅器盛飲之。又治鱉瘕，又洗頭瘡白禿。

明・滕弘《神農本經會通》卷八　白馬莖　使也。陰乾百日用。　味鹹、甘，氣平，無毒。《本經》云：主傷中脉絕，陰不起，强志益氣，长肌肉，肥健，生子，小儿驚癇。《藥性論》云：使。味鹹。能主男子陰痿堅長，房中術偏要。孟詵云：益丈夫陰氣。陰乾者，末和蓯蓉蜜丸，空腹下四十丸，日再，百日見效。丹溪云：俱同。

白馬脛骨：味甘，氣寒。丹溪云：煅過，再研用，可代黃芩、黃連。中氣不足者用之。馬眼：平。《本經》云：主驚癇，腹滿，瘧疾，當殺用之。馬懸蹄：《本經》云：主驚邪瘈瘲，乳難，辟惡氣，蠱毒，鬼疰不祥。止衄血，內漏，齲齒。孟詵云：主驚癇。白馬蹄：味甘，氣熱，無毒。一云：平。《本經》云：療婦人（瘻）〔漏〕下白崩。赤馬蹄：《本經》云：療婦人赤崩，孟詵云：主辟溫瘧。馬齒：《本經》云：主小兒馬癇。日華子云：水摩，治驚癇。馬鬐頭膏：《本經》云：主生髮。馬肺：《本經》云：主寒熱，小兒莖痿。禹錫云：莖痿，非小兒之疾，二字必誤。馬鬐毛：《本經》云：主女子崩中赤白。馬心：《本經》云：主喜忘。孟詵云：患痢不得食。

馬肉：忌蒼耳、生薑。味辛苦，氣冷。一云：有大毒。一云：有小毒。《本經》云：主熱，下氣，長筋，強腰脊，壯健強志，輕身不飢。日華子云：此肉只堪煮，餘食難消，不可多食。食後以酒投之，皆須好清水搦洗三五徧，即可煮食之。懷娠人及患痢人，并不可食。陳藏器云：馬肉及血，有小毒。食之當飲美酒，即解。《食療》云：凡生馬血入人肉中，多只三兩日便腫，連心則死。有人剝馬，被骨傷手指，血入肉中，一夜致死。馬脯：《本經》云：療寒熱痿痺。馬屎：一名馬通。氣微溫。《本經》云：主婦人崩中，止渴，及吐下血，鼻衄，金創止血。孟詵云：患丁腫，中風疼痛者，熁驢馬糞，熨瘡滿五十遍，極效。馬頭骨：微寒。《本經》云：主喜眠，令人不睡。日華子云：治多睡，作器枕之。燒灰，傅頭耳瘡佳。陶云：

馬骨傷人，有毒。人體有瘡，馬汗、馬氣、馬毛，并能為害。馬溺：味辛，氣微寒。《本經》云：主消渴，破癥堅積聚，男子伏梁積疝，婦人瘕疾。銅器承飲之。孟詵云：惡刺瘡，取黑馬尿，熱漬當愈，數數洗之。日華子云：洗頭瘡白禿。陶云：馬色以純白者為良。馬肝及鞍下肉，舊言殺人。食駿馬不飲酒，亦殺人。白馬青蹄，亦不可食。《禮》云：馬黑脊而斑臂，亦不可食。

明·劉文泰《本草品彙精要》卷二三

白馬莖無毒。附眼、蹄、齒、心、肺、肉、骨、屎、溺。

白馬莖出《神農本經》：**主傷中，脈絕，陰不起，強志益氣，長肌肉，肥健，生子。○眼，平，主驚癇，腹滿，瘧疾，當殺用之。○懸蹄，平，主驚邪，瘛瘲，乳難，辟惡氣，鬼毒，蠱疰不祥。**以上朱字《神農本經》。白馬莖，治小兒驚癇。○懸蹄，止衄血，內漏，齲齒。○白馬蹄，味甘，平，熱，無毒。療婦人瘻下，白崩。○赤馬蹄，療婦人赤崩。○齒，主小兒驚癇。○鬐頭膏，平，主生髮。○鬐毛，主女子崩中，赤白。○心，主喜忘。○肺，主寒熱，莖痿。○肉，味辛，苦，冷，有毒。主熱，下氣，長筋，強腰脊，壯健，強志，輕身不飢。○脯，療寒熱痿痹。○屎，微溫。主婦人崩中，止渴及吐下血，鼻衄，金瘡，止血。○頭骨，微寒。主喜眠，令人不睡。○溺，味辛，微寒。主消渴，破癥堅積聚，男子伏梁積疝，婦人瘕疾，銅器承飲之。以上黑字名醫所錄。〔地〕《圖經》曰：出雲中平澤，今處處有之。馬之色類甚多，以純白及口、眼、蹄皆白者是也。然百數中時兩三爾。按陳藏器云：凡收白馬莖當以游牝時力勢正強而生取得者爲佳。尿、屎入藥亦以白馬者良。〔時〕生：無時。採：春月。〔收〕陰乾百日。〔用〕莖、眼、白馬蹄、懸蹄、心、脯、肺、齒、鬐頭膏、鬐毛、肉、溺、屎、頭骨、赤馬蹄。〔味〕鹹，甘。〔性〕平。〔氣〕氣厚于味，陽中之陰。〔臭〕臊。〔主〕強陰，益氣。〔製〕《雷公》曰：凡用，以銅刀劈破作七片，將生羊血拌蒸半日，出，曬乾，以粗布拭上皮並乾羊血，細剉用之。

〔治〕療：《唐本》注云：馬毛，止小兒驚癇。○白馬眼，辟小兒魃病，令母帶之。○屎中粟，治金瘡，及小兒客忤，寒熱不能食。○絆繩，主小兒癇，作湯洗之。《藥性論》云：白馬莖，主男子陰痿。日華子云：頭骨，治多睡，作枕枕之，及燒灰傅頭耳瘡。○尿，洗頭瘡白禿。陳藏器云：屎絞汁，治傷寒時疾，服之當吐下，及產後諸血氣，並時行病起，合陰陽垂死者，並溫服之。孟詵云：懸蹄，主驚癇。○赤馬蹄，辟瘟瘧。○鬃燒灰止血，並傅惡瘡。《食療》云：馬汗，入人瘡，毒氣攻心，悶絕者，以粟榦草燒作灰，淋取濃灰汁，熱煮蘸瘡，於灰汁中須臾白沫出盡，即瘥。白沫者，是毒氣也。《別錄》云：糞，水煮絞汁，漬毒熱攻手足腫，疼痛欲脫者。○骨作末，傅乳上令兒飲，止小兒夜啼不已。○白馬懸蹄，切碎，塞患齒齲不過三度，瘥。○白馬尿，取三升，空心飲之，療肉癥，思肉不已，食訖復思。法當吐肉，不吐即死，及治鱉瘕。○馬蹄屑二兩縫囊，男左女右帶之，辟瘟疫。○夜眼如米大，以綿裹內蛀齒孔中，治齒痛。○頭骨燒灰爲末，水服方寸匕，日三夜一，療人嗜眠喜睡。○糞，燒灰爲末，研傅馬咬人傷，或刺破瘡及馬汗入瘡毒痛者，或馬尿洗亦佳。○尾，燒于小兒面前，令兒咽煙氣。療小兒中馬毒，及客忤，每日燒之，以瘥爲度。○肉爛煮汁，洗豌豆瘡，或煮乾脯亦得。○溺，塗乳腫，立愈。○黑駁馬尿，熱浸刺瘡，當蟲出，愈。○馬騾濕糞，炒分取半替換，熱熨杖瘡並打損瘡，中風疼痛處，冷則易之，滿五十過，極效。○赤馬皮，療難產。臨產鋪之，令產母坐上即易生。〔合治〕白馬莖陰乾爲末，合蓯蓉蜜丸，空心酒下四十丸，日再服，主益丈夫陰氣。○骨作灰合醋，傅小兒頭瘡，亦主身上瘡並白禿瘡。○白馬蹄燒灰爲末，合臘月豬脂和傅頭赤禿。○尿三升，燒令煙盡，合酒三斗，煮三沸去滓，浴小兒卒中客忤。○蹄燒作灰末，合豬脂，塗綿上，導下部，日數度，療病人齒無色，舌上白，或喜睡憒憒不知痛癢處，或下痢。可急治下部，不曉此者，但攻其上，不以下爲意。下部生蟲，食其肛門爛，見五臟便死者，瘥。○野馬肉一斤細切，合豉煮汁，著五味蔥白調和，作醃臘食之，或作羹粥及白煮吃之，能治馬癇動發無時，筋脈不收，周痹肌肉不仁。○蹄灰合豬脂，和傅天行蠶瘡，日五六次。○馬通絞取汁一盞合酒和服之，療產後寒熱，心悶極脹，並百病。○糞合齒共研爛，傅多年惡瘡不瘥，或痛或癢，及生釁者不過三兩度良。○牙燒作灰，合唾攤緋帛上，貼疔腫，根出。

〔禁〕馬心，患痢人不得食。駿馬肉食之不飲酒，殺人。馬肝及鞍下肉食之，殺人。白馬青蹄亦不可食。馬黑脊而斑臂漏不可食。患瘡疥人，切不可食馬骨，傷人。馬汗、馬氣、馬尾並能爲害。馬自死，肉不可食。五月勿食，傷神。白馬黑頭，食之令人癲，及生馬血入人肉中，多只三兩日便腫，連心則死。有人剝馬，被骨傷肉中，一夜致死。蹄無夜眼者勿食。馬生疥者不可食，食之生寸白蟲。婦人懷娠不得食馬肉，爲其十二月胎，恐產遲故也。

〔解〕食諸馬肉心悶，飲清酒即解，濁酒即加。食血亦飲美酒解之。〔忌〕馬肉不與薑同食，生氣嗽及忌蒼耳、生薑同食。又勿與倉米同食，必卒得惡疾。

馬乳無毒。驢乳附。 馬乳止渴。名醫所錄。〔地〕陶隱居云：今人不甚服，當緣難得也。《唐本》注云：馬乳與驢乳性同冷利，馬乳作酪尤爲酷冷。江南乏馬乳，今俱合是冷委言之，胡言馬酪性溫，飲之消肉，當以物類自相制伏，不拘冷熱也。〔時〕採：無時。〔收〕以瓷器盛貯。〔色〕白。〔味〕甘。〔性〕冷利。〔氣〕氣之薄者，陽中之陰。〔臭〕腥。〔治〕療：《唐本》注云：祛熱，消肉積。○驢乳治微熱黃及小兒中熱驚，熱服之。〔忌〕不可與生魚同食，食之成瘕疾。

明・盧和、汪穎《食物本草》卷三獸類 白馬 肉，味辛苦，冷。主熱下氣，長筋，強腰脊，壯健，強志，輕身不飢。又云：有小毒，主腸中熱。凡用，須以水挼洗數次，去淨血，再以好酒洗，方煮之，更入酒烹熟，可食，飲好酒數盃解之，乃佳。莖，味鹹、甘，平，無毒。主傷中絕脉，男子陰痿不起，堅長，益氣，長肌肉，肥健生子。小兒驚癇，陰乾入藥。肺，主寒〔熱〕。心，主喜忘。患痢人勿食。眼，主驚癇，腹滿，瘧疾。懸蹄，主驚邪瘈瘲，乳難，衄血，內漏崩，辟惡氣鬼毒蠱疰不祥。齒，主小兒驚癇，水磨服。頭骨，主令人不睡。鬐毛，主女子崩中赤白。膏，主生髮。脯，療寒熱痿痹。溺，味辛，微寒。主消渴，破癥堅積聚，男子伏梁積疝，婦人瘕疾，銅器盛飲之。又治鱉瘕。又洗頭瘡白秃。屎，名馬通，微溫。主婦人崩中，止渴及吐下血，鼻衄，金創，止血。肝，大毒，食而死者多矣。故曰：食馬留肝。凡馬肉與蒼耳同食，十有九死。與生薑同食，生氣嗽。又不可與倉米同食，倉米恐是蒼耳也。妊婦并有瘡疥者不可食。白馬黑蹄，頭青蹄黑，脊而斑，凡形色異常者，皆不可食。牝馬并各色馬，諸書不載，大率一類，而不及白牡馬也。

明・許希周《藥性粗評》卷四 脛節白馬之灰，代黃芩於內補。

白馬脛，脛者，前足七寸骨也。以白馬者入藥。煅過用之。味甘，性寒，無毒。丹溪云：白馬脛骨可代黃芩、黃連，中氣不足者用之。芩連性寒，氣瘀者當去其邪熱，故宜馬脛之寒，而不宜芩連之寒。白馬陰莖，味鹹，主治精氣久痿，興陽道，利丈夫。得之陰乾，為末，同肉蓯蓉末等分，蜜丸如梧桐子大，每服四十丸，空心溫酒送下，日再，甚妙。

單方：陰痿：方見本註。

明・鄭寧《藥性要略大全》卷一 ○馬肉 味辛、苦，性冷，小毒。除熱下氣，長筋強腰脊，健志，輕身不飢。易老云：食馬肉不飲酒，能殺人。孕婦忌食。 馬乳：甘，冷，無毒。止渴治熱。○馬脛：微動氣。 馬乳腐：微寒。潤五臟，利大小便，益十二經。 馬眼：主驚癇腹滿，瘧疾。 馬齒：主小兒驚癇。 馬肺：主寒熱莖痿。 馬頭骨：治喜眠，令人不睡。 馬蹄：味甘，性熱，無毒。白馬蹄治女人白崩，赤馬蹄治女人赤崩。 白馬莖：強陰益志，主傷中脉絕陰不起。益氣長肌肉，肥健，令人有子。專治男陰痿，堅長陽道。房中術多用之。味甘、鹹，無毒，氣溫。大補之劑。 馬通：即馬屎也。微溫，有毒。主女人崩中，止渴，及吐血、下血、衄血。治金瘡，止血，療疔腫，中風疼痛。 馬尿：味辛，微寒。主消渴，破癥堅積聚，男子伏梁積疝，女人瘕疾。入銅器盛飲之。

明・陳嘉謨《本草蒙筌》卷九 白馬莖 味甘、鹹，氣平。無毒。各處俱有，雲中者良。毛色諸般，純白為勝。擇嫩駒力盛，遇春季活收。老死取者不効。懸壁陰乾，務週百日。用銅刀劈七片，拌羊血蒸三時。曬燥以麄布淨揩，揩去上皮及乾羊血。研細入蓯蓉搗爛。各等分。蜜丸豆大，酒下空心。《藥性論》嘗云：房中術偏要，增益陰氣，堅舉陽莖。續絕脉，主中傷；長骨肉，令肥健。肉味辛苦小毒，堪強腰脊長筋。但自死併毛色雜殊，白身黑頭等類。或臂漏及蹄無夜眼。鞍下等肉，並棄勿餐。好肉食之，宜醇酒送下。無酒殺人。食多心悶，須清酒解除。酒濁反加。懷孕、患痢、生瘡，禁勿沾口；生薑、倉米、蒼耳，忌餌同時。謹慎無憂，誤犯則病。眼去腹滿瘧疾，殺取方宜；齒主小兒驚癇，水摩頓飲。鬃燒灰，敷瘡毒止血；牙燒灰，貼疔腫出根。頭骨治男子嗜眠，能令常醒；宜作枕臥。蹄甲理婦人下白，立使不流。赤馬蹄治赤帶。懸蹄亦可煎湯，齒痛誠為要藥。辟惡氣鬼疰，兼通乳難；除瘛瘲驚邪，且止血衄。骨刺入皮膚不治，血入人肌肉即亡。心主健忘，肺主寒熱。肝有毒須棄，乳解渴宜求。脂柔五金不堅，膏塗秃髮復出。毛療驚癇曾驗，鬐止崩帶常靈。屎名馬通，亦禁諸血。尿溺盛於銅器，可洗白秃頭瘡。男伏梁積疝殊功，女癥堅積聚極効。況推鼈瘕，亦解渴消。絆繩碎斷濃煎，小兒諸癇並洗。

明・寧源《食鑒本草》卷上 馬肉 味苦、辛，冷，有小毒。凡自死、病

死，斷不可食。壯筋骨，強腰脊，強志輕身，消熱下氣。　莖：　味酸、甘，平，無毒。白者最良。主男子陰痿不起，益精氣，有子。

明・王文潔《太乙仙製本草藥性大全》卷七《本草精義》　白馬莖　各處俱有，雲中者良。毛色諸般，純白爲勝，其口眼蹄皆白，俗中時有兩三爾。小小用不必爾。馬肝及鞍下肉，舊言殺人。食駿馬肉不飲酒亦殺人。白馬青蹄亦不可食。《禮》云：馬黑脊而斑臂，亦不可食。馬骨傷人，有毒。人體有瘡，馬汗、馬氣、馬毛亦並能爲害。白馬黑頭，食令人癲。白馬自死食之害人。肉，冷，有小毒。主腸中熱，除下氣，長筋骨。赤馬蹄，辟溫。或臂漏及蹄無夜眼、鞍下等肉並棄勿飡。馬莖擇嫩駒力盛，遇春季活收，老死取者不效，懸壁陰乾，務週百日，用銅刀劈七片，拌羊血蒸三時，晒燥，以粗布净揩，揩去上皮及乾羊血。研細，入蓯蓉爛搗各等分，蜜丸豆大，空心酒下。此肉只堪煮，餘食難消，不可多食，食後以酒殺之，皆須好清水搦洗三五遍，即可煮食之。懷妊者及患痢人，並不可食。不與倉米同食，必卒得惡，十有九死。不與薑同食，生氣嗽。其肉多著浸洗方煮得爛熟，兼去血盡，始可煮炙，肥者亦然，不爾毒不出。又刺瘡，取黑駁馬尿，熱浸當蟲出。患杖瘡并打損瘡中風疼痛者，炒馬驢濕糞，分取半替換熱熨之，冷則易之，滿五十過極效。又小兒患頭瘡，馬骨燒作灰，和醋傅，亦治身上瘡。白禿瘡，以駁馬不乏者尿，數數暖洗之，十遍差。又白馬脂封白禿，髮即生。又馬汗入人瘡，毒氣攻作膿，心懣欲絶者，燒粟榦草作灰濃淋，作濃灰汁，熱煮蘸瘡於灰汁中，須臾白沫出盡即差，白沫者是毒氣也。此方嶺南新有人曾得力。凡生馬血入人肉中，多則一兩日腹腫連心則死。有人剝馬，被骨傷手指，血入腹中，一夜致死。又臆臁似驢臁也。蹄無夜眼者勿食。又黑脊而斑者不可食。患瘡疥人切不可食，加增難差。赤馬皮臨産鋪之，令産母坐上催生。

明・王文潔《太乙仙製本草藥性大全》卷七《仙製藥性》　白馬莖使　味甘、鹹，氣平，無毒。當以遊牝時，力勢正強者，生取最良。　主治：　增益陰氣，堅舉陽莖。傷中絶脉神功，強志益氣捷徑。治驚癇小兒方當用，補陰痿房中術尤宜。長肌肉聖方，令肥健妙劑。　補註：　益丈夫陰氣，陰乾者末和蓯蓉蜜丸，空心酒下四十丸，日再，百日見效。　白馬肉：　味辛、苦，氣冷，有小毒。　主治：　下熱氣，長筋骨，強腰脊。壯健強志，益力輕身，不飢。好肉食之，宜醇酒送下。無酒殺人。食多心悶，須清酒解除。酒濁反加。懷孕、患痢、生瘡，禁勿沾口。生薑、倉米、蒼耳忌餌同時。謹慎無憂，悮犯則病。　補註：　治馬癇動發無時，筋脉不收，周痹，肌肉不仁。野馬肉一斤，細切，於豉汁中煮，著五味、葱白調和，作脯腊食之，作羹粥及白煮吃妙。○治豌豆瘡，馬肉爛煮汁洗，乾脯亦得。　馬眼：　去腹滿瘧疾，殺取方宜。　齒：　主小兒驚癇，水摩頓飲。　補註：　治齒痛，馬夜眼如米大內孔中，或綿裹著蟲孔中，內之即差，永斷根源。○背瘡，取白馬齒燒作灰，先以針刺瘡頭開口，以灰封，以濕麪周腫處後，以釅醋洗去灰，根出。　馬鬃：　燒灰敷瘡毒止血。　馬牙：　燒灰貼疔腫出根。　補註：　治疔腫，馬牙燒灰，唾和絹帛貼疔腫上根出。　馬頭骨：　治男子嗜眠，能令常醒。宜作枕臥。　補註：　頭耳瘡，用燒灰傅之佳。○治人嗜眠喜睡，馬頭骨燒灰末，水服方寸〔匕〕，日三夜一。　蹄甲：　理婦人下白，立使不流。赤馬蹄治赤帶。　補註：　若病人齒無色，舌上白，或好眠睡憒不知痛痒處，或下痢，可急治下部。不曉此者，但攻其上，不以下爲意。下部生蟲，蟲蝕其肛門，爛見五臟便死。燒馬蹄作灰末，猪脂和傅綿上導下部，日數度差。○治被打腹中瘀血，白馬蹄燒烟盡，取灰末酒服方寸〔匕〕，日三夜一。亦治婦人血病，《塞上》《廣利方》同。○治天行豍瘡，燒蹄灰，以猪脂和傅，日五六用。○治頭赤禿，用白馬蹄燒灰末，以臘月猪脂和傅之極佳。　懸蹄：　亦可煎湯，齒痛誠爲要藥。辟惡氣鬼疰，兼通乳難。除瘈瘲驚邪，且止血衄。骨刺人皮膚，不治。　補註：　治齒齲，以白馬懸蹄塞之，不過三度差。○辟瘟疫，馬蹄二兩，縫囊帶之，男左女右。　馬血：　入人肌肉即亡。　心：　主健忘。　肺：　主寒熱。　肝：　有毒，宜棄之。　馬乳：　止渴宜求，療熱至要。　馬脂：　柔五金不堅。　膏：　塗禿髮復出。　補註：　白禿瘡，用白馬脂五兩，封瘡上，稍稍封之，其髮即生。　馬骨：　主小兒頭瘡，亦治身上瘡。又刺人皮膚。　補註：　治小兒夜啼不已，馬骨末傅乳上飲止。○小兒患頭瘡，馬骨燒灰，和醋傅之效，亦治身上瘡。○剝馬被骨刺破中毒欲死，取駁馬腹中糞，及馬尿洗，以糞傅之大驗，絞糞汁飲之效。　鬃毛：　療驚癇曾驗。　馬鬐：　止崩帶常靈。　〔鬐膏〕：　療寒熱痿痹神效。　馬尾：　主小兒中馬毒奇功。　補註：　治小兒中馬毒客忤，取馬尾於兒面前燒，令兒咽烟氣，每日燒之，差爲度。　馬屎：　一名馬通。主婦人崩中，止渴。治金瘡止血，惡瘡吐衄即安，下血極好。　補註：　小兒卒客忤，取馬屎三升，燒令烟絶，以酒三斗，煮三

沸，去滓浴兒。○毒熱攻手足腫，疼痛欲脫，水煮馬糞汁漬之。○產後寒熱心悶極脹，及百病，馬糞絞取汁一盞，以酒和服差。○治吐血不止，燒白馬屎，研以水絞取汁，服一升。○馬咬人，或刺破瘡，及馬汗入瘡毒痛。取馬糞燒灰，研末傅瘡，及馬尿洗瘡即佳。○多年惡瘡不差，或痛痒生釁，爛研馬糞并齒傅上，不過三兩遍良。武相在蜀，自脛有瘡痒不可忍，得此方便差。

馬尿溺： 盛於銅器可洗白禿頭瘡。伏梁積疝殊功，女癥堅積聚極效。況推鼈瘕，亦解渴消。 補註： 治肉癥，思肉不已，食訖又思。白馬尿三升，空心飲，當吐肉，不出即死。○療乳腫，以馬溺塗之立差。○惡刺瘡，取黑馬尿，熱漬當愈，數洗之。○洗頭瘡，白禿亦得。 絆繩： 碎斷濃煎，小兒諸癇並洗。 太乙曰： 要馬無病，嫩身如銀，春收者最妙。臨用以銅刀劈破作七片，將生羊血拌蒸半日出，晒乾，以粗布拭上皮并乾羊血了，細剉用也。又馬自死，肉不可食。五月勿食，傷神。

明・皇甫嵩《本草發明》卷六

白馬莖中品。氣平，味甘、鹹，無毒。堅舉陽莖之說，有歷試而無效者，慎勿傷生命。 發明曰： 白馬莖，專主益陰，堅舉陽莖，房中術要藥也。故《本草》療續絕脉，陰不起，傷中，強志益氣，長肌肉肥健，生子，小兒驚癇。春季活取，懸壁陰乾，週百日，用銅刀劈七片，拌羊血，蒸三伏時，晒燥，以粗布揩去上皮及乾羊血，研細，入蓯蓉搗爛，等分，蜜丸荳大，空心酒下，房中妙術也，毛白嫩駒良。○馬肉，味辛、苦，冷，小毒。 主熱下氣，長筋，強腰脊壯健，強志輕身。自死，併毛雜殊，或臂漏蹄，無夜眼及鞍下肉，勿食。須好肉，用水浸洗三五遍，宜醇酒下。多食心悶，惟清酒可解。懷孕婦，患痢疾，生瘡人，勿食。勿與生薑、蒼耳、倉米同食。又五月勿食馬，傷神。○心，主健忘。○肺，主寒熱。○肝，有毒，勿食。○乳，解渴。○脂，柔軟五金。○膏，塗禿髮復出。○齒，主小兒驚癇，水摩服。○鬃，燒灰，敷瘡毒止血。○鬐頭膏，主生髮。 鬐毛，主女子崩中赤白。○頭骨，治男子嗜眠。宜作枕。燒灰，敷頭耳瘡。○白馬蹄甲，止婦人白帶，赤馬者止赤帶。○懸蹄，煎湯，療齒痛，辟惡鬼疰，通乳，除瘈瘲驚邪，止衄。○屎，止諸血，婦人崩中及吐下衄血，金創。又止渴。○溺，主消渴，破癥堅積聚，男子伏梁積疝，婦人瘕疾。銅器盛飲之。又洗頭瘡白禿。

明・李時珍《本草綱目》卷五〇獸部・畜類

馬《本經》中品。校正：《別録》上品出馬乳，今併爲一。

【釋名】時珍曰： 按許慎云： 馬，武也。其字象頭、髦、尾、足之形。牡馬曰騭音質，曰兒； 牝馬曰騇，曰騍，曰草。去勢曰騸。一歲曰馵音注，二歲曰駒，三歲曰駣音桃，八歲曰馴音八。名色甚多，詳見《爾雅》及《說文》。梵書謂馬爲阿濕婆。 【集解】《別録》曰： 馬出雲中。弘景曰： 馬色類甚多，入藥以純白者爲良。其口、眼、蹄皆白者，俗中時有兩三爾。小小用則不必拘也。時珍曰：《別録》以雲中馬爲良。雲中，今大同府也。大抵馬以西北方者爲勝，東南者劣弱不及。馬應月，故十二月而生。其年以齒別之。在畜屬火，在辰屬午。云： 在卦屬乾，屬金。馬之眼光照人全身者，其齒最少； 光愈近，齒愈大。馬食杜衡善走，食稻則足重，食鼠屎則腹脹，食雞糞則生骨眼。以殭蠶、烏梅拭牙則不食，得桑葉乃解。掛鼠狼皮於槽亦不食。遇侮馬骨則不行。以猪槽飼馬，石灰泥馬槽，馬汗着門，並令馬落駒。繫獼猴於厩，辟馬病。皆物理當然耳。

肉以純白牡馬者爲良。 【氣味】辛、苦，冷，有毒。詵曰： 有小毒。士良曰： 有大毒。思邈曰： 無毒。日華曰： 只堪煮食，餘食難消。漬以清水，搦洗血盡乃煮。不然則毒不出，患疔腫。或曰以冷水煮之，不可蓋釜。鼎曰： 馬生角，馬無夜眼，白馬青蹄，白馬黑頭者，並不可食，令人癲。馬鞍下肉色黑及馬自死者，並不可食，殺人。馬黑脊而斑臂者漏，不可食。蕭炳曰： 患痢、生疥人勿食，必加劇。妊婦食之，令子過月； 乳母食之，令子疳瘦。詵曰： 同倉米、蒼耳食，必得惡病，十有九死。同薑食，生氣嗽。同猪肉食，成霍亂。食馬肉毒發心悶者，飲清酒則解，飲濁酒則加。弘景曰： 秦穆公云： 食駿馬肉不飲酒，必殺人。時珍曰： 食馬中毒者，飲蘆菔汁、食杏仁可解。 【主治】傷中除熱下氣，長筋骨，强腰脊，壯健，强志輕身，不飢。作脯，治寒熱痿痹《別録》。煮汁，洗頭瘡白禿時珍。○出《聖惠》。

【附方】舊一。 豌豆瘡毒： 馬肉煮清汁，洗之。《兵部手集》。

鬐膏鬐，項上也。白馬者良。 【氣味】甘，平，有小毒。《鑑源》云： 馬脂柔五金。

【主治】生髮《別録》。治面䵟，手足皴粗。入脂澤，用療偏風口喎僻時珍。

【發明】時珍曰： 按《靈樞經》云： 卒口僻急者，頰筋有寒，則急引頰移，頰筋有熱，則縱緩不收。以桑鈎鈎之，以生桑灰置坎中坐之，以馬膏熨其急頰，以白酒和桂末塗其緩頰，且飲美酒，啖炙肉，爲之三拊而已。《靈樞》無注本，世多不知此方之妙。竊謂口頰喎僻，乃風中血脉也。手足陽明之筋絡於口，會太陽之筋絡於目。寒則筋急而僻，熱則筋緩而縱。故左中寒則逼熱於右，右中寒則逼熱於左，寒者急而熱者緩也。急者皮膚頑痹，榮衛凝滯。治法急者緩之，緩者急之。故用馬膏之甘平柔緩，以摩其急，以潤其痹，以通其血脉。用桂酒之辛熱急束，以塗其緩，以和其榮衛，以通其經絡。桑能治風痹，通節竅也。病在上者，酒以行之，甘以助之； 故飲美酒，啖炙肉云。

乳時珍曰： 漢時以馬乳造爲酒，置挏馬之官，謂挏撞而成也。挏音同。 【氣味】

甘，冷，無毒。思邈曰：性冷利。同魚鱠食，作瘕。〔主治〕止渴治熱《別録》。作酪，性温，飲之消肉蘇恭。

心已下並用白馬者良。〔主治〕喜忘《別録》。○《肘後方》：治心昏多忘。牛、馬、猪、鷄心，乾之爲末。酒服方寸匕，日三，則聞一知十。詵曰：患痢人食馬心，則痞悶加甚。

肺〔主治〕寒熱，小兒莖萎。掌禹錫曰：小兒無莖萎，疑誤。時珍曰：按《千金方》無小兒二字。

肝〔氣味〕有大毒。弘景曰：馬肝及鞍下肉，殺人。時珍曰：按漢武帝云：食肉毋食馬肝。又云：文成食馬肝而死。韋莊云：食馬留肝。則其毒可知矣。方家以豉汁、鼠矢解之。

〔附方〕新一。月水不通：心腹滯悶，四肢疼痛。用赤馬肝一片炙研，每食前熱酒服一錢。通乃止。《聖惠》。

腎時珍曰：按熊太古《冀越集》云：馬有墨在腎，牛有黄在膽，造物之所鍾也。此亦牛黄、狗寶之類，當有功用。惜乎前人不知，漫記於此以俟。

白馬陰莖〔修治〕藏器曰：凡收，當取銀色無病白馬，春月游牝時，力勢正强者，生取陰乾百日用。斅曰：用時以銅刀破作七片，將生羊血拌蒸半日，曬乾，以粗布去皮及乾血，挫碎用。〔氣味〕甘、鹹，平，無毒。〔主治〕傷中，絶脈陰不起，强志益氣，長肌肉肥健，生子《本經》。小兒驚癇《別録》。益丈夫陰氣。詵曰：陰乾，同肉蓯蓉等分爲末，蜜丸梧子大。每空心酒下四十丸，日再。百日見效。甄權曰：主男子陰痿，房中術偏用之。

駒胞衣〔主治〕婦人天癸不通。煅存性爲末，每服三錢，入麝香少許，空腹新汲水下，不過三服，良。孫氏《集效》。

眼白馬者，生殺取之。〔氣味〕平，無毒。〔主治〕驚癇腹滿瘧疾《別録》。小兒魃病，與母帶之蘇恭。

夜眼在足膝上。馬有此能夜行，故名。〔主治〕卒死尸厥，齲齒痛時珍。

〔附方〕舊一，新二。卒死尸厥：用白馬前脚夜目二枚，白馬尾十四莖，合燒，以苦酒丸如小豆大。白湯灌下二丸，須臾再服即甦。《肘後》。蟲牙齲痛：用馬夜眼如米大，綿裹納孔中，有涎吐去，永斷根源。或加生附子少許。○《玉機微義》用馬夜眼燒存性敷之，立愈。

牙齒已下並用白馬者良。〔氣味〕甘，平，有小毒。〔主治〕小兒馬癇，水磨服《別録》。燒灰唾和，塗癰疽疔腫，出根效藏器。

〔附方〕舊一，新三。腸癰未成：馬牙燒灰，鷄子白和，塗之。《千金方》。疔腫未破：白馬齒燒灰，先以針刺破乃封之，用濕麪圍腫處，醋洗去之，根出大驗。《肘後》。赤根疔瘡：馬牙齒搗末，臘豬脂和敷，根即出也。燒灰亦可。《千金方》。蟲牙作痛：馬牙一枚，煅熱投醋中，七次，待冷含之，即止。唐瑶《經驗方》。

骨〔氣味〕有毒。〔主治〕燒灰和醋，敷小兒頭瘡及身上瘡孟詵。止邪瘧。燒灰和油，敷小兒耳瘡、頭瘡、陰瘡、瘭疽有漿如火灼。敷乳頭飲兒，止夜啼。時珍。出《小品》《外臺》諸方。

〔附方〕舊一。辟瘟疫氣：絳袋盛馬骨佩之，男左女右。《肘後方》。

頭骨〔氣味〕甘，微寒，有小毒。韓保昇曰：大熱。藏器曰：頭骨埋於午地，宜蠶；浸於上流，絶水蜞蟲。〔主治〕喜眠，令人不睡。燒灰，水服方寸匕，日三夜一。作枕亦良《別録》。治齒痛。燒灰，傅頭、耳瘡日華。療馬汗氣入瘡痛腫，燒灰傅之，白汁出，良時珍。

〔附方〕新三。膽虚不眠：用馬頭骨灰、乳香各一兩，酸棗仁炒二兩，爲末。每服二錢，温酒服。《聖惠》。膽熱多眠：馬頭骨灰、鐵粉各一兩，朱砂半兩，龍腦半分，爲末，煉蜜丸梧子大。每服三十丸，竹葉湯下。《聖惠方》。臁瘡潰爛：三四年。馬牙匡骨燒研，先以土窖過，小便洗數次，搽之。

脛骨〔氣味〕甘，寒，無毒。〔主治〕煅存性，降陰火，中氣不足者用之，可代黄芩、黄連朱震亨。

懸蹄赤、白馬俱入用。〔氣味〕甘，平，無毒。甄權曰：熱。〔主治〕驚邪瘈瘲乳難，辟惡氣鬼毒蠱疰不祥《本經》。止衄内漏，齲齒。赤馬者治婦人赤崩，白馬者治〔漏下〕白崩《別録》。主癲癇、齒痛《蜀本》。療腸癰，下瘀血，帶下，殺蟲。又燒灰入鹽少許，摻走馬疳蝕，甚良時珍。○出《鈎玄》諸方。赤馬者辟温瘧孟詵。

〔附方〕舊四，新五。損傷瘀血：在腹。用白馬蹄燒煙盡，研末。酒服方寸匕，日三夜一，血化爲水也。《劉涓子鬼遺方》。婦人血病：方同上。五色帶下：白馬左蹄燒灰，酒服方寸匕，日三。《外臺》。腸癰腹痛：其狀兩耳輪甲錯，腹痛，或繞臍有瘡如粟，下膿血。用馬蹄灰和鷄子白塗，即拔毒氣出。《千金》。蟲蝕肛爛：見五臟則死。以猪脂和馬蹄灰，綿裹導入下部。日數度瘥。《肘後方》。齲齒疼痛：削白馬蹄塞之，不過三度。《千金》。赤禿頭瘡：出膿，晝開夜合。馬蹄燒灰，生油調塗。《聖惠方》。小兒夜啼：馬蹄末，敷乳上飲之。《總録》。辟禳瘟疫：以絳囊盛

馬蹄屑佩之，男左女右。《肘後》。

皮　〔主治〕婦人臨産，赤馬皮催生，良孟詵。　治小兒赤禿，以赤馬皮、白馬蹄燒灰，和臘猪脂敷之，良時珍。○出《聖惠》。

鬐毛即騣也。一名鬣。　〔氣味〕有毒。　〔主治〕小兒驚癇，女子崩中赤白《別録》。　思邈曰：赤用赤馬，白用白馬。　燒灰，服止血，塗惡瘡日華。

尾　〔主治〕女人崩中，小兒客忤時珍。

〔發明〕時珍曰：馬尾，《濟生方》治崩中，十灰散中用之。又《延壽書》云：刷牙用馬尾，令齒疏損。近人多用燒灰揩拭，最腐齒齦。不可不知。

〔附方〕舊二。　小兒客忤：小兒中馬毒客忤。燒馬尾煙於前，每日熏之，瘥乃止。《聖惠方》。　腹内蛇癥：白馬尾切細，酒服。初服五分一匕，次服三分一匕，更服二分一匕，不可頓服，殺人。《千金翼》。

腦　〔氣味〕有毒。　詵曰：食之令人癲。　〔主治〕斷酒，臘月者温酒服之孫思邈。

血　〔氣味〕有大毒。　詵曰：凡生馬血入人肉中，一二日便腫起，連心即死。有人剥馬傷手，血入肉，一夜致死。

汗　〔氣味〕有大毒。　弘景曰：患瘡人，觸馬汗、馬氣、馬毛、馬尿、馬屎者，並令加劇。　詵曰：馬汗入瘡，毒攻心欲死者，燒粟秆灰淋汁浸洗，出白沫，乃毒氣也。嶺南有人用此得力。

〔附方〕新二。　黥刺雕青：以白馬汗搽上，再以汗調水蛭末塗之。子和。　飲酒欲斷：刮馬汗，和酒服之。《千金》。

白馬溺　〔氣味〕辛，微寒，有毒。　〔主治〕消渴，破癥堅積聚，男子伏梁積疝，婦人瘕積，銅器承飲之《別録》。　洗頭瘡白禿，漬惡刺瘡，日十次，愈乃止孟詵。　熱飲，治反胃殺蟲時珍。

〔發明〕時珍曰：馬尿治癥瘕有驗。按祖台之《志怪》云：昔有人與其奴皆患心腹痛病。奴死剖之，得一白鱉，赤眼仍活。以諸藥納口中，終不死。有人乘白馬觀之，馬尿墮鱉而鱉縮。遂以灌之，即化成水。其人乃服白馬尿而疾愈。此其徵效也。反胃亦有蟲積者，故亦能治之。

〔附方〕舊二，新七。　肉癥思肉：用白馬尿三升，飲之。當吐肉出，不出者死。《千金》。　食髮成瘕：咽中如有蟲上下是也。白馬尿飲之，佳。《千金》。　伏梁心積：銅器盛白馬尿一升，旦旦服之，妙。《小品》。　婦人乳腫：馬尿塗之，立愈。《産寶》。　小兒赤疵：生身上者。馬尿頻洗之。《千金》。　蟲牙疼痛：隨左右含馬溺，不過三五度瘥。《千金方》。　利骨取牙：白馬尿浸茄科三日，炒爲末，點牙即落。或煎巴豆點牙亦落。勿近好牙。鮑氏。　狐尿刺瘡：痛甚者。熱白馬尿漬之。《千金》。　痞塊心痛：殭蠶末二錢，白馬尿調服，並傳塊上。《摘玄方》。

白馬通時珍曰：馬屎曰通，牛屎曰洞，猪屎曰零，皆諱其名也。凡屎必達胴腸乃出，故曰通，曰洞。胴，即廣腸也。　〔氣味〕微温，無毒。《鑑源》云：馬屎煴火，養一切藥力。

〔主治〕止渴，止吐血、下血、鼻衄，金瘡出血，婦人崩中《別録》。　敷頂，止衄徐之才。　絞汁服，治産後諸血氣，傷寒時疾當吐下者藏器。　治時行病起合陰陽垂死者，絞汁三合，日夜各二服。又治杖瘡、打損傷瘡中風作痛者，炒熱，包熨五十遍，極效孟詵。　絞汁灌之，治卒中惡死。酒服，治産後寒熱悶脹。燒灰水服，治久痢赤白。和猪脂，塗馬咬人瘡，及馬汗入瘡，剥死馬骨刺傷人，毒攻欲死者時珍。○出《小品》諸方。

〔附方〕舊五，新十五。　吐血不止：燒白馬通，以水研，絞汁一升服。《梅師方》。　衄血不止：《録驗》用綿裹白馬屎塞之。○《千金》用赤馬糞絞汁，飲一二升，并滴鼻内。乾者浸水亦可。　口鼻出血：用赤馬糞燒灰，温酒服一錢。《鈐方》。　久痢赤白：馬糞一丸燒灰，水服。《肘後方》。　卒中惡死：吐利不止，不知是何病，不拘大人小兒，馬糞一丸，絞汁灌之，乾者水煮汁亦可。此扁鵲法也。《肘後》。　攪腸痧痛：欲死者。用馬糞研汁飲之，立愈。《經驗方》。　小兒卒忤：馬屎三升燒末，以酒三斗，煮三沸，取汁浴兒。避風。《千金》。　小兒軀啼：面青腹强，是忤客氣。新馬糞一團，絞汁灌之。《總録》。　傷寒勞復：馬屎燒末，冷酒服方寸匕，便驗。《聖惠方》。　熱毒攻肢：手足腫痛欲脱。以水煮馬屎汁漬之。《外臺》。　風蟲牙痛：白馬屎汁，隨左右含之，不過三口愈。《聖惠》。　鼻齆不聞：新馬屎汁，含滿口，灌入即通。《聖惠》。　筋骨傷破：以熱白馬屎傅之，無瘢。《千金》。　疔腫傷風：作腫。以馬屎炒，熨瘡上五十遍，極效。《聖惠方》。　多年惡瘡：或痛痒生釁。用馬糞並齒同研爛，傅上，不過數次。武丞相在蜀時，脛有瘡，痒不可忍，用此而瘥。《兵部手集》。　諸瘡傷水：或傷風寒痛劇。用馬屎燒煙熏，令汁出愈。《千金方》。　凍指欲墮：馬糞煮水，漬半日即愈。《千金》。　積聚脹滿：白馬糞同蒜搗膏，傅患處，效。《活人心統》。　一切漏疾：白馬通汁，每服一升，良。《千金》。

屎中粟　〔主治〕金創，小兒寒熱客忤不能食蘇恭。　治小兒脇痛時珍。○《千金》有馬通粟丸。

〔附方〕舊一。　剥馬中毒：被骨刺破欲死。以馬腸中粟屎搗傅，以尿洗之，大

效。絞汁飲之亦可。《外臺》。

白馬頭蛆見蟲部。

馬絆繩 『主治』煎水，洗小兒癇蘇恭。 燒灰，摻鼻中生瘡時珍。

東行馬蹄下土弘景曰： 作方術，可知女人外情。 時珍曰：《淮南萬畢術》云： 東行白馬蹄下土，合三家井中泥，置人臍下，即卧不能起也。

明・穆世錫《食物輯要》卷四 馬 肉，味辛、苦，性冷，有小毒。 除熱下氣，長筋骨，強腰脊。 同倉米、同蒼耳食，發惡病，害人。 同薑食，發氣嗽。 同猪肉食，成霍亂。 患疥瘡、下痢者，勿食。 乳婦食之，令子疳瘦。 食駿馬肉不飲酒，殺人。 食馬肉，毒發心悶者，飲清酒則解，飲濁酒則加。 乳，無毒。 解熱止渴。 同魚鱠食，成瘕。 作酪性温，飲之消肉。 心，治心昏多忘。 患痢人食，令痞悶加甚。 肺，主莖痿。 肝，大毒。 省曾云： 馬肝及鞍下肉，殺人。 白馬陰莖，味甘、鹹，平，無毒。 益氣強陰，長肉生子。 眼，主驚癇瘧疾。 夜眼，主尸厥、卒中惡者。 懸蹄，無毒。 辟惡氣、鬼毒、驚邪，治乳難、腸癰。 赤馬者治赤帶，白馬者治白帶。 腦，有毒。 食之，令人發癲。 血，大毒。 生馬血入人肉中，一二日發腫，至心即死。 凡煮馬肉，必以清水洗血盡，良； 不盡則毒存，誤食發疔； 或用酒洗，和酒煮，良，不必蓋釜。 有生角者，無夜眼者，白馬青蹄，白馬黑頭，形色異常者，自死者，並有毒。 食之，發癲殺人。 凡食馬中毒，食杏仁、萊菔汁，可解。

明・李中立《本草原始》卷九 馬 出雲中。 毛色多般，以純白者為勝。 馬應月，故十二月而生。 其年以齒別之。 牡馬曰隲，曰兒。 牝馬曰騇，曰騍。 去勢曰騸。 一歲曰馵，二歲曰駒，三歲曰騑，四歲曰駣。 許慎云： 馬，武也。 其字象頭、髦、尾、足之形。

白馬陰莖： 氣味： 甘、鹹，平，無毒。 主治： 傷中絕脉，陰不起，強志益氣，長肌肉肥健，生子。 小兒驚癇。 ○益丈夫陰氣。 肉： 氣味： 辛、苦，冷，有毒。 主治： 傷中，除熱下氣，長筋骨，強腰脊，壯健，強志輕身，不飢。 作脯治寒熱痿痹。 ○煮汁，洗頭瘡白禿。 乳： 氣味： 甘，冷，無毒。 主治： 止渴治熱。 作酪性溫，飲之消肉。 鬐膏： 主治： 生髮。 心： 治： 喜忘。 肺： 主治： 寒熱，莖萎。 肝： 有大毒。 鬃： 燒灰，敷瘡毒。 眼： 治驚癇，腹滿，瘧疾。 牙： 治小兒驚癇。 燒灰，塗丁腫，效。 骨： 燒灰，和醋敷小兒頭瘡及身上瘡。 頭骨： 主治： 喜眠，令人不睡。 脛骨： 主治： 煅存性，降陰火，中氣不足者用之。 皮： 主治： 婦人臨產，赤馬皮催生，良。 懸蹄： 主治： 驚邪瘈瘲，乳難，辟惡氣鬼毒，蠱疰不祥，止衄內漏，齲齒。 赤馬者治婦人赤崩，白馬者治白崩。 主癲癇，齒痛。 腦： 有毒。 主治： 斷酒，臘月者溫酒服之。 尾： 治婦人崩中，小兒客忤。 血： 有大毒，中即死。 白馬溺： 氣味： 辛，微寒，有毒。 主治： 消渴，破癥堅積聚。 男子伏梁積疝，婦人瘕積，銅器承飲之。 ○洗頭瘡白禿，漬惡刺瘡，日十次，愈乃止。 白馬通： 馬屎也。 氣味： 微溫，無毒。 主治： 止渴，止吐血、下血、鼻衄，金瘡出血，婦人崩中。 ○敷頂止衄。 ○絞汁服，治產後諸血氣，傷寒時疾，當吐下者。 治時行病起合陰陽垂死者，絞汁三合，日夜各二服。 又治杖瘡打撲傷瘡，中風作痛者，炒熱包熨五十遍，極效。

馬，《本經》中品。 【圖略】馬齒以殭蠶、烏梅拭不食，得桑葉解。

《造化權輿》云： 乾陽為馬，故馬蹄圓，馬疾則卧，陽勝也。 馬起先前足，卧先後足，從陽也。 《千金方》： 治凍指欲墮，馬糞煮水漬半日，即愈。

明・吳文炳《藥性全備食物本草》卷二 馬肉 味辛、苦，性冷，有毒。《易》曰乾為馬，言行健也。 入藥用白者為勝，得金之正色也。 主消熱下氣，壯筋骨，強腰脊，強志輕身。 又馬癇動發無時，筋脉不收，周痺肌肉不仁，用肉煮粥，或五味和食之。 凡食須清水搦洗三五次以去毒，煮得爛熟方可食，食後以清酒殺之。 忌與蒼耳、生薑同食。 有瘡疥人勿食。 馬病疥及馬自死者，不可食。 五月食之傷神。

脛骨： 甘，寒，可代黄芩、黄連以治痰火之疾。 中氣不足者用之，火煅過細研用。 陰莖： 味鹹、甘，平，無毒。 主男子陰痿不起，益精氣，有子。 凡使，須當春遊牝時力勢正強者，生取得，陰乾百日剉用。 心： 主喜忘，患痢人忌食。 肝： 有毒，食之殺人。 肺： 主寒熱莖痿。 懸蹄： 白者主白崩，赤者主赤崩。 眼： 主驚癇瘧疾。 夜眼： 主尸厥中惡者。 齒： 主小兒驚癇，水摩服。 頭骨： 主多睡，作枕枕之。 尾： 主小兒馬毒客忤，取尾於兒面前燒之，令兒吸咽氣而愈。 屎： 微溫，主吐下血，鼻衄及婦人崩中，金瘡止血，男子易病，產後百病，絞汁和酒服。 又杖瘡打損，患疔腫，中風疼痛者，炒熨五十遍極効。 多年惡瘡痛，及剝馬被骨刺中毒欲死者傳之，或燒灰傳之効。 馬咬、馬汗毒亦効。 屎： 微寒，主消渴，

破癥瘕積聚，男子伏梁積疝，婦人瘕疾，銅器盛飲之；　頭瘡、白禿、惡刺瘡、乳腫，取尿熱漬洗之。　乳汁：　止渴療熱。　脂：　柔五金。　膏：　塗髮立出。　毛：　療驚癇。　血：　入人肉中，多則一兩日，腹腫連心則死，有人剝馬被骨傷手指，血入腹中二夜致死。　凡煮馬肉必以清水洗令血盡方好，不盡則毒存，誤食發疔，或用酒洗和酒煮良，不必釜蓋。　有生角者，無夜眼者，白馬青蹄、白馬黑頭，形色異常者，自死者，勿食，並有毒，食之發顛殺人。凡食馬肉中毒，食杏仁、萊菔汁可解。

明・繆希雍《本草經疏》卷一七　白馬莖　味鹹、甘，平，無毒。　主傷中，脈絕，陰不起，強志益氣，長肌肉肥健，生子，小兒驚癇。　陰乾百日用。

〔疏〕馬，火畜也。　其陰莖又純陽之物也。　故能主男子陰痿，堅強，房中藥多用之。《本經》味鹹氣平，《別錄》甘無毒。　察其功用，氣平應作溫。　非甘溫則不主傷中脈絕，以甘能補血脈，溫能通經絡故耳。　陽衰則陰不起而生長之道絕，鹹溫走下焦，補助真陽則陰自起，精自暖，故能令人有子也。　氣屬陽，陽得補故能益氣。　腎藏志，腎氣足故能強志。　甘溫補血脈而助真氣，故又能長肌肉肥健也。《別錄》又主小兒驚癇者，似非其所長，應是誤入耳。　凡收當取銀色無病白馬，春月游牝時，力勢正強者。　生取陰乾百日，用時以銅刀切片，將生羊血拌蒸半日，去血，晒乾，剉用。　〔主治參互〕得肉蓯蓉、巴戟天、山茱萸、菟絲子、真陽起石、人參、鹿茸、狗陰莖，作丸。　治真陽虛脫，陰痿不起，下元冷憊等證。　〔簡誤〕馬陰莖，乃純陽之物也。　凡陰虛火盛者，不得服。　人但喜其溫暖，滋助陽道，少年多慾者，房中術用之，仗其力勢，恣慾無節，以致損竭真陰，多成勞瘵，不可不戒也。

馬通：　微溫。　主婦人崩中，止渴，及吐、下血，鼻衄，金瘡止血。

〔疏〕白馬通，本經雖云微溫，然必是苦而凉者也。　惟其苦凉所以能療諸血熱證，止渴。　及孟詵主陰陽易、垂死者，絞汁服也。

白馬溺：　味辛，微寒。　主消渴，破癥堅積聚，男子伏梁積疝，婦人瘕疾。銅器盛飲之。

〔疏〕白馬溺，昔有人與其奴皆患心腹痛病。　奴死剖之，得一白鼈，赤眼，仍活。　以諸藥納口中，終不死。　有人乘白馬觀之，馬尿墮鼈而鼈縮。　遂以灌之，即化成水。　其人乃服之，疾亦愈。　觀其氣味，不應有如是之功。　乃知物性畏忌，各有所制，如刀柄之刈三稜而化為水，正以遇其所制之物故也。本經云氣微寒。　然詳其用，必是微溫，味應帶鹹，辛鹹溫具足，所以能療《經》所言諸證。　〔主治參互〕《千金方》食髮成瘕，咽中如有蟲上下者，白馬尿飲之，佳。　《鮑氏方》利骨取牙，白馬尿浸茄稈三日，炒，為末，點牙即落。　〔簡誤〕無積聚癥瘕者，不得服。　胸中虛痞誤作伏梁，服之有損。

明・應麐《食治廣要》卷六　馬　肉：　氣味：　辛、苦，冷，有毒。　主治：　傷中，除熱下氣，長筋骨，強腰脊，壯健，強志，輕身不飢。　作脯，治寒熱痿痹。　凡煮，漬以清水，令血盡，不然則毒不出，患疔腫。　或曰以冷水煮之，不宜蓋釜。　自死者，不可食。　患痢生疥人，勿食。　妊婦、乳母，俱不可食。　同薑食，咳嗽。　同猪肉食，霍亂。　中毒者，蘿葡汁、杏仁可解。

乳：　甘，冷，無毒。　止渴治熱。　心：　食(之)〔治〕喜忘。　肺：　治寒熱，莖萎。　肝：　有大毒。　腎：　按熊太古云：　馬有墨在腎，牛有黃在膽，皆造物之所鍾也。　此亦牛黃、狗寶之類，當有功用，惜乎不知。　腦：　有毒。　血：　有大毒。

秦穆公云：　食馬肉不飲酒，必殺人。　孟詵曰：　食馬肉毒發心悶者，飲清酒則解，飲濁酒則加。　李時珍曰：　食馬中毒者，飲萊菔汁、食杏仁，可解。

明・姚可成《食物本草》卷一三獸部・豢畜類　馬李時珍曰：　馬以雲中者為良。　雲中，今大同府也。　大抵馬以西北方者為勝，東南者劣弱不及。　馬應月，故十二月而生，其年以齒別之。　在畜屬火，在辰屬午。　或云：　在卦屬乾、屬金。　馬之眼光照人全身者，其齒最少；　光愈近，齒愈大。　馬食杜衡善走，食稻則足重，食鼠屎則腹脹，食雞糞則生骨眼。以殭蠶、烏梅拭牙則不食，得桑葉乃解。　掛鼠狼皮于槽亦不食。　遇侮馬骨則不行。　以豬槽飼馬，石灰泥馬槽，馬汗着門，竝令馬落駒。　繫獼猴于廄，辟馬病。　皆物理之當然耳。

白馬肉：　味辛、苦，冷，有毒。　治傷中，除熱下氣。　長筋骨，強腰脊，壯健強志，輕身不飢。　作脯，治寒熱痿痹。　煮汁，洗頭瘡白禿。　只堪煮，餘食難消。　漬以清水，搦洗血盡乃煮。　不然則毒不出，患疔腫。　或〔曰〕以冷水煮之，不可蓋釜。　○馬生角、馬無夜眼、白馬青蹄、白馬黑頭者，竝不可食，令人癲。　馬鞍下肉色黑及馬自死者，竝不可食，殺人。　馬黑脊而斑(臂)〔臀〕臀者，竝不可食。　蕭炳曰：　患痢生疥人勿食，必加劇。　妊婦食之，令子過月。乳母食之，令子疳瘦。　○孟詵曰：　同倉米、蒼耳食，必得惡病，十有九死。同薑食，生氣嗽。　同豬肉食，成霍亂。　食馬肉毒發心悶者，飲清酒則解，飲濁酒則加。　○陶弘景曰：　秦穆公云：　食駿馬肉不飲酒，必殺人。　○李時珍

曰：食馬中毒者，飲蘆菔汁、食杏仁可解。　鬐膏：鬐，項上也。味甘，平，有小毒。生髮。治面䵟，手足皴粗。入脂澤，用療偏風口喎僻。　乳：味甘，冷，無毒。止渴，治熱。作酪，性溫，飲之消肉。○孫思邈曰：性冷利，同魚鱠食，作瘕。　心：治喜忘。患痢人食馬心則痞悶加甚。《肘後方》治心昏多忘，牛、馬、豬、雞心乾之為末，酒服方寸匕，日三，則聞一知十。　肺：治寒熱，小兒莖萎。　肝：主有大毒。○陶弘景曰：馬肝及鞍下肉殺人。○李時珍曰：按漢武帝云，食肉毋食馬肝。又云，文成食馬肝而死。韋莊云，食馬留肝。則其毒可知矣。方家以豉汁、鼠矢解之。　腎：李時珍曰：按熊太古《冀〔越〕集》云：馬有墨在腎，牛有黃在膽，造物之所鍾也。此亦牛黃、狗寶之類，當有功用。惜乎前人不知，漫記於此以俟。　白馬陰莖：味甘、鹹，平，無毒。治傷中絕脉，陰不起，強志益氣，長肌肉肥健，生子。小兒驚癇。益丈夫陰氣。　駒胞衣：治婦人天癸不通，煅存性為末，每服三錢，入麝香少許，空腹新汲水下，不過三服，良。　眼：味平，無毒。治驚癇，腹滿，瘧疾。小兒魃病，與母帶之。　夜眼：在足膝上。馬有此能夜行，故名。治卒死尸厥，齲齒痛。　牙齒：味甘，平，有〔小〕毒。治小兒馬癇，水磨服。燒灰唾和，塗癰疽〔療〕腫出根，効。　骨：（味）有毒。燒灰和醋，敷小兒頭瘡及身上瘡。止邪瘧。燒灰和油，敷小兒耳瘡、頭瘡、陰瘡、瘭疽有漿如火灼。敷乳頭飲兒，止夜啼。　〔頭〕骨：味甘，微寒，有小毒。治喜眠，令人不睡。燒灰，水〔服〕方寸匕，日三夜一。作枕亦良。治齒痛。燒灰敷頭、〔耳〕瘡。療馬汗氣入瘡痛腫，燒灰敷之，白汁出，良。　脛骨：味甘，寒，無毒。煅存性，降陰火，中氣不足者用之，可代黃芩、黃連。　懸蹄：味甘，平，無毒。治驚邪瘈瘲乳難，辟惡氣鬼毒，蠱疰不祥。止衄內漏，齲齒。赤馬者〔治〕赤崩；白馬者治白崩。主癲癇，齒〔痛〕。療腸癰，下瘀〔血〕，帶下，殺蟲。又燒灰入鹽少許，摻走馬疳蝕，甚良。〔赤〕馬者辟瘟瘧。　皮：治婦人臨產，赤馬皮催生，良。治〔小〕兒白禿，以赤馬皮、白馬蹄燒灰，和臘豬脂敷之，〔良〕。　鬐毛：即鬃也，一名鬣。性有毒。治小兒驚癇，女子崩中赤〔白〕。燒灰服，止血，塗惡瘡。　尾：治女人崩中，小兒客忤。　〔腦〕：性有毒。治斷酒，臘月者溫酒服之。　血：性有大毒。○孟詵曰：凡生馬血入人肉中，一二日便腫起，連心即死。有人剝馬傷手，血入肉，一夜致死。　汗：有大毒。○陶弘景曰，患瘡人觸〔馬汗〕、馬氣、馬毛、馬尿、馬屎者，竝令加劇。○孟詵曰：馬汗入瘡，毒攻心欲死者，燒粟稈灰淋汁浸洗，出白沫，乃毒氣也。嶺南有人用此得力。　白馬溺：味辛，微寒，有毒。主消渴，破癥堅積聚，男子伏梁積疝，婦人瘕積，銅器承飲之。洗頭瘡白禿，漬惡刺瘡，日十次，愈乃止。熱飲，治反胃殺蟲。○李時珍曰：馬尿治癥瘕有驗。按祖台之《志怪》云：昔有人與其奴皆患心腹痛。奴死剖之，得一白鼈，赤眼仍活。以諸藥納口中，終不死。有人乘白馬觀之，馬尿墮鼈而鼈縮。遂以灌之，即化成水。其人乃服白馬尿而疾愈。此其徵效也。反胃有蟲，亦能治之。　白馬屎：微溫，無毒。止渴，止吐血、下血、鼻衄，金瘡出血，婦人崩中。敷頂，止衄。絞汁服，治產後諸血氣，傷寒時疾當吐下者。治時行病起合陰陽垂死者，絞汁三合，日夜各二服。又治杖瘡、打損傷瘡中風作痛者，炒熱，包熨五十遍，極効。絞汁灌之，治卒中惡死。酒服，治產後寒熱悶脹。燒灰水服，治久痢赤白。和豬脂，塗馬咬人瘡、白馬汗入瘡、剝死馬骨刺傷人，毒攻欲死者。　屎中粟：治金瘡。　馬絆繩：煎水，洗小兒癇。　東行馬蹄下土：作方術，可知女人外情。

附方：治腸癰腹痛，其狀兩耳輪甲錯，腹痛，或遶臍有瘡如粟，下膿血。用馬蹄灰和雞子白塗之，即拔毒氣出也。　治黥刺雕青。以白馬汗搽上，再以汗調水蛭末塗之。　治尸厥卒死。用白馬前脚夜目二枚，白馬尾十四莖，合燒，以苦酒丸如小豆大。白湯灌下二丸，須臾再服，即甦。　治赤根疔瘡。馬牙齒燒存性〔為末〕，臘猪脂和敷，根即出也。　治臁瘡潰爛。二、四年馬牙床骨燒研，先以土窖過，小便洗數次，傅之。　家〔中午〕地埋馬頭骨，宜蠶；浸于上流，絕水蜞蟲。　治蟲蝕〔肛〕門腐爛，見臟腑則死。以猪脂和馬蹄灰，綿裹導入下部，日數度，瘥。　治牙齒疼痛。用白馬尿浸茄科三日，晒乾，炒為末，點牙即落。或煎巴豆點〔牙〕亦落。勿近好牙。　治攪腸痧欲死者。用馬屎研汁飲之，立愈。

明・顧逢柏《分部本草妙用》卷一〇獸部　馬　辛、苦，冷，有毒。煮馬肉用冷水，不可蓋釜。血必洗淨方可。中其毒者，飲蘆菔汁、杏仁可解。主治：傷中下氣，長筋骨，強腰脊壯健。作脯，治寒熱痿痺。煮汁，洗頭瘡白禿。白馬溺，可消人腹中肉鼈。

明・蔣儀《藥鏡》卷一溫部　白馬溺　攻癥瘕伏梁，平絞腸急痛。收茄稈，尿浸三朝，炒末研，點牙即落。

明・施永圖《本草醫旨・食物類》卷四

馬馬食杜衡善走，食稻則足重，食鼠屎則腹脹，食雞糞則生骨眼。以殭蠶、烏梅拭牙，則不食，得桑葉乃解。掛鼠狼皮於槽，亦不食。遇死馬骨則不行。以豬槽飼馬，石灰泥馬槽，馬汗着門，並令馬落駒。繫獼猴于於厩，辟馬病。皆物理當然耳。　肉：以純白牡馬者，為良。味：辛、苦，冷，有毒。只堪煮食，多食難消。漬以清水，搦洗血盡乃煮，不然則毒不出，患疔腫。或曰，以冷水煮之，不可蓋釜。白馬青蹄、白馬黑頭者，並不可食，令人癲。馬鞍下肉色黑及馬自死者，並不可食，殺人。馬黑脊而斑臂者毒，不可食。〇患痢、生疥人勿食，必加劇。妊婦食之，不能易產。乳母食之，令子疳瘦。同蒼朮、蒼耳食，必得惡病，十有九死。同薑食，成氣嗽。同豬肉食，成霍亂。食馬肉毒發心悶者，飲清酒則解，飲濁酒則加。〇食馬中毒者，飲蘆菔汁、食杏仁可解。治：傷中，除熱，下氣，長筋骨，強腰脊，壯健強志，輕身不飢。作脯，治寒熱痿痹。煮汁，洗頭瘡白禿。

附方　豌豆瘡毒：馬肉煮清汁，洗之。

鬐膏：鬐，項上也。白馬者良。味：甘，平，有小毒。治：生髮，治面皯，手足皴粗。入脂澤用。療偏風，口喎僻。　乳：味甘，冷，無毒。同魚鱠食，作瘕。治：止渴，治熱。作酪性溫，飲之消肉。　心：已下並用白馬者良。治：喜忘。治心昏多忘，牛、馬、豬、雞心，乾之為末，酒服方寸匕，日三，則智慧日生。患痢人食馬心，則痞悶加甚。　肺：治：寒熱，莖萎。　肝：味有大毒。馬肝及鞍下肉殺人。　駒胞衣：治：婦人天癸不通，煅存性，為末，每服三錢，入麝香少許，空腹新汲水下，不過三服良。　眼：白馬者，生殺取之。味：平，無毒。治：驚癇腹滿，瘧疾。小兒魃病，與母帶之。　夜眼：在足膝上，馬有此能夜行，故名。治：卒死尸厥，齲齒痛。　牙齒：已下並用白馬者良。味：甘，平，有小毒。治：小兒馬癇，水摩服。燒灰唾和，塗癰疽疔腫，出根效。　骨：味：有毒。治：燒灰和醋，敷小兒頭瘡及身上瘡，止邪瘧。燒灰和油，敷小兒耳瘡、頭瘡、陰瘡、瘭疽有漿如火灼，敷乳頭飲兒，止夜啼。

附方：辟瘟疫氣：絳袋盛馬骨佩之，男左女右。

頭骨：味甘，微寒，有小毒。頭骨埋於午地，宜蠶。浸於上流，絕水蜞蟲。治：喜眠，令人不睡，燒灰水服方寸匕，日三夜一，作枕亦良。治齒痛，燒灰敷頭耳瘡。療馬汗氣入瘡痛腫，燒灰敷之，白汗出良。　脛骨：味甘，寒，無毒。治：煅存性，降陰火。中氣不足者用之，可代黃芩、黃連。　懸蹄：赤白馬俱入用。味：甘，平，無毒。治：驚邪瘛瘲，乳癰，辟惡氣鬼毒，蠱疰不祥，止衄，內漏齲齒。赤馬者，治婦人赤崩。白馬者，治白崩。主癲癇，齒痛，療腸癰，下瘀血，帶下，殺蟲。又燒灰入鹽少許，摻走馬疳蝕甚良。赤馬者，辟瘟瘧。

附方　損傷瘀血：在腹，用白馬蹄燒烟盡，研末，酒服方寸匕，日三夜一，血化為水也。婦人血病：方同上。五色帶下：白馬左蹄，燒灰，酒服方寸匕，日三。腸癰腹痛：用馬蹄灰和雞子白塗，即拔毒氣出。齲齒疼痛：削白馬蹄塞之，不過三度。赤禿頭瘡：出膿，晝開夜合，馬蹄燒灰，生油調塗。小兒夜啼：馬蹄末敷乳上，飲之。辟禳瘟疫：以絳囊盛馬蹄屑佩之，男左女右。

皮：治：婦人臨產，赤馬皮催生良。治小兒赤禿，以赤馬皮、白馬蹄燒灰，和臘豬脂敷之良。　鬐毛：一名鬣。味：有毒。治：小兒驚癇，女子崩中赤白。赤用赤馬，白用白馬。燒灰服，止血，塗惡瘡。　尾：治：女人崩中，小兒客忤。　腦：味：有毒。治：斷酒，臘月者，溫酒服之。　血：味：有大毒。凡生馬血入人肉中，一二日便腫起，連心即死。有人剝馬傷手，血入肉，一夜致死。　汗：味：有大毒。患瘡人觸馬汗、馬氣、馬毛、馬尿、馬屎者，並令加劇。〇馬汗入瘡，毒攻心欲死者，燒粟稈灰淋汁，浸洗出白沫，乃毒氣也。　白馬通：馬屎曰通，牛屎曰洞，猪屎曰零，皆諱其名也。味：微溫，無毒。馬屎熅火，養一切藥力。治：止渴，止吐血、下血、鼻衄、金瘡出血、婦人崩中。敷頂，止衄。絞汁服，治產後諸血氣，傷寒時疾當吐下者。治時行病起合陰陽垂死者，絞汁三合，日夜各二服。又治杖瘡、打損傷瘡中風作痛者，炒熱包熨五十遍，極效。絞汁灌之，治卒中惡死。酒服，治產後寒熱悶脹。燒灰水服，治久痢赤白。和猪脂塗，馬咬人瘡及馬汗入瘡、剝死馬骨刺傷人毒攻欲死者。

附方　卒中惡死：吐利不止，不知是何病，不拘大人小兒，馬糞一丸，絞汁灌之。乾者水煮汁亦可，此扁鵲法也。攪腸沙痛：欲死者，用馬糞研汁，飲之立愈。熱毒攻肢：手足腫痛欲脫，以水煮馬屎汁，漬之。積聚脹滿：白馬糞同蒜搗膏，敷患處，效。

屎中粟：治：金瘡，小兒寒熱客忤不能食。治小兒脇痛。

附方　剝馬中毒：被骨刺破欲死，以馬腸中粟屎搗敷，以尿洗之，大效。絞汁飲之亦可。

馬絆繩：治：煎水，洗小兒癇。燒灰，摻鼻中生瘡。

明・盧之頤《本草乘雅半偈》帙六

白馬陰莖《本經》中品

氣味：甘、鹹，平，無毒。　主治：主傷中絕脈，陰痿不起，強志，益氣，長肌肉，肥健，生子。

𩱼曰：馬生雲中，白者入藥最良。雲中，今大同府。東南者弱劣不堪用耳。孕十有二月而生，應陰以紀陽也。蓋陰合于八，八合陽九，八九七十二，二主地，地主月，月精為馬，月數十二，故十有二月而生。月度疾，故善走也。一歲曰𩡧音還，二歲曰駒，三歲曰駣，八歲曰馴，八歲一變，故從八也。欲知其歲，以齒別耳。種類雖多，咸以色取。如《爾雅》云：小領盜驪，絕有力駥，膝上皆白惟馵音志，四骹交，膝下也。皆白驓，四蹢皆白首，前足皆白騱，後足皆白翑，前右足白啟，左白踦，後右足白驤，左白馵，駵亦驪色黑馬白腹騵，驪馬白跨跨髀閼驈，白州驠竅也，尾本白騴，尾白駺，駒顙白顛，白達達鼻莖也素縣，面顙皆白惟駹音龐。回毛在膺宜乘，在肘後減陽，在幹幹脇也茀方，在背閿廣。逆毛居馻，騋牝，驪牡，玄駒，褭驂。牡曰騭音質，牝曰騇，駵白駁，黃白騜。駵馬黃脊騝，驪馬黃脊騽。青驪騆，青驪驎驒，青驪繁鬣雙翼騥。驪白雜毛駂音褒，黃白雜毛駓，陰陰淺色白雜毛駰，蒼白雜毛騅，彤白雜毛騢。白馬黑鬣駱，白馬黑脣駩。黑喙騧，一目白瞯，二目白魚。如宗廟齊毫，戎事齊力，田獵齊足，此言所尚，如騊駼、野馬。駮，如〔馬〕，倨牙，食虎豹。騉，蹏趼，善陞甗。騉駼，枝蹏趼，善陞甗，此屬異品。凡相馬者，先除三羸五駑，乃相其餘，肝欲得小，耳小則肝小；肺欲得大，鼻大則肺大；脾欲得小，膁小則脾小；心欲得大，目大則心大。又云：眼欲得有紫豔，口欲得有紅光，上唇欲得緩，下唇欲得急，上齒欲鉤，鉤則壽，下齒欲鋸，鋸則怒，脊欲大而抗，頷欲方而平，喉欲曲而深，胸欲直而出，免間欲啟，虎口欲開，升肉欲大而明，輔肉欲大而朗，耳欲如劈竹，睛欲如懸鈴，頭欲高如剝兔，項欲起如飛龍。又云：人眼烏目，鹿背麟腹，虎胸龜尾，擎頭如鷹，垂尾如篲。又云：望之大，就之小，筋馬也。望之小，就之大，肉馬也。前視見目，旁視見腹，後視見足，駿馬也。毛束皮，皮束筋，筋束肉，肉束骨，五者兼備，天下之馬也。又云：口中紅白間色者壽，鼻中紅色如朱點書者壽，眼中赤色如字形者壽，動則逸，靜則殃。起先前足，臥先後足，嘗臥則病，嘗立則安。有肝無膽者，畜生于午，稟火氣而生者馬，火不能生木，故有肝無膽，膽者木之精，木藏不足，故食其肝者死。修事：取銀色無病白馬，春月游牝時，力勢正強者，生取陰乾百日，用時以銅刀破作七片，將生羊血拌蒸半日，晒乾，粗布拭去皮，及乾血，剉碎用。

𥎊曰：《本經》取馬以白為良，故五畜以馬為金也。蓋十二辰午為馬，謂陰始生于午，六陽之化，太陰之屬也。是主手太陰肺、足太陰脾，藏真濡于脾，脾藏肌肉之氣也。故主長肌肉而肥健，藏真高于肺，以行營衛陰陽也。故主傷中絕脈而益氣，若強志有子，為水藏事，水以金為母，土為制，制則化生耳。若主陰痿不起，正陰始生于午，自強而不息，應陰以陽紀也。

清·穆石匏《本草洞詮》卷一五　馬肉、溺　馬，在畜屬火，在卦屬乾。以西北方者為勝。蠶與馬同氣，育蠶則馬不蕃，故《周禮》禁原蠶者，繫獮猴於厩，辟馬病。食馬中毒者，蘆菔汁、杏仁解之。皆物理之妙也。肉辛苦，冷，有毒。主除熱下氣，長筋骨，強腰脊。按《靈樞》經云：卒口僻急者，以馬膏熨其急頰，以白酒和桂末塗其緩頰，且飲美酒，噉炙肉，為之三拊而已。蓋口頰喎僻，乃風中血脈也，手足陽明之筋絡於口，會太陽之筋絡於目，寒則筋急而僻，熱則筋縱而緩，故左中寒則逼熱於右，右中寒則逼熱於左，寒者急，而熱者緩也。治法：急者緩之，緩者急之。故用馬膏之甘平柔緩，以摩其急，以潤其痺，以通其血脈。用桂酒之辛熱急束，以塗其緩，以和其營衛，以通其經絡也。病在上者，酒以行之，甘以助之，故飲美酒，噉炙肉也。白馬溺辛，微寒，有毒。治癥瘕，男子伏梁積疝，婦人瘕積。銅器承飲之。昔有人與其奴皆患心腹痛病，奴死剖之，得一白鱉，以諸藥納口中不死，有人乘白馬觀之，馬尿墮鱉而鱉縮，遂以灌之，即化成水，其人乃服白馬尿，而疾愈也。反胃，亦有蟲積者，故亦能治之。

清·丁其譽《壽世秘典》卷四　馬色類甚多，以純白者為良。牡馬曰兒，牝馬曰騍，去勢曰騸。馬應月，故十二月而生，其年以齒別之。在畜屬火，在卦屬乾。乾陽為馬，起先前足，臥先後足，從陽也。病則臥而不起，陰勝也。馬汗有大毒，患瘡人觸馬汗、馬氣、馬毛、馬溺、馬糞者，並令加劇。　氣味：辛、苦，冷，有毒。治傷中，除熱，下氣，長筋骨，強腰脊，壯健強志，輕身不飢。　發明《日華》曰：馬血有大毒，入人肉中一二日，腫起連心即死，凡食馬肉須以清水將洗血淨，再以好酒浸洗煮爛，再用酒烹，乃食。不然則毒不出，患疔腫。張鼎曰：凡白馬黑蹄、白馬黑頭者並不可食，令人癲。馬鞍下肉色黑，及馬自死者，或背脊有斑形色異常者，皆不可食。妊婦食之，令子過月。乳母食之，令子疳瘦。孟詵曰：同蒼耳食必得惡病，十有九死。同薑食發氣喘。同猪肉食成霍亂。食馬肉毒發心悶者，飲清酒則解，飲濁酒則加。食馬肉中毒者，飲蘆菔汁，食杏仁可解。

肝：　氣味：有大毒，食之者多死。　發明陶弘景曰：馬肝及鞍下肉殺人，按《周官》言馬生于午，稟火氣而生，火不能生木，故馬肝無膽。膽，木之精氣也，木臟不足，故食其肝者死。李時珍曰：按漢武帝云，食肉毋食馬肝。又云：文成食馬肝而死。韋莊

云：食馬留肝。則其毒可知矣。方家以豉汁、鼠矢解之。

白馬陰莖：氣味：甘、鹹，溫，無毒。治傷中，絕陰不起，強志益氣，長肌肉肥健，生子。發明繆希雍曰：馬，火畜也，其陰莖又純陽之物也，故能主男子陰痿堅強，房中藥多用之。凡陽衰則陰不起，而生長之道絕。馬莖鹹溫，走下焦，補助真陽，則陰自起，精自暖，故能令人有子也。氣屬陽，陽得補，故能益氣。腎藏志，腎氣足故能強志。甘溫補血脉而助真氣，故又能長肌肉肥健也。凡收當取銀色無病白馬，春月游牝時，力勢正強者，生取，陰乾百日用。用時以銅刀切片，將生羊血拌蒸半日，去血晒乾，剉用。得肉蓯蓉、巴戟天、山茱萸、菟絲子、陽起石、人參、鹿茸、狗陰莖作丸，治真陽虛脫，陰痿不起、下元冷憊等證。陰虛火盛者不得服。

馬乳　氣味：甘，冷，無毒。主止渴，治熱，作酪性溫，飲之消肉。發明漢時，以馬乳造為酒，置挏馬之官，謂挏撞而成也。孫思邈曰：性冷利，同魚膾食作瘕。

清・劉雲密《本草述》卷三一　馬　弘景曰：馬色類甚多，入藥以純白者為良。時珍曰：大抵馬以西北者為勝，東南者劣弱不及。

白馬陰莖：氣味：甘、鹹，平，無毒。主治：傷中絕脈，陰不起，強志益氣，長肌肉，肥健生子，益丈夫陰氣。

之頤曰：《本經》取馬以白為良，故五畜以馬為金也。蓋十二辰午為馬，謂陰始生於午，六陽之化，太陰之屬也。是主手太陰肺、足太陰脾，藏真濡於脾，脾藏肌肉之氣也。故主長肌肉而肥健，藏真高於肺，以行營衛陰陽也，故主傷中絕脈而益氣。若強志有子，為水藏事，水以金為母，土為制，制則化生耳。若主陰痿不起，正陰始生於午，自強而不息，應陰以陽紀也。《春秋說題辭》曰地精為馬，十二月而生，應陰紀陽以合功。詵曰：陰乾，同肉蓯蓉等分，為末，蜜丸梧子大，每空心酒下四十丸，日再。

脛骨：白馬者良。氣味：甘，寒，無毒。丹溪曰：白馬脛骨煅過存性，降陰火，中氣不足者用之，可代黃芩、黃連。

懸蹄：赤、白馬俱入用。氣味：甘，平，無毒。主治：療腸癰，下瘀血，殺蟲。又燒灰入鹽少許，摻走馬疳蝕，甚良時珍。

附方　損傷瘀血在腹，用白馬蹄燒烟盡，研末，酒服方寸匕，日三夜一，血化為水也。腸癰腹痛，其狀兩耳輪甲錯，腹痛或遶臍有瘡如粟，下膿血，用馬蹄灰和雞子白塗，即拔毒氣出。蟲蝕肛爛，見五臟則死，以豬脂和馬蹄灰，綿裹導入下部，日數度瘥。

白馬通　時珍曰：馬屎曰通，牛屎曰洞，豬屎曰零，皆諱其名也。凡屎必達胴音洞。腸乃出，故曰通，曰洞。胴，即廣腸也。氣味：微温，無毒。《鑑源》云：馬屎煴火，養一切藥也。主治：止渴，止吐血下血，鼻衂，金瘡出血，婦人崩中《別録》。仲景方吐血不止，柏葉湯主之，柏葉、乾薑各二兩，艾三把，以水五升，取馬通汁一升，合煮取一升，分温再服。凡吐血不已，則氣血皆虛，虛則生寒，是故用柏葉。柏葉生而西向，乃稟兌金之氣而生，可制肝木，木主升，金主降，取其升降相配，夫婦之道合，則血得以歸藏於肝矣，故用是為君。乾薑性熱，止而不走，用補虛寒之血。艾葉之温，能入內而不炎於上，可使陰陽之氣反歸於裏，以補其寒，用二味為佐。馬通者為血生於心，心屬午，於是用午獸之通，主降火，消停血，引領而行為使。

愚按：馬畜生於午，却為六陽之極而生陰。取其進氣者，故五畜不以屬火而屬金也。凡用之以療疾，當須識此義，之頤所說是矣。第簡方書，用之者寥寥，何哉？　又按：十二辰馬居午，然五畜反云午火曰其畜羊，蓋即羊之無瞳人，則羊稟於火氣居多，而水氣少也。以是而推馬之無膽，馬無膽，非無膽之形質，諒少膽氣耳。以犬無胃之義推之也。因其火極而化土，土盛而金之生氣旺矣。金旺則木之生氣微，故首出之甲木無氣。然有肝者，乙木生於午也。如之頤謂其火勝不能生木，猶未為深詣耳。然則《素問》以火歸羊，以金歸馬，誠為察物之精者歟。

修治　水研絞汁服，燒灰温酒或水服。

清・尤乘《食鑒本草・獸類》　馬肉　無益，不宜食。馬汗氣及毛誤入食中害人。凡有汗陰瘡者，近之殺人。

清・朱本中《飲食須知・獸類》　馬肉　味辛、苦，性冷，有毒。同倉米、稷米及蒼耳食，必得惡病，十有九死。同薑食，發氣嗽。同猪肉食，成霍亂。患疥瘡下痢者，食必加劇。妊婦食之，令子過月難產。乳婦食之，令子疳瘦。馬生角、無夜眼、白馬青蹄、白馬黑頭者，並不可食，令人癲。馬鞍下肉色黑及馬自死者、形色異常者，並有毒，食之殺人。馬乳，味甘，性冷利。同魚鱠食，作瘕。馬肝及鞍下肉有大毒，食之殺人。刷牙用馬尾，令齒疎損。近人多用燒灰揩拭，最腐齒齦。馬腦有毒，食之令人發癲。馬血有大毒。生馬血入人肉中，一二日便腫起，連心即死。有人剝馬傷手，血入肉，一夜致死。馬肉上血洗不淨，食之生疔腫。馬汗有大毒，患瘡人觸馬汗、馬氣、馬毛、馬尿、

馬屎，並令加劇。馬汗入瘡，毒攻心欲死者，燒粟稈灰淋汁浸洗，出白沫乃毒去也。食馬肉毒發心悶者，飲清酒則解，飲濁酒則加。或飲蘆根汁，或嚼杏仁，或煎甘草湯解之。中馬肝毒者，猪骨灰、牡鼠屎、豆豉、狗屎灰、人頭垢，並水服可解。中疔疥馬毒者，澤蘭根汁、猪牙灰、甘菊根汁，俱水服，或生菖蒲酒解之。馬食杜蘅善走，食稻足重，食鼠屎腹脹，食雞糞生骨眼。以殭蠶、烏梅拭牙，則不食，得桑葉乃解。掛鼠狼皮於槽，亦不食。遇死馬骨，則不行。以猪槽飼馬、石灰泥馬槽、馬汗著門，並令馬落駒。繫獼猴於厩，辟馬病。馬頭骨埋於午地，宜蠶。浸於上流，絕水蜞蟲。

清・何其言《養生食鑒》卷下　馬形色最多，入藥用全白者，然馬不常殺，有病及自死者，以勿食之。　馬肉：　味辛、苦，性冷，有毒。除熱氣，長筋骨，強腰膝。凡用，以水援洗數次，去淨血，再以好酒洗，方煮之，更入酒烹熟，可食。同倉米、蒼耳食，發病害人。同薑食，發氣嗽。同猪肉煮食，成霍亂。患瘡病下痢者，勿食之。食馬肉毒發心悶者，飲清酒則解，飲濁酒則加。中馬毒者，飲蘿蔔汁，食仁可解之。馬肝及鞍下肉，有大毒，食之殺人。誤中，以豉、豆腐食解之。　馬陰莖：　味鹹、甘，性平，無毒。主男子陰痿不起，益精氣有子。凡使，須當春遊牝時力勢正強者，生取得，陰乾百日，剉用。　馬腦：　有毒，食令人癲。

清・汪昂《本草備要》卷四　白馬溺　瀉，殺蟲，消癥。　辛，寒。殺蟲，破癥積，治反胃。祖台之《志怪》云：昔有人與奴皆患心腹痛病，奴死，剖之得一鱉，尚活。以諸藥投口中，不死。有人乘白馬觀之，馬溺墮鱉而鱉縮，遂以灌之，即化成水。主乃服馬溺而愈。

清・陳士鐸《本草新編》卷五　白馬莖　味甘、鹹，氣平，無毒。懸壁陰乾，務週百日。用酒煮乾，晒乾用。專益陽道修偉，添精益髓，絕陽可興，小陽可長，然必加入人參、白朮、山茱萸、麥冬、杜仲、熟地、枸杞、柏子仁、淫羊藿、棗仁、當歸、黃芪、白芥子、茯神、牛膝之類，同用尤靈，否則平平也。

或疑白馬莖止可以興陽，已屬怪談，曰長陽，不更怪乎？嗟乎！何怪也。天地生一物，必供人之取用。人有一缺陷，必生一物以補苴。白馬莖之長陽，正天生之以補人世之缺陷也。天下男子不能種子者，非盡由于命門之虛，亦非由于腎水之不足，往往陽小而不足以動婦女之歡心，而所泄之精，隔于胞胎之門者甚遠，不能直射入其中，則胎不結而無嗣以絕者比比也。世人不知其故，徒用補陽之藥，而陽實未衰也，徒用補陰之藥，而陰亦未虧也。服藥終身，嘆息于無可如何，不重可悲乎。鐸親受異人之傳，不將此等秘旨廣傳人世，不幾負上天生物生人之至意乎，故罄加闡揚，使天下萬世無子者盡有子也，余心乃大慰矣。然此長陽之說，為救無子者也。倘有子者，竊鄙人之言，修合春方，單以長陽眩奇，以助人之淫慾，受天誅擊，則非鐸之咎也。

清・李熙和《醫經允中》卷二二　馬　煮馬肉用冷水，不可蓋釜。血必洗淨，中其毒者，飲蘿菔汁、杏仁可解。鞍下肉食之殺人，肝亦不可食。馬屎薰鱉、虱、臭蟲即盡。　辛、苦，冷，有毒。作脯治寒熱痿痹，煮汁洗頭瘡白禿。白馬溺可消人腹中肉鱉。骨刺入皮膚不治。血入人肌肉即亡，用者慎之，不得悮犯。食駿馬肉不飲酒，殺人。

清・馮兆張《馮氏錦囊秘錄・雜症痘疹藥性主治合參》卷九　白馬莖　馬為火畜，陰莖又為純陽之物。故能主男子陰痿堅強，房中藥多用之。味甘、鹹，氣溫，無毒。甘能補血脉，溫能通經絡，故主傷中脉絕也。鹹能走下，溫助真陽，則陰自起，精自暖，令人有子也。氣屬陽，陽得補，故氣益。腎藏志，腎氣足，故志強。甘溫補其陽，質味補其陰，故強志益陰。長肌肉，令肥健也。凡收當取銀色無病白馬，春月游牝時，力勢正強者，生取，陰乾百日，用時以銅刀切片，將生羊血，拌蒸半日，去血晒乾，剉用。

清・张璐《本經逢原》卷四　馬　辛，溫，有毒。《綱目》作甘涼，非。馬腳無夜眼，白馬黑頭，白馬青蹄者，皆不可食。鞍下肉食之殺人，肝亦不可食，以鞭驅之傷皆聚於肝也。食馬肉中毒欲死，以香豉、杏仁各二兩，蒸熟，杵末服之，或煮蘆根汁飲之。　發明：　按《靈樞經》云，卒口僻急者，目不合，熱則筋縱，目不開。頰筋有寒則急，引頰移口。有熱則弛，縱緩不勝收故僻。治之以馬膏，膏其急頰，以白酒和桂塗其緩頰，以桑鉤勾之，即以生桑灰置之坎中高下以坐等，以膏熨急頰，且飲美酒噉炙肉，不飲酒者自強也，為之三拊而已。世多不知此方之妙。竊謂口頰喎僻乃風中血脈也，手足陽明之經絡於口，會太陽之經絡於目，寒則筋急而僻，熱則筋緩而縱，故左中寒則逼熱於右，右中寒則逼熱於左，寒者急，而熱者緩也。急者皮膚頑痹，營衛凝滯，治法，急者緩之，緩者急之，故用馬膏之甘平柔緩以摩其急，以潤其痹，以通其血脈。用桂酒之辛熱急束以塗其緩，以收其縱，以和其營衛，以通其經絡。桑能治風痹、通節竅也，病在上者，酒以行之，甘以助之，故飲美酒噉炙肉云耳。馬白睛治癲癇時發，《千金方》用之。馬心食之喜忘。馬肺食之寒

熱萎陽。馬鞍下肉食之傷人五藏。馬乳袪風止渴。白馬蹄，《本經》主驚邪、瘈瘲、乳難、辟鬼氣鬼毒、蠱疰不祥。《別錄》止衄、内崩、齲齒。白馬者治婦人白崩，赤馬者治婦人赤崩。鬐毛主小兒驚癇，女子崩中赤白，隨其色用之，燒灰止血，塗惡瘡。尾主女人崩中，小兒客忤。白馬陰莖，《本經》主傷中絕脈，陰不起，強志益氣，長肌肉，肥健生子。野馬陰莖，食之令人陰萎。野馬肉食之成馬癇，筋脈不能自收持。馬溺微寒小毒，治癥瘕有驗。反胃有蟲積者亦能治之。潰瘍著肉腐爛徹骨，毒能傷人。馬矢煨，風痹藥酒，取其透達直入病所也。馬通止血、解毒，《千金》《梅師》治吐血、衄血，《肘後》治卒中惡吐利不止，《經驗》治絞腸沙，腹痛欲死，俱絞汁服之。又《肘後》治久痢赤白，《聖惠》治傷寒勞復，俱燒灰服之。《千金》治筋骨破傷，以熱馬屎敷之。又治破傷腫痛，以馬屎燒烟熏之。《聖惠》治疔腫、傷風、腫痛，以馬屎炒熱熨之。《靈樞》椒薑桂酒置馬矢煴中助一切藥力也。今人以馬屎煨烟熏鼈蝨臭蟲無不斃者。食馬肉心煩者，飲美酒則解，飲濁酒則劇。

清·浦士貞《夕庵讀本草快編》卷六 馬《本經》 《說文》云：馬，武也，象其頭鬣足尾之形。馬應月，故足十二月而生。年以齒別，故曰譬則猶是而馬齒俱長矣。在畜屬火，在卦屬乾，在支屬午，食療須用白牡者為良。其肉辛苦冷而有毒，然能長筋骨，強腰脊，除熱下氣，壯志輕身。項肉熬膏，專熨偏風喎斜。《靈樞》用熨口僻之急，頰以桑鉤鉤其緩頰是也。陰莖之味則甘鹹無毒，勝於肉矣。治傷中絕脉，起陰強志，令人肥健生子；其心治喜忘，益智慧。胞衣可以通天癸，調月經。脛骨煅服，能降陰中之火，可代芩、連，不傷胃氣。其溺熱飲療反胃，殺蟲積，化癥瘕，止消渴；其屎曰通，絞汁救時行傷寒，陰陽淆混者，以及吐血衄血，女人崩中，卒然中惡。其懸蹄治驚邪瘈瘲，惡氣蠱疰，辟除瘟瘧。白馬者治白帶，赤馬者治赤崩。頭骨配藥，分治眠與不眠。餘骨止夜啼而辟疫氣。秦穆公云食駿馬肉而不飲酒，必殺人。韋莊云：食馬留肝，明其毒在肝也。其汗着瘡則毒攻心，人有破損處偶沾馬血者必死，其血更毒於肝矣！熊太古云：牛有黃在胆，馬有墨在腎。造物之所鍾也。有是說而不載其功，可惜哉！

清·黃元御《長沙藥解》卷二 馬通 味辛，性溫。入足厥陰肝經。最能斂氣，長於止血。《金匱》柏葉湯方在柏葉用之治吐血不止，以其斂氣而收血也。白馬通性，善攝血。其諸主治，專止吐衄、崩漏諸血。

清·黃元御《玉楸藥解》卷五 馬肉 味辛、苦，性寒。入足陽明胃、手太陰肺經。清金下氣，壯骨強筋。馬肉辛冷，無補益。駿馬肉有毒，醇酒、杏、蘆菔汁解。馬肝有毒，《漢書》文成食馬肝死。景帝曰：食肉不食馬肝。馬肝大毒，入瘡則死。粟杵灰汁浸，洗白沫出解。白馬溺治積聚癥瘕。祖台之《志怪》載：治鱉瘕事。

清·吴儀洛《本草從新》卷六 白馬溺〔瀉，殺蟲消癥。〕辛，寒。殺蟲破癥積。治反胃。《志怪》〔祖台之《志怪》。〕云：昔有人與奴皆患心腹病，奴死，剖之得一鱉尚活，以諸藥投口中不死，有人乘白馬觀之，馬溺墮鱉而鱉縮，遂以灌之即化為水，主乃服馬溺而愈。反胃亦有因蟲積者，故亦治之。馬肉，辛、苦，冷，有毒。不宜食。煮汁洗頭瘡、白秃良。

清·汪紱《醫林纂要探源》卷三 馬 甘，酸，寒。兵戎所資，非為食畜。故列於六畜之後。益氣長力，動風發毒。火畜也。午屬馬，又大火房心，主馬。《周禮》校人趣馬諸官，皆掌於夏官司馬，是為火畜。其肉發瘡毒，披鞍下脊肉為恒着力處，多鬱濕熱之氣，有瘀血之積，尤毒。其肝無膽，是相火併在肝，更毒。均不可食。今人不知忌，雖不至即受害，亦癰疽疔毒熱疫所由來矣。溺：鹹，辛，寒。殺蟲，破癥積，治反胃。汗、血、溺皆有毒，人有破傷處，見之必焮腫。然以毒破毒，且順而下行，故有殺蟲破積之功。

清·嚴潔等《得配本草》卷九 白馬懸蹄白馬溺、白馬脛骨、白馬頭骨 甘，平。破瘀血，療腸癰，治癲癇，止崩帶。調雞子清，塗腸癰。兩耳輪甲錯，腹痛，或繞臍有瘡如粟，下膿血，此其候也。調生油，塗赤秃頭瘡。入鹽，摻走馬疳。調豬脂，綿裹入肛門，治蟲蝕。煨，切片研末用。白馬溺，可殺蟲，破癥瘕。屎煎汁，治卒死，并攪腸痧危症。怪症：誤食髮成瘕，咽中如有蟲上下者是也。飲馬尿數碗即下。白馬脛骨，甘，寒。降陰火，可代芩、連。煨用。白馬頭骨，微寒，有小毒。合乳香、炒棗仁，治膽虛不眠。

題清·徐大椿《藥性切用》卷八 白馬溺 辛溫殺蟲，治癥積反胃。馬肉，辛苦冷毒，不宜食，自死者尤甚。煮汁，洗頭瘡白秃。

清·李文培《食物小錄》卷下 馬 甘、辛、酸，冷，有毒。長筋骨，強腰脊，壯健強志。心，喜忘。肝，有大毒。腎，鹹，平，無毒。強志益氣，長肌肉，肥健，生子。血，有大毒。

清·羅國綱《羅氏會約醫鏡》卷一八禽獸部 白馬溺味辛，氣寒。殺蟲，化癥積鱉瘕，腹痛屬鱉病，飲馬溺，化為水。落齒。馬溺浸茄樹根三日，炒為末，點之

即落。

清・趙學敏《本草綱目拾遺》卷九獸部　七葛　《回疆志》：出伊犁西番一帶，用馬乳裝皮袋內，以繩繒口，手捉袋提壓半時許，放於熱處，一夜即成，名之曰七葛。飲之熱而補人，若日日服之，有返老還少之功云。性熱，補虛羸，長力，怯弱者宜之。

清・章穆《調疾飲食辯》卷五　馬　其名見傳記者極多，不能盡載。《易傳》曰：乾為馬，為駁馬。疏曰：有牙如鋸，能食虎豹。按：此說出《爾雅》，曰：駁如馬，能食虎豹。云如馬，則明明非馬。然則能食虎豹者，另是一物。《易》所謂駁馬者，毛色斑駁也。注家誤引。鋸，《爾雅》作倨，古字通用也。又曰：坤，元亨，利牝馬之貞。王弼《文言注》，以為隨事取象，不知何義，或謂馬孕則不再交，此亦諸獸所同。《綱目》曰：牡曰騭，牝曰騇，曰騍、曰草。去勢曰騸。一歲曰馵，二歲曰駒，三歲曰騑，四歲曰駣，八歲曰馴。善行曰駿，行鈍曰駑。有德曰驥。八尺曰駥。《天文圖說》：辰為馬精。歸有光曰：龍與馬同氣也。《周禮・庾人》：馬八尺以上為龍，七尺以上為騋，六尺以上為馬。六馬，注：玉輅駕種馬，戎輅駕戎馬，金輅駕齊馬，象輅駕道馬，田輅駕田馬，駑馬給宮中之役。《史記・大宛列傳》：漢得大宛汗血馬，名天馬。《漢書》曰：元狩二年，馬生余吾水中。元鼎四年，馬生渥洼水中。此蓋野馬之良者，獻者神其說，故云從水中出也。又伯樂善相馬，能得其神駿於牝牡驪黃之外，故云伯樂一過冀北，而馬群遂空。《相馬經》曰：馬頭為王欲方，目為丞相欲明，脊為將軍欲強，腹為城郭欲張，四下為令欲長，眼欲高匡，鼻孔欲大，鼻頭有王字、火字，口中赤，膝骨圓而張，兩耳相去近，前豎尖而厚，皆良馬也。又有三羸：大頭小頸一，弱脊大腹二，小頸大蹄三。又有五駑：大頭緩耳一緩軟也，長頸不折二，短上長下三身短足長，大胳短脇四，淺髖薄髀五。《後漢書》：武帝時，善相馬者東門京作《銅馬法》獻之，詔立於魯班門外，更名金馬門。《國憲家猷》曰：馬口中黑者，曰唧烏，短壽；白額入口者，曰梅雁，亦曰的盧，妨主。《爾雅》曰：馬回毛在膺，宜乘。郭注引伯樂《相馬法》曰：旋毛在腹下如乳者，千里馬。其在肘後減陽，在幹茀方，在背闋廣。郭注、邢疏亦不能悉。又蠶亦與馬同氣，故《周禮》禁原蠶。原，再養也，一名晚蠶。物不能兩大，蠶多則馬耗，故禁之也。馬疲曰虺隤，乃人病之通名，非專言馬病。又古人用馬，宗廟齊毫尚純，戎事齊力尚疾，並見《爾雅》。又惟駕車不單騎，至趙武靈王胡服行邊，始習用單騎法。駕車，一車四馬，故馬以駟名。《天文圖說》房星為天駟。亦以四數。《論語》：有馬千駟。欲知馬之老少，但視其齒。《穀梁傳》：荀息左手牽馬，右手奉璧，曰：璧則猶是也，而馬齒加長矣。性極有毒，鞍下肉尤毒。《別錄》謂能補虛，大誤。凡洗血不淨者，蓋釜煮者，能令人病。無夜眼者，黑頭者，自死者，並殺人。秦穆公曰：食馬肉不飲酒，殺人。《食療本草》曰：中馬肉毒，飲清酒則解，飲濁酒則加。《綱目》曰：飲萊菔汁，食杏仁，皆可解。

乳，性涼，能清熱。然多飲令人瘦，亦劣物也。漢時以馬乳造酒，置挏馬之官。今口外諸處尚有之。明人擬《遼宮辭》曰：磔犬燒羊挏乳酒，君臣團坐笑傳杯。血與汗，均有大毒，入人肉則死。患瘡毒者，觸其氣則劇。陶隱居曰：馬汗、馬毛並尿屎，患瘡毒人概不宜。治之總宜熱飲甘醇美酒，取醉取汗。《博濟方》曰：以黃丹炒，令紫色，白礬末等分，水調塗瘡口。《靈苑方》曰：生烏頭末塗，多飲熱醇酒，瘡中出黃水即愈。穀水酒條，《食療本草》曰：馬汗氣入瘡欲死者，燒粟稈淋汁浸洗。俗傳肺最毒，而肝實有大毒。《綱目》曰：漢武帝云：食肉無食馬肝。韋莊云：食馬留肝。又文成侯食馬肝而死。大抵馬本毒物，不獨肝與肺不可食也。其為用有功軍國，杜工部詩云：所向無空闊，真堪託死生。明人詩曰：力盡猶騰踔，功高幾潰圍。故《禮》曰：敝帷不棄，為埋馬也。

清・楊時泰《本草述鉤元》卷三一　馬產西北者勝，入藥以純白色為良。

白馬陰莖：氣味甘鹹平。主治傷中絕脈，益丈夫陰氣，強腎志生子，長肌肉。

五畜以馬為金，十二辰午為馬，謂陰始生於午，六陽之化，太陰之屬也，是主手太陰肺、足太陰脾。藏真濡於脾，脾藏肌肉之氣也，故長肌肉而肥健；藏真高於肺，以行營衛陰陽也，故主傷中、絕脈而益氣。若強志有子，為水臟事，水以金為母，土為制，制則化生耳之頤。陰乾，同肉蓯蓉等分為末，蜜丸梧子大，每空心酒下四十丸，日再。　白馬脛骨：氣味甘寒。煅過存性，降陰火，中氣不足者，用之可代芩、連。　懸蹄：赤白馬俱用。氣味甘平。療腸癰，下瘀血，殺蟲。燒灰，入鹽少許，摻走馬疳蝕甚良。附方：腸癰腹痛，其證兩耳輪甲錯，腹痛，或遶臍有瘡如粟，下膿血。用馬蹄灰和雞子白塗，即拔毒氣出。損傷瘀血在腹，用白馬蹄燒烟盡，研末，酒服方寸匕，日三夜一，血化為水。蟲蝕肛爛，見五臟則死，以猪脂和馬蹄灰，綿裹導入下

部，日數度瘥。白馬通：馬屎曰通。水研，絞汁服；燒灰，溫酒或水服。氣味微溫。止渴，止吐血下血鼻衄，金瘡出血，婦人崩中。煴火養一切藥。治吐血不止，柏葉湯，用柏葉、乾薑各三兩，艾三把，以水五升，取馬通汁一升合煮，取一升，分溫再服。凡吐血不已，則氣血皆虛，虛則生寒，柏葉稟兑金之氣而生，可制肝木。木主升，金主降，升降相配，夫婦之道合，則血得歸藏於肝矣。故用以為君，乾薑性熱，守而不走，艾葉之溫，入内走絡而不炎於上，使陰陽之氣反歸於裏，以補其虛寒，用以為佐，馬通主降火，消停血，引領而行為使。

論：十二辰馬居午，顧五畜不以屬火而屬金。六陽之極而生陰，取其進氣也。凡用以療疾，須識此義。屬火者，其畜羊，蓋即羊之無瞳人，則稟於火氣居多而水氣少也。以是推馬之無膽，非無膽之形質，諒少膽焉耳，與犬無胃同義。因其火極化土，土盛而金之生氣旺矣。金旺而木之生氣微，故首出之甲木無氣。然有肝者，乙木生於午也。然則《素問》以火歸羊，以金歸馬，誠為察物之精歟。

清・趙其光《本草求原》卷二〇獸部 白馬餘色不佳。於卦為乾，屬金；消於午，屬火。雖能長筋骨，強腰脊，但有毒，死者尤毒。宜洗盡血煮食。忌煎炒。其心、肺、肝及鞍下肉，受鞭有毒。俱不可食。

白馬陰莖：甘、鹹，平，無毒。治傷中、絕脈、益氣，平益肺，藏真高於肺以行營衛。長肌肉，甘益脾故。強志，起陰有子。鹹入腎，平生之，甘制之；制則化，化則生也。同蓯蓉，乾末為丸，酒下。以羊血拌，蒸曬或陰乾用。

白馬脛骨：甘，寒，煅存性，降陰火。中氣虛者以之代苓、連。

赤、白馬懸蹄：甘，平，入肺、胃、大腸。治腸癰。腹痛，耳輪、甲錯，或繞臍有瘡如粟，下膿血，同雞子白塗。破瘀，酒服，血化為水。殺蟲，平屬金威。治牙疳、齲齒，同鹽摻。肛蝕，和豬脂綿包導之。止衄、内漏，下崩赤白。俱酒下。燒灰用。

白馬屎：微溫，入心、心主午，馬屬午。肝，溫達肝。以行血，止渴，止吐血，同柏葉降肺，以和其升降；乾薑驅寒，艾葉反火内歸。衄血，飲，並滴鼻。下血、崩血、金瘡出血，攪腸痧痛，一切惡忤卒死，絞汁飲，或取乾的煮服，或燒末酒煮浴之。傷寒勞復，燒末酒下。疔腫，炒熨。久瘡癢痛，同齒研敷。諸瘡傷水、傷風，燒煙熏。凍指欲墮，煮水浸。積聚脹滿。同蒜搗塗。其屎中粟，治金瘡，脇痛，剝馬被骨刺欲死。搗敷，以尿洗之。攪汁飲亦可。

駒胞衣：治婦人天癸不通。燒存性，入麝少許，新汲水下，三次即愈。

白馬牙：治馬癇，水磨服。燒灰，塗腸癰、癰疽初起，雞子白調。疔腫、刺破封之。蟲牙痛。煅，以溫醋開含。

馬骨：燒灰，敷頭瘡，醋和。止邪瘧、兒夜啼。塗乳頭令飲。

白馬溺：辛，寒。治消渴，破癥堅積，肉癥嗜肉、食髮成瘕，咽中如有蟲上下是，俱取飲之。痞塊，調僵蠶末塗之。蟲積、反胃，熱飲能殺蟲。蟲牙痛，含之。洗白禿、落牙。煎巴豆點之。

白馬鬐膏：治偏風喎僻，此風中血脈也，手足陽明經絡於口，會太陽經絡於目，寒則筋急而僻，熱則筋緩而縱。故左中寒則逼熱於右，右中寒則迫熱於左。寒者急，而熱者緩也。治急者緩之，緩者急之。故用馬膏之甘平柔緩，以摩其急頰，以潤其血脈痹滯；用白酒、玉桂之辛熱塗其緩頰，以收其縱，通其經絡；以桑鉤勾之，桑能治風痹，通節竅也。且飲美酒，食炙肉，使酒行於上，而甘以助之也。

馬屎：燒熏鱉虱、臭蟲悉斃。

食馬肉心煩，飲美酒則解，飲濁酒則劇。中馬毒者，熟杏仁、蘆根汁、萊菔汁可解。忌豬肉、蒼耳、生薑。

清・葉志詵《神農本草經贊》卷二 白馬莖 味鹹，平。主傷中脈絕陰不起，強志益氣，長肌肉肥健，生子。眼，主驚癇腹滿瘧疾。當殺用之。懸蹄，主驚邪瘈瘲，乳難，辟惡氣，鬼毒，蠱注，不祥。生平澤。

骨市千金，餘亦汲引。力集強莖，春方游牝。風入霜蹄，燭流鏡眹。照夜銀花，解銜脫紖。

黃庭堅詩：千金市骨今何有。沈約序：每存汲引。陳藏器曰：取銀色無病白馬，春月游牝時，力勢正強者。杜甫詩：風入四蹄輕。又：霜蹄千里駿。梁簡文帝序：眼含流燭。陳東賦：頰兩瞳之夾鏡。《說文》：眹，目精也。《明皇雜錄》：上所乘有照夜白。白居易詩：領綴銀花尾曳絲。洪希文歌：脫紖解銜就茅屋。

清・文晟《新編六書》卷六《藥性摘錄》 馬肉 辛苦，性涼，有毒。除熱下氣，長筋骨。以酒多洗數次，再用酒煮，可食。中其毒者，清酒及蒲桃汁可解。〇騾肉更劣。

清・王孟英《隨息居飲食譜・毛羽類》 馬肉 辛、苦，冷，有毒。食杏仁，或飲蘆根汁解之。其肝食之殺人。

清・王孟英《隨息居飲食譜・水飲類》 馬乳 甘，涼。功同牛乳，而性

凉不膩，故補血潤燥之外，善清膽胃之熱。療咽喉口齒諸病，利頭目，止消渴，專治青腿牙疳。白馬者尤勝。

清・劉善述、劉士季《草木便方》卷二人禽獸部　馬　馬骨甘平塗兒瘡，牙治癰疽疔毒瘍。皮能催生搽兒禿，蹄治崩帶驚邪方。腸癰齒痛殺肛蝕，屎療金瘡跌損傷。

清・田綿淮《本草省常・禽獸類》　馬　性冷，有毒，不可食。食之發心悶，生惡症。馬肝及鞍下肉，毒更大，食之中毒即死。服蒼耳者尤忌之。

清・戴葆元《本草綱目易知錄》卷六　馬　肉：辛、苦，冷，有毒。卦乾屬火，主傷中，除熱下氣，長筋骨，強腰脊，壯健強志，輕身不飢。作脯食，治寒熱痿痹。煮汁洗頭瘡，白禿。然此畜有毒，不可食，中其毒者，飲蘆菔汁，食杏仁可解。【略】　腎：　無取。【略】　頭骨：甘，微寒，有小毒。治喜眠，又治令人不眠，燒灰水服一匙。作枕亦良。【略】　懸蹄：【略】走馬牙疳，葆屢驗。附案：　治江姓子，予同懷姊氏之姪孫也，年六齡，由熱病後不戒口味，陡發牙疳，不急清解，有教以薑炭灰傅，約二時許，勢甚猖獗，煩燥不眠，坐卧難安，請予不及，其祖母覔飛轎抱至予處就醫。此抱下轎時，臭穢異常，口內漬漬，聲如蟲蛀松木，面紅口黑，據陳日來難下米粒，燥極似狂。予曰：　此走馬牙疳，難治症也。再三陳情，勉力救挽，囑曰，勢急，須以分理，以藥湯洗後服藥，接搽末藥，若穩睡一時，可救，但其黑處，形難全，嘴要缺矣。洗藥方，黄連、大黄、黄芩、黄柏、石膏、桑皮、薄荷泡濃汁，用新筆蘸汁頻洗。服方，犀角、地黄，合梔子、金花加减。末藥方，白馬蹄焙半焦一錢半，蛔蟲兩条，一条上吐出，一条下吐出，焙雞內金取下未經水者、川柏各一錢半，胡連、黄連各一錢，雄黄、薄荷、龍骨、兒茶、青黛、蘆薈、人中白、硼砂各五分，珍珠、熊膽、片腦各三分，共研末，瓶盛，每日三次，夜一次。先洗後搽，半月許，自鼻至下頦，皮肉盡脱，僅露牙齦，所脱之皮，翻轉形似蜂窠，而鼻下靠左齦骨脱下，是以嘴缺，自此照法，新肉漸生，約年許，平復，不反復矣。予家祖傳秘方，附案載之，以公救世。

清・陳其瑞《本草撮要》卷八　白馬溺　味辛，寒，入足陽明、手太陰經。功專殺蟲破癥積，治反胃。化鼈為水。白馬乳治青腿牙疳，其效如神。馬肝有毒。白馬通即屎也。得柏葉、乾薑、艾，治吐血不止。

清・吴汝紀《每日食物却病考》卷下　馬　肉，辛、苦，冷，有毒。除熱下氣。作脯治寒熱痿痹，煮汁洗頭瘡白禿。白馬而牝者為良。凡用，須以水挼洗數次，去淨血，再以好酒洗，更以酒煮熟，方可食，亦須飲酒解之乃可。秦穆公曰：　食馬肉不飲酒，必殺人。肝，有大毒，食者多死，故曰食馬留肝。凡馬肉同倉米、蒼耳食，十有九死。與生薑同食，生氣嗽，妊婦食之必加劇。白馬黑蹄、頭青蹄黑者，鞍下色黑而斑者，凡形色異常及自死者，皆不可食。

猪

唐・孫思邈《千金要方》卷二六《食治・鳥獸》　㹠卵　味甘，溫，無毒。除陰莖中痛，驚癇，鬼氣蠱毒，除寒熱，賁豚，五癃，邪氣攣縮。一名㹠顛。陰乾，勿令敗。㹠肉：　味辛，平，有小毒。不可久食，令人遍體筋肉碎痛，乏氣。大猪後腳懸蹄甲：　無毒。主五痔，伏熱在腹中，腸癰內蝕。取酒浸半日，炙焦用之。大猪四蹄：　小寒，無毒。主傷撻諸敗瘡。母猪蹄：　寒，無毒。煮汁服之，下乳汁，甚解石藥毒。大猪頭肉：　平，無毒。補虚乏氣力，去驚癇鬼毒，寒熱，五癃。腦：　主風眩。心：　平，無毒。主驚邪，憂恚，虚悸，氣逆，婦人産後中風，聚血氣驚恐。腎：　平，無毒。除冷利，理腎氣，通膀胱。肝：　味苦，平，無毒。主明目。猪喙：　微寒，無毒。主凍瘡痛癢。肚：　微寒，無毒。補中益氣，止渴，斷暴利虚弱。腸：　微寒，無毒。主消渴，小便數，補下焦虚竭。其肉間脂肪：　平，無毒。主煎諸膏藥，破冷結，散宿血，解斑猫、芫菁毒。猪洞腸：　平，無毒。主洞腸挺出血多者。豭猪肉：　味苦、酸，冷，無毒。主狂病多日不愈。凡猪肉：　味苦，微寒，宜腎，有小毒，補腎氣虚竭。不可久食，令人少子精，發宿病，弱筋骨，閉血脉，虚人。肌有金瘡者，食之，瘡尤甚。猪血：　平，澀，無毒。主卒下血不止，美清酒和炒服之。又主中風絶傷，頭中風眩及諸淋露，賁豚暴氣。黄帝云：　凡猪肝肺，共魚鱠食之，作癰疽。猪肝共鯉魚腸、魚子食之，傷人神。㹠腦：　損男子陽道，臨房不能行事。八月勿食猪肺及粭和食之，至冬發疽。十月勿食猪肉，損人神氣。

唐・孫思邈《千金要方》卷二六《食治・鳥獸》　母猪乳汁　平，無毒。主小兒驚癇，以飲之神妙。

附：日・丹波康賴《醫心方》卷三〇　猪肉　《本草》云：　味苦。主閉血脉，弱筋骨，虚人肌，不可久食。陶［弘］景注云：　猪為用最多，唯肉不宜人。人有多食，皆能暴肥，此蓋虚肥故也。《拾遺》云：　肉寒，主壓丹石，解熱。人食之，殺藥動風。《千金方》云：　不可久食，令人少精，發宿病。《七卷食經》云：　合五辛食之，傷人肝脾。鯽魚合食，令人發損消。又不可合鯉魚子，傷人。朱思簡云：　合魚共食，入腹動風，令生蟲。肝合芹菜食之，令人腹中終身雷鳴。《養生要集》云：　猪肝落地，土不著者，食殺人。又云：　猪

(于)〔乾〕脯火燒不動者，食之(畢)泄利。馬琬云：猪目睫交不可食，傷人。《膳夫經》云：豕自死，其目青，食之殺人。又云：豕燔而死，食其肝殺人。又云：猪白蹄，青爪斑斑，不可食。又云：白猪青蹄，食之殺人。

宋・唐慎微《證類本草》卷一八獸部下品〔《本經・別録》〕豚卵　味甘，温，無毒。主驚癇癲疾，鬼疰蠱毒，除寒熱，賁豚五癃，邪氣攣縮。一名豚顛。陰乾藏之，勿令敗。

懸蹄：主五痔，伏熱在腸，腸癰内蝕。〔宋・掌禹錫《嘉祐本草》〕按：五痔通用藥云：猪懸蹄，平。《藥對》云：微寒。

猪四足：小寒。主傷撻諸敗瘡，下乳汁。

心：主驚邪，憂恚。〔宋・掌禹錫《嘉祐本草》〕按：日華子云：心，治驚癇血癖，邪氣。

腎：冷。和理腎氣，通利膀胱。〔宋・掌禹錫《嘉祐本草》〕按：孟詵云：腎，主人腎虚，不可久食。日華子云：腎，補水藏，暖腰膝，補膀胱，治耳聾。雖補腎，又令人少子。

膽：主傷寒熱渴。〔宋・掌禹錫《嘉祐本草》〕按：大便不通通用藥云：猪膽，微寒。

肚：主補中益氣，止渴利。〔宋・掌禹錫《嘉祐本草》〕按：惡瘡通用藥云：猪肚，微温。孟詵云：肚，主暴痢虚弱。日華子云：肚，補虚損，殺勞蟲，止痢。釀黄糯米蒸擣爲丸，甚治勞氣并小兒疳蛔黄瘦病。

齒：主小兒驚癇。五月五日取。〔宋・掌禹錫《嘉祐本草》〕按：驚癇通用藥云：猪齒，平。日華子云：齒，治小兒驚癇。燒灰服，并治蛇咬。

鬐膏：生髮。〔宋・掌禹錫《嘉祐本草》〕按：髮禿落通用藥云：猪鬐膏，微寒。

肪膏：主煎諸膏藥，解斑猫、芫菁毒。

猳猪肉：味酸，冷。療狂病。

凡猪肉：味苦。主閉血脉，弱筋骨，虚人肌。不可久食，病人、金瘡者尤甚。

猪屎：〔宋・掌禹錫《嘉祐本草》〕謹按黄疸通用藥云：猪屎，寒。主寒熱，黄疸，濕痹。

〔梁・陶弘景《本草經集注》〕云：猪，爲用最多，惟肉不宜食，人有多食，皆能暴肥，此蓋虚肥故也。其脂能悦皮膚，作手膏，不皸裂。肪膏煎藥，無不用之。勿令水中。臘月者歷年不壞。頸下膏謂之負革肪，入道家用。其屎汁療溫毒。熱食其肉飲酒，不可卧秫稻穰中。又白猪，白蹄雜青者，不可食之。猪膏又忌烏梅。

〔唐・蘇敬《唐本草》〕注云：《别録》云，猪耳中垢主蛇傷。猪腦，主風眩、腦鳴及凍瘡。血，主賁豚，暴氣中風，頭眩，淋瀝。乳汁主小兒驚癇病。乳頭亦主小兒驚癇及鬼毒，去來寒熱，五癃。五藏，主小兒驚癇，發汗。十二月上亥日，取肪脂，内新瓦器中，埋亥地百日，主癰疽，名膒音甌同脂，方家用之。又，一升脂著雞子白十四枚，更良。

〔宋・馬志《開寶本草》〕按：陳藏器《本草》云：猪肉，寒。主壓丹石，解熱，宜肥。熱人食之，殺藥動風。肝，主脚氣，空心切作生，以薑、醋進之，當微洩，若先痢即勿服。膽，主濕䘌病，下膿血不止，乾嘔，羸瘦，多睡。面黄者，取膽和生薑汁、釅醋半合，灌下部，手急捻，令醋氣上至咽喉乃放手，當下五色惡物及蟲子。又主瘦病，欬嗽，取膽和小便、生薑、橘皮、訶梨勒、桃皮煮服。又主大便不通，取猪、羊膽，以葦筒著膽，縛一頭，内下部入三寸，灌之，入腹立下。又主小兒頭瘡取膽汁傅之。猪胰音夷，主肺痿欬嗽，和棗肉浸酒服之，亦能主痃癖羸瘦。又堪合膏練繒帛，臘月猪脂殺蟲，久留不敗。猪黄，主金瘡，血痢。野猪脂，酒服下乳汁，可乳五兒。齒灰，主蛇咬。

〔宋・掌禹錫《嘉祐本草》〕按：孟詵云：大猪頭，主補虚乏氣力，去驚癇，五痔，下丹石。又，腸主虚渴，小便數，補下焦虚竭。又云：東行母猪糞一升，宿浸去滓，頓服，治毒黄熱病。日華子云：猪，涼，微毒。肉療水銀風并掘土土坑内惡氣，久食令人虚肥，動風氣。又，不可同牛肉煮食，令人生寸白蟲。又，脂治皮膚風，殺蟲，傅惡瘡。又，腸止小便，補下焦。生血，療賁豘氣及海外瘴氣。又，乳治小兒驚癇，天弔，大人猪雞癇病。糞治天行熱病，黄疸，蠱毒。東行牝猪者爲良。窠内有草，治小兒夜啼，安席下勿令母知。大凡野猪肉食勝圈豢者。

〔宋・蘇頌《本草圖經》〕曰：豚卵，《本經》不著所出州土，云一名豚顛，陰乾藏之，勿令敗。謹按揚雄《方言》云：猪，燕、朝鮮之間謂之豭，關東、西謂之彘或謂之豕，南楚謂之狶音喜，其子謂之豯音奚，吴揚之間謂之豬子，其實一種也。今云豚卵，當是豬子也。豬之屬，爲用最多。惟肉不宜食，食之多暴肥，蓋風虚所致也。心，熱。主血不足，補虚劣，不可多食，能耗心氣。又不與吴茱萸合食。肺，微寒。能補肺，得大麻人良。不與白花菜合食，食令人氣滯，發霍亂。肝，溫。主冷洩，久滑赤白。乳婦赤白下方，用子肝一葉，薄批之，揾著煨熟訶子末中，微火炙，又揾炙，盡半兩末止。空腹細嚼，陳米飲送下，亦主冷勞腹藏虚者。脾，主脾胃虚熱，以陳橘皮紅、生薑、人參、葱白切拍之，合陳米，水煮如羹，去橘皮，空腹食之。腎，補虚壯氣，消積滯，冬月不可食，損人真氣，兼發虚壅。肚，主骨蒸熱勞，血脉不行，補羸助氣，四季宜食。張仲景有猪肚黄連丸是也。骨髓，寒。主撲損，惡瘡。懸蹄，主痔，腸癰，内蝕。四蹄，主行婦人乳脉，滑肌膚，去寒熱。《廣濟方》載其法云：婦人乳無汁者，以猪蹄四枚，治如食法，以水二斗，煮取一斗，去蹄。土瓜根、通草、漏蘆各三兩，以汁煮取六升，去滓。内葱白、豉如常，著少米煮作稀葱豉粥食之。食了，或身體微微熱，

有少汗出,佳。乳未下,更三兩劑,大驗。肪膏,主諸惡瘡,利血脉,解風熱,潤肺。入膏藥,宜臘月亥日取之。腸藏,主大小腸風熱,宜食之。脰,寒。主肺氣乾脹喘急,潤五藏,去皴皰䵟黯。并肪膏,并殺斑猫、地膽、亭長等毒。然男子多食之損陽。崔元亮《海上方》著猪脰酒,療冷痢久不差方云: 此是脾氣不足,暴冷入脾,舌上生瘡,飲食無味,縱喫食下還吐,小腹雷鳴,時時心悶,乾皮細起,膝脛酸疼,兩耳絕聲,四肢沉重,漸瘦劣重成鬼氣,及婦人血氣不通,逆飯憂煩,常行無力,四肢不舉,丈夫痃癖,兩肋虛脹,變爲水氣,服之皆效驗。此法出於傳尸方。取猪脰一具,細切,與青蒿葉相和,以無灰酒一大升,微火溫之,乘熱内猪脰中,和蒿葉相共暖,使消盡。又取桂心一小兩,别擣爲末,内酒中。每日平旦空腹取一小盞服之,午時、夜間各再一服,甚驗。忌熱麪、油膩等食。膽,大寒。主骨熱勞極,傷寒及渴疾,小兒五疳,殺蟲。齒,主小兒驚癇,燒灰服之。屎,主寒熱,黄疸,濕痹,今人取端午日南行猪零,合太一丹是也。燖猪湯,解諸毒蟲魘。凡猪,骨細、少筋、多膏,大者有重百餘斤,食物至寡,故人畜養之,甚易生息。《爾雅》曰: 彘,五尺爲豝。郭璞注云: 《尸子》曰: 大豕爲豝,今漁陽呼豬大者爲豝是也。又下野豬黄條,主金瘡。又云: 大寒,有毒。一名豪猪,鬉間有毫如箭,能射人。陝、洛、江東諸山中并有之。肉亦甘美,多膏,皆不可多食,發風氣,利大腸,令人虛羸。

〔宋・唐慎微《證類本草》〕《食療》: 肉,味苦,微寒。壓丹石,療熱閉血脉。虛人動風,不可久食。令人少子精,發宿疹。主療人腎虛。肉發痰,若患瘧疾人切忌,食必再發。又云: 江猪,平,肉酸。多食令人體重。今捕人作脯,多皆不識。但食,少有腥氣。又,舌和五味煮,取汁飲,能健脾,補不足之氣,令人能食。《聖惠方》: 治蛇入口并入七孔中。割母猪尾頭,瀝血滴口中,即出。又方: 治少陰病,下痢,咽痛,胸滿,心煩。豬膚一斤,以水一斗,煮取五升,去滓,加白蜜一升,粉五合,熬香和勻相得,溫分六服。《外臺秘要》: 療毒熱病攻手足腫疼痛欲脫方: 猪膏和羊屎,塗之亦佳。又方: 療盲。猪膽一枚,微火上煎之,可丸如黍米大,内眼中食頃,良。又方: 治瞖,如重者。取猪膽白皮曝乾,合作小繩子如麁釵股大小,燒作灰,待冷,便以灰點瞖上,不過三五度即差。《千金方》: 治被打頭青腫。炙猪肉熱搨之,又貼猪肝。《千金翼》: 老人令面光澤方: 大猪蹄一具,洗淨,理如食法,煮漿如膠,夜以塗面,曉以漿水洗面,皮急矣。又方: 治髮薄不生,先以酢泔清淨洗秃處,以生布揩令大熱,臘月猪脂細研,入生鐵煮沸三二度,傅之徧生。又方: 治漏方: 以臘月猪脂紙沾,取内瘡孔中,日五夜三。又方: 治手足皴裂,血出疼痛,若冬月冒涉凍淩,面目手足瘃壞,及熱疼痛皆治。取猪腦髓著熱酒中以洗之,差。《肘後方》: 治毒攻手足腫,疼痛欲斷。猪蹄一具,合葱煮去滓,内少許鹽,以漬之。又方: 治卒腫病,身面皆洪大。生猪肝一具,細切,頓食之,勿與鹽,乃可用苦酒,妙。又方: 疸病有五: 有黄疸、穀疸、酒疸、黑疸、女勞疸。黄汗,身體四肢微腫,胸滿不得汗,汗出如黄蘗汁,由大汗出卒入水所致。猪脂一斤,令溫熱,盡服之,日三,當下,下則稍愈。又方: 葛氏: 疥瘡。猪膏煎芫花,塗。又方: 若女子陰中苦痒,搔之痛悶。取猪肝炙熱内陰中,當有蟲著肝出。又方: 療手足皴裂,面出血痛方: 以酒挼猪胰洗,并服。又方: 小便不通。猪膽大如雞子者,内熱酒中服。姚云亦療大便不通。又方: 胞衣不出,腹滿則殺人。但多服脂,佳。又方: 小兒頭生白秃,髮不生。臘月猪屎,燒末傅之。《經驗方》: 療男子水藏虛憊,遺精,盜汗,往往夜夢鬼交。取獖猪腎一枚,以刀開去筋膜,入附子末一錢匕,以濕紙裹煨熟。空心稍熱服之,便飲酒一盞,多亦甚妙。三五服效。《經驗後方》: 定喘化涎。猪蹄甲四十九箇,淨洗控乾,每箇指甲内半夏、白礬各一字,入罐子内封閉,勿令煙出,火煅通赤,去火細研,入麝香一錢匕。人有上喘咳嗽,用糯米飲下,小兒半錢,至妙。又方: 陰痿羸瘦,精髓虛弱,四肢少力,豬腎一對,去脂膜切,枸杞葉半斤,用豉汁二大盞半相和,煮作羹,入鹽、椒、葱,空腹食之。《梅師方》: 蜈蚣入耳。以猪脂肉炙令香,掩耳自出。又方: 蟻子入耳。以猪、羊脂炙令香,安耳孔,自出。又方: 治產後虛勞,骨節疼痛,汗出不止。取猪腎造稀臛,以葱、豉、米,如法食之。又方: 治癰,諸疽發背,或發乳房初起微赤,不急治之即殺人。母猪蹄兩隻,通草六分,以綿裹和煮作羹食之。又方: 治熱病有䘌上下蝕人。豬膽一枚,苦酒一合,同煎三兩沸,滿口飲之,蟲立死,即愈。《孫真人食忌》云: 不可常食猪肉。白猪,白蹄者不可食也。又云: 臘月肪脂殺蟲,可煎膏用之。《食醫心鏡》: 主脾胃氣虛,食即汗出。猪肝一斤,薄起於瓦上曝令熟乾,擣篩爲末,煮白粥,布絞取汁,和衆手丸如梧桐子大。空心飲下五十丸,日五服。又主脾胃氣冷,喫食嘔逆,下赤白痢如麵糊,腰臍切痛。猪腎一對研,著胡椒、橘皮、鹽、醬、椒末等,搜麵似常法作餛飩熟煮,空腹喫兩椀,立差。又主消渴,日夜飲水數斗,小便數,瘦弱。猪肚一枚,淨洗,以水五升煮,令爛熟,取二升已來,去肚,着少豉,渴即飲之,肉亦可喫。又和米,着五味,煮粥食之,佳。又主水氣脹滿浮腫。猪肝一具,煮作羹,任意下飯。又主上氣咳嗽,胸膈妨滿,氣喘。猪肉細切作𩜾子,於猪肺中煎食之。又猪肪脂四兩,煮百沸以來,切,和醬、醋食之。又治一切肺病咳嗽,膿血不止。猪胰一具,削薄竹筒盛,於煻火中炮令極熟,食上喫之。又理腫從足始,轉上入腹。猪肝一具,細切,先布綟,更以醋洗,蒜虀食之,如食不盡三兩,頓食亦可也。又理浮腫脹滿,不下食,心悶。豬肝一具,洗切作臠,着葱白、豉、薑、椒,熟炙食之。又以熟水煮,單喫亦得。又煮猪脅一雙切作生,以蒜虀食之。又理產後中風,血氣,驚邪,憂悸,氣逆。猪心一枚,切,於豉汁中煮,五味糝調和食之。又治小兒驚癇,發動無時。猪乳汁三合,以綿纏浸,令兒吮之,唯多尤佳。又理肝藏壅熱,目赤磣痛,兼明目,補肝氣。用猪肝一具,細起薄切,以水淘,漉出漉乾,即以五味、醬、醋食之。又理狂病經久不差,或歌或笑,行走不休,發動無時。用豭猪肉一斤,煮令熟,細切作膾,和醬、醋食之。或羹、粥、炒,任性服

之。又補虛氣乏，去驚癇。豆牙猪頭一枚，治如食法，煮令極熟，停冷作膾，以五辣、醋食之。《范汪》：療鼠瘻、瘰癧，取臘月猪膏調塗之。《傷寒類要》：療小兒寒熱及熱氣中人。猪後蹄燒灰末，以乳汁調一撮服之，效。又方：療男子、女人黃疸病，醫不愈，耳目悉黃，食飲不消，胃中脹熱，生黃衣，蓋胃中有乾屎使病爾。用煎猪脂一小升，溫熱頓服之，日三，燥屎下去乃愈。《千金髓》：治胎孕九箇月，將產消息。用猪肚一箇，依常法着葱、五味，煮熟食之，食不盡再食，不與別人食。《子母秘録》：療吹奶，惡寒壯熱。猪肪脂以冷水浸搨之，熱即易，立效。姚和衆：小兒初生，猪膽一枚，以水七升，煎取四升，澄清浴兒，令永無瘡疥。《譚氏小兒方》：療豌豆瘡。取肉爛煮，取汁洗之，乾脯亦得。《禮記》云：豕望視而交接，腥不可食。又云：食豚去腦。

宋·鄭樵《通志》卷七六《昆蟲草木略》 豕《爾雅》曰：豕子，豬。𧱚，豶。幺，幼。奏者，豱。𧱚、豶者，𧱚一名豶。郭云：俗呼小豶豬為𧱚子。謂𧱚犍豬也。幺、幼者，郭云俗呼豕最後生者為幺豚。奏者豱者，皮理腠蹙者，名豱。𧱚、豶、幺、奏、豱，音偉、墳、腰、湊、溫。又曰：豕生三豵，二師一特，所寢橧。四豴皆白，豥。絕有力，豟。牝，豝。橧音增，豕所臥之簣也。豴音滴，蹢也。蹢，蹄也。豟音厄，郭云豕高五尺者。豥，音垓。

宋·劉明之《圖經本草藥性總論》卷下 豚卵 味甘，溫，無毒。主驚癇癲疾，鬼疰蠱毒，除寒熱賁豚，五癃邪氣攣縮。懸蹄，主五痔伏熱在腸，腸癰內蝕。四足，主傷撻、諸敗瘡，下乳汁。心，主驚邪憂恚。腎，和理腎氣，通利膀胱。膽，主傷寒熱渴。肚，補中益氣，止渴利。齒，主小兒驚癇。肪膏，主煎膏藥，解班猫、芫菁毒。凡猪肉，主閉血脈，弱筋骨，虛人不可久食，病人金瘡者尤甚。猪屎，主寒熱黃疸、濕痹。日華子云：猪，涼，微毒。肉，療水銀風，久食令人虛肥，動風氣。不可同牛肉食，令人生寸白蟲。脂，治皮膚風，殺蟲，傅惡瘡。腸，止小便，補下焦。生血，療賁㹠氣，及海外瘴氣。乳，治小兒驚癇天弔、大人猪雞癇病。孟詵云：大猪頭，主補虛乏氣力，去驚癇，五痔，下丹石。

宋·陳衍《寶慶本草折衷》卷一五 新分豚懸蹄足、心、腎、膽、肚、肪、肉、肝、肺、脃、血、乳、膚、屎等附。○豶豬脊骨及小豬尾巴續附。○脃，音夷。 一名豬懸蹄，俗號子蹄，乃豬足倒垂小蹄、其甲殼較薄者也。其豚一名豕，一名豬，一名豶音文豬。見《周易》，羯豬也。○燕、朝鮮間名豭，關東西名彘，南楚名豨，一名豯，吳揚間名豬子，漁陽名豟。○《禮記》云：一名腯肥。○又《食療》云：一名家豬。○附：心，忌吳茱萸。○又附：肪，即脂也。臘月取，忌烏梅。○又附：肉，忌牛肉。○又附：肺，得大麻人良，忌白花菜。○又附：乳，《幼幼方》云待豬兒飲母次，便提豬兒後足起，口離乳，急用手捋之。○又附：膚，李知先云，即豬皮上黑膚也。○又附：屎，一名豬零。端午及臘月取，以東行牡豬者良。○豭，居牙切；豨，音喜；豯，音奚；豟，音厄；腯，徒忽切；肪，音方；零，或作苓。

平，微寒。○主五痔，伏熱在腸，腸癰肉蝕。自豚卵條分。

附：四足蹄肉。○小寒。主傷撻敗瘡，癰疽發背，發乳，豬蹄、通草共煮羹食。行乳脉，下乳汁，滑肌膚，去寒熱。豬蹄、漏蘆煮，去滓，葱白著米煮稀粥食之。附：心。○熱。主驚邪憂恚，驚癇血癖邪氣。又主血不足，虛劣。多食亦耗心氣。附：腎。○冷。和理腎氣，通利膀胱，暖腰膝，治耳聾，療水藏虛憊，遺精盜汗。豬腎刀開，去筋，入附子末，濕紙裹，煨熟，空心熱服，便飲酒。治產後虛勞，骨疼汗出，豬腎造臛，以葱米食之。○冬月食多，損人真氣也。附：膽。○味苦，微寒，無毒。兼用牛膽云。主傷寒，熱渴，骨熱，小兒五疳，殺蟲及頭瘡，取汁傅之。浴小兒初生，令無瘡疥，豬膽壹枚，以水煎，澄清浴。附：肚脾在內。○微溫。補中益氣，止渴。主暴痢，補虛損，骨蒸勞熱，血脉不行，及孕九箇月，食之消息。豬肚壹箇，葱、五味煮食。食不盡，再食。治小兒疳蛔黃瘦，糯米蒸擣為丸。其豬脾，主脾胃虛熱，橘紅、薑、葱，合陳米煮羹食。附：肪膏。○治皮膚風，殺蟲，傅惡瘡利血脉，潤肺，解風熱。又煎諸膏藥，解班猫、芫青毒。附：肉身腿肉也。○味酸、苦，微寒，無毒。閉血脉，弱筋骨，虛人肌，能暴肥，壓丹石，殺藥，動風，發宿疹及發痰。若患噎疾，食必再發。同牛肉煮食生寸白蟲。又白豬白蹄雜青者不可食。附：頭肉舌在內。○補虛乏，去驚癇，五痔，下丹石。其豬舌建脾，補不足，和五味煮汁飲。附：腦腦髓也。○主風眩腦鳴及凍瘡。

附：脛骨髓。○寒。主撲損惡瘡。附：肝。○溫。主脚氣及冷洩，久滑赤白。又主冷勞腹藏虛。附：肺。○微寒。補肺。不與白花菜合食，令人氣滯，發霍亂。

附：脃淡白如肪。○寒。主肺痿咳嗽，肺乾脹喘，潤五藏，去皺皰皯黯，痃癖羸瘦，婦人血氣不通。附：腸藏。○主虛渴，小便數，補下焦。又主大小腸風熱。附：血。○主賁豚暴氣，中風頭眩，淋瀝，及海外瘴氣。

附：乳汁。〇治小兒驚癎天吊，以綿纏浸，令兒吮之。及大人豬雞癎病。附：膚。〇味甘，寒仲景。治少陰傷寒，下利咽痛，胸懣煩，豬膚煮去滓，加白蜜、白粉溫分服。附：屎灰在內。〇寒。主寒熱黄疸，濕痹，蠱毒。又主小兒頭白禿，髮不生，燒灰末傅之。

續說云：陶隱居言豬之為用最多，故《三因方》用雄豬脊骨、茄葉煮汁以療渴，《是齋方》又以此骨和藥熬膏以治勞。亦有全膝罨段，蘸酒炙脆而用者。以至錢氏方刺小豬尾尖瀝其血，貳叁點，入少腦子同研，名豬尾膏，治小兒瘡疹不收，以湯末調服，謹勿過多。應風氣、脚氣，瀉痢，欬嗽，禁食豬肉。服□□人尤忌豬血也。

元・王好古《湯液本草》卷六　猪膚　氣寒，味甘。入足少陰經。《液》云：猪皮，味甘，寒。猪，水畜也，其氣先入腎。解少陰客熱，是以猪膚解之，加白蜜以潤燥除煩，白粉以益氣斷痢。

猪膽汁：氣寒，味苦、鹹。苦寒。《液》云：仲景白通湯，加此汁，與人尿鹹寒，同與熱劑合，去格拒之寒。又與醋相合，内穀道中，酸苦益陰，以潤燥瀉便。《本經》云：治傷寒熱渴。又：白猪蹄可用，雜青色者不可食，療疾亦不可。《心》云：與人尿同體，補肝而和陰引置陽，不被格拒，能入心而通脈。

元・忽思慧《飲膳正要》卷三　猪　肉，味苦，無毒。主閉血脉，弱筋骨，虚肥人。不可久食，動風。患金瘡者，尤甚。猪肚，主補中益氣，止渴。猪腎，冷。和理腎氣，通利膀胱。猪四蹄，小寒。主傷撻諸敗瘡，下乳。

元・尚從善《本草元命苞》卷七　豚卵　甘，溫，無毒。專主驚癎癲痓，除寒熱奔豚。治蠱毒鬼疰。懸蹄，去伏熱在腸。膽汁，能益陰潤燥。心，主驚邪憂恚。腎，暖水臟腰膝。猪膚，入腎，除少陰客熱。猪肚，補中，益虚損勞傷。足，下乳汁。齒，治驚癎。肪膏，解風熱，潤肺之劑，作煎殺班貓、芫菁之毒。猪胰，療咳嗽肺痿，和棗治痃癖羸瘦。惟猪肉不可多食，食之過，令人少子，閉血脈，弱筋骨，動風氣，虚人肌。野猪肉炙食，治腸風瀉血，錬其膏酒餌，令婦人多乳。

元・吴瑞《日用本草》卷三　豚肉　味甘，微寒。純黑而肥大，豶猪豢畜者為上。有足白色名蹢。或只蹄白皆可食。惟花猪或雜色者不可食，客來者次之。反黄連、桔梗，食之殺藥，動風，雌者尤盛。秘血脉，虚人不可久食，能虚人肌肉。與牛肉合食，令人生寸白蟲；與生葫荽合食，爛人臍；葵菜合食，令人少氣；生薑同食，令人患風并發風；羊肝、豆黄同食，令人心悶。凡煮不可閉氣，閉則發風動氣，宜加皂角子同煮食。主壓丹石熱毒，令人暴肥，療熱閉。猪頭：主補虚乏氣力，去驚癎、五痔，下丹石。腦子：主風眩腦鳴，凍瘡，男子食之損精氣。懸蹄：主五痔，伏熱在腸及腸癰內蝕。四足：主傷撻，諸敗瘡，下乳汁。猪心：主驚邪憂恚、顛疾，以雄猪心血調朱砂酒，空心服。猪膽：主傷寒熱渴，大便不通，用膽汁和蜜熬成棗子，納入肛門內，須臾便通。猪胰脾：主脾胃虚熱。猪肝：主脚氣，冷洩，久滑赤白。乳婦若先下痢，則勿食。共魚膾食作癰疽。同鯉魚子食傷人神。猪肺：主氣滯霍亂，補肺。得火麻仁良。不可與白花菜合食。腰腎：主補腎氣，利膀胱，溫水臟，療耳聾。久食令人少子。猪石子：主驚癎、鬼疰、蠱毒，除賁豚邪氣、五癃。猪肚子：主補中益氣，止渴，利小兒疳蛔黄瘦。猪膏：主煎諸膏藥，治皮膚風。臘月者良，久留不敗。解班貓、芫菁毒。制硫黄，忌烏梅，不可合梅子食。殺蟲，傳惡瘡。腸臟：主虚渴，小便數，補下焦虚弱枯竭。白胰：主肺痿咳嗽，痃癖羸瘦。猪血：主奔豚瘴氣，諸淋露，卒下血不止，解諸物毒。猪糞：主寒熱黄疸，濕痹，熱病，以東行母猪糞一升，浸一宿，去滓頓服。有患血瘤出血不止，猪母新糞壓，血立止。

元・徐彦純《本草發揮》卷三　猪肉　丹溪云：猪肉皆補氣。又云：世俗以肉為(性)〔補〕之物，肉無補性，惟補陽爾。今之虚損者，不在於陽，而在於陰，以肉補陰，猶緣木求魚，何者？肉性熱，入胃便發熱，熱發便生痰，痰生則氣便不降，而諸證作矣。久病後須用補胃氣，胃氣非陰氣不足以自全，所以淡味為自養之良方也。然食淡味，又須安心，使內火不起可也。

猪膚　海藏云：猪膚，猪皮也。仲景《傷寒論》猪膚湯註云：猪膚，甘，寒。猪，水畜也。其氣先入腎，少陰客熱，是以猪膚解之，加白蜜以潤燥除煩，白粉以益氣斷痢。又云：《傷寒論》白通湯加猪膽汁方註云：若調寒熱之逆，冷熱必行，則熱物冷服，下嗌之後，冷體既消，熱性便發，由是病氣隨愈，嘔噦皆除。情且不違，而致大益。此加人尿、猪膽汁鹹苦寒物白通湯熱劑中，要其氣相從，則可以去格拒之寒也。又與醋相和，內穀道中，酸苦益陰，以潤燥瀉便。

明・蘭茂原撰，范洪等抄補《滇南本草圖說》卷七　豬肉　氣味甘酸冷，無毒。凡豬肉有苦味者，其中有微毒而寒。主治：補腎氣虛弱，久病不愈者食之，可漸愈。○豬頭，發風動氣。（無者，）同五味食之可補。豬蹄熬湯，食之能下乳通血。○豬肝，治小兒驚風。○脂膏，氣味甘，無毒。但與烏梅相反，能利腸胃，破冷，散瘀血，療癰疽。○豬血，能補血不足。○心，能補心不足，不語可醫。血，能療痘瘡倒靨，烏頭陷頂食之，能起長升漿。

明・蘭茂撰，清・管暄校補《滇南本草》卷上　豭猪肉　味酸，冷。療狂病，補腎氣虛弱。頭，發風散氣，同五味煑食，補虛。蹄，能下乳，通血。脂，味甘，臘月煉淨收用，治癰疽，破冷結，散宿血，利腸胃。血，治痘瘡靨。心，補血不足，治中風不語。肝，治小兒驚風。反烏梅、大黄等。

明・王綸《本草集要》卷六　豚卵　味甘，氣溫，無毒。陰乾藏之，勿令敗。主驚癇癲疾，鬼疰蠱毒。除寒熱賁豚，五癃邪氣攣縮。○懸蹄，主五痔伏熱在腸，腸癰內蝕。○四足，主傷撻，諸敗瘡，下乳汁。○膽，味苦鹹。主傷寒熱渴。又大便不通，內入下部即通。小兒頭瘡，取汁傅之。○肉，味甘鹹。多食令人暴肥，引風。○肝，女子陰中苦癢，搔之痛悶。炙熱，內陰中，當有蟲食肝出。

明・滕弘《神農本經會通》卷八　猪卵　陰乾藏之，勿令敗。　味甘，氣溫，無毒。《本經》云：主驚癇癲疾，鬼疰蠱毒。除寒熱賁豚，五癃邪氣攣縮。一名豚顛。《圖經》云：所謂卵者，當是猪子也。

猪懸蹄：一云：平。一云：微寒。《本經》云：主五痔，伏熱在腸，腸癰內蝕。　猪四足：白猪白蹄雜青者，不可食之。氣小寒。《本經》云：主傷撻諸敗瘡，下乳汁。《圖經》云：主行婦人乳脉，滑肌膚，去寒熱。《經驗》云：治癰疽發背，或發乳房初起微赤，不急治之，即殺人。母猪蹄兩隻，通草六分，以綿裹和煮作羹，食之。　猪心：氣熱。《本經》云：主驚邪憂恚。日華子云：治驚癇，血癖邪氣。《圖經》云：心，熱。主血不足，補虛勞。不可多食，能耗心氣。不與吳茱萸合食。《心鏡》云：理產後中風血氣，驚邪憂悸氣逆，猪心一枚，切，於豉汁中煮，五味糝調和，食之。　猪腎：氣冷。《本經》云：和理腎氣，通利膀胱。孟詵云：主人腎虛。不可久食。日華子云：補水藏，暖腰膝，補膀胱，治耳聾。雖補腎，又令人少子。《圖經》云：補虛壯氣，消積滯。冬月不可食，損人真氣。《經驗》云：豮猪腎，療男子水藏虛憊，遺精盜汗，夜夢鬼交。《心鏡》云：主脾胃氣冷，喫食嘔逆，下赤白痢如麪糊，腰臍切痛。猪腎一對，着胡椒、陳皮、鹽、醬、椒末等，搜麪似常法，作餛飩，熟煮，空腹喫，差。　猪膽：一云：微寒。一云：大寒。味苦、鹹。苦，寒。氣寒。《本經》云：主傷寒熱渴。珍云：入心，通脉，補肝和陰，利真陽。陳藏器云：主濕䘌病，下膿血不止，乾嘔，羸瘦多睡，面黄欬嗽。又主大便不通，取猪、羊膽，以葦筒著膽一頭，內下部，入三寸灌之入腹，立下。又主小兒頭瘡，取汁傅之。《圖經》云：大寒。主骨熱勞極傷寒，及渴疾，小兒五疳，殺蟲。《千金》云：療(云)小便不通，內熱酒中服。姚和眾云：小兒初生，生膽一枚，水煎澄清，浴兒，永無瘡疥。《液》云：仲景白通湯，加此汁與人尿，鹹寒同與熱劑合，去格拒之寒。又與醋相合，內穀道中，酸苦益陰，以潤燥瀉便。又白猪蹄可用，雜青色者不可食，療疾亦不可。《心》云：與人屎同體，補肝而和陰，引置陽不被格拒，能入心而通脉。　猪肚：微溫。《本經》云：主補中益氣，止渴利。孟詵云：主暴痢，虛弱。日華子云：補虛損，殺勞蟲，止痢，釀黄糯米蒸，擣為丸，甚治勞氣，并小兒疳蛔黄瘦病。《圖經》云：主骨蒸熱勞，血脉不行，補羸(肋)〔助〕氣，四季宜食。仲景有猪肚黄連丸是也。《心鏡》云：主消渴，日夜飲水，小便數，瘦弱，肚一枚，淨洗，煮爛熟，着少豉，渴即飲之。　猪齒：平。《本經》云：主小兒驚癇。五月五日取。日華子云：治小兒驚癇，燒灰服。并治蛇咬。　鬐膏：微寒。《本經》云：生髮。　猪肪膏：忌烏梅。《本經》云：主煎諸膏藥，解斑猫、芫青毒。陶云：其脂能悅皮膚，作手膏，不皸裂。日華子云：脂，治皮膚風，殺蟲，傅惡瘡。《圖經》云：肪膏，主諸惡瘡，利血脉，解風熱，潤肺。入膏藥。《千金》云：治瘡疥，猪膏煎芫花塗。

豭猪肉：味苦，涼，微毒。一云：寒。《集》云：味甘、鹹。《本經》云：主閉血脉，弱筋骨，虛人肌，不可久食，病人金瘡者尤甚。日華子云：猪，涼，微毒。肉，療水銀風。久食令人虛肥，動風氣。不可同牛肉煮食，令人生寸白蟲。陳藏器云：猪肉，寒。主壓丹石，解熱，宜肥。熱人食之，殺藥動風。《食療》云：發痰，患瘡疾人切忌食，必再發。《千金》云：治被打頭青腫，炙猪肉熱榻之，又貼猪肝。　猪屎：寒。《本經》云：主寒熱黄疸，濕痺。陶云：屎汁，極療溫毒熱。日華子云：糞，治天行熱病，黄疸，蠱毒。

猪膚：《湯》云：氣寒，味甘。入足少陰經。珍云：其氣入腎經，解少

陰經客熱。加白粉，益氣，斷痢。加白蜜，潤燥，除煩。《聖惠》云：治少陰病，下利，咽痛，胸滿心煩。《液》云：猪皮，味甘，寒。猪，水畜也。其氣先入腎，解少陰客熱，是以猪膚解之，加白蜜以潤燥除煩，白粉以益氣斷痢。

猪耳中垢：《别録》云：主蛇傷。　猪腦：《别録》云：主風眩腦鳴及凍瘡。《禮記》云：食豚去腦。《千金》云：治手足皴裂，血出疼痛，及冬月冒涉凍淩，面目〔手足瘃壞〕及熱疼痛，取猪腦髓著酒中，洗之，差。　猪血：《别録》云：主賁豚暴氣，中風，頭眩，淋瀝。　猪頭：《别録》云：主小兒驚癇及鬼毒，去來寒熱，五癃。孟詵云：大猪頭，主補虚乏氣力，去驚癇，五痔，下丹石。　猪五臟：《别録》云：主小兒驚癇，發汗。孟詵云：腸，主虚渴，小便數，補下焦虚竭。日華子云：腸，止小便，補下焦。《圖經》云：腸，主大人小兒風熱，宜食之。　猪肝：陳藏器云：主脚氣，空心，切作生，以薑、醋進之，當微洩。若先痢，即勿服。《圖經》云：肝，温。主冷洩久滑赤白，乳婦赤白下。《千金》云：女子陰中苦痒，搔之痛悶，炙熱，内陰中，當有蟲食肝出。亦主冷勞，腹臟虚者。《心鏡》云：主脾胃氣虚，食即汗出，為末，粥丸，空心服。又理肝臟壅熱，目赤磣痛，兼明目。補肝氣，一具，薄切，水淘漉乾，即以五味醬醋食之。　猪脾：《圖經》云：主脾胃虚熱，以陳皮紅、生薑、人參、葱白，合陳米煮，空腹食之。　猪胰：《圖經》云：主肺痿欬嗽，和棗肉浸，酒服之。亦主痃癖羸瘦，又堪合膏，練繒帛。又肶，寒。主肺氣氣脹，喘氣，潤五臟，去皴皰䵟黯。　猪肺：《圖經》云：微寒。能補肺。得大麻仁良。不與白花菜合食，令人氣滯，發霍亂。　猪骨髓：《圖經》云：寒。主撲損，惡瘡。　猪膏：《圖經》云：殺斑猫、地膽、亭長等毒。男子多食之，損陽。　猪舌：《食療》云：舌和五味，煮取汁飲，能健脾，補不足之氣，令人能食。

明·劉文泰《本草品彙精要》卷二五　豚卵　無毒。附蹄、心、腎、膽、齒、膏、肉等。

胎生。

豚卵出《神農本經》：**主驚癇，癲疾，鬼疰，蠱毒，除寒熱，賁豚，五癃，邪氣，攣縮。○懸蹄，平，微寒。主五痔，伏熱在腸，腸癰，内蝕。**以上朱字《神農本經》。豬四足，小寒。主傷撻諸敗瘡，下乳汁。○心，主驚邪，憂恚。○腎，冷，和理腎氣，通利膀胱。○膽，微寒，主傷寒，熱渴。○肚，微温，主補中益氣，止渴利。○齒，平，主小兒驚癇，五月五日取。○鬐膏，微寒，生髮。○肪膏，主煎諸膏藥。○猳豬肉，味酸冷，療狂病。○凡豬肉，味苦。主閉血脈，弱筋骨，虚人肌，不可久食，病人金瘡者尤甚。○豬屎，寒，主寒熱，黄疸，濕痹。○豬膚，味甘，寒。其氣先入腎，能解少陰客熱。以上黑字名醫所錄。

【名】豚顛。

【地】《圖經》曰：豬乃水畜，爲用最多。其細骨少筋多膏之物也。《本經》不載所出州土，今在處有之。按揚雄《方言》云：豬，燕、朝鮮之間謂之豭，古瑕切，牡豕也。關東西謂之彘或謂之豕，南楚謂之豨音喜，其子謂豯，音奚，始生三月。吳揚之間謂之豬子。其實一種，今云豚卵，當是豬子也。《爾雅》云：彘，五尺爲豝章移切。郭璞云：大豕爲豝，今漁陽呼其大者爲豝是也。

【收】陰乾藏之，勿令敗。

【味】甘。

【性】温，緩。

【氣】氣之厚者，陽也。

【臭】腥。

【治】療：《圖經》曰：肝，除冷泄，久滑赤白。○腎，消積滯。○骨髓，治撲損及惡瘡。○四蹄，行婦人乳脈，滑肌膚，去寒熱。○肪膏，傅諸惡瘡，利血脈，解風熱，潤肺。○腸臟，除大小腸風熱，宜食之。○肶，治肺氣乾脹，喘急，潤五臟，去皴皰，䵟黯。○膽，治骨熱勞極及小兒五疳，殺蟲。陶隱居云：脂，潤皮膚，去皸裂。○屎汁，治温毒熱。《唐本》注云：豬耳中垢，治蛇傷。○豬腦，治風眩，腦鳴及凍瘡。○血，治賁豚，暴氣，中風，頭眩，淋瀝。○乳汁，止小兒驚癇天吊，大人豬雞癇病。○乳頭，治小兒驚癇，及鬼毒，去來寒熱，五癃。○五臟，治小兒驚癇，發汗。○十二月上亥日取肪脂，内新瓦器中埋亥地百日，治癰疽。○膽，治大便不通，以葦筒著膽縛一頭，内下部入三寸，灌之，入腹立通。膽汁傅小兒頭瘡。○臘月豬脂，殺蟲。久留不敗豬黄，治金瘡，血痢。○齒，燒灰，治蛇咬瘡。日華子云：心，止驚癇，血癖，邪氣。○肚，止痢。○腎，治耳聾。○肉，治水銀風，並掘土土坑内惡氣。○腸，止小便，治賁㹠氣及海外瘴氣。○糞，治天行熱病，蠱毒，黄疸，取東行牝豬者良。○窠内草，止小兒夜啼，安席下勿令母知。孟詵云：肚，止暴痢虚弱。○大豬頭，去驚癇，五痔，下丹石。○腸，止虚渴，小便數。《别錄》云：母豬尾頭血，治蛇入口，併入七孔中，滴口中，即出。○豬膽，治盲，取一枚，微火煎之，丸如黍米大，内眼中食頃，良。又煎湯，浴初生小兒，不生瘡疥。○豬膽白皮，治瞖，如重者，取暴乾，合作小繩子，如粗釵股大，燒灰待冷，便以灰點瞖上，不過三五度瘥。○肉肝，炙熱，搨被打頭青腫。○臘月豬脂，治漏瘡，以紙沾取，内瘡孔中，日五夜三易之。又治鼠瘻瘡，瘰癧，取調塗之。○豬脂，治胞衣不出，腹滿則殺人，但多服佳。

及治五種黄疸、穀疸、酒疸、黑疸、女勞疸，身體四肢微腫，胸滿不得汗，汗出如黄蘗汁，由大汗卒入水所致。以一斤令溫熱，盡服之，日三當下，下則稍愈。○豬肝，治女子陰中苦癢，搔之痛悶，取炙熱內陰中，蟲著肝即出之。臘月豬屎，燒灰，傅小兒白禿，髮不生者。○豬脂，治蜈蚣、蟻子入耳，炙令香，掩耳孔自出。○豬肪脂，治吹乳，惡寒壯熱，以冷水浸搨之，熱即易之，立效。肉爛煮取汁，洗豌豆瘡。補：《圖經》曰：心，養血不足及虛劣。○肺，能補肺，得火麻仁良。○腎，補虛壯氣。○肚，止骨蒸勞熱，血脈不行，補羸，助氣，四季宜食。日華子云：腎，補水臟，暖腰膝，補膀胱。○肚，補虛損，殺勞蟲。○腸，補下焦生血。孟詵云：大豬頭，補虛乏氣力。《別錄》云：肝，補肝氣。【合治】肚釀黄糯米蒸，搗爲丸，治勞氣，並小兒疳蛔黄瘦病。○肝切作生合薑、醋，空心服之，治腳氣。當微泄，若先痢即勿服。○豬膽合生薑汁、釅醋半合，治濕䘌病。下膿血不止，乾嘔，羸瘦，多睡，面黄者，灌穀道，手中急捻令醋氣至咽喉乃放手，當下五色惡物及蟲子。又合生薑、橘皮、訶黎勒、桃皮煮服，治瘦病欬嗽。○豬脏合棗肉，浸酒服之，治肺痿欬嗽，及痃癖，羸瘦。○子肝一葉，薄批之，揾著煨熟訶子末中微火炙之，又揾炙，盡半兩末空腹細嚼，陳米飲送下，治乳婦赤白下及冷勞，腹臟虛者。○脾合陳皮紅、生薑、人參、葱白切拍之，以陳米水煮如羹，去橘皮，空腹食之，治脾胃虛熱。○豬蹄四枚，以水二斗煮取一半，去蹄，合土瓜根、通草、漏蘆各三兩，以汁煮取六升去滓，內葱白、豉如常，著少米煮作稀葱豉粥食之，治婦人無乳汁，食後或身體微微熱，少有汗出。乳未下，更三兩劑，大有驗。○豬脏酒，以豬脏一具，細切合青蒿葉相和，以無灰酒一大升微火揾之，乘熱內豬脏、蒿葉中共暖，使消盡。又取桂心一小兩，別搗爲末，內酒中，每日平旦空腹取一小盞服之，午時夜間各再一服，治冷痢久不瘥。此是脾氣不足，暴冷入脾，舌上生瘡，飲食無味，縱吃下還吐，小腹雷鳴，時時心悶，乾皮細起，膝脛酸疼，兩耳絕聲，四肢沉重，漸瘦劣重，成鬼氣及婦人血氣不通，逆飯憂煩，常行無力，四肢不舉，丈夫痃癖，兩肋虛脹，變爲水氣，服之，皆效。忌熱麵、油膩等食。○豬舌合五味，煮取汁飲，能健脾，補不足之氣，令人能食。○豬膚一斤，水一斗，煮取五升，去滓，加白蜜一升、粉五合熬香，和勻相得，溫分六服，治少陰病下痢，咽痛，胸滿，心煩。○豬膏合羊屎，塗熱毒病攻，手足腫，疼痛。○豬腦髓著熱酒中，洗手足皴裂出血，疼痛。若冬月冒涉凍淩，面目手足瘃壞及熱疼痛，皆瘥。○生豬肝一具，細切，合苦酒頓食之，勿用鹽，治卒腫病，身面皆洪大。○豬膏合芫花，塗疥瘡。○豬膽大如雞子者，合熱酒服，治大小便不通。○豶豬腎一枚，以刀開去筋膜，入附子末一錢匕，以濕紙裹煨熟，空心稍熱食之，便飲酒一盞多，亦妙，治男子水臟虛憊，遺精，盜汗，夜夢鬼交者效。○豬蹄甲四十九個淨洗，控乾，每個甲內半夏、白礬各一字入罐子內，封閉勿令煙出，火煆通赤，去火細研，入麝香一錢匕，治欬嗽，定喘，化涎，每用一錢匕，糯米飲下，小兒半錢，至妙。○豬腎一對，去脂膜，切枸杞葉半斤，用豉汁一大盞半相和煮，作羹，入鹽、椒、葱，空腹食之，治陰痿，羸瘦，精髓虛弱，四肢少力。○豬腎造稀羅，以葱、豉、米如法食之，治產後虛勞，骨節疼痛，汗不出。○母豬蹄兩隻，合通草六分，以綿裹和煮，作羹食之，治癰疽及發背或發乳房，初起微赤，不急治之即殺人。○豬肝一斤，薄切於瓦上，曝令熟乾，搗篩爲末，煮白粥，布絞取汁，和衆手丸如桐子大，空心飲下五十丸，日五服，治脾胃氣虛，食即汗出及嘔逆。○豬腎一對，研著胡椒、橘皮、鹽、醬、椒末，麵作餛飩吃之，治脾胃冷，嘔逆，下痢，腰臍切痛。○豬肚一枚，淨洗，以水五升，煮令爛熟，取二升已來，去肚着少豉，治消渴，日夜飲水數斗，小便數，瘦弱，渴即飲之。○豬肝一具，煮作羹，任意下飯，治水氣脹滿，浮腫。○豬肉，細切作餡子，於豬脂中煎食之，治上氣欬嗽，胸膈妨滿，氣喘。○豬胰一具，削薄竹筒盛於煻火中炮令熟，食上吃之，治一切肺病，欬嗽膿血不止。○豬肝一具，細切，先布線，更以醋洗，蒜齏食之，治腫從足始上入腹者，如食不盡，三兩頓食亦可，或洗切作臠，著葱白、豉、薑、椒熟炙食之。亦治浮腫脹滿，不下食心悶。○豬心一枚，切，於豉汁中煮，五味糝調和食之，治產後中風，血氣驚邪，憂悸氣逆。○豬乳汁三合，以綿纏浸，令兒吮之，雖多尤佳。治小兒驚癇，發動無時。○肝一具薄切，以水淘漉乾，即以五味、醬、醋食之，清肝臟壅熱，目赤磣痛兼明目，補肝氣。【禁】白豬白蹄雜青者，不可食。○心，不可多食，能耗心氣。○腎雖補腎，令人少子，冬月不可食，損人真氣，兼發虛壅。○肉久食令人虛肥，動風氣。患瘧人不宜食，食之必再發。【忌】心不與吳茱萸同食。○肺不與白花菜同食，令人氣滯，發霍亂。○肉不可合牛肉同煮，食之令人生寸白蟲。○膏，忌烏梅。【解】肪膏解斑蝥、芫青、地膽、亭長等毒。肉壓丹石毒，解殺藥毒。燖豬湯解諸毒，蟲魘。

明・盧和、汪穎《食物本草》卷三獸類 猪 肉，味苦，微寒。主閉血脉，弱筋骨，發痰，令人少子，食之暴肥，以其風虛故也。瘧病金瘡勿食。不可同牛肉煮食，生寸白蟲。同蕎麥食，患熱風，脱鬚眉。豚卵，味甘，溫，無毒。主驚癇癲病，鬼疰蠱毒，除寒熱，奔豚五癃，邪氣攣縮。懸蹄，主五痔，伏熱在腸，腸癰內蝕。四足，主傷撻，諸敗瘡，下乳汁。心，主驚邪憂恚，血不足，補虛劣。多食耗心氣，不可同茱萸食。肚，微溫，補中益氣，止渴利，主骨蒸熱勞，殺勞蟲，補羸，助血脉，止痢，四季宜食。肺，微寒，能補肺，不可同白花菜食，令滯氣發霍。肝，溫，主腳氣，冷洩赤白，臟虛。不可同魚子食。腎，冷，和理腎氣，通利膀胱，補虛勞，消積滯。冬不可食，損真氣，發虛擁。脾，主脾胃虛熱。舌，健脾，補不足，令人能食。頭，補虛乏，去驚癇五痔，煮極熟食之。腦，不可食。鬐脂，主生髮。脂膏，主惡瘡，利血脉，解風熱皮膚風，潤肺，解班猫、芫青毒，臘月者殺蟲，忌食烏梅。皮，味甘，寒。猪，水畜，其氣先入腎，解少陰客熱。加白蜜食，潤燥除煩。加米粉，益氣斷痢。腸臟，主下焦虛竭。大小腸風熱，宜食之。

明・葉文齡《醫學統旨》卷八 猪膚 氣寒，味甘。入足少陰經。治傷寒客熱，潤燥除煩，益氣斷痢。 猪膽汁： 氣寒，味苦、鹹。治傷寒熱渴，潤燥，瀉便，入心通脉。

明・許希周《藥性粗評》卷四 少陰熱解於猪膚。

猪膚，猪皮也。以牡者殺而取之。味甘，性寒，無毒。入足少陰腎經。主治傷寒少陰客熱，下利咽痛，胸滿而煩，故張仲景有猪膚湯之製。見《活人書》。其餘如心以止驚除邪，胃以補中益氣，鬐膏以生禿髮，四蹄以下乳汁。其膽微寒，亦主傷寒陰陽二毒，故仲景治少陰下利厥逆，有白通加猪膽汁之製；又治熱甚斑出，有猪膽雞子湯之製。大抵猪之取用甚多，不可具述。日用亦不可多食。陶隱居云： 人有多食，皆能暴肥。此蓋風虛所致也。《食療》云： 肉微寒，血虛人動風，不可久食，令人少子。觀此日用雖不可缺，而恣口腹之欲，亦非矣。

單方： 青盲： 猪膽一枚，微火上煎之，可丸如黍米大，納眼中良。 面皺： 老人令面光澤，大猪蹄一付，淨洗，爛煮，將汁熬如膠，夜以塗面，曉以漿水洗開，其面自澤。 腎冷： 男子水藏虛憊，遺精不固，夜夢鬼交者，豮猪腰子一枚，劃開去筋膜，入附末一錢匕，以濕紙裹，煨令熟，空心稍熱服之令盡，便飲酒一盞或二盞，任意更妙，三五服，最妙。 胃寒： 凡患胃氣虛冷，食後嘔逆，或下赤白痢如麵糊，腰臍切痛者。猪腰子一對，切研，更着胡椒、橘皮、鹽、醬等末，搜麵如常法，作餛飩熟煮，空心腹吃盡，其病立差。

明・鄭寧《藥性要略大全》卷一〇 猪肝 治女人陰中苦痒又痛，或生細瘡在內，用炙熱，納陰中，其蟲俱停上，取出棄之。易數次，自愈。《十書》云： 性溫。治冷瀉，久滑赤白及乳婦赤白帶下。 猪膽汁： 味苦、鹹，性寒。生解熱渴。仲景用此與醋相合，納穀道中。酸苦益陰，以潤燥瀉便。《心法》云： 與人尿同體。補肝而和陰。 猪腎： 易老云： 雖理腎水，不可久食，令人腎虛少子。味甘，性冷。和理腎氣，通利膀胱。 猪心： 治驚癇。 猪齒： 性平。作灰，治小兒驚。 猪血： 辟邪氣憂恚。 猪肚： 微溫。補中益氣，止渴痢，補虛勞瘦弱。 猪油： 忌與烏梅同食。 猪卵： 味甘，溫，無毒。治驚癇癲疾寒熱，賁豚邪氣攣縮。〇陰乾收之，勿令敗。 猪懸蹄： 小寒。治傷撻諸敗瘡，下乳汁，主五痔，伏熱在腸，及腸癰內蝕。 野猪脂： 令婦人多乳汁。 野猪黃： 味辛、苦、甘，平，無毒。治金瘡，止血生肌。其黃在膽中。

明・陳嘉謨《本草蒙筌》卷九 猪膚 味甘，氣微寒。無毒。猪養甚多，擇健猪中遍身純黑色者纔妙； 膚論弗一，係燖猪時附皮薄黑膚者為真。先哲嘗言： 淺膚之義。《禮韻疏》曰： 膚革外薄皮，膚內厚皮，亦指此也。《湯液》云： 猪為水畜之流，猪之性能水，牧猪之所必擇水草之交，故曰水畜也。其氣必先入腎。少陰客熱，惟此解之。仲景製猪膚湯，深義蓋本諸此。加白蜜潤燥除煩，和白粉益氣斷痢。劫去猪卵，即雙睾丸。卻小兒驚悸癲癇，敺大人鬼疰蠱毒。療五癃攣縮，治寒熱賁豚。四蹄主傷撻潰瘍，更下乳汁； 懸蹄去懸癰內蝕，仍理痔瘡。心托心氣鎮驚，脾主脾傷除熱。肺食多補肺，且治肺欬聲連，得火麻仁尤良。若共白花菜煮嘗，緊防滯氣； 䏦食多損陽，亦治肺脹喘急，欲鍊繒絹帛潔淨，必用合膏。膽中汁納穀道通便，解傷寒熱渴； 心內血初剖猪腹取出時，勿沾水，切開得之。丸諸藥養血，安神丸必用。禁邪夢紛紜。舌煮濃湯，益元陽健脾進食； 肝炙燥熱，納陰戶止癢引蟲。不次納入則蟲俱引出，而癢自止也。腎止腰疼，古方煨腎散可覩； 䐗扶胃弱，新刊連䐗丸須知。肉多食令人虛肥，動風動痰亦速，仍閉血脉，損筋骨勿謂無傷； 乳頻進使人潤澤，生精生血可知，更禁猪癇，除天吊臍風撮口尤驗。誠為有益。乳頭煮啖卻鬼毒，及寒熱五癃； 牙齒燒灰鎮驚風，併蛇蟲傷嚙。肪膏利血脉，解風熱

潤肺。脂油悅皮膚，敷瘡疥殺蟲。腦髓治頭痃腦鳴，鬃膏塗髮落鬢禿。大腸臟搗連殼丸內，黄連酒煮十兩，枳殼麩炒四兩，以大腸臟七寸，入水浸糯米于內，蒸爛搗為丸。能消內痔益腸；脊骨髓入補陰丸中，可助真陰生髓。血補中風眩暈，賁豚暴氣、海外瘴氣齊敺；屎消中濕腫黄，天行疫毒，腹脹蠱毒並解。耳中垢亦有驗，能敷蟲嚙蛇傷。猪窠草止小兒客忤夜啼，安蓆下勿令母見；㷰猪湯理產婦血刺心痛，飲腹內何懼證危。

謨按：猪飼養甚多，蓋圖生息繁，食物寡容易長大；人啖食弗厭，乃嗜脂膏盛、筋膜少不勝滑肥。《本經》欵中，戒勿多食。是又有所據也。丹溪云：猪肉惟補氣，補氣即補陽。人身中陽常有餘，陰常不足。凡患虛損證者，俱屬陰虛，謂多食肉能補。是猶以火濟火，反助有餘，愈損不足，安能保長壽哉？何者？肉性本熱，入胃則熱便作，熱作則痰生，痰生則氣不升降。諸證之至，豈有已耶！予每見患外感者食之，證愈增劇。患瘧者食之，寒熱復來。患金瘡食之，血液衰涸。肥人多食，動風發痰。瘦人多食，助火作熱。是皆助其有餘之邪，而犯不戒之躔也。孔子曰：肉雖多，不使勝食氣。聖人亦此戒人，豈無意歟？

明・方穀《本草纂要》卷一　猪肉　味甘，微鹹，氣溫，無毒。入脾，充和五臟，壯益精神；入腎，大助元氣，灌溉荣衛。此平和補益之物也，然人不可無者也。嘗以為動風生痰之論，何也？蓋油膩則生痰，有痰之症，不可食也。肥厚多發風，有風之症，不可用也。或曰：猪首何如？猪首則生風。猪血何如？猪血則損血。至若猪心補心，猪肺益肺，猪肚健脾，猪腰養腎，猪膽凉血，猪髓填精。又有猪懸蹄主痔瘻亦治腸風，猪肥脂主動風又追風出。猪心血主驚悸而健忘、怔忡；猪雄腎主陰痿而遺精、精滑。大抵猪之一物，周身皆可用之，何謂動風生痰，而棄之不用也！但除中風痛風之症，固不可用，而猪首生風亦不可食。設若可用之症，以鹽醃去涎水，使鹽能去風，鹹能墜痰，雖有肥厚油膩之情，以鹽製之，其發風生痰之理少矣，用之如何？

明・寧源《食鑒本草》卷上　猪肉　味甘，溫。閉血脉，軟筋骨，發風氣、金瘡、瘧痢。久食虛人。　四蹄：味甘，小凉。下乳汁，補中氣。煮汁，洗一切瘡疽撻傷。　肚：性溫，平。補脾胃，益氣力，止渴治痢，殺小兒疳蟲。　膽：苦，寒。治大便不通及傷寒熱渴。　腎：暖水臟，利膀胱，補腰腎。　脂：治男子女人五疸，耳目遍身盡生黄衣，或出黄汗，胃中熱脹，飲食不消。用猪脂一斤，溫化服之，日三次，下去惡物為沙。

明・王文潔《太乙仙製本草藥性大全》卷七《本草精義》　猪膚　《本經》不載所出州土，今在處有之。謹按：揚雄《方言》云：猪，燕、朝鮮之間謂之豭，關東、西謂之彘或謂之豕，南楚謂之狶，其子謂之豯，吳揚之間謂之猪子。其實一種也。猪養甚多，擇健猪中遍身純黑色者纔妙。膚論弗一，係㷰猪時附皮薄黑膚者為真。先哲嘗言：淺膚之義。《禮韻疏》曰膚革外薄皮，膚內厚皮，亦指此也。今人云卵當是猪子也。猪之屬為用最多，惟肉不宜食，食之多暴肥。蓋風虛所致也。肉，凉，味苦，微毒。壓丹石，療熱閉血脉。虛人動風，不可久食，令人少子精，發宿病。主療人腎虛。肉發痰，若患瘧疾人切忌食，必再發。心，熱，主血不足，補虛劣，不可多食，能耗心氣，又不與吳茱萸合食。肺，微寒，能補肺，得火麻仁良。肝，溫，主冷洩久滑赤白。乳婦赤白下方，用子肝一葉，薄批之，揾着煨熟訶子末中微火炙，又揾炙，盡半兩末止，空腹細嚼，陳米飲送下。亦主冷勞，腹臟虛者。又主腳氣，空心切，作生以薑醋進之，當微洩，若先痢，即勿服。膽，主濕䘌病，下膿血不止，乾嘔，羸瘦多睡。面黄者，取膽和生薑汁、釅醋拌合，灌下部，手急捻，令醋氣上至咽喉乃放手，當下五色惡物及蟲子。又主瘦病，欬嗽，取膽和小便、生薑、橘皮、訶梨勒、桃皮煮服。又主大便不通，取猪羊膽，以葦筒着膽，縛一頭，內下部，入三寸灌之，入腹立下。又主小兒頭瘡，取膽汁傅之。脾，主脾胃虛熱，以陳橘皮紅、生薑、人參、葱白，切拍之，合陳米水煮如羹，去橘皮，空腹食之。腎，補虛壯氣，消積滯，冬月不可食，損人真氣，兼發虛壅。肚，主骨蒸熱勞，血脉不行，補羸助氣，四季宜食。張仲景有猪肚黄連丸是也。髓，寒，主撲損惡瘡。懸蹄，主痔，腸癰，內蝕。四蹄，主行婦人乳脉，滑肌膚，去寒熱。肪膏，主諸惡瘡，利血脉，解風熱，潤脾。入膏藥宜臘月亥日取之，其脂能悅皮膚，作手膏不皸裂，肪膏煎藥無不用之。勿令水中，臘月者歷年不壞。十二月上亥日取肪脂內新瓦器中，埋亥地百日，主癰疽，名膒同肪，方家用之。又一升脂，著雞子白十四枚更良。又頸下膏，謂之負革肪，入道家用。忌猪膏，又忌烏梅。腸臟，主大小腸風熱，宜食之。胵，寒，主肺氣乾脹喘急，潤五臟，去皴皰䵟黷，並肪膏並殺斑猫、地膽、亭長等毒，然男子多食之損陽。崔元亮《海上方》著猪胵酒，療冷痢久不差方云，此是脾氣不足，暴冷入脾，舌上

生瘡，飲食無味，縱喫食下還吐，小腹雷鳴，時時心悶，乾皮細起，膝脛酸疼，兩耳絶聲，四肢沉重，漸瘦劣重成鬼氣，及婦人血氣不通，逆飯憂煩，常行無力，四肢不舉，丈夫痃癖，兩肋虛脹，變爲水氣，服之皆效驗。此法出於傳尸方：取猪脏一具細切，與青蒿葉相和，以無灰酒一大升，微火溫之，葉熟內猪脏中，和蒿葉相共暖消盡，又取桂心一小兩別搗爲末，內酒中，每日平旦空心取一小盞服之，午時夜間各再一服甚效，忌熱麵油膩等食。猪脏者，胰，又主肺痿欬嗽，和棗肉浸酒服之，亦能主痃癖羸瘦，又堪合膏、練繒帛。臘月猪脂殺蟲，久留不敗。齒，主小兒驚癇，燒灰服之。又主蛇咬，齒灰傅之。屎，主寒熱黃疸濕痹，今人取端午日南行猪零，合太一丹是也。屎汁，療瘟，無毒，熱食治天行熱病，黃疸蠱毒。又云：東行母猪糞一升，宿浸去滓頓服，治毒黃熱病。猪耳中垢，主蛇傷。腦，主風痃腦鳴及凍瘡。血，主賁豚，暴氣中風，頭眩淋瀝。燖猪湯，解諸毒蟲魘。凡猪骨細少筋多膏，大者有重百餘斤，食物至寡，故人畜養之，甚易生息。《爾雅》曰：彘，五尺爲豟。郭璞注云：《尸子》曰大豕爲豟，今漁陽呼猪大者爲豟是也。

按：猪飼養甚多，蓋圖生息繁，食物寡，容易長大，人多食弗厭，乃嗜脂膏盛筋膜少，不勝滑肥。《本經》欵中戒勿多食，是又有所據也。丹溪云：猪肉惟補氣，補氣即補陽，人身中陽常有餘，陰常不足，凡患虛損證者，俱屬陰虛，謂食多肉能補，是猶以火濟火，反助有餘，愈損不足，安能保長壽哉！何者？肉性本熱，入胃則熱便作，熱作則痰生，痰生則氣不升降，諸證之至，豈有已耶？予每見患外感者食之，證愈增劇，患瘧者食之，寒熱復來，患金瘡食之，血益衰涸，肥人多食動風發痰，瘦人多食助火作熱，是皆助其有餘之邪，而犯不戒之𨻶也。孔子曰：肉雖多，不使勝食氣。聖人亦此戒人，豈無意歟！

明・王文潔《太乙仙製本草藥性大全》卷七《仙製藥性》

猪膚　味甘，氣微寒，無毒。　主治：《湯液》云：猪爲水畜之流，猪之性能水，牧猪之所必擇水草之交，故曰水畜也。其氣必先入腎。少陰客熱，惟此解之，仲景製猪膚湯，深義蓋本諸此。加白蜜潤燥除煩，和白粉益氣斷痢。　補註：治少陰病，下痢，咽痛，胸滿心煩。猪膚一斤，以水一斗，煮取五升，去滓，加白蜜一升，粉五合，熬香，和勻相得，溫分六服。

豚卵：一名豚顛。味甘，氣溫，無毒。　主治：却小兒驚悸癲癇，毆大人鬼疰蠱毒。療五癃攣縮，治寒熱賁豚。

猪四蹄：主傷撻潰瘍，更下乳汁。　補註：老人令面光澤，大猪蹄一具，洗净，理如食法，煮漿如膠，夜以塗面，曉以漿水洗面，皮急矣。○治癰，諸疽發背，或發乳房初起微赤，不急治之即殺人。母猪蹄兩隻，通草六分，以綿裹和煮作羹食。○治毒攻手足腫疼痛欲斷，猪蹄一具，合葱煮，去滓，內少許鹽以漬之。○婦人乳無汁者，以猪蹄四枚，治如食法，以水二斗，煮取一斗，去蹄，土瓜根、通草、漏蘆各三兩，以汁煮取六升，去滓，內葱白、豉如常着少米煮作稀葱豉粥食之，食了遍身體微微熱，有少汗出佳。○乳末下更三兩劑大效。

猪懸蹄：去懸癰內蝕，仍理痔瘡。　補註：定喘化涎，猪蹄甲四十九個，净洗瀝乾，每個猪甲內半夏、白礬各一字，入罐子內封閉，勿令烟出，火煆通赤，去火細研，入麝香一錢。人有上喘咳嗽，用糯米飲下，小兒半錢至妙。○療小兒寒熱及熱氣中人，猪後蹄燒灰末，以乳汁調下一撮，服之效。

猪心：托心氣鎮驚憂忘如神，治驚癇血癖邪氣立效。　補註：理產後中風，血氣驚邪，憂悸氣逆。猪心一枚，切，於豉汁中煮，五味糁調和食之。

猪脾：主脾傷，除熱。

猪肺：食多補肺，且治肺欬聲連。得火麻仁尤良。若共白花菜煮嘗，緊防滯氣。

猪脏：猪脏即猪胰子油也。凡食多損陽。亦治肺脹喘急，欲練繒絹帛潔净，必用合膏。　補註：一切肺病欬嗽，膿血不止，猪胰一具，削薄竹筒盛於煻火中炮令極熟，食上喫之。○手足皴裂，面出血痛方：以酒挼猪胰，洗並服。

猪膽汁：傷寒納穀道通便神效，解傷寒熱尤靈。　補註：療盲，猪膽一枚，微火上煎之可丸如黍米大，內眼中，食頃良。○治瞖如重者，取猪膽白皮暴乾，合作小繩子如麄釵股大小，燒作灰，待冷，便以灰點瞖上，不過三五度即差。○治熱病有䘌，上下蝕人，猪膽一枚，苦酒合同煎三兩沸，滿口飲之，蟲立死即愈。○小便不通，猪膽大如鷄子者，投酒中服，姚云亦療大便不通。小兒初生，猪膽一枚，以水七升煎，取四升，澄清浴兒，令永無瘡疥。

猪心內血：初剖猪腹取出時，勿沾水，切開得之。丸諸藥養血，安補丸必用。禁邪夢紛紜。

猪血：補中風眩暈。賁豚暴氣，海外瘴氣齊毆。

猪舌：煮濃湯益元陽，健脾進食。

猪肝：炙燥熱納陰戶，止癢引蟲。不次納入，則蟲俱引出，而痒即止也。　補註：治卒腫病，身面皆洪大，生猪肝一具，細切頓食之，勿與鹽，乃可用苦酒，妙。○女子陰中苦痒，搔之痛悶，取猪肝炙熱，納陰中，當有蟲者即出。○理腫從足始轉上至腹，猪肝一具細切，先布絞，更以醋洗，蒜虀食之，如食不盡，三兩

頓食亦可。○理浮腫脹滿，不下食，心悶，猪肝一具，洗切作臠，着葱、薑、豉、椒熟炙食之。○脾胃氣虚，食即汗出，猪肝一斤，薄起於瓦上焙令熟乾，擣篩爲末，煮白粥，布絞取汁，和衆手丸如梧子大，空心飲下五十丸，日五服。○主水氣脹滿浮腫，猪肝一具，煮作羹，任意食之。○理肝藏壅熱目赤磣痛，兼明目補肝氣，用猪肝一具，細起薄切，以水淘漉出，漉乾即以五味、醬、醋食之。　猪腎：　止腰疼，古方煨腎散可覩。　補註：　療男子水臟虚憊，遺精盜汗，往往夜夢鬼交。取豮猪腎一枚，以刀開去筋膜，入附子末一錢，以濕紙裹煨熟，空心稍熱服之，便飲酒一盞，多亦甚妙，三五服效。脾胃氣冷，喫食嘔逆，下赤白痢如麪糊，腰臍切痛。猪腎一對研，著胡椒、橘皮、鹽、醬、椒末等，搜麪以常法作餛飩，熟煮空心喫兩碗立差。○陰痿，羸瘦，精氣虚弱，四肢少力。猪腎一對，去脂膜，切，枸杞葉半斤，用豉汁二大盞半相和，煮作羹，入鹽、椒、葱，空腹食之。○治産後虚勞，骨節疼痛，汗出不止。取猪腎造臛，以葱、豉末，如法食之。　猪䐗：　扶胃弱，新刊連䐗丸須知。　補註：　治胎孕九個月將産時，急用猪䐗一個，依常法着葱五味煮熟食之，食不盡再食，勿與別人食。○又主消渴日夜飲水數斗，小便數，瘦弱。猪䐗一枚，净洗，以水五升，煮令爛熟，取二升已來，去䐗着少豉，渴即飲之，肉亦可吃。又和米着五味煮粥食之佳。　猪肉：　味甘，氣寒，有微毒。　主治：　多食令人虚肥，動風動痰亦速，仍閉血脉損筋骨，勿謂無傷。　補註：　治被打頭青腫，炙猪肉熱搨之，又貼猪肝。○療豌豆瘡，取肉爛煮，取汁食之，乾脯亦得。○又理狂病經久不差，或歌或笑，行走不休，發動無時。用豭猪肉一斤，煮令熟，細切作膾和醬、醋食之，或羹、粥、炒，任性食之。　猪頭肉：　主補虚乏氣力神效，治五痔去驚癇奇功。痘瘮尤宜，亦下丹石。　補註：　補虚乏氣，去驚癇，豆牙、猪頭一枚，治如食法，煮令極熟，停冷作膾，以五味、醋食之。　猪乳汁：　頻進使人潤澤，生精生血可知。更禁猪癇，除天吊臍風撮口尤驗，誠爲有益。　補註：　治小兒驚癇，發動無時。猪乳汁三合，以綿纏浸令兒吮之，雖多尤佳。　猪乳頭：　煮啖却鬼毒及寒熱五癃。　猪牙齒：　燒灰鎮驚風，併蛇蟲傷嚙。　猪肪膏：　利血脉，解風熱，潤肺。　補註：　療吹奶，惡寒壯熱，猪肪脂以冷水浸，搨之，熱即易，立效。○療毒熱病攻手足腫，疼痛欲脫，猪肪脂和羊屎塗之亦佳。○上氣欬嗽，胸膈妨滿氣喘，猪肉細切作餡子，於猪脂中煎食之。又猪肪脂四兩，煮百沸已來，切和醬、醋食之。○又云臘月肪脂殺蟲，可煎膏用之。　猪脂油：　悅皮膚，敷瘡疥殺蟲。　補註：　蜈蚣入耳，以猪脂肉炙令香，掩耳自出。○治漏方：　以臘月猪脂，紙沾取內瘡孔中，日五夜三。○蟻子入耳，以猪、羊脂炙令香，安耳孔自出。○胞衣不出，腹滿則殺人，但多服脂佳。○疥瘡，猪膏煎芫花塗。○疸病有五：　黄疸、穀疸、酒疸、黑疸、女勞疸，黄汗，身體四肢微腫，胸滿不得汗，汗出如黄蘗汁，由大汗出卒入水所致。猪脂一斤，令溫熱，盡服之，日三，當下，下則稍愈。○療鼠瘻瘰癧，取臘月猪脂調塗之。○髮薄不生，先以酢泔清净洗禿處，以生布揩令大熱，臘月猪脂細研，入生鐵煮沸二三度，傅之遍生。○療男子女人黄疸病治不愈者，目悉黄，飲食不消，胃中脹熱，生黄衣，蓋胃中有乾屎使病爾。煎猪脂一小升，溫熱頓服之，日三，燥屎下去乃愈。　猪腦髓：　治頭痃腦鳴。　補註：　治手足皴裂，血出疼痛，若冬月冒涉凍凌，面目手足瘃壞，及熱疼痛皆治，取猪腦髓着熱酒中洗之差。　猪鬐膏：　塗髮落鬐禿。　猪大腸臟：　擣連殼丸內，能消內痔益腸。　補註：　黄連酒煮十兩，枳殼麪炒四兩，以大腸臟七寸，入水浸，糯米於內蒸爛，擣爲丸。　脊骨髓：　入補陰丸中，可助真陰生髓。　猪屎：　消中濕腫黄，天行疫毒，腹脹蠱毒並解。　補註：　小兒頭生白，髮不生，臘月猪屎燒末傅之。　猪耳中垢：　亦有驗，能敷蟲齧蛇傷。　燖猪湯：　理産婦血刺心痛，飲腹內何懼證危。　猪尾頭血：　主蛇入口併入七孔中效。割母猪尾頭瀝血入口中，其蛇即出。

明・皇甫嵩《本草發明》卷六

猪膚氣微寒，味甘，無毒。　發明曰：　猪，水畜也。其氣先入腎，故猪膚能解少陰客熱，治少陰病下痢，咽痛，胸滿心煩。仲景製猪膚湯，義本諸此，加白蜜潤燥除煩，和白粉益氣斷痢。擇健猪，遍身純黑者，燖猪時附皮薄黑膚者為真，言膚淺之義。《禮（韻）〔運〕疏》曰：　膚，革外薄皮；〔革〕，膚內厚皮，無乃亦指此歟。《本經》不載其治療，自《湯液》發之，仲景用之，亦為要藥，惜《證類本草》遺之。

豚卵下品。味甘，溫，無毒。即雙睾丸。　主驚癇癲疾，鬼疰蠱毒寒熱，賁豚，五癃邪氣攣縮。　一名豚顛，陰乾藏之，勿令敗。○心，主驚邪憂恚。註云：　心，熱；主血不足，補虚劣。　多食反耗心氣。　猪心血製安神丸。　戴氏治心虚多汗不睡，用豮猪心一箇，破開帶血用，人參二兩，當歸二兩，填入心中，煮熟，去藥，止吃猪心，三四日間，病即差。○四足，主傷撻潰瘍，行乳汁。　懸蹄，主腸癰，內蝕五痔，伏熱在腸。○

肉，多食令人虚肥，動風痰，閉血脉，弱筋骨，金瘡尤甚。不可同牛肉煮食，生寸白蟲。○猪腎冷，補水藏，止腰痛，通利膀胱。又治耳聾。又云：久食令人少子。冬月不可食，損真氣，兼發虚壅。○脾，主脾傷，除熱。○肚，主補中益氣，止渴利。又云：扶胃弱，主暴痢虚弱及骨蒸勞，血脉不行，四季可食。仲景有連肚丸。○肝，炙香燥，納陰戶，止蟲痒。猪膽汁，氣寒，味苦、鹹。主傷寒熱，仲景白通湯加此汁，與人(渴)尿鹹寒同躰，補肝而和陰。與熱劑合，去格拒之寒，能入心而通脉。內穀道中，潤大便之燥結。○肺，補肺，治肺嗽連聲。得火麻仁良。○舌，益元陽，健脾進食。○血，補中風眩暈，奔豚暴氣，敺瘴氣。○腦髓，治風頭眩，腦鳴。○脊髓，入補陰丸，助真陰生髓。○肪膏，主煎諸膏藥，又利血脉，解風熱，潤肺。解斑猫、芫青毒。忌烏梅。○脂油，悦皮膚。敷疥瘡殺蟲。○脏，亦治肺脹喘息，和棗肉浸酒服之。亦主痃癖羸瘦。多食損陽。練絹帛净，用之合膏。○乳，生津血，潤澤人。除猪癇天弔，臍風撮口。○乳頭，煮啖，却寒熱，五癃鬼毒。○牙齒，燒灰，鎮小兒驚風，并蛇蟲傷。五月五日取。○耳中垢，敷蛇蟲嚙傷。○猪窠草，止小兒客忤，夜啼，安席下，勿令母見。孫真人云：猪肉不可常食，白猪白蹄者不可食。

按丹溪：猪肉惟補氣，故老者氣虚，非肉不飽，補氣即補陽也。凡患虚損人，多食肉能補，殊不知陽常有餘，反助陽耗陰也。蓋肉性熱，入胃則熱作而發風生痰，痰盛則氣不升降而諸症作。雖老者陽衰，宜食糜肉，亦不可多食。外感者病小愈而食之增劇，則寒熱復來。金瘡食之，血液涸。肥人食之，多動風痰。瘦人多食之，助火作熱。愚謂食用無節，匪惟猪肉，凡多食肥甘厚味，皆能致疾。孔子曰：肉雖多，不使勝食氣。養生者當知所節矣。

明·李時珍《本草綱目》卷五〇獸部·畜類

豕《本經》下品

〔釋名〕豬《本經》　豚同上　豭音加。　彘音滯。　豶音墳。時珍曰：按許氏《説文》云：豕字象毛足而後有尾形。《林氏小説》云：豕食不潔，故謂之豕。坎爲豕，水畜而性趨下喜穢也。牡曰豭，曰牙；牝曰彘，曰豝音巴，曰豥音婁。牡去勢曰豶。四蹄白曰豥。豬高五尺曰豟音厄。豕之子，曰豬，曰豚，曰豰音斛。一子曰特，二子曰師，三子曰豵。末子曰幺。生三月曰豯，六月曰䝅。何承天《纂文》云：梁州曰䝏音攝，河南曰彘，吴楚曰豨音喜。漁陽以大猪爲豝，齊徐以小猪爲豯音鋤。頌曰：按揚雄《方言》云：燕、朝鮮之間謂豬爲豭，關東〔西〕謂之彘，或曰豕，南楚曰豨，吴揚〔之間〕曰猪〔子〕。其實一種也。《禮記》謂之剛鬣。崔豹《古今注》謂之參軍。

〔集解〕頌曰：凡豬骨細，〔少〕筋多〔膏〕，大者有重百餘斤。食物至寡，甚易畜養之，甚易生息。時珍曰：豬天下畜之，而各有不同。生青兖徐淮者耳大，生燕冀者皮厚，生梁雍者足短，生遼東者頭白，生豫州者味短，生江南者耳小謂之江豬，生嶺南者白而極肥。豬孕四月而生，在畜屬水，在卦屬坎，在禽應室星。

豭豬肉〔氣味〕酸，冷，無毒。凡豬肉：苦，微寒，有小毒。江豬肉：酸，平，有小毒。豚肉：辛，平，有小毒。《别録》曰：豭豬肉治〔狂〕病。凡豬肉能閉血脈，弱筋骨，虚人肌，不可久食，病人金瘡者尤甚。思邈曰：〔凡〕豬肉久食，令人少子精，發宿病。豚肉久食，令人遍體筋肉碎痛乏氣。江豬多食，令人體重。作脯，少有腥氣。詵曰：久食殺藥，動風發疾。傷寒瘧痢痰痼痔漏諸疾，食之必再發。時珍曰：北豬味薄，煮之汁清；南豬味厚，煮之汁濃，毒尤甚。入藥用純黑豭豬。凡白豬、花豬、豥豬、牝豬、病豬、黄臕豬、米豬，並不可食。黄臕煮之汁黄，米猪肉中有米。《説文》豕食於星下則生息米，《周禮》豕盲視而交睫者星，皆指此也。反烏梅、桔梗、黄連、胡黄連，犯之令人瀉利，及蒼耳令人動風。合生薑食，生面皯發風；合蕎麥食，落毛髮，患風病；合葵菜食，少氣；合白花菜、吴茱萸食，發痔疾；合胡荽食，爛人臍；合牛肉食，生蟲；合羊肝、鷄子、鯽魚、豆黄食，滯氣；合龜、鱉肉食，傷人。凡煮豬肉，得皂莢子、桑白皮、高良薑、黄蠟，不發風氣；得舊籬篾，易熟也。

〔主治〕療狂病久不愈《别録》。壓丹石，解熱毒，宜肥熱人食之《拾遺》。補腎氣虚竭《千金》。療水銀風，並中土坑惡氣日華。

〔發明〕時珍曰：按錢乙治小兒疳病麝香丸，以豬膽和丸，豬肝湯服。疳渴者，以豬肉湯或爆豬湯服。其意蓋以豬屬水而氣寒，能去火熱耶。弘景曰：豬爲用最多，惟肉不宜多食，令人暴肥，蓋虚風所致也。震亨曰：豬肉補氣，世俗以爲補〔陰〕誤矣，惟補陽爾。今之虚損者，不在陽而在陰。以肉補陰，是以火濟水。蓋肉性入胃便作濕熱，熱生痰，痰生則氣不降而諸證作矣。諺云：豬不薑，食之發大風，中年氣血衰，面發黑皯也。韓悉曰：凡肉有補，惟豬肉無補，人習之化也。

〔附方〕舊五，新十五。　禁口痢疾：臘肉脯，煨熟食之，妙。李樓《奇方》。　小兒刮腸：痢疾，禁口閉目至重者。精豬肉一兩，薄切炙香，以膩粉末半錢，鋪上令食，或置鼻頭聞香，自然要食也。《活幼口議》。　上氣咳嗽：煩滿。用豬肉切作（鎚）〔餡〕子，豬脂煎熟食之。《心鏡》。　浮腫脹滿：不食〔心悶〕，用豬脊肉一雙，切〔作〕生，以蒜、薤食之。《心鏡》。　身腫攻心：用生豬肉以漿水洗，壓乾切膾，蒜、薤啖之，一日二次，下氣去風，乃外國方也。《張文仲方》。　破傷風腫：新殺豬肉，乘熱割片，貼患處。連換三片，其腫立消。《簡便》。　白虎風病：用豬肉三串，以大麻子一合，酒半盞相和，口含噀上。將肉擘向病處，呪曰：相州張如意、張得興，是汝白虎本師，急出。乃安肉於牀下，瘥則送於路，神驗。《近效》。　風狂歌笑：行走不休。用豭豬肉一斤，煮熟切膾，和醬食。

或羹粥炒，任服之。《食醫心鏡》。　解丹石毒：發熱困篤。用肥豬肉五斤，葱、薤半斤，煮食或作臛食。必腹鳴毒下，以水淘之，沙石盡則愈。《千金翼》。　解鍾乳毒：下利不止，食豬肉則愈。《千金翼》。　服石英法：白石英一(斤)〔大兩〕，袋盛，水三斗，煎四升，〔去石〕，以豬肉一斤，鹽豉煮食。一日一作。同上。　傷損不食：凡打撲傷損，三五日水食不入口者。用生豬肉二大錢，打爛，温水洗去血水，再擂爛，以陰陽湯打和。以半錢用鷄毛送入咽内，却以陰陽湯灌下之。其食蟲聞香窠開瘀血而上，胸中自然開解。此乃損血凝聚心間，蟲食血飽，他物蟲不來探故也。謂之騙通之法。邵氏。　打傷青腫：炙豬肉熱搨之。《千金》。　小兒重舌：取三家屠肉，切指大，摩舌上，兒立啼。《千金方》。　小兒痘瘡：豬肉煮汁洗之。譚氏方。　小兒火丹：豬肉切片貼之。　漆瘡作癢：宜啖豬肉，嚼穄穀塗之。《千金》。　男女陰蝕：肥豬肉煮汁洗，不過三十斤瘥。《千金方》。　山行辟蛭：山中草木上，有石蛭着人足，則穿肌入肉中，害人。但以臘豬膏和鹽塗足脛趾，即不着人也。《千金方》。　竹刺入肉：多年燻肉，切片包裹之，即出。《救急方》。

猳豬頭肉已下並用猳豬者良，豶豬亦可。　〔氣味〕有毒。時珍曰：按《生生編》云：豬肉毒惟在首，故有病者食之，生風發疾。　〔主治〕寒熱五癃鬼毒《千金》。同五味煮食，補虚乏氣力，去驚癇五痔，下丹石，亦發風氣《食療》。

臘豬頭：燒灰，治魚臍瘡。　〔發明〕時珍曰：按《名醫録》云：學究任道病體瘡腫黑，狀狹而長。北醫王通曰：此魚臍瘡也。一因風毒蘊結，二因氣血凝滯，三因誤食人汗而然。乃以一異散傳之，日數易而愈。懇求其方。曰：但雪玄一味耳。任徧訪四方無知之者。有名醫郝允曰：《聖惠方》治此，用臘豬頭燒灰，鷄卵白調敷，即此也。又《圖纂》云：五月戊辰日，以豬頭祀竈，所求如意；以臘豬耳懸梁上，令人豐足，此亦厭禳之物也。

項肉俗名槽頭肉，肥脆，能動風。　〔主治〕酒積，面黄腹脹。以一兩切如泥，合甘遂末一錢作丸，紙裹煨香食之，酒下，當利出酒布袋也。時珍。出《普濟》。

脂膏　〔修治〕時珍曰：凡凝者爲肪爲脂，釋者爲膏爲油，臘月煉净收用。恭曰：十二月上亥日，取入新瓶，埋亥地百日用之，名膒脂。每升入鷄子白十四枚，更良。弘景曰：勿令中水，臘月者歷年不壞。項下膏謂之負革肪，入道家煉五金用。　〔氣味〕甘，微寒，無毒。反烏梅、梅子。　〔主治〕煎膏藥，解斑蝥、芫青毒《别録》。解地膽、亭長、野葛、硫黄毒，諸肝毒，利腸胃，通小便，除五疸水腫，生毛髮時珍。破冷結，散宿血孫思邈。利血脈，散風熱，潤肺。入膏藥，主諸瘡蘇頌。殺蟲，治皮膚風，塗惡瘡日華。治癰疽蘇恭。悦皮膚。作手膏，不皸裂陶弘景。胎産衣不下，以酒多服，佳徐之才。　鬐膏：生髮悦面《别録》。

〔附方〕舊五，新二十八。　傷寒時氣：豬膏如彈丸，温水化服，日三次。《肘後方》。　五種疸疾：黄疸、穀疸、酒疸、黑疸、女勞疸。黄汗如黄檗汁，用豬脂一斤，温熱服，日三，當利乃愈。《肘後方》。　赤白帶下：煉豬脂三合，酒五合，煎沸頓服。《千金方》。　小便不通：豬脂一斤，水二升，煎三沸，飲之立通。《千金方》。　關格閉塞：豬脂、薑汁各二升，微火煎至二升，下酒五合，和煎分服。《千金》。　痘瘡便秘：四五日。用肥豬膘一塊，水煮熟，切如豆大，與食。自然臟腑滋潤，痂疕易落，無損於兒。陳文中方。　卒中五尸：仲景用豬脂一鷄子，苦酒一升，煮沸灌之。《肘後方》。　中諸肝毒：豬膏頓服一升。《千金方》。　食髮成瘕：心腹作痛，咽間如有蟲上下，嗜食與油者是也。用豬脂二升，酒三升，煮三沸服，日三次。　上氣欬嗽：豬肪四兩，煮百沸以來，切，和醬、醋食之。《心鏡》。　肺熱暴瘖：豬脂油一斤煉過，入白蜜一斤，再煉少頃，濾净冷定。不時挑服一匙，即愈。無疾常服，亦潤肺。萬氏方。　小兒噤風：小兒百日内風噤，口中有物如蝸牛，或如黄頭白蟲者。薄豬肪擦之即消。《聖惠方》。　小兒蛔病：羸瘦。豬膏服之。《千金方》。　産後虚汗：豬膏、薑汁、白蜜各一升，酒五合，煎五上五下。每服方寸匕。《千金翼》。　胞衣不下：豬脂一兩，水一盞，煎五七沸，服之當下。《聖惠方》。　吹奶寒熱：用豬肪冷水浸搨，熱即易之，立效。《子母秘録》。　髮落不生：以酢泔洗净，布揩令熱。以臘豬脂，入生鐵，煮三沸，塗之徧生。《千金翼》。　冬月唇裂：煉過豬脂，日日塗之。《十便良方》。　熱毒攻手：腫痛欲脱，豬膏和羊屎塗之。《外臺》。　手足皴破：豬脂着熱酒中洗之。《千金方》。　代指疼痛：豬膏和白墡土傅上之。《肘後方》。　口瘡塞咽：用豬膏、白蜜一斤，黄連末一兩，合煎取汁熬稠，每服棗許，日五服。《千金》。　疥瘡有蟲：豬膏煎芫花，塗之。《肘後》。　鼠瘻瘰癧：用豬膏淹生地黄，煎六七沸，塗之。《千金》。　漏瘡不合：以紙粘臘豬脂納瘡中，日五夜三。《千金翼》。　漆瘡作痒：豬膏頻塗之。《千金》。　咽喉骨骾：吞脂膏一團，不瘥更吐之。《千金方》。　身面疣目：以豬脂揩之。令血出少許，神驗不可加。《千金》。　誤吞鍼釘：豬脂多食令飽，自然裹出。《普濟方》。　雜物入目：豬脂煮取水面如油者，仰卧去枕點鼻中，不過數度，與物俱出。《聖惠方》。　蜈蚣入耳：炙豬肪，掩耳自出。梅師。　蟲蟻入耳：方法同上。　發背發乳：豬脂切片，冷水浸貼。日易四五十片，甚妙。《救急方》。

腦　〔氣味〕甘，寒，有毒。時珍曰：《禮記》云：食豚去腦。《孫真人食忌》云：豬腦損男子陽道，臨房不能行事，酒後尤不可食。《延壽書》云：今人以鹽酒食豬腦，是自引

賊也。〔主治〕風眩腦鳴，凍瘡《別録》。主癰腫，塗紙上貼之，乾則易，治手足皸裂出血，以酒化洗，并塗之時珍。

〔附方〕新一。喉痺已破：瘡口痛者。豬腦髓蒸熟，入薑、醋吃之，即愈。《普濟方》。

髓　〔氣味〕甘，寒，無毒。〔主治〕撲損惡瘡頌。塗小兒解顱、頭瘡，及臍腫、眉瘡、㾭疥。服之，補骨髓，益虛勞時珍。

〔發明〕時珍曰：按丹溪治虛損補陰丸，多用豬脊髓和丸。取其通腎命，以骨入骨，以髓補髓也。

〔附方〕新七。骨蒸勞傷：豬脊髓一條，豬膽汁一枚，童便一盞，柴胡、前胡、胡黄連、烏梅各一錢，韭白七根，同煎七分，温服。不過三服，其效如神。《瑞竹堂方》。小兒解顱：豬牙車骨煎取髓傅三日。《千金方》。小兒臍腫：豬頰車髓十二銖，杏仁半兩，研傅。《千金》。小兒眉瘡：豬頸骨髓六七枚，白膠香二錢，同入銅器熬稠，待冷爲末，麻油調塗。小兒㾭瘡：豬牙車骨年久者搥碎，炙令髓出，熱取塗之。《小品》。小兒頭瘡：豬筒骨中髓，和膩粉成劑，火中煨香，研末，先温鹽水洗净，敷之。亦治肥瘡出汁。《普濟方》。小兒疳瘡：方同上。

血　〔氣味〕鹹，平，無毒。思邈曰：澀，平。時珍曰：服地黄、何首烏諸補藥者忌之，云能損陽也。同黄豆食，滯氣。〔主治〕生血：療賁豚暴氣，及海外瘴氣日華。中風絶傷，頭風眩運，及淋瀝蘇恭。卒下血不止，清酒和炒食之思邈。清油炒食，治嘈雜有蟲時珍。壓丹石，解諸毒吴瑞。

〔發明〕時珍曰：按陳自明云：婦人嘈雜，皆血液淚汗變而爲痰，或言是血嘈，多以豬血炒食而愈，蓋以血導血歸原之意爾。此固一説，然亦有蛔蟲作嘈雜者，蟲得血腥則飽而伏也。

〔附方〕新五。交接陰毒：腹痛欲死。豭豬血乘熱和酒飲之。《肘後》。中滿腹脹：旦食不能暮食。用不着鹽水豬血，漉去水，曬乾爲末，酒服取泄，甚效。李樓《奇方》。杖瘡血出：豬血一升，石灰七升，和劑燒灰，再以水和丸，又燒，凡三次，爲末敷之，效。《外臺》。中射罔毒：豬血飲之即解。《肘後》。蜈蚣入腹：豬血灌之。或飽食，少頃飲桐油，當吐出。

心血　〔主治〕調朱砂末服，治驚癇癲疾吴瑞。治卒惡死，及痘瘡倒靨時珍。

〔發明〕時珍曰：古方治驚風癲癇痘疾，多用豬心血，蓋以心歸心，以血導血之意。用尾血者，取其動而不息也。豬爲水畜，其血性寒而能解毒制陽故也。韓飛霞云：豬心血能引藥入本經，實非其補。沈存中云豬血得龍腦直入心經，是矣。

〔附方〕新三。心病邪熱：蕊珠丸：用豬心一個〔取血〕，靛花末一匙，朱砂末一兩，同研，丸梧子大。每酒服二十丸。《奇效》。痘瘡黑陷：臘月收豶豬心血，瓶盛掛風處乾之，每用一錢，入龍腦少許，研勻〔温〕酒〔調〕服。須臾紅活，神效。無乾血，用生血。沈存中方。婦人催生：開骨膏：用豬心血和乳香末，丸梧子大，朱砂爲衣。面東酒吞一丸，未下再服。《婦人良方》。

尾血　〔主治〕痘瘡倒靨，用一匙，調龍腦少許，新汲水服。又治卒中惡死時珍。

〔附方〕舊一，新一。卒中惡死：斷豬尾取血飲，并縛豚枕之，即活。此乃長桑君授扁鵲法也。出《魏夫人傳》《肘後方》。蛇入七孔：割母豬尾血，滴入即出也。《千金方》。

心　〔氣味〕甘、鹹，平，無毒。頌曰：多食，耗心氣，不可合吴茱萸食。〔主治〕驚邪憂恚《別録》。虛悸氣逆，婦人産後中風，血氣驚恐思邈。補血不足，虛劣蘇頌。五臟：主小兒驚癇，出汗蘇恭。

〔發明〕劉完素曰：豬，水畜也，故心可以鎮恍惚。

〔附方〕舊一，新三。心虛自汗：不睡者。用豶豬心一個，帶血破開，入人參、當歸各二兩，煮熟去藥食之。不過數服，即愈。《證治要訣》。心虛嗽血：沉香末一錢，半夏七枚，入豬心中，以小便濕紙包煨熟，去半夏食之。《證治要訣》。産後風邪：心虛驚悸。用豬心一枚，五〔味〕豉汁煮食之〔味〕。《心鏡》。急心疼痛：豬心一枚，每歲入胡椒一粒，同鹽、酒煮食。

肝入藥用子肝。　〔氣味〕苦，温，無毒。時珍曰：餌藥人，不可食之。合魚鱠食，生癰疽；合鯉魚腸、〔魚〕子食，傷人神；合鵪鶉食，生面䵟。《延壽書》云：豬臨殺，驚氣入心，絶氣歸肝，俱不可多食，必傷人。〔主治〕小兒驚癇蘇恭。切作生，以薑、醋食，主脚氣，當微泄。若先利，即勿服藏器。治冷勞臟虛，冷泄久滑赤白，〔乳婦赤白〕帶下，以一葉薄批，揾着訶子末炙之，再揾再炙，盡末半兩，空腹細嚼，陳米飲送下蘇頌。補肝明目，療肝虛浮腫時珍。

〔發明〕時珍曰：肝主藏血，故諸血病用爲嚮導入肝。《千金翼》治痢疾有豬肝丸，治脱肛有豬肝散，諸眼目方多有豬肝散，皆此意也。

〔附方〕舊六，新八。休息痢疾：豶豬肝一具切片，杏仁炒一兩，於净鍋内，一重肝，一重杏仁，入童子小便二升，文火煎乾。取食，日一次。《千金》。浮腫脹滿：不下

食。豬肝一具洗切，着葱、豉、薑、椒炙食之。或單煮羹亦可。《心鏡》。 身面卒腫：生豬肝一具細切，醋洗，入蒜、醋食之。勿用鹽。 腫自足起：方法同上。 風毒脚氣：豬肝作生膾，食之取利。 水腫溲澀：豬肝尖三塊，緑豆四撮，陳倉米一合，同水煮粥食，毒從小便出也。 中蠱腹痛：支太醫秘方：以豬肝一具，蜜一升，共煎，分二十服，或爲丸服。《肘後》。 食即汗出：乃脾胃虚也。豬肝一斤薄切，〔曝〕乾爲末，煮白粥，布絞汁，衆手丸梧子大。空心飲下五十丸，日五。《心鏡》。 目難遠視：肝虚也。豬肝一具，細切去皮膜，葱白一握，用豉汁作羹，待熟下鷄子三個，食之。《普濟方》。 肝熱目赤：痧痛，用豬肝一具薄切，水洗净，以五味食之。《食醫心鏡》。 牙疳危急：豬肝一具煮熟，蘸赤芍藥末，任意食之。後服平胃散二三貼，即效。《節要》。 女人陰痒：炙豬肝納入，當有蟲出。《肘後》。 打擊青腫：炙豬肝貼之。《千金》。 急勞疾悴：日晚即寒熱，驚悸煩渴。用豶豬肝一具，切絲，生甘草末十五兩，於鐺中布肝一重，摻甘草一重，以盡爲度，取童便五升，文武火煮乾，搗爛，衆手丸梧子大。每空心米飲下二十丸，漸加三十丸。《聖惠方》。

脾俗名聯貼。 〔氣味〕澀，平，無毒。時珍曰：諸獸脾味如泥，其屬土也可驗。思邈曰：凡六畜脾，人一生莫食之。 〔主治〕脾胃虚熱，同陳橘紅、人參、生薑、葱白，陳米煮羹食之蘇頌。

〔附方〕新二。 脾積痞塊：豬脾七個，每個用新針一個刺爛，以皮硝一錢擦之，七個並同，以瓷器盛七日，鐵器焙乾。又用水紅花子七錢，同搗爲末，以無灰酒空心調下。一年以下者，一服可愈；五年以下者，二服；十年以下者，三服。《保壽堂方》。 瘧發無時：胡椒、吴茱萸、高良薑各二錢，爲末，以豬脾一條，作膾炒熟，一半滚藥，一半不滚，以墨記定，並作餛飩煮熟。有藥者吞之，無藥者嚼下，一服效。《衛生家寶方》。

肺 〔氣味〕甘，微寒，無毒。頌曰：得大麻仁良。不與白花菜合食，令人氣滯發霍亂。八月和飴食，至冬發疽。 〔主治〕補肺蘇頌。療肺虚咳嗽，以一具，竹刀切片，麻油炒熟，同粥食。又治肺虚嗽血，煮蘸薏苡仁末食之。時珍。出《要訣》諸方。

腎俗名腰子。 〔氣味〕鹹，冷，無毒。思邈曰：平。日華曰：雖補腎，而久食令人少子。詵曰：久食，令人傷腎。頌曰：冬月不可食，損人真氣，兼發虚壅。 〔主治〕理腎氣，通膀胱《别録》。補膀胱水臟，暖膝，治耳聾日華。補虚壯氣，消積滯蘇頌。除冷利孫思邈。止消渴，治産勞虚汗，下痢崩中時珍。

〔發明〕時珍曰：豬腎，《别録》謂其理腎氣，通膀胱。日華亦曰補水臟膀胱，暖腰膝。而又曰雖補腎，久食令人少子。孟詵亦曰：久食令人腎虚。兩相矛盾如此，何哉？蓋豬腎性寒，不能補命門精氣。方藥所用，借其引導而已。《别録》理字、通字，最爲有理；日華暖腰膝、補膀胱水臟之説爲非矣。腎有虚熱者，宜食之；若腎氣虚寒者，非所宜矣。今人不達此意，往往食豬腎爲補，不可不審。又《千金》治消渴有豬腎薺苨湯，補腎虚勞損諸病有腎瀝湯，方甚多，皆用豬、羊腎煮湯煎藥，俱是引導之意。

〔附方〕舊四，新十九。 腎虚遺精：多汗，夜夢鬼交。用豬腎一枚，切開去膜，入附子末一錢，濕紙裹煨熟，空心食之，飲酒一杯。不過三五服，效。《經驗方》。 腎虚陰痿：羸瘦，精衰少力。用豶豬腎一對，切片，枸杞葉半斤，以豉汁一盞，同椒、鹽煮羹食。《經驗方》。 腎虚腰痛：用豬腰子一枚切片，以椒、鹽淹去腥水，入杜仲末三錢在内，荷葉包煨食之，酒下。《本草權度》。 閃肭腰痛：用豶豬腎一枚批片，鹽、椒淹過，入甘遂末三錢，荷葉包煨(熱)〔熟〕食，酒送下。《儒門事親》。 老人耳聾：豬腎一對去膜切，以粳米二合，葱白二根，薤白七根，人參二分，防風一分，爲末，同煮粥食。《奉親養老方》。 老人脚氣：嘔逆者。用豬腎一對，以醋、蒜、五味治食之，日作一服。或以葱白、粳米同煮粥食亦可。《奉親養老方》。 卒然腫滿：用豬腎批開，入甘遂末一錢，紙裹煨熟食。以小便利爲效，否則再服。《肘後方》。 肘傷冷痛：豬腎一對，桂心二兩，水八升，煮三升，分三服。《肘後》。 卒得咳嗽：豬腎二枚，乾薑三兩，水七升，煮二升，稍服取汗。《肘後方》。 久嗽不瘥：豬腎二枚，入椒四七粒，水煮啖之。《張文仲方》。 心氣虚損：豬腰子一枚，水二碗，煮至一碗半，切碎，入人參、當歸各半兩，煮至八分。吃腰子，以汁送下。未盡者，同滓作丸服。《百一選方》。 酒積面黄：腹脹不消。豬腰子一個，批開七刀，葛根粉一錢，摻上合定，每邊炙三徧半，手扯作六塊，空心吃之，米湯送下。《聖濟總録》。 久泄不止：豬腎一個批開，摻骨碎補末，煨熟食之，神效。《瀕湖集簡方》。 赤白下痢：腰痛。用豬腎二枚研爛，入陳皮、椒、醬，作餛飩，空心食之。《食醫心鏡》。 赤白帶下：常炙豬腎食之。《張文仲方》。 崩中漏下：方同上。 産後蓐勞：寒熱。用豬腎一對，切細片，以鹽、酒拌之。先用粳米一合，葱、椒煮粥，鹽、醋調和。將腰子鋪於盆底，以熱粥傾於上蓋之，如作盦生粥食之。《濟生》。 産後虚汗：發熱，肢體疼痛，亦名蓐勞。《永類鈐方》用豬腎一對切，水三升，粳米半合，椒、鹽、葱白煮粥食。《梅師》用豬腎同葱、豉和成，作〔稀〕臛食之。 小兒軀啼：小兒五十日以來，胎寒腹痛，軀啼〔上視，聚唾〕弄舌，微熱而驚，此癇候也。豬腎一具，當歸一兩，焙，以清酒一升，煮七合。每以杏仁大與咽之，日三夜一。《聖惠方》。 小兒頭瘡：豬腰子一個，批開去心、膜，入五倍子、輕粉末等分在内，以沙糖和麪固濟，炭火炙焦爲末，清油調塗。《經驗良方》。 傳尸勞瘵：豬腰子一對，童子小便二盞，無灰酒一盞，新瓷瓶盛之，泥封，炭火温養，自戌至

子時止。待五更初温熟，取開飲酒，食腰子。病篤者，只一月效。平日瘦怯者，亦可用之。蓋以血養血，絶勝金石草木之藥也。邵真人《經驗方》。　癰疽發背：　初起者。用豶豬腰子一雙，同飛麪搗如泥，塗之即愈。

脏音夷。亦作胰。時珍曰：一名腎脂。生兩腎中間，似脂非脂，似肉非肉，乃人物之命門，三焦發原處也。肥則多，瘦則少。蓋頤養賴之，故謂之脏。　【氣味】甘，平，微毒。頌曰：男子多食損陽。　【主治】肺痿咳嗽，和棗肉浸酒服。亦治痃癖羸瘦藏器。○又合膏，練繒帛。　療肺氣乾脹喘急，潤五臟，去皴皰鼾黯，殺斑蝥、地膽毒，治冷痢成虚蘇頌。　一切肺病咳嗽，膿血不止。以薄竹筒盛，於塘火中煨熟，食上啖之，良《心鏡》。　通乳汁之才。

【附方】舊二，新九。　豬胰酒：　治冷痢久不瘥。此是脾氣不足，暴冷入脾，舌上生瘡，飲食無味，或食下還吐，小腹雷鳴，時時心悶，乾皮細起，膝脛酸痛，羸瘦，漸成鬼氣，及婦人血氣不通，逆飯憂煩，四肢無力，丈夫痃癖，兩肋虚脹，變爲水氣，服之皆效。此法出於傳尸方。取豬胰一具細切，與青蒿葉相和。以無灰酒一大升，微火温之，藥熟納胰中，使消盡。又取桂心末一小兩，内酒中。每旦温服一小盞，午、夜各再一服，甚驗。忌麪、油膩等食。崔元亮《海上方》。　膜内氣塊：　豬脏一具炙，蘸玄胡索末食之。《衛生易簡方》。　肺氣咳嗽：　豬胰一具，苦酒煮食，不過二服。《肘後方》。　二十年嗽：　豬胰三具，大棗百枚，酒五升漬之，秋冬七日，春夏五日，絞去滓，七日服盡，忌鹽。同上。　遠年肺氣：　豬胰一具，膩粉一兩，瓷瓶固濟，上留小竅，煅煙盡爲末。每服二錢，漿水下。〔《聖濟總録》〕。　服石發熱：　豬腎脂一具，勿中水，以火炙取汁。每服三合，日夜五六服，石隨大便下。《總録》。　撥雲去翳：　用豬胰子一枚五錢，蕤仁五分，青鹽一錢，共搗千下，令如泥。每點少許，取下膜翳爲效。孫氏《集效方》。　赤白癜風：　豬胰一具，酒浸一時，飯上蒸熟食。不過十具。《壽域方》。　面粗醜黑：　皮厚鼾黯者。豬胰五具，蕪青子二兩，杏仁一兩，土瓜根一兩，淳酒浸之。夜塗旦洗，老者少，少者白，神驗。《肘後》。　手足皴裂：　以酒〔挼〕豬胰，洗並傅之。《肘後》。　唇燥緊裂：　豬胰浸酒搽之。葉氏《摘玄方》。

肚　【氣味】甘，微温，無毒。　【主治】補中益氣止渴，斷暴痢虚弱《別録》。　補虚損，殺勞蟲。釀黄糯米蒸搗爲丸，治勞氣，并小兒疳蛔黄瘦病日華。　主骨蒸熱勞，血脈不行，補羸助氣，四季宜食蘇頌。　消積聚癥瘕，治惡瘡吴普。

【發明】時珍曰：豬水畜而胃屬土，故方藥用之補虚，以胃治胃也。

【附方】舊二，新九。　補益虚羸：　用豬肚一具，入人參五兩，蜀椒一兩，乾薑一兩半，葱白七個，粳米半升在内，(蜜)〔密〕縫，煮熟食。《千金翼》。　水瀉不止：　用豮豬肚一枚，入蒜煮爛搗膏，丸梧子大。每米飲服三十丸。丁必卿云：予次日五更必水瀉一次，百藥不效。用此方，入平胃散末三兩，丸服，遂安。《普濟》。　消渴飲水：　日夜飲水數斗者。《心鏡》用雄豬肚一枚，煮取汁，入少豉，渴即飲之，肚亦可食。煮粥亦可。○仲景豬肚黄連丸：　治消渴。用雄豬肚一枚，入黄連末五兩，栝樓根、白粱米各四兩，知母三兩，麥門冬二兩，縫定蒸熟，搗丸如梧子大。每服三十丸，米飲下。《食醫心鏡》。　老人脚氣：　豬肚一枚，洗净切作生，以水洗，布絞乾，和蒜、椒、醬、醋五味，常食。亦治熱勞。《養老方》。　温養胎氣：　胎至九月消息。用豬肚一枚，如常着五味，煮食至盡。《千金髓》。　赤白癜風：　白煮豬肚一枚，食之頓盡。忌房事。《外臺》。　疥瘡痒痛：　豬肚一枚，同皂莢煮熟，去莢食之。《救急》。　頭瘡白禿：　《普濟》用新破豬肚勿洗，熱搨之，須臾蟲出，不盡再作。○孫氏方用豬肚一個，入砒一兩，扎定，以黄泥固濟，煅存性爲末，油和傅。以椒湯洗。　蟲牙疼痛：　用新殺豬肚尖上涎，絹包咬之。數次蟲盡即愈。唐氏用枳殼末拌之。

腸　【氣味】甘，微寒，無毒。　【主治】虚渴，小便數，補下焦虚竭孟詵。　止小便日華。　去大小腸風熱，宜食之蘇頌。　潤腸治燥，調血痢臟毒時珍。　○洞腸：　治人洞腸挺出，血多孫思邈。○洞腸，廣腸也。

【附方】新三。　腸風臟毒：　《救急》用豬大腸一條，入芫荽在内，煮食。○《奇效》用豬臟，入黄連末在内，煮爛，搗丸梧子大。每米飲服三十丸。○又方：　豬臟入槐花末令滿，縛定，以醋煮爛，搗爲丸如梧桐子大。每服二十丸，温酒下。　脇熱血痢：　方法同上。　臟寒泄瀉：　體倦食減。用豬大臟一條，去脂洗净，以吴茱萸末填滿，縛定蒸熟，搗丸梧子大。每服五十丸，米飲下。《奇效良方》。

脬亦作胞。　【氣味】甘、鹹，寒，無毒。　【主治】夢中遺溺，疝氣墜痛，陰囊濕痒，玉莖生瘡。

【發明】時珍曰：豬胞所主，皆下焦病，亦以類從爾。蘄有一妓，病轉脬，小便不通，腹脹如鼓，數月垂死。一醫用豬脬吹脹，以翎管安上，插入廷孔，捻脬氣吹入，即大尿而愈。此法載在羅天益《衛生寶鑒》中，知者頗少，亦機巧妙術也。

【附方】新八。　夢中遺溺：　用豬脬洗炙食之。《千金》。　産後遺尿：　豬脬、豬肚各一個，糯米半升，入脬内，更以脬入肚内，同五味煮食。《醫林集要》。　産後尿牀：　方法同上。　疝氣墜痛：　用豬脬一枚洗，入小茴香、大茴香、破故紙、川楝子等分填滿，入青鹽一塊縛定，酒煮熟食之，酒下。其藥焙搗爲丸，服之。　消渴無度：　乾豬胞十個，剪破去蒂，燒存性爲末。每温酒服一錢。《聖濟總録》。　腎風囊癢：　用豬尿胞火炙，以鹽酒吃之。《救急》。　玉莖生瘡：　臭腐。用豬胞一枚，連尿，去一半，留一半，以煅紅新磚焙乾爲末，入黄丹一錢。摻之，三五次瘥。先須以葱、椒湯洗。《奇效方》。　白禿

癩瘡：洗刮令浄，以豬胞乘熱裹之，當引蟲出。

膽 〔氣味〕苦，寒，無毒。〔主治〕傷寒熱渴《别録》。骨熱勞極，消渴，小兒五疳，殺蟲蘇頌。敷小兒頭瘡。治大便不通，以葦筒納入下部三寸灌之，立下藏器。通小便，敷惡瘡，殺疳䘌，治目赤目翳，明目，清心臟，凉肝脾。入湯沐髮，去膩光澤時珍。

〔發明〕成無己曰：仲景以豬膽汁和醋少許，灌穀道中，通大便神效。蓋酸苦益陰潤燥而瀉便也。又治少陰下利不止，厥逆無脈，乾嘔煩者，以白通湯加豬膽汁主之。若調寒熱之逆者，冷熱必行，則熱物冷服，下嗌之後，冷體既消，熱性便發，故病氣自愈。此所以和人尿、豬膽鹹苦之物，於白通熱劑之中，使其氣相從，而無拒格之患也。又云：霍亂病吐下已斷，汗出而厥，四肢厥急，脈微欲絶者，通脈四逆湯加豬膽汁主之。蓋陽氣太虚，陰氣獨勝。純與陽藥，恐陰氣格拒不得入。故加豬膽汁，苦入心而通脈，寒補肝而和陰，不致格拒也。汪機曰：朱奉議治傷寒五六日瘢出，有豬膽鷄子湯。時珍曰：方家用豬膽，取其寒能勝熱，滑能潤燥，苦能入心，又能去肝膽之火也。

〔附方〕舊六，新十四。少陰下利：不止，厥逆無脈，乾嘔者，以白通湯加豬膽汁主之。葱白四莖，乾薑一兩，生附子一枚，水三升，煮一升，入人尿五合，豬膽汁一合，分服。仲景《傷寒論》。或瀉或止：久而不愈。二聖丸：用黄連、黄蘗末各一兩，以豬膽煮熟和丸如緑豆大。量兒大小，每米飲服之。《總微論》。赤白下痢：十二月豬膽百枚，俱盛黑豆入内，着麝香少許，陰乾。每用五七粒爲末。生薑湯調服。《奇效方》。濕䘌下痢：不止，乾嘔羸瘦，多睡面〔黄〕。以膽汁和薑汁、釅醋同灌下部，〔手急〕捻，令醋氣上至咽喉乃止，當下五色惡物及蟲而愈也。《拾遺》。熱病蝕䘌：上下〔蝕人〕。用豬膽一枚，醋一合，煎沸服，蟲立死也。《梅師》。瘦病咳嗽：豬膽和人溺、薑汁、橘皮、訶梨勒皮同煮汁，飲之。《拾遺》方。小便不通：豬膽一枚，熱酒和服。〇又用豬膽連汁，籠住陰頭。一二時汁入自通。消渴無度：雄豬膽五個，定粉一兩，同煎成，丸芡子大。每含化二丸嚥下，日二。《聖濟總録》。傷寒癍出：豬膽鷄子湯：用豬膽汁、苦酒各三合，鷄子一個，合煎三沸，分服，汗出即愈。《張文仲方》。疔瘡惡腫：十二月豬膽風乾，和生葱搗傅。《普濟方》。目翳目盲：豬膽〔一枚〕，文火煎稠，丸黍米大。每納一粒目中，良。目赤腫痛：豬膽汁一枚，和鹽(碌)〔緑〕五分點之。《普濟方》。火眼赤痛：豬膽一個，銅錢三文，同置盞内蒸乾，取膽丸粟米大，安眼中。《聖惠方》。拔白換黑：豬膽塗孔中，即生黑者。《聖惠方》。小兒初生：豬膽入湯浴之，不生瘡疥。姚和衆。産婦風瘡：因出風早。用豬膽一枚，柏子油一兩，和傅。《杏林摘要》。湯火傷瘡：豬膽調黄蘗末，塗之。《外臺》。瘭疽出汁：生手足肩背，累累如赤豆，剥浄，以豬膽塗之。《千金》。喉風閉塞：臘月初一日，取豬膽不拘大小五六枚，用黄連、青黛、薄荷、殭蠶、白礬、朴硝各五錢，裝入膽内，青紙包了。將地掘一孔，方深各一尺。以竹横懸此膽在内，以物蓋定。候至立春日取出，待風吹，去膽皮、青紙，研末密收。每吹少許神驗，乃萬金不傳之方。邵真人《經驗方》。

膽皮 〔主治〕目翳如重者，取皮曝乾，作兩股繩如箸大，燒灰出火毒，點之，不過三五度瘥。時珍。〇出《外臺秘要》。

膚 汪機曰：豬膚，王好古以爲豬皮，吴綬以爲燖豬時刮下黑膚，二説不同。今考《禮運疏》云：革，膚内厚皮也；膚，革外厚皮也。則吴説爲是，淺膚之義。〔氣味〕甘，寒，無毒。〔主治〕少陰下痢，咽痛時珍。

〔發明〕張仲景曰：少陰下痢，咽痛，胸滿心煩者，豬膚湯主之。用豬膚一斤、水一斗，煮五升，取汁，入白蜜一升，白粉五合，熬香，分六服。成無己曰：豬，水畜也。其氣先入腎，解少陰客熱。加白蜜以潤燥除煩，白粉以益氣斷利也。

耳垢 〔主治〕蛇傷狗咬，塗之《别録》。

鼻唇 〔氣味〕甘、鹹，微寒，無毒。多食動風。〔主治〕上唇：治凍瘡痛痒思邈。煎湯，調蜀椒目末半錢，夜服治盜汗宗奭。鼻：治目中風翳，燒灰水服方寸匕，日二服。時珍。出《千金》。

舌 〔主治〕健脾補不足，令人能食，和五味煮汁食孟詵。

靨 音掩，俗名咽舌是矣。又名豬氣子。王璽曰：在豬喉系下，肉團一枚，大如棗，微扁色紅。

〔主治〕項下癭氣，瓦焙研末，每夜酒服一錢時珍。

〔發明〕見羊靨下。

〔附方〕新二。癭氣：《杏林摘要》用豬靨七枚，酒麴三錢，入水瓶中露一夜，取出炙食。二服效。《醫林集要》開結散：豬靨焙四十九枚，沉香二錢，真珠砂罐煅四十九粒，沉香二錢，橘紅四錢，爲末。臨卧冷酒徐徐服二錢。五服見效，重者一料愈。以除日合之。忌酸、鹹、油膩、澀氣之物。

齒 〔氣味〕甘，平。〔主治〕小兒驚癇，五月五日取，燒灰服《别録》。又治蛇咬日華。中牛肉毒者，燒灰水服一錢。又治痘瘡倒陷時珍。

骨 〔主治〕中馬肝、漏脯、果菜諸毒，燒灰，水服方寸匕，日三服。頰骨：燒灰，治痘陷；煎汁服，解丹藥毒時珍。

〔附方〕新三。三消渴疾：豬脊湯：用豬脊骨一尺二寸，大棗四十九枚，新蓮肉四十九粒，炙甘草二兩，西木香一錢，水五碗，同煎取汁，渴則飲之。《三因方》。浸淫諸瘡：豬牙車骨年久者椎破，燒令脂出，乘熱塗之。《普濟方》。下痢紅白：臘豬骨

燒存性，研末，温酒調服三錢。

豚卵 【釋名】豚顛《本經》 豬石子《别録》曰：陰乾藏之，勿令敗。頌曰：豚卵，當是豬子也。時珍曰：豚卵，即牡豬外腎也。牡豬小者多犗去卵，故曰豚卵。《濟生方》謂之豬石子者是也。《三因》治消渴方中有石子薺苨湯，治産後蓐勞有石子湯，並用豬腎爲石子，誤矣。

【氣味】甘，温，無毒。 【主治】驚癇癲疾，鬼疰蠱毒，除寒熱，賁豚五癃，邪氣攣縮《本經》。除陰莖中痛孫思邈。治陰陽易病，少腹急痛，用熱酒吞二枚，即瘥。時珍。又《古今録驗》治五癇，莨菪散中用之。

【附方】新一。 驚癇中風：壯熱掣瘲，吐舌出沫，用豚卵一雙細切，當歸二分，以醇酒三升，煮一升，分服。《普濟》。

母豬乳時珍曰：取法：須馴豬，待兒飲乳時提後脚，急以手捋而承之。非此法不得也。

【氣味】甘、鹹，寒，無毒。 【主治】小兒驚癇，及鬼毒去來，寒熱五癃，綿蘸吮之蘇恭。小兒天弔，大人豬、鷄癇病日華。

【發明】時珍曰：小兒體屬純陽，其驚癇亦生於風熱。豬乳氣寒，以寒治熱，謂之正治。故錢乙云：初生小兒至滿月，以豬乳頻滴之，最佳。張焕云：小兒初生無乳，以豬乳代之，出月可免驚癇痘疹之患。楊士瀛云：小兒口噤不開，豬乳飲之甚良。月内胎驚，同硃砂、牛乳少許，抹口中甚妙。此法諸家方書未知用，予傳之。東宫吴觀察子病此，用之有效。

【附方】舊一。 斷酒：白豬乳一升飲之。《千金》。

蹄已下並用母豬者。 【氣味】甘、鹹，小寒，無毒。 【主治】煮汁服，下乳汁，解百藥毒，洗傷撻諸敗瘡《别録》。滑肌膚，去寒熱蘇頌。煮羹，通乳脈，托癰疽，壓丹石。煮清汁，洗癰疽，漬熱毒，消毒氣，去惡肉，有效時珍。○《外科精要》洗癰疽有猪蹄湯數方，用猪蹄煮汁去油，煎衆藥蘸洗也。

【附方】舊五，新二。 婦人無乳：《外臺》用母豬蹄一具，水二斗，煮五六升，飲之，或加通草六分。○《廣濟》用母豬蹄四枚，水二斗，煮一升入土瓜根、通草、漏蘆各三兩，再煮六升，去滓，納葱、豉作粥或羹食之。或身體微熱，有少汗出佳。未通再作。 乳發初起：方同上。 癰疽發背：母豬蹄一雙，通草六分，綿裹煮羹食之。梅師。 天行熱毒：攻手足腫痛欲斷。用母豬蹄一具去毛，以水一斗，葱白一握，煮汁，入少鹽漬之。《肘後》。 老人面藥：令面光澤，用母豬蹄一具，煮漿如膠。夜以塗面，曉則洗去。《千金翼》。 硇砂損陰：豬蹄一具，浮萍三兩，水三升，煮汁半升，漬之。冷即出，以粉傅之。《外臺》。

懸蹄甲一名豬退。思邈曰：酒浸半日，炙焦用。時珍曰：按古方有用左蹄甲者，又有用後蹄甲者，未詳其義也。 【氣味】鹹，平，無毒。 【主治】五痔，伏熱在腹中，腸癰内蝕《本經》。同赤木燒煙燻，辟一切惡瘡仲景。

【附方】舊二，新五。 肺氣喘喘：豬爪甲二枚燒灰研，入麝香一枚同研，茶服。《普濟》。 定喘化痰：用豬蹄甲四十九個，洗净，每甲納半夏、白礬各一字，罐盛固濟，煅赤爲末，入麝香一錢匕。每用糯米飲下半錢。《經驗方》。 久咳喘急：豬蹄甲四十九枚，以瓶子盛之，安天南星一枚，蓋之，鹽泥固濟，煅煙出爲度。取出，入款冬花半兩，麝香、龍腦少許，研匀。每服一錢，食後煎桑白皮湯下。名黑金散。《總録》。 小兒寒熱：及熱氣中人。用豬後蹄甲燒灰，乳汁調服一撮，日二服。《千金》。 痘瘡入目：豬蹄爪甲燒灰，浸湯濾净，洗之甚妙。《普濟方》。 癍痘生翳：半年已上者，一月取效；一年者不治。用豬懸蹄二兩，瓦瓶固濟，煅，蟬蜕一兩，羚羊角一分，爲末。每歲一字，三歲已上三錢，温水調服，一日三服。《錢氏小兒方》。 小兒白禿：豬蹄甲七個，每個入白礬一塊，棗兒一個，燒存性研末，入輕粉，麻油調搽，不過五上愈。

尾 【主治】臘月者，燒灰水服，治喉痹。和豬脂，塗赤禿髮落。時珍。○出《千金》。

毛 【主治】燒灰，麻油調，塗湯火傷，留竅出毒則無痕。時珍。出《袖珍》。

【附方】新一。 赤白崩中：豬毛燒灰三錢，以黑豆一碗，好酒一碗半，煮一碗，調服。

屎一名猪零。日華曰：取東行牡豬者爲良。頌曰：今人又取南行豬零，合太乙丹。時珍曰：古方亦有用豭豬屎者，各隨本方。豬零者，其形纍纍零落而下也。 【氣味】寒，無毒。 【主治】寒熱黄疸濕痹《别録》。主蠱毒，天行熱病。並取一升浸汁，頓服日華。燒灰，發痘瘡，治驚癇，除熱解毒，治瘡時珍。血溜出血不止，取新屎壓之吴瑞。

【發明】時珍曰：《御藥院方》治痘瘡黑陷無價散、錢仲陽治急驚風癇惺惺丸皆用之，取其除熱解毒也。

【附方】舊一，新十六。 小兒客忤：偃啼面青，豭豬屎二升，水絞汁，温浴之。 小兒夜啼：豬屎燒灰，淋汁浴兒，並以少許服之。《聖惠方》。 小兒陰腫：豬屎五升，煮熱袋盛，安腫上。《千金方》。 霧露瘴毒：〔心煩少氣〕，頭痛心煩項强，顫掉欲吐。用新豬屎二升，酒一升，絞汁暖服，取汗瘥。《千金》。 中豬肉毒：豬屎燒灰，水服方寸匕。《外臺》。 解一切毒：母豬屎，水和服之。《千金》。 婦人血崩：老母豬屎燒灰，酒服三錢。李樓方。 攪腸沙痛：用母豬生兒時抛下糞，日乾爲末，以白湯調服。 白禿髮落：臘月豬屎燒灰敷。 口唇生核：豬屎絞汁温服。《千金方》。

《肘後》。　疔瘡入腹：　牡豬屎和水絞汁，服三合，立瘥。《聖惠方》。　十年惡瘡：　母豬糞燒存性，傅之。《外臺》方。　消蝕惡肉：　臘月豶豬糞燒存性一兩，雄黃、檳榔各一錢，爲末。〔濕者滲，乾者麻油、輕粉調抹〕。《直指方》。　胻疽青爛：　生於腨脛間，惡水淋漓，經年瘡冷，敗爲深疽青黑，好肉虛腫，百藥不瘥，或瘥而復發。先以藥蝕去惡肉，後用豭豬屎散，甚效。以豬屎燒研爲末，納瘡孔令滿，白汁出，吮去更傅。有惡肉，再蝕去乃傅，以平爲期，有驗。《千金方》。　男女下疳：　母豬糞，黃泥包，煅存性爲末。以米泔洗净，搽立效。《簡便單方》。　雀瘻有蟲：　母豬屎燒灰，以臘月豬膏和敷，當有蟲出。《千金方》。　赤游火丹：　母豬屎，水絞汁，服並傅之。《外臺》。

潯豬湯　【主治】解諸毒蟲魘蘇頌。產後血刺，心痛欲死，温飲一盞汪機。治消渴，濾净飲一碗，勿令病人知。又洗諸瘡，良時珍。

豬窠中草　【主治】小兒夜啼，密安席下，勿令母知日華。

縛豬繩　【主治】小兒驚啼，發歇不定，用臘月者燒灰，水服少許藏器。

題明·薛己《本草約言》卷二《藥性本草》　猪膚　猪，水畜也。其氣先〔入〕腎，故猪膚能解少陰客熱，治少陰病下痢咽痛，胸滿心煩。仲景製猪膚湯，義本諸此。

明·吴文炳《藥性全備食物本草》卷二　猪　即豕。豕食不潔，故名豕。坎為豕，水畜，性趨下，喜穢。牡曰豭，豭肉味酸，性冷，無毒。牝曰彘，彘肉味微苦，性寒，有小毒。豕之子曰豚，豚肉味辛，平，有小毒。牡而去勢曰豶。生江南者謂之江猪。《食醫心鑑》云：豭猪肉治病，食之益人。凡猪病閉血脈、弱筋骨。疫病者，金瘡者勿食。思邈云：久食令人少子，發宿疾。豚肉久食令人遍體筋肉碎痛，令乏氣。江猪肉多食令人體重，作脯少有腥氣，久食解藥力，發風動痰，患傷風、瘧疾、濕痰、漏病者食之，難愈。同牛肉食生寸白蟲，同兔肉食損人，同羊肝、同雞子、同鯽魚及黃豆食令人滯氣，同葵菜食令人少氣，同蕎麥麪食患熱風，脫鬚眉毛髮，同生薑食生面皯發風，同葫荽食爛人臍，同蒼耳食動風氣，同百花菜、同茱萸食發痔漏。

頭肉：　有毒，壓丹石毒，補虛乏。多食動風發疾，去驚癇。　項肉：　肥脆，消酒積，多食動風。　脂：　潤肺，利血脉，散風熱，入膏藥殺蟲，去風潤燥，解毒，治癰疽惡瘡，五疸，下胞衣，蒸食或浸酒服之。漏瘡瘰癧及頭髮不生，並外敷或煎膏藥貼之。吹奶，惡寒壯熱，冷水浸貼，熱則又易。蜈蚣蟻子入耳，炙令香，安耳孔自出。臘月亥日收之不壞。忌烏梅，解斑猫、芫菁毒。　腦髓：　有毒，多食損陽道，酒後尤忌。主風眩，腦鳴宜用。勿同鹽酒食。可塗凍瘡，手足皸裂。　脊骨髓：　益虛勞，通腎命門，入補陰丸中，可助真陰生髓。　血：　壓丹石解諸毒，清油炒食去嘈雜蟲症。同黃豆食滯氣。　心：　去驚邪，憂恚氣乏。多食耗心氣。勿同茱萸食。　肝：　微毒，主肝虛浮腫。服藥人勿食。同魚鱠食生癰疽，同鯉魚食傷神，同鵪鶉食生面皯。《延壽書》云：猪臨殺驚氣入心，絕氣歸肝，不宜食。　肺：　補肺氣。有肺虛咳血，同薏苡食良。同白菜食氣滯，發霍亂。同飴糖食發疽毒。腎：　即腰子，補腎氣，通膀胱，暖腰膝，治耳聾，產後勞乏，虛汗，下痢，崩漏。有虛寒人食多令少子，冬月食之損真氣。　脏：　一名腎脂，生兩腎中間，似脂似肉，乃人物之命門三焦發原之處。能潤五臟，滋肺氣，治乾脹喘急，通乳汁。　肚：　補虛羸，骨蒸勞熱，血滯氣弱，大補中氣，止渴止痢，并小兒疳瘡，殺勞蟲，乳婦九箇月宜食之。　腸：　潤腸，止血痢臟毒，去大小腸風熱，止小便數，口渴。　洞腸：　治脫肛失血。　脾：　去脾胃虛熱，和陳皮、人參、薑、葱、陳米煮羹，去陳皮等食之。　豚卵：　卻小兒驚悸顛癇，大人鬼疰蠱毒，五癃攣縮，寒熱賁豚。　猪四蹄：　主撻傷潰瘍，更下乳汁。　懸蹄：　去懸癰內蝕，仍理痔瘡。　胰子：　治肺脹喘急，痃癖羸瘦，和棗肉浸酒服之。　心內血：　初剖猪腹，取出時勿沾水，切開得之，凡諸藥養血，禁邪夢紛紜。　猪尾頭血：　主蛇入口，併入七孔中効。　舌：　益元陽，健脾進食。　猪乳汁：　潤肌膚，生精血，除天吊臍風撮口，禁猪癇。　骨：　燒灰為末，水下方寸匕，解諸果毒。　耳中垢：　主蛇傷。　猪膚：　即皮上垢膩，治傷寒少陰客熱，下痢咽痛，胸滿。仲景製猪膚湯，深義蓋本諸此，加白蜜潤燥除煩，和白粉益氣斷痢。　齒：　主小兒驚癇，燒灰服，兼治蛇咬。膽汁：　治傷寒熱病，大便不通，納穀道即通。初生小兒取一枚，以水同煎，浴兒，令永無瘡疥。　屎：　主天行熱病寒熱，黃疸濕痺，蠱毒。取東行牝猪者，水浸一宿，去渣，服之。又燒灰傅諸瘡疥，并小兒白禿瘡。　燖猪湯，產後血刺心痛服之立止。

明·梅得春《藥性會元》卷下　猪肉　味甘，氣寒。入足少陰腎經。主治客熱，潤燥，虛羸無力，除煩，益氣，肥健。　膽汁：　味苦、鹹，無毒。治傷寒熱渴，潤燥，瀉，使入心通脉。　心：　主治驚邪憂恚。　腎：　主補腎氣，通利膀胱。　肚：　補中益氣，止渴潤膚。

明・王肯堂《傷寒證治準繩》卷八　豬膚　氣寒，味甘，無毒。入足少陰經。豬，水畜也。其氣先入腎，少陰客熱，是以豬膚解之。加白蜜，以潤燥除煩。白粉，以益氣斷痢。　豬膽汁：氣寒，味苦，無毒。仲景白通湯加此汁，與人尿鹹寒，同與熱劑合，去格拒之寒。又與醋相合，內穀道中，酸苦益陰，以潤燥瀉便。《本經》云：治傷寒熱渴，又白豬蹄可用，雜青色者不可食。療疾亦不可。與人尿同體，補肝而和陰，引置陽不被格拒，能入心而通脈。

明・穆世錫《食物輯要》卷四　猪　即豕。豕食不潔，故名豕。坎為豕，水畜，性趨下，喜穢。牡曰豭，豭肉味酸，性冷，無毒；牝曰彘，彘肉味微苦，性寒，有小毒。豕之子，曰豚。豚肉味辛，平，有小毒。牡而去勢，曰豶。生江南者，謂之江猪。《食醫心鑒》云：豭猪肉治病，食之益人。凡猪肉，閉血脉，弱筋骨。疫病者、金瘡者勿食。思邈曰：久食，令人少子，發宿疾。豚肉久食，令人遍體筋肉碎痛，令乏氣。江猪肉多食，令人體重。作脯，少有腥氣。久食，解藥力，發風動痰。患傷風、瘧疾、濕痰、漏病者，食之難愈。同牛肉食，生寸白蟲。同兔肉食，損人。同羊肝、同鷄子、同鯽魚及黄豆食，令人滯氣。同葵菜食，令人少氣。同蕎麥麵食，患熱風，脱鬚眉毛髪。同生薑食，生面䵟，發風。同胡荽食，爛人臍。同蒼耳食，動風氣。同百花菜、同茱萸食，發痔瘻。頭肉，有毒。壓丹石毒，補虚乏。多食，動風發疾。項肉，肥脆，消酒積。多食，動風。脂，潤肺，利血脉，散風熱。入膏藥，殺蟲去風，潤燥解毒。腦，有毒。多食，損陽道，酒後尤忌。有風眩腦鳴者，宜用。勿同鹽、酒食。髓，補骨髓，益虚勞，通腎命門。血，壓丹石，解諸毒。清油炒食，去嘈雜蟲症。同黄豆食，滯氣。心，去驚邪，憂恚氣乏。多食，耗心氣。勿同茱萸食。肝，微毒。主肝虚浮腫。服藥人勿食。同魚鱠食，生癰疽。同鯉魚食，傷神。同鵪鶉食，生面䵟。《延壽書》云：猪臨殺，驚氣入心，絶氣歸肝，不宜食。肺，補肺氣，有肺虚咳血，同薏苡仁食，良。同白菜食，令氣滯，發霍亂。同飴糖食，發疽毒。腎，補腎氣，通膀胱，暖腰膝。治耳聾，產後勞乏，虚汗，下痢，崩漏。有虚寒人食多，令少子。胵，一名腎脂，生兩腎中間，似脂似肉，乃人物之命門，三焦發原之處，能潤五臟，滋肺氣，治乾脹喘急，通乳汁。賭，補胃益氣，去骨蒸熱。腸，潤腸，止血痢臟毒，去大小腸風熱。洞腸，治脱肛失血。脾，去脾胃虚熱。居中云：六畜脾，一生莫食之。又云：猪肉補氣，能補陽爾。虚損症者陰不足，非所宜也。北猪味薄，煮之汁清；南猪味厚，煮之汁濃，毒尤甚。入藥，用純黑豭猪。其花猪、牝猪、病猪、白蹄猪，煮汁黄者曰黄臕猪，肉中有米星者曰米豬，俱不可食。《食治通説》云：燒肉，忌桑柴。凡煮肉，同皂莢子、桑皮，不發風氣。得舊篋易熟。煮諸肉，封鍋入楮實子二三十粒，易爛且香。夏天用醋煮肉，可留數日。煮臘肉將熟，以紅炭投鍋內，不油蔹。洗賭用麵，洗腸臟用沙糖，不穢氣。中病猪毒，燒猪屎為末，水服錢許，三次可瘥。有過食猪肉傷，燒猪骨為末，水服，或服芫荽汁、生韭汁，或加草果，可消。

明・李中立《本草原始》卷九　豕　處處有之。按許氏《説文》云：豕字象毛足，而後有尾形。《林氏小説》云：豕食不潔，故謂之豕。坎為豕，水畜而性趨下，喜穢也。牡曰豭，曰牙；牝曰彘，曰豝，曰貗。牡去勢曰豶，四蹄白曰豥。豬高五尺曰豝。豕之子曰豬，曰豚，曰縠。一子曰特，二子曰師，三子曰豵，末子曰么。生三月曰豯，六月曰䝉。何承天《纂文》云：梁州曰𤜼，河南曰彘，吴楚曰豨，漁陽以大豬為豝，齊徐以小豬為豱。《禮記》謂之剛鬣。崔豹《古今注》謂之參軍。

豕，《本經》下品。【圖略】入藥用純黑豭豬。凡白豬、花豬、豥豬、牝豬、病豬、黄臕豬、米豬，並不可食。

豭豬肉：氣味：酸，冷，無毒。○凡豬肉：苦，微寒，有小毒。江豬肉：酸，平，有小毒。○豚肉：辛，平，有小毒。主治：療狂病久不愈。○壓丹石，解熱毒，宜肥熱人食之。○補腎氣虚竭。○療水銀風，并中土坑惡氣。　豭豬頭肉：有毒。主治：寒熱五癃鬼毒。同五味煮食，補虚乏氣力，去驚癇五痔，下丹石，亦發風氣。　臘豬頭：燒灰，治魚臍瘡。　脂膏：氣味：甘，微寒，無毒。主治：煎膏藥，解斑蝥、芫青毒。○解地膽、亭長、野葛、硫黄、諸肝毒，利腸胃，通小便，除五疸水腫，生毛髮。○破冷結，散宿血。○利血脉，散風熱，潤肺。入膏藥主諸瘡，殺蟲，治皮膚風，塗惡瘡。脂膏治癰疽。○悦皮膚。作手膏，不皸裂。○胎產衣不下，以酒多服佳。○鬢膏生髮悦面。○臘月煉淨收用。反烏梅、梅子。　髓：氣味：甘，寒，無毒。主治：撲損、惡瘡。○塗小兒解顱，頭瘡及臍腫，眉瘡、瘑疥。服之補骨髓，益虚勞。　血：氣味：鹹，平，無毒。主治：生血，療賁豚暴氣，及海外瘴氣。○中風絶傷，頭風眩運，及淋瀝。○卒下血不止，清酒和炒食

之。清油炒食，治嘈雜有蟲。○壓丹石，解諸毒。心血：主治：調朱砂末服，治驚癇癲疾。○治卒惡死，及痘瘡倒靨。尾血：主治：痘瘡倒靨，用一匙，調龍腦少許，新汲水服。又治卒中惡死。心：氣味：甘、鹹，平，無毒。主治：驚邪憂恚。○虛悸氣逆，婦人產後中風，血氣驚恐。○補血不足，虛劣。五臟：主小兒驚癇，出汗。肝：氣味：苦，溫，無毒。主治：小兒驚癇。○切作生，以薑、醋食。主腳氣，當微洩；若先利，即勿服。○治冷勞臟虛，冷洩久滑，赤白帶下，以一葉薄批，揾着訶子末炙之，再揾再炙，盡末半兩，空腹細嚼，陳米飲送下。○補肝明目，療肝虛浮腫。脾：氣味：澀，平，無毒。主治：脾胃虛熱，同陳皮、人參、生薑、葱白、陳米煮羹食之。○孫思邈曰：凡六畜脾，人一生莫食之。肺：氣味：甘，微寒，無毒。主治：補肺。○療肺虛欬嗽，以一具，竹刀切片，麻油炒熟，同粥食。又治肺虛嗽血，煮蘸薏苡仁末食之，良。○頌曰：得大麻仁良。不與白花菜合食，令人氣滯，發霍亂。八月和飴食，至冬發疽。腎：氣味：鹹，冷，無毒。主治：理腎氣，通膀胱。○補膀胱水臟，暖〔腰〕膝，治耳聾。○補虛壯氣，消積滯。○除冷利。○止消渴，治產勞虛汗，下痢崩中。○詵曰：久服令人傷腎。脏：俗呼胰。氣味：甘，平，微毒。主治：肺痿欬嗽，和棗肉浸酒服。亦治痃癖羸瘦。○療肺氣乾脹喘急，潤五臟，去皴皰䵟黯。殺斑蝥、地膽毒。治冷痢成虛。一切肺病，欬嗽膿血不止，以薄竹筒盛，於煻火中煨熟，食上啖之，良。通乳汁。肚：氣味：甘，微溫，無毒。主治：補中益氣，止渴，斷暴痢虛弱。○補虛損，殺勞蟲。釀黃糯米蒸搗為丸，治勞氣，并小兒疳蛔黃瘦病。○主骨蒸熱勞，血脈不行，補羸助氣，四季宜食。○消積聚癥瘕，治惡瘡。腸：氣味：甘，微寒，無毒。主治：虛渴，小便數，補下焦虛竭。○止小便。○去大小腸風熱。○潤腸治燥，調血痢臟毒。○洞腸：治人洞腸挺出，血多。脬：亦作胞。氣味：甘，鹹，寒，無毒。主治：夢中遺溺，疝氣墜痛，陰囊濕痒，玉莖生瘡。膽：氣味：苦，寒，無毒。主治：傷寒熱渴。○骨熱勞極，消渴，小兒五疳，殺蟲。○敷小兒頭瘡，治大便不通，以葦筒納入下部三寸，灌之立下。○通小便。敷惡瘡，殺疳䘌，治目赤目翳，明目，清心臟，涼肝脾。入湯沐髮，去膩光澤。膚：氣味：甘，寒，無毒。主治：少陰下利，咽痛。耳垢：主治：蛇傷狗咬，塗之。鼻唇：氣味：甘，鹹，微寒，無毒。主治：上唇治凍瘡痛痒。○煎汁，同蜀椒目末半錢服，治盜汗。○治目中風翳，燒灰，水服方寸匕，日二服。舌：主治：健脾補不足，令人能食，和五味煮汁食。齒：氣味：甘，平。主治：小兒驚癇，五月五日取，燒灰服。○又治蛇咬。○治痘瘡倒陷，燒灰，水服一錢。豚卵：氣味：甘，溫，無毒。主治：驚癇癲疾，鬼疰蠱毒。除寒熱，賁豚五癃，邪氣攣縮。○除陰莖中痛。○治陰陽易病，少腹急痛，用熱酒吞二枚，即瘥。蹄：氣味：甘、鹹，小寒，無毒。主治：煮汁服，下乳汁，解百藥毒，洗傷撻，諸敗瘡。○滑肌膚，去寒熱。○煮羹通乳脉，托癰疽，壓丹石。煮清汁，洗癰疽，漬熱毒，消毒氣，去惡肉，有效。懸蹄甲：氣味：鹹，平，無毒。主治：五痔，伏熱在腹中，腸癰內蝕。○同赤木燒煙熏，辟一切惡瘡。○蹄宜用母豬者。毛：燒灰，麻油調塗湯火傷，留竅出毒，則無痕。屎：氣味：寒，無毒。主治：寒熱黃疸，濕痹。○主蠱毒，天行熱病，並取一升，浸汁頓服。○燒灰，發痘瘡，治驚癇，除熱解毒，治瘡。○血溜出血不止，取新屎壓之。豬窠中草：治小兒夜啼，密安席下，勿令母知。

《馬氏家藏》：治冷陰效方：母豬糞，不拘多少，以舊鐵掀上炒焦黃色，每用二三錢，加兔兒酸尖七箇，黃酒煎服，勿用羅濾，雖牙關緊急，灌之汗出即回生。

明·吴文炳《藥性全備食物本草》卷二　按：猪飼養甚多，蓋圖生息繁，食物寡，容易長大，人啖食弗厭，乃嗜脂膏盛筋膜少，不勝滑肥，本經欵中勿多食，是又有所據也。丹溪云：猪肉惟補氣，補氣即補陽，人身中陽常有餘，陰(熱)常不足，凡患虛損症者俱屬陰虛，謂食多肉能補，是猶以火濟火，反助有餘，愈損不足，安能保長壽哉？何者？肉性本熱，入胃則熱便作，熱作則痰生，痰生則氣不升降，諸症之至，豈有已耶？予每見患外感者食之，症愈增劇；患瘧者食之，寒熱復來；患金瘡食之，血益衰涸；肥人多食動風發痰，瘦人多食助火作熱。是皆助其有餘之邪，而犯不戒之譴也。孔子曰：肉雖多不使勝食氣。聖人亦此戒人，衛生者當知節乎。《食治通說》云：北猪味薄，煮之汁清；南猪味厚，煮之汁濃，毒尤甚，入藥用純黑豭猪。其花猪、牝猪、病猪、白蹄猪；煮汁黃者，曰黃膔猪；肉中有米星者，曰米猪，俱不可食。燒肉忌桑柴。凡煮肉同皂莢子、桑皮，不發風氣，得舊篾易熟；煮猪肉封鍋入楮實子二三十粒，易爛易香。夏天用醋煮，肉可留數

日。煮臘肉將熟，以紅炭投鍋内不油蘞；洗脂用麪，洗腸臟用沙糖，不穢氣。中病猪毒，燒猪〔屎〕為末，水服錢許，三次可瘥。有過食猪肉傷，燒猪骨為末，水服，或服芫荽、生韭汁，或加草果可消。

明・趙南星《上醫本草》卷四　豬音猪。　一名豕，一名彘。凡煮猪肉，得皂莢子、桑白皮、高良薑、黄蠟，不發風氣；得舊籬篾，易熟也。　凡豬肉：苦，微寒，有小毒。主治：補腎氣虚竭。　不可多食，反烏梅、桔梗、黄連、胡黄連，犯之令人瀉痢。反蒼耳，令人動風，合生薑食生面䵟發風，合蕎麥食落毛髮，患風病，合葵菜食少氣，合百花菜、吴茱萸食發痔疾，合胡荽食爛人臍，合牛肉食生蟲，合羊肝、雞子、鯽魚、豆黄食滯氣，合龜鼈肉食傷人。猪頭肉有毒，有病人食之生風發疾。　猪腦：有毒。《禮記》云：食豚去腦。《孫真人食忌》云：猪腦損男子陽道，酒後尤不可食。　猪血：能損陽也。同黄豆食滯氣，服地黄、何首烏諸補藥者忌之。　心：多食耗心氣，不可合吴茱萸食。　肝：餌藥人不可食之。合魚鱠食生癰疽，合鵪鶉食生面䵟。《延壽書》云：猪臨殺，驚氣入心，絶氣歸肝，多食必傷人。脾：俗名聯貼。凡六畜脾，人一生莫食之。　肺：得大麻仁良。與白花菜合食，令人氣滯，發霍亂。八月和飴食，至冬發疽。　腎：雖補腎，而久食令人少子，傷腎。冬月食損人真氣，兼發虚壅。腎俗名腰子。　肚：甘，微溫，無毒。主治：補中益氣，主骨蒸熱勞，血脉不行，補羸助氣，四季宜食。

附方　補益虚羸：用猪肚一具，入人參五兩，蜀椒一兩，乾薑一兩半，葱白七箇，粳米半升在内，密縫，煮熟食。　上氣欬嗽：猪肪四兩，煮百沸以來，切，和醬，醋食之。肪即脂凝者。　痘瘡黑陷：臘月收公猪心血，瓶〔盛，掛風處〕乾之。每用一錢，入龍腦少許，研勻，〔溫〕酒〔調〕服。須臾紅活，神効。無乾血，用生血。　肺虚欬嗽：用猪肺一具，竹刀切片，麻油炒熟，同粥食。　肺虚嗽血：煮猪肺，蘸薏苡仁末食之。　急心疼痛：用猪心一枚，每歲入胡椒一粒，同鹽、酒煮食。　久泄不止：猪腰子一箇批開，摻骨碎補末，煨熟食之，神効。　小便不通：猪膽一枚，熱酒和服。又方：猪膽連汁，籠住陰頭一二時，汁入自通。

明・李中梓《藥性解》卷六　猪肉　味甘，性溫，無毒，入脾經。主補脾益氣，然多食能動風痰。四蹄主撻傷下乳及諸瘡，臟腸主内痔，腎主腰疼，賭能扶胃，肺能止嗽，心能定驚，舌能健脾；油可敷瘡，腦治頭痃腦鳴，膏能潤肺利血脉解風熱。按：猪肉之甘，自宜入脾，遍身之用，各以類從。丹溪謂其熱能生痰，痰多則氣不升降，故外感者食之而愈劇。患瘧食之而復成，善頤生者，節食為貴。

明・繆希雍《本草經疏》卷一八　猪懸蹄　主五痔，伏熱在腸，腸癰内蝕。

〔疏〕猪，水畜也。在辰屬亥，在卦屬坎。其肉氣味雖寒，然而多食令人暴肥，性能作濕生痰，易惹風熱，殊無利益耳。其懸蹄，乃蹄甲之懸起不着地者。《本經》無氣味，然為鹹寒無毒之物，入手足陽明經藥也。濕熱下注則為五痔内蝕，熱壅血滯則為腸癰，鹹寒能除腸胃之熱，故主之也。〔主治參互〕得牛角䚡、槐角子、猬皮、象牙末、金頭蜈蚣、蛀竹屑、明礬、地榆、青黛，白蠟，治通腸漏，令漏管自出。錢氏《小兒方》痘後目翳，半年已上者，一月取効。用猪懸蹄三兩，瓦瓶固濟煅，蟬蜕一兩，羚羊角三錢，為末。每歲一字，三歲已上三錢，溫水服，日三。

猪四足：小寒。主傷撻諸敗瘡，下乳汁。

〔疏〕乳屬陽明，陽明脉弱則乳汁不通，能益陽明經氣血，故能下乳。傷撻敗瘡，必血熱作痛，氣寒而味甘鹹，故涼血止痛也。又，煮湯為洗潰瘍之要藥。〔主治參互〕《廣濟方》婦人乳無汁者，以猪蹄四枚，水二斗，煮一斗，去蹄，入土瓜根、通草、漏蘆各三兩，再煮六升，去滓，内葱白、豉，作粥或羹食之，身體微熱有少汗出佳，未通再作。《梅師方》癰疽發背，乳發初起。母猪蹄一隻，通草六分，綿裹煮羹食之。《外科精要》洗癰疽，有豬蹄湯。

腎：冷。和理腎氣，通利膀胱。

〔疏〕猪腎味鹹，氣冷，能瀉腎氣，腎虚寒者不宜食。本經主理腎氣，乃借其同氣以引導之耳。不言補而言理，其意有在矣。腎與膀胱為表裏，故復能利膀胱也。今人誤認以為補腎，恣意食之，大為差謬。不覩日華子云久食令人無子，孟詵云久食令人傷腎，其非補腎之物明矣。

膽：主傷寒熱渴。

〔疏〕膽，味苦氣寒，《經》曰：熱淫於内，寒以勝之，苦以泄之。故主傷寒熱渴也。〔主治參互〕仲景膽導法：以猪膽汁和醋少許，灌穀道中，通大便神効。入猪牙皂角細末二分，攪勻更速。蓋酸苦益陰，潤燥而瀉便也。又治少陰下利不止，厥逆無脈，乾嘔煩者，以白通湯加猪膽汁主之。

使其氣相從，無拒格之患。此寒因熱用，熱因寒用之義也。葱白四莖，乾薑一兩，生附子一枚，水三升，煮一升，入人尿五合，猪膽汁一合，分服。入雄黄末三四分，蜈蚣末二分，套指縛緊，治天蛇毒，有效。《梅師方》熱病䘌蝕上下，用猪膽汁一枚，醋一合，煎沸服，蟲立死。《外臺秘要》湯火傷瘡，猪膽調黄蘗末，塗之。

膚：仲景治足少陰下利，咽痛，胸滿心煩者，有猪膚湯。用猪膚一斤，水一斗，煮五升，取汁，入白蜜一升，白粉五合，熬香，分服。成無己註云：猪，水畜也。其氣先入腎，解少陰客熱。加白蜜以潤燥除煩，白粉以益氣斷利也。肚：主補中益氣，止渴利。

【疏】猪肚屬土，故其味必甘，氣微溫，無毒。乃猪一身無害之物，為補脾胃之要品。脾胃得補則中氣益，利自止矣。日華子主補虚損，蘇頌主骨蒸勞熱，血脈不行，皆取其補益脾胃則精血自生，虚勞自愈，根本固而五臟皆安也。【主治參互】《普濟方》水瀉不止，用猪肚一枚煮爛，入平胃散搗丸服效。仲景方猪肚黄連丸，治消渴。用雄猪肚一枚，入黄連末五兩，栝樓根，白粱米各四兩，知母三兩，麥門冬二兩，縫定蒸熟，搗丸梧子大。每服三十丸，米飲下。《千金方》溫養胎氣，胎至九月消息，用猪肚一枚，如常着五味煮食至盡。又，猪肚丸，黄連一味為細末，量肚大小實之，煮令極爛，搗勻為丸梧子大。治臟毒下血。又方，治腹脹大，用烏芋去皮，入雄肚，線縫，砂器煮糜，食之，勿入鹽。

肪膏：主煎諸膏藥，解班貓、芫青毒。

【疏】肪膏即脂油也。味甘寒，性滑澤。能涼血解毒潤燥，故主煎諸膏藥，及解班猫、芫青毒也。又能利腸胃，通大小便，能散風熱，療惡瘡。【主治參互】《肘後方》膏髮煎，治女勞黄疸，見髮髲條，兼能治五疸。萬氏方肺熱暴瘖，猪脂油一斤煉過，入白蜜一斤再煉少頃，濾淨冷定。不時挑服一匙，即愈。

胰：一名腎脂，生兩腎中間，似脂非脂，似肉非肉，乃人物之命門、三焦發原處也。陳藏器主肺痿咳嗽，和棗肉浸酒服。亦能主痃癖羸瘦。蘇頌主肺氣乾脹喘急，潤五藏，去皴皰䵟黯等證。蓋是甘寒滑澤之物，甘寒則津液生，滑澤則垢膩去，故主如上諸證也。男子多食損陽，薄大腸。其能專在去垢膩，可用以浣垢衣，俗名猪胰子。

【簡誤】按猪為食味中常用之物，臟腑腸胃咸無棄焉。然其一身除肚、膏外，餘皆有毒發病，人習之而不察也。壯實者，或暫食無害；有疾者，不可不知其忌，故列其害於後。肉：多食令人虚肥，生痰熱。熱病後食之復發。不宜與薑同食，食則發大風病。頭肉：有病者食之，生風發疾。腦：食之損男子陽道，臨房不能行事，酒後尤不可食。血：能敗血損陽，服地黄、何首烏諸補藥者，尤忌之。多食耗心氣，不可合吳茱萸食。肝：餌藥人不可食。合魚鱠食生癰疽。合鯉魚腸、子食，傷人神。《延壽書》云：猪臨宰，驚氣入心，絶氣歸肝，俱不可多食，必傷人。脾：孫思邈云：凡六畜脾，人一生莫食之。肺：不可與白花菜合食，令人氣滯發霍亂。八月和飴食，至冬發疽。腎：久食令人傷腎少子。冬月不可食，損人真氣，兼發虚壅。胰：男子多食損陽。腸：多食動冷氣。鼻、唇：多食動風。舌：多食損心。

明・倪朱謨《本草彙言》卷一八 豬膽汁 味苦，氣寒，無毒。沉也，降也，入手足陽明經。李氏曰：豬，水畜也。土地生産，各有不同。生青、兗、徐、淮者耳大，生江南者耳小，生燕、冀者皮厚，生梁、雍者足短，生遼東者頭白，生豫州者耳短，生嶺南者白而極肥。孕四月而生。在畜屬亥，在卦屬坎，在畜應室星。其體骨重而少筋，性趨下，俯首，喜卑穢。天將雨，則進涉水中。牝曰豝，曰彘；牡曰豵，曰豭。皮膚、血肉、筋骨、髓腦、藏府、膏膜、頭臚、脬卵、懸蹄、耳垢、燖湯、毛、膽，咸歸藥用。如豭豬，其力轉勝，故牡豬之膽幷蹄皆倍大於牝者。

豬膽汁：主傷寒裏熱燥渴，潤大便火結之藥也。白尚之曰：按《經》曰：熱淫於內，寒以勝之，苦以泄之。故仲景方以葦筒納穀道二寸，以豬膽汁和醋少許灌之，治傷寒裏熱枯燥，大便不通。蓋取苦酸寒滑而潤燥通結也。又治少陰下利不止，厥逆無脉，乾嘔煩者，以白通湯加豬膽汁，以調寒熱之逆者也。取人尿、豬膽鹹苦之物於熱劑之中，使其氣相從而無拒格之患矣。又治霍亂病吐下已斷，汗出而厥，脉微欲絶者，以通脉四逆湯加豬膽汁數匙主之者，蓋陽氣大虚，陰氣獨勝，純與陽藥，恐陰氣拒格不得入，故加豬膽汁之苦寒，入心以通脉和肝，亦使其氣相从，不致拒格也。此寒因熱用，熱因寒用之義耳。

集方：仲景治少陰下利不止，厥逆無脉，乾嘔煩者。以白通湯用葱白

四莖、乾薑一兩、生附子一枚，水三升煮一升，入童尿三合，猳豬膽汁半合調服。○仲景治少陰病下利清穀，裏寒外熱，手足厥逆，脉微欲絕，身反不惡寒，其人面色赤，或腹痛，或乾嘔，或咽痛，或利止脉不出者，以通脉四逆湯主之。用甘草一兩，生附子一枚，葱白七莖，乾薑二兩，以水三升，煮取一升、去渣，加猳豬膽汁五匙調服。如腹中痛甚者，加酒炒白芍藥二兩，嘔者加生薑二兩，咽痛加桔梗一兩，利止脉不出者加人參二兩。○邵真人方治喉風閉塞。冬至日取猳豬膽五六枚，用川黃連、薄荷、殭蠶、白礬、水朴硝各五錢，研極細末拌勻，分裝膽內。將地掘深一尺，以竹幹橫懸此膽，以無隙缸盖定。至立春日取出，待風吹乾，密收。每取少许吹入喉間立效。○梅師方治熱病䘌蝕上下。用猳豬膽汁一枚，醋一合，頓溫服，蟲立死。

豬膚：味甘，氣平，無毒。吳氏曰：豬膚係燖豬時刮下毛裏白屑是也。

豬膚：仲景治足少陰下利，咽痛，胸滿心煩者，有豬膚湯。用豬膚八兩，水五升，煮二升，取汁入白蜜五合，粳米粉三合，總熬令香，分作三服。卢氏子繇曰：膚革外薄皮也。又曰膚淺也。足少陰下利，猶釜底抽薪而烹飪廢，致水穀失濟、失泌之所致也。盖少陰腎主水，已屬從流而下矣。復心煩胸滿咽痛者，转類奔豚之爲疾，氣從少腹上衝心，令人若死狀者。腎屬水藏，豬屬水畜，爲能充其類焉。取其淪膚殆盡而气微衰，廼得自外而內、以从上而下也。則下利止而咽痛、胸滿、心烦自愈矣！又成氏言加白蜜亦通。

豬心血：味甘、鹹，氣平，無毒。治驚癇癲疾及中惡卒死之藥也。翟秉元曰：驚癇癲疾，心氣閉而〔有〕痰也；中惡卒死，心氣閉而有邪也。四證均屬心君失令，血不歸元而然，用此藥以心歸心、以血導血也。如沈存中用豬尾血以治痘瘡黑陷，取半盞和好酒調服，須臾紅活，亦取生血回元之義。

豬大腸：味甘，氣寒，有微毒。潤腸治燥，李時珍止血痢、藏毒之藥也。

集方：《奇效良方》治腸風藏毒因熱者。用豬大腸一條去油垢淨，酒煮極爛，搗膏，以白芍藥四兩、川黃連五錢，俱炒研末，和爲丸梧子大，每服二錢，白湯下。○同上治藏寒泄瀉，體倦食減，用豬大腸如前法製，以於白朮四兩，吳茱萸一兩，俱炒研末，和爲丸梧子大，每服三錢，白湯下。

豬脬：味甘，氣平，無毒。治老幼男婦夢中遺溺不愈，并療陰囊濕癢、日華子玉莖生瘡諸病之藥也。以五味調作羹食之。陸平林曰：豬脬，即尿胞也，吳人俗呼小肚。所治皆下焦病，亦以類從爾。按羅氏《衛生方》治蘄州一婦人病轉脬、小便不通、腹脹如鼓，二旬垂死，一醫用猪脬吹脹，以翎管安上，插入其孔，捻脬氣即吹入，即大尿而愈。此法知者頗少，亦機巧妙術也。

按邵真人《延壽箋》曰：豬爲食味中常用之物，藏府腸胃咸無棄焉。然其一身除肚膏外，餘皆有毒發病，人習之而不察也。壯實者或暫食無害，有疾者不可不知。其忌特列其害于後。○肉：多食令人虛肥生痰。大病後食之復發。與薑同食即發大風病。○頭肉：有病者食之，生風發疾。○腦：食之損男子陽道，絕生育，酒後尤不可食。○血：能敗血而耗心氣。○肝：食之必傷人。豬臨宰，驚氣入心，絕氣歸肝故也。合諸魚食生癰疽。○脾：一生莫食之。○肺：不可與白花菜合食，令人氣滯發霍亂。○腎：食之傷腎少子。冬月尤不可食，損人真氣。○脂：男子食之損陽。○腸：食之動冷氣、發宿疾。○鼻唇：食之動風。○舌：食之損心氣。

明・應麐《食治廣要》卷六

豕即猪。肉：氣味：苦，微寒，有小毒。主閉血脉，弱筋骨，生痰動氣，多食令人暴肥，蓋風虛所致也。韓𢘿曰：凡肉有補，惟猪肉無補，人習之化也。丹溪云：猪肉補氣，世俗以為補，誤矣。蓋肉性入胃，便作濕熱，熱生痰，痰生則氣不降而諸證作矣。反忌烏梅、桔梗、川連、胡連、蒼耳、生薑、蕎麥、葵菜、白花菜、吳茱萸、胡荽、牛肉、羊肝、雞子、鯽魚、豆黃、龜鼈肉。

項肉：即槽頭，肥脆動風。脂膏：甘，微寒，無毒。反烏梅、梅子。

腦：甘，寒，有毒。《禮記》云：食豚去腦。《孫真人食忌》云：猪腦損男子陽道，臨房不能行事，酒後尤不可食。《延壽書》云：今人以鹽酒食猪腦，是自引賊也。髓：甘，寒，無毒。丹溪補陰丸用此，取補骨髓而益虛勞也。血：鹹，平，無毒。服地黃、何首烏諸補藥者忌之。能損陽氣。同黃豆食，滯氣。心血、尾血：愈驚癇、癲疾、卒惡死、痘瘡倒靨。蓋以心歸心，以血導血之意。用尾血者，取其動而不息也。心：甘、鹹，平，無毒。多食耗心氣，不可合吳茱萸食。肝：苦，溫，無毒。餌藥人不可食。《延壽書》云：猪臨殺，驚氣入心，絕氣歸肝，多食必傷人。脾：俗名聯貼。澁，平，無毒。孫真人曰：凡六畜脾，人一生莫食之。肺：甘，微寒，無毒。食之補肺。與白花菜食，令人氣滯，發霍亂。腎：俗名腰子。鹹，冷，無毒。日華子曰：雖補腎，久食令人少子。孟詵亦曰：久食傷腎，冬月食之損人真氣。腎氣虛寒者，最不宜食。今人不達此意，往往食之以為補，不

可不審。按《千金方》有猪腎薺苨、腎瀝等湯方甚多，俱是引導之意也。胰音夷：甘，平，微毒。男子多食損陽。肚：甘，微溫，無毒。補中益氣。李時珍曰：猪，水畜也。而胃屬土，故方藥亦用之補虛，以胃治胃也腸：甘，微寒，無毒。補下焦虛竭，去大小腸風熱，潤腸治燥，調血痢藏毒，止小便。脬：亦作胞：甘、鹹，寒，無毒。食之止夢中遺溺。舌：健脾，補不足，令人能食。蹄：甘、鹹，小寒，無毒。下乳汁，滑肌膚，去寒熱。汁洗傷撻、癰疽、敗瘡惡肉。

明・姚可成《食物本草》卷一三獸部・豢畜類 豕一名豬，一名豚。牡曰豭，牝曰彘，去勢曰豶。凡豬骨細少筋多膏，大者有重百餘斤。食物至寡，甚易畜養之，甚易生息。○李時珍曰：豬，天下畜之，而各有異。生青兖徐淮者，耳大；生燕冀者，皮厚；生梁雍者，足短；生遼東者，頭白；生豫州者，味短；生江南者，耳小，謂之江豬；生嶺南者，白而極肥。豬孕四月而生，在畜屬水，在卦爲坎，在禽應室星。

豭豬肉：味酸，冷，無毒。主狂病久不愈，壓丹石，解熱毒，肥熱人食之。補腎氣虛竭。療水銀風，并中土坑惡邪氣。能閉血脉，弱筋骨，虛人肌，不可久食，病人金瘡者尤甚。江豬肉：有小毒。多食令人體重。作脯，少有腥氣。豚肉有小毒，久食令人偏體筋肉碎痛乏氣。○李時珍曰：北豬味薄，煮之汁清；南豬味厚，煮之汁濃，毒尤甚。凡白豬、花豬、豥豬、牝豬、病豬、黃臕豬、米豬，並不可食。黃臕煮之汁黃，米豬肉中有米。《説文》：豕食於星下則生息米。○合生薑食，生面皯，發風；合蕎麥食，落毛髮，患風病；合葵菜食，少氣；合百花菜、吳茱萸食，發痔疾；合胡荽食，爛人臍；合牛肉食，生蟲；合羊肝、雞子、鯽魚、豆黃食，滯氣；合龜鼈肉食，傷人。凡煮豬肉，得皂莢子、桑白皮、高良薑、黃蠟，不發風氣；得舊籬篾，易熟也。豬頭肉：有毒。主寒熱五癃鬼毒。同五味煮食，補虛乏氣力，去驚癇五痔，下丹石，亦發風氣，有風病者忌食。臘豬頭燒灰，治魚臍瘡，神效。此瘡腫黑，狀狹而長。五月戊辰日，以豬頭祀竈，所求如意。以臘豬耳懸梁上，令人豐足，此亦厭禳之物也。項肉：俗名槽頭肉。主酒積面黃腹脹。以一兩切如泥，合甘遂末一錢，作丸，紙裹煨香食之，酒下。當利出酒布袋也。脂膏：即油。凡凝者為肪為脂，釋者為膏為油。味甘，微寒，無毒。解地膽、亭長、野葛、硫黃毒、諸肝毒。利腸胃，通小便，除五疸水腫，生毛髮。破冷結，散宿血。利血脉，散風熱，潤肺。殺蟲，治皮膚風，塗惡瘡，治癰疽，悦皮膚。作手膏，不皸裂。胎產衣不下，以酒多服，佳。鬐膏：生髮悦面。煎膏藥，解斑蝥、芫青毒。腦：味甘，寒，有毒。主風眩腦鳴，凍瘡癰腫，塗紙上貼之，乾則易。治手足皸裂出血，以酒化洗，并塗之。《禮記》云：食豚去腦。《孫真人食忌》云：豬腦損男子陽道，臨房不能行事，酒後尤不可食。《延壽書》云：今人以鹽酒食豬腦，是自引賊也。髓：味甘，寒，無毒。治撲損惡瘡。塗小兒，解顱頭瘡及臍腫、眉瘡、瘑疥。服之，補骨髓，益虛勞。按(并)〔丹〕溪治虛損補陰丸，多用豬脊髓和丸，取其通腎命，以髓入骨，以髓補髓也。血：味鹹，平，無毒。主生血，療賁豚暴氣及海外瘴氣。中風絕傷，頭風眩運及淋瀝。卒下血不止，清酒和，炒食之。壓丹石，解諸毒。清油炒食，治嘈雜有蟲。服地黃、何首烏諸補藥者忌之，云能損陽也。同黃豆食，滯氣。李時珍曰：按陳自明云：婦人嘈雜，皆血液淚汗變而為痰，或言是血嘈，多以豬血炒食而愈，蓋以血導血歸原之意爾。此固一説，然亦有蛔蟲作嘈雜者，蟲得血腥則飽而伏也。心血：調朱砂末服，治驚癇癲疾，又治卒惡死及痘瘡倒靨。尾血：治痘瘡倒靨，用一匙，調龍腦少許，新汲水服。又治卒中惡死。心：味甘、鹹，平，無毒。治驚邪憂恚，虛悸氣逆，婦人產後中風，血氣驚恐。補血不足，虛劣。多食耗心氣。不可合吳茱萸食。肝：味苦，溫，無毒。治小兒驚癇，補肝明目，療肝虛浮腫。餌藥人不可食之。合魚鱠食，生癰疽。合鯉魚腸子食，傷人神。合鵪鶉食，生面皯。《延壽書》云：豬臨殺，驚氣入心，絕氣歸肝，俱不可多食，必傷人。脾：俗名聯貼。味澀，平，無毒。治脾胃虛熱，同陳橘紅、人參、生薑、葱白、陳米煮羹食之。孫思邈曰：凡六畜脾，人一生莫食之。肺：味甘，微寒，無毒。主補肺，療肺虛欬嗽，以一具，竹刀切片，麻油炒熟，同粥食。又治肺虛嗽血，煮，蘸薏苡仁末食之。不可與白花菜合食，令人氣滯，發霍亂。八月和飴食，至冬發疽。腎：俗名腰子。味鹹，冷，無毒。主理腎氣，通膀胱。補膀胱水臟，暖膝，治耳聾。補虛壯氣，消積滯，除冷利，止消渴。治產勞虛汗，下痢崩中。○腎有虛熱者，宜食之。若腎氣虛寒者，非所宜矣。今人不達此意，往往食豬腎為補，不可不審。雖補腎，若久食，令人少子。又傷腎，冬月不可食，損人真氣，兼發虛壅。脏：音夷。亦作胰。李時珍曰：一名腎脂，生兩腎中間，似脂非脂，似肉非肉，乃人物之命門，三焦發原處也。肥則多，瘦則少。蓋頤養賴之，故謂之脏。味甘，平，微毒。其性能去垢膩，染練用之。脾薄人忌食。

治肺痿欬嗽，和棗肉浸酒服。亦治痃癖羸瘦，療肺氣乾脹喘急，潤五臟，去皴皰皯黯，〔解〕斑蝥、地膽毒。治冷痢成虚，一切肺病欬嗽，膿血不止。以薄竹筒盛，於塘火中煨熟，食上啖之，良。通乳汁。又合膏，練繒帛。肚：味甘，微溫，無毒。主補中益氣，止渴，斷暴痢虚弱，補虚損，殺勞蟲。釀黄糯米蒸搗為丸，治勞氣，并小兒疳蚘黄瘦病。又主骨蒸勞熱，血脉不行，補羸助氣，四季宜食。消積聚癥瘕，治惡瘡。腸：味甘，微寒，無毒。治虚渴小便數，補下焦虚竭，止小便，去大、小腸風熱，宜食之。潤腸治燥，調血痢臟毒。洞腸：治人洞腸挺出，血多。脬：味甘、鹹，寒，無毒。治夢中遺溺，疝氣墜痛，陰囊濕痒，玉莖生瘡。〇李時珍曰：豬胞所主，皆下焦病，亦以類從爾。蘄有一妓，病轉脬，小便不通，腹脹如鼓數日，垂死。一醫用豬脬吹脹，以翎管安上，插入陰孔，捻脬氣吹入，即大尿而愈。此法載在羅天益《衛生寶鑒》中，知者頗少，亦機巧妙術也。膽：味苦，寒，無毒。治傷寒熱渴，骨蒸勞極，消渴，小兒五（痔）〔疳〕，殺蟲。敷小兒頭瘡。治大便秘，以葦筒納入下部三寸灌之，立下。通小便，敷惡瘡，殺疳䘌。治目赤目翳，明目，清心臟，涼肝脾。入湯沐髮，去膩光澤。舌：治健脾補不足，令人能食，和五味煮汁食。豚卵：味甘，溫，無毒。治驚癇癲疾，鬼疰蠱毒。除寒熱，賁豚五癃，邪氣攣縮。除陰莖中痛。治陰陽易病，少腹急痛，用熱酒吞二枚即瘥。蹄：味甘、鹹，小寒，無毒。主煮汁服，下乳汁，解百藥毒。洗傷撻諸敗瘡。滑肌膚，去寒熱。煮羹，通乳脉，托癰疽，壓丹石。煮清汁，洗癰疽，清熱毒，消毒氣，去惡肉，有効。尾：用臘月者，燒灰水服，治喉痹。和豬脂，塗赤禿髮落。

附方：治小兒刮腸痢疾，禁口閉目，至重者。精豬肉一兩，薄切炙香，以膩粉末半錢，鋪上令食，或置鼻頭聞香自然要食也。治風狂歌笑，行走不休。用豭豬肉一斤，煮熟切膾，和醬食，或羹、粥、炒，任食之。治禁口痢疾。用臘肉脯煨食之，妙。治脹滿不食。用生豬肉以漿水洗，壓乾切膾，蒜、薤啖之。一日二次，下氣去風，乃外國奇方也。解丹石毒，發熱沉困。用肥豬肉五斤，葱、薤半斤，煮食。必腹鳴毒下，以水淘之，砂石盡乃愈。治傷損不食。凡被人打及從高墜下傷重，三五日水食不入口。用生豬肉二錢，打爛，溫水洗去血水，再擂爛，以陰陽湯打和。以半錢用雞毛送入咽內，却以陰陽湯灌下。其食蟲聞香，竄開瘀血而上，胸中自然開解。此乃損血凝聚心間，蟲食血飽，他物蟲不來探故也。謂之騙通之法。治小兒重舌。取三家屠肉，切指大，摩舌上，即愈。治關格閉塞。豬脂、薑汁各二升，微火煎至一升，下酒五合再煎。分三次服，效。治小兒百日內風噤，口中有物如蝸牛，豬脂擦之，即消。治鼠瘻瘰癧。用豬膏淹生地黄，煎六七沸，塗之。治漏瘡不合。以紙粘臘豬脂納瘡中，日五夜三次。治胞衣不下。豬油一兩，水一盞，煎五七沸，服之即出。治漆瘡作痒。用豬油頻塗之。治誤吞鐵釘。豬脂多食令飽，自然裹出。治咽喉骨鯁。吞豬膏一團，不瘥，更吞之，即愈。治雜物入目。豬脂煮，取水面如油者，仰卧去枕，點鼻中。不過數度，與物俱出。治發背發乳。用豬脂切片，冷水浸貼，日易四五十片，甚妙。此乃急救方。治骨蒸勞熱。豬脊髓一條，豬膽汁一枚，童便一盞，柴胡、前胡、胡黄連、烏梅各一錢，韭白七根，同煎七分，溫服。不過三服，其效如神。治交接陰毒，腹痛欲死。雄豬血乘熱和酒飲之。治蜈蚣入腹。豬血灌之，少頃，飲桐油，當吐出。治痘瘡黑陷。臘月收雄豬心血，瓶乾之。每用一錢，入冰片少許，研勻，酒服。須臾紅活。無乾血，用生血。其效如神。開骨催生丹。用豬心血和乳香末，丸桐子大，硃砂為衣。面東酒吞一丸，未下再服。治卒中惡死。取豬尾血飲，并縛豚枕之，即活。此乃長桑君授扁鵲法也，出《魏夫人傳》。治蛇入七孔。割母豬尾血滴入，即出也。治心虚自汗不睡者。用雄豬心一个，帶血破開，入人參、當歸各一錢，紮定煮熟，去藥食之，不過二三即愈。治急心疼痛。豬心一枚，每歲入胡椒一粒，同鹽、酒煮食。治女人陰中作痒。炙豬肝納入，當有蟲出。治傳尸勞。豬腰子一對，童子小便二盞，無灰酒一盞，新瓷瓶盛之，泥封，炭火溫養，自戌至子時止。待五更初取開，飲酒食腰子。病篤者，一月取效。治夢中遺尿。用豬脬洗淨，炙食之。治產後遺尿。豬脬、豬肚各一个，糯米半升入脬內，更以脬入肚內，同五味煮食。治消渴飲水無度。乾豬脬十个，剪破去蒂，燒存性，為末。每服一錢，溫酒下。治玉莖生瘡臭爛。豬脬一个，去尿一半，留一半，以煅紅新磚焙乾，為末，入黄丹一錢，摻之，三五次瘥。先以葱、椒湯洗患處。治小便不通。用豬膽連汁籠住陰頭一二時，汁入自通。治纏喉風閉。臘月初一日取豬膽五六个，用黄連、青黛、薄荷、殭蠶、白礬、朴硝各五錢，裝入膽內，青紙包了。將地掘一孔，深廣各一尺，以竹橫懸此膽在內，以物蓋定。候至立春日取出，待風吹，去膽皮、青紙，研末

密收。每吹少許，神驗。乃萬金不易之方。　治瘿瘤大如升斗。用豬靨七枚，乃豬喉下肉團一枚，大如棗，微扁色紅者是也。酒炒，入瓶中，露一夜取出，炙食之，神效。　治癰疽發背。母豬蹄一隻，通草六分，綿裹煮羹食之。　治男女下疳。用母豬糞黃泥包，煅存性，為末。以米泔洗淨搽之，立效。　治婦人血崩。母豬屎燒灰，酒服三錢。　治小兒陰腫。豬屎炒熱，袋盛安腫上，大效。　治竹刺入肉。多年燻肉，切片包裹之，即出。　治中諸肝毒。豬膏頓服一升。　治食髮成瘕，心腹作痛，咽間如有蟲上下，嗜食與油者是也。用豬脂二升，酒三升，煮三沸服，日三次。　治喉痹已破，瘡口痛者。豬腦髓蒸熟，入薑、醋喫之，即愈。　治牙疳危急。豬肝一具，煮熟，蘸赤芍藥末，任意食之。後服平胃散二三貼即効。　治腎虛，遺精多汗，夜夢鬼交。用豬腎一枚，切開去膜，入附子末一錢，濕紙裹，煨熟。空心食之，飲酒一盃。不過三五服，效。　治婦人無乳。用母豬蹄一具，水二斗，煮五六升飲之。或加通草六分。

明·顧逢柏《分部本草妙用》卷一〇獸部　豕肉　辛，平，有小毒。凡猳猪、江猪肉，久食令人少子精，發宿病。惟平常猪肉可食。然生痰發瘧痢諸疾。不可合薑食。　主治：　療狂病久不愈，壓丹石，解熱毒，宜肥熱人食之。　補腎虛，療水銀風，并中土坑惡氣。　豕肉補氣，惟補陽耳。虛損者虛在陰，以肉補之，是以火濟水。況肉性入胃，便作濕熱，熱生痰，痰生則氣不降，而諸證作矣。曰令人暴肥者，蓋虛風所致也。竝不補人，而人曰補，乃俗習之談耳。　臘猪肉燒灰，雞子清調，治魚臍瘡。項肉俗云槽頭肉。以一兩切片如泥，同甘遂末一錢，作丸，紙裹煨香，食之酒下，當利出酒布袋也。　脂膏，生髮悅面，殺蟲。　塗瘡解毒。　腦，損陽道，酒後益不可食。　血，治婦人血嘈，治蚘蟲作嘈症。　心血，調硃砂服，治驚癇癲疾，并治卒惡死，痘瘡倒靨。　心，鎮驚，補血不足，虛勞。多食耗心氣。莫與吳茱萸同食。　主小兒驚癇，虛洩久滑，赤白帶下，以一葉薄批，摻訶子末，炙之，再摻再炙，末盡半兩，空心細嚼，陳米飲送下。更補肝明目，療肝虛浮腫，治久痢。然猪肉殺時驚氣入心，絕氣入肝，多食必傷人。　脾，如脾胃虛熱，同陳橘紅、人參、葱白、陳米煮羹食之。　肺，療肺虛嗽血，同薏苡仁末食之妙。　腎，理腎氣，通膀胱水臟，暖膝，治耳聾，消積滯，除冷利，治產勞虛汗，下痢崩中。腎虛熱者宜之，虛寒者禁之，不宜槩食。　胵，治一切肺病肺血，通乳汁，乃人物之命門三焦發原處也。多食損陽。　睹，補中益氣，利百病，補血脉，人人宜之。　腸，主虛渴，小便數，補下焦虛竭，潤腸治燥，調血痢臟毒。　洞腸，治人洞腸挺出，血多及腸風臟毒。以黃連入臟內，煮爛，搗丸，米飲下三十丸，効。

明·李中梓《醫宗必讀·本草徵要下》　猪脊髓味甘，平，無毒　補虛癆之脊痛，益骨髓以除蒸。　心血共硃砂，補心而治驚癇；　猪肺同薏苡，保肺而蠲咳嗽。　睹本益脾，可止瀉而亦可化癥；　腎仍歸腎，能引導而不能補益。　猪，水畜也，在時屬亥，在卦屬坎。其肉性寒，能生濕痰，易招風熱。四蹄治杖瘡，下乳汁，洗潰瘍。膽主傷寒燥熱，頭肉生風發痰，胵潤腸去垢，腦損男子陽道，血能敗血，肝大損人，腸動冷氣，舌能損心。按：　猪性陰寒，陽事弱者勿食。

明·鄭二陽《仁壽堂藥鏡》卷七　猪膚　音孚，皮也。《禮運》疏云：　膚，革外薄皮；　革，膚內厚皮。語云膚淺，言如在皮膚不深也。　氣寒，味甘。入足少陰經。　《液》云：　猪皮：　味甘，寒。猪，水畜也。其氣先入腎，解少陰客熱，是以猪膚解之。加白蜜以潤燥除煩，白粉以益氣斷痢。猪膽汁：　氣寒，味苦。鹹、苦，寒。　《液》云：　仲景白通湯加此汁，與人尿鹹寒同。與熱劑合，去格拒之寒。又與醋相合，內穀道中，酸苦益陰，以潤燥瀉便。　《本經》云：　治傷寒熱渴。又白猪蹄可用，雜青色者不可食，療疾亦不可。　《心》云：　與人屎同體。補肝而和陰，引置陽不被格拒。能入心而通脉。　猪肉：　丹溪云：　猪肉皆補氣。又云：　肉無補性，惟補陽爾。今之虛損者，不在於陽而在於陰。以肉補陰，猶緣木求魚。何者？肉性熱，入胃便發熱。熱發便生痰，痰生則氣便不降，而別證作矣。久病後，須用補胃氣。胃氣非陰氣，不足以自全，所以淡味為自養之良方也。　陶隱居云：　猪肉生痰，能虛肥人，不可多食。　孟詵云：　肚：　主暴痢虛弱，殺勞蟲，并小兒疳蛔黃瘦病。佐健脾藥健脾。

明·蔣儀《藥鏡》卷四寒部　猪懸蹄　並蝟皮，摘槐角子，漏管退而生肌。同蟬蛻，取角羚羊，目翳消于痘後。猪肺止嗽，而四足則下乳汁，而濯潰瘍。猪胰滌污，而兩腎則洩腎氣，而理腰痛。研牙皂入膽攪勻，通便秘為甚捷。夾雄黃、蜈蚣包指，縛天蛇使內消。烏芋入睹煨糜，食下反寬腹脹。黃連、睹同煑搗丸，令臟毒血停。

明・施永圖《本草醫旨・食物類》卷四

豕名豬。豭豬肉：味酸，冷，無毒。○凡豬肉：苦，微寒，有小毒。○江猪肉：酸，平，有小毒。○豚肉：辛，平，有小毒。豭豬肉治狂病。凡豬肉能閉血脉，弱筋骨，虚人肌，不可久食，病人金瘡者尤甚。○反烏梅、桔梗、黄連、胡黄連，犯之令人瀉利。反蒼耳，令人動風。合生薑食，生面皯發風。合蕎麥食，落毛髮，患風病。合葵菜食，少氣。合百花菜、吴茱萸食，發痔疾。合胡荽食，爛人臍。合牛肉食，生蟲。合羊肝、雞子、鯽魚、豆黄食，滯氣。合龜鼈肉食，傷人。凡煮豬肉，得皂莢子、桑白皮、高良薑、黄蠟，不發風氣。得舊籬篾，易熟也。治：療狂病久不愈，壓丹石，解熱毒，宜肥熱人食之。補腎虚竭。療水銀風，并中土坑惡氣。豬為用最多，惟肉不宜多食，令人暴肥，蓋虚風所致也。肉性入胃，便作濕熱，熱生痰，痰生則氣不降而諸證作矣。

附方　禁口痢疾：臘肉脯，煨熟，食之妙。小兒刮腸：精豬肉一兩，薄切，炙香，以膩粉末半錢，鋪上令食，或置鼻頭聞香，自然要食也。上氣欬嗽：用豬肉切作鎚子，豬脂煎熟食之。浮腫脹滿：不食，用豬脊肉一斤，切，以生蒜、薤，食之。身腫攻心：用生豬肉，以漿水洗，壓乾，切，膾蒜、薤啖之，一日二次。解鍾乳毒：下痢不止，食豬肉則愈。打傷青腫：炙豬肉搨之。小兒重舌：取三家屠肉，切指大，摩舌上，兒立啼。小兒火丹：豬肉切片，貼之。漆瘡作癢：宜啖豬肉，嚼穄。男女陰蝕：肥豬肉煮汁洗，不過七八次瘥。竹刺入肉：多年燻肉，切片，包裹之，即出。

豭豬頭肉：味：有毒。豬肉毒惟在首，故有病者食之，生風發疾。治：寒熱五癃鬼毒。同五味煮食，補虚乏氣力，去驚癇五痔，下丹石，亦發風氣。臘豬頭燒灰，治魚臍瘡。項肉：俗名槽頭肉，肥脆能動風。治：酒積，面黄腹脹，以一兩，切如泥，合甘遂末一錢，作丸，紙裹煨香食之，酒下即愈。脂膏：凡凝者為肪為脂，釋者為膏為油，臘月煉淨收用。味：甘，微寒，無毒。反烏梅、梅子。治：煎膏藥，解斑蝥、芫青毒，解地膽、亭長、野葛、硫黄毒、諸肝毒，利腸胃，通小便，除五疸水腫，生毛髮，破冷結，散宿血，利血脉，散風熱，潤肺。入膏藥，主諸瘡，殺蟲，治皮膚風，塗惡瘡，治癰疽，悦皮膚。作手膏，不皸裂。胎産衣不下，以酒多服佳。○鬐膏，生髮悦面。

附方　赤白帶下：煉豬脂三合，酒五合，煎沸頓服。小便不通：猪脂一斤，水二升，煎三沸，飲之立通。關格閉塞：猪脂、薑汁各二升，微火煎至二升，下酒五合，和煎，分服。卒中五尸：用豬脂一雞子，苦酒一升，煮沸灌之。中諸肝毒：猪膏頓服一升。上氣欬嗽：豬肪四兩，煮百沸，用切片，和醬醋食之。小兒噤風：小兒百日內，風噤，口中有物如蝸牛，或如黄頭白蟲者，薄豬肪擦之即消。小兒蚘病：羸瘦，豬膏服之。産後虚汗：豬膏、薑汁、白蜜各一升，酒五合，煎五上五下，每服方寸匕。胞衣不下：豬脂一兩，水一盞，煎五七沸，服之當下。吹奶寒熱：用豬肪，冷水浸搨，熱即易之，立效。髮落不生：以酢泔洗淨，布揩令熱，以臘豬脂入生鐵，煮三沸，塗之遍生。冬月唇裂：煉過豬脂，日日塗之。熱毒攻手：腫痛欲脱，豬膏和羊屎塗之。手足皴破：豬脂着熱酒中，洗之。代指疼痛：豬膏和白墡土傅之。疥瘡有蟲：豬膏煎芫花塗之。鼠瘻瘰癧：用豬膏淹生地黄，煎六七沸，塗之。漏瘡不合：以紙粘臘豬脂，納瘡中，日五夜三。漆瘡作痒：豬膏頻塗之。咽喉骨骾：吞豬膏一團，不瘥更吞之。身面疣目：以豬脂揩之，令血出少許，神驗不可加。誤吞鍼釘：豬脂多食令飽，自然裹出。蜈蚣入耳：炙豬肪掩耳，自出。蟲蟻入耳：方法同上。發背發乳：豬脂切片，冷水浸貼，日易四五十片，神妙。

腦：味甘，寒，有毒。豬腦損男子陽道，臨房不能行事，酒後尤不可食。治：風眩腦鳴，凍瘡。主癰腫，塗紙上貼之，乾則易。治手足皸裂出血，以酒化洗，并塗之。

附方　喉痹已破：瘡口痛者，豬腦髓蒸熟，入薑醋，喫之即愈。

髓：味甘，寒，無毒。治：撲損，惡瘡，塗小兒解顱、頭瘡及臍腫，眉瘡，瘑疥。服之，補骨髓，益虚勞。治虚損補陰丸，多用豬脊髓和丸，取其通腎命，以骨入骨，以髓補髓也。

附方　小兒顱解：豬牙車骨煎取髓，傅三日。小兒臍腫：豬頰車髓十二銖，杏仁半兩，研傅。小兒瘑瘡：豬牙車骨年久者，搥碎，炙令髓出，熱取塗之。小兒頭瘡：豬骨中髓和膩粉成劑，火中煨香，研末，先溫鹽水洗淨，敷之。亦治肥瘡出汗。小兒疳瘡：其方同上。

血：味鹹，平，無毒。服地黄、何首烏諸補藥者忌之，云能損陽也。同黄豆食滯氣。治：生血，療賁豚暴氣及海外瘴氣，中風絶傷，頭風眩運及淋瀝。卒下血不止，清酒和炒食之。清油炒食，治嘈雜有蟲，壓丹石，解諸毒。

附方　中射罔毒：豬血飲之即解。蜈蚣入腹：豬血灌之，或飽食，少頃食桐油，當吐出。

心血：治：調朱砂末服，治驚癇癲疾。治卒惡死及痘瘡倒靨。

附方　婦人催生：開骨膏，用豬心血和乳香末，丸梧子大，朱砂為衣，面東酒吞一丸，未下再服。

尾血：治：痘瘡倒靨，用一匙，調龍腦少許，新汲水服。又治卒中惡死。

附方 卒中惡死：斷豬尾取血飲，并縛豚枕之即活。蛇入七孔：割母豬尾血，滴入即出也。

心：味甘、鹹，平，有毒。多食耗心氣，不可合吴茱萸食。治：驚邪憂恚，虛悸氣逆，婦人產後中風，血氣驚恐，補血不足，虛劣。五臟：主小兒驚癇出汗。豬，水畜也，故心可以鎮恍惚。

附方 急心疼痛：豬心一枚，每歲入胡椒一粒，同鹽、酒煮食。

肝：入藥用子肝。味：苦，溫，無毒。餌藥人不可食之。合魚膾食生癰疽，合鯉魚腸子食傷人神，合鵪鶉食生面䵟。豬臨殺驚氣入心，絕氣歸肝，俱不可多食，必傷人。治：小兒驚癇，切作生，以薑、醋食。主脚氣，當微洩，若先利即勿服。治冷勞臟虛，冷洩久滑，赤白帶下，以一葉薄批，揾着訶子末炙之，再揾再炙，盡末半兩，空腹細嚼，陳米飲送下。補肝明目，療肝虛浮腫。肝主藏血，故諸血病用，為嚮導入肝。

附方 休息痢疾：豶肝一具，切片，杏仁炒一兩，於淨鍋內，一重肝，一重杏仁，入童子小便二升，文火煎乾，取食，日一次。浮腫脹滿：豬肝一具，洗切，着葱、豉、薑、椒炙食之，或單煮羹亦可。疳積目盲：豬肝二三兩，用竹刀切開，將威靈仙二錢，焙為末，塞入肝內，將箸紮好入飯鍋底，飯熟取出，去藥食肝，三服全愈。身面卒腫：生豬肝一具，細切，醋洗，入蒜、醋食之，勿用鹽。腫自足起：方法同上。風毒脚氣：豬肝作生膾食之，取利。中蠱腹痛：以豬肝一具，蜜一升，共煎，分二十服，或為丸服。食即汗出：乃脾胃虛也。豬肝一斤，薄切，瓦晒乾，為末，煮白粥，絹絞汁，眾手丸梧子大，空心飲下五十丸，日五。肝熱目赤：瘆痛，用豬肝一具，薄切，水洗淨，以五味食之。打擊青腫：炙豬肝貼之。

脾：味澀，平，無毒。凡六畜脾，人一生莫食之。治：脾胃虛熱，同陳橘紅、人參、生薑、葱白、陳米煮羹，食之。肺：味甘，微寒，無毒。得大麻仁良，不與白花菜合食，令人氣滯，發霍亂。八月和飴食，至冬發疽。治：補肺，療肺虛咳嗽，以一具，竹刀切片，麻油炒熟，同粥食。又治肺虛嗽血，煮，蘸薏苡仁末食之。腎：俗名腰子。味：鹹，冷，無毒。雖補腎，而久食令人少子，久食令人傷腎。冬月不可食，損人真氣，兼發虛壅。治：理腎氣，通膀胱，補膀胱水臟，暖膝。治耳聾，補虛，壯氣，消積滯，除冷痢，止消渴。治產勞虛汗，下痢崩中。

附方 腎虛陰痿：羸瘦精衰少力，用豶豬腎一對，切片，枸杞葉半斤，以豉汁一盞，同椒、鹽煮羹食。腎虛腰痛：用豬腰子一枚，切片，以椒、鹽淹去腥水，入杜仲末三錢在內，荷葉包煨，食之，酒下。閃朒腰痛：用豶豬腎一枚，批片，鹽、椒淹過，入甘遂末三錢，荷葉包，煨熟食，酒送下。肘傷冷痛：豬腎一對，桂心二兩，水八升，煮三升，分三服。卒得欬嗽：豬腎二枚，乾薑三兩，水七升，煮二升，稍服取汗。久嗽不瘥：豬腎二枚，入椒四七粒，水煮啖之。久泄不止：豬腎一箇，批開，摻骨碎補末，煨熟食之，神效。赤白帶下：常炙豬腎食之。崩中漏下：方同上。癰疽發背：初起者，用豶豬腰子一雙，同飛麪搗如泥，塗之即愈。

脜：作胰。一名腎脂，生兩腎中間，似脂非脂，似肉非肉，三焦發源處也。味：甘，平，微毒。男子多食損陽。治：肺病欬嗽，和棗肉浸酒服，亦治痃癖羸瘦，療肺氣乾脹，喘急，潤五臟，去皯皰䵟黵，殺斑蝥、地膽毒。治冷痢成虛。一切肺病欬嗽，膿血不止，以薄竹筒，盛於煻火中煨熟，食前啖之良。通乳汁。

附方 膜內氣塊：豬脜一具，炙，蘸玄胡索末，食之。肺氣咳嗽：豬脜一箇，苦酒煮食，不過二服。赤白癜風：豬脜一具，酒浸一時，飯上蒸熟食，不過十具。手足皴裂：以酒浸豬脜，洗并傅之。唇燥緊裂：豬脜浸酒，搽之。

肚：味甘，微溫，無毒。治：補中益氣，止渴，斷暴痢虛弱，補虛損，殺勞蟲。釀黃糯米蒸搗為丸，治勞氣并小兒疳蚘黃瘦病，主骨蒸熱勞，血脉不行，補羸助氣，四季宜食。消積聚癥癖，治惡瘡。豬，水畜，而胃屬土，故方藥用之補虛，以胃治胃也。

附方 赤白癜風：白煮豬肚一枚，食之頓盡，忌房事。疥瘡痒痛：豬肚一枚，同皂莢煮熟，去莢食之。頭瘡白禿：用新破豬肚，勿洗，熱搨之，須臾蟲出，不盡再作。

腸：味甘，微寒，無毒。治：虛渴，小便數，補下焦虛竭，止小便，去大小腸風熱，宜食之。潤腸治燥，調血痢，臟毒。洞腸：治人洞腸挺出，血多。洞腸，廣腸也。

附方 腸風臟毒：用豬大腸一條，入芫荽在內，煮食。用豬臟入黃連末在內，煮爛，搗丸梧子大，每米飲服三十丸。〇又方，豬臟入槐花末令滿，縛定，以醋煮爛，搗為丸如梧桐子大，每服二十丸，溫酒下。脇熱血痢：方法同上。

脬：亦作胞。味：甘、鹹，寒，無毒。治：夢中遺溺，疝氣墜痛，陰囊濕痒，玉莖生瘡。有一妓，病轉脬，小便不通，腹脹如鼓，數月垂死，一醫用豬脬吹脹，以翎管安上插入廷孔，捻脬氣吹入，即大尿而愈。

附方　夢中遺溺：用豬脬洗，炙食之。　腎風囊癢：用豬尿胞火炙，以鹽酒吃之。　白禿癩瘡：洗刮令淨，以豬胞乘熱裹之，當引蟲出。

膽：味苦，寒，無毒。治：傷寒熱渴，骨熱勞極，消渴，小兒五疳，殺蟲，敷小兒頭瘡。治大便不通，以葦筒納入下部三寸，灌之立下。通小便，敷惡瘡，殺疳䘌。治目赤目翳，明目，清心臟，涼肝脾。入湯沐髮，去膩光澤。以豬膽汁和醋少許，灌穀道中通大便，神效。

附方　目赤腫痛：豬膽汁一枚，和鹽綠五分，點之。　小兒初生：豬膽入湯浴之，不生瘡疥。　湯火傷瘡：豬膽調黃蘗末，塗之。　喉風閉塞：臘月初一日，取豬膽不拘大小五六枚，用黃連、青黛、薄荷、殭蠶、白礬、朴硝各五錢，裝入膽內，青紙包之，將地掘一孔，方深各一尺，以竹橫懸此膽在內，以物蓋定。候至立春日取出，待風吹去膽皮青紙，研末，密收，每吹少許，神驗。

膽皮：治：目翳如重者，取皮曝乾，作兩股繩如筯大，燒灰，出火毒，點之，不過三五度瘥。　膚：味甘，寒，無毒。治：少陰下利，咽痛。　耳垢：治：蛇傷狗咬，塗之。　鼻唇：味甘、鹹，微寒，無毒。多食動風。　上唇：治凍瘡痛痒，煎湯，調蜀椒目末半錢。夜服，治盜汗。　鼻：治目中風翳，燒灰，水服方寸匕，日二服。　舌：治：健脾，補不足，令人能食，和五味煮汁食。　齒：味甘，平。治：小兒驚癇，五月五日取燒灰，服。又治蛇咬，中牛肉毒者，燒灰，水服一錢。又治痘瘡倒陷。　骨：治：中馬肝、漏脯、果菜諸毒，燒灰，水服方寸匕，日三服。　頰骨：燒灰，治痘陷。煎汁服，解丹藥毒。　豚卵：即牡豬外腎也。味：甘，溫，無毒。治：驚癇癲疾，鬼疰蠱毒，除寒熱賁豚，五癃邪氣，攣縮，除陰莖中痛。治陰陽易病，少腹急痛，用熱酒吞二枚即瘥。　母豬乳：味甘、鹹，寒，無毒。治：小兒驚癇及鬼毒，去來寒熱，五癃，綿蘸吮之。小兒天弔，大人豬雞癇病。　蹄：已下並用母豬者。味：甘、鹹，小寒，無毒。治：煮汁服，下乳汁，解百藥毒，洗傷撻、諸敗瘡，滑肌膚，去寒熱。煮羹，通乳脉，托癰疽，壓丹石。煮清汁，洗癰疽，清熱毒，消毒氣，去惡肉，有效。

附方　婦人無乳：用母豬蹄一具，水二斗，煮五六升，飲之，或加通草六分。　癰疽發背：母豬蹄一雙，通草六分，綿裹煮羹食之。　乳發初起：方同上。

懸蹄甲：一名豬退，酒浸半日，炙焦用。味：鹹，平，無毒。治：五痔伏熱在腹中，腸癰內蝕。同赤(术)〔木〕燒烟熏，辟一切惡瘡。　尾：治：臘月者，燒灰水服，治喉痹。和豬脂，塗赤禿髮落。　毛：治：燒灰麻油調，塗湯火傷，留竅出毒則無痕。

附方　赤白崩中：豬毛燒灰三錢，以黑豆一碗，好酒一碗半，煮一碗，調服。

燖豬湯：治：解諸毒蠱魘。產後血刺心痛欲死，溫飲一盞。治消渴，濾淨，飲一碗，勿令病人知。又洗諸瘡良。　豬窠中草：治：小兒夜啼，密安席下，勿令母知。　縛豬繩：治：小兒驚啼，發歇不定，用臘月者燒灰，水服少許。

明·盧之頤《本草乘雅半偈》帙七

豬懸蹄甲《本經》下品　氣味：鹹，平，無毒。　主治：主五痔，伏熱在腹中，腸癰內蝕。

覈曰：前後四足，各有懸蹄。懸蹄之甲，尖而小；踐蹄之甲，大而圓。

修事：酒浸半日，柳木火炙鬆脆用。

叅曰：觀豕蹢之黑白，見豕性之躁甚，黑固躁，白尤躁之甚者，則知豕力在蹢，精專在甲矣。懸蹄甲者，豕蹄似鹿而爪四，二踐地，二上懸，上懸之甲，懸蹄甲也。有以左蹄後蹄為懸蹄甲者謬矣。蓋豕行不舉足而曳踵，象水性之趨下為水畜也。四足皆垂，未見左後懸者。《玉藻》云：圈豚行不舉足，齊如流，端行頤霤如矢，弁行剡剡起屨，執圭玉，舉前曳踵，蹜蹜如也。《埤雅》云：畜養之閑曰圈，豕子曰豚，端讀端弁之端，弁讀弁冕之弁，則行不舉足，齊如流，冕行之容也。頤霤如矢，端行之容也。剡剡起屨，弁行之容也。禮之以物以服，記其行容者，互相挾也。是故水畜性偏趨下，對待伏熱之在腹中，為腸癰，為內蝕，為五痔。《經》云：熱氣所聚，則為癰膿，必擇精專之所在，乃得內外敵應爾。

豚卵《本經》下品　氣味：甘，溫，無毒。　主治：主驚癇癲疾，鬼疰蠱毒，除寒熱，賁豚，五癃，邪氣，攣縮。

覈曰：豚卵，牡豬之卵子也。小豬多犗去卵，故曰豚卵。陰乾藏之，勿令敗。

叅曰：豚，豕子。豕，總名。《易·繫》坎為豕，性趨下，故俯首喜卑穢，天將雨，則進涉水波為水畜也。《詩》云：有豕白蹢，烝涉波矣。月離于畢，俾滂沱矣。《爾雅翼》云：白蹢者豥。豥，豕之躁者。豕進而涉水波，白蹢尤其躁進者，故先進焉。然則純黑者，豕之少馴者矣。《說文》云：十二子亥為豕，故亥象豕形，以一陰生于午，至亥而六陰備，謂其嫌于無陽也。是以

之在物以從豕，在氣以從亥，其應水也為能充其類焉。牝曰豝，曰㺩。《詩》云：一發五豝。牡曰豵，曰豭。《詩》云一發五豵，《禮》云釁之以豭豚。然則豚卵，即豭豚卵囊之卵，豭豚去卵，斯外肉內好，否則顛亂耽群。一名豚顛者以此，世棄勿用，指豕子之豚兒，膀胱之脬胞，兩腎之腰子，外腎之陰莖，為豚卵者謬矣。卵者陰器，厥陰經脈之所聚，抵小腹，繫舌本，正腎水之宮位耳。設腎躁，則從流而上，協厥陰厥逆而衝心，病名曰賁豚。賁豚者，腎之積，肝之逆也。甚則重陰者癲，番陰者癇，陰陽厥者寒熱，或腎不司陰竅，肝不洩前陰者五癃，或失主潤宗筋而攣，失主利關機而縮，咸屬腎肝先為是動而後所生，猶未離其類者以輔之，其唯豚卵乎。

明・盧之頤《本草乘雅半偈》帙一一 豬膽《別錄》下品 氣味：苦，寒，無毒。主治：主傷寒熱渴。陳藏器曰：敷小兒頭瘡，治大便不通，以葦筒納入下部三寸，灌之立下。

覈曰：豬豕也，《易・繫》坎為豕，性趨下俯首，喜卑穢。天將雨，則進涉水波，為水畜也。蓋十二子，亥為豕，故亥象形。以一陰生于午，至亥而六陰備，謂其嫌于無陽也。是以豬之在物以從豕，在氣以從亥，其應水也，為能克其類焉。牝曰豝，曰㺩；牡曰豵，曰豭。皮膚血肉、筋骨髓腦、藏府膏膜、頭臚脬卵、懸蹄耳垢、燖湯繩縛，咸歸藥用。若豭豕，其力轉勝，故牡豬之膽倍大于牝，諸方取用大膽者以此。

条曰：膽者，肝之府，謀慮決斷之所出焉。《經》云十一藏皆取決于膽，其所賴以斷判流行者衆矣。囊皮裹汁，氣用為先，是非塊然肉好之比。性濡滑，味大苦，氣大寒。大凡火熱為眚，燥涸為證者，對待治之。至續脈慰勞，利腸滌垢此則氣用前通，並得潔齊形藏。蓋膽者，甲乙之始，陰陽之兆，所賴以斷判行流，豈小補云乎哉。

清・顧元交《本草彙箋》卷八 豕 豕之爲用甚多，惟肉不宜多食。其令人暴肥者，蓋虛風所致。性能作濕生痰，易滋風熱，殊無利益。心血之治驚癇癲疾，蓋以心入心，以血導血之義。夾肝之治小兒疳積，及人諸眼目方，亦取其爲肝之向導。脾屬土，俗名聯貼，性主消磨。肺以補肺，故肺虛欬嗽，或嗽血者用之。腎宜補腎，廼云久食令人少子。又冬月食之損人陰氣，兼發虛壅者。蓋豬腎性寒，不能補命門，方藥用之，不過借其引導。故云理腎臟，通膀胱，曰理曰通，則非補矣。腎有虛熱者宜食，若腎氣虛寒，非所宜矣。肚能補土，氣溫味甘，爲猪一身無害之物，爲補益脾胃之要品。膽味苦氣寒，熱淫於內，寒以勝之，苦以泄之，故主治傷寒熱渴之症。肪膏味甘寒，性滑澤，爲涼血解毒潤燥之物。腎脂俗稱胰子，生兩腎間，似脂非脂，似肉非肉，乃人物之命門三焦發原處也。甘寒能生津液，故主諸肺病。滑澤能消垢膩，故又除目翳。男子不宜多食，令人損陽，薄大腸胰亦作脏。四足能益陽明經氣血。陽明脈弱，則乳汁不通，故能下乳。其主傷撻諸敗瘡，及煮湯以洗潰瘍，取其能涼血而止痛也。懸蹄甲，乃足甲之懸起不着地者，其性鹹寒，能除腸胃之熱，故主五痔腸癰等症。膚主少陰下痢，咽痛，胸滿心煩，亦主手太陰咽痛，胸滿。

心病邪熱者，宜藥珠丸，豬心血一枚，淀花末一匙，硃砂末一兩，同研，丸梧子大，酒服二錢。小兒疳積，滑石水飛，石決明火煅，石膏火煅，等分，硃砂水飛減半，共研和，用豬夾肝，竹刀批開，入藥末，箬包，秈稻草紮，以淘米泔浸，入砂罐煮熟，去藥食肝并汁。此疳病第一聖方。脾積痞塊，用豬脾七副，每副用新針刺爛，以皮硝一錢擦之，瓷器盛七日，鐵器焙乾，又用水紅花子七錢，同搗爲末，無灰酒空心調下，一年者一服，可愈。四五年者二服，十年者三服。肺虛咳嗽，用豬肺竹刀切片，麻油炒熟，同粥食。肺虛咳血者，煮蘸薏苡仁末食之。卒然腫滿，用豬腎批開，入甘遂末一錢，紙裹煨熟食，以小便利爲效。否則再食。膽導法，以豬膽汁和醋少許，神效。入豬牙皂角細末二分，攪勻，更速。蓋酸苦益陰，潤燥而瀉便也。喉風閉塞，臘月取豬膽五六枚，將黃連、青黛、薄荷、殭蠶、白礬、朴硝等分，裝入膽內，青紙包固，掘地方深各一尺，以竹棒橫懸前膽在內，蓋好，候立春日取出，待風乾，去膽皮青紙，研末密收，每吹少許，神驗。肺熱暴瘖，豬脂一斤，煉過，入白蜜一觔，再煉少頃，濾清冷定，不時挑服。猪膚，乃燖豬時刮下之黑膚。懸蹄甲，古方有用在左者，有用在後者，當各有取義。

清・穆石匏《本草洞詮》卷一五 豕肉、頭、脂、腦、髓、血、肝、肚、肺、腎、胣、膽、乳 豕食不潔，坎為豕，水畜而性趨下，喜穢也。《禮記》謂之剛鬣。崔豹謂之參軍。牡曰豭，牝曰㺩，曰豝，曰貗。牡去勢曰豬。豕之子曰豚，一子曰特，三子曰豵。豬肉苦，微寒，有小毒。能壓丹石，解熱毒，補腎氣虛竭。但閉血脈，弱筋骨，不可久食。傷寒瘧痢，痰痼痔漏諸疾，食之再發。陶貞白

云：豬為用多，惟肉不宜多食，令人暴肥。蓋虛風所致也。朱丹溪云：豬肉性惟補陽耳。今之虛損者，不在陽而在陰，以肉補陰，是以火濟水。蓋肉性入胃便作濕熱，熱生痰，痰生則氣不降，而諸證作矣。豬頭肉有毒，有病者食之，生風發疾。《名醫錄》云：一人病體瘡腫，黑狀狹而長。王通曰：此魚臍瘡也。一因風毒藴結，二因氣血凝滯，三因誤食人汗而然。以一異散傅之，日數易而愈。求其方。曰：雪玄一味耳。用臘豬頭燒灰，雞卵白調敷也。《圖纂》云：五月戊辰日以豬頭祀竈，所求如意。以臘猪耳懸梁上，令人豐足。此亦厭禳之物也。豬脂膏甘，微寒，無毒。凡凝者為肪、為脂，釋者為膏、為油。主利血脈，散風熱，通小便，除五疸水腫，潤肺，悅皮膚。入膏藥主諸瘡。豬腦，甘寒，無毒。夫腦為髓海，是腦最益人也。然《禮記》謂食豚去腦，孫真人謂豬腦損男子陽道，陳藏器謂諸腦損陽滑精，《延壽書》謂今人以鹽酒食豬腦自引賊也。是腦最不益人也。《左傳》晉侯夢楚子食其腦，舅犯曰：我已柔之矣。謂腦能柔人也。由此觀之，凡腦皆不宜食矣。豬髓，甘，寒，無毒。主補骨髓，益虛勞。丹溪補陰丸多用豬脊髓和丸，取其通腎氣，以骨入骨，以髓補髓也。亦塗小兒解顱、頭瘡及臍腫、眉瘡、瘑疥。豬血，鹹，平，無毒。主生血，療賁豚暴氣，海外瘴氣，壓丹石，解諸毒。豬為水畜，其血性寒，能制陽也。凡婦人嘈雜，皆血液淚汗變而為痰，多以豬血炒食而愈。蓋以血導血歸原之理也。亦有蚘蟲作嘈雜者，蟲得血腥，則飽而伏也。古方多用豬心血調朱砂末服，治驚風，癲癎，痘疾，蓋以心歸心，以血導血也。用尾血者，取其動而不息也。豬肝，苦，溫，無毒。補肝明目，療肝虛浮腫。肝主藏血，故諸血病，用為嚮導入肝。《延壽書》云：豬臨殺，驚氣入心，絕氣歸肝，俱不可多食也。豬肚，甘，微溫，無毒。補虛損，消積聚，並小兒疳蚘。豬，水畜，而胃屬土，故用之補中，以胃治胃也。豬肺，甘，微寒，無毒。療肺虛咳嗽，蘸薏苡仁末食之。豬腎，鹹冷，無毒。《別錄》謂其理腎氣，通膀胱。日華子亦謂補水臟，暖腰膝。但又曰久食令人無子。孟詵亦謂久食令人腎虛。相反何也？蓋豬腎性寒，不能補命門精氣，方藥所用，借其引導而已。腎有虛熱者宜之，虛寒者非所宜也。豬胰，甘，平，微毒。一名腎脂，生兩腎中間，似脂非脂，似肉非肉，乃人物之命門三焦發原處也。肥則多，瘦則少，蓋頤養賴之，故謂之胰。治肺痿咳嗽，潤五臟，亦治痘癖羸瘦。豬膽，苦，寒，無毒。主明目，清心臟，涼肝脾，治骨蒸勞，消渴熱毒，去小兒五疳，殺蟲。取其寒能勝熱，滑能潤燥，苦能入心，又能去肝膽之火也。仲景以豬膽汁和醋少許，灌穀道中，通大便，神效。蓋酸苦益陰而瀉便也。若調寒熱之逆者，和人屎、豬膽鹹苦之物，於白通熱劑之中，使其氣相從，而無拒格之患。如霍亂病，吐下已斷，汗出而厥，脈微欲絕者，通脈四逆湯加豬膽汁主之。蓋陽氣大虛，陰氣獨勝，純與陽藥恐陰氣格拒不得入，故加豬膽汁，苦入心而通脈，寒補肝而和陰，不致格拒也。以上俱當用豭豬者佳。母豬乳，甘鹹，寒，無毒。治小兒驚癎，大人豬雞癎病。小兒體屬純陽，其驚癎亦生於風熱。豬乳之寒治熱，謂之正治。錢乙云：初生小兒至滿月，以豬乳頻滴之，最佳。張煥云：小兒初生無乳，以豬乳代之，出月可免驚癎痘疹之患。月內胎驚，同牛乳、朱砂少許，抹口中，甚妙。此方書未載，傳之東宮也。

清・丁其譽《壽世秘典》卷四

猪牡曰豭，曰牙；牝曰彘，曰豝；牡去勢曰豶；小者曰豚。天下畜之各有不同。生青、兖、徐、淮者耳大，生燕、冀者皮厚，生梁、雍者足短，生遼東者頭白，生豫州者味短，生江南者耳小，生嶺南者白而極肥。猪孕四月而生，在畜屬水，在禽應室星。北猪味薄，煮之汁清。南猪味厚，煮之汁濃，其毒尤甚。入藥用純黑豭猪。凡白猪、花猪、牝猪、病猪、黃臁猪、社猪及四蹄白者並不可食。黃臁煮之汁黃，米猪肉中有米。《說文》云：猪食于星下，則生息米。

氣味：苦，微寒，有小毒。主補腎氣虛竭，壓丹石，解熱毒，並中土坑惡氣。

發明《名醫別錄》云：凡猪肉能閉血脈、弱筋骨、虛人肌，多食令人暴肥，作濕生痰，殊無利益。久食動風發疾，瘧病與金瘡勿食，痰痼、痔漏諸疾，食之必再發。〇反烏梅、桔梗、黃連，犯之令人瀉利。反蒼耳，令人動風。合生薑食，生面䵟發風；同蕎麥食，患風病落毛髮；合葫荽食，爛人臍；與牛肉同食，生寸白蟲；合羊肝、雞子、鯽魚、豆黃食，滯氣；合鼉鼈肉食，傷人。朱震亨曰：猪肉無補，惟補陽爾。今人虛損者，不在陽而在陰，以肉補陰是以火濟水。蓋肉性入胃便作濕熱，熱生痰，痰生則氣不降而諸證作矣。諺云：猪不薑，食之發大風，中年血氣衰，面發黑䵟也。

猪頭肉：有毒。同五味煮食，補虛乏氣力，去驚癎、五痔，下丹石。尤發風痰。

發明《生生編》云：猪肉毒惟在首，有病者食之生風發疾。頭與肉並用，豭猪者良，豶猪亦可。《便民圖纂》云：五月戊辰日，以猪頭祀竈，所求如意。以臘猪耳懸樑上，令人豐足，此亦厭禳之物也。

腦：氣味：甘，寒，有毒。損男子陽道，臨房不能行事，酒後尤不可食。治手足皸裂出血，以酒化，洗并塗之。《禮記》云：食豚去腦，為其不利人也。

髓：氣味：甘，寒，無毒。治撲損惡瘡，塗小兒解顱、頭瘡及臍腫、眉瘡、瘑疥，服之補骨髓，益虛勞。

血：　氣味：　鹹，平，無毒。壓丹石，解諸毒，清油炒食，治嘈雜有蟲。能敗血損陽，服地黃、何首烏諸補藥者忌之。

肪膏：　即脂油也。氣味：　甘，微寒，無毒。利腸胃，通大小便，散風熱，療惡瘡，煎膏藥，解斑蝥、芫青、硫黃毒。　發明李時珍曰：　凡凝者為肪、為脂，釋者為膏、為油，臘月煉淨收用，勿令中水，歷年不壞。性滑澤，能涼血、解毒、潤燥，反烏梅、梅子。

心：　氣味：　甘、鹹，平，無毒。治驚邪憂恚，補虛勞。多食耗心氣，不可合吳茱萸食。

肝：　氣味：　苦，溫，無毒。治小兒驚癇，補肝明目，療肝虛浮腫。　發明李時珍曰：　餌藥人不可食。合魚鱠食生癰疽，合鵪鶉食生面䵟。《延壽書》：　猪臨宰驚氣入心，絶氣歸肝，俱不可多食，必傷人。古方治驚風、癲癇、痘疾，多用猪心血。治諸血病及諸眼目方，多用猪肝，蓋以心歸心，以肝導肝之意，取其能引藥入本經，實非其補也。

脾：　俗名聯貼。氣味：　澀，平，無毒。孫思邈云：　凡六畜脾，人一生莫食之。

肺：　氣味：　甘，微寒，無毒。主療肺虛欬嗽，以竹刀切片，麻油炒熟，同粥食。又治肺虛嗽血，煮，蘸薏苡仁末食之。　發明蘇頌曰：　不可與白花菜合食，令人氣滯發霍亂。八月和飴食，至冬發疽。

腎：　俗名腰子。氣味：　鹹，冷，無毒。主理腎氣，通膀胱。　發明日華子曰：　性冷，久食，令人少子。蘇頌曰：　冬月不可食，損人真氣兼發虛壅。李時珍曰：　猪腎性寒，不能補命門精氣，方藥所用，借其引導而已。《別錄》理字、通字最為有理。腎有虛熱者宜食之。若腎氣虛寒者，非所宜矣。今人不達此意，往往食猪腎為補，不可不審。《本草經疏》云：　猪腎味鹹，氣冷，能瀉腎氣。《別錄》不言補而言理，其意有在矣。腎與膀胱為表裏，故復能利膀胱也。今人誤認以為補腎，恣意食之，大為差謬。觀日華子云：　久食，令人少子。孟詵云：　久食，令人傷腎。其非補腎之物明矣。

胰：　俗名胰子。氣味：　甘，平，微毒。治肺氣乾脹喘急，潤五臟，去皴皰䵟黵。　發明蘇頌曰：　男子多食損陽。李時珍曰：　胰一名腎脂，生兩腎中間，似脂非脂，似肉非肉，乃人物之命門、三焦發原處也，肥則多，瘦則少，蓋頤養賴之，故謂之胰。其性甘寒滑澤，甘寒則津液生，滑澤則垢膩去，故主療肺痿，潤五臟，去皴皰諸證。多食損陽道，薄大腸，其能專在去垢膩，則不益人可知矣。

肚：　氣味：　甘，微溫，無毒。主補中益氣，止渴痢，療虛損，殺勞蟲《名醫別錄》。主骨蒸勞熱，血脉不行，補羸助氣，四季宜食《本草圖經》。　發明繆希雍曰：　猪，水畜，而胃屬土，故其味甘。乃猪一身無害之物，為補脾胃之要品，脾胃得補則精血自生，虛勞自愈，根本固而五臟安也。

腸：　氣味：　甘，微寒，無毒。主潤腸治燥，調血痢臟毒，去大小腸風熱。

脬：　亦作胞。氣味：　甘、鹹，寒，無毒。主治夢中遺溺，疝氣墜痛，男子陰囊濕痒，女人產後遺尿。

膽：　氣味：　苦，寒，無毒。治傷寒熱渴。膽味苦氣寒，《經》曰：　熱淫于內，寒以勝之，苦以泄之，故主傷寒熱渴也。通大小便，敷惡瘡，殺疳䘌，治目赤目翳，明目，清心臟，涼肝脾，入湯沐髮，去膩光澤。　發明成無己曰：　仲景膽導法，以猪膽汁和醋少許，灌穀道中，通大便神效。入猪牙皂角末二分，攪勻，更速。李時珍曰：　方家用猪膽，取其寒能勝熱，滑能潤燥，苦能入心，又能去肝膽之火也。

舌：　主健脾，補不足，令人能食，多食損心。

豚卵：　即牡猪外腎也，小者多犗去卵，故曰豚卵。《濟生方》謂之猪石子者是也。氣味：　甘，溫，無毒。治驚癇癲疾，鬼疰蠱毒，除陰莖中痛。治陰陽易病，少腹急痛，用熱酒吞二枚即瘥。

蹄：　煮汁服，下乳汁，解百藥毒，洗傷撻諸敗瘡。煮清汁，洗癰疽，漬熱毒，消毒氣，去惡肉有効。

清・丁其譽《壽世秘典》卷四　猪乳　氣味：　甘、鹹，寒，無毒。治小兒驚癇天吊，大人猪雞癇病。　發明張煥云：　小兒初生無乳，以猪乳代之，出月可免驚癇、痘疹之患。楊士瀛云：　小兒月內胎驚，以猪乳頻滴之，最佳。

清・張志聰《侶山堂類辯》卷下　黑豕　猪屬亥，水之畜也，故氣味鹹平。豕性甚躁，玉師曰：　故躁屬陰證。行不舉足而惟奔。故無病之人食之，補腎生精；　如感于風寒者食之，生痰發喘，以其善奔水氣于上也。按毛蟲三百六十，感木氣而生；　而牛羊犬馬，又秉火土之化。豕屬水而性寒，羽蟲感火氣之化，而生長于水中者，又居其半。鵝鴨鳧鶩之類，生長于水中。蓋五類之蟲，雖感五行之氣而生，而五行之中，有變有化，明乎變化之道，可與參天地之生物矣。

清・劉雲密《本草述》卷三一　豕　之頤曰：　《說文》云：　十二子亥為豕，故亥象豕形，以一陰生於午，至亥而六陰備，謂其嫌於無陽也。是以豥音駭。豕四蹄皆白曰豥。之在物以從豕，在氣以從亥。其應水也，為能充其類焉。牝曰豝，音巴，曰彘。《詩》云：　一發五豝。牡曰豵，音宗。曰豭音加。《詩》

云：一發五豵。

䐗：氣味：甘，微溫，無毒。　主治：補中益氣，止渴，斷暴痢，虛弱《別録》。釀黃糯米，蒸搗為丸，治勞氣，並小兒疳蚘黃瘦病日華子。　時珍曰：豬，水畜。而胃屬土，故方藥用之補虛，以胃治胃也。　希雍曰：為補脾胃之要品。

附方　補益虛羸，用豬䐗一具，入人參五兩，蜀椒一兩，乾薑一兩半，葱白七個，粳米半升在內，密縫，煮熟食。　水瀉不止，用豮豬䐗一枚，入蒜煮爛，搗膏，丸梧子大，每米飲服三十丸。丁必卿云：予次日五更必水瀉一次，百藥不效。用此方入平胃散末三兩，丸服，遂安。牡之去勢者，曰豮。

脾：俗名聯帖。氣味：濇，平，無毒。　時珍曰：諸獸脾味如泥，其屬土也，可驗。脾胃虛熱，同陳橘紅、人參、生薑、葱白、陳米煮羹，食之。

附方　脾積痞塊，豬脾七個，每個用新針一個刺爛，以皮硝一錢擦之，七個並同以瓷器盛七日，鐵器焙乾，又用水紅花子七錢，同搗為末，以無灰酒空心調下。一年以下者，一服可愈。五年以下者二服，十年以下者三服。　思邈曰：凡六畜脾，人一生莫食之。

心：氣味：甘、鹹，平，無毒。　主治：驚邪憂恚《別録》。虛悸氣逆，婦人產後中風，血氣驚恐思邈。　劉完素曰：豬，水畜。故心可以鎮恍惚。

附方　心虛自汗不睡者，用豮猪心一個，帶血破開，入人參、當歸各二兩，煮熟，去藥食之，不過數服即愈。

頌曰：多食傷心氣。不可合吳茱萸食。

附心血：主治：調朱砂末，治驚癇癲疾吳瑞。及痘瘡倒靨時珍。　時珍曰：古方治驚風、癲癇、痘疾，多用豬心血。葢以心歸心，以血導血之意。用尾血者，取其動而不息也。豬為水畜，其血性寒，而能解毒制陽故也。　韓飛霞云：豬心血能引藥入本經，實非其補。　沈存中云：豬血得龍腦，直入心經是矣。

附方　心病邪熱，用豬心血一個，靛花末一匙，硃砂末一兩，同研，丸梧子大，每酒服二十丸。　痘瘡黑陷，臘月收豮豬心血，瓶乾之，每用一錢，入龍腦少許，研勻，酒服，須臾紅活，神效。無乾血，用生血。

膽：氣味：苦，寒，無毒。　主治：清心臟，涼肝脾，療大便不通，治或瀉或止，久而不愈。通小便，殺疳蟲，並治目赤目瞖。　《液》云：仲景治足少陰下利，白通湯加此汁，與人尿鹹寒合熱劑用之，去格拒之寒。又與醋相合，內穀道中，酸苦益陰，以潤燥瀉便。　汪機云：朱奉議治傷寒五六日瘢出，有豬膽雞子湯。

附方　或瀉或止，久而不愈，二聖丸用黃連、黃蘗末各一兩，以豬膽煮熟，和丸如綠豆大，量兒大小，每米飲服之。　傷寒瘢出，豬膽雞子湯，用豬膽汁、苦酒各三合，雞子一個，合煎三沸，分服，汗出即愈。　小便不通，豬膽一枚，熱酒和服。　又用豬膽連汁籠住陰頭一二時，汁入自通。　消渴無度，雄豬膽五個，定粉一兩，同煎，成丸芡子大，每含化二丸，咽下，日二。

愚按：仲景治少陰下痢不止，有厥逆無脈，乾嘔煩證，故於白通湯加此味與人尿。昔哲有謂其補肝而和陰，入心而通脈者，誠然。固不止於熱因寒用也。予見一醫治或瀉或止，證發時則難勝，每以豬膽汁炒黃連、柴胡，和他藥用之，遂止。如不以膽汁炒則不應。於此際正可絫。若不有以和陰，令肝之血和而風靜，僅如時珍所云為能平肝膽火也，則黃連輩何以鮮功哉？更如小便不通，消渴無度，傷寒瘢出，而能透陰於陽，化陽歸陰者，其功當屬何等也？試思之。

肝：氣味：苦，温，無毒。　主治：補肝明目，止休息痢。

附方　豮豬肝一具，切片，杏仁炒一兩，於淨鍋內，一重肝一重杏仁，入童子小便二升，文火煎乾，取食，日一次，痢自止。　時珍曰：餌藥人不可食之。

肺：氣味：甘，微寒，無毒。　頌曰：得大麻仁良。　主治：療肺虛咳嗽，以一具竹刀切片，麻油炒熟，同粥食。又治肺虛嗽血，煮蘸薏苡仁末，食之出《證治要識》。

腸：氣味：甘，微寒，無毒。　潤腸治燥，調血痢臟毒，去大小腸風熱，宜食之。

附方　腸風臟毒，用豬臟入黃連末在內，煮爛，搗丸梧子大，每米飲服三十丸。　又方：豬臟入槐花末令滿，縛定，以醋煮爛，搗為丸如梧桐子大，每服二十丸，温酒下。　多食動冷氣。

腎：即腰子。氣味：鹹，冷，無毒。　思邈曰：平。　時珍曰：豬腎性寒，不能補命門精氣。腎有虛熱者，宜食之。若腎氣虛寒者，非所宜也。方藥用之，借其引導而已。若以為補腎而常食之，誤矣。

附方　心氣虛損，豬腰子一枚，水二碗，煮至一碗半，切碎，入人參、當歸各半兩，煮至八分，喫腰子，以汁送下，未盡者同滓作丸服。　久泄不止，豬腎一個，批開，摻骨碎補末，煨熟食之，神效。　二方全在別藥相合者，請察之。　方書治腰痛腎虛者，亦止為引導。　日華子曰：　久食令人少子。詵曰：　久食傷腎。

愚按：　豕為水畜，十二辰亥，乃六陰之極也，而豕應之。且在卦屬坎，則即茲物之充乎水用者，以療疾矣。水以土為主，以火為用，以肝膽為子，以肺為母。如豬賭之補中益氣者，蓋補益脾之陰氣也。故《別錄》即繼之以止渴，斷暴痢虛弱，是水土合德，脾腎相資，以效其用者，此味固善物也。在方書於消癉，小便數二證，皆用之以為主矣。又如用其心以治驚邪憂恚，虛悸氣逆。又豬心血同朱砂、靛花治心病邪熱，是其麗於心火，以盡其用者。劉完素言之矣，更如肝膽表裏，似陰有餘，而陽不配之。時珍謂膽能清心臟，凉肝脾，是固然矣。而以補肝明目歸於肝，是又未可槩論。蓋是物之肝，多補肝中陰氣之不足，不同羊肝之能補陽也。何以徵之？此畜無筋。《經》曰：　肝主筋。又曰：　陽氣者，精則養神，柔則養筋。筋之不備，明為陽之不配陰也。即治休息痢，亦或用肝氣之陰，以化其熱積乎？　苐水之旺氣在膽，猶得為之行其化，而肝則否。以甲木生於亥，乙木生於午也。投劑者可不審諸？至於肺能補肺，治肺虛嗽血。而大臟治下血，皆取其有餘之陰，以為補者也。總之，豕為水畜，是專氣在腎，腎固諸臟腑之原也，即腎可以知各臟腑矣。時珍謂其性寒，止宜於腎有虛熱者，不能補命門精氣，是為確論。方書但用之療消癉，而不及他用也。非其明徵乎哉？則各臟腑之宜忌，更可明矣。

脂：　時珍曰：　臘月煉净收用。氣味：　甘，微寒，無毒。主治：　潤肺，散風熱，利血脈，腸胃，通大小便。希雍曰：　味甘寒，性滑澤，能凉血解毒，潤燥。

附方　關格閉塞，豬脂、薑汁各二升，微火煎至二升，下酒五合，和煎分服。　肺熱暴瘖，豬脂油一斤，煉過，入白蜜一斤，再煉少頃，濾净冷定，不時挑服一匙，即愈。無疾常服亦潤肺。　按：　豬脂同滾水大飲之，能通大便燥結。昔有是方，予見人用之，良驗。

母豬乳：　氣味：　甘，鹹，寒，無毒。　時珍曰：　取法，須馴豬，待兒飲乳時提後脚，急以手捋而承之。非此法不得也。　主治：　小兒驚癇。　時珍曰：　小兒體屬純陽，其驚癇亦生於風熱。豬乳氣寒，以寒治熱，謂之正治。故錢乙云：　初生小兒至滿月，以豬乳頻滴之，最佳。　張煥云：　小兒初生無乳，以豬乳代之，出月可免驚癇痘疹之患。楊士瀛云：　小兒口噤不開，豬乳飲之甚良。月內胎驚，同硃砂、牛乳少許，抹口中甚妙。此法諸家方書未知用，予傳之。東宮吳觀察子病，此用之有效。

豬膚：　即皮也。氣味：　甘，寒，無毒。希雍曰：　仲景治足少陰下利咽痛，胸滿心煩者，有豬膚湯，用豬膚一斤，水一斗，煮五升，取汁，入白蜜一升，白粉五合，熬香分服。成無己註云：　豬，水畜也。其氣先入腎，解少陰客熱，加白蜜以潤燥除煩，白粉以益氣斷利也。

總論　希雍曰：　豬為食味中常用之物，臟腑腸胃，咸無棄焉。然其一身，除豬膏外，餘皆有毒，發病人習之而不察也。嘉謨曰：　予見患外感者食之，證愈增劇。患瘧者食之，寒熱復來。患金瘡食之，血液衰涸。肥人多食，動風發痰。瘦人多食，助火作熱。是皆助其有餘之邪，而犯不戒之過也。

清・郭章宜《本草匯》卷一七　猪脊髓　味甘，氣寒。補虛勞之脊痛，益骨髓以除蒸。

按：　猪，水畜也。性寒不補，入胃能生濕痰，易招風熱之物也。維肺與薏苡同食，可以蠲咳嗽而保肺。若腎則冷而無益，止可引導而歸腎。至肝則大損於人。膽理傷寒燥結。要之皆無補於人者。而丹溪治虛損補陰丸，用脊髓和丸，取其通腎命，以骨入骨，以髓補髓也。其性陰寒，陽事弱者勿食。

猪膚：　甘，寒。治少陰下痢，咽痛心煩。

按：　猪，屬水。其氣寒，先入腎。故仲景用治少陰客熱，加白蜜則潤燥除煩，和白粉以益氣斷痢也。苐膚論不一，王好古以為豬皮，吳綬以為燖猪時刮下黑膚，二説不同。今攷《禮運》疏云：　革，膚內厚皮也。膚，革外淺皮也。此正燖猪時附皮薄黑之膚，則吳説為是，合於先哲所云淺膚之義也。

清・尤乘《食鑒本草・獸類》　豕即猪肉。　雖世常用，不宜多食，發風動氣，生痰。白猪白蹄青爪者不可食。腎理腎氣，多食反令腎虛少子。心損心氣，肝助肝火，小腸滑腸，腦損陽道，嘴並耳助風毒。肺療肺虛咳嗽，竹刀

切片，麻油炒，同粥食。治咳血，煮醮苡仁末食之良。胃補中益氣，無毒。猪肉合羊肝食令人煩悶。凡諸獸臨殺，驚氣入心，絕氣入肝，並不可食。猪羊血俱敗血。

清・朱本中《飲食須知・獸類》 猪肉 味苦，性微寒，有小毒。牡曰豭，牝曰彘，子曰豚，牡而去勢曰豶。生江南者，謂之江猪，惟豭肉無毒。多食閉血脉，弱筋骨，虛人肌。疫病者、金瘡者，尤宜忌之。久食令人少子傷精，發宿疾。豚肉久食，令人偏體筋肉碎痛乏氣。江猪多食，令人體重，作脯少有腥氣。久食解藥力，動風發疾。傷寒、瘧痢、痰痼、痔漏諸疾，食之必再發，難愈。反梅子、烏梅、桔梗、黃連，犯之令人瀉痢。服胡黃連食之，令人漏精。服甘草者忌之。同牛肉食，生寸白蟲。同兔肉食，損人。同羊肝、同雞子、同鯽魚及黃豆食，令人滯氣。同葵菜食，令人少氣。同蕎麥麵食，患熱風，脫鬚眉毛髮。同生薑食，生面䵟發風。同胡荽食，爛人臍。同蒼耳食，動風氣。同白花菜、同吳茱萸食，發痔瘻。同龜鼈肉、麋鹿驢馬肉、蝦子食，傷人。多食令人暴肥，蓋虛風所致也。 頭肉，有毒，多食動風發疾，猪肉毒在首，故有病者忌之。 項肉，俗名槽頭肉，肥脆，能動風。 脂膏，勿令中水，臘月者歷年不壞。反烏梅、梅子，忌乾漆。 腦，味甘，性寒，有毒。《禮記》云：食豚去腦。能損男子陽道，臨房不能行事，酒後尤不可食。今人以鹽、酒食猪腦，是引賊入室也。 血，味鹹，性平。服地黃、補骨脂、何首烏諸補藥者忌之，能損陽也。同黃豆食，滯氣。 心，味甘、鹹，性平。多食耗心氣，不可合吳茱萸食。 肝，味苦，性溫。猪臨殺驚氣入心，絕氣歸肝，俱不可多食。服藥人勿食。不可合雉肉、雀肉及同魚鱠食，生癰疽。同鯉魚、鯽魚食，傷神。同鵪鶉食，生面䵟。 肺，味甘，性微寒。同白花菜食，令人氣滯發霍亂。八月和飴食，至冬發疽。 腎，味鹹，性冷。即腰子。久食令人傷腎少子。虛寒者尤忌。冬月食之，損真氣，發虛壅。 胰脂，微毒，男子多食損陽。 猪鼻唇，多食動風氣。

凡花猪、病猪、白蹄猪、自死猪，煮汁黃者為黃膘猪、肉中有米星為米猪，俱不可食。燒肉忌桑柴。凡煮肉同皂莢子、桑白皮、高良薑、黃蠟不發風氣，得舊籬筏易熟。煮肉封鍋，入楮實子二三十粒，易爛且香。夏天用醋煮肉，可留數日。煮臘肉將熟，以紅炭投鍋內，則不油蔹氣。洗猪肚用麵，洗腸臟用砂糖，能去穢氣。中病猪毒，燒猪屎為末，水服錢許，三次可瘥。過食猪肉傷，燒猪骨為末，水服。或服芫荽汁、生韭汁，或加草果可消。煮硬肉入山查數顆，易爛。

清・何其言《養生食鑒》卷下 猪肉 天下畜之，而各有不同。生青、兖、徐、淮者，耳大；生燕、冀者，皮厚；生梁、雍者，足短；生遼東者，足白；生豫州者，味短；生江南者，耳小；生嶺南者，白而極肥。 味甘、鹹，性微寒，無毒。補肌膚，潤腸胃。諸書以為不可食，亦習傳之偏執者。每食日用之常，何曾見其害？多食動風生痰，蓋因其膩也。瘦者良。凡身熱癍疹，忌之。服木鱉子者，食之殺人。

猪頭肉：同五味煮食，補虛乏，壓丹石毒。有瘡、心風症，勿食。 項肉：俗名槽頭肉，肥脆。多食動風。治酒積，面黃腹脹，以一兩切如泥，合甘遂末一錢，作丸，紙裹煨香食之，酒下，利出毒積而愈。 猪脂：煎膏，解諸藥毒，利腸胃，殺蟲，潤肺，生毛髮。 猪腦：甘寒，有毒，不宜多食。《孫真人食忌》云：猪腦，損男子陽道，臨房不能行事，酒後尤不可食。 猪脊髓：甘，寒，無毒。補骨髓，益虛勞。 猪血：味鹹，性平，無毒。壓丹石，解諸毒。下血不止，酒炒食之。清油炒食，治嘈雜有蟲。服地黃、何首烏諸補藥者忌之。心血調硃砂末服，治驚癇癲疾。 猪心：補血不足虛劣，治驚邪憂恚。不可與茱萸同食。 猪肝：補肝，明目，療肝虛浮腫。不宜多食。 猪脾：俗名聯貼，治脾胃虛熱，同橘紅、人參、薑、葱、陳皮、陳米煮羹，去橘紅等食之。孫真人云：六畜脾，一生勿食之。 猪肺：補肺。療虛咳嗽，以一具，竹刀切片，麻油炒熱，同粥食。又治肺虛嗽血，煮，蘸薏苡仁末食之。 猪腎：俗名腰子，理腎氣，通膀胱，暖腰膝，治耳聾，療產後勞乏，虛汗下痢，崩漏。有虛寒人，勿多食，恐傷腎經真氣。痰火咳嗽人，忌食。

猪胰：一名腎脂，生兩腎中間，似脂似肉，乃人物之命門三焦發原之處。能潤五臟，滋肺氣，治乾咳喘急。不宜多食。 猪肚：補胃益氣，去骨蒸癆熱，四季宜食。以麻油洗去穢垢，良。 猪腸：潤腸，止血痢臟毒，治大小腸風、熱瘡。患損傷者，忌之。 猪胞：俗名小肚。治夢中遺溺，疝氣墜痛，陰囊濕痒，玉莖生瘡，煮食良。 猪舌：健脾，補不足，令人能食。 猪蹄：下乳汁，托癰疽，壓丹石。煮清汁，洗癰疽，能解熱散毒，去惡肉，有效。

猪卵：即猪公外腎。治驚癇癲疾，陰陽易病，除陰莖、小腹等痛。 猪公有卵者，猪母生子，皆有毒，病人俱忌食。

清・王翃《握靈本草》卷一〇 猪脂膏 諸肉皆補，惟猪肉無補，故不載。 主

治：猪脂膏，甘，微寒，無毒。主解藥毒、硫黄毒、諸肝毒。利腸胃，通小便，除五疸。猪蹄：主治：主下乳汁，又為洗潰瘍之要藥。猪膽：主治：猪膽，味苦，氣寒。主傷寒熱渴，又少陰下痢不止，同乾薑、附子，仲景白通湯中用之。

清・汪昂《本草備要》卷四 猪藏府引經。水畜，鹹，寒。心血：用作補心藥之嚮導，蓋取以心歸心、以血導血之意。《延壽丹書》曰：猪臨殺，驚氣入心，絶氣歸肝，皆不可多食。尾血：和龍腦，冰片。治痘瘡倒靨。能發之。時珍曰：取其動而不息。亦有用心血者。肝：主藏血，補血藥用之。入肝明目。雄者良。同夜明砂作丸，治雀目。雀目者，夜不能睹，濕痰及肝火盛也。肺：補肺。治肺虛咳嗽。咳血者，蘸薏仁末食。肚：入胃健脾。仲景治消渴，有黄連猪肚丸：用雄猪肚一枚，入黄連末五兩，栝蔞根、白粱米各四兩，知母三兩，麥冬二兩，縫定蒸熟，丸如梧子大，每服三十丸，米飲下。《直指方》：治小兒疳熱，黄連五兩，入肚肝蒸爛，飯丸，米飲下，仍服調血清心藥佐之。且曰：小兒之病，非疳即熱，嘗須識此。腎：鹹冷而通腎。治腰痛耳聾。日華曰：補水藏，暖腰膝。又曰：久食令人少子。孟詵曰：久食令人腎虛。李時珍譏之，謂其鹹冷能瀉腎氣也。昂按：枸杞、玄參、知母、黄柏，性皆寒而能補腎。猪腎乃肉食，何獨瀉腎若斯之酷也？古今補腰腎藥，用猪腎者頗多，未見作害。大抵諸家食忌，不可盡信。《瑣碎錄》：猪腎一對，童便二分，酒一分，瓦罐煨，五更食之，治勞瘵，一月愈。《經驗後方》：猪腎、枸杞葉、豉汁，入葱、椒、鹽作羹，治陰痿羸瘦。腸：入大腸，治腸風血痢。《奇效方》：治藏毒，有藏連丸。膽汁：苦入心，寒勝熱，滑潤燥。瀉肝膽之火，明目殺疳，沐髮光澤。醋和，灌穀道，治大便不通。仲景治陽明症內無熱者，便雖秘，勿攻。故用膽汁外導之法，不欲以苦寒傷胃府也。成無己曰：仲景治厥逆無脉，用白通湯加猪膽汁。蓋陽氣大虛，陰氣內勝，純與陽藥，恐陰氣格拒不得入，故加猪膽汁，苦入心而通脉，寒補肝而和陰，不致格拒也。昂按：此即熱因寒用之義。浴初生小兒，永無瘡疥。猪脬亦作胞：治遺溺疝氣，用作引經。猪脂：甘，寒。涼血潤燥，行水散風，解毒《千金方》：凡中惡及牛肉毒、百獸肝毒，服猪脂一斤，佳。殺蟲，故瘡藥多用之。利腸能通大便，退諸黄。滑産。煎膏藥，主諸瘡。臘月者佳。古方用之最多，治咳嗽亦用之。猪蹄：煮湯，通乳汁，加通草二兩，佳。洗敗瘡。懸蹄甲：治寒熱痰喘，痘瘡入目，五痔腸癰。古人有用左甲者，有用後甲者。猪肉：反黄連、烏梅、桔梗，犯之瀉痢。時珍曰：方有藏連丸、黄連猪肚丸，豈忌肉而不忌藏府乎？昂按：《别錄》云：猪肉閉血脉，弱筋骨，虛人肌，不可久食。陶弘景曰：猪爲用最多，惟肉不可食。孫思邈曰：久食令人少子，發宿病、筋骨碎痛乏氣。孟詵曰：久食殺藥，動風發疾。韓悉曰：凡肉皆補，惟猪肉無補。李時珍曰：南猪味厚汁濃，其毒尤甚。若將爲大禁者然。然今人終日食肉，內滋外腴，子孫蕃衍，未見爲害若斯之甚也。又曰：合黄豆、蕎麥、葵菜、生薑、胡荽、吳茱、牛肉、羊肝、龜、鱉、鯽魚、鶉子食之，皆有忌。然餚饌中合食者多，未見絲毫作害也。惟多食則助熱生痰，動風作濕，傷風寒及病初起人爲大忌耳。大抵肉能補肉，其味雋永，食之潤腸胃，生精液，豐肌體，澤皮膚，固其所也。先王教民畜牧，養彘爲先，豈故爲是以厲民歟？明太祖釋家字之義，亦曰無豕不成家。諸家之説，稽之于古則無徵，試之于人則不驗，徒令食忌不足取信于後世而已。傷寒忌之者，以其補肌固表，油膩纏粘，風邪不能解散也。病初愈忌之者，以腸胃久枯，難受肥濃厚味也。又按：猪肉生痰，惟風痰、濕痰、寒痰忌之。如老人燥痰乾咳，更須肥濃以滋潤之，不可執泥于猪肉生痰之説也。

清・顧靖遠《顧氏醫鏡》卷八 猪脊髓甘，寒。補虛勞之脊痛，益精髓以除蒸。丹溪治虛損補陰藥，多用和丸，取其通腎命，以髓補髓也。心血，共硃砂而鎮心止驚。猪肺，同苡仁而保肺蠲咳。肚，主補脾。腎，取引導。不能補益。脏，能潤腸去垢。故治久痢，退目翳用之。多食，能損陽薄腸。脬，治遺溺疝痛。膽，療目赤。脂，通二便。腸，入槐花以治臟毒。蹄，下乳汁而洗潰瘍。以其能消毒氣，去惡肉也。猪為水畜，其肉雖寒，入胃便作濕熱，熱則生痰動風，無益於人。頭肉，有病者食之生風發疾。腦損陽道，臨房不能行事。舌能損心。心肝傷人，以臨宰驚氣入心，絶氣歸肝故也。血能破血損傷，並不宜多食。

清・李熙和《醫經允中》卷二二 豕肉 凡豭猪、江猪肉久食，令人少子精，發宿病，惟平常猪肉可食。然生痰發瘧痢諸疾。不可合薑食。中豕肉、犬肉毒者，韭菜汁、杏仁研汁可解。辛，平，有小毒。主治壓丹石，解熱毒，補腎虛。豕肉補氣，惟補陽耳。虛損者虛在陰，以肉補之，是以火濟水，況肉性入胃，便作濕熱，熱生痰，痰生則氣不降，而諸症作矣。曰令人暴肥者，蓋風虛所致也，並不補人，而人曰補，乃習俗之談耳。臘猪肉燒灰，雞子清調，治魚臍瘡。項肉槽頭肉，以一兩切片如泥，同甘遂末一錢作丸，紙裹煨香食之，酒下，當利出，名酒布袋也。脂膏生髮悦面，塗瘡殺蟲，滑腸解毒。腦損陽道，酒後益不可食。血治婦人血嘈，治蚘蟲作嘈症。心血調硃砂服，治驚癇癲疾，并治卒惡死，痘瘡倒靨。心食之耗心氣，莫與吳茱萸同食。心肝有孔者有毒，不可食。肝主小兒驚癇，虛洩久滑，赤白帶下，以一葉薄披，摻訶子末炙之，再摻再炙，末盡半兩，空心細嚼，陳米飲送下，更補肝明目。然猪殺時驚氣入心，絶氣入肝，多食必致傷人。脊髓入補陰丸中，可助真陰生髓。

肺瘵肺虚嗽血，同薏仁末食之。腎理腎氣，通膀胱水藏，暖腰膝；腎虚熱者宜之，虚寒者禁之。脏治一切肺病肺血，通乳汁；多食損陽。腸動冷氣。舌能損心。肚補中益氣，利百病，補血脉，人宜食之。大腸臟主虚竭，小便數，補下焦虚竭，潤腸治燥，治人洞腸挺出血多，及腸風臟毒，以黄連入臟内煮爛，搗丸，米飲下三十丸効。山行石(蛭)〔蛭〕著人足，則穿肌入肉，以臘脂膏和鹽塗足脛趾，即不著人也。《魯論》記：夫子肉雖多，不使勝食氣，沽酒市脯不食。孟子言七十非肉不飽，未七十者不得食。可見聖賢之保身而惜福也。徒縱口腹之欲者，皆飲食之人，所謂肉食者鄙也。

清·馮兆張《馮氏錦囊秘録·雜症痘疹藥性主治合參》卷九

猪膚　猪膚，即猪皮也。【略】猪乃水畜，在辰屬亥，在卦屬坎，其肉氣味雖寒，多食令人暴肥，性能作濕生痰，易惹風熱，殊無利益。懸蹄乃蹄甲之懸起不着地者，味鹹，寒，無毒。入手足陽明經。鹹寒能除腸胃之濕熱，故主五痔伏熱，腸癰内蝕。得牛角鰓、槐角子、蝟皮、象牙末、金頭蜈蚣、蚌竹屑、明礬、地榆、青黛、白蠟，治通腸痔漏，令漏管自出。【略】按：猪為食味中常用之物，臟腑腸胃，咸無棄焉。然一身除肚膏外，餘皆有毒發病。壯實者，或暫食無害，有疾者不可不忌，故列其害於後。肉，多食令人虚肥，生痰熱，熱病後食之復發。頭肉，食之生風發疾。腦，食之損男子陽道，臨房不能行事，酒後尤不可食。血，能敗血損陽，服地黄、首烏諸補藥者，尤忌之，多食耗心氣。肝，服藥人不可食，合魚鱠食生癰疽，合鯉魚腸子食傷人神，且猪臨宰驚氣入心，絶氣歸肝，故俱不可多食。肺，不可與白花菜合食，令人氣滯發霍亂，八月和飴食，至冬發疽。腎，久食令人傷腎少子，冬月忌食損人真氣，兼發虚壅。脏，男子多食損陽，多食動冷氣。鼻脣，多食動風。舌，多食損心。

猪膚，多飧令人虚肥，動風發痰，但虚損精血不足者，暫供口吻，補之以味也。仲景論猪膚湯，取性甘寒，氣先入腎，少陰客熱燥氣，可以解之。總血肉之類，借充口腹。若調養得所，則為長養氣血之需。倘動静乖張，則為發熱生痰之本。況萬物主味者則柔，每多柔順之功，不全賴以重輕。主氣者則剛，便有剛烈之體。損益憑之以消長，肥脂血肉，必潤而下，五穀甘淡，必平而緩，非若草木得偏氣而有大力也。劫出猪卵，即雙睾丸，小兒驚悸顛癇，大人鬼疰蠱毒，五癃攣縮，寒熱賁豘。四蹄，能下乳汁。心，托心氣鎮驚。脾，主脾傷除熱。肺，補肺，治欬聲連。脏，食多損陽，亦主肺脹喘咳。膽中汁，納穀道，便通。新剖心内血，丸諸藥，養血安神，丸中必用，禁邪夢紛紜。舌，煮濃湯，益元陽，健脾進食。肝，炙燥熱，納陰户，止癢引蟲。腎，止腰疼，煨腎散可服。冬月忌食。肚，扶脾弱，連肚丸堪嘗。乳，使人潤澤，生精生血，除天吊猪癰，臍風撮口。脂油，敷瘡疥殺蟲。腦髓，治腦鳴頭眩，一云能令滑精。大腸，搗連殼丸内，能消五痔益腸。脊骨髓，入補陰丸中，可助真陰生髓，除脊痛，退骨蒸。調寒水石，治湯盪火燒。血，補中風眩暈，奔豚暴氣。屎，消中濕腫黄時疫，腫脹蠱毒。猪窠草，密置蓆下，止小兒客忤夜啼。

主治痘疹合參：猪肉，宜少鹽醃，飯中煮食，則脾胃不傷，借其動風之性，可助發生，且血肉以補血肉也。

清·张璐《本經逢原》卷四

豬　甘，平，無毒。同驢馬肉食之令人霍亂，同羊肝食之令人心悶，與生胡荽同食傷人臍。　發明：豬屬水獸，性嬾善淫，飽食無所用力，周身脂膏不流，故人食之助濕生痰，莫此為甚。而肥盛之人尤非所宜。一種蹄甲白者有金水相生之象，稍異尋常。鹽漬風乾製為南腿，有補養脾腎之能，病人食之，略無妨礙，良非鮮者之比。丹溪云豬肉補陽，陰虚者切宜少食。蓋肉性入胃，便作濕熱生痰，痰生則氣不降，而諸證作矣，故痰嗽家最忌。然肺燥乾欬及火嗽痰結者，食之痰即易出，其嗽便止，但不宜過鹹耳。當知助濕生痰，惟中間膘脂一層專助脾濕。若皮則走肺益氣，精者補肝益血。但嫌難尅化耳，其汁則全是膘脂鎔化，食之滲入經絡，故東垣言之頗詳。《千金》治打傷青腫，炙精豬肉搨之。小兒火丹，生豬肉切片貼之。漆瘡作癢宜啖豬肉，並以豬脂塗之。男女陰蝕，肥豬肉煮汁洗之，不過三十觔瘥。山行石蛭著人足則穿肌入肉，但以臘脂膏和鹽塗足脛趾即不著人也。《急救方》治竹木刺入肉，以多年熏肉切片包裹即出。其腎性堅難化，且藏淫火，最不益人，而治腎虚腰痛，豬腎切開，入人參末一錢，濕紙裹煨，每日空心嚼一枚，或入青蛾丸中煮食並效。其治水脹，用豬豬丸。便血用藏連丸，皆用以為引藥入病處耳。心血治驚風癲癇，蓋以心歸心，以血導血之意。得冰片入心經也。卒中惡死，尾血灌之，取其動而不息之意，並縛豚枕之即活。蛇入人孔，割母豬尾血滴入即出。用肝者，肝主藏血，血病用為嚮導，故脱肛、肝虚、雀目用之。脏即三焦，能滌除腎藏邪毒垢膩，故同胡黄連等藥治黴瘡最捷。用膽者，取其瀉肝膽之火，故仲景白通湯用為嚮導。蓋寒能勝熱，滑能潤燥，苦能入心也，傷寒熱邪燥結有豬膽導法。又膽汁和香油等分，亦治黴瘡結毒，清晨連服七日，大便下泄邪毒最捷，未盡停七日，更服七日，餘邪自盡，屢驗。尿脬治產婦傷膀胱，急用上好人參一兩，入脬中煮食，日日服之，稍或遲延，氣血衰冷不可療矣。齒治驚癇，乳能斷酒，《千金方》用之。

其膚者，皮上白膏是也，取其鹹寒入腎，用以調陰散熱，故仲景治少陰病，下痢，咽痛，胸滿心煩，有豬膚湯。予嘗用之，其效最捷。豚卵治陰莖中疼，驚癇鬼氣蠱毒，除寒熱，賁豚，五癃、邪氣、攣縮，豬蹄煮湯去油，煎催乳藥及醮洗潰瘍有效。蹄甲，《本經》治五痔，伏熱在腹中，腸癰內蝕，今目疾外障亦用之。豬腦治風眩，腦鳴，凍瘡，癰疽，塗紙上貼，乾則易之。《禮記》云，食豚去腦。《孫真人食忌》云，豬腦損男子陽道，酒後尤不可食。《延壽書》云，以鹽酒食豬腦是自引賊也。豬骨燒存性為末，水服方寸匕，治食諸果中毒，又解馬肝漏脯等毒。豬毛燒灰，麻油調塗湯火傷，留竅出毒則無痕。豬屎古方取用頗多，《千金》治患霧氣心煩少氣，頭痛項急，起則目眩欲倒，戰掉不安，憎寒微熱，心中欲吐，吐時無物，用新豬屎二升半，內好酒一斛，攪令散，以生布絞取汁，更以綿濾，頓服之，即地鋪暖覆臥，面前著火，常令汗出，得汗待其自乾乃起，亦治風勞蠱毒。燒灰發痘瘡黑陷，無價散用之。又衡沸湯蒸麻疹陷伏即起。總取穢惡以辟不祥之氣，同氣相應之用耳。

清・汪啟賢等《食物須知・諸葷饌》 猪　味甘，氣微寒，無毒。猪養甚多，擇健猪中遍身純黑色者纔妙。　肉，多食令人虛肥，動風，動痰亦速。仍閉血脈，損筋骨，勿謂無傷。　四蹄，主傷撻潰瘍，更下乳汁。　心，托心氣，鎮驚。　脾，主脾傷，除熱。　肺，食多補肺，且止肺咳連聲。　若其白花菜煮嚐，緊防滯氣。　食多損陽，亦治肺脹喘急。　舌，煮濃湯，堪益元陽，健脾胃進食。　腎，止腰疼。　肚，能扶胃弱。　脂油，悅皮膚。　按：猪，飼養甚多繁，食物寡，容易長大。人啖食弗厭，乃嗜脂膏盛，筋膜少，不勝滑肥。《本經》款中戒勿多食，是又有所據也。丹溪云：肉惟補氣，即補陽。人身中陽常有餘，陰常不足。凡患虛損症者，俱屬陰虛。謂多食肉能補，是猶以火濟火，反助有餘，愈損不足。安能保長壽哉。何者？肉性本熱，入胃則熱更作。熱作則痰生，痰生則氣不升降。諸證之至豈有已耶？予每見患外感者食之，證愈增劇。患瘧者食之，寒熱復來。金瘡者食，血液衰涸。肥人多食，助火作熱。是皆助其有餘之邪，而犯不戒之譴也。孔子曰：肉雖多，不使勝食氣。聖人亦此戒，人豈無意歟？

清・浦士貞《夕庵讀本草快編》卷六 豕《本經》　《說文》云：豕字象毛足而後有尾形。《禮》謂之剛鬣。崔豹注曰：參軍。　豕，水畜也，在卦為坎，在星應室。雖為食饌之常，但能發風虛助濕生痰，不宜多食者也。世俗悮以為補，謬矣。然同體異性，可不分解焉。心血可以鎮驚癇而除憂恐，炙肝可以止滑痢而明目，胰子療肺痿吐膿血而兼通乳汁，胆可以化熱結而導大便，白通湯內用之，仲景之神法也。乳可以治猪癇、祛鬼毒。初生小兒頻食之，免驚風稀痘疹，世所罕聞爾。　脬可以治轉脬，吹入則通；　肚可以調胃氣，殺勞蟲更玅；　肺煮薏仁則欬血可治；　腎同枸杞則陰痿立痊；　脾有運積之功，髓得益精之効。皆從其類而投之。方稱善變而無礙矣！

清・劉漢基《藥性通考》卷六 猪肉　味甘，鹹，氣辛，寒。　心血用作補心藥之嚮導，蓋取以心歸心，以血導血之意。　尾血和龍腦、冰片治痘瘡倒靨。肝主藏血，補血藥用之，入肝明目。　雄者良。　同夜明砂作丸，能治雀目。雀目者，夜不能覩，濕痰及肝火盛也。　○肺補肺，治肺虛咳嗽咳血者，同薏仁末食。　○肚，入胃健脾。　○腎，鹹，冷而通腎，治腰痛耳聾。　○腸，入大腸，治腸風血痢。　○膽汁，苦，入心，寒勝熱，滑潤燥，瀉肝膽之火，明目，殺疳，沐髮光澤，醋和灌穀道，治大便不通。　浴初生小兒，永無瘡疥。　猪脬，治遺溺疝氣，用作引經。　猪脂，甘，寒。涼血潤燥，行水散風，解毒殺蟲，故瘡藥多用之。利腸，能通大便，退諸黃。　煎膏藥，主諸瘡。　臘月者佳，古方用之最多，治咳嗽亦用之。　猪蹄，煮湯通乳汁，加通草二兩佳，浣敗瘡。　懸蹄甲治寒熱痰喘，痘瘡入目，五痔腸癰。　猪肉反黃連、烏梅、桔梗，犯之瀉痢。

清・葉盛《古今治驗食物單方》 猪　身腫攻心，用生猪肉，以漿水洗，壓乾切膾，蒜、薤啖之，一日二次，能下氣，去風濕，乃外國方也。　小兒火丹，猪肉切片貼之。　赤白帶下，煉猪油三合，酒五合，煎沸飲之。　髮落不生，以醋泔洗髮根，布揩令熱，用臘猪油入生鐵，煮三沸塗之，遍生。　熱毒攻手，猪油和羊屎塗之。　疥蟲，猪油煎芫花塗之。　小兒頭瘡，猪䯨骨中髓，和膩粉成劑，火中煨香，研末，鹽湯洗淨畢，敷之，亦治肥瘡。　心虛，自汗不睡者，用猪心一個，帶血破開，入人參、當歸各二兩，煮熟，去藥食之，不過數服愈。　急心痛，猪心一枚，每歲入胡椒一粒，鹽、酒煮食。　休息痢，獖猪肝一具切片，杏仁炒一兩，于淨鍋內一重肝，一重杏仁，入童便二升，文火煎乾，每日食一次。　水腫，猪肝尖三塊，綠荳四撮，陳倉米三撮，水煮粥食，毒從小便出也。　婦人陰痒，切猪肝一塊納之，引出蟲則愈。　脾積痞塊，猪脾七個，每個用新針刺爛，以皮硝一錢擦之，盛磁器內七日，用鐵器焙乾，又用水紅花子七錢，同擣為末，以無灰酒空心調下。一年以下者，一服

愈；五年以下者，二服；十年以下者，三服。腎虛腰痛，猪腰子一枚，片之，以椒、鹽淹去腥水，入杜仲末三錢在內，荷葉包煨，食之，酒下。老人脚氣嘔逆者，用猪腎二枚，以蒜、醋、五味治食之。久得咳嗽，猪腎二枚，入椒四七粒，水煮啖之。泄瀉不止，猪腎一個批開，摻骨碎補末，煨熟食之。肺氣咳嗽，猪胰一具，苦酒煮服。赤白癜風，猪胰一具，酒浸一時，飯鍋內蒸熟食之，不過十具。猪肚，善補虛羸，若水瀉不止，以平胃散三兩，和猪肚為丸服。腸風臟毒，大腸一段，入木耳填滿，兩頭扎緊，煮熟任食。產後遺尿，猪胞、猪肚各一具，糯米半升入胞內，更以胞入肚內，同五味煮食。

疝氣墜痛，用猪脬一枚洗，入大小茴、故紙，用楝子等分填滿，入青鹽一塊縛定，酒煮食之，下剩之藥，焙乾搗為丸服。消渴，乾猪胞十個，剪破去蒂，燒存性，為末，每溫酒服一錢。玉莖生瘡臭腐，猪脬一枚，連尿去一半，留一半，以煅紅新磚上焙乾，為末，入黃丹一錢摻之。小便不通，用猪胆連汁，籠入陰頭，包住一二時，汁入自通。消渴，雄猪胆五枚，定粉一兩，同煎成丸芡實大，每含化一丸。湯火傷，猪胆汁調黃栢末敷之。纏喉風，臘月初一，取猪胆五六枚，用黃連、青黛、薄荷、殭蠶、白礬、朴硝各五錢，裝入胆內，青紙包好，將地掘一孔，方深各一尺，以竹橫懸此胆在內，以物蓋定。候至立春日取出，待風吹去胆皮青紙，研末密收。每吹少許入喉，神驗，乃萬金不傳之方也。婦人無乳，用七星猪蹄一隻，通草一錢，水煮，去通草，連湯任食；胃弱者，飲汁可也。血山崩，老母猪屎燒灰，酒服二錢。十年惡瘡，燒存性敷之。下疳亦敷之，赤游火丹亦敷之。

清・王子接《得宜本草・下品藥》 猪膚 味甘，寒。《禮運疏》云：膚，外厚皮也。得白蜜、米粉治少陰下痢咽痛。猪尾血：味鹹，性寒。善動，得龍腦治痘疹倒靨。

清・黃元御《長沙藥解》卷二 猪膽汁 味苦，性寒。入足少陽膽經。清相火而止乾嘔，潤大腸而通結燥。《傷寒》白通加猪膽汁湯，葱白四莖，乾薑一兩，生附子一枚，人尿五合，猪膽汁一合。治少陰病，下利，厥逆無脈，乾嘔心煩者。以水寒上敗，君相皆飛，甲木克胃，故生乾嘔。丁火失根，故覺心煩。猪膽汁清相火而止嘔，人尿清君火而除煩也。通脈四逆加猪膽汁湯，甘草三兩，乾薑三兩，大附子一枚，猪膽汁半合。治霍亂吐下既止，汗出而厥，四肢拘急，脈微欲絕者。以相火逆升，汗孔疏泄，猪膽汁清相火而止汗也。猪膽汁方，大猪膽汁一枚，泄汁，和醋少許，灌穀道中，食頃，當大便出。治陽明病，自汗出，小便利，津液內竭，大便鞕者。以汗出水利，津亡便鞕，證非胃實，不可攻下，猪膽汁合醋，清大腸而潤燥也。猪膽汁苦寒滋潤，泄相火而潤燥金，膽熱腸燥者宜之。

清・黃元御《長沙藥解》卷三 猪膚 味甘，微寒。入手太陰肺經。利咽喉而消腫痛，清心肺而除煩滿。《傷寒》猪膚湯，猪膚一斤，白蜜一斤，白粉五合。治少陰病，下利咽痛，胸滿心煩者。以少陰寒水侵侮脾胃，脾土下陷，肝脾不升，則為下利。胃土上逆，脾胃不降，相火刑金，則為咽痛。濁氣衝塞，宮城不清，則胸滿而心煩。猪膚、白蜜清金而止痛，潤燥而除煩。白粉澀滑溏，而收泄利也。肺金清涼而司皮毛，猪膚秉金氣之涼肅，善於清肺，肺氣清降，君相歸根，則咽痛與煩滿自平也。猪膏在四卷。

清・黃元御《長沙藥解》卷四 猪膏 味甘，微寒。入足太陽膀胱經。利水泄濕，滑竅行瘀。《金匱》猪膚髮煎，猪膏半斤，亂髮雞子大三枚，膏中煎之，髮消藥成，分再服，病從小便去。治諸黃。以土濕木陷，鬱生下熱，傳於膀胱，膀胱閉癃，濕熱熏蒸，隨經逆上，侵于肌膚，則病黃疸。猪膏利水而清熱，髮灰泄濕而消瘀也。又治婦人陰吹，以土濕木陷，穀道鬱塞，胃中濁氣不得後泄，故自前竅喧吹而下。猪膏利水而滑大腸，髮灰泄濕而通膀胱也。猪膏利水滑腸，善通大小便，治水腫帶下之證。

清・吳儀洛《本草從新》卷六 猪〔肉，補肉。〕以下畜類。水畜。鹹，寒。療腎氣虛竭，狂病久不愈。其味雋永，食之潤腸胃，生精液，豐肌體，澤皮膚。其性陰寒，陽事弱者勿食。能生濕痰，易招風熱，傷風寒及病初起人尤為大忌。其皮有毒，頭肉尤甚。傷風寒忌之者，以其補肌固表，油膩纏粘，外邪不能解散也。病初愈忌之者，以腸胃久枯，難受肥濃厚味也。按：猪肉生痰，唯風痰、濕痰、寒痰忌之。如老人燥痰乾咳，正宜肥濃以滋潤之，不可執泥也。〔自心血至脬皆用作諸藥引經。〕心血，用作補心血之向導，蓋取以心歸心，以血導血之意。肝，入肝。諸血藥用為向導。肝主藏血。《延壽丹書》云：猪臨殺驚氣入心，絕氣歸肝，皆不可多食。士材曰：肝，大損人。雄猪肝同夜明砂作丸治雀目。雀目者，夜不能視，濕痰及肝火盛也。肚，入胃健脾。肺，補肺，治肺虛咳嗽。咳血者，蘸薏仁末食。腎，鹹冷而通腎，治腰痛耳聾。古今補腰腎藥用之頗多。腸，入大腸，治腸風血痔。膽汁，苦入心，寒勝熱，滑潤燥。瀉肝膽之火，明目療疳。醋和灌穀道，治大便不通。仲景治陽明證內

無熱者，便雖秘勿攻，故用膽汁外導之法，不欲以苦寒傷胃腑也。無己曰：仲景治厥無脈，用白通湯加猪膽汁。蓋陽氣大虛，陰氣內勝，純與陽藥，恐陰氣格拒不得入，故加猪膽汁，苦入心而通脈，寒補肝而和陰，不致格拒也。訒庵曰：此亦熱因寒用之義。腦，治頭風，損男子陽道。脬，亦作胞。治遺溺疝氣。《衛生寶鑑》云：一妓女轉脬，小便不通，腹脹如鼓。一醫令用猪脬吹脹，以翎管安上，插入尿孔，捻脬氣吹入，即大尿而愈。脂膏，潤燥利腸，散風解毒，殺蟲滑產。臘月煉淨收用。脊髓，補虛勞之脊痛，益骨髓以除蒸。蹄，煮湯通乳汁，加通草一兩佳。洗敗瘡。懸蹄甲，治寒熱痰喘，痘瘡入目，五痔腸癰。尾血，和龍腦香治痘瘡倒靨。能發之。時珍曰：取其動而不息。亦有用心血者。自蹄至此，皆用母猪。猪肉，反烏梅、桔梗、黃連。時珍曰：方有臟連丸、黃連猪肚丸，豈忌肉而不忌臟腑乎？

清・汪紱《醫林纂要探源》卷三

豬　甘，鹹，寒。北方者，大耳短喙，皮獨縐而厚。荊楚間者，小耳長喙，皮厚不縐。廣中者，肥圓短足而皮薄。滋潤肌膚，和柔筋骨，通利臟腑，滲達津液。水畜也。《易》以坎為豕，時日家以亥屬豬，《周禮》無豕人，當在冬官司空，因缺之故也。性好塗泥，善以喙掘地，食穢濁，處汙下，其為水畜可知。然主在膀胱之水，非腎之先天水也。為人家所常畜，日用奉養，賓祭耆老，皆不可缺。老人肌澤枯澀，尤賴滋潤以為養。諸家本草，皆甚言其無益有損，是猶平日喫飯，不見飯之益，及飽食傷胃，乃謂飯為傷人，豈通論哉？貧賤經月無肉，及偶獲肉食，則筋力頓強，精神頓倍，孰謂無補哉？惟動風發疾則有之，蓋過於肥膩，反易滯，如澤之聚水不流，泥汙相積，則臭腐而生穢翳濁熱之氣。多食肉以至生痰動風，發痼疾，亦猶是也。若傷寒初起，及大病新愈，則忌油膩，又不獨此也。血：鹹，寒。滑利大腸。尾血起痘瘡倒靨。豬血雖不益人，有時亦取用。如以心血補心，尾血起痘是也。尾動而不息，為血所注，故取之。或云宰時驚氣入心，絕氣入肝，心肝皆不可食，此則何畜不然？不足信也。膽：苦，寒。瀉火明目，殺疳。公豬蒸熟食。點目用汁。沐髮令光澤。外用通大便閉。和醋，灌入肛門。肚：健脾和胃。肺：治肺虛咳嗽。用公豬者，先渾煮，置管釜外，使滚出穢沫，乃去管割膜，則不生痰而能補矣。豬臟腑，惟肚、肺益人。然以心補心，亦能安神止汗，以肝補肝，亦可明目。肝下有小葉，曰馬蹄肝，尤效。以腎補腎，可瀉腎邪而安正，治腰痛，通耳聾。以大腸入大腸，可治腸風便血。以膀胱入膀胱，可治疝氣遺溺。惟小腸令人發瘡，不見有益。脂：甘，鹹，寒。澤枯潤燥。可去血熱，解肉毒，利腸胃，潤肌膚。合瘡藥用之，以潤燥殺蟲。潤肺藥用之，以順氣止咳。〇古人春膳膏香，香，牛脂也。夏膳膏臊，臊，狗脂也。秋膳膏腥，腥，雞脂也。冬膳膏羶，羶，羊脂也。惟不言及豬脂，豈賤之不用耶，抑四時皆和用耶？然其用為益多矣。至於骨髓、腦髓，《內則》云：豚去腦，以有穢毒之積，不益人也。今凡補虛羸藥中，用以和丸，是何取古人之所棄耶？蹄：甘，鹹，平。補氣血，養虛羸，療風痺，通乳汁。豬肥重無筋力，惟四蹄有筋，以勝一身之肉，故精力在此。性好臥，起必先前蹄，尤為有力，最益人。蹄甲：治痰喘，及痘瘡入目，腸癰痔瘻。煅研，或左甲，或後甲，取其能去風熱。羊，火畜，喜升高，力在角而苦。豕，水畜，喜汙下，力在蹄而鹹。

清・嚴潔等《得配本草》卷九

豬肉　豬脊髓、豬肺、豬脾、豬肚、豬肝、豬腎、豬心、豬心血、豬腸、豬膽、豬卵、豬胞、豬脂膏、豬胰、豬蹄、豬懸蹄甲、豬血、豬外膚、豬尾血、豬乳

甘、鹹，温。入足太陰經。補脾氣，潤腸胃。多食動風痰，助濕熱。人食豬肉而肥白者，內有風痰也。若老人燥痰，不忌。怪症：人常臥床，能食不能動，好言吃食，謂之失物望病，治之當云你吃豬肉一頓，病人聞之即喜，遂置肉床前，令其見不使食，此乃失其望也。睡去，涎出數碗即愈。豬脊髓：甘，寒。填髓補骨。配童便、烏梅，治勞傷骨蒸。豬肺：甘，微寒。補肺。麻油炒熟同粥食，治肺虛勞嗽。豬脾：澀，平。治脾傷，除熱消積。豬肚：甘，微温。入胃。健脾利水，通血脈。配北五味，煮食，養胎氣。配胡蒜丸，治水瀉不止。豬肝：微寒。補肝。入補血藥，明目。加納陰戶，引蟲。引藥入血所而治血。配麻油，炒熟煮粥，療肝虛咳嗽。加杏仁、童便同煮，治休息痢。蘸米仁末食，治肝虛嗽血。豬臨殺，驚氣歸心，絕氣歸肝，不可多食。不但肝不可多食，凡豬一身內除肚膏外，餘皆發病，可暫食不可久食，可少食不宜多食。豬腎：即腰子。鹹，冷。理腎氣，通膀胱。治腰痛耳聾。配甘遂，煨熟，去藥服之，治卒腫。加破故紙煮食，止久泄。腎氣虛寒，冬月禁用。豬心：忌吳茱萸。甘、鹹。治虛悸，可為補心藥之嚮導。得人參，治心虛自汗。多食耗心氣。豬心血：獖豬者良。治驚癇及卒中惡死、痘瘡倒靨。用一匙，入冰片少許，新汲水服。配朱砂、靛花，除心病邪熱。豬腸：甘，微寒。入大腸。治腸風下痢。豬膽：苦，寒。入心。瀉肝膽之火。治傷寒熱渴，殺疳蟲，通大腸。以汁炒藥能入膽。入牙皂末，以葦筒納入肛門，捏注大腸，能使熱結下行。豬卵：名豬石子，牡豬外腎也。治癲癇鬼疰、寒熱賁豚。熱酒吞二枚，治陰陽易病、少腹急痛。豬胞：即膀胱。甘、鹹，寒。治遺溺疝氣，可作引經。豬脂膏：反梅子、烏梅。甘，寒。涼血行水，利腸殺蟲。配酒，治赤白帶下，滑胎。和白蜜煉服，治暴瘖。豬胰：名腎脂，生在兩腎中間。甘，寒。滌腎臟

邪毒垢膩，療肺氣喘脹咳血。得延胡索，治膜内氣塊。同棗肉浸酒，治痃癖羸瘦。并治二十年嗽，忌鹽。多食薄大腸。豬蹄：母豬者良。甘、鹹，小寒。益陽明經之氣血。同通草，通乳汁，洗敗瘡。豬懸蹄甲：蹄之懸起不着地者。母豬者良。鹹，寒。治寒熱痰喘，痘瘡入目，五痔腸癰。豬血：鹹，平。祛血風眩暈，奔豚暴氣。服地黄、何首烏諸補藥者，忌之。豬外膚：甘，寒。潤肺腎，解虚熱。豬尾血：獖豬者良。和冰片，治痘瘡倒靨。豬乳：甘、鹹，寒。生精血。除天吊豬癇，及小兒臍風胎驚。同朱砂、牛乳少許，抹口中，甚效。

題清・徐大椿《藥性切用》卷八　猪　屬水。性味鹹寒，入腎而補虚，潤燥充飢澤膚。精肉，補肝益血。性難尅化，小兒不宜多食，病初愈、初起均忌。心血入心，猪肝入肝，可為諸藥引經。猪肚，入胃健脾。猪肺，入肺治瘻。猪腎，入腎補益。猪腸，入腸，治腸風久痢。猪脬，入脬，治遺溺虚疝。隨病入藥，蒸食效。猪膽汁，瀉肝膽之火，和醋少許，灌穀道中，通大腸虚閉。猪膏油，潤燥殺蟲，兼通燥閉。猪腦，治頭風作痛，牽連巔頂。多食損陽道。脊髓，補脊充髓。猪蹄，通乳治瘡。懸蹄甲，燒灰，治寒熱五痔。猪尾血，起痘瘡倒靨。猪耳及頭肉，動風，少食，病初愈人切忌。

清・黄宫繡《本草求真》卷二　猪肉豐體澤膚，多食生痰動風。　猪肉專入脾胃。味雖雋永，食之能潤腸胃，生津液，豐肌體，澤皮膚時珍。為補肉補形之要味，然性屬陰物。《别録》云：猪肉閉血脉，弱筋骨，虚人不可久食。陶弘景曰：猪為用最多，惟肉不可食。孫思邈曰：久食令人少子，發宿疾，筋骨碎痛乏氣。孟詵曰：久食殺藥，動風發痰。韓悉曰：凡肉皆補，惟猪肉無補。凡人臟氣純陽，火盛水衰，服則以水濟火，血脉周流，自有豐體澤膚之妙。若使臟體純陰，少食或未見損，多食必有阻滯痿弱生痰動風作濕之虞耳。時珍曰：惟多食則助熱生痰，動風作濕。況風寒初感，血脉有礙，其於猪肉，固不可食。久病初愈血復，其於猪肉更不宜食。時珍曰：傷風寒及病初起人，為大忌耳。雖曰先王教民，畜彘為先，非是厲民，又胡不聞大易之頤有云，宜節飲食之説乎？汪昂云：傷寒忌之者，以其補肌固表，油膩纏粘，風邪不能解散也。病初愈忌之者，以腸胃久枯，難受肥濃厚味也。又按猪肉生痰，惟風痰、寒痰、濕痰忌之。若老人燥痰乾咳，更須肥濃以滋潤之，不可執泥於猪肉生痰之説也。猪之為用最多，其在心血，氣味鹹平，合以硃砂，能治驚癇癲疾。取其心以入心，血以通血之意。肝血合以夜明砂作丸，能治雀目夜不能覩。肝藏血，其竅在目，用入取肝入肝意。肺合薏苡，能治肺虚咳嗽。肺以入肺。肚合黄連等藥為丸，能令脾胃堅強。《食醫心鏡》云：仲景猪肚黄連丸治消渴，用雄猪肚一枚，入黄連末五兩，栝蔞根、白粱米各四兩，知母三兩，麥門冬二兩，縫定，蒸熟搗丸，如梧子大，每服三十丸，米飲下。時珍曰：猪水畜而屬胃土，故方藥用之補虚，以胃治胃。猪腎氣味鹹冷，不能補腎精氣，止可借為腎經引導。時珍曰：猪腎性寒，不能補命門精氣，方藥所用，借其引導而已。《别録》謂理腎氣，通膀胱，理字通字，最為有理。腎有虚熱者宜之，若腎氣虚寒者，非所宜矣。今人不達此理，往往食猪腎為補，不可不審。腸合黄連為丸以服，能治腸風臟毒《奇效方》。膽汁味苦氣寒，質滑潤燥，瀉肝和陰，用灌穀道以治大便不通，且能明目殺疳，沐髮光澤。成無己曰：仲景以猪膽汁和醋灌穀道中，通大便神效。蓋酸苦益陰潤燥而瀉便也，治少陰下利不止，厥逆無脉，乾嘔煩者，以白通湯加猪膽汁主之。若調寒熱之逆者，冷熱必行，則熱物冷服，下嗌之後，冷體既消，熱性便發，故病氣自愈。此所以和人尿、猪膽鹹苦之物於白通熱劑之中，使其氣相從而無拒格之患也。猪脬能治夢中遺溺，疝氣墜痛，陰囊濕痒，玉莖生瘡。時珍曰：猪胞所主皆下焦病，亦以類從爾。蘄有一妓病轉脬，小便不通，腹脹如鼓，數月垂死。一醫用猪脬吹脹，以翎管安上，插入陰孔，捻脬氣吹入，即大尿而愈。此法載在羅天益《衛生寶鑒》中，知者頗少，亦機巧妙用也。猪脂氣味甘寒，力能涼血潤燥，行水散血，解毒殺蟲，利腸滑産止咳。猪乳氣味甘鹹而寒，能治小兒驚癇。時珍曰：小兒體屬純陽，其驚癇亦生於風熱。猪乳氣寒，以寒治熱，謂之正治。猪蹄同通草煮湯，能通乳汁，然總視其物之氣質，以治人身之病耳！肉反黄連、桔梗、烏梅。犯必瀉痢。

清・黄宫繡《本草求真》卷七　猪尾血涼血活血。　猪尾血耑入肝，兼入心脾。即猪尾尖之處剖刮而出者也。凡人血燥不活，用以辛溫以為搜剔，則血益燥而不活矣。按猪本屬陰物，血亦更屬陰味，以至陰之物，而治至陰之血，則熱自得陰化而熱以解。然必得一活動以為疏剔，則血不為熱凝。惟猪通身皆窒，食飽即卧，其活止在一尾，而尾尖則又活中之至活者也。故吴費建中著有《救偏瑣言》治痘，凡逢毒盛而見乾紅晦滞，紫黯乾燥之象，輕則用以桃仁、地丁、紅花、赤芍，重則用以猪尾尖血，取一盞、二盞入藥同投，兼佐冰片，開洩腠理，通達内外，誠發千古未發之奇秘也。費建中治痘血瘀氣滯，用大黄一兩，青皮一錢半，桃仁四錢，紅花錢半，赤芍錢半，木通八分，荆芥錢半，葛根錢半，生地兩半，牛蒡二錢，白項地龍二十一條，紫花地丁一兩五錢，蟬蛻六分，山楂一兩五錢，蘆根三兩，名必勝湯。此是勢急之際，用以大劑。若毒勢未急，或分作三劑以投。若血瘀之極必加猪尾血，大渴不已加石膏，總在相症酌治耳。瘀血一活，則一身之血與之俱活。凡治痘而

見乾紅晦滯，內症具備，其可不藉此血以為通活之具乎？但血因虛而燥，因寒而凝，而不用以辛溫、辛熱以為通活，則血愈見其有礙者矣！取雄猪尾血者佳。

清·李文培《食物小錄》卷下　猪筋　平，無毒。壯筋骨，健步履，補肝氣。

豬　肉，甘，平，無毒。補腎氣虛竭，潤腸胃虛燥。　豬頭肉，有毒。凡病人勿食。　項肉，俗呼為槽頭肉。肥脆，能動風。　油，甘，微寒，無毒。潤肺，悅皮膚。　腦，甘，寒，有毒。損男子陽道，臨房不能行事，酒後尤不可食。　髓，甘，寒，無毒。補骨髓，益虛勞。　血，鹹，平，無毒。服地黃、首烏補藥者忌之。壓丹石，解諸毒。　心，甘、鹹，平，無毒。補血不足，心虛自汗。　肝，苦，溫，無毒。補肝明目，療肝虛浮腫。　脾，俗名聯貼。澀，平，無毒。凡六畜脾，人一生莫食之。　肺，甘，微寒，無毒。微脛，補肺，療肺虛咳嗽。　腎，俗名腰子。鹹，冷，無毒。雖補腎而久食令人少子。冬月不可食，損人真氣。　肚，甘，微溫，無毒。補中益氣。　腸，甘，微寒，無毒。潤腸治燥。　舌，健脾，補不足，令人能食。

清·羅國綱《羅氏會約醫鏡》卷一八禽獸部　豬味甘鹹，寒。　水畜。其肉氣味最佳，能引人多食飯食，長氣力，倍精神。

清·趙學敏《本草綱目拾遺》卷九獸部　蘭薰嘉鄉肉、陳火腿骨、豬項上蜻蜓骨、雄豬眼梢肉、製火腿法　俗名火腿，出金華者佳。金華六屬皆有，惟出東陽浦江者更佳。其醃腿有冬腿、春腿之分，前腿、後腿之別。冬腿可久留不壞，春腿交夏即變味，久則蛆腐難食。又冬腿之中獨取後腿，以其肉細厚可久藏，前腿未免較遜。蓋金華一帶，人家多以木甑撈米作飯，不用鑊煮，飯湯釃厚者以飼豬。其養豬之法，擇潔淨欄房，早晚以豆渣、糠屑餵養，兼煮粥以食之，夏則兼飼以瓜皮菜葉，冬飼必以熱食，調其飢飽，察其冷暖，故肉細而體香。茅船漁戶所養尤佳，名船腿，其腿較小於他腿，味更香美。凡金華冬腿三年陳者，煮食氣香盈室，入口味甘酥，開胃異常，為諸病所宜。

《東陽縣志》：薰蹄，俗謂火腿，其實烟薰非火也。醃曬薰收如法者，果勝常品，以所醃之鹽必台鹽，所薰之烟必松烟，氣香烈而善入，製之及時如法，故久而彌旨。另一種名風蹄，不用鹽漬，名曰淡腿，浦江為盛，本邑不多。

陳遠夫《藥鑒》：浦江淡腿，小於鹽腿，味頗淡，可以點茶，名茶腿。陳者止血痢開胃如神。　陳芝山《食物宜忌》：火腿醃過，晾燥高挂，至次年夏間者，愈陳愈妙，出金華府屬邑者佳。　常中丞《筆記》：蘭薰，金華豬腿也。南省在在能製，但不及金華者，以其皮薄而紅，熏淺而香，是以流傳遠近，目為珍品，然亦惟出浦江者佳。其製割於冬月，用鹽勻稱，使肉堅實不敗，最上者曰淺腿，味美香潔，可以佐茶，各處皆無此製。蓋此地畜豕，闌圈清潔，俟其將茁壯時，即宰剝醃曬。或曰，其豕種原異他處，而又得香溪等水飼之，亦近乎理。　陳瑤《藏藥秘訣》：凡收火腿，須擇冬醃金華豬後腿為上，選皮薄色潤，日照之明亮，通體隱隱見內骨者佳。用香油遍塗之。每個以長繩穿脚，排勻一字式，下以毛竹對破仰承以接油，置之透風處，雖十年不壞。倘交夏入梅，上起綠衣亦無害。或生毛蟲，見有蛀孔，以竹簽挑出，用香油灌之。如剖切剩者，須用鹽塗切口肉上，荷葉包好，懸之，依此可久留不壞。　朱氏僕葛三言：少時曾傭金華，習其業，知醃腿法甚詳。云：火腿，金華六屬皆有，總以出浦江湯家村者為第一。村止一二千戶，皆養豬作腿。其豬不甚大，極重者不過七八十斤，製為腿乾之不過三四斤，或五六斤不等。四時皆可醃，惟冬腿為第一，冬醃者，皮細無粟眼，手摸之潤膩，切開無黃臕，爪灣，可久留不蛀，他時者皆易蛀，春腿多粟眼，夏腿爪直，秋腿皮粗。醃法：每腿十斤用炒鹽四兩，以木刻楦如人手掌狀，摻鹽後用掌楦輕輕揉擦，四圍兼到，俟皮軟如綿，然後入缸，缸面蓋以辣蓼竹匾覆之，待七日後有滷，翻攪一轉，令上下勻。再以炒鹽四兩，如前法，以手揉醃入缸，十日後出缸，即用缸中原汁洗淨，一一以草繩縛定，挂懸風處，惟冬醃者不滴油。

味鹹、甘，性平。〇陳芝山云：和中益腎，養胃氣，補虛勞。　陸瑤云：生津，益血脈，固骨髓，壯陽，止泄瀉虛痢，蓐勞怔忡，開胃安神。　《藥性考》：火腿鹹溫，開胃寬膈，病人宜之，下氣療噎。

腹痛或三四日不止：〇《筆苑仙丹》：火腿肉煎湯，入真川椒在內，撇去上面浮油，乘熱飲湯立愈，累驗。　久瀉：《救生苦海》：陳火腿脚爪一個，白水煮一日，令極爛，連湯一頓食盡，即愈，多則三服。此予宗人柏雲屢試屢效之方也。　《百草鏡》云：火腿出浦江縣，脛骨細者真，陳者佳，皮上綠黴愈重，其味愈佳。須洗去垢及黃油用。

嘉香肉　《食物宜忌》云：又名家鄉肉，出浦江者最佳。　《藥鑒》云：家鄉肉，金華屬邑俱有之，秋即醃，給客販入省城市賣。其肉皮白，肉紅鮮，

氣香美，不似他處醃豬肉色少鮮澤也。但一入杭城店，便加消滷投缸中浸透，然後出售。蓋不爾，則肉味淡，反不美，而秋時尚暖，不漬透消滷，又易腐臭也。肉為消漬，食之恐乏補益，不似火腿冬醃陳久者為佳。然今店中所售火腿，均以家鄉肉腿風乾，至次年皮上起綠衣，充陳火腿賣，人多不察，若療病作食餌，須真金華腿方有效也。

味鹹、甘，性平。○陳芝山云：補虛開胃。《百草鏡》云：平肝運脾，和血生津。《藥鑒》云：滋腎健足力。

敏按：芝山所言，乃未經杭肆滷漬之肉，故能補虛。若經滷漬透，便能爍肺，凡肺痿陰虛咳嗽者，恐非所宜，產婦虛勞須補者亦忌。其肥肉得消滷，入腹即成痰，體肥作痰者，亦不宜多食。倘食之作痰，杏仁研食可解。

附：治箭鏃不出方：《家寶方》：用陳年醃肉，去皮，取紅活美好者，同其肥細切剉濃，將象牙末及人所退爪甲為末，共為研細，拌入所剉肉內，再為勻剉，令其合一，厚傅箭鏃周圍，約一飯頃，其鏃即自迸脫，竟有迸至二三尺遠者。

陳火腿骨　《百草鏡》云：煅黑研用，治食積及痢。

治痢：《救生苦海》：用陳火腿骨二根，炭火煅灰，篩過，加上白糖一兩，米湯飲或滾水或酒調服，無不效。又方：治赤白痢。陳火腿骨灰、陳皮、炙草各一兩，為末，蜜丸如綠豆大，空心服一錢，白痢用薑，赤痢用白湯送下。《神錦方》：生火腿骨焙燥，研極細末，無灰酒送下，即止。○《醫林集秘》：用陳火腿骨煅灰六兩，飯鍋巴煅灰五兩，砂仁炒三兩，南山楂炒五兩，共為末，每服三錢。久痢，人參湯下；紅痢，紅糖湯下；白痢，白糖湯下；糞痢，炒焦白朮三錢煎湯服；霍亂吐瀉，藿香湯下。噤口痢：《筆誅萃》：火腿骨煅一兩，蓮肉二兩，木香七錢，烏梅三錢，醋糊為丸桐子大，每服七丸，蜒蝣湯下。大人小兒積食，諸藥不能消者：《不藥良方》：陳年火腿骨煅黑色，研末三錢，用火腿一斤，煮熟去汁上肥油，取清湯一盌，將末送下。鼠咬：《救生苦海》：陳火腿骨燒灰，香油和傅。小兒臘梨瘡：《販翁醫要》：陳火腿骨燒灰，如癢加礬少許，麻油調傅。不生髮，用老薑擦。

豬項上蜻蜓骨　燒灰，塗一切頭項疽毒。凡腦疽鬢髮對口等症，麻油調傅，立愈王聖俞《手集》。

雄豬眼梢肉　能拔殭肉，散毒滯。劉羽儀《經驗方》：治對口癤，用雄豬眼梢肉三錢，剁爛如泥，加滑石末四錢，和勻傅患處，項上以膏藥蓋之，拔去殭肉，放出黃水，即愈。

製火腿法

李化楠《醒園錄》有醃火腿法：每十斤豬腿，配鹽十二兩，極多加至十四兩，將鹽炒過，加皮消末少許，乘豬鹽兩熱，擦之令勻，置大桶內，用石壓之，五日一翻，候一月，將腿取起，晾有風處四五個月可用。金華做火腿，每斤豬腿配炒鹽三兩，用手將鹽擦完，石壓之，三日取出，又用手極力揉之，翻轉再壓再揉，至肉軟如綿，挂風處，約小雪後至立春後，方可挂起不凍。

戴羲《養餘月令》有製火腿法：十一月內圈豬方殺下，只取四隻精腿，乘熱用鹽，每一斤肉，鹽一兩，從皮擦入肉內，令如綿軟，用石壓竹柵上，置缸內二十日，次第三番五次用稻草灰一重間一重疊起，用稻草烟熏一週時，挂在烟處，初夏以水浸洗，仍前挂之。按：此乃村鄉土醃火腿法，要不及金華之蘭薰也，然較之杭市醃臘店所買火腿，則又不啻霄壤矣，故並載其法。

造火腿醬法：用南火腿煮熟，切碎丁，如火腿過鹽，先用水泡淡，再煮去皮，單取精肉，用火將鍋燒得滾熱，將香油先下滾香，次下甜醬、白糖、甜酒，同滾煉好，然後下火腿丁及松子、核桃、瓜子等仁，速炒翻取起，磁罐收貯。其法每腿一隻，用好麪醬一斤、香油一斤、白糖一斤，核桃仁四兩，去皮打碎，花生仁四兩炒去衣打碎，松子仁去衣四兩，瓜子仁二兩，桂皮五分，砂仁五分。

清・王學權《重慶堂隨筆》卷下　豕　腦多食能痿陽，何也？蓋坎為豕，在地支則屬亥，水畜也，水性最弱，而腦者其一身之主腦也，故能柔物，可以熟皮，久食之不僅陽痿，且有患軟癱者。惟為水畜，故肉最多而無筋，腎極盛而多子，性喜卑濕，穢食偏肥，能化穢食為肥脂者，非其脾運之獨健，乃其脏獨大於他獸也，脏主消化食物，大而厚力，故能變朽腐為神奇。觀染家用以洗絹帛，則黑者可白，人用以為面脂，則黎者可澤。若蒸熟食之，可以助消化，滌濁痰。故婦人子宮脂滿不受孕，及交合不節而子宮不淨，此能走任脈，清子宮，且血肉之品無克伐之慮，最為妙藥。若孕婦食之，則蠲胎垢，其兒出痘必稀。

蘭熏　一名火腿，和中養胃，補腎生津，益氣血，充精髓，治虛勞怔忡，止

虚痢泄瀉。愚按又名南腿，蓋以南産者為勝。然南産惟金華之東陽造者為良，浦江次之，義烏又次之，他邑即不佳。其造法：於十一月內，取壯嫩花豬後腿，花豬之甲必白，煺淨取下，勿去蹄甲，勿浸水，勿灌氣。用力自爪向上緊捋，有瘀血一股向腿面流去，即拭去。此血若不擠出，則至夏必臭壞。晾一二日待乾，將腿面油脂細細剔去，不可傷膜，若膜破，或去蹄甲，則氣泄而不香。每腿十斤，用燥鹽五兩，竭力擦透其皮，然後落缸。鹽不燥透，則鹵味入腿而帶苦。腳上懸牌記明月日。缸半預做木板為屜，屜鑿數孔，將擦透之腿平放板屜之上，餘鹽灑勻腿面，腿多則重重疊之不妨。鹽烊為鹵，則從屜孔流之缸底，腌腿總以腿不浸鹵為要訣，以著鹵則肉霉而味必苦也。既腌旬日，將腿翻起，再用鹽如初腌之數，逐腿灑勻。再旬日，再翻起，仍用鹽如初醃之數，逐腿灑勻。再旬日，自初腌至此匝一月矣，將腿起缸，浸溪中半日，將腿刷洗極淨，隨懸日中曬之。故起缸必須晴天，若雨雪，不妨遲待。如水氣曬乾之後，陰雨則懸當風處，晴霽再曬之，必須水氣乾盡，皮色皆紅，可不曬矣。修圓腿面。入夏起花，以綠色為上，白次之，黄、黑為下，并以香油遍抹之。若生毛蟲有蛀孔，以竹簽挑出，香油灌之。過五月，裝入竹箱盛之。再至次年，即為陳腿。味極香美，甲於珍饈。苟知此法，但得佳豬，雖他處亦可造也。最補益者，取腳骨上第一刀，刮垢洗淨，整塊置盤中，飯鍋上蒸七次，切食。若湯煮，則力薄矣。然必上上者，始可蒸食也。

〔王國祥〕注：淡風豬肉，名千里脯，功同火腿。如腌腿不得其法者，則風肉甚易，亦為病後、産後、虚人調補之上品也。但于冬令極冷之日，取壯嫩好豬肋肉，亦須煺淨即取，不可浸水灌氣，晾乾之後，割去裏面浮油及脊骨肚囊，用白糖霜擦透其皮，并抹四周肥處，懸於風多無日屋檐下。至夏煮食，味甚甘香，亦可任加鹽醬。蓋豬肉得糖霜則不痵，故臘月煉豬脂入糖霜少許，則久藏不壞，雖盛夏，若以糖霜收豬脂亦不壞。凡烹庖豬肉，少加糖霜，味更佳也。

〔王孟英〕刊：昔老友范君慶簪語雄曰：解渴莫如豬肉湯，凡官爐銀匠，每當酷暑，正各縣傾造奏銷銀兩納庫之際，銀爐最高，火光迎面，故非血氣充足者不能習此業。然人受火爍，其渴莫解，必市豬肉，以急火煎清湯，撇去浮油，缸盛待冷，用此代茶。雄聞而悟曰：此渴乃火爍其液，非茶可解。豬為水畜，其肉最腴，功專補水救液，允非瓜果可比。因此推及虚喘、虚秘、下損、難産諸證之無液者，無不投之輒應，乃知豬肉為滋陰妙品也。若終身肉食，則與臟氣相習，有見其功過者，有不見其功過者。蓋人之體性不同，亦猶穀蔬果蓏之類，有須肥壅不須肥壅之異也。且肥壅過當，反不結實，故人亦有滋補過當而反瘦弱者。能盡物之性，然後能盡人之性，此之謂哉？明乎此，則家之於財也亦然。故善保富者宜散其財，苟不知此而徒欲家之肥，必至子孫愚悖，多藏厚亡而後已。良由昧於物性，遂以梏其人性。嗚呼！豬之肥者豬之患，此養身保家之不可不知物性也。爰縱筆及之。

清・章穆《調疾飲食辯》卷五　豕　《綱目》曰：牡曰豭，牝曰豝、曰貕，牡去勢曰豶。四蹢〔白〕，猪蹄曰蹢。《詩》曰：有豕白蹢。曰豥。高五尺曰豟。其子曰豚，亦作豘。曰縠，《爾雅》曰：㹠子豬。一子曰特，二子曰師，三子曰豵，末子曰么。生三月曰豯。幽、冀統名豭，關東、西曰㹠，南楚曰豨，吴揚曰豬。亦作猪。何承天《纂文》曰：梁州曰豱，河南曰㹠，吴楚曰豨，漢陽以大者為豝，野猪亦曰豝、曰豵。《詩》：一發五豝，一發五豵。齊、徐以小者為豵。《內則》曰剛鬣，又曰腯肥。《古今注》曰參軍。此物性本無毒，不甚害人，然除潤燥澤肌膚而外，亦無大益。乃諸書甚言其害，《千金方》又云能補腎氣虚竭，悉屬過情。惟汪訒庵《本草備要》為持平之論，訒庵曰：《別錄》云：猪肉閉血脈，弱筋骨，虚人肌。陶隱居云：猪為用最多，惟肉不可食。孫思邈曰：久食令人少子，發宿病，筋骨碎痛。孟詵云：久食殺藥此則誠然，動風發疾。韓悉云：凡肉皆補，惟猪肉無補。李時珍云：南猪味厚汁濃，其毒尤甚。然今人常食，內滋外腴，子孫繁衍，未見為害。又云：合黄豆、莜麥、葵菜、吴茱萸、牛肉、羊肝、黿、鼈、鯽魚、雞卵食，皆有毒，而肴饌中合食者甚多，亦未見為害也。大抵肉能補肉，故豐肌體、澤皮膚，又能潤腸胃、生津液。惟多食生痰生濕，動風助熱，傷風寒及諸病初起為大忌耳。傷寒忌之者，以其補肌固表，油膩粘纏，表邪不能解散也格言。病初愈忌之者，病字亦指傷寒外感，內傷本不忌肉。腸胃久枯，熱久則津枯。難受肥濃厚味也。《內經・熱病論》云：熱病雖愈，食肉則復，多食則遺。犯者甚多，有因而致死者，切戒病後食肉，毋早毋多也。然此乃通言諸禽獸肉，非專指猪肉。又猪肉惟助風寒濕痰，若燥痰乾欬、老人久欬，正需滋潤，亦不忌也。訒庵此説，可云正當詳明。然病人總不宜肆食。至於脾虚久泄，及夏月水瀉，或藥中用烏梅、桔梗者，均切忌。又不可同胡荽食，能爛人臍。又猪黄臕者皮肉皆黄，及肉中有米粒者，平人、病人均不可食。《説

文》曰：豕食於星下則生息米，故肉中米一名星。而《內則》：豕望視而交睫腥。言其氣腥耳。注家因食於星下之說，以腥字去月旁，附會息米之星，大誤。信如其言，請問牛夜鳴則庮；羊冷毛而毳，羶；狗赤股而躁，臊；鳥皫色而沙鳴，鬱；馬黑脊而般臂，漏，五句當作何解？

猪頭肉，難尅化，病人忌食。脂腹內板油，能潤燥，治肺熱久欬暴瘖：煉去渣，入白蜜等分，再煉，不時挑服一匕。老人枯瘦，大便常結，津液素少者，亦可常服。出萬氏方。胎乾難產，漿水先下兒不下，故胎乾。攪熱酒多服。亦治衣不下。出徐之才《藥對》。五種癉黃，便燥結者：猪脂一味，溫熱服，日三，得利乃愈。出《肘後方》。又能殺蟲，治食髮成瘕，心腹作痛，咽間如蟲上下，嗜食香油者：酒煎猪油，日三服。出《食醫心鏡》。婦人胃氣下泄，陰吹甚喧：《金匱》猪膏髮煎用猪油、人髮同煎，至髮焦撈去之，頻服。此症有因子宮熱者，勿用此方。發背、發乳諸急毒：新鮮猪油切薄片，冷水浸貼，日易四五十片。出《急救方》。熬膏和紫草、白蠟、黃丹。貼諸瘡久不斂口。出《外科大成》。

腦髓，《孫氏食忌》曰：損男子陽道，臨房不能行事，酒後尤忌。亦敗女子胎元，孕婦更忌。《禮》曰：食豚去腦。諸畜、諸獸、諸禽腦髓皆然。

血，多食令人作泄。然有三用：一治中滿腹脹，朝食不能暮食，李樓《奇方》用不見鹽水猪血，候凝，漉成片者，晒乾為末，酒服取泄。一治卒下血不止，《千金方》用酒炒猪血食。炒宜老。一解射罔毒即草烏。跌打，醫人往往妄用，毒人至死。《肘後方》用猪血乘熱生飲，他禽獸血俱可。心血能治驚癇一切心經藥均可用為嚮導。尾血能發痘瘡，《肘後方》治中惡卒死，飲以㹠尾血，並縛㹠作枕。

蹄，豭猪前足良，能下乳汁，見四卷。

乳，能預防驚癇，生兒屢患此者，未彌月時，勿俟病發，飲之可免。取猪乳法：預先馴養母猪，俟豚飲乳時，倒提後足擠之，非此法不能得也。

舌，能開胃口、添飲食，內傷食物無味者宜之。百獸舌皆佳。

石子，即牡猪外腎，不俟滿月割去，故名豚卵。能除陰莖中痛，及陰陽易，小腹急痛，熱酒生吞二枚。猪小者可吞五六枚，或十枚。

其餘，則心補心，主虛汗驚悸，多夢怔忡。肺補肺，主虛勞欬嗽，肺癰肺痿。肝補肝，主肝虛目暗，黃瘦疳勞。腎補腎，主耳聾腰痛，陰痿遺精，及產後蓐勞諸虛。脬補脬，主夢中遺溺，產後溺淋，及便溺淋症。又可浮水，《明紀》載建文四年，北兵至江滸，舟皆拘於南岸不得渡，有軍士出乾猪脬十餘，納氣其中，環繫腰脛，泅水而渡，奪南舟以濟。胃補胃，主氣虛泄瀉，飲食減少。筋補筋，主膝脛無力，酒煮常食。肉補肉見前汪論。而有不盡然者，脾傷脾，聯貼，即脾也，敗人中氣，令人泄。脏傷脏，又作胰，亦令人泄。此物形如薄絮，本草皆云腎間脂膜，非也，乃腸外脂膜。極敗腎陽，腎為胃關，故令人泄，諸獸脏同。腸傷腸，煮不爛，或食多亦令人泄。髓傷髓，血傷血，並見前。則不可例論也。又多年豭猪及艾豭，皆極損人且無味，病人切戒。艾，老也。《左傳》曰：曷歸吾艾豭。則言其善淫也。醃熏者名火肉，味甚佳而性滑，大便閉結宜之，不結忌之。李樓《奇方》用火肉煨熟食，《簡便單方》用多年火腿脚骨煮汁飲，均可治噤口痢。《洗冤錄》治箭鏃不出：刮人爪甲末，同肥火肉搗敷，經宿即出。鮮者切薄片貼湯火傷，及瘡瘍不能斂口，炙熱貼打傷青腫，均外治妙方。並出《千金方》。膽，《元和紀用經》曰：小兒初生，以猪膽汁入湯浴之，不患瘡毒。又點洗熱眼腫痛。又可導大腸熱閉，用竹筒插入肛內灌之。膽皮搓為兩股繩，焙乾，燈上燒灰，可點熱翳。

清・王龍《本草纂要稿・禽獸部》　猪膚　味甘，微寒。《湯液》云：猪為水畜之屬，其氣必先入腎。少陰客熱，惟此解之。仲景猪膚湯，益本諸經。

清・吳鋼《類經證治本草・足太陰脾臟藥類》　猪肉　【略】腎，鹹冷，通腎，治腰痛，耳聾。以一對，入童便二分，酒一分，瓦罐煨，五更食之，已勞瘵，一月可愈。同枸杞葉、豉汁、葱、椒、鹽作羹，治陰痿羸瘦。誠齋曰：多食損腎氣，令人少子，止可用之為引。

清・楊時泰《本草述鉤元》卷三一　豕　猪肚：味甘，氣微溫。補中益氣，止渴，斷暴痢虛弱。釀黃糯米蒸搗為丸，治勞氣，並小兒疳蚘黃瘦病。猪水畜而胃屬土，為補脾胃要品。附方：補益虛羸，用猪肚一具，入人參五兩、蜀椒一兩、乾薑一兩半、葱白七箇、粳米半升在內，密縫煮熟食。水瀉不止，用豮猪去勢者肚一具，同蒜煮爛搗膏，丸梧子大，每米飲服三十丸。或每日五更水瀉一次，百藥不效者，更入平胃散末三兩，同丸服。

猪脾：俗名聯帖。味濇，氣平。脾胃虛熱，同陳橘紅、人參、生薑、葱白、陳米煮羹食之。脾積痞塊，猪脾七個每個用新針刺爛，以皮硝一錢擦之，盛瓷器七日，鐵器中焙乾，又用水紅花子七錢同搗為末，無灰酒調，空心下，一年以下者一服愈，五年以下者二服，十年以下者三服。凡六畜脾，人一生莫食之孫真人。

猪心：氣味甘鹹平。治驚邪憂恚，虛悸氣逆，婦人產後中風，血氣驚恐。猪，水畜，故心可以鎮恍惚。附方：心虛自汗不睡，用豮猪心一個，帶血破開，入人參、當歸各二兩，煮熟，去藥食之，數服愈。多食傷心氣。不可合吳茱萸食蘇頌。

心血：調硃砂末，治驚癇、癲疾及痘瘡倒靨。以心歸心，以血導血之意。得龍腦，直入心經。附方：心病邪熱，用猪心血一個、靛花末一匙、硃砂末一兩同研，丸梧子大，每酒服二十丸。痘瘡黑陷，臘月收豮猪心血，瓶乾之，每用一錢，入龍腦少許，研勻酒服，須臾紅活，神效。無乾血，用生血。

尾血：用此者，取其動而不息，又當治下也。與雞冠血治上相對。豬為水畜，其血性寒，能解毒制陽。

猪膽：氣味苦寒。清心臟，涼肝脾，療大便不通，與醋相合，內穀道中，酸苦益陰，潤燥瀉便。治或瀉或止久而不愈二聖丸。通小便。熱酒和服。殺疳蟲，治目赤瞖。附方：二聖丸：用黃連、黃蘗末各一兩，以猪膽煮熟，和丸如綠豆大，量兒大小，每米飲服之。有以猪膽汁炒黃連、柴胡治或瀉或止輒應者，以能和陰而令肝之血和風靜也。傷寒五六日斑出，猪膽雞子湯，用豮猪膽汁、苦酒各三合、雞子一個，合煎三沸，分服，汗出即愈。小便不通，外治用猪膽連汁，籠住陰頭一二時，汁入自通。消渴無度，雄猪膽五個、定粉一兩同煎成丸芡子大，每含化二丸，咽下，日二。

猪肝：氣味苦溫。補肝明目，止休息痢。方用豮猪肝一具切片，杏仁一兩炒，於淨鍋內，一重肝，一重杏仁，入童便二升，文火煎乾取食，日一次，痢自止。餌藥人不食猪肝瀕湖。

猪肺：味甘，氣微寒。得大麻仁良。療肺虛欬嗽，竹刀片切，麻油炒熟，同粥食。治肺虛嗽血，煮肺，蘸薏苡仁末食之。

猪腸：味甘，氣微寒。潤腸治燥，調血痢、臟毒，去大小腸風熱。附方：腸風臟毒，用猪臟入黃連末煮爛，搗丸梧子大，每米飲服三十丸。又方，入槐花末令滿，縛定，以醋煮爛，搗丸梧子大，每服二十丸，溫酒下。多食動冷氣。

猪腎：氣味鹹冷。腎有虛熱者宜之，腎氣虛寒者忌。方藥用治腰痛腎虛，借其引導而已，若以為補腎而常食之，誤。附方：心氣虛損，猪腰子一枚、水二盌煮至椀半，切碎，入人參、當歸各半兩，煮至八分，喫腰子，以汁送下，未盡者，同渣作丸服。久泄不止，猪腎一個批開，摻骨碎補末，煨熟食之。久食傷腎孟詵。令人少子日華子。

猪脂：味甘，氣微寒。性滑澤。潤肺，散風熱，利血脈腸胃，通大小便。同滾水大飲之，能通燥結。附方：關格閉塞，猪脂、薑汁各二升微火煎至二升，下酒五合和煎，分服。肺熱暴喑，猪脂一斤煉過，入白蜜一斤再煉，少頃濾淨，冷定，不時挑服一匙，即愈。無疾常服，亦潤肺。臘月煉淨收用。

母猪乳：味甘、鹹，氣寒。治小兒驚癇。初生至滿月，以猪乳頻滴之，可免驚癇、痘疹之患。小兒口噤不開，猪乳飲之甚良。月內胎驚，同硃砂、牛乳少許抹口中，甚妙。取法：須馴猪，待兒飲乳時，提後脚，急以手捋而承之，非此不得。

猪膚即皮：氣味甘寒。治足少陰下利咽痛、胸滿心煩者，有猪膚湯。用猪膚一斤，水一斗，煮五升取汁，入白蜜一斤、白粉五合，熬香粉服。取其氣先入腎，解少陰客熱也。

論：豕為水畜，十二辰亥，乃六陰之極也，而豕應之，在卦屬坎，則茲物之充乎水用以療疾也明矣。水以土為主，以火為用，以肝膽為子，以肺為母。如猪賭之補中益氣，為補益脾之陰氣也。水土合德，脾腎相資，故能止渴斷暴痢虛弱，而消癉小便數亦用之為主矣。其心治驚邪憂恚，虛悸氣逆，又心血同硃砂、靛花治心病邪熱，是有麗於心火以盡其用者。至是物之肝，多補肝中陰氣之不足，不同羊肝之能補陽，何以明之？此畜無筋。《經》曰：肝主筋。又曰：陽氣者精則養神，柔則養筋，筋之不備，即明為陽之不配陰矣。其治休息痢，亦或用肝氣之陰以化熱積乎？苐水之旺氣在膽，以甲木生於亥，而肝則否，以乙木死於亥，生於午也。肺能補肺，治肺虛嗽血，而大臟治下血，皆取其有餘之陰以為補益耳。豕為水畜，專氣在腎，腎固諸臟腑之原也。時珍謂其性寒，不能補命門精氣，觀方書但療消癉，而不及他用，非其明徵乎哉？

猪一身除賭膏外，餘皆有毒，發病仲淳。患外感者，食之增劇。瘧愈食之，寒熱復來。患金瘡食之，血液衰涸。肥人多食，動風發痰。瘦人多食，助火作熱，是皆助其有餘之邪而犯不戒之過也嘉謨。

清・葉桂《本草再新》卷九 猪味鹹，性寒，無毒。入心、脾、腎三經。壯腎氣，潤腸胃，生精液，豐肌體，澤皮膚。〇心血，入心，補心血。〇肝，入肝，治

肝風。○肚，入胃，健脾。○肺，補肺，治肺虛欬嗽。○腎，鹹，冷，而通腎，治腰痛耳聾。○腸，入大腸，治腸風血痔。○膽汁，苦，入心，寒勝熱，滑潤燥，瀉肝膽之火，明目，療疳；　醋和，灌穀道，治大便不通。○尾，治氣弱遺溺，利腸和血，兼治痘瘡倒靨。

清・趙其光《本草求原》卷二〇獸部

豬　配亥，為六陰之極，屬坎卦，水畜也。飽食懶臥，周身脂膏不流，故肥肉助濕熱生痰而氣不降，陰虛及肥人宜少食，痰嗽亦忌。惟肺燥乾咳及火嗽痰結，食精肉則痰易出。炮熟，同白糖食。蓋精瘦肉補肝益血、潤燥，但難消化耳。其汁則全是肥脂所化，食之滲入經絡，令人體重動風，發痔瘻痼疾。

肥肉：　治陰蝕痘瘡、俱煮汁洗。漆瘡、火丹、破傷風腫。俱生切熱貼。解丹石熱毒，同葱、薤煮食作瀉，以水淘沙石淨則止。打撲、血凝心下不食，洗淨斬爛，陰陽水沖下一錢，使蟲聞香上攻而血開。狂病、和醬食或煮粥，疳疾久熱黃瘦。同赤小豆。

精肉：　治刮腸痢。炙香，和輕粉食。肉脯，治禁口痢，煨食。打傷青腫。精肉炙貼。

臘豬頭：　燒灰，治魚臍瘡腫黑，狀狹而長。雞子白調敷。

膏：　煎汁，利腸胃，解諸藥毒、蠱毒、同烏梅煎飲即下。諸肝毒。治肺熱卒喑。和蜜煎。水煮食，下胎衣，治尿秘、痘瘡、便閉、上氣乾咳。和醬、醋食。產後虛汗，酒煮食，治關格，同薑汁煎。食髮成瘕，心腹痛，咽間如有蟲上下，好食油是。加薑汁、白蜜煮。同黃連、蜜煎汁，治口瘡咽塞。皆甘寒潤肺，涼血破結，除風熱，利血脈之功也。塗疥瘡、煎芫花殺蟲。漆瘡、手足唇裂、或入熱酒中洗。貼吹奶、發背。冷水浸貼。豬膏同滾水大飲，通大便燥結甚效。滴鼻，治雜物入目。滴耳，治蟲蟻、蜈蚣入耳。臘月豬膏，塗瘻瘡不合；　和鹽塗足，則山行石蛭不着人；　此蛭着人則足穿。入膏藥，治瘡殺蟲；　同生鐵煎塗，生毛髮。

腦：　甘，寒，有毒。治風熱入腦眩鳴，塗癰腫、凍瘡皴裂血出、酒和。喉痹已破瘡口痛。蒸，和薑，醋食。多食豬腦，令人陽痿。　脊髓：　甘，寒，無毒。通督命，補精髓。東垣治虛損補陰丸多用之。治勞傷骨蒸。同豬膽、童便、柴胡、黃連、薤白煎服。小兒顱解，敷之。臍腫，同杏仁研敷。頭瘡，同輕粉煎敷。疳瘡。同上。

血：　鹹，平，無毒。消膩、除瘴、去風。治淋、下血、酒炒食。杖瘡血出、和石灰燒為丸，又燒三次敷之。血液變為痰蟲而嘈雜，油炒食。交接陰毒腹痛，乘熱和酒飲。解丹石諸草毒。熱飲。　心血：　歸心導血，得冰片入心，故治心熱、癲癇、驚風。同靛花、朱砂為丸，酒下。凡補心用為引藥，活痘黑陷。瓶乾之，同冰片酒下，生血亦可。開骨催生。和乳香為小丸，面東酒下二三丸。　尾：　治氣弱遺尿，利腸和血。　尾血：　動而不息，治痘倒靨，同冰片新汲水下。中惡卒死，新割灌之，並縛豚枕之。滴蛇入七竅。或曰豬臨殺驚氣入心，絕氣歸肝，皆不可多食。

心：　鎮驚悸，甘、鹹，平。治自汗不睡，入參、歸煮食。嗽血，入沉香、半夏，以小便濕紙包煨，食心。產後中風驚悸，豆豉汁煮食。心急痛。每歲入胡椒一粒，同鹽、酒煮。但多食傷心氣。益血不益氣。忌茱萸。　肝：　藏血，苦，溫，入血，肝血病用為引導，治肝虛目暗，葱、豉作羹，入雞子同食。目赤，作膾食。雀目，夜不能視。濕痰及肝火也。同夜明砂作丸。雄者良。休息痢，同杏仁、童便煎乾。脫肛，有豬肝丸。卒腫，生切醋洗，和蒜、醋食。脹滿，葱頭、薑、椒炙食。水腫，同陳米、綠豆煮粥。中蠱腹痛，蜜煎。牙疳，煮，和赤芍末食，後服平胃散。陰癢，納入引蟲。打傷青腫，炙貼。勞悴，日晚寒熱，驚悸煩渴，同甘草末、童便煮乾，搗丸，米飲下。久瀉帶下。同訶子末炙，陳米飲下。餌藥人勿食。忌魚生、鵪鶉。　聯貼：　即脾。味如泥，諸獸同。屬土，治脾胃虛熱，同陳皮、參、薑、葱煮粥。積塊，多刺，以皮硝擦，焙乾，入紅花子為丸，酒下。瘧疾無時。同胡椒、吳萸、良薑炒，作餛飩煮食。　肺：　甘，寒，補肺。治肺虛咳嗽、麻油炒，同粥食。咳血。蘸苡米末食。忌飴。　腰：　鹹，冷，瀉腎虛熱，通膀胱，為補腎藥引導。治遺精、多汗、夢與鬼交、入附子末煨食，酒送。陰痿、同杞葉、豉汁、椒鹽煮羹。腰痛、椒鹽淹透，入杜仲末，荷葉包煨，酒下。耳聾、葱、薤白、防風、人參煮粥。腳氣、醋蒜、五味治食。卒腫、入甘遂末煨食。卒嗽、乾薑煮食取汗。酒積。同葛粉炙，米飲下。久泄、入骨碎補末煨食。赤白痢、同陳皮、椒醬搗，作餛飩食。崩漏、同上。產後蓐勞虛汗、同鹽、酒、椒、葱拌，沖熱粥食。瘦怯及勞瘵。同童便、酒燉，五更初酒下。止渴、各隨主藥以補腎之陰陽。時珍謂其不補命腎氣者，非。癰疽初起。同飛麵搗塗。　脏：　即胰，兩腎中間之脂，即三焦。甘，平，微毒。除腎臟邪毒垢膩，潤臟。治肺萎咳嗽，同棗肉浸酒食。脾虛冷痢，舌上生瘡，腹鳴心悶，腳酸痛，經閉無力，痃癖傳尸，兩肋虛張，肺乾脹喘，俱同青蒿葉酒燉乾，和玉桂酒服。遠年肺氣，同輕粉入瓶煅至煙盡，飲下。解丹石毒，炙汁飲，石隨大便瀉下。去翳，同蕤仁、青鹽搗點。手足唇裂，酒浸搽。黴瘡，同胡連等藥。通乳。　肚：　甘，微溫，無毒。補脾胃虛，以胃治胃也。入人參、乾薑、川椒、葱白、粳米、蜜縫煮，或加芡實。治水瀉，入蒜煮爛，五更瀉者加平胃散為丸，飲下。消渴，入黃連、花粉、知母、天冬、粱米，煮爛搗丸，飲下。或同豉煮粥、煮湯。勞熱骨蒸，勞蟲，疳蛔，俱釀糯米蒸搗為丸。通血脈，消積，養胎，治熱勞腳氣、俱以蒜、椒、醬、醋等治食。疥癢、皂莢水煮

食。白秃、勿洗，熱塌引蟲。或入砒蓥煅存性，油和搽，以椒湯洗。殺牙蟲。肚尖上涎同枳殼末，絹包咬之。　腸：　甘，寒，引藥入大小腸。治腸風臟毒、熱痔血痢。入黄連或槐花，醋煮爛為丸，米飲或酒下。寒瀉、入吴萸蒸爛為丸，飲下。尿數，廣腸挺出。　脬：　即尿胞。鹹，寒，引藥入膀胱。治遺尿，入糯米，以五味煮食。疝氣墜痛，入大小茴、故紙、川楝等分，加青鹽，酒煮爛食。飲其酒，其藥焙為丸。陰囊濕癢，鹽酒炙食。玉莖生瘡。帶半尿，以新磚煅乾，入黄丹摻。脬入參煮食，治產傷胞。　膽：　苦，寒。清心通脈。補肝膽以和陰，滑潤直達下焦，令肝血和而風靜。不僅瀉肝膽火之説。治裏寒外熱，厥逆無脈，乾嘔而煩，此陰陽閉塞，故用白通湯以通陽，加人尿、豬膽，鹹苦直走下以和陰。或瀉或止、久而不愈，取汁，炒黄連、黄柏為丸；或加膽汁、炒柴胡等為丸，飲下。此肝血不和而風動擾土，若不有以和陰滑臟，徒用黄連瀉肝膽，鮮效。可知時珍謂其瀉肝膽及寒因熱用之説未盡。傷寒斑出。同雞子、醋煎服，取汗。通小便，熱酒調服，又連汁籠陰頭，亦通。導大便，和醋用。内無大熱者用之。止痢，入黑豆，加麝陰乾研，薑湯下。濕䘌嘔痢面赤，和薑汁導，俟酸氣沖喉，下五色物及蟲即愈。止渴，同澱粉煎為丸，含化。殺蟲，同醋煎。點目翳赤腫，和鹽、硼，或同銅錢蒸乾為丸。疔瘡惡腫，同葱搗敷。瘭疽出汗，身生如赤豆，生汁搽之。治喉風閉。入黄連、青黛、薄荷、僵蠶、白礬、朴硝等分，紙包，於臘月懸地下封蓋，立春取出，風乾研末，吹之神效。膽皮：　曬乾燒灰，最去目翳，治天蛇毒。入雄黄、蜈蚣末於膽内套指。膽導法或和醋，或和皂末攪勻，更速。　膚：　即豬皮。甘，寒。入腎肺解客熱，豬，水畜也。治少陰下利、咽痛胸滿心煩。煮汁入蜜，以潤燥除煩，入白粉同熬，以益氣止利。　上唇：　治盜汗。煎湯。調椒目末服。　鼻：　燒灰，治目風膜。水服。　舌：　健脾、消食。和五味煮汁。　靨：　喉系下紅團肉。治項下癭。焙末，酒下；或酒熬，露一夜炙食。或同沉香、陳皮、朱砂為末，臨卧酒下。忌鹹、酸、油膩。　齒：　煅灰，治驚癇痘陷，皆熱病。蛇咬，中牛肉毒。　骨灰：　治赤白痢，酒下。止渴，同大棗、建蓮、炙草煎飲。痘陷，煎汁飲。頰骨尤良。解丹石、馬肝、菜果諸毒。脊骨更止渴。　外腎：　甘，溫。治風寒驚癇癲疾，壯熱掣縱、吐舌出沫，同歸，酒煮服。鬼氣、蠱毒，除寒熱、賁豚、五癃、邪氣攣縮、莖中痛、陰陽易、少腹痛。熱酒吞。　乳：　提後腳捋取。甘、鹹，寒。走血以去風熱。治驚癇鬼氣寒熱、天吊五癃、斷酒，飲之。用代乳兒，可免驚癇痘疹患。皆風熱耳。綿蘸吮之。月兒胎驚、口禁，和朱砂抹口。　母豬蹄：　甘、鹹。下乳汁，煮汁，入通草、漏蘆煎取湯，和葱、豉煮粥羹。治癰疽乳發，同通草煮作羹。天行熱毒、肢腫，同鹽、葱煮飲。解百藥毒，洗撻傷、腐瘡，去惡肉，漬熱毒，消毒。　蹄甲：　酒浸半日，炙焦用。化痰、定喘，同半夏、枯礬、麝末飲下。或同南星煅加冬花、冰麝研，食後桑白湯下。治痘瘡入目，浸湯洗。斑痘目翳，同蟬蜕、羚羊角研，溫水下。白秃，入白礬、棗肉煅，和輕粉油開搽。五痔，伏熱在腹，腸癰内蝕。　毛灰：　治赤白崩中，同黑豆煮酒食。塗湯火傷。油調搽，留竅出毒。　屎：　寒，無毒。去熱解毒，治天行熱病、黄疸濕痹，蠱毒，瘴霧毒，頭痛心煩、項強頭掉欲吐。口唇生核，疔瘡入腹，赤遊火丹，一切藥毒，俱水浸絞汁服及塗。攪腸痧痛，母豬生兒時屎，乾為末，白湯下。燒灰，治血崩，酒下。小兒客忤偃啼及夜啼，驚癇，痘疹黑陷不起，淋汁浴並服。中豬肉毒，水服。塗白秃、惡瘡，消腐肉，同雄黄、檳榔。疽青爛多水，填滿。下疳，以米泔洗淨搽。雀瘻有蟲，豬膏和敷引蟲。出血不止。新屎壓之。　臘月豬尾：　燒灰，治喉痹、水下，赤秃髮落。和豬膏塗。

豬肉，古人多言食忌，然皆不驗，惟反黄連、烏梅、桔梗。肥肉，外腴肉滋，潤腸胃，生精液，充肌澤膚，老人燥痰乾咳最宜。惟外感，膩滯固，邪難出。瘧痢，内滯不受肥粘。弱病，腸胃薄，不受厚味。肥人，多風濕寒痰，食之則生痰、動風。濕熱、金瘡人忌。食之助濕作熱。一種蹄甲白者，有金水相生之象，鹽漬風乾，製為南腿，補養脾腎，病食無礙。

清・葉志詵《神農本草經贊》卷三　豚卵　味苦，溫。主驚癇瘨疾，鬼注蠱毒，除寒熱，賁豚，五癃，邪氣攣縮。一名豚顛。懸蹄，主五痔，伏熱在腸，腸癰内蝕。

豭息么豶，采收下體。祭設冬先，納從鹹比。操酒穰穰，涉波瀰瀰。豜豵分施，百骸湔洗。

《説文》：　豕，息也，豢以穀。《爾雅注》：　最後生者，呼為么豚。李時珍曰：　牡豬小者，多犗去卵。《易釋文》：　豕去勢，曰豶。《詩》：　無以下體。《禮》：　孟冬之月，祭先腎。《保生要錄》：　鹹納腎。《千金方》：　除陰莖中痛。《史記・傳》：　淳于髡見禳田者，操一豚蹄，酒一盂。祝曰：　穰穰滿家。《詩》：　烝涉波矣。又：　河水瀰瀰。宋濂序：　雕肝琢腎。周邦彦賦：　或蹄而折轉。徐積詩：　五藏孰云可湔洗，百骸終恐生蟲窠。

清・文晟《新編六書》卷六《藥性摘錄》　豬肉　甘鹹，微寒。補肌膚，潤腸胃。過食動風痰、風熱病，時症忌服。服蒼耳、木鱉等藥尤忌。〇豬頭肉，補虚乏。有瘡疥風病勿食。〇豬腦，甘，寒，有毒。損陽道。〇豬脂，煎膏，

利腸胃，殺蟲。○豬脊髓，補骨髓。○豬血，解毒，酒炒食，治下血不止。服地黃、何首烏忌之。○豬心，補心血，治驚懮。忌茱萸。○大小腸，潤腸，止血痢臟毒。○豬肝，補肝明目，療肝虛浮腫。勿多食。○豬肺，補肺。療虛嗽，以二具切片，麻油炒，同粥食。肺虛咳血者，煮熟，蘸苡仁末食之。○豬腰，理腎氣，治耳聾，暖腰膝，治產後下痢，崩漏，虛汗。有虛寒人勿多食，痰火咳嗽者忌之。○豬舌，健脾，補不足，令人能食。○豬肚，補胃益氣，治骨蒸勞熱。○豬小肚，治夢中遺溺，疝氣墜痛，腎囊濕癢。○豬胰，潤臟滋肺。勿多食。○豬蹄，下乳汁，煮清湯洗癰疽良。○公豬卵，治驚癇癲疾，陰陽易病。公豬有卵，母豬生子，皆勿食。

豬尾血　入肝，兼入心脾。涼血活血。凡痘逢毒盛，而見乾紅紫黯之象，輕者用桃仁、紅花、地丁、赤芍，重則割取豬尾尖血一盞二盞，少佐冰片，入藥同投，方見痘瘡。

清·劉東孟傳《本草明覽》卷八　猪膚　【略】按：丹溪云：猪肉惟補氣，補氣即補陽，人身陽常有餘，陰常不足，凡患虛損症者，俱屬陰虛，謂多食肉能補，是猶以火濟火，反助有餘，愈損不足矣。蓋肉性本熱，本熱之熱疑寒字。入胃則熱便作，熱作則生痰，痰生則氣不升降，諸證悉至。每見外感者食之，病必增劇。患瘧者食之，瘧必不止；患金瘡者食之，血液衰涸。肥人多食，動風發痰；瘦人多食，助火作熱。是皆助其有餘之邪也，不可不知。

清·陸以湉《冷廬醫話》卷五　藥品　豬膚，王海藏以為鮮豬皮，吳綬以為燖豬時刮下黑膚，汪石山謂考《禮運疏》：革，膚內厚皮也；膚，革外薄皮也。則吳說為是。膚者，膚淺之義。謹按《御纂醫宗金鑒》方解云：豬膚者，乃革外之膚皮也，其體輕，其味鹹，輕則能散，鹹則入腎，故治少陰咽痛，是以解熱中寓散之意也。詮釋詳明，可以括諸家之說矣。

清·王孟英《隨息居飲食譜·毛羽類》　豶猪肉去勢曰豶。甘、鹹，平。補腎液，充胃汁，滋肝陰，潤肌膚，利二便，止消渴，起尫羸。以壯嫩花猪，稉而易熟，香而不腥臊者良。烹法甚多，惟整塊洗淨，略抹糖霜，乾蒸極爛者，味全力厚，最為補益，古人所謂蒸豚也。吳俗尚蹄肘，乃古之豚肩遺意，但須緩火煨化。嘉蘇婦人，不事中饋，而尚市脯，劣廚欲速用硝，不但失飪，亦且暴殄。多食助濕熱，釀痰飲，招外感，昏神智，令人鄙俗，故先王立政，但以為養老之物。聖人云：勿使勝食氣。而回回獨謂此肉為葷也。末俗貪饕，不甘澹泊，厚味腊毒，漫不知省，蔑禮糜財，喪其廉儉，具不得已之苦心者，假神道以設教，創持齋之日期，雖屬不經，良有深意。若幼時勿縱其口腹，不但無病，且易成人，至一切外感及哮嗽、瘧痢、痧痘、霍亂脹滿、腳氣、時疾喉痹、痞懣、疔癰諸病，切忌之。其頭肉尤忌。產後食肉亦勿太早，痧痘時病後須過彌月始可食也。新鮮之肉曰腥。《論語》君賜腥是矣。方書所云，忌食新鮮之鮮，忌食魚腥之腥，皆指此言也。醫家病家往往顢頇不省，故詳及之。其未經去勢之豭豬肉、婁豬肉，皆不堪食。黃獷豬肉、瘟豬肉，竝有毒，雖平人亦忌之。中其毒者，芭蕉根擣汁服。小兒火丹及打傷青腫、破傷風，竝用新宰豬肉，乘熱片貼，頻易。液乾難產，津枯血奪，火灼燥渴，乾嗽便秘，竝以猪肉煮湯，吹去油飲。

豬皮：杭人以乾肉皮煮熟，刮去油，鉋為薄片，暴燥，以充方物，名曰肉鮓，久藏不壞。用時以涼開水浸耎，麻油、鹽料拌食，甚佳。按：皮，即膚也。猪膚甘涼，清虛熱，治下利、心煩、咽痛，今醫罕用此藥矣。若無心煩咽痛兼證者，是寒滑下利，不宜用此。凡勘病擇藥，先須辨此，庶不貽誤。

千里脯：冬令極冷之時，取燂淨好猪肋肉，每塊約二斤餘，勿侵水氣，晾乾後，去其裏面浮油，及脊骨肚囊，用糖霜擦透其皮，併抹四圍肥處，若用鹽亦可，然藏久易瘁也。懸風多無日之所，至夏煮食，或加鹽醬煨，味極香美，且無助濕發風之弊，為病後、產後、虛火食養之珍。

蘭薰：一名火腿。甘、鹹，溫。補脾開胃，滋腎，生津，益氣血，充精髓，治虛勞怔忡，止虛痢泄瀉，健腰腳，愈漏瘡。以金華之東陽冬月造者為勝，浦江、義烏稍遜，他邑不能及也。踰二年，即為陳腿，味甚香美，甲於珍饈，養老補虛洵為極品。取腳骨上第一刀俗名腰封，刮垢洗淨，整塊置盤中，飯鍋上乾蒸悶透，如是七次，極爛而味全力厚，切食，最補。然必上上者，始堪如此蒸食，否則非鹹則韌矣。或老年齒落，或病後脾虛少運，則熬湯，撇去油，但飲其汁可也。外感未清，濕熱內戀，積滯未淨，脹悶未消者均忌。時病愈後，食此太早，反不生力，或致浮腫者，皆餘邪未淨故耳。

附醃腿法：十一月內，取壯嫩花猪後腿，花猪之蹄甲，必自燂淨取下，勿去蹄甲，勿灌氣，勿浸水。用力自爪向上緊，將有血一股，向腿面流出即拭去，此血不擠出，則至夏必臭。晾一二日，待乾，將腿面浮油細細剔淨，不可傷膜，若膜破或去蹄甲，則氣泄而不能香。每腿十斤，用燥鹽五兩，鹽不燥透，則滷味入腿而帶苦。竭

力擦透其皮，然後落缸，腳上懸牌，記明月日。缸半預做木板為屜，屜鑿數孔，將擦透之腿平放版屜之上，餘鹽勻漉腿面，腿多則重重疊之不妨，鹽烊為滷，則從屜孔流之缸底，醃腿以此為要訣，蓋沾滷則肉霉而必苦也。既醃旬日，將腿翻起，再用鹽如初醃之數，逐腿灑勻，再旬日，再翻起，仍用鹽如初醃之數，逐腿灑勻，再旬日，自初醃至此匝一月也。將腿起缸，浸溪中半日，刷洗極淨，隨懸日中曬之，故起缸必須晴日，若雨雪不妨遲待。如水氣曬乾之後，陰雨則懸當風處，晴霽再曬之，必須水氣乾盡，皮色皆紅，可不曬矣。修圓腿面，入夏起花以綠色為上，白次之，黃黑為下。並以菜油偏抹之，若生蟲有蛀孔，以竹籤挑出，菜油灌之，入伏裝入竹箱盛之。苟知此法，但得佳猪，處處可造。常州造腿未得此法。且後腿之外，餘肉皆可按法醃藏，雖補力較遜，而味亦香美，以為夏月及忌新鮮者之用。噤口痢，醃肉脯煨爛，食。中諸肉毒及諸食停滯惡痢不瘳，竝用陳火腿骨煅存性，研，開水下。

按紀文達公云：油膩得灰即解散，故油膩凝滯之病，即以其物燒灰，調服自愈，猶之以灰浣垢耳。余謂尚未盡然。如過食白果、荔枝而醉者，即以其殼煎湯飲之立解。吾杭市脯獨香黏味美者，其煑猪肉或羊肉鍋中之湯，永不輕棄，但日撇浮油，加鹽添水煑之，名曰老汁，故物易化也。即純用秋油、醨酒煨雞、鴨、鹿、豕等肉之滷鍋，亦功在老汁，故味美易糜。觀此，則食物不消，當以本物消之之義，別有至理存焉。

猪脂：俗呼板油。甘，涼。潤肺，澤槁濡枯，滋生津，息風化毒，殺蟲，清熱消腫，散癰，通府，除黃，滑胎，長髮。以白厚而不腥臊者良。臘月煉之，瓷器收藏，每油一斤，入糖霜一錢於內，經久不壞。暑月生猪脂以糖霜醃之，亦可久藏。此物性之相制也。外感諸病、大便滑瀉者，均忌。胞衣不下，小便不通，竝以猪脂一兩，水一錢，煎數沸服。小兒蚘病羸瘦，頻服猪油。中諸肝毒，猪油一錢，頓服。痘瘡便祕四五日，肥猪脂一塊，水煑熟，切如豆大，與食，自然藏府滋潤，痂亦易落，無損於兒。乳癰、發背諸腫毒，猪脂切片，冷水浸貼，熱即易，以散盡為度。誤吞鐵釘，猪脂多食令飽，自然裹出。豬腦：性能柔物，可以熟皮，塗諸癰腫及手足皸裂，皆效。多食損人，患筋耎陽痿。豬脏：俗作胰。甘，平。潤燥，滌垢，化痰運食，清胎澤顏，止嗽。凡婦人子宮脂滿不受孕，及交合不節，而子宮不淨者，皆宜蒸煑爲餚，久食自可受孕。妊婦食之蠲胎垢，其兒出痘必稀。小兒食之消積滯，可免疳黃諸病。且血肉之品，無剋伐之虞，雖頻食亦無害也。所謂澤顏止嗽者，非用以作面脂而治肺也，食此則痰垢潛消，無穢濁熏蒸之弊，容顏自澤，而欬嗽自平矣。猪肺：甘，平。補肺，止虛嗽，治肺痿欬血、上消諸證。用須灌洗極淨，煑熟，盡去筋膜，再煑糜化，食或和米作粥，或同苡仁末為羹皆可。猪之藏府，不過為各病引經之用，平人不必食之。不但腸胃垢穢可憎，而肺多涎沫，心有死血，治淨匪易，烹煑亦難，君子不食豢腴有以夫。猪心：甘、鹹，平。補心，治恍惚驚悸，顛癇，憂恚諸證。皆取其引入心經，以形補形，而藥得祛病以外出也。煑極難熟，餘病皆忌。猪肝：甘、苦，溫。補肝明目。治諸血病，用為嚮導。餘病均忌，平人勿食。打傷青腫，炙猪肝，貼之。一切癰疽初起，新宰牡猪肝，切如瘡大一塊，貼之，以布纏定，周時即愈，肝色變黑，狗亦不食。陰癢，炙猪肝，納入，當有蟲出。猪膽：苦，寒。補膽，清熱，治熱利，通熱祕，殺疳蟲，去目翳，傅惡瘡，治厥顛疾，浴嬰兒，沐髮生光。小兒初生，猪膽汁入湯浴之，不生瘡疥。喉痺，臘月朔取猪膽，不拘大小，五六枚，用黃連、青黛、薄荷、殭蠶、白礬、朴硝各五錢，裝入膽內，青紙包了，掘一地窟，深方各一尺，以竹橫懸此膽於內，用板蓋定，候至立春日取出，待風吹去青紙膽皮，研末，密收，每吹少許。赤白痢，臘月猪膽百枚，俱盛黑豆入內，著麝香少許，陰乾。每用五七粒，為末，生薑湯下。疔瘡惡毒，臘月猪膽風乾，和生蔥擣，傅。湯火傷，猪膽汁調黃檗末，塗。猪腰子：猪內腎也。甘、鹹，平。煑極難熟，俗尚嫩食，實生啖也。腰痛等證，用以引經，殊無補性。或煑三日，俾極熟如泥，以為老人點食，頗可耐飢。諸病皆忌。小兒尤不可食。癰疽、發背初起，猪腰子一對，同飛麪杵如泥，傅。

猪石子：外腎也。甘、鹹，溫。通腎，治五癃，奔豚，莖痛，陰陽易，少腹急痛，顛癇驚恐，鬼蛀蠱毒諸證。無是病者，勿食。豬脾：一名聯貼，俗名草鞋底。甘，平。消痞，甚不益人。猪胃：俗呼猪肚。甘，溫。補胃，益氣充肌，退虛熱，殺勞蟲，止帶濁、遺精，散癥瘕積聚。肉厚者良。須治潔煨糜，頗有補益。外感未清，胸腹痞脹者，均忌。胎氣不足，或屢患半產及娩後虛羸，猪肚煨糜，頻食。同火腿煨尤補。中虛久瀉，猪肚一枚，入蒜煑糜，杵爛，丸梧桐子大，每米飲下三十丸。虛弱遺精，猪肚一枚，入帶心連衣紅蓮子煑糜，杵丸桐子大，每淡鹽湯下三十丸。猪腸：甘，寒。潤腸，止小便數，去下焦風熱，療痢痔，便血、脫肛。治淨煨糜食。外感不清、脾虛滑瀉者，均忌。腸

風臟毒血痢不已，脫肛出血，竝以猪大腸入槐花末令滿，縛定，以醋煮爛，擣丸梧子大，每二十丸，米飲下。　猪脬：甘、鹹，涼。炙食，治夢中遺溺。　猪脊髓：甘，平。補髓養陰，治骨蒸勞熱，帶濁遺精，宜為衰老之饌。　猪血：鹹，平。行血，殺蟲。餘病皆忌。　猪蹄爪：甘、鹹，平。填腎精而健腰腳，滋胃液以滑皮膚，長肌肉可愈漏瘍，助血脈能充乳汁。較肉尤補，煮化易凝，宜忌與肉同。老母猪者勝。婦人無乳及乳癰發背初起，竝以母猪蹄一雙，通草同煮食，併飲其汁。硇砂損陰，猪蹄一隻，浮萍三兩，煮汁漬之，冷即出，以粉傅之。　猪乳：甘、鹹，涼。初生小兒飲之，無驚癇、痘疹之患。大人飲之可斷酒。

清・劉善述、劉士季《草木便方》卷二人禽獸部

猪　猪牙味甘驚癇平，痘瘡倒陷蛇毒靈。屎煅發痘治驚癇，腰治腰痛耳聾鳴。蹄甲腸痔痘入目，膽殺疳蟲令目明。

清・田綿淮《本草省常・禽獸類》

猪（母猪）　性寒，有小毒。利腸胃，豐肌膚。多食生濕痰，招風熱。久食閉血脉、弱筋骨，令人少子。同生薑及鵪鶉食生面䵟，同牛肉食生寸白蟲，同驢肉食成霍亂，同葵菜食令人少氣失顏色，同白花菜食發痔瘡，同羊肝、雞蛋、鯽魚食令人煩悶，同梅子、諸豆黃食令人氣壅，同蒝荽食爛人臍，同蕎麥食令人患熱風、落毛髮，同鼈食殺人。服黃連、胡黃連、甘草、遠志、桔梗、烏梅、巴豆、蒼耳、吳茱萸者忌之，陽事弱者忌之，病人及金瘡人尤忌。　母豬，毒大，發一切瘡病，不可食。

清・趙晴初《存存齋醫話稿》卷一

《本草》謂豬肉助火生痰，發風動氣，於人有損無益。鄒潤安謂坎為豕，在地支則屬亥，不但養胃，其補腎水有專能。《本草》損人之說，汪訒庵亦不以為然。惟脾虛濕盛之人，有釀痰滑瀉之弊；時疫流行之際，有壅濁召疾之虞耳。製為蘭薰，俗呼火骽，補虛開胃，病後最宜。按古人以豬肉作藥物者不多見，《續名醫類案》中一則，特錄出：汪赤厓治張姓夏月途行受暑，醫藥半月，水漿不入，大便不通，唇焦舌黑，骨立皮乾，目合肢冷，診脈模糊。此因邪熱薰灼，津血已枯，形肉已脫，亡可立待。若僅以草木根皮滋養，氣血何能速生？囑市豬肉四兩，粳米三合，用汁一碗，又梨汁一盃，蜜半盃，與米、肉汁和勻，一晝夜呷盡。目微開，手足微動，喉間微作呻吟。如是者三日，唇舌轉潤，退去黑殼一層，始開目能言。是夜下燥屎，脈稍應指。再與養陰，匝月而愈。《溫熱經緯》言，溫疫證邪火已衰，津不能回者，宜用鮮豬肉數斤，切大塊，急火煮清湯，吹淨浮油，恣意涼飲，乃急救津液之無上妙品。按此法必須用在邪火已衰之後。因憶族兄雲濤病痰飲氣喘，身軀肥胖，行不數武輒喘甚。因偕同志聘吳鞠通來紹，時道光乙酉也。吳以大劑石膏半夏等治之，數月喘漸平，痰亦少，身軀頓瘦，愈後即登高亦不作喘。案載《吳氏醫案》中。鞠通歸淮陰，瀕行時，囑弗食豬肉。後偶食之，即覺痰多，身軀復驟胖。嗣後終身不敢食豬肉。此痰濕證忌食豬肉之一徵也。又失音證忌食火骽及皮蛋，余親見患失音人食二物增劇。

清・戴葆元《本草綱目易知錄》卷六

豭猪　入藥用純黑豭。　肉：酸，冷。治狂病久不愈，補腎氣虛竭，療水銀風，并中土坑惡氣，壓丹石，解熱毒。生用，切片貼小兒火丹及破傷風腫，打傷青腫，竹刺入內。猪之毒在頭少食，而肉亦勿多食，作濕熱，生痰動風疾，閉血脉，弱筋骨，殺藥力，病人忌之。反烏梅、桔梗、黃連、胡黃連，犯之作瀉。【略】

脂膏：甘，微寒。潤肺殺蟲，利腸胃，通小便，利血脈，生毛髮，破冷結，散宿血，解風熱。除五疳水腫，下咽喉骨鯁及悞吞釘鐵，胞衣不出，酒服自下。去皮膚風，塗惡瘡，作手膏，不皸裂。入煎膏藥，主諸瘡，解斑蝥、野葛、硫黃諸肝毒物。反烏梅。【略】　腦髓：甘，寒，有毒。治風眩腦鳴，酒煮服。凍瘡癰腫，塗紙上貼之，乾即易。手足皸裂出血，酒化洗，并塗之。猪屬水畜，腦髓最冷，損男子陽道，臨房不能行事，酒後尤忌，宜少食之。　脊髓：甘，寒。食之補骨髓，益虛勞，和藥丸服，取其骨入骨，髓補髓義。治撲損，惡瘡，塗小兒顱解臍腫，眉瘡頭瘡，瘑疥。【略】　心血：調硃砂末服，治急癇癲疾。取其心，入心血，導血引入本經。又治卒中惡死，痘瘡倒靨。【略】　心：甘、鹹，平。補血虛，鎮恍惚。治驚邪憂恚，虛悸氣逆，產後中風，血氣驚恐。小兒驚癇，出汗。多食耗心氣。【略】　肺：甘，微寒。補肺，療肺虛咳嗽，以一具切片，麻油炒熟，同粥食。又治肺虛咳血，水煮，蘸苡仁末食。葆按：治病，食須水煮，去白沫，挑筋膜，洗淨，淡喫。　腎腰子：鹹，冷。補虛壯氣，理腎氣，通膀胱，補水臟，暖腰膝，消積滯，除冷痢，治耳聾，止消渴。療腎虛腰痛，卒然腫滿。婦人赤白帶下，產後蓐勞虛汗，下痢，崩中。然久食，冷精，反傷腎，令無子。【略】　脜腎脂：甘，平，微毒。治肺痿咳嗽，痃癖羸瘦，和棗肉酒浸，頓服。潤五臟，通乳汁。療遠年肺氣，乾脹喘急及冷痢成虛。一切肺病，咳嗽膿血，以筒盛，爐火中煨熟，食後啖之，良。去皴疱

黚䵋。殺斑蝥、地膽毒。脜，音夷。時珍曰：又名腎脂，生兩腎中間，似脂非脂，似肉非肉。葆按：係每箇（腎）中，外垂下數分，靠脂，屠人用刀割下，非腎內白膜也，肥則多，瘦則少，乃人畜之命門三焦發原處。【略】 肚：甘，微溫。猪，水畜，胃屬土，取其以胃扶胃之義。補中益氣，培虛損，殺勞蟲，消積聚癥瘕，斷暴利虛弱，骨蒸勞熱，血脉不行，消渴惡瘡。小兒疳疣，黄瘦病，年老脚氣，培養胎氣，能補羸助氣，四季宜食。【略】 腸：甘，微寒。潤腸治燥，調血痢臟毒，解虛渴，止小便數，補下焦虛渴，去大小腸風熱。然性壅滯，動氣發疾，體弱病人忌葆元。洞腸：大腸頭、廣腸。治腸風臟毒及洞腸挺出，血多，和藥食，取其直達病所葆元。【略】 膽：苦，入心而通脉，寒勝熱而潤燥。仲景治陰盛格陽，厥逆無脉，佐四逆湯，取其寒熱並行，不致拒格，以療少陰下痢乾嘔之症。治傷寒熱渴，骨蒸勞極。又能明目殺蟲，退目赤目翳。清心脾而去肝膽之火，故又治小兒五疳，殺疳䘌，止消渴，開喉痹，通小便。大便不通者，以葦筒納入下部三寸，灌入，立下。敷小兒頭瘡，塗湯火斑疔，入湯沐髮，去膩光澤。【略】 膽皮：曝乾，燒灰，出火毒，點目翳重者，不過數度瘥。 蹄：已下用母猪良。甘、鹹，小寒。煮食，通乳脉，下乳汁，滑肌膚，去寒熱，託癰疽，壓丹石，解百藥毒。煮清汁，洗癰疽熱毒潰爛及傷撻諸敗瘡，能消毒氣，去惡肉。【略】婦人無乳，母猪蹄四枚煮，入土瓜根、通草、漏蘆各三兩，再煮去滓，納葱、豉作羹，或作粥食，或身微熱有少汗出佳。未通再作。葆驗方：黄芪、白芷、當歸、川芎各三錢，漏蘆、通草、不留行各二錢，薄酒一壺，煎取汁碗許，再用水煎，取汁碗許，以前脚母猪蹄二枚，洗淨，先用藥水汁煮半乾，漸添薄酒，煮極爛，納葱豉和，食肉飲汁，其乳立下。【略】 屎：味寒，治寒熱黄疸，濕痹蠱毒，天行熱病，取一升，浸汁服。燒灰服，發痘瘡，除熱解毒，治小兒驚癇。血溜出血不止者，取新屎壓之。葆按：予年壯喜飲，不無留濕，及六旬外，初受水濕，旋因冬左足脛內側被物觸破成瘡，因天嚴寒，而瘡不起伏，自不在意，失於搽洗，而亦不戒酒食，詎知因傷引動留濕，開春徂秋，遍脚水流，濕透鞋襪，以靛汁，調金黄散搽之，冬間稍平，春至如故，經延三載，所幸體健如常，所嫌礙於應對，偶檢《金鑒》龍骨散、黄臘膏二方，甚合賤恙，製此傅之，應手取效，推其功，皆猪屎之力也，製此送人，凡脚疾者皆效，故載之，豭猪屎，新瓦上煅末二錢，龍骨、血結、赤石脂各三錢，輕粉、檳榔各一錢，共研細末，先以麻油二兩，入亂髮一團，煎化，再入白膠香三錢，黄臘一兩，溶化取起，入前末和，乘熱攪匀，瓶盛，用時以竹批挑塗瘡上，油紙蓋，甚者，先以蜂房三錢，黄柏、大黄、黄芩、腹皮、木瓜、白芷各一錢半，銀花、苓皮各三錢，葱三枝，煎洗，拭乾，搽之。

清・陳其瑞《本草撮要》卷八 猪 味鹹，寒，入手足太陰、少陰、陽明經，功專療腎氣虛竭，潤腸胃，生精液，豐肌體，澤皮膚。惟生痰招風，陽痿及傷風寒病初起者均忌食。心血可作補心之向導。肝同夜明砂作丸，治雀目。肚入胃健脾。肺蘸薏仁末治肺虛咳嗽。腎鹹冷，通腎治腰痛耳聾。腸得黄連，治腸風血痔。膽汁寒滑，瀉肝膽之火，明目療疳，醋和灌穀道，治大便不通。脂膏潤燥利腸。脊髓補虛勞之脊痛。蹄得通草通乳汁。尾血和龍腦治痘瘡倒靨。均以母蹄為妙。猪膚即外厚皮，得白蜜米粉，治少陰下痢咽痛。猪腦毒不可食。猪肉反烏梅、桔梗。猪脂得血餘，治陰吹。肝切片入陰戶，治陰蝕，蟲皆入肝內，數易即愈。

清・吴汝紀《每日食物却病考》卷下 猪附各臟。 肉，味酸，平，有小毒。主閉血脉，弱筋骨，發痰。食之暴肥，以其風虛故也。久食，令人乏氣，體重作痛。震亨曰：猪肉補氣，世俗以為補，誤矣，惟補陽耳。今人虛損者不在陽，而在陰，以肉補陰，是以火濟水。蓋肉性入胃，便作濕熱生痰，痰生則氣不降，而諸證作矣。 頭肉，最生風發疾。 腦，不可食。《禮記》云：食豚去腦。孫真人云：猪腦損男子陽道。 四足，煮汁服，下乳，洗傷撻諸敗瘡，去惡肉。 肚，微溫。補中益氣，治骨蒸，殺勞蟲，助血脉，宜食。 肺，微（宜）寒，能補肺。 肝，苦，溫。治脚氣虛腫，明目。 腎，微冷，無毒。理腎，通膀胱，補虛消滯。腎虛寒人不宜食。冬月忌食，損人真氣。 脾，不可食。《草木子》云：人生莫食六畜脾。 脂膏，主惡瘡，利血脉，散風熱，潤肺，解斑蝥毒。臘月者殺蟲。忌烏梅同食。 腸臟，主下焦虛，去大小腸風熱。 凡猪，惟純黑者良，白者、花者、病猪、黄臕猪並不宜食。反烏梅、桔梗、黄連、胡黄連、蒼耳草，犯之瀉痢、動風。同生薑食，生面皯。同吴茱萸食，發痔。同胡荽食，傷人臍。同蕎麥食，落毛髮。

清・周巖《本草思辨録》卷四 猪膽汁 《傷寒論》：少陰病下利脈微者，與白通湯；利不止、厥逆無脈、乾嘔煩者，白通加猪膽汁湯主之。是膽汁明為乾嘔煩而加。乾嘔煩者，少陽木火上沖心胃所致。若但寒，則不煩不乾嘔也。霍亂下利清穀、裏寒外熱、汗出而厥者，通脈四逆湯主之。吐已下斷、汗出而厥、四肢拘急不解、脈微欲絕者，通脈四逆加猪膽汁湯主之。於四肢拘急下又益之曰不解，必已依法治之而猶不解也。以白通加猪膽汁湯之例推之，其所先與，當即為通脈四逆湯，服之而汗出肢厥如故，更見拘急不解，脈微欲絕，非治之不得其當也。蓋四肢為諸陽之本，陰邪充斥於四肢，則

陽被陰縛，欲伸不得，投以薑、附熱藥，則陽拒於內，陰爭於外，拘急何自而解。夫拘急乃筋脈之收引，筋屬肝，肝與膽為表裏，其薑、附之不任受者，膽為之也。相火不治，君火何能獨治。故或為嘔煩，或為拘急，此猪膽汁所以並加之也。膽汁苦寒，施於垂絕之微陽，豈尚能堪此？不知其陰中之火，憤而思競，正非膽汁不靖，故從治亦即正治。抑仲聖用此為至慎矣。少陰寒邪直中，乃陽氣暴虛非本虛，且內寓元陽，故當其下利而嘔煩，可加膽汁。霍亂亦吐亦下，正中氣散亂之際，膽汁甚忌，故必拘急不解，並吐已下斷而後加之。且不解者，如故之謂。拘急之始，何嘗不宜膽汁，而仲聖不遽用者，又有可旁通以見之者焉。在桂枝加附子湯曰四肢微急，在四逆湯曰內拘急、曰四肢拘急，在芍藥甘草湯曰微拘急，皆不用膽汁。獨拘急而至不解則用之，非以其苦寒傷正而慎之乎。乃張隱庵謂膽汁能起腎藏之汁，資心主之血。果爾，則仲聖方當不止一二見矣。何不察之甚哉。

膽臟肝葉，病每相連，醫家亦多連稱。否則偏注於肝，動云肝氣肝陽，鮮有別之為膽病者。然肝為陰經，膽為陽經；肝為風木，膽為相火。凡見上升與火之證，肝必挾膽，或竟屬膽病。李瀕湖謂猪膽去肝膽之火，此即余從治亦正治之說，第與肝並舉之耳。成無己則謂通脈四逆加膽汁，是補肝而和陰，又稱肝而不及膽。以兩說權之，李自較勝於成。劉潛江卻揚成而抑李。曰：予見一醫治或瀉或止，每以猪膽汁炒黃連、柴胡，和他藥用之遂止，不以膽汁炒則不應。若不有以補肝，令血和而風靜，僅如時珍所云平肝膽之火，則黃連輩何以鮮功。甚矣，劉氏之闇也！膽汁與薑、附並用，語人以膽汁是正治膽火，人固未必肯信。今以膽汁與柴、連偶，去膽汁即不應，則不啻膽汁自表其功矣。何則？膽汁苦寒而滑，極利大便。若是肝瀉，自應加膽汁而瀉作，何以無膽汁則瀉反不止，非所謂肝病挾膽者歟。治肝以連，是以寒勝熱，以苦燥濕也。治膽以膽，則平膽中壯火以扶生氣，不使隨肝下走也。治肝而不治膽，所以無效。況柴胡為少陽藥，顯係相協以挽少陽之氣。成氏之說，鑿空無據，劉氏輒從而和之，醫道誠難言爾。

猪膚：少陰之熱，上為咽痛，以少陰同氣之物，而留連於上以除熱，非猪膚莫任。故醫家多用此取效，而仲聖猪膚湯實開其先，今試以鄙說備一解焉。下利、咽痛、心煩，皆少陰病，惟胸滿疑涉少陽，不知少陰脈之支別，從肺出絡心，注胸中。下利既泄其腎陰，其虛陽之上乘者，遂得因中土無權，紛擾於經氣所到之處，而致咽痛與胸滿心煩。以其虛而非實，故胸滿不至於痛，不必用攻陷之劑。此時伏邪初發，尚未由血及氣，亦無事於苦寒傷正。猪水畜而膚甘寒輕浮，自能從上引下而客熱以平。然下利非濕也，非加白蜜，不足以潤燥益陰。患見於上下則宜建中，非加白粉熬香，不足以悅脾振困。此證無與於少陽固矣，而鄒氏更以痙病用大承氣湯有胸滿字，為涉陽明之據，又豈足為訓歟。

駝

宋·唐慎微《證類本草》卷一八獸部下品〔宋·馬志《開寶本草》〕 野駝脂　無毒。主頑痹風瘙，惡瘡毒腫死肌，筋皮攣縮，踠損筋骨。火炙摩之，取熱氣入肉，又以和米粉作煎餅食之，療痔。勿令病人知。脂在兩峰內。生塞北、河西。家駝爲用亦可今附。

〔宋·掌禹錫《嘉祐本草》〕按：日華子云：駱駝，溫。治風下氣，壯筋力，潤皮膚。脂，療一切風疾，頑痹，皮膚急及惡瘡腫毒、漏爛，并和藥傅之。野者彌良。

〔宋·蘇頌《本草圖經》〕曰：野駝，出塞北、河西，今惟西北蕃界有之。此中盡人家畜養生息者，入藥不及野駝耳。其脂在兩峰肉間。其性溫。治風下氣，壯力，潤皮膚。人亦鮮食之。又六畜毛蹄甲，主鬼蠱毒，寒熱，驚癇，癲痓狂走。駱駝毛尤良。陶隱居云：六畜，謂馬、牛、羊、猪、狗、雞也。騾驢亦其類，毛蹄各出其身之品類中，所主療不必盡同此矣。蘇恭云：駱駝毛蹄甲，主婦人赤白下最善。

〔宋·唐慎微《證類本草》〕《外臺秘要》：治痔。取駱駝頷下毛，燒作灰，取半雞子大，以酒和服之。《丹房鏡源》云：駝脂可柔金。

宋·寇宗奭《本草衍義》卷一六 野駝　生西北界等處，家生者峰、蹄最精，人多煮熟糟啖。糞爲乾末，搐鼻中，治鼻衄。此西番多用，嘗進築於彼，屢見之。

宋·王繼先《紹興本草》卷一九 野駝脂　紹興校定：野駝脂《本經》已具無毒、出產、主治，然但脂臘日收之外用療瘡瘍，其服餌未聞。雖有療痔之說，亦無驗據。今當作味甘鹹、溫、無毒是矣。

元·忽思慧《飲膳正要》卷三 駝　肉，治諸風，下氣，壯筋骨，潤皮膚，療一切頑麻風痹，肌膚緊急，惡瘡腫毒。駝脂，在兩峰內。有積聚者，酒服之良。駝乳係愛剌，性溫，味甘。補中益氣，壯筋骨，令人不飢。野駝：味甘，溫平，無毒。治諸風，下氣，壯筋骨，潤皮膚。駝峰，治虛勞風。有冷

積者，用葡萄酒溫調峰子油，服之良。好酒亦可。

元・吴瑞《日用本草》卷三　駱駝　出塞北河西。今惟西北方皆有之。性平，無毒。能入藥。　主頑痹，風瘙惡瘡毒腫，踠損筋骨，火炙摩之，取熱氣入内。又和米粉作煎餅食之。其脂在兩峰肉間。糞：乾為末，搐鼻衄。

明・滕弘《神農本經會通》卷八　野駝脂　其脂在兩峰肉間。無毒。一云：溫。《本經》云：主頑痺風瘙，惡瘡毒腫死肌，筋皮攣縮，踠損筋骨。日華子云：駱駝，溫。治風，下氣，壯筋力，潤皮膚。又脂，療一切風疾，頑痺，皮膚急，及惡瘡腫毒，漏爛。野者彌良。

明・劉文泰《本草品彙精要》卷二一五　野駝無毒。胎生。

野駝脂：主頑痹，風瘙，惡瘡，毒腫，死肌，筋皮攣縮，踠損筋骨，火炙摩之，取熱氣入肉。又以和米粉作煎餅食之，療痔，勿令病人知。名醫所錄。

【地】《圖經》曰：出塞北、河西，今惟西北番界有之。此中盡人家畜養生息者，其脂在兩峰肉間，入藥家駝亦可，然不及野者爲佳耳。《衍義》曰：生西北界等處，家生者峰蹄最精，人多煮熟糟食之。○謹按《埤雅》云：駝臥腹不著地，屈足漏明能行千里，背有肉鞍如峰，長頸高腳善負，知泉脈所在，遇處輒停不行，其糞直上如狼煙，亦知風候也。段氏云：其毛褥溫厚暖於狐貉何各切，極堪禦寒，遇夏退毛，至盡乃能避熱，故古者冬取皮於狐類而裘成，夏取毛於駝類而毾成也。其峰脂味甚美而脆，故爲八珍之一，蓋功用鍾於此也。【用】脂、毛、蹄甲、糞。【色】黄白。【味】甘。【性】溫。【氣】氣之厚者，陽也。【主】壯筋骨，潤肌膚。【治】療：《圖經》曰：治風下氣。《唐本》注云：駱駝毛蹄甲，治婦人赤白帶下最善。《衍義》曰：糞，爲乾末搐鼻中，治鼻衄。【合治】頷下毛，燒灰取半雞子大合酒服，治痔瘡。

明・王文潔《太乙仙製本草藥性大全》卷七《本草精義》　野駝脂　出塞北、河西，今惟西北番界有之。此中盡人家蓄養生息者，入藥不及野駝耳。其脂在兩峰肉間，其性溫，治風下氣，壯力，潤皮膚。人亦鮮食之。家生者峰蹄最精，人多煮熟糟啖之。

明・王文潔《太乙仙製本草藥性大全》卷七《仙製藥性》　野駝脂　氣溫，無毒。　主治：一切風瘓頑痹，治惡瘡風瘙毒腫。死肌筋皮攣縮，炙摩立效；跌損筋骨痔瘻，用之尤良。　補註：如主治諸，火炙摩取熱氣入肉。米粉作煎餅食之，療痔，勿令人知，和藥傳之亦妙。　駝肉：治諸風，下熱氣如神；壯筋力，潤皮膚有效。　駝毛：治痔，取駱駝頷下毛燒灰，取半鷄子大，以酒和服之。　野駝毛蹄甲：主婦人赤白下最善。　駝糞：治鼻衄用糞乾爲末，嗃鼻中立止。

明・李時珍《本草綱目》卷五〇獸部・畜類　駝宋《開寶》

【釋名】橐駝《漢書》　駱駝時珍曰：駝能負囊橐，故名。方音訛爲駱駝也。

【集解】馬志曰：野駝、家駝生塞北、河西。其脂在兩峰内，入藥俱可。頌曰：野駝，今惟西北番界有之。家駝，則此中人家蓄養生息者，入藥不及野駝。時珍曰：駝狀如馬，其頭似羊，長項垂耳，脚有三節，背有兩肉峰如鞍形，有蒼、褐、黄、紫數色，其聲曰喝，其食亦齡。其性耐寒惡熱，故夏至退毛至盡，毛可爲毾。其糞煙亦直上如狼烟。其力能負重，可至千斤，日行二三百里。又能知泉源水脈風候。凡伏流人所不知，駝以足踏處即得之。流沙夏多熱風，行旅遇之即死，風將至駝必聚鳴，埋口鼻於沙中，人以爲驗也。其卧而腹不着地，屈足露明者名明駝，最能行遠。于闐有風脚駝，其疾如風，日行千里。土番有獨峰駝。《西域傳》云：大月氏出一封駝，脊上有一峰隆起若封土，故俗呼爲封牛，亦曰犝牛。《穆天子傳》謂之（牞）〔牥〕牛，《爾雅》謂之犦牛，嶺南徐聞縣及海康皆出之。《南史》云滑國有兩脚駝，諸家所未聞也。

駝脂即駝峰。脂在峰内，謂之峰子油。入藥以野駝者爲良。宗奭曰：家駝峰、蹄最精，人多煮熟糟食。【氣味】甘，温，無毒。《鑑源》曰：能柔五金。【主治】頑痹風瘙，惡瘡毒腫死肌，筋皮攣縮，踠損筋骨。火炙摩之，取熱氣透肉。亦和米粉作煎餅食之，療痔《開寶》。治一切風疾，皮膚痹急，及惡瘡腫漏爛，並和藥傅之大明。主虚勞風，有冷積者，以燒酒調服之《正要》。

【附方】新一。周痹：野駝脂煉净一斤，入好酥四兩，和匀。每服半匙，加至一匙，日三服。《聖濟總録》。

肉　【氣味】甘，温，無毒。【主治】諸風下氣，壯筋骨，潤肌膚，主惡瘡大明。

乳　【氣味】甘，冷，無毒。【主治】補中益氣，壯筋骨，令人不飢《正要》。

黄　【氣味】苦，平，微毒。【主治】風熱驚疾時珍。

【發明】時珍曰：駱駝黄，似牛黄而不香。戎人以亂牛黄，而功不及之。

毛　【主治】婦人赤白帶下，最良蘇恭。頷毛：療痔，燒灰，酒服方寸匕時珍。○出崔行功《纂要》。

【附方】新一。陰上疳瘡：駝絨燒灰，水澄過，入炒黄丹等分爲末，搽之即效。《龔氏經驗方》。

屎　〔主治〕乾研嗃鼻，止衄寇宗奭。燒煙，殺蚊蝨《博物志》。

明·穆世錫《食物輯要》卷四　駝　肉，味甘，性溫，無毒。壯筋骨，潤肌膚，去風下氣。駝峰、蹄最佳。脂，透肌肉，散頑痹，惡瘡風毒，及筋骨拘攣痛。乳，補中氣，壯筋骨。駝黃，味苦，微毒。散風熱驚疾。戎人偽作牛黃，但不香。

明·李中立《本草原始》卷九　駝　出塞北河西，今惟西北番有之。此中人家畜養生息者，入藥不及野駝耳。時珍曰：駝，狀如馬，其頭似羊，長項垂耳，腳有三節，背有兩肉峰如鞍形。有蒼、褐、黃、紫數色。其性耐寒惡熱，其糞烟亦直上如狼烟。其力能負囊橐，可至千斤，故《漢書》名橐駝，方音訛為駱駝也。

肉：氣味：甘，溫，無毒。主治：諸風下氣，壯筋骨，潤肌膚。主惡瘡。

乳：補中益氣，壯筋骨，令人不飢。　駝脂：即駝峰。氣味：甘，溫，無毒。主治：頑痹，風瘙惡瘡，毒腫死肌，筋皮攣縮，踠損筋骨，火炙摩之，取熱氣透肉。亦和米粉作煎餅食之，療痔。○治一切風疾，皮膚痹急，及惡瘡腫漏爛，並和藥傅之。○主虛勞風有冷積者，以燒酒調服之。　黃：氣味：苦，平，無毒。主治：風熱驚疾。其黃似牛黃而不香，人每以亂牛黃，而功不及之。　毛：主治：婦人赤白帶下最良。　屎：主治：乾研嗃鼻，止衄。燒烟殺蚊虱。【圖略】

明·吳文炳《藥性全備食物本草》卷二　駝肉　味甘，性溫，無毒。壯筋骨，潤肌膚，去風下氣，駝峰蹄最佳。　脂：透肌肉，散頑痺，惡瘡風毒，及筋骨拘攣痛，痔瘻用之良。　毛：治痔，取駱駝頷下毛燒灰，取半雞子大，以酒和服之。　蹄甲：燒灰，治婦人赤白帶下。　糞：治鼻衄，焙乾為末，嗃鼻中立止。

明·應麐《食治廣要》卷六　駝　肉：氣味：甘，溫，無毒。主治：諸風，下氣，壯筋骨，潤肌膚，主惡瘡。宗奭曰：家駝峰蹄最精，人多煮熟糟食。

乳：甘，冷，無毒。主補中益氣，壯筋骨，令人不飢。

明·姚可成《食物本草》卷一三獸部·豢畜類　駝一名橐駝，一名駱駝。其種有野有家，俱出塞北、河西。野駝，今惟西北番界有之。家駝則此中人家蓄養生息者。駝狀如馬，其頭似羊，長項垂耳，脚有三節，背有兩肉峰如鞍形，有蒼、褐、黃、紫數色，其聲曰喝，其食亦齡。其性耐寒惡熱，故夏至退毛至盡。毛可為毼，其糞煙亦直上如狼煙。其力能負重，可至千斤，日行二三百里。又能知泉源水脈風候。凡伏流人所不知，駝以足踏處即得之。流沙夏多熱風，行旅遇之即死。風將至，駝必聚鳴，埋口鼻於沙中，人以為驗也。其臥而腹不著地，屈足露明者名明駝，最能行〔遠〕。于闐國有風脚駝，其疾如風，日行千里。土番有獨峰駝。《西域傳》云大月氏出一封駝，脊上有一峰隆起若封土，故俗呼為封牛。嶺南徐聞縣及海康皆出之。《南史》云滑國有兩脚駝，諸家所未聞也。

駝肉：味甘，溫，無毒。治諸風，下氣，壯筋骨，潤肌膚，主惡瘡。

脂：味甘，溫，無毒。治頑痹風瘙，惡瘡毒腫，死肌，筋皮攣縮，踠損筋骨。火炙摩之，取熱氣透肉。亦和米粉作煎餅食之，〔療痔〕。治一切風疾。皮膚痹急及惡瘡腫漏爛，竝和藥敷之。主虛勞風，有冷積者，以燒酒調服之。○寇宗奭曰：家駝峰、蹄最良，人多煮熟糟食。　乳：味甘，冷，無毒。主補中益氣，壯筋骨，令人不飢。　黃：味甘，平，微毒。治風熱驚疾。○李時珍曰：駱駝黃似牛黃而不香。戎人以亂牛黃，而功不及之。　毛：治女人赤白帶下，最良。頷毛療痔，燒灰，酒服方寸匕。　屎：乾研嗃鼻，止衄。燒烟殺蚊虱。

附方：治中風口眼喎斜，語言蹇澀。以駱駝肉如常作羹食之。　治人肌膚粗澀，身多痱癗。用駱駝肉切細，入甘草、豉汁煮食之。　治風瘙頑癬，爛皮死肌及筋脉短縮。用駱駝脂油和米粉或麪作餅食之。　治痔疾他方不效者。用五倍〔子為末〕，以駱駝脂油，〔調〕傅之即愈。　治下疳瘡。用駱駝細絨毛燒〔灰，水澄過，入炒黃丹〕等分為末，搽，即愈。　治鼻中出血不止，他藥不效。用〔駱〕駝屎晒乾，〔為末〕吹入鼻中，即止。　治人家屋壁生鼈虱。用駱駝屎同蟹殼、鰻骨，〔共二〕處燒之，即絕種。

明·施永圖《本草醫旨·食物類》卷四　駝名駱駝。駝狀如馬，其頭似羊，長項垂耳，脚有三節，背有兩肉峰如鞍形，力能負重，可至千斤，日行二三百里，又能知泉源水脈風候。

駝脂：駝峰脂在峰內，謂之峰子油，入藥以野駝者為良。味：甘，溫，無毒。能柔五金。治：頑痹風瘙，惡瘡毒腫死肌，筋皮攣縮，踠損筋骨。火炙摩之，取熱氣透肉。亦和米粉作煎餅食之，療痔，治一切風疾。皮膚痹急及惡瘡腫漏爛，並和藥傅之。主虛勞風有冷積者，以燒酒調服之。

附方　周痹：駝脂鍊淨一斤，入好酥四兩，和勻，每服半匙，加至一匙，日三服。

肉：味甘，溫，無毒。治：諸風下氣，壯筋骨，潤肌膚，主惡瘡。

乳：味甘，冷，無毒。治：補中益氣，壯筋骨，令人不飢。　黃：味苦，

平，微毒。治：風熱驚疾。毛：治：婦人赤白帶下最良。頷毛療痔，燒灰，酒服方寸匕。屎：治：乾研㗜鼻，止衄。燒烟，殺蚊虱。

清・穆石匏《本草洞詮》卷一五　駝　駝力負重，可至千觔。其性耐寒惡熱，故夏至退毛至盡。能知水脈風候，凡伏流人所不知，駝以足踏處即得之。流沙夏多熱風，行旅遇之即死，風將至，駝必聚鳴，埋口鼻沙中，人以為驗也。駝肉，甘，溫，無毒。治諸風下氣，壯筋骨，潤肌膚，主惡瘡。

清・丁其譽《壽世秘典》卷四　駝一名橐駝。《說文》：駝，負荷也，能負囊橐，故曰橐駞。俗呼駱駝，狀如馬，其頭似羊，長項垂耳，腳有三節，背有兩肉峰如馬鞍形，有蒼、褐、黃、紫數色。其性耐寒惡熱，故夏至退毛至盡。毛可為毼，其糞煙亦直上如狼煙。力能負重，可至千觔，凡負物屈足受之，載未盡量，終不起，日行二三百里。又能知泉源、水脉、風候。凡伏流人所不知，駝以腳踏處即得之。流沙夏多熱風，行旅遇之即死。風將至，駝即引項而鳴，埋口鼻于沙中，人以為驗。其臥而腹不着地，屈足露明者，名明駝，最能行遠。氣味：甘，溫，無毒。治諸風，下氣，壯筋骨，潤肌膚。

駝峰：氣味：甘，溫，無毒。治頑痹風瘙，惡瘡腫毒。發明孟詵云：脂在兩峰內，謂之峰子油，有毒，能柔五金。入藥以野駝者為良。家駝峰蹄最精，人多煮熟糟食。○家駝乃人家畜養生息者，入藥不及野駝。○駝峰倒者齒老，少健者峰直。

乳：氣味：甘，溫，無毒。主補中益氣，壯筋骨。

清・朱本中《飲食須知・獸類》　駝肉及峰脂　味甘，性溫。能知泉源水脉風候，凡伏流人所不知，駝以足踏處即得之。流沙夏多熱風，行旅遇之即死。風將至，駝必聚鳴，埋口鼻於沙中，人以為驗也。其臥而腹不著地，屈足露明者，名明駝，最能行遠。駝糞亦直上如狼烟。駝黃，味苦，性平，微毒。似牛黃而不香，戎人以亂牛黃，而功不及之。

清・何其言《養生食鑒》卷下　駝肉狀如馬，其頭似羊，長項垂耳，脚有三節，背有兩肉峰如鞍形。有蒼、褐、黃、紫數色。味甘，性溫，無毒。壯筋骨，潤肌膚，去風下氣。駝峰、蹄最佳。

清・张璐《本經逢原》卷四　駝峰　甘，溫，無毒。發明：駝峰，八珍之一，味雖極美，但能動風，宿有風氣人勿食。駝脂摩風去頑痹、死肌，取熱氣透肉也。

清・汪紱《醫林纂要探源》卷三　駱駝　甘，鹹，平。北方大畜，高丈餘，首如胡羊，無角，長頸，腳三節，蹄如蒜子，如米囊，背有生成肉鞍，其鞍峰味最肥美，力負千斤，日行千里，能知泉脈，嗜鹽。益氣血，壯筋力。最畏熱，熱過則結黃，人多以亂牛黃。

清・章穆《調疾飲食辯》卷五　駝　《史記・大宛列傳》作橐他。《漢書・西域傳》曰：鄯善國多馲駞。又作橐駝。後訛為駱駝。又作駱駞。《綱目》曰：駝，馬身羊頭，長項垂耳，脚三節，背有兩肉峰如鞍。性耐寒惡熱。糞煙如狼煙直上。能負千斤，日行二三百里。又能知泉源水脈，凡伏流人所不知，視駝足踏處，掘之即得水。夏月熱風將至，駝先聚鳴，埋口鼻於地避之。其臥而腹不着地，屈足露明者為明駝，最能行遠。于闐有風脚駝，疾如風，日行千里。《西域傳》云：大月氏獨峰駝，背上一峰隆起，若封土然，故呼封牛，亦曰犦牛。《穆天子傳》曰(物)〔牥〕牛，《爾雅》曰犦牛。《北史》曰：滑國有兩脚駝。

按：馬鞍下、牛軛下肉均有毒，而獨峰駝峰絕美，為八珍味之一。其餘駝肉性可療久痔。《開寶本草》曰：炙熱摩頑痹風瘙，惡瘡毒腫，去死肌，舒筋皮攣縮，治筋骨踠損。日華子曰：敷一切風疾，皮膚痹急，惡瘡漏爛，長食壯筋骨，潤皮膚。乳，補中益氣，滋血脈，佳物也。

清・趙其光《本草求原》卷二〇獸部　駝　駝峰，味極美，但能動風。其峰內之脂，火炙摩風去頑皮死肌，取甘溫熱氣透肉也。和粉煎餅，治痔；和酥服，治周痹，塗惡瘡、瘻爛。頷毛灰，治痔，赤白帶。

清・文晟《新編六書》卷六《藥性摘錄》　駝　甘，溫。壯筋骨，潤肌膚，去風下氣。駝峯、蹄最佳。

清・田綿淮《本草省常・禽獸類》　駝峰　即駝脂，因脂在峰內故名。性溫。補虛冷勞乏。

牛

唐・孫思邈《千金要方》卷二六《食治・鳥獸》　沙牛髓　味甘，溫，無毒。安五藏，平胃氣，通十二經脉，理三膲，(約)溫骨髓，補中，續絕傷，益氣力，止泄利，去消渴，皆以清酒和暖服之。肝：明目。膽：可丸百藥，味苦，大寒，無毒。除心腹熱渴，止下利，去口焦燥，益目精。心：主虛忘。腎：去濕痹，補腎氣，益精。齒：主小兒牛癎。肉：味甘，平，無毒。主消渴，止唾涎出，安中益氣力，養脾胃氣。不可常食，發宿病。自死者不任食。喉嚨：主小兒呷。黃犍沙牛、黑牯牛尿：味苦、辛，微溫、平，無毒。主水腫，腹腳俱滿者，利小便。黃帝云：烏牛自死北首者，食其肉害人。一

切牛盛熱時卒死者，揔不堪食，食之作腸癰患。甲蹄牛：食其蹄中拒筋，令人作肉刺。獨肝牛肉：食之殺人，牛食蛇者獨肝。患疥，牛馬肉食，令人身體癢。牛肉共猪肉食之，必作寸白蟲直爾。黍米、白酒、生牛肉共食，亦作寸白，大忌。人下利者，食自死牛肉必劇。一切牛馬乳汁及酪，共生魚食之，成魚瘕。六畜脾，人一生莫食。十二月勿食牛肉，傷人神氣。

宋·唐慎微《證類本草》卷一七獸部中品〔《本經·別錄》〕 **牛角鰓：下閉血，瘀血疼痛，女人帶下血。**燔之。味苦，無毒。〔宋·掌禹錫《嘉祐本草》〕按：《蜀本》云：沙牛角鰓，味苦，溫，無毒。主下閉瘀血，女子帶下下血。燒以爲灰，暖酒服之。《藥性論》云：黃牛角鰓灰，臣，味苦、甘，無毒。性澀。能止婦人血崩不止，赤白帶下，止冷痢瀉血。

水牛角：療時氣，寒熱頭痛。〔宋·掌禹錫《嘉祐本草》〕按：《藥對》云：水牛角，平。《藥訣》云：水牛角，味苦，冷，無毒。

髓：補中，填骨髓。久服增年。髓，味甘，溫，無毒。主安五藏，平三焦，溫骨髓，補中，續絕益氣，止洩痢，消渴。以酒服之。〔宋·掌禹錫《嘉祐本草》〕按：孟詵云：黑牛髓和地黃汁、白蜜等分作煎服，治瘦病。

膽：可丸藥。膽，味苦，大寒。除心腹熱渴，利口焦燥，益目精。〔梁·陶弘景《本草經集注》〕云：此朱書牛角鰓、髓，其膽《本經》附出牛黃條中，此以類相從耳，非上品之藥。今拔出隨例在此，不關件數，猶是黑書別品之限也。〔宋·掌禹錫《嘉祐本草》〕按：《藥性論》云：青牛膽，君，無毒。主消渴，利大小腸。臘月牯牛膽，中盛黑豆一百粒，後一百日開取，食後，夜間吞二七枚，鎮肝明目。黑豆盛浸不計多少。

心：主虛忘。

肝：主明目。

腎：主補腎氣，益精。

齒：主小兒牛癇。

肉：味甘，平，無毒。主消渴，止啘洩，安中益氣，養脾胃。自死者不良。

屎：寒。主水腫，惡氣。用塗門戶著壁者燔之，主鼠瘻，惡瘡。〔宋·掌禹錫《嘉祐本草》〕按：孟詵云：烏牛糞爲上。又小兒夜啼，取乾牛糞如手大，安卧席下，勿令母知，子、母俱吉。

黃犍牛、烏牯牛溺：主水腫，腹脹脚滿，利小便。

〔梁·陶弘景《本草經集注》〕云：此牛，亦犪牛爲勝，青牛最良，水牛爲可充食爾。自死謂疫死，肉多毒。青牛腸不可共犬肉、犬血食之，令人成病也。

〔唐·蘇敬《唐本草》〕注云：《別録》云，牛鼻中木卷，療小兒癇。草卷燒之爲屑，主小兒鼻下瘡。耳中垢，主蛇傷，惡蠚毒。臍中毛，主小兒久不行。白牛懸蹄，主婦人崩中，漏赤白。屎，主霍亂。屎中大豆，主小兒癇，婦人産難。特牛莖，主婦人漏下赤白，無子。烏牛膽，主明目及疳濕，以釀槐子服之彌佳。腦，主消渴，風眩。齒，主小兒驚癇。屎，主消渴，黃疸，水腫，脚氣，小便不通也。

〔宋·馬志《開寶本草》〕按：陳藏器《本草》云：牛肉，平。消水腫，除濕氣，補虛，令人强筋骨，壯健。鼻和石鷰煮汁服，主消渴。肝和腹内百葉作生，薑、醋食之，主熱氣，水氣，丹毒，壓丹石發熱，解酒勞。五藏，主人五藏。黃牛肉，小溫。補益腰脚。獨肝者有大毒，食之，痢血至死。北人牛瘦，多以蛇從鼻灌之，則爲獨肝也。水牛則無之。已前二色牛肉，自死者發痼疾痃癖，令人成疰病。落崖死者良。黃牛乳，生服利人，下熱氣，冷補，潤肌，止渴。和蒜煎三五沸食之，主冷氣痃癖，羸瘦。凡服乳，必煮一二沸，停冷啜之，熱食則壅。不欲頓服，欲得漸消。與酸物相反，令人腹中結癥。凡以乳及溺、屎去病者，黑牛强於黃牛。酥堪合諸膏，摩風腫踠跌血瘀。醍醐更佳，性滑，以物盛之皆透，惟雞子殼及葫蘆盛之不出。屎熱灰傅灸瘡不差者。水牛、黃牛角鰓及在糞土中爛白者，燒爲黑灰末服，主赤白痢。口中涎，主反胃。又取老牛涎沫如棗核大，置水中服之，終身不噎。口中齝丑之反草，絞取汁服，止噦。《本經》不言黃牛、烏牛、水牛，但言牛。牛有數種，南人以水牛爲牛，北人以黃牛、烏牛爲牛。牛種既殊，入用亦別也。

〔宋·掌禹錫《嘉祐本草》〕按：大腹水腫通用藥云：黃牛溺，寒。《蜀本》云：黃犍牛溺，味苦、辛，微溫，無毒。孟詵云：牛者，稼穡之資，不多屠殺，自死者，血脉已絕，骨髓已竭，不堪食。黃牛發藥動病，黑牛尤不可食。黑牛尿及屎只入藥。又頭、蹄，下熱風，患冷人不可食。其肝，醋煮食之治瘦。日華子云：水牛肉，冷，微毒。角，煎治熱毒風并壯熱。角鰓，燒燋治腸風瀉血痢，崩中帶下，水瀉。涎，止反胃嘔吐。治噎，要取即以水洗口後，鹽塗之，則重吐出。黃牛肉，溫，微毒。益腰脚。大都食之發藥毒動病，不如水牛也。惟酥乳佳。骨髓，溫，無毒。治吐血，鼻洪，崩中帶下，腸風瀉血并水瀉。燒灰用。

〔宋·唐慎微《證類本草》〕《圖經》：文具第十六卷中牛黃條下。

《食療》云：肚，主消渴，風眩，補五藏，以醋煮食之。肝，治痢。腎，主補腎。髓，安五藏，平三焦，溫中。久服增年。以酒送之。和地黃汁、白蜜作煎，服之治瘦病。恐是牛脂也。糞，主霍亂，煮飲之。又，婦人無乳汁，取牛鼻作羹，空心食之。不過三兩日，有汁下無限。若中年壯盛者，食之良。又，宰之尚不堪食，非論自死者。其牛肉取三斤，爛切，將啖解槽咬人惡馬，只兩啖後，頗甚馴良。若三五頓後，其馬獰狆不堪騎。十二月勿食，傷神。

《外臺秘要》：大病後不足，病虛勞，補虛。取七歲已下五歲已上黃牛乳一升，水四升，

煎取一升，如人飢，稍稍飲，不得多，十日服不住，佳。又方：《必效》治上吐下利者，爲濕霍亂。黃牛屎半升，水一升，煮三兩沸，和牛屎濾過取汁，服半升則止。牛子屎亦得。又方：治久患氣脹。烏牛尿，空心溫服一升，日一服，氣散則止。《千金方》：鼻中生瘡，黑牛耳垢傅之良。又方：治痔。臘月牛脾一具，熟食之盡，差。勿與鹽、醬，未差再作。又方：主喉痹。燒牛角末，酒服方寸匕。又方：五色丹名油腫，若犯多致死，不可輕之。以屎傅之，乾即易。《千金翼》：主癥癖及主鼓脹滿。黑牛尿一升，微火煎如稠糖。空心飲服一大棗許，當轉病出，隔日更服之。又方：治甘蟲蝕鼻生瘡。取烏牛耳中垢傅之，良。《肘後方》：治傷寒時氣，毒攻手足腫，疼痛欲斷，牛肉裹腫處止。《外臺秘要》同。又方：風毒脚氣，若經已滿，捻之沒指。但勤飲烏牸牛溺二三升，使小便利，漸漸消，當以銅器取新者爲佳。純黃者亦可用。又方：癰腫未成膿。取牛耳中垢封之，愈。又方：治鼠瘻腫核痛，若已有瘡口膿血出者。以熱屎傅之，日三。《經驗方》：痔漏張用方：犍牛兒膽、蝟膽各一箇，用膩粉五十文，麝香二十文，將蝟膽汁、膩粉、麝香和勻，入牛膽內，懸於檐前四十九日，熟。旋取爲丸如大麥，用紙撚送入瘡內後，追出惡物是驗。瘡口漸合，生麵蓋瘡內一遍，出惡物。《經驗後方》：治冷痢。沙角胎燒灰，粥飲調下兩錢。《梅師方》：治卒陰腎痛。燒牛屎末，和酒傅之，乾即易。又方：治霍亂，吐痢不止，心煩，四肢逆冷。黃牛屎一升，以水二升，煎取一升，以綿濾過，去滓頓服。又方：治水腫，小便澁。黃牛尿飲一升，日至夜小便澁利差小者，從少起勿食鹽。孫真人云：主癰發數處。取牛糞燒作灰，以雞子白和傅之，乾即易。《食醫心鏡》：主水浮氣腫，腹肚脹滿，小便澁少。水牛蹄一隻，湯洗去毛如食法，隔夜煮令爛熟取汁作羹。蹄切，空心飽食。又主水氣，大腹浮腫，小便澁少。水牛尾條洗，去毛細切，作腤腊極熟喫之。煮食亦佳。又，牛肉一斤熟蒸，以薑、醋，空心食。水牛皮爛煮熟，蒸切於豉汁中食之。又烏犍牛尿半升，空心飲之利小便。又牛盛熱時卒死，其腦食之生腸癰。《集驗方》：治淋。取牛耳中毛，燒取半錢，水服差。《孫用和方》：治赤白帶下。牛角䚡燒令煙斷，附子以鹽水浸泡七度去皮，右件等分，擣羅爲末。每空心酒下二錢匕。《兵部手集》：治水病初得危急。烏牛尿，每服一合，差。《塞上方》：主鼠奶痔。牛角䚡燒作灰末，空心酒服方寸匕。姚氏方：卒得淋。取牛尾燒灰，水服半錢，差。又方：湯火燒灼瘡，單傅濕屎，立痛止，常日用良。又方：治毒蛇螫人，牛耳垢傅之佳。《子母秘録》：治血氣逆，心煩悶滿，心痛。燒水牛角末，酒服方寸匕。又方：小兒白禿瘡，頭上瘡團團白色。以牛屎傅之。《産書》：主難産。牛糞中大豆一枚，擘作兩片，一片書父，一片書子，卻合，以少水吞之，立産。耳珠先生：固牙齒法良。殺牛齒三十枚，固濟瓶中，煅令通赤，取細研爲末。水一盞，末二錢匕，煎令熱，含浸牙齒，冷即吐卻，永堅牢。或有損動者，末揩之。《禮記》：牛夜鳴則庮，不可食。《丹房鏡源》云：牛屎，抽銅暈。

宋・唐慎微《證類本草》卷一七獸部中品〔唐・陳藏器《本草拾遺》〕 犢子臍屎 主卒九竅中出血。燒末服之方寸匕。新生未食草者預取之，黃犢爲上。〔宋・唐慎微《證類本草》〕《姚氏方》：人有九竅，四肢指歧間血出，乃暴驚所爲。取新生犢子未食草者臍屎，日乾燒末。水服方寸匕，日四五頓差。人云：口鼻出血亦良。

宋・寇宗奭《本草衍義》卷一六 牛角䚡 此則黃牛角䚡。用尖燒爲黑灰，微存性，治婦人血崩，大便血及冷痢。又白水牛鼻，乾濕皆可用，治偏風口喎斜，以火炙熱，於不患處一邊熨之，漸正。

宋・鄭樵《通志》卷七六《昆蟲草木略》 牛之屬多。《爾雅》曰：犘牛。犦牛。犤牛。犩牛。犣牛。犝牛。犑牛。犘音麻，郭云：出巴中，重千斤。犦音雹，郭云：即犎牛也。領上肉犦胅起，高二尺許，如橐駝肉鞍一邊，犍者日行三百里。交州合浦徐聞縣出此牛。按犎牛，漢順帝時，疏勒王來獻此。犤音皮，郭云：犤牛庳小，今之㹀牛也，又呼果下牛，出廣州高涼郡。犩音危，郭云：即犪牛也，如牛而大，肉數千斤，出蜀中。犣音獵，郭云：即旄牛也，髀膝尾皆有長毛。按此牛角向前，毛如白雪，其長毛今人以為拂子，出荊夔間。犝音童，無角牛。犑古覔反，未詳何牛也。又曰：角一俯一仰，觭。皆踊，觢。黑脣，犉。黑眦，牰。黑耳，犚。黑腹，牧。黑脚，犈。其子，犢。體長，牬。絕有力，欣犌。觭音欺，踊騰也，謂角騰起。觢，音誓。犉，閏旬反。眦才細反，目圈也。犚，音尉。犈，音權。體，身也。牬，匹外反。犌，音加。

宋・張杲《醫說》卷一○ 瘡疹黏衣用牛糞 小兒瘡疹出了，徧身潰膿沾黏衣衾，睡卧不得者，用臘月黃牛糞，日乾，燒灰，鋪一寸許在床上，令卧之其間，瘡有大成片無皮，及有成豆癰者，皆用牛糞灰摻之即愈。

宋・陳衍《寶慶本草折衷》卷一五 黃牛角䚡先來切。臣。灰在內。○髓、膽、肉、鼻、蹄、涎、屎、溺附。○從《藥性論》加以黃字。 即角中堅髓也。○《禮記》云：其牛一名大牢。○所出與牛黃同。○縉雲云：生所在有之。○附：涎，以水洗牛口，鹽塗之，便吐出。

味苦、甘，澀，溫，無毒。○主女人帶下血，燔之。○《藥性論》云：灰，

止血崩，冷痢，瀉血。〇日華子云：燒焦，治腸風，血痢，水瀉。〇《圖經》曰：治喉痹腫塞，角燒刮取灰細篩，和酒服，水調亦得。又小兒飲乳不快，似喉痹，亦取此灰塗乳，咽即差。〇分牛黃條。

附：黑牛髓腦髓也。〇孟詵用黑者。〇味甘，溫，無毒。溫骨髓，續絕傷，益氣，止洩痢，消渴。以酒服之。又治瘦病，髓和地黃汁、白蜜等分，作煎服。其牛骨髓，治吐血鼻洪，崩中帶下，腸風瀉血并水瀉。亦燒灰用。附：黃牛膽。君。《圖經》等用黃者。〇味苦，大寒，無毒。除熱渴，利口焦燥，利大小腸。又鎮肝明目。臘月膽中盛黑豆壹百粒，後壹百日開取，食後夜間吞貳柒粒。又用膽丸藥。今臘月取汁，和天南星末，內皮中，置當風處踰月，以合涼風丸，殊有奇效。兼括牛黃條。〇此膽苦而寒，又南星善治風。或用以代牛黃，勝他物也。附：水牛肉身腿肉也。日華子用水者。〇味甘，平，冷，微毒。主消渴，安中益氣，除濕氣。其黃牛肉發藥毒動病。附：水牛頭蹄肉。〇下熱氣。又主水氣浮腫，小便澀，水牛蹄壹隻，煮爛熟，取汁作羹，蹄切，空心飽食，患冷人不可食。附：白水牛鼻寇氏用白牛者。〇主消渴，和石鷰煮汁服。治偏風口喎斜，以火炙熱，於不患邊，熨之漸正。乾濕牛鼻皆可用。附：白牛懸蹄《唐本》註用白者。〇主婦人崩中，漏赤白。附：水牛涎日華子用水者。〇止反胃嘔吐及治噎。附：烏牛屎孟詵用烏者。〇灰在內。〇寒。主水腫惡氣，鼠瘻惡瘡，燔之用。及灸瘡不差，燒熱灰傅。附：黃犍牛、烏牯牛溺。〇味苦、辛，微溫，無毒。主水腫腹脹腳滿，利小便。

續說云：牛角鰓，《藥性論》及寇氏皆取黃牛，惟黃牯牛角中塞而鰓不脫，其尖尤佳也。《藥性論》又用青牛膽，《圖經》乃用黃牛之膽。稽之輿議，實《圖經》所取是焉。至於牛之諸臟，皆為毒物，黃牛更毒，而疫斃之牛其毒尤甚，最發瘕癖、寸白、丁腫、瘟瘴等患。史覺與胡氏衆方以水牛屎曬乾，燒灰留性，名白龍散，用綿裹傅瘡疹糜爛，可以定疼，止血，滅瘢。切忌白花牛及黃牛屎也。

元·忽思慧《飲膳正要》卷三 牛肉，味甘，平，無毒。主消渴，止啘洩，安中益氣，補脾胃。牛髓，補中，填精髓。牛酥，涼，益心肺，止渴嗽，潤毛髮，除肺痿，心熱吐血。牛酪，味甘、酸，寒，無毒。主熱毒，止消渴，除胸中虛熱、身面熱瘡。牛乳腐，微寒。潤五藏，利大小便，益十二經脈，微動氣。

元·尚從善《本草元命苞》卷七 牛角鰓 燒灰為臣。味甘苦澀而能止。主血崩，赤白帶下。止冷痢瀉血腸風。髓，補中續絕，傷肉，益氣和脾胃。心，主虛忘。肝，能明目。齒，治小兒牛癇。膽，除心腹熱渴。腎，療虛損精滑。肚，除消渴風眩。喉痺，牛角末燒灰，酒調。癰腫，牛耳垢封之，立愈。病後虛勞，黃牛乳水煮常服。湯火灼瘡，濕牛屎塗，疼立已。

元·吳瑞《日用本草》卷三 黃牛肉 味甘，性溫，無毒。牛者，稼穡之寶，不忍宰殺。而至自死者，血脉已絕，骨髓已竭，不可食，發痼病，令人成疾。牽墜崖死者良。疫死者，食之令人洞下。致積，宜利之。與猪肉合食及桑柴炙食，生寸白蟲；同韭、薤食，染瘟黃。常食發藥動氣。黑牛終不如水牛佳。瘧病差後，切忌食。主消渴，益氣養脾，消水除濕，補虛。水牛肉：味甘，性平，無毒。食之不發病。主治與黃牛同。牛骨：主吐衄血，崩中，帶下，腸風。病後合羊髓食，成煩熱。牛髓：主溫骨髓，補中續絕傷，益氣消渴。牛肝：和百葉作生食。主熱氣水氣，壓丹熱，解酒勞，明目。牛腸臟：合犬肉食成病。主補五臟。牛心：主憂恚虛忘。頭蹄：冷。不可多食。主下熱風患。牛莖：主婦人漏下。牛腎：主補腎氣，益精。懸蹄：主婦人崩中帶下。牛腦：主消渴風眩。牛膽：陰乾服之，主明目。

明·蘭茂原撰，范洪等抄補《滇南本草圖說》卷七 黃牛肉 氣味甘溫，無毒。主治：養脾，補益腰腎筋骨，止渴生津，補益氣血，安中。水牛肉：氣味甘，無毒。主治：安胎補血，強筋健骨。消水腫，除濕氣。牛乳，補虛羸，止渴，養心血，而治反胃，通大腸，其功甚大。

明·蘭茂撰，清·管暄校補《滇南本草》卷上 黃牛肉 味甘，溫。安中益氣，養脾胃，補益腰腳，止渴(定)〔生〕津。乳，利大腸尤佳。水牛肉：味甘。能安胎，補血，強筋骨，除水腫濕氣。乳，補虛弱，止渴，養心血，治反胃，而利大腸之功大。

明·蘭茂撰，清·管暄校補《滇南本草》卷下 水牛連貼 性溫，味甘、微酸。健脾開胃，消積磨宿食，寬中醒脾，有進食之功。消痞滿胸脹。昔有一小兒，脾胃不好，或吐或瀉，傷食，不思飲食，面黃(飢)〔肌〕瘦，目無睛光。後得此方，服之效。水牛連貼、新瓦焙黃色，一兩。雞肫皮，焙黃色，一兩。共為末，每服一錢，滾水送下。忌麵食、生冷。

明・王綸《本草集要》卷六　牛角鰓　味苦，氣溫，性澀，無毒。用尖，燒為黑灰存性，酒調服。　下閉血瘀血疼痛，女人帶下血崩不止。〇髓，味甘。補中，填骨髓，久服增年。〇膽，味苦，氣大寒。可丸藥。又除心腹熱渴(利)〔痢〕，口焦燥，益目精。〇肉，味甘。主消渴，止吮洩，安中益氣，養脾胃，消水腫。〇齒，主小兒牛癇。〇黃犍牛、烏牯牛溺，主水腫腹脹，腳滿，利小便，取二三升服，漸漸以銅器取新者。

明・滕弘《神農本經會通》卷八　牛角鰓　用尖，燒為黑灰，存性，酒調服。

味苦，無毒。　《本經》云：下閉血，瘀血疼痛，女下帶下血，燔之。《蜀本》云：沙牛角鰓，味苦，溫，無毒。主下閉瘀血，女子帶下，下血，燒以為灰，暖酒服之。《藥性論》云：黃牛角鰓灰，臣。味苦、甘，無毒。性澁，能止婦人血崩不止，赤白帶下，止冷痢，瀉血。陳藏器云：水牛、黃牛角鰓，及在糞土中爛白者，燒為黑灰，末服，主赤白痢。日華子云：水牛角煎，治熱毒風，并壯熱，角鰓燒焦，治腸風，瀉血痢，崩中帶下，水瀉。《局》云：牛角鰓能除帶下，腹疼血閉亦能消。更攻冷痢便清血，入藥燒灰暖酒調。牛角鰓，治崩帶，燒灰入藥。

水牛角：味苦，氣冷，無毒。一云：平。《本經》云：療時氣寒熱頭痛。

牛髓：骨髓附。　味甘，氣溫，無毒。《本經》云：補中，填骨髓，久服增年。主安五臟，平三焦，溫骨髓，補中，續絕傷，益氣，止洩痢，消渴，以酒服之。孟詵云：黑牛髓和牛黃汁、白蜜等分，作煎服，治瘦病。日華子云：骨髓，溫，無毒。治吐血鼻洪，崩中帶下，腸風瀉血，并水瀉，燒灰用。

牛膽：味苦，氣大寒。《本經》云：膽可丸藥，除心腹熱渴，利口焦燥，益目精。《藥性論》云：青牛膽，君。無毒。主消渴，利大小腸。臘月牯牛膽中，盛黑豆一百粒，後一百日開取，食後夜間吞二七枚，鎮肝明目。黑豆盛浸，不計多少。《唐本》注云：主明目，及疳濕，以釀槐子服之，彌佳。

牛心：《本經》云：主虛忘。

牛肝：《本經》云：主明目。陳藏器云：肝和腹內百葉作生，薑、醋食之，主熱氣，水氣，丹毒，(疊)〔壓〕丹石發熱，解酒勞。獨肝者有大毒，食之痢血至死。孟詵云：牛肝，醋煮食之，治瘦。

牛腎：《本經》云：主補腎氣，益精。《唐本》注云：特牛莖，主婦人漏下赤白，無子。

牛齒：《本經》云：主小兒牛癇。《唐本》注云：主小兒驚癇。

牛肉：味甘，氣平，無毒。《本經》云：主消渴，止吐洩，安中，益氣，養脾胃。自死者不良。陳藏器云：牛肉，平。消水腫，除濕氣，補虛，令人強筋骨，壯健。黃牛肉，小溫。補益腰腳。日華子云：水牛肉，冷，微毒。黃牛肉，溫，微毒。主腰腳，大都食之發藥毒，動病，不如水牛也，惟酥乳佳。《心鏡》云：主水氣，大腹浮腫，小便澁少，牛肉一片，熟蒸，以薑、醋空心食。

牛屎：氣寒。《本經》云：主水腫惡氣，用塗門戶著壁者燔之，主鼠瘻惡瘡。《唐本》注云：屎，主霍亂，又主消渴，黃疸，水腫，腳氣，小便不通也。陳藏器云：屎，熱灰，傅灸瘡不差者。孟詵云：烏牛糞為上。又小兒夜啼，取乾牛糞如手大，安臥席下。

黃犍牛溺：味苦、辛，氣微溫，無毒。《本經》云：主水腫，腹脹腳滿，利小便。陳藏器云：《本經》朱字，不言黃牛、烏牛、水牛，但言牛。牛有數種，南人以水牛為牛，北人以黃牛、烏牛為牛。牛種既殊，入用亦別也。陶云：牯牛，亦犢牛為勝，水牛為可充食爾。孟詵云：黃牛，發藥動病，黑牛尤不可食。黑牛屎及尿，只入藥。

烏牯牛：《心鏡》云：烏犍牛尿，空心飲之，利小便。

牛乳：犢牛為佳。　味甘，微寒，無毒。《本經》云：補虛羸，止渴。《唐本》注云：水牛乳，造石蜜須之，言作酪濃厚，味勝犢，犢牛乳性平，生飲令人痢，熱飲令人口乾，微似溫也。孟詵云：牛乳，寒。患熱風人宜服之。日華子云：黃牛乳、髓，冷，潤皮膚，養心肺，解熱毒。陳藏器云：黃牛乳，生服痢人，下熱氣，冷補潤膚，止渴，和酥煎三五沸，食之去冷氣痃癖，羸瘦。凡服乳，必煮一二沸，停冷啜之，熱食即壅，不欲頓服，欲得漸消，與酸物相反，令人腹中結癥。凡以乳及溺屎去病，黑牛勝黃牛。《局》云：牛乳補虛仍止渴，若人冷氣不宜當。性溫益氣須羊乳，酪則通腸治口瘡。牛乳，補諸虛，益氣，通腸須求羊酪。

黃牛乳：陳藏器云：生服利人，下熱氣，冷補潤肌，止渴，和蒜煎三五沸食之。主冷氣痃癖，羸瘦。凡服乳，必煮一二沸，停冷啜之，熱食則(癰)〔壅〕，不欲頓服，欲得漸消。與酸物相反，令人腹中結癥。凡以乳及溺屎去

病者，黑牛強於黃牛。《秘要》云：補虛勞，大病後不足。

明・滕弘《神農本經會通》卷八　牛蹄　《唐本》注云：白牛懸蹄，主婦人崩中，漏赤白。孟詵云：頭蹄，下熱風。患冷人不可食。《心鏡》云：主水浮氣腫，腹肚脹滿，小便澀少，水牛蹄一隻，湯洗去毛，如食法，隔夜煮令爛熟，取汁作羹，蹄切，空心飽食。

牛腦：《唐本》注云：主消渴，風眩。

牛鼻：石鷰煮汁服，主消渴。牛五臟，主人五臟。

牛涎：日華子云：止反胃嘔吐，治噎，要取，即以水洗口後，鹽塗之，則涎吐出。

水牛尾：《心鏡》云：主水氣，大腹浮腫，小便澀少，將尾滌洗去毛，細切作脂腊，極熟喫之，煮食亦佳。

水牛皮：《心鏡》云：治證同前，爛煮熟蒸，切，於豉汁中食之。

明・劉文泰《本草品彙精要》卷二三　牛角鰓無毒。附髓、膽、心、脾、腎、齒、肉、屎、溺。

牛角鰓出《神農本經》：**主下閉血，瘀血，疼痛，女人帶下血。○髓，補中，填骨髓。久服增年。○膽，可丸藥。**以上朱字《神農本經》。水牛角，味苦，冷，無毒。療時氣，寒熱頭痛。○髓，味甘，溫，無毒。主安五臟，平三焦，溫骨髓，補中，續絕傷，益氣，止洩痢，消渴，以酒服之。○膽，味苦，大寒。除心腹熱渴，利口焦燥，益目精。○心，主虛忘。○肝，主明目。○腎，主補腎氣，益精。○齒，主小兒牛癇。○肉，味甘，平，無毒。主消渴，止啘泄，安中益氣，養脾胃，自死者不良。○屎，寒，主水腫，惡氣。用塗門戶著壁者燔之，主鼠瘻，惡瘡。○黃犍牛、烏牯牛溺，主水腫，腹脹，腳滿，利小便。以上黑字名醫所錄。〖地〗陳藏器云：《本經》不言黃牛、烏牛、水牛，但言牛。牛有數種，南人以水牛爲牛，北人以黃牛、烏牛爲牛。牛種既殊，入用亦別。故乳及溺、屎去病者，黑牛勝於黃牛也。孟詵云：牛者，稼穡之資，不多屠殺。自死者，血脈以絕，骨髓已竭而不堪食。黃牛發藥動病不如水牛也，惟酥乳佳。黑牛尤不可食，但其屎及尿宜入藥用。〖收〗取牛涎，以水洗口後鹽塗之，則重吐出，收用。〖用〗角鰓、心、肝、腎、肉、膽、齒、頭、蹄、尿、屎、鼻、牛莖、口中涎、口中齝草、髓、耳中垢、毛、鼻中木卷草卷。〖味〗黃牛角鰓，苦，甘。○沙牛角鰓，苦。〖性〗黃牛角鰓，澀。○沙牛角鰓，溫。〖氣〗味厚于氣，陰中之陽。〖臭〗腥。〖主〗消瘀血，止帶下。〖製〗燒灰用。〖治〗療：《圖經》曰：沙牛角鰓灰，塗乳上，令兒吮之，治飲乳不快，覺似喉痹者。○烏特牛溺，除腳氣，少腹脹，小便澀。○黃犍牛溺，下水腫。○屎燒灰，傅灸瘡。○口中涎，止反胃。○老牛涎沫，主噎。○口中齝丑之反草，絞汁服，止噦。《唐本》注云：鼻中木卷，治小兒癇。○草卷燒屑，傅小兒鼻下瘡。○耳中垢，塗蛇傷，惡蛓七吏切毒。○臍中毛，治小兒久不行。○白牛懸蹄，止婦人崩中，漏下，赤白。○屎，止霍亂。○屎中大豆，除小兒癇及婦人產難。○特牛莖，治婦人漏下赤白，無子。○腦，止消渴，除風眩。○齒，主小兒驚癇。○屎，止消渴，黃疸，水腫，腳氣，小便不通。《藥性論》云：黃牛角鰓，止婦人崩中，赤白帶下，及冷痢瀉血。○青牛膽，止消渴，利大小便。日華子云：水牛角煎，治熱毒風並壯熱。○角鰓燒焦，止腸風，瀉血痢，崩中，帶下，水瀉。○涎，止嘔吐。○黃牛骨髓，止吐血，鼻洪，崩中帶下，腸風瀉血並水瀉，燒灰用。陳藏器云：牛肉，消水腫，除濕氣。○黃牛、水牛角鰓灰，主赤白痢。孟詵云：烏牛乾糞，止小兒夜啼，取如手大，置臥席下，勿令母知，子母俱吉。○頭蹄，下風熱。《衍義》曰：白水牛鼻，治偏風口喎斜，以火炙熱，於不患處一邊熨之，漸正。《別錄》云：牛鼻作羹，婦人空心食之，乳汁即下。○烏牛耳中垢，傅疳蟲蝕鼻生瘡。補：陳藏器云：黃牛肉，補虛，令人強筋骨，壯健，益腰腳。〖合治〗沙牛角鰓燒灰，合酒服，療喉痹腫塞欲死者。○黃牛膽合天南星末，消痰除風。○黑牛髓合地黃汁、白蜜作煎服，治瘦病。○臘月牯牛膽入黑豆浸百日，每夜服二七粒，鎮肝明目。○肝合腹內百葉生，薑、醋食之，療熱氣，水氣，丹毒，壓丹石發熱，解酒勞。○鼻合石鷰煮汁服，療消渴。〖禁〗牛自死者，發痼疾，痃癖，令人成疰病。頭蹄，患冷疾人不可食。獨肝者，有大毒，食之，痢血至死。北人牛瘦，多以蛇從鼻灌之則爲獨肝也。水牛則無之。〖忌〗青牛腸不可共犬肉、犬血食，令人成病。

牛乳無毒。牛乳，主補虛羸，止渴。名醫所錄。〖地〗《唐本》注云：犛牛、水牛南北皆有之。犛牛乳爲佳而不用新飲者。水牛乳，造石蜜須用之，及作酪濃厚，味勝於犛牛也。〖時〗生：無時。採：無時。〖收〗瓷器收貯。〖色〗白。〖味〗甘。〖性〗微寒。〖氣〗氣之薄者，陽中之陰。〖臭〗膻。〖主〗止渴，潤燥。〖製〗凡使，乳必煮一二沸，停冷啜之，熱食

即瘥。〔治〕療：日華子云：黃牛乳髓，潤皮膚，養心肺，解熱毒。陳藏器云：下熱氣，止渴。《別錄》云：除胃中熱，心脾中熱，下焦虛冷，小便多，漸羸瘦。補：《別錄》云：補虛羸。〔合治〕合酥煎數沸，待冷服，去冷氣，痃癖，羸瘦。○合薑汁，銀石器中煎數沸服，治小兒煩熱穢。〔禁〕熱飲，令人口乾。患冷氣人不宜服之。榛牛乳生飲，令人利。〔忌〕與生魚食之則作瘕，與酸物同食令人腹中結癥。〔解〕熱毒。

明・盧和、汪穎《食物本草》卷三獸類　水牛　肉，味甘，平，無毒。一云：冷，微毒。止消渴并吐洩，安中益氣，養脾胃。心，主虛忘。肝，主明目。腎，主補腎氣，益精。齒，主小兒牛癇。髓，味甘，溫。主安五臟，平三焦，溫骨髓，補中，續絕傷，益氣，止洩痢消渴，以酒服之良。角，療時氣寒熱，頭痛。牛角䚡，味苦，氣溫，性澁，無毒。下閉血，瘀血疼痛，女人帶下，血崩不止。膽，味苦，氣大寒，可丸藥。又除心腹熱，渴利，口焦燥，益目精。屎，寒，主水腫惡氣。用塗門戶著壁上者燔之，主鼠瘻惡瘡。

犍牛：黃者，肉平。一云：溫，無毒。一云：微毒。消水腫，除濕氣，補虛損，益腰腳，強筋骨，壯健人。亦發藥動病，黑者尤甚，俱不如水牛佳。頭蹄，主下熱風水氣，大腹腫，小便澁，患冷人勿食。腦，主消渴風眩。肝及百葉，主熱氣，水氣，丹毒，解酒勞并痢。五臟，主五臟，平三焦。骨髓，溫，無毒。止吐衄，崩中帶下，腸風下血并水瀉。肚，主消渴，風痃，補五臟。腎，補腎髓，安五臟，平三焦，溫中。鼻，通乳汁。莖，主漏下，婦人赤白帶下，無子。牝牛不及牡牛，黑牛不及黃牛。獨肝及自死者并瘧病後皆不可食，又不可與黍米、韭、薤同食。

明・許希周《藥性粗評》卷四　血崩望牛角之䚡。

牛角䚡，牛角中骨也。黃牛與沙牛者入藥，燒成灰為末聽用。味苦、甘，性溫，無毒。主治婦人血崩，赤白帶下，閉血瘀血，冷痢瀉血。皆以灰末，溫酒調服每服一錢匕。牛身諸物，皆可入藥。○髓，味甘，性溫。酒服以補中填骨〔髓〕。○膽，味苦，性寒。陰乾。以除內熱目昏。臘月牯牛膽，盛黑豆不拘多少，陰乾一百日後，開取，夜臥時吞下，二七日鎮肝明目。○腎主益精。○肉堪養胃。一倒倉法：治腹中諸積百病，載在東垣、丹溪等書，不可不知。○屎溺俱寒，以消水腫腳氣。○乳酥俱溫，以補內損久虛。○腎以暖腰。○牙以固齒。耳珠先生固齒法：牛齒三十枚，入瓶中，固濟，入火煅令通赤，取出，細研為末，每服二錢，水一盞，煎熱，候稍溫，含浸其齒，冷即吐之，(末)〔永〕主堅牢。或有損動者，以末擦之亦好。其餘雜方甚多，不可具述。

明・鄭寧《藥性要略大全》卷一〇　牛膽　味苦，性大寒。除心腹熱渴口燥，益目精。○臘月取膽，入天南星末，連膽汁置當風處踰月，取合涼風丸。　牛乳：補諸虛羸，止渴通腸。陳藏器云：患熱風人宜服。患冷人勿服。《經史證類》云：潤皮膚，養心肺，解熱毒。味甘，微寒，無毒。○又云：生飲令人痢，熟飲令人口乾。則熱者似性微溫。　牛髓：補中填骨髓，久服增年，安五臟，平三焦，續絕傷，止瀉痢、消渴。酒服之。味甘，性溫。無毒。煎服治瘦病。　牛肉：味甘，平，無毒。止消渴、吐瀉，安中益氣，養脾胃。○自死者有大毒。　牛屎：寒。主水腫。塗門，辟惡氣。　牛腎：補腎益精。○牛肝：明目。醋煮食，治瘦。○牛心：主虛忘。○牛齒：主治小兒牛癇。　黃牛角䚡臣：治血崩，止便血，攻冷痢、瀉血不止，赤白帶下。燒服。　沙牛角䚡：治崩漏帶下，下瘀血，血閉疼痛。味苦，無毒。燒服。　水牛角䚡：味苦，平，性冷，無毒。治時氣寒熱，頭痛。　七潭云：大概角䚡以其性澁為主。其曰止血，固其宜也。其曰消瘀血，則曰吾斯之未能信。

明・鄭寧《藥性要略大全》卷一〇　牯牛尿　主水腫腹脹腳滿，利水道、小便。味苦、辛，微溫。又云：寒，無毒。　犢子臍中屎：治九竅出血。

明・寧源《食鑒本草》卷上　牛肉　味甘，平，無毒。安中，益氣力，養脾胃，止吐洩，療消渴。　肝：味甘，涼。能明目，平肝氣。　肚：味甘，平。和中，益脾胃。　膽：味苦，寒。除心腹邪熱，煩渴，治口舌焦燥，益目精。　黃：治大人小兒驚癇、搐搦煩熱之疾。清心化熱，利痰涼驚。

明・王文潔《太乙仙製本草藥性大全》卷七《本草精義》　牛角䚡　《本經》不言黃牛、烏牛、水牛，但言牛。牛有數種，南人以水牛爲牛，北人以黃牛、烏牛爲牛，牛種既殊，入用亦別也。亦榛牛爲勝，青牛最良，水牛爲可充食爾。自死謂疫死，肉多毒。青牛腸不可共犬、犬血食之，令人成病也。牛者，稼穡之資，不多屠殺，自死者血脉已絕，骨髓已竭，不堪食。黃牛、青牛發藥動病，黑牛又不可食。凡牛之入藥者，水牛、榛牛、黃牛，取乳及造酥酪醍醐等。然性亦不同，水牛乳涼，榛牛乳溫，其肉皆寒也。黃牛乳生服利人，下

熱氣，冷補潤肌止渴，和蒜煎三五沸食之，主足氣痃癖羸瘦。凡服乳必（主）〔煮〕一二沸，停冷啜之，熱食則壅，不欲頓服，欲得漸消，與酸物相反，令人腹中結癥。凡以乳及溺屎去病者，黑牛強於黃牛，酥堪合諸膏。摩風腫踠跌血瘀，醍醐更佳，性滑，以物盛之皆透，惟雞子殼、葫蘆盛之不出。又有底野迦，是西戎人用諸膽合和作之，狀似久壞丸藥，赤黑色，今南海或有之。牛角䚡用水牛、黃牛，久在糞土中爛白者，主赤白下，燒灰末服之。角䚡燒燋，治腸風瀉血痢、崩中帶下，水瀉。涎，止反胃嘔吐，治噎。要取即以水洗口後，鹽塗之則重吐出。牛肉，平，消水腫，除濕氣，補虛，令人強筋骨壯健。鼻和石燕煮汁服，主消渴。水牛肉冷，微毒。黃牛肉溫，微毒，益腰腳，大都食之發藥毒動病，不如水牛也。獨肝者有大毒，肝和腹肉食之，痢血至死。北人牛瘦，多以蛇從鼻灌之，則爲獨肝也，水牛則無之。已前二色牛肉自死者，發痼疾痃癖，令人成疰病。落崖死者良。若中年壯盛者食之良。又宰之尚不堪食，非論自死者。其牛肉取三斤，爛切，將啖解槽咬人惡馬，只兩啖後頗甚馴良，若三五頓後，其馬獰狆不堪騎。十二月勿食，傷神。腦，主消渴風痃。齒，主小兒驚癇。屎，主消渴，黃疸水腫腳氣，小便不通也。口中涎主反胃。又取老牛涎沫如棗核大，置水中，服之終身不噎。口中齝丑之反草取汁服，止噦。水牛蹄一隻，湯洗去毛，如食法，隔夜煮令爛熟，取汁作羹，蹄切，空心飽食。又主水氣，大腹浮腫，小便澁少。水牛尾滌洗去毛，細切作腤腊，極熱喫之，煮食亦佳。又牛肉一斤，熟蒸，以薑醋，空心食。水牛皮爛煮熟蒸切，於豉汁中食之。又烏犍牛尿半升，空心飲之利小便。又牛盛熱時卒死，其腦食之生腸癰。

犢子臍屎　主卒九竅出血，燒末服之方寸〔匕〕。新生未食草者預取之，黃犢爲上。姚氏方云：　人有九竅四肢，四肢間血出乃是暴驚所爲，取新生犢子未食草者臍屎，日乾燒末，水服方寸〔匕〕，日四五頓差。人去口鼻出血亦良。

明·王文潔《太乙仙製本草藥性大全》卷七《仙製藥性》　牛角䚡臣　味苦，甘，性澁，又云氣溫，無毒。　主治：　治閉血瘀血作疼，血崩亦治。　除赤帶白帶下漏，冷痢兼除。　吐衄諸般用之總效。　補註：　主鼠奶痔，牛角䚡燒作灰末，空心酒服方寸〔匕〕。〇喉痹，燒牛角末，酒服方寸〔匕〕。〇婦人血崩，大便血及冷痢，用角燒爲黑灰，微存性，酒服下。　水牛角：　味苦，氣平，又云氣冷，無毒。　主治：　療時氣寒熱效方，主時疫頭痛良劑。　補註：　治血氣逆，心煩悶滿，心痛，燒水牛角末，酒浸方寸〔匕〕服。　沙牛角：　味苦，氣溫，無毒。　主治：　主下閉瘀血如神，治喉痹腫塞大妙。　補註：　治冷痢，以角胎燒灰，粥飲調下兩錢差。〇主下閉血瘀，女子帶下，並燒灰，酒服。〇喉痹腫塞欲死者，取沙牛角，燒刮取灰，細篩和酒服棗許大，水調。〇小兒飲乳不快，覺似喉痹者，亦取此灰塗乳上，嚥下即差。　牛髓：　味甘，氣溫，無毒。　主治：　安五臟如神，平三焦捷秘。溫骨髓補中，止消渴洩痢。久服增年，續絕益氣。　補註：　治白赤帶下，牛角䚡燒令煙斷，附子以鹽水浸泡七度，去皮，右件等分，搗羅爲末，每空心酒下二錢。〇治瘦病，黑牛髓和地黃汁、白蜜等分作煎服。　牛骨髓：　治吐血鼻衄有效，止崩中帶下尤良。腸風下血服之如神，水洩瀉痢用之愈妙。　牛膽：　味苦，氣大寒，無毒。　青牛膽君：　主治：　治疳濕，除心腹熱渴奇捷；　益睛眸，滋口唇焦燥神靈。　補註：　消渴，利大小腸，臘月牯牛膽中盛黑豆一百粒，後一百日開取，食後、夜間吞二七枚，鎮肝明目，黑豆盛不計多少。〇明目及疳濕，以釀槐子服之彌佳。〇牛膽以丸藥，今方臘日取其汁，和天南星末却內皮中，放當風處踰月，取以合凉風丸，殊有奇效。〇痔漏瘡，用力健牛兒膽、蝟膽各一個，用膩粉五十文，麝香二十文，將蝟膽攙粉、麝香和匀，入牛膽內，懸於檐前四十九日，熟旋取爲丸如大麥，用紙撚送入瘡內後，追出惡物是驗。瘡口漸合，以生麵蓋瘡內一遍，出惡物。　牛鼻：　炙理口眼喎斜，貼好邊牽正。斜左貼右，斜右貼左。作羹調乳汁短少，吞天曉潤通。　補註：　治偏風口喎斜，以火炙鼻令熱，於不患處一邊熨之漸正。　水牛鼻：　乾濕皆可用。　主治：　主消渴，鼻和石燕煮汁服之良。婦人無乳汁，即取牛鼻作羹，空心食，不過三兩日，汁下無限。　牛鼻卷：　木卷療小兒風癇，草卷燒主兒鼻下瘡。　牛心：　專主虛忘。　牛肺：　大止欬逆。　牛腎：　補腎氣而益精。　牛肝：　助肝血而明目，治痢。　牛齒：　主小兒牛癇，又能固齒。　補註：　固牙齒法良，殺牛齒三十枚，固濟瓶中，敖令通赤，取細研爲末，水一盞，末二錢，煎令熱，含浸牙齒，冷即吐却，永堅牢，或有損動者，末揩之。　牛肉：　黃牛味甘，氣平，又云微溫，無毒。水牛，氣冷，微毒。　主治：　主消渴仙方，止啘洩妙劑。助胃養脾，安中益氣。熱毒壯熱能祛，水腫濕氣即去。強筋骨而力壯健，養肌肉而補腰膝。　補註：　治傷寒時氣，毒

攻手足腫疼痛，刀斷牛肉裹腫處止。　小腸、大腸、廣腸並厚各腸：　除腸風痔漏。　血脾、百葉、草賭：　俱健脾胃，免飲積。　補註：　治痔，臘月牛脾一具，熟食之盡差，勿與鹽、醬，未差再作。○百葉作生，薑、醋食之，主熱氣、水氣、丹毒，壓丹石發熱，解酒勞。　五臟，主人五臟。○肚，主消渴，風眩，補五臟，以醋煮食之甚佳。　牛莖：　塞帶漏，結胎。　牛腦：　却風癇止渴。

牛乳：　味甘，氣微寒，無毒。　主治：　補虛羸而養心肺，潤皮膚而解熱毒。止渴效方，熱風宜服。　補註：　主小兒煩熱噦方：　以牛乳二合，薑汁一合，銀器中慢火煎過五六沸，一歲兒飲半合，量兒大小加減服。○主消渴口乾，牛乳微寒，補虛羸。○消渴，心脾中熱，下焦虛冷，小便多，漸羸瘦，生牛乳，渴即飲二三四合。○大病後不足，病虛勞，補虛，取七歲已下五歲已上黃牛乳一升，水四升，煎取一升，如人飢，稍稍飲，不得多，十日服必佳。　乳腐：　即乳餅。利十二經脉，通大小便難。　牛酥：　味甘，氣涼，又云微寒，無毒。　主治：　補五臟利腸胃大效，益心肺止渴嗽如神。　摩風腫踠跌血瘀，潤毛髮口瘡立祛。　除肺痿有準，止吐血尤靈。　補註：　主惡蟲咬，以酥和鹽傅之。○主蜂螫人，以酥傅之差。　牛酪：　味甘、酸，氣寒，無毒。患痢人不可食。　主治：　主熱毒，解散發利；　止煩渴，心膈熱痛。　除胸中虛熱胃熱，去身面熱瘡肌瘡。　補註：　療蚰蜒入耳，以牛酪灌耳中即出。　又若入腹，即飲酪二升，自消爲黃水。○濕酪止渴，味酸寒，無毒。　主馬黑汗，和水灌之，差爲度。　乾酪強於濕酪，牛者爲上。○療丹癮疹，以酪和鹽熱煮，以摩之，手下消。　醍醐：　味甘，氣平，無毒。　主治：　主驚悸心熱頭疼，治風邪氣痹潤骨髓。可爲摩藥，明眼目傅腦頂心。　補註：　中風煩熱，皮膚瘙痒，用醍醐四兩，每服酒調下半匙。○一切肺病咳嗽膿血不止，好酥五斤，熔三遍，停取凝，當出醍醐，服一合差。○主補虛，去風濕痹，醍醐二大兩，暖酒一杯，和醍醐一匙服之。　太乙曰：　是酪之漿。　凡用以綿重濾過，於銅器中沸三兩沸了用。　牛懸蹄：　去一切熱風，止赤白〔渴〕〔帶〕下。　牛血：　補身血枯涸。　牛耳中垢：　可敷蛇傷，亦主癰腫鼻瘡尤良。　補註：　主疳蟲蝕鼻生瘡，取烏牛耳中垢傅之良。○癰腫未成膿，取牛耳中垢封之，愈。○毒蛇螫人，牛耳中垢傅之良。○治淋，取牛耳中毛燒取半錢，水服差。　牛口中涎：　專主翻胃，小兒不能行步。　牛臍中毛：　主小兒久不行，白亦可煎嘗。　口中齝草：　絞汁，喉中噎，服之佳。　黃犍牛溺：　味苦、辛，氣微溫，無毒。　主治：　飲消水腫如神，從尿管利出。　補註：　久患氣脹，烏牛尿空心溫服一升，日一服，氣散則止。○風毒脚氣，若脛已滿，捻之沒指，但勤飲烏犍牛尿二三升，使小便利漸漸〔消〕，當以銅器取新者爲佳。　純黃者亦可用。　牛屎：　氣寒，無毒。　主治：　屎燔，塗鼠瘻最驗，愈灸瘡尤靈。　黃犢臍屎：　檢來燒擂細末，暴驚九竅出血，水服立差。

補註：　治上吐下痢者，爲霍亂，黃牛屎半升，水一二升，煮三兩沸，和牛屎濾過，服汁半升則止，牛子屎亦得。○五色丹名遊腫，若犯多致死，不可輕之，以屎傅之，乾即易。○癥癖及鼓脹滿，黑牛屎一升，微火煎如稠糖，空心飲服一大棗許，當轉病出，隔日更服之。○卒陰腎痛，燒牛屎末，酒和傅之，乾即易。○水病初得危急，烏牛尿每服一合差。○霍亂吐痢不止，心煩，四肢遂冷。　黃牛屎一升，水二升，煎取一升，以綿濾過去滓，頻服。○水腫，小便澁，黃牛屎，飲一升，日至夜小便澁利差小者，從少起勿食鹽。○主癰發之處，取牛屎燒灰，以雞子白和傅之，乾即易。○卒得淋，取牛尾燒灰，水服半錢差。○治鼠瘻，腫核痛，若已有瘡口，膿血出者，以熱屎傅之，日三。○湯火燒灼瘡，單傅濕屎，立痛止，常日用良。○小兒白禿瘡，頭上瘡，團團白色，以牛屎傅之。○主難產，牛糞中大豆一枚，擘作兩片，一片書父，一片書子，却令以少水吞之立産。

明・皇甫嵩《本草發明》卷六　牛膽，苦，寒。　實南星，善治風痰，名膽星。　烏牛膽滋口唇焦燥，除心腹熱渴。　以釀槐子服之，益睛眸，烏鬚更佳。○肉，味甘，平。　主消渴，止啘洩，安中益氣，養脾胃，養肌，發生中氣。○肝，助肝明目。　獨肝殺人。　肝和百葉作生，薑、醋食之。　主熱氣水氣，丹毒，壓丹石發熱，解酒勞。○血、脾、百葉、草賭，具健脾胃，免飲食積傷。○腎，補腎精。○心，主虛忘。○肺，主益欬逆。○血，補身血枯涸。○腦，却風癇止渴。○凡諸腸，並厚各腸，又除腸風痔漏。○牛鼻，炙，理口眼喎斜，左患貼右，右患〔貼〕左。　作羹通乳汁。　和石鷰煮汁服，主消渴。

水牛角，味苦，冷。　味苦，冷。　療時疫暴熱，頭疼。○牛角䚡，係角杪尖，燒灰存性，擂細，酒調下。　治血閉瘀血作疼，血崩赤白帶下漏，冷痢，吐衄。○牛髓，味甘，溫。　益氣，補骨髓，禁洩痢，止消渴。　和地黃、白蜜為膏，平三焦，安五臟，治瘦怯，補中續絕。　酒服亦妙。○白牛懸蹄，去一切熱氣，赤白漏下。○牛莖，塞帶漏風，結胎。○口中涎，和杵頭糠，主反胃。　口中齝草，絞汁，療

(堠)〔喉〕中噎。○鼻中木拳和草拳，燒灰，敷小兒鼻下瘡。○耳中垢，可敷蛇傷。○臍中毛，煎之，主小兒不能行步。○黄犍牛、烏牯牛溺，飲消水腫腹脹，從尿管中利出。○屎，燒，塗鼠瘻及灸瘡。○黄牛屎，急驅之迫出，乘熱塗產婦腹上，主胎死腹中者，即速下。○黄犢臍屎，燒為末，水服，止暴驚，九竅血出。○屎中大豆，主小兒癇，婦人難產。

明・李時珍《本草綱目》卷五〇獸部・畜類

牛《本經》中品。校正：《別録》上品牛乳，《拾遺》犢臍屎，今併爲一。

〔釋名〕時珍曰：按許慎云：牛，件也。牛爲大牲，可以件事分理也。其文象角頭三封及尾之形。《周禮》謂之大牢。牢乃豢畜之室，牛牢大，羊牢小，故皆得牢名。《內則》謂之一元大武。元，頭也。武，足迹也。牛肥則迹大。猶《史記》稱牛爲四蹄，今人稱牛爲一頭之義。梵書謂之瞿摩帝。○牛之牡者曰牯，曰特，曰犅，曰犒；牝者曰㸬，曰牸。南牛曰犑，北牛曰榛。純色曰犧，黑曰犉，白曰㸲，赤曰㹇，駁曰犁。去勢曰犍，又曰犗。無角曰牠。子曰犢，生二歲曰犋，三歲曰犙，四歲曰牭，五歲曰㸳，六歲曰犕。

〔集解〕藏器曰：牛有數種，《本經》不言黄牛、烏牛、水牛，但言牛爾。南人以水牛爲牛，北人以黄牛、烏牛爲牛。牛種既殊，入用當别。時珍曰：牛有榛牛、水牛二種。榛牛小而水牛大。榛牛有黄、黑、赤、白、駁雜數色。水牛色青蒼，大腹鋭頭，其狀類猪，角若擔矛，能與虎鬭，亦有白色者，鬱林人謂之州留牛。又廣南有㹁牛，即果下牛，形最卑小，《爾雅》謂之犤牛，《王會篇》謂之紈牛是也。牛齒有下無上，察其齒而知其年，三歲二齒，四歲四齒，五歲六齒，六歲以後，每年接脊骨一節也。牛耳聾，其聽以鼻。牛瞳豎而不横。其聲曰牟，項垂曰胡，蹄肉曰衛，百葉曰膍，角胎曰腮，鼻木曰拳，嚼草復出曰齝，腹草未化曰聖齏。牛在畜屬土，在卦屬坤，土緩而和，其性順也。《造化權輿》云：乾陽爲馬，坤陰爲牛，故馬蹄圓，牛蹄坼。馬病則卧，陰勝也；牛病則立，陽勝也。馬起先前足，卧先後足，從陽也；牛起先後足，卧先前足，從陰也。獨以乾健坤順爲説，蓋知其一而已。

黄牛肉〔氣味〕甘，温，無毒。弘景曰：榛牛惟勝，青牛爲良，水牛惟可充食。日華曰：黄牛肉微毒，食之發藥毒動病，不如水牛。詵曰：黄牛動病，黑牛尤不可食。牛者稼穡之資，不可多殺。若自死者，血脈已絶，骨髓已竭，不可食之。藏器曰：牛病死者，發痼疾痃癖，令人洞下疰病。黑牛白頭者不可食。獨肝者有大毒，令人痢血至死。北人牛瘦，多以蛇從鼻灌之，故肝獨也。水牛則無之。時珍曰：張仲景云：啖蛇牛，毛髮白而後順者是也。人乳可解其毒。《內則》云：牛夜鳴則痼，臭不可食。病死者有大毒，令人生疔暴亡。《食經》云：牛自死、白首者食之殺人。疥牛食之發痒。黄牛、水牛肉，合猪肉及黍米酒食，並生寸白蟲；合韭、薤食，令人熱病；合生薑食，損齒。煮牛肉，入杏仁、蘆葉易爛，相宜。詵曰：惡馬食牛肉即馴，亦物性也。〔主治〕安中益氣，養脾胃《别録》。補益腰脚，止消渴及唾涎孫思邈。

〔發明〕時珍曰：韓悉言：牛肉補氣，與黄耆同功。觀丹溪朱氏倒倉法論而引申觸類，則牛之補土，可心解矣。今天下日用之物，雖嚴法不能禁，亦因肉甘而補，皮角有用也。朱震亨《倒倉論》曰：腸胃爲積穀之室，故謂之倉。倒者，推陳以致新也。胃屬土，受物而不能自運。七情五味，有傷中宫，停痰積血，互相纏糾。發爲癱瘓，爲勞瘵，爲蠱脹，成形成質，爲窠爲臼，以生百病而中宫愆和，自非丸散所能去也。此方出自西域異人。其法：用黄肥牡牛肉二十斤，長流水煮成糜，去滓濾取液，再熬成琥珀色收之。每飲一鍾，隨飲至數十鍾，寒月温飲。病在上則令吐，在下則令利，在中則令吐而利，在人活變。吐利後渴，即服其小便一二碗，亦可蕩滌餘垢。睡二日，乃食淡粥。養半月，即精神强健，沉痾悉亡也。須五年忌牛肉。蓋牛，坤土也。黄，土色也。以順德配乾牡之用也。肉者胃之藥也，熟而爲液，無形之物也。故能由腸胃而透肌膚，毛竅爪甲，無所不到。在表者因吐而得汗，在清道者自吐而去，在濁道者自利而除。有如洪水泛漲，陳莝順流而去，盎然涣然，潤澤枯槁，而有精爽之樂也。王綸云：牛肉本補脾胃之物，非吐下藥也，特飲之既滿而溢爾。借補爲瀉，故病去而胃得補，亦奇法也。但病非腸胃者，似難施之。

〔附方〕新五。

小刀圭：韓飛霞曰：凡一切虚病，皆可服之。用小牛犢兒未交感者一隻，臘月初八日或戊己日殺之，去血燖毛洗净，同臟腑不遺分寸，大銅鍋煮之。每十斤，入黄耆十兩，人參四兩，茯苓六兩，官桂、良薑各五錢，陳皮三兩，甘草、蜀椒各二兩，食鹽二兩，淳酒二斗同煮，水以八分爲率，文火煮至如泥，其骨皆搥碎，並濾取稠汁。待冷以甕盛之，埋於土內，露出甕面。凡飲食中，皆任意食之，或以酒調服更妙。肥犬及鹿，皆可依此法作之。

返本丸：補諸虚百損。用黄犍牛肉去筋膜切片，河水洗數遍，仍浸一夜，次日再洗三遍，水清爲度。用無灰好酒同入罎內，重泥封固，桑柴文武火煮一晝夜，取出如黄沙爲佳，焦黑無用，焙乾爲末聽用。山藥鹽炒過、蓮肉去心鹽炒過，並去鹽，白茯苓、小茴香炒各四兩，爲末。每牛肉半斤，入藥末一斤，以紅棗蒸熟去皮和搗，丸梧子大。每空心酒下五十丸，日三服。《乾坤生意》。

腹中痞積：牛肉四兩切片，以風化石灰一錢擦上，蒸熟食。常食痞積自下。《經驗秘方》。

腹中癖積：黄牛肉一斤，恒山三錢，同煮熟。食肉飲汁，癖必自消，甚效。《筆峰雜興》。

牛皮風癬：每五更炙牛肉一片食，以酒調輕粉敷之。《直指方》。

水牛肉〔氣味〕甘，平，無毒。日華曰：冷，微毒。○宜忌同黄牛。〔主治〕消渴，止啘泄，安中益氣，養脾胃《别録》。補虚壯健，强筋骨，消水腫，除濕氣藏器。

〔附方〕舊二，新一。

水腫尿澀：牛肉一斤熟蒸，以薑、醋空心食之。《心鏡》。

白

手足腫痛：傷寒時氣，毒攻手足，腫痛欲斷。牛肉裹之，腫消痛止。《范汪方》。

虎風痛：寒熱發歇，骨節微腫。用水牛肉脯一兩，炙黃，燕窠土、伏龍肝、飛羅麪各二兩，砒黃一錢，爲末。每以少許，新汲水和作彈丸大，於痛處摩之。痛止，即取藥拋於熱油鐺中。《聖惠》。

頭蹄水牛者良。　〔氣味〕凉。《食經》云：患冷人勿食蹄中巨筋。多食令人生肉刺。　〔主治〕下熱風孟詵。

〔附方〕舊一。　水腫：脹滿，小便澀者。用水牛蹄一具去毛，煮汁作羹，切食之。或以水牛尾〔一〕條，切作腊食。或煮食亦佳。《食醫心鏡》。

鼻水牛者良。　〔主治〕消渴，同石燕煮汁服藏器。治婦人無乳，作羹食之，不過兩日，乳下無限，氣壯人尤效孟詵。療口眼喎斜，不拘乾濕者，以火炙熱，於不患處〔一邊〕熨之，即漸（止）〔正〕宗奭。

皮水牛者良。　〔主治〕水氣浮腫、小便澀少。以皮蒸熟，切入豉汁食之《心鏡》。熬膠最良。詳阿膠。

乳　〔氣味〕甘，微寒，無毒。弘景曰：榛牛乳佳。恭曰：榛牛乳性平，生飲令人利，熱飲令人口乾，温可也。水牛乳作酪，濃厚勝榛牛，造石蜜須之。藏器曰：黑牛乳勝黄牛。凡服乳，必煮一二沸，停冷啜之，熱食即壅。不欲頓服，與酸物相反，令人腹中結癥，患冷氣人忌之。合生魚食，作瘕。時珍曰：凡取，以物撞之則易得。餘詳乳酪下。○制秦艽、不灰木。　〔主治〕補虛羸，止渴《别録》。養心肺，解熱毒，潤皮膚日華。冷補，下熱氣。和蒜煎沸食，去冷氣痃癖藏器。患熱風人宜食之孟詵。老人煮食有益。入薑、葱，止小兒吐乳，補勞思邈。治反胃熱噦，補益勞損，潤大腸，治氣痢，除疸黄，老人煮粥甚宜時珍。

〔發明〕震亨曰：反胃噎膈，大便燥結，宜牛、羊乳時時嚥之，並服四物湯爲上策。不可用人乳，人乳有飲食之毒、七情之火也。時珍曰：乳煎蓽茇，治痢有效。蓋一寒一熱，能和陰陽耳。按《獨異志》云：唐太宗苦氣痢，衆醫不效，下詔訪問。金吾長張寶藏曾困此疾，即具疏以乳煎蓽茇方上，服之立愈。宣下宰臣與五品官。魏徵難之，逾月不擬。上疾復發，復進之又平。因問左右曰：進方人有功，未見除授，何也？徵懼曰：未知文武二吏。上怒曰：治得宰相，不妨授三品，我豈不及汝耶？即命與三品文官，授鴻臚寺卿。其方用牛乳半斤，蓽茇三錢，同煎減半，空腹頓服。

〔附方〕舊三，新八。　風熱毒氣：煎過牛乳一升，生牛乳一升，和匀。空腹服之，日三服。《千金方》。　小兒熱噦：牛乳二合，薑汁一合，銀器文火煎五六沸，量兒與服之。　下虛消渴：心脾中熱，下焦虛冷，小便多者。牛羊乳，每飲三四合。《廣利方》。　病後虛弱：取七歲以下、五歲以上黄牛乳一升，水四升，煎取一升，稍稍飲，至十日止。《外臺》方。　補益勞損：《千金翼》崔尚書方：鍾乳粉一兩，袋盛，以牛乳一升，煎減三分之一，去袋飲乳，日三。○又方：白石英末三斤和黑豆，與十歲以上生犢牸牛食，每日與一兩。七日取牛乳，或熱服一升，或作粥食。其糞以種菜食。百無所忌，能潤臟腑，澤肌肉，令人壯健。　脚氣痹弱：牛乳五升，硫黄三兩，煎取三升，每服三合。羊乳亦可。或以牛乳五合，煎調硫黄末一兩服，取汗尤良。《肘後》。　肉人怪病：人頂生瘡五色，如櫻桃狀，破則自頂分裂，連皮剥脱至足，名曰肉人。常飲牛乳自消。夏子益《奇疾方》。　重舌出涎：特牛乳飲之。《聖惠》。　蚰蜒入耳：牛乳少少滴入即出。若入腹者，飲一二升即化爲水。《聖惠方》。　蜘蛛瘡毒：牛乳飲之良。《生生編》。

血　〔氣味〕鹹，平，無毒。　〔主治〕解毒利腸，治金瘡折傷垂死，又下水蛭。煮拌醋食，治血痢便血時珍。

〔發明〕時珍曰：按《元史》云：布智兒從太祖征回回，身中數矢，血流滿體，悶仆幾絶。太祖命取一牛剖其腹，納之牛腹中，浸熱血中，移時遂甦。又云：李庭從伯顔攻郢州，砲傷左脇，矢貫於胸，幾絶。伯顔命剖水牛腹納其中，良久而甦。何孟春云：予在職方時，問各邊將無知此術者，非讀《元史》弗知也。故書於此，以備緩急。

〔附方〕新一。　誤吞水蛭：腸痛黄瘦。牛血熱飲一二升，次早化猪脂一升飲之，即下出也。《肘後》。

脂黄牛者良，煉過用。　〔氣味〕甘，温，微毒。多食發痼疾、瘡瘍。《鑑源》云：牛脂軟銅。　〔主治〕諸瘡疥癬白秃，亦入面脂時珍。

〔附方〕新五。　消渴不止：栝樓根煎：用生栝樓根切十斤，以水三斗，煮至一斗，濾净，入煉净黄牛脂一合，慢火熬成膏，瓶收。每酒服一杯，日三。《總録》。　腋下胡臭：牛脂和胡粉塗之，三度永瘥。姚氏。　食物入鼻：介介作痛不出。用牛脂一棗大，納鼻中吸入，脂消則物隨出也。《外臺》。　走精黄病：面目俱黄，多睡，舌紫，甚面裂，若爪甲黑者死。用豉半兩，牛脂一兩，煎過，綿裹烙舌，去黑皮一重，濃煎豉飲之。《三十六黄方》。

髓黑牛、黄牛、牶牛者良，煉過用。　〔氣味〕甘，温，無毒。　〔主治〕補中，填骨髓。久服增年《本經》。安五臟，平三焦，續絶傷，益氣力，止泄利，去消渴，皆以清酒暖服之《别録》。平胃氣，通十二經脈思邈。治瘦病，以黑牛髓、地黄汁、白蜜等分，煎服孟詵。潤肺補腎，澤肌悦面，理折傷，擦損痛，甚妙時珍。

〔附方〕新三。　補精潤肺：壯陽助胃。用煉牛髓四兩，胡桃肉四兩，杏仁泥四兩，山藥末半斤，煉蜜一斤，同搗成膏，以瓶盛湯煮一日。每服一匙，空心服之。《瑞竹方》。　勞損風濕：陸杭膏：用牛髓、羊脂各二升，白蜜、薑汁、酥各三升，煎三上三下，令成

膏。隨意以温酒和服之。《經心録》。　手足皴裂：牛髓敷之。

腦水牛、黄牛者良。〔氣味〕甘，温，微毒。《心鏡》曰：牛熱病死者，勿食其腦，令生腸癰。〔主治〕風眩消渴蘇恭。脾積痞氣。潤皴裂，入面脂用時珍。

〔附方〕新四。　吐血咯血：五勞七傷。用水牛腦一枚，塗紙上陰乾。杏仁煮去皮、胡桃仁、白蜜各一斤，香油四兩，同熬乾爲末。每空心燒酒服二錢匕。《乾坤秘韞》。　偏正頭風：不拘遠近，諸藥不效者，如神。用白芷、芎藭各三錢，爲細末。以黄牛腦子搽末在上，瓷器内加酒頓熟，乘熱食之，盡量一醉。醒則其病如失，甚驗。《保壽堂方》。　脾積痞氣：牛腦丸：治男婦脾積痞病，大有神效。黄犎牛腦子一個，去皮筋，擂爛，皮硝末一斤，蒸餅六個，曬研，和勻，糊丸梧子大。每服三十丸，空心好酒下，日三服。百日有驗。《聖濟總録》。　氣積成塊：牛腦散：用牛腦子一個，去筋，雄鷄肫一個，連黄，並以好酒浸一宿，擣爛，入木香、沉香、砂仁各三兩，皮硝一碗，杵千下，入生銅鍋内，文武火焙乾爲末，入輕粉三錢，令勻。每服二錢，空心燒酒服，日三服。同上。

心已下黄牛者良。〔主治〕虚忘，補心《別録》。

脾〔主治〕補脾藏器。臘月淡煮，日食一度，治痔瘻。和朴硝作脯食，消痞塊時珍。○出《千金》《醫通》。

肺已下水牛者良。〔主治〕補肺藏器。

肝〔主治〕補肝，明目《別録》。治瘧及痢，醋煮食之孟詵。婦人陰䘌，納之引蟲時珍。

腎〔主治〕補腎氣，益精《別録》。治濕痹孫思邈。

胃黄牛、水牛俱良。〔氣味〕甘，温，無毒。弘景曰：青牛腸胃，合犬肉、犬血食，病人。〔主治〕消渴風眩，補五臟，醋煮食之詵。補中益氣，解毒，養脾胃時珍。

〔附方〕新一。　啖蛇牛毒：牛肚細切，水一斗，煮一升服，取汗即瘥。《金匱要略》。

膍一名百葉。時珍曰：膍音毗，言其有比列也。牛羊食百草，與他獸異也。故其胃有膍，有胘，有蜂窠，亦與他獸異也。胘即胃之厚處。〔主治〕熱氣水氣，治痢，解酒毒藥毒、丹石毒發熱，同肝作生，以薑、醋食之藏器。

膽臘月黄牛、青牛者良。弘景曰：膽原附黄條中，今拔出於此，以類相從耳。〔氣味〕苦，大寒，無毒。〔主治〕可丸藥《本經》。除心腹熱渴，止下痢及口焦燥，益目精《別録》。臘月釀槐子服，明目，治疳濕彌佳蘇恭。釀黑豆，百日後取出，每夜吞(一)〔二七〕枚，鎮肝明目《藥性》。釀南星末，陰乾，治驚風有奇功蘇頌。除黄殺蟲，治癰腫時珍。

〔發明〕時珍曰：《淮南子萬畢術》云：牛膽塗熱釜，釜即鳴。牛膽塗桂，莫知其誰。注云：能變亂人形。詳見本書。《岣嶁》云：蛙得牛膽則不鳴。此皆有所制也。

〔附方〕舊一，新二。　穀疸食黄：用牛膽汁一枚，苦參三兩，龍膽草一兩，爲末，和少蜜丸梧子大。每薑湯下五十丸。　男子陰冷：以食茱萸納牛膽中，百日令乾。每取二七枚，嚼納陰中，良久如火。《千金》。　痔瘻出水：用牛膽、猬膽各一枚，膩粉五十文，麝香二十文，以三味和勻，入牛膽中，懸四十九日取出，爲丸如大麥大。以紙撚送入瘡内，有惡物流出爲驗也。《經驗》。

胞衣

〔附方〕新一。　臁瘡不斂：牛胞衣一具，燒存性，研搽。《海上方》。

喉白水牛者良。〔主治〕小兒呷氣思邈。療反胃吐食，取一具去膜及兩頭，逐節以醋浸炙燥，燒存性，每服一錢，米飲下，神效。時珍。出《法天生意》。

〔發明〕時珍曰：牛喉嚨治呷氣、反胃，皆以類相從也。按《普濟方》云：反胃吐食，藥物不下，結腸三五日至七八日，大便不通，如此者必死。昔全州周禪師得正胃散方於異人，十痊八九，君子收之，可濟人命。用白水牛喉一條，去兩頭節並筋、膜、脂、肉，節節取下如阿膠黑片，收之。臨時旋炙，用米醋一盞浸之，微火炙乾淬之，再炙再淬，醋盡爲度。研末，厚紙包收。或遇陰濕時，微火烘之再收。遇此疾，每服一錢，食前陳米飲調下。輕者一服立效。

靨水牛者良。〔主治〕喉痹氣癭，古方多用之時珍。

齒〔主治〕小兒牛癇《外臺》。

〔發明〕時珍曰：六畜齒治六癇，皆比類之義也。耳珠先生有固牙法：用牛齒三十枚，瓶盛固濟，煅赤爲末。每以水一盞，末二錢，煎熱含漱，冷則吐去。有損動者，以末揩之。此亦以類從也。

牛角䚡〔釋名〕角胎時珍曰：此即角尖中堅骨也。牛之有䚡，如魚之有鰓，故名。胎者，言在角内也。藏器曰：水牛、黄犎牛者可用，餘皆不及。久在糞土爛白者，亦佳。

〔氣味〕苦，温，無毒。甄權曰：苦、甘。〔主治〕下閉血瘀血疼痛，女人帶下血。燔之酒服《本經》。燒灰，主赤白痢藏器。黄牛者燒之，主婦人血崩，大便下血，血痢宗奭。水牛者燒之，止婦人血崩，赤白帶下，冷痢瀉血，水泄《藥性》。治水腫時珍。○《千金》徐王酒用之。

〔發明〕時珍曰：牛角䚡，筋之粹，骨之餘，而䚡又角之精也。乃厥陰、少陰血分之藥，燒之則性澀，故止血痢、崩中諸病。

〔附方〕舊四，新二。 大腸冷痢：㸺牛角䚡燒灰，飲服二錢，日二次。 小兒滯下：㸺牛角胎燒灰，水服方寸匕。《千金》。 大便下血：黄牛角䚡一具，煅末，煮豉汁服二錢，日三，神效。《近效方》。 赤白帶下：牛角䚡燒令煙斷，附子以鹽水浸七度去皮，等分爲末，每空心酒服二錢匕。孫用和方。 鼠乳痔疾：牛角䚡燒灰，酒服方寸匕。《塞上方》。 蜂蠆螫瘡：牛角䚡燒灰，醋和傅之。《肘後方》。

角 〔氣味〕苦，寒，無毒。之才曰：平。 〔主治〕水牛者燔之，治時氣寒熱頭痛《别録》。煎汁，治熱毒風及壯熱日華。㸺牛者治喉痹腫塞欲死，燒灰，酒服一錢。小兒飲乳不快似喉痹者，取灰塗乳上，咽下即瘥蘇頌。〇出《崔元亮方》。治淋破血時珍。

〔附方〕舊二，新一。 石淋破血：牛角燒灰，酒服方寸匕，日五服。《總録》。 血上逆心：煩悶刺痛。水牛角燒末，酒服方寸匕。《子母秘録》。 赤秃髪落：牛角、羊角燒灰等分，猪脂調塗。《聖惠方》。

骨 〔氣味〕甘，温，無毒。 〔主治〕燒灰，治吐血鼻洪，崩中帶下，腸風瀉血，水瀉日華。治邪瘧。燒灰同猪脂，塗疳瘡蝕人口鼻，有效時珍。〇出《十便》。

〔發明〕時珍曰：東夷以牛骨占卜吉凶，無往不中。牛非含智之物，骨有先事之靈，宜其可入藥治病也。

〔附方〕新二。 鼻中生瘡：牛骨、狗骨燒灰，臘猪脂和敷。《千金》。 水穀痢疾：牛骨灰同六月六日麴炒等分爲末，飲服方寸匕，乃御傳方也。《張文仲方》。

蹄甲青牛者良。 〔主治〕婦人崩中，漏下赤白蘇恭。燒灰水服，治牛癇。和油，塗臁瘡。研末貼臍，止小兒夜啼時珍。〇出《集要》諸方。

〔附方〕新五。 卒魘不寤：以青牛蹄或馬蹄臨人頭上，即活。《肘後》。 損傷接骨：牛蹄甲一個，乳香、没藥各一錢爲末，入甲内燒灰，以黄米粉糊和成膏，敷之。《秘韞》。 牛皮風癬：牛蹄甲、驢糞各一兩，燒存性研末，油調，抓破敷之。五七日即愈。藺氏《經驗方》。 臁脛爛瘡：牛蹄甲燒灰，桐油和敷。《海上方》。 玉莖生瘡：牛蹄甲燒灰，油調敷之。《奚囊》。

陰莖黄牛、烏牛、水牛並良。 〔主治〕婦人漏下赤白，無子蘇恭。

牯牛卵囊 〔主治〕疝氣。一具煮爛，入小茴香，鹽少許拌食吴球。

毛 〔主治〕臍毛，治小兒久不行蘇恭。耳毛、尾毛、陰毛，並主通淋閉時珍。

〔發明〕時珍曰：古方牛耳毛、陰毛、尾毛，治淋多用之，豈以牛性順而毛性下行耶？又治瘧病，蓋禳之之義耳。

〔附方〕舊一，新二。 卒患淋疾：牛耳中毛燒取半錢，水服。尾毛亦可。《集驗方》。 小兒石淋：特牛陰頭毛燒灰，漿水服一刀圭，日再。《張文仲方》。 邪氣瘧疾：《外臺》用牛尾燒末，酒服方寸匕，日三服。〇一用牯牛陰毛七根，黄荆葉七片，縛内關上，亦效。

口涎日華曰：以水洗老牛口，用鹽塗之，少頃即出。或以荷葉包牛口使耕，力乏涎出，取之。 〔主治〕反胃嘔吐日華。水服二匙，終身不噎思邈。吮小兒，治客忤。灌一合，治小兒霍亂。入鹽少許，頓服一盞，治喉閉口噤時珍。〇出《外臺》、胡居士方。

〔附方〕新七。 噎膈反胃：《集成》用糯米末，以牛涎拌作小丸，煮熟食。〇《危氏得效》香牛飲：用牛涎一盞，入麝香少許，銀盞頓熱。先以帛緊束胃脘，令氣喘，解開，乘熱飲之。仍以丁香汁入粥與食。〇《普濟》千轉丹：用牛涎、好蜜各半斤，木鱉仁三十個研末，入銅器熬稠。每以兩匙和粥與食，日三服。 小兒流涎：取東行牛口中涎沫，塗口中及頤上，自愈。《外臺》方。 小兒口噤：身熱吐沫不能乳。方同上。《聖惠方》。 損目破睛：牛口涎日點二次，避風。黑睛破者亦瘥。《肘後》。 身面疣目：牛口涎頻塗之，自落。《千金》。

鼻津 〔主治〕小兒中客忤，水和少許灌之。又塗小兒鼻瘡及濕癬時珍。〇出《外臺》諸方。

耳垢烏牛者良。時珍曰：以鹽少許入牛耳中，癢即易取。 〔主治〕蛇傷，惡蛓毒恭。〇蛓，毛蟲也。治癰腫未成膿，封之即散。疳蟲蝕鼻生瘡，及毒蛇螫人，並敷之時珍。

〔附方〕新三。 疔瘡惡腫：黑牛耳垢敷之。《聖惠方》。 脇漏出水：不止。用烏牛耳垢傅之，即瘥。 鼻衄不止：牛耳中垢、車前子末等分和匀，塞之良。《總録》。

溺黄犍㸺牛、黑牯牛者良。 〔氣味〕苦、辛，微温，無毒。之才曰：寒。 〔主治〕水腫，腹脹脚滿，利小便《别録》。

〔附方〕舊三，新五。 水腫尿澀：《小品》用烏犍牛尿半升，空腹飲。小便利，良。〇《肘後》用黄犍牛尿，每飲三升。老、幼減半。 水氣喘促：小便澀。用㸺牛尿一斗，訶梨皮末半斤。先以銅器熬尿至三升，入末熬至可丸，丸梧子大。每服茶下三十丸，日三服。當下水及惡物爲效。《普濟方》。 風毒脚氣：以銅器，取烏犢牛尿三升，飲之。小便利

則消。《肘後》。　脚氣脹滿：尿澀。取烏犢牛尿一升，一日分服，消乃止。楊炎《南行方》。　久患氣脹：烏牛尿一升，空心温服，氣散止。《廣濟方》。　癥癖鼓脹：烏牛尿一升，微火煎如稠飴，空心服棗許，當鳴轉病出。隔日更服之。《千金翼》。　霍亂厥逆：服烏牛尿二升。《千金方》。　刺傷中水：服烏牛尿二升，三服止。《梅師》。

屎稀者名牛洞。烏牯、黄牯牛者良。　〔氣味〕苦，寒，無毒。《鏡源》云：牛屎抽銅暈。燒火，能養一切藥力。　〔主治〕水腫惡氣。乾者燔之，敷鼠瘻惡瘡《别録》。　燒灰，敷灸瘡不瘥藏器。　敷小兒爛瘡爛痘，及癰腫不合，能滅瘢痕時珍。　絞汁，治消渴黄癉，脚氣霍亂，小便不通蘇恭。

〔發明〕時珍曰：牛屎散熱解毒利溲，故能治腫、疸、霍亂、疳痢、傷損諸疾。燒灰則收濕生肌拔毒，故能治癰疽、瘡瘻、爛痘諸疾也。《宋書》：孫法宗苦頭創。夜有女人至，曰：我天使也。事本不關善人，使者誤及爾。但取牛糞煮敷之，即驗。如其言果瘥。此亦一異也。

〔附方〕舊七，新二十二。　水腫溲澀：黄牛屎一升，絞汁飲，溲利瘥，勿食鹽。《梅師》。　濕熱黄病：黄牛糞日乾爲末，麪糊丸梧子大。每食前，白湯下七十丸。《簡便方》。　霍亂吐下：不止，四肢逆冷。《外臺》用黄牛屎半升，水二升，煮三沸，服半升止。《聖惠》用烏牛糞絞汁一合，以百日兒乳汁一合和，温服。　疳痢垂死：新牛屎一升，水一升，攪澄汁服。不過三服。《必效方》。　卒死不省：四肢不收。取牛洞一升，和温酒灌之。或以濕者絞汁亦可。此扁鵲法也。《肘後》。　卒陰腎痛：牛屎燒灰，酒和敷之，良。《梅師》。　脚跟腫痛：不能着地。用黄牛屎，入鹽炒熱，罨之。王永輔《惠濟方》。　妊娠腰痛：牛屎燒末，水服方寸匕，日三。《外臺》。　妊娠毒腫：㹀牛屎燒灰，水服方寸匕，日三。并以酢和封。《千金方》。　子死腹中：濕牛糞塗腹上，良。《産寶》。　小兒口噤：白牛糞塗口中取瘥。《總録》。　小兒夜啼：牛屎一塊安席下，勿令母知。《食療》。　小兒頭瘡：野外久乾牛屎不壞者燒灰，入輕粉，麻油調搽。《普濟》。　小兒白禿：牛屎厚封之。《秘録》。　小兒爛瘡：牛屎燒灰封之。（減）〔減〕瘢痕。《千金》。　痘瘡潰爛：王兑白龍散：以臘月黄牛屎燒取白灰敷之，或卧之。即易痂疕，而無瘢痕。　癰腫不合：牛屎燒末，用鷄子白和封，乾即易之，神驗也。《千金月令》。　鼠瘻瘰癧：《千金》五白散：白牛屎、白馬屎、白羊屎、白鷄屎、白猪屎各一升，於石上燒灰，漏蘆末二兩，以猪膏一升，煎亂髮一兩，同熬五六沸塗之，神驗。〇《肘後》：治鼠瘻有核膿血。用熱牛屎封之，日三。　蜣螂瘻疾：熱牛屎封之，日數易，當有蜣螂出。《千金》。　乳癰初起：牛屎和酒敷之，即消。《姚僧坦方》。　燥瘑瘡痒：熱牛屎塗之。《千金》。　瘡傷風水：痛劇欲死者。牛屎燒煙熏，令汁出即愈。《外臺秘要》。　跌磕傷損：黄牛屎炒熱封之，裹定即效。《簡便》。　湯火燒灼：濕牛屎搗塗之。姚和衆。　惡犬咬傷：洗浄毒，以熱牛屎封之，即時痛止。《千金》。　蜂蠆螫痛：牛屎燒灰，苦酒和敷。《千金方》。　背瘡潰爛：黄黑牛糞多年者，曬乾爲末，入百草霜匀細，糝之。《談野翁方》。

黄犢子臍屎新生未食草者，收乾之。　〔主治〕九竅四肢指歧間血出，乃暴怒所爲。燒此末，水服方寸匕，日四五服，良藏器。〇出《姚僧坦方》。　主中惡霍亂，及鬼擊吐血。以一升，和酒三升，煮汁服時珍。〇出《肘後》。

屎中大豆洗曬收用。　〔主治〕小兒驚癇，婦人難産蘇恭。

〔附方〕舊一，新二。　小兒牛癇：白牛屎中豆，日日服之，良。《總微論》。　婦人難産：牛屎中大豆一枚，擘作兩片，一書父，一書子。仍合住，水吞之，立産。昝殷《産寶》。　齒落不生：牛屎中大豆十四枚，小開豆頭，以注齒根，數度即生。《千金方》。

聖齏時珍曰：按劉恂《嶺表録異》云：廣之容南好食水牛肉，或炮或炙，食訖即啜聖齏消之，調以薑、桂、鹽、醋，腹遂不脹。聖齏如青苔狀，乃牛腸胃中未化草也。　〔主治〕食牛肉作脹，解牛肉毒時珍。

齝草，音痴。一名牛轉草。即牛食而復出者，俗曰回噍。　〔主治〕絞汁服，止噦藏器。　療反胃霍亂，小兒口噤風時珍。

〔發明〕時珍曰：牛齝治反胃噎膈，雖取象回噍之義，而霑濡口涎爲多，故主療與涎之功同。

〔附方〕新四。　反胃噎膈：大力奪命丸：牛轉草、杵頭糠各半斤，糯米一升，爲末，取黄母牛涎和，丸龍眼大，煮熟食之。入砂糖二兩，尤妙。《醫學正傳》。　霍亂吐利：不止。用烏牛齝草一團，人參、生薑各三兩，甜漿水一升半，煮汁五合服。《劉涓子鬼遺方》。　小兒流涎：用牛噍草絞汁，少少與服。《普濟方》。　初生口噤：十日内者。用牛口齝草絞汁灌之。《聖惠》。

鼻拳音卷。穿鼻繩木也。　〔主治〕木拳：主小兒癇《别録》。　治消渴，煎汁服；或燒灰，酒服時珍。　草拳：燒研，傅小兒鼻下瘡《别録》。　燒灰，吹纏喉風，甚效時珍。

〔附方〕新一。　消渴：牛鼻木二個洗剉，男用牝牛，女用牡牛，人參、甘草半兩，大白梅十個，水四碗，煎三碗，熱服甚妙。《普濟方》。

明·穆世錫《食物輯要》卷四　水牛　肉，味甘，平，無毒。善補氣，養脾

胃，壯筋骨，治消渴。同猪肉及黍米酒食，生蟲。同韭、薤食，發黄病。同生薑食，損齒。腦，無毒，去風眩、消渴。鼻，作羹食，通乳汁。同石燕煮服，尤効。乳，養心肺，解熱毒，補虛止渴，宜老人。凡用，必煮過，停冷徐徐服。如熱服、頓服，並壅氣。患冷氣人勿食。同魚食，成積。同醋食，生癥。患噎膈便燥者，宜頻服牛羊乳。血，解毒，利腸胃。和醋食，止血痢便血。髓，補骨髓。同酒暖食，通十二經脈。久食，益氣力，續絶傷，增年。心，主虛忘。脾，補脾，和朴硝作脯食，消痞。肺，補肺。肝，補肝明目。醋煮食，治瘧痢。腎，補腎益精氣，治濕痹。胃，解毒，補五臟。醋煮食，良。同犬肉食，病人。膍，一名百葉。解酒毒及丹石藥毒，消熱氣水氣。以薑醋煮食，止痢。膽，鎮肝明目。陰莖，無毒。治婦人漏下，赤白帶淋及無子者。蹄甲巨筋，勿多食，令生肉刺。

黄牛：　肉，味甘，平，無毒。功用與水牛相同。和黍米、韭、薤食，不益人。瘧病後，不可食。牝牛不及牡牛，黑牛不及黄牛，惟水牛肉良。牛有毒者誤食，急飲人乳可解。癩牛悮食，發痒。牛病自死者悮食，發痼疾，生毒疔。急服甘菊根汁，或生菖蒲汁、甘草湯，少解。有黑牛白頭者，大毒，忌食。凡煮牛肉，和杏仁、蘆葉，易爛。煮病牛，入黄豆，豆變黑色者，殺人。中牛肉毒，燒猪牙灰為末，水服錢許，可消。過食牛肉所傷，以稻草和草果煎濃湯，多服可消。

明・李中立《本草原始》卷九　牛　時珍曰：　有犪牛、水牛二種，犪牛小而水牛大，犪牛有黄、黑、赤、白、駁、雜數色。水牛色青蒼，大腹鋭頭，其狀類豬，角若擔矛，能與虎鬭，亦有白色者。牛耳聾，其聽以鼻。牛瞳豎而不横。牛齒有下無上。其聲曰牟。牛在畜屬土，在卦屬坤，其性順也。許慎曰：　牛，件也。牛為大牲，可以件事分理也。其文象角頭三封及尾之形。《周禮》謂之大牢。《内則》謂之一元大武。《史記》稱牛為四蹄，今人稱牛為一頭。梵書謂之瞿摩帝。牛之牡者曰牯，曰特，曰犅，曰犒。牝曰犖，曰牸。南牛曰𤚩，北牛曰犪。純色曰犧，黑曰𤛐，白曰犨，赤曰𤙖，駁曰犂。去勢曰犍，又曰犗。無角曰牠，子曰犢。生二歲曰犋，三歲曰犙，四歲曰牭，五歲曰㸬，六歲曰犕。

牛黄：　出晉地平澤，今出登、萊州，它處或有，不甚佳。凡牛有黄者，毛皮光澤，眼如血色，時復鳴吼，又好照水。人以盆水承之，伺其吐出，乃喝迫，即墮落水中。既得之，陰乾百日。一子如雞子黄大，其重疊可揭折，輕虛而氣香者佳。然此物多偽，今人試之者，揩摩手甲上，以透甲黄者為真。又云此有四種：　喝迫而得者，名生黄；　其殺死而在角中得者，名角中黄；　心中剝得者，名心黄，初在心中如漿汁，取得便投水中，霑水乃硬，如碎蒺藜，或皂莢子是也；　肝膽中得之者，名肝黄。大抵皆不及喝迫得者最勝。一名丑寶，《金光明經》謂之瞿盧折娜。

牛，《本經》中品。【圖略】牛黄，《本經》上品。水牛、牛黄、犪牛。《造化權輿》云：　坤陰為牛，故牛蹄坼，牛疾則立，陰勝也。牛起先後足，臥先前足，從陰也。

黄牛肉：　氣味：　甘，溫，無毒。主治：　安中益氣，養脾胃。○補益腰腳，止消渴及唾涎。

水牛肉：　氣味：　甘，平，無毒。主治：　消渴，止啘洩，安中益氣，養脾胃。○補虛壯健，強筋骨，消水腫，除濕氣。

鼻：　主治：　消渴，同石燕煮汁服。治婦人無乳，作羹食之，不過兩日，乳下無限，氣壯人尤效。○療口眼喎斜，不拘乾濕，以火炙熱，於不患處熨之，漸止。

皮：　主治：　水氣浮腫，小便澁少，以皮蒸熟，切入豉汁食之。○熬膠尤良。

乳：　主治：　補虛羸，止渴。○養心肺，解熱毒，潤皮膚。○冷補下熱氣，和蒜煎沸食，去冷氣痃癖。○患熱風人宜食之。○老人煮食有益。入薑葱，止小兒吐乳，補勞。○治反胃，氣痢，疸黄，通潤大腸。

血：　主治：　解毒利腸，治金瘡折傷垂死。又下水蛭，煮拌醋食。治血痢便血。

脂：　主治：　諸瘡疥癬、白秃。亦入面脂。

髓：　主治：　補中，填骨髓，久服增年。○安五臟，平三焦，續絶傷，益氣力，止洩利，去消渴，皆以清酒暖服之。○平胃氣，通十二經脉。治瘦病，以黑牛髓、地黄汁、白蜜等分，煎服。○潤肺補腎，澤肌悅面，理折傷，擦損痛，甚效。

腦：　主治：　風眩，消渴。○脾積痞氣，潤皴裂，入面脂用。

心：　主治：　虛忘，補心。

脾：　主治：　補脾。○臘月煮，日食一度，治痔瘻。和朴消作脯食，消痞塊。

肺：　主治：　補肺。

肝：　主治：　補肝明目。○治瘧及痢，醋煮食之。○婦人陰䘌，納之引蟲。

胃：　主治：　消渴，風眩，補五臟，醋煮食之。○補中益氣，解毒，養脾胃。

膍：　一名百葉。　主治：　熱氣水氣，治痢，解酒毒、藥毒、丹石毒發熱，同肝作生，以薑醋食之。

腎：　主治：　補腎氣，益精。○治濕痹。

膽：　氣味：　苦，大寒，無毒。主治：　可丸藥。○除心腹熱

渴，止下痢及口焦燥，益目精。○臘月釀槐子服，明目，治疳濕彌佳。○釀黑豆百日後取出，每夜吞一粒，鎮肝明目。○除黃殺蟲，治癰瘓。釀南星末陰乾，治驚風有奇功。　齒：主治：小兒牛癇。　牛角䚡，此即角尖中堅骨也。　主治：下閉血，瘀血疼痛，女人帶下血，燔之酒服。○燒灰主赤白痢。○水牛者燒之，止婦人血崩，赤白帶下，冷痢瀉血水洩。○治水腫。　角：主治：水牛者燔之，治時氣寒熱頭痛。○煎汁治熱毒風及壯熱。○㸺牛者，治喉痹腫塞欲死，燒灰，酒服一錢。小兒飲乳不快，似喉痹者，取灰塗乳上，嚥下即瘥。○治淋破血。　骨：主治：燒灰治吐血鼻洪，崩中帶下，腸風瀉血，水瀉。○治邪瘧。燒灰同豬脂塗疳瘡蝕人口鼻，有效。　蹄甲：主治：婦人崩中，漏下赤白。○燒灰水服，治牛癇。和油塗臁瘡。研末貼臍，止小兒夜啼。　懸蹄：主治：熱風，赤白漏下。　陰莖：主治：婦人漏下赤白，無子。　耳中垢：主治：蛇傷，惡蛓毒。　牯牛卵囊：主治：疝氣，一具煮爛，入小茴香、鹽少許，拌食。　臍毛：主治：小兒久不行。　口涎：主治：反胃嘔吐。　溺：主治：水腫腹脹腳滿，利小便。　屎：主治：水腫惡氣。乾者燔之，敷鼠瘻惡瘡。○燒灰，敷灸瘡不瘥。　黃犢子臍屎：主治：九竅、四肢指歧間血出，乃暴怒所為，燒此末水服方寸匕，日四五服，良。　酥油：沙牛者。主治：補五臟，利大小腸，治口瘡。○除胸中客熱，益心肺。○除心熱肺痿，止渴，止嗽，止吐血，潤毛髮。○益虛勞，潤臟腑，澤肌膚，和血脉，止急痛，治諸瘡，溫酒化服，良。　犛牛酥：主治：去諸風濕痹，除熱，利大便，去宿食。○合諸膏摩風腫，踠跌血瘀。　乳餅：主治：潤五臟，利大小便，益十二經脉，微動氣。○治赤白痢。切如豆大，麪拌酸漿，水煮二十沸，頓服。小兒服之彌良。

牛黃：主治：驚癇寒熱，熱盛狂痓，除邪逐鬼。○療小兒百病，諸癇熱，口不開，大人狂顛。又墮胎。久服輕身增年，令人不忘。○主中風失音，口噤驚悸，天行時疾，健忘虛乏。○安魂定魄，辟邪魅，卒中惡，小兒夜啼。○益肝膽，定精神，除熱，止驚痢，辟惡氣，除百病。○清心化熱，利痰涼驚。○痘瘡紫色，發狂譫語者可用。

之才曰：牛黃，人參為之使，得牡丹、菖蒲利耳目，惡龍骨、龍膽、地黃、常山、蜚蠊，畏牛膝、乾漆。牛黃，《本經》曰：氣味苦，平，有小毒。日華曰：甘，涼。普曰：無毒。修治：牛黃細研如塵用。

用牛黃宜擇一子如雞子黃大，重疊可揭析，輕虛，氣香色赤黃有光，摩指甲上透甲黃者為真。犛牛黃堅而不香。又有駱駝黃，極易得，亦能相亂，不可不審。時珍曰：牛黃，牛之病也，故有黃之牛多病而易死。諸獸皆有黃，人之病黃者亦然。因其病在心及肝膽之間，凝結成黃，故還能治心及肝膽之病。正如人之淋石，復能治淋也。

《聖惠方》：治小兒腹痛，夜啼，用牛黃如小豆大，乳汁化服。又臍下書田字，差。牛黃，君。

明・張懋辰《本草便》卷二　牛角䚡　味苦，氣溫，性澁，無毒。用尖燒爲黑灰存性，酒調服。　下閉血瘀血疼痛，女人帶下，血崩不止。　髓補中填骨髓。○膽除心腹熱渴利，口焦燥，益目精。○肉主消渴，止啘泄，安中益氣，養脾胃，消水腫。○齒主小兒牛癇。

明・吳文炳《藥性全備食物本草》卷二　牛肉　孟詵云：牛者，稼穡之資，不多屠殺，自死者血脉已絕，骨髓已竭，不堪服食。黃牛發藥毒動病，不如水牛，蓋黃牛溫而水牛冷，故也。常食黃牛為妙。瘧疾後亦忌之。養生家忌與黍米、韭、薤同食。十二月食之傷神。肉無毒，安中，益脾胃，消水腫，除濕氣，止消渴並吐洩，補虛弱，強筋骨，壯腰腳。　牛黃：味苦，氣平，有小毒。人參為之使，得牡丹、菖蒲良。療小兒諸驚，客忤天吊，顛癇口噤，治大人顛狂發痓，中風痰壅不語，除邪逐鬼，定魄安魂，聰明耳目。孕婦忌服。　牛角䚡：即黃牛角尖。燒存性用，味苦，溫，性澁，無毒。主下益鼻衄血疼痛，止婦人血崩，赤白帶下，及腸風下血，冷痢瀉血，鼠乳，瘧疾効。　牛腦髓：味甘，氣溫，無毒。安五臟，平三焦，滑骨髓，補中，止消渴泄痢，久服益氣，續絕傷，又和地黃汁、白蜜等分作煎服治癆瘦。　膽汁：治疳濕，除心腹熱渴，益肝明目，滋口唇焦燥。　牛鼻：炙理口眼喎斜，左斜貼右，右斜貼左；乳汁不通取作羹，空心食，不過兩三日，汁下無限。　牛鼻(卷)〔拳〕：木拳療小兒風癇，草拳燒灰傅小兒鼻瘡。　牛心：專主虛忘。　牛肺：大止欬逆。　牛肝：助肝血而明目，治痢。　牛腎：補腎氣而益精。　牛齒：主小兒牛癇。固牙齒法，取牛齒三十枚，固濟瓶中，火烜通赤，取細研為末，水一盞，末二錢，煎令熱，含浸牙齒，冷即吐却，永堅牢，或有損動者末指之。　腸：並厚各腸，除腸風痔漏。　百葉肚：主熱氣水氣丹毒，解酒勞並痢。　草肚：主消渴，風眩，補五臟，以醋煮食之甚佳。

脾：　補脾，和朴硝作脯食消痞。　陰莖：　無毒，治婦人漏下，赤白帶淋及無子者。　牛懸蹄：　去一切熱風，止赤白漏下。　耳中垢：　封癰腫，鼻疳瘡。　屎：　主霍亂消渴，黄疸水腫，鼓脹癥瘕，脚氣，小便不通，微火煎如飴服之；　湯火灼頭瘡、白禿、五色丹毒及鼠瘻惡瘡已有膿血者，以熱屎傅之，或燒灰，雞子白調傅；　又塗門戶辟惡氣；　置席下止小兒夜啼。　尿：　主水腫，腹脹脚腫，利小便漸漸，以銅器取新者，服二三升愈。　敗鼓皮：　治五種蠱毒，取燒灰為末，酒調方寸服，須臾當呼蠱姓名，令本主呼取蠱名即瘥。

按：　丹溪曰：　牛，坤土也，黄土之色也，以順為性，而効法乎乾，以為功者，牡之用也。故凡暴發邪盛之病，諸肉皆忌，惟牛肉獨不忌者，因其能補脾胃為勝爾。　蓋人身以脾胃為本，脾胃屬土，此能補之，亦各從其類也。又獨肝者，食之殺人，不可不識。《食醫心鑒》云：　牝牛不及牡牛，黑牛不及黄牛，惟水牛肉良。　牛有毒者，悮食急飲人乳可解。　癩牛悮食發痒。　牛病自死者悮食發痼疾，生毒疔，急服甘菊根汁或生菖蒲汁、甘草湯少解。有黑牛白頭者，大毒，忌食。　凡煮牛肉，和杏仁、蘆葉易爛。　煮病牛入黄豆，豆變黑色者殺人。　中牛肉毒，燒猪牙灰為末，水調服錢許可消。　過食牛肉所傷，以稻草和草果煎濃湯，多服可消。

明・趙南星《上醫本草》卷四

牛　牛之牡者曰牯、曰特、曰犅、曰犒；牝者曰⿱洋牛、曰牸。　南牛曰⿰牛吳，北牛曰⿰牛秦。　純色曰犧，黑曰⿰牛俞，白曰⿰牛隺，赤曰⿰牛辛，駁曰犁。　去勢曰犍，又曰犗。　無角曰牠。　子曰犢，生二歲曰⿰牛貝，三歲曰犙，四歲曰⿰牛幾，五歲曰⿰牛介，六歲曰犕。　時珍曰：　韓忞言，牛肉補氣，與芪同功。　觀丹溪朱氏《倒倉法論》而引申觸類，則牛之補土，可心解矣。　今天下日用之物，雖嚴法不能禁，亦因肉甘而補，皮角有用也。《食經》云：　煮牛肉入杏仁、蘆葉易爛，相宜。

黄牛肉：　甘，溫，無毒。　主治：　安中益氣，養脾胃，補益腰脚，止消渴及唾涎。《食經》云：　牛自死白首者，食之殺人。　疥牛食之發痒。　黄牛肉、水牛肉合猪肉及黍米酒食，並生寸白蟲。　合韭、薤食，令人熱病。　合生薑食，損齒。　獨肝者有大毒，令人痢血至死。　牛蹄中巨筋，多食令人生肉刺，患冷人勿食。

乳：　藏器曰：　黑牛乳勝黄牛，凡服乳必煮一二沸，停冷啜之。　震亨曰：　反胃、噎膈、大便燥結，宜牛羊乳時時嚥之，並服四物湯為上策，不可用人乳。　人乳有飲食之毒，七情之火也。　甘，微寒，無毒。　主治：　補虛羸，養心肺，止渴，解熱毒，潤皮膚、大腸，治反胃熱噦，補益勞損，治氣痢，除疸黄，老人煮粥甚宜。　煮食有益，冷補，下熱氣。　和蒜煎沸食，去冷氣痃癖。　入薑葱，止小兒吐乳，補勞。　熱食即壅，不欲頓服。　與酸物相反，令人腹中癥結，患冷氣人忌之。　合生魚食作瘕。

附方　下虛消渴：　心脾中熱，下焦虛冷，小便多者，牛羊乳每飲三四合。

病後虛弱：　取七歲以下、五歲以上黄牛乳一升，水四升，煎取一升，稍稍飲，至十日止。

髓：　黑牛、黄牛、⿱洋牛牛者良，煉過用。　甘，溫，無毒。　主治：　補中，填骨髓，安五臟，平三焦，續絶傷，益氣力，止洩利，去消渴，平胃氣，通十二經脉，潤肺補腎，澤肌悦面，久服增年。　理折傷，擦損痛，甚妙。

附方　補精潤肺，壯陽助胃：　用煉牛髓四兩，胡桃肉四兩，杏仁泥四兩，山藥末半斤，煉蜜一斤，同搗成膏，以瓶盛，湯煮一日。　每服一匙，空心服之。

治瘦病：　以黑牛髓、地黄汁、白蜜等分，煎服。

腦：　黄牛、水牛者良。　甘，溫，微毒。　主治：　風眩消渴，脾積痞氣。潤皴裂，入面脂用。　牛熱病死者，勿食，其腦令生腸癰。

附方　偏正頭風：　不拘遠近，諸藥不効者，如神。　用白芷、芎藭各三錢，為細末，以黄牛腦子搽末在上，瓷器內加酒頓熟，乘熱食之，盡量一醉。醒則其病如失，甚驗。

胃即肚：　黄牛、水牛良。　甘，溫，無毒。　主治：　補中益氣，解毒，養脾胃，消渴，風眩，補五臟，醋煮食之。　青牛腸肚合犬血食，病人。

齒：　時珍曰：　六畜齒治六癇，皆比類之義也。　耳珠先生有固牙法，用牛齒三十枚瓶盛固濟，煅赤為末，每以水一盞，末二錢，煎熱含漱，冷則吐去。有損動者，以末揩之。　此亦以類相從也。

牛角䚡：　一名角胎。　時珍曰：　此即角尖中堅骨也。　牛之有䚡，如魚之有鰓，故名。　胎者，言在角內也。　水牛、黄⿱洋牛牛者可用，餘皆不及。　久在糞土爛白者，亦佳。　苦，溫，無毒。　主治：　下閉血、瘀血疼痛，治水腫。　燒灰，主赤白痢。　黄牛者燒之，主婦人血崩帶下，大便下血、血痢。

附方　大便下血：　黄牛角䚡一具，煅末，煮豉汁服二錢，日三，神効。

赤白帶下： 牛角鰓燒令煙斷，附子以鹽水浸七度，去皮，等分，為末。每空心酒服二錢匕。 接骨丹： 不論打撲損傷，用牛角鰓燒灰，研極細末，每服五錢，好酒下，極効。 損傷接骨： 用牛蹄甲一箇，乳香、沒藥各一錢為末，入甲內燒灰，以黃米粉糊和成膏，敷之。

明·李中梓《藥性解》卷六 黃牛肉 味甘，性平，無毒，入脾經。主安中益氣，健脾養胃，強骨壯筋。其乳，補虛弱，養心肺，潤皮膚，解熱毒，止消渴，滑大腸。腦治頭風，膽主風痰。角腮，主赤白帶及行血。 按： 色黃味甘屬土，於卦為坤，故耑入脾家，用之倒倉，誠有再造之功。然此為稼穡之資，不輕屠殺，其自死及有病老邁者，不惟無補，反能損人，市中多犯此弊，食者慎之。

明·繆希雍《本草經疏》卷一七 牛角鰓 下閉血，瘀血疼痛，女人帶下，燔之。味苦，無毒。

〖疏〗牛角鰓，乃角中嫩骨也。為筋之粹，骨之餘。入足厥陰、少陰血分之藥。兼入手陽明經。苦能泄，溫能通行，故主婦人帶下及閉血瘀血疼痛也。〖主治參互〗同猪懸蹄、猬皮、金頭蜈蚣、蛀竹屑、明礬、白蠟，去漏管。《近效方》大便下血： 黃牛角鰓一具煆末，煮豉湯服二錢，日三。《塞上方》鼠瘻痔疾： 牛角鰓燒灰，酒服方寸匕。

膽： 味苦，大寒，無毒。除心腹熱，渴利，口焦燥，益目精。可丸藥。

〖疏〗膽，牛食百草，其精華萃於膽，其味苦，其氣大寒無毒。《經》云： 寒以勝熱，苦以泄結。故主心腹熱及渴利、口焦燥也。肝開竅於目，肝熱則目睛不明，入肝泄熱故益目精也。近世以南星末釀入陰乾，治驚風有奇功者，取其苦寒制南星之燥，俾善於豁痰除熱耳。 〖簡誤〗脾胃虛寒者忌之。目病非風熱者，不宜用。

牛肉： 味甘，平，無毒。主安中，益氣，養脾胃。

〖疏〗牛，土畜也。黃，中央正色也。經云： 中央色黃，入通於脾。故為益脾胃之藥。脾胃得所養則中自安，氣自益矣。丹溪朱氏有倒倉法，非為其有吐下之力也。特飲之既滿，或上湧下泄爾。此蓋借其補以為瀉，故積聚去而腸胃得所養，亦奇法也。但病非關腸胃者，不宜服。凡牛病死及黑身，白頭，獨肝者，皆不宜服。合猪肉及黍米酒食，竝生寸白蟲。合韭、薤食，令人熱病。合生薑食，損齒。又云： 牛乃稼穡之資，不可多殺及食。若以之療病，則藥物甚多。以之供饌核，則肥甘不少。似可無此一物也。好生君子，其念及而力戒之，當有冥福耳。

明·倪朱謨《本草彙言》卷一八 黃牛肉： 味甘，氣溫，無毒。入手足阳明經。自死者有大毒，誤食發疔毒惡疾。 蘇氏曰： 牛之牡者曰牯、曰特、曰犅、曰犗； 牝者曰牮、曰牸。南牛曰㹀，北牛曰榛。純色曰犧，黑色曰犉，白色曰㸺，赤色曰牸，駁色曰犁。去勢曰犍。牛子一歲曰犢。 李氏曰： 牛有榛牛、水牛二種。榛牛小而水牛大。榛牛有黃、黑、赤、白、駁雜數色，水牛有青、蒼、灰、黃、純白數色。大腹銳頭，其狀類豬。角若擔弓，能與虎鬥。又廣南有犪牛，形最卑小。《爾雅》謂之犤牛。牛齒有下無上，察其齒而知其年。三歲二齒，四歲四齒，五歲六齒，六歲以後每年接脊骨一節也。牛耳聾，其聽以鼻。牛瞳竪而不横。其聲曰牟。在畜屬土，在卦屬坤。土緩而和，其性順也。《造化權輿》曰： 乾陽爲馬，坤陰爲牛，故馬蹄圓，牛蹄坼。馬病則臥，陰勝也； 牛病則立，陽勝也。馬起前足先，臥則後足先，從陽也； 牛起後足先，臥則前足先，從陰也。

牛肉： 養脾胃，《別錄》益中氣，陳藏器健筋骨之藥也。王少宇曰： 牛，土畜也； 黃，土色。《經》曰： 中央黃色，入通于脾。故《別錄》稱爲養脾胃、益中氣之要藥。於老人、小子脾胃薄弱者，調五味作羹食甚美。昔丹溪翁有倒倉法，王綸言牛肉本補脾胃之物，非吐下藥也。特飲之既滿，或上湧下泄爾。此蓋借其補以爲瀉，故積聚去而腸胃得所養，亦神法也。如病非關腸胃有積滯者，似難施之耳。

按《倒倉論》曰： 腸胃爲積穀之室。倒者，推陳以致新也。胃屬土，受物而不能自運。七情五味，有傷中宮。停痰積血，互相糾纏，發爲癱瘓、爲勞瘵、爲臌脹，成形成質，爲窠爲臼，以生百病，而中宮愆和，非丸藥所能去也。此方出自西域異人，其法用黃牯牛肉二十斤，長流水煮成糜，去渣濾出稠液，再熬至琥珀色收之。連飲至數十鍾。寒月溫飲。病在上則急飲令吐，病在下則緩飲令利，在中則令吐而利。吐利後口渴者，即飲自解小便一二碗，蕩滌餘垢，睡二日，乃食稀粥，養半月，精神强健，沉痾悉去也。須忌牛肉五年。蓋牛，坤土也。黃，土色也。熟而爲液，成無形之物也，故能由腸胃而透肌膚、毛竅、爪甲，無所不到。在表者因吐而得汗，在清道者自吐而去，在濁道者自利而除。有如洪水泛漲，陳莝順流而去，盎然渙然，潤澤枯槁而有精爽

之樂也。

韓飛霞曰：治一切諸虚病，用小牛犢兒，未交感者一隻，臘月殺之，去血燖毛洗淨，并藏府不遺分寸，大鐵鍋煮之。用黄耆一斤，人參八兩，茯苓、陳皮、甘草、蜀椒、食鹽各三兩，官桂、良薑各二兩，醇好酒二斗同煮，水以八分爲率。文火煮爛，取出骨搥碎，同煮至爛如泥，濾取稠汁，再用絹再濾清汁，待冷，以淨磁甕盛之，埋土内七日。每用酒調，早晚任意食之。或用白湯調服亦可。如用肥黄犬及鹿，皆可依此法作之。

牛乳：味甘，氣寒，無毒。補虚羸，《别錄》養心肺，潤燥結，日華子解熱毒之藥也。顧汝琳曰：牛，力强氣健，乳亦禀氣血之精陰。人食之潤枯燥，養血氣，降虚火，較之人乳更妙。非若人乳有飲食之毒、七情之火也。如脾胃虚冷作泄，并膈中有冷痰積飲者忌之。

集方：李時珍方治痢久不效，用牛乳八兩，蓽茇三錢，同煎減半，空腹頓服。

牛血：味鹹，氣平，無毒。解毒利腸，治金瘡，下水蛭，并治血痢便血之藥也。李東璧曰：《元史》：布智兒從太祖征回回，身中數矢，血流滿體，悶仆幾絕。太祖命取一牛，剖其腹，納之牛腹中，浸熱血中，移時遂甦。又李庭從伯顔攻郢州，砲傷左脇，矢貫於胸，幾絕，伯顔命剖水牛腹，納其中良久而甦。何孟春在職方，問各邊將無知此術者。非讀《元史》弗知也。

集方：《肘後方》治誤吞水蛭腹痛。用黄瘦牛血熱飲二三升，次早化猪脂一升飲之，即下出也。〇李時珍方治血痢便血，煮牛血拌醋食之。

牛膽：味苦，氣大寒，無毒。除心腹熱，益目精之藥也。用臘月黄牛或青牛者，釀南星末，治驚風有奇功。釀槐子服，明目，治痔濕。

集方：《千金方》治穀疸、食黄。用牛膽汁一枚，苦參三兩，龍膽草一兩爲末，和少蜜丸梧子大，每薑湯下五十丸。〇《經驗方》治痔瘻出水。用牛膽、猬膽各一枚，膩粉五十文，麝香二十文，以三味和匀入牛膽中，懸四十九日，取出爲丸大麥大。以紙撚送入瘡内，有惡物流出爲驗也。

牛角䚡：味苦，氣溫，無毒。入少陰血分。即角尖中堅骨也。水牛、黄牸牛者可用，餘皆不及。久在糞土中爛白者亦佳，燒灰用。牛角䚡燒之則性澀，故止血痢及婦人帶下血崩諸病。

集方：治大腸冷痢。牸牛角䚡燒灰，飲服二錢，日二次。〇《千金方》治小兒滯下，牸牛角䚡燒灰，水服方寸匕。〇《近效方》治大便下血。黄牛角䚡一具，煅末，煮豉汁服二錢，日三，神效。〇孙用和方治赤白帶下。牛角䚡燒令烟斷，附子以鹽水浸七次，去皮，等分爲末，每空心酒服二錢匕。

明·應廖《食治廣要》卷六 黄牛水牛附。 肉：氣味：甘，溫，無毒。主治：安中益氣，養脾胃，補益腰腳，止消渴及唾涎。 水牛肉：氣味：甘，平，無毒。主治：安中益氣，養脾胃，補虚壯健，強筋骨，消水腫，除濕氣。

按韓懋言：牛肉補氣，與黄芪同功。觀朱丹溪《倒倉法論》，而引伸觸類，則牛之補土可心解矣。今天下日用之物，雖嚴法不能禁，亦因肉甘而補，皮、角有用也。《内則》云：牛夜鳴，則庮臭不可食。病死者，有大毒，令人生疔暴亡。《食經》云：牛自死北首者，食之殺人。疥牛，食之發痒。凡食牛肉，合猪肉及黍米酒食，生寸白蟲。合韭、薤食，令人熱病。合生薑食，損齒。入杏仁、蘆葉煮之，易爛。

頭蹄：氣味：涼。主治：下熱風。《食經》云：患冷人勿食。蹄中巨筋多，食令人生肉刺。 乳：甘，微寒，無毒。補虚羸，止渴，養心肺，解熱毒，潤皮膚，補勞損，滋大腸，治氣痢。老人煮食更妙。陳藏器曰：黑牛乳勝黄牛乳。凡服乳，必煮一二沸，停冷啜之。熱食即壅，不欲頓服。與酸物相反。患冷氣人，不宜食。丹溪云：反胃噎膈，大便燥結，宜牛羊乳時時嚥之，並服四物湯為上策。不可用人乳。人乳有飲食之毒，七情之火也。

血：鹹，平，無毒。解毒利腸，又下水蛭。煮，拌醋食，治血痢便血。

按《元史》云：布智兒從太祖征回回，身中數矢，血流滿體，悶仆幾絕。太祖命取一牛，剖其腹，納之牛腹中，浸熱血中，移時遂甦。又李庭砲傷左脇，矢貫於胸，幾死，亦以此治癒。非讀《元史》，不知也。故書之以備緩急。

髓：甘，溫，無毒。主補中，填骨髓，久服延年。 腦：甘，溫，微毒。《心鏡》曰：牛熱病死者，勿食腦。食之生腸癰。 䏶：音毗，一名百葉。除水氣，治痢，解酒毒，并丹石毒發熱。 心補心。脾補脾。肺補肺。肝補肝，明目，瘧痢者，醋煮食之。腎補腎氣，益精，治濕痹。胃，甘，溫，無毒。補中益氣，解毒，養脾胃。

凡中牛肉毒者，用聖虀調以薑、桂、鹽、醋，服之即解。按聖虀，即牛腸胃中未化之草也。

明・姚可成《食物本草》卷一三獸部・豢畜類 牛李時珍曰：牛有㹀牛、水牛二種。㹀牛小，水牛大。㹀牛有黄、黑、赤、白、駁雜數色。水牛色青蒼，大腹鋭頭，其狀類豬，角若擔矛，能與虎鬭，亦有白色者。牛齒有下無上，察其齒而知其年，三歲二齒，四歲四齒，五歲六齒，六歲以下，每年接脊骨一節。牛耳聾，其聽以鼻。牛瞳豎而不横。其聲曰牟，項垂曰胡，蹄肉曰衛，百葉曰膍，角胎曰鰓，鼻木曰桊，嚼草復出曰齝，腹草未化曰聖虀。牛在畜屬土，在卦屬坤，土緩而和，其性順也。《造化權輿》云：乾陽為馬，坤陰為牛，故馬蹄圓，牛蹄坼。馬病則卧，陰勝也；牛病則立，陽勝也。馬起先前足，卧先後足，從陽也；牛起先後足，卧先前足，從陰也。

黄牛肉：味甘，溫，無毒。主安中益氣，養脾胃。補益腰脚，止消渴及唾涎。黄牛肉微毒，食之發藥毒動病人，不如水牛。○孟詵曰：黄牛動病，黑牛尤不可食。牛者，稼穡之資，不可多殺。若自死者，血脉已絶，骨髓已竭，不可食之。○陳藏器曰：牛病死者，發痼疾痃癖，令人洞下疰病。黑牛白頭者，不可食。獨肝者，有大毒，令人痢血〔至〕死。北人牛瘦，多以蛇從鼻灌之，故肝獨也。水牛則無之。○李時珍曰：張仲景云，噉蛇牛，毛髮白而後順者是也。人乳可解其毒。《内則》云：牛夜鳴則庮，臭不可食。病死者有大毒，令人生疔暴亡。《食經》云：牛自死、白首者，食之殺人。疥牛食之，發痒。黄牛、水牛肉合豬肉及黍米酒食，竝生寸白蟲。合韮、薤食，令人熱病。合生薑食，損齒。煮牛肉入杏仁、蘆葉易爛，相宜。○孟詵曰：惡馬食牛肉即馴，亦物性也。○李時珍曰：韓懋言牛肉補氣，與黄芪同功。觀丹溪朱氏《倒倉法論》而引申觸類，則牛之補土，可心解矣。今天下日用之物，雖嚴法不能禁，亦因肉甘而補，皮骨有用也。朱丹溪《倒倉法論》曰：腸胃為積穀之室，故謂之倉。倒者，推陳以致新也。胃屬土，受物而不能自運。七情五味，有傷中宫，停痰積血，互相纏糾，發為癱瘓，為勞瘵，為蠱脹，成形成質，為窠為臼，以生百病，而中宫愆和，自非丸散所能去也。此方出西域異人。法用黄肥牡牛肉二十斤，長流水煮成糜，去滓濾取液，再熬成琥珀色，收之。每飲一鍾，隨飲至數十鍾，寒月溫飲。病在上則令吐，在下則令利，在中則令吐而利，在人活變。吐利後渴，即服其小便一二碗，亦可蕩滌餘垢。睡二日，乃食淡粥，養半月，即精神強健，沉疴悉亡也。須五年忌牛肉。蓋牛，坤土也。黄，土色也。以順德配乾牡之用也。肉者，胃之藥也，熟而為液，無形之物也。故能由腸胃而透肌膚，毛竅爪甲無所不到。在表者，因吐而得汗；在清道者，自吐而去；在濁道者，自利而除。有如洪水泛漲，陳莝順流而去，盎然涣然，潤澤枯槁，而有精爽之樂也。○王綸云：牛肉本補脾胃之物，非吐下藥也，特飲之既滿而溢爾。借補為瀉，故病去而胃得補，亦奇法也。但病非腸胃者，似難施之。

水牛肉：味甘，平，無毒。消渴止啘洩，安中益氣，養脾胃。補虚壯健，強筋骨，消水腫，除濕氣。宜忌同黄牛。頭、蹄：味涼。治下熱風。鼻：主消渴。同石燕煮汁服，治婦人無乳，作羹食之，不過兩日，乳下無限，氣壯人尤効。療口眼喎斜，不拘乾濕者，以火炙熱，於患處熨之，即漸止。皮：治水氣浮腫，小便澀少。以皮蒸熟，切，入豉汁食之。熬膠最良。乳：味甘，微寒，無毒。主補虚羸，止渴。養心肺，解熱毒，潤皮膚。冷補，下熱氣。和蒜煎沸食，去冷氣痃癖。患熱風人宜食之。老人煮食有益。入薑、葱，止小兒吐乳，補勞。治反胃熱噦，補益勞損，潤大腸，治氣痢，除黄疸，老人煮粥甚宜。○朱丹溪曰：反胃噎膈，大便燥結，宜牛、羊乳時時嚥之，竝服四物湯爲上策。不可用人乳，人乳有飲食之毒，七情之火也。○李時珍曰：乳煎蓽茇，治痢有効。蓋一寒一熱，能和陰陽耳。按《獨異志》云：唐太宗苦氣痢，衆醫不効，下訪詔問。金吾長張寶藏曾困此疾，即具疏以煎蓽茇方上，服之立愈。宣下宰臣與五品官。魏徵難之，逾月不擬。上疾復發，復進之，又平。因問左右曰：進方人有功，未見除授，何也？徵懼曰：未知文武二吏。上怒曰：治得宰相，不妨授三品，我豈不及汝耶？即命與三品文官，授鴻臚寺卿。其方用牛乳半斤，蓽茇三錢，同煎減半，空腹頓服。血：味鹹，平，無毒。主解毒利腸，治金瘡折傷垂死，又下水蛭。煮拌醋食，治血痢便血。脂：味甘，溫，微毒。治諸瘡疥癬白秃，亦入面脂。多食令人發痼疾瘡瘍。髓：味甘，溫，無毒。主補中，填骨髓。久服增年。安五臟，平三焦，續絶傷，益氣力，止洩利，去消渴，皆以清酒暖服之。平胃氣，通十二經脉。治瘦病，以黑牛髓、地黄汁、白蜜等分，煎服。潤肺補腎，澤肌悦面，理折傷，擦損痛，甚妙。腦：味甘，溫，微毒。治風眩消渴，脾積痞氣。潤皴裂，入面脂用。牛熱病死者，勿食其腦，令人生腸癰。心：治虚忘，補心。脾：主補脾。臘月淡煮，日食一度，治痔瘻。和朴硝作脯食，消痞塊。肺：主補肺。肝：主補肝明目。治瘧及痢，醋煮食之。婦人陰䘌，納之引蟲。腎：主補腎氣，益精。治濕痹。胃：味甘，溫，無毒。主消渴風眩，補五臟，醋煮食之。補中益

氣，解毒，養脾胃。　膍：一名百葉。牛羊食百草，與他獸異，故其胃有膍，有胘，有蜂窠，亦與他獸異也。胘，即胃之厚處。治熱氣水氣，治痢，解酒毒、藥毒、丹石毒，發熱，同肝作生，以薑、醋食之。　膽：味苦，大寒，無毒。可丸藥。除心腹熱渴，止下痢及口焦燥，益目精。臘月釀槐子服，明目，治疳濕彌佳。釀黑豆百日後，取出，每夜吞一枚，鎮肝明目。釀南星末陰乾，治驚風有奇功。除黃殺蟲，治癰腫。　喉：治小兒呷氣。療反胃吐食，取一具去膜及兩頭，逐節以醋浸炙燥，燒存性，每服一錢，米飲下，神効。　靨：治喉痹氣癭，古方多用之。　齒：治小兒牛癇。○李時珍曰：六畜齒治六癇，皆比類之義也。耳珠先生有固牙法：用牛齒三十枚，瓶盛固濟，煅赤為末。每以水一盞，末二錢，煎熱含漱，冷則吐去。有損動者，以末揩之。此亦以類從也。　牛角䚡：即角尖中堅骨也。味苦，溫，無毒。治下閉血，瘀血疼痛，及女人帶下血，燔之，酒服。燒灰，主赤白痢。黃牛者燒之，主婦人血崩，大便下血，血痢。水牛者燒之，止婦人血崩，赤白帶下，冷痢瀉血，水洩。治水腫。　角：味苦，寒，無毒。水牛者燔之，治時氣寒熱頭痛。煎汁，治熱毒風及壯熱。㹀牛者治喉痹腫塞欲死，燒灰，酒服一錢。小兒飲乳不快似喉痹者，取灰塗乳上，嚥下即瘥。治淋破血。　骨：味甘，溫，無毒。燒灰，治吐血鼻洪，崩中帶下，腸風瀉血，水瀉。治邪瘧。燒灰同豬脂，塗疳瘡蝕人口鼻，有効。　蹄甲：治婦人崩中，漏下赤白。燒灰水服，治牛癇。和油，塗臁瘡。研末貼臍，止小兒夜啼。　陰莖：治婦人漏下赤白，無子。　牯牛卵囊：治疝氣。一具煮爛，入小茴香、鹽少許拌食。　毛：臍毛，治小兒久不行。耳毛、尾毛、陰毛，竝主通淋閉。　口涎：治反胃嘔吐。水服二匙，終身不噎。吮小兒，治客忤。灌一合，治小兒霍亂。入鹽少許，頓服一盞，治喉閉口噤。

鼻津：治小兒中客忤，水和少許灌之。又塗小兒鼻瘡及濕癬。　耳垢：治蛇傷，惡蠚毒。治癰腫未成膿，封之即散。疳蟲蝕鼻生瘡及毒蛇螫人，竝敷之。　溺：味苦、辛，微溫，無毒。治水腫，腹脹脚滿，利小便。　屎：味苦，寒，無毒。治水腫惡氣。乾者燔之，敷鼠瘻惡瘡。燒灰，敷灸瘡不瘥。敷小兒爛瘡爛痘及癰腫不合，能滅瘢痕。絞汁，治消渴黃癉，脚氣霍亂，小便不通。　黃犢子臍(皮)〔屎〕：治九竅四肢指歧間血出，乃暴怒所為。燒此末，水服方寸匕，日四五服，良。主中惡霍亂及鬼擊吐血，以一升，和酒三升，煮汁服。　聖齏：治食牛肉作脹，解牛肉毒。○李時珍曰：按劉恂《嶺表錄異》云：廣之容南好食水牛肉，或炮或炙，食訖即啜聖齏消之，調以薑、桂、鹽、醋，腹遂不脹。聖齏如青苔狀，乃牛腸胃中未化草也。　齝草：一名牛轉草。絞汁服，止噦。療反胃霍亂，小兒口噤風。　鼻拳：即穿鼻繩木也。主小兒癇。治消渴，煎汁服，或燒灰，酒服。　草拳：燒研，傅小兒鼻下瘡。燒灰，吹纏喉風，甚効。

附方：治癖積。用黃牛肉一斤，恒山三錢，同煮熟。食肉飲汁，癖必自消，立効。

治肉人怪病。人頂生瘡，五色，如櫻桃狀，破則自頂分裂，連皮剝脫至足，名曰肉人。常飲黃牛乳即自消也。　治誤吞水蛭，腸痛黃瘦。牛血熱飲一二升，次早化豬脂一升飲之，即下出也。　治臁瘡不斂。牛胞衣一具，燒存性，研搽。　治卒魘不寤。以青牛蹄或馬蹄置人頭上，少頃即活。　治損目破睛。牛口涎，日點二次，避風。黑睛破者亦瘥。　治胎死腹中。用濕牛糞塗腹上，即下。　治惡犬咬傷。洗淨，以熱牛屎封之，即時痛止。

明・顧逢柏《分部本草妙用》卷一〇獸部　牛肉　甘溫，無毒。病死、黑牛白頭，及獨肝者有毒，忌食。　黃牛，主安中益氣，養脾胃，補益腰腳，止消渴及唾涎。　水牛，甘，平。消渴，止嘔洩，安中益氣，養脾胃，補虛壯健，強筋骨，消水腫，除濕氣。　韓悉言：牛肉補氣，與黃耆同功。其補氣補土之味也。多食發悶，病人不宜食之。然黃牛發病，不如水牛稍穩。　牛乳：甘，微寒，無毒。　主治：補虛羸，止渴，養心肺，解熱毒，潤皮膚，治反胃熱噦，補勞損，潤大腸，煮粥甚妙。　東垣曰：反胃噎膈，大便燥結，宜牛羊乳時嚥之。不可用人乳，以其多飲食毒，七情火也。以乳煎蓽茇，治痢有効。一寒一熱，能和陰陽故耳。以血治金瘡折傷垂死。明布智兒受數矢幾危，太祖剖牛腹，以置其中則甦。其黑牛黃可治心經痰症至寶，非心經者不可用。○食牛肉作脹，急食聖齏以解之。即牛胃中未化草也。

明・李中梓《醫宗必讀・本草徵要下》　黃牛肉味甘，溫，無毒，入脾經。補脾開胃，益氣調中。牛乳有潤腸之美，牛喉有去噎之功。牛為稼穡之資，不輕屠殺，市中所貨，非老病即自死者也，食之損人。丹溪《倒倉論》曰：脾為倉廩，倒倉者，推陳致新也。停痰積血，發為癱瘓癆瘵，蠱脹膈噎，非丸散所能治。用肥嫩牡黃牛肉二十觔，長流水煮糜，濾滓取液，熬成琥珀色，每飲數大碗，寒月溫而飲之。緩飲則下，急飲則吐，時緩時急，且吐且下。吐下後

口渴，即服自己小便，亦能蕩滌餘垢。睡二日，乃食粥，調養半月，沉疴悉去，須五年忌牛肉。牛黃味苦、甘，平，無毒。入心、肝二經。人參為使，惡龍骨、龍膽、地黃、常山、蜚蠊，畏牛膝、乾漆。清心主之煩，熱狂邪鬼俱消；攝肝藏之魂，驚癇健忘同療。利痰氣而無滯，入筋骨以搜風。東垣云：牛黃入肝治筋，中風入臟者，用以入骨追風。若中腑中經者誤用之，反引風入骨。如油入麵，莫之能出。

明·李中梓《頤生微論》卷三 牛肉 和中養脾。丹溪倒倉法：用肥嫩牡黃牛肉二十觔，去筋膜，長流水煮爛，去查取淨液，再熬如琥珀色。病者先斷淫慾食淡，前一日不食晚飯，入密室中，明快而不通風者，取汁飲之，寒月隔湯溫之。病在上者欲吐多，則急飲之；病在下者，欲利多，則緩飲之；病在上中下者，欲吐利俱多，則時緩時急。渴則自飲小便，飢則先與粥，渴次與淡稀粥，三日後方與菜羹糜粥，調養一月，沉疴悉去。此後忌牛肉十年。丹溪自序曰：牛，坤土也；黃，土色也。以順德配乾。健者，牡之用也；肉者，胃之藥也；液者，無形之物也。故由腸胃而透肌膚毛竅，無所不入。夫積聚久而成形，粘着于廻薄曲折之處，可以丸散犯乎此，則踵其曲折，如洪水泛漲，陳朽順流而下。其法得之西域異人，借補為瀉，因瀉為補，大有再造之功，真奇法也。

明·施永圖《本草醫旨·食物類》卷四 牛南人以水牛為牛，北人以黃牛、烏牛為牛。牛種既殊，入用當別。牛齒有下無上，察其齒而知其年。三歲二齒，四歲四齒，五歲六齒，六歲以後每年接脊骨一節也。牛耳聾，其聽以鼻。乾陽為馬，坤陰為牛。故馬蹄圓，牛蹄坼。馬病則臥，陰勝也。牛病則立，陽勝也。 黃牛肉：味甘，溫，無毒。食之發藥毒，動病人，不如水牛。若自死者，血脉已絕，骨髓已竭，不可食之。牛病死者，發痼疾痃癖，令人洞下疰病。黑牛白頭者，不可食。獨肝者，有大毒，令人痢血至死。北人牛瘦，多以蛇從鼻灌之，故肝獨也。水牛則無之。牛自死、白首者，食之殺人。疥牛食之發痒。黃牛、水牛肉合豬肉及黍米酒食，並生寸白蟲。合韭、薤食，令人熱病。合生薑食，損齒。煮牛肉入杏仁、蘆葉易爛，相宜。治：安中益氣，養脾胃，補益腰脚，止消渴及唾涎。牛肉補氣，與黃芪同功。

附方 小刀圭：凡虛病，皆可服之，用小牛犢兒未交感者一隻，臘月初八日，或戊己日殺之，去血燖毛，洗淨，同臟腑不遺分寸，大銅鍋煮之，每十斤入黃芪十兩，人參四兩，茯苓六兩，官桂、良薑各五錢，陳皮三兩，甘草、蜀椒各二兩，食鹽二兩，淳酒二斗，同煮，水以八分為率，文火煮至如泥，其骨皆捶碎，并濾取稠汁，待冷以甕盛之，埋於土內，露出甕面。凡飲食中皆任意食之，或以酒調服更妙。肥犬及鹿皆可依此法作之。腹中痞積：牛肉四兩，切片，以風化石灰一錢擦上，蒸熟食，常食痞自下。腹中癖積：黃牛肉一斤，恒山三錢，同煮熟，食肉飲汁，癖必自消，甚效。牛皮風癬：每五更炙牛肉一片食，以酒調輕粉敷之。

水牛肉：味甘，平，無毒。宜忌同黃牛。治消渴，止啘洩，安中益氣，養脾胃，補虛壯健，強筋骨，消水腫，除濕氣。

附方 水腫尿澀：牛肉一斤，熟蒸，以薑、醋空心食之。手足腫痛：傷寒時氣，毒攻手足，痛腫欲斷，牛肉裹之，腫消痛止。

頭蹄：水牛者良。味：涼。患冷人勿食蹄中巨筋。多食令人生肉刺。治：下熱風。

附方 水腫：脹滿，小便澀者，用水牛蹄一具，去毛，煮汁作羹，切，食之。或以水牛尾一條，切作腊食，或煮食亦佳。

鼻：水牛者良。治：消渴，同石燕煮汁服。治婦人無乳，作羹食之，不過兩日，乳下無限。氣壯人尤效。療口眼喎斜，不拘乾濕者，以火炙熱，於不患處熨之，即漸止。 皮：水牛者良。治：水氣浮腫，小便澀少，以皮蒸熟，切，入豉汁食之。熬膠最良。 乳：味甘，微寒，無毒。榛牛乳佳，生飲令人利，熱飲令人口乾。凡服乳，必煮一二沸，停冷啜之，熱食即壅。不欲頓服。與酸物相反，令人腹中癥結。患冷氣人忌之。合生魚食作瘕。治：補虛羸，止渴，養心肺，解熱毒，潤皮膚，冷補，下熱氣。和蒜煎沸食，去冷氣，痃癖。患熱風人宜食之。老人煮食有益。入薑、葱止小兒吐乳，補勞。治反胃熱噦，補益勞損，潤大腸，治氣痢，除疸黃。老人煮粥甚宜。反胃噎膈，大便燥結，宜牛羊乳時時嚥之，並服四物湯為上策。不可用人乳。人乳有飲食之毒，七情之火也。○唐太宗苦氣痢，張寶藏具疏以乳煎蓽茇方，上服之立愈。授鴻臚寺卿。其方用牛乳半斤，蓽茇三錢，同煎減半，空腹頓服，治痢甚效。

附方 風熱毒氣：煎過牛乳一升，生牛乳一升，和匀空腹服之，日三服。小兒熱噦：牛乳二合，薑汁一合，銀器文火煎五六沸，量兒與服之。下虛消渴：心脾中熱，下焦虛冷，小便多者，牛羊乳每飲三四合。脚氣痹弱：牛乳五升，硫黃三兩，煎取三升，每服三合，羊乳亦可。重舌出涎：特牛乳飲之。蚰蜒入耳：牛乳少少滴入，即出。若入腹者，飲一二升即化為水。蜘蛛瘡毒：牛乳飲之良。

血：味鹹，平，無毒。治：解毒利腸，治金瘡折傷垂死，又下水蛭。煮拌醋食，治血痢便血。按《元史》云：布智兒從太祖征回回，身中數矢，血流滿體，悶仆

幾絕。太祖命取一牛，剖其腹，納之牛腹，浸熱血中，移時遂甦。

附方　誤吞水蛭：腸痛黃瘦，牛血熱飲一二升，次早化豬脂一升，飲之，即下出也。

脂：黃牛者良，煉過用。味：甘，溫，微毒。多食發痼疾，瘡瘍。治：諸瘡疥癬，白禿，亦入面脂。

附方　腋下胡臭：牛脂和胡粉塗之，三度永瘥。

髓：黑牛、黃牛、㸺牛者良，煉過用。味：甘，溫，無毒。治：補中，填骨髓，久服增年，安五臟，平三焦，續絕傷，益氣力，止洩痢，去消渴，皆以清酒暖服之。平胃氣，通十二經脉，治瘦病，以黑牛髓、地黃汁、白蜜等分煎服。潤肺，補腎，澤肌悅面，理折傷，擦損痛，甚妙。

附方　補精潤肺：用煉牛髓四兩，胡桃肉四兩，杏仁泥四兩，山藥末半斤，煉蜜一斤，同搗成膏，以瓶盛，湯煮一日，每服一匙，空心服之。勞損風濕：用牛髓、羊脂各二升，白蜜、薑汁、酥各三升，煎三上三下，合成膏，隨意以溫酒和服之。手足皴裂：牛髓敷之。

腦：水牛、黃牛者良。味：甘，溫，微毒。牛熱病死者勿食，其腦令生腸癰。治：風眩，消渴，脾積，痞氣。潤皴裂，入面脂用。

附方　吐血咯血：五勞七傷，用水牛腦一枚，塗紙上，陰乾，杏仁煮去皮、胡桃仁、白蜜各一斤，香油四兩，同熬乾為末，每空心燒酒服二錢匕。偏正頭風：不拘遠近，諸藥不效者，如神。用白芷、芎藭各三錢，為細末，以黃牛腦子搽末在上，瓷器內加酒頓熟，乘熱食之，盡量一醉，醒則其病如失，甚驗。脾積痞氣：牛腦丸，治男婦脾積痞病，大有神效。黃㸺牛腦子一箇，去皮筋，擂爛，皮硝末一斤，蒸餅六個，曬研和勻，糊丸梧子大。每服二十丸，空心好酒下，日三服，百日有驗。

心：已下黃牛者良。治：虛忘，補心。　脾：治：補脾。臘月淡煮，日食一度，治痔瘻。和朴硝作脯食，消痞塊。　肺：已下水牛者良。治：補肺。　肝：治：補肝明目。治瘧及痢，醋煮食之。婦人陰䘌，納之引蟲。

腎：治：補腎氣，益精，治濕痹。　胃：黃牛、水牛俱良。味：甘，溫，無毒。青牛腸胃，合犬肉、犬血食，病人。治：消渴，風眩。補五臟，醋煮食之。補中益氣，解毒，養脾胃。

附方：噉蛇牛毒：牛肚細切，水一斗，煮一升，服取汗即瘥。

膍：一名百葉。○牛羊食百草，與他獸異，故其胃有膍，有胘，有蜂窠，亦與他畜異也。胘即胃之厚處。治：熱氣，水氣。治痢，解酒毒、藥毒、丹石毒發熱，同肝作生羹，以薑、醋食之。　膽：臘月黃牛、青牛者良。味：苦，大寒，無毒。治：可丸藥，除心腹熱渴，止下痢及口焦燥。益目精，臘月釀槐子服，明目。治疳濕彌佳。釀黑豆，百日後取出，每夜吞一枚，鎮肝明目。釀南星末，陰乾，治驚風有奇功。除黃殺蟲，治癰腫。

附方　穀疸食黃：用牛膽汁一枚，苦參三兩，龍膽草一兩，為末，和少蜜丸梧子大，每薑湯下五十丸。男子陰冷：以食茱萸納牛膽中，百日令乾，每取二七枚，嚼納陰中，良久如火。痔瘻出水：用牛膽、蝟膽各一枚，膩粉五十文，麝香二十文，以三味和勻，入牛膽中懸四十九日，取出為丸如大麥大，以紙撚送入瘡內，有惡物流出為驗也。

胞衣

附方　臁瘡不斂：牛胞衣一具，燒存性，研搽。

喉：白水牛者良。治：小兒呷氣。療反胃吐食，取一具去膜及兩頭，逐節以醋浸炙燥，燒存性，每服一錢，米飲下，神效。反胃吐食，藥物不下，用白水牛喉一條，去兩頭節并筋、膜、脂、肉，節節取下如阿膠黑片收之，臨時旋炙，用米醋一盞浸之，微火炙乾，淬之，再炙，再淬，醋盡為度。研末，厚紙包收，或遇陰濕時，微火烘之，再收。遇此疾每服一錢，食前陳米飲調下，輕者一服立效。　靨：水牛者良。治：喉痹氣癭，古方多用之。　牛角䚡：名角胎。齒：治：小兒牛癇。六畜齒治六癇，皆比類之義也。○此即角尖中堅骨也。味：苦，溫，無毒。治：下閉血，瘀血疼痛，女人帶下血，燔之，酒服燒灰。主赤白痢，黃牛者，燒之。主婦人血崩，大便下血，血痢，水牛者，燒之。止婦人血崩，赤白帶下，冷痢瀉血，水洩，治水腫。牛角䚡，筋之粹，骨之餘，乃厥陰、少陰血分之藥，燒之則性澀，故止血痢崩中諸病。

附方　大腸冷痢：㸺牛角䚡，燒灰，飲服二錢，日二次。小兒滯下：㸺牛角胎，燒灰，水服方寸匕。大便下血：黃牛角䚡一具，煅末，煮豉汁服二錢，日三，神效。鼠乳痔疾：牛角䚡燒灰，酒服方寸匕。蜂蠆螫瘡：牛角䚡燒灰，醋和傅之。

角：味苦，寒，無毒。治：水牛者燔之，治時氣，寒熱頭痛；煎汁治熱毒風及壯熱。㸺牛者，治喉痹腫塞欲死，燒灰酒服一錢；小兒飲乳不快似喉痹者，取灰塗乳上，嚥下即瘥。治淋，破血。

附方　石淋破血：牛角燒灰，酒服方寸匕，日五服。血上逆心：煩悶刺痛，水牛角燒末，酒服方寸匕。赤禿髮落：牛角、羊角燒灰，等分，豬脂調塗。

骨：味甘，溫，無毒。治：燒灰，治吐血，鼻洪，崩中，帶下，腸風瀉血，水瀉，治邪瘧。燒灰，同豬脂塗疳瘡蝕人口鼻，有效。

附方　鼻中生瘡：牛骨、狗骨燒灰，臘豬脂和敷。

蹄甲：青牛者良。治：婦人崩中，漏下赤白。燒灰水服，治牛癎。和油，塗臁瘡。研末貼臍，止小兒夜啼。

附方：卒魘不寤：以青牛蹄或馬蹄臨人頭上，即活。損傷接骨：牛蹄甲一箇，乳香、沒藥各一錢，為末，入甲內燒灰，以黃米粉糊和成膏，敷之。牛皮風癬：牛蹄甲、驢糞各一兩，燒存性，研末，油調，抓破敷之，五七日即愈。臁脛爛瘡：牛蹄甲燒灰，桐油和敷。玉莖生瘡：生蹄甲燒灰，油調敷之。

陰莖：黃牛、烏牛、水牛並良。治：婦人漏下赤白，無子。牯牛卵囊：治：疝氣。一具，煮爛，入小茴香、鹽少許，拌食。毛：治：臍毛，治小兒久不行。耳毛、尾毛、陰毛，並主通淋閉。

附方　卒患淋疾：牛耳中毛，燒取半錢，水服。尾毛亦可。

口涎：以水洗老牛口，用鹽塗之，少頃即出。治：反胃嘔吐，水服二匙，終身不噎。吮小兒，治客忤。灌一合，治小兒霍亂。入鹽少許，頓服一盞，治喉閉口噤。

附方　噎膈反胃：用糯米末，以牛涎拌，作小丸，煮熟食。〇又用牛涎、好蜜各半斤，木鼈仁三十箇，研末，入銅器熬稠，每以兩匙和粥與食，日三服。小兒流涎：取東行牛口中涎沫，塗口中及頤上，自愈。小兒口噤：身熱吐沫，不能乳，方同上。損目破睛：牛口涎，日點二次，避風。黑睛破者，亦瘥。身面疣目：牛口涎，頻塗之，自落。

鼻津：治小兒中客忤，水和少許灌之。又塗小兒鼻瘡及濕癬。耳垢：烏牛者良。以鹽少許，入牛耳中，癢即易取。治：蛇傷，惡蛓毒。蛓，毛蟲也。治癰腫未成膿，封之即散。疳蟲蝕鼻生瘡及毒蛇螫人，並敷之。

附方：疔瘡惡腫：黑牛耳垢，敷之。脇漏出水：不止，用烏牛耳垢傅之，即瘥。鼻衄不止：牛耳中垢、車前子末等分，和勻塞之良。

屎：稀者，名牛洞。味：苦，寒，無毒。治：水腫，惡氣。乾者，燔之敷鼠瘻惡瘡。燒灰，敷灸瘡不瘥，敷小兒爛瘡爛痘及癰腫不合，能滅瘢痕。絞汁，治消渴黃癉，脚氣，霍亂，小便不通。牛屎散熱解毒，故能治腫疽、霍亂、疳痢、傷損諸疾。燒灰則收濕、生肌、拔毒，故能治癰疽、瘡瘻、爛痘諸疾也。

附方　卒陰腎痛：牛屎燒灰，酒和敷之良。脚跟腫痛：用黃牛屎，入鹽炒熱，罨之。子死腹中：濕牛糞，塗腹上良。小兒夜啼：牛屎一塊，安蓆下，勿令母知。小兒頭瘡：野外久乾牛屎不壞者，燒灰，入輕粉，麻油調，搽。小兒白禿：牛屎厚封之。小兒爛瘡：牛屎燒灰，封之，滅瘢痕。痘瘡潰爛：以臘月黃牛屎，燒取白灰敷之，或臥之，即易痂落而無瘢痕。癰腫不合：牛屎燒末，用雞子白和封，乾即易之，神驗也。跌磕傷損：黃牛屎炒熱，封之，裹定即效。湯火燒灼：濕牛屎搗塗之。惡犬咬傷：洗淨毒，以熱牛屎封之，即時痛止。蜂蠆螫痛：牛屎燒灰，苦酒和敷。背瘡潰爛：黃黑牛糞多年者，晒乾為末，入百草霜勻細，糝之。

聖虀：乃牛腸胃中未化草也。治：食牛肉作脹，解牛肉毒。鼻拳：音卷。穿鼻繩木也。治：木拳，主小兒癎；治消渴，煎汁服，或燒灰，酒服。〇草拳，燒研，傅小兒鼻下瘡；燒灰，吹纏喉風，甚效。

明・盧之頤《本草乘雅半偈》帙四　牛角䚡《本經》中品　氣味：苦，平，無毒。主治：主下閉血，瘀血疼痛，女子帶下血。燔之酒服。髓，氣味甘平，主補中，填骨髓，久服增年。膽，氣味苦寒，可丸藥。

覈曰：古者牛唯服車。《易》云：服牛乘馬。《書》云：肇牽車牛，其力在肩，其用以角。《抱朴子》云：牛結陣以却虎，環其角外觸，虎雖猛，巧不能制也。其類有三：沈牛、榛牛，㹌牛也。沈牛大，榛牛小，㹌牛尤其卑小者。《爾雅》謂之犤音悲牛，《會編》謂之紈牛，廣南謂之果下牛者是也。榛牛色黃、黑、赤、白、駁雜數種。沈牛喜沒水中，其狀如豕，大腹銳角，角若擔矛，色青蒼，亦有白色者，俗謂之水牛，鬱林人謂之洲留牛者是也。牝曰牸，曰牶；牡曰特，曰犅，曰牯，曰犒，曰犘。子曰犢，曰犝，曰犆。三歲曰㸣，四歲曰牭，五歲曰㸰，六歲曰犕。察其齒以知其歲，其齒有下而無上也。三歲者二齒，四歲者四齒，五歲者六齒，六歲以後者，歲接骨節一節也。牛之形色，白曰㹏；黑曰犝；赤曰㸿；駁曰犂，曰犖；純色曰牷；純黑曰犉；白黑雜毛曰牻㹓；黃白曰犥，駁如星曰㺃；黃牛虎文曰㹣；黃牛黑脣曰犉；黑眦曰牰；黑耳曰犚；黑腹曰牧；黑脚曰犈；體長曰牬；脊長曰㹅；白脊曰犡，曰將；領如橐駝曰犦；髀膝尾皆有長毛曰犣；角一俯一仰曰觭；角長二尺有五寸，三色不失曰載；重千觔，出巴中曰犘；重數千觔，出岷山曰犩，曰犪；去勢曰犍，曰犗；無子曰𤛮；絕有力曰欣犌。項垂曰胡，蹏肉曰衛，百葉曰膍，角胎曰腮，鼻木曰桊，嚼草復出曰齝，腹草未化曰聖虀。相牛者，壁堂欲闊，膺廷欲廣，豪筋欲就，雋骨欲垂，插頸欲高，排骨欲密，尾不用至地，頭不用多肉，角欲得細，身欲得圓，眼欲得大，口方易飼，鼻廣易牽，倚欲如絆馬，行欲如鱗趾，蹏欲如八字，形欲如卷懸。亂睫好觸，龍頸突目善跳。毛拳角冷有疾，毛少骨多有力，歧胡有

壽，嘗鳴有黄，目脈且赤而體瘦也。牛之為物，病則耳燥，安則溫潤而澤，故古之視牛者以耳。《詩》云：爾牛來思，其耳濕濕。濕濕，言潤澤也。牛耳無竅，以角聽也。《易林》云：牛龍耳聵，龍亦聾者矣。牛，畜之有力而順者。但有豎瞳，而無横瞳，見一物，輒長造天，故童子得而制之。聲曰牟，音曰宫。《管子》云：凡聽宫如牛鳴，窌中，牛含宫聲，故柳子以為黄鐘在脰也。牛夜鳴則痼。痼，久屋朽木也。古稱牛膏曰香，故其臭朽，則不可食矣。《造化權輿》云：乾為馬，坤為牛。乾，陽物也，馬故蹏圓；坤，陰物也，牛故蹏坼。陽病則陰勝，故馬疾則卧；陰病則陽勝，故牛疾則立。馬，陽物也，故起先前足，卧先後足；牛，陰物也，故起先後足，卧先前足。馬嘗立，馬病則卧；牛嘗卧，牛病則立。牛走風順，馬走風逆，牛馬風逸，往往不相及也。《山海經》云：稷後曰叔均，是始耕。郭氏云：用牛犁也。許叔重以為牛者所植穀，穀者民之命，是以王法禁殺牛，民犯禁，殺之者誅。《周官》牛人掌國之公牛，以待政令：祭祀供享牛、求牛；賓客供牲牛、膳牛；饗食供膳羞牛；軍士供犒牛；喪事供奠牛；軍旅供兵軍之牛。《祭禮》云：一元大武，祭天地之牛，角繭栗；宗廟之牛，角握；賓客之牛，角尺；帝牛不吉，以為稷牛，帝牛必在滌三月，稷牛唯具也。又云：天子以犧牛，諸侯以肥牛，大夫以索牛。《周禮》云：牧人掌六牲，凡陽祀用騂牲，陰祀用黝牲，望祀各以其方之色，外祭毁事用尨可也。《周禮疏》云：牛宜稌。稌，土穀，牛土畜，故牛宜稌。藏器云：牛自死者，血脈已絶，骨髓已竭，不可食。病死者，令人痃癖洞下。白首者、獨肝者，有大毒。噉蛇者殺人。仲景云：噉蛇牛，毛髮白而後順者是也。時珍云：角䚡，角内堅骨也。角為筋之精，骨之餘，䚡為角之粹也。故䚡在角中，一名角胎。

条曰：牛者，稼穡之資，五畜之土，脾藏之畜也。律書冬至曰牽牛，言陽氣牽同萬物出之也。故《本經》取用在角，䚡則又為角木之胚兆耳。蓋土爰稼穡，稼穡作甘，所以俾全土化之體用者也。《經》云：脾統血，閉瘀，則具體失用，帶血，則顯用無體，咸忘所統，而體用分之。燔之以火，轉藉母氣，功力始備。髓填髓者為象形；膽丸藥者，為十一藏，皆取決于膽也。

清·顧元交《本草彙箋》卷八 牛合牛黄、乳、膽、角䚡。 牛，本土畜。色黄者，又入通於脾，其補益脾胃無疑矣。肉，味甘氣溫。故主安中益氣。乳為血液所化，氣味甘寒。故主養血脈，滋潤五臟。酥、酪、醍醐，總成於牛乳，但有精粗之别耳。其性潤滑，宜於血熱枯燥之人。 膽萃百草之精華，味苦，故能泄結，氣寒，故能勝熱。 角䚡者，角中嫩骨，乃骨之餘，筋之精，而䚡又角之精也。乃厥陰、少陰血分之藥。燔之則性澀，故止血痢，崩中之症。

牛黄，味苦氣涼。主消痰熱，散心火，而療驚癇，爲世神物。蓋牛之有黄，猶人身之有内丹也。凡牛生黄，則夜視其身有光，皮毛潤澤，眼如血色，乃得氣之精，而形質變化自有異耳。或云：牛病乃生黄。此亦一説。蓋有黄之牛，多病而易死。諸獸皆有黄，人之病黄亦然。因其病在心及肝膽之間，則凝結成黄，故還治心及肝膽之病。正如人之淋石，復能治淋也。愚謂牛有黄，則多病而死，非因病而有黄也。以其英華結聚於一處，則周身盡槁矣。

乾陽爲馬，坤陰爲牛，故馬蹄圓，牛蹄坼。馬病則卧，陰勝也。牛病則立，陽勝也。馬起先前足，卧先後足，從陽也。牛起先後足，卧先前足，從陰也。又牛耳聾，其聽以鼻，牛瞳豎而不横。 凡藥用酥炙者，取其潤而滲，使骨易糜。 古方，牛乳同人乳、羊乳、梨汁、蘆根汁、蔗漿熬膏，治反胃噎膈，大便結燥之症。或云：人乳不宜，用人乳有飲食之毒，七情之火。 痔漏效方，取黄牛膽五枚，塞槐角於内，風乾，搗爛爲丸，服完即瘳。

牛黄，治小兒百病之聖藥。蓋小兒稟純陽之氣，其病皆胎毒痰熱爲患，心肝二經所發。牛黄化痰除熱，清心養肝，有回生之功。惟作瀉而脾胃虚寒者，禁用。 此有四種：人以盆水承之，伺其吐出，乃喝迫墮下者，取得陰乾百日，一子如雞子黄大，重疊可揭，折之輕虚而氣香，謂之生黄。殺死在角中得者，名角黄。牛病死後，心中剝得者，名心黄。初在心中，如黄漿汁，取投水中，沾水乃硬，如碎蒺藜及豆與帝珠子者是也。肝膽中得者，名肝黄。大抵皆不及生黄爲勝。西戎有犛牛黄，堅而不香。又有駱駝黄，極易得，亦能相亂。

清·穆石匏《本草洞詮》卷一五 牛牛肉、牛乳、牛血、牛喉、牛角䚡、牛骨

牛，在畜屬土，土緩而和，其性順也。黄牛肉甘溫，水牛肉甘平，竝無毒。病死者有大毒。水牛惟可充食，入藥黄牛為良。主補中益氣，養脾胃，益腰膝，止消渴。韓𢘿謂牛肉補氣，與黄耆同功。朱丹溪有倒倉法，謂腸胃為積穀之室。倒者，推陳以致新也。胃屬土，受物而不能自運，七情五味，有傷中宫，

停痰積血，互相糾纏，發為癱瘓，為勞瘵，為蠱脹，成形成質，為窠為臼，以生百病。而中宮愆和，非丸散所能去也。此方出自西域異人。其法用黄牯牛肉二十斤，長流水煮成糜，去滓，濾液，再熬成琥珀色，收之。連飲至數十鍾，寒月溫飲，病在上則急飲令吐，病在下則緩飲令利，在中則令吐而利。吐利後，渴即服自小便一二椀，蕩滌餘垢，睡二日，乃食淡粥。養半月，精神強健，沉疴悉去也。須五年忌牛肉。蓋牛，坤土也，黄土色也。熟而為湯，無形之物也。故能由腸胃而透肌膚、毛竅、爪甲，無所不到。在表者因吐而得汗，在清道者自吐而去，在濁道者自利而除。有如洪水泛漲，陳莝順流而去，盎然，渙然，潤澤枯槁，而有精爽之樂也。王綸謂牛肉本補脾胃之物，非吐下藥也。特飲之既滿而溢耳，借補為瀉，故病去而胃得補，亦奇法也。但病非腸胃者，似難施之耳。牛乳，甘，微寒，無毒。補虛羸，止消渴，養心肺，解熱毒，潤皮膚。凡反胃噎膈，大便燥結，宜牛羊乳時時嚥之，不可用人乳，人乳有飲食之毒，七情之火也。唐太宗苦氣痢，眾醫不効。下詔訪問，張寶藏具疏以乳煎蓽茇方上，服之立愈，詔與五品官。魏徵難之，上疾復發，復進之又平，授鴻臚寺卿。其方用牛乳半斤，蓽茇三錢，同煎減半，空腹頓服。蓋一寒一熱，能和陰陽也。牛血，鹹，平，無毒。主解毒利腸，治金瘡折傷垂死。《元史》云：布智兒從太祖征回回，身中數矢，血流滿體，悶仆幾絕，太祖命取一牛，剖其腹納之，浸熱血中，移時遂甦。李庭從伯顏攻郢州，砲傷左脇，矢貫於胸，幾絕。伯顏命剖水牛腹納其中，良久而甦。何孟春云：予在職方時，問各邊將，無知此術者。非讀《元史》弗知也。牛膽，苦，大寒，無毒。益目精，除心腹熱渴，止下痢。釀黑豆百日，每夜吞一枚，鎮肝明目。釀南星末，陰乾，治驚風。《淮南子》云：牛膽塗熱釜，釜即鳴。牛膽塗桂，莫知其誰。註云：能變亂人形。《岣嶁》云：蛙得牛膽則不鳴。此皆有所制也。牛喉治反胃吐食，小兒呷氣。《普濟方》云：反胃吐食，結腸七八日，大便不通者，必死。昔全州周禪師得正胃散方於異人，十痊八九。用白水牛喉一條，去兩頭節並筋膜、脂肉，用米醋一盞浸之，微火炙乾，淬之，再炙再淬，醋盡為度，研末，厚紙包收，或遇陰濕時，微火烘之。遇此疾每服一錢，陳米飲調下，輕者一服立効。牛角䚡，乃角尖中堅骨也，謂之角胎。此筋之粹，骨之餘，而䚡又角之精也。乃厥陰、少陰血分之藥。燒灰酒服，止血痢崩中，赤白帶下。牛骨燒灰，亦治吐衄崩帶，腸風血瀉。同豬脂塗疳瘡蝕人口鼻，甚効。朝鮮以牛骨占卜吉凶，無往不中。牛非含智之物，骨有先事之靈，宜其入藥治病也。

清·丁其譽《壽世秘典》卷四　牛有㹀牛、水牛二種。㹀牛小，有黄、黑、赤、白、駁雜數色。水牛色青蒼，大腹鋭頭，其狀類猪，角若擔矛，能與虎鬭，亦有白色者。牡者曰牯、曰特、曰犅、曰犒；牝者曰牸、曰牶。純色曰犧，黑曰犐，白曰犨；赤曰㸺，駁曰犂。去勢曰犍，又曰犗。子曰犢。牛耳聾，其聽以鼻，牛瞳豎而不橫。在畜屬土，土緩而和，其性順也，在卦屬坤。坤陰為牛，故牛起先後足，臥先前足，從陰也，病則立而不臥，陽勝也。牛毛少骨多者有力，溺射前者良。劣馬食牛肉即馴，亦物性也。　氣味：甘，溫，無毒。主安中益氣，養脾胃。　發明孟詵曰：黄牛動病，黑牛尤不可食，不如水牛。若自死者，血脉已絕，骨髓已竭，不可食。凡牛病死及黑身白頭獨肝者，皆不宜食。李時珍曰：《內則》云牛夜鳴則痼，臭不可食。病死者有大毒，令人生疔暴亡。《食經》云：牛自死、白首者食之，殺人；疥牛食之，發痒；合猪肉及黍米酒食，並生寸白蟲；合韭、薤食，令人熱病；合生薑食，損齒。煮牛肉入杏仁、蘆葉易爛，相宜。黄牛、水牛主治俱一，宜忌亦同。

腎：俗名腰子。主補腎氣益精，治濕痹。　胃：即牛肚也。主補中益氣，解毒，養脾胃。　膍：一名百葉。主熱氣水氣，治痢，解酒毒、藥毒、丹石毒發熱，同肝作生，以薑、醋食之。李時珍曰：膍音毗，言其有比列也，牛羊食百草與他獸異，故其胃有膍、有胘、有蜂窠，亦與他獸異也。胘即胃之厚處。

清·劉雲密《本草述》卷三一　牛　時珍曰：牛有㹀音秦。牛、水牛二種。㹀牛小，而水牛大。㹀牛有黄、黑、赤、白、駁雜數色。水牛色青蒼，大腹鋭頭，其狀類豬，角若擔矛，能與虎鬭。亦有白色者。按㹀牛，即俗之所謂黄牛也。

黄牛肉：　氣味：甘，温，無毒。主治：安中益氣，養脾胃《別録》。時珍曰：韓忞言牛肉補氣，與黄芪同功。觀丹溪朱氏倒倉法論，而引申觸類，則牛之補土，可心解矣。　丹溪倒倉論曰：腸胃為積穀之室，故謂之倉，倒者，推陳以致新也。胃屬土，受物而不能自運，七情五味，有傷中宮，停痰積血，互相纏糾，發為癱瘓，為勞瘵，為蠱脹，成形成質，為窠為臼，以生百病。而中宮愆和，自非丸散所能去也。此方出自西域異人，其法用肥嫩牡黄牛肉二十斤，洗極淨，長流水煮成糜，去滓，取液再熬成琥珀色收之，每飲一鍾，隨又飲至數十鍾，寒月温而飲。病在上則令吐，在下則令利，在中則令吐利，在人活變。吐利後必渴，即服其所出之小便一二椀，亦可蕩滌餘垢，睡二日，乃食淡粥，養半月，即精神強健，沉疴悉亡也。須五年忌牛肉。蓋牛，坤土也。黄，土色也。以順德配乾牡之用也。肉者，胃之藥也，熟而為液，無形

之物也。故能由腸胃而透肌膚、毛竅、爪甲，無所不到。在表者因吐而得汗，在清道者自吐而去，在濁道者自利而除，有如洪水泛漲，陳莝順流而去，盎然渙然，潤澤枯槁，而有精爽之樂也。

一名霞天膏。　氣味：　甘，温，無毒。　主治：　中風偏廢，口眼歪斜，痰涎壅塞，五臟六腑留痰宿飲癖塊，手足皮膚中痰核。　希雍曰：　胃屬土，為水穀之海，無物不受。胃病則水穀不能以時運化，羈留而為痰飲，壅塞經絡，則為積痰、老痰、結痰等證。陰虚內熱生痰，則為偏廢，口眼歪斜。留滯腸胃，則為宿飲癖塊。隨氣上涌，則為喘急迷悶。流注肌肉，則為結核。王隱君論人之諸疾，悉由於痰。然而痰之所生，總由於脾胃虚，不能運化所致。惟用霞天膏以治諸痰證者，蓋牛，土畜也。黄，土色也。肉者，胃之味也。熬而為液，雖有形而無濁質也。以脾胃所主之物，治脾胃所生之病，故能由腸胃而滲透肌膚毛竅，搜剔一切留結也。陰虚內熱之人，往往多痰，此則由於水涸火熾，煎熬津液，凝結為痰。膠固難散者，亦須以此和竹瀝、貝母、橘紅、蘇子、栝樓根、枸骨葉之類消之。或以橘皮、白茯苓、蘇子、白豆蔻仁、半夏、蒼术為麴，治脾胃積痰。或以橘皮、貝母、蘇子、栝樓根及仁、蓬砂為麴，治積熱痰結。

乳：　氣味：　甘，微寒，無毒。　弘景曰：　㹀牛乳佳。　恭曰：　㹀牛乳性平，生飲令人利，熱飲令人口乾，温可也。水牛乳作酪濃厚，勝㹀牛。造石蜜須之。　藏器曰：　黑牛乳勝黄牛。凡服乳必煮一二沸，停冷啜之。熱食即壅，不欲頓服。與酸物相反，令人腹中癥結。患冷氣人忌之。合生魚食作瘕。　主治：　補虚羸《别録》。養心肺，解熱毒日華子。治反胃熱噦，潤大腸時珍。冷補，下熱氣藏器。治氣痢，除疸黄。老人煮食有益時珍。丹溪曰：　反胃噎膈，大便燥結，宜牛羊乳時時咽之。並服四物湯為上策。不可用人乳，人乳有飲食之毒，七情之火也。　時珍曰：　乳煎蓽茇治痢有效，蓋一寒一熱，能和陰陽耳。《獨異志》所云：　唐太宗苦氣痢，眾醫不效。金吾長張寶藏具疏以乳煎蓽茇方上，服之立愈，頓授三品文官鴻臚寺卿，此亦一徵也。其方用牛乳半斤，蓽茇三錢，同煎減半，空腹頓服。　希雍曰：　牛乳乃牛之血液所化，甘寒能養血脈，潤五臟。　同人乳、羊乳、梨汁、蘆根汁、蔗漿熬膏，治反胃噎膈，大便燥結，宜時時飲之，兼能止消渴。

愚按：　牛稟土德，而乳又其血液所化，似於入胃解熱毒，潤枯燥，是其適治。故反胃噎膈，丹溪謂時時服之者為上策，確有見也。苐治下虚消渴方，誠合於冷補下熱氣之説。而所云老人有益者，殊亦不謬。老人恒患血液枯燥，以致上熱下虚。此味潤枯而上熱除，則即能下行以補虚矣。蓋人中年以後，下之陰氣不能生，全藉後天所生者，以為下之餘地，若液潤則熱除，血和則氣降，在下血海自有滋益，如之何不宜於老人哉？

附方　下虚消渴，心脾中熱，下焦虚冷，小便多者，牛、羊乳每飲三四合。病後虚弱，取七歲以下五歲以上黄牛乳一升，水四升，煎取一升，稍稍飲至一日止。

髓：　黑牛、黄牛、㸰牛者良。　氣味：　甘，温，無毒。　主治：　補中，填骨髓《本經》。續絶傷《别録》。平胃氣，通十二經脈思邈。治瘦病，以黑牛髓、地黄汁、白蜜，等分煎服孟詵。

附方　補精潤肺，壯陽助胃，用煉牛髓四兩，胡桃肉四兩，杏仁泥四兩，山藥末半斤，煉蜜一斤，同搗成膏，以瓶盛，湯煮一日，每服一匙，空心服之。

膽：　臘月黄牛、青牛者良。　氣味：　苦，大寒，無毒。　主治：　臘月釀槐子服，明目，治疳溼彌佳蘇恭。釀南星末，陰乾，治驚風有奇功蘇頌。釀黑豆，百日後取出，每夜吞一枚，鎮肝明目《藥性》。　希雍曰：　脾胃虚寒者忌之。目病非風熱者，不宜用。

喉：　白水牛者良。　療反胃吐食，取一具，去膜及兩頭逐節，以醋浸炙燥，燒存性，每服一錢，米飲下，神效時珍。　時珍曰：　按《普濟方》云：　反胃吐食藥物不下，結腸三五日至七八日大便不通，如此者必死。昔金州周禪師得正胃散方於異人，十痊八九。用白水牛喉一條，去兩頭節并筋、膜、脂、肉，及如阿膠黑片收之，臨時旋炙，用米醋一盞，浸之，微火炙乾，淬之，再炙再淬，醋盡為度，研末，厚紙包收，或遇陰溼時，微火烘之，再收。遇此疾每服一錢，食前陳米飲調下，輕者一服立效。

牛角鰓：　一名角胎。　時珍曰：　此即角尖中堅骨也。牛之有鰓，如魚之有腮，故名。胎者，言在角內也。　氣味：　苦，温，無毒。　甄權曰：　苦、甘。主治：　下閉血，瘀血疼痛，女人帶下血，燔之，酒服《本經》。黄牛者燒之，主婦人血崩，大便下血，血痢宗奭。水牛者燒之，止婦人血崩，赤白帶下，冷痢瀉血《藥性》。

愚按：　時珍曰：　牛角鰓，筋之粹，骨之餘，而鰓又角之精也，乃厥陰、少

陰血分之藥。斯言是矣。以故燒之，能治血病。蓋血為真陰之化醇，腎主至陰，肝為血臟。牛屬土而益太陰之脾。其角之精者，燒而用之，以和三陰之氣，更藉其堅凝在首者，以療精氣之下陷，乃得血之行止咸宜焉，斯亦可謂精良之劑乎。試觀方書療損娠下惡血不止，有龍骨散用龍骨、當歸、地黃、炒芍、地榆、乾薑、阿膠、艾葉、蒲黃，而以牛角鰓為君。則此味治女子血崩諸證，能為諸血味主者，不可想見乎哉？

附方 大便下血，黃牛角鰓一具，煆末，煮豉汁，服二錢，日三，神效。赤白帶下，牛角鰓燒令烟斷，附子以鹽水浸七度，去皮，等分為末，每空心酒服二錢匕。

清·郭章宜《本草匯》卷一七 犪牛肉北牛曰犪，音秦。 甘，溫，入足陽明經。養脾胃，補腰脚。安中益氣，止渴消涎。

按：牛，坤土也，而補氣，脾胃之物也。韓悉同懋言其與黃耆同功。朱氏有《倒倉法論》，本非吐下藥，特飲之既滿而溢爾，王綸所謂借補為瀉，故病去而胃得補，亦奇法也。但病非腸胃者，似難施耳。

牛數種，惟犪牛為勝，青牛為良，水牛僅可供食。白頭者及黑者，獨肝者，不可服。中其毒者，人乳解之。附倒倉法：出自西域異人，其法用黃牡牛肉二十觔，煑糜，去滓，取液再熬成琥珀色，收之，任飲。病在上則令吐，在下則令利，在中則令吐而利，吐利後渴，即服其小便一二碗，睡二日，乃食淡粥，養半月，即疴退強健。仍忌牛肉五年。此治中宮愆和，非丸散所能去也。

清·尤乘《食鑒本草·獸類》 黃牛肉 補脾胃五藏。血能補血，乳能補中養血，但忌與醋同食。凡黑牛白頭、獨肝者，不可食。夏月卒死及瘟死者極毒，殺人，不惟不可食，氣亦害人。服牛膝者忌之。

清·朱本中《飲食須知·獸類》 黃牛肉 味甘，性溫，微毒。食之發藥毒，能病人。牛夜鳴則痼，臭不可食。牛病自死者，血脉已絕，骨髓已竭，不可食之。悮食令人生疔暴亡，發痼疾、痃癖、洞下、疰病。瘟牛暴死者，不可食。獨肝者有大毒，令人痢血至死。北人牛瘦，多以蛇從鼻灌，故爾獨肝。水牛則無之。噉蛇牛，毛髮白而後順者是也。人乳可解其毒。自死、白首者，食之殺人。疥牛食之發癢。黃牛、水牛合猪肉及黍米酒食，並生寸白蟲。同韭、薤食，合生薑食，損齒。勿同栗子食。黑牛白頭者大毒，勿食。

水牛肉，味甘，性平，忌同黃牛。患冷人勿食。蹄中巨筋，多食令生肉刺。牛乳，味甘，性微寒。生飲令人利，熱飲令人口乾氣壅，溫飲可也，不宜頓服。與酸物相反，令人腹中癥結。患冷氣人勿食。同魚食成積，同醋食生瘕。牛脂，味甘，性溫，微毒，多食發痼疾瘡瘍。牛腦，味甘，性溫，微毒。熱病死者，勿食其腦，令生腸癰。牛肝，勿同鮎魚食，患風噎涎。

青牛腸胃，合犬肉、犬血食，病人。服仙茅者，食牛肉、牛乳，令斑人鬚髮。服牛膝人，亦忌食之。凡煮牛肉入杏仁、蘆葉，則易爛。煮病牛入黃豆，豆變黑色者，殺人。中疔疥牛毒，用澤蘭根，或甘菊根汁，或猪牙灰水服，或生菖蒲擂酒，或甘草湯解之。猪脂化湯，亦可解毒。過食牛肉所傷，以稻草和草果煎濃湯，多服可消。牛乃有功於世，仁人君子必宜戒食。

清·何其言《養生食鑒》卷下 水牛牛者，稼穡之資，不可多殺。若自死者，血脉已絕，骨髓已竭，勿食，并防疔毒。 水牛肉：味甘，性平，無毒。安中益氣，養脾胃，消水腫，除濕氣，止消渴，補虛弱，壯筋骨。十二月勿食。瘧疾後，忌之。生疔牛，有毒，食之作渴、發瘡。中之者，取苦瓜核擂水，飲之即解。牛鼻：治婦人無乳，作羹食之，不過兩日，乳下無限，氣壯人尤效。牛腦：無毒。去風眩、渴消。牛乳：養心肺，解熱毒，補虛，止渴，最宜老人。凡用，必煮過，停冷，徐徐飲之。牛血：解毒，利腸胃。煮拌醋食，治血痢、便血。牛髓：補骨髓，平胃氣，暖水臟。同酒暖食，通十二經脈。久食益氣力，強健人。牛心：補心，治虛忘慌惚。牛脾：補脾。和朴硝作脯食，消痞塊。牛肺：補肺。牛肝：補肝明目，醋煮食，治瘧痢。獨肝者勿食。牛腎：益精，補腎氣，治濕痹。牛肚：解毒，養脾胃，補五臟。醋煮食之良。牛膍：一名百葉。解酒毒及丹石藥毒，消熱氣水氣。以薑、醋煮食，治痢。牛舌：開胃健脾。牛頭蹄：下風熱。患冷人勿食。蹄中巨筋，多食令人生肉刺。牯牛卵囊：治疝氣，取一具煮爛，入小茴香、鹽少許，拌食。陰莖治婦人漏下赤白，帶下不孕，酒煮食者良。

黃牛與水牛功即相同。李梴云：黃牛發藥毒，動病，不如水牛。蓋黃牛溫而水牛冷故也。常食，以黃牛為妙。

清·閔鉞《本草詳節》卷一〇 牛肉 【略】按：牛肉補氣，與黃芪同功。非吐下藥也，倒倉法借補為瀉，可謂心得之妙。若觸類而通，則開無量法門矣。但病非腸胃者，似難槩施，其脾肺等，俱主益各本經。

清·王翃《握靈本草》卷一〇 牛肉黃牛不如水牛。凡牛病死者，不可食。

主治：牛肉，苦甘，溫，無毒。主安中益氣，養脾胃，補腰脚。牛肉補氣與黃芪同功，觀丹溪倒倉法論，則牛之補土，可以解矣。

清·汪昂《本草備要》卷四 牛肉補脾土。甘，溫，屬土。安中補脾，益氣止渴。倒倉法：用牡黃牛肉二十斤，洗淨，煮爲糜，濾去渣，熬成琥珀色。前一晚不食，至日，空腹坐密室，取汁，每飲一鍾，少時又飲。積數十鍾，身體覺痛。如病在上則吐，在下則利，在中則吐而利。利後必渴，即飲己溺數碗，以滌餘垢。飢倦先與米飲，二日與淡粥，次與厚粥軟飯，將養一月，而沉疴悉安矣。須斷房事半年，牛肉五年。丹溪曰：牛，坤土；黃，中色；肉，胃藥；液，無形之物也。積聚既久，回薄腸胃曲折之處，豈銖兩丸散所能窺犯乎？肉液充滿流行，無處不到，如洪水泛漲，一切凝滯，皆順流而去矣。此方傳于西域異人，中年後行一二次，亦却疾養壽之一助也。王綸曰：牛肉補中，非吐下藥。借補爲瀉，因瀉爲補，亦奇方也。丹溪治林德方咳而咯血，謂肺壅非吐不可，血耗非補不可，惟倒倉二法兼備，服之而愈。又治蕭伯善便濁滑精，亦用倒倉法而愈。又治許文懿公病心痛，用燥藥、靈丹、艾灸雜治，數年不效，自分爲廢人。丹溪先以防風通聖散下其積滯，而病稍起，思食，然兩足難移。次年行倒倉法，節節應手，復生子，活十四年。又臨海林兄久嗽吐紅，發熱消瘦，衆以爲瘵，百方不應。丹溪脉之，兩手弦數，日輕夜重，計無所出。時冬月也，以倒倉法而安，次年生子。牛乳：味甘，微寒。潤腸胃，解熱毒，補虛勞。治反胃噎膈。胃槁胃冷，脾不磨食，故氣逆而成反胃。氣血不足，其本也；曰痰飲、曰食積，其標也。胃槁者，滋血生津；胃冷者，溫中調氣。東垣曰：上焦吐者由乎氣，治在和中而降氣；中焦吐者由乎積，治在行氣而消積；下焦吐者由乎寒，治在溫中而散寒。丹溪曰：反胃噎膈，大便燥結，宜牛羊乳時時嚥之，兼服四物湯爲上策。不可服人乳，人乳有五味之毒、七情之火也。昂按：噎膈不通，服香燥藥取快一時，破氣而燥血，是速其死也。不如少服藥，飲牛乳加韭汁，或薑汁，或陳酒爲佳。江南臬司多公患噤口痢，粒米不進，鄭奠一令服牛乳，久之亦瘥。白水牛喉：治反胃吐食，腸結不通。除兩頭，去脂膜，醋浸炙末，每服一錢，陳米飲下。酥、酪、醍醐，皆牛羊乳所作，滋潤滑澤，宜于血熱枯燥之人。牛膽：內石灰于內，懸挂風處百日，治金瘡良。

清·李熙和《醫經允中》卷二二 牛肉 病死、黑牛白頭及獨肝者有毒，忌食。甘，溫，無毒。黃牛安中益氣，養脾胃，益腰脚。牛骨髓，補中，填骨髓，潤澤肌膚。牛屎尖燒灰，傅小兒痘瘡潰爛，并吹牙疳。水牛甘平，補虛損，強筋骨，消水腫，除濕氣。牛肉補氣補土之味也，多食發悶，病人不宜食之。牛乳，甘，微寒，無毒。主治補虛羸，止渴，養心肺，解酒毒，潤皮膚，大腸燥結。食牛肉作脹，食聖虀解之，牛胃中未化草也。收鼓皮為治蠱神丹，凡中蠱毒，或吐血，或下血如猪肝，或心腹切痛如有物咬，不治即死，取敗鼓皮，廣五寸，長一尺，薔薇根五寸如拇指大，水一升，酒三升，煮至二升，服之即下蠱毒而愈。牛為稼穡之助，有功于人，不宜輕殺；況有病老邁及自死者，不惟無補，反能損人，頤生者戒之，弗食可也。《松軒隨筆》記：米友石云：予年十九時，京師瘟疫盛行，名曰大頭風，家有一人病，輒舉家傳染，親友望之，歸即不起，其病自項以上內外俱腫，死不經旬，諸藥不救，間有活者，百中一二。予家獨一族，兄名應春者，遘此疾五日而殂，家中人看視殯殮，絕不傳染，初尚不解其故，後疫已，始聞人云：凡不食牛犬者，不染疫。試過驗之，則予所知諸親友曾戒食牛犬者，無一人罹疫；而予家獨故兄食牛，卒不免。因執以詢諸死者數人，則盡食牛犬者也。始益信食牛犬者遭瘟語不虛矣，可不戒哉？

清·张璐《本經逢原》卷四 牛 甘，溫，無毒。同豬肉食之生寸白蟲，獨肝牛善噉蛇，食之傷人。春月自死牛肉及生疔牛肉，食之令人瘟，急以生甘草煮汁解之。剝瘟牛傷手足者，令人脹滿，急宜解之，遲則不救。發明：黃牛肉補氣，與黃耆同功。觀丹溪《倒倉法論》而引申觸類，則牛之補土可心解矣。又以黃牛肉取四蹄各五觔，熬膏去滓收乾如鹿膠法，名霞天膏。主中風偏廢，口眼歪斜，痰涎壅塞，五藏六府留痰宿飲癖塊，手足皮膚中痰核，及大病後極虛羸瘦，每觔入茯苓四兩燉熔，空腹酒服三四錢。肥盛多痰者每觔入半夏麴四兩、廣皮二兩，丸服大效。牛本屬坤土，而膽主風木，故能鎮肝明目，臘月用釀南星末陰乾，歲久多製，則苦潤不燥。治經絡風痰及小兒驚痰，其功不減牛黃。牛骨髓補中填骨髓，久服增年，能潤澤肌膚。黃牛腦和藥，治頭風腦漏。牛角䚡，《本經》下閉血瘀血疼痛，女人帶下血崩，燔之酒服。宗奭曰，燒灰主婦人血崩，大便下血，血痢。牛血性溫，能補脾胃諸虛，治便血、血痢，一切病後羸瘦，咸宜食之。其靨乃肺系肉團，瓦上焙乾為末，酒服，治喉痹氣癭，古方多用之，或以製藥益佳，取引入肺經以通氣結耳，與豬羊靨療治不殊。牛齒燒灰治小兒癇。牛乳補虛羸止渴，噎膈反胃，大便燥者宜之。入生薑、葱白，止小兒風熱吐乳。牛馬肉共生魚食之成鼈瘕。牛尿治水腫，但胃虛少食人勿用。牛屎燒灰傅小兒痘瘡潰爛。《產寶》治子死腹中，以濕牛糞塗之。牛齝草絞汁，治反胃噎膈，取其沾涎之多也。

清·汪啟賢等《食物須知·諸葷饌》 牛肉 味甘，氣平，無毒。養肌肉，壯筋骨，和脾胃，能使中氣發生。鼻，炙理口眼喎斜，貼好邊牽正。作羹服，乳汁短少吞，天曉通潤。腎，補腎益精。肝，助肝血明目。肺，

止欬逆； 心，主虛忘。 膽，益睛眸，兼滋唇口焦燥。 小腸、大腸、廣腸，並厚各腸，除腸風痔漏。 血脾、百葉、草肚，俱健脾胃，免飲積傷。 腦，卻風癇止渴。 髓，益氣以禁瀉痢。 又和地黃、白蜜各等分，熬成膏，補三焦，安五臟，治瘦怯，補中。 懸蹄，止一切風熱，止赤白漏下。 血，補身血枯涸。 齒，療小兒牛癇。 耳中垢，可敷蛇傷； 口中涎，專主翻胃。 小兒不能行步，臍中毛可煎嘗，鼻中木拳燒灰。

清·浦士貞《夕庵讀本草快編》卷六 牛《本經》 附： 黃明膠、牛黃。

牛，件也，可以件事分理也。《周禮》曰大牢。《內則》謂之一元大武。 牛緩而和，從坤，順也。 色黃而甘，土之用也。 故能養脾胃而攝痰涎，益精氣而止消渴。 如小刀圭之補虛和中，霞天膏之逐痰搜風，良得旨矣！ 丹溪朱氏立倒倉一法，深著神妙。 然牛本非吐瀉之物，借液汁飲滿而滲，蕩滌餘垢，內由腸胃，外達皮膚，是以勞瘵癱瘓，痰血蠱毒，無不愈矣。 其喉可以治反胃，而涎亦同，乃從類也。 其乳潤心肺而酥更佳，老弱之人宜常服也。 皮煎成膠，號曰黃明，內可以止吐衄便血及婦人胎動血淋； 外可以貼風濕痰癧以及跌仆傷損，功甚頗多。 若夫牛之黃，乃牛之病也，因其病在心及肝胆之間，凝結成黃，故能治肝胆心家之症，如小兒驚癇口噤，大人風癲狂越，乃三焦邪熱、膠痰所致。 心熱則火自生焰，肝熱則木自生風。 此藥味苦氣涼，風火熄而神魂清，心有主而鬼邪不能犯矣！ 但風非中藏，婦人有娠，不可輕服也。 繆仲醇悞謂黃為牛之內丹，倘今人病黃，腹中生塊，亦指為內丹成者乎？ 不覺捧腹。

清·王道純《本草品彙精要續集》卷二 牛齝草 主絞汁服，止噦。 陳藏器： 療反胃，霍亂，小兒口噤風《本草綱目》。 〖名〗牛轉草，即牛食而復出者，俗曰回噍。 〖主〗李時珍曰： 牛齝，治反胃，噎膈，雖取象回噍之義，而沾濡口涎爲多，故主療與涎之功同。 〖治〗小兒流涎，用牛噍草絞汁，少少與之。○初生小兒口噤十日內者，用牛口齝草絞汁灌之。 〖合治〗反胃，噎膈。 大方奪命丸： 牛轉草、杵頭糠各半斤，糯一升，爲細末，取黃母牛涎和丸龍眼大，煮熟食之，入砂糖二兩，尤妙。○霍亂，吐利不止，用烏牛齝草一團，人參、生薑各三錢，甜漿水一升半，煮汁五合服。

盧精： 《別錄》曰： 治蠱毒。 〖地〗生益州。 〖味〗平。

清·劉漢基《藥性通考》卷六 牛肉 味甘，溫。 屬土，安中補脾，益氣止渴。 牛乳，味甘，微寒。 潤腸胃，解熱毒，補虛勞，治反胃膈噎。 白水牛喉，治反胃吐食，腸結不通。 酥油，皆牛羊乳所作，滋潤滑澤，宜於血結枯燥之人。 牛膽入石灰於內，懸掛風處百日，治金瘡最良。

清·葉盛《古今治驗食物單方》 牛 病後虛弱，取七歲以下、五歲以上黃牛乳一升，水四升，煎取一升，稍稍飲至十日止。 心脾中熱、下焦虛冷、小便多者，牛乳飲之。

清·黃元御《玉楸藥解》卷五 牛肉 味甘，性平。 入足太陰脾、足厥陰肝經。 補中培土，養血榮筋。《素問》肝色青，宜食甘。 粳米、牛肉、棗、葵皆甘。 牛肉補益脾肝，滋養血肉，壯筋骨，治腰膝軟弱，消渴癖積。 塗牛皮風癬。 水牛肉性兼消水腫，利小便。 牛乳清肺潤腸，退熱止渴。 療黃疸。 牛髓補精添力，續絕補陽。 牛腦潤皴裂，消癖積。 牛膽套南星，治驚化痰。 牛角鰓通經破瘀，止血泄痢。 牛涎治反胃噎膈。 牛溺治水腫尿癃。 牛黃治驚狂風熱。 敗鼓皮治蠱毒淋漓。 馬勃治咽喉痹痛，久嗽失聲，骨鯁吐衄。 馬勃亦名牛屎菰。

清·吳儀洛《本草從新》卷六 牛〔補脾土。〕 甘，溫。 屬土。 安中補脾，益氣止渴。 例倉法： 用牡黃牛肉二十斤，洗淨煮為糜，濾去滓，熬成琥珀色。 前一晚不食，次日空腹坐密室，取汁每飲一鍾，少時又飲，積數十鍾，寒月溫飲。 如病在上則吐，在下則利，在中則吐而利，利後必渴，即飲己溺，以滌餘垢。 飢倦，先與米飲，二日與淡粥，次與厚粥軟飯，將養一月，沉痾悉除矣。 須斷房事半年，牛肉五年。 丹溪曰： 牛，坤土； 黃，中色。 肉，胃藥； 液，無形之物也。 積聚既久，回薄腸胃曲折之處，豈銖兩丸散所能窺犯乎？ 肉液充滿流行，無處不到，如洪水泛漲，一切凝滯皆順流而去矣。 此方傳於西域異人，中年後行一二次，亦却病養壽之一助也。 王綸云： 牛肉補中，非吐下藥，借補為瀉，因瀉為補，亦奇方也。 乳，味甘，微寒。 潤腸胃，解熱毒，補虛勞。 治反胃噎膈。 胃槁胃冷，脾不磨食，故氣逆而成。 氣血不足，其本也； 曰痰飲，曰瘀血，曰食積，其標也。 胃槁者，滋血生津； 胃冷者，溫中調氣。 東垣曰： 上焦吐者由乎氣，治宜和中而降氣； 中焦吐者由乎積，治宜行氣而消積； 下焦吐者由乎寒，治宜溫中而散寒。 丹溪曰： 反胃噎膈，大便燥結，宜牛羊乳時時咽之，兼服四物湯為上策，不可服人乳，人乳有五味之毒，七情之火也。 訒庵曰： 噎膈不通，服香燥藥取快一時，破氣而耗血，是速其死也，不如少服藥，飲牛乳，加韭汁，或薑汁，或陳酒為佳。 江南臬司患噤口痢，粒米不進，鄭奠一令服牛乳，久之亦瘥。 乳餅，一名乳腐。 力稍遜之。 酥、酪、醍醐皆牛羊乳所作。 滋潤滑澤，宜於血熱枯燥之人。 白水牛喉，治反胃吐食，腸結不通。 除兩頭，去脂膜，醋浸炙末，每服二錢，陳米

飲下。髓，煉過用。補中，填骨髓，久服增年。筋，補肝強筋，益氣力，續絕傷。老病及自死之牛，服之損人。

清·汪紱《醫林纂要探源》卷三 牛 甘，溫。牛類不一。有黃牛，色或紅黃淡黃黑而白花，肉脂皆黃，味甘而厚。有水牛，色青黑，或純白，肉赤脂白，味甘而稍薄。補脾和胃，益氣生血，壯精神筋力。土畜也。其屬土，自古云然。《易》以牛為坤地，《周禮》牛人屬之地官司徒。有任重之力，性和順，味甘，專補脾土。脾胃者，後天氣血之本，補此則無不補矣。但水牛好沉水，其色性未能如黃牛之純補土，宜兼有行水攻積之功。丹溪倒倉法，用牡黃牛二十斤，煮極爛，漉渣熬成琥珀色，前一夕不食至旦，空腹坐密室，每飲一鍾，少刻又飲，積數十鍾，身體覺痛，或吐或利，吐利後必渴，渴則飲己溺。至飢倦乃與米飲，二日，進淡粥，漸進輭飯，靜養一月，沉痾悉安。須斷房事一年，斷牛肉五年。按此法，以補為攻，造意甚妙。而愚則以為可用水牛肉云。〇道家以牛、馬、犬為三厭，世俗惑於異端，故有食牛戒。然耕牛自不忍食，病牛固不可食，且為大牲，國君尚無故不殺，庶人何敢過分，不惜物力，肆意宰食。但補養之功，則誠有然。若宰非自吾，買食無害也。產婦食之少乳，癰疽未愈，食之筋縮。 血：甘，鹹，平。破瘀通經，利大小便。水牛者為佳。 肝：甘，微苦，溫。明目。黑牛者良。 膽：苦，寒。以制天南星，治風痰。入南星末，風乾取出，又易入鮮膽，如此七制，可當牛黃。制石灰，治金瘡。法同。不必七制，皆以黑牛膽良。 心：甘，溫。辟邪。操左道邪術者，食之即敗。 胃：甘，溫。和中養胃。醋煮，治反胃。蓋牛羊肚皆有百葉，皆反草出嚼而復嚥也。 喉：治反胃，通腸結。用白水牛咽喉，全具，除兩頭，去脂膜，醋浸炙末，每服二錢，陳米飲下。〇咽，食管，喉氣管也。 乳：甘，鹹，微寒，滑。熬為酪，精液上凝者為酥，酥上如油者為醍醐。極甘美。然經煎治，不如直飲乳尤良。但滋潤之性，亦同也。 潤腸胃，解結熱，滋陰血，補虛勞。以黃牛乳，稍和薑、韭汁，頻飲，治反胃隔食，最為良方。蓋三陽結，謂之格。三陽者，太陽也。小腸與膀胱經，二經有結熱，則闌門、幽門枯涸矣。幽門閉，則火氣上炎，而賁門、吸門亦枯涸矣。以為痰，以為食，以為寒，而用香燥之藥以通之，是不揣其本，焉能愈疾。故惟此物滋潤為宜。 角笋：鹹，平。長筋力。全力在角，角力在笋，故大力丸主之。

清·汪紱《醫林纂要探源》卷三 牛屎 醒酒。沖水攪汁，灌之，雖醉欲死，可醒。

清·嚴潔等《得配本草》卷九 牛肉牛骨髓、牛乳、白水牛喉、牛角䚡、牛膽 甘，溫。養脾胃，止涎唾。 牛病死及獨肝者，有大毒，食之生疔殺人。 牛骨髓：甘，溫。通十二經脈，填骨髓，平三焦，止泄痢。 配地黃汁，治羸瘦。和羊脂、白蜜、薑汁煎膏，治勞損風濕。 牛乳：制秦艽、不灰木。甘，微寒。養心肺，潤腸胃，解熱毒，補虛癆，通二便，止吐衄。 佐薑汁，治熱噦。使蓽茇，治氣痢。拌硫黃，治腳痹。和薑汁、韭汁，治噎膈。 每碗入酒半盞，文火調和，結如燉蛋，服之。 胃虛噁心，大便滑泄，二者勿用。 怪症：頂中生瘡，五色如櫻桃狀，破則自頂分裂，連皮剝脫至足，名曰肉人。常飲牛乳自消。 白水牛喉：去兩頭，除脂膜，醋炙燥，燒存性，每服一錢，米飲下，治反胃噎膈，及小兒呷氣。 牛角䚡即角尖中堅骨。苦，溫。入足厥陰、少陰經血分。治血痢崩中，赤白帶下。淡青鹽水送末一錢，服二三枚，種子神效。 久在糞土中爛白者亦佳。 燒存性用。 牛膽：苦，大寒。除熱渴，止下痢。 拌苦參、膽草，蜜丸，治穀疸。 入槐角於內，風乾丸服，治痔瘻。

題清·徐大椿《藥性切用》卷八 牛 屬土。性味甘溫，補中益氣，助胃健脾。黃色者良。牛乳，味甘微寒，涼血潤燥，通噎治膈。中寒腸滑者均忌。乳餅、酥、酪、醍醐，皆牛、羊乳所作，滋潤滑澤，血熱枯燥之人最宜。水牛，損脾，不入藥。惟白水牛喉，治噎膈腸結。牛骨髓，補髓壯骨。牛筋，補筋，可續絕傷。老牛、病牛自死者，有毒，傷人。且牛屬土，為民力田，苟有仁心，切宜戒食。

清·黃宮繡《本草求真》卷一 牛肉補脾固中。 牛肉耑入脾。本屬土。土居中。益氣止渴，氣益，則津生渴止。功若屬黃牛，色猶得正，治能補土固中。與黃耆無異，故三瘧久病，日服黃牛湯。能令日漸輕強而無腫脹之病，其效可知，即丹溪倒倉法。治停痰積血，膠聚於腸胃迴腸曲折之處，發為癱瘓、癆瘵、蠱脹、膈噎，非丸散所能及者，用此因瀉為補，借補為瀉，踵其曲折，如洪水泛漲，陳朽順流而下，沉痾悉去，大有再造之功。中年後行一二次，亦却疾養壽之一助。朱震亨《倒倉論》曰：腸胃為積穀之室，故謂之倉，倒者推陳以致新也。胃屬土，受物而不能自運，七情五味有傷中宮，停痰積血，互相糾纏，發為癱瘓癆瘵，為蠱脹，成形成質，為窠為臼，以生百病。而中宮愆和，自非丸散所能去也。此方出自西域異人，其法用黃肥牡牛肉二十〔斛〕〔觔〕，長流水煮成糜，去滓，濾取液，再熬成琥珀色，取之，每飲一鐘，隨飲至數十鐘，寒月溫飲。病在上則令吐，在下則令利，在中則令吐而利，在人活變。吐利後渴，即服其小便一二碗，亦可蕩滌餘垢，睡二日，乃食淡粥，養半月，即精神強健，沉痾悉去也。須斷房事半年，牛肉五年而安。此為補中之劑，非若汗吐下藥能以傷人，亦奇方也。但病非腸胃者不得遽行是法。牛有黃牛、水牛之分。故黃牛性溫，而水

牛性平，白水牛〔喉〕可治反胃吐食，腸結不通。牛乳味甘微寒，亦治脾胃枯槁，噎膈反胃。噎膈形類甚多，然大要皆屬精枯澤竭，氣逆上攻所致，故食不能入喉、入膈而自下也。且人臟腑虧損，津竭氣逆，渾身痰窒，用以辛香燥膈劫痰，未嘗不快。然旋劫旋生，旋燥旋阻，痰愈且盛，津液見枯。清道厭會，無不阻塞，雖水與飲類可以入喉不逆，而堅硬食物，每至厭會即返，曰噎。至膈阻絕吐出，曰膈。況腎主五液二便，與膀胱一表一裏，腎水既槁，陽火偏勝，煎熬津液，三陽熱結，前後閉塞，下既不通，必反於上。直犯清道，上衝吸門咽喉，所食多噎不下，故經有言三陽結謂之膈。朱震亨曰：反胃噎膈，大便燥結，宜牛乳、羊乳，時時嚥之。兼服四物湯為上策，不可服人乳，人乳有五味之毒，七情之火也。牛肉病獨肝黑身白頭者，切忌同猪肉食，則生寸白蟲。

清・李文培《食物小錄》卷下　黃牛　甘，溫，有毒。安中益氣，養脾胃。病牛者大毒，令人生疔，暴亡。牛自死、白首者，食之殺人。疥牛食之發痒。黃牛、水牛同猪肉、黍米酒食之，生寸白蟲。同韭薤食，令人發熱病。同生薑食，損齒。煮牛肉入杏仁、蘆葉相宜。　水牛：甘，平，有毒。安中益氣，養脾胃，補虛壯健，強筋骨。　牛乳，甘，微寒，無毒。補虛羸，止渴，養心肺，解熱毒，潤皮膚。　肝，補肝明目。　腎，補腎氣，益精。　胃，甘，溫，無毒。補中益氣。　心，補心。　肺，補肺。　骨髓，鹹，平，無毒。治金瘡折傷。

清・羅國綱《羅氏會約醫鏡》卷一八禽獸部　牛肉味甘，氣溫，入脾經。安中補脾，養胃益氣。角尖，治一切血瘀、血崩、帶漏。乳，養血潤燥。治反胃噎膈。日飲牛乳，加薑汁。詳載本門。酥酪醍醐，皆牛羊乳所作。滋潤滑澤，宜於血熱枯燥之人。但病死者、獨肝者、黑身白頭者勿食。中其毒者，用甘草或菉豆湯代茶服，若口渴，飲茶及水者死。

清・章穆《調疾飲食辯》卷五　牛　稼穡之本也，天子無故不忍宰，祭祀非天神不敢歆，豈供饕餮之口乎。殺牛者一生困厄，後代凋零縱不滅絕亦不昌。不食牛肉者，鬼神敬之，凶祆遠之。凡遇天行瘟疫，自古不入不食牛肉之家。《宣室志》曰：夜叉錯居人間則生疫病，惟畏不食牛肉之人。杏雲一生治氣候病，留心訪問，此語確乎可信。乃今之戒食牛、犬者曰：牢字從牛，獄字從犬，不食牛、犬，牢獄永免。夫食牛、犬者多矣，豈人人盡罹犴狴，言其反覺無徵，令人不信。在為是說者，從字形發論，必自以為巧思，不知牢獄本古人防閑牲畜之物，故從牛從犬。《國策》曰：亡羊而補牢。《詩》曰：執豕于牢。《晉書・天文志》曰：婁三星為天獄，主苑牧犧牲。故牛羊古即謂之牲牢，有太牢、少牢之分，非專以禁閉罪人為牢獄也。肉，健脾胃，治虛痢，止涎唾，不可謂無效，而雖驗不穩。脾胃雖虛而有濕，虛痢邪氣未盡，涎唾雖多不關中氣不攝，皆忌食牛肉，故云不穩。至朱震亨倒倉法，無理不通。乃自明以後，醫書群附和之。我朝先輩謂其於人腹中作把戲見《說鈴》。獨其乳最佳，能補虛羸，治消渴，解熱毒，潤肌膚，滋大腸，治氣痢、黃癉、反胃，及一切燥涸之症。朱震亨曰：凡病燥結，宜牛羊乳，不宜用人乳。人乳有飲食之毒，七情之火也。不謂震亨能作此語，與李杲云羊肉補形，同一偶中。然患風損人血虛又不可用此。牛羊總動風也。

其種類有二：一種名水牛，又曰吳牛。性宜水而畏熱，故曰吳牛喘月，誤以為日也。一種名㹀牛。肉與乳俱㹀牛佳，水牛劣。《本草》反云水牛佳，大誤。《綱目》曰：㹀牛小，水牛大。㹀牛有黃、黑、赤、白、駁數色。水牛惟蒼色。間有白者，鬱林人曰州留。然則古犧牛尚黑、尚白、尚赤，皆㹀牛也，豈反以不美者供祭乎？肉嫩者佳，老則無味，故《王制》：祭天地之牛角繭栗，宗廟之牛角握。廣南有⿰牛嬰牛，即《爾雅》注之果下牛，一曰犤牛，《王會編》曰紈牙。《曲禮》名一元大武。牡者曰特、曰牯、曰犅、曰犒，牝者曰㸺、曰牸。七尺曰犉。南牛曰⿰牛吳，北牛曰㹀，黑曰⿰牛俞，白曰⿰牛隹，赤曰⿰牛辛，駁曰犂。去勢曰犍、曰犗。無角曰童牛。子曰犢，二歲曰犋，《說文》：二歲曰⿰牛市。三歲曰犙，四歲曰牭，五歲曰⿰牛介，六歲曰犕。《說文》：牛鳴曰牷。呂忱《字林》曰：牛鳴曰⿰牛句。《爾雅》有犘、犦、犩、犣、⿰牛吳諸種，皆野獸之似牛者，實非牛也。《易傳》曰：坤為牛。又曰：服牛乘馬，引重致遠。蓋取諸隨。《世本》曰：黃帝臣胲作服牛。古人之於牛，但供犧牲，服輗軏而已。其用於耕，不知始自何時。或謂《左傳》公孫枝兩手秉兩耒而耕，則當時尚無耕牛，其用當在秦漢以後。然聖門冉耕字伯牛，司馬牛名犂，則春秋時已有之矣。又觀《莊子》犧牛、耕牛之喻，知古人宰殺者惟犧牛，耕牛必不殺也。不然，盡力南畝，不免於屠；被文繡，饜芻藁，亦不過一割。是耕牛不及犧牛遠矣，漆園何故羨之。純色曰犧，《曲禮》曰天子祭以犧牛，必合本朝所尚之色也。夏尚⿰牛俞，殷尚⿰牛隹，周尚⿰牛辛。諸侯以肥牛，但取肥腯，不擇毛色也。大夫以索牛，求得即是。故《左傳》：齊侯伐萊，萊人賂以索馬牛。杜注：揀擇佳者為索。或曰以繩繫馬牛，非也。《纂文》曰：牛羊無角為牠，角長為⿰牛角。吳牛角長者可為弓，其值可抵一牛。《考工記》曰：角長二尺有五寸，謂之牛。戴牛，《周官》作載牛，曰：牛人掌養國之公牛，祭祀供享牛、求牛，賓客供積膳牛，軍事供犒牛，喪事供奠牛，軍旅供兵車之牛。牛角長二尺五寸，三色不失，謂之載牛。

凡相牛法，眼欲大，脛欲長，股欲闊，尾欲長，毛欲密，齒欲白，耳角欲相近。面短、尾豎、毛赤，並短壽。角冷有病，鼻上白畏熱，眼下旋毛妨主，耳後旋毛招賊。溺不前射，無力。後胯間窄狹，行遲。《內則》曰牛夜鳴則庮，臭也。《相牛經》曰：牛歧胡壽。注曰：牽兩腋分為三。眼大，眼去角近，眼中有白脈貫瞳，頭骨長大，皆行駛。壁堂頭闊脚股間，倚頭如絆馬，聚而正未詳。膺庭欲廣胸前，天關欲成未詳，儁骨欲垂，脊骨當腰處前低後高。捶頭欲高未詳，百體欲緊，蘭株欲大尾根骨，豐岳欲大膝骨，垂星欲有怒肉，蹄上肉突起，能覆蹄。力柱欲而成，力柱骨當軏處成圓也。懸蹄欲如八字蹄後，陰虹屬頸千，牡牛自陰傍起雙筋至頸者良。千，未詳。陽鹽欲廣尾前至兩腋骨。牛常作欲鳴不鳴者，腹內有黃也。《綱目》曰：馬病長臥者死，陽敗也；牛病長立者死，陰敗也。馬起先前足，臥先後足，從陽也；牛起先後足，臥先前足，從陰也。疥牛，食之成癩。獨肝、白首者，並殺人。瘟牛肉，令人生疔死。

皮熬膠，即《別錄》之阿膠，又名黃明膠。性大補血分，今惟用以黏物。牛腹中有黃則羸瘦，其氣香味苦，專治熱痰，退肝膽熱。膽入生南星末，陰乾，可代牛黃。角，退熱涼血化斑，可代犀角，諸獸角同。屎，治惡犬咬傷痛極，旋痾出熱屎敷之即止。又治爛瘡不斂，及痘瘡潰爛。乾者燒灰，摻之即結痂。並出《乾金方》。硝牛皮竈突上煙，膠和樟腦、硫黃青靛調塗。治禿瘡。出《近效方》。

清・楊時泰《本草述鉤元》卷三一　牛　有犤牛、水牛二種，牛即黃牛。

黃牛肉：　氣味甘溫。安中益氣，養脾胃。補氣與黃芪同功韓悉。倒倉法：　出自西域異人。用肥嫩牡黃牛肉二十斤洗極淨，長流水煮成糜，去渣取液，再熬成琥珀色，即名霞天膏。收之，每飲一鍾，旋至數十鍾，寒月溫而飲。病在上則令吐，在下則令利，在中則令吐利，在人活變。吐利後必渴，即服其所出之溲一二盌。亦可蕩滌餘垢。睡二日，乃食淡粥，養半月，精神強健，沉痾悉亡。須五年忌牛肉。凡人七情五味，有傷中宮，停痰積血，互相糾纏，發為癱瘓、勞瘵、蠱脹，成形成質，為窠為臼，以生百病，而中宮愆和，自非丸散所能去也。此法以牛屬坤土，黃為土色，肉者胃之藥也，熟而為液，無形之物也。服後由腸胃而透肌膚毛竅爪甲，無所不到，在表者因吐而得汗，在清道者自吐而去，在濁道者自利而除，有如洪水泛漲，陳莝皆順流而去，盎然渙然，潤澤枯槁，而有精爽之樂也丹溪。

霞天膏：　氣味甘溫。主治中風偏廢口眼歪斜，痰涎壅塞，五臟六腑留痰、宿飲、癖塊，手足皮膚中痰核。胃為水穀之海，胃病則水穀不能以時運化，羈留而為痰飲，壅塞經絡，則為積痰、老痰等證，陰虛內熱生痰則為偏廢，口眼歪斜，留滯腸胃則為宿飲、癖塊，隨氣上湧則為喘急迷悶，流注肌肉則為結核，惟霞天膏以脾胃所主之物治脾胃所生之病，實能搜剔一切留結無遺也。又陰虛內熱之人，水涸火熾，煎熬津液，往往凝結為痰，膠固難散，亦須以此和竹瀝、貝母、橘紅、蘇子、栝蔞根、枸骨葉之類消之仲淳。

霞天麴：　以橘皮、白茯苓、蘇子、白蔻仁、半夏、蒼朮為麴，治脾胃濕痰。以橘皮、貝母、蘇子、栝蔞根及仁、蓬砂為麴，治積熱痰結。

牛乳：　黃牛者佳，黑牛更勝。味甘，氣微寒。凡服乳，必煮一二沸，停溫啜之，熱食即壅，生飲令人利，熱飲令人口乾。頓服亦易壅，與酸物相反，令人腹中癥結，合生魚食作瘕。患冷氣人忌服藏器。主治補虛羸，養心肺，解熱毒，下熱氣，治反胃熱噦，潤大腸，反胃噎膈，大便燥結，宜牛羊乳時時咽之，弗用人乳，有飲食之毒，七情之火也。治氣痢，同蓽茇煎服，一寒一熱，能和陰陽。除疸黃，老人煮食有益。老人因血液枯燥，恒致上熱下虛，此味潤枯而上熱除，即能下行以補虛矣。同人乳、羊乳、梨汁、蘆根汁、蔗漿熬膏，時時飲之，治反胃噎膈，大便燥結，兼止消渴。氣痢，用牛乳半斤、蓽茇三錢同煎減半，空腹頓服。下虛消渴，心脾中熱，下焦虛冷，小便多者，牛羊乳每飲三四合。此合於冷補下熱氣之說。病後虛弱，取七歲下五歲上黃牛乳一升，水四升煎取一升，稍稍飲至一日止。

牛髓：　黑牛、黃牛、犉牛者良。氣味甘溫。補中填骨髓，續絕傷，平胃氣，通十二經脈。治瘦病，以黑牛髓、地黃汁、白蜜等分，煎服。補精潤肺，壯陽助胃，用煉牛髓四兩、胡桃肉四兩、杏仁泥四兩、山藥末半斤、煉蜜一斤同搗成膏，以瓶盛湯，煮一日，每服一匙，空心服之。

牛膽：　臘月取黃牛、青牛者。味苦，氣大寒。臘月釀槐子服，明目。非風熱者不宜用。治疳濕彌佳。釀南星末陰乾，治驚風有奇效。釀黑豆，百日後取出，每夜吞一枚，鎮肝明目。脾胃虛寒者忌之。

白水牛喉：　療反胃吐食。取一具，去兩頭節，并筋膜脂肉及如阿膠黑片收之，臨時旋炙，用米醋一盞浸之，微火炙乾，淬之，再炙再淬，醋盡為度，研末，厚紙包收，或遇陰濕時，微火烘之再收。遇此疾每服一錢，食前，陳米飲下，輕者一服立效，名正胃散。此病至七八日大便不通，必死，服此十痊八九。

牛角䚡：即角尖中堅骨，一名角胎。味苦、甘，氣溫。主下閉血，瘀血疼痛，女人帶下血，燔之酒服《本經》。黃牛者燒之，主血崩，大便下血，血痢。水牛者燒之，止血崩，赤白帶下，冷痢瀉血。附方：妊娠下惡血不止，龍骨散，用龍骨、當歸、地黃炒、芍藥、地榆、乾薑、阿膠、艾葉、蒲黃，以牛角䚡為君，服之。大便下血，黃牛角䚡一具煅末，煮豉汁，服二錢，日三，神效。赤白帶下，牛角䚡燒令烟斷，附子以鹽水浸七度去皮，等分為末，每空心酒服二錢匕。

論：牛角本筋之粹，骨之餘，而䚡又角之精也，乃厥陰少陰血分之藥。血為真陰之化醇，腎主至陰，肝為血臟，牛屬土而益太陰之脾，其角之精者燒而用之，可以和三陰之氣，更藉其堅凝上出者，療精氣之下陷，乃得血之行止，咸宜焉。

清・葉桂《本草再新》卷九　牛骨髓味甘，性溫，無毒。入心、脾二經。　補心健脾，久服延年。

清・葉桂《本草再新》卷一二　黃牛口內回出草味辛、苦，性溫，無毒。入脾、胃二經。　治噎膈反胃，寒冷嘔吐。

清・趙其光《本草求原》卷二〇獸部　牛　黃牛配坤，色黃，屬土。甘，溫，無毒。專益脾胃氣，功同黃芪。安中止渴及唾涎。治痞積、肉一斤，入常山三錢煮食。皮癬。五更炙食，以酒調輕粉敷。又用四蹄肉熬爛去渣，熬成膠名霞天膏。取脾胃主物之液，有形無質，能由腸胃滲透肌膚毛竅，搜逐一切胃虛不運而留結為痰，中宮愆和，日受物而不運，非丸散可治。致中風偏廢，口眼歪斜，痰滯經絡也，皆由陰虛火盛，煎液成痰，宜加竹瀝、貝、橘、蘇子、花粉、杞葉、茯苓等酒下。痰涎壅塞臟腑皮肉而宿飲痞塊，及病後瘦弱，肥人氣虛，加二陳、蘇子、白蔻。手足皮膚痰核、勞瘵、蠱脹，有積熱者，加茯苓，或再加陳、貝、蘇子、瓜蔞仁根、硼砂。諸虛百損。加淮山、建蓮、茯苓、小茴、紅棗為丸。服後，在上、在表者吐汗；在裏者，自利而愈。吐利後渴，服其所出小便止之。淡粥養半月，五年內忌牛肉。水牛肉：功同，兼消水腫，濕氣，尿澀，同薑、醋食。傷寒時毒、肢腫痛甚，生切包之。白虎風痛。寒熱發歇，骨節微腫，曬乾炙黃。同燕巢土、伏龍肝、飛麪各二兩，砒黃一錢，水為丸摩之。水牛乳：甘，微寒，無毒。補虛羸，清心肺熱毒，止渴，潤皮膚腸胃，大便燥宜。去冷氣痃癖，和蒜煮。小兒風熱吐乳，和生薑、葱白。熱噦，腳氣痹弱，調硫黃末食。頂生瘡如櫻桃破則分裂，多飲之自消。蚰蜒入耳、滴之。入腹，飲之。氣痢。煎蓽茇服，一寒一熱，以和陰陽。養血脈，乳為血液所化。老人上熱下虛，上熱清，則下行受補。下熱氣，血和則氣降，而在下之血海有滋。噎膈反胃。皆下虛上熱耳。同牛羊乳、蘆根、蔗汁，熬膏。水牛鼻：止渴，長乳汁。作羹食。牛髓：甘，溫，無毒。補中、填精髓、潤肺、壯陽、助胃，煉淨，同胡桃、杏仁泥、淮山、白蜜熬搗成膏。續絕傷，通經脈，治瘦病，同生地汁、白蜜煎。勞損、風濕。同羊脂、薑汁、酥、白蜜煎成膏，酒下。腦：甘，溫，微毒。治風眩，吐咯血，同杏仁、胡桃、白蜜入酒食。頭風，同白芷、川芎末，酒燉熟食。脾積痞塊，同皮硝酒食，或加雞內金、黃連、木沉香、砂仁。皮：治水腫、尿澀，同豉煮汁。熬膠尤良。兼解瘡毒。血：鹹，平，解毒。補肺胃，治血痢、便血、煮醋。金瘡、跌折、炮矢傷垂死，剖牛納人入腹中。下水蛭。腸痛、黃瘦，熱飲之，次早飲豬油。脂：止消渴，同花粉熬膏。塗疥癬、白禿。心：補心，治善忘。脾：治痔瘻，淡煮多食。消痞塊。同朴硝作脯食。肺、肝：肺補肺，肝補肝。明目，治瘧及痢，醋煮。陰䘌。納入引蟲。腎：益精，治濕痹。胃：甘，溫。益脾胃氣。止渴，醋煮。解中蛇、牛毒，煮水飲。取汗。去風眩。忌同犬食。百葉：治熱氣、水氣、下痢，解酒丹石藥毒。薑、醋同肝煮食。膽：主風木，苦，大寒。治風熱目痛、疳濕，釀槐子服。治經絡風痰、驚風，釀南星末多個，功同牛黃。鎮肝明目，釀黑豆百日，夜吞二三粒。治穀疸，和苦參、膽草為丸，薑湯下。陰冷，釀食茱萸百日，嚼二七粒，納陰中，即如火。痔瘻出水，同猬膽、輕粉、麝為丸，紙撚送入。心腹熱渴，下痢，塗癰腫，殺蟲。入石灰於內風乾，治金瘡。胞衣：燒存性，搽臁瘡不斂。

白水牛喉：治呷氣反胃、食不下而大便秘結，去兩頭節並筋膜脂及黑片曬乾炙炒，醋淬研收，米飲下。急喉。同喉症藥。靨：即肺系肉團。能引藥入肺以通氣。治喉痹、氣癭。焙乾研，酒下。齒：燒灰，治癇、固齒。揩之。角腮：乃角尖之堅骨。苦、甘，入心、脾、肝、腎血分，以和三陰之氣，療精氣下陷，令血能行能止。治便血，豆豉湯調。血痢、血崩、赤白帶，酒下，寒者配以附子。損娠下血不止，同龍骨、歸、地、芍、榆、乾薑、阿膠、艾葉、蒲黃。冷痢，飲下。痔疾，酒下。蜂蠆螫瘡，醋調塗。下血瘀，酒下。俱燒灰用。同豬甲、猬皮、蜈蚣、蛀竹屑、白礬、白蠟，去瘻管。角：燒灰，治喉痹欲死、血石淋、血逆心悶痛，俱酒下。兒飲乳有阻似喉痹，塗乳令咽。赤禿髮落。和羊角灰、豬脂塗調。骨：燒灰，治吐衄、崩血、下血、邪瘧，塗疳蝕，以牛骨乾溫，可占卜，有先事之靈也。蹄甲：燒灰，治崩漏，接骨，入乳、沒各二錢於甲內燒，米糊為膏敷之。臁瘡爛，桐油調塗。玉莖生瘡。油調搽。毛：燒灰，通淋，水下。治邪瘧，酒下。小兒遲

行。　口涎：　治反胃，和糯米粉為丸煮食，或加麝燉熱服，再以丁香汁和粥食。　損目破睛。點之。　屎：　為百草所轉化，苦，寒，散熱、解毒、利水。　故治水腫、霍亂，絞汁煮食。　黃疸，麵為丸，白湯下。　疳痢，浸汁飲。　卒死，酒調灌。　下死胎，塗腹。　傷損，炒熱包之。　燒灰，則收濕、生肌、拔毒，故治瘡疽痘瘻一切腐爛。　摻之。　又方治瘰瘻，同白馬屎、白羊屎、白雞屎、豬屎灰、藜蘆末，以豬膏煎亂髮，去渣調塗。　核癧、白禿、乳癰、湯火傷、犬咬。　俱以熱屎塗封，或和酒敷。　轉草：　即牛食而復出者。　辛、苦，溫，以其沾涎之多，故反胃噎膈，同杵頭糠、糯米粉、牛口涎為丸煮熟，加砂糖食。　寒冷嘔吐，小兒流涎，口噤不乳。　絞汁灌，或以涎塗口及頤。　拳：　即穿鼻繩木。　燒灰，治癇，酒下。　塗鼻瘡，吹纏喉風。　肉：　忌與生魚同食。　牛發毛白者，有毒，飲乳解之。

清・葉志詵《神農本草經贊》卷二　牛角䚡　下閉血瘀血，疼痛，女人帶下血。　髓補中填骨髓，久服增年。　膽可丸藥。

性炳純離，彎環折角。　筋粹骨餘，風摧霜剝。　精結中堅，璞攻外鑠。　瀝膽調塗，釜鳴蛙却。

李嶠表：　煥炳於純離之畜。　高啟詞：　爾牛角彎環。《漢書・傳》：　朱雲折其角。　李時珍曰：　角者，筋之粹，骨之餘。　䚡又角之精也。　石介頌：　霜剝風裂。　張衡賦：　結精遠游。《易林》：　建心中堅。　黃庭堅詩：　攻璞願良玉。《孟子》：　非由外鑠我也。《淮南子》：　牛膽塗熱釜，即鳴。《峋嶁書》：　蛙得牛膽則不鳴。

清・文晟《新編六書》卷六《藥性摘錄》　牛肉　水牛，甘，平。　安中益氣，養脾胃，消水腫，除濕氣，止消渴，補虛弱，壯筋骨。　臘月勿食，瘧疾後忌之。　〇黃牛，固中益氣，常食較勝水牛。　〇牛乳，養心肺，解熱毒，補虛止渴。勿冷服。　〇牛膠，見藥性。

清・王孟英《歸硯錄》卷一　又云：　丹溪倒倉法，無理不通，乃自明以後，醫書群附和之，我朝先輩謂其於人腹中作把戲是矣。　況牛為稼穡之資，天子無故不忍宰，祭祀非天神不敢歆，豈可妄殺乎？　及觀《莊子》犧牛、耕牛之喻，知古人宰殺者惟犧牛，而耕牛必不殺也。　愚謂丹溪義烏人，彼地有豢牛以鬥者，名曰操牛，鬥勝則善價以爭購，敗則賤賣於屠而宰之。　平時不事南畝，食稻飲醇，奉如上客，此他處所無者。　其肉云極腴嫩，人皆嗜之。　余失怙後，蒙父執金履思丈提挈，館其地者將十載，因家規不食牛、犬，故未染指。　土人因豢牛而破家者不少，真陋俗也。　不知元時已有此風否？　諸書未載，故附錄之。

清・王孟英《隨息居飲食譜・毛羽類》　牛肉　章杏雲云：　牛為稼穡之資，天子無故不忍宰，祭祀非天神不敢歆，豈可妄殺乎？　及觀莊子犧牛、耕牛之喻，知古人宰殺者惟犧牛，而耕牛必不殺也。　袁存齋云：　天生萬物，大概以有用於人為貴，律文宰牛馬有禁，宰羊豕無禁。　所以然者，羊豕無用於人，而牛馬有用於人也。　按此二說，皆通儒之論，余家世不食牛，奉祖訓而守禮法，非有惑於福利之說也。　故不譜其性味。　中其毒者，杏仁、蘆根汁、稻稈煎濃汁，人乳竝可解之。

汪謝城曰：　牛肉亦有可食者，其祭祀之胙乎，每見不食牛者，以此胙賜輿儓，不免褻越。　余有一法，以此牛供祭之後，用合霞天膠、黃明膠諸藥，不褻神，餘又治民病，最為兩得。

清・劉善述、劉士季《草木便方》卷二人禽獸部　牛　牛角心甘溫止血，崩帶瀉痢散瘀烈。　血閉血痛止下血，煅末酒服水腫洩。　骨與蹄甲同功效，臁瘡臍瘡煅末貼。

清・田綿淮《本草省常・禽獸類》　牛　性溫。　補脾。　多食難尅化。　同栗子食傷人，同韭薤食成瘕症，同生薑食損齒，同黍米燒酒、豬肉食生寸白蟲。　服仙茅、牛膝、枸杞、萆薢、秦艽者忌之。　凡牛、羊肺中，三四五月皆有蟲如馬尾，食之殺人。　牛有噉蛇者，食之殺人。

清・戴葆元《本草綱目易知錄》卷六　黃牛　肉，甘，溫。　卦坤，屬土，其性順而和緩。【略】　髓：　黃水牛俱良，煉。　甘，溫。　補中潤肺，益精補腎，澤肌悅面，填骨髓，安五臟，平三焦，止瀉痢，去消渴，續絕傷，益氣力，平胃氣。通十二經脉，久服增年，俱宜酒暖服。　治瘦病，和地黃汁、白蜜等分，煎服。敷手足皴裂，擦折傷損痛。【略】葆製加減天真二仙丸，治詹摠戎剿賊，被炮子傷，穿足脛，雖已平復，遞年，傷處發損痛，用羯精羊肉四斤，地黃、天冬、黨參、當歸各一斤，先將羊肉酒煮半時，去汁，和地黃、四味，以長流水煮二時，取汁，再煮，如此三次，以羊肉溶化為度，去滓，以三次汁，新布濾過，入銅鍋，熬成稀膏，入鹿膠四兩，龜膠、虎膠各二兩，溶化，取起聽用，先以黃芪六兩，蓯蓉八兩，酒浸一宿，去甲，切片曝，山藥、枸杞各五兩，附片、廣皮、砂仁、杜仲、牛膝、狗脊、茯神木、萆薢各三兩，共搗粗末，以羯羊脛骨髓全具，雄水牛脛骨脊髓全付，鍊淨，和粗末，搗焙乾，共研細末，入安邊桂一兩二錢，研末，和勻諸藥末，將前膏燉熱，和末，入

石臼內杵千下，如不沾，少加紹興酒再杵，丸梧子大，每早臨臥酒下二錢，忌敗血、雞、魚、芥、薑。　脾：黃牛良。補脾，治痔瘻，臘月淡煮常食。和朴硝脯食，消痞塊。　肺：水牛良。補肺，洗淨，去筋膜，水煮淡食，治久嗽葆元。　胃：黃水牛俱良。甘，溫。解毒，補五臟，養脾胃，調中益氣，醋煮食之。【略】　膽：黃牛、青牛良。苦，大寒。殺蟲除黃，益目睛，塗癰腫，止下痢，除心腹熱渴，及口焦燥。臘月釀槐子服，能明目，治疳濕，彌佳。釀黑豆內，百日取出，每夜吞一枚，鎮肝明目。釀南星，名膽星，治驚風有奇功，化熱痰亦捷效。【略】　牛角䚡：苦，溫。腮乃角之精，厥陰、少陰血分藥。燔之酒服，消水腫，下血閉，瘀血疼痛。燒之則性澁，能止血，治大腸冷痢，水瀉，便血，婦人血崩，赤白帶下。煅末，醋調，傅蜂蠆螫瘡。集注：此即角中堅骨，水牛、黃牛俱可，久在糞土爛白者亦佳。葆按：予姪幼，時因病後，頭生臘梨痒極，浸淫流水，諸藥不效，延纏數年，教以牛角䚡燒炭，研末，麻油調搽，先以米泔洗，半月而愈。【略】　屎：【略】止血神效。葆驗：治一吳姓，因受師責，悞以銅烟筒頭傷腦，頓血出，一晝夜不止，諸末藥傅，即蕩出不受，面白如紙，氣息奄奄。予曰：此傷血孔也，須汁填，可受以濕牛屎，傅血口立止，然血雖止，其人自汗昏悶，東洋參三錢，頓服而睡，半日而安。○癰腫不合，牛屎燒末，雞子白調傅，乾即易之。

清・陳其瑞《本草撮要》卷八　牛　味甘，溫，入手足太陰、陽明經，功專補脾益氣，止渴。乳，味甘微寒，潤腸胃，解熱毒，補虛勞。治反胃噎膈，得韭汁、薑汁、陳酒佳。用牡牛肉廿斤，洗淨煮為糜，濾去滓，熬成琥珀色。前一日不食，下日空腹飲汁一鍾，少時又飲，積數十鍾，寒月溫飲。如病在上則吐，在下則利，在中則吐利。利後必渴，渴則飲己溺以滌餘垢，飢倦先與米飲二日，然後與淡粥，次與厚粥軟飯，沉疴悉除矣，名倒倉法。白水牛喉，治反胃吐食，腸結不通。髓補中填髓。筋補肝強筋。老病及自死之牛，食之損人。霞天膏氣味甘溫，主治中風偏廢，口眼歪斜，痰涎壅塞，五臟六腑留痰宿飲癖塊，手足皮膚中痰核神效。得橘皮、茯苓、蘇子、蔻仁、半夏、蒼术為麯，治脾胃濕痰。得陳皮、貝母、蘇子、栝蔞根、杏仁、蓬砂為麯，治積熱痰結。

清・吳汝紀《每日食物却病考》卷下　牛　有黃牛、水牛之不同，而黃牛猶有主治，水牛惟可充食而已。黃牛，甘，溫，無毒。水牛，甘，平，一云冷，微毒。大抵牛乃稼穡之資，不可多殺。今天下嚴法不能禁，亦因愛食者以其肉甘價廉，而駕言其能補。又皮、骨取用之廣耳。豈知天下之食品甘美者甚多，而補益于人者亦甚多。乃考之諸書，黃牛動病，黑者尤甚。自死者發痼疾。黑身白頭者、獨肝者，俱有大毒，令人痢血致死。疥牛，食之發癢。牛肉同猪肉及黍米酒食，生寸白蟲。同薤、韭食，發熱病。況食牛肉，陰報昭昭，見之古今者歷歷可據，何獨不悟而欲食之。余家自先君及余孫，四世不食矣，余戒尤嚴。雖市中牛油燭，亦不許入門。蓋既不食其肉，豈容猶焚其膏乎。故并其主治功用，不敢錄云。

清・方仁淵《倚雲軒醫案醫話醫論》　說牛肉汁補品變吐血　泰西人治病，與其國政相似。非不速效，棄王道專尚霸力。友人蕭蔭香聞人言牛肉汁大補而效速，遂服之，日數匙，精神頓旺。連服二瓶，不過二三兩，吐血不止。從此欬嗽愈加，精神日廢。意其中必有溫燥如金雞哪之類。就牛肉汁而論，無此速效，亦無此大害也。予謂彼於內證全未夢見，每誚中醫為臆說，彼固未嘗於臆說中細細推求。若能細細推求，則虛實兼到，不敢動輒孟浪，貽害於人間矣。

西醫牛汁雞露作補　西醫無論何病，每教人吃牛肉汁、鷄露以為補劑。予不以為然。夫牛屬坤土，能補脾血；雞屬巽木，能益肝陰。然其發病動氣動血之力甚大，服之不當，補益之功不見，助病之功先見。若愈後調養，未始不可。然藥房瓶製者不可服，太溫也，其中必有熱藥加入。

牛乳

唐・孫思邈《千金要方》卷二六《食治・鳥獸》　牛乳汁　味甘，微寒，無毒。補虛羸，止渴。入生薑、葱白，止小兒吐乳，補勞。

附：日・丹波康賴《醫心方》卷三〇　牛乳　《本草》云：微寒。補虛羸，止渴，下氣。陶〔弘〕景注云：犢牛為佳。《拾遺》云：凡服乳，必煮一二沸，停冷啜之。熱食則擁，不欲頓服。兼與酸物相反，令人腹中結瘕。崔禹〔錫〕云：益胃氣，令人潤澤。《養生要集》云：腹中有冷患，飲乳汁，令腹痛泄利。《七卷經》云：不可合生肉〔食〕，生腹中蟲；不可合生魚食，反成癥。

宋・唐慎微《證類本草》卷一六獸部上品〔《別錄》〕　牛乳　微寒。補虛羸，止渴。

〔梁・陶弘景《本草經集注》〕云：犢牛爲佳，不用新飲者。

〔唐・蘇敬《唐本草》〕注云：水牛乳，造石蜜須之，言作酪濃厚，味勝犢牛。犢牛

乳，性平。生飲令人痢，熟飲令人口乾，微似溫也。

〔宋・掌禹錫《嘉祐本草》〕按：《蜀本》云：牛乳，味甘，無毒。孟詵云：牛乳，寒。患熱風人宜服之。日華子云：黃牛乳、髓，冷。潤皮膚，養心肺，解熱毒。

〔宋・唐慎微《證類本草》〕《圖經》：文具牛黃條下。陳藏器：黃牛乳，生服利人，下熱氣；冷補，潤膚，止渴。和酥煎三五沸食之，去冷氣痃癖，羸瘦。凡服乳，必煮一二沸，停冷啜之，熱食即壅。不欲頓服，欲得漸消。與酸物相反，令人腹中結癥。凡以乳及溺屎去病，黑牛勝黃牛。《食療》：患冷氣人不宜服之。烏牛乳酪，寒。主熱毒，止渴，除胸中熱。《聖惠方》：主小兒煩熱噦方：以牛乳二合，薑汁一合，銀器中慢火煎過五六沸，一歲兒飲半合，量兒大小加減服之。孫真人：合生魚食作瘕。《食醫心鏡》：主消渴，口乾。牛乳微寒，補虛羸。《廣利方》：消渴，心脾中熱，下焦虛冷，小便多，漸羸瘦。生牛、羊乳，渴即飲之三四合。《太平廣記》：貞觀中，太宗苦於氣痢，衆醫不效。詔問殿庭左右，有能治其疾者，當重賞之。有術士進以乳汁煎蓽撥，服之立差。

宋・劉明之《圖經本草藥性總論》卷下　牛乳　微寒。補虛羸，止渴。《蜀本》云：味甘，無毒。日華子云：黃牛乳、髓，冷。潤皮膚，養心肺，解熱毒疾。

宋・陳衍《寶慶本草折衷》卷一五　牛乳黃牛乳髓附。○乳泡飯續附。　所出與牛黃同。○取小犢飲餘之乳也。今諸處皆能取而製之。○忌醋酸物、生魚。

味甘，平，微寒，無毒。○補虛羸，止渴。○《唐本》註云：水牛乳醲厚味勝。○孟詵云：患熱風人宜服之。○陳藏器云：凡服乳，必煮一二沸，停冷啜之，熱食即壅，不欲頓服，欲得漸消。與酸物相反，令人結痔。以黑牛勝黃牛。○寇氏曰：藏寒人，如乳酪之類，不可多食。分人乳條。

附：黃牛乳髓。○冷。潤皮膚，養心肺，解熱毒，止渴，去痃癖，羸瘦。生服痢人，諸乳合生魚食則作瘕。

續說云：物有相感者，有相戾者。《密齋筆記》舉一老醫言，牛乳以泡飯食之，則膚華充潤，是乳與穀氣相感也。《孔氏談苑》謂昔人以鍾乳啗牛，飲牛之乳，因患血痢，是乳與石氣相戾也。凡乳以新鮮潔白者為上，鹽淹者次之。惟氣惡色黃者，食之則傷脾胃矣。抑論釋氏戒殺，不食一切腥鮮，而茹牛乳者，蓋乳雖小犢〔餘〕飲，乃以芻料兼飼其犢，量取其乳，製以供饌，不傷物命。故釋氏用以補助蔬腸，梵書別有細載焉。

元・吴瑞《日用本草》卷三　牛乳　補虛羸，止渴。生飲令人利，熟飲令人口乾。能治痢疾。

明・許希周《藥性粗評》卷四　救虛羸於牛乳。

牛乳，黃牛乳汁也。待犢子咂動時，引去犢子，捩出，以器裝之，蒸熟停冷方食。或以作乳餅。味甘，性微寒，無毒。主治下焦冷疾，虛損羸弱，潤肌膚，養心肺。稍稍食之，不得頓服，欲其漸消也。

明・皇甫嵩《本草發明》卷六　黃牛乳味甘。　生服利人，下熱氣，冷補，潤肌止渴。

明・梅得春《藥性會元》卷下　牛乳　微寒，無毒。　主補虛羸，止渴。膽：味苦，大寒。除心腹熱渴，利口焦燥，益目精。可作丸藥，能製南星，治小兒諸風痰。肉：甘，平，無毒。主治消渴，止唲瀉，安中益氣，養胃健脾。自死者不可食之，食之令生疔毒暴死。心：主治虛忘。肝：能明目。

明・繆希雍《本草經疏》卷一六　牛乳　微寒。補虛羸，止渴。

明・蔣儀《藥鏡》卷四寒部　牛乳　血脉養和，理噎隔反胃。五臟滋潤，利燥結大便。虛羸消渴能醫，肉人怪病可療。牛肝補肝亮雀盲，牛酥滋肺釋咳血。角鰓主帶下，行血止疼。牛膽主風痰，涼肝明目。

清・丁其譽《壽世秘典》卷四　牛乳　氣味：甘，微寒，無毒。主補虛羸，止渴，養心肺，解熱毒，潤皮膚《別錄》。治反胃熱噦，補益勞損，潤大腸，治氣痢，除疸黃，老人煮粥甚宜。　發明蘇恭曰：黃牛乳性平。凡取乳，水牛最佳，作酪濃厚勝于黃牛。凡取，以物撞之則易得。陳藏器曰：凡服乳，必煮一二沸，停冷啜之，熱食即壅。與酸物相反，令人腹中癥結，患冷氣人忌之。合生魚食作瘕。朱震亨曰：反胃噎膈，大便燥結，宜牛羊乳，時時嚥之，並服四物湯為上策。不可用人乳，人乳有飲食之毒，七情之火也。

清・閔鉞《本草詳節》卷一〇　牛乳　【略】按：牛乳，生飲令人利，熱飲令人口乾，溫則相宜。其性潤，故反胃噎膈，大便燥結，宜時時嚥之，兼服四物湯為上策。不可用人乳，以有飲食之毒，七情之火也。又乳煎蓽茇，治痢有效，蓋一寒一熱，能和陰陽耳。

清・顧靖遠《顧氏醫鏡》卷八　牛乳甘，微寒。煮一二沸，溫服。　補血益陰，血液所化，補之以類，功效甚捷，病後虛弱尤宜。潤燥除熱。故有潤大腸，澤肌膚，止

消渴，解熱毒之功。又云患熱風人宜食之，甘寒滋潤故也。虛羸宜寶，噎膈堪珍。酥，主五臟血枯火盛，大腸燥結。酥乃牛乳之精華，故能補五臟之血。甘寒滋潤，故宜於血熱枯燥之人。療一切肺病，咳嗽膿血不止。益陰潤燥除熱之功。髓，甘，溫。潤肺補腎，填髓澤肌。牛乳患冷氣人忌之。與酸物相反，令人腹中癥結，勿同食。洩瀉者勿服。酥能利竅，驟食之使人遺精。黃牛肉，甘，平。病死者有大毒，能殺人。凡六畜自死者，俱不可食。補脾胃有益。色黃通脾，牛為土畜也。霞天膏，煮黃牛肉汁熬膏。諸痰症多靈，人之諸病，悉由於痰，然痰之生，因脾胃虛弱，不能運化所致。屬脾胃虛者固宜，陰虛內熱，膠固之痰，亦須以此同貝母、花粉、竹瀝之類消之。牛為稼穡之資，殺之有禁，不食此者，當有冥福。

清・汪啟賢等《食物須知・諸葷饌》 牛乳 養血而補虛羸，仍造酪酥醍醐。乳成酪，酪成酥，酥成醍醐。色黃白，甘脆爽口。除肺痿，止吐衄，潤毛髮，住欬嗽。

清・楊璿《傷寒溫疫條辨》卷六潤劑類 牛乳 味甘，微寒。潤腸胃，解熱毒，主噎膈反胃。按：東垣云：上膈由氣，治在和中降氣；中膈由積，治在行氣消積；下膈由寒，治在溫中散寒。氣血不足，其本也，痰涎停滯，其標也。非胃枯則胃寒，服香燥藥取快一時，破血散氣，是速其死也。韭汁牛乳飲主之。張氏隨宜加薑汁、藕汁、梨汁，名五汁安中飲。或酌加竹瀝、萊菔汁、蘆根汁、陳米酒，佐以理中湯、八味丸加減用之，無不愈者，此其大略也，潤澤存乎一心。鄭奠一治噤口痢，服牛乳即瘥，可想其性味功用耳。凡用牛乳十分，諸汁只二分。

清・王學權《重慶堂隨筆》卷下 牛乳 滋潤補液，宜於血少無痰之證。惟性溫而膩，若有痰火者，反能助痰滯膈而增病也。用者察之。人乳亦然。諸滋膩藥無不然也。

清・吳鋼《類經證治本草・足陽明胃腑藥類》 牛乳 【略】誠齋曰：牛乳補虛勞，功過人乳。以牛無七情內火之故。久服潤脾肺，澤肌膚，助精神，添血脉，療肺痿吐血，皮聚而毛落。

清・葉桂《本草再新》卷九 牛乳味甘，性寒，無毒。入肺、胃二經。補虛勞，治噎膈反胃。潤而不膩，補而能行。

清・王孟英《隨息居飲食譜・水飲類》 牛乳 甘，平。功同人乳，而無飲食之毒，七情之火。善治血枯便燥，反胃噎膈，老年火盛者宜之。水牛乳良。小兒失乳者，牛羊乳皆可代也。

霞天膏

明・繆希雍《本草經疏》卷三〇 霞天膏 味甘，溫，無毒。主中風偏廢，口眼歪斜，痰涎壅塞，五臟六腑留痰、宿飲、癖塊，手足皮膚中痰核。其法用肥嫩雄黃牛肉三四十斤，洗極淨，水煮成糜，濾去滓，再熬成膏用。

【疏】胃屬土，為水穀之海，無物不受。胃病則水穀不能以時運化，羈留而為痰飲。壅塞經絡，則為積痰、老痰、結痰等證。陰虛內熱生痰，則為偏廢、口眼歪斜。留滯腸胃，則為宿飲、癖塊。隨氣上湧，則為喘急迷悶。流注肌肉，則為結核。王隱君論人之諸疾，悉由於痰。然而痰之所生，總由於脾胃虛，不能運化所致。惟用霞天膏以治諸痰證者。蓋牛，土畜也。黃，土色也。肉者，胃之味也。熬而為液，雖有形而無濁質也。以脾胃所主之物，治脾胃所生之病，故能由腸胃而滲透肌膚毛竅，搜剔一切留結也。陰虛內熱之人，往往多痰，此則由於水涸火熾，煎熬津液，凝結為痰。膠固難散者，亦須以此和竹瀝、貝母、橘紅、蘇子、栝樓根、枸骨葉之類消之。或以橘皮、白茯苓、蘇子、白豆蔻仁、半夏、蒼朮為麴，治脾胃積痰。或以橘皮、貝母、蘇子、栝樓根及仁、蓬砂為麴，治積熱痰結。

明・蔣儀《藥鏡》卷一溫部 霞天膏 滲透肌肉，而皮膚流注之痰結消。搜剔竅毛，而中風偏廢之痰迷醒。

清・嚴潔等《得配本草》卷九 霞天膏 甘，溫。治諸疾，由腸胃出透肌膚，能搜剔一切虛結。煎膏法：用肥嫩雄黃牛肉三四十斤，洗淨，煮爛，去滓熬膏。

清・趙學敏《本草綱目拾遺》卷九獸部 霞天膏 《綱目》畜部牛下，附倒倉法，而無霞天膏製法，近時用之頗多，故附錄之。《本草經疏》亦載為專品，其法用肥嫩黃牛肉三四十斤，洗極淨，水煎成糜，濾去滓，再熬成膏用。繆仲醇曰：胃屬土，為水穀之海，無物不受。胃病則水穀不能以時運化，羈留而為痰飲，壅塞經絡則為積痰、老痰、結痰等症；陰虛內熱生痰，則為偏廢口眼歪斜；留滯腸胃，則為宿飲癖塊；隨氣上湧，則為喘急迷悶；流注肌肉，則為結核。王隱君論人之諸疾，悉由於痰。然而痰之所生，總由於脾胃虛不能運化所致。惟用霞天膏以治諸痰證者，蓋牛土畜也，黃土色也，肉者胃之味也，熬而為液，雖有形而無濁質也，以脾胃所主之物，治脾胃所生

之病，故能由腸胃而滲透肌膚毛竅，搜剔一切留結也。陰虛內熱之人，往往多痰，此則由於水涸火熾，煎熬津液，凝結為痰，膠固難散者，亦須以此和竹瀝、貝母、橘紅、蘇子、栝樓根、枸骨葉之類消之；或以橘皮、白茯苓、蘇子、白豆蔻仁、半夏、蒼术為麴，治脾胃積痰；或以橘皮、貝母、蘇子、栝樓根及仁、蓬砂為麴，治積熱痰結。

味甘，溫，無毒，主中風偏廢，口眼歪斜，痰涎壅塞，五臟六腑留痰，宿飲癖塊，手足皮膚中痰核繆氏《經疏》。

霞天麴

清・葉桂《本草再新》卷九　霞天麴味甘，性溫，無毒。入脾、肺二經。　健脾潤肺，消食化痰。

黃明膠

明・王文潔《太乙仙製本草藥性大全》卷七《本草精義》　白膠：一名黃明膠，一名水膠，俗名牛膠。畏大黃。作白膠法：先以米泔汁漬七日令軟，然後煮煎之，如作阿膠爾。又一法：即細剉角，與一片乾牛皮，角即銷爛矣，不爾相毆，百年無一熟也。《唐本》注云：麋角、鹿角但煮濃汁，重煎即爲膠。夫何至使爛也？求爛亦不難，當是未風煮膠，謬爲此說也。傅腫四邊，中心留一孔子，其腫即頭自開也。治咳嗽久不差者，黃明膠炙令半焦，爲末，每服一錢匕、人參末二錢匕，用薄豉湯一盞，入葱白少許，入銚子煎一兩沸，後傾入盞，遇咳嗽時呷三五口，後依前溫暖，卻准前咳嗽時喫之也。又止吐血咯血，黃明膠一兩，切作小片子，炙令黃，新綿一兩燒作灰，細研，每服一錢，新米飲調下，不計年歲深遠，並宜食後臥時服。

明・王文潔《太乙仙製本草藥性大全》卷七《仙製藥性》　白膠：味甘、平，氣溫，無毒。得火良。　主治：　主傷中勞絕，治腰痛尫羸。止痛安胎，補中益氣。治婦人血閉崩中，能令有子。療男子吐血下血，勞損衰虛。四肢痠疼即住，多汗淋露能除。久服延年，輕身耐老。　補註：　療虛勞尿精，乾膠三兩炙，擣末，酒二升，和溫服。○治凡腫已潰未潰者，白膠一片，水漬令軟納納然，腫之大小貼當頭上開孔，若已潰還合者，膿當被膠，急撮之，膿皆出盡。未有膿者，腫當自消矣。○療尿血，膠三兩炙，以水二升，煮取一升四合，分再服。○補虛勞益髓，長肌悅顏色，令人肥健。鹿角膠炙，擣爲末，以酒服方寸〔匕〕，日三服。○治耳中有物不可出，以麻繩剪令頭散，傅好膠，著耳中物上，粘之令相著，徐徐引之令出。妊娠卒下血，以酒煮膠二兩，消盡頓服。○治肺破出血，忽嗽血不止者，用海犀膏一大片，於火上炙令焦黃色後，以酥塗之，又炙再塗，令通透，可碾爲末，用湯化三大錢，放冷服之即血止。水膠是也，大驗。○湯火瘡，用水煎膠令稀稠得所，待冷塗瘡。○療小兒面上瘡豆子瘢法：　黃明膠慢火炙，爲末，溫酒調服一錢匕，出者服之無瘢，未出服之瀉下。又治小兒火燒瘡，滅瘢痕，黃明膠小雞翎掃之。

明・李時珍《本草綱目》卷五〇獸部・畜類　黃明膠《綱目》

【釋名】牛皮膠《食療》　水膠《外臺》　海犀膏

【正誤】權曰：白膠，一名黃明膠。頌曰：今方家所用黃明膠，多是牛皮。《本經》阿膠亦用牛皮。是二膠亦通用。但今牛皮膠製作不精，故不堪用，止以膠物耳。而鹿角膠《本經》謂之白膠，處處能作；但功倍於牛膠，故鮮有真者。時珍曰：案《本經》，白膠一名鹿角膠，煮鹿角作之；阿膠一名傅致膠，煮牛皮作之。其說甚明。黃明膠即今水膠，乃牛皮所作，其色黃明，非白膠也，但非阿井水所作耳。甄權以黃明爲鹿角白膠，唐慎微又採黃明諸方附之，並誤矣。今正其誤，析附阿膠之後。但其功用，亦與阿膠仿佛。苟阿膠難得，則真牛皮膠亦可權用。其性味皆平補，宜於虛熱。若鹿角膠則性味熱補，非虛熱者所宜，不可不致辯也。

【氣味】甘，平，無毒。【主治】吐血、衄血、下血、血淋下痢，妊婦胎動血下，風濕走注疼痛，打撲傷損，湯火灼瘡，一切癰疽腫毒，活血止痛，潤燥，利大小腸時珍。

【附方】新二十四。　肺痿吐血：　黃明膠炙乾、花桑葉陰乾各二兩，研末。每服三錢，生地黃汁調下。《普濟方》。　肺破出血：　或嗽血不止。用海犀膏即水膠一大片炙黃，塗酥再炙，研末。用白湯化三錢服之，即止。《斗門方》。　吐血咯血：　黃明膠一兩切片炙黃，新綿一兩燒研。每服一錢，食後米飲服，日再。《食療》。　衄血不止：　黃明膠盪耎，貼山根至髮際。《三因》。　妊娠下血：　黃明膠二兩，酒煮化，頓服之。《肘後方》。　咳嗽不瘥：　黃明膠炙研。每服一錢，人參末二錢，薄豉湯二盞，葱白少許，煎沸。嗽時溫呷三五口，即止。《食療》。　腎虛失精：　水膠三兩，研末。以酒二碗化服，日三服。《千金》。　面上木痹：　牛皮膠化，和桂末，厚塗一二分，良。葉氏《摘玄方》。　寒濕脚氣：　牛皮膠一塊細切，麪炒成珠，研末。每服一錢，酒下，其痛立止。萬氏。　風濕走痛：　牛皮膠一兩，薑汁半杯，同化成膏，攤紙上，熱貼之，冷即易，甚效。一加乳香、没藥一錢。鄧筆峰方。　脚底木硬：　牛皮膠，生薑汁化開，調南星末塗上，烘物熨之。　尸

脚坼裂：烊膠着布上，烘貼之。《千金方》。　破傷中風：黄明膠燒存性，研末。酒服二錢，取汗。《普濟方》。　跌撲傷損：真牛皮膠一兩，乾冬瓜皮一兩剉，同炒存性，研末。每服五錢，熱酒一鍾調服。仍飲酒二三鍾，暖卧，微汗痛止，一宿接元如故。藺氏。　湯火傷灼：水煎膠如糊，冷掃塗之。《斗門》。　一切腫毒：已成未成。用水膠一片，水漬耎，當頭開孔貼之。未有膿者自消，已潰者令膿自出。王燾《外臺秘要》。　諸般癰腫：黄明膠一兩，水半升化開，入黄丹一兩煮勻，以翎掃上瘡口。如未成者，塗其四圍自消。《本事方》。　便毒初起：水膠溶化，塗之即散。《直指方》。　乳癤初發：黄明水膠，以濃醋化，塗之立消。楊起《簡便方》。　背疽初發：《阮氏經驗方》用黄明牛皮膠四兩，酒一碗，重湯頓化，隨意飲盡。不能飲者，滚白湯飲之。服此毒不内攻，不傳惡症。○談埜翁《試效方》以新瓦上燒存性研末，酒二碗服之。○唐氏《經驗方》又加穿山甲四片，同燒存性。云極妙無比。　瘰癧結核：黑牛皮膠溶化，攤膏貼之。已潰者，將膏搓作綫，長寸許，□入孔中，頻换試之，取效。楊氏《經驗》。　小兒痘瘢：黄明膠炒研末，温酒調服一錢匕。痘已出者，服之無瘢；未出者，服之瀉下。　物入耳中：以麻繩剪令頭散，着膠粘上，徐引出之。《千金》。

明・繆希雍《本草經疏》卷三〇　黄明膠　味甘，平，無毒。主諸吐血，下血，血淋，妊婦胎動下血，風濕走注疼痛，打撲傷損，湯火灼瘡，一切癰疽腫毒，活血止痛。即牛皮膠。

按：《本經》白膠，一名鹿角膠，煮鹿角作之。阿膠，一名傅致膠，煮牛皮或驢皮作之。其說甚明。黄明膠，即今水膠，乃牛皮所作，其色黄明，非白膠也，亦非阿井水所作。甄權以黄明為鹿角白膠，唐慎微又採黄明諸方附於白膠後，竝誤矣。其氣味與阿膠同，故其所主亦與阿膠相似。以非阿井水及驢皮同造，故不能踈利下行。以其性味皆平補，亦宜於血虚有熱者。若鹿角膠，則性味溫補，非虚熱者所宜，不可不詳辨也。【主治參互】藺氏方跌撲損傷，真牛皮膠一兩，乾冬瓜皮一兩，剉，同炒存性，研末。每服五錢，熱酒一鍾調服。仍飲酒二三盞，暖卧微汗痛止。《本事方》諸般癰腫，黄明膠一兩，水半升化開，入黄丹一兩，煮勻，以鵝翎掃上瘡口。如未成者，塗其四圍自消。　阮氏《經驗方》，背疽初起，用黄明牛皮膠四兩，入酒重湯頓化，隨意飲盡。不能飲者，滚白湯飲之。服此，毒不内攻。一方加穿山甲四片，炒成末，其妙無比。

明・倪朱謨《本草彙言》卷一八　黄明膠　味甘，氣平，無毒。可升，可降。入手陽明、太陰經。　李氏曰：黄明膠，即牛皮膠也。乃牛皮煮化，濾去渣屑凝結者。其色黄明。今工作木器中，用以代漆，甚堅。入藥功用與阿膠仿佛。阿膠古方亦用牛皮煎煉，但水係阿井所汲耳。

牛皮膠：龔雲公止諸般失血之藥也。梁心如曰：其性粘膩，其味甘澀。入服食藥中，固氣斂脱，大有神功。故《普濟》諸方用治吐血、衄血、崩淋、痢血，於久患不愈之疾，與阿膠仿佛通用。但其性味平補，宜於虚熱者也。如散癰腫，調膿止痛，護膜生肌，則黄明膠又邁於阿膠一籌也。善是業者，當留意於斯焉。

集方：龍潭方治吐血、衄血、咯血、唾血、嘔血、崩血、淋血、痢疾下血諸證。用牛皮膠一兩剪碎，麥麪拌炒成珠，研細末，配黑蒲黄、黑薑炭各五錢，俱研極細末，每服三錢，溫米湯調下。○《外科精義》治癰疽未成、已成。用牛皮膠一兩，酒溶化，厚敷毒上。未成即消，已成即出膿。膿後再敷，即長肉生肌。每日再用一兩，酒溶化，毒在上，食後服；在下，食前服。

明・蔣儀《藥鏡》卷三平部　黄明膠　療跌撲損傷，活血最效。散背疽初起，鮮毒能神。

明・施永圖《本草醫旨・食物類》卷四　黄明膠名牛皮膠。○《本經》白膠，一名鹿角膠。煮鹿角作之。阿膠，一名傅致膠，煮牛皮作之，其說甚明。黄明膠即今水膠，乃牛皮所作，其色黄明，非白膠也。　味：甘，平，無毒。　治：吐血衄血，下血血淋，下痢，妊婦胎動血下，風濕走注疼痛，打撲傷損，湯火灼瘡，一切癰疽腫毒。活血止痛，潤燥，利大小腸。

附方　肺痿吐血：黄明膠炙乾、花桑葉陰乾各二兩，研末，每服三錢，生地黄汁調下。　肺破出血：或嗽血不止，用海犀膏即水膠一大片，炙黄，塗酥再炙，研末，用白湯化三錢，服之即止。　吐血咯血：黄明膠一兩切片炙黄，新綿一兩燒研，每服一錢，食後米飲服，日再。　衄血不止：黄明膠盪軟，帖山根至髮際。　妊娠下血：黄明膠二兩，酒煮化，頓服之。　欬嗽不瘥：黄明膠炙研，每服一錢，人參末二錢，薄豉湯二盞，葱白少許，煎沸，嗽時溫呷三五口。　腎虚失精：化膠三兩，研末，以酒二盌，化服，日三服。　面上木痹：牛皮膠化，和桂末，厚塗一二分，良。　寒濕脚氣：牛皮膠一塊，細切，麪炒成珠，研末，每服一錢，酒下，其痛立止。　風濕走痛：牛皮膠一兩，薑汁半盃，同化成膏，攤紙上熱貼之，冷即易，甚效。一加乳香、沒藥一錢。　脚底木硬：牛皮膠，生薑汁化開，調南星末塗上，烘物熨之。　尸脚坼裂：烊膠着布上，烘貼之。　跌撲傷損：真牛皮膠一兩，乾冬瓜皮一兩，

剉，同炒存性，研末，每服五錢，熱酒一鍾，調服。仍飲酒二三鍾，暖卧微汗，痛止，一宿接元如故。湯火傷灼：水煎膠如糊，冷埽塗之。一切腫毒：已成未成，用水膠一片，水漬軟，當頭開孔貼之，未有膿者，自消。已潰者，令膿自出。諸般癰腫：黄明膠一兩，水半升，化開，入黄丹一兩，煮匀以翎埽上瘡口，如未成者，塗其四圍，自消。便毒初起：水膠溶化，塗之即散。乳癤初發：黄明水膠，以濃醋化，塗之立消。背疽初發：用黄明牛皮膠四兩，酒一盌，重湯頓化，隨意飲盡，不能飲者，用白湯飲之，服此，毒不内攻，不傳惡症。〇又方，以新瓦上燒膠存性，研末，酒二盌服之。〇又，加穿山甲四片，同燒存性，云極妙。

清・穆石匏《本草洞詮》卷一五　黄明膠　黄明膠乃牛皮所作，其色黄明，非阿井水所煮也。甘，平，無毒。治吐衄血淋，下痢，打撲損傷，一切癰疽腫毒，活血止痛，潤燥，利大小腸。《本經》阿膠原用牛皮，是二膠亦通用。其性味皆平補，若鹿角膠則熱補也。

清・王翃《握靈本草》卷一〇　黄明膠即真牛皮膠。　主治：黄明膠，甘，平，無毒。主諸吐衄血，及血淋，下痢，妊娠胎動血下，一切打撲癰疽，止痛活血，潤燥。

清・汪昂《本草備要》卷四　黄明膠即牛皮膠。補虚。甘，平。功與阿膠相近，亦可代用。同葱白煮服，通大便。李時珍曰：真阿膠難得，牛皮膠亦可權用。陳藏器曰：諸膠皆其性味皆平補，宜于虚熱之人。張仲景治瀉痢，好膠與黄連、黄蠟并用。《經驗方》曰：癰疽初起，酒頓黄明膠四兩，服盡，毒不内攻。唐氏方加穿山甲四片，燒存性用。昂謂此方若驗，勝于服蠟礬丸也。

清・张璐《本經逢原》卷四　黄明膠即廣膠。　甘，平，無毒。　發明：明膠治吐血、衄血、下血、血淋、血痢，妊娠胎動下血、風濕走注疼痛，打撲傷、湯火傷，一切癰疽腫毒，活血止痛潤燥，利大小腸，皆取其有滋益之功，無滑利之患。

清・吴儀洛《本草從新》卷六　黄明膠（補陰。）即牛皮膠。　甘，平。補陰。治諸血證及癰疽。潤燥，通大便。時珍曰：其性味平補，宜於虚熱之人。陳自明曰：補虚用牛皮膠，去風用驢膠。《經驗方》云：癰疽初起，酒頓黄明膠四兩服盡，毒不内攻。唐氏方加川山甲，燒存性。用此方頗驗，殊勝於蠟礬丸。製作須精，今市中膠物之膠，不堪用。

清・汪紱《醫林纂要探源》卷三　黄牛膠　甘，平。淨牛皮熬成，色黄明透者佳。補肺清金，滋陰養血，行水利大腸。皮本屬肺，膠則粘而能續，滑而能通，滋陰補肺，可治吐衄，止咳嗽，消痰固氣。功用略同阿膠，但不及其下沉入肝腎，澄清穢濁耳。

清・嚴潔等《得配本草》卷九　黄明膠即牛皮膠。　甘，平。去風濕，活血止痛，潤燥補血，利大小腸。功用相近阿膠，如無真阿膠，不若以黄明膠代之。

攤膏，貼瘰癧潰爛。

題清・徐大椿《藥性切用》卷八　黄明膠　性味甘溫，益精補虚，潤燥解毒。明透者良。（醒）〔腥〕羶者不入藥。

清・羅國綱《羅氏會約醫鏡》卷一八禽獸部　黄明膠即牛皮膠。味甘平，入肝經血分。　治吐血、下血、血淋、姙婦胎動下血、血虚有熱，此能凉血生血。風濕走注疼痛、跌撲傷、湯火瘡、癰疽腫痛活血。其功用與阿膠略同。但非阿井水及驢皮同造，故不能疏利下行耳。一名水膠，為外科活血止痛要藥。明亮、六月不軟、無牛皮氣者良。蛤粉炒成珠，或酒蒸化用。

清・趙其光《本草求原》卷二〇獸部　牛皮膠即黄明膠　甘，平，無毒。滋益解毒，而無滑利之患。治吐血，同桑葉末、生地湯下。咯吐，同新綿灰飲下。衄血，貼山根至髮際。胎動下血，煮酒服。血淋，血痢，寒濕腳氣，麵炒珠，酒下。風濕走痛，薑汁化貼。腳裂，着布烘貼。腳底木硬，薑汁、南星和烘。破傷風，燒末酒下，汗之。跌撲損傷，同冬瓜皮炒焦研，酒下。湯火傷，一切癰疽瘰癧、便毒初腫，俱水化塗。活血止痛、潤燥、止痢，同黄連、黄蠟。防瘡毒内攻，山甲燒末和酒下，功勝蠟礬丸。通大便。葱白同煮。但性膩，脾胃弱忌。

清・張仁錫《藥性蒙求・獸部》　黄明膠一錢　黄明膠平，治血滋陰。大腸燥結，虚熱亦靈。即牛皮膠。甘，平。陳自明曰：補虚用牛皮膠，去風用驢皮膠。〇製作須精。今市中膠物之膠不堪用。

清・戴葆元《本草綱目易知録》卷六　黄明膠牛皮膠　甘，平。補虚潤燥，活血止痛，利大小腸，功同阿膠。治肺痿咳嗽，肺破出血，吐衄下血，血淋下痢，妊婦胎動血下，風濕走注，打撲傷損，湯火灼傷，一切癰疽腫毒。

清・陳其瑞《本草撮要》卷八　黄明膠　味甘，平，入手足少陰、厥陰經，功專補陰，治諸血證及癰疽，潤燥通大便。得川山甲四片燒存性，用治癰疽初起，使毒不内攻，神效。惟膠須以酒頓烊。如便毒初起，水膠溶化塗之即散。即牛皮膠也。

牛黄

宋・李昉《太平御覽》卷第九八八　牛黄　《文士傳》曰：延篤為京兆尹，桓帝時梁冀專政，時皇子疾，詔書發京兆出牛黄。冀遣諸生齎書持牛黄

詣篤賣，篤以為詐，論殺之。《本草經》曰：牛黃，味苦。生隴西平澤特牛膽中。治驚癇寒熱。生晉地。《吴氏本草經》曰：牛黃，牛出入鳴吼者有之，夜視有光，走角中，死，其膽中如雞子黃。

宋・唐慎微《證類本草》卷一六獸部上品〔《本經・別録・藥對》〕 **牛黃** **味苦，平，**有小毒。**主驚癇寒熱，熱盛狂痓。除邪逐鬼。**療小兒百病，諸癇熱，口不開，大人狂癲。又墮胎。久服輕身增年，令人不忘。生晉地平澤，於牛得之，即陰乾百日，使時燥，無令見日月光。人參爲之使，得牡丹、昌蒲利耳目。惡龍骨、地黃、龍膽、蜚蠊，畏牛膝。

〔梁・陶弘景《本草經集注》〕陶隱居云：舊云神牛出入，鳴吼者有之。伺其出角上，以盆水承而吐之，即墮落水中。今人多皆就膽中得之，多出梁益。一子如雞子黃大，相重疊。藥中之貴，莫復過此。一子及三二分，好者直五六千至一萬。

〔唐・蘇敬《唐本草》〕注云：牛黃今出萊州、密州、淄州、青州、嶲州、戎州。牛有黃者，必多吼喚，喝迫而得之，謂之生黃，最佳。黃有三種，散黃粒如麻豆；慢黃若雞卵中黃糊，在肝膽；圓黃爲塊形，有大小，並在肝膽中。多生於犢音秦、特牛。其吴牛未聞有黃也。

〔宋・掌禹錫《嘉祐本草》〕按：《藥性論》云：牛黃，君，惡常山，畏乾漆，味甘。能辟邪魅，安魂定魄，小兒夜啼。主卒中惡。吴氏云：牛黃無毒，牛出入呻者有之，夜光走角中，牛死入膽中，如雞子黃。日華子云：牛黃，凉。療中風失音，口禁，〔驚悸〕，婦人血噤，驚悸，天行時疾，健忘，虚乏。

〔宋・蘇頌《本草圖經》〕曰：牛黃，出晉地平澤，今出登、萊州，它處或有，不甚佳。凡牛有黃者，毛皮光澤，眼如血色，時復鳴吼，又好照水。人以盆水承之，伺其吐出乃喝迫，即墮落水中。既得之，陰乾百日，一子如雞子黃大，其重疊可揭析，輕虚而氛香者佳。然此物多僞，今人試之，皆揩摩手甲上，以透甲黃者爲真。又云：此有四種。喝迫而得者名生黃。其殺死而在角中得者名角中黃。心中剥得者名心黃。初在心中如漿汁，取得便投水中，霑水乃硬如碎蒺藜或皂莢子是也。肝膽中得之者名肝黃。大抵皆不及喝迫得者最勝。凡牛之入藥者，水牛、犢牛、黃牛，取乳及造酥酪、醍醐等，然性亦不同，水牛乳凉，犢牛乳温，其肉皆寒也。其自死者皆不可食。其酥以合諸膏，摩風腫踠跌血瘀，則牛酥爲强，醍醐尤佳。又有底野迦，是西戎人用諸膽和合作之，狀似久壞丸藥，赤黑色，今南海或有之。又中品有牛角鰓，用水牛、黃牛久在糞土中爛白者，主赤白下，燒灰末服之。沙牛角鰓，主下閉血瘀、女子帶下，並燒灰酒服。崔元亮《海上方》治喉痺，腫塞欲死者，取沙牛角燒刮，取灰細篩，和酒服棗許大，水調亦得。又小兒飲乳不快，覺似喉痺者，亦取此灰塗乳上，嚥下即差。黃牛膽以丸藥，令方臘日取其汁，和天南星末却内皮中，置當風處踰月，取以合凉風丸，殊有奇効。黃犍牛、烏牯牛溺，並主水腫，利小便。楊炎《南行方》療脚氣，小腹脹，小便澁，取烏特牛溺一升，一日分服，腹消乃止。下水腫，取黃犍牛溺一飲三升，不覺更加服。老小減半。亦可牛屎燒灰，傅灸瘡不差者。口中涎，主反胃。老牛涎沫，主噎。口中齝日知切草絞汁，主噦。自餘齒髓心肝腎，食之皆有益，方書鮮用。又馬乳、驢乳、羊乳，大抵功用相近，而驢、馬乳冷利，羊乳温補，馬乳作酪彌佳耳。又下條敗鼓皮，主蠱毒，古方亦單用，燒灰服之，並牛之類用之者稀，故但附於其末。

〔宋・唐慎微《證類本草》〕雷公云：凡使有四件，第一是生神黃，賺得者；次有角黃，是取之者；又有心黃，是病死後識者剥之，擘破取心，其黃在心中，如濃黃醬汁，採得便投於水中，黃霑水復硬如碎蒺藜子許，如豆者硬如帝珠子；次有肝黃，其牛身上光，眼如血色，多翫弄好照水，自有夜光，恐懼人或有人別採之，可有神妙之事。凡用須先單擣，細研如塵，卻絹裹。又用黃犍牛皮裹，安於井而上去水三四尺已來一宿，至明方取用之。《聖惠方》：初生兒至七日口噤，以牛黃少許細研，淡竹瀝調下一字，灌之，更以猪乳點口中，差。又方：治小兒腹痛夜啼，用牛黃如小豆大，乳汁化服，又臍下書田字，差。《廣利方》：治孩子驚癇不知，迷悶，嚼舌仰目，牛黃一大豆研，和蜜水服之。姚和衆：治小孩初生三日去驚邪，辟惡氣，牛黃一大豆許細研，以赤蜜酸棗許熟研，以綿蘸之令兒吮之，一日令盡。

宋・寇宗奭《本草衍義》卷一六 牛黃 亦有駱駝黃，皆西戎所出也。駱駝黃極易得，醫家當審别考而用之，爲其形相亂也。黃牛黃輕鬆，自然微香，以此爲異。蓋又有犛音狸牛黃，堅而不香。

宋・王繼先《紹興本草》卷一九 牛黃 紹興校定：牛黃，性味、主治雖載《經》注，但除心包絡間留熱，用之頗效。其云墮胎，蓋為性寒，而亦有行血之性。其牛生而得之者甚勝，殺而取之者，但形如雞子黃而層層可揭，摩於指甲上以色透即為真。其《經》注性味不同，初生兒嘗單服餌，顯見無毒。今當作味甘苦、平、微寒、無毒為定是矣。山東與新羅皆有之，但山東者佳。

宋・劉明之《圖經本草藥性總論》卷下 牛黃 味苦，平，有小毒。主驚癇寒熱，熱盛狂痓，除邪逐鬼。療小兒百病諸癇熱，口不開，大人狂癲。又墮胎。《藥性論》云：君。味甘。能辟邪魅，安魂定魄，小兒夜啼，主卒中惡。日華子云：凉。療中風失音，口噤，婦人血禁驚悸，天行時疾，健忘虚乏。人參為之使。得牡丹、菖蒲，利耳目。惡龍骨、地黃、龍膽、蜚蠊、常山。畏牛膝、乾漆等。

宋・陳衍《寶慶本草折衷》卷一五 牛黃君。諸牛黃在内。其心黃一名

散黃。其肝黃一名慢黃，一名圓黃。出晉地平澤，及梁、益、登、萊、密、淄、青、嶲、戎州。〇得之於牛。牛有黃者好照水，人以盆水承之，伺吐出，乃喝迫，即墮水。〇亦有牛死破而獲其黃者。並陰乾，無令見日月光。〇人參為使，惡龍骨、龍膽、地黃、蜚蠊、常山，畏牛膝、乾漆。

味苦、甘，平，涼，有小毒。〇主驚癇寒熱，熱盛狂痓，除邪，療小兒癇熱，大人狂癲。又墮胎。〇《唐本》註云：牛黃生於犢、特牛。其吳牛未聞有黃也。〇犢，音秦。黃雜色牡牛也。吳牛即水牛也。〇《藥性論》云：安魂定魄，小兒夜啼。主卒中惡。〇日華子云：療中風失音口噤，婦人血噤驚悸，時疾，健忘。〇《圖經》曰：牛黃如雞子黃大，重疊可揭析，輕虛氛香。指手甲上，透甲黃者真。此有四種：喝迫而得者名生黃，死而在角中得者名角中黃，心中得者名心黃，硬如碎蒺藜或皂莢子也，肝膽中得者名肝黃。大抵喝迫得者最勝。〇雷公云：須先□擣細，研如塵。〇寇氏曰：西戎駱駝黃極易得，當審別之，為其形相亂也。黃牛黃，輕鬆自然，微香。又有犛音俚牛黃，堅而不香。

續說云：駱駝、犛牛之黃，寇氏已論之矣。艾原甫又言有猪膽合為牛黃，其色赤，皆不可用也。

元・王好古《湯液本草》卷六 牛黃 氣平，味苦，有小毒。《本草》云：主驚癇寒熱，熱盛狂痓。逐鬼除邪。療小兒百病，諸癇熱，口噤不開，大人癲狂。又墮胎。久服，令人不忘。又云：磨指甲上黃者，為真。又云：定魂魄。人參為使。得牡丹、菖蒲，利耳目。惡龍骨、龍膽、地黃，畏牛膝。

元・尚從善《本草元命苞》卷七 牛黃 味苦，平。為君。有小毒。惡龍骨、地黃、龍膽、蜚蠊。畏乾漆、牛膝。人參為使。主驚癇寒熱，中風口噤失音。療天行時疫，熱盛狂走。生斑。小子癇痓口不開，大人顛狂心失位。辟鬼魅祛邪，安魂魄定志。止小兒夜啼，治產婦血噤。久服輕身，又墮胎孕。生晉地、登、萊諸郡。云神牛出入呻鳴，伺其吐出，即喝迫墮落水中，既採得之，陰百日，燥時可用。體輕虛，氣香，形重疊可析，摩手甲上黃透，審如是為真。犛音猫牛黃堅而不香，駱駝黃乃能作偽。心黃得之於心，角黃殺死在角，慢黃糊在肝膽，形圓大小不齊，凡此數種為黃，不及喝迫乃勝。

元・徐彥純《本草發揮》卷三 牛黃 東垣云：牛黃，入肝，治筋病。

明・王綸《本草集要》卷六 牛黃君 味苦，氣平，涼，有小毒。一云無毒。人參為之使。惡龍骨、地黃、龍膽、常山，畏牛膝、乾漆。輕鬆重疊可揭，微香，指摩手甲上，黃透甲者為真。吐出者名生黃，為上。其次有角黃、心黃、肝膽黃，得之陰乾百日，使無令見日月光。

主驚癇寒熱，熱盛狂痓，除邪逐鬼，療小兒百病，諸癇熱口噤不開，大人狂癲，中風失音。久服安魂定魄，令人不忘。得牡丹、菖蒲利耳目。

小兒初生二三日，去驚邪，辟惡氣。取一大豆許，細研，和熟蜜以棉醮之，令吮之一日令盡。

明・滕弘《神農本經會通》卷八 牛黃 君也。人參為之使。惡龍骨、地黃、龍膽、常山、蜚蠊，畏牛膝、乾漆。輕鬆重疊，可揭析，輕虛而氛香者佳。指摩手指甲上，以透甲黃者為真。吐出為生黃，為上；其次有角黃、心黃、肝膽黃。得之即陰乾百日，使時燥，無令見日月光。

味苦，氣平，有小毒。《湯》同。一云：味甘。一云：涼，無毒。《疌》云：主驚癇，中風口噤，并婦人難產，定魂魄，中惡，癲狂，及小兒夜啼。

《本經》云：主驚癇，寒熱熱盛狂痓，除邪逐鬼。療小兒百病，諸癇熱，口噤不開，大人狂癲。又墮胎。久服輕身增年，令人不忘。又得牡丹、菖蒲，利耳目。《藥性論》云：君。能辟邪魅，安魂定魄，小兒夜啼，主卒中惡。吳氏云：牛黃，無毒。牛出入呻者有之，夜光，走角中，牛死入膽中，如雞子黃。日華子云：牛黃，涼。療中風，失音口噤，婦人血噤驚悸，天行時疾，健忘虛乏。《圖經》云：凡牛之入藥者，水牛、犢牛、黃牛，取乳及造酥酪醍醐等。然性亦不同，水牛乳涼，犢牛乳溫，其肉皆寒也。其自死者，皆不可食。其酥以合諸膏，摩風腫，踠跌血瘀，則牛酥為強，醍醐尤佳。又有牛角䚡，用水、牛黃〔牛〕，久在糞土中爛白者，主赤白下，燒灰末，服之。沙牛角䚡，主下閉血瘀，女子帶下，并燒灰酒服。《海上方》治喉痺腫塞欲死者，沙牛角燒，刮取灰，細篩，和酒服棗許大，水調亦得。黃牛膽，以丸藥，今方臘日取其汁，和天南星末，却內皮中，置當風處踰月，取以合涼風丸，殊有奇效。黃犍牛、烏牯牛溺，并主水腫，利小便。又馬乳、驢乳、牛乳，大抵功用相近，而驢、馬乳冷利，羊乳溫補，馬乳作酪彌佳耳。劊云：牛吐生黃味苦平，主除狂躁治天行。安魂定魄除邪惡，更治風癇及熱驚。即《局方》。牛黃，定魄安魂，治風癇驚熱。

明・劉文泰《本草品彙精要》卷二三 牛黃有小毒。 胎生。

牛黄出《神農本經》： **主驚癇，寒熱，熱盛，狂痓，除邪逐鬼。**以上朱字《神農本經》。療小兒百病，諸癇熱，口不開，大人狂癲，又墮胎。久服輕身增年，令人不忘。以上黑字名醫所録。

〔地〕《圖經》曰： 出晉地平澤，今出登、萊、密、淄、青、嶲、戎州。它處或有不甚佳。凡牛有黄者，皮毛光澤，眼如血色，時復鳴吼，又好照水。人以盆水承之，伺其吐出乃喝迫，即墮落水中。既得之，陰乾百日。一子如雞子黄大，其重疊可揭析，輕虚而氣香者佳。然此物多僞，今人試之，皆揩摩手甲上，以透甲黄者爲真。又云： 此有四種，喝迫而得者，名生黄； 其殺死而在角中得者，名角中黄； 心中剝得者，名心黄，初在心中如漿汁，取得便投水中，霑水乃硬如碎蒺藜或皂莢子是也； 肝膽中得之者，名肝黄。大抵皆不及喝迫得者最勝。《唐本》注云： 黄有三種： 散黄，粒如麻豆； 慢黄，若雞卵中黄，糊在肝膽； 圓黄，爲塊，形有大小，並在肝膽中。多生於犪音秦特牛，其吴牛未聞有黄也。《衍義》曰： 亦有駱駝黄，皆西戎所出也。駱駝黄極易得，醫家當審别考而用之，爲其形相亂也。若犛音茅牛黄則堅而不香也。

〔時〕生： 無時。採： 無時。

〔收〕陰乾百日，使時燥，無令見日月光。

〔用〕喝迫吐出者最佳。

〔質〕類雞子黄而輕鬆可析。

〔色〕黄。

〔味〕苦。

〔性〕平。日華子云： 涼。

〔氣〕味厚氣薄，陰中之陽。

〔臭〕香。

〔主〕寧心神，除癇熱。

〔助〕人參爲之使。

〔反〕惡龍骨、地黄、龍膽、蜚蠊、常山，畏牛膝、乾漆。

〔製〕《雷公》云： 凡使，用須先單搗細，研如塵，卻以絹裹，又用黄嫩牛皮裹，安於水面上，去水三四尺以來，一宿至明，方取用之。

〔治〕療： 《藥性論》云： 辟邪魅，安魂定魄，小兒夜啼，又卒中惡。日華子云： 中風失音，口噤，驚悸，天行時疾，健忘，虚乏。

〔合治〕合竹瀝調敷，初生小兒口噤。○合乳汁調，臍下書田字，療小兒腹痛，夜啼。○合蜜水調服，療小兒驚癇不知，迷悶，嚼舌，仰目。○合牡丹、菖蒲，利耳目。

〔禁〕妊婦勿服。

〔贗〕駱駝黄爲僞。

明·葉文齡《醫學統旨》卷八 牛黄 氣平、涼，味苦。有小毒。人參為使； 惡龍骨、地黄、龍膽、常山； 畏牛膝、乾漆。輕鬆重疊，可微香，揩磨手甲上，黄透甲者為真。吐出者名生黄，為上； 其次有角黄、心黄、肝膽黄。得之陰乾百日，使無令見日月光。治驚癇寒熱，熱盛狂痓，除邪逐鬼； 療小兒百病、諸癇熱，口噤不開； 大人狂癲，中風失音； 久服清心寧神，安魂定魄，令人不忘。得牡丹、菖蒲利耳目。

明·許希周《藥性粗評》卷四 癇風寒熱解牛黄。

牛黄，牛腹中黄也。如彈丸大，或大小不一，又或在角、在心、在肝，每有四種。牛有黄者，毛皮光澤，眼如血色，時復鳴吼，又好照水。採時或自吐，迫而得之者良。出山東登萊諸郡。但透人指甲，微香者真。得之陰乾，勿令見日，搗末。人參為之使，惡龍骨、地黄、龍膽、蜚蠊，畏牛膝。味苦，性寒，無毒。主治驚癇寒熱，盛熱狂痓，邪氣中風，失音口噤，時疫，健忘虚乏，小兒百病。東垣云： 牛黄入肝，治筋病。

單方： 小兒腹痛夜啼： 牛黄如小豆大，乳汁化開，與服之，又臍下書田字，差。小兒初生口噤： 凡小兒初生七日内，多患風噤，以牛黄少許，細研，淡竹瀝調下一字，灌之差。若欲預防，以牛黄一大豆許，細研，以煉蜜調匀，用綿包裹，與兒吮之令盡，妙。

明·鄭寧《藥性要略大全》卷一〇 牛黄君 安魂定魄，主驚癇、驚熱，除狂燥，治天行熱症，治大人癲狂，小兒百病，諸癇熱，口禁不開。下胎。久服令人不忘。療中風失音。 味苦，涼、平，有小毒。人參為之使。得牡丹、菖蒲，利耳目。惡龍骨、龍膽、地黄、常山、牛膝、乾漆。又云： 畏牛膝。牛黄，今市中多是殺，出在肝膽中，圓黄成塊者，此是嫩黄，功力劣薄。《經》云： 凡牛有黄者，皮毛光澤，眼如火色，時復鳴吼。又好照水、浴水。與群牛行，爭先善觸，有力好狂。人欲取其黄，將此牛繫於夏日木樁上，晒之，令其熱渴，以水一盆，放牛口邊與飲甘。牛渴甚，欲飲而不得，久即吐出黄，焰影如日。令一人急以濕布蔽牛口鼻，一人急捉取黄。其牛見取其黄，即時自跌死。其黄有如雞子黄大，重疊層層，可揭析。芬芳而輕鬆。生時色黄赤，乾久外如烏金色。此真老黄也。多産晉地。

明·陳嘉謨《本草蒙筌》卷九 牛黄 味甘，氣平。有小毒。各處俱資耕耘，黄色牯者為美。有黄凝結，兩眼血紅。因内熱氣熏蒸，無時鳴吼飲水。亦好照水。急以盆盛棧外，引之欲飲不能。渴甚必自吐來，伺者喝迫便墮。此生黄者，《衍義》云： 喝迫而得者，乃名生黄。價類黄金。暗室陰乾，忌見日月光。成於百日。輕虚重疊可揭，齅氣息微香； 又等犛牛黄，堅而不香。狀若鷄卵黄同，摩指甲竟透。凡遇賣者，亦此辯真。再有角黄、心黄、肝膽黄，各從所得為名。殺剖間，或亦有。今人得者，多係此黄。初如漿汁，取得便投水中，沾水乃硬如碎蒺藜或皂角子是也。功力雖次，亦可代充。惡龍骨、龍膽、地黄，畏蜚蠊、牛膝、乾漆。忌常山勿用，使人參相宜。惟入肝經，專除筋病。療小兒諸癇驚吊，

客忤口噤不開；治大人癲狂發痓，中風痰壅不語。除邪逐鬼，定魄安魂。更得牡丹菖蒲，又能聰耳明目。孕婦忌服，能墮胎元。牛角䚡係角杪尖，用燒灰存性。磁鉢內擂末絕細，調熱酒下咽。治閉血瘀血作疼，血崩亦治；除赤帶白帶下漏，冷痢兼除。吐衄諸般，用之總効。水牛角味苦冷，時疫頭痛惟宜。鼻炙理口眼喎斜，貼好邊牽正；斜左貼右，斜右貼左。作羹調乳汁短少，吞天曉潤通。腎補腎氣益精，肝助肝血明目。肺止欬逆，心主虛忘。膽益睛眸，兼滋口唇焦燥；肉養肌肉，能使中氣發生。小腸、大腸、廣腸並厚各腸，除腸風痔漏；血脾、百葉、草賭俱健脾胃，免飲積食傷。牛莖塞帶漏結胎，牛腦卻風癇止渴。髓益氣以禁洩痢，又和地黃白蜜，各等分，熬成膏。平三焦安五臟，治瘦怯補中。乳養血而補虛羸，仍造酪酥醍醐。乳成酪，酪成酥，酥成醍醐。色黃白，甘脆爽口。《本經》云：牛酥尤勝羊酥。除肺痿，止吐衄，潤毛髮住嗽。乳腐即乳餅。利十二經脈，通大小便難。懸蹄去一切熱風，止赤白漏下。血補身血枯涸，齒療小兒牛癇。耳中垢可敷蛇傷，口中涎專主翻胃。小兒不能行步，臍中毛可煎嘗。鼻中木拳燒灰，草拳燒之。鼻下〔生〕瘡敷妙。小口中齝草絞汁，喉中噎〔逆〕服佳。溺飲消水腫如神，從尿管利出；屎燔塗鼠瘻最驗，愈灸瘡尤奇。黃犢臍屎檢來，燒擂細末；暴驚九竅血出，水服立差。〇敗皷皮，是牛皮者勿吝收貯；誅蠱毒，為蠱脹部絕妙神丹。其方〔用〕皷皮廣五寸，長一尺，薔薇根五寸，如足拇指大。或云：是莨菪根，剉，以水一升，酒三升，全熬二升，服之，當下蠱蟲而愈。

謨按：丹溪云：牛，坤土也。黃，土之色也。以順為性，而效法乎乾。以為功者，牡之用也。故凡暴發邪盛之病，諸肉皆忌，惟牛肉獨不忌者，因其能補脾胃為勝爾。蓋人身以脾胃為本，脾胃屬土，此能補之，亦各從其類也。又獨肝者，食之殺人，不可不識。

明・方穀《本草纂要》卷一 牛黃 味苦，氣平，性凉，無毒。輕清之劑也。主驚癇不守而忽作狂迷，或魂魄飛揚而觸事喪志，或寒熱交作而痰迷心竅，或虛火妄攻而反見神鬼，此皆心虛不寧，而心氣不足之病也，非牛黃安能治之？吾知牛黃爲治心之藥，必得佐使而後可，是故得丹砂而有寧鎮之功；得參苓而有保養之妙；得菖蒲、山藥而有開達心孔之意；得遠志、棗仁而有平安臟腑之理；得當歸、生地而有生血凉血之能；得腦麝、金銀而有清神壯志之美，此治心之藥，無尚于牛黃也。

明・王文潔《太乙仙製本草藥性大全》卷七《本草精義》 牛黃 各處俱資耕耘，黃色牯者爲美。有黃凝結，兩眼血紅，因內熱氣熏蒸，無時鳴吼飲水亦好照水，急以盆盛棧外，引之欲飲不能，渴甚必自吐來，伺者喝迫便墮，此生黃者。《衍義》云：迫而得者，乃名生黃。價類黃金。暗室陰乾忌見日月光，成於百日，輕虛重疊可揭，齅氣息微香，又等犛牛黃，堅而不香。狀若雞卵黃同，摩指甲竟透，凡遇賣者，亦此辨真。再有角黃、心黃、肝膽黃，各從所得爲名。殺剖間或亦有，今人得者多係此黃，初如漿汁，取得便投水中，沾水乃硬如碎蒺藜或皂角子是也，功力雖次，亦可代充。惡龍骨、龍膽也，畏蜚蠊、牛膝、乾漆，忌常山勿用，使人參相宜。

明・王文潔《太乙仙製本草藥性大全》卷七《仙製藥性》 牛黃 味苦，氣平，有小毒。人參爲之使。得牡丹、菖蒲良，利耳目。主治：惟入肝經，專除筋病。療小兒諸驚癇吊，客忤口噤不開。治大人癲狂發痓，中風痰壅不語。除邪逐鬼，定魂安魄。更得牡丹、菖蒲，又能聰明耳目。孕婦忌服，因墮胎元。補註：初生兒至七日口噤，以牛黃少許，細研，淡竹瀝調下一字灌之，更以猪乳點口中差。〇治小兒腹痛，夜啼，用牛黃如一豆大，乳汁化服，又臍下書田字差。〇治孩子驚癇不知，迷悶嚼舌仰目，牛黃一大豆，研和蜜水服之。〇治小孩初生三日，去驚邪辟惡氣，牛黃一大豆許，細研，以赤蜜酸棗許熟研，以綿蘸之，令兒吮。太乙曰：凡使有四件，第一是生神黃，賺得者；次有角黃，是取之者；又有心黃，是病死後識者剝之，擘破取心，其黃在心中如濃黃醬汁，採得投於水中，黃沾水復便如碎蒺藜子許，如豆者硬如帝珠子；次有肝黃，其牛身上光，眼如血色，多玩弄，好照水，自有夜光，恐懼人或有人別採之可有神妙之事。凡用須先單擣細研如塵，却絹裹，又用黃嫩牛皮裹，安於井而上去水三四尺已來一宿，至明方取用之。

明・皇甫嵩《本草發明》卷六 牛黃 上品。氣平。又云：凉，味苦，有小毒。

發明曰：牛黃，惟入肝經，專主除風驚病。故《本草》主驚癇寒熱熱盛，小兒諸癇熱，口噤客忤，中風痰壅不語，此專功也。又療天行時氣，健忘虛乏，逐鬼除邪，安魂定魄。又墮胎。久服輕身增年，令人不忘。更得牡丹皮、菖蒲，能聰明耳目，亦以其能除風清心之效歟。凡牛有黃者，皮毛光澤，眼如血色，時復鳴吼，又好照水，人以盆水伺其吐出，乃喝迫，即墮水中，此即生牛黃，氣息微香，此為上品。又等犛黃，堅而不香，狀若鷄子黃，磨指甲竟透者為良。若角黃、心黃、肝膽黃，功力俱次，亦

可代充。○人參為之使。畏牛膝、蜚蠊。惡龍骨、地黃、草龍膽。忌常山。

明・李時珍《本草綱目》卷五〇獸部・畜類 牛黃《本經》上品

【釋名】丑寶時珍曰：牛屬丑，故隱其名。《金光明經》謂之瞿盧折娜。【集解】《別録》曰：牛黃生隴西及晉地，特牛膽中得之，即陰乾百日使燥，無令見日月光。普曰：牛死則黃入膽中，如鷄子黃也。弘景曰：舊云神牛出入鳴吼者有之，夜視有光走入牛角中，以盆水承而吐之，即墮落水中。今人多就膽中得之。一子大如鷄子黃，相重疊。藥中之貴，莫復過此。一子及三二分，好者值五六千至一萬也。多出梁州、益州。恭曰：牛黃今出萊州、密州、淄州、青州、巂州、戎州。牛有黃者，必多吼喚，喝迫而得者，謂之生黃，最佳。黃有三種：散黃粒如麻豆；漫黃若鷄卵中黃糊，在肝膽間；圓黃爲塊，形有大小，並在肝膽中。多生於犦特牛，其㹀牛未聞有黃也。頌曰：今出登、萊州。他處或有，不甚佳。凡牛有黃者，身上夜有光，眼如血色，時復鳴吼，恐懼人。又好照水，人以盆水承之，伺其吐出，乃喝迫，即墮下水中，取得陰乾百日。一子如鷄子黃大，重疊可揭析，輕虛而氣香者佳。然人多僞之，試法但揩摩手甲上，透甲黃者爲真。雷曰：此有四種：喝迫而得者，名生神黃；殺死在角中得者，名角中黃；牛病死後心中剥得者，名心黃，初在心中如黃漿汁，取得便投水中，霑水乃硬，如碎蒺藜及豆與帝珠子者是也；肝膽中得者，名肝黃，大抵皆不及生黃爲勝。宗奭曰：牛黃輕鬆，自然微香。西戎有犛牛黃，堅而不香。又有駱駝黃，極易得，亦能相亂，不可不審之。【修治】斆曰：凡用，單擣細研如塵，絹裹定，以黃嫩牛皮裹，懸井中一宿，去水三四尺，明早取之。

【氣味】苦，平，有小毒。日華曰：甘，凉。普曰：無毒。之才曰：人參爲之使。得牡丹、菖蒲，利耳目。惡龍骨、龍膽、地黃、常山、蜚蠊，畏牛膝、乾漆。時珍曰：《別録》言牛黃惡龍膽，而錢乙治小兒急驚疳病，凉驚丸、麝香丸皆兩用之，何哉？龍膽治驚癇解熱殺蟲，與牛黃主治相近，亦肝經藥也，不應相惡如此。【主治】驚癇寒熱，熱盛狂痓，除邪逐鬼《本經》。療小兒百病，諸癇熱，口不開，大人狂癲，又墮胎。久服，輕身增年，令人不忘《別録》。主中風失音口噤，婦人血噤驚悸，天行時疾，健忘虛乏日華。安魂定魄，辟邪魅，卒中惡，小兒夜啼甄權。益肝膽，定精神，除熱，止驚痢，辟惡氣，除百病思邈。清心化熱，利痰凉驚寧源。痘瘡紫色，發狂譫語者可用。時珍。出《王氏方》。

【發明】李杲曰：牛黃入肝，治筋病。凡中風入臟者，必用牛、雄、腦、麝之劑，入骨髓，透肌膚，以引風出。若風中腑及血脈者用之，恐引風邪流入於骨髓，如油入麪，莫之能出也。時珍曰：牛之黃，牛之病也。故有黃之牛，多病而易死。諸獸皆有黃，人之病黃者亦然。因其病在心及肝膽之間，凝結成黃，故還能治心及肝膽之病。正如人之淋石，復能治淋也。按《宋史》云：宗澤知萊州，使者取牛黃。澤云：方春疫癘，牛飲其毒則結爲黃。今和氣流行，牛無黃矣。觀此，則黃爲牛病，尤可徵矣。

【附方】舊四，新四。初生三日：去驚邪，辟惡氣。以牛黃一豆許，以赤蜜如酸棗許，研匀，綿蘸令兒吮之，一日令盡。《姚和衆方》。七日口噤：牛黃爲末，以淡竹瀝化一字，灌之。更以猪乳滴之。《外臺》。初生胎熱：或身體黃者。以真牛黃一豆大，入蜜調膏，乳汁化開，時時滴兒口中。形色不實者，勿多服。《錢氏小兒方》。小兒熱驚：牛黃一杏仁大，竹瀝、薑汁各一合，和匀與服。《總微論》。驚癇嚼舌：迷悶仰目。牛黃一豆許研，和蜜水灌之。《廣利方》。小兒驚候：小兒積熱毛焦，睡〔中狂〕語，欲發驚者。牛黃六分，朱砂五錢，同研。以犀角磨汁，調服一錢。《總微論》。腹痛夜啼：牛黃一豆許，乳汁化服。仍書田字於臍下。《聖惠方》。痘瘡黑陷：牛黃二粒，朱砂一分，研末。蜜浸臙脂，取汁調搽，一日一上。《王氏痘疹方》。

題明・薛己《本草約言》卷二《藥性本草》 牛黃 惟入肝經，專主除風驚病。○大小人狂熱驚癇強痓，卒中不語，非此不效。其品有三四，惟神牛吐出取者，名子黃，為上。其外有膜包如蒜頭，中如雞子黃，薄疊體輕，聞有香氣，指指甲上其色通透，置舌上先苦後甘，清涼透心，方為真也。與人參、牡丹皮、石菖蒲同用則利人，若與牛膝同用則無益，蓋以其所畏也。又龍骨、地黃遇之則二物皆不能成功，蓋以其所惡也。牛膝指草木而言。

明・梅得春《藥性會元》卷下 牛黃 味苦，氣平，有小毒。人參為使。惡龍骨、地黃、龍膽草、常山。畏牛膝、乾漆。輕鬆重疊，微香，指磨指甲上，透甲者為真。吐出者為生黃，為上；其次有角黃，心黃。牛病死後，識得有黃，剝之，劈破，其心中有黃如膿醬汁，取得投于水中，其黃見水聚如細蒺藜子，或如薩帝子。又次有肝黃，其牛身上光，眼如血色，多玩弄，好照水，自有夜光，恐懼人。若識得，有良法取之，其功神玅。主治驚癇寒熱，熱盛狂痓，除邪逐鬼，療小兒百病，諸癇熱，口噤不開，大人癲狂，中風失音。久服清心寧神，安魂定魄，令人不忘。得牡丹、菖蒲，利耳目。製法：凡使，研乳細如塵，烏金紙包，外用細絹包，再用薄牛皮包，懸吊于井口，去水三四尺，一宿收用。

明・張懋辰《本草便》卷二 牛黃君 味苦，氣平凉，有小毒。一云無毒。惡龍骨、地黃、龍膽、常山，畏牛膝、乾漆。主驚癇寒熱，熱盛狂痓，除邪逐鬼；療小兒百疾，諸癇熱，口噤不開；大人狂癲，中風失音。久服安魂定魄，令人不忘。

明・李中梓《藥性解》卷六　牛黄　味苦，性平，無毒，入心經。主大人癲狂發痓，中風痰壅不語，小兒驚癇天吊，客忤口噤，除邪逐鬼，定魄安魂，能墮胎孕。須體輕微香，磨甲色透，置舌上先苦後甘，清涼透心者為真。人參為使，惡龍骨、地黄、龍膽、蜚蠊、常山，畏牛膝、乾漆。　按：牛黄味苦，宜歸心部，癲狂等症，何不屬心，而有不療者耶？

明・繆希雍《本草經疏》卷一六　牛黄　味苦，平，有小毒。主驚癇寒熱，熱盛狂痓，除邪逐鬼。療小兒百病，諸癇熱口不開，大人狂癲，又墮胎。久服輕身增年，令人不忘。人參為之使。惡常山。畏牛膝、乾漆。

〔疏〕牛為土畜，其性甘平，惟食百草，其精華凝結為黄，猶人身之有内丹也。故能解百毒而消痰熱，散心火而療驚癇，為世神物，諸藥莫及也。凡牛生黄，則夜視其身有光，皮毛潤澤，眼如血色，蓋得氣之精而形質變化自有異也。或云牛病乃生黄者，非也。《本經》味苦氣平。《别錄》有小毒。吴普云無毒。然必無毒者為是。入足厥陰、少陽，手少陰經。其主小兒驚癇，寒熱熱盛口不能開，及大人癲狂癇痓者，皆肝心二經邪熱膠痰為病。心熱則火自生焰，肝熱則木自生風，風火相搏，故發如上等證。此藥味苦氣涼，入二經而能除熱消痰，則風火息，神魂清，諸證自瘳矣。鬼邪侵著，因心虚所致。小兒百病多屬胎熱，入心養神，除熱解毒，故悉主之也。性善通竅，故能墮胎。善除熱益心，故能令人不忘。非久服多服之藥。其云輕身延年者，蓋指病去則身自輕安，而得盡其天年也。〔主治參互〕同犀角、琥珀、天竺黄、釣藤鉤、茯神、真珠、金箔、麝香、丹砂，治小兒驚癇百病。入外科内服藥，能解疔腫癰疽毒。並可入傅藥，止痛散毒如神。　同犀角、生地黄、牡丹皮、竹葉、麥門冬，治小兒五色丹毒。　同鍾乳石、真珠、猪牙皂角、象牙末、白殭蠶、紅鉛、片腦、明礬、沒藥、蛀竹屑、天靈蓋，為丸。土茯苓湯下，治結毒有神。　姚和眾方小兒初生三日，去驚邪，辟惡氣。以牛黄一豆許，以蜜少許，研匀，綿蘸令兒吮之，一日令盡。《外臺秘要》小兒七日口噤：牛黄為末，以淡竹瀝化一字，灌之。更以猪乳滴之。錢氏《小兒方》初生胎熱，或身體黄者，以真牛黄一豆大，入蜜調膏，乳汁化開，時時滴兒口中。兼治腹痛夜啼。《總微錄》小兒熱驚，或驚癇嚼舌，迷悶仰目。牛黄一杏仁大，竹瀝、薑汁各一合，和匀與服。　又方，小兒積熱毛焦，睡語，欲發驚者。牛黄六分，硃砂五錢，同研。以犀角磨汁，調服一錢。　王氏《痘疹方》痘瘡黑陷，牛黄二粒，硃砂一分，研末。蜜浸臙脂，取汁調搽，并可内服。〔簡誤〕牛黄，治小兒百病之聖藥。蓋小兒稟純陽之氣，其病皆胎毒痰熱所生，肝心二經所發。此藥能化痰除熱，清心養肝，有起死回生之力。惟傷乳作瀉、脾胃虚寒者，不當用。

明・倪朱謨《本草彙言》卷一八　牛黄　味苦，氣涼，有小毒。入手少陰，足厥陰二經。　陶隱居曰：生隴西及晉地，特牛膽中得之即陰乾。百日使燥，無令見日月光。　蘇頌曰：今出登、萊州。凡牛有黄者，身上夜有光，眼如血色，時復鳴吼，恐懼人。又好照水，人以盆水承之，伺其吐出，乃喝迫，即墮下水中，取得如雞子黄大。重疊可揭析，輕虚而氣香者佳。試法：但揩摩手甲上，透甲黄者爲真。　雷斅曰：牛黄有四種：喝迫而得者名生黄，殺死在角中得者名角黄，牛病死後心中剝得者名心黄，初在心中如黄漿汁，取得便投水中，沾水乃硬，如碎蒺藜，肝膽中得者多肝黄。皆不及生黄爲勝。　寇宗奭曰：西戎有犛牛黄，堅而不香。又駱駝黄極易得，亦能相亂，不可不審。〇凡用，單擣細研如塵，絹裹定，以黄嫩牛皮裹懸井中一宿，去水三四尺，明早取之。

牛黄：驅風化痰，清熱解毒之藥也。主神志不守，癲狂妄動，或驚癇搐搦，忽作昏迷；或中風中惡，失音不語；或魂魄飛揚，觸事喪志；或寒熱交作，乍見神鬼，此是心虚不寧，痰迷心竅之症。不拘大人、小兒，牛黄皆可治之。但牛黄爲治心之藥，必酌佐使得宜而後可。故得丹砂而有寧鎮之功，得參、苓而有補養之妙，得菖蒲、山藥而有開達心孔之能，得棗仁、遠志而有和平臟腑之理，得歸、地而有凉血之功，得金、銀而有安神之美。凡諸心疾皆牛黄所宜也。如小兒病傷乳食作瀉，或脾胃虚寒者，亦非所宜也。

集方：《方脉正宗》治大人小兒痰熱失音，或中風、中熱、中氣，小兒心熱生驚，急驚搐搦諸證。用牛黄一錢另研細，配膽星、天竺黄各二錢，白朮、天麻各三錢，俱研細，薑汁爲丸如黄豆大。大人服二丸，薑湯化下；小兒服一丸，燈心湯化下。〇同上治小兒驚癇百病。用牛黄一錢，膽星、鈎藤、天竺黄、茯神各三錢，丹砂二錢，真珠、犀角、琥珀各一錢五分，俱設法研細，加冰片五分，薑汁打神麯糊爲丸，如緑豆大，一歲兒一丸，大兒五丸爲率，俱用薑湯調服。〇外科方治楊梅結毒。用牛黄一錢，鍾乳石火燒、丹砂各五錢，真珠微炒二錢，共研極細末，每服三分，土茯苓湯下。〇王氏方治痘瘡黑陷。用牛

黃三錢，丹砂一分，同研細末，紫草泡湯調服，幷搽痘上。〇治一切臌脹。用牛黃一錢，蟾酥一錢，俱用酒潤化，生半夏三錢研細末，巴豆肉去油取霜一分，蓖麻子肉去油取霜五錢，冰片五分，共研極細，和勻，調入牛黃、蟾酥拌勻，用蜒蚰五十個，共搗勻爲丸如粟米大。每早服十四丸，放舌上，取津唾嚥下。

明・顧逢柏《分部本草妙用》卷二心部・性平　牛黃　苦，平，有小毒。人參為使。得牡丹、菖蒲，利耳目。惡龍膽、地黃、常山，畏牛膝。　主治：驚癇狂痓，除邪遂鬼，大人癲狂，小兒諸癇，急慢驚風，中風，失音口噤。天行時疾中惡。益肝膽，定精神，除熱止驚痢，清心化痰，涼驚痘瘡紫色，發狂譫語。　東垣曰：牛黃入肝治筋病，凡中風入臟，必用牛、雄、腦、麝，入骨透肌，以引風出。若風中腑及血脉者，用之恐引風邪入髓，如油入麪，莫之能出也。牛黃專治心及膽之症，如病非心肝，而遽用之，反引邪入心而莫救矣。用之者，何以痰症而槩用哉？

明・鄭二陽《仁壽堂藥鏡》卷七　牛黃　陶隱居云：牛有黃，出入鳴吼。令飢渴之，置水一盆，俟吐黃喝迫，即墮落水中。此為生黃，最佳。近出萊州、貴州。　氣平，味苦，有小毒。體輕，微香。磨甲色透。置舌上，先苦後甘，清涼透心者真。　《本草》云：主驚癇寒熱，熱盛狂痓，逐鬼除邪；療小兒百病，諸癇熱，口噤不開，大人癲狂。又墮胎。久服令人不忘。又云：磨指甲上黃者為真。又云：定魂魄。人參為使，得牡丹、菖蒲，利耳目。惡龍骨、龍膽、地黃。畏牛膝。　東垣曰：牛黃入肝。凡中風入藏者必用，以入骨透髓引風自出。若中府及血脉者，用之引邪入髓，如油入麪，莫能出也。牛肉：　安中氣，養脾胃。倒倉法：　用肥嫩黃牛肉二十斤，去筋膜，長流水煮爛，去滓，濾取淨汁，再熬如琥珀色。病者先斷慾食淡，前一日不食晚飯，入密室，明快而不通風，取汁飲之。寒月重湯溫之。病在上者，欲吐多，則急飲之；病在下者，欲利多，則緩飲之；病在上中下者，欲吐利俱多，則時緩時急。渴則自飲小便，飢則先與粥湯，次與淡稀粥。三日後，方與菜羹糜粥，調養一月，沉痾悉去。後忌牛肉十年。　按：丹溪序曰：牛，坤土也。黃，土色也。以順德配乾健者，牡之用也。肉者，胃之藥也；液者，無形之物也。故由腸胃而透肌膚毛竅無不入也。積聚久而成形，迴薄曲折，可以丸散犯乎？此則踵其曲折，如洪水泛漲，陳朽順流而下。其法得之西域異人，借補為瀉，因瀉為補，大有再造之功，真奇法也。　乳：　養血而補虛羸。乳餅：　利十二經脉，通大小便難。

明・蔣儀《藥鏡》卷三平部　牛黃　鎮狂言亂語于傷寒火熾，醒口噤失音于中風痰迷。保大人之諸癇，安魂攝魄。攻小兒之百病，定志清心。

明・李中梓《頤生微論》卷三　牛黃　味苦、微甘，性平，有小毒。入心、脾、肝三經。人參為使。惡龍骨、地黃、龍膽草、蜚蠊、常山，畏牛膝、乾漆。體輕微香，磨甲色透，置舌上先苦後甘，清涼透心者真。清心利痰，安魂定驚，除邪逐鬼，痘瘡紫色，譫語。　按：東垣曰：牛黃入肝，凡中風入臟者，必用牛黃，入骨透髓，引風自內而出。若中府及中血脉者用之，引邪入髓，如油入麪，莫之能出。至於脫絕症，祗宜參、附，牛黃不足倚也。

明・張景岳《景岳全書》卷四九《本草正》　牛黃　味苦、辛，性涼，氣平，有小毒。忌常山。入心、肺、肝經。能清心退熱，化痰涼驚，通關竅，開結滯。治小兒驚癇客忤，熱痰口噤，大人癲狂痰壅，中風發痙，辟邪魅中惡，天行疫疾，安魂定魄，清神志不寧，聰耳目壅閉。療痘瘡紫色，痰盛躁狂。亦能墮胎，孕婦少用。

明・施永圖《本草醫旨・食物類》卷四　牛黃生隴西及晉地。特牛膽中得之，即陰乾百日使燥，無令見日月光。〇牛死則黃入膽中如雞子黃也。凡牛有黃者，身上夜有光，眼如血色，時復鳴吼，恐懼人。又每照水，人以盆水承之，伺其吐出乃喝迫即墮下水中，取得之。試法：　但揩摩手甲上，透甲黃者為真。此有四種：　喝迫而得者，名生神黃；殺死在角中得者，名角中黃；牛病死後心中剝得者，名心黃；肝膽中得者，名肝黃。大抵皆不及生黃者為勝。　味：　苦，平，有小毒。人參為之使，得牡丹、菖蒲，利耳目。惡龍骨、龍膽、地黃、常山、蠊螬。畏牛膝、乾漆。　治：　驚癇寒熱，熱盛狂痓，除邪逐鬼，療小兒百病，諸癇熱，口不開，大人狂顛，又墮胎。久服輕身增年，令人不忘。主中風失音，口噤，驚悸，天行時疾，健忘虛乏，安魄，辟邪魅，卒中惡，小兒夜啼。益肝膽，定精神，除熱，止驚痢，辟惡氣，除百病，清心化熱，利痰，涼驚。痘瘡紫色發狂譫語者，可用。牛黃入肝，治筋病，凡中風入臟者，必用牛、雄、腦、麝之劑，入骨髓，透肌膚，以引風出。若風中腑及血脉者，用之恐引風邪流入於骨髓，如油入麪，莫之能出也。〇牛之黃，牛之病也，故有黃之牛多病而易死。

附方　初生三日：　去驚邪，辟惡氣，以牛黃一豆許，以赤蜜如酸棗許，研勻，綿蘸，令兒吮之，一日令盡。七日口噤：　牛黃為末，以淡竹瀝化一匙，灌之，更以豬乳滴之。初

生胎熱：或身體黄者，以真牛黄一豆大，入蜜調膏，乳汁化開，時時滴兒口中，形色不實者，勿多服。小兒熱驚：牛黄一杏仁大，竹瀝、薑汁各一合，和勻與服。驚癇嚼舌：迷悶仰目，牛黄一豆許，研，和蜜水灌之。小兒驚候：小兒毛焦睡語，欲發驚者，牛黄六分，硃砂五錢，同研，以犀角磨汁，調服一錢。腹痛夜啼：牛黄一豆許，乳汁化服，仍書田字於臍下。痘瘡黑陷：牛黄二粒，硃砂一分，研末，蜜浸臙脂，取汁，調搽。

明・盧之頤《本草乘雅半偈》帙五　牛黄《本經》中品　氣味：苦，平，有小毒。主治：主驚癇，寒熱，熱盛狂痙，除邪逐鬼。

覈曰：出隴西及晉地，今萊、密、淄、青、嶲、戎諸州皆有。凡牛生黄，夜或有光，眼如血色，時復鳴吼，恐懼〔人〕，以盆水置牛前，伺其吐出，乃喝迫之，即墮水中取得者。陰乾百日，無令見日月光，一子如雞子黄大，重疊可揭，若百千層，輕虚氣香，色光明者佳。指摩手甲，透甲者真。雷斅云：黄有四種，一喝迫而得者，曰生神黄；一殺死從牛角得者，曰角中黄；一牛病死後，從心中剝得者曰心黄，初在心中，如黄漿汁，取得便投水中，沾水乃硬，如碎蒺藜及豆瓣與帝珠子者是也；一從肝膽中得者，曰肝黄、膽黄，皆不及生黄為貴。犛牛黄，堅而不香。又駱駝黄極易得，亦能相亂，不可不審也。修治：單擣細研如塵，絹裹定，更以黄牛嫩皮裹懸井中一宿，去水三四尺，明早取用。人參為之使。得牡丹、菖蒲，利耳目。惡龍骨、龍膽、地黄、(嘗)〔常〕山、蜚蠊、牛膝、乾漆。

繆仲淳先生云：牛為土畜，得氣血之精明，凝結為黄，猶人身之有内丹也。故牛生黄，則其身夜視有光，爲世神物，諸藥莫能及也。

先人云：坤為牛，黄為土，則黄是牛之本命元辰矣。其入肝膽，似雲之從龍，風之從虎，不期然而然者。

条曰：牛土畜，在卦為坤，其色正黄。其理層疊，所謂黄中通理，厚德載物者也。故能敦土德用，資生草木。蓋木必基土，以土為命，如驚癇寒熱，狂痙邪鬼，雖從脾土轉屬，久則肝木體虚，反欲傳尅脾土矣。蓋五行之理，失制則亢，亢則為害，害所勝耳，法當益土輔火。黄可入脾，苦可入心，心為肝子，子能助母實也。與《金匱要略》之治肝虚傳脾，先補肝木，次及心脾之義相合。先因于肝，故先補肝，此則唯從脾土轉屬，故祇益脾土，次及心火，非從肝始，勿治肝耳。《金匱要略》云：上工治未病。夫治未病者，見肝之病，知肝傳脾，當先實脾。四季脾王不受邪，即勿補之。中工不曉相傳，見肝之病，不解實脾，唯治肝也。夫肝之病，補用酸，助用焦苦，益用甘味之藥調之。酸入肝，焦苦入心，甘入脾，脾能傷腎，腎氣微弱，則水不行。水不行，則心火氣盛則傷肺，肺被傷，則金氣不行，金氣不行，則肝氣盛，則肝自愈，此治肝補脾之要妙也。肝虚則用此法，實則不在用之。詳録以備条考。

明・李中梓《本草通玄》卷下　牛黄　苦，平。　清心化熱，利痰涼驚，安神辟邪。　體輕氣香，置舌上，先苦後甘，清涼透心者真。

清・穆石匏《本草洞詮》卷一五　牛黄　凡牛有黄者，身上夜有光，眼如血色，時復鳴吼，人以盆水承之，伺其吐出，乃喝迫，即墮下水中，取得陰乾百日，如雞子黄大，重疊可揭析，輕虚而氣香者佳。然人多偽之。試法：但揩摩手甲上，透甲黄者真也。雷斅云：有四種，喝迫而得者名生黄，殺死在角中得者名角黄，病死在心中剝得者名心黄，初在心中如黄漿汁，取得投水中，沾水乃硬，肝膽中得者名膽黄、肝黄。皆不及生黄為勝。牛黄，苦，平，有小毒。主清心化熱，利痰涼驚，辟邪魅，卒中惡，中風失音，天行時疾，療大人狂癲，小兒百病，痘瘡紫色發狂譫語者，可用。昔宗澤知萊州，使者求牛黄，澤曰：方春疫癘，牛飲其毒則結為黄。今和氣流行，牛無黄矣。觀此，則牛之黄，牛之病也。因其病在心及肝膽之間，凝結成黄，故還治心及肝膽之病，正如人之淋石，復能治淋也。

清・劉雲密《本草述》卷三一　牛黄　覈曰：出隴西及晉地，今萊、密、淄、青、嶲、戎諸州皆有。凡牛生黄，夜或身上有光，眼如血色，時復鳴吼，恐懼人，以盆水置牛前，伺其吐出，乃喝迫之，即墮水中。取得者陰乾百日，無令見日月光，便如雞子黄大，重疊可揭，若百千層，輕虚氣香，色光明者佳。指摩手甲，透甲者真。雷斅云：黄有四種：一喝迫而得者，曰生神黄；一殺死從牛角得者，曰角中黄；一牛病死後，從心中剝得者，曰心黄，初在心中，如黄漿汁，取得便投水中，沾水乃硬，如碎蒺藜及豆瓣與帝珠子者是也；一從肝膽中得者，曰肝黄、膽黄。皆不及生黄為貴。犛牛黄，堅而不香。又駱駝黄極易得，亦能相亂，不可不審也。

氣味：苦，平，有小毒。日華子曰：甘，涼。普曰：無毒。主治：益肝膽思邈。清心化熱，利痰甯原。定神思邈。治驚癇寒熱，熱盛狂痙《本經》。中風，失音口噤日華子。療小兒百病，諸癇熱口不開《别録》。痘瘡紫色，發狂譫語者可用時珍。　東垣曰：牛黄入肝治筋病，凡中風入臟者，必用牛、雄、腦、麝之劑，入骨髓，透肌膚，以引風出。若風中腑及血脈者，用之恐引風

邪流入於骨髓，如油入麪，莫之能出也。　盧復曰：　坤為牛，黃為土，則黃是牛之本命元辰矣。其入肝膽，似雲之從龍，風之從虎，不期然而然者。

希雍曰：　牛為土畜，得氣血之精明凝結為黃，猶人身之有内丹也。故能解百毒而消痰熱，散心火而療驚癇，為世神物，諸藥莫及也。數語中的，中風清心化痰熱，中藏昏冒不語者，此味當為主藥。凡牛生黃，則夜視其身有光，皮毛潤澤，眼如血色，是其精英變化，有此結聚。或云牛病乃生黃者，非也。《本經》味苦氣平，《別錄》有小毒，吳普云無毒。然必無毒者，為是入足厥陰、少陽、手少陰經。其主小兒驚癇寒熱，熱盛口不能開，及大人癲狂癇痓者，皆肝心二經邪熱膠痰為病。心熱則火自生焰，肝熱則木自生風，風火相搏，故發如上等證。此藥味苦氣凉，入二經，而能除熱消痰，則風火息，神魂清，諸證自瘳矣。

同犀角、琥珀、天竺黃、鈎藤鈎、茯神、真珠、金箔、麝香、丹砂，治小兒驚癇百病。　入外科内服藥，能解疔腫癰疽毒，并可入傅藥，止痛散毒如神。　同犀角、生地黃、牡丹皮、竹葉、麥門冬，治小兒五色丹毒。　同鍾乳石、真珠、豬牙皂角、象牙末、白殭蠶、紅鉛、片腦、明礬、沒藥、蛀竹屑、天靈蓋，為丸，土茯苓湯下，治結毒有神。

愚按：　牛為土畜，在卦為坤。坤者，陰也。然萬物以之資生，為其順承天也。陰而承陽之化以生物，故曰坤厚載物，德合無疆。然陰承陽之氣以生物，是陽在陰中也。而陽得陰之氣以化物，故中土味甘，無所不生，亦無所不化。舉戾氣所鍾之物，并人身為患之戾氣，無不藉之以化，此乃所謂坤厚載物，德合無疆者也。如牛稟坤質而生黃，是乃土德具生化之體用，陶弘景所謂藥中之貴莫過於此者是也。第由形歸氣，由氣歸精，在肝心二臟，專致其用，何也？　蓋木固為土之用，然□□土，以土為命，故木變風眚，有土氣以歸之，則風平。若心火則土之母也，有土之子氣以宿之，則母自趨子而火熄，此所謂益肝膽，清心化熱，驚癇寒熱，熱盛狂痓之能治也。至於痰乃由熱化，其何痰不利，中風失音口噤，固受病於足太陰、少陰，此以從陰化陽之精氣，不獨能療脾患，並以清心者益腎矣，以水火原同宮也。蓋緣此氣血之物，專賦土德，而更萃其精英，凝諸形質，此繆氏謂其為世神物，功能起死回生者，良不謬矣。

附方　小兒七日口噤，牛黃為末，以淡竹瀝化一字灌之，更以豬乳滴之。　驚癇嚼舌，迷悶仰目，牛黃一豆許，研和蜜水灌之。　小兒驚候，小兒積熱，毛焦睡語，欲發驚者，牛黃六分，硃砂五錢，同研，以犀角磨汁，調服一錢。　痘瘡黑陷，牛黃二粒，硃砂一分，研末，蜜浸臙脂，取汁調搽，一日一上。

希雍曰：　牛黃治小兒百病之聖藥。蓋小兒稟純陽之氣，其病皆胎毒痰熱所生，肝心二經所發。此藥能化痰除熱，清心養肝，有起死回生之力。惟傷乳作瀉，脾胃虛寒者，不當用。

修治　體輕微香，磨甲色透，置舌上先苦後甘，清凉透心者真，另研用。

清・郭章宜《本草匯》卷一七　牛黃　味苦、甘，凉，入足厥陰少陽、手少陰經。清心主之煩，熱狂邪鬼俱消。攝肝藏之魂，驚癇健忘同療。利痰氣而無滯，入筋骨以搜風。《本經》主小兒驚癇寒熱，熱盛口不開者。小兒稟純陽之氣，其病皆胎毒熱痰所生，總肝心二經所發也。心熱則火自生焰，肝熱則木自生風，風火相搏，故發如上證。此藥苦凉，入二經而除熱，則火息神清，病自瘳也。

按：　牛，為土畜，其性甘平，惟食百草，其精華凝結為黃，故能解百毒，而消痰散熱也。大抵牛病在心肝膽，則生黃，故還資其治心肝膽之病，所以入肝治筋。中風入臟者，用以入骨追風。若中腑中經者誤用，反引風入骨，如油入麵，莫之能出矣。脾虛胃寒者，不宜用。

有四種，惟口中吐出喝得者，名生黃，為上。外有膜包如蒜頭，中如鷄子黃，薄疊體輕，聞有香氣，指摩手甲黃色透爪，置舌上先苦後甘，清凉透心者為真也。其次有角黃，角中得者。心黃，心中剝得者。胆黃、肝黃，殺而得之，皆不及生黃也。又有駱駝黃，極易得，亦能亂真，不可不審。研細如塵用。人參為之使。惡龍骨、龍胆、地黃、常山。畏牛膝、乾漆。

清・蔣居祉《本草擇要綱目・寒性藥品》　牛黃　氣味：　苦，平，有小毒。

主治：　小兒百病，諸驚癇寒熱，口不開。大人癲狂，中風失音，清心化熱，利痰凉驚，痘瘡紫色，發狂譫語等症。蓋牛之有黃，因其病在心及肝膽之間，凝結成黃也，故還能治心及肝膽之病。凡中風入臟者，必用牛、雄、腦、麝之劑，入骨髓，透肌膚，以引風出。若風中于腑及血脈者忌用，恐反引風邪流入于骨髓，如油入麵，莫之能出也。

清・閔鉞《本草詳節》卷一〇　牛黃　【略】按：　牛病在心及肝膽之間凝結成黃，故治病亦如之，正如人之淋石，復能治淋也。凡中風入臟者，用以

入骨髓，透肌膚，以引風出。若中腑及血脈者，用之久引邪入骨髓，如油入麪，莫能出也。

清・王翃《握靈本草》卷一〇 牛黃出登、萊州，輕虛而氣香者佳。揩摩手甲，透甲黃者為真。研如塵用。 主治：牛黃，苦，平，有小毒。主驚癇寒熱，中風失音口噤，痘瘡紫色，狂痙。

清・汪昂《本草備要》卷四 牛黃瀉熱，利痰，凉驚。 甘，凉。牛有病，在心肝膽之間凝結成黃，故還以治心肝膽之病。《經疏》云：牛食百草，其精華凝結成黃，猶人之有内丹。故能散火消痰解毒，爲世神物。或云牛病乃生黃者，非也。清心解熱，利痰凉驚，通竅辟邪。治中風入藏，驚癇口噤，心熱則火自生焰，肝熱則木自生風。風火相搏，膠痰上壅，遂致中風不語。東垣曰：中藏宜之。風中府及血脉者用之，反能引風入骨，如油入麪。按：中風中藏者重，多滯九竅；中府稍輕，多著四肢。若外無六經形症，内無便溺阻隔，爲中經絡，爲又輕。初宜順氣開痰，繼宜養血活血，不宜耑用風藥。大抵五藏皆有風，而犯肝者爲多。肝屬風木而主筋，肝病不能營筋，故有舌强口噤，喎斜癱瘓，不遂不仁等症。若口開爲心絶，手撒爲脾絶，眼合爲肝絶，遺尿爲腎絶，吐沫鼻鼾爲肺絶。髮直頭摇，面赤如妝，汗綴如珠者，皆不治。若止見一二症，猶有可治者。小兒百病。皆胎毒痰熱所生。兒初生時未食乳，用三五釐，合黃連、甘草末蜜調，令咂之良。發痘墮胎。善通竅。 牛有黃，必多吼喚，以盆水承之，伺其吐出，迫喝即墮水，名生黃，如鷄子黃大，重疊可揭。輕虛氣香者良。觀此則非病，乃生黃矣。殺死，角中得者名角黃，心中者名心黃，肝、膽中者名肝膽黃。成塊成粒，總不及生者。但磨指甲上，黃透甲者爲真。駱駝黃極易得，能亂真。得牡丹、菖蒲良。聽耳明目。人參爲使，惡龍骨、龍膽、地黃、常山。

清・吴楚《寶命真詮》卷三 牛黃 【略】清心化熱，利痰凉驚，攝肝藏魂，搜風辟邪。中風入臟，用以入骨追風，中腑中經，不可煅用。

清・陳士鐸《本草新編》卷五 牛黃 味苦，氣平，有小毒。入肝經。專除筋病，療小兒諸癇、驚吊客忤、口噤不開。治大人癲狂發痓、中風痰壅不語，除邪逐鬼，定魄安魂，聰耳明目。孕婦忌服，因墮胎元。蓋性大寒，止可少服，不宜多用。宜與人參同用，以治小兒諸病，切戒獨用牛黃，反致悮事耳。

或問：中風不宜服牛黃，恐其引風入臟，有白麪入油之喻，固可服乎？夫牛黃治中風，乃治真正中風也。世間真正中風者絶少，此牛黃之所以不可服也。真中風之病，其人元氣不虛，從無痰病，平素必身健，且係少年，一時中風，乃猝然之症，非氣血之虛，風入而生痰也。其症必眼紅口渴，吐痰如塊或如敗絮，其色必黃，必非清水，口欲吐而吐不出，手必捻拳不放，躁動不安者，乃真正中風也。此症萬人中一二也，可用牛黃治之。其餘俱作虛治，切戒妄用牛黃。原是寒虛，又益之以寒藥，輕則變成半肢之風，重則痰厥，喪亡頃刻矣。是牛黃不可治假中風，非真中風之不可服也。

或疑牛黃丸功效甚多，而尤多于治小兒，子謂牛黃必須用人參，豈防牛黃之生變耶？嗟乎！牛黃丸乃殺小兒之丸，非救小兒之藥也。自錢君創造牛黃丸，治小兒驚疳吐瀉等症，殺小兒無算。鐸欲救之，而苦未能也，今幸逢岐天師之教。凡用牛黃丸一丸，即用人參五分，煎湯共飲。殺人之丸，無不變為生人之藥。始悟錢君立方之時，原教人用人參送之，後人略去人參，此所以殺人無算也。凡我同志，幸加意于用參，以挽回牛黃之失，則陽德必承陰福，子嗣必大昌矣。

或問：牛黃有用之以治水蠱，可乎？夫牛黃消痰開竅之物，非祛濕利水之品也，似與治水蠱者無涉，然而亦有用之以成功者。蓋水入于心胞之宫，非牛黃不能化，牛黃專能入于心胞也。雖然心胞容水，久必化痰。牛黃化痰而不化水，是牛黃乃非利水之藥，乃消痰之物耳。治水蠱而效者，化其心胞之痰也。心胞痰散，而心胞外之水自不敢入于心胞之内，然後以治腎利水之藥治其本源，則水蠱之症可消也。然則謂牛黃之能治水蠱，亦無不可耳。

清・顧靖遠《顧氏醫鏡》卷八 牛黃甘、苦，凉。入心肝二經。 治癲癇狂亂，入心肝而除熱化痰，則神魂自安。療驚悸健忘。清心化痰之效。邪魅能辟，以其精華凝結而成，為世神物，云病乃生黃，非也。幼科堪珍。小兒百病，皆胎毒痰熱所生，心肝二經所發，此能清心凉肝，除熱化痰解毒故也。外科亦用，取其解毒之功。性善通竅，能墮胎，孕婦勿服。

清・李熙和《醫經允中》卷一七 牛黃 人參為使。得牡丹、菖蒲利耳目。畏牛膝。惡地黃。 苦，平，有小毒。主治清心化痰，小兒急慢驚風，諸癇狂痙，大人時行中惡，中風失音口噤。凡中風入臟，必用牛黃、雄、腦、麝，入骨透肌以引風出。若風中腑及血脉者用之，恐引風邪入髓，如油入麪，莫之能出也。專治心及膽之症，不然，反引邪入心而莫救矣。何得以痰而概用

哉？孕婦忌服，能墮胎元。

清・馮兆張《馮氏錦囊秘錄・雜症痘疹藥性主治合參》卷九 牛黃牛為土畜，其性甘平。精華凝結為黃，猶人身之有內丹也，故能解百毒，消痰熱，散心火，療驚癇，為世神物，諸藥莫及也。凡牛生黃，則夜視其身有光，皮毛潤澤，眼如血色，蓋得氣之精，形所變化，自有異也。味苦，氣平，無毒。入足厥陰少陽、手少陰經。為除熱消痰解毒，清心抑火，平肝通竅，利驚之用。凡小兒純陽之氣，病多胎毒痰熱，屬肝、心二經所發，故多用此，有起死回生之力。惟傷乳作瀉，脾胃虛寒者忌之。牛角鰓乃角中嫩骨尖也，為筋之粹、骨之餘。入足厥陰、少陰血分之藥，兼入手陽明經。燔之，味苦，氣溫，無毒。苦能泄，溫能通行，故主婦人帶下及閉瘀血疼痛也。牛膽，味苦，大寒，無毒。寒以勝熱，苦以泄結，故主心腹熱及渴利口焦燥也。入肝泄熱，故益目精明目也。以南星末貯入陰乾，治急驚熱痰神效者，取苦寒以制南星之燥，既可豁痰，復能除熱耳。牛肉，夫牛為土畜，黃得中央正色，故為補養脾胃，安中益氣。但病死者，獨肝者，黑身白頭者，皆不可服。黃明膠，即牛皮膠，又名水膠，味甘，平，無毒。主吐血下血血淋，妊婦胎動下血，風濕走注疼痛，打撲傷損，湯火灼瘡，癰疽腫毒，活血止血。其氣味與阿膠同，故所主亦與阿膠相似，以其性味皆平補，亦宜於血虛有熱者。但非阿井水及驢皮同造，故不能疎利下行耳。若鹿角膠者，則古名白膠，性味溫補，非虛熱者所宜，何古人採黃明諸方，附於白膠之後，其誤甚也。【略】霞天膏，味甘，溫，無毒。主中風偏廢，口眼歪斜，痰涎壅塞，五臟六腑，留痰宿飲癖塊，手足皮膚中痰核。其法：用肥嫩雄黃牛肉三四十斤，洗極淨，水煮成糜，濾去滓，再熬成膏用之。蓋胃屬土，為水穀之海，無物不受，胃病則水穀不能以時運化，羈留而為痰飲，壅塞經絡，百病變生。惟用霞天膏以治。蓋牛，土畜也；黃，土色也；肉者，胃之味也。熬而為液，雖有形而無濁質，以脾胃所主之物，治脾胃所生之病，故能由腸胃而滲透肌膚毛竅，搜剔一切留結也。然陰虛內熱之人，往往多痰，此則由於水涸火熾，煎熬津液凝結為痰，膠固難散者，亦須以此和竹瀝、貝母、橘紅、蘇子、栝樓根之類消之。【略】

牛黃，治一切驚癇痰壅，中風顛狂，失音口噤，時疾中惡，清心化痰，辟邪除熱，安魂定魄。孕婦忌服，恐墮胎元。入外科敷摻藥中，能解癰疽疔腫，散毒止痛如神。小兒初生三日，調服豆許，能化胎受一切熱毒，既免驚癇，復可稀痘。痘瘡黑陷，用牛黃二釐，硃砂一分，共研細末，蜜浸臙脂，取汁調搽。然牛黃化痰清心最捷，大有力量之藥。倘病未至沉疴，切勿輕為過用，否則諸藥難靈。至於中風在腑、在血脉者忌之，反引邪入髓，如油入麵，莫之能出矣。惟急驚熱痰壅塞，麻疹餘毒不清，并丹毒火灼，牙疳喉腫，命在須臾者仗之，誠為奪命至寶。牛角尖治一切血瘀血崩，帶漏。腎，補腎中精氣。肝，助肝血明目。心，主虛忘。膽，益睛眸，兼滋口唇焦燥。肉，養肌肉，能使中氣發生。大腸、小腸、廣腸，并厚各腸，除腸風痔漏。血脾、百葉、草賭，俱健脾胃，免飲食積傷。牛莖，塞帶漏結胎。牛腦，卻風癇止渴。髓，益氣，禁洩痢，又和地黃、白蜜，各等分成膏，平三焦，安五臟，治瘦怯，補中。乳，養血而補虛羸，滋潤五臟而止渴，養心肺，解熱毒，潤皮膚。仍造酪酥，除肺癰，止吐衄，潤毛髮，住嗽。乳餅，利十二經脉，通大小便難。酥，乃牛乳所出之精華，故能補五臟，益精髓，潤血脉，血枯火盛，大腸燥結，口舌生瘡，除熱補血。血，補身血枯涸。齒，療小兒牛癇。溺，飲消水腫如神，從尿管利出。屎，燔塗鼠瘻最妙，愈灸瘡尤奇。火煅重羅，善摻痘爛。按：牛本屬土，黃牛肉，色正中央，補脾而固中氣尤健。故三瘧久病，日服黃牛湯，能令日漸輕強，而無腫滿之病，其效可知。【略】

主治痘疹合參：牛黃，解心火之毒。凡痘發狂譫語，痘色紫赤，狂亂發斑者可用。并氣血充足，日至不斂者，亦宜用。然痘瘡全以心為主，始用之，則難保其冰伏不出矣；後用之，難免其寒胃變生矣。惟有痘疳咽腫，誠為外治之要藥。牛虱，有用以發痘，但性燥烈，不可多用輕用。按：牛黃入肝，凡中風入臟者，必用牛黃入骨透髓，引風自內而出。若中腑及中血脉者用之，反引邪入髓，如油入麵，莫之能出。至於脫絕正氣，惟宜參、附追復元陽，而牛黃何濟於事也。

清・张璐《本經逢原》卷四 牛黃 苦，平，小毒。試真假法：揩摩透甲，其體輕氣香，置舌上先苦後甘，清涼透心者為真。喝迫而得者名生神黃，圓滑，外有血絲，嫩黃層多者為上；殺後取者，其形雖圓，下面必扁者次之；在角中者名角黃，心中剝得者名心黃，膽中得之名膽黃，則又次之。產西戎者為西黃，產廣東者為廣黃。《本經》主驚癇寒熱，熱盛狂痓，除邪逐鬼。

發明：牛有黃，是牛之病也。因其病之在心及肝膽之間凝結成黃，故還治心及肝膽之病。《本經》治驚癇寒熱狂痓邪鬼，皆痰熱所致。其功長於清心化熱，利痰涼驚，安神辟惡，故清心牛黃丸以之為君。其風中心藏者亦必用之，若中經中府者誤用，引邪深入，如油入麪，莫之能出，宜詳審而用可也。

清・張志聰、高世栻《本草崇原》卷上 牛黃 氣味苦，平，有小毒。主治驚癇寒熱，熱盛狂痓，除邪逐鬼。

牛黃生隴西及晉地之特牛膽中，得之須陰乾百日使燥，無令見日月光。出兩廣者，不甚佳。出川蜀者，為上。凡

牛有黃，身上夜視有光，眼如血色，時時鳴吼，恐懼人。又好照水，人以盆水承之，伺其吐出，乃喝而迫之，黃即墮下水中。大者如雞子黃，小者如龍眼核，重疊可揭，輕虛氣香，有寶色者佳，如黃土色者下也。人喝取者為上，殺取者次之。李時珍曰：牛之黃，牛之病也。因其病在心及肝膽之間凝結成黃，故能治心及肝膽之病。但今之牛黃皆屬殺取，苦寒有毒，雖屬上品，服之無益也。牛黃，膽之精也。牛之有黃，猶狗之有寶，蚌之有珠，皆受日月之精華而始成。無令見日月光者，恐復奪其精華也。牛屬坤土，膽具精汁，稟性皆陰，故氣味苦平，而有陰寒之小毒。主治驚癇寒熱者，得日月之精而通心主之神也。治熱盛狂痓者，稟中精之汁而清三陽之熱也。除邪者，除熱邪，受月之華，月以應水也。逐鬼者，逐陰邪，受日之精，日以應火也。牛黃有毒，不可久服，故不言也。李東垣曰：中風入臟，始用牛黃，更配腦麝，從骨髓透肌膚，以引風出。若風中於府，及中經脈者，早用牛黃，反引風邪入骨髓，如油入麵，不能出矣。愚謂：風邪入臟，皆為死證，雖有牛黃，用之何益。且牛黃主治皆心家風熱狂煩之證，何會入骨髓而治骨病乎？腦麝從骨髓透肌膚，以引風出，是辛竄透發之藥。風入於臟，臟氣先虛，反配腦麝，寧不使臟氣益虛而真氣外泄乎？如風中腑及中經脈，正可合腦而引風外出，又何致如油入麵而難出耶。東垣好為臆說，後人不能參閱聖經，從而信之，致臨病用藥畏首畏尾，六腑經脈之病留而不去，次入於臟，便成不救，斯時用牛黃、腦、麝，未見其能生也。李氏之說恐貽千百世之禍患，故不得不明辯極言，以救其失。

清・王子接《得宜本草・上品藥》　牛黃　味苦。入足厥陰經。功專清心化熱，利痰涼驚。得犀角、硃砂治小兒諸驚。

清・徐大椿《神農本草經百種錄》上品　牛黃　味苦，平。主驚癇，通心化痰。寒熱，熱盛狂痓，清心家之熱痰。除邪逐鬼。心氣旺，則邪氣自不能容也。牛之精氣不能運于周身，則成牛黃，屬土，故其色黃也。凡治痰涎，皆以補脾為主，牛肉本能健脾化痰，而黃之功尤速。又黃必結于心下，故又能入手少陰、厥陰之分，以驅邪滌飲，而益其精氣也。

清・吳儀洛《本草從新》卷六　牛黃〔瀉熱，利痰，涼驚。〕　甘，涼。清心解熱，利痰涼驚，通竅辟邪。治中風入臟，驚癇口噤，心熱則火自生焰，肝熱則木自生風，風火相搏，膠痰上壅，遂致中風不語。按：中風，真中者少，類中者多；中臟者重，多滯九竅；中腑者輕，多着四肢；若外無六經形證，內無便溺阻隔，為中經絡，為又輕。初宜順氣開痰，繼宜養血活血，不宜專用風藥。大抵五臟皆有風，而犯肝者為多。肝屬風木而主筋，肝病不能榮筋，故有舌強口噤，喎斜癱瘓，不遂不仁等證。若口開為心絕，手撒為脾絕，眼合為肝絕，遺尿為腎絕，吐沫鼻鼾為肺絕，髮直頭搖，面赤如妝，汗綴如珠者，皆不治。或止見一證，猶有可治者。小兒胎毒痰熱諸病。發痘墮胎。東垣曰：牛黃入肝治筋。中風入臟者，用以入骨追風。若中腑、中經者誤用之，反引風入骨，如油入麵，莫之能出。今世中風，有平素積虛而一時驟脫者，景岳以非風名之，尤忌用此。牛有黃，必多吼喚，以盆水承之，伺其吐出，迫喝即墮水，名生黃。如鷄子黃大，重疊可揭。時珍曰：牛有病，在心肝膽之間凝結成黃，故還以治心肝膽之病。《經疏》云：牛食百草，其精華凝結成黃，猶人之有內丹，故能散火、消痰、解毒，為世神物。或云牛病乃生黃者，非也。輕虛氣香者良。觀此，則非病乃生黃矣。殺死，角中得者名角黃，心中者名心黃，肝膽中者名肝膽黃，成塊成粒，總不及生者。但磨指甲上，黃透指甲者為真。駱駝黃易得，能亂真。產陝西者最勝，廣中者力薄。得牡丹、菖蒲良。人參為使。惡常山、地黃、龍膽、龍骨。

清・汪紱《醫林纂要探源》卷三　牛黃　甘，寒。牛，土畜也。性畏熱，熱生溽濕，偶值天行大熱，又食熱草，則肝膽火動，木剋土，土不能勝，則真陰為所搏，而凝聚成黃，栖於肝膽。黃，土色，栖肝膽為相火所挾也。故牛病有黃，必目赤如火，多怒多吼，大渴飲水，其為熱可知。昔人謂承盆水掣之，不使得飲，又迫喝之，則吐黃墮水，為生黃，最貴。愚謂此蓋醫家因世人珍重，特神其說耳。喝出者，從未經見，所見皆殺後，或在角中，或在心中，而栖於肝膽者為多。肝膽中者，似雞卵，極輕虛，重細疊疊可揭，氣香，以磨指爪透甲者真。駱駝亦有黃，不足用。平相火，抑君火，緩肝風，通關竅，化痰癖。治驚癇，安心神，尤宜小兒。療中風不語，風自臟生者宜之。蓋肝虛生風，膽虛生火，心虛生熱也。其卒發為中風，必九竅閉，故此物為臟氣凝結者所宜。牛以火病結黃，而黃反能抑肝風膽火，猶蠶以濕病殭，而殭蠶反能治風熱濕痰也。牛結而成黃，蠶殭而不腐，其真存焉，故反能勝也。或曰黃，非因病，乃食百草之精華所凝結，猶人之有內丹，此亦巧為說，而究非情實也。牛病而有黃者，彼或未親見耳。

清・嚴潔等《得配本草》卷九　牛黃　人參為之使。畏牛膝、乾漆。惡龍骨、龍膽、地黃、常山、蜚蠊。苦，涼。入手少陰、足厥陰經。清心火，通關竅，入肝臟引風外出，透胞絡合於神明。化胎毒，治驚癇。朱砂一分，牛黃二釐，蜜浸胭脂取汁，調二味末，塗痘瘡黑陷。得牡丹、菖蒲，利耳目。得天竹黃，發聲音。得犀角末，治諸驚。得竹瀝，治口噤熱驚。磨指透甲者

真。癰疽，研敷。　風中血脈及腑者，用之引風入骨。脾胃虛寒者，易於作瀉。并禁用。

題清・徐大椿《藥性切用》卷八　牛黃　性味甘涼，清心利竅，豁痰安神，為驚癇入藏耑藥。吐出者為活黃，最勝。殺死得者次之。駱駝黃易得，不堪用，能亂真，磨指甲不能黃透者為辨。

清・黃宮繡《本草求真》卷五　牛黃畜清心肝熱痰。　牛黃耑入心肝。　味苦性涼，古人用此解心經熱邪，及平肝木，通竅利痰定驚，及痰涎上壅，中風不語等症。中風須辨真偽，真則外有表症可察，偽則內有虛症可尋；真則表症見而神志無恙，偽則表症既無而精氣全失。真則本氣或虧，本血或損，加以外邪內襲而成偏廢，偽則真陰既槁，真陽既耗，迨其將絕不固而見厥仆；真則新邪復喚舊邪，而致新舊交感，偽則裏虛既甚，而更增虛益危。真則面赤唇焦，牙關緊閉，上視強直，掉眩煩渴。偽則面青或白與黑，痰喘昏亂，眩暈多汗，甚則手足厥逆，脫症全具。真則陽浮而數，陰濡而弱，及或浮滑沉滑，微虛微數；偽則兩尺沉滑，微細虛散欲絕，及或寸關搏指，弦滑洪數。又中風開口則心絕，手撒則脾絕，眼合則肝絕，遺尿則腎絕，氣喘面黑鼻鼾則肺絕，用藥始宜辛熱以祛外邪，繼宜辛潤、甘潤以固血脉。緣牛有黃，牛之病也。牛黃在於心肝膽之間，凝結成黃，故還以治心肝膽之病。取其長於清心化熱，故爾用此以除驚痰之根耳。至於中風不語，必其邪已入臟，九竅多滯，唇緩便閉，舌短耳聾。鼻塞目瞀。方可投服。若使中腑而見四肢不着，中經而見口眼喎斜，不為開痰順氣，養血活血，便用此藥投治，引邪深入，如油入麵，莫之能出。小兒純陽，病多胎熱痰熱，屬於心肝二經之病，命在須臾者，用此多有回生之力。兒初生未食乳，用三五釐，合黃連、甘草末，蜜調呷之最佳。惟脾胃虛寒者，其切忌之。取磨指甲〔色透〕者真，牛有黃必多吼喚，以盆水承之，伺其吐出，迫喝即墮水，名生黃，如雞子黃大，重疊可揭。殺死自角中得者，名角黃。心中得者，名心黃。肝膽中得者，名肝膽黃成粒。須防駱駝黃以亂。得牡丹、菖蒲良。人參為使，惡龍骨、龍膽、地黃、常山。

清・羅國綱《羅氏會約醫鏡》卷一八禽獸部　牛黃　味苦甘，平，入心肝二經。人參為使，惡龍骨、膽草、地黃、常山，畏牛膝、乾膝。牛食百草，其精華凝結而成。清心，退熱，化痰，平驚，急驚當用。通竅，辟邪，治中風入臟、口噤癲癇。心熱則火生焰，肝熱則木生風，風火相搏，膠痰上壅，遂致中風不語。中臟者多滯九竅，宜用；中腑者多着四肢，中經絡者外無六經形症，內無便溺阻膈，若誤用之，反引風入骨，不能出也。初宜順氣開痰，繼宜養血活血，不宜耑用風藥以燥其血也。治詳中風門。療小兒百病，如急驚熱痰壅塞、麻疹餘毒、丹毒、牙疳、喉腫一切實症垂危者，可仗之奪命。平痘瘡，火盛色紫，發狂發斑。墮胎孕。姙婦勿用。

清・陳修園《神農本草經讀》卷二上品　牛黃　氣味苦，平。主驚癇寒熱，熱盛狂痓，除邪逐鬼。

清・黃凱鈞《藥籠小品》　牛黃　同珍珠，治痰迷心竅，丹藥采用至廣，如至寶丹、抱龍丸、清心丸皆用之，病在心包絡之要藥。霞天膠健脾補血，膽星消包絡積痰。

清・王龍《本草纂要稿・禽獸部》　牛黃　氣味苦平，有小毒。療小兒驚癇客忤，口禁不開。治大人癲狂中風，痰壅不語。除邪逐鬼，安魂定魄。更得牡丹、菖蒲聰明耳目。孕婦勿食，恐墮胎元。

清・張德裕《本草正義》卷上　牛黃　苦辛，涼，有小毒。入心、肺、肝。能清心退火，化痰涼驚，通關開滯，小兒驚癇，大人癲狂，熱痰壅閉。孕婦忌用。

清・楊時泰《本草述鉤元》卷三一　牛黃　出隴西及晉地。凡牛生黃，則夜視其身有光，皮毛潤澤，眼如血色，或云病乃生黃者，非也。時復鳴吼，恐懼人。以盆水置牛前，伺其吐出，喝迫墮水，取出陰乾百日。無令見日月光。如雞黃大，重疊可揭，若百千層，輕虛氣香，磨甲色透，置舌上清涼透心，是曰生神黃，最貴。其殺死從牛角得者，曰角中黃。病死從心中剝得者，曰心黃。初在心中如黃漿，取得便投水中，乃硬，似碎蒺藜及豆瓣者是也。一從肝膽中得者，曰肝黃、膽黃，皆不及生黃。又犛牛黃堅而不香，駱駝黃極易得，能相亂，不可不審。

味先苦後甘，氣平，涼。入足厥陰少陽、手少陰經。益肝膽，清心化熱，利痰定神。治驚癇寒熱，熱盛狂痓，入肝治筋病。中風失音口噤，療小兒癇熱百病。兒稟純陽之氣，其病皆胎毒痰熱所生，肝心二經所發，此藥化痰除熱，清心養肝，有起死回生之力。痘瘡紫色，發狂譫語者，可用。凡中風入臟者，必用牛、雄、腦、麝之劑入骨透肌以引風出。若中腑及中血脈者，用之反引風邪入於骨髓，莫之能出東垣。牛以土畜，凝結精氣而為黃，猶人身之有內丹也，故能解百毒而消痰熱，散心火而療驚癇，為世神物，諸藥莫及仲淳。凡中風清心化痰熱，中臟昏冒不語者，此味當為主藥。同犀角、琥珀、天竺黃、鈎藤鈎、茯神、真珠、金箔、麝香、丹砂，治小兒驚癇百病。同犀角、地黃、丹皮、麥冬、竹葉，治小兒

五色丹毒。入外科内服藥，能解疔腫、癰疽諸毒。入傳藥，止痛散毒如神。同鍾乳石、真珠、象牙、猪牙皂角末、白殭蠶、紅鉛、片腦、明礬、沒藥、蛀竹屑、天靈蓋爲丸，土茯苓湯下，治結毒有神。小兒七日口噤，牛黄為末，以淡竹瀝化一字灌之，更以猪乳滴之。驚癎嚼舌迷悶仰目，牛黄一粒許，研和，蜜水灌之。小兒積熱，毛焦睡語，欲發驚者，牛黄六分、朱砂五錢同研，以犀角磨汁調服一錢。痘瘡黑陷，牛黄二粒、硃砂一分研末，蜜浸臙脂，取汁調搽，一日一上。

論：牛為土畜，在卦為坤，坤陰也，陰承陽氣以生物，是陽在陰中也，而陽即得陰之氣以化物，故中土味甘，無所不生，又無所不化，舉戾氣所鍾之物，并人身為患之戾氣，無不藉之以化焉。牛以坤質，更萃氣血之精明而凝結為黄，是以土德而具生化之體用，藥中之貴，莫過於此。第在肝心二臟專致其用者，何也？夫木固為土之主，而又必基土以為命，故木變風眚，有土氣以歸之，則風平。若心火則土之母也，有土之子氣以宿之，則母自趨子而火熄矣，此所謂益肝膽，清心化熱，而水火原同，並以清心者益腎也。總之，以氣血之物，專賦土德而萃其精英，凝諸形質，繆氏謂其為世神物，功能起死回生，信然。

又云：小兒傷乳作瀉，脾胃虛寒者，不當用。

清・鄒澍《本經續疏》卷三 牛黄 【略】方春疫癘，牛飲其毒，則結為黄。和氣流行，則牛無黄。宗忠簡之言是也。《宋史》本傳澤知萊州，中使索牛黄，澤云云。然黄非為牛病者，特為牛禦病耳，是何以然？蓋疫癘之著物，必乘其瑕，而不攻其堅。故凡志意僻，則入於内；筋骨弛，則薄於外。惟牛則穿勒内御，能順而不能僻；鞭策外加，能健而不能弛，乃口鼻卻已噓吸夫邪，并不得出入，其不適為何如？然以内與外相較，其性順而力健，故病駸駸欲入於内。觀其多鳴吼恐懼人可知也。乃以其用力最純，始終無間。健能資順而順不愆於度，順能隨健而健得循其常，是邪欲入終不能入，欲出終不能出，而順與健早已撮其精氣之英華，鎮於中以消弭之，則黄是已。人身之病寒熱熱盛，外因也；驚癎狂痓，内因也。惟其志意有僻，是以外因得乘，惟其外因已乘志意，是以情智乖舛。惟既情智乖舛而肢體有愆常度，是以不可但攻六淫而遺内患。譬如傷寒，亦有從寒熱而熱盛，因熱盛而譫妄狂走者，然終不兼驚惕瘛瘲，背強反張也。夫然則凡病如傷寒，而其來不驟，如昏譫而肢體牽縮者，牛黄之所主也。

清・葉桂《本草再新》卷九 牛黄味甘，性涼，無毒。入肝、腎二經。清心解熱，通竅辟邪，治中風痰迷，小兒驚癎，口噤，瀉痘毒火毒。

清・趙其光《本草求原》卷二〇獸部 牛黄 牛屬土，土氣中和，本能生物、化物，陽得陰則化，陰承陽則生。以平戾氣，乃食百草，而精華凝結為黄。凡牛生黄，夜視其身有光，毛潤澤，眼如血，是精英光現，猶人之有内丹也。或云牛病生黄者非。黄，生心肝膽之間，還以治心肝膽之病。味苦，清心、解毒、消痰。心火炙則液成痰。氣平，入肺，制肝熄風。肝熱則風生。風火熄而痰清，則神魂定、竅通，而驚癎寒熱，和蜜灌，或和朱砂、薑汁、竹瀝。狂癲熱痙，熱口不開，竹瀝下。小兒胎熱、身黄夜啼，俱乳汁下。中風失音，天行時疾，邪魅中惡，痘瘡黑陷，皆除。同朱砂，以蜜浸胭脂汁搽。入外科，内服可解疔腫癰毒，外敷止痛散毒。雖治小兒百病，然通竅墮胎，引邪深入，若風中經府血脈内，無便溺阻滯，而與冰麝同用，反引邪入裏。傷乳作瀉，脾胃寒者均忌。小兒病多屬胎熱，初生時和黄連、甘草，蜜調灌之妙。

牛有黄，多吼喚，以盆水承之，伺其吐出。迫喝墮水者，名生黄。嫩黄圓滑，外有血絲，層迭多而可揭，輕虛氣香者最良。殺後得於角中、心肝膽中者，名心黄、角黄、肝膽黄，形雖圓，下面必扁者，次之。但磨指甲，黄透甲，形鬆氣香，嘗之先苦後甘，涼透心者真。多出隴西及晉地。洋牛黄，堅而不香；駱駝黄，易得，亦能相亂，宜辨。得丹皮、菖蒲，聰耳、明目。人参為使。惡龍骨、龍膽、生地、常山。

清・葉志詵《神農本草經贊》卷一 牛黄 味苦，平。主驚癎寒熱，熱盛狂痓，除邪逐鬼。生平澤。

如狂怒吼，中美珍黄。通靈角折，感結心藏。蝶飛占異，駝類知防。隱名丑寶，養晦韜光。

陶弘景曰：神牛出入鳴吼者有黄。郝經詩：叫吼怒如狂。《左傳》：子服惠伯曰：中美能黄。揚子：其德珍黄。劉基詩：文犀亦有通靈角。《易林》：蹇牛折角。王逸歌：憂懷感結重嘆憶。《詩》：中心藏之。《酉陽雜俎》：有人得牛所吐黄，剖之中有物，如蝶飛去。李時珍曰：駝黄相類，而功不及。牛，屬丑，故隱其名。《禮》：又敢與知防。名醫曰：無令見日月光。《詩》：遵養時晦。孔融詩：美玉韜光。

清・文晟《新編六書》卷六《藥性摘錄》　牛黃　味苦，性涼。清心肝痰熱。〇平肝通竅，利痰定驚，及痰涎上壅，中臟不語。〇然必邪已入臟，九竅多滯，方可投服。〇若風中腑，而見四肢不遂，中經而見口眼喎斜，急宜開痰順氣養血，不可用此引邪深入。〇小兒急(經)〔驚〕痰熱，服之有效。凡脾胃虛寒者，切忌。〇取黃，磨指甲透過者真。惡龍膽草、地黃、常山。

清・張仁錫《藥性蒙求・獸部》　牛黃髓五分、乳　牛黃甘涼，瀉熱清心。利痰通竅，胎毒癇驚。得犀角、硃砂治小兒諸驚。〇牛黃取法：牛有黃必多吼喚，以盆水承之，伺其吐出。迫喝即墮水，名生黃，如雞子黃大，重疊可揭，不易得。輕虛氣香者最良。今皆出屠肆，於牛胆中得之。殺死，角中得者，名角黃。心中者，名心黃。肝胆中者，名肝胆黃。成塊粒，總不及生黃。但磨指甲上黃透甲者為真。產陝西者佳，廣中者力薄。〇牛髓：主補中，填骨髓。〇牛乳：入心肺二經，主補虛勞，潤燥生津。丹溪曰：反胃噎膈，大便燥結，宜時時飲之。

清・戴葆元《本草綱目易知錄》卷六　牛黃　苦，平。益肝膽，定精神，安魂定魄，除邪逐鬼，清心化熱，利痰涼驚。治中風失音，口噤驚悸，天行時疾，健忘虛乏。大人顛狂，小兒夜啼，驚癇寒熱，熱盛狂痓及卒中惡，小兒百病諸癇熱口不開，痘瘡紫黑，發狂譫語。墜胎，除百病。凡風中入臟者宜之；若風中腑忌用，反引入骨髓也。

清・陳其瑞《本草撮要》卷八　牛黃　味苦，入足厥陰經，功專清心化熱，利痰涼驚。得靈羊角或犀角、硃砂治小兒諸驚。人參為使，惡常山、地黃、龍膽、龍骨。得丹皮、菖蒲良。

清・唐宗海《本草問答》卷下　問曰：上言熱與火異，今言腎生之熱亦合於三焦之火，何也？答曰：此可分亦可合，非截然分膈也。天之陽可以助地之火，地之火亦可以助天之陽，所以少陰之熱可并於三焦肝膽，而三焦肝膽之火亦能入少陰心腎，故凡暑熱瘟疫，皆感於天之熱氣者也。其初發熱口渴則但屬熱，用石膏等以清之，其後并於三焦膽火，入心包則兼火，治宜牛黃、黃連、黃芩、黃柏、梔子。牛黃係牛之病，多生肝膽中，或生心膈間，或生角中，能自行吐出。蓋火發於肝膽而走於膈膜，以達周身。故牛黃生無定處，皆是其膜膈中之火所生也。因火生痰結而為黃，是蓋牛之痰積也。以牛之痰積治人之痰積，為同氣相求，以敵誘敵之妙劑。其黃由火而生，故成為火味而苦，火之所生者土也，痰亦脾土所化，故結為黃，且氣香，以其成於土，故色黃氣香，土成則火退，故用以退瀉人身中之火氣。香善走，故透達經絡臟腑而無所不到，其去痰者，火降則痰順也。

問曰：何以知牛黃是秉火之性而生？答曰：牛有黃，用火烘之，牛前置水一盆，欲飲不得則黃自吐出。因火之逼，思水而吐出，則知黃是火所生。

問曰：既係牛病，何以又為良藥？答曰：秉異氣得鹹味故靈變，在牛為病，而以之治人，又為良藥。如乳香、血竭是樹脂外注，亦樹病也，而即以為良藥。殭蠶風死乃蟲病也，而亦為良藥，總以氣化相治，不可拘於形迹。

清・仲昴庭《本草崇原集說》卷一　牛黃　【略】〔批〕心家風熱狂煩，可用牛黃，要必有形證可辨，若神昏譫語，煩躁狂越，都是病氣相傳，有陰陽虛實之不同治法。另詳《傷寒論》。【略】〔批〕東垣于金元四大家首屈一指，猶好為臆說，何怪後人。《崇原》不責後人，而責東垣，是分別首、從辨法。

清・鄭奮揚著，曹炳章注《增訂偽藥條辨》卷四　牛黃　偽者味苦不香，真者味甜氣香。真牛黃大者如雞子黃，小者如龍眼核。重疊可揭，其質輕虛，氣香有寶色者佳。如黃土色者下也。出產川蜀者為正地道。喝取者為上，殺取者次之。能辨真牛黃，則假者無論若何造法，可一驗便知耳。炳章按：牛黃者，牛之病也。蓋牛食百草，偶誤食壅氣之草，以致胃腸壅滯，鬱極生火，火炎肝膽，則肝失疏泄，膽汁外溢，凝結成黃。而胃少膽汁，則食物不化，而不嗜食，故肌瘦肉消。黃者乃膽汁日溢，胃中甜肉汁，自外層結，受熱蒸燥，則凝結成顆成塊，漸結漸大，而黃成矣。故黃多生於肝葉傍，膽側際，或另生皮囊裹之，或生膽之厚皮處，或生角中，角竅亦屬肝故也。其味苦兼甜者，膽汁與甜肉汁之結晶體也。其氣馨香芳者，百草之精氣也。其通竅化濁，清火化炎者，此膽之擅長本能也。用以治人心膽之疾者，同氣相求之義也。然其性涼而有小毒，能治驚癇寒熱，中風痰迷有餘之熱症者，乃以毒攻毒也。此發明生黃之理，治病之原。取黃之法，辨黃真偽，再辨於下。《羌海雜誌》云：牛黃有家黃、野黃之分，家畜犛牛、犏牛、黃牛皆能生黃。凡牛腹生黃，食草不食，行走不捷，日漸瘠立，兩眼胞皆黃色，或眼如血色，或夜分身有光，或鳴吼以恐懼人。計其吐黃之期，須終日按其脉而伺之，仰繫則不吐，俯繫之則隨吐隨食，必俯係之，而以牛舌不能及地為率，又須防其蹄躋也。吐黃以後，牛體膘健逾恒。如逾期不吐，牛必倒斃，剖腹取之，黃無精

氣，非上品也。凡藥肆之常有者，大抵係家牛所吐及剖腹所得者為多，名曰牛黃。然真犀黃則惟巖穴叢草中遇之。蓋犀牛吐黃，亦隨吐隨食，惟吐藉草之上，吮食不淨，餘液下漏，沉入土中也。然探其穴藉草之下，有土光滑可鑒者，掘之始有犀黃，然亦不多。家牛黃者，色淡黃，紋理細。真犀黃者，金黃色，紋理粗。暑天蚊蟲不集，湯初沸時，捻末少許撒之，沸湯頓無巨泡矣。取黃染指透爪甲者亦佳。古人其取黃又名照水，以盆注水承之，夜俟其吐水中，喝逼而取之，為生黃，亦佳。昔以隴西、山西出者著名，故曰西黃，即牛黃也。產奉天省地屠年廠，及興京、桓仁、寬甸、東豐，吉林、黑龍江省等均產，皆名東黃，亦佳。近今所謂廣東黃者，皆馬黃也。蘇尖牛黃，即水牛之黃也。近代駱駝黃亦充牛黃。然考駱駝黃，其形態與功用，確類真牛黃，凡治驚癇風痰熱痰，而功稍遜，惟氣不馨爲異耳。惟駝亦食草，食亦反芻，與牛相類耳。至所謂片黃者，類皆南省所產之蟒黃是也，不堪入藥，宜禁除之。

酥

附：日・丹波康賴《醫心方》卷三〇 （蘇）（酥） 《本草》云：微寒。補五藏，利大腸，主口瘡。陶〔弘〕景注云：乳成酪，酪成酥，酥成醍醐，色黃白。《養生要集》云：甘道人云：乳酪酥髓，常食令人有筋力，膽幹，肌體潤澤。卒食令人臚脹泄利，漸漸自已也。

宋・唐慎微《證類本草》卷一六獸部上品〔《別錄》〕 酥音蘇。 微寒。補五藏，利大腸，主口瘡。

〔梁・陶弘景《本草經集注》〕云：酥出外國，亦從益州來。本是牛、羊乳所爲，作之自有法。佛經稱乳成酪，酪成酥，酥成醍醐。醍醐色黃白，作餅，甚甘肥。亦時至江南。〔唐・蘇敬《唐本草》〕注云：酥，搯吐刀切酪作之，其性猶與酪異，今通言功，是陶之未達。然酥有牛酥、羊酥，而牛酥勝羊酥。其犛音茅牛復優於家牛也。〔宋・掌禹錫《嘉祐本草》〕按：《蜀本》云：酥，味甘。孟詵云：寒，主胸中熱，補五藏，利腸胃。日華子云：牛酥，涼。益心肺，止渴嗽，潤毛髮，除肺痿，心熱并吐血。〔宋・唐慎微《證類本草》〕《圖經》：文具牛黃條下。陳藏器：酥，堪合諸膏摩風腫，踠跌血瘀。《食療》：寒。除胸中熱，補五藏，利腸胃。水牛酥功同，寒，與羊酪同功。羊酥真者勝牛酥。《聖惠方》：主蜂螫人，以酥傅之愈。又方：主惡蟲咬，以酥和鹽傅之。

宋・劉明之《圖經本草藥性總論》卷下 酥 微寒。補五藏，利大腸，主口瘡。孟詵云：寒。主胸中熱，補五臟，利腸胃。日華子云：牛酥，涼。益心肺，止渴嗽，潤毛髮，除肺痿心熱并吐血。一云：有牛酥、羊酥。

宋・陳衍《寶慶本草折衷》卷一五 酥音蘇。 一名牛酥。其羊者名羊酥。○俗號乳酥。○所出與牛黃及羖羊角同。又出外國及益州，本是牛羊乳為之。佛經稱乳成酪，酪成酥，酥成醍醐。今諸處但能製酥爾。味甘，平，微寒，無毒。用牛乳云。○補五藏，利大腸，主口瘡。○孟詵云：主胸中熱。○日華子云：益心肺，止渴嗽，潤毛髮，除肺痿心熱，吐血。○《圖經》曰：酥合諸膏，摩風腫、踠跌血瘀，則牛酥為強。分牛黃條。○《聖惠方》：豆蜂蠆人，以酥傅愈。○又方：主惡蟲咬，以酥和鹽傅之。續說云：真酥又能潤養瘡痂。凡豆疹諸瘡新愈，以酥摩拂則消沒瘢痕。今人多取豬、羊脂入他料合而為酥，瑩如霜雪，性用與真酥甚殊，就中有如粟粒者，僅可和入面脂，外此無所主療。

元・尚從善《本草元命苞》卷七 酥 味甘，微寒。益心肺，止渴。補五臟，利大腸。主口瘡，潤毛髮。除肺痿心熱，療吐血止嗽。合諸膏摩風腫，治踠跌，消血瘀。牛酥乃勝羊酥，犛牛復優。家牛牛乳成酪，性冷味甘，去身面熱瘡，利胸膈虛熱。酪成酥，酥成醍醐，味甘平，藥性冷利，主風邪濕痹，潤骨髓補虛。皮膚燥痒，酒調半匙。咳嗽膿血，溶服一合。

明・滕弘《神農本經會通》卷八 酥 微寒。一云：甘。一云：牛酥涼。

《本經》云：補五臟，利大腸，主口瘡。陶云：酥，出外國。本是牛、羊乳所為，作之自有法。佛經稱乳成酪，酪成酥，酥成醍醐。醍醐色黃白，作餅甚甘肥。《唐本》注云：酥，搯酪作之。其性猶與酪異。然酥有牛酥、羊酥，而牛酥勝羊酥。孟詵云：寒。主胸中熱，補五臟，利腸胃。日華子云：牛酥，涼。益心肺，止渴嗽，潤毛髮，除肺痿心熱，并吐血。陳藏器云：牛酥，堪合諸膏，摩風腫踠跌血瘀。醍醐更佳，性滑，以物承之皆透，惟雞子殼及葫蘆盛之不出。

明・劉文泰《本草品彙精要》卷二三 酥無毒。 酥補五臟，利大腸，主口瘡。名醫所錄。

〖地〗陶隱居云：出外國，亦從益州來。今南北皆有之，是牛羊乳而成。作之自有法。蓋酪成於乳，酥成於酪，堪作餅食之，甚肥甘。

《唐本》注云：酥搯他勞切酪作之，其性猶與酪異。然有牛酥、羊酥，而牛酥甚於羊酥。其犛音茅牛復優於家牛也。〔時〕生：無時。採：無時。〔收〕瓷器盛貯。〔用〕冬月取者佳。〔色〕白。〔味〕甘。〔性〕微寒。〔氣〕氣之薄者，陽中之陰。〔臭〕膻。〔主〕益心肺，潤毛髮。〔治〕療：日華子云：酥，止渴及嗽，除肺痿，心熱並吐血。孟詵云：除胸中熱，利腸胃。《別錄》云：傅蜂螫。〔合治〕合諸膏，摩風腫踠跌血瘀。○合鹽，傅惡蟲咬。

明·盧和、汪穎《食物本草》卷四味類 酥 微寒，甘肥，補五臟，利大腸，主口瘡。

明·王文潔《太乙仙製本草藥性大全》卷七《本草精義》 牛酥 陶云：酥出外國，亦從益州來。本是牛乳、羊乳所爲，作之自有法。蘇云：酥，酪搯吐刀切作之，其性猶與酪異。然酥有牛酥、羊酥，而牛酥勝羊酥。其犛牛復優於家牛也。佛經稱乳成酪，酪成酥，酥成醍醐，色黄白作餅，甚甘肥，又曰乳餅。

明·皇甫嵩《本草發明》卷六 乳酥即酪所成。味甘，微寒。主補五臟，利大腸，主口瘡。又益心肺止渴嗽，潤毛髮，除肺痿心熱吐血。功與乳酪、醍醐同。

明·李時珍《本草綱目》卷五〇獸部·畜類 酥《別録》上品

〔釋名〕酥油北虜名馬思哥油。〔集解〕弘景曰：酥出外國，亦從益州來。本牛、羊乳所作也。恭曰：酥乃酪作，其性與酪異。然牛酥勝羊酥，其犛牛酥復勝家牛也。思邈曰：㸲牛、犛牛乳者爲上，白羊者次之。詵曰：水牛酥與羊酥同功。其羊酥勝牛酥。汪機曰：牛乳冷，羊乳温。牛酥不離寒，病之兼熱者宜之；羊酥不離温，病之兼寒者宜之。各有所長也。犛酥雖勝，然而難得。時珍曰：酥乃酪之浮面所成，今人多以白羊脂雜之，不可不辨。按《臞仙神隱》云：造法以乳入鍋煮二三沸，傾入盆内冷定，待面結皮，取皮再煎，油出去渣，入在鍋内，即成酥油。一法：以桶盛牛乳，以木安板，搗半日，候沫出，撇取煎，去焦皮，即成酥也。凡入藥，以微火熔化濾净用之良。

㸲牛、白羊酥 〔氣味〕甘，微寒，無毒。〔主治〕補五臟，利大小腸，治口瘡《別録》。除胸中客熱，益心肺思邈。除心熱肺痿，止渴止嗽，止吐血，潤毛髮日華。益虛勞，潤臟腑，澤肌膚，和血脈，止急痛，治諸瘡。温酒化服，良時珍。

犛牛酥 〔氣味〕甘，平，無毒。〔主治〕去諸風濕痹，除熱，利大便，去宿食思邈。合諸膏摩風腫踠跌血瘀藏器。

〔發明〕時珍曰：酥本乳液，潤燥調營，與血同功。按《生生編》云：酥能除腹内塵垢，又追毒氣發出毛孔間也。

〔附方〕舊二，新一。蜂螫：用酥塗之，妙。《聖惠》。蟲咬：以酥和（血）〔鹽〕塗之。《聖惠方》。眯目：以酥少許，隨左右納鼻中。垂頭卧少頃，令流入目中，物與淚同出也。《聖濟總録》。

明·穆世錫《食物輯要》卷八 酥 味甘，性微寒，無毒。補五臟，潤心肺，解消渴，利大小腸，治咳嗽失血。患脾氣虛寒者，勿食。《生生編》云：酥滌腹内垢膩，能追毒氣發出於毛孔之間。

明·繆希雍《本草經疏》卷一六 酥 微寒。補五藏，利大腸，主口瘡。〔疏〕酥乃牛乳所出，乳之精華也。其味甘，氣微寒，無毒，性滑澤。五臟皆屬陰，酥乃陰血之精華，故能補五藏。血枯火盛，大腸燥結，及口舌生瘡，甘寒除熱補血，故主利大腸、口瘡也。

按：酥酪醍醐，總成於牛乳，但有精粗之别耳。其性大抵皆滋潤滑澤，宜於血熱枯燥之人。其功不甚相遠，故二物不覆載。〔主治參互〕凡一切藥用酥炙者，取其潤燥兼能益精髓，補血脈，又有滲入骨肉，使骨易糜之功。《外臺秘要》一切肺病咳嗽，膿血不止。用好酥五十斤，煉三遍，當出醍醐。每服一合，日三服，以瘥為度，神效。〔簡誤〕性能利竅，驟食之使人遺精。

明·應䕫《食治廣要》卷八 酥即酥油。 沙牛、白羊酥：氣味：甘，微寒，無毒。主補五藏，利大小腸，治口瘡，除心肺胸中客熱，止渴，止嗽，潤藏府，澤肌膚，和血脉，滋毛髮。 犛牛酥：氣味：甘，平，無毒。主治：諸風濕痹，除熱，利大便，去宿食。李時珍曰：酥乃酪之浮面所成。今人多以白羊脂雜之，不可不辨。

按《臞仙神隱》云：造法，以乳入鍋煎二三沸，傾入盆内，冷定，待面結皮，取皮再煎，油出去渣，入在鍋内，即成酥油。此物本乳液，潤燥調營，與酥同功。凡入藥，以微火溶化，濾淨用之，良。

明·姚可成《食物本草》卷一六味部·雜類 酥本牛羊乳所作。酥乃酪作，其性與酪異。然牛酥勝羊酥，其犛牛酥復〔勝〕家牛也。羊酥又勝牛酥。酥乃酪之浮面所

〔成〕，今人多以白羊脂雜之，不可不辨。造法：以〔乳〕入鍋，煎二三沸，傾入盆內冷定，待面結皮，取皮再煎，油出去渣，入在鍋內，即成油酥。

沙牛、白羊酥：味甘，微寒，無毒。主補五臟，利大小腸，治口瘡。除胸中客熱，益心肺。除心熱肺痿，止渴止嗽，止吐血，潤毛髮。益虛勞，潤臟腑，澤肌膚，和血脉，止急痛，治諸瘡。溫酒化服，良。犛牛酥：味甘，平，無毒。主去諸風溼痹，除熱，利大便，去宿食。合諸膏，摩風腫踠跌血瘀。〇李時珍曰：酥本乳液，潤燥調營，與血同功。按《生生編》云：酥能除腹內塵垢，出毛孔間也。

明・顧逢柏《分部本草妙用》卷一〇獸部 酥 甘，微寒，無毒。牛者不如羊酥。主治：補五臟，利大小腸，治口瘡，除客熱，益心肺，除心熱肺痿，止渴止嗽，止吐血。酥本乳液，潤燥調榮，與血同功。《生生編》云：酥能除腹內塵垢，追毒發出毛孔間。滑洩之物，燥結者宜之。又有醍醐，即酥之津液，在酥中盛冬不凝，盛夏不融者是也。其性甚滑，其功相似。其滋潤於骨髓、五臟、皮膚、毛髮者，尤優於酥也。

明・施永圖《本草醫旨・食物類》卷四 酥 名酥油。出外國，本牛、羊乳所作也。其性與酪異，然牛酥勝羊酥，其犛牛酥復勝家牛也。〇牛乳冷，羊乳溫。牛酥不離寒，病之兼熱者宜之；羊酥不離溫，病之兼寒者宜之。各有所長也。〇酥乃酪之浮面所成。造法：以乳入鍋，煎二三沸，傾入盆內，冷定，待面結皮，取皮再煎，油出去渣，入在鍋內，即成酥油。凡入藥，以微火溶化，濾淨用之良。㸺牛、白羊酥：味甘，微寒，無毒。治：補五臟，利大小腸，治口瘡，除胸中客熱，益心肺，除心熱肺痿，止渴止嗽，止吐血，潤毛髮，益虛勞，潤臟腑，澤肌膚，和血脉，止急痛。治諸瘡，溫酒化服良。犛牛酥：味甘，平，無毒。治：去諸風濕痹，除熱，利大便，去宿食。合諸膏摩風腫踠跌血瘀。酥能除腹內塵垢，發出毛孔間也。

附方 蜂螫：用酥塗之妙。蟲咬：以酥和血塗之。眯目：以酥少許，隨左右納鼻中，垂頭少頃，令流入目中，物與泪同出。

明・盧之頤《本草乘雅半偈》帙八 酥《別錄》上品 氣味：甘，微寒，無毒。

主治：主補五藏，利大小腸，治口瘡。

覈曰：酥出外國，虜名馬思哥者是也。隨地亦可為，其法用牛乳生汁一斗，入砂鍋內，煎五七沸，濾去滓，傾磁盆內，次早汁面有凝衣，遂撇取之，熬去水氣，酥成矣。宜臘月造，他時者色味易變。有用馬、羊乳造者，功用有別，不可不辨也。

先人云：乳分五味，從乳生酪，從酪生酥。鑽搖取者曰生酥，經火取者曰熟酥。酥中之精曰醍醐。乳一斤，可得酥一兩；酥十斤，可得醍醐一兩。得醍醐，則酥不可食；得酥，則酪不可食。謂精粹已出，餘皆渣魄耳。

条曰：牛，土畜也。土緩而和，故《易》坤為牛。牛，胃也，地雖凍，能胃而生也。《詩》云：爾牛來斯，其耳濕濕。濕濕，言潤澤也。蓋牛之為物，病則耳燥，安則溫潤而澤，故古之視牛者以耳。乳者，胃府之別汁，水食之精粹。乳而酪，酪而酥，酥又乳酪之純粹精也。故可待府藏之決而躁，形氣之瘁而臞。《經》云：府藏形氣，皆禀氣于胃。胃者，府藏形氣之本也。若客熱欬逆，以及諸疾，咸從燥生，其耳濕濕，力能溫潤而澤也。坤，陰物也。牛故蹄坼，病陰，則陽勝，故牛病則立，足太陰病有強立一條，宜為對證，順其性耳。牛，陰物也。故起先後足，臥先前足。又不獨治強立，併可治四肢拘攣，膝痛不可屈伸矣。顧草本之荄，尚假牛膝為名，功力較之牛酥，若合符節，比量推度，則得之矣。牛嘗臥，牛病則立；馬嘗立，馬病則臥。是以牛走喜風順，馬走喜風逆，則凡形骸氣血，經脈支絡，逆流而上，與不得順流而下者，當百倍其力。

明・盧之頤《本草乘雅半偈》帙九 犛牛酥孫思邈 氣味：甘，平，無毒。

主治：主去諸風濕痹，除熱，利大便，去宿食。

覈曰：製造之法，一同牛酥。天子乘輿以犛纛，大如斗注車衡之左方。

条曰：犛酥功勝牛酥者，謂犛毛長而尾尤佳。用以作纛，旌旗奉為指麾也。故主氣無師帥，致風濕合閉成痹，與槃飪滯利之邪，留癖腸腹間者，非此開闢，未易隕滌耳。亦可作營血司命，整肅經隧，以禦外侮。并可定府藏之決躁，形氣之臞瘁。《生生編》云：主腹內塵垢，追逐毒氣發出毛孔間。此剪滅不格之非我族類也。

清・穆石韜《本草洞詮》卷一五 酥、酪、醍醐 牛、羊、馬乳，竝可作酪。酪之浮面成酥，在酥之中，盛冬不凝，盛夏不融者，則為醍醐，乃酥之精液也。羊乳溫，牛乳冷，馬乳更冷，驢乳則尤冷，不堪作酪矣。酥一石，止得醍醐二三升。味甘美而極滑，物盛皆透，惟雞子殼及壺蘆盛乃不出也。乳液所成，雖有精麤之殊，而潤燥調營，與血同功。酥與醍醐則滑，能利竅，亦除腹中塵垢，又追毒氣發出毛孔間也。第牛乳作者不離寒，胃氣熱者宜之；羊乳作者不離溫，胃氣寒者宜之。不可不辨耳。

清・丁其譽《壽世秘典》卷四　酥一名酥油，牛、羊、馬乳皆可作。牛乳作者濃厚味勝，馬乳作者性冷，驢乳尤冷不堪作酪也。李時珍曰：酥乃酪之浮面所成，今人多以白羊脂雜之，不可不辨。造法：以（浮）〔乳〕入鍋內，煎二三沸，傾入盆內冷定，待面結皮，取皮再煎，油出去渣，入在鍋內，即成酥油。寇宗奭曰：作酪時，上一重凝者為酥，酥上如油者為醍醐，熬之即出，不可多得，極甘美。按：酥、酪、醍醐總成于牛乳，但有精粗之別耳，其性大抵皆滋滑澤，宜于血熱枯燥之人，其力不甚相遠，故二物不復載。　氣味：甘，微寒，無毒。　主益心肺，補五臟，除胸中客熱，利大腸，治口瘡《別錄》。益虛勞，潤臟腑，澤肌膚，和血脉，止急痛，治諸瘡，溫酒化服良。　發明李時珍曰：酥本乳液，潤燥調營，與血同功。按《生生編》云：酥能除腹內塵垢，又追毒氣發出毛孔間也。繆希雍曰：凡一切藥用酥炙者，○取其潤燥兼能益精髓、補血脉，又有滲入骨肉使骨易糜之功。但性能利竅，驟食之，使人遺精。凡入藥以微火溶化，濾浮用之良。

清・劉雲密《本草述》卷三一　酥《釋名》酥油。　汪機曰：牛乳冷，羊乳溫。牛酥不離寒，病之兼熱者宜之；羊酥不離溫，病之兼寒者宜之。各有所長也。犛酥雖勝，然而難得。　時珍曰：酥乃酪之浮面所成。今人多以白羊脂雜之，不可不辨。按《臞仙神隱》云：造法，以乳入鍋，煎二三沸，傾入盆內，冷定，待面結皮，取皮再煎，油出去滓，入在鍋內即成酥油。凡入藥以微火溶化，濾淨用之良。

牸牛、白羊酥：　氣味：甘，微寒，無毒。主治：補五臟《別録》。益虛勞，和血脈，潤臟腑時珍。除心熱日華子。胸中客熱思邈。止渴日華子。利大小腸《別録》。　時珍曰：酥本乳液，潤燥調營，與血同功。按《生生編》云：酥能除腹內塵垢，又追毒氣發出毛孔間也。

附牛乳方　用黃牸牛要下兒的，下了兒三日後，將米漿并滑酒交合，每日喂一二次，每天用一壺，水草照常吃，俟乳飽滿，將手擠乳，用潔淨小木桶盛住，俟用。一年之後起草時不用。取乳極易也。有清的，有艷的，想是牛種不同。其乳用滾水頓熟，艷的緊些，或飯上，糯米上蒸熟，不論清艷，只要熟，俱可空心服。先晚或米漿，或煮豆麥與牛吃，不許小牛吃乳，次早方擠得出。大麥一升煮熟至二升，要渣口，冷定，每次以熟麥二升，將草剳二寸長，噴上水，草揉軟了攪合大麥，夜間與他吃，尋常草不必剳，宿處要乾，依時候牽出阿屎尿，免致牛受溼氣，脚生黃。

清・郭章宜《本草匯》卷一七　酥　甘，寒。益心肺，除客熱。補虛勞，潤臟腑。

按：酥，本牛羊之乳液也。潤燥調營，與血同功。能除腹內塵垢，又追毒氣發出毛孔間也。酥乃酪之浮面所成，今人多以白羊脂雜之，不可不辨。附造法：以乳入鍋，煎二三沸，傾入盆內，冷定，待面結皮，取皮再煎，油出，去渣即成矣。

清・朱本中《飲食須知・味類》　酥油　味甘，性微寒。患脾氣虛寒者，宜少食之。

清・何其言《養生食鑒》卷下　酥酥乃酪之浮面所成，世人多以白羊脂雜之，不可不辨。　味甘，性微寒，無毒。補五臟，潤心肝，解消渴，利大小腸，治咳嗽失血。患脾氣虛寒者，勿食。《生生編》云：酥滌腹內垢膩，能追毒氣出於毛孔之間。

清・李熙和《醫經允中》卷二二　酥　牛者不如羊酥。　甘，微寒，無毒。主補五臟，利大小腸，除客熱，益心肺，止吐血。又醍醐即酥之津液，性滑滋潤，生精血，悅顏色尤優于酥也。

清・张璐《本經逢原》卷四　酥一名醍醐。　甘，寒，利下，無毒。酥酪不可與生魚膾同食，令人腹內生蟲。　發明：酥酪、醍醐性皆滑潤，故血熱枯燥之人咸宜用之。又傷熱失音，用以通聲最妙。凡炙一切氣血堅韌筋骨藥俱不可少，但脾胃虛滑者禁用。

清・章穆《調疾飲食辯》卷五　酥　一名酥油，塞北名馬思哥油。南方無酥，用油作餅餌，亦曰起酥，誤也。凡藥有用酥炙者，宜以乳代，切勿因起酥二字誤用油也。《神隱書》曰：造法，用造酪所掠浮皮再熬，候油出去渣，又略熬即成。此乃酪之精華，酪所主病，此皆能治。又能除肺熱，止熱欬、吐血。又止急痛。心腹痛則飲之，瘡瘍痛則摩之。《唐本草》曰性與酪異，非也。

清・楊時泰《本草述鉤元》卷三一　酥酪之浮面所成。　犛牛酥、白羊酥：　味甘，氣微寒。補五臟，益虛勞，和血脈，除心熱胸中客熱，止渴，利大小腸。能除腹內塵垢，又追毒氣發出毛孔間。牛酥不離寒病之兼熱者宜之，羊酥不離溫病之兼寒者宜之。犛酥雖勝，難得石山。　造法：以乳入鍋煎二三沸，傾入盆內，冷定，待面結皮，取皮再煎，油出去滓，入鍋即成酥油。凡入藥，微火溶化濾淨用之。

清・趙其光《本草求原》卷二〇獸部　酥酪　牛、羊、駝、馬乳煮熟冷定，

所結浮皮為酥。去皮，入舊熟汁少許封貯，為濕酪。以酪曬結，日日取其浮皮，炒少時，器盛，曬成塊者，為乾酪。取酥皮再煎出油去渣者，為酥油。凡入藥，微火溶化，濾淨用。皆血液之屬，潤滑滋血，血熱而腸胃枯燥者宜之。傷熱失音，用以通聲最妙，功勝人乳，以其無怒火淫毒也。凡炙一切堅勁筋骨藥宜之。脾滑勿用。

清・文晟《新編六書》卷六《藥性摘錄》 酥 乃酪之浮面者。甘，微寒。補五臟，潤心肝，解消渴，利大小腸，治咳嗽失血。○脾胃虛寒者勿食。

清・戴葆元《本草綱目易知錄》卷六 酥沙牛、白羊。 甘，微寒。補五臟，益心肺，潤臟腑，澤肌膚，益虛勞，和血脉。止嗽止渴，利大小腸。治口瘡，止吐血，除心熱。療肺痿，潤毛髮，止急痛。除胸中客熱，愈諸瘡，溫酒化服良。　犛牛酥：【略】葆按：今出上海，市人豢牛百頭，飼以米漿，其乳最多，造成罐盛封固而售，可藏年許不壞。久者色黃，味濁不堪，新者色白，味平。向牧牛夫竊賣者，丸成形似豆渣，較硬味腥，色白不甜，相傳用罐盛者，熬去渣，再和冰糖化也。葆夫婦俱老，幸得少子，尋乳媪養，其乳雖足，所嫌年近四旬，其乳較年壯者力稍遜，見其德性渾厚，不忍更換，是以早晚服酥一大匙，兒至週半發胎疝，始則少腹扛起，兩月一發，漸痛下囊，旬日便作，體覺羸瘦。因憶予夫婦衰年所育，先天固不足，又查《本草》牛酥性冷，待長至節陽生前後十日，每日以高麗〔參〕五分，血鹿茸一分，燉汁，分早晚服，痛漸減半，照服數載，偏墜氣消，其病如失，後有嬰孩病胎疝，教服無不愈，故載附案。

酪

唐・孫思邈《千金要方》卷二六《食治・鳥獸》 馬、牛、羊酪 味甘、酸，微寒，無毒。補肺藏，利大腸。黃帝云：食甜酪竟，即食大酢者，變作血瘕及尿血。華佗云：馬、牛、羊酪，蚰蜒入耳者，灌之即出。沙牛及白羊酥：味甘，微寒，無毒。除胸中客氣，利大小腸，治口瘡。牦牛酥：味甘，平，無毒。去諸風濕痹，除熱，利大便，去宿食。

宋・李昉《太平御覽》卷八五八 酪酥附䣛䤖。䣛，音口。《通俗文》曰：煴羊乳曰酪，酥曰䣛䤖。《釋名》曰：酪，澤乳汁所作，使人肥澤。《唐書》曰：高宗朝，太僕以患疥馬乳造酪供進署丞，罪當死，上特免之。《晉太康起居注》曰：尚書令荀勖羸毁，賜乳酪，太官隨日給之。《漢武內傳》曰：西王母曰，次藥有太玄之酪。《西河舊事》曰：祁連山宜牧牛羊，羊肥乳酪好，不用器物，刈草着其上，不解散，一斛酪升餘酥。《鄴中記》曰：并州之俗，以冬至後百五日，〔爲〕介子推斷火冷食。食作醴酪，煮粳米或大麥作之，又投大麥於酪中。搗杏子仁煮作之，亦投大麥中。《世說》曰：陸太尉詣王丞相，公食之以酪，陸還遂病。明日有牋與王曰：昨食酪過，通夜委頓，民雖吴人，幾為傖鬼。《笑林》曰：吴人至京師，為設食者有酪酥，未知是何物也。强而食之，歸吐，遂至困，顧謂其子曰：與傖人同死，亦無所恨，汝故宜慎之。《傅咸集・楊濟與咸書》曰：酥治瘡上急。《唐書》曰：武德二年，涼州刺史安脩仁獻百年酥，云：餌可延壽。

附：日・丹波康賴《醫心方》卷三〇 酪 《本草》云：味甘、酸，寒，無毒。主熱毒，止渴，除胸中虛熱，身面上熱瘡。《養生要集》云：腹中小有不佳，不當啖酪，令不消。

宋・唐慎微《證類本草》卷一六獸部上品〔唐・蘇敬《唐本草》〕 酪 味甘、酸，寒，無毒。主熱毒，止渴，解散發利，除胸中虛熱，身面上熱瘡，肌瘡。〔唐・蘇敬《唐本草》〕注云：按牛、羊、馬、水牛乳并爾言。驢乳尤冷，不堪作酪也。〔宋・掌禹錫《嘉祐本草》〕按：日華子云：牛酪，冷。止煩渴熱悶，心膈熱痛。〔宋・唐慎微《證類本草》〕《圖經》：文具牛黃條下。《食療》：寒，主熱毒，止渴，除胃中熱，患冷人勿食羊乳酪。《千金翼》：療丹癮瘮方：酪和鹽熱煮以摩之，手下消。《孫真人食忌》：患痢人不可食。《廣利方》：療蚰蜒入耳。以牛酪灌耳中，須臾蟲出。入腹即飲酪二升，自消爲黃水。陳藏器：濕酪止渴。味酸，寒，無毒。主馬黑汗，和水灌之，差爲度。乾酪强於濕酪，牛者爲上。

宋・劉明之《圖經本草藥性總論》卷下 酪 味甘、酸，寒，無毒。主熱毒，止渴，解散發利，除胸中虛熱，身面上熱瘡。《唐本》云：牛、羊、馬、水牛乳並爾，言驢乳尤冷不堪作酪。日華子云：牛酪冷，止煩渴煩熱悶，心膈熱痛疾。陳藏器云：濕酪止渴。味酸，寒，無毒。主馬黑汗，和水灌之，差為度。

明・滕弘《神農本經會通》卷八 酪 味甘、酸，氣寒，無毒。一云：牛酪冷。《本經》云：主熱毒，止渴，解散發利，除胸中虛熱，身面上熱瘡肌瘡。日華子云：牛酪，冷。止煩渴熱悶，心隔熱痛。羊酪，益氣通腸。

明・劉文泰《本草品彙精要》卷二三 酪無毒。 酪：主熱毒，止渴，解散發利，除胸中虛熱，身面上熱瘡，肌瘡。名醫所錄。〔地〕《圖經》曰：舊本不載所出州郡今南北多有之，牛、馬、驢、羊乳

大抵功用相近，惟驢乳性冷利，不堪作酪。羊乳溫補。馬乳作酪爲佳，不若牛乳爲上也。〔時〕生：無時。採：無時。〔收〕以瓷器貯之。〔色〕白。〔味〕甘，酸。〔性〕寒。〔氣〕氣薄味厚，陰中之陽。〔臭〕膻。
〔治〕療：日華子云：牛酪，止煩渴熱悶，心膈熱痛。《別錄》云：牛酪消熱毒，除胸中熱。及蚰蜒入耳，灌耳中即出。若入腹，飲酪自消爲黃水。
〔合治〕合鹽熱煮，摩丹毒，癮疹即消。〔禁〕患冷人勿食羊乳酪。〇患痢人亦不可食。

明·盧和、汪穎《食物本草》卷四味類　酪　味甘酸，寒，無毒。主熱毒，止渴，解散發利，除胸中虛熱、身面上熱瘡肌瘡。

明·皇甫嵩《本草發明》卷六　乳酪即乳成者。酸，寒，無毒。主熱毒，止渴，解散發利，除胸中虛熱，身面上熱瘡肌瘡。凡牛羊馬乳俱同，用牛乳俱多。

明·李時珍《本草綱目》卷五〇獸部·畜類　酪音洛。《唐本草》
〔釋名〕(湩)〔湩〕音(董)〔棟〕。〔集解〕恭曰：牛、羊、水牛、馬乳，並可作酪。水牛乳作者，濃厚味勝。㹅牛、馬乳作酪性冷。驢乳尤冷，不堪作酪也。藏器曰：酪有乾、濕，乾酪更强。時珍曰：酪(湩)〔湩〕，北人多造之。水牛、㹅牛、犛牛、羊、馬、駝之乳，皆可作之。入藥以牛酪爲勝，蓋牛乳亦多爾。按《飲膳正要》云：造法用乳半杓，鍋内炒過，入餘乳熬數十沸，常以杓縱横攪之，乃傾出罐盛。待冷，掠取浮皮以爲酥。入舊酪少許，紙封放之，即成矣。又乾酪法：以酪曬結，掠去浮皮再曬，至皮盡，却入釜中炒少時，器盛，曝令可作塊，收用。
〔氣味〕甘，酸，寒，無毒。時珍曰：水牛、馬、駝之酪冷，㹅牛、羊乳酪溫。詵曰：患冷、患痢人，勿食羊乳酪，合酢食，成(上)〔血〕瘕〔及尿血〕。〔主治〕熱毒，止渴，解散發利，除胸中虛熱，身面上熱瘡、肌瘡《唐本》。止煩渴熱悶，心膈熱痛日華。潤燥利腸，摩腫，生精血，補虛損，壯顏色時珍。
〔發明〕時珍曰：按戴原禮云：乳酪，血液之屬，血燥所宜也。
〔附方〕舊三。火丹癮疹：以酪和鹽煮熱，摩之即消。《千金翼》。蚰蜒入耳：華陀方：用牛酪灌入即出。若入腹，則飲二升，即化爲黃水。《廣利方》。馬出黑汗：水化乾酪灌之。藏器。

明·穆世錫《食物輯要》卷八　乳酪　味甘、酸，性寒，無毒。潤燥止渴生血，除胸中虛熱。患冷瀉痢者，勿食。羊乳酪同魚鮓食，成瘕。忌醋。

明·吳文炳《藥性全備食物本草》卷四　乳酪　味甘酸，性寒，無毒。潤燥止渴，生血，除胸中虛熱。患冷瀉痢者勿食。羊乳酪同魚鮓食成瘕，忌醋。

明·應麐《食治廣要》卷八　酪音洛。釋名(湩)〔湩〕，音童。　氣味：甘、酸，寒，無毒。主治：熱毒。解散發利，除胸中虛熱，生瘡，止煩渴熱悶，心膈熱痛，潤燥利腸，生精，補虛，壯陽。酪，湩北人多造之，其法不論牛、羊、馬、駝乳，以半杓鍋內炒過，入餘乳熬數十沸，常以杓縱橫攪之，乃傾出，罐盛，待冷，掠取浮皮，以為酥，入舊酪少許，紙封收之，即成矣。

明·姚可成《食物本草》卷一六味部·雜類　酪蘇恭曰：牛、羊、水牛、馬乳，竝可作酪。水牛乳作者濃厚，味勝。㹅牛、馬乳作酪性冷。驢乳尤冷，不堪作酪也。酪有乾、溼，乾酪更強。〇李時珍曰：酪，北人多造之。造法：用牛乳半杓，鍋內炒過，入餘乳熬數十沸，常以杓縱橫攪之，乃傾出，罐盛待冷，掠取浮皮以為酥，入舊酪少許，紙封放之，即成矣。又乾酪法：以酪晒結，掠去浮皮再晒，至皮盡，却入釜中炒少時，器盛，曝令可作塊，收用。
酪，味甘、酸，寒，無毒。治熱毒，止渴，解散發利，除胸中虛熱，身面上熱瘡、肌瘡。止煩渴熱悶，心膈熱痛。潤燥利腸，摩腫，生精血，補虛損，壯顏色。〇戴原禮云：乳酪血液之屬，血燥所宜。

明·施永圖《本草醫旨·食物類》卷四　酪音洛。牛、羊、水牛、馬乳並可作酪，水牛乳作者，濃厚味勝。　味：甘，酸，寒，無毒。水牛、馬、駝之酪，冷。㹅牛、羊乳酪，溫。患冷患痢人，勿食羊乳酪，合酢食成血瘕。治：熱毒，止渴，解散發利，除胸中虛熱，身面上熱瘡，肌瘡，止煩渴熱悶，心膈熱痛。潤燥利腸，摩腫，生精血，補虛損，壯顏色。乳酪，血液之屬，血燥所宜也。
附方　火丹癮瘮：以酪和鹽煮，熱摩之即消。蚰蜒入耳：用牛酪灌入即出。若入腹，則飲二升，即化為黃水。馬出黑汗：水化乾酪，灌之。

清·劉雲密《本草述》卷三一　酪音洛。　時珍曰：酪湩音童北人多造之。水牛、㹅牛、犛牛、羊、馬、駝之乳，皆可作之。入藥以牛酪為勝，蓋牛乳亦多爾。按《飲膳正要》云：造法：用乳半杓鍋內炒過，入餘乳熬數十沸，常以杓縱橫攪之，乃傾出罐盛，待冷，掠取浮皮，以為酥。入舊酪少許，紙封放之，即成矣。　藏器曰：酪有乾、溼，乾酪更強。　時珍曰：乾酪法，以酪曬結，掠去浮皮，再曬，至皮盡，却入釜中炒少時，器盛，曝令可作塊，收用。
氣味：甘，酸，溫，無毒。　時珍曰：水牛、馬、駝之酪冷，㹅牛、羊乳酪溫。
主治：熱毒，止煩渴，除胸中虛熱《唐本》。生精血，補虛損時珍。

清·朱本中《飲食須知·味類》　乳酪　味甘、酸，性寒。患冷痢者，勿

食羊乳酪。同魚鮓食，成瘕。忌醋。不可合鱸魚食。

清・何其言《養生食鑒》卷下　酪牛、羊、馬乳，並可作酪，入藥以牛乳為勝。造法：用乳半杓，鍋內炒過，入餘乳熬數十滾，常以杓縱橫攪之，乃傾出，罐盛，待冷，掠取浮皮，以為酥。入舊酪少許，紙封放之，即成矣。　味甘、酸，性微寒，無毒。潤燥止渴，除胸中虛熱，生精血，補虛損，壯顏色。患冷痢人勿食。　羊乳酪：勿同魚鮓食，忌醋。

清・张璐《本經逢原》卷四　酪　甘，平，無毒。　發明：凡牛、羊、駝、馬之乳並可作酪。南人惟知熱酒沖食，北人必以熬熟沖茶漿服，大能清胃，不助濕熱，止煩解渴，除心膈熱悶，潤腸胃燥結，摩腫，生精血，補虛損，壯顏色。戴原禮云，乳酪，血液之屬，血燥者宜食，較之人乳尤勝，以其無怒火淫毒也。華元化云，蜒蚰入耳，以酪灌入即出。

清・章穆《調疾飲食辯》卷五　酪　一名(潼)〔湩〕，諸乳之總稱也。《綱目》曰：諸畜乳皆可造酪。《飲膳正要》曰：造法，用乳半杓，鍋內炒過，入餘乳熬數十沸，常以杓縱橫攪，傾出罐盛。待冷，掠取浮皮作酥。入舊酪少許，紙封罐口，即成酪。又以酪曝之，掠去浮皮，再曝再掠，至皮盡，入鍋略炒，又曝至乾，可作塊，名乾酪。日華子曰：性能止煩渴，解熱悶及心膈熱痛。《綱目》曰：潤燥利大腸，生精血，補虛損，壯顏色。又消熱腫，止熱痛：以酪熬熱，入鹽少許摩之。《食療本草》曰：內寒及患痢人忌食。又不可同醋食。

清・楊時泰《本草述鉤元》卷三一　酪　牛羊馬駝之乳皆可作，入藥以黃牛酪為勝。酪有乾濕，乾者更良。

氣味甘、酸，溫。水牛馬駝之酪冷，犛牛、羊乳酪溫。治熱毒，止煩渴，除胸中虛熱，生精血，補虛損。

造法：用乳半杓，鍋內炒過，入餘乳熬數十沸，常以杓縱橫攪之，傾出罐盛，待冷掠取乳皮以為酥，入舊酪少許，紙封放之，即成。乾酪法，以酪曬結，掠去浮皮，再曬至皮盡，却入釜中炒少時，器盛，曝令可作塊，收用。

清・王孟英《隨息居飲食譜・水飲類》　酪、酥、醍醐　牛、馬、羊乳所造。酪上一層凝者為酥，酥上如油者為醍醐。竝甘涼潤燥。充液滋陰，止渴耐飢，養營清熱。中虛濕盛者均忌之。

清・戴葆元《本草綱目易知錄》卷六　酪　甘、酸，寒。止渴潤燥，利腸摩腫。生精血，補虛損，壯顏色，消熱毒。止煩渴熱悶，除胸中虛熱，身面上熱瘡，肌瘡。患冷及患痢人勿食。

醍醐

唐・孫思邈《千金要方》卷二六《食治・鳥獸》　醍醐　味甘，平，無毒。補虛，去諸風痹。百煉乃佳，甚去月蝕瘡。添髓，補中，填骨，久服增年。

宋・唐慎微《證類本草》卷一六獸部上品〔唐・蘇敬《唐本草》〕　醍醐　味甘，平，無毒。主風邪痹氣，通潤骨髓。可爲摩藥。性冷利，功優於酥。生酥中。

〔唐・蘇敬《唐本草》〕注云：此酥之精液也。好酥一石，有三四升醍醐，熟抨普利切煉貯器中待凝，穿中至底便津出得之。陶云黃白〔色〕爲餅，此乃未達之言。《唐本》先附。

〔宋・掌禹錫《嘉祐本草》〕按：《蜀本》云：一說在酥中，盛冬不凝，盛夏不融者，是也。日華子云：醍醐，止驚悸，心熱頭疼，明目，傅腦頂心。

〔宋・唐慎微《證類本草》〕《圖經》：文具牛黃條下。

〔宋・唐慎微《證類本草》〕陳藏器：性滑，以物盛之皆透。唯雞子殼及葫瓢盛之不出。雷公云：是酪之漿。凡用，以綿重濾過，於銅器中沸三兩沸了用。《食療》：平。主風邪，通潤骨髓。性冷利，乃酥之本精液也。《聖惠方》：治中風煩熱，皮膚瘙痒。用醍醐四兩，每服酒調下半匙。《食醫心鏡》：治一切肺病，咳嗽，膿血不止。好酥五斤鎔三遍，停取凝，當出醍醐，服一合差。又方：主補虛，去風濕痹。醍醐二大兩，暖酒一杯，和醍醐一匙服之。

宋・寇宗奭《本草衍義》卷一六　醍醐　作酪時，上一重凝者爲酪面；酪面上其色如油者爲醍醐。熬之即出，不可多得，極甘美，雖如此取之，用處亦少。惟潤養瘡痂最相宜。

宋・王繼先《紹興本草》卷一九　醍醐　紹興校定：牛乳與酪酥、醍醐，皆出於乳，蓋分而造之稍別，然精粗少異，其實一性。皆微涼、無毒是也。乃世常食之物，但論有益無損則可，若恃以起疾無驗據。羊乳者，性溫無毒，但食之頗能發痼疾。

明・滕弘《神農本經會通》卷八　醍醐　此酥之精液也。《衍義》云：作酪時，上一重凝者為酪面，酪面上其色如油者為醍醐，熬之即出，不可多得，極甘美。雖如此，取之用處亦少，唯潤養瘡痂最相宜。

味甘，氣平，無毒。《本經》云：主風邪痺氣，通潤骨髓。可為摩藥。性冷利，功優於酥，生酥中。《蜀本》云：一說在酥中，盛冬不凝，盛夏不融者是也。日華子云：醍醐，止驚悸，心熱頭疼，明目，傅腦頂心。陳藏器云：性滑，以物盛之皆透，唯雞子殼及葫瓢盛之不出。

明・劉文泰《本草品彙精要》卷二三　醍醐無毒。

醍醐：主風邪痹氣，通潤骨髓。名醫所録。【地】《圖經》曰：舊不載所出州土，今南北皆有之，此酥中之精液也，功優於酥。好酥一石，止有醍醐三四升。熟抨普耕切煉，貯器中待凝，穿中至底，便津出而得之。《蜀本》注云：一說在酥中，盛冬不凝，盛夏不融者是也。《衍義》曰：作酪時，上有一重凝者爲酪面，酪面上其色如油者爲醍醐，熬之即出，不可多得，極甘美。雖如此取之，用處亦少，惟潤養瘡痂最相宜也。【時】生：無時。採：無時。【收】性滑以物盛之皆透。惟雞子殼及葫瓢盛之不出。【色】白。【味】甘。【性】平，寒。【氣】氣之薄者，陽中之陰。【臭】膻。【主】潤心肺，澤肌膚。【製】《雷公》云：凡使，以綿重濾過於銅器中，沸三兩沸了，用。【治】療：日華子云：止驚悸，心熱頭疼，明目，傅腦頂心。《衍義》曰：潤養瘡痂。《別錄》云：散風邪，通潤骨髓及肺病，欬嗽膿血不止。【合治】合酒調服，療中風煩熱，皮膚瘙癢，及補虛，去風濕痹。

明・盧和、汪穎《食物本草》卷四味類　醍醐　主風邪痹氣，通潤骨髓。

明・王文潔《太乙仙製本草藥性大全》卷七《本草精義・獸部》　醍醐　此酥之精液也。好酥一石有三四升醍醐，熱抨鍊貯器中待凝，穿中至底上一重凝者爲酪面，酪面上其色如油者爲醍醐，熬之即出，不可多得，極甘美。雖如此取之，其性滑，以物盛之皆透，唯雞子殼、葫蘆盛之不出。用處亦少，惟潤養瘡痂最相宜。

按：丹溪曰：牛，坤土也，黃土之色也。以順爲性，而效法乎乾以爲功者，牡之用也。故凡暴發邪盛之病，諸肉皆忌，惟牛肉獨不忌者，因其能補脾胃爲勝爾。蓋人身以脾胃爲本，脾胃屬土，此能補之，亦各從其類也。又獨肝者食之殺人，不可不識。

明・皇甫嵩《本草發明》卷六　醍醐味甘，平。生酥酪中，面上色如油者為是。乃酥之精液，熬之即出，色黃白，甘美而脆，功優于酥，不多得。主風邪痺氣，通潤骨髓，可為摩藥。性冷利，功力大叚同前。陳藏器云：乳和酥煎三五沸，食去冷氣痃癖羸瘦。煮過待冷啜之，若熱食即壅，不欲頓服，欲得漸消。與酸物相反，令人腹中結癥也。○乳餅，微寒。利十二經脉，通大小便難，潤五藏。微動氣，細切如豆麵，拌醋、漿水煮二十餘沸，治赤白痢，小兒患服之彌佳。

明・李時珍《本草綱目》卷五〇獸部・畜類　醍醐《唐本草》

【集解】弘景曰：佛書稱乳成酪，酪成酥，酥成醍醐。色黃白作餅，甚甘肥，是也。恭曰：醍醐出酥中，乃酥之精液也。好酥一石，有三四升醍醐。熟抨煉，貯器中待凝，穿中至底便津出，取之。陶言黃白作餅，乃未達之言也。韓保昇曰：在酥中，盛冬不凝，盛夏不融者，是也。宗奭曰：作酪時，上一重凝者爲酥，酥上如油者爲醍醐。熬之即出，不可多得，極甘美，用處亦少。斅曰：醍醐乃酪之漿。凡用以重綿濾過，銅器煎三兩沸用。藏器曰：此物性滑，物盛皆透；惟鷄子殼及壺盧盛之，乃不出也。

【氣味】甘，冷利，無毒。【主治】風邪痹氣，通潤骨髓，可爲摩藥，功優於酥《唐本》。添精補髓，益中填骨。久服延年，百煉彌佳孫思邈。主驚悸，心熱頭疼，明目，傅腦頂心日華。治月蝕瘡，潤養瘡痂最宜宗奭。

【發明】機曰：酥、酪、醍醐，大抵性皆潤滑，宜於血熱枯燥之人，其功亦不甚相遠也。

【附方】舊三，新二。風虛濕痹：醍醐二兩，溫酒，每服一匙，效。《心鏡》。中風煩熱：皮膚瘙痒。醍醐四兩，每服半匙，温酒和服，日一。一切肺病：欬嗽膿血不止。用好酥五十斤，煉三遍，當出醍醐。每服一合，日三服，以瘥爲度，神效。《外臺》。鼻中涕血：以三煉酥中精液灌鼻中。日三夜一，良。《外臺》。小兒鼻塞：不通，不能食乳。劉氏：用醍醐二合，木香、零陵香各四分，湯煎成膏。塗頭上，并塞鼻中。《外臺》。

明・吴文炳《藥性全備食物本草》卷四　醍醐　此酥之精液也。好酥一石有三四升醍醐，趂熱煉，貯器中待凝定，底上一重爲酪，面上其色如油者爲醍醐，熬之即出，不可多得，極甘美。雖如此取之，其性滑，以物盛之皆透，唯雞子殼、葫蘆盛之不出。味甘，氣平，無毒。主驚悸，心熱頭疼，治風邪氣痺，潤骨髓。可為摩藥，明眼目，傅腦頂心。

明・應廖《食治廣要》卷八　醍醐　氣味：甘，冷利，無毒。主治：風邪痹氣。添精補髓，久服延年。蘇恭曰：醍醐出酥中，乃酥之精液也。汪石山曰：酥、酪、醍醐，大抵性皆潤滑，宜於血熱枯燥之人，其功亦不甚相遠也。

明・姚可成《食物本草》卷一六味部・雜類　醍醐陶弘景曰：佛書稱乳成酪，酪成酥，酥成醍醐。盛冬不凝，盛夏不融者是也。作酪時，上一重者，凝者為酥；酥上如

油者為醍醐。熬之即出，不可多得，極甘美。此物性滑，物盛皆透，惟雞子殼及壺盧盛之，乃不出也。　醍醐，味甘，冷利，無毒。治風邪痹氣，通潤骨髓，可為摩藥，功優於酥。添精補髓，益中填骨。久服延年，百煉彌佳。　主驚悸，心熱頭疼，明目，傅腦頂心。治月蝕瘡，潤養瘡痂最宜。

明・施永圖《本草醫旨・食物類》卷四　醍醐佛書稱乳成酪，酪成酥，酥成醍醐。色黃白，作餅甚甘肥，乃酥之精液也。○作酪時，上一重凝者為酥，酥上如油者為醍醐，熬之即出，不可多得，極甘美。用處亦少，凡用以重綿濾過，銅器煎三兩沸用。○此物性滑，物盛皆透，惟雞子殼及壺蘆盛之，乃不出。　味：　甘，冷利，無毒。治：　風邪痹氣，通潤骨髓，可為摩藥，功優於酥。添精補髓，益中填骨，久服延年，百鍊彌佳。主驚悸，心熱，頭疼，明目。傅腦頂心，治月蝕瘡，潤養瘡痂最宜。酥、酪、醍醐大抵性皆潤滑，宜於血熱枯燥之人，其功亦不甚相遠也。

附方　風虛濕痹：　醍醐二兩，溫酒每服一匙，效。中風煩熱：　皮膚瘙痒，醍醐四兩，每服半匙，溫酒和服，日一。一切肺病：　咳嗽膿血不止，用好酥五十斤，煉三遍，當出醍醐。每服一合，日三服，以瘥為度，神效。鼻中涕血：　以三鍊酥中精液灌鼻中，日三夜一，良。小兒鼻塞：　不通，不能食乳。劉氏用醍醐二合，木香、零陵香各四分，湯煎成膏，塗頭上，并塞鼻中良。

明・盧之頤《本草乘雅半偈》帙九　醍醐《唐本草》　氣味：　甘，冷利，無毒。　主治：　主風邪痹氣，通潤骨髓，可為摩藥，功勝于酥。

覈曰：　用酥一石，煉貯器中，待凝定，穿中至底，久之則津津溢出，冬不凝，夏不融者是也。第性滑易走，惟貯壺蘆、雞子殼內，方不透出。但不易得，一石僅取十合耳。

条曰：　乳出酪，酪出酥，酥出醍醐，醍醐上味也。功力與犛酥等，用犛酥出醍醐，當成無上味。醍醐力透貯器，犛酥追逐風毒發出毛孔間，似同而力更勝。蓋坤為牛，即此可徵至柔而動也剛，主治功力，不必更加註脚矣。釋典嘗以醍醐喻無上道，服食者，當成稀有功力矣。

清・章穆《調疾飲食辯》卷五　醍醐　世間味美莫過於此，故釋氏以喻悟道後之景象，曰醍醐灌頂，甘露灑心。《衍義》曰：　酪面浮皮為酥，酥熬之面上如油者為醍醐。《唐本草》曰：　好酥一石，只得三四升。孫氏曰：　能填精髓，久服延年。《本草會編》：　酥、酪、醍醐，性皆潤滑，宜於血虛、血熱枯燥之人，功不甚相遠。俱不可同生魚鮝、生肉膾食，能變蟲。

乳腐

宋・唐慎微《證類本草》卷一六獸部上品〔宋・掌禹錫《嘉祐本草》〕　乳腐　微寒。潤五藏，利大小便，益十二經脉。微動氣。細切如豆，麪拌，醋漿水煮二十餘沸，治赤白痢，小兒患，服之彌佳。新補。見孟詵及蕭炳。

元・吳瑞《日用本草》卷三　乳腐　酥酪、醍醐，煎牛羊馬乳成酪、成酥、成醍醐。色白者甘美，性味則一。味甘，性寒，無毒。　主潤五臟，利大小便，益十二經脉，潤毛髮。微動氣，小兒患，服之尤佳。

明・劉文泰《本草品彙精要》卷二三　乳腐無毒

乳腐：　潤五臟，利大小便，益十二經脈，微動氣。細切如豆，麵拌醋漿水煮二十餘沸，治赤白痢，小兒患服之彌佳。名醫所錄。　【地】南北皆有之。【時】生：　無時。採：　無時。　【用】細膩不去酥者佳。　【色】白。【味】甘。　【性】微寒。　【氣】氣之薄者，陽中之陰。　【臭】膻。　【禁】多食動氣。

明・盧和、汪穎《食物本草》卷四味類　乳腐　潤五臟，利大小便，益十二經脉，微動氣。四種皆一物所造，牛乳、羊乳、馬乳，或各或合為之。四種之中，牛乳為上，羊次之，馬又次之，而驢乳性冷，不堪入品矣。衆乳之功，總不及人乳。昔張蒼無齒，置乳妻十數人，每食盡飽，後年八十餘尚為相，視事耳目精神過於少年，生子數人，頤養之妙也。

明・李時珍《本草綱目》卷五〇獸部・畜類　乳腐宋《嘉祐》

【釋名】乳餅　【集解】時珍曰：　諸乳皆可造，今惟以牛乳者爲勝爾。按《臞仙神隱》書云：　造乳餅法，以牛乳一斗，絹濾入釜，煎五沸，水解之。用醋點入，如豆腐法，漸漸結成，漉出以帛裹之。用石壓成，入鹽，甕底收之。○又造乳團法：　用酪五升煎滚，入冷漿水半升，必自成塊。未成，更入漿一盞。至成，以帛包搦，如乳餅樣收之。○又造乳綫法：　以牛乳盆盛，曬至四邊清水出，煎熱，以酸漿點成。漉出揉擦數次，扯成塊，又入釜蕩之。取出，捻成薄皮，竹簽捲扯數次，掤定曬乾，以油煠熟食。

【氣味】甘，微寒，無毒。詵曰：　水牛乳凉，犛牛乳溫。　【主治】潤五臟，利大小便，益十二經脈。微動氣孟詵。治赤白痢，切如豆大，麪拌，酸漿水煮二十沸，頓服。小兒服之，彌良蕭炳。

【附方】新一。　血痢不止：　乳腐一兩，漿水一鍾，煎服。《普濟方》。

明・穆世錫《食物輯要》卷八　乳餅　味甘，性微寒，無毒。潤五臟，利

二便，滋養十二經絡。多食動氣，滑腸生痰。患泄瀉者，勿食。

明·吴文炳《藥性全備食物本草》卷四 乳餅 味甘，性微寒，無毒。潤五臟，利二便，滋養十二經絡。多食動氣滑腸，生痰。患泄瀉者勿食。

明·繆希雍《本草經疏》卷一六 乳腐 味甘，微寒，無毒，主潤五藏，利大小便，益十二經脈。

〔疏〕牛乳，乃牛之血液所化，其味甘，其氣微寒，無毒。甘寒能養血脈，滋潤五藏，故主補虛羸止渴。及乳腐所主皆同也。日華子主養心肺，解熱毒，潤皮膚者，亦此意耳。肝： 味苦、甘，氣和平，食之能補肝，治雀盲。

〔主治參互〕同人乳、羊乳、梨汁、蘆根汁、蔗漿，熬膏，治反胃噎膈，大便燥結。宜時時飲之，兼能止消渴。夏子益《奇疾方》肉人怪病，人頂生瘡，五色如櫻桃狀，破則自頂分裂，連皮剝脱至足，名曰肉人。常飲牛乳自消。

〔簡誤〕患冷氣人忌之，與酸物相反，令人腹中癥結。脾濕作泄者，亦不得服。

明·姚可成《食物本草》卷一六味部·雜類 乳腐一名乳餅。諸乳皆可造，今惟以牛乳者為勝爾。《臞仙神隱書》云： 造乳餅法： 以牛乳一斗，絹濾入釜，煎五沸，水解之。用醋點入，如豆腐法，漸漸結成，漉出以帛裹之，用石壓成，入鹽，甕底收之。〇又造乳團法： 用乳五升煎滚，入冷漿水半升，必自成塊。未成，更入漿一盞。至成，以帛包搦如乳餅樣收之。〇又造乳線法： 以牛乳盆盛，晒至四邊清水出，煎熱，以酸漿點成，漉出，揉擦數次，扯成塊，又入釜盪之。取出，捻成薄皮，竹簽捲扯數次，掤定晒乾，以油煠熟食。 乳腐，味甘，微寒，無毒。主潤五臟，利大小便，益十二經脉。微動氣。治赤白痢，切如豆大，麪拌，酸漿水煮二十沸，頓服。小兒服之彌良。

明·施永圖《本草醫旨·食物類》卷四 乳腐名乳餅。 味： 甘，微寒，無毒。水牛乳涼，犪牛乳溫。治： 潤五臟，利大小便，益十二經脉，微動氣。治赤白痢，切如豆大，麪拌酸漿水煮二十沸，頓服。小兒服之彌良。

附方 血痢不止： 乳腐一兩，漿水一鍾，煎服。

清·丁其譽《壽世秘典》卷四 乳腐俗名乳餅，諸乳皆可造，惟以牛乳者為勝，水牛乳涼，犪牛乳溫。李時珍曰： 造乳餅法，以牛乳一斗，絹濾入釜，煎五沸，水解(水)〔之〕用醋點入，如豆腐法，漸漸結成，漉出以帛裹入，用石壓成，入鹽，甕底收之。 氣味： 甘，微寒，無毒。主潤五臟，解熱毒，利大小便，益十二經脉。

清·朱本中《飲食須知·味類》 乳餅 味甘，性微寒。多食動氣滑腸，生痰。患泄瀉者，勿食。

清·何其言《養生食鑒》卷下 乳腐諸乳皆可造，今惟以牛乳者為勝。味甘，性微寒，無毒。潤五臟，利二便，滋養十二經脈。老人便秘者，最宜。多食，動氣生痰。患洩瀉者勿食。

清·汪啟賢等《食物須知·諸葷饌》 乳腐 即乳餅，利十二經脈，通大小便難。一切虛火可潤，老年尤宜服之。

清·文晟《新編六書》卷六《藥性摘錄》 乳腐 牛乳為勝。甘，微寒。潤臟利便，老人便秘尤宜。多食動氣生痰，患泄瀉者尤忌。〇酥，甘，酸，微寒。潤燥止渴，除胸中虛熱，生精血，補虛損，悦顔色。患冷痢人勿食。羊乳酪勿同魚鮓食。忌醋。

清·吴汝紀《每日食物却病考》卷下 乳腐附酥、酪、醍醐。 俗稱乳餅，諸乳皆可造，維牛乳者勝。水牛乳涼，犪牛乳溫。潤五藏，利大小便，益十二經脈，微動氣。以漿水煎服，治赤痢，良。 蓋乳之所造多品。其煎乳上結皮，取以再煎，去渣，復入鍋為酥。既去皮而汁為酪。其酥上如油而不凝者，乃酥之精液，為醍醐，不可多得。不去皮而用醋點成者，為乳腐。皆食味之佳品也。

羊

唐·孫思邈《千金要方》卷二六《食治·鳥獸》 羖羊角 味酸、苦，溫、微寒，無毒。主青盲，明目，殺疥蟲，止寒泄、心畏驚悸，除百節中結氣及風傷蠱毒、吐血、婦人產後餘痛。燒之，殺鬼魅，辟虎狼。久服安心，益氣，輕身。勿令中濕，有毒。髓： 味甘，溫，無毒。主男子女人傷中、陰陽氣不足，却風熱，止毒，利血脉，益經氣。以酒和服之亦可，久服不損人。

青羊膽汁： 冷，無毒。主諸瘡，能生人身脉，治青盲，明目。肺： 平。補肺治嗽，止渴、多小便，傷中止虛，補不足，去風邪。肝： 補肝明目。心： 主憂恚、膈中逆氣。腎： 補腎氣虛弱，益精髓。頭骨： 主小兒驚癇，煮以浴之。蹄肉： 平。主丈夫五勞七傷。肉： 味苦、甘，大熱，無毒。主暖中止痛，字乳餘疾及頭腦中大風汗自出、虛勞寒冷，能補中益氣力，安心止驚。利產婦，不利時患人。頭肉： 平。主風眩瘦疾、小兒驚癇、丈夫五勞七傷。其骨： 熱。主虛勞、寒中羸瘦。其宿有熱者，不可食。生脂： 止下利脱肛，去風毒，婦人產後腹中絞痛。肚： 主胃反，治虛羸、小便數，止虛汗。黄

帝云：羊肉共酢，食之傷人心，亦不可共生魚、酪和食之，害人。凡一切羊蹄甲中有珠子白者名羊懸筋，食之令人癲。白羊黑頭，食其腦，作腸癰。羊肚共飯飲常食，久久成反胃，作噎病。甜粥共肚食之，令人多唾，喜吐清水。羊腦、猪腦，男子食之損精氣少子。若欲食者，研之如粉，和醋食之，初不如不食佳。青羊肝和小豆食之，令人目少明。一切羊肝生共椒食之，破人五藏，傷心，最損小兒。彌忌水中柳木及白楊木，不得銅器中煮羖羊肉，食之，丈夫損陽，女子絕陰。暴下後不可食羊肉、髓及骨汁，成煩熱難解，還動利。凡六畜五藏著草自動搖，及得鹹酢不變色，又墮地不汙，又與犬犬不食者，皆有毒，殺人。六月勿食羊肉，傷人神氣。

宋・唐慎微《證類本草》卷一七獸部中品〔《本經・別錄・藥對》〕 **羖羊角** **味鹹、苦，溫**、微寒，無毒。**主青盲，明目，殺疥蟲，止寒洩，辟惡鬼、虎狼，止驚悸**，療百節中結氣，風頭痛及蠱毒，吐血，婦人產後餘痛。燒之殺鬼魅，辟虎狼。**久服安心益氣輕身。** 生河西川谷。取無時，勿使中濕，濕即有毒。菟絲爲之使。〔唐・蘇敬《唐本草》〕注云：此羊角，以青羝爲佳，餘不入藥用也。〔宋・掌禹錫《嘉祐本草》〕按：《藥性論》云：羖羊角，使。治產後惡血煩悶，燒灰酒服之。又主輕身，治小兒驚癇。又曰青羊角，亦大寒。日華子云：牯羊角，退熱，治山瘴，溪毒。燒之去蛇。

羊髓：味甘，溫，無毒。主男女傷中，陰氣不足，利血脉，益經氣。以酒服之。

青羊膽：主青盲，明目。〔唐・蘇敬《唐本草》〕注云：羊膽，療疳濕，時行熱熛瘡，和醋服之良。〔宋・掌禹錫《嘉祐本草》〕按：目翳通用藥云：青羊膽，平。《藥性論》云：青羊肝，服之明目。膽點眼中，主赤障，白膜，風淚，主解蠱毒。

羊肺：補肺，主欬嗽。〔唐・蘇敬《唐本草》〕注云：羊肺療渴，止小便數。并小豆葉煮食之，良。

羊心：止憂恚，膈氣。〔宋・掌禹錫《嘉祐本草》〕按：日華子云：心有孔者殺人。

羊腎：補腎氣，益精髓。〔唐・蘇敬《唐本草》〕注云：羊腎合脂爲羹，療勞痢甚效。蒜虀食之一升，療癥瘕。〔宋・掌禹錫《嘉祐本草》〕按：日華子云：腎，補虛，耳聾，陰弱，壯陽，益胃，止小便，治虛損盜汗。

羊齒：主小兒羊癇寒熱。三月三日取。

羊肉：味甘，大熱，無毒。主緩中，字乳餘疾，及頭腦大風汗出，虛勞寒冷，補中益氣，安心止驚。〔唐・蘇敬《唐本草》〕注云：羊肉，熱病差後食之，發熱殺人。〔宋・掌禹錫《嘉祐本草》〕按：孟詵云：羊肉，溫。主風眩，瘦病，小兒驚癇，丈夫五勞七傷，藏氣虛寒。河西羊最佳，河東羊亦好。縱驅至南方，筋力自勞損，安能補益人。肚，主補胃，小便數，以肥肚作羹，食三五度差。又云：羊肉，患天行及瘧人食，令發熱困重致死。日華子云：羊肉治腦風并大風，開胃，肥健。頭，涼。治骨蒸，腦熱頭眩，明目，小兒驚癇。脂，治遊風并黑䵟。

羊骨：熱。主虛勞，寒中，羸瘦。

羊屎：燔之，主小兒洩痢，腸鳴，驚癇。

〔梁・陶弘景《本草經集注》〕云：羖羊角，方藥不甚用，其餘皆入湯煎。羊有三四種，最以青色者爲勝，次則烏羊，其羪羺羊及虜中無角羊，正可噉食之。爲藥不及都下者。其乳、髓則肥好也。羊肝，不可合猪肉及梅子、小豆食之，傷人心，大病人。〔唐・蘇敬《唐本草》〕注云：羊屎，煮湯下灌，療大人、小兒腹中諸疾，疳濕，大小便不通。燒之熏鼻，主中惡，心腹刺痛，熏瘡，療諸瘡中毒痔瘻等，骨蒸彌良。羊肝，性冷。療肝風虛熱，目赤闇無所見，生食子肝七枚，神效。羊頭，療風眩，瘦疾，小兒驚癇。骨療同。羊血，主女人中風，血虛悶，產後血運悶絕者，生飲一升，即活。〔宋・馬志《開寶本草》〕按：《陳藏器本草》云：羊乳，補虛，與小兒含之，主口瘡，不堪充藥，爲其膻故。羊五藏，補人五藏。肝，主明目，薄切，日乾爲末，和決明子、蓼子并炒香，擣篩爲丸。每日服之，去盲暗。皮作臛，食之去風。屎燒灰沐髮長黑，和鴈肪塗頭生髮。〔宋・掌禹錫《嘉祐本草》〕按：孟詵云：羊毛，醋煮裹脚，治轉筋。角灰，主鬼氣，下血。日華子云：牯羊糞燒灰，理聤耳并罯刺。〔宋・蘇頌《本草圖經》〕曰：羖羊角，出河西川谷，今河東、陝西及近都州郡皆有之。此謂青羝羊也。餘羊則不堪，取無時。勿使中濕，濕則有毒。羊齒、骨及五藏皆溫平而主疾，唯肉性大熱，時疾初愈，百日內不可食，食之當復發及令人骨蒸也。羊屎，方書多用。近人取以內鯽魚腹中，瓦缶固濟燒灰，以塗髭髮，令易生而黑，甚效。乳，療蜘蛛咬，偏身生絲者，生飲之即愈。劉禹錫《傳信方》載其效云：貞元十一年，余至奚吏部宅坐客，有崔員外因話及此。崔云：目擊有人爲蜘蛛咬，腹大如有娠，偏身生絲，其家棄之，乞食於道，有僧教喫羊乳，未幾而疾平。胃，主虛羸。張文仲有主久病瘦羸，不生肌肉，水氣在脇下，不能飲食，四肢煩熱者。羊胃湯方：羊胃一枚，术一升，并切，以水二斗，煮取九升，一服一升，日三，三日盡，更作兩劑，乃差。肉多入湯劑。胡洽羊肉湯，療寒勞不足，產後及身腹中有激痛方：當歸四兩，生薑五兩，羊肉一斤，三味以水一斗二升，煮肉取七升，去肉，內諸藥煮取三升。一服七合，日三夜一。又有大羊肉湯，療婦人產後大虛，心腹絞痛，厥逆，氣息乏少，皆今醫家通用者。又有青羊脂丸。主痓病相易者，皆大方也。羊之種類亦

多，而羖羊亦有褐色、黑白色者。毛長尺餘，亦謂之羖羱羊，北人引大羊以此羊爲群首。又孟詵云：河西羊最佳，河東羊亦好，縱有驅至南方，筋力自勞損，安能補人？然今南方亦有數種羊，惟淮南州郡或有佳者，可亞大羊。江浙羊都少味而發疾。閩、廣山中，出一種野羊，彼人謂之羚羊，其皮厚硬，不堪多食，肉頗肥軟益人，兼主冷勞，山嵐瘧痢，婦人赤白下。然此羊多噉石香薷，故腸藏頗熱，亦不宜多食也。謹按《本經》云：羊肉，甘。而《素問》云：羊肉，苦。兩說不同。蓋《本經》以滋味而言，而《素問》以物性解。羊性既熱，熱則歸火，故配於苦。麥與杏、薤性亦熱，并同配於苦也。又下條有白馬陰莖、眼、蹄、白馬懸蹄、赤馬蹄、齒、鬐頭膏、鬐毛、心、肺、肉脯、頭骨、屎、溺及牡狗陰莖、膽、心、腦、齒、四蹄、白狗血、肉、屎中骨，《本經》并有主治。惟白馬莖、眼、懸蹄用出雲中平澤者，餘無所出州土。今醫方多用馬通，即馬屎也，及狗膽，其餘亦稀使，故但附見於此下。

〔宋・唐慎微《證類本草》〕《食療》：角，主驚邪，明目，辟鬼，安心益氣。燒角作灰，治鬼氣并漏下惡血。羊肉，妊娠人勿多食。頭肉，平。主緩中，汗出虛勞，安心止驚。宿有冷病人勿多食。主熱風眩，疫疾，小兒癇，兼補胃虛損及丈夫五勞骨熱。熱病後宜食羊頭肉。肚，主補胃病虛損，小便數，止虛汗。肝，性冷。治肝風虛熱，目赤暗痛。熱病後失明者，以青羊肝或子肝薄切，水浸傅之，極效。生子肝吞之尤妙。主目失明，取羖羊肝一斤，去脂膜薄切，以未著水新瓦盆一口，揩令淨，鋪肝於盆中，置於炭火上煿，令脂汁盡。候極乾，取決明子半升，蓼子一合，炒令香爲末，和肝杵之爲末。以白蜜漿下方寸匕，食後服之，日三，加至三匕止，不過二劑，目極明。一年服之妙，夜見文字并諸物。其羝羊，即骨歷羊是也。常患眼痛澀，不能視物，及看日光并燈火光不得者，取熟羊頭眼睛中白珠子二枚，於細石上和棗汁研之，取如小麻子大，安眼睛上，仰卧。日二夜二，不過三四度差。羊心，補心肺，從三月至五月，其中有蟲如馬尾毛，長二三寸已來，須割去之，不去令人痢。又，取皮去毛煮羹，補虛勞。煮作臛食之，去一切風，治脚中虛風。羊骨，熱。主治虛勞，患宿熱人勿食。髓，酒服之，補血。主女人風血虛悶。頭中髓，發風。若和酒服，則迷人心，便成中風也。羊屎，黑人毛髮。主箭鏃不出。糞和鴈膏傅毛髮落，三宿生。白羊黑頭者，勿食之。令人患腸癰。一角羊不可食。六月勿食羊，傷神。謹按：南方羊都不與鹽食之，多在山中喫野草，或食毒草。若此羊，一二年間亦不可食，食必病生爾。爲其來南地食毒草故也。若南地人食之，即不憂也。今將北羊於南地養三年之後，猶亦不中食，何況於南羊能堪食乎？蓋土地各然也。《聖惠方》：治風心煩恍惚，腹中痛，或時悶絶而復甦。用羖羊角屑微炒，擣羅爲散。不計時候，溫酒調下一錢匕。又方：治硫黄忽發氣悶。用羊血服一合，效。《外臺秘要》：崔氏療傷寒，手足疼欲脱。取羊屎煮汁以灌之，差止。亦療時疾，陰囊及莖熱腫。亦可煮黄蘗等洗之，并除傷寒之疾。又方：治小兒瘖。羊膽二箇，和漿水灌下部。猪膽亦得。又方：《救急》治天行後，嘔逆不下食，食入即出。取羊肝如食法，作生淡食，不過三度，即止。又方：療氣癭方：羊靨一具，去脂，含汁盡去之，日一具，七日含，便差止。《千金方》：療尿床方：羊肚盛水令滿，繫兩頭熟煮，開取水頓服之。即差。又方：治目赤及瞖。羊眼睛暴乾爲末，傅兩目。又方：療目睆睆。青羊肝，内銅器内煮，以麪餅覆面上，上鑽兩孔如人眼，止以目向上，熏之，不過兩度。又方：治小兒口中涎出，取白羊屎内口中。又方：治髮不生。以羊屎灰淋取汁洗之，三日一洗，不過十度即生。又方：治被打頭青腫，帖新羊肉於腫上。又方：辟蛇法：蛇到，燒羖羊角令有煙出，蛇即去矣。又方：治木刺入肉中不出，痛。取乾羊屎燒灰，和猪脂調塗，不覺自出。又方：治卒驚悸，九竅血皆溢出。取新屠羊血，熱飲二升，差。《肘後方》：治白秃。以羊肉如作脯法，炙令香，及熱以搨上，不過三四日差。又方：治眼暗，熱病後失明。以羊膽傅之，旦暮時各一傅之。又方：治誤吞釘并箭、金、針、錢等物，多食肥羊肉。肥脂諸般肥肉等，自裹之，必得出。《外臺秘要》同。又方：療面目、身卒得赤班，或痒或瘭子腫起，不即治之，日甚煞人。羖羊角燒爲灰，研令極細，以雞子清和塗之，甚妙。又方：療面多皯黯如雀卵色。以羖羊膽一枚，酒二升，合煮三沸以塗拭之，日三度，差。《經驗後方》：治五勞七傷，陽氣衰弱，腰脚無力。羊腎蓯蓉羹法：羊腎一對，去脂膜細切，肉蓯蓉一兩，酒浸一宿，刮去皺皮，細切，相和作羹，葱白、鹽、五味等如常法事治，空腹食之。《梅師方》：治産後餘血攻心，或下血不止，心悶面青，身冷氣欲絶。新羊血一盞飲之，三兩服，妙。又方：目暗，黄昏不見物者。以青羊肝，切，淡醋食之，煮亦佳。《孫真人食忌》：羊蹄筋膜中珠子，食之令人癲。羊一角者害人。《食醫心鏡》：主風眩羸瘦，小兒驚癇，丈夫五勞，手足無力。羊頭一枚，燖洗如法，蒸令熟，切，以五味調和，食之。又，主腎勞損精竭。炮羊腎一雙，去脂細切，於豉汁中以五味、米糅如常法，作羹食，作粥亦得。又，治産後大虛，羸瘦無力，腹肚痛，冷氣不調。又，腦中風，汗自出。白羊肉一斤切，如常法調和，腌腊食之。又，治風胎瘦病，五勞七傷，虛驚悸。白羊頭一枚，燖如食法，煮令極熟，切於豉汁中五味調和食之。又，治脾胃氣冷，食入口即吐出。羊肉半斤，去脂膜，切作生，以蒜齏、五辣、醬、醋空腹食。又，主下焦虛冷，小便數，瘦兼無力。羊肺一具細切，内少羊肉，作羹食之，煮粥亦得。又，主下焦虛冷，脚膝無力，陽事不行，補益。羊腎一箇熟煮，和半大兩煉成乳粉，空腹食之，甚有效。又，益腎氣，强陽道。白羊肉半斤，去脂膜，切作生，以蒜齏食之，三日一度，甚妙。又，主腎藏虛冷，腰脊轉動不得。羊脊骨一具，嫩者搥碎爛煮，和蒜齏，空腹食之。兼飲酒少許，妙。又，理目熱赤痛，如隔紗縠，看物不分明，宜補肝氣，益睛。青羊肝一具，細起薄切，以水洗漉出瀝乾，以五味、醬、醋食之。又，理風眩瘦疾及小兒驚癇，兼丈夫五勞七傷。羊頭一枚，治如食法，煮令熟作膾，以五辣、醬、醋食之。《兵部手集》：療無故嘔逆酸水不止，或吐三五口。食後如此方：羊屎十顆，好酒兩合，煎取一合，頓服，即愈。

如未定，更服，看大小加減服之，六七歲即五顆。《子母秘録》：療産後寒熱，心悶極脹百病。羖羊角燒末，酒服方寸匕，未(産)〔瘥〕再服。姚和衆：治小孩食土方：候市人合時，買市中羊肉一斤，以繩繫之，令人著地拽至家，以水洗，炒炙依料，與兒喫，如未喫食，即煮汁餵。《禮記》：羊，冷。毛而毳，羶不可食。周成王：人獻四角羊。《丹房鏡源》：羊脂柔銀軟銅，羖羊角縮賀。賀，錫也。

宋・寇宗奭《本草衍義》卷一六 羖羊角 出陝西、河東，謂之羖䍽羊，尤狠健，毛最長而厚，此羊可入藥。如要食，不如無角白大羊。本草不言者，亦有所遺爾。又同、華之間，有卧沙細肋，其羊有角似羖羊，但低小，供饌在諸羊之上。張仲景治寒疝，用生薑羊肉湯，服之無不驗。又一婦人産當寒月，寒氣入産門，臍下脹滿，手不敢犯，此寒疝也。醫將治之以抵當湯，謂其有瘀血。嘗教之曰，非其治也，可服張仲景羊肉湯，少減水，二服遂愈。

宋・王繼先《紹興本草》卷一九 羖羊角 紹興校定：羖羊，牡羊也。其角、髓、膽、肺、心、腎、齒、肉、骨、屎雖各分主治之宜，固無起疾之驗。但羊體諸物皆溫，只肉大熱，俱無毒是矣。《本經》云角微寒者非也。其頭蹄與肉及腹内之物，世之常食。所在皆産之，唯江南産者善發瘴熱之疾，不可不慎。雖分牡牝，其性一矣。

宋・鄭樵《通志》卷七六《昆蟲草木略》 羊之屬多。《爾雅》曰：羊，牡羒，牝牂。吳羊牝曰羒，音墳。又曰：夏羊，牡羭，牝羖。郭云：夏羊者，黑羖䍽也。臣疑今胡羊也，多出夏州。羭，音俞。然今人呼牡羊為羖音古。又曰：角不齊，觤音鬼。又曰：角三觠，羷音險。此謂羊角捲三匝者。又曰：羳羊，黄腹。音煩。又曰：未成羊，羜。直呂反。郭云：俗呼五月羔為羜。又曰：絕有力，奮。

宋・洪邁《夷堅志・丁志》卷一二 王寓判玉堂：福州人病目，兩瞼間赤濕流淚，或痛或癢，晝不能視物，夜不可近燈光，兀兀癡坐。其友趙子春語之曰：是為爛緣血風，我有一藥正治此，名曰二百味草花膏。病者驚曰：用藥品如是，世上方書所未有，豈易遽辦？君直相戲耳。趙曰：我適有見藥，當以與君。明日，攜一錢匕至，堅凝成膏，使以匙抄少許入口，一日淚止，二日腫消，三日痛定，豁然而愈。乃往謁趙致謝，且扣其名物，笑曰：只是用一羯羊膽，去其皮脂，而滿填好蜜，拌勻，勺之候乾，則入鉢研細為膏。以蜂採百花，羊食百草，故隱其名以眩人云。

宋・劉明之《圖經本草藥性總論》卷下 羖羊角 味鹹、苦，溫、微寒，無毒。主青盲明目，殺疥蟲，止寒洩，辟惡鬼虎狼，止驚悸。療百節中結氣，風頭痛，及蠱毒吐血，婦人産後餘痛。燒之，殺鬼魅，辟虎狼。《藥性論》云：使。治産後惡血煩悶。日華子云：牯羊角，退熱，治山瘴溪毒。菟絲為之使。

羊肉：味甘，大熱，無毒。主緩中，字乳餘疾，及頭腦大風汗出，虛勞寒冷，補中益氣，安心止驚。孟詵云：溫。主風眩瘦病，小兒驚癇，丈夫五勞七傷，臟氣虛寒。又云：羊肉，患天行及瘧人食，令發熱困重致死。《唐本》注云：羊肉，熱病差後，食之發熱，殺人。日華子云：治腦風并大風，開胃肥健。頭涼，治骨蒸腦熱頭眩，明目，小兒驚癇。脂，治遊風并黑䵟。

宋・張杲《醫說》卷三 治内障羊肝丸 治目方用黄連者多矣，而羊肝丸尤奇特異。用黄連末一兩，白羊子肝一具去膜，同於砂盆内研令極細，衆手為丸梧桐子大，每服以溫水下三十丸，連作五劑。但是諸目疾及翳障、青盲，皆治。忌猪肉、冷水。唐崔承元者，因官治一死囚，出活之，囚後數年以病目致死，一旦崔為内障所苦，喪明逾年，後半夜嘆息獨坐，忽聞堦除悉窣之聲，崔問為誰，徐曰是昔蒙活囚，今故報恩，至此遂以此方告，言訖而沒。崔依此合服，不數月，眼復明《本事方》。

宋・張杲《醫說》卷八 服餌忌羊血 服餌之家，忌食羊血，雖服藥數十年，一食則前功盡喪。

宋・陳衍《寶慶本草折衷》卷一五《獸部中品》 羖一作牯羊角使。灰在内。○髓、膽、肝、肺、心、腎、肉、脂、血、肚、屎等附。○牯羊脛骨及外腎續附。一名青羊角。○其羊一名青羝羊，一名羖䍽羊。○又云：一名羶，謂其氣臊也。○《禮記》云：一名柔毛，一名少牢。○《毛詩》云：小羊，一名羔，一名羜。○其毛蓬茸肥壯者，俗號綿羊。生河西川谷，及河東、陝西、淮南、江浙近都州郡及同、華州。○取無時。勿使中濕，濕即有毒。○菟絲為使。○附：肝，忌猪肉、梅子、小豆。○續附：外腎，《本事方》用者名羊石子或羯。時收亦切片，火乾。

味鹹、苦，微寒，無毒。○主青盲明目，殺疥蟲，止洩，辟惡，止驚悸，療百節中結氣，風頭痛，蠱毒，吐血，産後餘痛。○陶隱居云：角用羊青色者勝，次則烏羊。○謂純烏黑色者，非褐色也。○《藥性論》云：治産後惡血煩

悶，燒灰酒服。又治小兒驚癇。〇日華子云：退熱，治山瘴溪毒，燒之去蛇。

附：髓腦髓也。〇味甘，溫，無毒。主傷中，陰氣不足，利血脉，益經氣，以酒服之，亦發風。附：脛骨髓。〇主補血及女人血風虛悶，酒服之。附：膽。〇味苦用牛膽云，平。主青盲明目，點赤障白膜、風淚，解蠱毒，療疳濕熱，熛必堯切瘡，及小兒疳。附：肝。〇平，冷。療肝風虛熱，目赤闇，及熱病後失明，以羊子肝薄切水浸傅之。羊肝合猪肉、梅子、小豆食傷心。附：肺。〇平，溫。補肺，主欬嗽，療渴，止小便數。附：心。〇平，溫。止憂恚膈氣，補心肺，從三月至五月勿食。附：腎。〇平，溫。補腎氣，益精髓，補耳聾、陰弱，壯陽，益胃，止小便，治虛損盜汗。又療勞痢，合脂為羹甚效。附：肉身腿肉也。〇皮在內。〇味甘、苦，大熱，無毒。主緩中，字乳餘疾，及汗出虛勞寒冷。補中益氣，安心止驚，治風眩瘦病，五勞七傷，藏氣虛寒，開胃肥健。療產後大虛，心腹絞痛，厥逆寒疝。其羊皮，補虛勞，去風，治脚虛風，煮羹作臛食之。〇今多以肉和皮煮食。熱疾差後，食之發熱，殺人，百日內不可食。及患瘧人食，令發熱困重致死。妊娠人勿多食。六月勿食，傷神。附：頭肉。〇平，涼。療風眩瘦疾，小兒驚癇，治骨蒸腦熱，頭眩，明目。主緩中汗出虛勞。附：脂。〇治遊風，并黑䵟，療癥瘕。附：血。〇主女人中風血，產後血運悶，及治硫黃忽發氣悶，並生飲，以壹盞為率。附：肚。〇平，溫。補胃虛損，止汗。又治小便數，作羹食之。附：屎灰在內。〇主小兒洩痢腸鳴，驚癇及理聤耳，並罯莿，並燒灰用。療諸瘡痔瘻，燒以熏之。又小兒口涎出，取白羊屎內口中。

續說云：凡蟲獸入藥，多取夫雄者，故羊角言羖而不言牸也。然羊之毛色不一，乃以青羊之角為上焉。其肉與髓、膽之類，則白羊可通用。若斑褐雜色之羊，但堪供饌爾。又牯羊脛骨，生煅存性，研之和藥，以治腸風及臟毒之疾。此二疾近乎痔病。今按許叔微說，以分其證。如下血清而紅者，腸風也；如下血濁而黯者，臟毒也。羊脛骨悉能治之。如肛呼江切門鮮血迸出似線而疼者，則謂之痔。痔及虛憊瀉血者，非此骨可療也。更有牯羊外腎，最益精血。《本事方》以批開鹽擦，炙熟研膏，入補治下元之劑。又觀《遯齋閑覽》謂服餌家尤忌羊血，雖服藥已久，一食則前功盡廢。或服金石丹藥偶誤而發熱悶亂者，纔食此血，其毒立解矣。

元·忽思慧《飲膳正要》卷三 羖䍽 味甘，平，無毒。補五勞七傷，溫中益氣。其肉稍腥。

羊肉，味甘，大熱，無毒。主暖中，頭風，大風，汗出，虛勞，寒冷，補中益氣。羊頭，涼。治骨蒸，腦熱，頭眩，瘦病。羊心，主治憂恚，膈氣。羊肝，性冷。療肝氣虛熱，目赤闇。羊血，主治女人中風、血虛。產後血暈，悶欲絕者，生飲一升。羊五藏，補人五藏。羊腎，補腎虛，益精髓。羊骨，熱。治虛勞，寒中，羸瘦。羊髓，味甘，溫。主治男女傷中，陰氣不足，利血脉，益經氣。羊腦，不可多食。羊酪，治消渴，補虛乏。

元·尚從善《本草元命苞》卷七 羖羊角 為使。鹹、苦，溫、微寒。殺疥蟲，止寒洩，辟惡鬼，祛虎狼。療百節氣結，除頭面風毒。鎮驚邪明目，止吐血安心。生河西川谷，今陝西有之。取青羖羊為上，餘雜用者不堪。肉，甘，大熱，無毒。專補虛勞瘦弱，開胃，令人肥健，補中益氣，安神。髓，甘，溫平。酒服補血，主男子傷中，陰氣不足。治婦人血風，虛悶不安。腦髓，發風，不可喫，和酒飲之，迷人心。肺，補肺咳。腎，主腎傷。心，止憂恚膈氣。膽，治障翳青盲。肝，除肝風虛熱。骨，醫骨瘦勞傷。燔羊屎，治小兒洩痢腸鳴。燒羊角，療產後寒熱心悶。《子母秘錄》：以羖羊角燒灰，酒服方寸匕未差，再服愈。髮不生，屎淋汁洗之最妙。面多䵟，膽和酒塗拭，極佳。羖，音古羊。牡，曰羖。

元·吳瑞《日用本草》卷三 青羊肝 主眼赤障白膜、風淚，解蠱毒，明目，補肝。脛骨：治筋骨攣急、屈伸不得、走疰疼痛，或浸酒飲。羊蹄肉並骨：性平，無毒。主丈夫五勞七傷。

羖羊肉 牡羊也。有褐、黑、白色者。毛長尺餘，亦謂之羖羊。北地來無角者最佳，餘處都少味而發病，終不若無角、白色為上。味甘，性大熱，無毒。反半夏、菖蒲。有宿熱者，食之發熱；共鮓食，傷人心；同蕎麥麵食，患大風。天行疫病、瘧病後食之，發熱困重致死。食牛、羊肉中毒者，甘草蘆根湯解之。主風眩瘦病，小兒驚癇，丈夫五勞七傷，臟氣虛寒，小便數。羊腦：男子食之，損精氣，少子。主骨蒸、腦熱、頭眩，明目。羊肝：味甘，冷，無毒。主肝風虛熱目赤，熱病後失明，解蠱毒。與生椒同食，傷人五臟；同苦笋食，患青盲。妊娠食，子多厄。羊腎：補虛損耳聾，陰弱盜汗，壯陽益胃，止小便。為羹療勞痢。羊髓：味甘，溫，無毒。主男子傷

中，陰氣不足，利血脈。　羊頭：性涼，主腎虛勞損精竭。　羊肺：主補肺咳嗽，止小便。　羊肚：補胃虛損，小便數，盜汗。　羊心：主止憂恚，隔氣。　羊骨：性熱。主虛勞，寒中，羸瘦。　羊齒：主止小兒羊癇寒熱。　羊血：主女人產後血虛暈倒，解諸物毒。　羊膽：味苦，性平。主赤障、白膜、風淚，可點眼中。　羊脂：治遊風黑䵟，療勞痢，潤肌膚。

元·朱震亨《本草衍義補遺》　羊肉、羊脛骨　治牙齒疎豁須用之。東垣云：《別錄》羊肉味甘，熱。日華子治腦風并大風，開胃肥健，補中益氣。又：羊頭涼，治骨蒸腦熱。凡治目疾，以青羊肝為佳。

元·徐彥純《本草發揮》卷三　羊肉　東垣云：羊肉甘，熱。能補血之虛。羊肉，有形之物也。能補有形肌肉之氣。凡味與羊肉同者，皆可以補之。故曰：補可去弱，人參羊肉之屬是也。人參補氣，羊肉補形也。丹溪云：羊脛骨，治牙齒疎豁須用之。

明·蘭茂原撰，范洪等抄補《滇南本草圖說》卷七　羊肉　氣味臊苦甘，大熱，無毒。主治：補中益氣，安心止驚，止痛。治男子五勞七傷，婦人虛弱，食之易產。小兒驚癇癲搐，開胃健脾。治風眩瘦病。病人勿多食。

明·蘭茂撰，清·管暄校補《滇南本草》卷上　羊肉：味甘、苦，大熱。補中益氣，安神止驚，止痛。產婦食之易生。又治風眩痰症，男子五癆七傷，小兒驚（癲）〔癇〕，開胃健脾，食之神效。病人忌服，又能動風。

明·王綸《本草集要》卷六　羖羊角使　味鹹苦，氣溫，微寒，無毒。菟絲為之使。青羝為佳。取無等。勿使中濕，濕則有毒。主青盲，明目，殺疥蟲，止寒洩，止驚悸，及蠱毒吐血，婦人產後餘痛。小兒驚癇。燒之，辟惡鬼、虎狼，去蛇。久服安心益氣，輕身。〇青羊肝、膽，主青盲，明目。膽點眼中，主赤障白膜，風淚，又解蠱毒。〇齒，主小兒羊癇寒熱，三月三日取。〇肉，味苦甘，氣熱。主緩中，及大風汗出，虛勞寒冷，補中益氣，安心。時疾初愈人不可食，食當復發。〇脛骨，治牙齒疏豁。

明·滕弘《神農本經會通》卷八　羖羊角　使也。菟絲為之使。以青羝為佳。取無時。勿使中濕，濕即有毒。

味鹹、苦，氣溫、微寒，無毒。《本經》云：主青盲，明目。殺疥蟲，止寒洩，辟惡鬼虎狼，止驚悸。療百節中結氣，風頭痛，及蠱毒吐血。婦人產後餘痛。燒之，殺鬼魅，辟虎狼。久服安心，益氣輕身。《藥性論》云：使。治產後惡血煩悶，燒灰，酒服之。治小兒驚癇。又云：青羊角，大寒。《食療》云：燒角作灰，治鬼氣，并漏下惡血。日華子云：牯羊角，退熱，治山瘴溪毒。燒之，去蛇。

羊髓：味甘，氣溫，無毒。《本經》云：主男女傷中，陰氣不足，利血脈，益經氣，以酒服之。《食療》云：酒服之，補血。主女人風血虛悶。頭中髓，發風病，和酒服，則迷人心，便成中風也。　青羊膽：氣平。《本經》云：主青盲，明目。《唐本》注云：療淋濕，時行熱熛瘡，和醋服之良。《藥性論》云：服之明目。點眼中，主赤障白膜，風淚。主解蠱毒。　青羊肝：性冷。《藥性論》云：服之明目。陶隱居云：不可合猪肉及梅子、小豆食，多傷人心，大病人。《唐本》注云：療肝風虛熱，目赤，闇無所見，生食子肝七葉，神效。陳藏器云：肝，主明目，薄切，日乾為末，和決明子、蓼子并炒香，搗篩為丸，每日服之，去盲暗。皮作臛食，食之去風。《食療》云：治肝風虛熱，目赤暗痛，熱病後失明者，以青羊肝或子肝，薄切，水浸傅之，極效。丹溪云：凡治目疾，以青羊肝為佳。　羊肺：《本經》云：補肺，主咳嗽。《唐本》注云：療渴，止小便數，并小豆葉煮食之，良。《食療》云：從三月至五月，其中有蟲如馬尾，須割去之，不去令人痢。　羊心：《本經》云：止憂恚膈氣。日華子云：心有孔者，殺人。《食療》云：羊心，補心。　羊腎：《本經》云：補腎氣，益精髓。《唐本》注云：腎合脂為羹，療癆痢甚效。蒜虀食脂一升，療癥瘕。日華子云：腎，補虛，耳聾，陰弱，壯陽，益胃，止小便，治虛損盜汗。　羊齒：三月三日取之。《本經》云：主小兒羊癇寒熱。《圖經》云：溫平而主疾。　羊肉：味甘，氣大熱，無毒。《本經》云：主緩中，字乳餘疾，及頭腦大風汗出，虛勞寒冷，益氣，安心止驚。《唐本》注云：熱病差後，食之發熱，殺人。孟詵云：肉，溫。主風眩瘦病，小兒驚癇，丈夫五勞七傷，藏氣虛寒。又患天行及瘧人食，令發熱，困重致死。日華子云：治腦風并大風，開胃肥健。丹溪云：俱同前。《食療》云：妊娠人勿多食。《圖經》云：肉性大熱，時疾初愈，百日內不可食之，食當復發，及令人骨熱也。肉多入湯劑。胡治羊肉湯，療寒勞不足，產後及身腹中有激痛，當歸四兩，生薑五兩，羊肉一斤，水一斗二升，煮取七升，去肉，內諸藥，煮取三升，一服七合，日三夜一。　羊頭：涼。一云：羊頭肉，平。日華子云：治骨蒸腦熱，頭眩，及小兒驚癇。丹溪：同。《食療》云：頭肉，

平。主緩中，汗出，虛勞，安心止驚。宿有冷病人，勿多食。主熱風眩疫疾，小兒癎。兼補胃虛損，及丈夫五勞骨熱。熱病後宜食羊頭肉。　羊脂：日華子云：治遊風黑䵟。　羊肚：孟詵云：主補胃，小便數，以肥肚作羹，食三五度差。《食療》云：主補胃病虛損，小便數，止虛汗。《圖經》云：胃主虛羸，又主病瘦羸，不生肌肉，水氣在脅下，不能飲食，四肢煩熱，有羊胃湯，羊胃一枚，术一升，水煮服。　羊骨：氣熱。《本經》云：主虛勞寒中，羸瘦。《圖經》云：骨，溫平而主疾。《食療》云：主治虛勞。患宿熱人勿食。丹溪云：脛骨，治牙齒踈豁，須用之。　羊屎：《本經》云：燔之，主小兒洩痢，腸鳴，驚癎。《唐本》注云：煮湯下灌，療大人小兒腹中諸疾，疳濕，大小便不通。燒之，熏鼻，主中惡心腹刺痛。熏瘡，療諸疾中毒，痔瘻等，骨蒸彌佳。日華子云：牯羊糞燒灰，理聤耳，并罯刺。《青囊》治雷頭風方，羊糞燒末，熱酒服。　羊血：《唐本》注云：主女人中風，血虛悶，產後血運悶欲絶者，生飲一升即活。　羊乳：陳藏器云：羊乳，補虛。與小兒含之，主口瘡。不堪充藥，為其膻。《圖經》云：乳，療蜘蛛咬，遍身生絲者，生飲之即愈。　羊五臟：陳藏器云：補人五藏。《圖經》云：五藏溫平而主疾。　羊皮：《食療》云：取皮去毛，煮羹，補虛勞。煮作臛食之，去一切風，治肤中虛風。　羊毛：陳藏器云：醋煮裹脚，治轉筋。

明・劉文泰《本草品彙精要》卷二四

羖羊角無毒。附髓、膽、肺、心、腎、齒、肉、骨、屎。　胎生。

羖羊角出《神農本經》：**主青盲，明目，殺疥蟲，止寒泄，辟惡鬼、虎狼，止驚悸。久服安心益氣，輕身。**以上朱字《神農本經》。療百節中結氣，風頭痛，及蠱毒，吐血，婦人產後餘痛。燒之殺鬼魅，辟虎狼。○羊髓，味甘，溫，無毒。主男女傷中，陰氣不足，利血脈，益經氣，以酒服之。○青羊膽，主青盲，明目。○羊肺，補肺，主欬嗽。○羊心，主憂恚，膈氣。○羊腎，補腎氣，益精髓。○羊齒，主小兒羊癎寒熱，三月三日取。○羊肉，味甘，大熱，無毒。主緩中，字乳餘疾及頭腦大風，汗出，虛勞，寒冷，補中益氣，安心止驚。○羊骨，熱，主虛勞，寒中，羸瘦。○羊屎，燔之，主小兒洩痢，腸鳴，驚癎。以上黑字名醫所錄。

【地】《圖經》曰：羖羊，即青羝羊也。亦謂之羖攊羊。出河西川谷，今河東陝西及近都州郡皆有之。羊之種類亦多，然有灰褐及黑白色者，毛長尺餘，北人引大羊，多以此爲群首。齒骨及五臟各有主疾之功。其角入藥，唯以青羝羊爲佳，餘不堪用。取時勿令中濕，濕則有毒也。【時】生：無時。採：無時。【收】陰乾，勿令中濕。【用】角、髓、膽、肺、心、腎、齒、肉、骨、屎。【色】青白。【味】鹹，苦。【性】溫。一云：微寒。【氣】氣薄味厚，陰中之陽。【臭】膻。【主】明目，止驚。【助】菟絲子爲之使。【製】凡使，燒灰存性用或鎊屑用之。【治】療：《唐本》注云：屎，煮湯灌下，治大人、小兒腹中諸疾，疳濕，大小便不通。燒之熏鼻，治中惡，心腹刺痛，及熏諸瘡中毒，痔瘻。○肝，治肝臟風虛，熱目赤闇，無所見，子肝生食七枚，神效。○頭，療風眩，瘦疾及小兒驚癎。○血，主女人中風，血虛悶及產後血暈悶欲絶者，生飲一升即活。《藥性論》云：青羊肝，明目。○膽，點眼中，治赤障白膜，風淚。日華子云：牯羊角，退熱及治山瘴溪毒，燒之袪蛇。○肉，治腦風及大風。○頭，治骨蒸腦熱，頭眩，明目，小兒驚癎。○脂，治游風並黑䵟。○牯羊糞燒灰，治聤耳並罯刺。孟詵云：肉，治風眩，瘦病，小兒驚癎。○角燒灰，治鬼氣，下血。《別錄》云：角燒灰，治鬼氣及漏下惡血。○頭肉，主緩中，汗出，虛勞，安心止驚，及治熱，風眩，疫疾，丈夫五勞，骨熱。○肝，治目赤暗痛，及熱病後失明者，以青羊肝或子肝薄切，水浸貼之，極效。生子肝吞之尤妙。○肚，盛水令滿，繫兩頭，熟煮，開取水頓服之，療尿牀即瘥。○眼睛暴乾爲末，傅目赤及瞖甚效。○糞燒灰，淋取汁洗之，治髮不生，三日一洗，不過十度即生。○肉，不經水取鮮者，貼被打頭青腫處，瘥。○新羊血，乘熱飲二升，治卒驚悸，九竅血出，立止。○肉，如作脯法炙令香，及熱搨白秃瘡，不過三四日，瘥。○膽，治熱病後失明，旦暮各一，傅之效。○肥羊肉、肥脂及諸般肥肉食之，裹出誤吞釘並箭、金針、錢等物。○新羊血一盞，飲之三兩服，治產後餘血攻心，或下血不止，心悶，面青，身冷，氣欲絶者妙。補：日華子云：腎，補虛，耳聾，陰弱，壯陽，益胃，止小便，虛損，盜汗。○肉，開胃，肥健。陳藏器云：羊五臟，補人五臟。孟詵云：肚，主補胃，小便數。《別錄》云：角，安心益氣。○頭肉，補胃虛損及丈夫五勞，骨熱。○肚，補胃病虛損，小便數，止虛汗。【合治】羖羊角燒灰合酒調服，治產後惡血煩悶及治小兒驚癎。○青羊膽合醋服之，治疳濕，時行熱熛瘡，良。○肺合小豆葉煮食之，療渴，止小便數。○腎合脂爲羹，療勞痢甚效。○腎合蒜齏食之，消癥瘕。○屎燒灰合雁肪塗頭生髮。○毛合醋煮之裹腳，治轉筋。○屎內鯽魚腹中，瓦缶固濟燒灰，以塗髭髮，令易生而

黑，甚效。○羊胃一枚，白术一升並切，以水二斗，煮取九升，一服一升，日三服，治久病瘦羸，不生肌肉，水氣在脇下，不能飲食，四肢煩熱者，甚佳。○肉一斤，合當歸四兩，生薑五兩，以水一斗二升，煮熟，取七升，去肉內諸藥，煮取三升，一服七合，日三夜一，補虚勞不足，產後腹中激痛。○羖羊肝一斤，去脂膜，切薄片，以新瓦盆一個揩淨，鋪肝於盆中，置於炭火上爆令脂汁盡，候極乾，取決明子半斤，蓼子一合，炒令香，爲末，和肝杵爲末，以白蜜漿下方寸匕，食後服之，日三服，治目失明，極效。○熟羊頭眼睛中白珠子二枚，于細石上和棗汁研之，取如小麻子大，安眼睛上，仰卧，日夜各二，治常患眼痛澀不能視物，及看日光、燈火不得者，不過三四度即瘥。○糞和雁膏，傅毛髮落者，三宿即生。○羖羊角屑微炒，搗羅爲末，不計時候合温酒調下一錢匕，治心煩，恍惚，腹中痛，或時悶絕而復蘇，甚效。○乾羊屎燒灰，合豬脂搗爛，治木刺入肉不得出，塗之立出。羖羊角燒爲灰，研令極細，以雞子清和塗，治面目身癢得赤斑，或癢或瘭子腫起，不即治之，日甚害人。○羖羊膽一枚，合酒二升，煮三沸，療面多皯黯，如雀卵色，日三塗，效。○青羊肝合醋煮食之，治目暗，黄昏不見物。○羊腎一雙炮去脂，細切，於豉汁中合五味米糅如常法，作羹食之，治勞損，精竭。○白羊頭一枚煮熟，切，於豉汁中合五味調和食之，治脾胃氣冷，食入口即吐出。○羖羊角燒爲末，合酒服方寸匕，療產後寒熱，心悶極脹。○肉合生薑作湯，治寒疝極效。　【禁】白羊黑頭者食之，令人患腸癰。○獨角羊不可食。○六月食羊傷神。○心有孔者殺人。○熱病後食之令人發熱，困重致死，妊娠及宿有冷病人亦勿多食。　【解】蠱毒。　【忌】肝不可與豬肉及梅子、小豆同食之，傷人心，大病人。○頭中髓發風，與酒服則迷人心，令人中風。

羊乳　羊乳，補寒冷，虚乏。名醫所録。　【地】陶隱居云：　羊乳，實爲補潤，故北人多食，皆肥健。《唐本》注云：　北人肥健，不啖鹹腥，方土使然，何關飲乳？　陶以未達，故屢有此言也。　【時】生：　無時。　採：　無時。　【收】瓷器收貯。　【色】白。　【味】甘。　【性】温。　【氣】氣厚于味，陽中之陰。　【治】療：　《藥性論》云：　潤心肺，止消渴。　日華子云：　利大腸，含療口瘡，小兒驚癇。　孟詵云：　治卒心痛，温服之。《别録》云：　治蚰蜒入耳，以乳灌耳中，即化成水。○止小兒噦，以乳一升煎，減半分，五服，牛乳亦得。○治小兒舌腫，乳汁飲之，瘥。○止乾嘔，以乳一杯，空心飲之。○療漆瘡，以乳傅之。○治蜘蛛咬，遍身生絲，以乳一件飲之，及蜘蛛咬致人腹大如孕，飲不過數日而愈。補：　陶隱居云：　潤肌膚，體肥健。　陳藏器云：　補虚弱。《别録》云：　補虚勞，益精氣。　【合治】乳合脂作羹食，補腎虚及治男子與女子中風，瘥。

明・盧和、汪穎《食物本草》卷三獸類　羊　肉，味甘，大熱，無毒。主緩中，字乳餘疾，頭腦大風，汗出，虚勞寒熱，開胃，補中益氣，肥健人，安心止驚。又云：　羊肉比人參、黄耆，參耆補氣，羊肉補形。　頭肉，涼，主骨蒸腦熱，緩中安心止驚，熱病後宜食，冷病人不宜食。　腦，發風，若和酒食則迷人心。　五臟，温，平五臟。　肺，補肺，主欬嗽，止渴，小便數。　心，止憂恚膈氣，補心。　肺有孔者勿食。　肝，明目，主肝風虚熱，目赤晴痛。　腎，補腎氣，益精髓，壯陽，健胃，補虚損，止小便，盗汗，耳聾。　髓，味甘，温，主男女傷中，陰氣不足，利血脉，益經氣，以酒服之。　齒，主小兒羊癇寒熱。　膽，主青盲，明目，又療時行熱燥瘡并淋濕。　又點眼中赤障白膜，風淚。　又解蠱毒。　皮，補虚勞，去一切腳中虚風。　血，主女人產後血虚暈。　脛骨，治牙齒疎豁。　羚羊角，味鹹、苦，氣寒，無毒，屬木，入厥陰經。　主明目，益氣起陰，去惡血注下，辟蠱毒惡鬼不祥，安心氣，常不魘寐，療傷寒，時氣寒熱，熱在肌膚，温風注毒，伏在骨間，除邪氣驚夢，狂越僻謬，小兒驚癇，治山瘴，散產後血衝心煩悶，燒末酒服之。　又治食噎不通。　久服強筋骨，輕身益氣，利丈夫。　羖羊角，用同此羊，謂北地青羊也。　若南羊，則多受濕，濕則有毒，又山中吃毒草，故不堪用。　若言其味，則浙東一種山羊，味甚甘美，諸家謂南羊味淡，或見之未悉。　南人食之甚補益，但以其能發，病者皆不可食，犯之即驗，此其不及北羊也。　北地一種無角大白羊，食之甚勝。　又，同、華之間臥沙細肋角低小者，供饌在諸羊之上，醫家諸湯丸，用之即効。

明・許希周《藥性粗評》卷四　弱體肌生於羊肉。

羊肉，羖羊肉也。即凡間所產山羊之類。羊身諸物皆可入藥，惟以青羝者為佳。菟絲子為之使，反半夏、菖蒲。　味甘，性温，微熱，無毒。　主治虚弱羸瘦，怯寒畏風，元氣不足，補氣生肌，安心定悸。　飛霞子云羊肉補氣，與黄芪同功，是也。　按此天行發熱，久瘧，及有宿熱之人不可食，反滋病勢，或以致死。　其餘如腦主頭眩、骨蒸，肝主清頭明目，腎以補虚壯陽，心以止憂去恚，肺以療瘦，胃以健中，齒主小兒羊癇，血主產婦血暈，膽可點眼，脂可去䵟，不可備述。

可。

單方：青盲：羊膽汁點之，日三四，妙。或以青羊肝煮熟，切片，和淡醋食之亦可。白禿：羊肉炙令香，乘熱榻頭上，不過三四日，差。陽氣衰弱：男子凡患五勞七傷，陽氣衰弱，腰脚無力者，羊腰子一對，去脂膜，細切，肉蓯蓉一兩，酒浸一宿，刮去皺皮，細切，相和作羹，加葱白、鹽、五味等，如常法治之，空腹自食，甚益。又法：以羊頭煮熟爛，作膾，加五味等物，食之亦可。下焦虛冷：羊肉半斤，去脂膜，切，作生以蒜虀、五辣、醬、醋相和，空腹食之。

明·鄭寧《藥性要略大全》卷一〇 羊肉 味甘，性大熱，無毒。暖中。字乳餘疾，頭腦大風汗出，虛勞寒冷，補中益氣，安心神，止驚悸。羊乳：味甘，性溫，無毒。補虛寒，利大腸。含之治口瘡，及小兒驚癇。五畜乳皆補，惟羊乳甚佳。酥：味甘，性微寒，無毒。補五臟，利大腸。主治口瘡，益心肺，止渴止嗽，潤毛髮，除肺痿、心熱。止吐血。牛羊乳所為，色黃白，作餅。酪：味甘、酸，性寒，無毒。止渴，發散，除胸中虛熱熱悶，心膈熱痛。醍醐：味甘，性平，無毒。主風痺，通潤骨髓。可為摩藥。性冷，功勝於酥，生於酥中。止驚悸、心熱頭痛，明目。性滑，以物盛之皆透出，惟雞子殼及葫瓢盛之不出。羊髓：味甘，性溫，無毒。主男女傷中，陰氣不足。利血脉，益經氣，得酒良。羊肝：味甘，性溫、平，無毒。明目，止淚，去翳。青羊膽：主青盲，明目，去赤翳白膜，治淋。羊蹄：補肺，治咳嗽。羊腎：補腎，益精髓。羊心：治憂恚膈氣。羊齒：主小兒驚風寒熱，癎疾。羊骨：性熱。主治虛勞羸瘦。羊屎：燒之，治小兒瀉痢腸鳴，驚癇。羖羊角：味苦、鹹，性涼，無毒。主青盲，明目，殺疥蟲，止寒瀉，驚悸。治百節中結氣，風頭痛，蠱毒，吐血，產後餘痛。燒之殺鬼魅。

明·陳嘉謨《本草蒙筌》卷九 羖羊角羖音牯 味鹹、苦，氣溫、微寒。無毒。近道各處俱生，陝西河東獨盛。種多白色，惟充庖廚。藥宜青羝，乃獲効驗。其或獨生一角，又等白身黑頭。有毒中藏，全禁勿啖。鹵莽誤犯，即生腸癰。膏粱之家，不可不識。角取勿先中濕，濕則有毒損人。鋸杪尖燒灰，務令存性；調熱酒吞服，使宜菟絲。止血調榮，安神益衛。卻驚悸解蠱毒，禁冷瀉殺疥蟲。治小兒發熱癇邪，療婦人產後餘痛。取百節中結氣，逐兩眼內青盲。山瘴溪毒並祛，虎狼蛇虺齊辟。肉甘大熱，專補形骸。主勞傷臟氣虛寒，理風痃肌肉黃瘦。開胃且止吐食，益腎不致痿陽。孕婦及水腫暴來，禁勿入口；骨蒸併瘧疾方愈，忌莫沾唇。儻煮入醬和之，生癩仍發痼疾。諺云：羊不醬，由此也。又筋膜中珠子，食亦令人癲癇。蹄肉雖微，補水甚捷。水腫啖者，百不一瘳。頭涼治癆熱骨蒸，及風痃疫病，發寒宜禁，發熱宜飡；脂潤去游風黑䵟，併疰病傳屍。入金可柔，入銅可軟。腎益腎，理精枯陽敗，同乳粉極靈；羊腎一箇煮熟，和煉成乳粉五錢，空腹食極効。心補心，主憂恚氣疼，有孔者勿食。有毒殺人。肝療肝風虛熱，致眼淚凝眵；肺治肺虛欬痰，及小便頻數。脛骨固牙齒踈豁易動，青鹽略加；即固牙散。脊骨匡腰脊轉側不能，蒜虀微入。齒燒灰，逐小兒羊癎寒熱；皮作臛，踈大人脚膝虛風。膽解蠱毒殊功，開青盲明目；賭斂虛汗速効，補虛怯健脾。血取生飲下喉，砒毒硫黃毒並解；毛用醋炒裹腳，踝痛轉筋痛齊除。骨髓煮酒嘗，滋陰虛血脉可利；腦髓和酒服，迷心竅中風便來。擠乳汁，潤心肺，解消渴，補寒冷虛乏；造酪酥，益五臟，利腸胃，療口舌瘡瘍。屎曝燒煙，亦堪兩用。熏瘡卻痔瘻諸瘡熱毒，熏鼻去中惡心腹刺疼。

謨按：十劑云：補可以去弱，人參、羊肉之屬是也。夫人參補氣在中，羊肉補形在表。補之名雖一，補之實則殊。凡患虛羸之人，當分用之，不可泥一等也。

明·方穀《本草纂要》卷一一 羊肉 味鹹、甘，氣平，無毒。主腎氣不足，脾氣空虛，爲大補之劑也。與黃芪同功。但腠理不實而自汗盜汗，虛火妄動而遺精夢泄，是皆脾腎虛弱之症，非此不能補也。又云：青羊肝氣寒，能明目退翳去瘴，羖羊角能攻毒立潰生膿。大抵羊爲發毒之物，而有補氣之用；羊爲發氣之物，而有固氣之功。此羊之爲物，行補而補氣太迅者也。然氣之虛者宜用，氣之太虛者不可用；氣之實者宜用，氣之太實者不可用。由是觀之，有補而無利也。今欲食羊，必量其虛實而食之，可也。

明·寧源《食鑒本草》卷上 羊肉 味甘，大熱，無毒。治五勞七傷，臟氣虛寒，腰膝羸弱，壯筋骨，厚腸胃。頭：性微涼。治骨蒸腦熱，頭眩目昏及小兒驚癇。乳：味甘，溫。潤心肺，補虛勞，止消渴。肝：味甘，涼。治目中諸疾。《醫鏡》：治患目久不愈，（亦）〔赤〕澁昏花，翳膜遮障，羞明有淚。用羊子肝一具，竹刀刮切，砂臼搗細，和黃連淨末四兩，為圓梧桐子大。每服七十粒，茶湯吞，食遠送下。蹄脛骨：以火煉，為細末，入飛鹽二錢和均，每早擦牙齒上，漱，去牙齒疏活疼痛。腎：補腎氣，益精髓。

明·王文潔《太乙仙製本草藥性大全》卷七《本草精義》 羖羊角 本出

河西川谷，今近都近道州郡各處俱生，惟河東、陝西、河南等處獨盛。羊之種類亦多，而羖羊亦有褐色、黑白色者，毛長尺餘，亦謂之羖攊羊，北人引大羊以此羊爲群首。又孟詵云：河西羊最佳，河東羊亦好。縱有驅至南方，筋力自勞損，安能補人。然今南方亦有數羊，惟淮南州郡或有佳者，可亞大羊。江浙羊都少味而發疾。閩廣山中出一種野羊，彼人謂之羚羊，其皮厚硬，不堪多食，肉頗肥軟益人，兼主冷勞，山嵐瘧痢，婦人赤白下，然此羊多噉石香薷，故腸臟頗熱，亦不宜多食也。羊有三四種，最以青色者爲勝，次則烏羊，其羦羺羊及虜中無角羊，正可噉食之，爲藥不及。若白色者，惟充庖廚。藥宜青羝，乃獲效驗。其或獨生一角，又等白身黑頭，有毒中臟，全禁勿啖，鹵莽誤犯，即生腸癰。膏粱之家，不可不識。角取勿先中濕，濕則有毒損人，鋸杪尖燒灰，務令存性，調熱酒吞服。使宜菟絲。角主驚邪，明目，辟鬼，安心益氣，燒角作灰，治鬼氣并漏下惡血。羊肉姙娠人勿多食。頭肉，平，主緩中，汗出虛勞，安心止驚。宿有冷病人勿多食。主熱風眩疫疾，小兒癇。兼補胃虛損，及丈夫五勞骨熱，熱病後宜食羊頭肉。肚，主補胃病虛損，小便數，止虛汗。肝性冷，治肝風虛熱目赤暗痛，熱病後失明者，以青羊肝或子肝薄切，水浸傅之極效。生子肝合之尤妙。羊心，補心肺，從三月至五月，其中有蟲如馬尾長，長二三寸已來，須割去之，不去令人痢。又取皮去毛，煮羹補虛勞，煮作臛食之，去一切風，腳中虛風。羊骨，熱，主治虛勞，患宿熱人勿食。調酒服之補血，主女人風血虛悶。頭中髓，發風，若和酒服則迷人心，便腦中風也。羊齒骨及五臟皆溫平，而主疾惟肉也。大熱時疾初愈，百日內不食，食之當復發及令人骨蒸也。羊屎，方書多用，近人取以內鯽魚腹中，瓦罐固濟燒灰以塗髭髮，令易生而黑，甚效。箭鏃不出，糞和鴈膏傅，毛髮落三宿即生。乳，療蜘蛛咬，偏身生絲者，生飲之即愈。有人爲蜘蛛咬腹大如有姙，偏身生絲，其家棄之，乞食於道，有僧教喫羊乳，未幾而疾平。胃，主虛羸，張文仲有主久病瘦羸，不生肌肉，水氣在胃下，不能飲食，四季煩熱者，羊胃湯方：羊胃一枚，朮一升，並切，以水二斗，煮取九升，一服一升，日三，三日盡，更作兩劑乃差。肉多入湯劑，胡洽羊肉湯，療寒勞不足，產後及身腹中有激痛方：當歸四兩，生薑五兩，羊肉一斤，三味以水一斗二升煮肉，取七升，去肉，內諸藥煮取三升，一服七合，日三夜一。又有大羊肉湯，療婦人產後大虛，心腹絞痛，厥逆氣息乏少，皆今醫家通用者。又有青羊脂丸，主疰病相易者，大方也。都下者，其乳則肥好也。羊肝不可合猪肉及梅子、小豆，食之傷人心，大病人。謹按：《本經》云羊肉甘，而《素問》云羊肉苦，兩說不同。蓋《本經》以滋味言，而《素問》以物性解。羊性既熱，熱則歸火，故配於苦。麥與杏薤性亦熱，並同配於苦也。六月勿食羊，傷神。謹按：南方羊都不與監食之，多在山中喫野草，或食毒草。若此羊羊一二年間亦不可食，食必病生爾，爲其來南地食毒草故也。若南地人食之，即不憂也。今將北羊於南地養之二年之後，猶亦不中食，何況於南羊能堪食乎？蓋土地各然也。按：《十劑》云：補可以去人弱，人參、羊肉之類是也。夫人參補氣在中，羊肉補形在表，補之名雖一，補之實則殊。凡患虛羸之人，當分用之，不可泥一等也。

明・王文潔《太乙仙製本草藥性大全》卷七《仙製藥性》 羖羊角 味鹹、苦，氣溫，微寒，無毒。主治：止血調榮，安神益衛。却驚悸，解蠱毒，禁冷瀉，殺疥蟲。治小兒發熱神益，療婦人產後餘痛。取百節中結氣，逐兩眼內青盲。山瘴溪毒並祛，虎狼蛇虺齊辟。補註：治風，心煩恍惚，腹中痛，或時悶絶而復甦。用羖羊角屑微炒，擣羅爲散，不計時候，溫酒下一錢。○療面目身卒得赤斑，或痒，或瘭子腫起，不即治之，日甚殺人。羖羊角燒灰，研令極細，以雞子清和塗妙。○療產後寒熱，心悶極脹百病，羖羊角爲末，酒服方寸〔匕〕，未(產)〔瘥〕再服。辟蛇，治蛇倒，燒羖羊角令有烟出，蛇即去矣。羖羊肉：味甘，氣大熱。主治：專補形骸。主勞傷臟氣虛寒，理風痃肌肉黃瘦。開胃且止吐食，益腎不致痿陽。孕婦及水腫暴來，禁勿入口；骨蒸併瘧疾方愈，忌莫沾脣。倘煮入醬和之生癩，仍發痼疾。諺云：羊不醬，由此也。

補註：治小孩食土方：候市人合時買市中羊肉一斤，以繩繫之，令人着地拽至家，以水洗，炒炙依料與兒喫，如未喫食，即煮汁喂。○治白禿，以羊肉如作脯法，炙令香及熱，以搨上不過三四日差。○治誤吞釘并箭、金針、錢等物，多食肥羊肉、肥脂，諸般肥肉等，日裹之必得出。《外臺秘要》同。○治破打頭青腫，貼新羊肉於腫上。○又益腎氣，強陽道，白羊肉半斤，去脂膜，切作生以蒜虀食之，三日一度甚妙。羊頭肉：味甘，氣平。主治：主緩中汗出虛勞，治熱病風眩疫疾。五勞骨熱堪宜，安心止驚神秘。發寒宜禁，發熱宜食。補註：主風眩羸瘦，小兒驚癇，丈夫五勞，手足無力。羊

頭一枚，燖洗如法，蒸令熟，切以五味調和。○治風胎瘦病，五勞七傷，虛驚悸。白羊頭一枚，燖如食法，煮令極熟，切於豉汁中，五味調和食之。○理風眩瘦病及小兒驚癇，丈夫五勞七傷，羊頭一枚，治如食法，煮令熟，作膾，以五辣、醬、醋食之。　羊蹄肉：　雖微補水甚捷，水腫啖者百不一瘳。　羊眼睛：　主目赤紅目瞖神效，又痛澁視物不見立瘥。　補註：　治目赤及瞖，羊眼睛暴乾爲末，傅兩目。○常患眼痛澁，不能視物，及看日光并燈火光不得者，取熟羊頭眼睛中白珠子二枚，於細石上和棗汁研之，取如麻子大，安眼睛上，仰卧，日二夜二，不過三四度差。　羊腎：　助胃止小便盜汗，治勞痢虛損耳聾。　益腎，理精枯陽敗，同乳粉極靈。羊腎一個煮熟，和煉成乳粉五錢，空腹食極效。　補註：　主腎勞損精竭，炮羊腎一雙，去脂細切，於豉汁中以五味、米糅如常法作羹食，作粥亦得。○主下焦虛冷，脚膝無力，陽事不行，補益。羊腎一個，熟煮和半大兩煉成乳粉，空腹食之甚有效。○治五勞七傷，陽氣衰弱，腰脚無力。　羊腎蓯蓉羹法：　羊腎一對，去脂膜細切，肉蓯蓉一兩，酒浸一宿，刮去皺皮，細切，相和作羹，葱白、鹽、五味等如常法事治，空腹食之。

羊心：　補心，主憂恚氣疼。　有孔者勿食，有毒殺人。　羊肝：　性冷。　療肝風虛熱致眼淚凝眵。　補註：　療目睆睆，青羊肝入銅器內煮，以麪餅覆面上，上鑽兩孔如人眼，止以目向上熏之，不過兩度。○主目失明，取羖羊肝一斤，去脂膜，薄切，以未著水新瓦盆一口，揩令净，鋪肝於盆中，置於炭火上，燖令脂汁盡，候極乾。　取决明子半升，蓼子一合，炒令香，爲末，和肝杵之爲末，以白蜜漿下方寸〔匕〕，食後服之，日三，加至三匕止，不過三劑，目極明，一年服之妙，夜見文字。○理目熱赤痛，如隔紗縠看物不分明，宜補肝氣益精。　青羊肝一具，細起薄切，以水洗漉出瀘乾，以五味、醬、醋食之。○目暗黃，曾不見物者，以青羊肝切，淡醋食之，煮亦佳。○《救急》治天行後嘔逆不下食，食又即出。　取羊肝如食法作生淡食，不過二三度即止。　羊肺：　治肺虛欬痰及小便頻數。　補註：　下焦虛冷，小便數兼無力，羊肺一具，細切，內少羊肉作羹食之，煮粥亦得。　羊脛骨：　固牙齒踈豁易動，青鹽略加。即固牙散。　羊脊骨：　匡腰脊轉側不能，蒜虀微入。　補註：　治脾胃氣冷，食入口即吐出，羊肉半斤，去脂膜，切作生以蒜虀、五辣、醬、醋，空腹食之。　羊齒：　燒灰逐小兒羊癇寒熱。　羊皮：　作臛踈大人脚膝虛風。

羊膽：　解蠱毒殊功，開青盲明目。　補註：　療面皯黷如雀卵色，以羖羊膽一枚，酒二升，合煮三沸，以拭之，日三度差。○治小兒疳，羊膽二個，和漿水灌下部，猪膽亦得。○治眼暗熱病後失明，以羊膽傅之，旦暮時各一傅之。

羊䐗：　斂虛汗速效，補虛怯健脾。　補註：　療尿床方：　羊䐗盛水令滿，繫兩頭熟煮，開取水頓服之即差。　羊血：　取生飲下喉，砒毒、硫黃毒並解。　補註：　治產後餘血攻心，或下血不止，心悶面青，身冷氣欲絶。新羊血二盞飲之，三兩服妙。○治卒驚悸，九竅血皆溢出，新屠羊血，熱飲二升差。○治硫黃忽發氣悶，用羊血服一合效。　羊毛：　用醋炒裹脚踝痛、轉筋痛齊除。　羊骨髓：　煮酒嘗滋陰虛，血脉可利。　羊腦髓：　和酒服迷心竅，中風便來。　羊乳臣：　味甘，氣溫，無毒。　主治：　潤心肺而解消渴，療口瘡而利大腸。　卒心疼驚癇即除，內寒冷虛乏補當。　補註：　主小兒噦，羊乳一升煎減半，分五服，牛乳亦得。○乾嘔，取羊乳一盃，空心飲之。○小兒舌腫，羊乳汁飲之差。○蜒蚰入耳，以羊乳灌耳中即成水。○小兒口中爛瘡，取羖羊生乳含五六日差。　造酪酥：　益五臟，利腸胃，療口舌，袪瘡瘍。　羊屎：　曝乾燒煙，亦可兩用。　熏瘡却痔瘻諸瘡熱毒，熏鼻去中惡心腹刺疼。　補註：　療無故嘔逆酸水不止，或吐三五口。　食後如此方：　羊屎十粒，好酒兩合，煎取一合，頓服即愈。　如未定，更服，看大小加減服之，六七歲即五顆。○治髮不生，以羊屎灰淋取汁洗之，三日一洗，不過十度即生。○治小兒口中涎出，〔取白羊屎內口中〕。　崔氏療傷寒手足疼欲脱，取羊屎煮汁以灌，取白羊屎內口中，以差止。　亦療時疾及陰囊並莖熱腫，亦可煮黃蘗等洗之，並除傷寒之疾。○治木刺入肉中不出，痛，取乾羊屎燒灰，和猪脂調塗，不覺自出。

明·皇甫嵩《本草發明》卷六

羖羊角　中品。味鹹、苦，溫、微寒，無毒。青羝羊者佳。

入肝經，主兩目內青盲，止血調榮，安神益衛，卻驚悸，小兒發熱癇邪，療婦人產後餘痛及百節中結氣，風頭痛，與蠱毒吐血。燒之，殺鬼魅，辟虎狼瘴溪毒，殺疥蟲。○肉，甘，大熱。主緩中，字乳餘疾及頭腦大風汗出，虛勞寒冷，補中益氣，安心止驚。註云：　羊肉溫，主風眩，形瘦勞傷，藏氣虛寒，開胃肥健。東垣云：　羊肉有形之物，能補有形肌肉之氣。羊肉補形，人參補氣，故云與人參同功。孕婦與骨蒸，併水腫及瘧疾方愈者，食之發病。○蹄肉，補水甚捷，水腫者勿啖。○頭肉，平，涼。治癆熱骨蒸，風痃。大略與肉相同。疫病發寒熱者，勿食。○筋膜中珠子，勿食，令人癲癇。○心，補心，主憂恚

隔氣痛。心有孔者，殺人，勿食。〇肺，治肺虛欬嗽及渴，小便頻數。羊肺一具，切細，內少羊肉作羹，主下焦虛冷，膝脚軟，又益陽事。〇腎，補腎氣，益精枯陽敗，脚膝無力。羊腎合脂為羹，癆痢甚效。蒜虀食之一升，療癥瘕。〇《經驗方》治癆傷，陽氣衰弱，腰弱(痰)〔攤〕軟，用羊腎一對，去脂，切細，肉蓯蓉一兩，浸一宿，去皺皮及內白膜，細切，相和作羹，葱白、鹽、五味，如常法治之，空腹食妙。〇羊骨，熱。主虛勞羸瘦。〇脛骨，固齒，燒灰，入青鹽。〇脊骨，主腰脊不能轉側，搥碎爛煮，少入蒜虀，空腹食之，飲酒少許妙。〇腦髓，發風，和酒服，迷人心竅，成中風。此《食療》云。〇骨髓，主男女傷中，滋陰虛，利血脉，益經氣，以酒服之。〇肚，斂虛汗，補虛怯，健脾，止小便數。〇血，主女人中風血虛悶，産後血暈悶欲絶者，生飲一升即活。〇乳汁，潤心肺，解消渴，補寒冷虛乏，又療小兒驚癇疾。〇酪酥，益五藏，利腸胃，療口舌瘡。酪酥皆牛、羊乳所為，牛酥佳。又云：若羊酥真者勝牛酥。〇羊皮，作臛，踈大人脚膝虛風。〇齒燒灰，逐小兒羊癇寒熱。〇毛，用醋煮，裹脚痛，轉筋能除。〇屎，晒燔之，主小兒洩痢腸鳴，驚癇。燒煙，熏瘡痔瘻熱毒。熏鼻，去中惡，心腹刺痛。

羊肝，青羝羊者佳。療肝風虛熱，眼淚凝眵，主明目。羊肝不可合猪肉及梅子、小豆，食之傷人心，大病人。《本經》不言青羊肝主治，但小註言之，或有所遺也。〇青羊膽，主青盲，明目，點眼中赤障白膜風淚。又主解蠱毒，療時行熱煙瘡疳濕，和醋服之良。更用和時行熱疫藥。

按：羊肉補形在表，人參補氣在中，補名雖一，而用實殊，補虛當分用之，不可泥于一等，而曰與人參同功也。古方羊肉多入湯劑，胡治羊肉湯療寒勞不足；有大羊肉湯，療婦人産後大虛，心腹絞痛，厥逆氣少；仲景治寒疝，用生薑羊湯，無不驗；張文仲主久病不生肌肉，水氣在腹下，不能飲食，四肢煩熱者，羊胃湯方，並見《證類本草》。羊肉為補，大略見矣。

明·李時珍《本草綱目》卷五〇獸部·畜類

羊《本經》中品。校正：《別録》另出羊乳，今併爲一。

【釋名】羖亦作⿰羊古。羝音低。羯時珍曰：《説文》云：羊字象頭角足尾之形。孔子曰：牛羊之字，以形似也。董子云：羊，祥也。故吉禮用之。牡羊曰羖，曰羝；牝羊曰羜，曰牂音臧。白曰羒，黑曰羭。多毛曰羖䍽，胡羊曰羪羺，無角曰⿰羊童，曰羫。去勢曰羯。羊子曰羔，羔五月曰羜音寧，六月曰⿱敄羊音務，七月曰羍音達，未卒歲曰⿰羊兆音兆。《内則》謂之柔毛，又曰少牢。《古今注》謂之長髯主簿云。

【集解】《別録》曰：羖羊生河西。弘景曰：羊有三四種。入藥以青色羖羊爲勝，次則烏羊。其羪羺羊及虜中無角羊，止可啖食，爲藥不及都下者，然其乳、髓則肥好也。頌曰：羊之種類甚多，而羖羊亦有褐色、黑色、白色者，毛長尺餘，亦謂之羖䍽羊，北人引大羊以此爲羊首，又謂之羊頭。詵曰：河西羊最佳，河東羊亦好。若驅至南方，則筋力自勞損，安能補益人？今南方羊多食野草、毒草，故江浙羊少味而發疾。南人食之，即不憂也。惟淮南州郡或有佳者，可亞北羊。北羊至南方一二年，亦不中食，何況於南羊，蓋土地使然也。宗奭曰：羖䍽羊出陝西、河東，尤狠健，毛最長而厚，入藥最佳。如供食，則不如北地無角白大羊也。又同、華之間有小羊，供饌在諸羊之上。時珍曰：生江南者爲吴羊，頭身相等而毛短。生秦晉者爲夏羊，頭小身大而毛長。土人二歲而剪其毛，以爲氈物，謂之綿羊。廣南英州一種乳羊，食仙茅，極肥，無復血肉之分，食之甚補人。諸羊皆孕四月而生。其目無神，其腸薄而縈曲。在畜屬火，故易繁而性熱也。在卦屬兑，故外柔而内剛也。其性惡濕喜燥，食鈎吻而肥，食仙茅而肪，食仙靈脾而淫，食躑躅而死。物理之宜忌，不可測也。契丹以其骨占灼，謂之羊卜，亦有一靈耶？其皮極薄，南番以書字，吴人以畫彩爲燈。

羊肉【氣味】苦、甘，大熱，無毒。詵曰：温。頌曰：《本經》云甘，《素問》云苦。蓋《經》以味言，《素問》以理言。羊性熱屬火，故配於苦。羊之齒、骨、五臟皆温平，惟肉性大熱也。時珍曰：熱病及天行病、瘧疾病後食之，必發熱致危。妊婦食之，令子多熱。白羊黑頭、黑羊白頭、獨角者，並有毒，食之生癰。《禮》曰：羊毴毛而毳者膻。又云：煮羊以杏仁或瓦片則易糜，以胡桃則不臊，以竹鼺則助味。中羊毒者，飲甘草湯則解。銅器煮之，男子損陽，女子絶陰。物性之異如此，不可不知。汪機曰：反半夏、菖蒲。同蕎麪、豆醬食，發痼疾。同醋食，傷人心。

【主治】暖中，字乳餘疾，及頭腦大風汗出，虛勞寒冷，補中益氣，安心止驚《別録》。止痛，利産婦思邈。治風眩瘦病，丈夫五勞七傷，小兒驚癇孟詵。開胃健力日華。

【發明】頌曰：肉多入湯劑。胡治方有大羊肉湯，治婦人産後大虛，心腹絞痛厥逆，醫家通用大方也。宗奭曰：仲景治寒疝，羊肉湯，服之無不驗者，一婦冬月生産，寒入子户，腹下痛不可按，此寒疝也。醫欲投抵當湯。予曰：非其治也。以仲景羊肉湯減水，二服即愈。李杲曰：羊肉有形之物，能補有形肌肉之氣。故曰補可去弱，人參、羊肉之屬。人參補氣，羊肉補形。凡味同羊肉者，皆補血虛，蓋陽生則陰長也。時珍曰：按《開河記》云：隋大總管麻叔謀病風逆，起坐不得。煬帝命太醫令巢元方視之。曰：風入腠理，病在胸臆。須用嫩肥羊蒸熟，摻藥食之，則瘥。如其言，未盡劑而痊。自後每殺羊羔，同杏酪、五味日食數枚。觀此則羊肉補虛之功，益可證矣。

【附方】舊八，新十六。

羊肉湯：張仲景治寒勞虛羸，及産後心腹疝痛。用肥羊肉一斤，水一斗，煮汁八升，入當歸五兩，黄耆八兩，生薑六兩，煮取二升，分四服。胡治方無黄耆，《千金方》有芍藥。《金匱要略》。

産後厥痛：胡治大羊肉湯：治婦人産後大

虛，心腹絞痛，厥逆。用羊肉一斤，當歸、芍藥、甘草各七錢半，用水一斗煮肉，取七升，入諸藥，煮二升服。　産後虛羸：腹痛，冷氣不調，及腦中風汗自出。白羊肉一斤，切治如常，調和食之。《心鏡》。　産後帶下：産後中風，絶孕，帶下赤白。用羊肉二斤，香豉、大蒜〔各〕三兩，水一斗，煮五升，納酥一升，更煮三升服。《千金方》。　崩中垂死：肥羊肉三斤，水二斗，煮一斗三升，入生地黄汁一升，乾薑、當歸三兩，煮三升，分四服。《千金》。

補益虛寒：用精羊肉一斤，碎白石英三兩，以肉包之，外用荷葉裹定，於一石米下蒸熟，取出去石英，和葱、薑作小餛飩子。每日空腹，以冷漿水吞一百枚，甚補益。《千金翼》。

壯陽益腎：用白羊肉半斤切生，以蒜、薤食之。三日一度，甚妙。《心鏡》。　五勞七傷：虛冷。用肥羊肉一腿，密蓋煮爛，絞取汁服，並食肉。　骨蒸久冷：羊肉一斤，山藥一斤，各爛煮研如泥，下米煮粥食之。《飲膳正要》。　骨蒸傳尸：用羊肉一拳大，煮熟，皂莢一尺炙，以無灰酒一升，銅鐺内煮三五沸，去滓，入黑餳一兩。令病人先啜肉汁，乃服一合，當吐蟲如馬尾爲效。《外臺》。　虛寒瘧疾：羊肉作臛餅，飽食之，更飲酒暖卧取汗。燕國公常見有驗。《集驗方》。　脾虛吐食：羊肉半斤作生，以蒜、薤、醬、豉、五味和拌，空腹食之。《心鏡》。　虛冷反胃：羊肉去脂作生，以蒜薤空腹食之，立效。《外臺》。　壯胃健脾：羊肉三斤切，粱米二升同煮，下五味作粥食。《飲膳正要》。　老人膈痞：不下飲食。用羊肉四兩切，白麵六兩，橘皮末一分，薑汁搜如常法，入五味作臛食，每日一次，大效。《多能鄙事》。　胃寒下痢：羊肉一片，莨菪子末一兩和，以綿裹納下部，二度瘥。《外臺》方。　身面浮腫：商陸一升，水二斗，煮取一斗，去滓；羊肉一斤，切，入内煮熟，下葱、豉、五味調和如臛法，食之。《肘後方》。　腰痛脚氣：木瓜湯：治腰膝痛，脚氣。羊肉一脚，草果五枚，粳米二升，回回豆即胡豆半升，木瓜二斤，取汁，入砂糖四兩，鹽少許，煮肉食之。《正要》。　消渴利水：羊肉一脚，瓠子六枚，薑汁半合，白麵二兩，同鹽、葱炒食。《正要》。　損傷青腫：用新羊肉貼之。《千金方》。　婦人無乳：用羊肉六兩，麞肉八兩，鼠肉五兩，作臛啖之。《崔氏》。　傷目青腫：羊肉煮熟熨之。《聖惠方》。　小兒嗜土：買市中羊肉一斤，令人以繩繫，於地上拽至家，洗净，炒炙食。或煮汁亦可。姚和衆。　頭上白禿：羊肉如作脯法，炙香，熱搨上，不過數次瘥。《肘後方》。

頭蹄白羊者良。

〔氣味〕甘，平，無毒。大明曰：凉。震亨曰：羊頭、蹄肉，性極補水。水腫人食之，百不一愈。

〔主治〕風眩瘦疾，小兒驚癇蘇恭。　腦熱頭眩日華。　安心止驚，緩中止汗補胃，治丈夫五勞骨熱，熱病後宜食之，冷病人勿多食孟詵。○《心鏡》云：已上諸證，並宜白羊頭，或蒸或煮，或作膾食。　療腎虛精竭。

〔附方〕新三。　老人風眩：用白羊頭一具，如常治食之。　五勞七傷：白羊頭、蹄一具净治，更以稻草燒煙，熏令黄色，水煮半熟，納胡椒、畢撥、乾薑各一兩，葱、豉各一升，再煮去藥食。日一具，七日即愈。《千金》。　虛寒腰痛：用羊頭、蹄一具，草果四枚，桂一兩，薑半斤，哈昔泥一豆許，胡椒煮食。《正要》。

皮

〔主治〕一切風，及脚中虛風，補虛勞，去毛作羹、臛食孟詵。　濕皮卧之，散打傷青腫；　乾皮燒服，治蠱毒下血時珍。

脂青羊者良。

〔氣味〕甘，熱，無毒。《丹房鑑源》云：柔銀軟銅。

〔主治〕生脂：止下痢脱肛，去風毒，〔婦人〕産後腹中絞痛思邈。　治鬼疰蘇頌。○《胡洽方》有青羊脂丸。　去游風及黑䵟日華。　熟脂：主賊風痿痹飛尸，辟瘟氣，止勞痢，潤肌膚，殺蟲治瘡癬。入膏藥，透肌肉經絡，徹風熱毒氣時珍。

〔附方〕新十三。　下痢腹痛：羊脂、阿膠、蠟各二兩，黍米二升，煮粥食之。《千金》。　妊娠下痢：羊脂如棊子大十枚，温酒一升服，日三。《千金》。　虛勞口乾：《千金》用羊脂一鷄子大，淳酒半升，棗七枚，漬七日食，立愈。○《外臺》用羊脂鷄子大，納半斤酢中一宿，絞汁含之。　卒汗不止：牛、羊脂，温酒頻化，服之。《外臺》。　脾横爪赤：煎羊脂摩之。《外臺》。　産後虛羸：令人肥白健壯。羊脂二斤，生地黄汁一斗，薑汁五升，白蜜三升，煎如飴。温酒服一杯，日三。《小品》。　婦人陰脱：煎羊脂頻塗之。《廣利方》。　發背初起：羊脂、猪脂切片，冷水浸貼，熱則易之。數日瘥。《外臺》。　牙齒疳䘌：黑羖羊脂、莨菪子等分，入杯中燒煙，張口熏之。《千金方》。　小兒口瘡：羊脂煎薏苡根塗之。《活幼心書》。　豌豆如疥：赤黑色者。煎青羊脂摩之。《千金方》。　赤丹如疥：不治殺人。煎青羊脂摩之，數次愈。《集驗》。　誤吞釘鍼：多食猪羊脂，久則自出。《肘後》。

血白羊者良。

〔氣味〕鹹，平，無毒。時珍曰：按夏子益《奇疾方》云：凡猪、羊血久食，則鼻中毛出，晝夜長五寸，漸如繩，痛不可忍，摘去復生。惟用乳石、硇砂等分爲丸，臨卧服十丸，自落也。

〔主治〕女人血虛中風，及産後血悶欲絶者，熱飲一升即活蘇恭。　熱飲一升，治産後血攻，下胎衣，治卒驚九竅出血，解莽草毒、胡蔓草毒，又解一切丹石毒發時珍。○出《延壽》諸方。

〔發明〕時珍曰：《外臺》云：凡服丹石人，忌食羊血十年，一食前功盡亡。此物能制丹砂、水銀、輕粉、生銀、硇砂、砒霜、硫黄乳、石鍾乳、空青、曾青、雲母石、陽起石、孔公孽等毒。凡覺毒發，刺飲一升即解。又服地黄、何首烏諸補藥者，亦忌之。《嶺表録異》言其能解胡蔓草毒。羊血解毒之功用如此，而《本草》並不言及，誠缺文也。

〔附方〕舊二，新五。　衄血一月：不止。刺羊血熱飲即瘥。《聖惠》。　產後血攻：或下血不止，心悶面青，身冷欲絶者。新羊血一盞飲之。三兩服妙。《梅師》。　大便下血：羊血煮熟，拌醋食，最效。吴球《便民食療》。　硫黄毒發：氣悶。用羊血熱服一合效。《聖惠方》。　食葅吞蛭：蛭啖臟血，腸痛黄瘦。飲熱羊血一二升，次早化猪脂一升飲之。蛭即下也。《肘後方》。　誤吞蜈蚣：刺猪、羊血灌之，即吐出。昔有店婦吹火筒中有蜈蚣入腹，店婦仆地，號叫可畏。道人劉復真用此法而愈。《三元延壽書》。

妊娠胎死：不出，及胞衣不下，産後諸疾狼狽者。刺羊血熱飲一小盞，極效。《聖惠方》。

乳白羜者佳。　〔氣味〕甘，温，無毒。　〔主治〕補寒冷虚乏《别録》。潤心肺，治消渴甄權。療虚勞，益精氣，補肺、腎氣，和小腸氣。合脂作羹，補腎虚，及男女中風張鼎。利大腸，治小兒驚癇。含之，治口瘡日華。主心卒痛，可温服之。又蚰蜒入耳，灌之即化成水孟詵。治大人乾嘔及反胃，小兒噦啘及舌腫，並時時温飲之時珍。解蜘蛛咬毒。頌曰：劉禹錫《傳信方》云：貞元十年，崔員外言，有人爲蜘蛛咬，腹大如妊，徧身生絲，其家棄之，乞食。有僧教啖羊乳，未幾疾平也。

〔發明〕弘景曰：牛羊乳實爲補潤，故北人食之多肥健。恭曰：北人肥健，由不啖鹹腥，方土使然，何關飲乳？陶以未達，故屢有此言。時珍曰：方土飲食，兩相資之。陶説固偏，蘇説亦過。丹溪言反胃人宜時時飲之，取其開胃脘、大腸之燥也。

〔附方〕舊一，新二。　小兒口瘡：羊乳細濾入含之，數次愈。《小品方》。　漆瘡作痒：羊乳敷之。《千金翼》。　面黑令白：白羊乳三斤，羊胰三副，和搗。每夜洗净塗之，旦洗去。《總録》。

腦　〔氣味〕有毒。詵曰：發風病。和酒服，迷人心，成風疾。男子食之，損精氣，少子。白羊黑頭，食其腦，作腸癰。　〔主治〕入面脂手膏，潤皮膚，去皯䵴，塗損傷、丹瘤、肉刺時珍。

〔附方〕新二。　發丹如瘤：生綿羊腦，同朴硝研，塗之。《瑞竹堂方》。　足指肉刺：刺破，以新酒酢和羊腦塗之，一合愈。《古今録驗》。

髓　〔氣味〕甘，温，無毒。　〔主治〕男子女人傷中、陰陽氣不足，利血脈，益經氣，以酒服之《别録》。却風熱，止毒。久服不損人孫思邈。和酒服，補血。主女人血虚風悶孟詵。潤肺氣，澤皮毛，滅瘢痕時珍。○《删繁》治肺虚毛悴，酥髓湯中用之。

〔附方〕新五。　肺痿骨蒸：煉羊脂、煉羊髓各五兩煎沸，下煉蜜及生地黄汁各五合，生薑汁一合，不住手攪，微火熬成膏，每日空心温酒調服一匙，或入粥食。《飲膳正要》。　目中赤翳：白羊髓敷之。《千金》。　舌上生瘡：羊脛骨中髓，和胡粉塗之，妙。《聖惠》。　白秃頭瘡：生羊骨髓，調輕粉搽之。先以泔水洗净。一日二次，數日愈。《經驗方》。　痘痂不落：痘瘡痂疕不落。滅瘢方：用羊髑骨髓煉一兩，輕粉一錢，和成膏，塗之。《陳文(仲)〔中〕方》。

心下並也用白羝羊者良。　〔氣味〕甘，温，無毒。日華曰：有孔者殺人。　〔主治〕止憂恚膈氣《别録》。補心藏器。

〔附方〕新一。　心氣鬱結：羊心一枚，咱夫蘭即回回紅花，浸水一盞，入鹽少許，徐徐塗心上，炙熟食之，令人心安多喜。《正要》。

肺　〔氣味〕同心。詵曰：自三月至五月，其中有蟲，狀如馬尾，長二三寸。須去之，不去令人痢下。　〔主治〕補肺，止咳嗽《别録》。傷中，補不足，去風邪思邈。治渴，止小便數，同小豆葉煮食之蘇恭。通肺氣，利小便，行水解蠱時珍。

〔附方〕舊一，新六。　久嗽肺痿：作燥。羊肺湯：用羊肺一具洗净，以杏仁、柿霜、真豆粉、真酥各一兩，白蜜二兩，和匀，灌肺中，白水煮食之。葛可久方。　咳嗽上氣：積年垂死。用莨菪子炒、熟羊肺切曝等分爲末，以七月七日醋拌。每夜服二方寸匕，粥飲下。隔日一服。《千金》。　水腫尿短：青羖羊肺一具，微煠切曝爲末，莨菪子一升，以三年醋漬，搗爛，蜜丸梧子大。食後麥門冬飲服四丸，日三。小便大利，佳。《千金》。　小便頻數：下焦虚冷也。羊肺一具切作羹，入少羊肉，和鹽、豉食。不過三具。《集驗方》。　渴利不止：羊肺一具，入少肉和鹽、豉作羹食。不過三具愈。《普濟方》。　解中蠱毒：生羊肺一具割開，入雄黄、麝香等分，吞之。《濟生方》。　鼻中瘜肉：羊肺湯：用乾羊肺一具，白术一兩，肉蓯蓉、通草、乾薑、芎藭各二兩，爲末。食後米飲服五兩。《千金方》。

腎　〔氣味〕同心。　〔主治〕補腎氣虚弱，益精髓《别録》。補腎虚耳聾陰弱，壯陽益胃，止小便，治虚損盜汗日華。合脂作羹，療勞痢甚效。蒜、薤食之一升，療癥瘕蘇恭。治腎虚消渴時珍。

〔發明〕時珍曰：《千金》、《外臺》、深師諸方，治腎虚勞損，消渴脚氣，有腎瀝湯方甚多，皆用羊腎煮湯煎藥。蓋用爲引嚮，各從其類也。

〔附方〕舊三，新六。　下焦虚冷：脚膝無力，陽事不行。用羊腎一枚煮熟，和米粉(六)〔半大〕兩，煉成乳粉，空腹食之，妙。《心鏡》。　腎虚精竭：羊腎一雙切，於豉汁中，以五味、米糅作羹、粥食。《心鏡》。　五勞七傷：陽虚無力。《經驗》用羊腎一對，去脂切，肉蓯蓉一兩，酒浸一夕去皮，和作羹，下葱、鹽、五味食。○《正要》治陽氣衰敗，腰脚疼

痛，五勞七傷。用羊腎三對，羊肉半斤，葱白一莖，枸杞葉一斤，同五味煮成汁，下米作粥食之。　**虛損勞傷：**羊腎一枚，术一升，水一斗，煮九升服，日三。《肘後方》。　**腎虛腰痛：**《千金》用羊腎去膜，陰乾爲末。酒服二方寸匕，日三。○《正要》治卒腰痛。羊腎一對，咱夫蘭一錢，水一盞浸汁，入鹽少許，塗抹腎上，徐徐炙熟，空腹食之。　**老人腎硬：**治老人腎臟虛寒，内腎結硬，雖服補藥不入。用羊腎子一對，杜仲長二寸闊一寸一片，同煮熟，空心食之。令人内腎柔軟，然後服補藥。《鷄峰備急方》。　**脇破腸出：**以香油抹手送入，煎人參、枸杞子汁温淋之。吃羊腎粥十日，即愈。危氏。

羊石子即羊外腎也。　〔主治〕腎虛精滑時珍。○《本事》金鎖丹用之。

肝青羖羊者良。　〔氣味〕苦，寒，無毒。頌曰：温。弘景曰：合猪肉及梅子、小豆食，傷人心。思邈曰：合生椒食，傷人五臟，最損小兒。合苦筍食，病青盲。妊婦食之，令子多厄。　〔主治〕補肝，治肝風虛熱，目赤暗痛，熱病後失明，並用子肝七枚，作生食，神效。亦切片水浸貼之蘇恭。　解蠱毒吴瑞。

〔發明〕時珍曰：按倪維德《原機啓微集》云：羊肝，補肝與肝合，引入肝經。故專治肝經受邪之病。今羊肝丸治目有效，可徵。汪機曰：按《三元延壽書》云：凡治目疾，以青羊肝爲佳。有人年八十餘，瞳子瞭然，夜讀細字。云别無服藥，但自小不食畜獸肝耳。或以《本草》羊肝明目而疑之。蓋羊肝明目性也。他肝則否。凡畜獸臨殺之時，忿氣聚於肝。肝之血不利於目，宜矣。

〔附方〕舊四，新十一。　**目赤熱痛：**看物如隔紗，宜補肝益睛。用青羊肝一具切洗，和五味食之。《心鏡》。　**肝虛目赤：**青羊肝，薄切水浸，吞之極效。《龍木論》。　**病後失明：**方同上。　**小兒赤眼：**羊肝切薄片，井水浸貼。《普濟》。　**翳膜羞明：**有淚，肝經有熱也。用青羊子肝一具，竹刀切，和黄連四兩，爲丸梧子大。食遠茶清下七十丸，日三服。忌鐵器、猪肉、冷水。《醫鏡》。　**目病䀮䀮：**以銅器煮青羊肝，用麪餅覆器上，鑽兩孔如人眼大，以目向上熏之。不過三度。《千金方》。　**目病失明：**青羖羊肝一斤，去膜切片，入新瓦内炕乾，同决明子半升，蓼子一合，炒爲末。以白蜜漿服方寸匕，日三。不過三劑，目明。至一年，能夜見文字。《食療》。　**不能遠視：**羊肝一具，去膜細切，以葱子一勺，炒爲末，以水煮熟，去滓，入米煮粥食。《多能鄙事》。　**青盲内障：**白羊子肝一具，黄連一兩，熟地黄二兩，同搗，丸梧子大。食遠茶服七十丸，日三服。崔承元病内障喪明，有人惠此方報德，服之遂明。《傳信方》。　**牙疳腫痛：**羯羊肝一具煮熟，蘸赤石脂末，任意食之。《醫林集要》。　**虛損勞瘦：**用新猪脂煎取一升，入葱白一握煎黄，平旦服。至三日，以枸杞一斤，水三斗煮汁，入羊肝一具，羊脊膂肉一條，麴末半斤，着葱、豉作羹食。《千金方》。　**病後嘔逆：**天行病後嘔逆，食即反出。用青羊肝作生淡食，不過三度，食不出矣。《外臺》。　**休息痢疾：**五十日以上，一二年不瘥，變成疳，下如泔淀者。用生羊肝一具切絲，入三年醋中吞之。心悶則止，不悶更服。一日勿食物。或以薑薤同食亦可。不過二三具。《外臺》。　**小兒癇疾：**青羊肝一具，薄切水洗，和五味、醬食之。　**婦人陰䘌：**作痒。羊肝納入引蟲。《集簡方》。

膽青羯羊者良。　〔氣味〕苦，寒，無毒。　〔主治〕青盲，明目《别録》。　點赤障、白翳、風淚眼，解蠱毒甄權。　療疳濕時行熱熛瘡，和醋服之，良蘇恭。　治諸瘡，能生人身血脈思邈。　同蜜蒸九次，點赤風眼，有效朱震亨。

〔發明〕時珍曰：肝開竅於目，膽汁減則目暗。目者，肝之外候，膽之精華也。故諸膽皆治目病。《夷堅志》載：二百味草花膏治爛弦風赤眼，流淚不可近光，及一切暴赤目疾。用羯羊膽一枚，入蜂蜜於内蒸之，候乾研爲膏。每含少許，並點之。一日淚止，二日腫消，三日痛定。蓋羊食百草，蜂採百花，故有二百花艸之名。又張三丰真人碧雲膏：臘月取羯羊膽十餘枚，以蜜裝滿，紙套籠住，懸檐下，待霜出掃下，點之神效也。

〔附方〕舊三，新四。　**病後失明：**羊膽點之，日二次。《肘後》。　**大便秘塞：**羊膽汁灌入即通。《千金》。　**目爲物傷：**羊膽二枚，鷄膽三枚，鯉魚膽二枚，和勻，日日點之。《聖惠方》。　**面黑皯皰：**羖羊膽、牛膽各一個，淳酒三升，煮三沸，夜夜塗之。《肘後》。　**産婦面䵟：**産婦面如雀卵色。以羊膽、猪胰、細辛等分，煎三沸。夜塗，旦以漿水洗之。《録驗》。　**代指作痛：**崔氏云：代指乃五臟熱注而然。刺熱湯中七度，刺冷水中三度，即以羊膽塗之，立愈甚效。《外臺方》。　**小兒疳瘡：**羊膽二枚，和醬汁灌下部。《外臺》。

胃一名羊膍胵。　〔氣味〕甘，温，無毒。思邈曰：羊肚和飯飲久食，令人多唾清水，成反胃，作噎病。　〔主治〕胃反，止虛汗，治虛羸，小便數，作羹食，三五瘥孟詵。

〔附方〕舊一，新六。　**久病虛羸：**不生肌肉，水氣在脇下，不能飲食，四肢煩熱者。用羊胃一枚，白术一升，切，水二斗，煮九升，分九服，日三。不過三劑瘥。《張文仲方》。　**補中益氣：**羊肚一枚，羊腎四枚，地黄三兩，乾薑、昆布、地骨皮各二兩，白术、桂心、人參、厚朴、海藻各一兩五錢，甘草、秦椒各六錢，爲末，同腎入肚中，縫合蒸熟，搗爛曬爲末。酒服方寸匕。《千金》。　**中風虛弱：**羊肚一具，粳米二合，和椒、薑、豉、葱作羹食之。《正要》。　**胃虛消渴：**羊肚爛煮，空腹食之。《古今録驗》。　**下虛尿牀：**羊肚盛水〔令滿，綫縛兩頭〕，煮熟，空腹食，四五頓瘥。《千金》。　**項下瘰癧：**用羊膍胵燒灰，香油調敷。　**蛇傷手腫：**新剥羊肚一個，帶糞，割一口，將手入浸，即時痛止腫消。《集要》。

脬　〖主治〗下虚遺溺。以水盛入，炙熟，空腹食之，四五次愈孫思邈。

胰白羊者良。　〖主治〗潤肺燥，諸瘡瘍。入面脂，去皯䵟，澤肌膚，滅瘢痕時珍。

〖附方〗新三。　遠年咳嗽：羊胰三具，大棗百枚，酒五升，漬七日，飲之。《肘後方》。　婦人帶下：羊胰一具，以酢洗净，空心食之，不過三次。忌魚肉滑物，犯之即死。《外臺》。　痘瘡瘢痕：羊胰二具，羊乳一升，甘草末二兩，和匀塗之。明旦，以猪蹄湯洗去。《千金》。

舌　〖主治〗補中益氣。《正要》用羊舌二枚、羊皮二具、羊腎四枚、蘑菰、糟薑，作羹肉汁食之。

靨即會咽也。　〖氣味〗甘，淡，温，無毒。　〖主治〗氣癭時珍。

〖發明〗時珍曰：按古方治癭多用猪、羊靨，亦述類之義，故王荆公癭詩有内療煩羊靨之句。然癭有五：氣、血、肉、筋、石也。夫靨屬肺，肺司氣。故氣癭之證，服之或效。他癭恐亦少力。

〖附方〗舊一，新二。　項下氣癭：《外臺》用羊靨一具，去脂酒浸，炙熟含之嚥汁。日一具，七日瘥。○《千金》用羊靨七枚陰乾，海藻、乾薑各二兩，桂心、昆布、逆流水邊柳鬚各一兩，爲末，蜜丸芡子大。每含一丸，嚥津。《雜病治例》用羊靨、猪靨各二枚，昆布、海藻、海帶各二錢洗焙，牛蒡子炒四錢，右爲末，搗二靨和丸彈子大。每服一丸，含化嚥汁。

睛　〖主治〗目赤及翳膜。曝乾爲末，點之。時珍。出《千金》。熟羊眼中白珠二枚，於細石上和棗核磨汁，點目翳羞明，頻用三四日瘥。孟詵。

〖發明〗時珍曰：羊眼無瞳，其睛不應治目，豈以其神藏於内耶？

筋　〖主治〗塵物入目，熟嚼納眦中，仰卧即出《千金翼》。

羖羊角青色者良。　〖氣味〗鹹，温，無毒。《别録》曰：苦，微寒。取之無時。勿使中濕，濕即有毒。甄權曰：大寒。○菟絲爲之使。《鑑源》云：羖羊角灰縮賀。賀，錫也。出賀州。　〖主治〗青盲，明目，止驚悸寒泄。久服，安心益氣輕身。殺疥蟲。入山燒之，辟惡鬼虎狼《本經》。療百節中結氣，風頭痛，及蠱毒吐血，婦人産後餘痛《别録》。燒之，辟蛇。灰治漏下，退熱，主山瘴溪毒日華。

〖附方〗舊三，新七。　風疾恍惚：心煩腹痛，或時悶絶復甦。以青羖羊角屑，微炒爲末，無時温酒服一錢。《聖惠》。　氣逆煩滿：水羊角燒研，水服方寸匕。《普濟方》。　吐血喘咳：青羖羊角炙焦二枚，桂末二兩，爲末。每服一匕，糯米飲下，日三服。同上。　産後寒熱：心悶極脹百病。羖羊角燒末，酒服方寸匕。《子母秘録》。　水泄多時：羖羊角一枚，白礬末填滿，燒存性爲末。每新汲水服二錢。《聖惠方》。　小兒癇疾：羖羊角燒存性，以酒服少許。《普濟》。　赤禿髮落：羖羊角、牛角燒灰等分，猪脂調敷。《普濟》。　赤瘢瘭子：身面卒得赤瘢，或瘭子腫起，不治殺人。羖羊角燒灰，鷄子清和塗，甚妙。《肘後》。　打撲傷痛：羊角灰，以沙糖水拌，瓦焙焦爲末。每熱酒下二錢，仍揉痛處。《簡便》。　脚氣疼痛：羊角一副，燒過爲末，熱酒調塗，以帛裹之，取汗，永不發也。

齒三月三日取之。　〖氣味〗温。　〖主治〗小兒羊癇寒熱《别録》。

頭骨已下並用羖羊者良。　〖氣味〗甘，平，無毒。時珍曰：按張景陽《七命》云：耶溪之鋌，赤山之精。銷以羊骨，鏷以鍛成。注云：羊頭骨能銷鐵也。　〖主治〗風眩瘦疾，小兒驚癇蘇恭。

脊骨　〖氣味〗甘，熱，無毒。　〖主治〗虚勞寒中羸瘦《别録》。補腎虚，通督脈，治腰痛下痢時珍。

〖附方〗舊一，新八。　老人胃弱：羊脊骨一具搥碎，水五升，煎取汁二升，入青粱米四合，煮粥常食。《食治方》。　老人虚弱：白羊脊骨一具剉碎，水煮取汁，枸杞根剉一斗，水五斗，煮汁一斗五升，合汁同骨煮至五升，去骨，瓷盒盛之。每以一合，和温酒一盞調服。《多能鄙事》。　腎虚腰痛：《心鏡》用羊脊骨一具，搥碎煮，和蒜薤食，飲少酒妙。○《正要》用羊脊骨一具搥碎，肉蓯蓉一兩，草果五枚，水煮汁，下葱、醬作羹食。　腎虚耳聾：羖羊脊骨一具炙研，磁石煅醋淬七次，白术、黄耆、乾薑炮、白茯苓〔各〕一兩，桂三分，爲末。每服五錢，水煎服。《普濟》。　虚勞白濁：羊骨爲末，酒服方寸匕，日三。《千金》。　小便膏淋：羊骨燒研，榆白皮煎湯，服二錢。《聖惠方》。　洞注下痢：羊骨灰，水服方寸匕。《千金方》。　痔瘡成漏：膿水不止。用羊羔兒骨，鹽泥固濟，煅過研末五錢，入麝香、雄黄末各一錢，填瘡口。三日外必合。《總微論》。

尾骨　〖主治〗益腎明目，補下焦虚冷《正要》。

〖附方〗新一。　虚損昏聾：大羊尾骨一條，水五碗，煮減半，入葱白五莖，荆芥一握，陳皮一兩，麪三兩，煮熟，取汁搜麪作索餅，同羊肉四兩煮熟，和五味食。《多能鄙事》。

脛骨音行。亦作骭，又名䏰骨，胡人名頗兒必。入藥煅存性用。　〖氣味〗甘，温，無毒。詵曰：性熱，有宿熱人勿食。○《鑑源》云：羊䏰骨伏硇。　〖主治〗虚冷勞孟詵。脾弱，腎虚不能攝精，白濁，除濕熱，健腰脚，固牙齒，去皯䵟，治誤吞銅鐵時珍。

〖發明〗杲曰：齒者骨之餘，腎之標。故牙疼用羊脛骨以補之。時珍曰：羊脛骨灰可以磨鏡，羊頭骨可以消鐵，故誤吞銅鐵者用之，取其相制也。按張景陽《七命》云：耶溪之

鋌，赤山〔之〕精。銷以羊骨，鏷以鍛成。注云：羊頭骨能銷鐵也。又《名醫録》云：漢上張成忠女七八歲，誤吞金（鑽）〔鐼〕子一隻，胸膈痛不可忍，憂惶無措。一銀匠炒末藥三錢，米飲服之，次早大便取下。叩求其方，乃羊脛灰一物耳。談野翁亦有此方，皆巧哲格物究理之妙也。

〖附方〗新十一。擦牙固齒：《食鑒》用火煅羊脛骨爲末，入飛鹽二錢，同研勻，日用。○又方：燒白羊脛骨灰一兩，升麻一兩，黄連五錢，爲末，日用。○瀕湖方：用羊脛骨燒過，香附子燒黑各一兩，青鹽煅過、生地黄燒黑各五錢，研用。濕熱牙疼：用羊脛骨灰二錢，白芷、當歸、牙皂、青鹽各一錢，爲末，擦之。東垣方。脾虚白濁：過慮傷脾，脾不能攝精，遂成此疾。以羊脛骨灰一兩，薑製厚朴末二兩，麪糊丸梧子大。米飲下百丸，日二服。一加茯苓一兩半。《濟生方》。虚勞瘦弱：用頗兒必四十枚，以水一升，熬減大半，去滓及油，待凝任食。《正要》。筋骨攣痛：用羊脛骨，酒浸服之。月水不斷：羊前左脚脛骨一條，紙裹泥封令乾，煅赤，入棕櫚灰等分。每服一錢，温酒服之。皯䵟醜陋：治人面體黧黑，皮厚狀醜。用羖羊脛骨爲末，鷄子白和敷，旦以白粱米泔洗之。三日如素，神效。《肘後》。誤吞銅錢：羊脛骨燒灰，以煮稀粥食，神效。《談野翁方》。咽喉骨鯁：羊脛骨灰，米飲服一錢。《聖惠》。

懸蹄

毛 〖主治〗轉筋，醋煮裹脚孟詵。又見氈。

鬚羖羊者良。〖主治〗小兒口瘡，蠼螋尿瘡，燒灰和油敷。時珍。出《廣濟》。

〖附方〗新二。香瓣瘡：生面上耳邊，浸淫水出，久不愈。用羖羊鬚、荆芥、乾棗肉各二錢，燒存性，入輕粉半錢。每洗拭，清油調搽。二三次必愈。《聖惠方》。口吻瘡：方同上。

溺 〖主治〗傷寒熱毒攻手足，腫痛欲斷。以一升，和鹽、豉搗，漬之李時珍。

屎青羖羊者良。〖氣味〗苦，平，無毒。時珍曰：制粉霜。〖主治〗燔之，主小兒泄痢，腸鳴驚癇《别録》。燒灰，理聤耳，并罯竹刺入肉，治箭鏃不出日華。燒灰淋汁沐頭，不過十度，即生髮長黑。和雁肪塗頭亦良藏器。頌曰：屎納鯽魚腹中，瓦缶固濟，燒灰塗髮，易生而黑，甚效。煮湯灌下部，治大人小兒腹中諸疾，疳濕，大小便不通。燒煙熏鼻，治中惡心腹刺痛，亦熏諸瘡中毒、痔瘻等。治骨蒸彌良蘇恭。

〖附方〗舊五，新十六。疳痢欲死：新羊屎一升，水一升，漬一夜，絞汁頓服，日午乃食。極重者，不過三服。《總録》。嘔逆酸水：羊屎十枚，酒二合，煎一合，頓服。未定，更服之。《兵部手集》。反胃嘔食：羊糞五錢，童子小便一大盞，煎六分，去滓，分三服。《聖惠》。心氣疼痛：不問遠近。以山羊糞七枚，油頭髮一團，燒灰酒服。永斷根。孫氏《集效方》。小兒流涎：白羊屎頻納口中。《千金》。妊娠熱病：青羊屎研爛塗臍，以安胎氣。《外臺秘要》。傷寒肢痛：手足疼欲脱。取羊屎煮汁漬之，瘥乃止。或和猪膏塗之，亦佳。《外臺》。時疾陰腫：囊及莖皆熱腫。以羊屎、黄蘗煮汁洗之。《外臺》。疔瘡惡腫：青羊屎一升，水二升，漬少時，煮沸，絞汁一升，頓服。《廣濟方》。裹外臁瘡：羊屎燒存性，研末，入輕粉塗之。《集要》。痘風瘡證：羊屎燒灰，清油調，敷之。《全（如）〔幼〕心鑒》。小兒頭瘡：羊糞煎湯洗净，仍以羊糞燒灰，同屋上懸煤，清油調塗。《普濟》。頭風白屑：烏羊糞煎汁洗之。《聖惠》。髮毛黄赤羊屎燒灰，和臘猪脂塗之，日三夜一，取黑乃止。《聖惠方》。木刺入肉：乾羊屎燒灰，猪脂和塗，不覺自出。《千金》。箭鏃入肉：方同上。反花惡瘡：鯽魚一個去腸，以羯羊屎填滿，燒存性。先以米泔洗過，搽之。瘰癧已破：羊屎燒五錢，杏仁燒五錢，研末，猪骨髓調搽。《海上》。濕㿔浸淫：新羊屎絞汁塗之。乾者燒煙熏之。《聖濟總録》。雷頭風病：羊屎焙研，酒服二錢。《普濟方》。慢脾驚風：活脾散：用羊屎二十一個，炮，丁香一百粒，胡椒五十粒，爲末。每服半錢，用六年東日照處壁土煎湯調下。《聖濟録》。

羊胲子乃羊腹内草積塊也。〖主治〗翻胃。煅存性，每一斤入棗肉、平胃散末一半，和勻。每服一錢，空心沸湯調下葉氏《摘玄》。

題明·薛己《本草約言》卷二《藥性本草》 羊肉 味甘，熱。補中益氣，開胃肥健。其脛骨，牙齒疏豁者，炙為末擦之。其羊頭涼，治骨蒸腦熱。其肝膽明目。

明·梅得春《藥性會元》卷下 羊肉 味甘，大熱，無毒。主暖中，字乳餘疾，及頭腦大風汗出，虚勞寒冷，補中益氣，安心止驚。腎：補腎，益精髓。心：主治憂恚膈氣。肺：補肺止嗽病。

青羊膽 主明目，治青盲，療疳濕，時行熱疫。

明·穆世錫《食物輯要》卷四 羊 肉，味甘，性熱，無毒。開胃，安心定驚，肥健人，治虚乏汗出。益產婦。患疫症後、瘧疾後，食之復發致危。同蕎麥麪、豆醬食，發痼疾。同醋食，傷人心。同鱠酪食，害人。頭、蹄，補腎虚精

竭，安心養胃，止驚斂汗，治風眩瘦乏。但性善補水，水腫人忌食。脂，殺蟲，去賊風痿痹，治產後腹中絞痛。入膏藥，透肌肉經絡，去風熱毒氣。血，解一切丹石藥毒發者。女人血虛中風，產後血悶欲絕者，熱飲一升即活。乳，解蜘蛛毒，潤心肺，補腎氣，益精髓，利大腸。治虛寒乾嘔，反胃心疼。腦，有毒。食之，發風病。和酒服，迷人心。男食之，損精氣，少子。白羊黑頭，腦大毒。悮食，發腸癰。髓，無毒。潤肺氣，利血脉，去女人血虛風悶。心，無毒。補心，解憂恚，利膈氣。心有孔者，殺人。肺，無毒。補肺氣，利小水，解毒，止咳嗽，去風邪。三四五月間，防生蟲似馬尾二三寸者。悮食，令人下痢。腎，無毒。補腎虛耳聾，壯陽止汗。同蒜薤食，消癥瘕。羊外腎，止滑精。肝，無毒。補肝明目。同生椒食，損人臟。同猪肉、同梅子、同小豆食，並傷人。心，同椒食，傷五臟，最損小兒。同苦笋食，令目盲。胃，一名羊膍胵。無毒。止反胃，虛汗，小便數。同飯久食，令多唾清水，成噎病。舌，無毒。補中益氣。凡煮羊肉，用杏仁、瓦片易爛。同胡桃煮，同萊菔煮，不臊。同竹䶉煮，助味。用銅器煮食，男損陽，女暴下。白羊黑頭、黑羊白頭、或獨角者，並有毒，悮食發癰。凡中羊毒，多飲甘草湯。有過食羊肉所傷，多食棗子、草果，可消。

明・李中立《本草原始》卷九　羊　出河西川谷，今河東、陝西及近都州郡皆有之。種類甚多，入藥以青色羖羊為勝。《說文》云：羊字，象頭角足尾之形。孔子曰：牛、羊之字，以形似也。董子云：羊，祥也，故吉禮用之。牡羊曰羖，曰羝；牝羊曰羜，曰牂。白曰羒，黑曰羭。多毛曰羖䍽，胡羊曰羪羺。無角曰𦏁，曰𦍩。去勢曰羯，羊子曰羔，羔五月曰羜，六月曰𦍺，七月曰羍，未卒歲曰䍮。《內則》謂之柔毛，又曰少牢。《古今注》謂之長髯主簿云。

羊，《本經》中品。【圖略】羊性惡濕喜燥，食鉤吻而肥，食仙茅而肪，食仙靈脾而淫，食躑躅而死，飲尿而亡。物理之宜忌，不可測也。

羖羊角：青色者良。氣味：鹹，溫，無毒。主治：青盲，明目，止驚悸，寒洩。久服安心，益氣輕身。殺疥蟲。入山燒之，辟惡鬼虎狼。○療百節中結氣，風頭痛，及蠱毒吐血。婦人產後餘痛。○燒之辟蛇。灰治漏下，退熱。主山瘴溪毒。　齒：治小兒羊癇寒熱。　頭骨：治風眩瘦疾，小兒驚癇。　脊骨：治虛勞寒中，羸瘦。○補腎虛，通督脉，治腹痛下痢。　脛骨：治虛冷勞。　尾骨：益腎明目，補下焦虛冷。　毛：治轉筋，醋煮裹脚。　鬚：治小兒口瘡、蠼螋尿瘡，燒灰和油敷。　屎：燔之，治小兒洩痢，腸鳴，驚癇疾。燒灰，理聤耳，并罯竹刺入肉，治箭鏃不出。燒灰淋汁沐頭，不過十度即生髮長黑。和雁肪塗頭亦良。煮湯灌下部，治大人小兒腹中諸疾，疳濕，大小便不通。燒煙熏鼻，治中惡，心腹刺痛，亦熏諸瘡中毒、痔漏等。治骨蒸彌良。已上俱用青羖羊者佳。　脂：氣味：甘，熱，無毒。主治：生脂止下痢脫肛，去風毒，產後腹中絞痛。治鬼疰，去遊風及黑䵟。熟脂治賊風痿痹，飛尸，辟瘟氣，止勞痢，潤肌膚，殺蟲治瘡癬。入膏藥透肌肉絡，徹風熱毒氣。青羊者良。　羊肉：氣味：苦、甘，大熱，無毒。主治：暖中，字乳餘疾，及頭腦大風，汗出虛勞寒冷，補中益氣，安心止驚。○止痛，利產婦。○治風眩瘦病，丈夫五勞七傷，小兒驚癇。○開胃健力。

頭蹄：氣味：甘，平，無毒。主治：風眩瘦疾，小兒驚癇。○腦熱頭眩。○安心止驚，緩中止汗，補胃。止丈夫五勞骨熱，熱病後宜食之。冷病人勿多食。○療腎虛精竭。白羊者良。　皮：主治：一切風及脚中虛風，補勞虛，去毛作羹臛食。○濕皮臥之，散打傷青腫。乾皮燒〔灰〕服，治蠱毒下血。　血：氣味：鹹，平，無毒。主治：女人血虛中風，及產後血悶欲絕者，熱飲一升者即活。○熱血一升，治產後血攻，下胎衣。治卒驚九竅出血。解莽草毒、胡蔓草毒。又解一切丹石毒發。白羊良。　乳：氣味：甘，溫，無毒。主治：補寒冷虛乏。○潤心肺，治消渴。○療虛勞，益精氣，補肺腎氣，和小腸氣。合脂作羹，補腎虛，及男女中風。○利大腸，治小兒驚癇。含之治口瘡。○治心卒痛，可溫服之。〔又〕蚰蜒入耳，灌之即化成水。○治大人乾嘔及反胃，小兒噦啘及舌腫，並時時溫飲之。○解蜘蛛咬毒。白羜者佳。　腦：有毒。主治：入面脂手膏，潤皮膚，去䵟𪒠，塗損傷、丹瘤、肉刺。　髓：氣味：甘，溫，無毒。主治：男子女人傷中，陰陽氣不足，利血脉，益經氣，以酒服之。○却風熱，止毒。久服不損人。○和酒服補血，主女人血虛風悶。○潤肺氣，澤皮毛，滅瘢痕。　心：氣味：甘，溫，無毒。主治：止憂恚膈氣。○補心。有孔者殺人。　肺：主治：補肺，止欬嗽。○傷中，補不足，去風邪。○治渴，止小便數，同小豆葉煮食之。○通肺氣，利小便，行水解蠱。○自三月至五月，其中有蟲，狀如馬尾，長二三寸。須去之，不去令人下痢。　腎：主治：補腎氣虛弱，益精髓。○補腎

虛耳聾陰弱，壯陽益胃，止小便，治虛損盜汗。〇合脂作羹，治勞〔痢〕甚效。蒜、薤食之一升，療癥瘕。〇治腎虛消渴。　羊石子：羊外腎也。主治：腎虛精滑。〇心至外腎，用白羝羊者良。　肝：青羖羊者良。氣味：苦，寒，無毒。主治：補肝，治肝風虛熱，目赤暗痛，熱病後失明，並用子肝七枚，作生食，神效。亦切片水浸，貼之。〇解蠱毒。〇合豬肉及梅子、小豆食，傷人心。〇合生椒食，傷人五臟，最損小兒。合苦筍食，病青盲。妊婦食之，令子多厄。　膽：青羯羊者良。氣味：苦，寒，無毒。主治：青盲明目。〇點赤障白翳風淚眼，解蠱毒。〇療疳濕，時行熱熛瘡，和醋服之，良。〇治諸瘡，能生人身血脉。〇同蜜蒸九次，點赤風眼有效。　胃：一名羊膍胵。

氣味：甘，溫，無毒。主治：胃反，止虛汗，治虛羸，小便數，作羹食三五瘥。　脬：主治：下虛遺溺，以水盛入炙熟，空腹食之，四五次愈。　胰：主治：潤肺，燥諸瘡瘍，入面脂去䵟黯，澤肌膚，滅瘢痕。　舌：主治：補中益氣。　靨：主治：氣癭。　睛：主治：目赤及翳膜，曝乾為末，點之。　筋：主治：塵物入目，熟嚼納眦中，仰臥即出。

時珍曰：生江南者為吳羊，頭身相等而毛短。生秦晉者為夏羊，頭小身大而毛長。土人二歲而翦其毛，以為氈物，謂之綿羊。廣南英州一種乳羊，食仙茅，極肥，無復血肉之分，食之甚補人。諸羊皆孕四月而生。其目無神，其腸薄而縈曲。其皮極薄，南番以書字，吳人畫采為燈。　時珍曰：熱病及天行病瘧疾後食之，必發熱致危。妊婦食之，令子多熱。白羊黑頭，黑羊白頭，獨角四角，並有毒，不可食。或云：煮羊以杏仁或瓦片則易糜，以胡桃則不臊，以竹䶉則助味。中羊毒者，飲甘草湯則解。銅器煮食之，男子損陽，女子暴下。物性之異如此，不可不知。　汪機曰：反半夏、菖蒲。同蕎麪、豆醬食，發痼疾。同醋食，傷心。　宗奭曰：仲景治寒疝，羊肉湯服之，無不驗者。一婦冬月生產，寒入子戶，腹下痛不可按，此寒疝也。醫欲投抵〔當〕湯。予曰：非其治也，以仲景羊肉湯減水，二服即愈。

明·張懋辰《本草便》卷二　羖羊角臣　味鹹，氣溫，微寒，無毒。　治青盲，明目，殺疥蟲，止寒洩，驚悸，及蠱毒吐血；婦人產後餘痛，小兒驚癇。

青羊肝膽主青盲，明目，膽點眼中，主赤脹白膜，風淚，又解蠱毒。〇脛骨治牙齒。

明·吳文炳《藥性全備食物本草》卷二　羊肉　味甘性大熱。羊有三四種，以北地青色者入藥。有一種無角白羊亦堪食。北地驅至南方，筋力勞損，亦不益人。南方羊受濕喫毒草，故不及。

羖羊肉：無毒。治五勞七傷，臟氣虛寒，形體羸劣，補中益氣，安心，止汗止驚，益腎氣，壯陽道，堅筋骨，健腰膝，婦人產後虛羸，脾胃冷氣，及頭腦風眩，小兒驚癇。惟素有痰火，食之骨蒸，殺人。時疾、瘧疾、瘡瘍皆忌，孕婦亦不可多食，皆以其熱也。若虛癰疽潰後則宜，古人以之比黃芪。同蕎麥、豆醬食發痼疾，同醋食傷人心，同鱠酪食害人，六月食之傷神。　頭蹄：補腎虛精竭，安心養胃，止驚斂汗，治風眩瘦乏。但性善補水，水腫人忌食。　脂：殺蟲，去賊風痿痺，治產後腹中絞痛；入膏藥透肌肉經絡，去風熱毒氣。　血：解一切丹石藥毒發者，女人血虛中風，產後血悶欲絕者，熱飲一升即活。　乳：解蜘蛛毒，潤心肺，補腎氣，益精髓，利大腸，治虛寒乾嘔反胃，心疼。　腦：有毒，食之發風病。和酒服迷人心，男食之損精氣，少子。白羊黑頭腦大毒，悮食發腸癰。　髓：無毒，潤肺氣，利血脉，去女人血虛風悶。　心：性無毒，補心，解憂恚，利膈氣。心有孔者殺人。　肺：無毒，補肺氣，利小水，解毒，止咳嗽，去風邪，三四五月間防生蟲似馬尾二三寸者，悮食令人下痢。　腎：無毒，補腎虛耳聾，壯陽，止汗，同蒜、薤食消癥癖。　外腎：止滑精。　肝：無毒，補肝明目。同生椒食損人臟，同猪肉、同梅子、同小豆食並傷人心，同椒食傷五臟，最損小兒，同苦筍食令目盲。

胃：一名羊肶胵。無毒，止反胃，虛汗，小便數，同飯久食令人唾清水成噎病。　舌：無毒，補中益氣。　眼睛：主赤目生翳，視物不見。　脛骨：炙蘇，加青鹽末之，固齒極効。　脊骨：治腰脊不能轉側。　羊齒：治羊癇，發寒熱。　皮：作臛治大人虛風脚膝痠痛。　膽：解蠱毒，開青盲目。　毛：治脚踝痛轉筋，醋炒裹。　屎：曝乾燒煙，卻痔瘻，諸瘡熱毒，熏鼻去中惡心腹刺疼，主小兒洩痢腸鳴，驚癇，兼理聤耳，生髮毛；及箭鏃木刺入肉，猪脂和塗自出；煮湯服治大小便不通。　角：止血，定驚癇，辟邪解蠱毒，禁冷瀉，殺疥蟲，小兒發熱，產後餘痛，取百節中結氣，逐兩眼內青盲、山嵐瘴氣、溪毒，辟虎狼蛇虺傷。

凡煮羊肉，用杏仁瓦片易爛。同胡桃煮、同萊菔煮不臊。同竹䶉煮助味。用銅(氣)〔器〕煮食，男損陽，女暴下。羊獨角者有毒，悮食發癰。凡中

羊毒，多飲甘草湯。有過食羊肉所傷，多食棗子、草果可消。

明・趙南星《上醫本草》卷四　羊　董子云：羊，祥也。故吉禮用之。牡羊曰羖、曰羝；牝羊曰牂、曰𦍩音臧。白曰羒，黑曰羭。多毛曰羖䍽，胡羊曰羓䍺，無角曰羶、曰羜，去勢曰羯。《別錄》曰：羖羊，生河西。弘景曰：羊有三四種，入藥以青色羖羊為勝，次則烏羊。其羓䍺羊及虜中無角羊，止可啖食，為藥不及都下者，然其乳、髓則肥好也。李杲曰：羊肉，有形之物，能補有形肌肉之氣，故曰補可去弱，人參、羊肉之屬，人參補氣，羊肉補形。凡味同羊肉者，皆補血虛，蓋陽生則陰長也。同杏仁煮，羊肉則易糜。

肉：苦、甘，大熱，無毒。主治：暖中，字乳餘疾，及頭腦大風汗出，虛勞寒冷，補中益氣，開胃健力，安心止驚，止痛。治風眩瘦病，丈夫五勞七傷，小兒驚癇。利產婦。熱病及天行病、瘧疾病後食之，必發熱致危。妊婦食之，令子多熱。白羊黑頭、黑羊白頭、獨角者並有毒，食之生癰。反半夏、菖蒲。同蕎麵、豆醬食發痼疾，同醋食傷人心。銅器煮食，男子損陽，女子暴下。物性之異如此，不可不知。中羊肉毒者，飲甘草湯則解。〔產後腹中痛，當歸生薑羊肉湯主之，並治腹中寒疝，虛勞不足。〕

附方　羊肉湯：張仲景治寒疝虛勞及產後心腹疝痛。用肥羊肉一斤，水一斗，煮汁八升，入當歸五兩，黃芪八兩，生薑六兩，煮取二升，分四服。《胡洽方》無黃芪，《千金方》有芍藥。壯陽益腎：用白羊肉半斤，切生，以蒜、薤食之。三日一度，甚妙。五勞七傷虛冷：用肥羊肉一腿，密蓋煮爛，絞取汁服，并食肉。骨蒸久冷：羊肉一斤，山藥一斤，各爛煮，研如泥，下米煮粥食之。壯胃健脾：羊肉三斤，切，粱米二升同煮，下五味，作粥食。老人膈痞，不下飲食：用羊肉四兩，切，白麵六兩，橘皮末一分，薑汁搜如常法，入五味作臛食，每日一次，大効。消渴利水：羊肉一腳，瓠子六枚，薑汁半合，白麵二兩，同鹽、葱炒食。

頭蹄肉：白羊者良，熱病後宜食。甘，平，無毒。性極補水。主治：風眩瘦疾，腦熱頭眩，安心止驚，緩中止汗，補胃，治丈夫五勞骨熱，療腎虛精竭。性雖補水，水腫人食之，百不一愈。冷病人勿多食。

血：白羊者良。鹹，平，無毒。主治：卒驚，九竅出血。女人血虛，中風及產後血悶，血攻欲絕者，熱飲一升即活。下胎衣，又解一切丹石毒發。勿久食，凡服丹石、地黃、何首烏諸補藥者亦忌之。

附方　衄血一月不止：刺羊血熱飲，即瘥。大便下血：羊血煮熟，拌醋食，最効。妊娠胎死不出及胞衣不下：產後諸疾狼狽者，刺羊血，熱飲一小盅，極効。

乳：白羜者佳。甘，溫，無毒。主治：補寒冷虛乏，潤心肺，治消渴，乾嘔及反胃，療虛勞，益精氣，補肺腎氣，和小腸氣，利大腸及男女中風。主心卒痛，可溫服之。小兒口瘡，令含之。舌腫，時時溫飲之。又解蜘蛛咬毒。丹溪言：反胃人宜時時飲之，取其開胃脘、大腸之燥也。

附方　蚰蜒入耳：羊乳灌之，即化成水。肺痿骨蒸：煉羊脂、煉羊髓各五兩，煎沸，下煉蜜及生地黃汁各五合，生薑汁一合，不住手攪，微火熬成膏。每日空心溫酒調服一匙，或入粥食。渴利不止：羊肺一具，入少肉，和鹽、豉作羹食。不過三具愈。羊肺自三月至五月，其中有蟲，狀如馬尾長二三寸，須去之。不去令人痢下。大便秘塞：羊膽汁灌入，即通。老人胃弱：羊脊骨一具，槌碎，水五升，煎取汁二升，入青粱米四合，煮粥常食。誤吞銅錢：羊脛骨燒灰，以煮稀粥食，神効。塵物入目：熟嚼羊筋納眦中，仰臥即出。羊肚和飯飲久食，人多唾清水，成反胃，作噎病。以下三條，宜為羊肉禁忌後。羊肝合猪肉及梅子、小豆食，傷人心。合生椒食，傷人五臟，最損小兒。合苦筍食，病青盲。妊婦食之，令子多厄。羊心有孔者，殺人。

明・李中梓《藥性解》卷六　羊肉　味甘，性大熱，無毒，入脾、肺二經。主虛勞寒冷，腦風大風，補脾益氣，安心定驚。按：羊肉之甘，宜其歸脾。于卦為兌，實屬西方之金，故亦入肺臟。《十劑》云：補可以去弱，人參、羊肉之類是也。夫人參補氣在中，羊肉補形在表。凡補虛者，當分用之，不得概視也。六月食之傷神，孕婦及水腫骨蒸瘧疾，一切火症，咸宜忌之。

明・繆希雍《本草經疏》卷一七　羖羊角　味鹹、苦，溫、微寒，無毒。主青盲，明目，殺疥蟲，止寒洩，辟惡鬼虎狼，止驚悸，療百節中結氣，風頭痛，及蠱毒吐血，婦人產後餘痛。久服安心，益氣，輕身。取之時勿中濕，濕即有毒。

〔疏〕羊角，乃肺肝心三經藥也。而入肝為正。《本經》鹹溫。《別錄》苦微寒。甄權：大寒。察其功用，應是苦寒居多。非苦寒則不能主青盲、驚悸、殺疥蟲及風頭痛、蠱毒吐血也。蓋青盲，肝熱也；驚悸，心熱也；疥蟲，濕熱也；風頭痛，火熱上升也；蠱毒吐血，熱毒傷血也。苦寒總除

諸熱，故能療如上等證也。驚悸平則心自安。熱傷氣，熱除則氣自益。其主百節中結氣，與婦人産後餘痛，亦指血熱氣壅者而言。《本經》又主止寒洩及辟惡鬼虎狼，未解其義，俟博物者詳之。〔主治參互〕《子母秘録》産後寒熱，心悶脹極百病。羖羊角燒末，酒服方寸匕。《普濟方》治小兒癇疾，方同上。

羊腎：補腎氣，益精髓。

〔疏〕羊腎，補腎氣者，以其類相從，借其氣以補其不足也。腎得補則精髓自益矣。〔主治參互〕羊腎一對，去脂切，肉蓯蓉一兩，酒浸一夕，去皮膜，和作羹，加五味食，治勞傷陽虚無力。

羊肉：味甘，大熱，無毒。主緩中，字乳餘疾，及頭腦大風汗出，虚勞寒冷，補中益氣，安心止驚。反半夏、菖蒲。

〔疏〕羊得火土之氣以生，故其味甘，氣大熱，無毒。《素問》言苦，亦以其性熱屬火耳。李杲云：補可去弱，人參、羊肉之屬是已。羊肉有形，凡形氣痿弱，虚羸不足者宜之。其主字乳餘疾者，蓋産後大虚，血氣暴損，得甘熱之物補助陽氣，則陰血自長，餘疾自除矣。中氣虚則心不安或驚惕；陽氣弱則頭腦大風汗出。補中則中自緩，故能安心止驚；益氣則陽自足，故能療頭腦大風汗出及虚勞寒冷也。〔主要參互〕《金匱要略》羊肉湯，治寒勞虚羸及産後心腹疝痛，用肥羊肉一斤，水一斗，煮汁八升，入當歸五兩，黄耆八兩，生薑六兩，煮取二升，分四服。又方，産後虚羸腹痛，冷氣不調，及腦中風汗自出。白羊肉一斤，治如常，調和食之。《飲膳正要》壯胃健脾，羊肉三斤切，粱米二升同煮，下五味作粥食。《千金方》損傷青腫，用新羊肉貼之。〔簡誤〕羊肉，味甘，大熱。脾胃虚寒，羸瘦氣乏者宜之。然天行熱病後，溫瘧、熱痢後食之，必致發熱難療。妊婦食之，令子多熱。與夫癰腫瘡瘍，消渴，吐血，嘈雜易飢等證，咸不宜服。又銅器煮食之，男子損陽，女子暴下。物性之異如此，不可不知也。

羊肝：性冷。療肝風虚熱，目赤暗無所見。生食子肝七枚，神効。或切薄片，水浸傅之。

〔疏〕羊肝補肝，以類相從。肝開竅於目，肝熱則目赤痛，失明。補肝除熱，所以能明目及治諸目疾也。〔主治參互〕《醫鏡》翳膜羞明有淚，肝經有熱也，用青羊子肝一具，竹刀切，和黄連四兩，為丸梧子大。食遠茶清下七十丸，日三服。忌鐵器、猪肉、冷水。

羊血：主女人中風血虚悶，産後血暈悶欲絶者。生飲一升即活。

〔疏〕血為水化，故其味應鹹，氣平，無毒。女人以血為主，血熱則生風，血虚則悶絶，鹹平能補血涼血，故主女人血虚中風及産後血悶欲絶也。性能解丹石毒，如丹砂、水銀、汞粉、生銀、硇砂、砒霜、硫黄、鍾乳、礜石、陽起石等類。凡覺毒發，刺飲一升，即解。凡服地黄、何首烏諸補藥者，須忌之。

明・繆希雍《本草經疏》卷三〇 羊脛骨 本經無文。《綱目》載其主虚冷勞，及脾弱腎虚不能攝精，白濁，除濕熱，健腰脚，固牙齒，去䵟黷，治誤吞銅鐵金銀等證。按《名醫(別)録》云：昔漢上張成忠女，年七八歲，誤吞金(饋)〔鐀〕子一隻，胸膈痛不可忍，憂惶無措。一銀匠炒末藥三錢，米飲服之，次早大便取下。叩求其方，乃羊脛灰一物。蓋羊脛骨灰可以磨鏡，羊頭骨灰可以消鐵，故能治如是之證。談野翁亦有此方。乃秘妙神效之法也。〔主治參互〕《食鑑》擦牙固齒，羊脛骨灰一兩，升麻一兩，黄連五錢，為末，入青鹽和匀，日用。《聖惠方》咽喉骨鯁，羊脛骨灰，米飲下一錢。

明・倪朱謨《本草彙言》卷一八 羊肉：味甘，氣熱，有毒。入手足陽明經。自死者有大毒，誤食發惡疾立死。蘇氏曰：羊四方皆有，種類極多。其色有黑、白、斑不同，其毛有長、短、剛、柔之別。李氏曰：生江南者爲吳羊，頭身相等而毛短。生秦晋者爲夏羊，頭小身大而毛長。土人二歲而剪其毛，以爲氊物，謂之綿羊。廣南英州一種乳羊，食仙茅極肥，食之甚補人。諸羊皆孕四月而生，其目無神，其腸薄而縈曲。在畜屬火，故性熱而易繁也。在卦屬兑，故外柔而内剛也。其性惡濕喜燥，食鈎吻而肥，食仙茅而肪，食仙靈脾而淫，食躑躅而死。物理之宜忌不可測也。胡人以骨占灼，謂之羊卜，亦有一靈耶？其皮極薄，南番以代紙書字。吳人以代紙畫彩爲燈，甚鮮明。

羊肉：補中益氣，療中風虚汗，《別録》治産後陰陽兩虧之藥也。魏景山曰：按東垣云：補可去弱，人參羊肉之屬是也。凡一切諸病形氣痿弱、脾胃虚羸不足者宜之。古方入補湯劑，有大羊肉湯。《金匱方》治寒勞虚羸及産後心腹疝痛，四肢厥逆，用肥羊肉一斤，水一斗，煮汁七升，入當歸、生薑各三兩，黄耆五兩，煮取二升，分四服。然味甘、性熱，如天行熱病後，溫瘧積痢後，食之必致發熱難療。又癰腫瘡瘍，消渴吐血，臌脹腫滿，脚氣黄疸等疾，咸不宜服。

羊肝：味苦，微甘，氣寒，無毒。補肝明目，蘇恭治風淫目暗之藥也。計日聞曰：羊肝補肝，以類相從也。肝開竅于目，肝熱則目赤，肝虛則目昏，或生翳障。羊肝苦寒甘補，肝病、目病藥中搗和爲丸服。明目諸方，無出於此。羊膽點目疾，見蟲部卵生類蜂蜜集方下。

羊腎：味甘，氣溫，無毒。益精髓，補腎氣，《別錄》却虛勞之藥也。陳象先曰：按《千金》、《外臺》、《深師》諸方，治腎虛勞損、消渴脚氣等疾，有腎瀝湯方，有羊腎煮湯煎藥，蓋用爲引嚮，各從其類也。腎瀝湯方見□□部類□□集方下。

明・應慶《食治廣要》卷六 羊肉：氣味：苦，甘，大熱，無毒。主治：虛勞寒冷，補中益氣，開胃健力。反半夏、菖蒲。同蕎麥、豆醬食，發痼疾。同醋食，傷心。銅器煮之，男子損陽，女人暴下。物性之異如此，不可不知。熱病天行、瘧疾病後，忌之。

又按東垣云：羊肉，有形之物，能補有形肌肉之氣，故曰補可去弱。人參、羊肉之屬。人參補氣，羊肉補形。凡味同羊肉者，皆補血虛，蓋陽生則陰長也。

頭蹄：甘，平，無毒。丹溪曰：羊頭蹄肉性極補水，水腫人食之，百不一愈。

血：鹹，平，無毒。解莽草、胡蔓草，一切丹石毒發。

又：按夏子益《奇疾方》云：凡猪羊血久食，則鼻中毛出，晝夜長五寸，漸如繩，痛不可忍，摘去復生。惟用乳石、硇砂等分為丸，臨卧服十丸，自落也。服丹石及地黃、何首烏者，忌之。

髓：甘，溫，無毒。和酒服，補血，潤肺氣，澤皮毛。心：甘，溫，無毒。補心，止憂恚膈氣。肺：氣味同心。補肺止咳，利小便，行水解毒。

腎：氣味亦同心。補腎氣虛弱，益精髓。肝：青羖羊者良。氣味：苦，寒，無毒。主肝風虛熱，目赤暗痛。凡獸臨殺，忿氣歸肝，肝之血不利於目，宜矣。而羊肝明目，性也，不可一例論之。胃：甘，溫，無毒。孫真人曰：羊肚和飯飲久食，令人多唾清水，成反胃，作噎病。胰：潤肺燥瘡瘍。

舌：補中益氣。

明・姚可成《食物本草》卷一三獸部・豢畜類 羊牡名羖，牝名羘，去勢曰羯。河西者佳，河東者亦好。若驅至南方，則筋力自勞損，安能補益人。今南方羊多食野草、毒草，故江浙羊少味而發疾。南人食之，即不憂也。惟淮南州郡或有佳者，可亞北羊。北羊至南方一二年，亦不中食，何況於南羊。蓋土地使然也。寇宗奭曰：羖攊羊出陝西、河東，尤狠健，毛最長而厚，入藥最佳。如供食，則不如北地無角白大羊也。又同、華之間有小羊，供饌在諸羊之上。〇李時珍曰：生江南者為吳羊，頭身相等而毛短。生秦晉者為夏羊，頭小身大而毛長。土人二歲而剪其毛，以為氈物，謂之綿羊。廣南英州一種乳羊，食仙茅，極肥，無復血肉之分，食之甚補人。諸羊皆孕四月而生。其目無神，其腸薄而縈曲。在畜屬火，故易繁而性熱也。在卦屬兌，故外柔而內剛也。其性惡濕喜燥，食鉤吻而肥，食仙靈脾而淫，食躑躅而死。物理之宜忌，不可測也。契丹以其骨占灼，謂之羊卜，亦有一靈耶？其皮極薄，南番以書字，吳人以畫采為燈。又哈密、大食諸番，有大尾羊，細毛薄皮，尾上旁廣，重一二十斤，行則以車載之。《唐書》謂之靈羊，云可療毒。又有一種胡羊，高三尺餘，其尾如扇，每歲春月割取脂再縫合之，不取則脹死。《水東日記》云：莊浪衛，近雪山，有饕羊，土人歲取其脂，不久復滿。又臨洮諸地出洮羊，大者重百斤。《廣志》云西域驢羊大如驢，即此類也。又有𦍩羊，出西北諸地，其皮、蹄可以割黍。一種封羊，其背有肉封如駝，出涼州郡縣，亦呼為駝羊。又一種地生羊，出西域，劉郁《出使西域記》云：以羊臍種於土中，溉以水，聞雷而生臍，臍與地連，及長，驚以木聲，臍乃斷，便能行齧艸。至秋可食，臍內復有種，名壠種羊。段公路《北戶錄》云：大秦國有地生羊，其羔生土中，國人築牆圍之。臍與地連，割之則死。但走馬擊鼓以駭之，驚鳴臍絕，便逐水草。吳策《淵穎集》云：西域地生羊，以脛骨種土中，聞雷聲，則羊子從骨中生。走馬驚之，則臍脫也。其皮可為褥。一云：漠北人種羊角而生，大如兔而肥美。案是三說，知含靈有識之物，不繇交感孕育，而資灌溉、栽培，造化之機，微哉，妙哉！又有羵羊，土之精也，其肝土也，但有雌雄，不食水草，季桓子曾掘土得之。又千歲樹精，亦為青羊。

羊肉：味苦、甘，大熱，無毒。主暖中，字乳餘疾及頭腦大風汗，虛勞寒冷，補中益氣，安心止驚。止痛。利產婦。治風眩瘦病。丈夫五勞七傷，小兒驚癇。開胃健力。〇李時珍曰：熱病及天行病、瘧疾病後食之，必發熱致危。妊婦食之，令子多熱。白羊黑頭、黑羊白頭、獨角者，竝有毒，食之生癰。《禮》曰：羊泠毛而毳者羶。又云：〔煮羊〕以杏仁或瓦片則易〔糜〕，以胡桃則不臊，以竹鼦則助味。中羊毒者，飲甘草湯則解。銅器煮之，男子損陽，女子暴下。物性之異如此，不可不知。同蕎麵、豆醬食，發痼疾。同〔醋食，傷〕人心。〇時珍又曰：按《開河記》云，隋大總管〔麻叔〕謀疾風逆，(不)〔起〕坐不得。煬帝令太醫令巢元方視之。曰風入腠理，病在胸臆。須用嫩肥羊蒸熟，摻藥食之，則瘥。如其言，未盡劑而痊。自後，每殺羊羔，同杏酪、五味日食數枚。觀此，則羊肉補虛之功益可證矣。〇寇宗奭曰：仲景治寒疝，羊肉湯服之，無不驗者。一婦冬月生產，寒入子戶，腹下痛不可

按，此寒疝也。醫欲投抵當湯。予曰：非其治也。下以羊肉湯即愈。李杲曰：羊肉有形之物，能補有形肌肉之氣。故曰補可去弱，人參、羊肉之屬。人參補氣，羊肉補形。凡味同羊肉者，皆補血虛，蓋取陽生陰長之義耳。

頭、蹄：味甘，平，無毒。治風眩瘦疾，小兒驚癇，腦熱頭眩。安心止驚，緩中止汗補胃，治丈夫五勞骨熱。熱病後宜食之，冷病人勿多食。療腎虛精竭。　皮：治一切風及脚中虛風，補虛勞，去毛作羹、臛食。溼皮臥之，散打傷青腫；乾皮燒服，治蠱毒下血。　脂：味甘，熱，無毒。主：生脂：止下痢脫肛，去風毒，產後腹中絞痛。治鬼疰，去游風及黑䵟。熟脂：主賊風痿痹飛尸，辟瘟氣，止勞痢，潤肌膚，殺蟲治瘡癬。入膏藥，透肌肉經絡，徹風熱毒氣。　血：味鹹，平，無毒。治女人血虛中風及產後血悶欲絕者，熱飲一升即活。治產後血攻，下胎衣，治卒驚九竅出血，解莽草毒、胡蔓草毒。又解一切丹石毒發。〇李時珍曰：《外臺》云：凡服丹石人，忌食羊血十年，一食前功盡亡。此物能制丹砂、水銀、輕粉、生銀、硇砂、砒霜、硫磺、乳石、鍾乳、空青、曾青、雲母石、陽起石、孔公孽等毒。凡覺毒發，刺飲一升即解。又服地黃、何首烏諸補藥者，亦忌之。《嶺表錄異》言其能解胡蔓草毒。羊血解毒之功用如此，不可不知。又按夏子益《奇疾方》云：凡猪、羊血久食，則鼻中毛出，晝夜長五寸，漸如繩，痛不可忍，摘去復生。惟用乳石、硇砂等分為丸。臨臥服十丸，自落也。　乳：味甘，溫，無毒。主補寒冷虛乏。潤心肺，治消渴。療虛勞，益精氣，補肺、腎氣，(如)〔和〕小腸氣。合脂作羹，補腎虛及男女中風。利大腸，治小兒驚癇。含之，治口瘡。主心卒痛，可溫服之。又蚰蜒入耳，灌之即化成水。治大人乾嘔及反胃，小兒噦啘及舌腫，竝時時溫飲之。解蜘蛛咬毒。劉禹錫《傳信方》云：有人為蜘蛛咬，腹大如妊，徧身生絲，其家棄之，乞食。有僧教啖羊乳，未幾疾平也。　腦：有毒。入面脂手膏，潤皮膚，去䵟䵳，塗損傷、丹瘤、肉刺。發風病。和酒服，迷人心，成風疾。男子食之，損精氣，少子。白羊黑頭，食其腦，作腸癰。　髓：味甘，溫，無毒。主男子女人傷中，陰陽氣不足，利血脉，益經氣，以酒服之。却風熱，止毒。久服不損人。和酒服，補血。主女人血虛風悶。潤肺氣，澤皮毛，滅瘢痕。　心：味甘，溫，無毒。止憂恚膈氣，補心。有孔者殺人。　肺：主補肺，止欬嗽。傷中，補不足，去風邪。治渴，止小便數，同小豆葉煮食之。通肺氣，利小便，行水解毒。自三月至五月，其中有蟲，狀如馬尾，長二三寸。須去之，不去令人痢下。　腎：主補腎氣虛弱，益精髓。補腎虛耳聾陰弱，壯陽益胃，止小便，治虛損盜汗。合脂作羹，療勞痢甚效。蒜、薤食之一升，療癥瘕。治腎虛消渴。　羊石子：即羊外腎也。主腎虛精滑。

肝：味苦，寒，無毒。主補肝，治肝風虛熱，目赤暗痛，熱病後失明，竝用子肝七枚，作生食，神効。亦切片水浸貼之，解蠱毒。合猪肉及梅子、小荳食，傷人心。合生椒食，傷人五臟，最損小兒。合苦筍食，病青盲。妊婦食之，令子多厄。按《三元延壽書》云：凡治目疾，以青羊肝為佳。有人年八十餘，瞳子瞭然，夜讀細字。云別無服藥，但自小不食畜獸肝耳。或以本草羊肝明目而疑之。蓋羊肝明目，性也。他肝則否。凡畜獸臨殺之時，忿氣聚于肝。肝之血不利于目，宜矣。　膽：味苦，寒，無毒。主青盲明目，點赤障，白翳，風淚眼，解蠱毒。療疳溼，時行熱熛瘡，和醋服之，良。治諸瘡，能生人身血脉。同蜜蒸九次，點赤風眼，有効。　胃：即羊肚。味甘，溫，無毒。主胃反，止虛汗，治虛羸，小便數，作羹食，三五瘥。羊肚和飯飲久食，令人多唾清水，成反胃作噎病。　脬：主下虛遺溺，以水盛入炙熟，空腹食之，四五次愈。　胒：主潤肺燥，諸瘡瘍。入面脂，去䵟䵳，澤肌膚，滅瘢痕。　舌：主補中益氣。《正要》用羊舌二枚，羊皮二具，羊腎四枚，蘑菰、糟薑作羹，肉汁食之。　睛：主目赤及翳膜，曝乾為末，點之。熟羊眼中白珠二枚，于細石上和棗核磨汁，點目翳羞明，頻用三四日瘥。　筋：主塵物入目，熟嚼納眦中，仰臥即出。　羖羊角：味鹹，溫，無毒。主青盲，明目，止驚悸寒洩。久服，安心益氣輕身。殺疥蟲，入山燒之，辟惡鬼虎狼。療百節中結氣，風頭痛及蠱毒吐血，婦人產後餘痛。燒之辟蛇。灰治漏下，退熱，主山瘴溪毒。　齒：味溫，主小兒羊癇寒熱。　頭骨：已下竝用羖羊者良。味甘，平，無毒。主風眩瘦疾，小兒驚癇。　脊骨：味甘，熱，無毒。主虛勞寒中羸瘦。補腎虛，通督脉，治腰痛下痢。　尾骨：主益腎明目，補下焦虛冷。　脛骨：味甘，溫，無毒。主虛冷勞。脾弱，腎虛不能攝精，白濁，除濕熱，健腰脚，固牙齒，去䵟䵳，治誤吞銅鐵。　毛：主轉筋，醋煮裹脚。　鬚：主小兒口瘡，蠼螋尿瘡，燒灰和油敷。

附方：羊肉湯，治產後寒勞虛羸，心腹疝痛。用肥羊肉一斤，水一斗，煮汁八升。入當歸五兩，黃芪八兩，生薑六兩，煮取二升，分四服。此張仲景方也。　治女子虛怯絕孕，帶下赤白。用羊肉二斤，香豉、大蒜三兩，水一

斗，煮五升。納酥一兩，更煮二升服。　治五勞七傷虛冷之症。用肥羊肉一腿，密蓋煮爛，絞取汁服，并食肉。　治骨蒸久冷。羊肉一斤，山藥一斤，各爛煮如泥，下米煮粥食之。　治骨蒸傳尸。用羊肉一拳大煮熟，皂莢一尺炙。以無灰酒一升，銅鐺內煮三五沸，去滓，入黑(錫)〔餳〕二兩，令病人先啜肉汁，乃服一合，當吐蟲如馬尾為效。　治衄血不止。熱羊血飲之即瘥。　治胎死不出及胞衣不下。飲羊血一小盞，效。　治誤吞蜈蚣。刺猪羊血灌之，即吐出。昔有店婦，吹火筒中有蜈蚣入腹。店婦仆地，號叫可畏，道人劉復真用此法而愈。　治漆瘡作痒。羊乳敷之。　治遍身丹瘤如火。羊腦同朴硝研塗之。　治肺痿骨蒸已極，他方莫效者。用煉羊脂、煉羊髓各五兩，煎沸，下煉蜜及生地黃汁各五合，生薑汁一合，不住手攪，微火熬成膏。每日空心溫酒調服一匙。　治腎虛精竭。羊腎二隻，切碎，於豉汁中，以五味同白粱米糅，作羹、粥食。　治五勞七傷，陽虛無力。羊腎一對去脂切碎，肉蓯蓉一兩，酒浸一夕去皮，和作羹，下葱、鹽、五味食。又方治陽氣衰敗，腰脚疼痛。用羊腰子三對，羊肉半斤，葱白一莖，枸杞葉一斤，同五味煮成汁。下米作粥，食之。　治青盲內障。羊肝一个，黃連一兩，熟地黃二兩，同搗丸梧子大。日三服，每服七十丸，食遠茶下。崔承元病內障喪明，有人惠此方報德，服之遂明。　治婦人陰戶有蟲作痒。羊肝納入引出。　治虛勞白濁。羊骨為末，酒服方寸匕，日三服，大效。　治瘡口不合，膿水不止成漏。用小羊初生者。脊骨，鹽泥固臍，煅過研末五錢，入麝香、雄黃末各一錢，填瘡口，三日外必合。　治誤吞銅錢。用羊脛骨燒灰，以煮稀粥食之，神效。李時珍曰：　羊脛骨灰，可以磨鏡。羊頭骨可以消鐵。漢上張成忠女，誤吞金釧一隻，胸膈痛不可忍，憂惶無措，一銀匠炒末藥三錢，米飲服之，次早大便取下。叩求其方，乃羊脛骨灰一物耳。按此方乃巧哲格物究理之妙也。　治女人月水不斷。用羊前左脚脛骨一條，紙裹泥封，令乾，煅赤，入椶櫚灰等分。每一錢，溫酒下。　治面生䵟黯醜惡，皮厚黧黑。用羊脛骨灰、雞子白和敷，夜塗旦洗，洗以白粱米泔，三日膩白好顏。　治咽喉骨鯁。羊脛骨灰，米飲服一錢。　治羊鬚疳生頦下，浸淫水出，痛痒不一，久不能痊。用牡羊鬚、荊芥、乾棗肉各二錢，燒存性，入輕粉半錢。米泔水洗拭，清油調搽，二三次必愈。　治瘰癧已破，久不生肌。用羊屎煅五錢，杏仁燒五錢，研末，猪骨髓調搽。　治崩中垂死。肥羊肉三斤，水二斗，煮一斗三升，入生地黃汁一升，生薑、當歸各三兩，煮三升，分四服。　治小兒嗜土。買市中羊肉一斤，令人以繩繫于地上，拽至家洗淨。炒、炙食，或煮汁亦可。　治婦人陰脫。煎羊脂頻塗之。

明・顧逢柏《分部本草妙用》卷一〇獸部　羊肉　苦、甘，大熱，無毒。熱病、天行病、瘧疾後食之，必發熱致危。姙婦食之，令子多熱。反半夏、菖蒲。同蕎麪、豆醬食，發痼疾。同醋食，傷人心。　主治：　暖中，乳疾，頭腦大風汗出，虛勞寒冷，補中益〔氣〕，安心止驚止痛，利產婦，開胃健力。風眩瘦病，勞傷。　婦人產後大虛，心腹絞痛厥逆，用大羊肉湯。寒入子戶，腹下痛不可按，此寒疝也，亦宜之。東垣曰：　補可去弱，人參、羊肉之類。人參補氣，羊肉補形。凡味同羊肉者，皆補血虛。蓋陽生則陰長也。〇血，解一切砒丹諸石藥毒。食地黃、首烏諸補藥者，忌之。產後血悶攻逆，及胎衣不下者，飲一升即効。　肝，苦寒，無毒。不可與豕肉、梅子、小豆、生椒、苦筍同食。姙娠忌之。　主治：　補肝，治肝風虛熱，明目，去赤痛。病後失明，同黃連合丸妙。解蠱毒。膽，點赤眼，去赤障白翳，効。

明・李中梓《醫宗必讀・本草徵要下》　羊肉味甘，溫，無毒。入脾、腎二經。反半夏、菖蒲，忌醋。　補中益氣，安心止驚，宣通風氣，起發毒瘡。角堪明目殺蟲，肝能清眼去翳，腎可助陽，胲治翻胃。東垣云：　補可去弱，人參、羊肉之類是已。凡形氣瘦弱，虛羸不足者宜之。羊血主產後血暈悶絕，生飲一杯即活。中砒、磠、鍾乳、礜石、丹砂之毒者，生飲即解。按：　羊食毒草，凡瘡家及痼疾者食之即發，宜忌之。

明・鄭二陽《仁壽堂藥鏡》卷七　羊肉　東垣云：　羊肉：　甘，熱。能補血之虛。羊肉：　有形之物也，能補有形肌肉之氣。凡味與羊肉同者，皆可以補之，故曰補可去弱人參、羊肉之屬。羊肉補形也。　丹溪云：　羊脛骨：　治牙齒疎豁須用之。　日華子云：　羊乳：　利大腸，療小兒驚癇疾。

明・施永圖《本草醫旨・食物類》卷四　羊　附錄：　大尾羊。細毛薄皮，重一二十斤。《唐書》謂之靈羊，云可療毒。胡羊：　其尾如扇，每歲春月割取脂，再縫合之。洮羊：　出臨洮諸地。大者重百斤。𦍩羊：　出西北地，其皮蹄可以割漆。地生羊：　出西域。北人種羊角而生，大如兔而肥美。封羊：　其背有肉封如駝，出涼州郡縣，亦呼為駝羊。羵羊：　土之精也。其肝土也，有雌雄。

羊肉：　味苦、甘，大熱，無毒。熱病及天行病、瘧疾病後食之，必發熱致危。姙娠

食之，令子多熱。白羊黑頭、黑羊白頭、獨角者，並有毒，食之生癰。煮羊以杏仁，或瓦片，則易糜。以胡桃則不臊，以竹鰡則助味。中羊毒者，飲甘草湯則解。銅器煮之，男子損陽，女子暴下，物性之異如此，不可不知。○反半夏、菖蒲。同蕎麪、豆醬食，發痼疾。同醋食，傷人心。治：暖中，字乳餘疾及頭腦大風汗出，虛勞寒冷，補中益氣，安心止驚，止痛，利產婦。治風眩瘦病，丈夫五勞七傷，小兒驚癇，開胃健力。

附方　壯陽益腎：用白羊肉半斤，切片，以蒜、薤食之，三日一度，甚妙。五勞七傷：虛冷，用肥羊肉一腿，密蓋煮爛，絞取汁服，并食肉。骨蒸久冷：羊肉一斤，山藥一斤，各爛煮，研如泥，下米煮粥食之。脾虛吐食：羊肉半斤，生片，以蒜、薤、醬、豉、五味和拌，空腹食之。虛冷反胃：羊肉去脂，作生，以蒜、薤空腹食之，立效。壯胃健脾：羊肉三斤，切，粱米二升，同煮下五味，作粥食。胃寒下痢：羊肉一斤，莨菪子末一兩，和，以綿裹納下部，二度瘥。消渴利水：羊肉一脚，瓠子六枚，薑汁半合，白麪二兩，同鹽、葱炒食。損傷青腫：用新羊肉貼之。婦人無乳：用羊肉六兩，麞肉八兩，鼠肉五兩，作臛啖之。傷目青腫：羊肉煮熟，熨之。頭上白禿：羊肉如作脯法炙香，熱搨上，不過數次瘥。

頭蹄：白羊者良。味：甘，平，無毒。羊頭蹄肉性極補水，水腫人食之，百不一愈。治：風眩瘦疾，小兒驚癇，腦熱頭眩，安心止驚，緩中止汗，補胃。治丈夫五勞骨熱，熱病後宜食之，冷病人勿多食。已上諸證並宜白羊頭，或蒸，或煮，或作膾食。療腎虛精竭。

附方　老人風眩：用白羊頭一具，如常治，食之。虛寒腰痛：用羊頭一具，并草果四枚，桂一兩，薑半斤，哈昔泥一豆許，胡椒煮食。

皮：治一切風及脚中虛風，補虛勞，去毛，作羹臛食。濕皮臥之，散打傷青腫。乾皮燒服，治蠱毒下血。脂：青羊者良。味甘，熱，無毒。柔銀軟銅。治：生脂：止下痢，脫肛，去風毒，產後腹中絞痛。治鬼疰，去遊風及黑䵟。熟脂：主賊風痿痹，飛尸，辟瘟氣，主勞痢，潤肌膚，殺蟲，治瘡癬。入膏藥，透肌肉經絡，徹風熱毒氣。

附方　虛勞口乾：用羊脂一雞子大，淳酒半升，棗七枚，漬七日食，立愈。卒汗不止：牛羊脂溫酒頻化，服之。脾橫爪赤：煎羊脂摩之。婦人陰脫：煎羊脂頻塗之。發背初起：羊脂、豬脂，切片，冷水浸貼，熱則易之，數日瘥。牙齒疳䘌：黑皮羊脂、莨菪子等分，入盃中，燒烟，張口熏之。小兒口瘡：羊脂煎薏苡根，塗之。豌豆如疥：赤黑色者，煎青羊脂摩之。赤丹如疥：不治殺人，煎青羊脂摩之，數次愈。誤吞釘鍼：多食豬羊脂，久則自出。

血：白羊者良。味：鹹，平，無毒。治：女人血虛中風及產後血悶欲絕者，熱飲一升，即活。熱飲羊血，治產後血攻，下胎衣，治卒驚，九竅出血。解莽草毒、胡蔓草毒，又解一切丹石毒發。凡服丹石人忌食羊血。十年一食，前功盡亡。此物能制丹砂、水銀、輕粉、生銀、硇砂、砒霜、硫黃、乳石、鍾乳、空青、曾青、雲母石、陽起石、孔公孽等毒。凡覺毒發，刺飲一升即解。又服地黃、(胡)〔何〕首烏諸補藥者，亦忌之。

附方　衄血一月：不止，刺羊血，熱飲即瘥。產後血攻：新羊血一盞飲之，三兩服妙。大便下血：羊血煮熟，拌醋食，最效。硫黃毒發：氣悶，用羊血熱服一合，效。

乳：白羜者佳。味：甘，溫，無毒。治：補寒冷虛乏，潤心肺，治消渴，療虛勞，益精氣，補肺腎氣，(如)〔和〕小腸氣。合脂作羹，補腎虛及男女中風。利大腸，治小兒驚癇。含之，治口瘡。主心卒痛，可溫服之。又蚰蜒入耳，灌之即化成水。治大人乾嘔及反胃，小兒噦啘及舌腫，並時時溫飲之。解蜘蛛咬毒。牛羊乳實為補潤，故北人食之多肥健。

附方　小兒口瘡：羊乳，細濾入，含之，數次愈。漆瘡作痒：羊乳敷之。

腦：味：有毒。發風病，和酒服迷人心，成風疾。男子食之損精氣，少子。白羊黑頭，食其腦作腸癰。治：入面脂手膏，潤皮膚，去䵟䵳，塗損傷，丹瘤肉刺。

附方　發丹如瘤：生綿羊腦同朴硝，研塗之。足指肉刺：刺破，以新酒酢和羊腦塗之，一合愈。

髓：味甘，溫，無毒。治：男子女人傷中，陰陽氣不足，利血脉，益經氣，以酒服之，却風熱，止毒。久服不損人。和酒服，補血，主女人血虛，風悶。潤肺氣，澤皮毛，滅瘢痕。

附方　目中赤翳：白羊髓敷之。舌上生瘡：羊脛骨中髓，和胡粉塗之妙。白禿頭瘡：生羊骨髓，調輕粉搽之，先以泔水洗淨，一日二次，數日愈。痘痂不落：痘瘡痂不落，滅瘢方：用羊胴骨髓，煉一兩，輕粉一錢，和成膏，塗之。

心：用白羝羊者良。味：甘，溫，無毒。有孔者殺人。治：止憂恚，膈氣，補心。肺：味：同心。自三月至五月，其中有蟲，狀如馬尾，長一二寸，須去之，不去令人痢下。治：補肺，止欬嗽。傷中補不足，去風邪。治渴，止小便數。同小豆葉煮食之，通肺氣，利小便，行水，解蠱。

附方　渴痢不止：羊肺一具，入少肉，和鹽、豉作羹食，不過三具愈。解中蠱

毒：生羊肺一具，割開，入雄黃、麝香等分，吞之。

腎：味：同心。治：補腎氣虛弱，益精髓。補腎虛耳聾陰弱，壯陽益胃，止小便，治虛損盜汗。合脂作羹，療勞痢甚效。蒜、薤食之一升，療癥瘕，治腎虛消渴。

附方　腎虛精竭：羊腎一雙，切，於豉汁中以五味米糅作羹粥食。虛損勞傷：羊腎一枚，米一升，水一斗，煮九升服，日三。腎虛腰痛：用羊腎去膜，陰乾為末，酒服二方寸匕，日三。

羊石子：即羊外腎也。治：腎虛精滑。肝：青羖羊者良。味：苦，寒，無毒。合豬肉及梅子、小豆食傷人心，合生椒食傷人五臟，最損小兒，合苦筍食病青盲。妊婦食之，令子多厄。治：補肝，治肝風虛熱。目赤暗痛，熱病後失明，並用子肝七枚，作羹食，神效。亦切片，水浸貼之。解蠱毒。羊肝補肝，與肝合，引入肝經，故專治肝經受邪之病。凡治目疾，以青羊肝為佳。蓋羊肝明目，性也，他肝則否。

附方　目赤熱痛：用青羊肝一具，切洗，和五味食之。肝虛目赤：青羊肝薄切，水浸，吞之極效。病後失明：方同上。小兒赤眼：羊肝切薄片，井水浸貼。牙疳腫痛：羯羊肝一具，煮熟，蘸赤石脂末，任意食之。病後嘔逆：用青羊肝作羹淡食，不過三度，食不嘔矣。小兒癇疾：青羊肝一具，薄切，水洗，和五味醬食之。

膽：青羯羊者良。味：苦，寒，無毒。治：青盲明目，點赤障白翳，風淚眼，解蠱毒。療疳濕時行熱熛瘡，和醋服之良。治諸瘡，能生人身血脉。同蜜蒸九次，點赤風眼有效。肝開竅於目，膽汁減則目暗。目者，肝之外候，膽之精華也，故諸膽皆治目病。

附方　病後失明：羊膽點之，日二次。大便秘塞：羊膽汁灌入即通。目為物傷：羊膽二枚，雞膽三枚，鯉魚膽二枚，和匀，日日點之。小兒疳瘡：羊膽二枚，和醬汁灌下部。

胃：一名羊膍胵。味：甘，溫，無毒。羊肚和飯飲，久食令人多唾清水，成反胃，作噎病。治：胃反，止虛汗，治虛羸，小便數，作羹食，三五瘥。脬：治：下虛遺溺，以水盛入，炙熟，空腹食之，四五次愈。胰：白羊者良。治：潤肺燥，諸瘡瘍，入面脂，去䵟䵳，澤肌膚，滅瘢痕。

附方　遠年欬嗽：羊胰三具，大棗百枚，酒五升，漬七日飲之。婦人帶下：羊胰一具，以酢洗淨，空心食之，不過三次。忌魚肉、滑物，犯之即死。痘瘡瘢痕：羊胰二具，羊乳一升，甘草末二兩，和匀塗之，明旦以猪蹄湯洗去。

舌：治：補中益氣。靨：即會咽也。味：甘、淡，溫，無毒。治：氣癭。

附方　項下氣癭：用羊靨一具，去脂，酒浸炙熟，含之嚥汁，日一具，七日瘥。

睛：治：目赤及翳膜。曝乾，為末，點之。熟羊眼中白珠二枚，於細石上和棗核磨汁，點目翳，漸明，頻用三四日瘥。筋：治塵物入目，熟嚼納眦中，仰臥即出。羖羊角：青色者良。味：鹹，溫，無毒。勿使中濕，濕即有毒，菟絲為之使。治：青盲，明目，止驚悸，寒洩，久服安心，益氣輕身，殺疥蟲。入山燒之，辟惡鬼虎狼。療百節中結氣，風頭痛及蠱毒吐血，婦人產後餘痛。燒之辟蛇。灰治漏下，退熱，主山瘴溪毒。

附方　風疾恍惚：心煩腹痛，或時悶絕復甦，以青羖羊角屑，微炒為末，無時溫酒服一錢。氣逆煩滿：水羊角燒研，水服方寸匕。吐血喘欬：青羖羊角炙焦二枚，桂末二兩，為末，每服一匕，糯米飲下，日三服。產後寒熱：心悶，極脹，百病，羖羊角燒末，酒服方寸匕。水洩多時：羖羊角一枚，白礬末填滿，燒存性，為末，每新汲水服二錢。小兒癇疾：羖羊角燒存性，以酒服少許。赤禿髮落：羖羊角、牛角，燒灰等分，豬脂調敷。打撲傷痛：羊角灰，以沙糖水拌，瓦焙焦，為末，每熱酒下二錢，仍揉痛處。脚氣疼痛：羊角一副，燒過為末，熱酒調塗，以帛裹之取汗，永不發也。

齒：三月三日取之。味：溫。治：小兒羊癇寒熱。頭骨：已下並用羖羊者良。味：甘，平，無毒。羊頭骨能消鐵也。治：風眩瘦疾，小兒驚癇。脊骨：味甘，熱，無毒。治：虛勞，寒中，羸瘦，補腎虛，通腎脉，治腰痛下痢。

附方　腎虛腰痛：用羊脊骨一具，搥碎煮，和蒜、薤食，飲少酒妙。虛勞白濁：羊骨為末，酒服方寸匕，日三。小便膏淋：羊骨燒研，榆白皮煎湯，服二錢。洞注下痢：羊骨灰，水服方寸匕。

尾骨：治：益腎，明目，補下焦虛冷。脛骨：味甘，溫，無毒。性熱，有宿熱人，勿食。治：虛冷勞，脾弱腎虛，不能攝精，白濁，除濕熱，健腰脚，固牙齒，去䵟䵳，治誤吞銅鐵。齒者，骨之餘，腎之標，故牙疼用羊脛骨以補之。羊脛骨灰可以磨鏡，羊頭骨可以消鐵，故誤吞銅鐵者用之，取其相制也。

附方　按牙固齒：用火煅羊脛骨為末，入飛鹽二錢，同研匀，日用。咽喉骨鯁：羊脛骨灰，米飲服一錢。

毛：治：轉筋，醋煮裹脚。鬚：治：小兒口瘡，蠼螋尿瘡，燒灰

和油敷。

附方　香瓣瘡：生面上耳邊，浸淫水出，久不愈，用羖羊鬚、荊芥、乾棗各二錢，燒存性，入輕粉半錢，每洗，拭清油調搽，二三次必愈。　口吻瘡：方同上。

溺：治：傷寒熱毒攻手足，腫痛欲斷，以一升，和鹽豉搗，漬之。

屎：味苦，平，無毒。治：燔之，主小兒洩痢腸鳴，驚癇。燒灰，理聤耳，并罯竹刺入肉，治箭鏃不出。燒灰淋汁沐頭，不過十度即生髮，長黑。和鴈肪塗頭亦良。煮湯灌下部，治大人小兒腹中諸疾，疳濕，大小便不通。燒烟熏鼻，治中惡，心腹刺痛，亦熏諸瘡中毒，痔瘻等，治骨蒸彌良。　羊胲子：乃羊腹內草積塊也。治：翻胃，煅存性，每一斤入棗肉、平胃散末一半，和勻，每服一錢，空心沸湯調下。

明·盧之頤《本草乘雅半偈》帙五

羖羊角《本經》中品　氣味：鹹，溫，無毒。　主治：主青盲，明目，殺疥蟲，止寒洩，辟惡鬼，走虎狼，止驚悸。久服安心，益氣，輕身。

覈曰：羖本夏羊，生河西，色青黑，頭小身大，毛長而柔，可以為羢，一名綿羊，其角為用最大。《詩》云繇醉之言，俾在童羖，蓋羖之美在角也。羖為角音，又為古音，《詩》以古與語，葉韻是矣。而音通于牯，故《本草》羢羊條，注稱為羊之牯，猶兕音通于牸，稱為犀之牸也。羖，羭也。羭色黑，為黑羝，為黑羺；羒色白，為白羝，為白羺。各有牝牡，但當以色為別。蓋羊之有羒羭，亦猶木之有枌榆也。枌亦白，榆不能白。色白有辨之義，故皆從分；色黑有不辨之義，故皆從俞。又今榆者，北方有之，故古稱榆塞，而江南有刺榆，無大榆，是南方于羊也則有羒而無羭，于木也則無榆而有枌，色相類，義相同也。羝，抵也。羝性好觝，故從羝，省字從抵，省音從低者，以羝先低其角，然後能觝突故也。羊，總名。羔，羊子。四月而乳，一歲三生，母既生子，子復生孫，孫又生子，易繁速計，莫捷於羊。其別有四，曰羜者，五月生羔也；曰羍者，七月生羔也；曰䍪者，六月生羔也；曰羠者，羊未卒歲也。《釋畜》但載未成羊者為羜。郭氏云：俗呼五月羔為，蓋謂羔已生及五月者爾。而《說文》稱五月生羔，則似謂仲夏所生者矣。按《齊民要術》稱正月生羔為上種，十一月、十二月生者，次之。母視含重，膚軀充滿，草雖枯，亦不羸瘦；母乳適盡，即得春草，是以極佳。八月、九月、十月生者雖值秋肥，然比至冬暮，母乳已竭，春草未生，是故不佳。三月、四月生者，草雖茂美，而羔小未食，嘗飲熱乳，所以亦惡。五月、六月、七月生者，兩熱相仍，惡中之甚，然則五月生者乃是不美，故古稱肥羜，以速諸父，當是生及五月者爾。《繁露》云：凡贄卿用羔，羔有角而不用，類仁者；執之不鳴，殺之不嗥，類死義者；飲乳必跪其母，類知禮者，故以為贄。《禮》云：飾羔雁者，以饋以言，其德足以衣被，而又有文章也。《字說》云：羔從羊，從火。羊，火畜也。羔火在下，若火始然，可進而大也，故羔大曰羊，三歲曰䍧。䍧，小狠也。䍧以乘而不隨為臧，犅以乘而不逆為剛。蓋牛之性順，犅雖牡，而猶有順性，故為乘而不逆也。羊之性狠，䍧雖牝，而猶有狠性，故為乘而不隨也。羊前逆，牛前順，故羊宜驅，而牛宜牽；羊善群，每成群，必以一群為主，舉群聽之，謂之壓群；羊善鬪，《鬪羊表》云：臣聞勇士冠雞，武夫戴鶡，推群舉類，獲此鬪羊，遠主越巂，蓄情剛決，敵不避強，戰不顧死，雖為微物，志不可剉，效奇靈囿，角力天場，却鼓怒以作氣，前躑躅以奮擊，趹若奔雲之交觸，碎如轉石之相叩，裂骨賭勝，濺血爭雄，敢毅見而衝冠，鷙狠聞而擊節，冀將少助明主，市駿骨揖怒蛙之意也。若使羊能言，必將曰苦鬪不解立有死者。所賴至仁無殘，量力取勸焉。羊畏露，牧之者，宜晚出而早歸也。羊惡濕喜燥，食鉤吻而肥，食仙茅而肪，食仙靈脾而淫，食羊躑躅而死。羊宜黍，黍火穀，羊火畜，故羊宜黍也。其目無神，其腸九縈，其力在尾，其角下䚥。角之不齊者曰觤音軌。角有三觠音卷者曰羷音斂。絕有健力者曰奮。種類甚多，入藥只以青色羖羊為勝，次則烏羊，其羪羺羊及虜中無角羊，止可啖食乳髓，則肥好也。羖羊，亦有褐色、黑色、白色者，毛長尺餘，亦謂之羖羺羊。北人驅引大羊，則以此羊為首，名曰羊頭。河東亦有羖羺羊，性尤狠健，毛長而厚，入藥亦佳。如羖羺驅至南方，則筋力自勞損，安能補益于人。今南方諸羊，多食野草、毒草，故味薄而易發疾，惟淮南州郡或有佳者，可亞北羊。北羊至南日久，尚不中食，水土使然耳。生江南者為吳羊，頭身相等，毛短肉瘦，供饌猶易發疾，入藥更無效矣。羖羊之角，可以占灼，契丹謂之羊卜。其皮極薄，南番以書字，吳人以畫彩為燈，毛可製筆，角作琉璃，䚥骨鬚涎，咸成藥用，獨美在角。專精者，牝羖之角也。蓋兌為羊，兌，少女也，以柔包剛，物各從類，功力始備耳。菟絲為之使。焚角走虎狼，角灰能縮賀。賀，錫也。

叅曰：羊性好觝，羊力在尾，此交任于閭，會督于巔，是以觝突用角，精專之美在角也。離為火，為羊，為目，在天為熱，在藏為心，心藏血脈之氣也，

故羊為火畜，功主青盲。諸脈屬目，目得血而能視也。寒洩為對待，驚悸為體虛，痛癢瘡瘍，咸歸心火耳。辟惡鬼，為生陽死死陰。走虎狼，為火行爍金獸。久服者體用俱備，絕有力奮矣。

明・盧之頤《本草乘雅半偈》帙一一　羊肉《別錄》上品　氣味：苦、甘，大熱，無毒。　主治：暖中，字乳餘疾，及頭腦大風，汗出虛勞，寒冷，補中益氣，安心，止驚。

覈曰：羊類甚多，備載羖羊角條覈。

条曰：羊，火屬。子，羔，羊下有火，若火始然，可進而大，心畜也。其為藥用，通心，主血脈。《經》云：藏真通于心，心藏血脈之氣也。《金匱要略》羊肉湯，療產後腹中疞痛。疞，音鴆。疞鴆，急也。血濇于營，脈滯于搖也。《別錄》療字乳餘疾。字，女子字；乳，女生子；餘疾，疾解而不了了也。大風頭腦汗出虛勞寒冷者，木失達，火亡發也。發之達之，中乃補，氣乃益，驚乃止，心乃安，木鬱達，火鬱發，子藉母補，母葉子助也。

清・顧元交《本草彙箋》卷八　羊　羊肉味甘，而《素問》云苦。蓋甘以味言，而苦以理言也。羊性熱，屬火，故配於苦耳。且其齒、骨、五臟皆溫平，而肉性乃大熱，以形補形，故凡形氣瘦弱，虛羸不足者需之，而熱症即非所宜也。　血爲水化，補而帶涼，故主女人血虛中風，及產後血悶。蓋血熱則生風，血虛則悶絕，能補能涼，故兼治也。俱宜新血熱飲之。　腎能益腎，主治下元虛冷。　肝能補肝除熱，所以能明目，及治諸目疾。　膽附於肝，故亦治目。目者，肝之外候，膽之精華也。膽汁減則目暗，故諸膽皆爲目疾所需。

大便下血，羊血煮熟，拌醋食，最效。　凡服丹石人，忌食羊血十年，一食前功盡亡。如丹砂、水銀、汞粉、生銀、硇砂、砒霜、硫黃、鍾乳、礬石、陽起石之類，凡覺毒發，刺飲一升，即解。　凡目疾，用羊膽，須羯羊者。羊去勢曰羯。

清・穆石䩉《本草洞詮》卷一五　羊羊肉、羊血、羊肝、羊膽、羊靨、羊脛骨、羊乳、地生羊　羊孕四月而生，其目無神，其腸薄而縈曲。在畜屬火，故易繁而性熱。在卦屬兌，故外柔而內剛。其性惡濕喜燥，食鉤吻而肥，食仙茅而肪，食仙靈脾而淫，食躑躅而死。契丹以其骨占灼，豈亦有靈耶？《內則》謂之柔毛。崔豹謂之長髯主簿。羊肉，苦甘，熱，無毒。主開胃健力，治風眩瘦病，丈夫五勞七傷，小兒驚癇。《十劑》云：補可去弱，人參、羊肉之屬。人參補氣，羊肉補形，蓋有形之物，能補有形肌肉之氣也。凡味同羊肉者，皆補血虛，陽生則陰長耳。寇宗奭云：仲景治寒疝羊肉湯，服之無不驗者。一婦冬月生產，寒入子戶，腹下痛不可按。此寒疝也。醫欲投抵當湯。予曰：非其治也，以仲景羊肉湯即愈。用肥羊肉一斤，水一斗，煮汁八升，入當歸五兩，黃耆八兩，生薑六兩，煮二升，分四服。隋麻叔謀病風逆，起坐不得，煬帝命巢元方診之。曰：風入腠理，病在胸臆，須用肥羊蒸熟，摻藥食之。如其言，未盡劑而瘥。自後每殺羊羔，同杏酪五味，日食數枚。觀此，則羊肉補虛之功，益可驗矣。羊血，鹹，平，無毒。熱飲一升，治產後血攻，下胎衣，解一切丹石、莽草毒。《外臺》云：凡服丹石人，忌食羊血十年，一食前功盡亡。此物能制水銀、硇、砒、鍾乳、雲母、陽起石等毒。凡覺毒發，刺飲一升即解。羊肝，苦，寒，無毒。治肝風虛熱，目赤暗痛。夫羊眼無瞳，其肝不應治目。蓋神藏於內也。《延壽書》謂：凡治目疾，以青羊肝為佳。有一人年八十餘，瞳子瞭然，夜讀細字。云別無服藥，但一生不食畜獸肝耳。或以《本草》羊肝明目而疑之。蓋羊肝明目，性也。凡畜獸臨殺時，忿氣聚於肝，肝血不利目，宜矣。羊膽，苦，寒，無毒。凡人膽汁減則目暗。目者，肝之外候，膽之精華也。故諸膽皆治目病。《夷堅志》載：二百味草花膏，治爛弦風，赤眼流淚，不能近光，及暴赤目疾，用羯羊膽一枚，入蜂蜜於內蒸之，候乾研為膏，每含少許，並點之，一日淚止，二日腫消，三日痛定。蓋羊食百草，蜂採百花，故有二百花草之名。張三丰碧雲膏，臘日取羯羊膽十餘枚，以蜜裝滿，紙套籠住，懸簷下，待霜出掃下，點之神効。羊靨，甘淡，溫，無毒。古方治癭多用猪羊靨，亦述類之義。王荊公癭詩，有內療須羊靨之句。然癭有五，氣、血、肉、筋、石也。靨屬肺，肺司氣，故氣癭服之則効，他癭恐亦少力。羊脛骨，甘，溫，無毒。能健腰脚，固牙齒，治脾弱，腎虛不能攝精。夫齒者，骨之餘，腎之標，故牙疼用羊脛骨以補之。羊脛骨灰可以磨鏡，羊頭骨灰可以銷鐵，故誤吞銅鐵者用之，取其相制也。羊乳，甘，溫，無毒。潤心肺，治消渴，補寒冷虛乏，治大人乾嘔反胃，小兒噦啘舌腫，解蜘蛛咬毒。蚰蜒入耳，灌之即化成水也。又西域有地生羊，以羊臍種土中，灌以水，聞雷而生臍，臍與地連，割之則死，但走馬擊鼓以駭之，驚鳴臍斷，便逐水草。此劉郁《出使西域記》中載之。夫本乎天者親上，本乎地者親下，不易之理也。羊動物而地產，造化之妙，豈可以常理測哉？

清・丁其譽《壽世秘典》卷四　羊牡羊曰羖，曰羝；牝羊曰羜，曰牂。白曰羒，黑曰羭，多毛曰羖攊。出陝西河東尤狠健，毛最長而厚，入藥尤佳。無角曰𦏁、曰羓，去勢曰羯，羊子曰羔。生江南者為吳羊，頭身相等。生秦晉者為夏羊，頭小身大而毛長，土人二歲而剪其毛以為氈物，謂之綿羊。諸羊皆孕四月而生，其目無神，其腸薄而縈曲，在畜屬火，故易繁而性熱，其性惡濕喜燥。《曲禮》謂之柔毛，又曰少牢。《禮》曰：羊泠毛而毳者膻，泠毛長，毳毛結。　氣味：甘，大熱，無毒。　主暖中，字乳餘疾及頭腦大風，汗出虛勞寒冷，補中益氣，安心止驚《別錄》。治風眩瘦病，丈夫五勞七傷，小兒驚癇。

發明李杲曰：羊肉，有形之物，能補有形肌肉，故曰補可去弱，人參、羊肉之屬。人參補氣，羊肉補形，凡形氣瘻弱虛羸不足者宜之。其主字乳餘疾者，蓋產後大虛，氣血暴損，得甘熱之物補助陽氣，則陰血自長，餘疾自除矣。李時珍曰：天行熱病及瘧疾病後，食之必發熱致危。妊婦食之令子多熱。與夫癰腫、瘡瘍、消渴、吐血、嘈雜等證，咸不宜服。白羊黑頭、黑羊白頭、獨角者，並有毒，食之生癰。煮羊以杏仁或瓦片則易糜，以胡桃則不臊，以竹鼺則助味。銅器煮之，男子損陽，女子暴下。物性之異如此，不可不知。汪機曰：反半夏、菖蒲。同蕎麪、豆醬食，發痼疾。同醋食，傷人心。性易凝結，脾弱人，難于消化。

血：　氣味：鹹，平，無毒。　治女人血虛中風及產後血悶欲絕。妊娠胎死不出，胞衣不下者，熱飲一盞，極效。又治卒驚，九竅出血，解莽草、胡蔓草毒，又解一切丹石毒發。　發明李時珍曰：《外臺秘要》云，凡服丹石人忌食羊血，十年一食，前功盡亡。此物能制丹石、水銀、輕粉、生銀、硇砂、砒霜、硫黃、鍾乳、礬石、陽起石等毒，凡覺毒發，刺羊血，熱飲一升即解。凡服地黃、何首烏諸補藥者，忌之。

腦：　氣味：有毒。　發風病，和酒服迷人心，成風疾。男子食之，損精氣，少子。

腎：俗名羊腰子。　氣味：甘，溫，有毒。　主補腎氣虛弱，益精髓。　發明李時珍曰：羊腎補腎氣者，借其氣以補其不足也，腎得補則精髓自益矣。《千金》《外臺》諸方治腎虛勞損，有腎瀝湯甚多，皆用羊腎煮湯、煎藥，蓋用為嚮導，各從其類，非羊腎能補也。

肝：青羖羊者良。　氣味：苦，寒，無毒。　主補肝，治肝風虛熱。目赤暗痛，熱病後失明，並用子肝七枚作生食，神效。或切薄片，水浸貼之。　發明汪機曰：按《三元延壽書》云，凡治目疾，以青羊肝為佳。有人年八十餘，瞳子瞭然，夜讀細字，云別無服藥，但自幼不食諸獸肝耳。或以《本草》羊肝明目而疑之，蓋羊肝明目，性也，他肝則否。凡畜獸臨宰之時，忿氣聚于肝，肝主血，不利于目，宜矣。

清・劉雲密《本草述》卷三一　羊牡羊曰羖、曰羝。　肉：　氣味：苦、甘，大熱，無毒。　詵曰：溫。　頌曰：《本經》云甘。《素問》云苦。蓋《經》以味言，《素問》以理言。羊性熱，屬火，故配於苦。羊之齒骨五臟皆溫平，惟肉性大熱也。　主治：補中益氣，虛勞寒冷，利產婦，治產後虛羸，脾胃冷氣作痛，療寒疝。

東垣曰：羊肉有形之物，能補有形肌肉之氣，故曰補可去弱，人參、羊肉之屬。人參補氣，羊肉補形。凡味同羊肉者，皆補血虛。蓋陽生則陰長也。

虛勞天真丸，見《準繩》。

附方　《金匱要畧》羊肉湯，治寒勞虛羸，及產後心腹疝痛，用肥羊肉一斤，水一斗，煮汁八升，入當歸五兩，黃芪八兩，生薑六兩，煮取二升，分四服。

產後虛羸腹痛，冷氣不調，及腦中風，汗自出，白羊肉一斤，治如常，調和食之。

崩中垂死，肥羊肉三斤，水二斗，煮一斗三升，入生地黃一升，乾薑、當歸三兩，煮三升，分四服。

宗奭曰：仲景治寒疝羊肉湯，服之無不驗者。一婦冬月生產，寒入子宮，腹下痛不可按，此寒疝也。醫欲投抵當湯。予曰：非其治也。以仲景羊肉湯減水，二服即愈。　希雍曰：羊得火土之氣以生，故其味甘，氣大熱，無毒。《素問》言苦，亦以其性熱屬火耳。補可去弱，人參、羊肉之類是也。東垣之發明，其義確矣。　時珍曰：天行熱病後，溫瘧熱痢後，食之必致發熱難療。妊婦食之，令子多熱。　希雍曰：癰腫瘡瘍，消渴吐血，嘈雜易飢等證，咸不宜服。煮羊肉，切忌銅器。

乳白羜者佳。　氣味：甘，温，無毒。　主治：補寒冷虛乏《別録》。潤心肺甄權。和小腸氣張鼎。利大腸日華子。治大人乾嘔及反胃，小兒噦啘及舌腫，並時時溫服之時珍。

時珍曰：丹溪言反胃人宜時時服之，取其開胃脘大腸之燥也。

腎：俗名羊腰子。　氣味：甘，温，無毒。　主治：補腎氣，理精枯陽敗。

附方　《正要》治陽氣衰敗，腰脚疼痛，五勞七傷，用羊腎三對，羊肉半斤，葱白一莖，枸杞葉一斤，同五味煮成汁，下米作粥，食之。　老人腎硬，治老人腎藏虛寒，內腎結硬，雖服補藥不入，用羊腎子一對，杜仲長二寸濶一寸一片，同煮熟，空心食之，令人內腎柔軟，然後服補藥。

肝：青羖羊者良。　氣味：苦，寒，無毒。　頌曰：溫。　主治：補肝，治肝風虛熱，目赤暗痛，熱病後失明，並用子肝七枚，作生食，神效蘇恭。

按：　羊肝療目疾極多，備見眼目門，止錄其二方，以条證其功。

附方　目病失明，青羖羊肝一斤，去膜切片，入新瓦内炕乾，同决明子半升，蓼子一合，炒為末，以白蜜漿服方寸匕，日三，不過三劑，目明，至一年能夜見文字。　不能遠視，羊肝一具，去膜細切，以葱子一勺，炒為末，以水煮熟，去滓，入米煮粥食。

膽：青羯羊者良。去勢謂之羯羊。　氣味：　苦，寒，無毒。　主治：　青盲明目《别録》。點赤障白瞖，風淚眼甄權。

時珍曰：　肝開竅於目，膽汁減則目暗。目者，肝之外候，膽之精華也。故諸膽皆治目病。

附方　病後失明，羊膽點之，日二次。　治爛弦風，赤眼流淚，不可近光，及一切暴赤目疾，張三丰真人碧雲膏，臘月收羯羊膽十餘枚，以蜜装滿，紙套籠住，懸檐下，待霜出，掃下點之，神效也。　大便秘塞，羊膽汁灌入即通。

脛骨：　氣味：　甘，温，無毒。　詵曰：　性熱，有宿熱人勿食。　主治：　虚冷勞，治白濁勞弱，健腰脚，療筋骨攣痛，固齒牙。

丹溪曰：　羊脛骨，牙齒疎豁須用之。　治齒病，詳見《本類》。

附方　秘真丹治思想無窮，所願不恊，意淫於外，作勞筋絶，發為筋痿，及為白淫遺溲而下，故為勞弱。羊脛炭燒紅窨殺，厚朴薑製，各二兩，硃砂一兩，為細末，酒煮糊，和丸如梧子大，每服五十丸，空心温酒送下。　筋骨攣痛，用羊脛骨酒浸，服之。

愚按：　羊為火畜，應南方赤色，故《本草》言其大熱。但蘇頌言其齒骨五臟皆温平，唯肉大熱。夫人與獸之賦形，如脾之主肉，寧能大異？是則火之生土，其首及者也，《别録》補中益氣之説是矣。茀謂其治虚勞寒冷，則必如方書天真丸之合諸藥，方為得當。孫思邈云利産婦，張仲景羊肉湯乃的劑也。茀如蘇頌説，其氣大熱唯肉，而五臟皆温平，詎知既稟乎氣之熱，氣固流貫於五臟者也，豈能大相懸殊？蓋稟乎火者，心也。心與腎，一氣上下，故腎即用之補腎氣，而肝下合於腎水，上合於心火，又次用之補肝，蓋神水照物，惟風輪之肝，有以包衛涵養之，此神水者，乃先天之氣所生，後天之氣所成，而氣固火之靈也。故不惟益腎，即補肝明目，必借其氣化耳。試觀此味同他藥療目病固多，而治目失明，與不能遠視二證，止用羊肝為主，而佐之者少，則其義可思也。蓋不能遠視者，病於無火，不能近視者，病於無水。補氣所以益火也。又寧惟是，如羊脛骨多以療齒病，用之寒證為多。若寒熱兼者，亦即有相濟之味以用之。蓋腎主骨，齒者骨之餘，腎氣為本，而寒熱為標也。即治白濁勞弱，及筋骨攣痛，則益明矣。大抵是物之所稟者火，故在肉則曰大熱，在心腎皆曰甘温，在脛骨亦云同於心腎。然有言其熱者，唯肝膽乃曰苦寒，以凡膽之味皆苦也。然肝亦有言其温者矣。蓋凡温熱，乃火化即是氣化，而是物於血氣之倫，有得於氣化之陽，以為扶助虚羸之功者，如用之得宜，寧不勝於草木之味乎？

清・郭章宜《本草匯》卷一七　羊肉　味甘，大溫，入足太陰、少陰經。開胃健力，補益虚寒。壯陽道，理腰膝。宣通風氣，起發蟲瘡。

按：　羊，得火土之氣以生，五臟齒骨皆溫平，惟肉性大熱耳。東垣云：補可去弱，人參、羊肉之屬。蓋羊肉補形，故凡形氣瘦弱虚羸，氣乏不足者，皆宜此也。血為水化，其味鹹平，主産後血暈悶絶，及砒霜丹毒，生飲一盞，即活。腎，氣甘溫，補氣益髓，腰膝無力，下焦冷憊者，作羹食之。《千金》《外臺》有用此煑湯煎藥，蓋用為引嚮也。惟肝性苦寒，能療肝風虚熱，目赤暗痛，故肝經受邪之病，用青羊肝丸治之有効也。

凡煑勿用銅器，男子損陽，女子暴下，不可不知。不可同半夏、菖蒲、豆醬食。若同醋食，傷人心。瘡家忌之。

清・尤乘《食鑒本草・獸類》　羊肉　補虚助氣，與參、芪同功。和蟹食傷人心。腦損心少子，心有孔者殺人，肺發氣，肝明目。肝有竅者，黑頭白身者，并獨角者皆不可食。六月忌食。餌地黄補劑皆忌。

清・朱本中《飲食須知・獸類》　羊肉　味甘，性熱。反半夏、菖蒲。同蕎麥麵、豆醬食，發痼疾。同醋食，傷人心。同鮓、鱠、酪食，害人。熱病、疫症、瘧疾病後食之，復發致危。妊婦食之，令子多熱病。　頭蹄肉，味甘，性平。水腫人食之，百不一愈。冷病人勿多食。妊婦食羊目，令子睛白。　血，味鹹，性平。凡猪羊血食久，鼻中毛出，晝夜長五寸，漸如繩，痛不可忍，摘去復生。惟用乳石、硇砂等分為丸，臨卧服十丸，自落也。服丹石人忌食羊血十年，一食前功盡亡。服地黄、何首烏諸補藥者忌之。能解胡蔓草毒。

腦，有毒，食之發風病。和酒服迷人心，成風疾。男子食之，損精氣少子。白羊黑頭，食其腦，作腸癰。　羊心，有孔者勿食，能殺人。　羊肺，三月至

五月其中有蟲，狀如馬尾，長二三寸，須去之。不去食之，令人痢下。　肝，味苦，性寒。同猪肉及梅子、小豆食，傷人心。同生椒食，傷人五臟，最損小兒。同苦笋食，病青盲。妊婦食之，令子多厄。　羊脂，和飯飲久食，令人多唾清水，成反胃，作噎病。

凡煮羊肉，用杏仁或瓦片，則易爛。同胡桃及萊菔煮，不臊。同竹鰡煮，助味。以銅器煮食，男子損陽，女人暴下。白羊黑頭、黑羊白頭、獨角者，並有毒，食之生癰。中羊肉毒者，飲甘草湯解之。過食羊肉傷者，多食棗子、草果可消。

清·何其言《養生食鑒》卷下　羊生江南者，為吳羊，頭身相等而毛短。生秦、晉者，為夏羊，頭小身大而毛長，土人二歲而剪其毛以為毡物，謂之綿羊。廣南英州一種乳羊，食仙茅，極肥，甚補人。

羊肉：味甘，性熱，無毒。補中益氣，安心定驚，治虛乏汗出，益產婦，肥健人。患熱病及天行病、瘧病後，忌食。發瘡疥痼疾，妊婦食之，令子多熱者。忌銅器，勿與醋同食。　羊頭蹄：療腎虛精竭，安心養胃，止驚斂汗，治風眩瘦乏。性補水，水腫人忌食。　羊血：解一切丹石毒，治產後血虛悶暈。凡中胡蔓草、砒霜、硇砂、輕粉、硫黃等毒，刺飲一升即解。服地黃、何首烏諸補藥者，忌食。大便下血，煮熟，拌醋食最效。　羊乳：解蜘蛛毒，潤心肺，補腎氣，益精髓，利大腸。治虛寒，乾嘔反胃，心疼，溫飲之良。　羊腦：發風，損人精氣。書云羊食百草，其病在腦者，不宜食之。　羊髓：潤肺氣，利血脉，去女子血虛風悶，和酒服之。　羊心：補心，除憂恚膈氣。有孔者勿食。　羊肺：補肺氣，止咳嗽，利小便，行水解毒。自三月至五月，勿食。　羊腎：即腰子。補腎氣，益精髓，壯陽，健胃，療虛損，止小便、盜汗，治耳聾。同蒜薤食，消癥瘕。　羊外腎：治腎虛精滑。　羊肝：補肝明目，解毒殺蟲。妊婦勿食。忌苦笋、梅子、生椒。　羊肚：補胃，止反胃、虛汗，治虛羸。小便數，作羹食之。　羊舌：無毒。補中益氣。

凡白羊黑頭、黑羊白頭、獨角者，肉有毒，食之則發瘟。〔中〕羊毒者，飲甘草則解。

清·閔鉞《本草詳節》卷一〇　羊肉　【略】按：羊肉，有形之物，能補有形肌肉之氣，血虛者亦可補，陽生則陰長也。古人常用入湯劑，有以夫。

清·王翃《握靈本草》卷一〇　羊肉不可入銅器煮。　主治：羊肉，苦、甘，大熱，無毒。主暖中，字乳餘疾，及頭腦大風汗出，虛勞寒冷，補中益氣。

清·汪昂《本草備要》卷四　羊肉補虛勞。　甘，熱，屬火。補虛勞，益氣血，壯陽道，開胃健力，通氣發瘡。仲景治虛羸蓐勞，有當歸羊肉湯。《十劑》曰：補可去弱，人參、羊肉之屬是也。東垣曰：人參補氣，羊肉補形。凡味同羊肉者，皆補血虛，陽生則陰長也。　青羊肝：苦寒，蘇頌曰溫。色青。補肝而明目。肝以瀉爲補。羊肝丸，治目疾加黃連。　膽：苦，寒。點風淚眼，赤障白翳。臘月入蜜膽中，紙套籠住，懸檐下，待霜出，掃取點眼。又入蜜膽中蒸之，候乾，研爲膏，每含少許，或點之，名二百味草花膏。以羊食百草，蜂採百花也。時珍曰：肝竅開于目，膽汁減則目暗。目者肝之外候，膽之精華也，故諸膽皆治目病。　脛骨：入腎而補骨。燒灰擦牙良。時珍曰：羊脛骨灰可以磨鏡，羊頭骨可以消鐵。誤吞銅錢者，脛骨三錢，米飲下。　羊血：解金銀、丹石、砒、硫一切諸毒。　乳：甘，溫。補肺腎虛，潤胃脘、大腸之燥。治反胃消渴，口瘡舌腫，含漱。蜘蛛咬傷。有渾身生絲者，飲之瘥。　肉、肝，青羖羊良；　膽，青羯羊良；　乳，白羜羊良。骨煅用。反半夏、菖蒲，忌銅器。牡羊曰羖、曰羝，去勢曰羯。子曰羔，羔五月曰羜。

清·顧靖遠《顧氏醫鏡》卷八　羊腎甘，溫。入腎經。　補腎氣，益精髓，壯陽事，止腰疼。取以類相從者，借其氣以補其不足，腎得補則精髓自益，而陽事強，腰痛止。　肉甘，溫。入脾腎二經。　壯胃，健脾，益腎。形不足者，溫之以氣；　精不足者，補之以味。氣溫味厚，故能益氣補血，而有裨脾胃，故形氣痿弱虛羸不足者宜之。　血鹹，平。生用。丹石毒發，飲之即解。如丹砂、水銀、輕粉、砒礵、硫黃、諸石藥毒。　悮吞蜈蚣，灌即吐出。猪血亦可，不吐入桐油。　羊肉性熱，天行熱病，瘧痢後大忌。瘡家亦忌。

清·李熙和《醫經允中》卷二二　羊肉　熱病天行病、瘧病後食之，必發熱致危；　姙婦食之，令子多熱。反半夏、菖蒲，同蕎麥、豆醬食發痼疾，同醋食傷人心。煮羊肉忌用銅器。同生魚鮓食能害人。　苦、甘，大熱，無毒。主治補中益氣，虛勞寒冷。血解一切砒丹諸石藥毒，食地黃、首烏諸補藥者忌之。產後血悶攻逆，及胎衣不下者，生飲一碗即効。肝，苦，寒，無毒，不可與家肉、梅子、小豆、生椒、苦笋同食。姙娠及水腫骨蒸，瘧疾忌之。肝治風虛熱，解蠱毒。病後失明，同黃連合丸妙。膽點赤眼，去赤障白翳効。食羊中毒者，飲甘草湯解之。

清·馮兆張《馮氏錦囊秘錄·雜症痘疹藥性主治合參》卷九　羖羊肉羊

得火土之氣以生，味甘，氣大熱，無毒。凡形氣瘻弱，虛羸不足，脾胃虛寒，氣乏者宜之。其主字乳餘疾者，蓋産後大虛，血氣暴損，得甘熱補助陽氣，則陰血自長，餘疾自除矣。中氣虛則心不安或驚惕，陽氣弱則頭腦大風汗出。補中則中自緩，故能安心止驚。益氣則陽自足，故能療頭腦大風汗出及虛勞寒冷也。【略】

羖羊肉，專肥形骸，補中益氣，安心止驚。主緩中字乳餘疾，勞傷臟氣，虛寒風眩，肌肉黄瘦。開胃且止吐食，益腎不致瘻陽。并治頭腦大風汗出，虛勞寒冷。但孕婦水腫，骨蒸瘧疾，並勿進食。銅器煮食，男子損陽，女子暴下。頭肉，涼，善補骨蒸。腎，補腎氣，益精髓，補虛損，利小便，止盜汗，療耳聾，壯陽健胃，精枯陽敗者，同人乳粉五錢，空腹食之極效。心，補心，主憂恚氣疼。有孔者切須忌食。肝，主明目，療肝風虛熱，致眼淚凝眸。肺，補肺虛欬痰及小便頻數。齒，燒灰，逐小兒羊癇寒熱。鬚，燒灰，敷小兒疳瘡。膽，解蠱毒殊功，開青盲明目。賭，斂虛汗，補虛怯健脾。血，解砒、硫二毒，并産後血暈，生飲即甦。骨髓，煮酒嘗，滋陰虛血脉可利。腦髓，和酒服，迷心竅中風便來。擠出乳汁，潤心肺，解消渴，補寒冷虛乏。造成酪酥，益五臟，利腸胃，療口舌瘡瘍。東垣云：羊肉甘熱，有形之物也，能補有形肌肉之氣，故曰補可去弱，人參、羊肉之屬是也。人參補氣，羊肉補形。但羊食毒草，凡瘡家及癎疾者，食之即發，故發痘瘡必用之也。

主治痘疹合參：羊頭腦俱清涼發痘，嫩羊肉亦助力行漿。

羖羊角乃心、肺、肝三經藥也。而入肝為主。味苦，鹹，性寒，無毒。青盲，肝熱也；驚悸，心熱也；疥蟲，濕熱也；風頭痛，火熱上升也；蠱毒吐血，熱毒傷血也。百節中結氣及婦人産後餘痛者，血熱氣壅也。苦寒總除諸熱，故能療以上等證也。取之時，勿中濕，即有毒也。

清·张璐《本經逢原》卷四 羊 甘，溫，有毒。羊類多種，惟白羯者良。胡羊毛捲，洮羊毛豐，肉厚皮薄，並可為裘。牂羊墳首，羳羊色黄，形羸味薄，不堪供饌。凡煮羊，忌用銅器。有宿熱者不可食，大病食之必發熱，瘡家及癎疾家食之必發，以其食百草之毒也。羊肉不可共生魚鮓食，能害人。白羊黑首，食其腦作腸癰。羊肝共生椒，食之傷人五藏。羊蹄中有白珠者，名羊懸，食之令人癲。羊獨角及四角者，關外有之，皆有毒，不宜食。發明：羊為肺家之獸，目無瞳子，周身之氣皆聚於肺，故其氣最腥膻，而性味甘溫，色白補肺，是以昔人有人參補氣、羊肉補形之說。《金匱》治産後腹中虛痛及少腹寒疝，並用當歸生薑羊肉湯，專取羊肉之甘溫。煮湯去滓，以助當歸生薑辛散之力，虛滯得以開矣。羊腎治腎虛、膀胱蓄熱、胞痹、小便淋瀝疼脹，《千金》腎瀝湯以之為主。羊石子即羊之外腎，治腎虛精滑，《本事》金鎖丹用之。羊脬治下虛遺溺，溫水漂淨，入補骨脂，焙乾為末，臥時溫酒服半兩，不過四五服即瘥。羊肝補肝，專主肝經受傷，目無精光之病。膽治青盲、目暗，膽開竅於目，膽汁充則目明，膽汁減則目暗。古方碧雲膏，臘月取羯羊膽以蜜盛滿懸檐下，待霜出掃藏，點眼神效。羊乳潤而且補，反胃人宜時時食之，取開胃脘潤大腸之燥也，青羊者尤良。羊肺治嗽止渴，久嗽肺虛者宜之。羊賭主反胃止汗，治虛羸，小便數。羊脂生主下痢脱肛，取潤以導之，補中寓瀉也。熟主賊風瘻痹，潤肌膚，入膏透經絡風熱毒氣，婦人産後腹中絞痛，丸劑中最宜。羊胰滌除藏府垢膩，與豬胰同功，而入肺祛痰尤捷。羊骨稟西方堅勁之氣最鋭，得火煅以濟之，可以消銅鐵，故悮吞銅鐵者用之。觀磨鏡者非此不明。其治賊風痹痛，同虎骨煅灰酒服，皆隨痛處取用。羊鬚燒灰敷小兒頰疳，並療蠼螋尿瘡。羊胎炙乾入藥，亦能補人。與鹿胎、紫河車同入六味地黄丸中，名三台丸，調補腎虛羸瘦最為得力。羊血解石藥毒，《外臺》云，凡服丹石人忌食羊血十年，一食前功盡亡。凡服石藥覺毒發，刺羊血熱飲一升即解，服地黄、何首烏補藥者忌之。

羖羊角音古，黑羊也。鹹，平，無毒。《本經》主青盲，明目，止驚悸寒泄，久服安心益氣輕身，殺毒蟲，入山燒之辟惡〔鬼〕、虎狼。發明：羖羊與羚羊俱是野獸。羖則雄猛倍甚，角亦起稜，與羚羊不殊，但色黑如漆，故專伐腎邪，辟不祥，與羚羊大都彷彿互參，《本經》此言青盲明目，即羚羊之專主明目也。此言止驚悸，即羚之治魔寐也。此言止寒泄，即羚羊之去惡血注下也。此言久服安心益氣輕身，即羚羊之益氣起陰氣也。此言殺毒蟲辟惡鬼虎狼，即羚羊之辟蠱毒、惡鬼不祥也。但此主寒泄，本乎腎虛不能攝津；彼主惡血注下，係乎肝傷不能統血。而《别錄》治蠱毒吐血，又與羚羊主治相符，究其大綱，此專補救瞳人，彼專消磨翳障，一皆證治之常。至於燒之辟惡鬼、虎狼，如此奇突，迥出意表，非尋常之可擬也。

清·汪啟賢等《食物須知·諸葷饌》 羖羊 種多白色，近道各處俱生。陝西河東獨盛，其或獨生一角，又等白身黑頭，有毒中藏，全禁勿啖。鹵莽誤犯，即生腸癰，膏粱之家不可不識。肉，甘，大熱。專補形骸。主癆傷，臟

氣虛寒；理風痃，肌肉黄瘦。開胃，且止吐食；益腎，不致痿陽。孕婦及水腫暴來，禁勿入口；骨蒸併瘧疾方愈，忌莫沾唇。倘煮入醬和之，生癩發痼疾。俗云羊不醬，由此也。又筋膜中珠子，食亦令人癲癇。蹄肉，雖微，補水甚捷。水腫啖者，百不一療。頭，涼。治勞熱骨蒸及風痃，疫病，發寒宜禁，發熱宜餐。脂，潤。去游風黑黯黖，併疰病傳屍。腎，益腎，理精枯陽敗。心，補心，主憂恚氣疼。有孔者勿食，有毒殺人。肝，療肝風虛熱致眼淚凝滯。肺，治肺虛咳痰及小便頻數。乳汁，潤心肺，補寒冷虛乏。造酪酥，並五臟，利腸胃，療口舌瘡瘍。

清・浦士貞《夕庵讀本草快編》卷六　羊《本經》　董子曰，羊，祥也，故吉禮用之。羊性熱而屬火，《素問》配之於苦，以理言也。《本經》敘其甘溫，以味言也。李杲云：補可去弱，人參、羊肉之屬。夫羊肉乃有形之物，形氣痿弱、虛羸不足者宜之。其主字乳者，蓋產後大虛，血氣暴損，得甘熱之物補助陽氣，則陰血自長，餘疾自除矣！中氣虛則心不安或驚惕，陽氣弱則頭腦大風汗出，補中則中自緩，故能安心止驚；益氣則陽自足，故能療頭腦大風汗出及虛勞寒冷，所謂精不足者補之以味。故仲景治勞羸及產後心疝用羊肉湯；巢元方治風痺起坐不得者，有嫩羊蒸是已。但天行瘧痢之後，斷不可食，恐纏綿反劇。若其肝其胆，能療青盲而消翳障，補肝虛而除熱痛。倪微德羊肝丸，《夷堅志》二百味花草膏，為眼科之聖藥也。致若脛骨可以固齒而磨鏡，羖角可以辟狼虎而退虛熱，各有所主焉。

清・張志聰、高世栻《本草崇原》卷中　羖羊角　氣味鹹，溫，無毒。主治青盲，明目，止驚悸寒泄。久服安心益氣，輕身，殺疥蟲。入山燒之，辟惡鬼虎狼。　羊之種類，南北少別，皆孕四月而生。其目無神，其性善鬬，敵不避強，在畜屬火，故易繁而性熱，喜燥惡濕。食鉤吻而肥，食仙茅而肪，食仙靈脾而淫，食鬧羊花而死。物理之宜忌不可測也。羖羊一作牯羊，乃羊之牡者，其角以青色羖羊者為良。　羚羊角氣味鹹寒，羖羊角氣味鹹溫。是羚羊稟水氣，而牯羊稟火氣也。故《內經》謂：羊為火畜。主治青盲明目者，陽光盛而目明也。止驚悸、寒泄者，火之精為神，神寧則驚悸止，火勝則寒泄除也。心為火臟，故久服安心。益氣者，益陽氣也。陽氣盛，則輕身，而陰類之疥蟲可殺矣。夫牯羊屬火，其角至明，入山則陰寒氣多，故燒之而惡鬼虎狼可辟，亦敵不避強之義。

清・劉漢基《藥性通考》卷六　羊肉　味甘、辛，大熱。能補虛勞，益陰強陽，健脾開胃，健力通氣，發瘡。同當歸煮食名當歸羊肉湯，能補氣血，收虛汗，補肝明目。用羊膽汁冲酒飲之，明目效。羊油治湯火傷瘡神效。反半夏、菖蒲，忌銅器。

清・葉盛《古今治驗食物單方》　羊　產後厥痛，羊肉一觔，當歸、芍藥、甘草各七錢半，用水一斗煮肉，取七升，入諸藥煮二升服。　血崩，肥羊肉三觔，水二斗，煮一斗三升，入生地一升，乾薑、當歸三兩，煮三升，分三服。寒瘧，羊肉作羹，如常食之。　衄血不止，刺羊熱血飲之。　久嗽肺痿，羊肺一具洗淨，以杏仁、柿霜、真荳粉、真酥各一兩，白蜜二兩和勻，灌肺中，白水煮食之。　脚膝無力，陽事不舉，羊腎一枚煮熟，和米粉六兩炒，鍊成乳粉，空心服。　羊肝煮食，治諸目病。　青羊肝煮食，治小兒癇疾。　陰䘌，用羊肝納入，引蟲。　病後失明，羊胆點之。　目為物傷，羊胆、鷄胆、鯉魚胆和點之。　項下瘰癧，羊肚燒灰敷之，油調亦可。　擦牙固齒，羊脛骨煅為末，入飛鹽二錢，共研擦之。　月水不斷，羊前脚左脛骨一條，紙裹泥封令乾，煅赤，入棕灰等分，酒服一錢。　小兒流涎，白羊屎晒乾，或焙為末，抹入口中。　心氣痛，不問遠近，以山羊糞七枚，油頭髮一團，燒灰酒服，斷根。　妊孕熱病，青羊屎研爛，塗臍，以保胎元。　臁瘡，羊屎燒存性，入輕粉研塗。　羊屎燒存性，治一切頭瘡白屑。　瘰癧已破，羊屎燒五錢，杏仁燒五錢，研末，猪骨髓調敷。　雷頭風，羊屎焙研，酒服二錢。

清・黃元御《長沙藥解》卷二　羊肉　味苦，《素問》：羊肉、杏、薤皆苦。氣羶，入足太陰脾、足厥陰肝經。溫肝脾而扶陽，止疼痛而緩急。《金匱》當歸生薑羊肉湯方在當歸用之治寒疝腹痛者。以水寒木枯，溫氣頹敗，陰邪凝結，則為瘕疝。枯木鬱衝，則為腹痛。羊肉暖補肝脾之溫氣，以消凝鬱也。治脇痛裏急者，以厥陰之經，自少腹而走兩脇，肝脾陽虛，乙木不達，鬱迫而生痛急。羊肉溫補肝脾之陽氣，以緩迫切也。治產後腹中疼痛者，產後血亡，溫氣脫泄，乙木枯槁，鬱克己土，故腹中疼痛。羊肉補厥陰之溫氣，以達枯木也。治虛勞不足者，以虛勞不足無不由脾肝之陽虛。羊肉補肝脾之陽氣，以助生機也。　羊肉淳濃溫厚，暖肝脾而助生長，緩迫急而止疼痛，大補溫氣之劑也。其諸主治，止帶下，斷崩中，療反胃，治腸滑，暖脾胃，起勞傷，消脚氣，生乳汁，補產後諸虛。

清・黄元御《玉楸藥解》卷五　青羊肝　味苦，微寒。入足厥陰肝經。清肝退熱，明目去瞖。青羊肝苦寒，清肝膽風熱。治眼病紅腫瞖膜，昏花喪明。療牙疳痢疾。青羊膽治青盲白瞖，紅瘀赤障，便秘腸結，皯皰疳瘡。白羊乳潤肺止渴。治口瘡舌腫，心痛腸燥，蜘蛛咬傷，蚰蜒入耳，灌之即化成水。

清・吴儀洛《本草從新》卷六　羊〔補虚勞。〕　甘，熱。屬火。補虚勞，益氣力，仲景治虚羸蓐勞，有當歸羊肉湯，凡形氣瘦弱者俱宜食之。壯陽道，開胃健力，通氣發瘡。羊食毒草，凡瘡家及痼疾者食之即發，宜忌之。青羊肝，色青，補肝而明目。膽，苦，寒。點風淚眼，赤障白翳。臘月入蜜膽中，紙套籠住，懸檐下，待霜出，掃取點眼。又入蜜膽中蒸之，候乾，研為膏，每含少許或點之，名二百味草花膏。以羊食百草，蜂采百花也。時珍曰：肝開竅於目，膽汁減則目暗。目者，肝之外候，膽之精華也，故諸膽皆治目病。肺，通肺氣，止咳嗽，利小便。腎，益精助陽。胲，結成羊腹中者。除翻胃。角，明目殺蟲。血，主產後血運悶絶，生飲一杯即活。中金銀丹石砒硫一切諸毒，生飲即解。乳，補肺腎，潤胃脘大腸之燥。治反胃消渴，口瘡舌腫，含漱。蜘蛛咬傷。有渾身生絲者，飲之瘥。脛骨，入腎而補骨，燒灰擦牙良。時珍曰：羊脛骨灰可以磨鏡，羊頭骨可以消鐵。誤吞銅鐵者，脛骨灰三錢，米飲下。肉、肝，青羖羊良。牡羊曰羖、曰羝。膽，青羯羊良。去勢曰羯。乳，白羜羊良。子曰羔，羔五月曰羜。反半夏、菖蒲。忌銅器及醋。

清・汪紱《醫林纂要探源》卷三　羊　甘，辛，大溫。羊類亦不一。今以有角者為山羊，其性熱。無角者為羱羊，又曰綿羊，其性稍平，而最惡濕，南方卑濕，非其所宜。大抵南方之羊，皆群至自秦晉也。蘇湖之間，以桑葉飼羊，故羊肉肥美。又南中所出土羊，大僅如犬，味亦不佳。其毛色則有青黑者，有黄赤者，而白者為多。補潤命門，長益氣血，壯陽開胃。火畜也。《易》以兌為羊，此取象耳。時日家以未屬羊，則是火中之土。《周禮》羊人屬之夏官司馬，是以羊為火畜。考其性味，自當屬火。然所補者，命門相火，非心火也。辛潤甘補，故仲景治虚羸蓐勞，用當歸羊肉湯。大抵命火衰微，脾胃不能生氣血者，宜之。補陽亦以生陰也。但助熱發瘡，血分素熱者不宜。　血：　鹹，平。解一切丹石、砒、硫及百草毒。乘熱吸黑羊血，最效。〇羊食百毒草，惟不食黄杜鵑。　肝：　甘，苦，溫。緩肝風，瀉相火，明目。凡肝皆紫，羊肝獨青，合黄連用。　膽：　苦，寒。治風熱淚眼，赤障白翳。肝膽，皆以青羯羊者良。臘月入蜜膽中，風之，待霜出，掃以點目，或待乾研末，或含化，名二百味草花膏。羊目無瞳而能視，其肝膽尤明目，真精內存也。　脛骨：　鹹，平。善登山，履險巖如平地，人云蹄有磁石，能吸鐵，蓋不必然。然以火爍金，金石所畏也。消銅鐵，固齒牙。頭骨灰，可消鐵。脛骨灰，可磨鏡。誤吞銅錢，米飲調下。如杏亦屬火，杏仁消銅，同一理也。然輭堅如此，而可擦牙固齒者，則又腎命同居，陰陽相固，且骨以補骨也。　角中蟲：　鹹，溫。托痘瘡毒。　乳：　甘，溫。潤滑，功略同牛乳。但滋陰不及。然可含漱，治口瘡舌腫，又治蜘蛛毒，亦作酪、酥、醍醐。　屎：　沐頭長髮。乾久，炒盡穢氣，煎水。

清・嚴潔等《得配本草》卷九　羊肉羊脊骨、羊頭蹄、羊腎、羊肚、羊肝、羊脂、羊血、羊肺、羊屎、羊乳　反半夏、菖蒲。忌銅器煮。　甘，溫。入脾、肺二經血分。滋益虚羸肌肉之氣，眷戀在下欲脱之陽。配生地當歸，治崩中欲死。同歸芎甘草，治產後厥痛。合當歸、生薑，治腎虚寒疝。　可煮汁煎藥。　孕婦水腫及骨蒸瘧疾禁用。中羊毒者，甘草湯解之。　羊脊骨：　甘，熱。補腎，通督脈。治腰痛下痢。　羊頭蹄：　甘，平。治腎虚精竭，五勞骨蒸。熱病後宜食，冷病勿食。　水腫者切忌。　羊腎：　即腰子。甘，溫。補腎氣，益精髓，縮小便，止盜汗。　得杜仲，治內腎結硬。　羊肚：　一名羊膍胵。甘，溫。治胃反，止虚汗，補虚羸，止便數。　配白术，治脇下水氣。　羊肝：　忌銅、鐵。　苦，寒。治肝風虚熱，目赤暗痛，熱病後失明。　配川連為丸，治翳膜。　配決明子，治目暗。　羊脂：　甘，熱。止痨痢，潤肌膚，療產後腹中絞痛。　得阿膠、黄蠟、黍米，煮粥，治下痢腹痛。　合白蜜、生地汁、薑汁，煎如飴糖，治產後虚羸。　羊血：　制諸丹石。　鹹，平。補血涼血。主治女人血虚風熱。宜新血熱服。　刺血熱飲，治妊娠胎死不下。　蘸醋食，治大便下血。　解丹石、胡蔓草、莽草毒。　服地黄、何首烏諸補藥者忌之。　怪症：　凡豬羊血主食則鼻中生毛，晝夜長五寸，漸如繩，痛不可忍。摘去復生，惟用乳石、硇砂等分爲末，飯丸如梅子大，臨卧水下十丸，自落也。　羊肺：　甘，溫。上通肺氣，下利膀胱。　羊屎：　和鹽豉杵，敷傷寒熱毒攻手足，腫痛欲斷。　羊乳：　甘，溫。治大人乾嘔及反胃，小兒噦啘及舌腫，補寒冷虚乏。解蜘蛛咬毒。　丹溪先生云：　反胃人宜時時飲之，取其潤胃脘大腸之燥也。

清・嚴潔等《得配本草》卷九　羖羊角　菟絲子為之使。　苦、鹹，微寒。入足厥陰經。療百節結氣，除頭風疼痛，治青盲，止風癇，殺疥蟲。　燒存性，研末，酒服，治產後寒熱，心悶極脹。

題清・徐大椿《藥性切用》卷八　羊　甘溫入肺，補虛治勞，充長形氣。多食令人發瘡。羊肝，補肝明目。膽汁，點淚眼障翳。羊肺，通肺止久欬。羊腎，益精助陽。羊肚，除反胃吐食。羊角，明目殺蟲。生羊血，熱飲，解砒、硫一切毒。羊乳，益陰潤燥，治反胃消渴。脛骨，入腎補骨，燒灰擦牙良。

清・黃宮繡《本草求真》卷一　羊肉入脾補陰，豐體澤膚。　羊肉喘入脾。氣味甘溫，東垣載能補形，此一句已盡羊肉大概矣！復於《十劑》方中又云補可去弱，人參、羊肉之屬，是明指參補氣，而補形端在羊肉，又何疑哉？夫氣屬陽，血屬陰，體輕而燥者屬陽，體重而潤者屬陰，羊肉氣味雖溫，然體潤肉肥，其於肌膚血液則易及，時珍曰：凡味(同)羊肉者，皆補血虛。若使泥於書載壯陽補氣健力等說，及以陽生陰長之理，牽引混指，其何以清眉目而別治用哉？況據書載羊肝、羊膽，皆指屬寒，而能明目以袪翳。時珍曰：肝開竅於目，膽汁減則目暗，目者肝之外候，膽之精華也。故諸膽皆治目病，臘月取羯羊膽十餘枚，以蜜裝滿，紙套籠住，懸簷下，待霜出掃下，點之神效，名二百味草花膏。以羊食百草，蜂採百花也。羊骨則止補骨，燒灰擦牙則止固腎，羊精、羊胵則止潤膚澤肌，羊血則止解砒霜諸毒。《外臺》云：凡服丹石人，忌食羊血十年，一食前功盡亡。此物能制丹砂、水銀、輕粉、生銀、硼砂、砒霜、硫黃、乳石、鐘乳、空青、曾青、雲母石、陽起石、孔公孽等毒。羊乳則止潤燥消渴，羊鬚則止敷疳療瘡，而於氣血未有補。豈有羊肉一味，功喘入肺補氣，而於形血精液，竟不補及者乎！但其氣薄於血，則雖口服甘肥，而血不生，血薄於氣，則雖日服參、耆，而氣不長，於此不可不知。反半夏、菖蒲，忌銅器。同蕎麥、豆醬食發痼疾，同醋食，傷人心。

清・李文培《食物小錄》卷下　羊　肉，甘、苦，大熱，無毒。補中益氣，安心，開胃，健力。　腎，甘，溫，無毒。補腎氣虛弱，益精髓。　肝，苦，寒，無毒。補肝，治肝風。同生椒食，損人五臟，最損小兒。同苦筍食，病青盲。妊婦食，令子多厄。　胃，溫，無毒。補中益氣。諸羊氣味皆同，煮羊肉以杏仁或瓦片則易糜，以胡桃則不臊。羊肉同醋食，傷人心。

清・羅國綱《羅氏會約醫鏡》卷一八禽獸部　羊肉味甘，性溫，入脾腎二經。反半夏、菖蒲，忌蒜。　補中益氣，安心止驚。【略】

羖羊角：味甘鹹，性寒。苦寒，能去諸熱。治目青盲肝熱，平驚悸心熱，殺疥蟲濕熱，除頭風，火熱上升。療百節中結氣、婦人產後餘痛。血熱氣壅。取之時勿中濕，濕即有毒。

清・章穆《調疾飲食辯》卷五　羊　《綱目》曰：白牡羊曰羝、曰羒，牝曰羜、曰牂。黑牡羊曰羭、曰羖。多毛曰羖羅。《圖經》曰：毛長尺餘，北人引羊以此為首羊頭。《衍義》曰：生陝西、河東，毛長而狠健，入藥供饌，在諸羊上。每二歲一剪其毛為氊物，名綿羊。胡羊曰羪羺。無角曰羶、曰羦。角不齊曰䍨。三羴曰羴。去勢曰羯。黃腹曰羳。其子曰羔，生五月曰羜，六月曰𦍩，七月曰羍，未卒歲曰䍬。六尺曰羬。《內則》曰柔毛。《古今注》曰長髯主簿。性本淳良，不知《史記・項羽本紀》，宋義下令軍中何以曰猛如虎，狠如羊。又哈密衛大尾羊，尾重一二十斤。《唐書・四夷列傳》曰靈羊，云可療毒。《方國志》云：大食國胡羊，尾如扇，每春割取其脂，復滿又割，不割則脹死。《水東日記》云：莊浪衛近雪山亦有，名饕羊。《廣志》云：西北一種羊大如驢。臨洮亦有大羊，名洮羊，一種𦍋羊，皮蹄堅利如刃，可割黍。一種封羊，背有肉峰如駝，名駝羊，出涼州。又有一種地生羊，劉郁《使西域記》云：種羊臍於土，溉以水，聞雷即生臍與地連，驚以木聲臍斷，便能行嚙草。《淵穎集》云種脛骨，一云種角。《北戶錄》但云羔生土中，不言所種何物。又有羵羊，乃土之精，季桓子嘗掘地得之，以問孔子。

按：羊種類雖多，惟以北產為勝。蓋其性喜寒惡熱，大江以南則生息寡，北地則繁孕。四月而生，歲可三產。皮可裘，毛可為氈罽，又績為氆氇、嗶嘰等物，衣被天下。

肉，性暖，益脾胃，實腠理。北地苦寒，非食此不能禦凍。久食令人肥白。又補產後諸虛，《金匱》當歸生薑羊肉湯，為產後虛寒，心腹急痛之聖藥：羊肉一斤，水一斗，煮取六升，入當歸五兩，黃耆八兩，生薑六兩，煮至二升，分四服。漢時三兩，只得今時一兩，三升亦得一升。今貨布及大泉五十、五銖、半兩等錢幣，內有存者，可考也。《胡洽方》去黃耆，《千金方》加芍藥。寒不甚者，薑宜減半，微有熱即禁用。又主病後肌肉不生，精神不復久瘧後尤宜。又同花椒、茴香食，治寒疝氣痛，及一切陽分虛寒之病。但不可同蕎麥食。一種毛結不解，羸瘦者，其氣味亦不佳。《內則》曰：羊泠毛而毳羶。究之羊肉羶。唐薛緯詩曰：一楪羶根數十皺。《文海披沙》註云：羊肉也。

脂，同肉性。血，生飲治產後血悶欲死，解丹石、硫黃、砒信、野葛、胡蔓草即水莽諸毒，並生飲。乳，潤心肺，解消渴，補虛勞，益精血。《經驗方》云：中蜘蛛毒，遍身生絲，羊乳一升飲之。亦治反胃燥結。腦髓損人，心補心，肺

補肺，腎補腎，肝補肝。其治肝虛目疾，遠勝猪肝。《唐本草》云：熱病後失明，羊肝七枚生食，神效。膽點目過於猪膽，胃補胃，脬補脬，舌開胃進食，脏損人。李杲曰：人參補氣，羊肉補形。故凡虛病，平日體瘦者宜，體肥者忌。性極暖，故虛寒者宜，虛熱者忌。食之之時，秋分以後宜，春分以後忌。熱病後、天行病後、患瘡瘍及孕婦胎宮最不宜熱均切戒。又羊肉既補形體，故壅經絡，凡皮膚筋骨有風損者，一生不可食。又忌銅器煮。生食為膾，《外臺》方治虛寒反胃。和蒜、薤食又治腎虛陽痿，每食半斤，三日一度。《論語》曰：膾不厭細。《內則》曰：肉腥，細者為膾，大者為軒。《少儀》曰：牛與羊魚之腥，聶而切之為膾。其性不免有害，不宜多食，詳魚膾條。《紫桃軒雜綴》謂：羊腸乾之，勁韌可作彈絮弓弦。此物能知母恩，跪而飲乳，則人有愧之者矣。見人欲殺，即啣刀跪，哀鳴乞免，其情又可慘矣。凡市肆已殺者，非為一人，我雖不食，彼亦不能復生，若僅充一己之庖，仁人君子必不忍肆其屠割也。宋仁宗忍飢戒殺，史冊傳為千古美談。彼帝王也，且猶如此，我輩薄福貧儒，敢不效之。

清・趙翼《簷曝雜記》卷三　又一種石羊，身較小，其膽在蹄中。凡山巖陡絕處，能直奔而上，力乏，則曲蹄於口餂之，力輒完，復奔而上，故其膽可止喘。

清・吳鋼《類經證治本草・足少陰腎臟藥類》　羊肉【略】〇脛骨入腎補骨。燒灰，擦牙良。誠齋曰：同虎骨，療鶴膝風。【略】〇毛：誠齋曰：燒灰，酒服一錢匕，治交婚莖瘻。

清・楊時泰《本草述鉤元》卷三一　羊牡曰羖，亦曰羝。肉：味甘，氣溫，性大熱。補中益氣，療虛勞寒冷，治產後虛羸，脾胃冷氣作痛及寒疝。得火土之氣以生，故能補有形肌肉之氣。凡味同羊肉者，皆補血虛，陽生則陰長也。附方：治寒勞虛羸及產後心腹疝痛，羊肉湯，用肥羊肉一斤，水一斗煮汁八升，入當歸五兩，黃芪八兩、生薑六兩，煮取二升，分四服《金匱》。產後虛羸腹痛，冷氣不調及中風汗自出，白羊肉一斤，點如常，調和食之。崩中垂死，肥羊肉三斤，水二斗，煮一斗三升，入生地一斤，乾薑、當歸各三兩，煮三升，分四服。治虛勞，天真丸，精羊肉七斤，用當歸十二兩、山藥十兩、蓯蓉十兩、天冬一斤，烘作末，安羊肉內，酒水煮至糜，再入黃芪末五兩、人參末三兩、白朮末二兩，蒸餅搗和丸如梧子，日二次，服三百丸，溫酒下。天行熱病後，溫瘧、熱痢後，食之必致發熱難療，妊婦食之，令子多熱瀕湖。癰腫瘡瘍，消渴，吐血，嘈雜等證，咸不宜服仲淳。煮時切忌銅器。　乳：白羜者佳。氣味甘溫。補寒冷虛乏，潤心肺，和小腸氣，利大腸。治乾嘔反胃，小兒噦啘及舌腫。　羊腎：氣味甘溫。補腎氣，理精枯陽敗。附方：治陽氣衰敗，腰脚疼痛，五勞七傷，用羊腎三對、羊肉半斤、葱白一莖、枸杞葉一斤同五味煮成汁，下米作粥食之。老人腎臟虛寒，內腎結硬，雖服補藥不入，用羊腎一對、杜仲長二寸，同煮熟，空心食之，能令內腎柔軟，然後服補藥。　羊肝：青羖羊者良。氣味苦寒，亦云溫。補肝，治肝風虛熱，目赤暗痛，熱病後失明。並用子肝七枚，作生食，神效。附方：目病失明，青羖羊肝一斤去膜切片，新瓦炕乾，同決明子半升、蓼子一合炒為末，以白蜜漿服方寸匕，日三服，三料目明，至一年能夜見文字。不能遠視，羊肝一具，去膜細切，葱子一勺炒，為末，以水煮熟，去滓，入米煮粥食。　羊膽：去勢青羯羊者良。氣味苦寒。主治青盲明目，點赤障、白翳、風淚眼。膽汁減則目暗，故諸膽皆治目病。大便閉塞，羊膽汁灌入，即通。附方：病後失明，羊膽點之，日二次。碧雲膏：治爛弦風赤眼流淚，不可近光及一切暴赤目疾。臘月收羯羊膽十餘枚，以蜜裝滿，紙套籠住，懸檐下，待霜出掃下點之，神效。　羊脛骨：氣味甘溫，性熱。有宿熱人弗食。治虛冷勞弱白濁，健腰脚，療筋骨攣痛。酒浸服之。固齒牙。疎豁者須用之。附方：秘真丹：治思想無窮，所願不協，意淫於外，作勞筋絕，發為筋痿及為白淫，為勞弱。羊脛炭燒紅窨殺，厚朴薑製各三兩、朱砂一兩為細末，酒煮糊和丸梧子大，每空心溫酒下五十丸。

論：羊為火畜，蘇頌言其齒骨五臟皆溫平，惟肉大熱。夫人與獸賦形如脾之主肉，諒無大異，是則火之生土，其首及者，而《別錄》補中益氣之說是也。其治虛勞寒冷，則必如天真丸之合諸藥，方為得當。夫稟乎火者心也，心與腎一氣上下，故腎即用之補腎氣，而肝下合於腎水，上合於心火，又即用之補肝，蓋神水照物，乃先天之氣所生，後天之氣所成，氣固火之靈也。試觀目病、失明，與不能遠視，多用羊肝為主。緣不能遠視者，病於無火；不能近視者，病於無水。補氣所以益火也。又如羊脛骨之療齒痛，用於寒證為多，若寒熱兼者，即有相濟之味，可見此味之用，腎氣為本，而寒熱為標也。更參白濁勞弱及筋骨攣痛諸治，則益明矣。大抵是物之所稟者火，其於血氣之倫，有得於氣化之陽以為扶助虛羸之功者，如用之得宜，豈不勝於草木無情之品乎？

清・葉桂《本草再新》卷九

羊味羶，性熱，無毒。入心、脾、腎三經。補虛勞，益氣力，壯陽道，開胃健力，通氣發瘡。〇青羊肝，色青，補肝而明目。〇膽，苦，寒。點風淚眼，赤障白翳。〇肺，通肺氣，止欬嗽，利小便。〇腎，益精助陽。〇角，明目，殺蟲。〇血，主產後血暈悶絶，生飲一杯即活。中金銀、丹石、砒、硫一切諸毒，生飲即解。〇脛骨，入腎，而壯骨節。

清・趙其光《本草求原》卷二〇獸部

羊 胡羊，毛卷而豐，肉厚皮薄。可為裘，俗名綿羊。白羯者良，去勢為羯。肺之獸也。目無瞳子，周身之氣皆聚於肺，故氣腥羶而甘溫，有毒。羊配未屬火，故《素問》言其苦熱，言其理也，非真大熱。色白，補肺脾，暖中，東垣曰人參補氣，羊肉補形。由形歸氣，由氣歸精，補氣即能生血。益氣血，壯陽。同蒜、薤食。治虛冷，勞傷，反胃，骨蒸，同淮山、粱米煮粥，或入白石英於內，以荷葉包蒸，去石，加薑、葱作餛飩。產後腹中虛痛及少腹疝痛，或腦中風汗出，取羊肉湯煮生薑、當歸、北芪。產後帶下，同蒜、豉煮。崩中垂死，同歸、地、乾薑煮。寒瘧，飽食飲酒取汗。膈痞，同白麵、薑汁、陳皮。身面浮腫，取商陸湯，同葱、豉煮。損傷青腫，生切貼。白禿，羊肺炒熱貼。長乳，同鼠肉食。止驚，開胃，健力，發瘡。 青羖羊：功亦相近，牡羊曰羖。忌銅器、半夏、菖蒲、豆醬、醋。凡熱病及孕婦勿食。令子多熱也。 白羜乳：羊子五月曰羜。甘，溫，補肺腎，潤腸胃燥而反胃。治消渴，口瘡，舌腫，含咽。漆瘡，塗之。蜘蛛咬毒。腹大，渾身生絲，飲之。 青羖羊肝：牡羊曰羖。苦，寒。補肝，治肝虛風熱，目赤痛，煮食，或生吞，生貼。目病失明，生貼，並炕乾，同決明子及蓼子炒為末，白蜜下。不能遠視，葱子炒研同煮，去渣入米煮粥。青盲內障，同黃連、熟地為丸茶下。忌豬肉。 青羯羊膽：苦，寒，明目。目者肝之竅，膽之精華，故諸膽皆治目病。但諸畜臨殺，忿氣多聚於肝，故肝之血不利於目。惟羊肝專明目，羊腎專引藥入腎，性也。點風眩淚眼，赤障白翳，入蜜於內風乾，待霜出掃下，或九蒸之，候乾點之。病後失明，同上。目為物傷，同雞膽、鯉魚膽點。通大便，導之。塗熱瘡代指。 青羊脂：生，止痢，脫肛，取潤以導之，寓瀉於補也。熟，主賊風痿痹，妊娠下痢，酒服。下痢腹痛，同阿膠煮粥。潤肌膚，塗赤丹，陰脫，殺蟲。入膏藥，透經絡，去風熱毒氣，瘡疥。誤吞鐵、銅、銀，多食自出。 肚：甘，溫。治反胃，虛汗，尿數。作羹食，忌米飲。 脬：止下虛遺尿。炙，同故紙食。 胰：胰者，兩腎間之脂也，即三焦。除臟腑垢膩，潤肺，祛痰，止嗽，同棗，酒煮。滅痘痕。同甘草塗。 青羊角：即黑羊。鹹，平，無毒。功近羚羊。彼是野獸，此取黑牡角，起棱雄猛，專伐腎邪辟不祥，故主青盲明目，即羚羊之明目。止驚悸。即羚羊之治魘寐。寒泄，即羚羊之惡血注下。久服安心益氣輕身。即羚羊之益氣起陰。 殺毒蟲；燒之辟蛇、惡鬼、虎、狼。即羚羊之辟蠱毒。又治風疾恍惚，為屑微炒酒下。吐血、喘咳，同桂末，糯米飲下。產後寒熱癇疾，酒下。氣逆煩滿，水下。打撲損傷。同砂糖焙酒下。是皆腎虛有熱不能攝津，主寒泄以補救瞳人。羚羊則因肝傷不能統血，功在去惡血以消翳障。燒灰用。 血：鹹，平，治血暈悶，九竅出血，衄血，俱生熱飲。下血，醋煮。下胎死及胎衣，生熱飲。解吞蛭蟲及石藥毒。凡服丹石人食之，則十年前之功盡亡。若服石藥毒發，取生熱飲即解。服地黃、首烏補藥亦忌之。 髓：甘，溫。利經脈，益氣血。治血虛風，潤肺澤毛。酒服。 心：以紅花、鹽水塗炙食，解心氣鬱結。 肺：通肺氣，治肺虛久嗽，以杏仁、柿霜、豆粉、酥、蜜，灌入煮食。止消渴、尿數。同羊肉、鹽、豉作羹。 羊腎：即羊腰。甘，溫。補腎氣，益精，治陽衰，盜汗，腰腳疼，同羊肉、葱白、杞葉，和五味煮粥；或陰乾為末酒服。腎冷、內腎結硬，同杜仲，或蓯蓉酒煮。脇破腸出。麻油送入，煎人參、杞子汁溫淋，並食羊腎粥。 外腎：治腎陽虛，精滑。 睛：乾為末，點目去翳。熟羊眼中白珠和棗核磨汁，點目翳、羞明。 脛骨：甘，溫，無毒。入腎，補骨。凡思想不遂意淫於外，作勞筋絕，發為筋痿，及脾不攝精遺尿白濁，名曰勞弱。同薑製厚朴、朱砂、茯苓，酒煮糊丸，酒或米飲下。治筋骨攣痛，酒浸服。月水不斷，取前左腳灰，同棕灰酒下。濕熱牙痛，同白芷、牙皂、歸、青鹽擦。齒疏，同升麻、黃連擦，或同青鹽、生地炭、香附炭末擦。能消鐵，誤吞金銀及骨鯁，米飲下。其灰可磨鏡。燒灰用。 脊骨：功同，兼通督脈，治腰痛。杵碎，同杞子根、葱、蒜，或蓯蓉、草果湯煮，加酒。疳瘻膿水不止。燒灰，同麝、雄黃摻。 毛：醋煮，裹腳。 屎：治孕婦熱病，塗臍安胎。傷寒肢痛，煮汁浸，或同豬膏塗。時疾陰腫，同黃柏煮洗。頭瘡白屑，煎洗，又燒灰同煙煤油開搽。髮毛黃赤，燒灰同豬膏搽。痘風瘡，燒灰油搽。箭簇竹木入肉，灰同豬膏塗。反花瘡，入鯽魚腹內煅，先以米飲洗過搽之。又能生髮且黑。瘰癧已破，灰，同杏仁燒研，豬髓調搽。慢脾驚風，炮，同丁香、胡椒為末，東壁土湯下。皆苦平拔風毒之功。 腹內草積塊：煅存性，治反胃。和平胃散，棗湯下。 胎：調補腎虛瘦弱最妙。同鹿胎、紫河車，入六味丸中，名三台丸。

清・葉志詵《神農本草經贊》卷二

羖羊角 味鹹，溫。主青盲明目，殺疥蟲，止寒洩，辟惡鬼虎狼，止驚悸。久服安心益氣，輕身。生川谷。羖，牡

羊也。

弗求童羖，濈濈思來。觸藩奮抵，懸莢嫌猜。假犀飾帶，縮錫揚灰。橘綠迭對，漠北誰栽。

《詩箋》：俾出童羖，脇以無然之物。《詩》：爾羊來思，其角濈濈。《易》：羝羊觸藩，羸其角。《埤雅》：羝性好觸突，故從抵省。《南史》：江東謂羖羊角為皂莢。鮑照詩：不受外嫌猜。《益部方物略記》：龍羊角，黑質白文，以為帶胯，其用亂犀。《丹房鑒源》：羖羊角灰縮賀。賀錫也，出賀州。《漢饒歌》：當風揚其灰。楊允《雜詠》注：橘綠羊或四角，或六角，謂之迭角羊，其角相對。《輟耕錄》：漠北種羊角，能產羊。賈島詩：無窮草樹昔誰栽。

清・文晟《新編六書》卷六《藥性摘錄》　羊肉　甘，溫。入脾。補中益氣，治虛乏汗出，豐澤肌膚。患熱病、天行病、瘧疾、瘡疥，俱忌食。反菖蒲、半夏，忌銅器、蕎麥、豆醬、醋。○白羊黑頭，白頭獨角者，皆有毒。中毒，以甘草汁解。

羊肉　甘，溫。入脾補陰，豐澤肌膚，補中益氣，安心定驚，治虛乏汗出。若患熱病瘧病，天行病後，忌食，發瘡疥惡疾。○羊肝、羊膽，皆能明目去翳。○羊血，解砒霜諸毒。○羊乳，潤燥，止消渴。○羊鬚，燒灰，敷疳瘵瘡，麻油調。

清・王孟英《隨息居飲食譜・毛羽類》　羊肉　甘，溫。暖中，補氣滋營，禦風寒，生肌健力，利胎產，愈疝止疼。肥大而嫩，易熟不羶者良。秋冬尤美。與海參、蘆菔、筍、栗同煨，皆益人；加胡桃煮，則不羶。多食動氣生熱。不可同南瓜食，令人壅氣發病。時感前後、瘧痢、疳疸脹滿、顛狂、哮嗽、霍亂諸病，及痧痘瘡疥初愈，均忌。新產後僅宜飲汁，勿遽食肉。產後虛羸，腹痛，覺冷，自汗，帶下，或乳少，或惡露久不已，均用羊肉，切治如常，煮糜食之，兼治虛冷勞傷，虛寒久瘧。　羊脂：甘，溫。潤燥，治勞痢，澤肌膚，補胃耐飢，禦風寒，療瘻痹，殺蟲治癬，利產，舒筋。多食滯濕釀痰。外感不清，痰火內盛者，均忌。　婦人陰脫，赤丹如疥，竝煎羊脂，塗。　發背初起，羊脂切片，冷水浸貼，熱即易之。　誤吞鍼鐵，多食羊脂則自下。　羊腦：甘，溫。治風寒入腦，頭疼久不愈者，良。多食發風生熱。餘病皆忌。　羊骨髓：甘，溫。潤五藏，充液，補諸虛，調養營陰，滑利經脈，卻風化毒，填髓，耐飢。衰老相宜，外感咸忌。　羊血：鹹，平。生飲止諸血，解諸毒，治崩衄，及死胎不下，產後血悶欲絕，胎衣不落，併誤吞一切金石草木、蜈蚣、水蛭者，均宜熱服即瘳。熟食但能止血，患腸風痔血者宜之。　羊脊骨：甘，溫。補腎利督，強腰。脛骨磨銅，頭骨消鐵。　羸老胃弱，羊脊骨一具，搥碎，熬取濃汁，煮粥常食。　腎虛腰痛，羊脊骨一具，搥碎，熬取濃汁，和鹽料食。　膏淋虛濁、虛利，羊脊骨煅，研末，米飲下二錢。

誤吞金銀銅錢，羊脛骨煅，研，三錢，米飲下。　誤吞鐵物，羊頭骨煅，研，調稀粥食。　羊肺：甘，平。補肺氣，治肺痿，止欬嗽，行水通小便，亦治小便頻數，病後、產後、虛羸老弱，皆可以羊之藏府煮爛食之。外感未清者均忌。　羊心：甘，平。補心，舒鬱結，釋憂恚，治勞心膈痛如神。余先慈苦節撫孤，遂患此證，諸藥不應，食此即愈，後屢發，用之輒效，久食竟痊。　羊肝：甘，涼。補肝明目，清虛熱，息內風，殺蟲，愈癇，消疳，蠲忿，諸般目疾，並可食之。　羊膽：苦，寒。清膽熱，補膽汁，專療諸般目疾，兼治蠱毒瘡瘍。　目疾，羊膽汁點，或煮熟吞之。　代指，以指刺熱湯中七度，刺冷水中三度，隨以羊膽汁塗之。　羊腰子：羊內腎也。甘，平。補腰腎，治腎虛耳聾，療癥瘕，止遺溺，健腳膝，理勞傷。　羊石子：外腎也。甘，溫。功同內腎而更優。治下部虛寒，遺精淋帶，癥瘕，疝氣，房勞內傷，陽痿陰寒諸般隱疾。並宜煨爛，或熬粥食亦可。入藥用，下部火盛者忌之。　羊脬：甘，溫。補脬損，攝下焦之氣，凡虛人或產後患遺溺者宜之。　羊胃：俗名羊肚。甘，溫。補胃益氣，生肌解渴，耐飢，行水，止汗。　羊腸：甘，溫。補氣，健步，固精，行水厚腸，便溺有節。故董香光祕傳藥酒方，以之為君也。捶熟為綫，堅韌絕倫，補力之優，於此可見。

清・田綿淮《本草省常・禽獸類》　羊　性熱。補虛勞，益氣血，壯陽道，開胃健力，通氣發瘡。惟冬三月可食，餘月食之令人神昏。食羊忌銅器，犯者男子傷精、女子帶下。同小豆、竹筍、柿子、梅子食傷人，同醋食傷心氣，同生椒食破人五臟，同南瓜食令人氣壅，同豬肝食令人煩悶，同蕎麥、豆醬食發痼疾。服半夏、菖蒲、白前、故紙者忌之，孕婦忌之。

清・戴葆元《本草綱目易知錄》卷六　羊　肉，苦、甘，大熱。卦兌屬火，外柔內剛，補中益氣，壯陽益腎，開胃健脾，安心止驚，補益虛寒，利產婦，止虛痛。治風眩瘦病，頭腦大風汗出，虛勞寒冷，五勞七傷，主產乳餘疾，小兒

驚癇。忌銅器煮，和醋食，傷人心。【略】葆按：羊屬火，其肉腥膻，所食野草，南方地卑多濕，惟冬月食相宜，若在三季食多，定發脚氣，瘡瘍痼疾。【略】 頭蹄白羊良：【略】冷病人，勿多食，水腫病，亦忌之。【略】 血白羊良：【略】服地黄、首烏補藥人，忌。【略】 乳：甘，溫。【略】凡反胃乾嘔，老人痞膈，小兒噦啘，宜時時溫服，取其開胃脘，潤大腸枯燥。塗漆瘡作痒，解蜘蛛咬毒。蜒蚰入耳，灌之，即化成水。 腎：【略】葆按：治腰痛，由腎虛或閃挫，俱效，羊腰子一對，批開，去脂，杜仲、故紙，各一錢半，川椒、青鹽各五分，研粗末，入內，線札，入葱白三莖，酒半壺，豉汁一盞，煮熟，食腎飲汁，將藥曝，研末，分四服，酒下，猪腎亦可。 膽青羯羊：苦，寒。肝竅於目，膽汁減則目暗。目者，肝之外候，膽之精華。凡膽，皆能治目疾，而羊膽尤良，取其食百草。入白蜜內蒸之，封乾，研膏，點赤障白瞖，爛弦風眼，有效。解蠱毒，療疳瘡，治時行熱熛瘡。和醋服之，導大便，治諸瘡，能生人身血脉。【略】 睛：曝乾為末，點目赤瞖膜，取眼中白珠二枚，煮熟，於細石上，和棗核磨汁，點目瞖羞明，頻用效。【略】 脛骨脚䯒骨：甘，溫。除濕熱，健腰脚，固牙齒，去皯黵。治虛冷勞損，脾弱腎虛，不能攝精，白濁夢遺。煅灰，可磨鏡。《名醫録》云：張女七歲，悞吞鐀子一隻，胸膈痛不可忍，憂惶無措，教以羊脛骨炒黄末三錢，米飲下，次早大便取下而安。又悞吞金器，葆驗方，千金子去殼淨肉、枳實、檳榔、各二錢，牽牛子五錢，共研細末，先以羊前蹄脛骨，一隻，用水煮汁二碗，去滓，用汁送前末，分兩次服，半週許，當大便，屬另下淨桶中，用物撥開，其金隨糞下，未盡，再服此，予屢驗，故附。【略】 羊胲子：【略】此是羊腹內草積塊，形圓，體輕，色青，大小如羊桃，葆元識。

清・陳其瑞《本草撮要》卷八 羊 味甘，熱，入手足太陰經，功專補虛勞，益氣力。仲景治虛羸蓐勞，有當歸羊肉湯。膽苦，臘月入蜜膽中，紙套籠住，懸檐下，待霜出掃取點眼。又入蜜膽中蒸之，候乾研為膏。每含少許，或點之，名二百味草花膏。以羊食百草，蜂採百花也。肺通肺氣，止咳嗽，利小便。腎益精助陽。胲結成羊腹中者，除翻胃。角明目殺蟲。血生飲，治產後血暈悶絕及中金銀丹石砒硫毒。乳補肺腎，潤胃脘大腸之燥，治反胃消渴口瘡舌腫。蜘蛛咬傷有渾身生絲者，飲之良。誤吞銅鐵，以羊脛骨灰三錢，米飲下。反半夏、菖蒲，忌銅器及醋。

清・吳汝紀《每日食物却病考》卷下 羊 肉，味甘，大熱，無毒。補中益氣，開胃安心，止驚，治汗出，虛勞及頭腦大風，利產婦。蓋頭、齒、骨、臟皆溫平而肉性大熱也。白羊黑頭、黑羊白頭及獨角者，俱有毒，中之者，以甘草湯解之。北地青羊良。若南羊則多受濕，有毒，又山中吃毒草，能發病，犯之即驗。北地又一種無角大白羊，食之更勝。煮羊以杏仁則易糜，以胡桃則不羶，同竹(鼠)〔鰡〕則助味。五臟，各隨臟有主治之功。肺，補肺治欬嗽；肝，補肝明目；腎，補腎益精。凡心肺之有孔者勿食。

清・周巖《本草思辨錄》卷四 羊肉 羊之為物，古說至賾，或謂火畜，《禮》《月令》及《周官・庖人》注。或謂土畜，《淮南子・時則訓》及《呂覽》孟春注。或謂西方之性賈子《胎教篇》，或謂土木之母《淮南子・時則訓》，五行已占其四。而自愚思之，即謂之水畜亦何忝焉。羊以西北方產者為美，有長髯可當長髯主簿之目《古今注》。又好登歷山崖傾仄處，略無怖意，其腎氣之充固，非他畜比。惟於五行咸具中，以得火土之氣為尤多。故仲聖用治寒疝腹痛，與產後腹中㽲痛，取其氣熱味甘，足以溫脾緩中。而藥之能溫脾緩中者尚有之，兹何以非羊肉不可，則以證不獨在脾，羊肉正不獨治脾也。《素問》病名心疝，少腹當有形，又任脈為病，男子內結七疝，寒疝即七疝之一，何能於腎無與，即仲聖之大烏頭煎、抵當烏頭桂枝湯，皆治寒疝腹痛，皆用烏頭。烏頭者，外驅寒濕，內溫腎陽者也。《外臺》烏頭湯，且以治寒疝發作時令人陰縮。況脇痛裏急，明是寒襲厥陰，產後血虛，無不下寒。小建中湯雖治腹痛，豈能愈此大證。兌為羊，兌卦二陽在下，一陰居上，羊蓋具剛狠之性《易・大壯》疏，而能於陰中化陽者。寒疝乃肝腎之陰，同受寒累。羊肉溫脾緩中，而肝腎之虛寒，亦得其溫補之益，故用之是證，最為切當。其必與歸、薑協力以成功者，羊肉能於陰中化陽，不能散陰中之寒邪，此歸、薑辛溫之能事，謂為羊肉之前驅可也。

羊乳

唐・孫思邈《千金要方》卷二六《食治・鳥獸》 羊乳汁 味甘，微溫，無毒。補寒冷、虛乏、少血色。令人熱中。

宋・唐慎微《證類本草》卷一六獸部上品〔《別錄》〕 羊乳 溫。補寒冷虛乏。

〔梁・陶弘景《本草經集注》〕云：牛乳、羊乳實爲補潤，故北人皆多肥健。

〔唐・蘇敬《唐本草》〕注云：北人肥健，不噉鹹腥，方土使然，何關飲乳？陶以未達，故屢有此言。

〔宋·掌禹錫《嘉祐本草》〕按：《藥性論》云：羊乳，臣，味甘，無毒。潤心肺，治消渴。孟詵云：羊乳，治卒心痛，可溫服之。日華子云：羊乳，利大腸。含，療口瘡，小兒驚癇疾。

〔宋·唐慎微《證類本草》〕陳藏器：補虛，小兒含之主口瘡。不堪入藥，爲其羶。《食療》：補肺腎氣，和小腸，亦主消渴，治虛勞，益精氣，合脂作羹食，補腎虛，亦主女子與男子中風。蚰蜒入耳，以羊乳灌耳中即成水。又主小兒口中爛瘡，取羖羊生乳，含五六日差。《外臺秘要》：治小兒噦。羊乳一升煎減半，分五服。牛乳亦得。《千金方》：小兒舌腫，羊乳汁飲之差。又方：主乾嘔。取羊乳一盃，空心飲之。《千金翼》：漆瘡，羊乳傅之。《經驗方》：治蜘蛛咬，遍身生絲。羊乳一件飲之。正元十年，崔員外從質云：目擊有人被蜘蛛咬，腹大如孕婦，其家棄之，乞食於道。有僧遇之，教飲羊乳，未幾日而平。

宋·劉明之《圖經本草藥性總論》卷下 羊乳 溫。補寒冷虛乏。《藥性論》云：臣。味甘，無毒。潤心肺，治消渴。日華子云：利大腸，含療口瘡，小兒驚癇疾。

宋·陳衍《寶慶本草折衷》卷一五 羊乳臣。 所出與羖羊角同，北地尤多。○取小羔飲餘之乳也。

味甘，溫，無毒。○補寒冷虛乏。○《藥性論》云：潤心肺，治消渴。○孟詵云：治卒心痛，可溫服之。○日華子云：利大腸。含，療口瘡。小兒驚癇。○《千金方》：小兒舌腫，羊乳汁飲之差。○《千金翼》：漆瘡，羊乳傅之。○《經驗方》：治蜘蛛咬，一身生絲，飲羊乳而平。

元·尚從善《本草元命苞》卷七 羊乳 為臣。味甘，性溫。潤心肺，補虛。利大腸，止渴。療口瘡，治小兒驚癇。補腎氣，主大人心痛。孟詵云：卒心痛，可溫服之。蚰蜒入耳，灌耳中，即化成水。蜘蛛傷咬，無時度飲之，遂安。

元·吴瑞《日用本草》卷三 羊乳 性溫。補虛，治卒心痛，溫服之。

清·丁其譽《壽世秘典》卷四 羊乳 氣味：甘，溫，無毒。主補寒冷虛乏，潤心肺，治消渴。 發明李時珍曰：乳以白羊者佳。丹溪言，反胃人宜時時飲之，取其開胃脘、大腸之燥也。

清·王孟英《隨息居飲食譜·水飲類》 羊乳 甘，平。功同牛乳。專治蜘蛛齩毒。白羜羊者勝。

清·劉善述、劉士季《草木便方》卷二人禽獸部 羊 羊乳甘溫補虛勞，膽汁明目障翳療。脛骨煅末化銅鐵，屎出簽刺箭簇矛。燒烟熏瘡痔瘻蟲，血解金石丹毒消。

大尾羊

明·李時珍《本草綱目》卷五〇獸部·畜類 大尾羊時珍曰：羊尾皆短，而哈密及大食諸番有大尾羊。細毛薄皮，尾上旁廣，重一二十斤，行則以車載之。《唐書》謂之靈羊，云可療毒。

地生羊

明·李時珍《本草綱目》卷五〇獸部·畜類 地生羊出西域。劉郁《出使西域記》云：以羊臍種於土中，溉以水，聞雷而生，臍與地連。及長，驚以木聲，臍乃斷，便能行嚙草。至秋可食，臍内復有種，名壠種羊。段公路《北户録》云：大秦國有地生羊，其羔生土中，國人築墻圍之。臍與地連，割之則死。但走馬擊鼓以駭之，驚鳴臍絶，便逐水草。吴萊《淵穎集》云：西域地生羊，以脛骨種土中，聞雷聲，則羊子從骨中生。走馬驚之，則臍脱也。其皮可爲褥。一云：漠北人種羊角而生，大如兔而肥美。三説稍異，未知果種何物也。當以劉説爲是，然亦神矣。造化之妙，微哉。

封羊

明·李時珍《本草綱目》卷五〇獸部·畜類 封羊其背有肉封如駝，出凉州郡縣，亦呼爲駝羊。

胡羊

明·李時珍《本草綱目》卷五〇獸部·畜類 胡羊《方國志》云：大食國出胡羊。高三尺餘，其尾如扇。每歲春月割取脂，再縫合之，不取則脹死。葉盛《水東日記》云：莊浪衛近雪山，有饕羊。土人歲取其脂，不久復滿。

洮羊

明·李時珍《本草綱目》卷五〇獸部·畜類 洮羊出臨洮諸地，大者重百斤。郭義恭《廣志》云：西域驢羊，大如驢。即此類也。

𦍩羊

明·李時珍《本草綱目》卷五〇獸部·畜類 𦍩羊此思切。○出西北地，其皮蹄可以割黍。

羵羊

明·李時珍《本草綱目》卷五〇獸部·畜類 羵羊土之精也，其肝土也，有雌雄，不食，季桓子曾掘土得之。又千歲樹精，亦爲青羊。

黃羊

元·忽思慧《飲膳正要》卷三　黃羊　味甘，溫，無毒。補中益氣，治勞傷虛寒。其種類數等成群，至於千數。白黃羊，生於野草內。黑尾黃羊，生於沙漠中，能走善臥，行走不成群。其腦不可食，髓骨可食，能補益人。煮湯無味。

明·李時珍《本草綱目》卷五〇獸部·畜類　黃羊《綱目》

〔釋名〕羳羊音煩。　䴡耳羊時珍曰：　羊腹帶黃，故名。或云幼稚曰黃，此羊肥小故也。《爾雅》謂之羳，出西番也。其耳甚小，西人謂之䴡耳。　〔集解〕時珍曰：　黃羊出關西、西番及桂林諸處。有四種，狀與羊同，但低小細肋，腹下帶黃色，角似羖羊，喜卧沙地。生沙漠，能走善卧，獨居而尾黑者，名黑尾黃羊。生野草內，或群至數十者，名曰黃羊。生臨洮諸處，甚大而尾似麞、鹿者，名洮羊。其皮皆可爲衾褥。出南方桂林者，則深褐色，黑脊白斑，與鹿相近也。

肉　〔氣味〕甘，温，無毒。《正要》云：　煮湯少味。腦不可食。　〔主治〕補中益氣，治勞傷虛寒。時珍。〔出《正要》〕。

髓　〔主治〕補益功同羊髓《正要》。

明·應麐《食治廣要》卷六　黃羊　肉：　氣味：　甘，溫，無毒。主治：　補中益氣，治勞傷虛寒。　按：　黃羊出關西西番及桂林諸處，狀與羊同，但低小細肋，腹下帶黃色者是矣。

明·姚可成《食物本草》卷一三獸部·豢畜類　黃羊黃羊出關西、西番及桂林諸處。有四種，狀與羊同，但低小細肋，腹下帶黃色，角似羖羊，喜臥沙地。生沙漠，能走善臥，獨居而尾黑者，名黑尾黃羊。生野草內，或群至數十者，名曰黃羊。生臨洮諸處，甚大而尾似麞、鹿者，名洮羊。其皮皆可為衾褥。出南方桂林者，則深褐色，黑脊白斑，與鹿相近也。

黃羊肉：　味甘，溫，無毒。主補中益氣，治勞傷虛寒。　髓：　主補益，功同羊髓。

明·施永圖《本草醫旨·食物類》卷四　黃羊羊腹帶黃，故名。　肉：　味甘，溫，無毒。腦不可食。　治：　補中益氣，治勞傷虛寒。　髓：　治：　補益，功同羊髓。

清·王道純《本草品彙精要續集》卷五　黃羊　無毒。附髓。　胎生。

黃羊肉：　主補中益氣，治勞傷虛寒《本草綱目》。○髓主補益，功同羊髓《飲膳正要》。　〔名〕羳羊音煩，䴡耳羊。李時珍云：　羊腹帶黃故名，或云幼稚曰黃，此羊肥小故也。《爾雅》謂之羳，出西番也。其耳甚小，西人謂之䴡耳。　〔地〕出關西西番及桂林諸處。　〔質〕有四種，狀與羊同，但低小細肋，腹下帶黃色，角似羖羊，喜臥沙地。生沙漠，能走善臥，獨居而尾黑者，名黑尾黃羊。生野草內，或群至數十者，名曰黃羊。其皮皆可爲衾褥，出南方桂林者，則深褐色，黑脊白斑，與鹿相仿也。　〔味〕甘。　〔性〕溫。　〔禁〕《正要》云：　煮湯少味，腦不可食。

鮓答

明·李時珍《本草綱目》卷五〇獸部·畜類　鮓答《綱目》

〔集解〕時珍曰：　鮓答生走獸及牛馬諸畜肝膽之間，有肉囊裹之，多至升許，大者如鷄子，小者如栗如榛。其狀白色，似石非石，似骨非骨，打破層疊。嘉靖庚子年，蘄州侯屠殺一黃牛得此物，人無識者。有番僧云：　此至寶也，牛馬猪畜皆有之。可以祈雨，西域有密咒，則霖雨立至；　不知咒者，但以水浸搬弄，亦能致雨。後考陶九成《輟耕録》所載鮓答，即此物也。其言曰：　蒙古人禱雨，惟以净水一盆，浸石子數枚，淘漉玩弄，密持咒語，良久輒雨。石子名鮓答，大者如鷄卵，小者不等，乃走獸腹中所産，狗、牛、馬者最妙，蓋牛黃、狗寶之類也。又按《京房易占》云：　兵强主武，則牛腹生石。據此則鮓答、狗寶同一類也。但生於狗腹者，爲狗寶耳。

〔氣味〕甘、鹹，平，無毒。　〔主治〕驚癇毒瘡時珍。

清·王道純《本草品彙精要續集》卷五　鮓答無毒。　腹生。

鮓答：　主驚癇毒瘡《本草綱目》。　〔地〕李時珍云：　鮓答，生走獸及牛馬諸畜肝膽之間，有肉囊裹之，多至升許。　〔質〕其形大者如雞子，小者如栗如榛，其狀似石非石、似骨非骨，打破層疊重重耳。　〔色〕白。　〔味〕甘，鹹。　〔性〕平。　李時珍云：　嘉靖庚子年，蘄州侯屠殺一黃牛得此物，人無識者。有番僧云：　此至寶也。牛馬豬畜皆有之，可以祈雨。西域有密咒，則霖雨立至。不知咒者，但以水浸搬弄，亦能致雨。後考陶九成《輟耕錄》所載，鮓答即此物也。其言曰：　蒙古人禱雨，惟以淨水一盆，浸石子數枚，淘漉玩弄，密持咒語，良久輒雨。石子，名鮓答，大者如雞卵，小者不等，乃走獸腹中所產，獨牛馬者最妙。蓋牛黃、狗寶之類也。又按《京房易占》云兵強主武則牛腹生石，據此知鮓答、狗寶同一類也。但生於狗腹者爲狗寶耳。

清·戴葆元《本草綱目易知錄》卷六　鮓荅　甘、鹹，平。治驚癇毒瘡，功類牛黃、狗寶。

清・俞樾《茶香室續鈔》卷二四 砟答　國朝宋犖《筠廊偶筆》云：吳門徐籀《吾邱集》中載甲申七月，偶至崇明，聞北門外季家，馬生卵三枚，大者如升，質色如雀卵，紅白相間，重三斤，小者斤許。考之書，蓋凡獸皆有之，名曰砟答，治奇疾難名者。生牛馬腹中者良。

底野迦

宋・唐慎微《證類本草》卷一六獸部上品〔唐・蘇敬《唐本草》〕 底野迦　味辛、苦，平，無毒。主百病中惡，客忤邪氣，心腹積聚。出西戎。〔唐・蘇敬《唐本草》〕注云：彼人云用諸膽作之，狀似久壞丸藥，赤黑色。胡人時將至此，甚珍貴。試用有效。唐本先附。

明・劉文泰《本草品彙精要》卷二三 底野迦無毒。底野迦：主百病，中惡，客忤，邪氣，心腹積聚。名醫所錄。〔地〕《圖經》曰：出西戎，彼人用諸膽合和作之，狀似久壞丸藥，赤黑色。今海南或有之。《唐本》注云：胡人時將至此，甚珍貴，試用有效。〔收〕瓷器貯之。〔質〕狀如久壞丸藥。〔色〕赤黑。〔味〕辛，苦。〔性〕平。〔氣〕氣薄味厚，陰中之陽。〔臭〕腥。

明・王文潔《太乙仙製本草藥性大全》卷七《仙製藥性》 底野迦　味苦、辛，無毒。主治：主百病，中惡客忤如神；治邪氣，心腹積聚奇捷。補註：出西戎，用諸膽汁作之，狀似久壞丸藥，赤黑色，胡人時將至此，甚珍貴，試用有效。

明・李時珍《本草綱目》卷五〇獸部・畜類 底野迦《唐本草》〔集解〕恭曰：出西戎。彼人云：用（豬）〔諸〕膽作之。狀似久壞丸藥，赤黑色。胡人時將至此，甚珍重之。試用有效。頌曰：宋時南海亦或有之。〔氣味〕苦，寒，無毒。〔主治〕百病中惡，客忤邪氣，心腹積聚《唐本草》。

明・吴文炳《藥性全備食物本草》卷二 底野迦　味苦、辛，無毒。出西戎，用諸膽汁作之，狀如久壞丸藥，赤黑色。胡人持將至此，甚珍貴，試用有効。主百病，中惡客忤邪氣，心腹積聚。

諸血

宋・唐慎微《證類本草》卷一八獸部下品〔唐・陳藏器《本草拾遺》〕 諸血　味甘，平。主補人身血不足。或因患血枯，皮上膚起，面無顔色者，皆不足也。并生飲之。又解諸藥毒，菌毒，止渴，除丹毒，去煩熱。食筋令人多力。

元・吳瑞《日用本草》卷三 諸血　味甘，平。解諸藥毒、菌毒、丹石毒，即諸禽、諸獸之血。主補人身血不足，或患血枯，皮上膚起，面無顔色，並生飲之。

明・王綸《本草集要》卷六 諸血　味甘，氣寒。主補人身血不足，並生飲之。又解諸藥毒，止渴，除丹毒，去煩熱。

明・滕弘《神農本經會通》卷八 諸血　陳藏器云：味甘，平。主補人身血不足，或因患血枯，皮上膚起，面無顔色者，皆不足也。并生飲之。又解諸藥毒、菌毒，止渴，除丹毒，去煩熱。食筋，令人多力。

明・鄭寧《藥性要略大全》卷一〇 諸畜之血　味甘、鹹，氣平。補人身血不足，或因患血枯，皮上白膚起，面無顔色，皆血不足也。並生飲之。又解諸藥、菌毒、丹毒，止渴除煩熱。諸畜之筋：食之令人多力。七潭云：凡麋鹿茸、角、莖、腎、髓、血，及犬、馬莖腎之屬，大有補益，世人不知。偏云其熱而不肯輕服。至於椒、薑、桂、附大熱之物，猶有用者。殊不知人與物之有血氣者，本一類，但性禀有二耳。至如金石草木，異類之物，尚能毆病，調養人身，況以同類相補，而反致疑，何其愚耶？

明・方穀《本草纂要》卷一一 諸血　味甘，氣平，無毒。主補人身血之不足，惟生飲之則可。又解諸藥毒，止渴甚效；除丹毒，去煩清熱尤美。大抵血之爲物，宜生而不宜熟也。生則益血而和血，熟則損血而敗血。治者不可因其益血之物，而無損血之謂乎。

明・王文潔《太乙仙製本草藥性大全》卷七《仙製藥性》 諸血　味甘，平。主補人身血不足，或因患血枯，皮上膚起，面無顔色者，皆不足也，並生飲之。又解諸藥毒、菌毒，止渴，除丹毒，去煩熱。食筋令人多力。

明・李時珍《本草綱目》卷五〇獸部・畜類 諸血《拾遺》〔集解〕時珍曰：獸畜有水陸之産，方土之殊，寒熱温凉之不同，有毒無毒之各異。陳氏概以諸血立條，主病似欠分明，姑存其舊而已。其各血主治，俱見本條。〔氣味〕甘，平。〔主治〕補人身血不足，或患血枯，皮上膚起，面無顔色者，皆不足也，並宜生飲。又解諸藥毒、菌毒，止渴，除丹毒，去煩熱藏器。

明・張懋辰《本草便》卷二 諸血　味甘，氣寒。補身血不足，竝生飲之。又解諸藥毒，止渴去煩熱。

明·施永圖《本草醫旨·食物類》卷四 諸血獸畜有水陸之産，方土之殊，寒熱溫涼之不同，有毒無毒之各異。 味：甘，平。治：補人身血不足，或患血枯，皮上膚起，面無顔色者，皆不足也。並宜生飲。又解諸藥毒、菌毒，止渴，除丹毒，去煩熱。

諸朽骨

宋·唐慎微《證類本草》卷一六獸部上品〔唐·陳藏器《本草拾遺》〕 諸朽骨 主骨蒸。多取淨洗，刮卻土氣，於釜中煮之，取桃、柳枝各五斗煮枯，棘鍼三斗煮減半去滓，以酢漿水和之煮三五沸，將出。令患者散髮正坐，以湯從頂淋之，唯熱爲佳。若心悶，可進少冷飯，當得大汗，去惡氣，汗乾可粉身。食豉粥，羸者少與。又東牆腐骨，醋磨塗痕得滅，及除癧瘍風瘡癬白爛。東牆，牆之東，最向陽也。

明·李時珍《本草綱目》卷五〇獸部·畜類 諸朽骨《拾遺》

【集解】時珍曰：朽骨不分何骨，然亦當取所知無毒之骨可也。

【主治】骨蒸。○東墻腐骨：磨醋，塗痕令滅。又塗癧瘍風瘡癬白爛者，東墻向陽也藏器。治風牙痛，止水痢時珍。

【附方】舊一，新三。 骨蒸發熱：多取諸朽骨，洗净土氣，釜煮；入桃柳枝各五斗，煮枯；再入棘針三斗，煮減半；去滓，以酢漿水和之，煮三五沸。令患者正坐散髮，以湯從頂淋之，唯熱爲佳。若心悶，可少進冷粥，當得大汗，出惡氣。汗乾乃粉身，食豉粥。《拾遺》。 水痢不止：朽骨灰、六月六日麴，炒等分，爲末，飲服方寸匕。乃御傳方也。《張文仲方》。 風牙作痛：東墻下朽骨，削之如疼牙齒許大，煻火中煨熱，病處咬之，冷即易。《外臺秘要》。 打擊青腫：墻上朽骨，和唾於石上磨，塗之，乾即易。《千金》。

明·施永圖《本草醫旨·食物類》卷四 諸朽骨朽骨不分何骨，然亦當取所知無毒之骨可也。 治：骨蒸。○東牆腐骨，磨醋塗痕，令滅。又塗癧瘍風瘡癬白爛者。東牆，向陽也。治風牙痛，止水痢。

震肉

宋·唐慎微《證類本草》卷一七獸部中品〔唐·陳藏器《本草拾遺》〕 震肉 無毒。主小兒夜驚，大人因驚失心。亦作脯與食之。此畜爲天雷所霹靂者是。

明·王文潔《太乙仙製本草藥性大全》卷七《本草精義》 震肉 此乃畜之被雷所霹靂者。性無毒。主小兒夜驚，大人因驚失心，亦作脯與食之良。

明·李時珍《本草綱目》卷五〇獸部·畜類 震肉《拾遺》

【集解】藏器曰：此六畜爲天雷所霹靂者，因其事而用之也。時珍曰：按《雷書》云：雷震六畜肉，不可食，令人成大風疾。

【主治】小兒夜驚，大人因驚失心，作脯食之藏器。

清·章穆《調疾飲食辯》卷五 震肉 此六畜為天雷震死者。《綱目》曰：《雷書》云：食震肉令人成大風病。語甚有理。《拾遺》曰：小兒夜驚，及大人因驚失心者，作脯食之良。病由驚得及治以雷，是或一道也。

敗鼓皮

宋·唐慎微《證類本草》卷一八獸部下品〔《別錄》〕 敗鼓皮 平。主中蠱毒。

〔梁·陶弘景《本草經集注》〕云：此用穿敗者，燒作屑，水和服之。病人即喚蠱主姓名，仍往令其呼取蠱，便差。白蘘荷亦然。自草部今移。

〔宋·唐慎微《證類本草》〕《圖經》：文具牛黄條下。《外臺秘要》云：治蠱。取敗鼓皮廣五寸長一尺，薔薇根五寸，如足拇指大，本元云莨菪根，剉。以水一升，酒三升，煮取二升，服之。當下蠱蟲即愈。《肘後方》：治中蠱毒諸方。人有行蠱毒以病人者，若中之當服藥，如知蠱主姓，便呼取以去也。凡診法，中蠱狀，令人心腹切痛，如有物咬。或吐下血，不即治之，蝕人五藏盡即死矣。欲知是蠱，當令病人吐水，沉者是，浮者非。亦有以蟲、蛇合作，蠱藥着飲食中，使人得瘕病。此一種一年死。治之各自有藥。江南山間人有此，不可不信之。《梅師方》：治卒中蠱毒，下血如鵝肝，晝夜不絕，藏腑壞敗待死。知蠱姓名方，破鼓皮燒灰服，自呼名治之即去。又欲知蠱毒主姓名，取敗鼓皮少許，燒末飲服，病人須臾自當呼蠱主姓名。《楊氏産乳》：療中蠱毒。取敗鼓皮燒作末，酒服方寸匕，須臾當呼蠱姓名，令本蠱主呼取蠱名，即差。《聖惠方》亦治小兒五種蠱毒。

宋·寇宗奭《本草衍義》卷一六 敗鼓皮 黄牛皮爲勝。今不言是何皮，蓋亦以驢、馬皮爲之者。唐韓退之所謂牛溲、馬勃、敗鼓之皮，俱收并蓄，待用無遺者。今用處亦少，尤好煎膠。專用牛皮，始可入藥。

宋·劉明之《圖經本草藥性總論》卷下 敗鼓皮 主中蠱毒。

宋·陳衍《寶慶本草折衷》卷一五 敗鼓皮 乃穿破皮也。○所出與牛黄同。

平。○主中蠱毒。○陶隱居云：燒作屑，水和服，差。○寇氏云：黄牛皮為勝，尤好煎膠入藥。

明·王綸《本草集要》卷六 敗鼓皮 氣平。 主蠱毒，燒作屑，水和服

之，病人當呼蠱主姓名，令取蠱即瘥。

明・劉文泰《本草品彙精要》卷二五 敗鼓皮

敗鼓皮：主中蠱毒。名醫所録。〔地〕《衍義》曰：敗鼓皮處處有之，以黃牛皮爲勝。今不言是何皮，蓋亦以驢馬皮爲之者。唐韓退之所謂牛溲、馬勃、敗鼓之皮，俱收並蓄，待用無遺者。今用處亦少，尤好煎膠，專用牛皮始可入藥。〔用〕黃牛皮者爲勝。〔色〕黃白。〔性〕平。〔氣〕氣之薄者，陽中之陰。〔臭〕腥。〔製〕燒灰作末用。〔合治〕敗鼓皮廣五寸，長一尺，合薔薇根五寸如足拇指大，剉，以水一升，酒三升，煮取一升服之，治蠱、下蟲有效。○敗鼓皮燒作末，合酒服方寸匕，治中蠱毒，須臾，當呼蠱姓名，令本蠱主呼取蠱名即瘥，亦治小兒五種蠱毒。

明・許希周《藥性粗評》卷四 中蠱知名敗鼓皮。

敗鼓皮，鼓皮年久打穿者。韓文《進學解》牛溲、馬勃、敗鼓之皮，兼收並畜，待用無遺者是也。燒灰為末，聽用。味□，性平，無毒。主治卒中蠱毒，心腹切痛，如有物咬，下血如鵝肝。然兩廣夷人多有造此蠱毒，採蛇蟲等物合藥，置飲食中害人成瘕，急則一月，緩則一年或三年，無有不死者。如覺，即取敗鼓皮二三寸，燒灰為末，溫酒調服，須臾便自呼蠱名與蠱主姓名，速令蠱主呼取蠱名，即愈。或以皮廣五寸，長一尺，同莨菪根剉，水一升，酒三升，相合，煮取二升，服之，其蠱自下。竊意敗鼓有敗蠱之義，亦寓禳法云耳。

明・王文潔《太乙仙製本草藥性大全》卷七《仙製藥性》 敗皷皮 是牛皮者，勿吝收貯。誅蠱毒，爲蠱服却，絕妙神丹。補註：其方皷皮廣五寸長一尺，薔薇根五寸如足拇指大，或云是莨菪根，剉，以水一升，酒三升，熬二升服之，當下蠱蟲即愈。○治中蠱毒諸方，人有行蠱毒以病人者，若中之當服藥，如知毒主姓，便呼取以去蠱即差。中蠱狀，令人心腹切痛，如有物咬，或吐下血，不即治之，蝕人五臟盡即死矣。欲知是蠱，但令病人吐水，沉者是，浮者非。亦有以蟲、蛇合作，蠱藥著飲食中，使人得瘕病，此一種一年死，治之各自有藥，江南山間人有此，不可不信之。○治卒中蠱毒，下血如鵝肝，晝夜不絕，藏腑壞敗待死。知蠱姓名方，破皷皮燒灰服，自呼名，治之即去。又欲知蠱毒主姓名，取敗皷皮少許，燒末飲服，病人須臾自當呼蠱主姓名。○療中蠱毒，取敗皷皮燒末，酒服方寸〔匕〕，須臾當呼蠱姓名，令本主呼取蠱名即差。《聖惠方》亦治小兒五種蠱毒。

明・皇甫嵩《本草發明》卷六 敗皷牛皮 追蠱毒蠱脹更妙。用皷皮方五寸，長一尺，薔薇根五寸如足拇指大，又云是莨菪根，挫之，以水一升，酒三升，服之當下蟲，愈。

明・李時珍《本草綱目》卷五〇獸部・畜類 敗鼓皮《別録》下品。校正：原在草部，宋本移入獸部。

〔集解〕宗奭曰：此是穿敗者，不言是何皮，馬、驢皮皆可爲之，當以黃牛皮者爲勝。唐韓退之所謂牛溲、馬勃、敗鼓之皮，醫師收畜，待用無遺者也。今用處絕少，尤好煎膠。

〔氣味〕平，無毒。〔主治〕中蠱毒《別録》。弘景曰：燒作屑，水和服之。病人即喚蠱主姓名，往呼本主取蠱即瘥，與白蘘荷同功。治小便淋瀝，塗月蝕耳瘡，並燒灰用。時珍。出《藥對》。

〔附方〕舊三。中蠱毒：《梅師方》云：凡中蠱毒，或下血如鵝肝，或吐血，或心腹切痛，如有物咬。不即治之，食人五臟即死。欲知是蠱，但令病人吐水，沉者是，浮者非也。用敗鼓皮燒灰，酒服方寸匕。須臾，自呼蠱主姓名。○《外臺秘要》云：治蠱，取敗鼓皮廣五寸，長一尺，薔薇根五寸，如拇指大，水一升，酒三升，煮二升，服之。當下蠱蟲即愈。月蝕瘡：《集驗》用救月蝕鼓皮，掌大一片，以苦酒三升漬一宿，塗之。或燒灰，猪脂調塗。《外臺》。

明・施永圖《本草醫旨・食物類》卷四 敗鼓皮此是穿敗者，不言是何皮。馬驢皮皆可為之，當以黃牛皮者為勝。味：平，無毒。治：中蠱毒。燒作屑，水和服之，病人即喚蠱主姓名。往呼本主取蠱即瘥。與白蘘荷同功。治：小便淋瀝，塗月蝕耳瘡，並燒灰用。

附方 中蠱毒：凡中蠱毒，或下血如鵝肝，或吐血，或心腹切痛如有物咬，不即治之，食人五臟即死。欲知是蠱，但令病人吐水，沉者是，浮者非也。用敗鼓皮燒灰，酒服方寸匕，須臾自呼蠱主姓名。○治蠱，取敗鼓皮廣五寸，長一尺，薔薇根五寸，如拇指大，水一升，酒三升，煮二升，服之。當下蠱蟲即愈。月蝕瘡：鼓皮掌大一片，以苦酒三升，漬一宿，塗之，或燒灰豬脂調塗。

清・张璐《本經逢原》卷三 敗鼓皮 平，無毒。發明：敗鼓皮專主蠱毒。取其形空而聲響遠振也。燒作屑，水和服之，病人即喚蠱主姓名，往呼本主取蠱即瘥。梅師云，凡中蠱毒或下血如鵝肝，或吐血，或心腹切痛如有物咬，不即治之，食人五藏即死。欲知是蠱與否，但令病人以唾吐水，沉者為是，浮者即非。用敗鼓皮燒灰，酒服方寸匕，須臾自呼蠱主姓名。《外臺秘要》云：治蠱取敗鼓皮，廣五寸、長一尺，薔薇根五寸，如拇指大，水一升、酒

三升，煮二升服之，當下蠱毒即愈。

清・趙其光《本草求原》卷二〇獸部 敗鼓牛皮 氣平，無毒。治蠱毒、淋瀝，水、酒任下。耳瘡。醋浸塗，或燒灰豬脂調塗。燒灰用。

氈

宋・唐慎微《證類本草》卷一六獸部上品〔唐・陳藏器《本草拾遺》〕 烏氊 無毒。主火燒生瘡，令不著風水，止血，除賊風。燒爲灰，酒下二錢匕，主産後血下不止，久卧吸人脂血，令人無顏色，上氣。

明・李時珍《本草綱目》卷五〇獸部・畜類 氈《拾遺》

〔集解〕時珍曰：氈屬甚多，出西北方，皆畜毛所作。其白、其黑者，本色也。其青、烏、黄、赤者，染色也。其氈毯、褐𦢊、氍毹、氆氇等稱者，因物命名也。大抵入藥不甚相遠。

烏氈 〔氣味〕無毒。 〔主治〕火燒生瘡，令不着風水，止血，除賊風。燒灰，酒服二錢匕，治産後血下不止。久卧，吸人脂血，損顔色，上氣藏器。

〔附方〕新四。 墜損疼痛：故馬氈兩段，酒五升，鹽一抄，煮熱裹之，冷即易，三五度瘥。《廣濟方》。 牙疳鼻疳：氈褐不拘紅黑燒存性、白礬燒枯各一錢，尿桶白碱一錢半，燒過，同研搽，神效。《簡便》。 夜夢魘寐：以赤𦢊一尺，枕之即安。《肘後》。 赤白崩漏：氈燒灰，酒服二錢。白崩用白氈，紅崩用紅氈。《海上》。

明・施永圖《本草醫旨・食物類》卷四 氈 烏氈：味無毒。治：火燒生瘡，令不着風水，止血，除賊風。燒灰，酒服二錢匕，治産後血下不止。久卧吸人脂血，損顔色，上氣。

附方 墜損疼痛：故馬氈兩段，酒五升，鹽一抄，煮熱裹之，冷即易，三五度瘥。牙疳鼻疳：氈褐不拘紅黑，燒存性，白礬燒枯，各一錢，尿桶白碱一錢半，燒過同研，搽，神效。夜夢魘寐：以赤𦢊一尺，枕之即安。 赤白崩漏：氈燒灰，酒服二錢。白崩用白氈，紅崩用紅氈。

清・趙其光《本草求原》卷二〇獸部 毛氈 畜毛所作。燒灰，止血，活血，治産後下血，崩漏赤白，酒下。墜損疼痛，成片，鹽酒煮包之。牙疳、鼻疳，燒枯，同枯礬、人中白燒過研搽。火灼瘡。

六畜毛蹄甲

宋・唐慎微《證類本草》卷一八獸部下品〔《本經・別録》〕 **六畜毛蹄甲：味鹹，平，**有毒。**主鬼疰蠱毒，寒熱驚癇，癲痓狂走。駱駝毛尤良。**

〔梁・陶弘景《本草經集注》〕云：六畜，謂馬、牛、羊、猪、狗、雞也。騾、驢亦其類，駱駝方家并少用。且馬、牛、羊、雞、猪、狗毛蹄，亦以各出其身之品類中，所主療不必同此矣。

〔唐・蘇敬《唐本草》〕注云：駱駝毛蹄甲，主婦人赤白帶下最善。

〔宋・唐慎微《證類本草》〕《圖經》：文具野駝脂條下。

明・劉文泰《本草品彙精要》卷二五 六畜毛蹄甲有毒。

六畜毛蹄甲：主鬼疰，蠱毒，寒熱驚癇，癲痓，狂走。駱駝毛尤良。《神農本經》。 〔地〕陶隱居云：處處有之，六畜謂馬、牛、羊、豬、狗、雞也，驢、騾亦其類，駱駝方家並少用，且馬、牛、羊、雞、豬、狗毛蹄，亦以各出其身之品類中，而所主療則皆同也。 〔味〕鹹。 〔性〕平，軟。 〔氣〕味厚于氣，陰中之陽。

明・王文潔《太乙仙製本草藥性大全》卷七《仙製藥性》 六畜毛蹄甲 味鹹，氣平，有毒。 主治：主鬼疰蠱毒大效，治寒熱驚癇殊功。癲疾狂走用之如神。 補註：六畜者，謂馬、牛、羊、猪、鷄也，騾、驢亦其類，而毛蹄甲以各出其身之品類中，主療不必同此矣。

明・李時珍《本草綱目》卷五〇獸部・畜類 六畜毛蹄甲《本經》下品

〔集解〕弘景曰：六畜，謂牛、羊、猪、馬、鷄、狗也。驢、騾亦其類，各條已有主療，亦不必出此矣。時珍曰：此係《本經》一品，姑存以見古蹟。

〔氣味〕鹹，平，有毒。 〔主治〕鬼疰蠱毒，寒熱驚癇，癲痓狂走。駱駝毛尤良《本經》。

明・吴文炳《藥性全備食物本草》卷二 六畜毛蹄甲 味鹹，氣平，有毒。主鬼疰蠱毒，寒熱驚癇，顛疾狂走，並煮汁飲之。亦各從其治可也。

明・施永圖《本草醫旨・食物類》卷四 六畜毛蹄甲六畜謂牛、羊、豬、馬、雞、駝也。驢、騾亦其類。各條已有主療，亦不必出此矣。 味：鹹，平，有毒。治：鬼疰蠱毒，寒熱驚癇，癲痓狂走。駱駝毛尤良。

清・葉志詵《神農本草經贊》卷三 六畜毛蹄甲 味鹹，平。主鬼注蠱毒，寒熱驚癇，瘨痓狂走。駱駝毛尤良。

六畜遂字，四體分施。附膚燎墜，剔腹益姿。圓歧蹄辨，攫裂甲披。明駝溫縟，避暑毛吹。

《漢書・傳》：六畜遂字。《孟子》：施於四體。《燕書》：賈堅彎弓射牛於百步之外，附膚落毛。柳玭文：覆墜之易如燎毛。《抱朴子》：剔

腹背無益之毛。虞裕文：乾陽也，故馬蹄圓。《淮南子》：牛歧蹄而戴角。《宋書·傳》：熊羆厲爪蓄攫裂之心。《酉陽雜俎》：明駝千里足，多誤作鳴字。《埤雅》：駝毛縟溫厚，夏退毛盡，乃能避熱。韓愈詩：吁無吹毛刃。

六畜心

明·李時珍《本草綱目》卷五〇獸部·畜類　六畜心《綱目》

【集解】時珍曰：古方多用六畜心治心病，從其類也。而又有殺時驚氣入心，怒氣入肝，諸心損心，諸肝損肝之説，與之相反。

【主治】心昏多忘，心虚作痛，驚悸恐惑時珍。

【附方】新二。　健忘：心孔昏塞，多忘喜誤。取牛、馬、猪、雞、羊、犬心，乾之爲末。向日酒服方寸匕，日三服，聞一知十。《外臺》。　蛔蟲心痛：用六畜心，生切作四臠，縱橫劄路，納朱砂或雄黄於中，吞之，蟲死即愈。《集驗》。

明·施永圖《本草醫旨·食物類》卷四　六畜心古方多用六畜心治心病，從其類也。　治：心昏多忘，心虚作痛，驚悸恐惑。

諸肉有毒

唐·孫思邈《千金要方》卷二六《食治·鳥獸》　野猪　青蹄不可食，及獸赤足者不可食，野獸自死北首伏地不可食，獸有歧尾不可食。家獸自死，共鱠汁食之，作疽瘡。十一月勿食經夏臭脯，成水病，作頭眩，丈夫陰痿。甲子日勿食一切獸肉，大吉。鳥飛投人不肯去者，口中必有物，開看無者，拔一毛放之，大吉。一切禽獸自死無傷處不可食。三月三日勿食鳥獸五藏及一切果菜五辛等物，大吉。

宋·唐慎微《證類本草》卷一八獸部下品〔唐·陳藏器《本草拾遺》〕　諸肉有毒　獸歧尾殺人。鹿豹文殺人。羊心有孔殺人。馬蹄夜目，五月已後食之殺人。犬懸蹄，肉有毒殺人，不可食。米甕中肉殺人。漏沾脯殺人。肉中有有星如米殺人。羊脯三月已後，有蟲如馬尾，有毒殺人。脯曝不燥，火燒不動，入腹不銷，久置黍米瓮中，令人氣閉。白馬鞍下肉，食之損人五藏。馬及鹿膣白不可食。乳酪及大酢和食，令人爲血痢。驢、馬、兔肉，妊娠不可食。乳酪煎魚鱠、瓜和食，立患霍亂。豬、牛肉和食，令人患寸白蟲。諸肉煮熟不斂水，食之成瘕。食兔肉食乾薑，令人霍亂。市得野中脯，多有射罔毒。食諸肉過度，還飲肉汁即消，食腦立銷。

元·吴瑞《日用本草》卷三　諸肉　六畜肉熱血不斷者不可食。羊心有孔者殺人。自死及疫死有毒。肉落水浮不可食。犬懸蹄肉有毒。諸獸赤足不可食。乳酪煎鱠不可食。馬懸蹄肉有毒。食生肉，飽乳，變成白蟲、血蟲。諸肉煮熟不斂水，食之成瘕。白馬鞍下肉，食損人之五臟。諸肉落地不着土者，不可食。諸禽獸自死無傷處，不可食。諸獸自死口不閉者，不可食。馬蹄夜目，五月以後能殺人。凡祭祀肉動者，食之能殺人。穢飯、餒肉、臭魚，食之能傷人。凡食肥肉熱羹，不可飲冷水。諸肉中有星如米者，能殺人。獸歧尾殺人。鹿豹文殺人。

元·吴瑞《日用本草》卷三　諸脯腊　諸脯見水不動者，燒不動者；脯久而塵土不去者；諸腊藏五種米中食之人悶；羊脯三月後生蟲者；市得野脯多有射罔，不可食；曝肉不燥，入腹不消；曝肉不乾者；雨漏沾脯者，已上皆不可食。凡服藥人不可食鹿肉，減藥力，以鹿常食解毒九草，制散諸藥故也。九草：葛葉、鹿葱、白蒿、水芹、齊頭蒿、甘草、鹿藥、薺苨、蒼耳。

明·盧和、汪穎《食物本草》卷四　牛黄、犀角、膃肭臍、貊澤膏，罕有真者，雖有亦不多，用者慎焉。彼麒麟、騶虞、神龍之肉，人亦豈易得而醢之哉？　右諸獸肉，如熱血不斷，落水浮及形色異常之類者，皆有毒，不可食。孔子色惡不食，臭惡不食，不時不食是也。又曰：肉雖多，不使勝食氣。蓋人食以穀氣為主，一或過焉，適足以傷人，非養生之道矣。況望其有所補乎？夫人雖不如孔子之聖，而自昧昧於飲食之節，以自戕其生，尚亦不悟，何哉？宜合禽類後之説觀之。

明·王文潔《太乙仙製本草藥性大全》卷七《本草精義》　諸肉有毒　獸歧尾殺人，鹿豹文殺人，羊心有孔殺人。馬蹄夜目，五月已後食之殺人。犬懸蹄肉有毒殺人，不可食。米甕中肉殺人，漏沾脯殺人，肉中(不)有星如米殺人。羊脯三月已後，有蟲如馬尾，有毒殺人。脯曝不燥，火燒不動，入腹不銷，久置黍米甕中，令人氣閉。白馬鞍下肉，食之損人五臟；馬及鹿膣白不可食；乳酪及大酢和食，令人爲血痢；驢、馬、兔肉，妊娠不可食；乳酪煎魚鱠瓜和食，立患霍亂；豬、牛肉和食，令人患寸白蟲；諸肉煮熟不斂水，食之成瘕；食兔肉食乾薑令人霍亂；市得野中脯，多有射罔毒。食諸肉過度，還飲肉汁即消，食腦立消。

明·李時珍《本草綱目》卷五〇獸部·畜類　諸肉有毒《拾遺》　牛獨肝　黑牛白頭　牛馬生疔死　羊獨角　黑羊白頭　白羊黑頭　猪羊心肝有孔　馬生角　馬鞍下黑肉　馬肝　馬無夜眼　白馬黑頭　白馬青蹄　猘犬肉　犬有懸蹄　六畜自死首北向　六畜自死口不閉　六畜疫病瘡疥死　諸畜帶龍形　諸畜肉中有米星　鹿白臆　鹿文如豹　獸歧尾　獸並頭　諸獸赤足　禽獸肝青　諸獸中毒箭死　脯沾屋漏　脯曝不燥　米甕中肉脯　六畜肉熱血不斷　祭肉自動　諸肉經宿未煮　六畜五臟着草自動　六畜肉得鹹、酢不變色　生肉不斂水　肉煮不熟　肉煮熟不斂水　六畜肉墮地不沾塵　肉落水浮　肉汁器盛閉氣　六畜肉與犬，犬不食者　乳酪煎膾　已上並不可食，殺人病人，令人生癰腫疔毒。　諸心損心，諸肝損肝，六畜脾一生不可食。諸腦損陽滑精，諸血損血敗陽，諸脂燃燈損目。經夏臭脯，痿人陰，成水病。魚餒肉敗，本生命肉，令人神魂不安。春不食肝，夏不食心，秋不食肺，冬不食腎，四季不食脾。

明·穆世錫《食物輯要》卷四　凡中六畜肉毒，水調下壁土錢許，可瘥。或以白扁豆燒末，水服；　或即以本畜乾屎末，酒調服，解之。　凡禽獸，肝青者、生疔死者、自死口不閉者、自死首向北者、帶龍形者、五臟着草自動者、肉墮地不沾塵者、熱血不斷者、犬不食者、脯沾塵漏者、祭肉自動者、米甕內肉脯及經宿未煮者、曝不燥者、煮熟不斂水者、落水中浮者，並有毒。悮食，殺人。

明·吴文炳《藥性全備食物本草》卷二　《食鑒》云：　家獸自死，共鱠汁食之作疽瘡。　野獸自死，北首伏地不可食。　獸赤足者不可食。　有鼓混不可食。（申）〔甲〕子日勿食一切獸肉大吉。　凡六畜五臟著草自動搖，及得鹹酢不變色，又墮地不汙，又與犬犬不食者，皆有毒殺人。　獸自死無傷處不可食。　羊有一角食之殺人，當頂上，龍也，殺之震死。　羊肉同鱠酪食之害人。　羊肝得生桃破人臟。　羊肉共鮓食之傷人。　羊心共生魚酪食之害人。　一切羊蹄甲中有珠子白者，名羊懸筋，食之令人顛。　白羊黑頭，食其腦作腸癰。　羊肚共飯飲常食，久久成反胃，作噎病。　青羊肝和小豆食之令人目少明。　羊腦，男子食之損精氣少子。　雜忌之中，柳木及白楊木，不得用銅器中者，殺羊肉食之，丈夫損陽，女子損陰。　青羊肝食之明目。　羊心有孔者食之殺人。　羊肝不可合猪肉及梅子、小豆，食之傷心。　凡羊肉不可久食，病人。　羊肉以桑栢木炙之，令人肚生蟲。　白羊肉不可雜雞肉食之。　山羊肉不可合雞子食。　羊肝不可合烏梅、鹽梅食之。　羊肝有竅者食之害人。　羊不醬，吃之久而閉氣，發痼疾，一云病癩。　牛肉和黍米、白酒食之生白蟲。　牛自死者血脉已絕，骨髓已竭不堪食。　獨肝牛肉食之殺人，牛食蛇者獨肝。　患病食牛肉令人身體痒。　牛肉共猪肉食之必作寸白蟲。　疫死牛或自赤或黄，食之大忌。　牛肺從三月至五月其中有蟲如馬尾，割去之勿食，損人。　食牛肉不可食栗子。　食牛肉損齒，用薑尤甚。　花牛最毒，患眼人吃之雙盲。　食牛肉過多必肚脹，大忌合犬肉食之。　白馬玄頭食之殺人。　白馬自死食之害人。　白馬青黑蹄不可食。　患疥馬肉食之令人身體痒。　白馬鞍下烏色徹肉裏者食之殺人。　一切馬汗氣及毛不可入食中，害人。　馬脚無夜眼者不可食。　馬肉不可熱吃，傷人心。　馬肝有毒，食之殺人。　馬肉不可與倉米同食，必卒得癎疾。　食駿馬肉，不飲酒殺人。　馬肉不可與倉米同食傷人。　驢肉食之動風。　驢病死者不可食。　驢肉合猪肉食成霍亂。　獐肉不可合鰕及生菜、梅李果實，食之病人。　獐肉不可炙食，令人消渴，又不可飴食，令人成瘕癥；　自八月至十二月，食之勝羊肉，自十二月至七月食之動疾，須宜戒之。　豚肉不可久食，令人遍體筋肉碎疼乏氣。　豚腦損男子陽道，臨房不能行事及少子。　猪肝肺共魚鱠食作癰疽。　猪肝共鯉魚腸、魚子食之伏人神。　猪心肝不可多食，無益。　猪肝合羊肝食之令人心悶。　猪肉不可合龜鱉肉，食之害人。　白豕白蹄青爪不可食。　猪肉和葵菜食之令人氣少。　猪肉不可合烏梅食之。　猪肉不可同薑食，吃之中年氣血衰，面生黑點。　野猪青蹄不可食之。　江猪多食令人體重。　豪猪不可多食，發風氣，令人虛羸。　白犬虎紋南斗，畜之可致萬石也。　黑犬白耳，大王犬也，畜之令富貴。　黑犬白前兩足宜子孫。　白犬黄頭家大吉。　黄犬白尾代有衣冠。　黄犬白前兩足利人。　人家養犬純白者凶。　犬黑色者養之，既能伏尸。　舌青斑者，識賊盗則吠之。　白犬合海鮋食之必得惡疾。　犬肉炙食，令人患消渴疾。　犬肉與蒜同食損人。　犬懸蹄肉有毒，殺人。　犬肉不熟，食之成癥瘕。　食犬肉人減壽。　虎肉不可熱食，壞人齒。　兔至秋深時則可食，金氣全也。　兔肉和獺肝食之，三日必成遁尸。　兔肉共白雞心肝食之，令人面失色，一年成黄疸。　兔肉共薑食成霍亂。　兔肉與薑橘同食，令人卒犯心疼不可治。　兔死而眼合者食之殺人。　兔肉不可與鵝肉同食，令人血氣不行。

明·應麐《食治廣要》卷六　諸肉有毒　牛獨肝、黑牛白頭、牛馬生疔

死、羊獨角、黑羊白頭、豬羊心肝有孔、馬生角、白羊黑頭、馬鞍下黑肉、馬肝、白馬黑頭、馬無夜眼、猘犬肉、犬有懸蹄、六畜自死口不閉、鹿白臆、鹿文如豹、六畜疫病瘡疥死、獸歧尾、諸帶龍形、諸畜肉中有米星、禽獸肝青、祭肉自動、諸畜中毒箭死、脯曝不燥、生肉不斂水、六畜肉得鹹酢不變色、肉煮不熟、肉煮熟不斂水、六畜肉與犬，犬不食，已上並不可食，食之殺人、病人，令人生癰腫疔毒。

諸心損心，諸腦損陽滑精，六畜脾一生不可食。諸肝損肝，諸血損血敗陽。魚餒肉敗，經夏臭脯瘻人陰成水病，諸脂燃燈損目。春不食肝，夏不食心，秋不食肺，冬不食腎，四季不食脾。

明·姚可成《食物本草》卷一四獸部·猴類 諸肉有毒 牛獨肝〇黑牛白頭〇牛馬生疔死〇羊獨角〇黑羊白頭〇猪羊心肝有孔〇馬生角〇白羊黑頭〇馬鞍下黑肉〇馬肝〇白馬黑頭〇六畜自死首北向〇馬無夜眼〇白馬青蹄〇六畜自死口不閉〇猘犬肉〇犬有懸蹄〇六畜瘡疥疫病死〇鹿白臆〇鹿文如豹〇諸畜帶龍形〇獸歧尾〇諸獸赤足〇諸畜肉中有米星〇禽獸肝青〇獸中毒箭死〇脯沾屋漏〇米甕中肉脯〇六畜肉熱血不斷〇祭肉自動〇諸肉經宿未煮〇脯曝不燥〇生肉不斂水〇六畜肉得鹹酢不變色，肉熟不斂水〇肉煮不熟〇六畜肉墮地不沾塵〇肉落水浮〇肉汁器盛閉氣〇六畜肉與犬，犬不食者〇已上竝不可食，殺人病人，令人生癰腫疔毒。

諸心損心〇諸腦損陽滑精〇諸肝損肝〇六畜脾一生不可食〇諸血損血敗陽〇經夏臭脯，瘻人陰，成水病。〇魚餒肉敗〇諸脂燃燈損目〇本生命肉，令人神魂不安。〇春不食肝〇夏不食心〇秋不食肺〇冬不食腎，四季不食脾。

清·丁其譽《壽世秘典》卷四 諸肉有毒 牛獨肝，黑牛白頭，黑羊白頭，白羊黑頭，羊一角當頂上，白馬黑頭，白馬青蹄，鹿白臆，鹿文如豹，猘犬肉，犬有懸蹄，牛馬生疔死，馬鞍下黑肉，馬肝，猪羊心肝有孔，六畜自死頭北向，六畜自死口不閉，六畜疫病瘡疥死，諸畜帶龍形，獸歧尾，諸獸赤足，禽獸肝青，諸畜肉中有米星，諸獸中毒箭死，脯沾屋漏，米甕中肉脯，六畜肉熱血不斷，祭肉自動，諸肉經宿未煮，生肉不斂水，肉煮不熟，肉煮熟不斂水，六畜肉得鹹酢不變色，六畜肉墮地不沾塵，肉落水浮，肉汁器盛閉氣，六畜肉與犬犬不食者，已上並不可食，殺人，令人生癰腫疔毒。 諸心損心，諸腦損陽、滑精，諸肝損肝，馬肝尤能殺人，諸血損血、敗陽，六畜脾一生不可食，經夏臭脯瘻人陽。

清·朱本中《飲食須知·獸類》 諸肉有毒 六畜自死首北向、諸畜帶龍形、六畜自死口不閉、六畜疫病疔疥死、獸歧尾、諸獸赤足、諸畜肉中有米星、獸並頭、禽獸肝青、諸獸中毒及藥箭死、脯沾屋漏、米甕中肉脯、六畜肉熱血不斷、祭肉自動、諸肉經宿未煮、六畜五臟著草自動、脯曝不燥、生肉不斂水、六畜肉得鹹酢不變色、肉煮熟不斂水、肉煮不熟、六畜肉墮地不沾塵、肉落水浮、肉汁器盛閉氣，乳酪煎膾、六畜肉與犬不食者，以上並不可食，殺人。輕則病人，生癰腫疔毒。

諸腦損陽滑精。經夏臭脯瘻人陰，成水病。諸脂燃燈損目。食本生命肉，令人神魂不安。春不食肝，夏不食心，秋不食肺，冬不食腎，四季不食脾。

清·何其言《養生食鑒》卷下 獸本乎地，稟重濁之氣，雖云各有滋補，多食必生痰動火，養生者宜節之。凡獸肝青者、生疔死者、自死口不閉者、自死首向北者、帶龍形者、五臟着草自動者、肉墮地不沾塵者、熱血不斷者、犬不食者、脯沾塵漏者、祭肉自動者、米甕內肉脯及經宿未煮者、曝不燥者、煮肉不斂水者、落水中浮者，並有毒，悮食殺人。形異不識者，切勿食之。

清·章穆《調疾飲食辯》卷五 諸獸有毒 牛獨肝。羊獨角。黑牛白頭。黑羊白頭。猪、牛、羊心肝有孔。白馬黑頭。白馬青蹄。馬無夜眼。馬鞍下黑肉。馬肺，馬肝，馬血。馬生角。牛肝。狗腸。牛軛下黑肉。牛馬生疔死。六畜瘟死、疥癩死。獸自死首北向，死而口不閉。猘犬。犬有懸蹄。鹿白臆，鹿文如豹。諸畜帶龍形。獸歧尾，獸足赤，獸並頭。諸畜肉中有米星。禽獸肝青。肉亦勿食。中毒箭死。米甕中肉脯。凡脯不宜安放米甕。脯沾茅屋漏。鬱肉。煮肉熟未冷，用密器蓋不透風者為鬱肉。諸肉熟血不斷。祭肉自動，諸藏腑着草自動。脯曝不燥。生肉不斂水。得鹽、醋不變色。煮不熟，煮熟不斂水。墮地不沾泥。落水浮。肉經宿尚暖。與犬犬不食。凡肉疑有毒，以此法試之，極驗極穩。以上並不可食，殺人，病人，令人生惡疔大毒，或發舊病，終身不愈。

諸心損心，肝損肝，此二者言多食久食之害。諸脾損脾，諸肶滑腸作泄，諸髓敗陽損精，諸血敗血傷血。臭脯瘻人陰，傷女子胎，令人成水病。此五者不論多寡久暫，總不宜食。春不食肝，夏不食心，秋不食肺，冬不食腎，四季不食

脾。此不必拘，惟脾總不宜食。

解諸毒法不拘自死、瘟死等物。總解諸肉毒：六畜乾屎末，伏龍肝末，黄檗末，赤小豆燒末，東壁土末，苦參末，生白藊豆末，並水調服，不拘分兩。淡豆豉開水浸擂，布巾絞汁。飲人乳，以多為妙。人頭垢一錢，水調服，入喉即吐，能起死人。女人髮上有油，其頭垢不可用。真阿魏開水化服亦妙。馬肉毒：美酒最佳，次則嚼生杏仁，飲萊菔、蘆根汁、甘草汁。馬肝毒：猪骨灰，牡鼠屎，狗屎灰，豆豉末，人頭垢，並水服。食馬、牛肉生疔：此且生夕死之症。冬菊花煎酒最妙。無花用葉，無葉用根。次則澤蘭葉或根煎酒，石菖蒲根、葉生搗，沖熱酒。又次則甘草煎濃湯，猪牙灰水服。牛肉毒：猪脂化開水飲。甘草汁，猪牙灰水服。獨肝牛毒：人乳，多飲。狗肉毒：生杏仁，研水服。羊肉毒：甘草，煎濃汁服。猪肉毒：生韭汁、皮硝化水，濃細茶俱可。漏脯、鬱肉、米甕肉毒：黑大豆汁，冷飲。藥箭肉毒：先服鹽湯一二盞，後煮黑豆濃汁，儘飲。食肉過傷：本畜骨灰，水服。生韭汁，芫荽煎汁，無則用子，宜多飲。善治中毒下血不止。濃細茶，阿魏煎汁，俱可。食肉不消：還飲本汁，食本獸腦，均非佳法。莫如生韭汁，濃茶，阿魏，或人頭垢吐之，尤妙。或山查同白糖煎濃汁，頻飲，亦佳。食諸卵不消：飲白糖水、真米醋。以上並出《本草綱目》，其不同者，杏雲所訂補也。

清・田綿淮《本草省常・禽獸類》　凡禽獸形色異常者，不可食。凡禽獸病死者，不可食。凡禽獸中箭死者，不可食。凡肉自動者有毒，不可食。凡肉落地不沾塵者，不可食。凡肉中有硃砂點者，不可食。凡肉中熱血不斷者，不可食。凡屋漏滴肉上者，不可食。凡銅器蓋肉，銅生汗滴下者，不可食。凡肉藏器中氣不泄者，不可食。凡磁器曬熱者放肉，不可食。凡肉煮不熟者有毒，不可食。凡禽獸心俱耗心氣，不可食。凡禽獸肝俱有毒，不可食。一說，凡禽獸臨殺，驚氣入心，絕氣入肝，故食心與肝俱傷人。一說，春不食肝，夏不食心，秋不食肺，冬不食腎，四季不食脾。凡禽獸肝同魚食生癰疽，同魚子食尤甚。凡禽獸脾俱傷中，孫真人曰：一生莫食之。凡禽獸血俱敗陽，不可食。又與百藥不合，服藥人切忌之。凡禽獸腦俱敗陽損精，令人臨房不能行事，陽虛人切忌之。愚按：凡一切生靈不食為上，少食次之，多食有損且傷陰騭。

解諸肉毒

明・李時珍《本草綱目》卷五〇獸部・畜類　解諸肉毒《綱目》　中六畜肉毒六畜乾屎末，伏龍肝末，黄蘗末，赤小豆燒末，東壁土末，白扁豆，並水服。飲人乳汁，頭垢一錢，水服。起死人，豆豉汁服。馬肉毒蘆根汁，甘草汁，嚼杏仁，飲美酒。馬肝毒猪骨灰，狗屎灰，牡鼠屎，人頭垢，豆豉，並水服。牛馬生疔澤蘭根擂水，猪牙灰水服，生菖蒲擂酒，甘菊根擂水，甘草煎湯服，取汗。牛肉毒猪脂化湯飲，甘草湯，猪牙灰水服。獨肝牛毒人乳服之。狗肉毒杏仁研水服。羊肉毒甘草煎水服。猪肉毒杏仁研汁，猪屎絞汁，韭菜汁，朴硝煎汁，猪骨灰調水，大黄湯。藥箭肉毒大豆煎汁，鹽湯。諸肉過傷本畜骨灰水服，生韭汁，芫荽煎汁。食肉不消還飲本汁即消，食本獸腦亦消。

明・姚可成《食物本草》卷一四獸部・猴類　解諸肉毒　中六畜肉毒：六畜乾屎末，伏龍肝末，黄蘗末，赤小豆燒末，竝可解之。馬肉毒：蘆根汁，甘草汁，嚼杏仁，飲美酒，竝可解之。馬肝毒：豬骨灰，牡鼠屎，豆豉，狗屎灰，人頭垢，俱水服，竝可解之。牛馬生疔死肉毒：澤蘭根擂水，生菖蒲擂酒，甘菊根擂水，甘草〔煎〕湯服，竝可解之。牛肉毒：豬脂化湯飲，甘草湯，豬牙灰水〔服〕，竝可解之。獨肝牛毒：服人乳解之。

右諸獸肉，有〔毒非〕一，或形色異常，或烹調失飪，尼父已垂不食〔之戒〕。又肉雖多，不使勝食氣。蓋人食以穀為主，一或〔過焉〕，適遭其害，非養生之道也，況望其有所補益乎？〔或〕人雖非孔子之聖，而昧於飲食之節，以自戕其生，何太愚耶？宜合禽類後之說觀之，則庶乎其不差矣。

清・朱本中《飲食須知・獸類》　解諸肉毒　伏龍肝末　本畜乾屎末　黄蘗末　赤小豆燒末　東壁土末　頭垢一錢起死人　白扁豆末並水服。飲人乳汁。豆豉汁服之，亦能解之。藥箭毒，以大豆煎汁或鹽湯。食肉不消，還飲本汁，或食本獸腦即消。

野獸分部

綜述

鯪鯉

宋・唐慎微《證類本草》卷二二蟲魚部下品〔《別録》〕　鯪鯉甲　微寒。主五邪驚啼、悲傷。燒之作灰，以酒或水和，方寸匕，療蟻瘻。〔梁・陶弘景《本草經集注》〕云：　其形似鼉而短小，又似鯉魚有四足，能陸能水，出岸開鱗甲，伏如死，令蟻入中，忽閉而入水開甲，蟻皆浮出，於是食之，故主蟻瘻。方用亦稀，惟療瘡癩及諸疰疾爾。〔宋・掌禹錫《嘉祐本草》〕按：　《蜀本圖經》云：　生深大山谷中，金、房、均等州皆有之。《藥性論》云：　鯪鯉甲，使，有大毒。治山瘴瘧，惡瘡，燒傅之。日華子云：　涼，有毒。治小兒驚邪、婦人鬼魅、悲泣及痔漏、惡瘡、疥癬。〔宋・蘇頌《本草圖經》〕曰：　鱗鯉甲，舊不著所出州郡，今湖嶺及金、商、均、房間深山大谷中皆有之。似鼉而短小，色黑，又似鯉魚而有四足，能陸能水，日中出岸，開鱗甲如死，令蟻入中，蟻滿便閉而入水，蟻皆浮出，因接而食之，故主蟻瘻爲最。亦主惡瘡、疥癩，燒其甲末傅之。楊炎《南行方》主山瘴瘧，有鱗鯉甲湯。今人謂之穿山甲。近醫亦用燒灰與少肉豆蔻末、米飲調服，療腸痔疾。又治吹奶，疼痛不可忍，用穿山甲炙黄、木通各一兩，自然銅半兩，生用，三味擣羅爲散，每服二錢，溫酒調下，不計時候。《外臺秘要》：《肘後》治蟻入耳，燒鱗鯉甲末，以水調灌之即出。《千金翼》：　治蟻漏，取鯪鯉甲二七枚末，猪膏和傅之。《簡要濟衆》：　治産後血氣上衝心，成血暈，穿山甲一兩，童子小便浸一宿取出，慢火炙令黄，爲散，每服一錢，狗膽少許熱酒調下，非時服之。

宋・寇宗奭《本草衍義》卷一七　鯪鯉甲　穴山而居，亦能水。燒一兩存性，肉荳蔻仁三箇同爲末，米飲調二錢服，治氣痔膿血。甚者加蝟皮一兩燒入，中病即已，不必盡劑。

宋・王繼先《紹興本草》卷一八　鯪鯉甲　紹興校定：　鯪鯉甲，世呼穿山甲也。主治已載《本經》。然療驚邪及破癰腫毒氣，方家亦間用之。《本經》但云微寒，不載其味。當云味苦、微寒、有毒為定。湖、嶺及金、房山谷多産之。

宋・洪邁《夷堅志・支景》卷六　醴陵尉　醴陵縣尉者，失其姓名，舊嘗有風疾，既而平愈。後到官，因受檄往衡陽，方自入山谷深處，無肉可買，見從者捕得穿山甲烹食，乃嘗數臠，病遂作，左手足俱廢，於是謁歸。孫少魏赴永州，遇之於塗，憐其困苦，搜篋中藥一兩種漫與之。纔旬日，聞其人一旦強健，沉痾脫然，意以為藥之效。暨至永，閱《圖經》云：　穿山甲不可殺於堤岸，其血一入土，則堤心潰壞，不可復塞。蓋此物性能透地脈也。始悟彼尉宿恙暫作而愈者，亦氣血通暢致然。吾鄉多此蟲，而無滴血壞堤之說。

宋・劉明之《圖經本草藥性總論》卷下　鯪鯉甲　微寒。主五邪驚啼悲傷，燒之作灰，以酒或水，和方寸匕。治蟻瘻久，治瘡癩及諸産疾。《藥性論》云：　使。有大毒。治山瘴瘧惡瘡，燒傅之。日華子云：　涼，有毒。治小兒驚邪，婦人鬼魅悲泣，及痔漏惡瘡疥癬。《簡要濟衆》：　治産後血氣上衝心成血暈。一方燒灰，與少肉豆蔻末，米飲調服，療腸痔疾。又治吹奶疼痛不可忍。

宋・陳衍《寶慶本草折衷》卷一七　鯪鯉甲使。灰在内。○肉續附。　一名穿山甲，俗號鱗鯉甲。生湖嶺，及金、商、均、房、春州深山大谷中。○縉雲云：　生所在山谷有之。

微寒，有毒。○主五邪驚啼悲傷，燒作灰，以酒或水和，療蟻瘻。用童子小便浸過，炙黄，又研碎，蛤粉同炒。亦有以東壁土末炒者。○陶隱居云：　療瘡癩及諸疰。○《藥性論》云：　治山瘴瘧。○日華子云：　治小兒驚邪，婦人悲泣，及痔漏、惡瘡、疥癬。○《圖經》曰：　似鼉而短小，色黑；又似鯉魚而有四足，能陸能水。治吹奶疼痛。用穿山甲炙黄，木通各壹兩，自然銅半兩，生用，擣為散，每服貳錢，溫酒調下，不計時。○寇氏曰：　鯪鯉甲燒壹兩存性，肉豆蔻仁叁箇，同為末，米飲調貳錢服，治氣痔膿血。甚者加蝟皮壹兩，燒入，中病即已。

續說云：　艾原甫謂復元通氣散中用鯪鯉甲，以開通氣滯而潰決風壅也。然此散之方，料劑雖殊，悉憑此甲以為之本。至於豆疹黑陷，燒灰存性，入少麝香溫酒調，量人大小，加減而服。與夫癰疽瘡毒，隨人身病處，取甲燒灰，和入衆藥，兼導藥勢，徑達患處也。應療腎風，調氣血，諸元散中，例宜

加此。又須得甲之尖者為良。其肉肥甚，與甲之性用亦相近，但理風之效更長爾。

元・李雲陽《用藥十八辨》〔見《秘傳痘疹玉髓》卷二〕 川山甲　格物纔可以治症。川山甲所食者蟻，故能逐風毒，痘間亦能起鼎。但此物不得製法，單用之最能發瀉，又極壞脾胃。況一（七）〔匕〕金用麝在內，尤宜慎之。評曰：痘塌多宗一（七）〔匕〕金，川山不製瀉斯成。痘元全賴脾和胃，吐瀉來時定喪生。

元・尚從善《本草元命苞》卷八 鯪鯉甲　微寒，有大毒。為使。俗謂穿山甲。專醫蟻瘻疾，主小兒五邪驚啼，治婦人鬼魅悲泣。療山嵐瘴瘧，疥癩惡瘡。醫痃疾痔漏。（嶺）〔頑〕癬不效，吹奶疼痛，服之即安。穿山甲炙黃，木通各一兩，自然銅生用半兩，三物為散，每服三錢匕，溫酒調下。產後血暈，餌之遂定。《簡要濟衆方》：治產後血氣上衝心，成血暈，穿山甲一兩，童子小便浸一宿，取出，慢火炙黃，為散，每服一錢，狗膽少許，熱酒調下。舊不著所出州郡，今湖嶺，金、商等州。穴山而居，能陸能水，形似鼉，色黑短小，若鯉魚，躰有四足。

元・吴瑞《日用本草》卷三 鯪鯉　味甘，涼，無毒。以鯉有四足，能水能陸，穿山。開甲如死，令蟻入甲中食其肉，閉其甲，蟻死而食之。血：性味同。甲：主諸痔漏，惡瘡，疥癬，蟻瘻，驚啼，燒灰為末，酒調服。

明・蘭茂撰，清・管暄校補《滇南本草》卷下 穿山甲土炒，炮用。性寒涼，味鹹。治疥癩癰毒，破氣行血，胸膈膨脹，通氣，治膀胱疝氣疼痛。昔一人，飲食悮食螞蝗，胸膈膨脹，似單腹脹症，并用穿山甲，土炒，一錢。萊菔子，三錢，炒。白豆蔻一錢，共為細末，每服二錢，滾水服，三次即愈。又方：治疝氣膀胱疼痛，穿山甲，三錢，炒。茴香子二錢，細末，每服二錢，滾水酒送下。

明・蘭茂《滇南本草》〔叢本〕卷下 川山甲　昔一人食着螞蟻，遂胸膈膨脹，似單腹脹症。川山甲三錢、小茴香二錢，共為細末，每服二錢，水酒送下。

明・王綸《本草集要》卷六 鯪鯉甲使　氣微寒，有毒。主五邪鬼魅，驚啼悲傷，及痔漏惡瘡，疥癬蟻瘻，燒作灰傅之。以酒或水和服方寸匕。山瘴瘧，煎湯服之；或末，酒調服。吹乳疼痛，取甲炙黃，木通各一兩，自然銅半兩，搗羅為末，每服二錢，溫酒調。氣痔下膿血。燒一兩存性，豆蔻三個，同為末，米飲調二錢，甚者加蝟皮一兩，燒入。

明・滕弘《神農本經會通》卷一〇 鯪鯉甲　人謂之穿山甲。使也。氣微寒。一云：有大毒。一云：涼，有毒。《本經》云：主五邪驚啼悲傷。燒之作灰，以酒或水和方寸匙，療蟻瘻。《藥性論》云：使。有大毒。治山瘴瘧。惡瘡，燒傅之。日華子云：涼，有毒。治小兒驚邪，婦人鬼魅悲泣，及痔漏，惡瘡疥癬。《圖經》云：主惡瘡疥癩，燒其甲末，傅之。楊炎《南行方》主山瘴瘧，有鯪鯉甲湯。近醫亦用燒灰，與少肉豆蔻末，米飲調服，療腸痔疾。又治女奶痛疼不可忍，用穿山甲炙黃，木通各一兩，自然銅半兩，生用，三味搗羅為散，每服二錢，溫酒調下，不計時候。《外臺秘要》：治蟻入耳，燒鯪鯉甲末，以水調灌之，即出。《局》云：穿山甲即為鯪鯉，治痺仍除疥癬瘡。鬼魅驚邪悲哭泣，燒灰酒水服之良。鯪鯉甲，治疥癬，鬼魅。

明・劉文泰《本草品彙精要》卷三一 鯪鯉甲有大毒。

鯪鯉甲：主五邪，驚啼悲傷。燒之作灰，以酒或水和方寸匕，療蟻瘻。名醫所錄。

【名】穿山甲。【地】《圖經》曰：舊不著所出州郡，今湖嶺及金、商、均、房間，深山大谷中皆有之，似鼉而短小，色黑，又似鯉魚而有四足，能陸能水。日中出岸，開鱗甲如死，令蟻入中，蟻滿便閉而入水，蟻皆浮出，因接而食之，故主蟻瘻爲最。《衍義》曰：其鯪鯉甲，穴山而居，故今謂之穿山甲也。【時】生：無時。採：無時。【用】甲。【質】類鼉而短小。【色】黑。【性】微寒。【氣】氣之薄者，陽中之陰。【臭】腥。【製】燒灰或炙用。【治】療：《圖經》曰：主惡瘡，疥癩，燒其甲末傅之。《藥性論》云：治山瘴瘧。日華子云：治小兒驚邪，婦人鬼魅悲泣。《別錄》云：治蟻入耳，燒爲末，以水調，灌之即出。【合治】燒末，合肉豆蔻末少許，米飲調服，治腸痔疾。〇取二七枚爲末，合豬膏調，傅蟻漏。〇炙黃，合木通各一兩，自然銅半兩，生用，三味擣羅爲散，每服二錢，溫酒調下，不計時候，治吹乳，疼痛不可忍者。〇取一兩，童子小便浸一宿，以慢火炙令黃，爲散，每服一錢，合狗膽少許，熱酒調下，治產後血氣上衝心成血暈者。〇合蝟皮各一兩，俱燒存性，肉豆蔻仁三個，同爲末，米飲調服二錢，治氣痔膿血甚者。中病即已，不必盡劑。

明・盧和、汪穎《食物本草》卷四魚類 鯪（魚）〔鯉〕甲、肉　主五邪，驚啼悲傷，療蟻瘻。

明・許希周《藥性粗評》卷四　帶穿山之甲，勇戰邪迷。

穿山甲，鯪鯉甲也。其形似鼉而小，又似鯉，四足，有鱗甲，穴山而居，亦能水，每開鱗蜷曲佯死，令蟻遍入鱗內，復收閉入水中，開鱗蟻出水而食之。江南處處有之。採無時。味〔鹹〕，性微寒，無毒。主治邪氣迷惑，驚啼悲傷，以甲火內炙焦，為末，酒調一匙，三四日而愈。

又方：　瘧疾：　凡患瘧疾，初發三四次者，可截之，穿山甲、常山、檳榔等分，剉，煎湯，未發前服之，即止。　蟻螻：　方生瘡成螻如蟻窟者，穿山甲炙焦，為末，猪脂調勻傅，日三四次，愈。

明・鄭寧《藥性要略大全》卷一〇　穿山甲一名鯪鯉甲。味甘、鹹，性微寒，有小毒。治五邪驚悸，婦人鬼疰，悲啼傷感，燒之存性，酒服。治蟻瘻，山嵐瘴瘧，痔漏惡瘡，疥癬癩，燒甲為末傅之。亦去諸風。

明・陳嘉謨《本草蒙筌》卷九　鯪鯉甲　氣微寒。有毒。深山大谷俱有，身短尾大類鼉。從陵為穴居於陵，加鯉因鱗色若鯉。俗醫不知字義，竟以穿山甲稱。水陸並能，食蟻有法。在岸，則開鱗不動如死，從蟻入，滿緊閉，投水中復開，蟻自浮出，接而食之。入藥用甲剉碎，少和蛤粉炒黃。去粉用。主五邪鬼魅，驚啼悲傷；　療蟻瘻惡瘡，疥癬痔漏。或研細酒水調服，或燒灰脂油拌敷。同木通、自然銅搗末酒調，治吹奶腫痛；　同蝟皮、豆蔻仁為末湯下，止氣痔來膿。又能破暑結之瘧邪，總因穿經絡于榮分。

明・王文潔《太乙仙製本草藥性大全》卷八《本草精義》　鯪鯉甲　一名穿山甲。舊本不載所出州郡，今湖嶺及今商、均、房間深山大谷中皆有之。似鼉而短小，色黑，又似鯉魚而有四足，能陸能水，日中出岸開鱗甲如死，令蟻入中，蟻滿便閉而入水，蟻皆浮出，因接而食之，故主蟻瘻爲最。亦主惡瘡疥癩，燒其甲末傅之。

明・王文潔《太乙仙製本草藥性大全》卷八《仙製藥性》　鯪鯉甲使　味甘、鹹，氣微寒，有小毒。　主治：　治五邪驚悸，療小兒驚邪。婦人鬼魅悲啼，燒之存性酒服。祛蟻瘻山嵐瘴瘧，傅痔漏疥癬惡瘡。燒末擦之，諸風亦去。　補註：　吹乳疼痛，取甲炙黃，木通各一兩，自然銅半兩，搗羅爲末，每服一錢，溫酒調。○氣痔下膿血，燒一兩存性，豆蔻仁三個，同爲末，米飲調二錢，甚者加蝟皮一兩燒入。○治產後血氣上衝心成血暈，山甲一兩，童便浸一宿取出，慢火炙令黃，爲散，每服一錢，狗膽少許，熱酒調下，非時服之。○《肘後》治蟻入耳，燒鯪鯉甲末以水調灌之即出。○治蟻漏，取鯪鯉甲二七枚爲末，猪膏和傅之。

明・皇甫嵩《本草發明》卷六　鯪鯉甲氣微寒，有毒。俗呼穿山甲。　發明曰：　鯪鯉甲，能穿經絡于榮分之劑，故主蟻瘻及五邪驚啼悲傷。註云：　瘡癩痔漏，惡瘡疥癬及諸疰。又治山瘴瘧，治瘡瘍癰腫，亦能穿竅透頂之用。入藥用甲，剉碎，少和蛤粉炒黃，研細，酒水調服。或燒灰，脂油拌敷。同木通、自然銅，搗末，酒調，治吹乳腫痛。同蝟皮、豆蔻仁，為末，湯調，止氣痔來膿。居山陵深谷中，鱗如鯉，故名鯪鯉甲。

明・李時珍《本草綱目》卷四三鱗部・龍類　鯪鯉《別録》下品

【釋名】龍鯉郭璞　穿山甲《圖經》　石鯪魚時珍曰：　其形肖鯉，穴陵而居，故曰鯪鯉，而俗稱爲穿山甲，郭璞賦謂之龍鯉。《臨海記》云：　尾刺如三角菱。故謂石鯪。

【集解】頌曰：　鯪鯉即今穿山甲也。生湖廣、嶺南，及金、商、均、房諸州，深山大谷中皆有之。弘景曰：　形似鼉而短小，又似鯉而有四足，黑色，能陸能水。日中出岸，張開鱗甲如死狀，誘蟻入甲，即閉而入水，開甲蟻皆浮出，因接而食之。時珍曰：　鯪鯉狀如鼉而小，背如鯉而闊，首如鼠而無牙，腹無鱗而有毛，長舌尖喙，尾與身等。尾鱗尖厚，有三角，腹內臟腑俱全，而胃獨大，常吐舌誘蟻食之。曾剖其胃，約蟻升許也。

甲　【修治】時珍曰：　方用或炮、或燒，或酥炙、醋炙、童便炙，或油煎、土炒、蛤粉炒，當各隨本方，未有生用者。仍以尾甲乃力勝。

【氣味】鹹，微寒，有毒。　【主治】五邪，驚啼悲傷，燒灰，酒服方寸匕《別録》。小兒驚邪，婦人鬼魅悲泣，及疥癬痔漏大明。療蟻瘻瘡癩，及諸疰疾弘景。燒灰傅惡瘡，又治山嵐瘴瘧甄權。除痰瘧寒熱，風痹強直疼痛，通經脉，下乳汁，消癰腫，排膿血，通竅殺蟲時珍。

【發明】弘景曰：　此物食蟻，故治蟻瘻。時珍曰：　穿山甲入厥陰、陽明經。古方鮮用，近世風瘧、瘡科、通經下乳，用爲要藥。蓋此物穴山而居，寓水而食，出陰入陽，能竄經絡，達于病所故也。按劉伯溫《多能鄙事》云：　凡油籠滲漏，剥穿山甲裏面肉靨投入，自至漏處補住。又《永州記》云：　此物不可于隄岸上殺之，恐血入土，則隄岸滲漏。觀此二說，是山可使穿，隄可使漏，而又能至滲處，其性之走竄可知矣。諺曰：　穿山甲，王不留，婦人食了乳長流。亦言其迅速也。李仲南言其性專行散，中病即止，不可過服。又按《德生堂經驗方》云：　凡風濕冷痹之證，因水濕所致，渾身上下，强直不能屈伸，痛不可忍者。于五積散加穿山甲七片，看病在左右手足，或臂脇疼痛處，即于鯪鯉身上取甲炮熟，同全蝎炒十一個，葱薑同水煎，入無灰酒一匙，熱服，取汗避風甚良。

【附方】舊五，新十八。　中風癱瘓：　手足不舉。用穿山甲，左癱用右甲，右瘓用

左甲，炮熟、大川烏頭炮熟、紅海蛤如棋子大者各二兩，爲末。每用半兩，擣葱白汁和成厚餅，徑寸半，隨左右貼脚心，縛定。密室安坐，以脚浸熱湯盆中，待身麻汗出。急去藥。宜謹避風，自然手足可舉。半月再行一次，除根。忌口，遠色，調養。亦治諸風疾。《衛生寶鑑》。

熱瘧不寒：穿山甲一兩，乾棗十個，同燒存性，爲末。每服二錢，發日，五更井花水服。《楊氏家藏》。

下痢裏急：穿山甲、蛤粉等分，同炒研末。每服一錢，空心温酒下。《普濟方》。

腸痔氣痔：出膿血。用穿山甲燒存性一兩，肉豆蔻三枚，爲末。每米飲服二錢。甚者加蝟皮灰一兩，中病即止。《衍義》。

鼠痔成瘡：腫痛。用穿山甲尾尖處一兩，炙存性，鼈甲酥炙一兩，麝香半錢，爲末。每服一錢〔半〕，真茶湯服，取效。《直指方》。

蟻瘻不愈：鯪鯉甲二七枚燒灰，猪脂調傅。《千金方》。

婦人陰癩：硬如卵狀。隨病之左右，取穿山甲之左右邊五錢，以沙炒焦黃，爲末。每服二錢，酒下。《摘玄方》。

乳汁不通：涌泉散：用穿山甲炮研末，酒服方寸匕，日二服。外以油梳梳乳，即通。《單驤方》。

乳嵒乳癰：方同上。

吹奶疼痛：穿山甲炙焦、木通各一兩，自然銅生用半兩，爲末。每服二錢，酒下取效。《圖經》。

痘瘡變黑：穿山甲、蛤粉炒爲末。每服五分，入麝香少許，温酒服。即發紅色，如神。《直指方》。

腫毒初起：穿山甲插入穀芒熱灰中，炮焦爲末二兩，入麝香少許。每服二錢半，温酒下。《仁齋直指方》。

馬疔腫毒：穿山甲燒存性、貝母等分爲末。酒調服，三四次。乃用下藥，利去惡物即愈。《鮑氏方》。

便毒便癰：穿山甲半兩，猪苓二錢，並以醋炙研末，酒服二錢。外穿山甲末和麻油、輕粉塗之。或只以末塗之。《直指》。

瘰癧潰壞：《集驗方》用鯪鯉甲二十一片燒研，傅之。〇《壽域方》用穿山甲土炒、斑蝥、熟艾等分，爲末，傅之。外以烏桕葉貼上，灸四壯，效。

眉鍊癬瘡：生眉中者。穿山甲前膊〔鱗〕，炙焦爲末，清油和輕粉調傅。《直指方》。

蟻入耳內：鯪鯉甲燒研，水調，灌入即出。《肘後》。

聤耳出膿：穿山甲燒存性，入麝香少許，吹之。三日水乾即愈。《鮑氏小兒方》。

耳內疼痛：穿山甲二個，夾土狗二個，同炒焦黃，爲末。每吹一字入耳內。亦治耳聾。《普濟方》。

耳鳴耳聾：卒聾，及腎虛，耳內如風、水、鐘、鼓聲。用穿山甲一大片，以蛤粉炒赤，蝎稍七個，麝香少許，爲末，以麻油化蠟，和作梃子，綿裹塞之。《攝生方》。

火眼赤痛：穿山甲一片爲末，鋪白紙上，捲作繩，燒烟熏之。《壽域方》。

倒睫拳毛：穿山甲，竹刀刮去肉，將羊腎脂抹甲上，炙黃，如此七次，爲末。隨左右眼，用一字嗃鼻內，口中噙水。日用三次，二月取效。《儒門事親》。

肉　〔氣味〕甘，濇，温，有毒。時珍曰：按張杲《醫説》云：鯪鯉肉最動風。風疾人纔食數臠，其疾一發，四肢頓廢。時珍竊謂此物性竄而行血，風人多血虛故也。然其氣味俱惡，亦不中用。

明・梅得春《藥性會元》卷下　鯪鯉甲　氣微寒，有毒。即穿山甲。主治諸惡瘡疥癬，痔瘻，乳癰吹乳，并燒存性為末，酒調服，傅之皆效。《圖經》云：日中出岸，開鱗甲若死，令蟻入中。蟻滿便閉而入水，蟻皆浮出，因接而食之，故治蟻瘻更效。及治風痹，瘴山嵐瘴氣瘧病，產後血氣沖心血暈，婦人被邪啼哭，及諸疰疾，小兒驚邪氣痔，下膿血，腹中氣血將結，凝滯生癰，非此不能除。此藥能和血通氣，無往不利。皆處有之。取捕無時。製法：滚水浸七日七換，細剉，蚌蛤粉拌炒成（洙）〔珠〕用。

明・杜文燮《藥鑒》卷二　穿山甲　氣微寒。主五邪驚啼悲傷，消癰疽腫毒瘡癩。同木通、夏枯草擣末，酒調，治乳奶腫痛。佐蝟皮、條黃芩研細，湯送止痔瘻來血。以柴胡為君，又能却暑結之瘧邪。以大力子為君，又能透癰疽之頭點，何者？蓋此物遇土穿土，遇水穿水，遇山穿山，故入藥用之，取其穿經絡於榮分之意也。如諸毒發不出，及無頭點者，用山甲尖，同皂莢刺、連翹、節草、白芷、大力子、桔梗、苦參等分，煎服，須臾汗出，未成者即消，已成者即透。

明・李中立《本草原始》卷九　鯪鯉　生湖廣、嶺南，及金、商、均、房諸州大谷中。形似鼉而短小，又似鯉而有四足，黑色。日中出岸，張開鱗甲如死狀，誘蟻入甲，即閉而入水中，開甲蟻浮出，因接而食之。從鯪，為穴居於陵。加鯉，為鱗甲若鯉，能水能陸，故俗以川山甲稱，又呼穿山甲。

甲：氣味：鹹，微寒，有毒。　主治：五邪驚啼悲傷，燒灰酒服方寸匕。小兒驚邪，婦人鬼魅悲泣，及疥癬痔漏。療蟻瘻瘡癩，及諸疰疾。燒灰傅惡瘡。又治山嵐瘴瘧。除痰瘧寒熱，風痹強直疼痛，通經脉，下乳汁，消癰腫，排膿血，通竅，殺蟲。入藥尾甲力勝。

蟲部下品移此。【圖略】修治：甲或炮，或燒，或酥炙、醋炙、童便炙，油煎，土炒，蛤粉炒，各隨本方。

乳岩、乳癰，乳汁不通，用甲炮研末，酒服方寸匕，日二服，仍以油梳梳乳即通。

明・張懋辰《本草便》卷二　鯪鯉甲　使，即穿山甲。　氣微寒，有毒。主五邪鬼魅，驚啼悲傷，及痔漏惡瘡，疥癬蟻瘻，燒灰傅之。

明・吴文炳《藥性全備食物本草》卷三　鯪鯉甲　一名穿山甲。似鼉而短

小，色黑，又似鯉魚，而有四足，能陸能水，日中出岸，開鱗甲如死，令蟻入中，蟻滿〔便閉而入水蟻〕皆浮出，因接而食之，故主蟻瘻為最。

肉：　味甘，無毒。去風，益脾胃。　甲：　治五邪驚悸，療小兒驚邪，婦人鬼魅悲啼，用燒存性，酒調服効。祛蟻瘻，山嵐瘴瘧。傅痔漏，疥癬惡瘡，燒末搽之。

明・李中梓《藥性解》卷六　穿山甲　味甘，鹹，性微寒，有毒，不載經絡。主五邪驚悸，婦人鬼魅悲傷，山嵐瘴瘧，惡瘡疥癬，蟻瘻痔漏，亦能去風，炙黃用。　按：　穿山甲形似鯉魚，有四足，能陸能水，山岸間開鱗甲如死，令蟻入中，閉而入水，開甲蟻浮水面，于是食之，故主蟻瘻。其性喜穿山，是以名之。故其用亦主潰癰疽，通血脉及治吹乳疼痛。

明・繆希雍《本草經疏》卷二二　鯪鯉甲　微寒。主五邪驚啼悲傷。燒之作灰，以酒或水和方寸匕，療蟻瘻。

〔疏〕鯪鯉甲，穿山穴居，其性善走。味辛平，氣微寒，有毒。入足厥陰，兼入手足陽明經。邪魅著人，則驚啼悲傷不已，辛主散，則邪魅去，驚啼悲傷止矣。喜食蟻，又能入大腸，故療蟻瘻。蟻瘻者，即世人所云漏也。性走能行瘀血，通經絡，故又有消癰毒，排膿血，下乳，和傷，發痘等用。〔主治參互〕鯪鯉甲，俗名穿山甲。土炒，同乳香、沒藥、番降香、紅麴、山查、川通草、童便，治上部內傷，胸膈間疼痛。　同當歸、白芷、金銀花、連翹、紫花地丁、夏枯草、牛蒡子、乳香、沒藥、甘草、貝母、皂角刺，治癰腫未潰，資為引導。　佐地榆，治便毒。　《直指方》治鼠痔成瘡腫痛，用穿山甲尾尖處一兩，煅存性，鼈甲酥炙一兩，麝香半錢，為末。每服一錢，空心茶下。　又方，乳汁不通，涌泉散，用穿山甲炮研末，酒服方寸匕，日二服，外以油梳梳乳，即通。　又方，便毒便癰，穿山甲半兩，猪苓二錢，竝以醋炙研末，酒服二錢。　得紫草、生犀角、生地黃，治痘瘡毒盛，不得起發，色帶乾紅枯燥者有功。　〔簡誤〕癰疽已潰，不宜服。痘瘡元氣不足不能起發者，不宜服。

明・倪朱謨《本草彙言》卷一八　鯪鯉又名穿山甲。　味鹹，氣寒，有毒。可升可降，陽中之陰。入足太陰、厥陰經。　蘇氏曰：　鯪鯉，生湖廣、嶺南及金、商、均、房諸州深山大谷中。　陶氏曰：　形似鼉而小，背似鯉而闊，首似鼠而大，胸腹有毛，口中無齒，尖喙長舌，四足五爪，尾與身等。府藏俱全，其胃獨厚。穴陵而居，以蟻爲食。日中張甲若死狀，漏氣最腥，開甲誘蟻入其中，即閉甲入水，蟻浮水面，吸而啖之。肉裏美好，閩人用此供饌。　李氏曰：　修治：　或炒或燒，或炙以酥、以醋、以酒、以童便，或煎以油，或炒以土，各隨方製，取用尾甲三稜，力最勝也。

穿山甲：　去風痰，推膿毒，陶隱居直穿經絡，入達營分之藥也。程君安曰：　此物穿山而居，寓水而食，出陰入陽，能攻穿經絡，入達病所，故時珍方主癰疽發背，疔毒、乳癰、便毒，腸肚內發陰疽，一切瘍毒等證，形勢已成，潰膿未出。用山甲之穿利，透膿解毒，定痛消腫，則無內陷之患矣。日華方又能散諸風，一身筋骨肢節不利，或頸項強痛，或臂脇攻痛，或足膝痹痛，或久瘧寒熱無時，延月不愈，或婦人乳汁不行，乳房腫痛，蓋此藥性能攻達走竄，故能如是取效也。凡病非關風濕、風毒及癰瘍之證，不必用。

集方：　治一切癰疽發背，疔毒、乳癰、便癰，腸肚內發癰疽，未潰可散，已潰排膿出毒。用十五味活命飲，用穿山甲爲君。方見木部乳香集方內。○已下三方見《方脉正宗》治諸風一身筋骨肢節不利，或頸項強痛，或臂脇攻痛，或足膝痹痛。用穿山甲二兩炒焦，當歸、川芎俱酒炒，乳香、沒藥焙，川烏童便製、黃柏鹽水炒、薑黃炒各一兩，蘄蛇一條焙燥，俱爲極細末，每早晚各服三錢，白湯下。○治久瘧不愈。用穿山甲、牛膝、當歸、川芎各六錢，白朮土拌炒，何首烏和黑豆酒煮各一兩二錢，肉桂三錢，分作三劑服。○治婦人乳汁不行，乳旁腫痛者。用穿山甲六錢，王不留行九錢，乳香、沒藥、麻黃、天花粉各四錢五分，蒲公英一兩二錢，分作三劑服。

明・姚可成《食物本草》卷一〇鱗部・魚類　鯪鯉一名穿山甲。生湖廣、嶺南，及金、商、均、房諸州深山大谷中皆有之。形似鼉而短小，又似鯉而有四足，黑色，能陸能水。日中出岸，張開鱗甲如死狀，誘蟻入甲，即閉而入水，開甲蟻皆〔浮出〕，因接而食之。○李時珍曰：　鯪鯉狀如鼉而〔小〕，背如鯉而闊，首如鼠而無牙，腹無鱗而有毛，長舌尖喙，尾與身等。尾鱗尖厚，有三角，腹內臟腑俱全，而胃獨大，常吐舌誘蟻食之。曾剖其胃，約蟻升許也。

鯪鯉，味鹹，微寒，有小毒。主五邪驚啼悲傷，燒灰，酒服方寸匕。又治小兒驚邪，婦人鬼魅悲泣及疥癬痔漏。療蟻瘻瘡癩及諸疰疾，燒灰傅惡瘡。又治山嵐瘴瘧，痰瘧，寒熱風痺，強直疼痛。通經脉，下乳汁，消癰腫，排膿血，通竅殺蟲。此物食蟻，故治蟻漏。按劉伯溫《多能鄙事》云：　凡油籠滲漏，剝穿山甲裏面肉靨投入，自至漏處補住。又《永州記》云：　此物不可

於隄岸上殺之，恐血入土，則隄岸滲漏。觀此二説，是山可使穿，隄可使漏，而又能至滲處，其性之走竄可知矣。諺曰：穿山甲，王不留，婦人食了乳長流。亦言其迅速也。

附方：乳汁不通，泉湧散。用穿山甲煅存性，研末。方寸匕，日二服，外以油梳梳乳即通。治便毒便癰。穿山甲半兩，猪苓二錢，並以醋炙研末。酒服二錢，外仍以穿山甲和麻油、輕粉塗之。治腫毒初起。入穿山甲於籠糠火灰中炮焦，為末。入麝香少許。每服二錢半，溫酒下。治婦人陰㿉硬如卵狀。隨病之左右，取穿山甲之左右邊五錢，以沙炒焦黄，為末。每服二錢，酒下。

明・顧逢柏《分部本草妙用》卷七兼經部・寒瀉　穿山甲　鹹，微寒，有毒。土炒脆碎用。入厥陰、陽明經。　主治：除痰瘧風痺，強直疼痛，通經脉，下乳汁，消癰腫，排膿血，通竅，殺蟲，療蟻瘻痔漏，瘴瘧。　穿山甲，山可穿，故能通脉走經，達于病處，故為下乳通經要藥。凡風濕冷痺，水濕所致身體強直，不能屈伸，痛不可忍者，于五積散加穿山甲七片。如患在何處，即取何處甲用之，其驗如神。今外科俱用，以其潰堅散血也。性太走，不可過服。

明・李中梓《醫宗必讀・本草徵要下》　穿山甲味鹹，寒，有毒。炙黄。　搜風逐痰，破血開氣。療蟻瘻絕靈，截瘧疾至妙。治腫毒未成即消，已成即潰；理痛痹在上則升，在下則降。穴山而居，寓水而食，能走竄經絡，無處不到，達病所成功。患病在某處，即用某處之甲，此要訣也。性猛不可過服。古名鯪魚甲。

明・鄭二陽《仁壽堂藥鏡》卷七　穿山甲　禹錫云：穿山甲，生深山谷中。今房、均等州皆有之。　味鹹，氣微寒，有毒。土炒黄脆用。　主邪瘧，通經下乳，及痔漏、惡瘡、癰腫。又酒漿調服，能發痘。　日華子云：穿山甲治小兒驚邪，婦人鬼魅悲泣。

明・蔣儀《藥鏡》卷四寒部　穿山甲　潰膿破血能消痔，殺鬼止驚兼下乳。發痘漿之不足，定小兒之吐瀉。欲治乳囊腫痛，則于木通、夏枯同搗酒調。欲止痔瘻出血，則于蝟皮、條芩同研湯下。君茈胡，能却暑結之瘧邪。君鼠粘，能透癰疽之頭點。

明・李中梓《頤生微論》卷三　穿山甲　味鹹，性寒，有毒。刮去膜，打碎，炒黄，再研用。　搜風逐痰，破血開氣，療蟻瘻，截瘧，治腫毒，理痛痺。

按：穿山甲古名鯪鯉甲。穴山而居，寓水而食。善走竄經絡，無處不到，直達病所成功。如患在某處，即用某處之甲，此要訣也。性頗峻猛，不可過用。

明・張景岳《景岳全書》卷四九《本草正》　穿山甲　味鹹，平，性微寒。能通經絡，達腠理，除山嵐瘴氣瘧疾，風痹強直疼痛。療小兒五邪驚啼，婦人鬼魅悲泣。下乳汁，消癰腫，排膿血，除瘡疥痔漏，通竅殺蟲。佐補藥行經，善發痘瘡。或炮焦投入煎劑，或燒灰存性，酒服方寸匕。亦可用傅惡瘡。

明・盧之頤《本草乘雅半偈》帙九　鯪鯉甲《別錄》下品　氣味：鹹，微寒，有毒。　主治：主五邪驚啼悲傷，燒灰，〔酒〕服方寸匕，〔療蟻瘻〕。

覈曰：鯪鯉，即龍鯉、石鯪魚、穿山甲也。形似鼉而小，背似鯉而闊，首似鼠而大，胸腹有毛，口中無齒，尖喙長舌，四足五爪，尾與身等。府藏俱全，其胃獨厚。穴陵而居，以蟻為食，日中張甲若死狀，漏氣最腥，誘蟻入其中。函甲沒水，出而啖之。肉理美好，閩人用以供饌。《永州記》云：殺之勿近隄岸，恐血入土，遂令滲漏。《多能鄙事》云：凡油籠滲漏，剝甲裏肉靨投之，自至漏處補住。　修事：燒灰，或炙以酥，以醋，以便，或煎以油，或炒以土，以蛤，各隨方製。取用尾甲，尾甲三稜，力最勝也。

条曰：皮表甲胄如蔆，脊中介道如鯉，因名鯪鯉。似獸穴居，山陵可穿，江河可越，介甲之有神者。別有吞舟之鯪為鱗屬焉。肺蟲曰介，介者肝之榮，筋之餘。此木秉金制，金互木交，是以勁毛堅甲，專著皮表。皮表者肺之合也，當入手太陰肺、足厥陰肝；以太陰肺為注經之始，厥陰肝為環經之終。故可出陰入陽，穿經絡、入藏府，達病舍之所在。閉塞者瀉之，滲漏者補之。如利，如泣，如漏，如崩中滲漏之為患也；如痹，如癰，如瘻，如乳汁不通，閉塞之為患也。如五邪驚啼悲傷，此屬肺輸化薄，致金聲妄泄，肝無乘制，致魂失奠安，在形藏歸滲漏，在五邪屬閉塞，瀉之以補之，補之以瀉之，有故而施者，交互乘制，兩無礙矣。

明・李中梓《本草通玄》卷下　穿山甲　鹹，微寒。　主痰瘧，通經脉，下乳汁，消癰腫，排膿血，通竅發痘殺蟲。　好食蟻，故治蟻瘻。　其性走竄，不可過服。　炒黄，打碎。

清・顧元交《本草彙箋》卷九　鯪鯉甲　鯪鯉甲穴山而居，寓水而食。出陰入陽，能竄經絡，達於病所。但其性專行散，中病即止，不可過服。　凡油籠滲漏，剝穿山甲裏面肉靨投入，自能至漏處補塞。又此物不可於

隄岸上殺之，恐血入土，則隄岸滲漏。觀此二說，是山可使穿，隄可使漏而又能至滲處，其性之走竄可知矣。尾甲力更勝。　凡風濕冷痺之證，因水濕所致，渾身上下，強直不能屈伸，痛不可忍者，於五積散加穿山甲七片，看病在左右手足，或臂脇疼痛處，即於鯪鯉身上取甲炮熟，同全蝎炒十一枚，葱、薑同水煎，入無灰酒一匙，服取汗，避風。

清・穆石匏《本草洞詮》卷一六　鯪鯉　一名穿山甲。似鼉而小，似鯉而闊，穴陵而居，故名。日中出岸，張開鱗甲，誘蟻入甲，即閉而入水，開甲，蟻皆浮出，因接而食之，剖其胃，約蟻升許也。鯪鯉甲鹹，微寒，無毒。入厥陰、陽明經。除痎瘧風痺，消癰腫，排膿血，通竅，殺蟲。古方鮮用，近世風瘧、瘡科，通經下乳，用為要藥。蓋此物穴山而居，寓水而食，出陰入陽，能竄經絡，達於病所故也。劉伯溫云：凡油籠滲漏，剝穿山甲裏面肉靨投入，自至漏處補住。《永州記》云：此物不可於隄岸上殺之，恐血入土，則隄岸滲漏。觀此二說，是山可使穿，隄可使漏，而又能至滲處，其性之走竄可知矣。諺曰：穿山甲、王不留，婦人食了乳長流。亦言其迅速也。

清・劉雲密《本草述》卷二八　鯪鯉一名穿山甲。　是物形似鼉而短小，又似鯉而有四足，穿陵穴居。《永州記》云：殺之勿近隄岸，恐血入土，遂令滲漏。《多能鄙事》云：凡油籠滲漏，剝甲裏肉靨投之，自至漏處補住。此二說須糸之。

甲：氣味：鹹，微寒，有毒。主治：五邪驚啼悲傷，燒灰，酒服方寸匕《別録》。小兒驚邪，婦人鬼魅悲泣，及疥癬痔漏日華子。除痎瘧寒熱，風痺強直疼痛，通經脈，下乳汁，消癰腫，排膿血，通竅殺蟲時珍。

時珍曰：穿山甲入厥陰、陽明經。古方鮮用，近世風瘧，瘡科，通經下乳，用為要藥。蓋是物穴山而居，寓水而食，出陰入陽，能竄經絡，達於病所故也。　李仲南言：其性專行散，中病即止，不可過服。又按《德生堂經驗方》云　凡風溼冷痺之證，因水溼所致，渾身上下強直不能屈伸，痛不可忍者，於五積散加穿山甲七片，看病在左右手足，或臂脇疼痛處，即於鯪鯉身上取甲，炮熟，同全蝎炒十一個，葱、薑同水煎，入無灰酒一匙，熱服取汗，避風甚良。　弘景曰：是物食蟻，能治蟻瘻。蟻瘻者，即世人所謂漏也。　文清曰：是物能通氣活血。　希雍曰：鯪鯉甲味辛平，氣微寒，有毒。入足厥陰，兼入手足陽明經。性善走，能行瘀血，通經絡，故其消癰毒，排膿血，下乳，和傷發痘等，用有效也。

土炒，同乳香、没藥、番降香、紅麴、山查、川通草、童便，治上部內傷，胸膈間疼痛。同當歸、白芷、金銀花、連翹、紫花地丁、夏枯草、牛蒡子、乳香、没藥、甘草、貝母、皂角刺，治癰腫未潰，資為引導。　佐地榆治便毒。　得紫草、生犀角、生地黄，治痘瘡毒盛，不得起發，色帶乾紅枯燥者有功。

之頤曰：皮表甲胄如菱，脊中介道如鯉，因名鯪鯉。似獸穴居，山陵可穿，江河可越，介甲之有神者。別有吞舟之鯪，為鱗屬焉。肺蟲曰介。介者，肝之榮，筋之餘，此木秉金制，金互木交，是以勁毛堅甲，專着皮表。皮表者，肺之合也。當入手太陰肺、足厥陰肝，以太陰肺為注經之始，厥陰肝為環經之終，故可出陰入陽，穿經絡，入臟腑，達病舍之所在。閉塞者瀉之，滲漏者補之，如利，如泣，如漏，如崩中，滲漏之為患也。如痺，如癰，如瘻，如乳汁不通，閉塞之為患也。如五邪驚啼悲傷，此屬肺俞化薄，致金聲妄泄，肝無乘制，致魂失奠安，在形臟歸滲漏，在五邪屬閉塞，瀉之以補之，補之以瀉之，有故而施者，交互乘制，兩無礙矣。

愚按：鯪鯉甲，《本草》《別録》始著其用止謂其治五邪驚啼悲傷，而日華子亦首主小兒驚邪，婦人鬼魅悲泣，但云及疥癬痔漏而已。乃近以療風痺痎瘧，通經下乳，其用更專於瘡科，似驚邪悲傷者，此味無與也。由其粗識此味，止於通經脈、專行散耳。豈先哲漫無所見，而專於此證言主治哉？盍驚邪悲傷，固非止於通經脈、專行散之能治也。蓋驚始於心，神受之，即次病於肺而善悲，肺固貫心脈以行呼吸者也。《經》曰：在藏為肺，在志為悲。前哲云，悲傷先天無形元陽，陽傷則魂消，魂消則神亂，而眼見虛形，或自悲自哭。即悲傷先天元陰者，亦無故不時欲哭。夫元陽元陰受傷，何以是物能治之？蓋其穿陵穴居者，固藉此甲。之頤所謂金互木交，是以勁毛堅甲，專着皮表，其義是也。肝固藏血，肺固統氣，如木從乎金，則血之所不至者，而氣能帥血以至之，是之頤所謂閉塞之能瀉也。氣之所能至者，而血即隨氣以無不至之，是之頤所謂滲漏之能補也。如是以後天氣血，還其先天陰陽，而後可以悟於驚邪悲傷之能療也。如所療風痺痎瘧，通經下乳者，豈不藉其通利行散？然實不可徒以通利行散，等於他味視之，即就瘡毒而言，如便毒焉，疔未潰者，能利之；又如蟻瘻不愈，瘰癧潰壞者，又能完之；不可以思其功乎？就所療諸證，其為炙，為炮，為炒

者，因於臟腑之殊，特異其拌製以為先導，則玆物能偏治各臟腑之氣血，非本金木為生成之終始，而能如是乎？ 夫人身金從乎木則病，木從乎金則治，而生化轉神，此義罕有能及之者。 東璧氏以其穴山寓水，為能出陰入陽也，大屬浪語。 在盧之頤亦可謂識越於前哲矣。 又按： 是物療風，《仙製本草》言傅痔漏疥癬惡瘡，燒末擦之，諸風亦去。 在東璧氏謂其性竄而行血風，此一語誠然，外科治風丹作癢一方，如法投之，良驗。 但須知血風不止虛生，即血滯亦病於風，蓋血滯則化熱也。

附方 治風丹用穿山甲，洗去腥，於瓦上炒過存性，每一兩入甘草三錢，為末，米飲調服。 便毒便癰，穿山甲半兩，豬苓二錢，並以醋炙，研末，酒服二錢，外穿山甲末和麻油、輕粉塗之； 或只以土塗之。 馬疔腫毒，穿山甲燒存性，貝母等分，為末，酒調，服三四次，乃用下藥利去惡物，即愈。 蟻瘻不愈，鯪鯉甲二七枚，燒灰，豬脂調傅。 瘰癧潰壞，用穿山甲土炒，斑蝥、熟艾等分為末，傅之，外以烏桕葉貼上，灸四壯，效。 希雍曰： 癰疽已潰不宜服。 痘瘡元氣不足不能起發者，不宜用。

修治 時珍曰： 方用或炮，或燒，或酥炙、醋炙、童便炙，或油煎，土炒，蛤粉炒，當各隨本方。 未有生用者。 仍以尾甲乃力勝，其尾與身等。 尾鱗尖厚，有三角。

按： 是物用之，全在拌製引導。 如熱瘧不寒，燒用，同乾棗。 下痢裏急炒用，同蛤粉。 婦人陰癩炒用以沙，痘瘡變黑炒用亦同蛤粉。 腫毒初起，入穀芒熱灰中炮。 便毒便癰，醋炙。 瘰癧潰壞，土炒。 耳內疼痛炒，同土狗。 耳鳴耳聾炒，同蛤粉。 倒睫拳毛，將羊腎脂抹甲上炙。 如此隨各證各臟腑者，以類推之，乃可盡其用。

清·郭章宜《本草匯》卷一七 鯪鯉甲即穿山甲。 味鹹，微寒，有毒。 入足厥陰經，兼入手足陽明經。 除痰瘧，通經竅。 消癰腫，排膿血。 療蟻瘻，即漏也。 以其食蟻，故治蟻漏。 傅瘡癩。 治痘瘡變黑，散疔毒乳嵒。

按： 穿山甲，穴山而居，寓水而食，能走竄經絡，無處不到，直達病所，為通經下乳之要藥。 諺云： 穿山甲、王不留，婦人食了乳長流。 亦言其迅速也。 患病在某處，即用某處之甲。 然性猛，不可過服。 痘瘡元氣不足，不能起發者，不宜服。 同乳香、沒藥、番降香、紅麴、山查、通草、童便，治上部內傷疼痛。 生湖、廣、嶺南。 肖鯉而有四足，黑色，能陸能水。 凡用之，或酥炙、便炙、醋炙，或土炒、蛤粉炒，或燒，或油煎，打碎用，未有生用者。 仍以尾甲，乃力勝。

清·朱本中《飲食須知·魚類》 鯪鯉肉 味甘、澁，性溫，有毒。 即穿山甲。 其肉最動風，風疾人纔食數臠，其疾一發，四肢頓廢。

清·蔣居祉《本草擇要綱目·寒性藥品》 穿山甲 氣味： 鹹，微寒，有毒。 入厥陰、陽明經。 主治： 除痰瘧寒熱，風痹強直疼痛，通經脈，下乳汁，消癰腫，排膿血。 通竅殺蟲，療蟻瘻瘡癩及諸疰疾疥癬惡瘡。 此物穴山而居，寓水而食，出陰入陽，能竄經絡，達於病所，故山甲、王不留，婦人食了乳長流，言其迅速也。 中病即止，不可過服。

清·王翃《握靈本草》卷九 穿山甲生湖廣嶺南。 取尾上甲力勝，蛤粉炒用。 主治： 穿山甲，鹹，微寒，有毒。 主除痰瘧寒熱，風痺，通經下乳，消癰腫，排膿血，通竅，殺蟲。

清·汪昂《本草備要》卷四 穿山甲一名鯪鯉。 宣，通經絡。 鹹，寒，善竄。 喜穿山。 嵓能行散，通經絡，達病所，某處病，用某處之甲，更良。 入厥陰、陽明肝、胃。 治風濕冷痹。 通經下乳，消腫潰癰，止痛排膿，和傷發痘，元氣虛者慎用。 風瘧瘡科爲要藥。 以其穴山寓水，故能出入陰陽，貫穿經絡，達于營分，以破邪結，故用爲使。 以其食蟻，又治蟻瘻。 漏也，音閭，亦音漏。 有婦人項下忽腫一塊，漸延至頸。 偶刺破，出水一碗，瘡久不合。 有道人曰： 此蟻漏也，緣飯中誤食蟻得之。 用穿山甲，燒存性，爲末，敷之立愈。 劉伯溫《多能鄙事》云： 油籠滲漏，刮甲裏肉靨投入，自至漏處補住。 《永州記》曰： 不可于堤岸殺之，恐血入土，則岸堤滲漏。 觀此二說，其性之走竄可知矣。 癰瘍已潰者忌服。 如鼉而短，似鯉有足。 尾甲力更勝。 或生或燒，酥炙、醋炙、童便炙，油煎，土炒，隨方用。

清·顧靖遠《顧氏醫鏡》卷八 穿山甲辛，微寒，有毒。 入肝胃二經。 炙黃，或酥，或醋，或溺塗炙，或油煎，或土炒，隨宜。 搜風逐痰，破血開氣。 性專行散故也。 下乳汁多靈，通經脉之功。 截瘧疾至效。 治瘧用之者，恐其經絡陰陽相隔阻，藥力難驟入故也。 消腫毒須用，治痛痺宜求。 穴山而居，寓水而食，能走竄經絡，無處不到，直達病所成功。 患病在某處，即用某處之甲更效。 性猛，不可過服。

清·李熙和《醫經允中》卷二〇 穿山甲 入厥陰、陽明經。 土炒碎用。 鹹，微寒，有毒。 主治痰瘧風痺，通經脉，下乳汁，消癰腫，排膿血，治痘瘡變黑，療蟻瘻痔漏。 性毒，太走，不可過服。

清・馮兆張《馮氏錦囊秘錄・雜症痘疹藥性主治合參》卷九　穿山甲又名鯪鯉甲。味辛，平，氣微寒，有毒。穴山而居，寓水而食。性善竄，而喜穿山，故名。入足厥陰、手足陽明經。以辛散而入厥陰、陽明，故內治驚啼悲傷，大腸蟻瘻。外治肌肉癰腫，下乳發痘之需。三經所屬之病，總因善走之功，能行瘀血穿經絡，消癰毒，排膿血，下乳汁，破暑瘧也。蟻瘻者，即世所云鼠痔成漏，以其善食蟻也。同當歸、白芷、金銀花、連翹、紫花地丁、夏枯草、牛蒡子、乳香、沒藥、甘草、貝母、皂角刺治癰腫未潰，資為引導。【略】　穿山甲，主五邪鬼魅驚啼。療蟻瘻惡瘡，疥癬痔漏。搜風逐痰，破血開氣。或研末，酒調服。或燒灰，油拌敷腫毒，未成即消，已成即潰。理痛痹，在上則升，在下則降。同木通、自然銅搗末，酒調，治吹乳腫痛。同蜩皮、豆蔻仁為末，湯下，止氣痔來膿。又能破暑結之瘧邪，總因穿經絡於榮分，攻托疔毒，消腫排膿，一切癰疽透發必用，走竄經絡，無處不到，直達病所成功。如患在某處，即以某處之甲用之，尤臻奇效。尾脚力更勝。然性峻猛，不可過用。

主治痘疹合參：　大能起痘解毒，但防燥咽喉。凡痘陷伏者，必仗此起發。無陷伏者，不可多用，以致反耗氣血。宜取嘴、爪上甲，以東壁陳土拌炒黃色，去土用。或用人乳拌炒，尤妙。

清・张璐《本經逢原》卷四　鯪鯉甲俗名穿山甲。　鹹，微寒，小毒。或酥炙，或黃土，或蛤粉炒發鬆，研用，尾甲更勝。　發明：　穿山甲入厥陰、陽明及陰陽二蹻。通經下乳，瘧疾癰腫發痘為要藥。蓋其穴山而居，寓水而食，出陰入陽，能竄經絡達於病所，凡風濕冷痹之證，因水濕所致，渾身上下強直不能屈伸，痛不可忍者，於五積散內加穿山甲七片、全蠍炒十個，葱薑水煎熱服，取汗避風甚良。癰疽潰後不宜服。

清・浦士貞《夕庵讀本草快編》卷六　鯪鯉《別錄》、穿山甲　其形肖鯉，穴陵而居，故名。　鯪鯉甲味鹹氣寒，厥陰陽明藥也。故能除瘴瘧而療風痺，通經脉而下乳汁。五邪，驚啼悲傷，婦人鬼魅涕泣，鼠瘻，痔漏，瘡疥，癰腫，俱為要劑。蓋取其穴山而居，寓水而食，出陰入陽，走竄經絡，直達病所，取効速也。故《經驗方》加于五積散內，治水濕成痺，渾身強直，痛不可忍者，但其性專行散，不宜多服。

清・黃元御《玉楸藥解》卷六　鯪甲　味辛、鹹，氣平。入足陽明胃、足厥陰肝經。穿經透絡，洞骨達筋。鯪甲善穿通走竄，透堅破結，開經絡關節痹塞不通。通經脈，下乳汁，透筋骨，逐風止疼痛；　除麻痹，消腫毒，排膿血。療癰疽痔瘻，瘰癧疥癬，奶吹乳巖，陰瘻便毒，聤耳火眼，蟻瘻鼠瘡。至於癱瘓喎斜，緩急拘攣，未必能也。而引達木榮筋之藥，斬關深入，直透拳曲拘攣之處，則莫過於此。病在上下左右，依其方位，取甲炒焦，研細。亦名穿山甲。

清・吳儀洛《本草從新》卷六　鯪鯉〔宣，通經絡。〕一名穿山甲。　鹹，寒，有毒。　善竄，喜穿山。　專能行散，通經絡，達病所。某處病即用某處之甲。　入厥陰、陽明肝、胃。　治風濕冷痺。　通經下乳，消腫潰癰，止痛排膿，和傷發痘。　風瘧瘡科，須為要藥。以其穴山入水，故能出入陰陽，貫穿經絡達於營分以破結邪，故用為使。　以其食蟻，又治蟻瘻。有婦人項下忽腫一塊，漸延至頸，偶刺破，出水一碗，瘡久不合。有道人曰：　此蟻漏也，緣飯中偶食蟻得之。用穿山甲燒存性，為末敷之立愈。《多能鄙事》云：　油籠滲漏，剝甲裏肉靨投入，自至漏處補住。《永州記》云：　不可於堤岸殺之，恐血入土則堤滲漏。觀此二說，其性之走竄可知矣。　性猛，用宜斟酌，癰疽已潰，痘瘡挾虛大忌。　如鼉而小，似鯉有足。　尾甲力更勝。　或生或燒，酥炙，醋炙，童便炙，油煎，土炒。

清・汪紱《醫林纂要探源》卷三　鯪鯉　甘，鹹，寒。俗曰穿山甲。渾身有鱗，尖首長尾短足，善穿穴，好食蟻。居山穴中，偶見人則縮其首尾四足於腹下，形如僧家所敲木魚，色黑。　肉：　殺蟲，行血，攻堅散瘀，治痺通經。　甲：　鹹，寒。　走竄經絡，無所不達，以輭堅攻毒，去瘀排膿。治風濕寒痺，托內毒，潰癰疽，兼能通經下乳。○世專用其甲，或酥、醋、童便炙，或土炒，製各隨宜。如患在背用背上甲，在手用前足甲，在足用後足甲，效更驗。如托痘毒，及通經下乳，尾甲為良。癰疽已潰，忌用。○蟲瘡疥癬，以此甲搔癢，亦能殺蟲。

清・嚴潔等《得配本草》卷八　鯪鯉即穿山甲。　鹹，微寒，有毒。入厥陰、陽明經。　竄走經絡，迅達病所。消癰疽，除痰瘧，破血結，療痹疼，去驚邪，逐鬼魅。　得肉豆蔻，治氣痔膿血。配豬苓，醋炒酒下，治便毒。入五積散，治渾身強直。調木通、生自然銅末，酒下，治吹乳。　尾、脚、嘴、甲力更勝。或油，或醋，或酒，或土，或乳，或童便，或蛤粉拌炒，各隨病製。　性猛不可過用。肝氣虛者禁用。

題清・徐大椿《藥性切用》卷八　穿山甲　一名鯪鯉甲，即川甲片。鹹寒有毒，性竄善走，入足厥陰、陽明。通經下乳，消腫潰堅，為行經散結耑藥。尾甲尤勝。醋炙、酒炙任用。

清・黃宮繡《本草求真》卷三　山甲通經達絡，破肺氣，行肝血。　山甲岩入肝、肺、胃。鹹寒善竄，其性穴山而居，寓水而食，惟其善竄，所以通經達絡，無處不到。且能入肝與胃，而治驚啼悲傷，大腸蟻瘻。弘景曰：山甲能陸能水，日中出岸，張開鱗甲如死狀，誘蟻入甲，即閉而入水，開甲蟻皆浮出，因接而食之。汪昂曰：有婦人項下忽腫一塊，漸延至頸，偶刺破，出水一碗。瘡久不合，此蟻漏也。緣飯中誤食蟻得之。外治瘡瘍癰腫，下乳發痘之需。諺云：穿山甲，王不留，婦人喫了乳長流。總因善走之功，而為行氣破血之藥耳！劉伯溫《多能鄙事》云：凡油籠滲漏，剝山甲裏面肉靨投入，自至漏處補住。又《永州記》云：此物不可於堤岸殺之，恐血入土，則堤岸滲漏。觀此性之走竄可知。故或燒灰，敷毒即消。同五積散加全蠍、葱、薑煎服，則治風濕冷痹，而見上下強直，痛不可忍。同木香、自然銅搗末酒調，以治乳癰腫。同蝟皮、豆蔻仁為末湯下，以治氣痔來膿，及破水濕瘧邪，并察患在某處，即以某處之甲用之，尤臻奇效。尾腳力更勝，然總破氣敗血，其力峻猛。虛人切戒投服。如鼉而短，似鯉有足。或生，或燒炙、醋炙、童便炙、油煎、土炒，隨方用。

清・楊璿《傷寒溫疫條辨》卷六攻劑類　穿山甲土炒或油煎，色宜黃。　味甘鹹，微寒，有小毒。入肝、胃。以其穴山寓水，故能出入陰陽，貫穿經絡，直達榮衛至於病所，以破邪結。治風濕冷痹，通經下乳，消癰排膿，和傷發痘，尅血積，攻痰癖，瘡家、瘧家須為上劑。又治痔漏蟻瘻。山甲燒存性，敷之立愈。去皮風。復元和血湯：治跌墜損傷，停滯瘀血痛疼至不敢喘咳唾者。穿山甲、當歸、桃仁、紅花、茜根、天花粉、香附，甘草一錢，柴胡二錢，川大黃三錢，酒煎，連進效。

清・羅國綱《羅氏會約醫鏡》卷一八鱗介蟲魚部　穿山甲又名鯪鯉甲，味鹹，平，微寒，入肝腎二經。土炒，或人乳炒。性善竄，喜穿山。可走周身，通經絡，頃刻直達病所。某處病的取某處之甲為引，最效。行經滯，下乳汁，用甲，炮研末，酒服，外以熱梳梳乳，或同王不留行煎服。消癰腫，未成即消，已成即潰，潰後少用。治痛痹，在上則升，在下則降。截瘧，能破暑氣所結。發痘，陷伏者可佐補藥以起發之。并療蟻（螻）〔瘻〕。飯食中誤食蟻中毒，或塊破則出水，用甲炒研敷之。但性猛烈，不可過用，虛弱者更當審慎。

清・王龍《本草纂要稿・禽獸部》　鯪鯉甲　氣微寒，有小毒。主五邪鬼魅，及驚啼悲傷。療蟻瘻惡瘡，并疥癬痔漏。又能破暑結之瘧邪，因穿經絡於榮分。即川山甲。

清・吳鋼《類經證治本草・足厥陰肝臟藥類》　山甲　【略】誠齋曰：凡癰疽根深無大膿及瘡口冒風，或出不快，當於托補排膿藥中加而用之，極有捷效。或生用，燒用，土炒，酥炙，醋炙，童便炙，油煎，神而用之可也。

清・張德裕《本草正義》卷上　穿山甲　鹹，寒。性竄，善通經絡，直達病所。除山嵐瘴氣，瘧疾風痹，下乳汁，消癰腫，排膿血。凡瘡瘍痘毒，有鬱不能出發者，宜此達之。然必審虛實以為佐用。

清・楊時泰《本草述鉤元》卷二八　鯪鯉甲　形似鼉而短小，又似鯉而有四足，穿陵穴居。一名穿山甲。殺之勿近堤岸，恐血入土，遂令滲漏。《永州記》云。凡油籠滲漏，剝甲裏肉靨投之，自至漏處補住《多能鄙事》。二說須合參。

甲：味辛、鹹，氣微寒，有毒。入足厥陰，兼入手足陽明經。《別錄》主五邪驚啼悲傷。燒灰酒服。日華治小兒驚邪，婦人鬼魅悲泣及疥癬、痔漏。《綱目》除痰瘧寒熱，風痹強直疼痛，通經脉，下乳汁，消癰腫，排膿血，通竅殺蟲。是物食蟻，能治蟻瘻貞白。能通氣活血文清。性善走，能行瘀血，通經絡，故其消癰毒，排膿血，下乳，和傷，發痘等用有效仲淳。皮表甲冑如菱，脊中介道如鯉，似獸穴居，穿山越江，乃介甲之有神者。夫肺蟲曰介，介者肝之榮，筋之餘，此木秉金制，金互木交，是以勁毛堅甲，專着皮表。皮表者，肺之合也。當入太陰肺厥陰肝，以太陰為注經之始，厥陰為環經之終，故可出陰入陽，穿經絡，達臟腑，抵病舍之所在，閉塞者瀉之，滲漏者補之。如利如泣，如漏如崩，此滲漏之為患也；如痹，如癰，如瘻，如乳汁不通，此閉塞之為患也。如五邪驚啼悲傷，此屬肺俞化薄，致金聲妄泄，肝無乘制，致魂失奠安，在形臟歸滲漏，在五邪屬閉塞，瀉之以補之，補之以瀉之，有故而施者，交互乘制，兩無得矣之頤。凡風濕冷痹之證，因水濕所致，渾身強直，不能屈伸，痛不可忍者，於五積散加穿山甲七片，看痛在何處，即於鯪鯉身上取甲炮熟，同全蠍炒十一個，葱薑水煎，入無灰酒一匙，熱服取汗，避風，甚良。土炒，同乳香、沒藥、降香、紅麴、山查、通草、童便，治上部內傷，胸膈間疼痛。同當歸、白芷、銀花、連翹、紫地丁、夏枯草、大力子、乳香、沒藥、甘草、貝母、皂角刺，治癰腫未潰，資為引導。得生地、紫草、生犀角，治痘瘡毒盛，不得起發，色帶乾紅枯燥者。風丹作癢，穿山甲洗去腥，瓦上炒過存性，每一兩入甘草三錢，為末，米飲調服。佐地榆，治便毒。便毒便癰，穿山甲半兩、豬苓二錢並

用醋炙，研末，酒服二錢，外以穿山甲末和麻油、輕粉塗之，或只以土塗之。馬疔腫毒，穿山甲燒存性、貝母，等分為末，酒調服三四次，乃用下藥利去惡物，即愈。蟻瘻不愈，穿山甲二七枚燒灰，猪脂調敷。瘰癧潰壞，穿山甲土炒、斑蝥、熟艾，等分為末傅之，外以烏(檗)〔桕〕葉貼，上灸四壯效。

論：近以鯪鯉甲療風痺、痰瘧，通經下乳，其用更專於瘡科，似於《別錄》日華所云驚邪悲傷之治無與，此由粗識鯪鯉止於通經脉專行散耳，豈知驚邪悲傷，固非通經脉專行散所能治耶。蓋驚始於心神受之，次病於肺而善悲，以肺固貫心脈而行呼吸也。前哲云：悲傷先天元陽則魂消，魂消則神亂而眼見虛形，或自悲哭。其傷先天元陰者，亦無故不時欲哭。夫元陽元陰受傷，是物何以能治？蓋其勁毛堅甲，專着皮表，乃木秉金制，金互木交之象。皮者肺所合，介者肝所榮，肝固藏血，肺固統氣，如木從乎金，則血所不至者，氣能帥血以至之。之頤所謂閉塞之能瀉也，氣所能至者，血即隨氣以無不至之；之頤所謂有滲漏之能補也，本後天氣血以還其先天陰陽，而後可悟於驚邪悲傷之治矣。其療風痺、痰瘧，通經下乳，實不徒以通利行散為功。即就瘡毒而言，如便毒、馬疔未潰者能利之，蟻瘻、瘰癧潰壞者又能完之，不可思其功乎。至用時或炙，或炮，或燒，或炒，或煎，未有生用者。各異其製以為先導。要本金木為生成之終始，太陰肺為注經之始，厥陰肝為環經之終。故能偏治各臟腑之氣血如是耳。夫人身金從乎木則病，木從乎金則治，而生化轉神，此義罕有能及之者，盧氏可謂識越前人矣。穿山性竄而行血風，故痔漏、疥癬、惡瘡燒末擦之，諸風亦去，須知血風不止虛生，即血滯亦病於風，以血滯則化熱也。

繆氏言癰疽已潰，不宜服。痘瘡元氣不足，不能起發者，不宜用。性專行散，中病即止，不可過服李仲南。

辨治：尾鱗尖厚有三角，用之力勝。或炮，或燒，或酥炙、醋炙、童便炙，或油煎、土炒、蛤粉炒，各隨本方。如熱瘧不寒，同乾棗炒用；下痢裏急，同蛤粉炒用；婦人陰癩，沙炒；痘瘡變黑，蛤粉炒；腫毒初起，入穀芒熱灰中炮；便毒便癰，醋炙；瘰癧潰壞，土炒；耳內疼痛，同土狗炒；耳鳴耳聾，蛤粉炒；倒睫拳毛，將羊腎脂抹甲上炙，隨各證各臟腑修製，以類推之，未有生用者。

清・葉桂《本草再新》卷一〇 穿山甲味酸、鹹，性涼，有小毒。入肝、脾、肺三經。搜風去濕，解熱敗毒，治瘡癰疥癬。

清・趙其光《本草求原》卷一六鱗部 穿山甲即鯪鯉甲。勁毛、堅甲皆在皮外。辛，平，微寒，有毒。善竄，得金氣專而合於水。能透肺氣，行經絡，肺為注經之始，肝為環經之終。使氣至而血行滯化。血原於水，藉氣以行。治五邪驚啼悲傷，驚傷心神，則陰陽閉塞，傳於肺而為悲哭。肺貫心以行呼吸，肺氣通則陰陽達。燒灰酒服。風濕冷痹，渾身強直。同全蠍炒，入五積散內，加薑、葱。通經下乳，炒研酒服。虛人同豬蹄煎。血滯化熱以成風，炒，同甘草末米飲下。燒末搽之，諸風亦去，血行風自滅也。風瘧、痰瘧、單熱瘧，炒同大棗。下痢裏急，炒同蛤粉。婦人陰癩，以白沙炒。痘乾紫黑不起，以蛤粉炒，同生地、犀角、紫草。便毒、便癰，同豬苓並醋炒，加地榆末，酒服；外又同輕粉、麻油搽，或止以土塗之。疔腫，燒存性，同川貝末酒服二三次後，用瀉藥下之。瘰癧潰壞，土炒，同斑蝥、艾茸敷之，外加烏桕葉灸四壯。耳痛，炒，同土狗吹。耳鳴、耳聾，同蛤粉炒吹。拳毛倒睫。以羊脂抹炒。消腫潰癰，入穀芒熱灰煨。止痛，排膿，為瘡科初起要藥。已潰忌用。以其食蟻，又治痔瘻、蟻漏。一婦項下忽腫一塊，延至頸，刺破出水，久不合，此誤食蟻而成蟻漏也。山甲燒存性，敷之立愈。按在堤岸殺之，血入土，即令滲漏。若油籠滲漏，刮甲包肉靨投之，自至漏處補住。故所治諸病皆是閉者能通，而利漏崩中又是滲者能補也。再按五邪悲傷，是肺金氣泄，肝無所制，致魂失奠安，在臟為滲漏，在邪為閉塞，用此兼通兼補，乃無礙也。人但知其能通，而不知其能補，何不取瘰癧潰壞一症而細思之？

此物之用，全在拌炒引導，須細看上文，各隨本症，或炮，或炒，或醋，或土，或油，或蛤粉等拌，類推之，以盡其用，未有生用者。尤須因病之上下左右，取上下甲分治之，更效。尾甲尖厚，有三角，力尤大。又燒敷痔瘻，擦疥癬，皆效。

清・文晟《新編六書》卷六《藥性摘錄》 穿山甲 鹹，寒。善竄，通經達絡，入肝與胃。治驚啼悲傷，大腸蟻瘻，風濕冷痹，水濕瘧邪等症。外用燒灰，敷腫毒即消。〇並察患在某處，即用某處之甲尤効。尾與腳更勝。〇生用，或燒炙、醋炙、童便炙，油煎，土炒，隨方用。

清・張仁錫《藥性蒙求・魚鱗介部》 穿山甲一錢、二錢 穿山甲寒，性專行散。風瘧能療，通經最快。一名(陵)〔鯪〕鯉甲。鹹，微寒。入肝、胃二經，及陰陽二蹻。通經下乳，瘧痢癰腫，發痘為要藥。蓋其穴山，而後寓水而食，出陽入陰，能竄經絡，達於病所。凡風濕冷痺之證，痛不能屈伸者，最宜。某處之甲，或生，或炒，或醋炙。

清・龍之章《蠢子醫》卷二 山甲可封平和將軍 山甲亦可號將軍，我

嘗治病屢出神。有一婦人月病久，諸藥不效死為鄰。腹疼臥床甚難忍，一為診脈脉橫陳。即用山甲末一兩，黃蠟為丸麝香勻。日食一錢痛即止，不滿十日大回春。又有男兒虛癆久，諸藥不效死為鄰。一寒一熱不能止，一為診脈積已深。即用山甲末一兩，黃蠟為丸青黛勻。日食二錢熱已止，不滿十日大回春。又有癆疾寒瘧久，諸藥不效死為鄰。一寒一熱不能止，一為診脉氣在心。即用山甲末二錢，玉金煎湯紅糖吞。當即平復無一病，不滿十日大回春。又有虛癆蠱症久，諸藥不效死為鄰。補之不得瀉不得，一為診脉脉陰沉。即用山甲末二錢，麝香和入茶細吞。吃了時節忽大汗，腫硬一消即回春。好如汾陽見吐蕃，不動聲色若甚親。百萬雄兵盡懾服，那有一個作梗人。我如藥中去為政，定封山甲為將軍。大黃巴豆雖無敵，氣血旺時穩稱心。若遇此症氣淹淹，不得此藥怎回春。一切病積盡去了，無風無火無烟塵。若問大黃與巴豆，定當俯首稱為臣。病到此時難為力，焉得如此怎稱心。

清·戴葆元《本草綱目易知錄》卷五　鯪鯉穿山甲　甲，鹹，微寒，有毒。穴山寓水，出陰入陽，厥陰、陽明經藥。能竄經絡，引諸藥達於病所，為風瘧瘡瘍，通經脈，下乳汁之要藥。消癰排膿，通竅殺蟲，治五邪，驚啼悲傷，痰瘧寒熱，山嵐障瘧，風痹強直，中風癱瘓，小兒驚邪，婦人鬼魅悲泣。傅蟻瘻、瘡癩疥癬、痔漏惡瘡。癰疽已潰者慎用，能生膿作痛。凡用炙炒隨方，未有生用。尾甲力勝。

清·黃光霽《本草衍句》　穿山甲　鹹寒有毒，善竄善穿。出陰入陽，穿精貫絡。達病所入厥陰陽明，療蟻瘻及痔漏疥癬。破暑結之瘧邪，風瘧瘡科許為要藥。除風濕之冷痺。消腫排膿，通經下乳。《經驗方》云：凡風濕冷痺之症，因水濕所致，渾身上下強直不能屈伸，痛不可忍者，於五積散加山甲七片，看病在左右手足，或臂脇疼痛處，即於鯪鯉身上取甲，炮熟，同全蝎炒十一個，薑同水煎，入無灰酒一匙，熱服，取汗避風，甚良。　婦人陰癩硬為卵狀，隨病之左右，取出甲之左右邊，以砂炒焦黃，為末，每服二錢，酒下。　乳汁不通，湧泉散，用山甲炮研，酒下，外以油梳梳乳。　乳嵓乳癰，方同上法。　吹奶疼痛，山甲炙焦，木通一兩，自然銅生用半兩，為末，每二錢酒服。　(停)〔聤〕耳出膿，山甲燒存性，入麝香少許，吹之。

清·陳其瑞《本草撮要》卷九　穿山甲　味辛鹹，寒，有毒，善竄，入足厥陰、手陽明經。功專治風濕冷痹，通經下乳，消腫潰癰，止痛排膿，通竅殺蟲，發痘風瘧，為瘡科要品，治蟻瘻神效。癰疽已潰，痘瘡挾虛大忌。或生或燒，或醋炙、童便炙，油煎土炒俱可。

清·周巖《本草思辨錄》卷四　鯪鯉甲即穿山甲。　穿山甲主五邪驚啼悲傷。其可驚啼之邪，無論五臟何邪，自屬非分之來，難以驟當，而後發為驚啼；　由驚啼而悲傷，邪則乘肺虛而並之。此時通氣道之留阻而先解其邪，斯則穿山甲所克任者。若調其偏駁，安其神志，則更有他藥，宜酌劑以善其後也。　後人用穿山甲，多見於瘡、瘧兩門。蓋瘧必有風痰濕濁痹其經絡，瘡則肌腠壅滯，非性銳善穿之物，不能疏排而發之。若瘧涉於虛，瘡至潰後，則非其所能為矣。

兔

唐·孫思邈《千金要方》卷二六《食治·鳥獸》　兔肝　主目闇。肉：味辛，平，濇，無毒。補中益氣，止渴。兔無脾，所以能走，蓋以屬二月建卯木位也，木剋土，故無脾焉。馬無脾，亦能走也。黃帝云：兔肉和獺肝食之三日必成遁尸；　共白雞肝心食之，令人面失色，一年成癉黃；　共薑食，變成霍亂；　共白雞肉食之，令人血氣不行。二月勿食兔肉，傷人神氣。

宋·唐慎微《證類本草》卷一七獸部中品〔《別錄》〕　兔頭骨　平，無毒。主頭眩痛，癲疾。〔宋·掌禹錫《嘉祐本草》〕按：日華子云：頭骨和毛、髓燒爲丸，催生落胎并產後餘血不下。

骨：主熱中消渴。〔宋·掌禹錫《嘉祐本草》〕按：《藥性論》云：兔頭，味甘。日華子云：兔骨，治瘡疥刺風，鬼疰。

腦：主凍瘡。

肝：主目暗。〔宋·掌禹錫《嘉祐本草》〕按：孟詵云：肝，主明目，和決明子作丸服之。又，主丹石人上衝眼暗不見物，可生食之，一如服羊子肝法。日華子云：肝，明目，補勞，治頭旋眼疼。

肉：味辛，平，無毒。主補中益氣。〔梁·陶弘景《本草經集注》〕云：兔肉爲羹，亦益人。妊娠不可食，令子脣缺。其肉不可合白雞肉食之，面發黃。合獺肉食之，令人病遁尸。〔唐·蘇敬《唐本草》〕注云：兔皮、毛，合燒爲灰酒服，主產難後衣不出，及餘血搶心，脹欲死者，極驗。頭皮，主鬼疰，毒氣在皮中針刺者。又云：主鼠瘻。膏，主耳聾。

〔宋・馬志《開寶本草》〕按：陳藏器《本草》云：兔，寒、平。主熱氣濕痹。毛，燒灰，主灸瘡不差。骨，主久疥，醋摩傅之。肉，久食弱陽，令人色瘦。與薑同食，令人心痛。頭，主難產，燒灰末酒下。兔竅有五六穴，子從口出，今懷妊忌食其肉者，非爲缺脣，亦緣口出。

〔宋・掌禹錫《嘉祐本草》〕按：《藥性論》云：臘月肉作醬食，去小兒豌豆瘡。臘毛煎湯洗豌豆瘡及毛傳，良。孟詵云：八月至十一月可食，服丹石人相宜，大都損陽事，絕血脉。日華子云：肉，治渴健脾。生喫壓丹毒。

〔宋・蘇頌《本草圖經》〕曰：兔，舊不著所出州土，今處處有之，爲食品之上味。兔竅乃有六七穴，子從口出，故妊娠者禁食之。頭骨，主頭眩痛，癲疾。腦，主凍瘡。肝，主目闇。肉，補中益氣。然性冷，多食損元氣，不可合雞肉食之。髓及膏并主耳聾。毛煎湯洗豌豆瘡。毛燒灰，主灸瘡久不差。皮、毛及頭并燒灰，酒服，主難產衣不出。《必效方》療天行，嘔吐不下食。取臘月兔頭并皮、毛，燒令煙盡，擘破作黑灰擣羅之。以飲汁服方寸匕，則下食，不差更服。燒之勿令火耗，頻用皆效無比。崔元亮《海上方》療消渴羸瘦，小便不禁。兔骨和大麥苗，煮汁服極效。又一方，用兔一隻，剝去皮、爪、五藏等，以水一斗半煎使爛，骨肉相離，漉出骨肉，斟酌五升汁，便澄濾令冷，渴即服之。極重者不過三兔。又下有筆頭灰，主小便不通及數而難，淋瀝，陰腫，中惡，脫肛。筆并取年久者，燒灰水服之。

〔宋・唐慎微《證類本草》〕《食療》：兔頭骨并同肉，味酸。謹按：八月至十月，其肉酒炙喫，與丹石人甚相宜。注：以性冷故也。大都絕人血脉，損房事，令人痿黃。肉，不宜與薑、橘同食之，令人卒患心痛，不可治也。又，兔死而眼合者，食之殺人。二月食之傷神。又，兔與生薑同食，成霍亂。《聖惠方》：手足皸裂成瘡，兔腦髓生塗之。《外臺秘要》：《必效》：療婦人帶下。取兔皮燒令煙絕，擣爲末，酒服方寸匕，以差爲度。《肘後方》：療大人、小兒卒得月蝕瘡。於月望夕，取兔屎及內蝦蟇腹中，合燒爲灰末，以傅瘡上，差。《百一方》：火燒已破方：取兔腹下白毛燒膠，以塗毛上，貼瘡立差，待毛落即差。《經驗方》：催生丹：兔頭二箇，臘月內取頭中髓塗於淨紙上，令風吹乾，通明乳香二兩，碎入前乾兔髓同研。來日是臘，今日先研，俟夜星宿下安桌子上，時果、香、茶同一處排定，須是潔淨齋戒焚香，望北帝拜告云：大道弟子某，修合救世上難生婦人藥，願降威靈，祐助此藥，速令生產。禱告再拜，用紙帖同露之，更燒香至來日，日未出時，以猪肉和，丸如雞頭大，用紙袋盛貯透風懸。每服一丸，醋湯下，良久未產，更用冷酒下一丸，即產。此神仙方，絕驗。《梅師方》：兔肉合乾薑拌食之，令人霍亂。《食醫心鏡》：消渴飲水不知足。兔頭骨一具，以水煮，取汁飲之。《博濟方》：治產前滑胎。臘月兔頭腦髓一箇，攤於紙上令勻，候乾，剪作符子，於面上書生字一箇，覺母陣痛時，用母釵子股上夾定，燈焰上燒灰盞盛，煎丁香酒調下。《勝金方》：治發腦、發背及癰疽、熱節、惡瘡等。臘月兔頭，細剉，入瓶內密封，惟久愈佳。塗帛上厚封之，熱痛傅之如冰，頻換差。《集驗方》：治痔疾，下血疼痛不止。以玩月砂不限多少，慢火熬令黃色爲末。每二錢入乳香半錢，空心溫酒調下，日三四服，差。砂，即兔子糞是也。《子母秘録》：療產後陰下脫，燒兔頭末傅之。《抱朴子》：兔壽千歲，五百歲毛色變白。又云：兔血和女丹服之，有神女二人來侍，可役使之。《禮記》：食兔去尻。沈存中：契丹北境有跳兔，形皆兔，但前足寸餘，後足幾尺，行即用後足跳，一躍數尺，止則蹶然仆地。生於契丹慶州之地，子使虜日捕得數兔持歸。《爾雅》所謂蟨兔，亦曰蛩蛩巨驉也。

宋・寇宗奭《本草衍義》卷一六 兔 有白毛者，全得金之氣也，入藥尤功。餘兔至秋深時則可食，金氣全也。纔至春夏，其味變，取四脚肘後毛爲逐食飼雕鷹，至次日却吐出，其意欲腹中逐盡脂肥，使飢急捕逐速爾。然作醬必使五味。既患豌豆瘡，又食此，則發毒太甚，恐斑爛損人。

宋・王繼先《紹興本草》卷一九 兔 紹興校定：兔頭骨，性味、主治已載經注。如骨、腦、肝、肉亦各分主治，其性無異。雖諸方亦間用之，皆無必起疾之效。當云味甘、平、無毒是矣。然肉世之食品，但亦動痼疾，不可多食之。

宋・鄭樵《通志》卷七六《昆蟲草木略》 兔 《爾雅》曰：兔子，嬎。其跡，迒。絕有力，欣。

宋・劉明之《圖經本草藥性總論》卷下 兔頭骨 平，無毒。主頭眩痛，癲疾。日華子云：頭骨和毛髓，燒，為丸，催生落胞，并產後餘血不下。骨，主熱中消渴，并治瘡疥，刺風鬼疰。腦，主凍瘡。肝，主目暗并補勞，治頭旋眼痛。肉，味辛，平，無毒。主補中益氣，亦治渴，健脾。生喫，壓丹毒。

宋・陳衍《寶慶本草折衷》卷一五 兔頭骨灰在內。○骨、腦、肝、肉、皮、毛、屎附。○血續附。《禮記》云：其兔一名明視。生處處有之。其前足短，後足長者為跳兔，一名蹶兔。生契丹北境及慶州。○附：腦，臘月取。○又附：肉，忌薑、橘、白雞肉、獺肉。○又附：屎，一名玩月砂。《炮炙論》云：一名兔蕈。○續附：血，亦臘月取。

味甘，平，無毒。○主頭眩痛，癲疾。○日華子云：頭骨和毛、髓燒為丸，催生落胞，產後餘血不下。○陳藏器云：兔頭主難產，燒灰末酒下。○《子母秘錄》：療產後陰脫，燒兔頭末傅之。

附： 骨身雜骨也。○味甘，主熱中消一作痟。渴羸瘦，小便不禁。兔骨和大麥苗煮汁服效。治瘡疥刺風鬼疰。 附： 腦腦髓也。○主凍瘡。

附： 肝。○主目暗明目，和決明子作丸服之。又主丹石衝眼，補勞，治頭旋眼疼。 附： 肉。○味辛、酸，平，寒，無毒。補中益氣，主熱氣濕痹，治渴建脾，生喫壓丹毒。八月止十一月可食。久食弱陽絕血脉，色瘁。與薑、橘同食令心痛。合白雞肉食面發黃。合獺肉食病遁尸。兔竅有六七穴，子從口出，故娠者禁食，又令子脣缺。患豌豆瘡食則發毒斑爛。 附： 皮毛灰。○主產難後衣不出，及餘血搶心脹，酒調服之。 附： 毛。○豌豆瘡，毛煎湯洗。灸瘡久不差，毛燒灰傅。白毛者全得金氣，入藥尤功。 附： 屎。○治痔疾血疼，以慢火熬黃赤為末，乳香酒調下。

續說云： 兔之產育背常，故懷胎在身者所當禁食。若夫就蓐之時，則兔頭及髓，日華子輩紀其功博矣。《指迷方》又取兔血以蒸餅，切片蘸之，用紙袋盛，淩風陰乾為末，名兔血散，治產難逆生，每服貳錢，煎乳香湯調下即得分慶。然頭也，血也，皆兔之切於濟人者也，不可例以為妊婦所忌也。

元·忽思慧《飲膳正要》卷三

兔 肉，味辛，平，無毒。補中益氣。不宜多食，損陽事，絕血脉，令人痿黃。不可與薑、橘同食，令人患卒心痛。妊娠不可食，令子缺唇。二月不可食，傷神。 兔肝，主明目。 臘月兔頭及皮毛，燒灰，酒調服之，治產難、胞衣不出、餘血不下。

元·尚從善《本草元命苞》卷七

兔頭骨 平，無毒。主頭眩痛癲疾，和毛髓燒，為丸，落胞衣，催生產。肉，味辛，平，無毒。健脾，補中益氣。生喫壓丹毒，多食損元氣。妊娠不可食，生兒令唇缺。二月餌之，遂乃傷神。薑、橘同食，卒患心痛。腦，傅凍瘡。肝，醫目暗。筆頭灰，微寒，年深者尤妙，主小便不通難數，療陰腫中惡，脫肛。男子交婚莖弱，乏筆燒灰，酒服。孕婦催生難產，藕汁調灰速下。

元·吴瑞《日用本草》卷三

兔肉 大耳缺唇，世少雄者，相舐而有孕，生子從口出。娠婦勿食，惡其不順。不可合白雞肉食，令人發黃； 合獺肉食，病遁尸； 同乾薑食，成霍亂； 同胡桃食，患背瘡； 合芥菜食，成積。娠婦食之，令子缺唇。 主補中益氣。味辛，平，無毒。 兔肝： 主目暗，頭眩眼疼。服丹石人上衝眼目，不見物，可食。 兔腦： 臈月者，主催生落胎，產後餘血不下。主凍瘡。 兔毛： 燒灰，主灸瘡不差。亦煎湯洗豌豆瘡。

明·王綸《本草集要》卷六

兔頭骨 味甘，氣平，無毒。臘月者良。主頭眩痛，癲疾。皮毛及頭燒灰，酒下，主產難催生，并產後胎衣及餘血不下。○腦髓，塗凍瘡。○肉，補中益氣。妊娠忌食。不可同白雞肉食。

明·滕弘《神農本經會通》卷八

兎頭骨 臘月者良。 氣平，無毒。《本經》云： 主頭眩痛，癲疾。日華子云： 頭骨和毛髓，燒為丸，催生落胎，并產後餘血不下。《唐本》注云： 頭皮，主鬼疰，毒氣在皮中鍼刺者。又主鼠瘻。膏，主耳聾。陳藏器云： 頭，主難產，燒灰末，酒下。《圖經》云： 皮毛及頭，并燒灰，酒服，主難產，胎衣不出。又《必效方》療天行嘔吐不下食，取臘月兎頭并皮毛，燒令煙盡，擘破，作黑灰，擣羅之，以飲汁服方寸匕，則下食。《局》云： 兎頭骨主頭昏痛，和髓燒灰治產良。骨療熱中消渴病，肉如久食損人陽。

兎骨： 味甘。《本經》云： 主熱中消渴。日華子云： 治瘡疥刺風，鬼疰。陳藏器云： 骨，主久疥，醋摩傅之。《圖經》云： 《海上方》療痟渴羸瘦，小便不禁，兎骨和大麥苗，煮汁服，極效。 兎腦： 《本經》云： 主凍瘡。

兎肝： 《本經》云： 主目暗。孟詵云： 主明目，和決明子作丸，服之。又主丹石人上衝，暗不見物，可生食之，一如服羊子肝法。日華子云： 明目，補勞，治頭旋眼疼。 兎肉： 味辛，氣平，無毒。一云： 性冷。一云： 寒，平。《本經》云： 主補中益氣。陶云： 兎肉，為羹亦益人。妊娠不可食，令子脣缺。其肉不可合白雞肉食之，面發黃。《唐本》注云： 兎皮毛合燒為灰，酒服，主產難，胎衣不出，及餘血搶心，脹欲死者，極驗。陳藏器云： 兎，寒，平。主熱氣濕痹。毛燒灰，主灸瘡不差。兎竅有五六穴，子從口出，今懷妊忌食者亦緣此。肉久食弱陽，令人色瘁。與薑同食，令人心痛。《藥性論》云： 臘月肉作醬食，去小兒豌豆瘡。臘毛煎湯，洗豌豆瘡，及毛傅，良。孟詵云： 服丹石人相宜。大都損陽事，絕血脉。日華子云： 肉，治渴健脾，生喫，壓丹毒。《圖經》云： 性冷，多食損元氣。不可合雞肉食。《纂要》云： 兎糞，治小兒痘入眼，水化一粒，服之即消。

明·劉文泰《本草品彙精要》卷二四

兔頭骨無毒。附腦、肝、肉。 胎生。

兔頭骨： 主頭眩痛，癲疾。○骨，味甘，主熱中，消渴。○腦，主凍瘡。○肝，主目暗。○肉，味辛，平，無毒。主補中益氣。名醫所錄。 【名】翫月砂

屎名。　〖地〗《圖經》曰：舊不著所出州土，今處處有之，爲食品之珍。蓋兔止有八竅，感氣而生，子從口出，故妊娠禁食之。《衍義》曰：兔有白毛者，全得金之氣也，入藥尤功。餘兔至秋深時則可食，金氣全也。纔至春夏，其味變，取四腳肘後毛爲逐食飼雕鷹，至次日卻吐出，其意欲腹中逐盡脂肥，使飢急則捕逐速爾。〖時〗生：無時。採：無時。〖用〗骨、肉、腦、肝。〖色〗白。〖味〗甘。〖性〗平。〖氣〗氣之薄者，陽中之陰。〖臭〗腥。〖主〗癲疾。〖製〗爲末或燒灰用。〖治〗療：《圖經》曰：髓及膏，治耳聾。○毛煎湯，洗豌豆瘡；燒灰，傅灸瘡久不瘥者。○臘月兔頭並皮毛，治天行嘔吐，不下食，燒令煙盡，擘破作黑灰擣羅之，以飲汁服方寸匕則下食，不瘥更服，燒之勿令火耗。《唐本》注云：頭皮，除鬼疰，毒氣在皮中如針刺者及鼠瘻。○兔肉，治熱氣，濕痹。《藥性論》云：臘月兔，作醬食，去小兒豌豆瘡。日華子云：頭骨和毛髓，燒爲丸，催生落胎，並產後餘血不下。○兔骨，塗瘡疥，刺風及鬼疰。○肝，明目及治頭旋，眼疼。○肉，止渴，健脾。《別錄》云：兔腦，生塗手足皸裂成瘡。○兔頭骨，除消渴，飲水不知足，以一具，水煮取汁飲之。○臘月兔頭，治發腦，發背，及癰疽，熱癤，惡瘡，以細剉入瓶內密封，惟久愈佳，塗帛上厚封之，熱痛傅之如冰，頻換，瘥。及治產後陰下脫，燒兔頭灰傅之。補：陶隱居云：兔肉爲羹，食之益人。日華子云：肝，補勞。〖合治〗兔肝合決明子，作丸服之，明目及治丹石人上衝眼暗不見物。○兔皮毛同燒爲灰，合酒服，治產後胞衣不出，餘血搶心，脹欲死者。○骨合醋摩，傅久疥不瘥。○兔頭燒灰合酒服，治難產。○兔骨合大麥苗煮汁服，治消渴，羸瘦，小便不禁。○兔皮燒令煙絕，爲末合酒服方寸匕，治婦人帶下，以瘥爲度。○月望夕取兔屎，內蝦蟆腹中合燒爲灰作末，傅大人小兒卒得月蝕瘡。○兔腹下白毛燒膠塗于毛上，貼火瘡已破者，待毛落即瘥。○臘月兔頭腦髓一個，攤於紙上令勻，候乾剪作符子，於面上書生字一個，覺母陣痛時，用母釵子股上夾定，燈焰上燒灰，盞盛之，煎丁香酒調下，能易產滑胎。○翫月砂不限多少，漫火熬令黃色，爲末，每二錢入乳香半錢，空心溫酒調下，治痔漏下血，疼痛不止，日三四服，瘥。〖禁〗兔肉，妊娠不可食，食之令子唇缺。多食損人元氣及陽事，絕人血脈。凡兔死眼合者，食之殺人。二月亦不宜食兔，能傷神。〖忌〗不可與白雞肉同食，令人面色痿黃。與獺肉食之，令人病遁尸。與薑橘同食，令人卒患心痛，不可治。與乾薑同食，成霍亂。〖解〗兔肉生吃，壓丹石毒。

明・盧和、汪穎《食物本草》卷三獸類　兔　肉，味辛，平，無毒。主補中益氣。又云：寒，主熱氣濕痹，治消渴。久食弱陽，損元氣血脉，令人陰痿。與薑同食，令心痛。姙娠不可食，令子缺唇。頭骨，主頭眩痛，顛疾。骨，主熱中消渴。肝，主目暗。不可與鷄肉、芥菜、胡桃、柑橘同食。

明・許希周《藥性粗評》卷四　腦暈開兔頭之骨。

兔頭骨，兔，獐屬，皆牝無牡。中秋夜望月而孕兒，自口吐出。世傳紂烹西伯之子，復以進西伯，既嘗之而吐出，變兔而去，因以得名。此蓋謬說也。河北山谷處處有之。其頭骨燒灰，收貯聽用。秋後至冬月者氣全更良。味甘、酸，性平，無毒。主治頭風眩暈，癲癇鬼疰。或入藥，或單以酒調服。又水煮飲之，以治消渴。○肉味辛，性平，無毒。主補中益氣。以作羹亦可。姙娠不可食，令子缺唇。又腦髓以塗手足皸裂，煎毛湯以洗豆瘡。毛骨燒灰，酒服以下胎衣。屎為玩月砂，炒末，同乳香末酒調服，以治痔漏皆佳。

明・鄭寧《藥性要略大全》卷一〇　兔頭骨　味甘，平，氣寒，無毒。主頭眩痛，癲疾，催生下胎，治頭昏暈疼痛。　兔肉：味甘、辛，性平，無毒。補中益氣。孕婦忌食。食之，生子缺唇。又忌合白雞肉食。　兔骨：治熱中消渴，瘡疥刺風及治鬼產。　兔肝：治目暗，和決明子良。　兔腦：治凍瘡，催產難。　又云：兔肉不可多食，損人陽氣。凡婦人食兔肉，生子缺唇。

明・陳嘉謨《本草蒙筌》卷九　兔頭骨　味甘，氣平。無毒。深林空谷，處處有之。孕視月光結成，子從口內吐出。性狡善走，目瞭極圓。壽歷千年，毛變白色，此得金氣全具，用入藥劑最佳。頭骨下妊娠，癲疾頭眩痛可止；頭皮敷鼠瘻，鬼疰皮刺疼能祛。肉味辛平，為食上品。春夏全忌，秋冬啖宜。主濕痹熱蒸，壓丹石燥發。補中益氣，止渴健脾。孕婦戒勿下咽，生子缺唇屢驗。肝除目暗，膏通耳聾。腦塗皸裂凍瘡，毛敷臭爛痘疱。屎曝亦堪煎汁，望月砂素傳名，療痘生眼內成瘡，痔發腸頭下血，並可服之；皮曬連毛燒灰，擂細調均熱酒，理產後胞衣不下，餘血搶心幾危，須急飲也。

明・寧源《食鑒本草》卷上　兔肉　味辛，平，無毒。不與薑同食，成霍亂。補中益氣，多食令人痿黃，損陽事。　肝：明目退瞖。和決明子末為圓，白湯每晚送下。　骨：主消渴，中熱。　頭：治頭眩痛、顛疾及催生

落產。　日華子云：　頭骨一箇，和毛髓燒存性，為圓，催生落胎，并下產後惡露。　腦髓：　治凍瘡皸裂。　神仙催生丹：　臘月初八日取兔頭一箇，取淨腦髓，和乳香細末一兩，于淨室中齋沐，焚香拜告上帝，祝曰：　大道弟子私修合世上婦人難產藥，願降靈祐助此藥力，速令生產，急急如律令敕。丸如芡實大，以布袋盛，陰乾。臨產用醋湯送下一圓，神效。

明・王文潔《太乙仙製本草藥性大全》卷七《本草精義》　兔頭骨　兔，舊本不著所出州土，今深林空谷處處有之。爲食品之上味。其竅有六七穴，孕視月光結成，子從口內吐出。性狡善走，目瞭極圓，壽歷千年，毛變白色，此得金氣全，其用入藥劑最佳。餘兔至秋深時則可食，金氣全也，纔至春夏，其味變。取四腳肘後毛，爲逐食飼鵰鷹，至次日卻吐出，其意欲腹中逐盡脂肥，使飢急捕逐速爾。然作醬必使五味。既患豌豆瘡，又食此則發毒太甚，恐斑爛損人。陶隱〔居〕云：　兔肉爲羹，亦益人。妊娠不可食，令子唇缺。其肉不可合白鷄肉食之，面發黄。合獺肉食之，令人病遁尸。頭骨，主頭眩痛，癲疾。腦，主凍瘡。肝，主目闇。肉，補中益氣，然性冷，多食損元氣。髓及膏，並主耳聾。毛，煎湯洗豌豆瘡。毛，燒灰主灸瘡久不差。皮毛及頭，同燒灰，酒服，主難產衣不下必效。療天行嘔吐不下食，取臘月兔頭并皮毛，燒令烟盡，劈破，作黑灰，擣羅之，以飲汁服方寸〔匕〕，則下食，不差更服。燒之勿令火耗，頻用皆效無比。崔元亮《海上方》：　療消渴氣瘦，小便不禁，兔骨和大麥苗煮汁服極效。又方用兔一隻，剝去皮爪、五臟等，以水一斗半，煎使爛，骨肉相離，漉出骨肉，斟酌五升汁，便濾滓令冷得即服之，極重者不過三兔。

明・王文潔《太乙仙製本草藥性大全》卷七《仙製藥性》　兔頭骨　味甘，氣平，無毒。　主治：　主妊娠癲疾，頭眩痛可止。　補註：　消渴飲水不知足，兔頭骨一具，以水煮取汁飲之。○頭骨和毛、髓燒爲丸，能主落胎併產後餘血不下。　兔骨：　治瘡刺風大效，主鬼疰邪惡奇功。　兔頭皮：　敷鼠瘻鬼疰，皮刺疼能祛。　兔頭：　味甘。治腦背癰疽立效，療熱癧惡瘡即痊。　補註：　治腦發、背發，及癰疽熱癧惡瘡等，臘月兔頭細剉，入瓶內密封，惟久愈佳，塗帛上厚封之，熱痛傅之如冰，頻換差。○療產後陰下脫，燒兔頭灰傅之。　兔肉：　味辛，氣平，無毒。爲食上品。春夏全忌，秋冬啖宜。　主治：　主濕痹熱蒸，壓丹石燥發。補中益氣，止渴健脾。孕婦戒勿下咽，生子缺唇有驗。　兔腦髓：　塗皸裂凍瘡神方，下難產横生妙藥。補註：　手足皸裂成瘡，兔腦髓生塗之。○治產前滑胎，臘月兔腦髓一個，攤於紙上令勻，候乾剪作符子，於面上書生字一個，覺母陣痛時用母釵子股上夾定，燈焰上燒灰，盞盛，煎丁香酒調下。○催生丹：　兔頭一個，臘月內取頭中髓，塗於净紙上，令風吹乾，通明乳香二兩，即入前乾兔髓同研，來日是臘，今日先研，俟夜星宿下安桌子上，時果、香、茶同一處排定，須是潔净齋戒，焚香望北帝禱告云：　大道弟子某，修合救世上難生婦人藥，願降威靈祐助此藥，速令生產。禱告再拜，用紙帖同露之，更燒香至來日，日未出時，以猪肉和丸如雞頭大，用紙袋盛貯，透風懸。每服一丸，醋湯下，良久未產，更用冷酒下一丸即產。此神仙方絕驗。　兔肝：　除目暗補勞，治頭旋眼痛。　補註：　主明目，和決明子作丸服之。又主丹石人上衝眼暗不見物，可生食之，一如服羊子肝法。　兔膏：　通耳聾極效。　兔皮：　療帶下尤宜。　補註：　療婦人帶下，取兔皮燒令絕烟，擣爲末，酒服方寸〔匕〕，以差爲度。　兔毛：　敷臭爛痘疱如神，治火燒已破奇效。　補註：　治火燒已破，取兔腹下白毛燒膠，以塗毛上貼瘡立差，待毛落即差。○兔壽千歲，五百歲毛色變白。又云：　兔血和女丹服之，有神女二人來侍，可役使。　兔屎：　曝，亦堪煎汁。玩月砂素傳名，療痘生眼內成瘡，痔發腸頭下血，並可服之。補註：　大人小兒卒得月蝕瘡，於月望夕取兔屎，入在蝦蟆腹中，合燒灰爲末傅之。○治痔疾，下血痛疼不止。以玩月砂不限多少，慢火熬令黄色，爲末，每二錢，入乳香半錢，空心溫酒調下，日三四服差。砂即兔子糞是也。　兔毛皮：　合燒灰擂細調勻，熱酒理產後胞衣不下，餘血搶心幾危，須急飲也。

明・皇甫嵩《本草發明》卷六　兎頭骨中品。氣平，味甘，無毒。　發明曰：　兎得金氣全具，入藥亦佳。色白者尤妙，最難得。　頭骨，主癲疾頭眩痛。日華子云：　頭骨和毛髓燒為丸，催生落胎，并產後餘血不下。○骨，主熱中消渴。註云：　治瘡疥，刺風鬼疰。○頭皮，註云：　敷鼠瘻，鬼疰毒氣在皮中刺痛者。

肉味平，主補中益氣。註云：　治濕痺熱蒸，壓丹石燥發，止渴，健脾。又云：　多食損元氣，絕血脉，損房事。不可同薑、橘食，令人患卒心痛，難治。不可同白雞肉與生薑食，成霍亂。同獺肉食，令人病遁尸。兎死合眼者，不可食。二月食之，傷神。八月至十一月可食。食者宜慎之。○肝，主目暗。註云：　補勞，治頭眩眼疼，

和決明子作丸服，明目。〇膏，通耳聾。〇腦，塗皸裂凍瘡。毛，註云：煎湯，洗豌豆瘡。燒灰，敷爛臭痘瘡及灸瘡。〇屎，名玩月砂。療豆生眼内成瘡，治痔疾，下血瘀痛。用之慢火熬令黄色，末之，二錢，入乳香五分，空心溫酒調服。
〇年久兎毛筆頭，燒灰，水服，主便數閉淋瀝，陰腫，中惡脱肛。

明・李時珍《本草綱目》卷五一 獸部・獸類

兎《别録》中品

【釋名】明視時珍曰：按魏子才《六書精要》云：兎子篆文象形。一云：吐而生子，故曰兎。《禮記》謂之明視，言其目不瞬而瞭然也。《説文》兎子曰娩，音萬。狡兎曰㕙，音俊，曰毚，以細音讒。梵書謂兎爲舍迦。【集解】頌曰：兎處處有之，爲食品之上味。時珍曰：按《事類合璧》云：兎大如狸而毛褐，形如鼠而尾短，耳大而鋭。上唇缺而無脾，長鬚而前足短。尻有九孔，趺居，趫捷善走。舐雄豪而孕，五月而吐子。其大者爲㚟，音綽，似兎而大，青色，首與兎同，足與鹿同。故字象形。或謂兎無雄，而中秋望月中顧兎以孕者，不經之説也。今雄兎有二卵，《古樂府》有雄兎脚撲速，雌兎眼迷離，可破其疑矣。《主物簿》云：孕環之兎，懷於左腋，毛有文采，至百五十年，環轉於腦，能隱形也。王延相《雅述》云：兎以潦而化爲鱉，鱉以旱而化爲兎。熒惑不明，則雉生兎。

肉【氣味】辛，平，無毒。詵曰：酸，冷。時珍曰：甘，寒。按《内則》云食兎去尻，不利人也。《風俗通》云：食兎髓多，令人面生髓骨。弘景曰：兎肉爲羹，益人。妊娠不可食，令子缺唇。不可合白鷄肉及肝、心食，令人面黄。合獺肉食，令人病遁尸。與薑、橘同食，令人心痛、霍亂。又不可同芥食。藏器曰：兎尻有孔，子從口出，故妊婦忌之，非獨爲缺唇也。大抵久食絶人血脈，損元氣、陽事，令人痿黄。八月至十月可食，餘月傷人神氣。兎死而眼合者殺人。【主治】補中益氣《别録》。熱氣濕痹，止渴健脾。炙食，壓丹石毒日華。臘月作醬食，去小兒豌豆瘡《藥性》。涼血，解熱毒，利大腸時珍。

【發明】宗奭曰：兎者，明月之精。有白毛者，得金之氣，入藥尤效。凡兎至秋深時可食，金氣全也，至春、夏則味變矣。然作醬必用五味，既患豌豆瘡，又食此物，發毒太甚，恐斑爛損人。時珍曰：兎至冬月齕木皮，已得金氣而氣内實，故味美；至春食草麥，而金氣衰，故不美也。今俗以飼小兒，云令出痘稀，蓋亦因其性寒而解熱耳。故又能治消渴，壓丹石毒。若痘已出，及虚寒者宜戒之。劉純《治例》云：反胃結腸甚者難治，常食兎肉則便自行。又可證其性之寒利矣。

【附方】舊一。消渴羸瘦：用兎一隻，去皮、爪、五臓，以水一斗半煎稠，去滓澄冷，渴即飲之。極重者不過二兎。崔元亮《海上方》。

血【氣味】鹹，寒，無毒。【主治】涼血活血，解胎中熱毒，催生易産時珍。

【附方】新六。蟾宫丸：《乾坤秘韞》：治小兒胎毒，遇風寒即發痘疹，服此可免，雖出亦稀。用兎二隻，臘月八日刺血於漆盤内，以細麪炒熟，和丸緑豆大。每服三十丸，緑豆湯下。每一兒食一劑，永安甚效。〇《楊氏經驗方》：加硃砂三錢，酒下。名兎砂丸。

兎血丸：小兒服之，終身不出痘瘡，或出亦稀少。臘月八日，取生兎一隻刺血，和蕎麥麪，少加雄黄四五分，候乾，丸如緑豆大。初生小兒，以乳汁送下二三丸。遍身發出紅點，是其徵驗也。但兒長成，常以兎肉啖之，尤妙。劉氏《保壽堂方》。催生丹：治産難。臘月兎血，以蒸餅染之，紙裹陰乾爲末。每服二錢，乳香湯下。《指迷方》。心氣痛：《瑞竹堂方》：用臘兎血和茶末四兩，乳香末二兩，搗丸芡子大。每溫醋化服一丸。〇《談野翁方》：臘月八日，取活兎血和麪，丸梧子大。每白湯下二十一丸。

腦【主治】塗凍瘡《别録》。催生滑胎時珍。同髓治耳聾蘇恭。

【附方】舊二，新二。催生散：用臘月兎腦髓一個，攤紙上夾勻，陰乾剪作符子，於面上書生字一個。候母痛極時，用釵股夾定，燈上燒灰，煎丁香酒調下。《博濟方》。催生丹：臘月取兎腦髓一個，塗紙上吹乾，入通明乳香末二兩，同研令勻。於臘日前夜，安桌子上，露星月下。設茶果，齋戒焚香，望北拜告曰：大道弟子某，修合救世上難生婦人藥，願降威靈，佑助此藥，速令生産。禱畢，以紙包藥，露一夜，天未明時，以猪肉搗和，丸芡子大，紙袋盛，懸透風處。每服一丸，溫醋湯下。良久未下，更用冷酒下一丸，即瘥。乃神仙方也。《經驗方》。手足皸裂：用兎腦髓生塗之。《聖惠》。發腦發背：及癰疽熱癤惡瘡。用臘月兎頭搗爛，入瓶内密封，惟久愈佳。每用塗帛上厚封之，熱痛即如水也。頻換取瘥乃止。《勝金》。

骨【主治】熱中，消渴，煮汁服《别録》。頌曰：崔元亮《海上方》治消渴羸瘦，小便不禁。兎骨和大麥苗煮汁服，極效。煮汁服，止霍亂吐利時珍。〇《外臺》用之。治鬼疰，瘡疥刺風日華。藏器曰：醋磨塗久疥，妙。

頭骨臘月收之。【氣味】甘、酸，平，無毒。【主治】頭眩痛，癲疾《别録》。連皮毛燒存性，米飲服方寸匕，治天行嘔吐不止，以瘥爲度蘇頌。〇出《必效方》。連毛燒灰酒服，治産難下胎，及産後餘血不下日華。〇陸氏用葱湯下。燒末，傅婦人産後陰脱，癰疽惡瘡。水服，治小兒疳痢。煮汁服，治消渴不止時珍。

【附方】舊一，新一。預解痘毒：十二月取兎頭煎湯浴小兒，涼熱去毒，令出痘稀。《飲膳正要》。産後腹痛：兎頭炙熱摩之，即定。《必效》。

肝【主治】目暗《别録》。明目補勞，治頭旋眼眩日華。〇和決明子作丸服，甚明目。切洗生食如羊肝法，治丹石毒發上衝，目暗不見物孟詵。

【發明】時珍曰：按劉守真云：兎肝明目，因其氣有餘，以補不足也。眼科書云：

兔肝能瀉肝熱。蓋兔目瞭而性冷故也。

〖附方〗新一。　風熱目暗：肝腎氣虛，風熱上攻，目腫暗。用兔肝一具，米三合，和豉汁，如常煮粥食。《普濟》。

皮毛臘月收之。〖主治〗燒灰，酒服方寸匕，治産難及胞衣不出，餘血搶心，脹刺欲死者，極驗蘇恭。　煎湯，洗豌豆瘡《藥性》。　頭皮灰：主鼠瘻，及鬼疰毒氣在皮中如針刺者。　毛灰：主灸瘡不瘥藏器。　皮灰：治婦人帶下。　毛灰：治小便不利。餘見敗筆下時珍。

〖附方〗舊一，新一。　婦人帶下：兔皮燒煙盡，爲末。酒服方寸匕，以瘥爲度。《外臺》。　火燒成瘡：兔腹下白毛貼之。候毛落即瘥。《百一方》。

屎臘月收之。〖釋名〗明目砂《聖惠》　玩月砂《集驗》　兔蕈《炮炙論》　〖主治〗目中浮翳，勞瘵五疳，疳瘡痔瘻，殺蟲解毒時珍。

〖發明〗時珍曰：兔屎能解毒殺蟲，故治目疾、疳勞、瘡痔方中往往用之。諸家本草並不言及，亦缺漏也。按沈存中《良方》云：江陰萬融病勞，四體如焚，寒熱煩躁，一夜夢一人腹擁一月，光明使人心骨皆寒。及寤而孫元規使人遺藥，服之遂平。扣之，則明月丹也，乃悟所夢。

〖附方〗舊二，新五。　明目丹：治勞瘵，追蟲。用兔屎四十九粒，硇砂如兔屎大四十丸粒，爲末，生蜜丸梧子大。月望前，以水浸甘草一夜，五更初取汁送下七丸。有蟲下，急鉗入油鍋内煎殺。三日不下，再服。《蘇沈良方》。　五疳下痢：兔屎炒半兩，乾蝦蟆一枚，燒灰爲末，綿裹如蓮子大，納下部，日三易之。《聖惠方》。　大小便秘：明月砂一匙安臍中，冷水滴之令透，自通也。《聖惠》。　痔瘡下蟲：不止者。用玩月砂，慢火炒黄爲末。每服二錢，入乳香五分，空心温酒下，日三服。即兔糞也。《集驗方》。　月蝕耳瘡：望夜，取兔屎納蝦蟆腹中，同燒末，傅之。《肘後》。　痘瘡入目：生翳。用兔屎日乾爲末。每服一錢，茶下即安。《普濟方》。　痘後目翳：直往山中東西地上，不許回顧，尋兔屎二七粒，以雌、雄檳榔各一個同磨，不落地，井水調服。百無一失，其效如神。藺氏《經驗方》。

明・穆世錫《食物輯要》卷四　兔　肉，味甘、辛，性寒，無毒。壓丹石毒，補中氣，治消渴濕熱，及噎膈便燥。同白鷄肉食，令面黄。同獺肉食，成遁尸病。同薑、橘食，令心痛，或霍亂。忌同芥菜食。八月至十月宜食，他月食，傷神氣。血，凉血，解胎熱，催生。腦，無毒。催生。髓，治耳聾。肝，明目補虚，去頭旋目眩。勿與鷄、芥、胡桃、柑橘同食。

明・李中立《本草原始》卷九　兔　處處有之。按《事類合璧》云：兔大如貍而毛褐，形如鼠而尾短，耳大而鋭，上唇缺而無脾，長鬚而前足短，尻有九孔，趺居，趫捷善走。舐雄毫而孕，五月而吐子。按魏子才《六書精要》云：兔字篆文象形。一云吐而生子，故曰兔。《禮記》謂之明視，言其目不瞬而瞭然也。《説文》兔子曰娩，狡兔曰㕙。梵書謂兔為舍迦。

兔肉：氣味：辛，平，無毒。主治：補中益氣。○熱氣濕痹，止渴健脾。炙食壓丹石毒。臘月作醬食，去小兒豌豆瘡。○凉血，解熱毒，利大腸。

腦：主治：塗凍瘡。○催生滑胎。同髓治耳聾。

頭骨：主治：頭眩痛，癲疾。○連皮毛燒存性，米飲服方寸匕，治天行嘔吐不止，以瘥為度。○連毛燒灰，酒服治産難下胎，及産後餘血不下。

肝：主治：目暗。○明目補勞，頭旋及眼眩。切洗生食如羊肝法，治丹石毒發上衝，目暗不見物。

兔，《別錄》中品。【圖略】兔毫作筆，良。

皮毛：主治：燒灰，酒服方寸匕，治産難及胞衣不出，餘血搶心脹刺欲死者，極驗。○煎湯，洗豌豆瘡。○頭皮灰，主鼠瘻及鬼疰毒氣，在皮中如鍼刺者。毛灰，治灸瘡不瘥。○皮灰，治婦人帶下。毛灰，治小便不利。○皮毛宜臘月收。　屎：一名明月砂，一名玩月砂。主治：目中浮瞖，勞瘵五疳，疳瘡痔瘻，殺蟲解毒。屎宜臘月收。

按：沈存中《良方》云：江陰萬融病勞，四體如焚，寒熱煩躁。夜夢一人腹擁一月，光明使人心骨皆寒，及寤而孫元規使人遺藥，服之遂平。扣之，則明月丹也，乃悟所夢。　明月丹載《本草綱目》附方。

明・吴文炳《藥性全備食物本草》卷二　兔肉　味辛、甘，性平，無毒。《本草》云：兔，吐也，言生子從口中吐出。主壓丹石毒，補中氣，治消渴濕熱及噎膈便燥。多食損元氣，弱陽事，令人痿黄。同白雞肉食令面黄，同獺肉食成遁尸病，同薑橘食令心痛或霍亂。忌同芥菜食。八月至十月宜食，他月食傷神氣。《衍義》云：兔有白毛者，全得金氣也，入藥尤效。餘兔至秋深時則可食，金氣全也。纔至春夏，其肉味變。

血：凉血，解胎熱催生。　腦髓：滑産，塗凍瘡手足皸裂。　頭骨：平，無毒，主頭眩痛，顛疾。和皮毛燒灰為丸，酒下，主難産催生，并産後胎衣不下，瘀血衝心，脹痛欲死者極効。産後陰下脱，單燒頭末傅之。癰疽惡瘡，取頭細剉，甑内蒸熟，塗帛上貼之。　骨：主熱中消渴，小便不禁。　肝：

主明目退翳，和決明子末為丸，每晚白湯送下。　屎：　主痔瘡疼痛下血不止，慢火炒黃，為末，每三錢，入乳香末五分，酒下。小兒月蝕爛瘡，取屎納蝦蟆腹中，燒灰傅之。小兒痘翳用之良。

明・趙南星《上醫本草》卷四　兔　一名明眎。按：　魏子才《六書精要》云：　兔字篆文象形。一云，吐而生子，故曰兔。《禮記》謂之明眎，言其目不瞬而瞭然也。《說文》：　兔子曰娩音萬，狡兔曰㕙音俊，曰毚音讒。《梵書》謂兔為舍迦。舐雄毫而孕，五月而吐子。其大者為㕙音綽，似兔而大，青色，首與兔同，足與鹿同，故字象形。或謂，兔無雄而中秋望月中顧兔以孕者，不經之說也。今雄兔有二卵，《古樂府》有雄兔脚撲速，雌兔眼迷離，可破其疑矣。《主物簿》云：　孕環之兔，懷于左腋，毛有文采，至百五十年，環轉於腦，能隱形也。王廷相《雅述》云：　兔以潦為鼈，鼈以旱為兔。熒惑不明，則雉生兔。

肉：　八月至十月可食，為羹益人。　辛，平，無毒。主治：　補中益氣，熱氣濕痹，止渴健脾，涼血解熱毒，利大腸。炙食，壓丹石毒。臘月作醬食，去小兒豌豆瘡。　妊娠不可食，令子缺唇。不可合雞肉及肝心食，令人面黃。合獺肉食，令人病遁尸。與薑橘同食，令人心痛，霍亂。又不可同芥食，久食絕人血脉，損元氣陽事，令人痿黃，傷人神氣。兔死而眼合者，殺人。劉純《治例》云：　反胃結腸，甚者難治，常食兔肉則便自行。又可證其性之寒利矣。

附方　消渴羸瘦：　用兔一隻，去皮、爪、五臟，以水一斗半煎稠，去滓澄冷，渴即飲之。極重者不過二兔。

兔血：　鹹，寒，無毒。主治：　涼血活血，解胎中熱毒，催生易產。

附方　心氣痛：　用臘兔血和茶末四兩、乳香末二兩，搗丸芡子大，每溫醋化服一丸。又方：　臘月八日取活兔血和麵，丸梧子大，每白湯下二十一丸。

肝眼科書云兔肝能瀉肝熱，蓋兔目瞭而性冷故也。　主治：　目暗，明目補勞，治頭旋眼眩，和決明子作丸服，甚明目。

附方　風熱目暗：　肝腎氣虛，風熱上攻，目腫暗，用兔肝一具，米三合，和豉汁，如常煮粥食。

明・繆希雍《本草經疏》卷一七　兔頭骨　平，無毒，主頭眩痛，癲疾。腦：　主塗凍瘡。　肝：　主目暗。　肉：　味辛，平，無毒。主補中益氣。

〔疏〕兔，屬金，得太陰之精，故其性喜望月。兔至秋深時可食者，金氣全也。其肉味辛氣平無毒。然詳其用，味應有甘，氣應作涼。《經》曰：　裏不足者，以甘補之。又曰：　熱傷氣。味甘而氣涼，所以能補中益氣也。肝為風木之位，太過則搖動撼物。兔屬金而頭骨在上，尤得氣之全，故能平木邪，療頭眩痛，癲疾也。肝開竅於目，兔目不瞬而瞭然，其肝氣足也，故能主目暗。河間云：　兔肝明目。因其氣有餘以補不足也。　腦為髓之至精，性溫而滑潤，故主塗凍瘡皸裂及世人用為催生利胎之聖藥也。血味鹹寒。能涼血活血，解胎中熱毒。亦能催生易產。　屎一名明月砂。明目，治目中翳膜，勞瘵，五疳，痔瘻，殺蟲，解毒。　〔主治參互〕《博濟方》催生散，用臘月兔腦攤紙上，夾勻，陰乾，剪作符子，於面上書生字一箇，候產母痛極時，用釵股夾定，燈上燒灰，煎丁香酒調下。《和劑局方》催生丹，麝香、乳香、母丁香為末，臘月兔腦和丸如芡實大，陰乾，密封。每一丸溫水下，即時產下。隨男女左右手中握藥丸，是驗。　劉氏《保壽堂方》兔血丸，小兒服之，終身不出痘瘡，即出亦稀少。臘月八日，取生兔一隻，刺血和蕎麥麪，少加丹砂、雄黃四五分，候乾，丸菉豆大。初生小兒以乳汁化下二三丸。遍身發出紅點，是其徵驗也。但兒長成，常以兔肉啖之尤妙。藺氏《經驗方》痘後目翳，直往山中東西地上，不許回顧，尋兔屎二七粒，以雌雄檳榔各一箇，同磨，不落地，井水調服。百無一失，其效如神。

〔簡誤〕妊娠不宜食兔肉，令子缺唇，且能致產不順。性寒屬陰，陽虛無熱者不宜服。多服則損元氣，痿陽事。不宜合白雞、獺肉、薑、橘、芥同食。八月至十月可食，餘月傷人神氣。

明・應麐《食治廣要》卷六　兔　肉：　氣味：　辛，平，無毒。主治：　補中益氣，止渴健脾，壓丹石，涼血解毒，利大腸。孕婦食之，令子缺唇。不可合白雞肉、猪肝心及獺肉、薑、橘同食。久食，絕人血脉，損元氣，衰陽道，令人痿黃。八月至十月可食。死而眼合者，殺人。劉純《治例》云：　反胃結腸甚者難治，常食兎肉，則便自行。此可證其性之寒利矣。　今俗以飼小兒，云令出痘稀。蓋亦因其性寒而解熱耳。　腦：　塗凍瘡，催生活胎。

明・姚可成《食物本草》卷一四獸部・野獸類　兔一名明視，言其目不瞬而瞭然也。梵書名為舍迦。蘇頌曰：　兔處處有之，為食品之上味。〇李時珍曰：　兔大如貍

而毛褐，形如鼠而尾短，耳大而鋭。上唇缺而無脾，長鬚而前足短。尻有九孔，趺居，趫捷善走。舐雄毫而孕，五月而吐子。其大者為㚟，音綽，似兔而大，青色，首與兔同，足與鹿同。或謂兔無雄，而中秋望月以孕者，不經之説也。今雄兔有二卵，古樂府有雄兔脚撲速，雌兔眼迷離，可破其疑矣。《主物簿》云：孕環之兔，懷於左腋，毛有文采，至百五十年，環轉於腦，能隱形也。王廷相《雅述》云：兔以潦則化為鼊，鼊以旱則變成兔。熒惑不明，則雉生兔。

兔肉：味辛，平，無毒。主補中益氣，熱氣溼痹，止渴健脾。涼血，解熱毒，利大腸。炙食，壓丹石毒。臘月作醬食，治小兒豌豆瘡。又治消渴。《內則》云食兔去尻，不利人也。兔肉為羹，益人。妊娠不可食，令子缺唇。不可合白雞肉及肝、心食，令人面黄。合獺肉食，令人病遁尸。與薑、橘同食，令人心痛、霍亂。又不可同芥菜食。〇陳藏器曰：兔尻有孔，子從口出，故妊婦忌之，非獨為缺唇也。大抵久食，絶人血脉，損元氣陽事，令人痿黄。八月至十月可食，餘月傷人神氣。兔死而眼合者，殺人。寇宗奭曰：兔者明月之精，色白者得金氣之全，尤妙。李時珍曰：兔至冬月齕木皮，已得金氣而氣内實，故味美。至春食草麥，而金氣衰，故不及也。血：味鹹，寒，無毒。主涼血活血，解胎中熱毒，催生易產。腦：塗凍瘡，催生滑胎。骨：主熱中，消渴，止霍亂吐痢，煮汁服。醋摩塗瘡疥。頭骨　味甘、酸，平，無毒。治頭眩痛，癲疾。連皮毛燒存性，米飲服方寸匕，治天行嘔吐不止。酒服，治婦人難產及產後餘血不下。又傅婦人產後陰脱，癰疽惡瘡。肝：主明目補勞，治頭旋眼眩。切洗生食如羊肝法，治丹石毒發上衝，目暗不見物。皮毛：燒灰，酒服方寸匕，治產難及胞衣不出，餘血搶心，脹刺欲死者，極驗。皮灰：治婦人帶下。頭皮灰治鼠瘻。毛灰治小便不利。屎：一名明月砂，一名翫月砂。去目中浮翳，勞瘵五疳，疳瘡痔瘻，殺蟲解毒。按沈存中《良方》云：江陰萬融病勞，四體如焚，寒熱煩躁，一夜夢一人腹擁一月，光明使人心骨皆寒。及寤而孫元規使人遺藥，服之遂平。扣之，則明月丹也，乃悟所夢。筆頭灰：上古殺青書竹、帛，至秦蒙恬以兔毫作筆。治病不以新而用敗者，取其沾濡膠墨也。水服，治小便不通，陰腫脱肛。酒服二錢，治男子交媾莖萎，女人臨產艱難。漿飲服，治咽喉痛不下食。

附方：明月丹，治勞瘵，追蟲。用兔屎四十九粒，硇砂如兔屎大四十九粒，為末，生蜜丸梧子大。月望前，以水浸甘草一夜，五更初取汁送下七丸。有蟲下，急鉗入油鍋内煎殺。不然，此蟲極惡，恐延入他人耳鼻中為患也。三日内不下，再服。

明・顧逢柏《分部本草妙用》卷一〇獸部　兎肉　辛，平，無毒。妊婦不可食，以其生子從口出，令兒缺脣也。不可與雞肉、肝、心、獺肉同食，令人遁尸。與薑、芥、橘子同食，令人心痛霍亂。大抵多食損元痿陽。惟八月至十月可食，餘俱不宜。兎死而眼合者，殺人。主治：補中益氣，熱氣濕痺，止渴健脾。炙食壓丹石毒，涼血，解熱毒，利大腸。夫兎者，明月之精。白毛者得金之氣，入藥尤効。至秋深而宜食者，以其金氣得全也。其血鹹寒無毒，能涼血活血，解胎中熱毒，催生易產。

明・施永圖《本草醫旨・食物類》卷四　兔名明眎。肉：味辛，平，無毒。《內則》云：食兔去尻，不利人也。兔肉為羹，益人。妊娠不可食，令子缺唇。不可合白雞肉及肝、心食，令人面黄。合獺肉食，令人病遁尸。與薑、橘同食，令人心痛霍亂。又不可同芥食。〇兔尻有孔，子從口出，故妊婦忌之，非獨為缺唇也。大抵久食，絶人血脉，損元氣陽事，令人痿黄。八月至十月可食，餘月傷人神氣。兔死而眼合者，殺人。治：補中益氣。熱氣濕痹，止渴健脾。炙食，壓丹石毒。臘月作醬食，去小兒豌豆瘡。涼血解熱毒，利大腸。兔者，明月之精。有白毛者，得金之氣，入藥尤妙。兔至冬月齕木皮，已得金氣而氣内實，故味美。至春食草麥而金氣衰，故不美也。

附方　消渴羸瘦：用兔一隻，去皮、爪、五臟，以水一斗半，煎稠，去滓澄冷，渴即飲之，極重者，不過二兔。

血：味鹹，寒，無毒。治：涼血活血，解胎中熱毒，催生易產。

附方　催生丹：治產難。臘月兔血，以蒸餅染之，紙裹陰乾，為末，每服二錢，乳香湯下。心氣痛：用臘兔血，和茶末四兩，乳香末二兩，搗丸芡子大，每溫醋化服一丸。

腦：治：塗凍瘡，催生滑胎。同髓治耳聾。

附方　催生散：用臘月兔腦髓一箇，攤紙上令勻，陰乾，剪作符子，於面上書生字一箇，候母痛極時，用釵股夾定，燈上燒灰，煎丁香酒調下。手足皸裂：用兔腦髓生塗之。發腦發背：及癰疽熱癤，惡瘡，用臘月兔頭，搗爛入瓶内，密封，惟久愈佳。每用，塗帛上厚封之，熱痛即如水也，頻換取瘥乃止。

骨：治：熱中消渴，煮汁服。治消渴，羸瘦，小便不禁，兔骨和大麥苗，煮汁服，極效。煮汁服，止霍亂吐利。治鬼疰瘡疥，刺風。醋磨，塗久疥妙。頭骨：臘月收之。味：甘、酸，平，無毒。治：頭眩痛，癲疾。連皮毛燒存性，米飲服方寸匕，治天行嘔吐不止，以瘥為度。連毛燒灰，酒服，治產難下胎及產後

餘血不下。燒末，傅婦人產後陰脫，癰疽惡瘡。水服，治小兒疳痢。煮汁服，治消渴不止。

附方：預解痘毒：十二月取兔頭煎湯浴小兒，涼熱去毒，令出痘稀。產後腹痛：兔頭炙，熱摩之，即定。

肝：治：目暗，明目。補勞，治頭旋眼眩。和決明子作丸服，甚明目。切洗生食，如羊肝法，治丹石毒發上衝，目暗不見物。兔肝明目，因其氣有餘，以補不足也。兔肝能瀉肝熱，蓋兔目瞘而性冷故也。

附方　風熱目暗：肝腎氣虛，風熱上攻，目腫暗，用兔肝一具，米三合，和豉汁，如常煮粥食。

皮毛：臘月收之。治：燒灰，酒服方寸匕，治產難及胞衣不出，餘血搶心，脹刺欲死者，極驗。煎湯，洗豌豆瘡。頭皮灰，主鼠瘻及鬼疰，毒氣在皮中如鍼刺者。毛灰，主灸瘡不瘥。皮灰，治婦人帶下。毛灰，治小便利，餘見敗筆下。

附方　婦人帶下：兔皮燒烟盡為末，酒服方寸匕，以瘥為度。火燒成瘡：兔腹下白毛貼之，候毛落即瘥。

屎：臘月收之，名明月砂。治：目中浮翳，癆瘵，五疳，疳瘡痔瘻，殺蟲解毒。

附方　明目丹：治癆瘵，追蟲，用兔屎四十九粒，硇砂如兔屎大四十九粒，為末，生蜜丸梧子大。月望前以水浸甘草一夜，五更初取汁，送下七丸。有蟲下，急鉗入油鍋內煎殺。三日不下，再服。五疳下痢：兔屎炒半兩，乾蝦蟆一枚，燒灰為末，綿裹如蓮子大，納下部，日三易之。大小便秘：明月砂一匙，安臍中，冷水滴之令透，自通也。痔瘡下蟲：不止者，同翫月砂慢火炒黃，為末，每服二錢，入乳香五分，空心溫酒下，日三服。即兔糞也。月蝕耳瘡：望夜取兔屎納蝦蟆腹中，同燒末，傅之。痘瘡入目：生翳，用兔屎日乾為末，每服一錢，茶下即安。

清・顧元交《本草彙箋》卷八　兔頭骨合肝、腦、屎。　兔屬金，而頭骨在上，尤得氣之全。故主平木邪，療頭眩痛癲疾。　肝主明目，蓋兔目不瞬而瞭然，其肝氣足也。　腦爲髓之至精，性溫而滑潤，故用爲催生利胎之聖藥。

屎名明月砂，故治目中翳膜，并癆瘵五疳痔瘻諸症。凡痘瘡入目生翳，只以兔屎日乾，爲末，每服一錢，茶下。蓋兔趫捷善走，爲陰中之健。屎聚百草之精，故專主入肝明目也。

謂妊婦不宜食兔者，非獨爲其缺唇，蓋兔子從口出，恐致産不順耳。謂兔無雄，望月而孕，亦不確。今雄兔有二卵，古樂府有雄兔腳撲速，雌兔眼迷離之句，可破俗疑。

清・穆石匏《本草洞詮》卷一五　兎兎肉、兔肝、兎屎　兎，吐而生子，故曰兎。《禮記》謂之明眎，言其目不瞬也。或謂兎者，明月之精。秋深時可食，金氣全也。至春夏則味變矣。兎肉辛，平。一云酸，冷。一云甘，寒，無毒。主涼血，解熱毒，治消渴，利大腸，壓丹石毒。今俗以飼小兒，云令出痘希。蓋因其性寒而解毒耳。若痘已出，及虛寒者，宜戒之。兎肝能瀉肝熱，明目，補勞，治頭旋眼眩。兎屎能解毒殺蟲，治目疾疳勞，瘡痔。忱存中云：江陰萬融病勞，四體如焚，寒熱煩燥。一夜夢一人腹擁一月，光明使人心骨俱寒。及寤，而孫元規使人饋藥，扣之則明月丹也，服之遂平。用兎屎四十九粒，硇砂如兎屎大四十九粒，為末，生蜜丸梧子大，月望前以水浸甘草一夜，五更取汁送下七丸，有蟲下，急鉗入油鍋內煎殺，三日不下再服。

清・丁其譽《壽世秘典》卷四　兔大如貍而毛褐尾短，耳大而鋭，上唇缺而無脾，長鬚而前足短，尻有九孔，趺居，趫捷善走，舐雄毫而孕，五月而吐子。或謂兔無雄，而中秋望月中兔以孕者，不經之說也。今雄兔有二卵。古樂府有雄兔腳撲速，雌兔眼迷離，可破其疑矣。

氣味：甘，寒，無毒。主涼血，解熱毒，利大腸。多食耗血脉，痿陽事。

發明陶弘景曰：妊婦不宜食兔肉，令子缺唇，且能致産不順。不宜合白雞肉、獺肉食。與薑、橘同食，令人心痛、霍亂。又不可同芥食。兔死眼合者殺人。李時珍曰：兔至秋深時可食，得金氣而內實故味美。至春夏，食草麥而金氣衰，則味變矣。今俗以飼小兒，云令出痘稀，蓋亦因其性寒而解熱耳。故又能治消渴，壓丹石毒，若痘已出及虛寒者戒之。劉純《治例》云，反胃結腸，甚者難治，常食兔肉，則便自行，可證其性之寒利矣。按：兔屬金，得太陰之精，故其性喜望月，稟陰寒之氣，故能涼血解熱，宜其不利於陽道，多食絶人血脉，損元氣，弱陽事，猶麋澤獸屬陰其肉食之令人弱房之說同也。《別錄》云補中益氣者，蓋熱傷氣，兔味甘而氣涼，所以能補中益氣，恐亦未必盡然耳。

腦：塗凍瘡、皸裂。

肝：治目暗、頭旋、眼眩。　發明李時珍曰：按劉守真云，兔肝明目，因其氣有餘以補不足也。眼科書云兔肝能瀉肝熱，蓋兔目瞭而性冷故也。

清・郭章宜《本草匯》卷一七　兔肝　辛平甘，冷。治風熱之目暗，療頭旋之眼花。

按：兔，為太陰之精，得金氣之全者也。俗以肉飼小兒，云出痘稀，亦因

其性寒而解熱耳。劉守真云兔肝明目，因其氣有餘，以補不足也。眼科書云：兔肝能瀉肝熱。肝腎氣虛，風熱上攻者，和決明子丸服甚効。若虛寒者，戒之。

兔肉至秋深可用，金氣全也。白毛者尤妙。兔尻有九孔，子從口出，脣缺無脾，妊婦忌之。

明月沙即兔屎。治目中浮翳，理勞瘵五疳。痘瘡入目能除，疳瘡痔漏亦療。

按：明月沙，善能解毒殺蟲，故治目疾疳勞瘡痔方中，往往用之。諸家本草並不言及，亦缺漏也。沈存中《良方》云：有病勞四體如焚，寒熱發燥，飲以明月丹，兔屎四十九粒，硇砂如兔屎大四十九粒，生蜜丸梧子大，月望前以水浸甘草一夜，五更初取汁送下七丸，有蟲下，急鉗入油鍋內煎殺，三日不下，再服。痘後目翳，直往山中東西地上，不許回顧，尋兔屎二七粒，以雌雄檳榔各一枚，同磨，不落地，井花水調服，百無一失，其効如神。

清・尤乘《食鑑本草・獸類》 兔肉 八月至十月可食，餘月損神。兔死而眼合者殺人。獨目不可食。勿與雞肉及肝、心食。孕婦忌。功能補中益氣，涼血（皆死）。

清・朱本中《飲食須知・獸類》 兔肉 味甘、辛，性寒。同白雞肉及肝心食，令人面黃。同獺肉食，成遁尸病。與薑、橘同食，令人心痛霍亂。忌同鹿肉、鼈肉、芥菜及子末食。十一月至七月食之，傷神氣。兔死而眼合者殺人。食兔髓多，令人面生髓骨。《内則》云：食兔去尻，不利人也。妊婦不可食，令子缺脣，主逆生。兔尻有孔，子從口出，故妊婦忌之，非獨為缺脣也。久食絶人血脉，損元氣陽事，令人痿黃。兔肝亦勿與雞、芥、胡桃、柑橘同食。

清・何其言《養生食鑑》卷下 兔肉大如狸而毛褐，形如鼠而尾短，耳大而鋭，上脣缺而無脾，長鬚躍足，近有白者。 味辛、甘，性寒，無毒。不益人，療熱氣、濕痹，治消渴。久食損元氣，弱陽事。不可與薑并雞肉、獺肉同食，妊婦忌之。

清・李熙和《醫經允中》卷二二 兔肉 妊婦不可食，以其子從口中出，令兒缺脣也。不可與雞肉肝心、獺肉同食。與薑、芥、橘子同食令人心痛霍亂。多食損元痿陽。惟八月至十月可食。兔死而合眼者殺人。兔肝能除目暗。屎名玩月沙，療痘生眼内成瘡。血，鹹寒無毒，能涼血活血，解胎中熱毒，催生易產。

清・馮兆張《馮氏錦囊秘錄・雜症痘疹藥性主治合參》卷九 兔頭骨 兔屬金，得太陰之精，故望月而生。至秋深時可食者，金氣全也。肉味甘辛，氣涼，無毒。味甘而涼，所以能補中益氣。但性寒屬陰，凡陽虛無熱者，不宜服。多服則損元氣，痿陽事。八月至十月可食，餘月食之傷人神氣。頭骨，主癲疾，及頭眩痛者，蓋肝為風木之位，太過則搖動撼物。兔屬金而頭骨在上，尤得金氣之全，故能平木邪，療頭眩及反癲疾也。肝，主明目者，蓋肝開竅於目，兔目不瞬而瞭然，以其肝氣足也，故能主目暗。河間有云：兔肝明目，因其氣有餘，補其不足也。腦為髓之至精，性溫而滑潤，故主塗凍瘡皸裂，及催生利胎之聖藥也。血，味鹹，寒，能涼血活血，解胎中熱毒，亦能催生易產。屎，一名玩月砂。因兔食穀精草，即得太陰之精，復餌明目之藥，故功能明目，治目中翳膜，勞瘵五疳，痔瘻，殺蟲解毒也。【略】兔頭骨，下姙娠癲疾，頭眩痛可止。肉，秋冬宜食，春夏忌啖，主濕痹熱蒸，壓丹石發燥，補中益氣，止渴健脾。孕婦食之，生子脣缺。腦，主塗凍瘡，催生利胎。肝，主目暗則明。血，解胎中熱毒，稀痘方加，亦能易產，催生藥用。屎，名玩月砂，療痘生眼内成瘡，痔發腸頭下血。皮毛，燒灰細研，酒服，理產後胞衣不下，餘血搶心幾危，飲下即安。

主治痘疹合參：兔頭骨與肉同功，能解痘毒，臘月者良。忌同白雞肉食。

糞能退痘後眼中雲翳，研末，沙糖湯調服。

清・張璐《本經逢原》卷四 兔 辛，平，無毒。妊娠忌食兔肉，合乾薑食之成霍亂。 發明：兔無脾，故善走，二月建卯木位，木尅戊土，故無脾。其肉性寒，能治胃熱嘔逆，腸紅下血。其腦為髓之精，性善滑胎，故兔腦丸為催生首藥。然須臘月取活兔用之始驗。○兔肝明目，目屬肝，稟氣獨勝，且得至陰之精，可救目暗之疾。其屎謂明月砂，又名望月沙，治目中浮瞖，痘瘡患眼。但瞳人無損者，用以煆灰存性，日日服之，其瞖自退。又方，兔屎一味為末，生雞肝搗爛為丸，空腹穀精湯服之。瞖厚加雞内金尤捷。兼治勞瘵五疳痔瘻，殺蟲，解毒。黃帝曰：兔肉和獺肝，食之成遁尸。

清・汪啟賢等《食物須知・諸葷饌》 兔 生深林空谷，處處有之。孕視月光結成，子從口内吐出。性狡善走，目瞭極圓。壽歷千年，毛變白色，此得金氣之全者也。 肉，辛，平，為食上品。春夏全忌，秋冬啖宜。主濕痹熱蒸，壓丹石燥發，補中益氣，止渴健脾。孕婦蓋勿下嚥，生子缺脣，屢驗。肝，除目黯。

清・浦士貞《夕庵讀本草快編》卷六 兔《別錄》 附：敗筆。兔字象

形，吐而生子，故婦女忌食，不獨為唇缺也。　兔者明月之精，秋冬得金氣之全，故味美；　春夏則味變矣。其肉辛平，補中益氣，止渴健脾，解熱毒而彌痘疹，涼血脉而通利大腸，壓丹石之毒，解反胃腸結。取其寒解熱、滑能潤也。腦可催生，肝能明目，血可稀痘，髓治耳聾，頭骨可以止巔眩，皮灰可以收帶下。其屎名望月砂，善殺癆蟲，孫元規明月丹是也。其毫為筆，沾濡膠墨所敗者，燒服起陰痿，通小便，催難產，消陰腫，非兔者不用，故附于此。

清・汪紱《醫林纂要探源》卷三　兔　甘，鹹，微寒。缺唇，長鬚長耳，短前足，色黄褐，或灰黑，亦有白者，穴居。人言無雄，望月而孕，非也。自有雌雄，但只八竅，無前陰，難辨耳。曾見搏治，腹有睪丸二枚，非雄而何？　昔人云：　雌舐雄毫而孕，及其生子，從口而出，故名。兔者，謂吐出也。　養陰除熱，治癆瘵，止消渴，保肺氣，清腎水，療吐衄。其孕雖非望月，然秋月明則兔多，蓋實得明月之精，稟金水之氣，水精皎潔，而相火不妄，則其目最明，故《禮記》兔曰明視。肉能養陰，可治骨蒸勞熱，及消渴吐衄。昔人多忽之。○孕婦忌，防子缺唇。　血：　鹹，寒。逐血中痼熱，稀痘治瘡。冬取活兔血，和蕎麥麪加雄黄四五分，丸如菉豆大，初生小兒乳送二三丸，偏身發紅點，後遂免出痘，雖出亦稀。按兔血可治一切血熱。　肝：　甘，苦，鹹，寒。平相火，瀉心火，安心神，清腎水，明目，治疳殺蟲。勝於獺肝。　明月沙：　甘，鹹，寒。兔矢也。無前陰，而尻有九孔，矢散出於其間，此異他獸矣。矢雖糟粕，而得陰精之化，甚純，故有此名。養陰除熱，緩肝補心，保肺金，清腎水。治骨蒸勞熱，殺尸蟲，去疳𧏾，止吐衄，愈消渴，破結熱，明目去翳，痘後尤宜之。

清・嚴潔等《得配本草》卷九　兔頭骨望月砂　平木邪，療頭眩。孕婦禁用。　兔子從口出也。　望月砂：　即兔屎。治目翳，療疳瘡。產婦禁用。

清・黄宮繡《本草求真》卷七　兔肉涼血解熱。　兔肉耑入肝，兼入大腸。人言可治虚癆，人多食而不忌。不知兔肉性寒，久食絶人血脉。損元氣陽事，令人痿黄。故時珍載之以為涼血解熱利腸之劑。藏器曰：　兔尻有孔，子從口出，故妊婦忌之，非獨爲缺唇也。大抵久食絶人血脉，損元氣陽事，令人痿黄，八月至十月可食，餘月傷人神氣，兔死而眼合者殺人。况虚癆一症，脾腎兩虚，即在醫者用藥挽救，亦難兩全無弊。若復加兔肉甘寒，又安能力補脾腎，而為虚癆要藥乎？今人不察，動用兔肉治療，以致陽氣日虚，而陰氣日竭。余因先慈曾患虚癆，服藥將愈，後食兔肉而病復發，故特拈出，以為妄食兔肉者戒。

清・李文培《食物小録》卷下　兔　辛，平，無毒。補中益氣，止渴健脾。

清・章穆《調疾飲食辯》卷五　兔　《内則》曰：　兔曰明眎。《爾雅》曰：　兔子，嬎。俗呼𪁅。其跡远，絶有力欣。狡兔曰㕙，曰㲜。《詩》：　躍躍㲜兔，遇犬獲之。《事類合璧》曰：　兔大如猫，形似鼠，尾短，耳大而鋭，上唇缺而無脾，前足短，尻有九竅。舐雄毫而孕，五月而吐子。大者名㚟。王廷相《雅述》曰：　兔以潦為鼈，鼈以旱為兔。熒惑不明，則雉生兔。似未可信。《拾遺》曰：　久食絶人血脈，損元氣，敗陽道。性冷故也。然《綱目》謂能涼血，解熱毒，利大腸。《藥性本草》謂能稀痘。痘瘡毒盛及痘後餘毒均宜食。劉純《治例》曰：　反胃結腸甚者，食兔肉極佳。大抵内熱則宜，内寒則忌。又《綱目》曰：　兔血解胎中熱毒，可催生。和熱酒生飲。肝退肝熱，補肝虚，為明目聖藥。《食療本草》曰：　生食更佳。屎名望月砂，亦解肝熱，為明目去翳之妙品。《内則》：　食兔去尻。

清・趙其光《本草求原》卷二〇獸部　兔　肖於卯，屬木；　穴生，屬陰。辛，平，或曰甘寒。無毒。解肺、胃、大腸血熱，治嘔逆下血，濕痹，止渴，壓丹石毒。

血及腦：　俱催生、滑胎，神妙。以蒸餅染血，紙包陰乾，研乳香，湯下。腦塗紙上，陰夾乾，書生字於面上，臨時燒灰，煎丁香，酒下。或陰乾，同乳香研為丸，風乾，醋、酒任下。血，又治心氣痛。和麪或和茶，乳香末為丸，白湯、醋任下，須臘月取活兔用方應，八月天醫日亦可。　以兔善走，而神在腦髓與血也。　肝：　性冷，瀉肝熱，明目，治目暗，以其得木氣至陰之精也。　屎：　名明月砂，又名望月砂。解毒，殺蟲，治目翳，痘瘡入目生翳，乾為末，茶下；　或同雌雄檳榔，磨無根水服。勞瘵，同硇砂蜜丸，五更以甘草浸水下。疳痢，痔瘡，炒研酒下。又方，煅存性，日服；　或研，同雞肝為丸，穀精湯下，治目翳；　翳厚加雞内金。

清・文晟《新編六書》卷六《藥性摘録》　兔肉　入肝，兼入大腸。涼血解熱。○人言可治虚癆，然性寒，久食絶人血脈，損元氣，痿陽事，則於虚癆不相宜。○惟消食方中，間有用之者。妊婦食之，令子缺唇。

兔　辛甘，性寒。不益人，勿多食。妊婦尤忌。療熱氣(溫)〔濕〕痹，治消渴。不可與薑，並雞肉、獺肉同食。詳藥部涼血。

清・王孟英《隨息居飲食譜・毛羽類》　兔肉　甘，冷。涼血，祛濕，療瘡，解熱毒，利大腸。多食損元陽，令人痿黄。冬至後至秋分食之，傷人神氣，孕婦及陽虚者尤忌。兔死而眼合者，誤食殺人。

清・劉善述、劉士季《草木便方》卷二人禽獸部 兔　兔腦皮甘催胎速，血氣刺痛煅酒服。同屎殺蟲治勞疳，痘後生瞖明耳目。野兔屎名翫月沙。

清・田綿淮《本草省常・禽獸類》 兔　性寒。涼血，解熱毒，利大腸。八月至十月可食，餘月食之傷神氣。多食損陽事、絶血脉。同鼈食殺人，同雞食令人洩瀉發黄，同生薑食成霍亂，同芥菜、芥子食生惡瘡，同橘子食令人心痛。孕婦忌之。

清・戴葆元《本草綱目易知録》卷六 兔　肉，辛，平。補中益氣，止渴健脾，涼血，解熱毒，利大腸，治熱氣濕痹。炙食，壓丹石毒。臘月作醬食，主小兒豌豆瘡。妊婦忌之。

清・吴汝紀《每日食物却病考》卷下 兔　味辛，平，無毒。補中益氣。又云，寒。主治熱氣濕痹，止渴，利大腸。久食弱陽，損元氣。與薑同食，令心痛。妊娠不可食，令子缺唇。不可與雞肉、芥菜、胡桃、柑橘同食。秋冬宜食，春夏不宜食。肝，主明目。腦，能催生下胎。

望月砂

清・蔣居祉《本草擇要綱目・平性藥品》 兔屎一名明月砂。　氣味缺。主治：　目中浮翳，癆瘵五疳，疳瘡痔瘻，殺蟲解毒。凡大小便祕，以兔屎一匙安臍中，冷水滴之令透，自通。又痘後目瞖，炒研，和藥服之易瘥。

清・汪昂《本草備要》卷四 兔屎一名明月砂。宣，明目，殺蟲。　殺蟲明目。治癆瘵五疳，痘後生翳。　兔肝：　瀉肝熱，故能明目。　兔肉：　治消渴。《海上方》：　澄汁冷飲。小兒食之稀痘瘡。陶弘景曰：　孕婦食之，令兒缺唇。保壽堂兔血丸，令小兒永不出痘，雖出亦稀。臘八日取生兔刺血，和蕎麥麵，加雄黄四五分，和丸綠豆大。初生小兒，乳汁送下二三丸，遍身發出紅點，此其驗也。

清・黄元御《玉楸藥解》卷五 月明砂　味淡，氣平。入足厥陰肝經。去瞖障，療痔瘻。兔屎名月明砂。能明目去瞖，消痔殺蟲。庸工習用不效，季明又言其能治虚勞夜熱，更荒誕。

清・吴儀洛《本草從新》卷六 兔屎〔宣，明目，殺蟲。〕一名望月砂。　辛，平。　殺蟲，明目。　治勞瘵五疳，痘後生翳。　時珍曰：　能解毒殺蟲，故治目疾、疳勞、瘡痔方中往往用之。沈存中《良方》云：　江陰萬融病勞，四體如焚，寒熱煩躁，夜夢人腹擁一月，光明使人心骨皆寒。及寤，而孫元規使人遺藥，服之遂平。扣之，即明月丹也，乃悟所夢。明月丹治勞瘵追蟲，用兔屎四十九粒，為末，硇砂如兔屎大四十九粒，爲末，生蜜丸梧子大，月望前，以水浸甘草一夜，五更初取汁，送下七丸。有蟲下，急鉗入油鍋内煎殺。三日不下，再服。　肝，瀉肝熱，故能明目。　肉，涼血，解熱毒，利大腸。妊婦忌之。

題清・徐大椿《藥性切用》卷八 兔屎　一名明月砂。性味辛平，明目去翳，殺蟲治勞。　兔肝，瀉熱明目。　兔肉，涼血解毒。滑利大腸，孕婦忌食。　兔腦，催生墮胎，又可塗罨凍瘡爛。

清・黄宫繡《本草求真》卷七 兔屎除熱結毒積目翳。　兔屎耑入肝。　即名望月沙者是也。兔稟太陰之精，復餌穀精草明目之藥，是以屎能明目，以除目中浮翳，且癆瘵、五疳、痔漏、蟲蝕、痘瘡等症，服之皆治。亦由熱結毒積而成，得此寒以解熱，辛以散結，圓以象目，故能服之有功。　時珍曰：　兔屎能解毒殺蟲，故治目疾，疳癆瘡痔方中，往往用之。諸家本草，並不言及，亦缺漏也。按沈存中《良方》云：　江陰萬融病癆，四體如焚，寒熱煩躁，一夜夢一人腹擁一月，光明使人心骨皆寒，及寤，而孫元規使人遺藥，服之遂平，叩之則明月丹也。乃寤而夢。　若陰氣上乘，目障不清，未可用焉。　兔肉另詳。

清・羅國綱《羅氏會約醫鏡》卷一八禽獸部 望月砂即兔屎也，入肝經。　明目，去痘後翳障。　兔得太陰之精，望月而生，復食明目之穀精草，故功能明目。　砂糖湯調服。

清・文晟《新編六書》卷六《藥性摘録》 兔屎　即望月沙。入肝解熱殺蟲，散結毒，除目中浮翳。且治癆瘵，五疳痔漏，（蠱）〔蟲〕蝕痘瘡等症。若陰氣上乘，目障不清，未可用焉。〇兔肉另詳。

清・陳其瑞《本草撮要》卷八 兔屎　味辛，平，入手足太陰、足厥陰經。功專殺蟲明目，治勞瘵五疳，痘後生翳。　肝明目。　肉涼血，解熱毒，利大腸，妊娠忌之。　腦塗凍瘡。

敗筆

宋・唐慎微《證類本草》卷一七獸部中品〔唐・蘇敬《唐本草》〕 筆頭灰年久者，主小便不通，小便數難，陰腫，中惡，脱肛，淋瀝。燒灰水服之。《唐本》先附，自草部今移。

〔宋・掌禹錫《嘉祐本草》〕按：　《藥性論》云：　筆頭灰，微寒。　亦可單用，燒灰治男子交婚之夕莖痿。取灰酒服之良，其筆是使乏者。

〔宋・唐慎微《證類本草》〕《圖經》：　文具兔頭骨條下。　《外臺秘要》：　若小便不通，數而微腫方：　取陳久筆頭一枚，燒爲灰，和水服之。　《勝金方》：　催産，治難産。

聖妙寸金散方： 敗筆頭一枚，燒爲灰，細研爲末，研生藕汁一盞調下，立産。若産母虛弱及素有冷疾者，恐藕冷動氣，即於銀器内重湯暖過後服。《范汪方》： 治喉中腫痛不得飲食。燒筆頭灰，漿飲下方寸匕。

宋・陳衍《寶慶本草折衷》卷一五 兔筆頭灰今從緡雲及張松加以兔字。一名敗筆頭。乃久使敗損筆頭，燒灰留性也。○又云，處處有之。

微寒。○主小便不通數難，陰腫，中惡，脫肛，淋瀝，水服之。○《藥性論》云： 治男子交婚之夕莖痿，取灰，酒服之。○《勝金方》： 治難産，敗筆頭壹枚，燒灰研生藕汁壹盞飲下。若産母虛弱及有冷疾者，即於銀器内重湯暖服。○《范汪方》： 治喉中腫痛，不得飲食，燒灰，漿飲下方寸匕。

明・王綸《本草集要》卷六 筆頭尖 氣微寒。年久使乏者良。 主小便不通，小便數難，陰腫。中惡脫肛淋瀝，燒灰，水服之。交婚多莖萎，取灰酒服之。

明・滕弘《神農本經會通》卷八 筆頭灰 年久使乏者良。 氣微寒。《本經》云： 年久者，主小便不通，小便數難，陰腫，中惡，脫肛，淋瀝，燒灰，水服之。《藥性論》云： 燒灰，治男子交婚之夕莖萎，取灰，酒服之良。其筆是使乏者。

明・劉文泰《本草品彙精要》卷二四 筆頭灰無毒。

筆頭灰： 主小便不通，小便數難，陰腫，中惡，脫肛，淋瀝，燒灰水服之。名醫所錄。

〔用〕兔毫年久使之者良。 〔性〕微寒。 〔氣〕氣之薄者，陽中之陰。 〔主〕利小便。 〔治〕療：《別錄》云： 治喉中腫痛，不得飲食，燒灰漿飲下方寸匕。 〔合治〕燒灰合酒服，治男子交婚之夕莖痿。○敗筆頭一枚，燒灰細研爲末，合生藕汁一盞調下，能催生及難産，若産母虛弱及素有冷疾者，恐藕性冷動氣，即於銀器内重湯暖過服之，妙。

明・許希周《藥性粗評》卷四 交婚救痿揮毫末。

揮毫末，兔毫筆也。使殘年久者入藥，燒灰為末，聽用。 味□，性微寒，無毒。 主治男子新娶，其夕怯房陰痿，以灰末，溫酒調服，有效。又主小便數難，陰腫中惡，脫肛，淋瀝，並服如前法。

明・鄭寧《藥性要略大全》卷一〇 乏筆頭 燒灰，性微〔寒〕。年久者，治小便不通，小便數難，淋瀝。水服治陰腫，中惡，脫肛。治産難，得藕汁良。

明・王文潔《太乙仙製本草藥性大全》卷七《仙製藥性》 筆頭灰年久者佳。 主小便不通頻數，難産即效； 治陰腫中惡脫肛，淋瀝神功。 補註： 若小便不通，數而微腫，取陳久筆頭一枝，燒灰和水服之。○催生，治難産，用敗筆頭一枝，燒細研末，研生藕汁一盞調下立産，若産母虛弱，及素有冷疾者，恐藕冷動氣，即於銀器内重湯暖之後服。○治喉中腫痛，不得飲食，燒筆頭灰，漿飲調下方寸〔匕〕。

明・李時珍《本草綱目》卷五一獸部・獸類 敗筆《唐本草》

〔集解〕時珍曰： 上古殺青書竹帛，至秦蒙恬以兔毫作筆，後世復以羊、鼠諸毛爲之，惟兔毫入藥用。

筆頭灰 〔氣味〕微寒，無毒。 〔主治〕水服，治小便不通，小便數難淋瀝，陰腫脫肛，中惡《唐本》。酒服二錢，治男子交婚之夕莖萎《藥性》。酒服二錢，治難産。漿飲服二錢，治咽喉痛不下飲食時珍。○出《范汪方》。

〔發明〕時珍曰： 筆不用新而用敗者，取其霑濡膠墨也。膠墨能利小便、胎産故耳。

〔附方〕舊二，新一。 小便不通： 數而微腫。用陳久筆頭一枚燒灰，水服。《外臺》。 心痛不止： 敗筆頭三個燒灰，無根水服，立效。《經驗方》。 難産催生：《勝金方》聖妙寸金散： 用敗筆頭一枚燒灰研，生藕汁一盞調下，立産。若母虛弱及素有冷疾者，溫汁服之。○陸氏治難産第一方： 用兔毫筆頭三個燒灰，金箔三片，以蠟和丸，酒服。

明・顧逢柏《分部本草妙用》卷一〇獸部 兎毫敗筆 酒服二錢，可治小便不通及數淋瀝。陰腫脫肛，中惡難産，并治男子交婚之夕莖痿，漿飲服二錢，治咽喉痛，不下飲食。

明・施永圖《本草醫旨・食物類》卷四 敗筆惟兔毫入藥用。 筆頭灰： 味： 微寒，無毒。治： 水服，治小便不通，小便數難，淋瀝，陰腫，脫肛，中惡。酒服二錢，治男子交婚之夕莖萎。酒服二錢，治難産。漿飲服二錢，治咽喉痛，不下飲食。筆不用新而用敗者，取其沾濡膠墨也，膠墨能利小便、胎産故耳。

附方 小便不通： 數而微腫，用陳久筆頭一枚，燒灰水服。 心痛不止： 敗筆頭三箇，燒灰，無根水服，立效。 難産催生： 用兔毫筆頭三箇燒灰，金箔三片，以蠟和丸，酒服。

清・嚴潔等《得配本草》卷九 兔毫敗筆 微寒。水調灰服，治小便不通，淋瀝陰腫。酒調服，治婦人難産。漿水調服，治咽喉腫痛。調藕汁，亦可催生。 配馬藺，治石淋熱淋。 燒存性，研用。 筆不用新而用敗者，取其沾濡膠墨也。膠墨能利小便胎産故耳。

清·吴鋼《類經證治本草·經外藥類》 敗筆頭 誠齋曰：燒灰，酒服方寸匕。古人用治男子交婚之日莖痿苦不起者，更以天雄五分，燒灰同服，立差。

清·趙其光《本草求原》卷二〇獸部 兔毫敗筆灰 沾墨已久，微寒，無毒。故利水，通淋。治陰腫、脱肛，水下。陰痿、難産。酒下，加藕汁或金箔，尤滑胎。咽痛，心痛。飲下。

豪猪

明·滕弘《神農本經會通》卷八 豪猪 即野猪。髦間有豪如箭，能射人。 氣大寒，有毒。《圖經》云：肉亦甚美，多膏。不可多食，發風氣，利大腸，令人虛羸。

明·劉文泰《本草品彙精要》卷二五 毫豬膏

毫豬膏：利大腸。名醫所錄。 【地】《圖經》曰：出陝、洛，江東諸山中並有之，鬣間有毫如箭，能射人。肉味甘美，其膏不可多食。【時】生：無時。採：冬月取者良。【收】瓷器密貯。【用】膏。【色】白。【味】甘。【性】緩。【氣】氣之薄者，陽中之陰。【臭】腥。【禁】膏多食，發風氣及令人虛羸。

明·盧和、汪穎《食物本草》卷三獸類 毫猪 肉，甘美多膏，利大腸。不可多食，發風氣，令人虛。

明·王文潔《太乙仙製本草藥性大全》卷七《本草精義》 毫猪 毫猪，號爲剛鬣。其種自孕而生，故曰厥體，兼資自爲牝牡者是也。頸上如笈大毫，白本而端黑，長七八寸，肉處僅二三分，中間白處常隱而不見，但見其黑端爾，怒則激去射物，恃此爲能，人以出類奇之，故借毫取名也。

明·王文潔《太乙仙製本草藥性大全》卷七《仙製藥性》 毫猪 味甘。

主治 肉： 多膏，味亦甘美，煮作饌食，勿過飡，能利大便，仍發風氣。

䐗： 誠要藥。醫者宜求，烘燥燒灰和䐗屎共研作末，分勻，調酒，每空心頓服二錢。能敺酒疸目黄，專消水腫腹脹。熱脹易效，冷脹難瘳。蓋此猪日食苦參，致屎性大冷故爾。

明·皇甫嵩《本草發明》卷六 毫猪號為剛鬣，其種自孕而生，故曰厥躰，兼資自為牝牡是也。頸上如笈大毫，怒則激去射物，特此為能，故借毫取名也。䐗，焙燥，燒灰，䐗屎研末，酒調空心服，敺酒疸目黄，消水腫，腹脹熱脹。此猪多食苦參，故其屎性大冷。

明·李時珍《本草綱目》卷五一獸部·獸類 豪猪《綱目》

【釋名】蒿猪《唐本》 山猪《通志》 貆貐音原俞。 狟猪音丸。 鸞猪時珍曰：《説文》云：豪，豕鬣如筆管者，能激毫射人故也。郭璞曰：吴楚呼爲鸞猪。《星禽》云：壁水貐，豪猪也。 【集解】頌曰：豪猪，陝、洛、江東諸山中有之。髦間有豪如箭，能射人。時珍曰：豪猪處處深山中有之，多者成群害稼。狀如猪，而項脊有棘鬣，長近尺許，粗如箸，其狀似笄及帽刺，白本而黑端。怒則激去，如矢射人。羌人以其皮爲靴。郭璞云：狟猪自爲牝牡而孕也。張師正《倦遊録》云：南海有泡魚，大如斗，身有棘刺，能化爲豪猪。巽爲魚，坎爲豕，豈巽變坎乎？

肉 【氣味】甘，大寒，有毒。頌曰：不可多食，發風，令人虛羸。 【主治】多膏，利大腸。蘇頌。

肚及屎 【氣味】寒，無毒。 【主治】水病，熱風，鼓脹。同燒存性，空心温酒服二錢匕。用一具即消。孟詵。 乾燒服之，治黄疸。蘇恭。 連屎燒研，酒服，治水腫，脚氣，奔豚。時珍。

【發明】詵曰：此猪多食苦參，故能治熱風水脹，而不治冷脹也。 時珍曰：豪猪《本草》不載，惟孟氏《食療本草》猬條説之。

明·穆世錫《食物輯要》卷四 豪猪 肉，味甘，性大寒，無毒。多脂膏，食之利大腸。多食，令人虛，助濕冷病。

明·吴文炳《藥性全備食物本草》卷二 豪猪 味甘，肉多膏。不可多食，發風氣，利大腸，令人虛羸。脂並屎燒，焙為末，每早空心酒下二錢，有患水病鼓脹者，服此肚一箇便愈。但此猪多食苦參，只(汁)〔治〕熱風水脹，不治冷脹。

明·應廖《食治廣要》卷六 豪猪 肉： 氣味： 甘，大寒，有毒。主治： 多膏，利大腸。 肚及屎： 氣味： 寒，無毒。主治： 水病、熱風、鼓脹。同燒存性，空心溫酒服二錢匕。用一具，即消水腫。 脚氣、奔豚、黄疸，燒，研酒服，亦愈。

按： 豪猪狀如猪，而項脊有棘鬣，長近尺許，粗如筯，其狀似笄及帽刺，白本而黑端，怒則激去如矢射。今處處山中有之，多成群害稼者是矣。

明·姚可成《食物本草》卷一四獸部·野獸類 豪猪陝、洛、江東諸山中並有之。髦間有豪如箭，能射人。〇李時珍曰：豪猪，處處深山中有之，多者成群，害稼。狀如猪而項脊有棘鬣，長近尺許，粗如筯，其狀如笄及帽刺，白本而黑端。怒則激去，如矢射人。

羌人以其皮為鞾。此獸亦自為牝牡而孕。《倦游錄》云：南海有泡魚，大如斗，身有棘刺，能化為豪猪。巽為魚，坎為豕，豈巽變坎乎？

豪猪肉：味甘，大寒，有毒。多膏，主利大腸。不可多食，發風，令人虛羸。肚：味甘，寒，無毒。治水病鼓脹黄疸、奔豚脚氣，連屎燒一具，空心温酒服二錢匕。即消。

明・施永圖《本草醫旨・食物類》卷四　豪豬陝、洛、江東諸山中并有之。髦間有毫如箭，能射人。害稼。狀如豬而項脊有棘鬣。肉：味甘，大寒，有毒。不可多食，發風，令人虛羸。治：多膏，利大腸。肚及屎：味：寒，無毒。治：水病，熱風，鼓脹，同燒存性，空心温酒服二錢匕，用一具即消。乾燒服之，治黄疸。連屎燒研，酒服，治水腫，脚氣，奔豚。此豬多食苦參，故能治熱風水脹，而不治冷脹也。

清・朱本中《飲食須知・獸類》　豪猪肉　味甘，性大寒，有毒。不可多食，發風，令人虛羸，助濕冷病。

清・何其言《養生食鑒》卷下　豪猪肉狀如猪，而項脊有棘鬣，長半尺許，麄如筯，其狀似笄及帽刺，白本而黑端，怒則激去，如矢射人。　味甘，性寒，無毒。多脂膏，食之利大腸。不可多食，動風氣，令人虛羸。

清・汪紱《醫林纂要探源》卷三　豪豬　甘，鹹，寒。非豬類，形似耳。項脊有豪如箭，能激射人。　補心神，平相火，保肺金，順氣血，祛風，殺蟲解毒。嗜苦參及諸蛇蟲蚯蚓，故能靖相火，除邪熱，治勞熱骨蒸，止吐血衄血，清肺順氣，治逆經。療腸風血痔，積熱，又解百毒，殺百蟲。　肚：甘，苦，鹹，寒。連穢懸陰處風乾。治小兒疳積，破諸熱積、蟲積，反胃隔食，消渴。

清・章穆《調疾飲食辯》卷五　豪猪　《綱目》曰：《唐本草》作蒿猪。《星經圖》曰壁水貐，故又呼貆貐。《通志》曰山猪。又曰貆猪。郭璞曰：吴楚呼鸞猪。無雌雄，自為牝牡。極害稼。項脊有棘鬣，能激以射人。肉有毒無益。

清・王孟英《隨息居飲食譜・毛羽類》　豪猪肉一名箭猪。　甘，寒，有毒。多膏，滑腸，能發風虛，不可多食。

清・吴汝紀《每日食物却病考》卷下　豪猪　味甘，大寒，有毒。發風，不可多食。生深山中，狀似猪而大。項脊有棘鬣，長近尺，粗如筯，末黑而本白，怒則激去，如矢射人。氣、味俱不及野猪也。

渠搜

明・李時珍《本草綱目》卷五一獸部・獸類　渠搜《逸周書》云：渠搜，西戎露犬也，能食虎豹。一云犴，胡犬也，能逐虎。

狼

宋・唐慎微《證類本草》卷一八獸部下品〔唐・陳藏器《本草拾遺》〕　狼筋如織絡袋子，似筋膠所作，大小如鴨卵，人有犯盗者熏之，當脚攣縮，因之獲賊也。或云是狼胜下筋，又云蟲所作，未知孰是。狼大如狗，蒼色，鳴聲諸孔皆(涕)〔沸〕。

宋・鄭樵《通志》卷七六《昆蟲草木略》　狼　《爾雅》曰：狼，牡貛，牝狼。其子，獥。絶有力，迅。又曰：豻，狗足。即狼也。獥，音亦。

元・忽思慧《飲膳正要》卷三　狼　肉，味鹹，性熱，無毒。主補益五藏，厚腸胃，填精髓。腹有冷積者，宜食之。味勝狐、犬肉。　狼喉嗉皮，熟成皮條，勒頭去頭痛。　狼皮，熟作番皮，大暖。　狼尾，馬胸膛前帶之，辟邪，令馬不驚。　狼牙，帶之辟邪。

明・劉文泰《本草品彙精要》卷二五　狼無毒　胎生。

狼肉：主補益五臟，厚腸胃，填精髓，腹有冷積者，宜食之，味勝狐、犬肉。○喉嗉皮，熟成皮條，勒頭，去頭痛。○皮，熟作番皮，大暖。○尾，帶馬胸膛前，辟邪，令馬不驚。○牙，帶之辟邪。今補。○謹按《埤雅》云：其形大如狗，青色，作聲諸竅皆沸。蓋今訓狐，鳴則亦後竅應之。豺祭狼卜，又善逐獸，皆獸之有才智者，故豺從才，狼從良是也。里語曰：狼卜食，狼將遠逐食，必先倒立以卜所向，故今獵人遇狼輒喜，蓋狼之所向獸之所在也。而靈智有如此。其糞燒之，煙直而聚，雖風吹之不斜，故古今烽火用者，亦取其直聚而不散也。〔時〕生：無時。採：無時。〔用〕肉、皮、牙、尾、喉嗉皮。〔味〕鹹。〔性〕熱。〔氣〕氣厚味薄，陽中之陰。〔臭〕腥。

〔治〕療：《别録》云：狼屎灰，傅瘰瀝瘡。○屎中骨，燒末，服如黍米許，止小兒夜啼。〔合治〕狼結喉暴乾，杵末入半錢於飯内食之，治噎病。

明・盧和、汪穎《食物本草》卷三獸類　狼　味辛，老狼頷下有懸肉，行善顧，疾則不能。胜中筋如織絡，小囊大佀鴨卵，作聲，諸竅皆沸。糞，烟直上，烽火用之。昔言，狼、狽是二物，狽前二足絶短，先知食之所在，指以示狼，狼負以行，匪狼不能動。肉皆可食。

明・王文潔《太乙仙製本草藥性大全》卷七《仙製藥性》　狼骨、屎　治噎病，瘰癧如神，主小兒夜啼甚驗。　補註：　治噎病用狼喉結曝乾，杵末入半錢於飯內食之妙。○治瘰癧，狼屎灰傅上。○小兒夜啼，狼屎中骨燒作末，服如黍米許即定。○《抱朴子》云：　狼壽八百歲，滿三百歲則善變人形。

狼筋　如織絡袋子，似筋膠所作，大小如鴨卵。人有犯盜者熏之，當脚攣縮，因之獲賊也。或云是狼胜下筋，又云蟲所作，未知孰是？　狼大如狗，蒼色，鳴聲諸孔皆(涕)〔沸〕。

明・李時珍《本草綱目》卷五一獸部・獸類　狼《拾遺》

〖釋名〗毛狗時珍曰：　《禽書》云：　狼逐食，能倒立，先卜所向，獸之良者也。故字從良。《爾雅》云：　牡曰獾，牝曰狼，其子曰獥音叫。　〖集解〗藏器曰：　狼大如狗，蒼色，鳴聲則諸孔皆沸。　時珍曰：　狼，豺屬也，處處有之。北方尤多，喜食之，南人呼爲毛狗是矣。其居有穴。其形大如犬，而鋭頭尖喙，白頰駢脇，高前廣後，脚不甚高，能食鷄鴨鼠物。其色雜黄黑，亦有蒼灰色者。其聲能大能小，能作兒啼以魅人，野俚尤惡其冬鳴。其腸直，故鳴則後竅皆沸，而糞爲烽煙，直上不斜。其性善顧而食戾踐藉。老則其胡如袋，所以跋胡疐尾，進退兩患。其象上應奎星。穎曰：　狽足前短，知食所在；　狼足後短，負之而行，故曰狼狽。

狼筋藏器曰：　狼筋如織絡袋子，又若筋膠所作，大小如鴨卵。人有犯盜者，熏之即脚攣縮，因之獲賊也。或言是狼胜下筋，又言是蟲所作，未知孰是。　時珍曰：　按李石《續博物志》云：　唐時有狼巾，一作狼筋，狀如大蝸，兩頭光，帶黄色。有段祐失金帛，集奴婢於庭焚之，一婢臉瞤，乃竊器者。此即陳氏所謂狼筋也。愚謂其事蓋術者所爲，未必實有是理，而羅氏《爾雅翼》解爲狼胜中筋，大於鷄卵，謬矣。

肉　〖氣味〗鹹，熱，無毒。味勝狐、犬。　〖主治〗補益五臟，厚腸胃，填精髓，腹有冷積者宜食之時珍。出《飲膳正要》。

膏　〖主治〗補中益氣，潤燥澤皺，塗諸惡瘡時珍。

〖發明〗時珍曰：　臘月煉净收之。《禮記》云：　小切狼臅膏，與稻米爲酏。謂以狼胸臆中膏，和米作粥糜也。古人多食狼肉，以膏煎和飲食。故《内則》食狼去腸，《周禮》獸人冬獻狼，取其膏聚也。諸方亦時用狼之靨、牙、皮、糞，而《本草》並不著其功用，止有陳藏器述狼筋疑似一説，可謂缺矣。今通據《飲膳正要》諸書補之云。

牙　〖主治〗佩之，辟邪惡氣。刮末水服，治猘犬傷。燒灰水服方寸匕，治食牛中毒時珍。○出《小品》諸方。

喉靨　〖主治〗噎病，日乾爲末，每以半錢入飯内食之妙《聖惠》。

皮　〖主治〗暖人，辟邪惡氣。○嗽下皮，搓作條，勒頭，能去風止痛《正要》。《淮南子萬畢術》云：　狼皮當户，羊不敢出。

尾　〖主治〗繫馬胸前，辟邪氣，令馬不驚《正要》。

屎　〖主治〗瘰癧，燒灰，油調封之。又治骨鯁不下，燒灰，水服之時珍。出《外臺》《千金方》。

屎中骨　〖主治〗小兒夜啼，燒灰，水服二黍米大，即定。又能斷酒《千金》。

〖附方〗新一。　破傷風：　狼、虎穿腸骨四錢炙黄，桑花、蟬蜕各二錢，爲末。每服一錢，米湯調下。若口乾者，不治。《經驗方》。

明・穆世錫《食物輯要》卷四　狼　肉，味鹹，性熱，無毒。補五臟，厚腸胃，填骨髓，去冷積。膏，益氣血，潤燥澤皺，塗惡瘡。喉靨，主噎病。炙為末，每用五分，飯上食，良。屎，消骨鯁。燒灰，水服。

明・吴文炳《藥性全備食物本草》卷二　狼肉　辛，可食。老狼頷下有懸肉，行善顧疾則不能，鳴則諸孔皆涕，其喉結日乾為末，入半錢於飯内，食之治噎病甚効。　屎：　燒煙直上，故烽火用之。燒灰傅瘰癧効。其屎中骨燒灰服黍許，止小兒夜啼。　朏下筋：　如織絡小囊，大如鴨卵，人有犯盜，熏之脚攣，因之獲賊也。　狽肉：　亦可食，前足短，先知食所在以示狼，狼負以行，匪狼不能動。

明・應麐《食治廣要》卷六　狼即毛狗。　肉：　氣味：　鹹，熱，無毒。主補益五藏，厚腸胃，填骨髓。腹有冷積者，宜食之。

明・姚可成《食物本草》卷一四獸部・野獸類　狼李時珍曰：　狼，豺屬也，處處有之，北地尤多，人喜食之。其居有穴。其形大如犬，而鋭頭尖喙，白頰駢脇，高前廣後，脚不甚高，能食雞、鴨、鼠物。其色雜黄黑，亦有蒼灰色者。其聲能大能小，能作兒啼以魅人，野俚尤惡其冬鳴。其腸直，故鳴則後竅皆沸。而糞為烽煙，直上不斜，雖有狂風不散，故軍情緊急燒之，則援兵四集。其性善顧而食戾踐藉。人有犯盜，燒其筋熏之，即脚攣縮，因之獲賊也。昔有段祐失金帛，集奴婢於庭，焚之，一婢臉肉瞤跳，訊之，乃竊物者。物性通靈，可為異矣。狽足前短，知食所在，狼足後短，負之而行，故曰狼狽。

狼肉：　味鹹，熱，無毒。主補益五臟，厚腸胃，填骨髓，腹有冷積者宜食之。　膏：　補中益氣，潤燥澤皺，塗諸惡瘡。　牙：　佩之，辟邪惡氣。刮末水服，治狂犬咬。燒灰，水服方寸匕，治食牛中毒。　喉靨：　治噎病，日乾為末，每以半錢入飯内食之。　皮：　暖人，辟邪惡氣。　嗉下皮：　搓作條勒頭，能去風止痛。　尾：　繫馬胸前，辟邪氣，令馬不驚。　屎：　治瘰

癧，燒灰，油調封之。又治骨鯁不下，燒灰，水服之。　屎中骨：　治小兒夜啼，燒灰，水服二黍米大，即定。又能斷酒。

明・施永圖《本草醫旨・食物類》卷四　狼大如狗，蒼色，鳴聲則諸孔皆沸，能食雞、鴨、鼠物。　肉：　味鹹，熱，無毒。治：　補益五臟，厚腸胃，填骨髓。腹有冷積者宜食之。　膏：　治：　補中益氣，潤燥澤皺，塗諸惡瘡。《內則》：食狼去腸。《周禮》：獸人冬獻狼，取其膏聚也。　牙：　治：　佩之，辟邪惡氣。　刮末水服，治猘犬傷。　燒灰，水服方寸匕，治食牛中毒。　喉靨：　治：　噎病，日乾為末，每以半錢，入飯內食之妙。　皮：　治：　暖人，辟邪惡氣。○嗉下皮搓作條，勒頭，能去風止痛。狼皮當戶，羊不敢出。　尾：　治：　繫馬胸前，辟邪氣，令馬不驚。

清・丁其譽《壽世秘典》卷四　狼一呼毛狗。形大如犬而銳頭尖喙，白頰駢脇，高前廣後，腳不甚高，能食雞、鴨、鼠物，其色雜黃、黑，亦有蒼灰色者，其聲能大、能小，能作兒啼以魅人。其腸直，故鳴則後竅皆沸，而糞煙直上，雖風吹不斜，烽火用之。其居有穴，其性善顧，而食戾踐藉。老則其胡如袋，所以跋胡疐尾，進退兩患。其象上應奎星。汪穎曰：狽足前短，先知食所在，指以示狼，狼足後短，負之而行，故曰狼狽。肉皆可食。　氣味：鹹，熱，無毒。主補益五臟，厚腸胃，填骨髓，腹有冷積者宜食之。

膏：　主補中益氣，潤燥澤皺，塗諸惡瘡。　發明李時珍曰：　狼膏臘月煉淨收之，古人多食狼肉，以膏煎和飲食。故《內則》食狼去腸，《周禮》獸人冬獻狼，夏獻麋。注云：　狼膏聚，麋膏散，聚則溫，散則涼，以順時。

皮：　暖人，辟邪惡氣。

尾：　繫馬胸前，辟邪氣，令馬不驚。

清・朱本中《飲食須知・獸類》　狼肉　味酸，性熱。《內則》云：　食狼去腸，不利人也。其糞燒烟直上。

清・何其言《養生食鑑》卷下　狼俗呼為毛狗。其居有穴，形大如犬，而銳頭尖喙，白額駢脇，高前廣後，足不甚高，食雞、鴨、鼠物，其色雜黃、黑，亦有灰色者，其聲能大能小，能作兒啼。　狼肉：　味鹹，性熱，無毒。補五臟，厚腸胃，填骨髓，腹中有冷積者，宜食之。　膏：　益氣血，潤燥，澤皺，塗諸惡瘡。　喉靨：　治噎病，日乾為末，每用五分，飯上食良。　（狼）〔狽〕：　前足短，先知食所在，以示狼，狼負以行，匪（狽）〔狼〕不能動，故曰狼狽。肉俱可食而功同。

清・张璐《本經逢原》卷四　狼　肉，鹹，熱，無毒。　發明：　狼脂摩風首推，而《本草》不錄，亦一欠事。狼肉補五藏，厚腸胃，填骨髓，有冷積人宜食。○狼性追風逆行，故其矢燒烟能逆風而上。燒灰水服治骨鯁，以其性專逆行而無阻滯也。

清・浦士貞《夕庵讀本草快編》卷六　狼《拾遺》　狼逐食能倒立，先卜所向，獸之良者，故字從良。與狽相負而行，謂之狼狽。其聲能大能小，能作兒啼。其腸直，鳴則後竅皆沸，故糞烟直上。　狼肉鹹熱無毒，補五臟，厚腸胃，填骨髓，腹中有冷積者更宜食之。其脂煎膏，益中氣潤燥涸勝於肉矣。《周禮》獸人冬月獻狼，取其膏聚也。《禮記》云：　食狼去腸。又云：　小切狼臅，和稻米為酏。古人重之，謂其能益人耳。喉靨可以治噎膈，毛皮可以辟邪惡。筋薰盜賊，屎作烽烟。非無功于世者也。

清・汪紱《醫林纂要探源》卷三　狼　甘，溫。亦似犬，高前廣後，白頰尖額，性殘暴，成群則害人，膏肥，腸少回曲，故糞煙直上，烽火用之。老則頷下有胡如黃牛。補養虛勞，益氣。古人田獵，春獻狼，貴其肉之雋美也。胸間脂尤佳。《內則》所云小切狼臅膏，雜稻米為酏也。　功略同豺。

清・李文培《食物小錄》卷下　狼　鹹，熱，無毒。補益五臟，厚腸胃，填骨髓。腹有冷積者，宜常食。

清・趙學敏《本草綱目拾遺》卷九獸部　狼脂　《本經逢原》云：　狼性追風逆行，故其糞燒烟，能逆風而上。燒灰水服，治骨鯁，以其性專逆行而無阻滯也。狼脂摩風首推，而本草不錄，亦一欠事。　按：　《周禮》：　冬獻狼。取其膏聚也。《內則》：　食狼去腸。古人以為食品。《綱目》獸部狼膏下，瀕湖僅據《飲膳正要》載其能潤燥澤肌，塗惡瘡而已，不知其大功用乃能驅風散逆結之氣，何可昧耶，故急補之。

入風氣膏中，能去積久風痹，調酒服，散逆結之氣。

清・章穆《調疾飲食辯》卷五　狼　又名毛狗。《爾雅》曰：　狼，牡獾牝狼，其子獥，絕有力迅。《綱目》曰：　形如狗，銳頭尖喙，高前廣後，毛雜黃黑，亦有蒼灰色者。聲能大能小，能作兒啼以魅人。善竊雞鴨，北方狼能食人，故《史記・項羽本紀》曰：　貪如狼。其腸直，鳴則後竅皆沸，故糞為烽燧，直上不撓。老則其胡如袋，礙行步，故東人之於周公，有跋胡疐尾之詠。又狼短後足，不利上山；狽短前足，不利下山。相負而行則兩便，故相比為奸曰狼狽。又倉猝失措亦曰狼狽，《唐書・德宗本紀》：　涇原兵過京師，怒

賞薄，作亂，擁朱泚為主，刼瓊林大盈庫。帝召禁軍無應者，狼狽出奔奉天。《飲膳正要》曰：狼肉補五藏，厚腸胃，腹有冷積者宜之。膏能潤燥，塗惡瘡。惟腸不佳，《內則》曰：食狼去腸。《續博物志》云：唐時有物名狼筋，又作狼巾，狀如大蝸，兩頭光，黃色。有段祐失金帛，集奴婢於庭焚之。一婢瞼瞤動，《拾遺》曰脚攣縮。乃竊物者。此術者所為，未必實有其物。《爾雅翼》謂為狼脞中筋，誤矣。狼乃獸類，腹中安得有脞也。

清・趙其光《本草求原》卷二〇獸部　狼　穴居，如犬，銳頭尖喙，白頰駢脇，前高後廣。鹹，熱，無毒。補五臟，厚腸胃，填骨髓，去冷積。

清・文晟《新編六書》卷六《藥性摘錄》　狼　鹹，熱。補五臟，厚腸胃，填骨髓。腹中有冷積者，宜食。〇喉靨，治噎病，曬乾研末，每用五分，飯上食良。

清・王孟英《隨息居飲食譜・毛羽類》　狼肉　鹹，溫。補五藏，禦風寒，暖胃厚腸，壯陽填髓。其脂潤燥，治諸惡瘡。《內則》食狼去腸。腹有冷積者最宜。陰虛內熱人忌食。狼肥豺瘦，諺云體瘦如豺，故豺肉不堪食也。《食療》云：食豺令人瘦。

清・戴葆元《本草綱目易知錄》卷六　狼毛狗　【略】　皮：暖人，辟邪惡氣。葆據楚軍云：軍中夜臥，用此覆，有警，其毛刺人，須逐數日斃，箭毛盡拔外，甚驗。【略】　尾：繫馬胸前，辟邪氣，令馬不驚。葆驗：小兒佩，辟邪惡，其皮暖，冬間置袖內，令手不冷。

豺

宋・唐慎微《證類本草》卷一八獸部下品〔唐・蘇敬《唐本草》〕　豺皮　性熱。主冷痹，脚氣，熟之以纏病上，即差。《唐本》先附。

〔宋・掌禹錫《嘉祐本草》〕按：孟詵云：主疳痢，腹中諸瘡，煮汁飲之，或燒灰和酒服之。其灰傅䘌齒瘡。肉，酸，不可食，消人脂肉，損人神情。日華子云：有毒。炙裹軟脚。骨，食之能瘦人。

〔宋・唐慎微《證類本草》〕《食療》云：寒。頭骨燒灰，和酒灌解槽牛、馬，便馴良，即更附人也。《聖惠方》：治噎病。用狼喉結曝乾杵末，入半錢於飯內，食之妙。《外臺秘要》云：治瘰癧，狼屎灰傅上。《子母秘要》：小兒夜啼。狼屎中骨燒作末，服如黍米許即定。《抱朴子》云：狼壽八百歲，滿三百歲，則善變人形。

宋・陳衍《寶慶本草折衷》卷一五　豺皮灰在內。〇肉及骨續附。　其豺俗號豺狗，亦狼屬也。

熱，有毒。〇主冷痹脚氣，熟之以纏病上。〇孟詵云：主疳痢，腹中諸瘡，煮汁飲，或燒灰和酒服之。其灰傅䘌齒瘡。

續說云：豺似黃狗。孟詵嘗言豺肉酸，消人脂而損人神。若腸風痔瘻者，煮而食，灼有奇效。日華子又言豺骨瘦人，尤發痼疾。

元・吳瑞《日用本草》卷三　豺　味酸，熱，有毒。不可食，消人脂肉，損人神情。主疳痢，腹中諸瘡，煮汁飲之。或燒熱傅諸瘡及䘌齒瘡。皮：主冷痹脚氣。消熟以纏脚上即瘥。

明・劉文泰《本草品彙精要》卷二五　豺皮有毒。　胎生。

豺皮：主冷痹，腳氣。熟之以纏病上，即瘥。名醫所錄。〔地〕謹按《埤雅》云：其形似狗而長尾，白頰，高前廣後，其色黃，季秋取獸，四面陳之，以祀其先，世謂之豺祭獸，以報本，故先王候之以田。《禮記》所謂豺祭獸，然後田獵是也。俗云：豺群噬虎，言其猛捷，且衆可以窘虎也。《本經》不載所出州土，今在處山林或有之。〔時〕生：無時。採：無時。〔用〕皮。〔色〕黃。〔性〕熱。〔氣〕氣之厚者，陽也。〔臭〕腥。〔製〕煮汁或燒灰用。〔治〕療：《圖經》曰：皮燒灰，傅䘌齒瘡。〔合治〕豺皮煮汁飲或燒灰合酒服，治疳痢，腹中諸瘡。〔禁〕肉不可食，消人脂，損人精神，軟腳骨，能瘦人。

明・盧和、汪穎《食物本草》卷三獸類　豺　肉，味酸，食之無益。皮，性熱，主冷痹腳氣，炙，纏病上即差。

明・王文潔《太乙仙製本草藥性大全》卷七《仙製藥性》　豺皮　性熱，有毒。主治：主冷痹脚氣奇捷，敷牙䘌齒瘡尤靈。治疳痢神方，療諸瘡妙劑。豺肉：酸不可食。能消人脂肉，兼損人神精。補註：疳痢，腹中諸瘡，煮汁飲之，或燒灰和酒服之。〇䘌齒瘡，燒灰傅之良。〇《食療》云：頭骨燒灰，和酒灌解槽牛、馬，便馴良，即更附人也。

明・李時珍《本草綱目》卷五一獸部・獸類　豺音儕。《唐本草》。

〔釋名〕豺狗時珍曰：按《字說》云：豺能勝其類，又知祭獸，可謂才矣，故字從才。《埤雅》云：豺，柴也。俗云體瘦如豺是矣。

〔集解〕時珍曰：豺，處處山中有之，狼屬也。俗名豺狗，其形似狗而頗白，前矮後高而長尾，其體細瘦而健猛，其毛黃褐色而鬇鬡，其牙如錐而噬物，群行虎亦畏之。又喜食羊，其聲如犬，人惡之，以爲引魅不祥。其氣臊臭可

惡。羅願云：世傳狗爲豺之舅，見狗輒跪，亦相制耳。

肉 〖氣味〗酸，熱，有毒。詵曰：豺肉食之，損人精神，消人脂肉，令人瘦。

皮 〖氣味〗熱。 〖主治〗冷痹軟脚氣，熟之以纏裹病上，即瘥蘇恭。療諸疳痢，腹中諸瘡，煮汁飲，或燒灰酒服之。亦可傅䘌齒瘡孟詵。又曰：燒灰和酒灌解槽牛馬，便馴良附人。治小兒夜啼，百法不效，同狼屎中骨燒灰等分，水服少許，即定時珍。○出《總錄》。

明・穆世錫《食物輯要》卷四 豺 肉，味酸，性熱，有毒。不宜食，消人脂。皮，炙熱，紮冷痹脚氣可愈。

明・吴文炳《藥性全備食物本草》卷二 豺肉 酸，食之無益，瘦人，脂肉損人精神。皮性熱有毒，主冷痺脚氣，炙熱，纏病上即瘥。疳痢，腹中諸瘡，燒灰酒下。

明・應麐《食治廣要》卷六 豺即豺狗。 肉： 氣味： 酸，熱，有毒。孟詵曰：豺肉食之，損人精神，消人脂肉，令人瘦。

明・姚可成《食物本草》卷一四獸部・野獸類 豺音儕。處處山中有之，狼屬也。形似狗而頗白，前矮後高而長尾，其體細瘦而健猛，其毛黄褐色而鬇鬡，其牙如錐而噬物，群行虎亦畏之，又喜食羊。其聲如犬，人惡之，以為引魅不祥。其氣臊臭可惡。羅願云世傳狗為豺之舅，見狗輒跪，亦相制耳。

豺肉： 味酸，熱，有毒。食之無益，損人精神，消人脂肉，令人瘦。

皮： 治冷痹軟脚氣，熟之以纏裹病處，即瘥。煮汁飲，或燒灰酒服，療諸疳痢，亦可傅䘌齒瘡。又和酒灌劣牛惡馬，便馴良附人。治小兒夜啼，百法不效，同狼屎中骨燒灰等分，水服少許，即定。

明・施永圖《本草醫旨・食物類》卷四 豺狼屬也。其形似狗而頗白，其牙如錐而噬物。群行，虎亦畏之。又喜食羊，其氣臊臭可惡。 肉： 味酸，熱，有毒。豺肉食之損人精神，消人脂肉，令人瘦。 皮： 味： 熱。 治： 冷痹軟脚氣，熟之以纏裹病上，即瘥。療諸疳痢，腹中諸瘡，煮汁飲，或燒灰酒服之，亦可傅䘌齒。治小兒夜啼百法不效，同狼屎中骨燒灰，等分，水服，少許即定。

清・丁其譽《壽世秘典》卷四 豺俗名豺狗。其形似狗而長尾白頰，前矮後高，其體細瘦而健猛，其毛黄褐色而鬇鬡，其牙如錐而噬物，群行，虎亦畏之。其聲如犬，人惡之以為引魅不祥，其氣臊臭可惡。《埤雅》云：豺，柴也，俗云體瘦如豺是矣。羅願云：世傳狗為豺之舅，見狗輒跪，亦相制耳。季秋，取獸四面陳之，以祀其先，世謂之豺祭獸。《汲冢周書》：霜降之日，豺乃祭獸，豺不祭獸，爪牙不良。 氣味： 酸，熱，有毒。食之，損人精神，消人脂肉，令人瘦。

清・朱本中《飲食須知・獸類》 豺肉 味酸，性熱，有毒。食之損人精神，消人脂肉，令人瘦。

清・何其言《養生食鑒》卷下 豺俗名豺狗。其形似狗而頗細，前矮後高而長尾，其體細瘦而健猛，其毛黄褐色而鬇鬡，其牙如錐而噬物，群行虎亦畏之。 豺肉： 味酸，性熱，有毒。食之無益。 皮： 性熱。治冷痹脚氣，炙，纏病上，即瘥。

清・汪紱《醫林纂要探源》卷三 豺 甘，苦，酸，溫。似犬而瘦，足高，性不傷人，有縶之牛豕亦不害。好群遊，亦有獨行者，曰獨豺，更矯桀。補虚勞，攻堅積，長氣力，消骨鯁。昔人謂不堪食，令人瘦。然山中人腊之為良藥，病久虚羸，稍食此則神氣頓足，骨力頓強。若食傷肉傷堅積者，煎腊服之即消，且不損真氣。是則昔人之言，亦多有未盡矣。令人渴。凡犬類之肉，多令人渴。此能食虎，必近水乃殺物，性畏渴也。

清・李文培《食物小録》卷下 豺狗 酸、甘，熱，有毒。食之損人精神，消脂肉，令人瘦。

清・章穆《調疾飲食辯》卷五 豺 《爾雅》曰：豺，狗足。《綱目》曰：狀如狗，故俗名豺狗。前矮後高，長尾，黄褐色，牙如錐，體細瘦而猛健，虎亦畏之。聲如犬吠，人惡之，以為不祥。《爾雅翼》曰：俗傳狗為豺之舅，見狗輒跪。《埤雅》曰：豺體極瘦，故俗云骨瘦如豺，後人誤作柴。肉臊臭，且能損精神，消肌肉，極不宜食。

按：豺肉固不佳，然山中有虎，豺則俟於路，遇孤行客，或前導，或後隨之，虎不敢出，至無虎處乃別去，是乃仁獸，大有功於人者也。古以豺狼比惡人，狼則當受，豺則誣也。《孟子》亦曰：嫂溺不援，是豺狼也。不以辭害意，可矣。

清・趙其光《本草求原》卷二〇獸部 豺狗 似狗，前矮後高，尾長體瘦。酸，熱，有毒。治疳痢、腹中諸瘡，煮汁或燒灰酒服。冷痹軟脚氣。熟以包患上。

清・文晟《新編六書》卷六《藥性摘録》 豺 甘酸，性熱。食之無益。○性熱，治冷痹脚氣，炙，纏病上即瘥。

貉

明・李時珍《本草綱目》卷五一獸部・獸類 貉音鶴。○《衍義》。校正：

原繫貒下，今分出。

【釋名】時珍曰：按《字説》云：貉與貛同穴各處，故字從各。《説文》作貈。亦作狢。

《爾雅》：貈子曰貊，音陌，其(子)〔雌〕曰貈，音惱。原本以貊作貆者，訛矣。【集解】宗奭曰：貉形如小狐，毛黃褐色。時珍曰：貉生山野間。狀如貍，頭鋭鼻尖，斑色。其毛深厚溫滑，可爲裘服。與貛同穴而異處，日伏夜出，捕食蟲物，出則貛隨之。其性好睡，人或畜之，以竹叩醒，已而復寐，故人好睡者謂之貉睡。俗作渴睡，謬矣。俚人又言其非好睡，乃耳聾也，故見人乃知趨走。《考工記》云：貉踰汶則死，土氣使然也。王浚川言北曰狐，南曰貉；《星禽書》言氏土貉是千歲獨狐化成者，並非也。

肉【氣味】甘，温，無毒。【主治】元臟虛勞及女子虛憊蘇頌。

明·穆世錫《食物輯要》卷四　貉　肉，味甘，性溫，無毒。益人。補虛乏無力，治筋寒骨痛。

明·應廛《食治廣要》卷六　貉　肉：氣味：甘，溫，無毒。主治：元藏虛勞及女子虛憊。按：貉狀如狸，頭鋭，鼻尖斑色，其毛深溫滑，可為裘服。與貛同穴而異處，其性好睡。人或蓄之，以竹叩醒，而已復寐。故今人好睡者，謂之貉睡。俗作渴睡者，非矣。

明·姚可成《食物本草》卷一四獸部·野獸類　貉音鶴。生山野間。狀如貍，頭鋭鼻尖，斑色，其毛深厚溫滑，可為裘服。與貛同穴而異處，日伏夜出，捕食蟲物，出則貛隨之。其性好睡，人或蓄之，以竹叩醒，已而復寐，故人好睡者，謂之貉睡。俗作瞌睡，謬矣。俚人又言其非好睡，乃耳聾也，故見人乃知趨走。貉踰汶則死，土氣使然也。　貉肉：味甘，溫，無毒。主五臟虛勞及女子虛憊。

明·施永圖《本草醫旨·食物類》卷四　貉音鶴。貉與貛同穴各處，形如小狐，毛黃褐色，其毛深厚溫滑，可為裘服。日伏夜出，捕食蟲物，出則貛隨之，其性好睡。肉：味甘，溫，無毒。治：元臟虛勞及女子虛憊。

清·丁其譽《壽世秘典》卷四　貉狀如貍，頭鋭，鼻尖，斑色，其毛深厚溫滑，或為裘服，與貛同穴而異處。日伏夜出，捕食蟲物，出則貛隨之。其性好睡，人或蓄之，以竹叩醒，已而復寐，故人好睡者謂之貉睡，俗作渴睡，謬矣。俚人又言，其非好睡，乃耳聾也，故見人乃知趨走。

清·尤乘《食鑒本草·獸類》　貉　與貛同。補虛勞及女子虛憊。猪貛、狗貛切並同。　氣味：甘，溫，無毒。治元臟虛勞及女子虛憊。

清·朱本中《飲食須知·獸類》　貉肉　味甘，性溫。貉踰汶即死，土氣使然也。其耳亦聾，與貛貒性味相同。

清·汪紱《醫林纂要探源》卷三　貉　甘，平。似貛，亦曰金毛貛，好睡，皮可裘。同貛。

清·章穆《調疾飲食辯》卷五　貉　《綱目》曰：狀如貍，頭鋭鼻尖，斑色。毛深厚可為裘。性好睡。與貛同穴而各處。《圖經》曰：能補元藏虛寒及女子虛憊。《考工記》曰：貉逾汶則死。地氣使然也。

狐

唐·孫思邈《千金要方》卷二六《食治·鳥獸》　狐陰莖　味甘，平，有小毒。主女子絶產，陰中癢，小兒陰癩卵腫。肉并五藏及腸肚：味苦，微寒，有毒。主蠱毒寒熱、五藏固冷、小兒驚癇、大人狂病見鬼。黃帝云：麝肉共鵠肉食之，作癥瘕。

宋·唐慎微《證類本草》卷一八獸部下品〔《別錄》〕　狐陰莖　味甘，有毒。主女子絶產，陰痒，小兒陰頽卵腫。五藏及腸：味苦，微寒，有毒。主蠱毒寒熱，小兒驚癇。雄狐屎：燒之辟惡。在木、石上者是。

〔梁·陶弘景《本草經集注》〕云：江東無狐，皆出北方及益州間。形似狸而黃，亦善能爲魅。

〔唐·蘇敬《唐本草》〕注云：狐肉及腸，作臛食之，主疥瘡久不差者。腸主牛疫。燒灰和水灌之乃勝獺。鼻尖似小狗，惟大尾，全不似狸。

〔宋·掌禹錫《嘉祐本草》〕按：陰瘄通用藥云：狐陰莖，微寒。孟詵云：狐補虛，煮炙食之。又主五藏邪氣，患蠱毒寒熱，宜多服之。日華子云：狐，暖，無毒。補虛勞，治惡瘡疥，隨藏而補。頭、尾灰治牛疫，以水飲。心，肝生服治狐魅。雄狐尾燒辟惡。

〔宋·蘇頌《本草圖經》〕曰：狐，舊不著所出州郡。陶隱居注云：江東無狐，皆出北方及益州。今江南亦時有，京、洛尤多。形似黃狗，鼻尖尾大，北土作鱠生食之，甚暖。去風，補虛勞，陰莖及五藏皆入藥。肝燒灰以治風，今人作狐肝散用之。膽，主暴亡。《續傳信方》云：臘月收雄狐膽，若有人卒暴亡未移時者，溫水微研，灌入喉即活。常須預備，救人移時，即治無及矣。雄狐屎燒之辟惡。在木、石上者是也。崔元亮《海上方》治五種心痛云：肝心痛，則顏色蒼蒼如死灰狀，而喘息大，用野狐糞二升燒灰，薑黃三兩，擣研爲末。空腹酒下方寸匕，日再服，甚效。狐之類貒音湍，似犬而矮，尖喙，黑足，褐色，與貛、貉三種，而大抵相類，頭、足小別。郭璞注《爾雅》云貒一名貛，乃是一物，然方書說其形差別也。貒肉主虛勞，行風氣，利藏腑，殺蟲。膏主上氣欬逆。脂主尸疰。胞主吐蠱毒。貛肉

主小兒疳瘦，嗽之殺蚘蟲。貉肉主元藏虛劣及女子虛憊，方書亦稀用之。

〔宋・唐慎微《證類本草》〕《唐本餘》：雄狐糞燒之去瘟疫病。狐鼻尖似狗而黃長，惟尾大，善爲魅。雄狐糞在竹木間石上尖頭堅者是也。《食療》：肉，溫，有小毒。主瘡疥，補虛損及女子陰痒絕產，小兒𤸷卵腫，煮炙任食之，良。五藏邪氣，服之便差。空心服之佳。腸肚，微寒。患瘡疥久不差，作羹臛食之。小兒驚癇及大人見鬼，亦作羹臛食之，良。其狐魅狀候，或叉手有禮見人，或於靜處獨語，或裸形見人，或祇揖無度，或多語，或緊合口，叉手坐，禮度過，常尿屎亂放，此之謂也。如馬疫亦同，灌鼻中便差。頭，燒，辟邪。《聖惠方》：治惡刺。用狐唇杵，和鹽封之。《千金方》：惡刺。取狐屎灰，臘月膏和封孔上。又方：治一切惡瘻中冷瘜肉。用正月狐糞，不限多少，乾末，食前新汲水下一錢匕。《食醫心鏡》：治驚癇，神情恍惚，語言錯謬，歌笑無度，兼五藏積冷，蠱毒寒熱。狐肉一片及五藏，治如食法，豉汁中煮，五味和作羹，或作粥，炙食并得。京中以羊骨汁、鯽魚替豉汁。

宋・寇宗奭《本草衍義》卷一六 狐 今用肝治風，皮兼毛用爲裘者，是也。此獸多疑，極審聽，人智出之以多疑審聽而捕取，捕者多用罝。

宋・王繼先《紹興本草》卷一九 狐 紹興校定：狐肉世亦間食之，腹內物及莖並屎，雖各有主治，顯非起疾良藥，俱當作微毒是矣。

宋・鄭樵《通志》卷七六《昆蟲草木略》 狐 貍之屬。《爾雅》曰：貍、狐、貒、貈醜，其足蹯，其跡𠂘。蹯音煩，掌也。𠂘音狃，指頭著地處。又曰：貍子，隸。隸，音曳。貈子，貆。貈，下各反。貈似狐，善睡，亦謂之貉。郭云：今江東呼貉為狹貗。

宋・劉明之《圖經本草藥性總論》卷下 狐陰莖 味甘，有毒。主女子絕產陰痒，小兒陰㿉卵腫。五臟及腸，味苦，微寒，有毒。主蠱毒寒熱，小兒驚癇。孟詵云：補虛，又主五臟邪氣，蠱毒寒熱，宜多服之。日華子云：暖，無毒。補虛勞，治惡瘡疥，隨臟而補。頭尾灰，治牛疫，以水飲之。

宋・陳衍《寶慶本草折衷》卷一五 新分狐肝肉及頭、尾、灰附。○骨續附。

《說文》云：其狐一名妖獸。出北方，及江南、京、洛及益州。○臘月採。味苦，微寒，有毒。○主蠱毒寒熱，小兒驚癇自狐陰莖條分。○陶隱居云：狐似貍而黃，能為魅。○寇氏曰：用肝治風。

附：肉鱠在內。○暖，小毒。補虛勞，治惡瘡，女子陰痒、絕產，小兒𤸷卵腫。煮炙任食。又去風，作鱠生食。

附：頭尾灰。○治牛疫，以水飲之。

續說云：寇氏謂狐用肝，本草混狐之五藏以立言，則肝之性治，已在其中。按《局方》烏犀元、返魂丹，皆用狐肝。許洪所註，推之精矣。《指迷方》熏痔法，取狐骨、艾葉等分，燒煙熏穀道，以知痛為度。

元・忽思慧《飲膳正要》卷三 狐 肉，溫，有小毒。日華子云：性暖，補虛勞，治惡瘡疥。

元・吳瑞《日用本草》卷三 狐肉 味甘，無毒。補虛勞，治瘡疥。頭尾：燒灰，治牛疫，水灌之。五臟：味苦，微寒。主蠱毒寒熱，小兒驚癇。膽：主暴亡，死不移時者，溫水微研，灌之即活。肝：治風邪，作狐肝散用之，生服治妖魅。陰莖：有毒。主女子絕產陰痒，小兒陰㿉卵腫。

明・王綸《本草集要》卷六 狐陰莖 味甘，有毒。主女子絕產陰癢，小兒陰㿉卵腫。○雄狐糞，燒之辟惡。在木石上，尖頭堅者是。○頭，燒以辟邪。○心肝，生服治狐魅。肝，燒灰以治風。

明・滕弘《神農本經會通》卷八 狐陰莖 鼻尖似狗而黃長，惟尾大，善為魅。味甘，有毒。一云：微寒。一云：狐，暖，無毒。《本經》云：主女子絕產，陰痒，小兒陰㿉卵腫。

狐五臟及腸：味苦，氣微寒，有毒。《本經》云：主蠱毒寒熱，小兒驚癇。《唐本》注云：狐肉及腸，作臛食之，主瘡疥久不差者。孟詵云：狐，暖，無毒。補虛勞，治惡瘡疥，隨藏而補。又心肝，生服，治妖魅。又雄狐尾，燒，辟惡。《圖經》云：北土作鱠生食之，甚暖，去風，補虛勞。又肝，燒灰，以治風。

雄狐屎：《本經》云：燒之辟惡，在木石上者是。

明・劉文泰《本草品彙精要》卷二五 狐陰莖有毒。附五臟、腸、屎等。

狐陰莖：主女子絕產，陰癢，小兒陰㿉卵腫。○五臟及腸，味苦，微寒，有毒。主蠱毒，寒熱，小兒驚癇。○雄狐屎，燒之辟惡。名醫所錄。【地】《圖經》曰：舊本不著所出州郡。陶隱居注云：江東無狐，皆出北方及益州，今江南亦時有之，京洛尤多。形似黃狗，鼻尖尾大，亦似貍而黃，善能爲魅，北土作膾生食之甚暖。雄狐糞、陰莖、五臟皆入藥用。其屎在竹木間、石上，胎生。

尖頭堅者是也。《衍義》曰：即今皮兼毛爲裘者是也。此獸多疑，極審聽，人智出之以多疑審聽而捕取，捕者多用罝也。【時】採：無時。【用】陰莖、五臟、肉、尾、糞。【質】類狗而矮小。【味】甘。【性】微寒。【氣】氣之薄者，陽中之陰。【臭】腥。【主】辟邪惡，補虚損。【治】療：《圖經》曰：肝，燒灰治風。○雄狐膽，治卒暴亡未移時者，溫水微研，灌入喉即活，須臘月收者佳。《唐本》注云：狐肉及腸，作臛食之，治疥瘡，久不瘥者。○腸及頭尾，治牛疫，燒灰和水灌之。日華子云：狐肉，治惡瘡疥。○肝，生服，祛狐魅。○雄狐尾，燒辟惡。孟詵云：狐肉，治五臟邪氣及蠱毒寒熱，宜多服之。《食療》云：肉炙食之，治小兒𤺋卵腫。○頭燒辟邪。○腸肚作羹臛食之，治大人見鬼。《別錄》云：雄狐糞燒之，去瘟疫病。○狐屎，治一切惡瘻，中冷，瘜肉。用正月收者，不限多少，乾末，食前新汲水下一錢匕。補：日華子云：狐肉，補虚損勞劣，煮炙食之。【合治】狐肉一片及五臟，治如食法。合豉汁中煮，五味和作羹或作粥，炙食之，治驚癇，神思恍惚，語言錯謬，歌笑無度，及五臟積冷，蠱毒，寒熱，並愈。如無豉汁，以骨汁或鯽魚汁代之。○狐唇杵，和鹽，封惡刺。○狐糞二升燒灰，合薑黃三兩搗爲末，空腹酒服方寸匕，日再服，治五種心痛，及肝心痛顏色蒼蒼如死灰狀而，喘息大者。○狐屎灰合臘月膏和，封惡刺。

明・盧和、汪穎《食物本草》卷三獸類　狐　味甘，寒，有毒。主補虚勞，治惡瘡疥，作臛食之。陰莖，味甘，有毒，主女子絶產，陰痒，小兒陰㿗卵腫。雄狐糞，燒之辟瘟疫惡病。頭，燒以辟邪。心肝，生服治妖魅。肝，燒灰治風。

明・鄭寧《藥性要略大全》卷一〇　狐陰莖　味甘，溫，有毒。治女人絶產陰痒，小兒陰頽卵瘡。　五臟及腸：味苦，微寒，有毒。治蠱毒寒熱，小兒驚癇。江南無狐，皆出北地。

明・陳嘉謨《本草蒙筌》卷九　狐陰莖　味甘，氣微寒。有毒。江南雖生，京洛尤盛。形類黃狗，尾大鼻尖。心多疑，渡河冰輒聽；口善媚，禮北斗而靈。能為妖魅迷人，由古淫婦所化。其名阿紫，至今自稱。獵犬追尋，亦能捕獲。醫方所用，雄者為佳。刮取陰莖，烘研酒下。主婦人絶產陰癢，治小兒卵腫陰癩。肉無毒氣溫，任煮炙日食。愈瘡疥，補虛羸，卻驚癇，敺蠱毒。去五臟積冷邪氣，除精神恍惚亂言。膽主暴亡，溫水微研灌入；肝治風疾，燒灰以酒調吞。五臟及腸療蠱毒，兼療牛疫；頭尾併糞辟邪惡，且辟春瘟。腑下皮毛，純白色。作冬裘輕柔難得；狐白裘即此，非一狐可能。口中涎液，合媚藥合接易成。以小口罐盛肉，置狐所常經處，狐見肉欲啖，爪不能入，徘徊不捨，涎皆入罐中，故得取為媚藥。○又種名狸，是亦狐類。但狐口銳尾大，其狸口方身文。此種甚多，須知選擇。如猫斑文者劣，似虎斑者優。入方劑取骨，炙研水調；治諸疰毒氣，在皮刺痛。去遊風惡毒，止心氣走疼。同雄麝雄黃、麝香。丸，治痔瘻効。頭骨治鯁，為散下咽。肌肉療諸疰亦宜，陰莖通月水誠驗。屎主寒熱瘟瘧，收宜五月端陽。

明・王文潔《太乙仙製本草藥性大全》卷七《本草精義》　狐陰莖　舊不著所出州郡。陶隱居注云：江東無狐，皆出北方及益州，今江南雖生，京洛尤甚。形類黃狗，尾大鼻尖，心多疑，渡河水輙聽，口善媚，禮北斗而靈，能爲妖魅迷人，由古淫婦所化，其名阿紫，至今自稱。獵犬追尋，亦能獲捕。醫方所用雄者爲佳，刮取陰莖，烘研酒下。肉，溫，有小毒。主瘡疥，補虛損，及女子陰痒絶產。小兒𤺋卵腫，煮炙食之良。五臟邪氣服之差，空心服尤佳。北土作鱠生食之，甚暖，去風補虛勞。陰莖及五臟皆入藥。肝，燒灰以治風，今人作狐肝散用之。膽，主暴亡，臘月收。雄狐膽，若有人卒暴亡未移時者，溫水微研灌入喉即活，常須預備救人，移時即治無及矣。雄狐屎，燒之辟惡，在木石者是也。治五種心痛，云肝心痛則顔色蒼蒼如死灰狀喘息大，用野狐糞二升燒灰，薑黃三兩，擣研爲末，空心酒下方寸，日再服甚效。腸肚，微寒，患瘡疥久不差，作羹臛食。腸，主牛疫，燒灰和水灌之乃勝。小兒驚癇及大人見鬼，亦作羹臛食之良。其狐魅狀候，或叉手有禮見人，或於靜處獨語，或裸形見人，或祇揖無度，或多語，或緊含口，叉手坐，禮度過，常尿屎亂放，於此之謂也。如馬疫，亦同灌鼻中便差。頭，燒辟邪。頭尾灰治牛疫，以水飲。心肝，生服治狐魅。雄狐尾，燒辟邪。

明・王文潔《太乙仙製本草藥性大全》卷七《仙製藥性》　狐陰莖　味甘，氣微寒，有毒。主治：主婦人絶産陰痒，治小兒卵腫陰癩。狐肉：氣溫，無毒。又云有小毒。主治：任煮炙日食，愈瘡疥，補虛羸，却驚癇，敺蠱毒。去五臟積冷邪氣，除精神恍惚亂言。補註：治驚癇，精神恍惚亂言，歌笑無度，兼五臟積冷，蠱毒寒熱，狐肉一斤及五臟，治如食法，豉汁中煮，五味和作羹，或作粥、炙食並得。京中以羊骨汁、鯽魚替豉汁。狐膽：

主暴亡，溫水微研灌入。 狐肝： 治風疾，燒灰以酒調吞。 狐五臟及腸： 療蠱毒兼療牛疫。 狐頭尾并糞： 辟邪惡，且辟春瘟。 狐唇： 主惡刺，搗爛和鹽封效。 狐腋下皮毛： 純白色。作冬裘輕柔難得。狐白裘即此，非〔一〕狐可能。 狐口中涎液： 合媚藥交接易成。以小口罐盛肉，置狐所常經處，狐見肉欲啖，爪不能入，徘徊不舍，涎皆入罐中，故得取爲媚藥。 狐屎： 主惡刺惡瘻如神，治中冷瘜肉奇效。 補註： 惡刺，取狐屎和臘月膏封孔上。○治一切惡瘻中冷，瘜肉，用正月狐糞不限多少，乾末，食前新汲水下一錢。

明·皇甫嵩《本草發明》卷六

狐陰莖氣微寒，味甘，有毒。 主婦人絕產，陰痒，治小兒陰㿗卵腫。刮取烘乾，研之酒下。○肉，註云： 氣溫，任酒炙，或作羹食。 補虛羸，卻驚癇，愈瘡疥，去五藏積冷，邪氣蠱毒，精神恍惚，言語錯謬，歌笑無度，為狐魅之候者。○膽，註云： 主人卒有暴亡，無移時者用之，溫水微研，灌入喉中即活。○肝，燒灰，治風疾，溫酒調服。○頭尾并糞，辟邪惡及春瘟。 雄狐屎，燒之辟惡。在木上者是也。○口中涎，可合接媚藥。以小口礶盛肉，置狐所常經處，狐見肉欲啖，爪不能入，涎入礶中，收取為媚藥。○狐多疑，善為妖魅迷人，云古淫婦所化，其名阿紫，今猶自稱之云。

明·李時珍《本草綱目》卷五一 獸部·獸類

狐《別録》下品

〔釋名〕時珍曰：《埤雅》云：狐，孤也。狐性疑，疑則不可以合類，故其字從孤省。或云狐知虛實，以虛擊實，實即孤也，故從孤，亦通。 〔集解〕弘景曰：江東無狐，狐出北方及益州。形似狸而黄，善爲魅。恭曰：形似小黄狗，而鼻尖尾大，全不似狸。頌曰：今江南亦時有之，汴、洛尤多。北土作膾生食之。〔宗奭曰：〕其性多疑審聽，故捕者多用罝。時珍曰：狐，南北皆有之，北方最多。有黄、黑、白三種，白色者尤稀。尾有白錢文者亦佳。日伏於穴，夜出竊食。聲如嬰兒，氣極臊烈。毛皮可爲裘，其腋毛純白，謂之狐白。許慎云：妖獸，鬼所乘也。有三德：其色中和，小前大後，死則首丘。或云狐知上伏，不度阡陌。或云狐善聽冰，或云狐有媚珠，或云狐至百歲禮北斗而變化爲男、女、淫婦以惑人。又能擊尾出火。或云狐魅畏狗。千年老狐，惟以千年枯木然照，則見真形。或云犀角置穴，狐不敢歸。《山海經》云：青丘之山，有狐九尾，能食人，食之不蠱。鼎曰：狐魅之狀，見人或叉手有禮，或祗揖無度，或静處獨語，或裸形見人也。

肉 〔氣味〕甘，温，無毒。詵曰：有小毒。《禮記》云：食狐去首，爲害人也。

〔主治〕同腸作臛食，治瘡疥久不瘥蘇恭。煮炙食，補虛損，又及五臟邪氣，患蠱毒寒熱者，宜多服之孟詵。作膾生食，暖中去風，補虛勞蘇頌。

〔附方〕舊一。 狐肉羹： 治驚癇恍惚，語言錯謬，歌笑無度，及五臟積冷，蠱毒寒熱諸病。用狐肉一片及五臟治净，入豉汁煮熟，入五味作羹，或作粥食。京中以羊骨汁、鯽魚代豉汁，亦妙。《食醫心鏡》。

五臟及腸肚 〔氣味〕苦，微寒，有毒。 〔主治〕蠱毒寒熱，小兒驚癇《別録》。 補虛勞，隨臟而補，治惡瘡疥。生食，治狐魅日華。作羹臛，治大人見鬼孟詵。○肝燒灰，治風癇及破傷風，口緊搐强時珍。○古方治諸風心癇，有狐肝散及《衛生寶鑒》神應散，《普濟方》治破傷中風金烏散中並用之。

〔附方〕新四。 勞瘧瘴瘧： 野狐肝一具陰乾，重五日更初，北斗下受氣爲末，粳米作丸緑豆大。每以一丸緋帛裹，繫手中指，男左女右。《聖惠》。 鬼瘧寒熱： 野狐肝膽一具，新瓶内陰乾，阿魏一分，爲末，醋糊丸芡子大。發時男左女右把一丸嗅之。仍以緋帛包一丸，繫手中指。《聖惠》。 中惡蠱毒： 臘月狐腸燒末，水服方寸匕。《千金》。 牛病疫疾： 恭曰：狐腸燒灰，水灌之，勝獺也。

膽臘月收之。 〔主治〕人卒暴亡，即取雄狐膽温水研灌，入喉即活，移時者無及矣蘇頌。○出《續傳信方》。 辟邪瘧，解酒毒時珍。《萬畢術》云：狐血漬黍，令人不醉。高誘注云：以狐血漬黍米、麥門冬，陰乾爲丸。飲時以一丸置舌下含之，令人不醉也。

〔附方〕新一。 狐膽丸： 治邪瘧發作無時。狐膽一個，硃砂、砒霜各半兩，阿魏、麝香、黄丹、緑豆粉各一分，爲末，五月五日午時，粽子尖和，丸梧子大。空心及發前，冷醋湯服二丸。忌熱物。《聖惠方》。

陰莖 〔氣味〕甘，微寒，有毒。思邈曰：有小毒。 〔主治〕女子絶産，陰中痒，小兒陰㿗卵腫《別録》。婦人陰脱時珍。

〔附方〕新一。 小兒陰腫： 狐陰莖炙爲末，空心酒服。《千金方》。

頭 〔主治〕燒之辟邪。同狸頭燒灰，傅瘰癧。時珍。《千金》。

目 〔主治〕破傷中風時珍。

〔發明〕時珍曰：狐目治破傷風，方見劉氏《保壽堂方》，云神效無比。臘月收取狐目陰乾，臨時用二目一副，炭火微燒存性，研末，無灰酒服之。又《淮南萬畢術》云：狐目狸腦，鼠去其穴。謂塗穴辟鼠也。

鼻 〔主治〕狐魅病，同豹鼻煮食時珍。

唇 〔主治〕惡刺入肉，杵爛，和鹽封之《聖惠》。

口中涎液 〔主治〕入媚藥。嘉謨曰：取法：小口瓶盛肉，置狐常行處。狐爪不得，徘徊於上，涎入瓶中，乃收之也。

四足 〔主治〕痔漏下血時珍。

〔附方〕新一。　痔漏：　反花瀉血者。用狐手足一副陰乾，穿山甲、猬皮各三兩，黄明膠、白附子、五靈脂、蜀烏頭、川芎藭、乳香各二兩，剉細，入砂鍋内，固濟候乾，炭火煅紅爲末。入木香末一兩，以芫荽煎酒調下二錢，日三服，屢效。《永類鈐方》。

皮　〔主治〕辟邪魅時珍。

尾　〔主治〕燒灰辟惡日華。○頭尾燒〔灰〕，治牛疫，和水灌之。

雄狐屎恭曰：　在竹、木及石上，尖頭者是也。　〔主治〕燒之辟惡《別録》。　去瘟疫氣蘇恭。　治肝氣心痛，顔色蒼蒼如死灰，喉如喘息者，以二升燒灰，和薑黄三兩搗末，空腹酒下方寸匕，日再，甚效蘇頌。　出崔元亮《海上方》。　瘵惡刺入肉，燒〔灰〕，臘月猪脂封之《千金方》。

〔附方〕舊一，新一。　鬼瘧寒熱：　雄狐屎、蝙蝠屎各一分，爲末，醋糊丸芡子大。發時男左女右，手把一丸嗅之。　一切惡瘻：　中有冷瘜肉者。用正月狐糞乾末，食前新汲水下一錢匕。日二。《千金方》。

明·穆世錫《食物輯要》卷四　狐　肉味甘，性溫，無毒。暖中去風，補虚勞，辟邪氣，頭肉尤良。腸胃，味苦，性寒，有毒。祛熱邪，見鬼魅及驚癇。血，無毒。漬黍米、麥門冬，陰乾，為丸豆大，飲酒時以一丸置舌下，含，不醉。陰莖，主女人絶産，陰痒陰脱，小兒陰腫。皮，辟邪魅。

明·李中立《本草原始》卷九　狐　南北皆有之，北方最多。形似貍而鼻尖尾大，善為魅。有黄、黑、白三種，白色者尤稀，尾有白錢文者亦佳。日伏于穴，夜出竊食。聲如嬰兒，氣極臊烈。毛皮可為裘。其腋毛純白，謂之狐白。《埤雅》云：　狐，孤也。狐性疑，疑則不可以合類，故其字從孤省文。

肉：　氣味：　甘，溫，無毒。　主治：　同腸作臛食，治瘡疥久不瘥。○煮炙食，補虚損，及五臟邪氣，患蠱毒寒熱者，宜多服之。○作膾生食，暖中去風，補虚勞。　五臟及腸肚：　氣味：　苦，微寒，有毒。〔主〕治：　蠱毒寒熱，小兒驚癇。○補虚勞五臟，治惡瘡疥。　生食治狐魅。○作羹臛，治大人見鬼。　肝：　燒灰治風癇及破傷風，口緊搐強。　膽：　主治：　人卒暴亡，即取雄狐膽，溫水研灌，入喉即活，移時無及矣。　狐陰莖：　氣味：　甘，微寒，有毒。　主治：　女子絶産，陰中痒，小兒陰癩卵腫。○婦人陰脱。　狐頭：　有毒，燒之辟邪。　同貍頭燒灰，傅瘰癧。　目：　治破傷中風。　皮：　辟邪魅。　口中涎液：　入媚藥。○四足治痔漏下血。○尾燒灰辟惡。　雄狐屎：　燒之辟惡。

狐，《別録》下品。【圖略】

明·吴文炳《藥性全備食物本草》卷二　狐　《爾雅》云：　狐性疑，疑則不可以合，故從孤。　肉甘，溫，有毒，主補虚勞，精神恍惚健忘，語言無度，兼消五臟積冷，治惡瘡疥蠱毒，作羹食之。

心：　生服治狐魅。　肝：　燒灰酒調服治風。　五臟及腸：　主小兒驚癇，療蠱毒，祛牛疫。　陰莖：　主女子絶産陰痒，小兒陰癩卵腫。　膽：　主卒暴亡，溫水微研，灌入喉中即活。　臘月收雄者佳。　屎：　燒之辟惡，去瘟病，治一切惡瘻中冷，息肉，為末，新汲水下一錢，正月取在木石上，尖頭硬者佳。

明·應慶《食治廣要》卷六　狐　肉：　氣味：　甘，溫，無毒。　詵曰：　有小毒。《禮記》云：　食狐去首，為害人也。　煮炙食，補虚損及五藏邪氣。患蠱毒寒熱者，宜多食之。　同腸作臛食，治疥瘡久不瘥。

明·姚可成《食物本草》卷一四獸部·野獸類　狐江南時有之，汴、洛極多。形似小黄狗，而鼻尖尾大。其性多疑審聽，善為魅，捕者多用罝。北土作鱠生食之。○李時珍曰：　狐，南北皆有之，有黄、黑、白三種。日伏於穴，夜出竊食。聲如嬰兒，氣極臊烈。毛皮可為裘，其腋毛純白，謂之狐白。許慎云：　妖獸，鬼所乘也。有三德：　其色中和，小前大後，死則首丘。或云狐知上伏，不度阡陌。或云狐善聽冰。或云狐有媚珠。或云狐至百歲，禮北斗而變化男、女、淫婦以惑人。又能擊尾出火。或云狐魅畏狗。千年老狐，惟以千年枯木然照，則見真形。或云犀角置穴，狐不敢歸。《山海經》云：　青丘之山有狐，九尾，能食人。人食之不蠱。狐魅之狀，見人或叉手有禮，或祇揖無度，或靜處獨語，或裸形見人，百端怪誕也。

狐肉：　味甘，溫，無毒。　煮炙食，補虚損，及五臟邪氣，患蠱寒熱者，宜多食之。　作膾生食，暖中去風，補虚勞。　同腸作臛食，治瘡疥久不瘥。《禮記》云食狐去首，為害人也。　五臟及腸肚：　味苦，微寒，有毒。　治蠱毒寒熱，小兒驚〔癇，補〕虚勞，隨臟而補，治惡瘡疥。　生食，治狐魅。　作羹臛，治大人見鬼。　肝：　燒灰，治風癇及破傷風口緊搐強。　膽：　人卒暴亡，即取雄狐膽溫水研灌，入喉即活，移時者無及矣。　又能辟邪瘧，解酒毒。　陰莖：　味甘，微寒，有毒。　治女子絶産，陰中癢及陰脱，小兒陰癩卵腫。　頭：　燒之，辟邪。　同貍頭燒灰，傅瘰癧。　目：　治破傷中風。　鼻：　治狐魅病，同豹鼻煮食。　唇：　治惡刺入肉，杵爛和鹽封之。　口中涎液：　取法：　小口瓶盛肉，置狐常行處，狐爪不得，徘徊於上，涎入瓶中，乃收之也。　入媚藥。

四足：主痔漏下血。皮：辟邪魅。尾：燒灰，辟惡。雄狐屎：尖頭者是。燒之，辟惡。去瘟疫氣。治肝氣心痛，顏色蒼蒼如死灰，喉如喘息者，以二升燒灰，和薑黄三兩擣末，空腹酒下方寸匕，日再，甚效。療惡刺入肉，燒臘月豬脂調塗之。

附方：狐肉羹，治驚癇恍忽，語言錯謬，歌笑無度。用狐肉一斤及五臟，治淨，入五味煮作羹食之，妙。治牛病。狐腸燒灰，水灌之。

明·施永圖《本草醫旨·食物類》卷四 狐形似小黄狗而鼻尖尾大，全不似貍，毛可為裘。其腋毛純白，謂之狐白。肉：味甘，溫，無毒。《禮記》云：食狐去首，為害人也。治：同腸作臛食，治瘡疥久不瘥。煮炙食，補虚損及五臟邪氣。患蠱毒寒熱者，宜多服之。作膾生食，暖中，去風，補虚勞。

附方 狐肉羹：治驚癇恍惚，語言錯亂，五臟積冷，蠱毒寒熱諸病。用狐肉一片及五臟治淨，入豉汁煮熟，入五味作羹，或作粥食。京中以羊骨汁、鯽魚代豉汁亦妙。

五臟及腸肚：味苦，微寒，有毒。治：蠱毒寒熱，小兒驚癇。補虚勞，隨臟而補，治惡瘡疥。生食，治狐魅。作羹臛，治大人見鬼。肝燒灰，治風癇及破傷風，口緊搐強。

附方 勞瘧瘴瘧：野狐肝一具陰乾，重五日五更初，北斗下受氣，為末，粳米作丸菉豆大，每以一丸，緋帛裹，繫手中指，男左女右。中惡蠱毒：臘月狐腸，燒末，水服方寸匕。牛病疫疾：狐腸燒灰，水灌之，勝獺也。

膽：臘月收之。治：人卒暴亡，即取雄狐膽，溫水研，灌入喉即活。移時者無及矣。辟邪瘧，解酒毒。狐血漬黍，令人不醉。

附方 狐膽丸：治邪瘧發作無時，狐膽一箇，硃砂、砒霜各半兩，阿魏、麝香、黄丹、菉豆粉各一分，為末，五月五日午時，粽子尖和丸梧子大，空心及發前，冷醋湯服二丸，忌熱物。

陰莖：味甘，微寒，有毒。治：女子絕產，陰中痒，小兒陰癩卵腫，婦人陰脱。

附方 小兒陰腫：狐陰莖炙為末，空心酒服良。

頭：治：燒之辟邪。同貍頭燒灰，傅瘰癧。目：治：破傷中風。

鼻：治：狐魅病，同豹鼻煮食。唇：治：惡刺入肉，杵爛，和鹽封之。口中涎液：治：入媚藥。四足：治：痔漏下血。皮：治：辟邪魅。尾：治：燒灰辟惡。頭尾燒灰，治牛疫，和水灌之。雄狐屎：在竹、木、灰石上尖頭者是也。治：燒之辟惡，去瘟疫氣。治肝氣心痛，顏色蒼蒼如死灰，喉如喘息者，以二升燒灰，和薑黄三兩，擣末，空腹酒下方寸匕，日再，甚效。療惡刺入肉，燒〔灰〕，臘月豬脂封之。

清·穆石匏《本草洞詮》卷一五 狐 狐性疑，疑則不可以合類，故其字從孤。日伏於穴，夜出竊食，聲如嬰兒，氣極臊烈，皮可為裘，腋色純白，謂之狐白。狐善為魅，見人或叉手有禮，或祗揖無度，或靜處獨語，或裸形見人也。或云狐至百歲，禮北斗而變化為男女。千年老狐，惟以千年枯木照之，則見真形。狐肉甘，溫，無毒。一云有小毒。補虚損，治蠱毒寒熱。作臛食，治瘡疥久不瘥。

清·丁其譽《壽世秘典》卷四 狐有黄、黑、白三種，白者尤稀，尾有白錢文者亦佳。日伏于穴，夜出竊食，善能聽冰。聲如嬰兒，氣極臊烈，皮可為裘，其腋毛純白謂之狐白。或云狐有媚珠，或云狐至百歲禮北斗而變化為男女淫婦以惑人，又能擊尾出火，或云狐魅畏狗。千年老狐惟以千年枯木燃照則見真形。一云，犀角置穴，狐不敢歸，狐目塗穴辟鼠。《淮南萬畢術》云：狐目貍腦，鼠去其穴。《酉陽雜俎》：野狐夜擊尾，火出將為怪，必戴髑髏拜北斗，髑髏不墜則化為人矣。氣味：甘，溫，有小毒。煮、炙食，補虚勞及五臟邪氣，患蠱毒，寒熱者宜多服之。皮：主辟邪魅。

清·尤乘《食鑑本草·獸類》 狐肉 皮可為裘，補虚損，暖中，去風及五藏邪氣，煮炙食之。

清·朱本中《飲食須知·獸類》 狐肉 味甘，性溫，有小毒。《禮記》云：食狐去首，為害人也。人卒暴亡，即取雄狐膽，溫水研灌，入喉即活。移時者無及矣。

清·何其言《養生食鑒》卷下 狐形似小狗子，鼻尖尾大，有黄、黑、白三種，白色猶稀。尾有白錢文者，亦佳。日伏于穴，夜出竊食。聲如嬰兒，氣極臊烈，性極多疑。毛可為裘。狐肉：味甘，性溫，無毒。補虚勞，暖中，去風、辟邪氣，去惡瘡疥，作羹食之。五臟及腸胃：味苦，性微寒，有毒。祛邪熱，治蠱毒鬼魅，小兒驚癇。陰莖：治女子絕產、脱陰、陰中作癢。小兒陰癩卵腫，炙為末，空心酒服。皮：辟邪魅。

清·张璐《本經逢原》卷四 狐陰莖 甘，平，有小毒。發明：狐屬陰類，故其莖主女子絕產，陰中癢，小兒陰㿗卵腫，以狐陰善縮入腹也。

清·浦士貞《夕庵讀本草快編》卷六 狐《別録》 《埤雅》云：狐性疑，

不可以合類，故字從孤。　狐肉甘溫，同腸及臟，皆能補虛損，除蠱毒，治大人見鬼，小兒驚癇。《禮記》云食狐去頭，為害人也。故《心鏡》有狐肉羹，《普濟》有金烏散，可明其治矣。陰莖善治女人之絕產，燒屎可辟瘟疫之傳染。胆灌暴亡，皮驅邪魅。雖稱妖獸，死有首丘之德，上伏則不度阡陌，又善聽冰，老則能變男女媚人。所畏者狗，所懼者犀。壽多者則九尾矣。

清·汪紱《醫林纂要探源》卷三　狐　甘，溫。似犬而大前小後，茸尾，有蒼黃、紫白諸色，而黃為多。白與元皆難得，古者人君狐白裘，取頷下白嗉合成之耳，故曰千金之裘，非一狐之腋也。其為物多壽，而有妖氣，世每云狐精，或尊曰仙，南方少，不知其狀，則指貍而合呼名云。其妖在首。《內則》云狐去首。

清·李文培《食物小錄》卷下　狐　甘，溫，無毒。煮食，補虛損及五臟，助氣。患蠱毒寒熱者宜多服。作膾生食，暖中去風，補虛勞。

清·章穆《調疾飲食辯》卷五　狐　《綱目》曰：有黃、黑、白三色。聲如嬰兒。氣極臊烈。腋毛純白，曰狐白。集以為裘，極華極暖，故有天子狐白裘，諸侯狐青裘之制。然白處甚少，欲成一裘，須千狐之腋。故合衆美以成一事，謂之集腋。又《國策》曰：千羊之皮，不如一狐之腋。言可貴之物，不論大小也。《白虎通》曰：九尾狐見，主王者子孫繁息。德至，鳥獸則見。《說文》曰：狐有三德：其色中和，小前大後，死則首丘。《廣志》：狐死首丘，豹死首山。或云狐知上伏，不度阡陌。或云狐善聽冰，故北方每冬河凍，每旦必視狐跡，逕過不返，車馬始可通行；若至中流以回，冰猶未堅，履之必陷。或云狐有媚珠，明神宗時，妖賊王希賢遇獵者逐狐，覆庇之，狐德之贈以珠。其後聚衆謀叛，遇不可招致之人，則持珠玩弄凝想，其人必聞異香，無不傾心投順，謂之聞教。一說狐斷昆贈希賢，非珠也。或云能擊尾出火，故《史記·陳涉世家》使人篝火作狐鳴以惑衆。此狐典之最古者。至於大禹之娶塗山，散宜生之青翰，抑又古矣。或云狐魅畏狗。此道力尚淺者。或云狐至百歲，禮北斗化為人。或云狐三百歲為天狐，天神敬之。或云狐能修煉成道者名狴狐，生而靈異，至三十歲則能幻化，他種狐不能也。或云狐以積功累行成道者乃得仙，然事極難，非數百年不可。其幻媚採補者，捷徑法也，但可修成內丹，長生不死耳。然人乘其睡，竊而吞之，則人得壽而狐死。或云狐千歲為淫婦，百歲為美女。出《元中記》。或云狐乃先古之淫婦，名阿紫，故今猶以自稱。其性多疑，故臨事不決曰狐疑。其心精進猛勇，不甘以獸自待，必欲學人，往往成人。且必欲學仙，往往成真，得道長仍。故我之人倘能如此，何學問之足道哉。北方最多，北人語曰：無狐魅不成村。南方亦間有。其居處有親疏眷屬，其待人知恩仇報復。予所知，靜處一室，總不為禍祟者。數處所見，逞幻惑，令人笑，令人怒，令人敬，令人思，令人無可奈何者數事，總由德不勝妖，於狐奚責。或以宿緣宿冤所結，於狐奚仇奚恩。昔有能詩之狐，與俗子交好，或詰之，狐應以詩曰：久陪香案儕仙吏，偶躡塵蹤魅阮郎。可謂善於解嘲。必欲克庖，恐遭惡謔，獵人不必慕之也。

清·趙其光《本草求原》卷二〇獸部　狐　肉，甘，溫。補虛、起陰、暖中、去風、解蠱毒。其首有毒。宜去之。五臟，苦，微寒，有毒。治蠱毒、寒熱驚癇、虛勞、瘴鬼瘧。陰乾，同阿魏、醋服丸嗅之。陰莖，甘，微寒，小毒。治女子絕產、陰癢、陰脫、小兒陰㿗卵腫，炙為末酒下。以其善縮入腹也。

清·文晟《新編六書》卷六《藥性摘錄》　狐　甘，溫。補虛勞，暖中去風，辟邪氣，去惡瘡疥，作羹食之。〇陰莖，治女子絕產脫陰，陰中作癢，小兒陰㿗卵腫，炙為末，空心酒服。

清·吳汝紀《每日食物却病考》卷下　狐　味甘，溫，無毒。補虛勞，治瘡疥，暖中去風。南北皆有之，北方最多，日伏於穴，夜出竊食。形似小黃狗而鼻尖尾大，其性多疑，善媚，妖獸也。氣極（燥）〔臊〕烈，皮可為裘，肉亦堪食，北人多作膾食。《禮記》曰：食狐去首，為害人也。

熊

唐·孫思邈《千金要方》卷二六《食治·鳥獸》　熊肉　味甘，微寒、微溫，無毒。主風痹不仁、筋急五緩。若腹中有積聚，寒熱羸瘦者，食熊肉病永不除。其脂：味甘，微寒。治法與肉同。又去頭瘍白禿、面皯䵟、食飲嘔吐。久服強志不飢，輕身長年。黃帝云：一切諸肉煮不熟，生不斂者，食之成瘕。熊及猪二種脂，不可作燈，其烟氣入人目失明，不能遠視。

宋·唐慎微《證類本草》卷一六獸部上品〔《本經·別錄》〕　熊脂　**味甘，微寒**、微溫，無毒。**主風痹不仁筋急，五藏腹中積聚，寒熱羸瘦，頭瘍白禿，面皯皰**，食飲吐嘔。**久服强志，不飢，輕身**，長年。生雍州山谷。十一月取。

〔梁·陶弘景《本草經集注》〕云：此脂即是熊白，是背上膏，寒月則有，夏月則無。其腹中肪及身中膏，煎取可作藥，而不中噉。今東西諸山縣皆有之，自是非易得物爾。痼

疾不可食熊肉，令終身不除愈。

〔唐・蘇敬《唐本草》〕注云：　熊膽，味苦，寒，無毒。療時氣熱盛變爲黄疸，暑月久痢，疳䘌，心痛，疰忤。腦，療諸聾。血，療小兒客忤。肪，長髮令黑，悦澤人面；　酒煉服之，差風痹。凡言膏者，皆脂消已後之名，背上不得言膏。《左傳義》云：　膏肓者，乃是鬲肓，文誤有此名。陶言背膏，同於舊説也。

〔宋・掌禹錫《嘉祐本草》〕按：　《藥性論》云：　熊膽，臣，惡防己、地黄。主小兒五疳，殺蟲，治惡疥。又云：　熊脂，君。能治面上皯黯及治瘡。日華子云：　熊白，凉，無毒。治風，補虛損，殺勞蟲。脂，强心。腦髓，去白秃風屑，療頭旋并髮落。掌，食可禦風寒，此是八珍之數。膽，治疳瘡，耳鼻瘡及諸疳疾。

〔宋・蘇頌《本草圖經》〕曰：　熊脂并膽，出雍州山谷，今雍、洛、河東及懷、衛山中皆有之。熊形類大豕，而性輕捷，好攀緣，上高木，見人則顛倒自投地而下。冬多入穴而藏蟄，始春而出。脂謂之熊白，十一月取之，須其背上者。寒月則有，夏月則無。其腹中肪及它處脂，煎煉亦可作藥而不中噉。膽，陰乾用。然亦多僞，欲試之，取粟顆許，滴水中，一道若線不散者爲真。其足蹯，爲食珍之貴，古人最重之，然臑之難熟，多食之令人耐寒。腦髓作油摩頭，可去白屑。有痼疾者不可食熊，令人終身不愈。熊惡鹽，食之則死。

〔宋・唐慎微《證類本草》〕雷公云：　凡收得後，煉過，就器中安生椒，每一斤熊脂入生椒十四箇，煉了，去脂革并椒，入瓶中收，任用。《食療》：　熊脂，微寒，甘滑。冬中凝白時取之，作生，無以偕也。脂入拔白髮膏中用，極良。脂與猪脂相和燃燈，煙入人目中令失光明。緣熊脂煙損人眼光。肉，平，味甘，無毒。主風痹筋骨不仁。若腹中有積聚寒熱者，食熊肉永不除差。其骨煮湯浴之，主歷節風，亦主小兒客忤。膽，寒。主時氣盛熱，疳䘌，小兒驚癇。十月勿食，傷神。小兒驚癇瘈瘲，熊膽兩大豆許，和乳汁及竹瀝服并得，去心中涎，良。《聖惠方》：　治小兒疳瘡，蟲蝕鼻。用熊膽半分，湯化調塗於鼻中。熊掌得酒、醋、水三件煮，熟即膜大如皮毬，食之耐風寒。《外臺秘要》：　療蚘心痛。熊膽如大豆，和水服，大效。又方：　五十年痔不差。塗熊膽取差乃止，神效。一切方不及。《千金翼》：　療髮黄。熊脂塗髮，梳之散頭，入床底，伏地一食頃，即出，便盡黑，不過一升脂驗。《食醫心鏡》：　療脚氣，風痹不仁，五緩，筋急。熊肉半斤，於豉汁中和薑、椒、葱白、鹽、醬作腌腊。空腹食之。又方：　主中風，心肺風熱，手足不隨及風痹不任，筋脈五緩，恍惚煩燥。熊肉一斤，切，如常法調和作腌腊。空腹食之。《斗門方》：　治水弩射人。用熊膽塗之。更以雄黄同用酒磨服之，即愈。《楊氏產乳》：　療白秃瘡及髮中生癬，取熊白傅之。《抱朴子》：　熊壽五百歲，能化爲狐狸。

宋・王繼先《紹興本草》卷一九　熊脂　紹興校定：　熊脂謂背脂，即熊白是也。出產、性味、主治《本經》已載，但用以塗瘡，亦作面藥，餘無起疾驗據。即非性溫，當作味甘、微寒、無毒為定。其膽味苦、寒、無毒。陰乾用之，治疳，殺蟲及療癲癇頗效。唯多作偽，雖有説取一粟許放水上，徹下如黄線在水中者為真，亦不能得其的，蓋他膽亦可如是。但得之來理可據，用之即驗。其腦髓等雖分其主治，而近世亦罕用矣。

宋・鄭樵《通志》卷七六《昆蟲草木略》　熊　羆之屬。《爾雅》曰：　羆，如熊，黄白文。羆似熊，長頭高脚，猛憨過於熊，其脂似熊，白而麤。又曰：　熊，虎醜。其子，狗。絕有力，䴢。醜，類也。䴢，音咸。又曰：　魋，如小熊，竊毛而黄。郭云：　今建平山中有此獸，狀如熊而小，俗呼為赤熊。即魋也音頹。

宋・劉明之《圖經本草藥性總論》卷下　熊脂　味甘，微寒、微溫，無毒。主風痺不仁筋急，五臟腹中積聚，寒熱羸瘦，頭瘍白秃，面皯皰，食飲吐嘔。《藥性論》云：　熊膽，臣。惡防己、地黄。主小兒五疳，殺蟲，治惡瘡。熊脂，君。治面上皯黯，及治瘡。日華子云：　熊白，涼，無毒。治風補虛，殺勞蟲。熊脂，强心腦。髓，去白秃風屑，療頭旋，疳瘡耳鼻瘡。

宋・陳衍《寶慶本草折衷》卷一五　新分熊膽臣。熊掌及肉附。　《新安志》云：　其熊高大者名馬熊，矮小者名猪熊。○出雍州山谷，及洛中、河東，懷、衛州。今東西諸山有之。○十一月採，陰乾。○惡防己，地黄。○附：熊掌，一名足蹯，乃熊蹄底肉也。○熊最惡鹽，食鹽則死。○蹯，□安切。

味苦，寒，無毒。○療時氣熱盛，黄疸，暑月久痢，疳䘌，心痛，注忤分熊脂條《唐本》註。○《藥性論》云：　主小兒五疳，殺蟲，治惡瘡。○日華子云：　治疳，耳鼻瘡。○《圖經》曰：　熊形類大豕，其膽亦多偽，取粟顆許滴水中，一道若線不散者真。○《食療》云：　主小兒驚癇瘈瘲。○《外臺秘要》：　五十年痔，塗熊膽，取差乃止。

附：　熊掌。○食之可禦風寒。　附：　肉。○味甘，平。主風痹，筋骨不仁。十月勿食，傷神。若有積聚寒熱及痼疾，食之永不除。

續説云：　張松謂熊膽又治赤目，去瘀肉，散膚瞖，涼肝經。此膽新者剖開，黑而潤。其陳者剖之則黑而黄。咀嚼皆腥而稠。

宋・周密《齊東野語》卷四　熊膽善辟塵，試之之法，淨一器，塵冪其上，投膽一粒許，則凝塵豁然而開。以之治目障翳，極驗。每以少許，淨水略調

開，盡去筋膜塵土，入冰腦一二片，或淚癢，則加生薑粉些少，時以銀筯點之，絕奇，赤眼亦可用。余家二老婢俱以此效。

元・忽思慧《飲膳正要》卷三　熊　肉，味甘，無毒。主風痹，筋骨不仁。若腹中有積聚、寒熱羸瘦者，不可食之，終身不除。　熊白，涼，無毒。治風，補虛損，殺勞蟲。　熊掌，食之可禦風寒。此是八珍之數，古人最重之。十月勿食之，損神。

元・尚從善《本草元命苞》卷七　熊脂　為臣。味甘，微寒。《圖經》云：脂，即是熊白。主風痺不仁拘急，療五臟腹中積聚。除寒濕羸瘦，治頭瘍白秃，去風屑頭旋，補虛損髮落，醫面皯黷，強心腦髓。掌，禦風寒。膽，殺疳蟲。生雍洛、河東、懷、衛山谷。形類大豕，其性輕健，攀緣高木，見人則顛倒投地。十一月捕之，取其背上者最佳。

元・吳瑞《日用本草》卷三　熊掌　味甘，微寒，無毒。主風痹不仁，筋急，五臟腹中積聚，寒熱羸瘦，頭瘍白秃。猪熊大耳，又如馬狀，常憂舐掌。肉發痼疾，終身不療。食之令禦寒，八珍數中一味。　熊膽：療時氣熱盛，變為黃疸，暑月久痢。然亦多偽，欲試之，取粟顆許，滴水，一道若線不散者真。　腦髓：療諸聾，煉作油，摩頭，去白秃風屑，髮不落。　熊脂：須背上者。冬月則有，夏月則無。腹中肪俱可煎煉。

明・王綸《本草集要》卷六　熊脂君　味甘，氣微寒。一云：微溫，無毒。十一月取此是背上膏，寒月則有。　主風痹不仁，筋急，五臟腹中積聚，寒熱羸瘦，頭瘍白秃，面皯皰。久服強志，不飢輕身。又云：有痼疾者不可食，食則終身不能除。〇膽臣，味苦，氣寒。惡防己、地黃。主時氣盛熱變為黃疸，小兒驚癇五疳，殺蟲，治惡瘡。又久痔不差，塗之，取差乃止，神效。

明・滕弘《神農本經會通》卷八　熊脂　君也。十一月取。此脂即是熊白，是背上膏，寒月則有，夏月則無。熊，惡鹽，食之則死。

味甘，氣微寒，微溫，無毒。　《本經》云：主風痺不仁，筋急，五藏腹中積聚，寒熱羸瘦，頭瘍白秃，面皯皰，食飲吐嘔。久服強志，不飢輕身。陶云：痼疾不可食熊肉，令終身不愈。《唐本》注云：腦，療諸聾。血，療小兒客忤。脂，長髮，令黑，悅澤人面，酒鍊服之，差風痺。《藥性論》云：治面上皯黷，及治瘡。日華子云：熊白，涼，無毒。治風，補虛損，殺勞蟲。脂，強心。腦髓，去白秃風屑，療頭旋并髮落。掌，食可療風寒，此是八珍之數。

熊膽：臣也。惡防己、地黃。陰乾用，取粟顆許，滴水中，一道若線不散者為真。　味苦，氣寒，無毒。《唐本》注云：療時氣熱盛，變為黃疸，暑月久痢，疳䘌心痛，主忤。《藥性論》云：主小兒五疳，殺蟲，治惡瘡。日華子云：治疳瘡，耳鼻瘡，及諸疳疾。《局》云：熊膽難分偽與真，水中一試却分明。天行熱疸諸疳疾，痔痢須教效若神。熊膽，醫痔痢之靈。

明・劉文泰《本草品彙精要》卷二三　熊脂無毒。附膽、腦、髓、掌、肉、血。

胎生

熊脂出《神農本經》：**主風痹不仁，筋急，五臟腹中積聚，寒熱，羸瘦，頭瘍白秃，面皯皰。久服強志不飢，輕身長年。**以上朱字《神農本經》。食飲，嘔吐。以上黑字名醫所錄。

【地】《圖經》曰：出雍州山谷，今雍洛、河東及懷衛山中皆有之。其形類大豕而性輕捷，好攀緣上高木，見人則顛倒自投地而下。冬則入穴藏蟄，至春而出。其脂謂之熊白也，十一月取之，須其背上者。寒月則有，夏月則無。其腹中肪及他處脂，煎煉亦可入藥而不中啖。膽亦多偽，欲試之，取粟顆許滴水中，一道若線不散者爲真。蹯即掌也，爲八珍之一，古今最重之。但胹參之切，煮熟也。之難熟，多食令人耐寒。熊性惡鹽，食之則死。【時】生：無時。採：十一月取脂。【收】脂：以瓷器盛貯。膽：陰乾。【用】脂、膽、腦、髓、掌、肉、血。【色】白。【味】甘。膽：苦。肉：甘。【性】微寒。膽：寒。肉：平。【氣】氣之薄者，陽中之陰。【臭】腥。【主】補虛損，除風痹。【反】膽：惡防己、地黃。【製】《雷公》云：凡收脂後鍊過，就器中安生椒，一斤熊脂入生椒十四個，鍊了，去脂革並椒，入瓶中收，任用。【治】療：《唐本》注云：膽，除熱盛變爲黃疸，暑月久痢，疳䘌，心痛，疰忤。〇腦，除諸聾。〇血，小兒客忤。〇脂，長髮令黑，悅澤人面，酒煉服之，瘥風痹。《藥性論》云：膽，消小兒五疳，殺蟲，塗惡瘡。〇脂，去面上皯黷及塗瘡。日華子云：白，袪風，殺勞蟲。〇脂，強心。〇腦髓，去白秃，風屑，頭旋並落髮。〇掌，食禦風寒。〇膽，塗疳瘡，耳鼻瘡及疳疾。《別錄》云：肉，除風痹，筋骨不仁。〇骨，煮湯浴歷節風及小兒客忤。〇膽，小兒驚癇。【合治】膽合乳汁並竹瀝，療小兒驚癇，瘛瘲，去心中涎，良。【禁】熊脂燃燈，損人眼光。〇十月勿食肉，食之傷神。〇有痼疾人，不宜食熊肉，令終身不愈。〇腹中有積聚寒熱者，食熊肉永不除。

明・盧和、汪穎《食物本草》卷三獸類 熊　肉，味甘，寒、微溫，無毒。主風痹，筋骨不仁，五臟腹中積聚，寒熱，羸瘦，頭瘍白秃，面皯皰。久服強志，不飢輕身。有痼疾者，食之終身不能除。膽，味苦，氣寒。主時氣盛熱，變為黃疸，小兒驚癇五疳，殺蟲，治惡瘡。又久痔不差，塗之神効。其膽，春在首，夏在腹，秋在左足，冬在右足。此獸能舉木引氣，冬蟄不食，飢則自舐其掌，故其美在掌，久食之，可禦風寒。諸疾宜，孟子取之。

明・許希周《藥性粗評》卷四 蠲糞後之紅於熊膽。脂附。

熊膽，熊類犬、豕，而手足似人，冬穴中自蟄，舐前掌以充飢，故掌入八珍之用。《孟子》所謂熊掌，亦我所欲是也。江南山谷處處有之，惟膽與脂入藥。其肉不可多食，令人痼疾不瘥。凡得膽，陰乾聽用。惡防己、地黃。若市買須取一點滴水中，若線不散者真。 味苦，性寒，無毒。主治時氣熱病，黃疸久痢。痔漏多年不差，糞後有紅，此以熊膽塗之立差。亦可和三黃為丸，含化，清心醒睡，以助夜讀有功。昔柳公權母曾用，是以教權是也。　脂，冬月取背上者，謂之熊白。採獲煉過，磁器收貯，聽用。味甘，性微寒，無毒。主治風痹不仁，面上瘢䵟，頭上白秃，能長髮變黑。

單方：　髮黃：熊脂一升，塗髮，梳之散頭，入床底，伏地一食頃，即出，便盡黑。按伏地之意，乃禳法也。　秃白：頭上白秃，及髮中生癬，并取熊脂傅之。

明・鄭寧《藥性要略大全》卷一〇 熊膽臣　豎痔痢及天行熱疸諸疳，亦治疳癬。　東垣云：治時氣熱疾，小兒驚癇，五疳，殺蟲，治惡瘡。味苦，氣寒，無毒。難分真偽。取一粟許，滴水中，水面塵開，一線不散者為真也。　吾友王先生云：治眼開塵止淚。今考諸書，不見其入眼科。

明・陳嘉謨《本草蒙筌》卷九 熊脂　味甘，氣微寒。一云微溫。無毒。出雍洛河東，及懷衛山谷。形肥盛類豕，狀貌亦與豕同。性輕捷過猿。暖日向高木攀援，見人反顛倒投下。寒冬入深穴藏蟄，充飢舐自掌為飡。其性惡鹽，食之即死。壽經五百歲，能化狐狸。獵遊欲得之，須發弩箭。但資治病，宜製精詳。脂如玉在熊當心，一名熊白；或云：腹中肪，他處脂通共為是。釜中煉去淨革滓，務如生椒。雷公云：每脂一斤，入生椒十四粒，煉畢，去淨脂革滓並椒。磁罐貯收，紙封待用。臘月得者堪留。去頭瘍白秃及面皯皰，主風痹不仁併筋攣急。腸胃積聚堪卻，肢體羸瘦能肥。久服強志強心，且令不飢不老。但有痼疾，不宜食之，食則終身不能除矣。膽味極苦，不附于肝。春頭上夏移腹中，秋足左冬遷足右。依四時搜檢，懸風際陰乾。塊凝明亮如膠，性惡地黃防己。遇賣者真偽難別，研試水優劣便知。取塵先封水皮，將末繼投塵上。塵竟兩邊分裂，末則一線直行。如練不散。此品極優，須研絕細。任為丸散，勿用煎湯。治男婦時氣熱蒸，變為黃疸；療小兒風痰壅塞，發出驚癇。敺五疳殺蟲，敷惡瘡散毒。痔病久發不愈，塗之立建奇功。肉無毒味甘，作腌睹可食。如常法調和作之。主積聚寒熱痼疾，卻筋骨麻痹風邪。掌乃珍饈臑之難熟，得酒醋水三件同煮。久則䐜脹，大如皮毬。主治之能，風寒堪禦。血主小兒客忤，膏理歷節風疼。腦髓作油搽頭，亦去白秃風屑。止頭旋髮落，除耳聾耳鳴。

謨按：熊一身味之美者，積聚於掌。觀其冬蟄不食，飢惟自舐，則可見矣。無怪世人貴重以為珍饈。孟子亦曰：舍魚而取熊掌。非美之極，肯此云乎？但所治病，僅禦風寒，餘別無一載者。悅口之易，卻疾之難，於此亦可徵也。

明・王文潔《太乙仙製本草藥性大全》卷七《本草精義》 熊脂　出雍、洛、河東及懷、衛山谷，形肥盛類豕，狀貌亦與豕同。性輕捷過猿，暖日向高木攀援，見人反顛倒投下，寒冬入深穴藏蟄，充飢舐自掌爲飡。其性惡鹽，食之即死。壽經五百歲，能化狐狸。獵遊欲得之，須發弩箭。但資治病宜制精詳。脂如玉，在熊當心，一名熊白。或云腹中肪，他處脂通共爲是。釜中煉，去净革滓，務加生椒，磁罐盛貯，紙封待用。臘月得者堪留。以與猪脂相和，燃燈煙入人目中，令失光明，緣熊脂煙損人眼光。

熊膽：　出雍州山谷，今雍、洛、河東及懷、衛山中皆有。形類大豕，而性輕捷，好攀援上高木，見人則顛倒自投地而下，冬多入穴而藏蟄，始春而出。膽不附肝，春頭上夏移腹中，秋足左冬遷足右，依四時搜檢，懸風際陰乾，塊凝明亮如膠，性惡地黃、防己。遇賣者，真僞難別，研試水優劣便知。取塵先封水皮，將末繼投塵上，塵竟兩邊分裂，末則一線直行如練不散，此品極優，須研絕細，任爲丸散，勿用煎湯。其足燔爲食珍之貴，古人最重之，然臑之難熟，多食之令人耐寒。腦髓作油摩頭，可去白屑。有痼疾勿食，食之令人終身不愈。惡鹽。

明・王文潔《太乙仙製本草藥性大全》卷七《仙製藥性》 熊脂　味甘，氣微寒。一云微溫，無毒。　主治：　去頭瘍白秃及面皯皰，主風痹不仁併筋攣急。腸胃積聚堪却，肢體羸瘦能肥。久服強志強心，且令不飢不老，但

有痼疾不宜食之，食則終身不能除矣。　補註：　療髮黃，熊脂塗髮，梳之散頭，入床底伏地一食頃即出，便盡黑，不過一升脂驗。療白禿瘡及髮中生癬，取熊白傅之。　太乙曰：　凡收得後，煉過，就器中安生椒，每一斤熊脂入生椒十四個煉了，去脂革并椒，入瓶中收，任用。　熊膽臣：　味苦，氣寒，無毒。　主治：　治男婦時熱氣蒸變爲黃疸，療小兒風痰壅塞發出驚癇。敺五疳殺蟲，敷惡瘡散毒。痔病久發不愈，塗之立建奇功。　補註：　治水弩射人，用熊膽塗之，更以雄黃同用酒磨服之即愈。○小兒驚癇瘈瘲，熊膽兩大豆許，和乳汁及竹瀝服，並得去心中涎良。○小兒疳瘡蟲蝕鼻，用熊膽半分，湯溶調塗於鼻中。　熊掌得酒、醋、水三件煮熟，即脹大如皮毬，食之耐風寒。○療蛕心痛，熊膽如大豆，和水服大效。○十年痔不差，塗熊膽，取差乃止，神效，一切方不及。　熊肉：　味甘，氣平，無毒。　腌腊可食。如常法調和，但惡鹽，食之即死。　主治：　主風痹筋骨不仁者，服之大效；　若腹中積聚寒熱者，永不除差。　補註：　療脚氣，風痹不仁，五緩筋急。　熊肉半斤於豉汁中和薑、椒、葱白、鹽、醬作腌腊，空腹食之。○主中風，心肺風熱，手足不隨，及風痹不仁，筋脉五緩，恍惚煩燥。　熊肉一斤，切如常法，調和作腌腊，空腹食之。　熊骨：　主湯浴歷節風效，治小兒客忤尤良。　熊掌：　乃珍饌，臑之難熟，得酒、醋、水三件同煮，久則䐜脹大如皮毬。　主治之能，風寒可禦。　血：　主小兒客忤。　膏：　理歷節風疼。　腦髓：　作油搽頭，亦去白禿風屑，止頭旋髮落，除耳聾耳鳴。　按：　熊一身味之美者積聚於掌，觀其冬蟄不食，飢惟自䑛則可見矣，無怪世人貴重，以爲珍饈。孟子亦曰舍魚而取熊掌，非美之極，肯此云乎？　但所治病，僅禦風寒，餘別無一載者。　悦口之易，却疾之難，於此可徵也。

明・皇甫嵩《本草發明》卷六　熊脂上品。氣微寒，味甘，無毒。　發明曰：　按熊之為物，治風居多。故熊脂主風痺不仁，筋攣急及五臟腹中積聚，寒熱羸瘦，頭瘡白秃，面皯皰，飲食吐嘔。久服肥肢躰，強心志。又云：　痼疾者食之，永不除矣。脂如玉，當熊背上白膏淨脂一斤，入生椒十四粒，臘月留得。腹中肪及他處脂，煎煉亦可作藥，但不中噉。

肉，味甘，主積聚寒熱，筋骨麻痺風邪。亦發痼疾。○骨，煮湯浴之，主歷節風及小兒客忤。或云：　血，主小兒客忤。○熊膽，味苦。治天行時氣熱蒸，黃(胆)〔疸〕，小兒風痰壅塞驚癇，五疳，殺蟲。敷惡瘡，散毒痔，病久不愈，塗之。或云：　熊膽不附于肝，但《本草》無證。取粟米大一粒，滴水中，一道若線不散者為真。○腦髓作油，除白禿頭風屑髮落。又除耳鳴及聾。○熊掌，乃珍(羞)〔饈〕，臑之難熟，得酒、醋、水三合，煮久則䐜脹大如皮球。主禦風寒。按：　熊一身之美，聚于掌，但所治僅禦寒而已。悦口之易者，卻病之難，則爽口之物，無益于人，于此(懲)〔徵〕矣。或云熊掌是人熊，非獸熊者。

明・李時珍《本草綱目》卷五一獸部・獸類　熊《本經》上品

〔釋名〕時珍曰：　熊者雄也。熊字篆文象形。俗呼熊爲猪熊，羆爲人熊、馬熊，各因形似以爲別也。《述異記》云：　在陸曰熊，在水曰能，即鯀所化者。故熊字從能。《續搜神記》云：　熊居樹孔中，東土人擊樹，呼爲子路則起，不呼則不動也。又狒狒亦名人熊，見本條。

〔集解〕《別録》曰：　熊生雍州山谷。十一月取之。弘景曰：　今東西諸山皆有之，自非易得。頌曰：　今雍、洛、河東及懷慶、衛山中皆有之。形類大豕，而性輕捷，好攀緣，上高木，見人則顛倒自投於地。冬蟄入穴，春月乃出。其足名蹯，爲八珍之一，古人重之，然胹之難熟。熊性惡鹽，食之即死，出《淮南子》。時珍曰：　熊如大豕而竪目，人足黑色。春夏臕肥時，皮厚筋弩，每升木引氣，或墮地自快，俗呼跌臕，即《莊子》所謂熊經鳥申也。冬月蟄時不食，飢則䑛其掌，故其美在掌，謂之熊蹯。其行山中，雖數千里，必有跧伏之所，在石巖枯木，山中人謂之熊館。劉敬叔《異苑》云：　熊性惡穢物及傷殘，捕者置此物於穴，則合穴自死。或爲棘刺所傷，出穴爪之，至骨即斃也。陸佃《埤雅》云：　其膽春近首，夏在腹，秋在左足，冬在右足。熊、羆皆壯毅之物，屬陽，故《書》以喻不二心之臣，而《詩》以爲男子之祥也。

脂　〔釋名〕熊白弘景曰：　脂即熊白，乃背上肪，色白如玉，味甚美，寒月則有，夏月則無。其腹中肪及身中脂，煎煉過亦可作藥，而不中啖。　〔修治〕斅曰：　凡取得，每一斤入生椒十四個，同煉過，器盛收之。　〔氣味〕甘，微寒，無毒。《別録》曰：　微温。日華曰：　凉。其脂燃燈，煙損人眼，令失光明。　〔主治〕風痹不仁筋急，五臟腹中積聚，寒熱羸瘦，頭瘍白禿，面上皯皰。久服强志不飢，輕身長年《本經》。飲食嘔吐《別録》。治風，補虛損，殺勞蟲，酒煉服之日華。長髮令黑，悦澤人面蘇恭。治面上鼾黵及瘡藥性。

〔附方〕舊二，新一。　令髮長黑：　熊脂、蔓荆子末等分和匀，醋調塗之。《聖惠方》。　髮毛黃色：　以熊脂塗髮梳散頭，入牀底，伏地一食頃，即出，便盡黑。不過用脂一升效。《千金》。　白禿頭癬：　熊白傅之。《楊氏産乳》。

肉　〔氣味〕甘，平，無毒。《別録》曰：　微温。弘景曰：　有痼疾不可食熊肉，令終身不除。鼎曰：　若腹中有積聚寒熱者食之，永不除也。十月勿食之，傷神。　〔主治〕風痹，筋骨不仁。功與脂同孫思邈。補虛羸孟詵。

【發明】時珍曰：按劉河間云：熊肉振羸，兔目明視。因其氣有餘，以補不足也。

【附方】舊二。中風痹疾：中風，心肺風熱，手足風痹不隨，筋脈五緩，恍惚煩躁。熊肉一斤切，入豉汁中，和葱薑椒鹽作腌腊，空腹食之。　脚氣風痹：五緩筋急。用熊肉半斤，如上法食之。並《食醫心鏡》。

掌　【修治】《聖惠方》云：熊掌難胹，得酒、醋、水三件同煮，熟即大如皮球也。

【主治】食之可禦風寒，益氣力日華。

膽頌曰：熊膽陰乾用。然多僞者，但取一粟許滴水中，一道若綫不散者爲真。時珍曰：按錢乙云：熊膽佳者通明。每以米粒點水中，運轉如飛者良。餘膽亦轉，但緩爾。周密《齊東野語》云：熊膽善辟塵。試之以净水一器，塵幕其上，投膽米許，則凝塵豁然而開也。

【氣味】苦，寒，無毒。權曰：惡防己、地黃。

【主治】時氣熱盛，變爲黃疸，暑月久痢，疳䘌心痛，疰忤蘇恭。治諸疳、耳鼻瘡、惡瘡，殺蟲日華。小兒驚癇瘈瘲，以竹瀝化兩豆許服之，去心中涎，甚良孟詵。退熱清心，平肝明目，去翳，殺蛔、蟯蟲時珍。

【發明】時珍曰：熊膽，苦入心，寒勝熱，手少陰厥陰、足陽明經藥也。故能凉心平肝殺蟲，爲驚癇疰忤、翳障疳痔、蟲牙蛔痛之劑焉。

【附方】舊四新六。赤目障翳：熊膽丸：每以膽少許化開，入冰片一二片，銅器點之，絶奇。或淚痒，加生薑粉些須。《齊東野語》。　初生目閉：由胎中受熱也。以熊膽少許蒸水洗之，一日七八次。如三日不開，服四物加甘草、天花粉。《全幼心鑑》。　小兒鼻蝕：熊膽半分，湯化抹之。《聖惠方》。　十年痔瘡：熊膽塗之神效，一切方不及也。《外臺》。　腸風痔瘻：熊膽半兩，入片腦少許研，和猪膽汁塗之。《壽域方》。　蛔蟲心痛：熊膽一大豆，和水服之，大效。《外臺》。　小兒驚癇：方見主治。　風蟲牙痛：熊膽三錢，片腦四分，每以猪膽汁調少許搽之。《攝生方》。　水弩射人：熊膽塗之。更以雄黃同酒磨服，即愈。《斗門方》。　諸疳羸瘦：熊膽、使君子末等分研匀，瓷器蒸溶，蒸餅丸麻子大。每米飲下二十丸。《保幼大全》。

腦髓　【主治】諸聾蘇恭。療頭旋。摩頂，去白禿風屑，生髮日華。

血　【主治】小兒客忤蘇恭。

骨　【主治】作湯，浴歷節風，及小兒客忤孟詵。

明・穆世錫《食物輯要》卷四　熊　肉，味甘，平，無毒。補虚乏，去風痹，筋骨不利。患寒熱積聚癎疾者，忌食。脂，即熊白，味美，無毒。殺勞蟲。寒月有，夏月無。其腹中肪，身中脂，煎煉可入藥用。如近陰，令痿。燃燈，極損人目。熊掌，無毒。禦風寒，益氣力。得酒、醋煮熟，大如毬，且易軟。膽，無毒。春在首，夏在腹，秋在左足，冬在右足。除熱清心，平肝明目，去翳殺蟲，治諸疳驚癇。同竹瀝化豆許服，去心涎有効。

明・李中立《本草原始》卷九　熊　出雍州山谷，今雍、洛、河東及懷〔慶〕、衛山中皆有之。形類豕，人足，黑色，堅中，山居冬蟄，當心有白脂如玉，味甚美，俗呼熊白。其膽春在首，夏在腹，秋在左足，冬在右足。好舉木而引氣，謂之熊經。《莊子》所謂熊經鳥伸是也。冬蟄不食，飢則舐其掌，故其美在掌。《孟子》曰：熊掌亦我所欲也。蓋熊於山中行數十里，必有跧伏之所，在石巖枯木中，山人謂之熊舘。時珍曰：熊，雄也。篆文象形。欲呼為豬熊。《述異記》云：在陸曰熊，在水曰能，即鯀所化者。故熊字從能。

熊脂：氣味：甘，微寒，無毒。主治：風痹不仁筋急，五臟腹中積聚，寒熱羸瘦，頭瘍頭禿，面上皯皰。久服強志不飢，輕身長年。〇飲食嘔吐。〇治風補虛損，殺勞蟲，酒煉服之。〇長髮令黑，悦澤人面，治面上䵟䵳及瘡。君。　肉：氣味：甘，平，無毒。主治：風痹，筋骨不仁，功與脂同。〇補虛羸。　膽：氣味：苦，寒，無毒。主治：時氣熱盛，變為黃疸。暑月久痢疳䘌，心痛疰忤。〇治諸疳，耳鼻瘡，惡瘡，殺蟲。〇小兒驚癇瘈瘲。以竹瀝化兩豆許服之，去心中涎，良。〇退熱清心，平肝明目去翳，殺蛔蟯蟲。〇臣。惡防己、地黃。

熊，《本經》上品。【圖略】羆為人熊、馬熊，各因形似以為別也。熊形類大豕，人足黑色。　腦髓：主治：諸聾。〇療頭旋。摩頂去白禿、風屑，生髮。　骨：主治：作湯浴歷節風及小兒客忤。　血：主治：小兒客忤。　掌：主治：食之可禦風寒，益氣力。〇《聖惠方》云：熊掌難胹，得酒、醋、水三件同煮，熟即大如皮毬也。

頌曰：熊膽，陰乾用。然多偽者，但取一粒，滴水中，一道若線不散者為真。　錢乙曰：熊膽佳者通明，每以米粒點水中，運轉如飛者良。餘膽亦轉，但緩爾。　周密《齊東野語》云：熊膽善辟塵，試之以淨水一器，塵幕其上，投膽米許，則凝塵豁然而開。　《外臺》：治蛔蟲，消心痛，熊膽一大豆，和水服之，大效。　又方：治十年痔瘡不差，塗熊膽，取差乃止。

明・吴文炳《藥性全備食物本草》卷二　熊　雄也，猛憨多力，能拔大

木，故書曰以有熊羆之士，以力言也。熊掌是八珍之數，須用酒醋水同煮乃可熟。此物能舉木，引氣不食，飢則自舐其掌，故美在其掌，久食之可禦風寒諸疾。　膏與肉：味甘，微寒，無毒。主風痺，筋骨不仁，補虛損，殺癆蟲，去頭瘍白禿，面上皯皰，久食強志輕身。凡腹中有積聚痼疾者，食之終身不愈。十月食之傷神。雷公云：每脂一斤，入生椒十四粒同煉，去革膜，收瓶中任用。若與猪脂燃燈，煙入目中即失明。但熊惡鹽，食之即死。　膽：苦，寒。點眼去翳開盲，塗惡瘡痔瘻最良，治小兒風熱驚癇，殺疳蟲，療黃疸，止久痢。古人教子夜讀，粉苦參、熊膽為丸，與之吞一二枚，以資勤苦者，蓋夜讀久則血不歸肝，而火衝頭目，朝旦面黃，用此降火和肝，則血脉流通，津液暢潤。痰火瘡疥之類，從何而生？服藿之意，與此相同。又云其膽春在首，夏在腹，秋在左足，冬在右足，然亦多偽，欲試之，取粟顆許滴水中，一道若線不散者真，入藥另研。

羆：大於熊，功用相同。

明·李中梓《藥性解》卷六　熊膽　味苦，性寒，無毒，入膽經。主時氣熱盛，變為黃疸，小兒風痰壅塞，驚癇疳䘌，殺蟲散毒，可敷惡瘡及痔。入水分塵，如練不散者真，惡防己、地黃。　按：熊膽入膽，從其類也，清火定驚之功，較勝諸膽。

明·繆希雍《本草經疏》卷一六　熊脂　味甘，微寒、微溫，無毒。主風痺不仁筋急，五藏腹中積聚，寒熱羸瘦，頭瘍白禿，面皯皰，食飲吐嘔。久服強志，不飢，輕身長年。

〔疏〕《詩》云：惟熊惟羆，男子之祥。取其為陽獸而強力壯毅也。《本經》味甘，氣微寒。《別錄》微溫，無毒。其主風痺不仁筋急者，蓋風為陽邪，熊為陽獸，其氣溫，能通行經絡，其性潤，能滋養肝脾，故主之也。滑澤而通行，故主五藏腹中積聚及食飲吐嘔。甘寒而強力，故能主寒熱羸瘦，輕身。性潤而踈風，故能主頭瘍白禿，面皯皰也。久服強志，不飢長年，甚言其補虛壯筋骨之功耳。熊掌，乃八珍之一，食之可禦風寒，益氣力。肉與脂同功。河間云：熊肉振羸。是因其氣有餘，以補不足者也。

熊膽：味苦，寒，無毒。療時氣熱盛變為黃疸，暑月久痢，疳䘌，心痛疰忤。《藥性論》：小兒五疳，殺蟲治惡瘡。

〔疏〕熊膽氣味與象膽同。其所主亦相似。時氣熱盛變為黃疸，熱邪在足太陰也。久痢，疳䘌，濕熱在手陽明也。心痛疰忤，熱邪在手少陰也。入三經而除熱邪，故能療諸證也。極苦而寒，故又能殺蟲，治惡瘡，點痔。

〔主治參互〕《齊東野語》赤目障翳，熊膽丸以膽少許化開，入片腦一二釐，研勻，點上絕妙。《聖惠方》小兒鼻蝕，熊膽半分，湯化抹之。《外臺秘要》十年痔瘡，熊膽塗之，神効，一切方不及也。或加入片腦少許，以猪膽汁和塗，亦妙。《保幼大全》諸疳羸瘦，熊膽、使君子末，等分研勻，瓷器蒸溶，蒸餅丸麻子大。每米飲下二十丸。〔簡誤〕凡膽，皆極苦寒而能走肝膽二經，瀉有餘之熱，蓋以類相從也。小兒疳積，多致目內生翳障者，以肝脾二臟邪熱壅滯，則二臟之氣血日虛，閉塞日甚故也。用此瀉肝膽脾家之熱，則內邪清而外障去矣。如不因疳證而目生翳障及痘後蒙閉者，多因肝腎兩虛，宜滋陰養血清熱為急，諸膽皆不得用。有痼疾者，不可食熊肉，令終身不愈。

明·應廛《食治廣要》卷六　熊　肉：氣味：甘，平，無毒。主治：風痺，筋骨不仁，又補虛羸。有痼疾積聚寒熱者食之，終身不除。　熊掌：食之可禦風寒益氣力。《聖惠方》云：熊掌得酒、醋、水三件同煮熟，即大如皮毬也。

明·姚可成《食物本草》卷一四獸部·野獸類　熊生雍州山谷。今東西諸山皆有之。形類大豕，而性輕捷，好攀緣，上高木，見人則顛倒自投於地。冬蟄入穴，春月乃出。其足名蹯，為八珍之一，古人重之，然胹之難熟。熊性惡鹽，食之即死。《搜神記》云：熊居樹孔中，東土人擊樹，呼為子路即起，不呼則不動也。〇李時珍曰：熊如大豕而豎目，人足黑色。春夏臕肥時，皮厚筋駑，每升木引氣，或墮地自快，俗呼跌〔臕，即〕莊子所謂熊經鳥申也。冬月蟄時不食，飢則舐其掌，故其美在掌，謂之熊蹯。宜《孟子》引以為喻。其行山中，雖數千里，必有跧伏之所，在石巖枯木，山中人謂之熊館。其性惡穢物及傷殘，捕者置此物於穴，則合穴自死。或為棘刺所傷，出穴爪之，至骨即斃也。其膽春近首，夏在腹，秋在左足，冬在右足。熊羆皆壯毅之物，屬陽，故《書》以喻不二心之臣，而《詩》以為男子之祥也。又有羆、魋二種，亦熊類也。如豕色黑者，熊也；大而色黃白者，羆也；小而色黃赤者，魋也。羆頭長脚高，猛健多力，能拔樹木，虎亦畏之。遇人則人立而攫之，故俗呼為人熊，關西呼為豭熊。又有猪熊，形如豕；馬熊，形如馬。俱羆也。或云羆即熊之雄者，其白如熊白，而理粗味減，功用亦同。

熊肉：味甘，平，無毒。治風痺筋骨不仁，補虛羸，殺勞蟲。久服強志不飢，輕身長年。有痼疾者食之，終身不瘥，若腹中有積聚寒熱者食之，永不

除也。十月勿食之，傷神。　掌：熊掌難胹，得酒、醋、水三件同煮，即大如皮毬也。食之可禦風寒，益氣力。　脂：即熊白，乃背上肪，色白如玉，味甚美，冬月則有，夏月則無。其腹中肪及身中脂只可煎煉入藥，而不中啖。味甘，微寒，無毒。　主風痹不仁，筋急，五藏腹中積聚，寒熱羸瘦，頭瘍白禿，面上皯皰。久服不飢延年。補虛損，殺勞蟲，酒煉服之。長髮令黑，悅澤人面，治面上䵟䵳及瘡，不可燃燈，烟損人目，令失光明。　膽：熊膽多贋，但取一粟許滴水中，一道若綫不散者為真。又以米粒大點水中，運轉如飛者，良。餘膽亦轉，但緩爾。熊膽又辟塵，若欲試之，以器貯水，塵幕於上，投膽米許，凝塵豁然而開也。味苦，寒，無毒。　治時氣熱盛，變為黃疸，暑月久痢，疳䘌，心痛疰忤，耳鼻瘡，惡瘡，殺蟲。退熱清心，平肝明目，去翳，殺蛔蟲。小兒驚癇瘈瘲，以竹瀝化兩豆許服之，去心中涎甚良。　腦髓：治耳聾，療頭旋。　血：治小兒客忤。　骨：作湯，浴歷節風及小兒客忤，驚癇邪熱。

附方：治目中障翳。用熊膽，入冰片少許，點之。　中風癱痹，手足不隨，筋脉緩縱。用熊肉一斤，切入豉汁中，和葱、薑、椒、鹽作醃腊，空腹食之。　治毛髮焦黃。用熊脂、蔓荊子末等分和勻，醋調塗之。又方：以熊脂塗髮，梳散，入牀底，伏地一食頃，即出，便黑色如漆。　治小兒白禿頭瘡。以熊脂傅之。　治小兒初生，目閉不開，由胎中受熱故也。以熊膽少許，蒸水洗之，一日七八次。如三日不開，服四物加甘艸、天花粉。　治年久痔疾。熊膽塗之，神效，一切方不及也。　治腸風痔漏。熊膽半兩，入片腦少許，研和猪膽汁塗之。　治小兒疳膨食積，日晡發熱，肚大骨立。熊膽、使君子末等分，研勻，磁器蒸溶，蒸餅丸麻子大。每米飲下二十丸。

明・顧逢柏《分部本草妙用》卷一〇獸部　熊肉　甘，平，無毒。有痼疾者，有積聚寒熱者，食之〔終身〕不除。　主治：風痺，筋骨不仁，補虛羸，功與脂同。　脂，甘，微寒，無毒。然燈煙能損目。　主治：風痺筋急，積聚寒熱，飲食嘔吐，補不足，殺勞蟲，澤顏色，去䵟䵳及瘡。掌，可禦風寒，益氣力。　膽，苦寒，無毒。惡防己、地黃。　主治：黃疸，久痢，殺疳治瘡，殺蟲，小兒驚癇，退熱清心，平肝明目。入竹瀝去心中涎，甚良。　熊膽苦入心，寒勝熱，手少陰厥陰、足陽明藥也。故能涼心平肝，殺蟲疳，去目障之妙品也。

明・李中梓《醫宗必讀・本草徵要下》　熊膽　味苦，寒，無毒。　殺蟲治五疳，止痢除黃疸。去目障至效，塗痔瘻如神。實熱之證，用之咸宜，苟涉虛家，便當嚴戒。

明・蔣儀《藥鏡》卷四寒部　熊膽　入水分塵，如練不散。醒驚清火，諸膽尤長。同使君，刪補諸疳羸瘦。入片腦，滌洒久痔目衣。

明・張景岳《景岳全書》卷四九《本草正部》　熊膽　味苦，性寒。能退熱清心，療時氣黃疸，平肝明目，去翳障。殺蚘蟯牙蟲風痛，及小兒熱疳熱痰，驚癇瘈瘲，疳䘌熱痢，俱宜以竹瀝化兩豆粒許服之，甚良。亦治鼻瘡熱瘡，痔漏腫痛，以湯化塗之，少加冰片尤效。欲辨其真，惟取一粟許，置水面，如線而下一道不散者是也。且凡是諸膽，皆能水面辟塵，惟此尤速，乃亦可辨。

明・施永圖《本草醫旨・食物類》卷四　熊生雍州山谷，十一月取之。形類大豕而性輕捷，好攀緣上高木。其足名蹯，為八珍之一。飢則舐其掌，故其美在掌。其膽春近首，夏在腹，秋在左足，冬在右足。　脂：名熊白。背上肪，色白如玉，味甚美。寒月則有，夏月則無。其腹中肪及身中脂，煎鍊過亦可作藥而不中噉。　修治：凡取得，每一斤入生椒十四箇，同鍊過，器盛收之。　味甘，微寒，無毒。脂燃燈，烟損人眼，令失光明。　治：風痹不仁，筋急，五臟腹中積聚，寒熱羸瘦，頭瘍白禿，面上皯皰。久服強志不飢，輕身長年。飲食嘔吐。　治風，補虛損，殺勞蟲。酒鍊服之，長髮令黑，悅澤人面。治面上䵟䵳及瘡。

附方　令髮長黑：熊脂、蔓荊子末，等分，和勻，醋調塗之。　髮毛黃色：以熊脂塗髮，梳散，入牀底伏地一食頃，即出，便盡黑，不過用脂一升，效。　白禿頭癬：熊白傅之。

肉：味甘，平，無毒。有痼疾不可食熊肉，令終身不除。若腹中有積聚寒熱者，食之永不除也。十月勿食之，傷神。　治：風痹，筋骨不仁，功與脂同。補虛羸。

附方　中風痹疾：中風，心肺風熱，手足風痹不隨，筋脉五緩，恍惚煩燥，熊肉一斤，切，入豉汁中，和葱、薑、椒、鹽作腌腊，空腹食之。　脚氣風痹：五緩筋急，用熊肉半斤，如上法食之。

掌：熊掌難胹，得酒、醋、水三件同煮，熟即大如皮毬也。　治：食之可禦風寒，益氣力。　膽：陰乾用，然多偽者，但取一粟許滴水中，一道若線不散者，為真。　味：苦，寒，無毒。惡防己、地黃。　治：時氣熱盛變為黃疸，暑月久痢，疳䘌心痛，疰忤。治諸疳，耳鼻瘡，惡瘡，殺蟲。小兒驚癇瘛瘲，以竹瀝化兩豆許服之，

去心中涎甚良。退熱清心，平肝明目，去翳，殺蛕蟯蟲。熊膽，苦入心，寒勝熱，手少陰厥陰、足陽明經藥也，故能涼心平肝，殺蟲，為驚癇疰忤，翳障疳痔，蟲牙蚘痛之劑焉。

附方　赤目障翳：熊膽丸，每以膽少許，化開，入冰片一二片，銅器點之絕奇。或淚痒，加生薑粉些須。　初生目閉：由胎中受熱也，以熊膽少許，蒸水洗之，一日七八次，如三日不開，服四物加甘草、天花粉。　小兒鼻蝕：熊膽半分，湯化抹之。　十年痔瘡：熊膽塗之神效，一切方不及也。　腸風痔瘻：熊膽半兩，入片腦少許，研，和豬膽汁塗之。　蛕蟲心痛：熊膽一大豆，和水服之，大效。　小兒驚癇：方見主治。　風蟲牙痛：熊膽三錢，片腦四分，每以豬膽汁調少許，搽之。　水弩射人：熊膽塗之，更以雄黃同酒磨服，即愈。　諸疳羸瘦：熊膽、使君子末，等分研勻，瓷器蒸溶，蒸餅丸麻子大，每米飲下二十丸。

腦髓：治：諸聾，療頭旋，摩頂去白禿風屑，生髮。　血：治：小兒客忤。　骨：治：作湯浴歷節風及小兒客忤。　附錄　羆、魋：音頹。熊、羆、魋，三種一類也。如豕色黑者，熊也；大而色黃白者，羆也；小而色黃赤者，魋也。羆頭長脚高多力，能拔樹木，虎亦畏之。熊有豬熊，形如豕。有馬熊，形如馬，即羆也。

清·顧元交《本草彙箋》卷八

熊膽　熊膽，苦入心，寒勝熱，故能涼心平肝，殺蟲，爲驚癇疰忤，翳障疳痔，蟲牙蚘痛之劑。　熊膽春近首，夏在腹，秋在左足，冬在右足，與象膽春在前左足，夏在前右足，秋在後左足，冬在後右足同。二膽氣味、所主亦相似。　熊膽佳者通明，以米粒許點水中，運轉如飛者良。餘膽亦轉，但緩耳。又善辟塵，試之以淨水一器，塵幕其上，投膽米許，則凝塵豁然而開。

清·穆石匏《本草洞詮》卷一五

熊　熊者，雄也。熊形如豕，羆形如馬，猛憨多力，能拔樹，虎亦畏之。春夏臕肥時，皮厚筋弩，每升木引氣，或墮地自快，俗呼跌臕，即《莊子》所謂熊經鳥申也。其足名蹯，為八珍之一，古人重之。熊脂，甘，微寒。一曰微溫，無毒。治風痺積聚，寒熱羸瘦，飲食嘔吐，殺勞蟲。熊肉功與脂同。劉守真云：熊肉振羸，兎目明眎。因其氣有餘，以補不足也。熊膽，苦，寒，無毒。主清心退熱，平肝，明目去翳，殺蟲，治時氣熱甚，變為黃疸，暑月久痢疳䘌，心痛疰忤。然多偽者，難辨。周密云：熊膽善辟塵，試之以淨水一器，塵幕其上，投膽米許，則凝塵豁然而開也。

清·丁其譽《壽世秘典》卷四

熊俗呼熊為猪熊，羆為人熊、馬熊，各因形似以為別也。熊如大豕而竪目人足，黑色，性輕捷，好攀緣，上高木，見人則顛倒自投于地。春夏臕肥時，皮厚筋弩，每升木引氣，或墮地自快，俗呼跌臕，《莊子》所謂熊經鳥伸也。冬月蟄時不食，飢則舐其掌，故其美在掌，謂之熊蹯，為八珍之一，然胹之難熟。性惡鹽，食之則死。其行山中雖數千里，必有跧伏之所，在石巖枯木山中，人謂之熊館。劉敬叔《異苑》云：熊性惡穢物及傷殘，捕者置此物于穴，則合穴自死，或為棘刺所傷，出穴爪之至骨即斃。其膽春在首，夏在腹，秋在左足，冬在右足。羆大而色黃白，陸璣謂羆為黃熊是矣。頭長腳高，猛憨多力，能拔樹木，虎亦畏之，遇人則人立而攫之，故俗呼為人熊。馬熊形似馬，即羆也，或云羆即熊之雄者。小而色黃赤者，魋也，俗呼狗熊。熊羆皆壯毅之物，屬陽，故詩以為男子之祥也。《爾雅翼》獵者云：熊是其雄，羆則熊之雌者，其力尤猛。　氣味：甘，平，無毒。　治風痹筋骨不仁，補虛羸。　發明陶弘景曰：有痼疾者食之，令終身不除。　燃燈，煙損人目，令失光明。

熊白：即脂也，當心有白脂如玉，味甚美，秋冬則有，春夏則無。　氣味：甘，微寒，無毒。治風痹，補虛損，殺勞蟲，酒鍊服之。又治白禿頭癬，面上皯䵴。　熊掌：主禦風寒，益氣力。《聖惠方》云：熊掌難胹，得酒、醋、水三件同煮，熟即大如皮毬也。

膽：　氣味：苦，寒，無毒。治時氣熱盛，變為黃疸，小兒五疳，殺蟲，治惡瘡及久痔不瘥，塗之神効《藥性論》。退熱清心，平肝明目，去翳，殺蛕、蟯蟲《綱目》。　發明蘇頌曰：熊膽陰乾用，然多偽者，但取一粟許，滴水中，一道若線不散者為真。李時珍曰：按錢乙云，熊膽佳者通明，每以米粒點水中，運轉如飛者良。餘膽亦轉但緩爾。周密《齊東埜語》云：熊膽善辟塵，試之以淨水一器，塵幕其上，投膽米許，則凝塵豁然而開也。

清·劉雲密《本草述》卷三一

熊膽　《埤雅》云：其膽春近首，夏在腹，秋在左足，冬在右足。時珍曰：按錢乙云：熊膽佳者通明，每以米粒點水中，運轉如飛者良。餘膽亦轉，但緩爾。周密《齊東埜語》云：熊膽善辟塵，試之以淨水一器，塵幙其上，投膽米許，則凝塵豁然而開也。熊膽真者能闢塵，偽者則否。驗之良然。

氣味：苦，寒，無毒。　主治：點眼去瞖開盲。塗惡瘡痔瘻最良。治小兒風熱驚癇，殺疳蟲，療時氣熱盛，黃疸，暑月久痢。時珍曰：清心平肝，退熱。又曰：熊膽苦入心，寒勝熱，手少陰厥陰、足陽明經藥也。故能凉心平肝，殺蟲，為驚癇疰忤，瞖障疳痔，蟲牙蚘痛之劑焉。

附方　赤目障瞖，熊膽丸每以膽少許化開，入冰片一二片，銅器點之，絕奇。或淚癢加生薑粉些須。　小兒鼻蝕，熊膽半分，湯化抹之。　腸風痔瘻，熊膽半兩，入片腦少許，研和豬膽汁，塗之。　小兒驚癇瘈瘲，以竹瀝化兩豆許，服之，去心中涎甚良。　諸疳羸瘦，熊膽、使君子末等分，研勻，瓷器

蒸熔，蒸餅丸麻子大，每米飲下二十丸。

愚按：熊為陽獸。繆氏曰其性溫，能通行經絡。凡諸膽皆苦寒，而熊膽之用較殊者，或亦此之故歟。錢乙謂以半粒投水中，則運轉如飛，周密言能辟塵，即此二論合之，則所謂點目去瞖，與塗久痔最效者，固不徒以苦寒清火見效，或亦秉陰中之陽，陽中之動，就能開散其氣血之為邪結者乎？即治小兒之風熱驚癇，并殺蟲等證，無不同此義耳。每見方書中以熊膽治喉痹，夫喉痹多毒熱結閉，其療結閉之喉證，而其義益可通。凡清肝膽之味，而能暢肝膽之用者，則周身之氣血皆可通其經絡，而開其結邪，明者當識之。又按：熊每升木引氣，或墮地自快，俗呼跌膔。即《莊子》所謂熊經鳥申也。冬月蟄時不食，飢則舐其掌，故其美在掌。觀此引氣并冬蟄亦能食氣，是熊之於氣也，有殊性殊功，則所謂得陰中之陽，陽中之動者，當亦不謬矣。

希雍曰：凡膽皆極苦寒，而能走肝膽二經，瀉有餘之熱，蓋以類相從也。小兒疳積多致目內生瞖障者，以肝脾二臟邪熱壅滯，則二臟之氣血日虛，閉塞日甚，故也。用此瀉肝膽脾家之熱，則內邪清，而外障去矣。如不因疳證而目生瞖障，及痘後蒙閉者，多因肝腎兩虛，宜滋陰養血清熱為急，諸膽皆不得用。有痼疾者不可食熊肉，令終身不愈。

清・郭章宜《本草匯》卷一七　熊胆　苦，寒，入手少陰厥陰、足陽明經。去心中涎，清心中熱。平肝明目，退翳除黃。

按：熊胆，味苦入心，故能涼心平肝，殺蟲，為驚癇翳障，疳痔蟲牙，蚘痛之劑。性善辟塵，試之，以淨器塵幕其上，投胆米許，則凝塵豁然而開也。市中多偽，通明者佳。但取一粟許，滴水中，若線不散，運轉如飛者真。餘胆亦轉，但緩耳。

清・朱本中《飲食須知・獸類》　熊肉　味甘，性平。十月食之傷神。患寒熱積聚痼疾者食之，令終身不除也。熊脂，味甘，性微寒。寒月則有，夏月則無。脂燃燈，煙損人眼，令失光明。熊掌難腝，得酒、醋、水三件同煮，熟即大如皮毬，且易軟也。熊膽，春近首，夏在腹，秋在左足，冬在右足。熊行山中，必有跧伏之所，謂之熊館。性惡穢物及傷殘，捕者置此物於穴，則合穴自死。或為棘刺所傷，出穴爪之至骨，即斃也。

清・何其言《養生食鑑》卷下　熊如大豕而豎目，人足黑色。春夏膘肥時，皮厚筋(駑)〔弩〕，每升木引氣。冬蟄不食，飢則舐其掌，故其美在掌，謂之熊蹯。熊肉：味甘，性平，無毒。補虛乏，去風痹，筋骨不仁。患寒熱積聚痼疾者，忌食。脂：即熊白，味美，無毒。殺癆蟲。寒月有，夏月無。其腹中肪、身中脂，煎煉可入藥用。如近陰令痿。燃燈，烟損人目。掌：味甘美，得酒、醋、水三件同煮，易熟，大如皮毬，食之可禦風寒，益氣力。膽：味苦，性寒，無毒。治時氣盛熱變為黃疸，小兒驚癇五疳，殺蟲，治惡瘡。□□□□，塗也即愈。其膽春在首，夏在腹，秋在左足，冬在右足。

清・王翃《握靈本草》卷一〇　熊膽東西諸山皆有之。其膽春近首，夏在腹，秋在左足，冬在右足。多偽少真，但取一粟許，滴水中，一道不散若線者為真。或云小而豁塵者真。主治：熊膽，苦，寒，無毒。主時氣熱盛，黃疸暑痢，(蚶)〔疳〕䘌心痛，退熱清心，平肝明目。

清・汪昂《本草備要》卷四　熊膽瀉熱。苦，寒。涼心平肝，明目殺蟲。治驚癇五痔。塗之取瘥。通明者佳。性善辟塵。撲塵水上，投膽少許，則豁然而開。

清・吳楚《寶命真詮》卷三　熊膽　【略】去目障至效，塗痔瘻如神。殺蟲，治五疳，止痢，除黃疸。實熱相宜，涉虛當戒。

清・王遜《藥性纂要》卷四　熊　【略】東圃曰：康熙七年戊申，浙江巡撫蔣公諱國柱，人餽熊掌，食之腹脹病發，即死於任。可見奇異食品，非日用之物，類若河豚，其味雖美，豈因口腹，而以身輕試乎？寧棄置之，不食可也，書此以為後世戒。膽，味苦，氣寒。味苦入心，氣寒勝熱，手少陰厥陰、足陽明藥。能清心平肝，殺蟲，治驚癇疰忤，明目去翳，消疳療痔。

清・陳士鐸《本草新編》卷五　熊膽　極苦。治男婦時氣熱蒸，變為黃疸，療小兒風痰壅塞，發出驚癇。敺五疳殺蟲，敷惡瘡散毒。痔病塗之，立建奇功。此物至寒，能退大熱，可一用，而不可再用者也。存之以治火熱而兼濕病者。熊膽必取人熊者始佳，人熊之膽長八寸，餘膽不過長五六寸耳。昔舍下演戲，鄰人陳姓子年十三，側樓觀看，與同伴揪跌，悮從樓遮陽墮下石板，僅聞一聲，急視之，則兩目反張出血，鼻口耳皆振出血。其父抱歸，尚有微氣。有人云得熊膽酒調服可活。余取家藏熊膽五分，研碎，調陳酒一大碗灌下，少頃即甦。次日，跳躍如初。至今未明其義。然親試目擊，因錄之以俟識者。金孝芑識。

清・李熙和《醫經允中》卷二二　熊肉　有痼疾者、有積聚寒熱者食之，永不除。　甘，平，無毒。　主治風痺，筋骨不仁，補虛羸，功與脂同。　脂，微寒，無毒，燃燈烟能損目。　主治殺勞蟲，澤顏色，去皯黯及瘡。　掌可禦風寒，益氣力。　筋能壯筋強力。　膽苦，寒，無毒，入手少陰厥陰、足陽明經。　惡防己、地黃。　主治殺疳蟲，塗痔瘡，小兒驚癇，退熱清心，平肝明目，去障瞖，去心中涎良。　入水分塵如練不散者真。

清・馮兆張《馮氏錦囊秘錄・雜症痘疹藥性主治合參》卷九　熊脂　熊脂，《詩》云：維熊維羆，男子之祥。取其為陽獸，而強力壯毅也。味甘，氣微溫，無毒。以甘溫滋潤之性，故為風痹筋攣之需。滑澤通行，故却腸胃積聚及食飲嘔吐也。性潤而疎風，甘溫而強力，故主頭瘍白禿，羸瘦能肥也。其強志不飢，皆補虛強筋骨之功耳。膽，味苦，寒，無毒。入足太陰。所以治黃疸熱邪也。入手陽明，所以治久痢疳䘌濕熱也。入手少陰，所以治心痛疰忤熱邪也。極苦而寒，能入肝膽，除有餘之熱，故治赤目障翳及殺蟲惡瘡，點痔。熊脂，如玉，在熊當心，一名熊白。　加椒煉淨，磁罐封藏。　主風痹不仁，筋攣。腸胃積聚堪卻，肢體羸瘦能肥。　頭瘍白禿，食飲吐嘔。　久服強志強心，且令不飢不老。　膽，味極苦，不附於肝，春頭上，夏移腹中，秋足左，冬足右，依時搜檢，懸風陰乾，凝塊如膠。

清・张璐《本經逢原》卷四　熊脂肉　甘，溫，無毒。　《本經》主風痹不仁筋急，五藏腹中積聚，寒熱羸瘦，頭瘍白禿，面上皯皰。　發明：　熊稟雄毅之性，故其脂可開風痹不仁等疾。可服，可摩，但不可作燈，烟氣薰目，使人不能遠視。《本經》所主不出風痹筋急之用。　風為陽邪，熊為陽獸，其性溫潤，能通行經絡，開通血氣也。　熊筋亦能壯筋強力，與虎骨之搜風壯骨無異。熊肉振羸，其氣有餘，癇病人食之終身不愈。　熊膽：　苦，寒，無毒。　試法：　取少許研滴水中，掛下如線直至水底不散者為真。　發明：　熊膽苦入心，寒勝熱，手少陰、足厥陰藥也。　其性潔不染塵，故能清心平肝。　為時氣熱盛，變為黃疸之要藥。　又能殺蟲，明目，除瞖障疳痔，蟲牙，蚘痛。　小兒驚癇瘈瘲，以竹瀝化豆大許服之，去心中涎。　痔瘡赤腫，水化點之即消。　凡實熱之證，用之咸宜，苟涉虛家，便當嚴禁。

清・汪啟賢等《食物須知・諸葷饌》　熊掌　乃珍饈，臑難熟。　得酒醋水三件同煮，久則膹脹，大如皮球。　主治之能，風寒堪禦。　肉，無毒，味甘。醃腊可食，如常法調和作之。　主積聚寒熱痼疾，卻筋骨麻痹風邪。　蓋熊一身之味美者，積聚於掌，觀其冬蟄不食，飢惟自舐，則可見矣。　無怪世人貴重以為珍饈。　孟子亦曰：　舍魚而取熊掌。　非美之極，肯此云乎！　但所治病，僅禦風寒，餘別無一載者。　悅口之易，卻疾之難，於此亦可徵也。

清・浦士貞《夕庵讀本草快編》卷六　熊《本經》　熊者雄也，在陸曰熊，在水曰能，即鯀所化，故熊從能也。　熊乃好潔之獸，冬伏春出，性最輕捷，或升木引氣，或墮地自快。　莊子所謂熊經鳥申也。《詩》云惟熊惟羆，男子之祥，健悍壯毅，故《書》又以喻不二心之臣也。　其脂則甘寒而無毒，故主風痺筋急，蓋風為陽邪，熊為陽獸，其氣溫則能通行經絡；　其性潤則能滋養肝脾，且其滑澤通行，故主五臟腹中積聚及飲食吐嘔；　甘寒而強力，故主寒熱羸瘦；　性躁而疎風，故主頭瘍白禿而皯痷皰也。　肉與脂同。　河間云熊肉振羸，是借其味以補不足耳。　況熊遇寒則不食，飢則舐其掌，故其美在掌，為八珍之一，食之能禦風寒，益氣力。　其胆與象胆相似，凡時氣熱盛變為黃疸，乃熱邪于足太陰也；　久痢疳蟲，溫熱在手陽明也；　心痛疰忤，熱邪入手少陰也。　此藥能入三經而除滌之，故奏功速也。　且其能分塵，故有殺蟲明目之玅。

清・黃元御《玉楸藥解》卷五　熊膽　味苦，性寒。　入手少陰心、足少陽膽、足厥陰肝經。　清心泄熱，去瞖殺蟲。　熊膽苦寒，清君相二火，泄肝明目，去瞖殺蟲，甯魂止驚。　治牙疳鼻衄耳瘡痔瘻之屬。

清・吳儀洛《本草從新》卷六　熊膽〔瀉熱。〕　苦，寒。　涼心，平肝明目，殺蟲。　治驚癇五痔。塗之取瘥。　實熱則宜，虛家當戒。　通明者佳。　性善辟塵，撲塵水上，投膽少許則豁然而開。

清・汪紱《醫林纂要探源》卷三　熊　甘，溫。黑色者，今所謂豬熊也。形似豬，亦似犬，前後掌皆如人足，善援木，猛摯，力能拔木。冬蟄夏出，蟄則不食，常自舐其掌，故美味在此。　補中益氣，潤肌膚，壯筋力。　掌：　甘，鹹，溫。　滋補氣血，祛風去痺，續絕除傷。汁膠粘，故滋陰續絕，力勁捷，故去痺除風。　膽：　苦，寒。膽為相火所行，而味苦能瀉相火，此凡膽所同。龍雷有所潛，而後為飛躍掣擊之所從出，此膽之所以決斷也。獸惟熊類有蟄而木居，故有類於龍，而得木氣為多。其膽得木之精也。膽本清淨之腑，熊膽尤清淨，善辟塵，撲塵水上，試投少許，則豁然而開，故特異於他膽。　平相火，瀉心火，堅腎水，殺蟲䘌。鎮驚治癇，清心寧神，明目去熱。磨汁點目，去赤腫，退翳膜。塗痔瘻脫肛，殺下部蟲。　脂：　甘，溫。多脂，而冬尤盛。　潤肌膚，殺蟲䘌，治疙禿。性

亦食蟲豸，故殺蟲。凡濕熱蒸於皮膚，血熱而皮燥，則蟲生焉。若皮膚潤澤和柔，蟲無所容矣。故凡脂皆殺蟲，而此治疙禿尤效。

清・嚴潔等《得配本草》卷九 熊膽 惡防己、地黃。 苦，寒。入手少陰、厥陰經。涼心平肝，為眼障疳蟲之要藥，并治黃疸驚癇。 得片腦，拌豬膽汁，塗十年腸風痔瘻，并搽風蟲牙痛。拌使君子，蒸研為丸，治諸疳羸瘦。

點水運轉如飛者良。研用，或蒸熟溶化用。

題清・徐大椿《藥性切用》卷八 熊膽 性味苦寒，清肝涼心，明目殺蟲。熊肉，補虛羸。熊掌，禦風寒，益氣力。性善辟塵，撲塵水面，投膽少許即開。

清・黃宮繡《本草求真》卷六 熊膽涼心平肝。 熊膽，耑入心、肝，兼入脾、大腸。味苦，性寒，無毒。功耑涼心平肝，惟其涼心，所以能治心痛疰忤、熱邪等症。惟其平肝，所以能治目赤翳障、惡瘡痔漏等症。且能入脾而治黃疸濕邪，入大腸而治久痢疳䘌濕熱，并治小兒風痰壅塞，發作驚癇，要皆除熱涼血，而病自愈耳。熊膽，春近首，夏在腹，秋在左足，冬在右足，熊羆壯毅之物屬陽，故《書》以喻不二心之臣，而《詩》以爲男子之祥也。 凡此只可作丸，勿煎湯，通明者佳。但以米粒之多點水中，運轉如飛者良。 性善辟塵，撲塵水上，投膽少許，則塵豁然而開。又取少許研滴水中，掛如線，直至水底不散者真。

清・李文培《食物小錄》卷下 熊 甘，平，無毒。補虛羸。 掌，食之可禦風寒，益氣力，亦為八珍之一。

清・羅國綱《羅氏會約醫鏡》卷一八禽獸部 熊膽 味苦，性寒，入心肝二經。 涼心平肝，明目去障肝平。治驚癇心涼，殺蟲味苦，療痔瘻疳積，止痢，去疸，苦瀉濕熱。及小兒熱痰驚癇、煩熱癋瘲等實症。以竹瀝化兩豆粒許，服之甚良。亦治鼻瘡、熱瘡、腫痛。以水化加冰片塗之效。 膽不附於肝，春在頭，夏在腹，秋在左足，冬在右足，依時搜取，懸風處陰乾。惡地黃、防己。欲辨其真，取灰塵先封水面，將膽投塵上，塵即兩開，再以墨磨碗中，膽入墨中，墨即飛碗邊者真。

清・章穆《調疾飲食辯》卷五 熊 《述異記》：在陸曰熊，在水曰能。《綱目》曰：俗呼猪熊，小者為狗熊。羆為馬熊、人熊。狒狒亦名人熊，俗呼野人，與此不同。 狀如大豕，毛黑，竪目，人足。春夏臕肥。每升木自投於地以取快，為跌臕，《莊子》熊經鳥申是也。冬月蟄藏不食，飢則舐其掌，故掌尤美，名熊蹯，為八珍味之一。胸前有脂白如玉，味亦美。臑之難熟，故楚成王遇弑，冀得外救，請待熊蹯熟，食之而死也。劉向《新序》曰：紂以熊蹯不熟而殺庖人。《左傳》曰：晉靈公以熊蹯不熟而殺宰夫。其行雖遠，必有蹤伏之所，在石巖枯木，山中人名熊館。《搜神記》曰：熊居樹穴中，人擊樹呼子路則出，不呼則不動。熊與羆皆壯毅之物，故《書》以喻不二心之臣，而《詩》以為男子之祥也。肉補虛羸，治風痹筋骨不仁，殺勞蟲，強志氣。脂與肉同。劉河間曰：熊肉振羸，兔目明視，取其有餘以補不足。此言甚當，凡用補者，理均如是也。羆頭高脚長，憨猛多力，能拔樹木，虎亦畏之，遇人則立而攫，或云即雄熊。《詩疏》謂之黃熊。《爾雅》曰：羆，如熊，黃白文。肉粗而味稍減，功用則同。

按：熊肉之補，過於鹿。惟素有痼疾人，食之即終身不愈。一種小而黃赤者，名魋。《爾雅》曰：竊毛而黃。郭注曰：赤黃色。故又名赤熊，性亦彷彿。

清・吳鋼《類經證治本草・經外藥類》 熊羆 【略】誠齋曰：熊為雌，羆為雄。雌者是猪熊、狗熊，小而黑，面如猪、狗。雄者是人熊、馬熊，大而黃，面如人、馬。魋則是其子。三種一類也。

清・楊時泰《本草述鉤元》卷三一 熊膽 春近首，夏在腹，秋在左足，冬在右足《埤雅》。色通明者佳。

氣味苦寒。涼心平肝，為手少陰、足厥陰陽明藥。點眼，去翳開盲，塗惡瘡痔瘻，療蟲牙、蚘痛，治小兒風熱驚癇，殺疳蟲，療時氣熱盛黃疸，暑月久痢。附方：赤目、障翳，每以膽少許化開，入冰片一二片，銅器點之，絕奇。或淚癢，加生薑粉些須。腸風痔瘻，熊膽半兩，入片腦少許研和，(諸)〔猪〕膽汁塗之。小兒鼻蝕，熊膽半分湯化抹之。驚癇瘈瘲，以竹瀝化兩豆許服之，去心中涎，甚良。諸疳羸瘦，熊膽、使君子末等分，研勻，瓷器蒸溶，蒸餅丸麻子大，每米飲下二十丸。

論：熊為陽獸，繆氏謂其性溫，能通行經絡，凡諸膽皆苦寒，而熊膽之用較殊者，或此之故。試以半粒投水，旋轉如飛，餘膽亦轉，但緩耳。水面有凝塵者，豁然而開。可知此味點目去翳，與塗久痔，固不徒以苦寒清火見效，或亦秉陰中之陽，陽中之動，故能開散其氣血之為邪結者。熊每升木引氣，或墮地自快，俗呼跌臕，即莊子所謂熊經鳥申也。冬月蟄時不食，飢則舐其掌，觀此引氣，并蟄時亦能食氣，是熊之於氣也有殊性殊功。所謂得陰中之陽，陽中之動者當不謬。 方書又每

以治喉痺，夫喉痺本毒熱結閉，治之之故，正與此義相合。凡清肝膽之味，而能暢肝膽之用者，則周身氣血，皆可通其經絡，而開其結邪，明者當識之。

有痼疾者，食熊肉則終身不愈，戒之仲淳。

用膽總論：凡膽皆極苦寒，能走肝膽二經，瀉有餘之熱。小兒疳積，多致目生瞖障者，以肝脾邪熱壅滯，二臟之氣血日虛，閉塞日甚故也。用此散肝膽脾家之熱，則内邪清而外障去矣。如不因疳證而目生瞖障及痘後蒙閉者，多因肝腎兩虛，宜滋陰養血清熱為急，諸膽皆不得用仲淳。

清・葉桂《本草再新》卷九　熊膽味甘，性寒，無毒。入肝經。涼心平肝，明目，殺蟲，治驚癇。

清・趙其光《本草求原》卷二〇獸部　熊肉　甘，平，無毒。補虛乏、風痹，筋骨不仁。患寒熱積聚、痼疾者忌食。脂，殺勞蟲。掌，以酒、醋、水三者同煮易熟。能益氣力，禦風寒。其膽，春在首，夏在腹，秋在左足，冬在右足。羆，大於熊，功用同。

清・趙其光《本草求原》卷二〇獸部　熊膽　熊常升木引氣，冬月則不食，舐掌食氣，是足於氣者。故膽苦寒，清心，瀉肝膽，凡膽所同。而獨能辟塵，撲塵水上，投膽少許，即豁然而開為真，是其所獨。是陰寒而有陽動之氣，能暢肝膽氣血，通周身經絡而開邪結，故明目去瞖，同冰片點，如淚瀋，加生薑粉。治初生目閉，搽之，内服四物，加甘草、花粉。腸風，痔瘻、惡瘡，同豬膽、冰片搽。驚癇，蟲心痛，畜血、血淋，俱水服。牙蟲，同豬膽、冰片搽。中箭弩，塗之，更用雄黃酒服。疳瘦，同君子肉米飲下。耳鼻各瘡，時熱黄疸，喉痹，皆熱毒閉結之病。同竹瀝，更治驚癇。暑痢。目疾由肝腎虛，不由肝脾熱壅，閉寒氣血者，諸膽均忌。一法以少許研滴水中，掛下如線，直至水底不散者真。

清・葉志詵《神農本草經贊》卷一　熊脂　味甘，微寒。主風痹不仁，筋急，五藏腹中積聚，寒熱，羸瘦，頭瘍白禿，面皯皰。久服強志，不飢輕身。生山谷。

威示共侯，行知適館。導氣枝懸，蟄冬穴暖。玉共酥凝，膏流霜滿。燃照爭明，短檠休伴。

《周禮》：大射諸侯則共熊侯。李時珍曰：熊行山中，雖數千里必有跧伏之所，山中人謂之熊館。《詩》：適子之館兮。《漢書・傳》注：古之仙者，為導引之事，若熊之攀枝自懸也。《西陽雜俎》：冬蟄不食。陶弘景曰：熊脂乃背上肪，色白如玉。陸游詞：雪暖酥凝。沈約詩：夙昔玉霜滿。日華子曰：燃燈烟損人眼。程俱詩：何人勸之照，燭燎皆爭明。陸游詩：且作短檠伴。

清・文晟《新編六書》卷六《藥性摘錄》　熊　肉，甘，平。補虛乏，去風痹。羸者忌食。〇脂，即熊白，味美，殺癆蟲。煎煉入藥，勿近人陰。〇掌，甘美，食之可禦風寒，益氣力。〇膽，治黄疸，小兒驚癇，久痔不瘥。〇羆，大與熊，功用相同。

熊膽　苦，寒。入心肝，兼入大腸。〇涼心平肝，治心痛目赤瞖障，惡瘡痔漏，黄疸，久痢疳䘌。取少許，研，滴水中，掛如線，直至水底者真。

清・張仁錫《藥性蒙求・獸部》　熊膽　熊膽苦寒，涼心明目。五痔塗之，殺蟲亦可。又能平肝瀉熱，治驚癇實熱之症。虛人忌。〇通明者佳。善解辟塵，水上投胆米許，即開。

清・王孟英《隨息居飲食譜・毛羽類》　熊肉　甘，溫。補虛損，殺勞蟲，治風痹筋骨不仁。有錮疾者忌食。其蹯俗呼熊掌益氣力，禦風寒。極難胹，須用石灰沸湯剝淨，以酒、醋、水三件同封固，微火煮一晝夜，大如皮毬，白肉紅絲，色味豔美。其背上脂惟冬月有之，名熊白，功與肉同，味更美。其膽入藥，治疔疽，去瞖，息驚，為珍品。

清・田綿淮《本草省常・禽獸類》　熊掌　一名熊蹯。性溫。禦風寒，益氣力。

清・陳其瑞《本草撮要》卷八　熊膽　味苦，寒，入足厥陰經。功專涼心平肝，明目殺蟲，治驚癇五痔。實熱宜之，虛者忌。性善辟塵，撲塵水上，投膽米許即開。肉補虛羸。掌禦風寒，益氣力，美品也。

清・吴汝紀《每日食物却病考》卷下　熊附掌、膽。　肉，甘，平，無毒。治風痹，筋骨不仁。有痼疾及有積聚寒熱者，不可食之，永不治也。其味之美在掌，以冬蟄不食，飢則自舐其掌，食之可禦寒益氣力。膽，味苦，氣寒。苦入心，寒勝熱，故能涼心平肝，療時氣盛熱，驚癇瞖障，殺蟲，治惡瘡、齒鼻疳痔諸病也。

薄辰

明・姚可成《食物本草》卷一四獸部・野獸類　薄辰生雲南鶴慶府山野間。大如狐而人立，手足類熊，炙之甚美。薄辰肉，味甘，溫，無毒。食之補中，暖脾

胃，利血脉，止洩痢。掌甚美，食之補真元，令人多子。

羆

明・盧和、汪穎《食物本草》卷三獸類　羆　大於熊，貌佀虎，貓佀虎而淺毛。三獸俱陽物，用同熊、虎。

明・李時珍《本草綱目》卷五一獸部・獸類　羆、魋音頹。時珍曰：熊、羆、魋，三種一類也。如豕色黑者，熊也；大而色黄白者，羆也；小而色黄赤者，魋也。建平人呼魋爲赤熊，陸璣羆爲黄熊是矣。羆，頭長脚高，猛憨多力，能拔樹木，虎亦畏之。遇人則人立而攫之，故俗呼爲人熊。關西呼猳熊。羅願《爾雅翼》云：熊有猪熊，形如豕；有馬熊，形如馬。即羆也。或云羆即熊之雄者。其白如熊白，而理粗味減，功用亦同。

明・穆世錫《食物輯要》卷四　羆　大於熊；貌似虎；猫似虎，淺毛。三獸俱屬陽，功用與熊、虎相同。

清・何其言《養生食鑑》卷下　羆　大於熊，功用相同。

清・汪紱《醫林纂要探源》卷三　羆　甘，溫。亦黄而大者，今所謂馬熊也。長頸長鬣，高脚，力尤猛，摯而憨，善矯引屈伸，以舒筋力。功用同熊。肉稍粗。膽、脂：功用皆同熊。心胸間有白毛，作十字，此處脂尤厚，謂之熊白。

魋

清・汪紱《醫林纂要探源》卷三　魋　甘，溫。黄色而小者，今所謂狗熊也。功用同。

猯

宋・唐慎微《證類本草》卷一八獸部下品〔唐・蘇敬《唐本草》〕　猯音湍肉、胞、膏　味甘，平，無毒。主上氣乏氣，欬逆。酒和三合服之，日二。又主馬肺病，蟲顙等病。

肉：主久水脹不差、垂死者，作羹臛食之，下水大效。

胞：乾之。湯摩如雞卵許，空腹服。吐諸蠱毒。

〔宋・馬志《開寶本草》〕按：陳藏器《本草》云：猯脂，主傳尸鬼氣疰忤。銷於酒中服之。亦殺馬漏脊蟲瘡，服丹石人食之良。一名貛㹠，極肥也。《唐本》先附。

〔宋・掌禹錫《嘉祐本草》〕按：孟詵云：猯，主服丹石，勞熱，患赤白痢多時不差者，可煮肉，經宿露中，明日空腹和醬食之，一頓即差。又，瘦人可和五味煮食，令人長脂肉肥白。曾服丹石，可時時服之，丹石惡發熱，服之妙。

〔宋・唐慎微《證類本草》〕《食療》：肉，平，味酸。骨，主上氣咳嗽，炙末，酒和三合服之。日二，其嗽必差。《聖惠方》：治十種水不差垂死。用猯肉半斤，切，粳米三合，水三升，葱、椒、薑、豉作粥食之。《食醫心鏡》：主肺痿，上氣氣急。煎成猯猪膏，一合暖酒和服。

宋・寇宗奭《本草衍義》卷一六　猯　肥矮，毛微灰色，頭連脊毛一道黑，嘴尖黑，尾短闊，蒸食之極美。貉，形如小狐，毛黄褐色，野獸中猯肉最甘美，仍益瘦人。

宋・王繼先《紹興本草》卷一九　猯　紹興校定：猯乃野猪類也。肉、胞、膏、骨《經》注雖各分主治，皆未聞諸方驗據。當從《本經》味甘、平、無毒是矣。如引《聖惠》治水病，用此肉與葱、椒、薑、豉作粥食之，尤非所宜也。

宋・鄭樵《通志》卷七六《昆蟲草木略》　猯　亦謂之貛。《爾雅》云：猯子，貗。猯、貗，音湍、寠。猯似豕而肥。

宋・陳衍《寶慶本草折衷》卷一五　猯音湍。一作貒。肉○骨附。一名猯猪。一名貛㹠。○又云：一名猯㹠。○所出與野猪、豪猪同。○貛，呼官切。一作獾。

味甘、酸，平，無毒。○主久水脹，作羹臛食之效。○孟詵云：患赤白痢，煮肉，經宿露中，明日空腹和醬食，差。又瘦人和五味煮食之，令脂肉肥白。服丹石發熱服之妙。○《圖經》曰：貒似狗，尖喙。主虚勞，行風氣，利藏腑，殺蟲分狐條。○寇氏曰：猯肥矮，毛微灰色。益瘦人。

附：骨。○主上氣咳嗽，炙末，酒叁合服之。

元・吴瑞《日用本草》卷三　猯肉　味甘，平，無毒。主上氣欬逆，水脹不差，垂死，作羹臛食。　胞：乾之，湯磨，如雞卵許，空腹服，吐諸蠱毒。脂：主傳尸鬼疰，銷於酒中服之。亦治赤白痢，殺馬漏瘡。

明・劉文泰《本草品彙精要》卷二五　猯膏無毒。附肉、胞、貛、貉。

猯音湍膏：主上氣、乏氣，欬逆，酒和三合服之，日二。又主馬肺病，蟲顙等病。○肉，主久水脹不瘥，垂死者，作羹臛食之，下水，大效。○胞，乾之，湯摩如雞卵許，空腹服，吐諸蠱毒。名醫所錄。

【地】《本經》不載所出州土，今山林間或有之。《衍義》曰：此獸肥矮，毛微灰色，頭連脊毛一道黑，嘴尖尾短闊。野獸中猯肉最甘美，蒸食之，益瘦人。【收】瓷器盛之。【用】膏。【味】甘。【性】平，緩。【氣】氣厚于味，陽中之陰。【臭】

腥。〖治〗療：陳藏器云：貒脂，殺馬漏脊蟲瘡。○貛肉，主小兒疳瘦，啖之殺蛔蟲。補：《衍義》曰：貒肉，益瘦人，長脂肉。○貉肉，主元臟虚劣及女子虚憊。〖合治〗脂銷於酒中服，治傳屍，鬼氣，疰忤。○肉煮經宿露中，空心和醬食，治服丹石勞熱，患赤白痢多時不瘥者。○骨炙末，合酒服三合，治上氣欬嗽。○肉半斤，切，和粳米三合，水二升，合葱、椒、薑、豉作粥食之，治十種水不瘥垂死者。○貒脂膏煎一合，和暖酒服，治肺痿氣急。〖解〗肉，服丹石人食之，良。

明·盧和、汪穎《食物本草》卷三獸類 貒 肉、胞、膏，味甘，平，無毒。主上氣，乏氣欬逆，酒和服之。又水脹不差者，以肉作羹臛食之。胞，乾磨服，吐蠱毒，立効。

貛猪 肉，甘美，作羹臛食之，下水腫大効。又云：味酸，平。主丹石熱及久患赤白痢，瘦人食之長肌肉肥白。脂，主傳屍鬼氣，肺痿氣急，酒食之。胞，吐蠱毒。

明·許希周《藥性粗評》卷四 長肥白於貒膏。

貒膏，野猪中矮短而豐澤者也。江南山谷處處有之。其肉極肥，比家猪尤為甘美，野味中之可佳者也。 味甘，性平，無毒。 主治癆傷瘦損，上氣欬逆，赤白久痢。和五味烹食，令人肥白，長脂肉。

單方： 十種水： 凡患水氣不差，垂死者，貒肉半斤，切，粳米三合，水二升，葱、椒、薑、豉作粥食之，水自消。 赤白痢： 日久不差者，貒肉不拘多少，煮熟，露過一夜，次日和醬空腹食之，一頓即差。

明·王文潔《太乙仙製本草藥性大全》卷七《本草精義》 貒肉 一名貛㹠。極肥矮，毛微灰色，頭連脊毛一道黑，嘴尖黑，尾短，悶蒸食之極美。貉，形如小狐，毛黄褐色。野獸中貒肉最甘美，仍益瘦人。服丹勞熱，患赤白痢多時不差者，可煮肉經宿露中，明日空腹和醬食之，一頓即差。又瘦人可和五味煮，令人長脂，肉肥白。曾服丹石，可時時服之，丹石惡發熱服之妙也。貒與貛、貉三種，大抵相類，頭足小爲別爾。《爾雅》云：貒，一名貛。乃是一物。然方書說其形差別也。今方書即稀用之。

明·王文潔《太乙仙製本草藥性大全》卷七《仙製藥性》 貒肉、胞、膏 味甘，氣平，無毒。 主治： 肉，主上氣乏氣，咳逆神方。治馬肺、蟲顙等病妙藥。 補註： 久水脹不差，垂死者，作羹臛食之，下水大效。○上氣咳嗽，炙末酒和三合服之，日二，其嗽必差。○治十種水不差，垂死，用貒肉半斤切，粳米三合，水三升，葱、椒、薑、豉作粥食。 貒脂膏： 主傳屍鬼氣疰忤。療馬病漏脊蟲瘡。 補註： 主傳屍鬼氣疰忤，銷於酒中服之。亦殺馬漏脊蟲瘡。服丹石人食之良。○主肺痿上氣，氣急，煎成貒脂膏一合，暖酒和服。 貒胞： 收取陰乾，摩和鷄卵，善主諸蟲毒，空心服效。

明·皇甫嵩《本草發明》卷六 貒一名貛。肥矮尖嘴，毛微灰色，頭連脊毛一道黑，尾黑短闊，蒸食甚美。 肉胞膏，味甘，平。 主上氣乏氣欬逆，酒和三合服之。又主馬肺病，蟲顙等病。○肉，主久水脹不差，垂死者，作羹臛食之，下水大效。○胞，乾之，湯摩如雞卵許，空腹服，吐諸蠱毒。○註云：貒脂主傳尸鬼氣疰忤，銷于酒中服之，亦殺馬漏脊蟲瘡。服丹石人食之良。《衍義》曰：獸中貒肉最美，仍益瘦人。

明·李時珍《本草綱目》卷五一獸部·獸類 貒音湍。《唐本草》。

〖釋名〗貛㹠藏器 猪貛時珍曰：貒，團也，其狀團肥也。《爾雅》云：貒子曰貗，其足蹯，其迹内。蹯，足掌也。内，指頭迹也。 〖集解〗頌曰：貒，似犬而矮，尖喙黑足，褐色。與貛、貉三種，大抵相類，而頭、足小別。郭璞注《爾雅》云：貒，一名貛，以爲一物，然方書說其形狀差別也。宗奭曰：貒肥矮，毛微灰色，頭連脊毛一道黑，短尾，尖嘴而黑。蒸食極美。時珍曰：貒即今猪貛也。處處山野間有之。穴居，狀似小猪㹠，形體肥而行鈍。其耳聾，見人乃走。短足短尾，尖喙褐毛，能孔地食蟲蟻瓜果。其肉帶土氣，皮毛不如狗貛。蘇頌所注乃狗貛，非貒也。郭璞謂貛即貒，亦誤也。

肉 〖氣味〗甘，酸，平，無毒。 〖主治〗水脹久不瘥、垂死者，作羹食之，下水大效蘇恭。○《聖惠》用粳米、葱、豉作粥食。服丹石動熱，下痢赤白久不瘥，煮肉露一宿，空腹和醬食，一頓即瘥。瘦人煮和五味食，長肌肉孟詵。宗奭曰：野獸中惟貒肉最甘美，益瘦人。治上氣虚乏，咳逆勞熱，和五味煮食吴瑞。

膏 〖主治〗蜣螂蠱毒，胸中哽噎怵怵如蟲行，咳血，以酒和服，或下或吐或自消也崔行功。

胞 〖主治〗蠱毒，以臘月乾者，湯摩如鷄子許，空腹服之《唐本草》。

骨 〖主治〗上氣咳嗽，多研，酒服三合，日二，取瘥孟詵。

明·穆世錫《食物輯要》卷四 猪貛 肉，味甘酸，平，無毒。壓丹石毒。和五味食，益氣血，長肌肉，去勞熱水脹，上氣咳逆，赤白痢疾。脂，治傳尸鬼疰，肺痿氣急咳血。同酒服，殺蟲，或吐出，或下。

明・吴文炳《藥性全備食物本草》卷二 貒肉 一名貛純。 極肥矮，毛微灰色，頭連脊毛一道黑，嘴尖黑，尾短，悶蒸食之極美。貉形如小狐，毛黄褐色。野獸中貒肉最甘美，仍益瘦人。服丹勞熱，患赤白痢，多時不差者，可煮肉經宿露中，明日空腹和醬食之，一頓即差。又瘦人可和五味煮，令人長脂肉肥白。曾服丹石可時時服之，丹石惡發熱服之妙也。貒與貛、貉三種大抵相類，頭足小為別爾。 胞：收取陰乾，摩和雞卵，善主諸蠱毒，空心服効。 脂膏：主傳屍鬼氣疰忤，療馬病漏脊，蟲瘡，用塗之良。

明・應麐《食治廣要》卷六 貒音湍，即猪貛。 肉：氣味：甘、酸，平，無毒。 主治：水腫久不瘥，服丹石動熱，下痢赤白，上氣虚乏欬逆。

明・姚可成《食物本草》卷一四獸部・野獸類 貒音湍。一名猪貛。處處山野間有之，穴居。狀似小猪豘，形體肥而行鈍，其耳聾，見人乃走。短足短尾，尖喙褐毛，能孔地入，蟲蟻瓜果為其所啖。其肉微帶土氣，皮毛不如狗貛。貒與貛自是兩種，或以為一物，誤矣。 貒肉：味甘、酸，平，無毒。治水脹久不瘥，垂死者，作羹食之，下水大效。服丹石動熱，下痢赤白久不瘥，煮肉露一宿，空腹和醬食，一頓即瘥。瘦人煮和五味食，長肌肉。寇宗奭曰：野獸中惟貒肉最甘美，益瘦人，治上氣虚乏，欬逆勞熱，和五味煮食。 膏：治蜣螂蠱毒，胸中哽噎，怵怵如蟲行，欬血，以酒和服，或下、或吐、或自消也。 胞：治蠱毒，以臘月乾者，湯摩如雞子許，空腹服之。 骨：治上氣欬嗽，多研，酒服三合，日三，取瘥。

明・施永圖《本草醫旨・食物類》卷四 貒音湍，名豬貛。似犬而矮，尖喙黑足，褐色，與貛、貉三種大抵相類，而頭足小別。 肉：味甘、酸，平，無毒。治水脹久不瘥垂死者，作羹食之，下水大效。服丹石動熱，下痢赤白久不瘥，煮肉露一宿，空腹和醬食，一頓即瘥。瘦人煮和五味食，長肌肉。野獸中，惟貒肉最甘美，益瘦人。治上氣虚乏，欬逆勞熱，和五味煮食。 膏：治：蜣蜋蠱毒，胸中哽噎，怵怵如蟲行，欬血，以酒和服，或下，或吐，或自消也。 胞：治：蠱毒，以臘月乾者，湯摩如雞子許，空腹服之。 骨：治：上氣欬嗽，多研，酒服三合，日二，取瘥。

清・丁其譽《壽世秘典》卷四 貒一名猪貛，處處山野間有之，穴居，狀似小猪豘，形體肥而行鈍，其耳聾，見人乃走，短足，短尾，尖喙，褐毛，能孔地食蟲蟻、瓜果，其肉帶土氣，皮毛不如狗貛。寇宗奭曰：貒肥矮，毛微灰色，頭連脊毛一道黑，短尾尖嘴而黑，蒸食極美。 氣味：甘、酸，平，無毒。治水脹久不瘥垂危者，作羹食之，大効。和五味煮食，長肌肉，益瘦人。

清・朱本中《飲食須知・獸類》 猪貛肉狗貛 味甘、酸，性平。其耳聾，見人乃走，能孔地食蟲蟻瓜菓。其肉帶土氣。狗貛，性味與貒相同。貒即猪貛。

清・何其言《養生食鑒》卷下 貒音湍，即猪貛也。山野間有之，穴居，狀似小猪豘，形體肥而行鈍，其耳聾，見人乃走，短足短尾，尖喙褐毛，能孔地食蟲蟻、瓜菓。 貒肉：味甘、酸，性平，無毒。作羹食之，下水腫，治久痢大效。瘦人食之，長肌肉，肥白。 膏：治蜣螂蠱毒，胸中哽噎，怵怵如蟲行，欬血，以酒和服，或下，或吐，或自消也。

清・吴儀洛《本草從新》卷六 猪貛古名貒。音端。 甘，酸，平。長肌肉，瘦人和五味煮食。宗奭曰：野獸中唯貒肉最甘美，益瘦人。治上氣虚乏，咳逆勞熱，和五味煮食。水脹久不瘥，垂死者，作羹食之，下水大效。《聖惠方》用粳米、葱、豉作粥食。服丹石動熱，下痢赤白久不瘥。煮肉露一宿，空腹和醬食一頓即瘥。

清・汪紱《醫林纂要探源》卷三 地豬 甘，鹹，平。似豬非豬類，類貉亦非貉。一名豬貛。一名貒。足短，而爪非蹄，色褐。 補中，益氣血。殺蟲，治疳積。亦能掘地，食蛇蟲。

題清・徐大椿《藥性切用》卷八 豬貛 古名貒。甘酸性平，煑食甘美，長肌肉，益人。

清・趙學敏《本草綱目拾遺》卷九獸部 貒油 貒，即貛字。所在山澤有之，穴居食蟲鼠。劉仲旭云：北直河堤一帶尤多，穴岸而居，最為堤防之患，守河兵卒多捕之。一說，貒入蟄時，必食蜂，始過冬不飢。有人於初冬發其蟄穴，得貛破腹，其肚胃中猶有蜂。貛腹中皮為蜂螫，輒厚數寸，或藉此不飢，此說亦未可深信。堤民得貒脂，多市煤廠，作地燈非此不可，他油輒為地風吹滅，惟貒油作燈，能禦地風也。

入膏中，拔濕如神：繆仲涫《廣筆記》：趙府膏藥中用之。 治頭上白禿：《集驗》：用貛油火烤擦三四次，即愈。如年久者，恐不生髮，以枸杞子煎湯飲。 痔瘡：劉怡軒云：一切内外痔，貒油塗上，立效。 欬血，胸中哽噎，怵怵如蟲行者：《不藥良方》：豬貛油入酒和服，或下或吐，或自消也。

清·章穆《調疾飲食辯》卷五　猯　一名獾㹠，一名猪獾。《爾雅》曰：貒子貗。《綱目》曰：形似小猪，體肥行鈍，耳聾，見人乃走。《唐本草》曰：水脹垂死者，作羹食大效。《食療本草》曰：赤白久痢，煮熟，露一宿，空腹和醬食，一頓即瘥。瘦人食之長肌肉。《衍義》亦曰：最益瘦人。《日用本草》曰：治欬逆勞熱。

清·文晟《新編六書》卷六《藥性摘錄》　猯　即豬猯。甘酸，性平。作羹食，下水腫，治久痢大効。瘦人食之，令肥白。

清·王孟英《隨息居飲食譜·毛羽類》　貒肉一名猪貛。甘，溫。補羸瘦，長肌，下氣，平欬逆勞熱，水脹久痢，煑食即瘳。野獸中佳品也。

清·陳其瑞《本草撮要》卷八　猪獾　味甘酸，平，入手足太陰經，功專長肌肉。野獸中貒肉為最美。治上氣虛乏，咳逆勞熱。水脹久不瘥，得粳米、葱、豉作粥食，神效。

山獺

明·李時珍《本草綱目》卷五一獸部·獸類　山獺《綱目》

【集解】時珍曰：山獺出廣之宜州嵠峒及南丹州，土人號爲插翹。其性淫毒，山中有此物，凡牝獸皆避去，獺無偶則抱木而枯。猺女春時成群入山，以採物爲事。獺聞婦人氣，必躍來抱之，次骨而入，牢不可脱，因扼殺之。負歸，取其陰一枚，直金一兩，若得抱木死者尤奇貴。峒獠甚珍重之，私貨出界者罪至死。然本地亦不常有，方士多以鼠璞、猴胎僞之。試之之法，但令婦人摩手極熱，取置掌心，以氣呵之，即趯然而動，蓋陰氣所感也。此說出范石湖《虞衡志》、周草窗《齊東野語》中，而不載其形狀，亦缺文也。

陰莖　【氣味】甘，熱，無毒。　【主治】陽虛陰痿，精寒而清者，酒磨少許服之。獠人以爲補助要藥時珍。

骨　【主治】解藥箭毒，研少許敷之，立消時珍。

明·穆世錫《食物輯要》卷四　山獺　肉，不宜食。陰莖，味甘，性熱，無毒。治陽虛陰痿精清寒。酒磨少許，頻服，大有補助之功。骨，解藥箭毒，研少許敷之，立消。

明·繆希雍《本草經疏》卷三〇　山獺陰莖　味甘，熱，無毒。主陽虛陰痿精寒。

此物出廣之宜州嵠峒及南丹州。土人號為插翹。其性婬毒，山中有此物，凡牝獸皆避去。獺無偶則抱木而枯。猺女春時成群入山，以采物為事。獺聞婦人氣，必躍來抱之，刺骨而入，牢不可脫，因扼殺之。負歸取其陰，一枚值金一兩。若得抱木死者，尤奇貴。峒獠甚珍重之，私貨出界者，罪至死。本地亦不常有，多偽者。試之之法，但令婦女摩手極熱，取置掌心，以氣呵之，趯然而動者為真。

明·姚可成《食物本草》卷一四獸部·野獸類　山獺李時珍曰：山獺出廣之宜州嵠峒及南丹州，土人號為插翹。其性淫毒，山中有此物，凡牝獸皆避去。獺無偶則抱木而枯。猺女春時成群入山，以采物為事。獺聞婦人氣，必躍來抱之，刺骨而入，牢不可脫，因扼殺之。負歸，取其陰一枚，直金數兩，若得抱木死者尤奇貴。峒獠甚珍重之，私貨出界者罪至死。然本地亦不常有，方士多以鼠璞、猴胎偽之。試之之法，但令婦人摩手極熱，取置掌心，以氣呵之，即趯然而動，蓋陰氣所感也。此說出范石湖《虞衡志》、周草牕《齊東野語》中，而不載其形狀，亦缺文也。

山獺肉：　味甘，溫，無毒。主補元氣，扶命門。　陰莖：　主陽虛陰痿，精寒而清者，酒磨少許服之。獠人以為補助要藥。　骨：　解藥箭毒，研少許敷之，立消。

明·顧逢柏《分部本草妙用》卷一〇獸部　山獺　甘，熱，無毒。其陰一枚，值金一兩。方以猴胎偽之。但令婦人摩手極熱，取置掌中，以氣呵之，即躍動者真也。　陰莖：　主治：　陽虛陰痿，精寒而清者，酒磨少許服之。獠人以為補助要藥。骨，解藥箭毒如神。

明·施永圖《本草醫旨·食物類》卷四　山獺方士多以鼠璞、猴胎偽之。試之之法，但令婦人摩手極熱，取置掌心，以氣呵之，即趯然而動，蓋陰氣所感也。　陰莖：　味甘，熱，無毒。治：　陽虛陰痿，精寒而清者，酒磨少許服之。獠人以為補助要藥。　骨：　治：　解藥箭毒，研少許，敷之立消。

清·丁其譽《壽世秘典》卷四　山獺出廣之宜州溪峒及南丹州，土人號為插翹。其性淫毒，山中有此物，凡牝獸悉避去，獺無偶則抱木而枯。瑤女春時成群歌嘯山谷，以尋藥、採物為事。獺聞婦人氣，必躍來抱之，粘骨而入牢不可脫，因扼殺之，負歸。取其陰一枚，直金數兩，若得抱木死者尤奇貴。峒獠甚珍重之，私貨出界者，罪至死。然本地亦不常有，得其一則其人立可致富。宜中州之多偽也，方士多以鼠璞、猴胎充之。試之之法，令婦人摩手極熱取置掌心，以氣呵之，即趯然而動，蓋為陰氣所感故耳。惜諸書不載，其形狀亦缺文也。

陰莖：　氣味：　甘，熱，無毒。治陽虛陰痿，以酒磨少許服之，立驗。獠人以為補助要藥。　骨：　解藥箭毒，研少許敷之，立消。

清·朱本中《飲食須知·獸類》　山獺肉　不宜食。其陰莖為補助要

藥。骨解藥箭毒，研少許敷之立消。

清・李熙和《醫經允中》卷二二　山獺莖　甘，熱，無毒。其陰一枚值金一兩，方以猴胎僞之。令婦人摩手極熱，取置掌中，以氣呵之即躍動者真也。主治陽虛陰痿，精寒而清者，酒磨少服之。獠人以為補助要藥。骨解藥箭毒如神。

清・张璐《本經逢原》卷四　山獺莖　甘，熱，無毒。發明：　山獺稟南奧純陽之氣，故其性最淫。專主陽虛陰痿精寒，山中有此，凡牝獸皆避去，獺無偶則抱木而枯。猺女春時入山，獺聞婦人氣，躍來抱合，牢不可脱，因扼殺而取之也。

清・王道純《本草品彙精要續集》卷五　山獺陰莖無毒。骨附。　胎生。

山獺陰莖：　主陽虛、陰痿，精寒而清者，酒磨少許服之。獠人以爲補助要藥。〇骨，主解藥箭毒，研少許傅之，立消《本草綱目》。【名】插翹。【地】李時珍云：　山獺，出廣之宜州嵠峒及南丹州，土人號爲插翹，其性淫毒，山中有此物，凡牝獸皆避去。獺無偶則抱木而枯。獠女有時成群入山，以採物爲事，獺聞婦人氣，必躍來抱之，次骨而入，牢不可脱，因扼殺之。負歸取其陰，一枚直金一兩，若得抱木死者，尤奇貴。峒獠甚珍重之，私貨出界者，罪至死。然本地亦不常有。【時】生：　無時。【用】陰莖及骨。【味】陰莖味甘。【性】熱。【氣】厚陽也，升也。【代】方士多以鼠璞、猴胎假爲之。【贋】試之之法，但令婦人摩手極熱，取置掌心，以氣呵之，即趯然而動。蓋陰氣所感也。此説出范石湖《虞衡志》、周草窗《齊東野語》中而不載其形狀，亦缺文也。

清・趙其光《本草求原》卷二〇獸部　山獺陰莖　此物純陽，性淫，凡獸牝及婦人遇之，皆抱合難脱。故甘，熱，無毒。治陰痿。精冷而清。酒磨少許服。

水獺

唐・孫思邈《千金要方》卷二六《食治・鳥獸》　獺肝　味甘，有小毒。主鬼疰蠱毒，却魚鯁，止久嗽。皆燒作灰，酒和服之。獺肉：　味甘，溫，無毒。主時病疫氣，牛馬時行病。皆煮取汁，停冷服之，六畜灌之。

宋・唐慎微《證類本草》卷一八獸部下品〔《别録》〕　獺肝　味甘，有毒。主鬼疰蠱毒，卻魚鯁，止久嗽，燒服之。〔宋・掌禹錫《嘉祐本草》〕按：《藥性論》云：　獺肝，君，味鹹，微熱，無毒。能治上氣咳嗽，勞損疾，尸疰，瘦病。其骨治嘔噦不止。《藥對》云：　獺肝，平。孟詵云：　獺肝，主疰病。相染一門悉患者，以肝一具火炙末，以水和方寸匕服之，日再服。謹按：　服之下水脹，但熱毒風虛脹，服之即差。若是冷氣虛脹，食益虛腫甚也。只治熱不治冷，不可一概爾。日華子云：　獺肝，治虛勞并傳尸勞疾。

肉：　療疫氣溫病及牛、馬時行病。煮屎灌之亦良。

〔梁・陶弘景《本草經集注》〕云：　獺有兩種：　有獱音賓獺，形大，頭如馬，身似蝙蝠，不入藥用。此當取以魚祭天者。其骨亦療食魚骨鯁，有牛、馬家，可取屎收之。多出溪岸邊，其肉不可與兔肉雜食。

〔唐・蘇敬《唐本草》〕注云：　《别録》云：　獺四足，主手足皸裂。

〔宋・馬志《開寶本草》〕按：　《陳藏器本草》云：　獺主魚骨鯁不可出者，取足於項下爬之，亦煮汁食。皮毛，主水癊病者，作褥及履屧著之并煮汁服。屎主魚臍瘡。研傅之，亦主驢馬蟲顙，細研灌鼻中。

〔宋・掌禹錫《嘉祐本草》〕按：　日華子云：　獺肉，平，無毒。治水氣脹滿，熱毒風。

〔宋・蘇頌《本草圖經》〕曰：　獺，舊不著所出州土，今江湖間多有之。北土人亦馴養以爲翫。《廣雅》一名水狗。然有兩種：　有獱音賓獱或作猵音頻獺形大，頭如馬，身似蝙蝠。《淮南子》云：　養池魚者，不畜獱獺。許慎注云：　猵，獺類是也。入藥當以取魚祭天者，其肉性寒。主骨蒸熱勞，血脉不行，營衛虛滿，及女子經絡不通，血熱，大小腸秘澁。然消陽氣，不益男子，宜少食。五藏及肉皆寒，惟肝溫。主傳尸勞極，四肢寒瘧，虛汗客熱，亦主產勞。諸畜肝皆葉數定，惟此肝一月一葉，十二月十二葉，其間又有退葉。用之須見形乃可驗，不爾多僞也。張仲景有治冷勞獺肝丸方。又主鬼疰，一門相染者，取肝一具火炙之，水服方寸匕，日再。崔氏治九十種蠱疰及傳尸、骨蒸、伏連殗殜、諸鬼毒癘疫等獺肝丸。二方俱妙。腎，主益男子。足，主魚骨鯁，項下爬，亦煮汁飲之。皮毛，主水癊病。屎，主魚臍瘡。膽，主眼瞖黑花，飛蠅上下，視物不明。亦入點藥中。

〔宋・唐慎微《證類本草》〕《食療》：　患咳嗽者，燒爲灰，酒服之。肉，性寒，無毒。煮汁治時疫及牛、馬疫，皆煮汁停冷灌之。又，若患寒熱毒，風水虛脹，即取水獺一頭，剝去皮，和五藏，骨，頭，尾等，炙令乾，杵末，水下方寸匕，日二服，十日差。《外臺秘要》：　治魚骨鯁，含水獺骨即下。《千金翼》：　治鬼魅。水服獺肝末，日三服，差。《經驗後方》：　治折傷。水獺一箇，用罐子内以泥固濟，放乾，燒灰細末。以黄米煮粥，於傷處攤，以水獺一錢末粥上糝，便用帛子裹繫。立止疼痛。《肘後方》：　尸疰鬼疰病者，葛洪云是五尸之一疰，又挾諸鬼邪爲害。其病變動，乃有三十六種至九十九種。大略使人寒熱淋瀝，沉沉默默，不的知其所苦，而無處不惡。累年積月，漸就頓滯，以至於死。死後傳以

傍人，乃至滅門。覺如此候者，便宜急治，獺肝一具，陰乾杵末，水服方寸匕，日三，未差再作。姚云神效。又方：治腸痔，大便常有血。燒獺肝，服一錢匕。又方：療牛疫疾。獺屎二升，湯淋取汁灌之。《古今録驗》：療重下下赤者。取獺赤糞下白者，取白糞燒末，清旦空腹以飲服一小杯，三旦飲之愈。《子母秘録》：易産，令母帶獺皮。《西陽雜俎》云：吳孫和寵鄧夫人，嘗醉舞如意誤傷鄧頰，血流啼叫彌苦。命吳太醫合藥。曰：得白獺髓，雜玉與琥珀屑，當滅此痕。和以百金購得白獺合膏，琥珀太多，及差不滅，左頰赤點如痣。

宋・寇宗奭《本草衍義》卷一六 獺 四足俱短，頭與身、尾皆褊，毛色若故紫帛。大者，身與尾長三尺餘，食魚，居水中，出水亦不死；亦能休於大木上，世謂之水獺。嘗縻置大水甕中，於其間旋轉如風，水爲之成旋，蠪起，四面高，中心凹下，觀者駭目。皮，西戎將以飾毳服領、袖。問之，云：垢不著，如風霾翳目，即就袖口飾目中即出。又毛端果不着塵，亦一異也。又《本草・敘例》言：獺膽分杯，嘗試之，不驗；惟塗於盞唇，但使酒稍高於盞面。分杯之事，亦古今傳誤言也，不可不正之。肝，用之有驗。

宋・王繼先《紹興本草》卷一九 獺 紹興校定：獺乃野生之物，多於江湖池澤傍作穴，能入水食魚，其肉雖有主治，未聞起疾驗據。唯肝治尸疰，諸方間有用之，今當作味甘、鹹，微毒是矣。

宋・張杲《醫說》卷一〇 獺髓補瘡 吳孫和寵鄧夫人，嘗醉舞如意，誤傷鄧頰，血流嬌惋彌苦。命太醫合藥。言得白獺髓，雜玉與琥珀屑，當滅此痕。和以百金購得白獺，乃合膏，琥珀太多，及差痕不滅，左頰有赤點如誌。《西陽雜俎》。

宋・陳衍《寶慶本草折衷》卷一五 獺肝君。肉、膽、骨、足、皮附。 其獺一名水獺，一名水狗。生江湖間，及北土。○附：肉，不與兔肉雜食。

味甘、鹹，平，溫，無毒。○主鬼疰蠱毒，却魚鯁，止久嗽，燒服之。○《藥性論》云：治上氣欬嗽勞損。○孟詵云：主熱毒風虛脹，服之即差。若冷氣虛脹，食益虛腫。只治熱，不治冷。○《圖經》曰：獺有兩種，有獱獺，頭如馬，身似蝙蝠。入藥當以取魚祭天者。惟肝主傳尸勞疾，四肢寒瘧，虛汗客熱，産勞。此肝一月一葉，十二月十二葉。其間又有退葉。○《肘後方》：治腸痔，燒獺肝，服壹錢。

附：肉。○平，寒，無毒。療疫氣溫病，治水氣脹滿、熱毒風，骨蒸熱勞，血脉不行，榮或作營衛虛滿。又消陽氣，不益男子。附：膽。○味苦，寒。用諸獸膽云。○主眼翳黑花，亦入點藥中。又序例言獺膽分杯，試之不驗，亦古今傳誤言也。附：骨。○治□骨，婦人難産□□差。附：足并爪。○主魚骨鯁，項下爬。亦煮汁飲之。附：皮毛。○主水癃病，作褥及履著之。亦煮汁服。又令易産，母帶獺皮。

元・王好古《湯液本草》卷六 獺肝 味甘，有毒。《本草》云：主鬼疰蠱毒，卻魚鯁，止久嗽。燒灰服之。

元・忽思慧《飲膳正要》卷三 獺 肉，味鹹，平，無毒。治水氣脹滿。療溫疫病，諸熱毒風，欬嗽勞損。不可與兔同食。獺肝，甘，有毒。治腸風下血及主疰病相染。獺皮，飾領袖則塵垢不著。如風沙翳目，以袖拭之即出。又魚刺鯁喉中不出者，取獺爪爬項下即出。

元・吳瑞《日用本草》卷三 獺肉 味甘，性寒，無毒。主疫病相染，溫氣，及骨蒸勞。獺肝：味甘，性溫，有毒。諸畜肝皆葉數定，惟此肝一月一葉，十二月十二葉。其間又有退葉，用之須見形乃可，不爾多偽。主鬼疰蠱毒，上氣欬嗽，勞損疾，屍疰瘦病相染，一門悉患者，急以獺肝一具，火炙末，以水調方寸匕服之，日再服。又腸痔，大便常有血，燒肝服之。糞：主牛馬時有疫疾，煮灌之良。獺爪：主魚骨鯁不可出者，取爪於項下爬之。亦煮汁食之。獺皮：西戎將以飾毳服領袖，能拭目塵，即出。獺膽：分盃，嘗試不驗。惟塗盞唇，令酒稍高於盞面。分盃之事，古今誤傳，不可不正之。肝用之有驗。

明・王綸《本草集要》卷六 獺肝君 味甘鹹，氣微寒，有毒。主鬼疰尸勞，一門相染者，火炙末，和方寸匕，日再服。又治蠱毒，卻魚鯁，止久嗽，燒服之。○肉，療疫氣溫病。又牛馬時行病。又治水氣脹滿。○膽，主明目，亦入點藥中。○屎，主魚臍瘡，研傅之。

明・滕弘《神農本經會通》卷八 獺肝 君也。有兩種，取魚祭天者是。

味甘，有毒。《湯》：同。一云：味鹹，微熱，無毒。一云：平。一云：溫。

《本經》云：主鬼疰蠱毒，却魚鯁，止久嗽，燒服之。《藥性論》云：治上氣欬嗽，勞損疾，屍疰，瘦病。其骨，治嘔噦不止。孟詵云：主疰病相染，一門悉患者，以肝一具，火炙末，水和方寸匕，服之，日再服。下水脹，但熱毒風虛脹，服之即差。若冷氣虛脹，食益虛腫甚也。只治熱，不治冷，不可

一槩爾。日華子云：治虛勞，并傳屍勞疾。《圖經》云：主傳屍勞極，四肢寒瘧，虛汗客熱，亦主產勞。諸畜肝皆葉數定，惟此肝一月一葉，十二月十二葉，須見形乃驗。仲景有治冷勞，獺肝丸方。《湯》云：《本草》同《本經》。《局》云：獺肝熱脹却能醫，冷氣虛膨又不宜。鬼疰傳屍勞瘦病，更兼久嗽也堪治。獺肝，主熱脹，傳屍勞嗽。

獺肉　不可與兎肉雜食。《本經》云：療疫氣溫病，及牛馬時行病，煮屎灌之，亦良。日華子云：肉，平，無毒。治水氣脹滿，熱毒風。《圖經》云：肉，性寒。主骨蒸熱勞，血脉不行，榮衛虛滿，及女子經絡不通，血熱，大小腸秘澁。然消陽氣，不益男子，宜少食。五臟皆寒。

獺四足　《別録》云：主手中皮皸裂。陳藏器云：主魚骨鯁不可出，取足於項下爬之，亦煮汁服。皮毛，主水癊病者，作褥及履屧著之，并煮汁服。屎，主魚臍瘡，研傅之。腎，主益男子。膽，主眼瞖，黑花，飛蠅上下，視物不明，亦入點藥中。

明・劉文泰《本草品彙精要》卷二五　獺肝有毒。附肉、膽等。　胎生。

獺肝：主鬼疰，蠱毒，卻魚鯁，止久嗽，燒服之。○肉，性寒，療疫氣，溫病及牛馬時行病，煮屎灌之亦良。名醫所錄。【名】水狗。【地】《圖經》曰：舊不著所出州土，今江湖土穴間多有之，北土人亦馴養以爲翫。《廣雅》謂之水狗，然有兩種，有獱、音賓，獱或作猵，音頻。獺。形大，頭如馬，身似蝙蝠。《淮南子》云：養池魚者不畜獱、獺。許慎注云：猵，獺類也。入藥當以取魚祭天者是也。凡諸畜肝皆葉數定，惟此肝，一月一葉，十二月十二葉，其間又有退葉，用之須見形，乃可驗，不爾，多偽也。《衍義》曰：四足俱短，頭與身尾皆褊，毛色若故紫帛，大者身與尾長三尺餘，食魚居水中，出水亦不死，亦能休於大木上，世謂之水獺。嘗縻置大水甕中，於其間旋轉如風，水爲之成旋壠起，四面高，中心凹下，觀者駭目。皮，西戎將以飾毳服領袖，問之云：垢不著，如風霾瞖目，即就袖口拭目中即出。又毛端果不著塵，亦一異也。或云獺膽分杯，嘗試之，不驗，惟塗於盞唇，但使酒稍高於盞面，分杯之事亦古今傳誤言也，不可不正之。肝用之有驗。【時】生：無時。採：無時。【用】肝、肉、膽、足、骨、屎、皮、毛。【色】紫。【味】甘，鹹。【性】微熱。【氣】氣厚味薄，陽中之陰。【臭】腥。【主】虛勞，欬嗽。【製】細研或燒灰用之。【治】療：《圖經》曰：肉，治婦人骨蒸熱勞，血脈不行，榮衛虛滿，及女子經絡不通，血熱，大小腸秘澀。○肝，治傳屍勞極，四肢寒瘧，虛汗客熱，及產勞，冷勞，並鬼疰一門相染者，取肝一具，火炙，水服方寸匕。又治九十種蠱疰傳屍，骨蒸，伏連殗殜，諸鬼毒癘疫等，俱妙。○足，治魚骨鯁，項下爬之即下，亦煮汁飲之。○皮毛，治水癊病者，作褥及履屧著之，並煮汁服。○屎，治魚臍瘡。○膽，治眼瞖黑花，飛蠅上下，視物不明。《唐本》注云：四足，治手足皸裂。○屎，治驢馬蟲顙，細研，灌鼻中。《藥性論》云：肝，治上氣，欬嗽，勞損疾，屍疰，瘦病。○骨，治嘔噦不止。日華子云：肉，治水氣脹滿，熱毒風。孟詵云：肝，下水脹，但熱毒風虛脹，服之即瘥。若是冷氣虛脹，勿食，食之虛腫益甚也。只治熱，不治冷，不可一概用之。《別錄》云：肝，治鬼魅，爲末，水服，日三服，瘥。及腸痔，大便常有血，燒服一錢匕。○獺皮，令母帶，易產。補：日華子云：肝，補虛勞，並傳屍勞疾。【合治】肝，燒爲灰，合酒服，治欬嗽。○水獺一個，用罐子內鹽泥固濟，放乾，燒灰爲末，以黃米煮粥傅折傷處，攤水獺末一錢粥上糝，便用帛裹繫，立止疼痛。【禁】男子不可多食其肉，食之，能消陽氣。【忌】肉不可與兔肉同食。

明・盧和、汪穎《食物本草》卷三獸類　獺　肉，味甘、寒，療時氣。肝，味甘，有毒。主鬼疰蠱毒，却魚鯁，止久嗽，燒服之。膽，主明目。塗酒杯唇上，酒稍高於盃唇，分盃之說誤也。屎，主魚臍瘡，研傅之。

明・許希周《藥性粗評》卷四　獺肝掃疰於三尸。

獺肝，世說諸獸肝葉，惟水獺隨月數而生，未考其詳。得生者剖而取之，入藥火上炙乾，為末收貯。味甘、鹹，性微熱，有小毒。主治鬼疰傳尸，疫癘蠱毒。張仲景有獺肝丸，以治冷癆。其肉性寒，以治瘟疫。其屎亦以灌牛馬諸疫。

單方：尸疰：凡患癆瘵鬼疰，三十六種傳尸，使人寒熱淋瀝，沉沉默默，以至時頓而死，傳及旁人，甚至滅門絕戶者，具早圖之，獺肝一具，陰乾，杵為末，每服方寸匕，清水調下，日三，神效，未差再服。折傷：獺肉炙焦，為末，以米湯濃者，潤濕傷處，却以藥末糝之，帛帕裹住，疼止且復舊。

明・鄭寧《藥性要略大全》卷一〇　獺肝君　開熱脹，治傳尸勞嗽，鬼疰蠱毒，却魚骨骾，止久嗽，治勞瘦病。味辛、甘、鹹，性平，有小毒。一云無毒。素有虛膨走氣者，不宜服此物。只治熱病，不治冷疾。不可一概用也。又云：專治戳脇傷寒。○肉：療溫病。

明·陳嘉謨《本草蒙筌》卷九　獺肝　味甘，有毒。一云平，鹹，微熱。無毒。一云惟肝性溫，餘皆性寒。一名水狗，多產江湖。常居深水食魚，亦登大木憩息。故附獸列，欲捕不難。性偏嗜猫，先畫板誘引；待來聚玩，魆用網誅擒。肝與諸畜大殊，逐月生出一葉。十二數滿，漸落復生。凡欲得真，必須見剖。或炙熟旋啖，或燒末酒調。疰病傳屍，一門相染者悉効；產勞發熱，三時虛汗者殊功。上氣欬嗽堪除，鬼毒瘟癘能遣。崔氏方嘗療蠱疫，仲景劑每治冷勞。卻魚鯁喉中，消水脹腹內。肉主時行瘟疫及牛馬病，煮汁灌良；骨止嘔噦惡心併魚骨鯁，燒灰調下。腎煨熟啖益男子，髓為膏敷滅瘢痕。膽汁點目睛，即止痛剔除瞖膜，謂分盃中之酒，誠係訛傳，但塗盃脣，可使高一分酒勢。皮毛飾領袖，北方人多用，飾毳服領袖。善辟邪遮禦風寒，云拭眼睫之霾，未為異事，惟穿身上，不沾受半點灰塵。足爪頸下爬之，亦去魚鯁甚驗。手足皸裂，煎服更良。

明·王文潔《太乙仙製本草藥性大全》卷七《本草精義》　獺肝　舊不著所出州土，今江湖間多有之。北土人亦馴養以爲玩。《廣雅》一名水狗。多產江湖，常居深水，食魚，亦登大木憩息，故附獸列。欲捕不難，性偏嗜猫，先畫板誘引；待來聚玩，魆用網捕擒。陶隱居：獺有二種，有獱獺，形大，頭如馬，身似蝙蝠，不入藥用，此當取以魚祭天者。獺四足俱短，頭與身尾皆褊，毛色如故紫帛，大者身與尾長三尺餘，食魚，居水中，出水亦不死，世謂之水獺。嘗縻置大水甕中，於其間旋轉如風，水(謂)〔爲〕之成旋龍起，四面高，中心凹下，觀者駭目。皮，西戎將以飾毳服領袖，問之云：垢不着，如風霜翳目，即就袖口拭目中，即出。又毛端果不着塵，亦一異也。肝，與諸畜大殊，逐月生出一葉，十二數滿，漸落復生，凡欲得真，必須見剖，或炙熟旋啖，或燒末酒調。張仲景有治冷勞獺肝丸，又九十種蠱疰及傳尸骨蒸，伏連殗殜，諸鬼毒癘疫等獺肝〔丸〕，二方俱妙。腎，主益男子。足，主魚骨鯁，項下爬，亦煮汁食之。皮毛，主水癊病。屎，主魚臍瘡。膽，主眼瞖黑花，飛蠅上下，視物不明，亦入點眼用。

明·王文潔《太乙仙製本草藥性大全》卷七《仙製藥性》　獺肝　味甘，有毒。一云平，鹹，微熱，有毒。一云惟肝性溫，餘皆性寒。主治：疰病傳尸，一門相染者悉效；產勞發熱，三時虛汗者殊功。上氣咳嗽堪除，鬼毒瘟癘能遣。崔氏方常療蠱疫，仲景劑每治冷勞。却魚鯁喉中，消水脹腹內。補註：腸痔大便常有血，燒獺肝服一錢。〇治鬼魅，獺肝末水服，日三服差。〇尸疰、鬼疰病者，葛洪云是五尸之一疰，又挾諸鬼邪爲害，其病變動乃有三十六種至九十九種，大略使人寒熱淋瀝，沉沉默默然不知其所苦，而無處不惡，累年積月，漸就頓滯，以至於死，死後傳以傍人，乃至滅門。覺如此候者，便宜急治，獺肝一具陰乾，杵末，水服方寸〔匕〕差。獺肉：主時行瘟疫及牛馬病，煮汁灌良。獺骨：止嘔噦惡心，併魚骨骾，燒灰調下。補註：治魚骨骾，含水獺骨即下。獺腎：煨熟啖，益男子。獺髓：爲膏敷滅瘢痕。獺膽汁：點目睛即止痛，剔除瞖膜。謂分盃中之酒，誠係訛傳，但塗盃口可使高一分酒勢。獺皮毛：飾領袖善辟邪遮禦風寒，云拭〔眼睫〕之霾，未爲異事，惟穿身上不沾受半點灰塵。補註：欲易產，令母帶獺皮。獺足爪：頸下爬之，亦去魚骾甚驗。手足皸裂煎服更良。獺屎：主魚臍瘡，驢馬蟲顙。治牛疫疾，重下赤白。補註：療牛疫疾，獺屎二升，湯淋取汁灌之。〇魚臍瘡研傅之差。〇驢馬蟲顙，細研灌鼻中。〇療重下赤者取獺赤屎下白者，取白屎燒末，清旦空腹以飲服小杯，三旦服之愈。獺四足：主手足皸裂。補註：治折傷，水獺一個，用罐子內以泥固濟放乾，燒灰細末，以黃米煮粥，於傷處攤，以水獺末一錢糝，便帛子裹繫，立止疼痛。〇患寒熱毒風水虛脹，取水獺一個，剝去皮和五臟、骨頭、尾等，炙令乾，杵末，水下方寸〔匕〕，日二服，十日差。

明·皇甫嵩《本草發明》卷六　獺肝味甘，有毒。一云性熱，無毒。一名水獺。主鬼疰蠱，却魚鯁，止久嗽，燒服之。註云：主傳屍勞，寒瘧虛汗，產勞發熱及疫癘傳染。又下水腫，但熱毒風虛脹服之即差。若冷氣脹腫不宜。仲景與崔氏二獺肝丸，載《證類本草》，俱妙。〇肉性寒，主時行瘟疫及牛馬病，煮屎汁灌之亦良。肉，不益男子，消陽。〇膽汁，註云：主目翳黑花飛蠅上下，視物不明，入點眼藥中。塗盃口，使高一分酒勢，謂之分盃，訛也。〇骨，註云：止嘔噦惡心，并魚鯁，燒灰調下。〇腎，註云：益男子，煨熟吃。〇足爪，註云：頸下爬之，可去魚鯁。〇皮毛，註云：飾領袖，辟邪禦寒風，不沾灰塵。

明·李時珍《本草綱目》卷五一獸部·獸類　水獺《別録》下品

〔釋名〕水狗時珍曰：王氏《字説》云：正月、十月獺兩祭魚，知報本反始，獸之多賴者。其形似狗，故字從犬，從賴。大者曰獱音賓，曰猵音編。又桓寬《鹽鐵論》以獨爲猵，群

爲獺，如猿之與獨也。【集解】弘景曰：獺多出溪岸邊。有兩種：入藥惟取以魚祭天者；一種猵獺，形大則頭如馬，身似蝙蝠，不入藥用。頌曰：江湖多有之，四足俱短，頭與身尾皆褊，毛色若故紫帛。大者身與尾長三尺餘。食魚，居水中，亦休木上。嘗縻置大水甕中，在内旋轉如風，水皆成旋渦。西戎以其皮飾毳服領袖，云垢不着染。如風霾翳目，但就拭之即去也。時珍曰：獺狀似青狐而小，毛色青黑，似狗，膚如伏翼，長尾四足，水居食魚。能知水信爲穴，鄉人以占潦旱，如鵲巢知風也。古有熊食鹽而死，獺飲酒而斃之語，物之性也。今川、沔漁舟，往往馴畜，使之捕魚甚捷。亦有白色者。或云猵獺無雌，以猿爲雌，故云猿鳴而獺候。

肉【氣味】甘、鹹，寒，無毒。思邈曰：甘，温。弘景曰：不可雜兔肉食。【主治】煮汁服，療疫氣温病，及牛馬時行病《別録》。水氣脹滿，熱毒風日華。骨蒸熱勞，血脈不行，榮衛虚滿，及女子經絡不通，血熱，大小腸秘。消男子陽氣，不宜多食蘇頌。

【發明】詵曰：患熱毒風水虚脹者。取水獺一頭，去皮，連五臟及骨、頭炙乾爲末。水服方寸匕，日二服，十日瘥。若冷氣虚脹者服之，甚益也。只治熱，不治冷，爲其性寒耳。

【附方】舊一。折傷：水獺一個支解，入罐内固濟，待乾煆存性爲末。以黄米煮粥攤患處，糝獺末於粥上，布裹之，立止疼痛。《經驗後方》。

肝頌曰：諸畜肝葉，皆有定數。惟獺肝一月一葉，十二月十二葉，其間又有退葉。用之須見形乃可驗，不爾多僞也。【氣味】甘，温，有毒。甄權曰：鹹，微熱，無毒。頌曰：肉及五臟皆寒，惟肝温也。【主治】鬼疰蠱毒，止久嗽，除魚鯁，並燒灰酒服之《別録》。治上氣咳嗽，虚勞嗽病《藥性》。傳尸勞極，虚汗客熱，四肢寒瘧及産勞蘇頌。殺蟲時珍。

【發明】宗奭曰：獺肝治勞，用之有驗。頌曰：張仲景治冷勞有獺肝丸，崔氏治九十種蠱疰、傳尸骨蒸、伏連殗殜、諸鬼毒癘疫，有獺肝丸，二方俱妙。詵曰：疰病，一門悉患者，以肝一具火燒，水服方寸匕，日再服之。葛洪云：尸疰鬼疰，乃五尸之一，又挾諸鬼邪爲害。其病變動，乃有三十六種至九十九種。大略使人寒熱，沉沉默默，不知病之所苦，而無處不惡。積月累年，淹滯至死。死後傳人，乃至滅門。覺有此候，惟以獺肝一具，陰乾爲末，水服方寸匕，日三。以瘥爲度。時珍曰：按《朝野僉載》云：五月五日午時，急砍一竹，竹節中必有神水，瀝取和獺肝爲丸，治心腹積聚病甚效也。

【附方】舊二，新一。鬼魅：獺肝末，水服方寸匕，日三。《千金翼》。腸痔：有血。獺肝燒末，水服一錢。《肘後方》。【久痔】下血：不止，用獺肝一副煮熟，入五味食之妙。《飲膳正要》。

腎【氣味】同肉。【主治】益男子蘇頌。

膽【氣味】苦，寒，無毒。【主治】眼翳黑花，飛蠅上下，視物不明。入點藥中蘇頌。【正誤】宗奭曰：古語云：蟾肪軟玉，獺(肝)〔膽〕分杯。謂以膽塗竹刀或犀角篦上，畫酒中即分也。嘗試之不驗，蓋妄傳耳。但塗杯唇，使酒稍高於盞面耳。不可不正之。

【附方】新一。月水不通：獺膽丸：用乾獺膽一枚，乾狗膽、硇砂、川椒炒去汗目各一分，水蛭炒黄十枚，爲末，醋糊丸緑豆大。每服五丸，當歸酒下，日一服。《聖惠方》。

髓【主治】去瘢痕時珍。【發明】時珍曰：按《集異記》云：吴主鄧夫人爲如意傷頰，血流啼叫，太醫云：得白獺髓，雜玉與琥珀傅之，當滅此痕。遂以百金購得白獺，合膏而痊。但琥珀太多，猶有赤點如痣。

骨【主治】含之，下魚骨鯁陶弘景。煮汁服，治嘔噦不止《藥性》。

足【主治】手足皴裂蘇恭。煮汁服，治魚骨鯁，并以爪爬喉下藏器。爲末酒服，殺勞瘵蟲時珍。

皮毛【主治】煮汁服，治水癊病。亦作褥及履屧着之藏器。産母帶之，易産張傑。

屎【主治】魚臍瘡，研末水和敷之，即膿出痛止。藏器曰：亦主驢馬蟲及牛疫疾，研水灌之。治下痢，燒末，清旦飲服一小盞，三服愈。赤用赤糞，白用白糞時珍。出《古今録驗》。

明・穆世錫《食物輯要》卷四　水獺　肉，味鹹，性寒，無毒。散風熱毒、骨蒸熱，散榮衛虚滿，血脉不行，女人經閉，及水氣脹滿，大小腸不通。多食，消男子陽氣。勿同兔肉食。肝，有毒。消骨鯁鬼疰，殺勞蟲，去客邪，咳嗽虚汗。膽，明目。皮毛，産婦帶，令易生。

明・李中立《本草原始》卷九　獺　《衍義》曰：四足俱短，頭與身尾皆編，毛色若故紫帛。大者身與尾長三尺餘。食魚，居水中，亦休於大木上，世謂之水獺。嘗縻置大水甕中，在内旋轉如風，水皆成旋渦。西戎以其皮飾毳服領袖，云垢不着染。如風霾翳目，但就拭之即去也。王氏《字説》云：正月、十月，獺兩祭魚，知報本反始，獸之多賴者。其形似狗，故字從犬、從賴。又一名水狗。

獺，《别錄》下品。【圖略】

獺肉： 氣味： 甘、鹹，寒，無毒。 主治： 煮汁服，療疫氣溫病，及牛馬時行病。〇水氣脹滿，熱毒氣。〇骨蒸熱勞，血脉不行，榮衛虚滿，及女子經絡不通，血熱，大小腸秘。 消男子陰氣，不宜多食。 獺肝： 氣味： 甘，溫，有毒。 主治： 鬼疰蠱毒，止久嗽，除魚鯁，並燒灰酒服之。〇治上氣咳嗽，虚勞嗽病。〇傳尸勞極，虚汗客熱，四肢寒瘧及産勞。〇殺蟲。 獺肝，頌曰： 諸畜肝葉皆有定數，惟獺肝一月一葉，十二月十二葉，其間又有退葉，用之須見形查驗，不爾多僞也。 腎： 主治： 益男子。 髓： 主治： 去瘢痕。 膽： 氣味： 苦，寒，無毒。 主治： 眼翳黑花，飛蠅上下，視物不明，入點藥。 宗奭曰： 古語云獺膽分盃，謂以膽塗竹刀或犀角篦上，畫酒中即分也。 嘗試之不驗，蓋妄傳耳。 但塗盃唇，使酒稍高于盃面耳。 骨： 主治： 含之，下魚骨鯁。 足： 主治： 手足皴裂。〇煮汁服，治魚鯁，并以爪爬喉下。 皮毛： 主治： 煮汁服，治水癃病。 亦作褥及履屧着之。〇産母帶之易産。

明·吴文炳《藥性全備食物本草》卷二 獺肉 味甘，寒，無毒。《爾雅》云： 獺，瀨也，好生灘瀨，又獺祭魚知報本，非無賴者。 肉及五臟主時疫瘟病及牛馬疫，皆煮汁停冷灌之，消水腫脹滿，利大小腸，女人經絡不通，血脉不行，亦治男子。 多食損陽。 肝： 甘，溫，有毒，主虚勞骨蒸，上氣咳嗽，傳尸癆極，腸風下血，并鬼疰蠱毒，魚鯁，并燒灰服之。 諸畜肝皆葉數定，惟此肝一月一葉，十二月十二葉，其間又有退葉，用之須見形乃可，不然多僞。 腎： 主益男子。 膽： 主眼翳黑花，不明。 骨： 治嘔噦不止。 爪： 主魚骨鯁，取爬項下，或煮汁飲之即下。 皮毛： 作服領不着塵垢，孕婦帶之易産，作褥及襪主水癃病，亦可煮汁服之。 屎： 主魚臍瘡，研爛傅之。 髓： 為膏滅瘢痕。

明·繆希雍《本草經疏》卷一八 獺肝 味甘，有毒。 主鬼疰蠱毒，却魚鯁，止久嗽，燒服之。

〔疏〕獺，水中之獸也。 本經味甘有毒。《藥性論》鹹，微熱，無毒。 詳其功用，應是鹹勝甘劣，微溫小毒之物。 入肝、入腎之藥也。《經》曰： 邪之所湊，其氣必虚。 虚損勞極，則五臟之神俱不安，鬼邪相挾而為病。 久嗽者，亦勞極所致，水不勝火，火氣上炎，肺為賊邪所干也。 鹹味潤下，俾火氣下降，則肺自清。 總之，此藥能益陰氣，補虚損，保勞極，故主如上諸證也。 甘鹹善於解毒，故又主蠱毒。 獺性嗜魚，故能却魚鯁也。 大抵其功長於治傳尸勞，及鬼疰邪惡有效。 故張仲景治冷勞有獺肝丸； 崔氏治九十種蠱疰傳尸，骨蒸伏連殗殜，諸鬼毒癘疾，有獺肝丸，皆妙。 〔主治參互〕同盧會、乾漆、象膽、青黛、胡黄連、啄木鳥頭、狐脾、虎胃、丹砂、天靈蓋，治傳尸勞，能殺勞蟲。 孟詵： 尸疰，一門悉患者。 獺肝一具，燒，水服方寸匕，日再。 葛洪： 尸疰鬼疰，乃是五尸之一，又挾諸鬼邪為害，其病變動，乃有三十六種至九十種。 大略使人寒熱，沉沉默默，不知病之所苦，而無處不惡。 積月累年，淹滯至死。 死後傳人，乃至滅門。 覺有此候，惟以獺肝散服之有效。 法如上。 除傳尸勞證外無他用，故不著簡誤。

明·應麐《食治廣要》卷六 水獺 肉： 氣味： 甘、鹹，寒，無毒。 主療疫氣溫病，水氣脹滿，骨蒸勞熱，血脉不行，榮衛虚滿，女子經絡不通，血熱，大小腸秘。 消男子陽氣，不宜多食。 肝： 甘，溫，有毒。 主治： 鬼疰蠱毒，止久嗽，除魚鯁，上氣虚勞，咳嗽，傳尸客熱，祛瘧殺蟲。 頌曰： 諸畜肝葉皆有定數，惟獺肝一月一葉，十二月十二葉。 其間又有退葉。 用之須見形乃可驗，不爾多僞也。

明·姚可成《食物本草》卷一四獸部·野獸類 水獺江湖溪澤多有之。四足俱短，頭與身尾皆褊，毛色若故紫帛。大者身與尾長三尺餘。食魚，居水中，亦休木上。嘗縻置大水甕中，在内旋轉如風，水皆成旋渦。西戎以其皮飾毳服裾袖，云垢不染著。如風霾眯目，但就拭之，即去。李時珍曰：獺狀似青狐而小，毛色青黑，水居，食魚。能知水信為穴，鄉人以占潦旱，如鵲巢知風也。古有熊食鹽而死，獺飲酒而斃之語，物之性也。今川、沔漁舟，往往馴畜，使之捕魚甚捷。或云：獱獺無雌，以猨為雌。故曰猿鳴而獺候。

水獺肉： 味甘、鹹，寒，無毒。 煮汁飲，療疫氣溫病及牛馬時行病。 水氣脹滿，熱毒風。 骨蒸熱勞，血脉不行，榮衛虚滿及女子經絡不通，血熱，大小腸秘。 消男子陽氣，不宜多食。 不可合兔肉食。 肝： 諸畜肝葉皆有定數，惟獺肝一月一葉，如以季冬剖視，當有十二葉也。 味甘，溫，有毒。 肉及他臟皆寒，惟肝溫也。 治鬼疰蠱毒，止久嗽，除魚鯁，竝燒灰酒服之。 又治傳尸勞極，虚汗客熱，四肢寒熱及産勞。 殺蟲。 葛洪云： 尸疰、鬼疰乃五尸之一，又挾諸鬼邪為害，其病變動，乃有三十六種至九十九種。 大略使人寒熱，沉沉默默，不知病之所苦，而無處不惡。 積年累月，淹滯至死。 死後傳人，乃至滅門。 覺有此候，惟以獺肝一具，陰乾為末，水服方寸匕，日三，以瘥為度。 又按《朝野僉

載》云：五月五日午時，急砍一竹，竹節中必有神水，瀝取和獺肝為丸，治心腹積聚病，甚效也。腎：主益男子。膽：味苦，寒，無毒。治目翳黑花，飛蠅上下，視物不明，入點藥中。古語云：蟾肪軟玉，獺膽分杯。謂以膽塗竹刀畫杯底，酒即中分也。嘗試之不驗，蓋妄傳耳。但塗杯唇，使酒稍高於盞面耳。髓：去疤痕。按《集異記》云：吳主鄧夫人為如意傷頰，血流啼叫。太醫云得白獺髓，雜玉與琥珀傅之，當滅此痕。遂以白金購得白獺合膏而瘥。但琥珀太多，猶有赤點如痣。骨：含之，下魚骨鯁。煮汁服，治嘔噦不止。足：治手足皴裂。煮汁服，治魚骨鯁。并以爪爬喉下。為末酒服，殺勞蟲。皮毛：煮汁服，治水癃病，亦作褥及履屧着之。産母帶之，易産。屎：治魚臍瘡，研末水和敷之，膿出痛止。治下〔痢〕，燒末，清旦服一小盞，三服愈。赤用赤糞，白用白糞。又治驢馬蟲顙及牛疫疾，研水灌之。

附方：治手足跌打折傷。水獺一个，支解入罐內，鹽泥固濟，煅存性，為末。以黄米煮粥攤患處，摻獺末於粥上，布裹之，立止疼痛，傷處自然平復。〔治〕人有鬼魅邪祟之病。獺肝末，水服方寸匕，日三。治大便下血不止。用獺肝一副，煮熟入五味食之。治月水不通。獺肝丸：用乾獺膽一枚，乾狗膽、硇砂、川椒去目，炒去汗。各一分，水蛭炒黄。十个，為末，醋糊丸菉豆大。每服五丸，當歸酒下，日一服，以效為度。治痔血。獺肝燒末，水服一錢。

明・顧逢柏《分部本草妙用》卷一〇獸部　水獺肉　甘、鹹，寒，無毒。勿與兎肉同食。　主治：煮汁服，療浸疫牛馬行災，水氣脹滿，熱毒風，清骨蒸，行榮衛，通女子經絡血熱，大小腸秘。多食消男子陽氣。

明・李中梓《醫宗必讀・本草徵要下》　獺肝味甘，溫，有毒。入肝、腎二經。鬼疰傳屍慘滅門，水吞殊效；疫毒蠱災常遍戶，末服奇靈。葛洪云：屍疰鬼疰，使人寒熱，沉沉默默，不知病之所苦，而無處不惡。積月累年，淹滯至死，死後傳人，乃至滅門。惟用獺肝，陰乾為末，水服二錢，每日三服，以瘥為度。其爪亦搜逐癆蟲。

明・李中梓《頤生微論》卷三　獺肝　味甘，性溫，有毒。入肝經。主傳屍鬼疰，疫毒蠱災。獺爪搜逐癆蟲。新補。　按：葛洪云：屍疰鬼疰，使人寒熱，沉沉（嘿嘿）〔默默〕，而不知所苦，而無處不惡，積月累年，殗殜至死，死後傳染，乃至滅門。惟用獺肝陰乾，為末，水服二錢，每日三服，藥于腹中有蟲，漸漸瀉出，以瘥為度。

明・施永圖《本草醫旨・食物類》卷四　水獺名水狗，狀似青狐而小。肉：味甘、鹹，寒，無毒。不可雜兎肉食。治：煮汁服，療疫氣瘟病及牛馬時行病，水氣脹滿，熱毒風，骨蒸熱勞，血脉不行，榮衛虛滿及女子經絡不通，血熱，大小腸秘。消男子陽氣，不宜多食。患熱毒風水虛脹者，取水獺一頭，去皮連五臟及頭骨，炙乾為末，水服方寸匕，日二服，十日瘥。若冷氣虛脹者，服之甚益也。只治熱，不治冷，為其性寒耳。肝：諸畜肝葉皆有定數，惟獺肝一月一葉，十二月十二葉。味：甘，溫，有毒。肉及五臟皆寒，惟肝溫也。治：鬼疰蠱毒，止久嗽，除魚鯁，並燒灰，酒服之，治上氣欬嗽，虛癆瘦病，傳尸癆極，虛汗客熱，四肢寒瘧及産癆，殺蟲。獺肝治癆，用之有驗。〇五月五日午時，急砍一竹，竹節中必有神水，瀝取和獺肝為丸，治心腹積聚病，甚效也。

附方　鬼魅：獺肝末，水服方寸匕，日三。腸痔：有血，獺肝燒末，水服一錢。下血：不止，用獺肝一副，煮熟，入五味食之，妙。腎：味：同肉。治：益男子。膽：味苦，寒，無毒。治：眼翳黑花，飛蠅上下，視物不明，入點藥中。髓：治：去瘢痕。骨：治：含之，下魚骨鯁。煮汁服，治嘔噦不止。足：治手足皴裂。煮汁服，治魚骨鯁，并以爪爬喉下。為末酒服，殺癆瘵蟲。皮毛：治：煮汁服，治水癃病，亦作褥及履屧着之。産母帶之易産。

明・徐樹丕《識小錄》卷一　許叔微醫論五臟蟲皆上行，惟肺蟲下行，最難治，當用獺爪為末，調藥于初四、初六日治之。此二日乃肺蟲上行日也。

明・李中梓《本草通玄》卷下　獺肝　甘，溫。　主傳尸勞極，鬼疰蠱毒，上氣欬嗽，殺蟲止汗。

清・顧元交《本草彙箋》卷八　獺肝　獺居水中，溪岸爲穴，性嗜魚。正月十日，獺乃祭魚，不忘本也。以類相從，能通水臟，味鹹潤下，俾火氣下降，則肺氣自清，而勞嗽亦減矣。其肝治勞用之。仲景治冷勞有獺肝丸，崔氏治九十種蠱疰，傳尸骨蒸，伏連殗殜，諸鬼毒癘疾，亦有獺肝丸。大抵獺肉及五臟皆寒，惟肝溫也。　諸畜肝葉皆有定數，惟獺肝一月一葉，十二月十二葉。其間又有退葉，用之必見形乃可驗，不爾多僞。

清・穆石匏《本草洞詮》卷一五　水獺　正月十月獺兩祭魚，知報本反

始，獸之多賴者，故字從賴。狀似狐而小，毛色青黑，膚如伏翼，水居食魚，能知水信為穴，鄉人以占潦旱，如鵲巢知風也。熊食鹽則死，獺飲酒而斃，物之性也。獺肉，甘鹹，寒，無毒。治骨蒸熱勞，榮衛虛滿，大小便秘。患熱毒風水虛脹者，取水獺一具，去皮連臟及骨，炙乾為末，水服方寸匕。若冷氣虛脹者，非所宜也。獺肝，甘，溫，有毒。治鬼疰蠱毒，傳尸勞極，止久嗽，除魚鯁。仲景治冷勞有獺肝丸，崔氏治九十種蠱疰有獺肝丸，二方俱妙。葛洪云：尸疰鬼疰，乃五尸之一，挾諸鬼邪為害，其病變動，乃有三十六種至九十九種，大略使人寒熱，沉沉默默，不知病之所苦，而無處不惡，積月累年，淹滯至死，死後傳人，乃至滅門。惟以獺肝一具，陰乾為末，水服方寸匕，日三，以瘥為度。《朝野僉載》云：五月五日午時，急砍一竹，竹節中必有神水，瀝取，和獺肝為丸，治心腹積聚病甚効也。

清·丁其譽《壽世秘典》卷四 水獺狀似青狐而小，頭與身尾皆褊，毛色青黑似狗，膚如伏翼，長尾短足，水居食魚，亦休木上。縻置大水甕中，在内旋轉如風，水皆成旋渦。皮飾毳服領袖，垢污不染。如風霾翳目拭之，即去。漁舟往往馴畜，使之捕魚甚捷。亦有白色者，大者曰獱、曰猵。海獺，似獺而大如犬，脚下有皮如骿拇，着水而不濡，皮為風領，亞于貂焉，肉亦可食。取魚于水裔，四方陳之，進而弗食，世謂之獺祭魚，蓋自祭其先如貙豺然。《汲冢周書》雨水之日，獺祭魚。獺不祭魚，國多盜賊。〇豺祭方，獺祭圓，言豺獺之祭皆四面陳之，而獺圓布，豺方布也。　氣味：甘、鹹，寒，小毒。治熱毒，水氣脹滿，大小腸秘。消男子陽氣，不宜多食。煮汁服，療疫氣溫病及牛、馬時行病。

肝：　氣味：甘，溫，有毒。治鬼疰傳尸，勞極蠱毒，久嗽。除魚鯁，殺蟲，並燒灰酒服之。　發明孟詵曰：獺肉及五臟皆寒，惟肝溫也，其肉治熱不治冷。凡虛損勞極久嗽者，水不勝火，火氣上炎，肺為賊邪所干也。獺味鹹潤下，俾火氣下降則肺自清，所以能益陰氣、補虛損、保勞極，主如上諸證也。甘鹹善于解毒，故又主蠱毒。獺性嗜魚，故能却魚鯁也。蘇頌曰：諸畜肝葉皆有定數，惟獺肝一月一葉，十二月十二葉，其間又有退葉。用之須見形乃可驗，不爾多偽也。其功長于治傳尸勞及鬼疰邪惡有效，外無他用。

清·郭章宜《本草匯》卷一七 獺肝　甘、鹹，微溫，小毒。入手厥陰、足少陰經。鬼疰傳尸慘滅門，水吞殊効。疫毒蠱災常遍戶，末服靈奇。

按：獺，為水中之獸，諸畜肝葉皆有定數，惟此一月一葉，十二月十二葉，其間又有退葉。肉及五臟皆寒，惟肝溫也。其功長於治傳屍及鬼疰，蓋益陰氣，補虛損，保勞極之藥也。故張仲景治冷勞，有獺肝丸；崔氏治九十種蠱疰傳屍，骨蒸伏連，有獺肝丸；二方俱妙。考屍疰，鬼疰，使人寒熱，沉沉默默，不知病之所苦，而無處不惡，積月累年，殗殜至死，死後傳人，乃至滅門。惟用獺肝，陰乾為末，水服二錢，每日三服，以瘥為度。其爪亦能搜逐癆蟲。

用之須見形乃可驗，不爾則多偽也。

清·尤乘《食鑒本草·獸類》 水獺　肉煮汁服，療疫病及牛馬時行病。損陽，不可同兔肉食。獺肝治肝積勞蟲，鬼魅。許叔微云：五藏蟲皆上行，惟肺蟲下行，當用獺爪為末，調藥於初四、初六日，則肺蟲上行也。

清·朱本中《飲食須知·獸類》 水獺肉　味甘、醎，性寒。多食消男子陽氣。勿同橙橘、雞肉、雞子、兔肉食。其肝有毒。諸畜肝皆有定數，惟獺肝一月一葉，十二月十二葉，其間又有退葉。或云獺無雌，以猨為匹，故猨鳴而獺候。

清·何其言《養生食鑒》卷下 獺狀似青狐而小，毛色青黑似狗，膚如伏翼，長尾四足，水居食魚。能知水信為穴，鄉人以占潦旱也。　獺肉：味甘、鹹，性寒，無毒。散風熱骨蒸，治榮衛虛滿，血脈不行，婦人經閉，及水氣脹滿，大小腸不通，能消男子陽氣。不宜多食。忌與兔肉同食。　肝：甘，溫，有小毒。治鬼疰蠱毒，傳屍癆蟲，久嗽虛熱，除魚鯁，並燒灰，酒調服之。諸畜肝葉皆有定數，唯獺肝一月一葉，十二月十二葉，其間又有退葉。用之，須見形乃可驗，不爾，多偽也。　皮毛：產母帶之，易產。

清·王翃《握靈本草》卷一〇 獺肝諸畜肝葉有一定數，惟獺一月一葉，至十二月十二葉。　主治：獺肝，甘，溫，有毒。主傳尸極虛汗客熱，四肢寒瘧。

清·汪昂《本草備要》卷四 獺肝補肝腎，殺傳尸蟲。　甘鹹而溫。益陰補虛，殺蟲止嗽，治傳尸鬼疰有神功。尸疰、鬼疰，乃五疰之一，變動有三十三種，乃至九十九種。其症使人寒熱，沉沉默默，不知病之所苦，而無處不惡。死後傳人，乃至滅門。古方有獺肝丸：獺肝烘乾，炙爲末，水服二錢，日二次，以瘥爲度。　諸肝皆有葉數，惟獺肝一月一葉，其間又有退葉，須于獺身取下，不爾多僞。吳鶴皋曰：獺，陰物，晝伏夜出，故治鬼疰。昂謂不然，緣其肝獨異于他獸也。

清·陳士鐸《本草新編》卷五 獺肝　味甘、平、鹹，微熱，無毒。疰病傳屍，一門傳染者悉效。產勞發熱，三時虛汗者殊功。除上氣咳嗽，遣鬼毒瘟癘。療蠱疫，治冷勞，却魚鯁，消水脹。乃癆瘵中必需之藥，不可不先備也。取得之時，以酒煮乾焙燥，藏之磁器中經年不壞。

癆瘵之症，久則生蟲，用鰻魚之類，亦可殺蟲，何以必用獺肝？蓋癆蟲之種類不同，而治法之制伏，亦宜各別。用獺肝以制蟲者，其蟲必食魚而得之者也，其蟲絕似魚類，故取獺以制魚也。若鰻魚亦魚類，安能以魚制魚哉。

或問：用獺以制魚類之蟲，自是確義，但不知同是癆瘵之症，何易知其蟲之似魚，以用獺肝哉？不知癆蟲不同，辨法實易。凡生魚類之癆蟲者，遇天雨，則胸膈間必怦怦自動，聽水聲則驚，飲茶水則快，大便必滑，日間腸胃必有微動，而夜則安然者也。聞魚腥則喜，看網罾魚笱之類，必孛然色變。此等之症，必須用獺肝入藥，始可制之，否則無益。

清・李熙和《醫經允中》卷二二　水獺肉　勿與兔肉同食。　甘、鹹，寒，無毒。主治：煮汁服，療病疫水氣脹滿，熱毒，清骨蒸，行榮衛，通女子經絡血熱，大小腸秘。多食消男子陽氣。肝性溫，治鬼疰傳屍，產勞發熱。

清・馮兆張《馮氏錦囊秘錄・雜症痘疹藥性主治合參》卷九　獺肝　獺為水獸，性寒，而肝獨溫，味鹹，有小毒。入肝入腎之藥也。專益陰氣，補虛損，保勞極，令五臟神安，則鬼疰外邪自能除辟也。甘鹹善於解毒，且鹹能潤下，故主久(嗷)〔嗽〕蟲毒也。《經》曰：邪之所湊，其(正)〔氣〕必虛。獺肝長於益陰補虛，復能祛蠱逐疰，所以為傳尸骨蒸，邪惡癘疾癆病之要藥。仲景崔氏治諸癆，并有獺肝丸，仗此為君也。至於善却魚鯁，乃獺性嗜魚之小技耳。　山獺陰莖，味甘，熱，無毒。主陽虛陰痿精寒，此物出廣之宜州溪峒及南丹州，土人號為插翹。其性淫毒，山中有此物，凡牝獸皆避去。獺無偶，則抱木而枯。猺女春時成群入山，以採物為事，獺聞婦人氣，必躍來抱之，刺骨而入，牢不可脫，因扼殺之，負歸取其陰，一枚值金一兩。若得抱木死者，尤貴。峒獠甚珍之，私貨出界者罪至死。偽者試之之法，但令婦人摩手極熱，取置掌心，以氣呵之，趯然而動者為真。　獺肝，獺味性寒，惟肝獨溫，其肝與諸畜相殊，逐月生出一葉，十二數滿，漸落復生。或燒末酒調，或炙熟可啖。主疰病傳屍，一門相染者，悉效。產勞發熱，三時虛汗者殊功。上氣咳嗽堪除，鬼毒瘟癘能遣。

清・张璐《本經逢原》卷四　水獺肝　甘、鹹，平，小毒。　發明：獺者，水獸。水性靈明，故其性亦多智詭。性專嗜魚，魚之生氣都聚於肝，是以獺肝專主傳尸癆瘵。殺蟲之性，與獺之捕魚不殊。蘇頌曰，諸畜之肝皆有定數，惟獺一月一葉，十二葉間有退葉，斗柄建寅之月，值其氣退之時，反為諸魚所蝕，《月令》所謂獺祭魚是也。以其治瘵有驗，故仲景治冷勞有獺肝丸。崔氏治蠱疰亦有獺肝丸。孟詵云，疰病一門悉患者以獺肝一具火炙，水服方寸匕，日再服之。葛洪言，尸疰乃五疰之一，病則使人寒熱，沉沉默默，不知病之所苦，無處不惡，積月累年，淹滯至死，死後復傳他人，乃至滅門。覺有此候，惟以獺肝一具，陰乾為末，水服方寸匕，日三，以瘥為度，如無獺肝，獺爪亦可應用。小兒鬼疰及諸魚骨鯁，皆燒灰酒服。獺肝之用當不出乎此也。

清・浦士貞《夕庵讀本草快編》卷六　水獺《別錄》　正月、十月獺兩祭魚，知報本反始，獸之多賴者。其形似狗，故字從犬、從賴。古云：熊食鹽而死，獺飲酒而斃。　獺肉味鹹氣寒，水中獸也。故治水氣腫滿，骨蒸勞熱，天行疫癘以及風熱之毒。其性治熱不治冷耳。其肝則鹹重于甘，宜乎肝腎之藥。《經》云：邪之所湊，其氣必虛。凡虛勞，勞極則五藏之神俱不安，鬼邪得相挾而為病。久嗽者亦勞極所致，水不勝火，金受火戕也，鹹能俾火氣下降，則肺自清矣！況甘鹹善能解毒，故又主蠱毒。獺性嗜魚，故能却骨鯁也。是以仲景治冷勞有獺肝丸，崔氏治傳尸殗殜亦用之。《朝野僉記》云：五日午時，急砍一竹取汁，名曰神水瀝。取和肝為丸，治心腹積聚，更効捷也。蘇頌曰：諸畜肝葉皆有定數，惟獺肝一月一葉，十二月十二葉，其間又有退葉，故人多偽以覓利，須獲全形方為真也。古語云：蟾肪軟玉，獺肝分盃。寇氏試之不効，乃妄傳耳。其髓能滅瘢痕。即《集異記》所載吳主鄧夫人被如意傷頰，得白獺髓和玉粉、琥珀塗之而愈，是左驗也。

清・王子接《得宜本草・下品藥》　獺肝　味甘，溫。主治鬼疰傳尸。得竹節中水，治心腹積聚。

清・黃元御《玉楸藥解》卷五　獺肝　味甘，微溫。入足厥陰肝經。補虛益損，止嗽下衝。獺肝溫中降逆，治虛勞咳嗽上氣，痔瘻下血，鬼魅侵侮之證。

清・吳儀洛《本草從新》卷六　獺肝〔殺蟲，治傳尸勞。〕　甘鹹而溫。止嗽殺蟲。治傳尸鬼疰有神功。葛洪云：尸疰、鬼疰，使人寒熱，沉沉默默，不知病之所苦，而無處不惡，積月累年，殗殢至死，死後傳人，乃至滅門。唯用獺肝陰乾為末，水服二錢，每日三服，以瘥為度。鶴皋曰：獺，陰物，晝伏夜出，故治鬼疰。　肉，甘，鹹，寒。治骨蒸熱勞，血脈不行，營衛虛滿及女子經絡不通，血熱，大小便秘，療疫氣溫病及牛馬時行病。不宜多食，消男子陽氣。

清・汪紱《醫林纂要探源》卷三　獺　甘，鹹，寒。似犬與貓，然長身短足，廣額修尾，紫黑黃白數色。大者曰獱，亦有妖氣。益陰，殺魚蟲毒。忌柿同食。　肝：甘，鹹，苦，寒。治傳尸鬼疰。疰證，令人寒熱，沉沉默默，不知病之所苦，而無處不惡，

死後傳人，乃至滅門。古人云：端午日有雨，過後伐竹，節間有水曰神水，取以服獺肝丸，能殺鬼疰。愚按：三尸之說，上尸好貨，中尸好味，下尸好色，是則以心脾腎言之耳。貨利聲色，滋味之欲，縱而不返，則癆瘵之所由來。癆瘵深則精神日昏，氣血耗而有寒熱，沉默不知所苦，無處不惡者矣。此醫緩所指膏肓之病為蟲者，正此類也。豈真有尸蟲尸鬼云哉？然人之陽氣衰憊，則陰鬼乘之，正氣勞敝，則蟲蠹生之。所謂尸疰，固亦有焉，此物晝則伏處，夜則食魚，處則在陸，食則在水，是有入陰幽隱伏之處，殺其蟲蠹之理，而肝又其陽之發於陰中，主雷龍之氣，宣發生之令者，故主殺腹中之蟲，所以治此證也。肝主謀慮決斷，所以和陰陽而治其沉沉默默也。古人謂肝者有葉數，惟此肝一月一葉，其間又有退葉。則殊不然，予親見幾次，留心審視，肝皆如常，未嘗見一月一葉也。骨：治魚骨鯁。

清·嚴潔等《得配本草》卷九　水獺肝　甘，溫。主鬼疰，鎮肝魂，療傳尸勞怯之熱，殺隱見變幻之蟲。治腸痔，消水脹。

題清·徐大椿《藥性切用》卷八　獺肝　甘醎性平，益肝止嗽，殺蟲治癆。獺肉，味甘醎寒，治骨蒸勞熱，血脉不行。多食能損陽氣。

清·黄宫綉《本草求真》卷二　獺肝山獺莖補火暖精。水獺肝補肝腎虚損，殺鬼疰蠱毒。獺耑入肝腎。有在山、在水之别。山獺出廣宜州溪洞。性稟純陽，其性最淫。牝獸知而逃避，遇以婦人䠞躍來抱，牢不可破。獺無偶，則常抱木而枯。故莖可治陽虚陰痿精寒，取陰一枚，價值數金。若以婦人摩熱，則莖躍然而動。水獺以水為生，水性最靈。獺亦多慧，性最嗜魚，魚之精氣，皆聚於肝，故獺亦得諸魚之氣而聚於肝者也。按：肝諸畜皆有定數，惟獺一月一葉，間有退葉，因其漸落復生者故耳。獺味性寒，惟肝性溫，味醎微毒，專入肝腎，補虚除勞。俾五臟安和，邪氣自却，而鬼疰蠱毒，因得退除矣。葛洪言屍疰，屍疰，五疰之一。病則使人寒熱，沉沉默默，不知病之所苦，無處不惡，積月累年，淹淹至死，後復傳於他人，乃至滅門，覺有此候。惟取獺肝一具，陰乾為末，水服方寸匕，日三，以瘥為度。如無獺肝，獺爪亦可。小兒鬼疰及諸魚骨鯁，燒灰酒服。故仲景治冷勞，崔氏治蠱疰，皆有獺肝丸之用耳。

清·李文培《食物小録》卷下　水獺　甘、鹹，寒，無毒。消男子陽氣，不宜多食。

清·羅國綱《羅氏會約醫鏡》卷一八禽獸部　獺肝味甘溫，有毒，入肝腎二經。　益陰補虚，治傳尸勞蟲，有聖神之功。尸疰、鬼疰在身，沉沉默默，積月累年，淹殜至死，死時復傳親人，乃至滅門，惟用獺肝陰乾為末，每日三服，水下二錢，以瘥為度。諸肝皆有葉數，惟獺肝一月一葉，須於獺身取下為真，此為難辨。另有方在諸蟲門。

清·趙學敏《本草綱目拾遺》卷九獸部　獺糞　《綱目》獺條載其屎治魚臍瘡及下痢而已，不知有消瘤之功，今補之。

王氏《檢秘》：消瘤，用獺糞一兩，天南星三錢，麝香三錢，共研末，醋調塗上，即愈。

清·王龍《本草纂要稿·禽獸部》　獺肝　味甘、鹹，性微溫，無毒。肝與諸畜大殊，逐月生出一葉，十二數滿漸落復生。凡欲得真，必須見剖。疰病傳尸，一門相染者悉效。產勞發熱，三時虚汗者殊功。上氣咳嗽堪除，鬼蠱瘟癘能遣。療蟲疫，治冷癆。却骨鯁喉中，消水脹腹内。

清·趙其光《本草求原》卷二〇獸部　水獺　食魚而知水信，水性靈明。甘、鹹，寒，無毒。治熱毒、風水虚脹，骨蒸熱勞；通血脈營衛經絡，通二便，去毛，連五臟頭骨炙研，水服。解人物時氣病。煮汁服。肝：一月一葉，十二月十二葉，間有退葉。甘，溫，無毒。治冷勞，仲景有獺肝丸。蠱毒傳疰一門悉患，火炙水服。勞瘵、尸疰、尸疰是五疰之一，使人寒熱，沉沉默默，不知所苦，無處不惡，積月累年，淹滯至死。死後復傳他人，以至滅門。陰乾為末水服。獺爪亦可代。產勞。燒灰酒服，治腸痔下血，小兒鬼疰及久嗽，魚骨鯁。其殺蟲之性，與捕魚不殊，以食魚之生氣悉聚於肝也。膽：治目翳黑花。入藥點。

清·文晟《新編六書》卷六《藥性摘録》　獺　甘鹹。散風熱骨蒸，治營衛虚滿，血脈不行，婦人經閉，及水氣脹滿，及消男子陽氣。勿多食，勿與兔肉同食。○肝，甘，溫，有小毒。治鬼疰蠱毒，傳屍癆蟲，久嗽虚熱，除魚鯁，並燒灰，酒調服之。○陰莖，溫熱壯陽。

獺肝　山獺莖，補火暖精，治陽虚，陰痿精寒。○水獺肝，鹹，溫，微毒。入肝腎，補虚損，除勞，補五臟，安和邪氣，殺鬼疰，卻蟲毒。如無肝，獺爪亦可。小兒鬼疰及諸魚骨鯁，燒灰酒服。

清·張仁錫《藥性蒙求·獸部》　獺肝　獺肝甘溫，止嗽殺蟲。傳尸勞瘵，并有奇功。肉及五藏皆寒，惟肝性溫。故仲景治冷勞有獺肝丸，崔氏治蠱疰亦有獺肝丸。葛洪言尸疰，乃五疰之一，病則使人寒熱，沉沉默默，不知病之所苦，無處不惡，積月累年，淹滯至死，死後復傳他人，乃至滅門。覺有此候，以獺肝一具，陰乾為末，水服，以瘥為度。如無獺肝，獺爪亦可應用。

清·王孟英《隨息居飲食譜·毛羽類》　水獺肉　甘、鹹，涼。清血熱，理骨蒸，下水通經，祛毒風，利大小便。多食消男子陽氣。其肝性熱，辟蠱殺

蟲，補產虛，已勞嗽，治傳屍鬼疰，魚骨鯁喉，瘧久不瘳，心腹積聚，腸痔下血，寒疝攻疼。其爪搔喉，亦治骨鯁。

清・戴葆元《本草綱目易知録》卷六　水獺　【略】　肝：甘，溫。殺勞蟲，除鬼魅，止久嗽，解蠱毒，消魚骨鯁。治尸疰鬼疰，傳尸勞極，上氣咳嗽，虛汗客熱，虛勞嗽病，四肢寒瘧及產蓐勞。

清・陳其瑞《本草撮要》卷九　獺肝　味甘，溫，入足厥陰經。功專治鬼疰傳尸。得竹節中水，治心腹積聚。以肝陰乾為末，水服二錢，每日三服，治尸疰神效。肉治骨蒸勞熱，血脈不行。多食消陽氣。

水中連帖

明・蘭茂《滇南本草》〔叢本〕卷下　水中連帖　味辛，微甘，性微溫。開胃健脾，消積，磨宿食，寬中進食，消痞塊滿胸脹。昔一小兒脾胃不好，傷食，或吐或瀉，不飲食，面黄肌瘦，目無金光，得此方效。水中連帖一兩、鷄肫皮二兩，俱用新瓦焙黄色，共為細末，每服一錢，滚水送下。忌一切生冷、麵食。

海獺

宋・唐慎微《證類本草》卷一六獸部上品〔唐・陳藏器《本草拾遺》〕　海獺　味鹹，無毒。主人食魚中毒，魚骨傷人，痛不可忍，及鯁不下者，取皮煮汁服之。海人亦食其肉，似獺，大如犬，脚下有皮，如人胼拇，毛著水不濡，海中魚獺、海牛、海馬、海驢等皮毛，在陸地皆候風潮，猶能毛起。《博物志》有此説也。

明・王文潔《太乙仙製本草藥性大全》卷七《本草精義・獸部》　海獺　味鹹，無毒。主人食魚中毒極騐，治魚骨傷疼痛尤靈。魚骨鯁不下者，取皮煮汁服之。生南海中，其形如獺，又大似犬，腳下有皮如人胼拇，毛著水不濡，海人取得亦食其肉。海中魚獺、海牛、海馬、海驢等皮毛，在陸地皆候風潮，猶能毛起，《博物志》有此説也。

明・李時珍《本草綱目》卷五一獸部・獸類　海獺《拾遺》　〔集解〕藏器曰：海獺生海中。似獺而大如犬，脚下有皮如胼拇，毛着水不濡。人亦食其肉。海中又有海牛、海馬、海驢等，皮毛在陸地，皆候風潮，猶能毛起。説出《博物志》。時珍曰：大獱小獺，此亦獺也。今人以其皮爲風領，云亞於貂焉。如淳注《博物志》云：海獱頭如馬，自腰以下似蝙蝠，其毛似獺，大者五六十斤，亦可烹食。

明・穆世錫《食物輯要》卷四　海獺　生海中，似獺而大。似犬，腳下有皮如胼拇，毛着水不濡。人亦食其肉。海中有海牛、海馬、海驢等獸。人家有其皮，遇風潮起，其毛仍起，物性尚在也。

明・姚可成《食物本草》卷一四獸部・野獸類　海獺生海中。形似獺而大如犬，脚下有皮如胼拇，毛着水不濡。人亦食其肉，又以其皮為風領，云亞於貂。《博物志》云：海獱頭如馬，自腰以下似蝙蝠，其毛似獺，大者五六十斤，亦可烹食。海獺，味鹹、甘，平，無毒。食之消腫及癭瘤邪氣結核。骨：燒灰服。治鼓脹。

明・施永圖《本草醫旨・食物類》卷四　海獺　生海中。似獺而大如犬，脚下有皮如胼拇，毛着水不濡，人亦食其肉。

貛

元・忽思慧《飲膳正要》卷三　貛　肉，味甘，平，無毒。治上氣欬逆，水腹不差，作羹食良。

元・吴瑞《日用本草》卷三　貛独肉　極肥矮，觜尖，脊黑毛短。味甘，性平，無毒。野味中最佳者。主上氣虛乏，欬逆勞熱。瘦人和五味煮食，令人長肌。

明・盧和、汪穎《食物本草》卷三獸類　山狗貛　形如家狗，腳微短，好鮮食果食，味甘美。皮可為裘。有數種，在處有之，蜀中出者名天狗。

明・李時珍《本草綱目》卷五一獸部・獸類　貛《食物》　〔釋名〕狗貛音歡。天狗時珍曰：貛又作貆，亦狀其肥鈍之貌。蜀人呼爲天狗。〔集解〕汪穎曰：狗貛，處處山野有之，穴土而居，形如家狗，而脚短，食果實。有數種相似。其肉味甚甘美，皮可爲裘。時珍曰：貒，猪貛也；貛，狗貛也，二種相似而略殊。狗貛似小狗而肥，尖喙矮足，短尾深毛，褐色。皮可爲裘領。亦食蟲蟻瓜果。又遼東女真地面有海貛皮，可供衣裘，亦此類也。

肉　〔氣味〕甘、酸，平，無毒。〔主治〕補中益氣，宜人汪穎。小兒疳瘦，殺蛔蟲，宜啖之蘇頌。功與貒同時珍。

明・穆世錫《食物輯要》卷四　狗貛　肉，味甘酸，平，無毒。補中益氣，殺蚘蟲，治小兒疳瘦。

明・應麐《食治廣要》卷六　貛即狗貛。　肉：氣味：甘、酸，平，無毒。主補中益氣，消疳殺蟲。按：貒，豬貛也。貛，狗貛也。二種相似而略殊。狗貛，似小狗而肥，尖喙，矮足，短尾，深毛褐色，皮可為裘領，亦食蟲

蟻瓜果。豬貛，狀似小豬㹠，形體肥而行鈍，短足，短尾，尖喙，褐毛者是矣。

明・姚可成《食物本草》卷一四獸部・野獸類 貛音歡。一名狗貛。處處山野有之，穴土而居。形如家狗而脚短，食果實，有數種相似。其肉味甚甘美，皮可為裘。○李時珍曰：貒，猪貛也；貛，狗貛也。二者相似而略殊。狗貛似小狗而肥，尖喙矮足，短尾深毛，褐色，皮可為裘領，亦食蟲蟻瓜果。又遼東女直地面有海貛，皮可供衣裘，亦此類也。貛肉，味甘、酸，平，無毒。主補中益氣。殺蚘蟲。小兒疳瘦宜食之。其他功與貒同。

明・施永圖《本草醫旨・食物類》卷四 貛名狗貛。穴土而居，形如家狗而脚短，食果。食其肉，味甚甘美。皮可為裘。○貒，豬貛也；貛，狗貛也。二種相似而略殊。肉：味甘、酸，平，無毒。治：補中益氣，宜人。小兒疳瘦，殺蚘蟲，宜噉之。功與貒同。

清・穆石匏《本草洞詮》卷一五 貛 貛，形似狗而脚短，食果實。有數種：貒，豬貛也；貛，狗貛也。皮可為裘。肉甘酸，平，無毒。補中益氣，治小兒疳瘦，殺蛕蟲，宜噉之。貒之功用亦同。

清・丁其譽《壽世秘典》卷四 貛一名狗貛，似小狗而肥，尖喙，矮足，短尾，深毛褐色，穴土而居，亦食蟲蟻、瓜果，與猪貛相似而略殊。其肉味甚甘美，皮可供衣裘。氣味：甘、酸，平，無毒。主補中益氣，宜人，小兒疳瘦，殺蛔蟲，宜噉之。

清・何其言《養生食鑒》卷下 狗貛肉似小狗而肥，尖喙矮足，短尾深毛，褐色，皮可為裘，亦食蟲蟻瓜菓。味甘、酸，性平，無毒。補中益氣，最宜人。小兒疳瘦，殺(蛇)〔蚘〕蟲，宜噉之。

清・吳儀洛《本草從新》卷六 狗貛一名天狗。甘、酸，平。補中益氣，宜人，小兒疳瘦。殺蛔蟲。宜啖之。功與貒同。

清・汪紱《醫林纂要探源》卷三 貛 甘，酸，平。亦同貆，似犬而小，與貒同穴。貒，豬貛。貛，狗貛也。殺蟲治疳。常食蛇蟲。

題清・徐大椿《藥性切用》卷八 狗貛 一名天狗。性味功用相近豬貛。尤能殺蟲，治疳，小兒疳瘦宜之。

清・李文培《食物小錄》卷下 貛 甘、酸，平，無毒。補中益氣，宜人。

清・章穆《調疾飲食辯》卷五 貛 即狗貛。《爾雅》曰：貈子貆。郭注曰：雌者為貈。《詩》：不狩不獵，胡瞻爾庭有懸貆兮。蜀人呼天狗。《綱目》曰：形似小狗而肥，尖喙短足。深毛褐色，可為裘。性近豬貛，而又能殺疳蟲，小兒羸瘦宜之。

清・趙其光《本草求原》卷二〇獸部 狗貛 似小狗而肥，尖嘴，矮足，短尾，深毛，褐色，可為裘。亦食瓜果蟲蟻。甘、酸，平，無毒。補中益氣，治小兒疳瘦，殺蟲蛇。

清・文晟《新編六書》卷六《藥性摘錄》 狗貛 甘酸，性平。補中益氣，最宜人。治小兒疳瘦，殺蛇蟲。

清・王孟英《隨息居飲食譜・毛羽類》 貛肉一名狗貛。功與貒相似，兼能殺蛕蟲，黄瘦疳膨食之自愈。

清・陳其瑞《本草撮要》卷八 狗貛 味甘酸，平，入手太陰經。功專補中益氣。治小兒疳瘦。一名天狗。

清・吳汝紀《每日食物却病考》卷下 狗貛附豬貛。味甘、酸，平，無毒。補中益氣，宜食之。肉亦美，皮可為裘。隨處山野有之，穴居，形如家狗而矮，尾短，毛褐色。又一種豬貛，亦相似，而稍大，氣味同也。

木狗

明・李時珍《本草綱目》卷五一獸部・獸類 木狗《綱目》

〔集解〕時珍曰：按熊太古《冀越集》云：木狗生廣東左右江山中。形如黑狗，能登木。其皮爲衣褥，能運動血氣。元世祖有足疾，取以爲褲，人遂貴重之，此前所未聞也。珍嘗聞蜀人言：川西有玄豹，大如狗，黑色，尾亦如狗。其皮作裘、褥，甚暖。冬月遠行，用其皮包肉食，數日猶溫，彼土亦珍貴之。此亦木狗之屬也。故附見於此云。

皮 〔主治〕除脚痹風濕氣，活血脈，暖腰膝時珍。

明・姚可成《食物本草》卷一四獸部・野獸類 木狗【略】 肉：味甘、酸，溫，無毒。主溫中，辟寒溼。

明・施永圖《本草醫旨・食物類》卷四 木狗生廣東江山。形如黑狗，能登木，其皮為衣褥，能運動血氣。皮：治：除脚痹風濕氣，活血脉，暖腰膝。

清・尤乘《食鑒本草・獸類》 木狗 肉無益。皮，治脚痺風濕氣，活血脈，暖腰膝。

清・王道純《本草品彙精要續集》卷五 木狗 胎生。木狗皮：主除腳痹，風濕氣，活血脈，暖腰膝《本草綱目》。〔地〕熊太古《冀越集》云：木狗，生廣東左右江山中。〔用〕其皮爲衣褥，能運動血氣。元世祖有足疾，取以爲袴，人遂貴重之，此前所未聞也。〔質〕形如黑

狗，善能登木。〔色〕黑。李時珍云：嘗聞蜀人言川西有元豹，大如狗，黑色，尾亦如狗，其皮作褥甚暖，冬月遠行用其皮包肉食數日猶溫，彼土亦珍貴之，此亦木狗之屬也，故附見於此云。

清・趙其光《本草求原》卷二〇獸部　木狗　生山中，如黑狗，能登木，除腳痹風濕，活血脈，暖腰膝。其皮，為衣褥，能運動血氣。

靈貓

宋・唐慎微《證類本草》卷一七《獸部中品》〔唐・陳藏器《本草拾遺》〕

靈貓　陰，味辛，溫，無毒。主中惡鬼氣，飛尸，蠱毒，心腹卒痛，狂邪鬼神，如麝用之，功似麝。生南海山谷。如狸，自爲牝牡，亦云蛉狸。《異物志》云：靈狸一體自爲陰陽，刳其水道，連囊以酒灑，陰乾。其氣如麝，若雜真香。罕有別者，用之亦如麝焉。

明・鄭寧《藥性要略大全》卷一〇　靈貓莖　辛，溫，無毒。治心腹卒痛，取其水道連囊，酒洒陰乾。其香如麝，功力亦同。此非家貓，即狸類也。俗人謂之狐狸麝香。

明・王文潔《太乙仙製本草藥性大全》卷七《本草精義》　靈貓陰　靈貓陰，味辛，氣溫，無毒。主中惡鬼氣神效，祛飛尸蠱殊功。專治心腹暴然卒痛，驅除狂邪如見鬼神，如麝用之，功似麝。生南海山谷，如狸自爲牝酒。亦云蛉狸。《異物志》云：靈狸一體自爲陰陽。刳其水道連囊，以酒灑陰乾，其氣如麝，若雜真香，罕有別者，用之亦如麝焉。

明・李時珍《本草綱目》卷五一獸部・獸類　靈貓《拾遺》

〔釋名〕靈狸作蛉者非。　香狸《雜俎》　神狸《離騷》注　類時珍曰：自爲牝牡，又有香氣，可謂靈而神矣。

〔集解〕藏器曰：靈貓生南海山谷，狀如狸，自爲牝牡。其陰如麝，功亦相似。按《異物志》云：靈狸一體自爲陰陽。刳其水道連囊，以酒灑陰乾，其氣如麝，若雜入麝香中，罕能分別，用之亦如麝焉。頌曰：香狸出南方，人以作膾生，如北地狐生法，其氣甚香，微有麝氣。時珍曰：按段成式言，香狸有四外腎，則自能牝牡者，或由此也。劉郁《西使記》云：黑契丹出香狸，文似土豹，其肉可食，糞溺皆香如麝氣。楊慎《丹鉛録》云：予在大理府見香貓如狸，其文如金錢豹。此即《楚辭》所謂乘赤豹兮載文狸，王逸注爲神狸者也。《南山經》所謂亶爰之山有獸焉，狀如狸而有髦，其名曰類，自爲牝牡，食者不妒。《列子》亦云亶爰之獸，自孕而生，曰類，疑即此物也。又《星禽真形圖》，心月狐有牝牡兩體，其神狸乎？　珍按：劉、楊二説與《異物志》所説相合，則類即靈狸無疑矣，類、狸字音亦相近也。

肉　〔氣味〕甘，温，無毒。

陰　〔氣味〕辛，温，無毒。　〔主治〕中惡氣，飛尸蠱疰，心腹卒痛，狂邪鬼神，鬼瘧疫氣，夢寐邪魘，鎮心安神藏器。

明・吴文炳《藥性全備食物本草》卷二　靈貓陰　生南海山谷，如狸，自為牝牡。亦云蛉狸。《異物志》云：靈狸一體自為陰陽，刳其水道連囊，以〔酒〕洒陰乾，其氣如麝，若雜真香，罕有別者，用之亦如麝焉。味辛，氣溫，無毒。主中惡鬼氣，祛飛尸蠱毒，心腹卒痛，除狂邪見鬼。

明・應麐《食治廣要》卷六　靈貓即香狸。　肉：氣味：甘，溫，無毒。主治缺。

明・姚可成《食物本草》卷一四獸部・野獸類　靈貓一名香貍。生南海山谷。狀如貍，自為牝牡。南人以作膾生，如北地狐生法。其氣甚香，微有麝氣。其陰亦如麝，功用略同。楊慎《丹鉛錄》云：予在大理府，見香貓如貍，其文如金錢豹。此即《楚辭》所謂乘赤豹兮載文貍是也。《南山經》所謂亶爰之山有獸焉，狀如貍而有髦，其名曰類，自為牝牡，食者不妬是也。

靈貓肉：味甘，溫，無毒。食之令人不妬。　陰：味辛，溫，無毒。治中惡氣，飛尸蠱疰，心腹卒痛，狂邪神鬼，瘧疫氣，夢寐邪魘，鎮心安神。

明・施永圖《本草醫旨・食物類》卷四　靈貓名香貍。其氣甚香，微有麝氣。肉：味甘，溫，無毒。　陰：味辛，溫，無毒。治：中惡氣，飛尸蠱疰，心腹卒痛，狂邪鬼神，鬼瘧疫氣，夢寐邪魘，鎮心安神。

清・尤乘《食鑒本草・獸類》　香貓　鎮心辟邪。

清・趙其光《本草求原》卷二〇獸部　靈貓即香貓，俗名。　如狸，似金錢豹，自為牝牡。肉，甘，溫。暖胃。其陰道連囊刳取，灑酒陰乾，其氣如麝，功亦相似。

狸

唐・孫思邈《千金要方》卷二六《食治・鳥獸》　狸肉　溫，無毒。補中，輕身益氣，亦治諸注。黃帝云：正月勿食虎、豹、狸肉，傷人神，損壽。

宋・唐慎微《證類本草》卷一七獸部中品〔《別錄》〕　狸骨　味甘，溫，無毒。主風疰、尸疰、鬼疰，毒氣在皮中淫躍如針刺者，心腹痛，走無常處，及鼠瘻惡瘡。頭骨尤良。〔宋・掌禹錫《嘉祐本草》〕按：《藥性論》云：狸骨，臣。亦可單用。頭骨炒末，治噎病，不通食飲。孟詵云：骨，主痔病，作羹臛食之，不與酒同食。其頭燒

作灰，和酒服二錢匕，主痔。又食野鳥肉中毒，燒骨灰服之差。炙骨和麝香、雄黄爲丸服，治痔及瘻瘡。糞燒灰，主鬼瘧。日華子云：骨，治遊風惡瘡，頭骨最妙。糞燒灰，主寒熱瘧疾。

肉：療諸疰。〔宋・掌禹錫《嘉祐本草》〕按：《蜀本》云：肉，療鼠瘻。日華子云：狸肉，治遊風等病。又狸頭，燒灰酒服，治一切風。

陰莖：主月水不通，男子陰癩，燒之，以東流水服之。

〔梁・陶弘景《本草經集注》〕云：狸類甚多，今此用虎狸，無用猫者，猫狸亦好。其骨至難別，自取乃可信。又有狸，色黄而臭，肉亦主鼠瘻，及狸肉作羹如常食法并佳。

〔唐・蘇敬《唐本草》〕注云：狸屎灰，主寒熱鬼瘧，發無期度者，極驗。家狸亦好，一名猫也。

〔宋・馬志《開寶本草》〕按：陳藏器《本草》云：風狸溺，主諸色風，人取養之，食果子以籠之。溺如乳，甚難得，似兔而短，在高樹候風而吹至彼樹，出邕州已南。

〔宋・蘇頌《本草圖經》〕曰：狸骨及肉，《本經》不載所出州土，今處處有之。其類甚多，以虎班文者堪用，猫班者不佳。皆當用頭骨。華佗方有狸骨散，治尸疰。肉主痔，可作羹臛食之。南方有一種香狸，人以作鱠生，若北地狐生法，其氣甚香，微有麝氣。邕州已南又有一種風狸，似兔而短，多棲息高木，候風而吹過他木。其溺主風，然甚難取，人久養之始可得。

〔宋・唐慎微《證類本草》〕《食療》：尸疰，腹痛，痔瘻。炙之令香，末，酒服二錢，十服後見驗。頭骨最妙。治尸疰邪氣，燒爲灰，酒服二錢，亦主食野鳥肉物中毒腫也。再服之即差。五月收者糞，極神妙。正月勿食，傷神。《聖惠方》：治瘰癧腫硬痛疼，痛疼時久不差。用狸頭、蹄骨等，并塗酥炙令黄，擣羅爲散。每日空心粥飲調下一錢匕。《外臺秘要》：治痔發疼痛。狸肉作羹食之良，作脯食之，不過三頓差，此肉甚妙。《肘後方》：治鼠瘻腫核痛，若已有瘡口膿血出者。取猫一物，理作羹如食法，空心進之。《食醫心鏡》：治蝎螫人痛不止。以猫兒屎塗螫處，併三即差。《子母秘録》：療小兒鬼舐方：狸屎燒灰，和臘月猪脂塗上。《千金方》同。《淮南方》：狸頭治鼠瘻，鼠齧人瘡。狸愈之。《禮記》：食狸去正脊。

宋・寇宗奭《本草衍義》卷一六　狸骨　形類猫，其紋有二：一如連錢者，一如虎紋者，此二色狸皆可入藥。其肉味與狐不相遠。江西一種牛尾狸，其尾如牛。人多糟食，未聞入藥。孟詵云：骨理痔病，作羹臛食之，然則骨如何作羹臛。臛，音郝，肉羹也。炙骨和麝香、雄黄爲丸服，治痔及瘻瘡，甚效。

宋・王繼先《紹興本草》卷一九　狸骨　紹興校定：狸乃野猫之類矣。其骨性味已載《本經》，如肉與莖亦分主治，雖諸方間有用之，然近世未聞此物起疾之驗。唯骨當從《本經》味甘、溫、無毒是矣。

宋・陳衍《寶慶本草折衷》卷一五　狸骨臣。諸狸骨通用。○肉附。　一名狸頭骨。○其狸一名虎狸，一名猫狸。生處處有之。生骨不與酒同食。其炒炙者，則宜用酒。○其香狸生南方。又風狸出邕州已南。又牛尾狸，《宜春志》云一名玉面狸，俗號白面氈，生江南等處。○氈，諸延切。

味甘，溫，無毒。○主風疰尸疰，鬼疰毒氣在皮，淫躍如針刺，心腹痛走及鼠瘻惡瘡。○《藥性論》云：炒末治噎病。○孟詵云：主痔漏，燒灰和酒服貳錢匕。○《圖經》曰：狸類甚多，皆當用頭骨。○《聖惠方》：治瘰癧腫硬痛久，用狸頭蹄骨塗酥炙黄，擣散，空心粥飲調下壹錢匕。○寇氏曰：狸形似猫。

附：肉。諸狸同，臛在內。○療諸疰鼠瘻遊風及主痔，可作羹臛食之。有黄狸，色黄而臭。其香狸微有麝香氣，以作鱠生食。又風狸似兔而短，棲高木，候風而吹過他木。更有牛尾狸，人多糟食，未聞入藥也。

元・忽思慧《飲膳正要》卷三　野狸　味甘，平，無毒。主治鼠瘻，惡瘡，頭骨尤良。

元・吴瑞《日用本草》卷三　狸肉　味甘，溫，無毒。虎斑者佳，猫斑者不佳。一種風狸，江南有牛尾狸，額白，尾如牛尾，冬月極肥。糟以致遠，能醒酒，即玉面狸也，性味則一。　主風疰痔病，能潤肌膚。反藜蘆。

明・王綸《本草集要》卷六　狸骨臣　味甘，氣溫，無毒。　主風疰、尸疰、鬼疰毒氣在皮中，淫躍如針刺者，心腹痛走無常處，及鼠瘻惡瘡。頭骨尤良。炙骨，和麝香、雄黄為丸，治痔及瘻瘡甚效。○肉，療諸疰，主痔，作羹臛食之。○糞，燒灰，主寒熱鬼瘧發無期度者，極驗。

明・滕弘《神農本經會通》卷八　狸骨　臣也。似虎斑文者堪用。猫斑者，不佳。頭骨尤良。

味甘，性溫，無毒。　《本經》云：主風疰，尸疰，鬼疰，毒氣在皮中，淫躍如針刺者。心腹痛，走無常處，及鼠瘻惡瘡。頭骨尤良。《藥性論》云：頭骨，炒末，治噎病，不通食飲。孟詵云：骨，主痔病，作羹臛食之。不與酒同食。其頭燒作灰，和酒服二錢匕，主痔。又食野(烏)〔鳥〕肉中毒，狸骨灰服之，差。炙骨，和(射)〔麝〕香、雄黄為丸服，治痔及瘻瘡。日華子云：骨，

治遊風惡瘡，頭骨最妙。又狸頭燒灰，酒服，治一切風。《圖經》云：華佗方有狸骨散，治尸疰。

狸肉：《本經》云：療諸疰。《蜀本》云：療鼠瘻。日華子云：治遊風等病。《圖經》云：主痔，可作羹臛食之。狸陰莖：《本經》云：主月水不通，男子陰㿗，燒之，以東流水服。狸糞及溺孟詵云：狸糞，燒灰，主鬼瘧。日華子云：糞燒灰，主寒熱瘧疾。陳藏器云：風狸溺，主諸色風，人取養之，食果子，以籠之，溺如乳，甚難得。似兎而短，在高樹，候風而吹至彼樹。

明·劉文泰《本草品彙精要》卷二四 狸骨無毒，附陰莖、貓。

狸骨：主風疰，屍疰，鬼疰，毒氣在皮中，淫躍如針刺者，心腹痛，走無常處，及鼠瘻，惡瘡，頭骨尤良。○肉，療諸疰。○陰莖，主月水不通，男子陰㿗，燒之，以東流水服之。名醫所錄。【地】《圖經》曰：《本經》不載所出州土，今處處有之。其形似貓，種類甚多，以虎斑文者堪用，貓斑者不佳，皆當用頭骨。南方一種香狸，人以作膾食，若北地狐食法，其氣甚香，微有麝氣。邕州以南一種風狸，似兔而短，多棲息于高木，候風吹而過他木，其溺如乳，甚難取，人久養之，始可得也。《衍義》曰：其形類貓，紋色有二，如連錢、如虎斑紋者皆可入藥。其肉味如狐不相遠。江西一種牛尾狸，其尾如牛，人多糟食，未聞入藥，宜當辨也。【時】生：無時。採：無時。【用】骨、肉、陰莖、糞、溺。【質】類貓而有虎斑。【色】黃黑。【味】甘。【性】溫，緩。【氣】氣厚味薄，陽中之陰。【臭】臊。【主】屍疰，惡瘡。【治】療：《圖經》曰：肉及骨，治痔疾疼痛，可作羹臛食之，不可與酒同食。陶隱居云：肉，治鼠瘻。《唐本》注云：屎，燒灰，止寒熱鬼瘧，發無時度。○風狸溺，除諸風。《藥性論》云：頭骨炒末，治噎病，不進飲食。日華子云：肉及頭骨，祛遊風。《別錄》云：狸頭，治鼠瘻，鼠齧瘡。○貓，治鼠瘻，腫核痛，已有瘡口膿血出者，取〔貓〕一物作羹如食法，空心服之，瘥。○貓屎，塗蠍螫人痛處。○狸頭，燒作灰合酒二錢匕，治痔病及一切風不止並屍疰，腹痛邪氣。○骨炙合麝香、雄黄爲丸服，治痔及瘻瘡。○狸頭、蹄骨並塗酥炙令黄，擣羅爲散，每日空心合粥飲調下一錢匕，治瘰癧腫硬疼痛時。○正月勿食肉〔，食之傷神〕。○食野鳥肉中毒，久不瘥，（○食之傷神，）燒骨灰服之。

明·盧和、汪穎《食物本草》卷三獸類 狸 肉，味佀狐，療諸疰五痔，作羹臛食之。骨，味甘，溫，無毒。主風疰、尸疰、鬼疰，在皮中淫躍如針刺者，心腹痛走無常處及鼠瘻，惡瘡。頭骨尤良，炙骨和麝香、雄黄為丸，治痔瘻甚効。糞，燒灰主寒熱鬼瘧發無期度者，極驗。狸類甚多，有玉面狸、九節狸、風狸。香狸，食品佳者也。

明·許希周《藥性粗評》卷四 骨剝於狸，癆除尸疰。

狸骨，狐狸骨也。俗謂之野猫。虎斑文者為上，貓斑者次之。南北山谷處處有之。其骨入藥，而頭骨尤良。味甘，性溫，無毒。主治癆傷尸疰，邪氣羸瘦，以骨燒灰為末，每服二錢匕，溫酒調下，日三四次，見效。亦主痔漏，遊風惡瘡。其肉或以作羹，或以作脯，食之亦有補益。

明·鄭寧《藥性要略大全》卷一〇 狸肉 味甘，氣溫，無毒。治風疰、尸疰、鬼疰，毒氣在皮膚，淫躍如針刺者。心腹痛走無常及惡瘡。頭骨尤良。

狸陰莖：治女人月水不通，男子陰㿗。

明·寧源《食鑑本草》卷上《獸部》 狸肉 療諸疰、諸風及鼠瘻。

明·王文潔《太乙仙製本草藥性大全》卷七《本草精義》 狸骨 狸骨皮肉，《本經》不載所出州土，今處處有之。其類甚多，其文有二，一如連錢者，一如虎紋者，此二色狸皆可入藥。其肉味與狐不相遠。一種牛尾狸，其尾如牛，人多糟食，未聞入藥。皆當用頭骨，華佗方有狸骨散，治尸疰。肉，主痔，可作羹臛食之。南方有一種香狸，人以作鱠生，若北地狐生法，其氣甚香，微有麝氣，肉治遊風等病。又狸頭，燒灰酒服，治一切風。糞，燒灰主鬼瘧。日華子云：骨，治遊風惡瘡，頭骨最妙。狸尿，主諸色風，人取養之，食果子以籠之，溺如乳，甚難得。似兎而短，多栖身在高樹上，候風而吹過他木。其溺主風，然其甚難取，人久養之始可得。

明·王文潔《太乙仙製本草藥性大全》卷七《仙製藥性》 狸骨臣 味甘，氣溫，無毒。主治：治諸疰毒氣在皮刺痛，去遊風惡毒，止心氣走疼。同雄麝雄黄、麝香丸治痔瘻效。狸頭骨：治鯁，爲散下咽。補註：尸疰腹痛，痔瘻，炙之令香爲末，酒服二錢，十服後見效，頭骨甚妙。○治尸疰邪氣，燒爲灰，酒服二錢，亦主食野鳥肉物中毒腫也，再服之即差。○治瘰癧腫硬疼痛，時久不差，用狸頭、蹄骨等並塗酥炙令黄，杵羅爲散，每日空心粥飲調下一錢。狸頭：治鼠瘻鼠齧人瘡，狸愈之。狸肉：療諸疰亦宜。

補註：治痔發疼痛，狸肉作羹食之良，作脯食之，不過三頓差，此肉甚妙。狸陰莖：通月水誠效，治陰癩尤靈。燒之以東流水服之。狸屎灰：主寒熱鬼瘧，發無期度者極效。收用五月端陽。補註：療小兒鬼舐方：狸屎燒灰和臘月猪脂塗上，不數次即愈。

明・皇甫嵩《本草發明》卷六

狸骨味甘，溫，無毒。主風疰尸疰鬼疰，毒氣在皮膚中，淫躍如針刺者，心腹痛，走無常處，及鼠瘻惡瘡，頭骨尤良。○炒末，治噎病，飲食不通。燒灰，和酒服，主痔及食野鳥中毒。○肉，療諸疰及鼠瘻遊風，作羹食亦妙。○陰莖，主月水不通，男子陰癩燒之，以東流水服。按：狸類亦多，用惟以虎斑紋者，名虎狸堪用。猫斑名猫狸，不佳。又云：家狸虎斑者，亦可用。一種風狸，常食樹草，溺如乳，主療風疾。

明・李時珍《本草綱目》卷五一獸部・獸類

狸《別録》中品

〔釋名〕野猫時珍曰：按《埤雅》云：獸之在里者，故從里，穴居薶伏之獸也。《爾雅》云：狸子曰隸，音曳。其足蹯，其迹内。音鈕，指頭處也。

〔集解〕弘景曰：狸類甚多，今人用虎狸，無用猫狸者，然猫狸亦好。又有色黄而臭者，肉亦主鼠瘻。頌曰：狸，處處有之。其類甚多，以虎斑文者堪用，猫斑者不佳。南方一種香狸，其肉甚香，微有麝氣。宗奭曰：狸形類猫，其文有二：一如連錢，一如虎文，皆可入藥。肉味與狐不相遠。江南一種牛尾狸，其尾如牛，人多糟食，未聞入藥。時珍曰：狸有數種：大小如狐，毛雜黄黑有斑，如猫而圓頭大尾者爲猫狸，善竊鷄鴨，其氣臭，肉不可食。有斑如貙虎，而尖頭方口者爲虎狸，善食蟲鼠果實，其肉不臭，可食；似虎狸而有黑白錢文相間者，爲九節狸，皮可供裘領，《宋史》安陸州貢野猫、花猫，即此二種也。有文如豹，而作麝香氣者爲香狸，即靈猫也。南方有白面而尾似牛者，爲牛尾狸，亦曰玉面狸，專上樹木食百果，冬月極肥，人多糟爲珍品，大能醒酒。張揖《廣雅》云：玉面狸，人捕畜之，鼠皆帖伏不敢出也。一種似猫狸而絶小，黄斑色，居澤中，食蟲鼠及草根者名犼，音迅。又登州島上有海狸，狸頭而魚尾也。

肉〔氣味〕甘，平，無毒。詵曰：溫，正月勿食，傷神。時珍曰：《内則》：食狸去正脊，爲不利人也。○反藜蘆。〔主治〕諸疰《別録》。治溫鬼毒氣，皮中如鍼刺時珍。○出《太平御覽》。作羹臛，治痔及鼠瘻，不過三頓，甚妙蘇頌。○出《外臺》。補中益氣，去游風孫思邈。

〔附方〕新二。腸風痔瘻：下血年深日近者。如聖散：用臘月野狸一枚，蟠在罐内；炒大棗半升，枳殼半斤，甘草四兩，猪牙皂莢二兩，同入罐内蓋定，瓦上穿一孔，鹽泥固濟，煅令乾。作一地坑，以十字瓦支住罐子，用炭五秤，煅至黑煙盡、青煙出取起，濕土罨一宿，爲末。每服二錢，鹽湯下。一方：以狸作羹，其骨燒灰酒服。《楊氏家藏方》。風冷下血：脱肛疼痛。野狸一枚，大瓶盛之，泥固，火煅存性，取研，入麝香二錢。每食前米飲服二錢。《聖惠方》。

膏〔主治〕鼷鼠咬人成瘡，用此摩之，并食狸肉時珍。

肝〔主治〕鬼瘧時珍。

〔附方〕新一。鬼瘧經久：或發或止。野猫肝一具，瓶盛，熱猪血浸之，封口，懸乾去血，取肝研末；猢猻頭骨、虎頭骨、狗頭骨各一兩，麝香一分，爲末，醋糊丸芡子大。發時手把一丸嗅之。仍以緋帛包一丸繫中指上。《聖惠方》。

陰莖〔主治〕女人月水不通，男子陰癩，燒灰，東流水服《別録》。

骨頭骨尤良。〔氣味〕甘，溫，無毒。〔主治〕風疰、尸疰、鬼疰，毒氣在皮中淫（濯）〔躍〕如鍼刺著，心腹痛，走無常處，及鼠瘻惡瘡《別録》。燒灰酒服，治一切游風（保鼎）〔日華〕。炒末，治噎病，不通飲食《藥性》。燒灰水服，治食野鳥肉中毒。頭骨炙研或燒灰，酒服二錢，治尸疰、邪氣腹痛及痔瘻，十服後見驗孟詵。宗奭曰：炙骨，和雄黄、麝香爲丸服，治痔及瘻甚效。殺蟲，治疳瘰癧時珍。

〔發明〕頌曰：華佗治尸疰有狸骨散，用其頭。時珍曰：狸骨、猫骨性相近，可通用之。《衛生寶鑒》治諸風心癇神應丹，用狸全身燒過入藥。

〔附方〕舊一，新一。瘰癧腫痛：久不瘥。用狸頭、蹄骨，並塗酥炙黄爲散。每日空心米飲下一錢匕。《聖惠》。瘰癧已潰：狸頭燒灰，頻傅之。《千金》。

屎五月收乾。〔主治〕燒灰，水服，主鬼瘧寒熱孟詵。燒灰，和臘猪脂，敷小兒鬼舐頭瘡《千金》。

明・穆世錫《食物輯要》卷四

貍肉，味甘，性溫，無毒。解鬼疰惡毒，皮内如針刺痛。亦補氣血，去遊風，治痔瘻。肝，祛鬼瘧。陰莖，治男子陰疝，女人經閉。燒灰，水服。貍類甚多，皆食品之佳者，功用相同。但食貍，去正脊，不利於人。

明・吴文炳《藥性全備食物本草》卷二

狸理也，脊間有黑理一道。其類甚多，有九節狸、玉面狸、風狸、香狸。肉甘，無毒，食品佳者也，或作羹食，或炙末酒下，治與骨同。

骨：主痔瘡，鼠瘻，炙為末，和麝香、雄黄為丸服，甚効。又治風疰尸疰，鬼疰，毒氣在皮中，淫躍如針刺者，心腹痛，走無常處及惡瘡遊風。食野鳥中毒，俱燒灰服，頭骨尤効。單炒為末，治噎（府）〔病〕，不通飲食。燒灰酒

下，治一切風。又頭蹄骨等分，酥炙為末，空心粥飲下一錢，治瘰癧腫硬疼痛，久不愈者効。　陰莖：　主女人月水不通，男子陰癩，燒灰東流水送下。　屎：　主寒熱鬼瘧，發無期度者，燒灰用之極効。　家狸：　即猫也，肉微寒，主勞瘵骨蒸痰多，又治鼠漏腫核疼痛。已有瘡出膿血者，煮作羹空心食之。蠍螫人，痛不止，以屎塗之。

明・應麐《食治廣要》卷六　貍即野貓。　肉：　氣味：　甘，平，無毒。主諸疰、鼠瘻，補中益氣，去遊風。

明・姚可成《食物本草》卷一四獸部・野獸類　貍一名野貓。處處有之。其類甚多，形頗似貓，其文有二：一如連錢，一如虎文。肉味與狐不相遠。江南一種牛尾貍，其尾如牛，人多糟食。○李時珍曰：　貍有數種：　大小如狐，毛雜黃黑，有斑如貓，而圓頭大尾者，為貓貍，善竊雞鴨，其氣臭，肉不可食。有斑如貙虎，而尖頭方口者，為虎貍，善食蟲鼠果實，其肉不臭，可食。似虎貍而尾有黑白錢文相間者，為九節貍，皮可供裘領。《宋史》安陸州貢野貓、花貓，即此二種也。有文如豹，而作麝香氣者，為香貍，即靈貓也。南方有白面而尾似牛者，為牛尾貍，亦曰玉面貍，專上樹木食百果，冬月極肥，人多糟為珍品，大能醒酒。人生畜之，鼠皆帖伏，不敢出也。一種似貓貍而絕小，黃斑色，居澤中，食蟲、鼠及草根者，名𤝔。又登州島上有海貍，貍頭而魚尾也。

貍肉：　味甘，平，無毒。治諸疰，溫鬼毒氣，皮中如針刺。作羹臛，治痔及鼠瘻，不過三頓，甚妙。又能補中益氣，去遊風。正月勿食貍，傷人。《內則》食貍去正脊，為不利人也。　膏：　治鼷鼠咬人成瘡，用此摩之，并食其肉。　肝：　治鬼瘧。　陰莖：　治女人月水不通，男子陰癩，燒灰，東流水服。　頭骨：　味甘，溫，無毒。治風疰、尸疰。毒氣在皮中淫躍，如針刺著。心腹痛走無常處及鼠瘻惡瘡。燒灰酒服，治一切遊風。水服，治食野鳥肉中毒及噎膈不通飲食。　屎：　燒灰水服，治鬼瘧寒熱。燒灰和臘猪脂，敷小兒鬼舐頭瘡。

附方：　治瘰癧久不瘥。用貍頭蹄骨塗酥炙黃，為末，每日空心米飲下一錢匕。或瘰癧穿破，臭爛，用貍骨燒灰傅之。

明・施永圖《本草醫旨・食物類》卷四　狸名野貓。　肉：　味甘，平，無毒。正月勿食，傷神。○《內則》：　食貍去正脊，（爲下，）為不利人也。反藜蘆。　治：　諸疰。治溫鬼毒氣，皮中如鍼刺。作羹臛，治痔及鼠瘻，不過三頓，甚妙。補中益氣，去遊風。

附方　風冷下血：　脫肛疼痛，野貍一枚，大瓶盛之，泥固，火煅存性，取研，入麝香二錢，每食前米飲服二錢。

膏：　治：　鼷鼠咬人成瘡，用此摩之，并食貍肉。　肝：　治：　鬼瘧。陰莖：　治：　婦人月水不通，男子陰癩，燒灰，東流水服。　骨頭骨尤良。味：　甘，溫，無毒。治：　風疰、尸疰、鬼疰，毒氣在皮中，淫（濯）〔躍〕如鍼刺著，心腹痛走無常處及鼠瘻惡瘡。燒灰酒服，治一切遊風。炒末，治噎病，不通飲食。燒灰水服，治食野鳥肉中毒。頭骨炙研或燒灰，酒服二錢，治尸疰邪氣腹痛及痔瘻，十服後見驗。炙骨，和雄黃、麝香為丸服，治痔及瘻，甚效。殺蟲，治疳痢瘰癧。

附方　瘰癧腫痛：　久不瘥，用貍頭、蹄骨並塗酥，炙黃，為散，每日空心米飲下一錢匕。　瘰癧已潰：　貍頭燒灰，頻傅之。

清・穆石匏《本草洞詮》卷一五　狸風狸、香狸　貍，野貓也。獸之在里者，故從里。有貓貍、虎貍、香貍、風貍、九節貍、玉面貍諸種。貍肉甘，平，無毒。補中益氣，治諸疰，去遊風。風貍晝則踡伏不動，夜則因風騰躍，如鳥飛空中，人搥擊之，倏然死矣，以口向風，須臾復活，故得風名。風貍腦酒浸服愈風疾。《十州記》云：　和菊花服至十斤，可長生。香貍，一名靈貓，一體自為牝牡，其氣如麝，雜入麝中，罕能分別，用之亦如麝焉。

清・丁其譽《壽世秘典》卷四　貍俗呼野猫。有數種，大小如狐，毛雜黃黑有斑，如猫而圓頭大尾者為猫貍，善竊雞鴨，其氣臭，肉不可食。有斑如貙虎而尖頭方口者為虎貍，善食蟲鼠、果實，其肉不臭，可食。似虎貍而尾有黑白錢文相間者為九節貍，皮可供裘領。有文如豹而作麝香氣者為香貍，即靈猫也。南方有白面而尾似牛者為牛尾貍，亦曰玉面貍，專上樹木，食百果，冬月極肥，人多糟為珍品，大能醒酒。張揖《廣雅》云，玉面貍，人捕畜之，鼠皆帖伏不敢出也。　氣味：　甘，溫，無毒。治諸疰毒，氣在皮中如鍼刺着，心腹痛走無常處及鼠瘻、惡瘡。　發明寇宗奭曰：　炙骨，和雄黃、麝香為丸服，治痔及瘻甚効。李時珍曰：　《內則》食貍去正脊為不利人也，骨能殺蟲，治疳及瘰癧，頭骨尤良。

清・朱本中《飲食須知・獸類》　狸肉　味甘，性溫。正月勿食，傷神。反藜蘆、細辛。食狸去正脊，不利於人。狸類甚多，性味相同。

清・何其言《養生食鑒》卷下　貍　形類貓，其文有二，一如連錢，一如虎文。種類甚多，有貓貍、果貍、九節貍、香貍、玉面貍，皆食品之佳者也。　貍肉：　味甘，性溫，無毒。補中益氣，去遊風痔瘻，治鬼疰惡瘡，皮肉如鍼刺痛。正月勿食，傷神。　肝：　祛鬼瘧。　陰莖：　治男子陰疝，女人經閉，燒灰，調東流

水服。

清・张璐《本經逢原》卷四　狸　甘，溫，無毒。　發明：　狸之與貓同類異種。以性溫散，故其骨炙灰善開陰邪鬱結之氣，鼠瘻寒熱為之專藥。《千金》以肉治遊風。蘇頌作臛治鼠瘻。元化取頭骨，《千金》用陰莖，總取攻毒破結之義。時珍曰：　狸骨、貓骨性皆相近，可通用之。

清・汪紱《醫林纂要探源》卷三　狸　甘，平。蒼黑黃斑駁色，盜家雞者曰野貓。形似也。嗜瓜果者，曰果子狸。面白者，曰玉面狸，渾身皆脂，味最肥美。尾如牛者，曰牛尾狸。斑文明好，臍有香如麝者，曰文狸，又曰香狸。大而尾長，白黑相間，至九節者，曰九節狸。九節尾之大如豹者，曰程，有青程、麻程，此類亦為妖，晝伏夜出，自是陰物，時有鬼氣憑之，或云神狸。身自具牝牡，則亦妄也。今多合狐稱之。其妖在脊。《內則》云：　狸去正脊。　臍：　香辛，溫。功用同麝。力稍不及，今多混之稱爲狐麝，更謁胡麝，然亦不易得。

清・李文培《食物小錄》卷下　狸　甘，平，無毒。補中益氣，去遊風。其類甚多，惟虎狸善食蟲、鼠、果實，其肉不臭，可食。玉面狸專上樹木，食百果，冬月極肥，人多糟為珍品，大能醒酒。

清・章穆《調疾飲食辯》卷五　狸　俗呼野貓。《字林》曰貍狸。《爾雅》曰：　狸，其足蹯，有掌曰蹯。其跡內。印地有指爪痕曰內。《綱目》曰：　有數種。一種毛雜黃黑，圓頭大尾者為貓狸。其頭面斑文拉雜如鬼，《原壤歌》曰狸首之斑然者是也。善竊雞鴨，氣臊臭不中食。一種斑如貙虎，尖頭方口者為虎狸，肉不臊可食。一種似虎狸，尾有黑白錢文相間者，為九節狸，皮可為裘，《宋史》安陸州貢野貓、花貓者是也。一種文如豹，作麝香氣者為香狸，即靈貓也。一種白面，尾如牛者為牛尾狸，亦曰玉面狸，味絕佳，冬食尤美。俗諺曰：天上龍肉，地下狸肉。洪容齋所謂沙地馬蹄鼈，雪天牛尾狸，蓋江西土產也。一種最小，黃斑色者名豣，亦可食，能治腸風、痔瘻及鼠瘻。《圖經》曰：　作羹臛食，不過三頓愈。　按：　狸亦能為魅，但伎倆不及狐耳。《內則》曰：　食狸去脊。不知何義。

清・趙其光《本草求原》卷二〇獸部　狸　與貓同類異種，故功同於貓。其肉，甘，平。治皮肉如針刺，腸風痔瘻，入大棗、枳殼、甘草、牙皂罐載，穿一孔，泥包煆至煙盡，為末，鹽湯下，或作羹食。風冷、下血、脫肛、煆，同麝香飲下。溫鬼毒氣、皮中如針刺。瘰癧。作羹。益中氣，去遊風。　肝：　治鬼瘧止發無時。熱豬血浸，陰乾，同虎狗頭骨灰，和醋糊丸嗅之，又包指上。　骨灰：　頭骨尤良。甘，溫，開陰中鬱結，攻堅，為瘰癧腫痛，酒飲任下。及已潰要藥，摻之。後人乃用貓代之。治一切遊風，尸鬼諸疰毒氣、皮中如針刺，或心腹走痛。噎膈、俱酒下。痔瘻、和雄黃、麝香為丸服。殺蟲、治疳。　陰莖：　治疝氣、經閉。燒灰調東流水服。　腦睛：　最明目。

清・文晟《新編六書》卷六《藥性摘錄》　狸　形似貓。甘，溫。補中益氣，去遊風痔瘻，治鬼疰惡瘡，皮肉如針刺痛。○肝，去鬼瘧。○陰莖，治男子陰疝，婦人經閉，燒灰，調東流水服。正月勿食狸肉。

清・王孟英《隨息居飲食譜・毛羽類》　狸肉　甘，平。補中益氣，治諸疰，去遊風，療溫鬼毒氣皮中如鍼刺，愈腸風下血及痔瘻如神。狸類甚多，惟南方有白面而尾似牛者，名牛尾狸，亦曰玉面狸，專上樹木食百果，俗呼果子狸，冬月極肥美，亦可糟食。《內則》食狸去正脊。若捕而畜之，鼠皆帖服不敢出。別種皆不堪食。

清・劉善述、劉士季《草木便方》卷二人禽獸部　野猫　野猫骨甘溫煆服，一切遊風痔瘻除。瘰痛瘡瘍殺疳蟲，心腹走痛邪氣沒。

清・吴汝紀《每日食物却病考》卷下　狸附各狸。　肉，味與狐不相遠，治諸(痓)〔疰〕五痔，去遊風。《太平御覽》云：　狸治溫鬼毒氣，皮中如針刺者。其類頗多。　大如狐，毛黃有斑如猫而圓頭大尾者，為猫狸，善竊雞鴨，其氣臭，肉不堪食。頭尖口方，斑如虎者，為虎狸，善食蟲鼠、菓實，肉不臭，可食。似虎狸而尾黑白相間者，為九節狸。　文如豹而作麝香者，為香狸，即靈猫也。　有白面而尾似牛者，為玉面狸。專上樹食百果，極肥人，多為珍饌，能醒酒。炙骨，和麝香、雄黃為丸，治痔漏甚效。糞，燒灰，水服，治鬼瘧寒熱無期者，極效。

猫

宋・張杲《醫說》卷七　猫傷　猫兒傷，研薄荷汁塗之《百一選方》。

明・盧和、汪穎《食物本草》卷四獸類　家猫　肉，甘、微酸，主勞瘵。

明・王文潔《太乙仙製本草藥性大全》卷七《仙製藥性》　家狸一名猫也。　治鼠瘻瘰癧秘方，主棒打撈抻妙劑。　補註：　治鼠瘻腫核痛，若已有瘡口膿血止者，取猫一物，理作羹如食法，空心進之。○治蝎螫人，痛不止，以猫兒糞塗螫處，二三次即差。

明・李時珍《本草綱目》卷五一獸部・獸類

猫《蜀本草》

〔釋名〕家狸時珍曰：猫，苗、茅二音，其名自呼。陸佃云：鼠害苗而猫捕之，故字從苗。《禮記》所謂迎猫，爲其食田鼠也，亦通。《格古論》云：一名烏圓。或謂蒙貴即猫，非矣。

〔集解〕時珍曰：猫，捕鼠小獸也，處處畜之。有黄、黑、白、駁數色，狸身而虎面，柔毛而利齒。以尾長腰短，目如金銀，及上齶多稜者爲良。或云：其睛可定時：子、午、卯、酉如一綫，寅、申、巳、亥如滿月，辰、戌、丑、未如棗核也。其鼻端常冷，惟夏至一日則暖。性畏寒而不畏暑，能畫地卜食，隨月旬上下嚙鼠首尾，皆與虎同，陰類之相符如此。其孕也兩月而生，一乳數子，恒有自食之者。俗傳牝猫無牡，但以竹箒掃背數次則孕，或用斗覆猫於竈前，以刷箒頭擊斗，祝竈神而求之亦孕。此與以鷄子祝竈而抱雛者相同。俱理之不可推者也。猫有病，以烏藥水灌之，甚良。世傳薄荷醉猫，死猫引竹，物類相感然耳。

肉　〔氣味〕甘，酸，温，無毒。〔主治〕勞疰，鼠瘻蠱毒。

〔發明〕時珍曰：《本草》以猫、狸爲一類注解。然狸肉入食，猫肉不佳，亦不入食品。故用之者稀。胡濙《易簡方》云：凡預防蠱毒，自少食猫肉，則蠱不能害。此亦《隋書》所謂猫鬼野道之蠱乎。《肘後》治鼠瘻核腫，或已潰出膿血者，取猫肉如常作羹，空心食之，云不傳之法也。昔人皆以瘰子爲鼠涎毒所致。此乃《淮南子》所謂狸頭治癙及鼠嚙人瘡。又云狐目狸腦，鼠去其穴，皆取其相制之義耳。

頭骨　〔氣味〕甘，温，無毒。〔主治〕鬼疰蠱毒，心腹痛，殺蟲治疳，及痘瘡變黑，瘰癙瀝癙惡瘡時珍。

〔發明〕時珍曰：古方多用狸，今人多用猫，雖是二種，性氣相同，故可通用。孫氏治痘瘡倒靨，用人、猫、猪、犬四頭骨，方見人類。

〔附方〕新九。　心下鱉瘕：用黑猫頭一枚燒灰，酒服方寸匕，日三。《壽域》。　猫鬼野道：病，歌哭不自由。臘月死猫頭燒灰，水服一錢匕，日二。《千金方》。　多年瘰癧：不愈。用猫頭、蝙蝠各一個，俱撒上黑豆，同燒存性，爲末摻之。乾則油調。内服五香連翹湯，取效。《集要》。　走馬牙疳：黑猫頭燒灰，酒服方寸匕。《壽域方》。　小兒陰瘡：猫頭骨燒灰，傅之即愈。　鼠咬瘡痛：猫頭燒灰，油調敷之，以瘥爲度。《趙氏方》。　收斂癰疽：猫頭一個煅研，鷄子十個煮熟去白，以黄煎出油，入白蠟少許，調灰敷之，外以膏護住，神妙。《醫方摘要》。　對口毒瘡：猫頭骨燒存性，研。每服三五錢，酒服。吴球《便民食療方》。

痰齁發喘：猫頭骨燒灰，酒服三錢，便止。《醫學正傳》。

腦　紙上陰乾。〔主治〕瘰癧鼠瘻潰爛，同莽草等分爲末，納孔中時珍。○出《千金》。

眼睛　〔主治〕瘰癧鼠瘻，燒灰，井華水服方寸匕，日三。出《外臺》。

牙　〔主治〕小兒痘瘡倒靨欲死，同人牙、猪牙、犬牙燒炭，等分研末，蜜水服一字，即便發起時珍。

〔發明〕時珍曰：痘瘡歸腎則變黑。凡牙皆腎之標，能入腎發毒也。内有猫牙，又能解毒，而熱證亦可用云。

舌　〔主治〕瘰癧鼠瘻，生曬研敷《千金》。

涎　〔主治〕瘰癧，刺破塗之時珍。

肝　〔主治〕勞瘵殺蟲，取黑猫肝一具，生曬研末，每朔、望五更酒調服之。時珍。出《直指》。

胞衣　〔主治〕反胃吐食，燒灰，入硃砂末少許，壓舌下，甚效時珍。○出《楊氏經驗》。

皮毛　〔主治〕瘰癧諸瘻，癰疽潰爛時珍。

〔附方〕新六。　乳癰潰爛：見内者。猫兒腹下毛，坩鍋内煅存性，入輕粉少許，油調封之。《濟生秘覽》。　瘰癧鼠瘻：以石菖蒲生研(盒)〔盦〕之，微破，以猫兒皮連毛燒灰，用香油調傅。内服白斂末，酒下，多多爲上。仍以生白斂搗爛，入酒少許，傅之效。《證治要訣》。　鬢邊生癤：猫頸上毛、猪頸上毛各一把，鼠屎一粒，燒研，油調傅之。《壽域》。　鬼舐頭瘡：猫兒毛燒灰，膏和傅之。《千金》。　鼻擦破傷：猫兒頭上毛剪碎，唾粘傅之。《衛生易簡》。　鼠咬成瘡：猫毛燒灰，入麝香少許，唾和封之。猫鬚亦可。《救急易方》。

尿以薑或蒜擦牙、鼻，或生葱紝鼻中，即遺出。〔主治〕蜒蚰諸蟲入耳，滴入即出時珍。○出《儒門事親》。

屎　〔修治〕臘月採乾者，泥固，燒存性，收用。〔主治〕痘瘡倒陷不發，瘰癧潰爛，惡瘡蠱疰，蝎螫鼠咬時珍。○痘靨有無價散，見人類。燒灰水服，治寒熱鬼瘧，發無期度者，極驗《蜀本草》。

〔附方〕舊一，新七。　小兒瘧疾：烏猫屎一錢，桃仁七枚，同煎，服一盞立瘥。温居士方。　腰脚錐痛：支腿者。猫兒屎燒灰，唾津調，塗之。《永類鈐方》。　蠱疰腹痛：雄猫屎燒灰，水服。《外臺》。　瘰癧潰爛：臘月猫屎，以陰陽瓦合，鹽泥固濟，煅過研末，油調搽之。《儒門事親》。　鬼舐頭秃：猫兒屎燒灰，臘猪脂和，傅之。《千金》。　鼠咬成瘡：猫屎揉之，即愈。《壽域方》。　蝎螫作痛：猫兒屎塗之，三五次即瘥。　齁哮痰咳：猫糞燒灰，砂糖湯服一錢。《葉氏摘玄》。《心鏡》。

明・穆世錫《食物輯要》卷四 家猫 肉，味甘酸，性寒，無毒。補陰血，治勞怯瘰癧，楊梅惡瘡。肝，殺勞蟲。胞衣，治反胃膈病。燒灰，入辰砂末少許，酒服良。

明・李中立《本草原始》卷九 貓 捕鼠小獸也，處處有之。有黃、黑、白、駁數色。貍身而虎面，柔毛而利齒。以尾長腰短，目如金銀，及上齶多棱者為良。時珍曰：貓，苗、茅二音，其名自呼。陸佃云：鼠害苗，而貓捕之，故字從苗。《禮記》所謂迎貓，為其食田鼠也。因形似貍，一名家貍。

貓肉：氣味：甘、酸，溫，無毒。主治：勞疰，鼠瘻蠱毒。頭骨：氣味：甘，溫，無毒。主治：鬼疰蠱毒，心腹痛，殺蟲治疳，及痘瘡變黑，瘰癧鼠瘻惡瘡。腦：主治：瘰癧鼠瘻潰爛，值腦紙上，陰乾，同莽草等分為末，納孔中。牙：治：小兒痘瘡倒靨欲死，同人牙、猪牙、犬牙燒灰，等分研末，蜜水服一字，即發起。胞衣：治：反胃吐食，燒灰，入朱砂末少許，壓舌下甚效。尿：治：蚰蜒諸蟲入耳，滴入即出。〇以薑或蒜擦牙鼻，或葱紝鼻中，尿即遺出。

貓屎，臘月采乾者，泥固燒存性，收用。主治：痘瘡倒陷，瘰癧惡瘡蠱疰，蝎螫鼠咬。〇燒灰水服，治寒熱鬼瘧，發無期度者，極驗。

貓，《蜀本草》。【圖略】

明・姚可成《食物本草》卷一三獸部・豢畜類 猫一名家狸。捕鼠小獸也，處處畜之。有黃、黑、白、駁數色，狸身而虎面，柔毛而利齒。以尾長腰短、目如金銀、及上齶多稜者為良。或云其睛可定時：子、午、卯、酉如一線，寅、申、巳、亥如滿月，辰、戌、丑、未如棗核也。其鼻端常冷，唯夏至一日則暖。性畏寒而不畏暑，能畫地卜食，隨月旬上下齧鼠首尾，皆與虎同，陰類之相符如此。其孕也，兩月而生，一乳三四子，恒有自食之者。俗傳牝猫無牡，但以竹帚掃背數次則孕。或用斗覆猫於竈前，以刷帚頭擊斗，祝竈神而求之，亦孕。此與以雞子祝竈而抱雛者相同，俱理之不可推者也。猫有病，以烏藥水灌之，甚良。世傳薄荷醉猫，死猫引竹，物類相感然耳。

猫肉：味甘、酸，溫，無毒。治勞疰、鼠瘻、蠱毒。〇李時珍曰：本草以猫、狸身為一類註解。然狸肉入食，猫肉不佳，亦不入食品，故用之者稀。胡濙《易簡方》云：凡預防蠱毒，自少食猫肉，則蠱不能害。此亦《隋書》所謂猫鬼野道之蠱乎？《肘後》治鼠瘻核腫，或已潰出膿血者，取猫肉如常作羹，空心食之，云不傳之法也。昔人皆以癧子為鼠涎毒所致。此乃《淮南子》所謂狸頭治癩及鼠齧人瘡。又云狐目狸腦，鼠去其穴。皆取其相制之義耳。

頭骨：味甘，溫，無毒。治鬼疰蠱毒，心腹痛，殺蟲，治疳及痘瘡變黑，瘰癧、鼠瘻、惡瘡。腦：主瘰癧鼠瘻潰爛。同莽草等分為末，納孔中。眼睛：主瘰癧鼠瘻。燒灰，井華水服方寸匕，日三。牙：治小兒痘瘡倒靨欲死。同人牙、豬牙、犬牙燒炭，等分研末，蜜水服一字，即便發起。舌：主瘰癧鼠瘻，生晒研敷。涎：治瘰癧，刺破塗之。肝：治勞瘵，殺蟲。取黑猫肝一具，生晒研末，每朔、望五更，酒調服之。胞衣：治反胃吐食，燒灰入硃砂末少許，壓舌下，甚効。

附方：治猫鬼野道病，歌哭不自由。臘月死猫頭燒灰，水服一錢匕，日二。治多年瘰癧不愈。用猫頭、蝙蝠各一個，俱撒上黑荳，同燒存性，為末摻之。乾則油調。內服五香連翹湯，取効。治走馬牙疳。黑猫頭燒灰，酒服方寸匕。治對口毒瘡。猫頭骨燒存性，研。每服三五錢，溫酒送下。

明・施永圖《本草醫旨・食物類》卷四 貓名家貍。其睛可定時：子午卯酉如一線，寅申巳亥如滿月，辰戌丑未如棗核也。肉：味甘、酸，溫，無毒。治：勞疰，鼠瘻，蠱毒。凡預防蠱毒，自少食貓肉，則蠱不能害。頭骨：味甘，溫，無毒。治：鬼疰蠱毒，心腹痛。殺蟲，治疳及痘瘡變黑，瘰癧鼠瘻，惡瘡。

附方 心下鼈瘕：用黑貓頭一枚，燒灰，酒服方寸匕，日三。多年瘰癧：不愈，用貓頭、蝙蝠各一箇，俱撒上黑豆，同燒存性，為末摻之，乾則油調。內服五香連翹湯，取效。走馬牙疳：黑貓頭燒灰，酒服方寸匕。小兒陰瘡：貓頭骨燒灰，傅之即愈。鼠咬瘡痛：貓頭燒灰，油調敷之，以瘥為度。對口毒瘡：貓頭骨燒存性，研，每服三五錢，酒服。

腦：紙上陰乾。治：瘰癧鼠瘻潰爛，同莽草等分，為末，納孔中。眼睛：治：瘰癧鼠瘻，燒灰，井華水服方寸匕，日三。牙：治：小兒痘瘡倒靨欲死，同人牙、豬牙、犬牙燒灰，等分研末，蜜水服一字，即便發起。舌：治瘰癧鼠瘻，生晒研敷。涎：治：瘰癧，刺破塗之。肝：治：癆瘵，殺蟲，取黑貓肝一具，生晒研末，每朔望五更，酒調服之。胞衣：治：反胃吐食，燒灰，入硃砂末少許，壓舌下，甚效。皮毛：治：瘰癧諸瘻，癰疽潰爛。

附方 乳癰潰爛：貓兒腹下毛，坩鍋內煅存性，〔入輕粉少許，油調封之〕。鬢邊生癤：貓脛上毛、豬脛上毛各一把，鼠糞一粒，燒研，油調敷之。鬼舐頭瘡：貓兒毛燒

灰，膏和傅之。鼻擦破傷：貓兒頭上毛，剪碎，唾粘傅之。鼠咬成瘡：貓毛燒灰，入麝香少許，唾和封之。貓鬚亦可。

尿：以薑或蒜擦牙、鼻，即遺出。治：蜒蚰諸蟲入耳，滴入即出。屎：臘月采乾者，泥固燒存性，收用。治：痘瘡倒陷不發，瘰癧潰爛，惡瘡蠱疰，蠍螫鼠咬。燒灰水服，治寒熱鬼瘧發無期度者，極驗。

附方　瘰癧潰爛：臘貓屎，以陰陽瓦合鹽泥固濟，煅過研末，油調搽之。鼠咬成瘡：貓屎揉之，即愈。蠍螫作痛：貓兒屎塗之，三五次即瘥。

清・穆石匏《本草洞詮》卷一五　貓　貓，捕鼠，小獸也。貍身而虎面，柔毛而利齒，以尾長腰短，上齶多稜者為良。其睛可定時，子午卯酉如一線，寅申巳亥如滿月，辰戌丑未如棗核。其鼻端常冷，惟夏至一日則暖。性畏寒而不畏暑，能畫地卜食，隨月旬上下而囓鼠首尾，皆與虎同。貓有病，以烏藥水灌之。薄荷醉貓，死貓引竹，物性相感然也。貓肉，甘酸溫，無毒。治勞疰，鼠瘻蠱毒。胡濙云：自少食貓肉，則蠱不能害。《肘後方》治鼠瘻核腫，或已潰出膿血者，取貓肉作羹，空心食之。昔人皆以瘰子為鼠涎毒所致，故《淮南子》謂貍頭治癙及鼠囓人瘡，取相制之義也。貓牙治小兒痘瘡倒靨欲死，同人牙、猪牙、犬牙燒灰，等分研末，蜜水服一字，即便發起。蓋痘瘡歸腎則變黑，凡牙腎之標，能入腎發毒也。貓牙又能解毒，而熱證亦可用云。

清・丁其譽《壽世秘典》卷四　貓　貓眼早暮則圓，日漸午則狹長，正午則如一線。有黃、黑、白、駁數色，貍身而虎面，柔毛而利齒，以尾長腰短，目有金光，及上齶多稜者為良。相貓法：露爪能翻瓦，腳長善走家，面長雞種絕，尾大懶如蛇。或云其睛可定時，子、午、卯、酉如一線，寅、申、巳、亥如滿月，辰、戌、丑、未如棗核也。鼻端常冷，惟夏至一日則暖。性畏寒而不畏暑，耳薄者尤不耐寒，能畫地卜食，隨月旬上下嚙鼠首尾，皆與虎同。其孕也兩月而生，一乳數子，恒有自食之者。俗傳牝貓無牡，但以竹箒掃背數次則孕，或用斗覆貓于竈前，以刷箒頭擊斗，祝竈神而求之，亦孕。此與以雞子祝竈而抱雛者相同，俱理之不可推者也。有病以烏藥灌之甚良。世傳薄荷醉貓，死貓引竹，物類相感然耳。　氣味：甘、酸，溫，無毒。　治勞疰、鼠瘻、蠱毒。　發明李時珍曰：貓肉不佳，亦不入食品。按胡濙《易簡方》云：凡預防蠱毒，自少食貓肉，則蠱不能害。《肘後》治鼠瘻核腫，或以潰出膿血者，取貓肉，如常作羹，空心食之，云不傳之法也。

清・尤乘《食鑒本草・獸類》　貓　家畜者可取看其睛定時。子午卯酉如一線，寅申巳亥如滿月，辰戌丑未如棗核也。肉能補陰，治勞疰蟲毒，瘰癧惡瘡。

清・朱本中《飲食須知・獸類》　家猫肉　味甘、酸，性溫。肉味不佳，亦不入食品。畜之者以虎形利齒，尾長腰短，目如金銀，上齶多稜者為良。其睛可定時辰，子、午、卯、酉如一線，寅、申、巳、亥如滿月，辰、戌、丑、未如棗核也。其鼻端常冷，唯夏至一日則暖。性畏寒，不畏暑，能畫地卜食，隨月旬上下齧鼠，其孕兩月而生。貓有病，以烏藥水灌之，可愈也。

清・何其言《養生食鑒》卷下　貓　一名家貍，畜之以捕鼠者。有黃、黑、白、雜駁色數種，治病，用黑者良。　貓肉：味甘、酸，性溫，無毒。補陰血，治癆怯，除瘰癧、楊梅惡瘡。《簡易方》云：凡預防蠱毒，自少食貓肉，則蠱不能害。　肝：殺癆瘵蟲，取黑貓肝一具，生晒研末，每朔、望五更，酒調服之。　胞衣：治反胃隔食，燒存性，入硃砂末少許，壓舌下，甚效。

清・张璐《本經逢原》卷四　貓　甘、酸，溫，無毒。　發明：貓捕生鼠，虎噉生人，大小雖異，稟性不殊。虎嘯風生而治風痹腫痛，貓聲鼠竄而主鼠瘻寒熱。故《肘後方》取貓肉作羹消鼠瘻結核，已潰未潰皆愈。但助濕發毒，有濕毒人忌之。其頭骨及腦眼，酥炙，亦治瘰癧鼠瘻。其毛煅存性，傅瘰癧潰爛。貓尿治蜒蚰入耳，滴入即出，以薑擦貓鼻或生葱刺鼻取之。屎治痘瘡倒陷，臘月取乾者燒存性用之。貓胞治噎隔反胃，以純陽之性未散，故取以開陰邪之結也。方用一具，酥炙為末，入腦麝、牛黃、鬱金各少許，津唾化服之。予嘗以格致之理論物類，貓之體陽而用陰，性稟陰賊，機竊地支，故其目夜視精明而隨時收放，善跳躍而嗜腥生，不熱食而能消化血肉生物，一皆風火用事，得雪水則蠢動，以雪之體陰而用陽，物類相感之應。若此而食江中鱭魚之骨，其胎必隕。按：《異物志》云，鱭是鱛鳥所化，故腹內尚有鳥腎二枚，與雀入淮水為蛤無異。其肉中細骨如毛，粘腸不脫而致傷胎，物類感觸之應則又如此。

清・浦士貞《夕庵讀本草快編》卷六　貓《蜀本草》、家貍　鼠害苗，貓捕之，故字從苗。《禮記》迎貓為食田鼠也。其睛可定時，子午卯酉如一線，寅申巳亥如滿月，辰戌丑未如棗核。鼻端常冷，夏至一日則暖。與虎同一陰類，故食鼠亦如虎食人，隨月上下旬也。　貓肉，甘酸而溫，專殺癆蟲，驅鬼疰。不入食品者，其味不佳也。胡瀅用以防蠱，云：食貓之人，終身蠱不能害。《肘後方》用治鼠瘻及鼠咬成瘡，蓋雖《淮南子》狐目貍腦，鼠去其穴，相制之義爾。徒未言療尸瘵，何哉？予謂蠱與瘵同一蟲也，蠱尚可化瘵，何難麇？

清・王道純《本草品彙精要續集》卷五

貓無毒。頭、骨、腦、眼睛、牙、舌、涎、肝、胞衣、皮、毛、尿、屎附。　胎生。

貓出《蜀本草》：　肉，主勞疰，鼠瘻，蠱毒。○頭骨，主鬼疰，蠱毒，心腹痛，殺蟲，治疳及痘瘡變黑，瘰癧，癙瘻，惡瘡《本草綱目》。○腦，主瘰癧，癙瘻潰爛，同莽草等分爲末，納孔中《千金方》。○眼睛，主瘰癧，癙瘻。燒灰，井華水服方寸匕，日三《外臺秘要》。○牙，主小兒痘瘡倒靨將死，同人牙、豬牙、犬牙燒炭等分，研末，蜜水服一字，即便發起《本草綱目》。○舌，主瘰癧，癙瘻，生曬研傅《千金方》。○涎，主瘰癧，刺破塗之《本草綱目》。○肝，主勞瘵，殺蟲。取黑貓肝一具，生曬，研末，每朔望五更酒調服之《直指方》。○胞衣，主反胃，吐食。燒灰入硃砂末少許，壓舌下甚效《楊氏經驗方》。○皮毛，主瘰癧，諸瘻癰疽潰爛《本草綱目》。○尿，主蚰蜒諸蟲入耳，滴入即出《儒門事親》。○屎，主痘瘡倒陷不發，瘰癧潰爛，惡瘡，蠱疰，蠍螫，鼠咬，燒灰水服，治寒熱鬼瘧，發無期度者，極驗《蜀本草》。　【名】家狸。　李時珍云：　貓，苗、茅二音，其名自呼。　陸佃云：　鼠害苗而貓捕之，故字從苗。《禮記》所謂迎貓，爲其食田鼠也，亦通。《格古論》云：　一名烏圓。　【地】貓捕鼠，小獸也，處處畜之。【時】其孕也，兩月而生，一乳數子。　恒有自食之者，俗傳牝貓無牡，但以竹箒掃背數次則孕，或用斗覆貓於竈前，以刷箒頭擊斗，祝竈神而求之，亦孕。此與以雞子祝竈而抱雛者相同，俱理之不可推測者也。　【收】腦，紙上陰乾，眼睛懸風處陰乾，舌生曬乾，肝生曬乾，胞衣懸風處陰乾，皮毛風乾。尿，以薑或蒜擦鼻或生葱紝鼻中即遺出。　屎，臘月取乾者，泥固，燒存性收用。【用】肉、頭骨、腦、眼睛、牙、舌、涎、肝、胞衣、皮毛、尿、屎。　李時珍云：　《本草》以貓、狸爲一類注解，然狸肉入食，貓肉不佳，亦不入食品，故用之者稀。

【質】狸身而虎面，柔毛而利齒，以尾長腰短，目如金銀及上齶多棱者爲良，或云其睛可定時，子午卯酉如一線，寅申巳亥如滿月，辰戌丑未如棗核也。其鼻端常冷，惟夏至一日則暖，性畏寒而不畏暑，能畫地卜食，隨月旬上下嚙鼠首尾皆與虎同，陰類之相符如此。　【色】有黃、黑、白、駁數色。　【味】肉味甘酸，頭骨味甘。　【性】肉性溫，頭骨性溫。　【治】李時珍云：　古方多用狸，今人多用貓，雖是二種，性氣相同，故可通用。　孫氏治痘瘡倒靨，用人、貓、豬、犬四頭骨，方見《綱目》人部天靈蓋內。○《壽域方》治心下鱉瘕，用貓頭骨一枚，燒灰酒服方寸匕，日三。○又方：　治走馬牙疳，用黑貓頭燒灰，酒服方寸匕。○又方：　治小兒陰瘡，用貓頭骨燒灰傅之，即愈。○又方：　治鼠咬成瘡，用貓屎揉之即愈。○《醫學正傳》方：　治痰齁發喘，用貓頭骨燒灰，酒服三錢便止。○《千金方》：　治貓鬼野道病，歌哭不自由，用臘月死貓頭，燒灰水服一錢匕，日二。○又方：　治鬼舐頭瘡，用貓兒毛燒灰，膏和傅之。○又方：　治鬼舐頭禿，用貓屎燒灰，臘豬脂和傅之。○《趙氏方》治鼠咬瘡痛，用貓頭燒灰，油調傅之，以瘥爲度。○吳球《便民食療》方：　治對口毒瘡，用貓頭骨燒存性，研每服三五錢，酒服。○《衛生易簡方》：　治鼻擦破傷，貓兒頭上毛煎碎，唾粘傅之。○《永類鈐方》：　治腰腳錐痛支腿者，用貓屎燒灰唾津塗之。○《外臺方》治蠱疰腹痛，用雄貓屎燒灰水服。○《儒門事親》方：　治瘰癧潰爛，用臘貓屎以陰陽瓦合鹽泥固濟，煅過，研末，油調搽之。○葉氏《摘元方》治齁哮痰欬，用貓屎燒灰，砂糖湯服一錢。　【合治】《集要方》治多年瘰癧不愈，用貓頭、蝙蝠各一個，俱撒上黑豆，同燒存性爲末摻之，乾則油調，內服五香連翹湯取效。○《摘要方》收斂癰疽，用貓頭一個，煅研雞子十個，煮熟去白，以黃煎出油，入白蠟少許，調灰傅之，外以膏護住，神妙。○《濟生秘覽》方：　治乳癰潰爛見內者，貓腹下毛坩鍋內，煅存性，入輕粉少許，油調封之。○《證治要訣》方：　治瘰癧癙瘻，以石菖蒲生研盦之，微破，以貓兒皮連毛燒灰，用香油調傅，內服白斂末，酒下，多多爲上，仍以生白斂搗爛，入酒少許，傅之效。○《壽域方》治鬢邊生癤，用貓頭上毛、豬頭上毛各一把，鼠屎一粒，燒研油調傅之。○《救急易方》治鼠咬成瘡，用貓毛燒灰，入麝香少許，唾和封之。　貓鬚亦可。○溫居士方：　治小兒瘧疾，用烏貓屎一錢，桃仁七枚，同煎服一盞，立瘥。　【解】胡濙《易簡方》云：　凡預防蠱毒，自少食貓肉則蠱不能害，此亦《隋書》所謂貓鬼野道之蠱乎。《肘後》治鼠瘻核腫，或已潰出膿血者，取貓肉如常作羹，空心食之，云不傳之法也。　昔人皆以癧子爲鼠涎毒所致，此乃《淮南子》所謂狸頭治癙及鼠嚙人瘡。　又云：狐目狸腦，鼠去其穴，皆取其相制之義耳。　或云貓有病，以烏藥水灌之甚良。世傳薄荷醉貓，死貓引竹，物類相感然耳。　【贗】或謂蒙貴即貓，非矣。

清・吳儀洛《本草從新》卷六

貓胞　甘，酸，溫。治反胃吐食。燒灰，入硃砂末少許，壓舌下甚效。　尿，以薑或蒜擦牙鼻，或生葱紝鼻中即遺出。　治蚰蜒諸蟲入耳，滴入即出。　肉，治勞疰鼠瘻蠱毒。

清・汪紱《醫林纂要探源》卷三

貓　酸，甘，平。家貓捕鼠者。　食之令人

骨鯁。

清・嚴潔等《得配本草》卷九 貓頭骨貓睛、貓胞衣、貓毛、貓屎 黑者良。甘，溫，無毒。治痰齁發喘。走馬牙疳，對口惡瘡，燒存性，研末酒服并敷之。配蝙蝠一個，俱撒上黑豆，同燒存性，為末摻之，乾則油調塗，治多年瘰癧不愈。內服五香連翹湯。 臘月死貓頭，煅研水服一錢，治貓鬼野道病。歌哭不自由。 貓睛： 專治瘰癧鼠瘻，燒存性，研末，井華水服。 貓胞衣： 專治反胃吐食，煅研，入朱砂末少許，壓舌下甚效。 貓毛： 治乳癰潰爛見內者，取腹下毛以泥固煅存性，研入輕粉少許，油調封之。 貓屎： 治瘰癧潰爛，鬼舐頭禿，及蠍螫鼠咬，以屎煅末敷之。 臘月采乾者，泥固煅存性，收用。

題清・徐大椿《藥性切用》卷八 貓胞 甘酸性溫，治反胃吐食，燒灰用。 貓屎，治蟲蚰入耳，滴入即出。 貓肉，治鼠瘻勞疰。 貓涎，治瘰癧瘻瘤，亦治魚骨鯁。

清・黃宮繡《本草求真》卷九 貓治鼠幽僻鬼怪之疾。 貓耑入肝腎。 一捕鼠小獸耳，何書開載治療甚多。謂肉作羹，則能以治鼠瘻目毒。鼠瘻不論已潰未潰，服之皆驗。目毒亦少食貓肉，則蠱不能為害。 頭骨則能以治痘瘡倒靨，倒靨用人、貓、猪、犬四頭骨以治。 並多年瘡癧，不愈，用貓頭、蝙蝠各一個，俱撒上黑豆，同燒存性為末，滲之。乾則油調，內服五香連翹湯取效。 走馬牙疳，對口毒發，心下鱉瘕，俱用黑貓頭燒灰存性以服。 小兒陰瘡，鼠咬瘡痛，俱用貓頭燒灰敷之，即瘥。 腦用紙上陰乾，同莽草等分，則能以治瘰癧鼠瘻潰爛。納於孔中。 貓睛、貓舌、貓涎、貓皮與毛，則能以治瘰癧鼠瘻。如用睛以治瘰癧鼠瘻，則燒灰合井華水，服方寸匕。 用涎治瘰癧，則刺破以塗。 用毛治瘰癧潰爛，則取肚下毛，鉗鍋內煅令存性。 而毛尤能以治鬢邊生癤。貓頭上毛、猪頸上毛各一把，鼠屎一粒，燒研油塗敷之。 並鬼舐頭瘡，用貓兒毛燒灰膏以敷。 鼻擦破瘡、鼠咬成瘡等症。皆取貓兒毛燒灰，入麝香少許，唾和以封。 貓肝則能以治癆瘵。用黑貓肝一具，生晒研末，遇朔望五更酒調服之。 貓胞衣則能以治反胃吐食。燒灰，入硃砂末少許，壓舌下少許，甚妙。 貓尿用薑蒜擦貓鼻即出。 則能以治諸蟲入耳，貓屎則能以治痘瘡倒陷，不發寒熱，鬼瘧鼠咬，蠱疰惡瘡等症。俱用屎燒灰水調以搽，或瘰癧潰爛，可用貓屎，以陰陽瓦合鹽泥封固煅過，研末油調以塗。鼠咬成瘡，用貓尿揉之即愈。 蝎螫作痛，用貓屎塗之即瘥。 總以取其貓善搜穴捕鼠，故凡病屬鼠類，有在幽僻鬼怪之處，而藥難以入者，無不藉此以為主治。猶之虎嘯風生，風痹腫痛之症，必賴虎骨以治之意。 張璐謂貓性稟陰賊，機竊地支，故其目夜視精明而隨時收放。其睛可定時，子午卯酉如一線，寅申巳亥如滿月，辰戌丑未如棗核也。 其鼻端常冷，惟夏至一日則暖，畏寒而不畏暑。 善跳躍而嗜腥生。能晝地卜食，隨月旬上下嚙鼠首尾，皆與虎同類，陰類之相符如此。 不熟食而能消化生物，一皆風火用事，故書謂其性溫，而味則甘而酸。 用以鼠瘻虛損則可，用以鼠內實，則能助濕發熱。 若使病從濕至，縱云鼠瘻，猶當審顧，未可書言能治，而不竟為分別也。 取尾長腰短，目如金銀，及上腦多棱者良。

清・李文培《食物小錄》卷下 貓 甘、酸，溫，毒。 治勞疰、鼠瘻、蠱毒。

清・趙學敏《本草綱目拾遺》卷九獸部 貓尿胞、胎、尾、血、白松香 取蒜片擦貓牙，溺即下。 《鳳聯堂驗方》： 治偷糞老鼠，用貓尿，井底泥和匀，圍之立愈。 《急救方》： 塗蠍毒螫傷。 ○蟲入耳中不出，以貓尿滴之，立死。

貓胞衣： 為治膈噎之神藥。 瀕湖《綱目》貓下，雖附胞衣，惟引楊氏《經驗方》治反胃吐食，燒灰入硃砂服，其他概未之及焉。 且取之有法，食之有忌，均為補之。

膈噎： 《同壽錄》： 用貓初生胞衣，以新瓦焙乾研細末，每服一二分，好酒送下；口含竹筆管睡，恐咬牙及咳嗽。 米不下者，五六服即愈。 取貓胞法： 貓將產，以木枷枷之，恐生出即食也，忌燒酒。 翻胃： 《鳳聯堂經驗方》： 貓胞衣三個，好酒洗，用豬肉四兩淡煮熟，服之，數年者立效。 莫際華云： 胃脘痛，非服貓胞，不能斷根。 金御乘云： 貓胞衣，凡患小產婦於產後或為羹或為末食，嗣後即不小產，極驗。

貓胎： 《祝氏效方》： 治癧痺，用貓胎一個，泥裹煨存性，菜油調搽。

貓尾血： 《不藥良方》： 急驚風翦破貓尾，滴血，沖滾湯下。

白松香： 汪連仕云： 即瓦上多年貓糞，色白，火煅用。 治鹽哮，蚘厥作痛，更理瘟疫、鼠瘡，立刻見效。

清・吳鋼《類經證治本草・經外藥類》 貓 【略】誠齋曰： 治中鼠涎毒，飲食必於暗處竊吃，人見之則吐，俗名老鼠噎。 貓頭一具，並頸項炙末，酒服方寸匕，日三服 ○鬚： 誠齋曰： 主被鼠咬成瘡，燒存性，塗之立愈，不愈更以生薑擦貓鼻，取下口涎，調鬚末擦之，必效。

清・葉桂《本草再新》卷九 貓胞味甘，性溫，無毒。 入肝、脾、胃三經。 治噎

膈反胃，止吐，益氣。

清・趙其光《本草求原》卷二〇獸部　猫　肉甘、酸，溫，無毒。以其食鼠，故作羹消鼠瘻，結核已潰未潰皆愈。癧多鼠涎毒所致。又補血，治勞疰。又治瘰癧、楊梅惡瘡，且食之則蠱毒不能害。

頭骨：　燒灰，甘，溫。治鱉瘕、齁喘、走馬牙疳、對口瘡、鬼疰、蠱毒、心腹痛、殺蟲、兒疳，俱酒服。痘瘡黑陷，同人、豬、犬四頭骨用，或四屎亦佳。小兒陰瘡、鼠咬，油搽。瘡不收口。雞子黃煎油。和白蠟調敷。　腦、眼：　腦陰乾，眼酥炙，或燒毛煅，俱治瘰癧潰爛。蝙蝠，黑豆煅摻，或油搽，內服五香連翹湯。

牙：　解熱毒，治痘黑陷最良，同人、豬、犬四牙煅，蜜調下。以痘毒歸腎則黑，牙為腎標，入腎發毒也。　肝：　殺勞蟲。生曬研，每朔望五更酒下。　皮毛：　燒灰，治癧瘻、諸瘡潰爛及鼠咬、加麝香塗。鬼舐頭瘡。膏和搽。　尿：　治蚰蜒諸蟲入耳。以薑擦貓鼻尖，或生葱刺鼻取。　胎胞：　甘，溫，炙或燒灰，治噎膈反胃。同朱砂，或同冰麝、牛黃、鬱金各少許，津唾化服。　屎：　臘月采，泥包煅。治痘陷，癧爛，蠱疰，水服。齁哮，砂糖湯服。鬼舐頭禿，豬膏和塗。鼠咬蠍螫，塗之。鬼瘧無期。水服神效。黑者良。

按：　猫，體陽而用陰，善跳躍，夜視睛明，睛隨時收放，生食物而能化陽也。故殺蟲辟鬼疰，其睛腦更能明目。然鼻端常冷，惟夏至日暖。性畏寒，陰賊機竊，陰之用也。故解毒。猫病，以烏藥水灌則愈，食薄荷則醉。

清・文晟《新編六書》卷六《藥性摘錄》　猫　甘酸。補陰血，治癆怯，除瘰癧、楊梅惡瘡。〇胞衣，反胃膈食，燒存性，入朱砂少許，壓舌下，甚効。〇黑貓肝，治癆蟲，用一具，生曬研末，每朔望五更，酒調服之。

清・劉善述、劉士季《草木便方》卷二人禽獸部　猫　猫頭骨甘性平溫，心腹氣痛療瘕癥。久瘍惡瘡對口毒，尸疰蠱毒瘔疳珍。陰瘡牙疳鼠咬塗，牙治痘陷爛瘡生。

清・戴葆元《本草綱目易知錄》卷六　猫　【略】頭骨：　【略】油調，塗瘰癧，鼠瘻惡瘡，被鼠咬瘡。

清・陳其瑞《本草撮要》卷八　貓胞　味甘酸，溫，入手足太陰經，功專治反胃吐食。燒灰入硃砂末少許，壓舌下甚效。

虎

唐・孫思邈《千金要方》卷二六《食治・鳥獸》　虎肉　味酸，無毒。主惡心欲嘔，益氣力，止多唾。不可熱食，壞人齒。虎頭骨：　治風邪。虎眼睛：　主驚癇。

宋・唐慎微《證類本草》卷一七獸部中品〔《別錄》〕　虎骨　主除邪惡氣，殺鬼疰毒，止驚悸，主惡瘡鼠瘻。頭骨尤良。〔宋・掌禹錫《嘉祐本草》〕按：　鬼疰尸疰及惡瘡通用藥并《藥對》云：　虎骨，平。《藥性論》云：　虎骨，臣。殺犬咬毒。味辛，微熱，無毒。治筋骨毒風攣急，屈伸不得，走疰疼痛，主尸疰、腹痛，治溫瘧，療傷寒溫氣。

膏：　主狗嚙瘡。

爪：　辟惡魅。

肉：　主惡心欲嘔，益氣力。

〔梁・陶弘景《本草經集注》〕云：　俗方熱食虎肉，壞人齒，信自如此。虎頭作枕，辟惡魘；以置戶上，辟鬼。鼻懸戶上令生男。骨雜朱畫符療邪。鬚療齒痛。爪以懸小兒臂辟惡鬼。

〔唐・蘇敬《唐本草》〕注云：　《別録》云：　屎，主惡瘡。其眼睛主癲。其屎中骨爲屑，主火瘡。牙，主丈夫陰瘡及疽瘻。鼻，主癲疾，小兒驚癇。

〔宋・馬志《開寶本草》〕按：　陳藏器《本草》云：　虎威，令人有威，帶之臨官佳，無官爲人所憎。威，有骨如乙字，長一寸，在脇兩傍，破肉取之。尾端亦有，不如脇者。膽，主小兒驚癇。肉及皮主瘧。骨煮汁浴小兒，去瘡疥，鬼疰，驚癇。屎主鬼氣。眼光主驚邪，辟惡，鎮心。凡虎夜視，以一目放光，一目看物。獵人候而射之，弩箭纔及，目光隨墮地，得之者如白石是也。

〔宋・掌禹錫《嘉祐本草》〕按：　孟詵云：　肉，食之入山，虎見有畏，辟三十六種精魅。又，眼睛主瘧病，辟惡，小兒熱，驚悸。膽，主小兒疳痢，驚神不安，研水服之。骨煮湯浴，去骨節風毒，膏內下部，治五痔下血。日華子云：　肉，味酸，平，無毒。治瘧。又睛鎮心及小兒驚啼，疳氣，客忤。

〔宋・蘇頌《本草圖經》〕曰：　虎骨并睛、爪，《本經》不載所出州土，今有山林處皆有之。骨用頭及脛，色黃者佳。睛亦多僞，須自獲者乃真。爪并指骨毛存之，以繫小兒臂上辟惡鬼，兩脇間及尾端皆有威，如乙字，長一二寸許，此數物，皆用雄虎者勝。凡鹿、虎之類，多是藥箭射殺者，不可入藥。蓋藥毒浸漬骨血間，猶能傷人也。李絳《兵部手集方》有虎骨酒法，治臂脛痛，不計深淺皆效。用虎脛骨二大兩，麁擣熬黃，羚羊角一大兩屑，新芍藥二大兩切細，三物以無灰酒浸之，春夏七日，秋冬倍日。每旦空腹飲一杯。冬中速要服，即以銀器物盛，火爐中暖養之，三兩日，即可服也。又崔元亮《海上方》治腰脚不隨。取虎腰脊骨一具，細剉訖，又以斧於石上更搥碎，又取前兩脚全骨，如前細搥之，兩件并於鐵床上，以文炭火匀炙，翻轉候待脂出甚，則投濃美無灰酒中，密封，春夏一七日，秋冬三七日。

每日空腹隨飲，性多則多飲，性少則少飲。未飯前三度溫飲之，大戶以酒六七斗止，小戶二斗止。患十年已上者，不過三劑，七年以下者，一劑必差。忌如藥法。又一方：虎脛骨五六寸已來，淨刮去肉、膜等，塗酥炙令極黃熟，細擣，絹袋子盛，以酒一斗，置袋子於甆瓶中，然後以煻火微煎，至七日後任情喫之，當微利，便差。

〔宋・唐慎微《證類本草》〕雷公云：虎睛，凡使，須知採人，問其源，有雌有雄，有老有嫩，有殺得者，唯有中毒自死者勿使，卻有傷人之患。夫用虎睛，先於生羊血中浸一宿漉出，微微火上焙之，乾，擣成粉，候衆藥出，取合用之。《食療》：又，主腰膝急疼，煮作湯浴之，或和醋浸亦良。主筋骨風急痛，脛骨尤妙。又，小兒初生，取骨煎湯浴，其孩子長大無病。又，和通草煮汁，空腹服半升。覆蓋臥少時，汗即出。治筋骨節急痛。切忌熱食損齒。小兒齒生未足，不可與食，恐齒不生。又，正月勿食虎肉。《聖惠方》：治歷節風，百節疼痛不可忍。用虎頭骨一具，塗酥炙黃，搥碎，絹袋盛，用清酒二斗浸五宿，隨性多少暖飲之，妙。《外臺秘要》：療骾。取虎骨爲末，水服方寸匕。又方：療肛門凸出方：燒虎骨末，水服方寸匕，日三服，良。《千金翼》：療熛疽，著手足肩背，累累如米起，色白，刮之汁出，愈而復發。虎屎白者，以馬尿和之，暴乾，燒灰粉之。《經驗後方》：白虎風，走注疼痛，兩膝熱腫。虎脛骨塗酥炙，黑附子炮裂去皮臍，各一兩爲末。每服溫酒調下二錢匕，日再服。又方：治小兒驚癇掣瘲。以虎睛細研，水調灌之良，大小加減服之。《梅師方》：治猘犬咬人，發狂如犬，刮虎牙、虎頭骨末，酒服方寸匕，服之差。《勝金方》：治大腸痔漏并脫肛。以虎脛骨兩節，蜜二兩，炙令赤，擣末，蒸餅丸如桐子大。每服淩晨溫酒下二十丸，隔夜先和大腸後，方服此藥。《集驗方》：療月蝕瘡。虎頭骨二兩，擣碎，同猪脂一升熬，以骨黃取塗瘡上。張文仲：治痢久下，經時不愈者，此名休息。取大蟲骨，炙令黃燋，擣末。飲服方寸匕，日三，即愈。又方：療卒魘，以虎頭骨爲枕。《葛稚川方》同。《子母秘録》：小兒辟惡氣。以水煮虎骨湯浴兒，數數作。《楊氏產乳》：療小兒驚癇。以虎睛一豆許，火炙爲末，水和服之。又方：療禿瘡，取虎膏塗之。姚和衆：治小兒夜啼。取大蟲眼睛一隻爲散，以竹瀝調少許與喫。又方：小兒頭瘡不差。大蟲脂消令凝，每日三四度塗之。《抱朴子》：虎壽千歲，五百歲毛色變白。

宋・寇宗奭《本草衍義》卷一六 虎骨 頭、脛與脊骨入藥，肉微鹹。陳藏器所注乙骨之事，及射之目光墮地如白石之說，必得之於人，終不免其所誣也。人或問曰：風從虎何也？風，木也；虎，金也。木受金制，焉得不從？故呼嘯則風生，自然之道也。所以治風攣急，屈伸不得，走疰，癲疾，驚癇，骨節風毒等，乃此義爾。

宋・王繼先《紹興本草》卷一九 虎骨 紹興校定：虎骨，唯頭骨尤良。治風，理筋骨不利，諸方多用之。《本經》雖不載性味及有無毒，以近世經用之性，今當作味辛、溫、微毒是矣。膏爪肉亦各分主治，其性一也。但未聞諸方為用驗據。惟虎睛多入小兒驚癇方中用之矣。

宋・鄭樵《通志》卷七六《昆蟲草木略》 虎之類，《爾雅》曰：虎竊毛，謂之虦貓。竊，古淺字。虦，音殘。郭氏引古律文，捕虎一賨，錢三千，其狗半之。《爾雅》又曰：甝，白虎。虪，黑虎。貀，無前足。晉太康元年，召陵扶夷縣檻得一獸，似狗，豹文，有角，兩腳，即此類也。或說貀似虎而黑，無前兩足。甝，音含。虪，式六反。貀，足滑反。

宋・劉明之《圖經本草藥性總論》卷下 虎骨 主除邪惡氣，殺鬼疰毒，止驚悸，主惡瘡鼠瘻。頭骨尤良。《藥性論》云：臣。殺犬咬毒。味辛，微寒，無毒。治筋骨毒風攣急，屈伸不得，走疰疼痛，主尸疰腹痛，治溫瘧，療傷寒濕氣。膏，主狗齧瘡。爪，辟惡魅。肉，主惡心欲嘔，益氣力。牙，主丈夫陰頭瘡疽瘡。屎，主惡瘡。眼睛，主癲，又主瘧病。

宋・陳衍《寶慶本草折衷》卷一五 虎骨臣。虎睛及肉、膽附。 一名虎脛骨，一名大蟲骨。生山林處有之。

味辛，平，微熱，無毒。○主除邪惡氣，殺鬼疰毒，止驚悸。主惡瘡鼠瘻。○《藥性論》云：殺犬咬毒，治筋骨毒風攣急，走疰疼痛，尸疰腹痛。治溫瘧，傷寒，溫氣。○陳藏器云：煮汁浴小兒，去瘡疥，鬼疰驚癇。○孟詵云：煮湯浴，去骨節風毒。○《圖經》曰：色黃者佳。治臂脛痛，腰腳不隨，取虎腰脊骨，又前兩脚全骨，細搥火炙，脂出，投無灰酒中。密封，春夏一七日，秋冬三七日，空腹隨飲性飲之。○張文仲：治痢久下，名休息，取骨炙黃燋，擣末飲服方寸匕，日三。○寇氏曰：風，木也；虎，金也。木受金制，所以治風癲癇。

附：虎睛。○主癲及瘧，辟惡鎮心，療小兒熱驚驚啼，疳氣客忤。其中毒自死者能傷人。亦多偽。自獲者真。須灼知所自來，乃可信用矣。

附：肉皮在內。○味酸，平，無毒。主惡心，益氣力，治瘧。其皮亦主瘧，宜臥皮上。附：膽。○味苦，寒，無毒用熊膽云。主小兒驚癇疳痢。

續說云：虎之為技，所以迅躍闊趒他弔切猛捷異倫者，蓋由足脛力壯之故也。諸方多用脛骨療痿痹，健筋絡，是之取爾。真者黃而重，其髓塞中，其

膜黏外，而頭脊骨次之。按許叔微論虎睛曰：虎，西方金也，金配肺而肺藏魄，故治魄不寧者，以虎睛為要焉。

元·忽思慧《飲膳正要》卷三 虎 肉，味鹹、酸，平，無毒。主惡心欲嘔，益氣力。食之入山，虎見則畏，辟三十六種魅。 虎眼睛，主瘧疾，辟惡，止小兒熱驚。 虎骨，主除邪惡氣，殺鬼疰毒，止驚悸。主惡瘡鼠瘻，頭骨尤良。

元·尚從善《本草元命苞》卷七 虎骨 為臣。性平，無毒。主筋骨攣急，不可屈伸。療歷節毒風，走注疼痛。除邪惡氣，殺鬼疰毒。睛，止小兒夜啼。鬚，療大人齒痛。爪，祛鬼魅。肉，辟痁疾。虎頭，作枕，無卒魘之災。虎膽，人藥有鎮驚之效。肛門凸出，燒骨末，水和頻服。犬咬發狂，刮虎牙，酒調頓飲。痢久不止，燋炙骨，搗末飲和。頭瘡不差，火熬脂令凝，塗抹。

元·吳瑞《日用本草》卷三 虎肉 味酸，無毒。食之入山，虎見有畏。辟三十六種精魅。 虎骨：除邪惡氣，殺鬼疰。主惡瘡鼠瘻，頭骨尤良。 虎膏：主狗咬瘡。 爪：辟惡魅。 膽：主小兒驚癇。 眼睛：主小兒驚。 虎威：長一寸，在脇兩旁，破肉取之。尾端亦有，不如脇者。常著令人有威，藥射殺者不可用。

元·徐彥純《本草發揮》卷三 虎睛 東垣云：虎睛定魄。

明·王綸《本草集要》卷六 虎骨臣 味辛，氣微溫，無毒。雄者勝。酒或酥炙用。 主邪惡氣，殺鬼疰毒，止驚悸，惡瘡鼠瘻。頭骨尤良。治筋骨臂脛毒風攣急，屈伸不得，走疰疼痛，酒浸服。脊脛骨妙。風從虎，故宜治風。虎至有力，故可補腰膝。〇膏，主狗嚙瘡，頭禿瘡。〇爪，辟惡鬼。〇膽，主小兒疳痢驚癇，研水服之。

明·滕弘《神農本經會通》卷八 虎骨 臣也。骨用頭及脛，色黃者佳。脛骨尤妙。或酒酥炙用。凡用虎骨等，皆用雄虎者勝。若是藥箭射殺者，不可入藥，蓋藥毒浸漬骨肉間，猶能傷人也。

一云：味辛，微熱，無毒。一云：平。東云：壯筋骨，除寒濕毒風。《圭》云：除邪，主毒風陰瘡及惡瘡，鬼氣，癲狂病，傳尸，勞瘧強，更祛牙痛，又平犬傷。

《本經》云：主除邪惡氣，殺鬼疰毒，止驚悸，主惡瘡鼠瘻。頭骨尤良。《藥性論》云：臣。殺犬咬毒，治筋骨毒風攣急，屈伸不得，走疰疼痛。陶隱居云：虎頭作枕，辟惡魘。以置戶上，辟鬼。完骨雜朱畫符，療邪。鬚療齒痛。屎中骨為屑，主火瘡。牙主丈夫陰頭瘡及疽瘻。陳藏器云：虎威，令人有威，帶之臨官佳。無官為人所憎。威，有骨如乙字，長一寸，在脇兩傍，破肉取之。尾端亦有，不如脇者。骨煮汁，浴小兒，去瘡疥，鬼疰驚癇。孟詵云：骨煮湯浴，去骨節風毒。《圖經》云：《手集方》虎骨酒法，治臂脛痛，不計淺深皆效。用虎脛骨二大兩，粗擣，熬黃，羚羊角一大兩，屑，新芍藥二兩，切細，三物以無灰酒浸之，春夏七日，秋冬倍日，每旦空腹飲一杯，冬中速要服，即以銀器物盛，火爐中暖養之三兩日，即可服也。《海上方》治腰腳不遂，取虎腰脊骨一具，細剉訖，又以斧於石上更搥碎，又取前兩腳全骨，如前細搥之，兩件并於鐵床上，以大炭火匀炙，飜轉，候待脂出甚，則投濃美無灰酒中，密封，春夏一七日，秋冬三七日，每日空腹，隨性多少飲。又一方：虎脛骨五六寸已來，淨刮去肉膜等，塗酥炙令極黃熟，細擣，絹袋子盛，以酒一斗，置袋子於甆瓶中，然後以煻火微煎，至七日後，任情喫之，當微利便差。《食療》云：主腰膝急疼，煮作湯浴之。或和煮浸，亦良。主筋骨風急痛，脛骨尤妙。《集》云：風從虎，故宜治風。虎至有力，故可補腰膝。剷云：虎骨主除邪惡氣，傷寒濕氣用尤良。更攻風毒拘攣痛，治產安驚去惡瘡。即《局方》。虎骨，驅邪辟惡，男安風毒，女保胎驚。

虎膏 《本經》云：主狗嚙瘡。陳藏器云：內下部，治五痔下血。《子母秘錄》：頭禿瘡，取虎膏塗之。

虎爪 《本經》云：辟惡魅。陶隱居云：爪，多以懸小兒臂，辟惡鬼。《圖經》云：爪并指骨、毛存之，以繫小兒臂上，辟惡鬼。

虎肉 味酸，氣平，無毒。《本經》云：主惡心欲嘔，益氣力。陳藏器云：肉及皮主瘧。孟詵云：肉食之，辟三十六種精魅。日華子云：治瘧。

虎屎 《別錄》云：屎，主惡瘡。陳藏器云：屎，主鬼氣。

虎眼睛：須知採人，方真。《別録》云：主癲。陳藏器云：眼光，主驚邪，辟惡鎮心。孟詵云：主瘧病，辟惡，小兒熱驚悸。日華子云：鎮心，及小兒驚啼，疳氣客忤。

虎鼻 陶云：虎骨懸戶上，令生男。《別録》云：主癲疾，小兒驚癇。

虎膽 陳藏器云：主小兒驚癇。孟詵云：主小兒疳痢。

明・劉文泰《本草品彙精要》卷二四　虎骨無毒。附膏、爪、肉。　胎生。

虎骨：　主除邪惡氣，殺鬼疰毒，止驚悸，主惡瘡，鼠瘻，頭骨尤良。○膏，主狗齧瘡。○爪，辟惡魅。○肉，味酸，平，無毒。主惡心欲嘔，益氣力。名醫所錄。　【地】《圖經》曰：《本經》不載所出州土，今山林處多有之。骨用頭及脛，色黃者佳。睛亦多偽，須自獲者乃真。爪並指骨毛存之，以繫小兒臂，辟惡鬼。此數物，皆用雄虎者爲勝。鹿虎之類，凡是藥箭射死者，不可入藥。蓋藥毒浸漬骨肉間，猶能傷人也。陳藏器云：虎威令人有威，帶之臨官者佳，無官反爲人所憎。威，有骨如乙字，長一寸，在脇兩傍，破肉取之，尾端亦有，不如脇者。眼光，乃虎夜視，以一目放光，一目看物，獵人候而射之，弩箭纔及，目光隨墮地，得之如白石者是也。《衍義》曰：頭脛與脊骨入藥。陳藏器所注一骨之事，及射之目光墮地如白石之說，必得之於人，終不免其所誣也。人或問曰：風從虎何也？風，木也。虎，金也。木受金制，焉得不從？故呼嘯則風生，自然之道也。所以治風攣急，屈伸不得，走注，癲疾，驚癇，骨節風毒等，乃此義爾。　【時】生：無時。採：無時。【用】骨、牙、膽、鼻、爪、膏、肉、屎中骨、屎、眼睛、眼光。　【色】黃白。　【味】辛。　【性】微熱，散。　【氣】氣之厚者，陽也。　【臭】腥。　【主】骨節痛風，癲疾，驚癇。　【製】《雷公》云：虎睛，先於羊血中浸一宿，漉出，微微火上焙之，乾搗成粉。虎骨去肉膜，塗酥，炙令黃熟，研細入藥用。　【治】療：陶隱居云：虎頭作枕，辟惡魘，以置戶上，辟鬼；鼻懸戶上，令生男。○骨，雜朱書符，辟邪。○鬚，治齒痛。○爪，懸小兒臂上，辟惡鬼。《唐本》注云：屎，傅惡瘡及鬼氣。○眼睛，治癲疾。○屎中骨，爲屑，治火瘡。○牙，治丈夫陰瘡及疽瘻。○鼻，除癲疾及小兒驚癇。○肉及皮，止瘧。○骨，煮汁浴小兒，去瘡疥，鬼疰，驚癇。○眼光，去驚邪，辟惡鎮心。○膽，治小兒驚癇。《藥性論》云：骨，治筋骨毒風，攣急，屈伸不得，走疰疼痛，及屍疰，腹痛，溫瘧，並傷寒溫氣。日華子云：睛，鎮心及小兒驚啼，疳氣，客忤。孟詵云：肉，食之，辟三十六種精魅。○眼睛，治瘧病，辟惡，小兒熱，驚悸。○膽，治小兒疳痢，驚神不安，研水服之。○骨，煮湯浴，去骨節風毒。○膏，內下部，治五痔，下血。丹溪云：虎骨，治瘻。《別錄》云：虎骨，治骨鯁，爲末，水服方寸匕。又肛門凸出，燒末，水服方寸匕。又痢久下，經時不愈者，名休息，取虎骨炙令黃焦，搗末飲服方寸匕，日三，即愈。○虎睛，治小兒驚癇掣瘲，細研水調灌服之。○虎脂，以消令凝，每日三四次塗之，治小兒頭瘡不瘥。　【合治】虎脛骨二大兩，粗搗熬黃，合羚羊角一大兩屑，新芍藥二大兩，切細，三物以無灰酒浸之，春夏七日，秋冬倍之，每旦空腹飲一杯，治臂脛痛，不計深淺，皆效。冬中速要服，即以銀器物盛，火爐中暖養之，三兩日即可服。○虎腰脊骨一具，細剉訖，又以斧于石上更捶碎，又取前兩腳全骨，如前細捶之，兩件並於鐵牀上，以大炭火匀炙翻轉，候待脂出甚，則投濃美無灰酒中密封，春夏二七日，秋冬三七日，每日空腹隨飲，性多則多飲，性少則少飲，未飯前三度溫飲之，治腰腳不隨，不拘年深年淺者，服此甚效。又方，以虎脛骨五六寸，淨刮去肉膜等，塗酥炙令極黃熟，細搗，絹袋子盛以酒一斗，置袋子於瓷瓶中，然後以煻火微煎，至七日後，任情飲之，當微利即瘥。○虎脛骨煮作湯浴之，或合醋浸，治腰膝急疼，筋骨風急痛。○虎骨合通草煮汁，空腹服半升，覆蓋臥，少時汗即出，治筋骨節急痛。○虎頭骨一具，塗酥炙黃捶碎，絹袋盛，合酒二斗，浸五宿，隨性多少暖飲之，治歷節風，百節疼痛不可忍。○虎屎白者，以馬屎和之，暴乾，燒灰，傅治瘭疽，著手足肩背，累累如米起，色白，刮之汁出，愈而復發者。○虎脛骨塗酥炙，合黑附子炮裂去皮臍，各一兩，爲末，每服溫酒調下二錢匕，治白虎風，走注疼痛，兩膝熱腫。○虎牙虎頭骨，刮取末，合酒服方寸匕，治猘犬咬人，發狂如犬。○虎脛骨兩節，合蜜二兩炙令赤，搗末蒸餅糊丸如桐子大，每服清晨溫酒下二十丸，治大腸痔漏並脫肛。○虎頭骨二兩搗碎，合豬脂一斤熬以骨黃，取塗月蝕瘡。○眼睛一隻爲散，合竹瀝調少許，治小兒夜啼。　【禁】正月勿食虎肉。　【解】殺犬咬毒。　【忌】不可熱食虎肉，恐傷齒。小兒齒生未足，不可與食，恐齒不生。

明・盧和、汪穎《食物本草》卷三獸類　虎　肉，味酸，平。主惡心欲嘔，益氣力，治瘧。又食之入山，虎畏之，辟三十六種精魅。藥箭射，毒入骨肉，食之不可不慮。

明・吳球《諸症辨疑》卷三　論虎潛丸　古人立虎潛丸，方中用虎脛骨一味，其理幽雅。蓋虎者陰也，虎嘯則風生。風者陽也，以其骨能追風定痛，此陰出陽藏之義也。況虎一身筋節力氣，皆出前足脛中，以其性氣藏焉。故人取此用之，所以名曰虎潛丸。今人用別骨者，非虎潛之義也，孝者鑒之。辨其義理，庶幾無誤乎。

明・葉文齡《醫學統旨》卷八　虎脛骨　氣微溫，味辛。無毒。雄者勝，酒浸或酥炙用。　治腰膝無力或疼，筋骨臂脛毒風攣急，屈伸不得，走疰疼痛，酒浸服。風從虎，故宜治風。脛有力，可補腰膝。

明・許希周《藥性粗評》卷四　丹府魂遊，虎睛明照。

虎睛，虎眼珠也。虎處處有之，骨、肉、膏、爪、牙、膽等項，俱以殺獲者入藥。中毒而死者勿用。其睛焙乾，擣末用之。味辛，性平，無毒。主治魂魄不守，癲邪驚悸，及小兒驚啼，疳氣客忤，細研，水調灌之。又骨以酥炙，搥碎，浸酒飲，以治筋骨疼痛；燒末水調服，以治肛門突出；煮水作湯，以浴小兒可免痘瘡；煉膏以塗禿瘡并狗齧瘡；食肉以治惡心并久瘧；肉不可熱食，恐壞齒；又正月不可食虎肉。佩爪以辟惡魅，頭骨作枕以辟惡夢，屎燒灰以傅惡瘡，磨牙水以點疽瘻。凡用骨惟頭與脛良。

明・鄭寧《藥性要略大全》卷一〇　虎睛　去瘧，治驚癇。〇凡用，先於羊血中浸一宿，烘乾入藥。　虎脛骨：　臣理腳膝筋骨毒風，却寒濕風氣拘攣。保胎驚，毆邪惡，殺犬咬毒。味辛，氣微溫，無毒。雄者勝。酒煮或酥炙用。　虎膽：　主小兒疳痢，驚悸，神魂不安，研水服。　虎骨：　煮汁服，去骨節風毒。　虎肉：　主惡心欲嘔，益氣力。　虎爪：　辟惡邪魅。　虎睛：　主邪瘧驚悸。　虎膏：　主狗咬瘡毒。

明・陳嘉謨《本草蒙筌》卷九　虎骨　味辛，氣微熱。無毒。各處山林俱有，色黃雄者為佳。務審非藥箭中傷，藥箭射死者，不可入藥。恐藥毒浸漬骨血間，甚能害人，必得網捕殺死者方用。　纔取塗酥油炙脆。勿煎湯液，惟製散丸。所畏三藥須知，蜀漆蜀椒磁石。用治風痹，乃因虎嘯風從；用補膝痠，只緣虎走力健。殺邪疰，止上焦驚悸，頭骨宜求；堅筋骨，甦下體痛風，脛骨堪覓。睛收定魄，牙刮敷疽。專主陰瘡疽瘻。鬚去齒疼，爪辟惡魅。膏塗猘犬咬嚙瘡毒，膽主小兒疳痢驚癇。威骨在脇兩傍，虎威有骨如乙字，長一寸，破肉取之。尾端亦有，不如脇者。帶之日添威勢。眼光形如白石，凡虎夜視，以一目放光，一目看物。獵人候而射之，弩箭纔及，目光便隨墮地。得之者，形如白石。得者夜可獨行憩臥。皮毛卻邪截疫瘧甚驗，啖食肌肉益力止嘔惡尤靈。鼻懸戶上生男，孕婦以虎鼻懸門戶上，主生男。癩疾仍治；屎封瘡口殺毒，鬼魅亦毆。屎中骨研如灰，火灼爛瘡敷効。〇豹肉酸平亦美，食之久則利人。種類繁赤白匪同，形體小猛捷尤甚。獵者網捕，亦或得之。安五臟，補絕傷。強筋力，壯膽志。正月勿食，正月建寅，故忌食虎豹肉。犯則傷神。脂塗髮即生，鼻辟邪立遣。頭骨燒灰淋汁，沐頭白屑盡除。　皮用作裘，可禦寒冷。

謨按：　古人立虎潛丸，方中用虎脛骨一味，其理甚幽雅也。蓋虎金也，屬陰；　風木也，屬陽。虎嘯風從，乃木被金制，不得不然也。故凡腳膝拘攣，癱瘓痠痛等證，用骨調治，即能追風定痛。此又陰出陽藏之義焉。況虎一身筋節力氣，皆出前足脛中。因其性氣俱藏，人每用之，所以名曰虎潛。今人用別骨者，則非虎潛之義也。　第十一卷龍骨欵後，所引《衛生寶鑒》宜參看。

明・方穀《本草纂要》卷一一　虎骨　味辛，氣微溫，無毒。主去邪惡，益氣血，壯筋骨，除風攣、風痛、風痿、風痹等症，治諸風之要藥也。又能止驚悸，鎮心氣，添精髓，增氣力，扶元本。須以酥炙用之。吾觀此劑以之治風，因其風從虎也，以之壯力，因其最有力也。然用必以脛骨爲良，以其力皆出於脛也。夫所謂脛者，乃足脛之脛，非項頸之頸也。用宜詳之。

明・寧源《食鑒本草》卷上　虎肉　味酸，平，無毒。治瘧疾，主惡心，益氣力。食之入山，辟三十六種精魅，虎見而畏之。　頭骨：　驅邪辟惡，除鬼魘，作枕祛瘧。　脛骨：　壯筋骨，去風邪，辟惡氣，殺鬼疰，止驚悸。　仙方：　虎骨酒治諸風癱瘓，筋骨緩縱及歷節風，周身疼痛。用虎脛骨一對，酥炙打碎，以生絹袋盛，用清酒四五十斤連壜煮過，每日隨性飲之。　古方：　治肛門凸出不收。以虎骨燒存性為末，水調方寸匕，日進二服。

明・王文潔《太乙仙製本草藥性大全》卷七《本草精義》　虎骨　虎骨并睛、爪，《本經》不載所出州土，今有山林處皆有之。骨用頭及脛，色黃極者爲佳。務審非藥箭中傷，藥箭射死者不可入藥，恐藥毒浸漬骨血間，能害人，必得網捕殺死者方用。纔取塗酥油炙脆，勿煎湯液，惟作散丸。所畏三藥須知：蜀漆、蜀椒、磁石。睛亦多僞，須自獲者乃真。爪并指骨毛存之，以繫小兒臂上辟惡鬼。兩脇間及尾端皆有威，如乙字，長一二寸許。眼光，凡虎夜視，以一目放光，一目看物。獵人候而射之，弩箭纔及目光便隨墮地，得之者形如白石。〇腰膝急疼，煮作湯浴之，或和醋浸亦良。主筋骨風急痛，脛骨尤妙。又小兒初生，取骨煎湯浴，其孩子長大無病。又和通草煮汁空心服半升，覆蓋臥少時[汗]即出，治筋骨節急痛。切忌熱食，損齒，小兒齒生未足，不可與食，恐齒不生。又正月勿食虎肉。

明・王文潔《太乙仙製本草藥性大全》卷七《仙製藥性》　虎骨臣　味辛，氣微熱，無毒。　頭骨：　治筋骨毒風攣急，療温瘧温風傷寒。　用治風痹，乃因虎嘯風從；　用補膝痠，只緣虎走力健。殺鬼疰毒，除邪惡氣。止驚悸惡瘡鼠瘻，住腹痛走疰痠疼。　補註：　歷節風，百節痛疼不可忍，用虎頭骨一片，塗酥炙黄，搥碎，絹袋盛，以清酒二斗浸五宿，隨性暖飲之。○猘犬咬人發狂如犬，刮虎牙、虎頭骨末，酒服方寸〔匕〕，差。○療月蝕瘡，虎頭骨二兩，搗碎，用猪脂一斤熬，以骨〔黄〕取塗瘡上。○卒魘，以虎頭骨爲枕效。○辟鬼，以置戶上。○療骾，取虎骨爲末，水服方寸〔匕〕。○肛門凸出，燒虎骨末，水服方寸匕，日三。○治痢久下，經時不愈者，此名休息，取大蟲骨，炙令黄焦，搗末，飲方寸〔匕〕即愈。　虎骨湯浴兒，數數作。　虎脛骨：　堅筋骨脚步難行，甦下體痛風立止。　補註：　大腸痔漏并脱肛，以虎脛骨兩節，蜜二兩炙令赤，搗末蒸餅，丸如梧子大，每服清晨温酒下二十丸，隔夜先和大腸後方服此藥。○白虎風走疰疼痛，兩膝熱腫，虎脛骨塗酥炙，黑附子炮裂去皮脚各一兩，爲末，每服酒調二錢。　虎骨酒法：　治臂脛痛，不計深淺皆效。用虎脛骨一大兩麄擣熬黄，〔羚〕羊角一大兩屑，新芍藥二大兩切細，三物以無灰酒浸之，春夏七日，秋冬倍日，每旦空心飲一杯。冬中速要服，即以銀器物盛，火爐中暖養之三兩日，即可服也。　虎腰骨：　主腰脚痠痹，步履不隨者神。　補註：　取虎腰脊骨一具，細剉訖，又以斧於石上更杵碎，又取前兩脚全骨，如前細搥之，兩件並於鐵床上以大炭火匀炙翻轉，候待脂出甚，則投濃美無灰酒中密封，春夏一七日，秋冬三七日，每日空腹隨飲，性多則多飲，性少則少飲。未飯前三度温飲之，大戶以酒六七斗止，小戶二斗止。患十年已上者，不過三劑，七年已下者，一劑立差。忌如藥法。又一方：　虎脛骨五六寸已來，净刮去肉膜等，塗酥炙令極黄熟，細搗，絹袋子盛，以酒一斗置袋子於甆瓶中，然後以煻火熬煎至七日後，任情喫之，當微利便差。　虎睛：　治小兒驚風疳氣客忤，主瘧疾癇疸發熱鎮心。收定魄良方，止夜啼秘訣。　補註：　治小兒驚癇掣瘲，以虎睛細研，水調灌之良，大人加減服之。○療小兒驚癇，以虎睛一豆許，火炙爲末，水和服。○治小兒夜啼，取虎睛一隻爲散，以竹瀝調少許與喫。　虎牙：　主丈夫陰瘡神方，刮骨敷疽瘻妙法。　虎爪：　用之懸小兒臂，辟惡氣鬼魅尤良。　虎鬚：　療齒痛尤良。　虎膏脂：　塗猘犬咬齧瘡毒，納下部五痔下血。　補註：　療禿瘡，取膏塗之。○小兒頭瘡不差，用脂消令凝，每日三四度塗之。　虎膽：　主小兒疳痢，驚癇，心神不安。　補註：　治小兒疳痢，驚神不安，取膽研水服之良。　虎威骨：　其骨生在脇兩傍，帶之日添威勢。　虎眼光：　主驚邪辟惡，鎮心辟瘧疾，小兒熱悸。　其狀形如白石，得者夜可獨行。　虎皮毛：　用之甦臥極妙，却邪絶疫瘧尤靈。　虎肌肉：　取之啖食最佳，益力止嘔惡甚驗。　虎鼻：　懸戶上生男。孕婦以虎鼻懸門戶上定生男。　癲疾仍治。　虎屎：　封瘡口殺毒，亦敺鬼魅惡瘡。　補註：　療瘭疽著手足肩背，累累如米起，色白，刮之汁出，愈而復發，虎屎白者，以馬尿和之曝乾，燒灰用。　屎中骨：　用之研細如灰，火灼爛瘡敷效。　太乙曰：　虎睛，凡使，須知採人，問其源，有雌有雄，有老有嫩，有殺得者，唯有中毒自死者勿用，使却有傷人之患。夫用虎睛，先於生羊血中浸一宿漉出，微微火上焙之乾，搗成粉，候衆藥出取合用之。

明・皇甫嵩《本草發明》卷六　虎骨中品。氣微熱，味辛，無毒。　發明曰：　虎骨，辛以散風邪。治療有二義，蓋風從虎，故治風痺。凡邪氣鬼疰，驚悸及上部風氣，惡瘡鼠瘻，用虎頭骨，以風行于頭也。虎力健，故主壯筋骨，凡腰膝以下筋骨疼痛及歷節風骨節痠疼，筋骨毒風攣急，屈伸不得，下體痛風，俱用脛骨，亦以力行于足也。取前脛骨尤佳，截片，酒浸炙用。凡用虎骨等，忌藥箭傷者，能害人。必得綱捕殺者，可用。畏蜀漆、椒、礬石。　○虎牙，主陰疽瘻。　鬚，去齒風疼。○爪，辟惡魅。○膏，主犬齧瘡及頭㿉瘡。○膽，主小兒疳痢驚癇。○虎脂，可治反胃。方見附餘反胃條內。　○威骨如乙字，長一寸，在脇兩傍者方好，帶之使人日增威勢。　○虎睛，主小兒驚癇瘈瘲，能定魄。先于生羊血中浸一宿，漉出，微火焙乾，擣粉，和衆藥合用之。　○肉，益力止嘔。○虎睛光，帶之夜可獨行。虎夜視一目放光，一目視物，獵者射之，弩箭方及光即隨墮地，得之形如白石。　○皮毛，藉臥，卻邪截疫瘧。○鼻，懸戶上，孕婦主生男。　又治癲疾。○屎，封惡瘡口。○屎中骨，研灰，封火爛瘡。○虎頭，作枕，辟惡魘。

按：　古人立虎潛丸，方中用虎骨，何所取義？　蓋虎金屬陰，木屬陽，虎嘯則風從，而木被金制，理勢然也。　故凡脚膝拘攣，癱瘓痠疼等，用虎骨調治，以能追風定痛，此陰出陽藏之義也。　況虎一身筋節氣力，皆出前足脛中，因其性氣具藏，人每用之而效，故名虎潛，良有以也。

明・李時珍《本草綱目》卷五一獸部・獸類　虎《别録》中品

【釋名】烏䖘音徒。《左傳》作於菟，《漢書》作烏檡。　大蟲《肘後》　李耳時珍曰：虎，象其聲也。魏子才云：其文從虍從几，象其蹲踞之形。從人者非也。揚雄《方言》云：陳魏之間，謂之李父。江淮南楚之間，謂之李耳，或謂之䶂䖘。自關東西謂之伯都。珍按：李耳當作貍兒。蓋方音轉貍爲李，兒爲耳也。今南人猶呼虎爲猫，即此意也。郭璞謂虎食物，值耳則止，故呼李耳，觸其諱。應劭謂南郡李翁化爲虎，故呼李耳。皆穿鑿不經之言也。《爾雅》云：虎，淺毛曰虦猫，音棧。白虎曰甝，音含。黑虎曰虪，音育。似虎而五指曰貙音偪，似虎而非真曰彪，似虎而有角曰虒音嘶。

【集解】頌曰：虎，《本經》不載所出，今多山林處皆有之。時珍曰：按《格物論》云：虎，山獸之君也。狀如猫而大如牛，黄質黑章，鋸牙鈎爪，鬚健而尖，舌大如掌，生倒刺，項短鼻齆。夜視，一目放光，一目看物，聲吼如雷，風從而生，百獸震恐。《易通卦驗》云：立秋虎始嘯，仲冬虎始交。或云月暈時乃交。又云虎不再交，孕七月而生。又云虎知衝破，能畫地觀奇偶以卜食。今人效之，謂之虎卜。虎噬物，隨月旬上下而嚙其首尾。其搏物，三躍不中則舍之。人死於虎，則爲倀鬼，導虎而行。虎食狗則醉，狗乃虎之酒也。聞羊角煙則走，惡其臭也。虎害人獸，而蝟鼠能制之，智無大小也。獅、駮、酋耳、黄腰、渠搜能食虎，勢無强弱也。《抱朴子》云：虎五百歲則變白。又海中有虎鯊能變虎。古有貙虎變人，貙人變虎之説，亦自有是理也。

虎骨　【修治】頌曰：虎骨用頭及脛骨，色黄者佳。凡虎身數物，俱用雄虎者勝。藥箭射殺者，不可入藥，其毒浸漬骨血間，能傷人也。時珍曰：凡用虎之諸骨，並搥碎去髓，塗酥或酒或醋，各隨方法，炭火炙黄入藥。　【氣味】辛，微熱，無毒。之才曰：平。

【主治】邪惡氣，殺鬼疰毒，止驚悸，治惡瘡鼠瘻。頭骨尤良《別録》。治筋骨毒風攣急，屈伸不得，走注疼痛，治尸疰腹痛，傷寒温氣，温瘧，殺犬咬毒甄權。雜朱畫符，療邪。頭骨作枕，辟惡夢魘。置户上，辟鬼陶弘景。煮汁浴之，去骨節風毒腫。和醋浸膝，止脚痛腫，脛骨尤良。初生小兒煎湯浴之，辟惡氣，去瘡疥，驚癇鬼疰，長大無病孟詵。追風定痛健骨，止久痢脱肛，獸骨鯁咽時珍。

【發明】頌曰：李絳《兵部手集》有虎骨酒，治臂脛痛。崔元亮《海上方》治腰脚不隨，並有虎脛骨酒方。宗奭曰：風從虎者，風，木也；虎，金也。木受金制，焉得不從。故虎嘯而風生，自然之道也。所以治風病攣急，屈伸不得，走疰，骨節風毒，癲疾驚癇諸病，皆此義也。汪機曰：虎之强悍，皆賴於脛，雖死而脛猶矻立不仆，故治脚脛無力用之。時珍曰：虎骨通可用。凡辟邪疰，治驚癇温瘧，瘡疽頭風，當用頭骨；治手足諸風，當用脛骨；腰背諸風，當用脊骨，各從其類也。按吴球《諸證辨疑》云：虎，陰也；風，陽也。虎嘯風生，陽出陰藏之義，故其骨能追風定痛。虎之一身筋節氣力，皆出前足，故以脛骨爲勝。

【附方】舊十，新八。　健忘驚悸：預知散：用虎骨酥炙、白龍骨、遠志肉等分，爲末。生薑湯服，日三服。久則令人聰慧。《永類鈐方》。　臂脛疼痛：虎骨酒治之，不計深淺皆效。用虎脛骨二大兩，搗碎炙黄，羚羊角屑一大兩，新芍藥二大兩，切。三物以無灰酒浸之，養至七日，秋冬倍之。每日空腹飲一杯，若要速服，即以銀器物盛，於火爐中暖養三二日，即可服也。《兵部手集》。　腰脚不隨：攣急冷痛。取虎脛骨五六寸，刮去肉膜，塗酥炙黄，搗細，絹袋盛之，以瓶盛酒一斗浸之，煻火微温，七日後，任情飲之，當微利便效也。又方：虎腰脊骨一具，前兩脚全骨一具，並於石上以斧搥碎，安鐵牀上，文炭火炙，待脂出則投無灰濃酒中密封，春夏七日，秋冬三七日，任性日飲三度。患十年以上者，不過三劑；七年以下者，一劑必瘥。崔元亮《海上方》。　白虎風痛：走注，兩膝熱腫。用虎脛骨，塗酥炙黄、黑附子炮裂去皮各一兩，爲末。每服二錢，酒下，日再。《經驗良方》。　歷節痛風：虎脛骨酒炙三兩，没藥七兩，爲末。每服二錢，温酒下，日三服。《聖濟總録》。　歷節走痛：百節皆痛不可忍。用虎頭骨一具，塗酥炙黄搥碎，絹袋盛，置二斗清酒中，浸五宿，隨性飲之，妙。《聖惠方》。　筋骨急痛：虎骨和通草煮汁，空肚服半升，覆卧，少時汗出爲效。切忌熱食，損齒。小兒〔齒生未足〕，不可與食，恐齒不生。《食療》。　休息痢疾：經年不愈。取大蟲骨黄焦，搗末。飲服方寸匕，日三，取效。《張文仲方》。　痔漏脱肛：虎脛骨兩節，以蜜二兩炙赤，搗末，蒸餅丸梧子大。每凌晨温酒下二十丸，取效。《勝金》。　肛門凸出：虎骨燒末，水服方寸匕，日三。《外臺》。　獸骨鯁咽：虎骨爲末，水服方寸匕。《外臺》。　惡犬咬傷：虎骨刮末，水服方寸匕，並傅之。《小品方》。　湯火傷灼：虎骨炙焦研敷，神效。龔氏《易簡方》。　月蝕疳瘡：虎頭骨二兩搗碎，猪脂一斤，熬膏塗之。《神效方》。　小兒白禿：虎骨末，油調塗之。《普濟》。　足瘡嵌甲：以橘皮湯浸洗，輕剪去甲，以虎骨末敷之，痛即止。《便民圖纂》。　臁脛爛瘡：以齏汁洗拭，刮虎骨末敷之。《便民圖纂》。

威骨藏器曰：虎有威骨如乙字，長一寸，在脇兩傍，破肉取之。尾端亦有，不及脇骨。令人有威，帶之臨官佳。無官則爲人所憎。

肉　【氣味】酸，平，無毒。宗奭曰：微鹹。弘景曰：俗方言：熱食虎肉，壞人齒。詵曰：正月勿食虎，傷神。時珍曰：虎肉作土氣，味不甚佳。鹽食稍可。　【主治】惡心欲嘔，益氣力，止多唾《別録》。食之治瘧，辟三十六種精魅。入山，虎見畏之孟詵。

【附方】新一。　脾胃虚弱：惡心不欲飲食。虎肉半斤切，以葱、椒、醬調，炙熟，空心冷食。《壽親養老方》。

膏　【主治】狗齧瘡《別録》。納下部，治五痔下血孟詵。服之治反胃，煎消，塗小兒頭瘡白禿時珍。

【附方】新一。　一切反胃：虎脂半斤切，清油一斤，瓦瓶浸一月，密封勿令泄氣。每以油一兩，入無灰酒一盞，温服，以瘥爲度。油盡再添。《壽域神方》。

血　【主治】壯神强志。時珍曰：獵人李次口云：熱刺虎之心血飲之，能壯神志。又《抱朴子》云：三月三日殺取虎血、鴨血，等分和合，以初生草似胡麻子，取其實合用，可以移形易貌。

肚　【主治】反胃吐食。取生者勿洗，存滓穢，新瓦固煅存性，入平胃散末一兩和勻。每白湯服三錢，神效時珍。○出《保壽堂方》。

腎　【主治】瘰癧。時珍曰：《千金》治瘰癧，雌黄芍藥丸中用之。袁達《禽蟲述》云：虎腎懸於腹，象口隱於頤。

膽　【主治】小兒驚癇疳痢，神驚不安，研水服之孟詵。

睛　【修治】頌曰：虎睛多僞，須自獲者乃真。斆曰：凡使虎睛，須問獵人。有雌有雄，有老有嫩，有殺得者。惟中毒自死者勿用之，能傷人。虎睛，以生羊血浸一宿漉出，微火焙乾，搗粉用。時珍曰：《千金》治狂邪，有虎睛湯、虎睛丸，並用酒浸，炙乾用。　【主治】癲疾《別録》。瘧病，小兒熱疾驚悸孟詵。驚啼客忤，疳氣，鎮心安神日華。明目去翳時珍。

【附方】舊二，新一。　虎睛丸：治癇疾發作，涎潮搐搦，時作譫語。虎睛一對，微炒，犀角屑、大黄、遠志去心各一兩，巵子仁半兩，爲末，煉蜜丸緑豆大。每温酒服二十丸。　小兒驚癇：掣瘲。用虎睛細研，水調灌之，良。《經驗方》。　小兒夜啼：用大蟲眼睛一隻，爲散，以竹瀝調少許與吃。《姚和衆方》。　邪瘧時作：生虎睛一枚，臘月猪血少許，朱砂、阿魏各一分，爲末。端午日取粽尖七枚和，丸黍米大，每綿包一丸，塞耳中，男左女右。《聖惠方》。

虎魄藏器曰：凡虎夜視，一目放光，一目看物。獵人候而射之，弩箭纔及，目光即墮入地，得之如白石者是也。宗奭曰：陳氏所謂乙骨及目光墮地之説，終不免於誣也。時珍曰：乙骨之説不爲怪。目光之説，亦猶人縊死則魄入於地，隨即掘之，狀如麩炭之義。按《茅亭客話》云：獵人殺虎，記其頭項之處，月黑掘下尺餘方得，狀如石子、琥珀。此是虎之精魄淪入地下，故主小兒驚癇之疾。其説甚詳。寇氏未達此理耳。　【主治】驚邪，辟惡鎮心藏器。

鼻　【主治】癲疾，小兒驚癇《別録》。懸户上，令生男弘景。時珍曰：按《河魚圖》云：虎鼻懸門中一年，取熬作屑，與婦飲，便生貴子。勿令人及婦知，知則不驗。又云：懸於門上，宜子孫帶印綬。此與古者胎教欲見虎豹，皆取其勇壯之義同也。

牙　【主治】丈夫陰瘡及疽瘻孫思邈。殺勞蟲，治猘犬傷，發狂。刮末，酒服方寸匕時珍。

【附方】新一。　白虎風痛：大虎牙一副四個，赤足蜈蚣十條，酒浸三日，曬乾，天麻二兩，乳香、没藥各一兩，麝香半兩，爲末。每服二錢，温酒下，一日三服。《聖濟總録》。

爪頌曰：爪并指、骨，毛俱可用，以雄虎爲勝。　【主治】繫小兒臂，辟惡魅《別録》。時珍曰：《外臺》辟惡魅，用虎爪、蟹爪、赤朱、雄黄爲末，松脂和丸，每正旦焚之。

皮一名皐比。見《莊子》。　【主治】瘧疾藏器。辟邪魅時珍。

【發明】時珍曰：按應劭《風俗通》云：虎者陽物，百獸之長，能辟鬼魅，今人卒中惡病，燒皮飲之，或繫衣服，亦甚驗也。《起居雜記》云：虎豹皮上睡，令人神驚。其毛入瘡，有大毒。

鬚　【主治】齒痛弘景。○段成式《酉陽雜俎》云：許遠齒痛，仙人鄭思遠拔虎鬚令插之，痛即愈。

屎　【主治】惡瘡《別録》。鬼氣藏器。療瘰疽痔漏。燒研酒服，治獸骨鯁時珍。

【附方】舊一。　瘭疽：着手、足、肩、背，纍纍如米起，色白，刮之汁出，愈而復發。虎屎白者，以馬尿和之，曬乾燒灰粉之。《千金》。

屎中骨　【主治】爲屑，治火瘡《別録》。破傷風時珍。

【附方】新一。　斷酒：虎屎中骨燒灰，酒服方寸匕，即不飲。《千金方》。

題明·薛己《本草約言》卷二《藥性本草》　虎骨　辛以散風邪。治療有二義：蓋風從虎，故治風痹，凡上部風氣惡瘡等疾，用虎頭骨，以風行于頭也；虎力健，故主壯筋骨，亦以力行于足也。

明·梅得春《藥性會元》卷下　虎脛骨　味辛，氣微溫，無毒。俗云：食虎肉，壞人齒。　主治腰膝無力或疼，筋骨臂頸，毒風攣急，不得屈伸，走注疼痛，浸酒服。風從虎，宜治風(頸)[痙]有力，故補腰膝而壯筋骨，祛寒濕而辟惡氣，男安風毒，女保胎驚，并治惡瘡。　製法：雄者勝酒，或酥炙黄用。

明·穆世錫《食物輯要》卷四　虎　肉，味酸，作土氣，性熱，無毒。鹽食，良。益氣力，止多唾惡心、瘧疾，辟精魅。勿熱食，傷齒。多有藥箭傷者，食者慎之！　血，壯神強志。賭，無毒，治噎膈反胃。

明·李中立《本草原始》卷九　虎　生山林。《格物論》云：虎，山獸之君也。狀如猫而大如牛，黄質黑章，鋸牙鉤爪，鬚健而尖，舌大如掌生倒刺，項短鼻齆。夜視一目放光，一目看物。聲吼如雷，風從而生，百獸震恐。大寒之日始交，七月而生。性至猛烈，雖遭逐，猶復徘徊顧步。其傷重者，輒咆哮作聲而去，聽其聲之多少，以知其去之遠近。率鳴一聲者為一里。靠岩坐，倚木而死，終不僵仆。其搏物不過三躍，不中則捨之。其食物值耳輒止，以為觸其名，名耳故也。嘗傷人者，耳輒有缺。人死于虎，則為倀鬼，導虎而行。《類從》曰：虎行以爪坼地，觀奇偶而行。今人畫地觀奇偶者，謂之虎卜。揚雄《方言》云：陳魏之間，謂之李父；江淮南楚之間，謂之李耳，或謂之䖘䶊；自關東西謂之伯都。李時珍曰：虎，象其聲也。魏子才云：其文從虍從几，象其蹲踞之形。《字説》曰：虎，西方之獸，俗呼大蟲。虎骨：氣味：辛，微熱，無毒。之才曰：平。主治：邪惡氣，殺鬼疰毒，止驚悸，治惡瘡鼠瘻。頭骨尤良。○治筋骨毒風，攣急屈伸不得，走注疼痛。治尸疰腹痛，傷寒溫氣，溫瘧，殺犬咬毒。○雜朱畫符療邪，頭骨作枕辟惡夢魘，置戶上辟鬼。○煮汁浴之，去骨節風毒腫。和醋浸膝，止腳痛腫，脛骨尤良。初生小兒煎湯浴之，辟惡氣，去瘡疥、驚癇、鬼疰，長大無病。○追風定痛健骨，止久痢，脱肛，獸骨鯁咽。時珍曰：虎骨通可用。辟邪疰，驚癇，溫瘧，瘡疽，頭風，當用頭骨；手足諸風，當用脛骨；腰背諸風當用脊骨，亦各從其類也。

虎，《別録》中品。【圖略】虎骨，臣。虎之一身筋節氣力，皆出前足，故入藥以脛骨為勝。修治：頌曰：虎骨用頭及脛骨色黄者佳。凡虎身數物，俱用雄虎者勝。藥箭射死者骨青，不可入藥，其毒浸漬骨血間，能傷人。時珍曰：凡用虎之諸骨，並搥碎去髓，塗酥，或酒或醋，各隨方法，炭火炙黄入藥。

膏：治狗嚙瘡。爪：繫小兒臂，辟惡魅。肉：主惡心欲吐，益氣力。威骨：令人有威，帶之臨官佳，無官則為人所憎。腎：主治瘰癧。心：壯神強志。膽：治小兒疳痢、驚癇。肚：治反胃吐食。睛：治癲疾，驚悸客忤，疳氣。牙：主治丈夫陰瘡及疽瘻。鬚：治齒痛。皮：辟邪魅。鼻：懸戶上，令生男。屎中骨：為屑，治火瘡。

《起居雜記》云：虎、豹皮上睡，令人神驚。其毛入瘡，有大毒。段成式《酉陽雜俎》云：仙人鄭思遠常騎虎，故人許隱齒痛求治，遠拔虎鬚，令插之，痛即止。《勝金方》：治痔漏脱肛，虎脛骨兩節，以蜜二兩，炙赤色，搗為細末，蒸餅為丸梧桐子大，每日早晨黄酒下二十丸，取效。

明·張懋辰《本草便》卷二　虎骨臣　味辛，氣微溫，無毒。雄者勝，酒或酥炙用。　主邪惡氣，殺鬼疰毒，止驚悸，惡瘡鼠瘻，頭骨尤良。治筋骨臂脛毒風攣急，屈伸不得，走疰疼痛。脊脛骨妙。風從虎，故宜治風；虎至有力，故可補腰膝。

明·吴文炳《藥性全備食物本草》卷二　虎　武也，爪牙雄武也。肉味酸，作土氣，性熱，無毒。鹽食良。益氣力，止多唾惡心，治瘧疾，辟精魅，食之入山，虎見益畏。藥箭射處有毒，熱食損齒，小兒齒未生不宜食。正月食之傷神。但虎、鹿、兔壽俱千歲，五百歲毛俱變白，熊五百歲能化為狐狸，獼猴八百歲化為猨，猨五百歲變為玃，玃一千歲變為蟾蜍，狼壽八百歲，三百歲善變人形。血：壯神強志。頭角：治筋急，毒風攣急，療溫瘧溫風傷寒，治風痺，殺鬼疰毒，除邪惡氣，止驚悸，惡瘡鼠瘻，止腹痛。脛骨：治白虎歷節痛風，脚步難行及手臂痛。睛：主小兒驚風，疳氣客忤，瘧疾，癇疽發熱，鎮心定魄，止夜啼。牙：主男子陰瘡，磨乳汁治犬咬。膏：塗禿頭瘡，搽犬咬。爪：辟惡鬼。膽：主小兒疳痢，驚癇客忤，研水服。屎：主惡瘡。鬚：主齒痛，燒灰用。鼻：懸戶上生男，仍治顛疾。皮：用之憩臥，卻邪絕疫瘧尤靈。貔：似虎，功用相同。

明·李中梓《藥性解》卷六　虎骨　味辛，性微熱，無毒，入腎經。主邪氣鬼疰，筋骨毒風攣急。酥炙用，畏乾漆、蜀椒、磁石。按：虎骨入腎，亦以腎主骨故也。其治骨間毒風者何也？《易》曰：風從虎，夫風，木也。虎，金也。木受金制，焉得不從。

明·繆希雍《本草經疏》卷一七　虎骨　主除邪惡氣，殺鬼疰毒，止驚悸，主惡瘡鼠瘻。頭骨尤良。

〔疏〕虎，西方之獸，山獸之君。屬金而性最有力。語云：風從虎者，風，木也；虎，金也。木受金制，焉得不從！故虎嘯而風生，自然之道也。所以能治風病攣急，屈伸不便，走疰骨節風毒，驚癇癲疾等證。其性雖死而脛猶矻立不仆，故脛骨治腳膝無力，及手足諸風多效，取以類相從，借其

氣有餘以補不足也。本經無氣味。《藥性論》云味辛，微熱，無毒。稟勇猛之氣，其味更辛散而通行，故主辟邪惡氣，殺鬼疰毒，止驚悸也。惡瘡鼠瘻，亦風邪浸淫所致，消散風邪，則惡瘡鼠瘻自除矣。〔主治參互〕同牛膝、木瓜、地黃、山藥、山茱萸、黃蘗、枸杞子、麥門冬、五味子，治腰腳無力，筋骨疼痛，或痿弱不能步履。同萆薢、獨活、防己、蒼术、牛膝、何首烏、薏苡仁、木瓜、刺蒺藜，治風寒濕邪着於經絡，以致偏痹不仁。同當歸、白芍藥、炙甘草、續斷、牛膝、白膠、麥門冬、地黃，治遍身骨節痛。《永類鈐方》健忘驚悸，預知散，用虎骨酥炙、白龍骨、遠志等分為末。每服三錢，生薑湯下，日三。久則令人聰慧。李絳《兵部手集》虎骨治臂脛疼痛，不計深淺皆效。用虎脛骨二兩，酥炙碎，羚羊角屑一兩，芍藥二兩切，以無灰酒浸之，養至七日，秋冬倍之。每日空腹飲一盃。若要速服，即入磁銀器中，以火暖養二三日，即可服也。《聖濟總錄》歷節痛風，虎脛骨炙三兩，沒藥七錢，為末，每服二錢，溫酒下，日三。《小品方》惡犬咬傷，虎骨刮末，水服，并傅之。〔簡誤〕凡血不足以養筋，以致筋骨疼痛者，宜少用。

明・倪朱謨《本草彙言》卷一八　虎骨　味甘、辛，微熱，無毒。可升，可降。入手少陰、足厥陰經。　蘇氏曰：虎，南北東西四方皆生。深山窮谷者多有之。爲山獸之長也。狀如猫而大如牛，色有黃、白、黑，或有斑駁、雜花諸色。其聲吼如雷，其牙如鋸，其爪如鈎，其鬚健而有尖，其舌大而如掌，生倒刺，項短鼻齆。夜視一目放光，一目看物。從風而行，百獸震恐。《易卦通驗》云：立秋虎始嘯，仲冬虎始交。又云：月暈時虎交。又云：虎孕七月而生，不再交。又云：虎噬物隨月旬上下而嚙其首尾。其搏物三躍不中則捨之。食狗則醉，聞羊角烟則走，吞蝟鼠則死。見獅子、騶虞、渠搜則屈而伏。見水牛則鬥，而力有怯有健者。又有海魚變虎、老人變虎、虎變老人之異。

虎骨：去骨節風毒之藥也。蔡心吾曰：虎乃西方之獸，毛蟲之長也。屬金而氣最猛，性最有力。語云風從虎者，風，木也。虎，金也。木受金制，焉得不從？故虎嘯而風生，自然之道也。故甄氏《本草》治一切風病，筋骨攣急，屈伸不便，走注疼痛，及心風驚癇癲疾等證。然虎之一身氣力，皆出前足，强悍皆賴於脛，故入藥以脛骨爲勝。而楊士行言：總而論之，虎骨驅風，遍體是可通用。今析而分之，凡辟邪惡，治驚癇癲疾及頭風等病，當用頭骨；治腰背諸風，當用脊骨；治手足諸風，脚膝無力，當用脛骨。各從其類也。雖稱治風之劑，倘屬血虛不能養筋而生風者，氣虛不能攝涎而生風者，又當君以參、耆、歸、朮、芍、地輩同劑，方獲全效。

集方：已下三方俱出《方脉正宗》治一切風毒疼痛，腰脚無力，筋骨拘攣，痿弱不能步履。用虎骨四兩，白芍藥、懷生地、刺蒺藜、川萆薢、枸杞子、乾茄根、油松節、黃柏、蒼朮、白朮、秦艽、當歸、牛膝、木瓜、茜草各二兩，乳香、沒藥各一兩，好酒三十壺，浸蒸。每早晚隨量飲。○治中邪惡鬼疰，及小兒驚癇，大人癲疾。用虎骨磨汁半盞，牛黃三分，天竺黃、膽星各一兩五錢，俱研極細末，每晚服五分，用虎骨汁調服。○治休息痢疾，經歲不愈。取虎骨四兩，酒炙脆研末，每服三錢，米湯服。

明・應慶《食治廣要》卷六　虎　肉：氣味：酸，平，無毒。主治：惡心欲嘔，益氣力，止多唾，辟精魅，止瘧。陶弘景曰：俗方言，熱食虎肉，壞人齒。孟詵曰：正月勿食虎，傷神。肚：主反胃吐食。取生者，勿洗，存滓穢，新瓦上煅存性。入平胃散末一兩，和勻，白湯服三錢，神効。出《保壽堂方》。

明・姚可成《食物本草》卷一四獸部・野獸類　虎一名大蟲，一名山猫。山獸之君也。多山林處皆有之。狀如猫而大如牛，黃質黑章，鋸牙鈎爪，鬚健而尖，舌大如掌，生倒刺，項短鼻齆。夜視，一目放光，一目看物。聲吼如雷，風從而生，百獸震恐。立秋虎始嘯，仲冬虎始交，月暈時亦交。不再交，孕七月而生。知衝破，能畫地觀奇耦以卜食。虎噬物，隨月旬上下而齧其首尾。其搏物，三躍不中則舍之。人死於虎，則為倀鬼，導虎而行。虎食狗則醉，狗乃虎之酒也。聞羊角烟則走，惡其臭也。虎害人獸，而蝟鼠能制之，智無大小也。獅、駮、酋耳、黃腰、渠搜能食虎，勢無彊弱也。酋耳似虎，能食虎、豹，世治則見。駮，狀如馬，白身黑尾，一角鋸牙。渠搜，西戎露犬也。黃腰，鼬身貍首，俱逐虎之獸也。

虎肉：味酸，平，無毒。主惡心欲嘔，益氣力，止多唾，食之治貍瘧。辟三十六種精魅。入山鬼見畏之。熱食虎肉，壞人齒。正月勿食虎肉，傷人神。○李時珍曰：虎肉作土氣，味不甚佳，鹽食稍可。　虎骨：味辛，熱，無毒。治邪惡氣，殺鬼疰毒，止驚悸，治惡瘡鼠瘻。頭骨尤良。又治筋骨毒風攣急，屈伸不得，走注疼痛。治尸注腹痛，傷寒溫氣，溫瘧，殺犬、蛟毒。雜朱砂畫符，療邪。煮汁浴之，去骨節風毒腫。和醋浸膝，止脚痛腫，脛骨尤良。初生小兒煎湯浴之，辟惡氣，去瘡疥，驚癇鬼疰，長大無病。追風定痛健

骨，止久痢脫肛，獸骨鯁咽。　頭骨：作枕，辟惡夢魘。置戶上辟鬼。○蘇頌曰：李絳《兵部手集》有虎骨酒。治臂脛痛及腰脚不隨。蓋以虎為金，風為木，木受金制，焉得不從，而病安得不瘥。故曰風從虎，虎嘯而風生，自然之道也。所以治風病攣急，屈伸不便，走疰，骨節風毒，癲疾驚癇諸病，皆此義也。○汪機曰：虎之強悍，皆賴於脛，雖死而脛猶屹立不仆，故治脚脛無力用之。○虎骨用頭及脛骨，色黃者佳。凡虎身數物，俱用雄虎者勝。藥箭射殺者不可用，其毒浸漬骨血間，能傷人也。○凡用虎之諸骨，並槌碎去髓，或塗酥，或酒，或醋，炙脆用。　威骨：虎有威骨如乙字，長一寸，在脇兩傍，破肉取之。令人有威，佩之臨官佳。無官則為人所憎。　膏：主狗嚙瘡。納下部，治五痔下血。服之，治反胃。煎消，塗小兒頭瘡白禿。　血：主壯神強志。《抱朴子》云：三月三日殺取虎血、鴨血，等分和合，以初生草似胡麻子，取其實合用，可以移形易貌。　肚：治反胃吐食。取生者勿洗存滓穢，新瓦固煅存性，入平胃散末一兩和勻，每白湯服三錢，效。　腎：治瘰癧。　膽：治小兒驚癇疳痢，神驚不安，研水服之。　睛：治癲疾瘧病，小兒熱疾，驚悸狂啼，客忤，疳氣，鎮心安神，明目去瞖。凡用之，須酒浸炙乾用。　虎魄：凡虎夜視，一目放光，一目看物。獵人候而射之，弩箭纔及，目光即墮入地，得之如白石者是矣。主驚邪，辟惡鎮心。○按《茅亭客話》云：獵人殺虎，記其頭項之處，月黑掘下尺餘方得，狀如石子、琥珀。此是虎之精魄淪入地下，故主小兒驚癇之疾。　鼻：治癲疾，小兒驚癇。懸戶上令生男。○李時珍曰：按《河魚圖》云：虎鼻懸門中經年，取熬作屑，與婦人服之，便生貴子。勿令人及婦知，知則不驗。此與古者胎教欲見虎豹取其勇壯之義同也。　牙：治丈夫陰瘡及疽瘻。殺勞蟲，治猘犬傷，發狂，刮末，酒服方寸匕。　爪：繫小兒臂，辟惡魅。　皮：治瘧疾，辟邪魅。虎豹皮上睡，令人神驚。其毛入瘡，有大毒。　鬚：治齒痛。唐許遠齒痛，仙人鄭思遠拔虎鬚令插之，即愈。　屎：治惡瘡，辟鬼氣。療瘭疽痔漏。燒研酒服，治獸骨鯁。

附方：治歷節走痛。用虎頭骨一具，塗酥炙黃槌碎，浸酒內五宿後，隨量飲之。　肛門挺出。虎骨燒末，日服方寸匕。　治小兒夜啼。用大蟲眼睛一隻為末，以竹瀝調少許服之。　預知散，治健忘驚悸。用虎骨酥炙，白龍骨、遠志肉等分，為末。日三服，薑湯下，久則令人聰慧。　治腰脚不隨，攣急疼痛。取虎脛骨五六寸，刮去肉膜，塗酥炙黃擣細，絹袋盛之，以瓶盛酒一斗浸之，煻火微溫，七日後，任意飲之，當微利，便效也。○又方：虎腰脊骨一具，前兩脚全骨一具，槌碎，安鐵床上，文炭火炙，待脂出，則投無灰酒中，密封，春夏七日，秋冬三七日。日飲三次。患十年者不過三劑，五年上下者，一劑即瘥。　治休息痢疾，經年不愈。取大蟲骨炙焦擣末，服方寸匕，日三。　治痔漏脫肛。用虎脛骨兩節，以蜜二兩，炙黃擣末，蒸餅丸梧子大。每早溫酒下二十丸。　治獸骨鯁咽。虎骨為末，水服方寸匕，極效。亦治惡犬咬傷，外敷內服。　治脾胃虛弱，不思飲食，惡心。以葱、椒、醬、豉炙虎肉，空心食之。　治反胃。虎脂半兩，清油一斤，浸一月，酒下一兩。

明・顧逢柏《分部本草妙用》卷五腎部・溫補　虎骨　辛，微熱，無毒。主治：辟邪，殺鬼疰毒。筋骨風濕，拘攣不得屈伸，走注疼痛。傷寒溫氣溫瘧。殺犬咬毒。煎湯浴，去骨節風毒腫，初生小兒長大無驚癇症。○頭骨作枕，絕惡夢魘。置戶上辟鬼。　夫風從虎，則木為金制明矣。所以治風病，及走注骨節，癲狂驚癇諸症，而脛骨尤捷。健筋骨，壯腰膝，追風定痛之要藥。史國公浸酒方用之。○虎魄，治癲痰驚癇如神，懸戶上令生男。

明・李中梓《醫宗必讀・本草徵要下》　虎骨味辛，溫，無毒。脛骨最良，酥炙。　壯筋骨而痿軟可起，搜毒風而攣痛堪除。虎者，西方之獸，通於金氣。風從虎，虎嘯而風生，故骨可以入骨而搜風。虎賭主翻胃有功，虎爪主辟邪殺鬼。

明・鄭二陽《仁壽堂藥鏡》卷七　虎骨　味辛，微熱，無毒。入腎經。畏乾漆、蜀椒、磁石。　陶隱居曰：邪氣鬼疰，驚悸，惡瘡鼠瘻。甄權曰：筋骨毒風攣急，走注疼痛，屍疰。時珍曰：健骨，止痢。　按：風從虎。風，木也；虎，金也。木受金制，焉得不從？故主風病。虎之強悍，皆賴於脛。所以治脚脛無力。然中藥箭者，有毒損人，不可不辨。微黑者是也。　崔元亮云：虎骨去髓，以酥塗透，炙令極黃。　詵云：睛：能治瘧病，辟小兒驚悸。　鬚：去齒疼。

明・蔣儀《藥鏡》卷二熱部　虎骨　壯筋骨而見驅風之力，強腰膝以奏補陰之功。治驚悸及犬咬，逐寒濕于經絡。若血不足以養筋，以致筋骨疼痛者，宜少用之。

明・李中梓《頤生微論》卷三　虎骨　味辛，性溫，無毒。入肝、腎二經。畏乾漆、蜀椒、磁石。去髓，酥炙黃。脛骨最良。壯筋骨，去風毒攣急，走注

疼痛。按：虎者，西方之獸，通于金氣。風從虎，虎嘯而風生。風，木也；虎，金也。木受金制，焉得不從，故可入骨搜風。然虎之強勇，皆在于脛，故脛骨勝他骨百倍也。中藥箭者，有毒損人，必有微黑，不可不辨。虎䐗醫翻胃有功。虎爪主辟邪殺鬼。

明・張景岳《景岳全書》卷四九《本草正》　虎骨　味微辛，氣平。主百邪惡氣，殺鬼精，心腹諸痛，止驚悸，壯筋骨，治肢體毒風拘攣，走注疼痛，辟傷寒溫瘧，及惡瘡鼠瘻，犬咬諸毒。頭骨作枕，辟惡夢魘魅，置戶上，辟鬼祟。寇宗奭曰：風從虎者，風木也，虎金也，木受金制，安得弗從，故可治風病攣急走注，風毒癲厥驚癇諸病。李時珍曰：虎骨通可用。凡辟邪療驚癇頭風，溫瘧瘡疽，當用頭骨。治手足諸風，當用脛骨。治腰背諸風，當用脊骨。亦各從其類也。吳球曰：虎之一身筋節氣力皆出前足，故以脛骨為勝。

明・賈九如《藥品化義》卷七腎藥　附虎脛骨　虎脛骨，《易》曰：風從虎，虎嘯則風生。天地呼吸之氣，亦從其去來，其陽剛之利也如此。虎踞而睡，必口含前左脛，故精力獨倍，入藥取脛者以此義也。脛非膝蓋骨，本草言其頭骨之功與脛同。合養精補血之藥，主治精血衰少，腰腿足膝軟弱無力，不能行動，或筋骨疼痛，難以屈伸。若傷於濕者，筋骨弛長而軟，或腫痛；若過於酒色勞碌，腎肝血熱者，腰膝酸疼腿痛，相似虎骨證候，不宜誤用。虎骨用酥潤之炭火緩炙，再潤數遍，至脆為度。

明・施永圖《本草醫旨・食物類》卷四　虎名大蟲，山獸之君也。狀如貓而大如牛，黃質黑章，鋸牙鉤爪，鬚健而尖，舌大如掌，生倒刺，項短鼻齆。夜視，一目放光，一目看物。聲吼如雷，風從而生，百獸震恐。立秋虎始嘯，仲冬虎始交。虎不再交，孕七月而生。其搏物，三躍不中則捨之。人死於虎則為倀鬼，導虎而行。虎食狗則醉，狗乃虎之酒也。聞羊角烟則走，惡其臭也。虎害人獸而蝟鼠能制之，智無大小也。

虎骨：虎骨用頭及脛骨，色黃者佳，雄虎者勝。藥箭射殺者，不可入藥，其毒浸漬骨血間，能傷人也。凡用虎之諸骨，並搥碎去髓，塗酥，或酒，或醋，各隨方法，炭火炙黃，入藥。味：辛，微熱，無毒。治：邪惡氣，殺鬼疰毒，止驚悸。治惡瘡鼠瘻，頭骨尤良。治筋骨毒風，攣急屈伸不得，走注疼痛。治尸疰，腹痛，傷寒瘟氣瘟瘧，殺犬咬毒。雜硃畫符，療邪。頭骨作枕，辟惡夢魘。置戶上，辟鬼。煮汁浴之，去骨節風毒腫。和醋浸膝，止脚痛腫，脛骨尤良。初生小兒煎湯浴之，辟惡氣，去瘡疥，驚癇，鬼疰，長大無病。追風定痛，健骨，止久痢，脫肛，獸骨鯁咽。虎之強悍皆賴於脛，雖死而脛猶屹立不仆，故治脚脛無力用之。○虎骨通可用，凡辟邪疰，治驚癇，瘟瘧，瘡疽，頭風，當用頭骨。治手足諸風，當用脛骨。腰背諸風，當用脊骨。各從其類也。○虎，陰也；風，陽也。虎嘯風生，陽出陰藏之義。其骨能追風定痛，虎之一身筋節氣力，皆出前足，故以脛骨為勝。

附方　白虎風痛：用虎脛骨塗酥炙黃、黑附子炮裂去皮，各一兩，為末，每服二錢，(服)酒下，日再。歷節痛風：虎脛骨酒炙三兩，沒藥七兩，為末，每服二錢，溫酒下，日三服。歷節走痛：用虎頭骨一具，塗酥，炙黃，搥碎，絹袋盛，置二斗清酒中，浸五宿，隨性飲之，妙。筋骨急痛：虎骨和通草煮汁，空肚服半升，覆臥少時，汗出為效。切忌熱食，損齒。小兒不可與食，恐齒不生。休息痢疾：經年不愈，取大蟲骨炙黃焦，搗末，飲服方寸匕，日三取效。痔漏脫肛：虎脛骨兩節，以蜜二兩炙赤，搗末，蒸餅丸梧子大，每清晨溫酒下二十丸，取效。肛門凸出：虎骨燒末，水服方寸匕，日三。獸骨鯁咽：虎骨為末，水服方寸匕。惡犬咬傷：虎骨刮末，水服方寸匕，并傅之。湯火傷灼：虎骨炙焦，研敷，神效。月蝕疳瘡：虎頭骨二兩，搗碎，豬脂一斤，熬膏塗之。小兒白禿：虎骨末，油調塗之。足瘡嵌甲：以橘皮湯浸洗，輕剪去，以虎骨末敷之，痛即止。臁脛爛瘡：以齏汁洗拭，刮虎骨末，敷之。

威骨長一寸，在脇兩傍，破肉取之。　肉：味酸，平，無毒。熱食虎肉，壞人齒。虎肉作土氣，味不甚佳，鹽食稍可。治：惡心欲嘔，益氣力，止多唾。食之治瘧，辟三十六種精魅，入山見虎見畏之。

附方　脾胃虛弱：惡心不欲飲食，虎肉半斤，切，以葱、椒、醬調，炙熟，空心冷食。

膏：治：狗嚙瘡。納下部，治五痔下血。服之，治反胃。煎消，塗小兒頭瘡白禿。

附方　一切反胃：虎脂半斤，切，清油一斤，瓦瓶浸一月，密封，勿令洩氣。每以油一兩，入無灰酒一盞，溫服，以瘥為度，油盡再添。

血：治：壯神強志。熱刺虎之心血飲，能壯神志。　肚：治：反胃吐食，取生者勿洗，存滓穢，新瓦固煅存性，入平胃散末一兩，和勻，每白湯取三錢，神效。　腎：治：瘰癧。雌黃芍藥丸中用之。虎腎懸於腹，象口隱於頤。　膽：治：小兒驚癇，小兒疳痢，神驚不安，研，水服之。　睛：治：癲疾瘧病，小兒熱疾，驚悸驚啼，客忤疳氣。鎮心安神，明目去翳。　鼻：治：癲疾，小兒驚癇。懸戶上令生男。虎鼻懸門中一年，取熬作屑，與婦飲，便生貴子。勿令人及婦知，知則不驗。　牙：治：丈夫陰瘡及疽瘻，殺勞蟲，治猘犬傷發

狂，刮末，酒服方寸匕。　爪：爪并指、骨、毛俱可用，以雄虎為勝。治：繫小兒臂，辟惡魅。用虎爪、蟹爪、赤砂、雄黄為末，松脂和丸，每正旦焚之。　皮：治：瘧疾，辟邪魅。虎者，陽物，百獸之長，能辟鬼魅，今人卒中惡病，燒皮飲之，或繫衣服亦甚驗也。虎豹皮上睡，令人神驚。其毛入瘡，有大毒。　鬚：治：齒痛。拔虎鬚，令插之，痛即愈。　附録：渠搜西戎露犬也，能食虎豹。

明・盧之頤《本草乘雅半偈》帙八　虎骨《別錄》中品　氣味：辛，微熱，無毒。　主治：主邪惡氣，殺鬼疰毒，止驚悸，治惡瘡鼠瘻，頭骨尤良。

覈曰：虎，百獸之長，山獸之君也。陳、魏、〔宋、楚〕謂之李父；江淮、南楚謂之李耳，或謂之虘音虺，或謂之鵺音烏䖘音徒；自關東西謂之伯都。《漢書》云於檡也。淺毛曰虦音潺，白曰甝音寒，黑曰虪音叔，黄黑曰蜼音磊，蒼白曰貊，似虎而五指曰貙音區，似虎而非真曰彪，似虎而有角曰虒音斯也。形如貓，巨如牛，黄質黑章，鋸牙鈎爪，項短〔鼻〕齆，鬚健而鋭，舌大而刺，聲吼若雷，風從以生，百獸震恐。七月始嘯，嘯而風生，風生而萬籟皆作；伏而風止，風止而萬籟皆息，故止樂用虎爾。風木也，虎金也。木受金制，故風從虎，虎嘯風生，自然之理也。今虎所在，麂必鳴以告。人死于虎則為倀，導虎而行也。其出有時，猶龍見有期也。陰物以冬見，陽蟲以夏出。出應其氣，氣動其類，參伐以冬出，心尾以夏見，參伐則虎星，心尾則龍象也。奮則衝破，行則坼地。今人畫地觀奇耦者，謂之虎卜云。性至猛烈，雖遭逐，猶復徘徊顧步。其傷重者，輒咆哮作聲而去，聽其聲之多少，以知去之遠近。率鳴一聲者為一里，靠岩而坐，倚木而死，終不僵仆也。其搏物不過三躍，不中則捨之，食物值耳則止，以為觸其名，名耳故也。故嘗傷人者，耳輒有缺若鋸。夜視以一目放光，一目看物，宛然燈火，獵人候而射之，目光墮地，得之如白石，或曰即其魄也。仲冬始交，交而月暈。七月而乳，三九二十七數，其主星，星主虎，故敌為虎形，二十七齟齬也。三九陽氣成，陽主七，故首尾長七尺。般般文者，陰陽雜也。子生三日，即有食牛之氣，其不能搏噬者輒殺之，為墮武也。一世一乳，一乳必雙，三則一子豹。豹小于虎，尾赤而黄，花文如錢，比比相次而中空。質赤文黑曰赤豹，質白文黑曰白豹。懸其鼻于戶，令人生子，故古者胎教，欲見虎豹勇擊之物耳。食狗則醉，聞羊角煙則走。虎害人獸，蝟鼠能制之，智無小大也。獅、駮、猶耳、黄腰、渠搜，能食虎，勢無強弱也。古有貙虎變人，貙人變虎，海有鯊亦能變虎，自有是理矣。修事：虎頭及頸骨，色黄白者佳。前掌腕中之骨，形圓扁似棋子者力最勝，虎力在掌故也。凡虎身數物，俱用雄虎者良。藥箭毒死者不堪用，其毒侵漬骨血間，能傷人也。並槌碎塗酥，或酒或醋，各隨方法。柳炭火炙黄脆，研如飛塵，否則粘着腸間為痞積也。

先人云：氣鍾肅殺，天地間陰厲之物也。吼則撼物，動則風生，若隨身宮殿然。毒死者不可用，固各隨法製，還須用狗肉包裹一夜，法《雷公炮製》，投其所嗜以回其靈。又云：虎之所在，風必從之，故主風木不及，風大太過，咸相宜耳。

条曰：一陽剛長而始交，純陰厥盡而始生，以言武也。武，止戈也。莫之敢攖而戈止矣。客曰：主療諸疾，若形若藏，若府若經，若內所因，若外所因，轉致變生不測，而乃咸從肝膽。夫西方金獸，而反司東方甲膽乙肝者，何也？曰：此所謂制則化也。無制則亢，亢則害矣。顧其奮衝破，畫地卜食，爪坼奇耦者，不獨專決斷，且專謀慮矣。是以肝生風，其嘯風生；肝竅目，其目夜光；肝藏筋，其筋獨異于衆類，死猶屹立不仆也。肝志怒，故養之者，不敢以物之生，及全者與之，為其殺之決之之怒也。蓋不處中和，勢極則反，必然之數耳。斯其主肝膽失處中和，致勢極則反者，仍使之決斷出自中正，謀慮出自將軍也。膽者中正之官，決斷生焉；肝者將軍之官，謀慮出焉。客曰：無制則亢，敬聞命矣。乃厥肖惟寅而居艮，何也？曰：天以南為陽，北為陰；地以北為陽，南為陰，對待之理也。故其垣寅而宮尾，若艮則所以象其止也。于以表其神武而不殺也。夫是之為謀慮，是之為決斷。客更進曰：胎于子而剖于巳，固矣。乃紀載稗官所傳，多屬化生者，何也？曰：此義幽玄，備在釋典，情想密移，總歸業報。凡屬有生，事殊理一，故曰惟心所現，誠不可不慎所發也。

明・李中梓《本草通玄》卷下　虎骨　辛，溫。　追風定痛，健骨辟邪。風從虎者，風，木也；虎，金也。木承金制，安得不從？故虎嘯而風生，所以治風痾攣急，骨節風毒等症。

清・顧元交《本草彙箋》卷八　虎骨　虎者，西方之獸，山獸之君。屬金而性最有力，嘯則風生，木受金制，故其骨有追風定痛之能。其強悍之氣，皆賴於脛，雖死而脛猶屹立不仆，故治脛足無力用之。其踞而睡，必口含前左脛，故精力獨倍。　虎骨可通用，凡辟邪疰，治驚癇，溫瘧、瘡疽。頭風當用

頭骨，手足諸風用脛骨，腰背諸風用脊骨，各從其類。　凡用虎骨，須雄虎者勝。然多藥箭射死，其毒浸漬骨血間，能傷人，不宜貿然用之也。　況如因酒色勞碌，致傷腎肝，血熱腰疼腿痛，相似虎骨症候者，豈宜誤用？

清・穆石匏《本草洞詮》卷一五　虎虎骨、虎肉、虎魄、虎皮　虎，立秋始嘯，仲冬始交。或云月暈時乃交。虎知衝破，能畫地觀奇偶以卜食。今人效之，謂之虎卜。虎噬物隨月旬上下而囓其首尾，其搏物三躍不中則舍之。人死於虎，則為倀鬼，導虎而行。虎食狗則醉，聞羊角烟則走。風從虎者，木受金制，焉得不從，所以能治風病也。虎骨，辛，微熱，無毒。治邪惡氣，殺鬼疰，鼠瘻，犬咬毒，獸骨鯁咽。頭骨作枕，辟惡夢魘，置戶上辟鬼。煮汁浴之，去骨節風氣，初生小兒浴之，辟惡氣，長大無病。虎之一身，氣力皆出前足，強悍皆賴於脛，雖死而脛猶屹立不仆，故以脛骨為勝。然虎骨通可用，凡辟邪疰，治頭風，當用頭骨。治腰背諸風，當用脊骨。治手足諸風，腳脛無力，當用脛骨。各從其類也。虎肉，酸，平，無毒。主益氣力，止惡心欲嘔，辟三十六種精魅。虎魄，主鎮心，辟惡，治驚邪。凡虎夜視，一目放光，一目視物，獵人射之，弩箭纔及目光即墮入地。《茅亭客話》云：獵人殺虎，記其頭項之處，月黑掘下尺餘方得，狀如石子、琥珀，此是虎之精魄，淪入地下者，故主小兒驚癇之疾也。虎皮治瘧疾，辟邪魅。

清・丁其譽《壽世秘典》卷四　虎山獸之君，屬金而性最有力。黃質黑章，鬚硬而尖，舌大如掌，生倒刺，項短鼻齆。夜視，一目放光，一目看物。聲吼如雷，風從而生，百獸震恐。立秋始嘯，仲冬始交，或云月暈時乃交。又云，虎不再交，孕七月而生。又云，虎知衝破，能畫地觀奇偶以卜食。虎食人後如昏醉之狀，謂之虎醉，人伺其醉殺之。每食一人，則耳成一缺。人死于虎則為倀鬼，導虎而行。虎，害人獸，而蝟鼠能制之，智無大小也。　氣味：　酸，平。主益氣力，治瘧，辟三十六種精魅。食之入山，虎見畏之。發明陶弘景曰：熱食虎肉傷人齒。李時珍曰：虎肉作土氣，味不甚佳，鹽食稍可。

虎骨：　氣味：　辛，熱，無毒。主除邪惡氣，殺鬼疰毒，止驚悸，治惡瘡、鼠瘻，頭骨尤良《別錄》。治風病攣急，屈伸不便，走注疼痛，腳膝無力，及手足諸風，脛骨尤良甄權《藥性論》。追風，定痛，健骨，止久痢脫肛，獸骨哽咽《綱目》。　發明蘇頌曰：虎骨用頭及脛骨，色黃者佳，俱用雄虎者勝。藥箭射殺者，不可入藥，其毒浸漬骨血間能傷人也。李時珍曰：虎骨通可用。凡辟邪疰，治驚癇、溫瘧、瘡疽、頭風，當用頭骨。治手足諸風，腳膝無力，當用脛骨。腰背諸風，當用脊骨。各從其類也。吳球云：虎之一身筋節氣力皆出前足，故以脛骨為勝。凡血不足以養筋以致筋骨疼痛者，宜少用。○凡用處，諸骨並搥碎，去髓，塗酥，或酒，或醋，各隨方法，炭火炙黃入藥。

皮：　一名皐比。治瘧疾，辟邪魅。　鬚：　治齒痛。　虎牙：　治犬咬瘡，刮末，摻之即愈。　發明《風俗通》云：虎者陽物，百獸之尊，能辟鬼魅。今人卒中惡病，燒皮飲之，或繫衣服，亦其驗也。爪繫小兒臂，辟惡魅，俱以雄虎為勝。《起居雜記》云：虎豹皮上睡，令人神驚，其毛入人瘡中有大毒。

清・劉雲密《本草述》卷三一　虎骨　氣味：　辛，微熱，無毒。　之才曰：平。　諸本草主治：　筋骨毒風攣急，屈伸不得，走注疼痛，追風健骨，並止驚癇，療溫瘧。　方書主治：　中風，虛勞痹，行痹着痹痿，鶴膝風攣，癇譫妄，腰痛腳氣。

宗奭曰：風從虎者，風，木也。虎，金也。木受金制，焉得不從。故虎嘯而風生，自然之道也。所以治風病攣急，屈伸不得，走注骨節風毒，癲疰驚癇諸病，皆此義也。　盧復曰：氣鍾肅殺，天地間陰厲之物也。吼則撼物，動則風生，若隨身宮殿然，故主風木不及，風大太過，咸相宜也。虎骨，其味骨辛而肉酸，故用之良有精義。　之頤曰：西方金獸，而反司東方甲膽乙木者，何也？曰：此所謂制則化也。無制則亢，亢則害矣。　時珍曰：虎骨通可用，凡辟邪疰，治驚癇，溫瘧瘡疽，頭風，當用頭骨。治手足諸風，當用脛骨。腰背諸風，當用脊骨。各從其類也。　汪機曰：虎之強悍，皆賴於脛，雖死而脛猶屹立不仆，故治腳脛無力用之。　希雍曰：虎，西方之獸，山獸之君，屬金，而性最有力。且骨之味辛，微熱，無毒，稟勇猛之氣，其味更辛散而通行，故治風毒及手足諸風多效，取以類相從，借其氣有餘以補不足也。用牛膝、木瓜、地黃、山藥、山茱萸、黃蘗、枸杞子、麥門冬、五味子，治腰膝無力，筋骨疼痛，或痿弱不能步履。　同萆薢、獨活、防己、蒼朮、牛膝、何首烏、薏苡仁、木瓜、刺蒺藜，治風寒溼邪着於經絡，以致偏痹不仁。　同當歸、白芍藥、炙甘草、續斷、牛膝、白膠、麥門冬、地黃，治偏身骨節痛。

愚按：　虎骨取以治諸風證，如宗奭謂木受金制，之頤謂木從金化。夫五行多以制我者為用，至化則如乙庚相合，木并從而化金矣。虎司風木，厥肖惟寅。然其氣鍾肅殺，誠如盧復所云，豈非得金之專氣，而風木并從之化者歟？　制者金猶為木用，化則木俱從金用。如所謂風之大過不及，咸得相宜者，固不謬也。即是物之能療風證，則治風之精義大有可參者。蓋

靜木之風者，必藉於金，非漫取其相制也。若人身如肝木從陰而達陽於天，不有肺金從陽而致陰於地，何以裕肝之陰，令其右旋，得從肺陰以歸地，能返於所始，而升降不息乎？《經》曰：升降息，則氣立孤危。此語可以悟金木相媾之義矣。中風有危篤之證，百不救一者，因升降息耳。此義最為喫緊，前人所未及發也。或曰：若然，是則茲物之化氣，視他化氣似較獨精矣。然何以獨取於骨也？曰：人物之具有形質，唯骨得其堅貞之氣，故以義取骨。第虎骨之功，雖似專在氣分，而就氣分即有為益血之主者，是所宜參也。抑專於氣分，而更為益血主者，蓋從肺而媾於肝也，以肝固血臟耳。雖然，肺為五臟華蓋，何以獨效其用於肝乎？曰：試舉方書主治諸證之義而繹之，如中風虎骨散曰潤筋去風，虛勞木瓜散曰治筋虛極，脚手拘攣等證。而於攣證，即用木瓜散，其主治亦如治虛勞之義也。在痹證紓筋丸曰治筋骨不能屈伸，又攣證百倍丸曰治中風腰膝疼痛，筋脈拘攣等證，即治腰痛亦用百倍丸，而主治之義亦如治攣證所云也。在脚氣酒浸牛膝丸曰治腰脚筋骨疲無力，又虎骨酒曰去風補血，益氣壯筋骨，強脚力，凡此數證，皆以療筋為治。夫筋固肝所主也，其於益血之義尤切，蓋血正所以養筋也。若以治風參合於諸證，更有可繹者。即舉行痹之治而言，諸方有風毒風虛之異，是俱病於走注疼痛者，其投劑固不能一也。何以虎骨皆得而用之，是豈非人身風木之初氣，有升即應有降，皆稟於陰中之陽，陰御陽以為升降也？風毒之走注，固陰微不能為陽之化也。而風虛之走注，亦以陰微不能為陽之使也。即此可以思虎骨之咸宜，固有能為陽之化且使者矣。蓋木火陽也，金木陰也。此木從金化者之實際也。是雖不及益血，然肝屬風臟，風臟即是血臟，固莫之能外者矣。況血尤屬真陰之化醇乎？即此一證，而他如鶴膝風，并風癇及攣病於風等證，俱可以類推矣。雖然，即不病於風，如腰痛着痹痿證，何莫非治風毒之類，能暢陰以和陽者乎？即如脚氣主治，又何莫非治風虛之類，能育陰而更助氣以達陽者乎？總之，肝司地氣之升，肺司天氣之降，由升而得降，以還育於地者，肺為肝之用也。由降而得升，以還暢於天者，肝又為肺之用也。且肺為肝之用，故陽和於陰以化血，肝為肺之用，故血和於氣以化精，正《內經》所云：金木者生成之終始也。即物類具徵玄理若此，如不思風木為出地元氣之始，遂不悉其履端於始者，乃得升降相因以妙於生化，而漫然止謂其治風，不幾同於說夢乎哉？

附方　白虎風痛走注，兩膝熱腫，用虎脛骨塗酥炙黃，黑附子炮裂去皮，各一兩，為末，每服二錢，服酒下，日再。　歷節痛風，虎脛骨酒炙三兩，沒藥七兩，為末，每服二錢，溫酒下，日三服。　筋骨急痛，虎骨和通草煮汁，空肚服半升，覆臥少時，汗出為效。切忌熱食，損齒。小兒不可與食，恐齒不生。　肝腎氣血不足，足膝酸痛，步履不隨，虎脛骨一兩酥炙，沒藥另研，乳香另研，各五錢，附子炮去皮尖二兩，肉蓯蓉洗淨、川牛膝、木瓜去穰、天麻，各一兩半，餘為末，將木瓜、蓯蓉搗如膏，加酒糊丸梧子大，每服七八十丸，空心鹽湯下。　休息痢疾，經年不愈，取大蟲骨炙黃焦，搗末，飲服方寸匕，日三，取效。　以上數方，不盡屬風之治，則益明於金木相媾者，有合於《經》所云至陽盛則地氣不足，而茲物能奏厥功也。蓋金媾於木，則風上升之陽際於天表者，陽中有陰，此正升中有降，而地氣還足也。

虎骨修治　用虎頭及頸骨，色黃白者佳。前掌腕中之骨，形圓扁似棋子者，力最勝。虎力在掌，故也。凡虎身數物俱用雄虎者良。藥箭毒死者不堪用，其毒侵漬骨血間，能傷人也。凡用虎之諸骨，並搥碎去髓，塗酥，或酒、或醋，各隨方法，柳炭火炙黃脆，研如飛塵，否則粘着腸间，為痞積也。　復曰：固各隨法製，還須用狗肉包裹一夜。法雷公炮製，投其所嗜，以回其靈。

虎睛　藏器曰：凡虎夜視，一目放光，一目看物，獵人候而射之，弩箭纔及，目光即墮入地，得之如白石者，是也。主治：癲疾《別録》。瘧病，小兒驚悸孟詵。驚啼客忤，疳氣，鎮心安神。日華子。方書主治：多屬風癇及驚癇。　時珍曰：按《茅亭客語》云：獵人殺虎，記其頭項之處，月黑掘下尺餘，方得狀如石子琥珀，此是虎之精魄，淪入地下，故主小兒驚癇之疾。

按：方書治風癇，如珠子辰砂丹，又牛黃丸，是治病在肝者，肝主風，此正木從金化之義。又虎睛丸主驚癇邪氣入心，此又雖專於氣分，而即有為益血之主之義也。大抵虎睛所治之癇，屬於肝心二臟居多。然治小兒諸癇，如地龍散，亦有用之者。

附方　虎睛丸治癇疾發作，涎潮搐搦，時作譫語，虎睛一對，微炒，犀角屑、大黃、遠志去心，各一兩，梔子仁半兩，為末，煉蜜丸綠豆大，每溫酒服二十丸。　地龍散治小兒諸癇，發歇無時，乾地龍半兩焙，虎睛一對炙，人參二

錢半，金、銀箔三十片，天竺黃、硃砂、代赭石煅醋淬、鐵粉，各二錢半，雄黃一錢半，輕粉半錢，為末，每服半錢，紫蘇湯調，不拘時服。

虎睛修治　頌曰：虎睛多偽，須自獲者乃真。時珍曰：《千金方》治狂邪，有虎睛湯、虎睛丸，並用酒浸，炙乾用。

虎肚　主治：反胃吐食，取生者，勿洗，存滓穢，新瓦固煅存性，入平胃散末一兩，和勻，每白湯服三錢，神效時珍。

清・郭章宜《本草匯》卷一七　虎骨　味辛，氣溫。壯筋骨而痿軟可起，搜毒風而攣痛堪除。初兒煎湯洗浴，辟惡去驚。大人煮汁浸膝，健骨追風。按：虎，為西方之獸，通於金氣，風從虎，虎嘯而生風，故骨可以入骨而搜風。凡上部風氣惡瘡等疾，用虎頭骨，以風行於頭也。手足諸風，當用脛骨。腰背諸風，當用脊骨。方中獨取前脛者，虎之一身，筋節氣力皆出前足，取補骨氣，以氣合氣也。若血不足以養筋者，宜少用。同當歸、白芍、炙甘草、續斷、牛膝、白膠、門冬、地黃，治遍身骨節痛。

搥碎，去髓，塗酥，或醋，或酒，各隨方法，炭火炙黃，入藥。藥箭取者，不可用。畏蜀漆、蜀椒、磁石。

清・朱本中《飲食須知・獸類》　虎肉　味酸，作土氣，性熱。正月食虎傷神。熱食虎肉，傷人齒。多有藥箭傷者，食者慎之。虎鼻懸門中，次年取熬作屑，與婦食之，便生貴子。勿令人及婦知，知則不驗。虎豹皮上睡，令人神驚。其毛入瘡有大毒。虎骨勿用中毒藥箭者，能傷人也。虎夜視，一目放光，一目看物。聲吼如雷，風從而生，百獸震恐。立秋始嘯，仲冬始交，虎不再交。孕七月而生，虎生三子，一為豹。其搏物三躍不中，則捨之。食狗則醉，聞羊角烟則走，惡其臭也。虎害人獸，而蝟鼠能制之，智無大小也。

清・何其言《養生食鑒》卷下　虎狀如猫而大如牛，黃質黑章，鋸牙鈎爪，鬚健而尖，舌大如掌，生倒刺，項短鼻齆。夜視，一目放光，一目看物。聲吼如雷，風從而生。　虎肉：味酸，性平，無毒。治瘧疾，益氣力，止嘔吐惡心。食之入山，辟邪魅。勿熱食，傷齒。藥箭射處有毒，食者慎之。小兒未生齒者，勿食。　血：壯神強志。　肚：治反胃吐食，取生者，勿洗，新瓦固，煅存性，為末，入平胃散末一兩，和勻，每服三錢，白湯下，神效。　骨：治手足風痛，磨酒飲之。

清・蔣居祉《本草擇要綱目・熱性藥品》　虎骨　氣味：辛，微熱，無毒。主治：筋骨毒風攣急，屈伸不得，走注疼痛。治惡瘡鼠瘻，殺犬咬毒。初生小兒煎湯浴之，辟惡氣，去瘡疥驚癇鬼疰，長大無病。蓋虎骨通可用，凡辟邪疰，治驚癇溫瘧，瘡疽頭風，當用頭骨。治腰背諸風，當用脊骨。治手足諸風，當用脛骨。各從其類也。但虎之一身筋節氣力，皆出前足，故以脛骨為勝。

清・王翃《握靈本草》卷一〇　虎骨虎頭及脛骨色黃者佳。凡用諸骨，並槌碎，去髓，或酥，或酒，或醋，各隨方法，炭炙黃，勿煎湯，惟製丸散。　主治：虎骨，辛，微熱，無毒。凡虎骨可通用。治驚癇溫瘧頭風，當用頭骨；腰背諸風，當用脊骨；頭骨作枕，辟惡；去臂膝風毒，及腰脚痛腫，脛骨尤良。

清・汪昂《本草備要》卷四　虎骨宣，去風，健骨。味辛，微熱。虎屬金而制木，故嘯則風生。追風健骨，定痛辟邪。治風痹拘攣疼痛，驚悸癲癇，犬咬骨鯁。爲末，水服。犬咬，敷患處。以頭骨、脛骨良。虎雖死，猶立不仆，其氣力皆在前脛。時珍曰：凡辟邪疰，治驚癇、瘟瘧、頭風，當用頭骨。治手足風，當用脛骨。治腰脊風，當用脊骨。各從其類也。　虎肚：治反胃。取生者，存滓穢勿洗，新瓦固煅存性，爲末，入平胃散一兩，每服三錢，效。昂按：虎肚丸宜于食膈，若寒膈、氣膈、血膈、痰膈，恐難見功。

虎睛爲散，竹瀝下，治小兒驚癇夜啼。

清・吳楚《寶命真詮》卷三　虎骨　【略】壯筋骨，起痿軟，搜風定攣痛。虎肚主翻胃。虎爪辟邪鬼。　虎，西方之獸，通於金氣。風從虎，虎嘯而風生。風，木也，木承金制，故骨能入骨而搜風，一切攣急骨節皆治。

清・陳士鐸《本草新編》卷五　虎骨虎睛、虎肉、虎脂　虎骨：味辛，氣微熱，無毒，諸骨皆可用，而脛骨最良。治風痹，補膝痠，殺邪疰，止上焦驚悸。虎睛，能定魂魄。　虎肉，益力，止嘔惡尤靈。　虎脂，塗髮即生，不必豹脂也。

按：虎骨皆能去風健步，不必皆脛骨也。然而必用脛骨始佳，非因其去風健步也，蓋虎乃至陰之精，最能補肺金而生氣力。虎屬金，而肺亦屬金，同氣相感，補肺實有至理。用虎骨于補陰之中，原能生精添髓，而脛骨尤奇者，以虎之全力藏于脛，尤得金之剛氣也。

或疑虎骨非健筋骨之藥，不若用虎睛之能定魂魄也。夫虎骨健骨而不健筋，虎睛定魄而不定魂，未可混言之也。蓋虎之力出于骨，以健骨補人之弱骨何疑。虎屬金，人魄亦屬金，以金氣定金氣，又何疑耶。惟是虎之一物，單用則全然不效，必須用之于補氣、補精之中，始能收功，非虎骨不能健骨，

而虎睛不能定魄也。

尚有虎肚烹製為君，治噎如神，屢試方備載。青皮、陳皮、白术、香附、南星、半夏、砂仁、大腹皮、五靈脂、厚朴、白茯苓、蘇子、白芥子、皂角末、神麯、川芎、枳殼、石膏、川歸身、麥門冬、桑白皮、桔梗、木香，以上各一兩，沉香、柴胡、藿香、五味子各五錢，丁香、蒼术各三錢，黄連二錢，檳榔一個，共研末。先用鮮虎肚一個，去内垢，不入水，老陳酒洗淨，好米酒糟糟三日，去糟，將虎肚入新瓦上下兩片合定，用緩火焙乾。和前藥末，同杵數千棰，神麯糊為丸，如梧桐子大。每服用三十丸，用蘿蔔子五分、麥芽五分，仝煎湯送下。此方即名虎肚丸，專治噎病并翻胃。諸藥大都行氣，未免過于迅利，然而噎食由痰氣膠固胸膈，非此不開。妙在每服止用三十丸，為數甚少，取其開關神速，而又不損傷元氣。所謂有斯病，服此藥也。如服後噎病痊，可即宜改服大補氣血之藥，切不可仍服此丸。是方得自閩中司理葉公，葉有戚垂老病噎，人言虎肚丸可療，製服隨痊，因刻方傳送，列敘其故。余兄弟初成此丸時，業師母虞久噎，服之尋愈。其鄰嫗四十餘喪子成噎，乞與之，病已，且孕復生一子。後余乳媪亦患此症，而藥已盡，偶三伏曝書，於帽箓中撿丸可兩許，與服至半，遂瘥。余家孟製施此丸三十年，無不神效。敢附茲論，以垂永久。金孝芑識。

又虎臀大骨髓入藥為丸，壯陽益精，能使鬚髮黑者不白，白者重黑，名滋陰百補丸。大懷生地八兩，醇酒浸透軟，砂鍋内柳枝作甑，上攤生地，下入水酒，蒸一炷長香時，取出晒乾，照前仍浸蒸，晒乾，凡九次； 白雲苓去皮，取白肉，水淘浮去赤筋沫，晒乾，人浮汁和成餅，陰乾三兩； 用牛膝硬枝者，去蘆，酒浸洗淨，四兩； 川杜仲，去粗皮，淨酥油炙斷絲，四兩； 西枸杞子，酒淘淨，晒乾，四兩； 山茱萸肉，酒洗淨，晒乾，四兩； 淮山藥，甘草水浸，晒乾，四兩； 北五味子，酒洗淨，晒乾，二兩； 南牡丹皮，去骨，酒淘淨，晒乾，三兩； 澤瀉，去毛，淨鹽水洗，晒乾，三兩； 綿山黄芪，去頭尾，蜜炙，晒乾，四兩； 天花粉，酥油炙，〔晒乾〕，二兩。虎尻尾連背正中大骨長髓，用酥油四兩研勻，砂鍋内溶化，後入煉蜜内同用。以上諸藥修合，忌婦人、雞犬，擇天月德合日，共為細末，重羅羅勻，煉蜜二斤，同虎髓、酥油調勻，搗數千杵，丸如桐子大。每日空心服一錢或錢半，淡鹽湯送下。是方得之太原范道人。余弱冠遊三晉相遇時，年已古稀，童顏漆髯，飄飄如仙。問其所由。曰：凝神導氣其功遲，節慾服藥其效速。道人有虎髓丸實佳，今錄方并藥半料奉贈。余攜歸會友。李若霖，年僅四十，鬚髯早霜，即以道人丸轉贈服之，歲餘白復變黑。余奇其方，又藥皆王道滋補，盡人固可服也。因付梓以公同好，請嘗試之。金孝芑識。

余與水部員外心韓張公相友善，偶談曾在松署得一豹，闔署共食，食其頭及腦中髓者，覺五體發脹。惟一人食其雙精，遂致遍身發撑，不能坐臥，兩目睜而不合，雙睛突出，直瞪幾欲出眶，三日而後平復。可見虎豹之雄健，至死其肉尤烈。若識者以之共補藥調劑為丸，未必不大生精力，惜不可多得。故亦少所試，《本草》未之言及也，姑存其說，以待博物之君子。金孝芑識。

清·顧靖遠《顧氏醫鏡》卷八 虎骨辛，溫。搥碎，去髓，酥塗炙黄，或酒、或醋隨宜。 壯筋骨而治脚膝痿弱，步履不能。強悍皆在於脛，雖死而脛猶屹立不仆，取以類相從，借其氣有餘以補不足也。搜毒風而療手足攣急，歷節走痛。虎金也，風木也。木受金制，故風從虎。而其骨能入骨追風定痛，其骨通可用，視病在某處，即用某處之骨。能止驚悸，善辟邪魅。須用頭骨作枕，除惡夢魘，以其稟勇悍之氣也。凡血不足以養，筋骨痛者，宜少用。 虎肚，連滓穢煅存性。主反胃吐食。 虎睛，羊血浸一宿，漉乾，搗粉。用須自獲者真。能鎮心安神。癲狂驚悸皆用，又能明目，而去翳障。

清·李熙和《醫經允中》卷一九 虎骨 羊酥炙研用。脛骨尤妙。辛，微熱，無毒。主治筋骨風濕拘攣，不得屈伸，走注疼痛，殺犬咬毒。煎湯浴，去骨節風毒腫，小兒初生無驚癇。夫風從虎，故健筋骨，壯腰膝，追風定痛之要藥，浸酒方用之。虎魄治癲疾驚癇如神。膏塗猘犬咬嚙瘡毒。虎肚治反胃有功。

清·馮兆張《馮氏錦囊秘録·雜症痘疹藥性主治合參》卷九 虎脛骨味辛，微熱。虎屬金而制木，故為搜風強筋健骨之用。○虎骨酥炙，搗碎用。虎肚取生者，存穢勿洗，新瓦固煅存性為末，入平胃散一兩，每服三錢，治反胃神效。 虎脛骨，治風痹健膝，辟邪惡鬼疰，止驚悸健忘。愈惡瘡犬咬，歷節痛風，筋骨諸病，驚癇癲疾，脚膝拘攣，癱瘓疼疼。

按： 虎者，山獸之君，西方之獸，故通於金氣。風從虎，虎嘯而風生。風，木也； 虎，金也。木受金制，焉得不從，故可入骨搜風，強筋壯骨。然虎之強勇，皆在於前脛，以其性雖死，而脛猶屹立不仆，故脛骨勝他骨百倍，借其氣有餘，補其不足也。味辛微熱，即稟勇猛之氣，復有辛散之功。故

為辟邪散惡，驚癎癲疾，走筋達骨之用。若腰脊痛者，當用脊骨。中藥箭必有微黑，有毒損人，不可不辨。虎䐗治反胃有功，虎爪主辟邪殺鬼。

清・张璐《本經逢原》卷四　虎骨　辛，微熱，無毒。骨取黄潤者良。若帶青黑色乃藥箭射者，有毒勿用。酥炙黄脆用之。　發明：虎陰也，風陽也；虎金也，風木也。虎嘯風生，木承金制陽，出陰藏之義。故骨能追風定痛，強筋壯骨，風病攣急，骨節風毒為之要藥。虎之一身筋節氣力皆出前足，故膝脛為勝，而前左脛尤良，以卧必用左脛為枕也。然按病之前後左右取用，其效尤捷。入陰陽二蹻，虎睛定魄，《千金》治狂邪有虎睛湯丸，並酒浸，炙乾用，一時不可得，以珍珠煅末代之，總取定魄之用也。虎䐗治反胃吐食，新瓦上煅存性，入平胃散末和勻，空腹白湯服三錢效。虎頭骨，治頭風藥中浸酒服。作枕止瘧。虎長牙辟邪殺蟲，傳尸方用之。

清・汪啟賢等《食物須知・諸葷饌》　虎肉　益氣力，止嘔吐，肥人，養精血。山林俱有，色黄雄者，最佳。務審非箭中傷，必得網捕者方用。　骨，味辛，氣微熱，無毒。取來塗酥油炙脆，勿煎湯液，可製丸散。所畏三藥：蜀漆、磁石、蜀椒。用治風痹，乃因虎嘯風生；用補膝酸，只緣虎走力健。殺邪疰，止上焦驚悸，頭骨宜求。堅筋骨，甦下體風痛，脛骨堪覓。　睛，收定魄；牙，刮敷疽。　鬚，去齒痛；爪，辟惡魅。　膏，塗猘犬咬嚙瘡毒。　膽，主小兒疳痢驚癎。　威骨，在脇兩傍，虎威有骨如乙字，長三二寸，破肉取之。尾端亦有，不如脇者，帶之日添威勢。　眼光，如白石。凡虎夜視，一目放光，一目看物。獵人候而射之，弩箭纔及目光便隨墮地。得之者，表形如白石，得者夜可獨行甜卧。　皮毛，卻邪截疫瘧，甚驗。　鼻，懸戶上，生男，癲疾仍治。　屎，封瘡殺毒，鬼魅亦驅。

清・浦士貞《夕庵讀本草快編》卷六　虎《別録》、於菟　虎象其聲也，從虍，從几者，肖其蹲踞之形也。　虎乃西方之神，屬金制木，故虎嘯而風生焉。肉味酸平，能健脾胃，治嘔惡，攝涎止唾，截瘧辟魅。頻食之人，虎見亦畏。其骨則味辛而熱矣，強悍在脛，至死屹立，取治手足癱瘓，筋骨腰疼，白虎歷節，休息久痢。李絳有虎脛酒，《類方》有虎潛丸，著功普矣！推類而廣之，驚癎邪注，溫瘧頭風，當用首骨；腰背麻痺，不能俯仰，當用脊骨。藉其氣之有餘，逐我之風邪，補我之不足也。其(精)〔睛〕治癎潮，鎮驚悸；其肚療吐逆，開噎膈；爪懸兒臂，諸惡不侵；鼻置戶上，能令生男。血能壯神強志，抱朴有移形之説；牙專治瘻消疽，瀕湖有殺痨蟲之方。坐卧其皮，邪魅遠却；剔齒以鬚，腫痛立愈。魄不易得，驚邪可鎮；屎骨宜收，斷酒神効。客曰：虎之功用以聞，虎之靈異，更有説乎？曰：人化虎，牛哀是也；虎化人，亭長是也。宋均政仁，曳尾渡河；歐寶純孝，啣物助葬。范尋畜以辨訟獄，仰德聰豢以供驅使。雖曰精誠所格，非物之神者能乎？況其識衝破善劃卦，搏物三躍不中則舍之，食狗則醉，見蝟則伏，非通於智者乎？

清・姚球《本草經解要》卷四　虎骨　氣微熱，味辛，無毒。主邪惡氣，殺鬼疰毒，止驚悸，治惡瘡鼠瘻。頭骨尤良。酥炙。　虎骨氣微熱，稟天初夏之火氣，入足少陽相火膽、手少陽相火三焦經。西方之神，味辛無毒，得地西方之金味，入手太陰肺經。氣味俱升，陽也。其除邪惡氣者，味辛入肺，肺主氣，氣肅則一切邪惡皆除也。鬼疰之毒，陰惡之毒也。虎骨氣味辛熱，入三焦而通達，所以殺鬼疰也。膽虛則驚悸，辛熱溫膽，故止驚悸。惡瘡風毒之瘡，虎為西方金獸，虎嘯風生，金能制木也，風毒屬木，所以主之。鼠瘻，少陽膽與三焦之毒，所以主之者，亦以味辛制風木之毒也。　頭骨氣厚，所以尤良也。　製方：虎骨同牛膝、木瓜、生地、山藥、山萸、黄柏、杞子、麥冬、五味，治痿弱不能步履。同萆薢、獨活、防己、茅朮、牛膝、何首烏、苡仁、木瓜，治偏痹不仁。同歸身、白芍、炙草、續斷、牛膝、白膠、生地、麥冬，治白虎痛風。同龍骨、遠志末，名預知散，治驚悸，久服令人聰慧。同麢羊角、白芍浸酒，治臂痛。

清・王子接《得宜本草・中品藥》　虎骨　味辛，平。功專追風定痛。得沒藥治歷節痛風，得兔腦能止滑利，得乳香能催生下胎。

清・黄元御《玉楸藥解》卷五　虎骨　味辛、鹹，氣平。入足少陰腎經。療關節氣冷，治膝脛腫痛。虎骨逐痹通關，強筋健骨。平歷節腫痛，愈腰膝痿軟。諸獸骨鯁，惡犬咬傷，痔瘻脱肛俱效。脛骨良。酥炙研用。熬膏佳。手病用前腿骨，足病用後腿骨；左病用右，右病用左。

清・吴儀洛《本草從新》卷六　虎骨〔宣，去風健骨。〕以下獸類。　辛，溫。屬金而制木，故嘯則風生。追風健骨，定痛辟邪。治風痺拘攣疼痛，驚悸顛癎，犬咬骨哽。為末水服。犬咬敷患處。以頭骨、脛骨良。虎雖死，猶立不仆，其氣力盡在前脛。時珍曰：凡辟邪疰，治驚癎、瘟瘧、頭風用當頭骨，治手足風當用脛骨，治腰脊風

當用脊骨，各從其類也。肚，治反胃。取生者，存滓穢，勿洗，新瓦固煅存性，為末，入平胃散一兩，每服三錢。按：虎肚丸宜於食膈，若寒膈、氣膈、血膈、痰膈恐難見功。睛，為散，竹瀝下，治小兒驚癇夜啼。爪，主辟邪殺鬼。肉，酸，平。益氣力，止多唾。療惡心欲嘔，治瘧，辟三十六種精魅。入山，虎見畏之。

清·汪紱《醫林纂要探源》卷三 虎 甘，酸，熱。淺毛者曰貓虎，深毛者曰馬虎，又曰披髮虎。面稍尖，長足，前四爪，後五爪，其前後皆五爪者，曰貙虎。各有黃斑、黑斑二色。長膽力，壯筋骨，消食積，化骨鯁。肉理粗，有朽氣，不甚美。肚：甘，溫。治反胃。連糞，新瓦煅，研末，佐以他藥，羊肚亦可。○止可治食隔。骨：辛，熱。前脛良。然用各有當。李時珍曰：辟邪，治驚瘟瘧，頭風，宜頭骨。治手足風，宜脛骨。治腰脊風，宜脊骨。從其類也。追風辟邪，健筋力，壯志，消骨鯁，補命益肝，攻堅瀉肺。龍，陽物，而骨主收斂。虎，陰物，而骨主宣散。龍屬肝木，骨反補肺瀉肝。虎屬肺金，骨反補肝瀉肺。其故何也？曰：此猶木作酸，主收澀，金作辛，主宣散也。且龍興於至高，而雲從之，則斂陰補肺可推矣。虎嘯於深山，而風從之，則追風補肝可推矣。龍雖潛伏，而神明之用全。虎以咆咻，而作強之功出。故龍主補心君，而虎主補腎命，能治風痺拘攣，骨節疼痛，驚恐失志，及腹中痼冷沉寒積聚，辟百邪，止瘟瘧，有填精益髓之功，而追風之力，亦於是著焉。其在天則東方青龍，房心大火，日在大火而物藏。西方白虎，參伐實沉，日在實沉而物盛，陰陽互根也。膠：辛，鹹，熱。宜全骨熬。功同骨，而滋益從容。然不若骨之可以因病分用。虎威骨：佩之可辟邪。在尾上，欲作威，必先舉其尾。鬚：用剔齒去風。睛：治驚癇，小兒夜啼。合竹瀝用。○或云虎夜以一目放光，一目視地，死則目光落地下，掘深數尺得之為虎魄，未知果否。

清·嚴潔等《得配本草》卷九 虎骨虎肚、虎皮、虎睛、虎骨膠 辛，微熱。入足少陰經血分。追骨間毒風，辟鬼疰邪氣，敷犬咬，除骨鯁。左脛骨尤雄。或酒，或醋，或酥炙入藥。脛骨羊油塗炙，搗末，米飲或酒下，治痢久不止。頭骨，酒炙，研，桃腦湯下，治溫瘧嘔吐。肝腎虛敗，腰腿疼痛如風者，禁用。虎肚，煅存性。和平胃散，治食膈，餘皆不效。虎皮，止鬼瘧，餘瘧無益。虎睛，寒。鎮心安神，明目去翳。入羊血浸一宿，焙乾研末用。虎骨膠，祛風尤良。佐補血藥，以治老人虛風，不同草木之燥。

題清·徐大椿《藥性切用》卷八 虎骨 性味辛熱，追風定痛，健骨辟邪，為歷節風痺入骨耑藥。頭骨、骱骨、頸骨、脛骨良。犬咬、骨鯁，研末治之。虎肚，益胃，治反胃吐食。虎睛，定魄，治小兒驚癇。虎爪，辟邪。虎齒，安魂。虎肉，益氣力。

清·黃宮繡《本草求真》卷三 虎骨入肝搜風，補骨壯筋。 虎骨耑入肝。味辛微熱，號為西方之獸，通氣於金，風從虎，虎嘯風生，風屬木，虎屬金，木為金制，故可入骨搜風。按五味惟辛為散，而骨又能入骨散風，故書載能強筋健骨，定痛辟邪，能治風痹拘攣疼痛，驚悸癲癇，犬咬骨鯁，然虎之一身筋節氣力，皆出前足，故膝脛為勝，而前左脛尤良。以臥必用左脛為枕也！虎死而脛矻立不仆，是骨勝於他骨百倍，借其氣之有餘以補其力之不足，其功自爾立見。若腰脊痛者，當用脊骨，骨以黃潤為是。若中箭藥，其骨必有微黑，不可入藥。虎睛能治狂邪，酒浸炙乾用。虎肚能治反胃吐食。汪昂云：虎肚丸止有宜於食膈，若寒膈、氣膈、痰膈恐難見功。虎爪尤主辟邪殺鬼。虎牙尤治犬咬。用骨搥碎，去髓塗酥，或酒或醋炙，各隨方法入藥。

清·沈金鰲《要藥分劑》卷二 虎骨 【略】時珍曰：虎骨通可用，凡辟邪疰，治驚癇，溫瘧瘡疽。頭風當用頭骨，治手足諸風當用脛骨，治腰背諸風當用脊骨。鰲按：時珍之說極是，治病必從其類，不得概執脛骨為良。

清·李文培《食物小錄》卷下 虎 酸，平，無毒。益氣，止多唾。肉作土氣，味不甚佳。

清·羅國綱《羅氏會約醫鏡》卷一八禽獸部 虎脛骨味辛，性熱，酥炙研末。虎者西方之獸，本金氣而能制木，故嘯則風生。搜風健骨，定痛辟邪，治脚膝軟弱痠痛，用前脛骨。虎雖死而不仆，其氣力皆在前足。療歷節拘攣風痹，頭風用頭骨，足風用脛骨，腰脊風用脊骨，各從其類也。除鬼祟惡夢、傷寒瘟瘧。用頭骨，或佩或作枕，或置戶下。

清·陳修園《神農本草經讀》附録 虎骨 氣味辛，微熱，無毒。主邪惡，殺鬼疰毒，止驚悸，治惡瘡、鼠瘻。頭骨尤良。《別錄》。

清·趙學敏《本草綱目拾遺》卷九獸部 醉虎油、膽、脂 《三岡識略》：壬子正月初十日，福山戍卒遇一醉虎，縛獻王大將軍轅門，將軍剖肉分贈郡紳之小兒食之，可以稀痘。按：虎食人與楊柳及狗皆醉。《宦遊筆記》載山人捕虎法云：虎嗜食犬，食之必醉，如人中酒。虎匿深谷峻嶺，往來不時，難尋其跡。人以劣犬縛於山凹，犬嗥不已，虎聞聲而前，果腹而醉，不能遠去，人迹犬血而捕之，則無所遁矣，此縛醉虎之法也。 主稀痘。

虎油 《物理小識》：虎一身皆入藥，而本草未載虎油之功效。愚於獵

戶取其油以塗臘梨瘡，一二次即愈，亦可治大麻瘋。《藥性考》： 虎油療禿，塗狗咬傷，五痔下血，反胃酒嘗。

虎膽　治打傷垂死，飲食不進，前後不通，乃瘀血在心，命在旦夕，可用此方。虎膽五分，去外皮，用老黃酒在盌內研細為末，白茯苓二錢，為末，用熱陳酒調灌，下出可不死矣。

虎脂　治打碎頭骨蓋方： 用虎脂一兩，浸好熱酒內，俟化勻服之，汗出為度。如患處青者不治。反胃：《不藥良方》： 虎脂八兩，清油一斤，瓦瓶浸一月，密封，勿令洩氣。每以油一兩，入無灰酒一盞，溫服，以瘥為度，油盡再添。

按： 虎膽，虎脂，《綱目》雖載其用，而未及入折傷料之用。此二方出錫山華氏《經驗錄》，並屢試有效，故補其說以濟急。

清・黃凱鈞《藥籠小品》　虎骨　頸骨補天柱無力。膝補疲痿，能潛陽伏風，煎膠用。

清・章穆《調疾飲食辯》卷五　虎　《綱目》曰： 揚雄《方言》云： 陳魏之間名李父。江淮南楚曰李耳，或曰鶘䶂。關東西曰伯都。《左傳》作於菟。《漢書》作烏檡。《肘後方》曰大蟲。蜀中呼老蟲。《爾雅》曰： 虎，竊毛淺也謂之虦貓，黑色曰虪，白色曰甝。似虎而五指曰貙，似虎而非真曰彪，彪乃虎子。盧蒲癸之卜慶封曰： 虎離穴，彪見血。似虎而有角曰虒。叢山密篟皆有，為山獸之雄，故呼山君。胸有威骨，形如乙字。其出則風先之。《易文言》曰： 風從虎，怒則威張。《詩》曰： 闞如虓虎。性貪，《頤》六四曰： 虎視眈眈，其欲逐逐。若平時無虎之地，忽有虎久停不去，主水旱。諺云： 虎踏荒。古詩云： 寅年足虎狠。故禳虎青詞曰： 雖是寅年之足，或有數存，去其乙字之威，尚祈神力。虎為西方金神，性大熱，故《易卦通驗》云： 立秋虎始嘯。《月令》： 仲冬虎始交。《食療本草》曰： 食之已瘧，辟精魅，入山虎見畏之而已，他無所長。骨熬膠，治風損痹痛，筋骨無力，虛寒者頗效。若內熱及平素肺熱欬嗽者，服之即劇。蓋其性熱而屬金，故專助肺火也。其腎不近腰脊，故擊之則折。俗云： 銅頭鐵額豆腐腰。《禽蟲述》曰： 象口隱於鼻，虎腎懸於腹。虎，害人之獸，然山中他獸害稼，虎至則斂迹，是亦有功農事，故先王有祭虎迎貓之禮也。貓似虎而小。首似貓，能噬獸，不噬人，《詩》曰有貓有虎是也。《郊特牲》曰： 迎貓，為其食田鼠也； 迎虎，為其食田豕也。

按： 古者大蜡、八蜡之祭也，主先嗇而祭司嗇，祭百種以報嗇。先嗇一，司嗇二，農三，郵表畷四，貓虎五，坊六，水庸七，昆蟲八。古聖人之重民事如此。然虎噬獸，乃至敢於噬人，較他獸之害稼，尤為可惡，豈可迎之。

清・王龍《本草纂要稿・禽獸部》　虎骨　氣味辛熱。治風痺，因虎嘯風生。補膝痠，緣虎走力健。殺邪疰，治上焦驚悸。堅筋骨，甦下體疼風。

清・吳鋼《類經證治本草・足厥陰肝臟藥類》　虎骨　【略】誠齋曰： 頭骨置枕，辟惡夢。置戶，辟邪魅。治手足間風，用脛骨。治腰脊間風，當用脊骨。各從其類耳。○肚：【略】誠齋曰： 脾氣不健，四肢無力，食量小，或食後作脹，並宜用虎肚，洗淨，搗丸梧子大，臥時米飲下二十三十丸。○睛：【略】誠齋曰： 虎，一眼視物，一眼放光。取於黑暗處，或夜視生光者為上，自死者有毒，不可用。

清・張德裕《本草正義》卷上　虎骨　微辛，氣平。辟百邪惡氣，殺鬼精，止驚悸，壯筋骨。治肢體毒風拘攣，走注疼痛。

清・張德裕《本草正義》卷上　虎骨膠　性同虎骨，乃味厚力重。其壯筋骨，祛毒風之功勝倍。

清・楊時泰《本草述鉤元》卷三一　虎骨　氣味辛，微熱而平。其肉酸。筋骨毒風，攣急，屈伸不得，走注疼痛，追風健骨，並止驚癇，療溫瘧。方書治中風虛勞，痺痿，鶴膝風，譫妄，腰痛，脚氣。風所以從虎者，風木也，虎金也，木受金制，焉不得從宗奭？ 西方金獸，而反司東方甲膽乙木，此所謂制則化也，無制則亢，亢則害矣之頤。凡辟邪疰，治驚癇、溫瘧、瘡疽、頭風，當用頭骨。手足諸風，用脛骨。腰背諸風，用脊骨瀕湖。虎之強悍，賴於脛，雖死而矻立不仆，故治脚脛無力用之石山。同牛膝、木瓜、地黃、山藥、山萸、黃檗、枸杞、麥冬、五味，治腰膝無力，筋骨疼痛，或痿弱不能步履。同萆薢、獨活、防己、蒼术、牛膝、首烏、薏仁、木瓜、刺蒺藜，治風寒濕邪着於經絡，以致偏痺不仁。同當歸、白芍、甘草、續斷、牛膝、白膠、麥冬、地黃，治偏身骨節痛。治白虎風痛走注，兩膝熱腫，用虎脛骨酥塗炙黃、黑附子炮去皮各一兩，為末，每服二錢，溫酒下，日再。歷節痛風，用虎脛骨酒炙三兩、沒藥七錢，為末，每服二錢，溫酒下，日三服。筋骨急痛，虎骨和通草煮汁，空腹服半升，覆臥少時，汗出為效。切忌熱食損齒，小兒不可與食，恐齒不生。肝腎氣血不足，足膝痠痛，步履不隨，虎脛骨一兩醋炙，沒藥、乳香另研各五錢，附子炮去皮二兩，菾

蓉洗淨，川牛膝、木瓜、天麻各一兩半，餘為末，將木瓜、蓯蓉搗如膏，加酒，糊丸梧子大，每服七八十丸，空心鹽湯下。休息痢經年不愈，虎骨炙黃焦，搗末飲服方寸匕，日三取效。閱上方治，不盡屬風，當益明於金木相媾之義。《經》云：至陽盛則地氣不足，惟虎骨能奏厥功。蓋金媾於木，則風升之。陽際於天表者，陽中有陰，此正升中有降而地氣還足也。

論：虎司風木，厥肖惟寅，其氣特鍾肅殺，得金之專而風木并從之以化，取其骨味辛散通行治諸風證。宗奭謂木受金制，之頤謂木從金化。夫制者金猶為木用，化則木俱從金用，是以風之太過不及，投此咸宜。蓋靜木之風者，必藉於金，非漫取其相制也。人身如肝木從陰而達陽於天，不有肺金從陽而致陰於地，何以裕肝之陰，令其右旋，俾返於所始，而升降不息乎？《經》曰：升降息則氣立孤危，此可以悟金木相媾之義矣。中風危篤之證，只因升降息耳，此義最為吃緊，前人俱未及發。虎骨之功，似乎專在氣分，而就氣分，即有為益血之主者，以從肺而媾於肝，肝固血臟也。方書如中風虛勞，攣痺，脚氣腰痛之用，此皆以療筋為治。夫筋固肝所主，而於益血之義尤切，血正所以養筋也。至於行痺有風毒、風虛之異，一皆以虎骨主之者，緣人身風木之初氣，稟於陰中之陽，有升即應有降，而陰却御陽以為升降。如風毒之走注，固由陰微不能為陽之化，而風虛之走注，亦以陰微不能為陽之使也。惟虎骨有能為陽之化且使者。此木從金化之實際也。即彼不病於風，若腰痛、着痺、痿證，非亦如風毒之治，暢陰以和陽乎。即彼主療脚氣，非又如風虛之類藉之育陰，而更助氣以達陽乎。總之，肝司地氣之升，肺司天氣之降，由升而得降以運育於地者，肺為肝之用也；由降而得升以還暢於天者，肝又為肺之用也。肺為肝之用，故陽和於陰以化血，肝為肺之用，故血和於氣以化精，正《內經》所云：金木者生成之終始也。如不思風木為元氣出地之始，不悉其履端於始者，乃能升降相因以妙於生化，而漫然止謂其治風，不幾同於說夢乎。

辨治：凡虎身數物，俱用雄虎者良，虎頭及脛骨，色黃白者佳，前掌腕中骨，形圓扁似棋子者，力最勝，虎力在掌故也。

藥箭毒死者，其毒浸漬骨血間，反傷人，不可服。先用狗肉包裹一夜，投所嗜以回其靈，諸骨並搥碎去髓，塗上酥，或酒或醋，柳灰火炙黃脆，研如飛塵，否則粘着腸間為癥積。

虎睛：凡虎夜視，一目放光，一目看物，獵人候而射之，弩箭纔及，目光即墜入地，記其處，掘下尺餘方得，狀如白石子琥珀，此其精魄淪入地下者。主治癲疾、瘧病，鎮心安神，療小兒驚癇啼悸、客忤疳氣。附方：虎睛丸：治癇疾發作，涎潮搐搦，時作譫語，虎睛一對微炒，犀角、大黃、遠志肉各一兩，梔子仁半兩，為末，煉蜜丸綠豆大，每溫酒服二十丸。地龍散，通治小兒諸癇，發歇無時，乾地龍半兩，焙虎睛一對，炙人參二錢半，金銀箔三十片，天竺黃、硃砂、代赭石煨，醋淬鐵粉各二錢半，雄黃一錢半，輕粉半錢，為末，每服半錢，紫蘇湯調，不拘時服。

論：虎睛治癇，屬於肝心二臟者居多，此正木從金化之義，又雖專於氣分，而即有為益血之主之義也。

修治：多偽作，須自獲者乃真。入藥，酒浸炙乾用。

虎䐗：治反胃吐食，取生者弗洗，存滓穢，新瓦固煅存性，入平胃散末一兩，和勻，每白湯服三錢，神效瀕湖。

清·葉桂《本草再新》卷九　虎脛骨味甘，性溫，無毒。入肝、脾二經。壯氣辟邪，暖胃養肝。氣壯則寒自不敢入，無寒則胃和且暖矣。　虎骨：味辛，性溫，無毒。入脾、腎二經。追風健骨，定痛辟邪，治風痺拘攣疼痛，驚悸顛癇，犬齩骨鯁。

清·趙其光《本草求原》卷二〇獸部　虎骨　虎屬西金，厥肖為寅，嘯則風生，是木從金而化，如乙庚之合，能使肺媾於肝，以益血養筋而熄風。肝木從陰，達陽於上，必得肺陽降陰於下，肝乃右旋而內返，中風之危症，皆木不得金化而升降息也。且取用在骨，得堅貞之氣，故辛而微熱無毒。壯氣暖胃，追風定痛，強筋，肝主筋。壯骨。以骨補骨。凡風病攣急，血不潤則筋不舒。骨節風毒風虛走注為之要藥。風有太過不及，皆陰微不能從陽耳。辟邪、治健忘驚悸，同龍骨、遠志末，薑湯下。癇癲瘟瘧，皆取其威也。宜頭骨，頭風亦然。休息痢、脫肛、獸骨鯁，犬傷，俱搗末水服。痔肛凸、蜜炙為丸，溫酒下。湯火傷，敷之。月蝕疳瘡，以豬脂熬膏塗。白禿，油開。臁爛瘡。齏汁洗敷之。

虎之氣力，皆出前足，故膝脛及前掌腕中骨，形圓扁似棋子者最良。而左脛尤勝，以臥必枕左脛也。然按病之前後左右，頭脊收用尤效。骨，取黃潤者良，青黑者乃藥箭毒，勿用。杵碎去髓，以狗肉包一夜，投其好，以回其靈。塗酥，或酒，或醋炙黃脆，研如塵用。粗則着腸成積。

同附子治白虎走注、兩膝熱腫；　同沒藥，治歷節痛；　同通草煮汁食，治筋骨痛；　同乳、沒、附子、蓯蓉、牛膝、川瓜、天麻為丸，治肝腎氣血虛、足膝酸痛無力；　煮汁浴，或和醋浸，去骨節風毒，止腳痛腫。

睛：　以生羊血或酒浸一宿，焙乾研，治小兒癇、同犀角、大黃、遠志、梔子蜜丸，酒下；　或同竺黃、地龍、朱砂、代赭、人參、雄黃、醋淬鐵粉、金銀箔、輕粉研，紫蘇湯下。驚啼、水調下。夜啼、竹瀝調下。明目，皆心肝熱，而木從金化以益血也。或曰：龍骨安肝魂，虎睛定肺魄，勿泥。一時難得，以珍珠煅末代之。　牙：　治狂犬傷發狂，殺勞蟲。刮末酒下。　肚：　治反胃吐食。瓦煅存性，入平胃散和勻，白湯下三錢。　肉：　酸，平，無毒。治瘧疾，益氣力，止嘔吐、惡心，辟邪魅。熱食傷齒，藥箭射處有毒，勿食。小兒未生齒勿食。　血：　壯神強志。　肝：生肝，不見水，瓦煅，和平胃散一兩，白湯下，治反胃吐食。

清・文晟《新編六書》卷六《藥性摘錄》　虎骨　味辛，微熱。入肝搜風，補骨健筋。左脛尤良。搥碎酥炙，或酒炙用。○若中藥箭，骨有微黑者，勿用。

清・文晟《新編六書》卷六《藥性摘錄》　虎　酸，平。治瘿疾，益氣力，止嘔吐噁心。藥箭射處勿食。○肚，治反胃吐食。取生者，勿洗，新瓦固煅存性，為末，入平胃散末一兩，和勻，每服三錢，白湯下，神効。○骨，治手足風痛，磨酒飲之。並詳藥部驅風。

清・張仁錫《藥性蒙求・獸部》　虎骨睛肚二錢、鬚　虎骨辛溫，追風定痛。壯骨強筋，拘攣宜用。入陰陽二蹻。虎之氣力，皆出前足，故膝筋為勝，而前左脛尤良，以其用左脛為枕也。然按之病之前後左右取用，其效尤捷。時珍曰：　虎骨通可用，凡辟疰，治驚癇、瘡疽，頭風當用頭骨，治手足諸風當用脊骨。○骨取黃潤者良。若帶青黑者，用藥箭射者，有毒，勿用。酥炙黃脆用之。○虎睛：　主狂癲疾，能定魄安神。一時不可得，以珍珠煅末代之，總取定魄之用也。○虎肚：　治反胃吐食。○虎鬚：　治齒痛。

清・王孟英《隨息居飲食譜・毛羽類》　虎肉　酸、鹹，溫。作土氣，味不佳，宜醃食。補脾胃，益氣力，止多唾善嘔，辟精魅鬼瘧，入山則虎見畏之。其脂治反胃，塗白禿、凍瘡、痔瘡、狗齩瘡。

清・劉善述、劉士季《草木便方》卷二人禽獸部　虎　虎牙辟邪療風毒，猘犬傷狂磨酒服。男陰瘡疽瘻痒搽，祟殺勞蟲驚風除。

清・戴葆元《本草綱目易知錄》卷六　虎　骨，辛，微熱。虎屬金而制木，嘯則風生，故能追風，定痛，健骨，止驚悸，辟邪惡氣，殺鬼疰毒。治筋骨毒風攣急，屈伸不得，走注疼痛，尸疰腹疼，傷寒溫瘧，久痢脫肛。殺犬咬毒，及獸骨鯁咽。【略】　威骨：　令人有威，帶之臨官佳。小兒佩之，辟驚悸。葆元驗。【略】　血：　熱飲，壯神強志，心血更佳。

清・黃光霽《本草衍句》　虎骨辛，微熱。　屬金而制木，虎嘯則風生。追風健骨，定痛止驚。筋骨毒風攣急，屈伸不得；　歷節走注疼痛，益髓填精。汪注：　大要主於補腎命門，實腎骨之主藥，有填精益髓之功，而追風之力亦於是著焉。臂脛痛疼，虎骨酒治之。虎骨炙，黃羚角屑，各二兩，芍藥二兩，以酒浸之。歷節風痛，虎骨酒炙三兩，沒藥七兩，為末，每服二錢，溫酒服。

清・陳其瑞《本草撮要》卷八　虎骨　味辛，平，入足厥陰經，功專追風定痛。得沒藥治歷節痛風，得兔腦能止滑利，得木通治手足麻木，得乳香能催生下胎。睛得竹瀝，小兒驚癇夜啼，服之即愈。虎賭弗洗，煅存性，入平胃散一兩和勻，每服三錢，治反胃吐食神效。

清・吳汝紀《每日食物却病考》卷下　虎　肉，味酸，平，無毒。益氣力，治瘧及惡心欲嘔，食之味不甚美，且多射得之，箭毒入骨肉，不可不慮。《說苑》云師曠言：　鵲食猬，猬食駿，駿食豹，豹食駁，駁食虎，物類所制，無強弱也。若其脛骨、威骨、睛、膽，所治功用甚多也。

貙

宋・鄭樵《通志》卷七六《昆蟲草木略》　貙　《爾雅》曰：　貙，獌，似貍。貙、獌，音樞、萬。《字林》云：　貙似貍而大。一名獌。郭氏云：　今山民呼貙虎之大者為貙豻。

獅

宋・鄭樵《通志》卷七六《昆蟲草木略》　狻麑　《爾雅》云：　狻麑，如虦貓，食虎豹。即(師)〔獅〕子也。漢順帝時，疎勒國獻(師)〔獅〕子，似虎，正黃，有髯耏，尾端茸毛大如斗。

明・劉文泰《本草品彙精要》卷二四　獅子屎無毒　胎生。

獅子屎：　燒之去鬼氣，服之破宿血，殺蟲。名醫所錄。　謹按：　《物理論》云：　獅子，名狻猊，爲獸之長也。其形似虎，正黃色，有鬣微紫，銅頭鐵額，鉤爪鋸齒，弭目跪足，目光如電，聲吼如雷，尾端茸毛黑色，大如升，捻之中有鉤嚮下，能食虎豹，其牝者形色不異，但無鬣耳。所產之地多畜之，因以

名國，蓋賢君德及幽遠而出者也。然其品類不啻七十餘種，今撒麻罕所貢馴養天柙者，色狀正符《物理》所云。〔名〕狻猊。〔時〕採無時。〔收〕陰乾。〔用〕屎毛。〔色〕赤黑。〔臭〕臭。〔治〕療：毛，治鬼瘧，囊盛佩之。

明·李時珍《本草綱目》卷五一獸部·獸類 獅《綱目》

〔釋名〕狻猊音酸倪。《爾雅》作狻麑。虓許交切。時珍曰：獅爲百獸長，故謂之獅。虓，象其聲也。梵書謂之僧伽彼。《說文》云：一名白澤。今考《瑞應圖》，白澤能言語，非獅也。〔集解〕時珍曰：獅子出西域諸國，狀如虎而小，黃色，亦如金色猱狗，而頭大尾長。亦有青色者，銅頭鐵額，鈎爪鋸牙，弭耳昂鼻，目光如電，聲吼如雷。有耏髯，牡者尾上茸毛大如斗，日走五百里，爲毛蟲之長。怒則威在齒，喜則威在尾。每一吼則百獸辟易，馬皆溺血。《爾雅》言其食虎豹。虞世南言其拉虎吞貔，裂犀分象。陶九成言其食諸禽獸，以氣吹之，羽毛紛落。熊太古言其乳入牛羊馬乳中，皆化成水。雖死後，虎豹不敢食其肉，蠅不敢集其尾。物理相畏如此。然《博物志》載：魏武帝至白狼山，見物如貍，跳至獅子頭殺之。《唐史》載高宗時，伽毗耶國獻天鐵獸，能擒獅象。則獅雖猛悍，又有制之者也。西域畜之，七日内取其未開目者調習之，若稍長則難馴矣。屎時珍曰：陶氏注蘇合香，誤以爲獅屎。陳氏正其誤，言獅屎極臭，赤黑色。今考補於此。〔主治〕服之破宿血，殺百蟲。燒之去鬼氣藏器。

明·姚可成《食物本草》卷一四獸部·野獸類 獅一名狻猊，一名虓，音囂。出西域諸國。狀如虎而小，黃色。亦如金色猱狗，而頭大尾長。亦有青色者，銅頭鐵額，鈎爪鋸牙，弭耳昂鼻，目光如電，聲吼如雷，有耏髯，牡者尾上茸毛大如斗，日走五百里，為毛蟲之長。怒則威在齒，喜則威在尾。每一吼則百獸辟易，馬皆溺血。食虎吞貔，裂犀分象，啖諸禽獸，以氣吹之，羽毛紛落。其乳入牛、羊諸乳中，皆化成水。雖死後，虎豹不敢食其肉，蠅不敢集其尾，物理相畏如此。然《博物志》載魏武帝至白狼山，見物如狸，跳至獅子頭殺之。《唐史》載高宗時伽毘耶國獻天鐵獸，能擒獅象。則獅雖猛悍，又有制之者也。西域畜之，七日内取其（牙）〔未〕開目者調習之，若稍長，則難馴矣。

獅肉：味甘、辛，熱，無毒。食之壯膽助神，雄健威武。屎：服之，破宿血，殺百蟲。燒之，去鬼氣。

明·施永圖《本草醫旨·食物類》卷四 獅出西域諸國。狀如虎而小，怒則威在齒，喜則威在尾。每一吼，則百獸辟易，馬皆溺血。〔屎：服之破宿〕血，殺百蟲；燒之去鬼氣。

清·穆石匏《本草洞詮》卷一五 獅 獅出西域諸國，為毛蟲之長。日行五百里，怒則威在齒，喜則威在尾，拉虎吞貔，裂犀分象，吼則百獸辟易。獅屎服之，破宿血，殺百蟲。燒之去鬼氣。

清·丁其譽《壽世秘典》卷四 獅一名狻猊，形似虎而小，亦有青色者。銅頭鐵額，鈎爪鋸牙，弭耳昂鼻，目光如電，聲吼如雷，有耏髯。牡者尾上茸毛大如斗。日走五百里，為毛蟲之長。怒則威在齒，喜則威在尾。每一吼則百獸辟易，馬皆溺血，力能拉虎吞貔，裂犀分象。陶九成言：其食諸禽獸，以氣吹之，羽毛紛落。雖死後，虎豹不敢食其肉，蠅不敢集其尾，物理相畏如此。肉：氣味缺。屎：氣味：極臭，赤黑色。主破宿血，殺百蟲。燒之，去鬼氣。

清·王逐《藥性纂要》卷四 獅【略】東圃曰：近世相傳，獅子油每用少許，酒服，能通沙石淋，利小便。究竟不知何物。

清·张璐《本經逢原》卷四 獅油 辛，溫，有毒。色微黑者真。發明：獅為百獸之長，性最難馴，一吼則百獸辟易。《爾雅》言其食虎豹。熊太古言，其乳入牛羊馬乳中，皆化成水。西域人捕得，取其油入貢，以供宮人滌除衣垢之用。又能去紙上墨跡，刮少許隔紙熨之即脫。予嘗試用，垢雖去而衣易毁、紙易脆，僅供一時之用。雖係方物，方藥罕用。近世醫師以之治噎膈病。蓋噎膈皆鬱痰瘀積所致，用取滌垢之意，試之輒驗。由是方家爭為奇物，但性最猛利，力能墮胎，孕婦忌用。象油亦能去垢滌痰，但不能去墨跡耳。

清·趙學敏《本草綱目拾遺》卷九獸部 獅子油血、糞 辛溫有毒，色微黑者真，善透經絡，凡用勿多。沈良士云：塗指甲上，涼透指甲者真。又方，以黍許入沸湯，湯即不沸者真。《逢原》云：獅為百獸之長，性最難馴，一吼則百獸辟易。《爾雅》言其食虎豹。熊太古言其乳入牛羊馬乳中皆化成水。西域人捕得，取其油入貢，以供宮人滌除衣垢之用。又能去紙上墨跡，刮少許隔紙熨之，即脫。予嘗試用，垢雖去，而衣易毁，紙易脆，僅供一時之用。雖係方物，方藥罕用。近世醫者以之治噎膈病，蓋噎膈皆鬱疾瘀積所致，用取滌痰之意，試之輒驗，由是方家爭為奇物，但性最猛利，力能墮胎，孕婦忌用。象油亦能去垢滌痰，但不能去墨跡耳。《椿園聞見錄》：溫都斯坦，西域一大回國，從葉爾羌西南行，百日可到。其國西隅有巨澤，圍數千里，澤中有山，圍逾千里，萬峰聳峙，高入雲天，或曰人間第一高山也，名曰牽各里麻膽達喇斯山。中產獅子，於新月皎潔，輒負雛於山中往來，頭大而毛

虬，尾形帚，黃質黑章如虎皮，長六七尺，時登山絶頂，望月垂涎，咆哮跳擲，猛飛吞月，有飛去八九里十餘里而墜死山谷中者。其國人以豢養獅子為上戶，每當秋月，其汗使人取獅，以精鐵作柱，大如瓮，密布層遮圍，畜之於中，飼以牛，時而吼如雷霆，滿城震動，人畜不甯。取之法：擇炮手之最精者，開地為阱，人匿其中，遇有負雛者來，乘其不備，發炮斃之，而取其雛。倘一炮不中，則抛山裂石，而人無噍類矣。○張綠漪有此油，云熬之可挑絲一二尺不斷，他油則不及也。○陳海曙曾在京邸簡親王府見獅油：堅如石，絕如雞卵，白潔可愛。朱排山《柑園小識》：獅子油白膩如豬肪，氣味俱薄，利小便。凡人小便不通，雖腹脹莖痛、病在危急者，以酒或白湯送下三四釐或半分，即通。嘗有一丐，因受暑熱，遂致小便不通，每月一發，發至二三日後，莖痛如割，至不可忍，屢投繯祈死，人以獅油少許投之，片刻即通，奏效之速，無逾於此。而本草不著其功用，何哉？豈當時未知用歟，第虛秘者似宜酌而用之。

敏按：獅油性最猛烈，內服尤不可單用，更勿多服。嘉慶元年三月，予友邵某得獅油少許，因病欲服之，未果，為一鄉人轉乞去，市於人，獲重價。其人市得，服半黍許，夜半而死。鄉人懼罪，亦投水死。蓋外用不妨，內服尤宜審慎，以人之腸胃太弱，不任峻利之攻削耳。

消熱結，治膈，大小便不通。《救生苦海》：用獅油酒服二三釐，自效。

獅血　沈雲將《食物會纂》：獅血殺百蟲，燒之去鬼氣。

獅糞　王沂堂藏有獅糞一段，用鐵匣盛之，四圍以鐵屑養之，其形至堅如鐵石，磨之作紅色，云非鐵屑養，則易朽爛也。治一切腿足下部惡瘡，年久不愈者，塗之即痂而落。

清・吴鋼《類經證治本草・經外藥類》　獅　【略】誠齋曰：靈獸也。食其肉，終身不患血風，永無精怪鬼物相侵。佩其骨或毛，辟一切神鬼，不敢近，入山虎見畏走。

酋耳

明・李時珍《本草綱目》卷五一獸部・獸類　酋耳《瑞應圖》云：酋耳似虎絶大，不食生物，見虎豹即殺之，太平則至。郭璞云：即騶虞也。白虎黑文，尾長於身。

黃腰

明・李時珍《本草綱目》卷五一獸部・獸類　黃腰《蜀志》名黃腰獸。鼬身貍首，長則食母，形雖小，而能食虎及牛、鹿也。又孫愐云：㲉音斛，似豹而小，腰以上黃，以下黑，形類犬，食獮猴，名黃腰。

鼩鼠見猬下。

豹

唐・孫思邈《千金要方》卷二六《食治・鳥獸》　豹肉　味酸，溫，無毒。宜腎，安五藏，補絶傷，輕身益氣，久食利人。

宋・唐慎微《證類本草》卷一七獸部中品〔《別錄》〕　豹肉　味酸，平，無毒。主安五藏，補絶傷，輕身益氣。久服利人。

〔梁・陶弘景《本草經集注》〕云：豹至稀有，爲用亦鮮，惟尾可貴。

〔唐・蘇敬《唐本草》〕注云：陰陽神豹尾及車駕鹵薄豹尾，名可尊重。真豹尾有何可貴，未審陶據奚理。

〔宋・馬志《開寶本草》〕按：陳藏器《本草》云：豹，主鬼魅神邪，取鼻和狐鼻煮服之，亦主狐魅也。

〔宋・掌禹錫《嘉祐本草》〕按：孟詵云：肉，食之令人志性麤，多時消即定。久食令人耐寒暑。脂，可合生髮膏，朝塗暮生。頭骨，燒灰淋汁，去白屑。日華子云：肉，微毒。壯筋骨，强志氣，令人猛健。

〔宋・蘇頌《本草圖經》〕曰：豹肉，《本經》不載所出州土，今河、洛、唐、郢間或有之。頭骨，燒灰沐頭，去風屑。脂，可合生髮藥，朝塗而暮生。謹按：豹有數種，有赤豹，《詩》云赤豹、黃羆。陸璣疏云：尾赤而文黑，謂之赤豹。有玄豹，《山海經》云：幽都之山，有玄虎、玄豹。有白豹，《爾雅》云：貘音與貊同，白豹。郭璞注云：似熊，小頭痺脚，黑白駁，能舐食銅鐵及竹。骨節强直，中實少髓。皮辟濕，人寢其皮，可以驅溫癘。或曰：豹，白色者，別名貘。唐世多畫貘作屏，白居易有贊序之。不知入藥果用何類？古今醫方鮮有用者。今黔、蜀中時有貘，象鼻犀目，牛尾虎足。土人鼎釜，多爲所食，頗爲山居之患，亦捕以爲藥。其齒、骨極堅，以刀斧椎煅鐵皆碎，落火亦不能燒。人得之詐爲佛牙、佛骨，以誑俚俗。

〔宋・唐慎微《證類本草》〕《食療》：補益人。食之令人强筋骨是。志性麤疎，食之即覺也，少時消即定。久食之，終令人意氣麤豪。唯令筋健，能耐寒暑。正月食之傷神。

宋・寇宗奭《本草衍義》卷一六　豹肉　毛赤黃，其紋黑如錢而中空，比比相次。此獸猛捷過虎，故能安五藏，補絶傷，輕身。又有土豹，毛更無紋，色亦不赤，其形亦小。此各自有種，非能變爲虎也；聖人假喻而已。恐醫家未喻，故書之。

宋·王繼先《紹興本草》卷一九　豹肉　紹興校定：　豹肉，《本經》雖載性味主治，然此等肉不唯療病無據，而性味世亦罕嘗之。若以猛獸言之，從微毒是矣。未聞諸方的用之物也。

宋·陳衍《寶慶本草折衷》卷一五　豹肉貘皮附。　尾赤而文黑者名赤豹，其無紋者名土豹。生河洛及唐、鄧、郢州。○附：　貘，一名白豹。生黔蜀中。○貘，音陌。

味酸，平，微毒。○主安五藏，補絕傷，益氣，久服利人。○日華子云：　壯筋骨，強志氣。○寇氏曰：　豹毛赤黃，紋黑如錢而中空。

附：　貘皮。○辟濕，驅瘟癘。可寢其皮。○凡產育艱辛者，以此皮覆其身即生矣。其貘似熊，能食銅鐵。

元·忽思慧《飲膳正要》卷三　豹　肉，味酸，平，無毒。安五藏，補絕傷，壯筋骨，強志氣。久食令人猛健忘性麁踈，耐寒暑。正月勿食之，傷神。《唐本》注云：　車駕鹵簿用豹尾，取其威重為可貴也。　土豹腦子，可治腰疼。

元·吳瑞《日用本草》卷三　豹肉　味酸，平，微毒。多食傷神損壽。脂可塗髮，朝塗暮生。　主安五臟，補絕傷，輕身益氣。

豹　味酸，熱，有毒。不可食，消人脂肉，損人神情。　主疳痢、腹中諸瘡，煮汁飲之。或燒灰和酒服之。灰亦可傅䘌齒瘡。　豹皮：　主冷痹脚氣。熟之以纏病上，即瘥。

明·王綸《本草集要》卷六　豹肉　味酸，氣平，無毒。　主安五臟，補絕傷，輕身益氣，久服利人，耐寒暑。○脂，可合生髮膏，朝塗暮生。○齒骨極堅，人得之詐為佛牙以誑俗。

明·滕弘《神農本經會通》卷八　豹　惟尾可貴。　肉，味酸，氣平，無毒。　《本經》云：　主安五臟，補絕傷，輕身益氣，久服利人。陳藏器云：豹，主鬼魅神邪，取鼻和狐鼻，煮服之，亦主狐魅也。孟詵云：　肉，食之令人志性粗，多時消即定，久食令人耐寒暑。日華子云：　肉，微毒。壯筋骨，強志氣，令人猛健。脂，可合生髮膏，朝塗暮生。頭骨，燒灰淋汁，去白屑。皮，辟濕，人寢其皮，可以驅溫癘。齒骨，極堅，以刀斧椎鍛，鐵皆碎，落火亦不能燒，人得之，詐為佛牙、佛骨，以誑俚俗。

明·劉文泰《本草品彙精要》卷二四　豹肉　無毒。附貊。　胎生。

豹肉：　主安五臟，補絕傷，輕身益氣。久服利人。名醫所錄。　〖地〗《圖經》曰：　《本經》不載所出州土，今河洛唐郢間或有之。豹有數種，有赤豹，《詩》云：　赤豹黃羆。陸璣《疏》云：　尾赤而文黑，謂之赤豹。有玄豹，《山海經》云：　幽都之山有玄虎豹。豹，有白豹，《爾雅》云：　貘音與貊同，白豹也。郭璞注云：　似熊，小頭卑腳，黑白相駁，能舐食銅鐵及竹，骨節強直，中實少髓。皮辟濕，人寢其皮可以驅溫癘。或曰：　豹白色者，別名貘，古方鮮有用者。今黔、蜀中時有豹，象鼻，犀目，牛尾，虎足，土人鼎釜，多爲所食，頗爲山居之患。亦捕以爲藥，其齒骨極堅，以刀斧椎鍛，鐵皆碎落，火亦不能燒，人得之詐爲佛牙、佛骨，以誑俚俗，唯羚羊角擊之則碎。《衍義》曰：　毛赤黃，其文黑如錢而中空，比比相次。此獸猛捷過虎，故能安五臟，續絕傷，輕身。又有土豹，毛更無紋色，亦不赤，其形亦小，此各自有種也。　〖時〗生：　無時。採：　無時。　〖用〗肉、頭、骨、脂。　〖味〗酸。　〖性〗平。〖氣〗味厚于氣，陰中之陽。　〖臭〗腥。　〖主〗強志，益氣。　〖治〗療：　《圖經》曰：　頭骨，燒灰淋汁沐頭，去風屑。○脂可合生髮藥，朝塗而暮生。《唐本》注云：　豹，除鬼魅邪神。補：　日華子云：　肉，壯筋骨，強志氣，令人猛健。孟詵云：　肉久食令人耐寒暑。《食療》云：　肉食之益人。　〖合治〗豹鼻合狐鼻煮食之，治狐魅。　〖禁〗正月食之傷神，多食令人性粗。

明·盧和、汪穎《食物本草》卷三獸類　豹　肉，味酸，平，無毒。　主安五臟，補絕傷，輕身益氣。久服利人，耐寒暑。脂，合生髮膏，朝塗暮生。齒骨，極堅，人詐為佛牙。

明·鄭寧《藥性要略大全》卷一〇　豹肉　味酸，氣平，無毒。安五臟，補絕傷，益氣。久服益人，輕身。

明·王文潔《太乙仙製本草藥性大全》卷七《本草精義》　豹肉　豹肉，《本經》不載所出州土，今河、洛、唐、郢間或有之。豹亦稀有，爲用亦鮮，惟尾可貴。種類繁，赤白匪同，形體小，猛健尤甚，獵者網捕亦或得之。按：　豹有赤豹，尾赤而文黑，謂之赤豹。有玄豹、有白豹。《爾雅》云：　貘與貊同，白豹。郭璞云：　似熊，小頭痺腳，黑白駁，能舐食銅鐵及竹，骨節強直中實少髓。皮辟濕，人寢其皮可以驅溫癘。或曰：　豹白色者，別名貘。唐世多畫貘作屏，白居易有贊序之。不知入藥果用何類，古今醫方鮮有用者。今黔、蜀中時有貘，象鼻、犀目、牛尾、虎足。土人鼎釜，多爲所食，頗爲山居之

患。亦捕以爲藥。其齒、骨極堅，以刀斧椎煅，鐵皆碎，落火亦不能燒，人得之詐爲佛牙、佛骨，以誑俚俗。

按：古人立虎潛丸，方中用虎脛骨一味，其理甚幽雅也。蓋虎金也，屬陰；風木也，屬陽。虎嘯風從，乃木被金制也，不得不然。故凡腳膝拘攣，癱瘓痠痛等證，用骨調治，即能遣風定痛，此又陰出陽藏之義焉。況虎一身筋節力氣，皆出前足脛中，因其性氣具藏，人每用之，所以名曰虎潛。今人用別骨者，則非虎潛之義也。

明・王文潔《太乙仙製本草藥性大全》卷七《仙製藥性》 豹肉 味酸，氣平，無毒。 主治：安五臟補絕傷甚驗，強筋骨壯膽志尤靈。猛健益氣利人。正月勿食，犯則傷神。正月建寅，故忌食虎豹肉。多食尤耐寒暑，亦且輕身。 豹膏脂：可合生髮膏，朝塗暮生。 豹鼻：和狐鼻煮服，辟狐魅邪鬼。 豹頭骨：燒灰淋汁沐頭，白屑盡除。 豹皮毛：用之以作裘可以禦冷。

明・皇甫嵩《本草發明》卷六 豹肉酸，平。 安五藏，補絕傷，強筋骨，壯膽志，輕身益氣。〇脂，塗髮即生。〇頭骨，燒灰淋汁沐頭，除白屑。

明・李時珍《本草綱目》卷五一獸部・獸類 豹《別録》中品

【釋名】程《列子》 失刺孫時珍曰：豹性暴，故曰豹。按許氏《説文》云：豹之脊長，行則脊隆豸豸然，具司殺之形，故字從豸、從勺。王氏《字説》云：豹性勺物而取，程度而食，故字從勺，又名曰程。《列子》云：青寧生程，程生馬。沈氏《筆談》云：秦人謂豹爲程，至今延州猶然。東胡謂之失刺孫。

【集解】弘景曰：豹至稀有，入用亦鮮，惟尾可貴。恭曰：陰陽家有豹尾神，車駕鹵簿有豹尾車，名可尊重耳。真豹尾有何可貴？未審陶據奚説。頌曰：今河洛、唐、郢間或有之。然豹有數種，《山海經》有玄豹；《詩》有赤豹，尾赤而文黑也；《爾雅》有白豹，即貘也，毛白而文黑。郭璞注云：能食銅鐵。與貘同名。不知入藥果用何類。古今醫方鮮見。宗奭曰：豹毛赤黄，其文黑，如錢而中空，比比相次。又有土豹，毛更無紋，色亦不赤，其形亦小。此各有種，非能變形也，聖人假喻耳，恐醫家不知，故書之。時珍曰：豹，遼東及西南諸山時有之。狀似虎而小，白面團頭，自惜其毛采。其文如錢者，曰金錢豹，宜爲裘。如艾葉者，曰艾葉豹，次之。又西域有金綫豹，文如金綫，海中有水豹，上應箕宿。《禽蟲述》云：虎生三子，一爲豹。則豹有變者，寇氏未知爾。豹畏蛇與鼩鼠，而獅、駮、渠搜能食之。《淮南子》云：猬令虎申，蛇令豹止，物有所制也。《廣志》云：狐死首丘，豹死首山，不忘本也。豹胎至美，爲八珍之一。

肉 【氣味】酸，平，無毒。思邈曰：温，微毒。正月勿食，傷神損壽。 【主治】安五臟，補絶傷，輕身益氣，冬食利人《別録》。壯筋骨，强志氣，耐寒暑，令人猛健日華。辟鬼魅神邪，宜腎孫思邈。

【發明】詵曰：豹肉令人志性粗豪，食之便覺，少頃消化乃定。久食亦然。宗奭曰：此獸猛捷過虎，故能安五臟，補絶傷，輕身，壯筋骨也。

脂 【主治】合生髮膏，朝塗暮〔生〕孟詵。亦入面脂時珍。

鼻 【主治】狐魅。同狐鼻，水煮服藏器。時珍曰：按《外臺》治夢與鬼交及狐狸精魅，載《崔氏方》中用之。

頭骨 【主治】燒灰淋汁，去頭風白屑孟詵。作枕辟邪時珍。〇出《五行志》。

皮藏器曰：不可藉睡，令人神驚。其毛入人瘡中，有毒。時珍曰：按《林邑記》云：廣西南界有唼臘蟲，食死人尸，不可驅逐。惟以豹皮覆之，則畏而不來。

明・穆世錫《食物輯要》卷四 豹 肉，味酸，性微溫，無毒。辟鬼魅神邪。冬食，壯筋骨，安五臟，強志氣，耐寒暑，暖腎氣。脂，合生髮藥，朝塗夕生。

明・吴文炳《藥性全備食物本草》卷二 豹肉 味酸，性微溫，無毒。主安五臟，補絕傷，輕身益氣，壯筋骨，強志氣，久服耐寒暑，令人猛健。正月食之傷神。寢其皮可以祛瘟疫，辟鬼魅神邪。 脂：合生髮藥，朝搽暮生。 頭骨：燒灰淋汁，浴頭去風屑。 齒骨：極堅，刀不能砍，火不能燒，有詐為佛骨以誑俗。

明・應麐《食治廣要》卷六 豹 肉：氣味：酸，平，無毒。主治：安五藏，補絕傷，壯筋骨，強志氣，耐寒暑，令人猛健。孫真人曰：性溫，微毒。正月勿食，傷神損壽。陳藏器曰：豹皮不可藉睡，令人神驚。其毛入人瘡中，有毒。

明・姚可成《食物本草》卷一四獸部・野獸類 豹遼東及西南諸山時有之。狀似虎而小，白面團頭，自惜其毛采。其文如錢曰金錢豹，宜為裘。如艾葉者，曰艾葉豹，次之。又西域有金線豹，文如金線。海中有水豹，上應箕宿。虎生三子，一為豹。豹畏蛇於與鼩鼠，而獅、駮、渠搜能食之。《廣志》云：狐死首丘，豹死首山。不忘本也。豹胎至美，為八珍之一。

豹肉：味酸，平，無毒。主安五臟，補絕傷。壯筋骨，強志氣，辟鬼魅神邪，耐寒暑瘴厲。冬食利人，威健勇猛。正月勿食，能傷神損壽。〇孟詵曰：豹肉令人志性麤豪，食之便覺，少頃消化乃定。久食亦然。 脂：合

生髮膏，朝塗暮生。亦入面脂。鼻：治狐魅。同狐鼻水煮服。治夢與鬼交，及狐狸精怪。頭骨：作枕，辟邪。燒灰淋汁，去頭風白屑。皮：不可藉睡，令人神驚。其毛入人瘡中，有毒。廣西西南界有唼臘蟲，食死人屍，不可驅逐。唯以豹皮覆之，則畏而不來，否刻死屍頃刻都盡。

明・施永圖《本草醫旨・食物類》卷四　豹狀似虎而小，白面團頭，自惜其毛采。其文如錢者，曰金錢豹，宜為裘。虎生三子，一為豹。〇狐死首丘，豹死首山，不忘本也。豹胎至美，為八珍之一。肉：味酸，平，無毒。正月勿食，傷神損壽。治：安五臟，補絕傷，輕身益氣，冬食利人，壯筋骨，強志氣，耐寒暑，令人猛健，辟鬼魅神邪，宜腎。豹肉令人志性粗豪，食之便覺，少頃消化乃定，久食亦然。此獸猛捷過虎，故能安五臟，補絕傷，輕身壯筋骨也。脂：治：合生髮膏，朝塗暮生，亦入面脂。鼻：治：狐魅，同狐鼻，水煮服。治夢與鬼交及狐狸精魅。頭骨：治：燒灰淋汁，去頭風白屑。作枕辟邪。皮不可藉睡，令人神驚，其毛入人瘡中有毒。

清・穆石匏《本草洞詮》卷一五　豹　豹肉，酸，平，無毒。主壯筋骨，強志氣，耐寒暑，辟邪魅。《廣志》云：豹胎至美，為八珍之一也。

清・丁其譽《壽世秘典》卷四　豹似虎而小，白面團頭，其文黑如錢者曰金錢豹，宜為裘。如艾葉者，曰艾葉豹，次之。肉：氣味：與虎同。安五臟，補絕傷，輕身，壯筋骨。

清・朱本中《飲食須知・獸類》　豹肉　味酸，性微溫。正月勿食，傷神損壽。豹肉令人志性粗豪，食之便覺，少頃消化乃定，久食亦然。豹脂合生髮藥，朝塗暮生。廣西南界有唼臘蟲，食死人屍，不可驅逐，以豹皮覆之，則畏而不來。

清・何其言《養生食鑒》卷下　豹狀如虎而小，白面團頭，自攢其毛采。其文如錢者，曰金錢豹，宜為裘；如艾葉，曰艾葉豹，次之。豹肉：味酸，性平，無毒。辟鬼魅神邪。冬食壯筋骨，安五臟，強志氣，耐寒暑，暖腎氣。脂：合生髮藥，朝塗夕生。

清・汪啟賢等《食物須知・諸葷饌》　豹肉　酸，平，亦美，食之久，則利人。積類繁赤，赤白匪同。形體小，猛捷尤甚。獵者捕網，亦或得之。安五臟，補絕傷，強筋力，壯膽志。正月勿食，正月建寅，故忌食虎豹肉，犯則傷神。

清・汪紱《醫林纂要探源》卷三　豹　甘，溫。貍類耳。或云與虎同產，非也。西北戎中，錢文赤黃者，日下有光，霜雪不近，古所謂赤豹皮，甚貴，勝於貂。北方土豹亦貴重，西蜀有白豹，能食銅錢，即貘，又名白澤是也。其餘則色多蒼黑，文如艾葉，亦間有金錢文者，威力皆不及虎。骨：多與虎骨相混。功用亦略同。

清・李文培《食物小錄》卷下　豹　酸，平，無毒。安五臟，補絕傷，益氣。冬食利人，壯筋骨，強志氣，耐寒暑，令人猛健，宜腎。胎至美，亦八珍之一。

清・章穆《調疾飲食辯》卷五　豹　《禽蟲述》曰：虎生三子，一為豹。果爾，宜豹少虎多，今山中乃豹多，恐別是一種也。《綱目》曰：形似虎而小，白面團頭，文如金錢，或如艾葉，甚華美。《列女傳》曰：南山之豹，隱霧雨以澤其衣毛，故以喻潛修之學者。西域有金線豹，文如金線。海中有水豹。《夢溪筆談》曰：秦人呼豹為程。《列子》曰：青寧生程，程生馬甚不可信。東人呼失利孫，又曰失刺孫。今口外一種裘，與此同名異物，而溫厚華美過之，價亦極昂。本朝曾有御史，請禁三品以下不得服用。王漁洋先生戲作絕句云：京堂詹翰兩衙門，齊脫貂裘猞利孫。昨夜明月風露冷，滿朝誰不怨葵尊。上疏御史之別號也，見《分甘餘話》。字作猞，不作失。《革》九五曰：大人虎變，其文炳也。君子豹變，其文蔚也。《本草衍義》曰：此聖人假喻，非果能變形也。至《詩》之赤豹，《山海經》之元豹，《爾雅》之白豹，皆不常有。其胎至美，為八珍味之一。《別錄》曰：豹肉能安五藏，續絕傷，輕身益氣，冬食尤佳。日華子曰：壯筋骨，強志氣，耐寒暑，令人猛健。《食療本草》曰：令人志氣粗豪。其有益審矣。若夫虎豹皮毛之為服飾，《郊特牲》曰：虎豹之皮，示服猛也。《玉藻》曰：君羔幦虎，大夫、士鹿幦豹犆。君之右虎裘。注：幦，覆軾也。犆，緣也。俗名鑲邊。又《唐風》有豹裦、豹袪。《左傳》：楚靈王著豹舄，衛莊公為虎幄。又古人以飾講席，名曰皋比。唐戴叔倫詩曰：猊座翻蕭索，皋比喜接連。《莊子》作皋毗。亦用以戰，《左傳》：公子偃自雩門蒙皋比以犯齊師。又胥臣蒙馬以虎皮戰楚。究之此物，僅可美觀，不宜常用。《起居雜記》曰：虎豹皮上睡，令人神驚。毛入瘡，有大毒。

清・吳鋼《類經證治本草・經外藥類》　豹　【略】又如錢者，為金錢豹，宜為裘。如艾葉者，為艾葉豹，次之。又有金線豹，又有水豹。誠齋曰：豹勝虎，主治略同，但不能去大風。

清・文晟《新編六書》卷六《藥性摘錄》 豹 酸，平。辟鬼魅神邪，冬食壯筋骨，安五臟，強志氣，暖腎氣。○脂，合生髮藥，朝塗夕生。

清・王孟英《隨息居飲食譜・毛羽類》 豹肉 酸，溫。安五臟，補絕傷，禦風寒，辟鬼魅，壯筋骨，強健人。

清・田綿淮《本草省常・禽獸類》 豹胎 性平，微毒。補絕傷，耐寒暑，強志氣，壯筋骨，令人猛健粗豪。正月傷神損性，不可食。

清・吴汝紀《每日食物却病考》卷下 豹 肉，味酸，平，無毒。安五臟，補絕傷，壯筋骨，耐寒暑。頭骨，辟邪。齒骨極堅，人僞為佛骨。

貘

明・李時珍《本草綱目》卷五一獸部・獸類 貘音陌。亦作貊。○宋《圖經》。校正：原附豹下，今分出。

〖釋名〗時珍曰：按陸佃云：皮爲坐毯臥褥，能消膜外之氣，故字從膜省文。〖集解〗頌曰：郭璞云：似熊而頭小脚卑，黑白駁文，毛淺有光澤。能舐食銅鐵，及竹骨蛇虺。其骨節强直，中實少髓。或云與《爾雅》貘，白豹同名。唐世多畫貘作屏，白樂天有贊序之。今黔、蜀及峨眉山中時有。貘，象鼻犀目，牛尾虎足。土人鼎釜，多爲所食，頗爲山居之患，亦捕以爲藥。其齒骨極堅，以刀斧椎鍛，鐵皆碎，落火亦不能燒。人得之詐充佛牙、佛骨，以誑俚俗。時珍曰：世傳羚羊角能碎金剛石者即此，物相畏耳。按《說文》云：貘似熊，黄白色，出蜀中。《南中志》云：貘大如驢，狀似熊，蒼白色，多力，舐鐵消千斤，其皮温暖。《埤雅》云：貘似熊，獅首豺髮，鋭鬐卑脚，糞可爲兵切玉，尿能消鐵爲水。又有嚙鐵、豻、昆吾兔，皆能食銅鐵，亦貘類也。並附之。

皮 〖主治〗寢之，可驅温癘，辟濕氣、邪氣蘇頌。

膏 〖主治〗癰腫，能透肌骨。時珍曰：段成式云：貘膏性利，銅、鐵、瓦器盛之悉透，惟以骨盛則不漏。

尿 〖主治〗吞銅、鐵入腹者，水和服之，即化爲水。

明・姚可成《食物本草》卷一四獸部・野獸類 貘音陌。似熊而頭小、脚卑，黑白駁文，毛淺有光澤。能舐食銅鐵及竹骨蛇虺。其骨節強直，中實少髓。唐世多畫貘作屏，白樂天有贊序之。今黔、蜀及峨嵋山中時有之，象鼻犀目，牛尾虎足。土人鼎釜，多為所食，頗為山居之患，人亦捕之。其齒骨極堅，以刀斧椎煅，鐵皆碎，落火亦不能燒。人得之，詐充佛牙佛骨，以誑俚俗。○李時珍曰：按《埤雅》云：貘似熊，獅首豺髮，鋭鬐卑脚，糞可為兵切玉，尿能消鐵為水。又有異獸曰齧鐵、豻、昆吾兔，皆能食鋼鐵，亦貘類也。今并及之。齧鐵，《神異經》云：南方有獸，角足大小狀如水牛，毛黑如漆，食鐵而飲水，糞可為兵，其利如鋼，名曰齧鐵。《唐史》載，(川)〔土〕火羅進大獸，高七尺，食銅鐵，日行三百里。豻，《禽書》云：豻應井星，胡狗也。狀似狐而黑，身長七尺，頭生一角，老則有鱗，能食虎、豹、蛟龍、銅、鐵。獵人亦畏之。狡兔，《拾遺記》云：狡兔生昆吾山，形如兔，雄黄雌白，食丹、石、銅、鐵。昔吴王武庫兵器皆盡，掘得二兔，一白一黄，腹中腎膽皆鐵，取鑄為劍，切玉如泥。貘肉：味辛，平。食之，主削堅破積。皮：寢之，驅瘟疫癘氣，辟溼氣邪氣。膏：治癰腫，能透肌骨。膏以銅、鐵、瓦器盛之皆漏，仍以其骨盛，則不漏。尿：治誤吞銅鐵入腹者。水和服之，即化為水。

明・施永圖《本草醫旨・食物類》卷四 貘音陌。似熊而頭小。皮：治：寢之，可驅溫癘，辟濕氣邪氣。膏：治：癰腫，能透肌骨。附錄：豻：豻應井星，胡狗也。狀似狐而黑，身長七尺，頭生一角，老則有鱗，能食虎、豹、蛟龍、銅、鐵，獵人亦畏之。狡兔生昆吾山，形如兔，雄黄雌白，食丹、石、銅、鐵。

清・王道純《本草品彙精要續集》卷五 貘 音陌。附膏屎。原本注豹內，《綱目》分條。胎生。

貘皮：主寢之可驅溫癘，辟濕氣邪氣《圖經本草》。○膏主癰腫，能透肌骨。○尿：主吞銅鐵入腹者，水和服之，即化爲水《本草綱目》。〖名〗陸佃云：皮爲坐毯臥褥，能消膜外之氣，故字從膜，省文。〖地〗出黔蜀及峨嵋山中。〖用〗皮、膏、尿。〖質〗似熊而頭小腳卑。形：象鼻犀目，牛尾虎足。〖色〗黑白駁文，又有黃白色，蒼白色。〖治〗能化銅鐵。段成式云：貘膏，性利，銅鐵瓦器盛之悉透，惟以骨盛則不漏。世傳羚羊角能碎金剛石者即此，物相畏耳。按《說文》云：貘似熊，黃白色，出蜀中。《南中志》云：貘大如驢，狀似熊，蒼白色，多力，舐鐵消千斤，其皮溫暖。《埤雅》云：貘，似熊，獅首豺髮，銳鬐卑腳，糞可爲兵切玉，尿能消鐵爲水，又有嚙鐵、豻、昆吾兔，皆能食銅鐵，亦貘類也，並附之。

嚙鐵

明・李時珍《本草綱目》卷五一獸部・獸類 嚙鐵時珍曰：按《神異經》云：南方有獸，角足大小狀如水牛，毛黑如漆，食鐵而飲水，糞可爲兵，其利如鋼，名曰嚙鐵。《唐史》云：吐火羅獻大獸，高七尺，食銅鐵，日行三百里。

犴

明・李時珍《本草綱目》卷五一獸部・獸類 豻《禽書》云：豻應井星，胡狗也。狀似狐而黑，身長七尺，頭生一角，老則有鱗，能食虎、豹、蛟、龍、銅、鐵。獵人亦畏之。

清・汪紱《醫林纂要探源》卷三 豻 甘，酸，鹹，溫。胡地野犬也。或蒼黑，或蒼黃。中國山中亦有之，色遜其美耳，皮作裘服，《玉藻》所謂青豻也。山中人曰茅狗。又曰山狗。常徹夜鳴吠達旦，古人以其善守，故圖像獄門，世乃以配井宿，而誇其能食虎豹蛟龍，皆妄誕也。功用同家犬。好盜食雞。

清・趙學敏《本草綱目拾遺》卷九獸部 犴血 孫含懿云：有客自川中來，帶有犴血，言此獸乃星禽，為天上井宿，五百年一降於世以濟人，其降也必於蜀。降之前三日，天乃大風，振屋拔木，為降犴風。左右村落居民，知犴必降，悉遷避之，求鐵工造蓮葶箭鏃，如橄欖形，而窪其中，鏃上刻名以記。犴降之日，形如胡犬，有鱗，大十倍於象，首必朝歲星，蹲踞不動。土人從其後射之，矢集其身如猬，三日後乃去，遺失於地，各認所鐫以歸矢，人無爭者。其鏃頭有血一塊，大如欖核，可入藥，土人亦甚珍寶之，不輕售。自明洪武時曾一降，至今幾四百年，所珍藥亦罕有存者，縉紳舊族或有之，亦寶同和璧矣。

治一切陰疽發背，一切大毒。凡癰疽必死之症，無藥可救者，每以一釐，潰則傅膏外貼，未潰則調酒服，一夕自愈。合治癰等藥，一斤加入分許，即奏效如神。

狡兔

明・李時珍《本草綱目》卷五一獸部・獸類 狡兔《拾遺記》云：狡兔生昆吾山，形如兔，雄黃雌白，食丹、石、銅、鐵。昔吳王武庫兵器皆盡，掘得二兔，一白一黃，腹中腎、膽皆鐵，取鑄爲劍，切玉如泥。

腽肭獸

宋・唐慎微《證類本草》卷一八獸部下品〔宋・馬志《開寶本草》〕 腽肭臍 味鹹，無毒。主鬼氣尸疰，夢與鬼交，鬼魅，狐魅，心腹痛，中惡邪氣，宿血結塊，痃癖羸瘦等。骨訥獸，似狐而大，長尾。生西戎。今附。

〔宋・掌禹錫《嘉祐本草》〕按：《藥性論》云：腽肭臍，君，大熱。此是新羅國海內狗外腎也。連而取之。主治男子宿癥氣塊，積冷勞氣，羸瘦。腎精衰損多也，成腎勞，瘦悴。日華子云：腽肭獸，熱，補中益氣。腎，暖腰膝，助陽氣，破癥結，療驚狂癇疾及心腹疼，破宿血。

〔宋・蘇頌《本草圖經》〕曰：腽肭臍，出西戎，今東海傍亦有之，云是新羅國海狗腎。舊說是骨訥獸，似狐而大，長尾，其皮上自有肉黃毛，三莖共一穴。今滄州所圖，乃是魚類，而豕首兩足。其臍紅紫色，上有紫斑點，全不相類，醫家亦兼用此，云欲驗其真，取置睡犬傍，其犬忽驚跳若狂者，爲佳。兼耐收蓄，置密器中，常濕潤如新。採無時。《異魚圖》云：試腽肭臍者，於臘月衝風處，置盂水浸之，不凍者爲真也。

〔宋・唐慎微《證類本草》〕陳藏器云：如爛骨，從西蕃來。骨肭獸，似狐而大，長尾。臍似麝香，黃赤色。生突厥國，胡人呼爲阿慈勃他你。《海藥》：謹按《臨海志》云：出東海水中。狀若鹿形，頭似狗，長尾。每遇日出，即浮在水面，崑崙家以弓矢而採之，取其外腎，陰乾百日，其味甘香美，大溫，無毒。主五勞七傷，陰痿少力，腎氣衰弱虛損，背膊勞悶，面黑精冷，最良。凡入諸藥，先於銀器中酒煎，後方合和諸藥。不然，以好酒浸炙入藥用亦得。雷公云：凡使，先須細認，其僞者多。其海中有獸號曰水烏龍，海人採得殺之。取腎將入諸處，在藥中修合，恐有誤，其物自殊。有一對，其有兩重薄皮裹丸（氣）〔器〕肉核，皮上自有肉黃毛，三莖共一穴。年年蔭濕，常如新。兼將於睡著犬，躡足置於犬頭，其犬驀驚如狂，即是真也。若用，須酒浸一日後，以紙裹，微微火上炙令香，細剉單擣用也。

宋・寇宗奭《本草衍義》卷一六 腽肭臍 今出登、萊州。《藥性論》以謂是海內狗外腎。日華子又謂之獸，今觀其狀，非狗非獸，亦非魚也。但前即似獸，尾即魚，其身有短密淡青白毛，腹脇下全白，仍相間于淡青。白毛上有深青黑點，久則色復淡，皮厚且韌，如牛皮，邊將多取以飾鞍韉。其臍治腹積冷，精衰，脾腎勞極有功，不待別試也。似狐長尾之說，蓋今人多不識。

宋・王繼先《紹興本草》卷一九 腽肭臍 紹興校定：腽肭臍乃海生之物。性味、主治已載經注，惟補助腎經諸方，用之頗驗。其氣甚烈，然市賈亦有作僞者。但筋相連、成對間之有辨皮膜隔者真矣，當宜審識之。今當作味鹹、大溫、無毒是矣。產山東者佳。

宋・劉明之《圖經本草藥性總論》卷下 腽肭臍 味鹹，無毒。主鬼氣尸疰，夢與鬼交，鬼魅狐魅，心腹痛，中惡邪氣，宿血結塊，痃癖羸瘦。《藥性論》云：君。大熱。主男子宿癥氣塊，積冷勞氣羸瘦，腎精衰損，多色成腎勞瘦悴。日華子云：腽肭獸，熱，補中益氣。腎，暖腰膝，助陽氣，破（瘕）〔癥〕結，療驚狂癇疾，及心腹疼，破宿血。出西戎東海。

宋・陳衍《寶慶本草折衷》卷一五 腽肭臍君。一名海狗外腎。一名骨訥獸。一名阿慈勃他你。生西戎即西番及東海水中，及新羅、崑崙、突厥國，及登萊滄州海傍。○採無時。每遇日出，浮在水面，以弓入而射之，取外腎陰乾密藏。

味鹹、甘、辛張松，大溫，無毒。○主鬼氣尸疰，心腹痛，中惡邪氣，宿血

結塊，痃癖羸瘦。〇《藥性論》云：治男子精冷，腎精衰損，多色腎勞瘦悴。〇日華子云：補中，暖腰膝，助陽氣，療驚狂癇疾。〇《圖經》曰：紅紫色，有紫斑點，兼而蓄密器中，常濕潤如新。試者臘月衝風處置盂水浸之，不凍者為真也。〇《臨海志》云：狀若鹿，頭似狗，外腎主五勞七傷，陰痿少力，背膊勞悶，面黑精冷。〇雷公云：其物一對，有兩重薄皮裹肉核，酒浸一日，以紙裹微微火上炙香，細剉單擣。〇俗方用者亦取一對。〇寇氏曰：治臍腹積冷，脾腎勞極。

續說云：《藥性論》以膃肭臍為海狗外腎有自來矣。《臨海志》言鹿狀狗頭者，即海狗也。雷公言：肉核一對者，即外腎也。矧趙汝适《諸番志》又言：高如犬，走如飛，生大食伽力吉國之海濱。張網以捕，取外腎油漬藏之。今觀其形色，實腎也，非臍也，灼知臍字誤也。鮮明者勝，黯暗者怯。若《圖經》所繪，魚類而兩足者，乃別種爾。

元・尚從善《本草元命苞》卷七 膃肭臍 為君。性大熱，味鹹。主鬼氣尸疰，夢與鬼交，助陰痿少力，腎精衰耗。暖腰膝，補中，養陽氣，益腎。止心腹卒痛，中惡邪氣。破宿血結塊，痃癖癥疾。獸似狐大，長尾，臍如麝，黃赤色。出西戎、新羅、突厥。海狗腎收取，陰乾。醫用之欲辨精粗，置睡犬，驚躍為最。

明・王綸《本草集要》卷六 膃肭臍君 味鹹，氣大熱，無毒。酒浸一日，微火上炙令香，入藥用。欲驗其真，取置睡犬旁，犬忽驚跳若狂。又臘月衝風處，置盂水浸之不凍。 主鬼氣尸疰，夢與鬼交，鬼魅狐魅，心腹痛，中惡邪氣，宿血結塊痃癖，羸瘦，暖腰膝，助陽氣。治臍腹積冷精衰，脾胃勞極有功。

明・滕弘《神農本經會通》卷八 膃肭臍 君也。酒浸一日，微火上炙令香，入藥用。欲驗其真，取置睡犬傍，犬忽驚跳若狂。又臘月衝風處，置盂水浸之，不凍者為真也。

味鹹，無毒。一云：大熱。東云：療痨瘵，壯元陽。《本經》云：主鬼氣尸疰，夢與鬼交，鬼魅狐魅，心腹痛，中惡邪氣，宿血結塊，痃癖，羸瘦。《藥性論》云：此是新羅國海內狗外腎也。治男子宿癥氣塊，積冷勞氣，羸瘦，腎精衰損，多色成腎勞瘦悴。日華子云：補中益氣。腎，暖腰膝，助陽氣，破癥結。療驚狂癇疾，及心腹疼，破宿血。《局》云：膃肭臍鹹性熱多，溫中補腎致陽和。夢交鬼魅驚癇候，宿血痃瘕自滅磨。膃肭臍，溫中補腎，主夢與鬼交。

明・劉文泰《本草品彙精要》卷二五 膃肭臍無毒。附膃肭獸。 胎生。

膃肭臍：主鬼氣，屍疰，夢與鬼交，鬼魅，狐魅，心腹痛，中惡，邪氣，宿血，結塊，痃癖，羸瘦等。名醫所錄。【地】《圖經》曰：出西戎，今東海傍亦有之。云是新羅國海狗腎，舊說是骨肭獸。似狐而大，長尾，其皮上自有肉黃毛，三莖共一穴，今滄州所圖乃是魚類而豕首兩足，其臍紅紫色，上有紫斑點，全不相類。每遇日出時即浮水面，以弓矢而採之，取其外腎，醫家用之。欲驗其真，置睡犬傍，其犬忽驚跳若狂者爲佳。兼耐收蓄，置密器中，常濕潤如新。《異魚圖》云：試膃肭臍者，于臘月衝風處，置盂水浸之，不凍者爲真也。《衍義》曰：膃肭臍今出登萊州。《藥性論》以謂是海內狗外腎，日華子又謂之獸，今觀其狀，非狗非獸，亦非魚也。但前即似獸，尾即似魚，其身短有密淡青白毛，腹脇下全白，仍相間于淡青白毛，上有深青黑點，久則色復淡，皮厚且韌，如牛皮。邊將多取以飾鞍韉。其臍治臍腹積冷，精衰，脾腎勞極有功，不待別試也。似狐長尾之說，蓋今人多不識也。【收】陰乾。【用】外腎。【色】紅紫。【味】辛，甘。【性】大熱。【氣】氣之厚者，陽也。【臭】臊。【主】助陽氣，除積冷。【製】《雷公》云：凡使，先須細認，其偽者多，而海中有獸號曰水烏龍，海人採得，殺，取腎將入藥中，修合恐有誤。其物自殊，凡一對外有兩重薄皮裹丸，其內核皮上自有肉黃毛，三莖共一穴，年年蔭濕常如新。兼將於睡犬，躡足置於犬頭，其犬蓦驚如狂即是真也。若用須酒浸一日後，以紙裹微微火上炙令香，細剉，單擣用之。【治】療：《藥性論》云：治男子宿癥，氣塊，積冷，勞氣，羸瘦，腎精衰損，漸成腎勞，瘦悴。日華子云：破癥結，止驚狂，癇疾及心腹疼，破宿血。《衍義》曰：治臍腹積冷，精衰，脾勞，勞疾。《海藥》云：治五勞七傷，陰痿少力，腎氣衰弱，虛損，背膊勞悶，面黑精冷。補：日華子云：補中益腎氣，暖腰膝，助陽氣。

明・葉文齡《醫學統旨》卷八 膃肭臍 氣大熱，味鹹。無毒。酒浸一日，微火上炙令香。入藥用欲驗其真，取置睡犬傍，犬忽驚跳若狂。又臘月衝風處置盂水浸之不凍。

治心腹痛，中惡邪氣，宿血結塊痃癖，臍腹積冷羸瘦，暖腰膝，助陽氣精衰，脾胃勞極有功；鬼氣尸疰，夢與鬼交，鬼魅、狐魅有驗。

明・許希周《藥性粗評》卷四 臍摩膃肭，房中無陰痿之虞。

膃肭臍，膃肭，獸名。出東海水中，豕首魚身，前有兩足，毛有青白斑點，彼人謂之海狗。其牡外腎謂之臍，似麝，收得酒浸一日，紙裹，微微火上炙香，細剉，搗末收貯。如市買須置睡犬傍，犬忽驚跳若狂者真。味鹹，性熱，無毒。主治五癆七傷，鬼氣尸疰，痃癖羸瘦，夢與鬼交，精洩不收，腎敗陰痿，腰冷面黑，破癥結，助陽道，治驚癇，散心腹刺痛。凡用以酒調服。

明・陳嘉謨《本草蒙筌》卷九　膃肭臍　味鹹，氣大熱。無毒。惟生東海傍，俗疑海狗腎。狀類腎囊乾縮，仍兩睾丸粘聯。或又指形體，係獸係魚；俱未據的見，立言立說。由此真偽莫別，只憑試驗纔知。投睡熟犬邊，犬或驚狂跳起；置寒凍水內，水因溫暖不冰。得此驗者真也。酒漬透炙乾，氣馨香勿齅。擂成細末，任合散丸。療痃癖尫羸併脾胃勞極，破宿血結聚及腰膝寒痠。辟鬼氣禁夢與鬼交，逐魅邪止睡被魅魘。除冷積，益元陽。堅舉陽管不衰，誠助房術取樂。

明・王文潔《太乙仙製本草藥性大全》卷七《本草精義》　膃肭臍　出西戎，今東海傍亦有之。云是新羅國海狗腎，舊說是骨訥獸。似狐而大，長尾，其皮上自有肉黃毛，三莖共一穴。今滄州所圖，乃是魚類，而豕首兩足。腎狀類腎囊乾縮，仍兩睾丸粘聯。或又指形體，係獸係魚，俱未據的見，立言立說。由此真僞莫別，只憑試驗纔知。投睡熟犬邊，犬或驚狂跳走。置寒凍水內，水因溫暖不冰得此驗者真也。酒漬透炙乾，氣馨香勿齅。擂成細末，任合散丸。

明・王文潔《太乙仙製本草藥性大全》卷七《仙製藥性》　膃肭臍　味鹹，氣大熱，無毒。　主治：　療痃癖尫羸，併脾胃勞極。破宿血結聚，及腰膝寒痠。辟鬼氣禁夢與鬼交，逐魅邪止睡被魅魘。除冷積，益元陽，堅舉陽管不衰，誠助房術取樂。　太乙曰：　凡使先須細認，其僞者多。其海中有獸，號曰水烏龍，海人採得殺之，取腎將入諸處，在藥中修合，恐有誤，其物自殊。有一對，其有兩重薄皮裹丸(氣)〔器〕肉核，皮上自有肉黃毛，三莖共一穴，年年陰濕，常如新。兼將於睡着犬，躡足置於犬頭，其犬驀驚如狂，即是真也。若用須酒浸一日後，以紙裹，微微火上炙令香，細剉單搗用之。按：《衍義》云：　膃肭臍今出登、萊州。《藥性論》以謂是海內狗外腎。日華子又謂之獸。今觀其狀，非狗非獸，亦非魚也。但前即似獸，尾即魚，其身有短密淡青白毛，腹脇下全白，仍相間於淡青，白毛上有深青黑點，久則色復淡，皮厚且韌如牛皮，邊將多取以飾鞍韉。其臍治臍腹積冷，精衰，脾腎勞極有功，不待別試也。似狐長尾之說，蓋今人多不識。

明・皇甫嵩《本草發明》卷六　膃肭臍下品。味鹹，無毒。《藥性》云：　大熱。

發明曰：　膃肭臍，性熱，興陽道，助房術之專藥。陰藏人及藏氣虛寒者，宜用之。但《本經》只說主鬼氣尸疰，夢與鬼交，鬼魅狐魅，心腹痛，中惡邪氣，宿血結塊癖，羸瘦等，並無一字及益陽道之說。《藥性》亦云冷勞氣羸瘦，腎精衰損成腎勞。《衍義》亦云治臍腹積冷，精衰，脾腎勞有功，不待別試也，亦無助陽之說。愚曰：　要之辭異而義同也。蓋凡精衰積冷陰邪為病，皆由陽氣不足致所者，《經》曰益火之原，以消陰翳，此正用熱以益元陽之說也。故凡前說除邪之候，正宜用之。今房中之術多用以助興陽道者，以為專功也。出西戎及東海傍，今萊、登州俱有。形躰似獸，前有二足，魚尾，名海狗腎。《衍義》云：　非腎，係膃肭之臍，狀類腎囊，故云爾。但此物投睡犬而驚跳，寒月置水內不冰，此即真也。亦難得。凡用酒浸，炙乾。

明・李時珍《本草綱目》卷五一獸部・獸類　膃肭獸上烏忽切，下女骨切。

○宋《開寶》附。

〔釋名〕骨豽《說文》作貀，與肭同。　海狗時珍曰：《唐韻》：　膃肭，肥貌。或作骨貀，訛爲骨訥，皆番言也。

〔集解〕藏器曰：　骨肭獸，生西番突厥國，胡人呼爲阿慈勃他你。其狀似狐而大，長尾。臍似麝香，黄赤色，如爛骨。甄權曰：　膃肭臍，是新羅國海內狗外腎也。連而取之。李珣曰：　按《臨海志》云：　出東海水中。狀若鹿形，頭似狗，長尾。每日出即浮在水面，崑崙家以弓矢射之，取其外腎陰乾，百日味甘香美也。頌曰：　今東海旁亦有之。舊説似狐長尾。今滄州所圖，乃是魚類，而豕首兩足。其臍紅紫色，上有紫斑點，全不相類，醫家多用之。《異魚圖》云：　試其臍，於臘月衝風處，置盂水浸之，不凍者爲真也。斅曰：　膃肭臍多僞者。海中有獸號曰水烏龍，海人取其腎，以充膃肭臍，其物自別。真者，有一對則兩重薄皮裹丸核；　其皮上自有肉黃毛，一穴三莖；　收之器中，年年濕潤如新；或置睡犬頭上，其犬忽驚跳若狂者，爲真也。宗奭曰：　今出登、萊州。其狀非狗非獸，亦非魚也。但前脚似獸而尾即魚。身有短密淡青白毛，毛上有深青黑點，久則亦淡，腹脇下全白色。皮厚韌如牛皮，邊將多取以飾鞍韉。其臍治腹臍積冷〔精〕衰，脾腎勞極有功，不待別試也。似狐長尾之説，今人多不識之。時珍曰：　按《唐書》云：　骨貀獸出遼西、營州及結骨國。《一統志》云：　膃肭臍出女直及三佛齊國。獸似狐，高如犬，走如飛，取其腎漬油名膃肭臍。觀此，則似狐之説非無也。蓋似狐似鹿者，其毛色爾；　似狗者，其足形也；　似魚者，其尾形也。入藥用外腎而曰臍者，連臍取之也。又《異物志》云：　豽獸出朝鮮，似狸，蒼黑色，無前兩足，能捕鼠。郭璞云：　晉時召陵扶夷縣獲一獸，似狗豹文，有角兩脚。據此則豽有水

陸二種，而藏器所謂似狐長尾者，其此類歟？

膃肭臍一名海狗腎。【修治】斅曰：用酒浸一日，紙裹炙香剉搗。或於銀器中，以酒煎熟合藥。時珍曰：以漢椒、樟腦同收，則不壞。【氣味】鹹，大熱，無毒。李珣曰：味甘，香美，大温。【主治】鬼氣尸疰，夢與鬼交，鬼魅狐魅，心腹痛，中惡邪氣，宿血結塊，痃癖羸瘦藏器。治男子宿癥氣塊，積冷勞氣，腎精衰損，多色成勞，瘦悴《藥性》。補中益腎氣，暖腰膝，助陽氣，破癥結，療驚狂癇疾日華。五勞七傷，陰痿少力，腎虚，背膊勞悶，面黑精冷，最良《海藥》。【發明】時珍曰：《和劑局方》治諸虚損，有膃肭臍丸，今人滋補丸藥中多用之，精不足者補之以味也。大抵與蓯蓉、瑣陽之功相近。亦可同糯米、法麯釀酒服。

明・梅得春《藥性會元》卷下 膃肭臍 味鹹，氣大熱，無毒。欲驗其真，置睡犬傍，忽驚跳若狂；又臘月衝風處，置盂水浸之，不凍。主治心腹痛，中惡邪氣，宿血結塊痃癖，臍腹積冷羸瘦，暖腰膝，助陽氣，精衰，脾胃勞極有功。鬼氣屍疰，夢與鬼交，及鬼魅狐魅有驗。出西戎名骨訥獸，似狐而大尾長。又云：療勞瘵，更壯元陽，溫中補腎何憂，夢與鬼交情，且定驚癇。

製法：酒浸一日，微火上炙令香，入藥。

明・穆世錫《食物輯要》卷四 海狗 肉味鹹，性熱，無毒。主虚勞。膃肭臍，味鹹，性大熱，無毒。浸酒一晝夜，紙裹炙香，剉搗，或入銀器內，酒煎熟，合藥服。大補氣，益腎壯陽，破癥結宿血。治鬼疰病。

明・李中立《本草原始》卷九 膃肭臍 出西戎。今東海傍亦有之。云是新羅國海狗腎。舊説是骨肭獸，似狐而大，長尾，其皮上有肉黄毛，三莖共一穴。今滄州所圖，乃是魚類而豕首兩足，其臍紅紫色，上有紫斑點，全不相類。醫家亦兼用之。云欲驗其真，取置睡犬傍，其犬忽驚跳若狂者為佳。兼耐收蓄，置密器中，常濕潤如新。採無時。《異魚圖》云：試膃肭臍者，於臘月衝風處，置盂水浸之，不冰者為真也。時珍曰：《唐韻》膃肭，肥貌。或作骨貀，訛為骨訥，皆番語也。

膃肭臍，一名海狗腎。氣味：鹹，大熱，無毒。主治：鬼氣尸疰，夢與鬼交，鬼魅狐魅，心腹痛，中惡邪氣，宿血結塊，痃癖羸瘦。○治男子宿癥氣塊，積冷勞氣，腎精衰損，多色成勞，瘦悴。○補中，益腎氣，暖腰膝，助陽氣，破癥結，療驚狂癇。○治五勞七傷，陰痿少力，腎虚，背膊勞悶，面黑精不足，最良。

李時珍曰：《和劑局方》治諸虚損，有膃肭臍丸，今之滋補丸藥中多用之。精不足者補之以味也。大抵與蓯蓉、瑣陽之功相近。亦可同糯米釀酒。

膃肭臍，宋《開寶》附。【圖略】豕首兩足。修治：斅曰：用酒浸一日，紙裹炙香，剉搗，或於銀器中以酒煎熟，合藥。以漢椒、樟腦同收之，則不壞。

明・吴文炳《藥性全備食物本草》卷二 膃肭臍 味鹹，氣大熱，無毒。出東海，狀若鹿，長尾，兩足，頭似狗，故名海狗。遇日出浮於水面，弓矢採之，取其外腎，(土)〔上〕有紅紫斑點兩重薄膜裹其肉核，收密器中，常潤濕如新。取置睡犬傍，犬忽驚跳若狂者真。又嚴冬置盂水浸之不凍者真。凡(連)〔使〕，火燎去毛，酒浸一日，微微火上炙令香，細剉另研用。膃，溫也；肭，內也；臍，劑也；溫內之劑。又水物多以臍交，言其性也。東垣云：療癆瘵，更壯元陽，脾胃虚損極有功也。主鬼氣尸疰，夢與鬼交，鬼魅狐魅及中惡邪氣，心腹作痛，腎衰精冷，陰痿面黑，腰膝酸疼，脾衰臍腹積冷，少氣羸瘦，痞塊痃癖。此藥補中益氣，又兼消導，能破宿血，治驚狂癇疾。無真者以黄狗腎三枚可代一枚。

明・李中梓《藥性解》卷六 膃肭臍 味醎，性大熱，無毒，入脾、命門二經。主助腎添精，補中益氣，鬼氣尸疰，夢與鬼交，宿血癥結，心腹疼痛。置睡犬旁驚狂跳走，入水不冰者真。酒浸一宿，紙裹于文火上炙脆，細剉擣用。

按：膃肭臍醎熱之品，本入命門補火，脾家所快者，熱也，故亦入之。助陽之功，獨甲群劑，今出登萊州，即海狗腎也。其狀頭似豕，尾似魚，止生兩足，價值殊貴。類多偽者，須細辨之。

明・繆希雍《本草經疏》卷一八 膃肭臍 味鹹，無毒。主鬼氣尸疰，夢與鬼交，鬼魅狐魅，心腹痛，中惡邪氣，宿血結塊，痃癖羸瘦。一名海狗腎。雷云：此物多偽者，真者有(三)〔一〕對，則兩重薄皮裹丸核，其皮上有肉黄毛，三莖共一穴，濕潤常如新。或置睡犬旁，其犬忽驚跳若狂者，真也。與水烏龍似，以此別之。凡用酒浸一宿，紙裹炙香，剉或酒煎熟合藥。

【疏】膃肭，海獸也。得水中之陽氣，故其味鹹無毒。《藥性論》大熱，李珣甘香美、大溫。其味與獺肝相似，第其氣倍熱耳。所主鬼氣尸疰，夢與鬼交，鬼魅狐魅，心腹痛，中惡邪氣者，蓋因真陽虚則神明不振，幽暗易侵，故諸邪惡纏疰為病。此藥專補陽氣則陰邪自辟，所以能療如上等證也。鹹能入血軟堅，溫熱能通行消散，故又主宿血結塊及痃癖羸瘦也。近世房術

中多用之，以其鹹溫入腎補虛，暖腰膝，固精氣，壯陽道也。〔主治參互〕同陽起石、肉蓯蓉、巴戟天、菟絲子、山茱萸、鹿茸，能壯陽道，益精。《和劑局方》有膃肭臍丸，治諸虛勞損，鬼疰邪惡，夢與鬼交，精氣乏絕等證。〔簡誤〕膃肭臍，性熱助陽，為腎氣衰竭，精寒痿弱之要藥。然而陰虛火熾，強陽不倒，或陽事易舉及骨蒸勞嗽等候，咸在所忌。

明・倪朱謨《本草彙言》卷一八 膃肭臍又名海狗腎。味鹹，氣熱，無毒。可升，可降，陽也。入足太陰、少陰經。寇氏曰：膃肭臍出突厥、新羅、女直及三佛齊國，今遼西營州，及登、萊州時或有之。毛色似狐、似鹿，頭似狗，足似犬，尾似魚而長。入藥用外腎，而曰臍者，連臍取之也。試其臍，于凍月衝風處，置水盆中，浸之不冰者爲真。或置睡犬頭上，其犬忽驚跳狂走者亦真也。雷氏曰：修治：取外腎幷臍切碎，酒浸一日，烘乾搗細用。

膃肭臍：興陽補腎，日華子壯精助房力之藥也。陳赤葵曰：性熱壯陽。如腎氣衰弱，精寒髓冷，陽絕莖痿者，服此立振而起。如藏器方治積年心腹冷痛，或宿血結塊，或癥瘕寒疝，或四肢冷麻無力，或腰脊肩背久疼等證，蓋因陽氣不充，血液衰少，故諸邪纏疰爲病也。此藥壯助元陽，暖血生精，溫潤筋骨，近世滋補丸料多用此者，精不足補之以味也。他如陰虛火熾，陽强不倒，或陽事易舉，及骨蒸夜熱、勞嗽吐痰等候，咸在所忌。

明・姚可成《食物本草》卷一四獸部・野獸類 膃肭獸一名海狗。生西番突厥國，胡人呼為阿慈勃他你。其狀似狐而大，長尾，臍似麝香。《臨海志》云：出東海水中。狀若鹿形，頭似狗，長尾。每日出，即浮在水面，崑崙家以弓矢射之，取其外腎陰乾，百日味甘香美也。蘇頌曰：今東海旁亦有之。舊說似狐長尾，今滄州所圖，乃是魚類，而豕首兩足。其臍紅紫色，上有紫斑點，全不相類。《異魚圖》云：試其臍，於臘月衝風處，置盂水浸之，不凍者為真也。雷斅曰：膃肭臍多偽者。海中有獸號曰水烏龍，取其腎以充膃肭臍，其物自別。真者有一對兩重薄皮裹丸核，皮上〔有〕肉黃毛，一穴三莖，收之器中，年年溼潤如新。或置睡犬頭上，其〔犬〕忽驚跳若狂者，為真也。寇宗奭曰：今出登、萊州。其狀非狗非獸，亦非魚也。但前脚似獸而尾即魚，身有短密淡青白毛，毛上有深青黑點，久則亦淡。腹脇下全白色。皮厚韌如牛皮，邊將多取以飾鞍韉。其臍治腹臍積冷、脾腎勞極有功，不待別試也。似狐長尾之說，今人多不識之。李時珍曰：按《唐書》云：膃肭獸出遼西營州及結骨國。《一統志》云：膃肭臍出女直及三佛齊國。獸似狐，脚高如犬，走如飛。取其腎漬油，名膃肭臍。觀此，則似狐之說非無也。蓋似狐似鹿者，其毛色爾，似狗者，其足形也，似魚者，其尾形也。用外腎而曰臍者，連臍取之也。又《異物志》：膃肭獸出朝鮮，似貍，蒼黑色，無前兩足，能捕鼠。郭璞云：晉時召陵扶夷縣獲一獸，似狗，豹文，有角，兩脚。據此則膃肭有水陸二種，而藏器所謂似狐長尾者，其此類歟？

膃肭臍一名海狗腎。味鹹，大熱，無毒。治鬼氣尸疰，鬼魅狐魅，夢與鬼交，心腹痛，中惡邪氣，宿血結塊，痃癖。男子精冷無嗣，五勞七傷，陰痿少力。

明・李中梓《醫宗必讀・本草徵要下》 膃肭臍味鹹，熱，無毒。入腎經。酒洗炙。

陰痿精寒，瞬息起經年之恙；鬼交屍疰，纖微消沉頓之疴。一名海狗腎，兩重薄皮裹丸核，皮上有肉黃毛，三莖共一穴，濕潤常如新。置睡犬旁，驚狂跳躍者，真也。固精壯陽，是其本功。鬼交屍疰，蓋陽虛而陰邪侵之，陽旺則陰邪自辟耳。按：陽事易舉，骨蒸癆嗽之人忌用。

明・施永圖《本草醫旨・食物類》卷四 膃肭獸名海狗。生西番突厥國。狀似狐而大，長尾，臍似麝香，黃赤色如爛骨。取其外腎，陰乾百日，味甘香美也。膃肭臍一名海狗腎。用酒浸一日，紙裹炙香，剉搗，或於銀器中，以酒煎熟，合藥。以漢椒、樟腦同收，則不壞。味：鹹，大熱，無毒。治：鬼氣尸疰，夢與鬼交，鬼魅狐魅，心腹痛，中惡邪氣，宿血結塊，痃癖羸瘦。治男子宿癥氣塊，積冷勞氣，腎精衰損，多色成勞，瘦悴。補中，益腎氣，暖腰膝，助陽氣，破癥結，療驚狂癇疾，五勞七傷，陰痿少力，腎虛背膊勞悶，面黑精冷，最良。

明・李中梓《本草通玄》卷下 膃肭臍 鹹，熱。益腎臟，壯陽事，補勞傷，破積聚。入藥用外腎而曰臍者，連臍取之也。毛色似狐，足形似狗，尾形似魚，腎上兩重薄皮裹其丸核，皮上有黃毛，一穴三莖。近來多偽者，不可不辨。酒浸，炙擣。

清・顧元交《本草彙箋》卷八 膃肭臍 膃肭臍者，海狗之外腎。而曰臍，蓋連臍取之也。其性與蓯蓉、瑣陽之功相近。凡人真陽虛，則神明不振，幽暗易侵，故有鬼氣尸疰，夢與鬼交，鬼魅狐魅，心腹痛，中惡邪氣等症。膃肭腎專補陽氣，則陰邪自辟。且其鹹能入血軟堅，溫熱能通行消散，故又主宿血結塊，痃癖諸疾。而近世特用以爲房術之藥，蓋爲其有固精壯陽之功耳。

試法：驗其有一對，兩重薄皮裹丸核，皮上自有肉黃毛，一穴三莖，收之器中，年年濕潤如新；或置睡犬頭上，其犬忽驚跳若狂；或于臘月嚴寒

衝風處，置盂水浸之，不凍者爲真也。

清・穆石匏《本草洞詮》卷一五　膃肭臍　膃肭出突厥新羅諸國，今登萊州有之。毛色似狐似鹿，足似狗，尾似魚。入藥用外腎，而曰臍者，連臍取之也。試其臍，於臘月衝風處，置盂水浸之，不凍者為真。收之器中，年年濕潤如新。或置睡犬頭上，其犬驚跳若狂者，真也。氣味鹹，大熱，無毒。暖腰膝，助陽氣，破癥結，療驚癇。《局方》治虛損有膃肭臍丸，精不足者，補之以味也。大抵與蓯蓉、瑣陽相近，而功力百倍之矣。

清・丁其譽《壽世秘典》卷四　膃肭獸俗呼海狗。陳藏器曰：膃肭獸生西番突厥國，狀似狐而大，長尾，臍似麝香，黃赤色，如爛骨。李珣曰：按《臨海志》云，出東海水中，狀若鹿形，頭似狗，長尾，每日出即浮在水面，崑崙家以弓矢射之，取其外腎陰乾百日，味甘香美也。蘇頌曰：舊說似狐長尾，今滄州所圖乃是魚類，而豕首兩足，其臍紅紫色，上有紫斑點，全不相類，醫家多用之。《異魚圖》云：試其臍于臘月衝風處，置盂水浸之不凍者為真也。雷斅曰：膃肭臍多偽者，海中有獸號曰水烏龍，彼人取其腎以充之，其物自別。真者，有一對則兩重薄皮裹丸核，其皮上自有肉黃毛，一穴三莖，收之器中，年年濕潤如新。或置睡犬頭上，其犬忽驚跳若狂者，真也。宗奭曰：今出登萊州，其狀非狗，非獸，亦非魚也，以前腳似獸而尾即魚，身有短密淡青白毛，毛上有深青黑點，久則亦淡，腹脇下全白色，皮厚韌如牛皮，邊將多取以飾鞍韉。其臍治腹臍積冷，脾衰腎勞，極有功，不待別試也。似狐長尾之說，今人多不識之。李時珍曰：按《一統志》云，膃肭獸出新羅及三佛齊國，形似狐，腳高如犬，走如飛，取其腎漬油，名膃肭臍。觀此，則似狐之說非無也。蓋似狐、似鹿者，其毛色爾；似狗者，其足形也；似魚者，其尾形也。入藥用外腎，而曰臍者，連臍取之也。黃衷《海語》：海狗純黃，形如狗，大如猫，嘗群遊背風沙中，遙見船行則沒，漁人以技獲之，蓋利其腎也。醫士以為即膃肭臍云。又《異物志》：豽獸出朝鮮，似貍，蒼黑色，無前兩足，能捕鼠。郭璞云：晉時，召陵獲一獸似狗，豹文，有角，兩腳。據此豽有水陸二種，而藏器所謂似狐長尾者，其此類與。　膃肭臍：一名海狗腎。　氣味：鹹，大熱，無毒。　治鬼氣尸疰，夢與鬼交，鬼魅狐魅，心腹痛，中惡邪氣，宿血結塊，痃癖，羸瘦《拾遺》。五勞七傷，陰痿少力，腎虛，背膊勞悶，面黑精冷，最良《海藥》。

修治凡用，酒浸一宿，紙裹炙香剉，或于銀器中，以酒煎熟合藥。李時珍曰：以漢椒、樟腦同收則不壞。

發明按諸家所說海狗形狀不一，試法亦異。眾論紛紜，罔有定見，究不辨其何者為真，故此物多偽者。今人房中術多用之，以方書稱其性熱助陽，為腎氣衰竭、精寒痿弱之要藥，不惜重價以購之。世人貴耳而賤目，此其一也。

清・郭章宜《本草匯》卷一七　膃肭臍即海狗腎。　味鹹，大溫，入足少陰經。陰痿精寒，瞬息起經年之恙。宿癥結癖，纖微消沉頓之疴。

按：膃肭臍，連臍取之之謂也。療勞瘵，壯元陽，脾胃虛損，極有功也。今之滋補丸中多用之。精不足者，補之以味耳。能治鬼交尸疰，蓋陽虛而陰邪易侵，陽旺則陰邪自辟矣。宜於腎氣衰竭，精寒痿弱之人。若陰虛火熾，陽事易舉，及骨蒸勞嗽者，俱不可服。

出女直及三佛齊國。毛色似狐，足形似狗，尾形似魚，腎上兩重薄皮，裹其丸核，皮上有黃毛，一穴三莖，濕潤如常新。置睡犬旁，驚狂躍跳者，真也。酒浸炙香，剉搗，或酒煎熟，合藥。以漢椒、樟腦同收，則不壞。

清・尤乘《食鑒本草・獸類》　海狗即膃肭臍。　臍似麝香，黃赤色，如爛骨，取其外腎，陰乾百日，味甘香美。治五勞七傷，鬼氣尸疰，強陽，暖腰膝，心腹痛。

清・蔣居祉《本草擇要綱目・熱性藥品》　膃肭臍一名海狗腎。用酒浸一日，紙裹炙香，剉搗。或于銀器中，以酒煎熟合藥。以漢椒、樟腦同收不壞。　氣味：鹹，大熱，無毒。　主治：男子宿癥氣塊，積冷勞氣，腎精衰損，多色成勞瘦悴。補中，益腎氣，暖腰膝，助陽氣，破癥結。療驚狂癇疾，五勞七傷，陽痿少力，腎虛，背膊勞悶，面黑精冷最良。《和劑局方》治諸虛損，有膃肭臍丸。今之滋補丸藥中多用之，精不足者補之以味也。大抵與蓯蓉、鎖陽之功相近。亦可同糯米、法麯釀酒服。

清・王翃《握靈本草》卷一〇　膃肭臍生東海旁。投睡熟犬邊，驚起；置水內不冰者，為真。凡使以酒浸一日，紙裹炙香，剉搗。以樟腦、蜀椒同收則不壞。入藥用外腎，而曰臍者，連臍取之也。　主治：膃肭臍，鹹，大熱，無毒。主鬼氣屍疰，夢與鬼交，男子宿癥，氣塊積冷，精衰勞悴，益腎氣，暖腰膝，陰痿少力，面黑精冷。

清・汪昂《本草備要》卷四　海狗腎一名膃肭臍。補腎，助陽。　甘、鹹，大熱。補腎助陽。治虛損勞傷，陰痿精冷，功近蓯蓉、鎖陽。　出西番，今東海亦有之。似狗而魚尾。置器中長年濕潤，臘月浸水不凍。置睡犬旁，犬驚跳者爲真。或曰：連臍取下，故名臍。或曰：乃膃肭獸之臍也。昂按：兩名不類，恐一是海魚之腎，一是山獸之臍也。《綱目》以此條入獸部。

清・陳士鐸《本草新編》卷五　膃肭臍　味鹹，氣大熱，無毒。療痃癖尫羸，並脾胃勞極，破宿血結聚及腰膝寒酸，辟鬼氣，禁夢與鬼交，逐魅邪，止睡被魅魘，祛冷積，益元陽，堅舉陽管不衰，誠助房術要藥。弟多假，又雌多

于雄，雌者絶無功效。雄者固多興陽道，然而不配參、术、熟地、山藥、山茱、杜仲、肉桂、巴戟天、肉蓯蓉之類，功亦平平無奇，世人好異，動言興陽必須膃肭臍，誰知藥品中儘有勝之者，如鹿茸、海馬之類，未嘗不佳。

膃肭臍，魚也，而人悮認海豹為膃肭臍，所以興陽無大效，轉不如鹿茸、海馬之能取勝也。膃肭臍，生于東海之中，最靈而〔善〕藏，能先知人捕取，故世人絶無有得之者。其形並不如狗，魚首，身無鱗甲，尾〔如魚〕，有四掌，少異于魚。曰海狗者即海豹，而掌則與膃肭臍相同。海豹乃獸身，毛如豹，掌有毛，而膃肭臍無毛也。膃肭臍真者，聞其氣即興陽，正不必吞服耳。至海豹性亦淫，亦能興陽，故土人以海豹充膃肭，所以功薄而效輕，博物君子必有以辨之。

或問：膃肭臍今人並無有見之者，先生又從何處見之，而辨之如是分明耶？曰：古人之書可攷也，何必親見膃肭臍。余雖未見，而海豹則數見矣。古人云：膃肭臍，魚也。余所見者，乃獸也。非海豹而何，況其身絶似豹乎。吾故知今之所用者，皆非真也。世情好異，謂不可得之物，必然功效實奇，往往棄鹿茸、人參于不用，而必欲得膃肭以為快。及得偽者，修合藥餌，而朝夕吞服，未見其奇。不悟膃肭之偽，而自嘆陽道之衰，雖助之而無用也。吾深為世人惜之矣。

或疑膃肭臍，即海豹臍下之勢也，古人諱言勢而言臍耳。余以為不然。膃肭臍實魚身，而非獸身也。東海之濱，豈無其種，然而絶無有獲之者，故使吾言無徵，〔不可慨嘆乎〕。然予之註《本草》也，辨其理耳，理真而義自確。百世之下，倘有人得之，以證吾言，始信吾言有先見之明也。

清·顧靖遠《顧氏醫鏡》卷八 海狗腎一名膃肭臍。鹹、大熱。酒浸炙。此物多偽，濕潤如新，置睡犬旁，即驚跳起者方真。 固精氣，壯陽道。陰虛火動者，大忌。

清·李熙和《醫經允中》卷一九 膃肭臍 即海狗腎。 鹹，大熱，無毒。主治除冷積，益元陽，為精寒陰痿要藥。按：膃肭臍功專補陽，今之滋補丸中多用之者，取其陽生陰長，精不足者，補之以味也。

清·馮兆張《馮氏錦囊秘錄·雜症痘疹藥性主治合參》卷九 膃肭臍海獸也，得水中之陽氣。味鹹，性大熱，無毒。味與獺肝相似，但其氣倍熱耳。主鬼氣邪魅鬼交者，因專補陽氣，神明得振，而陰邪自辟也。主宿血痃癖尪羸者，取鹹能入血軟堅，溫能通行消散也。房術中多用者，取鹹溫入腎，補虛固精氣，壯陽道也。凡用酒浸一宿，紙裹炙香剉，或酒煎熟合藥。 膃肭臍，性大熱，凡投睡熟犬邊，犬乃驚狂跳躍。置寒凍水內，水暖不冰者方真。療痃癖尪羸，脾胃勞極，破宿血結聚，腰膝寒疫。辟鬼氣，夢與鬼交。逐魅邪，睡被夢魘。除積冷，益元陽，堅舉陽管不衰，善助房術。

清·张璐《本經逢原》卷四 膃肭臍一名海狗腎。 鹹，大熱，無毒。以漢椒、樟腦同收則不壞。 發明：《和劑局方》治諸虛損有膃肭臍丸。滋陰丸藥中用之，精不足者，補之以味也。今人多於房術方中用之，亦可同糯米法麴釀酒服。但功專補陽，陰虛切忌。此物牝者最多，而牡者絶少。海州人捕得牝者，以家狗外腎用筋縫上，熨貼，如生成無二。然牝戶與穀道連合為一，雖用生筋縫熨，其孔較牡者大而且長，以此辨之，最為有據。

清·浦士貞《夕庵讀本草快編》卷六 膃肭獸宋《開寶》 《唐韻》膃肭，肥貌。此獸雌多雄少，人將他腎偽充。惟置臥狗傍，驚躍而起者，嚴冬置水不冰者為真。 膃肭，海獸也，稟坎水之陽，味雖鹹而性大熱。曰臍曰腎，表其補心益腎也。凡人腎虛，不能既濟於心，夢與鬼交，伏尸邪魅，得以侵之。真陽若虧，少火失職，坤土無倚，痃癖血塊，心腹急痛，漬漸而成也。其味香美，乃脾所悅，故面黑可除，憔悴可澤，虛損得轉矣。腎受益則腰膝暖，陽道充可生子矣。《和劑》膃肭臍丸為補精之聖藥，倘陰火熾盛，陽強不倒者忌服。

清·劉漢基《藥性通考》卷四 膃肭臍 【略】膃肭臍，魚也，而人以海豹混之，所以興陽無大效，轉不如鹿茸、海馬之能取勝也。膃肭臍生東海中，最靈，而藏能先知人捕取，故絶無有得之者。其形不似狗魚，首身無鱗甲，尾有四掌，少異於魚。曰海狗者，即海豹，而掌則與膃肭臍相同，海豹乃獸，身毛如豹，掌有毛，而膃肭臍無毛也。膃肭臍真者聞其氣即興陽，正不必吞服爾。至海豹性亦淫，亦能興陽，故土人以充膃肭臍。

清·黃元御《玉楸藥解》卷六 膃肭臍即海狗腎。 味鹹，性熱。入足少陰腎、足厥陰肝經。補精暖血，起痿壯陽。膃肭臍溫暖肝腎。治宗筋痿弱，精冷血寒。破堅癥老血，治鬼交夢遺。健膝強腰，補虛益損。洗陰癢生瘡。

清·吳儀洛《本草從新》卷六 膃肭臍〔補陽固精。〕一名海狗腎。 鹹，熱。治陰痿精寒，鬼交尸疰。固精壯陽，是其本功。鬼交尸疰，蓋陽虛而陰邪侵之，陽旺則陰邪自辟爾。 陽事易舉，骨蒸勞嗽者忌用。 兩重薄皮裹丸核，皮上有肉黃毛，一

穴三莖，收之器中，年年濕潤如新，或置睡犬頭上，驚狂跳躍者真也。用酒浸一日，紙裹炙香，剉搗，或於銀器中，以酒煎熟合藥。以漢椒、樟腦同收則不壞。

清・嚴潔等《得配本草》卷九 海狗腎即膃肭臍。 鹹，大熱。入足少陰經。 補精益腎。 助陽氣，暖腰膝，破癥結，辟鬼氣，通宿血，除積冷。 以漢椒、樟腦同收則不壞。 酒浸煎熟用，或酒浸紙裹炙用。

題清・徐大椿《藥性切用》卷八 膃肭臍 一名海狗腎。 性味醎熱，助陽暖精，治陰痿精寒，鬼交屍疰。 酒浸，微炙用。

清・黃宮繡《本草求真》卷二 海狗腎溫腎補精，行血軟堅。 海狗腎耑入肝胃。 即膃肭臍，係西番獸物，足似狗而魚尾。 時珍曰： 按《唐書》云： 骨貀獸出遼西營州及結骨國。《一統志》云： 膃肭臍出女真及三佛齊國，獸似狐，腳高如犬，走如飛。取其腎漬油，名膃肭臍。 觀此，則似狐之說非無也，蓋似狐、似鹿者其毛色爾，似狗者其足形也，似魚者其尾形也。 入藥用外腎而曰臍者，連臍取之也。 今東海亦有，味甘而鹹，其腎即獸之臍。 投於睡熟犬邊，犬即驚跳，臘月浸置水內不凍，其性之熱，殆可見矣。 故書載治宿血痃癖尫羸症者，取其鹹能入血軟堅，溫能通行消散也。 用以佐其房術者，取鹹溫入腎補虛、固精壯陽道也。 時珍曰： 精不足者補之以味也，大抵與蓯蓉、鎖陽之功相近，亦可同糯米法麴釀酒服。 此藥雖置器中，長年溫潤，然能入水不凍，大不同於他藥。 若云功近蓯蓉、鎖陽，潤雖相若，氣實不等，不無厚視蓯蓉、鎖陽，而薄視此物也。 但脾胃挾有寒濕者亦忌，以濕遇濕故耳，恐相礙也。 酒浸，紙裹炙香，剉搗，或於銀器中以酒煎熟合藥用。 時珍曰： 以漢椒、樟腦同收則不壞。

清・趙學敏《本草綱目拾遺》卷九獸部 海狗油 海狗出遼東登州海中，即膃肭獸也。《綱目》載膃肭臍，不言及其油之用，故為補之。 蓬萊李金什言： 其地登州海口，出海狗，皮可作裘帽，俗美其稱曰海龍，即此。 其腎乃藥中膃肭臍。 土人取海狗，名曰打狗。 此物晝夜潛海底，惟孳乳時登島產子，稍大即相率入水，人不可得。 須冬月極凍時，海崖水口結冰，天晴海狗群出，處冰上曝日，必候其臥冰時，驟入水，以木棍擊其腰，方可得之。 若冰裂或步履有聲，非其睡時，皆不可得。 然每年打狗墮水溺死者亦多，因利重，人亦不惜軀命以往。 性熱而降，善消利，治三焦濁逆之氣，能清水臟積寒停飲。 觀近海人取鰒魚海參者，用其油滴海面，海水即清見底，砂石畢見，可知其性之分利也。 近有人自關東帶來，其油綠色如乾糊，以塗皸瘃，即愈，次年不復發，其性熱烈可知。

清・吳鋼《類經證治本草・足少陰腎臟藥類》 膃肭臍 【略】誠齋曰： 取置帳中，辟狐精鬼魅。 洗炙用。

清・葉桂《本草再新》卷九 膃肭臍味鹹，性熱，無毒。 入腎經。 治陰痿精寒，壯陽補陰。 按： 膃肭臍，性純陽，陰虛陽衰皆宜之。

清・趙其光《本草求原》卷二〇獸部 膃肭臍即海狗腎。 鹹，入血軟堅； 溫，通行消散，故治血塊，冷積，鬼氣，尸疰，夢與鬼交。 所到之處，水為之溫，故鹹溫入腎，補精、暖腰膝、壯陽道。 同陽起石、萸肉、鹿茸、巴戟、蓯蓉、菟絲。 酒煎合藥。 以川椒、樟腦同收則不壞。 或同糯米、酒麴，釀酒服。

清・文晟《新編六書》卷六《藥性摘錄》 海狗腎 即膃肭臍。 ○溫腎補精，行血軟堅，治宿血，痃癖瘦羸，補虛固精，壯陽道。 酒浸帋裹，炙香，剉碎用。

清・陳其瑞《本草撮要》卷九 海狗腎 味鹹，熱，入足少陰、厥陰經，功專治陰痿精寒，鬼交尸疰。 陽易舉骨蒸勞嗽者忌。 以漢椒、樟腦同收則不壞。 同糯米、法麴釀酒服，治虛損。 一名膃肭臍。

海獱

明・穆世錫《食物輯要》卷四 海獱 頭似馬，腰已下似蝙蝠，毛似獺。 大者重五六十斤。 可烹食。 取皮，為風領，亞於貂。

西楞魚

清・趙學敏《本草綱目拾遺》卷一〇鱗部 西楞魚 《坤輿圖說》： 大東洋海產魚名西楞，上半身如男女形，下半身則魚尾，其骨入藥用，女魚更效。 止血，治一切內傷瘀損等症。

猾

明・李時珍《本草綱目》卷五一獸部・獸類 猾音滑。《炮炙論》。

【集解】斅曰： 海中有獸名曰猾，其髓入油中，油即霑水，水中生火，不可救止，以酒噴之即滅。 不可於屋下收。 故曰水中生火，非猾髓而莫能。 時珍曰： 此獸之髓，水中生火，與樟腦相同。 其功亦當與樟腦相似也。 第今無識之者。

清・王道純《本草品彙精要續集》卷五 猾音滑

猾髓： 主水中生火《炮炙論》。 【地】雷斅云： 海中有獸，名曰猾，其髓入油中，油即沾水，水中生火，不可救，止以酒噴之即滅，故曰水中生火，非

猾髓而莫能。〔收〕不可於屋下收之。〔用〕李時珍云：此獸之髓，水中生火，與樟腦相同，其功亦當與樟腦相似也，第今無識者。

象

宋・唐慎微《證類本草》卷一六獸部上品〔宋・馬志《開寶本草》〕 象牙　無毒。主諸鐵及雜物入肉，刮取屑細研，和水傅瘡上，及雜物刺等立出。

齒：主癇病，屑爲末，炙令黄，飲下。

肉：味淡。不堪噉。多食令人體重。主秃瘡，作灰和油塗之。

睛：主目疾，和乳滴目中。

胸前小横骨：令人能浮水，作灰酒服之。身有百獸肉，皆自有分段，惟鼻是其本肉，餘并雜肉。今附。

〔宋・掌禹錫《嘉祐本草》〕按：日華子云：象牙，平。治小便不通，生煎服之。小便多，燒灰飲下。膽，明目及治疳。蹄底似犀可作帶。《南海藥譜》云：象膽，以清水和塗瘡腫上，并差。又口臭，每夜和水研少許，綿裹貼齒根上。每夜含之，平明暖水洗口，如此三五度差。

〔宋・蘇頌《本草圖經》〕曰：象牙，舊不著所出州郡，《爾雅》云南方之美者，有梁山之犀、象焉。今多出交趾，潮、循州亦有之。彼人捕得，爭食其肉，云肥脆堪作炙。或曰象有十二種肉，配十二辰屬，惟鼻是其肉。又膽不附肝，隨月在諸肉間。淳化中，上苑一馴象斃，太宗命取膽不獲，使問徐鉉，鉉曰：當在前左足，既而剖足果得。又問其故，鉉曰：象膽隨四時，今其斃在春，故知左足也。世傳荆蠻山中亦有野象。蓋《左氏傳》所謂楚師燧象以奔吳軍，是其事也。然楚、粤之象皆青，惟西竺、弗林、大食諸國乃多白象。樊綽《雲南記》、平居誨《于闐行程記》皆言其事。象牙，主諸物刺入肉，刮取屑細研，和水傅瘡上，刺立出。咽中刺，則水調飲之。舊牙梳屑尤佳。齒及肉、目睛等，醫方亦或有用者。

〔宋・唐慎微《證類本草》〕陳藏器云：肉味鹹、酸，不堪噉。膽主目疾，和乳滴目中。序云：象膽揮粘。《海藥》：謹按《内典》云：象出西國，有二牙、四牙者，味寒。主風癇熱，骨蒸勞，諸瘡等，并皆宜生屑入藥，琥珀、竹膏、真珠、犀角、牛黄等良。西域重之，用飾床座。中國貴之，以爲笏。崑崙諸國有象，生於山谷，每遇解牙，人不可取，崑崙以白木削爲牙，而用易之。《酉陽雜俎》云：生文理必國富。又云：龍與象，六十歲骨方足。《肘後方》：治箭并金折在肉中。細刮象牙屑，以水和傅上，即出。《簡要濟衆》：主小兒誤爲諸骨及魚骨刺入肉不出。水煮白梅肉，爛研後，調象牙末，厚傅骨刺處，自軟。《太平廣記》：安南有象，能知人曲直。有鬭訟者，行立而齅之，有理者則過，無理者，以鼻卷之，擲空數丈，以牙接而刺之。以水洗牙，飲之愈疾。象膽隨四時在四腿，春在前左，夏在前右，如龜定體，鼻端有爪可拈針，肉有十二般，惟鼻是本肉。胸前小骨，灰之酒服，可令人能浮水出沒。食其肉，令人體重。古訓云：象孕五歲始産。

宋・寇宗奭《本草衍義》卷一六　象牙　取口兩邊各出一牙，下垂夾鼻者，非口内食齒。齒别入藥。今爲象笏者是牙也。

宋・王繼先《紹興本草》卷一九　象牙　紹興校定：象牙，《本經》止云無毒，雖有主治，取諸刺入肉，亦無的驗。其齒、肉、睛等亦各分主治，但近世皆罕入于方。唯將牙作簡笏等用，非起疾之物矣。

宋・陳衍《寶慶本草折衷》卷一五　象牙灰在内。　生南方即安南山谷，及梁山、交趾、荆蠻、西竺、西域、楚粤、弗林、于闐、大食、崑崙諸國及潮、循州。○象每解牙，採人以白木削為牙而易之。

平，寒，無毒。○主諸鐵及雜物入肉，刮屑細研，和水傅，立出。○日華子云：治小便不通，生煎服之，小便多，燒灰飲下。○《圖經》曰：刮屑細研，咽中刺，水調飲之。舊牙梳屑尤佳。○《内典》云：主風癇熱，骨蒸勞，諸瘡。並生屑入藥。○寇氏曰：取口兩邊各出一牙，下垂夾鼻者，非口内食齒也。

元・忽思慧《飲膳正要》卷三　象　肉，味淡。不堪食，多食令人體重。胸前小横骨，令人能浮水。身有百獸肉，皆有分段，惟鼻是本肉。　象牙，無毒。主諸鐵及雜物入肉，刮取屑，細研，和水傅瘡上，即出。

元・尚從善《本草元命苞》卷七　象牙　無毒。主諸鐵雜物入肉，取屑細研，和水傅瘡上，立出。生煎，治小便不通。燒灰，止小便自利。膽，和清水塗瘡腫，便差。睛，調乳汁點目疾，彌佳。肉，淡，不堪食，食之令體重。膽，隨四時其在四腿，春居前左，夏居前右。肉有十二般，故配十二辰，推鼻是本肉，餘者皆雜之。

明・王綸《本草集要》卷六　象牙　氣平，無毒。主諸鐵及雜物入肉，刮取屑，細研，和水傅瘡上，及雜物刺等立出。喉中刺，水調飲之。舊牙梳屑尤佳。及小便不通，生煎服之。小便多，燒灰飲下。○象膽，隨四時在四腿，春前左，夏前右，秋後左，冬後右。主目疾，和乳滴目中。又可和水塗瘡腫。○胸前小横骨，作灰，酒服之，令人能浮水。

明・滕弘《神農本經會通》卷八　象牙　無毒。一云：平。《本經》云：主諸鐵及雜物入肉，刮取屑，細研，和水傅瘡上，及雜物刺等立出。日

華子云：治小便不通，生煎服之。小便多，燒灰飲下。《圖經》云：咽中刺，則水調飲之，舊牙梳屑尤佳。《局》云：象牙生煮利漩難，燒末能教遺尿安。磨屑傅瘡出肉刺，祛勞刼熱止風癇。象牙，出肉中之刺。

象膽　日華子云：明目及治疳。《藥譜》云：以清水和，塗瘡腫上，并差。《圖經》云：膽不附肝，隨四時在四腿，春在前左，夏在前右，秋後左，冬後右。

胸前小横骨　《本經》云：令人能浮水，作灰，酒服之。身有百獸肉，皆自有分段，惟鼻是其本肉，餘并雜肉。

象齒　《本經》云：主癇病，屑為末，炙令黄，飲下。

象肉　《本經》云：味淡，不堪噉，多食令人體重。生秃瘡，作灰，和油塗。

明・劉文泰《本草品彙精要》卷二三　象牙無毒。附齒、肉、睛、膽、胸骨。

象牙：主諸鐵及雜物入肉，刮取屑，細研和水傅瘡上，及雜物刺等立出。○齒，主癇病，屑爲末，炙黄飲下。○肉，味淡不堪啖。多食令人體重。主秃瘡，作灰和油塗之。○睛，主目疾，和乳滴目中。○胸前小横骨，令人能浮水，作灰，酒服之。名醫所錄。【地】《圖經》曰：出交趾，潮、循等州，其獸孕五歲始產，六十歲骨方足。身有百獸肉，自有分段，或曰：身具十二肖肉，配十二辰。惟鼻是其本肉，鼻端有爪，可拈針芥。膽不附肝，隨四季而在四腿。春在前左，夏在前右，如龜定體。《太平廣記》云：安南有象，能知人曲直。有鬥訟者，行立而嗅之。有理者則過，無理者以鼻卷之擲空數丈，以牙接而刺之。即若豸之觸奸，草之指佞。蓋物性之靈而所稟剛正之氣然耳。【用】牙、齒、骨、肉、睛、膽。【色】白。【味】淡。【性】平。【氣】氣之薄者，陽中之陰。【臭】朽。【製】刮細屑用。【治】療：《圖經》曰：治咽中刺，刮屑，水調服。日華子云：治小便不通，生煎服之，小便多，燒灰飲下。膽，明目及治疳。《別錄》云：膽水和塗瘡腫，瘥。又口臭，每夜水研少許，綿裹，貼齒根或含之，平明，暖水洗口，如此三五度瘥。【合治】合白梅肉，傅小兒誤爲諸骨及魚骨刺入肉不出者。○合琥珀、竹膏、真珠、犀角、牛黄，治風癇熱，骨蒸勞，諸瘡。○膽，合乳滴目中，療目疾。【禁】多食肉，令人體重。

明・盧和、汪穎《食物本草》卷三獸類　象　肉，味淡，多食令人體重。牙，無毒，主諸鐵及雜物入肉，刮取屑，細研和水傅刺上，即出。身具百獸肉，惟鼻是其本肉。膽，隨四時所在四腿，春前左，夏前右，秋後左，冬後右。主目疾，和乳滴目中。又云：喉中刺痛，用舊牙梳屑研水飲之。小便不通，生煎服之。小便多，燒灰飲下。

明・許希周《藥性粗評》卷四　出肉中之刺於象牙。

象牙，象出西竺交阯等國，或謂荆蠻山中亦有之。左氏所謂楚師燧象，以奔吴軍是也。其牙自兩吻而出，長數尺，夾鼻而生。齒與肉皆不入藥。食肉令人體重，或謂肉兼十二種配十二辰，如子鼠、丑牛之類，惟鼻乃其本肉。今觀馭者，以鉤搭其腦，鉤旋脱而肉旋生。又膽分四時流行四足，不附於肝，頗近似有理。象孕五歲而產，六十歲而骨始全，乃知人意，向亦異獸也。味淡，性寒，無毒。主治諸刺入肉，如竹木或針或骨之類，刮屑細研，和水傅之立出。舊牙梳上刮者尤佳。如吞刺咽中，調水服之，自軟而下。其睛可和乳以點目。其胸前小横骨，可燒灰酒服，令人能浮水出沒。

明・鄭寧《藥性要略大全》卷一〇　象牙　出肉中刺，利小便，止遺尿，出諸雜鐵入肉者。　味甘，平，淡，無毒。

明・陳嘉謨《本草蒙筌》卷九　象牙　氣平，無毒。出諸番國土，孕五歲始生。楚粤者色青，西竺者色白。朝廷蓄養，資守禁門。惡聞（大）〔犬〕聲，知人曲直。遇鬪訟人，行立嗅之，理直者則過，理曲者以鼻捲之，擲空數尺，以牙接而刺之，載《安南誌》。牙生在口兩邊，下垂夾鼻；初解難竟取用，須假易真。白木作假易之。凡入劑中，舊者尤勝。舊牙梳及諸器皿並妙。刮屑末研細和水，治雜物鐵刺如神。刺入喉中調飲，刺入肉裏調敷。生煎服之，可通小便閉澁；燒灰飲下，又止小便過多。膽汁不附于肝，隨時而在四腿。春左夏右，前足纔見。秋左冬右，後足可尋。攙乳點目眦住疼，攙水箍瘡毒消腫。肉配十二辰屬，易象由此立名。《本經》又云：象一身具百獸肉，皆有分段，惟鼻是其本肉。煮熟恣餐，令人體重。宜少食。齒作屑湯下，諸癇疾易痊。胸前小横骨燒灰，酒服能浮水出沒。鼻端有爪，鋭可拈針；蹄底類犀，紋堪作帶。耳後有穴，薄如鼓皮。一刺便斃，不可不識。

明・方穀《本草纂要》卷一一　象牙　味淡，氣平，無毒。主諸鐵及雜物入肉，刮取屑細研，和水傅之立出；喉中刺，水調飲之亦可。又有小便不通，生煎飲之；小便頻多，燒灰飲之，乃行水止水之神藥也。象膽可治目，

和乳汁滴目中，最奇明遠視。又治瘡，和水塗瘡腫，立消自乾。

明・寧源《食鑒本草》卷上　象肉　味淡，無毒。噉之令體重。　牙：味平。治箭頭或針鐵、竹木等刺入骨中。刮取末，水調傅上，立出。煎服，又能利小便。

明・王文潔《太乙仙製本草藥性大全》卷七《本草精義》　象牙　出諸番國土，孕五歲始生。楚粵者色青，西竺者色白。朝廷蓄養，資守禁門。惡聞犬聲，知人曲直。遇鬪訟人，行立嗅之，理直者則過，理曲者以鼻卷之，擲空數尺，以牙接而刺之。載《安南誌》。牙生在口兩邊，下垂夾鼻，初解難競取用，須假易真白木作假易之。凡入劑中，舊者尤勝。舊牙梳及諸器皿並妙。或曰象有十二種肉，配十二辰屬，惟鼻是其肉。又膽不附肝，隨月在諸肉間。淳化中上苑一馴象斃，太宗命取膽不獲，使問徐鉉。鉉曰當在前左足，既而剖足果驗。又問其故，鉉曰：象膽隨四時，今其斃在春，故知左足也。世傳（㓨）〔荊〕蠻山中亦有野象，蓋《左氏傳》所謂楚師燧象以奔吳軍，是其事也。然楚粵之象皆青，惟西竺、弗林、大食諸國乃多白象。樊綽《雲南記》、平居誨《于闐行程記》皆言其事。

明・王文潔《太乙仙製本草藥性大全》卷七《仙製藥性》　象牙　氣平，無毒。　主治：刮屑末研細和水，治雜物鐵刺如神。刺入喉中調飲，刺入肉裏調敷。生煎服之，可通小便閉澁。燒灰飲下，又止小便過多。　補註：治箭并針折在肉中，細刮象牙骨，以水調傅上即出。○小兒誤爲諸骨及魚骨刺入肉不出，水煮白梅，爛研後調象牙末，厚傅骨刺處自軟。　象膽汁：不附於肝，隨時而在四腿。春左夏右，前足總見；秋左冬右，後足可尋。攙乳點目眦住疼，攙水箍瘡毒消腫。　補註：瘡腫，用和清水調塗效。○口臭，每夜研少許，綿裹貼齒根上，每夜含之，平明暖水洗口，如此三五度差。　象肉配十二辰屬，易象由此立名。《本經》又云：象一身具百獸肉，皆有分段，惟鼻是其本肉。煮熟資飱，令人體重宜少食之，多則不利。　補註：小便不通，生煎服之；小便多，燒灰飲下。　象齒：作屑湯下，諸癇疾易痊。　象胸前小横骨：燒灰酒服，能浮水出沒。　象鼻：端有爪鋭，可拈針。　象蹄：底類犀紋，堪作帶。　耳後有象穴，薄如鼓皮，一刺便斃，不可不識。

明・皇甫嵩《本草發明》卷六　象牙上品。氣平，無毒。　凡用，須用舊牙梳及諸器皿方妙。刮屑末，研細，和水，主諸鐵及雜物刺入肉，傅之立出。刺入喉中，調飲，生煎服之，通小便閉澁。燒灰飲下，又止小便過多。○象齒小牙，主癇病，為末，炙令黄，飲下。○肉，多食令人躰重。主禿瘡，作灰，和油塗之。象肉配十二辰屬，易象因此立名象。又云：象一身具百獸肉，皆有分段，惟鼻是其本肉。○象膽，明目及治疳。膽不附于肝，隨月令在諸肉間。○胸前小横骨，燒灰，酒服，能浮水出沒。○蹄，底似犀，可作帶。

明・李時珍《本草綱目》卷五一獸部・獸類　象宋《開寶》

〔釋名〕時珍曰：許慎《説文》云：象字篆文，象耳、牙、鼻、足之形。王安石《字説》云：象牙感雷而文生，天象感氣而文生。故天象亦用此字。《南越志》云：象聞雷聲則牙花暴出，逡巡復没。古語云：犀因望月文生角，象爲聞雷花發牙。伽耶出《北户録》。

〔集解〕頌曰：《爾雅》云：南方之美者，有梁山之犀、象焉。今多出交趾，潮、循諸州。彼人捕得，争食其肉，云肥堪作炙。陳藏器云：象具十二生肖肉，各有分段，惟鼻是其本肉，炙食、糟食更美。又膽不附肝，隨月在諸肉間，如正月即在虎肉也。徐鉉云：象膽隨四時，春在前左足，夏在前右足，秋後左足，冬後右足也。淳化中一象春斃，太宗命取膽不獲，使問鉉。鉉以此對，果得於前左足。世傳荊蠻山中亦有野象。然楚、粵之象皆青黑，惟西方拂林、大食諸國，乃多白象。樊綽《雲南記》皆言其事。時珍曰：象出交、廣、雲南及西域諸國。野象多至成群。番人皆畜以服重，酋長則飾而乘之。有灰、白二色，形體擁腫，面目醜陋。大者身長丈餘，高稱之，大六尺許。肉倍數牛，目纔若豕，四足如柱，無指而有爪甲，行則先移左足，卧則以臂着地。其頭不能俯，其頸不能回，其耳下嚲。其鼻大如臂，下垂至地。鼻端甚深，可以開合。中有小肉爪，能拾針芥。食物飲水皆以鼻卷入口，一身之力皆在於鼻，故傷之則死。耳後有穴，薄如鼓皮，刺之亦死。口内有食齒，兩吻出兩牙夾鼻，雄者長六七尺，雌者纔尺餘耳。交牝則在水中，以胸相貼，與諸獸不同。許慎云：三年一乳。古訓云：五歲始産，六十年骨方足，其性能久識。嗜芻、豆、甘蔗與酒，而畏烟火、獅子、巴蛇。南人殺野象，多設機穽以陷之；或埋象鞋於路，以貫其足。捕生象則以雌象爲媒而誘獲之，飼而狎之，久則漸解人言。使象奴牧之，制之以鉤，左右前後罔不如命也。其皮可作甲輓鼓，濕時切條，可貫器物。甄權曰：西域重象牙，用飾牀座。中國貴之以爲笏。象每蜕牙，自埋藏之，崑崙諸國人以木牙潛易取焉。日華曰：象蹄底似犀，可作帶。

牙《真臘風土記》云：象牙，殺取者上也，自死者次之，蜕於山中多年者下矣。或謂一歲一换牙者，非也。　〔氣味〕甘，寒，無毒。　〔主治〕諸鐵及雜物入肉，刮牙屑和水敷之，立出。治癇病。刮齒屑，炒黄研末，飲服《開寶》。〔生煮汁服，治小便不通。燒灰飲服，治小便多日華。〕諸物刺咽中，磨水服之亦出。舊梳屑尤佳蘇頌。主風癇驚悸，一切邪魅精物，熱疾骨蒸及諸瘡，並宜生屑入藥時珍。

〔發明〕時珍曰：世人知然犀可見水怪，而不知沉象可驅水怪。按《周禮》壺涿氏掌水

蟲，欲殺其神者，以㮝木貫象齒而沉之，則其神死而淵爲陵。注云：㮝木，山榆也。以象齒作十字，貫於木而沉之，則龍、罔象之類死也。又按陶貞白云：凡夏月合藥，宜置象牙於傍。合丹竈，以象牙夾竈，得雷聲乃能發光。觀此，則象之辟邪，又不止於驅怪而已，宜乎其能治心肝驚癇、迷惑邪魅之疾也。而昔人罕解用之，何哉？

【附方】舊二，新四。　小便不通：脹急者。象牙生煎服之。《救急》。　小便過多：象牙燒灰，飲服之。《總録》。　痘疹不收：象牙屑，銅銚炒黄紅色爲末。每服七八分或一錢，白水下。《王氏痘疹方》。　諸獸骨鯁：象牙磨水吞之。《永類方》。　骨刺入肉：象牙刮末，以水煮白梅肉調塗，自軟。《簡要濟衆》。　鍼箭入肉：象牙刮末，水和敷之，即出也。

肉　【氣味】甘，淡，平，無毒。　【主治】燒灰，和油塗秃瘡。多食，令人體重《開寶》。（生煮汁，服治小便不通。燒灰飲服，治小便多日華。）

【發明】時珍曰：按《吕氏春秋》云：肉之美者，旄象之約。又《爾雅翼》云：象肉肥脆，少類猪肉，味淡而含滑。則其通小便者，亦淡滲滑竅之義。燒之則從火化，故又能縮小便也。

膽　【修治】斆曰：凡使勿用雜膽。其象膽乾了，上有青竹文斑光膩，其味微帶甘。入藥勿便和衆藥，須先搗成粉，乃和衆藥。　【氣味】苦，寒，微毒。　【主治】明目治疳日華。治瘡腫，以水化塗之。治口臭，以綿裹少許貼齒根，平旦漱去，數度即瘥《海藥》。

【發明】時珍曰：象膽明目，能去塵膜也，與熊膽同功。雷斆《炮炙論》云象膽揮粘是矣。

【附方】新一。　内障目翳：如偃月，或如棗花。用象膽半兩，鯉魚膽七枚，熊膽一分，牛膽半兩，麝香一分，石决明末一兩，爲末，糊丸緑豆大。每茶下十丸，日二。《總録》。

睛　【主治】目疾，和人乳滴目中藏器。

皮　【主治】下疳，燒灰和油敷之。又治金瘡不合時珍。

【發明】時珍曰：象肉臃腫，人以斧刃刺之，半日即合。故近時治金瘡不合者，用其皮灰。

骨　【主治】解毒時珍。胸前小横骨，燒灰酒服，令人能浮《開寶》。

【附方】新一。　象骨散：治脾胃虚弱，水穀不消，噫氣吞酸，吐食霍亂，泄瀉膿血，臍腹疼痛，裏急頻併，不思飲食諸證。用象骨四兩炒，肉豆蔻炮、枳殼炒各一兩，訶子肉炮、甘草各二兩，乾薑半兩炮，爲末。每服三錢，水一盞半，煎至八分，和滓熱服，食前，日三次。《宣明方》。

明・梅得春《藥性會元》卷下　象牙　無毒。主治諸物及鐵入肉，刮取屑，細研和傅瘡上，其刺立出。

明・穆世錫《食物輯要》卷四　象　肉，味甘、淡，平，無毒。肥脆類猪肉，淡而含滑，通小便。燒灰酒服，縮小便。多食，令人體重。象具百獸肉，惟鼻是其本肉。膽，無毒。春在前左腿，夏在前右腿，秋在後左腿，冬在後右腿。和人乳，點目疾。牙，消骨鯁，利小便；燒灰服，縮小便。

明・李中立《本草原始》卷九　象　《爾雅》云：南方之美者，有梁山之犀、象焉。時珍曰：象出交、廣、雲南及西域諸國。有灰、白二色，形體臃腫，頭目醜陋。大者身長丈餘，高稱之，肉倍數牛。目若豕，四足無指而有爪甲。行則先移左足，臥則以臂着地。其頭不能俯，其頸不能回，其耳下軃。其鼻大如臂，下垂至地，鼻端有小爪，可以拾鍼，食物、飲水皆以鼻卷入口。一身之力皆在于鼻，故傷之則死耳。口内有食齒，兩吻出兩牙夾鼻。雄者長六七尺，雌者纔尺餘耳。交牝則在水中，以胸相貼，與諸獸不同。三年一乳，五歲始産。六十年骨方足。又膽不附肝，隨月在諸肉間，春在前左足，夏在前右足，秋後左足，冬後右足也。王安石《字説》云：象牙感雷而文生，天象感氣而文生，故天象亦用此字。許慎《説文》曰：象字篆文，象耳、牙、鼻、足之形。

牙：氣味：甘，寒，無毒。主治：諸鐵及雜物入肉，刮牙屑和水敷之立出。治癇病，刮齒屑炒黄，研末飲服。〇諸物刺咽中，磨水服之亦出。舊梳屑尤佳。〇風癇驚悸，一切邪魅精物，熱疾骨蒸，及諸瘡，並宜生屑入藥。皮：主治：下疳，燒灰和油敷之。又治金瘡不合。膽：主治：明目，治疳。〇治瘡腫，以水化塗之。治口臭，以綿裹少許貼齒根，平旦漱去，數度即瘥。**【圖略】**　肉：主治：燒灰和油塗秃瘡。多食令人體重。〇生煮汁服，治小便不通。燒灰飲服，治小便多。睛：主治：〔治〕目疾，和人乳滴目中。骨：主治：解毒。〇胸前小横骨燒灰，酒服令人能浮。

《肘後方》：治箭并針折在肉中，細刮象牙屑，以水和之，傅患處，即出。

《太平廣記》云：安南有象能知人曲直，有鬪訟者，行立而嗅之。有理者過，無理者以鼻卷之，擲空數丈，以牙接而刺之。

明・吴文炳《藥性全備食物本草》卷二　象　肉味淡，不堪噉。多食令人體重。《經》云：象一身具十二種肉，以配十二辰屬，皆有分段，惟鼻是其

本肉。象孕五歲始產，六十歲骨方完足。耳後有象穴，薄如鼓皮，一刺便斃不可不識。　皮：　煎膏藥，去腐生新，易於斂口。　牙：　治小便不通，生煎服之，小便多。燒灰服之，骨蒸勞，風癇熱，炙令略黃，剉末用之。　生為屑，主諸瘡痔瘻，生肌填口最速。又諸鐵及雜物刺入肉，刮屑和白梅水研傅之立出。若刺及諸骨鯁在喉中者，水調服之。凡使舊牙梳尤佳。　胸前小橫骨：　燒灰酒下，令人能浮水出沒。　膽：　不附肝，隨四時在四腿諸肉中，春前左，夏前右，秋後左，冬後右。主明目，治疳，以清水和塗瘡腫上瘥，含口中治口臭。　眼睛：　主目疾，和乳汁點之。　蹄底：　類犀紋，堪作帶。

明・繆希雍《本草經疏》卷一六　象牙　無毒。主諸鐵及雜物入肉，刮取屑，細研，和水傅瘡上，立出。

【疏】象牙，本經無氣味。日華子云平，《海藥》云寒。應是甘寒無毒之物。象性勇猛，而牙善蛻，故能出一切皮肉間有形滯物，如經所言也。又能治邪魅驚悸風癇及惡瘡拔毒，長肉生肌，去漏管等用。　【主治參互】同明礬、黃蠟、牛角䚡、鉛花、金頭蜈蚣、蝟皮、猪懸蹄，治通腸漏，能去漏管。治楊梅結毒，載牛黃條内。　王氏《痘瘮方》痘瘮不收，象牙屑，銅銚炒黃紅色，為末。每服七八分，白湯下。　又方，鍼箭入肉。象牙末，水和傅之，即出也。　日華子治小便不通，象牙生煎服之。小便過多，燒灰飲下。

象膽：　主明目及治疳，治瘡腫。以水化塗之。治口臭，以綿裹少許貼牙根，平旦漱去，數度即瘥。

【疏】象膽，苦寒之物也。入肝脾二經，肝熱則目不明。脾家鬱熱則成疳積，或口臭。苦寒除二經之熱，故能主諸證。苦寒涼血解毒，故又能主瘡腫也。今世治疳證、癆瘵、傳屍多用之，總取其苦寒能殺疳蟲癆蟲，兼除臟腑一切熱結也。　【主治參互】同獺肝、蘆薈、乾漆、胡黃連、青黛、鬼臼、丹砂，入滋腎藥内，治傳屍癆瘵。　《聖濟總錄》内障目翳，用象膽半兩，鯉魚膽七枚，熊膽一分，牛膽半兩，麝香一分，石決明一兩，為末，糊丸菉豆大。每茶下十丸，日二服。

象皮：　其性最易收斂，人以鉤刺插入皮中，拔出半日，其瘡即合，故入膏散，為長肉合金瘡之要藥。

【簡誤】象膽苦寒之極，不利脾胃。凡疳證脾弱者，目病血虚者，咸不宜多服。　象牙及皮，氣味和平，於臟腑無迕，故不著簡誤。

明・倪朱謨《本草彙言》卷一八　象牙　味甘，氣寒，無毒。　李氏曰：　象，出交、廣、雲南及西域諸國。野象多至成群，番人皆畜以負重，酋長出入乘之。有灰、白二色。形體壅腫，面目醜陋。大者身長丈餘，高八九尺。肉倍數牛，目纔若豕。四足如柱，無指而有爪甲。行則先移左足，臥則以臂着地。其頭不能俯，其頸不能回。其耳大如扇，其鼻大如臂，下垂至地。鼻端甚深，可以開合。中有小肉爪，能拾針芥，食物飲水皆鼻捲入口。一身之力，皆在於鼻，故傷之則死。耳後有穴，皮肉甚薄，刺之亦死。口内有食齒，兩吻出兩牙夾鼻，雄者長六七尺，雌者僅尺餘耳。其膽隨四時，春在前左足，夏在前右足，秋在後左足，冬在後右足。牡牝相交，則在水中，以胸相貼，與諸獸不同。　許氏曰：　三年一乳，五歲始產，六十年形體骨力方足。其性能久識。嗜芻豆、甘蔗、茶酒，而畏烟火、獅子、巴蛇。殺野象多設機阱以陷之。或埋象鞋於路，以貫其足。捕生象則以雌象爲媒而誘獲之。飼而狎之，久則漸解人言，使象奴牧之，制之以鉤，左右前(脚)〔後〕，罔不如命也。其肉甚肥，堪作炙，惟鼻肉炙食，糟食更美，彼土人捕得爭食也。其皮可作甲鞔鼓。濕時切條，可貫器物。西域最重其牙，用飾床椅。中國貴之，取爲朝笏。每脫牙自埋藏之。南番諸國人潛以白木作牙易取焉。又《真臘風土記》云：用象牙殺取者上也，自死者次之。脫於山中多年者下矣。

象牙：　李時珍治驚癇迷惑之藥也。陳赤葵曰：　象性勇猛而牙善脫，雖屬獸類而機巧神悟靈慧若人。如《開寶》方以牙屑主驚癇驚搐、一切精物邪魅者，以神悟應之也。又敷諸鐵器及雜物入肉者，以脫而治皮肉間有形之物也。又外科方以牙屑治惡瘡，拔毒生肌，去漏管，亦同此義。

集方：　《方脉正宗》治驚癇驚搐或風癇迷惑，人事昏瞶，及一切精物邪魅作祟者。用象牙屑一兩，天竺黃、雄黃、丹砂各五錢，俱爲極細末，牛黃七分，麝香五分，總研勻，每服七分，白湯調服。　○《永類方》治金銀銅鐵錫一切器物及雜樣物入肉者。以象牙末、雞子清調敷，立出。　○《外科方》治通腸漏病，能去管者。以象牙屑一兩，枯礬、金頭蜈蚣各五錢，俱爲極細末，黃蠟二兩熔化，入香油二錢，待滚，即入前藥末，攪勻，捻成丸梧子大。每早晚各食前服三錢，白湯下。　○治小便不通脹急者。以象牙屑五錢，生煎服。　○治小便過多。用象牙屑五錢，燒灰米飲調服。

象膽：　味苦，微甘，氣寒，無毒。其膽陰乾，皮上光膩有青竹紋斑，不與他膽同類也。

日華子治疳明目之藥也。蘇水門曰：諸膽皆附肝生，獨象膽隨四時運行四足，可稱神物矣。第苦寒明肅之性，故日華子言明目去翳障，與熊膽同功。淨下疳瘡爛，一切熱毒諸證。

集方：《方脉正宗》治目疾翳障。用象膽分許，水潤化，點兩目眦內。○同上治下疳瘡、破爛不收。用象膽一塊，泡湯頻洗，腐穢自去，肌肉生長矣。

象皮：味甘，氣溫，無毒。暖肌肉，時珍治金瘡不合之藥也。葛風寰曰：象皮堅實，以斧刃刺之，半日即合。因象體氣壯力弘，皮堅肉暖。今內府有象皮膏，治一切刀斧傷瘡，及經年瘡毒，氣冷血凝，潰水不收者。以膏藥一塊入瘡口內，外以厚軟油綿紙攤膏貼之。數日即收完，誠良法也！

明・姚可成《食物本草》卷一四獸部・野獸類 象蘇頌曰：《爾雅》云：南方之美者，有梁山之犀、象焉。今多出交趾，潮、循諸州。彼人捕得，爭食其肉，云肥堪作炙。陳藏器云：象具十二生肖肉，各有分段，惟鼻是其本肉，炙食、糟食更美。又膽不附肝，隨月在諸肉間。如正月建寅在虎肉，二月建卯在兔肉也。徐鉉云：象膽隨四時，春在前左足，夏在前右足，秋後左足，冬後右足也。淳化中，一象春斃，太宗命取膽，不獲，使問鉉，鉉以此對，果得於前左足。○李時珍曰：象出交、廣、雲南及西域諸國，多至成群。有灰、白二色，形體擁腫，面目醜陋。大者身長丈餘，高稱之。肉倍數牛，目纔若豕。四足如柱，無指而有爪甲。行則先移左足，臥則以臂着地。(老)〔其〕頭不能俯，其頸不能回。其耳下嚲，其鼻大如臂，下垂至地。鼻端甚深，可以開闔，中有小肉爪，能拾針芥，食物飲水皆以鼻卷入口。一身之力，皆在於鼻，故傷之則死。耳後有穴，薄如鼓皮，刺之亦死。口內有食齒，兩吻出兩牙夾鼻，雄者長六七尺，雌者纔尺餘耳。交牝則在水中，以胸相貼，與諸獸不同。其育也，五歲始產，六十年骨方足。其性能久識，嗜芻、豆、甘蔗與酒，而畏煙火、獅子、巴蛇。南人殺野象，多設機穽以陷之；或埋象鞋于路，以貫其足。捕生象則以雌象為媒而誘獲之，飼而狎之，久則漸解人言。使象奴牧之，制之以鉤，左右前後罔不如命也。其皮可作甲，切條以貫器物。西域重象牙，用飾牀座。中國貴之以為帶笏，然玉杯、象筯自古尚矣。象聞雷聲則牙花暴出，逡巡復沒。古語云：犀因望月紋生角，象為聞雷花發牙。象每蛻牙，自埋藏之，復每篩視，番人以木牙潛易取焉。○時珍又曰：世人知然犀可見水怪，而不知沉象可驅水怪。按《周禮》壺涿氏掌水蟲，欲殺其神者，以橭木貫象齒而沉之，則其神死而淵為陵。註云：橭木，山榆也。以象齒作十字貫於木而沈之，則龍、罔象之類死也。又按陶貞白云：凡夏月合藥，宜置象牙於傍。合丹竈，以象牙夾竈，得雷聲乃能發光。觀此，則象之辟邪，又不止於驅怪而已，宜乎其能治心肝驚癇、迷惑邪魅之疾也。而昔人罕解用之，何哉？

象肉：味甘、淡，平，無毒。多食令人體重。生煮汁服，治小便不通。燒灰飲服，治小便多。和油，塗禿瘡。象肉肥脆，少類猪肉，味淡而滑，故能利竅。燒之則從火化，故又能縮小便。牙：味甘，寒，無毒。治諸鐵及雜物入肉，刮牙屑和水傅之，立出。治癇病，刮齒屑炒黃，研末飲服。諸物刺喉中，磨水服之，亦出。舊梳屑尤佳。治風癇驚悸，一切邪魅精物，熱疾骨蒸及諸瘡，竝宜生屑入藥。膽：味苦，寒，微毒。主明目療疳。治瘡腫，以水化塗之。治口臭，以綿裹少許貼齒根，平旦漱去，數度即瘥。睛：治目疾，和人乳滴目中。皮：治下疳，燒灰和油傅之。又治金瘡不合。骨：主解毒。胸前小橫骨，燒灰，酒服，令人能浮水。

附方：治小水急脹不通。用象牙煎湯服之。若小便過多，燒灰服之。治諸獸骨鯁。象牙磨水吞之。治骨刺入肉。象牙刮末，以水煮白梅肉調塗，效。治鍼、箭入肉。象牙刮末，水和敷之，即出也。治內障目翳如偃月，或如蘿蔔花。用象膽半兩，鯉魚膽七枚，熊膽一分，牛膽半兩，麝香一分，石決明末一兩，為末，糊丸菉豆大。每茶下十丸，日二服。象骨散。治脾胃虛弱，水穀不消，噫氣吞酸，吐食霍亂，洩瀉腹痛，裏急頻併，不思飲食諸症。用象骨四兩煅，肉豆蔻、枳殼各炒一兩，訶子肉、甘艸各炒二兩，乾薑半兩，炒為末。每服三錢，水一盞半，煎至八分，和滓熱服。

明・顧逢柏《分部本草妙用》卷一肝部・寒瀉 象牙 甘，寒，無毒。主治：風癇驚悸，一切邪精熱病骨蒸，諸瘡。生屑入藥妙。凡鐵雜物入肉，屑敷之立出。其膽明目去瞖。其皮斂瘡長肌。其胸前橫骨，燒灰，酒服，令人能浮。其牙亦善斂瘡，故八寶丹用之。

明・李中梓《醫宗必讀・本草徵要下》 象皮味鹹、溫，無毒。合金瘡之要藥，長肌肉之神丹。以鉤刺插入皮中，頃刻瘡收，故主用如上。

明・蔣儀《藥鏡》卷四寒部 象牙末 鍼箭入肉，和水塗傅即出。惡瘡漏管，入藥拔毒生肌。立通小便之艱，帶生煎飲。能減小水之數，燒服其灰。象膽苦寒，能殺百癆之蟲蠱。象皮收斂，剪入諸膏而長肌。而膽又能涼肝火，而散翳障，眼目清明。去脾熱而消積疳，口無雜臭。

明・張景岳《景岳全書》卷四九《本草正》 象牙 味甘，氣涼。能清心腎之火，可療驚悸風狂，骨蒸痰熱，鬼精邪氣，癰毒諸瘡，並宜生屑入藥煮服。若諸物鯁刺喉中，宜磨水飲之。竹木刺入肌肉，宜刮牙屑和水敷之即出。

明・施永圖《本草醫旨・食物類》卷四 象古語云：犀因望月文生角，象為聞雷花發牙。膽隨四時，春在前左足，夏在前右足，秋後左足，冬後右足也。一身之力，皆在

於鼻，故傷之則死。兩牙夾鼻，雄者六七尺，雌者纔尺餘耳。交牝則在水中，以胸相貼，與諸獸不同。　牙：象牙，殺取者上也，自死者次之，蛻於山中多年者下矣。或謂一歲一換牙者，非也。　味：甘，寒，無毒。　治：諸鐵及雜物入肉，刮牙屑，和水敷之，立出。治癇病，刮齒屑炒黃，研末，飲服。諸物刺咽中，磨水服之，亦出。舊梳屑尤佳。主風癇驚悸，一切邪魅精物，熱疾骨蒸及諸瘡，並宜生屑入藥。世人知燃犀可見水怪，而不知沉象可驅水怪。

附方　小便不通：脹急者，象牙生煎服之。　小便過多：象牙燒灰，飲服之。　痘疹不收：象牙屑，銅銚炒黃紅色，為末，每服七八分，或一錢，白水下。　諸獸骨鯁：象牙磨水吞之。　骨刺入肉：象牙刮末，以水煮白梅肉，調塗自軟。　鐵箭入肉：象牙刮末，水和敷之，即出也。　肉：味甘、淡，平，無毒。　治：燒灰和油，塗禿瘡。多食令人體重。生煮汁服，治小便不通。燒灰飲服，治小便多。象肉肥脆，少類豬肉。　膽：凡使勿用雜膽。勿便和眾藥，須先擣成粉，乃和眾藥。　味：苦，寒，微毒。　治：明目，治疳，治瘡腫，以水化塗之。治口臭，以綿裹少許，貼齒根，平旦漱去，數度即瘥。象膽明目，能去塵膜也。與熊膽同功。　睛：治目疾，和人乳滴目中。　皮：治：下疳，燒灰和油，敷之。又治金瘡不合。象皮刺開半日即合，故治金瘡不合者，用其皮灰。　骨：治：解毒。胸前小橫骨，燒灰酒服，令人能浮。

附方　象骨散：治脾胃虛弱，水穀不消，噫氣吞酸吐食，霍亂泄瀉膿血，臍腹疼痛，裏急頻併不思飲食諸證。用象骨四兩炒，肉豆蔻炮、枳殼炒各一兩，訶子肉炮、甘草各二兩，乾薑半兩炮，為末。每服三錢，水一盞半，煎至八分，和滓熱服，食前，日三次。

清·顧元交《本草彙箋》卷八　象牙合皮、膽。　象性勇猛，而牙善蛻，故能出一切皮肉間有形滯物，又能治邪魅驚悸，風癇，及惡瘡拔毒，長肉和肌，去漏管等用。　皮性易斂，人以鈎刺插入皮中拔出，半日其瘡自合。故入膏散，爲長肉合金瘡之要藥。　膽，主明目，能去塵膜，與熊膽同功。但其苦寒，不利脾胃。凡疳證脾弱，目病血虛，不宜多服。

凡針箭入肉，象牙末水和，傅之即出。

清·穆石匏《本草洞詮》卷一五　象象牙、象肉、象膽、象皮　象出交、廣、雲南，及西域諸國，多至成群，番人畜以負重，酋長則飭而乘之。其頭不能俯，其頸不能回，其耳下軃，其鼻大如臂，下垂至地，鼻中有小肉爪，能拾針芥，食物飲水皆以鼻卷入口，一身之力皆在於鼻，傷之則死耳。後有穴，薄如鼓皮，刺之亦死。兩吻出兩牙，夾鼻。口內有食齒，嗜芻豆、甘蔗與酒，而畏烟火、獅子、巴蛇。南人捕象，多設機穽以陷之；或埋象鞋於路，以貫其足；或以雌象為媒，而誘獲之；飼而狎之，久則漸解人言。象奴牧之，罔不如命也。象牙，甘，寒，無毒。象聞雷聲則牙花暴出，逡巡復沒。語云犀因望月紋生角，象為聞雷花發牙是也。牙治風癇驚悸，一切邪魅精物，骨蒸熱疾，竝宜生屑入藥。諸鐵及雜物入肉，刮牙屑和水敷之，立出。諸物刺咽中，磨水飲之，亦出。燃犀可見水怪，而沉象亦可驅水怪。《周禮》壺涿氏掌水蟲，欲殺其神者，以橭木貫象齒而沉之，則其神死而淵為陵也。象肉，甘淡，平，無毒。生煮汁服，治小便不通。燒灰服，治小便多。蓋其肉肥脆而滑，亦淡滲滑竅之義，燒之則從火化也。象膽，苦，寒，無毒。象具十二生肖，膽不附肝，隨月在諸肉間。徐鉉謂：春在前左足，夏在前右足，秋在後左足，冬在後右足。淳化春一象斃，太宗命取膽，不獲。使問鉉，鉉以此對，果獲於前左足也。象膽明目，與熊膽同功，亦能治疳，治口臭。象皮治下疳，金瘡不合，燒灰油調敷之。蓋象體擁腫，人以斧刃刺之，半日即合，故治金瘡，用其皮灰也。

清·丁其譽《壽世秘典》卷四　象有白、灰二色，形體擁腫，大者身長丈餘，高稱之，肉倍數牛，目纔若豕，四足如柱，無指而有爪甲，行則先移左足，臥則以臂着地。其鼻大如臂，下垂至地，鼻端甚深，可以開合取物，中有小肉爪，能拾針芥。食物飲水，皆以鼻捲入口，一身之力皆在于鼻，故傷之則死。耳後有穴，薄如鼓皮，刺之亦死。口(肉)〔內〕有食齒，兩吻出兩牙，夾鼻，雄者長六七尺，雌者僅尺餘。交牝則在水中，以胸相貼，與諸獸不同，三年一乳。古訓云，五歲一產。其性能久識，嗜芻、豆、甘蔗與酒，而畏煙火、獅子、巴蛇。南人殺野象，多設機穽以陷之。捕生象，則以雌象為媒而誘獲之。飼而狎之，久則漸解人言，使象奴牧之，制之以鉤，左右前(脚)〔後〕罔不如命。其皮可作甲鞔鼓，濕時切條，可貫器物。象皮之性最易收斂，人以鉤刺插入皮中，拔出半日即合，故入膏，為長肉合金瘡之要藥。　肉：味淡不堪食，令人體重。身具十二生肖肉，各有分段，惟鼻是其本肉，炙食，糟食更美。

牙：　氣味：甘，寒，無毒。主風癇驚悸，一切邪魅精物、熱疾、骨蒸及諸瘡，並宜生屑入藥。諸鐵及雜物入肉，刮牙屑和水敷之，立出。諸物刺咽中，磨水服之亦出。舊梳屑尤佳。　發明《風土記》云：象牙，殺取者上也，自死者次之，蛻于山中多年者下矣。或謂一歲一換牙者，非也。一云，象每蛻牙自埋藏之，人以木牙潛易取焉。象性勇猛而牙善蛻，故能出一切皮肉間有形滯物。象大者六牙。今雲南亦取之緬甸諸處，其牙有交互髮紋，以血牙為上，微帶紅色。

膽：　氣味：　苦，微寒，無毒。主明目，療疳。　發明徐鉉云：　象膽隨四時，春在前左足，夏在前右足，秋後左足，冬後右足。　雷斆曰：　象膽乾了，上有青竹文斑，光膩，其味微帶甘，入藥先擣成粉，後和眾藥。

清・劉雲密《本草述》卷三一　象　膽：　氣味：　苦，寒，微毒。　主治：　明目治疳日華子。　時珍曰：　象膽明目，能去塵膜也。與熊膽同功。雷斆《炮炙論》云　象膽揮粘是矣。　希雍曰：　象膽，苦寒之物也。入肝脾二經。肝熱則目不明，脾家鬱熱則成疳積。苦寒除二經之熱，故能主諸證。今世治疳證癆瘵傳屍多用之。總取其苦寒，能殺疳蟲、癆蟲，兼除臟腑一切熱結也。　同獺肝、蘆薈、乾漆、胡黃連、青黛、鬼臼、丹砂，入滋腎藥內，治傳屍癆瘵。

附方　《聖濟總錄》內障目瞖，用象膽半兩，鯉魚膽七枚，熊膽一分，牛膽半兩，麝香一分，石决明一兩，為末，糊丸綠豆大，每茶下十丸，日二。

修治　斆曰：　象膽乾了上有青竹文斑，光膩，須細識之。其味微帶甘。入藥須先擣成粉，乃和眾藥。

皮　主治：　下疳，燒灰和油敷之。又治金瘡不合時珍。　希雍曰：　象皮，其性最易收斂，人以鈎刺插入皮中，拔出半日，其瘡即合。故入膏散，為長肉合金瘡之要藥。

牙：　氣味：　甘，寒，無毒。　時珍曰：　主心肝風癇迷惑邪魅之疾，宜生屑入藥。希雍曰：　象牙善蛻，能治惡瘡拔毒，長肉生肌，去漏管等用。同明礬、黃蠟、牛角鰓、鉛花、金頭蜈蚣、蝟皮、豬懸蹄，治通腸漏，能去漏管。

附方　痘疹不收，象牙屑銅銚炒黃紅色，為末，每服七八分，或一錢，白水下。

希雍曰：　象膽極苦寒，不利脾胃。凡疳證脾弱者，目病血虛者，不宜多服。牙及皮氣味和平，於臟腑無迕。

清・郭章宜《本草匯》卷一七　象皮　甘，淡。治下疳膿爛，療金瘡不合。

按：　象肉壅腫，人以斧刃刺之，半日即合。故近時治金瘡不合者，用其皮灰。

清・朱本中《飲食須知・獸類》　象肉　味甘、淡，性平。多食令人體重。象具百獸肉，惟鼻是其本肉。象膽乾了，上有青竹文斑，光膩。春在前左腿，夏在前右腿，秋在後左腿，冬在後右腿。牙近鼠類，鼠皮則裂。世人知燃犀可見水怪，而不知沉象可驅水怪。夏月合藥，宜置象牙於傍。合丹竈以象牙夾竈，得雷聲乃能發光。

清・何其言《養生食鑒》卷下　象有灰、白二色，形體臃腫，面目醜陋，肉倍數牛，目纔若豕，四足無指，而有爪甲。行則先移左足，卧則以臂着地，頭不能俯，頸不能回，其耳下嚲。鼻大如臂，下垂至地，食物飲水皆以鼻卷入口，一身之力皆在於鼻。口內有食齒，兩吻出兩牙夾鼻。雄者，長六七尺；　雌者，纔尺餘耳。　象肉：　甘、淡，性平，無毒。肥脆類猪肉，淡而含滑，通小便。燒灰酒服，縮小便。多食令人體重。陳藏器云：　象具十二生肖，肉各有分段，唯鼻是其本肉，炙食、糟食更美。

膽：　苦，寒，無毒。明目，治疳。塗瘡腫即消。徐鉉云：　象膽隨四時，春在前左足，夏在前右足，秋後左足，冬後右足。　牙：　消骨骾，利小便。燒灰，治小便過多。作簪帶，治夜夢鬼祟。

清・蔣居祉《本草擇要綱目・寒性藥品》　象牙　氣味：　甘，寒，無毒。主治：　風癇驚悸，一切邪魅精物，熱疾骨蒸及諸瘡。並宜生屑入藥。諸鐵及雜物入肉，刮牙屑和水敷之立出。凡夏月合藥，宜置象牙於傍，取其辟邪鎮心，療一切邪魅迷惑之疾也。

清・汪昂《本草備要》卷四　象皮外用斂金瘡。　象肉壅腫，以刀刺之，半日即合。治金瘡不合者，用其皮灰，亦可以熬膏入散。　象膽亦能辟塵，與熊膽同功。

清・陳士鐸《本草新編》卷五　象皮　味甘，氣平，無毒。專能生肌長肉，定狂止嘔吐如神，世人未知也。其皮最難碎，人身懷之三日，研之則如粉矣。世人止用之外科神效，而不知入之內治尤奇也。

或問：　象皮性最易收斂，尤能長肉，為金瘡之要藥，用之外治宜也，用之內治，恐非所宜，而子曰定狂止嘔吐，何也？　夫象皮氣味和平，調和五臟，實能無迕耳。

清・李熙和《醫經允中》卷一七　象牙　甘，寒，無毒。主治風癇驚悸，諸瘡妙藥。刮屑研細，和水治竹木、鐵刺及諸魚骨鯁如神，刺入喉中調飲，入肉中調敷。其膽明目去瞖，其皮斂瘡長肌。

清・馮兆張《馮氏錦囊秘錄・雜症痘疹藥性主治合參》卷九　象牙　象牙，味甘，寒，無毒。象性勇猛，而牙善蛻，故能出一切皮肉間有形滯物，又能治邪魅驚悸風

瘌，及惡瘡拔毒，長肉生肌，去漏管之用。象膽，極苦極寒，入肝、脾二經。肝熱則目不明，脾家鬱熱則成疳積或口臭。脾主肌肉，肝主血分，二經蘊熱，多生瘡腫，苦寒能除二經之熱，故並主之。又治疳症癆瘵傳屍者。總取其苦寒能殺疳蟲、癆蟲，除臟腑一切熱結也。　象牙，治雜物鐵刺如神，刺入喉中調飲，刺入肉裏調敷。生煎服之，可通小便閉澁。燒灰飲下，又止小便過多。象膽，主明目，治瘡腫，以水化塗之。治口臭，以棉裹少許貼牙根，平旦漱去，數度即瘥。象皮，其性最易收斂，人以鉤插皮中，拔出，半日即合，故入膏散，為長肉合金瘡之要藥。

主治痘疹合參：象牙極利小便，故痘不收靨用之者，亦以其善利水也。一云又能起痘，凡眼中有痘，磨水搽上最妙。

清・张璐《本經逢原》卷四　象皮　鹹，溫，無毒。　發明：象稟西方金氣，金令主藏，不宜擅鳴，鳴主金象，大非所宜。其皮專於收斂，其肉壅腫，人以斧刀刺之，半日即合。故治金瘡不合者，用其皮煅存性敷之。若入長肉諸膏藥，切片酥拌炙之。象牙甘寒，能解癰腫諸毒，磨水服之造筋。磨礪之末生蜜調塗，治諸鐵䙘物入肉。舊梳刮薄片屑溫湯頻服，治竹木刺及諸魚骨鯁，即時吐出，不吐再服，以吐出為度，非刮下薄片不能應手也。

清・浦士貞《夕庵讀本草快編》卷六　象宋《開寶》　象字省其形也。安石《字說》云：象牙感雷而文生，犀角感氣而文生，故通用此字。古詩云：犀因望月紋生角，象為聞雷花發牙。　象具十二生肖之肉，各有分段，惟鼻是其本質，獨為甘美，傷之則死。《呂氏春秋》云肉之美者，旄象之約是也。胆亦隨月附寄，真神獸爾。其牙甘寒而無毒，能驅水怪、殺精魅；風癇驚悸，骨節蒸熱，凡病屬肝心迷惑者無不宜之。若其胆則入肝脾二經，肝熱則目不明，脾熱則成疳積，熱去則口臭自除，血涼則瘡毒俱解，是以傳尸疳䘌，藏府熱結，統皆用爾。雷斅論云：象膽揮黏。獨言其驅目翳也。其皮龜絞而壅腫，刀斧砍之，過時則合，故能治下疳，斂金瘡，生肌長肉，其性然也。按《周禮》壺涿氏掌水蟲，欲殺其神者，以樟木貫象齒而沉之，其神則死而淵為陵。以此察之，則知牙之通水道，利小便，可心悟矣！

清・黃元御《玉楸藥解》卷五　象皮　味鹹，氣平。入足太陰膀胱經。合瘡口，生肌膚。象皮治金瘡不合，一切瘡瘍收口、生肌俱捷。燒灰存性，研細用。象牙治諸刺入肉、傷喉，敷飲皆效。

清・吳儀洛《本草從新》卷六　象皮〔外用，斂金瘡，長肌肉。〕　象肉壅腫，以刀刺之，半日即合。治金瘡不合者用其皮灰，亦可熬膏入散。為合金瘡之要藥，長肌肉之神丹。燒灰，和油敷下疳神效。

清・汪紱《醫林纂要探源》卷三　象　甘，鹹，平。南方大獸，高丈餘，形壅腫如豕，大耳長鼻，食則以鼻卷之入口，有長牙，下兩牙長於上，自珍之，脫則埋焉。四蹄如囊米。西南夷畜之，以資乘載。　皮：外用斂金瘡。皮最厚，夷人以鐵鉤釓之援上而乘，鉤破處見星即合，故燒灰以傅金瘡，或熬膏用，皆可立愈。　牙：拔肉中箭簇、惡刺。刮末，合醃肉，搗傅，覺大癢，自退出。　膽：功用同熊膽。亦能辟塵明目。○人言其膽不在肝，春在前左足，夏在前右足，秋在後右足，冬在後左足，此妄也。但在肝不定一葉，有時藏隱難見耳。又云身具十二生肖肉，惟鼻乃其真肉，故傷之則死，亦妄也。但身肉壅腫，鼻上肉薄，又用力所在，故不可傷耳。

清・嚴潔等《得配本草》卷九　象牙象皮、象膽　甘，涼。出諸物刺入肉中，取諸毒久結瘻管，一切痰熱邪惡，并宜生屑入藥。配白梅，塗骨刺入肉。燒炭服，治小便過多。　象皮：甘，寒。治疳，燒炭和油敷之。又治金瘡不合。　象膽：去目中塵膜，塗瘡腫，治口臭。　須先搗成粉，後入眾藥。

題清・徐大椿《藥性切用》卷八　象皮　象肉壅腫，刀刺即合，其皮用治金瘡，熬膏入散，為長肌合口耑藥。

清・黃宮繡《本草求真》卷八　象牙拔毒外脫。　象牙專入肌肉。　味甘性寒，按象性主剛猛，而牙則善脫。故凡皮肉間有形滯物，及邪魅驚悸風癇，並惡瘡內有毒未拔者，服之立能有效。以其具有脫性，故能以脫引脫耳，時珍曰：時人知燃□可見水怪，而不知沉象可驅水怪。是以癰腫不解，用牙磨水服之。並剉末蜜調，塗之即效。諸鐵竹木刺入肉，刮削煎湯，溫服即愈。諸骨鯁入於喉，刮下薄片頻服即吐，不吐再服，以吐出為度。象皮味鹹氣溫，專治金瘡不合。用皮煅灰存性敷之。亦可熬膏入散。

清・羅國綱《羅氏會約醫鏡》卷一八禽獸部　象皮味鹹溫。　善合金瘡，立長肌肉。凡瘡無毒而不斂口者可用，熬膏為散俱效。

清・趙學敏《本草綱目拾遺》卷九獸部　象糞象白、象尾毛　按：象有家、野二種，京師者，食俸料。滇廣山產者，食竹木雜草。入藥以野象糞良。京象糞，銷皮坊皆多取濺黃貂、黃狼，能令毛黑如漆。《綱目》象下，凡牙、肉、睛、皮、膽、骨俱入藥，不及其糞，為補之。

治鵝掌風，以象糞燒熏，自愈。

起死回生散： 李文炳《經驗廣集》： 治痘瘡至七八日，忽然變黑，收入腹內，遍身抓破，吭喘，死在須臾。服此，從新另發出，立可回生。當歸、川芎、白芍、生地、升麻、紅花，上陷加白芷，下陷加牛膝，遍身黑陷加麻黃、象糞微炒。如一歲兒用二錢，大兒用至三五錢，右剉一劑，水、酒各半煎服，從新發出脚下黑疔，至七八日用鍼挑去，以太乙膏貼之，即拔去毒，連進二三服。

瘟疹： 《良朋彙集》方： 治小兒大人出瘟疹，回在心胸作喘發燒，用象糞八錢，升麻二錢，水二鍾，煎一鍾服，即刻透出。

象白 乃象交於水，其精浮水面，象房人用磁瓶收貯，入藥傳面不皺，亦可入房藥用。

象尾毛 《通雅》云： 今人剔牙杖，極重象尾，謂可去火。

清·章穆《調疾飲食辯》卷五 象 《北戶錄》名伽耶。《拾遺》曰： 象具十二生肖肉，惟鼻是其本肉，煮食，糟食皆美。其腋下毛白處名象白，為八珍味之一。《綱目》曰： 象出交、廣、雲南山中，及西域諸國，力能負重。《內典》曰： 水行龍力大，陸行象力大。酋長則飾而乘之。《春秋運斗樞》曰： 搖光之精，散而為象。足之所履，能知地中虛實，故天子鹵簿，用為前導。又可用以戰，《左傳》： 定公四年，吳師及郢，楚子使鍼尹固執燧象以奔吳師。以火驅象行。明傅友德伐雲南，元梁王把匝剌瓦爾密驅象陣如城以戰。《大宛傳》云： 身毒國人乘象以戰。有灰、白二色，形體臃腫，身長丈餘，高稱之。目纔若豕，四足如柱，無指而有爪甲，耳下嚲。鼻大如臂，長至地，其端甚深，可以開合，中有肉爪，能拾針芥，飲食皆以鼻捲入口，一身之力全在於此，故傷之則死。耳後有穴，內空皮薄，刺之亦死。他處皮肉，割之閱宿，則創復合，故外科用以生肌。性畏鼠，見地有鼠跡，即終日不敢動。又畏猪。山中有象，最害田禾。島夷縛豚於樹，使喔喔不絕聲，象則怖而遠遁。明威寧伯王越平兩廣，夷人乘象以戰，乃不見小豚數千縱之，象果披靡。口有食齒，兩吻另出兩牙夾鼻，雄者長六七尺，雌亦尺餘。其牙遇雷則生紋理，落則自埋之。人取以為器，八材之中居其一（珠、象、玉、石、金、木、草、羽）。《詩·泮水》章： 元龜象齒。《通鑑》前編曰： 紂為象箸，箕子歎曰： 必且為玉杯。其來古矣。至於象牀、象尊、象邸、象揥、象弭、象輅、象笏，皆載籍所傳。獨象箸遇飲食有毒則變黑，是有大用，不比他器僅美觀也。交牝在水中，以胸相貼，與他獸異。《說文》曰： 三年一乳。或云五歲始產。壽可一二千歲。解人事，識人言。（安祿山命元宗舞象，擎杯進酒，象擲杯跳躍，掀翻御案。元季，五象不拜明太祖。李自成兵破北都，過象房，群象哀鳴，淚下如雨。）肉味雖不惡，然多食令人體重。《日華本草》曰： 煮汁飲，能通小便。燒灰服，又能縮小便。其膽不居腹內，宋太宗後苑象斃，剖之不得其膽。徐鉉曰： 在前左足。索之果然。問： 何以知之？ 曰： 象膽隨四時而移，春在前左足，夏在右足，秋後左，冬後右。此時二月，故知在前左也。其說蓋本於《春秋運斗樞》也。

清·張德裕《本草正義》卷下 象牙 甘，涼。能清心腎之火，可療驚悸風狂，骨蒸邪熱，癰毒諸瘡。俱宜生屑入藥，煎服。骨物鯁喉，磨水飲之。竹木入肉，刮屑，調敷即出。

清·楊時泰《本草述鉤元》卷三一 象 膽： 氣味苦寒，微毒。主明目，（能去塵膜，與熊膽同功。）治疳能殺疳蟲，癆蟲，兼除臟腑一切熱結。（入肝脾二經，肝熱則目不明，脾家鬱熱則成疳積，苦寒除二經之熱，故主諸證。）同獺肝、蘆薈、乾漆、胡連、青黛、鬼臼、丹砂入滋腎藥內，治傳屍癆瘵。內障、目瞖，用象膽半兩、鯉魚膽七枚、熊膽一分、牛膽半兩、麝香一分、石決明一兩為末，糊丸綠豆大，每茶下十丸，日二。膽極苦寒，凡疳證脾弱者，目病血虛者，不宜多服（仲淳）。 辨治： 其乾者，上有青竹文斑光膩，須細識之。其味微帶甘，入藥須先擣成粉，乃和眾藥。

象皮： 治下疳，（燒灰，和油敷之。） 又主金瘡不合，入膏散，為長肉合口之要藥。（性易收斂，以鉤刺皮，其瘡旋合。）

象牙： 氣味甘寒。主心肝風癇迷惑邪魅之疾。（宜生屑入藥。） 拔惡瘡毒，去漏管，（以其善蛻。） 長肉生肌。同明礬、黃蠟、牛角䚡、鉛花、金頭蜈蚣、蝟皮、猪懸蹄，治通腸漏去管。痘疹不收，象牙屑銅銚炒黃紅色為末，每服七八分或一錢，白水下。

清·葉桂《本草再新》卷九 象皮（味甘、辛，性平，無毒。入脾經。） 治濕痺、金瘡聖藥。 象牙： （味辛，性溫，無毒。入心、腎二經。） 理血分，補陰益氣，利水通經。

清·趙其光《本草求原》卷二〇獸部 象皮 皮肉壅腫，人以鉤刺之，半日即合，故治金瘡不合、下疳。燒灰用，或切片酥炙熬膏，生肌。其治濕痹者，甘辛平之功也。 牙： 甘，寒，無毒。善脫，故拔毒生肌，去通腸瘻管，

同明礬、黄蠟、鉛花、猬皮、牛角䚡、金頭蜈蚣、豬甲。痘疹不收，銅銚炒黄研，白水下。鐵及雜物入肉，刮屑水敷。骨刺入肉，白梅肉調塗。骨物鯁，磨水服，舊梳屑尤佳。尿秘，生煎飲。尿多，燒灰飲下。心肝風癇驚悸，一切邪魅迷惑，熱疾骨蒸。以其殺邪也，故古人以象牙作十字，貫於山榆木而沉之，則水怪死。合丹藥置之於傍，則無忌。　膽：　苦，寒，微甘。清肝、心、脾，功同熊膽。去塵膜、内障明目，肝熱則目暗，同熊膽、鯉魚膽、牛膽、石決、麝糊丸，茶下十丸。治口臭、綿包，貼牙根。疳疾，皆心脾熱。殺勞蟲。同獺肝、蘆薈、乾漆、胡連、丹砂、黄連、青黛、鬼臼，入滋腎藥内。須乾了上有青竹紋斑、光膩、微帶甘者真。要另搗粉乃和藥。

清・文晟《新編六書》卷六《藥性摘録》　象牙　甘，寒。入肌肉，拔毒外脱。○凡皮肉間有形滯物，及邪魅風癇急驚，並惡瘡，内有毒未拔，服之有効。癰腫不解，磨水服之。并剉末，蜜調塗之，即効。○諸鐵刺、竹木刺入肉，刮骨煎湯，溫服効。○諸骨（硬）〔哽〕，刮下薄片，煎湯頻服，以吐出為度。○象皮，治金瘡不合，燒灰存性，敷之効。

象　肉，甘，淡。類豬肉，多食令體重。膽，苦，寒。明目，治疳，塗瘡腫。○牙，消骨哽，利小便。燒灰，治小便過多。○皮，研末，治金瘡。

清・王孟英《隨息居飲食譜・毛羽類》　象肉　甘，平。不益人，多食則體重。煑汁飲，通小便。煅灰服，治溺多。和油傅，愈禿瘡。其皮生肌，為瘡家收功藥；又治金瘡不合；塗下疳，竝煅灰用。其牙治風癇驚悸，内熱骨蒸，諸物鯁喉，通小便，療諸瘡久痔，辟一切邪魅精物，並以生屑調服。外傅鍼刺諸物入肉。

清・田綿淮《本草省常・禽獸類》　象白　性平。補虚勞，益精髓，潤燥澤肌。

清・戴葆元《本草綱目易知録》卷六　象　**【略】**　肉：　甘，淡，平。生煮汁服，性滑，治小便不通。燒灰，從火化，米飲服，又能止小便過多。

清・陳其瑞《本草撮要》卷八　象皮　味鹹，氣平，入足太陽經，功專長肌肉。燒灰和油敷下疳。亦可熬膏。牙治諸刺入肉傷喉，服飲皆效。

清・吳汝紀《每日食物却病考》卷下　象附牙　肉，淡，平，無毒。多食令人體重。燒灰，〔和〕油塗禿瘡，愈。　牙，無毒。治諸鐵物及雜物入骨，刮牙屑，和水敷之，立出。諸物入咽中，磨水服，亦出，舊牙梳尤佳。小便不通，生煎服之；小便過多，燒灰飲之。

犀

宋・李昉《太平御覽》卷第九八八　犀角　《本草經》曰：　犀牛角，味鹹。治百毒。

宋・唐慎微《證類本草》卷一七獸部中品〔《本經・別録・藥對》〕　**犀角**　**味苦**、酸、鹹，**寒**、微寒，無毒。**主百毒蠱疰，邪鬼瘴氣，殺鉤吻、鴆羽、蛇毒，除邪，不迷惑魘寐**，療傷寒溫疫，頭痛寒熱，諸毒氣。久服輕身，駿健。生永昌山谷及益州。松脂爲之使，惡雚菌、雷丸。

〔梁・陶弘景《本草經集注》〕云：　今出武陵、交州、寧州諸遠山。犀有二角，以額上者爲勝。又有通天犀，角上有一白縷，直上至端，此至神驗。或云是水犀角，出水中。《漢書》所云：　駭雞犀者，以置米中，雞皆驚駭不敢啄；　又置屋中，烏鳥不敢集屋上。又云：　通天犀者，夜露不濡，以此知之。凡犀見成物，皆被蒸煑，不堪入藥，惟生者爲佳。雖是犀片亦是已經煑炙，況用屑乎？　又有牸犀，其角甚長，文理亦似犀，不堪藥用。

〔唐・蘇敬《唐本草》〕注云：　牸是雌犀，文理細膩，班白分明，俗謂班犀。服用爲上，然充藥不如雄犀也。

〔宋・馬志《開寶本草》〕按：　陳藏器《本草》云：　犀肉，主諸蠱蛇獸咬毒，功用劣於角。《本經》有通天犀，且犀無水陸二種，并以精麤言之。通天者，腦上角千歲者長且鋭，白星徹端能出氣，通天則能通神，可破水、駭雞，故曰通天。《抱朴子》曰：　通天犀，有白理如綫者以盛米，雞即駭矣。其真者，刻爲魚，銜入水，水開三尺。其鼻角，一名奴角，一名食角。

〔宋・掌禹錫《嘉祐本草》〕按：　陳藏器云：　《爾雅》云：　兕似牛，一角。犀似豕，三角。復云多似象，復如豕三角。陶據《爾雅》而言，不知三角之誤也。又曰：　雌者是兕而形不同，未知的實。《藥性論》云：　牯犀角，君，味甘，有小毒。能辟邪精鬼魅，中惡毒氣，鎮心神，解大熱，散風毒，能治發背癰疽瘡腫，化膿作水，主療時疾熱如火，煩悶，毒入心中，狂言妄語。日華子云：　犀角，味甘、辛。治心煩，止驚，安五藏，補虚勞，退熱，消痰，解山瘴溪毒，鎮肝明目，治中風失音，熱毒風，時氣發狂。

〔宋・蘇頌《本草圖經》〕曰：　犀角，出永昌山谷及益州，今出南海者爲上，黔、蜀者次之。犀似牛，猪首、大腹、痹脚，脚有三蹄。色黑。好食棘。其皮每一孔皆生三毛。頂一角，或云兩角，或云三角。謹按郭璞《爾雅》注云：　犀，三角，一在頂上，一在額上，一在鼻上。鼻上者即食角也，小而不橢音墮。亦有一角者。《嶺表録異》曰：　犀有二角，一在額上爲兕犀，一在鼻上爲胡帽犀。牯犀亦有二角，皆爲毛犀，而今人多傳一角之説。此數種俱有粟文，以文之麤細爲貴賤。角之貴者，有通天花文。犀有此角，必自惡其影，常飲濁水，不欲照見也。其文理絶好者，則有百物之形。或云犀之通天者是其病，理不可知也。

文有倒插者，有正插者，有腰鼓插者。其倒插者，一半已下通；正插者，一半已上通；腰鼓插者，中斷不通。其類極多，足爲奇異。故波斯呼象牙爲白暗，犀角爲黑暗，言難識别也。犀中最大者墮羅犀，一株有重七八斤者，云是牯犀額角，其花多作撒豆班，色深者，堪帶胯；班散而色淺者，但可作器皿耳。或曰兕是犀之雌者，未知的否？凡犀入藥者，有黑、白二種，以黑者爲勝，其角尖又勝。方書多言生犀，相承謂未經水火中過者是，或謂不然。蓋犀有捕得殺而取者爲生犀，有得其蛻角者爲退犀，亦猶用鹿角法耳。唐相段文昌門下醫人吴士皋，因職於南海，見舶主言海人取犀牛之法：先於山路多植木，如猪羊棧。其犀以前脚直，常依木而息，多年植木爛，犀忽倚之，即木折犀倒，久不能起，因格殺而取其角。又云：犀每自退角，必培土埋之，海人知處，即潛作木寓角而易之，再三不離其處，時復有得者，若直取之，則犀去於别山退藏，不可尋也。未知今之取犀角，果如此否。

〔宋・唐慎微《證類本草》〕《海藥》：謹按《異物志》云：山東海水中，其牛樂聞絲竹。彼人動樂，牛則出來，以此採之。有鼻角、頂角，鼻角爲上。大寒，無毒。主風毒攻心，毷氉熱悶，擁毒赤痢，小兒麩豆，風熱驚癇，并宜用之。凡犀屑了，以紙裹於懷中良久，合諸色藥物，絕爲易擣。又按：通天犀，胎時見天上物命過，并形於角上，故云通天犀也。欲驗，於月下以水盆映，則知通天矣。《正經》云：是山犀，少見水犀。《五溪記》云：山犀者，食於竹木，小便即竟日不盡，夷獠家以弓矢而採，故曰黔犀。又劉孝標言：犀墮角，里人以假角易之，未委虛實。雷公曰：凡使，勿用奴犀、牸犀、病水犀、孿子犀、下角犀、淺水犀、無潤犀。要使烏黑肌皺、坼裂光潤者上。凡修治之時，錯其屑入臼中，擣令細，再入鉢中研萬匝，方入藥中用之。婦人有姙勿服，能消胎氣。凡修治一切角，大忌鹽也。《食療》：此只是山犀牛，未曾見人得水犀取其角。此兩種者，功亦同也。其生角，寒。可燒成灰，治赤痢。研爲末，和水服之。又，主卒中惡心痛，諸飲食中毒，及藥毒，熱毒，筋骨中風，心風煩悶，皆差。又，以水磨取汁，與小兒服，治驚熱。鼻上角尤佳。肉，微溫，味甘，無毒。主瘴氣百毒，蠱疰邪鬼，食之入山林，不迷失其路。除客熱頭痛及五痔，諸血痢。若食過多，令人煩，即取麝香少許，和水服之，即散也。《聖惠方》：治雉肉作臛食之吐下。用生犀角末方寸匕，新汲水調下即差。《外臺秘要》：服藥過劑及中毒，煩悶欲死。燒犀角末，水服方寸匕。《千金方》：有蠼螋蟲尿人影著處，便令人體病瘡，其狀如粟粒累累，一聚滲痛，身中忽有處燥痛如芒刺，亦如刺蟲所螫後細瘡瘺作叢如茱萸子狀也。四畔赤，中央有白膿如黍粟，亦令人皮急，舉身惡寒壯熱，極者連起竟腰、脇、胸也。治之法：初得磨犀角，塗之止。《肘後方》：卧忽不寤，若火照之則殺人。但痛嚙其踵，又足拇指甲際，而多唾其面，即活。犀角枕佳。或以青木香内枕中并帶。《廣利方》：治孩子驚癇不知人，迷悶，嚼舌仰目者。犀角末半錢匕，水二大合，服之立效。《抱朴子》：鄭君言，但習閉氣至千息，久久則能居水中一日許，得真通天犀角三寸以上者，刻爲魚，銜之入水，水常爲開，方三尺，可得氣息水中。又，通天犀赤理如綖，自本徹末，以盛米著地，群雞不敢啄而輒驚，故南人名爲駭雞犀。是故有蟲毒之鄉，於他家飲食，即以角攪之，白沫竦起，即爲有毒，無沫，即無毒也。《朝野僉載》：鴆食水處，有犀牛不濯角，其水物食之必死，爲鴆食蛇之故也。晉溫嶠：過牛渚磯，水深不可測，世云其下多怪物，嶠遂燬犀角而照之，須臾見水族覆火，奇形異狀，或乘馬車，著赤衣者。嶠其夜夢人謂己曰：與君幽明自别，何意相照也，意甚惡之，未旬而卒。《太平廣記》：通天犀爲之駭雞犀，以角煮毒藥爲湯，皆生白沫，無復毒勢。李司封：宗易嘗言，石駙馬保吉知陳州，其州廨一皆新之，每毁舊屋，則坐於下風，塵自分去，人皆驚怪之，蓋其所服帶辟塵犀也。《歸田録》：人氣粉犀。

宋・寇宗奭《本草衍義》卷一六 犀角 凡入藥須烏色未經湯水浸煮者，故曰生犀。川犀及南犀，紋皆細；烏犀尚有顯紋者露；黄犀紋絕少，皆不及西番所出，紋高、雨脚顯也。物像黄、外黑者爲正透，物像黑、外黄者爲倒透。蓋以烏爲正，以形像肖物者爲貴。既曰通犀，又須紋頭顯，黄黑分明，透不脫，有雨脚滑潤者爲第一。鹿取茸，犀取尖，其精銳之力盡在是矣。犀角尖，磨服爲佳，若在湯散，則屑之。西番者佳。

宋・張世南《游宦紀聞》卷二 犀出永昌山谷及益州，今出南海者為上，黔蜀次之，此《本草》所載云。【略】凡犀入藥者，有黑白二種，以黑者為勝。其角尖又勝。方書多言生犀相承，謂未經水火湛熾者是，或謂不然。蓋犀有捕得，殺而取者為生犀；有得其蛻角為退犀，亦猶用鹿角法耳。唐相段文昌門下醫人吴士皋云：【略】犀每自蛻角，必培土埋之。海人跡其處，潛易以木角。若直取之，則犀徙去遯跡，不可尋已。未知今之取犀角，果如此否。【略】大率犀之性寒，能解百毒。世南友人章深之，病心經熱，口燥唇乾，百藥不效。有教以犀角磨服者，如其言，飲兩碗許，疾頓除。

大率犀之性寒，能解百毒。世南友人章深之，病心經熱，口燥唇乾，百藥不效。有教以犀角磨服者，如其言，飲兩碗許，疾頓除。

井邑間市語，謂犀下品為鬼犀，乃死犀角。其紋、色，絕不堪也。【略】

宋・蔡絛《鐵圍山叢談》卷六 大觀間，和劑局官一日請内帑授藥犀百數，歸解之，偶忽得一株，大絕常犀，且甚異，因不敢用，復上之朝廷，乃命工爲之帶，雖工人亦歎駭。【略】蓋犀倒透中返成正透，其面猶黄蠟，中有黑雲一朵，雲中夭矯一金龍，飛盤拏空，爪角俱全。遂為御府第一號瑞雲盤龍

御帶。

宋·王繼先《紹興本草》卷一九　犀角　紹興校定：犀角，性味、主治已載《本經》，然但除滌風熱，散諸毒氣頗驗。今當作味苦酸鹹，微寒，無毒是矣。西蜀與海南皆產之。唯不經火者可用，西蜀大而氣足者佳。

宋·江少虞《宋朝事實類苑》卷四　至和初，京師疫，太醫進方，有用犀者，內出二株解之，其一株乃通天犀。內侍李舜舉請以為御所服帶，上謂曰：豈重於服御，而不以療民乎？命工碎之。

宋·鄭樵《通志》卷七六《昆蟲草木略》　犀　兕之屬。《爾雅》曰：兕，似牛。如野牛，青色，重千斤，一角長三尺餘，形如馬鞭柄，其皮堅厚，可制鎧。又曰：犀，似豕。今出交阯。形似水牛，豬頭，三角，一在頂上，一在額上，一在鼻上者，即食角也，小而不橢，好食棘。亦有一角者。其通天犀乃是水犀，角上有一白縷，直上至端，能出氣通天，置露中，不濡；置屋中，烏鳥不敢集屋上；置米中，雞皆驚駭，故亦謂之駭雞犀。《抱朴子》曰：通天犀角三寸以上者，刻為魚，銜之入水，水常為開三尺。

宋·劉明之《圖經本草藥性總論》卷下　犀角　味苦、酸、鹹，寒、微寒，無毒。主百毒蠱疰，邪鬼瘴氣，殺鉤吻、鴆羽、蛇毒，除邪不迷惑魘寐。療傷寒溫疫，頭痛寒熱諸毒氣。《藥性論》云：君。味甘，有小毒。能辟邪精鬼魅，中惡毒氣，鎮心神，解大熱，散風毒，能治發背癰疽，瘡腫化膿作水。主療時疫熱如火煩悶，毒入心狂言妄語。日華子云：治心煩，止驚，安五臟，補虛勞退熱，消痰，解山瘴溪毒，鎮肝明目，治中風失音，熱毒風疾發狂。使松脂。惡雚菌、雷丸。

宋·張杲《醫說》卷八　人氣粉犀　諸藥中，犀最難搗，必先鎊屑，乃入衆藥中搗之，衆藥篩羅已盡，而犀獨在。余偶見一醫僧元達，為解犀為小塊方半寸許，以極薄紙裹置懷中使近肉，以人氣蒸之，候氣蒸薰浹洽，乘熱投臼中急搗，應手如粉，因知人氣能粉犀也。今醫工莫有知者《歸田録》。

宋·陳衍《寶慶本草折衷》卷一五　犀角君。諸犀角在內。○肉附。　一名牯犀角。○《局方》用者名生烏犀。○其食角一名奴角。○其犀一名犀牛，山生者名山犀，水生者名水犀。生永昌山谷及山東海水中，及武陵、南海、西番，及益、黔、蜀、交、寧州。○又云：生粱山。○海人或於山植木棧，其犀忽倚木折而倒。或臨水動樂器，其犀聞樂響則出，因以採角。又犀每自退角，必培土埋之。海人作木角而易得。○松脂為使，惡雚菌、雷丸，忌鹽。○附：肉，畏麝香。

味苦、酸、鹹、甘、辛，寒，無毒。○主百毒蠱疰瘴氣，殺鉤吻、鴆羽、蛇毒。除邪魘寐，療傷寒溫疫，頭痛寒熱。○《藥性論》云：鎮心神，解熱散風毒，治發背，癰疽瘡腫，化膿作水，療時疾熱煩狂語。○日華子云：止驚，安五藏，消痰，解山瘴溪毒，鎮肝明目。治中風失音。○《圖經》曰：南海者上，黔蜀者次之。犀似牛，或云兩角，或云三角，一在頂，一在額，一在鼻。鼻上者，食角也。今人多傳一角，俱有粟文。最大者曰墮羅犀，一角有重七八斤者。凡黑白二種，以黑者為勝，角尖又勝。方書多言生犀，謂未經水火中過者是。或謂殺取者為生犀。其蛻音稅角者為退犀。○《異物志》云：主風毒攻心，毷氉，熱毒赤痢，小兒麩豆，風熱驚癇。凡犀屑了，以紙裹於懷中，良久，易擣。○雷公云：有妊勿服，消胎氣。○《食療》云：山犀、水犀，其角功亦同也。○《千金方》：蠼螋蟲尿人影着處，令人體病瘡如粟粒，細癗力軌切作叢，皮急寒熱，極者連竟腰、脇、胸也。初得，磨犀角塗之止。○抱朴子言：有蠱毒之鄉，於他家飲食，即以角攪之，白沫竦起，即為有毒，無沫即無毒也。○寇氏曰：川犀即益、黔、蜀州者，及南犀即南海者，紋皆細。烏犀尚有顯紋露，黃犀紋絕少。精銳之力盡在尖。磨服為佳。若在湯散則屑之。

附：肉。○味甘，微溫，無毒。主諸蠱，蛇獸咬毒，瘴氣毒疰。除客熱頭痛及五痔血痢。食過多，令人煩。取麝香少許，和水服。

續說云：犀角品彙《圖經》及寇氏紀述甚詳。今入藥者多山犀耳。但取橫理粟紋，直理絲路而黑澤者足矣。《山海經》謂檮過山多兕。兕生一角，角重百斤。《圖經》嘗言兕犀者，此也。古詩有犀因望月花入角之句，其角感陰氣而生花紋，則性之寒無疑矣。然亦有溫者。《開元天寶遺事》載交趾國進犀角，和氣襲人，使者曰辟寒犀也。此辟寒犀與破水、辟塵，及諸異紋者，更不復論。抑玩經註，無一言及於脂者。今有一種番油，善治風瘍，俚俗以犀牛脂名之。咨諸商舶，多不識此脂。其番油功用已續陳於桐油之後。

元·王好古《湯液本草》卷六　犀角　氣寒，味苦。酸，鹹，微寒，無毒。《象》云：治傷寒溫疫頭痛，安心神，止煩亂，明目鎮驚。治中風失音，小

兒麩豆，風熱驚癇。鎊用。《本草》云：主百毒蠱疰，邪鬼瘴氣。殺鉤吻、鴆羽、蛇毒，除邪，不迷惑，魘寐。療傷寒溫疫頭痛寒熱，諸毒氣。能治一切瘡腫，破血。《液》云：升麻代犀角說，並見升麻條下。易老療畜血分三部：上焦畜血，犀角地黃湯；中焦畜血，桃仁承氣湯；下焦畜血，抵當湯、丸，丸但緩於湯耳。三法的當，後之用者，無以復加。

元・忽思慧《飲膳正要》卷三 犀牛 肉，味甘，溫，無毒。主諸獸蛇蟲蠱毒，辟瘴氣，食之入山不迷其路。犀角，味苦、鹹，微寒，無毒。主百毒蠱疰，邪鬼瘴氣，殺鉤吻、鴆羽、蛇毒。療傷寒溫疫。犀有數等山犀、通天犀、辟塵犀、水犀、鎮帷犀。

元・尚從善《本草元命苞》卷七 犀角 味苦、酸、鹹，微寒，無毒。為君。惡雷丸。松脂為使。殺鉤吻、鴆羽、蛇毒。除邪，不迷惑魘寐。安神，解大熱風毒。療傷寒溫瘧，狂言妄語。治中風失音，迷悶驚癇。鎮肝經明目，退虛熱消痰。解山嵐瘴毒，辟鬼魅精怪。生永昌山谷，今南海、黔、蜀。形似牛，豬首大腹，頂生角，腳有三蹄。入藥用尖，色烏為最。孕婦服之消胎。合和丸散。忌鹽。

元・吳瑞《日用本草》卷三 犀牛 味苦，寒，無毒。其角主百毒蠱疰，邪鬼瘴氣。殺鉤吻、鴆羽、蛇毒。除邪，不迷惑魘寐。療傷寒瘟疫、頭痛寒熱、諸毒氣。山犀：能去客熱頭痛，五痔，諸痢。若食太飽，令人煩悶，即取麝香少許，水研服之即散。肉：主諸蠱、蛇獸咬毒，功用劣於角。水犀：其角兩種，功用亦同。赤白痢、丹石痢，燒作灰治之。

元・朱震亨《本草衍義補遺》 犀角 屬陽。性走散，(以)〔比〕諸角尤甚。痘瘡後用此散餘毒，俗以為常。若(不)〔無〕有餘毒而血虛者，或(以)〔已〕燥熱發者，用之禍至，人故不知。○凡用，須烏色，未經湯水浸煮入藥。已經浸煮，不入藥用。鹿取茸，犀取尖，其精銳之力，盡在是矣。湯散用則屑之為末，取屑以紙裹於懷中良久，合諸色藥物，絕為易搗。

元・徐彥純《本草發揮》卷三 犀角 海藏云：治一切瘡腫，破血。升麻代犀角，其說見升麻條下。易老治畜血分三部，上焦畜血用犀角地黃湯，中焦畜血用桃仁承氣湯，下焦畜血用抵當丸。丸但緩於湯爾，三法的當，後之用者，無以復加。丹溪云：犀角屬陽。性走散，比諸角為甚。痘瘡後用此以散餘毒，俗以為常。若無餘毒而血虛者，或已燥熱發散者，而誤用之，禍立至，人所不知也。

明・王綸《本草集要》卷六 犀角君 味苦酸鹹。又云：甘辛，氣寒，無毒。松脂為之使。惡雷丸。入藥用牯者。須用生角，烏色，未經湯水浸煮。凡屑了紙裹，置懷中良久，取出，搗則易碎，故曰人氣粉犀。若磨服，取角尖為佳。凡治一切角，大忌鹽。

主百毒蠱疰，邪鬼瘴氣，殺鉤吻、鴆羽、蛇毒，解山瘴溪毒，除邪，不迷惑魘寐。療傷寒溫疫，頭痛煩悶，大熱發狂，中風失音，小兒風熱驚癇。又治發背癰疽瘡腫，破血化膿。安心神，止煩亂，鎮肝明目，久服輕身。丹溪云：屬陽，性走散，豆瘡後用此，散餘毒。若無餘毒而血虛或燥熱者，不宜用。又鹿取茸，犀取尖，其精銳之力，盡在是矣。

明・滕弘《神農本經會通》卷八 犀角 君也。松脂為之使。惡雷丸。角有數種，俱有粟文。入藥用牯者。須用生角，烏色，未經湯水浸煮入藥。已經浸煮，不入藥用。湯散用則屑之為末，取屑，以紙裹置懷中，良久取出，合諸色〔藥〕物，絕為易搗，故曰人氣粉犀。若磨服，取角尖為佳。凡治一切角，大忌鹽。

味苦、酸、鹹，氣寒、微寒，無毒。《湯》同。東云：解心熱。《疌》云：除百蠱，伐瘟去瘴，及癰疽瘡腫，治傷寒，鎮心解熱，并蛇蟲、鬼毒。

《本經》云：主百毒蠱疰，邪鬼瘴氣。殺鉤吻、鴆羽、蛇毒，除邪，不迷惑魘寐。療傷寒溫疫，頭痛寒熱，諸毒氣，久服輕身。《藥性論》云：牯犀角，味甘，有小毒。能辟邪精鬼魅，中惡毒氣，鎮心神，解大熱，散風毒，能治發背癰疽瘡腫，化膿作水。主療時疾，熱如火，煩悶，毒入心中，狂言妄語。日華子云：犀角，味甘、辛。治心煩，止驚，安五臟，補虛勞，退熱消痰，解山瘴溪毒，鎮肝明目。治中風失音，熱毒風，時氣發狂。《海藥》云：大寒，無毒。主風毒攻心，毷氉熱悶擁毒，赤痢，小兒麩豆，風熱驚癇，并宜用之。雷公云：婦人有姙勿服，能消胎氣。凡修治一切角，大忌鹽也。《食療》云：生角，寒。可燒成灰，治赤痢。研為末，和水服之，又主卒中惡心痛，諸飲食中毒，及藥毒熱毒，筋骨中風，心風煩悶，皆差。又以水磨取汁，與小兒服，治驚熱。《歸田錄》云：人氣粉犀。《象》云：治傷寒溫疫，頭痛，安心神，止煩亂，明目鎮驚，治中風失音，小兒麩豆，風熱驚癇。鎊用。《湯》云：《本草》同《本經》。又治一切瘡腫，破血。《液》云：升麻代犀角說，並見升麻條下。易老療畜血，分三部，上焦畜血，犀角地黃湯；中焦畜血，桃仁承氣湯；下

焦畜血，抵當湯丸，丸但緩於湯耳。三法的當，後之用者，無以復加。丹溪云：屬陽，性走散，比諸角尤甚。痘瘡後用此散餘毒，俗以為常。若無餘毒，而血虛或燥熱發者，用之禍至，人故不知。又云：用鹿取茸，犀取尖，其精銳之力盡在是矣。《局》云：犀角苦寒能解毒，驅風明目鎮肝家。并除心熱狂言語，又治時行辟鬼邪。即《局方》：犀角，涼心，解毒，并辟鬼。

明·劉文泰《本草品彙精要》卷二四　犀角無毒。　胎生。

犀角出《神農本經》：**主百毒，蠱疰，邪鬼，瘴氣，除邪，不迷惑魘寐。久服輕身，駿健。**以上朱字《神農本經》。療傷寒，瘟疫，頭痛，寒熱，諸毒氣。以上黑字名醫所錄。〔名〕通天犀、烏犀、南犀、川犀、分水犀、黄犀、毛犀、牯犀、胡帽犀、兕犀、黔犀、奴角、駭雞犀、食角、墮羅犀。〔地〕《圖經》曰：出永昌山谷及益州、南海者爲上，黔蜀者次之。其形似牛，豬首大腹卑腳，腳有三蹄，色黑，好食棘，其皮每孔三毛，頂生一角，或云有二角、三角者。生鼻上爲食角，爲奴角，爲胡帽犀，在額爲兕犀也，牯犀亦有二角，皆爲毛犀。今人多傳一角之說，此數種俱有粟文，且犀無水陸二種，並以精粗爲貴賤。川犀、南犀文理皆細，烏犀有顯文，黄犀文絕少，皆不及西番所出文高，雨腳顯也。物像黄而外黑者爲正透，物像黑而外黄者爲倒透。通天犀生腦上千歲者長且銳，白星徹端，黄黑分明，有兩腳，滑潤，端能出氣通神，故曰通天。人刻爲魚，銜入水中，開水三尺，故曰分水犀。以此盛米，雞不敢啄，故曰駭雞犀。其文理絕好者，有百物奇異之形。所以犀飲濁水，不欲形影照見故也。鹿取茸，犀取尖，其精銳之力在於此耳。〔時〕生：無時。採：無時。〔用〕角。〔色〕黑。〔味〕苦，酸，鹹。〔性〕寒，泄。〔氣〕氣薄味厚，陰中之陽。〔臭〕朽。〔主〕鎮心神，大熱。〔助〕松脂爲之使。〔反〕惡雚菌、雷丸。〔製〕《雷公》云：凡修治之時，鎊其屑入臼中，搗令細，再入鉢中，研萬匝，方入藥中用之。《歸田錄》云：近人氣久則易碎。〔治〕療：《唐本》注云：犀肉，治諸蠱蛇獸咬毒。《藥性論》云：犀角，辟邪精鬼魅，中惡，毒氣，散風毒，及治發背癰疽，瘡腫化膿水，並時疾熱，如火煩悶，毒入心中，狂言妄語。日華子云：犀角，治心煩，止驚，退熱，消痰，鎮肝明目，解山瘴溪毒，並中風失音，熱毒及時氣發狂。《海藥》云：犀角，治風毒攻心，毷氉熱悶，壅毒赤痢，小兒麩豆，風熱驚癇。《食療》云：角，治赤痢，燒灰爲末，和水服之。又卒中惡，心痛及熱毒，筋骨中風，心風煩悶，治小兒驚熱，以水磨汁服之。○肉，治瘴氣百毒，蠱疰邪鬼，除客熱，頭痛，及五痔，及諸血痢。《別錄》云：雉肉作臛，食之吐下，用生犀角末，新汲水調服方寸匕即瘥。又蠼螋尿瘡，磨塗之，又小兒驚癇不知人，迷悶，嚼舌仰目，以犀角末半錢匕和水服之。補：日華子云：犀角，安五臟，補虛勞。〔禁〕犀角，妊娠勿服，能消胎氣。肉不宜多食，若食過多，令人煩，即取麝香少許，和水服之，即散。〔解〕角，解諸飲食中毒，及藥毒，若服藥過劑及中毒，煩悶欲死者，以犀角燒末，水服方寸匕，即瘥。又殺鉤吻、鴆羽、蛇毒。〔忌〕鹽。

明·葉文齡《醫學統旨》卷八　犀角　氣寒，味苦、酸、鹹。無毒。松脂為使，惡雷丸。凡用烏色生者良。若經湯水浸煮者不用；作屑，紙裹置懷中良久，取出，搗則易碎，故曰人氣粉犀。若磨服，取角尖為佳，鎊細為末亦可。凡治一切角，忌鹽。　治傷寒瘟疫頭痛，煩悶大熱發狂，吐衄咳血，及上焦畜血；明目鎮驚，安心神，止煩亂，中風失音；小兒風熱驚癇，痘疹餘毒；又治發背癰疽瘡腫，破血化膿；殺百毒鬼疰，邪鬼瘴氣，蛇毒，解山瘴溪毒，除邪魘寐。

明·許希周《藥性粗評》卷四　上焦畜血，犀角抵當。

犀牛角，犀出川蜀大山，及南海諸番。有水旱二種，水犀難得，今蜀者多是旱犀。其角以額上生者佳。松脂為之使，惡雷丸。凡用以錯錯其屑，若入丸散，更加研細，羅過。味苦、酸、鹹，性微寒，無毒。主治傷寒瘟疫，頭痛寒熱，瘴氣鬼疰蠱毒，邪氣魘魅，破血塊，散癰腫，殺鉤吻、鴆羽并蛇毒。海藏云：易老治畜血分三部，上焦畜血用犀角地黄湯，中焦畜血用桃仁承氣湯，下焦畜血用抵當丸，水蛭、虻蟲、桃仁、大黄。丸但緩於湯耳。婦人有妊者，用服犀角，恐消胎氣。

單方：　赤痢：犀角燒灰，水調下一匕，再服愈。　驚癇：犀角錯下粗末，研細，水調下一錢匕，即愈。或以是治小兒痘瘡毒。

明·鄭寧《藥性要略大全》卷一〇　犀角　解心熱，療陽症傷寒，止吐血、衄血、唾血、咳血、咯血、下血，一切見血等症。乃大寒之劑，尤能明目，有平睛珠之功。《湯液》云：治傷寒瘟疫頭痛，安心神，定魂魄，止煩亂，明目鎮驚。治中風失音，治小兒痘疹，風熱驚癇，除邪氣迷惑，治一切瘡腫，破血。　味苦、酸、鹹，無毒，性大寒。又云辛、甘。松脂為之使。惡雷丸。帋包置懷中良久，取出則搗易碎。忌鹽。若摩服，取角尖佳。又云：惡雚菌。此山犀也，有二角，以額上者為勝。又一種角，上有一白縷如線，直上至端，名通天犀角，有神妙。此水犀也。又有牯犀角，味甘，有小毒，亦可用。　牯

犀角：君味甘，有小毒，性寒。辟鬼精魅，中惡毒氣，鎮心神，解大熱，散風。治發背癰疽惡腫，化腫作水。療時熱悶狂言，止驚，安五臟，補勞退熱，解山嵐，鎮肝明目，中風失音等症。　牸犀角：紋理細膩，班白分明。一名班〔犀〕，一名紋犀。其角甚長，不堪入藥。

明・陳嘉謨《本草蒙筌》卷九　犀角　味苦、酸、鹹。一云辛、甘，氣寒。無毒。黔蜀雖生，南海為上。首類猪頂僅一角，或云：犀有二角，一在額上者，為兕犀。一在鼻上者，為胡帽犀。牯犀亦有之，但一角者居多。腹若牛足每三蹄。其皮一孔三毛，色黑好食棘葉。有水陸水犀、陸犀。係各種類，分貴賤悉以粟紋。犀數種俱有粟紋，乃取紋之精麄以為貴賤也。通天犀角獨優，紋現百物纔是。其犀胎時見天上物命過並形于角，故云通天。欲驗于月下，以水盆映〔上〕，則知通天矣。此犀日飲濁水，惡照影形；海人設法捕求，沿插棧木。犀來往倚木少憩，木折損犀亦倒地。足直前足直不能屈。難竟起走，捕者由是獲擒。取角售人，為世至寶。置米中雞駭，亦名駭雞犀。掛簷際烏驚。縛足過澗水自開，簪髻曉行露不惹。飲饌毒能試，投內白沫疏起則有毒，否則無毒也。屋舍塵可除。昔石保吉官陳州，悉毀舊廨，欲新之，見風塵輒自分去，人以怪疑，不知腰繫辟塵犀帶也。燬照莫測深潭，盡見水底怪物。見《晉・溫嶠傳》。造器者煮熟弗効，採新者性烈方靈。剉屑鋸杪尖，紙裹懷中先抱；沾人氣則易搗，故曰人氣粉犀。治病選黑色，擇肌麄皺潤光。使松脂經入陽明，惡雷丸尤忌鹽醬。諸角俱忌。殺鉤吻鴆羽蛇毒，山瘴溪毒百毒皆除；辟屍疰鬼疰惡邪，狐魅精邪諸邪盡遣。傷寒溫疫，能解熱煩。瘡腫癰疽，專破膿血。鎮肝明目，安心定神。孕婦忌之，因消胎氣。牯犀角有小毒，多作撒豆斑紋。為帶繫腰，色深炫目。化腫癰膿血成水，退時熱煩悶發狂。風毒竟敺，心神亦鎮。邪精鬼魅，悉卻難侵。牸犀角乃甚良，斑白分明細膩。因紋不雜，又謂斑犀。造器惟堪，充藥不及。鼻角治病為上，氣味無毒大寒。攻心下毷氉熱煩，除腸中赤白洩痢。中惡中毒俱治，風癇風腫總醫。肉味甘溫，功劣于角。啖過多腹易煩脹，麝香少許和水，吞之即解。入山林路不失迷。療諸蛇咬傷及血痢痔瘻，敺海外瘴氣併蠱疰精邪。

謨按：丹溪云：犀角屬陽，其性走散，比諸角尤甚。習俗痘瘡後，多用以散餘毒。若無餘毒、或血虛、或有燥熱發者用之，禍不旋踵。又云：鹿取茸，犀取尖，以力之精銳在是，匪此為然，諸角取尖，俱相同也。　第一卷升麻欵後謨按宜參看。

明・方穀《本草纂要》卷一一　犀角　味苦、酸、醎，氣寒，性涼，無毒。乃解毒之神藥也。主治百毒蠱疰，邪惡瘴氣，溫疫大熱，中風失音，小兒驚疳，大人失血，諸瘡餘毒不解，眼科鎮肝明目。蓋此藥能安心定志，清神涼血，爲至靜之藥也。然而，用藥取角之美，鹿取茸，犀取尖，牛取腮，其精銳之氣皆在是也。

明・王文潔《太乙仙製本草藥性大全》卷七《本草精義》　犀角　黔蜀雖生，南海爲上。首類猪頂僅一角，或云：犀有二角，一角在額上者爲兕犀，一在鼻上者爲胡帽犀。牯犀亦有之，但一角者居多。腹若牛足每三蹄。其皮一孔三毛，色黑食棘葉。有水犀、陸犀，係各種類，分貴賤悉以粟紋。犀數種俱粟紋，乃取紋之精粗，以爲貴賤也。通天犀角獨優，紋現百物紋是。其犀胎時見天上物命過並形於角，故云通天，欲驗於月下以水盆映，則知通天矣。此犀日飲濁水，惡照影形；海人設法捕求，沿插棧木。犀來往倚木少甜，木折損犀亦倒地。足直前足直不能曲。難竟起走，捕者由是獲擒。取角售人，爲世至寶。置米中雞駭，亦名駭雞犀。掛檐際烏驚，縛足過澗水自開，簪髻曉行露不惹。飲饌毒能試，投內白沫竦起則有毒，否則無毒也。屋舍塵可除昔石保吉官陳州，悉毀舊廨欲新之，見風塵輙自分去，人以怪疑，不知腰繫辟塵犀帶也。燬照莫測深潭，盡見水底怪物。造器者煮熟弗效，採新者性烈方靈。錯屑鋸抄尖，紙裹懷中先抱，沾人氣，則易擣，故曰人氣粉犀。治病選黑色，擇肌麄皺潤光。使松脂經入陽明，惡雷丸尤忌鹽醬。諸角俱忌鹽也。

明・王文潔《太乙仙製本草藥性大全》卷七《仙製藥性》　犀角君　味苦、酸、鹹，一云辛、甘，氣寒，無毒。　主治：治諸血症，實大寒之劑。能使目明，有平睛之功。殺鉤吻鴆羽蛇毒山瘴溪毒，百毒皆除。辟尸疰鬼疰惡邪狐魅精邪，諸邪盡遣。傷寒瘟疫，能解熱煩。瘡腫癰疽，專破膿血。治中風失音，療痘疹風熱。鎮驚癇而止頭疼，安心神而定魂魄。能消胎氣，孕婦忌之。　牯犀角君：味甘，有小毒。多作撒豆斑紋，爲帶繫腰，色深炫目。主治：化腫癰膿血如水，退時熱煩悶發狂。風毒竟敺，心神亦鎮。邪精鬼魅，悉却無侵。　牸犀角乃甚良，斑白分明細膩。因紋不雜，又謂斑犀，造器惟堪，入藥不及。　犀鼻角：治病爲上，氣味無毒大寒。攻心下毷氉熱煩，除腸中赤白洩痢。中惡中毒俱治，風癇風腫總醫。　補註：治雉肉作臛〔食之〕吐下，用生角末方寸〔匕〕，新汲水調下。○服藥過劑及中毒，煩悶欲

死，燒角末水服方寸〔匕〕。〇有蠼螋蟲尿人影，着處便令人體病瘡，其狀如粟粒累累，一聚滲痛，身中忽有處燥痛如芒刺，赤如刺蟲所螫後細瘡㿔作叢如茱萸子狀也。四畔赤，中央有白膿如黍粟，亦令人皮急，舉身惡寒壯熱，極者連起竟腰、脇、胸也。治之法，初得磨犀角塗之止。〇臥忽不寤，若火照之則殺人，但痛齧其踵，又足拇指甲際，而多唾其面，即活。犀角枕佳，或以青木香内枕中並帶。〇治孩子驚癇不知人，迷悶嚼舌仰目者。犀角末半錢，水二大合，服之立效。　太乙曰：凡使勿用奴犀、牸犀、病水犀、攣子犀、下角犀、淺水犀、無潤犀。要使烏黑肌皺，坼裂光潤者上。凡修治之時，錯其屑入臼中擣令細，再入鉢中研萬匝方入藥中用之。婦人有姙勿服，能消胎氣。凡修事治一切角，大忌鹽也。　犀肉：味甘溫，功劣於角。啖過多腹易煩脹，麝香少許，和水吞之即解。入山林路不失迷。療諸蛇咬傷及血痢痔瘻，敺海外瘴氣併蠱疰精邪。　按：丹溪云：犀角屬陽，其性走散比諸角尤甚，習俗痘瘡後多用以散餘毒。若無餘毒，或血虛，或有燥熱發者用之，禍不旋踵。又云：鹿取茸，犀取尖，以力之精鋭在，是匪此爲然。諸角取尖俱相同也。

明·皇甫嵩《本草發明》卷六　犀角中品。氣味苦、酸、鹹，無毒。入陽明經。

發明曰：按丹溪云：犀角屬陽，其性走散。故《本草》主除百毒，蠱疰邪鬼瘴氣，殺鉤吻鴆羽蛇毒，除精邪不迷惑魘寐。又療傷寒瘟疫，頭疼寒熱。又云：治心煩止驚，補虛勞退熱，消痰，解溪毒，鎮肝明目，中風失音，小兒風熱驚癇，皆由其性能走散中兼寒能清熱耳。〇犀角生地黄湯中用之，以其涼而散瘀血。若肺大燥熱發者，用之反害。犀，種類不一，治病惟黑色，肌粗皺坼裂，光潤者為良須生犀，未經湯水浸煮。入藥取其角尖，以力之精鋭在此，比之諸角，走散尤捷。諸角皆忌鹽、醬。入湯藥生磨内之，入丸散須新者鎊末屑，用帋包置懷中良久，搗則易碎，再鉢内細研過用之妙。

牯犀，味甘，有小毒。犀中最大者，多作撒豆紋色，可作帶器，其色眩目。專療癰腫毒，化膿血如水。退時熱，入心煩悶發狂妄語，散風毒，中惡毒氣。亦鎮心神，除邪精神鬼魅。　鼻角犀，角生鼻上一名胡犀，最佳。性大寒，無毒。治病勝。主風毒攻心，毷氉熱悶，擁毒，除赤痢，小兒麩豆風癇，并中惡毒，並宜用之。牸犀角班白細膩，紋不雜，宜造器，不入藥餌用。一名班犀。　通天犀其胎時見天上物命過，並形于角，故云通天。驗于月下以水盆映，則知通天矣。良為至寶，置米中雞駭，掛檐際鳥驚，夜露不濡，分水分塵，(煋)〔毀〕照入深潭見水徑，世所罕有。

明·李時珍《本草綱目》卷五一獸部·獸類　犀《本經》中品

〔釋名〕兕時珍曰：犀字，篆文象形。其牸名兕，亦曰沙犀。《爾雅翼》云：兕與牸字音相近，猶羖之爲牯也。大抵犀、兕是一物，古人多言兕，後人多言犀，北音多言兕，南音多言犀，爲不同耳。詳下文。梵書謂犀曰朅伽。〔集解〕《别録》曰：犀出永昌山谷及益州。永昌，即今滇南也。弘景曰：今出武陵、交州、寧州諸遠山。犀有二角，以額上者爲勝。又有通天犀角，上有一白縷，直上至端，夜露不濡，入藥至神驗。或云此是水犀角，出水中。《漢書》所謂駭鷄犀者，置米飼鷄，皆驚駭不敢啄；置屋上，烏鳥不敢集。又有牸犀，角甚長，文理似犀，不堪入藥。恭曰：牸是雌犀，文理膩細，斑白分明，俗謂之斑犀。服用爲上，入藥不如雄犀。藏器曰：犀無水陸二種，但以精粗言之。通天者，腦上之角，經千歲，長且鋭，白星徹端，能出氣通天，則能通神、破水、駭鷄，故曰通天。《抱朴子》言此犀刻爲魚，銜之入水，水開三尺是也。頌曰：犀角，今以南海者爲上，黔、蜀者次之。犀似水牛，猪首、大腹、卑脚。脚似象，有三蹄。黑色。舌上有刺，好食棘刺。皮上每一孔生三毛，如豕。有一角、二角、三角者。《爾雅》云：兕似牛，犀似豕。郭璞注云：兕一角，色青，重千斤。犀似水牛，三角：一在頂上，一在額上，一在鼻上。鼻上者食角也。又名奴角，小而不橢。亦有一角者。劉恂《嶺表録異》云：犀有二角：一角額上爲兕犀，一在鼻上爲胡帽犀。牯犀亦有二角，皆謂之毛犀，而今人多傳一角之説。此數種角俱有粟文，觀紋之粗細爲貴賤。貴者有通天花文，犀有此角者，必自惡其影，常飲濁水，不照見也。絶品者有百物之形。或云犀之通天者乃其病，理不可知也。角文有〔倒〕插者，一半已下通；有正插者，一半已上通；有腰鼓插者，中斷不通。其類極多，故波斯呼象牙爲白暗，犀角爲黑暗，言難識也。犀中最大者墮羅犀，一株重七八斤，云是牯犀額角。其花多作撒豆斑，色深者，堪作帶胯；斑散色淺者，可作器皿耳。或云兕乃犀之雌者，亦似水牛而青色，皮堅厚可以爲鎧，未知的否。唐醫吴士臯言：海人取犀，先於山路多植朽木，如猪羊棧。其犀前脚直，常依木而息，爛木忽然折，倒仆久不能起，因格殺之。又云：犀每歲一退角，必自埋於山中，海人潛作木角易之，再三不離其處。若直取之，則後藏於别處，不可尋矣。李珣曰：通天犀乃胎時見天上物過，形於角上，故曰通天。但於月下水盆映之則知。按《五溪記》云：山犀食竹木，其小便即竟日不盡。夷獠以弓矢採之，名曰黔犀。又《異物志》云：山東海水中有牛，樂聞絲竹。彼人動樂，則牛出聽，因而採之。有鼻角、頂角，以鼻角爲上。《本草》止知山犀，未見水犀。宗奭曰：川犀、南犀紋細，烏犀有紋顯露，黄犀紋絶少，皆不及西番者，紋高、雨脚顯也。物象黄、外黑者正透，物象黑、外黄者爲倒透。蓋以烏色爲正，以形像肖物爲貴。既曰通犀，必須文頭顯著，黄黑分明，有雨脚潤滑者爲第一。時珍曰：犀出西番、南番、滇南、交州諸處。有山犀、水犀、兕犀三種，又有毛犀似之。山犀居山林，人多得之，水犀出入水中，最爲難得。並有二角，鼻角長而額角短。水犀皮有珠甲，而山犀無之。兕犀即犀之牸者，亦曰沙犀，止有一角在頂，文理細膩，斑白分明，不可入藥。蓋牯角文大，而牸角文細也。洪武初，九真曾貢之，謂之獨角犀，是矣。陳藏

器謂犀無水陸，郭璞謂犀有三角，蘇頌謂毛犀爲牯犀，皆出訛傳，今並正之。毛犀即旄牛也，見本條。犀角紋如魚子形，謂之粟紋。紋中有眼，謂之粟眼。黑中有黄花者爲正透，黄中有黑花者爲倒透，花中復有花者爲重透，並名通犀，乃上品也；花如椒豆斑者次之；烏犀純黑無花者爲下品。其通天夜視有光者，名夜明犀，故能通神開水，飛禽走獸見之皆驚。又《山海經》有白犀，白色；《開元遺事》有辟寒犀，其色如金，交趾所貢，冬月暖氣襲人；《白孔六帖》有辟暑犀，唐文宗得之，夏月能清暑氣；《嶺表録異》有辟塵犀，爲簪梳帶胯，塵不近身；《杜陽編》有蠲忿犀，云爲帶，令人蠲去忿怒，此皆希世之珍，故附見之。

犀角番名低密。

【修治】弘景曰：入藥惟雄犀生者爲佳。若犀片及見成器物皆被蒸煮，不堪用。頌曰：凡犀入藥有黑白二種，以黑者爲勝，角尖又勝。生犀不獨未經水火者，蓋犀有捕得殺取者爲上，蜕角者次之。宗奭曰：鹿取茸，犀取尖，其精鋭之力盡在是也。斅曰：凡使，勿用奴犀、牸犀、病水犀、(孿)〔攣〕子犀、無潤犀。惟取烏黑肌皺、(折)〔坼〕裂光潤者錯屑，入臼杵，細研萬匝乃用。李珣曰：凡犀角鋸成，當以薄紙裹於懷中蒸燥，乘熱搗之，應手如粉，故《歸田録》云：翡翠屑金，人氣粉犀。

【氣味】苦、酸、鹹，寒，無毒。《别録》曰：微寒。李珣曰：大寒，無毒。甄權曰：牯犀角，甘、辛，有小毒。張元素曰：苦、酸，寒，陽中之陰也。入陽明經。之才曰：松脂爲之使。惡雷丸、藋菌。時珍曰：升麻爲之使。惡烏頭、烏喙。斅曰：忌鹽，及妊婦勿服，能消胎氣。

【主治】百毒蠱疰，邪鬼瘴氣，殺鈎吻、鴆羽、蛇毒，除邪，不迷惑魘寐，久服輕身《本經》。傷寒温疫，頭痛寒熱，諸毒氣。令人駿健《别録》。辟中惡毒氣，鎮心神，解大熱，散風毒，治發背癰疽瘡腫，化膿作水，療時疾，熱如火，煩毒入心，狂言妄語《藥性》。治心煩，止驚，鎮肝明目，安五臟，補虚勞，退熱消痰，解山瘴溪毒日華。主風毒攻心，毷氉熱悶，赤痢，小兒麩豆，風熱驚癇《海藥》。燒灰水服，治卒中惡心痛，飲食中毒，藥毒熱毒，筋骨中風，心風煩悶，中風失音，皆瘥。以水磨服，治小兒驚熱。山犀、水犀，功用相同孟詵。磨汁，治吐血、衄血、下血，及傷寒畜血，發狂譫語，發黄發斑，痘瘡稠密，内熱黑陷，或不結痂，瀉肝凉心，清胃解毒時珍。

【發明】時珍曰：犀角，犀之精靈所聚，足陽明藥也。胃爲水穀之海，飲食藥物必先受之，故犀角能解一切諸毒。五臟六府，皆禀氣於胃，風邪熱毒，必先乾之。故犀角能療諸血，及驚狂斑痘之證。《抱朴子》云：犀食百草之毒，及衆木之棘，所以能解毒。凡蠱毒之鄉，有飲食，以此角攪之，有毒則生白沫，無毒則否。以之煮毒藥，則無復毒勢也。《北户録》云：凡中毒箭，以犀角刺瘡中，立愈。由犀食百毒棘刺也。昔温嶠過武昌牛渚磯，下多怪物。嶠然犀角照之，而水族見形。《淮南子》云：犀角置穴，狐不敢歸。則犀之精靈辟邪不惑，於此益可見矣。

【附方】舊六，新七。

吐血不止：似鵝鴨肝。用生犀角、生桔梗各一兩爲末。每酒服二錢。《總録》。

中忤中惡：鬼氣。其證或暮夜登厠，或出郊外，驀然倒地，厥冷握拳，口鼻出清血，須臾不救，似乎尸厥，但腹不鳴，心腹暖爾。勿移動，令人圍遶，燒火打鼓，或燒蘇合香、安息香、麝香之類，候醒乃移動。用犀角五錢，麝香、朱砂各二錢五分，爲末。每水調二錢服，即效。華佗方。

卧忽不寤：若以火照之則殺人。但唾其面，痛嚙其踵及大趾甲際，即活。以犀角爲枕，即令不魘。

小兒驚癇：不知人，嚼舌仰目者。犀角濃磨水服之，立效。爲末亦可。《廣利方》。

痘瘡稠密：不拘大人小兒。生犀，於澀器中，新汲水磨濃汁冷飲服之。《錢氏小兒方》。

消毒解熱：生犀角尖，磨濃汁，頻飲之。同上。

服藥過劑：犀角燒末，水服方寸匕。《外臺》。

中毒煩困：方同上。

食雉中毒：吐下不止。用生犀角末方寸匕，新汲水調服，即瘥。《聖惠方》。

蠼螋尿瘡：狀如茱萸，中央白膿，惡寒壯熱。磨犀角汁塗之。《千金方》。

瘭疽毒瘡：喜着十指，狀如代指，根深至肌，能壞筋骨，毒氣入臟殺人。宜燒鐵烙之，或灸百壯，日飲犀角汁取瘥。《千金方》。

山嵐瘴氣：犀角磨水服之，良。《集簡方》。

下痢鮮血：犀角、地榆、生地黄各一兩，爲末，煉蜜丸彈子大。每服一丸，水一升，煎五合，去滓温服。《聖惠方》。

題明·薛己《本草約言·藥性本草》卷二 犀角　味苦、酸、鹹，氣寒，無毒。陽中之陰，可升可降。殺諸物之苛毒，解傷寒溫疫之熱毒，散血溢之奇毒，消瘡瘍之腫毒。殺諸物，謂殺鈎吻、鴆羽、蛇毒。鈎吻，葉似黄精，有大毒，食之入口即死。治畜血分三部：上焦畜血，用犀角地黄湯；中焦畜血，用桃仁承氣湯；下焦用抵當丸。其地黄湯中用犀角者，以其涼而能散瘀血。若肺火燥熱發者，用之反害。丹溪云：屬陽，性走散，痘瘡後用此散餘毒，若無餘毒而血虚或燥熱者不宜用。按：犀角性能走散，兼以寒能清熱，故其治若此。入藥用牯者，須用生角，烏色，未經湯水浸煮。若磨服，取角尖為佳。蓋鹿取茸，犀取尖，精鋭之力盡在是。

明·梅得春《藥性會元》卷下 犀角　味苦、酸、鹹，氣寒，無毒。松脂為使。惡雷丸。主治傷寒瘟疫，頭痛煩悶，心中大熱，狂言吐衄咳血，及上焦蓄血，明目鎮心，定驚安神，解煩亂，中風失音，小兒風熱驚癇，痘疹餘毒。又治發背癰疽瘡腫，破膿化血，殺百毒鬼疰，瘴氣蛇毒殺鈎吻、鴆羽及山溪瘴毒、蠱疰，除邪，不迷惑魘寐，故曰涼心解毒殺鬼聞名。若無熱毒而血虚者，或以燥熱發者，用之禍至，人亦不知。凡使，勿用奴犀、牸犀、病水犀、孿子

犀、下角犀、淺水犀、無潤犀，惟烏黑肌粗皺坼裂光潤者上。若經造作、藥水煮浸過者不用。　製法：　鎊成細屑，紙包置懷中良久，取出研搗則易碎，故曰人氣粉犀。若磨服，用尖。　凡治一切角，忌鹽，效之。又姙婦勿餌。犀角屬陽，其性走散，比諸角尤甚，故痘瘡後，以此散餘毒。鹿取茸，犀取尖，其精銳之力盡在是矣。

明·杜文燮《藥鑒》卷二　犀角　氣寒，味苦、酸、鹹，無毒。升也，陽也。《本草》主解心熱，止煩亂，安心神，鎮諸驚，何謂哉？蓋寒能制熱，苦能泄火，寒苦入心，則心熱解而煩亂止矣。熱解煩止，更兼酸以斂神，則神安矣。心定神安，而血以養筋，則驚鎮矣。其曰明目者，蓋火熱下行爍腎，故目昏。其曰清音者，蓋火熱上行逼肺，故音啞，今火熱既去，且又鹹以滋腎，則水又足以勝火，而目之所以明者此也，音之所以清者此也。大都傷寒瘟疫，風腫瘡瘍諸症，皆火熱為之也。今火熱既去，則邪不得以奪正，而寒疫之所以除者此也，腫瘍之所以消者此也。易老云：　上焦蓄血，犀角地黃湯主之；　中焦蓄血，桃仁承氣湯主之；　下焦蓄血，抵當湯主之。三法宜知，不可忽也。痘家熱症，逼血妄行，及煩悶小便赤澁，并痘色紅紫者，宜用之以解熱。若虛寒症勿用。畏川烏、草烏。

明·王肯堂《肯堂醫論》卷中　論犀角　犀角，以黑如漆，黃如粟，上下相透，雲頭雨脚分明者為佳。近人多巧偽，藥染湯煮，無所不至，然亦易辨。犀不可見日並貯，若犯之，則色理粗燥。凡蜜犀角嫩者，以鳳仙花染之。犀有水、旱二種，以水犀為上。凡心、膽、肝三經之熱，允為良藥。

明·李中立《本草原始》卷九　犀　出永昌山谷及益州。今出南海者為上，黔、蜀者次之。犀似牛，猪首，大腹，卑脚，脚有三蹄，色黑。好食棘。其皮每一孔皆生三毛。頂一角，或云兩角，或云三角。謹按郭璞《爾雅》注云：犀三角，一在頂上，一在額上，一在鼻上。鼻上者，即食角也，小而不橢。亦有一角者。《嶺表錄異》曰：　犀有二角，一在額上，為兕犀；　一在鼻上，為胡帽犀。牯犀亦有二角，皆為毛犀。而今人多傳一角之説。此數種，俱有粟文。以文之麄細為貴賤。角之貴者，有通天花文，犀有此角，必自惡其影，常飲濁水，不欲照見也。絕品者，有百物之形。其類極多。唐醫吳士皋言：海人取犀，先於山路多植木，如猪羊棧，其犀前脚直，常依木而息，木爛忽折，犀倒久不能起，因格殺而取其角。又云：　犀每歲退角，必自埋于山中。海人潛作木角易之，再三不離其處。若直取之，則後藏于別處，不可尋矣。入藥殺取者為上，蜕角者次之。李時珍曰：　犀字篆文象形，其牸名兕，亦曰沙犀。大抵犀、兕是一物，古人多言兕，後人多言犀，北音多言兕，南音多言犀，為不同耳。梵書謂犀曰揭伽。

犀角：　氣味：　苦、酸、鹹，寒，無毒。　主治：　百毒蠱疰，邪鬼瘴氣，殺鉤吻、鴆羽、蛇毒。除邪，不迷惑魘寐。久服輕身。○辟中惡，鎮心神，解大熱，散風毒，治發背，癰疽瘡，化膿作水。時疾熱如火，煩毒入心，狂言妄語。○治心煩，止驚，鎮肝明目，安五臟，補虛勞，退熱消痰，解山瘴溪毒。○風毒攻心，毷氉熱悶，赤痢，小兒麩豆，風熱驚癇。○燒灰水服，治卒中惡心痛，飲食中毒，藥毒，熱毒，筋骨中風，心風煩悶，中風失音。水磨服，治小兒驚熱。○磨汁，治吐血、衄血、下血，及傷寒畜血，發狂譫語，發黃發斑，痘瘡稠密，内熱黑陷，或不結痂，瀉肝涼心，清胃解毒。

犀角，《本經》中品。【圖略】洪武初，九真曾貢獨角犀。修治：　陶弘景曰：　入藥惟雄犀角，生者為佳。若犀片及見成器物皆被蒸煮，不堪用。○頌曰：　犀入藥，有黑白二種，以黑者為勝，角尖又勝。○李珣曰：　凡犀角鋸成小塊，當以薄紙裹于懷中蒸燥，乘熱搗之，應手如粉，故《歸田錄》云：翡翠屑金，人氣粉犀。

張元素曰：　苦、酸，寒，陽中之陰也。入陽明經。　之才曰：　松脂為之使，惡雷丸、雚菌。　斆曰：　忌鹽，及妊婦勿服，能消胎氣。《北戶錄》云：　凡中毒箭，以犀角刺瘡中，立愈。犀角，君。

戲術：　角簪分水：　犀角簪一枝，用獺膽塗之，以簪分盆中水，其水自分二面。○通天犀可以破水，駭雞。夜然照水，水族見形。

明·羅周彥《醫宗粹言》卷四　研犀角法　時法用水磨之，甚費力。又剉屑入藥，其汁終粗。古法鋸成小塊如豆，極薄紙包，内懷中貼肉頃時，乘暖急投臼中搗之，應手如粉。

明·張懋辰《本草便》卷一　犀角君　味苦、酸、鹹，又云甘、辛，氣寒，無毒。

主百毒蠱疰，邪鬼瘴氣，解山瘴溪毒，除邪，不迷惑魘寐；　療傷寒瘟疫，頭痛煩悶，大熱發狂，中風失音，小兒風熱驚癇；　又治發背癰疽瘡腫，破血化膿，安心神，止煩亂，鎮肝明目。

明·吳文炳《藥性全備食物本草》卷二　犀　明也，陰物，受月之精，積

於角尖，晦明之夕，光正赫然如炬。肉味甘溫，功劣於角，食多腹易煩脹，木香少許和水呑之即解。入山林路不失迷，為療蛇傷、血痢，痔瘻，辟瘴氣、蠱疰，精邪。

角： 主傷寒溫疫，頭痛煩悶，大熱發狂，吐血衄血及上焦蓄血發黃。又治中風失音，小兒風熱驚癇，殺百毒蠱疰，邪鬼魘寐，解山溪瘴毒，鉤吻，鴆鳥、蛇毒。又治發背癰疽瘡腫化膿為水，散痘疹餘毒。丹溪曰：犀性走散，痘無餘毒而血虛發燥熱者禁用。兼明目消痰，止痢，乃清心鎮肝之劑也。出武陵、交州、寧州近海山中，牛首猪腹，脚有三蹄似象，力敵千斤。有殺而得者，有自退者，無水陸二種，牸犀角長，文理斑白，有重七八斤者，可作器皿耳。入藥用牯犀烏黑色、肌麄皺裂、光潤辟塵者為上，露之不濡者真。通天犀照百物，駭雞驚烏破水，尤為難得。凡修治，取生角尖，未經藥水煮者，剉末，以紙裹懷中一宿，令受人氣易研，故曰人氣粉（犀）。尋常湯藥磨水（剌）〔熱〕服，多用令人煩，以麝香一字，水調解之。松脂為使，惡雚菌、雷丸。凡治一切角，忌鹽。

按： 丹溪云：犀角屬陽，其性走散，比諸角尤甚。習俗痘瘡後多用以散餘毒，若無餘毒，或血虛，或有燥熱發者，用之禍不旋踵。又云：鹿取茸，犀取尖，以力之精銳在是，匪此為然，諸角取尖俱相同也。

《太乙》曰：凡使，勿用奴犀、牸犀、病水犀、攣子犀、下角犀、淺水犀、無潤犀。要使烏黑肌麄皺坼裂光潤者上。凡修合之時，錯其屑入臼中，擣令細，再入鉢中研萬匝，方入藥中用之。婦人有姙勿服，能消胎氣。

明・李中梓《藥性解》卷六 犀角 味苦、酸、鹹，性寒無毒，入心、肝二經。主百毒蠱疰，鬼魅邪氣，傷寒瘟疫，煩燥顛狂，痘疹血熱，癰疽腫毒，清心鎮肝，明目定驚，孕婦忌服。須紋細色烏光明滑潤者佳，取其茸尖，功力具備。松脂為使，惡雷丸，忌鹽。按：犀角苦寒，本入心家瀉火，又入肝臟者，蓋以火不妄炎，則金能制木也。丹溪曰：屬陽性走，比諸角猶甚，痘瘡後用以散餘毒，俗以為常。若非有餘毒而血虛者，與以燥發熱者用之，禍無極矣。

明・繆希雍《本草經疏》卷一七 犀角 味苦、酸、鹹，寒，微寒，無毒。主百毒蠱疰，邪鬼瘴氣，殺鉤吻、鴆羽、蛇毒，除邪，不迷惑魘寐，療傷寒溫疫，頭痛寒熱，諸毒氣。久服輕身駿健。升麻、松脂為之使。惡烏頭。忌鹽。凡欲作末，先鋸屑置人懷中一宿，擣之應手成粉。

【疏】犀，亦神獸也。故其角之精者名通天，夜視有光，能開水辟邪，禽獸見之皆驚駭辟易。《本經》味苦，氣寒，無毒。《別錄》酸鹹微寒。李珣大寒。味厚於氣，可升可降，陽中之陰也。入足陽明，兼入手少陰經。陽明為水穀之海，無物不受，又口鼻為上下陽明之竅，邪氣多從口鼻而入。凡蠱毒鬼瘴，與夫風火邪熱氣之侵人也，必先入於是經。犀角為陽明經正藥，其性神靈而寒，故能除邪鬼，省魘寐。其味苦寒，能散邪熱，解諸毒，故主百毒蠱疰，瘴氣，殺鉤吻、鴆羽、蛇毒及傷寒溫疫頭痛寒熱等證也。邪熱去則心經清明，人自不迷惑，胃亦遂安，而五臟皆得所養，故能令人駿健及久服輕身也。《藥性論》主鎮心神，解大熱，散風毒，治發背癰疽瘡腫，療時疾熱如火，煩毒入心，狂言妄語。日華子治心煩，止驚，鎮肝，明目。《海藥》主風毒攻心，毷氉熱悶，小兒麩豆，風熱驚癇。孟詵主中惡心痛，中飲食藥毒，心風煩悶，中風失音。及今人用治吐血，衄血，下血，傷寒畜血發狂讝語，發黃，發斑，痘瘡稠密，熱極黑陷等證，神效。皆取其入胃、入心，散邪清熱，涼血解毒之功耳。 【主治參互】同鬼臼、麝香、龍齒、茯神、蘇合香、沉水香、天靈蓋、丹砂、雄黃，能辟鬼疰邪氣。 同丹砂、琥珀、金箔、天竺黃、牛黃、釣藤鉤、羚羊角、真珠、麝香，治大人小兒風熱驚癇。 磨汁，同生地黃、紅花子、麥門冬、紫草、白芍藥、鼠黏子，治痘瘡血熱，初見點紅豔壯熱口渴，煩躁狂語，多服可保無虞。 磨汁，同鬱金、童便、生地黃、麥門冬、炙甘草、白芍藥、紫蘇子、剪草、丹參、白藥子，治吐血，衄血。 犀角地黃湯，治傷寒畜血發黃，或熱盛吐血。 入紫雪丸，治大人小兒顛狂，溫疫，蠱毒，邪魅，一切煩熱為病。 入抱龍丸，治小兒恍惚驚悸，痰涎壅塞。 入至寶丹，治中風不語，中惡氣絕，一切神魂恍惚，癲狂擾亂等證。

《聖濟總錄》吐血不止似鵝鴨肝。用生犀角、桔梗各一兩，為末。每酒服二錢。 《廣利方》治小兒驚癇不知人，嚼舌仰目者，犀角磨濃汁，服之立效。 錢氏《小兒方》痘瘡稠密，生犀角，於澀器中新汲水磨濃汁，冷飲之。 《千金方》瘭疽毒瘡，喜着十指，狀如代指，根深至肌，能壞筋骨，毒氣入藏殺人。宜燒鐵烙之，或灸百壯，日飲犀角汁瘥。 《聖惠方》下利鮮血，犀角，地榆、金銀花各一兩，升麻五錢，為末，煉蜜丸彈子大。每服一丸，水一升，煎五合，去滓溫服。此熱毒伏於心經故也。宜加丹砂、滑石末，以金銀

藤花熬汁煎藥，更效。　〔簡誤〕痘瘡，氣虛無大熱者不宜用。傷寒陰證發躁，因陰寒在內，逼其浮陽失守之火，聚於胸中，上衝咽嗌，故面赤、手溫、煩嘔、喜飲涼物、食下良久復吐出。惟脈沉細，足冷，雖渴而飲水不多，且復吐出，為異於陽證耳，不宜誤用犀角涼劑。姙婦勿多服，能消胎氣。

明·倪朱謨《本草彙言》卷一八

犀角　味苦、酸、鹹，氣寒，無毒。氣薄味厚，陽中之陰，降也。入手太陰、少陰，足厥陰、少陰經。　陶隱居曰：犀出滇南山谷及武陵、交州、寧州、南海、西番、南番諸處。海南者爲上，黔蜀者次之。花紋通透者爲上，花紋隱混者次之。　李氏曰：犀有山犀、水犀、兕犀三種。山犀、水犀幷有二角。又有毛犀似之。山犀居山林間，人多得之。水犀出水中，最爲難得。海南者爲上。狀似牛，猪首大腹，卑脚三蹄，前脚直而無膝，依木爲息，木倒則仆，不易起也。舌有刺，喜啖竹木棘及毒物。飲濁水，不欲自見其影。皮孔三毛如豕。有一角、二角。三角者，一在頂上，一在額上，一在鼻上。鼻上者小而不墮，頂額者每歲一落，自埋山中。土人作木角潛易之，再三不離其處。若直取之，以後退落，必藏他處矣。二角者，鼻角長而額角短。一角者，有鼻無額、有額無鼻。鼻角者，胡帽犀；額角者，兕犀也。兕犀，牝犀也。毛色青、皮堅，可以爲鎧。又有毛犀，二角，所謂牯犀也。又有水犀，出入水中，最爲難得。皮中有珠甲，山犀無之。按《異物志》云：東海水中有犀牛，樂聞絲竹之音。彼人動樂，則出而聽之，因而采之。然犀角優劣，觀犀紋粗細、通塞以爲差等。紋如魚子形者，謂之粟紋；紋中有眼者，謂之粟眼；黑中有黃花者，謂之正透；黃中有黑花者，謂之倒透；花中復有花者，謂之重透，幷名通犀，乃上品也。又紋有倒插者，一半以下通；紋有正插者，一半以上通；紋有斷股插者，中段不通，亦名通犀。又角上有一白縷直上至端，夜露不濡，謂之通天犀。《漢書》有駭雞犀，置米飼雞，驚駭不敢啄。置屋上，烏鳥不敢集。犀角有最大者，一枝重七八斤，名墮羅犀。云是牯犀額中之角。又有花紋，多如撒豆斑色。夜視有光者曰夜明犀，通神分水，禽獸見之皆驚，乃絶品也。又有理文盤結作百物形者，亦稱上品。又有花如椒豆斑色者次之。烏犀純黑、無花紋者爲下。兕角理紋細膩，斑白分明不混者，不可入藥。如奴犀、牸犀、病水犀、(攣)〔孿〕子犀、無潤犀，俱不可用，惟取肌皺坼裂光潤者剉屑。以薄紙裹，置懷中蒸燥，乘熱搗之，應手成粉。故《歸田錄》云：翡翠銷金，人氣粉犀。此亦異也。　陳氏曰：又《山海經》有白犀。《開元遺事》交趾所貢有辟寒犀，色如金，冬月暖氣襲人。《白孔六帖》有辟暑犀，色如玉，夏月藏室中，涼氣襲人。又《嶺表錄》有辟塵犀，爲簪梳佩用，塵不近身。又《杜陽編》有蠲忿犀，佩之令人蠲去忿怒。皆希世之奇珍也。又《淮南子》云：犀角置狐穴口，狐不敢出入。如溫嶠過武昌，牛渚磯下多水怪，嶠燃犀角照之，而水怪見形，則犀角之精靈辟邪可見矣。○牯犀紋大，牝犀紋細。又川犀、南犀紋細，烏犀有紋顯露，黃犀紋絶少，皆不及西番者，紋高雨脚顯也。既云通犀，必須紋頭顯著，黃黑分明，有雨脚潤滑者爲第一。

犀角：涼心鎮肝，散瘀血，孟詵解熱毒之藥也。吳養元曰：犀食百草之毒及衆木之棘，故能解毒。角乃犀之精靈所聚，胃爲水穀之海，食飲藥物必先受之。風邪熱毒，必先干之，故前古解一切百毒蠱證，瘴熱邪惡，或傷寒瘟疫，邪熱譫妄，或中風痰熱，迷惑失音；或熱極失血，吐衄上逆；或驚癇熱疾，搐搦轉加；或痘瘡熱極，稠密黑陷；或痦疹熱極，內悶不清；或肝熱生翳，目睛蒙混不明等證，犀角幷皆治之。此乃安心定志，涼血清神之劑。凡入蠱毒之鄉，飲食以此攪之，有毒即生白沫，無毒則否。如痘瘡氣虛，乾枯黑陷者；傷寒陽虛陰極發躁者；陰寒在內，浮陽在外，發熱口渴，上衝咽嗌，面赤煩嘔，喜飲涼物，食下良久即復吐出，六脉數細，躁亂不寐者，此屬陰寒之證，犀角慎勿投也。

集方：《方脉正宗》解一切百毒蠱證。用上好真烏犀角，白湯磨汁半碗，調真紫金錠二錢服，立解。○同上治瘴熱中惡。用真烏犀角磨汁半盞，和燈心湯調服。○同上治傷寒瘟疫，語邪譫妄，因於熱者。用真烏犀角磨汁半盞，和白虎湯調服。○姚心仲方治中風痰熱，迷惑失音。用真烏犀角磨汁半盞，用防風、天麻、白朮、羌活、當歸、半夏各二錢，細辛八分，人參一錢五分，甘草七分，水煎半碗和服。○治熱極失血，吐衄不止。用真烏犀角磨汁半盞，童便半盞，用生地黃、牡丹皮、川黃連、炮薑炭、白芍藥各二錢，甘草七分，水煎和服。○治小兒驚癇熱疾，搐搦不定。用真烏犀角磨汁半盞，用天竺黃、鈎藤、膽星、茯苓各二錢，牛黃五釐，共研極細，每服五分，犀角汁調服。○小兒方治痘瘡熱極，稠密黑陷。用真烏犀角磨汁半盞，用升麻、乾葛、紫草茸、桔梗、甘草各一錢，水煎汁半盞和服。○同上治痦疹熱極，內悶不出。用真烏犀角磨汁半盞，用西河柳五錢，牛蒡子二錢，桔梗、玄參、薄荷、升麻、甘

草各一錢，水煎汁和服。○《科金鏡》治肝腎虛熱，目瘴不明。用真烏犀角磨汁十餘匙，每晚食後燈心湯化服。

續補方：《嬰兒全錄》治痘瘡血熱，初見點紅艷，壯熱口渴，煩燥狂語。用真烏犀角磨汁十餘匙，用生地黄、紅花子、麥門冬、紫草、牛蒡子、黄芩各二錢，甘草一錢，水煎半盞和服。○同上治小兒恍惚驚悸，痰涎壅塞，或嚼舌仰目。用真烏犀角磨汁十餘匙，調抱龍丸服。○《和劑局方》治中風不語，或中惡氣絕，一切神魂恍惚，癲狂擾亂。用真烏犀角磨汁一盞，用天竺黄、丹砂、雄黄、天南星各一兩，玳瑁屑、琥珀各一兩二錢，人參八錢焙，俱研極細末，再加冰片、麝香、牛黄各一錢五分，金箔、銀箔各三十張，再總研勻，以犀角汁和入，再加煉白蜜少許，和丸如梧子大。大人服五丸或七丸，小兒服二丸或一丸。俱用生薑泡湯化下。○《外科方》治中毒藥箭。以真烏犀角末抹瘡中，立愈。○《聖惠方》治下痢鮮血。用真烏犀角一兩鎊屑，地榆、懷生地各三兩，共爲末，煉蜜丸梧子大。每服三錢，白湯下。

明·姚可成《食物本草》卷一四獸部·野獸類　犀出永昌山谷及益州，即今滇南也。有二角，以額上者為勝。又有通天犀，角上有一白縷，直上至端，夜露不〔濡〕，入藥至神驗。或云此是水犀，角中出水。《漢〔書〕》所謂駭雞犀者，置米飼雞，皆驚駭不敢啄；置屋上，烏鳥不敢集。牸犀，即雌犀，文理細膩，斑白分明，服用為上，人藥不如雄者。《抱朴子》言：水犀刻為魚，銜之入水，水開三尺。○蘇頌曰：犀似水牛，豬首、大腹、卑脚，脚似象，有三蹄。黑色，舌上有刺，好食荊棘，皮上每一孔生三毛。彼人取犀，先於山路多植朽木，如豬羊棧，其犀前脚直，常依木而息，爛木忽折，倒仆久不能起，因格殺之。其犀每歲一退角，必自埋於山中，海人潛作木角易之，再三不離其處。若直取之，則後藏於別處，不可尋矣。又《異物志》云：山東海水中有牛，樂聞絲竹，彼人動樂，則牛出聽，因而采之。有鼻角、頂角，以鼻角為上。○李時珍曰：犀出西番、南番、滇南、交州諸處。有山犀、水犀、兕犀三種。又有毛犀似之。山犀居山林，人多得之。水犀出入水中，最為難得。竝有二角，鼻角長而額角短。水犀皮有珠甲，而山犀無之。兕犀即犀之牸者，止有一角在頂，文理細膩，斑白分明，不可入藥。蓋牯角文大，而牸角文細也。洪武初，九真曾貢之。犀角紋如魚子形，謂之粟紋，紋中有眼，謂之粟眼。黑中有黄花者為正透，黄中有黑花者為倒透，花中復有花者為重透，竝名通犀，乃上品也。花如椒豆斑者次之，烏犀純黑無花者為下品。其通天夜視有光(不)〔者〕，名夜明犀，故能通神開水，飛禽走獸見之皆驚。又《山海經》有白犀，白色。《開元遺事》有辟寒犀，其色如金，交趾所貢，冬月暖氣襲人。《白孔六帖》有辟暑犀，唐文宗得之，夏月能清(晃)〔暑〕氣。《嶺表錄異》有辟塵犀，為簪梳帶胯，塵不近身。《杜陽編》有蠲忿犀，云為帶，令人蠲去忿怒。此皆希世之珍，故附見之。

犀肉：味甘、鹹，平，無毒。食之主利五臟，清內熱，不飢延年。角：味苦、酸、鹹，寒，無毒。主百毒蠱疰，邪鬼瘴氣，殺鉤吻、鴆羽、蛇毒，除邪，不迷惑魘寐。久服輕身。又治傷寒溫疫，頭痛寒熱，諸毒氣。令人駿健。辟中惡毒氣，鎮心神，解大熱，散風毒。治發背癰疽瘡腫，化膿作水。療時疾熱如火，煩毒入心，狂言妄語。定驚悸，鎮肝明目，安五臟，補虛勞，退熱消痰，解山瘴溪毒。磨汁，治吐血、衄血、下血及傷寒畜血，發狂譫語，斑黄悶亂，痘瘡稠密，內熱黑陷，或不結痂，瀉肝涼心，清胃解毒。○《抱朴子》云：犀食百草之毒及衆木之棘，所以能解毒。凡蠱毒之鄉有飲食，以此角攪之，有毒則生白沫，無毒則否。以之煮毒藥，則無復毒勢也。《北戶錄》云：凡中毒箭，以犀角刺瘡中，立愈。昔溫嶠過武昌牛渚磯，下多怪物。嶠然犀角照之，而水族見形。淮南子云：犀角置穴，狐不敢歸。則犀之精靈辟邪逐魅，益可見矣。

附方：治吐血不止，似雞鴨肝。用生犀角、桔梗等分，每酒服二錢。治中惡氣、鬼氣。其症或暮夜登廁，或出郊外，或弔喪問病，或入冷廟，或踏荒丘，驀然倒地，厥冷握拳，口鼻出血，須臾不救，似乎尸厥，但腹不鳴，心腹暖爾。勿移動，令人圍繞，燒火打鼓，或燒蘇合香、安息香、麝香之類，候醒乃移動。用犀角為君，麝香、硃砂各減半，為末。每水調二錢服，即愈。治臥寐魘死。勿以火照，但唾其面，痛齧其足大指，即活。以犀角置枕中，永無魘患。治小兒驚癇不知人，嚼舌仰目。用犀角磨水服之，立效。治下痢鮮血。用犀角、地榆、生地黄各一兩，為末，煉蜜丸如彈子大。每用一丸，溫水下。治食野雞中毒，吐下不止。用生犀角末方寸匕，新汲水調服，即瘥。治服藥過劑。犀角燒末，水服方寸匕。

明·顧逢柏《分部本草妙用》卷三脾部·寒瀉　犀角　苦、酸、鹹，寒，無毒。升麻為使，惡烏頭，忌鹽。能消胎。鋸碎，以紙裹懷中，乘熱搗之，應手如粉。　主治：百毒蠱疰，邪鬼瘴氣，傷寒溫疫，頭痛寒熱，除煩鎮驚，明目，消痰，吐衄下血，傷寒畜血，發狂譫語，發黄發斑，痘瘡大熱。　犀乃食百草之毒，故角能解百毒。然大寒之性，胃受之必傷，過用致病，虛人所禁也。

明·李中梓《醫宗必讀·本草徵要下》　犀角味苦、酸、鹹，寒，無毒。入心、胃、肝三經。升麻為使，惡烏頭、烏喙，忌鹽。　解煩熱而心寧，驚悸狂邪都掃；散風毒而肝清，目昏痰壅皆消。吐衄崩淋，投之輒止，癰疽發背，用以消除。解

毒高於甘草，祛邪過於牛黃。犀角雖有徹上徹下之功，不過散邪清熱，涼血解毒而已。按：大寒之性，非大熱者不敢輕服，姙婦多服，能消胎氣。

明・鄭二陽《仁壽堂藥鏡》卷七　犀角　氣寒，味苦、酸、鹹，微寒。無毒。《象》云：治傷寒溫疫頭痛，安心神，止煩亂，明目鎮驚，治中風失音，小兒麩豆，風熱驚癇，鎊用。《本草》云：主百毒蠱疰，邪鬼瘴氣。殺鉤吻、鴆羽、蛇毒。除邪，不迷惑，魘寐。療傷寒溫疫，頭痛寒熱，諸毒氣。能治一切瘡腫，破血。《液》云：升麻代犀角，說並見升麻條下。易老療蓄血，分三部：上焦蓄血，犀角地黃湯；中焦蓄血，桃仁承氣湯；下焦蓄血，抵當湯、丸。丸，但緩於湯耳。三法的當，後之用者，無以復加。入心、胃二經。松脂、升麻為使。惡雷丸、藋菌、烏頭、烏喙。忌鹽。鋸碎，以紙裹懷中，乘熱擣之，應手如粉。丹溪云：犀角屬陽，性走散，比諸角為甚。痘瘡後用此，以散餘毒，俗以為常。若無餘毒而血虛者，或已燥熱發散者，而誤用之，禍立至。人所不知也。按：犀食百草之毒，故角能解百毒。然大寒之性，胃受之必傷，人尤所禁也。陳藏器云：通天犀角上有一白縷，直上至端，則能通神。可破水、駭雞。置犀於米中，雞不敢啄。置水中，水開。此為真也。造器者弗效，採新者方靈。鹿取茸，犀取尖，以力之精銳在是。

明・蔣儀《藥鏡》卷四寒部　犀角　觧心熱，傷寒發狂清心神中風不語。鎮肝消瘍，疎痘毒而斑疹能消。理胃散邪，止吐血而驚癇可治。蓋火熱下行爍腎，則目昏，惟鹹以滋腎，故明目。熱邪上行逼肺，則音啞，惟寒能制熱，故清音。易老云上焦蓄血，犀角地黃湯主之；中焦蓄血，桃仁承氣湯主之；下焦蓄血，抵當湯主之；三法宜知，不可忽也。

明・李中梓《頤生微論》卷三　犀角　味苦、酸、鹹，性大寒，無毒。入心、胃、肝三經。松脂、升麻為使。惡雷丸、烏頭、烏喙，忌鹽。劈開紙裹納懷中，乘熱擣之，應手如粉。清心去煩熱，鎮驚明目，消痰散風，清肝，辟邪解毒；主傷寒，發狂讝語，發黃發癍，痘瘡大熱。按：犀食百草之毒，故能解百毒。然大寒之性，胃必受傷。姙婦多服，能消胎氣。

明・張景岳《景岳全書》卷四九《本草正》　犀角　味苦、辛、微甘，氣寒。氣味俱輕，升也，陽也。其性靈通，長於走散，較諸角為甚。藥用黑色，功力在尖。專入陽明，清胃火，亦施他藏。涼心定神鎮驚，瀉肝明目，能解大熱，散風毒陽毒，瘟疫熱煩。磨汁治吐血衄血下血，及傷寒畜血，發狂發黃，發班譫語，痘瘡稠密，內熱黑陷，或不結痂。亦散瘡毒癰瘍，膿血腫痛，殺妖狐精魅鬼疰百毒，蠱毒，鉤吻、鴆羽、蛇毒，辟溪瘴山嵐惡氣。其性升而善散，故治傷寒熱毒閉表，煩熱昏悶而汗不得解者，磨尖攙入藥中，取汗速響應。仲景云如無犀角以升麻代之者，正以此兩物俱入陽明，功皆升散。今人莫得其解，每致疑詞，是但知犀角之解心熱，而不知犀角之能升散，尤峻速於升麻也。倘中氣虛弱，脉細無神，及痘瘡血虛，真陰不足等證，凡畏汗畏寒畏散者，乃所當忌。或必不得已，宜兼補劑用之。

明・賈九如《藥品化義》卷九火藥　犀角尖　屬陽中有陰，體重，色本黃尖黑，剉碎則白，氣香，味苦帶微酸而鹹，性涼，能升能降，力清心膽，性氣與味俱輕清，入心肺肝膽胃五經。　犀角氣香屬陽，主走散；性涼屬陰，主湧泄。妙在陰陽並用，善清虛火上炎致吐衄妄行，肺胃中蓄血凝滯。又取其味苦酸鹹，恰合心神之性。蓋心惡熱，以苦涼之；心苦緩，以酸收之；心欲軟，以鹹軟之。且清香透心，以此益心神，即能鎮肝氣。一切心經肝膽之熱必不可缺。若小兒驚癇疳熱痘瘡血熱尤為聖藥。　犀角用尖，取力之精銳在尖。以紙包置懷中良久，水磨則易下。調入力勝，用剉末煎服效淺。

明・施永圖《本草醫旨・食物類》卷四　犀名兕，有通天犀，角上有一白縷，直上至端，夜露不濡，入藥至神驗。犀角，今以南海者為上，黔、蜀者次之。犀似水牛，豬首大腹卑脚，脚似象，有三蹄，黑色。　犀角：　番名低密。入藥惟雄犀生者為佳。若犀片及見成器物，皆被蒸煮，不堪用。凡犀入藥，有黑、白二種，以黑者為勝，角尖又勝。犀有捕得殺取者為上，蛻角者次之。○鹿取茸，犀取尖，其精銳之力，盡在是也。以西番生犀磨服為佳，入湯散則屑之。凡使用光潤者剉屑，入臼杵細，研萬匝乃用。犀鋸成，當以薄紙裹於懷中蒸燥，乘熱擣之，應手如粉。　味：　苦、酸、鹹，寒，無毒。陽中之陰也，入陽明經。松脂為之使，惡雷丸、藋菌。升麻為之使，惡烏頭、烏喙。忌鹽，及妊婦勿服，能消胎氣。　治：　百毒蠱疰，邪鬼瘴氣，殺鉤吻、鴆羽、蛇毒。除邪祟迷惑魘寐。久服輕身。傷寒瘟疫，頭痛寒熱，諸毒氣。令人駿健。辟中惡毒氣，鎮心神，解大熱，散風毒。治發背癰疽瘡腫，化膿作水。療時疾熱如火，煩毒入心，狂言妄語。治心煩，止驚鎮肝，明目，安五臟，補虛勞，退熱消痰。解山瘴溪毒，主風毒攻心，毷氉熱悶，赤痢，小兒麩豆，風熱驚癇，燒灰水服。治卒中惡，心痛，飲食中毒，藥毒熱毒，筋骨中風，心風煩悶，中風失音，皆瘥。以水磨服，治小兒驚熱。山犀、水犀功用相同。磨汁，治吐血，衄血，下血及傷寒畜血，發狂譫語，發黃發

斑，痘瘡稠密，内熱黑陷，或不結痂，瀉肝凉心，清胃解毒。犀角，犀之精靈所聚，足陽明藥也。胃為水穀之海，飲食藥物必先受之，故犀角能解一切諸毒，五臟六腑皆稟氣於胃，風邪熱毒必先干之，故犀角能療諸血及驚狂、斑痘之證。凡蠱毒之鄉有飲食，以此角攪之，有毒則生白沫，無毒則否。以之煮毒藥，則無復毒勢也。凡中毒箭，以犀角刺瘡中立愈。由犀食百毒棘刺也。

附方　吐血不止：似鵝鴨肝，用生犀角、生桔梗二兩，為末，每酒服二錢。臥忽不寤：若以火照之，則殺人。但唾其面，痛嚙其踵及大趾甲際即活。以犀角為枕，即不魘。小兒驚癇：犀角濃磨水服之，立效。為末亦可。痘瘡稠密：生犀於澀器中，新汲水磨濃汁，冷飲服之。消毒解熱：生犀角尖磨濃汁，頻飲之。服藥過劑：犀角燒末水服方寸匕。中毒煩困：方同上。食雉中毒：吐下不止，犀角末，方寸匕，新汲水調服即瘥。瘭疽毒瘡：日飲犀角汁取瘥。山嵐瘴氣：犀角磨水，服之良。下痢鮮血：犀角、地榆、生地黄各一兩，為末，煉蜜丸彈子大，每服一丸，水一升，煎五合，去滓溫服。

明・盧之頤《本草乘雅半偈》帙四　犀角《本經》中品　氣味：苦酸鹹，寒，無毒。主治：主百毒，蠱疰，邪毒，瘴氣。殺鉤吻、鴆羽、蛇毒。除邪，不迷惑魘寐。久服輕身。

覈曰：出永昌山谷，及益州。永昌，滇南也。今出武陵、交州、寧州諸遠山。黔、蜀者次之，海南者為上。狀似〔水〕牛，猪首、大腹、卑脚，〔似象〕，有三蹄，前脚直而無膝，依木為息，木倒則仆，不易起也。舌有刺，喜啖竹木棘及毒物。飲則濁水，不欲自見其影也。皮孔三毛如豕，有一角、二角、三角者。一在頂上，一在額上，一在鼻上。鼻上者，食角也，一名奴角，小而不墮。一角頂額者，每歲一退，自埋山中，土人潛易之。二角者，鼻角長而額角短。一角者，有鼻無額，有額無鼻。鼻角者，胡帽犀；額角者，兕犀也。兕即犀之牸。牸，牝也。牝毛色青，皮堅可以為鎧。又有毛犀二角，即旄牛，所謂牯犀。又有水犀，出入水中，最為難得，皮中有珠甲，山犀無之。《異物志》云：東海水中有犀焉，樂聞絲竹，彼人動樂，則出而聽之。然犀之優劣，覩角紋之粗細通塞以為差等。紋如魚子形者，謂之粟紋；紋中有眼者，謂之粟眼；黑中有黄花者，謂之正透；黄中有黑花者，謂之倒透；花中復有花者，謂之重透。又紋有倒插者，一半已下通；有正插者，一半已上通；有腰股插者，中斷不通，並名通犀。有通天者，自下徹上咸通也。又有通天犀角，上有一白縷，直上至端，夜露不濡，入藥至神驗。《漢書》駭雞犀，置米飼雞，皆驚駭不敢啄；置屋上，烏鳥不敢集。犀中最大者，墮羅犀，一株重七八斤，云是牯犀額角，其花多作撒豆斑色。夜視有光者，曰夜明犀，通神開水，禽獸見之皆驚，乃絶品也。又有理文盤結，作百物形者，亦上品。又有花如椒豆斑者次之。烏犀純黑無花者，為下品。兕角理文細膩，斑白分明，不可入藥。牯角紋大，牸角紋細也。修治：勿用奴犀、牸犀、病水犀、攣子犀、無潤犀。唯取〔烏黑〕肌皺坼裂光潤者，剉屑，入臼杵細，研萬匝乃用。李云：凡犀角鋸成，當以薄紙，裹置懷中蒸燥，乘熱擣之，應手如粉。故《歸田錄》云翡翠銷金，人氣粉犀，此亦異也。松脂為之使。惡雷丸、雚菌。忌鹽。娠婦勿服，能消胎氣。

条曰：角生頂額鼻端，為腦之餘，髓之餘也。亦似筋餘之甲，血餘之髮。甲固宛然，紋亦儼若束髮如也。《山海經》云南方獸之美者有梁山之犀焉，似得火化之正令者也。飲則污濁，清之也；食則毒棘，消之也。故曰犀利。《開寶紀事》云：辟暑犀，色如玉，溽暑時，清氣逼人。《白孔六帖》云：辟寒犀，色如金，嚴寒時，暖氣襲人。《嶺表錄異》云：辟塵犀，佩之塵不近身。《杜陽編》云：蠲忿犀，蠲去忿怒。夜明犀，通天分水，鳥見之高飛，魚見之深入，百獸見之決驟，種種神異，凡此皆根塵之妄見為有者，悉能辟除之，是能一切空諸所有，故能治一切實諸所無也。邪鬼迷惑魘寐，此吾意告之實諸所無也。瘴氣、鉤吻、鴆羽、蛇虺百毒，此物雜毒之實諸所無也。治之如何，曰空。火實欲空者，宜空之。火空則發也，是謂虚其實。火空欲實者，宜忌之。火實乃能作炎上用以顯暖熱體，所以存其性也。自藥有賦，人安苟簡，曰解乎心熱，並不審病情之欲實欲空而概投之，雖無實實之虞，寧免虚虚之患。犀角居上而尖峻，確具火象。然附于坤牛純土之體，是子反生母，子氣歸藏而不露，故苦寒，而翻成北方之水，故能解心熱也。本屬火而化水并已之所有者能空之，故凡實所無者，遇之自消耳。

明・李中梓《本草通玄》卷下　犀角　苦、酸，寒。入陽明經。清胃凉心，辟邪解毒。理吐衄，腸風及蓄血，發狂，譫語，發斑，痘疹血熱。

清・顧元交《本草彙箋》卷八　犀角　犀，亦神獸也。故其角之精者，名通天。夜視有光，能開水辟邪，禽獸見之，皆驚駭辟易。氣味苦寒，入足陽明及手少陰。蓋陽明爲水穀之海，無物不受；口鼻爲上下陽明之竅，凡蠱毒鬼瘴之邪，與夫風火邪熱氣之侵人，先從口鼻而入。用犀角之神靈，能辟除邪魅。苦寒能散邪熱而解諸毒。今人用治吐衄下血，傷寒畜血，發狂譫語，

發黃發斑，痘瘡稠密，熱極黑陷等症，皆取其入胃入心，散邪清熱，涼血解毒之功。

犀食百草之毒，及衆木之棘，故能解毒。凡蠱毒之鄉，有飲食，以此角攪之，有毒則生白沫，無毒則否。以之煮毒藥，則無復毒勢也。　鹿取茸，犀取尖，其精鋭之力勝也。以西番生犀磨服爲佳，入湯散則屑之。若犀片及見成器物，皆被蒸煮，不堪用。又有黑、白二種，以烏黑肌皺坼裂光潤者勝。凡欲成粉，先鋸片，以薄紙裹懷中蒸燥，乘熱搗之即碎。故《歸田錄》云：翡翠屑金，人氣粉犀。

凡傷寒陰證發躁，因陰寒在内，逼其浮陽之火聚於胸中，上衝咽嗌，故面赤手溫，煩嘔喜飲涼物，食下良久復吐出。惟脈沉細，足冷，雖渴而飲水不多，且復吐出爲異於陽證耳，不宜誤用犀角涼劑。　凡妊婦勿多服，犀角能消胎氣。

清·穆石匏《本草洞詮》卷一五　犀　犀有山犀、水犀二種，竝有二角，鼻角長而額角短。兕犀即犀之牸者，止一角也。犀每歲一退角，必自埋於山中，海人潛作木角易之，再三不離其處，若直取之，則後藏於別處矣。《異物志》云：東海水中有牛，樂聞絲竹，彼人動樂，則牛出聽，因而采之。犀角紋如魚子形，紋中有眼，黑中有黃花者為正透，黃中有黑花者為倒透，花中復有花者為重透，竝名通犀，乃上品也。花如椒斑者次之，純黑無花者為下。陶貞白云：角上有一白縷，直上至端，夜露不濡，謂之通天犀。李珣云：通天犀乃胎時見天上物過，形於角上，故曰通天。《抱朴子》云：分水犀刻為魚，銜之入水，水開三尺。《漢書》有駭雞犀，置米飼雞，驚駭不敢啄。置屋上，烏鳥不敢集。《山海經》有白犀。《開元遺事》有辟寒犀。交趾所貢，冬月暖氣襲人。《白孔六帖》有辟暑犀。唐文宗得之，夏月能消暑氣。《嶺表錄異》有辟塵犀，為簪梳帶佩，塵不近身。《杜陽編》有蠲忿犀，為帶令人蠲去忿怒。皆希世之珍也。犀角酸鹹，寒，無毒。入足陽明經。犀食百草之毒，及衆木之棘，故能解毒。角乃犀之精靈所聚也，胃為水穀之海，飲食藥物必先受之，五臟皆稟氣於胃，風邪熱毒必先干之。犀角入胃經，故解一切諸毒。而《本經》謂其治蠱疰邪鬼，瘴氣，殺鉤吻、鴆、蛇毒，除迷惑魘寐，久服輕身。諸家著其功效甚多，皆以解毒故也。凡蠱毒之鄉，飲食以此角攪之，有毒則生白沫，無毒則否。以之煮毒藥，則無復毒勢也。《北户錄》云：凡中毒箭，以犀角刺瘡中，立愈。《淮南子》云：犀角置穴，狐不敢歸。溫嶠過武昌，牛渚磯下多怪物，嶠然犀照之，而水族見形，則犀之精靈辟邪，益可見矣。

清·丁其譽《壽世秘典》卷四　犀一名兕。犀、兕是一物，古人通言兕，後人通言犀。有山犀、水犀、兕犀三種。又有毛犀似之，毛犀即犛牛也，其體多長毛，角甚長而黃、黑相間，花斑類犀而無粟紋，其理似竹，又呼為竹牛，彼人以充犀角，卒莫能辨。山犀居山林，人多得之。水犀出入水中，最為難得。並有二角，鼻角長而額角短。水犀皮有珠甲而山犀無之。兕犀即犀之牸者，亦曰沙犀，似水牛青色，止有一角在頂，文理細膩，斑白分明，不可入藥。蓋牯角文大，牸角文細也。陳藏器謂犀無水陸，郭璞謂犀有三角，蘇頌謂毛犀為牯犀，皆出訛傳。犀角紋如魚子形，謂之粟紋。紋中有眼，謂之粟眼。黑中有黃花者為正透，黃中有黑花者為倒透，花中復有花者為重透，並名通犀，乃上品也。花如椒豆斑者次之，烏犀純黑無花者為下品。其通天夜視有光者，名夜明犀，故能通神開水，飛禽走獸見之皆驚。又有赭黃犀，裏外透明，瑩淨如真金色者，至寶也。《開元遺事》有辟寒犀，其色如金，交趾所貢，冬月暖氣襲人，或即此犀。唐文宗有辟暑犀，夏月能清暑氣。《嶺表錄異》有辟塵犀，為簪梳帶胯，塵不近身。此皆希世之珍，故附見之。　犀角：氣味：苦、酸、鹹，大寒，無毒。治百毒、蠱疰、瘴氣，殺鉤吻、鴆羽、蛇毒，鎮心神，解大熱，散風毒。治發背、癰疽、瘡腫，療時疾熱如火，煩毒入心，狂言妄語甄權《藥性論》。磨汁，治吐血、衄血、下血及傷寒畜血，發狂譫語，發黃發斑，痘瘡稠密，内熱黑陷或不結痂，瀉肝涼心，清胃解毒《綱目》。　發明　陶弘景曰：入藥惟雄犀，生者為佳，若犀片及見成器物，皆被蒸煮不堪用。蘇頌曰：凡犀有黑、白二種，入藥以黑者為勝，角尖又勝，其精鋭之力盡在是也。絲粗有鬃眼者真生犀，不獨未經水火湛熾者。蓋犀有捕得殺而取者為生犀，上也；有得其蜕角為蜕犀，次之。李珣云：凡犀角鋸成，當以薄紙裹于懷中蒸燥，乘熱搗之，應手如粉。故《歸田錄》云：翡翠屑金，人氣粉犀。雷斅曰：忌鹽，及妊婦勿服，能消胎氣。痘瘡氣虚，無大熱者，不宜用。《抱朴子》云：犀食百草之毒及衆木之棘，所以能解毒。凡蠱毒之鄉有飲食，以此角攪之，有毒則生白沫，無毒則否，以之煮毒藥，則無復毒勢也。凡人中毒箭，以犀角刺瘡中，立愈。

清·劉雲密《本草述》卷三一　犀角時珍曰：升麻為之使，惡烏頭、烏喙。犀，《釋名》兕。兕，牸犀也。牸，音字，牝牛也。　犀似牛，豬首，大腹，卑脚，脚似象，有三蹄，黑色，舌上有刺，好食棘刺。《抱朴子》曰：犀食百草之毒，並衆木之刺，所以能解毒。　時珍曰：犀出西番、南番、滇南、交州諸處。有山犀、水犀、兕犀三種。又有毛犀似之。山犀居山林，人多得之。水犀出入水中，最為難得，並有二角，鼻角長而額角短。兕犀即牸犀也，一曰沙犀，止有一角在頂，謂之獨角犀是矣。其文理細膩，斑白分明，器用為佳，不堪入

藥。毛犀即旄牛也。犀角文如魚子形，謂之粟紋，紋中有眼，謂之粟眼。黑中有黄花者為正透，黄中有黑花者為倒透，花中復有花者為重透，並名通犀，乃上品也。花如椒豆斑者次之。烏犀純黑無花者，為下品。

氣味：苦、酸、鹹，寒，無毒。《别録》曰：微寒。珣曰：大寒，無毒。權曰：牯犀角甘辛，有小毒。潔古曰：苦酸，寒，陽中之陰也，入陽明經。諸本草主治：百毒，辟中惡毒氣，解瘟疫寒熱諸毒氣，鎮心神，解大熱，療時疾熱如火。煩　毒入心，狂言妄語。主風毒攻心，毷音冒氉音燥熱悶，中風失音。磨汁治吐血衄血，傷寒畜血，及發黄發斑。又療小兒風熱驚癇，並瘡疹稠密，内熱黑陷，或不結痂，清胃解毒，瀉肝凉心。亦化瘡腫癰疽膿血。　方書主治：中風驚，咽喉癇，滞下，痙痹，舌、脚氣，譫妄，痰飲，消癉，耳鼻唇面〔病〕。卒中暴厥，咳嗽諸見血證，鼻衄、吐血、溲血，頭痛，行痺，痛痹瘈瘲攣，眩暈狂悸，淋□蠱毒。此因用之多少為先後。

丹溪曰：犀角屬陽，性走散，比諸角尤甚。　之頤曰：《山海經》云：南方獸之美者，有梁山之犀焉。似得火化之正令者也。飲則污濁清之也，食則毒棘消之也，故曰犀利。　時珍曰：犀食棘木，不忌百毒。角乃其精英所聚，足陽明藥也。胃為水穀之海，飲食藥物必先受之，故犀角能解一切諸毒。五臟六腑皆稟氣於胃，風邪熱毒必先干之，故犀角能療諸血及驚狂斑痘之證。《類明》曰：犀角氣寒，能解熱毒，且其味苦鹹酸，皆能涌泄，所以能解散熱毒之頭痛，而又能行血逆。　又曰：癇風之證，風火相煽於中，使停痰聚氣，心神不寧。犀角能散熱息風，則痰自消，氣自寧，而癇可療矣。又曰：犀角的為心胃之劑，故能治上焦畜血。海藏言潔古治畜血分三部，上焦畜血用犀角地黄湯，中焦畜血用桃仁承氣湯，下焦畜血用抵當丸。夫犀角地黄湯，結者散之也。桃仁承氣湯，留者攻之也。抵當丸，血實者宜决之也。　希雍曰：《本經》味苦氣寒，《别録》酸鹹微寒，李珣大寒。味厚於氣，可升可降，陽中之陰也，入足陽明，兼入手少陰、陽明。為水穀之海，無物不受，又口鼻為上下陽明之竅，邪氣多從口鼻而入。犀角為陽明正藥，其味苦寒，能散邪熱，解諸毒邪。熱去則心自清，肝自寧。種種主治，皆取其入胃入心，散邪清熱，凉血解毒之功耳。

同丹砂、琥珀、金箔、天竺黄、牛黄、鈎藤鈎、羚羊角、真珠、麝香，治大人小兒風熱驚癇。　磨汁，同生地黄、紅花子、麥門冬、紫草、白芍藥、鼠黏子，治痘瘡血熱，初見點紅艷，壯熱口渴，煩躁狂語，多服可保無虞。　磨汁，同鬱金、童便、生地黄、麥門冬、炙甘草、白芍藥、紫蘇子、剪草、丹參、白藥子，治吐血衄血。　犀角地黄湯治傷寒畜血發黄，或熱盛吐血。　入紫雪丸治大人小兒顛狂，温疫，蠱毒邪魅，一切煩熱為病。　入抱龍丸治小兒恍惚驚悸，痰涎壅塞。　入至寶丹治中風不語，中惡氣絶，一切神魂恍惚，癲狂擾亂等證。

附方　小兒驚癇不知人，嚼舌仰目者，犀角濃磨水，服之立效。為末亦可。　痘瘡稠密，不拘大人小兒，生犀於澀器中，新汲水磨濃汁，冷飲服之。下利鮮血，犀角、地榆、金銀花各一兩，升麻五錢，為末，煉蜜丸彈子大，每服一丸，水一升，煎五合，去滓温服。此熱毒伏於心經故也。宜加丹砂、滑石末，以金銀藤花熬汁，煎藥更效。

愚按：犀角在潔古謂其入陽明胃經，蓋緣《本經》一條，止以散諸毒為其功，即陶貞白《别録》亦僅言其能除瘟疫寒熱各毒氣而已。凡此，何莫非陽明胃之所先受哉？况其茹百毒食衆棘者，固茲獸之胃所化也，取其氣之相感，以入人水穀之海，寧不恰中乎？雖然，此味固入胃而效心之用者也，觀其能凉心解熱，療煩毒，治狂譫，種種俱為要藥，又寧獨入胃奏功而已乎？丹溪曰犀角屬陽性走散，即潔古亦曰陽中之陰矣。夫心為至陽，又陽中有陰，以火中宅水也。此味屬陽而氣寒，是非心之用乎？抑入胃何以即奏功於心也？曰：心包絡固與胃口緊相應，况其寒在陽中，陽致寒化，其酸苦涌泄，所謂散毒氣者在此，所謂散火結者即在此乎？夫心原不受邪，諸凡受邪者，皆心包絡也。唯其能散包絡之熱毒，故能治種種血證。蓋包絡固主血者也，即痘瘡稠密諸證，更為的對矣。又何以能治中風？蓋風火陽也，固為同氣，心為火主，風逐火焰，火散而風自平。且肝脾之系，俱連繫於心，故風毒風熱驚癇之能治，發黄發斑之悉瘳也。至於瘡腫化膿，固療血分熱毒之餘事耳。　又按：方書之主治，茲味於中風證居多，而《本經》首主治百毒者，中風證其一也。夫人身賦形，其受病於陰陽之戾以為毒者，即如傷寒證有陰毒陽毒之治，而風又可知已。第其主治居多者，以風屬肝所司，而子母禪受，絶無等待，且風火相煽，類屬熱毒，非此味屬陽中之陰者，不克静也。試閲治中風證，如至寶丹及活命金丹，皆首云治卒中急風不語；　犀角散中云言語謇澀；　牛黄散云治心臟中風，恍惚悶亂，

語言錯亂；茯神散云治心臟中風，精神不安，語澀昏悶等證；犀角丸云治心臟中風，言語顛倒，神思錯亂，心胸煩熱，或時舌強語澀；加味轉舌膏治失音不語；牛黃清心丸及又犀角丸多治昏冒之類證；防風犀角湯治諸風證，亦有語言謇澀。按此數方，則可知其受病主臟矣。且治風之次者即屬驚，而其義不益明乎？蓋心為陽中之太陽，而曰手少陰經，則此品正屬的對。緣犀角屬陽而氣寒也，且味皆涌洩，是散火結為妙劑，不同於他苦寒之降折者也。但玩孕婦多服則損胎氣一語，故知血虛而有火者，最宜酌之矣。

附方　鼻衄，犀角地黃湯，犀角、芍藥、生地、丹皮，水煎服。熱多者加黃芩。脈大來遲，腹不滿，自言滿者，無熱也，不用黃芩。易老云：此藥為最勝。溲血亦用前方無異，但此云空心服耳，俱見《準繩》。心繫於肺，而小腸為心之腑，以行水化，故二證可用一方也。

丹溪曰：犀角性甚走散，痘瘡後用此散餘毒，俗以為常。若不有餘毒，而血虛者，或以燥熱發者，用之禍至，人故不知。之頤曰：火實欲空者，宜空之。火空則發也，是謂虛其實。火空欲實者，宜忌之。火實乃能作炎上用以顯暖熱體，所以存其性也。自藥有賦，人安苟簡，曰解乎心熱，並不審病情之欲實欲空而槩投之，雖無實實之虞，寧免虛虛之患。希雍曰：痘瘡氣虛無大熱者，不宜用。傷寒陰證發躁，因陰寒在內，逼其浮陽，失守之火聚於胸中，上衝咽嗌，故面赤手溫，煩嘔喜飲涼物，食下良久復吐出，惟脈沉細，足冷，雖渴而飲水不多，且復吐出，為異於陽證耳，不宜誤用犀角涼劑。妊婦勿多服，能消胎氣。

修治　凡用，須烏色者，角尖尤勝。亦必其未經湯火煮製者，為生犀始可用耳。丸散屑之，以紙裹懷中一宿，令受人氣，易研，故曰人氣粉犀。尋常湯藥，磨汁入藥服。

清·郭章宜《本草匯》卷一七　犀角　酸、鹹、苦，寒，味厚於氣，可升可降，陽中之陰也，入足陽明，兼入手少陰經。解煩熱而寧心，驚悸狂邪都掃。散風毒而清肝，目昏痰壅俱消。吐血崩淋投之輒止，癰疽發背用以消除。解毒高於甘草，祛邪過於牛黃。

按：犀，陽物也。性能走散，有徹上徹下之功。散邪清熱，涼血解毒，為陽明經正藥。凡蠱毒之鄉，飲食中用以攪之，有毒則生白沫，無毒則否。取以煮毒藥，無復熱毒矣。肺火燥熱，及痘瘡氣虛無大熱者，不宜用。傷寒陰症發燥者，尤不宜用。妊婦勿多服，能消胎。

入藥用黑尖生者為佳。若現成器物被蒸者，不堪用。鋸成，以薄紙裹懷中一宿，乘燥搗之，應手如粉。蓋此藥沾人氣則易搗，故曰人氣粉犀。松柏、升麻為之使。惡烏頭、雷丸。忌鹽、醬。

清·朱本中《飲食須知·獸類》　犀角　味苦、酸、鹹，性寒。妊婦勿服，能消胎氣。凡蠱毒之鄉，飲食中以角攪之，有毒則生白沫，以之煮毒藥，則無毒也。忌鹽。

清·蔣居祉《本草擇要綱目·寒性藥品》　犀角　氣味：苦、酸、鹹，寒，無毒。陽中之陰也。入陽明經。凡用磨汁服之。忌鹽。妊婦勿服，能消胎氣。

主治：吐血衄血下血，及傷寒蓄血，發狂譫語，發黃，發斑，痘瘡稠密，內熱黑陷，或不結痂，瀉肝涼心，清胃解毒。蓋胃為水穀之海，飲食藥物，必先受用，故犀角能解一切諸毒。又五臟六腑皆稟氣于胃，風邪熱毒必先干之，故犀角能療諸血及驚狂斑痘之症。

清·閔鉞《本草詳節》卷一〇　犀角　【略】按：犀角，足陽明藥也。胃為水穀之海，飲食藥物必先受之，故解一切諸毒。五臟六腑皆稟氣於胃，風邪熱毒必先干之，故治諸血及驚狂斑痘之症。古方治血，以升麻代之，惟血出於胃者可代，若出他臟，但可為佐。不然，犀性走而降，升麻發而升，性味亦不相合也。

清·王翃《握靈本草》卷一〇　犀角出南海，或云西番、南番諸處。入藥惟取犀尖黑者，未經水火者為佳。鋸成屑，薄紙裹懷中蒸燥，易研。　主治：犀角，苦、酸、鹹，寒，無毒。主百毒，鬼疰瘴氣，殺諸毒，傷寒溫疫寒熱，吐血衄血下血，涼心清胃，解毒。

清·汪昂《本草備要》卷四　犀角瀉心胃大熱。　苦、酸、鹹，寒。涼心瀉肝，清胃中大熱，祛風利痰，辟邪解毒。治傷寒時疫，發黃發斑，傷寒下早，熱乘虛入胃則發斑；下遲，熱留胃中亦發斑。吐血下血，蓄血譫狂，痘瘡黑陷，消癰化膿，定驚明目。妊婦忌之。能消胎氣。時珍曰：五藏六府，皆稟氣于胃。風邪熱毒，必先干之；飲食藥物，必先入胃。角，犀之精華所聚，足陽明胃藥也，故能入陽明，解一切毒，療一切血，及驚狂斑痘之症。《抱朴子》云：犀食百草之毒及棘，故能解毒。飲食有毒，以角攪之，則生白沫。　烏而光潤者勝，角尖尤勝。鹿取茸，犀取尖，其精氣盡在是也。現成器物，多被蒸煮，不堪入藥。入湯劑磨汁用，入丸散剉細。紙裹納懷中，

待熱搗之立碎。《歸田錄》云：人氣粉犀。升麻爲使，忌鹽。

清・陳士鐸《本草新編》卷五 犀角 味苦、酸、鹹，氣寒，無毒。人身懷之，為末。入陽明。殺鉤吻、〔鴆〕、蛇毒、山瘴溪毒，百毒皆除。屍疰、鬼疰惡邪，狐魅、精邪諸邪盡遣。傷寒溫疫，能解熱煩。瘡腫、癰疽，專破膿血。鎮肝明目，安心定神。孕婦忌服，恐消胎氣。此乃佐使之神藥，不可不用，而又不可多用者也。蓋犀角屬陽，其性喜走而不喜守，守者氣存，走者氣散。用犀角，不過欲其走達陽明之經也。然而，不特走陽明，如有引經之藥，各經皆能通達。倘無邪氣，孟浪多用，耗散各臟之氣，〔勢所不免〕。氣散則血耗，血耗則火起，未有不變生他病者也，故無邪熱之症，斷不可多用。

或疑犀角入陽明而散熱，豈入陽明而散氣乎？曰：犀角入陽明，原該散熱，而不該散氣，然有熱則散熱，無熱必散真氣矣。真氣既散，反生內熱，故犀角善用則解熱，不善用又安能解熱哉。

或問：犀角有通天之功，信乎？曰：謂犀角通天者，通人之巔頂也。犀角，陽明經之藥，由鼻而升于頭，而下環于唇口之間，故凡有頭面之火，不得不藉之為使，令其自下而上也。

清・顧靖遠《顧氏醫鏡》卷八 犀角辛、甘，寒。入心胃肝三經。凡入藥須用生犀角，黑者為勝，尖更佳。剉屑，置懷中即燥，搗粉用。入湯，磨服尤佳。 解百毒而辟邪鬼，胃為水穀之海，飲食藥物，必先受之。犀食百草之毒，為陽明正藥，故解百毒。以之煮毒藥，則無毒勢矣。神靈之獸，角之精者，夜視有光，禽獸見之皆驚，故能辟邪。定心神而鎮驚悸。心虛有火，則神氣浮越，涼心清熱，故能鎮心止驚。除大熱而止煩躁譫語，散邪解熱，涼心清胃之功。破蓄血而療身黄發狂。吐血下血蓄血並用，鼻衄齒衄耳衄均投。皆取其有涼血消瘀之能。治中風不語，心熱有痰，而亂其神明。且舌為心苗，故不能言。涼心清熱消痰則愈。祛目昏障翳。目昏及生翳，皆屬肝血虛而有熱，兼腎水不足，此則能入肝清熱。散風毒而去熱悶，辛能散風，寒能清熱解毒。療癲癇而理喉痺。癲癇屬心虛有熱，喉痺屬少陰君火、少陽相火熾盛，皆取其涼心清熱有效。發背癰疽共簡，斑疹痘瘡皆收。皆取其散邪清熱，涼血解毒。主用雖多，不過取其入心、入胃、入肝，散邪清熱，涼血解毒之功耳。非大熱者勿用。姙娠多服，能消胎氣。

清・李熙和《醫經允中》卷一八 犀角 升麻為使。惡烏頭。忌鹽。以紙裹入懷中，乘熱搗之如粉。 苦、辛、鹹，寒，無毒。主治解毒除熱，明目鎮驚，吐衄下血，傷寒畜血，瘟疫發狂譫語，發黄發斑，痘瘡實熱。然傷寒陰症發燥，血虛發熱，及痘瘡氣虛無大熱者禁用。孕婦忌之，能消胎氣。凡中毒箭，以犀角刺瘡中立愈。又感山嵐瘴氣、射工溪毒，生犀角磨汁，服之即解。

清・馮兆張《馮氏錦囊秘錄・雜症痘疹藥性主治合參》卷九 犀角犀，亦神獸也。故其角之精者，名通天，夜視有光，能開水辟邪，禽獸見之則驚駭辟易。味苦、鹹，大寒，入足陽明、手少陰經。陽明為水穀之海，無物不受。其口鼻為陽明之竅，諸毒邪氣多從口鼻而入。神靈苦寒之性，專入陽明，以除諸熱百毒也。邪熱既去，則心經清明，所以狂言妄語，熱毒癰腫，除煩止驚，鎮肝明目，衄血吐下，傷寒蓄血，發黄發斑，痘瘡黑陷，皆取其入胃、入心，散邪清熱，涼血解毒之功也。欲作細末，先鋸屑置人懷中一宿，搗之，應手成粉。人為萬物之靈，故能勝之。且陰寒之質，得陽和而冰解矣。犀取尖，鹿取茸者，以其精氣盡在是也。作器物者多被蒸煮，不堪入藥。 犀角，百毒皆除，能解煩熱，傷寒溫疫，一切癰腫，鎮肝明目，安心定神。然至寒至靈之品，入心涼血，入胃散邪則是矣。但以治血熱痘症初起者，非也。蓋痘假火性以呈形，若大寒則冰伏不出矣。有以為功能升散，恐未當也。丹溪云：犀角屬陽，性善走散，比諸角為甚，痘疹後用以走散餘毒，殊不知血虛燥熱者，用之其禍立至。

主治痘疹合參：除心火，安心神，止煩亂，鎮肝明目。解熱毒，清血熱，磨服尤妙。丹溪謂屬陽，能散痘後餘毒。若血虛者忌用。然諸痛癢瘡瘍，皆屬心火，在初用之，不無冰伏在內之虞；在後用之，不無引毒入心之患。張每以羚羊角代之而神效。蓋能清肺肝，而非若犀角苦寒直入心經涼血也。

按：犀角，食百草之毒，故能解百毒。然大寒之性，胃必受傷。姙婦多服，能消胎氣。

清・张璐《本經逢原》卷四 犀角 苦、微鹹，大寒，無毒。鎊成，以熱手掌摸之，香者為真，臭者即假。忌鹵鹽、烏附。孕婦勿服，能消胎氣。 發明：犀之精靈皆聚於角。足陽明胃為水穀之海，飲食藥物必先受之，故犀角能涼血、散血及蓄血驚狂斑痘之證，皆取以通利陽明血結耳。《別錄》治傷寒溫疫，頭痛寒熱諸毒。《抱朴子》云：犀食百草之毒，及眾木之棘，所以能解毒。凡蠱毒之鄉遇有飲食，以犀筯攪之，有毒則生白沫，無毒則否。宗奭曰，鹿取茸，犀取尖，其精銳之力盡在是也。其治吐血、衄血、大小便血，犀角地黄湯為之專藥。若患久氣虛又為切禁，以其能耗散血氣也。痘瘡之血熱毒盛者尤為必需。然在六七日灌漿之時，又為切禁，以其能化膿為水也。而

結痂後餘毒癰腫則又不忌。惟氣虛毒盛之痘切不可犯。其性大寒，無大熱邪者慎不可用。凡中毒箭，以犀角刺瘡中立愈。又感山嵐瘴氣，射工溪毒，用生犀磨汁服之即解。

清·浦士貞《夕庵讀本草快編》卷六 犀《本經》、兕 犀字，篆文象其形也。古人多言兕，今人多言犀。 犀有水陸二種，角則神奇不一。味苦氣寒，陽中陰也，入足陽明、手少陰二經，為解毒清熱之劑。夫胃為水穀之海，無物不受，口鼻為陽明之外候，凡蠱毒鬼疰風火邪熱之氣，必從口鼻而入。犀角為陽明之正藥，其性神靈而寒，故能禦之；其味苦，故能散之。是以傷寒溫瘧，頭痛寒熱，狂言妄語，吐衄血溢，驚癇斑疹，並皆療耳。邪熱去則心自清，人不迷惑，胃亦遂安，而五藏皆得所養，故令人駿健，久服輕身矣。抱朴子云：蠱毒之鄉用飲食，以角攪之，有毒則生白沫。《北戶錄》云：中毒箭者，以角刺瘡中，立愈。蓋犀食百草之毒，眾木之棘，故其角能解毒也。史載溫嶠過武昌，燃犀為照而水族見形。《淮南子》云：犀置狐穴，則不敢歸。蓋以其精靈能辟邪惡也。記者曰：犀之為寶，有通天，有分水，有駭雞，有蠲忿。又有辟寒、清暑之類，皆希世之珍，非獨藥中所貴也。

清·張志聰、高世栻《本草崇原》卷中 犀角 氣味苦酸鹹，寒，無毒。主治百毒蠱疰，邪鬼瘴氣，殺鉤吻、鴆羽、蛇毒，除邪，不迷惑魘寐，久服輕身。

犀出滇南、交趾、南番諸處，有山犀、水犀、兕犀三種。山犀、兕犀居山林，人多得之，水犀出入水中，最為難得。形俱似水牛黑色，豬首大腹，腳似象，有三蹄，舌上有刺，好食荊棘，皮上每一孔生三毛，額上有兩角，有正中生一角者，名獨角犀。有額上生兩角而短，鼻上生一角獨長者。有角生白縷一條，直上至端，能出氣通天，夜露不濡，名通天犀者，以之入藥更為神驗。又有辟寒犀，冬月暖氣襲人。有辟暑犀，夏月能清暑氣。有分水犀，銜之入水，水開三尺。有辟塵犀，為簪為帶，塵不近身。有蠲忿犀，令人佩之，蠲去忿怒，此皆希世之珍。犀角錯屑，以薄紙裹置懷中，蒸燥，乘熱搗之，應手如粉，故《歸田錄》云翡翠屑金，人氣粉犀，是也。 犀色黑而形似豬，水之畜也。依木而棲，足三趾，一孔三毛，稟木氣也。生於南粵，稟火氣也。犀稟水木火相生之氣化，故其角苦酸鹹寒。犀為靈異之獸，角具陽剛之體，故主治百毒蠱疰邪鬼瘴氣，如溫嶠燃犀照見水中怪異之物是也。犀食荊棘，不避毒草，故殺鉤吻之草毒。鉤吻，毒草也，食之令人斷腸。又曰鴆羽蛇毒，言不但殺鉤吻之草毒，而鴆鳥蛇毒亦能殺也。犀稟水火之精，故除邪，不迷惑魘寐。久服水火相濟，故輕身。

清·朱純嘏《痘疹定論》卷二 犀角解毒論 犀角在疹門為必需之藥，若痘門為無用之材。況痘當初出，及出齊之際，其毒火惟有托之出外，催其長漿之一法，斯為盡善。若以生犀角解毒，誠恐毒未解，而反冰其毒，不得宣發而成漿矣。自朱丹溪有犀角地黃湯，彼盲而無知者，以為真能解毒，不論痘之順與險逆，氣血之虛實寒熱，概用犀角解毒，此唱彼和，相習成風。若曰不如是不可以治痘，且望參耆而退步，見附桂而束手。予告之曰：予之所以用參耆者，氣血虛也。倘氣血自實者，予曾用參耆否乎？予之用桂附者，必氣血虛寒也。倘氣血自實而熱，又兼毒火內盛者，曾用桂附否乎？或曰：子以痘之順與險逆，氣血之虛實寒熱，而用參耆桂附，言之辨別極其詳悉，至若清毒活血湯內而用芩連，獨犀角為不可用，豈犀角之性味，比芩連而更寒乎？答曰：犀角專入心經，大寒之物，故疹門為必需之藥，若痘家始賴毒火以見苗，繼藉毒火以出齊，中資毒火以長漿足漿，若始焉解毒，則痘苗冰伏，必不出矣；繼焉解毒，則痘必冰伏，決不能出齊矣；中焉解毒，則毒火冰伏，必不能運化而成漿；既不能成漿，又烏能望其足漿乎？予之所以用芩連以酒炒之，藉其清毒，而使氣分舒暢，血不凝滯，運化毒火而歸於痘漿。此聶氏訂方之精心熟慮，予則心領神會。此方之妙，全在生黃耆、生地、當歸，引酒炒芩連，入氣血兩途，運化毒火而成漿。今特表而出之，犀角在痘家為無用之材。

清·姚球《本草經解要》卷四 犀角 氣寒，味苦、酸、鹹，無毒。主百毒，蠱疰邪鬼，瘴氣，殺鉤吻鴆羽蛇毒，除邪，不迷惑魘寐。久服輕身。 犀角氣寒，稟天冬寒之水氣，入足少陰腎經。味苦酸鹹，無毒，得地東南北木火水之味，入手少陰心經、手厥陰風木心包絡經、手太陽寒水小腸經。氣味俱降，陰也。百毒之性皆熱，蠱疰亦濕熱而成。其主之者，苦寒可以清熱散毒也。氣寒壯腎水，味苦清心火，火降水升，心腎相交，一身之天地位矣。所以能除邪殺鬼，不迷惑魘寐也。氣寒味苦，行天地肅殺之令，所以辟瘴，解鉤吻鴆羽蛇毒也。久服輕身者，心腎交則陰陽和，心神清則百脈理，所以身輕也。

製方：犀角同丹砂、琥珀、金箔、天竺黃、牛黃、鉤藤、麢羊角、珠麝，治風熱驚癇。同生地、紅花、麥冬、紫草、白芍、牛蒡，治血熱痘病。同鬱金、小便、

生地、麥冬、甘草、白芍，治吐血衄血。

清・王子接《得宜本草・中品藥》　犀角　味苦、鹹。入手少陰、足厥陰經。功專涼血解毒。得地榆治血痢，得生地、連翹治熱邪入絡。

清・徐大椿《神農本草經百種錄》中品　犀角犀有山犀、水犀二種，而水犀為妙。　味苦，寒。主百毒蠱疰，殺邪氣之蟲。邪鬼。靈氣辟邪。瘴氣。鬱熱之毒。殺鉤吻、鴆羽、蛇毒，除邪，一切草木蟲鳥之毒皆除之。不迷惑，魘寐。解心經熱邪，通心氣。　牛屬土，而犀則居水，水無獸，惟犀能伏其中，則其得水土之精可知。凡物之毒者，投水土則毒自化。犀得水土之精，故化毒之功為多。而其角中虛有通靈之象，故又能養心除邪也。

清・黃元御《玉楸藥解》卷五　犀角　味苦、酸，性寒。入足厥陰肝、足少陽膽、手少陰心經。泄火除煩，解毒止血。犀角寒涼泄火，治胸膈熱煩，口鼻吐衄，瘟疫營熱發斑，傷寒血瘀作狂。消癰疽腫痛，解飲食藥餌，山水瘴癘諸毒。凡勞傷吐衄之證，雖有上熱，而其中下兩焦則是寒濕，當與溫中燥土之藥並用。庸工犀角地黃一方，犀角可也，地黃泄火敗土，滋濕伐陽，則大不可矣。

清・吳儀洛《本草從新》卷六　犀角（瀉心胃大熱。）　苦，酸，鹹，寒。涼心瀉肝，清胃中大熱，祛風利痰，辟邪解毒。治傷寒時疫，發黃發斑，傷寒下早，熱乘虛入胃則發斑；下遲，熱留胃中亦發斑。吐血下血，畜血發狂，痘瘡黑陷。消癰化膿，定驚明目。　時珍曰：五臟六腑皆稟氣於胃，風邪熱毒必先干之，飲食藥物必先入胃。角，犀之精華所聚，足陽明胃藥也，故能入陽明，解一切毒，療一切血及驚狂斑痘之證。《抱朴子》云：犀食百草之毒及棘，故能解毒，以角攪之則生白沫。《北戶錄》〔段公路《北戶錄》〕云：凡中毒箭，以犀角刺瘡中立愈。　大寒之性，非大熱者不敢輕服，妊婦服之能消胎氣。　烏而光潤者良，角尖尤勝。鹿取茸，犀取尖，其精氣盡在是也。現成器物，多被蒸煮，不堪入藥。入湯劑，磨汁用。入丸散，剉細。紙裹納懷中，待熱搗之立碎。《歸田錄》〔歐陽修《歸田錄》〕云：人氣粉犀。　升麻為使。忌鹽。

清・汪紱《醫林纂要探源》卷三　犀　甘，溫。出交廣巒中，色青黑，形似豕，頭角三，一在額，一在鼻甚短，一在頂最長，性善入水，若坐則必倚木。有血病，口鼻長噴血，畏熱，故常望月就涼，好食百毒草及蛇虺毒蟲，故解毒。　角：苦，酸，鹹，寒。精力在角，以鼻上者為最。然不易得，但色黑光潤紋理細者即真而佳。若有白理一條達杪者為通天犀，尤難得。已製成器者，多經蒸煮，不堪用。用時或磨汁，或剉末，但堅而難剉，惟紙裹入懷，待熱，搗碎。取角尖良。　補斂心神，降瀉實熱，瀉肝膽相火，清脾胃濕熱，去血中風熱，解一切毒物。定驚安神，治一切吐衄便血，妄血蓄血，托痘瘡熱毒黑陷，消癰化膿，治傷寒鬱熱胃中，及天行大疫狂熱，而發丹發黃譫語者。又能明目，解毒，凡飲食中有毒者，以角攪之，則生白沫。犀有噴血之病，而角能清血熱。犀嗜食百毒，而角能解百毒，此正如牛黃、殭蠶之用，物理固然，無庸惑也。　兕：甘，溫。山中野牛也。　角：功用似犀角。今人多以相混。

清・嚴潔等《得配本草》卷九　犀牛角　松脂、升麻為之使。惡雷丸、雚菌、烏頭、烏喙。忌鹽。　苦、酸、鹹，寒。入手少陰、足陽明經。散心經之火，瀉肝木之邪，清胃中之熱。傷寒時疫，煩嘔發斑，畜血譫語，發狂發黃，及吐血衄血，驚癇心煩，痘疹血熱，鬼魅癰疽，概無不治。　得升麻，散陽明結熱。通利陽明血結。配連翹，治熱邪入絡。磨尖入藥，發汗甚速。佐地黃，解營中伏火。合地榆，治血虛不止。　黑角尖，磨汁衝服。鎊，水煎亦可。　娠婦服之消胎氣。血虛燥熱，痘瘡初起，服之寒伏不出。無大熱者禁用。

題清・徐大椿《藥性切用》卷八　犀角　苦酸鹹寒，涼心清胃，解毒化班，止一切吐血衄血。角尖尤勝，磨汁用。清火入煎，但大寒之性，非大熱不可輕投。亦可燒灰，僅能止血，不致寒中耳。

清・黃宮繡《本草求真》卷六　犀角清胃大熱，兼涼心血。　犀角耑入胃，兼入心。　苦鹹大寒，功耑入胃清熱，及入心涼血。蓋胃為水穀之海，無物不受，口鼻為陽明之竅。凡毒邪必先由於口鼻而入，以至及於陽明胃腑。時珍曰：五臟六腑皆稟氣於胃，風邪熱毒必先干之，飲食藥物必先入胃。　犀角為神靈之獸，食百草之毒及眾木之棘，角尖精力盡聚，用此苦寒之性，使之耑入陽明，以清諸熱百毒也。熱邪既去，心經自明，所以狂言妄語，熱毒癰腫，驚煩目赤，吐血、衄血、蓄血，時疫斑黃，痘瘡黑陷等症，無不由於入胃入心，散邪清熱，涼血解毒之功也。然痘瘡心火，初用不無冰伏之虞，後用不無引毒入心之患，故必慎用，始無凝耳。至於蠱毒之鄉，遇有飲食，以犀筯攪之，有毒則生白沫，無毒則無。若云可以發表取汗，則必毒熱閉表，合以升發等味同投，則見魄汗淋漓。若微毒單用，則不及矣。鎊成以熱掌摸之，香者真，尤須烏而光潤。不香者假。成器多被蒸煮無力。入湯劑磨汁，入丸劑剉細，納懷中待熱，搗之立碎。升麻為使。忌鹽。

清・沈金鰲《要藥分劑》卷七　犀角　【略】鰲按：犀性走散，比諸角尤

甚，故能清心鎮肝，入胃而化血，解熱消毒也。

清·楊璿《傷寒溫疫條辨》卷六寒劑類 犀角磨汁。 味苦辛，氣寒，氣味俱輕，陽中陰也。其性走散而升，色黑，功力在尖，涼心清肝，除胃中大熱，辟邪解毒，祛風利痰。時珍曰：五藏六府皆稟氣於胃，風邪熱毒必先干之，飲食藥物必先入之。犀角之精華所聚，直入胃中，能解一切毒，療一切血，並治傷寒、溫病發狂，發斑發黃，驚悸瞤惕譫妄之證。故傷寒熱毒表閉而非汗不解者，磨尖攙入發散藥中取汗，速如響應。今人止知犀角能解心胃熱，而不知其涼而升散，尤速於升麻也。《活人書》治吐衄血，用犀角地黃湯，無犀角代以升麻，蓋亦有理，朱二允非之，殊不盡然。但升麻純陽氣浮，有升無降；犀能分水，陽中有陰，升而能降，代治大小便下血則得矣。若吐衄，恐血隨氣升，涌出不止，如氣平火不上炎者，亦可代。孕婦切忌之。

清·羅國綱《羅氏會約醫鏡》卷一八禽獸部 犀角味苦酸，鹹，入心、肝、胃三經。升麻為使，忌鹽。 涼心瀉肝，善清胃中大熱。治瘟疫狂妄、發黃、濕熱鬱也。發斑，傷寒下早，熱乘虛入胃則發斑；下遲，熱留胃中亦發斑。療傷寒熱毒閉表、煩熱昏悶，而汗不得出者，磨尖入藥，汗如響應。仲景云：如無犀角，以升麻代之，則知升麻之升散，亦能如犀角之升散陽明也。吐血、衄血、下血及蓄血發狂、磨汁服。痘瘡稠密、內熱黑陷，涼血解毒。痘症初起，原藉熱以升發，若大寒，則伏而不出矣。不得早服。消癰化膿，定驚止悸。去心煩熱。犀角能涼血清熱，散邪解毒，但非大熱，不敢輕服。姙婦忌之。犀，神獸也，故角之精者名通天，夜視有光，能開水辟邪，禽獸見之皆辟易。烏而光潤者勝，角尖更勝。入湯劑，磨汁用；入丸散，剉細，紙包納懷中，待熱擣之，立碎，以陰寒之質，得陽和而冰解也。

清·唐大烈《吳醫彙講》卷三〔唐迎川〕 論犀角、升麻 按朱南陽有如無犀角以升麻代之之說，以其同於一透也，朱二允以此二味升降懸殊為辯，余謂尚非確論。夫犀角乃清透之品，升麻乃升透之味，一重於清，一重於升，其性不同，其用自異，未嘗聞有異而可代者也。若夫風寒壅遏，疹點未透者，斯為升麻之任；而溫邪為病，丹斑隱現者，又係犀角之司。如以升麻為代，其肺氣熱者，必致喉痛，甚增喘逆；營分熱者，必致吐血，輕亦衄宣，其誤若此，豈可代乎？又角生於首，故用為透劑，二允以為下降之品，亦不可不辯。余非敢輕議前輩，實出婆心之不禁耳，故謹論之。

清·陳修園《神農本草經讀》卷三中品 犀角 氣味苦、酸、鹹，寒，無毒。主百毒蠱疰、邪鬼瘴氣，解鉤吻、鴆羽、蛇毒，除邪，不迷惑魘寐。久服輕身。 陳修園曰：犀角氣寒，稟水之氣也。味苦、酸、鹹，無毒，得木火水之味也。主百毒蠱疰、邪鬼瘴氣者，以犀為靈異之獸，借其靈氣以辟邪也。解鉤吻、鴆羽、蛇毒，除邪者，以牛屬土而犀居水，得水土之精，毒物投水土中而俱化也。不迷惑魘寐、輕身者，言水火既濟之效也。今人取治血症，與經旨不合。

清·趙學敏《本草綱目拾遺》卷九獸部 犀牛皮 《物理小識》：近有從舶上來者，此真是海犀，其皮入藥。治風活血最效。

清·黃凱鈞《藥籠小品》 犀角 涼心解毒，凡一切心經蓄熱必用之品。又能和陽療鼻血衄。

清·王龍《本草纂要稿·禽獸部》 犀角 味苦、辛、鹹，性寒，無毒。解熱煩，療傷寒瘟疫。破膿血，治瘡腫癰疽。驅心熱，止吐衄妄行。辟狐魅，殺鬼邪尸疰。其性走散，因其屬陽味辛。入陽明、少陰經。

清·張德裕《本草正義》卷下 犀角 苦辛，氣寒。氣味俱輕，升也，陽也，入陽明血分。性善走散，大解風熱陽毒熱邪，治吐血衄血畜血。若傷寒瘟疫熱邪蘊閉，發斑發黃，發狂譫語，及痘瘡稠密，內熱黑陷，均為要藥。凡熱毒閉表，煩躁昏悶，而汗不解者，磨汁入藥，服之如神。擇用黑色尖其尤勝。脉細虛弱，陰虛假熱，皆大忌。

清·楊時泰《本草述鉤元》卷三一 犀角 犀似牛，舌上有刺，好食棘刺。出西番、南番、滇南、交州諸處。有山犀、居山林，易得。水犀、出入水中，最難得，並有二角，鼻角長而額角短。兕犀亦作㸬，即沙犀，止有一角在頂，為獨角犀，其文理細膩，斑白分明，作器用佳，不堪入藥。三種，又有毛犀似之即旄牛。 味苦、酸、鹹，性甚走散，氣寒。可升可降，陽中之陰也。入足陽明兼入手少陰經。升麻為之使，惡烏頭、烏喙。清胃解毒，瀉肝涼心，治百毒，辟中惡毒氣，解瘟疫寒熱諸毒氣，鎮心神，療時疾熱如火，煩毒入心，狂言妄語。主風毒攻心，毷氉熱悶，中風、失音，治吐血、衄血，傷寒蓄血上焦蓄血，犀角地黃湯。及發狂斑黃，療小兒風熱驚癇，並瘡疹稠密，內熱黑陷，或不結痂，亦化瘡腫癰疽膿血。方書治卒中暴厥與中蠱毒，欬嗽諸見血證，痰飲，消癉，耳鼻唇舌面病，癔瘲攣痓，行痺痛痺，頭痛眩暈，淋及溲血，滯下，脚氣。犀屬南方獸，似得火化之正令者，飲則污濁清之也，食則毒棘消之也，故曰犀利之頤。小

兒驚癇不知人，嚼舌仰目者，濃磨犀角服之，立效。痘瘡稠密，不拘大人小兒，用新汲水磨生犀於濇器中，冷飲濃汁。同丹砂、琥珀、金箔、天竺黃、牛黃、鉤藤、羚羊角、真珠、麝香，治大人小兒風熱驚癇。磨汁同生地、紅花子、麥冬、紫草、白芍、鼠黏子，治痘瘡血熱，初見點紅豔壯熱，躁渴狂語，多服可保無虞。磨汁，同鬱金、童便、生地、麥冬、甘草、白芍、蘇子、丹參、白藥子，治吐血、衄血。入紫雪，治大人小兒顛狂、瘟疫，蠱毒邪魅，一切煩熱為病。入抱龍丸，治小兒恍惚驚悸，痰涎壅塞。入至寶丹，治中風不語，中惡氣絕，一切神魂恍惚狂亂等證。下利鮮血，犀角、地榆、銀花各一兩、升麻五錢為末，煉蜜丸彈子大，每服一丸，水一升，煎五合，去渣溫服，此熱毒伏於心經故也。宜加丹砂、滑石末，以金銀藤花熬汁煎藥，更效。鼻衄，犀角磨汁、生地、芍藥、丹皮，水煎服，熱多者加黃芩。脈大來遲，腹不滿自言滿者，無熱也，不用黃芩。溲血亦用上方，但空心服。以繫於肺，而小腸為心之腑，以行水化，故二證可用一方。

論：犀茹百毒，食眾棘，凡毒入此獸之胃而悉化，其角屬陽，性走散，潔古謂為陽中之陰，大抵入胃而效心之用者。觀其能涼心解熱、療煩毒、治譫狂可見。夫心為陽中之太陽，又為手少陰經，以其火中宅水也，此味屬陽而氣寒，寒在陽中，陽至寒化，其酸苦涌泄，不同苦寒之降折，所以散氣毒者在此，所以散火結者即在此。心原不受邪，凡受邪者，皆包絡也，包絡與胃口緊相應，惟犀角能散包絡之熱毒，故治種種血證，以包絡固主血者也。故又能治中風，蓋風火陽也，心為火主，風逐火焰，火散而風自平，且肝脾之系，俱連繫於心，是以風毒風熱驚癇斑黃遇之而悉療，至於瘡腫化膿，特療血分熱毒之餘事耳。方書用茲味，主治中風證居多。皆見恍惚悶亂，昏煩不語及蹇濇譫錯顛倒，舌強失音等證。夫風屬肝所司，而子母禪受，絕無等待，且風火相煽，類屬熱毒，非屬陽中之陰如此味者，不克靜受病之主臟也。觀於治風之次，即屬治驚，其義不更顯然乎。惟血虛而有火者，最宜酌投。是以孕婦多服則損胎氣。大約火實欲空者，宜之；火空欲實者，仍忌之耳。

痘證氣虛無大熱者，不宜用仲淳。或以血虛而燥熱發者，用之禍至丹溪。傷寒陰證發燥，勿誤用，妊婦多服，能消胎氣仲淳。

辨治：文如魚子形，謂之粟紋，紋中有眼為粟眼，黑中有黃花者為正透，黃中有黑花者為倒透，花中復有花者為重透，並名通犀，乃上品也，花如椒豆斑者次之，烏犀純黑無花者為下瀕湖。未經湯火煮製者為生犀，始可用角尖尤勝，以紙裹置懷中一宿，則易研。人氣粉犀。入丸散，屑之；尋常湯藥，磨汁沖服。

清・葉桂《本草再新》卷九　犀角味酸，性大寒，有毒。入心、肝、腎三經。　涼心瀉肝，清胃中大熱，祛風利痰，辟邪解毒，治傷寒時疫，發黃發斑，吐血下血，畜血發狂，痘瘡黑陷，消癰化膿，定驚明目。

清・趙其光《本草求原》卷二〇獸部　犀角　酸，寒。牛屬土，清胃。而犀居水，食毒草群棘，是得水土之精，毒物投水土而俱化也。故解鉤吻、鴆羽、蛇草百毒，蠱疰，凡蠱毒之鄉，遇有飲食，以角攪之，有毒則生白沫，無毒則否；以之煮毒藥，則毒消。除邪鬼瘴氣，天地之戾氣，即天地之毒氣；水火既濟，即天地之靈氣。中惡仆倒，厥冷握拳，口鼻出血，似尸厥，但腹不鳴，心腹暖，切勿移動，同朱砂、麝水灌，令人圍繞，燒蘇合、安息香，或燒火打鼓救之。魘寐不寤，切勿火照，以犀角為枕，又唾其面，咬其踵及大趾甲。服食中毒。俱生末水下。其治吐血、同鵝、鴨肝研，桔梗酒下。衄血、尿血、同地、芍、丹皮，熱盛加芩。心繫於肺，小腸為心腑，故二症可同方。痢血、同生地、地榆。下血，去風利痰，痘疹密黑陷，新汲水磨，冷服。驚癇，生磨服。傷寒時疫，發黃發斑，熱病下遲，則熱留胃而發斑；下早，熱乘虛入胃，亦發斑。畜血譫狂、消癰、化痰、化膿、定驚、明目者，以其酸苦湧泄，鹹寒清熱，入胃除熱而效。其用於心肝，使心火熄而肝風自平，血結自散也。風火相煽即成熱毒，熱毒在心則血結而神昏語澀。故犀角治症多是昏冒不語。痘因氣虛毒盛及灌漿時勿用，以其化膿為水也。而結痂餘毒癰腫又宜之。氣虛失血孕婦勿服，以其耗散氣血也。中毒箭，生角刺瘡中，中立愈。熱毒伏心，下鮮血，同地榆、銀花、升麻、丹砂、滑石研，以銀花藤汁為丸更效。

按：血結在上者，犀角地黃湯散之；血留在中者，桃仁承氣攻之；血實於下者，抵當丸決之。

黃中黑花、黑中白花者為上，純黑無花而光潤者次之。鎊成，以熱掌摸之，香者真，臭者假。角尖為勝。鹿取茸，犀取尖，其精氣盡在是也。現成器物，多被蒸煮者，不堪用。入湯劑，生磨汁；入丸散，剉細紙包納懷中，待熱，研立細。升麻為使。忌鹽。

清・葉志詵《神農本草經贊》卷二　犀角　味苦，寒。主百毒蠱注，邪鬼瘴氣，殺鉤吻鴆羽蛇毒，除邪不迷惑魘寐。久服輕身。生山谷。

美著梁山，善蠲怒忿。理感天通，氣涵星暈。照水却塵，志寒解慍。珍飾腰垂，胡為粉紊。

《爾雅》：南方之美者，有梁山之犀。《杜陽編》：同昌公主有犀帶之，令人蠲忿怒。《抱朴子》曰：通天犀有白理如線。《廣州志》：世言犀望星，而星入角。《晉書・傳》：溫嶠過牛渚，然犀角照之，見水族。《述異記》：却塵，犀置角於坐，塵埃不入。《開元遺事》：交趾國進辟寒犀，時方盛寒，溫溫有暖氣。《關尹子》：心忿者猶忘寒。《白孔六帖》：唐文宗延李訓盛暑講《易》，取辟暑犀置坐，颯然生涼。孔平仲詩：風為解慍清。蘇軾詩：腰犀一一通。《歸田錄》：人氣粉犀。

清・文晟《新編六書》卷六《藥性摘錄》 犀角 苦鹹，大寒。清胃大熱，兼涼心血，治狂言妄語，熱毒癰腫，驚煩目赤，吐血衄血蓄血，時疫斑黃，痘瘡黑陷等症。然痘瘡心火，初用不無冰伏之虞，後用恐其引毒入心，故必慎用，始無碍耳。〇又飲食諸蠱毒，以犀箸攪之，有毒即生白膜，無毒則否。〇以熱掌摸之，香者真，不香者假。入湯磨汁；入丸藥，納懷中，待搗即碎。〇忌鹽。〇犀器無力。

清・張仁錫《藥性蒙求・獸部》 犀角五分、錢半 犀角大寒，清心及胃。時疫發癍，涼營為最。苦、微鹹，大寒。犀之精靈，皆聚於角。能涼血散血，治畜血驚狂，斑痘之症，皆取通利陽明熱結耳。非大熱者忌之。烏而光潤者良，角尖尤勝。入湯劑磨汁，用入丸劑剉細。〇現成器物多被蒸煮，不堪入藥。

清・戴葆元《本草綱目易知錄》卷六 犀角 苦、酸、鹹，寒。入足陽明經。瀉肝涼心，清胃解毒，辟邪止驚，退熱消痰，明目散癰。鎮心神，安五臟，解大熱，散風毒。治傷寒溫疫，頭痛寒熱，時疾熱毒，大熱如火，煩毒入心，狂言妄語，風毒攻心，熱悶赤痢，小兒麩痘，風熱驚癇，發背癰疽，化膿作水。磨汁服，治吐衄下血，傷寒畜血，發狂譫語，發斑發黃。小兒風熱驚癇，痘瘡稠密，內熱黑陷，或不結痂。燒灰，水服，治卒中惡心痛，飲食中毒，菜毒熱毒，筋骨中風，心風煩悶，中風失音。解山嵐瘴溪毒，百毒鬼疰。殺鉤吻、鴆羽、蛇毒。除邪不迷，或魘寐。久服輕身。忌鹽。妊婦勿服，能消胎氣。

清・黃光霽《本草衍句》 犀角苦、酸、鹹，寒。 補斂心神，降瀉實熱。瀉肝膽相火，清脾胃濕熱。本陽明、少陰藥，入心涼血，入胃散邪，食百毒能解百毒，病噴血能清血熱。犀有噴血病，而角能清血熱。 鎮肝祛風，涼心解熱。溫疫煩亂譫語，發黃發班傷寒。蓄血狂言，吐血衄血。得生地、連翹治熱邪入絡。 下痢鮮血，犀角、地榆、生地各一兩，為末，蜜丸，煎服五合，去渣溫服。

清・陳其瑞《本草撮要》卷八 犀角 味苦鹹，入手少陰、足厥陰經，功專涼血解毒。得地榆治血痢，得生地、連翹治熱邪入絡。凡中毒箭，以角刺瘡中愈。飲食中有毒，以角攪之，便生白沫。入湯劑磨汁用。升麻為使，忌鹽。以角納入懷內，得人熱氣易碎。

清・李桂庭《藥性詩解》 賦得犀角解乎心熱得心字。李慶霖。 犀角純寒猛，其功解熱深。味鹹能瀉胃，性冷可涼心。 按：犀角苦酸鹹，寒涼心瀉肝，清胃中大熱。解一切毒，療一切血，利痰止驚，狂言妄語，中風中惡。又治傷寒時疫，發黃班疹，痘瘡黑陷，消癰化膿。大寒之性，非大熱者不敢輕用。孕婦服之，能消胎氣。犀性走散，解熱毒以化血清心，以入陽明。入藥有黑、白兩種，以黑者為勝，其尖猶勝，精銳之力盡在是矣。以紙裹置人懷中一宿，受人氣則易研。古云人氣粉犀者，此也。

清・鄭奮揚著，曹炳章注《增訂偽藥條辨》卷四 犀角 用黑兕角及水牛角，雕琢形似，假造混售。鑢便之粉，或鋸便之屑，更難辨別。按李時珍云：犀出西番、南番、滇南、交趾諸處。有山犀、水犀二種。水犀出入水中，尤難得。弘景云：入藥惟取雄犀，生者為佳。若犀片及見成器物，已被蒸煮，不堪用。宗奭云：鹿取茸，犀取尖，其精銳之力，盡在是也。用者當揀選角質烏黑，肌皺坼裂光潤者，錯屑入臼，杵細研末。或當面鑢粉，或取頂尖磨水取汁尤佳。再李珣有云：凡犀角鋸成，當以薄紙裹於懷中，蒸燥乘熱擣之，應手如粉。此法今人鮮知，故罕用耳。 炳章按：《嶺表錄異》云：犀牛似牛形而豬頭，脚假象，蹄有三甲，首有兩角，一在額上為兕犀，一在鼻上較小為胡帽犀，鼻上者皆窘束而點小，多有奇紋。牯犀亦有兩角，皆謂毛犀，俱有粟紋，堪為腰帶。千里犀中或有通者，花點大小奇異，固無常定，有編花路通，有頂花大而根花小者謂之倒插通。此二種亦五色無常矣。若通處白黑分明，花點差池，計價巨萬，希世之寶也。予久居番禺，諸犀各曾經眼。又有墮羅犀，犀中最大，一株有重七八斤者，云是牯犀額上，有心花多是撒豆斑，色深者堪為胯具。斑散而淺者，即治為杯盤之用。又有駭雞犀、群雞見之驚散。辟塵犀為婦人簪梳，塵埃不著髮。辟水犀、行於江海，水為開，置角於霧露中，經久不濕。光明犀，置暗室自光明也。此數犀但聞其說，不可得而見也，錄之

以備參考。《海島逸志》云：犀牛大過於牛，皮如荔殼，而紋大如錢，背皮如馬鞍以覆其項，頭似鼠，嘴似龜，足臃腫如象，好行荊棘中，喜食藤刺，頭一角在鼻梁。世所繪其角在額者非也，此余所目覩。其行林中，觸樹多折。此頭一角，或即牸犀也。沈莽如云：犀角《本草》載出西番、南番、滇南、交廣諸處，有山、水、兕三種。山犀易得，水犀難見，並有兩角，鼻角長而額角短，水犀皮有珠甲，山犀則無。兕即牸犀，止一角在頂，紋理細膩，斑白分明，不可合藥。蓋牯角紋大，而牸角紋細也，其紋如魚子形，謂之粟紋，紋中有眼，謂之粟眼，黑中有黃花者為正透，黃中有黑花者為倒透，花中復有花者名重透，並名通犀，乃上品也。花如椒豆斑者次之。烏犀純黑無花者為下品。其通天夜視有光者，名夜光犀，能通神。又有角上有紋直上至端，夜露不濡者，名通天犀。《羌海雜誌》云：犀牛皮厚而無毛，鼻上生前後兩角，後之所產祇有一角，為解熱之特效藥。且亦自能解角，角藏於巖穴中，獵人以如其形木角易之，則次年解角仍藏原處，否則更易他處，不復再見矣。今就市上所通行者，惟暹邏角為最佳品。其外有槽，根盤內有峰窠形，中凸出如墩，兩畔陷，紋粗，刨片，白多黑少，為上品。交趾產者，外無槽，內無墩，紋較細者次之。又有一種天麻角，性硬，更次。雲南產者，角尖長，其氣臭，最次。凡犀角為熱症中之退熱特效藥，關係人命生死，非尋常藥可比，必須採辨的真暹邏角為要。須看色黑，劈開處直紋粗絲者為妙。尖上頭圓更佳。試法以真犀角置為酒器，則清香為異耳。沈莽如云：犀角以有花紋而粗者為貴。今市人多以雲貴山中野牛野羊角偽之，其角黑而無花紋，且氣羶耳。此等偽角，害人性命，不宜用之。

清・毛祥麟《對山醫話》卷四　蘇君世業藥材，精於辨別，同業咸推巨眼。同治間賈於滬，有航海客攜犀角一箱託售。某開視，遂邀同市共觀。曰此名天馬角，偽物也。以此販楚鄂間，可獲利十倍，然殺人亦如之。余若不言，恐售偽者踵至，且慮嗣後無識者，害何底止。遂以百金易之，對眾焚燬，客甚感愧。

清・周巖《本草思辨錄》卷四　犀角　犀角一物，或謂胃藥，或謂心藥，或謂性升，或謂性降，或謂取汗最捷，或謂治血與《經》旨不合。夫毒物入土即化，牛屬土，而犀角黑中有黃花，黃中有黑花，雖水畜，未嘗不秉土德，謂為胃藥無愧。《釋名》：心，纖也，所識纖微無不貫也。犀角中有白星徹端，夜視光明，謂為心藥無愧。其角長而且銳，空而通氣，氣味苦酸而兼鹹寒，故能至極上極下，亦能至極內極外，其實非升非降，不發汗，不逐實，心胃藥而不專走心胃，血藥而不泛治血證。觀《千金》《外臺》兩書，用犀角之證，在上者有之，在中在下者有之，在表者有之，在裏者有之，無分於上下表裏，而總惟血熱而有毒者宜之。諸家之說，不免皆有所偏。

論犀角之精者，必首推鄒氏。然謂用犀角必外有表證，而兼肌膚有故，乃其所引《外臺》諸證，則並無表證。夫表證者，有表邪宜發汗之謂，犀角與麻黃並用有之，不能專任以發汗。鄒氏又以《金匱》升麻鱉甲湯無犀角為無表證，《外臺》治喉痛有犀角為有表證，而升麻鱉甲湯證非無喉痛，不解何以疏舛若是。

鄒氏引魏培之犀角是倒大黃之戲語，邑發大黃治火之自中及下，犀角治火之自下及上，義至精矣，而猶有未盡者。《本經》大黃主下瘀血，犀角主解百毒。就此繹之，大黃除血分之熱結，是逐而下之。犀角除血分之熱毒，是解而散之。大黃不言解毒，是熱結於虛處，致用多在腸胃。犀角不言下瘀，是熱淫於實處，致用多在肌膚。大黃之味至苦，色至黃，性復猛厲，自能逐物而下。犀角靈異之品，無論何處，遇毒輒赴，謂其自上而降，自下而升，則譽之不當矣。

陸九芝《世補齋醫書》犀角升麻辨，看似精詳，細核之則疏舛殊甚。升麻代犀角，孫真人《千金方》已有此語，不始於朱奉議《活人書》。二物皆中空通氣，入陽明經，味苦能發，故《本經》皆主解百毒。然升麻主氣，犀角主血。升麻升陽氣而解毒，犀角清血熱而解毒。原有不同，似未可以相代。不知孫真人用犀角之方不一，獨於《傷寒雜治門》木香湯，則云熱毒盛者加犀角，無犀角以升麻代之。蓋其所治瘡煩疼，是陽氣為陰邪所鬱，故方中用木香等辛溫宣陽之藥，熱盛則有毒。升麻能解毒而升陽亦無所妨，故可以代犀角。朱奉議以此法施於犀角地黃湯等方，固宜見譏於陸，而陸實亦不能無誤。提邪外出，引邪內陷之說，由來已久，愚何敢辟以臆見。獨是仲聖《傷寒》《金匱》兩書，發表攻裏，分別甚嚴。即在陰經而用汗法，非兼見太陽脈證，則必邪在於表，在於上。若邪離本經入他經，則治以他經之藥，邪得藥而自解，非提出之使他徙而後解也。其邪雖不在裏，而不得用汗法者，仲聖又常反復叮嚀以致意，此皆鑿鑿可證者。陸氏亦知提邪外出之非發汗不外出乎，可以發汗之

邪，邪本在表在上，未聞有從裏從下提而出之以發其汗者。或謂升麻之名，以升得之，自屬以升為治。不知所謂升麻者，為能升陽氣於至陰之下也。周慎齋云：凡生病處，皆為陰為火，為陽氣不到。升麻升陽氣以愈病，非提邪氣以離病，不得並為一談。至於引邪内陷，只可謂之致，不可謂之引。凡無病之處，先為藥傷，邪因乘虛而入，是為藥誤所致，非如物交物之得以相引。若寒藥治寒病，熱藥治熱病，可謂邪為藥引矣。然此是滋蔓以益其本病，非陷入而別有變病。陸引喻氏論趙某室人誤用犀角領邪攻心一案，以明犀角非胃藥之據。夫犀角誤用，為禍誠烈。謂犀角非胃藥，則其測犀角何淺。又以犀角治熱入血室，為能從至幽至隱拔邪外出，故謂之升。微論犀角之治邪，非拔邪也。從至幽至隱以升拔其邪，亦無此治理。仲聖治熱入血室用小柴胡湯，似乎升矣。不知《傷寒》《金匱》兩書論此證諸條，惟續得寒熱發作有時一條，主小柴胡湯，且將發作有時句復沓言之，明示人以非有此證，不用此湯。蓋肝膽二經，互相為用。熱雖入於肝藏，寒熱如瘧，則邪不離乎少陽，以小柴胡湯和解之，最為合拍。是柴胡尚屬和法，犀角更何足言升。乃《活人書》，謬於仲聖經水適來，晝日明瞭，暮則譫語如見鬼狀，為熱入血室一條，增加宜小柴胡湯五字，竟視小柴胡湯為治熱入血室之通劑，可謂粗疏之至矣。

或詰余曰：子言提邪外出之證，必邪之在表在上者，乃《寓意草》載周信川患休息痢，喻氏以逆流挽舟之法，提内陷之邪從表出而愈，何子之執滯也。余曰：逆流挽舟之說，後人多非之。其實非提邪出表，且與仲聖有暗合之處，可兩下研核而知也。喻氏《痢疾論》云：下痢必從汗先解其外，後調其内，此治痢初起之要訣，學者所宜切記。至失表而成久痢，邪已深入，云用逆流挽舟之法，引而出之於外，則不知其挽從何處。若從極下逆挽而上，顯犯少陰病在裏不可發汗之戒，引喻過當，不無流弊。《金匱》下利脈反弦，發熱身汗者自愈一條，喻氏以此下利為久痢，非用逆挽之法，無以得此。夫弦為少陽之脈，寒利得之，自屬病氣將退陽氣來復之徵。喻氏強題就我，憑空結撰，實不可為訓。然則以此法治周信川休息痢而愈者何也？病者年已七十有三，面目浮腫，肌膚晦黑，別無他狀，非陽虛陰盛而何。痢有冷熱兩種，此當是冷痢而濕重熱輕。因其陽氣下陷，與濕熱相搏，故脈沉數而有力。喻氏謂陽邪陷入於陰者非也。病在腸胃，與少陰無涉。以仲聖陽明病與小柴胡湯取汗之法比例求之，彼為上焦不通，津液不下，胃因不和，故不大便。此為邪壅腸胃，津液不布，傳化無權，故久痢不止。彼以小柴胡湯和解其外而濈然汗出，此以人參敗毒散升散其裏而皮間得潤。小柴胡湯本方無取汗之文，服之而汗出者，其上焦通也。休息痢本不能發汗，服人參敗毒散而亦似有汗者，升陽以化濕，陰陽和而穀味熏膚充身也。因人參敗毒散雖有人參，究屬劫劑，故改用補中益氣湯而始收全功，方中柴胡、參、草、薑、棗，即小柴胡湯去芩、夏。彼為挾熱，此為挾寒；彼宜通，此宜固。故芩、夏無所用之。又凡仲聖治寒利之方，不雜一下走之藥，甚或用石脂、餘糧以固下，葱白以升陰，義詳葱白。喻氏則外以布捲墊定肛門，使氣不下泄，内服湯以升舉之。得仲聖意而不呆用仲聖之方，非明哲那能如是。雖然，仲聖亦逆流挽舟以治利耳，而喻氏用之，謂為提邪出表，得毋有不察者存乎？

牛魚

宋·唐慎微《證類本草》卷二〇蟲魚部上品〔唐·陳藏器《本草拾遺》〕

牛魚 無毒。主六畜疾疫。作乾脯搗爲末，以水灌之，即鼻中黄涕出。亦可置病牛處，令其氣相熏。生東海。頭如牛也。

明·李時珍《本草綱目》卷四四鱗部·魚類 牛魚《拾遺》

〔集解〕藏器曰：生東海。其頭似牛。時珍曰：按《一統志》云：牛魚出女直混同江。大者長丈餘，重三百斤。無鱗骨，其肉脂相間，食之味長。又《異物志》云：南海有牛魚，一名引魚。重三四百斤，狀如鱧，無鱗骨，背有斑文，腹下青色。知海潮。肉味頗長。觀二說，則此亦鱏屬也。鱏、引聲亦相近。

肉：無毒。〔主治〕六畜疫疾。作乾脯爲末，以水和灌鼻，即出黄涕。亦可置病牛處，令氣相熏藏器。

明·姚可成《食物本草》卷一〇鱗部·無鱗魚類 牛魚生東海。其頭似牛。〇李時珍曰：按《一統〔志〕》云，牛魚出女直混同江。大者長丈餘，重三百斤。無鱗骨，其肉脂相間，食之味長。又《異物志》云，南海有牛魚，一名引魚。重三四百斤，狀如鱧，無鱗骨，背有斑文，腹下青色。知海潮。肉味頗長。牛魚，無毒。主六畜疫疾。作乾脯為末，以水和灌鼻，即出黄涕。亦可置病牛處，令氣相熏。

明·施永圖《本草醫旨·食物類》卷五 牛魚生東海。其頭似牛，重三百斤，無鱗骨。肉：無毒。治六畜疫疾，作乾脯為末，以水和灌鼻，即出黄涕。亦可置病牛處，令氣相熏。

駮

明·李時珍《本草綱目》卷五一獸部·獸類 駮《山海經》云：駮狀如馬，白身黑尾，一角鋸牙，能食虎豹。《周書》謂之兹白。《説苑》云：師曠言鵲食猬，猬食鵔鸃，鵔鸃食豹，豹食駮，駮食虎。

驨

宋·鄭樵《通志》卷七六《昆蟲草木略》 驨 《爾雅》云：驨，如馬，一角。不角者，騏。驨，音攜。郭云：元康八年，九真郡獵一獸，大如馬，一角，角如鹿茸。此即驨也。今深山中人，時或見之，亦有無角者。

野馬

元·忽思慧《飲膳正要》卷三 野馬 肉，味甘，平，有毒。壯筋骨。與家馬肉頗相似，其肉落地不沾沙，然不宜多食。

明·李時珍《本草綱目》卷五一獸部·獸類 野馬《綱目》

【集解】時珍曰：按郭璞云：野馬似馬而小，出塞外。今西夏、甘肅及遼東山中亦有之。取其皮爲裘，食其肉，云如家馬肉，但落地不沾沙耳。《爾雅》云：驨如馬，一角似鹿茸。不角者，騏也。《山海經》云：北海有獸，狀如馬，色青，名曰騊駼。此皆野馬類也。

肉 【氣味】甘，平，有小毒。 【主治】人病馬癎，筋脈不能自收，周痹肌肉不仁思邈。○《心鏡》治上證，用肉一斤，豉汁煮熟，入五味、葱白，作腌腊及羹粥，頻食之。白煮亦可。

陰莖 【氣味】酸、鹹，温，無毒。 【主治】男子陰痿縮，少精孫思邈。

【發明】時珍曰：野馬，孫思邈《千金方》載有功用，而《本草》不收，今採補之。

明·穆世錫《食物輯要》卷四 野馬 肉，味甘，有小毒。食之無益。治馬癎痹症，肌肉筋骨不利。用肉和豉、葱、五味作羹，頻食，良。陰莖，壯陽固精。

明·姚可成《食物本草》卷一四獸部·野獸類 野馬似馬而小，出塞外。今西夏、甘肅及遼東山中亦有之。取其皮為裘。食其肉如家馬肉，但落地不沾沙耳。《爾雅》云：驨如馬，一角似鹿茸。不角者，騏也。《山海經》云：北海有獸，狀如馬，色青，名曰騊駼。此皆野馬類也。

野馬肉：味甘，平，有小毒。治人病馬癎，筋脉不能自收，周痹肌肉不仁。○孫真人有方治上證，用肉一斤，豉汁煮熟，入五味、葱白，作腌腊及羹粥，頻食之。 陰莖：味酸、鹹，溫，無毒。治男子陰萎縮少精。

明·施永圖《本草醫旨·食物類》卷四 野馬似馬而小，出塞外。其皮為裘，食其肉如家馬肉。 肉：味甘，平，有小毒。治：人病馬癎，筋脉不能自收，周痹，肌肉不仁。用肉一斤，豉汁煮熟，入五味葱白作腌腊及羹粥頻食之，白煮亦可。陰莖：味酸，鹹，溫，無毒。治：男子陰痿縮少精。

清·朱本中《飲食須知·獸類》 野馬肉 味甘，性平，有小毒。食之無益。如家馬肉，但落地不沾沙耳。

清·王道純《本草品彙精要續集》卷五 野馬肉有小毒，陰莖無毒。胎生。

野馬肉：主人病馬癎，筋脈不能自收，周痹，肌肉不仁。○陰莖，主男子陰痿縮，少精《千金食治》。 【名】《爾雅》云：驨，如馬，一角似鹿茸，不角者騏也。 【地】郭璞云：野馬似馬而小，出塞外。今西夏、甘肅及遼東山中亦有之。 【時】生：無時。 【用】郭璞云：取其皮爲裘，食其肉，云如家馬肉，但落地不沾沙耳。 【質】《山海經》云：北海有獸，狀如馬，名曰騊駼，此皆野馬類也。 【色】《山海經》云：馬色青。 【味】肉味甘，陰莖味酸、鹹。 【性】肉性平，陰莖性溫。 【製】《食醫心鏡》治馬癎證，用肉一觔，豉汁煮熟，入五味、葱白作腌腊及羹粥頻食之，白煮亦可。 【治】李時珍云：野馬。孫思邈《千金方》載有功用，而《本草》未收，今續補之。

野猪

宋·唐慎微《證類本草》卷一八獸部下品〔唐·蘇敬《唐本草》〕 野猪黄 味辛、甘，平，無毒。主金瘡，止血生肉。療癲癇。水研如棗核，日二服，效。《唐本》先附。

〔宋·掌禹錫《嘉祐本草》〕按：孟詵云：野猪，主補肌膚，令人虛肥，膽中有黄。研如水服之，治疰病。其肉尚勝諸猪，雌者肉美。其冬月在林中食橡子，肉色赤，補五藏風氣。其膏，練令精細，以二匙和一盞酒服，日三服，令婦人多乳。服十日，可供三四孩子。齒，作灰服，主蛇毒。膽，治惡熱氣。日華子云：野猪，主腸風瀉血，炙食，不過十頓。膽中黄，治鬼疰，癎疾及惡毒風，小兒疳氣，客忤，天弔。脂，悦色，并除風腫毒瘡疥癬。臘月陳者佳。外腎和皮，燒作灰不用絕過爲末，飲下，治崩中帶下，并腸風瀉血及血痢。

〔宋·唐慎微《證類本草》〕《食療》：三歲膽中有黄，和水服之，主鬼疰癎病。又，其肉，主癲癇，補肌膚，令人虛肥。雌者肉美。肉色赤者，補人五藏，不發風虛氣也。其肉勝家猪也。又膽，治惡熱毒邪氣。肉不發病減藥力，與家猪不同。脂，主婦人無乳者，服之即乳下。本來無乳者，服之亦有。青蹄者，不可食。《食醫心鏡》：主久痔，野雞下血

不止，肛邊痛。猪肉二斤，切，著五味炙，空心食。作羹亦得。

宋·寇宗奭《本草衍義》卷一六　野猪黄　在膽中，治小兒諸癇疾。京西界野猪甚多，形如家猪，但腹小脚長，毛色褐，作群行，獵人惟敢射最後者，射中前奔者，則群猪散走傷人。肉色赤如馬肉，其味甘，肉復軟，微動風。黄不常有，間得之，世亦少用，食之尚勝家猪。

宋·王繼先《紹興本草》卷一九　野猪黄　紹興校定：野猪黄乃野猪膽中黄也。《本經》雖具主治，然諸方未聞驗據，近世亦罕用之。今當作味辛、苦、微涼、無毒是矣。

宋·陳衍《寶慶本草折衷》卷一五　新分野豬肉膽、脂及豪豬附。　肉軟甜者，俗號糯米。野豬其肉硬酸者，俗號籼米。野豬乃家豬類也。生京西界。又附：脂，臘月取。〇又附：豪豬，又云一名蒿豬，俗號箭豬，亦豬類也。又云陝、洛、江東諸山中並有。今山林深處多有之。〇豪，一作毫。

味甘。〇補飢，令人虚肥。分野豬黄條孟詵說。〇日華子云：主腸風瀉血，炙食。〇《食療》云：肉赤者補人五藏。青蹄者不可食。〇《食醫心鏡》：主久痔下血，肛邊痛，著五味炙食，作羹亦得。〇寇氏曰：野豬形如家豬，但腹小脚長，毛色褐。肉赤軟，微動風，尚勝家豬。

附：膽。〇味苦，寒用諸獸膽云。治惡熱毒邪氣。　附：脂膏。〇令婦人多乳，練令精細，以壹匙壹小盞酒服，日三。又除風腫，毒瘡疥癬，臘月陳者佳。

附：豪豬肉新移。〇甘美多膏。如多食，發風氣，利大腸，令人虚羸。此豬鬃間有毫，如猬簪箭，能搖而射人。〇括豚卵及蛞蝓說。

元·忽思慧《飲膳正要》卷三　野猪　肉，味苦，無毒。主補肌膚，令人虚肥。雌者肉更美。冬月食橡子，肉色赤，補人五藏，治腸風瀉血。其肉味勝家猪。

元·吴瑞《日用本草》卷三　野猪肉　野生成群，獵人射之。味甘，平，無毒。久食令人肥。肉色赤軟勝家猪。食後忌服巴豆藥。青蹄者勿食。主補肌膚，雌者補五臟，腸風瀉血。　膏脂：煉以酒服，令婦人多乳。久服可供三四孩兒。　猪齒：燒灰服，殺蛇毒。　膽：治惡熱毒邪氣。

明·王綸《本草集要》卷六　野豬黄　味辛甘，氣平，無毒。三歲者，膽中有黄，和水服之。　主金瘡，止血生肌。療癲癇及鬼疰。〇脂，婦人有乳，鍊精細，以一匙，和酒一盞，日三服。

明·滕弘《神農本經會通》卷八　野猪黄　三歲者膽中有黄，和水服之。味辛、甘，氣平，無毒。《本經》云：主金瘡止血，生肉。療癲癇，水研如棗核，日二服效。孟詵云：野猪，主補肌膚，令人虚肥。膽中有黄，研如水服之，治疰病。其肉尚勝諸猪，雌者肉美，肉色赤者，補五臟風氣。其膏，煉令精細，以一匙，和一盞酒服，日三，令婦人多乳。其齒，作灰服，主蛇毒。其膽，治惡熱氣。日華子云：野猪，主腸風瀉血，炙食，不過一頓。膽中黄，治鬼疰癇疾，及惡毒風，小兒疳氣，客忤天吊。脂，悦色，并除風腫毒瘡疥癬。外腎，和皮燒灰，為末，飲下，治崩中帶下，并腸風瀉血及血痢。《食療》云：脂，主婦人無乳者，服之即下。青蹄者，不可食。

明·劉文泰《本草品彙精要》卷二五　野豬黄無毒。　胎生。

野豬黄：主金瘡，止血，生肉，療癲癇，水研如棗核，日二服，效。名醫所錄。

【地】《衍義》曰：京西界野豬甚多，形如家豬，但腹小腳長，毛色蒼褐，作群行。獵人惟敢射取最後者，若射中前走者則群豬奔散傷人。其肉如馬肉而赤，由冬月在林中食橡子故也。味甘美，復軟，尤勝家豬。黄在膽中，蓋不常有，間得之，方亦少用。【時】生：無時。採：無時。【收】瓷器密貯。【用】膽中黄。【色】黄。【味】辛，甘。【性】平，散。【氣】氣之薄者，陽中之陰。【臭】腥。【主】鬼疰，癇疾。【製】研細或水磨用。

【治】療：日華子云：肉，治腸風瀉血，炙食之，不過十頓，愈。〇膽中黄，治鬼疰，癇疾，及惡毒風，小兒疳氣，客忤，天吊。〇脂，悦顔色，除風腫毒及瘡疥癬，用臘月陳者佳。孟詵云：膽中黄，治疰病，研如水，服。〇齒，燒作灰服，治蛇毒。〇膽，治惡熱毒邪氣。《衍義》曰：膽中黄，治小兒諸癇疾。《食療》云：脂，治婦人無乳。補：孟詵云：肉，補肌膚及五臟，不發風虚氣。【合治】野豬膏煉令精細，以一匙和酒一盞，日三服，令婦人多乳。〇外腎和皮燒灰存性，爲末，合飲下，治崩中帶下，並腸風瀉血及血痢。〇野豬肉二斤，切，著五味炙，空心食之，治久痔野雞，下血不止，肛邊痛，作羹食亦可。

【禁】肉多食，令人虚肥，微動風。青蹄者不可食。

明·盧和、汪穎《食物本草》卷三獸類　野猪　肉，味甘，補肌膚，令人肥膩，補五臟，止腸風下血，及顛癇病。不發風氣，尚勝家猪。又云：微動風。雌者尤美。青蹄者勿食。肪膏，酒浸食之，令婦人多乳，連進十日，可供三四

孩兒。本來無乳者亦有。三歲者膽中有黃，黃味辛甘，氣平，無毒。主金瘡，止血生肌，療顛癇及鬼疰。此物多是射而得之，射藥之毒，中入其肉，不可不慮。

明・陳嘉謨《本草蒙筌》卷九　野猪黄　味辛、甘，氣平。無毒。種雖山畜，形類家猪。但毛褐口露撩牙，腹小足奔長步為異爾。凡及三歲，膽內有黃。狀與棗核相侔，得之摩水可服。療小兒客忤天吊，疳脹亦毆；主大人鬼疰癲癇，金瘡總愈。膏和酒立通乳汁，服十朝可供三四嬰孩；肉作羹雌者肉美。峻補肌膚，食半月令人一身虛胖。齒去蛇蟲咬毒立効，燒研服之；膽除惡熱邪氣殊功，取汁嚥下。脂油悅顏色，併敷風腫疥癬，通乳亦能；臘月陳者炒。外腎止帶崩，仍治血痢腸風，須燒存性。研細調米飲下。○毫猪號為剛鬣，其種自孕而生。故曰厥體兼資，自為牝牡者是也。頸上如笈大毫，白而端黑；長七八寸，入肉處僅二三分，中間白處常隱而不見，但見其黑端爾。怒則激去射物，恃此為能。人以出類奇之，故借毫取名也。肉多膏味亦甘美，煮作饌食勿過餐。能利大便，仍發風氣。䐗誠要藥，醫者宜求。烘燥燒灰，和䐗屎共研作末；分勻調酒，每空心頓服二錢。能毆酒疸目黃，專消水腫腹脹。熱脹易効，冷脹難瘳。蓋此猪日食苦參，致屎性大冷故爾。○江猪產於江內，味酸性氣平溫。捕者得來，肉堪作脯。入口略有腥氣。慎勿多啖，體重難當。䐗和五味煮，濃取汁頓飲；亦健脾胃進食，仍補虛羸。

明・王文潔《太乙仙製本草藥性大全》卷七《本草精義》　野猪黄　舊本不載所出州土，今山岩谿谷在處有之。種雖山畜，形類家猪。但毛褐口露獠牙，腹小足奔長步爲異爾。作隊群行，獵人惟敢射最後者，射中前奔者，則群猪散走傷人。肉赤色如馬肉，其味甘，肉復軟，微動風。凡及三歲，膽內有黃。狀與棗核相侔，得之摩水可服。肉，主癲癇，補肌膚。色赤者補人五臟，不發風虛氣。膽，治惡熱毒氣。肉不發病減藥力，與家猪不同。其膏練令精細，以一匙和上好酒服，日三服，令婦人多乳。齒，作灰服，主蛇毒。外腎和皮燒灰，不用絕過，爲末，飲下治崩中帶下，并腸風瀉血及血痢。

明・王文潔《太乙仙製本草藥性大全》卷七《仙製藥性》　野猪黄　味辛、甘，氣平，無毒。主治　黃：療小兒客忤，天吊疳脹亦毆。主大人鬼疰癲癇，金瘡總愈。膏：和酒立通乳汁，服十朝可供三四嬰兒。肉：作羹雌者肉美。峻補肌膚，食半月令人一身虛胖。齒：去蛇蟲咬毒立效，燒研服之。膽：除惡熱邪氣殊功，取汁嚥下。脂油：悅顏色，併敷風腫疥癬，通乳汁亦能。臘月陳者妙。外腎：止帶崩，仍治血痢腸風，須燒存性。研細調米飲下。補註：主久痔，野雞下血不止，肛邊痛。肉二斤，切著五味，炙，空心食；作羹亦得。

明・皇甫嵩《本草發明》卷六　野猪黄下品。氣平，味甘、辛，無毒。　發明曰：野猪膽中黃，治風之用，故專主小兒客忤天弔，疳脹及大人鬼疰癲癇，金瘡止血。種山畜類家猪，但毛褐色，口露獠牙，腹幹，足長善奔。及三歲者，膽內有黃如棗核，水磨服之。亦不常有。○肉，色赤味甘，雌者尤美。作羹，峻補肌膚，食半月，一身虛胖。多食發風。○脂油，主頑痺風瘙，風腫疥癬，死肌，筋皮攣縮，併敷之。更悅顏色，臘月陳者妙。○膏，和酒，通乳汁，多生乳汁。○外腎，止帶崩，血痢腸風，燒存性，研米飲下。○膽，除惡熱邪氣，取汁服。

明・李時珍《本草綱目》卷五一獸部・獸類　野猪《唐本草》

【集解】宗奭曰：野猪，陝、洛間甚多。形如家猪，但腹小脚長，毛色褐，作群行，獵人惟敢射最後者，若射中前者，則散走傷人。其肉赤色如馬肉，食之勝家猪，牝者肉更美。詵曰：冬月在林中食橡子。其黃在膽中，三歲乃有，亦不常得。時珍曰：野猪處處深山中有之，惟關西者時或有黃。其形似猪而大，牙出口外，如象牙。其肉有至二三百斤者。能與虎鬬。或云：能掠松脂、曳沙泥塗身，以禦矢也。最害田稼，亦啖蛇虺。《淮南子》曰：野彘有艽莦槎櫛，堀虛連比，以象宮室，陰以防雨，景以蔽日。亦其知也。范致能《虞衡志》云：嶺南一種嬾婦，似山猪而小，善害田禾。惟以機軸紡織之器置田所，則不復近也。

肉　【氣味】甘，平，無毒。宗奭曰：微動風。詵曰：不發病、減藥力，與家猪不同。但青蹄者不可食，微動風。時珍曰：服巴豆藥者忌之。　【主治】癲癇，補肌膚，益五臟，令人虛肥，不發風虛氣孟詵。炙食，治腸風瀉血，不過十頓日華。

【附方】舊一。　久痔下血：野猪肉二斤，著五味炙，空腹食之。作羹亦得。《食醫心鏡》。

脂臘月煉過取之。　【主治】煉净和酒日三服，令婦人多乳，十日後，可供三四兒。素無乳者亦下孟詵。悅色，除風腫毒，治疥癬日華。

黃　【氣味】甘，平，無毒。　【主治】金瘡，止血生肉。療癲癇，水研如棗核許服之，日三服，效《唐本》。研水服，治血痢疰病藏器。治惡毒風，小兒疳氣，客忤天弔日華。

膽　【主治】惡熱毒氣孟詵。鬼疰癲癇，小兒諸疳，水研棗許服，日二時

珍。○出《衛生方》。

齒 〔主治〕燒灰水服，治蛇咬毒藏器。

頭骨 〔主治〕邪瘧。《聖惠方》中用之。

〔附方〕新一。 積年下血： 野猪頭一枚，桑西枝一握，附子一枚，同入瓶内煅過爲末，每服二錢，粥飲空心服。《聖惠方》。

外腎 〔主治〕連皮燒存性研，米飲服，治崩中帶下，及腸風瀉血，血痢日華。

皮 〔主治〕燒灰，塗鼠瘻惡瘡。時珍。《外臺》方中用。

明·穆世錫《食物輯要》卷四 野猪 肉，味甘，平，無毒。補五臟，潤肌膚。治腸風便血，癲癎。多食，微動風疾。雌者佳。青蹄者勿食。脂，去風腫毒。煉淨和酒浸服，令無乳汁者能多。老者，膽中有黄。味甘，平，無毒。治癲癎鬼疰，止血生肌。多有藥箭傷者，食者慎之！

明·吴文炳《藥性全備食物本草》卷二 野猪 形如家猪，但腰脚長，毛褐。雄者肉甘美，無毒。青蹄者勿食。肉色赤者補五臟，長肌膚。久痔腸風下血，炙食不過十頓。顛癎病水煮服之，所以勝家猪也。黄： 在膽中，味辛，甘，平，無毒。主金瘡，止血，鬼疰，顛癎及小兒疳氣客忤天吊。陰乾，研水服之。 膏： 除風腫毒，瘡疥，浸酒服之。令婦人多乳，連進十日可供三四孩兒，本來無乳者亦有。 外腎： 和灰燒灰存性，米飲下，治崩中帶下，腸風下血。

明·應麐《食治廣要》卷六 野猪 肉： 氣味： 甘，平，無毒。主治： 癲癎，補肌膚，益五藏，不發風虚氣。 宗奭曰： 微動風。

明·姚可成《食物本草》卷一四獸部·野獸類 野猪處處山林有之。陝、洛間更多。其形似家猪，但腹小脚長，毛褐色，牙出口外，如象牙，其肉有至二三百斤者，能與虎鬬。群隊而行，獵人惟敢射最後者，若射中前者，則散走傷人。又能掠松(枝)〔脂〕、曳沙泥塗身以禦矢。最害田禾，亦啖蛇虺。其肉赤色如馬肉，食之勝家猪，牝者肉味更美。《淮南子》曰野彘穴居，有艽莔槎櫛，堀虚連比，以象宫室，陰以防雨，景以蔽日，亦其知也。又嶺南一種懶婦，似山猪而小，善害禾稼，惟以機軸紡織之器置田所，則不復近也。

野猪肉： 味甘，平，無毒。治癲癎，補肌膚，益五臟，令人虚肥，不發風。炙食，治腸風下血。青蹄者不可食。微動風。 脂： 煉淨和酒日三服，令婦人多乳，十日後可供三四兒，素無乳者亦下。又悦色，除風腫毒，治疥癬。

膽： 治惡熱毒氣，鬼疰癲癎，小兒諸疳，水研棗許，日二服。 膽中黄： 味甘，平，無毒。治金瘡，止血生肉。療癲癎，水研棗核許服。又治血痢疰病，小兒疳氣，客忤天弔。 外腎： 治崩中帶下，腸風瀉血，血痢。 皮： 燒灰，塗鼠瘻惡瘡。 齒： 燒灰水服，治蛇咬毒。 頭骨： 治邪瘧。

明·施永圖《本草醫旨·食物類》卷四 野豬陝洛間甚多，形如家豬，但腹小脚長，毛色褐，作群行。獵人惟敢射最後者，若射中前者，則散走傷人。其肉赤色如馬肉，食之勝家豬，牝者肉更美。冬月在林中食橡子。其黄在膽中，三歲乃有，亦不常得。至二三百斤者，能與虎鬬。 肉： 味甘，平，無毒。不發病，減藥力，與家豬不同。但青蹄者不可食，微動風。服巴豆藥者，忌之。治： 癲癎，補肌膚，益五臟。令人虚肥，不發風虚氣。炙食，治腸風瀉血，不過十頓。

附方 久痔下血： 野豬肉二斤，著五味炙，空腹食之，作羹亦得。

脂： 臘月鍊過取之。 治： 鍊淨和酒，日三服，令婦人多乳，十日後可供三四兒，素無乳者亦下。悦色，除風腫毒，治疥癬。 黄： 味甘，平，無毒。治： 金瘡，止血生肉。療癲癎，水研如棗核許，服之，日二服效。研水服，治血痢，疰病，治惡毒風，小兒疳氣客忤天弔。 膽： 治： 惡熱毒氣，鬼疰，癲癎，小兒諸疳。水研棗許服，日二。 齒： 治： 燒灰水服，治蛇咬毒。

頭骨： 治： 邪瘧。

附方： 積年下血： 野豬頭一枚，桑西枝一握，附子一枚，同入瓶内，煅過為末，每服二錢，粥飲空心服。

外腎： 治： 連皮燒存性，研，米飲服。治崩中帶下及腸風瀉血，血痢。

皮： 治： 燒灰，塗鼠瘻惡瘡。

清·穆石匏《本草洞詮》卷一五 野豬 野豬似豬，而大牙出口外如象牙，能與虎鬬。掠松脂，曳沙泥塗身，以禦矢也。最害田稼，亦啖蛇虺。肉甘，平，無毒。補肌膚，令人虚肥。炙食治腸風瀉血。脂鍊淨和酒，日三服，令婦人多乳，十日後可供三四兒，素無乳者亦下。

清·丁其譽《壽世秘典》卷四 野猪處處深山中有之，形似猪而大，但腹小脚長，毛色褐，牙出口外如象牙，其肉有至二三百觔者。能與虎鬬，或云能掠松脂曳沙泥塗身以禦矢，最害田稼，亦啖蛇虺。作群行，獵人惟敢射最後者，若射中前者，則散走傷人。其肉赤色如馬肉，食之勝家猪，牝者肉更美。冬月，在林中食橡子，時或有黄在膽中，三歲乃有，亦不常得。氣味甘平，無毒。治金瘡，止血生肉，及惡毒，小兒疳氣，客忤天弔。又有豪猪，狀如猪而項脊有棘鬣，長近尺許，粗如筯，白本而黑端，怒則激去，如矢射人。皮可為鞾。肉味甘，

寒，有毒。多食發風，利大腸，令人虛羸。氣味：甘，平，無毒。治癲癇，補肌膚，益五臟，令人虛肥。發明孟詵曰：不發病、減藥力，與家猪不同。但青蹄者不可食，服巴豆者忌之。

清・朱本中《飲食須知・獸類》 野猪肉 味甘，性平。多食微動風疾，不可同鯽魚、鮎魚食。青蹄者不可食，服巴豆藥者忌之。嶺南一種嬾婦，似山猪而小，善害田禾。惟以機軸紡織之器置田所，則不復近也。

清・何其言《養生食鑒》卷下 野猪深山中有之，形如家猪，但腹小，脚長，牙出口外如象牙，其肉有至二三百斤者，毛褐色。野猪肉： 味甘，性平，無毒。補五臟，潤肌膚，治腸風便血、癲癇。煮炙和五味食良，雌者佳。青蹄者，勿食。肪膏： 酒浸食之，令婦人多乳，連服十日，可供三四小兒。本來無乳者，亦有。胆中黃： 老者方有，亦不常得。味甘、辛，性平，無毒。療金瘡，止血生肌，治鬼疰癲癇及小兒疳氣，客忤天弔，陰乾，研水服之。外腎： 和皮燒灰存性，米飲下，治崩中帶下、腸風下血、血痢。

清・汪紱《醫林纂要探源》卷三 野豬 甘，鹹，寒。形同家豬，但腹不大，腳稍粗且高。補養虛羸，祛風解毒。家豬生痰動風，此反補虛祛風者，其體實，非若彼之虛肥而滯膩，性躁動，非若彼之倦卧而氣壅不行，四蹄尤能祛風治痺，最消食，又解毒，以啖蛇故也。然滋潤悦澤之功，則不及家豬。

清・李文培《食物小錄》卷下 野猪 甘，平，無毒。補肌膚，益五臟，治癲癇。

清・章穆《調疾飲食辯》卷五 野猪 《綱目》曰： 形似猪，大牙長出口外數寸。能與虎鬭。有重數百斤者。性能益五藏，令人肥。日華子曰： 炙食治腸風下血，不過十頓愈。脂煉淨，和酒日三服，令婦人多乳。

清・趙其光《本草求原》卷二〇獸部 野豬 出深山，褐毛，如家豬，腹小腳長，牙出口外。其肉有重二三百斤者。甘，平，無毒。補五臟，潤肌膚，治腸風便血。青蹄者勿食。膏： 最長乳，無乳人宜之。酒浸食。膽中黃： 甘、辛，平，無毒。止金瘡血生肌，治鬼疰、癲癇，小兒疳氣、客忤天吊。陰乾，研水下。外腎： 連皮存性，治崩帶、腸風下血、血痢。

清・文晟《新編六書》卷六《藥性摘錄》 野豬 甘，平。補五臟，潤肌膚，治腸風便血，癲（瘕）〔癇〕。煮炙，和五味食良。雄者佳。青蹄者勿食。

○肪膏，浸酒食之，令婦多乳。

清・王孟英《隨息居飲食譜・毛羽類》 野猪肉 甘，平。補五藏，潤肌膚，治顛癇、腸風、痔血。禁忌與猪肉同。蹄爪補力更勝。一切癰疽不歛，多年漏瘡，煨食即愈。其脂臘月煉過收藏，和酒服，令婦人多乳，服十日後可給三四兒，素無乳者亦下。亦可塗腫毒、疥癬。

清・吴汝紀《每日食物却病考》卷下 野猪 味甘，平，無毒。補肌膚，益五臟，令人肥膩，不發風氣，勝家猪也。或云，多食微動風。生深山中，陝、洛間多。生關西者，時或有黃生膽中。其形如猪，而大牙出口，毛褐色，有至二三百觔者，能與虎鬥。其出成群，獵人惟敢射其最後者，否則散走，傷人莫敵。黃，味辛、甘，平，無毒。療顛癇鬼疰及金瘡，止血生肉。脂，能下乳。此獸多由射得之，射藥之毒中入其肉，食者不可不慮。

麞

元・忽思慧《飲膳正要》卷三 麞子 味甘，平，無毒。補益人。

鹿

唐・孫思邈《千金要方》卷二六《食治・鳥獸》 鹿頭肉 平，主消渴、多夢妄見者。生血： 治癰腫。莖筋： 主勞損。蹄肉： 平。主脚膝骨中疼痛，不能踐地。骨： 主內虛，續絕傷，補骨，可作酒。髓： 味甘，溫。主丈夫婦人傷中脉絕，筋急痛，欬逆，以酒和服。腎： 平。主補腎氣。肉： 味苦，溫，無毒。補中，強五藏，益氣力。肉生者： 主中風，口僻不正，細細剉之，以薄僻上。華佗云： 和生椒擣薄之，使人專看之，正則急去之，不爾復牽向不僻處。角： 剉取屑一升，白蜜五升，溲之，微火熬，令小變色，暴乾，更擣篩，服方寸匕，日三，令人輕身，益氣力，強骨髓，補絕傷。黃帝云： 鹿膽白者，食其肉害人。白鹿肉不可和蒲白作羹食，發惡瘡。五月勿食鹿肉，傷人神氣。胡居士云： 鹿性驚烈，多別良草，怕食九物，餘者不嘗。群處必依山岡，產歸下澤。饗神用其肉者，以其性烈清淨故也。凡餌藥之人，不可食鹿肉，服藥必不得力，所以然者，以鹿常食解毒之草，是故能制毒，散諸藥故也。九草者： 葛葉花、鹿葱、鹿藥、白蒿、水芹、甘草、齊頭蒿、山蒼耳、薺苨。

宋・李昉《太平御覽》卷第九八八 鹿茸 《本草經》曰： 鹿茸，强志不老。

鹿脂 《本草經》曰：鹿脂近陰，令人陰痿。

附：日・丹波康賴《醫心方》卷三〇 鹿肉 《本草》云：肉溫。補中，強五藏，益氣力。陶〔弘〕景注云：野肉之中，唯麞鹿可食，生不腥羶，又非辰屬，八卦無主，而兼能溫補於人，則生死無憂，故道家許聽為脯。蘇敬注云：頭，主消渴。筋，主勞損。骨，主虛勞。脂，主癰腫死肌，溫中，四支不隨。一云：不可近陰。角，主中惡注痛。血，主折傷陰瘻，補。又云：鹿茸，味甘、酸，溫，無毒。主漏下惡血寒熱，益氣強志，生齒，療虛勞羸瘦，四支酸痛，腰脊痛，洩精溺血，安胎下氣。角，主惡瘡癰腫。髓，味甘，溫。主丈夫、女子傷中脉絕筋急，欬逆，以酒服之。又云：麞骨，主虛損洩精。肉，補益五藏。髓，益氣力，悅澤人面。崔禹〔錫〕云：味鹹，溫，無毒。主大風冷氣，口僻，消渴。心，主安中。肝，主安肝。肺，主安肺。腎，主安腎。脾，主安脾。膏，主四支不隨。孟詵云：鹿頭，主消渴多夢，夢見物。蹄肉，主腳膝骨髓中疼痛。生肉，主中風，口偏不正。《膳夫經》云：腎，彌佳。《千金方》云：凡餌藥之人，不可食鹿肉，服藥必不得力。所以然者，鹿恒食解毒之草，是故能制散諸藥也。《養生要集》云：鹿有豹文不可食，殺人。又云：鹿茸、鹿角，皆不中嗅。角中有細蟲，似白粟，入咽令人蟲顙，萬術不能治。馬琬云：鹿胃食之不利人。朱思簡云：合生菜食之，使腹中生疽蟲。鹿膽白者，不可食之。《食經》云：鹿雉合煮，食之殺人。《盧宗食經》云：鹿，五月已後無角者，食傷人。

宋・唐慎微《證類本草》卷一七獸部中品〔《本經・別錄・藥對》〕 鹿茸

味甘、酸，溫、微溫，無毒。**主漏下惡血，寒熱驚癇，益氣强志，生齒不老，**療虛勞，洒洒如瘧，羸瘦，四肢酸疼，腰脊痛，小便利，洩精溺血，破留血在腹，散石淋癰腫，骨中熱疽癢。〔宋・掌禹錫《嘉祐本草》〕按：《藥性論》：鹿茸，君，味苦、辛。主補男子腰腎虛冷，脚膝無力，夜夢鬼交，精溢自出，女人崩中，漏血。炙末，空心溫酒服方寸匕。又主赤白帶下，入散用。孟詵云：鹿茸，主益氣。不可以鼻嗅，其茸中有小白蟲，視之不見，入人鼻必為蟲顙，藥不及也。日華子云：鹿茸，補虛羸，壯筋骨，破瘀血，殺鬼精，安胎，下氣。酥炙入用。

骨：安胎下氣，殺鬼精物，不可近陰，令痿。久服耐老。四月、五月解角時取，陰乾。使時燥。麻勃為之使。〔唐・蘇敬《唐本草》〕注云：鹿茸，夏收，陰乾，百不收一，縱得一乾，臭不任用。破之火乾，大好。〔宋・掌禹錫《嘉祐本草》〕按：《藥性論》云：鹿骨，味甘，微熱，無毒。

角：味鹹，無毒。**主惡瘡癰腫，逐邪惡氣，留血在陰中，**除小腹血急痛，腰脊痛，折傷惡血，益氣。七月採。杜仲為之使。〔宋・掌禹錫《嘉祐本草》〕按：癰疽通用藥云：鹿角，溫、微溫。孟詵云：角錯為屑，白蜜五升，淹之，微火熬令小變，暴乾，更擣篩服之，令人輕身益氣，强骨髓，補絕傷。又婦人夢與鬼交者。鹿角末三指一撮，和清酒服，即出鬼精。又，女子胞中餘血不盡欲死者。以清酒和鹿角灰，服方寸匕，日三夜一，甚效。又，小兒以煮小豆汁，和鹿角灰，安重舌下，日三度。日華子云：角，療患瘡癰腫熱毒等，醋摩傅。脫精尿血，夜夢鬼交，并治之，水摩服。小兒重舌，鵝口瘡，炙熨之。

髓：味甘，溫。主丈夫、女子傷中，絕脉，筋急痛，欬逆。以酒和服之，良。〔宋・掌禹錫《嘉祐本草》〕按：《藥性論》云：鹿髓，無毒。日華子云：髓，治筋骨弱，嘔吐。地黃汁煎作膏，填骨髓。蜜煮，壯陽，令有子。

腎：平，主補腎氣。〔宋・掌禹錫《嘉祐本草》〕按：日華子云：腎，補中，安五藏，壯陽氣。作酒及煮粥服。

肉：溫。補中，强五藏，益氣力。生者療口僻，割薄之。〔梁・陶弘景《本草經集注》〕云：野肉之中，麞鹿可食。生則不羶腥。又非辰屬，八卦無主而兼能溫補，於人即生死無尤，故道家許聽為脯，過其餘肉。雖牛、羊、雞、犬補益，充肌膚，於亡魂皆為愆責，并不足噉。凡肉脯炙之不動，及見水而動，及暴之不燥，并殺人。又茅屋漏脯，藏脯密器中，名為鬱脯，并不可食。〔唐・蘇敬《唐本草》〕注云：頭，主消渴。煎之可作膠，服之彌善。筋，主勞損續絕。骨，主虛勞。可為酒，主風補虛。髓脂，主癰腫死肌，溫中，四肢不隨，風頭，通腠理。一云不可近陰。角，主猫鬼中惡，心腹疰痛。血，主狂犬傷，鼻衄，折傷，陰痿，補虛，止腰痛。齒，主留血氣，鼠瘻，心腹痛，不可近丈夫陰。〔宋・掌禹錫《嘉祐本草》〕按：孟詵云：鹿頭肉，主消渴，夜夢見物。又蹄肉，主脚膝疼痛。肉，主補中益氣力。又生肉，主中風，口偏不正，以生椒同擣傅之，專看正即速除之。九月已後，正月已前，堪食之也。日華子云：肉，無毒。補益氣，助五藏。生肉貼偏風，左患右貼，右患左貼。頭肉治煩懣，多夢。蹄治脚膝痠。又血治肺痿吐血及崩中、帶下。和酒服之，良。〔宋・蘇頌《本草圖經》〕曰：鹿茸并角，《本經》不載所出州土，今有山林處皆有之。四月角欲生時取其茸，陰乾。以形如小紫茄子者為上，或云茄子茸太嫩，血氣猶未具，不若分歧如馬鞍形者有力。茸不可齅，其氣能傷人鼻。七月採角。鹿年歲久者，其角堅好，煮以為膠，入藥彌佳。今醫家多貴麋茸、麋角，力緊於鹿。《本經》自有麋脂角條在下品。鹿髓可作酒，唐方多有其法。近世有服鹿血酒，云得於射生者，因採捕入山，失道數日，飢渴

將委頓，惟獲一生鹿，刺血數升飲之，飢渴頓除，及歸，遂覺血氣充盛異常。人有效其服餌，刺鹿頭角間血，酒和飲之更佳。其肉自九月以後，正月以前宜食之。它月不可食。其腦入面膏。

〔宋・唐慎微《證類本草》〕雷公云：凡使，先以天靈蓋作末，然後鋸解鹿茸作片子，以好羊脂，拌天靈蓋末，塗之於鹿茸上，慢火炙之，令内外黄脆了，用鹿皮一片裹之，安室上一宿，其藥魂歸也。至明則以慢火焙之，令脆，方擣作末用之。每五兩鹿茸，用羊脂三兩，炙盡爲度。又制法：用黄精自然汁浸兩日夜了，漉出焙令乾，細擣用，免渴人也。鹿角，使之勝如麋角。其角要黄色、緊重、尖好者。緣此鹿食靈草，所以異其衆鹿。其麋角頂根上有黄色毛若金線，兼傍生小尖也，色蒼白者上。注《乾寧記》云：其鹿與遊龍相戲，乃生此異爾。採得角了，須全戴者，并長三寸，鋸解之。以物盛，於急水中浸之，一百日滿出，用刀削去麁皮一重了，以物拭水垢，令淨，然後用醶醋煮七日，旋旋添醋，勿令火歇。戌時不用著火，只從子時至戌時也。日足，其角白色軟如粉，即細擣作粉，卻以無灰酒煮其膠陰乾。削了重研篩過用。每修事十兩，以無灰酒一鎰，煎乾爲度也。《食療》云：謹按：肉，九月後正月前食之，則補虚羸瘦弱，利五藏，調血脉。自外皆不食，發冷痛。角，主癰疽瘡腫，除惡血。若腰脊痛、折傷，多取鹿角併截取尖，錯爲屑，以白蜜淹浸之，微火熬令小變色，曝乾，擣篩令細，以酒服之。輕身益力，强骨髓，補陽道。角，燒飛爲丹，服之至妙。但於瓷器中或瓦器中，寸截，用泥裹，大火燒之一日，如玉粉。亦可炙令黄，末，細羅，酒服之益人。若欲作膠者，細破寸截，以鐼水浸七日，令軟方煮也。骨，溫。主安胎，下氣，殺鬼精，可用浸酒。凡是鹿白臆者，不可食。《聖惠方》：治腎氣虚損，耳聾。用鹿腎一對，去脂膜，切，於豉汁中入粳米二合和煮粥，入五味之法調和。空腹食之，作羹及酒并得。《外臺秘要》：療骾。取鹿筋，漬之，索緊令大如彈丸，持筋端吞之，候至骾處，徐除引之，骾著筋出。又方：治消腎，小便數。鹿角一具，炙令燋，擣篩。酒服方寸匕，漸漸加至一匕半。又方：治蠼螋尿瘡。燒鹿角末，以苦酒調塗之。《千金方》：治小兒瘧。用生鹿角細末，先發時，便以乳調一字服。又方：治竹木刺入肉皮中不出。燒鹿角末，以水和塗，立出。久者不過一夕。《百一方》：若男女喜夢與鬼交通，致恍惚者方：截鹿角屑三指撮，日二服，酒下。《食療》同。又方：丹者，惡毒之瘡，五色無常。燒鹿角和猪脂傅之。又方：胎死得效方：鹿角屑二三方寸匕，煮葱豉湯和服之，立出。又方：主諸風脚膝疼痛不可踐地。鹿蹄四隻燖洗如法，熟煮了，取肉於豉汁中，著五味煮熟，空腹食之。又方：主腎藏虚冷，腰脊痛如錐刺，不能動搖。鹿角屑二大兩，熬令微黄擣末。空腹暖酒一盃，投鹿角末方寸匕，服之，日三兩服。《梅師方》：治人面目卒得赤黑丹如疥狀，不急治，偏身即死。燒鹿角末，猪膏和塗之。又方：治卒腰痛，暫轉不得。鹿角一枚長五寸，酒二升，燒鹿角令赤，内酒中浸一宿，飲之。又方：治發乳房初起微赤，不急治之即殺人。鹿角以水磨濁汁塗腫上，赤即隨手消。《孫真人食忌》：鹿肉解藥毒，不可久食，蓋常食解毒草也。《斗門方》：治骨骾。用鹿角爲末，含津嚥下，妙。《續千金方》：治腰膝疼痛傷敗。鹿茸不限多少，塗酥炙紫色爲末，溫酒調下一錢匕。《古今録驗》：療妖魅猫鬼，病人不肯言鬼方：鹿角屑，擣散，以水服方寸匕，即言實也。又方：治小兒噦。鹿角粉、大豆末等分相和，乳調塗奶上飲兒。《兵部手集》：療妬乳，硬欲結膿，令消。取鹿角於石上磨取白，汁塗乾又塗，不得手近，并以人嚙卻黄水，一日許即散。《深師方》：療五瘻。取鹿靨以家酒漬，炙乾，内酒中，更炙令香，含嚥汁，味盡更易，十具愈。又方：治馬鞍瘡。鹿角灰酢和塗之。《子母秘録》：療煩悶，腹痛，血不盡。鹿角燒末，豉汁服方寸匕。日二服，漸加至三錢匕。《楊氏産乳》：療腰痛。鹿角屑熬令黄赤，研，酒服方寸匕，日五六服。《産寶》：治姙娠卒腰痛方：以鹿角截五寸，燒令爛赤，内酒一大升中浸之，冷又燒赤又浸，如此數過，細研，空心酒調鹿角末方寸匕服。姚和衆：治小兒重舌。鹿角末細篩塗舌下，日三度。《抱朴子》云：鹿壽千歲，五百歲變白。壺居士：鹿性多驚烈，多別良草，恒食名物諸草，不食處必山崗，産婦下澤。饗神用其肉者，以其性別清淨故也。凡餌藥之人，久食鹿肉，服藥必不得力。所以鹿恒食解毒草，能制諸藥耳。名草者，葛花菜、鹿葱、白藥苗、白蒿、水芹、甘草、齊頭蒿、山蒼耳、薺苨。又五月勿食鹿，傷神。

宋・唐慎微《證類本草》卷一六獸部上品〔《本經・別錄・藥對》〕

白膠 **味甘**，平、溫，無毒。**主傷中勞絶，腰痛羸瘦，補中益氣，婦人血閉無子，止痛安胎，**療吐血下血，崩中不止，四肢酸疼，多汗淋露，折音舌跌音迭傷損。**久服輕身延年。一名鹿角膠。**生雲中。煮鹿角作之。得火良，畏大黄。

〔梁・陶弘景《本草經集注》〕云：今人少復煮作，惟合角弓，猶言用此膠爾。方藥用亦稀，道家時須之。作白膠法：先以米瀋汁漬七日令軟，然後煮煎之，如作阿膠爾。又一法：即細剉角，與一片乾牛皮，角即消爛矣。不爾，相厭百年，無一熟也。

〔唐・蘇敬《唐本草》〕注云：麋角、鹿角但煮濃汁重煎，即爲膠矣，何至使爛也？求爛亦不難，當是未見煮膠，謬爲此說也。

〔宋・掌禹錫《嘉祐本草》〕按：《藥性論》云：白膠，又名黄明膠，能主男子藏氣，氣衰虚勞損。婦人服之令有子，能安胎，去冷，治漏下赤白，主吐血。

〔宋・唐慎微《證類本草》〕《圖經》：文具阿膠條下。《食療》：傅腫四邊，中心留一孔子，其腫即頭自開也。治咳嗽不差者，黄明膠炙令半焦爲末，每服一錢匕，人參末二錢匕，用薄豉湯一盞八分，葱少許，入銚子煎一兩沸後，傾入盞，遇咳嗽時呷三五口後，依前溫暖，卻准前咳嗽時喫之也。又，止吐血，咯血，黄明膠一兩，切作小片子，炙令黄，新

綿一兩，燒作灰細研，每服一錢匕，新米飲調下，不計年歲深遠并宜，食後卧時服。《外臺秘要》：療虛勞尿精。乾膠三兩炙，擣末。酒二升和，溫服。又方：治凡腫已潰、未潰者。以膠一片，水漬令軟納納然，腫之大小，貼當頭上開孔，若已潰還合者，膿當被膠，急撮之，膿皆出盡。未有膿者，腫當自消矣。又方：療尿血。膠三兩炙，以水二升，煮取一升四合，分再服。又方：補虛勞，益髓長肌，悅顏色，令人肥健。鹿角膠炙，擣爲末。以酒服方寸匕，日三服。《千金方》：治耳中有物不可出。以麻繩剪令頭散，傅好膠，著耳中物上，粘之令相著，徐徐引之令出。《肘後方》：妊娠卒下血。以酒煮膠二兩，消盡頓服。《斗門方》：治肺破出血，忽嗽血不止者。用海犀膏一大片，於火上炙，令焦黃色後，以酥塗之。又炙再塗，令通透可碾爲末，用湯化三大錢匕，放冷服之，即血止。水膠是也，大驗。又方：治湯火瘡。用水煎膠，令稀稠得所，待冷塗瘡。《譚氏小兒方》：療小兒面上瘡豆子瘢。法：黃明膠慢火炙爲末，溫酒調服一錢匕。出者服之無瘢，未出〔者〕服之瀉下。又治小兒火燒瘡滅瘢痕，黃明膠小雞翎掃之。

宋・寇宗奭《本草衍義》卷一六　鹿茸　他獸肉多屬於十二辰及八卦。昔黃帝立子、丑等爲十二辰以名月；又以名獸，配十二辰屬。故麞鹿肉爲肉中第一者，避十二辰也。味亦勝他肉。三祀皆以鹿腊，其義如此。茸最難得，不破及不出却血者，蓋其力盡在血中，獵時多有損傷故也。茸上毛先薄以酥塗勻，於烈焰中急灼之。若不先以酥塗，恐火焰傷茸，俟毛淨，微炙入藥。今人亦能將麻茸僞爲之，不可不察也。頭亦可釀酒，然須作漿時，稍益葱椒。角爲膠，别有法。按《月令》冬至一陽生，麋角解；夏至一陰生，鹿角解；各逐陰陽分合，如此解落。今人用麋、鹿茸作一種，殆疏矣。凡麋、鹿角自生至堅完，無兩月之久，大者二十餘斤，其堅如石，計一晝夜須生數兩。凡骨之類，成長無速於此；雖草木至易生，亦無能及之，豈可與凡骨血爲比。麋茸利補陽，鹿茸利補陰。凡用茸，無須太嫩，唯長四五寸，茸端如馬瑙紅者最佳。須佐以他藥，則有功。

宋・王繼先《紹興本草》卷一九　白膠　紹興校定：白膠乃熬鹿角而成矣。性味、主治已載《本經》，然但滋養陰氣，潤補，方家用之多驗。角大者熬用，尤有力矣。當云味苦甘、平溫、無毒為定是也。

鹿茸　紹興校定：鹿茸，性味、主治已載《本經》。未成角者為茸，補助水臟，用之多驗。《本經》云破留血在腹，以醫之用驗，固非破血之物。然有茄茸、鞍茸、麻茸，其茄與鞍以形言之，但氣之未足，不及麻茸氣之已足。今當作味酸、溫、無毒是矣。但角者熬白膠作霜是也。骨髓、肉、腎性皆暖，雖有主治，亦未聞起疾驗據。

宋・洪邁《夷堅志・丁志》卷八　趙監廟建昌寄居趙監廟，素有羸疾，或教之曰：服鹿血則愈。趙買鹿三四頭，日取一枚，以長鐵管插入其肉間，少頃血凝滿管中，乃服。鹿日受此苦，血盡而死。趙果膚革充盛，健飲啖，而所服既多矣，晚得疾，遍體生異瘡，陷肉成竅，痒無以喻，必以竹管立瘡中，注沸湯灌之，痒方息。終日不暫寧，兩月而卒。

宋・劉明之《圖經本草藥性總論》卷下　鹿茸　味甘、酸，微溫，無毒。主漏下惡血，寒熱驚癇，益氣強志，生齒不老。療虛勞洒洒如瘧，羸瘦，四肢酸疼，腰脊痛，小便利，洩精溺血，破留血在腹，散石淋癰腫，骨中熱疽癢。《藥性論》云：君。主補男子腰腎虛冷，腳膝少力，夜夢鬼交，精溢自出，女人崩中漏血，及赤白帶下。日華子云：補虛羸，壯筋骨，破瘀血，殺鬼精，安胎下氣。酥炙之。

宋・陳衍《寶慶本草折衷》卷一五　白膠　一名鹿角膠，一名黃明膠，一名水膠。出雲中，用鹿角及麋角之有脂液者，并頂皮以米汁久漬令軟，加乾牛皮等料，煮濃汁重煎成膠，割為餅子，或以紅印印之，今處處皆得其法。○得火良，畏大黃。

味甘，平，溫，無毒。○主傷中勞絶，腰痛羸瘦，補中益氣。婦人無子，止痛，安胎，療吐血下血，四肢酸疼，多汗，淋露，折跌音迭傷損。○《藥性論》云：主腎藏氣衰，虛勞，去冷，治漏下赤白。○《圖經》曰：鮮有真者，非自製，恐多僞爾。○分阿膠條。○《食療》云：傅腫，治咳嗽。

新增鹿角霜　所出與白膠同。○此是鹿麋之角，已煮取脂液為膠。今其本質之白者，為霜也。亦有用鹿麋老角火煅成霜。今處處皆能煮煅。

味澀，溫，無毒。○治亡血盜汗，遺瀝失精，小便滑數，婦人宮臟冷，帶下無子，秘精堅髓補虛。集張松説。

鹿茸君。角、髓、腎、肉、脂、血等附。　古方用者，名班龍腦珠。生鄆州山林，今山林有之。○四月採，火乾。○附：角，即茸老堅者為角。七月採。杜仲為使。

味甘、酸、苦、辛，溫，無毒。○主漏下惡血，寒熱驚癇，益氣強志，療虛勞如瘧羸瘦，四肢酸疼，腰脊痛，小便利，溺血，散石淋癰腫，骨熱疽癢。○《藥

性論》云：補腰腎虛冷，脚膝無一作少力，夜夢鬼交，精溢自出，女人赤白帶下。〇日華子云：壯筋骨，安胎。〇《圖經》曰：鹿茸，形如紫茄者太嫩，血氣未具。分歧如馬鞍形者有力。不可嗅其氣，傷人鼻。〇新茸有蟲，極細。視之不見，嗅蟲入鼻，即生鼻痔。〇雷公云：鋸解茸作片，以羊脂塗，慢火炙，令黃脆。〇今以紙紝蘸麻油，點火漸燎去毛，切片，用蜜和酥及酒拌潤，慢火焙乾。〇寇氏曰：鹿茸利補陰，長四五寸，端如馬腦一作碯紅者，最佳。佐以他藥，則有功。

附：角。〇味鹹，微溫，無毒。主惡瘡癰腫，逐邪惡氣，除小腹血急痛，腰脊痛，折傷惡血，益氣，強骨髓，補絕傷。女子胞中餘血不盡，療脫精尿血，夜夢鬼交。猫鬼中惡，心腹疰痛。又小兒重舌，鵝口瘡，炙熨之。又消腎，小便數，炙令燋，擣篩，酒服方寸匕。又蠼螋尿瘡，燒末，苦酒調塗。又五色丹毒瘡，燒和猪脂傅之。　附：髓腦髓也。〇味甘，溫，無毒。主傷中絕脉，筋急痛，欬逆，以酒和服。又治筋骨弱，嘔吐，地黃汁煎作膏。填骨髓，壯陽有子。亦可作酒，及入面膏。　附：腎。〇平。主補腎氣，安五臟，壯陽氣，作酒及煮粥服。　附：肉，身腿肉也。〇溫，無毒。補中，強五臟，益氣力。九月以後正月以前堪食之。五月勿食，傷神。白臆者不可食。生肉，主中風口偏，以生椒同擣傅，左患右貼，右患左貼。凡食鹿肉，服藥不得力。鹿常食解毒草，能制諸藥耳。　附：頭肉。〇主消渴，煩懣，多夢，亦可釀酒。　附：蹄肉。〇治脚膝痠。又主諸風，脚膝疼痛，以鹿四蹄肉著五味煮，空服食。　附：脂。〇主癰腫，死肌，溫中，四肢不隨。治風頭，通腠理。　附：血。〇治肺痿吐血，崩中帶下，鼻衂折傷，陰痿腰痛。療狂犬傷，或刺鹿頭角間血，酒和飲之，更佳。有人刺鹿麋血以代茸，云茸亦血耳。沈存中識其誤矣。

續說云：艾原甫論立夏之後，鹿角解。鹿是山獸，夏至得陰氣而解角。鹿之茸則生於陰。生之始，積一年陰氣而成，是以有鹿茸利補陰之說。則人之陽有餘而陰不足者，當下鹿茸也。凡鹿茸以裏之肉紅潤細膩者為最，其色如菉豆而肌細者次之。若已出叉枝，體麤而白者，則力弱矣。或以血塗外橫而中則麤错枯燥，俗謂之柴茸，此不足取也。寇氏嘗謂今人將麻茸偽為之。艾氏亦譏何者為麻茸焉。辨訂麋茸亦如此耳。

元・忽思慧《飲膳正要》卷三

鹿　肉，味甘，溫，無毒。補中，強五藏，益氣。　鹿髓，甘，溫。主男女傷中，絕脉，筋急，欬逆，以酒服之。　鹿頭，主消渴，夜夢見物。　鹿蹄，主脚膝疼痛。　鹿腎，主溫中，補腎，安五藏，壯陽氣。　鹿茸，味甘，微溫，無毒。主漏下惡血，寒熱驚癇，益氣強志，補虛羸，壯筋骨。　鹿角，微鹹，無毒。主惡瘡癰腫，逐邪氣，除小腹血急痛，腰脊痛及留血在陰中。

元・尚從善《本草元命苞》卷七

鹿茸　為君。味甘、酸，溫。補男子腰腎虛冷，腳膝少力。止婦室崩中漏血，帶下赤白。治夜夢鬼交，精溢自出。療四肢酸困，虛損勞傷。安胎下氣，殺鬼除邪。破留血於腹內，散石淋在胞中。髓，主傷中脈絕筋急。肉，強五臟益氣調中。骨，能安胎養氣。角，散癰腫傷折。筋，主勞損續絕。腎，壯陽氣補中。七月採取，陰乾。形如茄子為上，太嫩則血氣未全，分歧如馬鞍有力。茸不可鼻齅，傷之成鼻顙。

元・吳瑞《日用本草》卷三

鹿肉　味甘，性溫，無毒。主補中益氣，助五臟。服藥後不可食，能殺藥。合蒲作羹，發瘡，令人患發背；不與雉肉同食。　頭肉：治煩悶多夢、消渴，生血。　髓脂：主傷中絕脉，筋急痛。　鹿骨：姙娠食之，令子青盲，男子傷精。不可同梅李(李)食。　鹿茸：主益氣，補虛羸，壯筋骨，暖腎虛冷，腰脊痛，小便濁。　鹿腎：主補腎氣，壯陽，作酒及煮粥佳。　鹿角：主腰脊痛，折傷惡血，益陰氣，療惡瘡癰腫熱毒，醋磨傅之。夜夢鬼交，水磨服之。女子胞中餘血不盡，酒磨服之。

明・王綸《本草集要》卷六

鹿茸君　味甘酸，又云苦辛，氣溫，無毒。不破損及出卻血者佳，力在血中也。形如小紫茄者上。又云毋用太嫩，唯長四五寸，節端如瑪瑙紅者最佳。陰乾。不可鼻嗅。酥炙用。　主漏下惡血溺血，破留血在腹，散石淋癰腫，骨中熱疽癢，治寒熱驚癇，虛勞洒洒如瘧，羸瘦，四肢酸疼，腰脊痛，腳膝無力，小便利，洩精，女子崩中，赤白帶下，益氣強志，生齒不老。〇角，味鹹，氣溫。杜仲為之使。七月採。　主惡瘡癰腫，逐邪惡氣，留血在陰中，小腹血急痛，腰脊痛折傷，惡血尿血。　輕身益氣，強筋骨，補絕傷。又婦人夢與鬼交者，取末，和清酒服，即出鬼精。妖魅猫鬼，病人不肯言鬼，用角屑擣末，水服方寸匕，即言實也。〇髓，味甘，氣溫。　主丈夫女子傷中絕脈，筋急痛，咳逆，以酒和服之。地黃汁煎作膏，填骨髓。蜜煮，壯陽，令有子。〇肉，溫，補中，強五臟，益氣力。生者療口偏，割薄之，左患右貼，右患左貼，正即除之。

按《月令》，冬至一陽生，麋角解。夏至一陰生，鹿角解。麋茸利補陽，鹿茸利

補陰。

白膠： 味甘，氣平，溫，無毒。得火良。畏大黃。煮鹿角作之，一名鹿角膠。主傷中勞絕，腰痛羸瘦，補中益氣。婦人血閉無子，止痛安胎。療吐血下血，崩中漏下，赤白淋露。折跌傷損，久服輕身延年。

明·滕弘《神農本經會通》卷八 鹿茸 君也。不破損及不出血者佳，力在血中也。形如小紫茄子者上。又云： 毋用太嫩，唯長四五寸，茸端如瑪瑙紅者最佳。陰乾。不可鼻嗅，其氣能傷人鼻。酥炙用。《圖經》或云： 茄子茸太嫩，血氣猶未具，不若分歧如馬鞍形者有力。

味甘、酸，氣溫，微溫，無毒。一云： 味苦、辛。東云： 生精血，補腰脊，崩漏。《吏》云： 補虛生精，并治石淋，癰瘡，羸瘦，生牙益氣，及主夢泄，去舊生新。

《本經》云： 主漏下惡血，寒熱驚癇，益氣強志，生齒不老。療虛勞，洒洒如瘧，羸瘦，四肢酸疼，腰脊痛，小便利，洩精溺血，破留血在腹，散石淋，癰腫，骨中熱疽癢。《藥性論》云： 君。味苦辛。主補男子腰腎虛冷，脚膝少力，夜夢鬼交，精溢自出，女人崩中漏血，炙末，空心溫酒服方寸匕。亦主赤白帶下，入散用。孟詵云： 主益氣。不可以鼻嗅，其茸中有小白蟲，視之不見，入人鼻必為蟲顙，藥不及也。日華子云： 補虛羸，壯筋骨，破瘀血，殺鬼精，安胎下氣。酥炙之。《局》云： 鹿長茄茸味苦辛，補虛益氣用為君。洩精溺血宜男子，漏下崩中益女人。鹿茸，益氣補虛，男主洩精，女主崩漏。

鹿骨： 馬勃為之使。 味甘，氣微熱，無毒。一云： 溫。《本經》云： 安胎下氣，殺鬼精物。不可近陰，令痿。久服耐老。四月五月解角時取，陰乾，使時燥。《食療》云： 溫。主安胎下氣。殺鬼精。可用浸酒。凡是鹿白臆者，不可食。

鹿角： 杜仲為之使。七月採。 味鹹，無毒。一云： 溫，微溫。東云： 秘精髓，除腰脊痛。《本經》云： 主惡瘡癰腫，逐邪惡氣，留血在陰中，除小腹血急痛，腰脊痛，折傷惡血，益氣。孟詵云： 角，錯為屑，白蜜五升，淹之，微火熬令小變，暴乾，更擣篩服之，令人輕身，益氣，強骨髓，補絕傷。又婦人夢與鬼交者，鹿角末三指一撮，和清酒服，即出鬼精。又女子胞中餘血不盡欲死者，以清酒和鹿角灰服方寸匕，日三夜一，服。又小兒，以煮小豆汁，和鹿角灰，安重舌下，日三度。日華子云： 角，療惡瘡，癰腫熱毒等，醋摩傅。脫精尿血，夜夢鬼交，并治之，水摩服。小兒重舌，鵝口瘡，炙熨之。《唐本》注云： 角，主猫鬼中惡，心腹疰痛。《圖經》云： 七月採角。鹿年歲久者，其角堅好，煮以為膠，入藥彌佳。今醫家多貴麋茸、麋角，力緊於鹿。雷公云： 鹿角堅好，勝如麋角，其角要黃色，緊重尖好者。緣此，鹿食靈草，所以異於眾鹿。其麋角頂上有黃色毛，若金線，兼傍生小尖也。《食療》云： 角，主癰疽瘡腫，除惡血，背腰脊痛，折傷。多取鹿角，併截取尖，錯為屑，以白蜜淹浸之，微火熬令小變色，曝乾，擣篩令細，以酒服之。輕身益力，強骨髓，補陽道。角燒，飛為丹，服之至妙。

鹿髓 味甘，氣溫。一云： 無毒。《本經》云： 主丈夫女子傷中絕脉，筋急痛，欬逆，以酒和服之，良。日華子云： 治筋骨弱，嘔吐，地黃汁煎作膏。頭骨髓，蜜煮，壯陽，令有子。《唐本》注云： 髓脂，主癰腫死肌，溫中，四肢不隨，風頭，通腠理。一云： 不可近陰。《圖經》云： 鹿髓可作酒，唐方多有其法。

鹿腎 氣平。《本經》云： 主補腎氣。日華子云： 腎補中，安五臟，壯陽氣，作酒及煮粥服。

鹿肉 氣溫。一云： 無毒。《本經》云： 補中，強五臟，益氣力。生者療口僻，割薄之。陶隱居云： 野肉之中，麞鹿可食，生不膻腥，又非辰屬，八卦無主，而兼能溫補於人，即生死無尤，故道家許聽為脯，過其餘肉。雖牛羊雞犬補益，充肌膚，於亡魂皆為愆責，并不足噉。凡肉脯炙之不動，及見水而動，及暴之不燥，并殺人。孟詵云： 鹿頭肉，主消渴，夜夢見物。又蹄肉，主脚膝疼痛。肉，主補中，益氣力。又生肉，主中風，口偏不正，以生椒同擣，傅之，專看正，即速除之。日華子云： 肉，無毒。補益氣，助五臟。生肉貼偏風，左患右貼，右患左貼。頭肉，治煩悶多夢。蹄，治脚膝痠。《食療》云： 肉，補虛羸瘦弱，利五臟，調血脉。

頭及筋 《唐本》注云： 頭，主消渴，煎之可作膠，服之彌善。筋，主勞損，續絕骨，主虛勞，可為酒，主風補虛。

齒及腦 《唐本》注云： 齒，主留血氣，鼠瘻，心腹痛。不可近丈夫陰。其腦入面膏。

鹿血 《唐本》注云： 主狂犬傷，鼻衄，折傷，陰痿，補虛，止腰痛。日華子云： 血，治肺痿吐血，及崩中帶下，和酒服之良。《圖經》云： 近世有服

鹿血酒，云得於射生者，生因採捕，入山失道，數日飢渴，將委頓，惟獲一生鹿，刺血數升飲之，飢渴頓除，及歸，遂覺血氣充盛，異常有效。其服餌，刺鹿頭角間血，酒和飲之，更佳。

鹿角膠　《本經》云：即白膠。得火良。畏大黃。煮鹿角作之。一云：味鹹，氣溫，無毒。東云：止血崩，補羸勞絶。　味甘，氣平，溫，無毒。《本經》云：主傷中勞絶，腰痛羸瘦，補中益氣，婦人血閉無子，止痛，安胎。療吐血下血，崩中不止，四肢酸疼，多汗淋露，折跌傷損，久服輕身延年。陶隱居云：作白膠法，先以米瀋汁漬七日，令軟，然後煮煎之，如作阿膠爾。《藥性論》云：白膠，又名黃明膠。能主男子腎藏氣衰，虛勞損。婦人服之，令有子，能安胎，去冷，治漏下赤白，主吐血。《局》云：鹿角煎膠即白膠，主除羸瘦痛連腰。安胎止痛收崩漏，更滅瘢痕治火燒。鹿角煎膠，補羸瘦，止痛安胎。

明·劉文泰《本草品彙精要》卷二四　白膠附鹿角霜。俱無毒。　熬煉成。

白膠出《神農本經》：**主傷中，勞絶，腰痛，羸瘦，補中益氣，婦人血閉無子，止痛，安胎。久服輕身延年。**以上朱字《神農本經》。療吐血，下血，崩中不止，四肢酸疼，多汗，淋露，折音舌跌音迭傷損。煮鹿角作之。以上黑字名醫所錄。【名】鹿角膠、黃明膠。【地】雷公云：鹿出雲中山，捕得取其角。須全戴者並鋸長三寸許，以物盛于急水中浸之一百日滿，出。用刀削去粗皮一重了，拭去水垢令淨，然後用醶醋煮七日，旋旋添醋，勿令火歇。戌時不用著火，只從子時至戌時也。日足，其角白色，軟如粉，即細擣作粉，卻以無灰酒煮其膠，削了，重研，篩過用。每修事十兩，以無灰酒一鎰，煎乾爲度也。今熬膠之法：採鹿年歲久其角堅好新鮮全具者，先用本鹿天靈蓋及皮同裹之，安室上一宿，以歸魂也。後將角鋸成段子，長二三寸許，以竹籃盛於長流水中浸三七，漉出，清水洗去垢穢，以大鍋一口，用桑木篦子安鍋底內，卻，用桑皮鋪於篦子上，層層鋪角，注長流水八分，再旋旋添水煮一日，候角軟，乘熱削去粗皮。每角十斤，用人參、茯苓各四兩，楮實子八兩。仍于鍋內如前安桑木篦，勿令著鍋底，篦子上鋪桑白皮一層，卻，將鹿角層層鋪，注長流水八分，以人參、茯苓、楮實子用夏布袋盛之，同入鍋內，下用桑柴火，再旋旋添水慢煮，至三日夜或五日夜、七日夜，候角內虛白漉出，角則成霜矣。卻，將原煮角汁水再用細絹袋濾過，于銀器內盛之，以重湯鍋內微火慢慢熬至稠粘，黃黑色者，即成膠也。【收】陰乾。【用】明淨者佳。【色】黃黑。【味】甘。【性】平，緩。【氣】氣厚于味，陽也。【臭】腥。【主】補中益氣。【助】得火良。【反】畏大黃。【治】療：《藥性論》云：能安胎，去冷氣，止吐血，及漏下赤白。《別錄》云：傅瘡腫四邊中心留一孔，其腫即起頭而自開也。○凡腫已潰、未潰者，以膠一片，水漬令軟，納納然，隨腫大小貼當頭上，開孔。若已潰還合者，膿當被膠急撮之，膿皆出盡。未有膿者，膿當自消矣。○膠三兩，水二升，煮取一升四合，分二服，治尿血。○膠水煎令稀稠得所，待冷，塗湯火瘡。補：《藥性論》云：主男子腎臟氣衰，勞損，婦人服之令有子。【合治】以膠炙令半焦，爲末一錢匕，合人參末二錢匕，薄豉湯一盞八分，葱少許，入銚子煎一二沸服，治欬嗽不瘥者，每呷三五口，其嗽漸止。○膠一兩，切作小片子，炙令黃，合新綿一兩，燒作灰，細研，每服一錢匕，新米飲調下，臨卧服之，治吐血，咯血，立效。○乾膠三兩炙，擣細末，合酒二升溫服，治虛勞，尿精。○膠炙，擣爲末，合酒服方寸匕，日三服，補虛勞，益髓，長肌，悅顏色，令人肥健。○膠二兩合酒煮消盡，頓服之，治妊娠卒下血。○膠慢火炙爲末，合酒調服一錢，療小兒面上瘡豆子瘢，已出者，服之無瘢，未出者，服之瀉下。

明·劉文泰《本草品彙精要》卷二四　鹿茸附角、骨、髓、肉、腎，俱無毒。

鹿茸出《神農本經》：**主漏下，惡血，寒熱，驚癇，益氣強志，生齒不老。○角，主惡瘡，癰腫，逐邪惡氣，留血在陰中。**以上朱字《神農本經》。鹿茸，療虛勞，洒洒如瘧，羸瘦，四肢酸疼，腰脊痛，小便利，泄精，溺血，破留血在腹，散石淋癰腫，骨中熱疽癢。○骨，味甘，微熱，無毒。主安胎，下氣，殺鬼精物。不可近陰，令痿。久服耐老。○角，味鹹，微溫，無毒。主除小腹血，急痛，腰脊痛，折傷，惡血，益氣。○髓，味甘，溫，主丈夫、女子傷中絶脈，筋急痛，欬逆，以酒和服之，良。○腎，平，主補腎氣。○肉，溫，補中強五臟，益氣力。生者療口僻，割薄之。以上黑字名醫所錄。【地】《圖經》曰：舊不載所出州土，今有山林處皆有之。于四月角欲生時取之，以其形小紫茄者爲上，或以茄茸太嫩，血氣猶未全具，不若以分歧如馬鞍者爲有力。《月令》云：夏至一陰生，鹿角解；冬至一陽生，麋角解。麋即鹿之大者也，各隨時解落。然麋茸利補陽，鹿茸利補陰，今人類用之，殆疏矣。麋鹿角自生至堅完，無兩月之久，大者二十餘斤，其堅如石。凡骨之類成長，無速於此，雖草木至易生，

亦無能及之，豈可與凡骨爲比也。〔時〕生：夏至後生。採：初生時取茸，七月取角。〔收〕陰乾及火乾者大好。〔色〕紫。〔味〕甘，酸。〔性〕溫，收。〔氣〕氣厚于味，陽也。〔臭〕膻。〔主〕助陽氣，壯筋骨。〔助〕骨，麻勃爲之使。鹿角，杜仲爲之使。〔製〕《衍義》曰：凡使，先以薄酥塗勻，放烈焰中急灼之。若不先以酥塗，恐火傷茸，俟毛淨微炙入藥用。〔治〕療：《唐本》注云：頭，止消渴，煎之可作膠，服之彌善。○筋，主勞損，續絕。○髓脂，主癰腫，死肌，溫中，四肢不隨。○頭，通腠理。○角，主貓鬼中惡，心腹疰痛。○血，主狂犬傷，鼻衄，折傷。○齒，治留血，滯氣，及鼠瘻，心腹痛。日華子云：鹿茸，破瘀血，殺鬼精，安胎下氣。○角，以火炙，熱熨小兒重舌、鵝口瘡。○生肉，治偏風，左患右貼，右患左貼。○頭肉，治煩懣多夢。孟詵云：頭肉，止消渴，治夜夢見鬼。○蹄肉，治腳膝疼痛。《別錄》云：溺，利五臟，調血脈。○筋，療骨鯁。以鹿筋漬之，索緊，令大如彈丸，持筋端吞之，候至鯁處，徐徐引之，鯁著筋出之。○角，燒灰以水塗，治竹木刺入肉皮中，不過一夕而出。補：日華子云：茸，補虛羸。○腎，益中氣，安五臟，壯陽氣。○肉，益氣力，助五臟。〔合治〕茸，酥炙爲末，空心合酒服方寸匕，補男子腰腎虛冷，腳膝無力，夜夢鬼交，精溢自出，女人崩中漏血，赤白帶下並治之。○角，錯爲屑，合白蜜五升淹之，微火熬令小變，暴乾，搗篩細末，三指一撮合酒服之，令人輕身益氣，強骨髓，補絕傷及婦人夜夢鬼交。○角，燒灰合酒調服方寸匕，日三夜一，治女子胞中餘血不盡欲死者，立效。○角，燒灰爲末，合小豆汁和塗重舌下，日三度，瘥。○鹿髓合地黄汁煎作膏，填骨髓，壯筋骨，止嘔吐。○合蜜煮服，壯陽氣，令人有子。○生肉合生椒同搗傅，治中風，口偏不正，如口正，速除之。○血和酒服之，治肺痿吐血及崩中帶下。○血和酒服之，充氣血，止飢渴。○腎一對，去脂膜切，浸豉汁中，入粳米二合，和煮粥，入五味之法調和，空腹食之，治腎氣虛損，耳聾。○角一具，酥炙令焦，搗篩細末合酒服方寸匕，治腎消，小便數。○角燒末，合苦酒調塗，治蠼螋尿瘡。○生角剉搗細末，合人乳調一字服，治小兒瘧疾，先發時服之。○角爲細末，合酒調三指撮，治男女善夢鬼交及恍惚者。○角燒爲末和豬脂，傅丹毒、惡瘡。○角爲細末二三方寸匕合葱豉湯服之，治胎死腹中，立出。○蹄四隻，燖洗如法，熟煮取肉，內豉汁中著五味煮熟，空腹服之，治諸風，腳膝疼痛不可踐地。○角屑二大兩，熬令微黃，搗末合酒一盞調服方寸匕，治腎臟虛冷，腰脊痛如錐刺。○角末和豬脂膏塗之，治人面目卒得赤黑丹似疥狀，如不急治，遍身即死。○角一枚長五寸，合酒二升，燒角赤，內酒中浸一宿，飲之，治卒腰痛。○茸不限多少，塗酥炙紫色，爲末，合酒調下一錢匕，治腰膝疼痛。○角灰和酢塗之，治馬鞍瘡。○角燒末合豉汁方寸匕，日三服，漸加至三錢匕，療煩悶，腹痛，畜血不盡。○角屑熬令黄赤，研酒服方寸匕，日五六服，治腰痛。○角五寸燒赤內酒一大升中浸之，冷又燒赤又浸，如此數過，細研，空心合酒調服方寸匕，治妊娠卒腰痛。〔禁〕不可嗅其氣，能傷人鼻。五月勿食鹿肉，能傷人。〔解〕鹿肉能解諸藥毒。〔贋〕麋茸爲僞。

明·盧和、汪穎《食物本草》卷三獸類 鹿 肉，溫，補中，強五臟，益氣力，調血脉。生者，療中風口偏，割薄之，左患右貼，右患左貼，正即除之。髓，味甘，氣溫。主女男傷中絕脉，筋骨急痛，欬逆，以酒和服之。地黄汁煎作膏，填骨髓。蜜煮，壯陽，令有子。頭，主消渴，夜夢鬼物及煩憊。腎，平補腎氣，壯陽，安五臟，作酒及煮粥服。筋，主勞損，續絕骨，主虛勞，作酒飲去風補髓。脂，主癰腫死肌，溫中，四肢不遂，風頭，通腠理。一云：不可近陰，令痿。殊不知鹿性淫樂，食之起陰，何以言痿？是令陰不痿也。血，主陰痿，補虛，止腰痛，肺痿吐衄，崩中帶下，和酒飲之。又云：諸氣痛欲危者，飲之立止，至効。齒，主留血氣，鼠瘻，心腸痛。骨，味甘，微熱，無毒。安胎下氣，殺鬼精物，久服耐老。茸，味甘酸。又云：苦辛，氣溫，無毒。主漏下惡血，溺血，破留血在腹，散石淋，癰腫，骨中熱疽癢，治寒熱驚癇，虛勞，洒洒如瘧，羸瘦，四肢酸疼，腰脊痛，腳膝無力，小便利，洩精，女人崩中，赤白帶下，益氣強志，生齒不老。角，味鹹，氣溫。主惡瘡癰腫，逐邪惡氣，留血在陰中，小腹血急痛，腰脊痛，折傷惡血，尿血，輕身益氣，強筋骨，補絕傷。又婦人夢與鬼交者，取末和清酒服，即出鬼精。鹿之一身皆益人，野族第一品也，或脯，或煮，或蒸，俱和酒食之良。

明·俞弁《續醫說》卷一○ 麋茸、鹿茸 麋茸補陽，鹿茸補陰。按《月令》仲夏日鹿角解，仲冬日麋角解。鹿以夏至隕角而應陰，麋以冬至隕角而應陽，故知二者陰陽之性不同也。

明·吴球《諸症辨疑》卷五 製鹿膠霜法 以鹿角取其新近解者三付或四付，令匠人用鋸鋸長二寸，却以新汲水浸一宿，次早洗剝，去角上塵垢。然

後用二砂礶，一礶盛角，一礶盛藥珠，皆入新汲水，以桑柴燒煨。如無桑柴，以白炭煨之。二礶俱沸，如角礶水乾，則徐加入藥水；藥罐乾，則加入新汲水，如法煮三晝夜，以鹿角酥為度。却，為鹿角撈起，存汁〔一〕碗如黑漆色，磁器盛之。每早晨以鹿角砂五茶匙，入酒一盞，清晨服此二三〔盞，補〕精血，壯腰膝，固腎益元陽。入湯藥中，又治男子精枯血竭，補形氣及吐衄諸血，婦人帶下崩中，入藥無不獲效。熟地黄四兩、天門冬三兩，脾胃不足入乾山藥三兩，鹿角研細，名鹿角霜，入藥亦能澀精補腎，婦人帶病。

明・葉文齡《醫學統旨》卷八　鹿茸　氣溫，味甘、酸。無毒。不破損及出却血者，力在血中也；形如小紫茄上。又云毋用大嫩，唯長四五寸，茸端如瑪瑙者最佳；不可鼻臭，酥炙用。治寒熱驚癇虛勞，洒洒如瘧，羸瘦，四肢酸疼，腰脊痛，脚膝無力，小便痢，洩精；壯陽益氣，強志，生齒，不老；女人崩中漏下，惡血、溺血，破留血在腹，赤白帶下；散石淋癰腫，骨中熱疽癢。鹿角霜：氣溫，味鹹。無毒。杜仲為之使。用新鮮角截二寸長，急流水浸三七日取出，刮去面黑皮，用桑皮鋪鍋底，角安上，用水浸不露角，又用人參、茯苓、楮實子，同煮三日，乾水添。治五勞七傷羸瘦，補腎益氣，固精壯陽，強骨髓，止夢遺。

鹿角膠：氣平、溫，味甘。無毒。得火良。畏大黄。煮鹿角作之。治傷中勞絕，羸瘦，補中益氣；婦人血閉無子，止痛安胎，吐血下血，崩中漏下，赤白淋露，折跌損傷，久服延年。

明・許希周《藥性粗評》卷四　鹿角霜補羸，而茸尤益腎。

鹿角霜，以鹿角煮軟，研末之謂也。其法：用新鹿角劈碎，米泔浸數日，長流水洗淨，入罈中，封口，旋添熱水，桑柴火煮七晝夜，以軟可切為度，切片，日乾，研末收貯。其湯慢火熬成膠，以匙挑不斷為度，謂之鹿角膠，亦謂之白膠。得火良，畏大黄。味甘，性平，無毒。主治五癆七傷，虛損羸弱，氣短精耗，陽衰陰痿，補中益氣，填精生髓，開胃駐顏，暖腰膝，功效甚多。每服一二匙，着鹽少許，熟米湯調服。或用酒調亦可。其膠功效亦然。炙擣為末，酒服，百病皆除。茸，新生鹿角，長寸餘，尚軟如紫茄者，炙乾為末，酒服，益腎助陽，頗有奇功。其牝者謂之麋茸，功尤在牡茸之上。《月令》謂仲夏鹿角解，仲冬麋角解。分牝牡而言，以別取角之時也。沈存中《筆談》謂麋茸利補陽，鹿茸利補陰。分氣血而言，以別服茸之益也。鹿常食解毒草，服藥者不宜食鹿肉，其藥必不效。

單方：腰痛：凡卒患腰痛，暫轉不得，由腎虛故也。以鹿角一截四五寸許，燒令赤，投酒中二升，浸一宿，次日去角，溫飲之，妙。或投酒中，再燒再淬者數次，以角研末，空心酒調下方寸匕，亦妙。腎虛：凡患腎氣虛損，腰痛耳聾者，鹿腎一對，去脂膜，切，入粳米二合，煮粥，入五味調和，空腹食之，或生切作膾，送酒亦可。赤黑丹：凡患赤黑丹毒如疥，或五色無當，不急治，遍身即死，鹿角燒為末，猪膏調，塗之一二次差。竹木刺：凡患竹木刺入肉不得出者，燒鹿角末，以水調塗，立出，日久者不過一夕。乳房腫毒：凡婦人妬乳，初起微赤，當即治之，以鹿角水磨取濁汁，塗之，其腫立消。妖鬼迷人：凡人患鬼迷，不知何鬼，病人不肯言者，鹿角錯屑，研末，以水服方寸匕，即言其實也。

明・鄭寧《藥性要略大全》卷一〇　鹿茸君　《珠囊》云：生精血，補腰脊崩漏。《湯液》云：主崩漏下惡血，寒熱驚癇，益氣強志，生齒不老。《機要》云：療虛勞，勞瘧羸瘦，四體痠疼，腰脊疼痛。治小便多，洩精溺血。破腹中宿血，散石淋、癰腫，骨中熱疽痒。補男子腰腎虛冷，脚膝無力，止精滑。女人崩漏，赤白帶下。味甘、酸。又云：苦、辛，性溫，無毒。長四五寸，茸端如瑪瑙紅者良。又要不破損、未出却血者佳。其力全在血中也。陰乾，不可鼻嗅，有細蟲，入鼻為害。用酥油塗炙入藥。鹿角霜：壯精髓，除腰痛，除小腹血急痛，逐邪氣留血在陰中急痛，益氣，主惡瘡癰腫及折傷惡血。味鹹，氣溫，無毒。杜仲為之使。六七月收取，為霜入藥。鹿角膠：治血崩，補虛勞羸瘦，虛弱勞絕，益精髓，長肌肉，令人肥健，悅澤顏色。味甘，平，氣溫，無毒。煮角汁熬成膠也。云麋角、鹿角，但煮濃汁，重煎即成膠也。鹿腎莖：味甘，性平，無毒。安五臟，補腎壯陽，益精填髓。久服延年及治精滑羸困，併吐血、溺血、痰血等症。鹿肉：性溫，無毒。補五臟，益氣力。鹿骨：味甘，氣溫，無毒。馬勃為之使。安胎下氣，殺鬼精物。不可近陰，令人陰痿。鹿血：治黄瘦病。

明・陳嘉謨《本草蒙筌》卷九　鹿茸　味甘、鹹。又云苦、辛，氣溫。無毒。山林俱各有生，捕獲亦堪馴養。小者名鹿，大者名麋。茸欲取待角將生時，繩先繫致血不耗散。陰乾多臭，火乾纔宜。小若紫茄，名茄茸。恐血氣嫩未全具；堅如朽木，是氣血反老衰殘。二者俱〔不足為〕美〔藥也〕。必得如琥珀紅潤者為佳，仍擇似馬鞍歧矮者益善。見勿齅氣，茸中有小白蟲，防入鼻也。製急燎毛。烈焰中急燎之，防傷茸也。破開塗真酥油，炙脆候黄褐色。入劑研細，任合散丸。益氣滋陰，扶肢體羸瘦立効；強志堅齒，止腰膝痠痛殊功。破留血隱隱作疼，逐虛勞洒洒如瘧。治女人崩中漏血，療小兒寒熱驚癇。塞溺

血洩精，散石淋癰腫。骨熱可退，疽癢能敺。角乃味鹹氣溫，取之須按時令。冬至一陽生而麋角解，夏至一陰生而鹿角除。鹿補陰多，因得陰氣。剉屑以蜜淹宿，火熬乾復搗篩。逐鬼辟邪，輕身益氣。續絕傷，強筋骨，消癰腫，愈惡瘡。止婦人夢與鬼交，令病者招實鬼話。凡婦人被鬼昏迷，不肯招實者，水調末服，即自言也。其角鋸斷，堪熬白膠。用新角成對者，以鋸寸截，流水內浸三日，刷淨腥穢。汲河水入砂罐中，投角于內，每角一罐，加楮實子、桑白皮、黃蠟各一兩，同煮，以桑葉塞罐口，勿令走氣，炭火猛煮三日，如水耗漸添熱湯，直待角爛如熟羊，掐得酥軟則止。將角取起，其汁以綿濾淨，再入砂鍋中，慢火熬稠，碗盛風吹冷，凝成膠入藥。畏大黃，得火妙。止痛立安胎孕，益氣大補虛羸。療跌撲損傷，治吐衄崩帶。熬過角曬復研，又名鹿角白霜。主治雖同，功力略緩。髓壯陽而填骨髓，同地黃白蜜熬膏。腎補中以滋腎元，任作酒煮粥兩用。肉強五臟益力，貼口喎僻如神，切生肉片，右患貼左，左患貼右，正則去之。煮食之依時按令；九月後正月前可食，餘外不可食也。骨下膈氣安胎，殺鬼精物立應，服不厭耐老延年。頭肉解消渴上焦，蹄肉止風痛下踝。筋續絕傷勞損，脂主癰腫死肌。血調血脉止腰疼，酒調生服；齒理鼠瘻攻瘡毒，水摩濕塗。又種麋茸，係鹿大者。功力尤勝，醫者須知。取分優劣同煎，製造丸散依式。但性熱具，專補陽多。《本經》亦云麋茸補陽性熱，鹿茸補陰性溫，略此差耳。骨軟可健，莖痿能扶。麋脂畏大黃，近陰令陰不痿。《本經》云：不可近陰，令痿。此大錯悮。因多淫性，故易舉興。主風寒濕痹筋攣，理腫癰惡毒肌死。仍通腠理，更滑皮膚。角熬猶勝白膠，因力較鹿更緊。填精髓，暖腰膝，益血脉，悅顏容。漿水中研爛如泥，敷面皮不皺；醇酒內取末調飲，入心脘止疼。骨煎汁飲，除虛勞；肉作脯啖，益中氣。

謨按：蘇東坡云：補陽以鹿角為勝，補陰以麋角為勝。蓋鹿陽獸，多在山。夏至鹿角解，從陽退之象。麋陰獸，多在澤。冬至麋角解，從陰退之象。陰陽相反如此。故曰：鹿茸利補陽，麋茸利補陰。今麋鹿不分，但云麋勝鹿，鹿勝麋，殆疎失矣。又有刺麋鹿血以代茸。云：茸亦血耳，尤大誤也。麋鹿角自生至堅，無兩月久。大者二十餘斤，其堅如石。凡骨角之類，生長無速于此。雖草木之易生者，亦無能及之。此骨之至強者，所以能補骨血、堅陽道、強骨髓，豈可與血為比哉？據東坡此言，似甚有高見。但指兩角所補，較前經意大違。《本經》言鹿補陰，麋補陽，以二至日節氣所進者為云。東坡言鹿補陽，麋補陰，以二至日節氣所退者為象。故讀者不免啟兩端之疑，猶必求歸一之說也。愚嘗忖度，陽剛而有餘，陰柔而不足。麋鹿無過同一類者，麋體大而剛強，非有餘屬陽乎？鹿體小而柔弱，非不足屬陰乎？正猶男人氣體多剛大，女人氣體多柔小是也。陽能補陽，陰能補陰，此理自然不可易者。今東坡引多在山、多在澤，而為陽獸陰獸之分。執此為是，則猪亦水畜，當為陰獸，丹溪何言其肉專補陽，諄諄以為陰虛者戒耶？凡攝生家，欲資兩角分補者，須宗《本經》之文，以為萬世準的也。又按：《淮南子》曰：孕婦見兔而子缺唇，見麋而子四目。物有自然，而似不然者。麋有四目，其二夜目也。古謂目下有竅，夜能視物者是爾。

明·方穀《本草纂要》卷一一　鹿茸　味甘、酸，氣溫，陽也，無毒。主漏下惡血溺血，破腹內留血，散石淋、癰腫及骨中熱，或羸瘦四肢、腰脊疼痛及脚膝無力，或女人崩帶下，及男子遺精夢泄，是皆傷中之症。鹿茸全陰陽之物，並皆治之。吾按：冬至陽生麋角解，夏至陰生鹿角解。觀其所解，即知所治，麋可以補陽，鹿可以補陰，欲其陰陽之補，須通麋鹿而用治。

明·寧源《食鑑本草》卷上　鹿肉　味溫，無毒。補中，強五臟，益氣力。血：味甘，平。補陰，益榮氣。腎：補腰腎。茸：味甘、酸，溫。主漏下惡血，療虛勞羸瘦，骨中寒熱洒洒如瘧，四肢酸疼，腰脊疼痛，遺精溺血，散石淋。角：味鹹，無毒。補腰脊疼痛，續筋骨損傷，消惡毒癰腫。《千金方》：治婦人吹乳、妬乳結腫瘇疼，欲成膿者。以鹿角磨水敷之。秘方：治魚骨鯁。以鹿角剉屑，含津嚥下。《魯般方》：治竹木刺入皮肉中不出。燒鹿角末，水調敷，立出，久者不過一夕。

明·王文潔《太乙仙製本草藥性大全》卷七《本草精義》　鹿角　《本經》不載所出州土，今有山林處俱有之。取之須按時令，冬至一陽生，而麋角解；夏至一陰生，而鹿角除。鹿補陰，多因得陰氣。錯屑以蜜淹，宿火熬乾，復擣篩。其角堅好，煮以爲膠，入藥彌佳。今醫家多貴麋茸、麋角，力緊於鹿。《本經》自有麋脂角條在下品。鹿髓可作酒，唐方多有其法。近世有服鹿血酒，云得於射生者，因採捕入山，失道數日，飢渴將委頓，惟獲一生鹿，刺血數升飲之，飢渴頓除，及歸，遂覺血氣充盛異常。人有效其服餌，刺鹿頭角間血，酒和飲之更佳。其肉自九月已後正月已前宜食之，他日不可食。其腦入面膏。

鹿肉：　他獸肉多屬十二辰及八卦。昔黄帝立子丑等爲十二辰以名月，又以名獸，配十二辰屬。故麞鹿肉爲肉中第一者，避十二辰也。味亦勝他肉，三祀皆以鹿腊，其義如此。茸最難得，不破及不出𧷤血者，蓋其力盡在血中，獵時故有損傷故也。野肉之中，麞鹿可食，生則不膻腥，而兼能温補於人，即生死無尤，故道家許聽爲脯，過其餘肉。雖牛、羊、雞大補益，充肌膚，於亡魂皆爲愆責，並不足噉。凡肉脯炙之不動，及見水而動，及暴之不燥，並殺人。又茅屋漏脯、藏脯密器中，名爲鬱脯，並不可食。茸上毛先薄以酥塗勻，於烈焰中急灼之，若不先以酥塗，恐火焰傷茸，候毛净，微炙入藥。今人亦能將麻茸僞爲之，不可不察也。頭亦可釀酒，然須作漿時稍益葱椒。角，爲膠別有法。角，主癰疽瘡腫，除惡血。若腰脊痛折傷，多取角併截取尖，錯爲屑，以白蜜淹浸之，微火熬令小變色，曝乾搗篩令細，以酒服之，輕身益力，强骨髓，補陽道。角燒飛爲丹，服之至妙。但於磁器中，寸截用泥裹，大火燒之一日如玉粉，亦可炙令黄末細羅，酒服之益人。若欲作膠者，細破寸截，以饙水浸七日令軟，方煮也。骨，温，主安胎，下氣，殺鬼精，可用浸酒。凡是鹿白臆者不可食。

明・王文潔《太乙仙製本草藥性大全》卷七《仙製藥性》　鹿茸君　味甘、鹹，又云苦、辛，氣温，無毒。　主治：　益氣滋陰，扶肢體羸瘦立效；强志堅齒，止腰膝痠痛殊功。破留血隱作疼，逐虚勞洒洒如瘧。治女人崩中漏血，療小兒寒熱驚癇。〔塞〕溺血洩精，散石淋癰腫。骨熱可退，疽癢能敺。

補註：　治腰膝疼痛傷敗，鹿茸不限多少，塗酥炙紫色，爲末，温酒調下一錢。　鹿角：　味鹹，氣温，無毒。杜仲爲之使。　主治：　逐鬼辟邪，輕身益氣。續絶傷，强筋骨，消癰腫，愈惡瘡。止婦人夢與鬼交，令病者招實鬼話。凡婦人被鬼昏迷，不肯招實者，水調末服，即自言也。　補註：　消腎，小便數，用一具，炙令燋，研篩酒服方寸〔匕〕。蠼螋尿瘡，燒爲末，以苦酒調塗。○丹毒惡瘡，五色無常，燒和猪脂敷。○小兒瘧，用生角細末，先發時便以乳調一字服。○治骨鯁，用爲末，含津嚥下差。○竹木刺肉皮中不出，燒末水和塗立出。○人面目卒得赤黑丹如疥狀，徧身即死，燒角末，猪膏和塗。⊙卒腰痛轉不得，用一枚，長五寸，酒二升，燒令赤，投酒中浸一宿飲。○發乳房初起，微赤，不急治即殺人。用鹿角，以水磨濁汁，塗腫上。○妬乳硬欲結膿令消，以角石上磨取白汁塗，乾又塗，出黄水一日許即效。○馬鞍瘡，用角灰酢和塗之。○煩悶腹痛，血不盡，角燒末，豉汁服方寸〔匕〕。○妊娠卒腰痛，以角截五寸，燒令爛赤，入酒一升中浸之，又燒又浸，如此數過，細研，空心酒調服方寸〔匕〕。○小兒重舌，角末細篩塗舌下，日三度。　鹿角屑：　剉爲屑，白蜜五升淹之，微火熬令小變，暴乾更搗篩，服之令人輕身，益氣强骨髓，補絶傷。○女子胞中餘血不盡欲死者，以清酒和鹿角灰服方寸〔匕〕，日三夜一，甚效。○妖魅猫鬼，病人不肯言鬼，角屑搗散，以水服方寸，即言實也。○小兒噦，以角屑、大豆末等分相和，乳調塗奶上飲兒。○胎死，角屑二三方寸〔匕〕，煮葱豉湯和服。○腎藏虚冷，腰脊痛如錐刺，不能動摇，角屑二兩，熬令微黄搗末，空腹暖酒一杯，投末方寸〔匕〕服之，日三兩服。○腰痛，角屑熬令黄赤，研，酒服。○男女夢與鬼交通致恍惚者，方用角屑三指撮，日二服，酒下。　角白膠：　畏大黄。得火妙。止痛立安胎孕，益氣大補虚羸。療跌撲損傷，治吐血崩帶。熬過角曬復研，又名鹿角白霜。主治雖同，功力略緩。

製鹿角膠法：　用新角成對者，以鋸斷截，流水内浸三日，刷净腥穢，汲河水入砂罐中投角於内，每角一罐，加楮實子、桑白皮、黄蠟各一兩同煮，以桑葉塞罐口，勿令走氣，炭火猛煮三日，如水耗旋添熱湯，直待角爛如熟羊，掐得酥軟則止，將角取起，其汁以綿濾净，再入砂鍋中慢火熬稠，碗盛風吹冷，凝成膠入藥。　鹿髓：　味甘，氣温，無毒。　主治：　主丈夫女子傷中，治絶脉筋急疼痛。療欬逆以酒和服，理筋弱嘔吐。和地黄汁煎(羔)〔膏〕填骨髓壯陽。白蜜煮能令有子。　鹿骨：　味甘，氣微熱，無毒。麻勃爲之使。

主治：　下膈氣而安胎，殺鬼精尸疰物。令人痿，不近陰。食不厭，延年耐老。　鹿頭：　主消渴而生津液，煎之作膠服彌善。　鹿筋：　主癆傷而續絶骨，下骨鯁而治虚勞。　補註：　療骨鯁，取鹿筋漬之，索緊令大如彈丸，持筋端吞之，候至鯁處，徐徐引之，鯁着筋出。　鹿腎：　味甘，氣平，無毒。

主治：　主温中而安五臟，補腎精而壯陽氣。作酒尤良，煮粥亦妙。　補註：　治腎氣虚損，耳聾，用鹿腎一對，去脂膜切，於豉二升中，入粳米二合和煮粥，入五味之法調和，空腹食之。作羹及酒並得。　鹿肉：　氣温，無毒。

主治：　强五臟益力效，貼口喎僻如神。切生肉片與生椒同搗，右患貼左，左患貼右，正則去之。每煮食之，依時按令。九月後、正月前可食，餘外不可食也。　頭肉：　主消渴生津，治煩滿多夢。　蹄肉：　主腰膝痠痛，治風痛下踝。　補註：　諸風脚膝疼痛不可踐地，鹿蹄四隻燖洗如法，熟煮了取肉於豉汁中，著五味

煮熟，空腹食之。　鹿脂：　主癰腫而治死肌，治風痹而通腠理。　又療風頭，溫中尤美。　補註：　療五瘻，取鹿靨以家酒漬，炙乾，内酒中，更令香，含嚥汁，味盡更易，十具愈。　鹿齒：　主留血氣心腹痛爲妙。　理鼠瘻，攻瘡毒，水磨濕塗。　鹿血：　治肺癰吐血，療陰痿補虛。　帶下崩中立止，鼻衄傷折堪除。　狂犬傷即解，止腰痛何疑。　太乙曰：　凡使，先以天靈蓋作末，然後鋸解鹿茸作片子，以好羊脂拌天靈蓋末，塗之於鹿茸上，慢火炙之令内外黄脆了，用鹿皮一片裹之，安室上一宿，其藥魂歸也，至明則以慢火焙之令脆，方擣作末用之。　每五兩鹿茸用羊脂三兩，炙盡爲度。　又製法，用黄精自然汁浸兩日夜了，取出焙令乾，細擣用，免渴人也。　鹿角使之勝於麋角，其角要黄色緊重尖好者。　緣此鹿食靈草，所以異其衆鹿。　其麋角頂根上有黄色毛若金線，兼傍生小尖也，色蒼白者上。　注《乾寧記》云：　其鹿與遊龍相戲，乃生此異角。　採得角了，須全戴者，並長三寸鋸解之，以物盛於急水中浸之，一百日滿出，用刀刮去粗皮一重，以物拭水垢令浄，然後用醶酢煮七日，旋旋添醋，勿令火滅，戌時不用著火，只從子時至戌時也。　日足，其角白色軟如粉，即細擣作粉，却以無灰酒煮其膠陰乾，削了重研篩過用，每修事十兩，以無灰酒一鎰，煎乾爲度也。

明・皇甫嵩《本草發明》卷六

鹿茸中品。氣微溫，味甘、鹹，無毒。　發明曰：　鹿茸，氣溫而甘鹹，為助陽扶陰之劑。　故主益氣，强志，羸瘦虛勞，洒洒如瘧，四肢腰膝痠疼無力，虛冷，女人崩漏，下惡血，洩精溺血，破留血在腹，小兒寒熱驚癇，散石淋癰腫，骨中熱及疽。　如琥珀紅潤，似馬鞍歧矯方善，紫茄，又如朽木末佳。　凡用，破，酥炙，童便浸出火毒，不如熬成膠霜更妙。

○鹿角，味鹹，無毒。　夏至陰生方解。　補陰之功多。　主一切血及惡瘡癰腫，逐邪惡氣留血在陰中，除小腹血急痛，腰脊痛，折傷惡血，益氣。　又云：　錯為末屑，白蜜浸一宿，微火熬乾，擣末服，令人輕身，益氣，强骨髓，補絶陽。○婦人夢與鬼交者，鹿角末一撮，和清酒服，即出鬼精。　又妖魅鬼病人，不肯言鬼，以水調末服方寸匕，即言實也。　○治發乳房初起微赤，不急治即殺人及妬乳硬欲結膿，取鹿角于石上磨取白汁，塗腫上，乾即再塗。　○人面目卒得赤黑丹，如疥狀，不急治遍身即死。　燒鹿角末，和猪膏塗之。　鹿角膠，氣平、溫，味甘。　益氣，大補虛羸，主傷中勞絶，腰痛，跌撲損傷，止痛，安胎孕，治吐衄崩帶白淋，四肢痠疼，多汗，久服輕身延年。

鹿角霜，即熬過鹿膠者，刮去黑皮，研用。　主治雖與膠同，功力稍緩，與膠合為丸劑更妙。　鹿髓，甘，溫。　主丈夫女子傷中絶脉，筋急痛，欬逆，酒和服之良。　又云：　壯陽填髓，同地黄、白蜜熬膏。　鹿骨，安胎，下氣，殺鬼精物。　不可近陰，令痿。　久服(奈)〔耐〕老。　又云：　主虛勞，可為酒，主風補虛。　○筋，能續絶傷勞損。　○脂，主癰腫死肌。　○腎，補腎元，腎虛耳聾，酒煮作羹食之。

鹿血，甘，溫。　主調血脉，止腰疼。　又治肺痿吐血，崩中帶下，酒調生服。　○鹿肉，氣溫。　補中，强五臟，益氣力。　生肉，貼口喎僻。　九月後至正月宜食，餘月不宜。　○鹿頭肉，解止諸渴，多夢。　○蹄肉，止下踝風痛，腿膝痛，用鹿蹄四隻，去毛，煮取肉，于豉汁著五味煮，空腹食之。

明・李時珍《本草綱目》卷五一獸部・獸類

鹿《本經》中品。　校正：　《本經》上品白膠，中品鹿茸，今併爲一條。

【釋名】斑龍時珍曰：　鹿字篆文，象其頭、角、身、足之形。　《爾雅》云：　鹿牡曰麚，音加。　牝曰麀，音攸。　其子曰麛，音迷。　絶有力曰麉，音堅。　斑龍名出《澹寮方》。　按《乾寧記》云：　鹿與游龍相戲，必生異角。　則鹿得稱龍，或以此歟？　梵書謂之密利迦羅。　【集解】時珍曰：　鹿，處處山林中有之。　馬身羊尾，頭側而長，高脚而行速。　牡者有角，夏至則解，大如小馬，黄質白斑，俗稱馬鹿。　牝者無角，小而無斑，毛雜黄白色，俗稱麀鹿，孕六月而生子。　鹿性淫，一牡常交數牝，謂之聚麀。　性喜食龜，能别良草。　食則相呼，行則同旅，居則環角外向以防害，卧則口朝尾閭以通督脈。　殷仲堪云：　鹿以白色爲正。　《述異記》云：　鹿千歲爲蒼，又五百歲爲白，又五百歲爲玄。　玄鹿骨亦黑，爲脯食之，可長生也。　《埤雅》云：　鹿乃仙獸，自能樂性，六十年必懷璚於角下，〔角有〕斑痕，紫色〔如點〕，行則有涎，不復急走。　故曰：　鹿戴玉而角斑，魚懷珠而鱗紫。　沈存中《筆談》云：　北狄有駝鹿，極大而色蒼黄，無斑。　角大而有文，堅瑩如玉，茸亦可用。　《名苑》云：　鹿之大者曰麈，群鹿隨之，視其尾爲準。　其尾能辟塵，拂氈則不蠹，置茜帛中，歲久紅色不黯也。

鹿茸　【修治】《别録》曰：　四月、五月解角時取，陰乾，使時燥。　恭曰：　鹿茸，夏收之陰乾，百不收一，且易臭，惟破之火乾大好。　斅曰：　凡使鹿茸，用黄精自然汁浸兩日夜，漉出切焙擣用，免渴人也。　又法：　以鹿茸鋸作片，每五兩用羊脂三兩，拌天靈蓋末塗之，慢火炙令内外黄脆，以鹿皮裹之，安室中一宿，則藥魂歸矣。　乃慢火焙乾，擣末用。　日華曰：　只用酥炙炒研。　宗奭曰：　茸上毛，先以酥薄塗匀，於烈焰中灼之，候毛盡微炙。　不以酥，則火焰傷茸矣。　時珍曰：　《澹寮》《濟生》諸方，有用酥炙、酒炙及酒蒸焙用者，當各隨本方。

【發明】抱朴子曰：　南山多鹿，每一雄游，牝百數至，春羸瘦，入夏惟食菖蒲即肥。　當角解之時，其茸甚痛。　獵人得之，以索繫住取茸，然後斃鹿，鹿之血未散也。　宗奭曰：　茸，最難得不破及不出却血者，蓋其力盡在血中故也。　此以如紫茄者爲上，名茄子茸，取其難得耳。　然此太嫩，血氣未具，其實少力。　堅者又太老，惟長四五寸，形如分歧馬鞍，茸端如瑪瑙紅玉，

破之肌如朽木者最善，人亦將麋角僞爲之，不可不察。按沈存中《筆談》云：《月令》冬至麋角解，夏至鹿角解。陰陽相反如此，今人以麋、鹿茸作一種者疏矣。或刺麋、鹿血以代茸，云茸亦血，此大誤矣。麋茸利補陽，鹿茸利補陰，須佐以他藥則有功。凡含血之物，肉差易長，筋次之，骨最難長。故人自胚胎成人，二十年骨髓方堅。惟麋、鹿角自生至堅，無兩月之久，大者至二十餘斤。計一日夜須生數兩，凡骨之生，無速於此。雖草木易生，亦不及之。此骨之至强者，所以能補骨血，堅陽道，益精髓也。頭者諸陽之會，上鍾於茸角，豈可與凡血爲比哉？時珍曰：按熊氏《禮記疏》云：鹿是山獸，屬陽，情淫而游山，夏至得陰氣解角，從陽退之象；麋是澤獸，屬陰，情淫而游澤，冬至得陽氣而解角，從陰退之象也。餘見角下。

【氣味】甘，温，無毒。《别録》曰：酸，微温。甄權曰：苦、辛。○麻勃爲之使。詵曰：鹿茸不可以鼻齅之。中有小白蟲，視之不見，入人鼻必爲蟲顙，藥不及也。【主治】漏下惡血，寒熱驚癇，益氣强志，生齒不老《本經》。療虚勞，洒洒如瘧，羸瘦，四肢酸疼，腰脊痛，小便數利，泄精溺血，破瘀血在腹，散石淋癰腫，骨中熱疽痒。骨，安胎下氣，殺鬼精物，久服耐老。不可近丈夫陰，令痿《别録》。補男子腰腎虚冷，脚膝無力，夜夢鬼交，精溢自出，女人崩中漏血，赤白帶下，炙末，空心酒服方寸匕甄權。壯筋骨日華。生精補髓，養血益陽，强筋健骨，治一切虚損，耳聾目暗，眩運虚痢時珍。

【發明】時珍曰：按《澹寮方》云：昔西蜀市中，嘗有一道人貨斑龍丸，一名茸珠丹。每大醉高歌曰：尾閭不禁滄海竭，九轉靈丹都謾説。惟有斑龍頂上珠，能補玉堂關下穴。朝野遍傳之。其方蓋用鹿茸、鹿角膠、鹿角霜也。又戴原禮《證治要訣》：治頭眩運，甚則屋轉眼黑，或如物飛，或見一爲二，用茸珠丹甚效。或用鹿茸半兩，無灰酒三盞，煎一盞，入麝香少許，温服亦效。云茸生於頭，類之相從也。

【附方】舊一，新八。　斑龍丸：治諸虚。用鹿茸酥炙，或酒炙亦可、鹿角膠炒成珠、鹿角霜、陽起石煅紅酒淬、肉蓯蓉酒浸、酸棗仁、柏子仁、黄耆蜜炙各一兩，當歸、黑附子炮、地黄九蒸九焙各八錢，辰朱砂半錢，各爲末，酒糊丸梧子大。每空心温酒下五十丸。《澹寮》。　鹿茸酒：治陽事虚痿，小便頻數，面色無光。用嫩鹿茸一兩，去毛切片，山藥末一兩，絹袋裹，置酒罎中，七日開瓶，日飲三盞。將茸焙作丸服。《普濟方》。　陰虚腰痛：不能反側。鹿茸炙、菟絲子各一兩，舶茴香半兩，爲末，以羊腎二對，(去)〔法〕酒煮爛，搗泥和，丸梧子大，陰乾。每服三五十丸，温酒下，日三服。《本事方》。　精血耗涸：〔面色黧黑〕，耳聾〔目昏〕，口渴腰痛，白濁，上燥下寒，不受峻補者。鹿茸酒蒸、當歸酒浸各一兩，焙爲末，烏梅肉煮膏搗，丸梧子大。每米飲服五十丸。《濟生方》。　腰膝疼痛：傷敗者。鹿茸塗酥炙紫爲末，每温酒服一錢。《續十全方》。　小便頻數：鹿茸一對，酥炙爲末。每服二錢，温酒下，日三服。《鄭氏家傳方》。　虚痢危困：因血氣衰弱者。鹿茸酥炙一兩爲末，入麝香五分，以燈心煮棗肉和，丸梧子大。每空心米飲下三五十丸。《濟生方》。　飲酒成泄：骨立不能食，但飲酒即泄。用嫩鹿茸酥炙、肉蓯蓉煨一兩，生麝香五分，爲末，陳白米飯丸梧子大。每米飲下五十丸。名香茸丸。《普濟方》。　室女白帶：因衝任虚寒者。鹿茸酒蒸焙二兩，金毛狗脊、白斂各一兩，爲末，用艾煎醋，打糯米糊丸梧子大。每温酒下五十丸，日二。《濟生》。

角頌曰：七月採角。以鹿年久者，其角更好。煮以爲膠，入藥彌佳。斆曰：鹿角要黄色緊重尖好者。此鹿食靈草，所以異衆鹿也。【修治】詵曰：凡用鹿角、麋角，並截段錯屑，以蜜浸過，微火焙，令小變色，曝乾，搗篩爲末。或燒飛爲丹，服之至炒。以角寸截，泥裹，於器中大火燒一日，如玉粉也。時珍曰：按崔行功《纂要方》鹿角粉法：以鹿角寸截，炭火燒過，搗末，水和成團，以絹袋三五重盛之，再煅再和，如此五度，以牛乳和，再燒過研用。

【氣味】鹹，温，無毒。杜仲爲之使。【主治】惡瘡癰腫，逐邪惡氣，留血在陰中。除少腹血痛，腰脊痛，折傷惡血，益氣《别録》。猫鬼中惡，心腹疼痛蘇恭。水磨汁服，治脱精尿血，夜夢鬼交。醋磨汁塗瘡癰腫熱毒。火炙熱，熨小兒重舌、鵝口瘡日華。蜜炙研末酒服，輕身强骨髓，補陽道絶傷。又治婦人夢與鬼交者，清酒服一撮，即出鬼精。燒灰，治女子胞中餘血不盡欲死，以酒服方寸匕，日三，甚妙孟詵。

【發明】時珍曰：鹿角，生用則散熱行血，消腫辟邪；熟用則益腎補虚，强精活血；煉霜熬膏，則專於滋補矣。

【附方】舊十六，新十九。　服鹿角法：鹿角屑十兩，生附子三兩去皮臍，爲末。每服二錢，空心温酒下。令人少睡，益氣力，通神明。《彭祖方》。　腎消尿數：鹿角一具，炙搗篩，温酒每服方寸匕，日二。《外臺》。　骨虚勞極：面腫垢黑，脊痛不能久立，血氣衰憊，髮落齒枯，甚則喜唾。用鹿角二兩，牛膝酒浸焙一兩半，爲末，煉蜜丸梧子大。每服五十丸，空心鹽酒下。《濟生》。　腎虚腰痛：如錐刺不能動摇。鹿角屑三兩，炒黄研末。空心温酒服方寸匕，日三。《肘後方》。　卒腰脊痛：不能轉側。鹿角五寸燒赤，投二升酒中，浸一宿飲。《梅師》。　婦人腰痛：鹿角屑熬黄研，酒服方寸匕，日五六服。《楊氏産乳》。　妊娠腰痛：鹿角截五寸長，燒赤，投一升酒中，又燒又浸，如此數次，細研。空心酒服方寸匕。《産寶》。　産後腹痛：血不盡者。鹿角燒研，豉汁服方寸匕，日二。《子母秘録》。　妊娠下血：不止，鹿角屑、當歸各半兩，水三盞，煎減半，頓服，不過二服。《普濟方》。　胎死腹中：鹿角屑三寸匕，煮葱豉湯和服，立出。《百一方》。

墮胎血瘀：不下，狂悶寒熱。用鹿角屑一兩爲末，豉湯服一錢，日三。須臾血下。《聖惠方》。　胞衣不下：鹿角屑三分爲末，薑湯調下。《産乳》。　産後血運：鹿角一段，燒存性，出火毒，爲末酒調，灌下即醒。楊拱《醫方摘要》。　婦人白濁：滑數虚冷者。鹿角屑炒黄爲末，酒服二錢。《婦人良方》。　筋骨疼痛：鹿角燒存性，爲末。酒服一錢，日二。　食後喜嘔：鹿角燒末二兩，人參一兩，爲末。薑湯服方寸匕，日三。《肘後方》。　小兒噦疾：鹿角粉、大豆末等分，相和乳調，塗乳上飲之。《古今録驗》。　小兒瘧疾：鹿角生研爲末，先發時以乳調一字服。《千金》。　小兒滯下：赤白者。用鹿角灰、髮灰等分，水服三錢，日二。《千金方》。　小兒重舌：鹿角末塗舌下，日三。《姚和衆方》。　小兒流涎：脾熱也。鹿角屑末，米飲服一字。《普濟方》。　面上皯皰：鹿角尖磨濃汁，厚塗之，神效。　面上風瘡：鹿角尖磨酒塗之。《聖惠》。　咽喉骨鯁：鹿角爲末，含之嚥津。《斗門方》。　蹉跌損傷：血瘀骨痛。鹿角末，酒服方寸匕，日三。《千金方》。　竹木入肉：不出者。鹿角燒末，水和塗上，立出。久者不過一夕。《千金方》。　蠼螋尿瘡：鹿角燒末，苦酒調(服)〔敷〕。《外臺》。　五色丹毒：鹿角燒末，猪脂和敷。《肘後方》。　發背初起：鹿角燒灰，醋和塗之，日五六易。《千金》。　乳發初起：不治殺人。鹿角磨濃汁塗之。并令人嗍去黄水，隨手即散。《梅師方》。　吹奶焮痛：鹿角屑炒黄爲末，酒服二錢。仍以梳梳之。唐氏《經驗方》。　下注脚瘡：鹿角燒存性，入輕粉同研，油調塗之。《集要》。　癧毒腫毒：鹿角尖磨濃汁塗之，甚妙。《瀕湖方》。　癰疽有蟲：鹿角燒末，苦酒和塗。磨汁亦可。　妖魅猫鬼：病人不肯言鬼。以鹿角屑擣末，水服方寸匕，即言實也。《録驗》。

白膠　一名鹿角膠《本經》。粉名鹿角霜。甄權曰：白膠一名黄明膠。時珍曰：正誤見黄明膠。　〔修治〕《別録》曰：白膠生雲中，煮鹿角作之。弘景曰：今人少復煮作，惟合角弓用之。其法：先以米瀋汁漬七日令軟，煮煎如作阿膠法耳。又一法：剉角令細，入乾牛皮一片，即易消爛。不爾，雖百年無一熟。恭曰：鹿角、麋角，但煮濃汁重煎，即爲膠矣，何必使爛？欲求爛亦不難，陶未見耳。詵曰：作膠法：細破寸截，以河水浸七日令軟，方煮之。斆曰：採全角鋸開，並長三寸，以物盛，於急水中浸一百日取出，刀刮去黄皮，拭净。以醶醋煮七日，旋旋添醋，勿令少歇。(成)〔戌〕時不用著火，只從子至戌也。日足，角軟如粉，擣爛，每一兩入無灰酒一鎰，煮成膠，陰乾研篩用。時珍曰：今人呼煮爛成粉者，爲鹿角霜；取粉熬成膠，或只以濃汁熬成膏者，爲鹿角膠。按胡濙《衛生方》云：以米泔浸鹿角七日令軟，入急流水中浸七日，去粗皮，以東流水、桑柴火煮七日，旋旋添水，入醋少許，擣成霜用。其汁加無灰酒，熬成膠用。又邵以正《濟急方》云：用新角三對，寸截，盛於長流水浸三日，刮净，入楮實子、桑白皮、黄蠟各二兩，鐵鍋中水煮三日夜，不可少停。水少即添湯。日足，取出刮净，曬研爲霜。韓忞《醫通》云：以新鹿角寸截，囊盛，於流水中浸七日，以瓦缶入水，桑柴火煮，每一斤入黄蠟半斤，以壺掩住，水少旋添。其角軟，以竹刀刮净，擣爲霜用。　〔氣味〕甘，平，無毒。《別録》曰：温。○得火良，畏大黄。　〔主治〕傷中勞絶，腰痛羸瘦，補中益氣。婦人血閉無子，止痛安胎。久服，輕身延年《本經》。療吐血下血，崩中不止，四肢作痛，多汗淋露，折跌傷損《別録》。男子腎臟氣，氣弱勞損，吐血。婦人服之，令有子，安胎去冷，治漏下赤白《藥性》。炙擣酒服，補虚勞，長肌益髓，令人肥健，悦顔色；又治勞嗽，尿精尿血，瘡瘍腫毒時珍。

〔發明〕斆曰：凡使，鹿角勝於麋角。頌曰：今醫家多用麋茸、麋角，云力緊於鹿也。時珍曰：蘇東坡《良方》云：鹿陽獸，見陰而角解；麋陰獸，見陽而角解。故補陽以鹿角爲勝，補陰以麋角爲勝。其不同如此，但云鹿勝麋，麋勝鹿，疏矣。按此説與沈存中鹿茸利補陰，麋茸利補陽之説相反。以理與功推之，蘇説爲是。詳見茸下。

〔附方〕舊七，新一。　異類有情丸：《韓氏醫通》云：此方自製者。凡丈夫中年覺衰，便可服餌。蓋鹿乃純陽，龜、虎屬陰，血氣有情，各從其類，非金石草木比也。其方用鹿角霜治法見上，龜板酒浸七日酥炙研，各三兩六錢，鹿茸熏乾，酒洗净，酥塗炙研，虎脛骨長流水浸七日，蜜塗酥炙，各二兩四錢，水火煉蜜，入豮猪脊髓九條擣，丸梧子大。每空心鹽湯下五七九十丸，如厚味善飲者，加猪膽汁一二合，以寓降火之義。　盜汗遺精：鹿角霜二兩，生龍骨炒、牡蠣煅各一兩，爲末，酒糊丸梧子大。每鹽湯下四十丸。《普濟》。　虚勞尿精：白膠二兩，炙爲末，酒二升和，温服。《外臺》。　虚損尿血：白膠三兩炙，水二升，煮一升四合，分再服。《外臺》。　小便不禁：上熱下寒者，鹿角霜爲末，酒糊和丸梧桐子大，每服三四十丸，空心温酒下。《普濟》。　小便頻數：鹿角霜、白茯苓等分，爲末，酒糊丸梧子大，每服三十丸，鹽湯下。梁氏《總要》。　男子陽虚：甚有補益。方同上。

湯火灼瘡：白膠水煎，令稀稠〔得所〕，待冷塗之。《斗門方》。

齒　〔主治〕鼠瘻，留血，心腹痛。不可近丈夫陰蘇恭。

骨　〔氣味〕甘，微熱，無毒。　〔主治〕安胎下氣，殺鬼精物，久服耐老，可酒浸服之孟詵。作酒，主内虚，續絶傷，補骨除風思邈。燒灰水服，治小兒注下痢時珍。

〔附方〕新一。　補益虚羸：鹿骨煎：用鹿骨一具，枸杞根二升，各以水一斗，煎汁五升，和匀，共煎五升，日二服。《千金》。

肉　〔氣味〕甘，温，無毒。詵曰：九月已後，正月已前，堪食。他月不可食，發冷痛。白臆者，豹文者，並不可食。鹿肉脯，炙之不動，及見水而動，或曝之不燥者，並殺人。不

可同雉肉、蒲白、鮠魚、蝦食，發惡瘡。《禮記》云：食鹿去胃。【主治】補中益氣力，强五臟。生者療中風口僻，割片薄《別録》。〇華佗云：中風口偏者，以生肉同生椒搗貼，正即除之。補虛瘦弱，調血脈孟詵。養血生容，治産後風虛邪僻時珍。〇《外臺》有鹿肉湯。

【發明】思邈曰：壺居士言鹿性多警烈，能別良草，止食葛花葛葉、鹿葱、鹿藥、白蒿、水芹、甘草、薺苨、齊頭蒿、山蒼耳，他草不食，處必山岡，故産則歸下澤，饗神用其肉者，以其性烈清净也。凡藥餌之人，久食鹿肉，服藥必不得力，爲其食解毒之草制諸藥也。弘景曰：野獸之中，麞、鹿可食，生則不羶腥。又非十二辰屬，八卦無主，且温補，於人生死無尤，道家許聽爲(補)〔脯〕，過其餘，雖鷄、犬、牛、羊補益，於亡魂有愆責，並不足食。宗奭曰：三禮取鹿腊，亦取此義，且味亦勝他肉。時珍曰：邵氏言：鹿之一身皆益人，或煮，或蒸，或脯，同酒食之良。大抵鹿乃仙獸，純陽多壽之物，能通督脈，又食良草，故其肉、角有益無損，陶説亦妄耳。

頭肉　【氣味】平。　【主治】消渴，夜夢鬼物，煎汁服，作膠彌善蘇恭。宗奭曰：頭可釀酒，須於作漿時，稍益葱、椒。

【附方】新一。　老人消渴：鹿頭一個，去毛煮爛，和五味，空心食，以汁嚥之。《鄙事》。

蹄肉　【氣味】平。　【主治】諸風，脚膝骨中疼痛，不能踐地，同豉汁、五味煮食孫思邈。

脂　【主治】癰腫死肌，温中，四肢不隨，頭風，通腠理。不可近陰蘇恭。

【附方】新一。　面上皯皰：鹿脂塗之，日再。《聖惠方》。

時珍曰：此乃《本經》麋脂正文，而蘇氏以注鹿脂，二脂功或同耶？

髓煉净入藥。　【氣味】甘，温，無毒。　【主治】丈夫女子傷中絶脈，筋急痛，咳逆，以酒和，服之良《別録》。同蜜煮服，壯陽道，令有子。同地黄汁煎膏服，填骨髓，壯筋骨，治嘔吐日華。補陰强陽，生精益髓，潤燥澤肌時珍。

【發明】頌曰：髓可作酒，唐方多有其法。時珍曰：鹿髓，近方稀用者。《删繁方》治肺虛毛悴，酥髓湯用之。《御藥院方》滋補藥，用其脊髓和酒熬膏丸藥，甚爲有理。白飛霞《醫通》云：取鹿腦及諸骨髓煉成膏，每一兩，加煉蜜二兩煉勻，瓷器密收，用和滋補丸藥劑甚妙。凡腰痛屬腎虛寒者，以和古方摩腰膏，薑汁化一粒擦腎堂，則暖氣透入丹田如火，大補元陽，此法甚佳，人鮮知之。

【附方】新一。　鹿髓煎：治肺痿咳嗽，傷中脈絶，用鹿髓、生地黄汁各七合，酥、蜜各一兩，杏仁、桃仁各三兩去皮炒，酒一升，同搗取汁，先煎杏仁、桃仁、地黄汁減半，入三味煎如稀餳。每含一匙嚥下，日三。《聖惠》。

腦　【主治】入面脂，令人悦澤蘇頌。刺入肉内不出，以腦敷之，燥即易，半日當出深師。

精　【主治】補虛羸勞損時珍。

【發明】韓悉曰：王師授予鹿峻丸方云：鹿禀純陽，而峻者，天地初分之氣，牝牡相感之精也。醫書稱鹿茸、角、血、髓大有補益，而此峻則入神矣。其法：用初生牡鹿三五隻，苑囿馴養。每日以人參煎湯，同一切草藥，任其飲食。久之，以硫黄細末和入，從少至多，燥則漸減，周而復始。大約三年之内，一旦毛脱筋露，氣盛陽極，却以牝鹿隔苑誘之，欲交不得，則精泄於外；或令其一交，即設法取其精，瓦器收之，香黏如餳，是爲峻也。用和鹿角霜一味爲丸，空心鹽酒下，大起胎羸、虛瘵危疾，凡服滋補丸藥，用此入煉蜜和劑絶妙。時珍曰：按《老子》云骨弱筋柔而握固，未知牝牡之合而峻作者，精之至也。峻音子催切，赤子陰也。今作鹿精之名，亦未爲穩。

血　【主治】陰痿，補虛，止腰痛、鼻衄，折傷，狂犬傷蘇恭。和酒服，治肺痿吐血，及崩中帶下日華。諸氣痛欲危者，飲之立愈汪穎。大補虛損，益精血，解痘毒、藥毒時珍。

【發明】頌曰：近世有服鹿血酒者，云得於射生者，因採捕入山失道，數日飢渴將委頓。惟獲一生鹿，刺血數升飲之，飢渴頓除。及歸，遂覺血氣充盛異人。有效而服之者，刺鹿頭角間血，酒和飲之更佳。時珍曰：近世韓飛霞補益方有斑龍宴法，孫氏解痘毒有陰陽二血丸，皆古所未知者。而沈存中又以刺血代茸爲非，亦一説也。

【附方】新三。　斑龍宴：用馴養牡鹿一二隻，每日以人參一兩煎水與飲，將滓拌土産草料米豆，以時餵之，勿雜他水草。百日之外，露筋可用矣。宴法：夜前減其食，次早〔空心〕，將布縛鹿於牀，首低尾昂，令有力者抱定前足，有角者執定角，無角者以木囊頭拘之，使頭不動。用三棱針刺其眼之大眦前毛孔，名天池穴。以銀管長三寸許插向鼻梁，坐定，咂其血，飲藥酒數杯。再咂再飲，以醉爲度。鼻中流出者，亦可接和酒飲。飲畢避風，行升降工夫，爲一宴也。用生肌藥敷鹿穴，養之。月可一度，一鹿可用六七年。不拘男女老少，服之終身無疾而壽，乃仙家服食丹方二十四品之一也。藥酒以八珍散加沉香、木香煮之。　陰陽二血丸：治小兒痘瘡，未出者稀，已出者减。用鹿血、兔血各以青紙盛置灰上，曬乾，乳香、没藥各一兩，雄黄、黄連各五錢，朱砂、麝香各一錢，爲末。煉蜜丸緑豆大。每服十丸，空心酒下。兒小者減之。孫氏《集效方》。　鼻血時作：乾鹿血炒枯，將酒醅熏二三次，仍用酒醅半杯和服之。

腎　【氣味】甘，平，無毒。　【主治】補腎氣《別録》。補中，安五臟，壯陽氣，作酒及煮粥食之日華。

【附方】舊一。　腎虛耳聾：用鹿腎一對，去脂膜切，以豉汁入粳米二合煮粥食。

亦可作羹。《聖惠方》。

膽　【氣味】苦，寒，無毒。　【主治】消腫散毒時珍。

筋　【主治】勞損續絶蘇恭。　塵沙眯目者，嚼爛挼入目中，則粘出時珍。

【附方】舊一。　骨鯁：　鹿筋漬軟，搓索令緊，大如彈丸。持筋端吞至鯁處，徐徐引之，鯁着筋出《外臺》。

靨　【主治】氣癭，以酒漬，炙乾，再浸酒中，含嚥汁，味盡更易，十具乃愈《深師》。

皮　【主治】一切漏瘡，燒灰和猪脂納之，日五六易，愈乃止時珍。

糞　【主治】經日不産，乾、濕各三錢，研末，薑湯服，立效《經驗》。

胎糞　【主治】解諸毒。時珍曰：　按范曄《後漢書》云：　冉駹夷出鹿，食藥草，其胎中麑糞，可療毒也。

題明・薛己《本草約言》卷二《藥性本草》　鹿茸　氣溫而味鹹，為助陽扶陰之劑。　鹿角膠，益氣大補虛羸，主傷中勞絶，腰痛等疾。

明・梅得春《藥性會元》卷下　鹿角　味鹹，無毒。杜仲為使。　主治惡瘡癰腫，逐邪惡氣在陰中，除小腹血急痛，秘精髓，止腰脊痛，折傷惡血，益氣。燒灰出火毒為末，酒調服，治産後血暈，灌下即醒。行血急快。七月取者佳。　骨：　安胎下氣，殺鬼精物。不可近陰，令痿。四五月解角時取，陰乾。凡使用燥。麻勃為使。　髓：　味甘，溫。主治男女傷中絶脉，筋急痛，咳逆。以酒服良。　腎：　甘，平。補腎氣。　血：　補血不足或血枯，及皮膚面無顔色。　肉：　氣溫。補中，強五臟，益氣力。生者療口僻，割傅之。

鹿角：　使之勝麋角。其角要黄色、緊重。緣此鹿食靈草，所以異於衆鹿。其麋角頂上有黄色毛若金線，兼傍生小尖，色蒼白者上。《乾寧記》云：　此鹿與遊龍相戲，乃生此異耳。取角須全戴者，並長三寸，鋸之，放急水中一百日，刮去粗皮一重，拭乾，用釅醋煮七日，漸漸添醋，勿令少歇。每煮從亥時起，至酉時止，不用戌時。取日足，其角白色，軟如粉膩，再搗成粉，却以無灰酒煮成膠，陰乾，削了重篩。每十兩用酒一鎰，煮乾為度。

鹿角膠　味甘，氣平，溫，無毒。畏大黄，得火良。　主治傷中勞絶，腰疼羸瘦，補中益氣，婦人血閉無子，止痛安胎，吐血下血，崩中漏下，赤白淋，泄精遺溺，跌折損傷。久服延年。製法見前。

鹿角霜　味鹹，氣溫，無毒。杜仲為使。　主治五勞七傷，羸瘦，補腎益氣，固精壯陽，強骨髓，止夢遺，泄精失溺。　製法：　用新鮮角，截作二寸長一節，急流水浸三七日，取出刮去黑皮，用桑皮鋪鍋底，角安桑皮上。加水，不露角。入人參、茯苓、楮實，同煮三日夜，頻頻添水，不可令乾。成膏，傾入細竹箕内，日晒夜霜，吐出霜，刮下用。

鹿茸　味甘，酸，氣溫，無毒。　主補精血，治寒熱驚癇，虛勞如瘧，羸瘦，四肢痠疼，腰脊痛，足膝無力，小便泄精溺血。壯陽益氣，補虛強志，生齒不老。女人崩中，漏下惡血，破血在腹，赤白帶下，散石淋癰腫，骨中熱疽。養骨，可服之良。　凡用茸，要不破損者，未曾成角者，形如小子茄。又云：　毋用太嫩者，長三寸，端如鳩腦者佳。　製法：　或酥、或酒炙焦研末，入丸藥，不入煎藥。

明・杜文燮《藥鑒》卷二　鹿角膠　氣溫，味苦、鹹。氣薄味厚。生精血，秘精髓，止血崩，除腰脊之疼，補虛羸勞絶之劑，血家之聖藥也。與川芎同用，上補頭角及面部之血。與白芍、當歸同用，中補脾胃之血，使脾胃永不受邪。與熟地同用，下補腎家之陰。與條參、槐角同用，能補大腸之血而凉之，隨其所至而各有所補焉。予嘗治一人，腸風下血并血痢者，諸藥不效，即用鹿角膠以治之，服一斤愈。或問其故？　予曰：　大腸雖云多血，亦多氣也，其人患血病數月，則血愈虧而氣愈盈，邪火灼真陰，即草根樹皮，安能療之哉？　故用鹿角膠為主，人乳為輔，大佐以凉血藥，則血生以配氣，而氣不得逼血妄行，故其患乃至。　方用鹿角膠一斤，何首烏赤者六兩，分三製，一用旱蓮草汁浸，一用冬青子汁浸，一用桑椹汁浸，當歸六兩製同，白芍三兩，川芎一兩，自己髮漆一兩，胎髮漆一兩，熟地五兩，茯神四兩，乳浸加倍為良，渾沌皮一付，俱為細末，煉蜜和膠為丸。久服諸病不染，極能黑鬚髮，美顔色，壯精神，填骨髓，固腎元，内加家白菊乳製，又能明目清心，此天一生水之要藥也。痘家熱症，用之於凉血解毒藥中立效。蓋熱毒既盛，則真陰為其所灼爍矣。真陰既損，則熱毒用之益熾。世之治者，每用解毒湯單服，是救一息之危，不知真陰不至，則熱邪雖退，刻即生矣。予嘗用此劑於凉血解毒藥中以養陰，則養陰者乃所以退陽也，悞者得之。又脾泄之人，服之亦妙。藥後不可食鹿肉，鹿肉忌雉肉。

明・涂坤《百代醫宗》卷二　煮煉鹿霜膠法　新鹿角三對，每對各長二寸，截之，取長流水浸三日，刷淨垢土，每角一斤，用楮實子一兩，桑皮、黄臘

各二兩，入鐵鍋煮三晝夜，煮魚眼湯，慢火煮，不斷火候，常添熱湯，不可添冷水，取出角來，見脆為度，削去黑皮，薄切晒乾，碾為末，名曰鹿霜也。餘下鍋中水，慢火再熬成膠，名曰鹿膠也。是此，鹿霜膠之名，各取其用。

明·穆世錫《食物輯要》卷四　鹿　味甘，性溫，無毒。補中益氣，調血脉，益腰膝，助陽道，療耳聾目暗，頭眩虛痢。九月至臘月宜食，他月食之，發冷氣病。同雉、鰕、鮠魚食，發惡瘡。豹文者殺人。頭，辟惡夢，止消渴。煎汁、作膠皆宜。亦可釀酒，酒漿足，加葱椒尤佳。蹄肉，去風濕脚膝骨節痛。同豉汁、五味煮食，良。脂，溫中，通腠理，散癰腫。髓，同酒食，通絕脉，治筋骨痛。同蜜煮食，壯陽生子。同地黄煎膏服，補陰強陽，填骨髓，壯筋骨。血，解藥毒、痘毒，益血起陰。有腰軟折傷氣痛者宜食。狂犬傷者，食之可解。腎，壯陽，作酒、煮粥皆可。筋，續絕勞損。鹿茸，味甘，性溫，無毒。補氣血，壯陽道，強耳目，安五臟，固精髓，療女人崩漏，安胎，小兒驚癇。

明·李中立《本草原始》卷九　鹿　處處山林中有之。馬身羊尾，頭側而長，高脚而行速。牡者有角，夏至則解，大如小馬，黄質白斑，俗稱馬鹿。牝者無角，小而無斑，毛雜黄白色，俗稱麀鹿。孕六月而生子。鹿性淫，一牡常交數牝，謂之聚麀。性喜食龜，能別良草。食則相呼，行則同旅，居則環角外向以防害，臥則口朝尾閭以通督脉。《爾雅》云：鹿牡曰麚，牝曰麀，其子曰麛，絕有力曰䴥。《乾寧記》云：鹿與遊龍相戲，必生異角。故鹿得稱斑龍。梵書謂之密利迦羅。時珍曰：鹿字篆文，象其頭、角、身、足之形。

鹿角：氣味：鹹，溫，無毒。主治：惡瘡癰腫，逐邪惡氣，留血在陰中，除少腹脹血痛，腰脊痛，折傷惡血，益氣。○猫鬼中惡，心腹疼痛。○水磨汁服，治脫精尿血，夜夢鬼交。○醋磨汁，塗瘡瘍癰腫熱毒。○火炙熱熨小兒重舌、鵝口瘡。○蜜炙研末，酒服，輕身，強骨髓，補陽道絕傷。又治婦人夢與鬼交者，清酒服一撮，即出鬼精。○燒灰治女子胞中餘血不盡欲死，以酒服方寸匕，日三服甚妙。　齒：主治：鼠瘻留血，心腹痛。不可近丈夫陰。

鹿：《本經》中品。【圖略】修治：鹿角截段錯屑，蜜浸，火焙，搗篩為末用。

鹿茸：氣味：甘，溫，無毒。主治：漏下惡血，寒熱驚癇，益氣強志，生齒不老。○療虛勞，洒洒如瘧，羸瘦，四肢酸疼，腰脊痛，小便數利，洩精溺血，破瘀血在腹，散石淋癰腫，骨中熱疽癢，安胎下氣，殺鬼精物。久服耐老。不可近丈夫陰，令痿。○補男子腰腎虛冷，脚膝無力，夜夢鬼交，精溢自出。女人崩中漏血，赤白帶下，炙末空心酒服方寸匕。壯筋骨。○生精補髓，養血益陽，強筋健骨，治一切虛損，耳聾目暗，眩運虛痢。

【圖略】茄子茸形，馬鞍茸形。馬鞍形者良。　宗奭曰：茸最難得不破及不出却血者，蓋其力盡在血中故也。世以如紫茄者為上，名茄子茸，取其難得耳。然此太嫩，血氣未具，其實少力。堅者又太老，惟長四五寸，形如分歧馬鞍，茸端如瑪瑙紅玉，破之肌如朽木者最善。人亦將麋茸偽為之，不可不察。孟詵曰：鹿茸不可以鼻齅之，中有小白蟲，視之不見，入人鼻必爲蟲顙，藥不及也。日華子曰：鹿茸，只用酥炙炒研。宗奭曰：茸上毛先以酥薄塗勻，于烈焰中灼之，候毛盡，微炙。不以酥，則火焰傷茸矣。鹿茸，麻勃為之使。君。鹿角膠粉：名鹿角霜。氣味：甘，平，無毒。主治：傷中勞絕，腰痛羸瘦，補中益氣，婦人血閉無子，止痛安胎。久服輕身延年。○療吐血下血，崩中不止，四肢作痛，多汗淋露，折跌傷損。○男子損臟氣氣弱，勞損吐血。婦人服之令有子，安胎去冷，治漏下赤白。○炙搗酒服，補虛勞，長肌益髓，令人肥健，悅顏色。又治勞嗽，遺精尿血，瘡瘍腫毒。修治：時珍曰：今人呼煮爛成粉者為鹿角霜，取粉熬成膠。或只以濃汁熬成膏者為鹿角膠。○得火良，畏大黄。

鹿肉：氣味：甘，溫，無毒。主治：補中益氣力，強五臟。生者療中風口僻，割片傅之。○補虛瘦弱，調血脉。○養血生容，治產後風虛邪僻。

鹿血：主治：陰痿，補虛，止腰痛，鼻衄，折傷，狂犬傷。○和酒服，治肺痿吐血，及崩中帶下。○諸氣痛欲危者，飲之立愈。○大補虛損，益精血，解痘毒、藥毒。　鹿皮：主治：一切漏瘡，燒灰和豬脂納之，日五六易，愈乃止。　鹿骨：主治：安胎下氣，殺鬼精物，久服耐老，可浸酒服之。　髓：主治：丈夫女子傷中絕脉，筋急痛，欬逆，以酒和服之，良。○治筋骨弱，嘔吐。地黄汁煎作膏，填骨髓。蜜煮壯陽，令有子。　腦：主治：入面脂，令人悅澤。○刺入肉內，以腦敷之，燥即易，半日當出。　脂：主治：癰腫死肌，溫中，四肢不隨，頭風，通腠理。不可近陰。　頭肉：主治：消渴，夜夢鬼物，煎汁服，作膠彌善。　蹄肉：主治：諸風，脚膝骨中疼痛，不能踐地，同豉汁、五味煮食。　腎：主治：補腎氣。○補中安

五臟，壯陽氣，作酒及煮粥食之。

明·羅周彥《醫宗粹言》卷四　製鹿角膠霜法　取新打大鹿角或一二副，以米泔水浸三日夜，以磁片刮去黑垢，鋸為半寸長截，用新砂鍋以流水浸沒鹿角，炭火或桑柴火三日夜，另置一罐燒熱水，不時頻加鍋內，勿使鍋乾角（鹿）露，炭火要勻，鍋中蟹沸為度，夜間須要添水，火候足撈起角，晒乾收貯，其角汁不退火，量加麥門冬、熟地黃入內，烹至三分過二之乾，濾去二藥，將膠傾取淨器內，若不甚稠，再熬少刻，置土地上一日夜去火毒任用。　眾妙方中加桑白皮、黃蠟，不過欲其成膏，然不若門冬、地黃為愈也。

明·張懋辰《本草便》卷二　鹿茸君　味甘、酸，又云苦、辛，氣溫，無毒。主漏下惡血，破留血在腹，散石淋癰腫，骨中熱疽癢，治寒熱驚癇虛勞，洒洒如瘧，羸瘦，四肢酸疼，腰脊痛，脚膝無力，小便利，洩精；　女人崩中，赤白帶下，益氣強志。　角主惡瘡癰腫，逐邪惡氣。留血在陰中，小腹血急痛，腰脊痛，折傷，惡血尿血，強筋骨，補絕傷。又婦人夢與鬼交者。〇肉補中，強五藏，益氣力。

明·張懋辰《本草便》卷二　鹿膠　味甘，氣平溫，無毒。畏大黃。　主傷中勞絕，腰痛羸瘦，補中益氣。婦人血閉無子，止痛安胎。療吐血、下血，崩中漏下，赤白淋露，折跌傷損。

明·吳文炳《藥性全備食物本草》卷二　鹿肉　味甘，性溫，無毒。補中益氣，調血脉，益腰膝，助陽道，療耳聾目暗，虛痢。生肉貼中風口偏，左患貼右，右患貼左，正即除之。九月至臘月宜食，他月食之發冷氣。肉同雉、鰕、鮠魚食發惡瘡。豹文者殺人。　頭：　辟惡夢，止消渴，煎汁作膠皆宜，亦可釀酒，酒漿足加葱椒尤佳。　蹄肉：　去風濕，脚膝骨節痛，同豉汁五味煮食良。　脂：　溫中，通腠理，散癰腫。　髓：　同酒食通絕脉，治筋骨，同蜜煮食壯陽生子，同地黃煎膏服補陰強陽，填骨髓壯筋骨。　血：　治肺癰吐血，解藥毒痘毒，益血起陰，帶下崩中，折傷腰痛宜食，狂犬傷者食之可解。　腎：　溫中，安五臟，補精壯陽，作酒煮粥皆可。　筋：　補癆傷，續絕骨；下骨鯁，取鹿筋漬之，索緊令大如彈丸，持筋端吞之，候至鯁處徐徐引之，鯁着筋出。　骨：　安胎，下膈氣，殺鬼精尸疰，浸酒服之。　鹿茸：　味甘，性溫，無毒。補氣血，壯陽道，強耳目，安五臟，固精髓，療女人崩漏，安胎，小兒驚癇。先以酥薄塗勻，於烈焰中急灼之，若不先以酥塗，恐火焰傷茸，候毛淨微炙入藥。　膠霜：　另有製法，見藥性部中。

明·趙南星《上醫本草》卷四　鹿　一名斑龍。按：《乾寧記》云：鹿與遊龍相戲，必生異角，則鹿得稱龍，或以此與？《埤雅》云：鹿乃仙獸，自能樂性，六十年必懷璚于角下，斑痕紫色，行則有涎，不復急走。故曰：鹿戴玉而角斑，魚懷珠而鱗紫。《名苑》云：鹿之大者曰麈，群鹿隨之，視其尾為準。其尾能辟塵，拂氈則不蠹，置茜帛中，歲久紅色不黯也。　鹿茸不可以鼻齅之，中有小白蟲，視之不見，入人鼻必為蟲顙，藥之不及。　甘，溫，無毒。　主治：　漏下惡血，寒熱驚癇，益氣強志，生精補髓，養血益陽，強筋健骨生齒，不老。補腰腎虛冷，脚膝無力，夜夢鬼交，精益自出。療虛勞，洒洒如瘧，羸瘦，四肢酸疼，腰脊痛，小便數利，洩精溺血。破瘀血在腹，散石淋，癰腫，骨中熱疽癢。治一切虛損耳聾，目暗眩運，虛痢，及治女人崩中漏血，赤白帶下，安胎下氣，殺鬼精物，久服耐老。不可近丈夫陰，令痿。

附方　腰膝疼痛傷敗者：　鹿茸塗酥，炙紫為末，每溫酒服一錢。　小便頻數：　鹿茸一對，酥炙為末。每服二錢，溫酒下，日三服。

鹿角膠：　甘，平，無毒。主治：　傷中勞絕，腰痛羸瘦，補中益氣，療損臟氣弱，勞損吐血、下血，折跌傷損。治婦人血閉無子，崩中不止，四肢作痛，多汗淋露，服之令有子。安胎止痛，去冷，治漏下赤白。久服輕身，酒服補虛勞，長肌益髓，令人肥健，悅顏色。又治勞嗽，尿精，尿血，瘡瘍腫毒。　畏大黃。

附方　異類有情丸：　《韓氏醫通》云：　此方自製者，凡丈夫中年覺衰，便可服餌。蓋鹿乃純陽，龜、虎屬陰，血氣有情，各從其類，非金石草木比也。其方用鹿角霜，治法見上，龜板酒浸七日酥炙研，各三兩六錢。鹿茸燻乾酒洗淨酥塗炙研，虎脛骨長流水浸七日蜜塗酥炙，各二兩四錢。水火煉蜜，入豶豬脊髓九條，搗丸梧子大。每空心鹽湯下五七九十丸。如厚味善飲者，加豬膽汁一二合，以寓降火之義。　虛損尿血：　用鹿角膠三兩，炙，水二升，煮一升四合，分服。　小便不禁，上熱下寒者：　鹿角霜為末，酒糊和丸梧桐子大。每服三四十丸，空心溫酒下。　小便頻數：　鹿角霜、白茯苓等分，為末，酒糊丸梧子大。每服三十丸，鹽湯下。　男子陽虛：　甚有補益，方同上。

肉：　甘，溫，無毒。主治：　補中益氣力，強五臟，補虛瘦弱，調血脉，養

血生容，治產後風虛邪僻。九月已後，正月已前堪食。他月不可食，發冷痛。白臆者、豹文者，並不可食。肉脯炙之不動及見水而動，或曝之不燥者，並殺人。不可同雉肉、蒲白、鮠魚、蝦食，發惡瘡。《禮記》云：食鹿去胃。

附方 中風口偏者：以生肉同生椒搗貼，正即除之。

頭肉：平。主治：消渴，夜夢鬼物，煎汁服，作膠彌善。

附方 老人消渴：鹿頭一箇，去毛煮爛，和五味。空心食，以汁嚥之。

蹄肉：平。主治：諸風。腳膝骨中疼痛，不能踐地，同豉汁、五味煮食。

髓：煉淨入藥。甘，溫，無毒。主治：補陰強陽，生精益髓，潤燥澤肌，丈夫女子傷中絕脉，筋急痛，欬逆，以酒和服之良。同蜜煮服，壯陽道，令有子。同地黃汁煎膏服，填骨髓，壯筋骨，治嘔吐。血：主治：大補虛損陰痿，益精血，止腰痛，鼻衄，折傷，狂犬傷，解痘毒、藥毒。

附方 肺痿吐血及崩中帶下：用鹿血和酒服。諸氣痛欲危者：飲鹿血立愈。

明·李中梓《藥性解》卷六 鹿茸 味甘、鹹，性溫，無毒，入腎經。主益氣滋陰，強志補腎，理虛羸，固齒牙，止腰膝酸疼，破流血作痛，療虛勞如瘧，女子崩漏胎動，丈夫溺血洩精，小兒驚癇，散石淋癰腫，骨中熱中癢。狀如瑪瑙紅玉，長三四寸，破之中有朽木者佳。連頂骨用。長城鹿角，主逐鬼邪，益神氣，續絕傷，強筋骨，消癰腫。愈惡瘡及婦人夢與鬼交。麋茸及角，功相倣而性更熱，耑主補陽。糜鹿角茸四種，俱杜仲為使，畏大黃。按：鹿茸鹹溫之品，舍腎奚歸，功效雖宏，須脉沉細。相火衰弱者，始為相宜。若有火熱者用之，何異抱薪救火？其角亦然，麋者更甚。夫麋冬至解角，則屬陽，鹿夏至解角，則屬陰，其性熱，所以其功捷。大凡含血之物，肉易長，角難長，唯二茸不兩月長大至一二十觔，其堅如石，生長神奇，莫過于此。且諸獸之角，終身不易，惟此種一年一易，蓋其性熱，生生不已，舊者未去，新者隨之，氣化穠密，孰能與同，諸賢盛述其功，良有以也。

明·繆希雍《本草經疏》卷一七 鹿茸 味甘、酸，溫、微溫，無毒。主漏下惡血，寒熱驚癇，益氣，強志，生齒，不老。療虛勞洒洒如瘧，羸瘦，四肢酸疼，腰脊痛，小便利，洩精，溺血，破留血在腹，散石淋，癰腫，骨中熱，疽癢。癢應作瘍。凡用取形如分歧馬鞍，茸端如瑪瑙紅玉，破之肌如朽木者最良。先以酥薄塗勻，於烈炎中燎去毛，再炙。

〖疏〗鹿茸稟純陽之質，含生發之氣，故其味甘氣溫。《別錄》言酸微溫。氣薄味厚，陰中之陽也。入手厥陰、少陰，足少陰、厥陰經。婦人衝任脈虛則為漏下惡血，或瘀血在腹，或為石淋；男子肝腎不足則為寒熱驚癇，或虛勞洒洒如瘧，或羸瘦，四肢酸疼，腰脊痛，或小便數利，洩精溺血。此藥走命門、心包絡，及腎肝之陰分，補下元真陽，故能主如上諸證，及益氣、強志、生齒、不老也。癰腫疽瘍，皆榮氣不從所致。甘溫能通血脈，和腠理，故亦主之。日華子主補男子腰腎虛冷，腳膝無力，夜夢鬼交，精溢自出；女人崩中漏血，赤白帶下。炙末，空心酒服方寸匕。〖主治參互〗同牛膝、杜仲、地黃、山茱萸、補骨脂、巴戟天、山藥、肉蓯蓉、菟絲子，治腎虛腰痛及陰痿不起。《瀕寮方》班龍丸，治諸虛，用鹿茸酥炙，鹿角膠炒成珠，鹿角霜，陽起石煅紅醋淬，肉蓯蓉酒浸，酸棗仁、柏子仁、黃耆各一兩，地黃九蒸八錢，朱砂半錢，各為末，酒糊丸梧子大。每空心酒下五十丸，昔西蜀市中有一道人貨之，一名茸珠丹。每醉高歌曰：尾閭不禁滄海竭，九轉靈丹都漫說。惟有班龍頂上珠，能補玉堂關下穴。朝野遍傳之，即此方也。《普濟方》鹿茸酒，治陽事虛痿，小便頻數，面色無光，用嫩鹿茸一兩，去毛切片，山藥末一兩，絹袋裹，置酒甕中，七日後開甕，日飲三杯。將茸焙乾作丸服。《本事方》陰虛腰痛，不能反側。鹿茸、菟絲子各一兩，茴香半兩，為末，以羊腎二對，和酒煮爛，搗如泥，和丸梧子大，陰乾。每服三五十丸，酒下，日三服。《濟生方》室女白帶，因衝任虛寒者。鹿茸酒蒸焙二兩，金毛狗脊、白斂各一兩，為末，用艾煎醋，打米糊丸梧子大。每酒下五十丸，日二服。簡誤同白膠。

鹿角：味鹹，無毒。主惡瘡癰腫，逐邪惡氣，留血在陰中，除小腹血急痛，腰脊痛，折傷惡血，益氣。杜仲為之使。

〖疏〗鹿，山獸，屬陽。夏至解角者，陰生陽退之象也。麋，澤獸，屬陰。冬至解角者，陽生陰退之象也。是以麋茸補陰，鹿茸補陽。角亦如之。凡角初生軟嫩者為茸，稟壯健之性，故能峻補腎家真陽之氣。熬成白膠，則氣味甘緩，能通周身之血脈。生角則味鹹氣溫，惟散熱、行血、消腫、辟惡氣而已。鹹能入血軟堅，溫能通行散邪，故主惡瘡癰腫，逐邪惡氣，及留血在陰中，少腹血急痛，折傷惡血等證也。肝腎虛則為腰脊痛，鹹溫入腎補肝，故主腰脊痛。氣屬陽，補陽故又能益氣也。日華子云：水磨服，治脫精，

尿血，夜夢鬼交。醋磨汁，塗瘡瘍癰腫熱毒。火炙熱，熨小兒重舌、鵝口瘡。孟詵云：蜜炙研末酒服，輕身，强骨髓，補陽道絶傷。又治婦人夢與鬼交者，酒服一撮，即出鬼精。燒灰治女子胞中餘血不盡欲死者，悉取其入血行血，散熱消腫，補陽辟邪之意也。〔主治參互〕《濟生方》骨虚勞極，面腫垢黑，脊痛不能久立，血氣衰憊，髮落齒槁，甚則喜唾。用鹿角屑二兩，牛膝一兩半，為末，煉蜜丸梧子大。每服五十丸，空心鹽湯下。《肘後方》腎虚腰痛如錐刺，不能動摇。鹿角屑三兩，炒黄研末。空心溫酒服方寸匕，日三。《子母秘録》産後腹痛，瘀血不盡者，鹿角燒研，豉汁服方寸匕，日三。并治産後血暈。《千金方》蹉跌損傷，血瘀骨痛。鹿角末，酒服方寸匕。瀕湖方癰癤腫痛毒。鹿角尖，磨濃汁塗之。〔簡誤〕無瘀血停留者不得服。陽盛陰虚者忌之。胃火齒痛亦不宜服。

髓：味甘，溫。主丈夫女子傷中絶脈，筋急痛，欬逆。以酒和服之良。

〔疏〕髓者，精血之純懿，內充以實骨者也。鹿稟純陽，故其髓味甘，氣溫，性能補血而潤燥，所以主一切血脈不和，如傷中脈絶，筋急痛及欬逆也。日華子：同蜜煮服壯陽道，令人有子。同地黄汁煎膏服，填骨髓，壯筋骨。治嘔吐者亦此意也。

腎：平。主補腎氣。

〔疏〕鹿性淫，一牡常御百牝，腎氣有餘故也。故服之能壯陽道，補腎家不足。

鹿肉：甘，溫。補中，强五藏，益氣力。生者療口僻，割薄之。

〔疏〕鹿，所食多芳草，其性質芳潔，氣味醇和，故其肉味甘，氣溫，無毒，與他肉不同也。性能益脾胃，通血脈，故主補中，强五臟，益氣力也。生者療中風口僻，亦取其有通血脈之功，血脈通則口僻自正也。

明·繆希雍《本草經疏》卷一六　白膠　味甘，平、溫，無毒。主傷中，勞絶，腰痛，羸瘦，補中益氣，婦人血閉無子，止痛安胎。療吐血下血，崩中不止，四肢酸疼，多汗淋露，折跌傷損。久服輕身延年。一名鹿角膠。得火良，畏大黄。

〔疏〕白膠是熬鹿角而成，故其味甘，氣平。《别録》溫，無毒。氣薄味厚，降多升少，陽中之陰也。入足厥陰、少陰，手少陰、厥陰經。《經》曰：勞則喘且汗出，內外皆越，中氣耗矣。故凡作勞之人，中氣傷絶，四肢作痛多汗，或吐血下血，皆肝心受病。此藥味甘氣溫，入二經而能補益中氣，則絶傷和，四肢利，血自止，汗自斂也。折跌傷損，則血瘀而成病，甘溫入血通行，又兼補益，故折跌傷損自愈。婦人血閉無子，乃崩中淋露，胎痛不安，腰痛羸瘦者，皆血虚肝腎不足之候。溫肝補腎益血，則諸證自退而胎自得所養也。血氣生，真陽足，故久服能輕身延年耳。更治尿血，溺精，瘡瘍腫毒及漏下赤白。婦人久服，能令有子。〔主治參互〕同牛膝、牡丹皮、麥門冬、地黄、真蘇子、鬱金、白芍藥、當歸、童便、續斷，治勞傷吐血。同山茱萸、枸杞子、鹿茸、地黄、麥冬、杜仲、補骨脂、懷山藥、車前子、五味子、巴戟天、蓮鬚，治腎虚陽痿，精寒無子。加入當歸、紫石英，治婦人血閉，子宫冷，服之受孕。《外臺秘要》虚勞尿精及尿血，白膠二兩炙，酒二升，頓和溫服。《肘後方》妊娠卒下血，以酒煮膠二兩，消盡頓服。〔簡誤〕鹿乃仙獸，純陽之物也。其治勞傷羸瘦，益腎添精，暖腰膝，養血脈，强筋骨，助陽道之聖藥也。然而腎虚有火者，不宜用，以其偏於補陽也。上焦有痰熱，及胃家有火者，不宜用。以其性熱復膩滯難化也。凡吐血下血，係陰虚火熾者，概不得服。

明·倪朱謨《本草彙言》卷一八　鹿角膠　味甘，氣溫，無毒。氣薄味厚，陰中之陽。入手足少陰、厥陰經。

繆氏曰：鹿者仙獸，自能樂性。遊處山林，從事雲泉。志無忌，性警防，善接其類。與麋爲友。有角無齒者牡，曰麚；無角有齒者牝，曰麀。無齒謂無齦齒，若下齦，則牝牡咸有，與禽鳥之(與)〔有〕角無齒似同而實異也。

李氏曰：隨處山中有之。馬身羊尾，頭側而長，脚高而行速。牝小于牡，毛雜黄白；牡大于牝，毛間黄白。故云牡質斑斑，斑斑點點如星星也。行則同旅，食則相呼。性喜食龜，能别良草，不食諸毒。分背而食，食時則群長四顧相望，俟衆飽，長乃食，群小互爲巡視矣。集居必環角外向，臥眠必口接尾閭。性善決驟，故其迹廘而不厹。《詩》云町疃鹿場，言町畦村疃無人焉，故鹿以爲場也。《物類考》云：鹿好群而相比，陽類也，故夏至感陰氣而角解，從陽退之象爾；麋則冬至感陽氣而角解，從陰退之象爾。麋孕子于仲春，而生于秋；鹿孕子于仲秋，而生于春。其子曰麑。子生得雨或水，乃行地耳。《格物論》云：鹿千年者色蒼。又五百年者色白，再五百年者色玄。玄之又玄，仙化登乎天矣。《埤雅》云：鹿六十年懷璚于角下者，角有斑痕，

紫色如點，行或有涎出于口，不復能急走也。故曰：鹿戴玉而角斑，魚懷珠而鱗紫。故有諸中未有不形諸外矣。陶隱居云：今荆楚之地，其鹿大，絕似馬。當解角時，望之無辨，土人謂之馬鹿。以是知趙高指鹿爲馬，蓋因似以作誑爾。角解之後，始生之角曰茸，色如茄紫者爲上。修製鹿角膠法：用鹿角五十斤，寸截，用淨水浸二日，入大鍋内煎，以水二大擔，煎十去其七，濾出汁，其渣再用淨水煎，如前法。其角酥鬆，即成鹿角霜矣。其汁合初次汁入砂鍋内慢火煎熬，以桃柳枝不住手攪，以凝爲度，即成膠矣。用淨銅杓，兜入盆内，冷凝，以刀劃成塊，每早晚用好酒一鍾，頓膠三錢，溶化服。

鹿角膠：壯元陽，補血氣，李時珍生精髓，暖筋骨之藥也。陳月坡曰：鹿，陽獸也。臥則口接尾閭，以通督脉。性喜食龜，以交任脉。夏至其角自解者，有陽足陰生之象。然一身皮肉、筋骨、腸胃，皆能養人之陽，而角又陽質陰精之鋭氣在是焉。故前古主傷中勞絕，腰痛羸瘦，補血氣、精髓、筋骨、腸胃。虚者補之，損者培之，絕者續之，怯者强之，寒者暖之，此係血屬之精，較之草木無情，更增一籌之力矣。如薛氏方主婦人血冷阻閉，子嗣不育；或血潰崩流，淋瀝作痛；又安胎元，止半産。陽虚多汗，陰虚遺精，血寒脱血諸證，能峻補腎命，通調營衛，功無匹矣！如腸胃有鬱火者，陽有餘陰不足者，諸病因血熱者，俱忌用之。苟非精寒血冷，陽衰命門無火者，不可概用。

集方：《方脉正宗》治五藏陽虚氣弱，精血内損，傷中勞絕，頭眩目暈，耳鳴耳聾，四肢無力，腰脊痠疼，脚膝痿軟；或小便下墜欲遺，或精水不時溢出，或久痢久瘧，遷延不休；或久漏癰瘍，膿水不淨；或男子陽絕無子，婦人陰痿不育；或經歲久崩，淋瀝不斷；或頻年白帶，下脱不痊；或胃腸久虚，溏瀉不實，凡一切虚寒痼冷，久頑不愈之證，幷皆治之。用鹿角膠一斤剪碎麥麩拌炒，人參八兩，白朮、當歸、白芍藥、枸杞子、石斛、杜仲、茯苓、山藥、補骨脂、女貞實、覆盆子、黄耆各四兩，肉桂、木香、砂仁各二兩，俱酒拌炒，共研爲極細末，煉蜜丸彈子大，每服二丸，早晚米湯化下。〇一方用鹿角膠二錢，龜板膠一錢，酒一盞浸過夜，清晨隔湯溶化，日日服之，悦顔色，養精神，補腎命，於老人爲延年養生却病良藥。

生鹿角：味鹹，氣溫，有毒。散熱行血，消腫辟毒之藥也。釋氏《臨水集》以刀刮屑，白酒調服二三錢。

鹿角霜：味濇，氣溫，無毒。收濕止痢，去婦人白帶之良方。每早晚白湯調服三錢。

明・倪朱謨《本草彙言》卷一八　鹿茸　味甘，氣溫，無毒。氣薄味厚，陰中之陽也。入手足少陰、厥陰經。

抱朴子曰：深山多鹿，每一牡遊，牝十數至。春羸瘦，入夏惟食菖蒲即肥。當解角之時，其茸甚痛，猎人得之，以索繫住，取落茸，然後斃鹿。血氣未散，蓋其力盡在血中故也。色如紫茄，其實难得。取時不可太嫩，又不可太老，惟長二三寸，形如馬鞍分歧，茸端似瑪瑙紅玉色，破之肌如朽木者最善。今殺鹿後取茸、連頂骨者，力稍不及。

鹿茸：峻補元陽，充實血氣，生長精髓，韩氏《延年錄》健利筋骨，溫養腎命之藥也。茹日江曰：按沈存中《筆談》云：凡含血之物，肉易長，筋次之，骨最难長。故人自胚胎以至成人，三十年骨髓方堅。惟麋鹿之角，自生至堅，無兩月之久。大者至二十餘斤，計一日夜即生數兩。凡骨之生，無速於此。此所以能補骨血、堅陽道、益精髓也。況頭爲諸陽之會，鹿之精血上鍾于茸角，豈可與凡物比哉！故治療虚損之功，邁于參、耆、附、桂之上，較之鹿之角膠，而茸更十倍之力也。如龍潭《藥性》云：治男子勞傷不足，真陽頓損，手足寒麻，脚膝無力；或遺精夢泄，小便不禁；治婦人久崩漏下，真陰日虧，頭眩欲仆，腰脊冷疼；或夢與鬼交，白帶時下；治小兒痘瘡虚白，漿水不充；或大便泄瀉，寒戰咬牙；治老人脾腎衰寒，命門無火；或飲食減常，大便溏滑諸證。

集方：治已上諸證，與鹿角膠配用諸藥同。惟小痘瘡，漿清不濃，作瀉而寒戰者，用鹿茸配入異攻散。〇治老人脾腎衰寒，食少大便泄者。用鹿茸配入桂附八味丸。

明・應𢗉《食治廣要》卷六　鹿　肉：氣味：甘，溫，無毒。主治：補中益氣，强五藏，調血脉。孟詵曰：九月以後，正月以前堪食，他月不可食。《禮記》云：食鹿去胃。李時珍曰：邵氏言鹿之一身皆益人，或煮，或蒸，或脯，同酒食之，良。大抵鹿乃仙獸，純陽多壽之物，能通督脉。又食良草，故食之有益而無損也。孫真人曰：凡藥餌之人，久食鹿肉，服□藥必不得力。為其常食解毒之草，能制諸藥故也。頭肉：氣味：平。主消渴，夜夢。宗奭曰：頭可釀酒，須於作漿時宜稍益葱、椒。蹄肉：氣味：

平。主諸風，腳膝骨中痛，不能踐地。　脂：　主癰腫死肌，溫中，通腠理。不可近陰。麋脂氣味、功用同。　髓：　甘，溫，無毒。主丈夫女子傷中，絕脉筋急，壯陽道，填骨髓，補陰生精，潤燥澤肌。　腦：　入面脂，令人悅澤。《深師方》治刺入肉內不出，以腦塗之，燥即易，半日當出。　精：　補虛羸勞損。　血：　主陰痿，補虛，止腰痛，肺痿吐血，崩中帶下，解痘毒、藥毒。并諸氣痛欲危者，飲之立愈。　腎：　甘，平，無毒。補腎氣，安五藏，壯陽氣。

筋：　主勞損，續絕。塵沙眯目者，嚼爛挼入目中，則粘出。

明·姚可成《食物本草》卷一四獸部·野獸類

鹿處處山林有之。馬身羊尾，頭側而長，高脚而行速。牡者有角，夏至則解。大如小馬，黃質白斑。牝者無角，小而無斑，俗稱麀鹿，孕六月而生子。鹿性淫，一牡常交數牝，謂之聚麀。性喜食龜，能別良草。食則相呼，行則同旅，居則環角外向以防害，臥則口朝尾閭，以通督脉。千歲為蒼，又五百歲為白，又五百歲為玄。玄鹿骨亦黑，為脯食之可長生也。《埤雅》云：鹿乃仙獸，自能樂性，六十年必懷璚于角下，斑痕紫色，行則有涎，不復急走。故曰：鹿戴玉而角斑，魚懷珠而鱗紫。沈存中《筆談》云：北狄有駝鹿，極大而色蒼黃，無斑。角大而有文，堅瑩如玉。茸亦可用。鹿之大者曰麈，群鹿隨之，視其尾為準。其尾能辟塵，拂氈則不蠹，置茜帛中，歲久紅色不黯也。

鹿肉：　味甘，溫，無毒。主補中，益氣力，強五臟，補虛羸瘦弱，調血脉。養血生容，治產後風虛邪僻。九月以後、正月已前堪食，他月不可食，發冷痛。白臆者，豹文者，竝不可食。鹿脯炙之不動，及見水而動，或曝之不燥者，竝殺人。不可同野雞肉、茭白、鮠魚、蝦食，發惡瘡。《禮記》云：食鹿去胃。　頭肉：　味甘，平。治消渴，夜夢鬼物，煎汁服，作膠彌善。亦可釀酒。

蹄肉：　主諸風，脚膝骨中疼痛，不能踐地，同豉汁、五味煮食之。〇陶弘景曰：野獸之中，麞鹿可食，氣不腥羶。又非十二辰屬，八卦無主，且溫補，於人生死無尤，道家許聽為(補)〔脯〕，過其餘〔肉〕。雖雞、犬、牛、羊補益，於亡魂有愆責，竝不足食。　脂：　治癰腫死肌，溫中，四肢不隨，頭風，通腠理。不可近陰。　髓：　味甘，溫，無毒。治丈夫女子傷中絕脉。筋急痛，欬逆，以酒和服之良。同蜜煮服，壯陽道，令有子。同地黃汁煎膏服，填骨髓，壯筋骨，補陰強陽，生精益髓，潤燥澤肌。　腦：　入面脂，令人悅澤。刺入肉內不出，以腦敷之，燥即再上，半日當出。　精：　主補虛羸勞損。　血：　主陰痿補虛，止腰痛鼻衄，折傷，狂犬傷。和酒服，治肺痿吐血及崩中帶下。諸氣痛欲死者，飲之立愈。大補虛損，益精血，解痘毒、藥毒。　腎：　味甘，平，無毒。主補腎、補中，安五臟，壯陽氣，作酒及煮粥食之。　鹿茸：　嫩角之在肉中者，曰茸。味甘，溫，無毒。治漏下惡血，寒熱驚癇，益氣強志，生齒不老。療虛勞，洒洒如瘧，羸瘦，四肢酸疼，腰脊痛，小便數利，洩精溺血，破瘀血在腹，散石淋癰腫，骨中熱疽癢，安胎下氣，殺鬼精物，久服耐老。又治男子夜夢鬼交，女子崩中帶下。炙末空心服方寸匕，壯筋骨。沈存中《筆談》云：《月令》冬至麋角解，夏至鹿角解。陰陽相反如此。故麋茸利於補陰，鹿茸利於補陽。今人不辨，以為一種，誤矣。人自胚胎至成立，二十年骨髓方堅。惟麋、鹿角自生至堅，無兩月之久，大者至二十餘斤，計一日夜頓生數兩，凡骨之生，無速於此。雖草木易生，亦不及之。此骨之至強者，所以能補骨血，堅陽道，益精髓也。頭者，諸陽之會，上鍾於茸角，豈可與凡血為比哉。〇孟詵曰：鹿茸不可以鼻齅之，中有小白蟲，視之不見，入人鼻，必為蟲顙，藥不及也。　鹿角：　鹿是山獸，屬陽，情淫而遊於山，夏至得陰氣解角，從陽退之象。麋是澤獸，屬陰，情淫而遊於澤，冬至得陽氣而解角，從陰退之象也。味鹹，溫，無毒。治惡瘡癰腫，逐邪惡氣，留血在陰中。除少腹血痛，腰脊痛，折傷惡血，益氣。治猫鬼中惡，心腹疼痛。水磨汁服，治脫精尿血，夜夢鬼交。醋磨汁，塗瘡瘍癰腫，熱毒。火炙熱，熨小兒重舌、鵝口瘡。蜜炙研末酒服，輕身強骨髓，補陽道絕傷。又治婦人夢與鬼交者，酒服一撮，即出鬼精。燒灰，治女子胞中餘血不盡欲死，以酒服方寸匕。〇李時珍曰：生用則散熱、行血、消腫、辟邪，熟用則益腎、補虛、強精、活血，煉霜熬膏則專於滋補矣。　鹿角膠、鹿角霜：　以新鹿角寸截，米泔浸七日令軟，再盛於長流水中浸七日，去麤皮，以東流水、桑柴火煮七日，旋旋添水，入醋少許，搗成霜用。其汁加無灰酒，熬成膠用。味甘，平，無毒。主傷中勞絕，腰痛羸瘦，補中益氣。婦人血閉無子，止痛安胎。久服，輕身延年。療吐血下血，崩中不止，四肢作痛，多汗淋露，折跌傷損。炙噙酒服，補虛勞，長肌益髓，令人肥健，悅顏色。又治勞嗽，尿精尿血，瘡瘍腫痛。　骨：　味甘，微熱，無毒。主安胎下氣，殺鬼精物，久服奈老，可酒浸服之。作酒，主內虛，續絕傷，補骨除風。燒灰水服，治小兒洞注下痢。　齒：　治鼠瘻，留血，心腹痛。　筋：　治勞損續絕。塵沙眯目者，嚼爛挼入目中，則粘出。　靨：　治氣癭，以酒漬炙乾，再浸酒中，含嚥汁。味盡更易，十具乃愈。

附方：　昔西蜀市中嘗有一道人貨斑龍丸，又名茸珠丹。每大醉，高歌曰：尾閭不禁滄海竭，九轉靈丹都慢說。惟有斑龍頂上珠，能補玉堂闕下

穴。朝野遍傳之。其方蓋用鹿茸、鹿角膠、鹿角霜也。　治頭旋目眩，如立舟車，甚則屋轉眼黑，或見一為二。用鹿茸半兩，無灰酒三盞，煎一盞，入麝少許，溫服。神效。　治胞衣不下。鹿角刮屑三分，薑湯下。　異類有情丸，大補氣血虛損，凡丈夫中年覺衰，便可服餌。用龜板酒浸七日酥炙研，鹿角霜製法見前。各三兩六錢；鹿茸燻乾酒洗酥炙研，虎脛骨長流水浸七日蜜塗酥炙，各一兩四錢；入雄猪脊髓九條，煉蜜搗丸梧子大。每旦鹽湯下七八十丸。蓋鹿乃純陽，龜、虎屬陰。血氣有情，各從其類，非金石草木比也。

治腎虛耳聾。用鹿腰子作羹食之。

明・顧逢柏《分部本草妙用》卷一〇獸部　鹿肉　甘溫，無毒。食鹿去胃，食肉不可與雉肉、蒲白、鮠魚、鰕同食，能發瘡毒。　主治：補中，益氣力，強五臟，療中風口僻。割片薄之，華陀云：中風口歪者，以生肉同生椒搗貼，正即除之。養血補虛，調血脈，治產後風虛邪僻。　按：鹿食葛花葉、鹿葱葉、白蒿、水芹、甘草、薺苨、蒼耳之類，故其性烈而清淨，能解制諸藥。而服藥餌者食之，則藥不得力。然一身皆益人，而蒸、煮、脯、酒俱良。其血大補虛，治肺痿吐血，及崩中帶下，鼻衄，及諸痛欲危者，并解痘毒、諸藥砒毒。刺角間血，和酒飲更良。

明・顧逢柏《分部本草妙用》卷五腎部・温補　鹿茸　甘、鹹，溫，無毒。酥炙、酒蒸、炒研，各隨本方製用。畏大黃，杜仲為使。　主治：漏下惡血，驚癇，益氣強志，生齒。虛勞腰脊痛，便數洩精溺血，安胎。殺鬼，生精補髓，養血益陽，強筋健骨。　按：鹿角生用，則散熱行血，消腫辟邪。熟用則益腎補虛，強精活血。鍊霜熬膏，則專于滋補矣。然鹿性淫而不衰，其性熱，一味助陽固精，補腎莫敵。同以龜板，則陰陽和而水火濟，神妙莫測矣。〇肉，補中，益氣；血，治肺痿，崩帶。氣痛欲死者，飲之立愈。大補虛，益精，解痘毒、藥毒、砒毒。　又按：鹿茸角，補陽，右腎精氣不足者宜。麋之茸角，補陰，左腎血液不足者宜之。此千古之奇秘而莫發者，乃知麋茸角功勝于鹿也，用者辨之。

明・黄承昊《折肱漫録》卷三　鹿角膠人皆以透明者為佳，殊不知毛角制就者其色黑暗，品之優劣全不係明暗也。聞善製此膠者，將角入竹籃內置長流水中任其流滌，候淨，盡煎之，則毫無渣滓，照之色如琥珀可愛。然渣滓滌盡，血氣亦無存矣。亦何益於治病，徒為觀美則可耳。

明・李中梓《醫宗必讀・本草徵要下》　鹿茸味甘、鹹，溫，無毒。入腎經。形如茄子，色如瑪瑙，紅玉者良。烙去毛，酥炙。　健骨而生齒，強志而益氣。去肢體酸疼，除腰脊軟痛。虛癆聖劑，崩漏神丹。角，茸生兩月，即成角矣。補腎生精髓，強骨壯腰膝，止崩中與吐血，除腹痛而安胎。肉，甘，溫。補中強五臟，通脈益氣力。鹿乃仙獸，禀純陽之質，含生發之氣，其性極淫。一牡常御百牝，腎氣有餘，足於精者也，故主用最多，專以壯陽道，補精髓為功。茸較佳於角，肉有益於脾。按：上焦有痰熱，胃家有火，吐血屬陰衰火盛者俱忌。生角消腫毒，逐惡血，不及膠之用宏也。鹿，山獸屬陽，夏至解角，陰生陽退之象也；麋，澤獸屬陰，冬至解角，陽生陰退之象也。主用相懸，不可不辨。

明・鄭二陽《仁壽堂藥鏡》卷七　鹿茸　味甘、鹹，性溫，無毒。入腎經。杜仲為使。畏大黃。《經》曰：漏下惡血，驚癇，益氣強志，生齒。隱居曰：虛勞腰脊痛，便數，洩精，溺血。安胎，殺鬼。時珍曰：生精補髓，養血益陽，強筋健骨。鹿角主治相同，功力差緩。　按：鹿性淫而不衰。其角不兩月，長大至一二十斤，生長神奇，無過於此。蓋其性熱，生生不已。氣化濃密，故補腎之功，莫能與競。《圖經》云：茸形如小紫茄者為上，如馬鞍形者有力。《本草》云：鹿腎：平。主補腎氣，壯元陽。勿齅氣，恐茸中有小白蟲入鼻。製法：燎毛，破開，酥油炙黃褐色。　鹿角膠：味鹹，氣溫，無毒。主血虛，生精有子。　鹿茸：主治相同，功力尤捷。

明・蔣儀《藥鏡》卷二熱部　鹿茸　振下元之真陽，而小便不數。通周身之血脈，而腰脊止痛。熱蒸骨裏，服之自平。血去溺崩，投之即應。髓腎蜂蜜同煑以壯陽，生地同煑以實骨。夫鹿角解于夏至，是以補陽。而麋角解于冬至，于陰有裨。故麋角耑入左腎，而麋茸力更勝之。　鹿角：水磨服，治脫精尿血。醋磨汁，塗瘡瘍癰腫。熬成白膠，不惟補中益氣，且療吐血勞傷。不惟止痛安胎，亦調血崩淋帶。同川芎上補面部之血，同歸芎中補脾胃之血，同熟地能固下腎之元，同槐花兼止大腸之紅。痘家熱炎熾盛，以致真陰灼爍，加之於涼血解毒藥中，則養陰而陽自退矣。

明・李中梓《頤生微論》卷三　鹿茸　味甘、鹹，性溫，無毒。入腎經。杜仲為使。畏大黃。大如茄子不破者佳。刮去毛，酥炙透。生精益陽，強筋健骨，補髓養血，安胎殺鬼。主便數洩精，溺血，虛癆，腰脊膝痛。鹿角主用相倣，功力差緩。　按：鹿乃仙獸，能通督脈，禀純陽之質，含生發之氣。

其性極淫，一牡常御百牝，腎氣有餘，足于精者也。其角不兩月長大至一二十觔，生長神奇，無過於此。茄茸所以貴重者，功力既宏，取之極難。當其初生，不過一茶之頃已成茄形，稍遲半日，便如馬鞍歧起，愈小則愈嫩，雖絹帛觸之，亦損破也，一破其力大減。然鹿性好觸，纔捕便抵，一抵便破，故不破損者，其值隆也。鹿與麋又當有別。鹿，山獸也，屬陽，夏至解角，陰生陽退之象也。麋，澤獸也，屬陰，冬至解角，陽生陰退之象也。主用有陰陽之別，可不察乎？

明·張景岳《景岳全書》卷四九《本草正》

鹿角膠　味甘、鹹，氣溫。大補虛羸，益血氣，填精髓，壯筋骨，長肌肉，悅顔色，延年益壽。療吐血下血，尿精尿血，及婦人崩淋，赤白帶濁，血虛無子，止痛安胎，亦治折跌損傷，瘡瘍腫毒。善助陰中之陽，最為補陰要藥。

鹿茸　味甘、鹹，氣溫。破開塗酥炙黃脆入藥。益元氣，填真陰，扶衰羸瘦弱，善助精血，尤強筋骨，堅齒牙，益神志。治耳聾目暗，頭腦眩運，補腰腎虛冷，脚膝無力，夜夢鬼交，遺精滑泄，小便頻數，虛痢尿血及婦人崩中漏血，赤白帶下。道家云：惟有班龍頂上珠，能補玉堂闗下血者。即此是也。若得嫩而肥大如紫茄者，較之鹿角膠，其功力為倍倍。

明·賈九如《藥品化義》卷七腎藥

鹿角膠　屬純陽，體潤，色黑明亮，氣腥，味微鹹，性溫，能浮能沉，力補腎精，性氣與味俱厚濁，入腎肝二經。鹿角膠，鹿乃純陽之物，其頭常向尾，善通督脈，其精華在角，以此煎膠，其味濃厚，精血有力莫過於此，非尋常草類所比，故能補精氣，助火衰，興陽道，健腰膝，為壯腎扶肝捷勝之神物也。蓋阿膠補陰，鹿角膠補陽，功效各奏。

明·施永圖《本草醫旨·食物類》卷四

鹿名斑龍。牡者有角，夏至則解。孕六月而生子。鹿性淫，一牡常交數牝。喜食龜，能別良草，食則相呼，行則同旅，居則環角外向以防害，臥則口朝尾閭，以通督脈。〇鹿千歲為蒼，又五百歲為白，又五百歲為玄。玄鹿骨亦黑，為脯食之，可長生也。

鹿茸：　修治：　四月、五月解角時取，陰乾，使時燥。夏收之陰乾，百不收一，且易臭，惟破之火乾大好。凡使鹿茸，用黃精自然汁浸兩日，夜漉出，切焙搗用，免渴人也。又法，以鹿茸鋸作片，每五兩，用羊脂三兩拌，天靈蓋末塗之，慢火炙，令內外黃脆，以鹿皮裹之，安室中一宿，則藥魂歸矣。乃慢火焙乾，搗末用。茸上毛，先以酥薄塗勻，於烈焰中灼之，候毛盡微炙。不以酥，則火焰傷茸矣。〇當角解之時，其茸甚痛，獵人得之，以索繫住取茸，然後斃鹿，鹿之血未散也。〇《月令》冬至麋角解，夏至鹿角解，陰陽相反如此。麋茸利補陽，鹿茸利補陰，須佐以他藥則有功。此骨之至強者，所以能補骨血，堅陽道，益精髓也。頭者，諸陽之會，上鍾於茸角，豈可與凡血為比哉！〇鹿是山獸，屬陽，情淫而遊山，夏至得陰氣解角，從陽退之象。麋是澤獸，屬陰，情淫而遊澤，冬至得陽氣而解角，從陰退之象也。味：　甘，溫，無毒。治：　漏下惡血，寒熱驚癇，益氣強志，生齒不老，療虛勞，洒洒如瘧，羸瘦，四肢酸疼，腰脊痛，小便數利，洩精溺血，破瘀血在腹，散石淋癰腫，骨中熱疽（養）〔癢〕。骨，安胎下氣，殺鬼精物，久服耐老。不可近丈夫陰，令痿。補男子腰腎虛冷，脚膝無力，夜夢鬼交，精溢自出。女人崩中漏血，赤白帶下，炙末，空心酒服方寸匕。壯筋骨，生精補髓，養血益陽，強筋健骨。治一切虛損耳聾，目暗眩運，虛痢。治頭眩運，用鹿茸半兩，無灰酒三盞，煎一盞，入麝香少許，溫服亦效。

附方　斑龍丸：　治諸虛，用鹿茸酥炙或酒炙亦可、鹿角膠炒成珠、鹿角霜、陽起石煅紅酒淬、肉從容酒浸、酸棗仁、柏子仁、黃芪蜜炙，各一兩，當歸、黑附子炮、地黃九蒸九焙，各八錢，辰朱砂半錢，各為末，酒糊丸梧子大，每空心溫酒下五十丸。鹿茸酒：　治陽事虛痿，小便頻數，面色無光，用嫩鹿茸一兩，去毛切片，山藥末一兩，絹袋裹，置酒罈中，七日開瓶，日飲三盞。將茸焙作丸服。陰虛腰痛：　鹿茸炙、菟絲子各一兩，舶茴香半兩，為末，以羊腎二對，用酒煮爛，搗泥，和丸梧子大，陰乾，每服三十五丸，溫酒下，日三服。精血耗涸：　鹿茸酒蒸、當歸酒浸，各一兩，焙為末，烏梅肉煮膏，搗丸梧子大，每米飲服五十丸。腰膝疼痛：　傷敗者，鹿茸塗酥炙紫，為末，每服酒下一錢。小便頻數：　鹿茸一對，酥炙為末，每服二錢，溫酒下，日三服。虛痢危困：　因血氣衰弱者，鹿茸酥炙一兩，為末，入麝香五分，以燈心煮棗肉，和丸梧子大，每空心米飲下三五十丸。飲酒成泄：　骨立不能食，但飲酒即泄，用嫩鹿茸酥炙，肉蓯蓉煨一兩，生麝香五分，為末，陳白米飯丸梧子大，每米飲下五十丸，名香茸丸。室女白帶：　鹿茸酒蒸焙二兩，金毛狗脊、白斂各一兩，為末，用艾煎醋，打糯米糊丸梧子大，每溫酒下五十丸，日二。

角：　七月采角，以鹿年久者其角更好。煮以為膠，入藥彌佳。〇鹿角要黃色緊重尖好者，此鹿食靈草，所以異眾鹿也。〇凡用鹿角、麋角，並截斷剉屑，以蜜浸過，微火焙，令小變色，曝乾，搗篩為末，或燒飛為丹，服之至妙。以角寸截，泥裹於器中，大火燒一日，如玉粉也。味：　鹹，溫，無毒。杜仲為之使。治：　惡瘡癰腫，逐邪惡氣，留血在陰中，除少腹血痛，腰脊痛，折傷惡血，益氣。猫鬼中惡，心腹疼痛。水磨汁服，治脫精尿血，夜夢鬼交。醋磨汁，塗瘡瘍癰腫熱毒。火炙熱熨，小兒重舌、鵝口瘡。蜜汁研末，酒服，輕身，強骨髓，補陽道，絕傷。又治婦人夢與鬼交者，清酒服一撮，即出鬼精。燒灰，治女子胞中餘血不盡，欲死，以酒服方寸匕，日三，甚妙。鹿角，生用則散熱行血，消腫辟邪；熟用則益腎補虛，強精活血；鍊霜熬膏則專於滋補矣。

附方　服鹿角法：鹿角屑十兩，生附子三兩去皮臍，為末。每服二錢，空心溫酒下，令人少睡，益氣力，通神明。腎消尿數：鹿角一具，炙，搗篩，溫酒每服方寸匕，日二。骨虛勞極：用鹿角二兩，牛膝酒浸焙一兩半，為末，煉蜜丸梧子大，每服五十丸，空心鹽酒下。腎虛腰痛：如錐刺，不能動搖，鹿角屑三兩，炒黃，研末，空心溫酒服方寸匕，日三。卒腰脊痛：不能轉側，鹿角五寸，燒赤，投二升酒中浸一宿，飲。婦人腰痛：鹿角屑熬黃，研，酒服方寸匕，日五六服。妊娠腰痛：鹿角截五寸長，燒赤，投一升酒中，又燒又浸，如此數次，細研，空心酒服方寸匕。產後腹痛：血不盡者，鹿角燒研，豉汁服方寸匕，日二。妊娠下血：鹿角屑、當歸各半兩，水三盞煎減半，頓服，不過二服。胎死腹中：鹿角屑三寸匕，煮葱豉湯和服，立出。墮胎血瘀：不下，狂悶寒熱，用鹿角屑一兩，為末，豉湯服一錢，日三，須臾血下。胞衣不下：鹿角屑三分，為末，薑湯調下。產後血運：鹿角一段，燒存性，出火毒，為末，酒調灌下，即醒。婦人白濁：滑數虛冷者，鹿角屑炒黃，為末，酒服二錢。筋骨疼痛：鹿角燒存性，為末，酒服一錢，日二。食後喜嘔：鹿角燒末二兩，人參一兩，為末，薑湯服方寸匕，日三。小兒噦疾：鹿角粉、大豆末等分，相和，乳調塗乳上，飲之。小兒瘧疾：鹿角生研，為末，先發時以乳調一字，服。小兒滯下：赤白者，用鹿角灰、髮灰等分，水服三錢，日二。小兒重舌：鹿角末，塗舌下，日三。小兒流涎：鹿角屑末，米飲服一字。面上皯皰：鹿角尖磨濃汁，厚塗之，神效。面上風瘡：鹿角尖，磨酒塗之。咽喉骨鯁：鹿角為末，含之嚥津。蹉跌損傷：血瘀骨痛，鹿角末，酒服方寸匕，日三。竹木入肉：不出者，鹿角燒末，水和塗上立出，久者不過一夕。蠼螋尿瘡：鹿角燒末，苦酒調服。五色丹毒：鹿角燒末，豬脂和敷。發背初起：鹿角燒灰，醋和塗之，日五六易。乳發初起：不治殺人，鹿角磨濃汁，塗之，并令人嗍去黃水，隨手即散。吹奶焮痛：鹿角屑炒黃，為末，酒服二錢，仍以梳梳之。下注脚瘡：鹿角燒存性，入輕粉同研，油調塗之。癤毒腫毒：鹿角尖磨濃汁塗之，甚效。癰疽有蟲：鹿角燒末，苦酒和塗，磨汁亦可。妖魅猫鬼：病人不肯言鬼，鹿角屑搗末，水服方寸匕，即言實也。

白膠：名鹿角膠，粉名鹿角霜。用新角一担，寸截，囊盛，於長流水浸一日，刮淨，入楮實子、桑白皮、黃蠟各二兩，鐵鍋中水煮三日夜，不可少停，水少即添湯，日足取出，刮淨，晒研為霜。味：甘，平，無毒。得火良。畏大黃。治：傷中勞絕，腰痛羸瘦，補中益氣，婦人血閉無子，止痛安胎。久服輕身延年。療吐血下血，崩中不止，四肢作痛，多汗淋露，折跌傷損，男子損臟氣，氣弱勞損，吐血。婦人服之，令有子，安胎去冷，治漏下赤白。炙搗酒服，補虛勞，長肌益髓，令人肥健，悅顏色。又治勞嗽，尿精尿血，瘡瘍腫毒。凡使鹿角，勝於麋角。鹿，陽獸，見陰而角解。麋，陰獸，見陽而角解。故補陽以鹿角為勝，補陰以麋角為勝，其不同如此。

附方　異類有情丸：凡丈夫中年覺衰，便可服餌。其方用鹿角霜，治法見上，龜板酒浸七日酥炙研，各三兩六錢，〔鹿茸熏乾酒洗淨酥塗炙研，虎脛骨長流水浸七日蜜塗酥炙，各二兩四錢，水火煉蜜，入豶豬脊髓九條搗，丸梧子大。每空心鹽湯下五七九十丸，如厚味善飲者，加猪膽汁一二合，以寓降火之義〕。盜汗遺精：鹿角霜二兩，生龍骨炒、牡蠣煅，各一兩，為末，酒和丸梧子大，每鹽湯下四十丸。虛勞尿精：白膠二兩，炙為末，酒二升和，溫服。虛損尿血：白膠三兩，炙，水二升，煮一升四合，分服。小便不禁：上熱下寒者，鹿角霜為末，酒糊和丸梧桐子大，每服三四十丸，空心溫酒下。小便頻數：鹿角霜、白茯苓等分，為末，酒糊丸梧子大，每服三十丸，鹽湯下。男子陽虛：甚有補益，方同上。湯火灼瘡：白膠水煎令稠，待冷塗之。

骨：味甘，微熱，無毒。治：安胎下氣，殺鬼精物，久服奈老。可酒浸服之。作酒，主內虛，續絕傷，補骨除風。燒灰，水服，治小兒洞注下痢。

肉：味甘，溫，無毒。九月已後，正月已前堪食，他月不可食，發冷痛。白臆者、豹文者，並不可食。鹿肉脯，炙之不動，及見水而動，或曝之不燥者，並殺人。不可同雉肉、蒲白、鮠魚、蝦食，發惡瘡。《禮記》云：食鹿去胃。治：補中，益氣力，強五臟。生者，療中風口僻，割片貼之。中風口偏者，以生肉同生椒，搗貼，正即除之。補虛瘦弱，調血脈，養血生容，治產後風虛邪僻。凡藥餌之人，久食鹿肉，服藥必不得力，為其食解毒之草，制諸藥也。大抵鹿乃仙獸，純陽多壽之物，能通腎脉，又食良草，故其肉、角有益無損。

頭肉：味：平。治：消渴，夜夢鬼物，煎汁服，作膠彌善。

附方　老人消渴：鹿頭一箇，去毛煮爛，和五味，空心食，以汁嚥之。

蹄肉：味：平。治：諸風，脚膝骨中疼痛，不能踐地，同豉汁、五味煮食。

脂：治：癰腫死肌，溫中，四肢不隨，頭風，通腠理，不可近陰。

髓：味甘，溫，無毒。治：丈夫女子傷中絕脈，筋〔骨〕急痛。欬逆，以酒和，服之良。○和蜜煮服，壯陽道，令有子。同地黃汁煎膏服，填骨髓，壯筋骨，止嘔吐，補陰強陽，生精益髓，潤燥澤肌。取鹿腦及豬骨髓，鍊成膏，每一兩加鍊蜜二兩，鍊勻，瓷器密收用，和滋補丸藥劑妙。

附方　鹿髓煎：治肺痿欬嗽，傷中脉絕。用鹿髓、生地黃汁各七合，酥、蜜各一兩，杏仁、桃仁各三兩去皮炒，酒一升，同搗取汁。先煎杏仁、桃仁、地黃汁減半，入三味煎如稀餳，每含一匙嚥下，日三。

腦：治：入面脂，令人悅澤。刺入肉內不出，以腦敷之，燥則易，半日

當出。　精：　治：　補虛羸勞損。　血：　治：　陰痿，補虛，止腰痛，鼻衄，折傷，狂犬傷，和酒服。治肺痿吐血及崩中帶下，諸氣痛欲危者，飲之立愈。大補虛損，益精血，解痘毒、藥毒。刺鹿頭角間血，酒和飲之，更佳。

附方　陰陽二血丸：　治小兒痘瘡，未出者稀，已出者減，用鹿血、兔血，各以青紙盛，置灰上晒乾，乳香、沒藥各一兩，雄黃、黃連各五錢，朱砂、麝香各一錢，為末，煉蜜丸綠豆大，每服十丸，空心酒下。兒小者減之。　鼻血時作：　乾鹿血炒枯，將酒酹熏二三次，仍用酒酹半盃，和服之。

腎：　味甘，平，無毒。　治：　補腎氣，補中，安五臟，壯陽氣，作酒及煮粥食之。

附方　腎虛耳聾：　用鹿腎一對，去脂膜，切，以豉汁入粳米二合，煮粥食，亦可作羹。

膽：　味苦，寒，無毒。　治：　消腫散毒。　筋：　治：　勞損續絕。　塵沙眯目者，嚼爛挼入目中，則粘出。　靨：　治：　氣癭，以酒漬炙乾，再浸酒中，含嚥汁，味盡更易，十具乃愈。　皮：　治：　一切漏瘡，燒灰，和豬脂納之，日五六易，愈乃止。　糞：　治：　經日不產，乾濕各三錢，研末，薑湯服，立效。　胎糞：　治：　解諸毒。

明・盧之頤《本草乘雅半偈》帙三　白膠《本經》上品　氣味：　甘，平，無毒。主治：　主傷中，勞絕，腰痛，羸瘦，補中，益氣，婦人血閉無子，止痛，安胎。久服輕身延年。　鹿茸：《本經》中品附。　氣味：　甘，溫，無毒。主治：　主漏下[惡血]，寒熱，驚癇，益氣，強志，生齒，不老。

覈曰：　鹿者仙獸，自能樂性，游處山林，從事雲泉。志無忌，性警防，善接其類，與麋為友。有角無齒者牡，曰麚；　無角有齒者牝，曰麀。無齒，謂無上齦齒。若下齦，則牝牡咸有。與禽鳥之與角無齒，似同而實異也。牝小于牡，毛雜黃白；　牡大于牝，毛間黃白。故云牡質斑斑。斑斑，點點如星星也。行則同旅，食則相呼，性喜食龜，能別良草，不食諸毒。分背而食，食時則群長四顧相望，俟衆飽，長乃食，群小互為巡視矣。集居必環角外向，臥眠必口接尾閭。其息曰場，其跡曰䴥。《埤雅》云：　鹿善決驟，故其跡䴥而不𠔃。《詩》云町疃鹿場，言町畦村疃無人焉，故鹿以為場也。《物類考》云：　鹿好群而相比，陽類也。故夏至感陰氣而角解，從陽退之象爾；　麋則冬至感陽氣而角解，從陰退之象爾。　麋孕子于仲春而生于秋，鹿孕子于仲秋而生于春。《爾雅翼》云：　鹿六為律，鹿主律，故鹿六月而生。鹿雖應律，然非辰屬，八卦亦無主也。其子曰麛，子生得雨或水，乃行地耳。《格物論》云：　鹿千年者色蒼，又五百者色白，再五百年者色玄，玄之又玄，仙化登乎天矣。《埤雅》云：　懷瓊于角下者，角有斑痕，紫色如點，行或有涎出于口，不復能急走也。蓋鹿戴玉而角斑，魚懷珠而鱗紫，故有諸中未有不形諸外矣。陶隱居云：　古稱鹿之似馬者，直千金。今荊楚之地，其鹿絕似馬，當解角時，望之無辨，土人謂之馬鹿，以是知趙高指鹿為馬，蓋以類爾。角解之後，始生之角曰茸，色如茄紫者為上。修事白膠，採全角鋸開，並長三寸，急水中浸一百日。取出，刮去黃皮，拭淨，以醶醋煮七日，旋旋添醋，勿令少歇，(成)[戌]時不用着火，只從子至戌也，日足，角[白]色軟如粉，便搗爛。每一兩，入無灰酒一鎰，煮成膠，陰乾，研篩用。又法用米泔浸角七日令軟，入急流水中浸七日，去粗皮，以東流水、桑柴火，煮七日，旋旋添水，入醋少許，搗成霜用。其汁，加無灰酒，熬成膠用。修事鹿茸，用黃精自然汁浸兩日[夜]，取出，切焙，免渴人也。

參曰：　鹿，陽獸也。臥則口接尾閭，以通督脈。性喜食龜，以交任脈。能取所不足以自輔，獸之至靈者也。故任病則先治督，以陰生于陽，而陽為督，陰為任也。即奇經六脈，與兩手足各十二陰陽經脈，亦莫不綜于任督也。《禮記疏》云鹿夏至而解角，謂消長使然。不知革故所以鼎新，即此可見陰生于陽之妙矣。革故所以鼎新，正見陰陽互根之妙。故角之力用雖廣，而茸為獨專。茸主漏下惡血，寒熱驚癇，任為病也。角主傷中勞絕羸瘦，諸經肉理為病也。咸不能與督脈相交所致，腰痛，呂為病也，鹿力在呂，亦即督脈所過也。血閉無子，任不通也，不得相輔于督也。胎不安，胞系化薄也，不得依循任與督也。若益氣強志，生齒，不老，延年者，即任督已交，陰氣乃生，骨氣以精之外徵耳。

明・李中梓《本草通玄》卷下　鹿茸　鹹，溫，腎經藥也。　補火助陽，生精益髓，強筋健骨，暖腰壯膝，固精攝便，安胎殺鬼。　鹿稟天地純陽之氣，氣化濃密，其角自生至堅無兩月之久，大者至二十餘觔。凡物之生無速於此，故能強陽補骨，非他藥可比也。　長大為角，與茸同功，力少遜耳。

清・顧元交《本草彙箋》卷八　鹿茸合角、角膠、角霜。　鹿茸稟純陽之質，含生發之氣，味甘氣溫，能走命門、心包及腎、肝之陰分。益氣強志，通血

脈而和腠理。鹿角生用，則散熱行血，消腫辟邪。熟用則益腎補虛，強精活血。煉霜熬膏，則專於滋補矣。　鹿性善食龜，能別良草，食則相呼，行則同旅，居則環角外向以防患，臥則口朝尾閭以通督脈。凡含血之屬，肉差易長，筋次之，骨最難長，故人自胚胎至成人，二十年骨髓方堅。惟麋鹿角自生至堅，無兩月之久，大者至二十餘觔，計一日夜須生數兩。凡骨之生，無速於此。雖草木易生，亦不及之。此骨之至強者，所以能補骨血，堅陽道，而益精髓也。頭者，諸陽之會，上鍾於茸角，豈可與凡血爲比哉？《抱朴子》云：南山多鹿，每一雄遊，隨牝數百，至春羸疲，入夏惟食菖蒲即肥。當角解之時，其茸痛甚，獵人得之，索繫取茸，然後斃鹿。鹿之血未散，故以如紫茄者爲上。或云此太嫩血氣未具，惟長四五寸，茸端如瑪瑙紅玉，破之如朽木者最善。凡收鹿茸，夏月收之，陰乾易臭，惟破之火乾乃良。

煉霜法：先剉角屑，蜜浸過，微火焙，令小變色，爆乾，搗篩。或燒飛爲丹，服之至妙。或寸截，泥裹於器中，大火燒一日，如玉粉也。盜汗遺精，以鹿角霜二兩，生龍骨炒、牡蠣煆各一兩，爲末，酒糊丸梧子大，每鹽湯下四十丸。

鹿角膠，近世惟截角熬汁成之。其氣味甘緩，能通周身血脈。然終以熬久成熱，復滯膩難化，凡胃家有火，及上焦有痰熱者，不宜用。吐血下血，係陰虛火熾者，概不得服。

清·穆石匏《本草洞詮》卷一五　鹿鹿角、鹿茸、鹿肉、鹿血、鹿峻　鹿，孕六月而生，食則相呼，行則同旅，居則環角外向以防害，臥則口朝尾閭以通督脈。《述異記》云：鹿千歲為蒼，又五百歲為白，又五百歲為玄，玄鹿骨亦黑，為脯食之可長生也。《埤雅》云：鹿能樂性，六十年後懷璚角下，故曰鹿戴玉而角斑，魚懷珠而鱗紫。鹿角味鹹，鹿茸味甘，竝氣溫，無毒。鹿角生用則散熱行血，消腫辟邪；熟用則益腎補虛，強精活血；鍊霜熬膏則專於滋補也。凡含血之物，肉易長，筋次之，骨最難長，故人自胚胎至成人，二十年骨髓方堅。惟鹿角自生至堅，無兩月之久，大者至二十餘斤，計一日夜須生數兩，凡骨之生，無速於此，雖草木易生，亦不及之，故能補骨血，堅陽道，益精髓。頭者，諸陽之會，上鍾於茸角，豈可與凡血為比哉？《澹寮方》云：昔西蜀市中，一道人貨斑龍丸，一名茸珠丹，每大醉高歌曰：尾閭不禁滄海竭，九轉靈丹都謾說。惟有斑龍頂上珠，能補玉堂關下穴。朝野遍傳之，其方蓋用鹿茸、鹿角膠、鹿角霜也。戴原禮治頭眩運，甚則屋轉眼黑，或如物飛，用茸珠丹，謂茸生於頭，從其類也。鹿肉，甘，溫，無毒。主補中，益氣力，強五臟。生者療中風口僻，割片薄之。壺居士言：鹿處必山岡，止食葛花、葛葉、鹿葱、鹿藥、白蒿、水芹、甘草、薺苨、齊頭蒿、山蒼耳，不食他草，饗神用其肉者，以性烈清淨也。凡藥餌之人，久服鹿肉，則服藥不得力，為其食解毒之草，制諸藥也。鹿血補虛損，益精血，解痘毒。韓飛霞有斑龍宴法，用三稜針刺鹿之天池穴，咂其血飲之，每月一度，一鹿可用六七年。云得於射生者，因采捕入山，失道數日，飢渴將委頓，止獲一生鹿，刺血數升飲之，飢渴頓除，及歸遂覺血氣充盛異人也。韓悉云：王師授予鹿峻方，云鹿茸、角、血、髓大有補益，而悉則入神矣。用初生牡鹿三五隻，苑囿馴養，每日以人參煎湯，同一切草藥，任其飲食，久之以硫黃細末和入，大約三年之內，一旦毛脫筋露，氣盛陽極，却以牝鹿隔苑誘之，欲交不得，則精洩於外，或令其交，即設法取之，香粘如餳，是為峻也，用和鹿角霜一味為丸，補虛羸勞損，神妙。

清·丁其譽《壽世秘典》卷四　鹿性喜林，處必山岡，好群而相比，陽類也。故夏至感陰氣而角解，孕子于仲秋，而生于春。馬身羊尾，頭側而長，高腳而行速。牡者曰麚，有角，夏至則解，大如小馬，黃質白斑，俗稱馬鹿。牝者無角，小者無斑，毛雜黃白色，俗稱麀。鹿孕六月而生子，曰麛。鹿性淫，一牡常交數牝，謂之聚麀。性喜食龜，能別良草，食則相呼，行則同旅，居則環角外向以防害，臥則口朝尾閭，以通督脉。《埤雅》云：鹿乃仙獸，自能樂性，六十年必懷璚于角下，角有斑痕，紫色如點，行則有涎，不復能急走。故曰：鹿戴玉而角斑，魚懷珠而鱗紫。《名苑》云：鹿之大者曰麈，群鹿隨之，視其尾為準，其尾辟塵，以之拂氈則不蠹，置茜帛中能令歲久紅色不黯也。

鹿茸：氣味：甘，溫，無毒。主生精補髓，養血益陽，強筋健骨，治一切虛損，耳聾目暗，眩運，虛痢。發明沈存中《筆談》云：《月令》冬至麋角解，夏至鹿角解，陰陽相反如此，今人以麋鹿茸作一種者，殆疎也。麋茸利補陽，鹿茸利補陰，須佐以他藥則有功。凡含血之物肉易長，筋次之，骨最難長，故人自胚胎至成人二十年，骨髓方堅。惟麋鹿角自生至堅，無兩月之久，大者至二十餘觔，計一晝夜須生數兩，凡骨之生長神速無甚于此，此骨血之至強者，所以能補骨血、堅陽道、益精髓也。豈可與凡血為比哉。茸最難得不破及不出却血者，蓋其力盡在血中故也。嫩如紫茄者，世謂之茄茸，但珍其難得耳。然太嫩，血氣未足，其實少力。堅者又太老。惟形如分歧馬鞍，茸端如瑪瑙紅玉，破之肌如朽木者最良。凡用，先以酥薄塗匀，于烈焰中燎去毛，再炙，若不以酥，則火焰傷茸矣。李時珍云：《澹寮》《濟生》諸方有用酥炙、酒炙，及酒蒸焙用者，各隨本方。

鹿角：氣味：鹹，溫，無毒。治惡瘡癰腫，逐邪惡氣，留血在陰中，除

小腹血急痛，腰脊痛，折傷惡血，益氣。又治婦人夢與鬼交者，清酒服一撮，即出鬼精。　發明李時珍曰：鹿角生用則散熱行血，消腫辟邪；熟用則益腎補虛，強精活血；鍊霜熬膏則專于滋補矣。孟詵曰：凡用鹿角、麋角，並截段錯屑，以蜜浸過，微火焙，令小變色，曝乾，擣篩為末，或燒飛為丹服之，或以角寸截，泥裹于器中，大火燒一日，如玉粉也。

鹿角膠：一名白膠，粉名鹿角霜。氣味：甘，溫，無毒，治傷中勞絕腰痛，羸瘦，補中益氣，療吐血、下血，崩中不止，婦人服之令有子，安胎去冷，治漏下赤白《藥性》。炙擣酒服，補虛勞，益精髓，令人肥健，悅顏色。又治勞嗽，尿精，尿血，瘡瘍腫毒《綱目》。　脩治：蘇恭曰：鹿角、麋角但煮濃汁重煎，即為膠矣，先細破寸截，以河水浸七日，令軟方煮之。李時珍曰：今人呼煮爛成粉者為鹿角霜，取粉熬成膠，或只以濃汁熬成膏者為鹿角膠。按胡濙《衛生易簡方》，以米泔浸鹿角七日，令軟，入急流水中浸七日，去粗皮，以東流水、桑柴火煮七日，旋旋添水，入醋少許擣成霜用，其汁加無灰酒，熬成膠用。　發明李時珍曰：蘇東坡《良方》云：鹿，陽獸，見陰而角解；麋，陰獸，見陽而角解。故補陽以鹿角為勝，補陰以麋角為勝。其說與沈存中鹿茸利補陰，麋茸利補陽之說相反。以理與功推之，蘇說為不易也。《本草經疏》云：鹿，山獸屬陽，夏至角解者，陰生陽退之象也。麋澤獸屬陰，冬至解角者，陽生陰退之象。麋茸補陰，鹿茸補陽，角亦如之。凡角初生軟嫩者為茸，稟壯健之性，故能峻補腎家真陽之氣。熬成白膠，則氣味甘緩，能通周身之血脉。生角則味鹹氣溫，惟散熱、行血、消腫、辟惡氣而已。

鹿肉：氣味：甘，溫，無毒，主補中，強五臟，益氣力，調血脉。生者，療中風口偏，割片貼之。　發明孫思邈曰：鹿性多驚烈，所食皆良草，止食葛葉、鹿葱、鹿藥、白蒿、水芹、甘草、薺苨、齊頭蒿、蒼耳，其性質芳潔，氣味醇和，故其肉味與他肉不同也。凡服藥人，久食鹿肉，服藥必不得力，為其食解毒之草，制諸藥也。邵以正云：鹿之一身皆益人，或煮，或蒸，或脯，同酒食之良。孟詵曰：九月後，正月前，食之良。白臆者、豹文者，食之殺人。不可同雉肉、蒲白、鮠魚、蝦食，發惡瘡。

鹿髓：氣味：甘，溫，無毒。同蜜煮服，壯陽道，令有子。同地黃汁煎膏服，填骨髓，壯筋骨《日華》。補陰強陽，生精益髓，潤燥澤肌《綱目》。

鹿精：主補虛羸，勞損。　發明韓悉曰：王師授予鹿峻丸方，云鹿稟純陽，而峻者，天地初分之氣，牝牡相感之精也。其法：用初生牡鹿數隻，苑囿馴養，每日以人參煎湯，同一切草藥任其飲食，久之以硫黃細末和入，從少至多，燥則漸減，周而復始。大約三年之內，一旦毛脫筋露，氣盛陽極，却以牝鹿隔苑誘之，欲交不得，則精洩于外，或令其一交，即設法取其精。瓦器收之，香粘如餳，用和鹿角霜一味為丸，空心，鹽酒下，大起虛羸危疾。凡服滋補丸藥，用此入煉蜜和劑，絕佳。

鹿血：和酒服，治肺痿吐血，及崩中帶下《日華》。大補虛損，益精血，解痘毒、藥毒《綱目》。諸氣痛欲危者，飲之立愈汪穎。

鹿腎：主補腎氣，壯陽道。

鹿筋：主勞損，續絕傷蘇恭。塵沙眯目者，嚼爛，挼入目中，則粘出《綱目》。

清・劉雲密《本草述》卷三一　鹿、麋　小者曰鹿，大者曰麋。　時珍曰：麋，鹿屬也。麋似鹿而色青黑，大如小牛，肉蹄，目下有二竅，為夜目。

鹿孕子於仲秋，而生於春。麋孕子於仲春，而生於秋。即此則知鹿受氣於陰，而長於陽。麋受氣於陽，而長於陰者也。可以通鹿角解於夏至，麋角解於冬至之義。云鹿山獸，屬陽。麋澤獸，屬陰。即所謂受氣於天，成形於地者也。

有角無齒者，牡也，曰麚音加。無角有齒者，牝也，曰麀。音攸。無齒謂無上齦齒，若下齦則牝牡咸有，與禽鳥之與用〔角〕無齒，似同而實異也。

鹿茸、麋茸、鹿角、麋角已上俱以杜仲為之使。畏大黃。忌桃李。　《埤雅》云：含血之物，肉差易長，其次角難長，最後骨難長。故人自胚胎至成人二十年，骨髓方堅。唯鹿角自生至堅，無兩月之久，大者乃重二十餘斤，其堅如石，計一日夜須生數兩，凡骨之生長神速，無過於此。此骨血之至強者，所以能補骨血，堅陽道，強精髓也。麋茸利補陽，鹿茸利補陰。　又云：《月令》仲夏鹿角解，仲冬麋角解。鹿以夏至隕角而應陰，麋以冬至隕角而應陽。《淮南子》曰日至而麋鹿解是也。說者以為鹿角者，挾陰之陽也，故應陰而隕角。麋角者，挾陽之陰也，故應陽而隕角。蓋鹿肉食之寒，以陰為體也。以陽為體者，以陰為末。以陰為體者，以陽為末。麋肉食之煥，以陽為體也。角，末也。故其應陰陽如此。　《抱朴子》曰：當角解之時，其茸甚痛，獵人得之，以索繫住取茸，然後斃鹿，鹿之血未散也。　盧之頤曰：麋、鹿二至而解角，謂消長使然，不知革故所以鼎新，故角之力，用最專，而茸為最。

按：茸即初生之角，角即長成之茸。是鹿乘陰氣之始，麋乘陽氣之始，以生茸，怒長而為角，革故鼎新之說，深為中肯。如前人所謂解角為陽退陰退者，則亦未之精察耳。　又按：麋、鹿茸角所稟之氣既異，然用之罕能分別。時珍曰：陳自明以小者為鹿茸，大者為麋茸，亦臆見也，不若親視其采取時為有準。斯言固然。第按《文粹・招北客文》云：巨麋如牛，修角如劍。則以大小為別者，亦近之矣。

鹿茸：　氣微温，味甘鹹，無毒。《別録》曰：　酸，微温。甄權：　苦、辛。主治：　峻補陰氣，生精益髓，強志健骨，療虛勞洒洒如瘧，一切虛損羸弱，四肢酸疼，腰脊痛，脚膝無力，或耳聾目暗，虛眩頭暈，療男子洩精溺血，女子崩漏赤白帶下，散石淋，癰腫，骨中熱疽癢，久服耐老。　希雍曰：　鹿茸秉純陽之質，含生發之氣，故其味甘氣温。《別録》言酸微温，氣薄味厚，陰中之陽也，入手厥陰少陰、足少陰厥陰經。　此藥走命門、心包絡及腎肝之陰分，補下元真陽。

按：　繆氏謂鹿為純陽之質，固然。但云茸亦純陽，并謂陰中之陽，則誤矣。鹿茸、角皆為陽中之陰也。　昔蜀一道人市斑龍丸，每醉高歌曰：　尾閭不禁滄海竭，九轉靈丹都慢説。惟有斑龍頂上珠，能補玉堂關下穴。　其方用鹿茸、鹿角膠、鹿角霜也。夫玉堂關下穴，即膻中。膻中者，心主之宮城也。《經》曰：　胞脈者，屬心而絡於胞中。胞中為精血之所聚，而其脈固絡於心。心胞絡主血會，此所以謂其為能療男子洩精尿血，女子崩漏也。至繆氏言其入四經而奏功是也。　第謂純陽則大誤。　若麋茸則補命門真陽，不可與鹿茸例論也。

附方　精血耗涸，耳聾口渴，腰痛白濁，上燥下寒，不受峻補者，鹿茸酒蒸，當歸酒浸，各一兩，焙為末，烏梅丸煮膏搗丸梧子大，每米飲服五十丸。　虛痢危困，因血氣衰弱者，鹿茸酥炙一兩，為末，入麝香五分，以燈心煮棗肉，和丸梧子大，每空心米飲下三五十丸。　室女白帶，因衝任虛寒者，鹿茸酒蒸焙二兩，金毛狗脊、白斂各一兩，為末，用艾煎醋，打糯米糊丸梧子大，每温酒下五十丸，日二。　戴原禮《證治要訣》治頭眩暈，甚則屋轉眼黑，或如物飛，或見一為二，用茸珠丹甚效，或用鹿茸半兩，無灰酒三盞，煎一盞，入麝香少許，温服亦效。

麋茸：　氣味：　甘，熱，無毒。　麋茸性熱，補陽功力尤勝。　健骨，扶陰痿，丈夫冷氣，及風筋骨疼痛，老人骨髓虛竭。　補益尤妙，可作粉常服。　煎作膠亦妙。　若鹿茸多補陰，性温為異耳。　詵曰：　麋茸功勝鹿茸。　恭曰：　麋茸功力勝鹿茸。

按：　麋屬陰，而茸角屬陽。　乃陰中之陽也。　峻補陽氣，當先入腎之命門，其益氣功勝，不似鹿茸於精血之功專也。　先哲多言其功勝鹿茸者，亦其助陽益氣，易於見功耳。　須知鹿茸非不益陽，但陽中之陰，以陰為生，而益陰者自能健陽。　麋茸非不益陰，但陰中之陽，以陽為主，而強陽者，亦自能益陰也。

功效雖宏，須脈沉細，相火衰弱者，始為相宜。　若有火熱者用之，何異抱薪救火？　其角亦然。

鹿角：　氣味：　鹹，温，無毒。　主治：　補陰氣，與茸同而少緩。　療骨虛勞極，補絶傷，秘精髓，除腰脊痛，女子妊娠腰痛，妊娠下血，又活瘀和血，大勝於茸。　治留血在陰中，及少腹血急痛，除女子胞中留血不盡欲死，或墮胎血瘀，或胎死腹中，更主血閉無子，諸惡瘡癰腫熱毒，磨醋傅之。　東垣曰：　鹿角秘精髓，而腰脊之痛除。

按：　腎生髓。《經》云：　髓者，骨之充也。鹿角原秉至陰之初氣，而精血隨之以怒生，是其能為骨之充者，無過此獸，是即所以能秘精髓也。　夫腰者，腎之腑。　人身之髓，腎固主之，由脊骨中相貫，故能除腰脊之痛。　其益陰稍緩者，以其為故之革也。　其大能活瘀散惡者，以其鼎新而革故之氣應於時也。　其功益陰補髓，續絶活瘀，因證而分用之，又或因證而合用之，全在佐以他藥，更修製得宜耳。

時珍曰：　鹿角生用則散熱，行血消腫，辟邪。　熟用則益腎補虛，強精活血。　煉霜熬膏，則專於滋補矣。

附方　骨虛勞極，面腫垢黑，脊痛不能久立，血氣衰憊，髮落齒枯，甚則喜唾，用鹿角二兩，牛膝酒浸焙一兩半，為末，煉蜜丸梧子大，每服五十丸，空心鹽酒下。　腎虛腰痛如錐刺，不能動摇，鹿角屑三兩，炒黄研末，空心温酒服方寸匕，日三。　妊娠腰痛，鹿角截五寸長，燒赤，投一升酒中，又燒又浸，如此數次，細研，空心酒服方寸匕。

妊娠下血不止，鹿角屑、當歸各半兩，水三盞，煎減半，頓服，不過二服。

希雍曰：　鹿角味鹹氣温，鹹能入血軟堅，温能通行散邪，其鹹温固入腎補肝，和血益陽。　然生用之則行血散熱，消腫辟邪之功居多也。

無瘀血停留者，不得服。

麋角：　氣味：　甘，熱，無毒。　主治：　補陽道絶傷，益氣補髓，暖腰膝，丈夫冷氣，及風痹。　治丈夫之功多勝鹿角。　詵曰：　麋角常服，大益陽道。　不知何因，與肉功不同也。　煎膠與鹿角膠同功。　恭曰：　角煮膠，亦勝白膠。

按：　麋角強陽之功亦差緩於茸，與鹿角同。但分陰陽而補髓之功不異，以腎中之任，不外於督也。所以麋角較大於鹿角，為陽能生陰耳。其活瘀和血較異者，因補陽屬氣，不似補陰者之入血，故曰治丈夫冷氣及風痹，風痹固屬陽也。

陽盛陰虛者忌之。　前哲言麋角與麋肉不同功，而致疑焉。蓋未精察於受氣之陽，成形於陰之義也。

《千金方》有麋角丸可服。詳《綱目》。

鹿角膠：《本經》名曰白膠。氣味：甘，平，無毒。畏大黃。《別録》曰：溫。氣味溫平。　主治：傷中勞絕羸瘦，補中益氣，婦人血閉無子《本經》。男子損臟氣，氣弱勞損，吐血下血，女子崩中不止，安胎，去冷，漏下赤白，治男女肝腎虛損腰痛，並腰膝痠軟及痛。又治尿精血諸本草。　希雍曰：鹿角熬成白膠，則氣味甘緩，能通周身之血脈。又氣薄味厚，降多升少，陽中之陰也，入足厥陰少陰、手少陰厥陰經。　同牛膝、牡丹皮、麥門冬、地黃、真蘇子、鬱金、白芍藥、當歸、童便、續斷，治勞傷吐血。　同山茱萸、枸杞子、鹿茸、地黃、麥冬、杜仲、補骨脂、懷山藥、車前子、五味子、巴戟天、蓮鬚，治腎虛陽痿，精寒無子；　加入當歸、紫石英，治婦人血閉，子宮冷，服之受孕。

愚按：　鹿角，其生與熟并熬膠，俱應入腎。以角亦骨類，為腎之合也。即六極審屬骨虛證，止用鹿角、牛膝二味，則其所入可知。生者活血勝於補虛，熟者補虛勝於活血。若熬成膠者，則一於補矣。但鹿陽質而挾陰之氣，麋陰質而挾陽之氣。如鹿角膠在《本經》主治傷中勞絕羸瘦，固取其陽中有陰，為烹煉之久，俾陰氣鎔化於陽中，於人身氣血生化之原，其裨益良多也。然更云補中益氣，又似專功於氣者。蓋人身之胃屬陽，《內經》所云陽者，胃脘之陽也。第如胃之三脘，皆在任脈，是至陽原本於至陰也。而鹿角之勃生怒長者，正屬陽中之陰氣，其禀專其進銳，更久煉為膠，由陰緼陽之氣化，乃得致於中氣，以為天氣地氣升降之樞，是茲味之能補中益氣，正其能療勞絕羸瘦者也。愚按：生角本為陽中之陰氣，熟膠乃達陰中之陽化，即《本草》曰得火良者，其微義可思。蓋鹿角原稟腎氣之最厚，故上出於腦，而暴生暴長，煉而成膠，則氣化濃密，還歸於補元精，不止於元氣之勃然而上行也，是誠為補先天要藥。達陰中陽化，一語破的，《經》曰氣歸精。又曰精化為氣。可以合此味之用。在東垣《藥性論》云：主男子損臟氣，氣弱勞損，吐血，不與《本經》所主治互為發明歟？蓋臟氣，即《內經》所云五藏皆有陰氣也。氣弱即《內經》所云陰傷則無氣也。夫五臟陰氣，即人身中元氣，如病於陰氣不足者，謂之勞，猶人疲勞，其氣不足以息也。至病於陰氣大傷者，謂之勞損，甚則如《本經》所云勞絕也。然獨以血證為言，即《別錄》亦主吐血下血，崩中不止，且及婦人血閉無子，如《本經》所云者，蓋陰氣乃後天營血之母氣，陰氣傷，即先病於血矣。愚因是悟諸血證之治，悉以救陰氣為主，緣陰氣即精血之真元，救精血之損者，舍是將焉取諸。先哲曰：鹿角膠峻補精血。或曰：血逆類由於火僭，然何以慎於苦寒之投乎？曰：苦寒能亡陰耳。蓋臟氣之損，或因於六淫之不一，或因於七情之各極，以損五臟陰氣，陰氣損，則元氣乃化為火，化火而後真陰之化醇為血者，乃不能尋其天度，以循經絡而歸血海，如攖寧子所說，血因熱逆妄行，然或挾風，或挾溼，或挾氣者，是說亦庶幾近之。第未能明於六淫七情之損其陰氣者，却在火之先，其平火而令血不妄逆者，乃為標之治。如探本，則必圖完其陰氣，以為營血之母，而善守之。然則平火，猶非損陰氣之的治，況以苦寒絕陽之生化，初不為陰之化原地乎？抑慎苦寒而投參芪者，亦本於陰生陽中以為治，然何以卒非善劑也？曰：既以陰氣傷敗而化火，猶可助方張之焰乎？即如白膠能補陰氣，亦難投於炎焰以冀有功，矧可倒行而逆施乎？抑此之施治罔功，與投苦寒者等，試謂何故？蓋未究於血之生化，乃原於水而成於火者也。故鹿角陽中挾至陰，如人身元陽所自始，即血原於水之義也。為膠煉陰以合陽，如人身元陰所由化，即血成於火之義也。故取此味以完陰氣，於血證為能救本耳。試觀其並治尿精尿血，及身半以下痠痛者，則知其為精血之權輿，非火熱之對待也。雖然，血逆類由於陰氣傷矣，然有陰盛過陽以患茲證者，是陽之傷也，在傷寒有之。又如勞倦傷其衛氣，致營氣不得入於經，而血錯行者，是亦陽之不足，可以投參芪者也。其的然不可投者，乃傷於陰氣之證。蓋一傷其陰氣，則即屬化火而論矣。然有實火虛火之異，實火者傷及後天之氣，虛火者傷及先天之氣。後天之氣乃陽中陰生，先天之氣乃陰中陽化。如先天之氣傷固及於後天，《經》所謂至陰虛，天氣絕也。然後天之氣原根於先天，究肺陰下降入心而生血者，由於離中有坎，如腎脈從肺絡心，注膻中脾脈，從胃注心中，而肝脈亦絡膻中，故傷其後天之氣者，必及於陽中之陰，傷其後天陽中之陰者，亦累於先天之陰經，所謂

至陽盛，則地氣不足是也。如此味主勞損吐血，固舉先天後天胥治之，但先天之陰傷，虛火也。陰虛而火無所歸，徑以是補之。後天之陰傷，本於陽以及之，實火也。清天氣之陽，乃可補地氣之陰，其先後之時殊也。若凌節而投白膠，豈不誤哉？至以白膠之宜於虛火者，而投之參芪，是又更誤也。治血大義，詳見血例。

附方　虛勞尿精，白膠二兩，炙為末，酒二升和，温服。　虛損尿血，白膠三兩炙，水二升，煮一升四合，分服。　妊娠下血，以酒煮膠二兩，消盡頓服。

鹿角霜　按：鹿角霜即角煮爛成粉者。膠則取所煮之汁，久熬而成者。但粉霜似用其枯質，而膠乃取其精液。然諸方或各用之，亦或合用之，必其皆有補益，但恐霜遜於膠耳。有療男子陽虛，用鹿角霜、白茯苓等分，酒糊丸服者。與小便頻數同方。不知何以獨取霜也？得勿取其質之最堅，為能堅陽而强腎乎？

附方　小便不禁，上熱下寒者，鹿角霜為末，酒糊和丸梧桐子大，每服三四十丸，空心温酒下。先哲曰：大凡病便數者，腎經氣虛而然。即此，則不禁者虛更甚矣。　小便頻數，鹿角霜、白茯苓等分，為末，酒糊丸梧桐子大，每服三十丸，鹽湯下。

總論　陸農師云：鹿以陽為體，其肉食之燠。麋以陰為體，其肉食之寒。　蘇東坡《良方》曰：鹿陽獸，見陰而角解。麋陰獸，見陽而角解。故補陽以鹿角為勝，補陰以麋角為勝。　沈存中《筆談》云：《月令》冬至麋角解，夏至鹿角解。陰陽相反如此，今人以麋、鹿茸作一種者，疎矣。或刺麋、鹿血以代茸，云茸亦血，此大誤矣。麋茸利補陽，鹿茸利補陰，須佐以他藥則有功。

愚按：鹿體陽，麋體陰，固也。第如坡翁所云，鹿角亦從乎體之陽，麋角亦從乎體之陰也。在存中則鹿陽體而角陰，麋陰體而角陽也。細味其血不可以代茸一語，乃為得之。然昔哲有曰：《本經》言鹿補陰，麋補陽，是以二至日節氣所進者為云。坡翁言鹿補陽，麋補陰，乃以二至日節氣之退者為象也。愚謂萬物乘於天地之氣以為進退，方來者進，是乘其生氣也。不以乘氣者為主，而反以退氣者為主，可乎？況今之退者，即昔之進者，今之勃然出者，即來年之忽然而退者，可謂出者一氣，而退者又一氣乎？之頤所謂革故即所以鼎新，其思議精矣。何以明之？蓋鹿孕子於仲秋，而生於春，是受氣之始於陰，而成形之終於陽也。麋孕子於仲春，而生於秋，是受氣之始於陽，而成形之終於陰也。凡人物之生，先受氣而後有形。然則鹿陽質，而有陰氣以司之。麋陰質，而有陽氣以司之。誠如《埤雅》所云，鹿為挾陰之陽，麋為挾陽之陰也。其以二至解角者，緣麋鹿受氣有陰陽，故與陰陽之進氣相應耳。然何以取其精氣獨在茸與角也？曰：先哲云凡含血之物，肉差易長，筋次之，骨最難長。故人自胚胎至成人，二十年骨髓方堅，惟麋鹿角自生至堅，無兩月之久，大者至二十餘斤，計一日夜須生數兩，凡骨之生，無速於此。雖草木易生，亦不及之。此骨之至強者，所以能補骨血，堅陽道，益精髓也。頭者，諸陽之會，上鍾於角，豈可與凡血為比哉？先哲之說是矣。第意鹿體陽，而所受之精氣在陰。麋體陰，而所受之精氣在陽。故陰陽進氣之候，而鹿麋各具之精氣即應之，以革故為鼎新，是其應於陰陽者，皆其氣也。而其氣之應於茸角者，誠如先哲所云，頭為諸陽之會也。即以人身而言，有陽氣，有陰氣，不分陰陽而其氣之精專者應乎四時之氣，類從於上，如鹿麋之茸角是矣。物與人亦不甚懸殊也。然則鹿麋之用，茸角與體質，何可例視？如沈存中所謂鹿血不可以代茸，即坡老猶當遜其格物也。至如麋鹿茸角，知其所以分者，在二至陰陽之殊氣，知其所以分而有合者，在陽質而必應乎陰之氣，在陰質而必應乎陽之氣也。知陰陽之分，然後可以治陰陽之偏勝。如陰陽之分而合，則欲益陰者必羣以益陰，欲補陽者必輔以補陽，而後可以療偏勝之疾也。

又按：人身陰中之陽，雖陽生於陰，然必陽為先導，而水乃得交於火，因陽之升以引陰也。陽中之陰，雖陰生於陽，然必陰為先導，而火乃得交於水，因陰之降以引陽也。總妙於陰升陽降。鹿，陽也。臥則鼻反向尾閭，能使陽得交於下之陰，而督脈通。龜，陰也。每首向腹而閉息，能使陰得交於下之陽，而任脈通。是皆稟靈於造化者也。然則麋鹿之茸角，乃為精靈所鍾，至其體質種種，烏能與是較功用乎哉？

修治

茸　茄茸所以貴重者，功力既宏，取之極難。當其初生，不過一茶之頃，已成茄形。稍遲半日，便如馬鞍。歧起愈小則愈嫩，雖綿帛觸之，亦損破也，一破其力大減。然鹿性好觸，纔捕便抵，一抵便破，故不破損者，其值隆也。

固以如紫茄者為上。然此亦大嫩，血氣未具，其實少力。堅者又太老，惟長四五寸，形加分歧馬鞍，茸端如瑪瑙紅玉，破之肌如朽木者最善。鹿茸夏收之，陰乾百不收一，且易臭，惟破之火乾大好。茸上毛先以酥薄塗勻，於烈焰中灼之，候毛盡，微炙，不以酥則火焰傷茸矣。《瀹寮》《濟生》諸方有用酥炙、酒炙，及酒蒸、焙用者，當各隨本方。

角　要黃色堅重尖好者，寸截泥裹，於器中大火燒一日，如玉粉也。或生角屑同他藥煮服，散瘀行血。酒浸焙或炒黃，補虛和血。或燒灰酒服，治血虛而滯。或水磨汁服，治脫精尿血。或醋磨汁，塗瘡瘍癰腫熱毒。大抵時珍所說最確。

鹿角膠　取鮮角鋸半寸長，置長流水中浸三日，削去黑皮，入砂鍋內，以清水浸過不露角，桑柴火煮，從子至戌時，止旋旋添水，勿令火歇，如是者三日，角軟取出，曬乾成霜，另用無灰酒入罐內，再煎成膠。陰乾，或炒成珠，或酒化服，或入補藥為丸服。得火良。畏大黃。有入藥及黃蠟同煎者，非古法也。

按：　麋角性本甘熱，更火煉成膠，則為偏於補陽，不如鹿膠之補而不僭也。但製膠時，須擇其小者，勿使麋角混之，致藥力不精。更取其角之佳者為妙。茸角外，唯髓為要藥。

鹿髓：　氣味：　甘，溫，無毒。　主治：　丈夫女子傷中絕脈，筋急痛。同地黃汁煎膏服，填骨髓，壯筋骨，補陰強陽。白蜜煮令人有子。鹿，一牡能御數牝，腎氣迥異。腎主骨。髓者，骨之充。角亦骨之餘也。　時珍曰：　鹿髓用者稀。《刪繁方》治肺虛毛悴，有酥髓湯。《御藥院方》滋補藥用其脊髓，和酒熬膏，丸藥甚為有理。白飛霞《醫通》云取鹿腦及豬骨髓煉成膏，每一兩加煉蜜二兩，煉勻，瓷器密收用，和滋補丸藥劑甚妙。

附方　鹿髓煎治肺瘻咳嗽，傷中脈絕，用鹿髓、生地黃汁各七合，酥蜜各一兩，杏仁、桃仁各三兩，去皮炒，酒一升，同搗取汁，先煎杏仁、桃仁、地黃汁，減半，入三味，煎如稀餳，每含一匙，咽下，日三。

弘景曰：　野獸之中，麞鹿可食，生則不羶腥，又非十二辰屬，八卦無主，且温補於人，生死無尤，道家許聽為(補)〔脯〕。過其餘，雖雞、犬、牛、羊補益，於亡魂有愆責，並不足食。此專言鹿肉。

清・郭章宜《本草匯》卷一七

鹿茸　味甘鹹，溫，入足少陰經。補男子腰腎虛冷，理下元脚膝無力。生精益髓，強筋健骨。虛勞之聖劑，崩漏之神丹。

按：　茸，有麋、鹿二種，而其功用亦別。鹿，林獸也，黃質白斑，身如小馬，性多驚烈，處必山岡，好羣而相比，陽類也。故夏至感陰氣而角解，陰生陽退之象。麋，鹿屬，水獸也，色青黑，肉蹄，大如小牛，目下有二竅，為夜目，多慾而善迷，陰類也。故冬至感陽氣而角解，陽生陰退之象。陰陽相反如此。今人多以麋、鹿茸作一種者，非也。禀純陽之質，含發生之氣，一牡常御百牝，腎氣有餘，足於精者也，故有助陽扶陰之妙。而東坡言鹿補陽，麋補陰，可見主用之當辨矣。而沈存中則有鹿茸利補陰，麋茸利補陽之說，以理推之，蘇說為是。第多宜於老弱，而不宜於少壯，恐積溫成熱，助氣化火耳。陰衰火盛，胃有火者俱忌。

其力盡在血中，取之極難，當其初生，不過一茶之頃，已成茄形，稍遲半日，便如馬鞍歧起。茄子茸，形如紫茄，血氣亦未甚全，嫩而易破，故不損破者，其值隆也。長三四寸，茸端如琥珀紅潤，形如分歧馬鞍，破之肌如朽木者，為最。先用酥塗勻，於烈火中灼之，候毛盡炙脆，候黃褐色，研細入藥，不可缺酥。中有小白蟲，不可鼻臭。

鹿角　味鹹，氣溫。補腎生精髓，強骨壯腰膝。理虛勞之脊痛，療腎弱之酸疼。

按：　鹿禀天地純陽之氣，氣化濃密，其角自生至堅，無兩月之久，大者至二十餘觔。凡物之生，無速於此。故能強陽補骨，非他藥可比也。與茸同功，力少遜耳。生則散熱行血，消腫辟邪。凡婦人被鬼昏迷，不肯招實者，水調末服，即自言。熟則補虛益腎，強精活血。若鍊霜熬膏，則專於滋補矣。然亦有麋、鹿之分。麋者補陰，左腎血液不足。鹿者補陽，右腎精氣不足。此發千古之微秘。而《楊氏家藏》有二至丸，兩角並用，專治虛損，但其藥性過溫，止宜於陽虛寒濕血痺者耳，於左腎無與也。

截斷錯屑，以真酥油、無灰酒拌勻，慢火炒乾用。杜仲為之使。麋角以頂根上有黃毛若金線，兼旁生小尖，色蒼白者為上。

白膠：　即鹿角膠。　味甘，溫，平，氣薄味厚，降多升少，陽中之陰也，入足厥陰少陰、手少陰厥陰經。益氣，大補虛羸。補中，長肌益髓。遺精盜汗食之止歛，四肢作痛服之自和。

按：白膠，益髓補羸，故陽虛氣衰，腰痛無子者服之，甚有奇功。《經》曰勞則喘，且汗出，凡作勞之人，中氣傷絶，四肢作痛，多汗，皆肝心之受病。服之血氣生，真陽足，當不可盡述也。凡使鹿角，勝於麋角。今醫家多用麋茸、麋角，云力緊于鹿角也。腎虛有火者，恐偏於補陽，不宜用也。

全角鋸寸，流水中浸七日，入水再煮七日，則膠成矣。粉名鹿角霜，功用皆同。水浸七日，刮去皺皮，鎊為屑，以牛乳滿浸，乳耗再添，直俟不耗，以油單紙封口，隔湯蒸之，水竭即添，頻頻看角屑，粉爛如麵，即住，細篩漉去乳，焙用。

清·尤乘《食鑒本草·獸類》 鹿肉　血大補，肉不甚補，反瘺人（傷〔陽〕）。五月勿食，服餌人忌之，以其善食解毒之草故也。

清·朱本中《飲食須知·獸類》 鹿肉　味甘，性溫。二月至八月不可食，發冷痛。白臆者、豹文者並不可食。鹿肉脯炙之不動及見水而動，或曝之不燥者，並殺人。同雉肉、蒲白、鮠魚、鮎魚、雞肉、生菜、鯽魚、鰕食，發惡瘡。《禮記》云：食鹿去胃。鹿茸不可以鼻嗅之，中有小白蟲，視之不見，入人鼻必為蟲顙，藥不及也。不可近丈夫陰，令痿。鹿脂亦不可近陰。久食鹿肉，服藥必不得力，為其食解毒之草故也。勿同猪肉食。

清·何其言《養生食鑒》卷下　鹿馬身羊尾，頭側而長，高脚而行速。牡者曰馬鹿，有角，夏至則解，大如小馬，黃質白斑；牝者曰麀鹿，無角，小而無斑，其子以六月而生。

鹿肉：味甘，性溫，無毒。補中益氣，調血脈，益腰膝，助陽道。九月後，正月前，食之則宜，他月食之，傷神。凡餌藥之人，不可多食，能解藥力。

鹿頭：辟惡夢，止消渴。煎汁、作膠，皆宜。亦可釀酒，少加葱椒，尤佳。

蹄肉：去風濕。脚膝骨節痛，同豉汁、五味煮食良。　鹿髓：同酒食，治傷中絶脈，筋骨痛；同蜜煮食，壯陽生子；同地黃煎膏服，補陰強陽，填骨髓，壯筋骨。　腦髓：堪入面脂，不宜食之。　鹿血：解藥毒、痘毒，治肺痿肺癰，吐血衄血及崩中帶下，止飢渴，充氣血，起陰痿，止腰痛。生刺，和酒服之。　鹿腎：補腎氣，壯陽事，安五臟，作酒及煮粥食之。　鹿筋：補虛勞，續絶脈。

鹿之一身皆益人，野族第一品也。或脯，或煮，或蒸，俱和酒食之良。

清·蔣居祉《本草擇要綱目·熱性藥品》 鹿角　氣味：鹹，溫，無毒。主治：惡瘡癰腫，逐邪惡氣留血在陰也。除少腹血痛，腰脊痛，折傷惡血。蓋鹿角生用則散熱行血，消腫辟邪。熟用則益腎補虛，強精活血。煉霜熬膏，則耑於滋陰也。　鹿角膠：氣味：甘，平，無毒。修治之法：取全角，鋸斷約二三寸，以物盛於急水中浸數十天或百日，取出，刮去筋膜淨，以醶醋煮七日，旋旋添醋，勿令少歇，成時不用火，濾去角霜，復以文火熬之成膏矣。　主治：傷中勞絶，腰痛羸瘦，補中益氣。婦人血閉無子，止痛安胎。男子四肢作痛，臟氣損弱，長肌益髓。又治癆嗽，尿精尿血，瘡瘍腫。

鹿茸　氣味：甘，溫，無毒。采得，不可以鼻齅之，中有小白蟲，視之不見，入人鼻則為蟲顙，不可藥也。　主治：生精補髓，養血益陽，強筋健骨，補男子腰腎虛冷，脚膝無力，夜夢鬼交，精溢自出，女人崩中漏血，赤白帶下。治一切虛損，耳聾目暗，眩運虛痢。蜀中市上一道人，貨班龍丸，一名茸珠丹，大醉高歌曰：尾閭不禁滄海竭，九轉靈丹都慢說。唯有班龍頂上珠，能補玉堂闕下穴。蓋其方用鹿茸、鹿角膠、鹿角霜是也。

清·閔鉞《本草詳節》卷一〇　鹿肉　【略】按：鹿性多驚烈，能別良草。凡服藥之人，無食其肉，為其食解毒之草，制諸藥也。

清·王翃《握靈本草》卷一〇　鹿茸處處山林有之。小者為鹿茸，大者為麋茸。色如琥珀，形若紫茄者良。燎去毛，破開酥炙，或酒炙，炒研，亦有酒蒸焙用者。　主治：鹿茸，甘，溫，無毒。主漏下惡血，寒熱驚癇，益氣強志，補男子腰腎虛冷，脚膝無力，脊痛，小便數，洩精溺血，一切虛損，耳聾目暗，眩暈虛痢。　鹿角：鹿年久者，其角更好。煮以為膠，入藥彌佳。主治：鹿角，鹹，溫，無毒。主惡瘡癰腫，除邪氣惡血在陰中，少腹腰脊痛。　鹿角膠：作膠法：細破寸截，水浸七日令軟，方煮之，煮七日，搗成霜，以其汁熬成膏。　主治：鹿角膠，甘，平，無毒。主傷中勞絶，腰痛羸瘦，補中益氣。婦人血閉無子，止痛，安胎。

清·汪昂《本草備要》卷四　鹿茸大補陽虛。甘，溫，一云鹹熱。純陽。生精補髓，養血助陽，強筋健骨。治腰腎虛冷，《百一方》：鹿角屑熬黃爲末，酒服，主腰脊虛冷刺痛。四肢酸痛，頭眩眼黑，崩帶遺精，一切虛損勞傷，惟脉沉細、相火衰者宜之。　鹿角初生，長二三寸，分歧如鞍，紅如瑪瑙，破之如朽木者良。太嫩者，血氣未足，無力。酥塗微炙用，不塗酥則傷茸。或酒炙。不可嗅之，有蟲恐人鼻顙。獵人得鹿，縶之取茸，然後斃鹿，以血未散故也。最難得不破、未出血者。沈存中《筆談》云：凡含血之物，肉易長，筋次之，骨最難長。故人二十歲，骨髓方堅。麋、鹿角無兩月長至二十餘斤，凡骨之長，無速于此，草木亦不及之。頭爲諸陽之會，鍾于茸角，豈與

凡血比哉！〇鹿，陽獸，喜居山；麋，陰獸，喜居澤。麋似鹿，色青而大。皆性淫，一牡輒交十餘牝。麋補陰，鹿補陽，故冬至麋角解，夏至鹿角解也。麋、鹿茸角，罕能分別。雷斅曰：鹿角勝麋角。孟詵、蘇恭、蘇頌幷云麋茸、麋膠勝于鹿。時珍曰：鹿補右腎精氣，麋補左腎血液。　鹿角：鹹，溫。生用則散熱行血，消腫，醋磨，塗腫毒。爲末酒服，治折傷。《醫餘》曰：有臁瘡赤腫而痛，用黃柏凉藥久不愈者，却當用溫藥，加鹿角灰、髮灰、乳香之類。此陰陽寒暑往來之理也。辟邪，治夢與鬼交。酒服一撮，鬼精即出。能逐陰中邪氣惡血。煉霜熬膏，則專于滋補。時珍曰：鹿仍仙獸，純陽多壽，能通督脉。又食良草，故其角、肉食之，有益無損。鹿，一名斑龍。西蜀道士嘗貨斑龍丸，歌曰：尾閭不禁滄海竭，九轉靈丹都漫説。惟有斑龍頂上珠，能補玉堂闕下穴。蓋用鹿茸與膠、霜也。　造膠、霜法：取新角寸截，河水浸七日，刮淨，桑火煮七日，入醋少許，取角擣成霜用。其汁加無灰酒熬成膏用。畏大黃。鹿峻，鹿相交之精也。設法取之，大補虛勞。

清·陳士鐸《本草新編》卷五　鹿茸鹿角、鹿膠、鹿角霜、鹿腎、鹿血　鹿茸：味甘、鹹、苦、辛，氣溫，無毒。益氣滋陰，扶肢體羸瘦，強志堅齒，止腰膝痠疼，破留血隱隱作疼，逐虛勞洒洒如瘧，治女人崩中漏血，療兒寒熱驚癇，塞溺血洩精，散石淋癰腫。　鹿角：味淡，氣溫。逐鬼辟邪，輕身益氣，續絕傷，強筋骨，消癰疽，愈惡瘡，止婦人夢與鬼交，令病者招實鬼話。　鹿膠：止痛安胎，大補虛羸，療跌撲損傷，治吐衄崩帶。　鹿角霜：專止滑瀉。鹿腎：補中以滋腎元。　鹿血：調血脉，止腰疼。滚酒調熟服，生服悞。

鹿一身皆益人者也，而鹿茸最勝。凡陽痿而不堅者，必得茸而始能堅，非草木興陽之藥可比，但必須用茸為妙。如不可得茸，用三寸長之毛角亦佳，猶勝于鹿角膠也。夫鹿乃陽獸，而世人轉譏東坡之誤，真不善讀書者也。《本經》言麋屬陽者，傳寫之誤也。麋乃鹿之小者，鹿乃麋之大者，亦非也。麋鹿同形，而種〔實各〕別，麋小而鹿大，尚是從形而分別之也。麋體生來小，老亦不大，鹿則老彌大也。東坡謂鹿在山而麋則在澤，亦非。麋實生于山也。夏至鹿角解，冬至麋角解，亦非陽退陰退之義。鹿，陽獸也，夏至則一陰生，陽得陰而生新，則舊者自去，故鹿角至夏至而解。麋，陰獸也，冬至則一陽生，陰得陽而生新，則舊者難留，故麋角至冬至而解。天地之道，陰陽兩相根也，陽得陰而陽生，陰得陽而陰長。麋、鹿之角，何獨不然。只因《本經》傳寫之誤，以致人錯認鹿為麋也。予〔不得不〕辨之，而人終不信也。予更有辨麋之法，麋有四目，非目在眼上也，前腿外臁之間有似目者二處，有則麋而無則鹿也，〔至易辨也〕。麋茸益陰，然無大效，不必取之入藥。世人有麋、鹿合而成膏，以治陰陽之虛則可耳。然而用麋、鹿為膏，又不若用鹿胎，加之人參、熟地、山茱、山藥、茯神、牛膝、柏子仁、巴戟天、肉蓯蓉、炒棗仁、白朮、甘草、麥冬、沙參、五味子、杜仲、破故紙、黃芪、當歸，為全鹿丸之更妙也。用大鹿為全鹿丸者，誤。鹿胎為丸，大能生先天之氣，益後天之母，健脾生精，興陽補火，至神之丸也。

或疑鹿茸白者，非鹿茸，乃麋茸也，必以紫者為佳，果然乎？曰：鹿茸不論紫白，大約角上毛短者為鹿茸，角上毛長半寸者為麋茸，麋茸最細而又多毛，然而天下鹿茸多而麋茸少。蓋麋種雄最少，而雌最多，遇鹿則交，世人未知，因誌之，以辨麋、鹿之分，最易別也。

清·顧靖遠《顧氏醫鏡》卷八　鹿角膠甘、鹹，入肝腎二經。寸截，水浸七日，令軟，火煮七日，漸漸添水，取汁熬膏用，擣霜用。一法：浸軟，刮去粗皮，剉屑，置薄瓶內，牛乳浸一日，乳耗再加，油紙封口，用大麥水浸一日，鋪鍋底，安瓶，四圍以麥填滿，入水煮一伏時，水耗漸加，待屑軟如麪，取出，焙研成霜用。　益氣滿血，生精填髓。強筋骨，壯陽道。氣屬陽，其性補陽，故能益氣。鹿與麋性俱極淫，一牡常御百牝，腎氣有餘，足於精者也，故皆能補腎，益精壯陽。鹿則專補命門真陽，故治陽虛陰痿精寒之神藥。　除腰脊軟痛，去肢體痠疼。補血生精填髓之功。經水後期須簡，後期多屬血虛。崩中不止宜投。崩中屬氣血兩虛，有熱須兼甘寒、清熱、酸斂藥同用。　茸形如茄子，色如瑪瑙紅玉者良。烙去毛，酥炙，中有小蟲，切不可鼻齅。功力稍佳鹿角，角初生嫩者為茸，稟壯健之性，故能峻補腎家真陽之氣。兼治齒牙動搖。屬腎虛有熱，宜地、冬、黃柏、五味為君，沙蒺、鹿茸為臣，龍齒、牡蠣為佐。麋茸更宜。麋、鹿二角，自生至堅，未及兩月，大者至二十餘觔，生長最速，此骨之至強者，故能健骨生齒，而搖動可固也。　生角逐惡血，消腫毒。醋磨塗之。

腎，補腎氣，強陽事。　肉，益脾胃，通血脉。　精，乃填精聖藥。　血，為益血聖丹。　髓，補陰強陽，潤燥澤肌。　鹿，山獸，屬陽，夏至解角，陰生陽退之象也。麋，澤獸，屬陰，冬至解角，陽生陰退之象也。故鹿之茸角補陽，右腎精氣不足者宜之。麋之茸角補陰，左腎真陰不足者宜之。時珍言：麋角益腎滋陰養血，治陰虛勞損，筋骨腰膝痠疼，一切血液衰少為病。主用相懸，不可不辨明而用之。鹿之茸角，上焦有痰熱，胃家有火，陽盛陰虛，吐血衄血者，俱忌。

清·李熙和《醫經允中》卷一九　鹿茸　酥炙，酒蒸，炒研。杜仲為使，

畏大黃。　甘、鹹，溫，無毒。主治補虛勞，壯腰膝，生精補髓，養血益陽，強筋健骨。惟脉沉細，相火衰者宜之。鹿角生用則散熱，行血消腫，辟邪。熟用則益腎補虛，強精活血。鍊霜熬膏則專于滋補矣。同以龜板，則陰陽和而水火濟，神妙莫測。蓋以鹿性淫而不衰，其性熱耳。然有麋鹿之分，鹿屬陽，右腎精氣不足宜鹿角；麋屬陰，左腎血液不足宜麋角。按：鹿角之生，無兩月久，大者二十餘斤，其堅如石。凡骨角類生長無速于此，故能補氣血，堅陽道，強骨髓，止夢洩，非他藥可比也。與茸同功，力少遜耳。鹿角膠益氣補虛，添精填髓，虛寒者服之甚効，不能盡述也。鹿角霜取嫩角截寸許，置小罈中，酒水相和，盆蓋泥封，糠火煨三伏時，取出擣細如霜，名鹿角霜。主助陽益氣，生精活血。若以熬過膏之枯角用之，則滋膏已去，服之何益？

清・李熙和《醫經允中》卷二二　鹿肉　不可與雉肉、蒲白、鮠魚、鰕同食，能發瘡毒。　甘，溫，無毒。主治補中益氣，滋腎壯陽，增氣力，調血脉。療中風口僻，以生肉同生椒擣貼正，即除之。血，大補虛，治肺痿吐血及崩中帶下，鼻衄諸症，解痘瘡毒，諸藥、砒毒。筋，大壯筋骨，食之令人不畏寒冷。

清・馮兆張《馮氏錦囊秘錄・雜症痘疹藥性主治合參》卷九　鹿茸稟純陽之質，含生發之氣。味甘，氣溫。入手厥陰少陰、足少陰厥陰經。為溫補肝腎，及走命門心包絡，填精血，補真陽之要藥。形如茄子，飽滿光潤者佳。鹿茸補陽，麋茸補陰，角亦如之。凡角初生軟嫩者為茸，稟壯健之性，故峻補腎家真陽之氣。熬成白膠，則氣味甘酸，能通周身之血脉。生角，則味鹹，氣溫。惟散熱，行血消腫，辟惡氣而已。鹹能入血軟堅，溫能通行散邪，故主惡瘡癰腫，逐邪惡氣，及留血在陰中，少腹血急痛，折傷惡血等證也。○去毛骨酥炙用。　鹿茸，補元陽精血更捷，主小便數利。洩精溺血腰腎虛冷，脚膝無力。夜夢鬼交，精溢自出。填精血，壯元陽，益氣滋陰，大補羸瘦，強志堅齒。腰膝痠痛，及虛勞洒洒如瘧，女人漏血崩中。且鹿性最淫，故專以壯陽補腎不足也。麋茸，一云係鹿之大者，功力尤勝。但性熱而專補陽多。骨軟可健，莖痿能扶，壯陽之品，而風寒濕痹，筋攣等症亦用。其鹿麋二肉具補，此以麋鹿為一種，但以大小分別命名。鹿性溫而補陰，麋性熱而補陽。則麋茸之熱過於鹿茸為論矣，此說非也。夫麋與鹿自有二種，鹿是山獸也，好群而相比，為陽之類，故夏至感陰氣而角解，陰生陽退之象也。麋是澤獸也，多慾而善走，為陰之類，故冬至感陽氣而角解，陽生陰退之象也。陰陽相反如斯，鹿茸稟純陽之質，含發生之氣，一牡常御百牝，是腎氣有餘而足於精者也，故有助陽扶陰之妙。鹿補陽，右腎精氣不足。麋補陰，左腎血液不足。然雖有陰陽功用之殊，總不外乎填精髓，強筋骨，長精氣，為腎肝滋補之要藥也。鹿角，主惡瘡癰腫，逐邪惡氣留血在陰中，除小腹血急痛，腰脊冷痛，產後血暈，血瘀折傷惡血。生用行血，熟用補虛。【略】

按：鹿性淫而不衰，其角不兩月長大一二十觔，生長神奇，無過於此。蓋其性熱，生生不已，氣化濃密，故補腎之力，其功偉哉！

白膠一名鹿角膠。鹿乃仙獸，純陽之物也。其治勞傷羸瘦，益腎添精，暖腰膝，養血脉，強筋骨，助陽道之聖藥。其華在角，取角熬膠，味甘，氣溫，無毒。入足厥陰少陰、手少陰厥陰經。《經》曰：勞則喘且汗出，內外皆越，中氣耗矣。故作勞之人，中氣傷絕，四肢作痛，多汗或吐血下血，皆肝心受病。此藥味甘，氣溫，入二經而能補益中氣，則絕傷和，四肢利，血自止，汗自斂也。折跌傷損，則血瘀而成病。甘溫入血通行，又兼補益，故折跌傷損自愈。婦人血閉無子，及崩中淋露，胎痛不安，腰痛羸瘦者，皆血虛肝腎不足之候，溫肝補腎益血，則諸證自退，胎自得所養也。血氣生，真陽足，故久服輕身延年耳。更治尿血、溺精，瘡瘍腫毒，漏下赤白，婦人久服能令有子，皆味厚補益之力也。　白膠，主傷中勞絕，腰痛羸瘦，補中益氣，婦人血閉無子，止痛安胎。療吐血下血，崩中不止，四肢酸疼，多汗淋露，折跌傷損，久服輕身延年。

清・张璐《本經逢原》卷四　鹿茸　甘，溫，無毒。形如茄子、色如瑪瑙者良，紫潤圓短者為上，毛瘦枯縐尖長生歧者為下。酥炙酒炙各隨本方，但不可過焦，有傷氣血之性，炙後去頂骨用茸。　《本經》主漏下惡血，寒熱驚癇，益氣強志，生齒不老。　發明：鹿是山獸屬陽，性淫而遊山。夏至得陰氣而解角，從陽退之象。麋是澤獸屬陰，性淫而遊澤，冬至得陽氣而解角，從陰退之象。鹿茸功用專主傷中勞絕，腰痛羸瘦，取其補火助陽、生精益髓、強筋健骨、固精攝便。下元虛人頭旋眼黑，皆宜用之。《本經》治漏下惡血，是陽虛不能統陰，即寒熱驚癇，皆肝腎精血不足所致也。角乃督脈所發，督為腎藏外垣，外垣既固，腎氣內充，命門相火不致妄動，氣血精津得以凝聚，扶陽固陰，非他草木可比，八味丸中加鹿茸、五味子，名十補丸，為峻補命門真元之專藥。傳尸癆瘵，脊中生蟲，習習痒痛，淅淅作聲者，同生犀、鼈甲入六味丸中，其殺蟲之力與天靈蓋同功。近世鹿茸與麋茸罕能辨別。大抵其質粗壯而腦骨堅厚，其毛蒼黧而雜白毛者，為麋茸；其形差瘦而腦骨差薄，其毛黃澤而無白毛者，為鹿茸。鹿茸補督脈之真陽，麋茸補督脈陰中之陽，不

可不辯。　鹿角膠：　甘、微鹹，溫，無毒。河南者味甘溫為上，泊上者味鹹辛為下。又生取成對者力勝，解下單角力薄。凡角大而毛色淡白者即為麋角，能補陽中之陰。　熬膠法：　取角寸截，用長流水浸三日，刮淨，入黃蠟煮三日夜，乾即添水，三日夜足，去角取汁，重煎，滴水不化，膠成切片，陰乾，不可日晒，晒則融化成水矣。今市者多以黃明膠加楮實偽充，不可不察。取嫩角寸截置小罈中，酒水相和，盆蓋泥封，糠火煨三伏時，搗細如霜，名鹿角霜。《本經》主傷中勞絕，腰痛羸瘦，補中益氣力，婦人血閉，無子，止痛安胎，久服輕身延年。　發明：　鹿角生用則散熱行血，消腫辟邪。熬膠則益陽補腎，強精活血。總不出通督脈、補命門之用。但膠力稍緩，不能如茸之力峻耳。互參二條經旨乃知茸有交通陽維之功，膠有緣合衝任之用。然非助桂以通其陽，不能除寒熱驚癇。非龜鹿二膠並用，不能達任而治羸瘦、腰痛。非輔當歸、地黃，不能引入衝脈而治婦人血閉、胎漏。至若膠治傷中絕勞，即茸主漏下惡血也。膠之補中益氣力，即茸之益氣強志也。膠之輕身延年，即茸之生齒不老也。歷攷《別錄》《外臺》《千金》等方，散血解毒居多，非如近世耑一溫補為務，殊失聖賢一脈相傳之義。〇鹿角霜治火不生土，脾胃虛寒，食少便溏，胃反嘔逆之疾，取溫中而不粘滯也。古方多製應用。今人每以煎過膠者代充，其膠既去，服之何益。〇生角鎊尖屑，消乳癰腫毒。〇煅灰行崩中積血。〇鹿骨安胎下氣，作酒主內虛，續絕傷，補骨除風，《千金》鹿骨丹用之。　鹿胎：　甘，溫，無毒。其嘴尾蹄合與生鹿無異者為真。其色淡形瘦者為鹿胎，若色深形肥者為麋胎，慎勿誤用，能損真陽。又獐胎與鹿胎相類，但色皎白，且其下脣不若鹿之長於上脣也。其他雜獸之胎與鹿胎總不相似也，入藥取真者，酥炙黃用。　發明：　鹿性補陽益精，男子真元不足者宜之。不特茸、角、莖、胎入藥，而全鹿丸合大劑參、耆、桂、附，大壯元陽，其胎純陽未散，宜為補養天真滋益少火之良劑。然須參、耆、河車輩佐之，尤為得力。如平素虛寒，下元不足者，入六味丸中為溫補精血之要藥，而無桂、附辛熱傷陰之患，但慎勿悞用麋胎，反傷天元陽氣也。

清・汪啟賢等《食物須知・諸葷饌》　鹿肉　強五臟，益力，貼口喎僻如神。切生肉片，右患貼左，左患貼右，正則去之。煮食之，依時按令，九月後、正月前可食，餘外不可食也。血，調血脈，止腰疼，酒調生服。筋，續絕傷勞損。

清・浦士貞《夕庵讀本草快編》卷六　鹿《本經》、斑龍　附麋。　篆文鹿字，象其形也。《乾寧記》云鹿與游龍相戲必生異角，斑龍之號或係于此。《埤雅》云：　鹿戴玉而角斑，魚懷珠而鱗紫。　鹿乃仙獸，專食良草，臥則以口向尾閭，善通督脉，足于精者，故淫而多壽。凡血肉脂髓，皆能峻補人元，除虛益損，或蒸或脯，有益無損者也。其茸乃純陽所稟，含生發之氣，味甘氣平，陰中陽也，入手足厥陰少陰。故治婦人衝任脉虛，變為漏下惡血，或為瘀血石淋；　男子肝腎不足，則為虛勞似瘧，腰脊酸痛，或夢泄精血。此藥專走命門以及心包絡，故能補下元真火，取効捷也。蜀有道士售丸子，市而歌曰：　尾閭不禁滄海竭，九轉靈丹都漫說。惟有斑龍頂上珠，能補玉堂關下穴。朝野傳之，服無不驗。茸之長成則為角，氣味鹹溫，功則差緩。生用可散熱行血，消腫解邪；　炙用則益腎補虛，強精活血；　熬而成膠，則精凝萃美，降多升少，亦入厥陰少陰。《經》云：　勞則喘促汗泄，內外皆越，故凡作勞之人，中氣未有不傷，四肢未有不痛，必多汗而失血。益中氣則絕傷却，四肢利，血自止，汗自斂也。折跌傷損則血瘀而成疾，甘溫能入血，通行又兼補益，故折傷瘉。婦人血秘則無子，或崩中淋露，胎動不安，腰疼羸瘦者皆貴之。肝腎有虧，溫肝補腎則諸疾自退而胎得所養，血氣生，真陽足，令人有子。故久服輕身延年爾。說者曰：　鹿乃山獸，得夏至陰氣而角解；　麋乃澤獸，得冬至陽氣而角解。蓋補陽宜鹿，右腎精氣不足者需之；　補陰宜麋，左腎血液不足者宜之。楊氏二至丸大為世寶，所謂異類有情，不可忽也。

清・張志聰、高世栻《本草崇原》卷上　鹿茸　氣味甘，溫，無毒。主治漏下惡血，寒熱，驚癇，益氣，強志，發齒，不老。《本經》以白膠入上品，鹿茸入中品，今定俱入上品。　鹿游處山林，孕六月而生，性喜食龜，能別良草，臥則口鼻對尾閭，以通督脈。凡含血之物，肉最易長，筋次之，骨最難長。故人年二十骨髓方堅，唯麋鹿之角，自生至堅，無兩月之久，大者至二十餘斤，計一日夜須生數兩。凡骨之生無速於此，故能補骨血，益精髓。又，頭者，諸陽之會，上鍾於茸，故能助陽。凡用必須鹿茸，今麋鹿並用，不可不別。　鹿性純陽，息通督脈，茸乃骨精之餘，從陰透頂，氣味甘溫，有火土相生之義。主治漏下惡血，着土氣虛寒，則惡血下漏。鹿茸稟火氣而溫土，從陰出陽，下者舉之，而惡血不漏矣。寒熱驚癇者，心為陽中之太陽，陽虛則寒熱。心為君主而藏神，神虛則驚癇。鹿茸陽剛漸長，心神充足，而寒熱驚癇自除矣。益氣強志

者，益腎臟之氣，強腎藏之志也。生齒不老者，齒為骨之餘，從其類而補之，則腎精日益，故不老。　鹿角膠：　氣味甘，平，無毒。主治傷中，勞絶，腰痛，羸瘦，補中，益氣，婦女血閉無子，止痛，安胎。久服輕身延年。　鹿角膠原名白膠，以鹿角寸截，米泔浸七日令軟，再入急流水中浸七日，刮去粗皮，以東流水，桑柴火煮七日，旋旋添水，取汁瀝淨，加無灰酒熬成膏，冷則膠成矣。　鹿茸形如萌栗有初陽方生之意，鹿角形如劍戟具陽剛堅鋭之體，水熬成膠，故氣味甘平，不若鹿茸之甘溫也。主治傷中勞絶者，中氣因七情而傷，經脈因勞頓而絶。鹿膠甘平滋潤，故能治也。治腰痛羸瘦者，鹿運督脈，則腰痛可治矣。膠能益髓，則羸瘦可治矣。補中者，補中焦。益氣者益腎氣也。治婦人血閉無子者，鹿性純陽，角具堅剛，膠質膠潤下，故能啟生陽，行瘀積，和經脈而孕子也。止痛安胎者，更和經脈而生子也。久服則益陰助陽，故輕身延年。　鹿角：　氣味鹹，溫，無毒。主治惡瘡癰腫，逐邪惡氣，留血在陰中，除少腹血痛，腰脊痛，折傷惡血，益氣。《別録》附。　鹿角功力與茸、膠相等，而攻毒破泄行之瘀逐邪之功居多，較茸、膠又稍鋭焉。

清・姚球《本草經解要》卷四　鹿茸　氣溫，味甘，無毒。主漏下惡血，寒熱驚癇，益氣強志，生齒不老。　鹿茸氣溫，稟天春升之木氣，入足厥陰肝經。味甘無毒，得地中正之土味，入足太陰脾經。氣味俱升，陽也。肝藏血，脾統血。肝血不藏，則脾血不統，漏下惡血矣。鹿茸氣溫，可以達肝，味甘可以扶脾，所以主之也。寒熱驚癇者，驚癇而發寒熱也。蓋肝為將軍之官，肝血虛，則肝氣亢，挾濁火上逆，或驚或癇矣。鹿茸味甘可以養血，氣溫可以導火，所以止驚癇之寒熱也。益氣者，氣溫則益陽氣，味甘則益陰氣也。甘溫有益陰陽之氣，氣得剛大而志強矣。鹿茸，骨屬也。齒者，骨之餘也。甘溫之味主生長，所以生齒。真氣充足，氣血滋盛，所以不老也。　製方：　鹿茸同牛膝、杜仲、地黄、山萸、補骨、巴戟、山藥、蓯蓉、菟絲，治腰痛陰痿。同白膠、陽起石、蓯蓉、棗仁、栢仁、黄耆、熟地、丹砂丸，名斑龍丸，治諸虛。專用浸酒，治陽事虛痿。同菟絲、小茴、羊腎丸，治腰痛不能轉側。　白膠：　氣平，味甘，無毒。主傷中勞絶，腰痛羸瘦，補中益氣，婦人血閉無子，止痛安胎。久服輕身延年。　白膠氣平，稟天秋收之金氣，入手太陰肺經。味甘無毒，得地中正之土味，入足太陰脾經。氣味降多於升，質滋味厚，陰也。中者，脾土也。傷中勞絶者，脾虛之人而作勞以傷真氣。脾為陰氣之源，源枯而陰絶也。其主之者，味甘益脾陰也。腰痛羸瘦者，脾為陰氣之源，而外合人身之肌肉。脾陰虛則腎陰亦虛，故腰痛而肌肉瘦削也。其主之者，味甘可以補脾，氣平可以益肺滋腎也。補中者，補脾中氣也。益氣者，肺主氣，氣平可益肺也。脾統血，女人血閉無子，脾血不統也。味甘益脾陰，所以主之。脾血少則燥而痛矣。味甘養血，所以止痛。血足則胎安，故又安胎也。久服輕身延年者，白膠氣平益肺，肺主氣，氣足則身輕；味甘益脾，脾統血，血足則穀納而延年也。　製方：　白膠同牛膝、丹皮、麥冬、生地、白芍、歸身、鬱金、續斷、小便，治勞傷吐血。同山萸、杞子、鹿茸、生地、麥冬、杜仲、補骨、山藥、車前、五味、巴戟、蓮鬚、歸身、紫石英，治女人血閉無子。

清・楊友敬《本草經解要附餘・考證》　白膠　即鹿角膠。《藥性本草》謂白膠一名黄明膠，非是。黄明膠乃牛皮膠也。

清・王子接《得宜本草・中品藥》　鹿茸　味甘、鹹。功專通督脉，補精益氣。得菟絲、羊腎、茴香治腰痛，得人參、黄芪、當歸提痘漿。

清・徐大椿《神農本草經百種録》上品　白膠　味甘，平。主傷中勞絶，腰痛羸瘦，皆骨節虛寒之證。補中益氣，補血則中氣自足也。婦人血閉無子，止痛，安胎。補衝脈血海之功。久服輕身延年。精足血滿，故有此效。　鹿之精氣全在于角，角本下連督脈。鹿之角，于諸獸為最大，則鹿之督脈最盛可知，故能補人身之督脈。督脈為周身骨節之主，腎主骨，故又能補腎。角之中皆貫以血，衝為血海，故又能補衝脈，衝督盛而腎氣強，則諸效自臻矣。

清・徐大椿《神農本草經百種録》中品　鹿茸　味甘，溫。主漏下惡血，血中之陽不能固攝。寒熱，陽虛。驚癇，心火虧少。益氣強志，補血之功。生齒不老。補腎之效。角：　主惡瘡癰腫，拓血中之毒。逐邪惡氣，拓陰邪之氣。留血在陰中。陰絡之凝滯，得熱而運行也。　鹿茸之中，唯一點胚血，不數日而即成角，此血中有真陽一點，通督脈，貫腎水，乃至靈至旺之物也，故入于人身為峻補陽血之要藥。又其物流動生發，故又能逐瘀通血也。餘義見白膠條下。○鹿茸氣體全而未發洩，故補陽益血之功多。鹿角則透發已盡，故拓毒消散之功勝。先後遲速之間，功效輒異，非明乎造化之機者，不能測也。

清・黄元御《玉楸藥解》卷五　鹿茸　味辛，微溫。入足少陰腎、足厥陰肝經。生精補血，健骨強筋。鹿茸補益腎肝，生精補血，最壯筋骨。治陽痿精滑、鬼交夢泄、崩漏帶濁、腰疼膝軟、目眩耳聾諸證。酥炙用，研碎，酒煮去

渣，熬濃，重湯煮成膏最佳。　鹿角膠：　味辛、鹹，微溫。入足少陰腎、足厥陰肝經。補腎益肝，斂精止血。鹿角膠溫補肝腎，滋益精血。治陽痿精滑，鬼交夢遺，吐衄崩帶，腰疼膝痛，瘡瘍毒腫，跌打損傷，宜子安胎，補虛回損。功效極多，但性滯不宜脾胃，中焦鬱滿者切忌服之。蛤粉炒研用。生研酒服，行瘀血腫毒，塗抹亦良。煉霜熬膏，專補不行。膠霜功同，而霜不膠粘，似勝。

清・吳儀洛《本草從新》卷六

鹿茸〔大補陽，添精血。〕　甘，鹹，溫。添精補髓，暖腎助陽，健骨生齒。治腰腎虛冷，四肢痠痛，頭眩眼黑，一切虛損勞傷，小兒痘瘡乾回。同人參用，妙。鹿角初生，長二、三寸，分歧如鞍，紅如瑪瑙，破之如朽木者良。太嫩者血氣未足，無力。酥塗，灼去毛，微炙，不塗酥則傷茸。亦有酒炙者。不可嗅之，有蟲恐入鼻顙。獵人得鹿，縶之取茸，然後斃鹿，以血未散也。最難得不破未出血者。

鹿角：　鹹，溫。生用則散熱，行血消腫，醋磨塗腫毒，爲末酒服治折傷。《醫餘》曰：有臁瘡赤腫而痛，用涼藥久不愈者，却當用溫藥，如鹿角灰、髮灰、乳香之類，此陰陽暑寒往來之理也。辟邪。治夢與鬼交。酒服一撮，鬼精即出，能逐陰中邪氣、惡血。熬膏煉霜，則專滋補，益腎生精血，強骨壯腰膝。《筆談》云：凡含血之物，肉易長，筋次之，骨最難長，故人二十歲，骨髓方堅。麋鹿角，無兩月長至二十餘斤，凡骨之長，無速於此，草木亦不及之。頭為諸陽之會，鍾於茸角，豈與凡血比哉！時珍曰：鹿乃仙獸，純陽多壽，能通督脈，又食良草，故其角、肉之有益。鹿一名斑龍，西蜀道士常貨斑龍丸，歌曰：尾閭不禁滄海竭，九轉靈丹都漫說。唯有斑龍頂上珠，能補玉堂闕下穴。蓋用鹿角膠與霜也。鹿峻，鹿相交之精也。設法取之，大補虛勞。鹿筋，主勞損續絕。鹿肉，甘，溫。補中，強五臟，通脈，益氣力。

按：　上焦有痰熱，胃家有火，吐血屬陰衰火盛者俱忌。造膠霜法：取新角，寸截，河水浸一日，刮淨，桑火煮七日，和醋少許，取角，搗成霜。用其汁，加無灰酒熬成膠用。畏大黄。

清・汪紱《醫林纂要探源》卷三

鹿　甘，溫。黄質，白章，歧角，性淫，一牡交十餘牝。臥則曲身以口接尾閭，故能通督脈。擇草而食，如鹿竹、鹿葱、鹿韭、鹿銜草及青蒿、黄芩之類，故多壽而肉亦養人。補脾胃，益氣血，補助命火，壯陽益精，暖腰脊。功用似羊，其能補命門，更以通督脈，食良草之故。然麞鹿之類，不足於魂，每善驚而多妄。古云麞鹿無魂。非無也，蓋陽氣之動方盛，而難遏其魄，不足以拘魂，則妄而無主耳。故鹿、麋、麞、麂肉，雖養人而助慾，使心志迷惑，此不可不知。又古人食鹿去胃，則未知其故。　血：　鹹，熱。行血去瘀，續絕除傷。與山羊血同，而性較中和。　鹿茸：　甘，鹹，熱。未分歧夏至角解，舊脫新生，纔出者為茸，長二三寸，分歧如馬鞍，色紅瑩，破之如朽木者佳。或酒、或酥，微炙用。不可齅，恐有蟲入人鼻。大補命門，生精益髓，長養氣血，健胃強筋。甘無不補，鹹以輭堅，而繼長增高，不惟補心，亦補命火。物非輭不生也，此自夏至到秋不兩月，輒大十餘斤，歧分而入血氣，生長堅實，未有如此之速者。首為諸陽之會，陽氣更鍾聚於角。常通督脈，督脈即命門所主，而上達巔頂。其補命門而益精髓，長氣血，強筋骨宜矣。凡腰腎虛寒，四肢冷痛，頭目眩暈，及崩帶遺精，癰疽痘瘡不起者，皆宜之。然非相火衰，不當用此。　角：　鹹，溫。生得者良。山中自解者，血氣已枯，功力不足。剉末，酒沖，治折傷。醋磨，塗癰腫。輭堅散結，行血去瘀，消腫辟邪。有夢與鬼交者，服鹿角酒，則鬼精自出。蓋鹿固陽物也。　膠：　甘，鹹，溫。寸切血角，浸河水七日，刮淨，桑柴煮七晝夜不絕，去渣，取淨汁，加無灰酒熬成膠。強陽益精，滋補氣血。他膠滋陰，惟鹿與虎則專補陽。虎骨力猛，銳於攻邪。鹿角稍中和，一於補正。　角霜：　甘，鹹，溫。所熬未化之角，入醋少許，煮乾，取搗成霜用。補陽益精。用膠猶有滋意，此則一於補陽。　鹿鞭：　甘，鹹，熱。強陽事。陰莖也。古人食鹿去胃，食狗去腎，則此豈宜用乎？〇鹿筋味甚美，今以充饌，宜能補養筋力。

清・嚴潔等《得配本草》卷九

鹿茸鹿角、鹿角霜、鹿角膠、鹿腎　麻勃為之使。　甘，溫。純陽。入足少陰經血分。通督脈之氣舍，達奇經之陽道。生精補髓，養血益陽。止夢交，療崩帶，破瘀血，散癰腫，治石淋，止遺尿。一切陽虛，以致耳聾目暗，眩運虛痢等症，得此自治。　配蓯蓉、麝香，治酒泄骨立。配參、耆，提痘漿。配狗脊、白斂、艾，治冷帶不止。　狀如紅玉，破之肌如朽木者佳。去毛骨用，或羊脂塗炙，或好酒浸炙，或黄精汁煮，或老酒浸蒸，隨症法製。　陰火盛者禁用。　茸中有小白蟲，鼻嗅之入顙，藥不能療。

鹿角：　杜仲為之使。　鹹，溫。入手少陽、足少陰經血分。助相火，通督脈。生用行血消腫，辟邪祟。熟用強陽活血，除鬼交。得人參、生薑，治產後喜嘔。得髮炭，治小兒滯下。配地丁，消虛人乳癰。用酒下，治跌打折傷。塗腫毒，醋磨。行瘀血，煅用。　命門火熾、瘡毒宜涼者，并禁用。　鹿角霜：　將角截斷入瓦器中，泥裹入火燒一日，狀如玉粉，其名為霜。治與角同。

鹿角膠：　得火良。畏大黄。　甘、鹹，溫。入足少陰經血分。補陰中之陽道，通督脈之血舍。壯筋骨，療崩帶，婦人虛冷，胎寒腹痛，此為要藥。得龍骨，治盜汗遺精。得茯苓，治小便頻數。　水浸七日，刮淨，桑柴煮七

日，入醋少許，取角搗成霜，其汁加無灰酒熬膠。折傷，酒送。　真陰虛服之，火炎水愈涸。　痰熱、血症，俱禁用。　鹿腎：甘，平。煮粥食之，補中，安五臟，壯元陽。

題清・徐大椿《藥性切用》卷八《獸部》　鹿茸　甘鹹大溫，入腎命而助陽暖胃，益髓添精，為虛勞痿痹無火耑藥。去毛酥炙，酒炙，鹽水(苦)〔煮〕任用。　鹿角：甘鹹大寒，生用散熱，消腫行血，辟邪，為消散陰毒耑藥。炙熟則消陰助陽，暖腎強腰。煎汁煉膏，大能溫補命門精血，專通督脈，而緣合衝任，為却老延年耑藥。煉取角霜，助陽理濕，為虛寒痛痺腎泄耑藥。角灰，行血止血，專理精血崩中，其散瘀止血之功可見。血虛者忌之。　鹿胎，功力純陽，耑於溫補下元。　鹿骨，補骨續經，理傷。　鹿肉，溫中補陽，肥健多力。鹿脯仝功。　鹿筋，大補筋骨，兼壯宗筋，不畏寒冷。　鹿血，冲酒服，起陰器，止腰痛，療折傷。　鹿精，名鹿峻，設法取之，大補虛勞羸弱。

清・黃宮繡《本草求真》卷一　鹿茸鹿茸溫補真陽，以通督。麋茸溫補腎水，以助血。　鹿茸耑入命門督，兼入肝。甘鹹氣溫，稟純陽之質，含發生之氣，號為山獸。性淫而遊山，夏至得陰氣而角解，陰生陽退之象也。至於大於鹿者為麋，麋是澤獸，居陰，性淫而遊澤，冬至得陽氣而角解，陽生陰退之象也。陰陽相反如斯，故鹿氣味純陽，其茸能於右腎補其精氣不足，大為補精暖血之劑，是以書載能補髓養血，強筋健骨。凡腰腎虛冷，遺精崩帶等症，服皆有效。　麋雖屬陰，而茸又屬陰中之陽，故能入於左腎，補其血液不足，且諸茸皆發督脈之背。鹿鼻常反向尾，能通督脈，其華在角，取以補命門，補精補氣，皆以養陽也。督為腎臟外垣，外垣既固，腎氣內充，命門相火不致妄動，血氣精津，得以凝聚，故鹿茸又云能補督脈之真陽，麋茸能補督脈陰中之陽，不可不細為明辨耳！　但鹿茸與麋，世罕能辨，大抵其質粗壯，腦骨堅厚，毛色蒼黧而雜白毛者則為麋茸。　形質差瘦，腦骨差薄，毛色黃澤而兼白毛者則為鹿茸。　麋鹿雖分有二，然總不外填補精髓，堅強筋骨，長養氣血，而為補肝滋腎之要藥也。鹿一牡常御百牝，是腎氣有餘而足於精者也，故有助陽扶陰之妙。　鹿角初生，長二三寸，分歧如鞍，紅如瑪瑙，破之如朽木者良。　酥塗微炙用，茸有小白蟲，視之不見，鼻齅恐蟲入鼻。

清・黃宮繡《本草求真》卷二　鹿膠溫補腎陰，以通衝任。　鹿膠耑入腎。　由角煎熬，書載補陽益陰，強精活血，總不出通督脈補命門之用，但其性力緩味甘，不能如茸之力峻。　蓋茸有通交陽維之功，陽維起於諸陽之會而維持諸陽。　膠有緣合衝脈之任，衝脈起於胞中，為諸脈之海。　膠非藉桂同用以通其陽，則不能除寒熱驚癇。　膠非假地黃、當歸同投，不得引入衝脈而治婦人血閉胎漏。任脈行腹部之中行，乃陰脈之總司。　膠非假龜膠同用，不能達任而治羸瘦腰痛。　至若膠治傷中絕勞，即茸所謂能主漏下惡下也。　膠之能以補中益氣，即茸所謂能以益氣強志也。　膠之能以輕身延年，即茸所謂能以生齒不老也。　然惟平臟服之得宜，若使純陰無陽，服此反能泥膈，先不免有腹脹飽滿之弊矣。　生角味鹹氣溫，茸之粗者為角，凡含血之物，肉易長，筋次之，骨最難長。故人二十歲骨髓方堅，麋鹿角無兩月，長至二十餘觔。凡骨之生，無速於此，草木亦不及之。頭為諸陽之會，鍾於頭角，豈與凡血比哉？　生能散熱行血，消腫辟惡。以鹹氣能入腎軟堅，溫能通行散邪。　熟能益腎補虛，強精活血。　角霜連汁煎乾，書載能治脾胃虛寒便泄，取其溫而不滯，若以煎過膠者代充，其膠既去，服之奚益。　鹿胎、鹿肉、鹿筋，力能補陽。　若麋胎、麋肉、麋筋則反損陽而傷陰矣，不可不慎。　鹿胎須以色淡形瘦者為是，若色深形肥則為麋胎矣。　若色皎白，其胎下唇不若鹿之長於上唇，則為麞胎。　其他獸胎總與鹿胎不侔，鹿筋亦須辨，骨細者為是。　若粗即是麋筋，不可妄用。

清・李文培《食物小錄》卷下　鹿　甘，溫，無毒。補中，益氣力，強五臟，養血生容。　筋，續絕，治勞損。

清・楊璿《傷寒溫疫條辨》卷六補劑類　鹿角膠寸斷，河水浸刮，桑柴火熬，入醋少許，再熬成膏，取角搗霜。　味甘鹹，氣平。純陽無陰。填精益氣，大補陰中之陽。手足腰腿肩臂骨節疼痛，酒化服立效。頭旋眼黑遺濁崩帶，大有殊功。　敲碎炒珠，安胎亦神，入丸亦同此製。　霜與膠功同而力微。　鹿茸：甘溫純陽，補命火，壯元陽。養血生精，壯骨強筋。其力更峻於膠。主一切虛勞危急之證，相火旺者並忌。《醫餘》曰：一人有臁瘡，赤腫而疼，用黃栢久不愈。加霜灰、髮灰、乳香之類則愈。此陰陽寒暑往來之理也。《備要》曰：　龜鹿皆靈而有壽。　龜首長藏向腹，能通任脈，故取以補心、補腎、補血，以養陰也。　鹿鼻長反向尾，能通督脈，故取以補命門、補精、補氣，以養陽也。　此物理之元微，神功之能事。　觀其一主陰虛血弱，一主陽虛氣弱之病，可悟矣。　龜版、鹿角合熬去粗，入人參熬成，名龜鹿二仙膏，大益氣血，兼理陰陽。

清・羅國綱《羅氏會約醫鏡》卷一八禽獸部　鹿茸味鹹，性溫，入肝、腎、命門

三經。酒炙用。　稟純陽之質，含生發之氣，填精血，補真陽。治虛勞，健腰膝，（腎水可以制火，腰膝，腎之府。）四肢酸痛，頭眩眼黑，崩帶精洩。（皆肝腎不足。）堅齒牙，治耳聾（腎足。）又有麋茸，皆能補腎。（鹿，陽獸，喜居山，故鹿角夏至解，陰生陽退之象，補右腎陽氣不足；麋，陰獸，喜澤居，故麋角冬至解，陽生陰退之象，補左腎血液不足，物異而性亦殊也。）　鹿角：　鹹溫。生用則散熱行血，消腫解毒，（醋磨塗腫毒，為末酒服，治折傷。）辟邪，治夢與鬼交。【略】　鹿肉：　甘溫。通血脉，補中氣，益脾胃，強五臟。服之有益無損。　鹿角膠：（味甘鹹，入肺、肝、腎三經。）善助陰中之陽，為補陰要藥。益氣血，填精髓，壯筋骨，延年壽。療吐血、下血、尿精、尿血、婦人崩淋、赤白帶濁、血虛無子。（皆肝腎不足之病，此能養肝補腎，諸症自痊。）更能安胎、斂汗，治折傷，舒氣喘。凡勞傷羸瘦之人，最宜久服多服。用蛤粉炒成珠，（即研末，入藥末拌勻，否則潮潤成膠。）或酒蒸用。造膠法，取新角寸截，水浸七日，洗淨，焙燥，酒淬七次，搗碎，桑火煮三日，候滓浮起，濾乾，為霜，入丸以為佐使。其汁入醋少許，再加酒熬成膏，或合酒服，或配藥，俱妙。畏大黃。

清・陳修園《神農本草經讀》卷二上品　白膠　氣味甘，平，無毒。主傷中勞絕，腰痛羸瘦，補中益氣，婦人血閉無子，止痛安胎。久服輕身延年。陳修園曰：　白膠即鹿角煎熬成膠，何以《本經》白膠列為上品，鹿茸列為中品乎？　蓋鹿茸溫補過峻，不如白膠之甘平足貴也。功用略同，不必再釋。其主婦人血閉、止痛安胎者，皆補衝脈血海之功也。輕身延年者，精足血滿之效也。

清・陳修園《神農本草經讀》卷四中品　鹿茸　氣味甘，溫，無毒。主漏下惡血，寒熱驚癇，益氣，強志，生齒，不老。　陳修園曰：　鹿為仙獸而多壽，其臥則口鼻對尾閭以通督脈，督脈為通身骨節之主，腎主骨，故又能補腎。腎得其補，則志強而齒固，以志藏於腎，齒為骨餘也。督得其補，則大氣升舉，惡血不漏，以督脈為陽氣之總督也。然角中皆血所貫，衝為血海，其大補衝脈可知也。凡驚癇之病，皆挾衝脈而作，陰氣虛不能甯謐於內，則附陽而上升，故上熱而下寒。陽氣虛不能周衛於身，則隨陰而下陷，故下熱而上寒。鹿茸入衝脈而大補其血，所以能治寒熱驚癇也。至於長而為角，《別錄》謂其主惡瘡，逐惡氣。以一點胚血，發洩已盡，只有拓毒消散之功也。

清・趙學敏《本草綱目拾遺》卷九獸部　鹿胎（乳餅、脛骨）　瀕湖《綱目》鹿條，精、髓、筋、膽、胎、糞，俱皆備載。張璐《逢原》另列鹿胎一條，頗詳辯可採，錄出以補其遺。璐曰：　胎中鹿，其嘴尾蹄合與生鹿無異者為真，其色淡形瘦者為鹿胎，若色深形肥者為麋胎，慎勿誤用，能損真陽。又獐胎與鹿胎相類，但色皎白，且其下唇不若鹿之長於上唇也。其他雜獸之胎，與鹿胎總不相似也。入藥取真者，酥炙黃用。　氣味甘溫，無毒。鹿性補陽益精，男子真元不足者宜之，不特茸角莖胎入藥，而全鹿丸合大劑參、耆、桂、附，大壯元陽。其胎純陽未散，宜為補養天真滋益少火之良劑，然須參、耆、河車輩佐之，尤為得力。如平素虛寒，下元不足者，入六味丸中，為溫補精血之要藥，而無桂、附辛熱傷陰之患。但慎勿誤用麋胎，反傷天元陽氣也。

鹿乳餅　《苕陰札記》：　孝豐深山產鹿，土人計其產子時，輒於夜半伺其洞側，鹿乳子必五更，乳畢出洞，至暮方歸，每日祇乳小鹿一次。小鹿食乳於腹，結十二小餅，每一時輒消一餅。土人候母鹿出洞即將乳鹿抱歸，剖腹出餅，持貨遠方為珍藥，價值兼金。其餅如雲南棋子大，色微黃，乾者作老黃色，腥氣最烈，食之大能強陰，益命門火衰，於老羸最宜。　理怯弱虛損，發痘漿，通女子乾血勞。

鹿脛骨　《綱目》鹿條有骨，乃指全體而言，至脛骨不聞有用法。今時醫有斑龍散，純取其脛為用，因載其方以補之。　生肌收口：《救生苦海》用斑龍散：　取鹿脛骨，溼紙包固，灰火煨之，以黃脆可研為度，若焦黑色者為過性，勿用。摻大毒，生肌甚速。

清・王學權《重慶堂隨筆》卷下　鹿茸　性熱升陽，陰虛而陽易浮越者不可擅用，目擊誤用而血脫於上以隕者多人矣。

清・黃凱鈞《藥籠小品》　鹿角　溫經，強筋補血，治顛頂虛寒頭痛。稍涉熱體，服之即鼻衄便血，其性溫熱可見矣。煎膠茸，力更大。

清・章穆《調疾飲食辯》卷五　鹿　《爾雅》曰：　鹿，牡麚，牝麀，其子麛（亦曰麛），其迹速絕有力麉。《澹寮方》曰斑龍。《綱目》曰：　牡者有角，夏至則解，黃質白斑。牝者無角，小而無斑，毛雜黃白。孕六月而生。性淫，一牡常交數牝。《述異記》曰：　鹿千歲而蒼，又五百歲而白，又五百歲而元。《周語》穆公征犬戎，得四白鹿以歸。《名苑》曰：　鹿之大者曰麈，尾生長毛。群鹿隨之，視其尾為準。故晉人揮麈清談。　肉補中益氣，強五藏，起虛羸，調血脈。尾肉尤佳，為八珍味之一。頭肉，主陽虛，夜夢鬼交。　蹄肉，主諸風，腳

膝疼痛，肝腎虧損，下元痿弱。血，大補陰虛，止腰疼，鼻衄，添精益血，治肺痿吐血，崩中漏下。又解一切金石藥毒。均宜乘熱生飲。腎，壯陽補腎。筋，壯筋骨，續絕傷。角，熬膠治肝腎虧損，精虛血少。或細剉，炒黃色，碾為粉，名鹿角霜。亦補肝腎，又能發痘，消腫毒，治女人白濁。角下茸為補肝腎之首，蓋鹿臥則運尾閭通督脈，踡曲如環。督主一身之陽，故性屬陽而多壽，陽虛最宜。然血肉有情之物，與金石草木燥熱之性迥殊，即或陰陽兩虛亦不忌。

清・王龍《本草纂要稿・禽獸部》　鹿角膠　止痛，立安胎孕。益氣，大補虛羸。療跌撲損傷，治吐衄崩帶。　鹿角霜：　主治雖同，功力略緩。鹿茸：　氣味甘鹹而溫。益氣滋陰，扶肢痛羸瘦。強志堅齒，止腰膝痠疼。破留血隱隱作疼，逐虛癆洒洒如瘧。治女人崩中漏血，療小兒寒熱驚癇。退骨蒸，塞溺血洩精。驅黃疸，散石淋癰腫。

清・張德裕《本草正義》卷上　鹿角　甘鹹，氣溫。性竄，走經絡。益陰氣，疏通營衛，故能消乳癰。陰中有陽，行中有補。龜陰在甲，鹿陽在角。煅霜用，固攝精帶。

鹿角膠　甘鹹，氣溫。大補虛羸，益氣血，填精髓，壯筋骨，長肌肉，悅顏色，延年益壽。療吐血尿血，帶濁崩淋，血虛無子。善助陰中之陽，為補陰要藥。凡膠味重，胃虛酌之。　鹿茸：　甘鹹，氣溫。破開，塗酥炙黃脆入藥。益元氣，填真陰，扶衰羸，助精血，強骨固齒，聰耳添神，腰腎虛冷，足膝無力。嫩肥如紫茄者佳。較鹿角膠補益倍倍，故曰惟有斑龍頂上珠，能補玉堂闕下穴。氣腥，胃虛酌之。

清・翁藻《醫抄類編》卷一九《痘麻》　泡製鹿茸法　朱純嘏曰：　氣血之屬，莫過於鹿茸。〔鹿乃八月始交，孕至次年五月而生。夏至鹿角解，十一月麋角解。麋茸小而又瘦，不入藥用。〕鹿乃純陽之獸，值夏至一陰始生，即解角養茸。茸之始長，一日大如栗，三日大如茄，五日上即開椏，七日又開一椏，九日又長一椏，十一日又長一椏。八椏俱備，高有三尺許。俗云八椏鹿角。鹿茸，茄茸最上，外皮有黃毛，中有一包紫紅，得之最難收拾。〔鹿外腎全副，大能補助陽道。老人修合補藥，內煮熟餅爛為丸，服之竟能種子。〕余在邊外蒙古，與射鹿者買得一茄茸來，即於鍋內燒滾水二大碗，將茄茸炮於滾水之中，隨即取出，迎風吹之。俟其稍涼，又入原鍋滾水中再炮半刻，又取出迎風吹之。如是七八次，其茸中之紫血方堅寔如角。後帶歸京都，用以灌痘漿，其效如神。若不煮炮，生必臭爛。煮炮不得其法，則茸中紫血爆破流出。此乃蒙古收拾鹿茸之法，可稱盡善盡美。若藥肆中所售乾茸，外有黑皮堅硬，中却無堅寔之茸，皆因煮炮不得法。急於一次炮熟，火力煎熬太急，爆破，流出紫血，故中空無茸，或間有半茸者。

清・楊時泰《本草述鉤元》卷三一　鹿、麋　小者鹿，大曰麋。茸之大小即以此別。麋似鹿而色青黑，肉蹄，目下有二竅為夜目。牡者有角而無齒。無上齦齒，若下齦則牝牡咸有。其無角有齒者，牝也。

麋鹿茸角總〔論〕：　凡含血之物，肉差易長，其次角難長，最後骨難長，故人自胚胎至成人，二十年骨髓方堅。惟麋、鹿角自生至堅，無兩月，大者重二十餘斤，其堅如石，計一日夜須生數兩。凡骨之生長神速，無過於此，此骨血之至強者。夏至鹿角解，乘陰氣之始以生茸，冬至麋角解，乘陽氣之始以生茸，皆怒長而為角，革故所以鼎新也，故角之力用最專，而茸為最。鹿孕子於仲秋，而生於春，受氣於陰而長於陽，故為挾陰之陽。麋孕子於仲春，而生於秋，受氣於陽而長於陰，故為挾陽之陰。其以二至解角者，緣所受之精氣，與陰陽之進氣相應耳。鹿體陽，其肉食之煗。以陽為體者，以陰為末；麋體陰，其肉食之寒。以陰為體者，以陽為末，角末也。《本經》言鹿角補陰，麋角補陽，是以二至日節氣所進者，為云萬物乘天地之氣以為進退，方來者進，是乘其生氣也。鹿陽也，臥則其鼻反向尾閭，能使陽得交於下之陰而督脈通。麋陰也，其首每向腹而閉息，能使陰得交於下之陽而任脈通，是皆稟靈於造化者也。麋鹿茸角俱以杜仲為之使，畏大黃，忌桃、李。

鹿茸：　味甘、鹹、酸，氣微溫。氣薄味厚，陽中之陰。入手厥陰少陰、足少陰厥陰經，走命門、心包絡及腎、肝之陰分。《經》曰：　包脈者屬心，而絡於胞中，胞中為精血之所聚，而其脈固絡於心，心胞絡主血會，所以能療男子洩精、尿血及女子崩漏也。峻補陰氣，與麋茸之甘熱而專補命門真陽者，有異。生精益髓，強志健骨。療虛勞洒洒如瘧，一切虛損羸弱，四肢痠疼，腰脊痛脚膝無力，或耳聾目暗，虛眩頭暈，男子洩精溺血，女子崩漏，赤白帶下，散石淋，癰腫疽瘍及骨中熱，久服耐老。附方：　精血耗涸，耳聾口渴，腰痛白濁，上燥下寒，不受峻補者，鹿茸酒蒸、當歸酒浸各一兩，焙為末，烏梅肉煮膏，搗丸梧子大，每米飲服五十丸。虛痢危困，因血氣衰弱者。鹿茸酥炙一兩，為末，入麝香五分，以燈心煮棗

肉和丸梧子大，每空心米飲下三五十丸。室女白帶，因衝任虛寒者。鹿茸酒蒸焙二兩，金毛狗脊、白斂各一兩，為末，用艾煎醋，打糯米糊丸梧子大，每溫酒下五十丸，日二。頭中眩暈，甚則屋轉眼黑，或如物飛，或見一為二，用茸珠丹甚效，或用鹿茸半兩，無灰酒三盞煎一盞，入麝香少許溫服。

辨治：茸初生，一茶之頃，已成茄形，遲半日，便如馬鞍歧起，愈小愈嫩，雖綿帛觸之，亦損破也，破則力大減。紫茄茸太嫩，血氣未具，其實少力，堅者又太老，惟長四五寸，形如馬鞍，茸端如瑪瑙紅玉，破之肌如朽木者，最善。鹿茸收時，陰乾易臭，惟破之火乾，大好。先以酥勻塗茸上毛，烈焰中灼之，不則火焰傷茸。候盡，再以酥塗微炙，或酒炙及酒蒸焙用。

麋茸：氣味甘熱。性熱補陽。較鹿茸之微溫而多補陰者為異。健骨扶陰痿，治丈夫冷氣及風，筋骨疼痛，老人骨髓虛竭，補益尤妙。可作粉常服，煎膠亦妙。

論：夫麋屬陰，而茸角屬陽，乃陰中之陽也，峻補陽氣，當先入腎之命門。先哲多言功勝鹿茸者，以其助陽益氣，易於見功耳。須知麋、鹿茸角，其所以分者，在二至陰陽之殊氣，而其所以分而合者，在陽質而必應乎陰之氣，陰質而必應乎陽之氣。是以鹿茸非不益陽，但陽中之陰以陰為主，而益陰者自能健陽。麋茸非不益陰，但陰中之陽以陽為主，而強陽者亦自能益陰也。人身陽中之陰，雖陰生於陽，然必陰為先導，而火乃得交於水，因陰之降以引陽也。其陰中之陽，雖陽生於陰，然必陽為先導，而水乃得交於火，因陽之升以引陰也。總妙於陽降陰升，而生化因之以不息。明乎此，然後以陰陽之分治陰陽之偏勝，而輔佐得宜可耳。

麋茸功效雖宏，然須按脈沉細，相火衰弱者，始宜用，其角亦然。

修治：同鹿茸。

鹿角：生用則散熱行血，消腫辟邪。熟用則入腎補肝，益陽和血。至煉霜熬膏，則專於滋補。氣味鹹溫。補陰氣，與茸同，而功力少緩。故之革，不如鼎之新也。療骨虛勞極，補絕傷，秘精髓，除腰脊痛，女子妊娠腰痛、下血，又活瘀和血，大勝於茸。治留血在陰中及少腹血急痛，除女子胞中留血不盡欲死。或墮胎血瘀，或胎死腹中。更主血閉無子。諸惡瘡、癰腫熱毒，磨醋傅之。附方：骨虛勞極，面腫垢黑，脊痛不能久立，髮落齒枯，甚則喜唾，用鹿角酒浸焙二兩，牛膝酒浸焙一兩半，為末，煉蜜丸梧子大，每服五十丸，空心，鹽酒下。腎虛腰痛，如錐刺不能動，鹿角屑三兩炒黃研末，空心，溫酒服方寸匕，日三。妊娠下血不止，鹿角屑、當歸各半兩，水三盞，煎減半，頓服，不過二服。妊娠腰痛，鹿角截五寸長，燒赤，投一升酒中，又燒又浸，如此數次細研，空心，酒服方寸匕。

論：夫腎主骨主髓，髓者骨之充也，鹿角乘至陰之初氣，而精血隨之以怒生，是其為骨之充者，無過此獸，所以能秘精髓。腰者腎之府，人身之髓，腎固主之，由脊骨中相貫，故能除腰脊之痛。其能活瘀散惡者，以鼎新而革故之氣應於時也。生者，無瘀血停留不得服。

辨治：要黃色堅重尖好者。生角屑同他藥煎服，散瘀行血。醋磨汁，塗瘡瘍、癰腫熱毒。或水磨汁服，治脫精、尿血。酒浸焙或炒黃，補虛和血，或燒灰酒服，治血虛而滯瀕湖。寸截泥裹，於器中大火燒一日，如玉粉也。

麋角：氣味甘熱。補陽道絕傷，益氣補髓，暖腰膝，治丈夫冷氣及風痺。功勝鹿角，煮膠亦勝白膠。

論：麋角強陽之功，亦差緩於茸，與鹿角但分陰陽，而補髓之功不異，以腎中之任，不外於督也。麋角較大於鹿角，為陽能生陰耳。其活瘀和血不及鹿角者，因補陽屬氣，不似補陰之入血，故丈夫冷氣及風痺者宜之。

陽盛陰虛者忌服。

鹿角膠：《本經》名白膠。味甘、鹹，氣溫，平。氣薄味厚，降多升少。入足厥陰少陰、手少陰厥陰經。主治傷中，勞絕羸瘦，補中益氣，婦人血閉無子《本經》。男子損臟氣，氣弱勞損，吐血下血，女子崩中不止，漏下赤白，安胎去冷，治男女肝腎虛損腰痛，並腰膝痠軟及痛。甘緩能通血脈。又治尿精、尿血。同牛膝、丹皮、麥冬、地黃、蘇子、鬱金、白芍、當歸、童便、續斷，治勞傷吐血。同地黃、山藥、山萸、鹿茸、杞子、五味、車前、麥冬、杜仲、骨脂、巴戟、蓮鬚，治腎虛陽痿，精寒無子，加入當歸、紫石英，治婦人血閉子宮冷，服之受孕。虛勞尿精，白膠二兩，炙為末，酒二兩和，溫服。虛損尿血，白膠三兩炙，水二升，煮一升四合，分服。妊娠下血，以酒煮白膠二兩，消盡再服。

論：鹿角生與熟并熬膠，俱應入腎，以角亦骨類，為骨之合也。即六極審屬骨虛，止用鹿角、牛膝二味，則其所入可知。生者活血勝於補虛，熟者補虛勝於活血，若熬成膠，則一於補矣。鹿以陽質而挾陰之氣，其角膠因烹煉之久，俾陰氣鎔化於陽中，於人身氣血生化之原，裨益良多，《本經》故主傷

中、勞絕羸瘦也。然更云補中益氣，又似專功於氣者。蓋人身之胃屬陽，《經》云：陽者胃脘之陽也。而胃之三脘，皆在任脈，是至陽原本於至陰也。鹿角之勃生怒長，正屬陽中陰氣，其稟專，其進鋭，更經烹煉，則由陰緼陽之氣化，乃得致於中氣，以為天地升降之樞，是茲味之補中益氣，正其能療勞絕羸瘦者爾。生角本為陽中之陰氣，熟膠乃達陰中之陽化。蓋取腎氣最厚之品，煉而成膠，則氣化濃密，還歸於補元精，不止於元氣之勃然而上行也，是誠為補先天要藥。《經》曰：氣歸精。又曰：精化為氣，可以合此味之用。東垣藥性主男子損臟氣，氣弱勞損吐血，與《本經》所治，互相發明。夫臟氣者，即《經》所云五臟皆有陰氣也，氣弱者，即《經》所云陰傷則無氣也。五臟陰氣，為人身中元氣，如病於陰氣不足，即謂之勞，至陰氣大傷謂之勞損，甚則遂云勞絕矣。諸書獨以血證為言者，以陰氣乃後天營血之母，陰氣傷即先病於血矣，因是悟諸血證之治，悉以救陰氣為主，陰氣係精血之真元，救精血之損者，舍是將焉取諸。或曰：血逆類由火僭，何以致慎於苦寒之投？曰：以苦寒反能亡陰耳。凡因六淫七情之侵，損傷五臟陰氣，陰氣損則元氣乃化為火，而真陰之化醇者，不能尋其天度，以循經絡而歸血海，如攖寧子所說血因熱逆妄行，或挾風，或挾濕，或挾氣，亦庶幾近之。第未明於六淫七情之損其陰氣者，却在火之先，其平火而令血不妄逆者，止為標之治，如探本，則必圖完其陰氣以為營血之母，而善守之。然則平火，猶非損陰氣之的治，況以苦寒絕陽之生化，初不為陰之化原地乎？至慎苦寒而投參、芪，其失卒亦相等。蓋即白膠之能補陰氣，尚難投於炎焰以冀有功，矧可倒行逆施，以助方張之焰乎？凡此總未究於血之生化，乃原於水而成於火耳。惟鹿角陽中挾至陰，如人身元陽所自始，即血原於水之義也，角膠煉陰以合陽，如人身元陽所由化，即血成於火之義也，取此味以完陰氣，乃於血證為能救本耳。觀治尿精、尿血及身半以下痠痛，則知其為精血之權輿，非火熱之對待也。其有陰盛遏陽而患血逆者，傷寒有之。又有勞倦傷其衛氣，致營氣不得入於經而血錯行者，是乃陽之不足，可以投參、芪者也。若傷於陰氣，即當屬化火而論，的然不可投參、芪矣。苐火有虛實之分，實火者傷及後天之氣，虛火者傷及先天之氣。後天之氣，乃陽中陰生，先天之氣，乃陰中陽化，如先天之氣傷，固及於後天，《經》所謂至陰虛，天氣絕是已。然後天之氣原根於先天，如腎脈從肺絡心注膻中，脾脈從胃注心中，而肝脈亦絡膻中。故傷其後天之氣者，必及於陽中之陰，傷其後天陽中之陰者，亦累於先天之陰。《經》所謂至陽盛，則地氣不足也。此味主勞損吐血，雖舉先後天而胥治之，但先天之陰傷，虛火也，陰虛而火，無所歸經，以是補之。後天之陰傷，本於陽以及之，實火也，清天氣之陽，乃可補地氣之陰，其先後之時殊也。若淩節而投白膠，則又誤矣。

修治：取解角，鋸半寸長，置長流水中，浸三日，削去黑皮，入砂鍋內，以清水浸至不露角，桑柴火煮從子至戌時止，旋旋添水，勿令水歇，如是者三日，角軟取出，曬乾成霜，另用無灰酒入罐內，再煎成膠，陰乾待用。麋角性本甘熱，更經火煉，則偏於補陽，不如鹿膠之補而不僭，故截角製膠，須擇其小者，勿使麋角混之，致藥方不精。用時，或炒成珠，或酒化服，得火良。畏大黃。

鹿角霜：即鹿角煮爛成粉者。膠則取所煮之汁久熬而成者，霜似枯質，膠乃精液。古方或各用之，或合用之，必其皆有補益，但恐霜遜於膠耳，有療男子陽虛，與下小便頻數同方，可知腎經氣虛者，此能益氣而強腎矣。小便頻數，鹿角霜、白茯苓等分為末，酒糊丸梧子大，每服三十丸，鹽湯下。小便不禁，上熱下寒者，鹿角霜為末，酒糊丸梧子大，每服三四十丸，空心，酒溫下。凡病便數，皆腎經氣虛而然，若不禁，則虛更甚矣。

鹿髓：氣味甘溫。治丈夫女子傷中、絕脈，筋急痛。同地黃汁煎膏服，填骨髓，壯筋骨，補陰強陽。白蜜煮服，令人有子。鹿一牡能御數牝。凡滋補藥，用其脊髓和酒熬膏丸藥，大妙。白飛霞法：取鹿腦及猪骨髓煉成膏，每一兩加煉蜜二兩，煉勻，瓷器密收，用和滋補丸藥。治肺虛毛悴，有酥髓湯《刪繁方》。鹿髓煎，治肺痿、欬嗽，傷中脈絕，用鹿髓、生地黃汁各七合，酥、蜜各一兩，杏仁、桃仁去皮尖各三兩，酒一升，同搗取汁，先煎杏仁、桃仁、地黃汁減半，入三味煎如餳，每含一匙咽下，日三。

清・鄒澍《本經續疏》卷三 白膠 【略】鹿角寸截，外削粗皮，內去瘀血，浸滌極淨，熬煉成膠。浮越囂張之氣頑梗木強之資，一變而為清純和緩，凝聚膠固，自然其用在中，收四出浮越之精血，鍊純一無雜之元氣，於以為強固之基施化之本也。試舉一端而言，如《本經》以之主婦人血閉，《別録》以之療崩中不止。治閉宜通，治崩宜塞，一物耳，云何通塞並擅？不知腎者主水，聚五臟六腑之精而藏之，故五臟盛乃能瀉，五臟盛而不瀉，五臟不盛而瀉，五臟不盛而不瀉，皆病也。以故不瀉者，正所以成其瀉。瀉者，必早有不

瀉者可恃，血非水屬歟，以止崩中為通月閉初基，又焉得為並擅？若以為並擅，則通閉與安胎，腰痛與肢疼，多汗與淋露，吐血與下血，皆不容兼有其功，總推極其兩端，以令人得所主腦耳。鹹能收集津液，甘善敷布精微。鹿角之鹹，既成白膠，則轉而甘，甘以鹹為先天，則敷布有序，而不至傾盡底裏，鹹以甘為化身，則收集有度，而不至慳吝嗇施。試思傷中之候，既已勞絕羸瘦，從何收集，無所收集，將何敷布，無所敷布，羸瘦又焉能復勞絕？又何能續耶？惟其既集為布，藉輸作收，徑道既澤，中權有資而化生氣於空濛，充形骸以膏潤，曾謂補中益氣為廋詞哉。要之一物也，踳駁則行，清純則補，一病也。踳駁者實，清純者虛。既鹿角所治之惡血、留血、癰腫，較白膠所治之吐血、下血、崩中，言其同自有純駁之殊，言其異則又皆係血，是藥物之炮製，煎煮之久暫，遂別有所專長，於此可見。

清・鄒澍《本經續疏》卷五　鹿茸　【略】血非與熱搏，不為惡血癰腫，猶可以性溫者治之乎？豈知鹿角之自下上上，歧中出歧，兩兩相參，燦然並列，絕似足三陰經也。夫脾肝腎聯處中下，均主引精血上奉，其有藏氣不咸，無以蒸騰精血，而或為留結，或至滲洩，若不用性溫之物，何以使留者行，陷者舉耶？縱使惡瘡癰腫，邪惡氣留血在陰中，有挾熱者，不妨以他物別除其熱，鹿角則仍引其中未敗之血，隸原統之經而上縈焉，以免誅伐無過之咎。至於折傷血瘀，或血脈不續，而腰脊痛，或血脈留阻，而少腹急痛者，正須此通其流行之路，而後病可已。惟其性溫，是以能致氣行；惟其氣行，是以能動留血。故《別録》歸結其功，而美之曰益氣，無慚也已！凡獸血皆不能至角，惟鹿則角中有血，是本能引血至上者。況茸乃當舊角纔解，積血岔湧，將欲作角之時，逞其曳引之力，正厚取其推送之勢方張，而下溜者轉而上供，餒怯者易而雄駿，斯不特漏下惡血可止，即驚癇寒熱中，且能為益其氣，強其志矣。齒為骨之餘，與角為骨之餘。則能生角者，不能轉而生齒乎？《別録》所續虛勞洒洒如瘧，正以擴充《本經》驚癇寒熱之旨見，不但能益氣強志已耳。就寒熱洒洒如瘧而羸瘦者，或兼有四肢酸疼，或兼有腰脊痛，或小便不固，或精自遺洩，或溺中有血，則此洒洒如瘧者，不得徒以寒熱視之，當知其精血不充，陰陽相賊害，宜建其作強之機，益其雄壯之勢矣。其他主治，則猶角之所能，而此更加靈耳。

清・葉桂《本草再新》卷九　鹿茸味甘、鹹，性溫，無毒。入心、腎二經。添精補髓，暖腎助陽，健骨生齒。治腰腎虛冷，四肢痠痛，頭眩眼黑，一切虛損勞傷，小兒痘瘡乾回。鹿角：味鹹，性溫，無毒。入心、腎二經。生用則散熱，行血消腫。熬膏鍊霜，則大補腎氣，滋水生血，強骨節，壯腰膝。○鹿筋，主勞損續絕。

清・趙其光《本草求原》卷二〇獸部　鹿麋辨　鹿，山獸，孕於秋，生於春，是受氣於陰，成形於陽。每夏至角解，陽體遇陰而退也。故其茸角補陽、補右腎精氣。麋，澤獸，孕於春，生於秋，是受氣於陽，成質於陰，每冬至角解，陰質遇陽而退也。故其茸角補陰，填左腎血液。然麋、鹿之臥，口鼻皆反向尾閭，以通督脈。督脈為陽氣之總督，為周身骨節之司，為陰中之陽，陽常下引。真陰上升於腦，其下引也。即其下交於任陰也。是頭為諸陽之會，即為陰氣之會。水中之火曰陰氣，又曰精氣。茸角生於骨，故二者皆入督以補腎，腎亦主骨也。任為陰氣之專，任常下降丹田以引陽，即其下交於督陽也。故龜伏息而任脈通，鹿反向而督脈達。二者之角皆血所貫，皆能補衝脈心包，以衝為血海，心包主血會也。斑龍丸歌云能補玉堂闕下穴，即心包也。胞中為精血所聚，其脈絡於心，故心包絡主血會。但鹿雖益陰，而陰成於陽，陽為主，舉陽即以益陰。麋亦益陽，而陽成於陰，陰為主，補陰即以健陽。質粗壯，腦骨堅厚，毛蒼黑而雜白毛者，麋也。形略瘦，腦骨略薄，毛黃澤而無白毛者，鹿也。

鹿茸：甘，溫，一云鹹，熱。無毒。補陽氣以生精血，固精、陽升舉則固。益髓、強筋、健骨、安胎、攝二便、益氣起陰。皆大氣升舉之效。凡真元陽虛，精血又竭，以致耳聾、眼花、眩暈、骨熱、腰脊冷痛，同菟絲、大茴、羊腎，酒煮為丸。尿數帶下、衝任虛寒，同狗脊、白斂、艾、醋煮糯米為丸。虛痢、酒燉加麝，以燈心煮棗肉為丸，飲下。血瘀、崩漏、尿血、淋濁、肢酸疼軟、虛勞洒洒如瘧狀、寒熱驚癇、上燥下寒或下熱上寒，驚癇皆衝任病。陰氣虛則相火妄動，而上熱下寒；陽氣虛則隨陰下陷，而下熱上寒。宜峻補者，俱同五味加入八味丸，名十補丸。不受燥補者，同淮山、當歸、酒煮烏梅為丸。強志，腎藏志，精血足則強。生齒，齒為骨餘。殺勞蟲，脊中生蟲，習習癢痛，淅淅有聲，同鱉甲、生犀，加入六味丸，與天靈蓋同功。癰腫，疽癢。脈沉細，相火衰者宜之。陰虛有火，上焦痰熱及氣升人勿用。形如茄子，圓短毛軟，片如瑪瑙者上；如黃蠟者次之；短亦要二三寸，太嫩則氣血未足。毛硬枯瘦，尖長、生歧者下。酥塗、酒塗炙用，不可過焦，傷其氣血。

鹿角：鹹，溫，無毒。生用，散熱行血，消腫辟邪。治胎漏、屑同歸水煮。

胎死，墮胎血瘀、為屑，葱、豉湯下。胞衣不下、屑末酒下。瘧疾、乳調下。跌折、酒下。骨鯁，為末含咽。夢與鬼交、尿血、俱水磨服。脾熱流涎。末，米飲下。蜜炙研酒服，活血兼通陽道，止筋骨痛。燒灰，治胞中餘瘀、酒下。赤白痢，同髮灰。塗丹毒，豬脂調。背癰、乳瘡，醋調，或醋生磨亦可。以角血發泄已盡，止有拓毒、消散、逐惡之功也。

鹿角霜：取現年新角尚嫩者寸截，炭火燒過為末，水和成團，或牛乳和更妙，絹包再煅；或寸截置小缸中，酒和浸七日，刮去黃黑皮，盆蓋泥包封，大糠火燒一日夜，研用。或生為屑，炒黃研細用。粗則傷腸胃。生者活血，勝於補虛；酒浸焙及煅炒，通陽益虛，勝於活血。古方陽虛尿數、同茯苓，酒糊丸，鹽水下。尿不禁角霜獨用，酒糊丸，酒下。皆用角霜，取其堅質，火煉通陽以堅腎也。張石頑曰：角霜溫中益土，治脾胃虛寒少食、反胃嘔逆甚效，取其溫中而不粘滯也。須炒煅用。今人以煎膠之渣代用。其膠既去，服之何益？

鹿角膠：一名白膠。堅強之陰液，得火煉成膠，是陰化於陽中。甘、鹹，微平。能填補衝任督脈之精血。茸從督脈變通陽維以及於衝脈，膠則直從督而緣合衝任。兼通達陰氣以活血。補而不僭，故《本經》列茸於中品，列膠於上品，以其甘平足貴也。強腎。主傷中，胃在中焦，而三脘皆在任脈，是胃陽本於至陰，而陰為中之守。勞絕、腰痛、羸瘦，補中益氣、《經》曰：陰傷則無氣，氣虛憊倦，有似勞極而倦者，故曰勞絕。婦人血閉無子、吐血、下血、崩血、尿血、盜汗、遺精、同龍牡、角霜酒糊丸，鹽湯下。尿數、同茯苓、酒為丸。或不禁，酒同鹿角霜為丸。帶漏、肢痛、安胎、去冷止痛，皆補精化氣之效。功下歸於元精，茸則補氣化精，主上行，治症略同，而功用各別。其治淋露，跌折、瘡腫，即鹿角拓毒之功耳。得桂，通陽，除寒熱驚癇；同龜膠，達任，治瘦弱腰痛；得歸、地，入衝脈，治血閉胎漏。同角霜、麝茸、龜板、虎骨、豬脊髓蜜丸，鹽湯下，名異類有情丸，大補氣血，勝於草木石金。善飲食人，加豬膽汁以降火。取嫩角寸截，河水浸七日刮淨，煮三日夜，頻添水，俟角液盡，去渣取汁，再煎，加酒熬成膠陰乾。忌曬，曬即化水。今多以牛膠加楮實偽充，宜察。

鹿骨：甘，熱。安胎下氣，益虛弱，續絕，壯骨。除風。同杞子水煮，或浸酒。治洞泄。燒灰水服。

脊髓：甘，溫。主傷中絕脈，筋急痛，酒和服。肺痿咳嗽，同杏仁、桃仁、生地汁，酥蜜。壯陽、令有子，蜜煮食。填髓，壯筋骨，生精，潤燥。同生地汁煎膏，或同豬脊髓、鹿腦煉膏，加蜜煉勻，入滋補丸服甚妙。凡腎寒，腰痛，以薑汁化少許，入摩腰膏內擦腎堂，即暖氣透入丹田，大補元陽。以鹿一牡能御數牝，腎氣甚足。腎主骨，髓則骨之充也。角則骨之餘。

鹿胎：陽質初備，甘，溫，無毒。為補養天真、滋益少火之良藥。參、芪、河車、桂、附等佐之，則大補元陽。凡下元虛寒而不受燥補者，加入六味丸中，則無傷陰之患。色淡形瘦，嘴尾蹄甲如生鹿者真。若色深形肥，為麋胎，食之損真陽。獐胎亦似鹿胎，但色皎白，且下唇不若鹿之長於上唇。入藥，酥炙黃用。

肉：亦補陽，但服丹石人勿用，以其食毒草，解諸藥也。

血：起陰，治腰痛、折傷、肺痿、吐血、崩帶、氣血虛、諸氣刺痛、刺頭角間血，同酒飲。解痘毒。夏至前後頭血勝，冬至前後尾血佳。同兔血，各以紙盛置灰上曬乾，和乳、沒、雄黃、黃連、朱砂、麝蜜丸，能稀痘。或曰刺血不可代茸，亦一說。又曰，二茸一陰一陽，分之可以治陰陽之偏勝。然鹿陽中有陰，麋陰中有陽，則群以陰藥即益陰，助以陽藥即益陽，二者亦可合用，故《本經》言鹿不言麋。

筋：治勞損續絕，大壯筋骨、起陰，食之令人不畏冷，去塵沙眯目，嚼爛按入目中即出。骨鯁，漬軟搓緊索如彈子大，持筋端吞至鯁處，徐引之即出。但骨細者為鹿，粗即為麋筋，食之反陰痿。懸蹄上有四骨者為正北鹿筋；兩骨者，非也。

清・葉志詵《神農本草經贊》卷一 白膠 味甘，平。主傷中勞絕，(要)〔腰〕痛羸瘦，補中益氣。婦人血閉無子，止痛安胎。久服輕身延年。一名鹿角膠。

斑龍解角，候屈鳴蟬。粲磋勁質，活火新煎。銀膏瑩細，瓊液凝鮮。絪緼潤化，却老留年。

《澹寮方》：鹿，一名斑龍。《禮》：仲夏鹿角解，蜩始鳴。謝偃賦：徒觀其粲兮如瑳。沈約詩：梢風有勁質。蘇軾歌：君不見，昔時李生好客手自煎，貴從活火發新泉。郝經詩：斫開細雪銀膏瑩。李白詩：一餐咽瓊液。鮑照詩：霜素凝鮮。《易》：天地絪緼。《春秋元命苞》：開神潤化。《洛陽伽藍記》：孤松既可却老，半石亦可留年。

清・葉志詵《神農本草經贊》卷二 鹿茸 味甘，溫。主漏下惡血，寒熱驚癇，益氣強志，生齒不老。角，主惡瘡癰腫，逐邪惡氣，留血在陰中。

角仙茸客，備物藥籠。春萌茄紫，香染瓊紅。折歧誤馬，戴異稱龍。何緣解縶，養性從容。

《清異録》：華清宫鹿，人呼為角仙。《談薈》：武宗十玩鹿為茸客。《唐書・傳》：元行冲曰：願以小人備一藥石。狄仁傑曰：君正吾藥籠中物。《埤雅》：鹿茸嫩者為茄子茸，珍其難得。堅者如紅玉，至六十年必懷瓊角。《下唐類函》：荊楚之地，其鹿似馬，當解角時，望之無辨。《乾寧記》：鹿與游龍相戲，必生異角，則鹿得稱龍。蘇轍詩：何緣解韁縶。《埤雅》：鹿者仙獸，常自能樂性。

清・文晟《新編六書》卷六《藥性摘録》 鹿肉 甘，溫。補中益氣，調血脈，益腰膝，助陽道。九月至正月可食，餘月不宜。〇鹿腎，補腎氣，壯陽道。〇筋，補虛乏，續絶脈。〇鹿血，解藥毒、痘毒，治肺痿肺癰吐血，及崩帶腰痛。刺血，生飲良。〇茸、角、膠詳藥部。

鹿茸 甘鹹，氣溫。溫補真陽，以通督脈，治腰腎虛冷，精滑崩漏，補髓養血，強筋健骨。〇角，初生長二三寸，分歧如鞍，紅如瑪瑙，破之如朽木者良。〇酥塗，炙用，或酒炙。

鹿膠 味甘，性緩。溫補腎陰，以通督任。同桂用，除寒熱驚癇。同龜膠，治羸瘦腰痛。同地黄、當歸，治婦人血閉胎漏。惟平臟服之得宜。若純陰無陽，服此反能泥膈，恐有腹脹飽滿之弊。〇生角，味鹹，氣溫。散熱，行血消腫，辟惡。〇熟角，益腎補虛，強精活血。〇角霜，連汁煎乾者，治脾胃虛寒，便泄。煎過膠者，無益。〇鹿胎、鹿肉、鹿筋，力能補陽。若麋胎、麋肉、麋筋，則損陽而傷陰矣。〇鹿胎，色淡形瘦。〇麋胎，色深形肥，若色皎白，其胎下唇不若鹿之長於上唇，則為麞胎。〇鹿筋，以骨細為是。若粗，即是麋筋，不可妄用。

清・張仁錫《藥性蒙求・獸部》 鹿角霜一錢、膠三錢 鹿角鹹溫，生能行血。炙用熬膏，生精壯骨。生用則散熱行血，消腫辟邪。炙黄熟用，或用酒浸、蜜浸，則益腎補虛，強筋活血。熬膏則專於滋補，與炙黄等不相遠，總不出通督脈，補命門之用。但膠功稍緩，不能如茸之力峻耳。互參二條經旨，乃知茸有交通陽維之功，膠有緣合衝任之用。攷《外臺》《千金方》，散血解毒居多，非如近世之專一溫補也。〇鹿角霜：治火不生金土，脾胃虛寒，食少便溏，胃反嘔吐之症，取溫中而不粘滯也。古人多製應用，今人以煎膠者代充，其膠既去，服之何益？ 鹿茸一錢、二錢： 鹿茸甘溫，補腎助陽。性通督脈，腰脊能強。甘、鹹，溫。添精補髓，暖腎助陽，健骨。治腰腎虛冷，四肢痠痛，頭眩眼黑，一切虛損勞傷。〇鹿角初生，長二三寸，分歧如鞍，紅如瑪瑙，破之如朽木者良。太嫩者血氣未足，無力。酥塗，灼去毛，微炙。不塗酥則傷茸。亦有酒炙者。不可以鼻嗅其茸，中有小蟲，入鼻害人。寇氏曰：鹿茸最難不破又不出血者，蓋其力盡在血中故也。

清・王孟英《歸硯録》卷一 本草據《月令》強分麋、鹿二角有補陰、補陽之別。純廟謂木蘭之鹿、吉林之麋，角皆解於夏，惟麈角解於冬，曾於南苑見之，特正其訛。於乾隆三十三年，改時憲書仲冬月令麋角解為麈角解。後之修本草者，當遵奉改注。

清・王孟英《隨息居飲食譜・毛羽類》 鹿肉 甘，溫。補虛弱，益氣力，強筋骨，調血脈，治產後風虛，辟邪。麋肉同功。但宜冬月炙食。諸外感病忌之。其茸、角、鞭、血皆主溫補下元，惟虛寒之體宜之，若陰虛火動者服之，貽誤匪淺。全鹿丸尤不可信，葉天士嘗闢之，不可不知也。 中風口眼喎邪，生鹿肉同生椒擣貼，正即去之。

清・屠道和《本草匯纂》卷一補火 鹿茸 耑入命門、腎，兼入肝。甘、鹹，氣溫。生精補髓，養血益(湯)〔陽〕，強筋健骨，治一切虛損，耳聾目暗，眩運虛痢。療虛癆，洒洒如瘧，羸瘦，四肢酸疼，脊痛，小便數利，洩精溺血。破瘀血在腹，散石淋癰腫，骨中熱疽癢。安胎下氣，殺鬼精物。補男子腰腎虛冷，脚膝無力，夜夢女交，精溢自出。女人崩中漏血，赤白帶下。為末，空心酒服方寸匕，壯筋骨。鹿茸能於右腎補腎脈之真陽，以益其精氣不足。麋茸能於左腎補腎脈陰中之陽，暖腎水以滋其血液不足。麋茸其質粗壯，腦骨堅厚，色毛蒼黧而兼白毛者，則為麋茸。形質差瘦，腦骨差薄，毛色黄澤而兼白毛者，則為鹿茸。麋、鹿雖分有二，然總屬填精補髓，堅強筋骨，長養氣血，為補肝滋腎之要藥。鹿角初生長二三寸，分歧如鞍，紅如瑪瑙，破之如朽木者良。酥塗微炙用。茸有小白蟲，視之不見，鼻齅恐蟲入鼻。

清・劉善述、劉士季《草木便方》卷二人禽獸部 鹿角 鹿角甘溫補勞傷，四肢筋骨鶴膝瘡。崩帶瀉痢虛弱瘦，跌打失血安胎方。令婦生子固精血，癰疽瘍勞功同霜。

清・田綿淮《本草省常・禽獸類》 鹿茸〔鹿筋〕 性溫。生精益髓，養血助陽，補虛羸，壯筋骨。此物肉有小蟲，視之不見，不可近鼻齅之。 鹿筋，性平。補損續絶。

清・戴葆元《本草綱目易知録》卷六　鹿班龍　茸，甘，溫。純陽。生精補髓，養血益陽，強筋健骨，安胎下氣，益氣強志，殺鬼精物。治虛勞洒洒，羸瘦如瘧，漏下惡血，寒熱驚癇，小便數利，洩精尿血，破瘀血在腹，散石淋癰腫，骨中熱疽。療男子腰脊虛冷，脚膝無力，四肢痠疼，夜夢鬼交，精溢自出，眩運虛痢，耳聾目暗。女子崩中漏血，赤白帶下，及培一切虛損勞傷，精血耗涸。惟脉沉細相火衰者，宜之。若少壯體強者，忌此物。勿近丈夫陰，令痿。葆按：此物勿近鼻嗅，内有細蟲，恐發腦疳。又製鹿茸法，用綫条點着燃其毛，新布拭淨，器盛，安飯上微蒸，切片，好酒微拌勻，鋪瓷盆中，飯上又微蒸，以受酒攤乾，銅鍋内微火焙乾，勿焦，研末用。【略】

角：鹹，溫。生用，則散熱行血，消腫辟邪。製熟用，則益腎補虛，強精活血。鍊膏，則耑滋補。治惡瘡癰腫，逐邪惡氣，折傷惡血，留血在陰中，除少腹血痛，腰脊痛，猫鬼中惡，心腹疼痛。水磨汁服，治男子脫精尿血，夜夢鬼交。醋磨汁，塗瘡瘍癰腫熱毒。火炙熨小兒重舌、鵝口瘡。蜜炙，研末，酒服，強骨髓，補陽道絕傷。又治婦人夢與鬼者，鍊末，酒服三錢，即出鬼精，神效。燒灰，治婦人胞中餘血不盡欲死，以酒下一匙，日三服。【略】

鹿角膠鹿角霜：甘，平。補虛勞，壯督脉，悅顏色，補中益氣，長肌益髓，止痛安胎，療吐血下血，腰疼羸瘦，四肢作痛，多汗淋露，折跌損傷。男子損臟氣，氣弱勞損，吐血尿精尿血，女子崩中不止，漏下赤白及血閉無子，服之令有子，肥健延年。療瘡瘍腫毒，塗湯火灼傷。【略】葆按：鹿角，須用對角，要腦門全者，是獵人獲其鹿，連腦門劈下而售，名血角，製服益人，今市從販售者，係外地來，無腦者，名解角，其質枯氣弱，服食無益。【略】

肉：甘，溫。鹿乃仙獸，純陽多壽，能通督脉，所食者，良草，故其肉及角骨等服食，有益無損，補中益血，生容益氣力，強五臟，調血脉，補虛瘦弱，治産後虛邪僻。生者，療中風僻，割片薄貼之。【略】

蹄肉：治諸風痹，脚膝拘攣，骨中疼痛，不能踐地，同豉汁五味煮食。葆按：近俗取淨鹿脚筋，和蹄封乾，售之，治筋骨虛風，膝軟脚痹，體弱，俱效。但由粵東來者，價廉，食之者無效，恐以他獸筋偽之，須獵戶取鮮蹄筋，自封乾者良。茲查《本草》失載，故補之。【略】

精：補虛羸勞損，功同人參，力倍鹿茸。【略】

乳葆補：甘，平。填衝任，益精血，補勞損虛羸，起痘瘡頂陷。治勞傷咳嗽，肺痿吐血，白濁遺精，骨蒸虛汗，女子崩中帶下，胎漏胎墜。與血同功，其補益較勝。葆按：鹿乳，係血所化，補益之功，較勝於血，起發痘瘡，效比鹿茸，而無燥熱之患，屢驗附之。並取乳法，探鹿夜宿處，其母鹿早晨乳小鹿即出打食，置鹿宿處，夜居，俟其鹿出，將小鹿捉住，破肚，其乳結腹内成塊，而嫩草不混，取出攤紙上，曝乾，須以午時取則有，至午後則腐化矣。

筋：【略】骨鯁目中，鹿筋漬軟，搓索，令緊，大如彈丸，持筋端，吞至鯁處，徐徐引之，鯁着筋出。葆按：此統言筋，非蹄肉上筋，《本草》故不載，治筋脚痛。

清・黄光霽《本草衍句》　鹿茸甘、鹹，熱。　大補命門，恆通督脈。生精補髓，養血助陽。益氣強志，健骨壯筋。故治腰腎虛寒，四肢冷痛，頭眩目暗，崩帶遺精。　陰虛腰痛，不能反側，鹿茸炙、菟絲子各一兩，茴香半兩，為末，以羊腎二對，酒煮爛擣泥，和丸酒下。　腎虛腰痛如錐刺，不能動，鹿角屑三兩，炒研，酒下。　卒腰脊痛，不能轉側，鹿角五寸，燒赤，投酒浸一宿，飲。　鹿角：鹹，溫。　除少腹腰脊血痛，留血在陰中。治胞中餘血不盡，鬼交於夜夢。婦人夢鬼交者，清酒服一撮，則去鬼精。　生則散結行血，消腫辟邪。熟則益腎補虛，強精活血。　墮胎血瘀不下，狂悶寒熱，用鹿角屑一兩，為末，豉湯服，須臾血下。　盜汗遺精，角霜二兩，生龍骨煅、牡蠣各一錢，爲末，酒丸，鹽湯下。　虛損尿血，鹿角三兩炙，水煎服。　小便不禁，上熱下寒者，角霜為末，酒丸，酒湯下。　小便數多，角霜、白茯苓，為末，酒和丸，鹽湯下。　鹿膠：甘，溫。　強陽益精，滋補氣血。傷中勞嗽，尿血尿精。漏下赤白，血閉不生。霜：　補陽益精，多汗淋露。補中益氣，小便頻多。

清・陳其瑞《本草撮要》卷八　鹿茸　味辛，溫，入足少陰、厥陰經。功專補精益氣。得菟絲、羊腎、茴香治腰痛，得人參、黄芪、當歸提痘漿。鹿屬陽，夏至得陰氣解角。麋屬陰，冬至得陽氣解角。鹿補陽氣，麋補陰血。鹿角：　味鹹，溫，入足少陰、厥陰經。功專補腎益肝，斂精止血。生用散熱行血，消腫辟邪，治夢與鬼交。熬膏鍊霜，則專滋補，益腎生精血，強骨壯腰膝。鹿峻大補虛勞。鹿筋主勞損續絕，鹿肉甘溫補中，強五臟，通血脈，益氣力。上焦有痰熱，胃家有火，吐血屬陰衰火盛者俱忌服。畏大黄。鹿名斑龍。

清・吴汝紀《每日食物却病考》卷下　鹿附角　肉，味甘，溫，無毒。補中益氣，強五臟，調血脉，補虛瘦。生者，療中風。華陀云：口偏，割生鹿

肉，用生椒貼，患左貼右，患右貼左，正即去之。或煮，或蒸，或脯，俱同酒食之，良。但服藥者多食之，藥不得力，為其多食解毒之草，制諸藥也。血，補虛，療陰痿，腰痛，吐衄，折傷。女人崩帶及氣痛者，飲之立愈，俱和酒服。

角，味鹹，溫，無毒。生作末入藥，散熱行血，功效甚多。熬膠鍊霜服食，則專於滋補，治男損虛氣弱，羸瘦吐血。婦人服之令有子，安胎，治赤白下。久服輕身延年。蓋鹿，仙獸純陽，能通督脉，食良草，故一身之中，肉、角、血、臟，骨髓，皆溫補，有益無損。魚骨鯁，以鹿角屑含津嚥下。竹木刺肉中，以鹿角末水調敷，立出。

清・仲昂庭《本草崇原集說》卷上　鹿角　【略】〔批〕後人以鹿角熬煉成霜，化其銳氣，以代茸膠甚妥。

清・仲昂庭《本草崇原集說》卷中　鹿茸　【略】仲氏曰：《本經》鹿茸入中品，白膠即鹿角膠入上品，《崇原》將茸提在膠前，同列上品，以茸為角之根也。《經讀》仍置茸於中品，以茸無久服明文，不如白膠之甘平，可以久服也。品第自合遵經《崇原》，因注內從根說起，故改為上品，明示根由。又曰：隱菴、修園善用鹿茸，見於《類辨》五類救逆丹，及《時方妙用》《醫學實在易》等書。世俗以為大補氣血而妄用之，往往誤事。

清・鄭奮揚著，曹炳章注《增訂偽藥條辨》卷四　鹿茸　鹿茸頂尖帶血者，謂之血柿茸，價值甚昂。聞射利之徒，或用豬尾，或用小腸，和以豬血，攙以雜藥，假造偽充，外形與真無二。及煎熬之後，則糜爛臭穢，可驗而知之。若研末入丸藥，甚難辨識。按：鹿茸，氣味甘，溫，無毒。主治漏下惡血，寒熱驚癇，益氣強志，生齒不老，為補骨血、益精髓之要藥。麋茸尚不可用，又安用此假柿茸耶。若遇危險重症，服之則貽誤必多矣。炳章按：茸者，如草芽初生之狀。麋鹿雌者無角，雄者之角，年解年生。乘其初生含血，未成骨時，取以為補精血藥，因其狀命名也。惟採茸之法，貴乎始生含血者，漸長則成角不適用。故云宜如茄之小者，分歧則大而不取。此舉茸生初久形分大小而言，非可指為鹿之大小解也。凡具氣血者，幼則弱，老則衰，惟壯大者則強。是麋鹿之茸，正當取於壯大者為貴。當取其頭骨大，而茸豐肥，如馬鞍形、鞒形者為最，至茄茸則太嫩而小，寇宗奭已論之矣。再論採取之法，《羌海雜誌》云：茸鹿一種，天下盛稱關東。其實製法，以西產為良，品質亦不及西產之厚也。然西產製法，亦未嘗不佳。最上者亦曰旋茸，其法得一生鹿，閉於柵，聚圍之而呼噪，鹿性躁驚，距奮擲足無停蹄，其體純陽，兩角更甚，約數小時，其熱度達於極點，有力者猝入，以利刃斷其首，長杆丈餘上穿鐵環綴八尺之鐵鏈，而以鹿角係其端，極力搖而旋轉之，甲疲乙易，乙疲丙易，不知其數千萬轉，其精血靈活和勻，無孔不入，無竅不通，稍停則精血凝聚之處，易生微蟲，精血不到之處，元氣不足，非全材矣。此青海採製鹿茸之法也。此指家畜而言。如遇野山之鹿，即隨時戈獲取茸，功效尤偉。李春芝云：麋鹿俗呼梅鹿，尤有馬鹿之分，二鹿均能生茸，皆有蠟血片。大抵麋鹿解角後，其新茸芽生之際，初起如銀杏狀，漸成梨形及核桃形，名曰血包，此為第一期。再則支生兩凸，如茄子形，或如鞍子形，名曰扈子。鞍子稍養數日，急宜取用，此為第二期。倘逾此期，即為乂子，此為第三期，即毛角也。血液枯燥，功效已薄。上述麋鹿生茸，關於時際之遲早，以區別其形狀之良窳，再別其每架鹿茸切片時，復有蠟片、血片、風片、骨片之分。如茸之頂尖，最首層之白如蠟，油潤如脂，名之曰蠟片。次層白中兼黃，純係血液貫注其中，故名曰血片。最次層片有蜂窠，色紫黑透孔，名曰風片，俗云木通片，如木通之空通也。最次則與骨毗連，同角相彷，名曰骨片，效力更薄矣。凡辨原架鹿茸之法，須顏色紫紅明潤有神，頂圓如饅頭式者佳。如色帶黃黑，頂上凹陷者次。東三省及青海、新疆產均佳。浙江衢州、金華出亦佳。偽者以鹿茸架，用豬血麵粉做成。

鹿角膠　鹿角膠，原名白膠。以鹿角寸截，米泔浸七日，令軟，再入急流中浸七日，刮去粗皮，以東流水，桑柴火煮七日，頻頻添水，取汁瀝淨，加無灰酒熬成膏，冷則膠成矣。氣味甘，平。主治傷中勞絕，腰痛羸瘦，補中益氣，婦人血閉無子，止痛安胎。市肆有以牛皮煮為膠偽充，一層白色，俗名白頭，氣味羶臭粘濁，服之有害。炳章按：鹿之種類有三：陸佃云：鹿之大者名曰麈，群鹿視其尾為趨向，其尾可作拂麈，今北人呼為大尾鹿者是也。李瀕湖以麋似鹿而色青黑，大如小牛，肉蹄，其目下有二竅，為夜眼之說，證之似略有據，然未曾實指其角解於冬也。清高宗帝有《鹿角記》，言之詳矣。因二物俱解角於夏。乾隆丁亥長至，齋宿南郊，命侍臣詣南苑，聚木蘭之鹿，吉林之麋，大尾之麈，監視之，及五時而麈之角解，麋鹿皆不解。隨傳旨欽天監，改月令之麋角解為麈角解，此經頒示天下，而人民所共知者也。是麈之尾與麋鹿殊，而角解於長至。《地學雜誌》云：麈俗稱為四不象，蓋其形似

鹿，而牛身，馬尾，羊蹄，特其首類鹿耳，故得此名稱。清聖祖嘗在靈囿中，實驗此物，而改《夏小正》鹿角解之訛。若麋與鹿，即李瀕湖所言麋肉蹄四眼之說，亦猶黃牛之於水牛，形稍殊而其實一物也。且朱子之註《孟子》，亦曰麋鹿之大者，未嘗分為二也。李春芝云：麋鹿俗名梅花鹿，尤有馬鹿之分，亦屬同類異種耳。《新疆雜記》云：麋鹿北疆概產之。每冬季多狩獵者，其角於小滿節後，角根發癢，以頭相觸，角即脫落，堆於一處。獵者於深山中，有一獲數百對者。脫角後越五六日，新茸即生，此時最為貴重。產於拜城之額什克巴什山，漢騰格里山，若焉耆之納刺達嶺，俗稱之口鹿圈，言其產鹿之多也。即品質言，尤以產於伊犂之果子溝者為最佳，行銷於內地各藥行。大抵關東出者，其角外皮黃黑色，內白色有神光，為最佳。湖廣桱縣出亦佳。福建、陝西出有雙角、單角之分，雙角老者亦佳，單角為次。海南丹山出者，無杈枝亦次。又外洋淡水中出魚角，又名沙角，為鯊魚所變，其色枯白而大，杈枝甚多，為最次。其他煎膠之法，用正鹿角鋸斷，每段約二寸，另通淨角內灰質，洗淨，煎七晝夜停火，取出骨渣，候冷濾淨，再熬至滴水成珠，取起入方錫盤中，候凝結成塊，取出以刀切塊，貯藏三年發售，名鹿角膠是也。

麢

明·盧和、汪穎《食物本草》卷三獸類　麢　佀麅而大，肉稍麄，氣味亦同麅也。

明·鄭寧《藥性要略大全》卷一〇　麢　味甘、鹹，氣平，無毒。主治與麅略同，補五臟血脈。

明·穆世錫《食物輯要》卷四　麢　似麅而大。肉粗，氣味頗同。

明·吳文炳《藥性全備食物本草》卷二　麢　似鹿而大，肉粗，氣味頗同。

明·姚可成《食物本草》卷一四獸部·野獸類　麢深山中有之，形大於麅，其肉稍麤。　麢肉，味甘，平，無毒。功用〔與〕麅肉同。

清·何其言《養生食鑒》卷下　麢　似麅而大，肉稍麤，氣味亦同也。

麈

明·盧和、汪穎《食物本草》卷四獸類　麈　肉，味如牛脂，甘過之。皮，可為靴。尾，能辟塵。山牛也。

明·穆世錫《食物輯要》卷四　麈　肉，味甘，性滑，如牛脂，無毒。可食。潤膚燥，長肌肉。尾，辟邪。

麋

唐·孫思邈《千金要方》卷二六《食治·鳥獸》　麋脂　味辛，溫，無毒。主癰腫惡瘡、死肌寒熱、風寒濕痹、四肢拘緩不收、風頭腫氣，通腠理，柔皮膚。不可近男子陰，令痿。一名宮脂。十月取。黃帝云：生麋肉共蝦汁合食之，令人心痛。生麋肉共雉肉食之，作固疾。

宋·沈括《夢溪筆談》卷二六《藥議》　按《月令》，冬至麋角解，夏至鹿角解，陰陽相反如此，今人用麋〔角〕、鹿茸作一種，殆疎也。又有刺麋鹿血以代茸，云茸亦血耳，此大誤也。竊詳古人之意，凡含血之物，肉差易長，其次筋難長，最後骨難長。故人自胚胎至成人，二十年骨髓方堅。唯麋角自生至堅，無兩月之久，大者乃重二十餘斤，其堅如石，計一晝夜須生數兩，凡骨之頓成長神速無甚於此。雖草木至易生者，亦無能及之。此骨之至強者，所以能補骨血，堅陽道，強精髓也。豈可與凡血為比哉？麋茸利補陽，鹿茸利補陰。凡用茸無樂大嫩，世謂之茄子茸，但珍其難得耳，其實少力，堅者又太老，唯長數寸，破之肌如朽木，茸端如馬瑙、紅玉者最善。又北方戎狄中有麋、麖、麈、駝鹿，極大而色倉，麅黃而無斑，亦鹿之類。角大而有文，瑩瑩如玉，其茸亦可用。

宋·唐慎微《證類本草》卷一八獸部下品〔《本經》·別錄·藥對》〕　**麋脂　味辛，溫，**無毒。**主癰腫、惡瘡、死肌，寒風濕痹，四肢拘緩不收，風頭腫氣，通腠理，**柔皮膚。不可近陰，令痿。**一名官脂。**畏大黃。〔宋·掌禹錫《嘉祐本草》〕按：孟詵云：麋肉，益氣補中，治腰脚。不與雉肉同食。謹按：肉多無功用，所食亦微補五藏不足氣，多食令人弱房，發脚氣。骨，除虛勞至良。可煮骨作汁，釀酒飲之，令人肥白，美顏色。

角：味甘，無毒。主痹，止血，益氣力。生南山山谷及淮海邊。十月取。

〔梁·陶弘景《本草經集注》〕云：今海陵間最多，千百爲群，多牝少牡。人言一牡輒交十餘牝，交畢即死。其脂墮土中，經年，人得之方好，名曰遁脂，酒服至良。尋麋性乃爾婬快，不應痿人陰。一方言不可近陰，令陰不痿，此乃有理。麋肉不可合蝦及生菜、梅、李果實食之，皆病人。其角刮取屑熬香，酒服之大益人事。出《彭祖傳》中。

〔唐·蘇敬《唐本草》〕注云：麋茸，服之功力勝鹿茸，煮爲膠亦勝白膠。言遊牝畢即死者，此亦虛傳，遍問山澤人，不聞遊牝因致死者。

〔宋·掌禹錫《嘉祐本草》〕按：孟詵云：其角，補虚勞，填髓。理角法：可五寸截之，中破，炙令黄香後末。和酒空腹服三錢匕。若卒心痛，一服立差。常服之令人赤白如花，益陽道，不知何因與肉功不同爾。亦可煎作膠，與鹿角膠同功。茸，甚勝鹿茸，仙方甚重。又丈夫冷氣及風，筋骨疼痛。作粉長服。又於漿水中研爲泥，塗面令不皺，光華可愛。又常俗人以皮作靴熏脚氣。陳士良云：麋，大熱。日華子云：角，添精補髓，益血脉，暖腰膝，悦色，壯陽，療風氣，偏治丈夫勝鹿角。按《月令》：麋角屬陰，夏至角解，蓋一陰生也。治腰膝不仁，補一切血病也。

〔宋·唐慎微《證類本草》〕《圖經》：文具第十七卷鹿茸條下。《肘後方》：葛氏療年少氣盛，面生皰瘡，塗麋脂即差。《經驗方》：治老人骨髓虚竭。補益麋茸煎：麋茸五兩，去毛，塗酥炙微黄爲末，以清酒二升，於銀鍋中慢火熬成膏，盛甆器中。每服半匙，溫水調下，空心食前服。何君謨云：按《禮記·月令》：仲夏鹿角解，仲冬麋角解，日華子謂麋角夏至解，誤矣。疏曰：據熊氏云鹿是山獸，夏至得陰氣而解角，麋是澤獸，故冬至得陽氣而解角。今以麋爲陰獸，情淫而遊澤，冬至陰方退故解角，從陰退之象。鹿是陽獸，情淫而遊山，夏至得陰而解角，從陽退之象。沈存中《筆談》：麋茸利補陽，鹿茸利補陰，壯骨血，堅陽道，强骨髓。茄茸太嫩，長數寸破之如朽木，端如馬腦紅玉者最善。青麋，大鹿也。不如麂，似麞有毒。

宋·陳衍《寶慶本草折衷》卷一五 新增麋茸角及肉附。

其麋一名青麋，一名大鹿。生南山說見南藤條首。山谷，及淮海、海陵。○十月取。○附：肉，不與雉肉及蝦、生菜、梅、李同食。

味甘，大熱，無毒。○主丈夫冷氣及諸風筋骨痛，添精補髓，益血脉，暖腰膝，悦色壯陽，力勝鹿茸集張松說。○《經驗方》：治老人骨髓虚竭，麋茸去毛，酥炙微黄為末，以清酒於銀鍋慢火熬成膏服。○製法註鹿茸條。○沈存中云：長數寸，端如瑪瑙、紅玉者善。○寇氏曰：麋茸利補陽分鹿茸條。

附：角。○味甘，無毒。主痹，止血，益氣，補虚勞，填髓，療風。治丈夫，勝鹿角。五寸截之，中破，炙黄後，末和酒空腹服貳錢。○此角為膠、為霜尤勝。

附：肉。○大熱。益氣補中，治腰脚。多食弱房，發脚氣。又不與雉肉及蝦、生菜、梅、李食之，皆發病。

續說云：艾原甫論立冬之後麋角解，麋是澤獸，冬至得陽氣而解角，麋之茸則生於陽生之初，積一年之陽氣而成，是以有麋茸利補陽之說。則人之陰有餘而陽不足者，當下麋茸也。若夫精麤品色，已續辨於鹿茸條後。大抵鹿茸雙歧，直體緊實，末尖鋭；而麋茸雙歧，開體肥矮，末尖混，今多通用之矣。沈存中又言北方戎狄中有麖音京、麀音巳、駝鹿，其茸亦可用。

元·忽思慧《飲膳正要》卷三 麋 肉，味甘，溫，無毒。益氣補中，治腰腳無力。不可與野雞肉及蝦、生菜、梅李果實同食，令人病。 麋脂，味辛，溫，無毒。主癰腫惡瘡，風痹，四肢拘緩。通血脉，潤澤皮膚。 麋皮，作靴能除腳氣。

元·吴瑞《日用本草》卷三 麋 味辛，無毒。主補中益氣，治腰脚風濕痹。不與雉肉、生菜、梅、李之屬同食，能發病。 骨：除虚勞，可煮汁釀酒飲之。 茸：甚勝鹿茸，仙方甚重。麋茸利補陽，鹿茸利補陰。壯筋骨，助陽道。茄茸太嫩，長數寸，破之如朽木，色如馬瑙者最佳。

明·王綸《本草集要》卷六 麋脂 味辛，氣溫，無毒。主癰腫惡瘡死肌，寒風濕痹，四肢拘緩不收，風頭腫氣，通腠理。不可近〔陰〕，令痿。○角，味甘。主痹，止血，補虚勞，益氣力，填骨髓，暖腰膝，壯陽道，茸尤良。

明·滕弘《神農本經會通》卷八 麋脂 麋，大鹿也。畏大黄。 味辛，氣溫，無毒。《本經》云：主癰腫，惡瘡死肌，寒風濕痺，四肢拘緩不收，風頭腫氣，通腠理，柔皮膚。不可近陰，令痿。孟詵云：麋肉，益氣補中，治腰脚，微補五臟不足氣。多食令人弱房，發脚氣。骨，除虚勞至良，可煮骨作汁，釀酒飲之，令人肥白，美顏色。

麋角 味甘，無毒。《本經》云：主痺，止血，益氣力。孟詵云：補虚勞，填骨髓。理角法，可五寸截之，中破，炙令黄香後，末，和酒，空腹服三錢匕。若卒心痛，一服立差。常服之，令人赤白如花，益陽道。亦可煎作膠，與鹿角膠同功。又丈夫冷氣及風，筋骨疼痛，作粉長服。又於漿水中研為泥，塗面令不皺，光華可愛。陳士良云：麋，大熱。日華子云：角，添精補髓，益血脉，暖腰膝，悦色，壯陽。療風氣偏，治丈夫勝鹿角，治腰膝不仁，補一切血病也。

麋茸 味甘，氣溫，無毒。東云：壯陽助腎。孟詵云：麋茸勝鹿茸。何君謨云：《疏》曰鹿是山獸，夏至得陰氣而解角。麋是澤獸，故冬至得陽氣而解角。《筆談》云：麋茸利補陽，鹿茸利補陰。壯骨血，堅陽道，强骨髓。茄茸太嫩，長數寸，破之如朽木，端如瑪瑙紅玉者，最善。《經驗方》治老人骨髓虚竭，補益，麋茸煎。

明・劉文泰《本草品彙精要》卷二四　麋脂附角、肉、骨、茸，俱無毒。

麋脂出《神農本經》：　**主癰腫，惡瘡，死肌，寒風濕痹，四肢拘緩不收，風頭腫氣，通腠理。**以上朱字《神農本經》。柔皮膚，不可近陰，令痿。○角，主痹，止血，益氣力。以上黑字名醫所錄。【名】官脂、遁脂。【地】陶隱居云：　生南山山谷及淮海邊，今海陵間最多。千百爲群，多牝少牡。人言：　一牡輒交十餘牝，交畢即死，其脂墮土中，經年，人得之方好，名曰遁脂。麋性乃爾淫快，不應痿人陰，一方言不可近陰，令陰不痿，此乃有理。《唐本》注云：　麋茸服之，功力勝鹿茸，煮爲膠，亦勝白膠。言游牝畢即死者，此亦虛傳，遍問山澤人，不聞游牝畢致死者。《別錄》云：　按《禮記・月令》仲夏鹿角解，仲冬麋角解。日華子謂：　麋角夏至解，誤矣。疏曰：　據熊氏云：　鹿是山獸，夏至得陰而解角；　麋是澤獸，故冬至得陽氣而解角。今以麋爲陰獸，情淫而遊澤，冬至陰方退故解角，從陰退之象。鹿是陽獸，情淫而遊山，夏至得陰而解角，從陽退之象也。【用】脂、肉、骨、茸。【味】辛。【性】溫，散。【氣】氣厚于味，陽也。【臭】膻。【主】補虛損，益陽道。【反】畏大黃。【治】療：　日華子云：　治風氣。孟詵云：　茸作粉服，治丈夫冷氣及風，筋骨疼痛。《別錄》云：　脂，治年少氣盛面生皰瘡，塗之即瘥。補：　日華子云：　角，添精，補髓益氣。血，暖腰膝，悅色，壯陽，及治腰膝不仁，補一切血病。孟詵云：　肉，益五臟不足氣。○骨，補虛勞。【合治】骨煮汁釀酒飲之，令人肥白，美顏色。○角截五寸破炙令黃香，爲末合酒空腹調服三錢匕，補虛勞，填骨髓及卒心痛。○茸作粉合漿水調塗面，令不皺，光華可愛。○茸五兩，去毛塗酥炙微黃爲末，合清酒二升，於銀鍋中慢火熬成膏，瓷器盛，每服半匙，溫水調下，空心或食前服之，治老人骨髓虛竭甚驗。【禁】肉，多食令人弱房及發腳氣。【忌】肉不與雉肉同食，及魚、蝦、生菜、梅李果實同食，皆病人。

明・盧和、汪穎《食物本草》卷三獸類　麋　肉，益氣補中，治腰腳。一云：　微補五臟不足，多食令人弱房事，發腳氣，不可近陰，令痿。夫麋性與鹿性一同淫樂，又辛溫補益之物，是令陰不痿也。意當時寫本草者逸其字，以訛傳訛，大率類此。孟子言盡信《書》則不如無《書》是矣。用者酌之。脂，辛溫，主瘡腫死肌，寒風濕痹，四肢拘緩不收，風頭腫氣，通腠理。角，味甘，主痹，止血，補虛勞，益氣力，填骨髓，暖腰膝，壯陽道。茸，尤良。按《月令》：　冬至一陽生，麋角解；　夏至一陰生，鹿角解。麋茸利補陽，鹿茸利補陰。不可合鰕及生菜、梅、李果實同食。

明・鄭寧《藥性要略大全》卷一〇　麋茸　壯陽助腎，補陰助陽，豐填骨髓。治痹，止血，益氣力，益血脉。《湯液》云：　添精補髓，暖腰強膝，悅顏色。味辛，氣溫，無毒。酥炙去毛用。角：　味甘，無毒。治功與茸略同而劣於茸也。

明・王文潔《太乙仙製本草藥性大全》卷七《本草精義》　麋脂　麋係鹿之大者，功用尤勝，醫者須知。取之優劣同前，製造丸散依式。生南山山谷，乃淮海邊，今海陵間最多，千百爲群，多牝少牡，山人言一牡輒交十餘牝，交畢即死。其脂墮土中，經年人得之方好，名曰遁脂，一名官脂，酒服至良。尋麋性乃爾淫快，不應痿人陰。一方言不可近陰，令陰不痿，此乃有理。麋肉不可〔合〕蝦及生菜、梅李果實食，不可合雉肉同食，食之皆病人。其角刮取屑，熬香酒服大益人。茸服之功力勝鹿茸。煮爲膠亦勝白膠。作粉長服亦良。俗人以皮作靴薰腳氣。《筆談》云：　麋茸利補陽，鹿茸利補陰，壯骨血，堅陽道，強骨髓。茄茸太嫩，長數寸破之如朽木，端如馬腦紅玉者最善。按：　蘇東坡云：　補陽以鹿角爲勝，補陰以麋角爲勝。蓋鹿陽獸，多在山，夏至鹿角解，從陽退之象。麋陰獸，多在澤，冬至麋角解，從陰退之象。陰陽相反如此，故曰鹿茸利補陽，麋茸利補陰。今麋鹿不分，但云麋勝鹿，鹿勝麋，殆踈失矣。又有刺麋鹿血以代茸，云茸亦血耳，尤大誤也。麋鹿角自生至堅無兩月久，大者二十餘斤，其堅如石，凡骨角之類，生長無速於此，雖草木之易生者，亦無能及之。此骨之至強者，所以能補骨血，堅陽道，強骨髓，豈可與血爲比哉。據東坡云，此似甚有高見，但指兩角所補，較前經意大違。《本經》言鹿補陰，麋補陽，以二至日節氣所進者爲云；　東坡言鹿補陽，麋補陰，以二至日節氣之退者爲象，故讀者不免啓兩端之疑，猶必求歸一之說也。愚嘗忖度，陽剛而有餘，陰柔而不足，麋鹿無過同一類者，麋體大而剛強，非有餘屬陽乎？　鹿體小而柔弱，非不足屬陰乎？　此理正猶男人氣體多剛大，女人氣體多柔小是也。陽能補陽，陰能補陰，此理自然不可易者。今東坡引多在山，多在澤，而爲陽獸、陰獸之分，孰此爲是，則猪亦水畜，多爲陰獸，丹溪何言其肉專補陽，諄諄以爲陰虛者戒耶！凡攝生家欲資兩角分補者，須宗《本經》之文，以爲萬世準的也。又按：

《淮南子》曰：孕婦見兔而子缺唇，見麋而子四目。物有自然，而似不然者。麋有四目，其二夜目也，古謂目下有竅，夜能視物者是爾。

明・王文潔《太乙仙製本草藥性大全》卷七《仙製藥性》

麋脂：味辛，氣溫，無毒。主治：性畏大黃。近陰令陰不痿，《本經》云不可近陰令痿，此大錯悞。因多淫性，故易舉興。主風寒濕痹筋攣，理腫癰惡毒肌死。仍通腠理，更滑皮膚。補註：葛氏療年少氣盛，面生皰瘡，麋脂塗即差。麋茸：味辛，氣大溫，無毒。主治：但性熱，具專補陽多。《本經》亦云：麋茸補陽，性熱；鹿茸補陰，性溫。略此差耳。骨軟可健，莖痿能扶。補註：治老人骨髓虛竭補益，麋茸煎：麋茸五兩去毛，塗酥炙微黃，爲末，以清酒二升於銀鍋中，慢火熬成膏，盛磁器中，每服半匙，空心食前溫水調下。麋角：味甘，氣溫，無毒。主治：煮熬猶勝白膠，因力較鹿更緊。填精髓，暖腰膝，益血脈，悅顏容。漿水中研爛如泥，敷面皮不皺。醇酒內取末調飲，入心脘止疼。補註：補虛勞、填髓，理角法：可五寸截之，中破，炙令黃香後，末和酒空心服三錢。若卒心痛，一服立差。常服之令人赤白如花，益陽道。麋骨：除虛勞秘方，美顏色妙劑。補註：除虛勞至良，可煮骨作汁釀酒飲之，令人肥白，美顏色。麋肉：多無功用，所食亦微能補五臟不足之氣。食多發脚氣，弱房事。

明・皇甫嵩《本草發明》卷六

麋茸鹿之大者。性熱。下品。發明曰：麋茸，性熱，補陽功力尤勝。健骨，扶陰痿，丈夫冷氣及風筋骨疼痛，老人骨髓虛竭補益尤妙。可作粉常服。煎作膠亦妙。白膠，又為粉，漿水調，塗面不皺，光萃可愛。若鹿茸多補陰性溫為異耳。

麋角，味甘。冬至陽生解。補陽，主益氣力，療痺，止血。《藥性》云：益血脈，添精髓，暖腰膝，壯陽，療風氣，治丈夫之功多，勝鹿角。取新者，煎膠霜尤妙。骨，煎汁，釀酒飲之，除虛勞，令人肥白美顏。麋脂，味甘，溫。主癰腫惡瘡死肌，風寒濕痺，四肢拘緩不收，通腠理，柔皮膚。不可近陰，令陰痿。註云：麋性(婬)〔淫〕快，不應痿人陰，令陰不痿，乃有理，但未之試耳。

按：鹿乃山獸，屬陽，情淫而遊山，夏至陰生，陽氣方退，故解角從陽退之象。麋乃澤獸，屬陰，情淫而遊澤，冬(用)〔至〕陽生，陰氣方退，故解角從陰退之象。○愚謂山高之處，陰氣居之。鹿，山獸也，故從陰生而解角。下澤之地，陽氣居之；麋，澤獸也，故從陽生而解角，各從所居之氣也。

明・李時珍《本草綱目》卷五一獸部・獸類

麋《本經》下品

〔釋名〕時珍曰：陸佃云：麋喜音聲。班固云：麋性淫迷。則麋之名義取乎此。《爾雅》云：牡曰麔，音咎；牝曰麎，音辰；其子曰䴠，音夭。〔集解〕《別録》曰：麋生南山山谷及淮海邊。十月取之。弘景曰：今海陵間最多。千百爲群，多牝少牡。時珍曰：麋，鹿屬也。牡者有角。鹿喜山而屬陽，故夏至解角；麋喜澤而屬陰，故冬至解角。麋似鹿而色青黑，大如小牛，肉蹄，目下有二竅爲夜目。故《淮南子》云：孕女見麋而子四目也。《博物志》云：南方麋千百爲群，食澤草，踐處成泥，名曰麋畯，人因耕獲之，其鹿所息處，謂之鹿場也。今獵人多不分別，往往以麋爲鹿。牡者猶可以角退爲辨，牝者通目爲麀鹿矣。

麋脂一名官脂《本經》。時珍曰：《別録》言十月取脂，煉過收用。而《周禮》冬獻狼，夏獻麋。注云：狼膏聚，麋膏散。聚則温，散則凉，以順時也。〔氣味〕辛，温，無毒。忌桃李，畏大黃。〔主治〕癰腫惡瘡，死肌，寒熱風寒，濕痹，四肢拘緩不收，風頭腫氣，通腠理《本經》。柔皮膚，不可近陰，令痿《別録》。治少年氣盛，面生瘡疱，化脂塗之時珍。

〔正誤〕弘景曰：人言麋一牡輒交十餘牝，交畢即死。其脂墮地，經年，人得之名曰(道)〔遁〕脂，酒服至良。夫麋性乃爾淫快，不應痿人陰。一方言不可近陰，令陰不痿，此乃有理。恭曰：游牝畢即死者，虛傳也。遍問山澤人，無此說。

肉〔氣味〕甘，温，無毒。詵曰：多食令人弱房，發脚氣。妊婦食之，令子目病。弘景曰：不可合猪肉、雉肉食，發痼疾。合蝦及生菜、梅、李食，損男子精氣。〔主治〕益氣補中，治腰脚孟詵。補五臟不足氣禹錫。

〔發明〕時珍曰：按陸農師云：鹿以陽爲體，其肉食之燠；麋以陰爲體，其肉食之寒。觀此，則《別録》麋脂令人陰痿，孟詵言多食肉令人弱房，及角、肉不同功之說，亦此意也。

茸〔修治〕與鹿茸同。〔氣味〕甘，温，無毒。〔主治〕陰虛勞損，一切血病，筋骨腰膝酸痛，滋陰益腎時珍。

麋角〔修治〕斅曰：麋角以頂根上有黃毛若金綫，兼旁生小尖，色蒼白者爲上。詵曰：凡用麋角，可五寸截之，中破，炙黃爲末，入藥。時珍曰：麋鹿茸角，今人罕能分別。陳自明以小者爲鹿茸，大者爲麋茸，亦臆見也。不若親視其採取時爲有準也。造麋角膠、麋角霜，並與鹿角膠、鹿角霜同法。又《集靈方》云：用麋角一雙，水浸七日，刮去皮，錯屑，以銀瓶盛牛乳浸一日，乳耗再加，至不耗乃止。用油紙密封瓶口。別用大麥鋪鍋中三寸，上安瓶，再以麥四周填滿。入水浸一伏時，水耗旋加，待屑軟如麪取出。焙研成霜用。〔氣味〕甘，熱，無毒。〔主治〕風痹，止血，益氣力《別録》。刮屑熬香，酒服，大益

人。弘景。出《彭祖傳》中。酒服，補虛勞，添精益髓，益血脈，暖腰膝，壯陽悦色。療風氣，偏治丈夫日華。作粉常服，治丈夫冷氣及風，筋骨疼痛。若卒心痛，一服立瘥。漿水磨泥塗面，令人光華，赤白如玉可愛孟詵。滋陰養血，功與茸同時珍。

〖發明〗詵曰：麋角常服，大益陽道，不知何因與肉功不同也。煎膠與鹿角膠同功，茸亦勝鹿茸，仙方甚重之。恭曰：麋茸功力勝鹿茸，角煮膠亦勝白膠。詳見鹿茸、鹿角下。日華曰：麋角屬陰，故治腰膝不仁，補一切血病也。時珍曰：鹿之茸角補陽，右腎精氣不足者宜之；麋之茸角補陰，左腎血液不足者宜之，此乃千古之微秘。前人方法雖具，而理未發出，故論者紛紜。又《楊氏家藏方》治虛損有二至丸，兩角並用。但其藥性過温，止宜於陽虛寒濕血痹者耳，於左腎無與焉。孫思邈《千金方》言：麋角丸凡一百一十方，惟容成子羔所服者，特出衆方之外，子羔服之羽化。今觀其方，比二至丸似可常服，並集於下。

〖附方〗新五。　麋角丸：補心神，安臟腑，填骨髓，理腰脚，能久立，聰耳明目，髮白更黑，貌老還少。凡麋角，取當年新角連腦頂者爲上，看角根有斫痕處，亦堪用。蜕角根下平者，不堪。取角五具，或四具、三具、二具、一具爲一劑。去尖一大寸，即角長七八寸，取勢截斷，量把鎊得。即於長流水中，以竹器盛懸浸十宿。如無長流水處，即於净盆中滿着水浸，每夜易换。軟即將出，削去皺皮，以利鎊鎊取白處，至心即止。以清粟米泔浸兩宿，初經一宿即乾，握瀝去舊水，置新絹上曝乾，擇去惡物粗骨皮及鎊不匀者。以無灰美酒於大瓷器中浸，經兩宿，其藥及酒俱入净釜中。初用武火煮一食久，後以文火微煎，如蟹目沸。以柳木篦徐徐攪，不得住手，時時添酒，以成煎爲度。煎時皆須平旦下手，不得經宿。仍看屑如稀膠，即以牛乳五升，酥一斤，以次漸下後項藥。仍以麋角一條，炙令黄爲末，與諸藥同製之。檳榔、通草、秦艽、肉蓯蓉、人參、菟絲子酒浸兩宿别擣曬乾、甘草各一兩，右擣爲末。將膠再煎一食頃，似稀稠粥即止火。少時投諸藥末相和，稠粘堪作丸，即以新器盛貯，以衆手一時丸如梧子大。如粘手，着少酥塗手。其服餌之法：空腹以酒下之，初服三十丸，日加一丸，加至五十丸爲度，日二服，至一百日内，忌房室。服經一月，腹内諸疾自相驅逐，有微利勿怪。漸後多泄氣能食。患氣者，加枳實、青木香各一兩。服至二百日，面皺光澤。一年，齒落更生，强記，身輕若風，日行數百里。二年，令人肥飽少食；七十已上服之，却成後生。三年，腸作筋體，預見未明。四年，常飽不食，自見仙人。三十下服之不輟，顔一定而不變。修合時須在净室中，勿令陰人、鷄、犬、孝子等見。婦人服之尤佳。如飲酒食麪，口乾眼澀内熱者，即服三黄丸微利之。如此一度發動已後，方始調暢也。《千金》。　二至丸：補虛損，生精血，去風濕，壯筋骨。用鹿角鎊細，以真酥二兩，無灰酒一升，慢火炒乾，取四兩，麋角鎊細，以真酥二兩，米醋一升煮乾，慢火炒乾，取半兩；蒼耳子酒浸一宿焙，半斤，山藥、白茯苓、黄耆蜜炙各四兩，當歸酒浸焙、五兩，肉蓯蓉酒浸焙，遠志去心、人參、沉香各二兩，熟附子一兩，通爲末，酒煮糯米糊丸梧子大。每服五十丸，温酒、鹽湯任下，日二服。《楊氏家藏方》。　麋角丸：〔《三因方》〕治五痿，皮緩毛瘁，血脈枯槁，肌膚薄着，筋骨羸弱，飲食不美，四肢無力，爪枯髮落，眼昏唇燥。用麋角屑一斤，酒浸一宿，大附子生，去皮臍一兩半，熟地黄四兩，用大麥米一升，以一半藉底，以一半在上，以二布巾隔覆，炊一日，取出藥、麥，各焙爲末，以浸藥酒，添清酒煮麥粉爲糊和，杵三千下，丸如梧子大。每服五十丸，食前用温酒或米湯送下，日三服。○一方只用麋角鎊屑，酥炒黄色五兩，熟附子末半兩，酒糊丸服。　麋角霜丸：補元臟，駐顔色。用麋角一副，水浸七日，刮去皺皮，鎊爲屑，盛在一銀瓶内，以牛乳汁浸一日，常令乳高二寸，如乳耗更添，直候不耗，用油單紙數重密封瓶口，别用大麥一斗，安别甑内，約厚三寸，上安麋角瓶，更用大麥周圍填實，露瓶口，不住火蒸一伏時，如鍋内水耗，即旋添熱湯，須頻看角屑粉爛如麪，即住火取出，用細篩子漉去乳，焙乾，每料八兩；附子炮裂去皮、乾山藥各三兩，右爲末，蒸棗肉和丸如梧子大。每服十五丸至二十丸，空心用温鹽酒送下。煉蜜丸亦可。《總録》。　麋角丸：彭祖云：使人丁壯不老，房室不勞損，氣力顔色不衰者，莫過麋角。其法：刮爲末十兩，用生附子一枚合之，雀卵和丸，日服二十丸，温酒下，二十日大效。亦可單熬爲末酒服，亦令人不老，但性緩不及附子者。《彭祖服食經》。

骨

〖主治〗虛勞至良。煮汁釀酒飲，令人肥白，美顔色禹錫。

皮

〖主治〗作靴、韈，除脚氣孟詵。

題明·薛己《本草約言》卷二《藥性本草》　麋茸、鹿茸　固二種，而其功用亦别，麋補陽，鹿補陰，蓋麋冬至解角則屬陽矣，鹿夏至解角則屬陰矣。其性熱，故其功甚捷。大凡含血之物，肉差易長，其次角難長，最後骨難長，如人自胚胎至成人，二十年骨髓方堅。惟二茸自生則堅，不兩月長大，至一二十斤，其堅如石，凡骨角之生長神奇，莫甚于此。且諸獸之角，終其身不一易，惟此物一年一易者，蓋其性熱，生生不已，氣化濃密，所以能補骨血，堅陽道，强精髓也。乘其未老時，茸端如瑪瑙紅玉，長可數寸，破中如朽木者佳。

明·穆世錫《食物輯要》卷四　麋　味甘、辛，性微溫，無毒。補五臟不足，和氣血，治腰腳痛。多食，令人弱房。同雉、猪食，發痼疾。同蝦菜、同梅李食，損精氣。孟詵云：鹿以陽為體，其肉食之暖；麋以陰為體，其肉食之寒。鹿之角屬陽，夏至解，故其角茸補陽，於右腎精氣不足者宜之；麋之角屬陰，冬至解，故其角茸補陰，於左腎血液不足者宜之。麋色青黑，大似小牛，肉蹄下有二竅，為夜眼。《淮南子》云：孕婦見麋，生子四目。麋角大於鹿角，功用亦勝，能壯陽。

明·繆希雍《本草經疏》卷一八　麋角　甘，無毒。主痹，止血，益氣力。

〖疏〗麋屬陰，好遊澤畔。其角冬至解者，陽長則陰消之義也。為補左腎真

陰不足，虛損勞乏，筋骨腰膝酸痛，一切血液衰少為病。故主止血，益氣力，及除痹也。痹雖風寒濕合而成疾，然外邪易入者，由氣血先虛，經絡因之壅滯，血脈不通故也。麋角入血益陰，榮養經絡，故主之也。　茸功用相同，而補陰之力更勝。

〔主治參互〕《千金方》麋角丸，補心神，安五臟，填骨髓，理腰腳，能久立，聰明耳目，髮白更黑，返老還少。麋角取當年新角連腦頂者，不論具數，去尖一大寸截斷，於淨盆中水浸，每夜換易。軟即將出，削去皺皮，以鎊鎊取白處，至心即止。以清米泔浸兩宿，取出曝乾。以無灰酒於大瓷器中浸兩宿，其藥及酒俱入淨釜中，初用武火煎一食頃，後以文火微煎如蟹眼，柳木不住手攪，時時添酒，以成膏為度。煎時皆須平旦下手，不得經宿。仍看屑如稀膠，即以牛乳五升，酥一升，以次漸下後項藥。另以麋角炙令黃，為末；　檳榔、通草、秦艽、肉蓯蓉、人參、菟絲子、甘草各一兩，為末。將膠再煎一食頃，似稀粥即止火。投諸藥末，和勻，約稠黏堪作丸，傾出，眾手一時丸梧子大。空腹酒下三十丸，日加一丸，至五十丸為度。日二服，至一百日。忌房事。服經一月，腹內諸疾自相驅逐，有微利勿怪。服至二百日，面皺光澤。一年，齒落更生，強記身輕。二年，令人肥飽少食，不老神仙。合時須在淨室，勿令陰人、雞、犬、孝子等見。

楊氏《家藏方》二至丸：　補虛損，生精血，去風濕，壯筋骨。用鹿角鎊細，以真酥一兩，無灰酒一升，慢火炒乾，取四兩；　麋角鎊細，以真酥二兩，米醋一升，慢火炒乾，取四兩；　蒼耳子酒浸一宿，焙，半斤；　山藥、白茯苓、黃耆蜜炙各四兩，當歸五兩，肉蓯蓉酒浸焙、遠志、人參、沉香各二兩，五味子一兩，通為末，酒煮糯米糊丸梧子大。每服五十丸，溫酒、鹽湯任下，日二服。　〔簡誤〕陽氣衰少，虛羸畏寒者勿用。肉多食，令人弱房。

明·應麐《食治廣要》卷六　麋　肉：　氣味：　甘，溫，無毒。主益氣補中，治腰腳，補五藏不足之氣。孟詵曰：　多食令人弱。合猪肉、雉肉食，發痼疾。合鰕及生菜、梅李食，損精氣。　按：　麋亦鹿屬也，牡者有角。鹿喜山而屬陽，故夏至解角；　麋喜澤而屬陰，故冬至解角。其形似鹿，而色青黑者是也。

明·姚可成《食物本草》卷一四獸部·野獸類　麋鹿屬也。海陵間最多，千百為群，多牝少牡，與鹿相反。鹿喜山而屬陽，故夏至解角；　麋喜澤而屬陰，故冬至解角。狀似鹿而色青黑，大如小牛，肉蹄，目下有二竅為夜目。《博物志》云：　南方麋千百為群，食澤草，踐處成泥，名曰麋畯，人因耕穫之。其鹿所息處，謂之鹿場也。今獵人多不分別，往往以麋為鹿，牡者猶可以角退為辨，牝者通目為麀鹿矣。

麋肉：　味甘，溫，無毒。主益氣，補五臟不足，治腰脚氣。多食令人弱房。妊娠食之，令子目病。不可合猪肉、野雞肉食，發痼疾。同鰕及生菜、梅、李食，損男子精氣。　脂：　味辛，溫，無毒。治癰腫惡瘡，死肌，寒熱，風寒溼痹，四肢拘緩不收，風頭腫氣。通腠理，柔皮膚。不可近陰，令痿。治少年氣盛，面生瘡皰，化脂塗之。○李時珍曰：　按陸農〔師〕云：　鹿以陽為體，其肉食之燠；　麋以陰為體，其肉食之寒。故脂令陰痿，肉多食令人弱房也。

茸：　味甘，溫，無毒。主陰虛勞損，一切血病，筋骨腰膝酸痛，滋陰益腎。

角：　煎膠作霜，法同鹿角。味甘，熱，無毒。治風痹，止血，益氣力，添精益髓，暖腰膝，壯陽悅色，療風氣，偏治丈夫。作粉常服，治丈夫冷氣及風注筋骨疼痛。若卒心痛，一服立瘥。漿水磨泥塗面，令人光華，赤白如玉可愛。滋陰養血，功與茸同。○李時珍曰：　鹿之茸角補陽，右腎精氣不足者宜之；　麋之茸角補陰，左腎血液不足者宜之。乃千古不易之至論也。　骨：　治虛勞。煮汁釀酒飲，令人肥白。　皮：　作靴、韈，除脚氣。

附方：　治吐血。以麋角屑喫之，大效。

明·顧逢柏《分部本草妙用》卷一〇獸部　麋肉　甘，溫，無毒。多食發脚氣。同猪、雉食，發痼疾。　主治：　益氣溫中，治腰腳，補五臟不足氣。

陸師農云：　鹿以陽為體，其肉食之燠。麋以陰為體，其肉食之寒。即角肉俱不同功。

明·黃承昊《折肱漫録》卷三　麋、鹿是二物。麋乃鹿之大者，麋茸性熱補陽，鹿茸性溫補陰。麋角冬至解，鹿角夏至解，大有分辨。今人概指為鹿茸、鹿角，而混用之，何耶？　世上通行鹿膠，不甚效，須加毛角數枝方有力。

明·施永圖《本草醫旨·食物類》卷四　麋麋，鹿屬也，牡者有角。鹿喜山而屬陽，故夏至解角。麋喜澤屬陰，故冬至解角。麋似鹿而色青黑，大如小牛。　麋脂：　聚則溫，散則涼，以順時也。　味：　辛，溫，無毒。忌桃、李，畏大黃。　治：　癰腫惡瘡，死肌寒熱，風寒濕痹，四肢拘緩不收，風頭腫氣，通腠理，柔皮膚。不可近陰，令痿。治少年氣盛，面生瘡皰，化脂塗之。　肉：　味甘，溫，無毒。多食令人弱，能發脚氣。妊娠食之令子目病。不可合豬肉、雉肉食，發痼疾。合蝦及生菜、梅、李食，損男子精氣。　治：　益氣補中，治腰脚，補五臟不足氣。鹿以陽為體，其肉食之燠；　麋

以陰為體，其肉食之寒。 茸：修治與鹿茸同。味：甘，溫，無毒。治：陰虛勞損，一切血病，筋骨腰膝酸痛，滋陰益腎。 麋角：角以頂根上有黃毛若金線，兼旁生小尖，色蒼白者，為上。凡用麋角，可五寸截之，中破，炙黃為末，入藥。味：甘，熱，無毒。治：風痹，止血，益氣力。刮屑熬香，酒服大益人。酒服，補虛勞，添精益髓，益血脉，暖腰膝，壯陽悅色，療風氣，偏治丈夫。作粉常服，治丈夫冷氣及風，筋骨疼痛。若卒心痛，一服立瘥。漿水磨泥塗面，令人光華，赤白如玉可愛。滋陰養血，功與茸同。麋角常服，大益陽道，煎膠與鹿角膠同功。麋角屬陰，故治腰膝不仁，補一切血病也。鹿之茸角補陽，右腎精氣不足者宜之；麋之茸角補陰，左腎血液不足者宜之。此乃千古之微秘。

附方 麋角丸：補心神，安臟腑，能填骨髓，理腰脚，能久立，聰耳明目，髮白更黑，貌老還少。凡麋角取當年新角連腦頂者為上。看角根有斫痕處，亦堪用。蛻角根下平者，不堪。取角一具為一劑。去尖一大寸，即各長七八寸，取勢截斷，量米泔浸兩宿，切，曝乾，擇去惡物粗骨皮及鎊不勻者，以無灰美酒，於大瓷器中浸經兩宿。其藥及酒俱入淨釜中，初用武火煮一食久，後以文火微煎如蟹目沸，以柳木篦徐徐攪，不得住手，時時添酒，以成煎為度。煎時皆須平旦下手，不得經宿。仍看屑如稀膠，即以牛乳五升，酥一斤，以次漸下後項藥。仍以麋角一條，炙令黃為末，與諸藥同製之。檳榔、通草、秦艽、肉蓯蓉、人參、菟絲子酒浸兩宿別搗晒乾、甘草，各一兩。右搗為末，將膠再煎一食頃，似稀稠粥即止火。少時，投諸藥末相和，稠粘堪作丸，即以新器盛貯，以眾手一時丸如梧子大，如粘手着少酥塗手。其服茸之法：空腹以酒下之，初服三十丸，日加一丸，加至五十丸為度，日二服。至一百日內，忌房室。服經一月，腹內諸疾自相驅逐。〇又方：刮為末十兩，用生附子一枚合之，雀卵和丸，日服二十丸，溫酒下，二十日大效。亦可單熬為末酒服，亦令人不老。但性緩，不及附子者。

骨：治：虛勞至良。煮汁釀酒飲，令人肥白美顏色。 皮：治：作靴韈，除脚氣。

清·顧元交《本草彙箋》卷八 麋 麋之茸，與角，與膠，皆云爲補左腎真陰不足之藥。即李東璧亦准坡公之論，祖其補陰之說。而近世繆仲淳諸輩，共相沿以爲不拔。惟昔沈存中則云：鹿茸利補陰，麋茸利補陽。予細思之，麋、鹿角之解，蓋新角已生，故舊角因而剝落也。鹿茸生於一陰，而解於陰之盡。麋茸生於一陽，而解于陽之盡。則補陰補陽之別，似當以沈說爲正。今人治乳癰者，每用鹿角屑散熱消腫甚效，而古方治發背初起，用鹿角燒灰，醋和塗之，日五六易，即消。則鹿角爲涼血之品益驗，未嘗用麋角也。

清·穆石匏《本草洞詮》卷一五 麋 似鹿而色青黑，大如小牛，肉蹄，目下有二竅，為夜目，故《淮南子》云：孕女見麋而子四目也。鹿是山獸，屬陽，夏至一陰生而解角，從陽退之象。麋是澤獸，屬陰，冬至一陽生而解角，從陰退之象。鹿之茸角屬陽，右腎精氣不足者宜之。麋之茸角屬陰，左腎血液不足者宜之。蘇東坡亦謂：補陽用鹿角，補陰用麋角。近世以麋、鹿角作一種，或云鹿勝麋，或云麋勝鹿，皆謬矣。楊氏《家藏方》有二至丸，兩角竝用，蓋得此理。但其藥性過溫，止宜於陽虛血痹者耳。

清·丁其譽《壽世秘典》卷四 麋性喜澤，多慾而善迷，陰類也。故冬至感陽氣而角解，孕子于仲春而生于秋。麋似鹿而色青黑，大如小牛，肉蹄，目下有二竅，夜即能視。故《淮南子》云：孕婦見麋而子四目也。屬陰，好遊澤畔，千百為群，多牝少牡，牡者有角。今獵人多不分別，往往以麋為鹿，牡者猶可以角退為辨，牝者通目為麀鹿矣。

麋肉：氣味：甘，寒，無毒。主補五臟不足氣，多食令人弱房。 發明《名醫別錄》云：麋脂不可近陰，令痿。李時珍曰：按陸農師云，鹿以陽為體，其肉食之燠；麋以陰為體，其肉食之寒。觀此，則《別錄》麋脂令人陰痿，孟詵言多食肉令人弱房，及角、肉不同功之說，亦此意也。

麋茸：氣味：甘，溫，無毒。治陰虛勞損，一切血病，筋骨腰膝酸痛，滋陰益腎。

麋角：氣味：甘，熱，無毒。酒服補虛勞，添精髓，益血脉，暖腰膝，壯陽，悅色，療風氣，偏治丈夫《日華》。滋陰養血，功與茸同《綱目》。 脩治孟詵曰：凡用麋角可五寸截之，中破，炙黃為末。入藥，須取當年新角連腦頂者為上，看角根有斫痕處亦堪用，蛻角根下平者不堪。李時珍曰：麋鹿茸角，今人罕能分別。陳自明以小者為鹿茸，大者為麋茸，亦臆見也。不若親視其采取時為有準也。造麋角膠、麋角霜並與鹿角膠、鹿角霜同法。《周官》：獸人夏獻麋。麋膏涼，故夏獻之。 發明孟詵曰：麋角常服大益陽道，不知何因，與肉功不同也，煎膠與鹿角膠同功，茸亦勝鹿茸，仙方甚重之。李時珍曰：鹿之茸角補陽，右腎精氣不足者宜之；麋之茸角補陰，左腎血液不足者宜之。此乃千古之微秘，前人方法雖具而理未發出，故論者紛紜。

清·朱本中《飲食須知·獸類》 麋肉 味甘，性溫。多食令人弱房，發脚氣。妊婦食之，令子目病。不可合猪肉、雉肉、鮠魚、雞肉、菰蒲食，發痼疾。同蝦及生菜、梅、李食，損男子精氣。麋脂不可近陰，令痿。亦不可同桃、李食。《淮南子》云：孕婦見麋，生子四目。

清·何其言《養生食鑒》卷下 麋鹿屬也，其色青黑，大如小牛，肉蹄。目下有二竅，為夜目。牡者有角，冬至則解，牝則無角。 麋肉：味甘，性溫，無毒。補中益

氣，健腰脚。其功與鹿同。然鹿以陽為體，其肉食之暖；麋以陰為體，其肉食之寒。鹿之角屬陽，夏至解；麋之(肉)〔角〕屬陰，冬至解。是鹿之茸角補陽，右腎精氣不足者宜之；麋之角茸補陰，左腎血液不足者宜之。其肉及各臟皆同，雖分陰陽，均補之也。不可合雉、蝦、生菜、梅、李同食。麋皮：作靴、襪，治脚氣。

清·王翃《握靈本草》卷一〇 麋茸 海陵甚多。鹿喜山而屬陽，麋喜澤而屬陰。多牝少牡，茸與鹿茸同。角大者為麋角。造膠造霜，並與鹿同。 主治：麋茸，甘，熱，無毒。主風痺，止血，益氣力，補虛勞，添精益髓養血，暖腰膝，壯陽。

清·李熙和《醫經允中》卷二二 麋肉 多食發脚氣，同豕、雉食發痼疾。 甘，溫，無毒。主益氣補中，補五臟不足。鹿以陽為體，其肉食之煖；麋以陰為體，其肉食之寒。角肉俱不同功。

清·張璐《本經逢原》卷四 麋茸 甘，溫，無毒。修治與鹿茸同。 發明：麋肉大寒，食之令人陽痿。而麋茸大益陽道，以其陽精都聚於角也。其角煎膠勝於鹿角，茸亦勝於鹿茸。然鹿之茸角補陽，右腎精氣不足者宜之；麋之茸角補陰，左腎血液不足者宜之，此乃千古微旨。治虛損有二至丸，兩角並用，但其藥性過溫，偏於補陽，非陰虛者所宜。其麋膠主治與鹿膠無異，而兼補陰血之功過於鹿膠。但驗其角大而毛〔白〕者即是。惜乎，《本經》但言麋脂療癰腫惡瘡死肌，寒熱濕痹，四肢拘緩不收，風頭腫氣，通腠理，從無及乎茸角之用。彭籛《延齡方》有麋角粉，《千金》變為麋角丸。以麋性喜食菖蒲，故修鍊服食方用之。《金匱》云，麋脂及梅子，若妊婦食之，令子青盲，男子傷精，皆性冷傷厥陰肝經之驗也。 麋鹿肉：麋肉甘寒，鹿肉甘溫。無毒。 發明：凡獸之有角者，皆能助肝腎膂力，而麋鹿之角多歧，故力能拒虎，為角獸之冠。則鹿肉之補陽，麋肉之益陰，所不待言。鹿之一身所稟皆陽，最能益人，人以陽氣為主也。麋之一身所稟皆陰，惟角為陰中之陽，較之鹿角純陽無陰倍勝，而週身血肉筋骨皆不足取。鹿肉之生者，主中風口僻不正，剉碎薄貼僻上，正急去之，不爾復牽向不僻處矣。〇鹿血起陰器，止腰痛，療折傷。和酒服治肺痿，崩中，諸氣刺痛，飲之立愈。鹿筋大壯筋骨，食之令人不畏寒冷，但須辨骨細者為鹿，粗者即是麋筋，悮食多致陰痿。〇凡服丹石藥人勿食鹿肉，以其食百草之毒，善解諸藥之性也。

清·王子接《得宜本草·下品藥》 麋茸 味甘，溫。功專滋陰益腎。得附子、雀卵壯陽不老，得附子、山藥補元駐顏。

清·吳儀洛《本草從新》卷六 麋茸、麋角 功用與鹿相仿而溫性差減。熊氏《禮記疏》云：鹿是山獸，屬陽，情淫而游山，夏至得陰氣而解角，從陽退之象。麋是澤獸，屬陰，情淫而游澤，冬至得陽氣而解角，從陰退之象也。蘇東坡《良方》云：補陽以鹿角為勝，補陰以麋角為勝。時珍曰：鹿補右腎精氣，麋補左腎血液。 鹿角堅而麋角松，鹿角小而麋角大，鹿角單而麋角雙。

清·汪紱《醫林纂要探源》卷三 麋 甘，溫。似鹿而稍大，牝皆無角，色蒼黃，背有鬘毛，人稱馬鹿。目有四，非真也，目上二竅似之耳。 補腎益精，健胃充髓，略同鹿肉。 血：功同鹿血。 麋茸：甘，鹹，溫。冬至角解，古人云：鹿，陽獸，居山，感一陰生而解角。麋，陰獸，居澤，感一陽生而解角。陰陽既殊，補養亦異。但茸難辨，惟以親得於夏冬之時，分別之耳。 功同鹿茸。麋鹿既別陰陽，功用似不能無異。李時珍云：鹿補右腎精氣，麋補左腎血液。是或一說乎？然鹿茸在夏至，是順陰氣。麋茸在冬至，是順陽氣。鹿雖陽，茸則能滋血液。麋雖陰，茸則能補精氣。又未嘗非一理也。要之皆踰月成角，氣血驟長之功，自無不同。愚謂鹿得山氣多，感陰而角解，應宜男子。麋得澤氣多，感陽而角解，應宜婦人。以是分而用之，其於理或有當乎。

題清·徐大椿《藥性切用》卷八 麋茸角 性味鹹寒，與鹿相反，能補陽中之陰。煎煉服食，同鹿製度，筋肉損陽。不宜多食。

清·章穆《調疾飲食辯》卷五 麋 《爾雅》曰：麋，牡麔，牝麎，其子麇，其迹躔，絕有力狄。《綱目》曰：鹿居山性陽，故夏至陽極而角解；麋居澤性陰，故冬至陰極而角解。麋似鹿，毛青黑，肉蹄，目下有二竅為夜目。《淮南子》曰：孕女見麋，子生四目。孕女論胎教之理，本不宜見異形諸物，而子生四目，則諸史所載人痾，未之或見也。《周禮》方相氏黃金四目，先儒以為劉歆杜撰。其血肉、脂膏、茸角，性與鹿同。而鹿補陽，既不害於陰，麋補陰，亦何害於陽。乃《別錄》云：麋脂不可近陰，令陰痿。孟詵云：麋肉多食，令人房事軟弱。使果如此，何以又曰添精暖腎乎。《綱目》反以二說為是，非見理之言也。且鹿補陽之物，宜強陰，而鹿茸、鹿脂、鹿齒，諸本草亦有痿陰之語，又當作何解。陶隱居於麋脂則曰：當作令陰不痿。亦屬強為之說。夫麋性誠補，未必近陰即可不痿。我輩讀古人書，其合理者從之，不合者置之，不必過信過疑，自蹈塵霧，孟子所以有不如無書之歎也。又麋、鹿皆能害稼，故《春秋》莊公十七年書多麋。

清・吳鋼《類經證治本草・經外藥類》 麋 【略】誠齋曰：麋與鹿同功，書謂一牡常交十數牝，是麋也，性最淫。取其陰莖炙食，春魁妙藥，莫過於此。

清・趙其光《本草求原》卷二〇獸部 麋茸 甘，溫，無毒。其治筋骨腰膝酸痛，多與鹿茸同。但功偏於陰血腎精，而升陽之力薄。前人謂其勝於鹿茸者，言無溫補過峻之慮也。 角： 功同鹿角，而益血、去風痹痛、除丈夫冷氣，益陽更勝，以陰將盡而故將革也。 角膠： 功同鹿角膠，而效更大，以其血更足也。 麋角屑酥炙，同附子，或加淮山，酒為丸，治痿。大補氣血，壯筋骨，或用麋角霜亦可。可知麋鹿膠，功用不減麋茸。 肉： 麋惟茸角陰中有陽，而血肉筋骨俱成於陰。故肉甘寒，益陰。多食則陽痿，孕婦食之，令子多病。

清・葉志詵《神農本草經贊》卷三 麋脂 味辛，溫。主癰腫，惡創死肌，寒風濕痹，四肢拘緩不收，風頭腫氣，通腠理。一名官脂。生山谷。

麋游澤畯，喜聽音操。性迷群牝，體蓄凝膏。輕冰涼散，活火研熬。機心久謝，自潤嬉敖。

《後漢書・志》注： 麋十千為群，掘食草根，其處成泥，名曰麋畯。《埤雅》： 麋喜音聲。《白虎通德論》： 麋為獸迷惑。陶弘景曰： 麋一牡輒交十餘牝，其脂墮地。《水經注》： 凝膏下垂，望齊冰雪。韋充賦： 暗斷輕冰。《周禮注》： 夏獻麋，麋膏散，散則涼。陸游詩： 活火生新焰。《齊民要術》： 啖炙肥者細研熬之。杜甫詩： 機心忘已久，何事驚麋鹿。《後漢書・傳》： 孔奮身處脂膏，不能以自潤。蘇軾詩： 脫略萬事惟嬉敖。

清・文晟《新編六書》卷六《藥性摘錄》 麋肉 性味與鹿同，然鹿屬陽，麋屬陰。麋肉食之微寒，不如鹿之溫補。筋亦然。〇茸角，補右腎血液。詳藥部。

麋茸 溫補腎水以助血。制同鹿茸。〇形質粗壯，腦骨堅厚，毛色蒼黧，而雜白毛者為麋茸。〇形質差瘦，腦骨差薄，毛色黃澤，而兼白毛者為鹿茸。

清・劉東孟傳《本草明覽》卷八 麋角 【略】按： 鹿角補陰，麋角補陽。故冬至一陽生而麋角解，夏至一陰生而鹿角解。麋鹿之角，自生至堅，不及兩月，大者二十餘斤，其堅如石。凡骨髓之類，生長無速于此，骨堅所以能補骨肉，堅陽道而強骨髓也。

清・張仁錫《藥性蒙求・獸部》 麋角茸、膠 麋之茸角，味亦甘溫。滋陰補血，最益腎精。鹿之茸角補陽，右腎精氣不足者宜之。麋之茸角補陰，左腎血液不足者宜之。此乃千古微旨。〇溫性，與鹿角差減。鹿角堅而麋角鬆，鹿角小而麋角大，鹿角平而麋角雙。〇麋，鹿屬也，牡者有角。鹿喜山而屬陽，故夏至解角。麋喜澤而屬陰，故冬至解角。〇麋膠： 主治與鹿膠無異，而兼補陰血之功過於鹿角膠。

清・戴葆元《本草綱目易知錄》卷六 麋 茸，甘，溫。純陰。茲陰益腎，治筋骨腰膝酸痛，陰虛勞損，一切血病。葆按： 鹿屬陽，夏至角解，補督脈，暖丹田，益丈夫陰氣。麋屬陰，冬至角解，暖衝氣，填血海，補婦人子宮，令人有子。 角： 甘，熱。 酒服，補虛勞，暖腰膝，益血脉，療風痹，添精益髓，滋陰養血，功與茸同。壯陽悅色，止血，療風氣。刮屑，熬香，酒服，大益人。 作粉霜，常服，治丈夫冷氣諸風，筋骨疼痛，苦卒心痛，一服立瘥。漿水磨洗塗面，令人光華如玉。鹿麋相似而用殊，鹿屬陽，精氣不足者宜之，宜乎男子。麋屬陰，陰液不充者宜之，利於婦人。

清・陳其瑞《本草撮要》卷八 麋茸 味甘，溫，入足太陰、少陰經，功專滋陰益腎。得附子、雀卵壯陽不老，得附子、山藥補元駐顏。角與鹿角功同，而溫性差減。以皮作靴襪，除脚氣。

清・李桂庭《藥性詩解》 賦得麋茸壯陽以助腎得茸字。李慶霖。 補陽兼助腎，惟是用麋茸。壯骨功非淺，添精力倍濃。按： 麋與鹿功用相彷，惟溫性差減。鹿乃山獸，屬陽，至夏至得陰氣而解角，從陽退之象也。麋乃澤獸，屬陰，至冬至得陽氣而解角，從陰退之象也。李時珍謂鹿補右腎精血，麋補左腎血液，誠有以也。

前題田春芳 適因陽氣弱，急早用麋茸。助腎功尤善，添精力最雄。麋、鹿之茸，雖有陰陽之分，但皆是有情氣血，補力雄大，非平素之庸品補也。

清・吳汝紀《每日食物却病考》卷下 麋 亦鹿屬也。鹿喜山而屬陽，故夏至解角。麋喜澤而屬陰，故冬至解角。色青而大，獵人于牡者夏可以解角為辨，牝者通麀鹿矣。蓋鹿之茸角補陽，右腎精氣不足者宜之。麋之茸角補陰，左腎血液不足者宜之。雖論者紛紛不同，不易此也，故二至丸兩角並用，其麋鹿之補益可類推矣。

雙頭鹿

宋·唐慎微《證類本草》卷一六獸部上品〔唐·陳藏器《本草拾遺》〕 蔡苴机屎 主蛇虺毒，兩頭麋屎也。出永昌郡。取屎以傅瘡。《博物志》云：蔡余義獸，似鹿，兩頭。其胎中屎，四時取之。未知今有此物否，蔡苴机，余義也。范曄《後漢書》云：雲陽縣有神鹿，兩頭，能食毒草。《華陽國志》曰：此鹿出雲陽南郡熊舍山，即此余義也。

明·李時珍《本草綱目》卷五一獸部·獸類 雙頭鹿《拾遺》

〔釋名〕茶苴机時珍曰：茶苴机，音蔡茂机，番言也。出《博物志》。舊本訛作茶苴机，又作余義，亦茶苜之訛也。〔集解〕藏器曰：按張華《博物志》云：茶苴机出永昌郡，是兩頭鹿名也，似鹿兩頭。其胎中屎，以四月取之。范曄《後漢書》云：雲陽縣有神鹿，兩頭，能食毒草。《華陽國志》云：此鹿出雲陽南郡熊舍山。即余義也。時珍曰：按盛弘之《荊州記》云：武陵郡雲陽點蒼山，産兩頭獸，似鹿，前後有頭，一頭食，一頭行，山人時或見之。段成式《雜俎》云：雙頭鹿矢名耶希。夷人謂鹿爲耶，謂屎爲希。按《唐韻》屎字又音希。即此義也。

胎中屎 〔主治〕敷惡瘡、蛇虺毒藏器。

麞

唐·孫思邈《千金要方》卷二六《食治·鳥獸》 麞骨 微溫，無毒。主虛損、泄精。肉：味甘，溫，無毒。補益五藏。髓：益氣力，悅澤人面。麞無膽，所以怯弱多驚恐。黄帝云：五月勿食麞肉，傷人神氣。

宋·唐慎微《證類本草》卷一七獸部中品〔《別録》〕 麞骨 微溫，主虛損洩精。〔宋·掌禹錫《嘉祐本草》〕按：《藥性論》云：麞骨，味甘，無毒。

肉：溫。補益五藏。〔宋·掌禹錫《嘉祐本草》〕按：《蜀本》云：麞肉，味甘。孟詵云：肉亦同麋，釀酒，道家名爲白脯，惟麞鹿是也。餘者不入。又其中往往得香。栗子大，不能全香，亦治惡病。其肉八月至十一月食之，勝羊肉。自十二月至七月食，動氣也。又若瘦惡者食，發痼疾也。日華子云：麞肉，無毒。

髓：益氣力，悅澤人面。

〔梁·陶弘景《本草經集注》〕云：俗云白肉是麞。言白膽易驚怖也。又呼爲麕居筠切。麕肉不可合鵠肉食，成癥痼也。

〔宋·馬志《開寶本草》〕按：陳藏器《本草》云：麕，主人心麤豪，取心、肝暴乾爲末，酒下一具，便即小膽。若小心食之，則轉怯不知所爲。道家名白脯者，麕鹿是也。

〔宋·掌禹錫《嘉祐本草》〕按：日華子云：骨，補虛損，益精髓，悅顔色。臍下有香，治一切虛損。

〔宋·蘇頌《本草圖經》〕曰：麞骨及肉，《本經》不載所出州土，今陂澤淺草中多有之。亦呼爲麕。麞之類甚多，麕其總名也。有有牙者，有無牙者，用之皆同。然其牙不能噬齧。崔豹《古今注》曰：麞有牙而不能噬，鹿有角而不能觸是也。其肉自八月已後至十一月以前，食之勝羊肉；十二月至七月食之動氣。道家以麞鹿肉羞爲白脯，言其無禁忌也。唐方有麞骨酒及麞髓煎并補下，其腦亦入面膏。

〔宋·唐慎微《證類本草》〕《食療》：道家用供養星辰者，蓋爲不管十二屬，不是腥膩也。《外臺秘要》：主瘤病。麞、鹿二種肉，剖如厚脯，炙令熱，搨淹，可四炙四易，痛攪出膿便愈。不除更炙新肉用之良。《子母秘録》：主乳無汁。麞肉臛食，勿令婦人知。

宋·王繼先《紹興本草》卷一九 麞骨 紹興校定：各分主治而未聞起疾驗據，但肉多食頗澀腸胃，今當作味甘、溫、無毒是也。

宋·鄭樵《通志》卷七六《昆蟲草木略》 麕之類多。《爾雅》曰：麋，牡麔，牝麎。其子，麇。其跡，躔。絕有力，狄。鹿，牡麚，牝麀。其子，麛。其跡，速。絕有力，麉。麕，牡麌，牝麜。其子，麆。其跡，解。絕有力，豜。按麕，麞也。麕，其總名也。麔、麎、麇、麚、麛、麜、麌、麆，音咎、辰、杳、加、迷、堅、俁、粟鉏。又曰：麠，大麃，牛尾一角。麃音炮，即麞也。漢武帝郊雍，得一角獸，若麃然，謂之麟，即此也。麠，音京。又曰：麐，大麕，旄毛狗足。今謂之麐音几，旄毛，猥長毛也。旄，音冒。又曰：麚父，麕足。其腳似麞，食栢葉，而臍甚香。父，音甫。

宋·陳衍《寶慶本草折衷》卷一五 麞骨諸麞骨通用。○肉、髓、臍附。 其麞一名麕。○又云：一名獐，乃鹿屬也。○麕，居雲切。生郢州，今陂澤淺草中多有之。○附：肉，忌鵠肉。

味甘，微溫，無毒。○主虛損洩精。○日華子云：益精髓。

附：肉。諸麞同。○臛在內。○味甘，溫，無毒。補益五藏，主乳無汁，作臛食之。八月止十一月食之，勝羊肉。自十二月止七月食，即動氣。若瘦惡者食，發痼疾。合鵠肉食，成癥痼也。附：髓腦髓也。○益氣力，悅澤人面，亦入面膏。煎服補下。附：臍中香。○治虛損及惡病。其香栗子

大，不能全。

元・忽思慧《飲膳正要》卷三 麞 肉，溫。主補益五藏。日華子云：肉，無毒。八月至臘月食之，勝羊肉。十二月以後至七月食之，動氣。道家多食，言無禁忌也。

元・吳瑞《日用本草》卷三 麞肉 味甘，溫，無毒。似鹿無角，黃褐色，種類頗多，麕是總名。 主補益五臟，能發瘤疾。道家為白脯，惟麞鹿是也。

明・滕弘《神農本經會通》卷八 麞骨 氣微溫。一云：味甘，無毒。《本經》云：主虛損，洩精。日華子云：補虛損，益精髓，悅顔色。臍中有香，治一切虛損。

麞肉 氣溫。一云：味甘，無毒。《本經》云：補益五臟。孟詵云：瘦惡者，食發瘤疾也。

麞髓 《本經》云：益氣力，悅澤人面。

明・劉文泰《本草品彙精要》卷二四 麞骨無毒。附肉、髓。 胎生。

麞骨：主虛損，泄精。○肉，溫，補益五臟。○髓，益氣力，悅澤人面。名醫所錄。

【地】《圖經》曰：《本經》不載所出州土，今陂澤淺草中多有之，亦呼為麕。麞之類甚多，麕其總名也。有有牙者，有無牙者，用之皆同，然其牙不能噬齧。崔豹《古今注》云麞有牙而不能噬，鹿有角而不能觸是也。其肉自八月以後至十一月以前食之，勝於羊肉，十二月至七月不宜食。道家以麞、鹿肉羞，為白脯食之，言其無禁忌者。蓋野獸之中，惟麞、鹿生則不羶腥，又非辰屬八卦，而兼能溫補於人故也。【時】生：無時。採：無時。【用】骨、肉、髓、腦。【色】黑黃。【味】甘。【性】微溫。【氣】氣厚味薄，陽中之陰。【治】療：《別錄》云：肉作臛，治乳無汁，與食之，勿令婦人知。補：日華子云：骨，補虛損，益精髓，悅顔色。○臍中香，治一切虛損。【合治】麞鹿二肉，剖如厚脯，炙令熱，搨淹瘤病，可三四易，攬痛出膿便愈。不除，更炙新肉用之，良。【禁】十二月至七月食之，動氣。若瘦惡者食之，發瘤疾。【忌】肉不可合鵠肉同食，成癥痼。

明・盧和、汪穎《食物本草》卷三獸類 麞 肉，味甘，溫，無毒。補益五臟。八月至十一月食之甚美，餘月食之動氣。又(瘦)〔病〕惡瘡者，食之發瘤疾。心麄豪人宜食之，減其性。膽小人食之愈怯。與鵠食，成癥。髓，益氣力，悅澤人面。臍下麝香，味辛，氣溫，無毒。主辟惡氣，殺鬼精物，瘟瘧，蠱毒，癇痓，去三蟲，療諸凶邪鬼氣，中惡，心腹暴痛，脹急痞滿，風毒，婦人產難，墮胎，療蛇毒。

明・鄭寧《藥性要略大全》卷一○ 麞 肉：味甘，補五臟。 骨：味甘，微溫，無毒。療虛損洩精。 髓：益氣力，悅澤人面，好顔容。

明・寧源《食鑒本草》卷上 獐肉 味甘，溫，無毒。平補五臟。 骨：味鹹，平。補虛損洩精。釀酒有補下之功。

明・王文潔《太乙仙製本草藥性大全》卷七《本草精義》 麞骨 麞骨及肉，《本經》不載所出州土，今陂澤淺草中多有之，亦呼為獐。獐之類甚多，麕其總名也。麕，主人心麄豪，取心肝曝乾為末，酒〔服〕一具，便即小膽，若小心食之則轉怯不知所為。道家名白脯者，麕鹿是也。有有牙者，有無牙者，用之皆同，然其牙不能噬嚙。崔豹《古今注》曰麞有牙而不能噬，鹿有角而不能觸是也。其肉自八月已後至十一月已前，食之勝羊肉；十二月至七月食之動氣。道家以麞鹿肉羞為白脯，言其無禁忌也。唐方有麞骨酒及麞髓煎之並補下，其腦亦入面膏。臍下有香，栗子大，不能全香，亦治惡病及一切虛損。

明・王文潔《太乙仙製本草藥性大全》卷七《仙製藥性》 麞骨 味甘，氣微溫，無毒。 主治：補虛損效若通神，止洩精用之多益。 麞肉：味甘，氣溫，無毒。 主治：用服能補益五臟，食多發瘦惡瘤疾。 補註：主瘤病，麞、鹿二種肉，剖如厚脯，炙令熱，搨淹，可四炙四易，痛攬出膿便愈。不除更炙新肉用之良。○主乳無汁，麞肉臛食，勿令婦人知。 麞髓：味甘，氣溫，無毒。 主治：補益氣力尤良，悅澤人面甚驗。

明・皇甫嵩《本草發明》卷六 麞骨微溫。 主虛損洩精。○肉溫，補益五藏。肉可同麋釀酒。道家名為白脯，麞肉是也，以其不犯十二生屬，無禁忌也。○髓，益氣力，悅澤人面。其肉八月至十二月，食之勝羊肉，七月食動氣。一名麕者，乃麞之總名，主人心粗豪，取心肝一具，暴乾為末，酒服驗。小心人不可服。

明・李時珍《本草綱目》卷五一獸部・獸類 麞《別録》中品

【釋名】麕音君，亦作麏。時珍曰：獵人舞采，則麞、麋注視。麞喜文章，故字從章。陸氏曰：麞性驚慞，故謂之麞。又善聚散，故又名麕。囷，圓倉也。《爾雅》云：麕，牡曰麌音語，牝曰麜音栗，其子曰麆音助。大者曰麃音庖，古語云四足之美有麃，是矣。【集解】頌曰：麞，今陂澤淺草中多有之。其類甚多，麕乃總名也。有有牙者，有無牙者，其牙不能

噬嚙。時珍曰：麞秋冬居山，春夏居澤。似鹿而小，無角，黄黑色，大者不過二三十斤。雄者有牙出口外，俗稱牙麞。其皮細軟，勝於鹿皮，夏月毛毨而皮厚，冬月毛多而皮薄也。《符瑞志》有銀麞白色，云王者刑罰中理則出。《運斗樞》云：樞星散爲麞鹿。

【正誤】詵曰：麞中往往得香，如栗子大，不能全香。亦治惡病。時珍曰：麞無香，有香者麝也。俗稱土麝，呼爲香麞是矣。今正之。

肉【氣味】甘，温，無毒。詵曰：八月至十一月食之勝羊；十二月至七月食之動氣。多食，令人消渴。若瘦惡者，食之發痼疾。不可合鵠肉食，成癥疾。又不可合梅、李、蝦食，病人。【主治】補益五臟《别録》。益氣力，悦澤人面思邈。釀酒，有祛風之功甯原。

【發明】弘景曰：俗云白肉是麞。其膽白，易驚怖也。詵曰：肉同麋肉釀酒，良。道家以其肉供養，名爲白脯，云不屬十二辰，不是腥膩，無禁忌也。時珍曰：麞膽白性怯，飲水見影輒奔，道書謂麞鹿無魂也。藏器曰：人心粗豪者，以其心肝曝乾爲末，酒服一具，便即小膽；若怯者食之，則轉怯不知所爲。

【附方】舊一，新一。通乳：麞肉煮食，勿令婦知。《子母秘録》。消瘤：用麞肉或鹿肉剖如厚脯，炙熱搨之。可四炙四易，出膿便愈。不除，再以新肉用之。《外臺秘要》。

髓腦【主治】益氣力，悦澤人面《别録》。治虛風。時珍曰：《千金》治暗風，薯蕷煎；治虛損，天門冬煎，並用之。頌曰：唐方有麞髓煎並麞骨酒，並補下。

骨【氣味】甘，微温，無毒。【主治】虛損泄精《别録》。益精髓，悦顔色日華。時珍曰：《千金》治産後虛損，有麞骨湯，煮汁煎藥。〔釀酒，有補下之功寧原。〕

明·穆世錫《食物輯要》卷四 麞 肉，味甘，性溫，無毒。補五臟。八月至十一月食，勝羊肉。多食，動氣消渴，發痼疾。瘦惡者勿食。同鵠食，成瘕。同梅、李、鰕食，並能病人。凡心膽粗者食之，減性。膽小者食之，愈怯。髓腦，益氣。同薯蕷食，去暗風。同天門冬煎服，補虛損。

明·吴文炳《藥性全備食物本草》卷二 麞肉 味甘，性溫，無毒。補五臟。八月至十一月食之勝羊肉，十二月至七月食之動氣。道家以麞鹿肉羞為白脯，言其〔無〕禁忌也。多食動氣，消渴，發痼疾，瘦惡者勿食。同雉食成瘕，同梅李鰕食並能病人。凡心膽麄者食之減性，膽小者食之愈祛。骨：補虛損，止洩精。髓腦：益氣力，同山藥食去暗風，同天門冬煎服補虛損。臍下有香，治一切虛損，辟惡氣，殺蟲，通竅開經絡，透肌骨，解酒毒，消瓜果食積，治中風，中氣痰厥，積聚，驚癇，蝕諸瘡癰腫，墮胎甚速。

明·應麐《食治廣要》卷六 獐 肉：氣味：甘，溫，無毒。主補五藏，益氣力，悦澤人面。釀酒，有祛風之功。八月至十一月食之勝羊。十二月至七月食之動氣。多食，令人消渴。合桃、李、鰕食，作病。髓腦：主益氣力，悦澤人面，治虛風。

明·姚可成《食物本草》卷一四獸部·野獸類 麞一名麕。陂澤淺草中多有之。秋冬居山，春夏居澤。似鹿而小，無角，黄黑色，大者不過二三十斤。雄者有牙出口外。其皮細軟，勝於鹿皮，夏月毛毨而皮厚，冬月毛多而皮薄也。又有銀麞，白色，云王者刑罰中理則出。

麞肉：味甘，溫，無毒。主補五臟，益氣力，悦澤人面。釀酒，有祛風之功。八月至十一月食之，勝羊，十二月至七月食之，動氣。多食令人消渴。若瘦惡者，食之發痼疾。不可合鵠肉食，成癥疾。不可合梅、李、鰕食，病人。○人心麤豪者，以其心肝曝乾為末，酒服一具，即便小膽。若怯者食之，則轉怯，不知所為。以麞性最怯，飲水見影輒奔，道書謂麞鹿無魂也。○孟詵曰：肉同麋肉，釀酒良。道家以其肉供養，名為白脯。云不屬十二辰，不是腥膩，無禁忌也。髓、腦：主益氣力，悦澤人面。可作酒，補下元。骨：味甘，微溫，無毒。治虛損洩精，益精髓，悦顔色。附方：治婦人無乳。麞肉作羹食，勿令婦知是麞肉。

明·顧逢柏《分部本草妙用》卷七兼經部·性平 獐腦 益氣力，悦澤人面。治風虛，殺疥癩諸瘡。

明·施永圖《本草醫旨·食物類》卷四 麞名麕。肉：味甘，溫，無毒。十二月至七月食之動氣。多食令人消渴。若瘦惡者，食之發痼疾。不可合鵠肉食，成癥疾。又不可合梅、李、蝦食，病人。治：補益五臟，益氣力，悦澤人面。釀酒，有祛風之功。麞膽白，性祛。飲水見影輒奔，道書謂麞鹿無魂也。

附方 通乳：麞肉煮食，勿令婦知。消瘤：用麞肉或鹿肉剖如厚脯，炙熱搨之，可四炙四易，出膿便愈。不除再以新肉用之。

髓腦：治：益氣力，悦澤人面，治虛風。治暗風，薯蕷煎；治虛損，天門冬煎。並用之。○有麞髓、麞骨酒，並補下。骨：味甘，微溫，無毒。治：虛損洩精，益精髓，悦顔色。治産後虛損，有麞骨湯，煮汁煎藥。

清·穆石匏《本草洞詮》卷一五 麞 《運斗樞》云：樞星散為麞鹿。麞，喜文章，故字從章。獵人舞采，則麞麇注視也。麞性驚憚，飲水見影則

奔，以膽白性怯也。亦謂之麢，善聚散也。肉，甘，溫，無毒。補五臟，益氣力。釀酒袪風。孟詵謂八月至十一月食之勝羊，十二月至七月食之動氣。多食令人消渴。

清・丁其譽《壽世秘典》卷四《類物》 麞一名麢，似鹿而小，無角，黄黑色，大者不過二三十觔。雄者有牙出口外，俗稱牙麞。其皮細軟勝于鹿皮，夏月毛毨而皮厚，冬月毛多而皮薄也。陂澤淺草中多有之，其類甚多，麢乃總名也。大者曰麃，音庖。一種似麞而小，黑色名麝，俗呼香麞。常食栢葉，又噉蛇，夏月食蛇蟲多，至寒則香滿，入春，臍內急痛，自以爪剔出，着糞溺中覆之，常在一處不移，即今麝香。然極難得，其香聚處，遠近草木不生，或焦黄也。今人帶香過園林，則瓜果不實，是其騐也。肉似麞肉而腥氣，食之不畏蛇毒，又治腹中癥病。　氣味：甘，溫，無毒。主補益五臟。　發明孟詵曰：八月至十一月食之良，餘月食之動氣，令人瘦怯，發惡瘡、癎疾。李時珍曰：麞胆白，性怯易驚怖，飲水見影輒奔。道書謂：麞鹿無魂也。心粗豪者宜食之，以減其性。胆小者食之愈怯。

清・尤乘《食鑒本草・獸類》 麞肉　六七八至十一月食之勝羊（血）〔肉〕，餘月發風動氣。

清・朱本中《飲食須知・獸類》 麞肉　味甘，性溫。十二月至七月，食之動氣。多食發消渴及癎疾，瘦惡者勿食。同鵠食成瘕，同梅、李、生菜、蝦食，並能病人。凡人心膽粗豪者，以其心肝食之，即減。膽小者食之，愈怯。

清・何其言《養生食鑒》卷下 麞麞冬居山，春居澤，似鹿而小，無角，黄黑色，大者不過二三十斤，雄者有牙出口外。　麞肉：味甘，性溫，無毒。補五臟，益氣力，悅澤人面，釀酒有消風之功。八月至十一月食之勝羊肉，餘月食之多則動氣，發癎疾。孕婦勿食。忌與梅、李、鰕同食。　麞心肝：曝乾為末，凡人心膽粗者，酒服下，即減小；膽若怯者，服之愈怯。　麞髓腦：益氣悅顏。同藷蕷食，去暗風。同天門冬煎服，補虚損。

清・张璐《本經逢原》卷四 麞　甘，寒，無毒。　發明：麞之性怯畏人，以其膽白易驚也。其肉雖肥，但能悅澤人面，不能助人膂力，以其善躍而無久常之力也。膽能治人粗豪之氣，若人素常膽怯者為之切禁。其骨主虚羸，泄精。麞稟偏陰而骨主精氣也。《綱目》言其甘溫，安有膽白易驚而性甘溫之理。

清・汪紱《醫林纂要探源》卷三 麢　甘，溫。麞也。似鹿而小，無角，性善驚，少神志，故云無魂。補益脾胃，略同鹿肉。

清・李文培《食物小錄》卷下 麞　甘，溫，無毒。補五臟，益氣力，悅澤人面。

清・章穆《調疾飲食辯》卷五 麞　《爾雅》曰麢，又作麞，牡麌，牝麜，其子麆，其跡解，絕有力豜。大者曰麃，故又曰麆，大麞，牛尾一角。漢武帝郊雍得之，《漢書・郊祀志》遂以為麟，諛辭也。《綱目》曰：麞似鹿而小，無角，黄黑色，雄者有牙出口外，無香。有香者麝也。肉補五藏，壯筋骨，同鹿肉而力小。又能通乳。全麞酒煮，每頓食。又能袪風。《拾遺》曰：人心粗莽，麞心、肝焙乾為末，酒服，一具即膽小。若素怯者，服之則轉怯不知所為。竊謂人之勇怯，由於賦畀。欲變化之，當以禮教，豈藥物所能轉移乎？如果不虛，施之不可化誨之悍婦，可以濟禮教之窮矣。

清・文晟《新編六書》卷六《藥性摘錄》 麞　甘，溫。補五臟，益氣力，悅澤人面。釀酒，可消風。八月至十一月食之勝羊肉。餘月食多，則動氣，發癎疾。〇麞髓腦，同山藥煮食，去暗風，益氣悅顏。同天冬煎湯，補虛損。

清・陸以湉《冷廬醫話》卷五 藥品　麞乳性熱補陽，虛寒體弱者服之，獲效甚捷。余戚王祉亭居長興和平山中，言其地產麞，取乳恒在夏月，土人伺有麞處，逐去母麞，捕乳麞殺之，以腸胃曝乾，取乳凝結成塊，每兩可售錢一千，作偽者每以牛羊等乳代之，求之肆中，鮮有真者矣。

清・王孟英《隨息居飲食譜・毛羽類》 麞肉一名麢。　甘，溫。袪風，補五藏，長力，悅容顏。按《食療》云：八月至十一月食之，味美勝羊；十二月至七月食之動氣，多食發錮疾，患消渴。

清・戴葆元《本草綱目易知錄》卷六 麞　肉，甘，溫。益氣力，補益五臟，悅澤人面。釀酒飲，有祛風之功。【略】心肝：曝末，酒服，便即小膽。

清・吴汝紀《每日食物却病考》卷下 麞附麝　味甘，溫，無毒。補五藏，益氣力。形似鹿而小，不過二三十觔。雄者有牙出口外，雌者無牙。秋冬居山，春夏居澤。八月至十一月食之佳美，餘月食之動風。其性最怯，粗豪人食之減其性，若怯者食之愈怯。不可同梅、李、蝦食，發癎疾。　又一種形似而小，色黑者，名香麞，即麝也。肉亦似而腥。

麐

宋・鄭樵《通志》卷七六《昆蟲草木略》 麐　《爾雅》云：麐，麢身牛尾，一角。此瑞應獸也。黄色，圓蹄馬足，角端有肉。麐即麟字。

麝

宋・李昉《太平御覽》卷九八一　麝　《抱朴子》曰：　辟虵法：　入山以麝香丸著足爪中，皆有効。又麝香及野猪皆啖蛇，故以厭之也。又作筆墨法曰：　作墨用雞子白、眞珠、麝香，合以和墨，宜用九月二日。《本草經》曰：　麝香，味辛，辟惡殺鬼精。生中臺山也。　秦嘉《與婦書》曰：　今奉麝香一斤，可以辟惡氣。　嵇康《養生論》曰：　麝食柏而香。

宋・唐慎微《證類本草》卷一六獸部上品〔《本經・別錄》〕　麝香　**味辛，溫，**無毒。**主辟惡氣，殺鬼精物，溫瘧蠱毒，癇痓，去三蟲，**療諸凶邪鬼氣，中惡，心腹暴痛，脹急痞滿，風毒。婦人産難，墮胎，去面䵴音孕、目中膚翳。**久服除邪，不夢寤魘寐，**通神仙。生中臺川谷及益州、雍州山中。春分取之，生者益良。

〔梁・陶弘景《本草經集注》〕云：　麝形似麞，常食柏葉，又噉蛇，五月得香，往往有蛇皮骨，故麝香療蛇毒。今以蛇蛻皮裹麝香彌香，則是相使也。其香正在麝陰莖前皮内，别有膜裹之。今出隨郡，義陽、晉熙諸蠻中者亞之。出益州者形扁，仍以皮膜裹之。一子真香，分糅汝收切作三四子，刮取血膜，雜以餘物，大都亦有精麁，破看一片，毛共在裹中者爲勝，彼人以爲誌。若於諸羌夷中得者多真好，燒當門沸良久即好。今惟得活者，自看取之，必當全真爾。生香，人云是精溺凝作之，殊不爾。麝夏月食蛇蟲多，至寒香滿，入春患急痛，自以脚剔音楊出之，著屎溺中覆之，皆有常處。人有遇得，乃至一斗五升也。用此香乃勝殺取者。帶麝非但香，亦辟惡。以真者一子，置頸間枕之，辟惡夢及尸疰鬼氣。

〔宋・掌禹錫《嘉祐本草》〕按：　《抱朴子》云：　辟蛇法：　入山以麝香丸著足爪中，皆有效。又麝香及野猪皆噉蛇，故以厭之。《藥性論》云：　麝香，臣，禁食大蒜，味苦、辛。除百邪魅鬼疰心痛，小兒驚癇客忤，鎮心安神，以當門子一粒，丹砂相似，細研，熟水灌下。止小便利，能蝕一切癰瘡膿。入十香丸，令人百毛九竅皆香，療鬼疰腹痛。段成式《酉陽雜俎》云：　水麝，臍中惟水，瀝一滴於斗水中，用灑衣，衣至敗其香不歇。每取以針刺之，捻以真雄黄，則合香氣倍於肉麝。天寶初，虞人獲，詔養之。日華子云：　辟邪氣，殺鬼毒，蠱氣，瘧疾，催生墮胎，殺藏腑蟲，制蛇、蠶咬，沙蝨，溪瘴毒，吐風痰，内子宮，暖水藏，止冷帶疾。

〔宋・蘇頌《本草圖經》〕曰：　麝香，出中臺山谷及益州、雍州山中，今陝西、益、利、河東諸路山中皆有之，而秦州、文州諸蠻中尤多。形似麞而小，其香正在陰前皮内，别有膜裹之。春分取之，生者益良。此物極難得真。蠻人採得，以一子香，刮取皮膜，雜内餘物，裹以四足膝皮，共作五子。而土人買得，又復分糅一爲二三，其僞可知。惟生得之，乃當全真耳。蘄、光山中，或時亦有，然其香絕小，一子纔若彈丸，往往是真香，蓋彼人不甚能作僞耳。一說香有三種：　第一生香，麝子夏食蛇蟲多，至寒則香滿，入春急痛，自以爪剔出之，落處遠近草木皆焦黄，此極難得，今人帶真香過園中，瓜果皆不實，此其驗也；　其次臍香，乃捕得殺取者；　又其次心結香，麝被大獸捕逐，驚畏失心，狂走巔墜崖谷而斃，人有得之，破心見血流出，作塊者是也，此香乾燥不可用。又有一種水麝，其香更奇好，臍中皆水，瀝一滴於斗水中，令濯衣，其衣至弊而香不歇。唐天寶初，虞人常獲一水麝，詔養於囿中，每取以針刺其臍，捻以真雄黄，則其創復合，其香氣倍於肉麝，近歲不復聞有之。《爾雅》謂麝爲麝父。

〔宋・唐慎微《證類本草》〕雷公云：　凡使多有僞者，不如不用。其香有三等：　一者名遺香，是麝子臍閉滿，其麝自於石上用蹄尖彈臍，落處一里草木不生並焦黄，人若收得此香，價與明珠同也。二名臍香，採得甚堪用。三名心結香，被大獸驚心破了，因茲狂走，雜諸群中，遂亂投水，被人收得，擘破見心，流在脾上，結作一大乾血塊，可隔山澗早聞之香，是香中之次也。凡使麝香，並用子日開之，不用苦細，研篩用之也。《食療》：　作末服之，辟諸毒熱，煞蛇毒，除驚怖恍惚。蠻人常食，似麞肉而腥氣。蠻人云：　食之不畏蛇毒故也。臍中有香，除百病，治一切惡氣疰病。研了以水服之。《經驗後方》：　治瘧。麝香少許研墨書額上，去邪辟魔。又方：　治鼠咬人。麝香封上，用帛子繫之。《廣利方》：　治中惡客忤垂死。麝香一錢，重研，和醋二合服之，即差。又方：　治小兒客忤，項强欲死。麝香少許，細研，乳汁調，塗口中。又方：　治蠶咬人。麝香細研，蜜調塗之，差。又方：　治小兒驚啼，發歇不定。用真好麝香研細，每服清水調下一字，日三服。量兒大小服。《續十全方》：　令易産。麝香一錢研，水調之服，立差。楊氏《産乳》：　療中水氣，已服藥未平除。宜單服麝香如大豆三枚，細研，奶汁調，分爲四五服。楊文公《談苑》：　公常言：　商汝山多群麝，所遺糞常就一處，雖遠逐食，必還走之，不敢遺跡他所，慮爲人獲，人反以是求得，必掩群而取之。麝絕愛其臍，每爲人所逐，勢急即投巖，舉爪剔裂其香，就縶而死，猶拱四足保其臍。李商隱詩云：　投巖麝退香。許渾云：　尋麝採生香。《狐剛子粉圖》云：　將麝香一臍，安於枕合中，枕之，亦能除邪辟惡。

宋・寇宗奭《本草衍義》卷一六　麝　每糞時，須聚於一所。人見其所聚糞，及有遺麝氣，遂爲人獲，亦物之一病爾，此獵人云。餘如《經》。

宋・王繼先《紹興本草》卷一九　麝香　紹興校定：　麝香，性味、主治載於《經》注，然理痛散諸惡氣用之頗驗。其云墮胎，蓋為有通行血脈之性，即非有毒之藥。當作味苦辛、溫、無毒。産文州者佳，其中作僞者甚多，但别之皮毛圓備，取之色紫黄明，嚼而聚於手指攤於肌肉上隨指而起者，即無僞

物矣。入藥當宜審詳之。

宋・劉明之《圖經本草藥性總論》卷下 麝香 味辛，溫，無毒。主辟惡氣，殺鬼精物，溫瘧蠱毒癇痓，去三蟲。療諸凶邪鬼氣中惡，心腹暴痛，脹急痞滿，風毒，婦人產難墮胎，去面䵟，目中膚翳。《藥性論》云：臣。禁食大蒜。味苦、辛。除百邪魅鬼疰，心痛，小兒驚癇客忤，鎮心安神。以當門子壹粒，丹砂相似，細研，熟水灌下，止小便利，能蝕一切癰瘡膿。日華子云：辟邪氣，殺鬼毒蠱氣，瘧疾，催生墮胎，殺藏府蟲，制蛇蠶咬，沙蝨、溪瘴毒，吐風痰。內子宮，暖水藏，止冷帶疾。出中臺山谷，及益州、雍州、陝西。

宋・陳衍《寶慶本草折衷》卷一五 麝香臣。諸麝香在內。〇入五積散法及香皮續附。 眾方用成粒者，名麝香，當門子。〇其生香，一名遺香。〇其麝，一名麝父。生中臺川谷，及隨郡、義陽、晉熙諸蠻，陝西、河東及益、雍、利、秦、文、蘄、光、商、汝州山中。〇春分取，連皮裹藏，則氣不散。〇禁食大蒜，不見火。〇續附：香皮《局方》用者名麝香空皮。

味辛、苦，溫，無毒。〇主辟惡氣，溫瘧，蠱毒，癇痓音熾，去三蟲，療諸凶邪鬼氣，中惡、心腹暴痛，脹急痞滿，風毒，產難，墮胎，去面䵟音孕，目中膚瞖，除邪，不夢寤魘寐。〇《藥性論》云：除鬼疰，小兒驚癇，客忤，鎮心安神，止小便利，蝕癰瘡膿。〇日華子云：殺藏腑蟲，制蛇蠶咬、沙蝨溪瘴毒。吐風痰，暖水藏，止冷帶疾。〇《圖經》曰：麝，似麞而小，其香正在陰前皮內，別有膜裹之，極難得真。蠻人採得，以一子香刮取皮膜，雜內餘物，裹以四足膝皮，共作五子。土人買得，又復分糅一為二三。生得之，乃真。第一生香，麝入春自以爪剔落處，草木皆黃。其次臍香，乃捕得取者。又其次心結香，麝被大獸逐，驚狂墜崖而斃，人破心血出作塊者，乾燥，不可用。又有水麝，其香更奇，臍中皆水。〇《楊氏產乳》：療中水氣。單服麝香，如大豆叁枚，細研，奶汁調，分四五服。

續說云：寇宗奭嘗言，龍腦通利關鬲。至艾原甫乃言麝香最善通關，又能導引，其功踰於龍腦矣。《十便方》以自收者為真，但雜偽分數少而紅紫滋潤者佳也。《是齋》諸方治卒中風，用《局方》五積散，每服肆錢，水壹盞半，加薑棗，煎取中盞，去滓，各研好麝香半錢，入和熱服，連進叁服，使微汗輕快，然後別議下藥。以至食諸果瓜菜過多生疾，或久而成積者，宜以麝香壹字，調米飲服之。凡瓜果之屬，最畏麝氣，故能除其毒耳。麝香之皮，端正如毬，白毫蒙外。《局方》以和藥，合麝臍散，治牙疼之患。又麝臍中香，微馨而微臊。及狸臍中亦或有之。人多取此類為藥，乖繆特甚。

元・王好古《湯液本草》卷六 麝香 氣溫，味辛，無毒。《本草》云：主辟惡氣。殺鬼精物，療溫瘧，蠱毒癇痓，去三尸蟲。療諸凶邪鬼氣，中惡心腹暴痛，脹急痞滿，風毒。婦人產難，墮胎。

元・忽思慧《飲膳正要》卷三 麝 肉，無毒，性溫。似麞肉而腥，食之不畏蛇毒。

元・李雲陽《用藥十八辨》〔見《秘傳痘疹玉髓》卷二〕 麝香 通竅辟邪莫過于麝，驚痰服之宜也。若痘之名為花，聞香則變，切忌之物。然有用于一(七)〔匕〕金者，有用于人牙散者，其殺人也多矣。評曰：花開最怕麝香侵，麝一侵時痘變形。一(七)〔匕〕人牙俱劫劑，世間誤殺幾多人。

元・尚從善《本草元命苞》卷七 麝香 為臣。辛，溫，無毒。辟惡氣，殺鬼精物。除蠱毒，療諸凶邪。主溫瘧癇痓，中惡客忤。止心腹暴痛痞滿，風毒，去面䵟音孕，目中膚翳。暖水臟，帶下冷疾。殺臟腑蟲，制蛇蠶咬。墮胎催生，除邪夢魘。當門子水研，止小便自利。出中臺川谷，及雍、益山中。形似麞而小，香在陰莖前，皮肉膜裹。春分採之。服忌大蒜。入藥別研。安枕內，除邪辟怪。書額上，止瘧祛魔。《經驗方》云：同墨研之妙。

元・吳瑞《日用本草》卷三 麝 味辛，溫，無毒。主辟惡氣，殺鬼精，瘟瘧，蠱毒，蛇毒，癇痓，去三蟲，療諸凶邪鬼氣，中惡心腹暴痛，脹急痞滿，風毒，婦人產難，墮胎，去目中膚瞖，一切惡氣，鬼疰百疾。一名遺香，是麝子臍閉滿，其麝自於石上用蹄尖彈臍，落處一里草木不生，並焦黃。人若收得，此香價與明珠同也。

元・徐彥純《本草發揮》卷三 麝香 東垣云：麝香，入脾。治肉病。

明・王綸《本草集要》卷六 麝香 味辛，氣溫，無毒。春分取之，生者益良。 主辟惡氣，殺鬼精物，溫瘧蠱毒癇痓，去三蟲。療諸凶邪鬼氣，中惡心腹暴痛，脹急痞滿。風毒，婦人產難，墮胎，療蛇毒。

明・滕弘《神農本經會通》卷八 麝香 臣也。其香止在麝陰莖前皮內，別有膜裹之。禁食大蒜。春分取之，生者益良。香有三種，第一生香麝子，其次臍香，又其次心結香麝，此香乾燥，不可用。

味辛，氣溫，無毒。《湯》云同。一云：味苦、辛。東云：開竅。《杏》

云：伐鬼，定驚，除目瞖，通關，截瘧，又催生，墮胎，解毒，殺蟲，療癰。

《本經》云：主辟惡氣，殺鬼精物。療溫瘧，蠱毒癇痓，去三蟲。療諸凶邪鬼氣，中惡，心腹暴痛，脹急痞滿，風毒。婦人產難，墮胎，去面䵟音孕，目中膚瞖。久服除邪，不夢寤魘寐，通神仙。《藥性論》云：臣。禁食大蒜。味苦、辛。除百邪魅鬼疰，心痛。小兒驚癇客忤，鎮心安神，以當門子一粒，丹砂相似，細研，熟水灌下。止小便利，能蝕一切癰瘡膿。入十香丸，令人百毛九竅皆香。療鬼疰腹痛。日華子云：辟邪氣，殺鬼毒蠱氣，瘧疾，催生墮胎。殺臟腑蟲，制蛇蠶咬、沙虱、溪瘴毒，吐風痰。內子宮，暖水藏，止冷帶疾。《湯》云：《本草》同《本經》。劊云：麝香通竅攻風疰，有孕催生救產難。殺鬼辟邪除腹痛，更安客忤與驚癇。即《局方》麝香，辟邪，通竅，客忤驚癇。

明・劉文泰《本草品彙精要》卷二三　麝香無毒　胎生。

麝香出《神農本經》：**主辟惡氣，殺鬼精物，溫瘧，蠱毒，癇痓，去三蟲。久服除邪，不夢寤魘寐。**以上朱字《神農本經》。療諸凶邪，鬼氣，中惡，心腹暴痛，脹急，痞滿，風毒，婦人產難，墮胎，去面䵟音暈，目中膚瞖，通神仙。以上黑字名醫所錄。

【名】麝父。

【地】《圖經》曰：出中臺山谷及益州、雍州山中，今陝西、益、利、河東諸路山中皆有之，而泰州、文州諸蠻中尤多。形似麞而小，常食柏葉。其香正在陰前皮內，別有膜裹之。春分取其生者益良。蠻人採得以一子香，刮取皮膜雜內餘物，裹以四足膝皮，共作五子，而土人買得，又復分糅一爲二三，其僞可知。惟生得之乃爲真爾。商、汝山多群麝，所遺糞常就一處，雖遠近逐食，必還走其地，不敢遺跡他所，慮爲人獲。人反以是求得，必掩群而取之。蓋麝絕愛其臍，每爲人所逐，勢急即投巖，舉爪剔裂其香，就縶而死，猶拱四足保其臍。李商隱云投巖麝退香，許渾云尋麝採生香，正此謂也。蘄、光山中或時亦有，然其香絕小，一子纔若彈丸，往往是真香。蓋彼人不甚能作僞爾。一說香有三種，第一生香，麝子夏食蛇蟲多，至寒則香滿，入春，臍內急痛，自以爪剔出之，落處遠近草木皆焦黃，此極難得，今人帶真香過園中，瓜果皆不實，此其驗也。其次臍香，乃捕得殺取者。又其次心結香，麝被大獸捕逐，驚畏失心，狂走巔墜巖谷而斃，人得之，破心見血流出作塊者是也，此香乾燥不可用。又有一種水麝，其香更奇好，臍中皆水，瀝一滴于斗水中用濯衣，其衣至敝而香不歇。唐天寶虞人嘗獲一水麝，詔養於囿中，每取以針刺其臍，撚真雄黃塗之，復合。其香氣倍於肉麝。近歲不復聞有之。

【時】生：無時。採：春分取。

【收】以瓷器收貯。

【色】黑。

【味】辛。

【性】溫，散。

【氣】氣之厚者，陽也。

【臭】香。

【主】辟邪穢，通關竅。

【製】《雷公》云：凡使，麝香並用子，日開之，不用苦細，研篩用之也。

【治】療：陶隱居云：祛蛇毒，辟惡夢，及屍疰鬼氣。《藥性論》云：除百邪魅，鬼疰，心腹痛，小兒驚癇，客忤，鎮心安神，止小便利，蝕一切癰瘡膿。日華子云：催生，殺臟腑蟲，制蛇蠶咬、沙虱溪瘴毒，吐風痰，納子宮，暖水臟，止冷帶疾。《別錄》云：除百病，一切惡氣。

【合治】合乳汁調服，療中水氣，已服藥未平除。○合墨研，書額上，去邪魘，治瘧，有效。○合醋研服，治中惡，客忤，垂死，瘥。

【禁】妊娠不可服。

【忌】大蒜。

【解】蛇毒。

明・葉文齡《醫學統旨》卷八　麝香　氣溫，味辛。無毒。春分取之。生者益良。

治溫瘧蠱毒癇痓，辟惡氣，殺鬼精物，去三蟲；療諸兇邪鬼氣，中惡心腹暴痛，脹急痞滿風毒，定驚通竅透肌；婦人產難墮胎；解蛇毒。

明・許希周《藥性粗評》卷四　麝香通關節以稱奇。

麝香，麝，獐屬。出雍□山野，常食柏及食蛇蟲。每當陰莖前結生一核，至春急痛，則自爪脫埋之，其香貫於原野，草木皆黃，嘗試帶入花果園中，便為不結。凡用研為細末。味辛，性熱，無毒。主治溫瘧蠱毒，心腹暴痛，脹急痞滿，鬼邪惡氣，魘魅癇痓，神思昏沉。大能消風解毒，通百竅，利關節，催生墮胎，去面黯，消目中膚翳。入丸散中用之，不入湯藥。

單方：久瘧：麝少許，研墨，書額上，去邪辟魔。催生：凡婦人難產，以麝一錢，研水服之，應手立下。中風：凡大人小兒，中風客忤，項彊欲死者，麝一錢，大人以醋一合，研服，小兒只用五分，乳汁研服，妙。水氣：凡患面目四肢浮腫，有水氣者，麝香如大豆者三枚，研為末，乳汁調，分為四五服，自消。

明・鄭寧《藥性要略大全》卷一〇　麝香　通竅，辟惡氣，殺鬼精物，止溫瘧，下胎。治產難攻風疰，客忤驚癇，蠱毒，散蛇毒，治蛇蠶咬傷。殺臟腑一切諸蟲。易老云：治心腹暴痛，脹急痞滿，風毒瘴毒，殺邪氣鬼毒。《金匱》云：吐風痰，暖子宮，暖水臟。止冷，消毒，治腫，通九竅。味辛，氣溫，無毒。春分取之，生者良。凡用以子日開，妙。小兒痘疹切忌聞此。孕婦亦忌之。○麝香反蒜。

明·陳嘉謨《本草蒙筌》卷九　麝香　味辛，氣溫。無毒。陝西各山谷俱生，文州諸蠻中尤盛。形類獐略小，香結臍近陰。凡臍閉滿之時，自將蹄尖剔出。所落之處，草木焦黃。一名遺香，性甚辛烈。人若撿得，價同明珠。蛇蛻包藏，香彌不泄。日常噉蛇為食，是則又相使焉。市家但得臍囊，每研荔核攙賣。當門子粒，亦係造成。欲的實求真，必親目見剖。勿近火日，磁鉢細擂。辟蛇虺，誅蚘蟲，蠱疰癇痓總卻；殺鬼精，敺疫瘴，脹急痞滿咸消。催生墮胎，通關利竅。除恍惚驚怖，鎮心安神；療癰腫瘡疽，蝕膿逐血。吐風痰不夢寤魘寐，點目疾去瞖膜淚眵。肉似獐肉微腥，食之不畏蛇毒。惟忌葫蒜，亦宜知之。

明·方穀《本草纂要》卷一一　麝香　味辛、甘，氣溫，陽也，無毒。主通利九竅，辟邪惡氣，殺蟲去痞，治癇鎮驚，開氣之藥也。吾嘗考之，麝香之妙，能利耳目，開聰明，益元陽，寧心志。雖爲清氣之聖藥，殊不知通利之速，反有悞用之害。且如小兒驚藥之力，爲必用之劑，然而疽瘡將出，亦不得導泄其氣，故曰治驚之藥而可輕用之乎。又如婦人難產，用麝香以催生，然而產後多用則損真一之氣，而迫血妄行。又如牛黃丸用麝香可治風痰，茍用之無法，則引風入骨髓也。此皆麝香之悞，切宜察之。

明·王文潔《太乙仙製本草藥性大全》卷七《本草精義》　麝香　陝西各山谷俱生，文州諸蠻中尤盛。形類獐略小，香結臍近陰。皮内別有膜裹之，春分取之，生者益良。此物極難得真，蠻人採得以一子香，刮取皮膜，雜内餘物，裹以四足膝皮，共作五子。而土人買得，又復分糅一爲二三，其僞可知，惟生得之乃當全真耳。一說香有三種，第一生香，麝子凡臍閉滿之時，自將蹄尖剔出，所落之處草木焦黃，一名遺香，性甚辛烈。人若撿得，價同珠珍，蛇蛻包裹，香彌不泄，日常噉蛇爲食，是則又相使焉。市家但得臍囊，每研荔枝攙賣。當門子粒亦係造成，欲的實求真，必親目見剖。勿近火日，磁鉢細研。今人帶真香過園中，瓜果皆不實，此其驗也。其次臍香，乃捕得殺取者。又其次心結香，麝被大獸捕之，驚畏失心，狂走巔墜崖谷而斃，人有得之，破心見血流出作塊者是也，此香乾燥不可用。又有一種水麝，其香更奇好，臍中皆水，瀝一滴於斗水中用濯衣，其衣至弊而香不歇。唐天寶初，虞人常獲一水麝，詔養於囿中，每取以針刺其臍，捻以真雄黃，則其臍復合，其香氣倍於肉麝。近歲不復聞有之。《爾雅》謂麝爲麝父。

明·王文潔《太乙仙製本草藥性大全》卷七《仙製藥性》　麝香　味辛，氣溫，無毒。主治：辟蛇虺，誅蛔蟲，蠱疰癇痓總却；殺鬼精，驅疫瘴，脹急痞滿咸消。催生墮胎，通關利竅。除恍惚驚悸，鎮心安神。療癰腫瘡疽，蝕膿逐血。吐風痰不夢寤魘寐，點目疾去瞖膜淚眵。主中惡心腹暴痛。治溫瘧，去風毒三蟲。補註：治瘧疾，麝香少許，研墨書額上，去邪辟魔。○治中惡客忤垂死，麝香一錢，重研和醋二合，服之即差。○治鼠咬人，麝香封上，用帛子繫之。○治小兒客忤項強欲死，麝香少許細研，乳汁調塗口中。○治蠶咬人，麝香細研，蜜調塗之差。○小兒驚啼，發渴不定，用真麝〔香〕研細，每服清水調下一字，日三服。令易產，用一錢，研水調服。○療中水氣，已服藥未平除，宜單服麝香如大豆三枚，細研，乳汁調，分爲四五服。太乙曰：凡使多有僞者，不如不用。其香有三等。一者名遺香，是麝子臍閉滿，其麝自於石上用蹄尖彈臍，落處一里草木不生並燋黃，人若收得此香，價與明珠同也。二名臍香，採得甚堪用。三名心結香，被大獸驚心破了，因此狂走，雜諸群中，遂亂投水，彼人取得擘破見心，流在脾上，結作一大乾血塊，可隔山澗早聞之香，是香中之次也。凡使麝香，並用子日開之，不用苦細研篩用之也。　麝肉：似獐肉微腥，食之不畏蛇毒。惟忌胡蒜，亦宜知之。

明·皇甫嵩《本草發明》卷六　麝上品。氣溫，味辛，無毒。忌近火與日。　發明曰：麝香，氣竄烈而辛散氣，通關利竅之捷藥也。故《本草》主辟惡氣，殺鬼精物，疫瘴脹急痞滿，風毒中惡，心腹暴痛，溫瘧蠱毒癇痓。註云：除蛇虺為最，殺三蟲，療癰腫瘡疽蝕膿，逐血吐風痰，除恍惚驚怖，鎮心安神。此非疑養心神之劑，以能除恍惚，利驚悸，則心神亦安定。點目去翳膜泪眵，取其辛散風熱，非真益肝。去面䵟，催生墮胎。大略辛散竄利之用。多服常服，必耗真氣。香結臍上，臍閉滿，自將蹄尖剔出。市家多研荔枝核攙，當門子亦偽造者，親目見剖方真。

明·李時珍《本草綱目》卷五一獸部·獸類　麝《本經》上品

〔釋名〕射父《爾雅》　香麞時珍曰：麝之香氣遠射，故謂之麝。或云麝父之香來射，故名，亦通。其形似麞，故俗呼香麞。梵書謂麝香曰莫訶婆伽。　〔集解〕《別録》曰：麝生中臺山谷，及益州、雍州山中。春分取香，生者益良。弘景曰：麝形似麞而小，黑色，常食柏葉，又啖蛇。其香正在陰莖前皮内，別有膜袋裹之。五月得香，往往有蛇皮骨。今人以蛇蛻皮裹香，云彌香，是相使也。麝夏月食蛇、蟲多，至寒則香滿，入春臍内急痛，自以爪剔出，着屎溺中覆之，常在一處不移。曾有遇得乃至一斗五升者，此香絕勝殺取者。昔人云是

精，溺凝作，殊不爾也。今出羌夷者多真好，出隨郡、義陽、晉溪諸蠻中者亞之。出益州者形扁，仍以皮膜裹之，多僞。凡真香，一子分作三四子，刮取血膜，雜以餘物，裹以四足膝皮而貨之，貨者又復僞之。彼人言但破看一片，毛共在裹中者爲勝。今惟得活者看取，必當全真耳。頌曰：今陝西、益州、河東諸路山中皆有，而秦州、文州諸蠻中尤多。蘄州、光州或時亦有，其香絶小，一子纔若彈丸，往往是真，蓋彼人不甚作僞爾。其香有三等：第一生香，名遺香，乃麝自剔出者，然極難得，價同明珠。其香聚處，遠近草木不生或焦黄也。今人帶香過園林，則瓜果皆不實，是其驗也。其次臍香，乃捕得殺取之。其三心結香，乃麝見大獸捕逐，驚畏失心，狂走墜死。人有得之，破心見血流出脾上，作乾血塊者，不堪入藥。又有一種水麝，其香更奇，臍中皆水，瀝一滴於斗水中，用灑衣物，其香不歇。唐天寶中，虞人曾一獻之，養於囿中，每以針刺其臍，捻以真雄黄，則臍復合，其香倍於肉麝。此説載在《酉陽雜俎》，近不復聞有之，或有之而人不識矣。慎微曰：楊億《談苑》云：商汝山中多麝，遺糞常在一處不移，人以是獲之。其性絶愛其臍，爲人逐急，即投巖，舉爪剔裂其香，就縶而死，猶拱四足保其臍。故李商隱詩云：投巖麝自香。許渾詩云：尋麝採生香。時珍曰：麝居山，麞居澤，以此爲別，麝出西北者香結實，出東南者謂之土麝，亦可用，而力次之。南中靈猫囊，其氣如麝，人以雜之。見本條。

麝臍香　〔修治〕斆曰：凡使麝香，用當門子尤妙。以子日開之，微研用，不必苦細也。

〔氣味〕辛，温，無毒。甄權曰：苦，辛。忌大蒜。李（廷）〔鵬〕飛曰：麝香不可近鼻，有白蟲入腦，患（癩）〔蟲顙〕。久帶其香透關，令人成異疾。〔主治〕辟惡氣，殺鬼精物，去三蟲蠱毒，温瘧驚癇。久服，除邪，不夢寤魘魅《本經》。療諸凶邪鬼氣，中惡，心腹暴痛，脹急痞滿，風毒，去面黷，目中膚翳，婦人産難墮胎，通神仙《別録》。佩服及置枕間，辟惡夢，及尸疰鬼氣。又療蛇毒弘景。○抱朴子云入山辟蛇，以麝香丸着足爪中有效。因麝啖蛇，故以厭之也。治蛇、蠶咬，沙蝨溪瘴毒，辟蠱氣，殺臟腑蟲，治瘧疾，吐風痰，療一切虚損惡病。納子宫，暖水臟，止冷帶下日華。熟水研服一粒，治小兒驚癇客忤，鎮心安神，止小便利。又能蝕一切癰瘡膿水《藥性》。又云入十香丸服，令人百毛九竅皆香。除百病，治一切惡氣及驚怖恍惚孟詵。療鼻窒，不聞香臭好古。通諸竅，開經絡，透肌骨，解酒毒，消瓜果食積，治中風、中氣、中惡，痰厥，積聚癥瘕時珍。

〔發明〕李杲曰：麝香入脾治内病。凡風病在骨髓者宜用之，使風邪得出。若在肌肉用之，反引風入骨，如油入麪之不能出也。朱震亨曰：五臟之風，不可用麝香以瀉衛氣。口鼻出血，乃陰盛陽虚，有升無降，當補陽抑陰，不可用腦、麝輕揚飛竄之劑。婦人以血爲主，凡血海虚而寒熱盗汗者，宜補養之，不可用麝香之散，琥珀之燥。嚴用和曰：中風不省者，以麝香、清油灌之，先通其關，則後免語謇癱瘓之證，而他藥亦有效也。時珍曰：嚴氏言風病必先用麝香，而丹溪謂風病、血病必不可用，皆非通論。蓋麝香走竄，能通諸竅之不利，開經絡之壅遏。若諸風、諸氣、諸血、諸痛、諸癇、癥瘕諸病，經絡壅閉，孔竅不利者，安得不用爲引導以開之、通之耶？非不可用也，但不可過耳。《濟生方》治食瓜果成積作脹者用之，治飲酒成消渴者用之，云果得麝則壞，酒得麝則敗，此得用麝之理者也。

〔附方〕舊七，新十三。　中風不省：麝香二錢研末，入清油二兩和匀，灌之，其人自甦也。《濟生方》。　中惡客忤：項强欲死。麝香少許，乳汁塗兒口中取效。醋調亦可。《廣利方》。　小兒驚啼：發歇不定。真麝香一字，清水調服，日三。《廣利》。　小兒中水：單以麝香如大豆三枚，奶汁調，分三四服。《楊氏産乳》。　破傷風水：毒腫痛不可忍。麝香末一字納瘡中，出盡膿水，便效。《普濟方》。　中惡霍亂：麝香一錢，醋半盞，調服。《聖惠方》。　小兒邪瘧：以麝香研墨，書去邪辟魔四字於額上。《經驗》。　諸果成積：傷脾作脹，氣急。用麝香一錢，生桂末一兩，飯和，丸緑豆大。大人十五丸，小兒七丸，白湯下。蓋果得麝則落，木得桂即枯故也。《濟生》。　消渴飲水：因飲酒或食果實過度，雖能食而口渴飲水，數尿。以麝香當門子，酒和作十餘丸，枳椇子煎湯送下。蓋麝香敗酒壞果，枳椇亦敗酒也。《濟生》。　偏正頭痛：久不除者。晴明時，將髮分開，用麝香五分，皂角末一錢，薄紙裹置患處。以布包炒鹽於上熨之，冷則易。如此數次，永不再發。《簡便單方》。　五種蠱毒：麝香、雄黄等分爲末，以生羊肝如指大，以刀割開，裹藥吞之。《衛生》。　口内肉球：有根如綫五寸餘，如釵股，吐出乃能食物，捻之則痛徹心者，麝香一錢研水服之，日三，自消。夏子益《奇疾方》。　催生易産：《續十全方》：麝香一錢，水研服，立下。○《濟生》勝金散：治人弱難産。麝香一錢，鹽豉一兩，以舊青布裹之，燒紅爲末，以秤錘淬酒，服二錢即下。郭稽中云：婦人産難及横逆生者，乃兒枕破而敗血裹子，服勝金散逐其敗血，自生也。　死胎不下：麝香當門子一枚，桂心末二錢，温酒服，即下。《本事方》。　痔瘡腫毒：麝香當門子、印城鹽等分塗之。不過三次。《外臺》。　鼠咬成瘡：麝香封之妙。《經驗》。　蠶咬成瘡：蜜調麝香傅之。《廣利方》。　山嵐瘴氣：水服麝香三分解之。《集簡方》。　蟲牙作痛：香油抹筋頭，蘸麝香末，綿裹炙熱咬之。換二三次，其蟲即死，斷根甚妙。《醫方摘要》。

肉　〔氣味〕甘，温，無毒。詵曰：蠻人常食之，似麞肉而腥氣，云食之不畏蛇毒也。

〔主治〕腹中癥病時珍。

〔附方〕新一。　小兒癥病：麝肉二兩，切焙，蜀椒三百枚，炒搗末，以鷄子白和，丸小豆大。每服二三丸，湯下，以知爲度。《范汪方》。

明・梅得春《藥性會元》卷下　麝香　味辛，氣温，無毒。春分取生者最良。主治温瘧，蠱毒，癇痓，惡氣，殺鬼精物，去三蟲。療諸凶邪祟氣，中惡

心腹暴痛，脹急痞滿，風毒，定驚，通竅，透肌，婦人産難。又能墮胎，解蛇毒。如服吐藥，嘔吐不止，以少許水研服立止。凡使，多有偽造者。若不識，不如不用。其香有三等，第一名遺香，是麝臍滿自開於石上，用後蹄尖剔臍落下，一里草木不生，草亦焦黃。人若取得此香，價同珍寶。又一等名臍香，堪用。再一等名心結香，被大獸驚心破了，走雜諸群獸中，遂亂投水，被人收得，劈破見心，流在脾上，結作一乾血塊，可隔山澗早聞之。凡用麝香，在子日開，細研乳用。

明·穆世錫《食物輯要》卷四 香麞 肉，功用相同。臍香名麝，味辛，溫，無毒。辟惡氣，殺蟲通竅，開經絡，透肌骨，解酒毒，消瓜果食積，治中風、中氣、痰厥、積聚、驚癇、癰腫，能墮胎。

明·李中立《本草原始》卷九 麝 出中臺山谷，及益州、雍州山中。今陝西、益州、河東諸路山中皆有之，而秦州、文州諸蠻中尤多。形似麞而小，其香正在陰前皮內，別有膜裹之。春分取之，生者益良。一說香有三種。第一生香，麝于夏食蛇蟲多，至寒則香滿，入春急痛，自以爪剔出之，落處草木皆焦黃，此極難得。今人帶真香過園中，瓜果皆不實，此其驗也。其次臍香，乃捕得殺取者。又其次心結香，麝被大獸捕逐驚畏，失心狂走顛墜崖谷而斃。人有得之，破心，見血流出作塊者是也，不堪入藥。又一種水麝，其香更奇好。臍中皆水，瀝一滴於斗水中，用洒衣物，其香不歇。唐天寶初，虞人嘗獲一麝，詔養於囿中，每取以針刺其臍，捻以真雄黃，則其創復合，其香氣倍於肉麝。近歲不復聞有之。《爾雅》謂麝為麝父。《釋獸》云：麝父，麕足。麝如小鹿，有香，故其文從鹿從射。或云：麝父之香來射，故名麝。時珍曰：麝之香氣遠射，故謂之麝。其形似麞，故俗呼香麞。麝臍香：氣味：辛，溫，無毒。主治：辟惡氣，殺鬼精物，去三蟲蠱毒，溫瘧驚癇。久服除邪，不夢寤魘寐。○療諸凶邪鬼氣，中惡，心腹暴痛，脹急痞滿，風毒，去面䵟，目中膚翳。婦人産難，墮胎。通神仙。○佩服及置枕間，辟惡夢及尸疰鬼氣。又療蛇毒。○治蛇蠶咬，沙蝨、溪瘴毒，辟蠱氣，殺臟腑蟲。治瘧疾，吐風痰，療一切虛損惡病。納子宮，暖水臟，止冷帶下。○熟水研服一粒，治小兒驚癇客忤，鎮心安神，止小便利。又能蝕一切癰瘡膿水。○除百病。治一切惡氣及驚怖恍惚。○療鼻窒不聞香臭。○通諸竅，開經絡，透肌骨，解酒毒。○消瓜果食積，治中風、中氣、中惡，痰厥，積聚癥瘕。麝，《本經》上品。【圖略】形似麞而小。修治：斅曰：凡使麝香，用當門子尤妙。以子日開之，微研用，不必苦細也。

甄權曰：苦、辛，忌大蒜。李（廷）〔鵬〕飛曰：麝香不可近鼻，有白蟲入腦，患癩。久帶，其香透關，令人成異疾。《經驗方》：治小兒邪瘧，以麝香研墨，書去邪辟魔四字於額上，愈。夏子益《奇疾方》：治口內肉毬，有根如線五寸餘，如釵股，吐出乃能食物，捻之則痛徹心者，麝香一錢研，水服之，日三，自消。

治鼠咬人，麝香封之，用帛子繫之妙。市者有以真香些須，雜以荔枝末，或炒雞子黃為末，或炮棗肉，或酒製大黃等物攙入，裹以四足膝皮充賣。用者宜辨。真麝香開之即遠聞，久放且不生白樸。麝常食柏葉，又噉蛇。五月得香，往往有蛇皮骨。故麝香療蛇毒。今以蛇蛻皮裹麝香彌香，則是相使也。肉，食之不畏蛇。

明·張懋辰《本草便》卷二 麝香 味辛，氣溫，無毒。主辟惡氣，殺鬼精物，溫瘧、蠱毒、癇痓，去三蟲，療諸凶邪鬼氣，中惡，心腹暴痛，脹急痞滿，風毒；婦人難産，墮胎；療蛇毒。

明·傅懋光《醫學疑問》 問：麝香古語云過山草香，用以瀚衣，香聞於遠。小邦所産，非但無香臭，反有惡臭，無乃麝之種類不同，而所喫之草異耶？切願詳知。答曰：麝香，陝西山谷俱生，文州諸蠻中尤盛，形類獐略小，香結臍近陰，凡臍閉滿之時，自將蹄尖剔出，所落之處，草木盡黃，一名遺香。若該國所産，不但無香，反多惡臭，想山川之異，水土之殊，或非此類，焉有是香。至于食芝成香之說，非為定論。

明·吴文炳《藥性全備食物本草》卷二 麝肉 無毒。形似鹿而小，走疾如箭，肉似獐肉微腥，食之不畏蛇毒，惟忌胡蒜。

麝香：其香在陰前皮內，別有膜裹，春分取之，生者良。能蝕一切癰疽瘡膿，吐風痰，制蛇蠶咬，砂蝨、溪瘴毒，殺瘡蟲及臟腑諸蟲，辟惡氣鬼物，瘟瘧蠱疰，中惡心腹暴痛脹急。婦人有孕，聞其氣亦墮胎，催生，下死胎最速。小兒客忤驚癇亦用之，其通關透竅，上達肌膚，內入骨髓，與龍腦相同，而香竄又過之。傷寒陰毒，內傷積聚及婦人子宮冷帶疾，亦用以為使。俾關節通而冷氣散，陽氣自回也。開麝並宜子日，另研篩用，真者帶過園中，瓜果不實。

明·李中梓《藥性解》卷六　麝香　味辛，性溫，無毒，入十二經。主惡氣鬼邪，蛇虺蠱毒，驚悸癰疽，中惡心腹暴痛脹滿，目中翳膜，淚眵風毒，溫瘧痫痓，通關竅，殺蟲蝨，催生墮胎，忌大蒜。按：麝香為諸香之最，其氣透入骨髓，故于經絡無所不入。然辛香之劑，必能耗損真元，用之不當，反引邪入髓，莫可救藥，誠宜謹之。

明·繆希雍《本草經疏》卷一六　麝香　味辛，溫，無毒。主辟惡氣，殺鬼精物，溫瘧，蠱毒，癇痓，去三蟲，療諸凶邪鬼氣，中惡心腹暴痛，脹急痞滿，風毒，婦人難產，墮胎，去面䵟音孕，目中膚翳。久服除邪，不夢寤魘寐，通神仙。忌大蒜。

〔疏〕陶弘景云：麝常食栢葉，又噉蛇。予以為其香必非因噉蛇而結。蘇頌乃云：夏月食蛇多，至寒則香滿，入春臍內急痛，自以爪剔出。陶云五月得香，往往有蛇皮骨，豈有食蛇逾一年，而皮骨尚不化者乎？不知麝乃山獸，好食香木芳草，如栢葉之類，故其氣聚於臍，而結成是香。或遇蛇亦噉，但不結香耳。如必噉蛇多而後有香，則此藥必大毒難近之物，安得味辛氣溫無毒耶？甄權言苦辛，其香芳烈，為通關利竅之上藥。凡邪氣着人，淹伏不起，則關竅閉塞，辛香走竄，自內達外，則毫毛骨節俱開，邪從此而出。故主辟惡氣，殺鬼精物凶邪，蠱毒，溫瘧，中惡心腹暴痛，脹急痞滿，風毒諸證也，其主癇痓者，借其氣以達於病所也。苦辛能殺蟲，故主去三蟲。辛溫主散，故能去面䵟及目中膚翳。性能開竅，故主難產墮胎也。走竄之性，而云久服除邪，不夢寤魘寐，通神仙者，凡香皆能辟除惡氣而通神明，故有是功能也。日華子云：納子宮，暖水臟，止冷帶疾。《藥性論》主小兒驚癇客忤，蝕一切癰疽膿水。今人又用以治中風、中氣、中惡、痰厥猝仆，兼入膏藥、傅藥，皆取其通竅開經絡、透肌骨之功耳。〔主治參互〕同犀角、牛黃、琥珀、龍齒、遠志、丹砂、鉛丹、金箔、菖蒲、真珠、茯神、天竺黃，治心氣虛怯，驚邪癲癇，或夢寐紛紜，鬼交鬼疰，及小兒急驚，大人中惡等證。同白及、白斂、紅白藥子、雄黃、烏雞骨煅、乳香、沒藥、冰片，為末。傅一切癰疽疔腫，有神。《濟生方》中風不省，麝香二錢，研末，入清油二兩，和勻，灌之即甦。又方，食諸果成積傷脾，作脹氣急，用麝香一錢，生桂末一兩，飯和丸菉豆大。大人十五丸，小兒七丸，白湯下。蓋果得麝即落，木得桂即枯故也。夏子益《奇疾方》口內肉毬，根如線五寸餘，如釵股，吐出乃能食物，捻之則痛徹心者。麝香一錢，研，水服之，日三，自消。《續千金方》催生易產，麝香一錢，水研服。《經驗方》鼠咬成瘡，麝香封之，妙。并治蠶咬成瘡。〔簡誤〕麝香走竄飛揚，內透骨髓臟腑，外徹皮肉及筋。其性能射，故善穿透開散。東垣云：凡風病在骨髓者，用之使風邪得出。若在肌肉，用之反引風入骨。丹溪云：五臟之風，不可用麝香以瀉衛氣。二公之言，誠得其旨矣。凡似中風，小兒慢脾風，與夫陰陽虛竭，發熱，吐血，盜汗，自汗，氣虛眩暈，氣虛痰熱，血虛痿弱，血虛目翳，心虛驚悸，肝虛癇痓，產後血暈，胎前氣厥，諸證之屬於虛者，法當補益，概勿施用。即如不得已欲借其開通關竅於一時，亦宜少少用之，勿令過劑，甦省開通之後，不可復用矣。孕婦不宜佩帶。勞怯人亦忌之。李（廷）〔鵬〕飛云：不可近鼻，有白蟲入腦，患（癩）〔蟲顙〕。久帶其香透關，令人成異疾。

明·倪朱謨《本草彙言》卷一八　麝臍香　味辛，氣溫性散，無毒。氣味俱厚，可升，可降。入足太陰、手少陰經。蘇氏曰：麝多生陝西、河東、益州、秦州、文州等處，諸蠻夷中尤多。蘄州、光州或時亦有。陶氏曰：形似麞，麋而小，色黑褐，常食柏葉。夏月多噉蛇蟲，至冬香滿。入春滿甚，便自剔去。香生陰莖前，皮內別有膜袋盛之。性多忌，所遺糞常就一處，雖遠逐食必還走之，不敢遺迹他所，慮爲人獲。人反以是求得，必掩群而獲之。《釋獸》云：虎，豹之文來田，貍、麝之香來射。則其皮與臍之爲累也。凡用須辯真僞。生香心結，雖不易得，但取香臍中之當門子，撚之如血綫，搨之如桃花瓣，臊甚者始真。縱膜囊完固，尤多僞造。分三種：第一名生香，即自剔出之遺香也，但不易得，香聚之處草木不生，帶過園林瓜果皆敗，是其驗也；其次名臍香，即捕得殺取者；其三名心結香，即麝遇山獸捕逐，驚畏失心狂走墜死者，人得之，破心見血流出脾上，作乾血塊者，不堪入藥。又一種名水麝香，臍中惟水，即取其藏錫器中，不走香氣。滴一點于斗水中，用灑衣服，經年香氣不散。此物性惟愛臍，爲人所急逐，即投巖，舉爪剔裂其香，就縶而死，猶拱四足保其臍也。《酉陽雜俎》云：唐天寶初，虞人獻活麝，養於囿中，以針刺其臍取香，捻以雄黃末，則臍復合，其香倍于肉麝。又有靈猫，似麝，生南海山谷。如猫身，亦曰鈴貍。其臍香亦可充麝。其毛可以爲筆，寫書不鈍。修治：向日開之，配他藥微研用。

麝臍香：　開經絡，通諸竅，透肌骨，李時珍辟蛇蠱諸毒之藥也。方益明曰：　此藥辛香走竄，能自內達外。凡毫毛肌肉、骨節諸竅，凡有風、寒、火、氣、痰、涎、血、食鬱滯不通者，以此立開。故《農皇本經》主辟惡氣，化蟲積，散蠱毒，殺鬼精物。血瘕鬼胎之類。如《聖惠方》入瘍科用，徹膿血，去死肌；入眼科用，退翳障，散瘀血；入婦人科用，下難產，落胎孕；入嬰兒科用，定鎮癇，吐風痰；入方脉科用，通關竅，活痰結，解瓜果食積、酒積，痞塊癥瘕諸證。蓋取此辛香芳烈，借其氣以達于病所，推陳而致新也。方氏曰：　雖爲清氣散邪之藥，如中惡邪氣，心腹暴病，痛脹痞急，痰閉氣滯諸疾，一時暫以開通，開通之後，不可復用。凡氣血兩虛似中風證，小兒慢脾驚風，與夫陰陽虛竭，發熱吐血，氣虛眩暈，氣虛痰結，血虛痿痹，血虛目翳，心虛驚悸，肝虛癇痓，胎前氣厥，產後血暈，中虛痞脹諸證；　或癰疽膿血已泄，新肉將長之時，麝香概勿輕用。

集方：　見諸證條下，此不復贅。

明・應麐《食治廣要》卷六　麝即香麞。　肉：　氣味：　甘，溫，無毒。主腹中癥病。孟詵曰：　似麞肉而腥氣，云食之不畏蛇毒也。

明・姚可成《食物本草》卷一四獸部・野獸類　麝形似麞而小，黑色。麝居山，麞居澤，以此為別。麝生益州、雍州山谷，常食栢葉，又噉蛇。其香正在陰莖前皮內，別有膜袋裹之。五月得香，往往有蛇皮骨。今人以蛇蛻皮裹香，云彌香，是相使也。麝夏月食蛇、蟲，至寒則香滿，入春臍內急痛，自以爪剔出，着屎溺中覆之，常在一處不移，絕勝殺取者，然極難得，價同明珠。其香聚處，遠近草木不生，或焦黃也。今人帶香過園林，則瓜果皆不實，是其驗也。其次臍香，乃捕得殺取之。又有心結香，乃麝見大獸捕逐，驚畏失心，狂走墜死，人有得之，破心見血流出脾上，作乾血塊者，為下。又有一種水麝，其香更奇，臍中皆水，瀝一滴于斗水中，用洒衣物，其香不歇。唐天寶中，虞人曾一獻之，養於囿中，每以針刺其臍，捻以真雄黃，則臍復合，其香倍於肉麝，近最難得。○《談苑》云：　商汝山中多麝，遺糞常在一處不移，人以是獲之。其性絕愛其臍，為人逐急，即投巖，舉爪剔裂其香，就縶而死，猶拱四足保其臍。故李商隱詩云：　投巖麝自香。許渾詩云：　尋麝采生香。南中靈貓囊，其氣如麝，人以雜之。

麝肉：　味甘，溫，無毒。治癥瘕。○孟詵曰：　南人常食之，似麞肉而腥氣。云食之不畏蛇毒。　臍香：　味辛，溫，無毒。主辟惡氣，殺鬼精物，去三蟲蠱毒，溫瘧驚癇。久服除邪，不夢寤魘寐。療諸凶邪鬼氣，中惡，心腹暴痛，脹急痞滿，風毒，去面䵟、目中膚翳，婦人產難墮胎。通神仙。通諸竅，療鼻窒不聞香臭。開經絡，透肌骨，解酒毒，消瓜果食積，治中風、中氣、中惡，痰厥積聚癥瘕。○麝香不可近鼻，有白蟲入腦，患（癩）〔蟲顇〕。久帶其香透關，令人成異疾。

明・顧逢柏《分部本草妙用》卷三脾部・溫瀉　麝香　辛，溫，無毒。忌大蒜。不可近鼻。　主治：　辟惡殺鬼，去三蟲蠱毒，驚癇，除夢魘目瞖。產難墮胎，殺臟腑蟲。治瘧，吐風痰。納子宮，暖水臟，止冷帶。鎮心安神，開諸竅，通經絡，透肌骨。解酒毒，消瓜菓積滯。中風中氣中惡，積聚癥瘕。按：　麝香走諸竅，開經絡之壅滯，諸風、諸氣、諸血、諸痛，驚癇癥瘕，經絡孔竅不通者，引導以開之；　中風中惡，氣迷塞而不宣也，用以開之，而後用對症之藥始效。如過用，又走而不守，酌而用之可也。

明・李中梓《醫宗必讀・本草徵要下》　麝香味辛，溫，無毒。忌大蒜，微研。開竅通經，穿筋透骨，治驚癇而理客忤，殺蟲蠱而去風痰。辟邪殺鬼，催生墮胎。蝕潰瘡之膿，消菓果之積。走竄飛揚，內透骨髓，外徹皮毛。東垣云：　搜骨髓之風，風在肌肉者悮用之，反引風入骨。丹溪云：　五臟之風，忌用麝香以瀉衛氣。故證屬虛者，概勿施用；　必不得已，亦宜少用。癆怯人及孕婦，不宜佩帶。

明・鄭二陽《仁壽堂藥鏡》卷七　麝香　《圖經》云：　麝出益州、雍州。佐香開九竅。忌大蒜。　氣溫，味辛，無毒。　《本草》云：　主辟惡氣，殺鬼精物，療溫瘧，蠱毒癇痓，去三尸蟲。療諸凶邪鬼氣，中惡心腹暴痛，脹急痞滿，風毒。婦人產難，墮胎。　東垣云：　麝香入脾，治肉病。

明・蔣儀《藥鏡》卷一溫部　麝香　殺三蟲，去面䵟音孕。癰疽疔瘇如神。骨髓透，經絡開，瞖膜淚眵多效。水研服，可消口內肉毬。清油調，可灌中風不省。催逆生難產而易落，療鼠囓蠶咬之成瘡。同生桂末以飯丸，那怕食諸菓而成積者。作脹傷脾，得天竺黃與金箔，何憂夢鬼交與鬼疰者。急驚中惡，風侵骨髓，用此即消。邪在肉肌，服之反入。

明・李中梓《頤生微論》卷三　麝香　味辛，性滑，無毒。忌大蒜及火。微研用。　主開竅，通經，穿經透骨，辟鬼殺邪，催生墮胎，殺蟲蠱毒，風痰。治驚癇，理客忤，蝕潰瘡之膿，消瓜菓之積。新補。　按：　麝香走竄飛揚，內透骨髓，外徹皮毛，草木見之黃落，瓜菓見之腐爛，孕婦佩之墮胎。東垣云：　搜骨髓之風，風在肌肉者悮用之，反能引風入骨。丹溪云：　五藏之風，

忌用麝香，以瀉衛氣，故症屬虛者，概勿輕用。癆怯人切忌佩帶。

明・張景岳《景岳全書》卷四九《本草正》 麝香 味苦、辛，性溫。能開諸竅，通經絡，透肌骨，解酒毒，吐風痰，消積聚癥瘕，散諸惡濁氣，除心腹暴痛脹急。殺鬼物邪氣魘寐，藏府蟲積，蛇蟲毒，蠱毒、瘴毒、沙虱毒，及婦人難產，尤善墮胎。用熱水研服一粒，治小兒驚癇客忤，鎮心安神。療鼻塞不聞香臭，目疾可去翳膜，除一切惡瘡，痔漏腫痛，膿水腐肉，面䵟班疹。凡氣滯為病者，俱宜用之。若鼠咬蟲咬成瘡，但以麝香封之則愈。欲辨真假，但置些須於火炭上，有油滾出而成焦黑炭者，肉類也，此即香之本體。若燃火而化白灰者，木類也，是即假攙。

明・施永圖《本草醫旨・食物類》卷四 麝名香麞。麝之香氣遠射，故謂之麝。麝形似麞而小，黑色，常食柏葉，又啖蛇，其香正在陰莖前皮內。 麝臍香： 凡使麝香，用當門子尤妙。以子日開之，微研用，不必苦細也。 味： 辛，溫，無毒。忌大蒜。麝香不可近鼻，有白蟲入腦，患(癩)〔蟲類〕。久帶其香，透關，令人成異疾。 治： 辟惡氣，殺鬼精物，去三蟲蠱毒，瘟瘧驚癇，久服除邪，不夢寤魘寐。療諸凶邪鬼氣，中惡，心腹暴痛，脹急痞滿，風毒，去面䵟，目中膚翳，婦人產難墮胎，通神仙。佩服及置枕間，辟惡夢及尸疰鬼氣。又療蛇毒。入山辟蛇，以麝香丸着足爪中，有效。因麝啖蛇，故以厭之也。 治蛇蠶咬，沙蟲溪瘴毒，辟蠱氣，殺臟腑蟲，治瘧疾，吐風痰。療一切虛損惡病。納子宮，暖水臟，止冷帶下。熟水研服一粒，治小兒驚癇客忤，鎮心安神，止小便利，又能蝕一切癰瘡膿水，除百病。治一切惡氣及驚怖恍惚。療鼻窒，不聞香臭，通諸竅，開經絡，透肌骨，解酒毒，消瓜果食積，治中風中氣，中惡痰厥，積聚癥瘕。麝香入脾，治肉病。凡風病在骨髓者宜用之，使風邪得出。若在肌肉用之，反引風入骨，如油入麪之不能出也。○五臟之風，不可用麝香以瀉衛氣。口鼻出血，乃陰盛陽虛，有升無降，當補陽抑陰，不可用腦麝輕揚飛竄之劑。婦人以血為主，凡血海虛而寒熱盜汗者，宜補養之，不可用麝香之散，琥珀之燥。○中風不省者，以麝香、清油灌之，先通其關，則後免語蹇癱瘓之證。

附方 中風不省： 麝香二錢研末，入清油二兩，和勻，灌之，其人自甦也。 中惡客忤： 項強欲死，麝香少許，乳汁塗兒口中，取效。醋調亦可。 小兒驚啼： 發歇不定，真麝香一字，清水調服，日三。 小兒中水： 單以麝香如大豆三枚，奶汁調，分三四服。 破傷風水： 毒腫痛不可忍，麝香末一字，納瘡中，出盡膿水便效。 中惡霍亂： 麝香一錢，醋半盞，調服。 小兒邪瘧： 以麝香研墨，書去邪辟魔四字於額上。 諸果成積： 用麝香一錢，生桂末一兩，飯和丸菉豆大，大人十五丸，小兒七丸，白湯下。 消渴飲水： 以麝香當門子，酒和，作十餘丸，枳椇子煎湯送下。蓋麝香敗酒壞果，枳椇亦敗酒也。 偏正頭痛： 用麝香五分，皂角末一錢，薄紙裹，置患處，以布包炒鹽於上熨之，冷則易，如此數處，永不再發。 五種蠱毒： 麝香、雄黃等分，為末，以生羊肝如指大，以刀割開，裹藥吞之。 催生易產： 麝香一錢，水研服，立下。 死胎不下： 麝香當門子一枚，桂心末二錢，溫酒服，即下。 痔瘡腫毒： 麝香當門子、印城鹽等分，塗之，不過三次。 鼠咬成瘡： 麝香封之妙。 蠶咬成瘡： 蜜調麝香傅之。 山嵐瘴氣： 水服麝香三分，解之。 蟲牙作痛： 香油抹筯頭，蘸麝香末，綿裹炙熱咬之，換二三次，其蟲即死，斷根甚妙。

肉： 味甘，溫，無毒。蠻人常食之，似麞肉而腥氣，云食之不畏蛇毒也。 治： 腹中癥病。

附方 小兒癥病： 麝肉二兩切焙，蜀椒三百枚炒搗末，以雞子白和丸小豆大，每服二三丸，湯下，以瘥為度。

明・盧之頤《本草乘雅半偈》帙二 麝臍香《本經》上品 氣味： 辛，溫，無毒。 主治： 主辟惡氣，殺鬼精物，去三蟲，蠱毒，溫瘧，驚癇。久服除邪，不夢寤魘寐。

覈曰： 麝字書謂之榭，《釋獸》謂之麝父。多出陝西、河東、益州、秦州、文州諸處，諸蠻夷中尤多也。形似麞麌而小，色黑褐，嘗食柏葉，夏月多啖蛇蟲，至冬香滿，入春滿甚，便自剔去。香生陰莖前皮內，別有膜袋盛之。性多忌，所遺糞，嘗就一處，雖遠逐食，必還走之，不敢遺迹他所，慮為人獲。人反以是求得，必掩群而獲之，此當是疑忌之義也。《釋獸》云虎豹之文來田，貍麝之香來射，則其皮與臍之為累也。吳筠《玄猿賦》，以為麝懷香而賈害，狙伐巧而招射謂是也。凡用須辨真偽，生香、心結，雖不易得，但取香臍中之當門子，撚之如血線，搨之如桃花瓣，臊甚者始真。縱膜囊完固，尤多偽造。分三種： 第一名生香，即自剔出之遺香也，但不易得。香聚之處，草木不生，帶過園林，瓜果不實，是其驗也。其次名臍香，即捕得殺取者。其三名心結香，即麝遇大獸捕逐，驚畏失心，狂走墜死者，人得之，破心見血流出脾上，作乾血塊者，不堪入藥。又有一種，名水麝者，臍中惟水，即以其水滴一點于斗水中，用洒衣服，經年香氣不散。性唯愛臍，為人所逐，即投巖，舉爪剔裂其香，就縶而死，猶拱四足保其臍也。唐天寶初，養于囿中。以麝為獸之香者，故物之香比之，有麝香鳥、麝香木。又有靈猫似麝，生南海山谷，如猫身，亦

曰鈴貍。《異物志》云：靈貍，其氣如麝，其毛可以為筆。鄭虔云：麝毛筆一管，直行寫書四十張；貍毛筆一管，界行寫書八百張為貴也。修治：向日開之，但微研，不必苦細耳。如欲細甚，入醇酒少許，不損香氣。

繆仲淳先生云：邪氣着人，則淹伏不起。其香芳烈走竄，借其氣以達病所，關機竅穴，莫不開通。

先人云：射有丹機，生物皆殺，臍為身蒂，形藏都通。

条曰：射主中的，的即中黃，香結于斯，當入脾藏。中黃，正脾主之宮位耳。氣味辛溫，性專宣發，一派生陽，全得甲力，脾之用藥也。故辟惡氣，殺鬼精物，去三蟲蠱毒，夢寤魘寐。若開通竅穴，透達肌骨，以中黃建立，則八極洞徹，但發露殆盡，僅可施諸脾土之陽，不可投諸敦厚寧謐者耳。即全真後身尚保中黃八極，為未命元神。

明・李中梓《本草通玄》卷下　麝香　辛，溫。通諸竅，開經絡，透肌骨，辟鬼邪，去三蟲，攻風痰，辟惡夢，墮胎孕，止驚癇。時珍曰：嚴氏言風病必先用麝香，丹溪謂風病、血病必不可用，皆非通論。蓋麝香走竄，通諸竅之閉塞，開經絡之壅滯。若諸風、諸氣、諸血、諸痛、癇瘕等病，經絡壅滯，孔竅閉塞者，安得不用以開之、通之耶？非不可用也，但不可過耳。

清・顧元交《本草彙箋》卷八　麝　麝香，芳烈走竄，爲通關利竅之上藥。凡風病在骨髓者宜用之，使風邪得出。若在肌肉用之，反引邪入骨矣。至吐衄之症，陰盛陽虛，有升無降，不得再用輕揚飛竄之物。其治瓜果成積作脹，及飲酒成消渴者，果得麝則壞，酒得麝則敗也。麝乃山獸，好食香木芳草，如柏葉之類，故其氣聚于臍，而結成是香。其性絕愛其臍，爲人逐急，即投巖，舉爪剔裂其香，就縶而死，猶拱四足保其臍。故李商隱詩云：投巖麝自香。又許渾詩云：尋麝采生香。蓋自剔出者爲生香，此最難得。其次臍香，乃捕得殺取之者。藥市中唯麝臍多僞。史言宜賨諸懷中，以氣溫之久，以手指按之柔輭者真，堅實者僞。或又云：麝臍之內，悉一氣凝結，原無滓質，第口噙良久，泯化無迹者真，有滓質不化者僞也。

清・穆石匏《本草洞詮》卷一五　麝　形似麞而小，臍之香氣遠射，故謂之麝。麝自剔出者為生香，極難得，價同明珠。其香聚處，遠近草木不生，或焦黃也。今人帶香過園林，則瓜果皆不實，是其驗也。其次臍香，乃捕得殺取之。麝香辛溫，無毒。主辟惡氣，殺鬼精物，去三蟲、蠱毒，溫瘧驚癇諸病。李東垣謂麝香治內病，凡風在骨髓者宜用之，使風邪得出。若在肌肉用之，反引風入骨也。嚴用和謂中風不語者，以麝香清油灌之，以通其關，則可免語言蹇澁，手足癱瘓之患。朱丹溪謂五臟之風，不可用麝香，以瀉衛氣，口鼻出血，乃陽盛陰虛，有升無降，當補陰抑陽，不可用腦麝輕揚飛竄之劑。婦人以血為主，凡血海虛而寒熱盜汗者，宜補養之，不可用麝香之散，琥珀之燥也。夫嚴氏言風病必先用麝，而丹溪謂風病血病必不可用，皆非通論。蓋麝香走竄，能通諸竅之不利，開經絡之壅遏，若諸風、諸氣、諸血、諸痛，驚癇癥瘕諸病經絡壅閉，孔竅不利者，用為引導，以開通之，亦何可少？但不可過耳。李(廷)〔鵬〕飛謂麝香久帶，其香透關，令人成異疾也。《濟生方》治食瓜果成積作脹者，治飲酒成消渴者，云果得麝則敗，酒得麝則壞，此得用麝之理者也。

清・劉雲密《本草述》卷三一　麝臍香忌大蒜。　時珍曰：麝居山，麞居澤，以此為別。麞無香，有香者麝也。俗稱土麞，為香麞是矣。多出陝西、河東、益州、秦州、文州諸處，諸蠻夷中尤多也。形似麞麋而小，色黑褐，嘗食柏葉，夏月多噉蛇蟲，至冬香滿，入春滿甚，便自剔去。香生陰莖前皮內，別有膜袋盛之。用者以生香為最，即自剔出之遺香也。但不易得。其次名臍香，即捕得殺取者。凡用須辨真偽，但取香臍中之當門子，撚之如血線，搨之如桃花瓣，臊甚者始真。縱膜囊完固，尤多偽造。凡真香一子分作三四子，刮取血膜，雜以餘物，裹以四足膝皮而貨之，貨者又復偽之，彼人言但破看一片，毛共在裏中者，為勝。又云：當門子亦多偽造成，總不如活者看取為的。氣味：辛，温，無毒。權曰：苦、辛。主治：通諸竅，開經絡，透肌骨，治中風，中氣，中惡，痰厥驚癇，積聚癥瘕時珍。及婦人產難《別録》。納子宮，暖水臟，止冷帶下，殺臟腑蟲日華子。能蝕一切癰疽膿水《藥性》。

嚴用和曰：中風不省者，以麝香、清油灌之，先通其關，則後免語蹇癱瘓之證，而他藥亦有效也。丹溪曰：五臟之風，不可用麝香，以瀉衛氣，口鼻出血，乃陰盛陽虛，有升無降，當補陽抑陰，不可用腦、麝輕揚飛竄之劑。婦人以血為主，凡血海虛而寒熱盜汗者，宜補養之，不可麝香之散，琥珀之燥。時珍曰：嚴氏言風病必先用麝香，而丹溪謂風病、血病必不可用，皆非通論。蓋麝香走竄，能通諸竅之不利，開經絡之壅遏。若諸風、諸氣、諸血、諸痛，驚癇癥瘕諸病，經絡壅閉，孔竅不利者，安得不用為引導，以開之通

之耶？非不可用也，但不可過耳。《濟生方》治食瓜果成積作脹者用之，治飲酒成消渴者用之，云果得麝則壞，酒得麝則敗，此得用麝之理者也。　門曰：麝香通關透竅，上達肌膚，內入骨髓，與龍腦相同，而香竄又過之。傷寒陰毒，內傷積聚，及婦人子宫冷带疾，亦用以為使，俾關節通，而冷氣散，陽氣自回也。　希雍曰：麝香味辛氣温，又言苦辛。凡病邪氣着人，淹伏留結，此味其香芳烈走竄，借其氣以達病所，關機竅穴莫不開通，故其主治諸證如是爾。　同犀角、牛黄、琥珀、龍齒、遠志、丹砂、鉛丹、金箔、菖蒲、真珠、茯神、天竺黄，治心氣虚怯，驚邪癲癇，或夢寐紛紜，鬼交鬼疰，及小兒急驚，大人中惡等證。

同白及、白斂、紅白藥子、雄黄、烏雞骨煅、乳香、没藥、冰片，為末，傅一切癰疽疔腫有神。

愚按：麝香之用，其要在能通諸竅一語。蓋凡病於為壅、為結、為閉者，當責其本以療之。然不開其壅，散其結，通其閉，則何處着手？即欲開壅，散結，通閉，不得其一竅而入之，則亦何處着手？如風中藏昏冒，投以至寶丹、活命金丹，其用之為使者，實用之為開關奪路，其功更在龍腦、牛黄之先也。即此推之，則知所謂治諸證經，用之開經絡，透肌骨者，俱當本諸此意。希雍所云關機竅穴莫不開通，乃是兹物寫照語，謂不當其病而可漫然投之乎。況病屬陽虚可投之以增劇乎。雖然，即虚而病於壅結閉者，亦必藉之為先導，但貴中節而投，適可而止耳。希雍曰：麝香其性能射，善穿透開暢，凡似中風，小兒慢脾風，與夫陰陽虚竭，發熱吐血，盜汗自汗，氣虚眩暈，氣虚痰熱，血虚痿弱，血虚目瞖，心虚驚悸，肝虚癇痓，產後血暈，胎前氣厥諸證之屬於虚者，法當補益，槩勿施用。即如不得已，欲借其開通關竅於一時，亦宜少少用之，勿令過劑。甦省開通之後，不可復用矣。孕婦不宜佩带，勞怯人亦忌之。李(廷)〔鵬〕飛云：不可近鼻，有白蟲入腦，患(癩)〔蟲類〕。久帶其香，透關令人成異疾。

修治　凡使，勿近火日，但微研，不必苦細耳。如欲細甚，入醇酒少許，不損香氣。

清·郭章宜《本草匯》卷一七　麝香　味辛、苦，溫。開竅通經，穿筋透骨。治驚癇而理客忤，殺蟲蠱而去風疾。形勞脈虛所忌，氣實脈實奏功。消癥瘕，墮胎產。蝕潰爛之膿，溶瓜果之積。

按：麝香一品，為通關利竅之藥。凡邪氣着人，淹伏不起，則關竅閉塞，用此辛香走竄，則毫毛骨節俱開，邪從而出。東垣云：風病在骨髓者，用之相宜。若在肌肉，反引風入骨，如油入麵矣。丹溪云：五臟之風，不可用腦麝以瀉衛氣。婦人血海虚，亦忌麝香之散，琥珀之燥。二公之言，誠得其旨。然諸風、諸氣、諸血、諸痛，驚癇癥瘕之病，經絡孔竅壅滯者，安得不用為引導，以開通之耶？非不可用也，但不可過耳。證屬虚者，忌之。勞怯人與孕婦，不可佩帶。瓜果成積作脹，飲酒成消渴者，用之為得。蓋果得麝則壞，酒得麝則敗也。

產陝西、文州諸處。市中每研荔核攙賣，用須辨之。當門子尤妙。不可近鼻，防白蟲入腦。

清·朱本中《飲食須知·獸類》　香麞肉　味甘，性溫。蠻人食之，不畏蛇毒。臍名麝香。忌大蒜。麝不可近鼻，有白蟲入腦，患(癩)〔蟲類〕。久帶其香透關，令人成異疾。能墮胎，消瓜菓食積，辟蛇。

清·何其言《養生食鑒》卷下　麝其形如麞而小，黑色，常食栢葉，又噉蛇。其香，正在陰莖前皮內，別有膜袋裹之。五月得香，往往有蛇皮骨。今人以蛇蛻皮裹香，云彌香，是相使也。　麝肉：味甘，性溫，無毒。治腹中癥病。蠻人常食之，似麞肉而腥氣，云食之不畏蛇也。　(麞)〔麝〕香：味辛，性溫，無毒。辟惡氣，殺鬼精，消瓜菓食積。治各病大功藥性中詳之。

清·蔣居祉《本草擇要綱目·熱性藥品》　麝香　氣味：辛，溫，無毒。凡使以當門子方妙。不可近鼻，有白蟲入腦，患(癩)〔蟲類〕。久帶其香透關，令人成異疾。

主治：辟惡氣，去三蟲蠱毒及驚怖恍惚。療鼻塞不通。解酒毒，消瓜菓食積。治中風中氣中惡痰厥，積聚癥瘕。又療蛇蟲、溪瘴毒。蓋麝香走竄，能通諸竅之不利，開經絡之壅遏。凡諸風諸氣諸痛，驚癇癥瘕，可用之為引導。若五臟之風，不可用之以瀉衛氣。口鼻出血，乃陰盛陽虚，有升無降，不可用之，令陽不得補，陰不得抑。婦人以血為主，凡血海虚而寒熱盜汗者，宜補養之，不可用之，以過散其液。

清·王翃《握靈本草》卷一〇　麝香生陝西各山谷間，亦生文州。有臍囊者真。一名當門子，乃人工造成，用荔枝核攙賣。　主治：麝香，辛，溫，無毒。主辟惡，殺鬼，去三蟲，蠱毒，溫瘧，驚癇。通諸竅，開經絡，透肌骨。解酒毒，消瓜果食積。治諸中痰厥，積聚癥瘕。麝香入脾，凡風病在骨髓者，宜用之，使風邪

得出。若在肌肉，用之反引風入骨，如油入麪，不能出也。

清・汪昂《本草備要》卷四 麝香宣，通竅。 辛，溫，香竄。開經絡，通諸竅，透肌骨，暖水藏。治卒中諸風諸氣，諸血諸痛，痰厥驚癇。嚴用和云：中風不醒者，以麝香、清油灌之，先通其關。東垣曰：風病在骨髓者宜之。若在肌肉用之，反引風入骨，如油入麪。時珍曰：嚴氏言風病必先用，東垣謂必不可用，皆非通論。若經絡壅閉，孔竅不利者，安得不用爲引導以開通之耶？但不可過耳。昂按：據李氏之言，似仍以嚴說爲長。《廣利方》中惡客忤垂死，麝香一錢，醋和灌之。癥瘕瘴瘧，鼻窒耳聾，目翳陰冷。辟邪解毒，殺蟲墮胎。壞果敗酒，治果積、酒積。東垣曰：麝香入脾治肉，牛黃入肝治筋，冰片入腎治骨。 研用。凡使麝香，用當門子尤妙。忌蒜。不可近鼻，防蟲入腦。麝見人捕之，則自剔出其香爲生香，尤難得。其香聚處，草木皆黃。市人或攙荔枝核僞之。

清・陳士鐸《本草新編》卷五 （射）〔麝〕香 辟蛇虺，誅蚘蟲、蠱疰癇痓，殺鬼精，驅疫瘴，脹急痞滿咸消，催生墮胎，通關利竅，除恍惚驚怖，鎮心安神，療癰腫瘡疽，蝕膿逐血，吐風痰，啟寐魘，點目去膜止淚。亦外治居多，而內治甚少也。

或問：麝香能消水果之傷，然乎？〔曰〕：麝香何能消水果，但能殺果木之蟲耳。食果過多，胸中未有不生蟲者也。生蟲則必思果，思果則必多食果矣，初食之而快，久食之而悶。前人用麝香，而食果之病痊，遂疑麝香之能消果也，誰知是殺蟲之效哉。

或問：近人治風症，多用麝香以透徹內外，而吾子不談，豈治風非歟？曰：風病不同，有入于骨者，有入于皮肉者，有入于臟腑者，未可一概用麝香而走竄之也，蓋風入于骨髓者，不得已而用麝香，使攻邪之藥直入于骨髓，祛風而外出，此治真正中風也。其餘風邪不過在臟腑之外、肌肉之間，使亦用麝香引風入骨，反致變生大病而不可救藥矣。至于世人不知禁忌，妄用麝香，以治小兒急、慢之驚，往往九死一生，可不慎歟。

或疑麝香既不可以治風病，而前人用之，豈皆非歟？曰：前人用麝香以治風症者，不過借其香竄之氣，以引入經絡，開其所閉之關也。近人不知前人立方本意，毋論關閉、關開，而一概皆用，以致引風入骨，使風之不出，無風而成風症，為可憎耳。

清・顧靖遠《顧氏醫鏡》卷八 麝香辛，溫。勿近鼻齅，恐白蟲入腦，患（癩）〔蟲類〕。 通關利竅，穿筋透骨。芳香走竄飛揚，內透骨節藏府，外徹筋肉皮毛。辟鬼殺蟲，芳香故辟邪，辛苦故殺蟲。催生墮胎。開竅之力。消瓜菓酒積，菓得麝則壞，酒得麝則敗，故也。敷蛇鼠蠶傷。性喜噉蛇故也。東垣云：搜骨髓之風。若風在肌肉者，悮用之，反引風入骨。丹溪云：五臟之風，忌用麝香，以洩胃氣。故症屬虛者，概勿施用，必不得已，亦宜少用。勞怯人及孕婦，不宜佩帶。

清・李熙和《醫經允中》卷一八 麝香 忌大蒜。不可近鼻。辛，溫，無毒。主治吐風痰，開諸竅，通經絡，透肌肉，辟惡氣，鬼邪蛇虺蠱毒，止驚癇，中惡，心腹暴痛脹滿。麝香走諸竅，開經絡之壅滯，諸風、諸氣、諸血、諸痛，卒中氣閉，痰塞而不宣者，用以開之，而後用對症之藥始効。然辛香之劑，必耗散真元，風病在骨髓者宜之；若在肌肉，反引邪入骨，莫之能救。催生墮胎，孕婦弗佩。

清・馮兆張《馮氏錦囊秘錄・雜症痘疹藥性主治合參》卷九 麝香味苦辛，其香芳烈，為通關利竅之上藥。麝乃山獸，好食香木芳草，如柏葉之類，故氣聚於臍，而結成是香。滿則臍內急痛，自以爪剔出矣。或云噉蛇多而結成者，非也。辛香走竄，自內達外，則毫毛骨節俱開，邪從此而出，故主辟惡氣，精鬼蠱毒，溫瘧中惡，心腹暴痛，驚癇墮胎，一切癰疽膏藥、摻藥，皆取其通竅、開經絡、透肌骨之功，兼苦能殺蟲，辛能散翳耳。 麝香，辟惡氣，殺精鬼，溫瘧，蠱毒，卻驚癇，通關開竅，鎮心安神，吐風痰，消痞脹，能墮胎，消三蟲，中惡，心腹暴痛，目中膚翳。然以走竄為功，陰消陽耗。觀麝香所落之地，草色萎黃，且菓得麝則壞，酒得麝則敗，皆因走竄盜洩真氣也。故丹溪云：五臟之風，忌用麝香，以瀉衛氣，故屬虛者，概勿輕用。癆怯人及孕婦切忌佩帶。

主治痘疹合參：聞之則能釅痘，服之則能發痘。凡痘遍身不起，隱伏而作癢者，并黑陷者，可用少許，以透心竅，使毒易出。切勿多用，恐催緊發泡，爬塌而死。苟非陷伏黑陷，忌之。

清・张璐《本經逢原》卷四 麝臍 辛，溫，無毒。不可犯火。妊婦禁用，力能墮胎。今人以荔枝核燒灰，入燒酒拌和充混，不可不察。《本經》辟惡氣，殺鬼精物，去三蟲，蠱毒，溫瘧，驚癇。 發明：麝香辛溫芳烈，為通關利竅之專藥。凡邪氣著人淹伏不起，則關竅閉塞，辛香走竄，自內達外，則毫毛骨節俱開，從此而出。故《本經》有辟惡氣、殺鬼精物、去三蟲蠱毒諸治也。其主溫瘧驚癇者，借其氣以達病所也。嚴氏言風病必先用麝香，丹溪

謂風病必不可用，皆非通論。蓋麝香走竅入筋，能通筋竅之不利，開經絡之壅遏。若諸風，諸氣，諸血，諸痛，驚癎，癥瘕諸病經絡壅閉，孔竅不利者，安得不用為引導，以開之通之。惟中風表證未除而悮用之，引邪入犯，如油入麪莫之能出，致成痼疾，為之切戒。而救苦丹治壅腫結塊，方用硫黃、辰砂入麝烊化，隔紙壓成薄片，以少許灸患處，無不立應。《濟生方》治食瓜果成積作脹，及飲酒成消渴者皆用之。蓋果得麝則壞，酒得麝則敗，此得用麝之理也。

清・浦士貞《夕庵讀本草快編》卷六　麝《本經》　麝之香氣遠射，故名。其香在臍中，至冬方滿，性愛其臍，死猶四足捧之。故李商隱詩云：投岩麝自香。許渾云：尋麝采生香。麝乃好食芳艸，如栢葉之類，故氣凝聚於臍。若云啗蛇而香始滿，謬也。味辛氣溫，芳香最烈，為通關利竅之上藥。凡邪氣着人，則關竅閉塞，辛香走竄，自內透外，邪從骨節毫竅而出，故主鬼惡精邪，蠱毒溫瘧，中惡心腹，暴痛脹急，痞滿風毒也。其主癎痓者，借其氣達於病所也。苦辛能殺蟲，故尸瘵去，三蟲滅。辛溫主散，故面䵟除，目翳退。性專開竅，又主難產墮胎也。且瓜菜及酒得麝則壞，凡瓜菓成積以及嗜酒成渴者並効。嚴用和云：中風不省人事，以麝香清油灌之。丹溪云：五藏諸風，決不可用。二者核之，皆非通論也。倘風邪客於骨髓之間，經絡壅遏，當用此以開之、導之，是為的劑。若氣損血衰，風邪乘虛而入，悮於用之，速其斃矣！學者能不玄機乎？

清・張志聰、高世栻《本草崇原》卷上　麝香　氣味辛，溫，無毒。主辟惡氣，殺鬼精物，去三蟲蠱毒，溫瘧，驚癎。久服除邪，不夢寤魘寐。麝形似獐而小，色黑，常食柏葉及蛇蟲，其香在臍，故名麝臍香。李時珍曰：麝之香氣遠射，故謂之麝香。生陰莖前皮內，別有膜袋裹之，至冬香滿，入春滿甚，自以爪剔出覆藏土內，此香最佳，但不易得。出羌夷者多真，最好。出隨郡、義陽、晉溪諸蠻中者亞之。出益州者，形扁多偽。凡真香，一子分作三四子，刮取血膜，雜以餘物，裹以四足膝皮而貨之。貨者又復為偽，用者辨焉。

凡香皆生於草木，而麝香獨出於精血。香之神異者也，氣味辛散溫行。主辟惡氣者，其臭馨香也。殺鬼精物，去三蟲蠱毒者，辛溫香竄，從內透發，而陰類自消也。溫瘧者，先熱後寒，病藏於腎。麝則香生於腎，故治溫瘧。驚癎者，心氣昏迷，痰涎壅滯。麝香辛溫通竅，故治驚癎。久服則腑臟機關通利，故除邪，不夢寤魘寐。

清・王子接《得宜本草・上品藥》　麝香　味辛，溫。入足太陰經。得肉桂消瓜果諸積。得鹽、豉、燒酒為末，淬酒服，產婦敗血裹子，難產立效。

清・徐大椿《神農本草經百種錄》上品　麝香　味辛，溫。主辟惡氣，香氣盛，則穢氣除。殺鬼精物，香能勝邪。溫瘧，香散邪風。蠱毒，香能殺蟲。癎痓，香通經絡。去三蟲。蟲皆濕穢之所生，故亦能除之。久服除邪，不夢寤魘寐。魘寐由心氣閉塞而成，香氣通達則無此患。此以氣為治，麝喜食香草，其香氣之精，結于臍內，為諸香之冠。香者氣之正，正氣盛，則自能除邪辟穢也。

清・吳儀洛《本草從新》卷六　麝香〔宣，通竅。〕　辛，溫，香竄。開經絡，通諸竅，透肌骨。治卒中諸風，諸氣諸血諸痛，痰厥驚癎，嚴用和〔嚴用和《濟生方》。〕云：中風不醒者，以麝香、清油灌之，先通其關。《廣利方》〔唐德宗《貞元廣利方》。〕中惡客忤垂死，麝香一錢，醋和灌之。癥瘕瘴瘧，鼻塞耳聾，目翳陰冷。辟邪解毒，殺蟲墮胎。壞果敗酒，治果積酒積。東垣曰：麝香入脾治肉，牛黃入肝治筋，冰片入腎治骨。走竄飛揚，內透骨髓，外徹皮毛。東垣云：搜骨髓之風，若在肌肉者，誤用之反引風入骨。丹溪云：五臟之風，忌用麝香以瀉衛氣。故證屬虛者概勿施用，必不得已亦宜少用。勞怯人及孕婦不宜佩帶。研用。凡使，用當門子尤妙。忌蒜。不可近鼻，防蟲入腦。麝見人捕之則自剔出其香為生香，尤難得。其香聚處，草木皆黃。市人或攙荔枝核偽之。

清・汪紱《醫林纂要探源》卷三　麝　甘，溫。似麞而口露懸牙，色蒼黑，食蛇蟲。出漢中，新安亦有之。味不美。麝香：辛，鹹，溫。香聚於臍，臍即陰莖露處。食香草毒物，精皆萃此，捕時則自剔出，香之所落，草木黃萎，故獵者不用犬逐，惟察踪張罝罟網之，急縶四足，緊縛陰莖，捋取之，是為當門子，否則難得生香。若殺後則香散入血，功力劣矣。不可近鼻，防蟲入腦。竄走經絡，外徹九竅，內透骨髓，攻堅逐壅。猝中外忤，經絡閉塞，九竅不利者，必賴此開導。治癥瘕瘴瘧，痰結冷癖，外傅散癰疽瘀血，解毒殺蟲，墮胎。凡瓜果觸之則落，故消瓜果積。酒醴觸之則敗，故解酒毒。然損人真氣，不得已乃少用之。勿以慽鼻為快而居恒佩服也。

清・嚴潔等《得配本草》卷九　麝香　忌大蒜。　苦、辛，溫。入足太陰經。利骨髓之伏痰，搜至陰之積熱。通關竅，開經絡，透肌骨，安心神，辟惡氣尸疰，除驚癎客忤，殺蟲解毒，祛風止痛，消食積，解酒渴，療一切癥瘕瘡癰。　當門子尤妙，微研用。　孕婦禁佩。風在肌肉者，用之反引邪入骨。

陰盛陽虛、有升無降者，禁用。　麝香不可近鼻，有白蟲入腦，患（癩）〔蟲顆〕。久帶其香透關，令人成異疾。　怪症：口內吐出肉球，有根如線長五六寸，不能食物，撚之痛徹於心。用麝香末一錢水調下，三日自消。

題清・徐大椿《藥性切用》卷八　麝香　辛溫香竄，通竅辟邪，為內透骨髓，外徹毫竅耑藥。能治果積、酒積，殺蟲墮胎。細研用。當門子尤妙。

清・黃宮繡《本草求真》卷三　麝香逐風逐滯，開關利竅。　麝香耑入經絡肌肉。辛溫芳烈，開關利竅，無處不到，如邪氣着人淹閉不起，則關竅閉塞，登時眼翻手握，僵仆昏地，故必用此辛香自內達外，則毫毛骨節俱開，而邪始從外出，是以邪鬼精魅，三蟲諸毒，皆能治也。諸風、諸氣閉之關竅，而不用此驅除，則病安袪，但不可過為用耳。麝香氣味香竄，用以開關利竅，必其脉症俱實，方可用耳。如嚴用和所謂中風宜用，是為實中風邪者設法。若非中類中，寧堪用乎？東垣云：風在骨髓者宜用。若風在肌肉用之，為引風入骨，如油入麵，故用自屬不合耳。非云嚴氏是而李氏非也，總在臨症能分虛實，及識病之淺深耳。至於婦人難產墮胎，尤善。小兒驚癇客忤，鎮心安神，鼻塞不聞香臭，服此即開。目疾內翳，點此即除。痔漏惡瘡，面黑斑疹，暨鼠咬蟲傷成瘡，用麝封固即愈。痘瘡聞之則靨，服之即發。藥之辛香，雖同冰片，然冰片入口，貼肉即冷，稍頃熱性即發，不似麝香香氣慓烈，入耳與肉而不冷耳。欲辨真假，須於火炭上有油滾出而成焦黑者，此即肉類屬真。若假則化白灰而為木類也。杲曰：麝香入脾治肉，牛黃入肝治筋，冰片入腎治骨。研用，凡使麝香，用當門子尤妙。忌蒜不可近鼻，防蟲入腦。麝見人捕而剔其香為生香，最佳。剔處草木皆黃，但市人或插荔枝核以偽之。

清・羅國綱《羅氏會約醫鏡》卷一八禽獸部　麝香味辛溫，忌大蒜。　其香芬烈，為通關利竅之上品。辟惡氣精鬼、蠱毒瘟瘧、中惡心腹暴痛、驚癇。一切膏藥摻藥用之，皆取其開經絡、透肌骨之功用。療鼻塞耳聾、積聚癥瘕、眼目翳障。皆氣滯病，香能散之。然以走竄為功，消陰耗陽，壞菓敗酒。勞怯人及孕婦切忌佩帶下胎。用當門子良。欲辨真假，置些須於火炭上，有油滾出而成焦燼炭者真，若火燃而化白灰者假，市人或攙荔枝核偽之。

清・陳修園《神農本草經讀》卷二上品　麝香　氣味辛，溫，無毒。主辟惡氣，殺鬼精物，去三蟲（蟲）〔蠱〕毒，溫瘧驚癇。久服除邪，不夢寤魘寐。

參：麝食柏葉、香草及蛇蟲，其香在臍，為諸香之冠。香者，天地之正氣也，故能辟惡而殺毒。香能通達經絡，故能逐心竅凝痰，而治驚癇。驅募原邪氣，以治溫瘧。而魘寐之證，當熟寐之頃心氣閉塞而成。麝香之香氣最盛，令閉者不閉，塞者不塞，則無此患矣。孕婦忌之。

清・趙學敏《本草綱目拾遺》卷九獸部　狐麝　《金沙江志》：產東川，昭通二府。較常麝香氣尤烈。佩之辟邪，絕惡夢，定魘。

清・黃凱鈞《藥籠小品》　麝香　麝之臍也，西產為上，川產次之。能開通十二經氣閉，走竄之品，凡丹藥用之，取其開竅通氣也。善敗瓜果。亦能墮胎。

清・章穆《調疾飲食辯》卷五　麝　《爾雅》曰射父，麢足。俗呼香麞，形似也。其香能通竅，消瓜果積。肉食之，不畏蛇蟲。出《食療本草》。消腹中癥塊。出《本草綱目》。

清・王龍《本草纂要稿・禽獸部》　麝香　氣味辛溫。催生墮胎，通關竅而除恍惚。鎮心安神，點目疾而吐風痰。療癰腫瘡疽，却夢寤魘寐。

清・張德裕《本草正義》卷下　麝香　苦辛，溫。開諸竅，通經絡，透肌骨，散諸惡濁氣，除心腹暴痛，婦人難產，小兒驚癇，去目翳，墮胎元，一切惡瘡腫毒，凡氣滯為病者咸宜。欲辨真假，置些須於火上，有油滾出而成焦黑炭者是。無油滾出而化白灰者，木類也，非。

清・楊時泰《本草述鉤元》卷三一　麝香　出陝西、河東，秦、益諸州，諸蠻夷中尤多。形似麞麋而小，食柏葉，夏月多噉蛇蟲，至冬香滿，生陰莖前皮內，別有膜袋盛之。入春滿甚，便自剔去，是為生香，最不易得。其次捕得殺取者，名臍香。

味苦、辛，氣溫。通諸竅，開經絡，透肌骨，治中風中氣中惡，痰厥驚癇，積聚癥瘕及婦人產難，納子宮，暖水臟，止冷帶下，殺臟腑蟲，能蝕一切癰疽膿水。《濟生》治食瓜果成積作脹者及飲酒成消渴者，以果得麝則壞，酒得麝則敗也。同犀角、牛黃、琥珀、龍齒、遠志、丹砂、鉛丹、金箔、菖蒲、真珠、茯神、天竺黃，治心氣虛怯，驚邪癲癇，或夢寐紛紜，鬼交、鬼疰及小兒急驚，大人中惡等證。同白及、白斂、紅白藥子、雄黃、烏骨雞、煅乳香、沒藥、冰片為末，傅一切癰疽、疔腫，有神。

繆氏云：諸證之屬於虛者，概弗施用。芳烈輕揚，能泄衛氣，穿射走竄，又能泄營。如不得已，借以開通關竅，亦宜少用。孕婦不宜佩帶。勞怯人亦忌之。不可近鼻，有白蟲入腦患（癩）〔蟲顆〕。久帶其香透關，令人成異疾。

辨治： 取香劑中當門子，撚之如血線，搨之如桃花瓣，燥甚者，始真，然多偽造，雖膜囊完固，弗信，但破看一片，毛其在裏中者，為勝。凡使勿近火日，微研，不必苦細，如欲細，入醇酒少許，則不損香氣。忌大蒜。

清·鄒澍《本經續疏》卷三 麝香 【略】麝藏香處，草遂不生，若故有草則黄瘁，持過花下花為萎謝，倘近瓜果瓜果立枯，是其散敗生氣捷於俄頃。則麝有香宜即倒斃，乃不礙其奔馳狡迅，夫固當究物之動植以為說也。植物者，形多於氣； 動物者，形氣相侔。香本麝食香草毒物而結，若因香因毒能致倒斃，亦何待已結成香，且結不在清虛之所，只附筋骸之外，肌肉之間，又在下體，是故有香之麝，雖形骸柴瘠而峻健自如，可知能散附形醞釀之氣，不能散呼吸氤氳之氣矣。附形醞釀之氣，物所自贅者也。呼吸氤氳之氣，吐納天地者也。夫苟能散與天地吐納之氣，將草木瓜果遇之，當連根盡劚，不生者永不生，不花者永不花，不實者永不實，奚但斃麝耶。故《本經》《別録》載其所主皆屬客氣依附有形相媾而成之病，絕無上體清空氣分之疴。就溫瘧之風藏骨髓蟲蠱之毒，入腸胃癇痓之熱，依血脈胎元之形具子宫及黶之附面，翳之附睛，數端可識。若凶惡鬼邪，徑犯清虛，為神明翳累者，可決定其不得用矣。更玩中惡，心腹暴痛，脹急痞滿一節，又宜識凡病非來之暴，一時無所措手； 非候之急，百藥無可效靈者，亦不輕用。雖則曰驅除附形之邪，不礙無形之所，然附形有邪尚嫌峻利，倘誤認無形為有形，無邪為有邪，豈不立夭人命耶？ 用以治內病審之！

清·葉桂《本草再新》卷九 麝香 味辛，性溫，有微毒。入心、肝二經。 開經絡，通九竅，透肌骨，治氣血作痛，痰厥驚癇，癥瘕，瘴瘧，鼻塞耳聾，皆通竅也。目翳陰冷，辟邪解毒，殺蟲墮胎。

清·趙其光《本草求原》卷二〇獸部 麝香 麝似麞而居山，食柏葉、香草、蛇蟲。其香在臍，為諸香之冠。香者，天地之正氣，故辟惡氣，殺鬼，去瘴蟲毒，殺蟲。邪氣中人，亦能閉塞關竅。氣味辛溫，香氣射人，能走關竅自內達外，使皮毛經絡骨節之壅結俱開，而邪從此出。故逐心竅凝痰而治驚癇、水調服。溫瘧、邪閉膜原。邪瘧、同墨研，書去邪辟魔四字於額上。魘寐不醒、心氣閉。諸風、諸氣、諸血、諸痛、癥瘕、鼻窒、耳聾、目翳、陰冷、納子宫。帶下、冷所致。逐敗血、催生、同鹽豉以舊青布包燒紅，以秤錘淬酒下。壞果敗酒，故消酒果積、治蛇咬，塗足，蛇不敢到。牙蟲，綿包咬之，以其食蟲蛇也。蝕一切癰瘡膿水，入十香丸服，毛竅皆香。痔腫，口內肉球。有根(如)線吐出乃能食，痛徹心，水研含吞。麝入脾治肉，牛黄入肝治筋，冰片入腎治骨。凡中風、中痰不醒，以油調灌，先開其關。雖虛證宜補忌通，但虛而病於壅結，亦須少佐開通為引導。惟中風在表，未入於裏，用之，則筋骨皆開，反引邪內入，致成痼疾。開通之後，亦勿復用。同雄黄研羊肝包吞，治蠱毒； 同硫磺、辰砂，貼壅腫。孕婦忌之。

麝見人捕，則自剔出其香，為生香難得。今用以當門子為勝，勿近日火，微研，或入酒研，不損香氣。忌蒜。不可近鼻，防蟲入腦。今人以荔核灰入酒拌偽充。同桂末，治果積作脹氣急，以瓜果得麝即落而不實，木得桂即枯也。

清·葉志詵《神農本草經贊》卷一 麝香 味辛，溫。主辟惡氣，殺鬼精物，溫瘧蠱毒，癇痓。去三蟲。久服除邪，不夢寤魘寐。生山谷。

蘊結寒香，山農珍貴。跡逐松陰，勝餐柏味。剔爪如遺，噬臍斯畏。遠射氛氳，園林屏氣。

《埤雅》： 麝夏月食蛇多，至寒香滿。李時珍曰： 麝居山，麞居澤，以此為別。《周禮》： 掌葛以時，徵材於山農。郭登詩： 物生遭遇即珍貴。黄列子遊獵九江，逐跡尋穴。韓翃詩： 香麝松陰裏。陶潛詩： 餐勝如歸。陶弘景曰： 常食栢葉。蘇頌曰： 第一生香，自以爪剔出者，名遺香； 其次臍香，乃捕取之。《詩》： 棄予如遺。《左傳》： 後君噬臍。《詩》： 無獨斯畏。馬祖常詩： 月華遠射離離白。唐闕名賦： 籠流麝之氛氳。蘇頌曰： 香聚處，草木不生。過園林，瓜果不實。《論語》： 屏氣似不息者。

清·文晟《新編六書》卷六《藥性摘錄》 麝 甘，溫。治腸中癥病，蠻人常食之。似獐肉而腥，食之不畏蛇也。○麝香，詳藥部驅風。

麝香 辛，溫。香烈，開關利竅，逐風驅邪。用當門子尤妙。忌鐵、蒜。○不可近鼻，防蟲入腦。

清·張仁錫《藥性蒙求·獸部》 麝香一釐 麝香辛溫，香能開竅。閉證諸疴，方中最用。治卒中諸風、諸氣、諸血、諸痛，辟邪解毒，殺蟲，墮胎。嚴用和曰： 中風不省者，以麝香、清油灌之，先開關竅，庶免語謇癱瘓之症，而他藥亦有效。東垣云： 能搜骨髓之風。若在肌肉用之，引風入骨，則誤矣。丹溪云： 症屬虛者，概勿施用。必不得已，亦宜少用。勞怯人及孕婦，不宜佩帶。○麝香多偽，破看一片，毛共在裏中者為勝。內中有顆子者，即當門子也，尤妙。不可近鼻，防蟲入腦。市人或攙荔枝核偽之。

清·戴葆元《本草綱目易知錄》卷六 麝香麞、臍香。 辛，溫，香竄。鎮

心安神，通諸竅，開經絡，透肌骨，解酒毒，消瓜菓食積。殺鬼精物，止小便利，去三蟲蠱毒，辟諸凶邪，鬼氣惡氣。治中風中氣，中惡痰厥，心腹暴痛，脹急痞滿，積聚癥瘕，溫瘧驚癇。久服除邪，不夢寤魘寐，去風毒，除面䵟，退目中膚翳，通鼻窒不聞香臭，吐風痰，解瘧疾。療一切虚損惡病，婦人產難墜胎，小兒驚癇客忤，殺臟腑蟲，蝕癰瘡膿水。納子宮，暖水臟，止冷帶下。佩之及置枕間，辟惡夢、尸疰鬼氣。又療蛇毒及蠶咬、沙蝨、溪瘴毒，除百病一切惡氣，驚怖恍惚。

清・陳其瑞《本草撮要》卷八　麝香　味辛，溫，入足太陰經，功專開竅。得肉桂消瓜果諸積。得鹽、豉、燒酒，為末淬酒服，產婦敗血裹子難產效。忌蒜。防蟲入腦，慎勿近鼻。

清・徐士鑾《醫方叢話》卷七　麝香真偽　山中人說獵者嘗取麝糞日乾之，每得麝裁四肘皮，剖臍香，雜乾糞以實之。最大所謂當門子者，即預採蝱，去首足翅，日乾以用之。是一麝獲五臍之利。蝱之性不良可知也。醫者司徒生嘗言市麝臍宜置諸懷中，以氣溫之，久而視之，手指按之，柔輭者真也，堅實者偽也《麈史》。

清・仲昴庭《本草崇原集說》卷一　麝香　【略】仲氏曰：麝臍香竄通竅，外治內治皆可，內治不過分釐。久服須以他藥佐之。亦不多用。

清・鄭奮揚著，曹炳章注《增訂偽藥條辨》卷四　麝香　麝形似麞而小，色黑，常食柏葉及蛇蟲，其香在臍，故名麝臍香，又名當門子。生陰莖前皮內，別有膜袋裹之，至冬香滿。入春臍內急痛，自以爪剔出，覆藏土內，此香最佳，但不易得。今惟得活者看取，必當全真。出羌夷者最好，出隨郡、義陽、晉溪諸蠻中者亞之，出益州者形扁多偽。凡真香一子分作三四子，刮取血膜，雜以餘物，裹以四足膝皮而貨之。今貨者又多偽，聞土人多以香貓腎偽充。考劉郁《西使記》有云：黑契丹出香貓，糞溺皆香如麝氣，故有取其糞，用雜獸血膜偽造為麝香。近又有以荔核煅為灰，裝入真麝香皮袋中混售。貽害不淺，凡入藥須辨真者用之。炳章按：麝為麞鹿類而無角，其尾甚短，如山羊，嘴上之稜牙如野豬。其種大小不一，皮毛之色，生而數變，初醬色與褐黑色，繼變紅褐，至白灰色而老矣。全身生毛，惟嘴無毛鬚，其旁面有縱長之斑點，背多橫紋。然形狀雖笨，而腿力甚速，故獵捕甚難。腹下之臍，即名麝囊，割破其囊，即得麝香矣。其肉因香氣芬烈，土人視為美味。其囊之大小，關乎麝之年歲與強弱。產地首推西藏高山中，或喜馬拉亞山，以及雲貴等省之山內。東三省與蒙古亦產之。黃河以南雖產似麝，其實本草所謂香狸，非麝也。《羌海雜誌》云：青海江拉希拉之間，重巖復澗，產麝尤多。大抵山有香麝，必有香氣，遠聞之香烈而略帶腥，忽隱忽現，若即若離，麝穴愈近，而其腥愈不可聞，循其氣味而尋之，百不失一。麝臍最穢，常流血液，天日晴時必仰臥於草地，而曝其臍，臍眼突出大如鉢，腥臭異常，蚊、蠅、蟻、蚋飛集蝕之，臍眼突然縮入，微蟲碾如虀粉，一日數次，脂漸凝厚，此謂草頭麝，藥肆常用之品也。曾吸入蜂、蠍、蜈蚣毒蟲類者，臍有硃砂點，謂之紅頭麝，其品已高。最貴者曰蛇頭麝，毒蛇吮其臍，麝驚痛而力吸，跳踔狂奔，蛇身伸屈盤結，堅不可脫，須臾蛇身截然而斷，首即腐爛於內矣。臍有雙紅珠，是為蛇眼，得此配藥，其香經久不散。醫治毒症，功效無比。繆仲淳云：香有三品，一曰遺香，是麝臍閉滿，自於石傍用蹄尖揮落者為最佳，其地草木枯焦。二曰臍香亦佳。三曰心結香，被諸獸驚恐失心狂者墜死，人有得之，破心見血流出脾上，結作一乾血塊者，隔山澗亦聞香氣，是香中之次也。今時以陝西、哈密出者，其色黃，香味濃厚者佳。山西五臺山羊來出者，其殼如豬脬亦佳。四川松盤山出，名蝙蝠香，皮厚有毛亦佳。雲南有一種無殼散香，色黑有騷氣者次。大抵聚於蜀之打箭爐者名川香，聚於雲南者名雲香，陝西及蘭州者名芥州香，皆良。其形圓，香氣濃厚，歷久不散。產於張家口以外歸化城，以及內外蒙古者，名西口蝙蝠香。產於東三省，聚於營口者，名東口蝙蝠香，其形皆扁，氣味微薄而帶騷氣，略次。蓋麝香真色，乃紫紅與墨色，近世作偽者，將少許蝙蝠香，雜以多數之香料屑末攙入，且加以相當之顔料，形似真者彷彿。辨別真偽者，大抵鼻嗅香氣芬烈與微薄，以香料之香與麝香之香，顯能分別。況真者氣味不但襲人，且日久不散。偽者香不能襲人，稍久嗅之，已乏香氣。尚有試法，亦可立判真偽。以熾炭火上，將香少許彈於炭火上，真者如燃人髮，其質爆烈，奇香四溢。偽者不但無香，且質如灰燼而爆烈。以此試之，立分真偽。麝香內結有圓粒，或長扁形，外紋光滑質堅，碎之香氣逾常，即名當門子。其功力較散香勝數倍。亦有人工造作者，亦可試之，將當門子泡滾水內，真者依然堅結，偽者即化開矣。

清・毛祥麟《對山醫話》卷四　四時草木，應候而生，採取亦必及時。非其時則氣味異，而功用亦差。即血肉之品，亦不宜生取，以失其性。嘗聞今

之市麝臍者，生而割之，其香未蘊，臍穢尚腥，入藥多至損人。按麝食芳草，至冬香蘊於臍，入春臍癢，自以爪剔出，採芳婦女，拾以相贈，馨香染袖，經年不退，名曰生香，頗不易得。今山中獵戶，嘗取麝糞曝乾，得麝生割臍香，以糞實之，或取飛寅去首足翅，入臍封固，久之香亦不散，名曰當門子，是以一麝而獲五臍之利也。寅且有毒，不良可知，以之和香料猶可，若入藥餌，不反有所損乎？

山狸

清・趙學敏《本草綱目拾遺》卷九獸部　山狸　《坤輿圖說》：利未亞國有山狸，似麝，臍後有一肉囊，香滿輒病，就石上剔出始安。其香似蘇合油，黑色，療耳病。

麂

宋・唐慎微《證類本草》卷一八獸部下品〔宋・馬志《開寶本草》〕　麂音紀　味甘，平，無毒。主五痔病。煠出以薑、醋進之，大有效。又云多食能動人痼疾。〔宋・掌禹錫《嘉祐本草》〕按：日華子云：麂，涼，有毒。能墮胎及發瘡癤疥。

頭骨：爲灰飲下，主飛尸。生東南山谷。今附。

〔宋・蘇頌《本草圖經》〕曰：麂音几，出東南山谷，今有山林處皆有，而均、房、湘、漢間尤多，實麞類也。謹按《爾雅》：麐與几同，大麕，旄毛狗足。釋曰：麕亦麞也。旄毛，獶音猱長毛也。大麕，毛長狗足者名麐。南人往往食其肉，然堅韌，不及麞味美。多食之，則動痼疾。其皮作履舄，勝於衆皮。頭亦入藥用，採無時。又有一種類麐而更大，名麖音京，不堪藥用。《山海經》曰：女几之山，其獸多麖麐是此。

〔宋・唐慎微《證類本草》〕《拾遺》云：味辛。主野雞病。煠出作生，以薑、酢進食之，大有效。又云：多食能動人痼疾。頭骨爲灰，飲下之，主飛尸。生東南。

宋・寇宗奭《本草衍義》卷一六　麂　獐之屬，又小於獐，但口兩邊有長牙，好鬥，則用其牙。皮爲第一，無出其右者，然多牙傷痕。四方皆有，山深處則頗多，其聲如擊破鈸。

宋・王繼先《紹興本草》卷一九　麂　紹興校定：麂亦麞之類也。《本經》云：食之主五痔，又云多食能動痼疾。然痔者蓋非新疾爾，但動痼病者有之，起疾者未聞也。頭骨亦未見用驗之據。其肉當從《本經》味甘、平、無毒是矣。

宋・陳衍《寶慶本草折衷》卷一五　麂音紀。麖在內。○皮續附。○麖音京。一名麐，一名大麕，乃麞類也。○麐與几同。生東南山谷，及均、房、湘、漢州，今四方有山深處頗多。○採無時。

味甘、辛，平，涼，有毒。○主五痔病，煠丑□切出，以薑醋進之，多食動痼疾。○日華子云：能墮胎，發瘡癤疥。○《圖經》曰：麂，毛長狗足，肉堅韌，不及麞味美。又有一種更大，名麖，不堪藥用。

續說云：麂之皮柔細而溫，宜於製履。收破弊履皮燒灰留性，佐以輕粉、麻油調傅，凡脚氣諸瘡，發於脛腿，膿血疼痒，悉能療之。但用篦子挑藥抹瘡，謹勿經手，妙而捷也。

元・忽思慧《飲膳正要》卷三　麂　肉，味甘，平，無毒。主五痔，多食能動人痼疾。

元・吴瑞《日用本草》卷三　麂肉　味甘，平，無毒。能墮胎，發瘡癤。多食發痼疾。大者名麖，性味一同。

明・滕弘《神農本經會通》卷八　麂　味甘，氣平，無毒。一云：涼，有毒。

《本經》云：主五痔病，煠出，以薑、醋進之，大有效。又云：多食能動人痼疾。頭骨，為灰飲下，主飛尸。日華子云：麂，能墮胎，及發瘡癤疥。《圖經》云：其肉堅韌，不及麞味美，多食之則動痼疾。其皮作履舄，勝於衆皮。

明・劉文泰《本草品彙精要》卷二五　麂無毒。附頭、骨。　胎生。

麂音紀。主五痔病，煠出以薑、醋進之，大有效。○頭骨爲灰飲下，主飛尸。名醫所錄。　〔地〕《圖經》曰：出東南山谷，今山林處處皆有之，及均、房、湘、漢間尤多，實獐類也。《爾雅》：麐與麂同，大麕，旄毛，狗足。釋曰：麕，亦麞也。旄毛，獶音猱長毛也。大麞，毛長狗足者名曰麐。南人往往食其肉，然堅韌，不及獐味美。其皮作履舄，勝於衆皮。頭亦入藥用。又有一種類麐而更大，名麖音京，不堪藥用。《山海經》曰女几之山，其獸多麖，麐，是此。《衍義》曰：麂，獐之屬，又小於獐，但口兩邊有長牙，好鬥，則用其牙。皮爲第一，無出其右者，然多牙傷痕。四方皆有，山深處則頗多，其聲如擊破鈸也。　〔時〕生：無時。採：無時。　〔用〕肉、頭骨。　〔色〕黃。　〔味〕甘。　〔性〕平，緩。　〔氣〕氣厚于味，陽中之陰。　〔臭〕香。　〔禁〕多食能動痼疾，妊娠不可服，及發瘡癤疥。

明・盧和、汪穎《食物本草》卷三獸類 麂 味甘，平，無毒。主五痔病，煠出，以薑醋進之，大有効。多食動痼疾。一云：涼，有毒。能墮胎，發疥瘡。

明・鄭寧《藥性要略大全》卷一 ○ 麂 味甘，性平，無毒。主五痔。凡食加薑、醋良。又云：性涼，有小毒。能下胎，發瘡疥。

明・王文潔《太乙仙製本草藥性大全》卷七《本草精義》 麂 獐之屬，又小於獐。出東南山谷，今有山林處皆有，而均房湘漢間尤多，實獐類也。謹按：《爾雅》，麂與几同，大麠，旄毛狗足。釋曰：麠，亦獐也。旄毛，猥長毛也。口兩邊有長牙，好鬥則用其牙。皮爲第一，無出其右者，然多牙傷痕，而其聲如擊破鈸。大獐，毛長狗足者名麠。南人往往食其肉，然堅韌不及獐味美，多食之則動痼疾。其皮作履舄勝於衆皮。頭亦入藥用。採無時。又有一種類麂而更大者，名麖音京，不堪藥用也。《山海經》曰女几之山，其獸多麖麂，是此。

明・王文潔《太乙仙製本草藥性大全》卷七《仙製藥性》 麂 味甘，氣平，無毒。又云氣涼，有小毒。主治：主野雞五痔病大效，發痼疾瘡癤疥如神。補註：野雞病，煠出作生，以薑酢進食之效。麂頭骨：主飛尸如神，燒爲灰酒下。

明・皇甫嵩《本草發明》卷六 麂味甘，平。主五痔病，煠出，以薑、醋進之，大有效。又云：多食能動人痼疾。○頭骨，為灰飲下，主飛尸。

明・李時珍《本草綱目》卷五一獸部・獸類 麂宋《開寶》附。

【釋名】䴥即古麂字。時珍曰：麂味甘旨，故從旨。又《字説》云：山中有虎，麂必鳴以告，其聲几几然，故曰麂。大者曰麖。【集解】馬志曰：麂生東南山谷。頌曰：今有山林處皆有之，而均、房、湘、漢間尤多，乃麞類也。按《爾雅》云：麂，大麠，旄尾狗足。謂毛長也。南人往往食其肉，然堅韌不及麞味美。其皮作履舄，勝於諸皮。又有一種類麂而大者名麖，不堪藥用。《山海經》云：女几之山多麖麂。即此。宗奭曰：麂，麞屬而小於麞。其口兩邊有長牙，好鬭。其皮爲第一，無出其右者，但皮多牙傷痕。其聲如擊破鈸。四方皆有，山深處頗多。時珍曰：麂居大山中，似麞而小，牡者有短角，黧色豹脚，脚矮而力勁，善跳越。其行草莽，但循一徑。皮極細膩，靴、韈珍之。或云亦好食蛇。《符瑞志》有銀麂，白色。今施州山中出一種紅麂，紅色。

肉 【氣味】甘，平，無毒。【主治】五痔病。煠熟，以薑、醋進之，大有效藏器。

頭骨 【氣味】辛，平，無毒。【主治】燒灰飲服，治飛尸藏器。

皮 【主治】作靴、韈，除濕氣脚痹時珍。

明・梅得春《藥性會元》卷下 麂 味甘，氣平，無毒。主治五痔突出，以薑醋進之有效。又云：多食動人痼疾。

明・穆世錫《食物輯要》卷四 麂 肉，味甘，平，無毒。用薑醋煮食，良。多食，發痼疾。治燥熱五痔。

明・吴文炳《藥性全備食物本草》卷二 麂肉 無毒。主五痔，以薑醋食之大効。多食發痼疾，墮胎，生瘡疥。頭骨：燒灰飲下，治鬼疰飛尸。皮：可作履。

明・應麐《食治廣要》卷六 麂 肉：氣味：甘，平，無毒。主治：五痔病。煠熟，以薑、醋進之，極効。皮：作鞋襪，除濕氣腳痹。

明・姚可成《食物本草》卷一四獸部・野獸類 麂生東南山谷，今有山林處皆有之，而均、房、湘、漢間尤多。乃麞類也。南人往往食其肉，然堅韌不及麞味美。其皮作履舄，勝於諸皮。又有一種類麂而大者名麖。《山海經》云女几之山多麖麂，即此。○李時珍曰：麂，麞屬而小於麞。其口兩邊有長牙，好鬭。其皮為第一，無出其右者，但皮多牙傷痕。其聲如擊鼓鈸。四方皆有，山深處頗多。牡者有短角，黧色豹脚，脚矮而力勁，善跳越。其行草莽，但循一徑。皮極細膩，靴、韈珍之。銀麂，白色。施州一種紅麂，色丹。麂肉：味甘，平，無毒。治五痔病。煠熟，以薑、醋進之。頭骨：味辛，平，無毒。燒灰飲服，治飛尸。皮：作靴、襪，除溼氣脚痹。其肉多食，動痼疾，發疥瘡。孕婦食之，墮胎。

明・施永圖《本草醫旨・食物類》卷四 麂麞屬，而小於麞，其口兩邊有長牙。肉：味甘，平，無毒。治：五痔病。煠熟，以薑醋進之，大有效。頭骨：味辛，平，無毒。治：燒灰飲服，治飛尸。皮：治：作韡韈，除濕氣，脚痹。

清・丁其譽《壽世秘典》卷四 麂似麞而小，牡者，有短角，黧色豹腳，腳矮而力勁，善跳越，其行草莽，但循一徑。其肉堅韌，不及麞味美。皮極細膩，韡襪珍之，除濕氣腳痹，但多牙傷痕。其聲如擊破鈸。四方皆有，山深處頗多。似麂而大者曰麖，肉稍麄，性味亦與麂同。肉：氣味：甘，平，無毒。治五痔病，煠熟，以薑醋進之，有效。一云，涼，有毒。能墮胎，發疥瘡。發明黄承昊云：麂肉多食，能動人痼疾。

清・尤乘《食鑒本草・獸類》 麂肉麞之小者。 發痼疾，以其食蛇也。

清・朱本中《飲食須知・獸類》 麂肉 味甘，性平。多食發痼疾。妊婦食之，令胎墮。

清・何其言《養生食鑒》卷下 麂音几。居大山中，似麞而小，牡者有短角，黧色豹脚，脚矮而力勁，善跳越。其行草莽，俱循一徑。皮極軟膩，靴襪珍之。大者曰麖。 麂肉： 味甘，性平，無毒。同薑、醋煮食，治五痔有效。 頭骨： 治飛屍，燒灰飲服。

清・汪紱《醫林纂要探源》卷三 麂 甘，溫。似麋而小，亦四目。牡有角，只兩歧。 補益略同麋肉。

清・李文培《食物小錄》卷下 麂 甘，平，無毒。血痔病，煉熟，以薑、醋進之，大有效。

清・章穆《調疾飲食辯》卷五 麂 《綱目》曰： 似麞而小，牡者有短角，黧色，脚矮而力勁。善跳越。肉性與麞同，又能治五痔。皮作韉、韈，極佳。諺云： 公麞母麂。謂麂即牝麞，大誤。一種稍大者名麖，一種大而毛長者名麐。《爾雅》云： 麐，大麢，旄毛狗足。《山海經》云： 女几之山多麖麐。今市肆所售鹿筋，蹄脚甚小，多是麞、麂等筋。然亦能壯筋骨，凡腰膝疼痛，下元痿弱者，宜多食。又道書謂麋、鹿、麞、麂皆無魂，殺之不知尋冤仇對報，幻談也。君子之於禽獸，不忍妄殺耳，豈畏其魂哉，又豈欺其無魂而肆殺哉？

清・趙其光《本草求原》卷二〇獸部 麂、麖 麂肉，甘，平，以薑、醋煮食，治五痔大效。其皮作韉韈，除濕痹腳氣。大者為麖，不堪藥用。

清・文晟《新編六書》卷六《藥性摘錄》 麂 甘，平。同薑、醋煮食，治五痔有効。〇頭骨，治飛屍，燒灰飲服。

清・王孟英《隨息居飲食譜・毛羽類》 麂肉 甘，平。補氣暖胃，耐飢，化濕祛風，能瘳五痔。痞滿氣滯者勿食。

清・吳汝紀《每日食物却病考》卷下 麂 味甘，平，無毒。治五痔病。煠熟，以薑、醋進之，極效。其形似麞而稍小，牡者有短角，脚矮而力勁，善跳，山谷深處皆有之。其肉堅韌，不及麞味美。其皮作履勝諸皮，或云除濕氣脚痹。

牦牛

明・李時珍《本草綱目》卷五一獸部・獸類 牦牛音毛。〇《綱目》。

〔釋名〕犛牛音氂。《爾雅》。 犏牛音偏。時珍曰： 牦與旄同，或作毛。《後漢書》云，冉駹夷出牦牛，一名犛牛，重千斤，毛可爲旄，觀此則旄牛之名，蓋取諸此。顏師古云： 牦牛即犏牛也。而葉盛《水東日記》云： 毛牛與封牛合則生犏牛，亦類毛牛，偏氣使然，故謂之犏。然則犏又毛之遺種耶？ 〔集解〕時珍曰： 牦牛出甘肅臨洮，及西南徼外，野牛也。人多畜養之。狀如水牛，體長多力，能載重，迅行如飛，性至粗梗。髀、膝、尾、背、胡下皆有黑毛，長尺許。其尾最長，大如斗，亦自愛護，草木鉤之，則止而不動。古人取爲旌旄，今人以爲纓帽。毛雜白色者，以茜染紅色。《山海經》云： 潘侯之山有旄牛，狀如牛而四足節生毛。即此也。其肉味美，故《呂氏春秋》云： 肉之美者，牦、象之肉也。

喉靨 〔主治〕項下癭氣時珍。

〔發明〕時珍曰： 牦牛，古方未見用者，近世《臞仙壽域方》載治癭氣方，用其喉靨，亦因類之義也。其方用犏牛喉脆骨二寸許一節，連兩邊扇動脆骨取之，或煮或燒，仰卧頓服。仍取巧舌，即靨子也，嚼爛噙之，食頃乃嚥。病人容貌必瘦減，而癭自内消矣。不過二服即愈，云神妙無比也。

明・姚可成《食物本草》卷一四獸部・野獸類 牦牛牦音毛。 李時珍曰： 牦牛出甘肅臨洮及西南徼外，番人多畜養之。狀如水牛，體長多力，能載重迅行如飛，性至麤梗。髀、膝、尾、背、胡下皆有黑毛，長尺許。其尾最長，大如斗，亦自愛護，草木鉤之，則止而不動。古人取為旌旄，今人以為纓帽。毛雜白色者，以茜染紅色。《山海經》云： 潘侯之山有牦牛，狀如牛而四足節生毛。即此也。其肉味美。故《呂氏春秋》云肉之美者，牦、象之肉也。

牦牛肉： 味甘，平，無毒。食之益五臟，滋六腑，利三焦。 喉： 治癭氣結在項下。〇《臞仙壽域方》有治癭氣方，用牦牛喉脆骨二寸許一節，連兩邊扇動脆骨取之，或煮或燒，仰臥頓服。仍取巧舌即靨子也。嚼爛噙之，食頃乃嚥。病人容貌必瘦〔減〕，而癭自内消矣。不過二服即愈，云神妙無比也。

清・王道純《本草品彙精要續集》卷五 牦牛音毛 胎生。

牦牛喉靨： 主項下癭氣《本草綱目》。 〔名〕犛牛，音氂。《爾雅》犏牛，音偏。李時珍云： 牦與旄同，或作毛。《後漢書》云： 冉駹夷出牦牛，一名犛牛，重千斤，毛可爲旄。觀此則牦牛之名蓋取諸此。顏師古云： 牦牛，即犏牛也。葉盛《水東日記》云： 毛牛與封牛合則生犏牛，亦類毛牛，偏氣使然，故謂之犏，是毛之遺種耳。 〔地〕出甘肅臨洮及西南徼外野牛也，人多

畜養之。〔時〕生：無時。〔用〕喉靨，喉脆骨。〔質〕狀如水牛，體長多力，載重迅行如飛，性至粗梗，其尾最長，大如斗，亦自愛護，草木鉤之即止而不動，古人取爲旌旄，今人以爲纓帽。雜白色者，以茜染紅色。〔色〕髀膝尾背胡下皆有黑毛，長尺許。〔味〕《山海經》云潘侯之山有犛牛，狀如牛而四足節生毛，即此也。其肉味甘美，故《呂氏春秋》云：肉之美者，是牦、象之肉也歟。〔治〕李時珍云：牦牛，古方未見用者，近世《臞仙壽域方》載治癭氣用其喉靨，亦因類之義也。其方用犏牛喉脆骨二寸許一節，連兩邊扇動脆骨取之，或煮，或燒，仰臥，頓服。仍取巧舌，即靨子也，嚼爛噙之，食頃乃咽，病人容貌必瘦減而癭自內消矣。不過二服即愈，云神妙無比也。

犛牛

明・李時珍《本草綱目》卷五一獸部・獸類 犛牛毛、俚、來三音。〇《綱目》。

〔釋名〕毛犀《廣志》 猫牛《漢書》注 犘牛音麻。 ⿰牛乍牛音作。 竹牛《昨夢録》 犨牛音抽。 時珍曰：犛者髦也，其髦可爲旌旄也。其體多長毛，而身角如犀，故曰毛犀。《汲冢周書》作犛牛，顏師古作猫牛，《爾雅》作犘牛，音皆相近也。《山海經》作⿰牛乍牛，西人呼爲竹牛，因角理如竹也。或云竹即⿰牛乍音之轉，而犨又竹音之轉也。楊慎《丹鉛録》云：毛犀即象也。狀如犀而角小，善知吉凶。古人呼爲猫猪，交、廣人謂之猪神是矣。〔集解〕時珍曰：犛牛出西南徼外，居深山中野牛也。狀及毛、尾俱同牦牛，牦小而犛大，有重千斤者，其尾名曰犛，亦可爲旌旄纓帽之用。唐、宋西徼諸州貢之。《中山經》云：荆山多犛牛。郭璞注云：牦牛之屬也，其色黑。又《昨夢録》云：西夏竹牛，重數百斤，角甚長而黄黑相間，製弓極勁。彼人以僞犀角，卒莫能辨。曹昭《格古論》云：毛犀即犛牛也，角之花斑，皆類山犀，而無粟紋。其理似竹，不甚爲奇，故謂毛犀。觀此，則犛之角勝於牦，而牦之毛尾勝於犛也。又有野牛與此相類者，並附於左。

角 〔氣味〕酸、鹹，涼，無毒。 〔主治〕驚癇熱毒，諸血病時珍。

黄 〔氣味〕原缺。 〔主治〕驚癇癲狂。

〔發明〕時珍曰：犛牛亦有黄，彼人以亂牛黄，但堅而不香，云功用亦相近也。其角亦可亂犀，但無粟紋，蘇頌《圖經》誤以爲牯犀角者是也。亦可用，而功不及犀，《昨夢録》《格古論》説之詳矣。

明・姚可成《食物本草》卷一四獸部・野獸類 犛牛犛音俚。出西南徼外，居深山中，野牛也。狀及毛、尾俱同牦牛，牦小而犛大，有重千斤者。其尾名曰氂，亦可為旌旄纓帽之用。唐末西徼諸州貢之。其角甚長而黄黑相間，製弓極勁。彼人以偽犀角，卒莫能辨。曹昭《格古論》云：犛牛角之花斑，皆類山犀，而無粟紋。其理似竹，不甚為奇。又有野牛與此相類者，曰犩牛。犩音危。出蜀山中，如牛而大，肉重數千斤，食之不飢。犤牛，出日南及潯州大賓縣。色青黄，與蛇同穴，性嗜鹽，人裹手塗鹽取之。其角如玉，可為器。海牛，出登州海島中，形似牛，鼉脚鮎毛，其皮甚軟，可供百用，脂可然燈。月支牛，出西胡及大月氏國，今日割取肉，明日其創即復合也。山牛，狀如牛而角有枝，如鹿角也。

犛牛肉：味甘，平，無毒。食之已飢，益脾胃。 角：味酸、鹹，涼，無毒。治驚癇熱毒諸血病。

明・施永圖《本草醫旨・食物類》卷四 犛牛名毛犀。其體多長毛，而身角如犀，故曰毛犀。 角：味酸、鹹，涼，無毒。治：驚癇，熱毒，諸血病。 黄：治：驚癇，顛狂。 附録：犩牛：音危。如牛而大，肉重數千斤，出蜀山中。 犤牛：出日南及潯州，色青黄，與蛇同穴。性嗜鹽，人裹手塗鹽取之，其角如玉，可為器。 海牛：出登州海島中。形似牛，鼉脚鮎毛，其皮軟，可供日用，脂可燃燈。 月支牛：出西胡。今日割取肉，明日其創即復合也。 山牛：狀如牛而角有枝，如鹿茸。

明・施永圖《本草醫旨・食物類》卷四 犛牛音毛。出甘肅臨洮。狀如水牛，體長多力，能載重，迅行如飛。古人取為旌旄，今人以為纓帽。其肉味美。 喉靨：治：項下癭氣。

清・王道純《本草品彙精要續集》卷五 犛牛角無毒 黄、犩牛、犤。胎生。

犛牛角：主驚癇，熱毒，諸血病。〇黄，主驚癇癲狂。作《本草綱目》。

〔名〕毛犀《廣志》、貓牛《漢書注》、竹牛《昨夢錄》、⿰牛乍牛音作、犘牛音麻、犨牛音抽。李時珍云：犛者，髦也。其髦可爲旌旄也。其體多長毛，而身角如犀，故曰毛犀。《汲塚周書》作犛牛，顏師古作貓牛，《爾雅》作犘牛，音皆相近也。《山海經》作⿰牛乍牛，西人呼爲竹牛，因角理如竹也。或云竹即⿰牛乍音之轉，而犨又竹音之轉也。楊慎《丹鉛錄》云：毛犀，即象也，狀如犀而角小，善知吉凶，古人呼爲貓豬，交廣人謂之豬神是也。曹昭《格古論》云：毛犀，即犛牛也。角之花斑，皆類山犀而無粟紋，其理似竹，不甚爲奇，故謂毛犀。觀此則犛之角勝於牦，而牦之毛尾勝於犛也。又有野牛，與此相類者，並附於左。〔地〕出西南徼外，居深山中，野牛也。唐宋西徼諸州貢之。《中山經》云：荊山多犛牛。〔時〕生：無時。〔用〕角黄。其尾名曰犛，亦可爲旌旄、纓帽之用。《昨夢錄》云：西夏多竹牛，重數百觔，角甚長，製弓極勁，彼人以偽犀角，卒莫能辨。〔質〕狀及毛尾，俱同牦牛，牦小而犛大，有重千觔

者。〔色〕郭璞注云：犤，牛之屬也，其色黑。又《昨夢録》云：竹牛，角甚長而黄黑相間。〔味〕角味酸鹹。〔性〕角性凉。〔代〕李時珍云：犛牛，亦有黄，彼人以亂牛黄，但堅而不香，云功用亦相近也。其角亦可亂犀，但無粟紋。蘇頌《圖經》誤以爲牯犀角者是也，亦可用，而功不及犀。《昨夢録》《格古論》說之詳矣。

清・汪紱《醫林纂要探源》卷三　犛牛　甘，溫。出西蜀。毛色蒼白，蹄膝及尾皆有長毛，古人取以為干旄，今人用以為冠纓，皆是也。亦名旄牛，西人謂之為毛毛牛。功用略同牛肉。

犩牛

明・李時珍《本草綱目》卷五一獸部・獸類　犩牛音危。又名夔牛。如牛而大，肉重數千斤，出蜀山中。

㸻牛

明・李時珍《本草綱目》卷五一獸部・獸類　㸻牛《廣志》云：出日南及潯州大賓縣。色青黄，與蛇同穴。性嗜鹽，人裹手塗鹽取之。其角如玉，可爲器。

海牛

明・李時珍《本草綱目》卷五一獸部・獸類　海牛《齊地志》云：出登州海島中。形似牛，鼉脚鮎毛，其皮甚軟，可供百用。脂可然燈。《環宇志》名潜牛，《廣志》名犺牛。

月支牛

明・李時珍《本草綱目》卷五一獸部・獸類　月支牛《玄中記》云：出西胡及大月氏國。今日割取肉，明日其創即復合也。

山牛

明・李時珍《本草綱目》卷五一獸部・獸類　山牛狀如牛，而角有枝，如鹿茸。

山羊

元・忽思慧《飲膳正要》卷三　山羊　味甘，平，無毒。補益人，生山谷中。

元・吴瑞《日用本草》卷三　山羊肉　味甘，性熱，無毒。角生極長，節生一邊，與羚羊相似。有掛痕為羚羊，無者為山羊。色青利產婦，不利時患人。　主蛇蛟惡瘡，筋骨急強，中風虛勞，益氣。

明・盧和、汪穎《食物本草》卷三獸類　山羊　《爾雅》謂之羱羊，有觔力，甚能陟險峻，生深山谷穴中。皮可製靴履。味甘於家羊，用亦如之。又，野外黄羊同。

明・李時珍《本草綱目》卷五一獸部・獸類　山羊《日用》

〔釋名〕野羊《圖經》　羱羊時珍曰：羊之在原野者，故名。〔集解〕弘景曰：山羊即《爾雅》羱羊，出西夏，似吴羊而大角，角橢者，能陟峻坂，羌夷以爲羚羊，角極長，惟一邊有節，節亦疏大，不入藥用。恭曰：山羊大如牛，或名野羊，善鬬至死，角堪爲鞍橋。頌曰：閩、廣山中一種野羊，彼人謂之羚羊，其皮厚硬，不堪炙食，其肉頗肥。吴瑞曰：山羊似羚羊，色青。其角有掛痕者爲羚羊，無者爲山羊。時珍曰：山羊有二種：一種大角盤環，肉至百斤者；一種角細者，《說文》謂之莧羊，音桓。陸氏云：羱羊狀如驢而群行，其角甚大，以時墮角，暑天塵露在上，生草戴行。故《代都賦》云：羱羊養草以盤桓。

肉　〔氣味〕甘，熱，無毒。頌曰：南方野羊，多啖石香薷，故腸臟頗熱，不宜多食之。　〔主治〕南人食之，肥軟益人，治冷勞山嵐瘧痢，婦人赤白帶下蘇頌。療筋骨急强、虚勞，益氣，利産婦，不利時疾人吴瑞。

明・穆世錫《食物輯要》卷四　山羊　肉，味甘，性熱，無毒。益氣，治筋骨急強冷勞，山嵐瘧痢帶下，利產婦。患疫病後，忌食。

明・倪朱謨《本草彙言》卷一八　山羊血　味甘，氣溫性熱，無毒。通行藏府一十五經絡，三百六十五關節諸處。　陶氏曰：山羊，出羌夷及西夏、廣西。其形似犬，直角，其性善鬥，雖力極不死。　李氏曰：有二種，一種角大盤環，體重百斤者，一種體稍小而角細者。出則二三群行，發力如箭，莫可色視。捕者張夾網羅之。取血凝成，色如乾漆。

山羊血：行血活血，省暖週身血脉之靈藥也。倪朱謨曰：此獸中最猛健而力善攫者。其血大能活血散血。如人苦受杖打，血凝垂死，跌撲內損，血脹垂絶；或內傷藏府、筋骨膜絡，外損血脉，破裂皮肉，色變氣將絶者，用一二釐溫酒調化，灌入喉中即生。市者多以他物僞充，售受者惟以見效方真。戊午闈中一儒懷挾，受杖氣絶，服一釐。鄰家一僕，主命掃屋，失誤墮地，跌傷頭腦，血出不止，先用古石灰敷蓋傷處，血雖止，人事昏暈，一日不甦，服一釐。一鄉人偶觸營卒，衆卒攢打垂死，服一釐。俱用溫酒調化，下嚥即活。此三人，朱自試用見效，特紀以聞。

其肉大補虛勞，脫力內傷，筋骨痹弱，又治男子精寒髓乏，陽事不振；

或婦人積年淋帶，腰脊痿軟，血冷不育等證。用酒煮爛，和椒、鹽作脯食甚佳。

明・應廛《食治廣要》卷六 山羊 肉： 氣味： 甘，熱，無毒。男人食之肥軟益人，治冷勞、山嵐瘧痢，愈婦人赤白帶下。頌曰： 南方野羊多啖石香薷，故腸藏頗熱，不宜多食。

明・姚可成《食物本草》卷一四獸部・野獸類 山羊一名羱羊。出西夏。似吳羊而大角，角橢者，能陟峻阪。大者如牛，善鬬至死。閩、廣山中一種野羊，其皮厚硬，不堪炙食，其肉頗肥。○李時珍曰： 山羊有二種，一種大角盤環，肉至百斤者； 一種角細者。大如驢而群行，其角甚大，以時墮角，暑天塵露在上，生草戴行。故《代都賦》云： 羱羊養草以盤桓。 山羊肉，味甘，熱，無毒。男子食之，肥軟益人。治勞冷山嵐瘧痢，婦人赤白帶下。療筋骨急強，虛勞，益氣。利產婦，不利時疾人。

明・施永圖《本草醫旨・食物類》卷四 山羊名野羊。大如牛，善鬬。○山羊似羚羊，色青，其角有掛痕者為羚羊，無者為山羊。 肉： 味甘，熱，無毒。南方野羊多噉石香薷，故腸臟頗熱，不宜多食之。治： 南人食之，肥軟益人。治冷癆，山嵐瘧痢，婦人赤白帶下。療筋骨急強、虛勞，益氣。利產婦，不利時疾人。

清・朱本中《飲食須知・獸類》 山羊肉 味甘，性熱。疫病後忌食。妊婦食之，令子多病。肝尤忌之。

清・何其言《養生食鑒》卷下 山羊肉一名羱羊，有觔力，甚能陟險峻，皮可製靴履。 味甘，性熱，無毒。肥軟益人，治婦人赤白帶下，療筋骨急強，益氣力，補虛勞。時病人忌之。

清・陳士鐸《本草新編》卷五 山羊血 味鹹，氣寒。入肺、心二臟。專活死血，故五絕之死可救。大約止消用一分，酒化開，用葱管，人口啣之，含藥酒，乘人氣送下喉中，少頃即活。無血，磨山羊角一分，亦入酒中，〔乘人氣〕如前法送下，亦活。但山羊必須四目者，真真活命仙丹也，否則，功減半耳。

或疑山羊血亦羊類也，何以神效至此？ 夫山羊四目者，神羊也，世間最不易得，用之救死者，實可重生。兩廣山羊，非四目者，然有功于世，但不能如四目者之更神。余曾在栝蒼陳使君署中得一羊，實四目者，當年未知取血，取其雙角，至今在家，角亦異于凡羊，磨角救人，功實神效。誌之以見山羊實有四目云。

清・李熙和《醫經允中》卷一七 山羊血 鹹，溫，無毒。主和血散血之神藥。治跌打損傷，止用分許，酒服取醉，醉醒其骨自合。

清・张璐《本經逢原》卷四 山羊血 鹹，溫，無毒。苗人以麋竹通節削鋒利，活刺心血收乾者良，宰取者不堪用。 發明： 山羊產滇蜀諸山中，性善走逐好鬬，肉能療冷勞，山嵐瘧痢，婦人赤白帶下。其心血《綱目》失載。性溫味鹹，為和傷散血之神藥。其治跌撲損傷，單用酒服，取醉，醉醒其骨自續，每用不過分許，不可多服，雖不傷耗元氣，而力能走散陰血。然必初患便服得效最速，若過三五日，血凝氣滯，無濟於治矣。但舉世用者絕罕，間有收取而市者，其價重等於牛黃，且心血絕不易得。滲血丹用之，真虛勞失血之續命丹也。

清・王道純《本草品彙精要續集》卷五 山羊無毒。原本注羚羊內，《綱目》分條。 胎生。

山羊肉： 主男人食之肥軟益人，治冷勞，山嵐瘧痢，婦人赤白帶下《圖經本草》。療筋骨急強，虛勞，益氣，利產婦，不利時疾人《日用本草》。 〔名〕野羊《圖經》、羱羊。李時珍云： 是羊之在原野者，故名。 〔地〕陶弘景云： 山羊，即《爾雅》羱羊，出西夏，似吳羊而大角。角橢者，能陟峻坂，羌夷以爲羚羊，角極長，惟一邊有節，節亦疏大，不入藥用。 〔用〕肉，其角堪爲鞍橋。 〔質〕蘇恭云： 山羊大如牛，或名野羊，善鬥至死。陸氏云： 羱羊，狀如驢而群行，其角甚大，以時墮角。暑天塵露在上，生草戴行，故《代都賦》云： 羱羊養草以盤桓。李時珍云： 山羊有二種，一種大角盤環，肉至百斤者，一種角細者。《說文》謂之莧羊，音桓。 〔色〕青。 〔味〕甘。 〔性〕熱。〔臭〕膻。 〔禁〕蘇頌云： 南方野羊多啖石香薷，故腸臟頗熱，不宜多食之。閩廣山中一種野羊，彼人謂之羚羊，其皮厚硬不堪炙食，其肉頗肥。 〔贋〕吳瑞云： 山羊，似羚羊，其角有掛痕者，爲羚羊，無者爲山羊。

清・黃元御《玉楸藥解》卷五 山羊血 味鹹、甘，氣平。入足厥陰肝經。最行瘀血，絕止疼痛。山羊血治瘀血作痛，療撲損傷甚捷。

清・汪紱《醫林纂要探源》卷三 山羊 甘辛，熱。古人謂之莧羊。莧，音桓。真純陽，屬火之獸。色蒼黑而大，好居山石巖穴間。 補虛羸，壯陽氣。大補元陽，然助熱，作渴發瘡。 血： 鹹，熱。行血去瘀，續絕除傷。此血最熱，除傷去瘀之功甚速。痘瘡虛寒不起。用此托之，心血尤妙。但陰虛體熱者，食此令人發衄。 角： 功用

近麢羊角。今人多以相混。

清·嚴潔等《得配本草》卷九　山羊血　鹹，寒。散血和傷，頗稱神藥。

清·李文培《食物小錄》卷下　山羊　甘，溫，無毒。益氣，利產婦，不利時疾人。

清·趙學敏《本草綱目拾遺》卷九獸部　山羊血油糞　常中丞《筆記》：山羊生平樂山崖間，能陟峻坂，蹺捷若飛。其血可治跌損傷及諸血症。凡跌撲死者，未絕氣，以一分許調酒飲之，遂甦，神效立見。第捕甚難，每見人，則決驟而去，飆迅非常，非足力所能及，必密布繩網草間，罥其足，始能生得之。刺其心血，待乾凝結成塊，可以攜遠。蓋凡血皆患凝滯，山羊蹄高歷險，旦夕不休，則其血活矣。而心為主，故心血最良。語云：流水不污，戶樞不蠹。觀此益信。《本經逢原》云：山羊產滇蜀諸山中，性善走逐，好鬬。肉能療冷勞山嵐瘧痢，婦人赤白帶下。其心血，瀕湖《綱目》失載。苗人取血法：以麋竹通節削鋒利，活刺心血，收乾者良，宰取者不堪用。《柑園小識》：山羊血產廣西諸土郡。山羊似羊而大，善鬬，能上絕壁，每登高處失足，或至骨折，少頃如故，喜食三七苗。其血主治損傷極妙，輕者服數釐，重者二三分，以心血為上，身血次之。色黑有光，而質輕者為真。陸祚蕃《粵西偶記》：試山羊血，取雞血半盃，投一粒，過宿變成水。或以久凝臭雞血一塊，投入山羊血，過宿反變成鮮血乃真。瀕湖《綱目》云：山羊即野羊也，一名羱羊，非今之家山羊也。時珍於山羊主治條，僅載其肉之功用，不及油與血之用，此並附之。〇今人收得乾血成塊者，必用糯米養之，云可久留不枯。

性溫，味鹹，無毒。《逢原》云：為和傷散血之神藥，其治跌撲損傷，單用酒服取醉，醉醒，其骨自續，每用不過分許。不可過服，雖不耗傷元氣，而力能走散陰血。然必初患便服，得效最速。若過三五日，血凝氣滯，無濟於治矣。價等牛黃，心血亦不易得，滲血丹用之，真虛勞失血之續命丹也。《藥性考》：山羊血味鹹，療跌撲損傷，咯、吐、嘔、衄、便、溺諸血，能止血消瘀，和酒服。其皮作茵褥，愈筋骨疼痛。角作火罐，灸頭風。以入水一絲不散者真。

吐血：蔣莘田《經驗方》：臨臥時，用廣西真山羊血，每服三分，能引血歸源，不過二三服，其血自止。　黎峒丸：治跌打及一切癰腫。天竺黃八分，牛黃四分，冰片四錢，三七四錢，血竭四錢，兒茶四錢，麝香四分，沒藥四錢，阿魏二錢，雄黃二錢，藤黃四錢，孩兒骨一兩，山羊血製浸藤黃入藥，共為細末，煉蜜為丸，如龍眼大，陰乾，外用蠟為殼封固，三白酒服。《祝氏效方》：山羊血能解鮮菌、河魨毒，傷損惡血。　治痘內無漿不起發：《集驗良方》：用真山羊血三分，用甜酒釀調服，痘漿立起。《太乙神鍼》方：人參四兩，三七八兩，山羊血二兩，千年健一斤，鑽地風一斤，肉桂一斤，真川椒一斤，乳香一斤，沒藥一斤，穿山甲半斤，小茴香一斤，蒼术一斤，真蘄艾四斤，甘草二斤，麝香四兩，防風四斤。以上共為細末，用綿紙一層，高方紙三層，紙寬裁尺二寸五分，長一尺二寸，將藥末薄薄鋪勻在上，一鍼約用藥七八錢，緊捲如花炮式，務要緊實，兩頭用紙封固，外用印花布包面，亦要齊整好看。此鍼能治一切痛風，寒溼筋骨疼痛諸症。用時將鍼以火焠著，或按穴道，或在痛處下襯以方寸新紅布數層，將鍼按上，若火旺布薄覺疼，多墊布數層，但鍼必須三四枝，一鍼已冷，再換一鍼，連進七鍼，無不立驗。　治喉癬：喉症惟此最遲，久則失音，不可救。《種福堂方》：西牛黃一分，真山羊血二分，川連五分，血珀三分，冰片一分，蓬砂一錢，青果核灰三分，燈草灰五分，共為細末，每一茶匙藥，用一茶匙蜜，調放舌尖上，徐徐嚥下，一日五次，兩月可愈。或加蜒蚰梅灰，更妙。　馬氏夾棍神方：《吉雲旅抄》：山左馬家市夾棍藥極效方，用蚺蛇膽二錢，山羊血一錢半，琥珀一錢，大白頸地龍七條，去泥珍珠三分，辰砂一錢，兒茶八分，金箔一帖為衣，為細末蜜丸桐子大，金箔為衣，每服一錢五分，好酒下。如不打夾者，用刀破皮藥自出。治急心痛：《集驗方》：用山羊血一分燒酒化下。　中遇邪鬼：《醫鈴》：此症乃陽氣衰而陰甚，治須急補其陽，以存正氣，則陰邪自平，即或治痰，然亦當加意補正為本。人參二錢，當歸六錢，白术一兩，菖蒲二錢，半夏三錢，白芥子三錢，丹參五錢，皂角刺五分，山羊血八分，附子一錢，此方用山羊血、皂角刺為開關聖品，以通邪祟之要路；半夏、白芥，消其寒痰，無寒之侵，斷不中鬼；大用參以扶其陽，陽生陰滅，此不易之理也。　救絕仙丹：《石室秘錄》：此丹專救五絕及有邪祟，昏迷一時卒倒者，皆可灌之，以起死回生，實神奇之極。宜端午日脩合，備用濟急，大可救人。山羊血三錢，菖蒲二錢，人參三錢，紅花一錢，皂刺一錢，製半夏三錢，蘇葉二錢，麝香一錢，各為末，蜜丸如龍眼核大，酒化下。

敏按：山羊血以產滇黔及蜀者佳，以其地深山，多三七苗及理血定風諸

草，山羊每食之，峒人追逐得之，山羊本迅躍，無一刻之停，其體血自頂貫尾，終日旋運如飛，又被逐捕，則躁性頓發，血隨氣運，矯捷尤甚。黎峒人捕得，以竹鋒刺入其心，取血用，此上品也。其血成條，深紫有光，以少許入水中，自然旋運如飛，蓋矯捷之性猶存也。若網取刀剖而得者，血色黯滯，入水亦不能迅捷。他省產者，亦能如峒苗之合眾追逐，令其騰躍上下，而後刺取其心血用，亦可，較次於滇黔山羊血。惟今之各處所獲山羊，皆用網取，其或鎗斃，而後剖其死血，以偽充心血，則力微性緩。更有以他血代充者，則尤屬贋質無用。故今市中每多此物，高索重價，非親歷其地，真知灼見而得者，勿用也。

山羊油　張卿子《秘方集驗》：治主心疝，用山羊油不落水者，荷葉包裹，挂風處陰乾，不可著雨，遇此症，取三五錢沖熱酒服。不飲酒者，滾湯亦可。并治諸疝。

按：《文堂集驗》主心疝，用山羊血。其言與此同，然細繹文義，有不落水句，則用油非血矣。《文堂》誤以油為血，故並正之。南方亦有山羊，但不及粵產者，其血尤為迅捷也。

山羊糞　山羊糞，同水粉各一升，浸一夜，絞汁頓熱，午刻服，治疳痢。祝西萕《本草》：山羊屎煅灰，療潰爛生肌。

入外科收口藥用。《祝氏效方》大棗丸：用山羊屎曬乾，入鍋炒炭存性，研細收藏。每久爛不堪，將見內腑者，以大棗去皮核，搗爛如泥後入前粉，搥至成丸，每服四錢，黑棗湯送下。此物大能斂潰爛諸口，神效無比。山蓮散：用大活鯽魚一尾，破腹去雜，以山羊屎塞實魚腹，放瓦上慢火炙乾存性，研末，加麝香一錢封貯。如遇潰瘍，爛見內腑，止膈一膜者，以此藥摻上，立愈。雷頭風：《祝氏效方》云：諸藥不愈，惟山羊糞炒炭研粉甚效。歌曰：雷霆頭裏震，山羊糞有緣。酒送二錢下，不在腦門喧。治心痛，不論遠年近日。《玉泉方》：山羊糞七粒，油頭髮一握，同燒為末，好酒和服，永不再發。

清・趙學敏《本草綱目拾遺》卷九獸部　羊哀　形圓如彈，大小不等，產羊腹，在胃中，惟山羊有之，胡羊不能成也。蓋羊食百草，其精氣聚於胃，久則成此物，俗呼百草丹，亦牛黃、狗寶之類。牛黃細膩而疎鬆，且香烈，故以黃名。狗寶花白，而堅凝如石，故以寶名。此則如爛草團成，輕鬆而氣羶。人多惜其不能如牛黃、狗寶之精美，而亦產於羊腹，得日月精華，又食異草孕結，乃不堅重香凝，僅成此物，故哀之，因名曰哀。

常中丞《宦遊筆記》載軍營於羊腹中得石子，名鮓荅，形如鴨卵，色紫黃，兩頭有二白圈，圓如黃豆，腰有束帶，寬如韭葉，色青藍，束帶上亦二白圈，質細如玉，滋潤如水。《輟耕錄》亦載蒙古求雨，取淨水一盆，浸石子數枚，持咒播弄。其石子名鮓荅，產畜腹中，牛馬皆有，不必定羊也。而羊哀又與鮓荅異，鮓荅堅重細潤，此則輕鬆羶臊，亦無束帶白圈。庚戌冬，友人李金什在臨安西關外屠羊肆，見屠者剖一羊，胃中忽湧出一彈，如鴨卵黃，勻圓光潔，浮水盆上，購歸示予，予曰：此羊哀也，氣臊而鬆，非鮓荅之類。彼云：屠者呼為百草丹，云業此三十年，止取得三枚，亦不易遇也。此物惟山羊始生，因山羊食百草，偶嚙得異草或石乳，其膏液注胃中，日久凝成。胃為精氣往來之所，日為氣運動，故所結之物多圓如丸。鮓荅結於腹，不為氣擾動，故形匾圓如石。金什即以此贈予，予復取細視，其質鬆而亦堅，嗅之作羊臊氣，外則色澤光膩，儼如油潤，其體質非石非酥，如腐草融結，始信《說略》所載羊哀如溼茅紙之說為不謬。因附記於此，以待折衷於格物諸君子。

按：《百草鏡》：羊胲結成在羊腹中，色微黑，可治反胃。或即此歟。解百草藥毒，治噎膈翻胃。敏按：《慈航活人書》：端五日收羊屎，名百草丹，可絕瘧，與羊胃所積草有別，不可不知。

清・趙翼《簷曝雜記》卷三　山羊之血，治刀斧傷最靈。是物生山箐中，嘗食三七故也。

清・葉桂《本草再新》卷九　山羊血味甘，性大熱，有小毒。入肝、胃二經。養肝暖胃，治氣血，去瘀生新，走經絡，通關節。

清・趙其光《本草求原》卷二〇獸部　山羊　肉，甘，溫。治冷勞、山嵐瘧痢、赤白帶下。心血，鹹，溫，無毒。和傷、散血，為虛勞失血之神丹。治跌撲損傷、骨折、瘀痛，酒服分許取醉，醒即續。不傷元氣，而走散陰血，不可多服。久傷、血凝氣滯者，須加行氣之味。

產滇、蜀諸山，善走，好鬥，大如牛。苗人削竹鋒刺心血收乾，價重等於牛黃。今人以宰取者偽充，則與羖羊血無異耳。

清・文晟《新編六書》卷六《藥性摘錄》　山羊　甘，熱。肥軟益人，治婦人赤白帶下，療筋骨急強，益氣力，補虛癆。時病人忌之。

清·張仁錫《藥性蒙求·獸部》 山羊血三分、五分 山羊血鹹，療治損傷。消瘀止血，和酒服良。產滇、蜀諸山中。性善走逐。每用不過分許，不可多服，雖不傷耗元氣，而力能走散陰血。然必初患便服，得效最速。若過三五日血凝氣滯，無濟於治矣。其價重等於牛黄。苗人以竹活刺心血，收乾者良。宰取者不用。血以粟許入水，一線不散者良。

清·王孟英《隨息居飲食譜·毛羽類》 山羊肉野羊也，甘，熱。治冷勞，赤白帶下，利産婦，辟嵐瘴，理筋骨急強。時病人忌之。其血破瘀生新，療跌打諸傷，筋骨疼痛，吐衄瘀停諸病。

清·戴葆元《本草綱目易知錄》卷六 山羊野羊、羱羊。甘，熱。補虚益氣，男子食之，肥軟益人。治冷勞，山嵐瘧痢，筋骨急強，婦人赤白帶下，利産婦。葆按：此則羚羊，註山羊，其角一邊有節而疎，僞羚羊角者，今外販來錫薄片者，名羚羊角花，即此，不堪用，又俗傳其心血及血治心氣痛，而本草不載述，此以辨僞傳訛。

清·吴汝紀《每日食物却病考》卷下 山羊 乃羊之生于原野者。閩、廣山中為多，大者如牛，小者如驢，又名羱羊。味甘，熱，無毒。美於家羊，功用亦同，但大熱不利於病人。

清·方仁淵《倚雲軒醫案醫話醫論》 山羊血 又有山羊血，治刀斧傷，止血最靈，以常食三(膝)〔漆〕故也。其形似羊而大如驢，生取其血，較可信。否則多贋者。又有石羊，身較小，其膽在蹄中。山巖陡絶處，能直奔而上。力乏則曲蹄於口舔之，力即完復再奔，故其膽可以止喘。

石羊

清·趙學敏《本草綱目拾遺》卷九獸部 石羊膽 《廣東通志》：石羊色黑，類人家羊而矯捷，其角燒紙為火罐，能收頭風；其皮作褥，可愈筋骨疼痛；其血能療跌打損傷，猶秦中山羊也。《肇慶志》：石羊出高要山中，似羊而高大，長角厚耳，此羊一孔三毛。服用柔而能久。内兄朱問亭官粤，曾寄石羊膽一對，盛以銀匣，大如小指，以絨線紮其一頭，乃乾者。據言，此物不易得，試驗之法：以此膽囊掛胸前，急行不喘者真。治折傷勝於山羊血也。

治一切目疾，勞眼青盲，人乳調點。風火，防風汁調點。此物去翳障如神，水調亦可。跌撲功同山羊血。

曹閏亭先生曾宦黔中，云邊邑皆産石羊，形小如兔，趫捷難獲。有得之者，須即破其腹取膽，少遲則裂於腹内矣。其膽乾之，可療肝厥暴絶，酒服一二釐即甦。其心血能治真心痛，頗有效。骨皮熬膠，去風活血如神。

羚羊

宋·李昉《太平御覽》卷第九八八 羚羊角 《本草經》曰：羚羊角，安心氣不魘音掩。

宋·唐慎微《證類本草》卷一七獸部中品〔《本經·别録》〕 羚羊角 味鹹、苦，寒、微寒，無毒。**主明目，益氣，起陰，去惡血注下，辟蠱毒惡鬼不祥，安心氣，常不魘寐**，療傷寒，時氣寒熱，熱在肌膚，温風注毒伏在骨間，除邪氣驚夢，狂越僻謬及食噎不通。久服强筋骨，輕身，起陰，益氣，利丈夫。生石城山川谷及華陰山，採無時。

〔梁·陶弘景《本草經集注》〕云：今出建平、宜都諸蠻中及西域。多兩角，一角者爲勝。角甚多節，蹙蹙圓繞。别有山羊角極長，惟一邊有節，節亦疏大，不入藥用。《爾雅》名羱羊，而羌夷云只此名羚羊角，甚能陟峻。短角者乃是山羊爾。亦未詳其正。

〔唐·蘇敬《唐本草》〕注云：《爾雅》云：羚，大羊。羊如牛大，其角堪爲鞍橋。一名羱羊，俗名山羊，或名野羊。善鬥至死。又有山驢，大如鹿，皮堪靴用，有兩角，角大小如山羊角。前言其一邊有蹙文又疏慢者是此也。陶不識，謂山羊，誤矣。二種并不入藥。而俗人亦用山驢角者。今用細如人指，長四五寸，蹙文細者。南山、商、浙間大有，今出梁州、直州、洋州亦貢之。

〔宋·馬志《開寶本草》〕按：陳藏器《本草》云：羚羊角，主溪毒及驚悸，煩悶，卧不安，心胸間惡氣毒，瘰癧。肉，主蛇咬，惡瘡。山羊、山驢、羚羊，三種相似，醫工所用，但信市人，遂令湯丸或致乖舛。且羚羊角有神，夜宿以角掛樹不著地。但取角彎中深鋭緊小猶有掛痕者即是真，慢無痕者非，作此分别，餘無它異。真角，耳邊聽之集集鳴者良。陶云一角者，謬也。

〔宋·掌禹錫《嘉祐本草》〕按：《藥性論》云：羚羊角，臣，味甘。能治一切熱毒風攻注，中惡毒風，卒死昏亂不識人，散産後血衝心煩悶，燒末酒服之。主小兒驚癇，治山瘴，能散惡血。燒灰治噎塞不通。孟詵云：麢羊，北人多食，南人食之免爲蛇蟲所傷。和五味子炒之，投酒中經宿，飲之治筋骨急强，中風。又角，主中風筋攣，附骨疼痛，生摩和水塗腫上及惡瘡，良。又卒熱悶，屑作末，研和少蜜服。亦治熱毒痢及血痢。

〔宋·蘇頌《本草圖經》〕曰：羚羊角，出石城山谷及華陰山，今秦、隴、龍、蜀、金、商州山中皆有之。戎人多捕得來貨，其形似羊也，青而大，其角長一二尺，有節如人手指握痕，又至堅勁。今入藥者皆用此角。謹按《爾雅》云：麢與羚同，大羊。羱音元，如羊。郭璞注云：麢，似羊而大，角圓鋭，好在山崖間；羱似吴羊而大角，角橢，出西方。許慎注

《説文解字》云：䴢，大羊而細角。陶隱居以角多節，蹙蹙圓繞者爲羚羊；而角極長，惟一邊有節，節亦疏大者爲山羊。山羊，即《爾雅》所謂羱羊也。唐注以一邊有蹙文又疏慢者爲山驢角，云時人亦用之。又以細如人指，長四五寸，蹙文細者爲堪用。陳藏器云：羚羊夜宿以角挂木不著地，但取角彎中深鋭緊小猶有挂痕者是。觀今市貨者，與《爾雅》所謂羱羊，陶注所謂山羊，唐注所謂山驢，大都相似。今人相承用之，以爲羱羊其細角長四五寸，如人指多節蹙蹙圓繞者，其間往往彎中有磨角成痕處，京師極多，詳本草及諸家所出，此乃是真羱羊，而世多不用，不知其所以然者何也？又陳藏器謂：真角，耳邊聽之集集鳴者良。今牛羊諸角，但殺之者聽之皆有聲，不必專羚羊也，自死角則無聲矣。

〔宋・唐慎微《證類本草》〕雷公：凡所用亦有神羊角。其神羊角長二十四節，內有天生木胎。此角有神力，可拉千牛之力也。凡修事之時，勿令單用，不復有驗，須要不拆元對，以繩縛之，將鐵錯子錯之，旋旋取用，勿令犯風，錯末盡處，須三重紙裹，恐力散也。錯得了即單擣，擣盡，背風頭，重篩過，然入藥中用之，若更研萬匝了，用之更妙，免刮人腸也。《食療》：傷寒熱毒，下血，末服之即差。又療疝氣。《外臺秘要》：治噎。羚羊角屑不拘多少自在末之，飲服方寸匕，亦可以角摩噎上，良。《千金方》：療産後心悶不識人，汗出。羚羊角燒末，以東流水服方寸匕，未差再服。《肘後方》：血氣逆心煩滿。燒羚羊角若水羊角末，水服方寸匕。《子母秘録》：治胸脇痛及腹痛熱滿。燒羚羊角末，水服方寸匕。又方：治小兒洞下痢。羊角中骨燒末，飲服方寸匕。《産寶》：令易産。羚羊角壹枚，刮尖爲末，以酒調方寸匕。

宋・寇宗奭《本草衍義》卷一六　羚羊角　令皆取有掛痕者。陳藏器取耳邊聽之集集鳴者良。亦强出此説，未嘗遍試也。今將他角附耳，皆集集有聲，不如有掛痕一説盡矣。然多僞爲之，不可不察也。

宋・王繼先《紹興本草》卷一九　羚羊角　紹興校定：羚羊角，性味、主治已載經注，然但明目，破毒，利經絡用之頗驗。亦有山羊角雜偽者，其形自頂根至尖，如竹節堅實者真矣。産西蜀。今當作味鹹苦、微寒、無毒是也。

宋・鄭樵《通志》卷七六《昆蟲草木略》　䴢羊　《爾雅》曰：䴢，大羊。音靈。陶隱居云：其角多節，蹙蹙員繞者為真。惟一邊有節，節疎大者為山羊。按此二角俱似羊而大，在山崖間。又曰：羱，如羊。音元。郭云：似吳羊而大角，角橢。出西方。

宋・劉明之《圖經本草藥性總論》卷下　羚羊角　味鹹、苦，寒、微寒，無毒。主明目，益氣，起陰，去惡血注下，辟蠱毒惡氣不祥，安心氣，常不魘寐。療傷寒時氣寒熱，熱在肌膚，溫風注毒伏在骨間，除邪氣驚夢狂越，僻謬，及食噎不通。《藥性論》云：臣。味甘。能治一切熱毒風攻注，中惡毒風卒死，昏亂不識人，散産後血衝心煩悶，主小兒驚癇，治山瘴。孟詵云：亦治熱毒痢及血痢。

宋・陳衍《寶慶本草折衷》卷一五　羚羊角臣。灰在內。○肉附。○山羊角骨及肉續附。　其羊一名䴢羊，乃野羊也。○䴢，與羚同。生石城山川谷，及華陰、建平、宜都、西域、南山、浙間，商、梁、直、洋、秦、隴、龍、蜀、金州山崖間。○又云：生閩廣。○採無時。○續附：山羊亦野羊也，一名羱羊。出西方。今山林深處多有之。○羱，音元。

味鹹、苦、甘，寒，無毒。○主明目益陰，去惡血，辟蠱毒，安心氣，不魘寐。療傷寒時氣，熱在肌膚，溫風注毒伏骨，除邪氣狂謬。○陳藏器云：主溪毒，驚悸煩悶，心胸惡氣，瘰癧。○《藥性論》云：治熱毒攻注，中惡毒風，産後血衝心，煩悶。燒末酒服，主小兒驚癇，治山瘴。燒灰，治噎塞。○孟詵云：主中風筋攣，骨疼痛。生摩和水塗腫及惡瘡，亦治熱毒血痢。○《圖經》曰：羚羊形似羊，青而大，角有節，如人手指握痕，堅勁而鋭，蹙蹙圓繞而彎者真。○雷公云：用鐵錯子錯之，即單擣，背風重篩。若更研萬匝更妙，免刮人腸也。○《産寶方》：令易産，羚羊角刮尖末，酒調方寸匕。

附：肉。○主蛇蛟惡瘡。又治筋骨急強，中風，和五味子炒，投酒中，經宿飲之。及冷勞，山嵐瘧痢，婦人赤白下。此肉肥軟益人，其腸藏熱，不宜多食。兼括羖羊角説。

續説云：羚羊、山羊皆野羊也，類相同而角近似。因錢乙方附閻孝忠論，每置羚羊角，輒得山羊角，兹略申其旨：自羚羊角言之，其色黑澤，其體彎而凝重，其節則密而環繞，其髓則實而不脱。然羚羊以角掛木而宿，故有掛痕，亦多偽為，固宜審也。自山羊角言之，其色淺黑而燥，只一邊有節，止繞角根，經久則髓脱落，未聞此角有所治療也。若夫山羊，體性溫補而理風，今人碎其骨與肉，和米麴造酒，不時隨量而飲，治癱瘓諸風，脛骨尤勝。

元・尚從善《本草元命苞》卷七　羚羊角　為臣。味鹹、苦，微寒。安心氣，常無魘寐。辟蠱毒，鬼惡不祥。療傷寒時氣，熱在肌膚。治溫毒風注，伏於骨間。除邪氣驚夢狂越，治中惡卒死昏沉。起陰氣明目，強骨髓輕身。去惡血溪毒，辟山嵐瘴氣。生石城華陰山谷，秦嶺西域諸蠻。形似羊，色青而

大，角多節，堅勁而長。彎圓銳緊小，宿掛木有痕。殺者有聲入藥，死者不響無能。

元·吴瑞《日用本草》卷三 羚羊 味鹹，性寒，無毒。北人多食。南人食之，免為蛇蟲所傷。 角： 主中風筋攣，傷寒時氣，寒熱惡瘡，血痢蠱毒，魘寐不祥，產後心悶，並以水磨服之，燒灰亦得。羚羊有神，夜宿以角掛樹，不着地。取角彎中深銳緊小、有掛痕者為真，否則偽。

元·朱震亨《本草衍義補遺》 羚羊角 屬木，入厥陰經為捷。紫雪方中用之近理。○羚羊角，今昔取有掛痕者。陳藏器云： 取其耳聽之集集鳴者良。亦強出此說，未嘗遍試也。今將他角附耳，皆集集有聲，不如掛痕一說盡矣。然多偽之，不可不察也。

元·徐彥純《本草發揮》卷三 羚羊角 丹溪云： 屬木，入厥陰為捷。紫雪方中用之，近理。

明·王綸《本草集要》卷六 羚羊角臣 味鹹苦，氣寒，無毒。屬木，入厥陰經。角多節，蹙蹙圓繞彎中，深銳緊小，有掛痕者是。 主明目，益氣起陰，去惡血注下，辟蠱毒惡鬼不詳。安心氣，常不魘寐。療傷寒時氣寒熱，熱在肌膚，溫風注毒伏在骨間，除邪氣驚夢，狂越僻謬，小兒驚癇，治山瘴。散產後血衝心煩悶，燒末，酒服之。又燒灰，或屑末，治食噎不通。久服強筋骨，輕身益氣，利丈夫。

明·滕弘《神農本經會通》卷八 羚羊角 臣也。角甚多節，蹙蹙圓繞。山羊、山驢、羚羊，三種相似，且羚羊有神，夜宿以角掛樹，不着地，但取角彎中深銳緊小，猶有掛痕者是。

味鹹、苦，氣寒，微寒，無毒。一云： 味甘。屬木，入厥陰經。東云： 清肺肝。《疌》云： 明目，去風，療易產，益氣，安心，辟不祥。

《本經》云： 明目益氣，起陰，去惡血注下，辟蠱毒惡鬼不祥，安心氣，常不魘寐。療傷寒時氣寒熱，熱在肌膚，溫風注毒伏在骨間，除邪氣，驚夢狂越僻謬，及食噎不通。久服強筋骨，輕身，起陰益氣，利丈夫。陳藏器云： 主溪毒，及驚悸煩悶，臥不安，心胸間惡氣毒瘰癧。肉，主蛇咬惡瘡。《藥性論》云： 臣。味甘。能治一切熱毒風攻注，中惡毒風卒死，昏亂不識人。散產後血衝心煩悶，燒末，酒服之。主小兒驚癇，治山瘴，能散惡血。燒灰，治噎塞不通。孟詵云： 麢羊，北人多食，南人食之免為蛇蟲所傷。和五味炒之，投酒中，經宿飲之，治筋骨急強，中風。又角，主中風筋攣，附骨疼痛。生摩，和水塗腫上及惡瘡，良。又卒熱悶，屑作末研，和少蜜服。亦治熱毒痢，及血痢。丹溪云： 屬木，入厥陰經為捷。紫雪方中用之，近理。《衍義》： 取有掛痕者。陳藏器云： 取耳邊聽之，集集鳴者良。亦強出此說，未嘗遍試也。今將他角附耳，皆集集有聲，不如掛痕一說盡矣。然多偽為之，不可不察也。劍云： 羚羊角苦寒無毒，益氣安心辟不祥。明目去風兼易產，更宜時氣治驚狂。即《局方》。羚羊角，明目，去風，主驚狂心錯亂。

明·劉文泰《本草品彙精要》卷二四 羚羊角無毒。 胎生。

羚羊角出《神農本經》： **主明目，益氣，起陰，去惡血，注下，辟蠱毒、惡鬼、不祥，安心氣，常不魘寐。久服強筋骨，輕身。**以上朱字《神農本經》。療傷寒時氣，寒熱，熱在肌膚，溫風注毒伏在骨間，除邪氣，驚夢狂越僻謬及食噎不通，起陰，益氣，利丈夫。以上黑字名醫所錄。

【地】《圖經》曰： 出石城山谷及華陰山，今秦、隴、龍、蜀、金、商諸州山中皆有之。其形似羊，色青而大，角細，長四五寸，至堅勁，多節緊深銳，文細而有掛痕者，真。其痕因羚羊夜宿不着地，以角掛木故也。或云： 其角有文疏大，長一二尺，似吳羊角，置耳邊聽之集集鳴者，皆非也。今取他角附耳，亦皆有聲，不如掛痕一說盡矣。此亦多偽，不可不察，有貘齒偽佛牙誑俗，以此擊之則碎。【時】生： 無時。採： 無時。【收】用紙包裹，勿失元氣。【用】角。【色】白。【味】鹹苦。【性】微寒。【氣】氣薄味厚，陰中之陽。【臭】膻。【主】清肝明目，除熱鎮驚。【製】《雷公》云： 凡修事之時，勿令單用，不復有驗，須要不拆元對，以繩縛之，將鐵鎊旋旋鎊取用，勿令犯風，鎊末盡處，須三重紙裹，恐力散也。鎊了，擣細重篩，更研萬匝了，入藥用之更妙，免刮人腸也。

【治】療：《唐本》注云： 角，治溪毒及驚悸，煩悶，臥不安，心胸間惡氣毒，瘰癧。○肉，治蛇咬，惡瘡。《藥性論》云： 角，燒灰，治小兒驚癇及山瘴，能散惡血，並噎塞不通。孟詵云： 角，治中風，筋攣，附骨疼痛，生摩水塗腫上及惡瘡。《別錄》云： 角，治傷寒，熱毒，下血及疝氣，末服之，即瘥。產後心悶不識人，汗出，燒末，以東流水服方寸匕，未瘥再服。又血氣逆心，煩滿，胸脇痛及腹痛煩滿，燒末，水服方寸匕。○角中骨，治小兒洞下痢，燒末，飲服方寸匕。 【合治】角燒灰合酒服，治一切熱毒風攻注，中惡，毒風，卒死，昏亂不識人，散產後血衝心，煩悶。○角屑作末，合蜜服，治卒熱悶及熱毒痢並

血痢。○角一枚刮尖爲末，合酒服方寸匕，令易產。○肉內五味子酒中，治中風，筋骨急強。〔贗〕山驢角、羱羊角爲僞。

明・葉文齡《醫學統旨》卷八 羚羊角 氣寒，味鹹、苦。無毒。入足厥陰經。角多節，蹙蹙圓繞，彎中深銳緊小，有掛痕者是，白者良。 治傷寒時氣寒熱，熱在肌膚，濕風注毒伏在骨間，清肺肝熱； 明目益氣，起陰去惡血注下； 辟蠱毒惡鬼不祥，安心氣，常不魘寐，除邪氣驚夢狂越，辟謬； 小兒驚癇，山嵐瘴氣； 產後血衝心煩，燒末酒調之； 又治食噎不通； 久服強筋骨，利丈夫。

明・許希周《藥性粗評》卷四 角黠羚羊之屑，飛紫雪於三陽。

羚羊角，羚羊出山陝州郡山谷，其角長而節密，與今山羊、綿羊之種不同。其角極硬，以鐵錯於背風處，錯下粗屑，更猛搗極細用之。 味鹹、苦，性微寒，無毒。入足少陰腎經。主治傷寒時氣，溫風壯熱，狂越蠱毒，邪氣鬼魅，食噎不通，明目益氣，起陰，利丈夫，安心氣，散惡血，強筋骨。張仲景治中暑於紫雪方中用之，甚妙。

單方： 中熱昏悶： 凡患時氣熱毒，及中暑昏悶，羚羊角末水調下方寸匕，極效。 中風筋攣： 以羚羊角和水磨汁，傅攣處佳。或用蜜調服亦可。

明・鄭寧《藥性要略大全》卷一〇 羚羊角臣 清肺肝，明目，有平睛珠之功。療傷寒時氣寒熱，熱在肌膚骨間熱者，及散產後瘀血沖心煩悶，退肝經之熱。《經》云： 治驚悸煩悶，臥不安，心〔胸間惡氣〕。益氣起陰，去惡血。寒劑也。及治瘰癧。 味鹹、苦，性寒，無毒。或燒存性調酒，或剉入湯丸，或摩服。隨病制宜。 此角有神。夜宿以角掛樹而眠，身不着地。但取角彎中深銳有掛痕者是真。又云： 置耳邊有唧唧聲者是真也。

明・陳嘉謨《本草蒙筌》卷九 羚羊角 味鹹、苦，氣寒。無毒。形類羊色青頗大，角多節勁銳猶長。甚堅勁，長一二尺，節密蹙蹙旋繞。種生川蜀山林，夜宿角掛樹上。獵犬追捕，亦多獲之。虜人常以貨錢，州郡亦每充貢。入藥拯病，鋸角取尖。認彎蹙處，有掛痕深入者纔真； 聽人耳邊，似響聲微出者尤妙。如節踈無掛痕者，聽無聲者，並山羊、山驢角亦往往摩成痕跡欺人謀利，不可不察。或擣末少加蜜服，或剉屑共投水煎。專走肝經，因性屬木。嘗加紫雪，仲景傷寒方名。為味苦寒。解傷寒寒熱，在於肌膚； 散溫風注毒，伏於骨肉。安心氣，除魘寐驚夢狂越； 釋邪氣，辟蠱毒惡鬼不祥。退小兒卒熱發搐驚癇，毆產婦敗血衝心煩悶。去惡血注下，治食噎不通。明目益氣輕身，強陰健筋堅骨。肉和五味子同炒投酒，能逐中風證筋骨急強。南人食之，免致蛇嚙。

明・方穀《本草纂要》卷一 羚羊角 味酸、苦，氣寒，無毒。入厥陰肝經，主明目益氣，起陰器痿弱，去惡血注下，辟蠱毒邪氣，除骨間伏熱，驅傷寒狂亂，治小兒搐搦，散山嵐瘴氣，下產血衝心，鎮夢寐狂越，治一切肝家之症者也。大抵犀角鎮心，羚羊鎮肝，犀涼心血，羊涼肝血。雖爲輕身益氣之藥，而血虛不足之人勿用，由其性涼，故有此戒也。

明・王文潔《太乙仙製本草藥性大全》卷七《本草精義》 羚羊角 羚羊角出石城山谷及華陰山，今秦、隴、龍蜀、金商州山中皆有之。戎人多捕得來貨，其形似羊，青而大，其角長一二尺，多節如人手指握痕，又至堅勁，今入藥者皆用此角。《爾雅》云： 麢。郭璞注云： 麢，似羊而大，角圓銳，好在山崖間。羱似吳羊而大角，角橢，出西方。許慎注《說文解字》云： 麢，大羊而細角。陶隱居以角多節，蹙蹙圓繞者爲羚羊； 而角極長惟一邊有節，節亦踈大者爲山羊。山羊，即《爾雅》所謂羱羊也。亦往往摩成痕跡，欺人謀利，不可不察也。其種生川蜀山林，夜宿角每掛樹上。獵犬追捕亦多獲之。虜人常以貨錢，州郡亦每充貢入藥。拯病鋸角取尖，認彎蹙處有掛痕深入者纔真，聽人耳邊似響聲微出者尤妙。或擣末少加蜜服，或鑿屑共投水煎。其間往往彎中有磨角成痕處，京師極多。詳《本草》及諸家所出，此乃是真羱角，而世多不用，不知其所以然者何也。又陳藏器謂真角耳邊聽之集集鳴者良。今牛羊諸角，但殺之者，聽之皆有聲，不必專羚羊角也，自死角則無聲矣。

明・王文潔《太乙仙製本草藥性大全》卷七《仙製藥性》 羚羊角臣 味鹹、苦，氣寒，無毒。 主治： 專走肝經，因性屬木。嘗加紫雪仲景《傷寒方》名，爲味苦寒。解傷寒寒熱在於肌膚，散溫風注毒伏於骨肉。安心氣，除魘寐驚夢狂越； 釋邪氣，辟蠱毒惡鬼不祥。退小兒卒熱發搐驚癇，毆產婦敗血衝心煩悶。去惡血注下，治食噎不通。明目益氣輕身，強陰健筋堅骨。羊肉： 和五味子同炒投酒，能逐中風證筋骨急強。南人食之免致蛇嚙。

補註： 治噎，角屑不拘多少，自爲末，服方寸匕，亦可以角摩噎上良。○療產後心悶不識人，汗出，燒末，以東流水服方寸〔匕〕差。○血氣逆，心煩滿，燒角末，水服方寸〔匕〕。○治胃脇痛及腹痛熱滿，燒末，水服方寸〔匕〕。○治小兒洞下痢，羊角中骨燒末，水服方寸〔匕〕。○令易產，角一枚刮尖爲末，以酒服方寸〔匕〕。 太乙曰： 凡所用亦有神羊角，其神羊角長有二十四

節，內有天生木胎，此角有神力，可抵千牛之力也。凡修事之時，勿令單用，不復有驗，須要不拆原對，以繩縛之，將鐵錯子錯之，旋旋取用，勿令犯風，錯未盡處須三重紙裹，恐力散也。錯得了即單搗，搗盡背風頭重篩過，然入藥中用之，若更研萬匝了，用之更妙，免刮人腸也。

明·皇甫嵩《本草發明》卷六

羚羊角中品。氣微寒，味鹹、苦，無毒。　發明曰：　羚羊角，性屬木，專走肝經。故《本草》云：　明目益氣，起陰，安心氣，除寐魘驚夢狂越僻謬，辟蠱毒惡鬼，去惡血注下及食噎不通。因其苦寒，又解傷寒時氣，寒熱在於肌膚，散溫風注毒伏于骨間。又云：　一切熱毒風攻注，中惡卒死昏亂。久服強筋骨，輕身，利丈夫。又退小兒毒，驚癇發搐及產婦敗血衝心煩悶，燒末，酒服之。其角多節，勁銳緊小且長，夜宿角掛樹上，彎蹙處有掛痕深入方真。又云：　耳邊聽之，微有聲尤妙。若一邊有節，節亦踈大，乃山羊、山驢之類，非真也。其掛痕猶有僞者，宜細辨。用旋錯屑，更研絕細，免刮人腸。勿犯風，須重帋裹之，恐力散也。

明·李時珍《本草綱目》卷五一獸部·獸類

麢羊《本經》中品

【釋名】羚羊俗　麙羊音鈐　九尾羊時珍曰：　按王安石《字說》云：　鹿則比類，而環角外向以自防；　麢則獨棲，懸角木上以遠害，可謂靈也。故字從鹿，從靈省文。後人作羚。許慎《說文》云：　麙，山羊也，大而細角。《山海經》作羬，云狀如羊而馬尾。費信《星槎勝覽》云：　阿丹國羚羊，自胸中至尾，垂九塊，名九尾羊。　【集解】《別録》曰：　羚羊角出石城〔山川谷〕及華陰山谷。採無時。弘景曰：　今出建平、宜都諸蠻山中及西域。多兩角，一角者爲勝。角多節，蹙蹙圓繞。別有山羊角極長，惟一邊有節，節亦疏大，不入藥用。乃《爾雅》名羱羊者，羌夷以爲羚羊，能陟峻坂。恭曰：　羚羊，南山、商、洛間大有，今出梁州，真州、洋州亦貢。其角細如人指，長四五寸，而文蹙細。山羊或名野羊，大者如牛，角可爲鞍橋。又有山驢，大如鹿，皮可作靴，有兩角，大小如山羊角，俗人亦用之。陶氏所謂一邊有粗文者是此，非山羊也。藏器曰：　山羊、山驢、羚羊，三種相似，而羚羊有神，夜宿防患，以角掛樹不着地。但角彎中深銳緊小，有掛痕者爲真。如此分別，其疏慢無痕者非也。真角，耳邊聽之集集鳴者良。陶言一角者謬也。頌曰：　今秦、隴、龍、蜀、金、商州山中皆有之，戎人多捕得來貨。其形似羊，青色而大。其角長一二尺，有節如人手指握痕，又最堅勁。郭璞注《爾雅》云：　麢似羊而大，其角細而圓銳，好在山崖間。羱似吳羊，其角大而橢，出西方。《本草》諸注各異。觀今所市者，與《爾雅》之〔羚〕〔羱〕羊，陶注之山羊，蘇注之山驢，大都相似。今人相承用之，以爲羱羊。細角長四五寸，〔如人指多節蹙蹙圓繞者，其間〕往往彎中有磨角成痕處，〔京師極多〕。詳諸說，此乃真羱羊角，而世多不用何也？　又閩、廣山中，出一種野羊，彼人亦謂之羚羊也。陳氏謂耳邊聽之鳴者良。今牛羊諸角，但殺之者，聽之皆有聲，不獨羚角也。自死角則無聲矣。宗奭曰：　諸角附耳皆集集有聲，不如有掛痕一說爲盡之。然有僞作者，宜察焉。時珍曰：　羚羊似羊，而青色毛粗，兩角短小；　羱羊似吳羊，兩角長大；　山驢，驢之身而羚之角，但稍大而節疏慢耳。陶氏言羚羊有一角者，而陳氏非之。按《環宇志》云：　安南高石山出羚羊，一角極堅，能碎金剛石。則羚固有一角者矣。金剛石出西域，狀如紫石英，百煉不消，物莫能擊，惟羚羊角扣之，則自然冰泮也。又貘骨僞充佛牙，物亦不能破，用此角擊之即碎，皆相畏耳。羚羊皮，西人以作座褥。

羚羊角　【修治】斅曰：　凡用，有神羊角甚長，有二十四節，內有天生木胎。此角有神力，抵千牛。凡使不可單用，須要不拆元對，繩縛，鐵銼銼細，重重密裹，避風，以旋旋取用，搗篩極細，更研萬匝入藥，免刮人腸。　【氣味】鹹，寒，無毒。《別録》曰：　苦，微寒。甄權曰：　甘，溫。能縮銀。　【主治】明目，益氣起陰，去惡血注下，辟蠱毒惡鬼不祥，常不魘寐《本經》。除邪氣驚夢，狂越僻謬，療傷寒時氣寒熱，熱在肌膚，濕風注毒，伏在骨間，及食噎不通。久服，強筋骨輕身，起陰益氣，利丈夫《別録》。治中風筋攣，附骨疼痛。作末蜜服，治卒熱悶及熱痢血，疝氣。摩水塗腫毒孟詵。治一切熱毒風攻注，中惡毒風，卒死昏亂不識人，散產後惡血衝心煩悶，燒末酒服之。治小兒驚癇，治山瘴及噎塞《藥性》。治驚悸煩悶，心胸惡氣，瘰癧惡瘡溪毒藏器。平肝舒筋，定風安魂，散血下氣，辟惡解毒，治子癇痙疾時珍。

【發明】時珍曰：　羊，火畜也，而羚羊則屬木，故其角入厥陰肝經甚捷，同氣相求也。肝主木，開竅於目。其發病也，目暗障翳，而羚羊角能平之。肝主風，在合爲筋，其發病也，小兒驚癇，婦人子癇，大人中風搐搦，及筋脈攣急，歷節掣痛，而羚角能舒之。魂者，肝之神也，發病則驚駭不寧，狂越僻謬，魘寐卒死，而羚角能安之。血者，肝之藏也，發病則瘀滯下注，疝痛毒痢，瘡腫瘰癧，產後血氣，而羚角能散之。相火寄於肝膽，在氣爲怒，病則煩懣氣逆，噎塞不通，寒熱及傷寒伏熱，而羚角能降之。羚之性靈，而筋骨之精在角，故又能辟邪惡而解諸毒，碎佛牙而燒煙走蛇虺也。《本經》、《別録》甚著其功，而近俗罕能發揚，惜哉。

【附方】舊七，新四。

噎塞不通：　羚羊角屑爲末，飲服方寸匕，並以角摩噎上。《外臺》。

胸脇痛滿：　羚羊角燒末，水服方寸匕。《子母秘録》。

腹痛熱滿：　方同上。

墮胎腹痛：　血出不止。羚羊角燒灰三錢，豆淋酒下。《普濟》。

產後煩悶：　汗出，不識人。《千金》用羚羊角燒末，東流水服方寸匕。未愈再服。又方：　加芍藥、枳實等分炒，研末，湯服。

血氣逆煩：　羚羊角燒末，水服方寸匕。《肘後方》。

臨產催生：　羚羊角一枚，刮尖末，酒服方寸匕。《產寶》。

小兒下痢：　羚羊角中骨燒末，飲服方寸匕。《秘録》。

遍身赤丹：　羚羊角燒灰，鷄子清和，塗之，神效。《外臺》。

赤癍如瘡： 瘙痒，甚則殺人。羚羊角磨水，摩之數百遍爲妙。《肘後方》。 山嵐瘴氣： 羚羊角末，水服一錢。《集簡方》。

肉 〔氣味〕甘，平，無毒。 〔主治〕惡瘡藏器。 和五味炒熟，投酒中，經宿飲之，治筋骨急强，中風。 北人恒食，南人食之，免蛇、蟲傷孟詵。

肺 〔氣味〕同肉。 〔主治〕水腫鼓脹，小便不利時珍。

〔發明〕時珍曰： 羚羊肺《本草》不收。《千金翼》載太醫山（璉）〔連〕治韋司業水腫莨菪丸用之，蓋取其引藥入肺，以通小便之上源也。其方用羚羊肺一具，沸湯微煠過，曝乾爲末。莨菪子一升，用三年酢浸一伏時，蒸熟搗爛，和丸梧子大。每用四十丸，麥門冬湯食後服，候口中乾、妄語爲驗。數日小便大利，即瘥。無羚羊，以青羊肺代之亦可。

膽 〔氣味〕苦，寒，無毒。 〔主治〕面上皯䵟，如雀卵色，以酒二升，同煮三沸，塗四五次良時珍。

〔附方〕新一。 面䵟： 羚羊膽、牛膽各一枚，醋二升，同煮三沸，頻塗之。《外臺》。

鼻 〔主治〕炙研，治五尸遁尸邪氣。時珍。《外臺》方中用之。

明・梅得春《藥性會元》卷下 羚羊角 味酸、苦，氣寒，無毒。入足厥陰肝經、手太陰肺經。其角多節，蹙蹙圓繞，彎中深鋭緊小，有掛痕者真，白者良。 主治傷寒時氣寒熱，熱在肌膚，濕風注毒伏在骨間，清肺肝熱，明目益氣，安心起陰，去惡血注下，辟蠱毒惡鬼不祥，除邪氣，驚夢狂謬，常不魘寐，活胎易產，產後血衝心煩，燒末酒調。又治噎食不通，山嵐瘴氣，小兒驚癇。久服強筋骨，利丈夫。

明・穆世錫《食物輯要》卷四 羚羊 肉，味甘，平，無毒。北方常食。南方食之，免蛇蟲傷。治筋骨急強，和五味炒熟，投酒頻飲。角，鹹，寒，無毒。辟惡解毒，平肝舒筋，定風安魂，散血下氣，明目起陰，治子癇痙疾。散產後惡血衝心煩悶，燒末酒服。

明・李中立《本草原始》卷九 麢羊 出石城及華陰山谷，今秦、隴、龍、蜀、金、商州山中皆有之，戎人多捕得來貨。其形似羊，色青而大，角甚多節，蹙蹙圓繞。按王安石《字說》云： 鹿則比類，而環角外向以自防； 麢則獨棲，懸角木上以遠害，可謂靈也。故字從鹿，從靈省文。俗呼羚羊。

羚羊角： 氣味： 鹹，寒，無毒。主治： 明目，益氣起陰，去惡血注下，辟蠱毒惡鬼不祥，常不魘寐。○除邪氣，驚夢狂越，僻謬。療傷寒，時氣寒熱，熱在肌膚，濕風注毒，伏在骨間，及食噎不通。久服強筋骨，輕身，起陰，益氣，利丈夫。○治中風筋攣，附骨疼痛。作末蜜服，治卒熱悶，及熱毒痢血，疝氣。摩水，塗腫毒。○治一切熱毒風攻注，中惡毒風卒死，昏亂不識人。散產後惡血衝心煩悶，燒研為末，酒服之。治小兒驚癇，治山瘴及噎塞。○治驚悸煩悶，心胸惡氣，瘰癧惡瘡溪毒。○平肝舒筋，定風安魂，散血下氣，辟惡解毒，治子癇痙疾。

修治： 羚羊角，斆曰： 凡用，有神羊角甚長，有二十四節，內有天生木胎，此角有神力，抵千牛。凡使不可單用，須要不拆元對，繩縛，鐵錐銼細，重重密裹避風，以旋旋取用，搗篩極細，更研萬匝了，用之更妙，免刮人腸也。

《別錄》中品。【圖略】羚羊多兩角，一角者為勝。角多節蹙蹙圓繞。別有山羊，角極長，惟一邊有節，節亦疏大，不入藥用，乃《爾雅》名羱羊者。

時珍曰： 羚羊似羊而青色，毛粗，兩角短小； 羱羊似吳羊，兩角長大； 山驢，驢之身，而羚之角，但稍大而節疏慢耳。陶氏言羚羊有一角者，而陳氏非之。按《寰宇志》云安南高石山出羚羊，一角極堅，能碎金剛石，則羚固有一角者矣。金剛石出西域，狀如紫石英，百煉不消，物莫能擊，惟羚羊扣之，則自然冰泮也。又貘骨偽充佛牙，物亦不能破，用此角擊之即碎，皆相畏耳。世用羚羊角，當擇角彎中深鋭緊小有掛痕，及角尖內有血色者為真。

《外臺方》： 治遍身赤丹，羚羊角燒灰，雞子清和塗之，神效。 羚羊角，臣。

明・張懋辰《本草便》卷二 羚羊角臣 味鹹、苦，氣寒，無毒。屬木，入厥陰經。 主明目，益氣起陰，去惡血注下，辟蠱毒惡鬼不祥，安心氣，小兒驚癇； 治山瘴，散產後血衝心煩悶。

明・吴文炳《藥性全備食物本草》卷二 羚羊肉： 味甘，平，無毒。肥軟益人，兼主冷勞，山嵐瘧痢，婦人赤白帶下。但此羊多啖石香茹，故腸臟熱，人不宜多食。北方常食，南方食之免蛇蟲傷。和五味子同炒，投酒頻飲，治中風筋骨急強。

角： 味鹹，寒，無毒。辟惡解毒，平肝舒筋，定風安魂，散血下氣，明目起陰，治子癇痙疾，散產後惡血衝心煩悶，又治食噎不通，益氣輕身，強陰健筋堅骨。陶隱居云： 以角多節，蹙蹙圓繞者為羚羊。而角極長，惟一邊有節，亦疎大。大者為山羊，即《爾雅》所謂羱羊也。亦往往摩成痕跡，欺人媒利，不可不察也。其種生川蜀山林，夜宿角每掛樹上，獵人追捕獲之，入藥拯

病，鋸角取尖，認彎蹙處有掛痕深入者纔真，聽人耳邊似響聲微出者尤妙。《太乙》曰：　凡所用亦有神羊角，長有二十四節，內有天生木胎，此角有神力，可抵千牛之力也。凡修事之時，勿令單用，不復有驗，須要不拆元對，以繩縛之，將鐵錯子錯之，旋旋取用，勿令犯風，錯未盡處須三重紙裹，恐力散也。錯得了，即單搗，搗盡背風頭重篩過，然入藥中用之，須更研萬匝了惟妙，免刮人腸也。

按：《十劑》云：　補可以去弱，人參、羊肉之類是也。夫人參補氣在中，羊肉補形在表，補之名雖同，補之實則殊。凡虛羸之人常分用之，不可拘泥一等也。

明・李中梓《藥性解》卷六　羚羊角　味苦、鹹，性寒，無毒，入肝經。主傷寒熱在肌膚，溫風注伏在骨間，邪氣不祥，驚夢狂越，心神不寧，小兒卒熱驚搐，產〔後〕敗血沖心。清心解毒，明目益氣。燒灰又主食噎不通，其角多掛痕深入者為真。　按：　丹溪曰：　羚羊屬木，宜入厥陰，木得其平，而風火諸症無能乘矣。

明・繆希雍《本草經疏》卷一七　羚羊角　味鹹、苦，寒、微寒無毒。主明目，益氣，起陰，去惡血注下，辟蠱毒惡鬼不祥，安心氣，常不魘寐。療傷寒時氣寒熱，熱在肌膚，溫風注毒伏在骨間，除邪氣驚夢，狂越僻謬，及食噎不通。久服強筋骨，輕身，起陰益氣，利丈夫。

〔疏〕羊，火畜也。而羚羊則屬木。《本經》味鹹氣寒，《別錄》苦微寒，無毒。氣薄味厚，陽中之陰，降也。入手太陰、少陰，足厥陰經。少陰為君主之官，虛則神明不守，外邪易侵，或蠱毒惡鬼不祥，或邪氣魘寐，驚夢狂越僻謬。羚羊性靈能通神靈，逐邪氣，心得所養而諸證除矣。其主傷寒時氣寒熱，熱在肌膚，溫風注毒伏在骨間者，皆厥陰為病。厥陰為風木之位，風熱外邪傷於是經，故見諸證。入肝散邪，則諸證自除。《經》曰：　壯火食氣。又曰：　熱則骨消筋緩。火熱太甚，則陰反不能起，而筋骨軟，鹹寒入下焦，除邪熱則陰自起，氣自益，筋骨強，身自輕也。肝熱則目不明。肝藏血，熱傷血則惡血注下。肝在志為怒，病則煩滿氣逆，噎塞不通。苦寒能涼血熱，下降能平逆氣，肝氣和而諸證無不瘳矣。　〔主治參互〕同犀角、丹砂、牛黃、琥珀、天竺黃、金箔、茯神、遠志、釣藤鉤、竹瀝，治驚邪魘寐及癲癇狂亂等疾。　同枸杞子、甘菊花、決明子、穀精草、生地黃、五味子、黃檗、蜜蒙花、木賊草、女貞實，治肝腎虛而有熱，以致目昏生翳。《外臺秘要》噎塞不通，羚羊角為細末，飲服方寸匕。　《千金方》產後煩悶汗出，不識人。羚羊角燒末，東流水服方寸匕，未愈再服。　〔簡誤〕凡肝心二經，虛而有熱者宜之，虛而無熱者不宜用。凡用有神羊角，甚長，有二十四節，挂痕甚明，內有天生木胎。此角有神，力抵千牛。入藥不可單用，須要不拆元對，繩縛，鐵銼銼細末，盡處須重重密裹，恐力散也。避風搗篩極細，更研萬匝如飛塵後入藥，免刮人腸。

明・倪朱謨《本草彙言》卷一八　羚羊角　味淡，氣寒，無毒。氣薄味厚，陽中之陰，降也。入手太陰、少陰，足厥陰經。

《別錄》曰：　羚羊出石城及華陰山谷，今出建平、宜都諸蠻山中及西域。其角形似羊，毛青而觕。夜宿獨棲，常掛角樹上。兩角者多，一角者更佳。其角白亮如玉，長七八寸，細如人指，有節，蹙蹙圓繞，灣而深銳緊小，有掛痕者爲真。其節亦密。內有天生木胎者。別有山羊、山馬角，頗相似，不可不審。但山羊、山馬角大而節疏，僅一邊有節也。修治：　以鐵銼剉細，更研萬轉，搗篩極細，入藥用，免刮人腸。

羚羊角：　安神志，治驚惕，《藥性論》却鬼魅不祥之藥也。白尚之曰：　羚羊，獸之至靈，而筋骨之精所注在角，其質至堅，其性至神。又角內有木胎，乃厥陰風木之劑焉。故前人治肝虛內熱，驚惕夢魘，爲狂怒，爲搐搦，如大人中風，小兒驚風，是所必需者也。此四句出繆仲淳。又如傷寒時氣，溫風注毒，留在肌膚；　邪熱厥氣，伏在骨髓；　或心驚狂動，煩亂不寧；　或譫語無倫，人情顛倒，悉屬厥陰風木爲眚，投此即定，有以類相感之效也。已上諸病，若心肝二經虛而有熱者宜之，倘虛而無熱者勿用也。

《本草發明》曰：　羊，火畜也，而羚羊則屬木，故其角入厥陰肝經，同氣相求也。肝主木，開竅于目，其發病爲障翳目暗，而羚羊角能清之。肝主風，在合爲筋，其發病爲小兒驚癇，婦人子癇，大人中風搐搦及筋脉攣急，歷節掣痛，而羚羊角能舒之。魂者肝之神也，其發病爲驚駭恐怖，狂越僻謬，魘寐卒死，而羚羊角能安之。血者肝之藏也，其發病爲產後血氣瘀滯下疰，毒痢積熱，瘡疹餘毒，而羚羊角能散之。又相火寄于肝膽，在氣爲怒，病則煩懣氣逆，食噎不通，及時氣寒熱，傷寒伏熱，熱蒸肌骨，時愈時發，而羚羊角能降之。羚之性靈而筋骨之精在角，故又能辟邪惡而解諸毒，碎金剛石而燒烟走

蛇虺也。《農皇本經》與陶氏《別録》兩著其功，而近俗罕能發揚，惜哉！李時珍撰。

集方：《方脉正宗》治肝虚内熱，時驚惕，時夢魘，時狂怒，時搐搦。或大人中風、小兒驚風及五癇癲癡，人事狐惑，一切心神失靈，肝神昏亂諸證。用真羚羊角白湯磨汁半盞，以半夏、當歸、防風、天麻、茯苓、棗仁、人參、白朮、鈎藤各三錢，水煎一鍾，和角汁服立安。小兒減十分之七。○同上治傷寒時氣，寒熱伏熱，汗吐下後餘熱不退，或心驚狂動，煩亂不寧；或譫語無倫，人情顛倒，脉仍數急，遷延不愈。用羚羊角磨汁半盞，以甘草、燈心各一錢，煎湯和服。○《續青囊》治肝經風熱内盛，目昏翳障。用羚羊角磨汁半盞，以草決明、黑山梔、薄荷葉、防風、黄芩、葳蕤、甘菊花各二錢，煎湯和服。○同上治血虚筋脉攣急，或歷節掣痛。用羚羊角磨汁半盞，以金銀花一兩五錢，煎湯一碗和服。○《濟陰全書》治産後血氣不和，或失血過多，形神憔悴，或淋瀝不淨，時止時來。用羚羊角磨汁半盞，以當歸三錢，懷熟地二錢，白芍藥一錢五分，川芎一錢，煎湯和服。○治時行毒痢下血不止。用羚羊角磨汁半盞，以阿膠二錢，白芍藥一錢五分，川黄連一錢，甘草五分，煎湯和服。○張仰垣方治痘瘡後餘毒未清，隨處痛腫。用羚羊角磨汁半盞，以黄耆、金銀花各二兩，煎湯和服。○《外臺方》治肝熱復爲鬱怒所觸，漸致食噎不通。用羚羊角磨汁半盞，和白湯半盞，薑汁三茶匙，徐徐服。

明・姚可成《食物本草》卷一四獸部・野獸類 麢羊一名羚羊。王安石《字說》云：鹿則比類，環角向外以自防。麢則獨棲，懸角樹上以遠害，可謂靈也。故字從鹿從靁省文，後人作羚。今出建平、宜都及西域諸蠻山中。多兩角，一角者為勝。角多節，蹙蹙圓繞。别有山羊，其角極長，惟一邊有節，節亦疎大。羌夷謂之羱羊，能涉峻險。又有山驢，大如鹿，皮可作靴，有兩角。陳藏器曰：山羊、山驢、羚羊，三種相似，而羚羊有神，夜宿防患，以角掛樹不着地。但角彎中深鋭緊小、有掛痕者為真，其疎慢無痕者非也。又真角，耳邊聽之集集鳴者良。蘇頌曰：今牛、羊諸角，但殺之者，聽之皆有聲，不獨羚羊角也。自死角，則無聲矣。寇宗奭曰：諸角附耳，皆集集有聲，不如有掛痕一說為盡之。然有僞作者，宜察焉。○李時珍曰：羚羊似羊，而青色毛粗，兩角短小。羱羊似吳羊，兩角長大。山驢，驢之身而羚之角，但稍大而節踈慢耳。按《寰宇志》云：安南高石山出羚羊，一角極堅，能碎金剛石。石出西域，狀如紫石英，百鍊不消，物莫能擊，惟羚羊角扣之，則自然冰泮也。又貘骨僞充佛牙，物亦不能破，用此角擊之即碎，物性之相畏如此。羚羊皮，西北人以為裘襖，朔方冬天凜冽，非此莫能禦。

麢羊肉：味甘，平，無毒。食之治惡瘡。和五味炒熟，投酒中經宿飲之，治筋骨急強，中風。北人恒食，南人食之，免蛇、蟲傷。肺：治水腫鼓脹，小便不利。角：味鹹，寒，無毒。主明目益氣起陰，去惡血注下，辟蠱毒惡鬼不祥，不寐。除邪氣驚夢，狂越僻謬，療傷寒時氣，寒熱在肌膚，濕風注毒伏在骨間及食噎不通。強筋骨輕身，利丈夫。治中風筋攣，附骨疼痛。作末蜜服，治卒熱悶及熱毒痢血，疝氣。摩水塗腫毒，一切熱毒風攻注，中惡毒風，卒死昏亂不識人，散産後惡血衝心煩悶。燒末酒服之，治小兒驚癇狂悸。平肝舒筋定風，安魂散血，下氣，辟惡解毒。治子癇痙疾。膽：味苦，寒，無毒。治面上䵟䵳，如雀卵色。鼻：炙研，治五尸遁尸邪氣。

附方：治難産。以羚羊角刮尖末，酒服方寸匕。

明・顧逢柏《分部本草妙用》卷一肝部・寒瀉 羚羊角 鹹，寒，無毒。主治：明目，辟鬼驚夢狂越，時疫肌熱，熱毒痢血，疝氣腫毒，産後血冲驚癇，定風安魂，散血，平肝舒筋。夫肝發竅于目，而目障瞖，羚角平之。肝風主于筋，凡驚癇中風搐搦，筋脉攣急，歷節掣痛，而羚角舒之。肝藏魂，凡驚駭狂越，魘寐卒死，羚角能安之。肝藏血，凡瘀滯下注，毒痢瘡腫瘰癧，産後血氣，羚角能散之。相火寄于肝膽，病則煩懣氣逆，噎塞不通，寒熱及傷寒伏熱，羚角能降之。又能辟邪解毒，燒煙則辟蛇虺，其妙無窮。惜今未盡其用也。但性太寒，宜于中病即止，不可過服。

明・黄承昊《折肱漫録》卷三 羚羊角 相傳明目益肝，予因目病，服之殊無效。

明・李中梓《醫宗必讀・本草徵要下》 羚羊角味鹹，寒，無毒。入肝經。直達東方，理熱毒而昏冒無虞；專趣血海，散瘀結而真陰有賴。清心明目，辟邪定驚。濕風痢血宜加用，瘰癧癰疽不可無。肝虚而熱者宜之。外有二十四節掛痕，内有天生木胎，此角有神力，抵千牛。入藥不可單用，須不拆原對，剉細，避風搗篩，更研萬匝如飛塵，免刮人腸。按：獨入厥陰，能伐生生之氣。

明・鄭二陽《仁壽堂藥鏡》卷七 羚羊角 《本草》云：羚〔羊〕角，出華陰山谷及西域。味鹹，性寒，無毒。入肺、肝、腎三經。《經》曰：明目，辟鬼。隱居曰：驚夢狂越，傷寒時氣，熱在肌膚。孟詵曰：熱毒痢血，疝氣腫毒。甄權曰：産後惡血沖心，小兒驚癇。時珍曰：平肝，舒筋，定

風，安魂，散血，下氣。　按：羚羊角性寒，能透骨髓。寒為肅殺之氣，寧無損人？中病即止，勿得過用。　藏器云：羚羊角有神。夜宿以角掛樹，不着地。但取角彎中深鋭有掛痕者即是。耳邊聽之，有聲鳴者良。

明·蔣儀《藥鏡》卷四寒部　羚羊角　清肺熱，治乎傷風臟毒，癲癇驚亂。瀉肝火，療乎目痛昏花，氣逆噎塞。且理傷寒寒熱之不除，抑調產血血風之雜症。須知犀角鎮心，而心血以涼。羚角鎮肝，而肝血不焦。血虛之症，慎勿混用。

明·李中梓《頤生微論》卷三　羚羊角　味鹹，性寒，無毒。入肺、肝二經。清肺平肝，明目去熱，定風安魂，主驚夢狂越，傷寒時氣，熱在肌膚，產後惡血攻心。　按：羚羊角外有二十四節掛痕，內有天生木胎，有神力抵千牛。入藥不可單用，須剉細，避風搗篩，更研萬匝如飛塵，免刮人腸。入厥陰伐生生之氣，不宜久用多用。

明·張景岳《景岳全書》卷四九《本草正》　羚羊角　味鹹，性寒。羊本火畜，而此則屬木，善走少陽、厥陰二經。故能清肝定風，行血行氣，辟鬼疰邪毒，安魂魄，定驚狂，祛魘寐。療傷寒邪熱，一切邪毒，中惡毒風，卒死昏不知人，及婦人子癇強痙，小兒驚悸煩悶，痰火不清。俱宜為末，蜜水調服。或燒脆研末，酒調服之。若治腫毒惡瘡，磨水塗之亦可。

明·施永圖《本草醫旨·食物類》卷四　麢羊名羚羊。一角極堅，能碎金剛石。　羚羊角：　修治：凡用，有神羊角甚長，有二十四節，內有天生木胎。此角有神力，抵千牛。凡使不可單用，須要不拆元對，繩縛，鐵銼銼細，重重密裹，避風，以旋旋取用，搗篩極細，更研萬匝入藥，免刮人腸。　味：鹹，寒，無毒。治：明目益氣，起陰，去惡血注下，辟蠱毒惡鬼不祥，常不魘寐。除邪氣驚夢，狂越僻謬。療傷寒時氣寒熱，熱在肌膚，濕風注毒伏在骨間及食噎不通。久服強筋骨，輕身，起陰益氣，利丈夫。治中風筋攣，附骨疼痛。作末蜜服，治卒熱悶及熱毒痢血，疝氣。摩水塗腫毒。治一切熱毒風攻注，中惡毒風卒死，昏亂不識人。散產後惡血衝心煩悶，燒末，酒服之。治小兒驚癇，治山瘴及噎塞，治驚悸煩悶，心胸惡氣，瘰癧惡瘡溪毒。平肝舒筋，定風安魂，散血下氣，辟惡解毒。治子癇痙疾。羊，火畜也，而羚羊則屬木，故其角入厥陰肝經甚捷，同氣相求也。肝主木，開竅於目，其發病也，目暗障翳，而羚羊角能平之。羚之性靈，而筋骨之精在角，故又能辟邪惡而解諸毒，碎佛牙而燒烟走蛇虺也。

附方　噎塞不通：羚羊角屑，為末，飲服方寸匕，并以角摩噎上。胸脇痛滿：羚羊角燒末，水服方寸匕。腹痛熱滿：方同上。墮胎腹痛：血出不止，羚羊角燒灰三錢，豆淋酒下。產後煩悶：汗出不識人，用羚羊角燒末，東流水服方寸匕，未愈再服。○又方，加芍藥、枳實等分，炒，研末湯服。血氣逆煩：羚羊角燒末，水服方寸匕。臨產催生：羚羊角一枚，刮尖末，酒服方寸匕。小兒下痢：羚羊角中骨燒末，飲服方寸匕。遍身赤丹：羚羊角燒灰，雞子清和塗之，神效。赤瘢如瘡：瘙癢，甚則殺人，羚羊角磨水，摩之數百遍，為妙。山嵐瘴氣：羚羊角末，水服一錢。

肉：　味甘，平，無毒。治：惡瘡。和五味炒熟，投酒中經宿，飲之，治筋骨急強中風。北人恒食，南人食之，免蛇蟲傷。　肺：味：同肉。治：水腫鼓脹，小便不利。　膽：味苦，寒，無毒。治：面上皯黯如雀卵色，以〔酒〕二升，同煮三沸，塗四五次良。

附方　面䵟：羚羊膽、牛膽各一枚，醋二升，同煮三沸，頻塗之。

鼻：治：炙研，治五尸遁尸邪氣。

明·盧之頤《本草乘雅半偈》帙四　羚羊角《本經》中品　氣味：鹹，寒，無毒。　主治：主明目，益氣，起陰，去惡血注下，辟蠱毒惡鬼不祥，嘗不魘寐。

覈曰：出石城，及華陰山谷。今出建平、宜都諸蠻山中，及西域。形似羊，毛青而觕，夜宿獨棲，掛角木上，以遠害也。兩角者多，一角者最勝。其角有節，蹙蹙圓繞，以角灣深鋭緊小，有掛痕者為真。修治：勿用山羊角。山羊角，僅一邊有節，節亦疎。羚羊角，具二十四節，內有天生木胎者，此角有神。凡使不可單用，須要不拆元對，以繩縛之，用鐵銼剉細，重重密裹避風，旋旋取用，搗篩極細，更研萬匝，入藥免刮人腸。

条曰：羚羊掛角而泯形，獸之至靈者也。泯形則寂，至靈即惺。性慈而不樂鬭，雖有偽鬭，亦往解之，因以被獲。蓋不惜身以濟物者，故其角至神，能辟不祥，主不魘寐者，寂而惺也。節合二十有四氣，而胎木者，宛如從甲而乙，起陰之氣，以轉生陽，所以益氣也。如是則惡血自除，注下自上，上達肝竅，目眚自明。辟蠱毒惡鬼者，即轉生陽以辟不祥耳。此言生氣之能通乎天氣也。二十有四，其節乎。七十有二，其候乎。

明·李中梓《本草通玄》卷下　羚羊角　鹹，寒，專主肝症。　平肝舒筋，明目定驚，清熱解毒，散血下氣。　羚羊屬木，故入厥陰，同氣相求也。

清・顧元交《本草彙箋》卷八　羚羊角　羊，火畜也。而羚羊則屬木，故其角入厥陰肝經甚捷。肝開竅於目，故目暗障翳，羚羊角能平之。肝主風，在合爲筋，故小兒驚癇，婦人子癇，大人中風搐搦，及筋脈攣急，歷節掣痛，而羚角能舒之。魂者，肝之神也，凡驚駭不寧，狂越僻謬，魘寐卒死者，羚角能安之。血者，肝之藏也，凡瘀血下注，疝痛毒痢，瘡腫瘰癧，產後血滯，羚角能散之。相火寄於肝膽，在氣爲怒，病則煩懣氣逆，噎塞不通，寒熱及傷寒伏熱，而羚角能降之。羚之性靈，而筋骨之精在角，故又能辟邪解毒也。

鹿則比類，而環角外向以自防，麢則獨棲，懸角木上以遠害。故角彎中深銳緊小，有掛痕者爲真。然有僞作者，宜察。又必多節，蹙蹙圓繞者勝。若一邊有節，節亦疎大者，不入藥。

清・穆石匏《本草洞詮》卷一五　麢羊　以角掛樹而宿，角彎中有掛痕者為真也。鹿則比類，而環角外向以自防。麢則獨棲，而懸角木上以遠害，可謂靈矣。後人省文作羚。金剛石百鍊不消，物莫能擊，惟羚羊角扣之，則冰泮也。角，鹹，寒，一曰甘，溫，無毒。夫羊，火畜也。而羚羊則屬木，故其角入厥陰肝經，同氣相求也。肝主木，開竅於目，其發病也，目暗障翳，而羚角能平之。肝主風，在合為筋，其發病也，小兒驚癇，婦人子癇，大人中風搐搦及筋脈攣急，歷節掣痛，而羚角能舒之。魂者，肝之神也，發病則驚駭不寧，狂越僻謬，魘寐卒死，而羚角能安之。血者，肝之藏也，發病則瘀滯下注，疝痛毒痢，瘡腫瘰癧，產後血氣，而羚角能散之。相火寄於肝膽，在氣為怒，病則煩懣氣逆，噎塞不通，寒熱及傷寒伏熱，而羚角能降之。羚之性靈，而筋骨之精在角，故能辟邪惡而解諸毒，碎佛牙而燒烟走蛇虺也。雷斅云：此角有神力，抵千牛。凡使勿拆元對，搗篩極細，更研萬匝，入藥免刮人腸。

清・劉雲密《本草述》卷三一　羺羊角俗作羚羊角。　秦、隴、龍、蜀、金、商州山中皆有之。其角細而圓銳，長四五寸，多節蹙蹙圍繞，帶黃色者良。又認彎蹙處有掛痕深入者。然多偽作以欺人，不可據也。又云：耳邊聽之，集集有聲者方真。但諸牛羊角不係自死者，聽之皆有聲也。

羚羊、山羊、山驢，三種相似。山羊即《爾雅》所謂羱羊也。時珍曰：羚羊似羊而青色，毛粗，兩角短小。羱羊似吳羊，兩角長大。山驢，驢之身，而羚之角，但稍大而節疎慢耳。

氣味：鹹，寒，無毒。《別錄》曰：苦，微寒。權曰：甘，温。主治：明目益氣，起陰，療溼風注毒伏在骨間，中風筋攣，骨痛，安心氣，定肝魂，療驚邪魘寐，及癲癇狂亂，治一切熱毒風攻注，去惡血注下，並熱毒血痢，疝氣，小兒卒熱驚搐，婦人產後惡血攻心煩悶，子癇痙疾。

丹溪曰：羚羊角屬木，入厥陰經為捷。紫雪方中用之近理。　時珍曰：羊，火畜也。而羚羊則屬木，故其角入厥陰肝經甚捷，同氣相求也。肝主木，開竅於目，其發病也，目暗障瞖，而羚羊角能平之。肝主風，在合為筋，其發病也，小兒驚癇，婦人子癇，大人中風搐搦，及筋脈攣急，歷節掣痛，而羚角能舒之。魂者，肝之神也，發病則驚駭不寧，狂越僻謬，魘寐卒死，而羚角能安之。血者，肝之臟也，發病則瘀滯下注，疝痛，毒痢，瘡腫瘰癧，產後血氣，而羚角能散之。相火寄於肝膽，在氣為怒，病則煩懣氣逆，噎塞不通，寒熱及傷寒伏熱，而羚角能降之。羚之性靈，而筋骨之精在角，故又能辟邪惡而解諸毒，碎佛牙而燒烟走蛇虺也。《本經》《別錄》甚著其功，而近俗罕能發揚，惜哉！　之頤曰：羚羊角具二十四節，內有天生木胎者，此角有神。夫節合二十四氣而胎木者，宛如從甲而乙，起陰之氣以轉生陽，所以益氣也。

希雍曰：羊，火畜也。而羚羊則屬木，《本經》味鹹氣寒，《別錄》苦，微寒，無毒。氣薄味厚，陽中之陰，降也，入手太陰少陰、足厥陰經。　同犀角、丹砂、牛黃、琥珀、天竺黃、金箔、茯神、遠志、釣藤鈎、竹瀝，治驚邪魘寐，及癲癇狂亂等疾。

同枸杞子、甘菊花、决明子、穀精草、生地黃、五味子、黃檗、蜜蒙花、木賊草、女貞實，治肝腎虛而有熱，以致目昏生瞖。

附方　產後煩悶汗出，不識人，羚羊角燒末，東流水服方寸匕，未愈再服。

墮胎腹痛，血出不止，羚羊角燒灰三錢，豆淋酒下。

愚按：羚羊角在先哲少有明其功用者，而時珍悉數之有五，雖然，猶未能暢言其所以然也，使張潔古、李東垣、王海藏、朱丹溪諸先生言之，必不徒然言其有五能而已。夫人畜之臟腑，不甚岐也。如是物之角，非骨之餘乎？腎之所合者，骨也。《經》曰：腎水在體為骨，在氣為堅。如其角，非獨稟於骨之至堅者乎？《神農本經》首言明目，而即繼之以益氣起陰，即《別錄》、《本草》亦云起陰益氣也。夫腎雖為陰中之至陰，然坎中有離，故《經》又曰陰中之少陰也。水中之火，乃為腎氣，陰陽有一之或戾，則腎氣便不足，不足者不能致其氣於肝，而肝亦不能為腎行其化。如是物稟至

堅之氣，所謂腎氣具足者歟。故具體於腎，致用於肝。肝本陰之具足者以升陽，即由陽之具足者以引陰。如時珍所云羚角之能平，能舒，能安，能散，能降，其所以能然者，或在是歟，抑所謂益氣起陰也。固腎具肝之體，而所謂五能者，肝還行腎之用也。唯兹物於腎肝之體用俱全，故於厥陰為要藥。《經》曰　一陰為獨使，厥陰之生化無閡，而心肺脾皆在此為托始矣。

希雍曰：　凡肝心二經虚而有熱者，宜之。虚而無熱者，不宜用。

中梓曰：　入厥陰伐生生之氣，不宜久用多用。

修治　凡修事勿令單用，不復有驗。須要不拆原對，以繩縛之，將鐵鑿子鑿之，旋旋取用，勿令犯風，鑿未盡處，須二重紙裹，恐力散也。鑿得了即單搗，搗盡背風頭重篩過，然後入藥中用，免刮人腸也。一說：　密裹藏懷中，取出搗易碎。

清·郭章宜《本草匯》卷一七　羚羊角　味鹹，氣寒，味厚氣薄，陽中之陰，降也，入手太陰少陰、足厥陰經。直達東方，理熱毒而昏冒無虞。專趨血海，散瘀結而真陰有賴。清心明目，平肝舒筋。濕風伏熱宜加用，痢血癰疽不可無。

按：　羊，火畜也。而羚羊則屬木，故獨入厥陰為甚捷，同氣相求也。肝虚而熱者宜之。肝主木，開竅於目，故目病而羚角能平。肝主風，在合為筋，故筋病而羚角能舒。魂者，肝之神也，神不寧而羚角能安。血者，肝之藏也，血瘀滯而羚角能散。相火寄於肝胆，怒氣逆而羚角能降。其功類多，近俗不著，今特詳之。然過用，亦能伐生生之氣。

產川蜀。取角，勿先中濕。外有二十四節挂痕，有偽作者，須辨。內有天生木胎，貼人耳似響聲微出者真。入藥不可單用，須不拆元對，剉細，避風搗篩，更研萬匝，如飛塵，免刮人腸。菟絲為之使。

清·朱本中《飲食須知·獸類》　羚羊肉　味甘，性平。其角能碎佛牙貘骨、金剛石。燒烟走蛇虺也。

清·何其言《養生食鑒》卷下　羚羊似羊而青色，毛麄，兩角短小，夜宿以角掛樹，不着地，角彎中深鋭緊小、有掛痕者，為真。　羚羊肉：　味甘，性平，無毒。和五味炒熟，投酒中經宿，飲之。消惡瘡，治中風，筋骨急強。　角：　味鹹，性平，無毒。辟惡解毒，平肝舒筋，定風安魂，散血下氣，明目起陰，治子癇痙疾。散產後惡血衝心煩悶，末，酒服。

清·蔣居祉《本草擇要綱目·寒性藥品》　羚羊角凡用有神羊角，甚長，有二十四節，內有天生木胎，此角有神力，抵千牛。凡使不可單用，須要不拆元對，繩縛，鐵銼銼細，重重密裹避風，以旋旋取用。搗篩極細，更研萬匝入藥，免刮人腸。　氣味：　鹹，寒，無毒。　主治：　明目益氣，起陰，去惡血注下，辟蠱毒惡鬼不祥，常不魘寐，除邪氣驚夢，狂越僻謬。療傷寒時氣寒熱，熱在肌膚，濕風注毒伏在骨間及食噎不通。久服強筋骨，輕身，起陰益氣。治中風筋攣，附骨疼痛。作末蜜服，治卒熱悶，及熱毒痢血疝氣。摩水，塗腫毒。治一切熱毒風攻注，中惡毒風卒死，昏亂不識人，散產後惡血衝心煩悶。燒末酒服之，治小兒驚癇。治山瘴及噎塞，治驚悸煩悶，心胸惡氣，瘰癧惡瘡溪毒。平肝舒筋，定風安魂，散血下氣，辟惡解毒。治子癇痙疾。蓋羊火畜也，而羚羊則屬木，故其角入厥陰肝經甚捷，同氣相求也。肝主木，開竅于目，其發病也，目暗障翳，而羚羊角能平之。肝主風，在合為筋，其發病也，小兒驚癇，婦人子癇，大人中風搐搦及筋脈攣急，歷節掣痛，而羚角能舒之。魂者，肝之神也，發病則驚駭不寧，狂越僻謬，魘寐卒死，而羚角能安之。血者，肝之藏也，發病則瘀滯下注，疝痛毒痢，瘡腫瘰癧，產後血氣，而羚（羊）〔角〕能散之。相火寄于肝膽，在氣為怒，病則煩懣氣逆，噎塞不通，寒熱及傷寒伏熱，而羚角能降之。羚之性靈，而筋骨之精在角，故又能辟邪惡而解諸毒。《本經》《別錄》甚著其功，而近俗罕能發揚，惜哉！

清·閔鉞《本草詳節》卷一〇　羱羊角　【略】按：　羚羊則屬木，與諸羊屬火者不同，故其角入肝經，同氣相求也。肝主木，開竅於目，故障翳則能平之。肝主筋，故驚癇，中風搐搦及筋脈攣急，歷節掣痛，則能舒之。魂者，肝之神，故驚駭不寧，狂越僻謬，魘寐欲死，則安能之。血者，肝之藏，故瘀滯下注，疝痛毒痢，則能散之。相火寄於肝膽，在氣為怒，故煩悶氣逆，噎塞不通，及傷寒寒熱，傷寒伏熱，則能降之。羱性靈，而精在角，故又辟邪惡，而解諸毒，燒烟走蛇虺也。

清·王翃《握靈本草》卷一〇　麢羊角秦、蜀諸州皆有之。角甚長，有二十四節，角灣深鋭緊小，有掛痕者為真。又聽之習習有聲。凡用剉細，更研入藥，免刮人腸。主治：　麢羊角，鹹，寒，無毒。主明目，益氣起陰，去惡血，辟蠱毒惡鬼。療時氣寒熱，熱在肌膚，濕風注毒伏在骨間。

清・汪昂《本草備要》卷四　羚羊角瀉心肝火。　苦、鹹，微寒。羊屬火，而羚羊屬木，入足厥陰肝、手太陰少陰肺、心經。目爲肝竅，此能清肝，故明目去障。肝主風，其合在筋，此能祛風舒筋，故治驚癇搐搦，骨痛筋攣。肝藏魂，心主神明，此能瀉心肝邪熱，故治狂越僻謬，夢魘驚駭。肝主血，此能散血，故治瘀滯惡血，血痢腫毒。相火寄于肝膽，在志爲怒，《經》曰：大怒則形氣絕，而血菀于上。菀，同鬱。此能下氣降火，故治傷寒伏熱，煩懣氣逆，食噎不通。羚之性靈，而精在角，故又辟邪而解諸毒。昂按：痘科多用以清肝火，而《本草》不言治痘。　出西地。似羊而大，角有節，最堅勁，能碎金剛石與貘骨。貘，音麥，能食鐵。夜宿防患，以角挂樹而栖。角有挂紋者真。一邊有節而疏，乃山驢、山羊，非羚也。多兩角，一角者勝。剉研極細，或磨用。

清・陳士鐸《本草新編》卷五　羚羊角　味鹹、苦，氣寒，無毒。專走肝經。解傷寒寒熱在于肌膚，散濕風注毒伏于骨內，安心氣，除魘寐，驚夢狂越，辟邪氣，祛惡鬼。小兒驚癇，產婦敗血，皆能治之。亦備用以待變者也。羚羊角，不可輕用，宜于治實症，而不宜于治虛症。

或問：羚羊角，別本載久服強筋骨，輕身，起陰益氣，利丈夫，似乎為強陽助氣之品。繆仲醇爲火熱則陰反不能起，而筋骨軟。鹹寒入下焦，除邪熱，則陰自起，氣自益，筋骨強，身自輕也。其言未嘗非是，然而羚羊角實不能補虛。仲醇亦因《本草》載有利益之語，故曲為解之〔云，久服強筋骨輕身，起陽益氣，入下焦除熱，則陰自起，氣自益，筋骨強。實治邪而不補正氣，不可誤也〕。終不可據之，以望其滋補也。

清・顧靖遠《顧氏醫鏡》卷八　羚羊角鹹，寒。入肝經。外有二十四節挂痕，內有天生木胎，力抵千牛。須不拆元對，剉屑，研極細用，免刮人腸。　治筋脉攣急，歷節掣痛。羊為火畜，而羚則屬木，故角治肝經諸病。肝主風，在合為筋，此能平肝，定風舒筋。又筋脉攣急，燥熱所致，此則又鹹能入血，寒能除熱。散產後惡血，冲心煩悶。有去惡血，下逆氣之功。癲癇狂亂均收，驚邪夢魘皆宜。癲癇狂亂，有因驚而得者。魂者，肝之神也。發病則為驚駭，為夢魘，此能平肝安魂，故悉主之。定疝痛而消瘰癧，皆賴其入肝，降熱舒筋之功。辟邪惡而解諸毒。性靈，而筋骨之精在角故也。治目昏而退翳，清肝熱也。壯筋骨而起陰。熱則骨消筋緩，鹹寒入下焦除熱，則筋骨強而陰自起。能除時疾瘴氣寒熱，辟邪解毒清熱之功。可醫熱悶血痢噎塞。治熱悶者，清熱安魂也。治血痢者，涼血解毒也。治噎塞者，下氣除熱也。獨入厥陰清熱，平肝定風，舒筋安魂，散血下氣，辟邪解毒之要藥。肝經無熱者，勿用。

清・李熙和《醫經允中》卷一七　羚羊角　鹹，寒，無毒。主治清熱散血，平肝舒筋。羊角為厥陰本藥，肝開竅于目，故目中障瞖，羚角平之。肝主筋，故驚癇搐搦，筋攣掣痛，羚角舒之。肝藏魂，故時疫狂越，驚駭魘寐，羚角安之。肝納血，故血痢腫毒，羚角散之。相火寄于肝膽，病則煩懣，噎塞不通，及傷寒伏熱，羚角能降之。又燒烟則辟蛇虺。但性大寒，宜于中病即止，不可過服。

清・馮兆張《馮氏錦囊秘錄・雜症痘疹藥性主治合參》卷九　羚羊角夫羊，火畜也。羚羊，則屬木。味鹹，氣寒，無毒。入手太陰少陰、足厥陰經。性靈，能通神靈，故能辟邪氣蠱惡，使心氣安而無魘寐驚夢也。且厥陰為風木之位，熱甚風生，能入肝，除熱散邪，則目為肝竅而自明，肌膚寒熱溫風皆自散也。火熱太甚，則陰反不起，骨消筋軟。鹹寒，走下焦而除邪熱，則陰自起，氣自益，筋骨強，身自輕也。　羚羊角，清肺肝火，涼榮安神，除驚明目，益氣起陰，辟邪蠱惡。安心氣，使睡臥安寧。除邪熱，筋強骨健。散傷寒，寒熱在於肌膚。散溫風，注毒伏於骨肉。蓋屬木而入厥陰甚捷，鹹寒而直入至陰之位，所以善治筋骨受熱而軟緩，肝榮消爍而目昏，肝魂妄越而魘寐驚狂。犀角鎮心，涼心血。羊角鎮肝，涼肝榮。

主治痘疹合參：　清肺肝，解熱毒血熱，痘症宜之。較之犀角，涼心鎮心者，更無冰伏痘毒之患，故功力尤穩耳。

按：　羚羊角，外有二十四節掛痕，內有天生木胎，有神力，抵千牛。雖能清肺，更切理肝，故不宜多用久用，以伐厥陰生生之氣。

清・张璐《本經逢原》卷四　𪊨羊角即羚羊角。　鹹，寒，無毒。鎊碎，胸前煨熱令脆，研如粉，不則粘人腸胃。　《本經》主明目，益氣起陰，去惡血注下，辟蠱毒惡鬼，不祥魘寐。　發明：　羚羊屬木，入足厥陰，伐肝最捷。目暗瞖障，而羚羊角能平之。痘瘡正面稠密，不能起發，而羚羊能分之。小兒驚癇，婦人子癇，大人中風搐搦及筋寒歷節痛，而羚羊角能舒之。驚駭不寧，狂越魘寐，而羚羊角能安之。惡鬼不祥，而羚羊角能辟之。惡血注下，蠱毒疝痛，瘡腫瘰癧，產後血氣，而羚羊角能散之。濕熱留滯，陽氣不振，陰氣衰痿，而羚羊角能起之。煩懣氣逆，噎塞不通，鬱為寒熱，而羚羊角能降之。詳《本經》所主皆取散厥陰血結耳。愚按：　諸角皆能入肝散血解毒，而犀角為之首推，以其專食百草之毒，兼走陽明，力能祛之外出也。故痘瘡之血熱毒

盛者，為之必需。若痘瘡之毒並在氣分，而正面稠密不能起發者，又須羚羊角以分解其勢，使惡血流於他處，此非犀角之所能也。人但知羚羊角能消目瞖，定驚癇而散痘瘡惡血之功人所共昧。羖羊角治青盲目暗與羚羊角不殊，而辟除邪魅蠱毒亦相彷彿，惜乎從未之聞。惟消乳癖丹方用之。白羯羊角亦能消乳癖，而方家每用琉璃角燈磁片刮取薄屑，置胸中候脆，杵細，酒服方寸匙，屢效。專取宿腐之味，以消陳積之垢也。其鹿角刮屑，善消虛人乳腫，未潰即消，已潰即斂，即《本經》主漏下惡血之治。龍角治神魂不寧，功用與龍齒略同。《千金方》中有齒角並用者。牛角䚡專主閉血、血崩，牛之一身惟此無用。而《本經》特為採錄，《千金》尤為崩漏要藥，可見天地間無棄物也。

清・浦士貞《夕庵讀本草快編》卷六　麢羊《本經》、羚羊　安石云：鹿則比類，而環角向外以自防；麢則獨棲，懸角木上以遠害。可謂靈矣！且其角擊佛牙則碎，敲金剛石則裂。信乎！有靈者也。羚羊屬木，非諸羊屬火之可比。故其角入厥陰肝經甚捷，同氣相求也。肝主木，開竅於目，其發病也，目暗障翳，而羚羊角能平之。肝主風，在合為筋，其發病也，小兒驚癇，婦人子癇，大人中風搐搦及筋脉攣急，歷節掣痛，而羚羊角能舒之。魂者肝之神也，發病則驚駭不寧，狂越僻謬，魘寐卒死，而羚角能安之。血者，肝之藏也，發病則瘀滯下注，疝痛毒痢，瘡腫瘰癧，產後血氣，而羚角能散之。相火寄於肝胆，在氣為怒，病則煩懣氣逆，噎塞不通，寒熱及傷寒伏熱，而羚角能降之。羚之性靈，而筋骨之精在角，故又能辟邪惡而解諸毒，碎佛牙而燒烟走蛇虺也。《本經》《別錄》甚著其功，而近俗罕能發揚，惜哉！

清・張志聰、高世栻《本草崇原》卷中　羚羊角　氣味鹹，寒，無毒。主明目益氣，起陰，主惡血注下，辟蠱毒惡鬼不祥，常不魘寐。羚，古字作麢，今字作羚，俗寫從省筆也。羚羊出建平、宜都、梁州、真州、洋州、商洛諸蠻山中，及秦隴西域皆有，其形似羊而大，青色，夜宿獨栖，以角掛樹，身不着地，為防鷙獸之患，可謂靈矣。故字從鹿從靈，省文作麢。性慈不喜爭鬪，雖有偽鬪，亦往解散。其角長尺餘，有節特起環繞，如人手指握痕，得二十四節者尤有神力。兩角者多，一角者更勝。角內有天生木胎。西域有金剛石，狀如紫石英，百煉不消，金鐵莫能擊，唯綿裹羚羊角扣之，則自然冰泮。又，貘骨奸僧偽充佛牙，他物亦不能破，用此角擊之亦碎，皆性相畏耳。羚羊角氣味鹹寒，稟水氣也。角心木胎，稟木氣也。稟水氣而資養肝木，故主明目。先天之氣，發原於水中，從陰出陽。羚羊角稟水精之氣，故能益腎氣而起陰。肝氣不能上升，則惡血下注。羚羊角稟木氣而助肝，故去惡血注下。羚羊乃神靈解結之獸，角有二十四節，以應天之二十四氣，故辟蠱毒惡鬼不祥，而常不魘寐也。

清・姚球《本草經解要》卷四　麢羊角　氣寒，味鹹，無毒。主明目，益氣，起陰，去惡血注下，辟蠱毒惡鬼不祥，常不魘寐。麢羊角氣寒，稟天冬寒之水氣，入足少陰腎經。味鹹無毒，得地北方之水味，入足太陽寒水膀胱經。氣味俱降，陰也。膀胱經起於目內眥，氣寒可以清火，火清則水足而目明矣。益氣者，鹹寒益腎氣之不足也。起陰者，鹹寒益腎，腎足則宗筋強也。味鹹則破血，氣寒則清熱，故主惡血注下也。蠱毒，濕熱之毒也，鹹寒可清濕熱，所以主之。麢羊性靈通神，故辟惡鬼不祥。鹹寒益腎，腎水足，則精明，所以常不魘寐也。　製方：麢羊角同犀角、丹砂、牛黄、琥珀、天竺黄、金箔、茯神、遠志、竹瀝、鈎藤，治癲狂。同杞子、甘菊、穀精、生地、五味、女貞子、黄柏，治肝熱目瞖。

清・王子接《得宜本草・中品藥》　麢羊角　味鹹。入足厥陰經。功專散風清熱。得鈎藤能息肝風。

清・黄元御《玉楸藥解》卷五　羚羊角　味苦、鹹，微寒。入足厥陰肝經。清風明目，泄熱舒筋。羚羊角清散肝火，治心神驚悸，筋脈攣縮，去瞖明目，破瘀行血，消瘰癧毒腫，山水瘴癘。平肝，治脹滿，除腹脇疼痛。

清・吳儀洛《本草從新》卷六　羚羊角〔瀉心肝火。〕　苦，鹹，寒。羊屬火，而羚羊屬木。入足厥陰肝、手太陰少陰經肺、心。目為肝竅，清肝，故明目去障。肝主風，其合在筋，祛風舒筋，故治驚癇搐搦，骨痛筋攣。肝藏魂，心主神明，瀉心肝邪熱，故治狂越僻謬，夢魘驚駭。肝主血，散血，故治瘀滯惡血，血痢腫毒。相火寄於肝膽，在志為怒，《經》曰：大怒則形氣絕，而血菀於上。下氣降火，故治傷寒伏熱，煩滿氣逆，食噎不通。羚之性靈，而精在角，故又辟邪而解諸毒。今痘科多用以清肝火。性寒，能伐生生之氣，無火熱勿用。出西地。似羊而大，角有節，最堅勁，能碎金剛石與貘骨。貘音麥。能食鐵。夜宿防患，以角掛樹而棲。角有掛紋者真。一邊有節而疏，乃山驢、山羊，非羚也。明亮而尖不黑者良。多兩角，一角者更勝。剉研極細，或磨用。

清・汪紱《醫林纂要探源》卷三　羺羊　甘，辛，熱。出華山以西，秦隴漢中

山中，居深林巖石間，走險如履平地。食百毒草，兩角長銳而曲，掛樹夜宿以遠害，獨角者最難得。

角： 苦，鹹，寒。精亦在角。然肉甘辛熱而角苦鹹寒者，《易》云晉其角，又云姤其角。角上之窮，物窮則反也。角有掛木痕。然犛兕者可混犀，山羊、山驢者亦可混此，以皆有腫節，但較疏耳。究竟真者瑩潔細好，紋如旋螺，非可及也。又此能碎金鋼石及獏骨，火銳之至，無堅不破。如羊角，亦能消銅鐵，羊固屬火，羱羊尤火之精。夜常掛木，木，火之母也。補心寧神，宣布血脈，無堅不輭，無瘀不行，兼平君相二火，降已亢之陽，除邪妄之熱，成光明之治。火本一也，自其本於下而言，則曰相火，行於肝膽。自其著於上而言，則曰君火，秉於心君。惟相火已亢，則君火不用，而神明反昏。君火已勞，則相火不安，而謀慮不斷，此妄熱所以作也。若心主之神明宣著，百脈流通，則見火之明，而不見為熱矣。命門之水火相依，真陽安靜，則見木之生而不見為熱矣。羱羊火畜，而毓其精於角，炎上之至，著為神靈，故專入於心。其輭堅行瘀，皆心化之布也。夜則掛木，木，火之母，相依而安，故兼平肝膽之火。二火不妄，則不熱矣。故反見為寒，寒以火之靖言之也。治驚癇狂越，夢魘駭怒，療搐搦筋惕，解傷寒伏熱，痘瘡毒熱，及心煩氣懣，食噎諸證，行瘀積惡血，腫毒血痢，明目去翳，解百毒，辟百邪，其鹹能輭能散能補，其苦能泄能降能瀉，實能專於治心也。莧羊角，功亦相近，但力不及耳。

清・嚴潔等《得配本草》卷九 羱羊角即羚羊角。 苦、鹹，微寒。入足厥陰經氣分。治風毒之伏於骨間，散時氣之熱在肌膚。如因火而目不明，因風而筋不舒，及驚癇噎塞，血痢血衝，煩悶狂越，腫毒等症，得此悉治。得鈎藤鉤，息肝風。調雞子白，塗赤丹。磨東流水，治產後煩悶，汗出不識人。燒存性，研末童便調下，治敗血衝心。明亮，尖不黑者良。或鎊碎，或磨用。如研不極細，刮腸致害，煎服無妨。寒能伐生生之氣，無大熱者禁用。

題清・徐大椿《藥性切用》卷八 羚羊角 味苦酸寒，入足厥陰而兼入手太陰、少陰。清肝泄熱，去翳舒筋，為驚狂搐搦耑藥。鎊細，或磨汁用。

清・黃宮繡《本草求真》卷六 羚羊角獸專瀉肝火，兼清心肺。 羚羊角耑入肝，兼入心肺。 苦鹹大寒，功耑入肝瀉火，兼入心肺二經。考書所論主治，多屬冗統。惟李時珍剖晰甚明，言羊火畜也，而羚羊則屬木，故其角入厥陰肝經甚捷，同氣相求也。肝主木，開竅於目，其發病也，目暗障翳，而羚羊角能平之。肝主風，在合為筋，其發病也，小兒驚癇，婦人子癇，大人中氣搐搦，及筋脉攣急，歷節掣痛，而羚羊角能舒之。魂者肝之神也，發病則驚駭不寧，狂越僻謬，魘寐卒死，而羚羊角能安之。血者肝之藏也，發病則瘀滯下注，疝痛毒痢，瘡腫瘰癧，產後血氣，而羚羊角能散之。相火寄於肝膽，在氣為怒，病則煩懣氣逆，噎塞不通，寒熱及傷寒伏熱，而羚羊角能降之。羚之性靈，而筋骨之精在角，故又能辟惡而解諸毒，碎佛牙而燒烟走蛇虺也。《本經》《別錄》甚著其功，而近俗罕能發揚，惜哉！ 時珍之論如此，但此雖能清肝及肺，若使過用久用，則更有伐生之氣耳。多兩角，一角者勝。若一邊有節而疎，乃山驢、山羊，非羚羊也。 剉研極細，或磨用。

清・楊璿《傷寒溫疫條辨》卷六寒劑類 羚羊角磨汁。 味苦鹹，性寒。入肝，並入心、肺。療風寒熱在肌膚，溫毒伏在骨間，驚夢狂越，魂魄不安，男女猝熱搐搦，產婦敗血攻沖，清心涼肝，舒筋明目。磨汁消怒菀於上，燒灰主食噎不通。《本事〔方〕》羚羊角散治妊娠中風，涎潮僵仆，口噤搐掣，名子癇。羚羊角磨汁，入當歸、茯神、黑棗仁、薏仁一錢，杏仁、防風、獨活、川芎六分，木香磨汁，入甘草三分，薑煎。

清・羅國綱《羅氏會約醫鏡》卷一八禽獸部 羚羊角味鹹寒，入心、肝、肺三經。 羊屬火，而羚羊屬木，直入肝經，凡肝經之病，皆能治之。明目去障，目為肝竅。 祛風舒筋，散驚癇拘攣，肝木生風。 療狂越邪夢，肝藏魂，能瀉心肝邪熱。 化瘀滯惡血、血痢、腫毒。肝主血，此能散血。 羚之性靈，而精在角，故又辟邪而解諸毒。痘症血熱乾燥能清，較之犀角涼心鎮心者，更無冰伏之患，故功力尤穩耳。出西地，似羊而大，角有節，最堅勁，能碎金石，夜宿防患，以角掛樹而棲，角有掛紋者真。一邊有節而疎，乃山驢、山羊，非羚也。剉研，或磨用。

清・陳修園《神農本草經讀》卷三中品 羚羊角 氣味鹹，寒，無毒。主明目，益氣，起陰，去惡血，注下。辟蠱毒，惡鬼不祥，常不魘寐。俗稱羚羊。

參： 羚羊角，氣寒，味鹹，無毒。入腎與膀胱二經。主明目者，鹹寒以補水，水足則目明也。益氣者，水能化氣也。起陰者，陰器為宗筋而屬肝，肝為木，木得烈日而萎，得雨露而挺也。味鹹則破血，故主去惡血。氣寒則清熱，故止注下也。蠱毒為濕熱之毒也，鹹寒可以除之。辟惡鬼不祥、常不夢魘寐者，誇其靈異通神之妙也。

清・黃凱鈞《藥籠小品》 羚羊角 輕清肝經血熱，和陽熄風，兼清肺火，平穩好藥。鎊用。

清・王龍《本草纂要稿・禽獸部》 羚羊角 氣味苦鹹而寒。解傷寒寒熱於皮膚，散溫風注毒於骨肉。退卒熱，療小兒發搐驚癇。去惡血，驅產婦血冲煩悶。安心氣，除魘寐夢驚。釋邪氣，辟蠱毒鬼惡。明目益氣，強陰健筋。

清·張德裕《本草正義》卷下　羚羊角　鹹，寒。入肝、膽。清肝定風，行血行氣，療傷寒邪熱，小兒痰火驚癇，婦人子癇強痙，一切毒邪中惡。亦能安魂魄。羊本火畜，而此屬木。

清·楊時泰《本草述鉤元》卷三一　羺羊角　秦隴蜀山中皆有之。其角細而圓銳，長四五寸，多節，帶黃色者良。羚羊、羱羊即山羊、山驢三種相似，羚似羊而青色，毛粗角短小，羱似吳羊，角長大，山驢驢身羚角，但角大而節疏慢耳。

味鹹，氣寒。入厥陰肝經甚捷。羊火畜也，而羚羊則屬木，同氣相求也。並入手太陰、少陰經。主治明目益氣，起陰，安心氣，定肝魂，療驚邪魘寐，癲癇狂亂，治一切熱毒風攻注及濕風注毒伏在骨間，中風筋攣骨痛，去惡血注下，並熱毒血氣、疝氣，小兒卒熱驚搐，婦人產後惡血攻心，煩悶，子癇痙疾。羺之性靈，而筋骨之精在角，故又能辟邪惡，解諸毒，碎佛牙而燒烟走蛇虺也瀕湖。羚羊角具二十四節，內有天生木胎者，此角有神。夫節合二十四氣而胎木，宛如從甲而乙，起陰之氣以轉生陽，所以益氣也之頤。同犀角、丹砂、牛黃、琥珀、天竺黃、金箔、茯神、遠志、鉤藤、竹瀝，治驚邪魘寐及癲癇狂亂等疾。同杞子、甘菊、決明子、穀精草、生地、五味、黃檗、密蒙花、木賊、女貞，治肝腎虛而有熱，以致目昏生翳。產後煩悶，汗出不識人，羚羊角燒末，東流水服方寸匕，未愈再服。墮胎腹痛，血出不止，羚羊角燒灰三錢，豆淋酒下。

論：瀕湖悉數羚角之功五，未能暢其所以然。要知人畜之臟腑，不甚相歧，角乃骨之餘，而腎之所合者骨也。《經》曰：腎在體為骨，在氣為堅。羚角稟於骨之至堅，《本經》首言明目，而即繼之以益氣起陰者，以腎雖陰中之至陰，然坎中有離，實為腎氣，陰陽有一之或戾，則腎氣便不足，不足者，不能致其氣於肝，而肝亦不能為腎行其化。是物具體於腎，致用於肝，肝本陰之具足者以升陽，即由陽之具足者以引陰，如瀕湖所數去翳，舒筋，安魂，散瘀，降火，五者之所以然，當在是也。抑所謂有益氣起陰者，固腎具肝之體；而所謂五能者，肝還行腎之用也。惟茲物於肝之體用俱全，故於厥陰為要藥。《經》曰：一陰為獨使。厥陰之生化無關，而心肺脾皆在此托始矣。

凡肝心二經虛而有熱者，宜之，無熱不宜用仲淳。入厥陰伐生生之氣，不宜久用多用士材。

修治：凡單用不復有驗，須不拆原對，以繩縛之，鑿取旋用，勿犯風，鑿未盡處，須紙重裹，恐力散也。一說，密裹藏懷中，取出搗，易碎。

清·葉桂《本草再新》卷九　羚羊角味苦，性寒，無毒。入肝、肺二經。　治肺熱肝熱，明目，去風舒筋骨，定心神，止盜汗，消水腫，去瘀血，生新血，降火下氣，止渴除煩。

清·趙其光《本草求原》卷二〇獸部　羚羊角　羚羊屬木。角則骨之餘、腎之堅氣也。《經》曰：腎在體為骨，在氣為堅。氣寒，味鹹，入腎、膀胱。無毒。是具體於腎，致用於肝，故明目，肝血少，則目暗翳障；水足，則肝血充。益氣，《經》曰：一陰為獨使。水足而肝行其化，則氣充。起陰，陰器為宗筋，屬肝木。木得烈日而萎，得雨露而挺也。去惡血注下，肝藏血，肝熱則瘀滯下注，疝痛、毒痢、瘡腫、瘰癧；鹹破血，寒清熱也。辟蠱毒，濕熱成毒，鹹寒除之。除邪氣、惡鬼、魘寐、卒死，羚羊靈異通神之功。去風、舒筋，治驚癇、中風、子癇、搐搦拘攣、歷節痛，肝主風，主筋，熱生風則攣痛，鹹寒舒之。安神魂，定驚狂、肝熱則魂越。怒氣煩悶、氣逆噎塞、寒熱，相火寄於肝膽，在氣為怒，病則諸症並見。俱為末水下。去瘀生新，止汗，消水，催生下胎，熱痢，赤丹，赤斑，癢甚則殺人，俱磨酒或水下。惡瘡、溪毒。散血清熱之功。

再按：諸角皆入肝散血解毒，而犀角為最，以其得水土之精消毒物，專入胃經，拔毒外出，故痘熱毒盛必用。若痘毒並入腎經氣分，正面稠密不起，是腎不能致氣於肝，肝亦不能為腎行其化，又須羚羊角分解其勢，使氣流運惡血於他處。此非犀角所能，世人罕知。蓋羊本火畜，而角長有節，內有天生木胎，故又屬木，水中之火，即腎氣也，故羖羊角亦治青盲目暗，辟邪魅蠱毒，惜世罕用。惟與白羯羊角同治乳癖，今人每用琉璃角燈瓷片刮碎，懷胸中令熱，研細酒下效，取宿腐之味以消陳積也。不可單用。

角有節，有掛紋者也。羚夜以角掛樹而宿，若一邊有節而疏，乃山驢、山羊，非羚也。多兩角，一角者勝。鐵剉細，藏懷中，熱研或磨用，肝腎虛熱者宜之。

清·葉志詵《神農本草經贊》卷一　麢羊角　味鹹，寒。主明目益氣，起陰去惡血，注下，辟蠱毒，惡鬼不祥。安心氣，常不魘寐。生川谷。

效奇西域，節角伸靈。痕蹙圓握，鳴集側聽。摧牙縷解，擊石冰零。智工懸木，防患宵瞑。

張說表：效奇靈囿。《爾雅疏》：麢，大羊。今出建平宜都諸蠻中及西域。有兩角、一角者，角甚多節蹙蹴圓繞。《晉書·載記》：龍以屈伸為靈。蘇頌曰：節如人手指握痕。陳藏器曰：耳邊聽之集集鳴者良。庚信

賦：落角摧牙。唐《古今注記》：（序）冰渙縷解。《書》：予擊石拊石。《寰宇志》：貘骨充佛牙，物不能破，以麢羊角擊之即碎。金剛石百鍊不消，麢羊角扣之即冰泮也。《埤雅》：麢羊夜則懸木角上，以防患也。

清・文晟《新編六書》卷六《藥性摘錄》　羚羊　似羊而青色，甘，平。和五味炒熟，投酒中，次早飲之，消惡瘡。○治中風，筋骨急強。○角，鹹，寒。辟惡解毒，平肝舒筋。詳藥部瀉火。

羚羊角　苦鹹，大寒。耑瀉肝火，兼清心肺。○治小兒驚癇。○治婦人子癇。○大人中氣搐搦，及筋脈攣急，歷節掣動，驚駭不寧，狂越悖謬，魔魅卒死。與夫疝痛毒痢，瘡腫瘰癧，及煩滿氣逆，噎塞不通，並傷寒伏熱等症。○若過用久用，則伐生氣。○剉研極細，或磨服。○又能辟惡，而解諸毒。○燒煙，能辟蛇虺。○一角者勝。若一邊有節而疎，乃山羊、山驢角也。

清・張仁錫《藥性蒙求・獸部》　羚羊角五分、錢半　羚羊角寒，明目清肝。定驚解毒，神志能安。苦，鹹，寒。入肝、心、肺經。清火熄風，治驚癇搐搦，消目翳，散痘瘡惡血，辟邪解毒。明亮而尖，不黑者良。或剉，或磨用。

清・王孟英《隨息居飲食譜・毛羽類》　羚羊肉　甘平。治筋骨急強，中風，愈惡瘡，免蛇蟲傷。

清・趙晴初《存存齋醫話稿》卷一　羚羊角與犀牛角，皆為清涼劑。但犀角兼有強心作用，羚羊兼有鎮痙作用。故高熱而脈搏細數或促數者宜犀角，高熱而四肢搐搦者宜羚羊。古人認犀角為心藥，羚羊為肝藥者以此。

清・戴葆元《本草綱目易知錄》卷六　羚羊麢羊、九尾羊。　角，鹹，寒。諸羊屬火，而羚羊屬木，入厥陰肝經。益氣起陰，平肝舒筋，定風明目，安魂散血，下氣辟惡，解諸毒，堅筋骨。治傷寒時氣寒熱，熱在肌膚，濕風注毒伏在骨間及食噎不通，中風筋攣，附骨疼痛。作末，蜜服，治卒熱悶及熱痢血，疝氣，一切熱毒風攻注，中惡毒風，卒死昏亂不識人，驚悸煩悶，心胸惡氣，瘰癧惡瘡，子癇痙疾，小兒驚癇，散產後惡血衝心煩悶。燒灰，酒服之，主惡血注下。除邪氣驚夢狂越，僻謬，山瘴溪毒，僻蠱毒鬼疰不祥，常不魘寐。

清・黃光霽《本草衍句》　羚羊角　補心甯神，宣布血脈。無堅不軟，無瘀不行。兼平君相二火，耑入厥陰肝經。降已亢之陽，除邪妄之熱。目為肝竅，能清肝明目去障。肝為風臟，能祛風搐搦癇驚。治子癇痙疾。其合在筋，故舒筋脈攣急，歷節掣疼。其神為魂，故安驚夢狂越，惡鬼不祥。所藏在血，能散瘀血，下注毒痢疝疼。在志為怒，能降煩滿，氣逆噎塞不通。熱甚則風生，寒能除熱散邪。苦降走下焦，鹹能起陰益氣。得鉤藤息肝風。

清・陳其瑞《本草撮要》卷八　羚羊角　味鹹，入足厥陰經，功專散風清熱。得鉤藤息肝風。得生熟地、茵陳、芩、枳、枇杷、石斛、甘草、二冬、桂、苓名甘露飲，治胃中濕熱。然臨症時宜酌。一角者勝，或研或磨用。能碎金鋼石。

清・李桂庭《藥性詩解》　賦得羚羊清乎肺肝得清字八韻。李慶霖。　不用羚羊角，焉能蘊熱平。肝經風自退，肺部火堪清。臟緩神魂爽，榮和眼目明。庚辛寅卯利，驚癇搦狂更。血潤筋猶潤，煩輕逆亦輕。毒癰皆散化，噎滿自舒行。防患通靈異，棲身掛樹橫。良醫須酌用，性冷伐生生。

按：羚羊性鹹而寒，治中風筋攣，熱毒風攻。安心氣，定驚悸，清肝明目，緩臟舒筋，故治驚癇搐搦，煩滿食噎，狂越僻謬，夢魘驚駭。又治瘀滯惡血，血痢腫毒。羚之性靈，而精在角，夜宿防患，以角掛樹而棲。取角彎中深銳緊小，猶有掛痕者真也。明亮而尖，不黑者良。出西地，似羊而大，角有節，最堅勁，能碎金石。性寒能伐生生之氣，無火熱者勿用。

清・仲昴庭《本草崇原集說》卷中　羚羊角　【略】仲氏曰：犀角、羚羊二物，氣味主治經《崇原》發明，已無賸義，然惟溫疫邪毒，可以解散。若傷寒表症而誤用之，則邪反陷矣。

清・鄭奮揚著，曹炳章注《增訂偽藥條辨》卷四　羚羊角羚字古作麢，今省筆作羚。　用白兕角及白牛蹄，琢磨偽充。其現切之羚角絲，尤難辨識。按羚羊產梁州、真州各處，商洛諸蠻山中及秦隴西域皆有。角長尺餘，有節特起，環繞如人手指握痕，得二十四節者，尤有神力。今多用尖，取其精銳堅剛之力也。宜揀選地道頂尖，磨水取汁，用之尤靈。　炳章按：羚羊不獨真偽須辨，而鎊法亦須改良。吾紹藥業有見於斯，民國十四年二月間，囑余撰浸鎊改燥鎊理由書，已刊登第十五期《紹興醫藥》月刊，茲再摘錄於下：考麢羊俗作羚羊屬脊椎動物哺乳類，有胎盤類，反芻偶蹄類，羚羊科，形似小鹿，性至靈，故字從鹿從靈。藏器云羚羊有神，夜宿防患，以角掛樹不著地，但角彎中深銳緊小，有掛痕者為真，疏慢無痕者非也。按羚羊形雖似鹿，又類山羊，口吻尖銳，面部三角形，耳輪大，眼有光，頭上皆有長圓無枝之短角，從眉間伸出，間有曲輪，或略捲曲，或向後鈎曲，角基中空，角心如笋，一次脫落，

自落者為死角。不再生，毛柔滑而密，色概灰黑或褐黑色，背部與前膊間灰褐色，四肢細長，概黑褐色，尾短蹄小，身瘦狹，體長約四尺。棲於深山，常群棲，性溫順，有深慮，善疾走及跳躍，嗅覺敏鋭，具靈異之性。終身愛護其角，故其精神亦凝聚於角。以角入藥，能清熱熄風，舒筋解毒，明目透疹，驅邪辟蠱，子癇痙厥，猶為要藥。產於亞、美、歐、臺灣、安南者，類別有十餘種之多。產中國者，如陝西、哈密、外福、化城，新疆奇臺縣為最佳，鞏昌、漢中者次。亦有黑白二種。黑者清腎肝熱，白者清肺熱熄風。近年以白者為重，故市上僅有白羚羊，黑者多無覓。詎知近年藥用漸繁，捕獵殆盡，因而價值日昂。且羚角質性堅硬，刀切不入。我業習俗，以形式相競，鎊片入藥，以求雅觀。查其鎊片之法，先將羚羊水浸七八日，再用滾水泡透。經此手續，化堅為軟，則鎊之片張闊大，形式雖雅觀，然經水浸泡，汁液盡出，性味已失，反增腥臭惡氣，治病功能已大半消失。嘗考古人修治羚羊之法，先用鐵銼銼細，再搗篩極細，更研萬匝，入藥免刮粘胃腸，使原質不失，效力完固，法良意美。同人等審度，近日人心不齊，一經研末，真偽莫辨，難免以偽亂真，則害人更甚。我同人等本良心之主張，為改革弊害起見，邀集同業行店在會館集議，述明羚角浸鎊弊害原理，經眾討論，僉謂不落水燥鎊，庶幾性味不失，真偽仍可鑒別，為全體所公認。惟燥鎊片張雖碎小，主治效能，實較浸鎊優勝十倍云。

山驢

明·李時珍《本草綱目》卷五一獸部·獸類 山驢恭曰：見上文。時珍曰：《南史》云：滑國出野驢，有角。《廣志》云：驢羊似驢。《山海經》云：晉陽懸甕之山、女几之山、荆山、綸山，並多閭。郭璞注云：閭即羭也。似驢而歧蹄，馬尾，角如麢羊，一名山驢。俗人亦用其角以代羚羊。又《北山經》云：太行之山，有獸名驒，狀如麢羊，而四角馬尾，有距善旋，其鳴自叫。此亦山驢之類也。

鼠分部

綜述

鼴鼠

宋·唐慎微《證類本草》卷一八《獸部下品》〔《別錄》〕 鼴音偃鼠 味鹹，無毒。主癰疽，諸瘻蝕惡瘡，陰䘌爛瘡。在土中行。五月取令乾，燔之。

〔梁·陶弘景《本草經集注》〕云：俗中一名隱鼠，一名鼢扶粉切鼠。形如鼠大而無尾，黑色，長鼻甚强，常穿耕地中行，討掘即得。今諸山林中，有獸大如水牛，形似猪，灰赤色，下脚似象，胸前、尾上皆白，有力而鈍，亦名鼴鼠。人長取食之，肉亦似牛肉，多以作脯。其膏亦云主瘻，乃云此是鼠王，其精溺一滴落地，輒成一鼠，穀有鼠灾年則多出。恐非虛爾。

〔宋·馬志《開寶本草》〕按：陳藏器《本草》云：鼴鼠肉主風，久食主瘡疥痔瘻。膏堪摩諸惡瘡。《本經》所說即是小於鼠在地中行者。陶亦云形如鼠，尾黑，常穿耕地中，討掘即得。如《經》所言，乃是今之鼢鼠小口尖者，其鼴鼠是獸，非鼠之儔。大如牛，前脚短，皮入鞦轡用。《莊子》云：飲河滿腹者。又，隱鼠，陰穿地而行，見日月光則死，於深山林木下土中有之。主大瘻瘡。陶又云此是鼠王，其溺精一滴成一鼠。災年則多，是處皆有，又能土中行。今博訪山人，無精溺成鼠事，亦不能土中行。此是人妄說，陶聞而記爾。既小鼢鼠亦是鼴鼠，即是有二鼴鼠，物異名同爾。

〔宋·掌禹錫《嘉祐本草》〕按：《蜀本》云：行土中。又五、六月取，燔之，必是鼢鼠，非鼴鼠也。又其皮作腰帶鞓。其形既大，豈可行於土中，并得而燔也。蓋一名隱鼠。隱、鼴相近而誤之耳。陳士良云：鼴鼠，寒。

〔宋·蘇頌《本草圖經》〕曰：鼴音偃鼠，舊不著所出州土，云在土中行者，今處處田壟間多有之。一名鼢扶粉切鼠。《爾雅》：鼠屬，鼢鼠是其一。郭璞云：地中行者，化爲駕者，皆爲此也。其形類鼠而肥，多膏，色黑，口鼻尖大，常穿地行。旱歲則爲田害。肉，性寒。主風熱久積，血脉不行，結成瘡疽，食之，可消去。小兒食之，亦殺蚘蟲。獸類中亦有一種名鼴鼠，似牛而鼠首，足黑色，大者千斤。多伏於水，又能堰水放沫。出滄州及胡中。彼人取其肉食之。皮可作鞦轡用，是二物一名也。又，蟲魚部載牡鼠云：微溫，療踒折。而近世醫方用其肉，主骨蒸勞極，四肢羸瘦，殺蟲。亦主小兒疳瘦，去其骨，以酒熬入藥。

脂，主湯火瘡，臘日取活鼠，以油煎爲膏，療湯火瘡，滅瘢疵，極良。糞，主傷寒勞復。張仲景《傷寒論》及古今名方多用之。陶隱居云：其屎兩頭尖尖耳。

宋・寇宗奭《本草衍義》卷一六　鼹鼠　鼢鼠也。其毛色如鼠，今京畿田中甚多。脚絕短，但能行，尾長寸許，目極小，項尤短。兼易掘取，或安竹弓射之，用以飼鷹。陶不合更引：今諸山林中，大如水牛，形似猪，灰赤色者也。設使是鼠，則孰能見其溺精成鼠也。陶如此輕信，但真醇之士，不以無稽之言爲妄矣。今《經》云在土中行，則鼢鼠無疑。

宋・王繼先《紹興本草》卷一九　鼹鼠　紹興校定：鼹鼠即大鼢鼠也。性味、主治經注載之。蓋治疽瘻及湯火瘡，以臘日者取膏熬塗之，而未聞服餌也。今當作味鹹、微寒、無毒是矣。

宋・鄭樵《通志》卷七六《昆蟲草木略》　鼹鼠　曰隱鼠，曰鼢鼠。形類鼠而肥，多膏，黑色，無尾，長鼻，常穿耕地中行，旱歲則為田害。

明・劉文泰《本草品彙精要》卷二五　鼹鼠無毒。　胎生。

鼹音偃鼠：　主癰疽，諸瘻，蝕惡瘡，陰䘌，爛瘡。名醫所録。　【名】鼢扶粉切鼠、隱鼠。　【地】《圖經》曰：舊不著所出州土，云在土中行者，今處處田壟間皆有之。《爾雅》鼠屬，鼢鼠是其一。郭璞云：地中行者化爲鴽汝居切，皆爲此也，其形類鼠而肥，多膏，色黑，口鼻尖大，常穿地行，旱歲則爲田害。亦有一種鼹鼠，似牛而鼠首，足黑色，大者千斤，多伏于水，又能堰水放沫，出滄州及湖中。彼人取其肉食之，皮可作鞦轡用，是二物同名也。陶隱居云：今諸山林中其形如鼠大而無尾，黑色，長鼻甚強，常穿耕地中行，討掘即得。今諸山林中有獸，大如水牛，形似豬，灰赤色，下腳似象，胸前、尾上皆白，有力而鈍，亦名鼹鼠。人常取食之，肉似牛肉，多以作脯，其膏亦能主瘻，乃云此是鼠王。其精一滴落地，輒成一鼠，穀有鼠災年則多出，恐非虛耳。《衍義》曰：鼹鼠，鼢鼠也。其毛色如鼠，今京畿田中甚多，腳絕短，但能行，尾長寸許，目極小，項尤短，兼易掘取或安竹弓射之，取以飼鷹。陶不合更引今諸山林中大如水牛，形似豬，灰赤色者，設使是鼠，則孰能見其溺精成鼠也。陶如此輕信，但真淳之士不以無稽之言爲妄，今《經》云在土中行，則鼢鼠無疑矣。　【時】生：無時。採：五月取。　【收】暴乾。　【用】肉脂。　【色】灰黑。　【味】鹹。　【性】軟。　【氣】氣薄味厚，陰中之陽。　【臭】腥。　【主】瘡瘍。　【治】療：《圖經》曰：肉，治風熱久積，血脈不行，結成瘡疽，食之可消去。小兒食之，殺蛔蟲。陶隱居云：肉，久食治瘡疥，痔瘻。○膏，摩諸惡瘡。

明・盧和、汪穎《食物本草》卷四獸類　鼹鼠　味鹹，無毒。主癰疽，諸瘻蝕惡瘡，陰䘌爛瘡。鼺鼠，主墮胎易產。一種竹鼦，食筍，味佳。它如貂鼠、黃鼠狼，俱入藥。又云：鼠膽，治耳聾，但取而不得耳。

明・王文潔《太乙仙製本草藥性大全》卷七《本草精義》　鼹鼠　一名隱鼠，一名鼢鼠。舊本不著所出州土，云在土中行者，今處處田壠間多有之。其毛色如鼠，多腳絕短，但能行，尾長寸許，目極小，項尤短，兼易掘取，或安竹弓射之，用以飼鷹。五月收，令乾燔之。郭璞云：地中行者，化爲鴽者，皆爲此也。其形類鼠而肥，多膏，色黑，口鼻尖大，常穿地行，旱歲則爲田害。肉性寒，主風熱久積血脉不行，結成瘡疽，食之可消去。小兒食之亦殺蚘蟲。

明・王文潔《太乙仙製本草藥性大全》卷七《仙製藥性》　鼹音匽鼠　味鹹，氣寒，無毒。　主治：主癰疽痔瘻瘡疥神效，摩惡瘡陰䘌爛瘡殊功。補註：獸類中亦有一種名鼹鼠，其形似鼠，大如水牛，形似猪，灰色，下脚似象，胸前尾上皆白，有力而鈍。大者千斤，多伏於水，又能堰水放沫，出滄州及胡中，彼人取其肉食之，皮可作鞦轡用，是二物一名也。人長取食之，肉亦似牛肉，多以作脯，其膏亦云主瘻，乃云此是鼠王，其精溺一滴落地，輒成一鼠，穀有鼠災年則多出，恐非虛爾。《衍義》曰：陶不合更引今諸山林中，大如水牛，形似猪，灰赤色者也。設使是鼠，則孰能見其溺精成鼠也？陶如此輕信，但真醇之士不以無稽之言爲妄矣！今《經》云在土中行，則鼢鼠無疑。

明・皇甫嵩《本草發明》卷六　鼹鼠味鹹。　主癰疽，諸瘻蝕惡瘡，陰䘌爛瘡。毛似鼠，足短身肥，色黑，目極小，在田土中行，化為鴽，是即田鼠。○肉，醫方主骨蒸勞極，四肢羸瘦，小兒疳瘦，殺蟲。去其骨，以酒熬，入藥中用。○脂，臘月取活鼠，以酒煎為膏，療湯火瘡，滅瘢疵極良。

明・李時珍《本草綱目》卷五一獸部・鼠類　鼹鼠音偃。《別録》下品。

【釋名】田鼠《禮記》　鼢鼠音憤。　隱鼠時珍曰：田鼠偃行地中，能壅土成坌，故得諸名。

【集解】《別録》曰：鼹鼠在土中行。五月取令乾，燔之。弘景曰：此即鼢鼠也，一名隱鼠。形如鼠而大，無尾黑色，尖鼻甚强，常穿地中行，討掘即得。今山林中別有大如水牛者，一名隱鼠。藏器曰：隱鼠，陰穿地中而行，見日月光則死，於深山林木下土中有之。其大如牛者，名同物異耳。頌曰：處處田壟間多有之。《月令》田鼠化爲鴽者即此。其

形類鼠而肥，多膏，旱歲爲田害。宗奭曰：鼴，脚絶短，僅能行，尾長寸許，目極小，項尤短，最易取，或安竹弓射取飼鷹。陶引如水牛者釋之，誤矣。時珍曰：許慎言鼢乃伯勞所化。《月令》季春田鼠化爲鴽，《夏小正》八月鴽爲鼠，是二物交化，如鷹、鳩然也。鴽乃鶉類。隆慶辛未夏秋大水，蘄、黄瀕江之地，鼢鼠遍野，皆魚所化。蘆稼之根，嚙食殆盡，則鼢之化，不獨一種也。

肉　【氣味】鹹，寒，無毒。　【主治】燔之，療癰疽、諸瘻，蝕惡瘡、陰䘌爛瘡《别録》。久食去風，主瘡疥痔瘻藏器。治風熱久積，血脈不行，結成癰疽，可消。又小兒食之，殺蛔蟲蘇頌。

膏　【主治】摩諸瘡藏器。

糞　【主治】蛇虺螫傷腫痛，研末，猪脂調塗時珍。

明·穆世錫《食物輯要》卷四　鼴鼠　肉，味鹹，性寒，無毒。和血脉，散風熱積滯癰毒。同五味食，去風腫，殺蟲。

明·吴文炳《藥性全備食物本草》卷二　鼴音偃鼠　味鹹，氣寒，無毒。一名隱鼠。郭璞云：在土中行者，今處處田壟間多有之。其毛色如鼠，多脚絶短，但能行，尾長寸許，目極小，項尤短而肥，多膏，色黑，二鼻實大，常穿地行，旱歲則為田害，人掘取或安竹弓射之，用以飼鷹。五月收令乾，燔之，主風熱久積，血脉不行，結成瘡疽，食之可消去。小兒食之，亦殺蚘蟲。

明·姚可成《食物本草》卷一四獸部·鼠類　鼴鼠處處田隴間多有之。《月令》田鼠化為鴽者，即此也。肥而多膏。旱歲頗為田害。〇陳藏器曰：鼴鼠陰穿地中而行，見日月光則死，於深山林木下土中有之。〇李時珍曰：隆慶辛未夏秋大水，蘄、黄瀕江之地，鼴鼠遍野，皆櫛魚所化。蘆稼之根，齧食殆盡，則田鼠之化，不獨《月令》所云一種也。

鼴鼠肉：　味鹹，寒，無毒。燔食之，去風，療癰疽，諸瘻蝕瘡，陰䘌爛瘡，疥癩痔瘻。治風熱久積，血脉不行，結成癰疽，可消。小兒食之，殺蚘蟲。

膏：　主摩諸瘡。　糞：　治虵虺螫傷，研末，猪脂油調塗。

明·施永圖《本草醫旨·食物類》卷四　鼴鼠名田鼠。鼴鼠在土中行，五月取令乾，燔之。《月令》田鼠化為鴽者即此。其形類鼠而肥，多膏。旱歲為田害。　肉：　味鹹，寒，無毒。治：　燔之，療癰疽，諸瘻蝕惡瘡，陰䘌爛瘡。久食去風，主瘡疥痔瘻。治風熱久積，血脉不行，結成癰疽，可消。又小兒食之，殺蚘蟲。

膏：　治：　摩諸瘡。　糞：　治：　蛇虺螫傷，腫痛，研末，豬脂調塗。

清·汪紱《醫林纂要探源》卷三　田鼠　甘，鹹，平。大於家鼠，尾稍短。功用同。

清·吴汝紀《每日食物却病考》卷下　鼴鼠附鼢　又名田鼠，《月令》曰田鼠化為鴽者是也。形類鼠而肥，旱歲為田害。　許慎言：　鼢乃伯勞所化，則二物交化如鷹鳩也。隆慶辛未，夏秋大水，蘄黄之間，江濱鼴鼠偏野，皆櫛魚所化，蘆稼嚙之殆盡。則鼢鼠之化，不獨一種也。味鹹，治惡瘡。

隱鼠

明·李時珍《本草綱目》卷五一獸部·鼠類　隱鼠《拾遺》

【釋名】鼴鼠音偃。　偃鼠《綱目》　鼠母同　鼳古役反。(《爾雅》)。　【集解】弘景注：　鼴鼠曰諸山林中，有獸大如水牛，形似猪，灰赤色，下脚似象，胸前尾上皆白，有力而鈍，亦名隱鼠。人取食之，肉亦似牛，多以作脯。乃云是鼠王，其精溺一滴落地，輒成一鼠，灾年則多出也。藏器曰：　此是獸類，非鼠之儔。大如牛而前脚短，皮入鞦轡用。《莊子》所謂鼴鼠飲河，不過滿腹者。陶言是鼠王，精滴成鼠。遍訪山人無其説，亦不能土中行。此乃妄説，陶誤信爾。頌曰：　鼴鼠出滄州及胡中。似牛而鼠首黑足，大者千斤。多伏於水，又能堰水放沫。彼人食其肉。時珍曰：　按《異物志》云：　鼠母頭脚似鼠，口鋭蒼色，大如水牛而畏狗。見則主水灾。《晋書》云：　宣城郡出隱鼠，大如牛，形似鼠，(褌)脚類象而驢蹄，毛灰赤色，胸前尾上白色。有力而鈍。《金樓子》云：　晋寧縣境出大鼠，狀如牛，土人謂之偃牛。時出山游，毛落田間，悉成小鼠，苗稼盡耗。《梁書》云：　倭國有山鼠如牛，又有大蛇能吞之。據此則隱鼠非無，而陶説有本，諸家辟之太甚者，未深考耳。又《爾雅》云：　鼳身似鼠而馬蹄，長鬚而賊，一歲千斤，秦人謂之小驢者，即此物也。

膏　【主治】痔瘻惡瘡陶弘景。

明·姚可成《食物本草》卷一四獸部·鼠類　隱鼠陶弘景曰：　諸山林中，有獸大如水牛，形似猪，灰赤色，下脚似象，胸前尾上皆白，有力而鈍，名曰隱鼠。人取食之，肉亦似牛，多以作脯，乃云是鼠王。其精溺一滴落地，輒成一鼠，災年則多出也。陳藏器曰：　此是獸類，非鼠之儔。大如牛而前脚短，皮入鞦轡用。《莊子》所謂鼴鼠飲河，不過滿腹者。陶言是鼠王，精溺成鼠，遍訪山人無其説，亦不能土中行。此乃妄傳，陶誤信爾。蘇頌曰：　隱鼠出滄州及胡中。似牛而鼠首黑足，大者千斤。多伏於水，又能堰水放沫。彼人食其肉。〇李時珍曰：　按《異物志》云：　隱鼠頭脚似鼠，口鋭蒼色，大如水牛而畏狗。見則主水災。《晉書》云：　宣城郡出隱鼠，大如牛，形似鼠，(褌)脚類象而驢蹄。毛灰赤色，胸前尾上白色。有力而鈍。《金樓子》云：　晉寧縣境出大鼠，狀如牛，土人謂之偃牛。時出山遊，毛落田間，悉成小鼠，苗稼盡耗。《梁書》云：　倭國有山鼠如牛，又有大蛇能吞之。據此，則隱鼠非無，而陶説有本，諸家闢之太甚者，未深究耳。又《爾雅》云：　隱鼠一名鼳，身似鼠而馬蹄，長鬚而賊，一歲千斤，秦人謂之小驢者，即此物也。

隱鼠肉：　味甘，平，無毒。食之補脾。　膏：　治一切痔瘻惡瘡腫毒。

明・施永圖《本草醫旨・食物類》卷四　隱鼠名鼹鼠。出滄州及胡中，似牛而鼠首黑足，大者千斤，多伏於水，又能堰水放沫。彼人食其肉。　膏：　治：　痔瘻惡瘡。

清・王道純《本草品彙精要續集》卷五　隱鼠原本注鼹鼠內，《綱目》分條。

隱鼠出《本草拾遺》。　膏，主痔瘻，惡瘡《名醫別錄》。　【名】鼹鼠音偃、偃鼠《綱目》、鼠母同上、鼰古役切。　【地】陶弘景注：　鼹鼠生諸山林中，云是鼠王。其精溺一滴落地，輒成一鼠，災年則多出也。蘇頌云：　鼹鼠出滄州及胡中，似牛而鼠首黑足，大者千斤，多伏于水。又能堰水放沫，彼人食其肉。【色】灰赤色，胸前尾上皆白，有力而鈍。　【用】膏，其皮可作鞦轡。　【質】其大如水牛，形似豬，狀類鼠，下腳似象。　【味】肉味亦似牛，人取食之，多以作脯。　【贗】陳藏器云：　此是獸類，非鼠之儔，大如牛而前腳短，皮入鞦轡用。《莊子》所謂鼹鼠，飲河不過滿腹者。陶言是鼠王，精滴成鼠，遍訪山人無其說，亦不能土中行，此乃妄說，陶誤信爾。《異物志》云：　鼠母，頭腳似鼠，口銳蒼色，大如水牛而畏狗，見則主水災。《晉書》云：　宣城郡出隱鼠，大如牛，形似鼠，腳類象而驢蹄，毛灰赤色，胸前尾上白色，有力而鈍。《金樓子》云：　晉寧縣境出大鼠，狀如牛，土人謂之偃牛，時出山游，毛落田間，悉成小鼠，苗稼盡耗。《梁書》云：　倭國有山鼠如牛，又有大蛇能吞之。據此則隱鼠非無，而陶說有本，諸家闢之太甚者，未深考耳。又《爾雅》云：鼰，身似鼠而馬蹄，長鬚而賊物，一歲千斤，秦人謂之小驢者，即此物也。

鼫鼠

明・李時珍《本草綱目》卷五一獸部・鼠類　鼫鼠音石。○《綱目》。

【釋名】碩鼠與鼫同。出《周易》。　鼩鼠音酌。出《廣雅》。　雀鼠出《埤雅》。鼨鼠音俊。出《唐韻》。　時珍曰：　碩，大也，似鼠而大也。關西方音轉鼫爲鼩，訛鼩爲雀。蜀人謂之鼨鼠，取其毛作筆。俊亦大也。　【集解】時珍曰：　鼫鼠處處有之。居土穴樹孔中，形大於鼠，頭似兔，尾有毛，青黃色，善鳴，能人立，交前兩足而舞。好食粟、豆，與鼢鼠俱爲田害。鼢小居田，而鼫大居山也。范成大云：　賓州鼫鼠專食山豆根，土人取其腹乾之入藥，名鼫鼠肚。陸璣謂此亦有五技，與螻蛄同名者，誤矣。

肚　【氣味】甘，寒，無毒。　【主治】咽喉痹痛，一切熱氣，研末含嚥，神效時珍。○出《虞衡志》。

明・姚可成《食物本草》卷一四獸部・鼠類　鼫鼠李時珍曰：　鼫鼠處處有之，居土穴、樹孔中。形大於鼠，頭似兔，尾有毛，青黃色。善鳴，能人立，交前兩足而舞。好食粟、豆，與鼹鼠俱為田害。鼹小居田，而鼫大居山也。范成大云：　賓州鼫鼠好食山豆根，故食之可治嚥喉熱症。　鼫鼠肉，味甘，平，無毒。治咽喉痹痛，一切熱氣，含口中嚥汁，神效。

明・施永圖《本草醫旨・食物類》卷四　鼫鼠名碩鼠，似鼠而大也。居土穴、樹孔中，形大於鼠，頭似兔，尾有毛，青黃色，善鳴。　肚：　味甘，寒，無毒。　治：　咽喉痹痛，一切熱氣，研末含嚥，神效。

清・王道純《本草品彙精要續集》卷五　鼫鼠音石。無毒。　胎生。

鼫鼠《本草綱目》：　肚，主咽喉痹痛，一切熱氣，研末，含咽，神效《虞衡志》。【名】碩鼠、與鼫同，《周易》。　鼩、鼠音酌，《廣雅》。　雀鼠、《埤雅》。　鼨鼠音俊，《唐韻》。　李時珍云：　碩，大也，似鼠而大也。　關西方音轉鼫為鼩，訛鼩為雀。蜀人謂之鼨鼠，取其毛作筆，俊亦大也。　【地】處處有之，居土穴樹孔中，善鳴，能人立交前足而舞，好食粟豆，是與鼢鼠俱爲田害。　鼢小居田，而鼫大居山也。　【質】其形大於鼠，其頭似兔。　【色】尾有毛，青黃色。【味】甘。　【性】寒。　【用】肚。　【贗】范成大云：　賓州鼫鼠專食〔山〕豆根，土人取其腹，乾之入藥，名鼫鼠肚。陸璣謂此亦有五技，與螻蛄同名者，誤矣。

清・汪紱《醫林纂要探源》卷三　石鼠　甘，鹹，平。缺唇八竅，似兔，色純白，亦有雜黄者，耳長目赤。雌常舐其雄。可家畜，生子不令人見，或亦如兔之從口出歟。　養陰除熱，功用似兔。

清・嚴潔等《得配本草》卷九　鼫鼠肚　甘，寒。　主咽喉痹痛，一切熱氣，含咽即效。

清・戴葆元《本草綱目易知錄》卷六　鼫鼠碩鼠　【略】時珍曰：　鼫鼠，處處有之，居土穴樹孔中，形大於鼠，頭似兔，尾有毛，能人立，交前兩足而舞，好食粟豆，與鼹鼠俱為田害。　葆按：　人家亦豢養。

伏翼

宋・唐慎微《證類本草》卷一九禽部〔《本經・別錄・藥對》〕　**伏翼**　味**鹹，平**，無毒。　**主目瞑**音冥痒痛，療淋利水道，**明目，夜視有精光。久服令人憙樂，媚好無憂。一名蝙蝠。生太山川谷**及人家屋間。立夏後採，陰乾。　莧實、雲實爲之使。

〔梁・陶弘景《本草經集注》〕云：　伏翼目及膽，術家用爲洞視法，自非白色倒懸

者，亦不可服之也。

〔唐・蘇敬《唐本草》〕注云：伏翼，以其晝伏有翼爾。李氏《本草》云：即天鼠也。又云：西平山中別有天鼠，十一月、十二月取。主女人生子餘疾，帶下病，無子。《方言》：一名仙鼠，在山孔中食諸乳石精汁，皆千歲。頭上有冠，淳白，大如鳩、鵲。食之令人肥健，長年。其大如鶉，未白者皆已百歲，而并倒懸，其石孔中屎皆白，如大鼠屎，下條天鼠屎，當用此也。其屎灰，酒服方寸匕，主子死腹中。其腦，主女子面皰，服之令人不忘也。

〔宋・馬志《開寶本草》〕按：陳藏器《本草》云：伏翼，主蚊子。五月五日取倒懸者曬乾，和桂、薰陸香爲末，燒之，蚊子去。取其血滴目，令人不睡，夜中見物。自蟲魚部今移。

〔宋・掌禹錫《嘉祐本草》〕按：《藥性論》云：伏翼，微熱，有毒。服用治五淋。日華子云：蝙蝠，久服解愁。糞名夜明砂，炒服治瘰癧。

〔宋・蘇頌《本草圖經》〕曰：伏翼，蝙蝠也。出泰山川谷，及人家屋間。立夏後採，陰乾用。天鼠屎，即伏翼屎也。出合浦山谷。十月、十二月取。蘇恭引《方言》伏翼一名仙鼠，故知一物。又云：仙鼠在山孔中，食諸乳石精汁，皆千歲，頭上有冠，淳白，大如鳩、鵲。其大如鶉未白者，皆已百歲，而并倒懸其石乳中。此仙經所謂肉芝者也。其屎皆白，如大鼠屎。入藥當用此。然今蝙蝠多生古屋中，白而大者，蓋稀有。屎亦有白色者，料其出乳石處，山中生者，當應如此耳。《續傳信方》療馬撲損痛不可忍者，仙鼠屎三兩枚，細研，以熱酒一升投之，取其清酒服之，立可止痛，更三兩服便差。

〔宋・唐慎微《證類本草》〕雷公曰：凡使，要重一斤者方採之。每修事，先拭去肉上毛，去爪、腸，即留翅并肉，脚及嘴。然後用酒浸一宿，漉出，取黃精自然汁塗之，炙令乾方用。每修事，重一斤一箇，用黃精自然汁五兩爲度。《聖惠方》：治小兒生十餘月後，母又有妊，令兒精神不爽，身體萎瘁，名爲魃病。用伏翼燒爲灰，細研，以粥飲調下半錢，日四五服，效。若炙令香，熟嚼之哺兒，亦效。《百一方》：治久咳嗽上氣十年、二十年諸藥治不差方：蝙蝠除翅、足，燒令焦末，飲服之。《鬼遺方》：治金瘡出血，內瘻。蝙蝠二枚，燒煙盡末，以水調服方寸匕，令一日服盡，當下如水，血消也。《抱朴子》：千歲蝙蝠色白如雪，集則倒懸，蓋腦重也。得而陰乾末服，令人壽千歲也。

宋・寇宗奭《本草衍義》卷一六　伏翼　屎合疳藥。白日亦能飛，但畏鷙鳥不敢出。此物善服氣，故能壽。冬月不食，亦可驗矣。

宋・王繼先《紹興本草》卷一九　伏翼　紹興校定：伏翼乃蝙蝠也。《本經》雖具性味、主治，但罕入于方。《本經》云鹹、平、無毒。《藥性論》云有毒。此物雖不致毒人，但食之而中氣不得為不惡矣，當作有小毒是也。又目及膽、腦、血，而注亦具主治，悉未聞驗據。唯屎名夜明沙，近世諸方亦間用之，即非專起疾之物。後條又有天鼠屎，雖主治頗異，固非兩物，只蝙蝠屎是也。

宋・鄭樵《通志》卷七六《昆蟲草木略》　蝙蝠　《爾雅》曰服翼。今亦謂之蝙蝠。鼠所化，故又名仙鼠。

元・尚從善《本草元命苞》卷七　伏翼　一名蝙蝠。味鹹，性平，無毒。主目瞑痒痛，利水道五淋。明目，夜視有精光。喜樂，媚好無憂思。糞，號夜明砂，炒服，療瘰癧。生太山山谷，及人家屋間。立夏後採取，陰乾。如鳩大，食之肥健。

明・王綸《本草集要》卷六　伏翼一名蝙蝠。味鹹，氣平，無毒。莧實、雲實為之使。生大山山谷及古屋壁間。立夏後採，陰乾。重一斤，色白如雪，集則倒懸者佳。

主目瞑，明目，夜視有精光。久服令人喜樂媚好，無憂延壽。又治五淋，利水道。取血滴目，令人夜中見物。○糞，名夜明沙。炒服，治瘰癧。燒灰，酒服方寸匕，主子死腹中。又小兒無辜，熬搗為散，任意拌飯并喫食與喫。

明・滕弘《神農本經會通》卷九　伏翼　一名蝙蝠。莧實、雲實為之使。生太山山谷，及人家屋間。立夏後採，陰乾。重一斤，色白如雪，集則倒懸者佳。取一斤，并雪白者，亦稀。

味鹹，氣平，無毒。《本經》云：主目瞑痒痛，療淋，利水道，明目，夜視有精光。久服令人喜樂，媚好無憂。李氏云：食之令人肥健，長年。陳藏器云：主蚊子。五月五日取倒懸者，晒乾，和桂、薰陸香為末，燒之，蚊子去。又取血滴目中，令人不睡，夜中見物。日華子云：久服解愁。《抱朴子》云：蝙蝠，色白如雪，集則倒懸，蓋腦重也。得而陰乾，末服，令人壽千歲也。《局》云：《經》名蝙蝠主淋家，治目昏瞑黑暗遮。久服忘憂常快樂，消疳用屎夜明沙。伏翼，能開黑暗，青瞑。

屎名夜明砂。李氏云：燒灰，酒服方寸匕，主子死腹中。日華子云：炒服，治瘰癧。

明・劉文泰《本草品彙精要》卷二七　伏翼無毒

伏翼出《神農本經》：**主目瞑，癢痛，明目，夜視有精光。久服令人喜樂，媚好無憂。**以上朱字《神農本經》。療淋，利水道。以上黑字名醫所錄。【名】蝙蝠、天鼠、仙鼠。【地】《圖經》曰：伏翼，蝙蝠也。出泰山川谷，及人家房

屋間亦有之，蘇恭謂之仙鼠者。在山孔中食諸乳石精汁，皆千歲，頭上有冠，純白，大如鳩，鵲，食之令人肥健長年。其大如鶉，未白者，皆已百歲，而並倒懸。蓋倒懸者腦重故耳。其石乳中者，即仙經所謂肉芝是也。其屎皆白，即下條天鼠屎也。然今蝙蝠多生屋中，白而大者蓋稀有，屎亦少白色者。料其出乳石處山中生者，當應如此爾。《衍義》曰：伏翼白日亦能飛，但畏鷙鳥，不敢出。此物善服氣，故能壽。冬月不食，亦可驗也。【時】生：無時。採：立夏後取。【收】陰乾。【用】倒懸者佳。【質】類鼠而有翅。【色】灰黑。【味】鹹。【性】平。【氣】氣之薄者，陽中之陰。【臭】腥。【主】清眼目，利水道。【助】莧實、雲實爲之使。【製】《雷公》云：凡仙鼠重一斤者方採之，每修事先拭去肉上毛，去爪、腸，留翅並肉、腳及嘴。然後用酒浸一宿，漉出，取黃精自然汁塗之，炙令乾方用。每修事重一斤一個，用黃精自然汁五兩爲度。【治】療：《唐本》注云：天鼠十一月、十二月取，治女人生子餘疾，帶下。○腦，主女子面皰，服之令人不忘。○其血滴目中，令人不睡，夜中見物。《藥性論》云：肉，治五淋。日華子云：肉，久服解愁。【合治】五月五日取伏翼倒懸者，曬乾，和桂、薰陸香爲末燒之，去蚊蟲。○伏翼燒爲灰，細研合粥飲調下半錢，日四五服，治小兒生十餘月後，母又妊，令兒精神不爽，身體萎瘁，名爲魃病。炙令香熟，嚼之哺兒，亦效。又除翅足，燒令焦，末合米飲服之，治欬嗽上氣，諸藥無效，久不瘥者。【禁】非倒懸者不可服。

天鼠屎無毒。　**天鼠屎**出《神農本經》：　**主面癰腫，皮膚洗洗時痛，腹中血氣，破寒熱積聚，除驚悸。**以上朱字《神農本經》。去面黑皯。以上黑字名醫所錄。

【名】石肝、夜明沙、鼠法。【地】《圖經》曰：出合浦山谷，其屎皆白，如大鼠屎，入藥當用此也。今生古屋中者，其屎少有白色，恐出山谷中如此。又按《唐本》注云：天鼠屎即伏翼屎也，伏翼條下不用屎，是此明矣。【時】採：十月、十二月取。【用】屎。【味】辛。【性】寒，散。【氣】氣之薄者，陽中之陰。【臭】臭。【主】破積聚，去面皯。【反】惡白斂、白薇。【製】燒灰入藥，生亦可用。【治】療：日華子云：夜明沙，炒服治瘰癧。【合治】天鼠屎，燒爲灰合酒服方寸匕，主子死腹中。○夜明沙，搗爲末，每服一大錢，合冷茶調下，治五瘧，立效。○仙鼠屎三兩枚，細研，以熱酒一升投之，取其清酒服，治馬撲損痛不可忍者，不過二三次即瘥。○夜明沙爲散，任意拌飯並吃食中食之，治一歲至三歲小兒無辜，三歲號乾無辜。

明・盧和、汪穎《食物本草》卷三禽類　伏翼　味鹹，平，無毒。主目瞑，明目，夜視有精光。久服令人喜樂，媚好，無憂，延壽。又治五淋，利水道。取血滴目，令人夜中見物。糞，名夜明沙，味辛，寒，無毒。主面癰腫，皮膚洗洗時痛，腹中血氣，破寒熱積聚，除驚悸，去面黑皯。炒服，治瘰癧。燒灰酒服方寸匕，治子死腹中。又小兒無辜，熬搗為散，任意拌飯與食之。又治疳。

明・許希周《藥性粗評》卷四　蒙瞖眼昏，鼠獨高於伏翼。

伏翼，蝙蝠也，一名天鼠。大略見前夜明砂條下。重一斤以上者可食，取得去毛爪腸穢，酒浸一宿，以甘草湯塗之，煎令香熟，任意食之。味鹹，性溫，無毒。主治目瞖青盲，取血滴目中，日三四，自效。如法食之，令人喜樂媚好。可以治久嗽，可以健小兒。

又方：消內瘻：伏翼煅過存性，每服一錢匕，溫酒調服。　辟蚊蟲：伏翼晒乾，同桂與薰陸香為末，燒之，□□□□。

明・鄭寧《藥性要略大全》卷一〇　蝙蝠　開黑暗青瞑目痒痛，止淋瀝，利水道。治久嗽上氣。味平，鹹，無毒。莧實、雲實為之使。燒存性為末服，久服則忘憂。此物有千歲者，大可有一斤者，最佳，難得。今但色白者可服，色未白者不可服。一名伏翼。即神鼠也，一名飛鼠。　夜明砂：　主五淋。治目昏流淚。亦治疳瘧，治面癰腫，肢節皮膚時痛，腹中血氣，破寒熱積聚，止驚悸。又治耳聾。　味辛、鹹，氣寒，無毒。惡白斂、白薇。○即蝙蝠糞也

明・陳嘉謨《本草蒙筌》卷一一　伏翼　味鹹，氣平。無毒。一云微熱，有毒。原名蝙蝠，古寺多生。晝伏夜飛，改稱伏翼。雌雄交感，胎孕成形。因頭重集則倒懸，能伏氣冬月不食。形大一斤者為美，色白如雪者更優。因能伏氣故多壽而白，人服之亦期壽之同也。灰色甚多，未可服食。夏月張獲，製宗雷公。去脇爪外毛，留嘴脚肉翅。醇酒浸宿，漉起陰乾。絞黃精汁旋塗，架文火上烘燥。任研丸散，每服酒吞。為使藥加莧實營實，逐五淋而利水道，明雙目以撥瞖雲。久服延年無憂，令人喜樂媚好。目血點眼，夜視有光。○又夜明砂，即所洩糞。燒灰酒服，下胎孕已死腹中；炒過酒調，治瘰癧延生頸上。搗散少拌飯食，又治小兒無辜。

明・方穀《本草纂要》卷一〇　蝙蝠　一名伏翼。味鹹，氣平，無毒。主

目瞑不見，遠視無光，癃閉不通，淋瀝作痛，小腹脹滿，小水不利。如久服令人喜樂，遇事無憂。若山谷中取，得白色約重一斤者，服之延壽不老，身輕體健；如取血滴目中，令人夜中見物，神鬼分明。又糞名夜明砂。此砂乃蚊蟲之目，原蝠日夜所行，好食其蚊，如糞內淘出光如針鋒，明彩耀目者，是其砂也，研細入藥，服治目盲不見，轉明覆視，目病不痊，轉視奇明，此治目之真奇物也。纂之。

明·王文潔《太乙仙製本草藥性大全》卷七《本草精義》 伏翼 一名飛鼠，一名翼鼠，原名蝙蝠。古寺多生。晝伏夜飛，故稱伏翼。雌雄交感，胎孕成形。因頭重累則倒懸，能伏氣冬月不食。形大一斤者爲美，色白如雪者更佳。因能伏氣，故多壽而白，人服之亦期壽之同也。灰色甚多，未可服食。夏月張獲，製宗太乙，任研丸散，每服酒吞，爲使藥加莧實、營實。

天鼠：一名鼠法，一名石肝。生合浦山谷中，十月、十二月取。又云：仙鼠，在山孔中，食諸乳石精汁，皆千歲，頭上有冠淳白，大如鳩鵲。其大如鶉，未白者皆已百歲，而並倒懸其石乳中，此仙經所謂肉芝者也。其屎皆白，如大鼠屎，入藥當用此。然今蝙蝠多生古屋中，白而大者蓋稀有，屎亦有白色者，料其出乳石處山中生者當應如此耳。《續傳信方》，療馬撲損，痛不可忍者，仙鼠屎三兩枚，細研，以熱酒一升投之，取其清酒服之，立可止痛，更三兩度服之即差。

明·王文潔《太乙仙製本草藥性大全》卷七《仙製藥性》 伏翼 味鹹，氣平，無毒。一云微熱，有毒。 主治：逐五淋而利水道，明雙目以撥瞖雲。久服延年無憂，令人喜樂媚好。 補註：治小兒生十餘月後，母又有妊，令兒精神不爽，身體萎瘁，名爲魃病。用伏翼燒灰，細研，粥飲調下半錢，日四五服。炙令香，令極熟，嚼之哺兒亦效。○治久咳嗽上氣十年、二十年，諸藥治不差，蝙蝠除翅、足，燒令焦末，飲服之。○治金瘡出血，內漏，蝙蝠一對，燒烟盡，末以水調服方寸〔匕〕，令一日服盡，當下如水，血消也。○辟蚊子，五月五日取倒懸者，晒乾，和桂心、熏陸香爲末燒之，蚊子去。 目血：點眼夜視有光。 補註：取其血滴目，令人不睡，夜中見物。 夜明砂：即伏翼糞。燒灰酒服，下胎孕已死腹中。炒過酒調，治瘰癧延生頸上。擣散少拌飯食，又治小兒無辜。 太乙曰：凡使要重一斤者方採之。每修事先拭去肉上毛，去爪、腸，即留翅并肉，脚及嘴，然後用酒浸一宿取出，用黃精自然汁塗之，架文火上烘乾方用。每修事重一斤一個，用黃精自然汁五兩爲度。 大鼠屎：即夜明砂，蝙蝠屎也。味辛，氣寒，無毒。 主治：主面癰腫，皮膚洒洒切痛如神。治腹中血氣，破寒熱積聚殊功。除心中驚悸，去面上黑皯。 補註：治五瘧方：夜明砂擣爲散，每服一大錢，冷茶調下立差。○一歲至兩歲小兒無辜，夜明砂熬擣爲散，任意拌飯并喫食與喫。三歲號乾無辜。

明·皇甫嵩《本草發明》卷六 伏翼味鹹，平。名蝙蝠。 主目瞑能開，夜視有精光，目痛痒。療淋，利水道。久服令人喜樂，媚好無憂。形大色白者美，灰色多未可服。冬月伏氣，夏月獲之，去毛、爪、腸，留嘴、脚、肉翅，醇酒浸一宿，漉起陰乾，絞黃精汁，旋塗，文武火烘燥，任為丸，酒吞之。莧實、營實為之使。血，點眼，夜視有光。○伏翼糞，名天鼠糞。又名夜明砂。味辛，寒。屎白而大者，入藥妙。蓋亦稀有。主面癰腫，皮膚洗洗時痛，腹中血氣，破寒熱積聚，除驚悸，去面黑皯。燒灰，酒服，下死胎。炒過，調酒，治瘰癧延生頭上。擣杵飯食，治小兒無辜疳。

明·李時珍《本草綱目》卷四八禽部·原禽類 伏翼《本經》上品。 校正：時珍曰：《本經》上品有伏翼條，又有天鼠屎，今依《李當之本草》合而爲一。

【釋名】蝙蝠音編福。 天鼠《本經》 仙鼠《唐本》 飛鼠《宋本》 夜燕恭曰：伏翼者，以其晝伏有翼也。時珍曰：伏翼，《爾雅》作服翼，齊人呼爲仙鼠，仙經列爲肉芝。

【集解】《別録》曰：伏翼生太山川谷，及人家屋間。立夏後采，陰乾。天鼠屎生合浦山谷，十一月、十二月采。弘景曰：伏翼非白色倒懸者，不可服。恭曰：伏翼即仙鼠也。在山孔中食諸乳石精汁，皆千歲，純白如雪，頭上有冠，大如鳩、鵲。陰乾服之，令人肥健長生，壽千歲。其大如鶉，未白者已百歲，而並倒懸，其腦重也。其屎皆白色，入藥當用此屎。頌曰：恭説乃仙經所謂肉芝者，然今蝙蝠多生古屋中，白而大者蓋稀。其屎亦有白色，料其出乳石孔者，當應如此耳。宗奭曰：伏翼日亦能飛，但畏鷙鳥不敢出耳。此物善服氣，故能壽。冬月不食，可知矣。時珍曰：伏翼形似鼠，灰黑色。有薄肉翅，連合四足及尾如一。夏出冬蟄，日伏夜飛，食蚊蚋。自能生育，或云鼉虱化蝠，鼠亦化蝠，蝠又化魁蛤，恐不盡然。生乳穴者甚大。或云燕避戊己，蝠伏庚申，此理之不可曉者也。若夫白色者，自有此種爾。仙經以爲千百歲，服之令人不死者，乃方士誑言也。陶氏、蘇氏從而信之，迂矣。按李石《續博物志》云：唐陳子真得白蝙蝠大如鴉，服之，一夕大泄而死。又宋劉亮得白蝙蝠、白蟾蜍仙丹，服之立死。嗚呼！書此足以破惑矣。其説始載於《抱朴子》書，葛洪誤世之罪，通乎天下。又《唐書》云：吐番有天鼠，狀如雀，大如猫，皮可爲裘。此則別是一種鼠，非此天鼠也。

伏翼 【修治】斅曰：凡使要重一斤者，先拭去肉上毛，及去爪腸，留肉翅并嘴脚。

以好酒浸一宿，取出以黄精自然汁五兩，塗炙至盡，炙乾用。時珍曰：近世用者，多煅存性耳。【氣味】鹹，平，無毒。日華曰：微熱，有毒。之才曰：莧實、雲實爲之使。【主治】目瞑癢痛，明目，夜視有精光。久服令人喜樂媚好無憂《本經》。日華曰：久服解愁。療五淋，利水道《别録》。主女人生子餘疾，帶下病，無子蘇恭。治久欬上氣，久瘧瘰癧，金瘡内漏，小兒魃病驚風時珍。藏器曰：五月五日，取倒懸者晒乾，和桂心、薰陸香燒烟，辟蚊子。夜明砂、鼈甲爲末，燒烟，亦辟蚊。

【發明】時珍曰：蝙蝠性能瀉人，故陳子真等服之皆致死。觀後治金瘡方，皆致下利，其毒可知。《本經》謂其無毒久服喜樂無憂，日華云久服解愁者，皆誤後世之言。適足以增憂益愁而已。治病可也，服食不可也。

【附方】舊三，新八。　仙乳丸：治上焦熱，晝常好瞑。用伏翼五兩重一枚，連腸胃炙燥，雲實炒五兩，威靈仙三兩，牽牛炒、莧實各二兩，丹砂、鉛丹各一兩，膩粉半兩，爲末，蜜丸緑豆大。每服七丸，木通湯下，以知爲度。《普濟》。　久欬上氣：十年、二十年，諸藥不效。用蝙蝠除翅、足，燒焦研末，米飲服之。《百一方》。　久瘧不止：《范汪方》用蝙蝠七個，去頭、翅、足，擣千下，丸梧子大。每服一丸，清湯下。鷄鳴時一丸，禺中一丸。　久瘧不止：伏翼丸：蝙蝠一枚炙，蛇蜕皮一條燒，蜘蛛一枚去足炙，鼈甲一枚醋炙，麝香半錢，爲末。五月五日午時研匀，入煉蜜和，丸麻子大。每温酒下五丸。《聖惠方》。　小兒驚癇：用入蟄蝙蝠一個，入成塊朱砂三錢在腹内，以新瓦合，煅存性，候冷爲末。空心分四服，兒小分五服，白湯下。《醫學集成》。　小兒慢驚：返魂丹：治小兒慢驚，及天弔夜啼。用蝙蝠一枚，去腸、翅，炙黄焦，人中白、乾蠍焙，麝香各一分，爲末，煉蜜丸緑豆大。每服乳汁下三丸。《聖惠方》。　多年瘰癧：不愈，神效方：用蝙蝠一個，猫頭一個，俱撒上黑豆，燒至骨化，爲末摻之，乾即油調傅，内服連翹湯。《集要》。　金瘡出血：不止，成内漏。用蝙蝠二枚，燒末。水服方寸匕，當下水而血消也。《鬼遺方》。　腋下胡臭：用蝙蝠一個，以赤石脂末半兩塗遍，黄泥包固，晒乾煅存性。以田螺水調塗腋下，待毒氣上冲，急服下藥，行一二次妙。《乾坤秘韞》。　乾血氣痛：蝙蝠一個，燒存性。每酒服一錢，即愈。《生生編》。　婦人斷産：蝙蝠一個燒研，以五朝酒浮調下。《摘玄方》。

腦　【主治】塗面，去女子面皰。服之，令人不忘藏器。

血及膽　【主治】滴目，令人不睡，夜中見物藏器。弘景曰：伏翼目及膽，術家用爲洞視法。

天鼠屎《本經》　【釋名】鼠法《本經》　石肝同上　夜明砂日華　黑砂星弘景曰：方家不用，俗不識也。李當之曰：即伏翼屎也，《方言》名天鼠爾。　【修治】時珍曰：凡采得，以水淘去灰土惡氣，取細砂晒乾焙用。其砂乃蚊蚋眼也。　【氣味】辛，寒，無毒。之才曰：惡白斂、白微。　【主治】面癰腫，皮膚洗洗時痛，腹中血氣，破寒熱積聚，除驚悸《本經》。去面上黑皯《别録》。燒灰，酒服方寸匕，下死胎蘇恭。炒服，治瘰癧日華。治馬撲損痛，以三枚投熱酒一升，取清服立止，數服便瘥。蘇頌。出《續傳信方》。熬擣爲末，拌飯與一歲至三歲小兒食之，治無辜病，甚驗慎微。治疳有效宗奭。治目盲障翳，明目除瘧時珍。

【發明】時珍曰：夜明砂及蝙蝠，皆厥陰肝經血分藥也，能活血消積。故所治目翳盲障，瘧魃疳驚，淋帶，瘰癧癰腫，皆厥陰之病也。按《類説》云：定海徐道亨患赤眼，食蟹遂成内障。五年忽夢一僧，以藥水洗之，令服羊肝丸。求其方。僧曰：用洗净夜明砂、當歸、蟬蜕、木賊去節各一兩，爲末。黑羊肝四兩，水煮爛和丸梧子大。食後熟水下五十丸。如法服之，遂復明也。

【附方】舊一，新十三。　内外障翳：夜明砂末，化入猪肝内，煮食飲汁，效。《直指方》。　青盲不見：夜明砂，糯米炒黄一兩，柏葉炙一兩，爲末，牛膽汁和丸梧子大。每夜卧時，竹葉湯下二十丸；至五更，米飲下二十丸，瘥乃止。《聖惠》。　小兒雀目：夜明砂〔一兩〕，炒研，猪膽汁和丸緑豆大。每米飲下五丸。一方：加黄芩等分爲末。米泔煮猪肝，取汁調服半錢。　五瘧不止：《聖惠》用夜明砂末，每冷茶服一錢，立效。○又方：治瘧發作無時，經久不瘥。用蝙蝠糞五十粒，朱砂半兩，麝香一錢，爲末，糯米飯丸小豆大，未發時，白湯下十丸。　胎前瘧疾：夜明砂末三錢，空心温酒服。《經驗秘方》。　欬嗽不止：蝙蝠去翅足，燒焦爲末。一錢，食後白湯下。《壽域神方》。　小兒魃病：以紅紗袋盛夜明砂，佩之。《直指方》。　一切疳毒：夜明砂五錢，入瓦瓶内，以精猪肉三兩薄切，入瓶内，水煮熟。午前以肉與兒食，飲其汁，取下腹中胎毒。次用生薑四兩，和皮切炒，同黄連末一兩，糊丸黍米大，米飲服，日三次。《全幼心鑑》。　聤耳出汁：夜明砂二錢，麝香一字，爲末。拭净摻之。《聖惠》。　潰腫排膿：夜明砂一兩，桂半兩，乳香一分，爲末，入乾砂糖半兩。井水調傅。《直指方》。　腋下胡臭：夜明砂末，豉汁調。　風蚛牙痛：夜明砂炒、吴茱萸湯泡炒，等分爲末，蟾酥和丸麻子大。綿裹二丸含之，吐涎。《普濟方》。

明・梅得春《藥性會元》卷下　蝙蝠　一名伏翼。味鹹，平，無毒。主治目瞑痒痛，療淋利水道，明目，夜視有精光。久服令人樂，媚好無憂。屎：用滚水淘去末，中有光星，名夜明沙。味鹹，無毒。治面癰腫，皮膚洗洗時痛，腹中血氣，破寒熱積聚，除驚，去面皯。凡使，得重一斤者佳。製法：拭去肉上毛、爪、腸，留翅、脚、嘴、身肉，醇酒浸一宿，擁起，搗黄精自然汁四五兩，塗炙焦為度，收之聽用。

明·穆世錫《食物輯要》卷五　伏翼　味鹹，平，無毒。明目解愁，治久咳上氣，久瘧，五淋，瘰癧，內漏，女人帶下無子，及小兒魃病驚風。多食，令人下痢。血膽，滴目，令人少睡，夜能見物。屎，名夜明沙。味辛，性寒，無毒。明目去翳，除驚悸，散寒熱，積聚腫毒，下死胎。

明·李中立《本草原始》卷一〇　伏翼　生太山川谷及人家屋間。形似鼠，灰黑色，有薄翅連合四足及尾。亦有白者。夏出冬蟄，日伏夜飛。食蚊蚋。自能生育。一名天鼠，一名仙鼠，一名飛鼠，一名夜燕。《圖經》曰：蝙蝠也。《唐本》注云伏翼，以其晝伏有翼爾。

伏翼：氣味：鹹，平，無毒。主治：目瞑癢痛，明目，夜視有精光。久服令人喜樂，媚好無憂。〇療五淋，利水道。〇主女人生子餘疾，帶下病，無子。〇治久欬上氣，久瘧瘰癧，金瘡內漏，小兒魃病驚風。一云：微熱，有毒。莧實為之使。腦：主治：塗面，去女子面皰。服之令人不忘。血及膽：主治：滴目令人不睡，夜中見物。天鼠屎：即伏翼屎也。俗呼夜明砂。氣味：辛，寒，無毒。主治：面癰腫，皮膚洗洗時痛，腹中血氣，破寒熱積聚，除驚悸。〇去面黑皯。〇燒灰酒服方寸匕，下死胎。〇炒服，治瘰癧。擣熬為末，拌飯，與三歲小兒食之，治無辜病甚驗。〇治疳有效。〇治目盲障翳，明目，除瘧。〇治馬撲損痛，以三枚投熱酒一升，取清，服數服瘥。

伏翼，《本經》中品。【圖略】在山孔中或古屋檐下，頭並倒懸，其腦重也。性能瀉人，治病則可，服食不可。按李石《續博物志》云：唐陳子真得白蝙蝠，大如鴉，服之，一夕大泄而死。宋劉亮得白蝙蝠，服之立死。觀此，白者尤不可服。修治：伏翼要重一斤者，先拭去肉上毛及去爪腸，留肉翅并觜腳，以好酒浸一宿，取出以黃精自然汁五兩，塗炙至盡，炙乾用。近世用者，多煅存性耳。

修治：夜明砂以水淘去灰土、惡氣，取細砂晒乾焙用。其砂乃蚊蚋眼也。惡白斂、白微。《生生編》：治乾血氣，蝙蝠一箇，燒存性，每酒服一錢，即愈。《聖惠方》：治五瘧不止，用夜明砂末，每冷茶服一錢，立效。

明·吴文炳《藥性全備食物本草》卷三　伏翼：即蝙蝠也。夜值庚申乃伏翼。善服氣，能壽。味甘、鹹，平，無毒。主小兒魃病。取血滴目，令人夜視有精光。止久嗽上氣，治五淋，利水道，久服令人喜樂媚好，無憂延壽。兼治金瘡出血，內瘻。立夏後採山谷及古屋間者，陰乾。重一斤，色白倒懸者。先拭去肉上毛及頭肚觜脚，然後用酒浸一宿，取出，以黃精自然汁塗之，炙令焦乾，莧實、雲母石為使。夜明砂：又名天鼠屎，無毒。小兒無辜疳，熬搗為末，拌飯喫。治瘰癧，略炒為末，茶調服。子死腹中，燒灰酒下。兼治面黑面皯，皮膚洗洗時痛，腹中血氣，破寒熱積聚，除驚悸。五瘧，冷茶調下立瘥。

明·李中梓《藥性解》卷六　伏翼　味鹹，性微寒，有毒，不載經絡。主逐五淋，利水道，去翳明目，令人喜樂，媚好忘憂，久服延年。屎名夜明砂，破腹中血氣，及寒熱積聚，除驚悸。血堪點眼，形重一觔，色白如雪者佳。

按：伏翼原名蝙蝠，以其晝伏夜飛，因稱伏翼。能伏氣，冬月不食，故多壽，人服之，宜其有延年之功矣。

明·姚可成《食物本草》卷一二禽部·原禽類　伏翼一名蝙蝠。在山孔中，食諸乳石精汁，皆千歲，純白如雪，頭上有冠，大如鳩、鵲。陰乾服之，令人肥健長生，壽千歲。其大如鶉未白者，已百歲，而並倒懸，其腦重也。其屎皆白色，入藥當用此屎。伏翼日亦能飛，但畏鷙鳥不敢出耳。此物善服氣，故能壽。冬月不食，可知矣。李時珍曰：伏翼形似鼠，灰黑色，有薄肉翅，連合四足及尾如一。夏出冬蟄，日伏夜飛，食蚊蚋，自能生育。或云：燕避戊己，蝠伏庚申，此理之不可曉者也。

伏翼，味鹹，平，無毒。治目瞑癢痛，明目，夜視有精光。久服，令人熹樂媚好，無憂。療五淋，利水道。主女人生子餘疾，帶下病，無子。治久欬上氣，久瘧瘰癧，金瘡內〔漏，小〕兒魃病驚風。腦：塗面，去女子面皰。服之，令人不忘。血及膽：滴目內，令人不睡，夜中見物。屎：味辛，寒，無毒。治面癰腫，皮膚洗洗時痛，腹中血氣。破寒熱積聚。除驚悸。去面上黑皯。燒灰，酒服方寸匕，下死胎。炒服，治瘰癧。治馬撲損痛，以三枚投熱酒一升，取清服，立止，數服便瘥。擣熬為末，拌飯與三歲小兒食之，無辜病甚驗。治疳亦效。治目盲障翳，明目除瘧。

附方：治久瘧不止。用蝙蝠七箇，去頭、翅、足，擣千下，丸梧子大。每雞鳴時服一丸，即愈。治多年瘰癧。用蝙蝠一個，猫頭一個，俱撒上黑豆，燒至骨化，為末摻之，乾即油調傅患處，內服連翹湯。治內外障翳。夜明砂末，扎入豬肝內煮食之，飲汁，立効。治小兒雀目。夜明砂炒研，豬膽汁和丸綠豆大。每米飲下五丸。治小兒魃病。以紅紗袋盛夜明砂佩之。

治聤耳出汁。夜明砂二錢，麝香一字，為末，拭淨，摻之。

明・施永圖《本草醫旨・食物類》卷三　伏翼名蝙蝠，以其晝伏有翼也。〇凡使，要重一斤者，先拭去肉上毛及去爪、腸，留肉翅并嘴、脚，以好酒浸一宿，取出，以黄精自然汁五兩塗炙至盡，炙乾用。　味：鹹，平，無毒。莧實、雲實為之使。治：目瞑癢痛，明目，夜視有精光。療五淋，利水道，主女子生子餘疾，帶下病，無子。治久欬上氣，久瘧，瘰〔癧〕，金瘡內漏，小兒魃病、驚風。五月五日取倒懸者，晒乾，和桂心、薰陸香，燒烟辟蚊子。夜明砂、鱉甲為末，燒烟，亦辟蚊。

附方　久欬上氣：用蝙蝠除翅、足，燒焦，研末，米飲服之。久瘧不止：用蝙蝠七箇，去頭、翅、足，擣千下，丸梧子大。每服一丸，清湯下，雞鳴時一丸，禺中一服。金瘡出血：用蝙蝠二枚，燒末，水服方寸匕，當下水而血消也。乾血氣痛：蝙蝠一箇，燒存性，每酒服一錢，即愈。婦人斷產：蝙蝠一箇，燒研，以五朝酒醉調下。

腦：治：塗面，去女子面皰。服之，令人不忘。　血及膽：治：滴目，令人不睡，夜中見物。　夜明砂：即伏翼屎也。以水淘去灰土惡氣，取細砂，晒乾焙用，其砂乃蚊蚋眼也。味：辛，寒，無毒。惡白斂、白微。治：面癰腫，皮膚洗洗時痛，腹中血氣。破寒熱積聚，除驚悸，面上黑皯。燒灰，酒服方寸匕，下死胎。炒服，治瘰癧。治馬撲損痛，以三枚，投熱酒一升，取清服立止，數服便瘥。擣熬為末，拌飯，與三歲小兒食之，治無辜病，甚驗。治疳有效。治目盲障翳，明目除瘧。夜明砂及蝙蝠，皆厥陰肝經血分藥也，能活血消積，故所治目翳盲障、瘧魃疳驚、淋帶、瘰癧癰腫，皆厥陰之病也。

附方　內外障翳：夜明砂末，扎入猪肝內煮食飲汁，效。青盲不見：夜明砂糯米炒黄一兩，柏葉炙一兩，為末，牛膽汁和丸梧子大。每夜臥時，竹葉湯下二十丸，至五更，米飲下二十丸，瘥乃止。五瘧不止：用夜明砂末每冷茶服一錢，立效。胎前瘧疾：夜明砂末三錢，空心溫酒服。欬嗽不止：蝙蝠去翅足，燒焦為末，一錢，食後白湯下。小兒魃病：以紅紗袋盛夜明砂，佩之。聤耳出汁：夜明砂二錢，麝香一字，為末，拭淨摻之。腋下胡臭：夜明砂末，豉汁調。

清・穆石匏《本草洞詮》卷一四　伏翼夜明砂　伏翼，俗稱蝙蝠。夏出冬蟄，晝伏夜飛。齊人呼為仙鼠，仙經列為肉芝。常自倒懸，其腦重也。此物善伏氣，故能壽。而燕避戊己，蝠伏庚申，亦理之難曉者也。氣味鹹平，無毒。一云微熱，有毒。主療五淋，利水道，治目瞑，癢痛，久咳上氣，久瘧瘰癧，金瘡內漏。然蝙蝠性能瀉人，故陳子真、劉亮服之皆致死。觀治金瘡方，能致下利，其毒可知。《本草》謂久服喜樂無憂，日華子謂久服解愁，似未可盡信也。夜明砂即伏翼屎也。辛，寒，無毒。入厥陰經血分。能活血消積，治目翳盲障，瘧魃疳驚，淋帶，瘰癧癰腫，皆厥陰病也。《類說》云：一人患赤眼成內障五年，忽夢一僧，令服羊肝丸，用洗淨夜明砂、當歸、蟬蛻、木賊去節，各一兩，為末，黑羊肝四兩，煮爛和丸，如法服之，遂復明也。

清・劉雲密《本草述》卷三〇　伏翼又名蝙蝠。　氣味：鹹，平，無毒。

時珍曰：蝙蝠性能瀉人，故陳子真等服之皆致死。觀後治金瘡方，皆致下利，其毒可知，即以之入藥，亦當慎之。

附方　丹溪方治癎證，用大蝙蝠一個，以硃砂三錢，填入腹內，以新瓦盛火炙令酥為度，候冷為末，每一個分作四服，氣弱及幼年分五服，空心白湯下。此藥慓悍，勿輕用。《集要》方治多年瘰癧不愈神效，方用蝙蝠一個，貓頭一個，俱撒上黑豆，燒至骨化，為末，摻之，乾即油調傅，內服連翹湯。

夜明砂即天鼠矢。惡白斂、白微。　氣味：辛，寒，無毒。　主治：腹中血氣，破寒熱積聚，除驚悸，治疳有效。治目盲障翳，明目。炒服治瘰癧。希雍曰：天鼠夜出，喜食蚊蚋，故其屎中淘出細砂，皆未化蚊蚋眼也。所以今人主明目，治目盲障翳，取其氣類相從也。

愚按：此種用之治目盲障翳，是固如希雍所云，以氣類相從也。唯是療小兒疳證方，論中云以下胎毒。若然，則《本經》謂其治腹中血氣，破寒熱積聚，固有與疳證關切者矣。第行腹中血氣，破其寒熱積聚，何以獨取茲物也？蓋茲物之命名，原有分曉，蚊蚋之遇夜而出者，其眼固夜明也。明於夜，而入於天鼠之腹，仍不消化，是則有遇陰翳而能破除，由血化而致氣化，初不為血氣之陰邪所轉者，此先聖察物之精，俾其應證而投，有如斯也。

附方　青盲不見，夜明砂糯米炒黄一兩，柏葉炙一兩，為末，牛膽汁和丸梧子大，每夜臥時竹葉湯下二十丸，至五更米飲下二十丸，瘥乃止。　一切疳毒，夜明砂五錢，入瓦瓶內，以精豬肉三兩，薄切入瓶內，水煮熟了，先以肉與兒食，飲其汁，取下腹中胎毒，次用生薑四兩，和皮切炒，同黄連末一兩，糊丸黍米大，米飲服，日三次。

修治　時珍曰：凡采得，以水淘去灰土惡氣，取細砂曬乾，焙用。其砂乃蚊蚋眼也。

清・陳士鐸《本草新編》卷五 伏翼夜明砂 伏翼即蝙蝠，白者第一，紅者次之，灰色者不可用。逐五淋，利水道，明雙目，撥翳膜。久服延年無憂，令人善樂媚好。用血點眼，夜視有光。

夜明砂，即蝙蝠糞，炒酒服下，可下死胎。蝙蝠得白者，入之補氣血之藥，可延年至百歲外，無如不可得也。我誌之於書者，實聞之岐天師之秘傳也。白蝙蝠不可得，粵西有紅蝙蝠，古人取之以作媚藥。蓋白者延齡，而紅者反助火也，助火必至動火，火動必至精泄。然則紅蝙蝠，終非益人之物也。

或問：蝙蝠安得白者用之，即紅蝙蝠亦難得，不識灰色者，可權用以修合藥餌乎？夫蝙蝠歲久，則得至陰之氣。彼灰色者，不過數十年之物耳，何可合藥。倘腹下色紅，則有百歲之久矣，亦可用之，然終不如紅者更奇，而白者更神也。

或疑伏翼非長生之藥，即色白是千歲之物，無益于補劑，何足取重？遠公註《本草》，故將舉世所絕無者，特神奇其說，恐不可信也，曰：白蝙蝠之可以延年，乃吾師傳鐸自服之方，余泄之以示世也。夫伏翼得至陰之氣，活數百年而不死，其常也。凡物長年者，皆服之延齡，如龜鹿之類，非耶，何獨于伏翼疑之。況伏翼至羽毛皆白，自是千歲之物，配以藥品，自可難老，此理之所必然也。況色白者不可得，而色紅者粵西實有，古人曾取之為媚藥，是補陽之明驗也。紅者既可以補陽，豈白者獨不可以補陰乎。余註《本草》，何品不可出奇，而必取伏翼以神其說哉。雖然白蝙蝠之方，吾師傳鐸自服，余自信之，正不必人之盡信也。

清・馮兆張《馮氏錦囊秘錄・雜症痘疹藥性主治合參》卷一一 伏翼一名天鼠。性喜夜出食蚊，故屎中淘出細沙，皆未化蚊眼也。所以主明目，治目盲障翳，取其氣類相從。其味辛寒，乃入足厥陰經。辛能散內外結滯，寒能除血熱氣壅，專於明目耳。伏翼，逐五淋而利水道，明雙目以撥翳雲。久服延年無憂，令人喜樂媚好。目血點眼，夜視有光。糞，名夜明砂，燒灰酒服，下胎孕已死腹中。炒過酒調，治瘰（瘰）〔癧〕延生頸上。搗散少拌飯食，又治小兒無辜。主療雖多，功專明目。

清・张璐《本經逢原》卷四 伏翼即蝙蝠，屎名夜明沙。鹹，平，無毒。伏翼煅灰用。夜明砂淘淨焙用。《本經》主目瞑癢痛，明目，夜視有精光。其屎治面癰腫，皮膚洗洗時痛，腹中血氣，破寒熱積聚，除驚悸。發明：《本經》治目瞑癢痛用伏翼。近世目科惟用夜明砂，鮮有用伏翼者。要皆厥陰肝經血分藥也。其伏翼屎能破結血消積，故目翳盲障，瘧魃淋帶，瘰癧癰疽皆用之。然蝙蝠食之，大能利人，稍虛不可輕用。

清・浦士貞《夕庵讀本草快編》卷六 伏翼《本經》、天鼠 謂其晝伏有翼。蝙蝠晝伏夜飛，善食蚊蟲，其性多利，雖令人解憂，不可輕服者也。其屎淘淨，有蚊睛在內，故有夜明砂之號，乃厥陰肝經藥也。故能活血而消積滯，磨翳障而治青盲，疳魅雞宿，及淋帶瘰癧，並皆効爾。王羲之帖云：天鼠骨治耳聾有驗。考之本艸，從未言及，豈別有所據耶？並記之。

清・劉漢基《藥性通考》卷四 伏翼、夜明砂 即蝙蝠。白者第一，紅者次之，灰色者不可用。逐五淋，利水道，明雙目，撥翳膜，久服延年無憂，令人善樂媚好。目血點眼，夜視有光。〇夜明砂，即蝙蝠糞，炒，酒服下，可下死胎。蝙蝠白者入之補氣血之藥，可延年，然不可得。粵西有紅者，古人取之以作媚藥，蓋紅者助火，必至動火，火動必泄精。然則紅者終非益人之藥也。

清・徐大椿《神農本草經百種錄》中品 伏翼 味鹹，平。主目瞑，明目，夜視有精光。存養肝經陰氣之精。久服，令人喜樂媚好無憂。肝氣和則樂。

凡有翼能飛之物，夜則目盲。伏翼又名天鼠，即鼠類也，故日出則目瞑而藏，日入則目明而出，乃得陰氣之精者也。肝屬厥陰，而開竅于目，故資其氣以養肝血，而濟目力，感應之理也。物有殊能，必有殊氣，皆可類推。

清・嚴潔等《得配本草》卷九 天鼠肉即伏翼。天鼠糞。逐五淋，去目翳。

拭去毛腸并爪，酒浸一宿，黃精汁塗炙用。天鼠糞即夜明砂。惡白斂、白薇。辛，寒。入足厥陰經血分。活血消積，散內外結氣，療肝經血分諸病。和朱砂、麝香末，治五瘧。豬膽丸，米飲下，治雀盲。摻豬肝，治翳障。酒送末，下死胎。淘淨曬乾，焙用。

清・趙學敏《本草綱目拾遺》卷九禽部 蝙蝠腦 李氏蝠腦丸中用之。治癰疽內陷，服之能令毒不攻心。

清・吳鋼《類經證治本草・足厥陰肝臟藥類》 天鼠 【略】誠齋曰：諸家皆云無毒，惟禹錫云微熱有毒。四五月取之，以重一斤者為上。先拭去肉上毛並爪、腸，餘不去，用酒浸一宿，漉出，並取黃精自然汁塗之，炙令乾，研用。

清・楊時泰《本草述鉤元》卷三〇　伏翼即蝙蝠　氣味鹹平。性能瀉人，觀治金瘡方，皆致下利，其毒可知。附方：　治癇證，大蝙蝠一個以朱砂三錢填入腹(肉)〔內〕，新瓦盛火炙令酥，候冷為末，分作四服，氣弱及幼年分五服，空心白湯下。此藥慓悍，勿輕用。多年瘰癧不愈，用蝙蝠一個，貓頭一個，俱撒上黑豆，燒至骨化，為末摻之，乾者油調傅之。內服連翹湯。

夜明砂：　即天鼠矢。氣味辛寒。惡白斂、白微。主治腹中血氣，破寒熱積聚，治目盲障瞖，明目。屎中淘出細砂，皆所食蚊蚋未化眼也。除驚悸，治疳有效，炒服治瘰癧。附方：　青盲不見，夜明砂同糯米炒黃一兩，柏葉炙一兩，為末，牛膽汁和丸梧子大，每夜臥時，竹葉湯下二十丸，至五更，米飲下二十丸，瘥乃止。一切疳毒，夜明砂五錢，精猪肉薄切三兩，入瓦瓶內，水煮熟，以肉食兒，飲其汁。取下腹中胎毒，次用生薑四兩和皮切炒，同黃連末一兩，糊丸黍米大，米飲服，日三次。

論：　夜明砂治目盲障瞖，固以氣類相從，至於療兒疳，下胎毒，與《本經》所治腹中血氣，寒熱積聚相合。夫血氣積聚，何獨取於茲物，蓋蚊蚋之至夜而出者，其眼固夜明也。今人於天鼠之腹，仍不消化，則是遇陰翳而能破除，由血化而致氣化，有不為血氣之陰邪所轉者，先聖察物之精，投之應證不爽也。

修事：　以水淘去灰土惡氣，取細砂，曬乾焙用。

清・趙其光《本草求原》卷一九禽部　飛鼠即蝙蝠，又名伏翼。　鹹，熱，有毒。《本經》用治目瞑癢痛，明目，夜視有光，煅灰用。古方治癇，以朱砂入腹內炙酥，白湯下。久癧，同貓頭各入黑豆，煅至骨化，油調敷。或摻，內服連翅湯。慢驚，炙焦，入人中白、蠍、麝，蜜為丸，乳汁下。乾血氣痛，燒存性，酒下。久瘧，同蛇蛻灰、蜘蛛、麝、鱉甲醋炙蜜丸。久咳，燒焦飲下。以其活肝血也。但性悍，服之多不利。金瘡出血不止，成內漏者，燒末水下。服之瀉水而血消，其毒可知，勿輕用。屎：　名夜明砂。辛，寒，無毒。乃未化之蚊眼也。破瘀，活血，治血乾，蚊食血。消積，血化即令氣化。消翳，蚊眼明於夜。治內外障，入豬肝內煮食。青盲，同炒糯米、炙柏葉，牛膽為丸，竹葉湯、米飲下。雀目，豬膽汁和丸，米飲豬肝湯下。五瘧，同朱砂、麝，糯米飯為丸。胎瘧，為末酒下。疳積，豬肉湯下後，瀉出胎毒。次以生薑同黃連為丸，米飲下。行腹中血氣，破寒熱積聚，皮膚洗洗時痛，下死胎。燒灰酒下。治瘰癧，炒服。人馬撲損，酒服。無辜病，拌飯食。潰腫排膿。同桂、乳香末、砂糖，並水調敷。取其幽夜不迷，入腹不化，不為陰邪所轉，故主驚癇，治氣血之陰邪也。淘去灰土，取砂，即蚊眼。曬焙用。

清・葉志詵《神農本草經贊》卷二　伏翼　味鹹，平。主目瞑明目，夜視有精光，久服令人喜樂，媚好無憂。一名蝙蝠。生山谷。

肉芝仙飫，飲乳浮銀。倒飛垂腦，服氣調神。穴分鼠鳥，候變宵晨。漫推甲子，亦守庚申。

蘇恭曰：　仙經列為肉芝。《述異記》：　千歲之後，體白如銀。山洞有乳窟，飲汁而得長生。《參同契》：　采浮銀至寶於西方。《拾遺記》：　岱輿山蝙蝠，有倒飛腹向天者，有腦重頭垂者。寇宗奭曰：　此善服氣，冬月不食。唐明皇詩：　芝桂欲調神。《正法念經》：　譬如蝙蝠，入穴為鼠，出穴為鳥。《烏臺詩案》：　蝠以日入為旦，日出為夕。陶潛詩：　淹留忘宵晨。《獨異志》：　明皇朝有張果老，不知歲數。道士葉靜能曰：　此混沌初分，白蝙蝠精變化。《自然論》：　蝙蝠夜值庚申則伏。許渾詩：　年長漫勞推甲子，夜深誰共守庚申。

清・戴葆元《本草綱目易知錄》卷五　蝙蝠伏翼　肉，鹹，平，入厥陰經。通五淋，利水道，能明目，夜視有精光。久服令人喜樂，媚好無憂。治目瞑痒痛，久咳上氣，久瘧瘰癧，及金瘡內漏，女人生子餘疾，帶下病無子，小兒魃病驚風。【略】　夜明砂：　蝙蝠屎、黑砂星。辛，寒，入肝經血分。活血消積，明目除瘧，定驚悸，下死胎，療疳積，消瘰癧。治面癰腫，去面黑皯，皮膚洗洗痛，腹中血氣，破寒熱積聚，目盲障瞖。以一合，投熱酒一升，取清汁服，治馬撲損痛。炒末，拌飯，與小兒食，治無辜疳病。

夜明砂

宋・唐慎微《證類本草》卷一九禽部〔《本經・別錄・藥對》〕　**天鼠屎　味辛，寒，**無毒。**主面癰腫，皮膚洗洗時痛，腹中血氣，破寒熱積聚，除驚悸，**去面黑皯。**一名鼠法，一名石肝。**生合浦山谷。十月、十二月取。惡白斂、白薇。

〔梁・陶弘景《本草經集注》〕云：　方家不復用，俗不識也。

〔唐・蘇敬《唐本草》〕注云：　李氏《本草》云：　即伏翼屎也。伏翼條中不用屎，是此明矣。《方言》名仙鼠，伏翼條已論也。

〔宋・馬志《開寶本草》〕注：　一名夜明沙。

〔宋·唐慎微《證類本草》〕《簡要濟衆》：治五瘧方：夜明沙，擣爲散，每服一大錢，用冷茶調下，立差。《家傳驗方》：一歲至兩歲小兒無辜。夜明沙熬，擣爲散，任意拌飯并喫食與喫。三歲號乾無辜。

宋·王繼先《紹興本草》卷一九 天鼠屎 紹興校定：天鼠屎，性味主治雖載《本經》，乃夜明砂，已具伏翼條下校定矣。

宋·陳衍《寶慶本草折衷》卷一六 天鼠屎 一名夜明沙，一名鼠法，一名石肝，一名伏翼屎。○又云：一名仙鼠屎，乃蝙蝠之屎也。生合浦山谷，又云出屋間。○十、十二月取。○惡白斂、白薇。

味辛，平張松，寒，無毒。○主面癰腫，皮膚痛，腹中血氣，寒熱積聚，除驚悸，去面黑皯。○日華子云：炒服，治瘰癧。分伏翼說，下同。○《圖經》曰：蝙蝠，在山孔中，食諸乳石精汁。屎白，如大鼠屎，入藥當用此。今蝙蝠多生古屋中，屎亦少白色者。○《簡要濟衆》：治五瘧，夜明沙擣為散，每服壹大錢，冷茶調下。○《家傳驗方》：小兒無辜，熬擣為散，拌飯與吃。○寇氏曰：合疳藥。

續說云：張松謂夜明沙。又治小兒諸疳，好食泥土，洩痢，不時服。《楊氏方》療內外障瞖，用豬肝貳兩批開，以夜明沙末貳錢摻肝內，麻線纏定，水壹盞，煮肝轉色白，取出，食後爛嚼，以煮肝湯下。

明·許希周《藥性粗評》卷四 收夜明之砂，全小兒於眾症。伏翼另有本條。

夜明砂，蝙蝠屎也。蝠頭似鼠，有翼，晝伏而夜飛，一名伏翼，一名天鼠。頭重倒懸而立。江南岩谷及人家屋梁穴中處處有之。自百歲以後漸漸變白。其屎亦然。凡採須重半斤以上者佳。拭去肉上毛，去爪腸，然後用酒浸一宿，取出，炭焦用，或用黃精自然汁塗炙更妙。莧實、雲實為之使，畏白斂、白微。味辛，性寒，無毒。主治面目壅腫，瘰癧積聚，驚悸，面上皯斑。尤治小兒疳淋，多辜多疾，炒擣為末，拌飯或多物與食之。又茶調以治五瘧。

明·繆希雍《本草經疏》卷一九 天鼠屎 味辛，寒，無毒。主面癰腫，皮膚洗洗時痛，腹中血氣，破寒熱積聚，除驚悸，去面皯。一名夜明沙。

〔疏〕天鼠夜出，喜食蚊蚋，故其屎中淘出細沙，皆未化蚊蚋眼也。所以今人主明目，治目盲障翳，取其氣類相從也。其味辛寒，乃入足厥陰經藥。《本經》所主諸證，總屬是經所發，取其辛能散內外結滯，寒能除血熱氣壅故也。然主療雖多，性有專屬。明目之外，餘皆可略。〔主治參互〕《聖惠方》青盲障翳，夜明沙一兩，栢葉炙一兩，為末，牛膽汁和丸梧子大。每夜臥時，竹葉湯下二十丸。又方，五瘧不止：夜明沙末，每冷茶服一錢，立效。并治胎前瘧。除目疾外，他用甚稀，故不立簡誤

明·倪朱謨《本草彙言》卷一八 夜明砂即蝙蝠屎 味辛，氣寒，無毒。沉也，降也，入足厥陰經。李氏曰：蝙蝠形似鼠，灰黑色，有薄肉翅，連合四足及尾。夏出冬蟄，晝伏夜飛，食蚊蚋，自能生育。生石穴者甚大，棲息古廟高屋梁間，常自倒懸。此物善伏氣，故能壽。其屎名夜明砂。陶氏曰：方家不用者，世俗不識也。修治：凡采取，以水淘去灰土惡氣，取細砂曬乾焙用。其砂乃蚊蚋眼也。

夜明砂：日華消疳明目之藥也。方吉人曰：蝙蝠晝伏夜出，喜食蚊蚋，屎中淘出細砂，乃未化蚊蚋眼也。專入肝經血分，故前古主破積聚，除寒熱，消瘰癧。又唐氏方：治小兒無辜疳疾及大人血瘀氣滯肝逆而成翳障目盲之證。此物堅寒明肅，能活瘀消積，故所治積聚瘰癧，驚疳盲障等疾，皆足厥陰血分病也，今方用甚鮮，因淘取不多得也。

集方：《方脉正宗》治腹中諸積聚寒熱。用夜明砂三錢，阿魏四錢，花椒五錢，紅麯六錢，俱研細末，每服二錢，清晨白湯調下。○同上治瘰癧延纏。用夜明砂三錢，白蛤殼五錢火煅，共研細末，米飯爲丸如綠豆大，每晚服二錢，白湯下。○《全幼心鑒》治一切疳疾。用夜明砂五錢，入砂罐內，以精猪肉三兩，切片入罐內，水煮熟，取肉與兒食，飲其汁，取下腹中胎毒即效。○《直指方》治大人小兒內外翳障及青盲雀目。用夜明砂二錢研化，同猪肝煮熟，食肝并飲汁盡，三次全效。○《聖惠方》治五瘧不止。用夜明砂一錢，生薑三片，細茶一撮，煎湯調服即效。

明·蔣儀《藥鏡》卷四寒部 夜明砂 散內外結滯，除血熱氣壅。栢葉末同，牛膽和吞，青盲障翳，即時淨盡。活捉刺血，點目亦佳。

明·盧之頤《本草乘雅半偈》帙七 夜明砂《本經》下品 氣味：鹹，平，無毒。

主治：主目瞑癢痛，明目，夜視有精光。久服令人喜樂媚好無憂。

覈曰：夜明砂，伏翼糞也。伏翼形似鼠，灰黑色，脇間肉翅，連合四足及尾，伏則倒懸，食則蚊蚋，多處深山崖穴中，及僻暗處。乃鼍虱與鼠所化，而復轉化魁蛤。冬蟄夏出，日伏夜翼，避庚申日。一種食鍾乳者壽千歲，純

百如雪，首有冠，大如鳩鵲，此品所遺之糞功力殊勝。修事：先以大眼篩篩過數次，次用水澄去沙土，入苧布囊內，溪水中提濯，約減十之七，易細苧囊再濯，每斗可兩許，光芒煥耀，質圓成粒者乃佳。扁薄者蚊蚋膚也。若得食鍾乳者，亦如前法，取光明如寶珠者最佳。用緩火隔紙焙燥，研極細入藥。莧實、雲實為之使。

条曰：玄暉不夜，因名夜明；以蚊蚋為食，蚊蚋伏翼；夏出冬蟄，順時序為浮沉；夜翼晝伏，互晝夜為吸呼；伏則倒懸，具陰陽顛倒之象耳。食石鍾乳者，朱冠雪體，即肉芝類，故功用與鍾乳、六芝等。芝以夏現，乳以夏溢，化相感，性相近也。唯能順時序為浮沉者，乃得互呼吸之出入入出，與會陰陽之陽陰陰陽，方成顛倒倒顛。

清・顧元交《本草彙箋》卷八 夜明砂 夜明砂，即伏翼糞也。伏翼夜出，喜食蚊蚋，故其糞中淘出細沙，皆未化蚊蚋眼。故主明目，治目盲障翳，取其氣類相從。其味辛寒，乃入足厥陰經。辛能散滯，寒能涼血。然主療雖多，性有專屬，明目之外，餘皆可略。

患赤眼成內障者，用羊肝丸，夜明沙、當歸、蟬蛻、木賊去節，各一兩，爲末，黑羊肝四兩，水煮爛，和丸梧子大，食後熟水下五十丸，如法服之，自漸復明。 小兒雀目，夜明沙炒研，猪膽汁和丸菉豆大，每米飲下五丸。一方加黃芩等分，爲末，米泔煮猪肝，取汁調服半錢。

清・郭章宜《本草匯》卷一七 天鼠蝙蝠也屎即夜明沙 味辛，氣寒，入足厥陰血分。開目盲翳障，治雀目痎瘧。

按：天鼠，又名伏翼，其屎為夜明沙者，此鼠夜出喜食蚊蚋，故其屎中淘出細沙，皆未化蚊蚋眼也。所以今人主明目，治盲障，取氣類相從耳。明目之外，餘皆可略。

多藏古寺屋板中，取糞，水淘去惡氣，將細沙晒乾焙用。惡白歛、白薇。

清・王翃《握靈本草》卷一〇 夜明沙即蝙蝠屎也。凡使，淘去灰及惡氣，取細砂晒乾，焙用。乃蚊蚋眼也。 主治：夜明沙，辛，寒，無毒。主腹中血氣，破寒熱積聚，治目盲障翳，除瘧。

清・汪昂《本草備要》卷四 夜明砂一名天鼠矢。瀉，散血，明目。 辛，寒。肝經血分藥。活血消積。治目盲障翳，加石决明、猪肝煎，名决明夜靈散，治鷄盲眼。瘧魃音奇，小兒鬼。驚疳，蝙蝠及矢，幷治驚疳瘧癰厥陰之病。血氣腹痛。《經疏》曰：辛能散內外滯氣，寒能除血熱氣壅。明目之外，餘皆可略。吴鶴臯曰：古人每用虻蟲、水蛭治血積，以其善吮血耳。若天鼠矢，乃食蚊而化者也，當亦可以攻血積。《本草》稱其下死胎，則其能攻血塊也何疑？ 同鱉甲燒烟辟蚊。 蝙蝠矢也。食蚊，砂皆蚊眼，故治目疾。淘淨焙用。惡白微、白歛。

清・李熙和《醫經允中》卷一七 夜明砂 味辛，氣寒，無毒。主治開目盲翳障。

清・張志聰、高世栻《本草崇原》卷下 天鼠屎 氣味辛，寒，無毒，主治面癰腫，皮膚洗洗時痛，腹中血氣，破寒熱積聚，除驚悸。 天鼠，《本經》名伏翼，列於上品，即蝙蝠也。天鼠屎《日華本草》名夜明砂。天鼠罕用，夜明砂常用，故錄之。天鼠冬蟄夏出，晝伏夜飛，多處深山崖穴中及人家舊屋內，食蚊蚋乳石精汁。李時珍曰：凡采得以水淘去灰土惡氣，取細砂曬乾焙用，其砂即蚊蚋眼也。 蝙蝠形極類鼠而飛翔空中，故曰天鼠。身有翼而晝伏，故曰伏翼。屎乃蚊蚋乳石之餘精，氣味辛寒，感陽明太陽金水之化。主治面癰腫者，面屬陽明也。皮膚洗洗時痛者，皮膚屬太陽也。癰腫則血氣不和，陽明行身之前，而治面之癰腫，則腹中血氣之病，亦可治也。皮膚洗洗，則身發寒熱。皮膚時痛，則寒熱積聚，太陽主通體之皮膚，而治皮膚洗洗之時痛，則自發寒熱而邪積凝聚者，亦可破也。肝病則驚，心病則悸，除驚悸者，稟陽明金氣而除風木之驚，稟太陽水氣而除火熱之悸也。

清・黃元御《玉楸藥解》卷五 夜明砂 味淡，氣平。入足厥陰肝經。消積聚，去瞖障。蝙蝠屎名夜明砂。能磨瞖明目，消腫破積，止痛除驚。去黑䵟，下死胎，療瘰癧，治馬撲腫痛。

清・吴儀洛《本草從新》卷六 夜明砂〔瀉，散血，明目。〕一名天鼠矢。 辛，寒。肝經血分藥。活血消積。治目盲障翳，加石决明、猪肝煎，名决明夜靈散，治鷄盲眼。瘧魃，音奇。小兒鬼。驚疳，蝙蝠及矢，并治驚疳瘧癇，厥陰之病。乾血氣痛。《經疏》云：辛能散內外結氣，寒能除血熱氣壅。明目之外，餘皆可略。吴鶴臯曰：古方每用虻蟲、水蛭治血積，以其善吮血爾。若天鼠矢，乃食蚊而化者也，當亦可以攻血積。本方稱其下死胎，則其能攻血塊也何疑。 同鱉甲燒烟辟蚊。 蝙蝠矢也。食蚊，砂皆蚊眼，故治目疾。淘淨焙。惡白薇、白歛。

清・汪紱《醫林纂要探源》卷三 夜明砂 辛，鹹，寒。蝙蝠屎也。夜飛食蚊，蚊目不化，取屎淘於流水，其細沙存者，即是也。蚊目，固夜明者。補心肝血分，蚊，固

吮血之蟲。主養陰明目。治目盲，障翳，雀盲。兼能行血去瘀，治鬼瘧，定驚癇。催生，下死胎，以其鹹能輭堅，辛能行氣。且蝙蝠乳而產最易也。鬼，陰物，夜出，此亦然，故取其意。要之氣血和而不滯，則瘧愈矣。○蝙蝠非可服食，昔人稱為仙鼠，皆誣妄之見。

題清・徐大椿《藥性切用》卷八　夜明砂　一名天鼠矢，即蝙蝠屎。性味辛寒，入肝經血分，活血消積，治目盲障翳。

清・黃宮繡《本草求真》卷七　夜明沙入肝活血明目。　夜明沙耑入肝。即名天鼠屎也。其屎因食蚊蟲而化，蚊蟲善食人血，是即蚊蟲之眼。故能入肝經血分活血，為治目盲障翳之聖藥。肝之竅在目。凡人目生障翳，多緣肝有血積，以致上攻於目，其或見為驚疳瘧魃，血氣腹痛，得此辛以散邪，寒以勝熱，則血自活，而病無不可愈。本草稱下死胎。以其蚊善食血。吳鶴臯曰：古人每用蝱蟲、水蛭治血積，以其善吃人血故耳。故即可以食血者，治其血耳。加石決明、猪肝煎，名決明夜靈散。治雞盲眼。并能燒烟辟蚊。同鱉甲燒。是即以蚊治蚊之意，淘淨焙用。惡白薇、白斂。

清・羅國綱《羅氏會約醫鏡》卷一八禽獸部　夜明砂一名天鼠矢。味辛寒，入肝經。　肝經血分藥，活血消積。耑治目盲障翳。雖有他用，明目之外，餘皆可略。按：此即蝙蝠矢也，食蚊，砂皆蚊眼，故治目疾。淘淨焙用。惡白薇、白斂。

清・葉桂《本草再新》卷一〇　夜明砂味辛，性寒，無毒。入肝、脾二經。　活血消積，目盲障翳，瘧魃驚癇，血乾氣痛。

清・葉志詵《神農本草經贊》卷二　天鼠屎　味辛，寒。主面癰腫，皮膚洗洗時痛，腸中血氣，破寒熱積聚，除驚悸。一名鼠法，一名石肝。生山谷。

鼠證飛仙，宵游晝掩。蚊蚋睛收，星砂肝斂。幽洞培堆，空階疏點。天廁星沉，效靈夕啖。

馬志曰：一名飛鼠。蘇恭曰：一名仙鼠。《拾遺記》：太液池傍，起宵游宮。司馬相如賦：門閣晝掩。李時珍曰：其屎皆蚊蚋眼也。陶弘景曰：一名黑砂星。陳子昂詩：幽洞無留行。王安石詩：一株臨路雪培堆。陸游詩：疎點空階雨。《步天歌》：左足下，四天廁。臨廁下，一物天屎沉。張衡賦：亦有天屎，質黃效靈。梁元帝詩：百枝凝夕啖。

清・文晟《新編六書》卷六《藥性摘錄》　夜明沙　即蝙蝠屎。入肝，活血明目。○治目盲翳障之要藥。並治驚疳瘧魃，血氣腹痛。○淘淨，焙用。○惡白微、白斂。

清・張仁錫《藥性蒙求・禽部》　夜明砂　夜明砂辛，又帶微寒。目盲翳障，活血入肝。一名[天]鼠矢。即蝙蝠矢也。淘淨焙。

清・趙晴初《存存齋醫話稿》卷二　古人治血積，每用虻蟲、水蛭，以其善吮血，然其性極毒，人多患之。不若改用夜明砂，以其食蚊而化者也。蚊之吮血，不減蛭蟲。本草稱其能下死胎，則其能攻蓄血明矣。此說出於《不居集》，錄出備採。

清・黃光霽《本草衍句》　夜明砂　寒能除血熱氣壅，辛能散內外結滯。入肝經血分。《本經》破寒熱積聚，血氣腹痛。　明目養陰，治目盲，障翳，雀目。　消瘀行血。止瘧下胎，殺疳除翳。

清・陳其瑞《本草撮要》卷八　夜明砂　味辛，寒，入手足厥陰經血分，功專散血明目。得石決明、猪肝治雞盲。淘淨焙。惡白薇、白斂。小兒魃病，以紅紗袋盛夜明砂佩之。魃音奇，小兒鬼也。一名天鼠矢。

清・仲昴庭《本草崇原集說》卷下　天鼠屎　【略】仲氏曰：稟金氣水氣，則風火害眼，亦可治矣！然《本經》不言，今眼科用治翳障。

黃鼠

元・忽思慧《飲膳正要》卷三　黃鼠　味甘，平，無毒。多食發瘡。

明・李時珍《本草綱目》卷五一獸部・鼠類　黃鼠《綱目》

【釋名】禮鼠韓文　拱鼠同上　鼲鼠音渾。　貔狸時珍曰：黃鼠，晴暖則出坐穴口，見人則交其前足，拱而如揖，乃竄入穴。即《詩》所謂相鼠有體，人而無禮。韓文所謂禮鼠拱而立者也。古文謂之鼲鼠，遼人呼爲貔狸，或以貔狸爲竹䶉、狸、獾者非，胡人亦名令邦。

【集解】時珍曰：黃鼠出太原、大同，延、綏及沙漠諸地皆有之，遼人尤爲珍貴。狀類大鼠，黃色，而足短善走，極肥。穴居有土窖如牀榻之狀者，則牝牡所居之處，秋時畜豆、粟、草木之實以禦冬，各爲小窖，別而貯之。村民以水灌穴而捕之。味極肥美，如豚子而脆。皮可爲裘領。遼、金、元時以羊乳飼之，用供上膳，以爲珍饌。千里贈遺。今亦不甚重之矣。最畏鼠狼，能入穴銜出也。北胡又有青鼠，皮亦可用。銀鼠，白色如銀，古名鼸，音吸。《抱朴子》言南海白鼠重數斤，毛可爲布也。《百感録》云：西北有獸類黃鼠，短喙無目，性狡善聽，聞人足音輒逃匿，不可卒得，土人呼爲瞎撞。亦黃鼠類也。

肉【氣味】甘，平，無毒。《正要》云：多食發瘡。　【主治】潤肺生津。煎膏貼瘡腫，解毒止痛時珍。

【發明】時珍曰：黃鼠，北方所食之物，而方書無載。按《經驗良方》有靈鼠膏，云治諸

瘡腫毒，去痛退熱。用大黃鼠一個，清油一斤，慢火煎焦，水上試油不散，乃濾滓澄清再煎。次入炒紫黃丹五兩，柳枝不住攪勻，滴水成珠，下黃蠟一兩，熬黑乃成。去火毒三日，如常攤貼。

明・穆世錫《食物輯要》卷四 黃鼠 肉，味甘，平，無毒。潤肺生津。多食，發瘡。入膏藥，解毒散腫。

明・趙南星《上醫本草》卷四 黃鼠 一名禮鼠，一名拱鼠，一名鼲鼠，一名貔貍。《百感錄》云：西北有獸類黃鼠，短喙無目，性狡善聽，聞人足音輒逃匿，不可卒得。土人呼為瞎撞，亦黃鼠類也。 肉：甘，平，無毒。主治：潤肺生津，煎膏貼瘡腫，解毒止痛。多食發瘡。

附方 《經驗良方》有靈鼠膏，云治諸瘡腫毒，去痛退熱。用大黃鼠一箇，清油一斤，慢火煎焦，水上試油不散，乃濾滓澄清。再煎，次入炒紫黃丹五兩，柳枝不住攪勻，滴水成珠，下黃蠟一兩，熬黑乃成。去火毒三日，如常攤貼。

明・應麐《食治廣要》卷六 黃鼠 肉：氣味：甘，平，無毒。主治：潤肺生津。《正要》云：多食發瘡。然味極肥美，如豚子而脆。皮可為裘領。遼金元時以羊乳飼之，用供上膳。以為珍饌，千里贈遺。今亦不甚重之矣。

明・姚可成《食物本草》卷一四獸部・鼠類 黃鼠李時珍曰：黃鼠出太原、大同，延、綏及沙漠諸地皆有之，遼人尤為珍貴。狀類大鼠，黃色而足短。善走，極肥。穴居有土窖如牀榻之狀者，則牝牡所居之處。晴暖則出坐穴口，見人則交其前足，拱而如揖，乃竄入穴。即《詩》所謂相鼠有體，人而無禮，故又名禮鼠。韓文所謂禮鼠拱而立者也。秋時畜豆、粟、草木之實以禦冬，各為小窖，別而貯之。村民以水灌穴而捕之。味極肥美，如豚子而脆。皮可為裘領。遼、金、元時，以羊乳飼之，用供上膳，以為珍饌，千里贈遺。今亦不甚重之矣。最畏鼠狼，能入穴銜出也。北胡又有青鼠，皮亦可用。銀鼠，白色如銀。《抱朴子》言南海白鼠重數斤，毛可為布也。《百感錄》云：西北有獸類黃鼠，短喙無目，性狡善聽，聞人足音輒逃匿，不可卒得。土人呼為瞎撞，亦黃鼠類也。 黃鼠肉，味甘，平，無毒。食之，主潤肺生津。多食發瘡。煎膏貼瘡，解毒止痛。

附方：《經驗良方》有靈鼠膏，治諸瘡腫毒，止痛退熱。用大黃鼠一箇，打死，清油一斤，慢火煎熬，水上試油不散，乃濾滓澄清再煎，次入炒紫黃丹五兩，楊柳枝不住手攪勻，滴水成珠，下黃蠟一兩，熬黑乃成。去火毒三日，如常攤貼。

明・顧逢柏《分部本草妙用》卷一〇獸部 黃鼠肉 甘，平，無毒。多食發瘡。北方所食，故載之。 主治：潤肺生津。煎膏貼腫，解毒止痛。

明・施永圖《本草醫旨・食物類》卷四 黃鼠 肉：味甘，平，無毒。多食發瘡。治：潤肺生津。煎膏，貼瘡腫，解毒止痛。黃鼠，北方所食之物。治諸痛腫毒，去痛退熱，用大黃鼠一箇，清油一斤，慢火煎焦，水上試油不散，乃濾滓澄清。再煎，次入炒紫黃丹五兩，柳枝不住攪勻。滴水成珠，下黃蠟一兩，熬黑乃成。去火毒三日，如常攤貼。

清・丁其譽《壽世秘典》卷四 黃鼠出太原、大同，延綏諸地，狀類大鼠，黃色而足短，善走，極肥，穴居。有土窖如床榻之狀者，則牝牡所交之處。秋時畜豆粟、草木之實以禦冬，各為小窖，別而貯之。晴暖則出，坐穴口，見人則交其前足，拱而如揖，乃竄入穴，即《詩》所謂相鼠有體，人而無禮，韓文所謂禮鼠拱而立者也。村民以水灌穴而捕之，味極肥美，如豚子而脆，皮可為裘領。元時以羊乳飼之，用供上膳，以為珍饌，千里贈遺。今亦不甚重之矣。最畏鼠狼，能入穴啣出也。 氣味：甘，平，無毒。主潤肺生津。多食發瘡。煎膏貼瘡腫，解毒止痛。

清・朱本中《飲食須知・獸類》 黃鼠肉 味甘，性平。昔為上供，今不甚重之。多食能發瘡。

清・李熙和《醫經允中》卷二二 黃鼠肉 多食發瘡。北方所食，故載之。 甘平，無毒。主治潤肺生津，煎膏貼腫，解毒止痛。

清・王道純《本草品彙精要續集》卷五 黃鼠無毒 胎生。

黃鼠肉： 主潤肺生津，煎膏貼瘡腫，解毒止痛《本草綱目》。 〖名〗禮鼠韓文、拱鼠同上、鼲鼠音渾、貔狸。李時珍云：黃鼠，晴暖則出，坐穴口，見人則交其前足，拱而如揖，乃竄入穴。即《詩》所謂：相鼠有體，人而無禮。韓文所謂禮鼠拱而立者也。古文謂之鼲鼠，遼人呼爲貔狸，胡人亦名令邦。〖地〗出太原大同、延綏及沙漠諸地皆有之，遼人尤爲珍貴。穴居，有土窖如牀榻之狀者，是牝牡所居之處，秋時畜豆粟草木之實，以禦冬，各爲小窖，別而貯之。 〖時〗生：無時。採：無時。村民以水灌穴而捕之。 〖用〗肉味極肥美，如豚子而脆，皮可爲裘領。遼金元時以羊乳飼之，用供上膳，以爲珍饌，千里贈遺，今亦不甚重之矣。 〖質〗狀類大鼠，足短善走，極肥。〖色〗黃。 〖味〗甘。 〖性〗平。 〖合治〗李時珍云：黃鼠，北方所食之物，而方書不載，按《經驗良方》有靈鼠膏，云治諸瘡腫毒，去痛退熱，用大黃

鼠一個，清油一斤，慢火煎焦，水上試油不散，乃濾滓澄清，再煎次入炒紫黄丹五兩，柳枝不住攪勻，滴水成珠，下黄蠟一兩，熬黑乃成，去火毒三日，如常攤貼。【禁】《正要》云：多食發瘡。【代】北胡又有青鼠皮，亦可用銀鼠，白色如銀，古名鼫鼠，音吸。《抱朴子》云：南海白鼠，重數斤，毛可爲布也。《百感錄》云：西北有獸，類黄鼠，短喙無目，性狡善聽，聞人足音輒逃匿，不可卒得，土人呼爲瞎撞，亦黄鼠類也。【忌】黄鼠最畏鼠狼，能入穴銜出也。【贋】或以貔狸爲竹鼺、狸、貛者非。

土撥鼠

宋・唐慎微《證類本草》卷一六獸部上品〔唐・陳藏器《本草拾遺》〕 土撥鼠　味甘，平，無毒。主野雞瘻瘡。肥美，煮食之宜人。生西蕃山澤。穴土爲窠，形如獺，夷人掘取食之。《魏略》曰：大秦國，出辟毒鼠。近似此也。

元・忽思慧《飲膳正要》卷三　塔剌不花一名土撥鼠。　味甘，無毒。主野鷄瘻瘡，煮食之宜人。生山後草澤中，北人掘取以食，雖肥，煮則無油，湯無味。多食難克化，微動氣。　皮，作番皮，不濕透，甚暖。　頭骨，去下頦肉，令齒全。治小兒無睡，懸之頭邊，即令得睡。

明・劉文泰《本草品彙精要》卷二五　塔剌不花無毒　胎生。

塔剌不花：主野雞瘻瘡，煮食之宜人。〇頭骨，去下頦肉，令齒全。治小兒無睡，懸之頭邊即令得睡。今補。【名】土撥鼠。【地】生山後草澤中，北人掘取以食，雖肥煮則無油，湯無味，其皮番則不濕透而甚暖也。【時】生：無時。採：無時。【用】肉、頭骨。【味】甘。【性】緩。【氣】氣之薄者，陽中之陰。【臭】腥。【禁】多食難剋化，微動氣。

明・王文潔《太乙仙製本草藥性大全》卷七《仙製藥性》　土撥鼠　味甘，平，無毒。　主治：主野鷄瘻瘡，肥美，煮食之宜人。生西蕃山澤，穴土爲窠，形如獺，夷人掘取食之。《魏略》曰大秦國出辟毒鼠，近似此也。

明・李時珍《本草綱目》卷五一獸部・鼠類　土撥鼠《拾遺》

【釋名】鼧鼥音駝撥。　答剌不花出《正要》。時珍曰：按《唐書》有鼧鼥鼠，即此也。鼧鼥，言其肥也。《唐韻》作鱳鼥，音僕朴，俗訛爲土撥耳。蒙古人名答剌不花。【集解】藏器曰：土撥鼠，生西番山澤間，穴土爲窠，形如獺。夷人掘取食之。《魏志》云大秦國出辟毒鼠，近似此也。時珍曰：皮可爲裘，甚暖，濕不能透。

肉　【氣味】甘，平，無毒。時珍曰：按《飲膳正要》云：雖肥而煮之無油，味短，多食難克化，微動風。【主治】野鷄瘻瘡，煮食肥美宜人藏器。

頭骨　【主治】小兒夜卧不寧，懸之枕邊，即安時珍。

明・穆世錫《食物輯要》卷四　土撥鼠　肉，味甘，平，無毒。頗肥美。多食難化，動風。治瘻瘡。有小兒夜臥不寧，以頭骨置枕邊則安。

明・姚可成《食物本草》卷一四獸部・鼠類　土撥鼠蒙古人稱為答剌不花。生西番山澤間，穴土為居。形如獺，夷人掘取食之。《魏志》云：大秦國出辟毒鼠，近似此也。〇李時珍曰：皮可為裘，甚暖，溼不能透。

土撥鼠肉：味甘，平，無毒。煮食肥美，治野雞瘻瘡。按《飲膳正要》云：多食難剋化，微動風。　頭骨：治小兒夜臥不寧，懸之枕邊，即安。

明・施永圖《本草醫旨・食物類》卷四　土撥鼠生西番山澤間，穴土為窠。皮可為裘，甚暖，濕不能透。　肉：味甘，平，無毒。雖肥而煮之無油，味短，多食難剋化，微動風。治：野雞瘻瘡，煮食肥美。　頭骨：治：小兒夜臥不寧，懸之枕邊即安。

清・朱本中《飲食須知・獸類》　土撥鼠肉　味甘，性平。雖肥而煮之無油味。多食難剋化，微動風。

松鼠

清・汪紱《醫林纂要探源》卷三　松鼠　甘，鹹，平。似家鼠而頭圓，茸尾，又名栗鼠。居樹上，輕捷如飛，食櫧栗諸果及蟲豸。能擒齧家鼠。中原者形小毛淺。北方胡貉中者，形大毛深，即貂也。殺疳治瘻，消瓜果積。

鼺鼠

宋・唐慎微《證類本草》卷一八獸部下品〔《本經・別錄》〕　**鼺**音贏**鼠**　**主墮胎，令產易。**生山都平谷。

〔梁・陶弘景《本草經集注》〕云：鼺是鼯鼠，一名飛生。狀如蝙蝠，大如鴟鳶，毛紫色闇，夜行飛生。人取其皮毛以與產婦持之，令兒易生。又有水馬，生海中，是魚鰕類，狀如馬形，亦主易產。

〔宋・馬志《開寶本草》〕按：陳藏器《本草》云：陶云有水馬，生海中，主產。按水馬，婦人臨產帶之，不爾，臨時燒末飲服，亦可手持之。出南海，形如馬，長五六寸，蝦類也。《南州異物志》云：婦人難產割裂而出者，手握此蟲，如羊之產也。生物中羊產最易。

〔宋・掌禹錫《嘉祐本草》〕按：難產通用藥云：鼺鼠，微溫。

〔宋・蘇頌《本草圖經》〕曰：　鼺音羸鼠，出山都平谷，即飛生鳥也。今湖嶺間山中多有之。狀如蝙蝠，大如鴟鳶，毛紫色闇，夜行飛生。南人見之，多以爲怪。捕取其皮毛以與産婦臨蓐持之，令兒易生。此但云執之，而《小品方》乃入服藥，其方取飛生一枚，槐子、故弩、箭羽各十四枚，合擣，丸桐子大，以酒服二丸，令易産也。又有一種水馬，生南海中。頭如馬形，長五六寸，蝦類也。陳藏器云：　婦人將産帶之，不爾，臨時燒末飲服，亦可手持之。《異魚圖》云：　漁人布網罟，此魚多絓網上，收之暴乾，以雌雄各一爲對。主難産及血氣藥亦用之。

宋・寇宗奭《本草衍義》卷一六　鼺鼠　《經》中不言性味，惟是於難産通用藥中云：　鼺音藟鼠，微溫。毛赤黑色，長尾，人捕得，取皮爲暖帽。但向下飛則可，亦不能致遠。今關西山中甚有，毛極密，人謂之飛生者是也。注中又引水馬，首如馬，身如蝦，背傴僂，身有竹節紋，長二三寸。今謂之海馬。

宋・王繼先《紹興本草》卷一九　鼺鼠　紹興校定：　鼺鼠如蝙蝠而大矣。《經》注雖云微溫，能令易産，而別無療疾，乃世人罕用之物。《本經》不載有無毒，今當同鼴鼠，為無毒矣。

宋・鄭樵《通志》卷七六《昆蟲草木略》　鼯鼠　《爾雅》曰夷由。似蝙蝠而大，翅尾長三尺許，背上蒼艾色，短爪，長飛且乳，故又名飛生。聲如人呼，食火烟，能從高赴下，不能從下升高。鼯，音吾。

宋・鄭樵《通志》卷七六《昆蟲草木略》　鼺鼠　即飛生也，一名鼯鼠。

明・王綸《本草集要》卷六　鼺鼠　氣微溫。　主墮胎，令易産。　臨産帶之，或燒末，臨時飲服。

明・劉文泰《本草品彙精要》卷二五　鼺鼠　胎生。

鼺音羸鼠：　主墮胎，令産易。《神農本經》。　〔名〕飛生。　〔地〕《圖經》曰：　鼺鼠即飛生鳥也，出山都平谷，今湖、嶺間山中多有之。狀如蝙蝠，大如鴟鳶。毛紫色闇，夜行。飛生，南人見之多以爲怪，捕取其皮毛與産婦臨蓐持之，令兒易生。《衍義》曰：　鼺鼠，《經》中不言性味，惟難産藥中用之。其毛赤黑色，長尾，人捕得取皮爲暖帽。但向下飛則可，不能致遠，今關西山中甚有，毛極密。人謂之飛生也。　〔質〕類蝙蝠而尾長。　〔色〕紫。　〔性〕微溫。　〔氣〕氣之厚者，陽也。　〔治〕療：　《圖經》曰：　婦人將産，燒末飲服之。　〔合治〕取一枚，合槐子，故弩、箭羽各十四枝，擣丸如桐子大，以酒服二丸，令孕婦易産。

明・王文潔《太乙仙製本草藥性大全》卷七《本草精義》　鼺鼠　一名飛生。出山都平谷，即飛生鳥也。今湖嶺間山中多有之。狀如蝙蝠，大如鴟鳶，毛紫色闇，夜行飛生，南人見之，多以爲怪。人捕得取皮爲暖帽。但向下飛則可，亦不能致遠。今關西山中甚有，毛極密，人謂之飛生者是也。捕取其皮毛，以與産婦臨娩時持之，易生，爲丸服之亦妙。

明・王文潔《太乙仙製本草藥性大全》卷七《仙製藥性》　鼺鼠　味鹹，氣微溫。　主治：　主墮胎，令兒易産，手持效，煮服亦生。　補註：　難産，取皮毛與産婦臨盆持之，令兒易生。此但云執之，而《小品方》乃入服藥方，取飛生一枚，槐子、故弩箭羽各十四枚合搗丸桐子大，以酒服二丸，令易産也。

明・皇甫嵩《本草發明》卷六　鼺鼠名鼯鼠。狀如蝙蝠，毛紫，形大，暗夜行飛，即飛生鳥也。原列在獸部，今改在禽部，以類似蝙蝠。　主墮胎，令産易。取皮毛與産婦持之，易産。

明・李時珍《本草綱目》卷四八禽部・原禽類　鸓鼠纍、壘二音。《本經》下品。校正：　鼺鼠原在獸部，今據《爾雅》《説文》移入禽部。

〔釋名〕鼺鼠《本經》　鼯鼠《爾雅》　耳鼠《山海經》　夷由《爾雅》　鶇《禽經》　飛生鳥弘景。　時珍曰：　案許慎《説文》云：　鸓，〔鼠形〕，飛走且乳之鳥也。故字從鳥，又名飛生。《本經》從鼠，以形似也。此物肉翅連尾，飛不能上，易至礧墜，故謂之鸓。俗謂癡物爲鸓，義取乎此，亦名鼯鼠，與螻蛄同名。　〔集解〕《別録》曰：　鸓鼠生山都平谷。弘景曰：　此鼠即鼯鼠飛生鳥也。狀如蝙蝠，大如鴟鳶，毛紫色暗，夜行飛。人取其皮毛與産婦持之，令易生。頌曰：　今湖嶺山中多有之。南人見之，多以爲怪。宗奭曰：　關西山中甚有。毛極密，但向下飛，不能致遠。人捕取皮爲暖帽。時珍曰：　案郭氏註《爾雅》云：　鼯鼠狀如小狐，似蝙蝠肉翅四足。翅、尾、項、脇毛皆紫赤色，背上蒼艾色，腹下黄色，喙、頷雜白色。脚短爪長，尾長三尺許。飛而乳子，子即隨母後。聲如人呼，食火煙。能從高赴下，不能從下上高。性喜夜鳴。《山海經》云：　耳鼠狀如鼠，兔首麋(身)〔耳〕，以其尾飛，食之不(眯)〔䏿〕，可禦百毒。即此也。其形，翅聯四足及尾，與蝠同，故曰以尾飛。生嶺南者，好食龍眼。

〔氣味〕微温，有毒。　〔主治〕墮胎，令易産《本經》。

〔發明〕頌曰：　人取其皮毛與産婦，臨蓐時持之，令兒易生。而《小品方》乃入服藥，用飛生一枚，槐子、故弩箭羽各十四枚合擣，丸梧子大，以酒服二丸，即易産也。時珍曰：　鸓能飛而且産，故寢其皮，懷其爪，皆能催生，其性相感也。《濟生方》治難産，金液丸，用其腹下毛

爲丸服之。

明・吴文炳《藥性全備食物本草》卷二 鼺鼠 味鹹，氣微溫。難產取皮毛與產婦臨盆持之，令兒易生。《良方》取一枚，槐子、故弩箭羽各十四枚，共搗丸桐子大，以酒服二丸，令易產。

明・姚可成《食物本草》卷一二禽部・原禽類 鸓鼠一名鼯鼠，一名耳鼠。狀如小狐，似蝙蝠肉翅四足。翅、尾、項、脇毛皆紫赤色，背上蒼艾色，腹下黃色，喙、頷襍白色。脚短爪長，尾長三尺許。飛而乳子，子即隨母後。聲如人呼，食火煙。能從高赴下，不能從下上高。性喜夜鳴。《山海經》云：耳鼠狀如鼠，兔首麋耳，以其尾飛，食之不（眛）〔睬〕，可禦百毒。即此也。其形，翅聯四足及尾，與蝠同，故曰以尾飛。生嶺南者，其性好食龍眼。

鸓鼠，味微溫，有毒。治墮胎，令易產。人取其皮毛與產婦臨蓐時持之，令兒易生。而《小品方》乃入服藥，用飛生子一枚，合擣，丸梧子大，以酒服二丸，即易產也。〇李時珍曰：鸓能飛而且產，故寢其皮，懷其爪，皆能催生，其性相感也。

明・施永圖《本草醫旨・食物類》卷三 鸓鼠名鼯鼠。與蝙蝠相同，肉翅連尾，飛不能上，夜行晝伏。人取其皮毛與產婦持之，令易產。 味：微溫，有毒。治：墮胎，令易產。

清・汪紱《醫林纂要探源》卷三 飛狐 皮可催生。覆產婦身，胎即下。〇形似獱獺，四爪在翼末，身尾皆長如蝙蝠，而不及其善飛。色紫紺，居山中，食雲氣大煙，俗曰飛虎。或云善淫，亦有妖氣，以猿為牝，即莊子所謂猨，猵狙以為雌者。

清・葉志詵《神農本草經贊》卷三 鼺鼠 主墮胎，令人產易。生平谷。

儼說胎禽，高居下赴。翼蝠身狐，耳麋首兔。鳴雜宵更，飛攜乳哺。感氣相催，迴睛目注。

《宋史・志》：偉茲胎禽。《爾雅注》：能從高赴下，不能從下上高，狀如小狐，似蝙蝠，肉翅。《山海經注》：一名耳鼠，麋耳，兔首。李時珍曰：喜夜鳴。《說文》：言飛走，且乳之鳥。又名飛生。寢其皮，懷其爪，皆能催生。食之不昧，可禦百毒。棗據詩：迴睛盼曲阿。韓倨詩：南盡遠目注。

五靈脂

宋・唐慎微《證類本草》卷二二蟲魚部下品〔宋・馬志《開寶本草》〕 五靈脂 味甘，溫，無毒。主療心腹冷氣、小兒五疳，辟疫，治腸風，通利氣脉、女子月閉。出北地，此是寒號蟲糞也今附。

〔宋・掌禹錫《嘉祐本草》〕：今據寒號蟲四足，有肉翅不能遠飛，所以不入禽部。

〔宋・蘇頌《本草圖經》〕曰：五靈脂，出北地，今惟河東州郡有之。云是寒號蟲糞，色黑如鐵，採無時。然多夾沙石，絕難修治。若用之，先以酒研飛鍊，令去沙石，乃佳。治傷冷積聚及小兒、女子方中多用之。今醫治產婦血暈昏迷，上衝悶絕，不知人事者。五靈脂二兩，一半炒熟，一半生用，擣羅爲散，每服一錢，溫熟水調下，如口噤者，以物斡開口灌之，入喉即愈，謂之獨勝散。又治血崩不止。五靈脂十兩，擣羅爲末，以水五大盞，煎至三盞，去滓澄清，再煎爲膏，入神麴末二兩，合和，丸如梧子大。每服二十丸，溫酒下，空心服便止。諸方用之極多。

〔宋・唐慎微《證類本草》〕《經驗方》：治丈夫、婦人吐逆，連日不止，粥食湯藥不能下者。可以應用此得效。摩丸，五靈脂不夾土石，揀精好者，不計多少，擣羅爲末，研狗膽汁和爲丸，如雞頭大。每服一丸，煎熱生薑酒，摩令極細，更以少生薑酒化以湯，湯藥令極熱，須是先做下粥，溫熱得所，左手與患人藥喫，不得嗽口，右手急將粥與患人喫，不令太多。《經效方》：治婦人心痛，血氣刺不可忍。失笑散：五靈脂淨好者，蒲黃等分，爲末。每服二錢，用好醋一杓熬成膏，再入水一盞同煎至七分，熱服，立效。又方：治婦人經血不止。五靈脂末，炒令過熟，出盡煙氣。每服大兩錢，用當歸兩片，酒一中盞，與藥末同煎至六分，去滓熱服。連三五服效。

宋・寇宗奭《本草衍義》卷一七 五靈脂 行經血有功，不能生血。嘗有人病眼中翳，往來不定，如此乃是血所病也。蓋心生血，肝藏血，肝受血則能視，目病不治血爲背理。此物入肝最速。一法，五靈脂二兩，沒藥一兩，乳香半兩，川烏頭一兩半炮去皮，同爲末，滴水丸如彈子大，每用一丸，生薑溫酒磨服，治風冷氣血閉，手足身體疼痛，冷麻。又有人被毒蛇所傷，良久之間已昏困，有老僧以酒調藥二錢灌之，遂蘇。及以藥滓塗咬處，良久復灌二錢，其苦皆去。問之，乃五靈脂一兩，雄黃半兩，同爲末，止此耳。後有中毒者用之，無不驗。此藥雖不甚貴，然亦多有僞者。

宋・王繼先《紹興本草》卷一九 五靈脂 紹興校定：五靈脂，寒號蟲糞是也。性味、主治已載《本經》，然但破血之性極猛利矣，固非無毒之物。北地多產之。當云味甘、苦、溫、有毒是矣。

宋・劉明之《圖經本草藥性總論》卷下 五靈脂 味甘，溫，無毒。主療心腹冷氣，小兒五疳，辟疫，治腸風，利氣脈，女子月閉。一云：治傷冷積聚。又治產婦血暈昏迷，上衝悶絕不知人事。又治血崩不止。《經効方》治婦人心痛，血氣刺不可忍者，又治婦人經血不止。出北地，是寒號蟲糞也。

宋・陳衍《寶慶本草折衷》卷一七　五靈脂　此寒號蟲糞也。○俗號香鼠屎。出北地，及河東州郡，及潞州。○採無時。

味甘，溫，無毒。○主心腹冷氣，小兒五疳，辟疫，治腸風，通利氣脉，女子月閉。○禹錫云：寒號蟲四足肉翅，不能遠飛。○《圖經》曰：色黑如鐵，以酒研飛煉，去沙石。治傷冷積聚。産婦血暈，昏迷悶絶，五靈脂半炒半生，擣為散，每服壹錢，溫熟水調下。如口噤，以物斡開，灌之。○《經效方》：治婦人心痛，血氣刺。五靈脂、蒲黄等分為末，每服貳錢，好醋熬成膏，再入水壹盞，同煎至柒分，熱服。又《蘇沈方》一依此法，治小腸氣疼尤驗。○寇氏曰：行經血有功，不能生血。有人眼中翳往來不定，乃血所病也。蓋心生血，肝藏血，肝受血則能視。目病不治血，為背理。此物入肝最速。又有人被毒蛇傷，已昏困，有老僧以酒調藥貳錢灌之遂蘇。及以藥滓塗咬處。良久，復灌貳錢，其苦皆去。問之，乃五靈脂壹兩，雄黄半兩，同為末耳。此藥雖不甚貴，然亦多有偽者。

續説云：《局方》來復丹用五靈脂，註云須五臺山者。此山在潞州至北之地，所出五靈脂，辛烈芬郁，如烏豆及鼠屎狀，亦有停積如沒藥塊者。《瑣碎錄》謂獨研五靈脂，但量多少，以麻油滴之則研成細末矣。

元・王好古《湯液本草》卷六　五靈脂　味甘，温，無毒。《本草》云：主療心腹冷氣，小兒五疳，辟疫，治腸風，通利氣脈，女子月閉。出北地，此是寒號蟲糞也。

元・尚從善《本草元命苞》卷八　五靈脂　甘，溫，無毒。行經血最有奇效，主心腹冷氣攻衝疼痛。辟溫疫，風濕骨節煩疼。療腸風，通利氣脉。破月閉兼止血崩，治産婦血暈昏迷不省。止丈夫吐逆，粥飲難停。出北地河東州郡。云寒號蟲，糞黑如鐵，其形四足，兩翅，不能飛遠，為蟲，所以不入禽部，故於蟲條立名。

元・朱震亨《本草衍義補遺》　五靈脂　能行血止血。○此即寒號蟲糞也。《本草》云：治心腹冷氣，婦人心痛，血氣刺痛，甚效。又，止血，行經血有功。不能生血。

元・徐彦純《本草發揮》卷三　五靈脂　丹溪云：能行血止血。

明・王綸《本草集要》卷六　五靈脂寒號蟲糞也。　味甘，氣溫，無毒。先以酒研飛鍊，令去砂石佳。　主療心腹冷氣，小兒五疳，辟疫，治腸風，通利氣脈，女子血閉，産婦血暈，行經血，亦能止血，婦人心痛、血氣刺痛甚效。

明・滕弘《神農本經會通》卷一〇　五靈脂　此是寒號蟲糞也。出北地。先以酒研，飛鍊，令去沙石佳。色黑如鐵。治崩，炒過。

味甘，氣溫，無毒。《湯》同。東云：治崩漏，理血氣之刺痛。《疌》云：行諸氣，通經，又治經，治腸風，産後血暈，并心痛。《本經》云：主療心腹冷氣，小兒五疳，辟疫，治腸風，通利氣脉，女子月閉。《圖經》云：治傷冷積聚，及小兒女子方中多用之。今醫治産婦血暈昏迷，上衝悶絶，不知人事者，五靈脂二兩，一半炒熟，一半生用，擣羅為散，每服一錢，溫熟水調下。如口噤者，以物斡開口，灌之，入喉即愈。謂之獨勝散。又治血崩不止方，五靈脂十兩，為末，以水五大盞，煎至三盞，去滓澄清，再煎為膏，入神麴末二兩，合和丸如梧子大，每服二十丸，溫酒下，空心服，便止。諸方用之極多。《經效》云：治婦人血氣刺痛不可忍，失笑散，五靈脂淨好者，蒲黄等分為末，用好醋一杓，熬成膏，再入水一盞，同煎至七分，熱服，立效。又治婦人經血不止，五靈脂末，炒令過熟，出盡煙氣，每服大兩錢，用當歸兩片，酒一中盞，與藥末同煎至六分，去滓，熱服，連三五服效。《湯》云：《本草》同《本經》。丹溪云：能行經血，亦能止血，不能生血。此即寒號蟲糞也。《本草》云：治心腹冷氣，婦人心痛，血氣刺痛甚效。《衍義》曰：有人病眼中翳，往來不定，如此乃是血所病也。蓋心生血，肝藏血，肝受血則能視，目病不治血為背理，此物入肝最速。又有被毒蛇所傷，已昏困，用五靈脂一兩，雄黄半兩，為末，以酒調二錢，灌之遂蘇。仍以藥滓塗咬處，良久復灌二錢，其苦皆去。剷云：靈脂治産昏迷證，通利陰人血不行。更治腸風并冷氣，若還炒過可除崩。五靈脂，行經閉，産婦血暈昏迷。

明・劉文泰《本草品彙精要》卷三一　五靈脂無毒。

五靈脂：主療心腹冷氣，小兒五疳，辟疫，治腸風，通利氣脈，女子月閉。名醫所錄。【名】蟲：寒號蟲。【地】《圖經》曰：出北地，今惟河東州郡有之。云是寒號蟲糞也。此蟲四足，有肉翅，不能遠飛，所以不入禽部。其糞色黑如鐵，多夾砂石，絶難修治。《衍義》曰：五靈脂行經血有功，不能生血。嘗有人病眼中瞖，往來不定，如此乃是血所病也。蓋心生血，肝藏之，肝受血則能視，目病不治血則爲背理，此物入肝最速也。【時】生：無時。採：無時。【用】糞。【色】黑。【味】甘。【性】溫。【氣】氣之厚

者，陽也。　【臭】腥。　【主】傷寒積聚，心腹冷痛。　【製】《圖經》曰：若用之，先以酒研飛鍊，令去砂石乃佳。　【治】療：《圖經》曰：除傷冷積聚，小兒、女子藥中多用之。又治產婦血暈昏迷，上衝悶絕，不知人事者，用二兩，一半炒熟，一半生用，擣末，每服一錢，溫熟水調下。如口禁者，以物斡開灌之，入喉即愈。　【合治】取十兩擣羅爲末，以水五盞煎三盞，去滓澄清，再煎爲膏，入神麯末二兩，和丸如桐子大，每服二十丸，空心溫酒服，治血崩不止。○揀精好者，不計多少，擣羅爲末，研狗膽汁和丸，如芡實大，每服一丸，以生薑湯酒磨令極細，更以少生薑酒化，令極熱，與患人服之，不得漱口，急與粥喫，不令太多，治丈夫、婦人吐逆，粥食湯藥不能下者。○合蒲黃等分爲末，每服二錢，用好醋一杓熬成膏，再入水一盞煎七分，熱服，治婦人心痛，血氣刺不可忍者，效。○末炒令煙盡，每服二錢，合當歸少許，酒一盞，與藥末同煎六分，去滓，熱服，治婦人經血不止，連三五服，瘥。○取二兩，合乳香、沒藥半兩，川烏頭一兩半炮去皮，同爲末，滴水丸如彈子大，每服一丸，生薑溫酒磨服，治風冷氣血閉，手足身體疼痛，冷麻。○取一兩合雄黃半兩，同爲末，每服二錢，以酒調灌之，治毒蛇所傷，仍以滓塗咬處。

明·盧和、汪穎《食物本草》卷三禽類　寒號蟲　鳥類，有肉翅，不能飛。肉，味甘，食之益人。糞，名五靈脂，味甘，溫，無毒。主療心腹冷氣，小兒五疳，辟疫，治腸風，通利氣脈，女子月閉。

明·葉文齡《醫學統旨》卷八　五靈脂　氣溫，味甘。無毒。即寒號蟲糞也。先以酒研飛鍊令出沙石佳。　治心腹冷氣，小兒五疳，辟疫；療腸風，通利氣脈，女子月閉，產婦血暈，行經血；炒亦能止血；婦人心痛，血氣刺痛甚効。

明·許希周《藥性粗評》卷四　五靈脂立行止瘀血家。

五靈脂，寒號蟲糞也。色黑如鐵。出河東諸郡。採得以酒研，飛鍊，令砂石去盡，收貯聽用。　味甘，性溫，無毒。　主治風冷血閉，渾身麻痛，婦女經血不止，血氣刺痛，產婦血暈，小兒五疳。凡行血止血，比他藥為勝。故治產婦血暈，有所謂獨勝散之名，以一兩，半炒半生，搗為末，每服二三錢，溫水調下。治婦女血氣刺痛，有所謂失咲散之名，同蒲黃等分為末，先以醋熬，後入水煎，服之。此婦女科所不能外者也。餘不能盡述。

明·鄭寧《藥性要略大全》卷一〇　五靈脂　味甘，氣溫，無毒。生則行血，炒則止血。先以酒研，淘去沙石方可入藥。即寒蚻糞也。　治崩漏，理血氣之刺痛，通閉經，治腸風冷氣。

明·陳嘉謨《本草蒙筌》卷一一　五靈脂　味甘，氣平。無毒。出河東郡州，係寒號蟲糞。狀類鐵多夾砂石，淘以酒專治女科。行血宜生，止血須炒。通經閉，及治經行不止；去心疼，併療血氣刺疼。敺血痢腸風，逐心腹冷氣。定產婦血暈，除小兒疳蚘。

明·方穀《本草纂要》卷一〇　五靈脂　味甘，氣溫，無毒。乃寒號蟲糞也。主女子血閉不行，經水不通，產婦血暈不止，惡露上攻；又治婦人心痛，經行作痛，血氣刺痛，心腹冷痛，小兒五疳，大人腸風，此通利氣脈之神劑也。惟治血家有功，其藥可行可止，不損血氣。爲女科之要藥也。先以酒洗研細，飛煉令去砂石用。

明·王文潔《太乙仙製本草藥性大全》卷八《本草精義》　五靈脂　出北地，今惟河東州郡有之，云是寒號蟲糞，色黑如鐵。採無時。據寒號蟲四足有肉翅，不能遠飛，所以不入禽部。其糞多夾沙石，凡使酒研飛煉，令去沙石爲佳。

明·王文潔《太乙仙製本草藥性大全》卷八《仙製藥性》　五靈脂　味甘，氣平，無毒。　主治：療心腹冷氣，通利氣脈，辟疫。治女科行血宜生，止血須炒。通經閉，及治經行不止；去心疼，併療血氣刺痛。敺血痢腸風，逐心腹冷氣。定產婦血暈，除小兒疳蚘。　補註：治丈夫、婦人吐逆連日不止，粥食湯藥不能下者，可以應用此得效。摩丸，五靈脂不夾土石，揀精好者，不計多少搗羅爲末，研狗膽汁和爲丸如雞頭子大，每服一丸，煎熱生薑酒摩令極細，更以少生薑酒化以湯，湯藥令極熱，須是先做下粥，溫熱得所，左手與患人藥喫，不得漱口，右手急將粥與患人喫，不令太多。○治婦人心痛，血氣刺不可忍，失笑散：五靈脂净好者，蒲黃等分，爲末，每服二錢，用好醋一杓熬成膏，再入水一盞同煎至七分，熱服立效。○治婦人經血不止，五靈脂末，炒令過熟，出盡煙氣，每服一兩錢，用當歸兩片，酒一半盞，與藥末同煎至六分，去滓，熱服，連三五服效。○治產婦血暈昏迷，上衝悶絕，不知人事者。五靈脂二兩，一半炒熟，一半生用，搗羅爲散，每服一錢，溫熟水調下。如口禁者，以物斡開口灌之，入喉即愈，謂之獨聖散。又治血崩不止，五靈脂十兩，搗羅爲末，以水五大盞，煎至三盞，去滓澄清，再煎爲膏，入神麯末二

兩，合和丸如梧桐子大，每服二十丸，溫酒下，空心服便止。諸方用之極多。〇治目瞖往來不定，五靈脂二兩，沒藥一兩，乳香半兩，川烏頭一兩半炮去皮，同爲末，滴水丸如彈子大，每用一丸，生薑溫酒磨服，兼治風冷氣血閉，手足身體疼痛。〇治蛇毒所傷昏困者，五靈脂一兩，雄黃半兩，同爲末，酒調藥二錢，滓塗咬處，良久復灌二錢，有中每每用之無不驗。

明·皇甫嵩《本草發明》卷六

五靈脂下品。味甘，溫，無毒。是寒號蟲糞。

發明曰：五靈脂，行經血有功，不能生血，治女科為專。行血生用，止血須炒用。通女人經閉，亦能止血。又定産婦血暈昏悶及血氣刺痛。以其甘溫，故《本草》又主心腹冷氣，辟疫，治血痢腸風，通利氣脉及小兒五疳。《衍義》曰：此物入肝最速，故能治冷風血病。色黑如鐵，多夾砂石，用之先以酒淘研，飛鍊去砂石，用之乃佳。

明·李時珍《本草綱目》卷四八禽部·原禽類

寒號蟲宋《開寶》。校正：自蟲〔部〕移入此。

〔釋名〕鶡鴠　獨春　屎名五靈脂。時珍曰：楊氏《丹鉛録》，謂寒號蟲即鶡鴠，今從之。鶡鴠《詩》作盍旦，《禮》作曷旦，《説文》作鴇鴠，《廣志》作侃旦，唐詩作渴旦，皆隨義借名耳。揚雄《方言》云：鴇鴠，自關而西謂之鶡鴠。自關而東謂之城旦，亦曰倒懸。周、魏、宋、楚謂之獨春。郭璞云：鶡鴠，夜鳴求旦之鳥。夏月毛盛，冬月裸體，晝夜鳴叫，故曰寒號，曰鶡旦。古刑有城旦舂，謂晝夜舂米也。故又有城旦、獨春之名。《月令》云：仲冬，曷旦不鳴。蓋冬至陽生漸暖故也。其屎名五靈脂者，謂狀如凝脂而受五行之靈氣也。

〔集解〕志曰：五靈脂出北地，寒號蟲糞也。禹錫曰：寒號蟲四足，有肉翅不能遠飛。頌曰：今惟河東州郡有之。五靈脂色黑如鐵，采無時。時珍曰：曷旦乃候時之鳥也，五臺諸山甚多。其狀如小鷄，四足有肉翅。夏月毛采五色，自鳴若曰鳳凰不如我。至冬毛落如鳥雛，忍寒而號曰得過且過。其屎恒集一處，氣甚臊恶，粒大如豆。采之有如糊者，有粘塊如餹者。人亦以沙石雜而貨之。凡用以餹心潤澤者爲真。

肉〔氣味〕甘，温，無毒。〔主治〕食之，補益人汪穎。

五靈脂〔修治〕頌曰：此物多夾沙石，絶難修治。凡用研爲細末，以酒飛去沙石，晒乾收用。〔氣味〕甘，温，無毒。惡人參，損人。〔主治〕心腹冷氣，小兒五疳，辟疫，治腸風，通利氣脉，女子血閉《開寶》。療傷冷積蘇頌。凡血崩過多者，半炒半生，酒服，能行血止血。治血氣刺痛甚效震亨。止婦人經水過多，赤帶不絶，胎前産後血氣諸痛，男女一切心腹、脇肋、少腹諸痛，疝痛，血痢腸風腹痛，身體血痹刺痛，肝瘧發寒熱，反胃消渴，及痰涎挾血成窠，血貫瞳子，血凝齒痛，重舌，小兒驚風，五癎癲疾，殺蟲，解藥毒及蛇、蠍、蜈蚣傷時珍。

〔發明〕宗奭曰：五靈脂引經有功，不能生血，此物入肝最速也。嘗有人病目中瞖，往來不定，此乃血所病也。肝受血則能視，目病不治血，爲背理也。用五靈脂之藥而愈。又有人被毒蛇所傷，良久昏憒。一老僧以酒調藥二錢灌之，遂甦。仍以滓傅咬處，少頃復灌二錢，其苦皆去。問之，乃五靈脂一兩，雄黃半兩，同爲末耳。其後有中蛇毒者，用之咸效。時珍曰：五靈脂，足厥陰肝經藥也。氣味俱厚，陰中之陰，故入血分。肝主血，諸痛皆屬于木，諸蟲皆生于風。故此藥能治血病，散血和血而止諸痛。治驚癎，除瘧痢，消積化痰，療疳殺蟲，治血痹、血眼諸症，皆屬肝經也。失笑散，不獨治婦人心痛血痛，凡男女老幼一切心腹、脇肋、少腹痛，疝氣，並胎前産後，血氣作痛，及血崩經溢，百藥不效者，俱能奏功，屢用屢驗，真近世神方也。又案李仲南云：五靈脂治崩中，非止治血之藥，乃去風之劑。風，動物也。衝任經虚，被風傷襲營血，以致崩中暴下，與荆芥、防風治崩義同。方悟古人識見，深奥如此。此亦一説，但未及肝血虚滯，亦自生風之意。

〔附方〕舊六，新三十一。

失笑散：治男女老少，心痛腹痛，少腹痛，小腸疝氣，諸藥不效者，能行能止；婦人妊娠心痛，及産後心痛、少腹痛、血氣痛尤妙。用五靈脂、蒲黄等分，研末。先以醋二盃調末，熬成膏，入水一盞，煎至七分，連藥熱服。未止再服。一方以酒代醋。一方以醋糊和丸，童尿、酒服。《和劑局方》。

紫金丸：治産後惡露不快，腰痛，小腹如刺，時作寒熱，頭痛不思飲食；又治久有瘀血，月水不調，黄瘦不食；亦療心痛，功與失笑散同。以五靈脂水淘净炒末一兩，以好米醋調稀，慢火熬膏，入真蒲黄末和丸龍眼大。每服一丸，以水與童子小便各半盞，煎至七分，温服，少頃再服，惡露即下。血塊經閉者，酒磨服之。《楊氏産乳》。

〔五〕靈脂散：治丈夫脾積氣痛，婦人血崩諸痛。飛過五靈脂炒煙盡，研末。每服一錢，温酒調下。此藥氣惡難喫，燒存性乃妙也。或以酒、水、童尿煎服。名抽刀散，治産後心腹、脇肋、腰胯痛。能散惡血。如心煩口渴者，加炒蒲黄減半，霹靂酒下。腸風下血者，煎烏梅、柏葉湯下。中風麻痹痛者，加草烏半錢，同童尿、水酒煎服。《永類鈐方》。

産後血運：治産婦血運，不知人事。用五靈脂二兩，半生半炒爲末。每服一錢，白水調下。如口噤者，斡開灌之，入喉即愈。《圖經》。

産後腹痛：五靈脂、香附、桃仁等分研末，醋糊丸，服一百丸。或用五靈脂末，神麴糊丸，白术、陳皮湯下。《丹溪方》。

兒枕作痛：五靈脂慢炒，研末。酒服二錢。《産寶》。

血氣刺痛：五靈脂生研三錢，酒一盞煎沸，熱服。《靈苑方》。

卒暴心痛：五靈脂炒一錢半，乾薑炮三分，爲末。熱酒服，立愈。《事林廣記》。

心脾蟲痛：不拘男女。用五靈脂、檳榔等分爲末，水煎石菖蒲調服三錢。先嚼猪肉一二片。《海上仙方》。

小兒蚘痛：五靈脂末二錢，白礬火飛半錢。每服一錢，水一盞，煎五分，温服。當吐蟲出，愈。閻孝忠《集效方》。

經血不止：五靈脂炒煙盡，研。每服二錢，當歸兩片，酒一盞，煎六分，熱服。三五度取

效。《經效方》。　血崩不止：頌曰：用五靈脂十兩，研末，水五盌，煎三盌，去滓澄清，再煎爲膏，入神麴末二兩，和丸梧子大。每服二十丸，空心温酒下，便止，極效。○《集要》用五靈脂燒研，以鐵秤錘燒紅淬酒，調服。以效爲度。　胎衣不下：惡血冲心。用五靈脂半生半炒研末。每服二錢，温酒下。《産寶》。　子腸脱出：五靈脂燒烟熏之。先以鹽湯洗净。危氏。　吐血嘔血：五靈脂一兩，蘆薈三錢，研末，滴水丸芡子大，每漿水化服二丸。○又治血妄行入胃，吐不止。五靈脂一兩，黄耆半兩，爲末。新汲水服二錢。　吐逆不止：不拘男女，連日粥飲湯藥不能下者，即效。五靈脂治净爲末，狗膽汁和丸芡子大。每服一丸，煎生薑酒磨化，猛口熱吞，不得漱口，急將温粥少許壓之。《經驗》。　化食消氣：五靈脂一兩，木香半兩，巴豆四十枚煨熟去油，爲末，糊丸緑豆大。每白湯下五丸。《普濟方》。　久瘧不止：或一日二發，或一日二三發，或二三日一發。用五靈脂、頭垢各一錢，古城石灰二錢，研末，飯丸皂子大。每服一丸，五更無根水下即止，神效方也。《海上》。　消渴飲水：竹籠散：用五靈脂、黑豆去皮，等分爲末。每服三錢，冬瓜皮湯下，無皮用葉亦可，日二服。不可更服熱藥，宜八味丸去附子，加五味子。若小渴者，二三服即止。《保命集》。　中風癱緩：追魂散：用五靈脂爲末，以水飛去上面黑濁、下面沙石，研末。每服二錢，熱酒調下，日一服。繼服小續命湯。《奇效方》。　手足冷麻：寇曰：風冷，氣血閉，手足身體疼痛冷麻，五靈脂二兩，没藥一兩，乳香半兩，川烏頭一兩半炮去皮，爲末，滴水丸如彈子大。每用一丸，生薑温酒磨服。《本草衍義》。　骨折腫痛：五靈脂、白及各一兩，乳香，没藥各三錢，爲末，熟水同香油調，塗患處。《乾坤秘韞》。　損傷接骨：五靈脂一兩，茴香一錢，爲末。先以乳香末于極痛處傅上，以小黄米粥塗之。乃摻二末于粥上，帛裹，木牌子夾定，三五日效。《儒門事親》。　五疳潮熱：肚脹髮焦，不可用大黄、黄芩，損傷胃氣，恐生别症。五靈脂水飛一兩，胡黄連五錢，爲末，雄猪膽汁丸黍米大。每服一二十丸，米飲下。《全幼心鑒》。　欬嗽肺脹：皺肺丸：用五靈脂二兩，胡桃仁八個，柏子仁半兩，研匀，滴水和丸小豆大。每服二十丸，甘草湯下。《普濟》。　痰血凝結：紫芝丸：用五靈脂水飛、半夏湯泡等分爲末，薑汁浸蒸餅丸梧子大。每飲下二十丸。《百一方》。　酒積黄腫：五靈脂末一兩，入麝香少許，飯丸小豆大。每米飲下一丸。《普濟方》。　目生浮翳：五靈脂、海螵蛸各等分，爲細末。熟猪肝日蘸食。明目經驗方。　重舌脹痛：五靈脂一兩，淘净爲末，煎米醋漱。《經驗良方》。　惡血齒痛：五靈脂末，米醋煎汁含咽。《直指方》。　血痣潰血：一人舊有一痣，偶抓破，血出一線，七日不止，欲死。或用五靈脂末摻上，即止也。楊拱《醫方摘要》。　血潰怪病：凡人目中白珠渾黑，視物如常，毛髮堅直如鐵條，能飲食而不語如醉，名曰血潰。以五靈脂爲末，湯服二錢，即愈。夏子益《奇疾方》。　大風瘡癩：油調五靈脂末，塗之。《摘玄方》。　毒蛇傷螫：凡蜈蚣、蛇、蝎毒蟲傷，以五靈脂末塗之，立愈。《金匱鈎玄》。　毒蛇傷螫：〔五靈脂爲末，酒調二錢服。仍以少末摻瘡口，妙。《普濟》。〕

題明·薛己《本草約言》卷二《藥性本草》　五靈脂　味甘，氣溫，無毒。陽也，可升可降。調結血，治産婦之暈；活積血，通女子之經。治諸血，别有調氣之妙；主療心腹冷氣。止諸痛，更有速愈之徵。婦人心痛、血氣刺痛甚效。《發明》云：行經血有功，不能生血，治女科為專。行血生用，止血（煩）〔須〕炒用。通女人經閉，亦能止血，又定産婦血暈昏悶及血氣刺痛，以其甘溫。○靈脂出北地，乃號寒蟲糞也。先以酒研飛鍊，令去沙石佳。

明·梅得春《藥性會元》卷下　五靈脂　味甘，氣溫，無毒。即寒號蟲糞也。出北地。　主行血止血，療心腹冷氣，小兒五疳，辟疫，治腸風，通利氣脉，女子月閉，産婦血暈，行經血。炒能止血，婦人心痛刺痛，甚效。生能行血，炒過止崩，然不能生血耳。　製法：先以酒研飛鍊，令出沙石方用。

明·穆世錫《食物輯要》卷五　寒號蟲　鳥類，肉翅，不能飛。味甘，平，無毒。可食，益人。屎，名五靈脂。味甘，性溫，無毒。辟瘟疫，止心腹冷氣痛，腸風下血，通氣脈經閉，及小兒五疳。

明·李中立《本草原始》卷一〇　五靈脂　出北地。寒號蟲糞也。今五臺山甚多。其狀如小雞，四足，有肉翅，夏月毛盛，冬月裸體，晝夜鳴叫，故曰寒號。郭璞云：鶡鴠，夜鳴求旦之鳥。《月令》云仲冬曷旦不鳴，蓋冬至陽生漸暖故也。其屎名五靈脂者，謂狀如凝脂，而受五行之靈氣也。

五靈脂　氣味：甘，溫，無毒。主治：心腹小兒五疳，辟疫，治腸風，通利氣脉，女子血閉。○療傷冷積。○凡血崩過多者，半炒半生，酒服能行血止血。治血氣刺痛甚效。○止婦人經水過多，赤帶不絶，胎前産後血氣諸痛，男女一切心腹、脇肋、少腹諸痛，疝痛，血痢腸風腹痛，身體血痹刺痛，肝瘧發寒熱，反胃消渴，及痰涎挾血成窠，血貫瞳子，血凝齒痛，重舌，小兒驚風，五癇癲疾，殺蟲，解藥毒及蛇、蠍、蜈蚣傷。

五靈脂，宋《開寶》。【圖略】修治：五靈脂係寒號蟲屎，其屎恒集一處，氣甚臊惡，粒大如豆。采之有如糊者，有粘塊如糖者，其色如鐵。凡用以餹心潤澤者為上。去砂石，研為細末，以酒飛過，晒乾用。

失笑散：治男女老少心痛、腹痛、少腹痛、小腸疝氣諸藥不效者，能行

能止；　婦人妊娠心痛，及産後心痛，少腹痛，血氣痛尤妙。用五靈脂、蒲黄等分，研末，先以醋二杯調末，熬成膏，入水一盞，煎至七分，連藥熱服，未止再服。一方以酒代醋。一方以醋糊和丸，童尿、酒服。昔有人被毒蛇所傷，良久昏憒。一老僧以酒調藥灌之二錢許，遂甦，仍以滓傅咬處，少頃復灌二錢，其苦皆去。問之，乃五靈脂、雄黄等分為末耳。其後有中蛇毒者，用之咸效。

明・張懋辰《本草便》卷二　五靈脂寒號蟲糞也。　味甘，氣溫，無毒。主心腹冷氣，小兒五疳，辟疫，治腸風；　通利氣脈，女子月閉，産失血暈，行經血，亦能止血，婦人心痛，血氣刺痛甚效。

明・李中梓《藥性解》卷六　五靈脂　味甘，性溫，無毒，入心、肝二經。主心腹冷氣疼痛，腸風産後血暈，小兒疳蚘。去目翳，辟疫氣，解蛇毒。酒研飛煉，令去砂石為佳。生者行血，炒者止血。按：　五靈脂耑主血症，心主血，肝藏血，故兩入之，行氣血最捷，勿宜過用，以傷臟腑。

明・繆希雍《本草經疏》卷二二　五靈脂　味甘，溫，無毒。主療心腹冷氣，小兒五疳，辟疫，治腸風，通利氣脈，女子月閉。出北地，此是寒號蟲糞也。

〔疏〕寒號蟲，畏寒喜暖，故其糞亦溫，味甘而無毒。氣味俱厚，陰中之陰，降也。入足厥陰、手少陰經。性專行血，故主女子血閉。味甘而溫，故療心腹冷氣及通利氣脈也。其主小兒五疳者，以其亦能消化水穀。治腸風者，取其行腸胃之瘀滯也。凡心胸血氣刺痛，婦人産後少腹兒枕塊諸痛，及痰挾血成窠囊，血凝齒痛諸證，所必須之藥。〔主治參互〕同澤蘭、牛膝，益母草、延胡索、牡丹皮、紅花、赤芍藥、山查、生地黄，治産後惡露不淨，腹中作疼。加桃仁其效更速，勿過劑。同番降香、紅麴、川通草、紅花、延胡索、韭菜、童便，治胃脘瘀血作痛。同木香、烏藥，治周身血氣刺痛。《和劑局方》失笑散，治男女老少心痛，腹痛，少腹痛，并少腹疝氣，諸藥不效者，能行能止；　婦人妊娠心痛及産後心痛，少腹痛，血氣痛尤妙。用五靈脂、蒲黄等分，研末。先以醋二杯調末，熬成膏，入水一盞，煎至七分，連藥熱服。未止再服。一方以酒代醋，一方以醋糊丸童便酒服。《楊氏産乳方》紫金丸，治産後惡露不快，腰痛，少腹如刺，時作寒熱頭痛，不思飲食；　又治久有瘀血，月水不調，黄瘦不食；　亦療心痛，功與失笑同。以五靈脂，水淘淨炒末一兩，以好米醋調稀，慢火熬膏，入真蒲黄末，和丸龍眼大。每服一丸，以水與童便各半盞，煎至七八分，溫服，少頃再服，惡露即下。血塊經閉者，酒磨服之。《圖經》産後血暈不知人事，用五靈脂二兩，半生半炒，為末。每服一錢，白水調下。如口噤者，斡開灌之，入喉即愈。　丹溪方産後腹痛，五靈脂、香附、桃仁，等分研末，醋糊丸。服一百丸，白朮、牛膝、陳皮湯下。《事林廣記》卒暴心痛，五靈脂炒一錢半，乾薑炮三分，為末。熱酒服，立愈。《産寶方》胎衣不下，惡血衝心，用五靈脂半生半炒，研末。每服二錢，溫酒下。《百一選方》痰血凝結，紫芝丸：　用五靈脂水飛，半夏湯泡，等分為末，薑汁浸蒸餅丸梧子大。每米飲下二十丸。　夏子益《奇疾方》血潰怪病，凡人眼中白珠渾黑，視物殊常，毛髮堅直如鐵條，能飲食而不語，如醉，名曰血潰。以五靈脂為末，湯服二錢即愈。〔簡誤〕五靈脂，其功長於破血行血，故凡瘀血停滯作痛，産後血暈，惡血衝心，少腹兒枕痛，留血經閉，瘀血心胃間作痛，血滯經脈，氣不得行，攻刺疼痛等證，在所必用。然而血虚腹痛，血虚經閉，産婦去血過多發暈，心虚有火作痛，病屬血虚無瘀滯者，皆所當忌。

明・倪朱謨《本草彙言》卷一八　五靈脂　味甘、酸，氣平，無毒。　氣味俱厚，陰中之陰，降也。入足厥陰、手少陰經。

蘇氏曰：　五靈脂，乃寒號蟲之糞也。出北地極寒處，今河東州郡皆有之。《説文》云有足之謂蟲，裸毛羽鱗介之總稱，故曰五靈。脂，則以形似也。又名鶡旦。五臺山最多，狀似小雞，肉翅四足，夏月毛羽五采，自鳴曰鳳凰不如我。初冬毛羽脱落，裸形如雛，忍冬而號，夜鳴曰來朝造個窠。旦鳴曰得過且過，日出暖和。故《月令》之仲冬鶡鳴不鳴，冬至陽生漸暖故也。餐以柏實，先冬嗛集。穴居南向，食已而遺，遺已而食。遺屎色黑如鐵，形凝如脂，氣甚臊惡。修治：　用水和，撇去砂石，再用酒浸，飛去砂土，曬乾收用。

五靈脂：　散血行瘀，止痛化積，李時珍爲婦科産後百證之要藥也。　沈孔庭曰：　此蟲畏寒喜暖，性專散血行瘀，故《開寶》方治婦人血閉脹悶，血瘀脹痛，血逆作嘔，血痹成勞，或血滯作寒熱等證。　繆氏仲淳言：　此藥其功長於破血行瘀，如果屬産後瘀血停滯作痛，産後少腹兒枕作痛，産後惡血攻心，血暈作痛，婦人經閉結滯，心胃腹間作痛，氣鬱脉滯，經血不行，攻刺作痛，瘀血挾痰結成窠囊，瞳子不明，或瘀血凝結牙齦之間而成齒痛等證，在所必需用

也。倘有血衰經閉，血虛腹痛，產後去血過多心虛發暈而痛，病屬血虛無瘀滯者，皆所當忌用也。又按前賢寇氏曰：蓋諸痛皆屬於肝，諸蟲皆生於風，此藥散血行血，和血止血而定諸痛。所主諸證皆肝經血分之病也。凡男婦老幼，一切心腹脇肋少腹痛，疝瘕痛，并胎前產後血氣攻痛，俱能奏功。又古方謂五靈脂治崩中，實非止血之藥，乃去風之劑。風，動物也。衝任經虛，被風傷襲營血，以致崩中暴下，與荆芥、防風治崩義同，此說是矣，而猶未盡也。又肝血虛滯，亦自生風，能使血動而崩，又不待外風傷襲也。如陳士良方用參、耆、熟地、炮薑，少和五靈脂而治血崩，蓋謂肝虛生風而血脫也。善斯業者，當悟古人識見如此，不可執一論也。

集方：《方脉正宗》治產後一切瘀血爲患，爲脹、爲痛、爲嘔、爲寒熱，或兒枕痛，或血暈痛，或卒暴心胃作痛，或男婦疝瘕，酒積作痛，或小兒疳積蟲痛，俱能治之。用五靈脂一斤，水浸淘去砂石，再用酒飛曬乾取六兩。澤蘭葉、益母葉、牡丹皮、當歸稍、延胡索、白芍藥、白朮、川芎俱酒洗炒，木香、肉桂焙，各二兩，共研爲細末，配五靈脂末，以米醋打紅麯末作糊丸綠豆大。每服三錢。婦人產後諸疾，酒下；疝氣瘕氣痛，茴香湯下；酒積痛，陳皮湯下；卒暴心胃痛，淡鹽湯下；小兒疳積蟲痛，花椒白明礬湯下。○同上治胎衣不下，并惡血沖心。用五靈脂水飛過四錢，溫酒下。○《經驗方》治經血不止。用五靈脂去砂土炒煙盡二錢，當歸身一錢，水煎服。○《普濟方》治傷食成疳。用五靈脂水飛過一兩，木香五錢，巴豆肉四顆去殼煨熟去油，共爲末，米糊丸綠豆大。每服五丸，白湯下。○《全幼心鑑》治小兒五疳潮熱。用五靈脂水飛過一兩，胡黃連五錢，於白朮八錢，俱炒燥爲末，飴糖爲丸彈子大。每服一丸，米湯化下。○《普濟方》治酒積黃腫。用五靈脂水飛過一兩，入麝香二分，稀糊丸小豆大。每服十丸，米湯下。○《方脉正宗》治瘀血目翳。用五靈脂水飛過一兩，桃仁去皮一兩五錢，共研勻，飯搗爲丸梧子大。每食後服五十丸，一月全愈。○《直指方》治瘀血齒痛。用五靈脂水飛過三錢，米醋一碗煎滾，候溫和，含汩。○治小兒蟲咬，心痛欲絕。用五靈脂末二錢，枯礬五分，共爲細末。每服二錢，白湯調，不拘時服，當吐出蟲即愈。

明・姚可成《食物本草》卷一二禽部・原禽類

寒號蟲一名鶡鴠。四足，有肉翅，不能遠飛。今惟河東州郡有之。其屎名曰五靈脂，色黑如鐵。○李時珍曰：鶡鴠，乃候時之鳥也，五臺諸山甚多。其狀如小雞，四足，有肉翅，夏月毛采五色，自鳴若曰：鳳凰不如我。至冬毛落如鳥雛，忍耐而號曰：得過且過。其屎恒集一處，氣甚臊惡，粒大如豆。采之有如糊者，有粘塊如餹者。人亦以沙石雜而貨之。凡用，以餹心潤澤者為真。

寒號蟲肉：味甘，溫，無毒。食之，補益人。五靈脂：味甘，溫，無毒。治心腹冷氣，小兒五疳，辟疫，治腸風，通利氣脉，女子血閉。療傷冷積。凡血崩過多者，半炒半生，酒服，能行血止血。治血氣刺痛甚效。

明・顧逢柏《分部本草妙用》卷一肝部・溫瀉

五靈脂 甘、溫，無毒。乃寒號蟲糞。惡人參。研末，酒飛去砂用。主治：心腹冷痛冷積，血閉，通脉，五疳，辟疫。止經過多，赤帶，胎前產後血氣痛。男女一切心腹、脇肋、少腹諸痛，疝痛。血痢腸風，肝瘧，反胃，痰血成窠。血貫神瞳，血凝齒痛，驚癇癲疾。殺蟲，解藥毒，蛇、蝎、蜈蚣傷毒。按：諸痛皆屬于木，諸蟲皆生于肝。故靈脂能治肝家血症，散血和血止痛。治驚癇瘧痢，掃積痰，療疳殺蟲，血痺血眼，及心腹、脇肋、胎產、疝氣諸痛。止崩暴肝風之症。凡屬肝家血症、諸痛投之即效。予日得其益，今專以產家用之，而雜症少用。特推廣之，以濟人危急云。蛇蝎咬毒，酒調二錢，下即效。血熱目赤痛，用之亦妙。

明・李中梓《醫宗必讀・本草徵要下》

五靈脂味甘，溫，無毒。入肺經。惡人參。酒飛，去沙晒。止血氣之痛，無異手拈；行冷滯之瘀，真同仙授。五靈脂乃寒號禽之糞也，氣味俱厚，獨入厥陰，主血，生用行於血，炒熟止血，痛證若因血滯者，下咽如神。按：性極羶惡，脾胃虛薄者不能勝也。

明・鄭二陽《仁壽堂藥鏡》卷八

五靈脂即寒號蟲糞。禹錫云：據寒號蟲四足有肉翅，不能遠飛，所以不入禽部。今河東有。味甘，溫，無毒。入心、肝二經。惡人參。潤澤者佳。生者行血，炒者止血。《本草》云：主療心腹冷氣，小兒五疳，辟疫，治腸風，通利氣脉，女子月閉。出北地。《珍》曰：經水過多，赤帶，一切心腹脇痛，血貫瞳子，小兒驚癇，殺蟲解毒，蛇蝎蜈蚣傷。宗奭曰：入肝最速。按：五靈脂治崩中，非止治血，乃去風之劑。風動物也，衝任經虛，被風傷襲，與荊、防治崩義同。獨陰有歸下之功，兼能降火，人所不知。《圖經》云：五靈脂黑如鐵，內多夾沙石，先碾細，酒研飛煉，揚去沙石，炒乃佳。治傷冷積聚，堅結痞滿。

明・蔣儀《藥鏡》卷一溫部

五靈脂 破血矣，臨產生用，少腹疝氣能行。止血矣，吐衄炒加，崩漏血痢可止。胡連、蘆薈，疳積之眼同功。沒藥、乳香，心痛之疴混用。痰血凝結，血氣刺痛，木香、半夏同煎。眼白混黑，血

潰怪病，單末二錢湯服。然不但能治血，兼能去風，衝任經虛，風襲榮血，以致崩中暴下，與荊芥、防(己)〔風〕，治崩義同。

明・李中梓《頤生微論》卷三　五靈脂　味甘，性溫，無毒。入肝經。畏人參。酒飛去沙，暴乾。生者行血，炒者止血。主破血下氣，一切心腹脇痛，袪冷滯。　按：　五靈脂乃寒號蟲之糞也，氣味俱厚，獨入厥陰，主血滯，大有神功。其止崩帶者，非但治血，乃去風之劑。風動物也，衝任經虛，被風傷襲，不能藏血，與荊防治崩相似。濁陰有歸下之功，兼能降火，人所未知。氣極羶惡，虛薄人弗能勝也。

明・張景岳《景岳全書》卷四九《本草正》　五靈脂　味苦，氣辛。善走厥陰，乃血中之氣藥也。大能行血行氣，逐瘀止痛，凡男子女人有血中氣逆而腹脇刺痛，或女人經水不通，產後血滯，男子疝氣，腸風血痢，冷氣惡氣，心腹諸痛，身體血痹，脇肋筋骨疼痛，其效甚捷。若女人血崩經水過多，赤帶不止，宜半炒半生，酒調服之。亦治小兒氣逆癲癇，殺蟲毒，解藥毒，行氣極速。但此物氣味俱厚，辛羶難當，善逐有餘之滯，凡血氣不足者，服之大損真氣，亦善動吐，所當避也。製用之法，當用酒飛去砂石，晒乾入藥。

明・賈九如《藥品化義》卷二血藥　五靈脂　屬陰，體潤，色黑，氣燥，味大苦云甘非，性寒云溫非，能沉，力能通行，炒止血，性氣與味俱厚而濁，入肝經。　五靈脂聚於土中，結如凝脂，受五行之靈氣而成，故名之。其味苦於膽，以苦寒瀉火，生用行血，而不推蕩，非若大黃之力迅而不守。以此通利血脈，使濁陰有歸下之功，治頭風噎膈，痰癇癲疾，諸毒熱癰，女人經閉，小腹刺痛，產後惡露，大有神效。其色黑如鐵，凡血遇黑則止，炒用以理諸失血症，令血自歸經而不妄行，能治崩中胎漏及腸紅血痢，奏績獨勝。因味苦氣膻，入肝最捷。　狀若瀝清色黑餹心潤澤者佳，是號寒蟲糞。多夾砂石，研末酒淘去，曬乾用。惡人參，同用損人，慎之。

明・施永圖《本草醫旨・食物類》卷三　寒號蟲屎名五靈脂。　肉：　味甘，溫，無毒。治：　食之補益人。　五靈脂：　凡用研為細末，以酒飛去砂石，晒乾，收用。　味：　甘，溫，無毒。惡人參，損人。治：　心腹冷氣，小兒五疳，辟疫。治腸風，通利氣脉，女子血閉，療傷冷積。凡血崩過多者，半炒半生，酒服，能行血止血，治血氣刺痛，神效。止婦人經水過多，赤帶不絕，胎前產後，血氣諸痛。男女一切心腹、脇肋、少腹諸痛，疝痛，血痢腸風腹痛，身體血痹刺痛，肝瘧發寒熱，反胃消渴，及痰涎挾血成窠，血貫瞳子，血凝齒痛，重舌，小兒驚風，五癇癲疾。殺蟲，解藥毒及蛇蠍蜈蚣傷。五靈脂引經有功，不能生血，此物入肝最速也。常有人病目中翳，往來不定，此乃血所病也。又有人被毒蛇所傷，良久昏憒，一老僧以酒調藥二錢，灌之遂甦，仍以渣傳咬處，少頃復灌二錢，其苦皆去。問之乃五靈脂一兩，雄黃半兩，同為末耳。其後有中蛇毒者，用之咸效。〇五靈脂足厥陰肝經藥也，氣味俱厚，陰中之陰，故入血分。肝主血，諸痛皆屬於木，諸蟲皆生於風，故此藥能治血病，散血和血而止諸痛。

明・盧之頤《本草乘雅半偈》帙九　五靈脂《別錄》下品　氣味：　甘，溫，無毒。　主治：　主心腹冷氣，小兒五疳，辟疫氣，治腸風，通和氣脈，療女子血閉。

覈曰：　五靈脂，寒號蟲所遺也。古者稱糞為遺。寒冬號呼，因名寒號。《說文》云：　有足之謂蟲，躶毛羽鱗介之總稱，故曰五靈。脂則以形舉也。一名鶡鴠。生北地極寒處，五臺山中最多。狀似小雞，肉翅四足，夏月毛羽五采，自鳴曰：　鳳凰不如我。初冬毛羽脫落，躶形如雛，忍冬而號，夜鳴曰：　來朝造個窠。旦鳴曰：　得過且過，日出暖和。趨勢附炎，暫假冠裳，不得不自先喝彩。附炎未幾，冷落遂至，如此自道，恰象審時，恰象知止。《月令》云：　仲冬鶡鴠不鳴，夜不號矣。故寒號而陰剝，號息而陽復，夜號以待日出之為旦也。餐以栢實，先冬噙集，穴居南向。　餐已而遺，遺已而餐，轉展化道，形若凝脂，氣甚臊惡。餐以栢實，何等芳潔。遺復可餐，何等本分。此輩亦有熱腸，唯真小人，做得假君子。修事：　取中心黑潤者佳，雜砂石，及未化者不堪入藥。用酒研細，仍用酒飛去砂土，曬乾收用。主治功力，先人《博議》甚詳，頤不更參，謹錄于左。

先人《博議》云：　陽出陰入，夏長冬藏，寒號毛羽似之，冬既無表，旋歸于內，躶不能飛，用遺作食，出入數數，實彼脂膏。又云：　顧毛之有無，為鳴之謙傲，求明處穢，自所不知，固候時之物，實警世之鑒。又云：　躶形可冬，腹心無冷矣。疳是食氣所積，疫乃天時所致，五靈出入化導，形與時違，唯知通利，寧從閉塞乎。

明・李中梓《本草通玄》卷下　五靈脂　甘，溫，肝經血分藥也。　主行血散血和血，而止胸膈腹脇、肢節肌膚一切痛症，亦可下氣殺蟲。凡血崩及女人血病，百藥不效者，立可奏功，亦神藥也。　多夾沙石，極難修治，研細

酒飛，去沙石，晒乾。

清・顧元交《本草彙箋》卷八　五靈脂　聚於土中，結如凝脂，受五行之靈氣而成。味苦如膽，苦寒瀉火，生用行血，而不推蕩，非若大黃之力迅而不守，以此通利血脈，使濁陰有歸下之功。其色黑如鐵，凡血遇黑則止。炒用以理諸失血證，令血自歸經而不妄行。因味苦氣羶，入肝最捷。　狀如瀝青，色黑糖心，潤澤者佳。乃寒號蟲糞也。釋名鶡鴠，如小雞形，四足有肉翅，不能遠飛。夏月毛采五色，自鳴若曰：鳳凰不如我。至冬毛落如鳥雛。忍寒而號曰：得過且過。其屎恒集一處，氣甚羶惡，粒大如豆，采之有如糊者，有粘塊如糖者，久聚土中，故襍沙石。　失笑散，治男婦老幼心痛、腹痛、少腹痛、小腸疝氣，諸藥不效者，能行能止，及婦人妊娠心痛，産後血氣痛。用五靈脂、蒲黄等分，研末，先以醋二盃，調末熬膏，入水一盞，煎至七分，連藥熱服。一方：以酒代醋。一方：以醋糊和丸，童便酒下。

清・穆石匏《本草洞詮》卷一四　寒號蟲五靈脂　鶡鴠，夜鳴求旦之鳥。夏月毛盛，冬月裸體，晝夜鳴叫，故曰寒號。《月令》云仲冬鶡鴠不鳴，蓋冬至陽生漸暖故也。其屎名五靈脂，謂狀如凝脂，而受五行之靈氣也。肉，甘，溫，無毒。食之補益人。五靈脂，甘，溫，無毒。入足厥陰經。通利血脉，消積化痰，療疳殺蟲，除瘧痢，治血痺血眼，小兒驚風，五癇，解蛇、蝎、蜈蚣毒。蓋肝主血，諸痛皆屬於木，諸蟲皆生於風，此藥散血和血，而止諸痛，所主諸證，皆肝經血分病也。《局方》有失笑散，用五靈脂、蒲黄等分，研末，以醋熬成膏，入水一盞，煎七分，連藥熱服。不獨治婦人心痛血痛，凡男女老幼一切心腹、脇肋、少腹痛，疝氣，并胎前産後血氣作痛，及血崩經溢，百藥不効者，俱能奏功。又産後血運，用五靈脂半生半炒，為末，白湯調服二錢，如口噤者斡開灌之，入喉即愈。李仲南謂五靈脂治崩中，非止治血之藥，乃去風之劑。風動物也，衝任經虚，被風傷襲營血，以致崩中暴下，與荊芥、防風治崩義同。此說是矣，而未盡也。肝血虚滯，亦自生風，不待外風傷襲也，故五靈脂能治之。一人病目瞖，往來不定，此血病也。目病不治血，為背理也。用五靈脂而愈。一人被毒蛇所傷，以五靈脂一兩，雄黄半兩，同為末，酒調二錢，灌之遂甦，仍以滓傅咬處，其苦皆去。

清・劉雲密《本草述》卷三〇　寒號蟲

五靈脂：　覈曰：五靈脂，寒號蟲所遺也。寒冬號呼，因名寒號。《說文》云　有足之謂蟲，裸、毛、羽、鱗、介之總稱，故曰五靈。脂則以形舉也。一名鶡鴠。生北地極寒處，五臺山中最多。狀似小雞，肉翅四足，夏月毛羽五采，自鳴曰鳳凰不如我，初冬毛羽脫落，裸形如雛，忍寒而號，夜鳴曰來朝造個窠，旦鳴曰得過且過，日出暖和。《月令》云：仲冬鶡鴠不鳴，夜不號矣。故寒號而陰剝，號息而陽復，夜號以待日出之為旦也。餐以柏實，先冬噙集，穴居南向，餐已而遺，遺已而餐，轉展化道，形若凝脂，氣甚臊惡。

氣味：甘，温，無毒。惡人參，損人。諸本草主治：通利氣脈，治男女一切心腹、脇肋、少腹諸痛，身體血痹刺痛，疝痛，及血痢腸風腹痛，血凝齒痛，並肝瘧發寒熱，反胃消渴，痰涎成窠，血貫瞳子，治女子血閉並經水過多，赤帯不絕，療胎前産後血氣諸痛，及小兒五疳潮熱，又主損傷接骨，殺蟲。方書主治：行痹，心痛，胃脘痛脹滿，中風中暑氣，痰飲，痛痹痿厥，消癉，泄瀉滯下，疝，痔，齒。此以用之多少為先後。

盧復曰：陽出陰入，夏長冬藏，寒號毛羽似之。冬既無表，旋歸於內，裸不能飛，用遺作食，出入數數，實彼脂膏。　時珍曰：五靈脂，足厥陰肝經藥也。氣味俱厚，陰中之陰，故入血分。肝主血，諸痛皆屬於木，諸蟲皆生於風，故此藥能治血病，散血和血，而止諸痛，其所治證多屬肝經也。失笑散不獨治婦人心痛血痛，凡男女老幼，一切心腹、脇肋、少腹痛，疝氣并胎前産後血氣作痛，及血崩經溢，百藥不效者，俱能奏功，屢用屢驗，真近世神方也。又按李仲南云，五靈脂治崩中，非止治血之藥，乃去風之劑。風，動物也。衝任經虚，被風傷襲營血，以致崩中暴下，與荊芥、防風治崩義同。方悟古人識見，深奥如此。此亦一說。但未及肝血虚滞，亦自生風之意。　中梓曰：濁陰有歸下之功，兼能降火，人所未知。　丹溪曰：凡血崩過多者，半炒半生，酒服，能行血止血，治血氣刺痛甚效。　熟者行，生者止，欲一行一止，須半生半熟相合用之。　希雍曰：寒號蟲畏寒喜暖，故其糞亦温，味甘而無毒，氣味俱厚，陰中之陰，降也，入足厥陰、手少陰經。專治血分之病。凡心胸血氣刺痛，女子經病，産後少腹兒枕塊諸痛，及痰挾血成窠囊，血凝齒痛諸證，所必須之藥。

同澤蘭、牛膝、益母草、延胡索、牡丹皮、紅花、赤芍藥、山查、生地黄，治産後惡露不盡，腹中作疼。加桃仁其效更速，勿過劑。　同番降香、紅麴、川通草、紅花、延胡索、韭菜、童便，治胃脘瘀血作痛。　同木香、烏藥，治周身

血氣刺痛。

附方　失笑散，治男女老少心痛、腹痛、少腹痛、小腸疝氣諸藥不效者，能止能行。婦人妊娠心痛，及產後心痛、少腹痛、血氣痛尤妙。用五靈脂、蒲黃等分，研末，先以醋二盃調末，熬成膏，入水一盞，煎至七分，連藥熱服，未止再服。一方以酒代醋。一方以醋糊和丸，童便酒服。　靈脂散，治丈夫脾積氣痛，婦人血崩諸痛。飛過五靈脂，炒烟盡，研末，每服一錢，温酒調下。此藥氣惡難喫，燒存性乃妙也。或以酒、水、童便煎服，名抽刀散，治產後心腹、脇肋、腰胯痛，能散惡血。如心煩口渴者，加炒蒲黃減半，霹靂酒下。腸風下血者，煎烏梅、柏葉湯下。中風麻痹痛者，加草烏半錢，同童便、水酒煎服。

愚按：　凡物皆稟陰陽，即如禽類，未有如寒號鳥，至冬而毛羽脫落，夏月則毛羽五采，乘乎陰陽出入之氣，如是其迥殊者也。乃用之者獨取其遺，而且謂之曰脂也，何哉？　盧復曰用遺作食，出入數數，實彼脂膏，斯言近之矣。夫乘乎陰陽出入之氣者，徹於表裏，既如是其不爽，而腸胃所飡所化之物，又復出入數數，竟以臭腐為神奇，則《本草》所謂能通利氣脈，而丹溪云於血能行能止，豈不然歟？　寧非互為發明者歟？　蓋其能行且能止者，由於出入陰陽，以還歸腸胃之轉展化道，而能令氣脈通利，非以行止為事者也。雖然，世知用之治血耳，如時珍主治肝瘧寒熱，反胃消渴，及痰涎挾血成窠等證，不幾以為無當乎？　詎知病於血者，寧獨內溢外溢乃始為病乎？　楊仁齋曰：　人之一身，不離乎氣血。凡病經多日，療治不痊，須當為之調血，血之外證，痰嘔燥渴，昏憒迷忘，常喜湯水漱口，不問男女老少，固以調氣為上，調血次之。第如血有滯泥於諸經者，則氣之道路未免有所壅遏，又當審所先而導之化之，《經》所謂先去其血，而後調之。不然，氣終不得調也。推仁齋此義，則凡六淫七情等證，宜無不研治到此矣。抑愚更有說焉，夫五靈脂之用，多以為其功強半在血，而不知《開寶本草》通利氣脈一語，大為中的。蓋氣為血之先，血不能為氣之帥也。第當繹氣脈二字，氣不離於脈而言，是所謂陰氣，陰氣即血中之氣也。試以方書主治，此味於行痹較多，在東垣註行痹云，身體沉重，走注疼痛，溼熱相搏，而風熱鬱不得伸，附着於有形也。方書之所著六方，亦多言風，非風不能走注也。風臟固即血臟，然不有血中之氣，能調風以和血，而幾其血之與風，能並育而不相害乎哉？　然則李仲南所云五靈脂治崩中，非止治血之藥，乃去風之劑云云，義同斯言，其先得我心乎？　何以明其為能調風？　蓋其所遺者，固屬陰也，乃此禽用遺作食，出入數數，展轉化導，則其化導之氣，有陰化於陽，陽導於陰者，此風之所以能調，而血之所以能和者也。蓋風調而後氣平，氣平而後血和，非謂其不入血分，第其為和血之先導，不可謂其直入血中，與疏壅快滞之血藥一例奏功也。且斯藥治療多證，試取而較其主治，豈盡屬治血病哉？　則可以思其不治血病，而實為和血之主者，有血中之氣，可以通營衛而滑經絡也。明者若更精研及此，乃得善用此藥矣。

茲藥有誤以為通利者，試觀方書中療女子產後喘急，痰與血雜涌而上，用失笑散，似乎用之以為通利，不知主以六君，而合此味為之化陰導陽，正所以妙於補也。即如竹籠散之治下消，止於靈脂、黑豆二味，是豈通利之劑，能愈腎消證乎？　熟思其功，而其義自明。

附方　產後血暈，不知人事，用五靈脂二兩，半生半炒，為末，每服一錢，白水調下，如口噤者，斡音挖。開灌之，入喉即愈。　產後腹痛，用五靈脂末，神麴糊丸，白术陳皮湯下。　血崩不止，用五靈脂十兩，研末，水五盌，煎三盌，去滓澄清，再煎為膏，入神麴末二兩，和丸梧子大，每服二十丸，空心温酒下，便止極效。　胎衣不下，惡血冲心，用五靈脂半生半炒，研末，每服二錢，温酒下。　吐血嘔血，治血妄行，入胃吐不止，五靈脂一兩，黃芪半兩，為末，新汲水服二錢。　中風癱緩，追魂散用五靈脂研末，以水飛去上面黑濁，下面砂石，研末，每服二錢，熱酒調下，日一服，繼服小續命湯。　風冷氣血閉，手足身體疼痛冷麻，五靈脂二兩，沒藥一兩，乳香半兩，川烏頭一兩半炮去皮，為末，滴水丸如弹子大，每用一丸，生薑温酒磨服。　五疳潮熱，肚脹髮焦，不可用大黃、黃芩損傷胃氣，恐生別證，五靈脂水飛一兩，胡黃連半兩，為末，雄豬膽汁丸黍米大，每服一二十丸，米飲下。　痰血凝結，紫芝丸用五靈脂水飛，半夏湯泡，等分為末，薑汁浸，蒸餅丸梧子大，每飲下三十丸。

按：　五靈脂能殺蟲，一醫按治蛔厥者云，蟲不盡，用靈脂而全愈。蓋蟲雖成於溼熱，然生於風木，特木從土化耳。張子和之言是也。溼熱則氣凝血滞，而風木乃從溼土以化，靈脂之通氣脹而行血絡，此所以除風眚，能殺蟲也。

希雍曰：　凡瘀血停滞作痛，產後血暈，惡血衝心，少腹兒枕痛，留血經

閉，瘀血心胃間作痛，血滯經脈，氣不得行，攻刺疼痛等證，在所必用。然而血虛腹痛，血虛經閉，產婦去血過多發暈，心虛有火作痛，病屬血虛，無瘀滯者，皆所當忌。希雍首言此藥長於破血行血，特削之，為彼掩拙，後又言無瘀滯者不可用。殊不知此種非行滯之劑也。

修治　色黑如鐵，凡用以餹心潤澤者為真。其未化者，不堪入藥。茲物多夾沙石，絕難修治，用酒研，仍用酒飛去沙石，曬乾收用。生用者，酒研飛煉去沙石。熟用者，飛後炒令烟起，另研。前哲言過用則飽脹傷胃，非止為製不淨也。觀失笑散之主以六君，其義可參矣。

清・郭章宜《本草匯》卷一七　五靈脂即寒號禽糞　味甘，氣溫，氣味俱厚，陰中之陰，降也，入足厥陰血分。止血氣之痛，無異手拈。行冷滯之瘀，真同仙授。調結血積痛腹疼，理痰涎挾血成塊。

按：五靈脂入肝最速，引經有功。不能生血，而主行血散血和血，故治女科為專。生者行血，炒熟止血。凡痛症，若因血滯者，下咽如神。女人血病，百藥不効者，立可奏功。亦神藥也。若病屬血虛無瘀者，不可用。

產五臺諸山。色黑如鐵，氣甚臊惡，粒大如豆，有如糊者，有粘塊如餹者，以餹心潤澤者為真。多夾沙石，極難修治。研細，酒飛去沙石，曬乾用。惡人參，損人。

清・何其言《養生食鑒》卷下　鶡鴠即寒號蟲，五臺諸山甚多。其狀如小雞，四足有肉翅，夏月毛采五色，自鳴若曰：鳳凰不如我。至冬毛落，如鳥雛，忍寒而號曰：得過且過。　味甘，性溫，無毒。食之益人。　屎：名五靈脂，治毒蛇所傷昏憒，用五靈脂一兩，雄黃五錢，同為末，每用二錢，灌下立甦。以渣敷咬處，其苦頓解。

清・蔣居祉《本草擇要綱目・熱性藥品》　五靈脂寒號蟲屎也。此物多夾沙石，絕難修治。凡用，研為細末，以酒飛去沙石，晒乾收用。　氣味：甘，溫，無毒。入足厥陰肝經。又氣味俱厚，陰中之陰，入血分藥也。　主治：血分，肝主血，諸痛皆屬于木，諸蟲皆生于風，故此藥能治血病，散血和血，而止諸痛。治驚癇，除瘧痢，消積化痰，療疳殺蟲，治血痹血眼諸症，皆屬肝經也。失笑散不獨治婦人心痛血痛，凡男女老幼，一切心腹、脇肋、少腹痛，疝氣，并胎前產後血氣作痛及血崩經溢，百藥不效者，俱能奏功，屢用屢驗，真近世神方也。　惡：人參。

清・閔鉞《本草詳節》卷一一　五靈脂　【略】按：五靈脂，入肝最速，凡肝血停滯，鬱而生風生蟲，以之破血行血，諸症自祛。古同蒲黃等分，醋糊為丸，名(一)〔失〕笑散，男女血痛諸病，用之如神。但屬血虛及去血過多者，又在所忌也。云去風者，與荊芥、防風治崩同意。蓋風動物也，衝任經虛，營血為風傷襲，故崩中暴下耳。

清・王翃《握靈本草》卷一〇　五靈脂出河東州郡。即寒號蟲屎也。多夾沙石，凡用研為細末，以酒飛去砂石，晒乾收用。　主治：五靈脂，甘，溫，無毒。能行血止血，治血刺血痢，腸風血痺，驚癇癲疾，婦人經多赤帶。

清・汪昂《本草備要》卷四　五靈脂宣，行血，止痛。　甘，溫，純陰，氣味俱厚。入肝經血分。通利血脉，散血和血，血閉能通，生用。經多能止。炒用。治血痹血積，血眼血痢，腸風崩中，一切血病，《圖經》云：血暈者，半炒半生，水服一錢。心腹血氣，一切諸痛。又能除風化痰，殺蟲消積。諸痛皆屬于木，諸蟲皆生于風。治驚疳瘧疝，蛇蝎蜈蚣傷。血虛無瘀者忌用。五靈脂一兩，雄黃五錢，酒調服，滓敷患處，治毒蛇咬傷。李仲南曰：五靈脂治崩中，非正治之藥，乃去風之劑。衝任經虛，被風襲傷營血，以致崩中暴下。與荊芥、防風治崩義同。方悟古人識見深遠如此。時珍曰：此亦一說，但未及肝虛血滯，亦自生風之意。按：衝為血海，任主胞胎。任脉通，衝脉盛，則月事以時下，無崩漏之患，且易有子。　北地鳥名寒號蟲矢也。即曷旦鳥。夜鳴求旦。夏月毛采五色，鳴曰鳳凰不如我。冬月毛落，忍寒而號，曰得過且過。高士奇曰：《月令》仲冬之月，鶡鴠不鳴。似與寒號之名未協。　黑色，氣甚臊惡。糖心潤澤者真。研末酒飛，去砂石用。行血宜生，止血宜炒。惡人參。

清・蕭壎《女科經綸》卷七　血瘀崩漏用五靈脂　武叔卿曰：五靈脂散治血崩不止，不拘多少，炒令烟盡，研末，用當歸酒或童便調下三錢，一名抽刀散，治產後惡血，心腹痛不可忍，其效如神。真救急之良方也，人家不可不備，并治蛇、蝎、蜈蚣咬，塗傷處立愈。

清・陳士鐸《本草新編》卷五　五靈脂　味甘，氣平，無毒。功專生血止血，通經閉，又治經行不止，去心疼，并療血氣刺疼，祛血痢腸風，逐心腹冷氣，定產婦血暈，除小兒疳蚘，善殺蟲，又止蟲牙之痛。藥籠中亦不可缺也。

或問：五靈脂長于治血，不識諸血症可統治之乎？夫五靈脂長于行血，而短于補血，故瘀者可通，虛者難用耳。

清・顧靖遠《顧氏醫鏡》卷八　五靈脂寒號禽糞也。甘，溫。入肝經。研細，酒

飛去砂，晒。解蛇、蠍、蜈蚣傷毒。　治周身與心腹脇肋諸痛，療疝氣及產後兒枕作痛。皆取其散血和血之功。長於破血行血，一切瘀滯作痛者，用之如神。性極羶惡，脾胃虛弱者，不能勝也。

清·李熙和《醫經允中》卷一七　五靈脂　乃寒號蟲糞也。惡人參。研末，酒飛去砂。用行血宜生，止血宜炒。　甘，溫，無毒。主逐男女一切心胸、少腹冷積痛，歐血痢腸風，通經閉，止血崩。治肝家血症，能散血和血，為胎前產後女科要藥。蛇蝎咬毒，酒調二錢下即效。血凝目赤痛用之亦妙。但血虛無瘀，脾胃薄弱者忌用。

清·馮兆張《馮氏錦囊秘錄·雜症痘疹藥性主治合參》卷一一　五靈脂　味甘，氣溫，無毒。入足厥陰、手少陰經。性專行血，故主女子血閉。味甘而溫，故療心腹冷氣及通利氣脉也。其主小兒五疳者，以其亦能消化水穀。治腸風者，取其行腸胃之瘀滯也。凡心胸血氣刺痛，婦人產後少腹兒枕塊諸痛，及痰挾血成窠囊，血凝作痛諸證，所必須之藥。【略】　五靈脂，專治女科，行血宜生，止血須炒。通經閉及治經行不止，去心疼，并療血氣刺痛。歐血痢腸風，逐心腹冷氣。定產婦血暈，小兒疳蚘。五靈脂，寒號禽之糞也。畏寒喜暖，故其糞亦溫，氣味俱厚，陰中之陰，故入血分。性專行血，走肝最速。諸血蟲痛，皆屬肝木，蓋肝主藏血，而諸蟲皆生於肝，所以善治血病、蟲病，心腹脇肋諸痛，血崩胎產諸症也。

清·张璐《本經逢原》卷四　五靈脂即寒號蟲矢，又名鶡鴠。　苦、酸，寒，小毒。研細，酒飛去砂石，晒乾。生用則破血，炒用則和血。　發明：鶡鴠，候時鳥也。晉地有之。春夏羽儀豐盛，冬時裸形，晝夜哀鳴，故楊氏《丹鉛錄》謂之寒號蟲。屎名五靈脂，謂狀如凝脂，而受五行之靈氣也。其氣腥穢，其味苦酸，大傷胃氣。《綱目》言其甘溫，恐非正論。雖有治目瞖、中脘疼痛之功，惟藜藿庶可應用，終非膏粱所宜。同蒲黃名失笑散，治一切心胸腹脇少腹諸痛，及產後結血、血崩，目中生瞖，往來不定，其性入肝散血最速。但性極羶惡，脾胃虛者，不能勝其氣也。

清·浦士貞《夕庵讀本草快編》卷六　寒號蟲宋《開寶》　此鳥夏月毛盛，冬則裸體，夜鳴待旦。《月令》云仲冬曷旦不鳴，蓋謂其陽生而漸暖也。屎如凝脂，受五行之靈氣，故名。　五靈脂氣味俱厚，陰中之陰，肝經血分藥也。夫肝主血，諸痛皆屬於木，諸蟲皆生於風。此物專能行血散血，故止諸痛而療心腹冷氣，取其通利氣脈也。除瘧痢驚癇，消積化痰，療疳殺蟲以及赤脉貫睛，腸風血痢者，取其善消水穀，通行腸胃瘀滯也。《局方》失笑散，功可立見耳。

清·姚球《本草經解要》卷四　五靈脂　氣溫，味甘，無毒。主療心腹冷氣，小兒五疳，辟疫，治腸風，通利氣脈，女子月閉。酒研。　五靈脂氣溫，稟天春和之木氣，入足厥陰肝經。味甘無毒，得地中正之土味，入足太陰脾經。氣味俱升，陽也。心腹者，太陰、厥陰經行之地也。寒則冷氣凝矣，其主之者，氣溫可以祛寒也，氣溫可以暢肝，味甘可以益脾。小兒疳雖有五，皆由肝氣滯、脾氣虛而成，所以概主五疳也。味甘能和，所以辟疫。久風入中，乃為腸風。氣溫達肝，肝主風而藏血，故治腸風。溫則通行，故利氣脈。脾統血，肝藏血，血溫則行，故主月閉也。　製方：五靈脂同澤蘭、牛膝、益母、延胡、丹皮、紅花、赤芍、山查、生地，治惡露未盡。同降香、紅麴、通草、紅花、延胡、韭菜、童便，治胃脘瘀血痛。同木香、烏藥，治血氣刺痛。專用生熟各半為末，治暈不知人事。

清·王子接《得宜本草·下品藥》　五靈脂　即寒號蟲矢。入足厥陰經。功專散血止痛。得蒲黃治心腹疼痛，產後惡露刺痛。

清·黃元御《玉楸藥解》卷五　五靈脂　味辛，微溫。入足厥陰肝經。開閉，止痛，磨堅。五靈脂最破瘀血，善止疼痛。凡經產跌打諸瘀、心腹脇肋諸痛皆療。又能止血，凡吐衄崩漏諸血皆收。生用行血，熟用止血。

清·吳儀洛《本草從新》卷六　五靈脂〔瀉，行血；宣，止痛。〕　甘溫純陰，氣味俱厚。入肝經血分。通利血脈，散血和血，血閉能通，生用。經多能止。炒用。治血痺血積，血眼血痢，腸風崩中，諸血病，《圖經》云：血運者，半炒半生，末服一錢。心腹氣血一切諸痛。除風殺蟲，諸痛屬於木，諸蟲生於風。化痰消積。療驚疳瘧疝，蛇蠍蜈蚣傷。五靈脂一兩，雄黃五錢，酒調服，滓敷患處，治毒蛇咬傷。血虛無瘀者忌用。李仲南〔李仲南《永類鈐方》。〕曰：五靈脂治崩中，非正治之藥，乃去風之劑。衝任經虛，被風襲傷營血，以致崩中暴下，與荊芥、防風治崩義同，方悟古人識見深遠如此。時珍曰：此亦一說，但未及肝血虛滯，亦自生風之意。按：衝為血海，任主胞胎，任脈通，衝脈盛，則月事以時下，無崩漏之患，且易有子。北地鳥。名寒號蟲矢也。即鶡鴠鳥，夜鳴求旦。夏月毛采五色，鳴曰：鳳凰不如我。冬月毛落，忍寒而號曰：得過且過。高士奇曰：《月令》仲冬之月鶡鴠不鳴，似與寒號之名未協。色黑，氣甚臊惡。糖心潤澤者真。研末，酒飛，去砂石用。行血宜生，止血宜炒。惡人參。

清·汪紱《醫林纂要探源》卷三　五靈脂　甘，鹹，溫。出太行山及北岳諸深山中。號寒蟲屎也。其形未知。或云有四足，夏月羽毛五色鮮好，鳴云：鳳凰不如我。冬則毛盡落，忍寒夜鳴，曰得過且過。又以為即鶡旦，夜鳴求旦之鳥。然《月令》仲冬而鶡旦不鳴，則非此矣。未當附會。補心平肝，活血散瘀，通利百脈，和中止痛，殺蟲解毒。此屎色黑，有脂潤，氣甚臊惡。然能補心緩肝，和血通脈者，意以其物耐寒，冬雖無毛，不至禁痼凝濇以死，其血脈常流通，陽氣內全，故嚴寒不能傷歟。其糞之臊惡而滋潤，雖藏久外乾，中猶濡粘如脂，是則陽氣之蘊鬱而通，色黑故入血分，主血病。生用則鹹多，能滲能行。熟用則甘多，能緩能止。宜炒令煙盡，研末，酒飛過，去沙石。主治血痺血積，血痢腸風，崩中暴下。又治心腹血氣諸痛，定驚去癇，和衝任之脈。此皆補心緩肝之用。而或以為去風之藥，則不然矣。又能殺蟲，去蛇蝎咬傷諸毒，蓋此鳥亦食毒蟲，故能制其毒。其屎如脂，受五行之靈氣，故名。

清·嚴潔等《得配本草》卷九　五靈脂即寒號蟲屎。　惡人參。損人。甘，溫。入足厥陰經血分。治痰涎挾血成窠，去胸腹血結疼痛，愈瘧痢，療目翳，除腸風。　得半夏，治痰血凝結。得蒲黃，治心腹疼痛。佐胡桃、柏子仁，治咳嗽肺脹。合木香、烏藥，理周身血氣刺痛。酒調，治蛇咬昏憒。　酒飛，去沙石曬乾用。　怪症：目中白珠墨黑，視物如常，毛髮直如鐵絲，能食而不能語，昏昏如醉，名曰血潰。服五靈脂末二錢，即愈。

題清·徐大椿《藥性切用》卷八　五靈脂　即寒號蟲矢。苦鹹微寒，入肝經血分，耑降濁陰，行血破血，止痛調經。破血生用，調血炒用，入肝醋炒。無瘀者忌。

清·黃宮繡《本草求真》卷八　五靈脂入肝行血，破瘀止痛。　五靈脂耑入心肝。即北地寒號蟲鳥矢也。時珍曰：曷旦乃候時之鳥也。五臺諸山甚多，其狀如小雞，四足有肉翅，夏月毛采五色，自鳴若曰鳳凰不如我，至冬毛落如鳥雛，忍寒而號，曰得過且過。其矢恒集一處，氣甚臊惡，粒大如豆，採之有如糊者，有粘塊如糖者，人亦以砂石襍而貨之。凡用以糖心潤澤者為真。以其受五行之靈，其矢狀如凝脂，故有五靈脂之號。其氣腥臭難聞，其味苦酸而辛。惟其腥穢難聞，故能入血凝臭穢之處而療其病。惟其味苦酸而辛，故能入心與肝而泄其滯。是以心中血氣刺痛，婦人產後少腹兒枕塊痛，及痰挾血成窠囊，血凝作痛，目翳往來不定等症，皆為血分行氣必需之藥。宗奭曰：有人病目中翳往來不定，此乃血所病也。肝受血則能視，目病不治血，為背理也。用五靈脂之藥而愈。又有人被蛇毒所傷，良久昏憒，僧以酒調藥二錢灌之，遂甦。仍以滓敷咬處，少頃，復灌二錢，其苦皆去。問之，乃五靈脂一兩，雄黃半兩，同為末耳。又李仲南云：五靈脂治崩中，非止治血之藥，乃去風之劑。風動物也，衝任經虛，治風傷襲營血，以致崩中暴下，與荊芥、防風治崩義同。方悟古人識見深遠如此。此亦一說，但未及肝血虛滯亦自生風之意。按衝為血海，任為胞胎，任脉通，衝脉盛，則月事以時下，無崩漏之患，且易生子。若女子血崩，經水過多，赤帶不止，宜半炒半生，酒調服之。亦治氣逆癲癇，及解蟲毒藥毒。但此氣味俱厚，辛羶不堪。《綱目》指為甘溫，張氏謂非正論，改為性寒，不為無見，故僅可治有餘之滯，若使氣血不足，服之大損真氣。腥更使人動吐，所當避也。酒飛去砂石，晒乾入藥。行血宜生，止血宜炒。惡人參。

清·沈金鰲《要藥分劑》卷二　五靈脂　【略】鰲按：五靈脂專于散瘀行血，大有奇效。一婦人自縊，半夜其家救之，雖甦，次日遍身青紫黑色，血已瘀結之故也。氣息奄奄，不能言語，飲食不下，眾醫袖手，莫可如何。余用生五靈脂，研細，酒飛淨五錢，用當歸、紅花、香附各錢半，各以酒炒，煎湯半盞，調服靈脂末，令其仰臥，時飲以米湯一二口，半日許，大下瘀血，幾及一桶。然後急進調補氣血藥，數日而愈。【略】鰲按：劉禹錫云寒號蟲四足，有肉翅，能飛，但不甚遠，則知此雖名蟲，既能飛，則屬鳥類矣。從前本草書多列蟲部，恐非是。今故次于禽鳥之例。

清·楊璿《傷寒溫疫條辨》卷六消劑類　五靈脂去砂。　味甘，性溫。入心、肝。主心腹冷氣疼痛，腸風產後血暈，去疳蚘。疳熱有蟲，肚脹，同胡黃連為末，丸服。散目翳，解蛇毒。酒浸行血，醋炒止血，其功最捷。失笑散，散瘀結甚驗。

清·羅國綱《羅氏會約醫鏡》卷一八鱗介蟲魚部　五靈脂味甘氣溫，入肝經。　血中之氣藥也，大能行血行氣，逐瘀止痛。凡男婦血中氣逆如腸風血痢、行腸胃瘀滯。心腹脇肋冷氣、惡氣諸痛悉治；行血順氣。婦人經閉不通，經行滯痛不利，及產後心腹小腹血氣刺痛，同蒲黃等分研末，以酒調末，熬成膏，入水再煎，并服其滓，或加童便。卒暴心痛。五靈脂炒錢半，乾薑炒三分為末，熱酒調服，立愈。療血潰怪病。或眼中白珠渾黑，毛髮堅直如鐵，能飲食而不語，名曰血潰，以五靈脂為末，湯服二錢，即愈。五靈脂乃北方寒號禽之糞也。黑色氣臊，有糖心者真。酒飛去砂石用。生用行血，炒熟和血，炒黑止血。惡人參。此即曷旦鳥，夏月毛采五色，鳴曰：鳳凰不如我。冬月毛落，忍寒而號：得過且過。

清·陳修園《神農本草經讀》附録　五靈脂　氣味甘，溫，無毒。主療心

腹冷氣，小兒五疳，辟疫。治腸風，通利血脈，女子月閉。酒研。

清・趙學敏《本草綱目拾遺》正誤　鶡鴠　十月毛落，而寒號忍凍，冬聚柏實食之，又自食其遺，遺而復食，故其矢為五靈脂。此東璧所未詳者。

清・黃凱鈞《藥籠小品》　五靈脂　甘，溫，生用能通血閉，炒黑治經水過多。一切瘀滯作痛，必用之藥。酒漂去砂。

清・王龍《本草纂要稿・蟲魚部》　五靈脂　氣味甘平。行血宜生，止血宜炒。通經閉，治經行不止。愈心疼，療血氣刺疼。驅血痢腸風，逐心腹冷氣。定產婦血暈，除小兒疳蚘。

清・張德裕《本草正義》卷上　五靈脂　苦辛，平。腥膻善走，血中氣藥。大能行血行滯，逐瘀止痛，凡血中氣逆，或經水不通，或產後血滯，及冷氣惡氣，腹脇刺痛，筋骨痛疼，其效甚捷，行氣極速。腥膻難當，善逐有餘之滯，大能損元，尤動嘔吐，虛者大忌。

清・楊時泰《本草述鉤元》卷三〇　五靈脂　寒號蟲所遺也。先冬噙集柏實，穴居南向，餐已而遺，遺已而餐，轉展化道，形若凝脂，氣甚臊惡。

味甘，氣溫。氣味俱厚，陰中之陰，濁陰歸下，降也。入足厥陰、手少陰經。惡人參。損人。能利氣脈，治男女一切心腹胃脘脇肋少腹諸痛，身體血痺刺痛及血痢腸風，腹痛疝痛，血凝齒痛，並肝瘧寒熱，反胃消渴，痰涎挾血成窠，血貫瞳子。治女子血閉，並經水過多，赤帶不絕，胎前產後血氣諸痛及小兒五疳潮熱。又主損傷接骨，殺蟲，諸痛皆屬於木，諸蟲皆生於風。治蚘厥。凡濕壅熱聚則氣凝血滯，風木乃從濕土以化蟲，靈脂通氣脈，行血絡，所以除風眚，能殺蟲。方書治脹滿，中風中暑，痰飲，痛痺痿厥，泄瀉，痔。熟者行，生者止，欲一行一止，須半生半熟，相合用之。凡血崩過多者，半炒半生酒服丹溪。濁陰有歸下之功，兼能降火士材。同澤蘭、牛膝、益母草、生地、丹皮、赤芍、紅花、延胡、山查，治產後惡露不盡，腹中作疼，加桃仁其效更遠，但勿過劑。同番降香、紅麴、川通草、紅花、延胡、韭菜、童便，治胃脘瘀血作痛。同木香、烏藥，治周身血氣刺痛。附方：　失笑散：　治男婦一切心腹少腹小腸疝氣諸痛，百藥不效者。若婦人妊娠心痛及產後心痛，少腹兒枕塊痛尤妙。用五靈脂、蒲黃等分，研末，先以醋二盃調末，熬成膏，入水一盞，煎至七分，連藥熱服，未止再服。或以酒代醋，或以醋糊和丸，童便酒服。產後喘急，痰與血雜涌而上，用失笑散，主以六君。此合靈脂為之化導，正以妙於補也。　靈脂散：　治脾積氣痛，婦人血崩諸痛，飛過五靈脂炒烟盡，研末，每服一錢，溫酒下。此藥氣惡，燒存性乃妙也。或以酒水童便煎服，名抽刀散，能散惡血，治產後心腹脇肋腰胯痛。如心煩口渴者，加炒蒲黃減半，霹靂酒下。腸風下血者，煎烏梅、柏葉下。中風麻痺痛者，加草烏半錢，同童便水酒煎服。產後血暈，不知人事，五靈脂二兩半生半炒，為末，每服一錢，白水調下，口噤者，挖開灌之，入喉即愈。胎衣不下，惡血沖心，五靈脂半生半炒，研末，每服二錢，溫酒下。血崩不止，用五靈脂十兩，研末，水五盌，煎三盌，去渣澄清，再煎為膏，入神麴末二兩，和丸梧子大，每服二十丸，空心溫酒下，便止極效。吐血、嘔血不止，五靈脂一兩、黃芪半兩為末，新汲水服二錢。痰血凝結，紫芝丸，用五靈脂水飛，半夏湯泡，等分為末，薑汁浸蒸餅丸梧子大，每飲下三十丸。中風癱緩，追魂散，用五靈脂研末，水飛去上面黑濁，下面砂石，取淨末，每服二錢，熱酒下，日一服，繼服小續命湯。風冷氣血閉，手足身體疼痛冷麻，五靈脂二兩、沒藥一兩、乳香半兩、川烏頭一兩半炮去皮，為末，滴水丸彈子大，每用一丸，生薑酒磨服。治下消，竹籠散，用五靈脂、黑豆二味服之。如止通利，何以能愈腎消，當熟思其功矣。治五疳潮熱，肚脹髮焦，不可用大黃、黃芩損傷脾胃。五靈脂水飛一兩、胡黃連半兩，為末，雄猪膽汁和丸黍米大，每服一二十丸，米飲下。

論：　寒號鳥至冬而毛羽脫落，夏月則五采，乘陰陽出入之氣，以徹於表裏，既如是其不爽而腸胃所飡所化之物，又復出入數數，竟以臭腐為神奇，故能通利氣脈，而於血能行且能止也。能行能止，可知非破血，只是和血。凡血有滯泥於諸經者，氣道未免壅遏，當審所先而導之化之。《經》所謂先去其血而後調之，不然氣終不得調也。凡病經多日，療治不痊，須當為之調血，血之外候如痰嘔燥渴，昏憒迷忘，常喜湯水漱口皆是。五靈脂之用，世謂其奏功強半在血，不知氣為血之先，血不能為氣之帥，繹《開寶》通利氣脈一語，氣不離於脈而言，是所謂陰氣即血中之氣也。方書於此味，主治行痺較多，身體沉重，走注疼痛，此濕熱相摶，而風熱鬱不得伸，附着於有形者。行痺之走注屬風，雖風臟即血臟，然不有血中之氣，能調風以和血，而幾其血之與風，並育不相害，其可得哉。然則李仲南所云靈脂治崩，非止治血之藥，乃去風之劑，義固先得我心矣。凡崩下，或衝任經虛被風襲傷營血，抑或肝虛血滯本自生風，此味去風，與荊芥、防風治崩同義。蓋此禽用遺作食，出入數數，轉展化導，其化導之氣，有陰化於陽，陽化於陰者，此風之所以能調，而血之所以能和也。風調而後氣平，氣平而後血和，非謂其不

入血分。茀為和血之先導，非直入血中，而與疏壅決滯之血藥等耳。且斯藥治療多證，不必盡屬血病，其不治血病，而實為和血之先導者，有血中之氣，可以通營衛而滑經絡也。精研及此，庶乎善用此藥矣。

凡閉痛單屬血虛者，當忌。過用則飽脹傷胃，非止為製不淨也。觀失笑散之主以六君，義可知矣。

辨治：色黑如鐵，多夾沙石，以餹心潤澤者，為真，其未化者，不堪入藥。生用者，酒研，飛去沙石，曬乾收用；熟用者，飛後（沙）〔炒〕令煙起，另研。

清・葉桂《本草再新》卷一○　五靈脂味甘，性溫，無毒。入肝、脾、腎三經。通利血脈，散血和血，血閉能通，經多能止，兼治心腹諸痛，除風。散血，故可除風。風入氣分，則化為濕；入血分，則化為痰。殺蟲，化痰消積。

清・趙其光《本草求原》卷一九禽部　五靈脂即寒號蟲屎。春夏羽毛豐盛，冬時裸形，晝夜哀鳴，不能飛，用遺作食，出入數數，屎凝如脂，得陽出陰入，輾轉化陰之氣。糞屬陰，而變化於陽氣。苦酸而溫。入心肝血中之氣，利氣以通血脈，使血閉能通，生用。血失能止。炒用。治血痹，同乳、沒、川烏。血積、血痢、腸風、崩中、吐血、同蘆薈。一切血病。血暈及惡血沖心、胎衣不下，俱半生半炒，酒下。同蒲黃，名失笑散，醋、酒調，或醋糊丸，酒下。治一切胸腹脇、少腹、小腸疝氣、妊產諸痛。凡血滯經氣，而為肝瘧，目翳，同海螵、豬肝。白珠渾黑，髮直硬，名血潰。反胃。同豬膽為丸，薑汁酒下，白粥壓之。同石灰、頭垢、五更無根水下，治瘧。食不消，同煨巴豆、木香。消渴、同黑豆研，冬瓜葉或皮湯下。癱瘓、酒下。疳熱、同胡連、豬膽為丸，飲下。肺脹、同桃仁、柏仁，甘草湯下。痰結、同半夏、薑汁。酒積黃腫、同麝飲下。重舌脹、醋漱。齒痛、醋含。血箭、摻之。風癩、油塗。除風、血行風自滅。殺蟲，蟲生於風，血滯風自生。皆氣平而血自和也。與破血者殊，故妊娠皆可用。風入氣分則化濕，入血分則為痰，血散風行，痰濕自消。同雄黃酒服及敷，治蟲蛇蠍傷。同乳、沒、茴香塗服，治骨折傷腫。但氣膻，胃虛者忌之。

色黑、心潤澤者真。研末，酒飛去砂石。熟用者，炒至煙起。多服則傷胃，故失笑散以六君繼服。惡人參。

清・文晟《新編六書》卷六《藥性摘錄》　五靈脂　味苦酸，氣腥臭。入心肝。行血破瘀，止痛。○治血氣刺痛，產婦少腹兒枕痛。○積痰挾血成窠囊，血凝作痛，目翳往來不定等症。○若女中血崩經来過多，赤帶不止，宜半生半炒，酒調服。○亦治氣逆癲癇，及解蠱毒藥毒。○若氣血不足，服之損真氣，且令人吐。○酒飛去砂石，曬乾入藥。○行血宜生，止血宜炒。○惡人參。

清・張仁錫《藥性蒙求・禽部》　五靈脂五分　五靈脂溫，定痛通經。炒能止血，破血宜生。甘，溫。入肝經血分。通利血脈，散血和血。生用則血閉能通，炒用則止血，經多能止，治心腹諸痛。無瘀者勿用。

清・戴葆元《本草綱目易知錄》卷五《禽部》　五靈脂寒號蟲屎　甘，溫。純陰，氣味俱厚，入肝經血分。辟疫殺蟲，治心腹冷氣，及傷冷積，通利氣脈，女子血行。凡血崩過多者，半炒半生，酒服。能行血止血，治血氣刺痛，止經水過多，赤帶下血，胎前產後血氣諸痛，男子一切心腹脇肋少腹疝氣諸痛，血痢腸紅，血痹身痛，肝瘧寒熱，反胃消渴，及痰涎挾血成窠，血貫瞳子，齒疼重舌，小兒驚風，并五疳五癇，癲疾。解藥毒及蛇蠍蜈蚣傷。

清・黃光霽《本草衍句》　五靈脂　氣厚純陰，走肝最速。入肝血分。補心緩肝，活血散瘀。通利百脈，衝任二脈兼調；止痛和中，心腹冷氣盡逐。至若血閉能通，生用。經多能止。一切血病，腸風血痢瘀露崩中；諸痛咸宜，心腹脇肋少腹疝氣。血氣刺痛。痰挾血而成窠，血貫睛而目翳。驚疳蛇毒皆療，無瘀血虛則忌。生用鹹多，能滲能行。生則微焙，研末，酒飛。熟用甘多，能緩能止。熟則炒令烟盡。失笑散：男女老少心痛、腹痛、少腹痛、小腸疝氣，諸藥不效者，能行能止。婦人妊娠心痛，及產後心痛、小腹痛，血氣尤妙。用五靈脂、蒲黃，等分研末，先以醋二杯，調末，熬成膏，連藥熱服，或童便、酒服。有人被毒蛇所傷，良久昏憒。一老僧以酒調藥二錢，灌之遂甦，仍以滓敷咬處，少傾覆灌二錢，其苦皆去。問之，乃五靈脂一兩，雄黃半兩，同為末耳。其後有中蛇毒者，用之咸效。　心脾蟲痛，不拘男女，用五靈脂、檳榔，為末，水煎菖蒲調服二錢。作餅，猪肉一二斤。　胎衣不下，惡血冲心，用五靈脂半生半熟，炒研二錢，酒下。　咳嗽肺脹，皺肺丸，用五靈脂二兩，胡桃仁(一)〔八〕個，柏子仁半兩，研勻，滴水和丸，甘草湯下。　痰血凝結，紫芝丸用五靈脂水飛，半夏泡，等分為末，薑汁浸，蒸餅丸，飲下。　目生浮翳，五靈脂、海螵蛸各等分，為末，熟猪肝，日蘸食之。　血痣潰血，一人舊有一痣，偶抓破，血出一綫，七日不止，欲死，用五靈脂末，搽上即止。　血潰怪病，凡人目中白珠渾黑，而視物如常，毛髮堅直如鐵條，能飲食而不語，

如醉，名曰血潰。以五靈脂為末，湯服二錢，即愈。

清・陳其瑞《本草撮要》卷八　五靈脂　味甘，溫，氣味俱厚，入足厥陰經，功專散血止痛。得蒲黄治心腹疼痛，產後惡露刺痛。得雄黄酒調敷蛇齩傷。血虚無瘀者忌服。惡人蔘。研末酒飛去砂石用。行血宜生，止血宜炒。油調末塗風癩良。一名寒號蟲。

竹鰡

明・李時珍《本草綱目》卷五一獸部・鼠類　竹鰡留、柳二音。○《綱目》。

【釋名】竹狆時珍曰：鰡狀其肥，狆言其美也。　【集解】時珍曰：竹鰡，食竹根之鼠也。出南方，居土穴中。大如兔，人多食之，味如鴨肉。《燕山録》云：煮羊以鰡，煮鱉以蚊。物性相感也。

肉　【氣味】甘，平，無毒。　【主治】補中益氣，解毒時珍。

明・應廖《食治廣要》卷六　竹鰡　肉：氣味：甘，平，無毒。主治：補中益氣，解毒。此食竹根之鼠也，出南方，居土穴中，大如兎，味如鴨肉，極其肥美。

明・姚可成《食物本草》卷一四獸部・鼠類　竹鰡食竹根之鼠也。出南方，居土穴中，大如兔，人多食之，味如鴨肉。《燕山錄》云：煮羊以鰡，煮鼈以蚊。物性相制也。

竹鰡肉，味甘，平，無毒。主補中益氣，解毒。

明・施永圖《本草醫旨・食物類》卷四　竹鰡食竹根之鼠也。出南方，居土穴中，大如兔，人多食之，味如鴨肉。　肉：味甘，平，無毒。治：補中益氣，解毒。

清・丁其譽《壽世秘典》卷四　竹鰡居土穴中，大如兔，食竹根，未嘗見日。形似家鼠，蒼色，尾短，目細而長，前足不分爪指，乃一片者，後足微有爪指。味如鴨肉，人多食之。一名竹狆，鰡狀其肥，狆言其美矣。　氣味：甘，平，無毒。主補中益氣，解毒。

清・王道純《本草品彙精要續集》卷五　竹鰡　留、柳二音，無毒。胎生。

竹鰡肉：主補中益氣，解毒《本草綱目》。　【名】竹狆。李時珍云：鰡，狀其肥，狆，言其美也。　【地】出南方，居土穴中，食竹根之鼠也。【時】生：無時，採　無時。　【用】肉。　【質】其大如兔。　【味】肉味甘，人有食之，味如鴨肉。　【性】平。《燕山錄》云：煮羊以鰡，煮鱉以蚊，物性相感也。

清・汪紱《醫林纂要探源》卷三　鰡　甘，鹹，平。似田鼠而大，居地穴，鮮見風日，見日則目昏。竹鰡食竹根，茅鰡食茅根，肥腯而美。養陰除熱，殺疳䘌，治癆瘵，止消渴。居地下，故養陰。常食茅、竹根，故治癆瘵，止消渴。大抵功用同兔。

清・趙其光《本草求原》卷二〇獸部　竹鰡俗名籬鼠。　此鼠食竹根。甘，平，無毒。益肺胃氣，化痰解毒。

清・吴汝紀《每日食物却病考》卷下　竹鰡　食筍，味甚佳。穴居，大如兔耳。甘，平，無〔毒〕。補中益氣，解毒。閩中多有之。《燕山録》云煮羊以鰡，是也。

鼠

唐・孫思邈《千金要方》卷二六《食治・鳥獸》　生鼠　微溫，無毒。主踒折，續筋補骨。擣薄之，三日一易。

宋・唐慎微《證類本草》卷二二蟲魚部下品〔《別錄》〕　牡鼠　微溫，無毒。療踒折，續筋骨，擣傅之，三日一易。四足及尾，主婦人墮胎，易出。〔宋・掌禹錫《嘉祐本草》〕按：《藥訣》云：牡鼠，味甘。

肉：熱，無毒。主小兒哺露大腹，炙食之。

糞：微寒，無毒。主小兒癇疾，大腹，時行勞復。

〔梁・陶弘景《本草經集注》〕云：牡鼠，父鼠也。其屎兩頭尖，專療勞復。鼠目，主明目，夜見書，術家用之。臘月鼠，燒之辟惡氣。膏，煎之，亦療諸瘡。膽，主目暗，但纔死膽便消，故不可得之。

〔宋・掌禹錫《嘉祐本草》〕按：孟詵云：牡鼠，主小兒癇疾。腹大貪食者，可以黄泥裹燒之，細揀去骨，取肉和五味汁作羹，與食之。勿令食著骨，甚瘦人。又，取臘月新死者一枚，油一大升，煎之使爛，絞去滓，重煎成膏。塗凍瘡及折破瘡。日華子云：鼠，涼，無毒。治小兒驚癇疾，以油煎令消，入蠟傅湯火瘡。生擣罯折傷筋骨。雄鼠糞，頭尖硬者是。治癇疾，明目。葱、豉煎服，治勞復。足，燒食，催生。

〔宋・蘇頌《本草圖經》〕：文已附鼹鼠條下。

〔宋・唐慎微《證類本草》〕陳藏器序：雄鼠脊骨，未長齒多年不生者效。《外臺秘要》：治勞復方：用鼠屎頭尖者二十枚，豉五合，水二升，煮取一升頓服。又方：治鼻中外查瘤，膿血出者。正月取鼠頭燒作灰，以臘月猪膏傅瘡上。《千金方》：治鼠瘻。以新鼠屎一百粒已來，收置密器中五六十日，杵碎，即傅瘡孔。又方：治瘰瘡中冷，瘡口不合。用鼠皮一枚，燒爲灰，細研，封瘡口上。又方：治室女月水不通。用鼠

屎一兩，燒灰研，空心溫酒調下半錢。又方：醫針人而針折在肉中，以鼠腦塗之。《肘後方》：耳卒聾。取鼠膽内耳中，不過三，愈。有人云：側卧瀝一膽盡，須臾膽汁從下邊出。初出益聾，半日須臾乃差，治三十年老聾。又方：治人目澁喜睡。取鼠目一枚，燒作屑，魚膏和，注目眦，則不眠，兼取兩目，縫囊盛帶之。又方：箭鏑及針、刀刃在咽喉、胸膈諸隱處不出方：杵鼠肝及腦傅之。又方：蛇骨刺人毒痛方：燒死鼠傅之。又方：治項强身中急者。取活鼠破其腹去五藏，就熱傅之，即差。《經驗方》：靈鼠膏：以大雄鼠一枚渾用，清油一斤，慢火煎鼠燋，於水上試油不散，即以綿濾去滓澄清，重拭銚子令淨，再以慢火煎上件油。次下黄丹五兩，炒令色變，用柳木篦子，不住手攪令匀，再於水上試滴，候凝，即下黄蠟一兩，又熬帶黑色，方成膏。然後貯於甆合器中，候硬，合地上出火毒三兩日，傅貼瘡腫，去痛而涼。《梅師方》：治食馬肝有毒，殺人者。以雄鼠屎三七枚和水研，飲服之。又方：治從高墜下傷損，筋骨疼痛，叫喚不得，瘀血著在肉。以鼠屎燒末，以猪脂和，傅痛上，急裹，不過半日，痛乃止。又方：臘月鼠向正旦朝所居處埋之，辟溫疫。又方：治湯火燒瘡，痛不可忍。取鼠一頭，油中浸煎之，候鼠燋爛盡，成膏研之，仍以綿裹，絞去滓，侍冷傅之，日三度，止痛。又方：治因瘡中風，腰脊反張，牙關口噤，四肢强直。鼠一頭和尾燒作灰，細研，以臘月猪脂傅之。又方：治狂犬咬人。取鼠屎二升燒末，研傅瘡上。又方：馬咬人踏破作瘡，腫毒熱痛方：鼠屎二七枚、馬鞘五寸故者，相和燒爲末，以猪脂和傅之。《食醫心鏡》：主水鼓石水，腹脹身腫肥。鼠一枚，剝皮細切煮粥，空心喫之，頻食三兩度，差。《斗門方》：治打傷瘡。用老鼠一箇自死臘月者，和腸肚劈剉，油半斤，煎令燋黑，用罐收之，使時以雞翎惹油傅於瘡上即乾，立差。姚和衆：治小兒癥瘕，煮老鼠肉汁煮粥與食。《子母秘録》：令子易産。取鼠燒末，以井花水服方寸匕，日三服。又方：治乳無汁。死鼠一頭燒作末，以酒服方寸匕，勿令婦人知。又方：治姙娠子死腹中。雄鼠屎一七枚，以水三升，煮取一升去滓取汁，以作粥食之，胎即下。《楊氏産乳》：療小兒齒不生。取雌鼠糞三七枚，一日一枚拭齒，令生。雌糞用兩頭圓者。又方：治眼目晚不見物，取鼠膽點之。《産書》：下乳汁。以鼠作臛，勿令知與食。《深師方》：治鐵棘竹木諸刺在肉中，刺不出。以鼠腦搗如膏，厚塗即出。

宋·王繼先《紹興本草》卷一九　牡鼠　紹興校定：牡鼠足、尾、肉、糞雖分主治及諸方間有療疾之說，但固非良藥，唯世之以臘日煎鼠油作膏，以治瘡瘍，餘無的驗之據。《本經》云微溫，無毒是矣。

宋·鄭樵《通志》卷七六《昆蟲草木略》　鼠之屬多。《爾雅》曰鼢鼠音憤，地中行者，食竹根，今人謂之竹鼦，伯勞所化。《廣雅》謂之鷃鼠。又曰鼸鼠刮忝反。《大戴禮》云：田鼠者，鼸鼠也。郭云：以頰裏藏食者。又曰鼷鼠，鼠之最小者。郭氏云謂有螫毒者。一說甘口鼠也。又曰鼶鼠音斯，似鼬鼠。《夏小正》曰鼶鼬則穴，蓋九月也。又曰鼬鼠，弋救反。狀如鼦，赤黄色，大尾，能啖鼠，俗呼鼠郎，江東呼為鼪，即《莊子》云騏驥驊騮捕鼠不如狸鼪是也。又曰鼩鼠，音劬。小鼠也，一名鼱鼠，亦謂之鼷鼩。又曰鼭鼠、鼣鼠，音時、吠。並未詳。又曰鼫鼠。音石。郭云：形大如鼠，頭似兔，尾有毛，青黄色，好在田中，食粟豆，關西呼為鼩鼠。鼩，音雀。又曰鼤鼠、鼨鼠，音問、終。並未詳。又曰豹文鼮鼠，音廷。常在木上。如鼠大，其文似虎豹，今深林中甚多。漢武帝時得此鼠，孝廉郎終軍知之，賜絹百疋。又曰鼳鼠，古覓反。郭云：今江東山中有鼳鼠，狀如鼠而大，蒼色，在木上。音覡。按郭氏此說，又與鼷鼠相類。

宋·陳衍《寶慶本草折衷》卷一七　牡鼠屎附。　一名父鼠，一名雄鼠，一名靈鼠，一名老鼠，一名鼠。生處處有之。見縉雲。○附：屎，《活人書》用者名豭鼠屎。

味甘，涼，無毒。○療踒折，續筋骨。主小兒哺露大腹，炙食之。○孟詵云：主小兒癎疾，腹大貪食。以黄泥裹煨，細揀去骨，取肉和五味作羹食。勿食骨，甚瘦人。○日華子云：以油煎，令消入蠟，傅湯火瘡。○《圖經》曰：主骨蒸勞，殺蟲，小兒疳瘦，酒熬入藥。○分鼹鼠條。○鼹，音偃。

附：屎灰在内。○微寒，無毒。主小兒癎疾，時行勞復。又明目，及治室女月水不通，燒灰研，空心溫酒下半錢。其牡鼠屎，兩頭尖硬。

元·王好古《湯液本草》卷六　豭鼠糞　治傷寒勞復。《經》言：牡鼠糞，兩頭尖者是。或在人家，諸物中遺者。

明·王綸《本草集要》卷六　牡鼠　味甘，氣微溫，無毒。療踒折，續筋骨，搗傅之，三日一易。油煎令消，入蠟，傅湯火瘡。豎針人而針折在肉中，及箭鏃刀刃在諸隱處不出，杵鼠肝及腦，塗之。○糞，名兩頭尖。主小兒癎疾，大腹，時行勞復。

明·滕弘《神農本經會通》卷一〇　牡鼠　氣微溫，無毒。一云：味甘。一云：涼。《本經》云：療踒折，續筋骨，擣傅之，三日一易。四足及尾，主婦人墮胎易出。孟詵云：牡鼠，主小兒癎疾，腹大貪食者，可以黄

泥裹燒之，細揀去骨，取肉，和五味汁作羹，與食之，勿冷食，著骨甚瘦人。日華子云：鼠，涼，無毒。治小兒驚癇疾。以油煎令消，入蠟，傅湯火瘡。生搗，署折傷筋骨。《千金》云：醫工針折入肉，以鼠腦傅之。《肘後》云：箭鏑及諸刀刃，在咽喉胸鬲諸隱處不出方，杵鼠肝并腦，傅之。

鼠肉　氣熱，無毒。　《本經》云：主小兒哺露大腹，炙食之。

鼠糞　氣微寒，無毒。　《本經》云：主小兒癎疾，大腹，時行勞復。陶云：牡鼠，父鼠也。其屎兩頭尖，專治勞復。鼠目，主明目，夜見書，術家用之。臘月鼠，燒之，辟惡氣。(羔)[膏]，煎之，亦治諸瘡。膽，主目暗，但方死膽即消，故不可得之。日華子云：雄鼠屎，頭尖硬者是。治癇疾，明目。葱豉煎服，治勞復。足，燒食催生。《外臺秘要》云：治勞復方，用鼠屎頭尖者二十枚，豉五合，水二升，煮取一升，并服。《湯》云：猳鼠糞，治傷寒勞復，《經》言牡鼠糞，兩頭尖者是。或在人家諸物中遺者。

明·劉文泰《本草品彙精要》卷三一　牡鼠無毒。附肉、屎。　胎生。

牡鼠：主踒折，續筋骨，擣傅之，三日一易。○四足及尾，主婦人墮胎易出。○肉，熱，無毒。主小兒哺露大腹，炙食之。○糞，微寒，無毒。主小兒癎疾，大腹，時行勞復。名醫所錄。　【名】父鼠。　【地】陶隱居云：牡鼠，即父鼠也。生人家房室間，及土穴處處有之，其糞多遺於虛器中，得兩頭尖而鞕者是牡，入藥用之，否則是牝，不堪用也。膽主目疾，但方死其膽即消，故難得之。　【時】生：無時。採：無時。　【用】肉、尾、足、膽、糞。【色】蒼黑。　【味】甘。　【性】微溫。　【氣】氣之厚者，陽也。　【臭】腥。

【治】療：《圖經》曰：肉，主骨蒸，勞極，四肢羸瘦，殺蟲及小兒疳瘦。○脂，主湯火瘡。陶隱居云：目，主明目，夜見書。○臘月燒鼠，辟惡氣。○膏，煎之，療諸瘡。○膽，主目暗。日華子云：鼠，治小兒驚癇疾，及生擣罯折傷筋骨。○糞，亦治癇疾，明目。○足，燒食，催生。《別錄》云：雄鼠脊骨末，能長齒，多年不生者傅之，效。○鼠皮一枚，燒灰細研，封癰瘡中冷，瘡口不合者效。○鼠腦，療因醫人鍼折在肉中，塗之即出。○鼠膽，療卒耳聾內耳中，不過三次愈。○鼠肝及腦，傅箭鏑丁狄切及針刀刃在咽喉、胸膈隱處不出，兼竹木諸刺入肉者，傅之愈。○燒死鼠研，傅蛇骨刺人毒痛，愈。○活鼠，破腹去五臟，就熱治項強身中急者，傅之瘥。○雄鼠屎三七枚，水研服，治食馬肝有毒，殺人者，立愈。○鼠屎二升燒末，傅狂犬咬人瘡上，瘥。○鼠燒末，以井花水調方寸匕，日三，與臨月孕婦食之，令易產。○雌鼠屎三七枚，一日一枚，拭小兒齒不生，拭之即生。○婦人無乳，以鼠作臛與食，勿令知，乳即下。　【合治】活鼠油煎爲膏，療湯火瘡，滅瘢疵，良。或同油煎，令消入蠟，亦傅湯火瘡。○雄鼠糞二十枚，合豉五合，水二升，煮取一升，頓服，治勞復。○正月取鼠頭燒灰，合臘月豬膏細擣，傅鼻中外瘖瘤，膿血出者。○屎一兩，燒灰，研半錢，合溫酒空心服，治室女月水不通。○目一枚，燒作屑，合魚膏和注目眥，治人目澁喜睡，及取鼠兩目縫囊盛帶之。○屎燒末，合豬脂和，傅從高墜下傷損，筋骨瘀血疼痛，叫喚不得，裹之不過半日，痛止。○以頭和尾燒作灰，細研，合臘月豬脂，傅因瘡中風，腰脊反張，牙關口噤，四肢強直者，瘥。○臘月老鼠一個，和腸肚劈破，合油半斤，煎令焦黑，以磁罐收貯，用時以雞翎掃，傅打傷瘡上，即乾瘥。○死鼠頭一枚，燒末，合酒調服方寸匕，治婦人無乳汁，與服勿令知。

明·陳嘉謨《本草蒙筌》卷一一　牡鼠　氣微溫。無毒。種類至多，晝匿夜出。性善盜竊，故稱黠蟲。取入醫方，惟擇雄者。生搗罯踒折傷，能續筋骨；煎膏敷湯火爛，善滅瘢痕。主小兒哺露成疳，熬酒旋飲；補大人骨蒸勞瘦，作羹時嘗。以黃泥裹燒熟，去骨，和五味汁作羹食之。膏脂療瘡瘍，湯火延灼者尤妙；脊骨長牙齒，多年不生者愈佳。膽汁點目生光，耳聾可滴；纔死膽便消，故難得。足尾墮胎易出，難產宜求。肝杵塗針折肉中，及箭鏃刀刃在諸隱處作痛；糞煎理小兒癎疾，併傷寒勞復陰陽易證幾危。

明·王文潔《太乙仙製本草藥性大全》卷七《本草精義》　牡鼠　一名雄鼠，一名父鼠。舊本不著所出州土。生人家、田野俱有，與鼠同類，俗名父鼠，其形與兒同。肉，微溫，療踒折。而近世醫方用其肉，主骨蒸勞極，四肢羸瘦，殺蟲，亦主小兒疳疫。去骨以酒熬入藥。脂，主湯火瘡。臘月取活鼠，以酒煎爲膏，療湯火瘡，滅瘢疵極良。目，主明目，夜見書，術家用之。臘月鼠，燒之辟惡氣。膏，煎之亦療諸瘡。膽，主目暗。纔死膽便消，故不可得之。皮，主癰瘡中冷，瘡口不合，用燒灰細研，傅瘡口上。雄鼠脊骨爲末，治未長齒多年不生者效。屎，主勞復。用頭尖者二十枚，豉五合，水二升，煮取一升，頓服。治鼠瘻，以新屎一百粒已來，收置密器中五六十日，杵碎即傅瘡孔。室女月水不通，用屎一兩，燒灰研，空心溫酒調下半錢。狂犬咬人，取屎二升，燒末研傅瘡上。馬咬人，踏破作瘡腫毒，取屎二七枚，馬鞘五寸故者，

相和燒爲末，以猪脂和傳之。又主傷寒勞復，張仲景《傷寒論》及古今名方多用之。陶隱居云：其屎兩頭尖尖耳。日華子云：鼠凉無毒，治小兒驚癇疾。以油煎令消，入蠟傳湯火瘡，生搗署折傷筋骨。雄鼠糞頭尖硬者是，治癇疾，明目，葱豉煎服治勞復。足，燒食催生。

明・王文潔《太乙仙製本草藥性大全》卷七《仙製藥性》 牡鼠 味甘，氣微溫，又云氣凉，無毒。 主治： 肉，主小兒驚癇哺露如神，腹大貪食勞復大效。 補註： 主小兒驚癇，腹大貪食者，可以黄泥裹燒之，細揀去骨，取肉和五味汁作羹與食之，勿食着骨，甚瘦人。○塗凍瘡及折破瘡，取臘月新死者一枚，油一大升，煎之使爛，絞去渣，重煎成膏塗之。○靈鼠膏： 大雄鼠一枚渾用，清油一斤，慢火煎鼠燋，於水上試油不散，即以綿濾去渣澄清，重拭銚子令净，再以慢火煎上件油，次下黄丹五兩，炒令色變，用柳木篦子不住手攪令勻，再於水上試滴，候凝即下黄蠟一兩，又熬帶黑色，方成膏，然後貯於磁合器中，候硬，合地上出火毒三兩日，傅貼瘡腫，去毒而凉。○治踒折，續筋骨，擣傅之，三日一易。○蛇骨刺人毒痛，燒死鼠傅之。○項強身中急者，取活鼠破其腹，去五臟，就熱傅之即差。○治因瘡中風，腰脊反張，牙關口噤，四肢強直。鼠一頭和尾燒灰細研，以臘月猪脂傅之。○主水鼓石水，腹脹身腫，肥鼠一枚，剝去皮細切煮粥，空心食之，頻食三兩度差。○治打傷瘡，用老鼠一個自死臘月者，和腸肚劈剉，油半斤，煎令燋黑，用罐收之，使時以鷄翎惹油傅於瘡上，即乾立差。○下乳汁，以鼠作臛，勿令知與食。○治小兒癥瘕，煮老鼠肉汁，煮粥與食。○令子易産，取鼠燒末，以井花水服方寸〔匕〕，日三服。○治乳無汁，死鼠一個，燒末，以酒服方寸〔匕〕，勿令知之。○臘月鼠向正旦朝所居處埋之，辟瘟疫。 治湯火燒瘡，痛不可忍，取鼠一頭，油中浸煎之，候鼠燋爛盡，成膏研之，仍以綿裹絞去滓，待冷敷之，日三度止痛。 四足及尾： 主婦人墮胎易出。 鼠頭： 治鼻中外査瘤膿血出者，正月取鼠頭燒作灰，以臘月猪膏傅瘡上。 鼠腦： 針折入肉中，以鼠腦塗之。○治鍼棘竹木諸刺在肉中不出，以鼠腦搗如膏，厚塗之即出。 鼠目： 治人目澁喜睡，取鼠目一枚燒屑，魚膏和，注目眦，則不眠。兼取兩目，絹囊盛帶之。 鼠肝： 箭鏑及針刃在咽喉、胸膈諸隱處不出，杵鼠肝及腦傅之。 鼠膽： 治眼目晚不見物，取鼠膽點之。○耳卒聾，取膽内耳中，不過三愈。有人云： 側臥瀝一膽盡，須臾膽汁從下邊出，初出亦聾半日，須臾乃差，治三十年老聾。 鼠屎： 主小兒癇疾神方，治大腹勞復秘旨。 補註： 治食馬肝有毒殺人者，以雄鼠屎三七枚，和水研，飲服之。○治從高墜下傷損，筋骨疼痛，叫喚不得，瘀血著在肉，以鼠屎燒末，猪膏和，傅痛上，急裹，不過半日即差。○療小兒齒不生，雌鼠屎三七枚，一日一枚拭齒令生，雌鼠屎用兩頭圓者。

明・皇甫嵩《本草發明》卷六 牡鼠氣微溫。《本經》載蟲部，係鼠類，固移在鼹鼠(係)〔條〕下，以便覽。牡鼠乃鼠之雄者。 取之生搗，署踒折傷，續筋，三日一易。以黄泥裹，燒之，去骨，肉取和五味汁，主小兒癇疾，腹大貪食及哺露疳症。脂，熬治湯火瘡，與鼹鼠同。○鼠屎兩頭尖係雄鼠，與鼹鼠兩頭同治傷寒勞復，陰陽易，又治小兒癇疾。

明・李時珍《本草綱目》卷五一獸部・鼠類 鼠《別録》下品。校正： 舊在蟲魚部，今據《爾雅》移入獸部。

〔釋名〕鼸鼠音錐。 老鼠《綱目》 首鼠《史記》 家鹿時珍曰： 此即人家常鼠也。以其尖喙善穴，故南陽人謂之鼸鼠。其壽最長，故俗稱老鼠。其性疑而不果，故曰首鼠。嶺南人食而諱之，謂爲家鹿。鼠字篆文，象其頭、齒、腹、尾之形。

〔集解〕弘景曰： 入藥用牡鼠，即父鼠也。其膽纔死便消，不易得也。 時珍曰： 鼠形似兔而小，青黑色。有四齒而無牙，長鬚露眼。前爪四，後爪五。尾文如織而無毛，長與身等。五臟俱全，肝有七葉，膽在肝之短葉間，大如黄豆，正白色，貼而不垂。《衛生家寶方》言其膽紅色者何耶？ 鼠孕一月而生，多者六七子。惠州獠民取初生閉目未有毛者，以蜜養之，用獻親貴。挾而食之，聲猶唧唧，謂之蜜唧。《淮南子》云： 魚食巴豆而死，鼠食巴豆而肥。段成式云： 鼠食鹽而身輕，食砒而即死。《易》云： 艮爲鼠。《春秋運斗樞》云： 玉樞星散而爲鼠。《抱朴子》云： 鼠壽三百歲，善憑人而卜，名曰仲。能知一年中吉凶，及千里外事。鼠類頗繁。《爾雅》《説文》所載，後世未能悉知，後世所知者，二書復未盡載。可見格物無窮也。

牡鼠 〔氣味〕甘，微温，無毒。日華曰： 凉。牝鼠並不入藥。 〔主治〕療踒折，續筋骨，生搗傅之，三日一易《別録》。猪脂煎膏，治打撲折傷、凍瘡、湯火傷。詵曰： 臘月以油煎枯，去滓熬膏收用。頌曰： 油煎入蠟，傅湯火傷，滅瘢痕極良。煎油治小兒驚癇日華。五月五日同石灰搗收，傅金瘡神效時珍。 煎膏治諸瘡瘻。 臘月燒之，辟惡氣弘景。○《梅師》云： 正旦朝所居處埋鼠，辟瘟疫也。

〔發明〕劉完素曰： 鼠善穿而用以治瘡瘻者，因其性而爲用也。

〔附方〕舊五，新八。 鼠瘻潰爛： 鼠一枚，亂髮一鷄子大，以三歲臘月猪脂煎，令

消盡，以半塗之，以半酒服。姚云不傳之妙法也。葛氏。　滅諸瘢痕：　大鼠一枚，以臘猪脂四兩，煎至銷盡，濾淨，日塗三五次。先以布拭赤，避風。《普濟方》。　瘡腫熱痛：靈鼠膏：　用大雄鼠一枚，清油一斤煎焦，滴水不散，濾再煎，下炒紫黄丹五兩，柳枝不住攪勻，滴水成珠，下黄蠟一兩，熬帶黑色成膏，瓷瓶收之，出火毒。每用攤貼，去痛而凉。《經驗方》。　潰癰不合：　老鼠一枚，燒末傅之。《千金方》。　蛇骨刺人：　痛甚。用死鼠燒傅。《肘後》。　破傷風病：　角弓反張，牙噤肢强。用鼠一頭和尾燒灰，以臘猪脂和傅之。《梅師》。　項强身急：　取活鼠去五臟，乘熱貼之，即瘥也。〔《肘後》。〕　婦人狐瘕：　因月水來，或悲或驚，或逢疾風暴雨被濕，致成狐瘕，精神恍惚，令人月水不通，胸脇背痛，引陰中，小便難，嗜食欲嘔，如有孕狀。其瘕手足成形者，殺人；未成者，可治。用新鼠一枚，以新絮裹之，黄泥固住，入地坎中，桑薪燒其上，一日夜取出，去絮，入桂心末六銖，爲末。每酒服方寸匕，日三。不過二服，當自下。《外臺・素女經》。　令子易産：　取鼠燒末，井花水服方寸匕，日三。《子母秘録》。　乳汁清少：　死鼠一頭燒末，酒服方寸匕，勿令婦知。同上。　杖瘡腫痛：　未毛鼠同桑椹子入麻油中浸釀。臨時取塗，甚效。《西湖志》。　湯火傷瘡：　小老鼠泥包燒研，菜油調塗之。《談埜翁方》。　小兒傷乳：　腹脹煩悶欲睡。燒鼠二枚爲末，日服二錢，湯下。《保幼大全》。

鼠肉已下並用牡鼠。　〔氣味〕甘，熱，無毒。　〔主治〕小兒哺露大腹，炙食之《别録》。小兒疳疾，腹大貪食者，黄泥裹，燒熟去骨，取肉和五味豉汁作羹食之。勿食骨，甚瘦人孟詵。主骨蒸勞極，四肢勞瘦，殺蟲及小兒疳瘦。酒熬入藥蘇頌。炙食，治小兒寒熱諸疳時珍。

〔附方〕舊三，新一。　水鼓石水：　腹脹身腫者。以肥鼠一枚，取肉煮粥。空心食之，兩三頓即愈。《心鏡》。　小兒癥瘕：　老鼠肉煮汁作粥食之。《姚和衆方》。　乳汁不通：　鼠肉作羹食，勿令知之。《産書》。　箭鏃入肉：　大雄鼠一枚取肉，薄批焙研。每服二錢，熱酒下。瘡痒，則出矣。《集要》。

肝　〔主治〕箭鏃不出，擣塗之。聤耳出汁，每用棗核大，乘熱塞之，能引蟲也時珍。

膽　〔主治〕目暗弘景。　點目，治青盲雀目不見物。滴耳，治聾時珍。

〔發明〕時珍曰：　癸水之位在子，氣通於腎，開竅於耳，注精於瞳子，其標爲齒。鼠亦屬子宫癸水，其目夜明，在卦屬艮，其精在膽，故膽能治耳聾、青盲，睛能明目，而骨能生齒，皆腎病也。諸家《本草》不言鼠膽治聾，而葛洪《肘後方》甚稱其妙，云能治三十年老聾，若卒聾者不過三度也。有人側卧瀝膽入耳，盡膽一個，須臾汁從下耳出。初時益聾，十日乃瘥矣。後世群方祖此，亦多用之。

〔附方〕舊一，新三。　耳卒聾閉：　以鼠膽汁二枚滴之，如雷鳴時即通。《本事方》。　多年老聾：　《衛生家寶方》勝金透關散：　用活鼠一枚繫定，熱湯浸死，破喉取膽，真紅色者是也。用川烏頭一個炮去皮、華陰細辛二錢，膽礬半錢，爲末，以膽和勻，再焙乾研細，入麝香半字。用鵝翎管吹入耳中，口含茶水，日二次。十日見效，永除根本。○《聖惠》：　治久聾。臘月取鼠膽二枚，熊膽一分，水和，旋取緑豆大，滴耳中，日二次。　青盲不見：　雄鼠膽、鯉魚膽各二枚，和勻滴之，立效。《聖惠方》。

鼠印即外腎也。　〔主治〕令人媚悦。時珍曰：　按南宫從《峋嶁神書》鼠印合歡注云：　雄鼠外腎之上，有文似印，兩腎相對，有符篆朱文九遍者尤佳。以十一二月，或五月五日、七月七日，正月朔旦子時，面北向子位，刮取陰乾，如篆刻下，佩於青囊中，男左女右，繫臂上。人見之無不歡悦，所求如心也。

脂　〔主治〕〔煎之，亦療諸瘡弘景。〕湯火傷蘇頌。　耳聾時珍。

〔附方〕新一。　耳聾：　鼠脂半合，青鹽一錢，蚯蚓一條，同和化，以綿蘸捻滴耳中，塞之。《聖惠方》。

腦　〔主治〕針棘竹木諸刺在肉中不出，擣爛厚塗之即出。箭鏑針刃在咽喉胸膈諸隱處者，同肝擣塗之。又塗小兒解顱。以綿裹塞耳，治聾時珍。出《肘後》《總録》。

頭　〔主治〕瘻瘡鼻皶，湯火傷瘡時珍。

〔附方〕舊一，新二。　鼻皶膿血：　正月取鼠頭燒灰，以臘月猪脂調敷之。《外臺》。　湯火傷灼：　死鼠頭，以臘月猪脂煎令消盡，傅之則不作瘢，神效。《千金方》。　斷酒不飲：　臘鼠頭燒灰、柳花末等分，每睡時酒服一杯。《千金》。

目　〔主治〕明目，能夜讀書，術家用之陶弘景。　〔發明〕見膽下。

〔附方〕舊一。　目澀好眠：　取一目燒研，和魚膏點入目眦。兼以絳囊盛兩枚佩之。《肘後方》。

涎　〔氣味〕有毒。墜落食中，食之令人生鼠瘻，或發黄如金。

脊骨　〔主治〕齒折多年不生者，研末，日日揩之，甚效藏器。　〔發明〕見膽下。○《雷公炮炙論》序云：　長齒生牙，賴雄鼠之骨末。

〔附方〕新一。　牙齒疼痛：　老鼠一個去皮，以硇砂擦上，三日肉爛化盡，取骨瓦焙爲末，入蟾酥二分，樟腦一錢。每用少許，點牙根上立止。孫氏《集效方》。

四足及尾　〔主治〕婦人墮胎易出《别録》。　燒服，催生日華。

皮　〔主治〕燒灰，封癰疽口冷不合者。生剥，貼附骨疽瘡，即追膿出時珍。

糞弘景曰：兩頭尖者是牡鼠屎。〔氣味〕甘，微寒，無毒。時珍曰：有小毒。食中誤食，令人目黃成疸。〔主治〕小兒疳疾大腹。葱、豉同煎服，治時行勞復《別録》。頌曰：張仲景及古今名方多用之。治癇疾，明目日華。煮服，治傷寒勞復發熱，男子陰易腹痛，通女子月經，下死胎。研末服，治吹奶乳癰，解馬肝毒，塗鼠瘻瘡。燒存性，傅折傷、疔腫諸瘡、猫犬傷時珍。〔發明〕時珍曰：鼠屎入足厥陰經，故所治皆厥陰血分之病，上列諸證是矣。

〔附方〕舊八，新十五。傷寒勞復：《外臺》用雄鼠屎二十枚，豉五合，水二升，煮一升，頓服。○《活人書》：鼠屎豉湯：治勞復發熱。用雄鼠屎二七枚，卮子十四枚，枳殼三枚，爲粗末。水一盞〔半〕，葱白二寸，豉三十粒，煎一盞，分三服。　男子陰易：及勞復。豭鼠屎湯：用豭鼠屎兩頭尖者十四枚，韭根一大把，水二盞，煎一盞，温服，得粘汗爲效。未汗再服。○《南陽活人方》。　大小便秘：雄鼠屎末，傅臍中，立效。《普濟方》。　室女經閉：牡鼠屎一兩炒研，空心温酒服二錢。《千金方》。　子死腹中：雄鼠屎二七枚，水三升，煮一升，取汁作粥食，胎即下。　產後陰脱：以温水洗軟，用雄鼠屎燒煙熏之即入。熊氏。　婦人吹奶：雄鼠屎七粒，紅棗七枚去核包屎，燒存性，入麝香少許，温酒調服。《集要方》。　乳癰初起：雄鼠屎七枚研末，温酒服，取汗即散。《壽域方》。　乳癰已成：用新濕鼠屎、黃連、大黃各等分爲末，以黍米粥清和，塗四邊，即散。《千金方》。　鼠瘻潰壞：新鼠屎一百粒，收密器中五六十日，杵碎，即傅之，效。《姚僧坦方》。　疔瘡惡腫：鼠屎、亂髮等分燒灰，針瘡頭納入，大良。《普濟方》。　鬼擊吐血：胸腹刺痛，鼠屎燒末，水服方寸匕。不省者，灌之。《肘後》。　折傷瘀血：傷損筋骨疼痛。鼠屎燒末，猪脂和傅，急裹，不過半日痛止。《梅師方》。　中馬肝毒：雄鼠屎三七枚，和水研，飲之。《梅師》。　馬咬踏瘡：腫痛作熱。鼠屎二七枚，故馬鞘五寸，和燒研末，猪脂調敷之。《梅師》。　狂犬咬傷：鼠屎二升，燒末傅之。《梅師方》。　猫咬成瘡：雄鼠屎燒灰，油和傅之。曾經效驗。《壽域》。　兒齒不生：雌鼠屎兩頭圓者三七枚，一日一枚拭其齒。勿食鹹酸。或入麝香少許尤妙。《小品》。　小兒白禿：鼠屎瓦煅存性，同輕粉、麻油塗之。《百一方》。　小兒鹽齁：鼠屎燒研，水酒空心服之。一歲一錢。　小兒燕窩：生瘡。鼠屎研末，香油調搽。　毒蛇傷螫：野鼠屎，水調塗之。《邵真人經驗方》。

明·梅得春《藥性會元》卷下　牡鼠　性微寒，無毒。　主療踒折跌筋骨，搗敷之，三日一易。　四足及尾：主婦人胎墮及易出。　肉：熱，無毒。主小兒哺露，大腹，炙食。　糞：主治小兒癇疾，大腹，時行勞復。

明·穆世錫《食物輯要》卷四　老鼠　肉，味甘，性熱，無毒。殺蟲，治勞熱及小兒五疳。和五味、豉汁作羹食，良。骨勿悮食，令人瘦。

明·李中立《本草原始》卷九　鼠　《爾雅》云：盜竊小蟲，形類兔而小，色灰，有四齒而無牙，長鬚露眼。前爪四，後爪五。尾文如織而無毛，長與身等。夜出晝匿。其壽最長，俗故稱老鼠。鼠字篆文，象其頭、齒、腹、尾之形。

鼠，《別錄》下品。舊在蟲魚部，今移此。【圖略】有白色者。

牡鼠：氣味：甘，微溫，無毒。主治：療踒折，續筋骨，生搗傅之，三日一易。○猪脂煎膏，治打撲折傷、凍瘡、湯火傷。○煎油治小兒驚癇，五月五日同石灰搗收，傅金瘡神效。○煎膏治諸瘡瘻。臘月燒之，辟惡氣。　鼠肉：　氣味：甘，熱，無毒。主治：小兒哺露大腹，炙食之。○小兒疳疾，腹大貪食者，黃泥裹，燒熟，去骨取肉，和五味豉汁作羹食之。勿食骨，甚瘦人。○主骨蒸勞極，四肢羸瘦，殺蟲，及小兒疳瘦，酒熬入藥。○炙食，治小兒寒熱，諸疳。　肝：主治：箭頭不出，搗塗之。聤耳出汁，每用棗核大，乘熱塞之，能引蟲出。　膽：主治：目暗。○點目治青盲、雀目不見物。滴耳治聾。　鼠印：即外腎也。主治：令人媚悅。　脂：主治：湯火傷。○耳聾。　頭：主治：瘻瘡，鼻查，湯火傷瘡。　目：主治：明目，能夜讀書，術家用之。　涎：有毒，墜落食中，食之令人生鼠瘻，或發黃如金。　脊骨：主治：齒折多年不生者，研末，日日揩之甚效。　四足及尾：治婦人墮胎易出。○燒服催生。　皮：主治：燒灰，封癰疽口冷不合者。生剝貼附骨疽瘡，即追膿出。　牡鼠糞：兩頭尖者便是。氣味：甘，微寒，無毒。主治：小兒疳疾，大腹。葱、豉同煎服，治時行勞復。○治癇疾，明目。○煮服，治傷寒勞復發熱，男子陰易腹痛，通女子月經，下死胎。研末服，治吹乳，解馬肝毒，塗鼠瘻瘡。燒存性，傅折傷，疔腫，諸瘡。

戲術：鼠自咬鼠：捉牡鼠一箇，用小刀割去卵，却放去。所割鼠入穴中，咬殺鼠甚于猫捕鼠也。

明·吳文炳《藥性全備食物本草》卷二　牡鼠　味甘，氣微溫，又云涼，無毒。主骨蒸勞極，四肢羸瘦，殺蟲，亦主小兒驚癇疳積，哺露貪食勞復，和五味作羹食良。　骨：勿悮食，令人瘦。　脂：主湯火瘡及諸瘡。　腦：塗針折入肉及竹木刺立出。　目：治人目澁喜睡，取一枚燒屑，魚膏

和，注目眦，則不眠，兼取兩目縫囊盛帶之。　肝：　箭鏑及刀針刃在咽喉胸膈諸隱處不出，杵肝及腦傅之。　膽：　明目，又治卒聾久聾。鼠纔死，膽便消，不可得也。　皮：　燒灰治癰瘡疽冷瘡口不合。　屎：　主勞復傷寒，小兒癇疾，解食馬肝毒，治從高墜下傷損筋骨疼痛，叫喚不得，瘀血攻心。　小兒齒不生，取雄鼠三七枚，一日一枚揩齒令生。

明·繆希雍《本草經疏》卷二二　牡鼠糞　微寒，無毒。主小兒癇疾，大腹，時行勞復。兩頭尖者是牡鼠屎。

〖疏〗牡鼠糞，本經諸家不言味，但云微寒無毒。然詳其所自，應是苦鹹之物。蓋鼠屬水，而凡糞必苦者也。入足陽明、足厥陰經。其主小兒癇疾，大腹及時行勞復者，皆熱邪在陽明也。苦寒能除是經之熱，所以主之。古方治男子陰易腹痛，婦人吹乳乳癰，皆取其除熱軟堅泄結，走肝入胃之功耳。　〖主治參互〗同白芷、山慈菇、山豆根、連翹、金銀花、蒲公草、夏枯草、貝母、橘葉、栝樓根、紫花地丁、牛蒡子，治乳癰、乳巖，有效。《外臺秘要》傷寒勞復，用雄鼠屎二十枚，豉五合，水二升，煮一升，頓服。《活人書》加梔子、葱白。　南陽《活人書》男子陰易及勞復。猳鼠屎湯：　用猳鼠屎兩頭尖者，十四枚，韭白根一大把，水二盞，煎一盞，溫服得黏汗為效。未汗再服。　《集要方》婦人吹奶，鼠屎七粒，紅棗七枚去核包屎，燒存性，入麝香少許，溫酒調服。并治乳癰初起。　《普濟方》大小便秘，雄鼠屎末，傅臍中，立效。　除傷寒勞復陰易及乳癰、乳巖外，他用甚稀，故不著簡誤。

明·應麐《食治廣要》卷六　鼠　肉：　氣味：　甘，熱，無毒。主小兒哺露，腹大疳疾。以五味豉汁作羹，食之。勿食骨，骨能瘦人。　鼠涎：　有毒。墮落食中，誤食，令人生鼠瘻，或發黃如金。

明·姚可成《食物本草》卷一四獸部·鼠類　鼠李時珍曰：　鼠形似兔而小，青黑色。有四齒而無牙，長鬚露眼。前爪四，後爪五。尾文如織而無毛，長與身等。五臟俱全，肝有七葉，膽在肝之短葉間，大如黃豆，正白色，貼而不垂。惠州獠民取初生閉目未有毛者，以蜜養之，用獻親貴。夾而食之，聲猶唧唧，謂之蜜唧。《淮南子》云：　鼠食巴豆而肥，食鹽而身輕，食砒而即死。《抱朴子》云：　鼠壽三百歲，善憑人而卜，名曰仲。能知一年中吉凶及千里外事。鼠類頗繁，附其略於下。　鼨鼠：　其大如拳，其文如豹。漢武帝曾獲之。　鼺鼺：　數萬相銜而行。《草木子》以為鼠妖者，此也。　鼩鼱：　大如蠶豆，即今地鼠也。　水鼠：　穴水傍岸隙，似鼠而小。食菱、芡、魚、蝦。　冰鼠：　生北荒積冰下。皮毛甚柔，可為席，臥之却寒。食之已熱。　火鼠：　出西域及南海火州。其山有野火，春夏生，秋冬死。鼠產於中，甚大。毛可〔織〕布，汙則燒之，即潔，名火浣布。　鼸鼠：　隴西〔首陽〕山之西南，有鳥鼠同穴。其鳥為鵌，狀如家雀而黃黑色。其鼠為鼸，狀如家鼠而小，色黃尾短。鳥居穴外，鼠居穴內。　蟨鼠：　北方有比肩獸，與邛邛巨虛比，為齧甘草。有難，邛邛巨虛負之而走。李時珍曰：　今契丹及交河北境有(以)〔跳〕兔。頭、目、毛色皆似兔，而爪足似鼠，前足僅寸許，後足近尺。尾亦長，其端有毛。一跳數尺，止即蹷仆，此即蟨鼠也。土人捕而食之。

牡鼠肉：　味甘，溫，無毒。炙食之，治小兒哺露大腹，又主骨蒸勞極，四肢勞瘦。殺蟲。療踒折，續筋骨，生擣傅之。煎膏，治瘡瘻。　肝：　治箭鏃不出，搗塗之。聤耳出汁，每用棗核大，乘熱塞之，能引蟲也。　膽：　治目暗。點之，治青盲雀目不見物。滴耳，治聾。　鼠印：　即外腎也。令人媚悅。《峋嶁神書》云：　雄鼠外腎之上有文似印，兩腎相對，有符篆朱文，九轉者尤佳。以正旦，或端午，或七日子時，面北向子位，刮取陰乾，佩於青囊中，男左女右，繫臂上。人見之無不懽悅，所求如心也。　脂：　治湯火傷及耳聾。　腦：　治針棘竹木諸刺，在肉中不出，擣爛厚塗之，即出。箭鏑針刃在咽喉胸膈諸隱處者，同肝搗塗之。又塗小兒解顱。以綿裹塞耳，治聾。　頭：　治瘻瘡鼻齄，湯火傷灼。　目：　主明目，能夜讀書，術家用之。　涎：　有毒。落食中食之，令人生鼠瘻。　脊骨：　治齒折多年不生者，研末，日日揩之。　四足及尾：　主婦人墮胎易出。燒灰服，催生。　皮：　燒灰，封癰疽口冷不合者。生剝，貼附骨疽，即追膿出。　糞：　一名兩頭尖，牡鼠屎。味甘，微寒，有小毒。治小兒疳疾大腹，大人傷寒勞復，男子陰易腹痛，通女子月經，下死胎。研末服，治吹奶乳癰，解馬肝毒，塗鼠瘻瘡。燒存性，傅折傷、疔腫諸瘡、猫犬傷。人食中誤食，令人成黃疸。

附方：　治鼠瘻潰爛。用鼠一箇，亂髮一雞子大，以三年臘猪脂油煎，令消盡。以半塗之，以半酒服，不傳之秘也。　治產後陰脫。溫水洗淨，以兩頭尖燒烟熏之，即入。

明·顧逢柏《分部本草妙用》卷一肝部·寒瀉　鼠糞　甘，微寒，無毒。主治：　小兒疳疾大腹，葱豉同煎服。治傷寒勞復發熱，男子陰易腹痛，通經，下死胎，研末服。吹治乳癰，解馬肝毒。塗鼠瘻瘡，燒末傅。專治厥陰血分之症。

明・鄭二陽《仁壽堂藥鏡》卷七　猳鼠糞　治傷寒勞復。《經》言牡鼠糞，兩頭尖者是。或在人家諸物中遺者。

明・蔣儀《藥鏡》卷四寒部　牡鼠糞　治陰易勞復，韭白同煎。惟汁是取，散乳癰初起。紅棗裹煆，入麝些兒。

明・施永圖《本草醫旨・食物類》卷四　鼠名老鼠。其膽纔死便消，不易得。肝有七葉，膽在肝之短葉間，大如黃豆。　牡鼠：　味甘，微溫，無毒。治：　療踒折，續筋骨，生擣敷之，三日一易。豬脂煎膏，治打撲折傷，凍瘡湯火傷。臘月以油煎枯去滓，熬膏收用。油煎入蠟，傅湯火傷，滅瘢痕，極良。　煎油，治小兒驚癇。五月五日同石灰擣收，傅金瘡神效。煎膏，治諸瘡瘻。臘月燒之，辟惡氣。

附方：　鼠瘻潰爛：　鼠一枚，亂髮一雞子大，以三歲臘豬脂，煎令消盡，以半塗之，以半酒服。　滅諸瘢痕：　大鼠一枚，以臘豬脂四兩，煎至消盡，濾淨，日塗三五次。先以布拭赤，避風。　潰癰不合：　老鼠一枚，燒末，傅之。　蛇骨刺人：　痛甚，用死鼠燒傅。　破傷風病：　角弓反張，牙噤肢強，用鼠一頭，和尾燒灰，以臘豬脂和，傅之。　項強身急：　取活鼠去五臟，乘熱貼之，即瘥也。　令子易產：　取鼠燒末，井花水服方寸匕，日三。　乳汁清少：　死鼠一頭，燒末，溫服方寸匕，勿令婦知。　杖瘡腫痛：　未毛鼠同桑椹子，入麻油中浸釀，臨時取塗，甚效。　湯火傷瘡：　小老鼠泥包燒研，菜油調塗之。　小兒傷乳：　腹脹煩悶欲睡，燒鼠二枚，為末，日服二錢，湯下。

鼠肉：　已下並用牡鼠。　味：　甘，熱，無毒。　治：　小兒哺露大腹，炙食之。小兒疳疾腹大貪食者，黃泥裹燒熟，去骨取肉，和五味、豉汁作羹食之。勿食骨，甚瘦人。　主骨蒸勞極，四肢勞瘦，殺蟲及小兒疳瘦，酒熬入藥。　炙食，治小兒寒熱諸疳。

附方　水鼓石水：　腹脹身腫者，以肥鼠一枚，取肉煮粥，空心食之，兩三頓即愈。　小兒癥瘕：　老鼠肉煮汁，作粥食之。　乳汁不通：　鼠肉作羹食，勿令知之。　箭鏃入肉：　大雄鼠一枚，取肉薄批，焙研，每服二錢，熱酒下，瘡痒則出矣。

肝：　治：　箭鏃不出，擣塗之。　聤耳出汁，每用棗核大，乘熱塞之，能引蟲也。　膽：　治：　目暗。　點目，治青盲雀目不見物。　滴耳，治聾。

附方　耳卒聾閉：　以鼠膽汁二枚，滴之，如雷鳴時，即通。　多年老聾：　用活鼠一枚，繫定，熱湯浸死，破喉取膽，真紅色者是也。用川烏頭一箇炮去皮，華陰細辛二錢，膽礬半錢，為末，以膽和勻，再焙乾，研細，入麝香半字，用鵝翎管吹入耳中，口含茶水，日二次，十日見效。永除根本。〇久聾，臘月取鼠膽一枚，熊膽一分，水和，旋取菉豆大，滴耳中，日二次。　青盲不見：　雄鼠膽、鯉魚膽各二枚，和勻滴之，立效。

鼠印：　即外腎也。　治：　令人媚悅。　脂：　治：　湯火傷，耳聾。

附方　耳聾：　鼠脂半合，青鹽一錢，蚯蚓一條，同和化，以綿蘸捻，滴耳中，塞之。

腦：　治：　針棘竹木諸刺在肉中不出，擣爛厚塗之，即出。　箭鏑針刃在咽喉胸膈諸隱處者，同肝擣塗之。　又塗小兒解顱。　以綿裹塞耳，治聾。

頭：　治：　瘻瘡鼻齄，湯火傷瘡。

附方　鼻齄膿血：　正月取鼠頭，燒灰，以臘月豬脂調，敷之。　湯火傷灼：　死鼠頭，以臘月豬脂煎令消盡，敷之，則不作瘢，神效。

目：　治：　明目，能夜讀書。　術家用之。

附方　目澀好眠：　取一目，燒研，和魚膏點入目眦，兼以絳囊盛兩枚，佩之。

涎：　味：　有毒。　墜落食中食之，令人生鼠瘻，或發黃如金。　脊骨：　治齒折多年不生者，研末，日日揩之，甚效。　長齒生牙，賴雄鼠之骨末。

附方：　牙齒生痛：　老鼠一箇，去皮，以硇砂擦上，三日肉爛化盡，取骨，瓦焙為末，入蟾酥二分，樟腦一錢，每用少許點牙根上，立止。

四足及尾：　治：　婦人墮胎易出。　燒服，催生。　皮：　治：　燒灰，封癰疽口冷不合者。　生剝，貼附骨疽瘡，即追膿出。　糞：　兩頭尖者，是牡鼠屎。　味：　甘，微寒，無毒。有食中誤食，令人目黃，成疸。　治：　小兒疳疾大腹。　葱、豉同煎服，治時行勞復。　治癇疾，明目。　煮服，治傷寒勞復發熱，男子陰易腹痛，通女子月經，下死胎。　研末服，治吹奶乳癰，解馬肝毒，塗鼠瘻瘡。　燒存性，傅折傷，疔腫諸瘡，貓犬傷。　鼠屎，入足厥陰經，故所治皆厥陰血分之病。

附方　大小便秘：　雄鼠屎末傅臍中，立效。　室女經閉：　牡鼠屎一兩，炒研，空心溫酒服二錢。　子死腹中：　雄鼠屎二七枚，水三升，煮一升，取汁作粥食，胎即下。　乳癰初起：　雄鼠屎七枚，研末，溫酒服，取汗即散。　乳癰已成：　用新濕鼠屎、黃連、大黃各等分，為末，以黍米粥清和塗四邊，即散。　鼠瘻潰壞：　新鼠屎一百粒，收密器中五六十日，杵碎即傅之，效。　疔瘡惡腫：　鼠屎、亂髮等分，燒灰，針瘡頭納入，大良。　折傷瘀血：　傷損筋骨疼痛，鼠屎燒末，豬脂和傅急裹，不過半日，痛止。　中馬肝毒：　雄鼠屎三七枚，和水研，飲之。　馬咬踏瘡：　腫痛作熱，鼠屎二七枚，故馬鞘五寸，和燒研末，豬脂調傅之。　狂犬咬傷：　鼠屎二升，燒末傅之。　貓咬成瘡：　雄鼠屎燒灰，油和傅之，曾經效驗。　小兒白禿：　鼠屎，瓦煆存性，同輕粉、麻油塗之。　小兒燕窩：　生瘡，鼠屎研末，香油調搽。　毒蛇傷螫：　野鼠屎，水調塗之。

附錄　鼩鼱：音劬精。似鼠而小。即今地鼠也。　水鼠：似鼠而小，食菱芡魚蝦。

清・顧元交《本草彙箋》卷八　兩頭尖合膽睛骨。　兩頭尖，即牡鼠糞也。官方常用之，爲厥陰血分之藥。傷寒勞復，有鼠屎豉湯。男子陰易，有猳鼠屎湯。其膽，其睛，其骨，亦必用牡者。蓋人癸水之位在子，氣通於腎，開竅于耳，注精於瞳子。其標爲齒。鼠亦屬子宮癸水，其目夜明，在卦屬艮。其精在膽，故膽能治耳聾、青盲，睛能明目，而骨能生齒。皆腎病也。

清・穆石匏《本草洞詮》卷一五　鼠鼠肉、鼠骨、鼠膽　鼠，壽最長，故曰老鼠。其性疑而不果，故曰首鼠。有四齒而無牙，長鬚露眼，前爪四，後爪五，肝有七葉，膽在肝之短葉間，大如黃豆，色白，貼而不垂，但一死即消，不易得也。《淮南子》云：魚食巴豆而死，鼠食巴豆而肥。段成式云：鼠食鹽而身輕。《運斗樞》云：玉樞星散而為鼠。《抱朴子》云：鼠壽三百歲，善憑人而卜，名曰仲，能知一年中吉凶，及千里外事。北荒有冰鼠，生積冰下，皮毛為席，臥之辟寒，食之已熱。西域有火鼠，其毛織布，污則燒之即潔，名火浣布。鼠類甚繁。《爾雅》《說文》所載，後世未悉知。後世所知者，二書未盡載，格物豈有窮耶？牡鼠肉，甘，微溫，無毒。療踒折，續筋骨，治骨蒸勞極，小兒驚癇疳瘦，殺蟲。煎膏治諸瘡瘻。鼠善穿，而治瘡瘻者，因其性而為使也。鼠骨，治牙折多年不生者，研末，日日揩之，甚効。雷公云長齒生牙，賴雄鼠之骨末是也。鼠膽點目治青盲，滴耳治聾。《肘後方》云：側臥瀝膽入耳，須臾汁從下耳出，初時益聾，十日後乃瘥。能治三十年老聾。若卒聾者，不過三度也。夫癸水之位在子，氣通於腎，開竅於耳，注精於瞳子，其標為齒。鼠屬子宮癸水，其目夜明，其精在膽，故膽能治耳聾目盲，睛能明目，骨能生齒，皆腎病也，故皆治之。

清・丁其譽《壽世秘典》卷四　鼠俗稱老鼠，以其壽最長也。形似兔而小，青黑色，有四齒而無牙，長鬚露眼，前爪四，後爪五，尾文如織而無毛，長與身等，五臟俱全，肝有七葉，膽在肝之短葉間，大如黃豆，正白色，貼而不垂。《衛生家寶方》言其膽紅色者，何耶？陶弘景云：其膽纔死便消，不易得也。孕一月而生，多者六七子。《淮南子》云：鼠食巴豆而肥。段成式云：鼠食鹽而身輕，食砒而即死。其性疑而不果，故曰首鼠。　氣味：甘，微溫，無毒。治骨蒸勞極，四肢勞瘦，殺蟲及小兒寒熱諸疳，炙食之《圖經》。療踒折，續筋骨，生搗傅之，三日一易《別錄》。五月五日同石灰搗收，傅金瘡，神効《綱目》。　發明陶弘景曰：入藥並用牡鼠，牝者並不堪用。煎膏治諸瘡瘻及打撲傷、凍瘡、湯火傷。臘月燒之，辟惡氣。劉完素曰：鼠善穿，而用以治瘡瘻者，因其性而為用也。

膽：治青盲，目不見物。滴耳，治聾。　涎：氣味：有毒。墜落食中食之，令人生鼠瘻或發黃如金。　糞：有小毒。煮服，治傷寒勞復發熱，男子〔陰〕易腹痛，通女子月經，下死胎。研末服，治吹奶乳癰，解馬肝毒，塗鼠瘻瘡。燒存性，敷折傷、疔腫諸瘡、猫犬傷。食中誤食令人目黃成疸。陶弘景曰：入藥用牡鼠矢良，兩頭尖者是。

清・劉雲密《本草述》卷三一　鼠　牡鼠：氣味：甘，微溫，無毒。日華子曰：涼。牝鼠並不入藥。　主治：煎膏治諸瘡瘻弘景。　完素曰：鼠善穿，而用以治瘡瘻者，因其性而為用也。

附方　鼠瘻潰爛，鼠一枚，亂髮一雞子大，以三歲臘豬脂，煎令消盡，以半塗之，以半酒服。姚云不傳之妙法也。

膽　主治：點目，治青盲雀目不見物。滴耳治聾時珍。

時珍曰：癸水之位在子，氣通於腎，開竅於耳，注精於瞳子，其標為齒。鼠亦屬子宮癸水，其目夜明，在卦屬艮，其精在膽，故膽能治耳聾青盲，睛能明目，而骨能生齒，皆腎病也。諸家本草不言鼠膽治聾，而葛洪《肘後方》甚稱其妙，云能治三十年老聾，後世羣方乃祖此用之。

附方　多年老聾，《衛生家寶方》用活鼠一枚，繫定，熱湯浸死，破喉取膽，真紅色者是也。用川烏頭一個炮去皮，華陰細辛二錢，膽礬半錢，為末，以膽和勻，再焙乾，研細，入麝香半字，用鵝翎管吹入耳中，口含茶水，日二次，十日見效，永除根本。　青盲不見，雄鼠膽、鯉魚膽各二枚，和勻滴之，立效。

時珍曰：鼠肝有七葉，膽在肝之短葉間，大如黃豆，正白色，貼而不垂。《衛生家寶方》言其膽紅色者，何也？　隱居曰：其膽纔死便消，不易得也。

糞：兩頭尖者是牡鼠屎。　氣味：甘，微寒，無毒。　時珍曰：有小毒，食中誤食，令人目黃成疸。　諸本草主治：傷寒男子女勞復陰易，通女子月經，下死胎。研末服，治吹奶乳癰。　方書主治：療中風積聚，及癘風蠱毒。

附方　《南陽活人方》男子陰易，及女勞復，豭鼠屎湯，用豭鼠屎兩頭尖者十四枚，韭根一大把，水二盞，煎一盞，温服，得粘汗為效，未汗再服。　婦人吹奶，鼠屎七粒，紅棗七枚，去核，包屎燒存性，入麝香少許，温酒調服。　乳癰初起，雄鼠屎七枚，研末，温酒服，取汗即散。　乳癰已成，用新溼鼠屎、黄連、大黄各等分，為末，以黍米粥清和塗四邊，即散。

愚按：　時珍言癸水之位在子，氣通於腎，而鼠亦屬子宫癸水，故凡用之治療者，皆腎病也。此語不謬。即傷寒女勞復，與陰易者用之，不足取徵哉？抑何以用其矢也？曰：　是物五臟俱全，取其稟至陰之氣，更由腸胃以轉化而出者，用於受邪之陰氣，則借其轉化，而使之不留。用於大虧之陰氣，亦借其轉化，而使之不竭。此陰易與女勞復所因迥異，而皆得用之也。雖然，張仲景先生治陰陽易，以燒裩散主之，此是二證之的對。如豭鼠矢湯，乃南陽治陰易及女勞復方也。而後來諸賢但用此以謫燒裩散，豈非切中肯綮者乎？《千金方》赤衣散勝燒裩散，即女子月經布近陰處者。又試以方書療中風，若追風如聖散、蠲風飲子，大都皆治風溼，於羣劑中用此以導陰氣而使之化耳，非能有所資益也。更積聚方中用之，則愈可知矣。就如療吹奶乳癰，何莫非藉陰氣之能化，為流通精血地乎。是則資益固少，然用達陰氣，亦可觸類通之，以盡其臭腐之神奇矣。

清・郭章宜《本草匯》卷一七　鼠胆　青盲雀目，滴入復明。耳聾閉聽，點之即効。

按：　鼠，屬水之物也。癸水之位在子。氣通於腎，開竅於耳，注精於瞳子。鼠目夜明，其精在胆，故胆能治耳聾青盲，睛而能明目，皆腎病也。諸家本草不言鼠胆治聾，而葛洪《肘後方》甚稱其効，能治三十年老聾。若卒聾者，不過三度也。牡鼠，臘月取之，以猪脂煎枯，去滓，入蠟熬膏，傅湯火傷，滅瘢痕極良。水鼓、石水，以肥鼠一枚，取肉煑粥，空心食之，兩三頓即愈。雷公云：長齒生牙，賴雄鼠之骨末。脊骨，治齒折多年不生，研末，日日揩之，甚効。其胆纔死便消，不易得也。用活鼠繫定，熱湯浸死，破喉取胆，真紅色者是也。

兩頭尖即牡鼠屎。　甘，寒，小毒。小兒疳疾大腹，葱豉煎飲。傷寒勞復發熱，巵枳末服。通室女之經閉，調婦人之吹奶。

按：　兩頭尖，為足厥陰經血分之藥，故所治皆厥陰之病。張仲景及古今名方多用之。然有是病而服之，誤食令人目黄成疸。

清・朱本中《飲食須知・獸類》　老鼠肉　味甘，性熱。誤食鼠骨，能令人瘦。鼠涎有毒，若飲食收藏不密，涎墜其中，食之令人生鼠瘻，或發黄如金。鼠糞有小毒，食中誤食，令人目黄成疸。被鼠食殘之物，人忌食之。

清・何其言《養生食鑒》卷下　鼠有家鼠、田鼠、土鼠、貂鼠、黄鼠，種類甚多，然性味略同，故統錄之。　鼠肉：　味甘，性熱，無毒。治骨蒸勞極，四肢羸瘦。小兒諸疳寒熱，哺露腹大，取肉和五味、豉汁，作羹食之，作脯亦良。勿食骨，能瘦人，中毒死者，忌食。　毛：　能致病。　頭：　有漏毒，宰者慎之。漏常在肝，肝有白點如豆大者，即是漏，剖破有蟲屈伸，四五寸長。　脊骨：　治齒折多年不生者，研末，日日揩之，甚效。

清・王翃《握靈本草》卷一〇　牡鼠矢兩頭尖者是也。　主治：　牡鼠矢，微寒，無毒。主小兒癇疾，及時行勞復。治熱邪在陽明也。

清・汪昂《本草備要》卷四　豭鼠矢宣，調陰陽。　甘而微寒。治傷寒勞復發熱，男子陰易腹痛。婦人傷寒初愈，即與交接，毒中男人，名陰易。若女人與傷寒男子交者，名陽易。《活人》有鼠矢湯。　兩頭尖者，爲雄鼠屎。　鼠膽：　明目。汁滴耳中，治三十年老聾。陶弘景曰：　鼠膽隨死輒消，不易得也。　鼠肉：　治兒疳鼠瘻。河間曰：　鼠性善穿，而治瘡瘻，因其性爲用也。

清・陳士鐸《本草新編》卷五　鼠骨膽　鼠骨：　取其脊骨，燒灰存性，擦齒可以重生，然亦必輔之熟地、榆樹皮、當歸、青鹽、枸杞子、骨碎補、細辛、沒石子之類始效。

鼠膽，滴耳中，實效應如響。然膽最難取，必將鼠養熟，乘其不知覺之時，一旦擊死，取則有膽，否則無膽也。

鼠膽，治耳聾。余親見治一小兒，將汁滴入耳，癢甚，忽有一蟲走出，長半寸，四足，遍身鱗甲，色正白也。此蟲名為環耳蟲，專食人髓。幸小兒速治即愈，否則蟲入腦，頭痛如破，終身之病也。鼠膽治耳聾，效捷如此，因誌之。

或問：　鼠骨生齒，乃有人試之而不驗，各《本草》多稱其功，而吾子亦同聲附和，何也？曰：　鼠骨實能生齒，恐人用之不得法耳。捕鼠之時，戒莫出聲，得鼠之時亦然，養之數日，使鼠不懼人，一時擊死，亦勿言語，去其皮而取其骨，火煅入藥中。擦齒之時，勿言語，自然頻擦而頻生也。咎鼠骨之不生齒，不其誤乎。蓋鼠性最怯，其嚙物，每乘人之不覺，故其功用，亦不可使

人知也。且鼠性又最靈，一聞人聲，必寂然不動。齒通于骨，人語言必啟其齒，齒動而鼠骨之性不走于齒矣，又何能生齒哉。

清・李熙和《醫經允中》卷一七　鼠糞　甘，微寒，無毒。主治小兒疳疾，傷寒勞復發熱，男子陰陽易腹痛。近見小兒發疹未盡透，致熱毒內攻，用此煎湯頻灌可活。

清・馮兆張《馮氏錦囊秘錄・雜症痘疹藥性主治合參》卷一一　牡鼠牡鼠糞，兩頭尖者是。味苦、鹹，微寒，無毒。屬水而入足陽明、足厥陰經。其主小兒癇疾，大腹及傷寒勞復，皆熱邪在陽明也。苦寒能除是經之熱，所以主之。又治男子陰易腹痛，婦人吹乳乳癰者，皆取其除熱軟堅泄結，走肝入胃之功耳。【略】　牡鼠入藥，惟取雄者。煎膏敷湯火爛瘡，生搗罯踒折傷損。主小兒哺露疳，熬酒旋飲。補大人骨蒸癆，作羹時食。膽汁，點目生光，耳聾可滴。但鼠纔死，其膽便消，故最難得。膏脂，療瘡瘍併湯火延灼。其糞，煎理小兒癇疾，及傷寒勞復，陰陽兩易幾危。

清・张璐《本經逢原》卷四　牡鼠　甘，溫，無毒。取膽法：用活鼠繫定，熱湯浸死，破喉取膽，真紅色者是也。誤食鼠嗽之餘，令人發瘻瘡，以貪慾之火蘊積饞涎也。　發明：　癸水位在於子，通氣於腎，其目夜明，其精在膽。故膽能治耳聾、目盲。睛能明目，骨能生齒，皆益腎之驗。《肘後方》治三十年老聾卒聾不過三度即愈。令人側臥，瀝膽汁入耳，盡膽一枚，須臾汁從下耳出，初時益聾，十日後乃瘥也。生鼠血蘸青鹽擦牙宣有效。初生小鼠香油浸腐化，取塗火燙效，少水能制壯火也，若生毛則不能消融矣。牡鼠糞俗名兩頭尖，驗其直者方是牡鼠之矢，入足厥陰、少陰。故煮服治傷寒、勞復、陰陽易、腹痛。研末服治乳癰。燒灰存性傅折傷、疔腫。所主皆厥陰血分之病。又犬咬，先洗去牙垢惡血，用鼠糞炒研，黑糖調塗即愈。

清・浦士貞《夕庵讀本草快編》卷六　鼠《別錄》、家鹿　鼠字篆文象其頭齒腹尾之形，其壽最長，俗稱為老鼠。嶺南食之，諱其名曰家鹿。其胆纔死即消，不易得也。惠州獠民取初生者以蜜漬之，用獻親貴，挾而食之，聲猶唧唧，謂之蜜唧。《淮南》云：　魚食巴豆而死，鼠食巴豆而肥。段成式云：　食塩而身輕，食砒而斃。抱朴云：　鼠壽三百歲，善憑人而卜，名曰仲，能知一年中吉凶及千里外事。　鼠用頗多，雄者為勝。其肉煮食可以治水鼓石水，四肢勞瘦。炙食可以主小兒疳疾腹大，貪食泥土，以其味甘而性熱也。夫癸水之位在子，氣通於腎，開竅於耳，注精於瞳子，其標為齒。鼠亦屬子而應癸，其目夜明，故用睛以明目也。在卦屬艮，其精在胆，故其胆能治耳聾而點青盲也。骨能生齒，亦腎病之應爾。其屎名兩頭尖，則入足厥陰矣，故治男子陰易腹痛，〔通〕女子經，下死胎，傷寒勞復，室女經閉。仲景與朱肱並皆重之。今世不知用，惜哉！　博物者曰：　水鼠食菱芡，乃魚蟹所化。鼷鼠穴山谷而與鵨鳥同居。火鼠織布，燒之復潔。水鼠作褥，臥之却寒。黃鼠有禮而國鼠咏之；　田鼠化鴽而《月令》錄之。種類尚多，不可枚舉也。

清・王子接《得宜本草・下品藥》　鼠矢　雄者兩頭尖。味鹹，寒。入足厥陰經。得韭根治男子陰易，亦治膀胱水結。

清・黃元御《玉楸藥解》卷五　鼠膽　味苦，性寒。入手少陰心、足少陽膽、足厥陰肝經。點目昏，滴耳聾。鼠膽塗箭鏃不出，聤耳汁流。鼠糞名兩頭尖。治傷寒勞復，男子陰易，通室女子紅閉，收產婦陰脫。療癰疽、乳吹、犬咬、鼠瘻。日華子謂其明目。然誤入食中，令人目黃成疸，亦非明目之品。

清・吴儀洛《本草從新》卷六　豭鼠矢〔宣，調陰陽。〕以下鼠類。　甘，微寒。治傷寒勞復發熱，男子陰易腹痛。婦女傷寒初愈，即與交接，毒中男人名陰易，若女人與傷寒男子交者名陽易。《活人》有鼠矢湯。兩頭尖者為雄鼠矢。膽，明目。汁滴耳中治老聾。肉，治兒疳鼠瘻。河間曰：　鼠性善穿而治瘡瘻，因其性為用也。

清・汪紱《醫林纂要探源》卷三　鼠　甘，鹹，平。其類至不一，但述可供食用者。　殺疳治瘻。善穿穴，食蟲，故能殺疳蟲，治鼠瘻。骨不可併食，令人瘦。腎：乾佩之，令人相愛。有紋如綬，謂之鼠印。　膽：　苦，寒。取汁明耳目。能夜視，善竊聽，故滴目則明目，滴耳治久聾。無肝，其膽懸膈間，色白不青，故難尋覓，非隨死輒消之說也。　矢：　甘，鹹，寒。用兩頭尖，雄者。治傷寒勞復，及陰陽易。動於夜，而子屬鼠，有陰往陽來之義，故取其意以治此。各證用矢者，氣化之餘，有通而去之之義。古方治男子陰易腹痛。愚意治男子陰易，以雄矢。治婦人陽易以雌矢。

清・嚴潔等《得配本草》卷九　豭鼠肉即老鼠。豭鼠膽、豭鼠脂膏、豭鼠糞。治兒疳鼠瘻。　豭鼠膽：　明目治聾。　豭鼠脂膏：　療瘡瘍湯火傷。　豭鼠糞：　甘、鹹，微寒。入足厥陰經。能引諸藥入至陰之處，通陰舒陽，而解其熱。凡陰陽勞復者，此可治之。得梔子、枳殼、葱白、豆豉，治傷寒勞復。配亂髮，等分燒灰，治疔瘡惡腫。刺破瘡頭，納入甚效。配韭根，治男子陰易。配大黃、黍粥，塗乳癰。　兩頭尖者是雄鼠糞。

題清・徐大椿《藥性切用》卷八　豭鼠矢　味甘微寒，治傷寒勞復發熱，

男子陰易腹痛。鼠膽，明目。汁滴耳中，治老聾。鼠肉，治兒疳鼠瘻及蛇骨刺人。

清・李文培《食物小録》卷下　鼠　甘，熱，無毒。炙食，治兒諸疳。

清・羅國綱《羅氏會約醫鏡》卷一八禽獸部　鼠矢味甘，微寒。　治傷寒勞復發熱，男子陰易腹痛。婦人傷寒初愈，即與交合，毒中男子名陰易；若女人與傷寒男子交者名陽易。《活人》有鼠矢湯。兩頭尖者為雄鼠矢。　鼠膽汁：滴耳中，治三十年老聾。鼠膽隨死隨消，不易得也。　鼠肉：治兒疳瘡瘻。鼠性善穿，而治瘡瘻，因其性也。

清・趙學敏《本草綱目拾遺》卷九獸部　鼠血　此乃家鼠血，《綱目》於鼠下獨遺鼠血，今補之。　《本經逢原》云：生鼠血蘸青鹽擦牙宣，有效。牡者良。

清・王學權《重慶堂隨筆》卷下　鼠矢　不但治女勞復也，可以散乳癰，通淋濁，已疳脹，消疝瘕。

清・章穆《調疾飲食辯》卷五　鼠　《綱目》曰：鼠壽長，故稱老鼠。嶺南人食而諱之，稱家鹿。尖喙善穴，故稱䶉鼠。性多疑，故《史記》曰首鼠。首無定向，持兩端也。有齒無牙。前門曰齒，兩吻曰牙。前爪四偶數屬陰，後爪五。奇數屬陽。故子時取象於鼠。前四刻為昨夜之陰，後四刻為今日之陽也。孕一月而生，多者六七子。獠人取初生未生毛者，蜜養之，用獻親賓。食之聲猶唧唧，名蜜唧。《食療本草》曰：牡鼠肉牝者無用，和五味食，治小兒疳瘦。《圖經》曰：主骨蒸勞極，四肢勞瘦。蓋性能通腎，又善緣善穿。凡腎虛耳聾，及骨屬屈伸不利者，食此皆有裨益。惟骨能令人瘦，不可食。然可治齒落不生，及小兒齒遲。《拾遺》用雄鼠脊骨研末，頻擦之。《炮炙論》曰：長齒生牙，賴雄鼠之脊骨。膽，滴目治青盲不見，滴耳治聾。《外科大成》云：老聾者，耳內有蟲，滴鼠膽則可取而出。未知果否。或云鼠膽隨死輒消，不易得者，誤說也。《抱朴子》曰：鼠三百歲，善憑人而卜，名仲，能知一年吉凶，及千里外事。

一種名鼶鼹，最害禾稼。能化鯉魚，鯉魚亦能化此。孫愐曰：小鼠也，相啣而行。秦時有鼠數十萬，相啣害稼。十六國時，數十萬相啣渡江，食禾稻殆盡。

按：此害之水處常有，但不若是之多耳。故老言，康熙戊戌，吾鄙亦有此鼠大害禾豆。一夕，遇雷雨盡化鯉魚。網之，有魚首鼠身者，有全身皆魚而鼠足猶在者。

一種名地鼠，又名鼩鼱，穴居洲渚，大為蘆荻之害。

一種名田鼠，又名隱鼠，又名鼢鼠，又名鼹鼠。最善穴，能壅土成坌。既害稼，又極害隄堰。《月令》：季春田鼠化為鴽。《夏小正》：八月鴽為鼠。既是二物交化，如鷹、鳩也。劉青田《咏貓》詩曰：碧眼烏圓食有魚，仰看蝴蝶坐階除。東風漾漾吹花影，一任春來鼠化鴽。隆慶辛未夏秋大水，蘄黃瀕江之地，鼢鼠遍野，皆鰤魚所化，食蘆、稼盡。劉積《霏雪錄》曰：鰤魚能化鼢鼠，鼢鼠亦化鰤魚。

一種名石鼠，《周易》作碩鼠，《廣雅》作鼫鼠，《埤雅》作雀鼠，《唐韻》作鼹鼠。居樹孔中。耳似兔。尾有長毛，人取以飾帽。青黃色，間有白者。善鳴能跳接樹枝如飛鳥。又能人立，交前足而舞。好食粟、豆，亦食花，食鳴廊，呼椒鼠。或馴養之，冬月偎人懷袖，可捕家鼠。范石湖《桂海虞衡志》云：賓州石鼠，專食山豆根，其肚可治咽喉瘀痹。

一種名竹鼦，又名竹㹠。生竹林，食竹根，穴居。大如兔，肉肥美，能補中益氣，解毒。

一種名土撥鼠，即《唐書》之䶂鼥鼠，《唐韻》謂之鼧鼥，蒙古呼答刺不花。《拾遺》曰：生西番，形如獺。肉甚肥美，能治瘻瘡。《飲膳正要》曰：雖肥而味短，難剋化，動風。二說未知孰是。

一種名鵌鼠，《禹貢》導渭自鳥鼠同穴，即此。郭璞曰：在今隴西首陽山之西南。鳥名鵌，狀如家雀，黃黑色。鼠名鵌，狀如家鼠而微黃，尾短。鳥居穴外，鼠居穴內。

一種名黃鼠，韓文作禮鼠。又曰拱鼠，見人則交其前足如拱揖狀乃走。《詩》所謂相鼠有體，人而無禮者也。又名𪕶鼠，遼人呼貔貍，或曰毗離，或曰毗令邦。出遼東、太原、大同、延安、綏德，及沙漠諸地。黃色，短足善走，極肥。穴居也。土窖如牀榻，牝牡同居。秋時蓄粟、豆、草木之實以禦冬，各為小窖別貯之。人以水灌穴捕之。味美而脆，性能潤肺生津。熬膏貼瘡腫，解毒止痛。皮可為裘。遼、金、元時，餇以羊乳，用供上膳，或千里餽遺。

按：此鼠所儲榛、栗，皆先食劣者，而蓄其佳者。人或掘而取之，則此鼠之食。自懸樹枝以死，其情大可慘矣。官府禁不許取，卒不能禁。夫一鼠所儲之物，能值幾何，而乃忍心冒禁取之，人心殘惡鄙瑣，至於此極。道書

云聖人躬修至德，能使萬物尊我親我，今乃以至微之利，使其仇我恨我。匪獨虧愛物之仁，實亦不自愛矣。

一種名蹷〔鼠〕，即《爾雅》之比肩獸，與邛邛巨虛比者。又名蹷。塞北謂之跳兔。形色皆似兔，長尾，尾端有毛。躍而不步，前足僅寸，後足踰尺。一跳六七步，止即蹶仆。土人掘食。性無考。

一種名貂鼠，《爾雅翼》作未鼠，又作松狗，以其好食栗及松皮也。《說文》曰：出丁零國。或云即《元史》之東印度國，耶律文正公遇冉端之地。非也，印度在西域。今口外諸處，及盛京、朝鮮皆有之。肉味甘平，性亦滋補。皮為裘極佳，又耐久。《國策》蘇秦黑貂之裘敝，黃金百兩盡，蓋極言侯命之久也。有黃、紫、黑、白諸色。《綱目》曰：得風更暖，着水不濡，遇雪即消，拂面如焰，拭眯立出，珍物也。漢制侍中冠金璫飾首，前插貂尾，加以附蟬，取其內勁而外溫，故曰金貂。陸放翁詩曰：食肉定知無骨相，珥貂空自詭頭顱。是也。

一種名鼩鼠，一名鼬鼠，一名地猴，一名鼤鼠，一名鼠狼。黃色，身尾長尺有咫。極臊臭，不可食。但能食大蛇，又捕鼠最健，《莊子》所謂騏驥不如狸鼪者也。

一種名鼷鼠，又曰甘口鼠。極細小，僅如拇指。嚙人不痛。善食人畜皮膚成瘡，故《爾雅》云有螫毒。《左傳》云食郊牛角者，即此物。此鼠之最小者。

一種名鼹鼠，又名偃鼠，又名鼠母。陶隱居曰：大如水牛，形似猪，足似象，灰赤色，胸尾皆白，有力而鈍。一名隱鼠。肉味似牛。其精溺一滴落地，即成一小鼠。《拾遺》曰：此是獸類，非鼠也。陶言精溺成鼠，遍訪山人無其事。

按：《異物志》云：鼠母頭足似鼠，口銳，蒼色，大如牛而畏狗。見則有水災。《晉書》云：宣城郡出隱鼠，大如牛，形似鼠，脬脚類象而馬蹄，灰赤色，胸尾白，有力而鈍。《金樓子》云：晉寧縣境出大鼠，狀如牛，謂之偃牛。毛落田間，悉成小鼠。《梁書》：倭國即日本國。有山鼠如牛，又有大蛇能吞之。皆與陶說大同小異。又《爾雅》云：鼳鼠似鼠而馬蹄，一歲千觔，秦人謂之小驢。即此物也。陳氏以陶說為謬，不知陶蓋有所本也。且出則為灾，非歲歲常有之事，可徵信於山人乎？《莊子》亦曰：偃鼠飲河，不過滿腹。可云非鼠之儔乎？此鼠之最大者。

一種名鼢鼠，大如拳，文如豹，漢武帝曾獲得以問終軍者。

一種名鼮鼠，《說文》曰：一名鼨鼠。亦有斑文。

以上皆《本草綱目》所載，考據可謂詳矣。又曰《爾雅》、《說文》鼠類鼸、鼶、鼨、鼣、鼭、鼤、鼢、鼫八種，皆無考證。《語林》：唐辛怡諫為職方，獲異鼠大如拳，豹首虎臆。怡諫以為鼮鼠。盧若虛曰：非也，此《說文》所謂鼢鼠，豹文而形小。又漢世祖會靈臺，得鼠如豹文，光熒澤。竇儀曰：此鼮鼠也，見《爾雅》。然則八種之中，鼮鼠曾有考證。古人紀載，後世未能悉知；後世所知，古亦未能盡載，可見學問無窮也。

清·楊時泰《本草述鉤元》卷三一 鼠

牡鼠牝者不入藥。氣味甘，微溫，亦曰涼日華子。煎膏，治諸瘡瘻。因善穿之性而為用。附方：鼠瘻潰爛，鼠一枚、亂髮一雞子大，以三歲臘猪脂煎令消盡，以半塗之，以半酒服，神妙。

鼠膽：鼠肝有七葉，膽在肝之短葉間，大如黃豆，正白色，貼而不垂，《衛生家寶》又言紅色。纔死便消，不易得也。主治點目，愈青盲、雀目不見物，滴耳治聾。三十年老聾，取活鼠一枚繫定，熱湯潑死，破喉取膽，用川烏頭一個炮去皮，華陰細辛二錢、膽礬半錢為末，以膽和勻，再焙乾研細，入麝香半字，用鵝翎管吹入耳中，口含茶水，日二次，十日效，永除根《衛生家寶》方。青盲不見，雄鼠膽、鯉魚膽各二枚和勻滴之，立效。

癸水之位在子，氣通於腎，開竅於耳，注精於瞳子，其標為齒。鼠屬子宮癸水，其目夜明，在卦屬艮，其精在膽，故膽治耳聾、青盲，睛能明目，而骨能生齒也瀕湖。

牡鼠糞兩頭尖者：氣味甘，微寒，有小毒。食中誤食，令人目黃成疸。主傷寒女勞復陰易，通女子月經，下死胎，治吹奶、乳癰。方書療中風、積聚及癘風蠱毒。附方：男子陰易及女勞復，猳鼠屎十四枚、韭根一大把，水二盞，煎一盞，溫服，得粘汗為效，未（許）〔汗〕再服。婦人吹奶，鼠屎七粒、紅棗七枚，去核包屎，燒存性，入麝香少許，溫酒調服。乳癰初起，雄鼠屎七枚研末，溫酒服，取汗即散。乳癰已成，用新濕鼠屎、黃連、大黃各等分，為末，以黍米粥清和塗四邊，即散。

論：鼠稟至陰之氣，五臟俱全，其矢更由腸胃轉化而出。凡陰氣受邪者，借其轉化而使之不留；陰氣大虧者，亦借其轉化而使之不竭。是以陰

易、女勞復所因迥異，而皆得用之。他如中風、積聚風濕諸方，用此以導陰氣而使之化，而吹奶、乳癰，又皆藉陰氣之能化，為流通精血地，然則觸類通之，可以盡臭腐之神奇矣。

清·葉桂《本草再新》卷九 兩頭尖味苦，性微寒，無毒。入腎經。 治癆傷發熱，暖腸溫中。治陰蝕陽蝕。

清·趙其光《本草求原》卷二〇獸部 鼠用牡不用牝。 艮為鼠，肖於子，穴土，善穿。甘，溫，無毒。稟水木達肝，益胃制濕，透絡消食。治疳積、寒熱、貪食，泥包燒，去骨，和五味，豉汁作羹，或炙食。石水鼓、癥瘕、骨蒸、勞瘦、殺蟲。作羹粥，或酒熬入藥。勿食骨，令人瘦。生搗，敷跌折，續筋骨，貼項強身急。乘熱。以豬脂煎膏，塗諸瘡熱腫，加黃蠟、黃丹。瘻爛，加亂髮煎，半塗，半酒服，極效。打撲傷，湯火傷，加蠟塗。驚癇。酒服。燒灰，治蛇骨刺傷，摻之。破傷風。豬脂和塗。經閉、胸脇痛引陰中、恍惚悲驚，嗜食欲嘔如有孕，名曰狐瘕。手足成形者殺人，未成形可治，和桂末酒服二三次，當下。滑產，水下。長乳。酒下。同石灰搗，治刀傷。上三項俱用未毛小鼠佳。箭鏃入肉。取雄鼠肉焙末酒下，即出。

膽： 治青盲目暗，和鯉膽點。卒聾，滴耳。老聾。同炮川烏、細辛、膽礬焙研，加麝吹之，口含茶，初則更聾，十日見效。鼠暴殺乃有膽，破喉取之，色紅者良；受驚則膽破難得。鼠肖子，子氣通腎，竅於耳，注精於目。鼠目夜明，其精在膽，故治盲聾，而睛亦明目，骨能生齒，皆腎病也。

肝、腦： 肝、腦同搗，塗針箭入喉膈隱處。肝中有白點如豆大者為漏，或在頭上剖破，必有蟲，切宜割棄。中毒死者，勿食。

猳： 即牡鼠屎，一名兩頭尖。本子水之陰臟所傳化。甘，微寒，無毒。入脾、胃、膀胱，達陰氣以化陰邪。治夾陰傷寒，及寒傷勞復發熱，男子陰易腹痛，或莖腫，尿秘，由女子傷寒初愈與交中毒也。同薤白連根煎服，得微汗即愈。陰腫更以女子近陰月經布燒灰調服。勞復，同葱、豉煎服。勞傷發熱，陰蝕，陽蝕，通經，炒研酒下。下胎，煮汁煎粥。乳癰初起，研酒下。吹乳，棗包燒存性，加麝酒下。二便秘，塗臍。乳癰已成，同黃連、大黃、粥清和塗。瘻癧爛，研敷。疔腫，同亂髮燒，針瘡納入。損傷瘀痛，燒末，豬脂和敷。馬咬踏瘡，同馬鞘燒，豬脂和。狗貓蛇咬，俱燒，同糖塗。驚癇中風，入風劑中用。明目，皆暢陰氣，而精血自流通也。或以厥陰血分藥，非。兩頭尖者為雄鼠屎。同葱、豉煎，又治兒疳腹大。

脊骨： 治齒折、多年不生，研末，日日揩之。並治齒痛。取雄脊連尾一條煅，同旱蓮草、製香附、碎補、白蒺各二錢，藥豆三錢，青鹽二錢半，石燕煅三錢半，研末擦之，亦可固齒。

清·文晟《新編六書》卷六《藥性摘錄》 鼠 甘，熱。治骨蒸癆熱，四肢羸瘦，小兒諸疳寒熱。哺露腹大，取肉和五味，作羹食之。作脯亦佳。勿食骨，中毒死者勿食。○毛，能致病。○頭與肝，俱勿食。○脊骨，治齒折，研末，日揩之，甚效。

清·劉善述、劉士季《草木便方》卷二人禽獸部 耗子 鼠牙煅塗多骨出，屎治傷寒房勞服。陰陽易病齁哮喘，腎尾療疳催生速。

清·戴葆元《本草綱目易知錄》卷六 牡鼠牝鼠不入藥。【略】午月五日，取未出毛鼠，同石灰擣末，傅金瘡神效。臘月燒之，辟惡氣。葆按：此是鼠之全身用也。【略】

膽： 【略】青盲不見。雄鼠膽、鯉魚膽各一枚，和勻，點目，效。葆按：鼠死則膽自破，難得。一法：取活鼠入冷水中浸死，照上取出，入香附研末，和勻，作棗核大，棉裹，塞耳中，日左夜右，無間。照法塞，老聾半月愈，卒聾三日愈，神效。

鼠印即外腎： 封乾，繫臂上，令人媚悅。治小兒初生開口，焙末，水服，可免臍風。葆元屢驗。有生兒七日內及三七，素患臍風難言者，教服，無不效驗。

糞： 牡鼠屎，兩頭尖。甘，微寒。入足厥陰經血分。明目，療癇疾。煎服，治傷寒勞復發熱，男子陰易腹痛，通女子月經，下死胎。又主血淋溺閉，少腹脹痛葆元。用葱豉煎服，治時行勞復，小兒疳疾大腹。焙研，酒服，治吹奶乳癰初起，解食馬肝毒。研末，傅鼠瘻潰壞。水調，塗毒蛇傷螫。燒末，麻油調，傅折傷疔腫諸瘡，及狂犬、猫馬咬瘡。【略】血淋溺閉，葆治驗：由秋闈落第，回路受風濕，年少婦家，不戒房事，血淋濇閉宮內痛極，點滴，脉弦，少腹苦脹。予曰：此濕鬱乘虛，肝火作熾。雄鼠屎二七枚，韭根莖三錢，杜牛膝二錢，側柏葉三錢，藕節一兩，水煎，四服愈。

清·黃光霽《本草衍句》 猳鼠矢 鹹苦泄結軟堅，微寒入肝除熱。傷寒勞復有功，陰陽易病尤捷。矢其氣化之餘，有通而去之之義也。小兒疳疾腹大，女子經閉不月。吹奶乳癰，膀胱水結。得白芷、山茨菇、山豆根、連翹、銀花、蒲公英、夏枯草、貝母、橘絡、天花粉、紫花地丁、牛子，治乳癰、乳巖有效。 乳癰初起，雄鼠矢七枚，研末，酒服，取汗即散。 折傷瘀血傷損，筋骨疼痛，鼠矢燒末，猪脂和敷急裹，不過半日痛止。 傷寒勞復發熱，鼠矢、梔子、枳殼、葱白、豆豉，煎服。

陰陽易及勞復，鼠矢、韭根煎服，得黏汗為效。

清·陳其瑞《本草撮要》卷八　豭鼠矢　味甘，微寒，入足厥陰經，功專治勞復。得韭根治男子陰陽易，亦治膀胱水結，通女子經閉，陰脱吹乳。誤入食中，令人目黄成疸。兩頭尖者為雄鼠矢。膽汁滴耳中，治老聾，點眼亦良。以辰砂拌鼠睾丸，陰乾研服，治小兒驚癇。肉治兒疳鼠瘻。

清·周巖《本草思辨錄》卷四　兩頭尖即牡鼠屎。　鼠善穿，而屎為下輸之穢物，頭尖則鋭，故藉以導穢濁之邪有奇效。《别録》同葱、豉煎服，治時行勞復。夫時行病愈之後，熱邪之未盡者，必伏於陰分，隨人氣壯而消，氣乏而作。緣勞復病無不發熱，治宜散宜泄而不宜補，葱、豉所以散之於表，鼠屎所以泄之於裏。豉以腎穀蒸罯而成，其用為由陰達陽。鼠屎則降濁以升清也。仲聖枳實梔子豉湯治勞復，以枳、梔瀉上中之熱使下行，淡豉搜下伏之熱使上解。《别録》意亦猶是，初無大異。《活人書》更以葱、豉、鼠屎與枳、梔合併成方，則慮之惟恐不周矣。仲聖燒裩散治傷寒陰陽易，導其熱從前陰而出。《活人書》師其意立豭鼠糞湯，以出粘汗取效。蓋韭根臭濁入心，氣辛達表，與鼠糞同用而多於鼠糞，則能使陰分感受之邪，悉舉而泄之於表。治陰易不治陽易者，以二者皆陽藥，能消陰不能瀉陽也。葉香巖治淋濁用兩頭尖，亦從此脱胎。

冰鼠

明·李時珍《本草綱目》卷五一獸部·鼠類　冰鼠東方朔云：生北荒積冰下，皮毛甚柔，可爲席，卧之却寒，食之已熱。

火鼠

明·李時珍《本草綱目》卷五一獸部·鼠類　火鼠李時珍云：出西域及南海火洲。其山有野火，春夏生，秋冬死。鼠産於中，甚大。其毛及草木之皮，皆可織布，污則燒之即潔，名火浣布。

香鼠

清·趙學敏《本草綱目拾遺》卷九獸部　香鼠　《珍異藥品》云：出雲南，形如鼠，僅長寸許。周櫟園《書影》云：密縣西山中多香鼠，較凡鼠小，死則有異香，蓋山中之鼠多食香草，亦如獐之有香臍也。山中人捕置篋笥中，經年香氣不散。《桂海志》云：至小僅如指擘大，穴於柱中，行地上，疾如激箭。治疝甚驗。

鼩鼱

明·李時珍《本草綱目》卷五一獸部·鼠類　鼩鼱音劬精。似鼠而小。即今地鼠也。○又《爾雅》《説文》有鼸、鼶、鼮、鼣、鼭、鼤、鼳、鼱八鼠，皆無考證。○音歉、斯、廷、吠、時、文、鶴、博也。

水鼠

明·李時珍《本草綱目》卷五一獸部·鼠類　水鼠李時珍云：似鼠而小，食菱、芡、魚、蝦。或云小魚、小蟹所化也。

鼨鼠

明·李時珍《本草綱目》卷五一獸部·鼠類　鼨鼠音終。郭璞云：其大如拳，其文如豹，漢武帝曾獲得以問終軍者。

鼮鼠

明·李時珍《本草綱目》卷五一獸部·鼠類　鼮鼠音平。許慎云：一名䶃鼠，音含。斑文。

䶊鼳

明·李時珍《本草綱目》卷五一獸部·鼠類　䶊鼳音離艾。孫愐云：小鼠也，相銜而行。李時珍云：按《秦〔州〕記》及《草木子》皆載群鼠數萬，相銜而行，以爲鼠妖者，即此也。

蟨鼠

明·李時珍《本草綱目》卷五一獸部·鼠類　蟨鼠音蹶。《爾雅》云：北方有比肩獸焉，與卬卬巨虚比，爲嚙甘草。即有難，卬卬巨虚負而走。其名曰蟨。李時珍云：今契丹及交河北境有跳兔。頭、目、毛色皆似兔，而爪足似鼠。前足僅寸許，後足近尺。尾亦長，其端有毛。一跳數尺，止即蹶仆，此即蟨鼠也。土人掘食之。郭璞以卬卬巨虚爲獸名，兔前鼠後。張揖注《漢書》云：卬卬青獸，狀如馬。巨虚似騾而小。《本草》稱巨虚食菴蕳子而仙，則是物之至駿者也。

鼵鼠

明·李時珍《本草綱目》卷五一獸部·鼠類　鼵鼠音突。郭璞云：鳥鼠同穴山，在今隴西首陽山之西南。其鳥爲鵌，音塗，狀如家雀而黄黑色。其鼠爲鼵，狀如家鼠而色小黄，尾短。鳥居穴外，鼠居穴内。

貂鼠

明·李時珍《本草綱目》卷五一獸部·鼠類　貂鼠《綱目》

〔釋名〕栗鼠《爾雅翼》　松狗時珍曰：貂亦作鼦。羅願云：此鼠好食栗及松皮，

夷人呼爲栗鼠、松狗。　〔集解〕時珍曰：按許慎《說文》云：貂，鼠屬，大而黃黑色，出丁零國。今遼東、高麗及女真、韃靼諸胡皆有之。其鼠大如獺而尾粗。其毛深寸許，紫黑色，蔚而不耀。用皮爲裘帽風領，寒月服之，得風更暖，着水不濡，得雪即消，拂面如焰，拭眯即出，亦奇物也。惟近火則毛易脫。漢制侍中冠金璫飾首，前插貂尾，加以附蟬，取其內勁而外溫。毛帶黃色者，爲黃貂。白色者，爲銀貂。

肉　〔氣味〕甘，平，無毒。

毛皮　〔主治〕塵沙眯目，以裘袖抆之，即去時珍。

明·穆世錫《食物輯要》卷四　貂鼠　肉味甘，平，無毒。亦可食，治漏疾。夷人呼為栗鼠。

明·姚可成《食物本草》卷一四獸部·鼠類　貂鼠出丁零國，今遼東、高麗及女直、韃靼諸胡皆有之。大如獺而尾粗。其毛深寸許，紫黑色，蔚而不耀。用皮為裘帽風領，寒月服之，得風更暖，着水不濡，得雪即消，拂面如焰，拭眯即出，亦奇物也。惟近火則毛易脫。漢制侍中冠金璫飾首，前插貂尾，加以附蟬，取其內勁而外溫。毛帶黃色者，為金貂。白色者，為銀貂。

貂鼠肉：　味甘，平，無毒。治脾胃寒洩，溫補元氣。　毛皮：　主塵沙眯目，以裘袖拭之，即去。

明·施永圖《本草醫旨·食物類》卷四　貂鼠名松狗。用皮為裘帽風領，寒月服之，得風更暖，着水不濡，得雪即消，拂面如焰，拭眯即出，亦奇物也。惟近火則毛易脫。

肉：　味甘，平，無毒。　毛皮：　治：　塵沙眯目，以裘袖抆之即去。

清·丁其譽《壽世秘典》卷四　貂鼠大如獺而尾粗，其毛深寸許，紫黑色，蔚而不耀。皮為裘帽風領，寒月服之，得風更暖，着水不濡，得雪即消，拂面如焰，拭眯即出，惟近火則毛易脫。毛帶黃色者為黃貂，白色者為銀貂，柔燠可愛，勝于貂鼠。　氣味：　甘，平，無毒。　主治缺。　毛皮：　治塵沙眯目，以裘袖捫之即去。

清·尤乘《食鑒本草·獸類》　貂鼠　肉甘平，無毒。毛皮拭塵沙眯目即去。

清·朱本中《飲食須知·獸類》　貂鼠肉　味甘，性平。其毛皮寒月服之，得風更暖，著水不濡，得雪即消，拂面如焰。塵沙迷目，拭眯即出。近火則毛易脫。

清·浦士貞《夕庵讀本草快編》卷六　貂鼠《綱目》　貂，亦作鼦。羅願云：　此鼠喜食栗，又號栗鼠。　貂乃鼠類中之最貴者也。色雖有三，純一不雜，毛厚寸許，蔚而不耀。為裘為帽，得風更暖。著水不濡，得雪即消。拂面如焰，拭眯即出。真奇物耳。漢制侍中冠金璫飾首，前插貂尾，取其內勁外溫。國朝王公許製作裘，并鑲披領墊子，尊重極矣。其肉無毒，可食。未見治療，不必深求。

清·王道純《本草品彙精要續集》卷五　貂鼠無毒。毛皮附。　胎生。

貂鼠肉無毒：　○毛皮，主塵沙眯目，以裘袖抆之，即出《本草綱目》。

〔名〕栗鼠《爾雅翼》，松狗。李時珍云：　貂，亦作鼦。羅願云：　此鼠好食栗及松皮，夷人呼爲栗鼠、松狗。　〔地〕許慎《說文》云：　貂鼠，尾大而黃黑色，出丁零國。今遼東、高麗及女直、韃靼諸胡皆有之耳。　〔時〕生：　無時。採：　秋冬取之。　〔收〕皮掛通風處。　〔用〕其肉中國不可得，其皮爲裘帽風領，寒月服之，得風更暖，著水不濡，得雪即消，拂面如焰，拭眯即出，亦奇物也。惟近火則毛易脫耳。　〔質〕其形大如獺而尾粗，其毛深寸許，蔚而不耀。　〔色〕黑色、黃色、紫色、白色。漢制侍中冠金璫飾首，前插貂尾，加以附蟬，取其內勁而外溫。毛帶黃色者爲金貂，白色者爲銀貂，黑色者爲黑貂，紫黑者爲紫貂，貴賤不等。　〔味〕肉味甘。　〔性〕溫，平。

清·趙學敏《本草綱目拾遺》卷九獸部　貂尾　貂出西北塞外，食松栗，即南中松狗之類，其行捷，穿樹枝如飛。蓋以尾為用者，故其力在尾。《綱目》貂鼠條止載其皮毛拭目去眯，而遺其尾，故為補其功用。

凍瘡：　用貂尾燒存性為末，摻爛處，自愈。未破者，用舊貂皮毛煅研，香油和搽《養素園驗方》。

鼬鼠

明·李時珍《本草綱目》卷五一獸部·鼠類　鼬鼠音佑。○《綱目》。

〔釋名〕黃鼠狼《綱目》　鼪鼠音生去聲。　鷇鼠音谷。　地猴時珍曰：　按《廣雅》，鼠狼即鼬也。江東呼爲鼪。其色黃赤如柚，故名。此物健於捕鼠及禽畜，又能制蛇虺。《莊子》所謂騏驥捕鼠不如狸鼪者，即此。　〔集解〕時珍曰：　鼬，處處有之。狀似鼠而身長尾大，黃色帶赤，其氣極臊臭。許慎所謂似貂而大，色黃而赤者，是也。其毫與尾可作筆，嚴冬用之不折，世所謂鼠鬚、栗尾者，是也。

肉　〔氣味〕甘，臭，溫，有小毒。　〔主治〕煎油，塗瘡疥，殺蟲時珍。

心、肝　〔氣味〕臭，微毒。　〔主治〕心腹痛，殺蟲時珍。

〔附方〕新一。　心腹痛：　用黃鼠心、肝、肺一具，陰乾，瓦焙爲末，入乳香、没藥、孩兒茶、血竭末各三分。每服一錢，燒酒調下，立止。《海上仙方》。

明・穆世錫《食物輯要》卷四　黃鼠狼　肉，味甘，腥臭，性溫，有小毒。不堪食。心、肝，味臭，微毒。殺蟲，止心腹痛。

明・應廖《食治廣要》卷六　鼬鼠音佑，即黃鼠狼。　肉：　氣味：　甘，臭，溫，有小毒。煎油，塗瘡疥，殺蟲。　心、肝：　氣味：　臭，微毒。主心腹痛，殺蟲。

明・姚可成《食物本草》卷一四獸部・鼠類　鼬鼠一名黃鼠狼。處處有之。狀似鼠而身長，頭如小狗，尾大黃色帶赤。其氣極臊臭。性好竊食雞鴨，村野人家，最受其害。畏狗，逐之急便撒屁數十，滿室惡臭不可嚮。其毫與尾可作筆，嚴冬用之不折，世謂鼠鬚、栗尾者是也。

鼬鼠肉：　味甘，臭，溫，有小毒。食之解老雞肉毒。煎油，塗瘡疥，殺蟲。　心、肝：　味臭，微毒。主心腹痛，殺蟲。

明・施永圖《本草醫旨・食物類》卷四　鼬鼠音佑，名黃鼠狼。狀似鼠而身長尾大，黃色帶赤，其氣極臊。其毫與尾可作筆。　肉：　味甘，臭，溫，有小毒。治：　煎油，塗瘡疥，殺蟲。　心肝：　味臭，微毒。治：　心腹痛，殺蟲。

附方　心腹痛：　用黃鼠心肝肺一具，陰乾，瓦焙為末。入乳香、沒藥、孩兒茶、血竭末各三分，每服一錢，燒酒調下，立止。

清・丁其譽《壽世秘典》卷四　鼬鼠俗呼黃鼠狼。《廣雅》云：　鼠狼即鼬也。江東呼為鼪，狀似鼠而身長尾大，黃色帶赤，其氣極臊臭，健于捕鼠及禽畜，又能制蛇虺。其毫與尾可作筆，嚴冬用之不折，世謂鼠鬚、栗尾者是也。　氣味：　甘，臭，溫，有小毒。主煎油塗瘡疥、殺蟲。

清・朱本中《飲食須知・獸類》　黃鼠狼肉　味甘，腥臭，性溫，有小毒。不堪食。

清・王道純《本草品彙精要續集》卷五　鼬鼠音佑。　肉有小毒。　心肝微毒附。胎生。

鼬鼠肉：　主煎油，塗瘡疥，殺蟲。○心肝肺，主心腹痛，殺蟲《本草綱目》。　【名】黃鼠狼《綱目》、鼪鼠音生去聲、𪕰鼠音谷、地猴。李時珍云：　按《廣雅》鼠狼，即鼬也。江東呼爲鼪，其色黃赤如柚，故名。　【地】處處有之。　【時】生：　無時。採：　秋冬取之。　【用】肉及心肝肺。　其毫與尾可作筆，嚴冬用之不折，世所謂鼠鬚、栗尾者是也。此物健於捕鼠及禽畜，又能制蛇虺。《莊子》所謂騏驥捕鼠不如狸鼪者即此。　【質】狀似鼠而身長尾大。許慎所謂似貂而大。　【色】黃色帶赤。　【味】肉味甘臭，心肝肺味臭。　【性】肉性溫。　【臭】腥臊，其氣極臊臭。　【合治】《海上仙方》治心腹痛，用黃鼠心肝肺一具，陰乾，瓦焙爲末，入乳香、沒藥、孩兒茶、血竭末各三分，每服一錢，燒酒調下，立止。

鼷鼠

宋・唐慎微《證類本草》卷二一蟲魚部中品〔唐・陳藏器《本草拾遺》〕

鼷鼠　有毒。食人及牛、馬等皮膚成瘡，至死不覺。此蟲極細，不可卒見。《爾雅》云：　有螫毒，食人至盡不知。《左傳》曰：　食郊牛角者也。《博物志》云：　食人死膚，令人患惡瘡，多是此蟲食。主之法，當以狸膏摩之及食狸肉。凡正月食鼠，殘多爲鼠瘻，小孔下血者，是此病也。

明・李時珍《本草綱目》卷五一獸部・鼠類　鼷鼠《拾遺》

【釋名】甘口鼠時珍曰：　鼷乃鼠之最小者，嚙人不痛，故曰甘口。今處處有之。

【集解】藏器曰：　鼷鼠極細，卒不可見。食人及牛、馬等皮膚成瘡，至死不覺。《爾雅》云：　有螫毒。《左傳》云：　食郊牛角者，皆此物也。《博物志》云：　食人死膚，令人患惡瘡。醫書云：　正月食鼠殘，多爲鼠瘻，小孔下血者，皆此病也。治之之法，以豬膏摩之，及食貍肉爲妙。　鼷無功用，而爲人害，故著之。

食蛇鼠

明・李時珍《本草綱目》卷五一獸部・鼠類　食蛇鼠《綱目》

【集解】時珍曰：　按《唐書》云：　罽賓國貢食蛇鼠，喙尖尾赤，能食蛇。有被蛇螫者，以鼠嗅而尿之即愈。今雖不聞說此，恐時有貢者，存此以備考證。

尿　【主治】蛇虺傷螫時珍。

清・王道純《本草品彙精要續集》卷五　食蛇鼠

食蛇鼠尿：　主蛇虺傷螫《本草綱目》。　【地】《唐書》云：　罽賓國貢食蛇鼠，能食蛇虺。　【用】尿。　【質】喙尖。　【色】尾赤。　【治】人有被蛇螫者，以鼠嗅而尿之即愈。　【解】李時珍云：　今雖不聞說此，恐後有貢者，存此以備考證，知解蛇毒。

蝟

宋・唐慎微《證類本草》卷二一蟲魚部中品〔《本經》・別錄・藥對》〕　**蝟皮**　**味苦，平，無毒。主五痔，陰蝕，下血赤白五色，血汗不止，陰腫痛引腰背，酒煮殺之。**又療腹痛疝積，亦燒爲灰，酒服之。生楚山川谷田野。取無

時，勿使中濕。得酒良，畏桔梗、麥門冬。

〔梁·陶弘景《本草經集注》〕云：田野中時有此獸，人犯近，便藏頭足，毛刺人，不可得捉，能跳入虎耳中。而見鵲便自仰腹受啄，物有相制，不可思議爾。其脂烊鐵注中，内少水銀，則柔如鉛錫矣。

〔唐·蘇敬《唐本草》〕注云：蝟極獰鈍，大者如小豘，小者猶瓜大，或惡鵲聲，故反腹令啄，欲掩取之猶蚌鷸音聿爾。虎耳不受雞卵，且去地三尺，蝟何能跳之而入？野俗鄙說，遂爲雅記，深可怪也。

〔宋·馬志《開寶本草》〕按：陳藏器《本草》云：蝟脂主耳聾，可注耳中。皮及肉主反胃，炙黄食之。骨食之令人瘦，諸節漸縮小。肉食之主瘻。

〔宋·掌禹錫《嘉祐本草》〕按：《蜀本》注云：勿用山枳鼠皮，正相似，但山枳毛端有兩歧爲别。又有虎鼠皮亦相類，但以味酸爲别。又有山猳皮類兔皮，頗相似，其色褐，其味甚苦，亦不堪用。《圖經》云：狀如猯、豘，脚短〔多〕刺，尾長寸餘。蒼白色，取皮去肉，火乾良也。《藥性論》云：蝟皮，臣，味甘，有小毒。主腸風瀉血，痔病有頭，多年不差者，炙末，白飲下方寸匕。燒末，吹，主鼻衄。甚解一切藥力。孟詵云：蝟，食之肥下焦，理胃氣。其脂可煮五金八石，皮燒灰酒服治胃逆。又煮汁服止反胃。又可五味淹、炙食之。不得食骨，令人瘦小。日華子云：開胃氣，止血汗，肚脹痛，疝氣。脂治腸風瀉血。作猪蹄者妙，鼠脚者次。

〔宋·蘇頌《本草圖經》〕曰：蝟皮，生楚山川谷田野，今在處山林中皆有之。狀類猯，豘，脚短多刺，尾長寸餘，人觸近便藏頭足，外皆刺不可嚮爾。惟見鵲則反腹受啄，或云惡鵲聲，故欲掩取之，猶蚌（蟜）〔鷸〕音聿也。此類亦多，惟蒼白色，脚似猪蹄者佳，鼠脚者次。其毛端有兩歧者，名山枳鼠。肉味酸者名虎鼠。味苦而皮褐色類兔皮者名山猳。凡此皆不堪用，尤宜細識耳。採無時，勿使中濕。肉與脂皆中用，惟骨不可食，誤食之，則令人瘦劣。

〔宋·唐慎微《證類本草》〕《食療》云：蝟肉，可食。以五味汁淹、炙食之，良。不得食其骨也。其骨能瘦人，使人縮小也。謹按：主下焦弱，理胃氣。令人能食。其皮可燒灰，和酒服。及炙令黄，煮汁飲之，主胃逆。細剉，炒令黑，入丸中治腸風、鼠奶痔，效。主腸風，痔瘻。可煮五金八石。與桔梗、麥門冬反惡。又有一種，村人謂之豪猪，取其肚燒乾，和肚屎用之，擣末細羅，每朝空心溫酒調二錢匕。有患水病鼓脹者，服此豪猪肚一箇便消，差。此猪多食苦參，不理冷脹，只理熱風水脹。形狀樣似蝟鼠。《聖惠方》：治鼻衄塞鼻散：用蝟皮一大枚，燒末，研，用半錢綿裹塞鼻。《外臺秘要》：治五痔。蝟皮方三指大切，熏黄如棗大，熟艾，右三味，穿地作坑，調和取便熏之，取口中熏黄煙氣出爲佳。火氣稍盡即停，三日將息，更熏之，三度永差。勿犯風冷，羹臛將補，慎忌雞、猪、魚、生冷，二十日後補之。《千金翼》：治蠱毒下血。蝟皮燒末，水服方寸匕，當吐蠱毒。《肘後方》：治腸痔大便血，燒蝟皮傅之。《簡要濟衆》：治腸痔，下部如蟲齧。蝟皮燒末，生油和傅之，佳。《子母秘録》：小兒卒驚啼，狀如物刺。燒蝟皮三寸爲末，乳頭飲兒，飲服亦得。《丹房鏡源》云：蝟皮脂伏雄黄。

宋·寇宗奭《本草衍義》卷一七　蝟皮　取乾皮兼刺用，刺作刷，治紕帛絶佳。此物兼治胃逆，開胃氣有功，從蟲、從胃有理焉。膽治鷹食病。世有養者，去而復來，久亦不去。當縮身藏足之時，人溺之，即開。合穿山甲等分，燒存性，治痔。入肉豆蔻一半，末之，空肚熱米飲調二錢服。隱居所說，跳入虎耳及仰腹受啄之事，《唐本》注見擯，亦當然。

宋·王繼先《紹興本草》卷一九　蝟皮　紹興校定：蝟乃刺蝟是也。其皮性味、主治已載經注，然但療痔疾諸方頗用，餘未聞驗。當從《本經》味苦、平、無毒是矣。其脂肉雖分療，而罕入于方。山谷田野，處處有之。

宋·鄭樵《通志》卷七六《昆蟲草木略》　蝟　有兩種，一種作猪蹄者，又名蠔猪；一種作鼠脚。舊云，蝟能跳入虎耳中，而見鵲便仰腹受啄，物有相制如此。

宋·劉明之《圖經本草藥性總論》卷下　蝟皮　味苦，平，無毒。主五痔陰蝕，下血赤白，五色血汁不止，陰腫痛引腰背。又療腹痛疝積。《藥性論》云：臣。味甘，有小毒。主腸風瀉血痔病。又主鼻衄，甚解一切藥力。日華子云：開胃氣，止血汗，肚脹痛疝氣。脂，治腸風瀉血。得酒良。畏桔梗、麥門冬。

宋·陳衍《寶慶本草折衷》卷一六　蝟皮臣。灰在内。○肉附。　生楚山川谷。今在處山林田野有之。○取無時。去肉收皮、刺，火乾，勿使中濕。○得酒良，畏桔梗、麥門冬。

味苦、甘，平，有小毒。○主五痔，陰蝕下血，赤白五色，陰腫，痛引腰背，腹痛疝積，燒灰酒服。○《藥性論》云：主腸風瀉血，炙末飲下。燒末吹鼻衄。解藥力。○日華子云：開胃氣，止血汗，肚脹痛。○《圖經》曰：蝟脚短多刺，此類亦多，惟蒼白脚似豬蹄者佳，鼠脚者次。其毛端有兩岐者，名山枳鼠；肉酸者名虎鼠；皮褐類兔者名山猳，皆不堪用。○《千金翼》：治蠱毒下血，蝟皮燒末，水服方寸匕，當吐蠱毒。

附：肉。○肥下焦，主反胃胃逆，及主瘻。並煮服，或五味淹炙食。不

得食骨，令人瘦小。

元·忽思慧《飲膳正要》卷三 蝟 味苦，平，無毒。理胃氣，實下焦。

元·尚從善《本草元命苞》卷八 蝟皮 為臣。苦，平，無毒。主五痔陰蝕，止腸風下血。療陰腫痛引腰背，調胃氣，令人能食。肉，肥下焦。脂，醫聾證。生楚山川谷、田野。取無時，勿使中濕。狀類貒、豚，腳短，多刺，尾長寸餘，人觸近便藏頭足，外有刺，不能捕之。見鵲則反腹受啄，欲掩取，猶蚌鷸爾。誤食骨，瘦人諸節。畏桔梗。得酒者良。

元·吴瑞《日用本草》卷三 蝟 味甘，有毒。主理胃氣。 脂：治耳聾。 骨：食之令人瘦。 皮：主腸風五痔，陰蝕下血，赤白帶下五色，陰腫痛引腰背，腹痛疝積，蠱毒下血，並皆燒灰服之。

明·王綸《本草集要》卷六 蝟皮臣 味苦甘，氣平，無毒。一云：有小毒。勿使中濕。 主五痔陰蝕下血，赤白五色血汁不止，陰腫痛引腰背，酒煮殺之。又腹痛疝積，燒為灰，酒服之。又治胃逆，開胃氣有功。

明·滕弘《神農本經會通》卷一〇 蝟皮 臣也。得酒良。畏桔梗、麥門冬。惟蒼白色，脚似猪蹄者佳，鼠脚者次。勿用山枳鼠皮，正相似，毛端有兩歧為別。虎鼠皮亦相類，肉味酸為別。山豚皮，類兔皮，頗相似，其色褐，其味甚苦。凡此皆不堪用，尤宜細識。取無時，勿使中濕。

味苦，氣平，無毒。一云：味甘，有小毒。《本經》云：主五痔，陰蝕，下血，赤白五色血汁不止，陰腫痛引腰背，酒煮殺之。又療腹痛疝積，亦燒為灰，酒服之。陳藏器云：蝟脂，主耳聾，可注耳中。皮及肉，主反胃，炙黄食之。骨，食之令人瘦，諸節漸縮小。肉，食之主瘻。《藥性論》云：蝟皮，臣。主腸風瀉血，痔病有頭，多年不差者，炙末，白飲下方寸匕。燒末，吹，主鼻衄。甚解一切藥力。孟詵云：蝟，食之肥下焦，理胃氣。其脂，可煮五金八石。皮，燒灰，酒服，治胃逆。又煮汁服，止反胃。又可五味淹炙食之，不得食骨，令人瘦小。日華子云：開胃氣，止血汗，肚脹痛，疝氣。脂，治腸風瀉血。《食療》云：謹按，主下焦弱，理胃氣，令人能食。其皮可燒灰，和酒服，及炙令黄，煮汁飲之，主胃逆。細剉，炒令黑，入丸中，治腸風、鼠奶痔。主腸風痔瘻。可煮五金八石。與桔梗、麥門冬反惡。又有一種，村人謂之豪猪，取肚燒乾，和肚屎用之，擣細末，每朝空心溫酒調二錢匕，有患水病鼓脹者，服此猪肚一箇，便消差。此猪多食苦參，不理冷脹，只理熱風水脹，形狀樣似蝟鼠。《肘後方》：治腸痔大便血，燒蝟皮，傅之。《簡要濟眾》云：治腸痔，下部如蟲齧，蝟皮燒末，生油和傅之佳。《局》云：蝟皮專主腸風痔，療疝仍除陰蝕瘡。更治下焦開胃氣，燒灰酒服乃為良。蝟皮，主痔下血，腸風。

明·劉文泰《本草品彙精要》卷三〇 蝟皮無毒 胎生。

蝟皮出《神農本經》：**主五痔，陰蝕，下血，赤白五色，血汁不止，陰腫痛引腰背，酒煮殺之。**以上朱字《神農本經》。療腹痛疝積，亦燒爲灰，酒服之。以上黑字名醫所錄。

【地】《圖經》曰：生楚山川谷及田野間，山林中皆有之。狀類貒、豘，腳短多刺，尾長寸餘，人觸近便藏頭足，因外皆刺不可嚮爾。陶云：能跳入虎耳中，惟見鵲則仰腹受喙，蓋物或有相制然耳。又云：惡鵲聲，故欲掩取之，猶蚌鷸音聿也。此類亦多，惟蒼白色，腳似豬蹄者佳，鼠腳者次。其毛端有兩歧者，名山枳鼠。肉味酸者，名虎鼠。味苦而皮褐色類兔皮者，名山貆。凡此皆不堪用，尤宜詳識耳。《唐本》注云：蝟極獰鈍，大者如小豘，小者猶瓜大，或惡鵲聲，故反腹令啄。其虎耳不受雞卵，且去地三尺，蝟何能跳之而入？此野俗鄙說，未可輕信。【時】生：無時。採：無時。【用】皮。【質】如貒、豘而身多刺。【色】蒼白。【味】苦。【性】平。【氣】味厚于氣，陰中之陽。【臭】腥。【主】五痔，下血。【助】得酒良。【反】畏桔梗、麥門冬。【製】酥炙黄，或燒灰用。【治】療：《藥性論》云：皮，炙末，白飲下方寸匕，主腸風瀉血，痔病有頭，多年不瘥者。燒末，吹，止鼻衄。日華子云：開胃氣，止血汗，肚脹痛，疝氣。〇脂，治腸風瀉血。孟詵云：蝟，食之肥下焦，理胃氣。又煮汁服，止反胃。《別錄》云：皮，燒末，水調服方寸匕，治蠱毒，下血，當吐出蠱毒。及搽乳頭上，與小兒飲，治卒驚啼，狀如物刺者。【合治】皮燒灰，合酒服，療胃逆。〇皮方三指大，合熏黄如棗大及熟艾，右穿地作坑，調和取便熏之，以口中熏黄煙氣出爲佳，火氣稍盡即停，三日將息，更熏之，療五痔，不過三度，永瘥。勿犯風冷，羹臛將補，慎忌雞豬魚生冷，二十日後補之。〇皮燒灰，合生油，傅腸痔，下部如蟲齧。〇合穿山甲等分，燒存性，入肉豆蔻末一半，空腹米飲調服二錢，療痔。【禁】勿使中濕，及其骨能瘦人，不可食。誤食，令人瘦劣。【解】甚解一切藥力。

明·許希周《藥性粗評》卷四 皮掀於蝟，血捲腸風。

蝟皮，蝟，獸名。如小㹠大，毛麄，蒼白色，不可近，足如猪蹄，人觸之則藏頭捲為一團如栗殼。然江南山谷處處有之，肉入食品，惟骨不可食，令人縮小，其皮入藥，得酒良。畏桔梗、麥門冬。勿使中濕。味苦、甘，性平，無毒。主治五痔陰蝕，腸風下血。取一片熏乾，同艾為麄末，穿地作坑，着火於內，坐其上熏之，以烟從口出為度。或炙末，白湯調服；或以傅瘡上，皆有奇功。

又方：疝氣：蝟皮燒存性，為末，每服一錢匕，溫酒調下差。蠱毒：蝟皮燒存性，為末，水調下一錢匕，妙。

明·鄭寧《藥性要略大全》卷一〇 刺蝟臣 治胃逆翻胃，五痔陰蝕，下血赤白，五色血汁不止，陰腫痛引腰背。又治腹痛疝積，腸風下血，痔漏有頭，多年不差者。亦治鼻衄。○又云：食蝟者肥下焦，理胃氣。味苦、甘，平，無毒。得酒良。畏桔梗、麥冬。能解一切藥力。

明·陳嘉謨《本草蒙筌》卷九 蝟皮 味苦，氣平。無毒。一云味甘，有小毒。形賦與猯音團㹠音屯相類，生養各山谷，短足慢行；人見則頭足便藏，圓輥如栗房，攢毛外刺。捕者欲執，溺之即開。取皮毛燒灰，調熱酒吞下。所畏二藥，桔梗麥門。主五痔血流大腸，理諸疝痛引小腹。治胃逆開胃氣殊功，塞鼻衄消鼻痔立効。腹脹痛可止，陰腫痛能祛。肉啖之易肥，仍理中令人能食；骨食之則瘦，更縮筋致足難伸。脂注耳竅久聾，膽治鷹食成病。

明·王文潔《太乙仙製本草藥性大全》卷八《本草精義》 刺蝟皮 生楚山川谷田野，今在處山林中皆有之。狀類猯、㹠，脚短多刺，尾長寸餘，人觸近便藏頭足，外皆刺，不可嚮爾，惟見鵲則反腹受喙，或云惡鵲聲，故欲掩取之，猶蚌鷸也。此類亦多，惟蒼白色，脚似猪蹄者佳，鼠脚者次。其毛端有兩岐者，名山枳鼠。肉味酸者名虎鼠。味苦而皮褐色，類兔皮者名山㹠。凡此皆不堪用，猶宜細識耳。採無時。勿使中濕，肉與脂皆中用。畏桔梗、麥門冬。

明·王文潔《太乙仙製本草藥性大全》卷八《仙製藥性》 刺蝟皮臣 味苦、甘，氣平，有小毒。又云無毒。得酒爲良。主治：治翻胃吐逆鼻衄，住腹痛疝積下血。赤白五色血汁不止者殊功。治陰蝕痔漏有頭多年不差者妙劑。主陰腫痛引牽腰背，理腸風病下血無禁。肥下焦之秘藥，理胃氣之神方。脂：可煮五金八石，兼理瀉血腸風。皮：燒灰酒調，胃逆即止；生煮汁服，反胃堪醫。膽：可治鷹食病。補註：治鼻衄塞鼻散：用蝟皮一大枚，燒末細研半錢，綿裹塞鼻。○治五痔，蝟皮取三指大切，熏黃如棗大，熟艾，右三味，穿地作坑，調和取便熏之，取口中熏黃煙氣出爲佳。火氣稍盡即停，三日將息，更熏之，三度永差。勿犯風冷，羹臛將補，慎忌鷄猪魚生冷，二十日後補。○治蠱毒下血，蝟皮燒末，水服方寸〔匕〕，當吐蠱毒。○治下部腸痔如蟲齧，蝟皮燒灰，生油和傅之佳。○治腸痔，大便下血，燒蝟皮傅之。○小兒卒驚啼，狀如物刺，燒蝟皮三寸，爲末，乳頭飲兒，飲服亦得。

《衍義》云：蝟皮，取乾皮兼刺用，刺作刷治紕帛絕佳。此物兼治胃逆，開胃氣有功，從蟲、從胃有理焉。膽治鷹食病。世有養者，去而復來，久亦不去。當縮身藏足之時，人溺之即開。合穿山甲等分燒存性，治痔，入肉豆蔻一半，末之，空腹熱米飲調二錢服。○蝟肉可食，以五味汁醃炙食之良。不得食其骨也，其骨主瘦人，使人縮小也。謹按：主下焦弱，理胃氣，令人能食。其皮可燒灰，和酒服。及炙令黃，煮汁飲之，主胃逆。細剉，炒令黑，入丸中，治腸風、鼠奶痔甚效。

明·皇甫嵩《本草發明》卷六 蝟皮氣平，味苦。原係蟲部，今移在此，從獸類也。陽明、厥陰二經藥。主五痔，陰蝕下血，赤白五色血不止，陰腫痛引腰背。又療腹痛疝積，燒灰酒服之。註云：治胃逆，開胃氣。○肉，食之易〔脂〕〔肥〕，仍理中，令人能食。勿食骨，令人瘦小，小兒忌之。○畏桔梗、麥門冬。

明·李時珍《本草綱目》卷五一獸部·鼠類 蝟《本經》中品。校正：舊在蟲魚部，今據《爾雅》移入獸部。

〔釋名〕彙古猬字。俗作蝟。 毛刺《爾雅》 蝟鼠時珍曰：按《説文》彙字篆文象形，頭足似鼠，故有鼠名。宗奭曰：蝟皮治胃逆，開胃氣有功。其字從蟲從胃，深有理焉。

〔集解〕《別録》曰：猬生楚山川谷田野，取無時，勿使中濕。弘景曰：處處野中時有此獸。人犯之，便藏頭足，毛刺人，不可得。能跳入虎耳中，而見鵲則自仰腹受啄，物相制如此。其脂烊鐵，中入少水銀則柔如鉛錫。《蜀圖經》曰：猬狀如猯、㹠。大者如㹠，小者如瓜。脚短，尾長寸餘。蒼白色，脚似猪蹄者佳；鼠脚者次之。去肉，取皮火乾。又有山枳鼠，皮正相似，但尾端有兩歧爲別；又有虎鼠，皮亦相類，但以味酸爲別；又有山㹠，頗相似，而皮類兔皮，其色褐，味甚苦，俱不堪用。時珍曰：猬之頭、觜似鼠，刺毛似豪猪，踡縮則形如芡房及栗房，攢毛外刺，尿之即開。《炙轂子》云：刺端分兩頭者爲猬，如棘針者爲𧌒。與蜀説不同。《廣韻》云：似猬而赤尾者，名暨居。宗奭曰：乾猬皮並刺作刷，治紕帛絶佳。世有養者，去而復來。

〖正誤〗恭曰：猬極獰鈍，大如㹠，小如瓜，惡鵲聲，故反腹受啄，欲掩取之，猶鶵、蚌也。虎耳不受鷄卵，且去地三尺，猬何能跳之而入？野俗鄙言，遂爲雅記，深可怪也。宗奭曰：《唐〔本〕》注擯陶，理亦當然。時珍曰：按《淮南子》云：猬使虎申，蛇令豹止。又云：鵲屎中猬。緯書云：火爍金，故鵲啄猬。觀此則陶説非妄也，而蘇氏斥之，寇氏和之，非矣。蜈蚣制龍、蛇，蜒蚰、蛞蝓制蜈蚣，豈在大小利鈍耶？物畏其天耳。《蜀圖經》所謂虎鼠即鼩鼠，亦猬中一種也。孫愐云：鼩，鼠〔屬〕，能飛，食虎豹。《談藪》云：虎不敢入山林，而居草薄者，畏木上有⿰鼠票鼠也。鼠見虎過，則咆噪拔毛投之，虎必生蟲瘡潰爛至死。鼩、⿰鼠票音相近耳。猬能制虎，觀此益可徵矣。今正其誤。

皮　〖修治〗細剉，炒黑入藥。　〖氣味〗苦，平，無毒。甄權曰：甘，有小毒。得酒良。畏桔梗、麥門冬。　〖主治〗五痔陰蝕，下血赤白，五色血汁不止，陰腫痛引腰背，酒煮殺之《本經》。療腹痛疝積，燒灰酒服《別録》。治腸風瀉血，痔痛有頭，多年不瘥，炙末，飲服方寸匕。燒灰吹鼻，止衄血。甚解一切藥力《藥性》。

〖附方〗舊五，新八。　五痔下血：《衍義》云：用猬皮合穿山甲等分燒存性，入肉豆蔻一半。空腹熱米飲服一錢，妙。○《外臺》用猬皮三指大，熏黄如棗大，熟艾一錢，穿地作坑，調和取便熏之，取口中有煙氣爲佳。火氣稍盡即停，三日將息，更熏之，三度永瘥。勿犯風冷，羹臛將養，切忌鷄、魚、猪、生冷，二十日後補之。　腸痔有蟲：猬皮燒末，生油和塗。《肘後方》。　腸風下血：白刺猬皮一枚銚内熇焦，去皮留刺，木賊半兩炒黑，爲末。每服二錢，熱酒調下。《楊氏家藏方》。　蠱毒下血：猬皮燒末，水服方寸匕，當吐出毒。《千金翼》。　五色痢疾：猬皮燒灰，酒服二錢。《壽域方》。　大腸脱肛：猬皮一斤燒，磁石煅五錢，桂心五錢，爲末。每服二錢，米飲下。葉氏《摘玄》。　塞鼻止衄：猬皮一枚，燒末。半錢，綿裹塞之。《聖惠方》。　鼻中瘜肉：猬皮炙爲末，綿裹塞之三日。《千金》。　眼睫倒刺：猬刺、棗針、白芷、青黛等分爲末，隨左右目嗃鼻中，口含冷水。《瑞竹堂方》。　反胃吐食：猬皮燒灰，酒服。或煮汁，或五味淹炙食。《普濟》。　小兒驚啼：狀如物刺。用猬皮三寸燒末，傅乳頭飲兒。《子母秘録》。　猘犬咬傷：猬皮、頭髮等分燒灰，水服。《外臺》。

肉　〖氣味〗甘，平，無毒。藏器曰：食之去骨。誤食令人瘦劣，諸節漸小也。〖主治〗反胃，炙黄食之，亦煮汁飲。又主瘻藏器。炙食，肥下焦，理胃氣，令人能食孟詵。

脂　〖氣味〗同肉。詵曰：可煮五金八石，伏雄黄，柔鐵。　〖主治〗腸風瀉血日華。溶滴耳中，治聾藏器。塗禿瘡疥癬，殺蟲時珍。

〖附方〗新一。　虎爪傷人：刺猬脂，日日傅之。內服香油。

腦　〖主治〗狼瘻時珍。

心肝　〖主治〗蟻瘻蜂瘻，瘰癧惡瘡，燒灰，酒服一錢時珍。

膽　〖主治〗點目，止淚。化水，塗痔瘡時珍。治鷹食病寇宗奭。

〖附方〗新一。　痘後風眼：發則兩瞼紅爛眵淚。用刺猬膽汁，用簪點入，痒不可當，二三次即愈。尤勝烏鴉膽也。董炳《集驗方》。

明・梅得春《藥性會元》卷下　蝟皮　味苦，氣平，無毒。得酒良。畏桔梗、麥門冬。俗名刺蝟皮。　主治五痔陰蝕，腸風下血赤白、五色血汁不止，陰腫痛引腰背，酒煮殺之。又療腹痛疝積，亦燒為灰，酒調服。生楚山川谷田野。取無時。勿用中濕。

明・穆世錫《食物輯要》卷四　猬　肉，味甘，平，無毒。止反胃。炙食，令人能食。肥下焦，消瘻疾。悮食骨，令人瘦劣，諸節漸小。膽，治鷹食病。

明・李中立《本草原始》卷九　蝟　一名彙，一名蝟鼠。生楚山川谷田野，今處處野中有之。大者如貒，小者如瓜，腳短，尾長寸餘。蒼白色，亦有純白色者。李時珍曰：按《説文》彙字，篆文象形，頭足似鼠，故有鼠名。宗奭曰：蝟皮治胃逆，開胃氣有功。其字從蟲、從胃，深有理焉。

蝟皮：氣味：苦，平，無毒。主治：五痔陰蝕，下血赤白，五色血汁不止，陰腫痛引腰背，酒煮殺之。○治腸風瀉血，痔痛有頭，炙末飲服方寸匕。燒灰吹鼻，止衄血，解藥力。《本經》中品。自蟲部移此。【圖略】修治：蝟皮，細剉，炒黑入藥。得酒良，畏桔梗、麥門冬。

肉：氣味：甘，平，無毒。主治：反胃，炙黄食之，亦煮汁飲。又主瘻。○炙食，肥下焦，理胃氣，令人能食。勿食骨。　脂：主治：腸風瀉血。○溶滴耳中，治聾。　腦：治狼瘻。　膽：主治：點目止淚。化水塗痔瘡。○治鷹食病。

明・吴文炳《藥性全備食物本草》卷二　蝟肉　味甘，平，無毒。止反胃，炙食令人能食，肥下焦，消瘻疾。悮食骨，令人瘦劣，諸節漸小。　膽：治鷹食病。

明・李中梓《藥性解》卷六　刺蝟皮　味苦、甘，性平，有小毒。不載經絡，主五痔腸風瀉血，翻胃鼻衄，腹痛，積疝陰腫痛。酒煮熬用，畏桔梗、門

冬。按：蝟亦有數種，惟蒼白色脚似猪蹄者佳，此外並不宜用。其骨切忌入口，令人消瘦。

明・繆希雍《本草經疏》卷二一 蝟皮 味苦，平，無毒。主五痔，陰蝕，下血赤白、五色血汁不止，陰腫痛引腰背，酒煮殺之。又療腹痛疝積，亦燒為灰酒服之。得酒良。畏桔梗、麥門冬。

【疏】蝟，鼠類，屬水。其皮毛戟刺如鍼，屬金。故味苦平，平即兼辛。大腸屬金，以類相從，故能治大腸濕熱、血熱為病，及五痔，陰蝕，下血赤白，五色血汁不止也。陰腫痛引腰背，腹痛疝積，皆下焦濕熱邪氣留結所致，辛以散之，苦以泄之，故主之也。肉：味甘，平。能開胃氣，止反胃，亦主痔瘻腸風。【主治參互】同象牙末等，治通腸漏，見象牙條下。《衍義》五痔下血，用蝟皮、穿山甲等分，燒存性，入肉豆蔻一半，空心米飲下一錢，妙。《楊氏家藏方》腸風下血：蝟皮一枚，木賊草半兩，炒黑為末。每二錢，熱酒調下。【簡誤】凡食其肉，當去骨，誤食令人瘦劣，諸節漸小也。

明・倪朱謨《本草彙言》卷一八 刺蝟皮 味苦，氣平，無毒。

《蜀圖經》曰：刺猬生吳楚山谷，狀如貒，大者如豚，小者如兔。毛刺踡縮，則形又如芡房。其頭嘴似鼠，刺毛似豪豬。脚短尾長，色蒼白，或灰色。乾蝟皮并刺作刷，治紕帛絕佳。土人有畜養者。

刺蝟皮：止五痔下血，《農皇本經》陰蝕瘻瘡血汁涓涓之藥也。朱正泉曰：此物伸屈不時，千毛萬刺，力通百絡，攻透孔竅，故前古消五痔蝕瘻延生，以此酒浸、火炙乾，研末，空心白湯調服三錢，七個全愈。

明・應麐《食治廣要》卷六 猬即猬鼠，頭嘴似鼠，刺毛似豪猪。肉：氣味：甘，平，無毒。炙黄食之，主反胃并瘻。肥下焦，理胃氣，令人能食。陳藏器曰：食之宜去骨，誤食，令人瘦劣，亦令諸節漸小也。

明・姚可成《食物本草》卷一四獸部・鼠類 猬吳人俗稱偷瓜蝛，以其常藏瓜畦中，好食瓜也。○陶弘景曰：猬處處有之，見人便藏頭足，其毛尖利，中空如骨，捕之卒不可得。能跳入虎耳中，而見鵲便自仰腹受啄，物之相制如此。其脂烊鐵中，入些少水銀，則柔如鉛錫。○李時珍曰：猬之頭、觜似鼠，刺毛似豪猪，踡縮則形如芡房及栗房，攢毛外刺，尿之即開。《炙轂子》云：刺端分兩頭者為猬，如棘針者為蝝，似猬而赤尾者名暨居。寇宗奭曰：乾猬皮連刺作刷，治紕帛絕佳。

猬肉：味甘，平，無毒。炙食，補下元，理胃氣，令人能食。炙黄食，或煮汁飲，治反胃，又主瘻瘡。脂：治腸風瀉血。可煮五金八石，伏雄黄，柔鐵。溶滴耳中，治聾。塗禿瘡疥癬，殺蟲。腦：治狼瘻。心、肝：治蟻蜂等瘻，瘰癧惡瘡，燒灰，酒服一錢。膽：點目，止淚。化水，塗痔瘡。骨：人誤食之，令瘦劣，骨節漸小也。皮：治五痔陰蝕，下血赤白，五色血汁不止，陰腫痛引腰背，酒煮殺之。療腹痛疝積，燒灰酒服。吹鼻，止衄血。解一切藥力，用之。

附方：治眼睫倒刺。猬刺、棗針、白芷、青黛，等分為末，隨左右目㗜鼻中，口含冷水。治虎爪傷人。刺猬脂日日傅之，內服香油。治脫肛。猬皮一斤燒，磁石五錢煅，桂心五錢，為末。每服二錢，米飲下。

明・施永圖《本草醫旨・食物類》卷四 猬生楚山川谷田野，取無時，勿使中濕。人犯之，便藏頭足，毛刺人不可得。能跳入虎耳中。皮：細剉，炒黑，入藥。味：苦，平，無毒。得酒良，畏桔梗、麥門冬。治：五痔陰蝕，下血赤白五色，血汁不止，陰腫痛引腰背，酒煮殺之。療腹痛疝積，燒灰酒服。治腸風瀉血，痔痛有頭，多年不瘥，炙末，飲服方寸匕。燒灰，吹鼻，止衄血，甚解一切藥力。肉：味甘，平，無毒。食之去骨，誤食令人瘦劣，諸節漸小也。治：反胃，炙黄食之，亦煮汁飲，又主瘻。炙食，肥下焦，理胃氣，令人能食。脂：味：同肉。治：腸風瀉血。溶滴耳中，治聾。塗禿瘡疥癬，殺蟲。

附方 虎爪傷人：刺猬脂日日傅之，內服香油。

腦：治：狼瘻。心肝：治：蟻瘻蜂瘻，瘰癧惡瘡，燒灰，酒服一錢。

膽：治：點目止淚。化水，塗痔瘡。治鷹食病。

清・穆石匏《本草洞詮》卷一五 猬 猬之頭足似鼠，《爾雅》謂之毛刺，踡縮則形如芡房，見虎過即拔毛投之，虎生蟲瘡，潰爛至死。猬能制虎，見鵲便自仰腹受啄。物之相制如此。猬肉甘，平，無毒。理胃氣，令人能食，治反胃甚効。其字從胃，或以此也。

清・丁其譽《壽世秘典》卷四 猬古猬字俗作蝟。俗呼刺猬，狀如貒豘，頭嘴似鼠，刺毛似豪猪，腳短，尾長寸餘，蜷縮則形如栗房，攢毛外刺，人不可得，尿之即開。能制虎，而見鵲便自仰腹受啄，物相制如此。肉：氣味：甘，平，無毒。炙食，治反胃，理胃氣，令人能食。又治瘻瘡。皮：治五痔陰蝕下血，療腹痛疝積。燒灰，酒服、吹鼻，止衄血。解一切藥力用之。

清・劉雲密《本草述》卷三一　猬　按陶隱居謂：猬見鵲則仰腹受啄，其氣相制也。而蘇恭非之，云猬惡鵲聲，故反腹受啄，欲掩取之耳。至時珍則引《淮南子》所說，鵲屎中猬。又緯書曰：火煉金，故鵲啄猬。以此二說，證陶說之不妄。故謂茲物屬金，皆本諸此耳。

皮：氣味：苦，平，無毒。權曰：甘，有小毒。諸本草主治：五痔陰蝕，下血不止，痔痛有頭多年不瘥，止腸風下血，療腹痛疝積，並燒灰酒服之。燒灰綿裹塞鼻止衄。療反胃。方書主治：腸痔脈痔，止痔痛及積滯，追痔漏膿毒，并腸毒下血，久痢脫肛，悉同諸藥用之。

希雍曰：蝟，鼠類，屬水。其皮毛戟刺如鍼，屬金，故味苦平。平即兼辛，大腸屬金，以類相從，故能治大腸溼熱、血熱為病。辛以散之，苦以泄之，其主治乃如是。宗奭曰：蝟皮治胃逆，開胃氣有功。其字從蟲，從胃，深有理焉。

附方　反胃吐食，蝟皮燒灰酒服，或煮汁，或五味淹炙食。

愚按：猬之用，唯專於大腸，以故療痔病為多。第痔之為病，方書曰所受病者，燥氣也。為病者，溼氣也。又有曰：為病者，胃熱也。然大都三者皆不能外耳。其何以明之？曰：陽明燥金，以其陽盛趨陰，而陰氣未盛，不能與之以合，故為燥耳。夫人身半以下屬地，乃陰氣主之，所以腎開竅於二陰也。如房勞或勞力，而腎陰虛，則燥者益燥矣。更胃中酒食積毒，歸於大腸，以乘其陰虛之燥，則燥隨化火以傷血，是謂收氣之不得職，則經脈橫解，致濁氣污血流注肛門，以成斯患。此為燥與熱合也，而熱因與溼合矣。其所謂溼氣者，由陽不得真陰以收，則陽氣淫而為熱，陰即不得真陽以化，則陰氣亦淫而為溼。蓋因於收氣之不得其職，而經脈橫解，故痔初起顯燥證，有便澀作痛之證，即漸顯溼證，所云濁氣污血流注肛門，而有腫痛堅塊之證。若然，燥者，病之本。溼者，病之標。而熱則病於標本之中。夫熱之合於燥也為氣傷，熱之合於濕也為血傷。然止病於下血，是腸風，非痔也。痔者，必發癢或痛，穀道周回多生硬核是也。何以故？蓋溼熱多下血，惟溼熱本於燥，故腸頭有堅塊。東垣云：大腸頭成塊者，溼也。詎知其溼合於燥也，其作痛甚者，熱因燥乘，風因熱化，同氣之相乘以化者固烈，而更畜於溼，以不得達，故作大痛也。久之破而為漏者，亦此之由耳。東垣云：大痛者，風也。詎知為溼圉其燥熱也。溼圉其燥熱風之氣，則潰腸以出，此東垣謂宜兼破氣藥，而立齋以過用苦寒為戒也。用寒劑過多，則真陽益病，而溼愈不行。故方書有云：痔初成漸大，而便澀作痛者，宜潤燥及滋陰。嗣如肛門下墜，便血而疼痛堅硬者，宜清火滲溼。或紫色疼痛，大便虛秘作癢，宜涼血祛風，疎利溼熱。又或腫痛堅硬，後重墜刺，便難者，外宜薰洗，內宜宣利。合而粂之，則初起之治，緩而先本也。後此三證，是熱勝則腫痛，溼勝則堅硬下墜，其治皆急而救標也。本標之治，節次不爽，乃免穿腸潰決之患也。此猬皮之用，諸方書於腸痔脈痔，痔證下血，或痛甚者，或由積滯者，如出內痔於外，及追痔瘻膿毒者，無不逐羣劑以奏功。更臟毒下血，久痢脫肛而亦用之矣。毋亦如方書所云茲物屬金，適宜於大腸，而尤宜於大腸所患之痔證歟。是則茲物必水屬，而皮兼得堅金之氣，乃治五痔陰蝕，而和血於大腸，有專功也。希雍謂蝟屬水，其說誠然。然在東垣療治斯證，何以未見錄用也？抑或於燥溼風火之治，惟恃茲物一種，其節次有未能盡合者歟。臨病之工，可以鹵莽行之乎？

希雍曰：凡食其肉，當去骨，誤食令人瘦劣，諸節漸小也。

修治　凡使，豬蹄者良，鼠脚者次。入藥燒灰，或炙黃，或炒黑，或水煮，任入湯丸。

清・朱本中《飲食須知・獸類》　猬肉　味甘，性平。誤食其骨，令人瘦劣，諸節漸小。

清・王翃《握靈本草》卷一〇　刺蝟皮處處田野時有。或燒，或炒用。主治：刺蝟皮，苦，平，無毒。主五痔陰蝕下血，止衄。

清・汪昂《本草備要》卷四　猬皮瀉，涼血。苦，平。治腸風瀉血，五痔燒末，油調敷，水服亦佳。陰腫。脂滴耳中治聾。膽點痘後風眼。似鼠而圓大，褐色，攢毛，外刺如栗房。煅黑存性用。

清・陳士鐸《本草新編》卷五　蝟皮　味苦，氣平，無毒。主五痔血流大腸，理諸疝痛引小腹，治胃逆，塞鼻衄，開胃氣，消痔，腹脹痛可止，陰腫痛能祛，亦備用之物也。

或問：刺蝟，食其肉，當去其骨，誤食之，令人瘦劣，諸節漸小，有之乎？曰：凡骨誤食俱能瘦人，不獨猬骨也。

清・李熙和《醫經允中》卷二一　刺蝟皮　苦，平。治腸風瀉血，五痔漏瘡。

清・馮兆張《馮氏錦囊秘錄・雜症痘疹藥性主治合參》卷九　蝟皮毛類鼠屬水，皮毛戟刺如鍼，屬金。故味苦，平。平即兼辛，大腸屬金，以類相從，故能治大腸濕熱，血熱為病，及五痔陰蝕下血不止也。陰腫痛引腰背，腹痛疝積，皆下焦濕熱，邪氣留結所致。辛以散之，苦以泄之，故主之也。肉味甘平，能開胃氣，故止反胃，亦主痔瘻腸風者，皆去濕和胃之功也。

清・张璐《本經逢原》卷四　蝟皮　苦，平，無毒。細剉炒黑，或酥炙用。《本經》主五痔陰蝕，下血不止，陰腫痛引腰背，酒煮殺之。　發明：　蝟者，胃之獸也。故肉治反胃，胃脘痛最捷。其皮除目中瞖障。《本經》主五痔陰蝕，取其銳利破血也。酒煮治陰腫痛引腰背，取筋脈能收縱也。南方金蠶蠱，用蝟皮為末，酒服探吐之。蝟腦蝟肝治瘰癧狼漏，《千金方》用之。但不可食其骨，令人瘦劣。

清・浦士貞《夕庵讀本草快編》卷六　蝟《本經》、彙　彙字，篆文象其形也。《淮南》云：　蝟使虎申，蛇令豹止。　蝟本鼠類，宜屬水；皮則毛刺如針，故屬金。味苦兼辛，入胃而走大腸也。如五痔陰蝕，下血五痢，赤白污汁，乃濕熱之在大腸也。陰腫痛引腰背，疝積腹痛寒結，亦濕邪之留結下焦也。蓋辛以散之，苦以泄之，無不療爾。寇宗奭云：　蝟皮治翻胃有功，其字從彙從胃，深有理焉。若曰治漏退管，亦取其針銳出之意。

清・張志聰、高世栻《本草崇原》卷中　蝟皮　氣味苦，平，無毒。主治五痔，陰蝕，下血赤白五色，血汁不止，陰腫痛引腰背。　蝟，處處山野中時有，俗名刺鼠。頭嘴足爪俱似鼠，刺毛似豪豬，見人則捲縮，形如芡房及栗房，攢毛外刺，溺之即開。　陶弘景曰：　其脂烊鐵中，入少水銀則柔如鉛錫。　愚按：　猥脂柔鐵，即羚羊角碎金剛石之義。　蝟形同鼠，毛刺若針，乃稟金水所生之獸，故能益腸解毒，清熱平肝。主治五痔，益腸也。治陰蝕，解毒也。治下血赤白五色，血汁不止，清熱也。治陰腫痛引腰背，平肝也。

清・吳儀洛《本草從新》卷六　蝟皮古作彙。俗名刺蝟。　苦，平。治胃逆，宗奭曰：　開胃氣有功，其字從彙從胃，深有理焉。腸風瀉血五痔，燒末，油調敷，水服亦佳。陰腫。煅黑存性。肉，甘，平。理胃氣，治反胃，令人能食，煮汁飲。又主瘻。脂，滴耳中治聾。膽，點痘後風眼。似鼠而圓大，褐色攢毛，外刺如栗房。

清・汪紱《醫林纂要探源》卷三　彙同蝟皮　苦，平。形似鼠，尖首短足，腹下赤如生肉，體則攢毛外刺，見人則卷縮首尾四足於腹下，圓如栗房，大如拳，黄褐色。治腸風痔瘻。或炙研，油調敷，或煎水服。《淮南子》云蝟使虎伸，以其能入虎腹，食其腸胃。當亦能入人腸胃，去其瘀血積熱之毒。且居地下穿穴，搜毒固其能也。　脂：　滴治耳聾，傅治陰腫。皮灰亦治陰腫，大約主治同鼠。　膽：　點痘後風眼。

清・嚴潔等《得配本草》卷九　蝟皮蝟肉、蝟脂、蝟膽　得酒良。畏桔梗、麥門冬。　苦，平。治腸風，療反胃，破畜血，止鼻衄。以末吹鼻。　煅末塗乳頭飲兒，治小兒驚啼，狀如物刺。　配磁石、桂心，治脫肛。和髮炭，治犬傷。合穿山甲同燒，入肉果，治五痔下血。　剉細炒黑用。　蝟肉：　炙食，肥下焦，理胃氣。　蝟脂：　制五金八石。伏雄黄。　滴耳治聾。　蝟膽：　點痘後風眼。

題清・徐大椿《藥性切用》卷八　蝟皮　俗名刺猥蝟。性味苦平。燒灰，治反胃吐逆，五痔瀉血腸風。蝟肉，甘平，理胃氣，治反胃，均燒灰用。蝟脂，滴耳治聾。蝟膽，點痘後風眼。但禽獸之屬，需治所必不得已，至供食品，家畜者甚多，野生者與人無爭，宜切戒之。

清・黄宫繡《本草求真》卷五　刺蝟皮祛腸胃濕熱血瘀。　刺蝟皮耑入腸胃。其皮如刺，因以刺名，其獸屬胃而入胃，因以蝟號。宗奭曰：　蝟皮治胃逆開胃氣有功。其字從彙從胃，深有理焉。　何書載治五痔陰蝕，以其濕熱下注，得此味辛入腸，金屬大腸，故能以破其血耳！　何書又載能治噎膈反胃。《普濟》治反胃，用蝟皮燒灰酒服，或煮汁，或五味淹炙食。　以蝟屬獸，兼味辛苦，故能散邪泄熱，使其胃氣調和而不上逆故耳，但食肉切宜除骨。若誤食則令人瘦劣，（節）〔諸〕節漸小也。似鼠而圓，火褐色，攢毛外刺如栗房，煅黑存性用。

清・章穆《調疾飲食辯》卷五　蝟　《綱目》曰：　《爾雅》曰：　彙，毛刺。俗名刺老鼠。　陶隱居曰：　此物能跳入虎耳，而見鵲即仰腹受啄。《陰符經》曰：　禽之制在氣，不論大小也。《淮南子》曰：　蝟使虎申，蛇令豹止。　皮主五痔及腸風下血。《外臺》方用治猘犬傷，同人髮等分，燒灰，水服。肉宜酒煮。《食療本草》曰：　肥下焦，理胃氣，令人能食。《拾遺》曰：　反胃宜食之，亦主痔血。骨誤食，令人肌肉消削，骨節縮小。膽能止淚。董炳《集驗方》治痘後風熱，兩瞼紅爛，眵淚不止。點入眼甚癢，數次即愈。此方較勝於烏鴉膽也。

清・楊時泰《本草述鉤元》卷三一　蝟　蝟鼠類，屬水，其皮毛戟刺如

針，屬金。見鵲則仰腹受啄，火煉金，其氣相制也。

皮： 氣味苦平，有小毒。主治五痔陰蝕，下血不止，痔痛有頭，多年不瘥，止腸毒下血，療腹痛、疝積，並燒灰，酒服之。止衄，燒灰，綿裹塞鼻。療反胃，燒灰酒服，或煮汁，或五味淹炙，食此物，開胃氣有功，其字從胃，深有理。治胃逆。

論： 猬皮之用，專於大腸，故療痔病為多。夫痔所受病者燥氣，為病者濕氣也。或又曰胃熱也，何以明之？ 蓋陽明燥金，以其陽盛趨陰，而陰氣不能與之合，故為燥。人身身半以下屬地，陰氣主之，或因房勞勞力，虛其腎陰，則燥者益燥，更由胃中酒食積毒，歸於大腸，以乘其陰虛之燥，則燥隨化火以傷血，是謂收氣不得職，致經脈橫解，濁氣汚血流注肛門。其始本燥與熱合也，而熱因與濕合，所謂濕氣者，由陽不得真陰以收，既淫而為熱，即陰不得真陽以化，更淫而為濕，以故痔初起顯燥證有便澁作痛之情，漸顯濕證有腫痛堅塊之患。然則燥者病之本，濕者病之標，而熱則病於標本之中也。夫熱之合於燥也，為氣傷。其合於濕也，為血傷，如腸中止有濕熱，止病於下血而已。惟濕熱本於燥，腸頭斯有堅塊。至於作痛者，熱因燥乘，風因熱化，而更畜於濕以不得達，故大痛也，久之破而為漏，亦此之由耳。濕囿其燥熱風之氣，則潰腸以出，治之宜兼破氣藥，又忌過用苦寒。蓋用寒過劑，則真陽益病，而濕愈不行。方書云痔初成漸大，便澁作痛者，宜潤燥及滋陰。嗣如肛門下墜，便血而疼痛堅硬者，宜清火滲濕。或紫色疼痛，大便虛閉作癢，宜涼血祛風，踈利濕熱。又或腫痛堅硬，後重墜刺，便難者外宜薰洗，內宜宣利。合而參之，初起之治，緩而先本。後此三證，熱勝則腫痛，濕勝則堅硬下墜，皆當急而救標。本標之治，節次不爽，乃免穿腸潰決之患矣。猬皮於諸痔無不逐群劑以奏功。繆氏謂蝟屬水，其皮得堅金之氣，而和血於大腸，故治五痔、陰蝕有專功。

凡食其肉，當去骨，誤食令人瘦劣，諸節漸小仲淳。

辨治： 猪蹄者良，鼠脚者次。取皮入藥，燒灰，或炙黃，或炒黑，或水煮，任入湯丸。

清・趙其光《本草求原》卷二〇獸部 猬皮 為胃獸，類鼠，屬水；皮毛如針，象金。苦，平，無毒。專入大腸燥金以散泄，辛散、苦泄。濕熱活血，故治五痔、陰蝕下血，同山甲灰、豆蔻末，米飲下；或同熟艾燒煙熏之。腸痔有蟲，油和塗。腸風下血，煿焦去皮取刺，同炒黑木賊酒下。蟲毒下血，水服。五色痢，酒服。脫肛，同桂、磁石末，米飲下。鼻衄、瘜肉，俱綿包塞鼻。陰腫痛引腰背，酒煮服。猬能制虎，故去風緩收。腹痛疝積，酒服。反胃，酒調服，或煮汁。眼睫倒刺。猬刺、棗針、白芷、青黛等分，隨左右目嗃鼻，口含冷水。煅存性用。或炙。脂滴耳治聾；肝腦治瘰癧、狼漏； 腦又點痘後風眼。

按： 痔症初起，多屬腎陽虛，不能潤腎竅而大腸燥；加以酒食積毒乘燥化火傷血，則大腸之收氣失職，而濁氣汚血流注肛門而成。是初起皆燥與熱合，宜滋陰潤燥；久之，則熱與濕合，熱勝，則腫痛，宜清火滲濕；濕勝，則堅硬下墜，宜宣利。若疼痛作癢，又宜涼血去風，不得過用苦寒，致陽病不能化陰，而濕益不行；亦不得拒用陽藥傷陰，致陰不收而淫為熱。須因症以為主劑。而此味皆可佐入，以其大腸燥金有專功也。

清・葉志詵《神農本草經贊》卷二 蝟皮 味苦，平。主五痔陰蝕，下血赤白，五色血汁不止。陰腫痛引(要)〔腰〕背，酒煮殺之。生川谷。

豘蹄鼠迹，跧蹜森森。栗菉叢刺，芡裹簇鍼。跳身虎避，仰腹鵲擒。睥睨蒙美，留豹同欽。

陶弘景曰： 猬足似豘蹄者佳，鼠迹次之。李時珍曰： 跧蹜則形如栗房芡房。《埤雅》： 栗有菉，猬自裹。蘇轍詩： 紫苞青刺攢蝟毛。《晉書傳》： 時人語崔洪，叢生棘刺。《酉陽雜俎》： 蠶刺者印上簇鍼。《漢書・傳》： 跳身遯者數矣。《淮南子》： 猬使虎申。蘇恭曰： 惡鵲聲，仰腹受啄。《淮南子》： 天下之美人，若使之蒙猬皮，人莫不睥睨而掩鼻。《五代史・傳》： 王彥章曰： 豹死留皮。

清・文晟《新編六書》卷六《藥性摘錄》 刺蝟皮 辛苦。祛腸胃濕熱血瘀。〇治五痔陰蝕，噎膈反胃。〇去骨，煅黑存性用。

清・張仁錫《藥性蒙求・獸部》 刺蝟皮錢半 刺猬皮苦，胃逆能醫。腸風瀉血，五痔皆宜。苦，平。一名刺猬。開胃氣有功。治痔，燒研末，油調敷，水服亦佳。煅黑，存性用。

清・王孟英《隨息居飲食譜・毛羽類》 猬肉俗名刺鼠。 甘，平。下氣，殺蟲，治反胃、痔漏。按： 食此必去骨淨盡，誤食令人瘦劣。其皮煅，研服，治遺精甚效。

清・陳其瑞《本草撮要》卷八 猬皮 味苦，入手足太陰、陽明經，功專開胃氣。治五痔陰腫，燒灰研細末，陳菜油調塗。治胃逆腸風瀉血，燒灰存

性研末酒沖服。肉治反胃。脂滴耳中，治耳聾。膽點痘後風眼均效。

寓分部

綜述

風狸

明·李時珍《本草綱目》卷五一獸部·獸類　風狸《拾遺》。校正：原附狸下，今分出。

【釋名】風母《綱目》　風生獸同　平猴同　狤𤞑音吉屈。時珍曰：風狸能因風騰越，死則得風復生，而又治風疾，故得風名。狤𤞑言其詰崛也。　【集解】藏器曰：風狸生邕州以南。似兔而短，棲息高樹上，候風而吹至他樹，食果子，其尿如乳，甚難得，人取養之乃可得。時珍曰：今考《十洲記》之風生獸，《〔廣〕〔南〕州異物志》之平猴，《嶺南異物志》之風母，《酉陽雜俎》之狤𤞑，《虞衡志》之風狸，皆一物也。但文有大同小異爾。其獸生嶺南及蜀西徼外山林中，其大如狸如獺，其狀如猿猴而小，其目赤，其尾短如無，其色青黃而黑，其文如豹。或云一身無毛，惟自鼻至尾一道有青毛，廣寸許，長三四分。其尿如乳汁，其性食蜘蛛，亦啖薰陸香，晝則踡伏不動如猬，夜則因風騰躍甚捷，越巖過樹，如鳥飛空中。人網得之，見人則如羞而叩頭乞憐之態。人撾擊之，倏然死矣，以口向風，須臾復活。惟碎其骨、破其腦乃死。一云刀斫不入，火焚不焦，打之如皮囊，雖鐵擊其頭破，得風復起；惟石菖蒲塞其鼻，即死也。一云此獸常持一〔小〕杖，〔遇物則〕指，飛走悉不能去，見人則棄之。人獲得擊打至極，乃指示人。人取以指物，令所欲如意也。二說見《十洲記》及《嶺南志》，未審然否？

腦　【主治】酒浸服，愈風疾時珍。○出《嶺南志》。和菊花服至十斤，可長生《十洲記》。

尿　【主治】諸風藏器。大風疾《虞衡志》。

明·姚可成《食物本草》卷一四獸部·野獸類　風貍生邕州以南。似兔而短，棲息高樹上，候風而吹至他樹，食果子。其尿如乳，甚難得，人取養之，乃可得。○李時珍曰：風貍生嶺南及蜀西徼外山林中。其大如貍如獺，其狀如猿猴而小，其目赤，其尾短如無，其色青黃而黑，其文如豹。或云：一身無毛，惟自鼻至尾一道有青毛，廣寸許，長三四分。其尿如乳汁，其性食蜘蛛，亦啖薰陸香。晝則踡伏不動如蝟，夜則因風騰躍甚捷，越巖過樹，如鳥飛空中。人網得之，見人則如羞而叩頭乞憐之態。人撾擊之，倏然死矣，以口向風，須臾復活。惟碎其骨、破其腦乃死。一云刀斫不入，火焚不焦，打之如皮囊，雖鐵擊其頭破，得風復起，惟石菖蒲塞其鼻即死也。一云此獸常持一杖（指），飛走悉不能去，見人則棄之，人獲得，擊打至極，乃指示人。人取以指物，令所欲如意也。二說見《十洲記》及《嶺南志》，未審然不。

風貍肉：味甘，平，無毒。食之已風。腦：酒浸服，愈風疾。和菊花服至十斤，可長生。尿：亦治諸風。

明·施永圖《本草醫旨·食物類》卷四　風貍生邕州以南。似兔而短，棲息高樹上，候風而吹〔至他樹，食果子〕。腦：治：酒浸服，愈風疾。和菊花服至十斤，可長生。

清·王道純《本草品彙精要續集》卷五　風狸原本注狸內，《綱目》分條。

胎生。

風狸《本草拾遺》：腦，主風疾，酒浸服《嶺南志》。和菊花服至十斤，可長生《十洲記》。○尿，主諸風《本草拾遺》。大風疾《虞衡志》。【名】風母《綱目》、風生獸同上、平猴同上、狤𤞑音吉屈。李時珍云：風狸，能因風騰越，死則得風復生，而又治風疾，故得風名。狤𤞑，言其詰崛也。【地】陳藏器云：出邕州以南。李時珍云：其獸生嶺南及蜀西徼外山林中，故考《十洲記》之風生獸，《廣州異物志》之平猴，《嶺南異物志》之風母，《酉陽雜俎》之狤𤞑，《虞衡志》之風狸，皆一物也。但其文有大同小異爾。【收】其尿甚難得，人取養之乃可得。【用】其腦與尿。【質】陳藏器云：其形似兔而短，棲息高樹上，候風而吹至他樹，食果子。其尿如乳汁，難得。李時珍云：其大如狸、如獺，其狀如猿猴而小，其目赤，其尾短如無，其性食蜘蛛，亦啖薰陸香，晝則倦伏不動如蝟，夜則因風騰躍，甚捷越。越巖過樹，如鳥飛空中。人網得之，見人則如羞而叩頭乞憐之態，人撾擊之，倏然死矣。以口向風，須臾復活，惟碎其骨，破其腦乃死。一云：刀斫不入，火焚不焦，打之如皮囊，雖鐵擊其頭破，得風復起，惟石菖蒲塞其鼻即死也。一云：此獸常持一杖指飛走，悉不能去，見人則棄之，人獲得擊打至極，乃指示人，人取以指物，令所欲如意也。二說見《十洲記》及《嶺南志》，未審然否。【色】其色青黃而黑，其紋如豹。或云一身無毛，惟自鼻至尾一道有青毛，廣寸許，長三四分。

宋・唐慎微《證類本草》卷一八獸部下品　獼猴　味酸，平，無毒。肉，主諸風勞，釀酒彌佳。頭(角)〔骨〕，主瘴瘧。作湯，治小兒則辟驚鬼魅寒熱。手，主小兒驚癇口噤。屎，主蜘蛛咬。肉爲脯，主久瘧。皮，主馬疫氣。此物數種者都名禺屬。取色黃、尾長、面赤者是。人家養者，肉及屎并不主病，爲其食息雜，違其本真也。唐慎微續添。

《聖惠方》：　治鬼瘧，進退不定。用猢猻頭骨一枚，燒灰末。空心溫酒調一錢匕，臨發再服。《抱朴子》云：　獼猴壽八百歲，即變爲猨，猨壽五百歲變爲玃，玃壽一千歲變爲蟾蜍。

元・忽思慧《飲膳正要》卷三　猴　肉，味酸，無毒。主治諸風勞疾。釀酒尤佳。

元・吴瑞《日用本草》卷三　獼猴　味酸，平，無毒。肉主諸風勞，釀酒彌佳。為脯，主久瘧。皮主馬疫氣。糞主蜘蛛咬。頭骨燒，空心酒調，治鬼瘧進退。

明・滕弘《神農本經會通》卷八　獼猴　味酸，氣平，無毒。

《本經》云：　肉，主諸風勞。頭(角)〔骨〕，主瘴瘧。手，主小兒驚癇，口噤。屎，主蜘蛛咬。肉，為脯，主久瘧。皮，主馬疫氣。

明・劉文泰《本草品彙精要》卷二五　獼猴無毒。附肉、頭骨、手、屎、皮。胎生。

獼猴肉：　主諸風勞，釀酒彌佳。○頭骨，主瘴瘧，作湯治小兒則辟驚鬼魅寒熱。○手，主小兒驚癇口噤。○屎，主蜘蛛咬。○肉，爲脯，主久瘧。○皮，主馬疫氣。名醫所録。　【地】《別録》云：　出貴州，諸山林間皆有之。此物有數種，都名禺屬。取色黃、尾長、面赤者佳。若人家養者，肉及屎並不主病，爲其食息雜違其本真故也。《抱朴子》云：　獼猴，壽八百歲即變爲猨，猨壽五百歲變爲玃，玃壽一千歲變爲蟾蜍。　【用】肉、頭骨、手、屎、皮。【色】黃。　【味】酸。　【性】平，收。　【氣】氣之薄者，陽中之陰。　【合治】頭骨一枚，燒灰爲末，空心合溫酒服一錢匕，治鬼瘧，進退不定，臨發再服，瘥。

明・盧和、汪穎《食物本草》卷四獸類　猴　肉，味酸，平，無毒。主諸風勞，釀酒彌佳。乾脯，主久瘧。頭骨，主瘴瘧。手，主小兒驚癇口噤。屎，主蜘蛛咬。皮，主馬疫氣。

明・鄭寧《藥性要略大全》卷一〇　獼猴　味酸，平，無毒。治諸風勞。

明・王文潔《太乙仙製本草藥性大全》卷七《本草精義》　獼猴　舊本不著所出州郡，今各處山林岩谷谿峽中俱有之。此物數種者都名禺屬，取色黃尾長面赤者是。人家養者，肉及屎並不主病，爲其食息雜，違其本真也。

《抱朴子》云：　獼猴壽八百歲即變爲猿，猿壽五百歲變爲玃，玃壽一千歲變爲蟾蜍。

明・王文潔《太乙仙製本草藥性大全》卷七《仙製藥性》　獼猴　味酸，氣平，無毒。　主治　肉：　主諸風勞，釀酒彌佳。　頭(角)〔骨〕：　主瘴瘧尤妙。　頭：　治小兒辟驚，并鬼魅寒熱。　手：　主小兒驚癇口噤。身：　主蜘蛛螫。　肉：　爲脯而主久瘧。　皮：　作褥，主馬疫氣。　補註：　治鬼瘧，進退不定，用猴猻頭骨一枚，燒灰末，空心溫酒調一錢，臨發再服。

明・李時珍《本草綱目》卷五一獸部・寓類怪類　獼猴《證類》

【釋名】沐猴《史記》　爲猴《說文》　胡孫《格古論》　王孫柳文　馬留《倦遊録》　狙時珍曰：　按班固《白虎通》云：　猴，候也。見人設食伏機，則憑高四望，善於候者也。猴好拭面如沐，故謂之沐，而後人訛沐爲母，又訛母爲獼，愈訛愈失矣。《說文》云：　爲字象母猴之形。即沐猴也，非牝也。猴形似胡人，故曰胡孫。《莊子》謂之狙。養馬者廄中畜之，能辟馬病，胡俗稱馬留云。梵書謂之摩斯咤。　【集解】慎微曰：　獼猴有數種，總名禺屬。取色黃、面赤、尾長者。用人家養者不主病，爲其食雜物，違本性也。按《抱朴子》云：　猴八百歲變爲猿，猿五百歲變爲玃，玃千歲變爲蟾蜍。時珍曰：　猴，處處深山有之。狀似人，眼如愁胡，而頰陷有嗛。嗛音歉，藏食處也。腹無脾以行消食，尻無毛而尾短。手足如人，亦能豎行。聲嗝嗝若咳。孕五月而生子，生子多浴於澗。其性躁動害物，畜之者使坐杙上，鞭掊旬月乃馴也。其類有數種：　小而尾短者，猴也；　似猴而多髯者，豦也；　似猴而大者，玃也；　大而尾長赤目者，禺也；　小而尾長仰鼻者，狖也；　似狖而大者，果然也；　似狖而小者，蒙頌也；　似狖而善躍越者，獑猢也；　似猴而長臂者，猿也；　似猿而金尾者，狨也；　似猿而大，能食猿、猴者，獨也。不主病者，並各以類附之。

肉　【氣味】酸，平，無毒。　【主治】諸風勞，釀酒彌佳。　作脯食，治久瘧慎微。　食之，辟瘴疫時珍。

【發明】時珍曰：　《異物志》言：　南方以獼猴頭爲鮓。《臨海志》言粵民喜啖猴頭羹。又巴徼人捕猴，鹽藏，火熏食，云甚美。

頭骨　〔主治〕瘴瘧。作湯，浴小兒驚癇，鬼魅寒熱慎微。

〔附方〕舊一。　鬼瘧：　進退不定。用胡孫頭骨一枚，燒研。空心温酒服一錢，臨發再服。《聖惠方》。

手　〔主治〕小兒驚癇口噤慎微。

屎　〔主治〕塗蜘蛛咬慎微。　小兒臍風撮口，及急驚風，燒末，和生蜜少許灌之時珍。○出《心鑒》及《衛生方》。

皮慎微曰：　治馬疫氣。　時珍曰：　《馬經》言：　馬厩畜母猴，辟馬瘟疫。　逐月有天癸流草上，馬食之，永無疾病矣。

明・穆世錫《食物輯要》卷四　猴　肉，味酸，平，無毒。辟瘴疫、久瘧、風勞。釀酒飲，良。手，治驚癇口噤。

明・吴文炳《藥性全備食物本草》卷二　獼猴肉　味酸，平，無毒。主諸風勞，釀酒彌佳。為脯主久瘧。　頭骨：　燒灰酒下，主瘴瘧鬼瘧不定，作湯辟驚邪鬼魅寒熱。　手：　主小兒驚癇口噤。　屎：　主蜘蛛咬。　皮：　主馬疫氣。人家養者並不主病，為其食雜，違其本真也。

《抱朴子》云：　獼猴壽八百歲即變為猿，猿壽五百歲變為玃，玃壽一千歲變為蟾蜍。

明・應廩《食治廣要》卷六　獼猴即胡孫。　肉：　氣味：　酸，平，無毒。主治：　諸風勞。釀酒彌佳。作脯食，治久瘧瘴疫。

明・姚可成《食物本草》卷一四獸部・猴類　獼猴一名胡孫，一名沐猴，一名馬留，一名狙，梵書名之曰摩斯咤。李時珍曰：　按班固《白虎通》云：　猴者，候也。見人設食伏機，則憑高四望，善於候者也。猴好拭面如沐，故謂之沐。而後人訛沐為母，又訛母為獼，愈訛愈謬矣。猴形似番人，故曰胡孫。《莊子》謂之狙。養馬者厩中畜之，能辟馬病，故又稱馬留云。○唐慎微曰：　獼猴有數種，總名曰禺屬。按《抱朴子》云：　猴八百歲變為猨，猨五百歲變為玃，玃千歲變為蟾蜍。○李時珍曰：　猴，處處深山有之。狀似人，眼如愁胡，而頰陷有嗛，音歉，藏食處也，腹無脾以行消食，尻無毛而尾短。手足如人，兩耳亦酷肖人者，能豎行。聲咯咯若欬，孕五月而生子，生子多浴於澗。其性躁動害物，畜之者使坐杙上，鞭捶旬月乃馴也。其類有數種：　小而尾短者，猴也。似猴而多髯者，豦也。音據，建平山中有之。大如狗，狀如猴，黄黑色，多髯鬣。好奮頭舉石擲人。《西山經》云：　崇吾之山有獸焉，狀如禺而長臂善投，名曰舉父。即此也。似猴而大者，玃也，音却，老猴也。生蜀西徼外山中。似猴而大，色蒼黑，能人行，善攫持人物，又善顧盻，故謂之玃。純牡無牝，故又名玃父。善攝人婦女為偶，生子。又《神異經》云：　西方有獸名𤟹，大如驢，狀如猴，善緣木，純牝無牡，群居要路，執男子合之而孕。此亦玃類，而牝牡相反者。大而尾長，赤目者，禺也。小而尾長，仰鼻者，狖也。似狖而大者，果然也。似狖〔而小〕者，蒙頌也。紫黑色，出交趾，畜以捕鼠，勝〔於貓、狸〕。似狖而善跳躍者，獑猢也。黑身，〔白腰如帶，手〕有〔長毛，白〕色，〔似〕握版之狀。《蜀〔地志〕》云：　獑猢似猴〕而甚捷。在樹上，歘然騰躍如飛也。似猴而長臂者，猨也。善援引，故謂之猨，俗作猿，非。產川、廣深山中，似猴而長大，其臂甚長，能引氣，故多壽。臂骨作笛甚清亮。其色有青、白、玄、黄、緋數種。其性静而仁慈，好食果實。其居多在林木，能越數丈，著地即洩瀉死，惟附子汁飲之可免。其行多群，其鳴善啼，一鳴三聲，淒切入人肝脾。廣人言猨初生毛黑，雄者老則變黄，潰去勢囊，轉雄為雌，與黑者交而孕。數百歲，黄又變白也。似猨而金尾者，狨也。似猨而大，能食猨、猴者，獨也。其性喜獨，一鳴即止，能食猨、猴。故諺曰：　獨一鳴而猨散。獨夫之義，蓋取諸此。或云即黄腰也。又見虎下。

獼猴肉：　味酸，平，無毒。作脯食，治久瘧，辟瘴疫。治諸風勞，釀酒彌佳。○李時珍曰：　《異物志》言南方以獼猴頭為鮓。《臨海志》言粤民喜啖猴頭羹。又巴徼人捕猴，鹽藏火熏食，云甚美。　頭骨：　治瘴瘧。作湯浴，治小兒驚癇，寒熱鬼魅邪氣。　手：　治小兒驚癇口禁。　屎：　塗蜘蛛咬。小兒臍風撮口及急驚風，燒末，和生蜜少許灌之。　皮：　治馬疫氣。《馬經》言馬厩畜猴，辟馬瘟疫。逐月有天癸流草上，馬食之，永無疾病矣。

明・施永圖《本草醫旨・食物類》卷四　獼猴名胡孫。厩中畜之，能辟馬病。　肉：　味酸，平，無毒。治：　諸風勞，釀酒彌佳。作脯食，治久瘧，食之辟瘴疫。　頭骨：　治：　瘴瘧。作湯浴小兒驚癇鬼魅寒熱。　手：　治：　小兒驚癇口禁。　皮：　治：　馬疫氣。

清・穆石匏《本草洞詮》卷一五　猴　猴，候也，見人設食伏機，則憑高四望，善於候者也。猴好拭面如沐，故謂之沐猴。《莊子》謂之狙。腹無脾，以行消食。養馬者厩中畜之，能辟馬疫。牝猴逐月有天癸流草上，馬食之永無疾也。蜀西徼外有玃，似猴而大，純牡無牝，攝人婦女，為偶生子。西方有𤟹，純牝無牡，群居要路，執男子合之而孕。此皆猴類，而牝牡相反也。猴肉，酸，平，無毒。食之辟瘴疫，釀酒治風勞，作脯治久瘧。猴頭骨作湯，浴小兒驚癇鬼魅寒熱。第人家養者，不主病，為其食雜物，違本性也。

清・丁其譽《壽世秘典》卷四　獼猴一名狙，一名胡孫。狀似人而頰陷，有嗛。嗛，音歉，藏食處也。腹無脾以行消食，尻無毛而尾短，手足如人亦能豎行，聲嗝嗝若欬，孕五月而生子，生子多浴于澗，其性躁動害物。畜之者使坐杙上，鞭捶旬月，乃馴也。《馬經》言：　馬厩畜母猴辟馬瘟疫，逐月有天癸流草上，馬食之，永無疾病。其類有數種：　小而尾短者，

猴也；似猴黄黑色而多髯者，豦也；似猴而大，色蒼黑，能人行，善攫持人物，又善顧盻者，玃也；似猴而長大，其臂甚長能引氣，其行多群，其鳴善啼，一鳴三聲，悽切入人肝脾者，猨也，猨善援引故謂之猨，俗作猿；似猨而長尾作金色者，狨也；似猨而大能食猨猴者，獨也；似猨白面黑頰多髯而毛采斑斕，尾長于身，其末有歧，雨則歧以塞鼻者，果然也。羅願云：人捕其一，則舉群啼而相赴，雖殺之不去，謂之果然，以來之可必也。喜群行，老者前，少者後，食相讓，居相愛，生相聚，死相赴，古者畫蜼為宗彝，即此，亦取其孝讓而有智也。按鍾毓《果然賦》云：似猴象猨，黑頰青身，肉非佳品，惟皮可珍。　氣味：酸，平，無毒。治諸風勞，釀酒彌佳，作脯食治久瘧，辟瘴疫《綱目》。

清・何其言《養生食鑒》卷下　猴狀似人，眼如愁胡而平頰，有嗛，能藏食，腹無脾以行消食，尻無毛而尾短。手足如人，亦能豎行，聲嗝嗝若咳。　猴肉：味酸，性平，無毒。治風勞，辟疫瘴，釀酒彌佳，作脯食，治久瘧。　頭骨：作湯浴，治小兒驚癇，鬼魅寒熱。　皮：治馬疫。畜厩中良。

清・王遜《藥性纂要》卷四　獼猴、猢猻　處處山中有之，蜀西尤多。東圃曰：猴結，相傳蜀西多年猴穴中土内得之。產猴時血流地中，結而成塊，治難產者，用二三錢，研碎，酒調服下，易產。

清・汪紱《醫林纂要探源》卷三　猴　甘，酸，溫。形似人而無脾。不忍食之，味亦不美。

清・李文培《食物小錄》卷下　猴　酸，平，無毒。作脯食，治久瘧。

清・趙學敏《本草綱目拾遺》卷九獸部　猴經　入藥名申紅，深山群猴聚處極多，覓者每於草間得之，色紫黑成塊，夾細草屑，云是母猴月水乾血也。廣西者良。　治乾血勞。

清・趙其光《本草求原》卷二〇獸部　猴　肉酸，平，無毒。治風勞、辟疫瘴。作脯，治久瘧，釀酒尤佳。頭骨，煎浴，治小兒驚癇，鬼魅寒熱。皮，治馬疫。張欄中。

凡獸，各有滋補，但多食每生痰火，宜節之。若獸自死者，死而口不閉，或首向北者，帶龍形者，五臟着草自動者，肉墜地不沾塵者，熱血不斷者，犬不食者，脯沾塵漏者，祭肉自動者，曬不燥者，煮不斂水者，落水中浮者，並有毒，能殺人；形異不識者，切宜禁食。

清・文晟《新編六書》卷六《藥性摘錄》　猴　酸，平。治風痰，辟疫瘴，釀酒佳。

清・陸以湉《冷廬醫話・補編》　猴經　藥物中有猴經，乃牝猴天癸，治婦女經閉神效。李心衡《金川鎖記》云：獨松汛之正地溝，山高箐密，巖洞中猨猱充仞，土人攀懸而上，尋取所謂猴經者，赴肆貿易，多至百觔。此可以補諸家本草之闕。

炳章按：猴經一名申紅，《拾遺》云：深山群猴聚處極多，覓者每於草間得之，色紫黑成塊，夾細草屑，云是母猴月水乾血也，產廣西者良，治乾血勞甚效。

狒狒

宋・唐慎微《證類本草》卷一七獸部中品〔唐・陳藏器《本草拾遺》〕　狒狒　亦作𦢊同扶沸反，無毒。飲其血，令人見鬼也。亦堪染緋，髮可爲頭髮。出西南夷。如猴。宋孝建中，獠子以西波尸地，高城郡安西縣主簿韋文禮進雌雄二頭。宋帝曰：吾聞狒狒，能負千鈞，若既力如此，何能致之？彼土人丁鑾進曰：狒狒見人喜笑，則上脣掩其目，人以釘釘著額任其奔馳，候死而取之。髮極長，可爲頭髮，血堪染韡，其毛一似獼猴，人面紅赤色，作人言馬聲，或作鳥字。善知生死。飲其血，使人見鬼。帝聞而欣然命工圖之。亦出《山海經》。《爾雅》云：狒狒如人，被髮迅走，食人。亦曰梟羊，彼俗亦謂之山都。郭景純有讚，文繁不載。脯帶脂者，薄割火上炙熱，於人肉傅癬上，蟲當入脯中，候其少頃揭卻，須臾更三五度，差。

宋・鄭樵《通志》卷七六《昆蟲草木略》　狒狒　《爾雅》云：狒狒如人，被髮迅走，食人。狒，扶味反。梟羊也，俗呼山都。人面長脣，見人則笑，笑則脣蔽其面，左手操管。

明・王文潔《太乙仙製本草藥性大全》卷七《本草精義》　𦢊𦢊　𦢊亦作𩿨同扶沸反。無毒。飲其血令人見鬼也。亦堪染緋，髮可爲頭髮。出西南夷，如猴。宋孝建中，獠子以西波尸地高城郡安西縣主簿韋文札，進雌雄二頭。宋帝曰：吾聞𦢊𦢊能負千鈞，若既力如此，何能致之？彼土人丁鑾進曰：𦢊𦢊見人喜笑，則上脣撩其目，人以釘釘著額，任其奔馳，候死而取之。髮極長可爲頭髮，血堪染靴。其毛一似獼猴，人面紅赤色，作人言馬聲或作鳥字，善知生死，飲其血使人見鬼。帝聞而欣然命工圖之。亦《北山海經》《爾雅》云：狒狒，如人披髮，迅走食人。亦曰梟羊，彼俗亦謂之山都。郭景純有讚文繁不載，脯帶脂者，薄割火上炙熱，於人肉傅癬上，蟲當入脯中，候其少

頃揭却，須臾更差。

明·李時珍《本草綱目》卷五一獸部·寓類怪類　狒狒音費。○《拾遺》。

〔釋名〕𩰠𩰠與狒同。亦作⿱費鳥。　梟羊《山海經》　野人《方輿志》　人熊時珍曰：《爾雅》作狒，《説文》作𩰠，從𦥑，從囟，從内，象形。許慎云：北人呼爲土螻。今人呼爲人熊。按郭璞謂山都即狒狒，稍似差別，抑名同物異歟？　〔集解〕藏器曰：狒狒出西南夷，《爾雅》云：狒狒，如人被髮，迅走食人。《山海經》梟羊人面，長唇黑身，有毛反踵，見人則笑，笑則上唇掩目。郭璞云：交廣及南康郡山中，亦有此物。大者長丈餘，俗呼爲山都。宋(孝)建(武)中，獠人進雌雄二頭。帝問土人丁鑾。鑾曰：其面似人，紅赤色，毛似獮猴，有尾。能人言，如鳥聲。善知生死，力負千鈞。反踵無膝，睡則倚物。獲人則先笑而後食之。獵人因以竹筒貫臂誘之，俟其笑時，抽手以錐釘其唇着額，〔任其奔馳〕，候死而取之。髮極長，可爲頭髮。血堪染靴及緋，飲之使人見鬼也。帝乃命工圖之。時珍曰：按《方輿志》云：狒狒，西蜀及處州山中亦有之，呼爲人熊。人亦食其掌，剥其皮。閩中沙縣幼山有之，長丈餘，逢人則笑，呼爲山大人，或曰野人及山魈也。又鄧(顯)〔德〕明《南康記》云：山都，形如崑崙人，通身生毛。見人輒閉目，開口如笑。好在深澗中翻石，覓蟹食之。珍按：鄧氏所説，與《北山經》之山𤟹、《述異記》之山都、《永嘉記》之山鬼、《神異經》之山𤞟、《玄中記》之山精、《海録碎事》之山丈、《文字指歸》之旱魃、《搜神記》之治鳥，俱相類，乃山怪也。今並附之，以備考證。

肉　〔氣味〕無毒。　〔主治〕作脯，連脂薄割炙熱，貼人癬疥，能引蟲出，頻易取瘥藏器。

明·姚可成《食物本草》卷一四獸部·猴類　狒狒音費。一名⿱費鳥，⿱費鳥狒同。一名梟羊。出西南夷。其形如人，被髮迅走，食人。《山海經》云：梟羊，人面，長唇黑身，有毛反踵，見人則笑，笑則上唇掩目。郭璞云：交廣及南康郡山中，亦有此物。大者長丈餘，俗呼為山都。宋(孝)建(武)中，獠人進雌雄二頭。帝問土人丁鑾。鑾曰：其面似人，紅赤色，毛似獮猴，有尾。能人言，如鳥聲。善知生死，力負千鈞。反踵無膝，睡則倚物。獲人則先笑而後食之。獵人因以竹筒貫臂誘之，候其笑時，抽手以錐釘其唇着額，候死而取之。髮極長，可為頭髮。血堪染靴及緋，飲之使人見鬼也。帝乃命工圖之。《方輿圖志》云：狒狒，西蜀及處州山中有之，呼為人熊。人亦食其掌，剝其皮。閩中沙縣幼山亦有之，長丈餘，逢人則笑，呼為山大人。又《南康記》云：山都，形如崑崙人，通身生毛，見人輒閉目開口如笑，好在深澗中翻石，覓蟹食之。　狒狒肉，味甘，平，無毒。作脯食之，補五臟，不飢，延年。連脂薄割炙熱，貼人癬疥，能引蟲出，頻易取瘥。

明·施永圖《本草醫旨·食物類》卷四　狒狒音費，名人熊。出西南夷。

肉：味：無毒。治：作脯連脂薄割炙熱，貼人癬疥，能引蟲出，頻易取瘥。

豦

宋·鄭樵《通志》卷七六《昆蟲草木略》　豦　《爾雅》曰：豦，迅頭。郭云：今建平山中有豦，大如狗，似獮猴，黄黑色，多髯鬣，好奮迅其頭，能舉石(摘)〔擲〕人，玃類也。豦，音據。

明·李時珍《本草綱目》卷五一獸部·寓類怪類　豦音據。按郭璞云：建平山中有之。大如狗，狀如猴，黄黑色，多髯鬣。好奮頭舉石擲人。《西山經》云：崇吾之山有獸焉，狀如禺而長臂善投，名曰舉父。即此也。

玃

明·李時珍《本草綱目》卷五一獸部·寓類怪類　玃音却。時珍曰：玃，老猴也。生蜀西徼外山中，似猴而大，色蒼黑，能人行。善攫持人物，又善顧盼，故謂之玃。純牡無牝，故又名玃父，亦曰猳玃。善攝人婦女爲偶，生子。又《神異經》云：西方有獸名⿰犭周，大如驢，狀如猴，善緣木。純牝無牡，群居要路，執男子合之而孕。此亦玃類，而牝牡相反者。

獨

明·李時珍《本草綱目》卷五一獸部·寓類怪類　獨時珍曰：獨，似猿而大，其性獨，一鳴即止，能食猿猴。故諺曰獨一鳴而猿散。獨夫蓋取諸此。或云即黄腰也，又見虎下。

狨

宋·唐慎微《證類本草》卷一八獸部下品〔唐·陳藏器《本草拾遺》〕　狨獸　無毒。主五野雞病。取其脂傅瘡，亦食其血肉，亦坐其皮，積久野雞病皆差也。似猴而大，毛長，黄赤色。生山南山谷中。人將其皮作鞍褥。

明·王文潔《太乙仙製本草藥性大全》卷七《仙製藥性》　狨獸　無毒。主五野鷄病，取其脂傅瘡，亦食其血肉，亦坐其皮，積久野鷄病皆差也。似猴而大，毛長黄赤色。生山南山谷中，人將其皮作鞍褥。

明·李時珍《本草綱目》卷五一獸部·寓類怪類　狨戎、松二音。《拾遺》。

〔釋名〕猱難逃切。時珍曰：狨毛柔長如絨，可以藉，可以緝，故謂之狨，而猱字亦從柔也。或云生於西戎，故從戎也。猱古文作夒，象形。今呼長毛狗爲猱，取此象。　〔集解〕藏器曰：狨生山南山谷中，似猴而大，毛長，黄赤色。人將其皮作鞍褥。時珍曰：楊億《談苑》云：狨出川峽深山中。其狀大小類猿，長尾作金色，俗名金綫狨。輕捷善緣木，甚愛其尾。人以藥矢射之，中毒即自嚙其尾也。宋時文武三品以上許用狨座，以其皮爲褥也。

肉及血　〔氣味〕缺。　〔主治〕食之，調五痔病，久坐其皮亦良藏器。

脂　〔主治〕瘡疥，塗之妙同上。

明・穆世錫《食物輯要》卷四　狨　肉，味淡，平，微毒。治五痔漏疾。脂，塗瘡疥風毒，有効。

明・吴文炳《藥性全備食物本草》卷二　狨獸　無毒。主野雞五痔，取其脂傅瘡。亦食其血肉，亦坐其皮，積久野雞痔病皆痊。似猴而大，尾長黄赤色。生山南山谷中，人將其皮作鞍褥。

明・姚可成《食物本草》卷一四獸部・猴類　狨一名猱。生山南山谷中。似猴而大，毛長，黄赤色，人將其皮作鞍褥。楊億《談苑》云：狨出川峽深山中，其狀大小類猨，長尾作金色，輕捷善緣木，甚愛其尾。人以藥矢射之，中毒即自齧其尾也。宋時文武三品以上許用狨座，以其皮為褥也。

狨肉及血：食之，調五痔病。久坐其皮，亦良。　脂：瘡疥塗之，妙。

明・施永圖《本草醫旨・食物類》卷四　狨名猱。生山南山谷中，似猴而大，毛長，黄赤色，人將其皮作鞍褥。　肉及血：治：食之調五痔病，久坐其皮亦良。　脂：治：瘡疥，塗之妙。

清・汪紱《醫林纂要探源》卷三　猱　甘，酸，溫。似猴與犬，能食猴。援木尤捷，長毛仰鼻，雨則以尾塞鼻，倒掛木上。前掌有白毛如印，首色蒼黑，腰以下黄，又能吹尾作角聲，有妖氣。然群居慈孝有義，故先王畫之於宗彝。一名狖。今人或合稱之曰猱狖。狖，音又。

猿

明・李時珍《本草綱目》卷五一獸部・寓類怪類　猿時珍曰：猨善援引，故謂之猨，俗作猿。産川、廣深山中。似猴而長大，其臂甚長，能引氣，故多壽。或言其通臂者，誤矣。臂骨作笛，甚清亮。其色有青、白、玄、黄、緋數種。其性静而仁慈，好食果實。其居多在林木，能越數丈，着地即泄瀉死，惟附子汁飲之可免。其行多群，其雄善啼，一鳴三聲，淒切入人肝脾。范氏《桂海志》云：猿有三種：金絲者，黄色；玉面者，黑色；及身面黑者。或云純黑是牡，金絲是牝，牡能嘯，牝不能也。王濟《日詢記》云：廣人言猿初生毛黑而雄，老則變黄，潰去勢囊，轉雄爲雌，與黑者交而孕。數百歲，黄又白也。時珍按：此説與《列子》貐變化爲猿，《莊子》狙以猿爲雌之言相合，必不妄也。

清・汪紱《醫林纂要探源》卷三　猿　甘，酸，溫。似猴而長臂，或黄或黑，鮮白者。居木上，不落地，飲則相援垂入山澗，迭换而下。

果然

宋・唐慎微《證類本草》卷一八獸部下品〔唐・陳藏器《本草拾遺》〕　果然肉　味鹹，無毒。主瘧瘴，寒熱，煮食之，亦坐其皮爲褥。似猴，人面，毛如蒼鴨肋邊堪作褥。《南州異物志》云：交州有果然獸，其名自呼，如猿，白質黑文，尾長過其頭，鼻孔向天，雨以尾塞鼻孔，毛溫而細。《爾雅》：蜼，仰鼻而長尾。郭注與此相似也。

宋・鄭樵《通志》卷七六《昆蟲草木略》　猨　猱之屬。《爾雅》曰：蒙頌，猱狀。郭云：即蒙貴也，狀如蜼而小，紫黑色，可畜，健捕鼠，勝於猫。九真、日南皆出之。猱亦獮猴之類。又曰：猱，蝯。即猨也。猨善攀援。

蜼　《爾雅》曰：蜼，仰鼻而長尾。狀如獮猴而大，黄黑色，尾長數尺，似獺，尾末有歧，鼻露向上，雨即以尾塞鼻，或以兩指。所在山中有之。

明・盧和、汪穎《食物本草》卷四獸類　果然　肉，味鹹，無毒。主瘴瘧寒熱，煮食之。狨獸，主五野鷄病。狒狒血，飲之可見鬼。三種皆類猴而用稍異，故竝録之。

明・王文潔《太乙仙製本草藥性大全》卷七《本草精義》　果然肉　形似猴，人面，毛如蒼鴨肋邊堪作褥。《南州異物志》云：交州有果然獸，其名自呼，如猿，白質黑文，尾長過其頭，鼻孔向天，雨以尾塞鼻孔，毛溫而細。《爾雅》：蜼，仰鼻而長尾。郭注與此相似也。

明・王文潔《太乙仙製本草藥性大全》卷七《仙製藥性》　果然肉　味鹹，無毒。　主治：治瘧瘴寒熱，煮食之良。其皮爲裀褥，坐之亦效。

明・李時珍《本草綱目》卷五一獸部・寓類怪類　果然《拾遺》

〔釋名〕禺音遇。　狖音又。或作貁、猶。　蜼狖、壘二音。或作猵。　仙猴時珍曰：郭璞云：果然，自呼其名。羅願云：人捕其一，則舉群啼而相赴，雖殺之不去也；謂之果然，以來之可必也。大者爲然，爲禺；小者爲狖，爲蜼。南人名仙猴，俗作猓然。

〔集解〕藏器曰：案《南州異物志》云：交州有果然獸，其名自呼。狀大於猿，其體不過三尺，而尾長過頭。鼻孔向天，雨則掛木上，以尾塞鼻孔。其毛長柔細滑，白質黑文，如蒼鴨脇邊斑毛之狀，集之爲裘褥，甚溫暖。《爾雅》蜼，仰鼻而長尾，即此也。時珍曰：果然，仁獸也。出西南諸山中。居樹上，狀如猿，白面黑頰，多髯而毛采斑斕，尾長於身，其末有歧，雨則以歧塞鼻也。喜群行，老者前，少者後。食相讓，居相愛，生相聚，死相赴。柳子所謂仁讓孝慈者是也。古者畫蜼爲宗彝，亦取其孝讓而有智也。或言猶豫之猶，即狖也。其性多疑，見

人則登樹，上下不一，甚至奔觸，破頭折脛。故人以比心疑不決者，而俗呼騃愚爲痴獶也。

肉 〔氣味〕鹹，平，無毒。 〔主治〕瘧瘴寒熱，同五味煮臛食之，并坐其皮，取效藏器。

〔發明〕時珍曰：案鍾毓《果然賦》云：似猴象猿，黑頰青身。肉非佳品，惟皮可珍。而《呂氏春秋》云：肉之美者，玃猱之炙。亦性各有不同耶。

明·穆世錫《食物輯要》卷四 果然 肉，味鹹，平，無毒。同五味煮食，良。治瘴瘧寒熱。皮，祛瘧。

明·吴文炳《藥性全備食物本草》卷二 果然肉 味鹹，無毒。形似猴，人面，毛如蒼鴨肋邊，堪作褥。《南州異物志》云：交州有果然獸，其名自呼，如猿，白質黑文，尾長過其頭，鼻孔向天，雨以尾塞鼻孔，毛溫而細。治瘴瘧寒熱，煮食之効。

明·姚可成《食物本草》卷一四獸部·猴類 果然一名禺，一名狖，一名蜼。果然，自呼其名。人捕其一，則舉群啼而相赴，雖殺之不去也。謂之果然，以來之可必也。大者為然，為禺； 小者為狖，為蜼。案《南州異物志》云：交州有果然獸，其名自呼，狀大於猨，其體不過三尺，而尾長過頭，鼻孔向天，雨則挂木上，以尾塞鼻孔。其毛長柔細滑，白質黑文，如蒼鴨脇邊斑毛之狀，集之為裘褥，甚溫暖。〇李時珍曰：果然，仁獸也。出西南諸山中。居樹上，狀如猨，白面黑頰，多髯而毛采斑斕。尾長於身，其末有歧，雨則以歧塞鼻也。喜群行，老者前，少者後。食相讓，居相愛，生相聚，死相赴。柳子所謂仁讓孝慈者是也。古者畫蜼為宗彝，亦取其倫理之義也。其性多疑，見人則登樹，上下不一，甚至奔觸，破頭折脛。故人以比心疑不決者，而俗呼騃愚為癡獶也。 果然肉，味〔鹹〕，平，無毒。同五味煮臛食之，治寒熱瘴瘧，併坐其皮，取效。 李時珍曰：案鍾毓《果然賦》云：似猴象猨，黑頰青身，肉非嘉品，惟皮可珍。而《呂氏春秋》云：肉之美者，玃猱之炙。亦性各有不同耶？

獑猢

明·李時珍《本草綱目》卷五一獸部·寓類怪類 獑猢音慚胡。許氏《説文》作斬𪕰，乃蝯蜼之屬。黑身，白腰如帶，手有長毛，白色，似握版之狀。《蜀地志》云：獑猢似猴而甚捷，〔常〕在樹上，欻然騰躍，如飛鳥也。

蒙頌

明·李時珍《本草綱目》卷五一獸部·寓類怪類 蒙頌時珍曰：蒙頌一名蒙貴，乃蜼之又小者也。紫黑色，出交趾，畜以捕鼠，勝於猫、狸。

猩猩

宋·鄭樵《通志》卷七六《昆蟲草木略》 猩猩 《爾雅》云：猩猩，小而好啼。人面豕身，長髮，能言語，好飲酒，醉（到）〔則〕人髠其髮為髮，聲似小兒啼。

明·李時珍《本草綱目》卷五一獸部·寓類怪類 猩猩本作狌。音生。《綱目》。

〔釋名〕時珍曰：猩猩能言而知來，猶惺惺也。 〔集解〕時珍曰：猩猩自《爾雅》《逸周書》以下數十説，今參集之云：出哀牢夷及交趾封溪縣山谷中。狀如狗及獼猴，黄毛如猿，白耳如豕，人面人足，長髮，頭顔端正，聲如兒啼，亦如犬吠，成群伏行。阮汧云：封溪俚人以酒及草屐置道側，猩猩見即呼人祖先姓名，罵之而去。頃復相與嘗酒着屐，因而被擒，檻而養之。將烹則推其肥者，泣而遣之。西胡取其血染毛罽不黯，刺血必箠而問其數，至一斗乃已。又按《禮記》亦云猩猩能言，而郭義恭《廣志》云猩猩不能言，《山海經》云猩猩能知人言，三説不同。大抵猩猩略似人形，如猿類耳。縱使能言，當若鸚鵡之屬，亦未必盡如阮氏所説也。又羅願《爾雅翼》云：古之説猩猩者，如豕、如狗、如猴。今之説猩猩者，與狒狒不相遠。云如婦人被髮袒足，無膝群行，遇人則手掩其形，謂之野人。據羅説則似乎後世所謂野女、野婆者也。豈即一物耶？

肉 〔氣味〕甘、鹹，温，無毒。 〔主治〕食之不眯不飢，令人善走，窮年無厭，可以辟穀時珍。〇出《逸書》《山海經》《水經》。

〔發明〕時珍曰：《逸書》言猩猩肉食之令人不眯。其惺惺可知矣。古人以爲珍味，故《荀子》言猩猩能言笑，二足無毛，而人啜其羹，食其肉。《呂氏春秋》云肉之美者，猩猩之唇，貛貛之炙，是矣。

明·穆世錫《食物輯要》卷四 猩猩 肉，味醎，性溫，無毒。古人以為珍味。食之不（寐）〔眯〕不飢，令人善走。

明·吴文炳《藥性全備食物本草》卷二 猩猩肉： 味鹹，性溫，無毒。古人以為珍味，食之不（寐）〔眯〕不飢，令人善走。血染細絹，鮮紅奪目。

明·應麐《食治廣要》卷六 猩猩 肉： 氣味： 甘、鹹，溫，無毒。食之不眯不飢，令人善走，窮年無厭，可以辟穀。此説出《逸書》《山海經》《水經》。

明·姚可成《食物本草》卷一四獸部·猴類 猩猩李時珍曰：猩猩出哀牢夷及交趾封溪野山谷中。狀如狗及獼猴，黄毛如猨，白耳如豕，人面人足，長髮，頭顔端正。聲如兒啼，亦如犬吠。成隊群行。俚人以酒置道側，更設草屐於旁，猩猩見即呼人祖先姓名

罵之而去。頃復相與嘗酒著屐，因而被擒，檻而養之。將烹則推其肥者，泣而遺之。西胡取其血染毛罽不黯，刺血必箠而問其數，至一斗方已。又《博物志》云：日南有野女，群行覓夫，其狀白色，偏體無衣襦。《齊東野語》云：野婆出南丹州，黃髮椎髻，裸形跣足，儼然若一媪也。群雌無牡。上下山谷如飛猱。自腰已下有皮蓋膝。每遇男子，必負去求合。嘗為健夫所殺死，以手護腰間，剖之得印方寸，瑩若蒼玉，有文類符篆也。案雄鼠卵有文如符篆，治鳥腋下有鏡印，則野婆之印篆非異也。亦當有功用，但人未知耳。猩猩肉，味鹹，溫，無毒。食之不昧不飢，令人善走，窮年無厭，可以辟穀。古人以為珍味，《呂氏春秋》云肉之美者，猩猩之唇，貛貛之炙是矣。

明・施永圖《本草醫旨・食物類》卷四 猩猩出交趾封溪縣山谷中，狀如狗及獼猴，黃毛如猨，白耳如豕，人面人足，長髮，頭顏端正，聲如兒啼。俚人以酒及草屐置道側，猩猩見，嘗酒着屐，因而被擒，檻而養之。將烹刺血，必箠而問其數，至一斗乃已。《禮記》亦云猩猩能言。　肉：　味甘、鹹，溫，無毒。治：　食之不昧不飢，令人善走，窮年無厭，可以辟穀。肉之美者，猩猩之唇，貛貛之炙，是矣。

清・穆石匏《本草洞詮》卷一五 猩猩　能言而知來，猶惺惺也。人面人足，長髮，黃毛白耳，聲如兒啼。封溪俚人以酒及草屐置道側，猩猩見即呼人祖先姓名，罵之而去，頃復相與嘗酒着屐，因而被擒，檻而養之。將烹則推其肥者，泣而遺之。西胡取其血染毛罽不黯，刺血必箠而問其數，至一斗乃已。猩猩肉，甘鹹，溫，無毒。食之可辟穀，令人善走，窮年無厭。《逸書》言：食猩猩肉令人不昧，其惺惺可知。古人以為珍味。《呂氏春秋》云肉之美者，猩猩之唇，貛貛之炙是矣。

清・王道純《本草品彙精要續集》卷五 猩猩本作狌，音生，無毒。

猩猩《本草綱目》：　肉主食之不昧不飢，令人善走，窮年無厭，可以辟穀，出《逸書》《山海經》《水經》。〔名〕李時珍云：　猩猩，能言而知來，猶惺惺也。〔地〕自《爾雅》《逸周書》以下數十說，今參集之。云出哀牢夷及交趾封溪縣山谷中，成群伏行。〔時〕採：　法按阮汧云：　封溪俚人，以酒及草屐置道側，猩猩見即呼人祖先姓名，罵之而去，頃復相與嘗酒著屐，因而被擒，檻而養之。將烹則推其肥者，泣而遺之。西胡取其血染毛罽不黯，刺血必箠而問其數，至一斗乃已。〔用〕肉。按《逸書》云：　猩猩肉，食之令人不昧，其惺惺可知矣。古人以爲珍味，故《荀子》言猩猩能言笑，二足無毛，而人啜其羹食其肉。《呂氏春秋》云：　肉之美者，猩猩之唇，貛貛之炙，爲珍味耳。〔質〕狀如狗及獼猴，人面人足，長髮，頭顏端正，聲如小兒啼，亦如犬吠。又按《禮記》云：　猩猩能言。而郭義恭《廣志》云：　猩猩不能言。《山海經》云：　猩猩能知人言。三說不同。大抵猩猩略似人形，如猿猴類耳。縱使能言，亦若鸚鵡之屬，亦不必擬定三說也。又羅願《爾雅翼》云：　古之說猩猩者，如豕如狗如猴，今之說猩猩者與狒狒不相遠。云如婦人被髮袒足，無膝群行，遇人則手掩其形，謂之野人。據羅說，則似乎後世所謂野女、野婆者也，豈即一物耶。〔色〕《山海經》云：　人面白身，能言語。李時珍云：　黃毛如猿，白耳如豕。〔味〕甘，鹹。〔性〕溫。

清・汪紱《醫林纂要探源》卷三 猩猩　甘，鹹，溫。形似豕而能人言。出交趾，今指為人熊。又傳其嗜酒著屐致被擒。血可染朱，是殆難信。古以其脣列為八珍。未見其有功用。所稱猩猩紅者，則言其血之紅耳。〇又南交有狒狒，長脣反踵，見人則持而笑，笑則脣蔽其目，反被人戮，亦曰人熊。二者每混稱，俱不足據。

清・李文培《食物小錄》卷下 猩猩　甘、鹹，溫，無毒。食之不（寐）〔昧〕不飢，令人善走，窮年無厭，可以辟穀。　脣，味最美，亦為八珍。

清・章穆《調疾飲食辯》卷五 猩猩　古作狌。《綱目》曰：　自《爾雅》《逸周書》而下，說猩猩者數十家，並云能言。《禮記》亦曰能言。《爾雅》曰：　猩猩，小而好啼。郭注亦曰能言。而郭義恭《廣志》云不能言。《山海經》云能識人言。《爾雅翼》曰：　古之說猩猩者，如豕、如狗、如猴。今之說猩猩者，與狒狒不相遠。云如婦人被髮袒足，群行，遇人則以手掩其陰。亦謂之野人。

按：　狒狒食人，猩猩不食人。猩猩出哀牢夷、交趾、封谿諸處。狀如狗及獼猴，耳如豕，人面人足，黃毛長髮。聲如兒啼，亦如犬吠。人以酒及木屐置道側誘之，即呼人祖先姓名而罵。頃復嘗酒着屐，醉中傾跌，因而被擒，檻養之。將烹則推其肥者，泣而遺之。見酒與屐，何以即知主者姓名，且知其祖先，似乎至神至怪。卒以貪酒致敗，所謂猩猩知往而不知來也。又有獸名格，形似猩猩，見人不驚避，常至人家，與人狎處。苟欲害之，纔舉念，即疾走不復來，此則非猩猩所能及矣。血染紅不黯，然必先問其數，許多則多，許少則少。殺時不勝捶掠，許至一斗乃已。蓋嘗思之：　此物遇人能掩其陰，知有禮也；　臨訣而泣，知有義也；　至於見酒與屐，能識主者姓名，且知其祖先，則智在物先也；　死後流血多寡聽其自主，尤怪而又怪也，且許多必多，許少必少，亦不可謂非信

也。又且不為人害，何忍食之。乃以血之有用，肉之適口，卒不免於殺身。悲夫！語云：士不幸而有才，女不幸而有貌。古詩云：翠死因毛貴，龜亡為殼靈。不如無用物，安樂過平生。讀說猩猩書，不禁惘然也。王漁洋之吊淮陰侯曰：到頭鍾室恨功狗。竟何如杜工部之吊王昭君曰：千載琵琶作胡語，分明怨恨曲中論。皆可為猩猩惜也。《呂氏春秋》曰：肉之美者，猩猩之唇，爲八珍味之一。貛貛之炙。《綱目》曰：食之不眛。猩猩猶惺惺也，不愧其名。不飢，令人善走，窮年無厭，可以辟穀。出《逸書》《山海經》《水經》。自猩猩而外，獸之形似人者，《本草綱目》有寓類，言其似人而寄於獸也。《爾雅》於猩猩、猿猱之類，亦曰寓屬。邢疏以為因其寄寓木上，故曰寓。

一曰獮猴，《史記》曰沐猴性好拭面如沐也。《說文》曰：為，猴。為字，篆文象形也。《莊子》曰狙，《格古論》曰胡孫，俗作猢猻，柳文曰王孫，《倦游錄》曰馬留。眼如愁胡，而頰陷有嗛藏食處也，故俗云尖嘴縮腮。尾短無毛，手足如人，聲嗝嗝若欬。《毛詩草蟲經》曰：鳴嗷嗷而悲。性躁動。生相聚，死則群守之，冀其復生。亦知埋葬，埋必露尾，仍守之不去。風過尾搖，以為復生也，急出之，出而又埋，埋而又出，至腐敗乃已。此雖至愚，亦見其情之摯矣。唐紀昭宗有弄猴稱供奉，每朝賀必隨百官行禮。後朱溫篡位，猴於班部中望見，即奮躍上殿擊之，被殺，降賊諸臣愧之。又有翁弄猴乞食於長安市，久之翁死，猴守之不去，人咸義之，為葬其屍乃去。雄者稍大。馴養者知與人合，手爪取物甚捷，而不能解結類也。人以繩對之作結，則駭愕如失魂魄。又最畏蛇。畜馬之家必畜牝猴，云天癸落草上，馬食之無疫。或云馬晝行勞苦，夜倦多眠，血凝聚蹄甲成雞眼，則行步畏疼，不堪馳驟。猴性好動，置廄中擾馬，使不久眠，非取其天癸也。

一種似猴多髯者，為豦。《爾雅》曰迅頭。《山海經》名舉父，郭注曰：大如狗，黃黑色，好奮頭舉石擲人。

一種似猴而大者，為玃。善攝持人物，純牡無牝，故又名玃父，亦曰猳玃獸之牡者為猳。攝人婦女，為偶生子。《山堂肆考》曰：猴至百歲變為玃。誤也。《神異經》云：西方有獸為猧，大如驢，狀如猴，純牝無牡。常俟要路，執男子合之而孕。此亦玃類，而牝牡相反者。

一種大而尾長赤目者，為禺。《爾雅翼》曰：義獸也，人捕其一，則舉群啼而相赴，雖殺之不去。大者名然名禺，小者名犹、名蜼。或作獵，又作狖，又作貁歃。南人名曰仙猴。郭璞曰果然，俗作猓然。出西南山中。居樹上，老者居其巔，少者以次而下。得食傳遞而上，先讓老者，老者食之，以次及少者。若食少則少者不食，不使老者飢也。狀如猨，白面黑頰多髯，而毛彩斑斕，鼻仰向天。尾長於身，末分兩歧，雨則以歧塞鼻，故《爾雅》曰：蜼仰鼻而長尾。其行也，老者前，少者後。食相讓，居相愛，生相聚，死相赴。柳子所謂仁義禮讓孝慈。故古者畫蜼為宗彝也。或言即猶豫之猶，蓋其性多疑，見人則登木，上下不定，故以比心疑不決者。然《爾雅》云：猶，如麂。邢疏曰：玃屬。則猶非蜼可知。

一種名蒙頌，又名蒙貴。《爾雅》曰：猱狀。乃蜼之最小者。出交趾。紫黑色。畜以捕鼠，勝於畜猫。

一種名獑猢，《說文》作⿰鼠斬⿰鼠胡。黑身，白腰如束帶，手有長白毛如執笏。《蜀地志》云：獑猢似猴而最捷，騰越樹枝如飛鳥。

一種似猴而金尾者，名狨，又名猱。《詩》曰：毋教猱升木。古文作夒。《談苑》云：出川、陝山中，名金線狨。輕捷善緣木。甚愛其尾，中射則自嚙壞之。宋時三品以上許用狨座者，此也。

一種似猴而長臂者，為猨，又作猿。出川、廣，有青、白、元、黃、緋數種。或言其兩臂可以相通，故又名通臂猿，誤也。其性靜而仁慈。善行氣導引，故多壽。常居樹上，着地即泄瀉死。其鳴聲淒切，入人肝脾，動人羈旅之思。一鳴三聲，末後一聲尤慘。故杜詩曰：聽猿實下三聲淚。故明人詩曰：巫峽江陵一水分，猿啼兩岸夜成群。遙知月下孤臣淚，纔過三聲不可聞。王詢《手記》曰：廣人言猿初生純雄無雌，毛黑。老則變黃，潰去陰囊，轉雄為雌，與黑者交而孕。數百歲又變白。《綱目》以為與《列子》貐變為猨，《莊子》獱狙以猨為雌之說相合，語當不妄。宋王仁裕畜一猨名野賓，久而作詩放之，末聯曰：三秋果熟松梢健，任抱高枝徹曉吟。後過播塚，遇一猨躍而前迎，呼野賓即嗷應哀鳴不忍去。仁裕作詩傷曰：播塚祠前漢水濱，山猨連臂下嶙峋。漸來仔細覓前客，認得依稀似野賓。目宿久無羈絏夢。林棲猶記稻粱身。數聲腸斷連雲叫，知是難忘舊主人。

一種似猴而大，能食猨猴者，為獨。猨猴見之皆跪，戰栗不敢仰視。獨一一揣摩，擇最肥者，以片石置其頂，即俯伏待啖，不敢動，不敢鳴。其性獨，

他獸不敢與之為伍，又殘賊其同類。獨夫之義，蓋取諸此。

一種似猴而大又似人者，《爾雅》曰狒狒，又作⿱費禺。《說文》曰⿱臼禺。又作禺。《山海經》曰梟羊。《方輿志》曰野人。俗呼人熊。披髮迅走，能食人。宋建武中，獠人進雌雄二頭，人面，紅赤色，有尾，能人言。帝問土人丁鑾，鑾曰：善知生死，力負千鈞。反踵無膝，睡則倚樹。獲人則握其臂，先笑而後食之。上唇甚長，笑則反掩其目。人以竹筒貫臂誘之，俟其笑，抽手以錐釘其唇着額，而後取之。郭贊曰：狒狒怪獸，披髮操竹。獲人則笑，唇蔽其目。終亦號咷，反為我戮。其髮長可為髮。血堪染緋，飲之使人見鬼。

一種名㺇，上黃下黑，食母。

一種似狒狒而性善不食人者，力能伏虎、豹，鳴聲似人言語，然啁哳不可辨。雄曰山丈，好摺扇。雌曰山姑，好花粉。《海錄雜事》亦有山丈、山姑，乃獨足鬼妖物也，與此不同。人遇而餽之。晝則辟除猛獸，導人行；夜則引入巢穴宿，虎狼不敢窺。

至於《述異記》之山都，能變化隱形；《神異經》之山㺐，即山魈，犯之使人發寒熱，惟畏爆竹熇熚聲；《北山經》之山𤟤，見則天下大風；《幽明錄》之木客，能與人交易而不見其形，死亦殯殮。舊云鄱陽山中多木客，或云贛州興國山中亦有，乃秦時造阿房宮，採木之匠與野獸交而孕育者。今吾鄉絕不聞有此。以及《周禮》之良方，《國語》之夔、罔兩，皆怪物也。又如《白澤圖》之彭侯，生於千歲之木，狀如黑狗，食之使人志壯；《江鄰幾雜志》之封，肉似小兒手，無指，身無血，食之使人多力；《山海經》之視肉，狀如牛肝，有兩目，食之不盡，復生如初，尤希奇不經見，雖有功用，難深信也。以上並見《本草綱目》。而微有不同者，則杏雲雜採諸書訂補之也。惟獮猴以下數種，《綱目》並詳其性味。以予論之，猛獸之攻，為其害獸；猛鳥之攻，為其害禽。如㺄也、獨也、㺇也、狒狒也，盡族而殲之，不為忍也。所以聖人仁育萬物而不廢秋官者，殺所當殺也。若乃如果然之仁讓孝慈，山姑、山丈之利濟行旅，通臂猿之毓德潛修，以及擊賊之忠，守屍之義，戀主之忱，人且不能學之，敢殺之食之乎？即如獮猴、蒙頌、獑猢、金尾狨之類，大都與人無害，與世無爭。而猸之與玃，乃至與人相亂，似乎大害於人，而一無雌不以雌獸匹，一無雄不與雄獸偶，必合以人者，誠造物弄奇。自開闢以至於今，未之或改，而其種未絕也。蓋嘗思之，駃騠、駏驉、騊駼、駝駱，以馬、牛、驢雜合之種，且不能滋息，況獸與人合，反可以長存，理誠難測，故云造物弄奇。且也犬戎見諸《周紀》，廩君載在《漢書》，今西藏之中有馬哈沁，荒彝而外有垂尾之民，其先皆獸種也。夫又安知千百年後，此等似人之形、過人之德之獸，不胥人於人類乎？獵而食之，惡乎其可。語云：夫束草象人以葬，仲尼且謂其無後，況生而肖人形、具人性者乎？善獵者必不善終。《莊子》云：有機心者必有機事。舉凡鳥、獸、蟲、魚，何物不知貪生，何物可以輕殺，是又不論似人與否也。或曰蒐苗獮狩，聖世之經，何乃以獵為大戒？不知四時之狩，所以講武，非為從禽。故寧範我馳驅，不憂終日不獲。且深林大藪，醜類必多，慮其為害於人物，驅而殺之，是即秋官冥氏、翨氏之遺意焉，不可援以為例也。

吾鄉有善火鎗者，百發百中。年五十餘，病譫語，自云：有千百鳥啄其頭目、胸背，又有千百獸嚙其脛股、陰囊。呼號痛楚，晝夜不休，至十餘日，九竅流血而死。

鄰邑萬年王姓者，善火鎗，無虛發。一日攜鎗擊飛鳥，鎗喑不鳴，火繩亦滅。遙見隔隴有人工作，就與語，倚鎗於肩，鎗忽轟然一發，鉛子從右耳根入左腦角出，入處孔僅如錐，出處擊去腦骨一片，大如盞。其人倒地，爬搔泥土至成坑坎，手爪爬至見骨，墮落數枚，亦不自知。血流斗許，閱數十刻乃死。鎗子中人，如遇霹靂，聲發即死，不能移一步，不能出一聲。此獨可延數十刻之久者，蓋其生平快意於鉛子者甚多，鬼神故遲其死，使備嘗此中之況味也。

數十年前，有善設機械獲禽獸者。一日見墓間有獸穴，設套筒於穴口。初更往視，套筒已發，被野獸拖入穴內，乃臥地入手牽之。不意穴內有人執其手向內曳，手冷如冰，其人急向外曳，極力不能出，同伴者助之始出。燭之，自指至臂黑如煙煤，一臂遂庭。久之雙臂俱廢，終身不復能設機械矣。三十年前，郡城石灰巷墻圮數丈，壓死五人。其三人不知誰何，二人者予所素識，蓋善設機械獲鳥獸之人也。此墻亦天之機械也，彼適遇之。漆園之戒，信矣夫。

清・田綿淮《本草省常・禽獸類》 猩唇　性溫。益氣力，令人不飢不昧。

野女

明・李時珍《本草綱目》卷五一獸部・寓類怪類　野女唐蒙《博物志》云：

日南有野女，群行不見夫。其狀白色，偏體無衣襦。周密《齊東野語》云：野婆出南丹州，黄髮椎髻，裸形跣足，儼然若一嫗也。群雌無牡。上下山谷如飛猱。自腰已下有皮蓋膝，每遇男子必負去求合。嘗爲健夫所殺，〔至〕死以手護腰間。剖之得印方寸，瑩若蒼玉，有文類符篆也。時珍曰：合此二説與前阮氏、羅氏之説觀之，則野女似即猩猩矣。又雄鼠卵有文如符篆，治鳥腋下有鏡印，則野婆之印篆非異也。亦當有功用，但人未知耳。

木客

明・李時珍《本草綱目》卷五一獸部・寓類怪類　木客又曰：《幽明録》云：生南方山中。頭面語言不全異人，但手脚爪如鈎利。居絶巖間，死亦殯殮。能與人交易，而不見其形也。今南方有鬼市，亦類此。又有木客鳥，見禽部。

山都

明・李時珍《本草綱目》卷五一獸部・寓類怪類　山都時珍曰：任昉《述異記》云：南康有神曰山都。形如人，長二(丈)〔尺〕餘，黑色，赤目黄髮。深山樹中作窠，狀如鳥卵，高三尺餘，内甚光彩，體質輕虚，以鳥毛爲褥，二枚相連，上雄下雌。能變化隱形，罕睹其狀，若木客、山𤢺之類也。

山㺔

明・李時珍《本草綱目》卷五一獸部・寓類怪類　山㺔時珍曰：《北山經》云：山㺔狀如犬而人面，善投，見人則笑，其行如風，見則天下大風。

山𤢺

明・李時珍《本草綱目》卷五一獸部・寓類怪類　山𤢺又曰：東方朔《神異經》云：西方深山有人，長丈餘，袒身，捕蝦、蟹，就人火炙食之。名曰山𤢺，其名自呼。人犯之則發寒熱。蓋鬼魅耳，所在亦有之。惟畏爆竹煏熚聲。劉義慶《幽明録》云：東昌縣山巖間有物如人，長四五尺，裸身被髮，髮長五六寸，能作呼嘯聲，不見其形。每從澗中發石取蝦、蟹，就火炙食。《永嘉記》云：安國縣有山鬼，形如人面，一脚，僅長一尺許。好盗伐木人鹽，炙石蟹食。人不敢犯之，能令人病及焚居也。《玄中記》云：山精如人，一足，長三四尺。食山蟹，夜出晝伏。千歲蟾蜍能食之。《抱朴子》云：山精形如小兒，獨足向後。夜喜犯人，其名曰魈，呼其名則不能犯人。《白澤圖》云：山之精，狀如鼓，色赤，一足，名曰夔，亦曰揮文，呼之可使取虎豹。《海録碎事》云：嶺南有物，一足反踵，手足皆三指。雄曰山丈，雌曰山姑，能夜叩人門求物也。《神異經》云：南方有魃，一名旱母，長二三尺，裸形，目在頂上，行走如風。見則大旱，遇者得之投溷中，則旱除。《文字指歸》云：旱魃，山鬼也。所居之處天不雨。女魃入人家，能竊物以出；男魃入人家，能竊物以歸。時珍謹按：諸説雖少有參差，大抵俱是怪類，今俗所謂獨脚鬼者是也。邇來處處有之。能隱形入人家淫亂，致人成疾，放火竊物，大爲家害。法術不能驅，醫藥不能治，呼爲五通、七郎諸神而祀之，蓋未知其原如此。故備載之，非但博聞而已。其曰呼其名則無害，千歲蟾蜍能食之者，非治法歟？引申觸類，必有能制之者。又有治鳥，亦此類，見禽部。精怪之屬甚伙，皆爲人害。惟《白澤圖》《玄中記》《抱朴子》《酉陽雜俎》諸書載之頗悉，起居者亦不可不知。然正人君子，則德可勝妖，自不敢近也。

罔兩

明・李時珍《本草綱目》卷五一獸部・寓類怪類　罔兩《綱目》

〔集解〕時珍曰：罔兩一作魍魎。又作方良，《周禮》方相氏執戈入壙，以驅方良，是矣。罔兩好食亡者肝，故驅之。其性畏虎、柏，故墓上樹石虎，植柏。《國語》云：木石之怪，夔、罔兩。水石之怪，龍、罔象。即此。《述異記》云：秦時陳倉人獵得獸，若彘若羊。逢二童子曰：此名弗述，又名𧌒，在地下食死人腦。但以柏插其首則死。此即罔兩也。雖於藥石無與，而於死人有關，故録之。其方相有四目，若二目者爲魌，皆鬼物也，古人設人像之。昔費長房識李娥藥丸用方相腦，則其物亦入辟邪方藥，而法失傳矣。

清・王道純《本草品彙精要續集》卷五　罔兩

罔兩《本草綱目》。〔名〕魍魎、方良、夔罔兩、龍罔象、弗述、𧌒。李時珍云：罔兩，一作魍魎，又作方良。《周禮》方相氏執戈入壙，以驅方良。罔兩好食亡者肝，故驅之。〔忌〕其性畏虎、柏，故墓上樹石虎植柏。《國語》云：木石之怪夔罔兩，水石之怪龍，罔象即此。《述異記》云：秦時陳倉人獵得獸若彘、若羊，逢二童子曰此名弗述，又名𧌒，在地下食死人腦，但以柏插其首則死，此即罔兩也。雖於藥石無與，而於死人有關，故錄之。其方相有四目，若二目者，爲魅，皆鬼物也，故人設人像之。〔解〕昔費長房識李娥藥用方相腦，則其物亦入辟邪方藥，而法失傳矣。

人部

題解

明・皇甫嵩《本草發明》卷六　人部凡草木、穀菓、金石，皆民生所需以養命，故列之人部之前。人靈于動物，故冠諸禽獸昆蟲之首。

明・李時珍《本草綱目》卷五二人部　李時珍曰：《神農本草》人物惟髮髲一種，所以别人於物也。後世方伎之士，至於骨、肉、膽、血，咸稱爲藥，

甚哉不仁也。今於此部凡經人用者，皆不可遺。惟無害於義者，則詳述之。其慘忍邪穢者則略之，仍辟斷於各條之下。通計三十(五)〔七〕種，不復分類。舊本二十五種。今移五種入服器部，自玉石部移入一種。

論說

清・汪紱《醫林纂要探源》卷三　人部　人而列於藥，不可言也，然有不能廢者。擇其無害於義者載之。至於人胎、孩兒骨、天靈蓋及紅鉛之類，則概置不錄。

清・陸以湉《冷廬醫話》卷五　藥品　繆仲淳《廣筆記》：方藥有用紫河車、胎元、孩兒骨、化屍場燒過人骨等，其為《本草註疏》復備言天靈蓋、人胞、初生臍帶之功效，未免有傷陰德。不若《本草綱目》之於人骨、人胞、天靈蓋深以殘忍為戒，然臚列氣味主治及方，似當概從刪削，詳述用之者有損而無益，庶幾為仁人之言乎？

清・龍之章《蠢子醫》卷二　人身之藥，勝似草頭萬倍。夏秋噦嘔死為鄰，婦人惡布最出神。惡布為水吞滑石，一吞二吞便回春。平地人參最難尋，其實皆在女人身。女人身上混沌皮，即紫河車。小兒落下等灰泥。如能為藥以濟人，便是當面遇軒岐。更有女子身上血，起死回生不用說。得了此水以煎藥，即是靈山白玉屑。

綜述

髮髲

宋・唐慎微《證類本草》卷一五人部〔《本經》・《別錄》〕　**髮髲**音被。**味苦，溫**、小寒，無毒。**主五癃關格不通，利小便水道，療小兒癇，大人痓，仍自還神化。**合雞子黃煎之，消爲水，療小兒驚熱。

〔梁・陶弘景《本草經集注》〕云：李云：是童男髮。神化之事，未見別方。今俗中嫗母，爲小兒作雞子煎，用髮雜熬，良久得汁與兒服，去痰熱，療百病。而用髮皆取其父梳頭亂者爾。不知此髮髲，審是何物？且髲字書記所無，或作蒜音，人今呼斑髮爲蒜髮，書家亦呼亂髮爲鬈，恐髲即舜音也。童男之理，未或全明。

〔唐・蘇敬《唐本草》〕注云：此髮髲根也，年久者用之神效。即髮字誤矣。既有亂髮及頭垢，則髲髮明矣。又頭垢功劣於髮髲，猶去病用陳久者梳及船茹、敗天翁、蒲席皆此例。甄立言作鬆，音總。鬆，亦髮也，字書無髲字，但有髮鬈。鬈，髮美貌，作丘權音，有聲無質，則髲爲真者也。

〔宋・掌禹錫《嘉祐本草》〕按：《蜀本》云：《本經》云：仍自還神化。李云：神化之事，未見別方。按《異苑》云：人髮變爲鱓魚。神化之異，應此者也。日華子云：髲，溫。止血悶血運，金瘡傷風，血痢，入藥燒灰，勿令絕過。煎膏，長肉消瘀血也。

〔宋・唐慎微《證類本草》〕陳藏器云：生人髮掛菓樹上，烏鳥不敢來食其實。又人逃走，取其髮於緯車上卻轉之，則迷亂不知所適矣。雷公云：凡使之，是男子年可二十已來，無疾患，顏貌紅白，於頂心剪下者髮是。凡於丸散膏中，先用苦參水浸一宿，漉出入瓶子，以火煅之令通赤，放冷研用。《肘後方》：治石淋。燒灰水服之，良。《傷寒類要》：治黃。取燒灰，水服一寸匕，日三。

宋・寇宗奭《本草衍義》卷一六　髮髲　與亂髮自是兩等。髮髲味苦，即陳舊經年歲者。如橘皮皆橘也，而取其陳者。狼毒、麻黃、吳茱萸、半夏、枳實之類，皆須陳者，謂之六陳，入藥更良。敗蒲亦然，此用髮之義耳。今人又謂之頭髮。其亂髮條中，自無用髮之義，此二義甚明，亦不必如此過謂搜索。右以亂髮如雞子大，無油器中熬焦黑，就研爲末，以好酒一盞沃之，何首烏末二錢同勻攪，候溫灌之，下嚥過一二刻再灌，治破傷風及沐髮中風，極效。

宋・陳衍《寶慶本草折衷》卷一四　髮髲音被。灰在內。一名頭髮。味苦，溫，無毒。○主五癃，關格不通，利小便水道，療小兒癇，大人痓。○日華子云：止血悶、血運、金瘡，傷風，血痢，入藥燒灰，勿令過。煎膏長肉，消瘀血。○寇氏曰：即陳舊經年歲者，如橘皮、半夏之類，皆須陳者更良。

元・尚從善《本草元命苞》卷七　髮髲　為使。髲，音被。苦，溫，無毒。主血悶血運，金瘡。療血痢血淋，鼻衄。治五淋關格不通，醫小兒驚風癇痓。大人黃疸，水調。小子驚啼，酒灌。鼻衄眩暈，吹鼻。便溺不通，水飲。凡此服食，燒灰。可用年久，如神。童男者妙。亂髮，微溫，為使。能醫欬嗽，五

淋，療轉胞，小便不通，消瘀血，赤白瀉痢。熬膏貼瘡腫毒，燒灰止漏崩血。

明・王綸《本草集要》卷六 髮髲 味苦，氣溫。又云：有小寒，無毒。主五癃關格不通，利小便水道。療小兒癇，大人痓，仍自還神化。合雞子黄煎之，化為水，療小兒驚熱，及熱瘡。〇亂髮，微溫。補陰之功甚捷。主咳嗽，五淋，大小便不通，小兒驚癇，鵞口瘡，豌豆瘡。鼻衄欲死，燒之，研末，調方寸匕；又吹內立已。止血悶血暈，金瘡，傷風血痢，燒灰，勿令絕過。煎膏，長肉，消瘀血。破傷風及沐髮中風，取如雞子大，無油器中熬焦黑，研為末，以好酒一盞，沃之，入何首烏末二錢，和勻，候温灌之，過一二刻又灌，極效。食中誤吞髮繞喉。取己頭髮，燒作灰，水調服一錢。

明・劉文泰《本草品彙精要》卷二二 髮髲無毒

髮髲：音被。出《神農本經》。**主五癃，關格不通，利小便水道。療小兒癇，大人痓，仍自還神化。**以上朱字《神農本經》。合雞子黄煎之，消爲水，療小兒驚熱。以上黑字名醫所錄。陶隱居云：李云：是童男髮，神化之事，未見別方。今俗用髮，皆取其父梳頭亂者爾。不知此髮髲審是何物。且髲字書記所無，或作蒜。今人呼斑髮爲蒜髮。《衍義》曰：髮髲與亂髮自是兩等，髮髲味苦，即陳舊經年歲者。如橘皮皆橘也，而取其陳者。狼毒、麻黄、吳茱萸、半夏、枳實之類，皆須陳者，謂之六陳，入藥更良，敗蒲亦然，此用髮之義耳。今人又謂之頭髮，其亂髮條中自無用髮之義。此二義甚明，小不必如此過爲搜索。謹按：已上三説不同，及無義據，今揆之則不然。考《鄘風》偕老之詩曰：鬒音軫髮如雲不肖髢音替也。髢，髮髢也。人少髮則以髢益之，髮自美則不潔於髢而用之也。觀此，實今之束以飾髮者，俗云頭髮是矣。

〖色〗黑。〖味〗苦。〖性〗溫，又云：小寒。〖氣〗氣之薄者，陽中之陰。〖臭〗臭。〖主〗止血悶。〖製〗凡用，以苦參水浸一宿，漉出，入瓶子，以火煅之，令通赤，放冷，研用。〖治〗療：日華子云：燒灰，止血運，金瘡，傷風，血痢。〇煎膏，長肉，消瘀血。《別錄》云：治石淋，傷寒，發黄，俱燒灰，水服一寸匕，日三，胎衣不出，含口中，立下。

明・陳嘉謨《本草蒙筌》卷一二 髮髲 味苦，氣溫、小寒。無毒。髮及髮根，用宜陳久。燒灰存性，入劑湯調。一名血餘，補陰甚捷。口吐血、鼻流血、血悶、血暈、血痢、血淋，服之即止；鵞口瘡、豌豆瘡、傷風、風痓、驚熱、驚癇，得此易痊。通關格五癃，利小便水道。〇初剃胎髮，血之嫩苗。老景得之，甚補衰涸。亂髮常人落者，色黑潤澤為良。燒製同前，血證亦用。止赤白痢，通大小便。或誤吞髮繞喉，取自己髮灰，〔水〕調送下；儻破傷風入腦，加何首烏末，酒沃灌甦。又和諸藥熬膏，可貼癰疽消腫。篦下頭垢，名百齒霜。為丸治淋閉不通，及傷寒勞復；調膏療吞嚥酸水，併百魅鬼邪。竹木刺在肉中，津和塗即出；飛絲眼點兩眦立効。卒中酒毒蕈毒，酒化服漸安。乳癰初起，酒服亦効。

剪髭鬚燒灰，敷癰瘡亦愈。〇男陰毛若含口嚥汁，蛇蛟毒不入腹傷人。

明・方穀《本草纂要》卷八 血餘 味苦，氣微溫，無毒。主行積滯之氣，和瘀結之血，解癰腫之毒，破留聚之核。又云拔毒去腐，非此不可生肌長肉；非此莫痊血中之痛，能行血而止痛；氣閉之腫能散腫而破氣，此氣血中之美藥也。吾見膏藥之內，隨油熬化而治瘡腫癰疽，拔毒生肌之要藥。散藥之中，燒灰存性而治諸痛淋閉、癥瘕積聚之美劑。大抵此劑原從氣血所化之物，今則氣血有以積滯而不行者，將已化之物而化初結之氣，則血隨氣行，而氣因血散者也。《本經》用血餘，即梳下之敗髮也，不若用小兒剃下之短髮亦通，若得小兒胎髮入藥甚美，但不能有多也。

明・王文潔《太乙仙製本草藥性大全》卷五《本草精義》 髮髲 即髮髲根，一名血餘，與亂髮自是兩等。髮髲味苦，即陳舊經年者。用宜陳久，燒灰存性入劑湯，調補陰甚捷，古方療百病。而用髮皆取其父梳頭亂者爾，不知此髮髲審是何物，且髲字書記所無，或作蒜音，人今呼斑髮爲蒜髮，書家亦呼亂髮爲鬈，恐髲即舜音也。童男之理，未或全明。《唐本》注云：此髮髲根也，年久者用之神效，即髲字誤矣。既有亂髮及頭垢，則鬮髮明矣！

明・王文潔《太乙仙製本草藥性大全》卷五《仙製藥性》 髮髲 味苦，氣溫、小寒，無毒。主治：口吐血，鼻流血，血悶，血暈，血痢，血淋服之即止。鵞口瘡，豌豆瘡，傷風，風痓，驚熱，驚癇得此易痊。通關格五癃，利小便水道。補註：石淋，燒灰水服良。〇患黄，用燒灰水服一寸〔匕〕，日三服良。〇破傷風及沐髮中風，以亂髮似雞子大，無油器中熬焦黑就研爲末，以好酒一盞沃之，何首烏末二錢，同勻攪，候溫灌之下咽，過一二刻再灌。〇嫗爲小兒作雞子煎，用髮雜熬良久，得汁與兒服，化痰熱。太乙曰：凡使之是男子年可二十已來，無疾患，顏貌紅白，於頂心剪下者髮是。凡於丸散膏中，先用苦參水浸一宿，漉出，入瓶子以炙煅之令通赤，放冷研細用之。

明・皇甫嵩《本草發明》卷六　髮髲氣溫，小寒，味苦，無毒。　發明曰：　人髮，乃血之餘，而補陰之功最捷。此髮髲，《本草》主五癃關格不通，利小便水道，療小兒癇，大人痓，仍自還神化。又止血吐衄血，血悶血暈，血淋血痢，金瘡。此髮根之陳久者，燒灰存性，勿令過絕，入劑湯調。雷公云：　男子二十以上，無疾患，顏色紅白者，于頂心中剪下為良。○令雞子黃煎之，消為水，療小兒驚熱。

明・李時珍《本草綱目》卷五二人部　髮髲音被。○《本經》

〔釋名〕鬄音總。甄權。　髮髢音剃。亦作鬄。李當之曰：　髮髲是童男髮。弘景曰：　不知髮髲審是何物。髲字書記所無。或作蒜音，今人呼斑髮爲蒜髮，書家亦呼亂髮爲鬈，恐即鬈也。童男之理，或未全明。恭曰：　此髮髲根也，年久者用之神效。字書無髲字，即髮字誤矣。既有亂髮，則髮髲去病。用陳久者，如船茹、敗天翁、蒲席，皆此例也。甄立言《本草》作鬄，鬄亦髮也。鬈乃髮美貌，有聲無質，陶說非矣。宗奭曰：　髮髲、亂髮，自是兩等。髮髲味苦，即陳舊經年歲者，如橘皮、半夏取陳者入藥更良之義。今人謂之頭（髲）〔髮〕。其亂髮條中自無用髮之義，二義甚明，不必過搜索也。時珍曰：　髮髲，乃剪髢下髮也；　亂髮，乃梳櫛下髮也。按許慎《說文》云：　大人曰髡，小兒曰鬀。顧野王《玉篇》云：　髲，鬄也。鬄，髮髲也。二說甚明。古者刑人鬄髮，婦人以之被髻，故謂之髮髲。《周禮》云王后大人之服，有以髮髢爲首飾者是矣。又《詩》云：　鬒髮如雲，不屑髢也。甄權所謂髮鬄，雷斆所謂二十男子頂心剪下髮者，得之矣。李當之以爲童男髮，陶弘景以爲鬈髮，蘇恭以爲髮根，宗奭以爲陳髮者，並誤矣。且顧野王在蘇恭之前，恭不知《玉篇》有髲字，亦欠考矣。毛萇《詩傳》云：　被之僮僮。被，首飾也。編髮爲之，即此髮也。　〔修治〕斆曰：　髮髲，是男子年二十已來，無疾患，顏貌紅白，於頂心剪下者。入丸藥膏中用，先以苦參水浸一宿，漉出入瓶子，以火煅赤，放冷研用。時珍曰：　今人以皂莢水洗凈，曬乾，入罐固濟，煅存性用，亦良。

〔氣味〕苦，温，無毒。《別録》：　小寒。　〔主治〕五癃關格不通，利小便水道，療小兒驚、大人痓，仍自還神化《本經》。合鷄子黃煎之，消爲水，療小兒驚熱百病《別録》。止血悶血運，金瘡傷風，血痢，入藥燒存性。用煎膏，長肉消瘀血大明。

〔發明〕韓保昇曰：　《本經》云：　自還神化。李當之云：　神化之事，未見別方。按《異苑》云：　人髮變爲鱔魚。神化之異，應此者也。又藏器曰：　生人髮掛果樹上，烏鳥不敢來食其實。又人逃走，取其髮於緯車上却轉之，則迷亂不知所適。此皆神化。時珍曰：　髮者血之餘。埋之土中，千年不朽，煎之至枯，復有液出。誤食入腹，變爲癥蟲；　煅治服餌，令髮不白。此正神化之應驗也。

〔附方〕舊二，新四。　石淋痛澀：　髮髲燒存性，研末。每服用一錢，井水服之。《肘後方》。　傷寒黃病：　髮髲燒研，水服一寸匕，日三。《傷寒類要》。　胎衣不下：　亂髮、頭髮擦結口中。《〔孫〕真人方》。　小兒客忤：　因見生人所致。取來人顖上髮十莖，斷兒衣帶少許，合燒研末。和乳飲兒，即愈。《千金方》。　急肚疼病：　用本人頭髮三十根，燒過酒服。即以水調芥子末，封在臍內，大汗如雨，即安。《談埜翁方》。　瘭疽惡瘡：　生髮灰，米湯服二錢。外以生髮灰三分，皂莢刺灰二分，白及一分，爲末。乾摻，或以猪膽汁調。《直指方》。

明・李中立《本草原始》卷一二　髮髲　李時珍曰：　髮髲，乃翦髢下髮也；　亂髮，乃梳櫛下髮也。按許慎《說文》云：　大人曰髡，小兒曰鬀。顧野王《玉篇》云：　髲，鬄也；　鬄，髮髲也。二說甚明。古者刑人鬄髮，婦人以之被髻，故謂之髮髲。《周禮》云王后大人之服，有以髮髢為首飾者是矣。又《詩》云：　鬒髮如雲，不屑髢也。甄權曰髮鬄，雷斆所謂二十男子頂心翦下髮者，得之矣。毛萇《詩傳》云：　被之僮僮。被，首飾也。編髮為之，即此髮也。《釋名》曰：　髲，拔也，拔擢而出也。髲，被也，髮少者得以被助其髮也。

髮髲：　氣味：　苦，溫，無毒。　主治：　五癃關格不通，利小便水道，療小兒驚，大人痓，仍自還神化。○合雞子黃煎之，消為水。療小兒驚熱百病。○止血悶血運，金瘡傷風，血痢。入藥燒存性。用煎膏，長肉，消瘀血。

亂髮：　一名血餘，一名人退。　氣味：　苦，微溫，無毒。　主治：　欬嗽，五淋，大小便不通，小兒驚癇，止血。鼻衄，燒灰吹之立已。○燒灰，療轉胞，小便不通，赤白痢，哽噎，癰腫，狐尿刺，尸疰，疔腫骨疽，并雜瘡。○消瘀血，補陰甚捷。

修治：　斆曰：　髮髲是男子年二十已來，無疾患，顏貌紅白，于頂心翦下者。入丸藥膏中用，先以苦參水浸一宿，漉出，入瓶子，以火煅赤，放冷研用。今人以皂角水洗淨，入礶煅存性用亦良。

韓保昇曰：　《本經》云自還神化。李當之云：　神化之事，未見別方。按《異苑》云：　人髮變為鱓魚。神化之異，應此者也。又陳藏器曰：　生人髮掛果樹上，烏鳥不敢來食其實。又人逃走，取其髮于緯車上却轉之，則迷亂不知所適，此皆神化。　李時珍曰：　髮者，血之餘。埋之土中，千年不朽。煎之至枯，復有液出。誤食入腹，變為癥蟲。煅治服餌，令髮不白。此正神化之驗也。

明・張懋辰《本草便》卷二　髮髲　味苦，氣溫，無毒。又云有小毒。主五癃，關格不通，利小便水道。療小兒癇，大人痓。仍自還神化。療小兒

驚熱及熱瘡。　亂髮：　微溫，主咳嗽，五淋，大小便不通，小兒驚癇，鵝口瘡、豌豆瘡，鼻衄欲死，燒之研末，調方寸匕。又吹內立已。

明・李中梓《藥性解》卷六　髮　味苦，性微溫，無毒，入心經。主咳嗽五淋，二便不通，燒灰吹鼻，立止衄血，亦主小兒驚癇。胎髮及童男女剃下者猶佳。多產婦人髮，燒灰酒服，極善催生。按：髮為血之餘，而心則主血者也，故獨入之。丹溪稱其補陰甚捷，良有故爾。

明・繆希雍《本草經疏》卷一五　髮髲　味苦，溫、小寒，無毒。主五癃關格不通，利小便水道，療小兒癇，大人痓。仍自還神化。合鷄子黄煎之，消為水，療小兒驚熱。雷斅云：是男子二十已來無疾患，顏色紅白，於頂心剪下者。入丸藥膏中用，先以苦參水浸一宿，漉出，入瓶子以火煅赤，放冷研用。

〔疏〕髮者，血之餘也。《經》曰：男子八歲，腎氣盛，齒更髮長。是髮因人之血氣以為生長榮枯也。故血盛之人則髮潤而黑，血枯之人則髮燥而黃。《本經》用髮髲之意，為是故爾。其味苦氣溫。《別錄》：小寒，無毒。入手足少陰經。大人痓，小兒驚癇，皆心肝二經血虛而有熱也。髮為血之餘，故能入心、入肝益血。微寒而苦又能泄熱，所以療小兒驚癇及大人痓也。心與小腸為表裏，腎與膀胱為表裏，心腎有熱則二腑亦受病。此藥能入心除熱，入腎益陰，則水道利，五癃關格俱通矣。是以古人治驚，多用茯苓、琥珀、竹葉之類，取其分利心經之熱自小腸出也。日華子主止血悶血暈，金瘡傷風及煎膏長肉消瘀血者，悉取其入心走肝，益血除熱之功耳。自還神化之事，未見別方，大抵以火煅之，復化而凝成血質，此即自還神化之謂。是因血而生，復還為血，非神化而何？

亂髮：　微溫。主欬逆，五淋，大小便不通，小兒驚癇，止血。鼻衄，燒之吹內立已。

〔疏〕亂髮即常人頭上墮下者。其氣味所主，與髮髲相似，第其力稍不及耳。以髮髲一時難得，故《別錄》重出此條，以便臨時取用。療體實不甚相遠也。〔主治參互〕《和劑局方》腸風黑散，治腸風瀉血，用亂髮一兩半，荊芥二兩，槐花、槐角各一兩，以上共煅為末。枳殼、甘草各一兩半，為末，和前末勻。每服二錢，水一盞，煎七分，空心服，溫酒調下亦得。劉禹錫《傳信方》孩子熱瘡，亂髮一團如梨子大，鷄子黄十箇煮熟，同於銚子內熬至甚乾，始有液出，旋置盞中，液盡為度。用敷瘡上，外即以苦參粉摻之，神効。又方，小兒斷臍，即用清油調髮灰傅之，不可傷水。臍濕不乾，亦傳之効。《千金方》小兒驚啼，亂油髮燒研，乳汁或酒服少許，良。《聖惠方》鼻血不止，血髮燒灰，吹之。又方，諸竅出血，頭髮、敗椶、陳蓮蓬，竝燒灰，等分。每服三錢，童便、溫酒調下。《婦人良方》女人漏血，亂髮洗淨，燒研，空心溫酒服一錢。入諸膏藥內，能消毒止痛，長肉生肌。《肘後方》女勞黃疸膏髮煎，用猪膏半斤，亂髮鷄子大三團，和煎，髮消藥成矣。分再服，病從小便中出也。〔簡誤〕髮灰，走血分而帶散。其主諸血證，亦是血見灰則止，取其治標之義居多。若欲全仗其補益，未必能也。經熬煅成末後，氣味不佳，胃弱者勿服。入外科藥殊有神効。

明・李中梓《醫宗必讀・本草徵要下》　髮味苦，溫，無毒，入心、肺、腎三經。去瘀血，補真陰。父髮與雞子同煎，免嬰兒驚悸；己髮與川椒同煅，令本體烏頭。吐血衄紅取效，腸風崩帶宜求。髮者，血之餘也，故於血證多功。入罐中，鹽泥固濟，煅成性。

明・盧之頤《本草乘雅半偈》帙四　髮髲《本經》中品　氣味：苦，溫，無毒。主治：主五癃，關格不通，利小便水道，療小兒驚，大人痓，仍自還神化。

覈曰：髮，剪髢下髮也。櫛梳而下者，乃亂髮耳。修事：取男子年近二十歲已上，無疾患，及顏貌紅白者，從頂心剪下。苦參水浸一宿，入瓶子內，用火煅赤，俟冷，研用。一法用水煮七日夜，取汁熬膏者彌佳。

先人云：髮如血脈，不潰不泄，原從精生。又復色黑，具上生之體，多潤下之力。故可收起亟之陰妄奔，定淫畏之神飛越也。唯從起亟，使失內守，以致妄奔飛越耳。

參曰：腎藏精，其榮在髮。心主血，髮乃血之餘也。叢生陽首，而復倒垂，則炎上之用，即潤下之體。所謂陽在外，陰之使也；陰在內，陽之守也。故主陽失內守而致陽闢，陰失外使而致陰格。與玄府閉而致州都癃，交通不表而致驚與痓也。本自神化之餘榮，仍自還餘榮為神化耳。

明・李中梓《本草通玄》卷下　髮　味苦，性平。補真陰，通小便，消瘀血，止新血，理欬嗽，固崩帶。

清・顧元交《本草彙箋》卷八　髮髲附亂髮。　髮髲，乃剪髢下之髮。亂髮，乃梳櫛下髮也。男子八歲，腎氣盛，齒更髮長，是髮因人之血氣以爲生長

榮枯也。故血盛則髮潤而黑，血枯則髮燥而黃。亂髮與髲髮，氣味所主，不甚相遠。如髲髮猝不可得，姑以亂髮代之，力稍遜耳。蓋髮者，腎之華，血之餘也。故入心入肝以益血。微寒而苦，又能泄熱。所以療大人痓及小兒驚癇。小腸、膀胱，爲心腎之腑。髮能入心除熱，入胃益陰，則水道利，而五癃關格俱通矣。古人治驚癇，多用茯苓、琥珀、竹葉之類，取其分利心經之熱，自小腸出也。其止血暈血悶，金瘡傷風，及煎膏長肉消瘀者，悉取其入心走肝，益血除熱之功耳。　頭上曰髮，屬足少陰、陽明。耳前曰鬢，屬手足少陽。目上曰眉，屬手足陽明。唇上曰髭，屬手陽明。頦下曰鬚，屬足少陰、陽明。兩頰曰髯，屬足少陽。又髮屬心，稟火氣而上生。鬚屬腎，稟水氣而下生。眉屬肝，稟木氣而側生。義可類參。腎主髓，腦者，髓之海。髮者，腦之華。腦減則髮素。水出高原，故腎華在髮。髮者，血之餘。血者，水之類也。

凡廣瘡不愈，用真香油一斤，入血餘五兩，熬化濾清，每空心用雞蛋三四枚，即將前油煎熟，不用鹽，頓熱酒啖之，其瘡漸漸乾落。予治一遍身膿窠，積年不愈，以此方服過油半觔，立瘥。後遇一徽人，見其滿頸皆瘰癧，詢以何藥得愈，亦即此方也。　大風癘瘡，用新竹筒十個，內裝黑豆一層，頭髮一層至滿，以稻糠火盆內煨之，候汁滴出，以盆接承，翎掃瘡上，數日即愈。　亦治諸瘡。

清・穆石匏《本草洞詮》卷一三　髮髲　乃翦髢下髮也。　亂髮，乃梳櫛下髮也。男子年二十已來，無疾患，顏貌紅白，於頂心剪下者甚良。　味苦，氣溫，一云小寒，無毒。治五癃，利水道，療小兒驚，大人痓。《本經》云：　自還神化。李當之謂神化之事，未見別方。按《異苑》云：　人髮變為鱓魚，生人髮掛果樹上，烏鳥不敢來食其實。又人逃走，取其髮於緯車上却轉之，則迷亂不知所適，皆神化之應也。夫埋髮土中，千年不朽；　煎之至枯，復有液出；　誤食入腹，變為癥蟲；　煅治服餌，令髮不白。則《本經》神化之語，信矣？

清・劉雲密《本草述》卷三一　髮　《草木子》云：　精之榮以鬚，氣之榮以眉，血之榮以髮。《類苑》云：　髮屬心，稟火氣而上生。鬚屬腎，稟水氣而下生。眉屬肝，稟木氣而側生。故男子腎氣外行而有鬚，女子、宦人則無鬚，而眉髮不異也。

髲髮、音被。　亂髮：　時珍曰：　髲髮，乃剪髢音剃。下髮也。亂髮乃梳櫛下髮也。

髲髮：　雷斅曰：　是男子二十已來，無疾患，顏色紅白，於頂心剪下者。入丸藥膏中用。氣味：　苦，溫，無毒。《別録》：　小寒。

主治：　五癃，關格不通，利小便水道，小兒驚，大人痓。《本經》合雞子黃煎之，化為水，療小兒驚熱百病《別録》。　止血悶血暈，金瘡傷風日華子。

亂髮：　氣味：　苦，微溫，無毒。　丹溪曰：　補陰之功甚捷，消瘀血。希雍曰：　《經》云：　男子八歲腎氣盛，齒更髮長。是髮因人之血氣以為生長榮枯也。故血盛之人，則髮潤而黑，血枯之人則髮燥而黃。《本經》用髲髮之意為是。　繆氏主用髲髮，極為有理。第閱方書所用，如傳尸勞，及溲血下血淋證之治，并前陰諸疾與痔，皆止云髮，且多云亂髮，未及髲髮之用也。繆氏又云：　髲髮一時難得，而亂髮之取效亦不甚相遠，故《別錄》重出此條，以是說合於方書之所用，則亂髮可代髲髮矣。

愚按：　先哲曰：　血之榮以髮。又曰：　髮屬心，稟火氣而上生。在丹溪曰：　髲髮補陰之功甚捷。若然，以補陰之功，合条於稟火氣而上生者，則所補者，陽中之陰也。夫血原生於陽中之陰，氣原生於陰中之陽。本陽中之陰所生者，上榮於髮，即以其精氣之所榮者，還返於陽中之陰，故丹溪謂其補陰之功甚捷也。然更云其消瘀血者，何哉？　蓋以補為行耳。此之為補，非益其所本無，乃還其所本有，不淩節，不造次，故補即得行。夫人身氣血生與化，其機合而有之。丹溪云捷固然。然亦屬強名也。抑《本經》首主五癃關格不通，利小便水道，其義奚若。蓋水與血是二是一，何疑於水道之利乎？　更主小兒驚，大人痓者，與補陽中之陰，其義正合。緣病於驚與痓之由陽中陰虛也。即日華子云血悶血暈，金瘡傷風等證，胥此治者，病機亦不越於陽中之陰虛，其微義可細条也。是則茲味補陰一語，豈可泛泛例視乎哉？

附方　鼻衄，血餘燒灰，吹之立止。　肺疽吐血，髮灰一錢，米醋二合，白湯一盞，調服。　小便尿血，髮灰二錢，醋湯服。　血淋苦痛，亂髮燒存性二錢，入麝少許，米飲服。　大便瀉血，血餘半兩，燒灰，雞冠花、柏葉各一兩，為末，臥時酒服二錢，來早以溫酒一盞，投之一服，見效。　女子漏血，亂髮洗淨，燒研，空心溫酒服一錢。　女勞黃疸，用豬膏半斤，亂髮雞子大三枚，和煎，髮消藥成矣。分再服，病從小便中出也。　黃疸尿赤，亂髮灰，水服一

錢，日三次。秘方也。　破傷中風，亂髮如雞子大，無油器中熬焦黑，研，以好酒一盞沃之，入何首烏末二錢，灌之，少頃再灌。　疔腫惡瘡，亂髮、鼠屎等分，燒灰，針入瘡内大良。　瘡口不合，亂髮、露蜂房、蛇蜕皮，各燒存性一錢，用温酒食前調服，神妙。

希雍曰：髮灰走血分而带散，其主諸血證，似未能全仗其補益也。經熬煅成末後，氣味不佳，胃弱者勿服。入外科藥，殊有神效。

修治　不拘新剪舊落，或自己髮，或無病人髮，或童男胎髮，並好。用皂角水洗淨，入礶内燒存性用。煎膏長肉，消瘀血。　大抵髮之用，以燒灰存性者多，而日華子所云長肉消瘀血，則以煎膏。其用之不同有如此者，須条之。

希雍曰：入諸膏藥内，能消毒止痛，長肉生肌。

清・郭章宜《本草匯》卷一八　髮　苦，溫，入手少陰、足厥陰、足少陰經。去瘀血，補真陰。父髮與鷄子同煎，免嬰兒驚悸。己髮與川椒共煅，令本體烏頭。吐血衄紅取効，腸風崩帶宜求。

按：髮者，血之餘也。故于血症多功。頭上髮屬足少陰、陽明，耳前鬢屬手足少陽，目上眉屬手足陽明，唇上髭屬手陽明，頦下鬚屬足少陰、陽明，兩頰髯屬足少陽。其經氣血盛，則美而長；氣多血少，則美而短；氣少血多，則少而惡；氣血俱少，則其處不生；氣血俱熱，則黄而赤；氣血俱衰，則白而落。《素問》云：腎之華在髮。王氷註云：腎主髓。腦者，髓之海。髮者，腦之華。腦減則髮素。滑壽註云：水出高原，故腎華在髮。髮為血餘，血即水也。今方家呼髮為血餘，義蓋本此。其性雖走血分而帶散，血病用之，亦取其治標之義居多，若欲全仗其補益，未必能也。胃弱者勿服。入外科藥神効。藏器曰生人髮掛果樹上，則烏鳥不敢來，亦奇。

以皂莢水洗淨，晒乾，入礶火煅，冷研用。

清・王翃《握靈本草》卷一〇　髮灰髮（髢）〔髮〕，是男子二十已來，無疾患，頂心剪下者。入膏丸中，以一皂莢水洗淨，晒乾，入礶固濟，煅存性用。　主治：髮灰，苦，溫，無毒。主五癃關格不通，利小便，止血悶血暈，金瘡，血痢，補陰甚捷。

清・汪昂《本草備要》卷四　髮　一名血餘。補，和血。　髮者，血之餘。味苦，微寒。入足少陰、厥陰腎、肝。補陰消瘀，通關格，利二便。治諸血疾，能去心竅之血，故亦治驚癇。血痢血淋，舌血煅末，茅根湯服。鼻血，燒灰吹鼻。轉胞不通，燒灰服。小兒驚熱。合鷄子黄煎爲汁服。鷄子能去風痰。合諸藥煎膏，凉血去瘀長肉。髮屬心，禀火氣而上生；眉屬肝，禀木氣而側生；鬚屬腎，禀水氣而下生。或曰髮屬肝，禀木氣而上生；眉屬金，禀金氣而横生。金無餘氣，故短而不長。至老金氣鈍，則眉長矣。昂按：肺主皮毛，毛亦短而不長者也，何以獨無所屬乎？毛既爲肺之合，自當屬肺、屬金。眉當屬肝、屬木，以其側生象木枝也。此乃臆説，附質明者。《經》曰：腎者，精之處也，其華在髮。王冰註曰：腎主髓。腦者，髓之海；髮者，腦之華。腦髓減，則髮素。《内經》：腦爲髓海，衝爲血海，命門爲精海，丹田爲氣海，胃爲水穀之海。　時珍曰：髮入土，千年不朽。以火煅之，凝爲血質。煎煉至枯，復有液出。誤吞入腹，化爲癥蟲。煅煉服食，使髮不白。故《本經》有自還神化之稱。陳藏器曰：生人髮挂果樹上，則烏鳥不敢來。又人逃走，取其髮于緯車上縛之，則迷亂不知所適，此皆神化。《子母秘錄》：亂髮燒灰，亦治尸疰。猪脂調塗小兒鵞口，即兩角生瘡也。宋丞相王郇公，小腹切痛，備治不效。用附子、硫黄、五夜叉丸之類，亦不瘥。張駙馬取婦人油頭髮，燒灰研篩，酒服二錢，其痛立止。　皂莢水洗淨，入罐固煅存性用。胎髮尤良，補衰涸。　頭垢：治淋及噎膈勞復。

清・陳士鐸《本草新編》卷五　胎髮　乃血之嫩苗。老景得之，甚補衰涸。至于血餘，補陰甚捷，諸血症服之即止。其餘《本經》所載，未見其效也。凡用，俱須洗淨，燒灰存性，入湯劑調服。蓋髮之味苦，髮之氣溫，有益無損，故取之以為止血救急之味也。

清・顧靖遠《顧氏醫鏡》卷八　髮苦，溫。入心肝腎三經。皂莢水洗淨，晒乾，入罐，鹽泥固，煅存性，研極細末。　吐血衄紅盡簡，腸風崩漏均求。髮者，血之餘也。髮灰走血分而帶散，故所主一切出血症，亦是血見黑則止，治標之義居多，未可全仗其為補益。　黄疸可投，取其有補陰，消瘀血，利小便之功。　外科最效。入諸膏藥内，能消毒止痛，生肌長肉。　經煅成末，氣味不佳，胃弱者勿用。

清・李熙和《醫經允中》卷一七　血餘　苦，微溫，無毒。主治去瘀血，生新血，補真陰，消腫毒，吐血鼻紅立止，腸風崩帶即安。或悮吞髮繞喉，取自己髮燒灰，調送下。倘破傷風入腦，加何首烏末，酒沃灌甦。附：篦下頭垢名百齒霜，為丸治淋閉不通，併傷寒勞復；點兩眥去飛絲入眼；津塗出肉中竹木刺；酒服解中酒毒、蕈毒。

清・馮兆張《馮氏錦囊秘錄・雜症痘疹藥性主治合參》卷一二　髮　髮取男子二十以來，無疾患，顔色紅白，頂心剪下者，良。先以苦參水浸一宿，漉出，入瓶内，以火煅赤，放冷研用。　蓋髮為血餘，男子八歲，腎氣盛，齒更髮長，是髮因人血氣為生長榮枯，血盛

之人，髮潤而黑。血枯之人，髮燥而黃。味苦，氣小寒，無毒。入手足少陰經。為入血涼血，養血止血，解毒養陰，利水之用。頭垢，頭上垢膩也。味苦，溫。其性滑潤而下走，能入陽明。故主勞復，婦人吹乳，并淋閉不通也。　髮髲，髮乃髮根。用宜陳久，燒灰入劑，一名血餘，補陰甚捷。凡口吐血，鼻流血，血悶血暈，血痢血淋，腸風崩帶，服之即止。噤口瘡，豌豆瘡，傷風風痓，驚熱驚癇，得此易痊。通關格五癃，利小便水道。療大人痓，且愈金瘡。【略】　主治痘疹合參：人髮，補陰之功甚捷。凡鼻衄者，燒末，吹之立止。胎髮，尤入疔毒，摻藥上品。

清・浦士貞《夕庵讀本草快編》卷六　髮髲《本經》　附：亂髮　古之髮髢必剪生壯美髮者，以為婦人之髻飾。《詩》云：鬒髮如雲，不屑髢。後人則揀亂髮長者為髢，其功與亂髮同矣，不若剃下者佳，取其生氣全也。　髮者，血之餘也，味苦氣溫，入手足少陰二經。《素問》云：腎之華在髮。故人精血盛則髮澤而黑，精血衰則髮燥而黃是也。夫腎以膀胱為表裏，而心合小腸，二臟有熱則腑亦受病，故為癃閉關格，水道不通之症。如大人痓、小兒驚，亦心家之熱，而上累其母，皆宜用此以益陰制火，無不愈爾。其主吐衄崩痢，以及血暈血悶者，心為生血之本，熱去而心自生，血自止矣。但《本經》言自還神化之說，大有意焉。如髮入土，千年不朽；以油煎之，即化為液。蓋因血而生，復還為血，豈非神化而何？《艸木子》曰：精之榮以鬚，氣之榮以眉，血之榮以髮。《類苑》云：髮屬心，稟火氣而上生；鬚屬腎，稟水氣而下生；眉屬肝，稟木氣而側生。故男子腎氣外行而有鬚，女子、宦人則無鬚，而眉髮不異也。說雖不同，會理則一，附此以資談藪。

清・張志聰、高世栻《本草崇原》卷中　髮髲　氣味苦，溫，無毒。主治五癃，關格不通，利小便水道，療小兒驚，大人痓，仍自還神化。髲，音備。髮髲，近於頭皮之髮也。剪切者為整髮，梳櫛而下者為亂髮。髮髲以皂莢水洗淨，入瓶內固濟，煅存性用，謂之血餘。《別錄》復有亂髮，大義與髮髲相同，不必別出。　古之髮髲，取男子年近二十歲已上，無疾患，顏貌紅白者，從頂心剪下，煅研入丸藥膏中用。今時以剃下短髮入用，似於髲字之義更合。　髮者，血之餘。血者，水之類。水精奉心，則化血也。又，《經》云：腎之合骨也，其榮髮也。是髮乃少陰心腎之所主，故氣味苦溫，苦者火之味，溫者火之氣也，水火相濟，則陰陽和合，故主治五癃及關格不通。又曰：利小便水道者，言稟腎氣而益膀胱，則利小便。稟心氣而益三焦，則利水道也。心虛則驚，腎虛則痓。髮乃少陰心腎之所主，故療小兒驚，大人痓。小兒天癸未至，故病驚。大人天癸已至，故病痓也。髮髲煉服，能益水精而資血液，故曰：仍自還神化。謂仍能助水精而上奉心藏之神，以化其血也。凡吐血、衄血之證，皆宜用血餘也。

清・徐大椿《神農本草經百種錄》上品　髮髲　味苦，溫。主五癃，關格不通，利小便水道，滑潤疏通之效。療小兒癇，大人痓，仍自還神化。滋養脈絡。　髮為血之餘，而經中所治之疾，皆主通經利便之功，何也？蓋心與小腸為表裏，心主血，髮為血之餘，則不能入心，而能入小腸，以小腸為心之出路也。且髮亦毛類，肺主皮毛，而為水源，故能利水，非一定之理乎！其治癇、痓，則瀉心家之痰飲，及滋潤血脈之功也。○《金匱要略》方治小便閉淋，用滑石、亂髮，知用藥悉遵《本經》者，惟仲景一人而已。

清・嚴潔等《得配本草》卷一〇　血餘　苦，微溫。入手少陰、足厥陰經血分。消瘀能去竅血。生新，補陰甚捷。通關格，療驚癇，除咳嗽，止諸血，托癰疽，長肌肉。　介賓先生云：壯腎益肺，陰中有陽，靜中有動，為精氣中最要之藥。　得雞冠花、柏葉末，治便血。配爪甲灰，治無故遺血。佐雞子黃，治驚熱。調茅根汁，治諸血。合蓮房、敗棕燒炭，止竅血。入豬膏煎化，治陰吹。　香油煎化，入雞子煮服，治廣瘡，并療膿窠積年不愈。亂髮頭髮，撩結口中，治胎衣不下。　二十來歲無疾病男子頂心頭髮，用皂角水洗淨，苦參水浸一宿，去水，築入瓷罐，黃坭將罐裹貯，文火煅，候開視成炭者佳。若未成炭，或已成灰，俱不入藥用。

題清・徐大椿《藥性切用》卷八　血餘　即頭髮。性味苦平，入足少陰、厥陰。生新去瘀，止血定崩。煅灰，用胎髮尤良。

清・黃宮繡《本草求真》卷七　血餘涼血逐瘀。　血餘專入肝心，兼入腎元。味苦微溫。據書載能補腎壯氣，然總不如地、茱、參、耆為補精補氣之最耳。《素問》曰：腎之華在髮。王冰注云：腎主髓，腦者髓之海，髮者腦之華，腦減則髮素。滑壽注云：水出高源，故腎華在髮。髮者血之餘，血者水之類也。今方家呼髮為血餘，蓋本此也。葉世傑《草木子》云：精之榮以鬚，氣之榮以眉，血之榮以髮。《類苑》云：髮屬心，稟火氣而上生。鬚屬腎，稟水氣而下生。眉屬肝，稟木氣而側生。故男子腎氣外行而有鬚，女子、宦人則無鬚，而眉髮不異也。又載功能療驚癇，理咳嗽，固崩帶，止血暈、血痢、血淋、舌血、鼻血，暨轉胞不通及塗瘡疥，入膏敷毒，治皆有效。藏器曰：生

人髮掛果樹上，烏鳥不敢來食其實。又人逃走，取其髮於緯車上卻轉之，則迷亂不知所適。此皆神化。時珍曰：髮者血之餘，埋之土中，千年不朽，煎之至枯，復有液出，誤食入腹，變為瘕蟲。煅治服餌，令髮不白，此正神化之應驗也。然總皆屬通關開竅，涼血散瘀生新之品。《子母秘錄》治小兒斑疹，用髮灰飲，服二錢。治小兒兩角生瘡，用髮灰三錢，飲汁服。若胃虛用之，多有吐瀉之弊。皂莢洗。煅用。

清·羅國綱《羅氏會約醫鏡》卷一八人部 髮灰名血餘。味微苦，微寒，入肝腎二經。補陰和血，自陰而生，自下而長，得陰陽之生氣。凡補藥中，自人參、熟地而外，當以此為亞。壯腎色黑補肺氣雄。治吐衄、崩漏、舌血、茅根湯調服。血暈、血痢、血淋、腸風，轉胞不通。利二便，去瘀長肉。以上諸症，屬血寒者酒調服，屬血熱者童便調服。在陰，可以培形體，壯筋骨，托癰疽。在陽，可以益神志，辟寒邪，溫氣海。以陰中有陽，靜中有動也。合藥熬膏，能治潰瘡涼血。皂莢水洗淨，入罐固煅存性用。胎髮，老景得之，大補衰涸。頭垢，名百齒霜，即篦髮之垢膩。為丸服，治淋閉不通、傷寒勞復，出竹木刺入肉。津和塗之。亂髮灰，煅製同前，血症亦用。若誤吞髮繞喉，入腹成癥，取自己髮燒灰，水調下。即外人髮灰亦可用。治破傷風入腦，加何首烏末酒調灌，甦。療火灼腫毒，同雞子黃熬油塗之。止金瘡血、以灰傅之。鼻衄，以灰吹之。解小兒驚癇。同雞子黃煎服。雞子能去風痰，髮灰能去心竅之血。

清·陳修園《神農本草經讀》卷二上品 髮髲 氣味苦，溫，無毒。主五癃關格不通，利小便水道，療小兒驚、大人痓，仍自還神化。以皂莢水洗淨，復用甘草水洗，鹽水洗，曬乾，入瓶內，以鹽土固濟，煅存性，謂之血餘灰，研極細用。

陳修園曰：心主血，髮者血之餘也，屬手少陰心。《經》云：腎之合骨也，其榮髮也，屬足少陰腎。又云：皮毛者，肺之合也。髮亦毛類，屬手太陰肺。肺為水源，小腸為心府，故主五癃關格不通、水道不利等證。調肺氣，寧心神，除心肺之痰，故主小兒癇、大人痓等證。其曰仍自還神化者，謂髮為血餘，乃水精奉心化血所生，今取以煉服，仍能入至陰之臟，助水精而上奉心臟之神，以化其血也。後人惑於以人補人之說，每用紫河車增熱為害，十服十死，不如用此藥之驗。

清·王龍《本草纂要稿·人部》 髮髲 氣味苦溫微寒。口吐血，鼻流血，血悶血暈，血痢血淋，服之即效。燕口瘡，豌豆瘡，傷風風痓，驚熱驚癇，得此易痊。通關格，利二便。

清·楊時泰《本草述鉤元》卷三二 髮 髮髲：取男子二十已來無疾患，顏色紅白，於頂心剪下者。氣味苦溫。主五癃、關格不通，治小兒驚，大人痙《本經》。止血悶血暈，金瘡，傷風。合雞子黃煎之，化為水，療小兒驚熱百病。

亂髮：梳櫛下者，用代髮髲。氣味苦微溫。補陰之功甚捷，消瘀血丹溪。方書用治傳尸勞，溲血下血淋證，并前陰諸疾與痔。入諸膏藥內，能消毒止痛，長肉生肌。附方：鼻衄，血餘燒灰，吹之立止。黃疸尿赤，亂髮灰水服一錢，日三服。女子漏血，亂髮洗淨，燒研，空心，溫酒服一錢。吐血，髮灰一錢、米醋二合、白湯一盞調服。尿血，髮灰二錢，醋湯服。血淋苦痛，亂髮燒存性二錢，入麝少許，米飲服。大便瀉血，血餘半兩燒灰，雞冠花、柏葉各一兩為末，臥時酒服二錢，來早以溫酒一盞投之，一服見效。女勞黃疸，用猪膏半斤、亂髮，雞子大三枚和煎。髮消，藥成矣，分再服，病從小便中出。破傷中風，亂髮如雞子大，無油器中熬焦黑，研，以好酒一盞沃之，入何首烏末二錢灌之，少頃再灌。疔腫，惡瘡，亂髮、鼠屎等分，燒灰，針入瘡內大良。瘡口不合，亂髮、露蜂房、蛇蛻皮，各燒存性一錢，用溫酒食前調服，神妙。

論：血之榮以髮，精之榮以鬚，氣之榮以眉。髮屬心，稟火氣而上生。鬚屬腎，稟水氣而下生。眉屬肝，稟木氣而側生。男子腎氣外行故有鬚，婦寺則無鬚而眉髮不異也。丹溪謂其補陰之功甚捷，以補陰參於稟火氣而上生，則所補者乃陽中之陰也。夫血生於陽中之陰，本其所生以上榮於髮，而即還返於陽中之陰，故補之功捷。然更能消瘀血者，以此味之補，非益其所本無，乃還其所本有，不淩節，不造次，故補即為行耳。人身氣血，生與化，其機合而有之，即丹溪云捷，亦屬強名也。《本經》首主五癃、關格，其義奚若。蓋水與血是二是一，以補為行，復何疑於水道之利乎？至治小兒驚，大人痙，與補陽中之陰義正相合。驚與痙皆由陽中陰虛。即血悶血暈，金瘡、傷風等治，病機亦不越於陽中陰虛，其微義可類參也。

繆氏云：經熬煅後，氣味不佳，胃弱者勿宜。

修治：取無病人髮，不拘人己、新剪舊落，或童男胎髮，並好。用皂角水洗淨，入罐內燒存性用。入外科藥，煎膏用。

清·葉桂《本草再新》卷一一 人髮味苦，性平，無毒。入肝、腎二經。補陰消瘀，止血痢血淋，治小兒驚熱。

清・葉志詵《神農本草經贊》卷一　髮髲　味苦，溫。主五癃，關格不通，利小便水道，療小兒癇，大人痓。仍自還神化。

髓海精華，冠年儀表。理淨千梳，割分一繚。化儼伏雞，神驅飛鳥。餘髦僮僮，堆雲糚曉。

《素問》註：腦者髓之海。髮者，腦之華。雷斆論：髮髲是男子年二十以來，無疾患，於頂心翦下者。《淮南子》：行為儀表。蘇軾詩：理髮千梳淨。《晉書・傳》：割而分之。《唐書・傳》：貴妃楊氏引刀斷一繚髮。名醫曰：合雞子黃煎之，消為水。《參同契》：伏雞用其卵。陳藏器曰：生人髮掛果樹上，烏鳥不敢來食其實。《詩》：不屑髢也。《詩傳》：被之僮僮，編髮為之。薛士隆賦：髮堆雲兮鬢蟬翼。溫庭筠詩：嬾逐糚成曉。

清・劉善述、劉士季《草木便方》卷二人禽獸部　血餘　人髮苦寒入腎肝，鼻痢尿淋止血餐。催生下胞消瘀血，通關利便驚熱安。跌打損傷瘀積散，涼血長肉生肌丹。

清・戴葆元《本草綱目易知錄》卷七　髮髲〔音〕被。【略】胎衣不下，將自頭髮撩結口中。葆驗案：囑產婦勿驚慌，用草履牽住胞帶，勿使斷縮。將自己髮口中咬，使作嘔，即下。

清・陳其瑞《本草撮要》卷七　髮　味苦，平，入足少陰、厥陰經，功專止血通淋。得龜板、芎、歸治交骨不開，得猪膏治陰吹。小兒驚熱，合雞子黃煎為汁服。鼻衄吹鼻，皂莢水洗淨，入罐固煅存性。一名血餘。

亂髮

宋・唐慎微《證類本草》卷一五人部〔《別錄》〕　亂髮　微溫。主欬嗽，五淋，大小便不通，小兒驚癇，止血。鼻衄，燒之吹內立已。

〔梁・陶弘景《本草經集注》〕云：此常人頭髮爾，與髮髲療體相似。

〔唐・蘇敬《唐本草》〕注云：亂髮灰，療轉胞，小便不通，赤白痢，哽噎，鼻衄，癰腫，狐尿刺，尸疰，丁腫，骨疽雜瘡。古方用之也。

〔宋・掌禹錫《嘉祐本草》〕按：《藥性論》云：亂髮，使，味苦。能消瘀血，關格不通，利水道。

〔宋・唐慎微《證類本草》〕《外臺秘要》：治霍亂煩躁。燒亂髮如雞子大，鹽湯三升和服之，不吐再服。《千金方》：小兒驚啼。燒亂髮灰，酒調服之。又方：治無故遺血。亂髮及爪甲燒灰，酒服方寸匕。《肘後方》：治黃疸。燒亂髮灰，水調服一錢匕，日三服。秘方。又方：女勞疸，身目皆黃，發熱惡寒，小腹滿急，小便難，由大熱大勞交接後入水所致。亂髮如雞子大，猪脂半斤，煎令盡，分二服。《經驗方》：孫真人催胎衣不下，亂髮頭髮結撩喉口中。又方：孩子熱瘡。亂髮一團梨許大，雞子黃煮熟，二物相和，於銚子內炭火上熬，初甚乾，少頃髮燋，遂有液出，旋取置一瓷盞中，以液盡爲度。取此液傅熱瘡上，即以苦參粉粉之。予在朗州生子，在蓐中便有熱瘡，出於臀腿間，初以他藥傅無益，加劇蔓延半身，狀候至重，晝夜啼號，不乳不睡。予閱本草，見髮髲云：合雞子黃煎之，消爲水，治小兒驚熱。注云：今俗中嫗母，爲小兒作雞子煎，用髮雜熬，良久得汁，令小兒服，去痰熱，治百病。凡用髮，皆取梳頭亂者。又檢雞子云：治火瘡。因而用之果驗。已後用之，無不差矣。《梅師方》：治鼻衄出血，眩冒欲死。燒亂髮細研，水服方寸匕，須臾更吹鼻中。《斗門方》：治汗血。用頭髮灰一字，吹入鼻中即止。《簡要濟衆》：治小兒重舌欲死。以亂髮灰細研，以半錢傅舌下。日不住用之。姚氏：治食中誤吞髮，繞喉不出，取己頭亂髮燒作灰，服一錢匕，水調。又方：治大小便不通。燒亂髮末三指撮，投半升水中，一服。孫真人同。《子母秘録》：治尸疰。燒亂髮如雞子大，爲末，水服之差。又方：治小兒鷰口兩角生瘡。燒亂髮和猪脂塗之。又方：治小兒斑瘡、豌豆瘡，髮灰飲汁服三錢匕。《產書》：治大小便利血。灰研如粉，飲下方寸匕。《服氣精義方》：劉君安曰：欲髮不脫，梳頭滿千遍。蘇學士云：亂髮、露蜂房、蛇蛻皮各燒灰，每味取一錢匕，酒調服，治瘡口久不合神驗。燒灰須略存性。老唐云：收自己亂頭髮，洗淨，乾，每一兩入椒五十粒，泥封固，入爐大火一煅如黑糟，細研。酒服一錢匕，髭髮長黑。

宋・劉明之《圖經本草藥性總論》卷下　亂髮　微溫。主欬嗽，五淋，大小便不通，小兒驚癇。並鼻衄，燒之吹內立已。《唐本》注：灰，療轉胞，小便不通，赤白痢，哽噎，鼻衄，癰腫，狐尿刺，尸疰丁腫，骨疽雜瘡。《藥性論》云：使。味苦。消瘀血，關格不通，利水道。《千金方》：治無故遺血，同爪甲燒。

宋・陳衍《寶慶本草折衷》卷一四　亂髮使。灰在內。《炮炙論》及《博濟方》用者名血餘。○《是齋方》用自脫者名人退。

味苦，微溫。○主欬嗽，五淋，大小便不通，小兒驚癇，止血，鼻衄，燒之吹內立已。○陶隱居云：男兒療病，取其父梳頭亂者。分髮髲條。○《唐本》註云：灰療轉胞，小便不通，赤白痢，哽噎，癰腫，尸疰，丁腫，骨疽，雜瘡。○《藥性論》云：消瘀血，利水道。○雷公云：男子年二十已來，無疾

患，顔貌紅白，於頂心剪下。○亦分髮髲條。○《千金方》：小兒驚啼，燒亂髮灰，酒調服之。○寇氏曰：亂髮如雞子大，無油器中熬焦黑，就研為末，以好酒壹盞，沃之，何首烏末貳錢同攪，候溫灌之，過二刻再灌。治破傷風及沐髮中風極效。亦分髮髲條。

續説云：沈存中言髮屬心而心主血，故艾原甫謂用髮者，以血治血之義也。王郇公患小腹切痛，取婦人油頭之髮燒灰，細末溫酒調服立止。若肥澤娠婦及室女髮尤勝。又《是齋方》用男子自脱之髮，和藥為明目之劑，凡服之者，當燒作灰。其生髮止可煎膏，或誤而生食，貽禍不細。已見雄黄條後。

元・朱震亨《本草衍義補遺》 髮 補陰之功甚捷。○此即亂髮也。燒灰，研末，調方寸匕，治鼻衄欲死者，立效。更以末吹鼻中，甚驗。

明・滕弘《神農本經會通》卷七 亂髮 使也。此常人亂頭髮，與髮髲療體相似。《衍義》云：髮髲，味苦。即陳舊經年歲者。

氣微溫。一云：味苦。《本經》云：主咳嗽，五淋，大小便不通，小兒驚癇。止血鼻衄，燒之吹內，立已。《唐本》注云：亂髮灰，療轉胞，小便不通，赤白痢，哽噎，鼻衄，癰腫，狐尿刺，尸疰，丁腫骨疽雜瘡，古方用之也。《藥性論》云：使。味苦。能消瘀血，關格不通，利水道。日華子云：髮，溫。止血悶血運，金瘡，傷風，血痢。入藥燒灰，勿令絶過。煎膏，長肉，消瘀血。《子母秘錄》云：治小兒鷰口兩角生瘡，燒亂髮，和猪脂塗之。又治小兒斑瘡瘮、豆瘡，髮灰，飲汁，服三錢匕。丹溪云：補血之功甚捷，燒灰研末，調方寸匕，治鼻衄欲死者，立效。更以末吹鼻中，甚驗。《千金方》：治無故遺血，同爪甲燒。《局》云：亂髮元來是血餘，能消瘀血治癰疽。轉胞便溺諸淋病，鼻衄驚癇不可無。亂髮，調諸淋，破瘀血。

明・劉文泰《本草品彙精要》卷二二 亂髮 主欬嗽，五淋，大小便不通，小兒驚癇，止血，鼻衄，燒之，吹內立已。名醫所錄。 【名】血餘。陶隱居云：此即人之頭髮梳下亂畜者是也。 【色】黑。 【味】苦。 【性】微溫，泄。 【氣】味厚于氣，陰中之陽。 【主】止血。 【製】燒灰研細用。

【治】療：《唐本》注云：治轉胞，小便不通，及赤白痢，哽噎，癰腫，屍疰，疔腫，骨疽等瘡。《藥性論》云：消瘀血，關格不通，利水道。《别錄》云：治黄疸，燒髮灰，水調服一錢匕，日三服。○治鼻衄眩冒欲死，燒亂髮，細研，水服方寸匕，須臾，更吹少許入鼻中。○治小兒重舌欲死，以亂髮灰細研半錢，傅舌下，日不住用之。○治食中誤吞髮，繞喉不出。取己頭亂髮燒灰，水調服一錢匕。○治屍疰，燒亂髮如雞子大，爲末，水調服之。○治小兒斑瘡及豌豆瘡，燒髮灰，水服三錢匕。 【合治】髮灰合酒服方寸匕，治小兒驚啼。○亂髮如雞子大，燒灰合鹽湯服之，治霍亂煩燥，以吐爲度，不吐再服。○亂髮合爪甲燒灰，酒服方寸匕，治無故遺血。○亂髮如雞子大合豬脂半斤，煎令盡，分二服，治女勞疸，身目皆黄，發熱惡寒，小腹急滿，小便難，內大熱，乃大勞交接後入水所致也。○亂髮一團如梨許大，合雞子黄煮熟，二物相和，於銚子炭火熬。初甚乾，少頃，髮焦遂有液出。旋取，置一瓷盞中，以液盡爲度。取此液傅熱瘡上，即又以苦參末摻之。○亂髮燒灰合豬脂塗，治小口鷰口，兩角生瘡。○亂髮合露蜂房、蛇蜕皮各燒灰，酒調服方寸匕，治口瘡久不合，神驗。○收自己亂髮，洗淨，曬乾，每一兩合椒五十粒，泥封固入爐，大火煅如黑糟，細研酒調服一錢匕，髭髮黑長。

明・許希周《藥性粗評》卷四 亂髮燒調於肺瘻。髮髲附。

亂髮，平日所積櫛上餘髮也。或取自己所積，或求諸無病之人亦可。燒灰。味苦，性微溫，無毒。主治肺瘻欬嗽，吐血鼻衄，五淋尸疰，霍亂煩躁，小兒重舌，驚癇痘瘡。髮髲音被，兒童頭頂髮也。除剃之日留之。味苦，性微寒，無毒。主治癃閉石淋，小便不利，血痢血暈，關格不通。並燒灰，以水調服。劉安君云：欲髮不脱，梳頭滿千遍。

單方：肺瘻：凡患肺瘻喘欬不止者，亂髮燒灰為末，水調服一匙，日三四，效。鼻洪：亂髮灰，以少許吹入鼻內，立止。小兒痘瘡：亂髮燒灰，以一匙米飲，調與服之。大人淋血：亂髮灰，以一大匙，水調服，日二三，瘥。

明・鄭寧《藥性要略大全》卷九 血餘 止諸淋及轉胞、秘溺，破瘀血，治癰疽，治黄疸，散血。煎膏長肉生肌。《湯液》云：止血，鼻衄，小兒驚癇及大小便秘。療咳嗽。 味苦，微溫，無毒。凡用男子二十歲上下壯健者，以苦參水浸一宿，取入瓶內，煅之烟盡，研末用。

明・王文潔《太乙仙製本草藥性大全》卷五《本草精義》 亂髮 常人落者，色黑潤澤爲良。燒製同前，血證亦用。○蘇云亂髮、露蜂房、蛇蜕皮各燒灰，每味取一錢，酒調服，治瘡口久不合神效。燒灰須略存性。○老君云：收自己亂髮，洗净乾，每一兩入椒五十粒，泥封固入爐，大火一煅如黑糟，細

研酒服一錢，鬢髮長黑。　胎髮：　初剃胎髮，血之嫩苗，老景得之，甚轉衰涸。

明・王文潔《太乙仙製本草藥性大全》卷五《仙製藥性》　亂髮使　味苦，氣微溫。　主治：　主咳嗽赤白痢疾，治五淋二便不通。療轉胞而消瘀血，止鼻衄而破瘍癰。理骨疽有效，調哽噎神功。或悮吞髮繞喉，取自己髮灰調送下。倘破傷風入腦，加何首烏末酒沃灌甦。又和諸藥熬膏，可貼癰疽消腫。　補註：　治黄疸，亂髮燒灰，水調服一錢，日三服。〇小兒驚啼，燒亂髮灰，酒調服之。〇女勞疸，身目皆黄，發熱惡寒，小腹滿急，小便難，因大熱大勞，交接後入水所致。　亂髮如雞子大，猪脂半斤，煎令盡，分二服。〇霍亂煩燥，燒亂髮如雞子大，鹽湯三升和服之，不吐再服。〇催胎衣不下，用頭髮、頭髮稍繚喉中令惡心，其衣自下。〇治無故遺血，以亂髮及爪甲燒灰，酒服方寸〔匕〕。〇治汗血，用亂髮灰〔一〕字，吹入鼻中即止。〇治鼻衄出血，眩冒欲死，燒亂髮灰，研水服方寸〔匕〕，須臾更吹鼻中。〇治小兒重舌欲死，以亂髮灰細研，以半盞傅舌下，日不住用之。〇治屍疰，燒亂髮如雞子大，爲末，水服之差。〇食中悮吞髮，繞喉不出，取己亂髮，燒灰，水調服一錢。〇小兒驚口兩角生瘡，髮灰飲汁服三錢。〇大小便不通，燒亂髮末三指撮，投半升水中一服。〇治大小便利血，灰研如粉飲下方寸〔匕〕。〇孩子熱瘡，亂髮一團梨許大，雞子黄煮熟，二物相和，於銚子内炭火上熬，初甚乾，少頃髮焦，遂有液出，旋取置一甆盞中，以液盡爲度，取此液傅熱瘡上，即以苦參粉粉之。　予在朗州生子，在蓐中便有惡瘡，出於臀腿間，初以他藥傅無益，加劇蔓延半身，狀候至重，晝夜啼號，不乳不睡。予閲《本草》，見髮髲云：　合雞子黄煎之，消爲水，治小兒驚癇熱。　注云：　今俗中嫗母爲小兒作雞子煎，用髮雜熬良久，得汁令小兒服，去熱痰，治百病。　凡用髮皆取梳頭亂者。　又撿雞子云：　治火瘡。　因而用之果效，已後用之無不差矣。〇治白淋，燒灰，水調服。

明・皇甫嵩《本草發明》卷六　亂髮微溫。常人落者，色黑潤澤為良。或云：童髮尤妙。　燒製同前，療治相似，同療血症，淋閉，驚癇等候。　鼻血甚危，燒研末，吹入鼻内，又調方寸匕服之，立止。　和諸藥熬膏，長肉消瘀血。　又治小兒驚口瘡，生口兩角，燒亂髮，和猪脂塗之。　小兒斑瘡、豌痘瘡，髮灰汁服之。　破傷風入腦及沐髮中風，取鷄子大塊，無油器中熬焦，末，加何首烏末二錢，酒沃和匀，嚾之，少頃又嚾，立甦。〇初剃胎髮，血之嫩苗，老景得之，補衰涸。

明・李時珍《本草綱目》卷五二人部　亂髮《别録》

〔釋名〕血餘《綱目》　人退時珍曰：　頭上曰髮，屬足少陰、陽明；　耳前曰鬢，屬手、足少陽；　目上曰眉，屬手、足陽明；　唇上曰髭，屬手陽明；　頦下曰鬚，屬足少陰、陽明；　兩頰曰髯，屬足少陽。其經氣血盛，則美而長；　氣多血少，則美而短；　氣少血多，則少而惡；　氣血俱少，則其處不生。氣血俱熱，則黄而赤；　氣血俱衰，則白而落。《素問》云：　腎之華在髮。王冰注云：　腎主髓，腦者髓之海，髮者腦之華，腦減則髮素。　滑壽注云：　水出高原，故腎華在髮。　髮者血之餘，血者水之類也。今方家呼髮爲血餘，蓋本此義也。《龍木論》謂之人退焉。　葉世傑《草木子》云：　精之榮以鬚，氣之榮以眉，血之榮以髮。《類苑》云：　髮屬心，禀火氣而上生；　鬚屬腎，禀水氣而下生；　眉屬肝，禀木氣而側生。故男子腎氣外行而有鬚，女子、宦人則無鬚，而眉髮不異也。説雖不同，亦各有理，終不若分經者爲的。劉君安云：　欲髮不落，梳頭滿千遍。又云：　髮宜多梳，齒宜數叩。皆攝精益腦之理爾。又昆齋吴玉有《白髮辨》，言髮之白，雖有遲早老少，皆不係壽之修短，由祖傳及隨事感應而已。援引古今爲證，亦自有理。文多不録。

〔氣味〕苦，微温，無毒。　〔主治〕咳嗽，五淋，大小便不通，小兒驚癇，止血。鼻衄，燒灰吹之立已《别録》。　燒灰，療轉胞，小便不通，赤白痢，哽噎，癰腫，狐尿刺，尸疰，疔腫骨疽雜瘡蘇恭。　消瘀血，補陰甚捷震亨。

〔發明〕時珍曰：　髮乃血餘，故能治血病，補陰，療驚癇，去心竅之血。　劉君安以己髮合頭垢等分燒存性，每服豆許三丸，名曰還精丹，令頭不白。　又老唐方，亦用自己亂髮洗浄，每一兩入川椒五十粒，泥固，入瓶煅黑研末，每空心酒服一錢，令髮長黑。　此皆補陰之驗也。用椒者，取其下達爾。　弘景曰：　俗中嫗母爲小兒作鷄子煎，用其父梳頭亂髮，雜鷄子黄熬，良久得汁，與兒服，去痰熱，療百病。

〔附方〕舊十六，新二十四。　孩子熱瘡：　亂髮一團如梨子大，鷄子黄十個，煮熟，同於銚子内熬，至甚乾始有液出，旋置盞中，液盡爲度。用傅瘡上，即以苦參粉粉之，神妙。詳見鷄子黄下。　劉禹錫《傳信方》。　小兒斑疹：　髮灰，飲服三錢。《子母秘録》。　小兒重舌：　欲死者。以亂髮灰半錢，調傅舌下。不住用之。《簡要濟衆方》。　小兒燕口：　兩角生瘡。髮灰三錢，飲汁服。《子母秘録》。　小兒吻瘡：　髮灰，和猪脂塗之。《聖惠方》。　小兒斷臍：　即用清油調髮灰傅之，不可傷水。臍濕不乾，亦傅之。　小兒驚啼：　亂油髮燒研，乳汁或酒服少許，良。《千金方》。　鼻血眩冒：　欲死者。亂髮燒研，水服方寸匕，仍吹之。《梅師方》。　鼻血不止：　血餘，燒灰吹之，立止，永不發。男用母髮，女用父髮。〇《聖惠》：　用亂髮灰一錢，人中白五分，麝香少許，爲末，嗃鼻。名三

奇散。　肺疽吐血：髮灰一錢，米醋二合，白湯一盞，調服。《三因方》。　咳嗽有血：小兒胎髮灰，入麝香少許，酒下。每個作一服，男用女，女用男。《朱氏集驗》。　齒縫出血：頭髮切，入銚内炒存性，研，摻之。華佗《中藏經》。　肌膚出血：胎髮燒灰，傅之即止。或吹入鼻中。《證治要訣》。　諸竅出血：頭髮、敗椶、陳蓮蓬，並燒灰等分。每服三錢，木香湯下。《聖惠方》。　上下諸血：或吐血，或心衄，或内崩，或舌上出血如簪孔，或鼻衄，或小便出血，並用亂髮灰，水服方寸匕，一日三服。《聖濟》。　無故遺血：亂髮及爪甲燒灰，酒服方寸匕。《千金方》。　小便尿血：髮灰二錢，醋湯服。《永類方》。　血淋苦痛：亂髮燒存性二錢，入麝少許，米飲服。《聖惠方》。　大便瀉血：血餘半兩燒灰，鷄冠花、柏葉各一兩，爲末。卧時酒服二錢，來早以温酒一盞投之。一服見效。《普濟》。　胎産便血：髮灰，每飲服二錢。昝殷《産寶》。　女人漏血：亂髮洗净燒研，空心温酒服一錢。《婦人良方》。　月水不通：童男、童女髮各三兩燒灰，斑蝥二十一枚，糯米炒黄，麝香一錢，爲末。每服一錢，食前熱薑酒下。《普濟方》。　婦人陰吹：胃氣下泄，陰吹而正喧，此穀氣之實也，宜猪膏髮煎導之。用猪膏半斤，亂髮鷄子大三枚，和煎，髮消藥成矣。分再服，病從小便中出也。張仲景方。　女勞黄疸：因大熱大勞交接後入水所致。身目俱黄，發熱惡寒，小腹滿急，小便難。用膏髮煎治之，即上方。《肘後方》。　黄疸尿赤：亂髮灰，水服一錢，日三次，秘方也。《肘後》。　大小便閉：亂髮灰三指撮，投半升水服。姚氏。　乾霍亂病：脹滿煩躁。亂髮一團燒灰，鹽湯二升，和服取吐。《十便良方》。　尸疰中惡：《子母秘録》用亂髮如鷄子大，燒研，水服。〇一方用亂髮灰半兩，杏仁半兩去皮、尖，研，煉蜜丸梧子大。每温酒日下二三十丸。　破傷中風：亂髮如鷄子大，無油器中熬焦黑，研，以好酒一盞沃之，入何首烏末二錢，灌之。少頃再灌。《本草衍義》。　沐髮中風：方同上。　令髮長黑：亂髮洗曬，油煎焦枯，研末，擦髮良。《聖惠》。　擦落耳鼻：頭髮瓶盛泥固，煅過研末，以擦落耳、鼻，乘熱蘸髮灰綴定，軟帛縛住，勿令動，自生合也。《經驗良方》。　聤耳出膿：亂髮裹杏仁末塞之。《聖惠方》。　吞髮在咽：取自己亂髮燒灰，水服一錢。《延齡至寶方》。　蜈蚣螫咬：頭髮燒煙熏之。　疔腫惡瘡：亂髮、鼠屎等分，燒灰。針入瘡内，大良。《聖惠方》。　瘡口不合：亂髮、露蜂房、蛇蜕皮各燒存性(一)錢，用温酒食前調服，神妙。《蘇沈良方》。　下疳濕瘡：髮灰一錢，棗核七個，燒研，洗貼。《心鑑》。　大風癘瘡：用新竹筒十個，内裝黑豆一層，頭髮一層，至滿，以稻糠火盆内煨之。候汁滴出，以盞接承，翎掃瘡上，數日即愈。亦治諸瘡。邵真人《經驗方》。

題明・薛己《本草約言》卷二《藥性本草》　人髮　乃血之餘，而補陰之功最捷。〇亂髮燒灰研末，調方寸匕，治鼻衄欲死者立效，更以末吹鼻中。又小兒胎髮丸，與童男女剃下者，尤堪治失血。又亂髮和諸藥熬膏，長肉消瘀血。又多産婦人髮作灰，和龜甲灰，和劑酒服三四錢，善治難産。

明・梅得春《藥性會元》卷下　亂髮　味辛，微温，無毒。一名血餘。主治咳逆，五淋，利大小便，小兒驚癇。若止吐血、鼻衄，並燒存性，吹鼻内效。鼻血成流欲死者，水調方寸匕服，立效。以其補陰之功大而捷也。入膏藥，散諸腫毒。

明・倪朱謨《本草彙言》卷一九　亂髮又名血餘。　味苦，氣温，無毒。入手足少陰經血分。　李氏曰：頭上曰髮，屬足少陰、陽明。耳前曰鬢，屬手足少陽。目上曰眉，屬手足陽明。唇上曰髭，屬手陽明。頦下曰鬚，屬足少陰、太陽。兩頰曰髯，屬足少陽。其經氣血俱盛則色潤而長，氣多血少則色潤而短，血多氣少則色悴而長，氣血俱少則其處不生。氣血俱熱則色黄而燥，氣血俱衰則色白而槁。又血氣清者鬚稀，血氣濁者鬚渾，心慈者鬚軟，心堅者鬚硬。貴壽者鬚索，貧夭者鬚枯。《素問》云：腎之華在髮。王冰注云：腎主髓，腦者髓之海，髮者腦之華。腦減則髮悴而少壽。又云：水出高原，故腎華在髮，髮者血之餘，血者水之類也。又葉氏云：精之榮在鬚，氣之榮在眉，血之榮在髮。《類苑》云：髮屬心，禀火氣而上生；鬚屬腎，禀水氣而下生。眉屬肝，禀木氣而横生。故男子腎氣外行而有鬚，女子、宦人眉、髮不異而無鬚者，無外腎故也。又有鬚、髮之白有遲早之不同，此不係年壽修短、疾病之由，而由祖父遺體、隨氣感應而已。

亂髮：蘇恭解癰毒，補陰髓，《别録》利小便之藥也。茹日江曰：髮乘陽氣而生，禀陰髓而長，爲心之標、血之餘也。叢生陽首而復倒垂，則炎上之用，即潤下之體。故血盛之人則髮潤而黑，血少之人則髮燥而黄。男子八歲腎氣盛，齒更髮長，是髮因人之血氣以爲生長榮枯也。故《聖惠方》治一切血病，凡上下諸竅出血，或吐血、衄血，舌上出血，齒縫出血，或内崩脱血，糞前後血，小便淋血等證，有關陽躁陰離，營陰失守而致走失者，能入心走肝，益血止血也。況心主血，髮爲血餘，實爲血之苗也。本屬神化之精，以火煅之，復化而凝成，自還血質，非神化而何？又蘇氏方用亂髮燒灰，或熬汁，治一切癰毒瘡腫，能止痛散毒、長肉生肌者，髮本心血之苗，而諸毒癰疽實由心氣鬱閉不通，血脉因之而凝澀爲腫爲癰矣。今以藉心血生長之物，而治心鬱血

凝爲毒之病，以類從治，所以癰毒熾盛之際，用此立解也。

集方：《方脉正宗》治一切血病，凡耳目口鼻上部諸竅出血，如吐血衄血，舌上出血，齒縫出血，内崩脱血，糞前後血，小便淋血等證。用亂髮八兩，滚湯洗去油垢，淨水一斗，鍋内煮，水乾添湯，以髮化爲度。入砂鍋内微火熬成膏，人參湯調服十茶匙。○同上治吐血衄血。用亂髮一兩，湯洗淨，烘乾，火燒灰存性，爲末，細羅篩過。如有燒不化者不可用。取細末用。生地四兩，生側柏葉二兩，水三大碗，煎一碗，和髮灰一半與服。渣再用水如法煎，再和髮灰一半與服，服完血立止。○《和劑局方》治腸風瀉血。用亂髮一兩，湯洗同前，入鍋内炒焦，再入荆芥三兩，槐花、槐角各一兩，俱入鍋同亂髮再炒，以焦黑爲度，研極細末，每早服二錢，空心溫酒調下。○《婦人良方》治婦人内崩脱血。用亂髮二兩，湯洗同前，入鍋内炒焦，爲細末，配當歸身、丹參各三兩，微炒爲末，和入髮灰，煉蜜丸梧子大。每早服三錢，白湯送下。○《龐玉泉家抄》治小便淋血。用亂髮六錢，湯洗同前，車前子一兩，茯苓五錢，生地二兩，水五碗，煎一碗，食前服，二帖愈。兼治小便不通。○治一切諸毒。膏藥油内熬，入亂髮數兩。未潰能消毒止痛，已潰能長肉生肌。○華佗《中藏經》治齒縫出血。亂髮炒焦，研細末摻之。○《肘後方》治黄疸尿赤。用亂髮燒灰，每服一錢，白湯調下。○同上治蜈蚣螫咬。用亂髮燒烟熏之。○邵真人方治大風癘瘡。用新竹筒十個，内裝黑豆一層，亂髮一層，至滿，以稻糠火盆内煨之，候有汁，倒傾滴出。以盞承接，以鵝羽掃瘡上，數日即愈。亦治諸瘡。

明·顧逢柏《分部本草妙用》卷一肝部·温補　血餘　苦，微溫，無毒。主治：欬嗽，五淋，大小便不通，小兒驚癇。止血，鼻衄，灰吹立已。燒灰，療轉胞，小便不通，赤白痢，哽噎，狐尿刺，尸疰疔疽，消瘀血。補陰甚捷，去心竅血，能令黑髮而長。

明·黄承昊《折肱漫録》卷三　亂髮煅成血餘入藥，最能補血，胎髮更效。

明·鄭二陽《仁壽堂藥鏡》卷九　髮灰一名血餘。　取亂髮入瓶内，泥固，煅烟盡，為末用。　主消瘀止血，有補陰之功。又吹鼻止衄。食中誤吞髮，繞喉，取自己髮灰，水調一錢服。　《參同契》云：同類易施功，非種難為巧。雖云丹法，移之治病，雅有神化。予嘗考古今養生家，千條萬訣，莫要於人壞人補之一語。即《内經》形不足者，補之以氣也。漫述數訣，勿藥有喜，庶醫之完技云。　凡肩背、肢節、骨腕筋會之處注痛，多屬痰凝氣滯。不拘男女，但取神旺氣長者，令以口對患處，隔絹綿進氣，不呵不吹，極力努氣，使人透，覺暖至熱，又易一人，以愈為度。　多病善養者，每夜令僕擦足心至極熱，甚有益。三里、腎俞，皆不可缺。　腎虚腰痛，令少陰掌心摩擦，每至萬餘。或令進氣於腎俞之穴。丹田冷者，亦摩擦而進於臍輪，其功尤烈。有瘻痹疾者，偎臥患處於壯陰之懷，久之生氣和浹，病氣潛消。　老人尤宜與少艾偎臥。有喻千戸者行此，年九十餘，康健。　凡小疾有痛處，即令壯夫揩擦至熱，或按之、拿之，令氣血轉移，其疾可却。　《唐本》注云：髮灰療轉胞，小便不通。　雷公云：男子二十，顔貌紅白者，取頂心髮，先用苦參水浸一宿，漉出，入瓶中以火煅之。

明·蔣儀《藥鏡》卷一温部　髮灰　入心除熱，而小水淋浪。入腎益陰，而膀胱通利。和血結之痛，散氣閉之腫。立止漏崩鼻衄，煎膏拔毒生肌。

明·張景岳《景岳全書》卷四九《本草正》　血餘　味微苦，性溫。氣盛，升也，陰中陽也。在古藥性不過謂其治欬嗽，消瘀血，止五淋，赤白痢疾。療大小便不通，及小兒驚癇。治哽噎，癰疽疔腫。燒灰吹鼻，可止衄血等證。然究其性味之理，則自陰而生，自下而長，血盛則發盛，最得陰陽之生氣。以火炮製，其色甚黑，大能壯腎，其氣甚雄，大能補肺。此其陰中有陽，靜中有動，在陰可以培形體，壯筋骨，托癰疽。在陽可以益神志，辟寒邪，溫氣海，是誠精氣中最要之藥。較之河車、鹿角膠陰凝重著之輩，相去遠矣。凡補藥中，自人參、熟地之外，首當以此為亞。

清·穆石匏《本草洞詮》卷一三　亂髮　頭上曰髮，屬足少陰、陽明耳。前曰鬢，屬手足少陽。目上曰眉，屬手足陽明。唇上曰髭，屬手陽明。頦下曰鬚，屬足少陰、陽明。兩頰曰髯，屬足少陽。其經氣血盛則美而長，氣多血少則美而短，氣少血多則少而惡，氣血俱少則其處不生，氣血俱熱則黄而赤，氣血俱衰則白而落。《素問》云：腎之華在髮。王冰註云：腎主髓。腦者，髓之海。髮者，腦之華，腦減則髮素。葉世傑云：精之榮以鬚，氣之榮以眉，血之榮以髮。《類苑》云：髮屬心，稟火氣而上生。鬚屬腎，稟水氣而下生。眉屬肝，稟木氣而側生。故男子腎氣外行而有鬚，女子宦人則眉髮不異而無鬚也。說雖不同，亦各有理，不若分經者為的耳。劉安云：欲髮不落，梳頭滿千遍。又云：髮宜多梳，齒宜數叩，皆攝精益腦之理也。吳崑齋

有《白髮辨》，言髮之白雖有遲蚤老少，皆不係壽之脩短，繇祖傳及隨事感應而已。亂髮味苦，氣微溫，無毒。主補陰，療驚癇。鼻衄，燒灰吹之立已。劉安以己髮合頭垢等分，燒存性，每服豆許三丸，名還精丹，令頭不白。陶貞白有雞子煎方，用其父梳頭亂髮，雜雞子黃熬，良久得汁，與兒服，去痰熱，療百病。

清・張志聰《侶山堂類辯》卷下　血餘　腎藏精，其榮在髮。心主血，髮乃血之餘也。夫血乃所生之精汁，奉心神而化赤，故曰血者，神氣也。《本經》髮髲主五癃關格不通，療小兒驚，大人痓，仍自還神化，謂血化之餘，榮仍自還于神化也。血脉流通，精神交感，則關格通而驚痓自解。是以痘方用血餘者，取其能導腎精中之毒氣，歸于心神，行于脉絡，而又能敗毒。

清・蔣居祉《本草擇要綱目・溫性藥品》　血餘頭上曰髮，屬足少陰陽明。耳前曰鬢，屬手足少陽。目上曰眉，屬手足陽明。唇上曰髭，屬手陽明。頦下曰鬚，屬足少陰、陽明。兩頰曰髯，屬足少陽。其經氣血盛則美而長，氣多血少則美而短，氣少血多則少而惡，氣血俱少則其處不生，氣血俱熱則黃而赤，氣血俱衰則白而落。　氣味：　苦，微溫，無毒。　主治：　欬嗽，五淋，大小便不通，小兒驚癇。止血，鼻衄燒灰吹之，立已。燒灰，療轉胞小便不通。赤白痢，哽噎，癰腫，疔腫骨疽雜瘡，消瘀血。補陰甚捷。髮乃血餘，故能治血病。補陰，療驚癇，去心竅之血。

清・張璐《本經逢原》卷四　髮　苦，微溫，無毒。揀去白者，先用滾水洗淨，入烊成罐，外用鹽泥固濟，煅，候罐內外通紅，冷定，研末，置地去火毒用。　《本經》主五癃關格不通，利小便水道，療小兒驚，大人痓，仍自還神化。　發明：　髮者，血之餘，故能治血病。雖曰補真陰，療驚癇，理欬嗽，固崩帶，止血暈，而實消瘀生新，能去心竅惡血，並煅過服。若煅之不透反能動血。合雞子黃香油煎之，消化為水，則治小兒胎驚及塗癩瘡有效。用入膏藥中則長肉消瘀。《本經》治五癃關格不通，利小便水道，皆取其利竅散瘀之功。其療小兒驚、大人痓，以能達肝心二經，開通痰血之滯也。仍自還神化者，言服自己之髮則勝用他人之髮也。但胃虛人勿用，以其能作嘔瀉也。亂髮功用與此不殊，而剃下者尤勝，取長之速也。小兒胎髮煅灰，大解胎毒而補先天血氣，以純陽未離也。

清・劉漢基《藥性通考》卷四　胎髮　乃血之嫩苗，老景得之，甚補衰涸。至於血餘，補陰甚捷，諸血症服之即止。凡用須洗淨，燒灰存性，入湯劑調服。蓋髮味苦而氣溫，有益無損，故取以為止血救急之味也。其餘本經所載，未見其效。

清・王子接《得宜本草・下品藥》　亂髮　味苦。功專止血通淋。得猪膏治婦人陰吹。

清・黃元御《長沙藥解》卷四　人髮　味苦，入足太陽膀胱、足厥陰肝經。利水通淋，泄濕行瘀。《金匱》猪膏髮煎方在猪膏用之治諸黃疸，及女子陰吹。以其泄濕而行滯也。滑石白魚散方在滑石用之治小便不利，以其利水而通淋也。　髮灰長於利水，而善行血瘀，能止上下九竅之血，消一切癰腫，通女子經閉。童女髮灰，治夢遺最神。　燒灰存性，研細用。

清・吳儀洛《本草從新》卷六　髮補陰。一名血餘。　苦，平。入足少陰、厥陰腎、肝。補陰消瘀。治諸血病，能去心竅之血，故亦治驚癇。血痢血淋，舌血茅根湯服。鼻血，吹鼻。小兒驚熱。合雞子黃煎為汁服，雞子能去風痰。合諸藥煎膏，涼血，去瘀長肉。胎髮尤良，補衰涸。《經》曰：　腎者精之處，其華在髮。王冰注云：　腎主髓，腦者髓之海，髮者腦之華，腦髓減則髮素。時珍曰：　髮者血之餘。埋之土中，千年不朽；以火煅之，凝成血質；煎之至枯，復有液出；誤吞入腹，化為癥蟲；煅煉服食，使髮不白，故《本經》有自還神化之稱。皂莢水洗淨，入罐固煅存性。

清・汪紱《醫林纂要探源》卷三　血餘　鹹，苦，微寒。髮也。或以其上生為屬心，或以為屬腎。然《內經》言腎者，精之處也，其華在髮。王叔和云：　腎主腦髓。腦者，髓之海。髮者，腦之華。腦髓減則髮白。然則髮自當屬腎矣。要之心腎相牝牡者，心腎交則腎氣榮而上行，心腎不交則心血枯而髮槁。血亦人身之水而已，故髮主治皆血證。胎髮為上，髡薙者次之，自落者為下。然古人翦為髻，理之為兩髦，子事父母者，插之左右。父死脫左，母死脫右，脫而藏之。凡櫛沐所落，皆藏之，及死，乃并齒爪之翦落者，納之棺中，重父母之遺以歸全也。惟罪人乃髡之，因以為貴者，被髢之用。故古經有以髮髲入藥者。不然，則用為藥，亦古人所不忍也。　交心腎，通關格，治諸血證，能止能行。鹹則補心瀉腎，苦則補腎瀉心，本血之華也。故治諸血病，以皂莢水洗净，入瓦罐固煅，存性。治諸積血瘀血，血痢血淋，通噎膈。燒灰吹鼻，止衄血。塗舌上，治舌血。合雞卵黃熬汁服，治風痰迷心，及心虛驚惕。燒烟，可辟邪惡土氣。髮灰合雞卵煮食，可止咳嗽。和酒服，治衝任寒氣上攻，小腹切痛，并治尸疰。調豬脂，塗小兒口角生瘡。

清・張德裕《本草正義》卷上　血餘　微苦，澁，溫。善止一切諸血，能補肺壯腎，培形體，強筋骨，托癰疽，溫氣海，為精氣中要藥。若龜、鹿膠、紫河車陰凝重著者，相去遠矣。

清・葉桂《本草再新》卷一一　血餘味苦，性平，無毒。入肝、腎二經。　補陰養血，治崩淋二帶，通經安產。以血治血。

清・趙其光《本草求原》卷二七人部　髮灰一名血餘灰。禀火氣而上生，血之榮也，屬心。鬚下生，腎氣之外行也；眉側生，肝氣之榮也。又毛為肺合，腎華在髮，是水精奉心肺化血所生。苦，溫，無毒。兼達肝、利竅、化瘀、生新。治五癃，關格不通，水道不利，肺調水道，小腸為心腑，血行則竅通利。小兒驚，大人痙。血和則心肺之痰亦消。仍自還神化，服自己之髮，則還歸至陰，助水精上奉心神以化血也。令髮不白，去淋痛、黃疸、水服。小兒驚熱、雞子黃同髮煎消服，並塗疥癩。血悶、血暈、血痢、崩帶、金瘡傷風、俱酒調下。咳嗽、亦瘀病。通經、安產、小兒客忤。見生人致病，取來人髮十條，以兒衣少許同燒，乳調下。入藥煎膏，長肉消瘀，雖補陰，而散瘀功勝。胃虛人服之，則嘔瀉。小兒胎髮，更補血氣，解胎毒，以純陽未離也。剃髮飲之，取速長也。亂髮，須擇無病人，去白的用，皂角水洗淨，又用甘草水洗，鹽水洗，曬乾，入罐內泥鹽包煅，研細用。煅不透則反動血。鼻衄，吹之；吐血、尿血，醋湯調；血淋，入麝調飲；便血，同雞冠花、柏葉末酒下；漏血，酒下；女勞、黃疸，同豬膏煎服；黃疸、尿赤，水服；破傷、中風，同首烏末服；疔腫，同鼠矢燒，針入瘡內。同蜂房、蛇蛻，煅服，收瘡口；同棕灰、蓮蓬灰，止諸竅出血。陳修園曰：用此勝於河車。增熱為害，故曰還神。

清・文晟《新編六書》卷六《藥性摘錄》　血餘　味苦，微溫。入肝心，兼入腎。涼血，逐瘀生新。〇療驚癇，理咳嗽，固崩帶，止血暈，血痢血淋，舌血鼻血，暨轉胞不通。及塗瘡疥。入膏敷毒，治皆有効。〇若胃虛用之，多致吐瀉。

清・張仁錫《藥性蒙求・人部》　血餘五分　血餘苦平，消瘀生新。諸般血證，胎髮尤神。即頭髮。入肝腎經。治諸血病，能去心竅之血，故亦治驚癇，以及血痢血淋，舌血鼻血，小兒驚熱。胎髮尤良，補衰涸。〇皂莢水洗淨，入罐內煅存性。〇髮灰氣味不佳，胃弱者勿服。

清・戴葆元《本草綱目易知錄》卷七　亂髮　苦，微溫。髮者，血之餘，入足少陰、陽明經。煅用，補陰甚捷。去心竅之血而消瘀血。

清・黃光霽《本草衍句》　髮灰即血餘。　鹹以補心瀉腎，苦則補腎瀉心。入肝、腎血分。涼血散瘀，長肉養陰。利小便水道，通關格五癃。鼻衄舌血，灰吹鼻衄，同茅根服止舌血。吐痢血淋。諸血症能行能止。療驚癇心竅瘀血，治衝任寒氣上侵。婦人陰吹，胃氣下泄，陰吹而止喧，此穀氣之食也。宜猪膏髮煎導之，用猪膏半斤，亂髮如鷄子大三枚，和煎髮，消藥成矣。分再服，病從小便中出也。仲景方得滑石，治小便淋閉。　諸竅出血，胎髮灰敷之，即止。或吹入鼻中，上下諸血，或吐血，或心衄，或內崩，或舌上出血，並用髮灰，水服。　女勞黃疸，因大熱大勞，交接後入水所致。身目俱黃，發熱惡寒，小腹急滿，小便難。用膏髮煎治之。此仲景方也。

清・鄭奮揚著，曹炳章注《增訂偽藥條辨》卷四　血餘　《本經》列於中品。氣味苦溫，無毒。主治五癃關格不通，利小便水道，療小兒驚，大人痓，仍自還神化。《本草崇原》云：凡吐血衄血之症，皆宜用血餘。當用髮髲，近於頭皮之髮剃下，短髮尤佳。或用亂髮亦可。以皂莢水洗淨，入瓶內固濟，煅灰存性，方合經旨。近市肆有一種假血餘灰，不知何種獸毛所煅，色暗味臭，萬不可用。若重症服之，誤人匪淺。噫！至便之藥，亦有假充，為醫者能不寒心束手乎？　炳章按：古人造血餘法，臘月取薙下短髮，以皂莢水洗去泥垢，入甕均鹽泥封固，外用礱糠火煅一晝夜，候冷取出用。近時以兩鐵鑊相合，亦用鹽泥封口，用桑柴文火，上鑊臍放米數十粒，俟米焦熄火，候冷透開取，則血餘黑亮鬆脆，其質輕，無臭氣。若煅未透，則質堅重極臭。惟不能走氣，若走氣則變灰無用矣。近時昧利者，以人髮一吡，再夾細石砂一吡，煅如前法，形色亦光黑而亮，惟質甚重，不如純血餘之輕也。

清・周巖《本草思辨錄》卷四　亂髮　髮亦名血餘。古以男子年近二十無疾病者，剪頂心髮燒研入藥。故《本經》名髮髲，功用與亂髮無異。亂髮乃梳櫛下髮也，以皂角水洗淨曬乾，入罐固濟，煅存性用。

水出高原，故腎華在髮。髮者，血之餘，血者，水之類。此滑攖寧注《素問》語也。而《本經》髮主五癃、關格不通、利小便水道，若移滑語作此疏，亦確不可易。仲聖猪膏髮煎治黃疸與陰吹正喧，以猪膏潤燥，亂髮引入下焦血分，消瘀通關格利水道。滑石白魚散，乃利小便之重劑。病不專在氣分，滑石利竅驅濕熱，不輔以白魚、亂髮血中之氣藥，則膀胱之水道猶不得利。凡仲聖用血餘，與《本經》正如符節之合。後世因《本經》有自還神化一語，不得其解，遂附會其說，或謂補真陰，或謂益水精，曾是通關格之物而能有補益之實者耶。《別錄》合雞子黃煎之消為水，療小兒驚熱百病。雞子甘溫育陰，本

治小兒虛熱之妙品。血餘得之，則變峻逐為宣邑，而陰分之積熱以解，痰逆以平。以此法塗熱瘡，小兒及産婦亦俱宜。古方元精丹，則以血餘配入首烏等一切補腎之藥，為便後脱血之良方。此皆得製劑之道，而血餘乃有功而無過，非血餘之本能然也。鼻衄以血餘燒灰，吹之立止，即齒血便血與諸竅出血，燒灰送服，亦無不止。此蓋色黑止血，而血餘更以血入血，故應如桴鼓。要不可忘其為消瘀之厲劑也。

髭鬚

宋·唐慎微《證類本草》卷一五人部　人髭　唐李勣嘗疾。醫診之云：得鬚灰服之方止。太宗遂自剪髭，燒灰賜服之，復令傅癰瘡，立愈。故白樂天云：剪鬚燒藥賜功臣。仁宗皇帝賜呂夷簡：古人有語，髭可治疾，今朕剪髭與之合藥，表朕意。

明·王文潔《太乙仙製本草藥性大全》卷五《仙製藥性》　人髭鬚　剪下燒灰敷癰瘡亦愈。治諸病如神。【略】

明·李時珍《本草綱目》卷五二人部　髭鬚《證類》

【集解】時珍曰：觜上曰髭，頤下曰鬚，兩頰曰髯。詳見下。

【主治】燒研，傅癰瘡慎微。

【發明】慎微曰：唐李勣病。醫云：得鬚灰服之方止。太宗聞之，遂自剪髭燒灰服，復令傅癰立愈。故白樂天詩云：剪鬚燒藥賜功臣。又宋呂夷簡疾，仁宗曰：古人言髭可治疾，今朕剪髭與之合藥，表朕意也。

明·李中立《本草原始》卷一二　髭鬚　時珍曰：觜上曰髭，頤下曰鬚。　髭鬚：主治：燒研，傅惡瘡。　唐李勣病，醫云：得鬚灰服之方止。太宗聞之，遂自剪髭，燒灰賜服，復令傅癰，立愈。故白樂天詩云：剪鬚燒藥賜功臣。

清·浦士貞《夕庵讀本草快編》卷六　髭鬚《證類》　嘴上曰髭。髭，姿也，為姿容之美也。頤下曰鬚。鬚，秀也。物成乃秀，人成而鬚生也。在頰曰髯，隨口動摇，翼翼然也。　鬚藉血液而生，少壯則黑，年老則白，功與髮相類。燒傅癰瘡，勝於髮矣。唐李勣病，醫者云非鬚灰不愈，太宗聞之，遂自剪鬚，煅灰賜之。故白樂天詩云剪鬚燒藥賜功臣是也。宋呂夷簡疾，仁宗曰：古人言髭可治疾，今朕剪髭與之合藥，以表朕意。但兩公所生何疾，必用髭鬚得治？天寵君臣魚水，豈能多見哉！

陰毛

宋·唐慎微《證類本草》卷一五人部〔唐·陳藏器《本草拾遺》〕　男子陰毛　主蛇咬，口含二十條，嚥其汁，虵毒不入腹內。

明·陳嘉謨《本草蒙筌》卷一二　陰毛　婦人陰毛，主五淋及陰陽易病；男子陰毛，主蛇咬令毒不入腹。以口含二十條嚥汁吞下。橫生逆産，用夫毛二七莖，燒灰研猪脂油和，為丸豆大吞之。

明·王文潔《太乙仙製本草藥性大全》卷五《仙製藥性》　男陰毛　口含二十莖，而嚥其汁，主蛇咬毒不入腹傷人。

明·李時珍《本草綱目》卷五二人部　陰毛《拾遺》

【主治】男子陰毛：主蛇咬，以口含二十條嚥汁，令毒不入腹藏器。橫生逆産，用夫陰毛二七莖燒研，猪膏和，丸大豆大，吞之《千金方》。婦人陰毛：主五淋及陰陽易病時珍。

【附方】新一。　陰陽易病：病後交接，卵腫或縮入腹，絞痛欲死。取婦人陰毛燒灰飲服，仍以洗陰水飲之。《聖濟總録》。　牛脹欲死：婦人陰毛，草裹與食，即愈。《外臺秘要》。

明·李中立《本草原始》卷一二　陰毛　男子陰毛：主治：蛇咬，以口含二十條，嚥汁，令毒不入腹。○橫生逆産，用夫陰毛二七莖，燒研，豬膏和丸大豆大，吞之。　婦人陰毛：主治：五淋及陰陽易病。○牛脹欲死，婦人陰毛草裹與食之，即愈。

清·吳鋼《類經證治本草·經外藥類》　陰毛男子陰毛　【略】誠齋曰：男女思慾成病者，及淂所欲而不愈，取陰毛燒研，水丸大豆大，服之立差。男病取女，女病取男。

爪甲

宋·唐慎微《證類本草》卷一五人部〔宋·掌禹錫《嘉祐本草》〕　懷妊婦人爪甲　取細末置目中，去翳障。新補，見陳藏器。

〔宋·掌禹錫《嘉祐本草》〕按：日華子云：手爪甲，平，催生。

〔宋·唐慎微《證類本草》〕葛稚川：治忍小便胞轉。自取爪甲燒灰，水服。又方：治婦人淋。自取爪甲燒灰，水服。亦治尿血。

宋·寇宗奭《本草衍義》卷一六　人指甲　治鼻衄，細細刮取，俟血稍定，去瘀血，於所衄鼻中搐之，立愈。獨不可備，則衆人取之，甚善。衄藥，并

法最多，或效或不效，故須博採，以備道途、田野中用。

宋・陳衍《寶慶本草折衷》卷一四　妊婦爪甲灰及常人指甲在內。　乃手爪甲也。〇刮取細末。

平。〇末置目中去瞖障。〇日華子云：催生。〇葛稚川方：治忍小便胞轉，自取爪甲燒灰，水服。〇又方：治婦人淋，自取爪甲，燒灰，水服。亦治尿血。〇寇氏曰：人指甲，常人爪也。治鼻衄，細細刮取，俟血稍定，去淤血，於所衄鼻中搐之愈。獨不可備，則衆人取之。〇此謂一切男女指甲可通用。〇淤，一作瘀。

明・劉文泰《本草品彙精要》卷二二　懷妊婦人爪甲　取細末置目中，去瞖障。名醫所錄。〔治〕療：《唐本》注云：手指甲，能催生。《衍義》曰：人指甲，治鼻衄，細細刮取，俟血稍定，去瘀血，於所衄鼻中搐之，立愈。獨不可備，則衆人取之甚善。治衄藥並法最多，或效或不效，故須博採，以備道途、田野中用可也。《別錄》云：治忍小便胞轉者，取自己爪甲燒灰，水調服之。並婦人淋及尿血，並治之。

明・許希周《藥性粗評》卷四　眼障刮除妊婦甲。

妊婦甲，懷孕婦人手指甲也。味□，性平，無毒。主治眼目障瞖，刮取細末，納眼中，有效。　又方：催生：妊娠自刮指甲末，溫酒調服，易產。　血漏：妊娠自刮指甲末，清水調服，自愈。

明・鄭寧《藥性要略大全》卷九　人蛻即足手指甲也。　殺三尸、九蟲，退目翳膜。

于每年常以庚申日剪取手指甲，丑日去足甲。每年七月十六日，將所去手足甲炒黃為末，或燒存性為末，和水服之，則殺本身之三尸九蟲，名曰斬三尸也。〇夫人身中皆有三尸、九蟲，於庚申、甲子夜及除夕，皆能升天奏本人平生惡事，故古人有守歲之說，惟三魂入天，專奏本人善事以平之。

明・陳嘉謨《本草蒙筌》卷一二　手爪甲　味甘、鹹，無毒。孕婦爪甲，取細末、點目中去瞖障；衆人爪甲，可催生下胞衣。利小便兼治尿血，及理陰陽易病。且止鼻衄，細刮嗃之立愈。

明・王文潔《太乙仙製本草藥性大全》卷五《本草精義》　人爪甲　一名人脫，一名胎骨。取用時獨不可(脩)〔備〕，須衆人間取甚善，用磁爪刮下的亦好，研爲細末聽用。　斬三尸法：於每年常以庚申日剪取手爪，甲午日去足甲，每年七月十六日將所去手足甲炒黃爲末，或燒存性爲末，和水服之，則殺本身之三尸九蟲，名曰斬三尸也。〇夫人身中皆有三尸九蟲，於庚申、甲子夜及除夕，皆能升天奏本人平生惡事，故古人有守歲之說，惟三魂入天，專奏本人善事以平之。

明・王文潔《太乙仙製本草藥性大全》卷五《仙製藥性》　人指爪甲　主三尸九蟲極妙，退目中瞖障神方。去瘀血尤良，催生產大效。　補註：治忍小便胞轉，自取指甲燒灰水服。〇瞖障，取婦人爪甲，刮取細末，置目中即效。〇治婦人淋，自取爪甲燒灰水服，亦治尿血。　《衍義》曰：人指甲治鼻衄，細細刮取，俟血稍定，去瘀血，於所衄鼻中搐之，立愈。獨不可備，則衆人取之甚善。衄藥，並法最多，或效或不效，故須博採，以備道途、田野中間。

明・李時珍《本草綱目》卷五二人部　爪甲《綱目》

〔釋名〕筋退時珍曰：爪甲者，筋之餘，膽之外候也。《靈樞經》云：肝應爪，爪厚色黃者膽厚，爪薄色紅者膽薄；爪堅色青者膽急，爪耎色赤者膽緩；爪直色白者膽直，爪惡色黑者膽結。

〔氣味〕甘、鹹，無毒。　〔主治〕鼻衄，細刮嗃之，立愈。衆人甲亦可宗奭。催生，下胞衣，利小便，治尿血，及陰陽易病，破傷中風，去目翳時珍。懷妊婦人爪甲：取末點目，去翳障藏器。

〔附方〕舊三，新二十。　斬三尸法：《太上玄科》云：常以庚辰日去手爪，甲午日去足爪。每年七月十六日將爪甲燒灰，和水服之。三尸九蟲皆滅，名曰斬三尸。〇一云：甲寅日三尸游兩手，翦去手爪甲；甲午日三尸游兩足，翦去足爪甲。　消除脚氣：每寅日割手足甲，少侵肉，去脚氣。《外臺秘要》。　破傷中風：手足十指甲，香油炒研，熱酒調。呷服之，汗出便好。〇《普濟》治破傷風，手足顫掉，搐搖不已。用人手足指甲燒存性六錢，薑製南星、獨活、丹砂各二錢，爲末。分作二服，酒下，立效。　陰陽易病：用手足爪甲二十片，中衣襠一片，燒灰。分三服，溫酒下。男用女，女用男。　小兒腹脹：父母指爪甲燒，傅乳上飲之。《千金》。　小便轉胞：自取爪甲，燒灰水服。　男女淋疾：同上。並《肘後》。　小便尿血：人指甲半錢，頭髮一錢半，燒研末。每服一錢，空心溫酒下。《聖濟録》。　妊娠尿血：取夫爪甲燒灰，酒服。《千金》。　胞衣不下：取本婦手足爪甲，燒灰酒服。即令有力婦人抱起，將竹筒於胸前趕下。《聖惠》。　諸痔腫痛：蠶繭內入男子指甲令滿，外用童子頂髮纏裹，燒存性，研末，蜜調傅之。仍日吞牛膽製過槐子，甚效。萬表《積善堂方》。　針刺入肉：凡針折入肉，及竹木刺者。刮人指甲末，同酸棗搗爛，塗之。次日定出。《聖惠方》。　飛絲入目：刮爪甲末，同津

液點之，其絲自聚拔出也。《危氏得效方》。　物入目中：　左手爪甲，刀刮屑末，燈草蘸點翳上，三次即出也。　瘢痘生翳，一切目疾：　並以木賊擦取爪甲末，同朱砂末等分，研勻，以露水搜，丸芥子大。每以一粒點入目内。《聖惠》。　目生花翳：　刀刮爪甲細末，和乳點之。《集簡方》。　目生珠管：　手爪甲燒灰、貝齒燒灰、龍骨各半兩爲末，〔每用少許，點珠管上〕，日點三四次。《聖惠方》。　積年瀉血：　百藥不效。用人指甲炒焦、麝香各二錢半，乾薑炮三兩，白礬枯過、敗皮巾燒灰各一兩，爲末。每粥飲一錢，日二服。《聖濟總録》。　鼻出衄血：　刀刮指甲細末，吹之即止，試驗。《簡便方》。

明・李中立《本草原始》卷一二　爪甲　時珍曰：　爪甲者，筋之餘，膽之外候也。《靈樞經》云：　膽應爪，爪厚色黄者，膽厚；　爪薄色紅者，膽薄；　爪堅色青者，膽急；　爪軟色赤者，膽緩；　爪直色白者，膽直；　爪惡色黑者，膽結。又一名筋退。　爪甲：　氣味：　甘、鹹，無毒。　主治：　鼻衄，細刮嗃之立愈。衆人甲亦可。催生，下胞衣，利小便，治尿血及陰陽易病，破傷中風，去目翳。懷孕婦人爪甲，取末點目，去翳障。

治破傷風：　手足十指甲，香油炒研，熱酒調，呷服之，汗出便好。

明・繆希雍《本草經疏》卷一五　懷妊婦人爪甲　取細末，置目中去翳障。

〔疏〕爪者，筋之餘，肝膽之外候也。《經》曰：　多食辛，則筋急而爪枯。以辛能散真氣而走筋也。本經獨用懷妊婦人者，蓋婦人氣血充實，乃能受孕，取其有生長力緊之意也。其味甘鹹，氣平，無毒。目中翳障，肝經血虚也。爪甲乃肝之餘氣所生，而性又帶散，故點目能去翳障也。寇宗奭：以衆人甲，刮取細末搐鼻内，治鼻衄立愈。兼能催生，利小便，止尿血，散乳癰等用。　〔主治參互〕《聖惠方》胞衣不下，取本婦手足爪甲，燒灰，酒服。　又方，一切目疾，以木賊草擦取爪甲末，同丹砂等分，研勻，以露水搜丸芥子大。每以一粒，點入目内。或用乳汁和亦得。并治飛絲入目。

明・倪朱謨《本草彙言》卷一九　指甲　味甘、鹹，有微毒。　李氏曰：爪甲者，筋之餘，肝膽之外候也。《靈樞經》云：　肝膽應爪，爪厚色黄者膽厚，爪薄色紅者膽薄，爪堅色青者膽急，爪耎色淡紫者膽緩，爪直色白者膽直，爪惡色黑者膽結。

指甲：　李時珍催生産，去目翳之藥也。顧朽匏曰：　指甲爲肝之標、筋之餘也。名爲筋退，謂其積日漸長而能自脱也。李氏方用其催生産、去目翳，取其脱以治不脱之意，與蛇蜕、蠶蜕義同。而陳藏器又謂用懷妊婦人爪甲更佳者，何也？　蓋婦人氣血充實，乃能受孕，取其有生長力緊之意，又兼有待日而脱之情。

集方：　《聖惠方》治難産不下，幷胞衣不落。取受孕本婦逐月剪取手足指甲，臨産將近，炒焦研細末，臨産坐草時，溫酒調服，生産甚易。○同上治目生花翳。用衆人手指甲炒焦，研極細末，乳汁調，以簪頭蘸少許點入目内。　治面生疔毒腫脹，至目與鼻俱隱入肉，牙關緊急。用患者手足指甲，入茶匙内燈上炙之，研細，和入患者耳垢、齒垢，和勻如豆大，將銀簪挑開疔頭。掐入其藥，外用綿紙一層，津濕覆之，痛立止。半日腫半消，目可開。次日服仙方活命飲二劑愈。此法兼可治紅絲疔，幷一切諸疔皆效《廣筆記》。

清・顧元交《本草彙箋》卷八　爪甲　爪甲者，筋之餘，肝膽之外候。點目去翳者用之。蓋目中翳障，肝經血虚也。爪甲爲肝之餘氣，而性又帶散，故能去目翳障。《本經》獨用懷妊婦人爪甲者，蓋婦人氣血充實乃能受孕，取其有生長力足之意也。

凡人爪厚色黄者，膽厚。爪薄色紅者，膽薄。爪堅色青者，膽急。爪耎色赤者，膽緩。爪直色白者，膽直。爪惡色黑者，膽結。又《經》云：　多食辛，則筋急而爪枯。以辛能散真氣而走筋也。

清・穆石匏《本草洞詮》卷一三　爪甲　爪甲者，筋之餘，膽之外候也。味甘鹹，無毒。能催生，去翳，止鼻衄，利小便，治尿血，陰陽易病。

清・张璐《本經逢原》卷四　爪甲　甘、鹹，小毒。　發明：　爪乃肝氣之餘，其性鋭利，故能催生下胞衣，利小便，治尿血及陰陽易病，破傷風，去目翳。刮末治鼻衄，嗃之立止。又能治乳蛾。用爪指甲不拘多少煅為末，蓬砂、白礬各一錢，西牛黄一分，烏梅、白梅肉各五枚，共搗如泥，含彈大一丸，痰大湧出，三四丸即愈。但其方酸收太速，不無萌發之患，莫若探吐頑痰迅掃病根為愈。

清・浦士貞《夕庵讀本草快編》卷六　爪甲《綱目》　龍蜕骨，蟬蜕殼，人蜕爪。　爪甲者筋之餘，胆之外候也。《靈樞經》以爪之厚薄堅軟，則知胆之急緩直結也。其味甘鹹，故能催生而下胞衣，利小便而止尿血。陰陽易病，破傷中風，服之奏捷。目中障翳，鼻内崩紅，為末嗃點，皆得神効。又斬三尸法：　每遇庚辰日剪手爪，甲午日剪足爪，七月十六日將爪甲煅灰，水服，則

三蟲皆滅。又云甲寅日尸遊兩手，宜剪手爪，甲午日遊兩脚，宜剪足爪，故並存之。

清·王道純《本草品彙精要續集》卷四　爪甲原本載：懷妊婦人爪甲。《綱目》補男女衆人爪甲。

爪甲：主催生，下胞衣，利小便，治尿血，及陰陽易病，破傷中風，去目醫《本草綱目》。〔名〕筋退。〔地〕李時珍曰：爪甲者，筋之餘，膽之外候也。《靈樞經》云：肝應爪，爪厚色黄者膽厚，爪薄色紅者膽薄，爪堅色青者膽急，爪耎色赤者膽緩，爪直色白者膽直，爪惡色黑者膽結。〔味〕甘，鹹。〔性〕堅。〔用〕《太上元科》云：斬三尸法：常以庚辰日去手爪，甲午日去足爪，每年七月十六日將爪甲燒灰，和水服之，三尸九蟲皆滅，名曰斬三尸。○一云：甲寅日三尸遊兩手，剪去手爪甲；甲午日三尸遊兩足，剪去足爪甲。○《外臺秘要》云：消除脚氣，每寅日割手足甲，少侵肉，去脚氣。〔治〕《千金方》：治小兒腹脹，用父母指爪甲燒灰，傅乳上飲之。○又方：治妊婦尿血，取夫爪甲燒灰酒服。○《聖惠方》：治胞衣不下，取本婦手足爪甲，燒灰酒服，即令有力婦人抱起，將竹筒於胸前趕下。○危氏《得效方》治飛絲入目，刮爪甲末，同津液點之，其絲自聚拔出也。○《集簡方》：治目生花醫，用刀刮爪甲細末，和乳點之。○《簡便方》治鼻出衄血，用刀刮指甲細末吹之即止。試驗。○又方：治物入目中，用左手爪甲，刀刮屑末，燈草蘸點醫上三次，即出也。〔合治〕《普濟方》治破傷風，手足顫掉，搐搖不已，用人手足指甲燒存性六錢，薑製南星、獨活、丹砂各二錢，共爲末，分作二服，酒下立效。○又方：治破傷中風，手足十指甲用香油炒研，熱酒調呷服之，汗出便好。○《千金方》：治陰陽易病，用手足爪甲二十片，中衣襠一片，燒灰，分三服，溫下。男用女，女用男。○《聖濟錄》云：治小便尿血，用人指甲五分，頭髮一錢半，燒研末，每服一錢，空心溫酒下。○萬表《積善堂方》治諸痔腫痛，蠶繭内入男子指甲令滿，外用童子頂髮纏裹，燒存性，研末，蜜調傅之，仍日吞牛膽製過槐子，甚效。○《聖惠方》：治針刺入肉，凡針折入肉及竹木刺者，刮人指甲末，用酸棗搗爛塗之，次日定出。○又方：治癍痘生醫，一切目疾，並以木賊擦取爪甲末，同朱砂末等分研勻，以露水溲丸芥子大，每以一粒點入目内。○又方：治目生珠管，用手爪甲燒灰，貝齒燒灰，龍骨各五錢，爲末，日點三四次。○《聖濟總錄》方治積年瀉血，百藥不效。用人指甲炒焦、麝香各二錢半，乾薑炮三兩，白礬枯過、敗皮巾燒灰各一兩爲末，每日服，用粥飲一錢，日二服。

清·汪紱《醫林纂要探源》卷三　爪甲　鹹，溫。出竹木刺。煅存性，合口唾塗刺處，少頃自出。爪甲，肝之餘，能拔出指上，又能掐取出物也。

清·嚴潔等《得配本草》卷一〇　指甲名爪甲。　散乳癰，去障翳及飛絲入目。以木賊擦取末，置目中。　刮細末，嗃鼻衄立止。

清·吳鋼《類經證治本草·經外藥類》　爪甲　【略】誠齋曰：燒灰，敷疔瘡出根。

清·趙其光《本草求原》卷二七人部　爪甲　筋之餘，肝膽之外候。性銳利，甘、鹹，小毒。主催生，下胞衣，尿澀，轉胞，淋疾，尿血，俱取自己甲燒灰，酒下。鼻衄，刀刮吹之。久下血，炒焦，同麝香、乾薑、枯礬、敗皮灰粥飲下。陰陽易，男用女，女用男，同衣襠燒灰，酒下。飛絲入目，津唾調點。破傷風，燒研，酒下，或加南星、獨活、丹砂。乳蛾，煅，同蓬砂、白礬、烏梅搗含，痰即出。目翳。刮末和乳點。

清·劉善述、劉士季《草木便方》卷二人禽獸部　指甲　指甲甘醎點目醫，催生下胞小便利。鼻衂尿血破傷風，中風不省陰陽易。

牙齒

宋·唐慎微《證類本草》卷一五人部〔《日華子本草》〕　人牙齒　平。除勞治瘧，蠱毒氣。入藥燒用。齒涇，溫。和黑蝨研塗，出箭頭并惡刺，破癰腫。

〔宋·唐慎微《證類本草》〕葛稚川：治乳癰。取人牙齒燒灰細研，酥調貼癰上。

李世勣：治箭頭不出及惡刺。以齒涇和黑蝨研塗之。

宋·陳衍《寶慶本草折衷》卷一四　牙齒灰在内。《幼幼方》用者，名生人骨。

平。○除勞，治瘧，蠱毒氣，入藥燒用。○葛稚川方：治乳癰，取齒燒灰細研，酥調貼〔癰〕上。

續說云：錢乙諸方，治熱毒壅遏，豆瘡不快，用牙齒鹽泥固濟，火煅紅，出火毒，入麝香研細，以乳香湯或溫酒調服，或以豬血入酒和服，並須量酌，謹不可多，多則體爛難愈。又《是齋方》牙加輕粉、麝香，治漏瘡惡瘡，瘡濕乾摻，如乾則油調傅。

元·李雲陽《用藥十八辨》〔見《秘傳痘疹玉髓》卷二〕　人牙　昔人制人牙散以治寒戰咬牙之痘，蓋因腎主骨，痘毒歸腎，故設此制。矧人牙咀嚼百

味，極毒烈者也。倖而成功固多，但能治之于可治，而不能治之于不可治。細詳之。評曰：藥中草木亦通靈，何用人牙治痘嬰。況用調和麝香半，服之花萎命歸陰。

明·滕弘《神農本經會通》卷七 人牙齒 氣平。《本經》云：除勞，治瘧，蠱毒氣。入藥燒用。葛稚川云：治乳癰，取人牙齒燒灰，細研，酥調，貼癰上。《局》云：牙齒性平除蠱毒，更除瘧狀并除勞。乳癰腫痛酥調傅，入藥須知用火燒。人齒牙，專攻蠱毒，倒塌豆瘡。

明·劉文泰《本草品彙精要》卷二二 人牙齒

人牙齒：除勞，治瘧，蠱毒氣。名醫所録。〖味〗鹹。〖性〗平，軟。〖氣〗味厚氣薄，陰中之陽。〖製〗燒灰存性，細研用。〖合治〗齒垽，和黑虱研塗，出箭頭並惡刺，破癰腫。○人牙齒，燒灰細研，合酥調，貼癰瘡。

明·許希周《藥性粗評》卷四 痘科磨服老人牙。

老人牙，老人自脱牙齒也。味□，性平，無毒。主治小兒痘瘮，發熱，磨水服之。解毒。又主痨瘧蠱毒，燒灰入藥用之。

明·鄭寧《藥性要略大全》卷九 人齒牙 專治痘瘡倒塌黑陷，依然可活。攻蠱毒，療勞傷，乳癰腫痛。治瘧。 味苦、鹹，性平，無毒。燒存性，調傅。或入藥，攻久瘧。

明·陳嘉謨《本草蒙筌》卷一二 人牙齒 求小兒落者，燒研末，用熱酒調吞。能托豌豆陷瘡，堪敺蟲毒邪氣。 人齒垢和黑蝨共研，出箭頭破癰腫可塗。 人津沫取平明之時，塗軟癧消焮腫亦驗。○又能明目，退翳消腫，解毒辟邪。

明·王文潔《太乙仙製本草藥性大全》卷五《本草精義》 人牙齒 須求小兒落者良。用時以紫泥窩燒煅過，研爲末，用熱酒調服之。

明·王文潔《太乙仙製本草藥性大全》卷五《仙製藥性》 人牙齒 氣平，無毒。 主治：主瘧疾神方，殺蠱毒妙劑。能托豌豆陷瘡，堪敺蟲毒邪氣。 補注：治乳癰，取人牙齒燒灰，細研，酥調，貼癰上。○痘瘡陷不起，人牙齒一個，用磁罐盛貯固濟，大火煅令赤，候冷爲末，薄荷酒調服。 人牙垽： 氣溫。和黑蝨共研，出箭頭及惡刺，破癰疽腫毒。

明·李時珍《本草綱目》卷五二人部 牙齒日華

〖釋名〗時珍曰：兩旁曰牙，當中曰齒。腎主骨，齒者骨之餘也。女子七月齒生，七歲齒齔，三七腎氣平而真牙生，七七腎氣衰，齒槁髮素。男子八月齒生，八歲齒齠，三八腎氣平而真牙生，五八腎氣衰，齒槁髮墮。錢乙云：小兒變蒸蜕齒，如花之易苗。不及三十六齒者，由蒸之不及其數也。

〖氣味〗甘、鹹，熱，有毒。〖主治〗除勞治瘧，蠱毒氣。入藥燒用。藏器。治乳癰未潰，痘瘡倒黶。時珍。

〖發明〗時珍曰：近世用人牙治痘瘡陷伏，稱爲神品，然一概用之，貽害不淺。夫齒者，腎之標，骨之餘也。痘瘡則毒自腎出，方長之際，外爲風寒穢氣所冒，腠理閉塞，血澀不行，毒不能出，或變黑倒黶。宜用此物，以酒、麝達之，竄入腎經，發出毒氣，使熱令復行，而瘡自紅活，蓋劫劑也。若伏毒在心，昏冒不省人事，及氣虚色白，痒塌不能作膿，熱沸紫泡之證，止宜解毒補虚。苟誤用此，則鬱悶聲啞，反成不救，可不慎哉？高武《痘疹管見》云：左仲恕言變黑歸腎者，宜用人牙散。夫既歸腎矣，人牙豈能復治之乎？

〖附方〗舊一，新七。 痘瘡倒黶：《錢氏小兒方》用人牙燒存性，入麝香少許，溫酒服半錢。○聞人規《痘疹論》云：人牙散治痘瘡方出，風寒外襲，或變黑，或青紫，此倒黶也。宜溫肌發散，使熱氣復行而斑自出。用人齒脱落者，不拘多少，瓦罐固濟，煅過出火毒，研末。出不快而黑陷者，豶猪血調下一錢；因服凉藥，血澀倒陷者，入麝香，溫酒服之，其效如神。○無價散：用人牙、猫牙、猪牙、犬牙等分，火煅研末，蜜水調服一字。 乳癰未潰：人牙齒燒研，酥調貼之。《肘後方》。 五般聤耳：出膿血水。人牙燒存性，麝香少許，爲末吹之。名佛牙散。《普濟方》。 漏瘡惡瘡：乾水生肌。用人牙灰、油髮灰、雄鷄内金灰，各等分爲末，入麝香、輕粉少許，油調傅之。《直指方》。 陰疽不發：頭凹沉黯，不疼無熱，服内補散不起。必用人牙煅過，穿山甲炙各一分，爲末。分作兩服，用當歸、麻黄煎酒下。外以薑汁和麪傅之。○又方：川烏頭、硫黄、人牙煅過爲末，酒服亦妙。楊仁齋《直指方》。

明·梅得春《藥性會元》卷下 人牙齒 平。主除勞治瘧，蠱氣，能托長痘瘡及隱於皮膚而不出欲死者，並燒存性調服，效。 齒垽：溫。和黑虱研塗，出箭頭，惡刺，破癰疽腫毒。

明·李中立《本草原始》卷一二 牙齒 李時珍曰：兩旁曰牙，當中曰齒。腎主骨，齒者，骨之餘也。女子七月齒生，七歲齒齔，三七腎氣平而真牙生，七七腎氣衰，齒槁髮素。男子八月齒生，八歲齒齠，三八腎氣平而真牙生，八八腎氣衰，齒槁髮墮。錢乙云：小兒變蒸蜕齒，如花之易苗，不及三十六齒，由蒸之不及其數也。

牙齒：氣味：甘、鹹，熱，有毒 主治：除勞治瘧，蠱毒氣。入藥燒

用。〇治乳癰未潰，痘瘡倒靨。　佛牙散：　治五般聤耳，出膿血水，人牙燒存性，麝香少許，為末，吹之。　《錢氏小兒方》：　治痘瘡倒靨，人牙燒存性，入麝香少許，溫酒調服半錢。

明・繆希雍《本草經疏》卷一五　人牙齒　平。除勞，治瘧，蠱毒氣。入藥燒用。

〔疏〕牙齒者，腎之標，骨之餘也。《經》云：　男子三八腎氣平，而真牙生；五八腎氣衰，而齒槁。以腎主骨故也。其味甘鹹，氣熱有小毒。其主除勞治瘧者，蓋勞乃勞極精氣乏絕，腎家虧損所致也。齒牙為腎氣所生，以類相從，適還其本，故主之也。瘧亦因勞而發，非夏傷暑秋為瘧之比，故亦主之。味甘而鹹，所以能解蠱毒氣也。今世又以之治痘瘡倒靨、乳癰未潰，為必須之藥。　〔主治參互〕錢氏《小兒方》痘瘡倒靨，人牙燒存性，入麝香少許，溫酒服半錢。　聞人規《痘疹論》人牙散，治痘瘡方出，為風寒外襲，或變黑，或青紫，此倒靨也。宜溫肌發散，使熱氣復行而斑自出。用人牙不拘多少，瓦罐固濟，煅過，出火毒，研末。出不快而黑陷者，豶猪血調下一錢；　因誤服涼藥，血濇倒陷者，入麝香，溫酒服之，其効如神。　《肘後方》乳癰未潰，人牙齒燒研，酥調敷之。　《直指方》陰疽不發，頭凹沉黯，不疼無熱，內服補散不起，用人牙燒過，穿山甲炙，各一分，為末。分作二服，用當歸、麻黃煎湯下。外以薑汁和麪傅之。　〔簡誤〕近世用人牙治痘瘡陷伏，稱為神品。然一概用之，貽害不淺。夫齒者，腎之標，骨之餘也。痘瘡則毒自腎出，方長之際，外為風寒穢氣所冒，腠理閉塞，血濇不行，毒不能出，或變黑倒靨，宜用此以酒、麝達之，竄入腎經，發出毒氣，使熱令復行，而瘡自紅活，蓋刦劑也。若伏毒在心，昏冒不省人事，及氣虛色白痒塌，不能作膿，熱沸紫泡之證，止宜解毒補虛。苟誤用此，則鬱悶聲啞，反成不治之證，可不慎哉！　其除勞治瘧，本經雖言之，今世亦稀用。

明・倪朱謨《本草彙言》卷一九　人牙齒　味甘鹹，性熱，有毒。入手足少陰、足陽明經。　李氏曰：　兩旁有尖曰牙，無尖而平曰齒。腎主骨，齒者骨之餘也。女子七月齒生，七歲齒齔，三七腎氣平而真牙生，七七腎氣漸衰，齒漸槁，髮漸白矣。男子八月齒生，八歲齒齠，三八腎氣盛而真牙生，五八腎氣漸衰，齒漸槁，髮漸墮矣。　錢乙曰：　小兒變蒸齒長，不及三十六者，由變蒸之不及其數也。　修治：　以火燒酒淬酥散，研細用。

人牙齒：　陳藏器攻毒氣，發痘瘡倒靨之藥也。　周士和曰：　按李氏《本草》發明云：　近世用人牙齒治痘瘡陷伏，稱爲神品。夫齒者腎之標、骨之餘也。凡痘瘡，其毒自腎出，方長之際，外爲風寒穢氣所冒，腠理閉塞，血濇不行，毒不能出，或變黑倒靨，宜用此以酒漿和麝香達之，竄入腎經，發出毒氣，使熱令復行而瘡自紅活，蓋刦劑也。若伏毒在心，昏冒不省人事，及氣虛色白，癢塌不能起發作膿，或熱沸紫泡之證，止宜解毒補虛。苟誤用此，則鬱悶聲啞，反成不治之證。可不慎哉！

集方：　錢氏方治痘瘡倒靨。用人牙燒存性，入麝香一釐，酒漿調五分服。或用豶豬血調服亦可。誤服寒凉，而致黑靨者，此方亦宜。〇治一切陰疽不起發，頭凹陷，沉黯不疼，無熱，內服溫補亦不起者。用人牙二個燒過，川山甲三錢炒焦，共研極細末。分作二服，當歸、黃耆各五錢，煎湯調下，或用酒調服亦可。〇《直指方》治臭漏惡瘡。用人牙齒燒，亂髮燒，雞內金燒，三味各一錢五分，研極細，入輕粉五分，麝香一分，再研勻，油調敷之。

明・顧逢柏《分部本草妙用》卷五腎部・寒瀉　人齒　甘、鹹，寒，有毒。燒研用。　主治：　除勞治瘧，蠱毒，乳癰未潰，痘瘡倒靨。　近世用人齒散發痘，為害不淺。痘毒自腎出外，為風寒穢氣閉塞腠理，血澀不行，毒不能出，或變黑倒靨，宜以酒、麝引入腎經發毒。倘氣虛色白，痒塌不能發膿，正宜解毒。若概用之，聲啞不救，可不慎哉！

明・李中梓《醫宗必讀・本草徵要下》　牙齒味鹹，熱，有毒。入腎經。火煅，水飛。　痘瘡倒靨，麝加少許酒調吞。　癰乳難穿，酥拌貼之旋發潰。　內托陰疽不起，外敷惡漏多膿。　齒者，骨之餘，得陽剛之性，痘家刦劑也。若伏毒在心，昏冒不省，氣虛白癢，熱沸紫泡之症，宜補虛解毒，誤用牙齒者不治。

明・蔣儀《藥鏡》卷二熱部　人牙齒　痘瘡為風寒外襲，紫黑倒陷者用之，可使熱令復行。若昏沉而伏毒在心，氣虛白塌者誤投，反致鬱悶聲啞。酥調煅末，作膿易潰于乳癰。山甲同研，陰疽陡起其沉黯。

明・李中梓《本草通玄》卷下　牙齒　鹹，熱。　除勞止瘧，治乳癰未潰，痘瘡倒靨。　時珍曰：　人牙治痘陷，近稱神品，然一概用之，貽害不淺。齒者，腎之標，骨之餘也。痘瘡毒自腎出，外為風寒穢氣所觸，腠理閉塞，血澀不行，毒不能出，變黑倒靨，宜用人牙，以酒、麝達之，竄入腎經，發出毒氣，瘡自紅活。若伏毒在心而昏冒者，及氣虛色白，痒塌不能作膿，熱痱紫泡之

症，宜解毒補虛。誤用人牙，反成不救。

清・顧元交《本草彙箋》卷八　牙齒　牙齒者，腎之標，骨之餘。痘瘡伏陷者用之。蓋痘瘡毒自腎出，發生之際，外爲風寒穢氣所冒，腠理閉塞，血澀不行，毒不能出，或變黑倒靨，宜用此以酒、麝達之，竄入腎經，發出毒氣，使熱令復行，而瘡自紅活，乃刼劑也。若伏毒在心，昏冒不省人事，及氣虛色白，癢塌不能作膿，熱疿紫泡之證，止宜解毒補虛，苟誤用之，則鬱悶聲啞，反成不救，可不慎哉？

清・穆石匏《本草洞詮》卷一三　牙齒　兩旁曰牙，當中曰齒。腎主骨，齒者，骨之餘也。味甘鹹，氣熱，有毒。主除勞治瘧，燒灰用。近世治痘瘡陷伏，稱為神品。然不可無辨，夫齒者，腎之標也。痘瘡，毒自腎出，方長之際，外為風寒穢氣所冒，腠理閉塞，血澀不行，變黑倒靨，宜用此物，以酒麝達之，竄入腎經，發出毒氣，使熱令復行，而瘡自紅活，蓋刼劑也。若伏毒在心，昏冒不省人事，及氣虛色白，痒塌不能作膿，熱沸紫疱之證，止宜解毒補虛，苟誤用此，則速之斃矣。

清・郭章宜《本草匯》卷一八　牙齒　鹹，熱，有毒。入足少陰經。痘瘡倒靨，麝加少許酒調吞。癰乳難穿，酥拌貼之旋發潰。内托陰疽之不起，外敷惡漏之多膿。

按：齒者，骨之餘也。為痘家之刼劑，必毒自腎出，外為風寒穢氣所觸，腠理閉塞，血澀不行，毒不能出，變黑倒靨，宜用此以酒麝達之，竄入腎經，瘡自紅活。若伏毒在心而昏眩者，及氣色虛白，癢塌不能作膿，熱沸紫泡之症，宜解毒補虛，誤用人牙，反成不救。

火煅，水飛。

清・王翃《握靈本草》卷一〇　人牙齒　主治：人牙齒，甘、鹹，熱，有毒。治乳癰，痘瘡。

清・汪昂《本草備要》卷四　人牙宣，發痘。鹹，溫，有毒。治痘瘡倒靨。《痘疹論》：出不快而黑陷者，豶猪血調下一錢。服涼藥而血濇倒陷者，麝香酒調服。時珍曰：欲其竄入腎經，發出毒氣，蓋刼劑也。若伏毒在心，不省人事，氣虛色白，癢塌無膿，及熱疿紫泡之症，只宜補虛解毒。苟誤服此，則鬱悶聲啞，反成不救。煅退火毒，研用。

清・李熙和《醫經允中》卷一九　人齒　煅研細用。　甘，鹹，寒，有毒。主治痘瘡倒靨。近世多用人牙發痘，為害不淺。痘毒自腎出，外為風寒穢氣所觸，閉塞腠理，血澁不行，毒不能出，遂變黑倒，宜暫用此，以酒、麝引入腎經發毒。倘氣虛色白，痒塌紫泡，不能灌膿，正宜解毒補虛，若概用之，聲啞不救。

清・馮兆張《馮氏錦囊秘錄・雜症痘疹藥性主治合參》卷一二　人牙　牙齒者，腎之標，骨之餘也。味甘、鹹，氣熱，有小毒。其主除勞治瘧者，蓋勞乃勞極，精氣乏絶，腎家虧損，瘧亦因之而發。牙為腎氣所生，以類相從，補還其本，故主之也。能解蠱毒者，味甘而鹹也，治痘瘡倒靨，乳癰未潰者，以毒攻毒也。　人牙自落者佳。　法製：研末，熱酒調服，能托豌豆陷瘡，且除勞治瘧，兼解蠱毒，更托乳癰。人齒垽和黑蝨共研，出箭頭，破癰腫，可塗。人津沫，取平明之時，潤眼目，去翳障生光。塗腫癰，解熱毒即退。回津頻嚥，斂納丹田，肺潤心清，能降火，任情吐唾，損真元。

按：津乃精氣所化，五更未語之唾，塗腫輒消，拭目去障，咽入丹田，則固精而制火，修養家嚥津，謂之清水灌靈根。人能終日不唾，收視返聽，則精氣常凝，容顏不槁。若頻唾則損精神，成肺病。仙家以千口水成活字，嚥津誠不死之方歟。

主治痘疹合參：人牙，用以伐腎經之邪，凡痘黑陷咬牙者可用。或云灰白陷者亦可用。宜火煅或酒淬，或韮菜汁淬用。止宜一二釐，不宜多服。或有單用，或有加麝香少許用。然性烈，發表太過，内動中氣，外增潰爛，萬不得已者投之。

清・张璐《本經逢原》卷四　人牙　甘、鹹，熱，有毒。　發明：牙乃腎之標，骨之餘。痘瘡倒靨用人牙散。因痘瘡為風寒穢氣所觸而變黑倒靨，用此煅灰，以酒、麝達之，竄入腎經，發出毒氣，乃刼劑也。若伏熱在心，昏冒不省人事，及氣虛色白癢塌不能作膿，熱疿紫泡之證，正宜涼血解毒。苟誤用之則鬱悶聲啞，反成不救，臨證審諸。

清・浦士貞《夕庵讀本草快編》卷六　牙齒《日華》　兩旁曰牙，居中曰齒。

牙齒者，腎之標，骨之餘也。《經》云：男子三八，腎氣平而真牙生。五八腎氣衰而齒槁。故其味鹹屬腎，氣熱有毒。除勞瘧者，蓋勞乃精氣乏絶，腎家虧損所致。牙齒為腎氣所生，以類相從，適還其本，固所宜也。瘧亦因勞而發，即洒洒如瘧，非夏傷於暑秋始成瘧之可比，故亦主爾。惟治痘瘡陷伏一説，不可不辨。夫痘乃淫火之毒，初出於腎。方長之際，為風寒穢氣

所冒，腠理閉塞，血澁不行，毒不能越，或變黑倒靨。宜用此熱毒之品，借酒麝以引達少陰發出毒氣，使熱令復行而瘡自紅活，乃刼劑也。若伏毒在心，昏冒不省人事，及氣虚色白，痒塌不能作膿，熱痱紫泡等症，只宜解毒補虚。苟悮用之，則鬱悶聲啞而死，可不慎哉！左仲恕言變黑歸腎，當用人牙散。夫既歸腎矣，人牙豈能復治乎？

清·朱純嘏《痘疹定論》卷三 人牙論 人牙燒存性，研為末服之，可起陷下之痘。此不經之談，列於方書，可見世人之不明理者，至於此耶！

清·吴儀洛《本草從新》卷六 牙齒 鹹，熱，有毒。治痘瘡倒靨。《痘疹論》出不快而黑陷者，獖猪血調下一錢；服涼藥而血澀倒陷者，麝香酒調服。齒者骨之餘，得陽剛之性，痘家刼劑也。伏毒在心，昏冒不省及氣虚白癢，熱痱紫泡之證，止宜補虚解毒，誤用之多成不治。煅，退火毒，研細水飛。

清·汪紱《醫林纂要探源》卷三 人牙 鹹，溫。取七八歲時齔齒藏之。治痘瘡倒靨。牙有毒，惟出痘不快而黑陷，不得已乃用之。以其為腎之餘而脫落，故能入腎拔毒。煅存性，研，和豬尾血用。

清·嚴潔等《得配本草》卷一〇 人牙齒 治痘瘡倒靨。配獖豬血調下，治黑陷。當中曰齒，兩旁曰牙。煅酒淬，再煅韭汁淬，用一二釐而止。痘瘡氣虚，色白癢塌，及熱痱紫泡，禁用。

題清·徐大椿《藥性切用》卷八 人牙 醎熱有毒，起痘瘡倒靨。煅，退火毒，研細，水飛用。

清·黄宫繡《本草求真》卷八 人牙入腎推毒外出。 人牙耑入腎。味鹹性溫，功耑治痘倒靨，緣痘或出不快，及見黑陷，多因毒氣深入，故須用此內發。時珍曰：齒者腎之標，骨之餘也。痘瘡則毒自腎出，方長之餘，外為風寒穢氣所冒，腠理閉塞，血澁不行，毒不能出，或變黑倒靨，宜用此物以酒麝達之，竄入腎經，發出毒氣，使熱令復行而瘡自紅活，蓋刼劑也。若伏毒在心，昏冒不省人事，及氣虚色白，痒塌不能作膿，熱痱紫泡之症，止宜解毒補虚，苟誤用此，則鬱悶聲啞，反成不救，可不慎哉！高武《痘診管見》云：左仲恕言變黑歸腎者，宜用人牙散。夫既歸腎矣。人牙豈能復治之乎？煅退火毒用。

清·吴鋼《類經證治本草·足少陰腎臟藥類》 牙齒 【略】〇牙黄，鹹溫。出箭頭，塗蛇傷，破癰腫。誠齋曰：凡諸蛇蟲及蜈蚣傷者，以針刺去惡血，刮牙黄封之，立愈。又治疔毒起速，麻痒木痛，漸漸腫大，或途中不及備藥，以自牙黄刮下，敷之立消。

清·張德裕《本草正義》卷下 人牙 性溫。剛烈勇猛，能發表攻毒，痘家用其攻發起痘。然猛烈傷元，表虚者反增潰爛。

清·葉桂《本草再新》卷一一 人齒味鹹，性熱，有小毒。入肝、肺二經。 補虚養血，療痘瘡倒靨不起。

清·趙其光《本草求原》卷二七人部 牙齒 乃腎之標，骨之餘也。能入腎經，透毒而出。甘、鹹，熱，有毒。治豆黑陷，因內寒穢氣，或服涼藥血澀所致。和麝，酒服，或同豬、犬、貓牙並用，此是刼劑。若伏熱在心，昏冒不省，及氣虚色白癢塌不能作膿，熱沸紫泡之症，正宜涼血、補虚、解毒；苟誤用之，則鬱悶聲啞，反成不救。痘凹陷、沉黯不起，服補托仍不起，同山甲末，以麻黄、歸身煎酒下；或同川烏、硫黄酒下。漏瘡出水。同髮灰、雞內金灰、麝、輕粉少許，油調敷。煅，退火毒用。

清·文晟《新編六書》卷六《藥性摘錄》 人牙 鹹，溫。入腎。推毒外出。治痘出不快，及見黑陷，以此佐藥宣達。〇然伏毒在心，及氣虚色白，癢塌不能作膿，熱沸紫泡之症，只宜托補解毒。〇若悮服此，則欝悶聲啞，反致不救，可不慎哉。〇煅研，退火用。

清·劉善述、劉士季《草木便方》卷二人禽獸部 牙齒 牙齒甘寒潰乳瘡，痘瘡倒靨服無傷。一切惡瘡漏久爛，乾水生肌磨油方。

清·陳其瑞《本草撮要》卷七 牙齒 味鹹，熱，有毒，入手足太陰經。功專治痘瘡倒靨，以獖猪血調下一錢。若服涼藥而血澀倒陷者，加麝香少許酒服。煅退火毒，研細水飛用。

乳汁

唐·孫思邈《千金要方》卷二六《食治·鳥獸》 人乳汁 味甘，平，無毒。補五藏，令人肥白悅澤。

宋·唐慎微《證類本草》卷一五人部〔《別錄》〕 人乳汁 主補五藏，令人肥白悅澤。

〔梁·陶弘景《本草經集注》〕云：張蒼常服人乳，故年百歲餘，肥白如瓠。

〔唐·蘇敬《唐本草》〕注云：《別録》云：首生男乳，療目赤痛多淚，解獨肝牛肉毒，合豉濃汁服之神效。又取和雀屎，去目赤努肉。

〔宋·掌禹錫《嘉祐本草》〕按：《蜀本》云：人乳，味甘，平，無毒。日華子云：人乳，冷。益氣，治瘦悴，悅皮膚，潤毛髮，點眼止淚。并療赤目，使之明潤也。

〔宋・唐慎微《證類本草》〕《聖惠方》： 治卒中風不語，舌根强硬。陳醬五合，三年者妙，人乳汁五合，二件相和研，以生布絞取汁。不計時候，少少與服，良久當語。《千金方》： 治月經不通，飲人乳汁三合。《金匱方》： 噉蛇牛肉殺人，何以知之？噉蛇者，毛髮向後順者是也，食之欲死，飲人乳汁一升立愈。

宋・寇宗奭《本草衍義》卷一六 人乳汁 治目之功多，何也？人心生血，肝藏血，肝受血則能視。蓋水入於經，則其血乃成。又曰：上則爲乳汁，下則爲月水，故知乳汁則血也。用以點眼，豈有不相宜者。血爲陰，故其性冷。藏寒人，如乳餅酪之類，不可多食。雖曰牛、羊乳，然亦不出乎陰陽造化爾。西戎更以駝、馬乳爲酥酪。老人患口瘡不能食，飲人熱乳，良。

宋・劉明之《圖經本草藥性總論》卷下 人乳汁 主補五藏，令人肥白悦澤。日華子云：冷。益氣，治瘦悴，悦皮膚，潤毛髮。點眼，止淚，并療赤眼，明潤。

宋・陳衍《寶慶本草折衷》卷一四 乳汁 又云：一名奶汁。○《局方》用者名生人血，以此下妙香元。○飼嬰男者，名男子乳汁。○取兒未飲者良。○奶，音乃。

味甘，平，冷，無毒。○主補五藏，令人肥白悦澤。○《唐本》註云：首生男乳，療目赤痛，多淚，解馬肝、牛肉毒。○日華子云：益氣，治瘦悴，悦皮膚，潤毛髮，點眼止淚。○寇氏曰：肝藏平聲血，肝受血，則能視。乳汁則血也，用以點眼，豈不相宜。老人口瘡，飲人熱乳甚良。

元・尚從善《本草元命苞》卷七 乳汁 味甘，性平，無毒。補五臟，令人肥白。主瘦瘁，肌膚滋潤。點眼止冷淚，頻服通月經。去目赤努肉證，解牛肉馬肝毒。首生男乳，用之如神。

明・王綸《本草集要》卷六 人乳汁 味甘，氣寒，無毒。主補五臟，令人肥白悦澤。點眼止淚，明目，療赤痛。

明・滕弘《神農本經會通》卷七 人乳汁 味甘，氣平，無毒。一云：冷。《本經》云：主補五臟，令人肥白悦澤。陶隱居云：張蒼常服人乳，故年百歲餘，肥白如瓠。《別録》云：首生男乳，療目赤痛，多淚。日華子云：人乳，冷。益氣，治瘦悴，悦皮膚，潤毛髮。點眼止淚，并療赤目，使之明潤也。《局》云：乳汁甘平除目赤，補安五臟悦皮膚。張蒼常服身肥白，享壽能過百歲餘。乳汁，有點眼之功。

明・劉文泰《本草品彙精要》卷二二 人乳無毒

人乳汁： 主補五臟，令人肥白悦澤。名醫所録。《衍義》曰：人乳汁，治目之功多，何也？人心生血，肝藏之。肝受血則能視，蓋水入於經，其血乃成。又曰：上則爲乳汁，下則爲月水，故知乳汁即血也。用以點眼，豈有不相宜者。血爲陰，故其性冷。臟寒人，如乳餅、酪之類不可多食。雖曰牛、羊乳，然亦不出乎陰陽造化爾。〔色〕白。〔味〕甘。〔性〕冷，平，緩。〔氣〕氣之薄者，陽中之陰。〔臭〕腥。〔主〕明目，止淚。〔治〕療：日華子云：點眼止淚，並療赤目，使之明潤。《別録》云：首生男乳，療目赤痛，多淚。又療月經不通，飲三合即通。又誤食啖蛇牛肉欲死，飲乳汁一升，立愈。欲知啖蛇者，毛髮向後順者是也。補：日華子云：益氣，治瘦悴，悦皮膚，潤毛髮。〔合治〕合雀屎，去目赤、胬肉。○以五合，合三年陳醬五合，和研，用生布絞取汁，不計時候，少少與服，療卒中風不語，舌根強硬，良久當語。

明・葉文齡《醫學統旨》卷八 人乳汁 氣寒，味甘。無毒。主補五臟，令人肥白悦澤； 點眼止淚明目，療赤痛。

明・許希周《藥性粗評》卷四 嬋娟乳汁，香扶年壽之高。

乳汁，婦人奶汁也。以少壯肥澤，無病者良。味甘，性平，微寒，無毒。主治男子五癆七傷，氣血俱損，衰弱羸瘦，益精氣，潤皮膚，令人肥白。陶隱居云：張蒼服人乳，年百歲餘，肥白如瓠。大抵乳者，血之精，瘦弱憔悴之人與年老枯槁者，皆緣血衰故也。故乳能填精補髓，而復其舊。或就乳頭咂之，或以磁器坐熱湯中，凝而服之，皆妙。又方：中氣不語： 以陳醬絞汁，和人乳相調，與服之，妙。赤眼腫痛： 以人乳合眼藥，點之。

明・鄭寧《藥性要略大全》卷九 婦人乳汁 有點眼之功。安五臟，悦皮膚，補血氣，療五勞七傷羸瘦。昔張蒼常服，享壽百餘歲。《衍義》云：乳汁治眼之功，何以獨多？蓋人心生血，肝藏血，目屬肝，肝受血則能視，婦人之血，下為月水，上為乳汁，以之治目，故其功多，不亦宜乎？ 味甘美，氣平，無毒。

明・陳嘉謨《本草蒙筌》卷一二 人乳汁 味甘，氣平、寒。無毒。擇婦體盛及初產者汁濃，取蒸飯間竟結塊者力勝。如常口吮，易圖近功。多得曬乾，堪備遠用。欲使流行經絡，務加醇酒調吞。四物湯攙，共補精血； 四君

子入，同益元陽。肌瘦皮黃，毛髮焦槁者速覓；筋攣骨瘦，腸胃秘澁者當求。健四肢，榮五臟，明眼目，悅顏容。安養神魂，滑利關格。

謨按：婦人之血，下降為月經，上升成乳汁。乳汁斷，月經通；乳汁行，月經閉。異名同類，人所共知。《經》云：目得血則視，耳得血能聽，手得血能攝，掌得血能握，足得血能步，臟得血能液，腑得血能氣。是則人身所養，無不資血流通。動作過多，不免衰涸。補血之藥，世用地黃、當歸。殊不知草木之流，乃得天地偏氣。用治血病，力固有餘；用補血衰，力猶未及。何如人乳頻服，以類相從，如燈添油，立見光亮。匪但血補無虧，且病因血成者，亦由之調養滋達而自愈也。然血屬陰，其性極冷，凡臟寒者，又宜慎之。

明·方穀《本草纂要》卷八　人乳汁　味甘，氣平，無毒。主充和五臟，榮華腠理，灌溉陰陽，發育元氣，此乃人身流行之血脉也。治元虛不足，精神倦怠，欬嗽無痰，日晡潮熱，或虛火妄動而自汗、盜汗，或下元虛冷而遺精、夢泄，是皆不足等證，惟此大補氣血之物並能治之。吾嘗以人參而治心肺，恐補之太迅，用乳汁而製之，則參有和中而不妄補者矣；以山藥而治心脾，猶恐氣之太澁，用乳汁以和之，則山藥有不滯澁而中和者矣；又謂茯苓淡滲利小便而速行下焦，非乳汁之製，亦不能守中而治心脾；芡實健脾，澁精滑而暖腰膝，非乳汁之拌，亦不能補中而澁滑泄。大抵乳之入藥，治病甚美者矣。或曰有用人乳，有用牛乳而製之，人乳氣壯，行補之功而壅盛有力；牛乳氣薄，用補之功而懈怠和平，治者當因其證而與之。且如心肺之病，必用人乳，觀人乳氣清而入心肺也；肝脾之病必用牛乳，觀牛乳氣濁而入肝脾也。二者之間，猶宜辨之。

明·王文潔《太乙仙製本草藥性大全》卷五《本草精義》　人乳汁　一名蟠桃酒。擇婦體盛及初産者汁濃，取蒸飯間竟結塊者力勝。如常口吮，易圖近功。多得晒乾，堪備遠用。欲使流行經絡，務加醇酒調吞。

按：婦人之血下降爲月經，上升成乳汁，乳汁斷，月經通，乳汁行，月經閉，異名同類，人所共知。《經》云：目得血則視，耳得血能聽，手得血能攝，掌得血能握，足得血能步，臟得血能液，腑得血能氣，是則人身所養，無不資血流通。動作過多，不免衰涸，補血之藥，世用地黃、當歸，殊不知草木之流乃得天地之偏氣，用治血病，力固有餘，用補血衰，力猶未及。何如人乳頻服，以類相從，如燈添油，立見光亮，匪但血補無虧，且病因血而成者，亦由之調養滋達而自愈也。然血屬陰，其性極冷，凡臟寒者，又宜慎之。

《衍義》云：人乳汁，治目之功多。何也？人心生血，肝藏血，眼受血則能視。蓋水入於經，則其血乃成。又曰：上則爲乳汁，下則爲月水，故知乳汁則血也。用以點眼，豈有不相宜者？血爲陰，故其性冷，臟寒人如乳餅酪之類，不可多食。雖曰牛羊乳，然亦不出乎陰陽造化爾。西戎更以駝、馬乳爲酥酪。老人患口瘡不能食，飲人熱乳良。

明·王文潔《太乙仙製本草藥性大全》卷五《仙製藥性》　人乳汁　味甘，氣平、寒，無毒。主治：四物湯攙共補精血，四君子入同益元陽。肌瘦皮黃，毛髮焦槁者速覓。筋攣骨瘦，腸胃秘澁者當求。健四肢，榮五臟，明眼目，悅顏容。安養神魂，滑利關格。補註：療目赤痛，多淚。解獨肝牛肉毒，合豉濃汁服之神效。又取和雀屎，去目赤胬。○卒中風不語，舌根強硬，陳醬五合，三年者妙，人乳汁五合，二件相和研，以生布絞取汁，不計時候，少少與服，良久當語。○月經不通，飲人乳汁三合。○噉蛇牛肉殺人，何以知之？噉蛇者毛髮向後順者是也。食之欲死，飲人乳汁一升立愈。

明·皇甫嵩《本草發明》卷五　人乳汁氣平，味甘，無毒。　發明曰：乳汁，乃血液化生，用補血生津為良。故《本草》主補五臟，令人肥白悅澤。又益氣，治瘦悴潤毛髮，醇酒調，使流行經絡，利關節，筋攣骨瘦，潤腸秘澁。月水不通，飲乳三合，即通。用點眼，止泪明目，療赤痛。蓋肝藏血，目得血而能視。乳汁是血所化，上為乳汁，下為月水，故用治目為妙。擇婦人肥盛及初産者汁濃，取蒸飯間竟結成塊者力勝。

明·李時珍《本草綱目》卷五二人部　乳汁《別録》

【釋名】奶汁《綱目》　仙人酒時珍曰：乳者化之信，故字從孚、化省文也。方家隱其名，謂之仙人酒、生人血、白朱砂，種種名色。蓋乳乃陰血所化，生於脾胃，攝於衝任。未受孕則下爲月水，既受孕則留而養胎，已産則赤變爲白上爲乳汁，此造化玄微，自然之妙也。邪術家乃以童女嬌揉取乳，及造反經爲乳諸説，巧立名謂，以弄貪愚。此皆妖人所爲，王法所誅，君子當斥之可也。凡入藥並取首生男兒無病婦人之乳，白而稠者佳。若色黃赤清而腥穢如涎者，並不可用。有孕之乳，謂之忌奶，小兒飲之吐瀉，成疳魃之病，最爲有毒也。

【氣味】甘、鹹，平，無毒。大明曰：凉。　【主治】補五臟，令人肥白悅澤。療目赤痛多淚，解獨肝牛肉毒，合濃豉汁服之，神效《別録》。和雀屎，去目中

弩肉蘇恭。益氣，治瘦悴，悅皮膚，潤毛髮，點眼止淚大明。

【發明】弘景曰：漢張蒼年老無齒，妻妾百數，常服人乳，故年百歲餘，身肥如瓠。宗奭曰：人乳汁治目之功多，何也？人心生血，（脾）〔肝〕藏血，肝受血則能視。蓋水入於經，其血乃成。又曰上則爲乳汁，下則爲月水，故知乳汁則血也。用以點眼，豈不相宜？血爲陰，故性冷。臟寒人，如乳餅酥酪之類，不可多食。雖曰牛羊乳，然亦不出乎陰陽之造化耳。時珍曰：人乳無定性。其人和平，飲食冲淡，其乳必平。其人暴躁，飲酒食辛，或有火病，其乳必熱。凡服乳，須熱飲。若曬曝爲粉，入藥尤佳。《南史》載宋何尚之積年勞病，飲婦人乳而瘥。又言：穰城老人年二百四十歲，惟飲曾孫婦乳也。按白飛霞《醫通》云：服人乳，大能益心氣，補腦髓，止消渴，治風火證，養老猶宜。每用一吸，即以紙塞鼻孔，按唇貼齒而漱，乳與口津相和，然後以鼻内〔引上吸〕，使氣由明堂入腦，方可徐徐嚥下，如此五七吸爲一度。不漱而吸，何異飲酪，止於腸胃而已。

【附方】舊三，新十二。　服乳歌：仙家酒，仙家酒，兩個壺盧盛一斗，五行釀出真醍醐，不離人間處處有。丹田若是乾涸時，嚥下重樓潤枯朽。清晨能飲一升餘，返老還童天地久。　虛損勞瘵：德生丹：用無病婦人乳三酒杯，將瓷碟曬極熱，置乳於中，次入麝香末少許，木香末二分，調勻服；後飲濃茶一酒盞，即陽敗。次日服接命丹。接命丹：用乳三酒杯，如前曬碟盛人乳，並人胞末一具調服，服畢面、膝俱赤，如醉思睡，只以白粥少少養之。《集簡方》。　虛損風疾：接命丹：治男婦氣血衰弱，痰火上升，虛損之證；又治中風不語，左癱右緩，手足疼痛，動履不便，飲食少進諸證。用人乳二杯，香甜白者爲佳，以好梨汁一杯和勻，銀石器内頓滚滚。每日五更一服，能消痰補虛，生血延壽。此乃以人補人，其妙無加。《攝生衆妙方》。　中風不語：舌根强硬，三年陳醬五合，人乳汁五合，相和研，以生布絞汁，隨時少少與服，良久當語。《聖惠方》。　卒不得語：人乳半合，美酒半升，和服。《范汪方》。　失音不語：人乳、竹瀝各二合，温服。《摘玄》。　月經不通：日飲人乳三合。《千金方》。　眼熱赤腫：人乳半合，古銅錢十文，銅器中磨令變色，稀稠成煎，瓶收，日點數次。或以乳浸黄連，蒸熱洗之。《聖惠方》。　初生不尿：人乳四合，葱白一寸，煎滚，分作四服，即利。《劉涓子鬼遺方》。　初生吐乳：人乳二合，籧篨篾少許，鹽二粟大，同煎沸，入牛黄粟許，與服。《劉涓子鬼遺方》。　癰膿不出：人乳和麪傅之，比曉膿盡出。不可近手。《千金方》。　臁脛生瘡：人乳、桐油等分，和勻，以鵝翎掃塗，神效。《摘玄》。　啖蛇牛毒：牛啖蛇者，毛髮向後，其肉殺人。但飲人乳汁，立愈。《金匱要略》。　中牛馬毒：人乳飲之良。《千金》。　百蟲入耳：人乳滴之即出。《聖惠方》。

題明·薛己《本草約言》卷二《藥性本草》　乳汁　乃血液化生，用補血生津為良。

明·梅得春《藥性會元》卷下　人乳汁　味甘，氣平，無毒。主補五臟，令人肥白悅澤，點眼止淚明目，療赤痛。婦女月水不通，飲三合即通。

明·李中立《本草原始》卷一二　乳汁　李時珍曰：乳者，化之信，故字從孚，化省文也。方家隱其名，謂之仙人酒、生人血、白朱砂，種種名色。蓋乳乃陰血所化，生于脾胃，攝于衝任。未受孕則下為月水，既受孕則留而養胎，已產則赤變為白上為乳汁。此造化玄微，自然之妙也。凡入藥，並取首生男兒、無病婦人之乳，白而稠者佳。若色黄赤，清而腥穢如涎者，並不可用。有孕之乳，謂之忌奶，小兒飲之，吐瀉成疳魃之病，最為有毒也。　乳汁：氣味：甘、鹹，平，無毒。主治：補五臟，令人肥白悅澤。療目赤痛多淚，解獨肝牛肉毒，合濃豉汁服之，神效。和雀屎，去目中弩肉。○益氣，治瘦悴，悅皮膚，潤毛髮，點眼止淚。

弘景曰：漢張蒼年老無齒，妻妾百數，常服人乳，故年百餘歲，身肥如瓠。　服乳歌：仙家酒，仙家酒，兩箇壺盧盛一斗。五行釀出真醍醐，不離人間處處有。丹田若是乾涸時，嚥下重樓潤枯朽。清晨能飲一升餘，返老還童天地久。　《摘玄方》：治人臁脛生瘡，用人乳汁、桐油等分和勻，以鵝翎掃塗，神效。

戲術：白紙火炙見紅字：用奶汁寫字放紙上，俟乾，火上炙之，自見紅字。

明·張懋辰《本草便》卷二　人乳汁　味甘，氣寒，無毒。主補五臟，令人肥白悅澤。點眼止淚，明目，療赤痛。

明·李中梓《藥性解》卷六　乳汁　味甘，性平，無毒，入心、肝、脾三經。主健四肢，營五臟，實腠理，悅皮膚，安神魂，利關格，明眼目，久服延年。

按：乳汁本血也。心主血，肝藏血，脾裹血，宜並入之。夫婦人之血，降為月水，升為乳汁。房術云：女子一身屬陰，惟月水屬陽，故名水中金。惜《神農本經》不載，而諸家本草，遂以為血屬于陰，其性大冷，不知月水乳汁，本同一物。月水之熱，人咸知也，今升而為乳，質較輕清，中和補益，實為過之，何反以為大冷耶？若果大冷，則必能傷脾，小兒食之，當洩利不止矣！有是理哉？特不宜與食混進，誠能令人瀉爾。

明·繆希雍《本草經疏》卷一五　人乳汁　主補五藏，令人肥白悅澤。

《唐本》注：療目赤痛多淚，解獨肝牛肉毒，合豉濃汁飲之，神效。

【疏】人乳乃陰血所化，生於脾胃，攝於衝任，未受孕則下為月水，既受孕則留而養胎，已產則赤變為白，上為乳汁。此造化玄微之妙，人身轉運之神也。其味甘，氣平，無毒。入心、入腎、入脾，潤肺，益壽延年之聖藥也。氣血之液，故能補五臟，五臟得補，則氣血充實而體自肥白悅澤也。《經》曰：目得血而能視。乳為血化，故能療目赤痛多淚，甘能解毒，故又主解獨肝牛肉毒也。【主治參互】《攝生眾妙方》接命丹，治男婦氣血衰弱，痰火上升，虛損之證；又治中風癱瘓，手足疼痛，不能動履等證。用人乳二盃，香甜白者為佳，以好梨汁一盃，和勻，銀石器內頓滾。每日五更一服，能消痰補虛，生血延壽。此以人補人之妙法也。《聖惠方》眼熱赤腫，人乳半合，古文錢十文，銅器中磨令變色，稀稠成煎，瓶收，日點數次。或以乳浸黃連，蒸熱洗之。《萬氏家抄方》一切虛損勞證，太乙神應丸，人乳一碗，磁器煮乾焙燥，牛乳一碗，同前製，杜仲三兩，破故紙二兩半，白鮮皮、白茯苓、牛膝、當歸各二兩，黍米金丹一箇曬乾，即初生兒口中血珠，共為末，蜜丸桐子大。每服一丸，夜間噙化。【簡誤】乳屬陰，其性涼而滋潤，血虛有熱，燥渴枯涸者宜之。若臟氣虛寒，滑泄不禁及胃弱不思食，脾虛不磨食，竝不宜服。

明·倪朱謨《本草彙言》卷一九 人乳 味甘、鹹，氣寒，無毒。可升，可降，通行十二經。 李氏曰：人乳乃陰血所化，生于脾胃，攝于衝任。未受孕則下爲月水，既受孕則留而養胎，已産則變赤爲白上爲乳汁。此造化玄微自然之妙也。入藥宜取無病婦人之乳，白而稠者佳。若色黃赤，清而腥穢如涎者，夏月久頓不吮有腴氣者，并不可用。有孕之婦，其乳謂之忌奶，小兒吮之，吐瀉成疳魃之病，最有毒也。

人乳：主充和藏府，榮華腠理，葛可久灌溉百骸，潤澤枯燥，龔雲林人身轉運之神液，益壽延年之聖藥也。江春野曰：此乃血氣之精液，轉赤爲白，亦內丹也。凡治元神不足，精神衰乏，咳嗽無痰，日晡潮熱，或陰虛火動而骨蒸盜汗，或久患勞嗽而時有紅痰，或面赤口燥而煩渴引飲，或肌瘦皮黃而毛髮焦槁，或筋攣骨痿而四體乏力，或血竭陰消而腸胃閉結，或三消渴燥而多食易飢，或目暗昏蒙而瞳仁乾結，是皆元虛火勝之證，惟此濡潤養榮之劑，統能治之。繆氏曰：但其性涼而滋潤，血虛有熱，燥渴枯涸者宜之。若藏氣虛寒、滑泄不禁，及胃弱不思食，脾虛不磨食者，并不宜服。

集方：內府孫東嬴傳治已上一切諸虛十證，統用茯苓、山藥、沙參、地骨皮、紫(苑)〔菀〕、百部、黃耆、牛膝、酸棗仁各二兩，陳皮一兩，用好人乳五碗，拌勻曬燥，微炒研末，再配懷熟地四兩，乳汁浸，和酒煮半日，再蒸半日，搗爛爲膏，和前末藥爲丸梧子大。每早服五錢，白湯下。惟目病昏蒙，瞳仁乾結無光，本方加蜜蒙花二兩，枸杞六兩，俱用人乳拌炒和入。○《攝生衆妙方》治男婦氣血衰弱，虛痰虛火上升，或兼咳嗽吐血者，凡一切陰虛火勝之證，又治中風癱瘓，手足疼痛，或麻木不仁，不能動履等證。用人乳二杯，香甜濃白者佳，好梨汁半盞，和勻，砂銚內頓滾，以五百沸爲度。每日五更一服，能消痰補虛，生血止嗽。此以人補人之妙法也。如胃弱作瀉者勿用。○《聖惠方》治風火時眼，赤腫疼痛。用人乳半盞，黃連五分，以飯鍋上蒸熟，頻點兩目眦內即效。○陳氏養和方：治一切陰陽兩虛，形神衰頓，精血枯涸，飲食減餐，懨懨不振者，或勞損吐血，咳嗽，夜熱骨蒸，津液內乏者。用無病乳婦數十人，每日取乳數十碗，用竹篩下鋪桑柴灰一層，中鋪粗紙數十張，上鋪白絹一幅，將乳汁傾入，薄鋪，烈日中曬乾。如不燥，用微火再烘，以鬆燥爲度，收貯淨磁器中。每日用好酒調一錢服，或和龜鹿膠酒調服更妙。侍御陳自抑。

龔雲林曰：一貴家子，年十八歲，患虛勞熱嗽，痰喘面赤，自汗頻發，晝夜不能倒臥，痰不絕口，如此旬日，命在須臾。一家傍徨，諸醫束手，召予診視。六脉微數，乃陰虛火動之證。予令其五更時，將壯盛婦人乳汁一鍾，重湯頓溫，作三四十口服之。至天明服麥門冬、懷熟地、知母、貝母湯，少頃，將白米三合，入蓮肉、紅棗數枚，稀粥食之，半晌又進前藥，加竹瀝、童便少許，薑汁數滴，頻頻服之。至午又進前粥碗許，又食粉糕二塊，半晌又照前藥頻服至盡，將晚進白米粥碗許，又進前藥一劑，夜間睡則藥止，醒則即服。如此三晝夜，藥不住口，火乃漸息，方臥倒。以後日服前藥一劑，過半月病減十之七，調理二月而愈。此證危甚至急，非予用此法救之，幾乎不起。今後患此證者，當照此服。醫者當照此治，未有不愈者也。如已作泄瀉者，不在此例。

明·姚可成《食物本草》卷一六味部·雜類 人乳吾人自離胞，即以此為命。七尺之軀，百年之壽，猶升九仞而先于咫步也。其活人之功，豈次于膏粱美味乎！ 人乳，味甘，平，無毒。主補五臟，令人肥白悅澤，老人患口瘡不能食，但飲人乳甚良。《服乳歌》云：仙家酒，仙家酒，兩箇壺盧盛一斗，五行釀出真醍醐，

不離人間處處有。丹田若是〔乾涸〕時，嚥下重樓潤枯朽。清晨能飲一升餘，返老還童天地久。

附方：治初生小兒不尿。人乳四合，葱白一寸，煎滾，分四服飲之，即利。　治誤食啖蚍牛肉毒。〔牛啖〕蚍者，毛髮向後，其肉殺人，但飲人乳汁一升立愈。

右五味所以調和飲食，日用不可無者。《素問》曰：陰之所生，本在五味；陰之五宮，傷在五味。蓋人之有生，賴乳哺水穀之養而陰始成。乳哺水穀，五味具焉。非陰之所生于五味乎？五味益五臟，過則傷焉。如甘喜入脾，過食甘則脾傷；苦喜入心，過食苦則心傷；鹹喜入腎，過食鹹則腎傷；酸喜入肝，過食酸則肝傷；辛喜入肺，過食辛則肺傷。非五宮之傷于五味乎？況醯醬之類，皆人為之，尤易傷人。故曰厚味發熱。若縱口腹之欲，飲食無節，未有不致病而夭其天年者矣。故飯糗茹草，不害虞舜；惡酒菲食，不害夏禹；蔬食菜羹，不害孔子。聖人尚爾，何況庸〔人？所以然者，務在養心。養〕心莫善于寡欲。夫飲食〔為口腹之欲，不可絕而可寡也。覽者宜自得〕焉。

明·顧逢柏《分部本草妙用》卷七兼經部·性平　人乳　甘、鹹，平，無毒。　主治：補五臟，令人肥白悅澤。療目赤痛，和雀糞去目努肉。夫乳汁，即血也。上為乳汁，下為月經。故以點眼，則甚相宜。而以血補人，血充而色美肥白，何疑之有？

明·李中梓《醫宗必讀·本草徵要下》　乳味甘，平，無毒。入心、肝、脾三經。大補真陰，最清煩熱。補虛癆，潤噎膈，大方之玉液也；祛膜赤，止淚流，眼證之金漿耶！　乳乃血化，生於脾胃，攝於衝任。未受孕則下為月水，即受孕則留而養胎，產後則變赤為白上為乳汁，此造化玄微之妙，却病延年之藥也。按：虛寒滑泄之人禁服。乳與食同進，即成積滯發瀉。

明·鄭二陽《仁壽堂藥鏡》卷九　乳汁　味甘，氣平，無毒。　主補五臟，潤腸胃，令人肥白悅澤。點眼，止淚明目，療赤痛。　宗奭曰：目得血而能視，乳汁即血也。用以點眼，豈不相宜？　按：乳性平而非冷。若冷，必能傷脾。小兒食之，當泄瀉不止矣。有是理哉？特與食溷進，誠能發瀉。人多犯此，疑其性冷，謬哉！《服乳歌》曰：仙家酒，仙家酒，兩個葫蘆盛一斗。五行釀出真醍醐，不離人間處處有。丹田若是乾涸時，嚥下重樓潤枯朽。清晨能飲一升餘，返老還童天地久。曝作粉，名乳金丹，尤佳。　服人乳，大能益心氣，補腦，治消渴，治風火症。養老尤宜。每用一吸，即以指塞鼻孔，按唇貼齒而漱。乳與口津相和，然後以鼻內引上吸，使氣由明堂入腦，方可徐徐嚥下。凡五七吸為一度。不漱而服者，何異飲酪止于胃腸爾。《唐本》注：《別錄》云：首生男乳汁，為養生之寶。　婦人之血，下降為月經，上升成乳汁。乳汁斷，月經通，異名同類。乳即血化也。補血用地黃、當歸，乃草木之流，得天地偏氣。用治血病，力固有餘。用補血衰，力猶未及。何如人乳頻服，以類相從，如燈添油，立見光亮也。

明·蔣儀《藥鏡》卷三平部　人乳　灌溉陰陽，元氣漸成其發育。充和五臟，腠理永恃為榮華。點眼增〔眼〕〔明〕，補血生彩。妊娠病熱，嬰兒禁食，食則生疳。少女清涼，老耄宜吮，吮則延壽。隔湯以煉，凝作乳毬，則痘危虛熱之仙方也。

明·李中梓《頤生微論》卷三　乳汁　味甘，性平，無毒。入心、肝、脾三經。色濃白而不作氣者佳。補五臟，潤腸胃，悅顏色，止消渴，退虛熱，潤噎膈，祛目赤，止淚流。　按：乳從血化，生于脾胃，攝于衝任，未受孕則下為月水，既受孕則留而養胎，產後則變赤為白，轉降為升，上成乳汁，此造化玄微之妙，却病延年之藥也。世俗多以乳汁能滑腸，果爾天下無不瀉之嬰兒矣，有是理哉。特與食混進，誠能發瀉，故于夜半時進，前後皆與食遠，此為良法。《服乳歌》曰：仙家酒，仙家酒，兩箇葫蘆盛一斗；五行釀出真醍醐，不離人間處處有；丹田若是乾涸時，嚥下重樓潤枯朽；清晨能飲一升餘，返老還童天地久。曝製作粉，名乳金丹，尤佳。惟脾胃泄瀉者不宜用也。

明·盧之頤《本草乘雅半偈》帙八　乳汁《別錄》中品　氣味：甘、鹹，平，無毒。　主治：主補五藏，令人肥白悅澤，療目赤痛多淚。解獨肝牛肉毒，合濃豉汁服之神効。

覈曰：乳者化之信，故從孚從化，省作乚爾。方家隱其名，謂之仙人酒、白硃砂。乃陰血所成，生于脾胃，攝于衝任。未妊則下為月水，既妊則留以養胎，已產則上為乳汁。凡入藥用，並取首生男兒無病婦之乳，色白汁稠，無臭者佳。有孕之乳，謂之忌奶，小兒飲之，或作吐瀉，或成疳魃，最為有毒。時珍云：人乳無定性，其人和平，食飲有節，其乳必純；其人躁暴，食飲不節，其乳必熱。凡服食須熱飲，晒曝成粉，入藥尤佳。

条曰：陽明別汁曰乳，水穀之精粹也。藏府傾頹者，餌之奠安；百骸稿瘁者，餌之悅澤。蓋藏府百骸，皆稟氣于胃，胃者，水穀之本也，水穀尚有神奇，況水穀之純粹精乎？

明·李中梓《本草通玄》卷下 人乳 甘，涼。補真陰，潤枯燥，悅皮膚，充毛髮，點目疾。按：婦人之血，下爲月經，上為乳汁，以人補人，功非渺小。世俗服者多瀉，遂歸咎于人乳，不知人乳若能發瀉，則嬰兒盡當脾泄矣。惟乳與食混進，便爾溏泄。大人飲食既多，又服人乳，何怪其瀉？當夜半服之，昨日之食既消，明日之食未進，且陰分服陰藥，正相宜也。服乳者，須隔湯熱飲，若晒曝為粉，入藥尤佳。

清·顧元交《本草彙箋》卷八 乳汁 人乳汁，治目之功多，何也？人心生血，肝藏血，脾受血，故目得之而能視。乳汁，則血也。用以點眼，所以相宜。血爲陰，故性冷，臟寒人，如乳餅酥酪之類，不可多食。雖曰牛羊乳，然亦不出乎陰陽之造化耳。

用人乳，須其人和平無病，飲食沖淡者，其乳亦平。其人暴躁，飲酒食辛，或有火病，其乳必熱。有孕之乳，謂之忌乳，小兒飲之，即黄瘦吐瀉者，以初孕正厥陰肝經養胎，乳汁帶酸，肝能尅脾故也。

清·穆石匏《本草洞詮》卷一三 人乳 乳味鹹，氣平，一云涼，無毒。主補五臟，使人肥白，療目赤痛多淚，止消渴，治風火。蓋乳乃陰血所化，生於脾胃，攝於衝任，未受孕則下為月水，既受孕則留而養胎，已產則赤變為白，上為乳汁，此造化玄微，自然之妙也。服之是以血補血，宜有殊功。但人乳無定性，其人和平，飲食沖淡，則乳必平。其人暴躁，飲酒食辛，或有火病，則乳必熱。以白而稠者佳，黄赤而清者並不可用。凡服乳宜熱飲，晒曝為粉，入藥尤良。如性冷臟寒之人，亦不宜多服也。

清·丁其譽《壽世秘典》卷四 人乳方家隱其名，謂之仙人酒，蓋乳乃陰血所化，生于脾胃，攝于衝任，未受孕則下為月水，既受孕則留而養胎，已產則赤變為白，上為乳汁，此造化自然之妙也。《服乳歌》云：仙家酒，仙家酒，兩個壺盧盛一斗。五行釀出真醍醐，不離人間處處有。丹田若是乾涸時，嚥下重樓潤枯朽。清晨能飲一升餘，返老還童天地久。

氣味：甘，平，無毒。主補五臟，令人肥白悅澤。發明韓悉《醫通》云：服人乳，大能益心氣，補腦髓，止消渴，治風火證，養老尤宜。李時珍曰：人乳無定性，其人和平，飲食沖淡，其乳必平；其人暴躁，飲酒食辛或有火病，其乳必熱。凡服乳須熱飲，若晒暴為粉，入藥尤佳。惟首生男兒無病婦人之乳，白而稠者佳，若色黄赤，清而腥穢如涎者，並不可用。有孕之乳，謂之忌奶，小兒飲之，成疳魃之病，最為有毒也。漢張蒼年老無齒，妻妾百數，常服人乳，年百歲餘，身肥如瓠。《南史》載，宋何尚之積年勞病，飲婦人乳而瘥。繆希雍曰：乳屬陰，其性涼而滋潤，血虚有熱，燥渴枯涸者宜之。若臟氣虚寒，滑泄不禁，及胃弱不思食，脾虚不磨食，並不宜服。

清·劉雲密《本草述》卷三二 乳汁 氣味：甘、鹹，平，無毒。日華子曰：涼。主治：榮五臟，明眼目，安養神魂，滑利關格。入四物湯，共補精血。入四君子，同益元湯。治瘦悴，澤皮膚。並筋攣骨痿，腸胃秘澀。

嘉謨曰：按婦人之血，下降為月經，上升成乳汁，是乳汁乃血所化也。夫人身所養，無不資血流通，動作過多，不免衰涸。補血之藥，世用地黄、當歸，殊不知草木之流，乃得天地偏氣，用治血病，力固有餘，用補血衰，力猶未及。何如人乳頻服，以類相從，如燈添油，立見光亮，匪但血補無虧，且病因血成者，亦由之調養滋達而自愈也。第血屬陰，其性極冷，凡臟寒者，又宜慎之。《醫通》曰：服人乳大能益心氣，補腦髓，止消渴，治風火證，養老尤宜。《攝生眾妙》曰：乳汁治男婦氣血衰弱，痰火上升，虚損之證。又治中風不語，左癱右緩，手足疼痛，動履不便，飲食少進諸證。時珍曰：人乳無定性，其人和平，飲食沖淡，其乳必平。其人暴躁，飲酒食辛，或有火病，其乳必熱。凡服乳須熱飲，若曬曝為粉，入藥尤佳。嘉謨曰：欲使流行經絡，務加醇酒調吞。希雍曰：乳汁味甘氣平，入心，入腎，入脾，潤肺，氣血之液，故能還補五臟氣血。

愚按：乳汁由血所化，故滋血者，還以乳。即《千金方》療女子月經不通，日飲人乳，則其義可思矣。先哲曰：婦人之乳，資以衝脈，蓋衝與胃經通故也。若然，衝為血海，而胃為血化生之府，乳由血化，安得不責其本乎？第男子以氣為主，則先究氣之所生，所生者腎也。女子以血為主，則當究血之所生，所生者心也。血赤，火也。女子之乳白，男子之精亦白，皆從金也。女子氣盛，合於心包絡血，即就血所生處而化乳。男子氣盛，合於衝脈之血，即就氣所生處而化精。女子乳，男子精，俱從血化。而血化俱由於氣，但分上下者分。於血與氣所生之處也，化不離生，生亦不離化，上之血生為氣化，下之精生爲血化。但男女之化乳化精者，要皆不離於脾胃，以其為升降鼓煽，運化精微之地也。是則乳汁固不徒少陰血主之所化，乃實由肺胃氣化之所成矣。

苐化血之乳，化原因在氣，而一離於乳房，則徒存陰質，而氣化已散。故取以療病者，必審病之所宜，如血虛有熱，燥渴枯痼，乃其的對。即用以培養者，亦必審其體之所宜，如質瘦無痰，臟陽胃強，乃得資益。不則，槩投之，祇取累耳。雖然方書謂宜於虛火及中風證，夫虛火類有燥痰，在風證屬陰虛者，亦不能攝痰歸元，即此宜投之證，猶當為乳汁，地以佐使為功可也。

附方　虛損勞瘵，用無病婦人乳三酒盃，將磁碟曬極熱，置乳於中，次入麝香末少許，木香末二分，調勻，服後飲濃茶一酒盞，即陽敗，次日服接命丹。接命丹用乳三酒盃，如前曬碟盛人乳，并人胞末一具，調服，服畢面膝俱赤如醉思睡，只以白粥少少養之。　失音不語，人乳、竹瀝各二合，温服。　卒不得語，人乳半合，美酒半升，和服。　月經不通，日飲人乳三合。　眼熱赤腫，人乳半合，古銅錢十文，銅器中磨令變色，稀稠成煎，瓶收，日點數次，或以乳浸黃連，蒸熱洗之。

希雍曰：　乳屬陰，其性凉而滋潤，血虛有熱，燥渴枯涸者宜之。若臟氣虛寒，滑泄不禁，及胃弱不思食，脾虛不磨食，並不宜服。

修治　曬乳粉法：　遇有乳汁，若乾，即下銀鍋內，煎成膏，用大磁盤盛，於日下曬之，以水浸於盤下，乃未濟之妙也。不然，其乳久曬不乾。

清・郭章宜《本草匯》卷一八　人乳一名仙人酒。　味甘，平，凉，入手少陰、足厥陰太陰經。大補真陰，最清煩熱。補虛勞，潤噎膈，大方之玉液也。祛膜赤，止淚流，眼證之金漿耶。

按：　乳，乃血液所化，生于脾胃，攝于衝任，未受孕則下為月水，既受孕則留而養胎，產後則變赤為白，上為乳汁，此造化玄微之妙。却病延年之藥也。以人補人，功非渺小。世俗服者多瀉，遂歸咎焉。不知人乳若能發瀉，則嬰兒盡當脾泄矣。惟乳與食並進，便爾溏瀉。大人飲食既多，又服人乳，何怪其瀉？當夜半服之，昨日之食既消，明日之食未進，且陰分服陰藥，正相宜也。若虛寒滑瀉之人，禁服。

入藥晒粉用。或以乳放銀器內，微火，候如麪漿，作丸送亦妙。

清・蔣居祉《本草擇要綱目・平性藥品》　乳汁　氣味：　甘、鹹，平，無毒。

主治：　補五臟，令人肥白悅澤。療目赤痛多淚，解獨肝牛肉毒，合濃豉汁服之，神效。和雀屎，去目中弩肉。益氣，治瘦悴，悅皮膚，潤毛髮。點眼止淚。但人乳汁治目之功多，何也？人心生血，肝藏血，(脾)〔目〕受血則能視。蓋水入于經，其血乃成。又曰：　上則為乳汁，下則為月水，故知乳汁則血也。用以點眼，豈不相宜？血為陰，故性冷臟寒人，如乳餅、酥酪之類，不可多食。雖曰牛羊乳，然亦不出乎陰陽之造化耳。老人患口瘡不能食，但飲人熱乳甚良。人乳無定性，其人和平，飲食冲淡，其乳必平。其人暴躁，飲酒食辛，或有火病，其乳必熱。凡服乳須熱飲，若晒曝為粉，入藥尤佳。

清・閔鉞《本草詳節》卷一二　乳汁　【略】按：　人乳即人血，補血之功多，但無定性，其婦和平，飲食冲淡，其乳必平。其婦暴躁，飲酒食辛，或有火病，其乳必熱。凡服乳須熱飲，若晒乾為粉，入藥更妙。惟臟寒人不宜。

清・王翃《握靈本草》卷一〇　人乳凡入藥取首生男兒無疾婦人之乳，色白而稠者佳。有孕之乳，謂之忌乳，不可用。　主治：　人乳，甘、鹹，平，無毒。《別錄》云補五臟，令人肥白潤澤，療目赤痛。乳汁乃血所成，用以點眼，目得血而能視也。血為陰，性冷，臟寒人不可多食。

清・汪昂《本草備要》卷四　人乳補虛，潤燥。　甘、鹹。潤五藏，補血液，止消渴，澤皮膚，治風火症。訒庵曰：　老人便秘，服人乳最良。本血所化，目得血而能視，用點赤濇多淚。熱者，黃連浸點。然性寒滑，藏寒胃弱人不宜多服。時珍曰：　人乳無定性。其人和平，飲食冲淡，其乳必平。其人躁暴，飲酒食辛，或有火病，其乳必熱。又有孕之乳爲忌乳，最有毒，小兒食之吐瀉，成疳魃之病，內亦損胎。昂按：　乳乃陰血所化，生于脾胃，攝于衝任。未受孕則下爲月水，既受孕則留而養胎，已產則變赤爲白，上爲乳汁，以食小兒，乃造化之玄微也。服之益氣血，補腦髓，所謂以人養人也。然能滑腸、濕脾、膩膈，天設之以爲小兒，非壯者所當常服。唯製爲粉，則有益無損。又須旋用，久則油膻。須用一婦人之乳爲佳，乳雜則其氣雜。乳粉、參末等分蜜丸，名參乳丸，大補氣血。　取年少無病婦人乳白而稠者，如兒食良。黃赤清色、氣腥穢者，并不堪用。或暴曬，用茯苓粉收，或水頓取粉尤良。取粉法：　小鍋燒水滾，用銀瓢如碗大，錫瓢亦可。傾乳少許入瓢，浮滾水上頓，再浮冷水上，立乾，刮取粉用。再頓再刮，如攤粉皮法。

清・陳士鐸《本草新編》卷五　人乳　味甘，氣平、寒，無毒。酒調服良，口吮更妙。入肺、胃、脾、腎。補精血，益元陽。肌瘦皮黃、毛髮焦槁者速覓，筋攣骨痿、腸胃秘澁者當求。健四肢，榮五臟，明眼目，悅容顏，安養神魂，滑利關格。

或問：　人乳即血也。乳通則經閉，非明驗乎？曰：　以乳為血則可，

以乳為經則不可也。子生而乳通，乳通而身旺，其故何歟？產婦未有不血虧者，血虧則宜無乳，何以生子不三日而乳即通，是人乳非血可知也。雖然以人乳為非血則又不可，乳乃水也，血亦水也。血化為乳，自是至理。而余則曰：人乳非血所生，乃氣生之也。產婦至二三日，止有氣存，氣存自能生血，生血而後能生乳，故遺氣而但言血，此余之所以辨也。至女子月信，乃血之餘。血滿則溢，血少則止，血枯則閉。故經之有無，視血之盛衰也。世往往有壯健之婦，上通乳而下又通經；羸弱之女，下斷經而上亦斷乳。血有餘者，上既能升，而下亦能降。血不足者，下不能降，而上何能升哉。故以乳為血則可，以乳為月經之上升而成汁者，斷斷不可也。總之，氣行則血行，氣足則血足，氣血行則乳行，氣血足則乳足。血能下降為經，而經不能上升為血，猶之氣能上變為乳，而乳不能上升為氣也。然則人乳乃氣血所生，其補益氣血，又何必言辭之辨哉。

或問：乳乃氣變而成，安得遽生其乳？吾疑乃血生而非氣生，經助血以生乳，而非氣行經以變乳也。曰：乳乃有形之物也，而血與經亦俱有形，有形安得化有形哉。惟氣乃無形，無形者，有形之母也。無形之氣，以生有形之乳，不必再辨。惟是謂經助血以生乳，非氣行經以變乳之說，不可不辨也。子謂血即經，而經即血也。誰知血之有餘，則流為經，而經之有餘，不能反為血。蓋經乃敗血，非活血也。活血則能助氣以生乳，而敗血不能變經而生血。經既不能變血，又何能生乳哉？但人身之血有限，而乳房之汁無窮，或疑為經之助血以生之，不知實氣之行經而變之也，氣行則血行，血行則血無瘀滯之憂，而有變化之妙，上通于乳房而成乳，不下走于陰竅而為經。此實有大道存焉，而非一偏之見，可以私臆之也。

或又問乳即是氣所成，何以乳有清、（膿）〔濃〕之別，非血虛之故乎？此正氣虛之故也。氣虛則血虛，故乳汁清，兒食之必有黃瘦之憂；氣旺則血旺，故乳汁（膿）〔濃〕，兒食之必有肥白之慶。世有婦人生子自乳，第二月又懷子者，正氣足而能納精，血旺而能蔭胎也。然而所乳之子必然多病，即或肥白，而長年者常少。正見血有餘而氣不足也。氣之生乳，不益可見乎。

或問：氣化乳而色白者宜也，今曰氣血同化而成乳，血色赤而乳色白，又何以變之耶？曰：乳色之白，正見氣變乳之驗也。氣生血而色赤，氣生乳而色白，是乳乃氣未變之血也。氣變血而腥，氣變乳而甘者，又是何故？《經》曰：飲入于胃，遊溢精氣，上輸于脾，脾氣散精，上歸于肺，肺通水道。食氣入胃，濁氣歸心，淫精于脉，脉氣流經，經氣歸于肺。故飲食之氣，雖遍輸于五臟七腑，而其先入者必歸于肺，而化其津液也。乳房在于肺之間，所以生乳最先，而色白者雖氣之色，亦肺之色也。肺屬金，而金色白，又何疑乎？倘是血化為乳，毋論色赤者不能變白，而血亦何能遽變為乳，以供小兒日夜之吞噬乎？惟氣則易生而易化，然而氣之所以能化者，又資于胃土之生也。土之味甘，乳得胃土之氣，故其味亦甘。又乳房為胃土之室，胃氣生乳，而乳歸胃，亦更無可疑。小兒得乳則生，生于胃氣也。然則人苟食乳，又何獨不生氣血乎？氣者，得乎天之陽也。血者，得乎地之陰也。陰有質而陽無質。天氣下降，則霆雨盈川，而天之氣未嘗耗也。故人之氣至，即生津液，血能耗而氣不能耗，似乎食乳不若食氣之為妙。不知乳乃氣之初生，不比血之終氣也。是以食乳之功效，不亞採先天無形之氣耳。

清・顧靖遠《顧氏醫鏡》卷八 人乳甘，平。入心、肺、脾、肝、腎五經。香甜濃白者可用。須清晨熱飲，若晒為粉，入藥甚佳。大補真陰，最清煩熱。真陰得補，煩熱自清。虛勞之玉液，曾有積年勞病，飲乳而痊，豈非大補真陰之效。噎膈之瓊漿。因血液衰少所致，乳最滋養血液故也。治暗風不語，接命丹同梨汁、竹瀝用之，取其補陰清熱消痰也。療目赤淚流。乳浸黃連，蒸過，點之有效。以目得血而能視也。瘦悴應用，常服令人肥白悅澤。養老猶宜。《服乳歌》云：丹田若是乾涸時，嚥下重樓潤枯朽。清晨能飲一斤餘，返老還童天地久。乳為血化，生於脾胃，攝於衝任，未受孕則下為月水，既受孕則留而養胎，產後則變赤為白，上為乳汁，此造化玄微之妙，却病延年之神丹也。滑泄不禁者勿服。與食同進，則成積滯發瀉。

清・李熙和《醫經允中》卷二〇 人乳 甘、鹹，平，無毒。主治補真陰，榮五臟，潤澤容顏，滑利關格。療目赤痛，和雀糞去目胬肉。

清・馮兆張《馮氏錦囊秘錄・雜症痘疹藥性主治合參》卷一二 人乳乃氣血之液也。味甘，氣平，無毒。入心、入腎、入脾。潤肺，益壽延年之聖藥也。人乳，晒乾，入四君四物湯，大補氣血，和暢榮衛，培益元陽，潤長肌肉，駐顏明目，安養神魂。五臟均補，腸胃能潤。止消渴，退虛熱，潤噎隔，補虛癆，祛目赤，止淚流。久服令人氣血冲和，肥白悅澤。又治中風癱瘓，手足疼痛，不能動履及一切虛損癆症，此以人補人之法也。但功專補陰，若陽虛胃弱，脾寒作瀉者禁之。主治痘疹合參：療眼熱赤痛，補五臟精血，止淚明目。痘不灌漿

者，用此以助之。但斷乳已久者，初服之易於溏便。

按：乳從血化，主於脾胃，攝於衝任。未孕則下為月水，既孕則留為養胎，產後則變赤為白，轉降為升，此造化玄微之妙，却病延年之藥也。世俗多以乳能滑腸，果爾，則天下無不瀉之嬰兒矣。待與食混進，誠能發瀉，故於夜半時進，前後皆以食遠為良。《服乳歌》曰：仙家酒，仙家酒，兩箇葫蘆盛一斗。五行釀出真醍醐，不離人間處處有。丹田若是乾涸時，嚥下重樓潤枯朽。清晨能飲一升餘，返老還童天地久。曝製作粉，名乳金丹，尤佳。惟脾胃泄瀉者，不宜用也。

清·张璐《本經逢原》卷四 人乳汁 甘、鹹，平，無毒。發明：乳汁治目之功甚捷。目得血而能視，乳即血之源也，用以點眼豈不相宜。老人服食尤良。但脾虛易瀉者勿食。日中曝乾，入參苓丸服尤為合宜。

清·浦士貞《夕庵讀本草快編》卷六 乳汁《別錄》 乳者化之信，故字從孚，從乚者省文也。乳乃陰血所化，生於脾胃，攝於衝任，未受孕則下為月水，既受孕則留而養胎，已產則赤變白，上溢為乳，此造化玄微之妙，人身轉運之功也。其味甘鹹，涼而無毒，乃氣血之液，非他草木可比。《服乳歌》云：仙家酒，仙家酒，兩個葫蘆藏一斗。五行釀出真醍醐，不離人間處處有。丹田若是乾涸時，嚥下重樓潤枯朽。清晨能飲一升餘，返老還童天地久。予嘗曝燙為粉，治虛損中風，更不妨胃滑腸，稱小接命也。

清·姚球《本草經解要》卷四 人乳 氣平，味甘、鹹，無毒。主補五藏，令人肥白悅澤。人乳氣平，稟天秋金之平氣，入手太陰肺經。味甘鹹無毒，得地中北土水之味，入足太陰脾經、足少陰腎經。氣味降多於升，陰也。肺主一身之氣，脾統一身之血，腎藏一身之精。人乳本血所化，入脾、肺、腎三經，補益精氣血，所以五藏皆益，而令人肥白悅澤也。製方：人乳同梨汁，名接命丹，治氣血衰弱。同牛膝、杜仲、補骨脂、白茯、牛乳、當歸丸，名太乙神應丸，治虛損。

清·王子接《得宜本草·下品藥》 人乳 味甘。功專補五臟。得梨汁能消痰補虛，得美酒治卒不得語。

清·黃元御《玉楸藥解》卷七 乳汁 味甘，性涼。入手太陰肺、足太陰脾、足厥陰肝經。清肺除煩，滋肝潤燥。乳汁以肝化於肺氣，即朱汞變為白金，養育嬰兒，滋生氣血，全賴夫此。內傷虛勞，為小兒熱吮極佳，非尋常草木所能及也。一離人身，溫氣稍減，但存冷汁，質寒滑滋潤，絕無補益，血得氣化，溫變為肅，暖服不熱，冷飲則涼，潤肺滋肝是其長耳，抑陰扶陽非所能也。至乳酥、乳酪之類，冷食寒飲，極損中氣，惟塞外西方之民，脾胃溫燥，乃為相宜。陽虧土濕，切當遠之。噎膈濕旺之病，朱丹溪以為燥證而用乳酪濕滋土敗，其死更速。點眼病甚良，解食牛中毒。

清·吳儀洛《本草從新》卷六 乳汁〔補虛潤燥。〕 甘，鹹。時珍曰：人乳無定性。其人和平，飲食冲淡，其乳必平；其人躁暴，飲酒食辛，或有火病，其乳必熱；又有孕之乳為忌乳，最有毒，小兒食之吐瀉，成疳魃之病，內亦損胎，須禁之。潤五臟，補血液，止消渴，澤皮膚，清煩熱，理噎膈，悅顏利腸。老人血枯便秘尤宜。眼科用點赤澀多淚。熱者黃連浸點。本血所化，目得血而能視。虛寒滑泄，胃弱者禁服。乳與食同進即成積滯發瀉。時珍曰：乳乃血化，生於脾胃，攝於衝任，未受孕則下為月水，既受孕則留而養胎，已產則變赤為白，上為乳汁，此造化玄微之妙，却病延年之藥也。洛按：乳性純陰，能滑腸、膩膈、濕脾，唯陽實陰虛而無滯者宜之，若陽虛或有滯者非所宜也。丹溪曰：人乳有五味之毒，七情之火，不若服牛乳為穩。取首生男兒無病婦人之乳，白而稠者佳，若黃赤清色，氣腥穢者不用。或暴曬用茯苓粉收，或水頓取粉尤良。無滑腸、濕脾、膩膈之患。頓乳取粉法：小鍋燒水滾，用銀瓢如碗大，錫瓢亦可。傾乳少許入瓢，浮滾水上頓，再浮冷水上立乾，刮取粉，再頓再刮，如攤粉皮法。須旋用，久則油羶。須用一婦人之乳為佳，乳雜則其氣雜。乳粉、參末等分，蜜丸，名參乳丸，大補氣血。

清·汪紱《醫林纂要探源》卷三 乳 甘，鹹，寒，滑。李時珍云：無定性，其人和平，飲食沖淡，乳必平。其人躁暴，飲酒食辛，或有火病，乳必熱。受孕之乳有毒，每令兒吐瀉，成疳魃之病，內亦損胎。按李氏此語最精。母之乳子，不惟乳有寒熱不同，兒食之有異，并兒之心術性情，亦因而移易。故古人必擇寬裕慈惠，溫良恭敬，慎而寡言者，使為子師。司馬溫公亦言乳母不可不擇，至理然也。然則資以養病者，亦必擇和順少婦，乳白而稠，方為有益。如或黃或赤，或清而散，氣腥穢，則反有損。滋潤臟腑，通利關節，補益血氣，和濟陰陽。乳亦血也，血亦水也，水本於腎，血化於脾而藏於肝，升於膈俞，用於心君。婦人血盛於氣，故其血之餘攝於衝任。其未孕行為月經，既孕則留而養胎，產後則化乳汁以飼子。然經血赤，而乳則白者，胎已離腹，餘血不復下行，而胃為攝之，胃氣蒸化，以上輸于膻中，流出於兩乳，血從氣化，所以色白。此陰陽之和，視經血之屬陰而下行者，為不侔矣。故乳哺小兒，實能兼長氣血，獨以為滋陰補血者，其說為未盡也。顧其性滋潤輭滑，惟小兒腸胃未成，及老人腸胃枯澀者宜之。而母乳有限，兒日漸大，豈能專恃此以養，半歲後必助穀食，

乃自然之理勢，非乳汁專養小兒而不能補養大人也。故凡病虛弱勞瘵，氣血枯竭，噎隔咯吐諸病，皆宜人乳滋補。至若止消渴，潤皮膚，點赤眼，則其餘事而已。臟寒者不宜多服。以性寒滑也。或鍋燒熱湯，用錫瓢傾乳少許，沸湯盪熟，再浮冷水上，立乾，刮取粉用。再盪再刮，聚之以服食，甚良。

清・嚴潔等《得配本草》卷一〇 人乳 甘，平。入三陰經血分。潤五臟，利關格。和竹瀝，治失音。沖梨汁，治燥痰。入蔥白汁，治初生不尿。入美酒，治卒不得語。浸桐油，塗臁瘡。浸川連，點眼熱赤腫。脾胃多濕、大便滑泄，二者禁用。取粉法：用銀瓢如碗大，傾乳汁少許，浮滾水上，以手急轉其瓢，如做粉皮法一般，再浮冷水，候乾剖取粉用。鑞瓢亦可

題清・徐大椿《藥性切用》卷八 人乳 性味甘鹹，滋陰養血，潤燥補虛，能開血枯噎膈。陽實陰虛為宜，腸滑胃弱當忌。

清・黃宮繡《本草求真》卷二 人乳補陰，潤燥澤膚。 人乳耑入肝、腎、肺。氣味甘潤，按據諸書有言此為陰血所化，生於脾胃，攝於衝任。未受孕則下為月水，既受孕則留而養胎，已產則變赤為白，上為乳汁以養小兒，乃造化之玄微也。服之益氣血，補腦髓，所謂以人補人也。弘景曰：漢張蒼年老無齒，妻妾百數，常服人乳，故年百歲餘，身肥如瓠。若大人服之，則能止渴，澤膚潤燥，且目得血能視。凡赤澁多淚，可用黃連浸點。宗奭曰：上則為乳汁，下則為月水，故知乳汁則血也。用以點眼，豈不相宜？實為補虛潤燥要劑。取無病婦人乳水，時珍曰：人乳無定性，其人和平，飲食沖淡，其乳必平；其人暴躁，飲酒食辛，或有火性，其乳必熱。凡服乳須熱飲，若晒暴為粉，入藥尤佳。《南史》載宋何尚之積年勞病，飲婦人乳而瘥。又言穰城老人，年二百四十歲，惟飲曾孫婦乳也。頓如攤粉皮法取用，名為乳丹丸。但臟寒胃弱作泄者，不宜多服。有孕之乳，謂之忌奶，小兒飲之，多成吐瀉疳魃之病，最為有毒也。

清・羅國綱《羅氏會約醫鏡》卷一八人部 人乳味甘，氣平，入心、腎、脾、肺四經。 乃氣血之液也，大補榮衛，培益元陽。安神魂，潤腸胃，退虛熱，滋乾膈，一切虧損勞症。此以人補人，却病延年之聖藥也。但功專補陰，若陽虛胃寒作瀉者禁之。取年少無病人之乳晒乾，用茯苓粉收，或用錫瓢盛乳，浮滾水上一刻，再浮冷水上，立乾，刮取粉用尤良。

清・陳修園《神農本草經讀》附録 人乳 氣味甘、鹹，平，無毒。主補五臟，令人肥白悅澤《別錄》。

清・黃凱鈞《藥籠小品》 人乳 補血上品。上為乳汁，下為月水，本屬血化，胃陰受戕，納食即吐，同糯米飲緩緩服之，便能受物。

清・王龍《本草纂要稿・人部》 乳汁 氣味甘平。榮五臟，強健四肢。明眼目，悅澤顏色。滑利關格，安養神魄。肌瘦皮黃，毛焦髮槁者速覓。筋攣骨痿，腸秘胃澁者當求。攙四物湯共補精血，入四君子湯同益元陽。

清・楊時泰《本草述鉤元》卷三二 人乳 味甘、鹹，氣平涼，無定性。其人和平，飲食沖淡，其乳必平；其人暴躁，飲酒食辛，或有火病，其乳必熱。榮五臟，明眼目，安養神魂，滑利關格，治瘦悴，澤皮膚，並筋攣骨痿，腸胃秘濇。又能益心氣，補腦髓，止消渴，治風火證，養老尤宜。又治痰火上升虛損之證及中風不語，左癱右緩，手足疼痛，動履不便，飲食少進諸證《攝生眾妙》。地黃、當歸草木之流，得天地偏氣，用治血病，力固有餘，用補血衰，力猶未及，不如頻服人乳，匪但補血，且病因血成者，亦由調養滋達而自愈。入四物湯，共補精血；入四君子，同益元陽。月經不通，日飲人乳三合。猝不得語，人乳半合，美酒半升，和服。失音不語，人乳、竹瀝各二合，溫服。虛損勞疾，用無病婦人乳三酒盃，將磁碟曬極熱，置乳於中，次入麝香末少許，木香末二分調勻服，後飲濃茶一酒盞，即陽敗。次日服接命丹，方用乳三酒盃，如前曬碟盛乳，并人胞末一具，調服，服畢面膝俱赤，如醉思睡，只以白粥少少養之。眼熱赤腫，人乳半合，古銅錢十文，銅器中磨令變色，稀稠煎成，瓶收，日點數次，或以乳浸黃連蒸熱洗之。

論：乳汁由血所化，故滋血者還以乳。夫婦人之乳，資以衝脈，因衝與胃經通故也。衝為血海，而胃為血液化生之府，安得不責其本乎？凡男子以氣為主，究氣之所生，所生者腎也。女子以血為主，則當究血之所生，所生者心也，血赤火也。女子之乳白，男子之精亦白，皆從金也。女子氣盛，合於心包絡血，即就血所生處而化乳。男子氣盛，合於衝脈之血，即就氣所生處而化精。乳與精俱從血化，而血化俱由於氣，但分上下者，分於血與氣所生之處也。化不離生，生亦不離化，上之血生為氣化，下之精生為血化耳。但男女之化乳化精者，皆不離於脾胃，以其為升降鼓煽運化精微之地也。然則乳汁固不徒少陰血主之所化，實由肺胃氣化之所成矣。第血化之乳，化原固在氣，一離乳房，則徒存陰質，而氣化已散。故取以療病者，必審病之所宜。如血虛有熱，燥渴枯涸，乃見資其的對。即用以培養者，亦必審體之所宜，如質瘦無痰，臟陽胃強，乃見資

益，不則槩投止以取累耳。至方書謂宜於虚火及中風證，夫虚火類有燥痰，而風證之屬陰虚者，亦不能攝痰歸元，即此宜投之證，猶當為乳汁，地以佐使為功可也。

屬陰性冷，若臟寒滑泄及胃弱脾虚者，並不宜服仲淳。

修治：凡服須熱飲，欲使流行經絡，加醇酒調，若曬曝為粉，入藥尤佳。曬乳粉法，遇有乳汁，即下銀鍋煎成膏，用大磁盤盛，日下曬之，必以水浸盤下，不則久曬不乾，此乃未濟之妙也。

清・葉桂《本草再新》卷一一 乳汁味甘，寒，性平，無毒。入心、肺、腎三經。補心益智，潤肺養陰，除煩止渴，清熱利水，止虚癆欬嗽，治眼目昏紅。

清・趙其光《本草求原》卷二七人部 乳汁 婦人之血，下為月經，上升成乳。血本於水，攝於衝任，鼓於脾胃，化於肺氣。精與乳皆血所化。而血化俱由於氣，故皆色白。故甘鹹，平潤，無毒。補五臟、血液，功勝四物，以草木之氣偏，治血病有餘，補血衰則不及，豈若以血之所化者補之。即病因血成，亦可藉其滋達。潤肺。除煩，利水，止咳嗽。凡血虚有熱而消渴，膚燥，關格、筋攣、骨痿、腸胃秘澀、痰火上升及中風不語，癱瘓疼痛，一切風火，老人便秘皆宜。又治日紅昏，明目，目得血而能視。用點赤澀多淚，熱者，黄連浸點。通經，日飲三合。已勞瘵。調木香、麝香服。但性寒滑，臟寒、胃弱，痰不因風燥、火燥勿用。

取不飲酒食辛及無孕、孕乳最毒。無病婦人乳，白而稠者良；黄赤、青稀、氣腥穢者，不堪用。或瓷盤盛曬，用茯苓粉收用；或水燉取粉尤良。法以鍋燒水滾，銀盤、瓷盤盛乳，燉於滾水上，再浮冷水上，即成皮，刮取；或日曬。以冷水浮之，亦成皮。不然則久曬不乾。取粉入參苓丸，大補氣血，宜新用，久則油膻。

清・文晟《新編六書》卷六《藥性摘録》 人乳 甘，平，滑。澄為粉佳。補陰潤燥，澤肌膚。臟寒作逆者勿服。

人乳 苦潤，止渴澤膚，補陰潤燥。臟寒胃弱作泄者勿多服。澄為粉良。○同黄連浸，可點赤目多淚。

清・劉東孟傳《本草明覽》卷一一 人乳汁 【略】按：婦人之血，下降為月經，上升為乳汁。乳汁斷，月經通，乳汁行，月經閉，異名同類，人所共知。《經》云：目得血能視，耳得血能聽，手得血能攝，掌得血能握，足得血能步，臟得血能液，腑得血能氣。是則人身所養，無不資是血之流通也。動作過多，不免衰涸，人乳補之，以類相從，如燈之添油也。地黄、當歸非不補血，但〔草〕木〔通〕之流，皆得天地之偏氣，用治血病，為固有餘，用補血衰，豈能及乳汁之一二耶。

清・張仁錫《藥性蒙求・人部》 乳汁一杯 乳汁味甘，補虚潤燥。治膈利腸，悦顔為妙。治目之功甚捷，目得血而能(治)〔視〕。乳即血之源也，用以點眼，豈不相宜？老人服食尤良。取首生無病婦人之乳，白而稠者佳。若黄赤青色，氣腥穢者，不用。或暴晒，用茯苓粉收，或水頓取粉尤良，無滑腸濕脾膩膈之患。○乳與食同進，即成積滯發泄。

清・王孟英《隨息居飲食譜・水飲類》 乳汁 甘，平。補血充液，填精化氣。生肌，安神益智，長筋骨，利機關，壯胃養脾，聰耳明目。本身氣血所化，初生藉以長成。强壯小兒，周歲即宜斷乳，必以穀食，始可培植後天。造物之功，不容穿鑿。故大人飲乳，僅能得其滋陰養血，助液濡枯，補胃充肌而已。設脾弱氣虚，膏粱濕盛者飲之，反有滑瀉釀痰，減餐痞悶之虞。且乳無定性，乳母須擇肌膚豐白，情性柔和，别無暗疾，不食葷濁厚味者，其乳汁必醲白甘香，否則清稀腥濁，徒增兒病也。牛馬蛇肉毒，飲人乳解之。

清・劉善述、劉士季《草木便方》卷二人禽獸部 人乳 人乳甘鹹補益功，目赤(土)〔多〕淚消渴宗。老人多服補氣血，無病婦乳壯兒公。

清・戴葆元《本草綱目易知録》卷七 乳汁 甘、鹹，平。補五藏，益心氣，止消渴。治瘦悴，悦皮膚，潤毛髮，益氣補髓，令人肥白悦澤。療目赤痛，多淚。解獨肝牛肉毒，合濃豉汁服之。和雀屎，點目中弩肉。然性寒滑，臟寒胃弱人不宜。色白而稠者佳。若赤黄赤清而腥穢如涎者，勿服。有孕之乳，名忌奶，小兒飲之，吐瀉成疳魃之病。

清・陳其瑞《本草撮要》卷七 乳汁 味甘鹹，入手足太陰、陽明、太陽經。功專潤五臟，補血液，止消渴，澤皮膚，清煩熱，理噎膈，悦顔色，利腸。得黄連點赤眼。虚寒滑泄胃弱者禁服。乳與食同進，即成積滯發瀉。人乳、人參末等分蜜丸，名參乳丸，大補氣血。乳須擇無病婦人者。水頓取粉用。百蟲入耳，以乳滴之即出。得梨汁能消痰補虚，得酒治卒不能語。

人胞

宋・唐慎微《證類本草》卷一五人部〔唐・陳藏器《本草拾遺》〕 人胞 主血氣羸瘦，婦人勞損，面皯皮黑，腹内諸病漸瘦悴者，以五味和之，如餢飳音甲，餅也。法，與食之，勿令知。婦人胞衣變成水，味辛，無毒。主小兒丹

毒，諸熱毒，發寒熱不歇，狂言妄語，頭上無辜髮立，虛痞等。此人産後時，衣埋地下，七八年化爲水，清澄如真水。南方人以甘草、升麻和諸藥物盛埋之，三五年後撥去，取爲藥。主天行熱病，立效。

〔宋・唐慎微《證類本草》〕《梅師方》：治草蠱，其狀入咽刺痛欲死者。取胞衣一具切，曝乾爲末。熟水調一錢匕，最療蛇蠱、蜣蜋、草毒等。

明・王綸《本草集要》卷六 紫河車 即生子胎衣，兒(朶)〔孕〕胞中，臍系於胞，受胞之養，胞系母腰，受母之蔭，父精母血，相合生成之精，真元氣所鍾也。夫名為紫河車者，蓋天地之先，陰陽之祖，胚胎將兆，九九數足，此則載而乘之，故名。其歷驗篇名曰混沌皮，釋氏謂之佛袈裟。製服有卻疾之功，久服有延年之力。但非可常得之物，或且有所嫌忌，故人不之用耳。愚每製此方惠諸人，人其取功奏效，可應手而得。一人稟氣素弱，陽事太痿，因以河車配他藥一方，服不二料，體貌頓易，連生數子。一婦人年近六十，時已衰憊，用河車加補血藥，作丸服甚效。每自製服，壽至九十，強健如中年人。一人大病，久不能作呼聲，服不數次，呼聲出矣。一人患痿足不任地，服之半年，病去如失。用於女人尤妙，豈本所自出，而各從其類耶！若多生女無子，夫婦服之而生男子，歷歷可數。病危將絕氣者，一二服可更生。大抵補益之功，極其至矣，故名大造丸。配合諸藥，俱有至理，并注各藥下。

紫河車一具，用米泔水洗淨，新竹籃上焙乾，為末，須初生男女。原方製法如此，吾依法服之。微覺燥熱，焙乾，火毒未去，莫若蒸熟晒乾。若得生用，氣力尤全。或又云：男用女胎，女用男胎。大抵不可必得，男女通用俱可。如婦人壯實，便第二胎亦可。敗龜板，年久者良，童便浸三日，酥炙黃二兩。按此酥炙，亦不免火毒，嘗見濟南胡良醫云：龜板，童便浸，磁碗片刮去內外皮膜，蒸熟，晒乾為末尤妙。此亦當依胡言。黃栢，去粗皮，鹽酒浸，炒褐色一兩五錢，邪火止，能動欲，不能生物，俗醫用陽藥滋補，非徒無益，為害不小。上二味，補陰補陽，俱最用河車之佐。杜仲，酥炙，去絲一兩五錢，主腎虧精損，腰疼餘瀝。牛膝，去苗，酒浸，晒乾一兩五錢。下部之藥，引諸藥而行已。已上二味，足少陰腎經藥，古方加陳皮，名補腎丸。淮慶生地黃，肥大者二兩五錢，入砂仁末六錢，白茯苓一塊重二兩，稀絹同入銀罐內，好酒煮乾，添酒煮七次，去茯苓、砂仁不用，蓋地黃得砂仁、茯苓及黃栢，則走足少陰。陶尚文以此四味為天一生水丸，秘而不得。天門冬，去心一兩二錢。人參，去蘆一兩。麥門冬，去心一兩二錢，夏月加五味子七錢。上四味，少陰藥，二門冬保肺氣，不令火刑，降肺氣，下行腎水。然其性有降無升，得人參則補而降。《本草》云：主多生子，以此也。古方加地黃，名固本丸。只麥門冬、五味子、人參三味，名生脈散。此方配合之意，大抵以金水二臟為生化之源，加河車以成大造之功耳。右藥除地黃，另用木石臼內杵擣一日，餘藥各為末，和地黃膏再擣極勻，酒、米糊為丸如小荳大，每服八九十丸，空心臨睡淡鹽湯、薑湯任下，寒月好酒尤妙。婦人服，加當歸二兩，去龜版。男子遺精，婦人帶下，並加牡蠣粉一兩五錢。

明・滕弘《神農本經會通》卷七 紫河車 即胞衣。首胎者固佳，若肥壯者亦美，不分男女，俱能補人。東流水淨洗，去血筋，或入藥料中，酒煮或酒蒸，擣爛如膏，入藥末，煉蜜為丸，勝如新瓦上火炙者，反耗滲其精汁，獨存粗查，何益。

味甘，氣大溫，無毒。陳藏器餘云：主血氣羸瘦，及婦人勞損，面䵟皮黑，腹內諸病，漸瘦悴者，以五味和之，如餡餌音甲法，與食之，勿令知。近時方療諸虛百損，癆瘵傳屍，五勞七傷，骨蒸潮熱，喉欬音啞，體瘦骨枯，咯吐諸紅，并宜製服。又益婦人勞損，俾育胎孕。又秘方，取首胎男胞衣，用無灰酒浸兩時，即於東流水漂兩三時，用銀器挑去黑筋，先將糯米一斗水浸半時，漉起，半入小甑中，以好酒浸胞衣，入磁罐中，紙密封罐口，復用麵作餅團固封，置糯米甑內，又將糯米一半覆實罐上，外用濕紙密封甑縫，文武火蒸之，以官香二枝為度，取出，將原製合用藥末，同胞衣并罐內酒和勻，舂千餘杵，成丸。此法不經火煉，不洩精氣，比它方尤妙。愚按：紫河車，乃人生稟父精母血交合而成，未成男女，先結胞胎，兒孕胞內，胞繫母腰，噏受母氣足，應期而育，名以河車者，渾然太極，完具天地之先，陰陽之根，乾坤之槖籥，鉛汞之胚胎已兆，應數九九，兒載而乘之，故取象河車。然名紫者，應南北方之間色，離火居南，色紅，屬陽，坎水居北，色黑，屬陰，坎離交媾，陰陽二氣妙合而凝，紅黑相条，其色為紫，雖具後天之形，實稟先天之氣。又名混沌皮，又名混元丹，又名佛袈裟。蓋即以人身之本元，補助人身之血氣，其益大矣。

明・許希周《藥性粗評》卷四 紫河車卸退虛癆。

紫河車，胎衣也。丹溪云：《本草》及古方不分男女。世傳男用女胎，女用男胎，俱以初胎為佳，似為有理。若不可必得，只壯盛婦人者俱可用。味甘、辛，性溫，無毒。主治

男子婦人血氣俱虛，瘦損危弱，怯風懶言，淹淹不振。洗淨切塊，以五味如法烹食甚良。或蒸熟，以補陰藥末相入，搗和為丸，如梧桐子大，每服五六十丸，空心溫酒送下。

明・鄭寧《藥性要略大全》卷九 紫河車 《要略》云：主血氣羸瘦，婦人勞損。治面鼾皮黑，腹內諸病，漸瘦悴者。加五味子為使良。潔古云：治小兒丹毒，諸熱狂言妄語，虛痞等症。雷公云：此物極腥。先以水洗，以針挑破青絡，批去其血。次以米醋煮之。醋將乾，然後加之以水，煮極爛，去筋膜，研末入藥。即胞衣也。

明・陳嘉謨《本草蒙筌》卷一二 紫河車 味甘，氣大溫。無毒。產初者良，勿嫌婦瘦；產多者次，務擇婦肥。男病覓女胎有功，女病求男胎獲效。一說不必拘泥，隨得俱可補人。入急水中，洗淨筋膜。或新瓦烘皺成塊，新瓦二片，仰覆蓋盛，鐵線扎牢，鹽泥固密，低駕爐上，文火烘之，時或倒顛，免致焦黑，從辰至申，自漸乾皺成塊也。或密甑蒸爛杵膏。小甑糊密蒸一晝夜纔得糜爛，杵膏。塊者可久留，研末入劑；膏者須即用，攙蜜為丸。餘藥所宜，憑證加減。療諸虛百損，癆瘵傳屍；治五勞七傷，骨蒸潮熱。侯欬音啞，體瘦髮枯，吐衄來紅，並堪製服。得多煮食，煮熟食，與猪賭味同。滋補尤佳。又益婦人，俾育胎孕。罐貯埋于地內，年深自化清泉。此名河車水也。毆天行時疫狂言，去小兒丹疹熱毒。

謨按：紫河車即胞衣也。兒孕胞內，臍繫于胞，胞繫母腰，受母之蔭。父精母血，相合生成，真元氣之所鍾也。然名河車者，蓋以天地之先，陰陽之祖。乾坤之橐籥，鉛汞之匡廓。胚胎將兆，九九數足。兒則載而乘之，故取象而立名也。紫者紅黑相雜色也，紅屬火為陽，黑屬水為陰。謂其陰陽兩氣並具而不雜爾。稽諸古方，又曰混沌皮，又曰混元丹。所加混字，抑非與紫同一意乎。是則河車雖成後天之形，實禀先天之氣。入藥拯濟，誠奪化工。不惟病者可得甦生，弱婦服之亦易結孕。此又本所自出，以類相從，正如哺雞而用卵也。即今醫方竟名大造丸，明以生育儗天，玄妙無可及矣。

明・方穀《本草纂要》卷八 子河車 味甘、鹹，氣平，無毒。主諸虛不足，五勞七傷，情慾斲喪，欬嗽無痰，日晡發熱；或飲食少進，咳嗽有痰，自汗盜汗；或形瘦無力，四肢困倦，骨痿少氣，是皆精血不足之症，用此精血所化之物，而補精血所虧之地，則精血已足，而諸虛之症皆無矣。大抵河車之用，當用頭生男兒之胎，其車大而且厚，內結精華，如腦髓者最多。用此須以新瓦上慢火收乾，出火毒入藥用。或以粗紙拭乾取淨，仍將砂鍋內，用好酒煮爛食。

明・王文潔《太乙仙製本草藥性大全》卷五《本草精義》 紫河車 即胞衣，一名混沌皮。初產者良，勿嫌婦瘦；產多者次，務擇婦肥。男病覓女胎有功，女病求男胎獲效。一說不必拘泥，隨得俱可補人。入急水中浄洗筋膜，或新瓦烘皺成塊。用新瓦二片，抑覆蓋盛，鐵線扎牢，鹽泥固密，低架爐上文武火烘之，時或倒顛，免致焦黑，從辰至申，自漸乾皺成塊也。或密甑蒸爛，杵膏。小甑糊密蒸一晝夜纔得糜爛杵膏。塊者，可久留研末入劑。膏者須即用，攙蜜爲丸。餘藥所宜，憑證加減。

明・王文潔《太乙仙製本草藥性大全》卷五《仙製藥性》 紫河車 味甘，氣大溫，無毒。主治：療諸虛百損，癆瘵傳屍。治五勞七傷，骨蒸潮熱。喉欬音瘂，體瘦髮枯，吐衄來紅，並堪製服。得多煮啖，煮熟食與猪賭味同。滋補尤佳。又益婦人，俾育胎孕。罐貯埋於地內，年深自化清泉，此名河車水也。驅天行時疫狂言，治小兒丹疹熱毒。補註：按：紫河車即胞衣也。兒孕胞內，臍繫於胞，胞繫母腰，受母之蔭，父精母血相合生成，真元氣之所鍾也。然名河車者，蓋以天地之生，陰陽之祖，乾坤之橐籥，鉛汞之匡廓，胚胎將兆，九九數足，兒則載而乘之，故取象而立名也。紫者，紅黑相雜色也。紅屬火，爲陽；黑屬水，爲陰。謂其陰陽兩氣並具而不雜耳。稽諸古方曰混沌皮，又曰混元母，所加混字，抑非與紫同一意乎？是則河車雖成後天之形，實禀先天之氣，入藥拯濟，誠奪化工。不惟病者薦得甦生，弱婦服之亦易結孕。此又本所自出，以類相從，正如哺雞而用卵也。即今醫方竟名大造丸，明以生育擬天，玄妙無可及矣。

明・張四維《醫門秘旨》卷一五 陽煉紫河車 用初生男子胎衣一具，先用長流水洗淨，又用米泔水洗淨，再用無灰酒洗淨。放新瓦上，徐徐用火煅乾，將竹筋番調。忌鐵器，不可焦，焦則入藥不效。重一兩或九錢方是首生，如多不是首生。

陰煉紫河車 用首生胎衣一具，照前洗淨。先酒乳炒川黃栢、豆末，將胎衣入石臼內搗爛，徐徐添黃栢（太），以乾為度，研末聽用。忌鐵器。

明・皇甫嵩《本草發明》卷六 紫河車氣大溫，味甘，無毒。即胎胞衣。發

明曰：紫河車，人身精血之所成，故其入劑，自能補氣血，達于臟腑經絡，而其益無方。故《本草》主血氣羸瘦，腹內諸病。漸瘦悴者，以五味和之，如餢餅法與食之，勿令知。故近時方療諸虛百損，癆瘵傳屍，五勞七傷，骨蒸潮熱，喉欬音啞，體瘦骨枯，咯吐諸紅，並宜製服。又益婦人勞損，俾育胎孕，此蓋本所自出，以類相從，正如哺鷄而用卵殼也。首胎者固佳，若肥壯者亦美。不分男女者，俱能補人。東流水淨洗去血筋，或入藥料中，酒煮或酒蒸，搗爛如膏，入藥末，攙蜜煉之為丸，勝如新瓦上火炙者，(及)〔乃〕耗滲其精汁，獨存粗查，何益？

明・李時珍《本草綱目》卷五二人部　人胞《拾遺》

〔釋名〕胞衣《拾遺》　胎衣《綱目》　紫河車《綱目》　混沌衣《綱目》　混元母《蒙筌》　佛袈裟《綱目》　仙人衣時珍曰：人胞，包人如衣，故曰胞衣。方家諱之，別立諸名焉。丹書云：天地之先，陰陽之祖，乾坤之橐籥，鉛汞之匡廓，胚胎將兆，九九數足，我則乘而載之，故謂之河車。其色有紅、有緑、有紫，以紫者爲良。

〔修治〕吴球曰：紫河車，古方不分男女。近世男用男，女用女。一云男病用女，女病用男。初生者爲佳，次則健壯無病婦人者亦可。取得，以清米泔擺净，竹器盛，於長流水中洗去筋膜，再以乳香酒洗過，篾籠盛之，烘乾研末，亦有瓦焙研者，酒煮搗爛者，甑蒸搗曬者，以蒸者爲佳。董炳云：今人皆酒煮火焙及去筋膜，大誤矣。火焙水煮，其子多不育，惟蒸搗和藥最良。筋膜乃初結真氣，不可剔去也。

〔氣味〕甘、鹹，温，無毒。　〔主治〕血氣羸瘦，婦人勞損，面䵟皮黑，腹內諸病漸瘦者，治净，以五味和之，如餢飳法與食之，勿令婦知藏器。○飳音甲，餅也。　治男女一切虛損勞極，癲癇失志恍惚，安心養血，益氣補精吴球。

〔發明〕震亨曰：紫河車治虛勞，當以骨蒸藥佐之。氣虛加補氣藥，血虛加補血藥，以側柏葉、烏藥葉俱酒灑，九蒸九曝，同之爲丸，大能補益，名補腎丸。時珍曰：人胞雖載於陳氏《本草》，昔人用者猶少。近因丹溪朱氏言其功，遂爲時用。而括蒼吴球始創大造丸一方，尤爲世行。其方藥味平補，雖無人胞，亦可服餌，其説詳見本方下。按《隋書》云：琉球國婦人産乳，必食子衣。張師正《倦遊録》云：八桂獠人産男，以五味煎調胞衣，會親啖之。此則諸獸生子自食其衣之意，非人類也。崔行功《小兒方》云：凡胎衣宜藏於天德、月德吉方。深埋緊築，令兒長壽，若爲猪狗食，令兒顛狂；蟲蟻食，令兒瘡癬；烏鵲食，令兒惡死；棄於火中，令兒瘡爛。近於社廟污水井竈街巷，皆有所禁。按此亦銅山西崩洛鐘東應，自然之理也。今復以之蒸煮炮炙，和藥搗餌，雖曰以人補人，取其同類，然以人食人，獨不犯崔氏之禁乎？其異於琉球、獠人者，亦幾希矣。

〔附方〕舊一，新六。　河車丸：治婦人瘵疾勞嗽，虛損骨蒸等證。用紫河車初生男子者一具，以長流水中洗净，熟煮擘細，焙乾研，山藥二兩，人參一兩，白茯苓半兩，爲末，酒糊丸梧子大，麝香養七日。每服三五十丸，温服，鹽湯下。《永類鈐方》。　大造丸：吴球云：紫河車即胞衣也。兒孕胎中，臍繫於胞，胞繫母脊，受母之蔭，父精母血，相合生成，真元所鍾，故曰河車。雖(愚)〔稟〕後天之形，實得先天之氣，超然非他金石草木之類可比。(稟)〔愚〕每用此得效，用之女人尤妙。蓋本其所自出，各從其類也。若無子及多生女，月水不調，小産難産人服之，必主有子。危疾將絶者，一二服，可更活一二日。其補陰之功極重，百發百中，久服耳聰目明，鬚髮烏黑，延年益壽，有奪造化之功，故名大造丸。用紫河車一具，男用女胎，女用男胎，初生者，米泔洗净，新瓦焙乾研末，或以淡酒蒸熟，搗曬研末，氣力尤全，且無火毒。敗龜板年久者，童便浸三日酥炙黄二兩，或以童便浸過，石上磨净，蒸熟曬研，尤妙。黄蘗去皮鹽酒浸炒一兩半，杜仲去皮酥炙一兩半，牛膝去苗酒浸曬一兩二錢。肥生地黄二兩半，入砂仁六錢，白茯苓二兩，絹袋盛，入瓦罐，酒煮七次，去茯苓、砂仁不用，杵地黄爲膏，聽用。天門冬去心、麥門冬去心、人參去蘆各一兩二錢，夏月加五味子七錢。各不犯鐵器，爲末，同地黄膏入酒、米糊丸如小豆大。每服八九十丸，空心鹽湯下，冬月酒下。女人去龜板，加當歸二兩，以乳煮糊爲丸。男子遺精，女子帶下，並加牡蠣粉一兩。○世醫用陽藥滋補，非徒無益，爲害不小。蓋邪火只能動欲，不能生物。龜板、黄蘗，補陽補陰，爲河車之佐，加以杜仲補腎强腰，牛膝益精壯骨，四味通爲足少陰經藥，古方加陳皮，名補腎丸也。生地黄凉血滋陰，得茯苓、砂仁同黄蘗則走少陰，白飛霞以此四味爲天一生水丸也。天、麥門冬能保肺氣，不令火炎，使肺氣下行生水，然其性有降無升，得人參則鼓動元氣，有升有降，故同地黄爲固本丸也。又麥門冬、人參、五味子三味，名生脈散，皆爲肺經藥。此方配合之意，大抵以金水二臟爲生化之原，加河車以成大造之功故也。一人病弱，陽事大痿，服此二料，體貌頓異，連生四子。一婦年六十已衰憊，服此壽至九十猶强健。一人病後不能作聲，服此氣壯聲出。一人病痿，足不任地者半年，服此後能遠行。《諸證辨疑》。　五勞七傷：吐血虛瘦，用初胞衣，長流水中洗去惡血，待清汁出乃止，以酒煮，搗如泥，入白茯神末和，丸梧子大。每米飲下百丸。忌鐵器。《朱氏集驗方》。　久癲失志：氣血弱者。〔紫〕河車治净，爛煮食之。《劉氏經驗方》。　大小癇疾：初生胎衣一具，長流水洗净，仍以水浸，春三、夏一、秋五、冬七日，焙乾爲末；羌活、天麻、防風各半兩，白殭蠶、白附子各一兩，南星二兩，川烏一個，全蝎二十一個，爲末，糊丸梧子大，朱砂爲衣。每服五十丸，好酒下。《乾坤秘韞》。　解諸蠱毒：不拘草蠱、蛇蠱、蜣螂蠱，其狀入咽刺痛欲死。取胞衣一具洗切，曝乾爲末，熟水調服一錢匕。《梅師方》。　目赤生翳：初生孩兒胞衣，曝乾焙研細末，日日傅目眦中，愈乃止。《千金》。

題明・薛己《本草約言》卷二《藥性本草》　紫河車　人身精血之所成，故其入劑，自能補氣血，達於臟腑經絡，而其益無方。

明・梅得春《藥性會元》卷下　胞衣　主治氣血羸瘦，婦人勞損，面䵟皮

黑，腹內諸病漸瘦悴者，以五味和之，如餛飩法與食之，勿令知覺。一名紫河車。另有製法，入藥為丸。又有一種金線重樓，亦名紫河車，乃草藥，《本草》名蚤休。

明・李中立《本草原始》卷一二　人胞　包人如衣，故一名胞衣，一名胎衣，一名混沌衣，一名混元母，一名佛袈裟，一名仙人衣。俗呼紫河車。　人胞氣味：甘，鹹，溫，無毒。　主治：　血氣羸瘦，婦人勞損，面䵟皮黑，腹內諸病漸瘦者，治淨，以五味和之，如餛飩法與食之，勿令婦知。○治男女一切虛損勞極，癲癇，失志恍惚，安心養血，益氣補精。

時珍曰：人胞雖載于陳氏《本草》，昔人用者甚少。近因朱丹溪言其功，遂為時用。而括蒼吳球始造大造丸一方，尤為世行。其方藥味平補，雖無人胞，亦可服餌。按《隋書》云：琉球國婦人產乳，必食子衣。張師正《倦遊錄》云：八桂獠人產男，以五味煎調胞衣，會親啖之。此則諸獸生子自食其衣之意，非人類也。崔行功《小兒方》云：凡胎衣宜藏于天德、月空吉方。深埋緊築，令男長壽。若為猪狗食，令兒顛狂；蟲蟻食，令兒瘡癬；鳥鵲食，令兒惡死；棄于火中，令兒瘡爛。近于社廟、污水、井竈、街巷，皆有所禁。按此亦銅山西崩，洛鍾東應，亦自然之理也。今復以之蒸煮炮炙，和藥擣餌，雖曰以人補人，取其同類，然以人食人，獨不犯崔氏之禁乎？其異于琉球獠人者幾希？

明・李中梓《藥性解》卷六　紫河車　味甘，性大溫，無毒，入心、脾、腎三經。主諸虛百損，五勞七傷，骨蒸潮熱，體弱氣短，吐衄來紅，男子精衰，婦人無孕，的是仙丹。取肥壯者洗淨，抽去紫筋切碎，入童便二碗，入鉛瓶重湯煮爛，一晝夜方開，杵成膏用。世俗有埋地日久化作清泉者，此名河車水，主天行時疫熱狂，小兒丹疹熱毒。　按：紫河車味甘，宜其歸脾；父之精也，宜歸腎臟；母之血也，宜入心家。夫其精血所結，未有男女，先立胚胎，渾然太虛，實乾坤之橐籥，鉛汞之根基，九九數足，兒則載而乘之，故名河車。又曰紫者，以紅黑色相雜也。合坎離之色，得妙合之精，雖成後天之形，實稟先天之氣，補益之功，更無足與儔者。第其性溫，若有火症者，必得便製，斯無他患爾。

明・繆希雍《本草經疏》卷一五　人胞　主血氣羸瘦，婦人勞損，面䵟皮黑，腹內諸病漸瘦瘁者，以五味和之，如餛飩法與食之，勿令知。一名紫河車。

〔疏〕夫人有生之初，攬父精母血以成胚胎，外即有衣一層裹之，即胞也。至十月降生時，隨兒後出。其味甘鹹，氣溫，無毒。血氣羸瘦，婦人勞損，面䵟皮黑，腹內諸病漸瘦瘁者，皆榮血不足，精氣虧損也。此藥得精血之氣而結，能從其類以補之，是以主諸證也。今世以之治男女一切虛損勞極，為益血補精氣之用。　〔主治參互〕同人參、黃耆、鹿茸、白膠、當歸、補骨脂、五味子、巴戟天，治真陽虛極，畏寒足冷。　吳球大造丸治虛勞骨蒸，女人無子及多生女，月水不調，小產難產。服之必主有子。危疾將絕者，一二服可更活一二日，其補氣血之功力可見也。久服耳目聰明，鬚髮烏黑，延年益壽，有奪造化之功，故名大造丸。用紫河車一具，男用女胎，女用男胎，初生者，米泔洗淨，淡酒蒸熟，擣曬研末。敗龜板童便浸三日酥炙黃二兩，黃檗、杜仲各一兩半，牛膝一兩二錢；生地黃二兩半入砂仁六錢，白茯苓二兩，絹袋盛入瓦罐酒煮七次，去茯苓、砂仁不用，杵地黃為膏聽用；天門冬、麥門冬、人參各一兩二錢淨，夏月加五味子七錢，俱忌鐵器，為細末，地黃膏加酒、米糊，丸小豆大。每服八九十丸，空心鹽湯下。女人去龜板，加當歸二兩。男子遺精，女人漏下，並加牡蠣粉一兩，去人參。　〔簡誤〕人胞乃補陰陽兩虛之藥，以其形質會合男女坎離之氣而成，如陰陽兩虛者，服之有反本還元之功，誠為要藥也。然而陰虛精涸，水不制火，發為咳嗽、吐血、骨蒸、盜汗等證，此屬陽盛陰虛，法當壯水之主以制陽光，不宜服此並補之劑，以耗將竭之陰也。胃火齒痛，法亦忌之。

胞衣水：味辛，無毒。主小兒丹毒，諸熱毒發寒熱不歇，狂言妄語，頭上無辜髮豎，虛痞等證。天行熱病，飲之立効。此即胞衣埋地下久遠化為水者，得地中之陰氣，其氣必寒，辛寒而走足陽明經，故主如上諸證也。南人以甘草、升麻和人胞，瓶盛埋之，三五年後掘出，取為藥也。

明・謝肇淛《五雜俎》卷五　桂州婦人生子，輒取其衣胞，洗淨細切，五味調和，烹之以享親友，此夷俗也。然余習見富貴之家取紫河車為丸，千錢一具，皆密令穩婆盜出，血肉腥穢，以為至寶。【略】其功不過壯陽道，滋氣血而已。

明・謝肇淛《五雜俎》卷一一　紫河車　人皆以為至寶，亦不宜常服此藥。醫家謂之混元球。【略】此藥雖無毒，而性亦大熱，虛勞者服之，恐長其

火；壯盛者服之，徒增其燥。

明・倪朱謨《本草彙言》卷一九　人胞衣又名紫河車。　味甘、微鹹，氣溫，無毒。　吴氏曰：首胎者，胞蒂居中；次胎者，胞蒂偏倚。欲試男女胞衣，投水中頻攪，俟水定，其胞覆者男、仰者女也。　董氏曰：人胞衣，古方不分男女，不論首生、次生，惟健壯無病婦人者可用，以紫色者佳。用米泔或清水洗去穢惡血水，用銀簪兩面穿孔，使胞中穢水盡去，再用清水流淨，或用酒煮搗膏，和入藥中；或用火烘乾燥存貯，臨用磨爲細末，配入藥也。一方挑去筋膜用。繆氏言筋膜乃初結真氣，不可剔去也。　方龍潭先生曰：紫河車，昔人未有用者。始于藏器陳氏《拾遺》，而丹溪確言其功，遂爲時用。吴球老人創大造丸，治一切虛損勞極，謂有益氣養血補精之功。故正、嘉、隆、萬、泰、天六朝，時醫治諸虛不足，五勞七傷，情慾斲喪，咳嗽無痰，或飲食少進，咳嗽有痰，自汗盜汗，形瘦無力，骨痿少氣。凡精血不足之證，用此精血所化之物，而補精血所虧之地，則精血完足而諸虛之證自除矣。設男子精氣虛寒子嗣難成，女人血氣有虧，胎孕不育以此修製服之，則精血充足，自能子矣。　繆仲淳先生曰：按丹書云：紫河車係天地之先，陰陽之祖，乾坤之橐籥，鉛汞之括囊。胚胎將兆，我則乘而載之，故謂之河車。兒孕胎中，臍系于胞，胞系母脊，真元所鍾。主吸呼胎息，轆轤任督，所謂龍虎兩弦，噓吹盈望，位育嬰兒之一炁也。合而言之，實先天之郛廓，主培後天之形藏，非草木金石之比。蓋本其所自出，以從其類也。如陰陽兩虛者服之，有反本還元之功，誠爲要藥也。然得男女坎離之氣而成，不熱不寒，不潤不燥，凡陰虛陽虛、有火無火，俱宜服之。或者不達此理，謬言性熱，此未之思也。

集方：吴球方大造丸：治虛勞骨蒸，女人無子及多生女，月水不調，小產難產，服之必主有子。危疾將絶者，一二服，可更活數旬，其補氣血之功力可見也。久服耳目聰明，鬚髮烏黑，延年益壽，有奪造化之功，故名大造丸。用紫河車一具，製法詳見前注。龜板二兩童便浸三日酒炙酥黄，黄柏、杜仲、牛膝俱鹽酒拌炒各一兩二錢，北五味子一兩，茯苓三兩，當歸身二兩，人參一兩五錢，共八味，俱微炒研細末；天門冬麥門冬俱去心、懷生地各五兩，和砂仁末五錢，同酒煮爛搗膏，配入紫河車，或酒煮搗膏，或炙乾爲末，亦詳見前注。共搗和，煉蜜爲丸梧子大。每早晚各食前服三錢，白湯下。男子遺精夢泄，婦人赤白漏下，本方幷加牡蠣粉一兩五錢。○劉氏方治久癲失志，氣血兩虧，精神虛散者。用紫河車一具，治淨，酒水煮爛，和油醬五味食之。

明・顧逢柏《分部本草妙用》卷五腎部・温補　紫河車　甘、鹹，溫，無毒。　主治：血氣羸瘦，婦人勞損，面皯皮黑。有諸病日漸瘦者，五味和之與食。○治男子一切虛損，安心養血，益氣補精。　紫河車治虛勞，佐以骨蒸之藥。氣虛加補氣藥，血虛加補血藥。以側柏葉、烏藥葉，俱酒洒九蒸九晒，同之為末，大能補益，名補腎丸。　然性熱，而不無胎毒，久服令人發毒。製之要得其宜，首胎男孕者佳。

明・黄承昊《折肱漫録》卷三　予生平亦甚得紫河車之力，炙乾河車不佳，性熱動火。取鮮者，長流水洗去惡血，其淡紅水不必盡去，再用酒漉一遍，瀝去酒，入磁瓶封固，重湯煮之一晝夜，熟爛為度，配以藥末，搗為丸；如藥末多，仍加蜜，其藥方視人症候所宜，大約入補陰藥中最合。有人謂河車性熱，有火人不宜服。此説最悮人。河車乃是補血補陰之物，何當性熱。但以其力重，故似助火耳。配藥緩服之，何能助火？　胞上紫筋，有謂盡挑去者，非是，此乃自然之血筋，非惡血，比挑去則損功力。

明・黄承昊《折肱漫録》卷七　小便淋瀝，乃腎氣虛不能注射而然。試觀童子溺如一線，且能遠射，男子漸散如珠，至於淋瀝，則腎病可憂矣。　余嘗患此，服八味地黄丸更加紫河車甚效淋瀝。

余辛巳秋自潯陽遷閩海，患脾泄乍止乍發，藥之不效；壬午春出汛漳泉，又代署興泉道篆陪直指出巡，飲食不得調，病乃大劇，脾泄不止，飲食減少，五更脹滿，小便淋瀝，幾成中滿之候矣。亟服八味地黄丸，及間服金匱腎氣丸，佐以補中益氣、六君子二湯，自五月朔服至八月，病乃漸瘥，至冬而脾大健。　癸未宦於廣州，至秋而前病復發，及甲申之春而更劇，諸症俱至，此時則八味丸等藥亦無效矣。予乃覓首生紫河車一具，加于八味丸内服之，頓效，乃知河車功力信不可誣脾胃。

明・李中梓《醫宗必讀・本草徵要下》　人胞味甘、鹹，溫，無毒。入心、腎二經。米泔洗淨，童便浸揉，色白為度，入鉛瓶中封固，重湯煮三時，待冷方開。　補心除驚悸，滋腎理虛癆。　崔氏云：胎衣宜藏吉方，若為蟲獸所食，令兒多病。此亦銅山西崩洛鐘東應之理。　蒸煮而食，不顧損人，長厚者弗忍聞也。

明・鄭二陽《仁壽堂藥鏡》卷九　紫河車一名胞衣。　味甘、鹹，氣溫，無毒。　童便浸半日，酒、醋洗淨，或蒸、或炙、或酒煮用。　主一切虛損顛癇，安

心養血，滋陰益氣，補精助元。　陳藏器云：　治血氣羸瘦，婦人勞損。　初產肥大者良。男覓女胎，女覓男胎。　一說不必拘泥，隨得俱可補人。　河車雖成後天之形，實稟先天之氣，入藥拯濟，誠奪化工。不惟病者補益，弱婦服之，亦易結孕。　蓋以兒孕胞內，臍繫于腰，受母之蔭，父精母血，相合生成。真元氣之所鍾，非他草木之類所可比也。

明·蔣儀《藥鏡》卷二熱部　紫河車　先天稟氣，諸虛百損勞五傷七之仙丹。後天成形，益精補血陽助陰生之上藥。擣末杵膏俱可，蒸煮火候須知。甘草、升麻納瓶同〔埋〕，年久化作清泉，丹癥狂言，髮竪虛痞，諸熱飲來宣爽。

明·李中梓《頤生微論》卷三　人胞　一名紫河車。味甘、鹹，性溫，無毒。入心、腎經。米泔洗淨，銀針刺出毒血，童便浸半日，用醋酒洗至色白為度。入鉛瓶中，加蜜半觔，仍以鉛銲口，隔湯煮十沸，待冷方開。選首胎無病者良。陽人使陰，陰人使陽。主一切虛損癇疾，骨蒸，脊腰酸疼，足膝痿軟，驚悸羸乏。　按：　崔氏云：　胎衣宜藏吉方，若為蟲獸所食，令兒不育。此亦銅山西崩，洛鍾東應之理。蒸煮而食，不顧損人，長厚者弗忍為也。

明·張景岳《景岳全書》卷四九《本草正》　紫河車一名混沌衣。　味甘、鹹，性溫。能補男婦一切精血虛損，尤治癲癎失志，精神短少，怔忡驚悸，肌肉羸瘦等證，此舊說也。但此物古人用少，而始於陳氏《本草》，自後丹溪復稱其功，遂為時用。予於初年，亦惑於以人補人之說，嘗製用之，及用之再三，則無所奇效。且製用之法，若生擣之，則補不宜生。若熾熟烘熟，則亦(由)〔猶〕肉餔之類耳。又嘗見有以酒煮而食之者，後必破腹泄瀉，總亦因其性滑也。近復有以純酒煮膏，去柤收貯，而日服其膏者，較前諸法似為更善。然其既離毛裏，已絕生氣，既無奇效，又胡忍食之，以殘厥子之先天。東方朔曰：　銅山西崩，洛鍾東應。此母子自然之理，不可不信，故并述此以勸人少用可也。

明·盧之頤《本草乘雅半偈》帙一〇　人胞《拾遺》　氣味：　甘、鹹，溫，無毒。　主治：　主血氣羸瘦，婦人勞損，面䵟皮黑，腹中諸病，漸瘦者。　治淨，以五味和之，如𩜹䬪法，與食之，勿令婦知。

覈曰：　古方不分男女，近世男用男胞，女用女胞，物各從其類也。又云：　男病用女，女病用男。欲其以陽與陰，以陰與陽則解也。首胎者，正中甲拆，解孚之胞，胞蒂居中。次胎者，側生旁拆，便偏倚不正。欲試男女，投水頻攪，頃之水定，男覆女仰，仰以象地，覆以象天，亦陽抱陰者覆，陰抱陽者仰，誠陰陽自然之形體也。　修事：　須擇首胎者佳，次則健壯婦人者亦可。先以米泔水擺淨，貯竹器內，注長流水中，漂去惡血，以近世躭婬，胎嘗有毒，惡血淨，毒乃去也。再以乳香酒洗過，篾籠盛之，烘乾研末，蒸擣尤良，第蒸時勿令氣走。

先人云：　精氣之括囊，身形之芻狗，同體之別，別錄之首。

条曰：　人胞，一名混(天)〔元〕母。留愛為種，納想成胎，便裹胞衣，範圍神室，所謂天地之先，陰陽之祖，乾坤之橐籥，鉛汞之括囊，胚胎將兆，〔九九數足〕，我則乘而載之。胞係繫臍，中有枚子，名曰河車。主吸呼胎息，轆轤任督，所謂龍虎兩弦，嘘吹盈望，位育嬰兒之一炁也。合而言之，實先天之郛廓，主培後天之形藏，非草木金石之比。蓋本其所自出，以從其類也。藏器所陳諸證，皆屬形藏化薄。吳球用治癲癎，為表氣逆藏。藏氣越表，陰陽舛錯，形神不俱故爾。身前身後事茫茫，欲詁因緣恐斷腸，已有着脚處了。

明·李中梓《本草通玄》卷下　紫河車　味鹹，性溫。　主男女虛損勞極，不能生育，下元衰憊。　丹書云：　天地之先，陰陽之祖，乾坤之橐籥，鉛汞之胚胎，九九數足，我則載而乘之，故名河車。　崔行功云：　胞衣宜藏天德、月德吉方，深埋緊築，令兒長壽。若為鳥獸所食，多病難育。此亦銅山西崩洛鍾東應，自然之理也。今蒸煮而食，獨不思崔氏之禁乎？　男病用女胎，女病用男胎。米泔洗淨，銀針偏刺透，童便好酒各半，浸半日，揉洗極潔，收乾水氣，入鉛盒中，加煉蜜半觔，仍將銲藥銲固，入釜中，煮三炷香，待別藥俱完，取出搜和為丸，既不出氣，又賴鉛以制其毒，乃為神良。

清·顧元交《本草彙箋》卷八　人胞　得精血之氣而結，能從其類而補之。故主治一切虛損勞怯，爲益血補精氣之用。女人服之尤宜。然凡陰虛精涸，水不制火，發爲咳嗽吐血，骨蒸盜汗等證，此屬陽盛陰虛，法當壯水之主，以制陽光，不宜服此並補之劑，以耗將竭之陰也。胃火齒痛，法亦忌之。

人胞雖載于陳氏《本草》，昔人罕用之。近因丹溪極言其功，而括蒼始創大造丸行世，其方藥味平補，雖無人胞，亦可服餌。琉球國婦人產乳女食子衣，八桂獠人產男以五味煎調胞衣會親啖之，此則諸獸生子自食其衣之意，非人類也。崔行功《小兒方》云：　凡胎衣宜藏於天德月德吉方，深埋緊築，令兒

長壽。若爲猪狗食，令兒顛狂。蟲蟻食，令兒瘡癬。烏鵲食，令兒惡死。棄於火中，令兒瘡爛。近於廟社污水、井竈街巷，皆有所禁。此亦銅山西崩洛鍾東應，自然之理。今復以之蒸煮炮炙，和藥擣餌，雖曰以人補人，取其同類，然以人食人，其異於琉球、獠人者，亦幾希矣。

清・穆石匏《本草洞詮》卷一三　人胞　味甘鹹，氣溫，無毒。丹書云：天地之先，陰陽之祖，乾坤之橐籥，鉛汞之匡廓，胚胎將兆，九九數足，我則乘而載之，故謂之河車。昔人未有用者，始於陳氏《拾遺》，而丹溪言其功，遂為時用。吳球創大造丸一方，尤行於世，治一切虛損勞極，謂有益氣、養血、補精之功焉。《隋書》云：琉球國婦人產乳必食子衣。張師正云：八桂獠人產男，以五味煎調胞衣，會親啖之。此則諸獸生子自食其衣之意，非人類也。崔行功云：凡胎衣宜藏於天德月德吉方，深埋緊築，令男長壽。若為猪狗食，令兒顛狂；蟲蟻食，令兒瘡癬；烏鵲食，令兒惡死；棄於火中，令兒瘡爛。近於社廟、污水、井竈、街巷皆各有禁。此亦銅山西崩，洛鐘東應，自然之理也。今復以之蒸煮炮炙，和藥擣餌，雖曰以人補人，取其同類，然以人食人，有是理乎？其異於琉球獠人幾希矣？

清・劉雲密《本草述》卷三二　人胞　一名紫河車。丹書曰：天地之先，陰陽之祖。乾坤之橐籥，鉛汞之匡廓。胚胎將兆，九九數足，我則乘而載之，故謂之河車。其色有紅、有綠、有紫，以紫者為良。先哲云：紫河車即胞衣也。兒孕胞內，兒臍繫於胞，胞繫母脊，真元氣之所鍾也。河車以紫為良，以紫者其色紅黑相間，紅屬火為陽，黑屬水為陰，謂其陰陽兩氣並具而不雜耳。稽諸古方曰混沌皮，又曰混元丹。所加混字，抑非與紫同一意乎？是則河車雖成後天之形，實稟先天之氣，所謂用之功奪造化者也。

氣味：甘、鹹，温，無毒。　主治：男女一切虛損勞極，癲癇，失志恍惚，安心養血，益氣補精吳球。　丹溪曰：紫河車治虛勞，當以骨蒸藥佐之。氣虛加補氣藥，血虛加補血藥。以側柏葉、烏藥葉，俱酒灑，九蒸九曝，同之為丸，大能補益，名補腎丸。　球曰：凡虛勞羸瘦，形藏化薄者，以人身之本元，補助人身之血氣，是豈金石草木之可比乎？投之女子，更育胎孕，凡無子或多生女，或難產小產者服之，無不捷效。蓋以類相從，如哺雞而用卵也。因河車有奪造化之功，故製方名大造丸。　之頤曰：人胞名曰河車，主吸呼胎息，轆轤任督，所謂龍虎兩弦，噓吹盈望，位育嬰兒之一炁也。合而言之，實先天之郛廓，主培後天之形藏，非草木金石之比。蓋本其所自出，以從其類也。　希雍曰：人胞乃補陰陽兩虛之藥，以其形質亦得男女坎離之氣而成。如陰陽兩虛者服之，有反本還元之功，誠為要藥也。然而陰虛精涸，水不制火，發為咳嗽吐血，骨蒸盜汗等證，此屬陽盛陰虛，法當壯水之主，以制陽光，不宜服此並補之劑，以耗將竭之陰也。胃火齒痛，法亦忌之。

附方　吳球大造丸：用男胎初生者，米泔洗淨，淡酒蒸熟，擣曬研末；敗龜板童便浸三日酥炙黃二兩，黃蘗、杜仲各一兩半，牛膝一兩二錢；生地黃二兩半，入砂仁六錢、白茯苓二兩，絹袋盛，入瓦罐酒煮七次，去茯苓、砂仁不用，杵地黃為膏聽用。天門冬、麥門冬、人參各一兩二錢淨，夏月加五味子七錢。俱忌鐵器，為細末，地黃膏加酒米糊丸小豆大，每服八九十丸，空心鹽湯下。女人去龜板，加當歸二兩，以乳煮糊為丸。男子遺精，女人漏下，並加牡蠣粉一兩，去人參。世醫用陽藥滋補，非徒無益，為害不小。蓋邪火只能動欲，不能生物。龜板、黃蘗補陽補陰，為河車之佐。加以杜仲補腎強腰，牛膝益精壯骨，四味通為足少陰經藥，古方加陳皮，名補腎丸也。生地黃涼血滋陰，得茯苓、砂仁同黃蘗，則走少陰，白飛霞以此四味為天一生水丸也。天、麥門冬能保肺氣，不令火炎，使肺氣下行生水，然其性有降無升，得人參則鼓動元氣，有升有降，故同地黃為固本丸也。又麥門冬、人參、五味子三味，名生脈散，皆為肺經藥。此方配合之意，大抵以金水二臟為生化之原，加河車以成大造之功故也。　後學補天大造丸，專培養元氣，延年益嗣，壯陽光，温坎水，降離火，為天地交泰。若虛勞房室過度之人，五心煩熱服之神效。平常之人，四十以後尤宜常服，接補真元，以躋上壽。紫河車一具，取首生男胎者佳，如無得，壯盛婦人者亦好，先用鮮米泔將河車輕輕擺開，換洗米泔五次，不動筋膜，此乃初結之真氣也。只洗淨，有草屑輕手取去，將竹器盛於長流水中浸一刻，以取生氣，提回以小瓦盆盛於木甑內蒸，自卯辰蒸起至申酉時止，用文武火緩緩蒸之，極爛如糊取出，先傾自然汁在藥末內，略和匀，此天元正氣汁也。河車放石臼內，木杵擂一千下，如糊樣，通前藥汁末同和匀，擣千餘杵，集眾手為丸，此全天元真氣，以人補人，最妙。先結胎衣，而後成男女，得先天之氣。此語必有所見，不用更為穩妥。世所少知，醫用火焙酒煮，去筋膜，大誤。人龜板尤誤。此故特表而出之。厚川黃柏、去粗皮，酒炒一兩。川杜

仲、去粗皮，酥炙斷絲，一兩五錢。川牛膝、酒浸去蘆，一兩五錢。當歸身、酒洗一兩。懷熟地黃、酒蒸，忌鐵，二兩。天門冬、去皮心，一兩半。懷生地黃、酒浸，一兩半。枸杞、去梗，一兩。麥門冬、去心，一兩五錢。已上四味另用酒煮爛，搗膏。陳皮、去白淨，七錢半。白朮、去蘆炒，一兩。五味子、去梗七錢。小茴香、炒七錢。乾薑、炮黑二錢。側柏葉。采取嫩枝，隔紙炒乾，二兩。骨熱加牡丹皮、去心。地骨皮、去心。知母，去皮。各一兩，酒炒。血虛加當歸、地黃，加倍。氣虛加人參、黃芪。蜜炙。各一兩。婦人去黃柏，加川芎、香附、細實條芩。俱酒炒各一兩。右藥各擇精製，各秤淨為末，不犯鐵器，用前蒸河車搗爛，并汁和為丸。若河車肥大，量加些藥末，不必用蜜，丸如梧桐子大，每服百丸，空心米湯下。有病一日二服。按此方比古用之更效。若稟氣虛或斲喪太過太早者，尤宜用之。種子三益膏：治少年斲喪真元虛損，中年無子，婦人血虛不孕。此方一料，夫婦齊服，服盡即孕。如婦人經准，氣血壯而無病者，不宜服。大肉蓯蓉、酒洗去浮甲。何首烏、用竹刀切，黑豆上九蒸九曬。淮生地黃、切片酒拌，九蒸九曬。山茱萸肉、枸杞子、沙苑蒺藜、真者，炒香，去沙土。菟絲子、酒浸一宿，搗成餅，曬乾炒。杜仲、去皮，鹽酒炒斷絲。麥門冬、去心。各四兩。柏子仁、去殼。白茯苓、去皮為末，人乳拌曬。補骨脂、鹽水炒。川牛膝。與何首烏同蒸。各二兩。右俱要淨末，用新鮮紫河車一具，頭胎者佳，以白酒洗淨，夾瓶煮爛，搗和前末，又龜膠、鹿角膠各八兩以酒化開，同前藥和勻，如乾加蜜為丸如梧子大，每服□□，好酒送下，氣虛加人參二兩。忌葱、蒜、蘿蔔、煎煿□□，合時宜二、三、九、十月淨室精修，勿令婦人、雞、□□之。

愚按：巢氏論婦人妊娠，一月名胚胎，二月名始膏，三月名始胎。先哲謂胚胎兆乎一氣。胚者，氣之形。膏者，氣之凝。胎者，形之著。若然，則括蒼吳氏所云雖稟後天之形，實得先天之氣者是也。況胞系於母脊，兒臍乃系於胞，其義可思。臍當心腎之中，前直神闕，後直命門，兒之臍連胞也，胎息隨母，而胞之系於母脊也，實為督之命門，以氣食兒，是河車乃真氣所結，以為化育之地。詎可以形器視乎？之頤所云主吸呼胎息數語，誠為不易。但兒在母腹，則形充於氣，兒離母腹，則氣盡於形，如之頤所謂實先天之郛廓，主培後天之形臟，亦不妄也。如朱丹溪先生謂氣虛則加氣藥，血虛則加血藥，誠善於用河車者矣。推此義，則因證合劑，如水火之畸勝，參希雍所說而妙用損益，如黃婆之交媾，味之頤所說而善轉轆轤，即大造丸二方，彼此便已參差，豈得不盡其變而槩投乎哉？

乙生水，配丁之陰火，而生丙為命門，然後生心，是則心與命門一氣也。《經》云：胞脈屬心。又安能外於命門乎？故女子之結胎者在胞宮，而實受氣於命門也。一方治心血不足，用胎衣焙乾，為末，飯為丸如小豆大，辰砂為衣，每用二錢，清米湯送下。按《經》所云，胞脈者屬心，而絡於胞中，則以此味補心血，誠為中肯。蓋胞乃男子藏精，女子蓄血之地也。然胞又屬命門之真氣所攝，而命門既成即生心，心與命門一氣，又安能不補心氣？故丹溪所謂隨補氣補血藥以為用者是也。

修治　希雍曰：紫河車置酒內覆者，男胎也。首胎重十五兩以上。大抵如後補天大造丸製法，但□極爛如糊者，必得河車之時，恰有諸藥合之乃□□要預製後用，宜照前法蒸，以熟為度，不必極□□置銅鏇內，用重湯於鏇外煮乾可也。此不用□□□焙，又可留貯為妙。

胞衣水：即胞衣埋地下，久遠化為水者。氣味：辛涼，無毒。主治：□□□□，諸熱毒，發寒熱不歇，狂言妄語，頭上無辜髮豎，虛痞等證。天行熱病飲之立效藏器。反胃久病，飲一鍾，當有蟲出時珍。

希雍曰：此味得地中之陰氣，其氣必寒，辛寒而走足陽明經，故主治如上諸證也。　時珍曰：胎在母腹，臍連於胞，胎息隨母，胎出母腹，臍帶既剪，一點真元，屬之命門丹田，臍乾自落，如瓜脫蒂。故臍者，人之命蒂也。以其當心腎之中，前直神闕，後直命門，故謂之臍。臍之為言齊也。　希雍曰：臍帶乃真氣會聚之所，今世以小兒脫下臍帶，燒灰與服，可解胎中一切毒，及免驚風、痘患，亦取裨補真元耳。

附方　預解胎毒，初生小兒十三日，以本身剪下臍帶燒灰，以乳汁調服，可免痘患。或入硃砂少許。

清・郭章宜《本草匯》卷一八　紫河車　味鹹、甘，溫，入手少陰、足少陰經。補心除羸瘦，滋腎理虛勞。氣血損弱服之頓異，下元衰憊餌之精生。

按：紫河車，即人胞別立之名也。丹書云：天地之先，陰陽之祖，乾坤之橐籥，鉛汞之胚胎，九九數足，我則載而乘之，故名河車。乃補陰陽兩虛之藥。雖稟後天之形，實得先天之氣，超然非他金石草木之類可比也。古方有大造丸，用河車一具，敗龜板便浸酥炙二兩，黃蘗鹽酒浸炒一兩半，杜仲酥炙一兩半，牛膝酒洗一兩二錢；本經要暖卷卷七肉、生地二兩半，入砂仁六錢、白茯苓二兩，絹袋盛入瓦礶，酒煮七次，去茯苓、砂仁，杵地黃為

膏，聽用；天門冬、麥門冬、人參各一兩二錢，夏月加五味子七錢，各不犯鐵器，為末，同地黄膏入酒米糊丸，空心鹽湯下。女人去龜板，加當歸二兩，以乳煮糊為丸。若遺精帶下，並加牡蠣粉一兩。此藥得溫涼配合之妙，服之大補。世醫用陽藥滋補，非徒無益，為害不小。蓋邪火只能動欲，不能生物。龜板、黄蘗補陽補陰，為河車之佐，加以杜仲補腎强腰，牛膝益精壯骨，四味通為足少陰之藥。古方加陳皮為補腎藥也。生地黄涼血滋陰，得茯苓、砂仁同黄蘗則走少陰，白飛霞以此四味，為天一生水丸也。天冬、麥冬能保肺氣，不令火炎，使肺氣下行生水，然其性有降無升，得人參則鼓動元氣，有升有降，故同地黄為固本丸也。大抵以金水二臟為生化之原，加河車以成大造之功也。然而陰虚精涸，水不制火，發為咳嗽吐血，骨蒸盜汗等證，此屬陽盛陰虚，法當壯水主，以制陽光，不宜服此並補之劑，以耗將竭之陰也。胃火齒痛，亦宜忌之。

長流水洗淨，蒸擣和藥，筋膜乃初結真氣，不可剔去。

清・蔣居祉《本草擇要綱目・平性藥品》 紫河車採得投長流水洗淨血污，蒸搗入藥為良。筋膜乃初結真氣，不可剔去。 氣味：甘、鹹，無毒。 主治：血氣羸瘦，男女一切虚損勞極，癲癇失志恍惚。安心養血，益氣補精。

清・閔鉞《本草詳節》卷一二 人胞 【略】按：人胞，乃天真元氣所結，與金石草木不同。凡虚勞久病，佐以骨蒸之藥，安心養血，益氣填精，功勝他藥百倍。或氣虚加補氣藥，血虚加補血藥，真有起死回生之力，正所謂補之以其類也。

清・王翃《握靈本草》卷一〇 人胞名紫河車。古方不分男女，惟取健壯無病婦人者為佳。云火焙水煮，其子多不育，惟蒸搗和藥最良。 主治：人胞，甘、鹹，溫，無毒。治男女一切虚損勞極，癲癇失志，安心養血，益氣補精。

清・汪昂《本草備要》卷四 紫河車即胞衣，一名混沌皮。大補氣血。甘、鹹，性溫。本人之血氣所生，故能大補氣血，治一切虚勞損極，虚損：一損肺，皮槁毛落；二損心，血脉衰少；三損脾，肌肉消脱；四損肝，筋緩不收；五損腎，骨痿不起。六極，曰氣極、血極、筋極、肌極、骨極、精極。恍惚失志癲癇。以初胎及無病婦人者良。有胎毒者害人。以銀器插入，焙煮，不黑則無毒。長流水洗極淨，酒蒸焙乾研末。或煮爛搗碎入藥。如新瓦炙者，反損其精汁。亦可調和煮食。李時珍曰：崔行功《小兒方》云：胞衣宜藏天德月德吉方，深埋緊築。若爲猪狗食，令兒癲狂；螻蟻食，令兒瘡癬；烏雀食，令兒惡死；棄火中，令兒瘡爛；近社廟井竈街巷，皆有所忌。此亦銅山西崩，洛鍾東應，自然之理。今人以之炮炙入藥，雖曰以人補人，然食其同類，獨不犯崔氏之戒乎？以故本集如天靈蓋等，概不入録。

清・陳士鐸《本草新編》卷五 紫河車 味甘，氣大溫，無毒。入五臟七腑。初産者良，亦不必盡拘。焙乾可用，不可洗去筋膜，洗去反不佳，以泄其元氣也。療諸虚百損，癆瘵傳屍，治五勞七傷，骨蒸潮熱，喉咳喑啞，體瘦髮枯，吐衄來紅，並堪製服，男女皆益。世有埋藏地下，久化為水，名曰河車水，則無功效矣。祛狂祛疫，亦虚言也。

或問：紫河車乃胞衣，兒已脱離于胞，則胞中元氣盡洩，胞宜無用矣，何以古來《本草》之書盡稱其補益，而神農尊之為上品乎？曰：人之初生，先生胞而後生人。及胞之破，先産人而後下胞，是胞乃先天之母氣，亦後天之父氣也。故兒雖脱離于胞，而陰陽之元氣未散，仍存于胞也。人得此胞而生身體，自然可得此胞而生氣血也。或者曰：胞在腹中，則元氣未漓，胞落地下則元氣盡失。總〔之〕，胞是先後天之父母，又安能生無根之氣血乎？雖然胞成于陰陽之氣，是胞即陰陽之根也。凡花木之根，得土氣而重生，人身何獨不然，胞入于脾胃之中，自然生氣勃發，況又益之以補氣、補血、補精之品，則氣得根而再壯，血得根而再溢，精得根而再滿矣。古人所定大造丸，尚未得天地之奥，服之效亦是平常，遂疑紫河車非出奇之物，棄而不用，為可惜也。鐸蒙岐天師秘傳乾坤化育丹，用熟地、人參、白术為君，用當歸、山茱萸、巴戟天為臣，用茯苓、蓯蓉、枸杞、麥冬、北五味、山藥、芡實、柏子仁、棗仁、巨勝子、牛膝為佐，用沙參、甘菊、覆盆子、遠志、蓮子心、附子為使，以治下寒無火、元陽不舉之人，絕非大造丸功效可比。鐸雖不載分兩，而智者見君臣佐使之分明，亦可意會而心得之也。

或謂紫河車既為先天之母、後天之父，與紫河車同生之臍帶，又何獨非乾坤化育之丹乎？曰：臍帶之功，雖不及紫河車，而補益之功，大非草木可比，蓋臍帶為接續之關，實性命之根蒂也。兒雖墮地，已離于胎元，而先天之祖氣尚未絕于帶內。凡氣弱者，可接之以重壯；氣短者，可接之以再延；氣絕者，可接之以再活。後天既老，得先天而再造者，其斯之謂歟。然修合服食不得其法，終亦不能獲效。鐸將所傳奇方，共傳于世，名為造化丹。用臍帶二十條，文火焙乾為末，入人參、黄芪、白术、玄參、沙參、五味子、麥

冬、山茱萸、熟地、沙苑蒺藜、菟絲子、淫羊藿、巴戟天、炒棗仁、遠志、砂仁、茯神、肉桂、枸杞、當歸、杜仲、牛膝之末，共蜜搗為丸，每日呑食。其方如此，其分兩可酌定矣。若照方修服，必返少為童也。

〔或謂紫河車乃人之胞也，食胞以圖資益，不猶食人以供口腹乎。吾恐獲罪于天，又何延年之有？曰：此知一而昧一也。天地無棄物，即無棄功，胞胎雖人之命根，然人既墮于胞胎之中，則胞胎棄而無用矣。神農取無用者，而指之為延生之具，後聖即體神農之意，而造為方法，以續人之命，是無用者成有用，非參贊造化之大功乎，又何獲罪于天之有哉〕。

或疑紫河車乃大熱之物，食之最能動火，凡陰虚火動之人，恐不宜食之耳。曰：紫河車大溫，非大熱也，陰虚火動，正宜食之。蓋火動由于水衰，水衰者精少也。紫河車乃生人之母，即生精之母也。精生于溫，而不于生寒，大寒不生精，而大溫至生精也，況紫河車又生精之母氣乎。其相得之宜，不啻如水銀之見金。倘以大熱疑之，不之以治陰虚火動之人則惑矣。

或疑紫河車為生精之母氣，亦因其藏子而言之也。夫子已墮矣，破釜安能煮物乎？曰：紫河車為生人之母，子雖生，而母氣未絕也。母能生子，自是陰陽之至理，況紫河車天性溫熱，溫熱之物，未有食之而不生精者也，況又是先天之母氣乎。

清・顧靖遠《顧氏醫鏡》卷八　人胞即紫河車。甘、鹹，溫。入心腎二經。米泔洗淨，鍋內蒸透，搗爛，拌乾藥末，或晒或烘。一法：用人溺或陳酒煮極爛，搗和藥用。諸虚損症服之大效，得男女坎離之氣而成，如陰陽兩虚者，服之有返本還元之功。漸瘦悴者食之甚良。榮血不足，精氣虧損，致漸瘦悴，人胞得精血之氣而結，從其類以補之也，絕非金石草木之類可比。和鴨煮食，勿令與知焉。益氣養血補精，陰陽並補之神品。丹溪曰：氣虚者同補氣藥用，血虚者同補血藥用，治虚勞當同除骨蒸藥用。崔氏云：胎衣宜藏吉方，若為蟲獸所食，令兒多病。蒸煮而食，不顧損人，仁者弗為。

清・李熙和《醫經允中》卷一九　紫河車　甘、鹹，溫，無毒。主治血氣羸瘦，男婦勞損，安心養血，益氣補精。然性熱，不無胎毒，久服令人發毒。孟子曰：獸相食，且人惡之。今有服胎丸者，是人食人，獨無惻隱之心乎？嵩山云：吾觀古書藏衣有訣，藏之吉方兒壽，棄之蟲獸暴絕。銅山崩而鐘應，一氣感通故也。以之蒸煮炮炙，無異殺兒取血，天下資生之物尚多，何忍傷殘同類也？

清・馮兆張《馮氏錦囊秘錄・雜症痘疹藥性主治合參》卷一二　紫河車　紫河車，即人胞也。有生之初，父精母血以成胚胎，外有衣一層裹之者，即胞也。十月降生，隨兒後出。其味甘鹹，氣溫，無毒。主血氣羸瘦，婦人勞損，面䵟皮黑。腹內諸病，漸瘦瘁者，皆榮血不足，精氣虧損也。此藥得精血之氣而結，能從其類以補之，是以治男女一切虚損勞極，為益血補精氣之用，誠有返本還元之功。胞衣水，即罐貯胞衣，久埋地下，年久成者是也。味辛，氣寒，無毒。得土氣既深，濁氣既化，陰氣獨存，故走足陽明經。能解天行時疫狂熱及小兒無辜髮豎，丹毒熱毒，并血熱痘瘡，以代金汁，清而帶補，功力更倍。　紫河車，大溫。專滋肝腎，補虚損勞傷，癆瘵傳屍，體瘦髮枯，骨蒸盜汗，腰脊酸疼，足膝痿軟，驚悸羸乏等症。又益婦人，俾育胎孕。罐貯地埋，年深自化，名河車水也。敺天行時疫狂言，去小兒丹疹熱毒，并清血熱痘瘡，以代金汁，清中兼補，功力更優。　主治痘疹合參：大補氣血，凡痘氣血兩虚者用之。

按：崔氏云：胎衣宜藏吉方，勿為蟲獸所食，令兒不育，此亦銅山西崩洛鐘東應之理。蒸煮而食，不顧損人，長厚者勿忍為也。

清・张璐《本經逢原》卷四　人胞即紫河車。　甘、鹹，溫，無毒。取厚小色鮮者，挑去血絡，漂淨血水，入椒一握，沸湯去腥水，以蜂蜜和，長流水於舊錫器內，隔水文火煮爛如糜，綿絞去滓，代蜜糊丸藥良。　發明：紫河車稟受精血結孕之餘液，得母之氣血居多，故能峻補營血。用以治骨蒸羸瘦，喘嗽虚勞之疾，是補之以味也。自丹溪極言其功，而吳球創大造丸，雖世所推重，然方中生地、黃蘗、天冬、麥冬、龜版一派滋膩傷胃之品，雖有人參一味，反助群陰之勢，服之每致傷中、嘔泄，未見其可。惟《永類鈐方》河車丸方用人胞一具、山藥二兩、人參一兩、茯苓五錢，酒糊為丸。近世改用鮮者，隔水煮，搗作丸，尤為得力，即虚人服之未嘗傷犯胃氣。

清・浦士貞《夕庵讀本草快編》卷六　人胞《拾遺》、紫河車　附胞衣水。兒孕腹中，賴胞為衣，故字從肉、從包。　胞衣乃天地之先，陰陽之祖，乾坤之槖籥，鉛汞之匡廓。胚胎將兆，九九數足，我則乘而載之，故謂之河車。味甘微鹹，氣溫無毒，真扶危接命之藥也。凡男子諸虚百損，女人崩漏絕產，或失志癲癎而精神恍惚，或面黑尸疰而腹內諸虫，罔不神効。故括蒼吳球佐以平補之藥，名為大造丸，為世所誦。釋其意曰：今人以陽藥滋陰，非徒無益，為害不小。蓋邪火只能動慾，不能生物，故用龜版、黃栢，補陰制陽，為河

車之佐；加以杜仲補腎強腰，牛膝益精壯骨，四味總為足少陰經藥。古方加陳皮名補腎丸也。生地黃涼血滋陰，得茯苓、砂仁、黃栢，亦走少陰。白飛霞以此四味為天一生水丸也。天、麥二冬能保肺氣，不令火炎，使金能生水，然其性有降無升，非人參不能鼓舞元氣，得地黃則陰陽配合，為固本丸也。又麥冬、五味、人參，名生脉散，為培元之要劑，此方大抵以固金水二藏為主，配以胞衣以成大造之功。男瘦女羸，素無孕育者，服之精血充，形體盛，不獨生子，更可延年爾。若胞埋於地下，化而為水，耑解天行熱病，狂言妄語，能平亢熱也。

清・姚球《本草經解要》卷四　紫河車　氣溫，味甘、鹹，無毒。主血氣羸瘦，婦人勞損，面黝䵟皮黑，腹內諸病，漸瘦瘁者，以五味和之，如餚餌法與食之，勿令知。　紫河車氣溫，稟天春生之木氣，入足厥陰肝經。味甘鹹，無毒，得地中北土水之味，入足太陰脾經、足少陰腎經。氣味升多於降，陽也。脾者，統血之藏。腎者，藏氣之經。肝者，生生之藏，以生氣血之經。甘鹹益脾腎，氣溫暢肝氣，所以主血氣羸瘦也。婦人以血為主，勞傷五藏，則損其真陰，陰虛血枯，血不華面，面䵟皮黑。河車味厚益陰，所以主之也。腹者，陰也。腹內諸病，陰分虧也。陰主質，所以形漸瘦也。陰虛補之以味，所以用五味和之也。勿令病人知者，恐知之而惡其穢也。　製方：河車同人參、黃耆、鹿茸、白膠、當歸、補骨、五味、巴戟天，治真陽虛損。同敗龜板、黃柏、杜仲、牛膝、生地、砂仁、白茯、天冬、麥冬、人參、五味丸，名大造丸，治男女虛勞骨蒸。

清・楊友敬《本草經解要附餘・考證》　紫河車　古本草不分部類，於人僅用髮髲。海藏《湯液》，旁附人尿，亦不立人部。蓋藥本濟人，重在人也。用而及人，且列人部，失則已甚。人胞創自陳氏《拾遺》。《綱目》雖收而未以為是。引崔行功，只言治人之虛失癆瘵偶用之。崔行功云：炮炙入藥，令兒慘夭，心何忍。瀕湖又言吳燮山大造丸用此，然諸藥皆平補，內即無人胞，亦可服餌。今吳門郭氏論此方，謂如陰虛精涸，水不制火，發為欬嗽吐血骨蒸盜汗等證，屬陽盛陰虛，服此耗將竭之陰，為患非細，夫病未甚，不必服，病既甚，又不宜服，則後之纂述者，於此藥此方，俱逸之可也。

清・王子接《得宜本草・上品藥》　河車　味甘、鹹。主治一切虛損。得熟地、天冬、牛膝、杜仲能補腎益精。

清・黃元御《玉楸藥解》卷七　胎衣　味鹹，氣平。入足厥陰肝經。補虛傷，益氣血。胎衣治男女虛，勞說起丹溪。胎妊化生，賴夫精氣，不關衣胞，成人胎衣枯槁，精氣無存，此珠玉之蚌璞，無用者耳。而下士庸工以此治虛勞愚矣！其所妄作河車大造諸丸，用地黃、黃柏、龜板、天冬泄火伐陽，辭人近鬼，禍世戕生，毒虐千古，痛念死者，此恨無終也。

清・吳儀洛《本草從新》卷六　人胞（大補氣血。）一名紫河車，一名混沌皮。甘，鹹，溫。本人之血氣所生，故能大補氣血。治一切虛勞損極，虛損，一損肺，皮槁毛落；二損心，血脈衰少；三損脾，肌肉消脫；四損肝，筋緩不收；五損腎，骨痿不起。六極曰氣極、血極、筋極、肌極、骨極、精極。恍惚失志，癲癇病。由膀胱虛者尤宜用。取其以胞補胞之義。以初胎無病婦人而色紫者良，有胎毒者害人。以銀器插入，焙煮不黑則無毒。長流水洗極淨，酒蒸焙乾研末，或煮爛搗碎入藥。如新瓦炙者，反損其精汁。崔行功（崔行功《小兒方》。）云：胞衣宜藏天德、月德吉方，深埋緊築。若為猪狗食令兒癲狂，蟲蟻食令兒瘡癬，烏雀食令兒惡死，棄火中令兒瘡爛。近社廟井竈街巷皆有所忌。此亦銅山西崩，洛鍾東應，自然之理。以之炮炙入藥，食其同類，不顧損人，長厚者弗忍聞也。

清・汪紱《醫林纂要探源》卷三　紫河車　甘，苦，鹹，溫。即胞衣也。長流水洗淨，剔去血絲，酒蒸焙乾，或煮爛食之，或搗和藥用。○崔行功云：胞衣宜藏天德月德吉方，深埋緊築。若為豬狗食，令兒癲狂；螻蟻食，令兒瘡癬；烏雀食，令兒惡死；棄火中，令兒瘡爛。近社廟、街巷，井竈，皆有所忌。此可謂慎重之至矣。然愚見貧家，往往賣此於藥肆，其子亦卒長成無恙，則崔氏之言不必盡拘，此不過所落之花，何足關重輕於兒哉？顧揆以古人之義，凡胎髮落髮，及指爪之類，尚不忍棄擲，待死而全斂之棺中，則此亦親所遺，何可入藥為人食乎？則用此者，亦非君子所忍也。補益氣血，治虛勞癲癇。亦血氣之餘，非無補益，但人所落之花，久已萎矣。謂有大力，愚不然也。況補物甚多，何必用此。醫家有以天靈蓋、人胎、孩兒骨及人肉並列於補藥者，則不仁甚矣。詎非用此者，為之作俑乎？

清・嚴潔等《得配本草》卷一〇　紫河車即人胞。甘、鹹，熱。入足厥陰、少陰經血分。大補氣血，尤治癲癇。破其血線，流水洗淨，酒蒸焙乾用，或童便煮熟爛焙乾用。陰虛火動者禁用。紫河車為人外胞衣，較胎骨、天靈蓋自屬不同，然亦必不得已而始用之。若用胎骨、天靈蓋，則是以人食人，為崔氏所切戒，此集故弗采焉。

題清・徐大椿《藥性切用》卷八　紫河車　即人胞，一名混沌衣。甘鹹性溫，本血氣結成，能大補氣血，治一切虛勞積損，乏極久崩。炙末，或蒸搗

入藥。然必不得已而後用之，如他藥可，何忍以人食人？

清・黃宮繡《本草求真》卷二　紫河車滋補虛損。　紫河車耑入肝腎。甘鹹性温。雖曰本人血氣所生，故能以人補人也。凡一切虛勞損極，損於肺則見皮聚毛落，損於心則見血脉不榮於五臟六腑，損於脾則見肌肉消瘦不能飲食，損於肝則見筋緩不能收持，損於腎則見骨痿不起。損在肺則損自上及下，是肺先受其損，然後及心、及脾、及肝、及腎而遞見也。損在精則損由下及上，是腎先受其損，然後自肝、自脾、自心、自肺而遞及也。傷肺自上及下，過於胃則不可治；傷腎自下而上，過於脾則不可治，故以得飲食為貴。恍惚失志，癲癇肌肉羸等症，用之極為得宜。紫河車稟受精血結孕之餘液，得母之氣血居多，故能峻補營血。如《永類鈐方》用此，合以山藥、參、苓以補真陰。所謂精不足者，補之以味也。然究皆屬滑腸之品，故合天冬、麥冬、黃蘗、生地、龜板同服，則於胃氣有損。如吳球創大造丸之類。況乾食則等肉脯，入藥亦鮮奇效。至於收藏不密，或令猪雀螻蟻所食，於子尚屬有礙，如銅山西崩，洛鐘東應。妬可取同入藥以殘厥子。且藥補劑甚多，在人別為取用，慎毋於此戀戀不置也。用取初生色紫者良，米泔擺淨，長流水中久洗。去筋膜，蒸擣和藥用。

清・羅國綱《羅氏會約醫鏡》卷一八人部　紫河車即人胞衣也，味鹹性温，入肝腎二經。　本人之氣血所生，補一切虛損勞傷。凡骨蒸盜汗、腰痛膝軟、體瘦精枯，俱能補益。又益婦人，俾育胎孕。長流水洗淨，酒蒸焙乾，以銀器插入焙煮，器不黑則無胎毒，庶可用。或煮爛搗化入藥。

清・王學權《重慶堂隨筆》卷下　周亮工先生云：親串有從余遊都門者，其人謹願，生平絕迹北里，突生霉瘡，不解所自。余忽悟其故。解之曰：君因質弱，常服紫河車。京師四方雜集，患霉瘡者甚夥，所服之中，安知無霉瘡衣胞？此瘡能延及子孫，氣之所沖尚能中人，生子多無皮膚，其胞尤為毒氣所歸，君之患必由於此。衆人皆以為然。夫忍食人之胞以自裨，蓋仁者尚不為，況未必有功而適以滋害如此，可不戒哉！

清・王龍《本草纂要稿・人部》　紫河車　氣味甘温。療諸虛百損，補五勞七傷。癆瘵傳尸立逐，骨蒸潮熱即除。治喉咳音啞，愈體瘦骨枯。吐血來紅，並堪主治。

清・張德裕《本草正義》卷上　紫河車一名混沌皮。　甘鹹，氣温。補一切精血虛損，尤治癲癇失志。

清・楊時泰《本草述鉤元》卷三二　人胞　一名河車。其色有紅有綠有紫，紫者良。置酒內覆者，男胎也，首胎重十五兩以上。

氣味甘鹹温。主治男女一切虛損勞極。其形質得男女坎離之氣而成，故陰陽兩虛者服之，有返本還元之功。癲癇失志恍惚，安心養血，益氣補精。凡虛勞羸瘦，形臟化薄者，宜以人身之本元，補助人身之血氣。投之女子，更育胎孕，凡無子，或多生女，或難產、小產者，服之無不捷效。以側柏葉、烏藥葉俱酒灑，九蒸九曝，同之為丸，大能補益，名補腎丸丹溪。大造丸吳球：用首生男胎人胞，米泔洗淨，淡酒蒸熟，搗曬研末；敗龜板童便浸三日，酥炙黃二兩；黃蘗、杜仲各一兩半，牛膝一兩二錢；地黃二兩半，入砂仁六錢、白茯苓二兩，絹袋盛，入瓦罐，酒煮七次，去茯苓、砂仁不用，杵地黃為膏，聽用；天冬、麥冬、人參各一兩二錢，夏月加五味子七錢，俱忌鐵器，為細末，地黃膏加酒，米糊丸小豆大，每服八九十丸。空心鹽湯下。女人去龜板，加當歸二兩，以乳煮糊為丸。若男子遺精，女人漏下，並加牡蠣粉一兩，去人參。世醫用陽藥補益，往往為害，蓋邪火只能動慾，不能生物。龜板、黃蘗為河車之佐，加以杜仲、牛膝，通為足少陰經藥，古方加陳皮，即名補腎丸也。地黃涼血滋陰，得茯苓、砂仁、黃蘗則走少陰，白飛霞以此為天一生水丸也。二冬保肺，不為火炎，使肺氣下行生水，然其性有降無升，得人參則鼓動元氣，有升有降，故同地黃，即為固本丸也。又參、麥、五味名生脈散，皆為肺藥，此方配合，大抵以金水二臟為生化之原，加河車以成大造之功也。補天大造丸：專培元氣，延年益嗣，壯陽光，溫坎水，降離火，為天地交泰，若房勞過度人五心煩熱，服之神效。常人四十以後，常宜服此，接補真元以躋上壽。紫河車一具取首生男胎者，如無，得壯盛婦人者亦好。先用鮮米泔將河車輕輕擺開，換米泔洗五次，不動筋膜，只洗淨，有草屑輕輕取去，將竹器盛，於長流水中浸一刻以取生氣，提回，小瓦盆盛於木甑內，用文火緩緩蒸至六時止，極爛如糊，取出。先傾自然汁在藥末內，略和勻，後置河車石臼內，木杵擂千下，如糊樣，通前藥汁末和勻，再杵千餘，集衆手為丸，此法全天元真氣，世所少知。外若用火焙酒煮去筋膜，大誤；入龜板，尤誤。此語必有所見，不用便為穩妥。外用厚川黃蘗去粗皮酒炒一兩、川杜仲去粗皮酥炙斷絲一兩五錢、川牛膝去蘆酒浸一兩五錢、當歸身酒洗一兩、懷熟地酒蒸九次二兩、天冬去皮心一兩半、懷生地酒浸一兩半、枸杞一兩、麥冬一兩五錢，已上四味，另用酒煮爛，搗膏。陳皮去白七錢半、白术炒一兩、五味子七錢、小茴香炒七錢、乾薑炮黑二錢、側柏葉取嫩枝隔紙炒乾二兩。骨熱，加丹皮、地骨皮皆去心，知母酒炒，各一兩；血虛，加

當歸、地黃倍用； 氣虛，加人參、黃芪蜜炙各一兩。婦人去黃檗，加川芎、香附、條芩，俱酒炒各一兩。上藥精製，稱淨末，不犯鐵器。用前蒸河車搗爛并汁和為丸，若河車肥大，量加藥末，不必用蜜，丸如梧子大，每服百丸，空心米湯下，有病，一日二服。此比古方更效，若稟氣虛，或斲喪太過太早者，尤宜。種子三益膏： 治斲喪真元，中年無子，婦人血虛不孕，製一料夫婦齊服，服盡即孕。如婦人經准，氣血壯而無病者，不宜服。大肉蓯蓉、酒洗去浮甲。何首烏、用竹刀切，黑豆上九蒸九曬。懷生地、切片，酒拌九蒸九曬。山萸肉、枸杞子、沙苑蒺藜、真者炒香。菟絲子、酒浸一宿，搗成餅，曬乾炒。杜仲、去皮，鹽酒炒斷絲。麥冬各四兩，柏子仁、白茯苓、人乳拌曬。補骨脂、鹽水炒。川牛膝，與何首烏同蒸。各二兩。以上藥取淨末，用鮮紫河車一具，頭胎者佳，白酒洗淨，隔瓶煮爛，搗和前末，加龜膠、鹿角膠各八兩，以酒化開，同前藥和勻，如乾，加蜜為丸如梧子大，每服三錢，好酒下。氣虛加人參二兩，忌葱、蒜、蘿葡煎煿等物，合時宜二三九十月，靜室精修，弗令婦人雞犬見之。心血不足，用胞衣焙乾為末，飯為丸，如小豆大，辰砂為衣，每用二錢，清米湯下。《經》云： 胞脈者屬心，而絡於胞中，則以此味補心血，誠為中肯。夫胞為男子藏精、女子畜血之地，又屬命門之真氣所攝，人生命門既成，即生心，心與命門一氣，即可知其又補心氣矣。

論： 《經》云命門者，男子藏精，女子繫胞，即此胞也。其元始自心下，系貫七節之旁，其系則屈曲下行，接兩腎之系，兩腎之系接心下，系以繫胞，故《經》曰： 胞之絡繫於腎。又曰： 胞脈者屬心，而絡於胞中。下尾閭，附脻腸之右，通二陰之間，前與膀胱下口溲溺處並行而出，乃精氣所泄之道路。若女子則子戶胞門，亦自脻腸之右，胞外與膀胱下口相並，此受胎處也。又脈經以右腎為命門，其府則胞門子戶。介賓曰： 子戶胞門，男女之通稱也。特男子以藏精，女子以蓄血，男女交會之際，男子施由此出，女子攝由此入，故即在此中結胎，胎元既足，亦復由此而出爾。夫腎中之元陽，即為命門，原與臍對，而胞宮子戶，乃在脻腸之前膀胱之後者，固《經》所謂相火之下，水氣承之也。水是三才之祖，精為元氣之根。人身一點元靈，聚於臍下，自為呼吸，呼則接乎天根，吸則接乎地根，此即命門真氣。自有命門真氣，便且上際下蟠，況於最初之合同而化者乎。又按天一生水，配丁之陰火而生丙，為命門，然後生心，是則心與命門一氣也。《經》既云胞脈屬心，又安能外於命門乎？ 然則女結胎在胞宮，而實受氣於命門，方胎孕時，兒之臍繫於胞，胞繫母脊，實為督之命門。以氣食兒，呼吸胎息，轆轤任督，真元氣之所鍾也。其色紅黑相間，紅屬火為陽，黑屬水為陰，陰陽兩氣，並具而不雜，可知是物雖成後天之形，實稟先天之氣。但兒在母腹，則形充於氣； 兒離母腹，則氣盡於形。之頤故謂先天之郛廓，主培後天形臟。而丹溪謂氣虛則加氣藥，血虛則加血藥，誠善於用河車者也。

繆氏云： 此補陰陽兩虛之藥，若陰虛精涸，水不制火，發為欬嗽、吐血、骨蒸、盜汗等證，此屬陽盛陰虛，法當壯水以制之，不宜陰陽並補，以耗將竭之陰也。胃火齒痛，亦忌之。

修治： 最好如補天大造丸製法。惟取極爛如糊。然必得河車時，恰有諸藥合之乃可，若欲預製待用，宜照前法蒸，以熟為度，不必極爛，便置銅鏇內，重湯熯乾可也。此不用酒煮火焙，又可留貯，亦妙。

清・葉桂《本草再新》卷一一 紫河車味甘，寒，性平，無毒。入心、肺、腎三經。大補元氣，理血分，治虛癆吐血欬嗽。神傷夢遺，治腎虛火旺，能壯陽道，能滋陰虧，調經安產。

清・趙其光《本草求原》卷二七人部 紫河車即人胞。 胎受腎精而成血脈，受命門心火而成氣。《經》曰胞之絡繫於腎。又曰胞脈屬心，絡於胞中。又曰命門者，女子繫胞。受脾氣而固，藉肝氣而始結。故甘、鹹，溫，無毒。補心肝血，生腎精，益命門脾氣，治一切虛勞、羸瘦，丹溪曰治虛勞加骨蒸藥，氣虛加補氣藥，血虛加補血藥，是須隨症加減。乃善其用。恍惚失志，癲癇，是以先天形氣補後天氣血，為勞損、喘嗽之妙品。治虛勞、吐血、咳嗽、夢遺，能補陰又可補陽。調經、安產，以其包舉胎元，大能固攝真氣也。五損，一損肺，皮槁毛落； 二損心，血脈衰少； 三損脾，肌肉消脫； 四損肝，筋緩不收； 五損腎，骨痿不起。吳球大造丸配入地、柏、二冬、杜、膝、龜板、砂仁、苓，一派滋膩之品，專為金水二臟立法。雖有人參鼓動元氣，然非陰火亢極，妄用恐其傷中嘔泄。後人去龜板，加歸、杞、陳、朮、薑、茴、側柏、丹皮、骨皮； 氣虛再加參、芪； 婦人去黃柏，再加香附，似為較妥。又方： 配蓯蓉、地、萸、菟、苑、茯、杜、苓、杞、鹿、膝、骨脂、首烏、柏仁以治血虛無子，或止以參、苓、淮山合治勞嗽，骨蒸。可知用此味尤須變通佐使也。

取初胎及無病婦人者，以銀器插過，不變黑則無毒。用鮮米泔輕輕洗淨，不動筋膜，此乃初結之真氣。再於長流水浸一刻，以接生氣。滾椒湯浸一刻，去

腥。以蜂蜜和長流水入舊瓷器内，隔水熬爛，先傾自然汁於藥内，此天元正氣汁也。乃搗爛和藥，或和酒、棗、淮山煮食，炙焙用則損其精汁。崔氏云：胞衣宜藏密，深埋於天月德方。若為豬、犬食，令兒癲狂；蟻食，令兒瘡癬；烏食，令兒惡死；棄火中，令兒瘡爛；近社廟、井灶、廁皆忌。此銅山鐘應之理。然則食之亦於兒欠利，苟非急症，勿輕用焉。或曰，此陰陽兩補之品，陰虛水涸者，勿得單服。

清·文晟《新編六書》卷六《藥性摘録》　紫河車　滋補虛損。〇補藥甚多，此可勿用，恐損其乳子。

清·劉東孟傳《本草明覽》卷一一　紫河車　【略】按：紫河車即胞衣也。子孕胞内，臍繫于胞，胞繫母腰，受母之蔭，精血相乘，元氣所鍾。其名河車者，蓋謂天地之先，陰陽之祖，乾坤之橐籥，而鉛汞之匡廓，胞中之子，載而乘之，故取象立名也。紫者，紅黑相雜之色。紅屬火為陽，黑屬水為陰。謂陰陽兩氣並具而不離耳。故河車雖成後天之形，而實稟先天之氣，以之治病，誠奪神工。方名大造，而以生育擬之，豈虛語哉。

清·張仁錫《藥性蒙求·人部》　紫河車二錢　紫河車溫，勞損能醫。雖稱大補，不用為宜。即人胞。但以此炮炙入藥，食其同類，不顧損人，雖能大補氣血，長厚者不忍聞也。

清·戴葆元《本草綱目易知録》卷七　胞衣紫河車　甘、鹹，溫。安心養血，益氣補精。治血氣羸瘦，男女一切虛損勞極。大小癲癇，失志恍惚，婦人勞損，面䵟皮黑，腹内諸病，形體漸瘦。治淨，以五味和，如䭔飥法與食，勿令婦知。【略】葆按：近見世俗取鮮者，洗淨，用銀簪挑撥紫血，長流水漂過，入甘草、花椒水泡濾淨，和猪精肉，作餛飩食，皆謂功比參茸，大補精血，無分初殘，殆不審本婦強弱，向穩婆買治食。予見其受益者少，受害者多。獸相食，且人惡之，況人食人肉乎！凡草木精英，血氣有情，補人諸物多矣，何必藉此流俗之見，以其價廉而功效大。葆業醫有年，從未教人生食，則乾者，亦少用。故誌之。

清·陳其瑞《本草撮要》卷七　紫河車　味鹹性溫，入手足太陰、厥陰經。功專大補氣血，治一切虛勞損極，恍惚失志癲癇。以初胎無病婦人而色紫者良。洗淨，酒蒸焙研。得熟地、天冬、牛膝、杜仲補腎益精。坎炁稟心腎之氣，得當歸、麝香治臍汁不乾。得乳汁、硃砂解胎毒痘患。燒末煎服治瘧。

胎元

清·张璐《本經逢原》卷四　胎元　鹹，大溫，小毒。發明：胎元雖墮下胎息，淫火未離，天真未剖，較河車之性倍甚。古方鮮用，惟金剛丸用之。雖以人補人，然獸相食且人惡之，況人食人，能無惻怛之念乎。

胞衣水

明·滕弘《神農本經會通》卷七　胞衣水　此人產後時，衣埋地下七八年，化為水，清澄如真水。味辛，無毒。陳藏器餘云：主小兒丹毒，諸熱毒發寒熱不歇，狂言妄語，頭上無辜髮豎，虛痞等。南方人以甘草、升麻，和諸藥鑵盛埋之，三五年後，撥取為藥，主天行熱病，立效。

明·王文潔《太乙仙製本草藥性大全》卷五《本草精義》　人胞水　即婦人產後胞衣埋地下七八年化爲水，清澄如真水。南方人以甘草、升麻和諸藥，罐盛埋之，三五年後，撥去取爲藥，主天行熱病立效。

明·王文潔《太乙仙製本草藥性大全》卷五《仙製藥性》　人胞水　味辛，無毒。主治：主小兒丹毒即安，治諸般熱症大效。療發寒熱不歇，善理妄語狂言。治頭上無辜髮立殊功，解天行熱病虛痞安痊。

明·皇甫嵩《本草發明》卷六　胞衣水以磁瓶貯之，封固，埋于地内，化為水，澄清即如真水。　療天行時疫狂熱，小兒丹毒，諸熱毒並妙。

愚按：紫河車乃人生稟父精母血交合而成，未成男女，先結胞胎，兒孕胞内，胞繫母腰，噏受母氣足應期而育。名以河車者，渾然太極，完具天地之先，陰陽之根，乾坤之橐籥，鉛汞之〔匡廓〕，胚胎已兆，應數九九，兒載而乘之，故取象河車。然名紫者，應南(甘)〔北〕方之間色，離火居南，色紅，屬陽；坎水居北，色黑，屬陰；坎離交媾，陰陽二氣妙合而凝，紅黑相糸，其色為紫。雖具後天之形，實稟先天之氣。又名混沌皮，又名混元舟，又名佛袈裟。蓋即以人身之本元，補助人身之血氣，其益大矣。

明·李時珍《本草綱目》卷五二人部　胞衣水《拾遺》

〔修治〕藏器曰：此乃衣埋地下，七八年化爲水，澄徹如水。南方人以甘草、升麻和諸藥，瓶盛埋之，三五年後掘出，取爲藥也。

〔氣味〕辛，凉，無毒。〔主治〕小兒丹毒，諸熱毒，發寒熱不歇，狂言妄語，頭上無辜髮豎，虛痞等證，天行熱病，飲之立效藏器。反胃久病，飲一鍾當有蟲出時珍。

明·梅得春《藥性會元》卷下　胞衣水　味辛，溫，無毒。主治小兒丹毒，諸熱毒發，寒熱不歇，狂言妄語，頭上無髮。又治虛痞。產後三朝埋地下，過七八年化為水，挖開，甘草、升麻以攪和，罐盛，復埋之三五年後挖取。

滓去水，取二味晒乾為末，治天行熱病立效。

清・张璐《本經逢原》卷四　胞衣水　鹹，潤，微涼，無毒。臘月取紫河車，置有蓋瓦罐內，深埋土中，臨用取出，不可留久，久即乾矣。或與生甘草末同入罐中，埋於土中，三五年後掘出，即為藥也。　發明：胞衣之性本熱，而得土氣之化，善能攝火歸元。小兒丹毒諸熱毒發，寒熱不歇，狂言妄語，頭上無辜髮豎，虛痞等證，天行熱疾，咽痛及虛勞咽痛，飲之立效。反胃久病，飲一鍾當有蟲出。

清・楊時泰《本草述鉤元》卷三二　胞衣水　此久埋地下化為水者。氣味辛涼。治小兒丹毒，諸熱毒，發寒熱不歇，狂言妄語，頭上無辜髮豎，虛痞等證。天行熱病，飲之立效。反胃久病，飲一鍾，當有蟲出。　繆氏云：埋久得地中陰氣，其氣必寒，辛寒而走足陽明經，故主如上諸證。

清・趙其光《本草求原》卷二七人部　胎衣汁　以有蓋盅埋地中，久化為水用。或同甘草末埋，更佳。胞衣本溫，得土氣化為辛涼清胃，攝火歸元。治小兒丹毒，諸熱，發寒熱狂妄，頭上無辜髮豎，虛痞等症，天行熱病，飲之俱效。虛勞咽痛，久反胃。飲一盅當有蟲出。

初生臍帶

明・張四維《醫門秘旨》卷一五《藥性拾遺》　靈山柴　即新生小兒臍帶已落下者。味甘氣香，性溫，無毒。行滯氣，破惡血，去胎毒，益元氣，長精髓。如此柴一錢，焙乾存性，加辰砂五分，同研細末，甘草汁調搽乳上，徐徐令月內之兒服之，出痘極稀，可保無他患也。

明・李時珍《本草綱目》卷五二人部　初生臍帶《拾遺》

〔釋名〕命蔕時珍曰：胎在母腹，臍連於胞，胎息隨母。胎出母腹，臍帶既剪，一點真元，屬之命門丹田。臍乾自落，如瓜脫蔕。故臍者，人之命蔕也。以其當心腎之中，前直神闕，後直命門，故謂之臍。臍之爲言齊也。

〔主治〕燒末飲服，止瘧藏器。　解胎毒，傅臍瘡時珍。

〔附方〕新三。　臍汁不乾：綿裹落下臍帶，燒研一錢，入當歸頭末一錢，麝香一字，摻之。《全幼心鑒》。　預解胎毒：初生小兒十三日，以本身剪下臍帶燒灰，以乳汁調服，可免痘患。或入朱砂少許。《保幼大全》。　痘風赤眼：初生小兒臍帶血，乘熱點之，妙。《海上方》。

明・繆希雍《本草經疏》卷一五　初生臍帶　主瘧。燒為灰，飲下之。

〔疏〕臍者，命蔕也。當心腎之中，為真元歸宿之處。胎在母腹，臍連於胞，喘息呼吸滋養之妙，從此而通。胎出母腹，臍帶剪斷，則一點真元之氣，從此而歸入命門丹田。故臍為命蔕，而臍帶亦真氣會聚之所也。本經以之治瘧者，應是久瘧虛寒之甚，藉其氣以補不足也。今世以小兒脫下臍帶，燒灰與服，可解胎中一切毒及免驚風痘患，亦取裨補真元耳。〔主治參互〕《全幼心鑒》臍汁不乾，綿裹落下臍帶，燒研一錢，入當歸頭末一錢，麝香一字，摻之。《保幼大全》預解胎毒：臍帶燒灰，以乳汁調服。或入辰砂少許，可免痘患。　無毒而主療甚稀，不著簡誤。

明・倪朱謨《本草彙言》卷一九　初生臍帶　味甘、鹹，氣溫，無毒。　李氏曰：胎在母腹，臍連于胞。臍帶既分，一點真元，屬之命門丹田。臍乾自落，如瓜脫蒂，故臍者，人之命蒂也。其當心腎之中，前直神闕，後直命門，故謂之臍。

初生臍帶：補腎命，解胎毒，化痘毒之藥也。周士和曰：臍者，命蒂也。當心腎之中，爲真元歸縮之處。胎在母腹，臍連于胞。喘息吸吸，滋養之妙，由此而通。胎出母腹，臍帶剪斷，則一點真元之氣，從此而歸入命門丹田。故臍爲命蒂，而臍帶亦真氣之所結也。韓氏《保嬰方》以此治痘瘡灰白，寒陷不起發者，用臍帶炙燥爲末，乳汁調服，能使痘毒外發，漿水充足。虛寒之甚，藉此真陽之氣，以培不足也。如前古以此治三陰久瘧，取臍帶九枚，燒存性，於白朮二兩，人參五錢焙乾，俱爲末，入童便煮附子一兩，搗膏和丸梧子大。每早服三錢，酒送下。亦取其補益真元，消靡陰瘴耳。

明・蔣儀《藥鏡》卷二熱部　初生臍帶　乃真氣會聚，故補元益腎。胎毒臍濕，燒灰與嘗。久瘧虛寒，煅末畀飲。

明・李中梓《本草通玄》卷下　臍帶　性溫。補命門，充養氣血，豫解胎毒。　按：嬰兒在母腹中，為胎所裹，口鼻不能通氣，但有臍帶通于母之肺系，母呼亦呼，母吸亦吸，直待出離母腹。囮地一聲，臍帶既剪，一點真元，屬之命門。臍乾自落，如瓜脫蒂。故丹經以臍為命蒂。

清・穆石匏《本草洞詮》卷一三　臍帶　胎在母腹，臍連於胞，胎息隨母，胎出母腹，臍帶既剪，一點真元，屬之命門丹田，臍乾自落，如瓜脫蒂。故臍者，人之命蒂也。以其當心腎之中，前直神闕，後直命門，故謂之臍。主解胎毒，傅臍瘡。

清·馮兆張《馮氏錦囊秘録·雜症痘疹藥性主治合參》卷一二 臍帶 臍者，命蒂也。當心腎之中，為真元歸宿之處。胎在母腹，臍連於胞，喘息呼吸滋養之妙，從此而通。胎出母腹，臍帶剪斷，則一點真元之氣，從此而歸入命門丹田。故臍為命蒂，臍帶亦真氣會聚之所也。以之治瘧者，是久瘧虚寒之甚，藉其氣以補不足也。今世以小兒脱下臍帶，燒灰存性與服，可解胎毒稀痘，及培元氣，免驚風，是亦返本還元之義也。 臍帶燒灰存性，主療虚寒瘧疾，更解胎毒稀痘，調元免驚。

清·张璐《本經逢原》卷四 初生臍帶 發明：臍帶者，人之命帶也。用以煅末，入砯砂少許，蜜水調服，以解本嬰之胎毒，與内傷之用骨灰無異。

清·王子接《得宜本草·上品藥》 坎炁 稟心腎之氣。得當歸、麝香治臍汁不乾，得乳汁、硃砂解胎毒痘患。

清·吴儀洛《本草從新》卷六 初生臍帶 主治，止瘧，解胎毒，燒末飲服。敷臍瘡。一名命蒂。以其當心腎之中，前直神闕，後直命門，故名。

清·汪紱《醫林纂要探源》卷三 臍帶 甘，苦，鹹，溫。人生之根蒂，在命門。與臍相對，此帶繫胞衣，乃人之開花處，胞即花也。人成而胞衣脱，猶果熟而花落耳。補益血氣，得人氣之餘故也。小兒羸弱及痘瘡不起，用此煎湯服之，亦頗見效。

清·嚴潔等《得配本草》卷一〇 臍帶一名命蒂，又名坎炁。 療虚寒，解胎毒，稀痘瘡，免驚風，除虚瘧。 洗淨焙乾，研末用。

題清·徐大椿《藥性切用》卷八 初生臍帶 止瘧疾，解胎毒，燒灰飲服。炙末摻之，能愈臍瘡。

清·楊時泰《本草述鉤元》卷三二 坎炁 即初生臍帶。胎在母腹，臍連於胞，胎息隨母，故臍者人之命蒂也。以其當心腎之中，前直神闕，後直命門，故謂之臍，言齊也。臍蒂乃真氣聚會之所，今世即以食兒，用解胎中一切毒及免驚風痘患，亦取裨補真元耳。

附方： 預解痘毒，兒生十三日，以本身剪下臍帶燒灰，乳汁調服，或入硃砂少許，可解胎毒。

清·葉桂《本草再新》卷一一 兒臍帶味甘、鹹，性溫，無毒。入心、肝、肺三經。 瀉火，敗胎毒。補氣，療臍瘡。

清·趙其光《本草求原》卷二七人部 初生臍帶 此人之命蒂，煅灰研，解本兒胎毒，和朱砂、乳汁飲。治臍汁不乾，入歸頭、麝香。瀉火以補氣，治臍瘡。

清·張仁錫《藥性蒙求·人部》 初生臍帶一條 初生臍帶，坎炁妄名。惟解胎毒，謬指益陰。燒末，敷臍風。別無所用。近醫妄名坎炁，用以大補氣血，不知於何書。惟李士材《本草通元》云性溫固腎充養氣血一説，于理稍近。

臍内屎

明·許希周《藥性粗評》卷四 初生臍内屎，面印銷文。 臍内屎，初生小兒臍帶内穢屎也。味□，性溫，無毒。主治面上所刺字印，塗之，日三四，自銷無痕。又主惡瘡瘜肉，塗之皆效。其帶燒灰，米飲調下，亦主瘧病。

人尿

宋·唐慎微《證類本草》卷一五人部〔《别録》〕 人溺 療寒熱頭疼，溫氣。童男者尤良。

〔梁·陶弘景《本草經集注》〕云： 若人初得頭痛，直飲人尿數升，亦多愈，合葱、豉作湯，彌佳。

〔唐·蘇敬《唐本草》〕注云： 尿，主卒血攻心，被打内有瘀血。煎服之，一服一升。又主癥積滿腹，諸藥不差者。服之皆下血片塊，二十日即出也。亦主久嗽上氣失聲。尿坑中竹木，主小兒齒不生，正旦刮塗之即生。

〔宋·馬志《開寶本草》〕按： 陳藏器《本草》云： 溺，寒。主明目，益聲，潤肌膚，利大腸，推陳致新，去欬嗽肺瘻，鬼氣痓病。彌久停臭者佳。恐冷，當以熱物和溫服。久臭溺，浸蜘蛛咬，於大甕中坐浸。仍取烏雞屎炒，浸酒服。不爾，恐毒人。口中涎及唾，取平明未語者，塗癬疥良。

〔宋·掌禹錫《嘉祐本草》〕按： 日華子云： 小便，涼。止勞渴嗽，潤心肺，療血悶熱狂，撲損瘀血運絶及困乏，揩洒皮膚治皸裂，能潤澤人。蛇、犬等咬，以熱尿淋患處。難産及胞衣不下，即取一升，用薑、葱各一分，煎三兩沸，乘熱飲，便下。吐血、鼻洪，和生薑一分絞汁，并壯健丈夫小便一升，乘熱頓飲，差。

〔宋·唐慎微《證類本草》〕楊氏《産乳》： 療傷胎血結心腹痛。取童子小便，日服二升，差。

宋·寇宗奭《本草衍義》卷一六 人溺 須童男者。産後溫一杯飲，壓下敗血惡物。有飲過七日者； 過多，恐久遠血藏寒，令人發帶病，人亦不覺。氣血虚無熱者，尤不宜多服。此亦性寒，故治熱勞方中亦用。

宋·劉明之《圖經本草藥性總論》卷下 人溺 療寒熱頭痛，溫氣。童男者尤良。日華子云： 小便，涼。止勞渴嗽，潤心肺，療血悶熱狂，撲損瘀血運絶，及蛇犬等咬，以熱尿淋患處。難産，胞衣不下。

宋・陳衍《寶慶本草折衷》卷一四　人溺　一名尿，一名小便。其兒童者名童子小便。

凉，無毒縉雲。○療寒熱、頭疼、温氣。童男者尤良，女者無用。○《唐本》註云：卒血攻心，被打内有瘀血，煎服壹升。又主癥積滿腹，久嗽上氣。○日華子云：止勞渴嗽，潤心肺，療血悶熱狂，揩洒皸音軍裂。蛇犬等咬，以熱尿淋。難産及胞衣不下，用薑葱煎熱飲。吐血，鼻洪，和生薑汁并小便壹升，乘熱飲。○陳藏器云：明目，潤肌，利大腸，推陳致新，肺痿，鬼氣，痓病。○楊氏《産乳》：療傷胎血結，心腹痛，童子小便日服壹升。○寇氏曰：童男者，産後温飲，壓下敗血惡物。過多，恐血藏寒，令人發帶病。氣血虛無熱者，不宜多服。此治熱勞方中亦用。

元・王好古《湯液本草》卷六　人尿　《時習》云：療寒熱頭疼，温氣。童男子者，尤良。《衍義》云：人尿，須用童男者，産後温一杯，壓下敗血惡物。久服，令人反虛。氣血無熱，尤不可多服。此亦性寒，故治熱勞方中亦用也。日華子云：小便，凉。止勞渴嗽，潤心肺，療血悶熱狂，扑損瘀血，暈絶，及蛇犬等咬以熱尿淋患處。難産胞衣不下，即取一升，用薑、葱煎，乘熱飲，即下。

元・尚從善《本草元命苞》卷七　人溺　性寒。童男者妙。主卒血攻心，撲損瘀血，止吐血鼻洪。肺痿嗽血。利大腸，推陳致新。潤肌膚，益聲明目。療難産胞衣不下，治鬼氣痓病尤佳。古方單服，令人浸藥。

元・朱震亨《本草衍義補遺》　人尿　嘗見一老婦，年逾八十，貌似四十。詢之，有惡病，人教之服人尿。此婦服之四十餘年，且老健無他病，而何謂性寒、不宜多服歟？降火最速。○人尿須童男者良。又産後即溫飲一盃，壓下敗血惡物，不致他病也。又，熱勞方中亦用之。

元・徐彦純《本草發揮》卷三　人溺　成聊攝云：《内經》曰：若調寒熱之逆，冷熱必行，則熱物冷服，下嗌之後，冷體既消，熱性便發，由是病氣隨愈，嘔噦皆除。情且不違，而致大益。此和人尿、猪膽汁鹹苦寒物，於白通湯熱劑中，要其氣相從，則可以去格拒之寒也。丹溪云：人溺降火最速。

明・王綸《本草集要》卷六　人溺　氣寒。童男者尤佳。療寒熱頭痛，溫氣熱勞，咳嗽肺痿，降火最速。主卒血攻心，撲損瘀血，吐血鼻洪，和少生薑汁，煎二三沸，乘(熟)〔熱〕服。難産及胞衣不下，薑、葱煎，乘熱飲，即下。産後溫飲一杯，壓下敗血惡物，免血暈之疾。氣血虛、無熱者不可用。打撲杖瘡，及蛇犬等咬，熱淋患處。

明・滕弘《神農本經會通》卷七　人溺　童男者尤良。一云：冷。一云：寒。《本經》云：療寒熱頭疼，溫氣。《唐本》注云：主卒血攻心，被打内有瘀血，煎服之。又主癥積滿，服諸藥不差者，服之皆下血片塊，二十日即出也。亦主久嗽，上氣失聲。日華子云：小便，凉。止勞渴嗽，潤心肺，療血悶熱狂，撲損瘀血，運絶及困乏，揩洒皮膚，治皸裂，能潤澤人。蛇犬等咬，以熱尿淋患處。難産及胞衣不下，即取一升，用薑、葱各一分，煎三兩沸，乘熱飲，便下。吐血鼻洪，和生薑一分，絞汁，并壯健丈夫小便一升，乘熱頓飲，差。陳藏器云：溺寒。主明目，益聲，潤肌膚，利大腸，推陳致新。去欬嗽肺痿，鬼氣痓病，彌久停息者佳。恐冷，當以熱物和，溫服。楊氏《産乳》云：療傷胎，血結心腹痛，取童子小便，日服一升，差。丹溪云：嘗見一老婦，年逾八十，貌似四十，詢之，有惡病，人教之服人尿四十餘年，老健無他病。何謂性寒，不宜多服？與降火最速。人尿，須童男者良。又産後，即溫一杯飲，壓下敗血惡物，不致他病。又熱勞方中亦用之。《集》云：氣血虛，無熱者，不可用。《衍義》云：久服，令人反虛，氣血無熱，尤不可多服。此亦性寒，溫熱勞方中亦用也。《局》云：人溺主除寒熱病，頭疼溫氣是單方。打傷撲損并胎産，須用童男者乃良。童男溺，主打撲損傷，并新産。

明・劉文泰《本草品彙精要》卷二二　人溺無毒

人溺：療寒熱頭疼，溫氣。名醫所錄。〔用〕童子者佳。〔味〕鹹。〔性〕寒，軟。〔氣〕味厚于氣，陰也。〔主〕明目，益聲。〔治〕療：《唐本》注云：尿煎服之，每服一升，主卒血攻心，被打内有瘀血。及治癥積滿腹，諸藥不瘥者，服之，皆下血片塊。亦治久嗽上氣，失音。○尿坑中竹木，主小兒齒不生，正旦刮塗之，即生。日華子云：止勞渴，潤心肺，療血悶，熱狂，撲損，瘀血，運絶及困乏。揩灑皮膚，治皸裂，能潤澤人，蛇犬等咬以熱尿淋患處。陳藏器云：潤肌膚，利大腸，推陳致新，止欬嗽，治肺痿，鬼氣，痓病，彌久停臭者佳。恐性冷，當以熱物和溫服之妙。〔合治〕尿合葱豉作湯服之治人初患頭痛。○尿一升，合薑、葱各一分煎三兩沸，乘熱飲之，治難産及胞衣不下，立效。

明・葉文齡《醫學統旨》卷八　人溺　氣寒。童男者尤良。治寒熱頭

痛，溫氣熱勞咳嗽，肺痿，降火最速。主卒血攻心，撲損瘀血，吐血衄血，和薑汁煎二三沸，乘熱服。難產，胞衣不下，薑葱煎，乘熱飲即下。產後飲一杯，壓下敗血惡物，免血暈之疾。胃虚無熱者不可用。

明・許希周《藥性粗評》卷四　輪迴酒中開積污。白涇、秋石附。

輪回酒，人尿也。取以復飲，故名。或自己，或童子，或壯夫，皆是。惟年老及婦女不入藥。味鹹，性寒，無毒。主治腹中瘕塊，瘀血痰血，欬逆熱癆，跌撲傷損，產後腹痛，積久諸污，明目益聲，潤肌膚，利大腸，通小便，推陳致新。並溫過，和以飴蜜少許，服之。尋常腹中無熱，亦不必服，以性寒恐倒胃，且傷血藏。白涇，一名人中白。尿桶底白污也。風露中日久者更佳。刮取下，新瓦上焙乾，為末。性味同上。主治傳尸癆熱，肺痿羸瘦，以末入麝少許，溫酒調服。秋石，以男子小便煎煉而成者。昔《淮南子》嘗服之以延年者是也。取數斗，如煎鹽法煎乾成霜，復收入磁礶內，□過取出，研粉，和棗肉為丸，如菉豆大，收貯，謂之秋石還元丹。性味同上。主治男子諸虚百損，補精助陽，開心益志，延年不老。每服二十丸，空心溫酒，或鹽湯送下，久服其效不可具述。

又方：寒熱頭痛：童子小便一碗，入葱豉煎飲，如不愈，再作必愈。吐血鼻洪：童子小便一碗，入生薑汁一二挑，溫過飲之，妙。

明・鄭寧《藥性要略大全》卷九　童便　治打撲傷損寒熱，虚勞頭痛瘟熱，及新產前後一切諸疾。日華子云：止癆渴咳嗽，潤心肺，療血悶熱狂，撲損瘀血運絕，及蛇犬咬以熱尿淋患處。《時習》云：療寒熱頭痛溫氣。《衍義》云：產後取童便溫服一盃，壓下敗血惡物，除諸病。又云：童〔便〕不宜久服，令人血反虚。其無熱之人，尤不宜久服，以其性寒，故治熱勞。以其破血，故不宜久服。方中亦用之，中病則止。味鹹，氣寒，無毒。用童子小便清淨者，剪去頭尾勿用。又赤便併女子便皆勿用。

明・陳嘉謨《本草蒙筌》卷一一　人溺　氣涼。無毒。童男者用，徹清者良。頭尾剪除，降火最速。或攙藥同服，或單味竟吞。勞熱欬嗽能敺，鼻洪吐衄堪止。治撲損瘀血作痛，和酒立可消除；療產後敗血攻心，溫飲則能壓下。難產胎衣不出，煎同薑葱；毒蛇猘犬咬傷，熱淋患處。又輪迴酒，乃自己尿。若蠲諸積倒倉，全仗蕩滌腸胃。暴發赤眼，亦可洗明。積垢在漩桶中，入藥稱人中白。澄底白者，瓦上燒灰。須置于風露下二三年者始可用之。秋石丹煉，務在秋時。聚童溺多着缸盆內收之。盛，用秋露須以布取。清晨露水盛降之時，用布二三匹鋪禾草梢上一宿，即時濕透攪入盆內收之。石膏水飛細末，桑枝刀削直條。四者辦齊，如法煉就。每溺一缸，投石膏末七錢，桑條攪混二次。過半刻許，其精英漸沉于底，清液自浮于上，候其澄定，將液傾流。再以別溺滿攙如前，投末混攪，傾上留底，俱勿差違。待溺攙完，清液傾盡，方入秋露水一桶于內，亦以桑條攪之。水靜即傾，如此數度，滓穢洗滌，污味咸除。製畢，重紙封面，灰滲曬乾成為堅凝，囫圇取出。其英精之輕清者自浮結面上，質白。原石膏末並餘滓之重濁者，並沉聚底下，質緇而黯。面者留用，底者刮遺。製度如期，靈性完具。入藥拯濟，誠養丹田。若復入罐固封，文火煅煉半刻，色雖白甚，性卻變溫，終不及晒者優也。謂之秋石，名實相符。然陰陽分煉略殊，由男女所屬不一。陰煉者為男屬陽，孤陽不生，必取童女真陰，男病取女溺煉。即採陰補陽之法；陽煉者謂女屬陰，獨陰不成，務求童男純陽，女病，求男溺煉。亦陽配陰之方。採彼有餘，補我不足。兩無偏勝，纔得生成。《內經》云：一陰一陽之謂道，偏陰偏陽之謂疾。實竊此意爾。或爲散服，或作丸吞。古方以棗肉搗丸，溫酒送下。滋腎水返本還元，養丹田歸根復命。安和五臟，潤澤三焦。消咳逆稠痰，退骨蒸邪熱。積塊軟堅堪用，皷脹代鹽可嘗。明目清心，延年益壽。

謨按：秋石丹務聚童溺煉之，取無淫欲外侵，真元內守故也。投石膏欲易澄清，而精英即結。攪秋露資兼肅殺，而邪穢不容。古人立名，實本此義。然製煉分陰陽為二，採補使男女俱同。此又妙合《內經》，玄通《周易》。所加丹字，示乃僊成。故人部中每稱乳汁、河車併斯三者，均為接命之至寶也。奈何世醫未得真授，四時妄為。溺雖求諸男人，無問年之老幼。陰陽採補憒然罔知，秋露石膏纖毫蔑有。但加皂莢，入水攪澄。或向日乾，指為陰煉；或用火煅，陽煉為云。鹵莽雖成，玄妙盡失，於道何合，於名何符？只可謀利欺人，安能應病獲効？語曰：名不正則言不順，言不順則事不成。理勢必然，不待忖料而後識也。

明・方穀《本草纂要》卷八　童便　味醎，氣寒，無毒。主婦人血氣有虧，陰無所附，或臨產之時，血上搶心，惡心煩悶；或已產之後，頭運眼黑，血崩不止；或產內血閉，惡露不行；或阿欠頓悶，精神困倦；或嘔逆不止，譫語失笑；或自汗多來，乍寒潮熱，是皆陰虚之症，與此至陽之物助之。設或血氣有虧，與此醎寒之劑補之，使陰與陽合。陰有所虧，得陽所守；或衝逆於上，得醎寒之氣而順下；或妄崩於下，得純陽之性而復上，此治婦人

之聖藥也。設若男子陰虛不足，此便固可以滋陰；陽虛不足，此便亦可以壯陽。殆見嘔吐、咯衄之症，用童便而止之；血虛勞熱之症，用童便而和之；陽虛腎冷之症，用童便而壯之；香燥性烈之藥，用童便而製之。可謂童便真陽之精也，陰中之陽也，陽可以附陰也。所以血見則止，氣見則補，陽見則守，陰見則存。此爲天地間至寶之物也，如窮之而無盡。

明・王文潔《太乙仙製本草藥性大全》卷五《本草精義》 人溺 即人尿，又名小便。宜童男者，用徹清者良，頭尾剪除。降火最速。或攙藥同服，或單味竟吞。用彌久停臭者佳。產後溫一盃飲，壓下敗血惡物，有飲過七日者，過多恐久遠血藏寒，令人發帶病，人亦不覺。氣血虛無熱者，尤不宜多服，此亦性寒，故治熱勞方中亦用。

明・王文潔《太乙仙製本草藥性大全》卷五《仙製藥性》 人溺 氣涼，無毒。 主治：療寒熱痛，降心火。肺痿勞熱欬嗽能敺，鼻洪吐血堪止。治撲損瘀血作痛，和酒立可消除。療產後敗血攻心，溫飲則能壓下。難產胎衣不出，煎同薑葱。毒蛇猘犬咬傷，熱淋患處。 補註：初得頭痛，飲數升立愈，合葱、豉作湯尤佳。〇卒血攻心，被打內有瘀血，煎服一升。〇瘕積滿腹，諸藥不差者，服之下血片塊，二十日即出。〇亦主久嗽上氣，失聲，蛇犬咬以熱尿淋患處。〇難產及胎衣不下，取一升，用薑、葱各一分，煎三兩沸，熱飲即下。〇吐血，鼻紅，和生薑一分，絞汁并壯健丈夫小便一升，乘熱頓飲差。〇蜘蛛咬，於一甕中坐浸，仍取烏雞屎炒，浸酒服，不爾恐毒入。口中涎及唾，取平明未語者，塗疥癬良。〇傷胎，血結心腹痛，取童子小便，日服二升差。

輪廻酒 乃自己尿。若蠲諸積倒倉，全仗蕩滌腸胃。暴發赤眼，亦可洗明。

明・皇甫嵩《本草發明》卷六 人溺氣涼，味鹹。用童男清徹者良。用須除溺之頭尾者。 發明曰：人溺，降火滋陰甚速，童便為佳。主療寒熱頭痛，溫氣。或合葱豉作湯，或攙藥，或單飲，止勞熱勞嗽上氣，失聲，潤心肺。療血悶熱狂，止鼻血吐血。和酒，治撲損瘀血作痛，運絕及困乏。產後敗血攻心，溫飲。下難產胎衣不出，同薑葱服之。毒蛇猘犬咬傷，熱淋患處。揩洒皮膚，治皸裂，能潤澤。

輪迴酒，乃自己溺出，蠲諸積倒倉，蕩滌腸胃，亦洗暴發赤眼。

明・李時珍《本草綱目》卷五二人部 人尿奴弔切，亦作溺。《別録》。

〔釋名〕溲《素問》 小便《素問》 輪迴酒《綱目》 還元湯時珍曰：尿，從尸從水，會意也。方家謂之輪迴酒、還元湯，隱語也。飲入於胃，游溢精氣，上輸於脾；脾氣散精，上歸於肺，通調水道，下輸膀胱。水道者，闌門也。主分泌水穀，糟粕入於大腸，水汁滲入膀胱。膀胱者，州都之官，津液之府，氣化則能出矣。《陰陽應象論》云：清陽爲天，濁陰爲地；地氣上爲雲，天氣下爲雨。故清陽出上竅，濁陰出下竅。

〔氣味〕鹹，寒，無毒。 〔主治〕寒熱頭痛，溫氣。童男者尤良《別録》。主久嗽上氣失聲，及癥積滿腹蘇恭。明目益聲，潤肌膚，利大腸，推陳致新，去咳嗽肺痿，鬼氣痓病。停久者，服之佳。恐冷，則和熱湯服藏器。止勞渴，潤心肺，療血悶熱狂，撲損，瘀血在內運絶，止吐血鼻衄，皮膚皴裂，難產，胎衣不下，蛇犬咬大明。滋陰降火甚速震亨。殺蟲解毒，療瘧中暍時珍。

〔發明〕弘景曰：若人初得頭痛，直飲人尿數升，亦多愈；合葱、豉作湯服，彌佳。宗奭曰：人溺，須童子者佳。產後温飲一杯，壓下敗血惡物。有飲過七日者。過多恐久遠血臟寒，令人發帶病，人亦不覺。若氣血虛無熱者，尤不宜多服。此物性寒，故熱勞方中用之。震亨曰：小便降火甚速。常見一老婦，年逾八十，貌似四十。詢其故。常有惡病，人教服人尿，四十餘年矣，且老健無他病，而何謂之性寒不宜多服耶？凡陰虛火動，熱蒸如燎，服藥無益者，非小便不能除。時珍曰：小便性温不寒，飲之入胃，隨脾之氣上歸於肺，下通水道而入膀胱，乃其舊路也。故能治肺病，引火下行。凡人精氣，清者爲血，濁者爲氣；濁之清者爲津液，清之濁者爲小便，小便與血同類也。故其味鹹而走血，治諸血病也。按《褚澄遺書》云：人喉有竅，則咳血殺人。喉不停物，毫髮必咳，血既滲入，愈滲愈咳，愈咳愈滲。惟飲溲溺，則百不一死；若服寒涼，則百不一生。又吴球《諸證辨疑》云：諸虛吐衄咯血，須用童子小便，其效甚速。蓋溲溺滋陰降火，消瘀血，止吐衄諸血。但取十二歲以下童子，絶其烹炮鹹酸，多與米飲，以助水道。每用一盞，入薑汁或韭汁二三點，徐徐服之，日進二三服。寒天則重湯温服，久自有效也。又成無己云：傷寒少陰證，下利不止，厥逆無脈，乾嘔欲飲水者，加人尿、膽汁鹹苦寒物於白通湯薑附藥中，其氣相從，可去格拒之患也。

〔附方〕舊七，新三十八。 頭痛至極：童便一盞，豉心半合，同煎至五分，温服。《聖濟總録》。 熱病咽痛：童便三合，含之即止。《聖惠方》。 骨蒸發熱：三歲童便五升，煎取一升，以蜜三匙和之。每服二碗，半日更服。此後常取自己小便服之，輕者二十日，重者五十日瘥。二十日後，當有蟲如蚰蜒，在身常出。十步内聞病人小便臭者，瘥也。台州丹仙觀道士張病此，自服神驗。孟詵《必效方》。 男婦怯證：男用童女便，女用童男便，斬頭去尾，日進二次，乾燒餅壓之，月餘全愈。《聖惠方》。 久嗽涕唾：肺痿時時寒熱，頰赤氣急。用童便去頭尾少許五合，取大粉甘草一寸，四破浸之，露一夜，去甘草，平旦

頓服，或入甘草末一錢同服亦可，一日一劑。童子忌食五辛熱物。姚僧坦《集驗方》。　肺瘘咳嗽，鬼氣疰病：　停久臭溺，日日温服之。《集驗方》。　吐血鼻洪：　人溺，薑汁和勻，服一升。日華子。　齒縫衄血：　童便温熱含之，立止。《聖惠方》。　消渴重者：　衆人溺坑中水，取一盞服之。勿令病人知，三度瘥。《聖惠方》。　癥積滿腹：　諸藥不瘥者。人溺一服一升，下血片塊，二十日即出也。蘇恭《本草》。　絞腸沙痛：　童子小便服之，即止。《聖惠方》。　卒然腹痛：　令人騎其腹，溺臍中。《肘後方》。　下痢休息：　杏仁去皮，麩炒，研〔二兩〕，以〔豮〕猪肝一具，切片，水洗血净，置净鍋中，一重肝，一重杏仁，鋪盡，以童便二升同煎乾，放冷，任意食之。《聖惠方》。　瘧疾渴甚：　童便和蜜，煎沸，頓服。《簡便方》。　瘴癘諸瘧：　無問新久。童便一升，入白蜜二匙，攪去白沫，頓服，取吐碧緑痰出爲妙。若不然，終不除也。《聖惠方》。　中暍昏悶：　夏月人在途中熱死，急移陰處，就掬道上熱土擁臍上作窩，令人溺滿，暖氣透臍即甦，乃服地漿、蒜水等藥。○林億云：　此法出自張仲景，其意殊絶，非常情所能及，本草所能關，實救急之大術也。蓋臍乃命蒂，暑暍傷氣，温臍所以接其元氣之意。　中惡不醒：　令人尿其面上即甦。此扁鵲法也。《肘後方》。　三十年癎，一切氣塊，宿冷惡病：　苦參二斤，童子小便一斗二升，煎取六升，和糯米及麴，如常法作酒服。但腹中諸疾皆治。酒放二三年不壞，多作救人神效。《聖惠方》。　金瘡中風：　自己小便，日洗二三次，不妨入水。《聖惠》。　金瘡血出：　不止。飲人尿五升。《千金方》。　打傷瘀血：　攻心者。人尿煎服一升。日一服。蘇恭《本草》。　折傷跌撲：　童便入少酒飲之。推陳致新，其功甚大。○薛己云：　予在居庸，見覆車被傷七人，仆地呻吟，俱令灌此，皆得無事。凡一切傷損，不問壯弱，及有無瘀血，俱宜服此。若脇脹，或作痛，或發熱煩躁口渴，惟服此一甌，勝似他藥。他藥雖效，恐無瘀血，反致誤人。童便不動臟腑，不傷氣血，萬無一失。軍中多用此，屢試有驗。《外科發揮》。　杖瘡腫毒：　服童便良。《千金方》。　火燒悶絶：　不省人事者。新尿頓服二三升良。《千金方》。　刺在肉中：　温小便漬之。《千金》。　人咬手指：　瓶盛熱尿，浸一夜，即愈。《通變要法》。　蛇犬咬傷：　日華子云：　以熱尿淋患處。○《千金方》治蝮蛇傷人，令婦人尿於瘡上，良。　蛇纏人足：　就令尿之便解。《肘後方》。　蜂蠆螫傷：　人尿洗之。《肘後方》。　蜘蛛咬毒：　久臭人溺，於大甕中坐浸；　仍取烏鷄屎炒，浸酒服之。不爾，恐毒殺人。陳藏器《本草》。　百蟲入耳：　小便少少滴入。《聖惠方》。　勞聾已久：　童子小便，乘熱少少頻滴之。《聖惠方》。　赤目腫痛：　自己小便，乘熱抹洗，即閉目少頃。此以真氣退去邪熱也。《普濟方》。　腋下狐臭：　自己小便，乘熱洗兩腋下，日洗數次，久則自愈。《集簡方》。　傷胎血結：　心腹痛。取童子小便，日服二升，良。《楊氏産乳》。　子死腹中：　以夫尿二升，煮沸飲之。《千金方》。　中土菌毒、合口椒毒：　人尿飲之。《肘後方》。　解諸菜毒：　小兒尿和乳汁，服二升。《海上方》。　催生下胞：　人溺一升，入葱、薑各一分，煎二三沸，熱飲便下。日華子《本草》。　痔瘡腫痛：　用熱童尿，入礬三分服之，一日二三次，效。《救急方》。

題明・薛己《本草約言》卷二《藥性本草》　輪迴酒　乃自己尿。蕩滌腸胃。暴發赤眼，亦可洗明。

明・梅得春《藥性會元》卷下　童便　氣寒，味鹹，無毒。色黄赤者勿用。

主治寒熱頭痛，氣熱勞嗽，肺痿。除火最速。散逆血攻心，撲損瘀血，吐血衄血，和薑汁煎一二沸，乘熱服效。産難、胞衣不下，薑葱同煎服，立下。臨産及産後服滚過童便一杯，壓下敗血穢惡，可免血迷、血暈，大護心竅。凡行軍捆打及受刑之人，血觸心肺，喘脹欲死者，煎滚三五杯服，當得血散腫消。此救命極品。又治諸藥性，有補元之功，如行舡作暈，乾嘔不吐，渴欲飲水、悶絶者，服之最妙。治男婦虚勞方中多用之。

明・王肯堂《傷寒證治準繩》卷八　人尿　氣寒，味鹹，無毒。陶：　若人初得頭痛，直飲人尿數升，亦多愈。合葱、豉作湯服，彌佳。珍：　小便性温不寒，飲之入胃，隨脾之氣上歸于肺，下通水道而入膀胱，乃其舊路也。故能治肺病，引火下行。凡人精氣清者為血，濁者為氣，濁之清者為津液，清之濁者為小便。小便與血同類也，故其味鹹而走血，治諸血病也。成無己云：　傷寒少陰證，下利不止，厥逆無脉，乾嘔，欲飲水者，加人尿、豬膽汁鹹苦寒物于白通湯薑附藥中，其氣相從，可去格拒之患也。

明・李中立《本草原始》卷一二　人尿　時珍曰：　尿，從尸從水，會意也。方家謂之輪迴酒、還元湯，隱語也。《素問》名溲。俗呼小便。

人尿：　氣味：　鹹，寒，無毒。　主治：　寒熱頭痛，溫氣。童男者尤良。主久嗽上氣失聲，及癥積滿腹。明目益聲，潤肌膚，利大腸，推陳致新，去欬嗽肺痿，鬼氣痓病。停久者，服之佳。恐冷，則和熱服。○止勞渴，潤心肺，療血悶熱狂，撲損，瘀血在内運絶，止吐血鼻衄，皮膚皴裂，難産，胎衣不下，蛇犬咬。○滋陰降火甚速。○殺蟲解毒，療瘧、中暍。　震亨曰：　小便降火甚速。常見一老婦，年逾八十，貌似四十。詢其故，常有惡病，人教服人尿，四十餘年矣，且老健無他病，而何謂之性寒不宜多服耶？凡陰虚火動，熱蒸如燎，服藥無益者，非小便不能除。　按：　《褚澄遺書》云：　人喉有

竅，則欬血殺人。喉不停物，毫髮必欬，血即滲入，愈滲愈欬，愈欬愈滲。惟飲溲溺，則百不一死； 若服寒凉，則百不一生。又吴球云： 諸虚吐衄咯血，須用童子小便，其效甚速。

明・張懋辰《本草便》卷二 人溺 氣寒。童男者尤良。 療寒熱頭痛，温氣，熱勞咳嗽肺痿，降火最速。主卒血攻心，撲損瘀血，難産胞衣不下，薑葱煎，乘熱飲即下。産後温飲一杯，壓下敗血惡物，免血暈之疾。氣血虚無熱者不可用。打撲杖瘡，及蛇犬等咬，熱淋患處。

明・李中梓《藥性解》卷六 人溺 味鹹，性寒，無毒，入心、肺二經。主勞熱吐衄，痰喘咳嗽，撲傷瘀血，産後敗血，生津解渴，能通二便，童男者猶勝。積垢在器，即名人中白，瓦上文火煅之存性，酒醋兼制，與溺同功，療口瘡痰結，須露天經年者佳。 按： 人溺降火最速。丹溪曰： 氣有餘便是火。肺主氣，心屬火，宜均入之，降火而不傷于寒凉，且補益之功甚大，而本草不言，惜哉！ 褚澄云： 以童便治血症，百不一死，庶得其用矣。

明・繆希雍《本草經疏》卷一五 人溺 療寒熱頭疼温氣。童男者尤良。

〔疏〕人溺，乃津液之濁者，滲入膀胱而出。其味鹹，氣寒，無毒。為除勞熱骨蒸，咳嗽吐血及婦人産後血暈悶絶之聖藥。晉褚澄《勞極論》云： 降火甚速，降血甚神，飲溲溺百不一死，服凉藥百不一生。言其功力之優勝也。《經》云： 飲入於胃，游溢精氣，上輸於脾，脾氣散精，上歸於肺，通調水道，下輸膀胱。故人服小便入胃，亦隨脾之氣上歸於肺，下通水道而入膀胱，乃循其舊路也。故能治肺病引火下行。凡人精氣，清者為血，濁者為氣，濁之清者為津液，清之濁者為小便，與血同類也。故其味鹹而走血，鹹寒能伏虚熱，使火不上炎而血不妄溢，是以能療諸血證也。蘇恭主久嗽上氣，失聲。及日華子止勞渴，潤心肺，療血悶熱狂，撲損瘀血在内暈絶，止吐血，鼻衄，皮膚皴裂，難産，胞衣不下諸證，悉由此故。本經主寒熱頭疼温氣者，鹹寒能除邪熱故耳。法當熱飲，熱則於中尚有真氣在，其行自速，冷則惟存鹹味、寒性矣。 〔主治參互〕同枇杷葉、天門冬、麥門冬、蘇子、桑白皮、沙參、五味子、生地黄、欵冬花、百部，治陰虚咳嗽聲啞，喉間血腥氣。 同蘇木、番降香、續斷、牛膝、牡丹皮、蒲黄，治内傷吐血，或瘀血停留作痛。 同澤蘭、荊芥、白芷、續斷、延胡索、牛膝、蘇木、黑豆，治産後血暈，虚者加人參。 凡産後温飲〔一〕盃，可免血暈，至三日後止之。 中暍昏倒，以熱小便灌下即活。 《聖濟總録》頭痛至極，童便一盞，豉心半合，同煎至五分，温服。 孟詵《必効方》骨蒸發熱，童便五升，煎取一升，以蜜三匙和之。每服二碗，半日更服。此後常服自己小便，輕者二十日，重者五十日瘥。 《聖惠方》絞腸沙痛，童便乘熱服之，即瘥。 仲景方中暑昏悶，夏月在途中熱死，急移陰處，就掬道上熱土，擁臍上作窩，令人溺滿，暖氣透臍即甦。乃服地漿、蒜水等藥。 《千金方》金瘡出血不止，飲人尿五升。 《外科發揮》折傷跌撲，童便入少酒飲之，推陳致新，其功甚大。 《千金方》火燒悶絶，不省人事者，新尿頓服二三升良。 《通變要法》人咬手指，瓶盛熱尿浸一宿，即愈。 《普濟方》赤眼腫痛。自己小便乘熱抹洗，即閉目少頃。此以鹹寒内有真氣，故能退去邪熱也。 〔簡誤〕人溺滋陰降火，除骨蒸，解勞乏，治諸吐衄，咯血唾血，其効甚速。《褚澄遺書》云： 人喉有竅則咳血殺人。喉不停物，毫髮芥蔕必欬，血既滲入，愈滲則愈欬，愈欬愈滲，惟飲溲溺則百不一死，若服寒凉則百不一生。其為肺腎有火者必須之物。第其性稍寒，惟不利於脾胃虚寒，或溏泄及陽虚無火食不消者，咸在所忌。今世人類用秋石，此乃水澄火鍊，真元之氣盡失，其功不逮童便多矣。況難多服，久服則鹹能走血，使血凝泣為病。

明・倪朱謨《本草彙言》卷一九 童便 味鹹，氣寒，無毒。沉也，降也。入手足少陰、太陰經。 日華子曰： 取童便，必擇無病童子，先飲米湯數碗，去其濁穢，俟轉清白，無臊臭者取用。自溺亦可服。

童便： 既濟陰陽，陳藏器清和血氣之良藥也。夏碧潭曰： 此乃津液之濁者，滲入膀胱而出。其鹹寒下降，降火甚速，降血甚神，故大氏爲除勞熱骨蒸，咳嗽吐血，及婦人臨産血暈悶絶之聖劑。 如褚氏《勞極論》有云： 飲溲溺百不一死，服寒凉百不一生。極言功力之最優也。第其性氣寒降，惟不利於脾胃虚寒，或大便溏泄、久不實者，及陽虚無火，食飲減少者，胃中有寒痰停飲者，咸在所忌。

李瀕湖先生曰： 按《經》云： 飲入於胃，游溢精氣，上輸於脾，脾氣散精，上歸於肺。通調水道，下輸膀胱。故人服溲便入胃，亦隨脾之氣，上歸于肺，下通水道而入膀胱，乃循其舊路也。故能治肺病，引火下行，而骨蒸勞嗽、吐血上逆之所必須用也。 方龍潭先生曰： 童便係真陽之精，真陰之

質。血見則止，氣見則和；陰見則存，陽見則守；水見則升，火見則降也。屢治婦人血氣有虧，陰無所附；男子真陰內損，陽有所乘。所以臨產之時，嘔心煩悶，血上搶心；或已產之後，頭暈眼黑，血崩不止；或呵欠，或嘔逆，或狂躁，或譫語失笑，一切臨產危證，用此則陰與陽合，血氣和平。設有衝逆于上者，得此鹹寒之味可以順下；或妄崩於下者，得此清陽之氣可以旋上。故于婦人爲胎產之聖藥云。如男子陰虛不足者，可以滋陰；陽火有餘者，可以抑陽。迨見嘔吐咯唾衄血者，用此止之。咳嗽肺瘻，骨蒸夜熱者，用此清之。血虛勞熱者，用此養之。目赤腫痛者，用此散之。火盛水衰者，用此調之。傷寒陽極狂躁者，用此定之。陳氏方所云童便既濟陰陽，清和血氣，良有義焉。

集方：《方脉正宗》治一切嘔吐衄血之證。用懷生地、麥門冬、沙參各三錢，茜草二錢，牡丹皮一錢，水二碗，煎七分，和新鮮童便一盞服。○同上骨蒸夜熱，咳嗽有痰，將成勞者。用本方加地骨皮、青蒿各二錢。○同上治婦人臨產，血暈悶絶垂死，或呵欠，或嘔逆，或狂躁，或譫語失笑，及一切危證見者。用炮薑、炮黑豆、當歸身各五錢，真川芎、益母葉各一錢，玄胡索、牛膝各二錢，水二大碗，煎七分，和新鮮童便一盞服。如血崩不止，本方加黑荆芥、人參各二錢。○《普濟方》治赤眼腫痛。以溲便時時取之。

續補雜方：高氏方治中暍昏倒。以熱溲便灌下即甦。○《聖濟錄》治頭痛至極。以童便時時飲之。○《千金方》治火燒悶絶，不省人事。用新鮮溲便，頓灌數碗即甦。○《外科發揮》治跌撲折傷疼痛。用童便和好酒飲之，能推陳致新，其功甚大。○《通變要法》治人咬手指。瓶中盛熱尿，浸一夜即愈。○《聖惠方》治絞腸沙痛。用童便服之即止。○同上治三消消渴。以溲便頻頻飲之。○成無己治傷寒少陰證，下利不止，厥逆無脉，乾嘔而煩，欲飲水者。用溲便、猪膽汁，鹹苦寒物於白通湯薑附藥中，其氣相從，可去格拒之患也。

倪朱謨曰：昔海昌劉默齋醫張學師，三陰中寒，厥逆自汗，煩躁脉微，而用附子理中倍加人參，臨服和童便一鍾與服，即得安睡，諸證霍然。思此則龍潭方公所謂童便能使陰與陽合，血氣和平，可味。

明・顧逢柏《分部本草妙用》卷六兼經部・寒補　童便　鹹，寒，無毒。

主治：久嗽失聲，明目潤肌，潤心肺，療血悶吐血鼻衄，難產下胞衣。滋陰降火甚速。殺蟲解毒，療瘧中暍。按：童便能治肺病，引火下行，火下則血不妄行。又鹹走血，故治諸血症如神。如骨蒸熱，肺火盛者，非便不能除也。

明・李中梓《醫宗必讀・本草徵要下》　人溺味鹹，寒。無毒。入肺、胃、膀胱三經。

清天行狂亂，解癆弱蒸煩。行血而不傷於峻，止血而無患其凝。吐衄產家稱要藥，損傷跌撲是仙方。《經》云：飲入於胃，遊溢精氣，上輸於脾；脾氣散精，上歸於肺，通調水道，下輸膀胱。服小便入胃，仍循舊路而出，故降火甚速。然須熱飲，真氣尚存，其行更速。鍊成秋石，真元之氣漸失，不逮童便多矣。按：童便性寒，若陽虛無火，食不消，腸不實者，忌之。人中白治與溺相同，兼治口舌瘡。

明・鄭二陽《仁壽堂藥鏡》卷九　人溺　味鹹，氣寒。無毒。童子者佳。

主降火甚速。諸虛癆熱，久嗽上氣，撲損瘀血，吐衄血暈，並宜用之。如產後溫服一盃，下敗血惡物，不致他病。初得頭風，飲之不輟，亦多愈。久服令人反虛。氣血無熱，尤不可多服。此亦性寒，故治熱勞方中亦用也。日華子云：小便凉，止勞渴嗽，潤心肺，療血悶熱狂，撲損瘀血暈絶，及蛇犬等咬以熱尿淋患處。難產胞衣不下，即取一升，用薑、葱煎，乘熱飲即下。藏器云：溺主明目、清音，治肺瘻痓病。褚澄曰：喉有竅則欬血。喉不停物，毫髮必欬。血既滲入，愈滲愈欬。飲溲便則百不一死，服寒凉則百不一生。時珍曰：小便入胃，上歸於肺，下通水道，而入膀胱，乃其舊路也。故治肺病，引火下行。人之精氣，清者為氣，濁者為血。濁之清者為津液，清之濁者為小便。便與血同類，故味鹹而治諸血也。

明・蔣儀《藥鏡》卷四寒部　童便　降火最速，清血甚驗。虛寒泄瀉有礙，產運撲傷尤神。中暍昏倒，火燒悶絶，灌下即甦。絞腸沙痛，血腥衝喉，服之即愈。乘熱下咽，立除骨蒸勞熱，咳嗽吐紅。煉成秋石，尤能滋腎還元，清心明目。

明・李中梓《頤生微論》卷三　童便　味鹹，性寒，無毒。入膀胱經。色白者佳。主勞弱煩蒸，天行狂亂，撲損瘀血吐衄，產婦血運。按：《經》云：飲入于胃，游溢精氣，上輸于脾，脾氣散精，上歸于肺，通調水道，下輸膀胱。小便入胃，仍循舊路而出，故丹溪以為降火甚速，陰虛火動，非此不除。褚澄曰：喉有竅，則欬血，喉不停物，毫髮必欬，血既滲入，愈滲愈欬，服寒涼則百不一生，飲溲便則百不一死。時珍曰：人之精氣，清者為氣，濁

者為血，濁之清者為津液，清之濁者為小便，便與血同類同鹹，故治血多功也。熬鍊成秋石，去濁留清，補正祛邪，還元復命，為虛勞者第一靈丹。人中白降火散血，化痰治疳，同鰻魚食之，謂之烏龍丹。

明·張景岳《景岳全書》卷四九《本草正》 童便 味鹹，氣寒。沉也，陰也。鹹走血，故善清諸血妄行，止嘔血欬血衄血，血悶熱狂，退陰火，定喘促，降痰滯，解煩熱，利大小兩便。療陽暑中暍聲瘖，撲損瘀血暈絕，難產胎衣不下，及蛇犬諸蟲毒傷。若假熱便溏，胃虛作嘔者，俱不可妄用。

明·賈九如《藥品化義》卷一〇燥藥 童便 與陰血同類，善通血脈，能降火委曲下行，滋陰抑陽，清潤三焦，傷寒湯中用人尿引薑附入少陰而無拒格之患。《經》曰：必同其氣可使平也。

明·盧之頤《本草乘雅半偈》帙九 人尿《別錄》下品 氣味：鹹，寒，無毒。

主治：主寒熱，頭痛，溫氣。童男者尤良。

覈曰：擇無病潔淨童子，先飲米飲數盌，去其濁穢，俟清白無臭者取用之。自溺亦可久服，形藏大受其益，故一名還元湯，一名輪迴酒。

条曰：飲入于胃，遊溢精氣，上輸于脾；脾氣散精，上歸于肺；通調水道，下輸膀胱。膀胱者，州都之官，津液藏焉，氣化則能出矣。固屬遺物，仍可本其所自有，益其所自無也。必擇陰平陽秘之童，乃得必清必靜，不則難轉清涼地，反作熱腦場矣。

明·李中梓《本草通玄》卷下 小便 鹹，寒。 滋陰降火，止血和經，去闕養新，定嗽消痰。童男者尤良。 時珍曰：小便入胃，隨脾之氣上歸於肺，通調水道，下輸膀胱，乃其舊路也。故能清肺，導火下行。 褚澄云：喉不停物，毫髮必欬。血既滲入，愈滲愈欬，愈欬愈滲，惟飲溲溺，則百不一死。若服寒涼，則百不一生。

清·顧元交《本草彙箋》卷八 人溺合溺白垽、秋石。 人溺，乃津液之濁者，亦津液也。爲除勞熱骨蒸，咳嗽吐血，及產後血暈之證。《經》云：飲入于胃，遊溢精氣，上輸於脾，脾氣散精，上歸於肺，通調水道，下輸膀胱。故人服小便入胃，亦隨脾氣上歸於肺，下通水道，而入膀胱，乃循其舊路，故能治肺病，引火下行。法當熱飲，尚含真氣。冷則惟存鹹味寒性而已。且產後溫飲一杯，能壓下敗血惡物。有飲過七日者，多令臟寒，致生帶病。若氣血虛而無熱者，尤不宜多服。又須取十二歲以下童子，絕其烹炮鹹酸，多與米飲，助其水道。今人犯勞怯者，至有自服還魂湯，鬱熱腥穢，無異毒藥，可爲大惑。

溺白垽，能瀉肝三焦膀胱之火從小便中出。蓋鹹性潤下，走血分，故爲降火消瘀之聖品。

秋石，乃水澄火煉，真元之氣盡失，其功不逮童便多矣。古人惟取人中白、童便散瘀滋陰降火，王公貴人惡其不潔，方士遂以人中白設法煅煉，治爲秋石代之，不知既經煅煉，變冷爲溫，服之反助虛陽，真水愈涸。所以久服令人成渴也。惟丹田虛冷者，服之可耳。觀病淋者，水虛火極，則煎熬成沙成石，小便之煉成秋石，與此一理。

傷寒少陰證下利不止，厥逆無脈，乾嘔欲飲水者，加人尿、豬膽汁，鹹苦寒物于白通湯薑附藥中，其氣相從，可去格拒之患。 折傷跌撲，以童便入少酒飲之，推陳致新，其功甚捷。蓋一切傷損，不問壯弱，及有無瘀血，俱宜服之。 若脇脹，或作痛，或發熱，煩燥口渴，服之最穩。他藥雖效，恐無瘀血反致誤人。童便不動臟腑，不傷氣血，萬無一失。軍中多用此有驗。 一人常苦鼻衄，僅存喘息，用人中白散即止，不復再作。故吐血症用花蕊石散立效，內有人中白、青黛二物也。 口舌生瘡，以溺桶垽七分，枯礬三分，研勻，摻之即愈。 小兒口疳，人中白煅，黃柏蜜炙焦，爲末，等分，入冰片少許，以青布拭淨摻之。走馬疳，亦人中白煅，入麝香少許，吹之。或用婦人尿桶白垢，火煅一錢，銅綠三分，麝香一分，研和吹，有回生之功。 秋石者，須秋月取童子溺，每缸入石膏末七錢，桑條攪澄定，傾去清液，如是二三遍，乃入秋露水一桶，攪澄，如是數次，滓穢滌淨，鹹味減除，以重紙鋪灰上，晒乾，取起輕清在上者爲秋石，重濁在下者刮去。秋石之名本此。男用童女溺，女用童男溺，亦一陰一陽之道。此不經火煉者也。世醫不取秋時，雜收人溺，但以皂莢水澄晒爲陰煉，煅爲陽煉，媒利敗人，安能應病。

清·穆石匏《本草洞詮》卷一三 人溺 味鹹，氣寒，無毒。主滋陰降火，止勞渴，潤心肺，消瘀血，止吐衄，療中暍，殺蟲解毒。人身精氣清者為血，濁者為氣，濁之清者為津液，清之濁者為溲溺。人溺與血同類，故其味鹹而走血，治諸血病。凡陰虛火動，熱蒸如燎者，非人溺不能除，方家謂之輪迴酒、還元湯。飲之入胃，隨脾之氣上歸於肺，下通水道，而入膀胱，乃其舊路，故能治肺病，引火下行也。褚澄云：人喉有竅，喉不停物，毫髮必欬。血既

滲入，愈滲愈欬，愈欬愈滲，惟飲溲溺則百不一死，若服寒凉則百不一生。寇宗奭謂產後溫飲人溺一盃，壓下敗血惡物。若過多，恐子臟寒，發帶病。氣血虛而無熱者，不宜多服。朱丹溪謂一老婦年逾八十，貌如四十，詢其故，常有惡病，人教服人溺四十餘年矣。是豈性寒，不宜多服者耶？凡服人溺，宜取十二歲以下童子，絕其烹炮鹹酸，多與米飲以助水道，每用一盞，入薑汁二三點，徐徐服之，寒天則重湯溫服可也。

清・劉雲密《本草述》卷三二

人尿一名輪廻酒，還元湯。 更取童子者，膀胱無龍火也。禁童子五辛熱物。

氣味：鹹，寒，無毒。主治：滋陰降火，治勞熱欬嗽，鼻洪吐衄，療熱狂及中暍，並撲損瘀血，產後敗血攻心。

時珍曰：小便性溫不寒，飲之入胃，隨脾氣上歸於肺，下通水道，而入膀胱，乃其舊路也，故能治肺病，引火下行。人身清者為氣，濁者為血，小便與血同類也，故其味鹹而走血，治諸血病也。按《褚澄遺書》云：人喉有竅，則欬血殺人。喉不停物，毫髮必欬。血既滲入，愈滲愈欬，愈欬愈滲。惟飲溲溺，則百不一死。若服寒凉，則百不一生。又吳球《諸證辨疑》云：諸虛吐衄咯血，須用童子小便，其效甚速，不徒降火，且消瘀血。但取十二歲以下者，絕其烹炮鹹酸，與米飲以助水道，每一盞入薑汁或韭汁少許，徐徐服之，日進二三服，久自有效。寒天則重湯溫服。丹溪曰：童便降火甚速。

希雍曰：人溺乃北方水化，其功潤下，其味鹹，氣寒，無毒。為除勞熱骨蒸，咳嗽吐血，及產後血暈悶絕之聖藥。法當熱飲，熱則於中尚存真氣，其行自速。冷則惟存鹹味，寒性矣。同枇杷葉、天冬、麥冬、蘇子、桑白皮、沙參、五味子、生地黃、欵冬花、百部，治陰虛咳嗽聲啞，喉間血腥氣。同蘇木、番降香、續斷、牛膝、丹皮、蒲黃，治內傷吐血，或瘀血停留作痛。同澤蘭、荊芥、白芷、續斷、延胡索、牛膝、蘇木、黑豆，治產後血暈。虛者加人參。凡產後，溫飲一盃，可免血暈。至三日後止之。

附方 久嗽涕唾，肺瘘，時時寒熱，頰赤氣急，用童子便，去頭尾少許，五合，取大粉甘草一寸，四破浸之，露一夜，去甘草，平旦頓服，或同甘草末一錢服亦可，一日一劑。 中暍昏倒，以熱小便灌下即活。 夏月人在途中熱死，急移陰處，就掬道上熱土，擁臍上作窩，令人溺滿，暖氣透臍即甦。乃服地漿、蒜水等藥。此方已見土部，道上熱土，下畧同。 林億云：此法出自張仲景，其意殊絕，救人倏忽。蓋臍乃命蒂，暑暍傷氣，溫臍所以接其元氣之意。 折傷跌撲，童便入少酒飲之，推陳致新，其功甚大。薛己云：予在居庸，見覆車被傷七人，仆地呻吟。令灌此，皆得無事。凡一切傷損，不問壯弱，及有無瘀血，俱宜服此。若脇脹，或作痛，或發熱煩燥，口渴，惟服此一甌，勝似他藥。他藥雖效，恐無瘀血，反致誤人。童便不動臟腑，不傷氣血，萬無一失。軍中多用此，屢試有驗。 赤目腫痛，自己小便乘熱抹洗，即閉目少頃。此以真氣退去邪熱也。

愚按：人溺主治，類言其滋陰降火，而未悉其所以然也。蓋欲究人身之水化，當先明於氣化，次更明於血化，而氣化血化之玄機，總不外於升降不失其職，清濁無或相干耳。其所謂水化者，坎也，乾水也，氣也。兌也，坤水也，形也。一陽陷於二陰，為坎。坎以水氣潛行地中，為萬物受命根本，故曰潤萬物者，莫潤乎水。一陰上徹於二陽，為兌。兌以有形之水，普施於萬物之上，為資生之利澤，故曰說萬物者，莫說乎澤。是可以悟水化矣。謂氣化者，三焦乃元氣之使，固水中之火也。根於腎，際於肺，升降於脾，故下焦治在腎，中焦治在脾，上焦治在肺，合之《經》云少陽屬腎，腎上連肺。又云二陰至肺，其氣歸膀胱，外連脾胃，則可以思其氣化之所至，更合於《經》云三焦者，中瀆之府也，水道出焉，則可以思其水化，與氣化無二也。謂血化者，血生於心，化於胃，統於脾，藏於肝，歸於血海，不可以思其血化之所至乎，更合於《經》云肺之濁氣下注於經，內積於海，不可以思其氣化之所至，即血化之所至乎？抑所謂升降不失其職，清濁無或相干者，云何？曰：清濁者，即陰陽之別名，如氣根於腎，腎至陰也，而陽生焉。陽主升者也，不升則清陷於濁中，並陰不得化矣。血生於心，心太陽也，而陰化焉，陰主降者也，下降則濁亂於清中，並陽不得布矣。蓋人身止是水火合化以為氣，而心腎即水火之匡廓，是其坎中有離，離中有坎，其清本升，而濁本降，乃先天合一之神機也。第人生以後，而氣血之爐冶，全藉後天以完先天，所謂脾胃司升降之柄者，正謂其藉此以合於先天神機。試以《經》義絫之。黃帝曰：願聞人氣之清濁。岐伯曰：受穀者濁，受氣者清。清者注陰，濁者注陽。此陰陽以藏府言也。又曰：濁而清者上出於咽；清而濁者，則下行。清濁相干，是謂亂氣。黃帝曰：濁者有清，清者有濁，清濁別之奈何？岐伯曰：氣之大別，清者上注於肺，濁者下走

於胃，胃之清氣上出於口，肺之濁氣下注於經內積於海。此暢言其清濁，原非判然為兩，唯是濁中元有清，而即於濁中升其清者，俾其上行以達天。清中元有濁，而即於清中降其濁者，俾其下行以至地。此後天氣血，不離於胃受穀之濁，肺受氣之清，以為大爐冶。俾陰中之陽升，而陰隨之，由水化而氣化，由氣化而血化也。即俾陽中之陰降，而陽隨之，由血化而氣化，由氣化而水化也。然亦何以明胃肺之為大爐冶乎？蓋水火之所以體物而不遺者，土也。故足三陰同起於下，此氣之必麗於形者也。所以脾胃雖屬中土，而少陽中焦之治乃在脾胃，更形必充於味。《經》所謂食入於陰，長氣於陽是也。是脾胃居其濁，而水穀亦居其濁，即此不可識清者不離於濁，而濁中自有清乎？《經》曰：人之所受氣者，穀也。穀之所注者，胃也。胃者，水穀氣血之海也。又曰：胃為五藏六府之海，其清氣上注於肺。又曰：人受氣於穀，穀入於胃，以傳於肺，五藏六府皆以受氣。即《經》數言，非所謂濁而清者上出於咽，胃之清氣上出於口乎？其肺之濁氣下行者，即在是矣。《經》曰：天氣通於肺。又曰：通天者生之本，本於陰陽，以腎上連肺，二陰至肺之義合之，則所謂清氣上注於肺者，固陰隨於陽，陽中有陰也。所以《經》謂肺為陽中之少陰，是又清中有濁也。升者上行而通於天，則升已而降。降者固屬陰，陰降而陽即隨之，是五臟六腑皆以受氣之故也。《經》曰中焦並胃口出上焦之後，其所受氣者，泌糟粕，蒸津液，化其精微，上注於肺，乃化而為血，以奉生身，莫貴於此。故得獨行於經隧，命曰營氣。即此繹之，非所謂清者上行，而清中濁者則下行，肺之濁氣下注於經，內積於海乎？蓋惟是胃肺乃升清降濁之地，即裕有滋陰降火之神。蓋陽升而陰隨者，是謂滋陰。陰降而陽歸者，是謂降火。其大爐冶已具於此矣。其所謂便溺之出者，舉不越此矣。腎脈至於肺，而少陽屬腎，是少陽亦原至於肺也。苐陽必藉於脾胃水穀之陰以至於肺，而脾胃亦藉少陽之氣，以上達其陰於肺，然後能通天氣。通天者，生之本，故陽化而陰生焉。是《經》所謂雲霧精而後上應白露下也。《經》曰傷肺者，脾氣不守，胃氣不清，經氣不為使，是即雲霧不精而上應白露不下也。蓋三焦之元氣，因脾胃受穀氣，以泌糟粕，蒸津液，而清氣上注於肺者，《經》所謂地氣上為雲也。而肺中之清氣，因脾胃穀氣所注，還下其濁於胃，以致津液變化為血，營衛通而糟粕以次傳下者，《經》所謂天氣下為雨也。然升降必由於中土，以其始之終之，皆不離於陰也。故脾本臟而《經》曰足太陰獨受其濁也。夫三焦之氣，出於腎中之陰，統悉斯義，則可明於坎水為始，兌水為終，更明於三焦為水穀道路，氣之所終始矣。抑便溺二道，皆從氣化，如《經》所云胃、大腸、小腸、三焦、膀胱，此五者，天氣之所生也，其氣象天，故寫而不藏；此受五藏濁氣，故寫而不藏。是與《經》所云諸陽皆濁之義合也。然何以又云手太陽獨受陽之濁乎？曰：心與小腸為表裏，心為火主，氣固火之靈也。苐心實主血，而小腸為心氣化之府，又必其血化行，而後氣化乃達於極下。夫血化行者，是《經》所云津液和調變化而赤為血也。氣化達於極下者，是《經》所云穀氣津液已行，營衛大通，乃化糟粕，以次傳下也。若然，是手太陽獨領氣化，而即神於血化，舉下而大腸膀胱無不承其氣中之血化，以傳道焉，故《經》謂其獨受陽之濁也。夫小腸經脈，上會諸陽於督，下會諸陽於任，是豈非上而承陽以司心之氣化，下而接陰以通腎之血化乎？故《內經》謂手少陽之正指天，以其由陰而升陽也，手太陽之正指地，以其由陽而降陰也，陽升而陰固隨之，陰降而陽亦歸之矣。是氣化、血化、水化，斯二經可思也。然則小腸豈可止以受盛盡之？又豈止膀胱為津液之藏，謂其氣化則能出乎哉？又況膀胱本腎陰以達陽，即由腎陰中之陽以化陰，更合於手太陽之由火化水者，以相灌輸乎？是人溺主治，謂之滋陰降火，豈不誠然？苐未能悉其微，故暢言之若此。又按：便溺之下，固為糟粕。然其歸於大腸與膀胱者，足以徵陰之下降，而陰之降者，即徵陽之下歸於元也，非漫然以便溺視之也。故《經》曰：視病必求其下。《經》又云：出入廢，則神機化滅。升降息，則氣立孤危。若然，所云道在屎溺者，豈非無上妙諦乎哉？按：氣血與便溺相分之時，則在上中二焦，本於陰而化於陽。至便溺相分之時，則在中下二焦，化於陽而分於陰。故任之水分穴，分別清濁以出焉。

希雍曰：人溺滋陰降火，除骨蒸解勞乏，治諸吐衄咯唾血甚效，肺腎有火者所必須。苐其性稍寒，不利於脾胃虛寒，或溏泄及陽虛無火，食不消者，咸在所忌。

清・郭章宜《本草匯》卷一八 輪廻酒 味鹹，氣寒，入肺胃膀胱三經。清熱病咽痛，解勞弱蒸煩。行血而不傷于峻，止血而無患其凝。吐衄產家稱要藥，損傷跌撲是仙方。

按：輪廻酒，即小便之別名也。為除勞熱骨蒸，咳嗽吐血，及婦人產後血暈悶絶之聖藥。褚澄《勞極論》云：降火甚速，降血甚神。飲溲溺百不一

死，服涼藥百不一生。言其功用之優勝也。時珍云：飲入于胃，隨脾之氣上歸于肺，下通水道而入膀胱，故能治肺病，引火下行。但取十二歲以下童子，絕其烹炮鹹酸，多與米飲，以助水道，每用一盞，入薑汁或韭汁二三點，徐徐服之，久則自效。然宜于陰火虛動，熱蒸如燎，服藥無益者。若氣血虛無熱者，不宜多服也。

童男者良。自便如雪者，亦妙。

清·王翃《握靈本草》卷一〇 小便童男者尤良。須絕其烹炮鹹酸，多與米飲，以助水道。每用入薑汁，或韭汁二三點，寒天溫服。 主治：小便，鹹，寒，無毒。治寒熱頭痛，溫氣，久嗽上氣，失聲，止勞渴，潤心肺。療血悶，主吐衄，難產，胎衣不下。滋陰降火甚速，療中暍。

清·汪昂《本草備要》卷四 童便一名還元水。飲自己溺，名輪回酒。平，瀉火，補陰，散瘀血。 鹹，寒。時珍曰：溫。能引肺火下行從膀胱出，乃其舊路，降火滋陰甚速。潤肺散瘀，鹹走血。治肺痿失音，吐衄損傷，凡跌打損傷，血悶欲死者，擘開口以熱尿灌之，下咽即醒。一切金瘡受杖，幷宜用之，不傷藏府。若用他藥，恐無瘀者，反致誤人矣。胞胎不下。皆散瘀之功。凡產後血運，敗血入肺，陰虛久嗽，火蒸如燎者，惟此可以治之。晉褚澄《勞極論》云：降火甚速，降血甚神。飲溲溺百無一死，服寒涼藥百無一生。取十二歲以下童子，少知識，無相火。不食葷腥酸鹹者佳。去頭尾，取中間一節清澈如水者用，當熱飲，熱則真氣尚存，其行自速，冷則惟有鹹寒之性。入薑汁行痰、韭汁散瘀更好。冬月用湯溫之。李士材曰：煉成秋石，真元之氣漸失，不及童便多矣。《普濟方》：治目赤腫痛，用自己小便，乘熱抹洗，即閉目少頃。此以真氣退其邪熱也。

清·陳士鐸《本草新編》卷五 童便秋石 童便：氣涼，無毒。徹清者良。祛勞熱欬嗽，止鼻紅吐衄，治跌撲損傷，療產後敗血攻心。難產胎衣不下，毒蛇、猘犬咬傷，俱可治之。秋石：又童便而煎熬法煉者。無分于男女，皆有益也。滋腎水返本還元，養丹田歸根復命。安和五臟，潤澤三焦。消咳逆稠痰，退骨蒸邪熱。積塊較堅堪用，膨脹代鹽可嘗。明目清心，延年益壽。此二種，治病實佳，所謂臭腐出神奇也。但秋石可以多用，而童便不可多吞也。

或問：童便，治吐血甚神，不識可長服否？曰：童便可暫飲，而不可久服。雖曰服之寒涼百不一生，服童便百不一死，然童便氣涼，多服未免損胃。

或問：童便熬秋石，畢竟何者為佳？夫秋石陰陽之鍊不同，以陰鍊者為第一。但陰鍊氣臭，不若陽鍊之無氣息也。然而陰鍊得法，實不臭。我有一法傳世，取童便，自十五歲以下者俱可用。每一桶，用井水二桶合之，盛于缸內，上用淨布鋪在缸上，下用竹架之，不使布之沉底，露一宿，取布晒于烈日之下，布上即成霜，以鵝翎掃之，即成秋石矣。但布須浮于童便水上，不可使其竟沉，要布濕而又不乾為妙。一桶童便，可取秋石二兩。蓋童便得水，其性反浮，又得水則盡化去其臭氣。非異人之傳，安得此異法哉。凡童便，積旬日皆可用，惟一合井水，必須一日即取其霜，久則無用矣。

或問：人有服自己之小便者，名曰反元湯，亦有益乎？夫吐血之症，其氣必逆，用反元湯，以逆而平其逆也，服之有功。倘未嘗失血，其氣原無逆症，服之反致動逆，與童便之功，實有不同耳。

清·顧靖遠《顧氏醫鏡》卷八 人溺鹹，寒。入肺胃膀胱三經。雪白者可用。煉成秋石，失其真元之氣，不及人溺多矣。 清天行狂亂，鹹寒能除邪熱，故《別錄》主寒熱頭痛溫氣。解勞熱骨蒸。凡陰虛火動，熱蒸如燎，服藥無益者，非此不除。行瘀而不傷其峻，止血而無患其凝。吐衄產家皆聖藥，味鹹走血，故治諸血病。褚澄云：喉有竅，咳血殺人，服寒涼百無一生，飲溲溺百無一死。吳球言：諸虛吐衄咯血，須飲小便最效，以其滋陰降火甚速也。產後即飲一杯，壓下敗血如神。損傷跌撲是仙方。凡一切傷損，俱宜服之。推陳致新，其功甚大。諸藥恐無瘀血，反致悞人，惟此萬無一失。中暑昏倒，灌入即甦。外用土擁臍作窩，小便溺滿之。又治火燒悶絕，絞腸痧痛，飲之俱效。咳嗽肺痿，久服皆良。飲入於胃，隨脾之氣，上輸於肺，下通水道，而入膀胱，乃其舊路也。故能治肺病，引火下行。肺腎有火者，必需之物。人中白主用相同，一人鼻衄，僅存喘息，服之即止。兼治口舌諸瘡。陽虛無火，食不消，腸不實者，忌之。

清·李熙和《醫經允中》卷二〇 童便 鹹，寒，無毒。主治潤心肺，火嗽失音，吐血衄血，中暍，撲傷瘀血，難產，胞衣不下，產後敗血攻心。童便滋陰降火，火下則血不妄行。又鹹走血，故治諸血症，及骨蒸勞熱，肺火盛者神効。若脾胃虛寒者，不宜服也。秋石丹，即童便如法製就者。益肺補腎，滋陰降火。久服則虛陽妄作，真水涸竭，反令人成渴疾。

清·馮兆張《馮氏錦囊秘錄·雜症痘疹藥性主治合參》卷一二 童便人溺，乃津液之(濁)〔清〕者，滲入膀胱而出。味鹹，氣寒，無毒。為除勞熱骨蒸，咳嗽吐血，婦人

產後血暈悶絕之聖藥。褚氏云：降火甚速，降血甚神。飲溲溺百不一死，服涼藥百不一生。言其功力之優勝也。《經》云：飲入於胃，遊溢精氣，上輸於脾，脾氣散精，上歸於肺，通調水道，下輸膀胱。故人服小便入胃，亦隨脾之氣上歸於肺，下通水道，而入膀胱，乃循其舊路也，故能治肺病引火下行。凡人精氣，清者為氣，濁者為血，濁之清者為津液，(濁)〔清〕之濁者為小便，與血同類也。故味鹹而走血，鹹寒能伏虛熱，使火不上炎，血不妄溢，是以能療諸血證也。主久嗽上氣，失聲及止勞渴，潤心肺，血悶熱狂，撲損瘀血在內暈絕，吐血鼻衄，皮膚皴裂，人咬火燒，絞腸沙痛，難產，胞衣不下，諸證悉由此也。法當乘熱飲之，蓋熱則尚存真氣，其行自速，冷則惟有鹹味寒性矣。若補陰卻癆，必以童便為優，蓋取混元之氣，清純而不淆雜耳。今人類用秋石，雖亦能入腎除熱，但經水澄火煉，真元之氣全失，其功不及童便多矣。況多服久服，則鹹能走血，令血凝泣為病。若陽虛無火，食少腸滑者禁之。溺白涏即人中白，乃人溺之精氣結成，味鹹，氣涼，無毒。能瀉肝、腎、三焦、膀胱有餘之火。內服可除骨蒸癆熱，肺痿吐血諸病，外治湯火灼瘡，口舌疳瘡，總皆除熱降火之功也。童便，癆熱咳嗽，鼻洪吐衄，產後敗血攻心，撲損瘀血作痛，難產胎衣不出，一切火症神妙。輪迴酒，乃自己溺尿，蠲諸積倒倉，仗蕩滌腸胃。暴發赤眼，亦可洗明。人中白，去傳屍癆熱，止肺癰吐血，口疳鼻衄，湯火灼瘡。秋石丹，滋腎水返本還元，養丹田歸根復命，安和五臟，潤澤三焦，欬逆稠痰，骨蒸邪熱，鹹能軟堅消塊，水腫可代鹽嘗。明目清心，延年益壽。女病須陽煉尤佳，男病得陰煉更妙。陰陽以童女童男便溺，非以水火分別立名。主治痘疹合參：童便，痘後寒熱頭疼，溫氣鼻血，陰虛發熱之要藥。人中白，治痘牙疳，為降陰火、消瘀血之主藥。

清・张璐《本經逢原》卷四 溺 鹹，寒，無毒。童子者佳。不可見火，見火則腥臊難服。發明：人溺療寒熱頭疼，取其鹹寒降泄也。有客邪沖熱，葱頭湯服之，汗出即止。而童子小便性純，一切熱勞吐血，陰虛火動，骨蒸勞瘵，用以降火最速。產後血暈溫飲一杯，壓下敗血惡物即甦。蓋溲溺滋陰降火、消瘀血、止吐衄諸血，每用盞許，入薑汁一二匙徐徐服之，久自有效。然須乘熱服之，以接生陽之氣，冷則生氣散矣。時珍云，童便入胃，隨脾氣上歸於肺，通調水道，下輸膀胱，乃其舊路也，故能清肺，導火下行。若多服久服，亦能損胃滑腸，故食少便溏者禁用。傷寒少陰證下利不止，厥逆無脈，乾嘔欲飲水者，加人尿、豬膽汁鹹苦寒物於白通湯薑附藥中，其氣相從，可無格拒之患。但胃虛欲作嘔者勿與，恐助嘔勢，反致不測也。

清・浦士貞《夕庵讀本草快編》卷六 人尿《別錄》 附：秋石、人中白。字從尸從水，會意也。方士謂之輪廻酒、還元湯。小便性溫不寒。飲之入胃，隨脾之氣上歸于肺，下通水道而入膀胱，乃其舊路也。故能治肺家諸疾而引火下行。凡人精氣清者為氣，濁者為血，濁之清者為津液，清之濁者為溲便。蓋溲與血同類也。其味塩而潤下，故治諸血之泛溢也。褚澄云：人喉有竅，咳血殺人。喉不停物，毫髮必咳，血既滲入，愈滲愈咳。惟飲溲溺則百不一死，若服寒涼則百不一生。吴球云：諸虛失血，須藉童便。《別錄》云：頭痛，溫氣，用之最良。成無己曰：少陰下利，厥逆無脈，乾嘔飲水者，白通湯內加之。蓋謂陽虛之症，與此至陰之物助之，陰與陽合。逆於上者，得鹹寒之氣而順下；崩於下者，得純陽之性而復上。是以血見則止，氣見則和，陽見則守，陰見則存也。但王公貴人，惡其不潔，故先儒立陰陽二法煉之，假水火之力淘溶。其質如石如冰，返塩寒之性為溫和，竊天地既濟之妙。火煉者乃陽中之陰，得火而凝，入水則釋，歸于無體。蓋質去味存，此離中之虛也。水煉者乃陰中之陽，得水而凝，遇曝而潤，千歲不變味。去質留此，坎中之實也。楊氏用以配乳粉，為精血交姤，不獨療疾，更可延齡也。況腫滿忌鹽，惟此可代。反胃膈食，用之更良。溺中白涏，澄于下，或依附器上，名人中白。性味雖同，但瀉肝木，清三焦，治咽喉口齒生瘡，殺勞尸疳蠶，稍有別爾。雲間徐氏，用多年溺器入鰻煉過，治童癆童瘧以及傳尸注病，無不奏効。

清・潘為縉《專治血症良方》 童便 味鹹，性溫，不寒，無毒。《素問》名溲，《綱目》名輪迴酒。李時珍名還元湯。凡吐血、嘔血、咳血、咯血、鼻衄、牙宣，一切等症，服此一味，無不立愈。服法列後。自便：與童便之功略緩。如家貧不可得童便，以此代之。服法列後。

按：童便乃津液之濁者，滲入膀胱而出。《本經》云其味鹹而善走，其性溫而不寒，為除勞熱骨蒸，咳嗽吐紅及婦人產後血暈悶絕之聖藥。晉褚澄《勞極論》云：降火甚速，降血甚神，飲溲溺百不一死，服涼藥百不一生。言其功力優勝也。其《遺書》又云：人喉有竅則咳血殺人，喉不停物，毫髮芥蒂必欬，血既滲入，愈滲則愈欬，愈欬則愈滲，惟飲溲溺，自然立愈也。可見溲溺為肺腎有火者必須之藥。《經》云：飲入於胃，游溢精氣，上輸於脾，脾氣散精，上歸於肺，通調水道，下輸膀胱。夫水道者，闌門也。主分泌水穀糟粕入大腸，水汁滲入膀胱。膀胱者，州都之官，津液之府，氣化

則能出矣。《陰陽應象論》云：清陽為天，濁陰為地，地氣上為雲，天氣下為雨，故清陽出上竅，濁陰出下竅也。人之服小便者，入胃亦隨脾之氣上歸於肺，下通水道而入膀胱，乃循其舊路也，故能治肺腎諸病，引火下行。凡人精氣，清者為氣，濁者為血，濁之清者為津液，清之濁者為小便。然則小便者，本與血同類也。是以耑走血分，能伏虚熱，使火不上炎，血不妄溢，而耑療諸血症也。蘇恭云：久嗽失血，以致上氣失聲者，服童便立愈。日華子亦云：咳血、吐衄、血悶、血瘀等症，非童便不能療。故《本經》主治寒熱頭痛溫氣者能除邪熱故耳。

若以入藥參互論治，治陰虚咳嗽聲啞，喉間血腥氣，宜同枇杷葉、天冬、麥冬、蘇子、桑白皮、沙參、五味子、生地、欵冬花、百部等藥。治內傷吐血，或瘀血停留作痛，宜同蘇木、降香、茜草、續斷、牛膝、牡丹皮、蒲黄等藥。治產後血暈，宜同澤蘭、荊芥、白芷、續斷、延胡索、牛膝、蘇木等藥。此耑以血分言也。

若以兼治他症論，如《聖濟總録》以童便治頭痛；孟詵《必效方》以童便治骨蒸發熱；《聖惠方》以童便治絞腸痧痛，消渴下痢；張仲景以童便治中暑熱死；《千金方》以童便治金瘡出血，火燒悶絶；《外科發揮》以童便治折傷跌撲；《通變要法》以童便治人咬手指；《普濟方》以童便治赤眼腫痛；《集驗方》以童便治鬼氣疰病；蘇恭《本草》以童便治瘕積；《簡便方》以童便治瘧疾渴甚，腋下狐臭；《海上奇方》以童便解諸菜毒；《救急方》以童便治痔瘡腫痛；成無己以童便治傷寒少陰下利不止，乾嘔欲飲水；《肘後方》以童便治中惡不醒；日華子以童便治產後胞衣不下；陳藏器《本草》以童便治蜘蛛咬毒；《集簡方》以童便治勞蠱已久。是童便之為用亦多矣，童便之為功亦大矣。寧獨血症可治哉？然吾專以血症言者，亦以余身抱其病，頗得童便之力，歷有神效，并目擊世之服童便而生，不服童便而死者，不可枚舉。故不憚博採而詳説之，為世之抱血症者進一妙劑也。余自幼寓居婁水，習舉子業，年十二三，稍知此中妙境，遂晝夜鑽研，罔顧勞苦五年，嬰咯血症。家大人見病勢甚劇，將書卷束之高閣，令默坐靜養，服參、苓、芍、地百餘劑，勢稍減，根終未除。遂歸斂養病二載。一歲中或發一二次，或發三四次，發時未免神氣沮喪，精血消耗，非不竭力葆攝，究不能止其復發。時有善於內養者，授余坐功之法，亦終無益。二十歲就婚吳下，室人素知余多病，溫涼寒暑，曲為維持調護，藉此少安。至二十三歲，舊症大發，每日吐血竟至升許，兼之咳嗽氣喘，面紅潮熱，飲食少進，漸至不起。驟聞人聲稍高，便欲暈去，一日之中昏暈者數次，奄奄一息，苦無生機。吳郡諸名醫畢集，俱束手無策。復於茸城周浦廣請名醫診視，斟酌用藥，皆云病勢沉重，恐難痊可。舉家憂慮，無計可施，余亦自分必死，惟有撿點後事而已。然於病中稍可坐起，便廣搜岐黄之書，其中所載血症一條，方既紛然，論亦不一，即有經驗良方，恐藥不對症，亦不敢擅服。向於婁水小典得《本草綱目》一部，偶為詳閲，知童便一味，耑治血症，疏註甚明。據云：人之有血症者，大約俱由虚火而炎，衝動肺葉，以火鑠金，遂致咳嗽，咳之不已，而血亦隨之逆行，滲漏而出；亦有不因咳嗽而驟然吐血者，雖經絡各有不同，總由陰虚火旺，血不歸經之故。若服童便，則引火歸原，而血亦順下，各歸經絡，自無妄溢之患。余乃從其説，急為服之，每日四五次，便覺吐血稍稀。服之數日，便覺面亦不紅，氣亦不喘，而潮熱亦退，咳嗽亦止。服之月餘，血症遂愈，而飲食照常，行坐如舊。服之年餘，血症竟不復發。迄今七載，服之無間，而肌膚豐潤，精力遠勝於昔；即居常所服藥，亦不過地黄丸加減，他無所服也。去歲因往婁分析後，又因伯父之喪，相助料理，未免間斷，初意血症已久愈，即不服童便，或亦不至再發，不意去歲三月間，痰中復見血絲血點，亟服童便數日而愈。家翼六兄，向年亦有血症，其勢頗為沉重，余力勸服童便，從余説服之無間，遂愈，今已數年不發。可見凡有血症者，不可一日不服童便也。每見世之治血症者，輒以梔、連、知、柏，壯水以制火，自以為恪遵古法，然罕有奏效者，則以用之者未得其當也。甚而好奇者，又矯枉過正，輒云陽能統陰，血之妄行者，陰盛陽衰之故，當以扶陽為主，遂投之以乾薑、肉桂等物，是真速其死也。間有以秋石代者，此乃水澄火鍊，真元之氣盡失，服之何益？豈若童便之功甚大，效甚速乎？故凡有血症者，家如殷實，宜置二三童子，令其多飲米汁開水，溺出白色者，日日服之。若貧者，不可得童便，竟以自便代之，久服亦必全愈。余因身得其效，屢欲刊刻服法，以濟世人，顧以南北奔馳，未遑及此。今歲長夏在鹿城小典，稍得寛閒，遂不畏溽暑，遍採諸書所言致有血症之由，惟童便可以奏效者，逐一録抄，并將服法、養病法，詳載於後，以便世之抱血症者，有所遵行。而又以余之平日所見服童便而生，不服童便而死者數人，表而出之，庶足徵予言之有據也。

服童便法　一取童子十一二歲以下至九歲止，擇其肥胖浄白，素無疾病者，方可用其溺。若面黃體瘦，身有瘡疥者，彼既血脈不和，正氣不足，不可用。　一童子不可令其多食腥羶厚味，酸鹹太過者。蓋多食腥羶，則其氣臊；多食酸鹹，則其味苦。臨服時，必令連飲滾水數碗，或多與米飲以助水道，使彼靜坐俟其溺至，皆色白而味淡者服之。若童子畏服開水，或與錢，或與菓，務誘其多飲數碗，其溺立至。愚夫愚婦之見，輒云溺為人服，童子必黃瘦多疾病，不能長大。余服之已十餘年，童子共計有數人，皆長而有室，浄白肥胖，並無疾病可驗，俗見之誤。　一童子溺時，以磁碗盛之，令去其頭尾，溺畢乘熱立飲。蓋熱則真氣尚在，其行甚速，冷則但存鹹寒之性矣。　一服童便，須日進三四服。若間斷一日，則從前數日之功俱廢。寒天用熱湯溫碗，不至易冷，稍入薑汁或韭汁二三點，徐徐服之，自然奏效。然必於食遠時服之方有益。

服自便法　一童便不可得，即以自便服之，效雖未及童便，久服病亦自愈。凡腥羶辛辣、酸鹹太過者，概行忌食。　一服自便者，清晨起，先小解一二次，因隔宿停留，不無積熱在內，不宜服。隨將燈心湯或荳腐漿連飲數碗，少頃溺若不來，再飲粥湯二三碗，靜坐片時，其便必至，乘熱服。　一服自便者，原因有病而服，則氣血有虧，其溺恐未能清徹如水，若拘定雪白者方服，一日之中不可多得，但與淡茶色相似者便可服也。所慮者，人病亦知禁止房事，稍愈即忘其故我，正不知元陽既散，精氣自失，雖服之無益也。　一不慣服童便、自便者，初服時恐有惡心嘔吐等患，惟屏定氣息，或以指捉鼻，使不知氣味，一吸而盡服之，既久自無此患也。

清·姚球《本草經解要》卷四　小便　氣寒，味鹹，無毒。療寒熱頭痛，溫氣。童男者尤良。　小便氣寒，稟天冬寒之水氣，入足太陽寒水膀胱經。味鹹無毒，得地北方之水味，入足少陰腎經。氣味俱降，陰也。太陽膀胱經，起於目內眥，上額交巔，行身之表，而為外藩者也。感天燥火之溫氣，入寒水之經，則寒熱頭痛矣。小便鹹寒下降，所以可清燥火之邪也。童男者，穢氣少，故尤良也。　製方：　小便同白芍、甘草、丹皮、白茯、山萸、北味，治吐血不止。同人參、附子、肉桂，治陰盛格陽。同豆豉，治頭痛至極。

清·王子接《得宜本草·下品藥》　童便　味鹹，寒。功專降火止血。得甘草治久嗽肺痿，得杏仁、猪肝治休息痢。

清·黃元御《長沙藥解》卷四　人尿　味鹹，氣臊，性寒。入手少陰心經。清心泄火，退熱除煩。　《傷寒》白通加猪膽汁湯方在猪膽汗用之治少陰病，下利厥逆，無脈，乾嘔煩者。以手足少陰，水火同居。少陰經病，水火不交，癸水下旺，丁火上炎，是以煩生。猪膽汁清相火而止嘔，人尿清君火而除煩也。　水曰潤下，潤下作鹹。水入膀胱，下從寒水化氣，是以鹹寒而清火，除煩而泄熱，性能止血。而寒泄脾陽，不宜中虛家。　用童子小便清白者。

清·吳儀洛《本草從新》卷六　童便降火清瘀。一名還元水。飲自己溺名迴輪酒。　鹹，寒。能引肺火下行從膀胱出，乃其舊路。降火滋陰甚速，潤肺，清瘀。鹹走血。治肺痿失音，吐衄損傷，凡跌打損傷血悶欲死者，以熱尿灌之，下咽即醒。一切金瘡受杖并宜用之，不傷臟腑，若用他藥，恐無瘀者反致誤人也。胞胎不下。皆散瘀之功。凡產後血運，敗血入肺，陰虛火嗽，火熱如燎者，唯此可以治之。《勞極論》〔晉褚澄《勞極論》。〕云：降火甚速，降血甚神。按：此物雖臭穢敗胃，猶勝寒涼諸藥。禁忌同人中白。取十二歲以前童子，少知識，無相火。不食葷腥，去頭尾，取中間一段清徹如水者用。當熱飲，熱則真氣尚存，其行自速；冷則唯有鹹寒之性。士材曰：煉成秋石，真元之氣漸失，不及童便多矣。或入薑汁、行痰。韭汁。散瘀。冬月用湯溫之。

清·汪紱《醫林纂要探源》卷三　童便　鹹，寒。宜十二齡以前，性情和順，飲食沖淡，無病童子。溺清如水，傾去頭尾，取中間一截用之為良。若肆食酸鹹酒肉，燒煿瓜果，及常有滯積疳疸諸病者，溺必赤黃臊穢，勿用。　通利三焦，降熱去瘀，滋補心血，降瀉腎邪。人之精、血、液、溺，皆水也。水之併火而居者，守而為精。水之從火而化者，行而為血。血之留餘而未化者，滲而為液。液之最濁而下流者，出而為溺。蓋先天之水氣，從火而升。則外入之水，從之而化。外入之水液自上而下，則上行之火又從之而降，而三焦為上下往來，便溺即水之自上而下達者，是以能通利三焦，降火去瘀也。鹹補心，心資血以為用，水化而血以布於脈，是其補心也。鹹瀉腎水之濁穢，滲於膀胱而達於下，是其瀉腎也。水道順行，濁穢不積，能治肺痿失音，止吐血衄血，止陰火咳嗽，靖勞熱骨蒸，去損傷瘀血，及胞衣不下，產後血暈，敗血入肺，妄血上行諸證。凡跌打血悶欲死，灌此即甦。新產和酒飲之，可免血暈上攻，血瘀作痛，此皆鹹以散瘀，見效甚速者。至於骨蒸勞熱，咳嗽吐衄，其效誠有之，然非可專恃。蓋降瀉之用多，而滋補之力微也。昔人謂勞極之病，飲溲溺百不一死，服寒涼百無一生，此豈確論？夫謂寒涼不可服，則童便未嘗不寒，謂鹹滲血，血病不可食鹽，而食秋石又何嘗不鹹？是皆言醫者流遁失中之說。大抵芩、連、知、蘗、桂、附、參、芪，各有所宜，非可偏廢。如用童便，則宜乘熱飲之，不然則反令人胃寒，而致飲食減少。　還元湯：

鹹，寒。清晨飲自己溺，又曰迴輪酒。功用略同童便。由三焦以降，還而通利三焦，以瀉屈曲之火，是宜其有功。然愚謂人無火病，則不必服此。既有火病，則清晨一溺，必尤黃赤臊穢，帶有火氣，未必有益。惟治目赤腫，乘熱拭洗，閉目少頃，頗見清熱之效。

清・嚴潔等《得配本草》卷一〇　童便　鹹，寒。消瘀血，止吐衄，下胞胎，療血運。且能引肺火下行，從膀胱而出，反本還原，仍歸舊路也。瓶盛熱浸，治人咬指傷。和酒飲，治跌撲損傷。調竹瀝，治脇脹作痛。加豬膽汁，入薑附湯，治傷寒少陰證厥逆無脈，下利不止，乾嘔欲飲水者。行瘀，入韭汁。目赤痛，乘熱抹之。瘴瘧，和白蜜攪，去沫服。同甘草，治久嗽。產後過飲，生帶病。怯病，自服溺水，無異毒藥。病者小便多鬱熱腥穢故也。

題清・徐大椿《藥性切用》卷八　童便　性味鹹寒，降火散瘀，清肺滋陰。乘熱飲之，冷則真氣不全，第存鹹寒之性耳。

清・黃宮繡《本草求真》卷六　童便清火降血。　童便耑入膀胱，兼入肺、胃、肝、心。係孩童津液濁氣，滲入膀胱而出，味鹹氣寒無毒，為除癆熱骨蒸，咳嗽吐血，婦人產後血衄、暈悶絕之聖藥。《褚澄遺書》云：降火甚速，降血甚神，飲溲溺百不一死。非真不死，甚言功力之優也。又言人喉有竅，則咳血殺人，喉不停物，毫髮必咳，血既滲入，愈滲愈咳，愈咳愈滲。《經》云：飲入於胃，遊溢精氣，上輸於脾，脾氣散精，上歸於肺，通調水道，下輸膀胱。故人服小便入胃，亦隨脾之氣上歸於肺，下通水道而入膀胱，乃尋其舊路也，故能治肺病引火下行。凡人精氣清者為氣，濁者為血，濁之清者為津液，（濁）〔清〕之濁者為小便，與血同類也。故味鹹而走血，鹹寒能伏虛熱，使火不上炎，血不妄溢，是以能療諸血證也。凡人久嗽失音，勞渴煩躁，吐衄損傷，皮膚皴裂，人咬火燒，絞腸痧痛，難產胞衣不下，法當乘熱飲之。薛己云：予在居庸，見覆車被傷七人，仆地吟呻，俱令灌此，皆得無事。凡一切傷損，不問壯弱，及有無瘀血，俱宜服此。若脇脹，或作痛，或發熱煩躁口渴，惟服此一味，勝似他藥，他藥雖效，恐有瘀血，反致誤人，童便不動臟腑，不傷氣血，萬無一失，軍中多用此，屢試有效。蓋熱則尚存真氣，其行自速，冷則惟有鹹味寒性矣。若救陰却癆，必以童便為優。蓋取混元之氣，清純而不淆雜耳！但胃寒食少者切忌。今人類用秋石，雖亦能入腎除熱，但經水澄火煉，真元之氣全失。其功不及童便多矣。況多服久服，則鹹能走血，令血凝氣滯為病。矧有陽氣素虛，食少腸滑者，其可用之為治乎？取童子十歲以下，相火未動，不食葷腥酸鹹者佳，去頭尾，取中間一節，清澈如水者用。痰用薑汁，瘀用韮汁，冬月用湯溫之。

清・楊璿《傷寒溫疫條辨》卷六寒劑類　童便　味鹹，氣寒，沉也，陰也。鹹走血，寒涼血，故善清諸血妄行，吐衄能止，陰火自退。定喘促，降痰氣，解煩渴，利大小便，要之非用童便也，實則用本人小便耳。不然，《內經》何以謂之還原湯，《綱目》何以謂之輪回酒乎？以自己之小便，治自己之病痛，入口下嚥，引火下降甚速也。其如愚夫愚婦，執而不用何哉？煉為秋石，反失其性。

清・羅國綱《羅氏會約醫鏡》卷一八人部　童便味鹹寒，入肺、胃、膀胱三經。降火滋陰，善清一切血熱妄行。鹹走血分。治吐衄損傷，凡跌打損傷，血悶欲死者，以熱童便灌之。療熱狂煩躁、肺痿失音。退陰火，定喘促，引肺火下行從膀胱出。利大小便，肺與大腸相表裏，又係水之高源，肺清，故二便自利。除勞瘵骨蒸，火不上炎。療難產，下胞衣，散瘀之功。及產後敗血攻心。凡產後用童便合酒服，最妙。法當乘熱飲之，熱則真氣尚存，降火甚速，降血甚神。取八九歲之便，去頭尾，用中間一節，須清澈者為妙。入薑汁行痰、韭汁。散瘀。冬月用湯溫之。輪回酒，自己之溺。治火上炎、陰熱勞嗽，晉氏云：飲溲溺百無一死，服涼藥百無一生。療目赤腫痛。用己尿乘熱抹洗，大退邪熱。　按：小便性寒，若陽虛無火、食不消、腸不實者忌之。

清・陳修園《神農本草經讀》附録　小便　氣味鹹，寒，無毒。療寒熱頭痛，溫氣。童男者尤良。《別錄》。

按：虻蟲、水蛭及芫花、大戟、甘遂等不常用之藥，集隘不能具載。柯韻伯抵當湯、十棗湯方論極妙，宜熟讀之。

清・王學權《重慶堂隨筆》卷下　童子小便　最是滋陰降火妙品，故為血證要藥。必用童子者，取其知識未開而無妄動之火也。尤須澹泊滋味，不食葷羶，去其頭尾，但以中間一段清澈如水者，始有功效。若煉成秋石，昔人尚謂其中寓暖氣，在所不取，何後人妄造回輪酒之名，令病人自飲己溺，愚者誤信，良可憫也。夫人既病矣，溺即病溺，以病溺猶堪治病，則無病之溺皆可為藥，何必取童子，戒葷腥，去頭尾，欲清澈，而故難其事哉？蓋人雖無病，其飲食之精華皆已化為氣液，其糟粕則下出而為便溺，清升濁降，誰不知之。所謂病人者，非有六淫之感，即為五志之傷。病之去路即在二便，以二便為濁陰之出路也。可見病人之便，濁陰中更有病氣雜焉。再使病人飲之，是以既出之病氣，更助以濁陰之穢氣，仍令入腹，殆不欲其病之去乎？名曰回輪

酒，必至病亦回輪不已，待其人入回輪而後已，不亦慎哉！況病人之溺，臭穢必甚於平人，極能敗胃，若溺色清澈者，則其病非寒即虛，治宜溫養，更不可令飲已溺矣。何世人竟不悟也！

清・黃凱鈞《藥籠小品》 童便 止熱血妄行，為吐血產後之良藥。患吐血自服溲溺，百不一死，皆能從其類而治之也。秋石鹹滋腎水，陰虛火升者宜。

清・張德裕《本草正義》卷上 童便 鹹，寒。走血，善清諸血妄行，欬血吐血衄血等證。退陰火，定喘促，降痰解熱，利大小便。凡跌損血瘀腹中，暈絕欲死者，急熱服之。但性寒氣腥，易能動嘔，胃虛酌之。

清・楊時泰《本草述鉤元》卷三二 人尿名還原湯、輪回酒。 取十二歲以下童子者，膀胱無龍火也。先禁食五辛熱物，多與米飲以助水道。法當熱飲於中，尚存真氣，其行自速，冷則惟存鹹味寒性矣。

氣味鹹寒。滋陰降火，肺腎有火者所必須。治勞熱骨蒸欬嗽，鼻洪吐衄，療熱狂及中暍，產後敗血攻心，血暈悶絕，並撲損瘀血。人喉有竅，則欬血殺人，喉不停物，毫髮必欬，血既滲入，愈滲愈欬，愈欬愈滲，惟飲溲溺則百不一死，若服寒涼則百不一生褚澄。諸虛吐衄咯血，惟用童便，每一盞入薑汁或韭汁少許，徐徐服之，日進二三服自效。寒天則重湯溫服，不徒降火，且消瘀血。凡產後溫飲一盃，可免血暈，至三日後止之。同澤蘭、荊芥、白芷、續斷、延胡、牛膝、蘇木、黑豆，治產後血暈，虛者加人參。同枇杷葉、天冬、麥冬、蘇子、桑皮、沙參、五味、生地、欵冬、百部，治陰虛咳嗽聲啞，喉間血腥氣。同蘇木、番降香、續斷、牛膝、丹皮、蒲黃，治內傷吐血，或瘀血停留作痛。久嗽涕唾，肺痿時時寒熱，頰赤氣急，用童便去頭尾少許五合，取大粉甘草一寸，四破浸之，露一宿，去甘草，平旦頓服，或同甘草末一錢服亦可，一日一劑。折傷跌撲，童便入少酒飲之，推陳致新，其功甚大。凡一切傷損，不問壯弱及有無瘀血，俱宜服此。若脇脹作痛，或發熱煩燥口渴，惟服此一甌，勝似他藥，萬無一失，軍中屢試有驗。赤目腫痛，自己小便乘熱抹洗，即閉目少頃，此以真氣退去邪熱也。

論：人溺滋陰降火，世多未悉其所以然。夫欲究人身之水化，當先明於氣化，次明於血化，而氣化血化之元機，總不外升降勿失其職，清濁無或相干耳。所謂水化者，坎，水氣也；兌，澤形也。一陽陷於二陰為坎，坎以水氣潛行地中，為萬物受命之根本。一陰徹於二陽為兌，兌以有形之水，普施於萬物之上，為資生之利澤，是水化之說也。氣化者，三焦為元氣之使，乃水中之火，根於腎，際於肺，升降於脾，故下焦治在腎，中焦治在脾，上焦治在肺，合之《經》云少陽屬腎，腎上連肺。又云：二陰至肺，其氣歸膀胱，外連脾胃，則可以思氣化之所至，更合於《經》云三焦者中瀆之府也，水道出焉，則可以思水化氣化之無二矣。血化者，血生於心，化於胃，統於脾，藏於肝，歸於血海，此可以思血化之所至，更合於《經》云肺之濁氣下注於經，內積於海，更可以思氣化所至即血化之所至矣。再所云升降不失其職，清濁無或相干者，蓋清濁即陰陽之別名，如氣根於腎，腎至陰也，而陽生焉，陽主升者也，不升則清陷於濁中，並陰不得化矣。血生於心，心太陽也，而陰化焉，陰主降者也，不降則濁亂於清中，並陽不得布矣。人身止是水火合化以為氣血，而心腎即水火之匡廓，水火之互根互宅，乃先天合一之神機。苐人生以後，全賴後天以完先天，所謂脾胃司升降之樞者，正為其藉此以合於先天神機耳。試以人氣之清濁言之，《經》曰：受穀者濁，受氣者清，清者注陰，濁者注陽。此陰陽以臟腑言。又曰：濁而清者，上出於咽，清而濁者則下行，清濁相干，是謂亂氣。又曰：氣之大別，清者上注於肺，濁者下走於胃，胃之清氣，上出於口，肺之濁氣，下注於經，內積於海。此言清濁，原非判然為兩，惟是濁中元有清，而即於濁中升其清者，俾上行以達天；清中元有濁，而即於清中降其濁者俾下行以至地，此後天氣血離胃肺為之爐冶也。陰中之陽升，而陰隨之由水化而氣化，由氣化而血化，此手少陽三焦為主。即俾陽中之陰降，而陽隨之由血化而氣化，由氣化而水化，此手太陽小腸為主。惟胃肺乃升清降濁之地，即裕有滋陰降火之神。蓋陽升而陰隨者是謂滋陰，陰降而陽歸者是謂降火，其大爐冶已具於此，即下而便溺之出，舉不越此矣。腎脈至於肺，而少陽屬腎，是少陽亦至於肺也。苐陽必藉脾胃水穀之陰以至肺，而脾胃亦藉少陽之氣以上達其陰於肺，然後能通天氣，通天者生之本，故陽化而陰生焉，是《經》所謂雲霧精而後上應白露下也。《經》曰：傷肺者，脾氣不守，胃氣不清，經氣不為使，是即雲霧不精，而上應白露不下也。蓋三焦元氣，因脾胃受穀氣以泌糟粕，蒸津液，而清氣上注於肺者，此地氣上為雲也；肺中之清氣，因脾胃穀氣所注，還下其濁於胃，以致津液變化為血，營衛通而糟粕以次傳下者，此天氣下為雨也。然升降必由中土之終之，皆不離於陰也。統繹斯義，則可明於坎

水為始，兑水為終，而三焦為水穀道路，氣之所終始矣。抑便溺皆從氣化。《經》云：胃大腸小腸三焦膀胱，此五者，天氣之所生也。其氣象天，故瀉而不藏。此受五臟濁氣，故瀉而不藏，與《經》所云諸陽皆濁之義合，何以又云手太陽獨受陽之濁乎？曰：心與小腸為表裏，心為火主氣，固火之靈也。第心實主血，而小腸為心氣化之府，必其血化行，而後氣化乃達於極下。血化行者，津液和調，變化而赤為血也。氣化下達者，穀氣津液已行，營衛大通，乃化糟粕以次傳下也。若是則手太陽獨領氣化，而即神於血化，舉下而大腸膀胱，無不承其氣中之血化以傳道焉，《經》故謂其獨受陽之濁也。夫小腸經脈上會諸陽於督，下會諸陽於任，則豈非上而承陽以司心之氣化，下而接陰以通腎之血化者乎？《內經》謂手少陽之正指天，由陰而升陽。手太陽之正指地，由陽而降陰。陽升而陰固隨之，陰降而陽亦歸之，是氣化、血化、水化，斯二經可思也。然則小腸豈可止以受盛盡之，又豈止膀胱為津液之藏氣化則能出乎哉？便溺之下，固為糟粕，然其歸於大腸膀胱者，足以徵陰之下降，而陰之下降，即以徵陽之下歸於元也，《經》故曰視病必求其下。又云：出入廢則神機化滅，升降息則氣立孤危，然則人身便溺，其可忽乎哉？氣血與便溺之相分，則在上中二焦，本於陰而化於陽，至便溺之相分，則在中下二焦，化於陽而分於陰，故任之水分穴，分別清濁以出焉。

繆氏云：其性稍寒，不利於脾胃虚寒溏瀉及陽虚無火食不消者。

清・葉桂《本草再新》卷一一　童便味淡，性涼，無毒。入肺經。　清肺火，潤肺氣，止欬嗽，治吐血，滋陰利水。

清・趙其光《本草求原》卷二七人部　人尿一名還元水，飲自己尿名輪回酒。　鹹寒，降泄走血，能引肺火下行從膀胱出。乃其舊路。凡陰虚骨蒸勞熱，喉有瘀血咳嗽，喉不容物，血滲入則咳，愈咳則愈滲。用以滋陰、降火、消瘀甚速。滋陰，利水，治肺痿，失音，吐衄，產後血暈，金瘡打撲，受杖血悶欲死，敗血入肺，喉有血腥氣。熱飲一杯即愈，不傷臟腑，若用他藥，恐無瘀反有害。除客邪，沖熱，葱頭湯服取汗。下胞衣，散瘀之功。消血瘕。但多服亦損胃，滑腸，故食少作嘔、便溏者勿用。傷寒少陰症下利厥逆，同豬膽加入白通湯，欲其直達下焦，而無〔格〕拒之患也。　取十二歲以下童便，少知識，無相火。不食葷腥酸毒者佳。去頭尾，取中截清如水者熱飲，以接生陽之氣，則行速，冷則生氣散矣。入薑汁，行痰。韭汁，散瘀。更好。冬月用湯溫之。乘熱洗目赤腫痛，大退邪熱。李士材曰：煉成秋石，真元之氣漸失，不及童便多矣。中暑昏倒，以熱尿灌之即活；或移陰處，掬熱土擁臍上作窩，令人溺其中，此傷氣，溫臍以接元氣也。

清・文晟《新編六書》卷六《藥性摘錄》　童便　味鹹，氣寒。入膀胱，兼入肺胃肝心。清火降血，治癆熱骨蒸，勞渴煩燥，咳嗽吐血，絞腸痧痛，跌撲損傷。○婦人產後血衄暈悶，胞衣不下，皆當乘熱飲之。○取童子十歲以內無病者佳，去頭尾，取中節清澈如水者。○痰加薑汁，瘀對韭汁，冬月用湯溫服。

清・張仁錫《藥性蒙求・人部》　童便一杯　童便鹹寒，功專降火。吐血熱勞，滋陰宜佐。能引肺火下行從膀胱出，乃其舊路，降火滋陰甚速。凡產後血暈，敗血入肺，陰虚火熱如燎者，惟此可以治之。或入薑汁則行痰，入韭汁則散瘀。冬月用湯溫之。取十二歲以前童子，不食葷腥，去頭尾，取中間清徹如水者，用之當熱飲，熱則真氣尚存其行速，冷則惟有鹹寒之性。

清・劉善述、劉士季《草木便方》卷二人禽獸部　迴元湯、溺、溲　童尿鹹寒降肺邪，久嗽陰虚止吐血。跌損勞傷散瘀蒸，催生下胞產難厄。血暈血運丈夫尿，內傷積瘀已便捷。

清・戴葆元《本草綱目易知錄》卷七　人尿輪回酒、還元湯。　性溫，不寒。飲之入胃，隨脾之氣，上歸於肺，通調水道，下輸膀胱，故治肺病，引熱下行，從膀胱舊路而出，是以滋陰降火甚速。止勞渴，潤心肺，澤肌膚，利大腸，解毒，殺蟲，明目，益聲，清喝。治瘧，療寒熱頭痛，溫氣咽痛，久咳肺痿，上氣失聲，鬼氣痓病，癥瘕腹滿，止吐衄齒血，皮膚皴裂，血悶熱狂，撲損瘀血。在內運絕，產難胞衣不下，蛇犬咬傷，俱乘熱飲，稍冷，和熱湯服，能推陳致新。凡產後血運及敗血入肺，陰虚火動，熱蒸如燎，惟此可以治之。童便良，十歲以下者俱佳。

清・黃光霽《本草衍句》　童便　寒伏熱而瀉腎，鹹走血而補心。滋陰甚速，降火甚神。能引肺火下行三焦，通利用治久嗽上氣。肺痿失音，敗血入肺。瘀露攻心，止陰火咳嗽吐衄。除虚勞煩熱骨蒸，能療跌撲損傷，可免產後血暈。　頭痛至極，童便一盞，葱豉湯同服。

清・陳其瑞《本草撮要》卷七　童便　味鹹，寒，入手太陰經。功專潤肺清瘀，治肺痿失音，吐衄損傷，胞衣不下，產後血暈，敗血入肺。陰虚火嗽，火熱如燎者，惟此可治。當熱飲。或入薑汁行痰，韭汁散瘀。冬月熱湯溫之。

清・周巖《本草思辨録》卷四　人尿童男者尤良。　李瀕湖謂人尿入胃，輸脾歸肺，下通水道，入膀胱，皆其舊路，是當為利水之妙品。而方書俱不主利水，良以鹹寒入血，不兼走氣，能益陰清熱消瘀，而不能利水。不能利水，故於益陰清熱消瘀愈顯其用。寇宗奭謂此物性寒，不宜多服。朱丹溪則力辟其非，至引八十老婦常服人尿而健以為證。不知人之稟賦不齊，遇陽有餘而陰不足之人，原得其益。若陽虛與血虛無熱者，豈能相宜？仲聖白通加猪膽汁湯，內有人尿，所以平嘔煩，瀉陰中之陽。葛稚川葱豉湯，內有人尿，所以防溫邪之傷陰，或陰分之寒已化熱，皆取其鹹寒清熱。惟係曾經腑臟輸化之物，與人身陰氣相得，非他物鹹寒可比。故治產婦血暈，與夫勞嗽血滲入肺，吐血衄血，骨蒸發熱，中暍昏悶，折傷跌撲，致有靈驗。余親串中有一婦，曾於產後血暈，飲童尿而瘥，後乃以童尿殞命。蓋此婦本陽虛之體，迨體肥於前，陽虛亦更甚於前，家人狃於前效而用之，適以取禍。寇氏性寒之説，顧可忽乎哉？

溺白垽

宋・唐慎微《證類本草》卷一五人部〔《別録》〕　溺白垽魚靳切。　療鼻衄，湯火灼瘡。

〔唐・蘇敬《唐本草》〕注云：　溺白垽，燒研末，主緊脣瘡。

〔宋・掌禹錫《嘉祐本草》〕按：　日華子云：　人中白，涼。治傳尸熱勞，肺瘻，心膈熱，鼻洪，吐血，羸瘦渴疾。是積尿垽入藥。

〔宋・唐慎微《證類本草》〕《經驗方》：　治血汗鼻衄五七日不住，立效。以人中白不限多少，刮在新瓦上，用火逼乾，研，入麝香少許，用酒下。又方：　秋石還元丹，大補，暖。悅色進食，益下元。久服去百疾，强骨髓，補精血，開心益志。煉人中白方：　男子小便十石，更多不妨。先榰大鍋竈一副於空屋內，鍋上用深瓦甑接鍋口令高，用紙筋杵石灰，泥卻甑縫并鍋口，勿令通風。候乾，下小便，只可於鍋中及七八分已來，竈下用焰火煮。專令人看之，若涌出，即添冷小便些小。勿令涌出，候乾細研，入好合子內，如法固濟，入炭爐中煅之。旋取三二兩，再研如粉，煮棗瓤爲丸，如菉豆大。每服五、七丸，漸至十五丸，空心溫酒、鹽湯下。久服，臍下常如火暖，諸般冷疾皆愈。久年冷勞虛憊甚者，服之皆壯盛。其藥末常近火收，或時復養火三五日，功效大也。

宋・洪邁《夷堅志・再補》　人中白　人中白者，漩盆內積起白垢也，亦秋石之類。刮取置新瓦上，火逼令乾，溫湯調服，治鼻衄如神。

宋・劉明之《圖經本草藥性總論》卷下　溺白垽　療鼻衄，湯火灼瘡。日華子云：　人中白，涼。治傳尸熱勞，肺瘻，心膈熱，鼻洪吐血，羸瘦渴疾。一名人中白，乃積尿之垽也。

宋・陳衍《寶慶本草折衷》卷一四　溺白垽魚靳切。　涼。○療鼻衄，湯火灼瘡。○《唐本》註云：　燒研末，主緊脣瘡。○日華子云：　治傳尸熱勞，肺瘻膈熱，吐血，羸瘦，渴疾。○《經驗方》：　治血溺，鼻衄，以人中白新瓦上火逼乾，入麝香少許，用酒下。

元・朱震亨《本草衍義補遺》　人中白　能瀉肝火，散陰火。須置於風露下三年者，始可用也。

明・滕弘《神農本經會通》卷七　溺白垽　即漩桶中澄底垢積之白者。一云：　涼。　《本經》云：　療鼻衄，湯火灼瘡。《唐本》注云：　燒研末，主緊唇瘡。日華子云：　人中白，涼。治傳尸熱勞，肺瘻，心膈熱，鼻洪吐血，羸瘦渴疾，是積垽入藥。《經驗方》：　治血汗，鼻衄不住，以人中白不限多少，刮在新瓦上，用火逼乾，入(射)〔麝〕香少許，用酒下。又秋石還元丹，大補，暖。悅色，進食，益下元，久服去百疾，强骨髓，補精血，開心益志。《局》云：　人中白是溺中垽，瓦上燒灰抹緊唇。勞熱傳尸瘻肺疾，血來唾衄有奇功。漩垢，止唾衄，理肺瘻。

明・劉文泰《本草品彙精要》卷二二　溺白垽

溺白垽：　療鼻衄，湯火灼瘡。名醫所録。〔名〕人中白。〔色〕白。〔味〕鹹。〔性〕涼，軟。〔氣〕味厚于氣，陰也。〔臭〕臊。〔主〕傳屍熱勞，膈熱，肺瘻。〔製〕研細如粉。〔治〕療：《唐本》注云：　燒，研爲細末，傅緊唇瘡，妙。日華子云：　止吐血，鼻洪，羸瘦，渴疾。〔合治〕人中白不限多少，刮在新瓦上，用火煏乾，研入麝香少許，合酒調下三錢，止血汗、鼻衄五七日不止者，立愈。○秋石還元丹，補暖悅色，進飲食，益下元。久服去百疾，强骨髓，補血，開心益志。煉人中白方：　男子小便十石，更多不妨，先揩大鍋竈一副於空屋內，鍋上用深瓦甑接鍋口令高，用紙筋杵石灰泥卻甑縫並鍋口，勿令通風。候乾，下小便只可於鍋中及七八分已來，竈下用焰火煮，專令人看之。若湧出即添冷小便些小，勿令湧出。熬久候乾，細研，入好盒子內，如法固濟。入炭爐中煅之，旋取三二兩再研如粉，煮棗瓤爲丸如綠豆大。每服五七丸，漸至十五丸，空心溫酒鹽湯下。久服，臍下常如火暖，諸般冷疾皆愈。久年冷勞虛憊甚者，服之，皆壯盛。其藥常要近火，或時復養火

三五日，功效大也。

明・葉文齡《醫學統旨》卷八 人中白須置于風露下，經三二年者始可用。丹溪云：能瀉肝火，降陰火。

明・許希周《藥性粗評》卷四 人中白，人中黄，瘟來得利。人中白，尿桶底白膩也，一名白垽。須風露下經二三年佳。味鹹、酸，性寒，無毒。主治瘟病熱毒，癆熱傳尸，肺痿唾血衄血，瀉肝火，降陰火。

明・鄭寧《藥性要略大全》卷九 人中白 止唾血、衄血，肺痿及癆熱，瀉肝火，降陰火，傅口緊唇，亦治熱毒。味苦、辛、鹹，性寒，無毒。經風露多年者佳。即尿桶中沉底垢結成，如白牙硝、玉石者。煅過用。七潭云：此物有大毒，不宜多服。

明・王文潔《太乙仙製本草藥性大全》卷五《本草精義》 人中白 人中白即積垢在漩桶中，入藥稱人中白。澄底白者，瓦上燒灰，須置於風露下二三年者始可用之。

明・王文潔《太乙仙製本草藥性大全》卷五《仙製藥性》 人中白 氣大寒，無毒。主治：去傳尸勞熱殊功，止肺癰唾血立效。主心膈暴熱，住止吐血、鼻洪。羸瘦堪除，渴疾消減。補註：治血汗、鼻衄五七日不住立效。以人中白不限多少，刮在新瓦上，用火逼乾，研入麝香少許，用酒下。

明・王文潔《太乙仙製本草藥性大全》卷五《仙製藥性》 溺白垽 療鼻衄血神方，湯火灼瘡捷徑。補註：主緊脣瘡，溺白垽燒灰傅之神效。

明・皇甫嵩《本草發明》卷六 人中白又名溺白垽。漩桶中積垢，澄底白者，瓦上燒灰，須置于風露下二三年者，始可用之。主鼻衄，湯火灼瘡，去傳屍癆熱，止肺癰唾血，渴疾。

明・李時珍《本草綱目》卷五二人部 溺白垽音魚覲切。○《唐本草》。

〔釋名〕人中白時珍曰：滓澱爲垽，此乃人溺澄下白垽也。以風日久乾者爲良。入藥並以瓦煅過用。

〔氣味〕鹹，平，無毒。大明曰：凉。〔主治〕鼻衄，湯火灼瘡《唐本》。燒研，惡瘡蘇恭。治傳尸熱勞，肺痿，心膈熱，羸瘦渴疾大明。降火，消瘀血，治咽喉口齒生瘡疳䘌，諸竅出血，肌膚汗血時珍。

〔發明〕震亨曰：人中白，能瀉肝火、三焦火并膀胱火，從小便中出，蓋膀胱乃此物之故道也。時珍曰：人中白，降相火，消瘀血，蓋鹹能潤下走血故也。今人病口舌諸瘡用之有效，降火之驗也。張（果）〔杲〕《醫説》云：李士常苦鼻衄，僅存喘息。張思順用人中白散，即時血止。又延陵鎮官魯棠鼻血如傾，白衣變紅，頭空空然。張潤之用人中白藥治之即止，並不再作。此皆散血之驗也。

〔附方〕舊一，新十四。大衄久衄：人中白一團鷄子大，綿五兩，燒研。每服二錢，温水服。《聖惠方》。諸竅出血：方同上。鼻衄不止：五七日不住者。人中白，新瓦煏乾，入麝香少許，温酒調服，立效。《經驗方》。膚出汗血：方同上。偏正頭痛：人中白、地龍炒等分爲末，羊膽汁丸芥子大。每新汲水化一丸，注鼻中嗃之。名一滴金。《普濟方》。水氣腫滿：人尿，煎令可丸。每服一小豆大，日三服。《千金方》。脚氣成漏：跟有一孔，深半寸許，其痛異常。用人中白煅，有水出，滴入瘡口。戴原禮《證治要訣》。小兒霍亂：尿滓末，乳上服之良。《千金方》。鼻中息肉：人中白瓦焙，每温湯服一錢。《朱氏集驗方》。痘瘡倒陷：臘月收人中白，火煅爲末。温水服三錢，陷者自出。《儒門事親》。口舌生瘡：溺桶垽七分，枯礬三分，研勻。有涎拭去，數次即愈。《集簡方》。小兒口疳：人中白煅、黄蘗蜜炙焦爲末等分，入冰片少許，以青布拭净，摻之，累效。《陸氏經驗方》。走馬牙疳：以小便盆内白屑，取下入瓷瓶内，鹽泥固濟，煅紅研末，入麝香少許貼之。此汴梁李提領方也。○又方：用婦人尿桶中白垢火煅一錢，銅緑三分，麝香一分，和勻貼之，尤有神效。痘疹煩熱：人中白或老糞缸白垢，洗净研末。每白湯或酒服二錢。《痘疹便覽方》。

明・梅得春《藥性會元》卷下 人中白 在露天二三年者方可用。即溺白垽。主瀉肝火，降陰火，療鼻衄、湯火瘡。又治吐血。煉成秋石，治血汗、血衄。用新瓦上逼乾，入麝香少許，研細用。

明・李中立《本草原始》卷一二 人中白 時珍曰：滓淀為垽，以風日久乾者為良。此乃人溺澄下白垽也。故《唐本草》名溺白垽。人中白：氣味：鹹，平，無毒。主治：鼻衄，湯火灼瘡。○燒研，主惡瘡。○治傳尸，熱勞肺瘻，心膈熱，羸瘦渴疾。○降火，消瘀血，治咽喉口齒生瘡疳䘌，諸竅出血，肌膚汗血。

明・繆希雍《本草經疏》卷一五 溺白垽 療鼻衄，湯火灼瘡。

〔疏〕溺白垽，即人中白，乃人溺之積氣結成。其味鹹，氣涼，無毒，能瀉肝腎三焦膀胱有餘之火。本經療鼻衄。及大明治傳屍勞熱，肺痿，心膈熱，吐血，羸瘦，渴疾者，以其能入諸經瀉去火邪也。涼能除熱，故又治湯火灼瘡。今人以之治口舌生瘡，疳䘌等證，多効，是其除熱降火之驗也。〔主

治參互》同冰片、硼砂、青黛、黃蘗、牙硝、白礬，治口舌生瘡及小兒走馬牙疳口臭。《經驗方》鼻衄不止，人中白焙乾，入麝香少許，溫酒調服，立效。又方，小兒口疳，人中白煅，黃蘗蜜炙焦，為末，等分，入冰片少許，以青布拭淨，摻之，累效。

明・倪朱謨《本草彙言》卷一九　人中白又名溺白垽。　味鹹，氣寒，無毒。入足厥陰、少陰、太陽經。　李氏曰：人中白，係人溺澄下白垽也。以清水攪澄，以烈日乾者良。

人中白：療心肺虛熱，日華子止傳尸勞熱之藥也。葛小溪曰：此係人溺積滓結成，鹹寒潤下之物耳。宋人治肺熱勞嗽，肺癰肺痿，心膈虛熱，羸瘦渴疾，及鼻衄屢發等證。昔張杲《醫說》載李士常苦鼻衄垂危，僅存喘息，張思順用人中白散，即時血止。又延陵鎮官魯棠病鼻血如傾，日計盆餘，頭空空然，思順亦用人中白散治之即止，終身不再作。此皆鹹寒潤下散血之驗也。

集方：治諸竅出血，不拘吐、衄、便、溺諸血證。用人中白每早服二錢，白湯調下，立驗。○治小兒牙疳。用人中白、枯白礬、川黃連各等分，研細末，用髮箒蘸鹽湯，攪洗牙穢淨，摻之屢效。

明・倪朱謨《本草彙言》卷一九　尿瓶鹹　味鹹，氣寒，無毒。年久者，每日灌滾湯浸之。灌浸二十一次，候乾燥，打破瓶，用銅刀刮取。功力與人中白同。

明・顧逢柏《分部本草妙用》卷七兼經部・性平　人中白　平，無毒。

主治：鼻衄，湯火灼瘡，傳屍熱勞，肺痿，心熱羸瘦，降火，消瘀血，諸竅出血，肌膚汗血，及咽喉、口齒疳䘌諸瘡。　按：人中白能瀉肝火、三焦、膀胱火，從小便出。已上諸症，皆降火之功也。血症用人中白散，取驗如神，力能散血而不聚不逆，故也。○又方：以人中白煅煉秋石，加以陽藥，動其邪火，則虛陽妄作，真水愈涸，反成渴症。惟丹田虛冷者宜之，否則不可食也。豈如人中白之溫良哉？

明・蔣儀《藥鏡》卷四寒部　人中白　退癆熱傳屍，善療湯火。清肺痿吐衄，又治口疳。奪命于發狂，促生于血運。

明・張景岳《景岳全書》卷四九《本草正》　人中白　味鹹，性微涼。能降火清痰，消瘀血，止吐血衄血，退勞熱，清肺癰肺痿，心膈煩熱。燒研為末，大治諸濕潰爛，下疳惡瘡，口齒疳蝕，蟲䘌腫痛，湯火諸瘡，及諸竅出血，生肌長肉，善解熱毒。或生用為末亦可。

明・盧之頤《本草乘雅半偈》帙九　溺白垽《唐本草》　氣味：鹹，平，無毒。　主治：主鼻衄，湯火灼瘡，傳尸，肺痿。

覈曰：滓淀為垽，人溺澄結所成也。歲久之器，有厚寸餘者，取置磁盤內，露高潔處，越一二載，中外皆白，絕無氣臭者乃可用。研極細，水飛數過，再研萬匝，如仍有惡臭，隨泡隨飛，約數百遍，以無臭為度。煅淬者，精粹盡失，轉增火毒，不堪用也。

參曰：溺白曰垽，藉塵埃沒溺所集也。故物入陰中，色剝為白，陰中之陰矣。入手太陰肺、足太陰脾。緣精與氣，原從脾肺氣化之中，遊溢轉輸，是以仍歸脾肺爾。力倍于溺者，白作潤下鹹，還可水濟火；垽集塵埃土，復可土承水。亢則害，承乃制，制則化生矣。

明・李中梓《本草通玄》卷下　人中白　乃溺器澄淀白垽也。煅過，水飛用。

主降火，消血，止咳化痰，理咽喉口齒。

清・穆石匏《本草洞詮》卷一三　人中白　人中白乃人溺澄下白垽也。味鹹，氣平，一云涼，無毒。治傳尸熱勞，心膈熱渴疾，消瘀血，治疳䘌。蓋鹹能潤下走血，降三焦火，從小便中出，乃其故道也。李東垣云：一人鼻血如傾，白衣變紅，頭空空然，用人中白治之即止，並不再作。

清・劉雲密《本草述》卷三二　溺白垽音吟，去聲。一名人中白。　之頤曰：滓淀音殿，淺水也。為垽，人溺澄結所成也。歲久之器，有厚寸餘者，取置磁盤內，露高潔處，越一二載，中外皆白，絕無氣臭者，乃可用。研極細，水飛數過，再研萬匝。如仍有惡臭，隨泡隨飛約數百遍，以無臭為度。煅淬者精粹盡失，轉增火毒，不堪用也。

氣味：鹹，平，無毒。日華子曰：涼。主治：鼻衄，並傳尸熱勞，肺痿，心膈熱，羸瘦渴疾，及膚出汗血，並口齒生瘡，走馬牙疳。

丹溪曰：人中白能瀉肝火、三焦火，並膀胱火，從小便中出。蓋膀胱乃是物之故道也。張杲《醫說》云：市民李士常苦鼻衄，僅存喘息。張思順用人中白散，即時血止。又延陵鎮官魯棠鼻血如傾，白衣變紅，頭空空然。張潤之用人中白藥治之，即止，並不再作。中梓曰：同鰻魚食之，謂之烏龍丹。之頤曰：溺白曰垽，藉塵埃沒溺所集也。故物入陰中，色剝為白，

陰中之陰矣。入手太陰肺、足太陰脾。緣精與氣原從脾肺氣化之中遊溢轉輸，是以仍歸脾肺爾。

愚按：人溺主治之義，已悉於前矣。溺之與白涇，原是一物。但溺則徑達下而不留，白涇則性稍留，於肺所生病，可徐而達以致其功，故用之微有異也。《經》曰：飲入於胃，遊溢精氣，上輸於脾，脾氣散精，上歸於肺，通調水道，下輸膀胱。是飲之精氣，由胃而脾，由脾而肺，以達其清陽於上，是陰中之陽歸於肺，即少陽屬腎，腎上連肺之義。陰中之陽致於上，則陽中之陰達於下，故能化血歸經。《經》所謂肺之濁氣下注於經是也。血化歸經，是謂營氣，是乃謂之通調水道也。所謂後天之水，皆根氣化。氣固肺所主，而氣化之能通調水道者，以其清陽之能化，而濁陰之化乃行。則凡濁陰不化，如血證為首及，而更於治肺為切當也。所治上焦諸證，皆就清陽之能化，以化濁陰耳。如痘瘡倒陷，又非清陽之不化，以致病於濁陰乎？時珍止以鹹能入血而散者為言，則亦不究其本矣。

附方　大衄久衄，人中白一團雞子大，綿五兩，燒研，每服二錢，温水服。諸竅出血方同上。鼻衄不止，五七日不住者，人中白新瓦煏乾，入麝香少許，温酒調服，立效。膚出汗血方上同。痘瘡倒陷，臘月收人中白，火煅為末，温水服三錢，陷者自出。走馬牙疳，以小便盆內白屑，取下入瓷瓶內，鹽泥固濟，煅紅，研末，入麝香少許，貼之。此汴梁李提領方也。又方：用婦人尿桶中白垢，火煅一錢，銅綠三分，麝香一分，和勻貼之，尤有神效。鼻中息肉，人中白瓦焙，每温湯服一錢。口舌生瘡，溺桶涇七分，枯礬三分，研勻，有涎拭去，數次即愈。

清・郭章宜《本草匯》卷一八　人中白　味鹹，氣寒。治傳屍熱勞，鼻衄不止。清咽喉肺痿，除火消瘀。

按：人中白，即人溺之澄下結成者是也。能瀉肝、腎、三焦、膀胱有餘之火，為除熱去火之聖藥。蓋鹹能潤下走血，故也。以之治口舌疳瘡，每多効驗。

清・王翃《握靈本草》卷一〇　人中白人溺漩下白涇，以風日久乾者為良。

以風日久乾者為良。煅過，水飛用。

主治：人中白，鹹，平，無毒。主熱勞肺痿，心膈熱，羸瘦，渴疾。

清・汪昂《本草備要》卷四　人中白瀉火。鹹，平。降火散瘀，治肺瘀鼻衄，刮人中白，新瓦火上逼乾，調服即止。勞熱消渴，痘瘡倒陷，牙疳口瘡。即溺涇，煅研用。以蒙館童子便桶、山中老僧溺器刮下者，尤佳。

清・李熙和《醫經允中》卷二〇　人中白　煅過水飛用。鹹，寒，無毒。主治肺痿心熱，湯火灼瘡，降火消瘀血及咽喉、口齒疳䘌諸瘡。

清・张璐《本經逢原》卷四　溺白涇即人中白。鹹，平，無毒。煅過用。

發明：人中白能瀉肝火、膀胱火，從小便中出。蓋膀胱乃其故道也。今人病口舌諸瘡，用之有效，降火之驗也；但積垢之滓僅堪滌熱，略無益陰之功耳。

清・王子接《得宜本草・上品藥》　人中白　味鹹。主治癆瘵。得麻仁、阿膠治血虚便閉，得雞矢治蜘蛛咬毒。

清・尤氏《尤氏喉科秘書》　製人中白法　取多年溺器，用水灌滿，置火爐上，滾則傾出，如是數次，去淨穢氣，用鹽泥封固，大火煅之，半日取起，冷定去泥殼，取器內淡紅者，收貯用之。久置地上，出火毒氣，為妙。

清・黄元御《玉楸藥解》卷七　人中白　味鹹，性寒。入手少陰心、足太陽膀胱經。清心泄火，涼血止衄。人中白鹹寒泄火，治鼻衄、口瘡、牙疳、喉痹之證。即人溺澄清，白濁下凝者。庸工以法曬煉而為秋石，妄作各種丹丸，泄火伐陽，以夭人命，甚可惡也。

清・吴儀洛《本草從新》卷六　人中白〔降火清瘀。〕又名溺白涇。鹹，涼。降火散瘀。治肺瘀鼻衄，勞熱消渴，痘瘡倒陷，牙疳口瘡。陽虚無火，食不消，腸不實者忌之。以蒙館童子便桶及山中老僧溺器刮下者尤佳。新瓦火煅過。

清・汪紱《醫林纂要探源》卷三　人中白　苦，鹹，寒。溺涇也。取童子及老僧溺器者為佳。或煅，或生用。降火散瘀。治消渴，鼻衄，牙疳口瘡，亦治痘瘡黑陷。鹹本補心，白兼入肺，苦能降逆也。

清・嚴潔等《得配本草》卷一〇　人中白即溺白涇。鹹，微涼。入足厥陰、太陽經。降火，使肝膽膀胱火從小便出。清痰，消瘀止衄。療痘瘡倒靨，肌膚汗血。得炒地龍末、羊膽汁，嗃鼻，治偏正頭痛。配雞矢，治蜘蛛毒。配麻仁、阿膠，治血便秘。和枯礬，摻口舌瘡。合銅綠、麝香，治走馬疳。以風日久乾者良。新瓦煅研用。

題清・徐大椿《藥性切用》卷八　人中白　又名溺白涇。性味鹹涼，入

肝、腎、膀胱，降火散瘀，使熱從小便出。煅過，水飛。亦有生用者。須童子溺桶中刮取為佳。

清・黃宮繡《本草求真》卷六　人中白瀉肝膀胱火。　人中白耑入肝、膀胱。即溺白垽之物，故以白名。味鹹氣平，能瀉肝經膀胱火邪，使之盡從小便而出。蓋膀胱係溺白之故道，用此正以由其故道耳。今人病口舌諸瘡，用之有效，降火之驗也。張杲《醫說》云：李士常苦鼻衄，僅存喘息，張思順用人中白散，即時血止。又延陵鎮官魯棠鼻衄如傾，白衣變紅，頭空空然。張潤之用人中白藥，治之即止，並不再作，此皆散血之驗也。故可以治痨熱消渴，痘瘡倒陷，牙疳口瘡等症，但僅堪以滌熱清火，而不可以言補耳。煅研用。刮取白新瓦上煅。

清・羅國綱《羅氏會約醫鏡》卷一八人部　人中白即溺器中之白垢，入肝、腎、三焦、膀胱四經。　味鹹性涼，能瀉四經有餘之火。內服可除骨蒸勞熱、肺痿吐血。外治湯火灼瘡、口舌疳爛、除熱降火之功。痘瘡倒陷。煅研，為散為丸用。

清・趙學敏《本草綱目拾遺》卷九器用部　白秋霜　萬表《積善堂方》：白秋霜，即多年糞缸底結成白霜，須經風雨者，入藥炭火煅紅，醋淬九次用。《綱目》人部溺白垽，為人中白，乃溺垽也。且所列主治及附方，皆無接骨治傷之說，特補其缺。　治跌撲損傷閃挫，骨傷極重者，研極細末，每服五分，好酒調下萬表。　陳海曙云：凡多年廁坑底石板背後，有白胎如雪結其間，鑿取微有穢氣，陳久亦無。然糞力透石，故其精華凝聚於此，能清火毒。

王聖俞云：一名糞霜。曾見小兒瘄痘初愈者，忽然肺燥咽乾唇裂，目中出火，滿面紅赤，此火毒壅遏未化，滯於上焦，每服此藥一二錢，不數日全愈。敏按：蔣儀《藥鏡》云：泥宿糞坑之底，疔腫發背，止痛當塗，而霜又其精華也，大抵清火解毒，功用亦不甚相遠。

清・黃凱鈞《藥籠小品》　人中白　多年溺器中如苔而厚者，漂清煅用，解血分毒，喉科要藥。

清・張德裕《本草正義》卷下　人中白　鹹，涼。能清痰降火，消瘀止血，治肺痿肺癰。煅研末，大治濕爛下疳惡瘡，亦能生肌長肉。

清・楊時泰《本草述鉤元》卷三二　溺白垽　即人中白，便溺澄結所成，又藉塵埃沒溺所集也。物入陰中，色剝為白，陰中之陰矣。入手太陰肺、足太陰脾，因精與氣原從脾肺氣化之中遊溢轉輸，是以仍歸脾肺也。

氣味鹹平而涼。治鼻衄，傳尸熱勞，肺痿，心膈熱，羸瘦渴疾及膚出汗血，並口齒生瘡，走馬牙疳。能瀉肝火三焦火並膀胱火從小便中出。行其故道。同鰻魚食之，為烏龍丹。大衄久衄及諸竅出血，並用人中白一團如雞子大，綿五兩燒研，每服二錢，溫水服。鼻衄五七日不住及膚出汗血者，並用人中白新瓦焙乾，入麝香少許，溫酒調服，立效。痘瘡倒陷，臘月收人中白，火煅為末，溫水服三錢，陷者自出。走馬牙疳，取下溺盆內白屑，入瓷瓶，鹽泥固濟，煅紅研末，入麝香少許，貼之。又用婦人尿桶中白垢，火煅一錢，銅綠三分、麝香一分和勻貼之，尤神。鼻中瘜肉，人中白瓦焙，每溫湯服一錢。口舌生瘡，溺桶垽七分、枯礬三分研勻，有涎拭去，數次即愈。

論：人溺主治之義，已悉於前矣。溺之與白垽，原是一物，但溺則徑達下而不留，白垽性稍留，於肺所生病，可徐而致其功，故用之微有異。《經》曰：飲入於胃，遊溢精氣，上輸於脾，脾氣散精，上歸於肺，通調水道，下輸膀胱。是飲之精氣，由胃而脾，由脾而肺，以達其清陽於上，即少陽屬腎，腎上連肺之義。陰中之陽致於上，則陽中之陰達於下，故能化血歸經，《經》所謂肺之濁氣，下注於經也。血化歸經，是謂營氣，是乃謂之通調水道也。後天之水，皆根氣化，氣固肺所主，而氣化之能通調水道者，以其清陽之能化，而濁陰之化乃行，則凡濁陰不化，如血證當首及，而更於治肺為切當也。所治上焦諸證，皆就清陽之能化以化濁陰耳。即痘瘡倒陷，非又清陽之不化以致病於濁陰者乎。若止以鹹能入血而散為言，則亦不究其本矣。

修治：歲久溺器有厚寸餘者，取置瓷盤內，露高潔處，越一二載，中外皆白，絕無臭氣，乃可用。研極細，水飛數過，再研萬匝。如仍有惡臭，隨泡隨飛，約數百遍，以無臭爲度。煅淬者，精粹盡失，轉增火毒，不堪用。

清・葉桂《本草再新》卷一一　人中白味鹹，性寒，無毒。入肝、肺二經。　降火化痰，清肺熱，破瘀消渴。治痘瘡倒陷，肝火生風。

清・沈善謙《喉科心法》卷下製藥類　煉人中白　取多年溺壺內底上所結起者為最，次則婦人溺桶內所結起者亦可。無論多寡，取大塊放磁盆內，置屋上，任其霜壓、雨淋、風吹、日晒。如此一二年，愈久愈妙。取下放新瓦上，以炭火煉紅，烟盡為度。研細，收貯候用。

清・趙其光《本草求原》卷二七人部　人中白　鹹，入腎；平，歸肺。能使腎之水氣留戀於肺，俾陰降化血以歸經。《經》曰肺濁之氣下注於經是也。與

尿之鹹寒直達膀胱者別，徒以滋陰降火概之。又謂其瀉肝，妄矣。下火化痰，活血止渴，去肝火生風，治鼻衄，和綿灰，麝酒下。皮膚汗血，諸竅出血，方同上。偏正頭痛，同地龍炒研，羊膽汁為丸，水化注鼻。水腫，日三服，肺調水道也。牙疳，同銅綠、麝香貼。口舌疳瘡，同枯礬、冰片摻。鼻瘜，水服。痘倒陷，痘疹煩熱，水酒下。湯火傷，腳根生瘻，散血。　取蒙童、老僧尿器所積白垢，瓦煅用。但積垢之渣，既經火煅，精華已失，止堪滌熱行血，不能益陰。若用白垢置風露中二三年，中外雪白，無臭氣，研細水飛，再研再飛數次，則功近秋石，治傳尸、勞熱、肺痿、膈熱、止渴，假日月之真氣，以益陰秘陽也。

清・文晟《新編六書》卷六《藥性摘錄》　人中白　即尿白垽。鹹，平。瀉肝及膀胱火，可治癆熱消渴，及痘瘡倒陷，牙疳口瘡等症。○刮取白，新瓦上煅研用。

清・張仁錫《藥性蒙求・人部》　人中白　人中白鹹，功能降火。消渴牙疳，散瘀亦妥。一名溺白垽。鹹，涼。治肺瘀鼻衄，瀉肝火、膀胱火從小便中出。蓋膀胱乃其故道也。今人病口舌諸瘡，用之有效，降火之驗也。僅堪滌熱，略無益陰之功耳。○以蒙館童子便桶，及山中老僧溺器，刮下者尤佳。新瓦火煅過。

清・劉善述、劉士季《草木便方》卷二人禽獸部　人中白　人中白鹹降火熱，虛損勞傷散瘀血。久咳肺痿吐血膿，口舌牙喉腫痛捷。諸竅肌膚汗血止，惡瘡湯火鼻衄滅。

清・戴葆元《本草綱目易知錄》卷七　人中白溺白垽　鹹，平。降相火，消瘀血，瀉肝經及三焦火由膀胱小便出。煅用，治傳尸熱勞，肺痿，心隔熱，羸瘦，渴疾，咽喉口舌生瘡，鼻瘜牙疳，疳蝕，諸毒出血，肌膚汗血，鼻衄不止，湯火灼瘡及惡瘡。

清・陳其瑞《本草撮要》卷七　人中白　味鹹，涼，入手太陰經。功專降火散瘀，治肺瘀鼻衄，勞熱消渴，痘瘡倒陷，牙疳口瘡。得麻仁、阿膠治血虛便閉，得雞矢治蜘蛛咬毒。陽虛無火，食不消，腸不實者忌之。又名溺白垽，煅用。

秋石

宋・沈括、苏轼《苏沈内翰良方》卷六　陰丹訣：**【略】**世人亦知服秋石，然皆非清淨所結。又此陽物也，須復經火。經火之餘，皆其糟粕，與燒鹽無異也。**【略】**

秋石方：凡世之煉秋石者，但得火煉一法而已。此藥須兼用陰陽二石，方為至法。今具二法於後。

凡火煉秋石，陽中之陰，故得火而凝，入水則釋然消散，歸於無體。蓋質去但有味在，此離中之虛也。水煉秋石，陰中之陽。故得水而凝，遇暴潤，千歲不變。味去而質留，此坎中之實。二物皆出於心腎二臟，而流於小腸。水火二臟，螣蛇玄武正氣，外假天地之水火，凝而為體。服之還補太陽相火二臟，為養命之本。具方如後。

陰煉法：小便三五石，夏月雖腐敗亦堪用。置大盆中，以新水一半以上相和，旋轉攪數百匝，放令澄清。辟去清者，留濁脚，又以新水同攪，水多為妙。又澄去清者，直候無臭氣，澄下秋石如粉。即止。暴乾。刮下，如膩粉光白，粲然可愛，都無氣臭味為度。再研以乳男子乳，和如膏，烈日中暴乾。如此九度，須揀好日色乃和，蓋假太陽真氣也。第九度即丸之如梧桐子大，曝乾。每服三十丸，温酒吞下。

陽煉法：小便不計多少，大約兩桶為一擔。先以清水、好皂角濃汁。以布絞去滓。每小便一擔，入皂角汁一盞，用竹篦急攪，令轉百千遭乃止。直候小便澄清，白濁者皆碇底，乃徐徐撇去清者不用。只取濁脚，並作一滿桶。又用竹篦子攪百餘匝，更候澄清，又撇去清者不用。十數擔，不過取得濃脚一二斗。其小便須是先以布濾過，勿令有滓。取得濃汁，入淨鍋中煎乾，刮下擣碎。再入鍋，以清湯煮化。乃于筲箕紙內，滴淋下清汁，再入鍋熬乾，又用湯煮化，再依前法滴淋。如熬乾色未潔白，更准前滴淋，直候色如霜雪即止。乃入固濟砂盒內。歇口火，煅成汁，傾出，如藥未成窩，更一兩度，候瑩白玉色即止。細研，入砂盒內固濟，頂火四兩，養七晝夜。久養火尤善。再研，每服二錢，空心温酒下，或用棗肉為丸如梧桐子大，每服三十丸亦得，空心服。陽煉日午服，陰煉夜半服。廣南有一道人，惟與人煉秋石為業，謂之還元丹。先大夫曾得瘦疾且嗽凡九年，萬方不效，服此而愈。郎侍郎簡帥南海，其室病，夜夢神人告之曰：有沈殿中攜一道人，能合丹，可愈汝疾，宜求服之。其擲下數十粒，曰：此道人丹也。及旦臥席上，得藥十餘粒，正如夢中所見。及先大夫到番禺，郎首問此丹。先大夫乃出丹示之，與夢中所得不異，妻服之即愈。又予族子嘗病顛眩腹鼓，久之漸加喘滿。凡三年，垂困，亦服此而愈。皆只是火煉者。時予守宣城，亦大病逾年，族子急以書勸予服

此丹，云實再生人也。予方合煉，適有一道人，又傳陰煉法。二法相兼，其藥能洞入骨髓，無所不至，極秘其術。久之，道士方許傳。依法服之，又驗。此藥不但治疾，可以常服，有功無毒。予始得之甚艱，意在救濟人，理不當秘。火煉秋石，人皆能之。煎煉時須大作爐鼎，煎煉數日，臭達四鄰。此法極省力，只一小鍋便可煉。體如金石，永不暴潤，與常法功力不侔。久疾人只數服便效。予偶得之，極為神妙。

宋・張杲《醫說》卷九　秋石不可久服　服秋石久而成渴疾，蓋鹹能走血，血走令人渴，不能制水妄行同上。

宋・陳衍《寶慶本草折衷》卷一四　新分秋石　用男子小便煎煉成。今諸處皆得煎煉之法，其法不一也。

味鹹，溫，無毒張松。〇大補暖，悅色，進食，益下元，強骨髓，補精血，開心益志。久年冷勞虛憊，服之壯盛。分前條《經驗方》。

續說云：秋石者，出於人之真元。夫本元斲耗，若又以本元者復以補之，猶窗紙破補以紙，身衣破補以衣之義耳。張松又言秋石主諸虛損，五勞七傷，脚弱冷疼，下焦傷竭，盜汗失精，臍腹疼痛，面色黧黑，目暗耳聾諸證。不宜與金石藥同用，能導金石燥氣入骨髓中，使人枯瘦也。真者味鹹，色瑩，氣覺微惡。薄俗亦以食鹽煎製，其體色與秋石無異，但味苦而鹹。或患腫渴及嗽，更服鹽，反增其極矣。

明・鄭寧《藥性要略大全》卷九　秋石　味鹹、辛，性涼，無毒。能解諸虛勞熱，清心止煩渴，去熱病。然亦不宜多服。極能破血，故恐其耗血也。乃小便煎鍊而成者，惟童子便製者佳。

明・方穀《本草纂要》卷八　秋石　味醎，氣溫，無毒。治男子真元失守，情慾妄泄，致生耳聾昏聵，精神衰弱；或嘔吐咯衄而溺血便血；或虛熱虛火而午後乍發；或小便作疼而淋瀝精滑；或大便不通而腸胃積熱；或口舌乾燥而津液秘結；或腰背無力而肢體痿厥，是皆腎虛不足之症，惟此秋石可以治之。大抵秋石之劑，由其童便煉成。童便陽之精也，秋石煉就精也。將已就之精而治精虧之症，則腎得精歸，而精亦不虧於腎也，其症可痊，是謂治病必求其本歟。

明・王文潔《太乙仙製本草藥性大全》卷五《本草精義》　秋石丹　誠心脩鍊，務在秋時，聚童溺，多著缸盛。用秋露須以布取清晨露水，盛降之時用布二三疋，鋪禾草稍上一宿，即時濕透，攪入盆內收之。石膏水飛細末，桑枝刀削直條，四者辦齊，如法鍊就，謂之秋石，名實相符。然陰陽分煉略殊，由男女所屬不一。陰煉者爲男，屬陽，孤陽不生，必取童女真陰男病取女溺煉，即採陰補陽之法。陽煉者爲女，屬陰，獨陰不成，務求童男純陽女病求男溺煉，亦陽配陰之方。採彼有餘，補我不足，兩無偏勝，纔得生成。《內經》云：一陰一陽之謂道，偏陰偏陽之謂疾。實竊此意爾。或作散服，或爲丸吞，古方以棗肉搗丸，溫酒送下。

煉秋石法：每溺一缸投石膏末七錢，桑條攪混二次，過半刻許，其精英漸沉於底，清液白浮於上，候其澄定，將液傾流，再以別溺滿攙如前，投末混攪，傾上留底，俱勿差違。待溺攙完，清液傾盡，方入秋露水一桶於內，亦以桑條攪之，水靜即傾，如此數度，滓穢洗滌，鹹味減除，製畢重紙封面，灰滲晒乾成塊，堅凝囫圇取出，其英精之輕清者自浮結面上質白。〇原石膏末併餘滓之重濁者，並沉聚底下，質緇而黯，面者留用，底者刮去，制度如斯，靈性完具，入藥拯濟，誠養丹田。若復入罐則封，文火煅煉半刻，色雖白甚，性却變溫，終不及晒者優也。古方以棗肉爲丸如菉豆大，每服五七丸，漸至十五丸，空心溫酒、鹽湯下，久服臍下常如火暖，諸般冷疾皆愈。久年冷勞虛憊甚者，服之皆壯盛。其藥未常近火，收或時復養火三五日，功效大也。

按：秋石丹務取童溺煉之，取無淫慾外侵，真元內守故也。投石膏欲易澄清，而精英即結，攪秋露資兼肅殺，而邪穢不容，古人立名實本此義。然制煉分陰陽爲二，採補使男女俱同。此又妙合《內經》玄通《周易》。所加丹字示乃仙成，故人部中每稱乳汁、河車併斯三者，俱爲接命之至寶也。奈何世醫未得真授，四時妄爲，溺惟求諸男人，無問年之老幼，陰陽採補佛然罔知。秋露、石膏纖毫蔑有，但加皂莢入水攪澄，或向日乾，指爲陰煉，或用火煅，陽煉爲云。鹵莽雖成，玄妙盡失，於道何合，於名何符，只可謀利敗人，安能應病獲效？《語》曰：名不正則言不順，言不順則事不成。理勢必然，不待忖料而後識也。

明・王文潔《太乙仙製本草藥性大全》卷五《仙製藥性》　秋石丹　味鹹，氣大溫，無毒。主治：滋腎水返本還元，養丹田歸根復命。安和五臟，潤澤三焦。消咳逆稠痰，退骨蒸邪熱。積塊軟堅堪用，鼓脹代鹽可嘗。明目清心，延年益壽。

明·張四維《醫門秘旨》卷一五煅煉門　秋石賦　秋者，自白而稱禾矣；　石者，曰剛以名之也。遊自九萬之里，生當一斤之期。金水既分，鉛銀以彰于有像；　子母乍見，黑白以成于混儀。原其為物，自精化魄。遇陰火而始飛，到金鄉而變白。初離銀礦，隨黃雀入于天河；　纔返蟾宮，逐清風流於地脉。諒以欲乾清，汞全仗白金。子欲親而戀母，陽要純而去陰。貫滿則盈，仙傳制伏之法；　精至必就，孰憂損益之心？　異哉！半夜方中，一陽初起。赤白而相照運，真水而清泄。迴從尾穴，少若黑鉛之形；　流至中央，已成紫金之體。豈不以完氣之母，五味之精，取司馬牙之寶，期立刀圭之名。若嫁阿郎，要在子孫而相見；　如婚姹女，須假翁婆而曲成。是以欲保于金生，先精于養素。汞遇鉛兮不起，土得水而相輔。色瑩如玉，自淮南而強名；　性急如龍，因神農而假喻。美哉！至精至淨，純柔純剛。龍虎并分于卯酉，陰陽盛滿于中秋。輕清上徹于泥丸，形如朱鳳；　重濁下降于華蓋，體若素流。所以修養于還丹，貴自于金石。枉將內寶以輕棄，却取外珍而貴惜。可憐天地之全身，返作三尸之屋宅矣。

陽煉秋石　側栢葉數枝、皂角一二片、童便一擔，加水一桶，順攪去沫，去濁留清，不計多少，用鍋熬乾，將刀斫起。先用黃泥包固罐一個，入熬黑物於內，封口，打火三炷香，先文後武，取出冷定為末。將滾水泡化，入厚綿紙六七層濾過，熬乾，晒一七聽用。再入泥固罐打過，文武二炷香，可以久收。

陰煉秋石　用皂角煎水一二椀，入童便缸內攪，停少時加清水攪。如此攪一次，去濁沫，再加水攪，又去。如此數番，徐徐去上面清水，底下凝結如粉水，用地灰將黍鋪上，凝結者傾于紙上，少頃乾收聽用。

明·皇甫嵩《本草發明》卷六　秋石丹氣微寒，味鹹。　發明曰：　秋石，滋陰固腎之妙藥，故主滋腎水，養丹田，強骨髓，補精血，安和五臟，清心益志，明目，潤澤三焦，消咳逆稠痰，退骨蒸勞熱，軟堅積，除膨脹。久服去百疾，悅顏進食，延年益壽。　秋石丹製法：　待秋時多聚童便，着缸盛，候早晨露盛降，用布披禾草上露水，攪入盆內，收之待用。每溺一缸，投石膏末七錢，桑條攪混二次，半刻許，其精英漸沉于底，清液(白)〔自〕浮于上，候澄定，將清液傾出，再以別溺攙滿，如前投石膏末，混攪澄定後，即傾出。待溺攙完，清液傾盡，方攙入秋露水一桶于缸內，仍以桑條攪之，水靜即傾出。如此數度，滓穢洗滌，鹹味減除。製畢，用重帋封面，灰滲之，晒乾成塊。堅凝，囫圇取起。其精英之輕者，自浮結于面上而質白。其原石膏末并餘滓之重濁，並沉聚于底下，質緇而面黯，刮去不用。其質白者，若復入罐內封固，文武火煅煉，半刻(间)，其色雖堅白，其性却變溫，終不及晒者更優也。

按：　秋石丹必取童便煉製，以其心純靜，無淫慾外侵，真元內固，投以石膏，取其易澄清，而英精即結，攪以秋露，兼資肅清，而邪穢不容，故名秋石。古人命名，取義良有以也。近時製用，純取童男便煉之，説者又謂製煉，須陰陽兼補，必分男女。陰煉者謂男屬陽，孤陽不生，必取童女真陰，男病取女溺煉也，即採陰補陽之法。陽煉者，謂女屬陰，獨陰不成，必求童男純陽，女病求男溺煉也，亦取陽配陰之方，陰陽交補而不偏，纔得生成。《經》曰：　一陰一陽之謂道，偏陰偏陽之謂疾。今陰陽交補，妙合《經》旨，玄通《易》道，人所罕知也。

明·李時珍《本草綱目》卷五二人部　秋石《蒙筌》

【釋名】秋冰時珍曰：　淮南子丹成，號曰秋石，言其色白質堅也。近人以人中白煉成白質，亦名秋石，言其亦出於精氣之餘也。再加升打，其精致者，謂之秋冰，此蓋倣海水煎鹽之義。方士亦以鹽入爐火煅成僞者，宜辨之。嘉謨曰：　秋石須秋月取童子溺，每缸入石膏末七錢，桑條攪，澄定傾去清液。如此二三次，乃入秋露水一桶，攪澄。如此數次，滓穢滌淨，鹹味減除。以重紙鋪灰上曬乾，完全取起，輕清在上者爲秋石，重濁在下者刮去。古人立名，實本此義。男用童女溺，女用童男溺，亦一陰一陽之道也。世醫不取秋時，雜收人溺，但以皂莢水澄，曬爲陰煉，煅爲陽煉。盡失於道，何合於名？　媒利敗人，安能應病？　況經火煉，性却變温耶？

【氣味】鹹，温，無毒。　【主治】虛勞冷疾，小便遺數，漏精白濁時珍。　滋腎水，養丹田，返本還元，歸根復命，安五臟，潤三焦，消痰咳，退骨蒸，軟堅塊，明目清心，延年益壽嘉謨。

【發明】時珍曰：　古人惟取人中白、人尿治病，取其散血、滋陰降火、殺蟲解毒之功也。王公貴人惡其不潔，方士遂以人中白設法煅煉，治爲秋石。葉夢得《水雲録》極稱陰陽二煉之妙；　而《瑣碎録》乃云秋石味鹹走血，使水不制火，久服令人成渴疾。蓋此物既經煅煉，其氣近温。服者多是淫欲之人，藉此放肆，虛陽妄作，真水愈涸，安得不渴耶？　況甚則加以陽藥，助其邪火乎？　惟丹田虛冷者，服之可耳。觀病淋者水虛火極，則煎熬成沙成石，小便之煉成秋石，與此一理也。

【附方】新十二。

秋石還元丹：　久服去百病，強骨髓，補精血，開心益志，補暖下元，悅色進食。久則臍下常如火暖，諸般冷疾皆愈。久年冷勞虛憊者，服之亦壯盛。其法：　以男子小便十石，更多尤妙。先支大鍋一口於空室內，上用深瓦甑接鍋口，以紙筋杵石灰泥甑縫並鍋口，勿令通風。候乾，下小便約鍋中七八分以來，竈下用焰火煮之。若涌出，即少少

添冷小便。候煎乾，即入中白也。入好罐子內，如法固濟，入炭爐中煅之。旋取二三兩，再研如粉，煮棗瓤和，丸如緑豆大。每服五七丸，漸加至十五丸，空心温酒或鹽湯下。其藥常要近火，或時復養火三五日，則功效更大也。《經驗良方》。　陰陽二煉丹：　世之煉秋石者，但得火煉一法。此藥須兼陰陽二煉，方爲至藥。火煉乃陽中之陰，得火而凝，入水則釋，歸於無體，蓋質去味存，此離中之虛也。水煉乃陰中之陽，得水而凝，遇曝而潤，千歲不變，味去質留，此坎中之實也。二物皆出於心腎二臟，而流於小腸，水火螣蛇玄武正氣，外假天地之水火，凝而爲體。服之還補太陽、相火二臟，實爲養命之本。空心服陽煉，日午服陰煉。此法極省力，與常法功用不侔，久疾服之皆愈。有人得瘦疾且嗽，諸方不效，服此即瘳。有人病顛腹鼓，日久加喘滿，垂困，亦服此而安也。陽煉法：　用人尿十餘石，各用桶盛。每石入皂莢汁一碗，竹杖急攪百千下，候澄去清留垽。併作一桶，如前攪澄，取濃汁一二斗濾净，入鍋熬乾，刮下搗細。再以清湯煮化，筲箕鋪紙淋過，再熬。如此數次，直待色白如雪方止。用沙盒固濟，火煅成質，傾出。如藥未成，更煅一二次，候色如瑩玉，細研。入砂盒內固濟，頂火養七晝夜，取出攤土上，去火毒，爲末，棗膏丸梧桐子大。每空心温酒下三十丸。○陰煉法：　用人尿四五石，以大缸盛。入新水一半，攪千回，澄定，去清留垽。又入新水攪澄，直候無臭氣，澄下如膩粉，方以曝乾。刮下再研，以男兒乳和如膏，烈日曬乾，蓋假太陽真氣也。如此九度，爲末，棗膏和，丸梧子大。每午後温酒下三十丸。葉石林《水雲録》。　秋冰乳粉丸：　固元陽，壯筋骨，延年不老，却百病。用秋冰五錢，頭生男乳曬粉五錢，頭生女乳曬粉五錢，乳香二錢五分，麝香一分，爲末。煉蜜丸芡子大，金箔爲衣，烏金紙包，黄蠟匱收，勿令泄氣。每月用乳汁化服一丸，仍日飲乳汁助之。○秋冰法：　用童男、童女尿垽各一桶，入大鍋內，桑柴火熬乾，刮下，入河水一桶攪化，隔紙淋過。復熬刮下，再以水淋煉之。如此七次，其色如霜，或有一斤。入罐內，上用鐵燈盞蓋定，鹽泥固濟，升打三炷香。看秋石色白如玉，再研，再如前升打。燈盞上用水徐徐擦之，不可多，多則不結；　不可少，少則不升。自辰至未，退火冷定。其盞上升起者，爲秋冰，味淡而香，乃秋石之精英也，服之滋腎水，固元陽，降痰火。其不升者，即尋常秋石。味鹹苦，蘸肉食之，亦有小補。楊氏《頤(貞)〔真〕堂經驗方》。　直指秋石丸：　治濁氣干清，精散而成膏淋，黄白赤黯，如肥膏、蜜、油之狀。用秋石、鹿角膠炒、桑螵蛸炙各半兩，白茯苓一兩，爲末，糕糊丸梧子大。每服五十丸，人參湯下。《仁齋直指方》。　秋石交感丹：　治白濁遺精。秋石一兩，白茯苓五錢，菟絲子炒五錢，爲末。用百沸湯一盞，井華水一盞，煮糊丸梧子大。每服一百丸，鹽湯下。《鄭氏家傳方》。　秋石四精丸：　治思慮色欲過度，損傷心氣，遺精，小便數。秋石、白茯苓各四兩，蓮肉、芡實各二兩，爲末，蒸棗肉和，丸梧子大。每空心鹽湯下三十丸。《永類鈐方》。　秋石五精丸：　常服補益。秋石一兩，蓮肉六兩，真川椒紅五錢，小茴香五錢，白茯苓二兩，爲末，棗肉和，丸梧子大。每服三十丸，鹽湯、温酒空心下。○秋石法：　用童男、童女潔净無體氣、疾病者，沐浴更衣，各聚一石。用潔净飲食及鹽湯與之，忌葱、蒜、韭、薑、辛辣、羶腥之物。待尿滿缸，以水攪澄，取人中白，各用陽城瓦罐，鹽泥固濟，鐵綫扎定，打火一炷香。連換鐵綫，打七火。然後以男、女者秤勻，和作一處，研開，以河水化之，隔紙七層濾過，仍熬成秋石，其色雪白。用潔净香濃乳汁和成，日曬夜露，但乾即添乳汁，取日精月華，四十九日數足，收貯配藥。劉氏《保壽堂經驗方》。　腫脹忌鹽：　只以秋石拌飲食。待腫脹消，以鹽入罐煅過，少少用之。《摘玄方》。　赤白帶下：　真秋石研末，蒸棗肉搗，丸梧子大。每服六十丸，空心醋湯下。《摘玄方》。　噎食反胃：　秋石，每用一錢，白湯下，妙。《醫方摘要》。　服丹發熱：　有人服伏火丹藥多，腦後生瘡，熱氣冉冉而上。一道人教灸風市數十壯而愈。仍時復作，又教以陰煉秋石，用大豆黄卷煎湯下，遂愈。和其陰陽也。王清明《餘話》方。

題明・薛己《本草約言》卷二《藥性本草》　秋石　滋陽固腎之妙藥。古方以棗肉搗丸，溫酒送下，滋腎水，返本還元，養丹田，歸根復命，安和五臟，潤澤三焦，消咳逆稠痰，退骨蒸邪熱，積塊軟堅堪用，鼓脹代鹽可嘗，明目清心，延年益壽。秋石屬金與水，故能益肺補腎，還人真元。須用陰陽煉者，兼而服之，得坎離既濟之義。蘇東坡有煉法、服法，可用。

明・李中立《本草原始》卷一二　秋石　嘉謨曰：　秋石，須秋月取童子溺，每缸入石膏末七錢，桑條攪澄定，傾出清液。如此二三次，乃入秋露水一桶，攪澄，如此數次，滓穢滌淨，鹹味減除，以重紙鋪地上，晒乾，完全取起。輕清在上者為秋石，重濁在下者刮去。古人立名，實本此義。男用童女溺，女用童男溺，亦一陰一陽之道也。世醫不取秋時，雜收人溺，但以皂莢水澄晒為(煉)〔陰〕煉，煅為陽煉，煉盡失于道，何合于名？媒利敗人，安能應病？況經火煉，性却變溫耶？　秋石：　氣味：　鹹，溫，無毒。　主治：　虛勞冷疾，小便遺數，漏精白濁。○滋腎水，養丹田，返本還元，歸根復命，安五臟，潤三焦，消痰欬，退骨蒸，軟堅塊，明目清心，延年益壽。　治噎食反胃：　秋石用一錢，白湯下，妙。

明・羅周彥《醫宗粹言》卷四　秋石陰陽二鍊法

陰鍊之法：　用童便不拘多少，每一石用缸一隻盛之，攙入清水一石和之，用皂莢煎湯一盞加入，以竹杖攪之數百回為止，候其澄靜片時，傾出上面清的一石，又加淨水一石，如前攪之澄傾之法，一次一次，其澄下者漸濃，必至十次之後，如澄樣凝結成霜雪迺已。去水，以布帛上加紙灰晒乾，收起秋石，暴乾再研，或加男乳調和，日暴夜露七七，任用。或散或丸，服之一年，增壽一紀。此陰鍊之法。雖滌去鹹味，凡質尚存，所謂先天之氣混泄，固不能

免化痰降火之功，亦不能若鹹味之利痰速也，補益之功可以並言。今人多有彼此優劣之議，予故有陰陽之辯。

陽鍊之法：備新缸數隻，採取童便十餘石，採法惟於童蒙學堂中，用一人看守藥缸，另置一小缸於藥之傍，童生來便，見試其色之赤白，始出色赤，蓋有火邪以混之，棄而勿用，惟清白者取之，積有十石，移置僻處，用大鍋煮鍊，乾則加添，必盡十石俱完乾枯為度，收處如鐵如石，謂之丕胎，將此丕胎入土釜明爐，火煅黑烟穢氣去盡為度，謂之退陰符，取出用小銀鍋將新汲泉水煮之，無銀鍋，銅鍋可。溶化無形，濾過，滴下淨藥如淨泉，復入銀鍋熬乾，則成白雪潔瀅無埃，任加乳汁、紅鉛，散服、丸藥無不宜也。若將白雪之藥入鼎明爐，用火煅煉，清溶霞光熌熌，結成靈丹如璧如玉。於此可見人身之寶不誣矣，服之者得無効乎？

秋石陰陽二鍊辯　秋石陰陽二鍊之法，不可以優劣加之。夫何世不燭理有謂陽鍊鹹味不去，凡性猶存；有謂陰鍊清陽混雜，正氣不足。是二者之議，皆過也。殊不知二法蓋由鹹味取捨之施，理勢之必不可偏廢也。然欲存其味者，必陽鍊，乃陽中之陰；欲去其味者，必陰鍊，乃陰中之陽。苟捨二法，不可以成秋石也，何則？陽鍊用火存形，其味鹹，其質重，除病之効速。集其鹹味重體而有化痰、降火、滋腎、生水之功，則如藥性所用海石、青鹽一理也。陰鍊以水滌體，其味淡，其質輕，益養之功純，集其淡味輕體而有還精、補腦、助氣、調腎之績，則如藥性所用茯神、琥珀一理也。又謂陽中之陰以象離，陰中之陽以象坎，有必合兩家之作而並用之，以為坎離交媾之義，則優劣之辯昭然矣。予故並將陰陽二鍊之法録入于集，以備養生者之取正云耳。

明·李中梓《藥性解》卷六　秋石　味鹹，性微寒，無毒，入肺、腎二經。主滋腎水，返本還元，養丹田，歸根復命，安和五臟，潤澤三焦，消咳逆稠痰，退骨蒸勞熱，能除鼓脹，亦軟堅積，明目清心，延年益壽。按：秋石之鹹，本耑入腎，而肺即其母也，故并入之。須用陰陽煉者，兼而服之，得坎離既濟之義，東坡有煉法可用。

明·倪朱謨《本草彙言》卷一九　秋石　味鹹，氣溫，無毒。　陳氏曰：秋石，須秋月取童子溺，每缸入石膏細末七錢，桑條攪，澄定，傾去清液，如此二次，乃入秋露水一桶攪澄。如此數次，滓穢滌淨，鹹味減除。以重紙鋪灰上，曬乾完全取起，輕清在上者爲秋石，重濁在下者刮去。古人立名實本此義。用溺惟取童男女。今人不取秋時，亦不取童男女溺，隨便雜收衆人之溺，但以皂莢水澄曬爲陰煉，火熬爲陽煉，失其本性，何合于名？媒利敗人，安能應病？况經火煉，燥涸精血，久服令人成渴疾。

秋石：滋腎水，養丹田，潤心肺，陳氏《蒙筌》消痰渴之藥也。門吉士曰：此係人尿、人中白，王公大人惡其不潔，方士遂以設法修製爲秋石也。治病功力與人中白同，亦無大奇驗處。

明·黄承昊《折肱漫録》卷三　秋石入藥，必須水鍊者佳。古人取秋露鍊成，故名秋石。今露不可多得，惟以清水鍊之。若火鍊者，則精華已去，徒存鹽質，恐未必能補陰，且鹽濕亦難以入藥，古方所指，秋石決指水鍊者而言。

明·鄭二陽《仁壽堂藥鏡》卷九　秋石　益肺補腎，還人真元。　日華子云：秋石強骨髓，補精血，開心益志。按：氣有餘便是火。人溺，濁陰歸下竅。屈曲降之，有取坎填離之功。且得人元氣，有滋補之妙。煉成秋石，去濁留清，補益之功，真是還元復命，為虛癆者第一靈丹。須陰陽煉者，得坎離既濟之義。　人中白：降火散血，與溺同功。諸瘡疳蠆尤奇。煅過用。

明·盧之頤《本草乘雅半偈》帙一〇　秋石《蒙筌》　氣味：鹹，溫，無毒。　主治：主滋腎水，養丹田，返本還元，歸根復命，安五藏，潤三焦，消痰欬，退骨蒸，軟堅塊，明目清心，延年益壽。

覈曰：製煉秋石，為丹家秘法，世所煉者，皆渣魄，不堪用也。其法宜秋月取用人尿二三石，入鍋內，桑薪緩緩煎收，勿使鍋岸生垽，有則竹刀掠下，或沸滾泛溢，亦以竹枝頻攪遂定，俟乾成滓，即去薪，緩火焙燥。分置陽城罐，上餘空二寸許蓋覆磁盞，封固罐口。養火一周，其藥漸生，輕盈如雪，瑩潔可愛。或成五色，或象物形，此屬上乘。宜密貯銀瓶，藏陰靜處，不則風化成水，復須升養，仍結如霜，但少堅實爾。又製既濟玄黍秘法，選端潔童男女，各認溺器，各陸續取溺，煎煉成滓，各升取上乘秋石，各取溺器白垽，晒焙令乾。先置女于銀釜之底，次置男秋石于女垽之上，次置女秋石于男秋石之上，次置男垽于女秋石之上，次第安置，上餘二寸，六一泥封固，三方火溫養七日，則粒粒丹紅，交結釜頂，此更屬無上乘，藏貯亦如秋石法。

条曰：　物熟曰秋，石言量也。溺緣潤下水，藉火大既濟而允升，培後天之形藏，副先天之神藏者也。故諸證咸從形藏生，力轉神藏仍與形藏俱。若玄黍為陰陽合璧，復還圓象，使得盡終其天年，度百歲乃去。

明・李中梓《本草通玄》卷下　秋石　滋腎水，理虛癆，安五臟，潤三焦，消痰嗽，退骨蒸。　秋月取童便十桶，每桶入皂莢汁一碗，竹杖攪千下，候澄去清留垽，濾淨入鍋熬乾，刮下擣細，以秋露水煮化，筲箕內鋪紙淋過，再熬。如此七次，其色如雪，方入罐內，鐵盞蓋定，鹽泥固濟，升打三炷香。取出再研，再如前升打。鐵盞上用水徐徐擦之，水不可多，多則不結；又不可少，少則不升。從辰至未，退火冷定。盞上升起者，為秋冰，味淡而香，乃秋石之精英也，有滋腎固元，清痰退熱之妙。其不升者，即秋石也，但能降火化痰而已。近時不擇秋令，雜收人溺，盡失其道，奚取其名乎！　媒利欺世，豈能應病！

清・穆石匏《本草洞詮》卷一三　秋石　味鹹，氣溫，無毒。治虛勞冷疾，小便遺數。按淮南子丹成，號曰秋石，言色白質堅也。以人中白煉成白質，亦名秋石，蓋倣海水煎鹹之義。其法：　須秋月取童子溺，每缸入石膏末攪澄，傾去清液，如此二三次，乃入秋露水，攪澄數次，滓穢滌淨，鹹味減除，以重紙鋪灰上晒乾，取起，刮去重濁在下者，取輕清在上者，為秋石也。今人不必秋時，雜收人溺，以皂莢水澄之，晒乾為陰煉，煅為陽煉，盡失之矣。葉夢得稱陰陽二煉之妙，云火煉乃陽中之陰，得火而凝，入水則釋，歸於無體，質去味存，此離中之虛也。水煉乃陰中之陽，得水而凝，遇曝而潤，千歲不變，味去質留，此坎中之實也。《鎖碎錄》則云：　秋石使水不制火，久服成渴疾。蓋人溺、人中白治病，取其滋陰降火，散血解毒，殺蟲之功耳。既經煅煉，性已變溫，並無滋陽降火之功。觀病淋者，水虛火極，則煎熬成沙成石。人溺之煉成秋石，亦此類耳。惟丹田虛冷者或可用之。《蒙筌》謂其滋腎水，退骨蒸，清心延年，未必然也。

清・劉雲密《本草述》卷三二　秋石　之頤曰：　製煉秋石，為丹家秘法。世所煉者，皆渣魄，不堪用也。其法：　宜秋月取用人尿二三石，入鍋內，桑薪緩緩煎收，勿使鍋岸生垽，有則竹刀掠下，或沸滚泛溢，亦以竹枝頻攪遂定，俟乾成滓，即去薪，緩火焙燥，分置陽城罐，上餘空二寸許，蓋覆磁盞，封固罐口，養火一周，其藥漸生，輕盈如雪，瑩潔可愛，或成五色，或象物形，此屬上乘，宜密貯銀瓶，藏陰靜處。不則風化成水，復須升養，仍結如霜，但少堅實爾。又製既濟玄黍秘法：　選端潔童男女，各認溺器，各陸續取溺，煎煉成滓，各升取上乘秋石。各取溺器白垽，曬焙令乾。先置女垽於銀釜之底，次置男秋石於女垽之上，次置女秋石於男秋石之上，次置男垽於女秋石之上，次第安置，上餘二寸，六一泥封固，三方火溫養七日，則粒粒丹紅，交結釜頂。此更屬無上乘。藏貯亦如秋石法。

氣味：　鹹，溫，無毒。主治：　滋腎水，養丹田，返本還元，歸根復命，安五臟，潤三焦，消痰欬，退骨蒸，軟堅塊，明目清心，延年益壽。

愚按：　《難經》曰：　三焦者，水穀之道路，氣之所終始也。然《內經》謂三焦為水府，而腎屬水，膀胱行水，與腎合。故又曰：　三焦者，足少陰、太陽之所將。然則小水之出也，固根於氣化，然實為氣之所終，由陽而歸陰以出也。原其所始，固亦本於至陰。蓋氣者，水所生也。第氣之所終，由陽歸於陰者，較氣之所始，由陰達於陽者，為何如哉？雖曰降火有功，還以較於秋石，其從水之降，轉為火之升者，不尤有滋益乎。嘉謨返本還元，歸根復命二語，洵非臆說，即之頤所謂緣潤下，水藉火大，既濟而允升，亦微中也。如瀕湖等於小水之成沙石者，然乎？試觀養火一周，其藥漸生，輕盈如雪者，視溲溺竟何如乎？況等於沙石之病於水者乎？先哲曰此藥要常近火，或時復養火三五日，則功效更大也。若然，則瀕湖之說然乎？否乎？

清・郭章宜《本草匯》卷一八　秋石　味鹹，氣溫。滋腎水，養丹田，還元復命。安五藏，潤三焦，消痰退蒸。虛勞冷疾堪用，鼓脹代鹽可嘗。煅過，少少用之。

按：　秋石，屬金與火，故能益肺補腎，為滋陰降火之聖藥。既經煅煉者，其氣近溫，久服常令人成渴疾。蓋鹹為走血之物，中寓暖氣，未免虛陽妄作，真水涸竭，況甚則加以陽藥，助其邪火乎？惟丹田虛冷者，服之可耳。況火煉，乃陽中之陰，得火而凝，入水則釋，歸于無體，蓋質去味厚，此離中之虛也。水煉乃陰中之陽，得水而凝，遇曝而潤，千歲不變，味去質存，此坎中之實也。世但得火煉一法，而不知陰煉補陰，陽煉補陽，須陰陽兼用，得坎離既濟之妙。古方有秋石五精丸，常服補益，秋石一兩，蓮肉六兩，真川椒紅五錢，小茴香五錢，白茯苓二兩，為末，棗肉為丸，鹽湯溫酒空心下。

又有四精丸，治思慮色欲過度，損傷心氣，遺精便數，秋石、茯苓各四兩，蓮肉、芡實各二兩，為末，蒸棗和丸，空心鹽湯下。

陽煉法：取便十桶，每桶入皂莢汁一碗，竹杖攪千下，候澄，去清留垽，音佞。濾淨入鍋，煎乾，擣細，再以清湯煑化，筲箕內鋪紙淋過，再熬，如此七次，其白如雪，方入礶內，鐵盞蓋定，鹽泥固濟，升打三炷香，取出再研，如前升打，鐵盞上用水徐徐擦之，水不可多，多則不結，又不可少，少則不升，從辰至未，退火冷定，盞上升起者，為秋氷，味淡而香，乃秋石之精英也。其不升者，即秋石也。但可蘸肉食，亦有小補。有滋腎固元，清熱退痰之妙。陰煉法：用便四五石，以大缸盛，入新水攪千回，澄定，去清留濃汁，又入新水攪澄，候無臭氣，澄定，刮下，曝乾用。

秋月取童子溺為最。近時不擇秋令，雜收人溺，盡失其道，奚取其名乎？謀利欺世，豈能應病？

清・蔣居祉《本草擇要綱目・寒性藥品》 秋石 氣味：鹹，寒，無毒。主治：虚勞冷疾，小便遺數，漏精白濁，滋腎水，養丹田，潤三焦，消痰欬，退骨蒸，軟堅塊。

清・閔鉞《本草詳節》卷一二 秋石 【略】按：秋石，不如人中白，未經火煅，可無助虚陽涸真水之患，惟虚冷者服之可耳。

清・王翃《握靈本草》一〇 秋石取童尿煎煉而成。 主治：秋石，鹹，溫，無毒。主虚勞冷疾，便數便遺，漏精白濁。

清・汪昂《本草備要》卷四 秋石補腎水，潤三焦。 鹹，溫。滋腎水，潤三焦，養丹田，安五藏，退骨蒸，軟堅塊。治虚勞咳嗽，白濁遺精，爲滋陰降火之聖藥。若煎煉失道，多服誤服，反生燥渴之患。鹹能走血，且經煅煉，中寓暖氣，使虚陽妄作，則真水愈虧。《蒙筌》曰：每月取童便，每缸用石膏七錢，桑條攪澄，傾去清液，如此二三次，乃入秋露水攪澄，故名秋石。如此數次，滓穢淨，鹹味減，以重紙鋪灰上曬乾。刮去在下重濁，取輕清者爲秋石。世醫不取秋時，雜收人溺，以皂莢水澄曬爲陰煉，火煅爲陽煉，盡失于道，安能應病？況經火煉，性却變溫耶！秋石再研入罐，鐵盞蓋定，鹽泥固濟升打。升起盞上者名秋冰。味淡而香，乃秋石之精英也。《保壽堂方》：用童男童女小便，各煉成秋石，其色如雪，和勻加乳汁，日曬夜露，取日精月華，乾即加乳。待四十九日足，收貯配藥。《摘玄》云：腫脹忌鹽，只以秋石拌飲食佳。

清・王遜《藥性纂要》卷四 秋石 【略】東圃曰：近法用尿數擔，不襍生水，并不可見雨露霜雪，得女人者更佳，煉起帶微紅色。用新鐵鍋一口，先將上好蔴油擦過，入尿煎煑，不住加添，待煎起霜，用鏟刀鏟下，尿內若沸起，用蔴油以棉花紮箒醮洒即沸止，否則鋪出鍋，不完不歇，待乾，其色黑，用蔴油澆入鍋內，此為胚子。加大火燒鍋底，令煙盡色白，如有一點黑色未盡，再加蔴油，至色如灰白，用水噴地，覆鍋於上，其胚自下，再將鏟刀鏟下。有餘不盡者，用乳鉢研細，一杯胚，一杯泉水，再帶濕碾細，用新淘籮襯上白綿紙二三十張，於淘籮內以胚水同傾在籮內，候濾盡，取有鏽新磁鉢無隙路者，先以生薑擦內外，用文火鉢外煉，候水響聲絕，即凝結。火不可太旺。色潔白可用，此法甚簡便。煉成秋石，用瓶封固，放燥處，陰天忌見濕。凡煉秋石，秋冬為妙，人氣收斂，尿一石可得秋石半斤。春夏人氣散，煉則減半於秋冬。用尿，取打錫箔與舂米者，力旺氣厚為妙。味鹹，氣溫。滋腎水，返本還元，消痰嗽，退骨蒸，治虚癆遺精白濁，補益需之。味鹹不可多使，可代鹽食。

清・张璐《本經逢原》卷四 秋石 鹹，溫，無毒。陰煉淡秋石法：將大缸一隻，近底三寸許，艾火燒三十餘炷，打成一孔，杉木塞之，秋月取童子溺入缸內，衝河水攪，澄定，去木塞，放去上水，每日增童便、河水如前攪之，只留缸底者，積至月餘，用絹篩襯紙，瀝乾收之。〇又陰收秋石法：將鉛毬大小數十枚，俱兩片合成，多鑽孔眼入尿桶中浸，每日傾去宿尿，換溺浸之，經秋收取，置鉛罐藏之，此為最勝。〇陽煉秋石：將草鞋數百隻，舊者尤佳，長流水漂晒七日，去黃色，浸尿桶中，日晒夜浸一月許，曝乾，烈日中燒灰，須頻挑撥，令燒盡，滾湯淋汁，澄數日，鍋內燒乾，重加雨水煮溶，箆箣襯紙數重，濾淨，再澄半月餘，銀缶器內煮乾，色白如霜，鉛罐收之。〇又陽煉法：以童子小便入鍋熬乾，其鍋先燒通紅，香油熬過洗淨，則不粘滯傷鍋，初如油脚，入煬盛罐或小鐵釜中，煅通紅，用熱水溶化，置有嘴壺中，將草掩塞壺口，徐徐傾出，下以竹箣襯紙濾清，再以文火收乾，鉛罐收之則不溶化。〇又煉秋冰法：以秋石入秋露水煮化，入煬盛罐內，新鐵盞蓋定，鹽泥固濟，昇打三炷香，取出再研，如前昇打，盞內用水徐徐塗之，水不可多，多則不結，又不可少，少則不昇，從辰至未，退火冷定，盞上昇起者為秋冰，乃秋石之精英，真虚羸之神丹也。〇凡人力製造之藥，每多偽充，而秋石之真者尤不易得。有以食鹽濾水煮成者，有以朴硝溶化製造者，有以焰硝煬化傾成錠式

者，其僞不一，苟非雇庸督製，總難輕用也。試真僞法，入滚豆腐漿中，不結腐花者為真。若結者即鹽之僞充也，入口令人作渴。入滚豆腐漿中起水紋而微苦者，即玄明粉之僞充也，入腹令人作瀉。其傾成錠式入熱水不易化者，即焰硝之僞充也，下咽令人發熱。又以秋石化水，入青菜葉有頃色不萎者為真。又以少許入眼不澁痛者必真無疑。其淡秋石入滚水不化者，即熟石膏末及滑石末混充也。　發明：秋石以秋命名，專取秋氣下降之意，他時製者功力則殊。製法：以童溺煅煉，去其鹹寒，轉成溫補。能滋陰降火而不傷胃，補益下元真火，散瘀血，助陰精，降邪火，歸真陽。止虛熱嗽血，骨蒸勞瘵之仙品也。火盛者宜生宜淡。陰虛者宜熟宜鹹。凡勞瘵陰火亢極而不受參、耆補益者，立秋石丸三方次第施治，或服，或噙，則喘欬氣息漸平，痰亦易出，嗽亦省力，以其性味鹹降而無上逆之患也。先用韭汁炒黑，大黃淨末與秋石等分，煮紅棗肉丸，空心服三錢，清熱散血。次用貝母、秋石末各等分，生甘草末減半，仍用紅棗肉為丸，服之以止嗽消痰。後用人參、秋石等分，炙甘草末減半，亦棗肉為丸，以補氣安神。製劑之多少，隨瘀熱元氣而施，不可限以分兩。其陰煉淡者性最下滲，苟非陰分熱極，難以輕投。陰虛多火、小便頻數、精氣不固者誤服，令人小便不禁，甚則夢泄。其鹹者可代鹽蘸物食之，喘欬煩渴不得寐者，以半錢匙衝開水服之，即得安寐。覺時滿口生津，亦不作渴，補陰之功可知。陰煉淡秋石，治夏暑熱淋、小便不通及濁淋、沙石淋、肉淋、老人絕慾太早、小便淋瀝澁痛，一服即效。

清・王子接《得宜本草・下品藥》　秋石　味鹹。功專滋腎水，養丹田。得乳粉能回元陽，延年不老。得茯苓、菟絲治遺濁。得茯苓、蓮肉、芡實、棗肉治色慾過度遺精，小便數。食物中用，腫脹代鹽。

清・吳儀洛《本草從新》卷六　秋石〔補腎水，潤三焦。〕　鹹，平。滋腎水，潤三焦，養丹田，安五臟，退骨蒸，軟堅塊。治虛勞咳嗽，白濁遺精。為滋陰降火之藥。煎煉失道，多服誤服，反生燥渴之患。鹹能走血，且經煅煉，中寓暖氣，使虛陽妄動，則真水愈虧。秋月取童便，每缸用石膏七錢，桑條攪澄，傾去清液，如此三次，乃入秋露水攪澄，故名秋石。如此數次，滓穢淨，鹹味減，以重紙鋪灰上曬乾，刮去在下重濁，取輕清者為秋石。世醫不取秋時，雜收人溺，以皂莢水澄曬為陰煉，火煅為陽煉，盡失於道，安能應病？況經火煉，性却變溫耶。腫脹忌鹽，只以秋石拌飲食，佳。秋石再研入罐，鐵盞蓋定，鹽泥固濟升打，升起盞上名秋冰，味淡而香，乃秋石之精英也。

清・汪紱《醫林纂要探源》卷三　秋石　鹹，平。取法當依《蒙筌》：每月取童便，每缸用石膏七錢，桑條攪澂，傾去清液，如此數次，乃用秋露水攪澂，如此數次，滓穢淨而鹹味減，乃以重紙鋪灰上晒乾，刮去地下重濁，取輕清者為秋石，方有益。若雜取人溺，又不以秋時，不用秋露，乃以皂莢水澄晒為陰煉，火煅為陽煉，失之矣。此則與鹽何異？何用此為？　補心輭堅，滲血去瘀，利三焦，通水道，澂清腎水，降逆消痰。潤下作鹹之性，大約如鹽。第本於人身，得陰陽之化，自三焦而降，為舊由之道，又重之澂以石膏，和以秋露，則滋益真陰，補心清肺，去腎水之穢濁，利三焦之決瀆，自應有勝於鹽者。李士材概謂其盡失真元之性，及或謂其能使虛陽妄，真水愈虧，則一偏之論矣。至於輭堅去瘀，亦與鹽同。其能治勞熱骨蒸，虛火咳嗽，白濁遺精之功，自不可昧。《內經》云：鹹走血，血病無多食鹹者，以人或失血已多，血液枯少，不宜更以鹹滲之耳。非指火逆血妄，火鬱血瘀而言也。血妄血瘀，正宜鹹補心以靖之散之矣。安得復有無多食鹹之戒。今人於虛羸火妄，吐血咯血，及腹腫鼓脹，每戒食鹽，而勸服秋石。夫潤下作鹹，秋石與鹽亦復何異歟？　秋冰：鹹，溫。秋石再研，入罐，瓦盞蓋定，鹽泥固封，打火三炷香，其升起盞上者。味淡而香，乃秋石之精英也。　補心。功用只同熟鹽，但更滋陰耳。〇古云男取童女者，女取童男者，亦有理。

清・嚴潔等《得配本草》卷一〇　秋石　鹹，溫。入足少陰經。治勞咳，止遺精，軟堅塊，潤三焦。為滋陰降火之聖藥，亦還元返本之神丹。得白茯苓、菟絲子，治遺濁。配人乳粉，固元陽。入芡實、蓮子，治腎虛洩數。多服誤服生燥渴。味鹹而性溫也。　用淨糞桶二隻，淨磚頭數十塊，置磚桶內，令數十童子便於磚上，俟尿上磚，再加磚一層，再便之，如此層層加法，至滿而止。再將磚漸置別桶，如前法，加至滿桶而止。四五轉易，磚內童便自透。將磚置陰暗地上，磚外發出白霜，羽毛刷下，貯瓷瓶候用。　又法：取童便數桶，每桶入石膏一兩，桑條攪之，澄定傾去清液。如是者二三次。入秋露一桶，攪和澄清。如前法數次，滓穢滌淨，鹹味減除，以重紙鋪灰上曬乾，輕清在上者為秋石，重濁在下者刮去不用。

題清・徐大椿《藥性切用》卷八　秋石　性味鹹平，滋水益腎，退熱除蒸，為滋陰降火耑藥。秋月取童子小便陰煉而應秋石，入秋露升煉為秋冰，降火宜生宜淡，滋陰宜熱宜鹹。

清・黃宮繡《本草求真》卷六　秋石滌腎熱。　秋石耑入腎。本於人溺，因秋露水攪澄晒乾刮取而成，故名秋石。味鹹氣溫，據書載能滋陰潤臟，退蒸

軟堅，治癆止嗽，通溺利便，濇精固氣。且云經火煅煉，去其鹹寒，轉為溫補，溫而不燥，潤而不滯，清不損元，降不敗胃，為滋陰降火之聖藥。為精火兩衰而用。然繡竊謂補處少而清處多，溫處少而寒處多。溫止由於火煅，而非溺中濁氣，具有溫補之性也。虛勞火重，服此似不甚碍。以其具有清火之性耳。間有微功，亦非補中正劑。補中惟參、耆，補火惟附、桂，滋水惟地、茱，乃補中正劑耳。若使氣薄，火衰水泛，縱經煅煉，終不免有虛虛之禍矣！大黃縱經煅煉，亦不能以補命門之火，以其氣質本寒故也。法於秋時取童便，每缸用石膏七錢，桑攪澄，傾去清液，如此二三次，乃入秋露水攪澄，如此數次，穢淨鹹減，以重紙鋪上，晒乾，刮去在下重濁，取輕清為秋石，再研入罐，鐵盞蓋定，鹽泥固濟，升打，升起盞上者名秋冰，味淡而香，乃秋石之精英也。

清·羅國綱《羅氏會約醫鏡》卷一八人部 秋石味鹹，氣溫。滋腎水，潤三焦，退骨蒸水足，軟堅塊味鹹。治虛勞欬嗽、白濁遺精。補腎之功。若煎鍊失道，多服反生燥渴之患，鹹能走血，且經煅煉，中寓暖氣，使虛陽妄作，真水愈虧。不如童便，未失真元之氣矣。

清·王龍《本草纂要稿·人部》 秋石 味鹹。滋腎水，返本還元。養丹田，歸根復命。安和五臟，潤澤三焦。消咳逆稠痰，退骨蒸勞熱。積塊軟堅當用，膨脹代鹽可嚐。明目清心，延年益壽。

清·楊時泰《本草述鉤元》卷三二 秋石 製煉法：秋月用人尿二三石，入鍋內，桑火緩煎，勿使鍋岸生涎，有則竹刀掠下，或沸泛，以竹杖頻攪定，俟乾成渣，去薪，緩火焙燥，分置陽城罐，上空二寸許，磁盞蓋，封固罐口，養火一周，其藥漸升，輕盈如雪，或成五色，或象物形，此屬上乘。宜密貯銀瓶，藏陰靜處，不則風化成水，復須升養，仍結如霜，但少堅實耳之頤。又製既濟元黍法，選端潔童男女，各認溺器，各陸續取溺，煎煉成滓，各升取上乘秋石，各取溺器白涎，曬焙令乾，先置女涎於銀釜之底，次置男秋石於女涎之上，次置女秋石於男秋石之上，次置男涎於女秋石之上，安置定，上餘二寸，六一泥封固，三方火溫養七日，則粒粒丹紅，交結釜頂，此更屬無上乘，藏貯亦如秋石法。

氣味鹹溫。滋腎水，養丹田，返本還元，歸根復命，安五臟，潤二焦，消痰咳，退骨蒸，軟堅塊，明目清心，延年益壽。

論：《難經》曰：三焦者水穀之道路，氣之所終始也。然《內經》謂三焦為水府，而腎屬水，膀胱行水，與腎合，故又曰：三焦者足少陰太陽之所將。然則小水之出也，固根於氣化，然實為氣之所終，由陽而歸陰以出也。原其所始，固亦本於至陰。氣者水所生。第氣之所終，由陽歸於陰者，較氣之所始，由陰達於陽者，為何如哉？是以人溺雖降火有功，還以較於秋石從水之降，而轉為火之升，之頤謂緣潤下，水藉火大，既濟而允升。自秋石尤有滋益矣。試觀養火一周，則其藥漸升，輕盈如雪，視溲溺竟何如乎？此藥要常近火，或時復養火三五日，則功效更大。

清·葉桂《本草再新》卷一一 秋石味鹹，性平，無毒。入肺、腎二經。滋陰潤肺，降火化痰，治虛癆欬嗽，白濁遺精。

清·趙其光《本草求原》卷二七人部 陽秋石 尿鹹寒，下降，得火煉，轉成鹹溫，是陰成於陽；去質存味，見水則化歸於無。乃水由氣化之義。水火既濟，滋陰精，降邪火，又能歸真陽，止虛熱，故嘉謨言其返本還元，歸根復命。而不傷胃，為勞瘵、陰火咳嗽、痰血、骨蒸，不受參、芪補益之仙品。張石頑三方，次第施治。或服、或含，喘咳漸平，痰亦易出，以其水火既濟，升降合度也。先同韭汁炒黑，大黃等分，棗肉為丸服，清熱散瘀；次同川貝等分，甘草減半，棗肉為丸服，以止嗽消痰；後同人參等分，炙甘減半，棗肉丸，以補氣安神。治遺精，白濁，尿數，同茯苓、菟絲，或加蓮肉、芡實。膏淋，同鹿膠、桑蛸、茯苓、人參。噎食、反胃，白湯下。潤三焦，三焦者，氣之始終，腎與膀胱水道之所將，水火升降，全藉三焦之氣。軟堅塊，明目，清心，腫脹用以代鹽。秋月取童便秋氣下降之義。二三石，其鍋先熬過油，洗淨，方不粘滯傷鍋。入尿煎，以竹枝頻攪，鍋岸生涎，用竹刀掠下，徐徐熬乾；又焙燥，入陽城罐，上空二寸許，盞蓋，鹽石膏封固，養火一周，則漸生，輕盈如雪，或成五色；以鉛罐密封，藏陰處，不則風化成水，先哲云：此藥要近火，或時養火三五日，功益大。觀其輕盈如雪，煞有元妙，時珍乃以陽煉助陽，妄作淺甚。須復升養，仍結成霜，但少結實耳。俗法以皂莢汁攪澄，去清留涎煎熬，是亦用渣魄，何異人中白哉。又法：以秋石入河水，秋露水更好。煮化，入陽城罐熬，將乾，盞蓋封固，打三炷香取出再研，如前升打，盞上用水徐徐塗之。水不可多，多則不結；又不可少，少則不升。從辰至未取出，盞上升起者為秋冰，味淡而香，乃秋石之精英，滋腎水，固元陽，降痰火，壯筋骨，為虛勞之神丹。同乳粉、乳香、麝，蜜丸，每日乳汁下一丸，仍飲乳汁。其不升者味鹹苦，點肉食，亦有小補。又法：用陽城罐入人中白一層，秋石一層，再又人中白一層，秋石一層，次第

安置，若得男中白、女中白層次安之，更妙。上餘二寸，六一泥封固，三方打火，養七日，則粒粒丹紅，交結盞上，功同秋冰，名既濟元黍，俱無上之乘。藏貯俱如上法。

陰秋石：其淡者，性專淡滲，治暑氣，熱淋，沙石膏淋，尿秘，白濁，老人絕欲太早，淋瀝澀痛，一服即安。服丹石熱上沖，或腦生瘡。以黃卷豆湯下。其鹹者，治喘咳煩渴不寐。滾水調下，即生津止渴。用以代鹽，亦能補陰。然非陰分熱極，不可輕投；倘尿數精滑，誤用則益甚。法以秋月取童便入缸中，缸離底三寸須艾燒一孔。杉木先塞之。沖河水攪，澄定夫木塞，放出上水，每日增童便、河水，如前攪之，只留缸底的。積至月餘，以重紙鋪灰曬乾，去下重濁，取輕清者，為淡秋石。又法將鉛球大小數十枚，俱兩片合成，多鑽孔，入尿桶浸，每日傾去宿尿，換尿浸之，經秋收取，置鉛罐藏之。二者得水而凝，遇曝而潤，去味留質，多年不變。為鹹秋石。再加乳汁和勻，日曬夜露，乾又加乳。四十九日足，收貯。此法得日精月華，略無寒滲之患。但市中多偽造，有以食鹽濾煮者，入滾腐漿中即結，入口必作渴；有以朴硝製者，入滾腐漿中起水紋，入腹必瀉；有傾成錠式，入熱水不化者，焰硝所製也，下嚥令人發熱。若真秋石，入滾豆腐漿中不結腐花；又以水化之，入青菜葉有頃色不萎，以之點眼不澀痛。至陰秋石，入滾水有渣者，石膏之製也。一法，朝服陽煉，午服陰煉，名陰陽二煉丹，治瘦弱、咳嗽及病癲、腹鼓、喘滿，垂危皆效。

清・文晟《新編六書》卷六《藥性摘錄》　秋石　味鹹，氣微溫。入腎滋陰降火，退蒸軟堅。〇治癆止嗽，通尿利便。〇若氣薄火衰水泛者，勿用。〇秋時取童尿，每缸入石膏七錢，攪澄，傾去清液，如此二三次，乃入秋露，不攪，澄，如此數次，以重紙鋪上，曬乾，刮去在下重濁，取輕清，為秋石。

清・張仁錫《藥性蒙求・人部》　秋石三分　秋石鹹平，滋陰降火。欬嗽虛勞，骨蒸可佐。秋石，以秋命名，取秋氣下降之意。他時製者，功力則殊。製法：以童便煅煉，去其鹹寒，能滋陰降火，而不傷胃。虛熱欬血，骨蒸勞熱之仙品也。〇時珍曰：古人取人中白、人尿治病，取其散血滋陰降火之功。後人惡其不潔，遂設法煅煉為秋石。煉法詳見《本(草)〔經〕逢(源)〔原〕》，有數法。若煎煉失道，多服誤服，反生渴燥之患。臨服調入，不過二三分。

清・戴葆元《本草綱目易知錄》卷七　秋石　鹹，溫。【略】腫脹病，以此代鹽，為滋陰降火善劑。若煎鍊失道，或藉服此壯陽，反生燥渴之患。

清・黃光霽《本草衍句》　秋石鹹，溫。滋腎水，養丹田。潤三焦，安五臟。為滋陰降火之藥，有反本還元之能。虛勞咳嗽，白濁遺精。

清・陳其瑞《本草撮要》卷七　秋石　味鹹，入足少陰經，功專滋腎水，養丹田。得乳粉能固元陽。延年不老。得茯苓、菟絲治遺濁。得茯苓、蓮肉、芡實、棗肉治色慾過度遺精，小便數。食物中用，腫脹代鹽。

淋石

宋・唐慎微《證類本草》卷五玉石部下品〔宋・馬志《開寶本草》〕　淋石　無毒，主石淋。此是患石淋人或於溺中出者，如小石，水磨服之，當得碎石隨溺出。今附。

〔宋・掌禹錫《嘉祐本草》〕按：日華子云：淋石，暖。

〔宋・唐慎微《證類本草》〕陳藏器云：溺中出，正如小石，非他物也，候出時收之，淋爲用最佳也。又主噎病吐食，俗云澁飯病者效。

宋・王繼先《紹興本草》卷一　淋石　紹興校定：淋石，即病淋人所下之石也。然《本經》雖有主療及無毒之文，但治病之藥，取其精英者為(止)〔上〕，此甚非起疾之藥矣。

明・劉文泰《本草品彙精要》卷六　淋石無毒。淋石：主石淋，水磨服之，當得碎石隨溺出。名醫所錄。謹按：淋石乃患石淋之人溺中出者，非他物也。蓋人下部鬱結濕熱，積熱久不散，移入膀胱，煎熬日漬，輕則凝如脂膏，甚則結如砂石，即若烹器煎熬日久，遂成湯鹼之義，候出時收之，仍服以治淋，正謂物各從其類也。【收】瓷器貯之。【色】白。【味】鹹。【性】溫。【氣】氣厚于味，陽中之陰。【臭】臊。【主】噎病，吐食。【製】水磨服之。

明・鄭寧《藥性要略大全》卷九　淋石　性暖，無毒。治噎隔不進食，專治石淋。此石即前人患石淋尿中溺出者，收之水磨服，即得碎石隨溺出，最效。

明・王文潔《太乙仙製本草藥性大全》卷六《本草精義》　淋石　即患石淋人或於溺中出者，正如小石，非他物也。倏出時收之，用之磨服，當得淋石隨溺中出也。

明・王文潔《太乙仙製本草藥性大全》卷六《仙製藥性》　淋石　無毒。主治：主石淋澁飯病驗，治噎病吐食症良。水磨服之，治病尤效。

明·李時珍《本草綱目》卷五二人部　淋石宋《嘉祐》。校正：自玉石部移入此。

〔集解〕藏器曰：此是患石淋人溺中出者，正如小石，收之爲用。時珍曰：此是淫欲之人，精氣鬱結，陰火煎熬，遂成堅質。正如滚水結鹼，滷水煎鹽，小便煉成秋石，同一義理也。

〔氣味〕鹹，温，無毒。　〔主治〕石淋，水磨服之，當得碎石隨溺出大明。噎病吐食，俗名澀飯病藏器。

癖石

明·李時珍《本草綱目》卷五二人部　癖石《綱目》

〔集解〕時珍曰：有人專心成癖，及病癥塊，凝結成石。如牛黄、狗寶、鮓荅之類，皆諸獸之病也。觀夫星隕爲石，沙淋、石淋及釋氏顱頞結成舍利子，皆精氣凝結而然。故《格物論》云：石者，氣之核也。群書所載，如寶圭化石，老樹化石，皆無情之變異也。魚、蛇、蝦、蟹，皆能化石，乃有情之變異也。《世説》載貞婦登山望夫，化而爲石，此蓋志一不分，遂入於無情也。《宋史》載石工採石，陷入石穴，三年掘出猶活，見風遂化爲石，此蓋吞納石氣，久而與之俱化也。夫生形尚全化石，則頑心癥癖之化石，亦其理也。《程子遺書》云：波斯人發古墓，見肌膚都盡，惟心堅如石。鋸開，中有山有如畫，旁有一女，憑闌凝睇，蓋此女有愛山水癖，遂致融結如此。宋濂云：一浮屠行大〔般〕舟三昧法，示寂後，焚之，惟心不化，狀如佛像，非金非石。又一人行禪觀法，及死火葬，心内包觀音像悉具。醫書云：一人病癥死，火化有塊如石，此皆癥癖頑凝成石之蹟，故併録之。

〔主治〕消堅癖，治噎膈時珍。

清·穆石匏《本草洞詮》卷一三　癖石　凡人專心成癖，及病癥塊，凝結成石，如牛黄、狗寶之類是也。《格物論》云：石者，氣之核也。群書所載，如寶圭化石，老樹化石，無情之變也。魚蛇蝦蟹皆能化石，有情之變也。《世説》載：貞婦登山望夫，化而為石。《宋史》載：石工采石，陷入石穴，三年掘出猶活，見風遂化為石。夫生形尚然，化石況頑。心癥癖有不化石者乎？主消堅癖，治噎膈，取其以堅攻堅也。

清·王道純《本草品彙精要續集》卷四　癖石

癖石：主消癖，治噎膈《本草綱目》。　〔地〕李時珍云：有人專心成癖，及病癥塊凝結成石，如牛黄、狗寶、鮓荅之類，皆諸獸之病也。觀夫星隕爲石，沙淋、石淋及釋氏顱頞結成舍利子，皆精氣凝結而然。故《格物論》云：石者，氣之核也。群書所載，如寶圭化石，老樹化石，皆無情之變異也。魚蛇蝦蟹皆能化石，乃有情之變異也。〔質〕《程子遺書》云：波斯人發古墓，見肌膚都盡，惟心堅如石，鋸開，中有山水如畫，旁有一女憑欄凝睇。蓋此女有愛山水癖，遂致融結如此。宋濂云：一浮屠行大〔般〕舟三昧法，示寂後焚之，惟心不化，狀如佛像，非金非石。又一人行禪觀法及死火葬，心内包觀音像悉具。醫書云：一人病癥死，火化有塊如石。此皆癥癖頑凝成石之蹟，故併錄之。〔性〕《世説》載：貞婦登山望夫，化而爲石。此蓋志一不分，有情之至，物極必反，遂入於無情也。《宋史》載：石工採石陷入石穴，三年掘出猶活，見風遂化爲石，此蓋吞納石氣久而與之俱化也。夫生形尚全，化石則頑，心癥癖之化石，亦其理也。

清·趙學敏《本草綱目拾遺》卷二石部　瘤卵石　《池北偶談》：高陽民家子方十餘歲，忽臂上生宿瘤，痛癢不可忍，醫皆不辨何症。一日忽潰，中有圓卵墜出，尋化為石，劉工部霦以一金售之，用治膈症如神。　治痞結膈症。

人中黄

元·朱震亨《本草衍義補遺》　人中黄　性涼。治温病。日華子有方。

明·許希周《藥性粗評》卷四　人中黄冬月取竹一段，留底一節，削去青皮令薄，以大甘草納其中，用木尖塞口，朝上插入人糞缸中，浸一月取出，晒乾待用。　味甘，性寒，無毒。亦主瘟病熱毒。

明·鄭寧《藥性要略大全》卷九　人中黄　治天行大熱，勞氣骨蒸，及解諸毒熱病，陽症發狂諸熱，並燒存性，為末入藥用。

人糞清　性冷，無毒。臘月截竹為筒，去青皮，兩頭留節，略開一小孔，入甘草於内。仍將筒孔緊塞，用石定澄浸廁中，待年深。臨用時，取筒内汁，治時氣熱病極妙。又治中風痰壅。其甘草取出晒乾為末，亦治諸熱。

明·方穀《本草纂要》卷八　糞清　味淡、鹹，氣寒，無毒。主去百惡，除百邪，解百毒，驅百蟲等症。吾見砒霜之毒，服之即死，非若百惡、百毒而可待日也，如服糞清，則燥烈之氣，時頃而去也。百惡百毒之解，非用糞清，而何又有風痰、風熱、風腫、風氣等症，並皆治之？吾見火丹之病，其色白腫，諸藥難痊，惟服糞清，其治立可，而況於痰熱腫氣等症並治之乎？大抵糞之爲物，亦由腸胃自腐而出，今又取清入土埋出糞味，使清與土合，而治毒亦善者矣。殊不知毒自土生，取土之氣而歸伏其毒，毒性最烈，取鹹寒之味而平

其烈，所以毒得清而解，惡得清而去，邪得清而除，蟲得清而驅。然火丹之症皆然者也，豈有痰熱腫氣而難治之哉？

明·皇甫嵩《本草發明》卷六　地清　亦解大熱狂渴。擇陰地，淨黃土中，五六寸小坑，以乾糞末，新汲水攪濁，待其定清了，取之，隨多少飲之為妙。〇新生小兒糞，能除患瘡蝕瘜肉，亦能除面印字。〇東向坑圊溺坑中青泥，療喉，消腫毒，若已有膿即潰。交廣（理黯）〔俚〕人，用焦銅為箭鏃，射人纔傷皮便死，惟飲糞汁而差。名黃竜湯。

明·皇甫嵩《本草發明》卷六　人中黃性冷，截竹筒，刮去清，兩頭節上開竅，入甘草段填滿，仍塞口，桐油灰布封固，立冬日投糞圊中，交春前豎起有風無日處陰乾，仍取出甘草，晒乾。治時疫毒、小兒痘毒妙。

明·梅得春《藥性會元》卷下　人中黃　即糞清。冬月以竹一股，刮去青，一頭留節底，一頭不留，內大甘草一節於竹筒內，以木塞之。將留節一頭插於糞缸浸一月，取出晒乾待用。治大瘟疫毒氣。又能降陰虛火動，清痰消食，解一切藥毒並熱毒。

明·李中立《本草原始》卷一二　人中黃　震亨曰：　以竹筒入甘草末于內，竹木塞兩頭，冬月浸糞缸中，立春取出，懸風處陰乾，破竹取草晒乾用。

人中黃：　主治：　天行熱狂疾，中毒、蕈毒，惡瘡。〇熱毒濕毒，大解五臟實熱，飯和作丸，清痰，消食積，降陰火。　小兒胎屎：　主治：　惡瘡，食瘜肉，除面印字，一月即瘥。

明·羅周彥《醫宗粹言》卷四　取人中黃法　其法：　春分日用大猫竹鋸斷，兩頭留節，批去青皮，一頭取孔容一指入，單枝甘草去皮，五寸長，內孔中，仍以木屑屑緊，用蠟封密，繫磚沉廁中，至來春取起，於長流水中浸一日夜，復埋淨地。凡遇時熱發狂，大渴大熱者，涼與之，一服而渴止熱退，極効。若於廁二三年者尤佳。其甘草即名人中黃。

明·張懋辰《本草便》卷二　糞清　臘月截淡竹，去皮浸滲取汁，治天行熱疾，中毒，并惡瘡，取汁服。

明·李中梓《藥性解》卷六　金汁　味甘、苦，性大寒，無毒，入心經。主天行狂熱，陰虛燥熱，解一切毒，療一切瘡，埋土年久者佳。　按：《素問》曰：　濁陰出下竅。宜其足以制陽光，而心則火之主也，故獨入之。造法：于冬月取竹籠置缸上，椶皮鋪滿，加草紙數層，屎澆于上，汁淋在缸。新甕盛貯，磁鉢蓋之，鹽泥封固，埋地年深，自如清泉，聞無穢氣。又法，臘月取淡竹刮去青皮，浸廁中取汁亦佳。

明·倪朱謨《本草彙言》卷一九　人中黃　味苦、微甘，氣大寒，無毒。即多年廁坑中磚石上所凝結黃垽是也，藥性、治療，大略與人屎同，解胃家熱毒有效。〇治一人頭麻，至心窩而死；　或自足心麻，至膝蓋而死者。用人屎燒灰，用豆腐漿調灌，即甦而愈。

糞清　味苦，氣大寒，無毒。陶氏曰：　取糞清，以臘月截竹一段，兩頭留節隔，去外青皮，浸糞窖中。三年內積汁滿，埋土中一月，取出，節中開孔，濾入淨磁瓶中，仍埋土中，上覆以碗，臨用時隨取之。

糞清：　化熱毒，消熱痰，方龍潭解痘毒熱悶倒靨之藥也。臨水曰：　此藥性味大寒而苦，其色黑綠，較之人糞更寒也。故韋氏《集簡方》亦治天行時疾，瘟疫熱狂，煩渴，唇焦，舌裂垂斃者。飲一二杯，無有不活者。凡一切火毒疔毒，丹石藥毒，野草毒，菌毒，百蟲諸毒等，并皆療之。

集方：　《方脉正宗》治天行時疾，陽明燥熱，煩渴譫妄之證，并治一切火毒疔毒，丹石藥毒，野草毒，菌毒，百蟲諸毒。用糞清一盞，真犀角磨汁一盞，合和服之，二劑即解。〇陶隱居治毒藥箭傷人立斃，急飲糞清一碗即解。

明·李中梓《醫宗必讀·本草徵要下》　金汁即人中黃也。味苦，寒，無毒。止陽毒發狂，清痘瘡血熱，解百毒有效，傅疔腫無虞。按：　傷寒非陽明實熱，痘瘡非紫黑乾枯均禁。

明·李中梓《頤生微論》卷三　金汁　味苦，性寒，無毒。入肺、胃、大腸三經。入土經年者佳。主傷寒陽毒發狂，痘瘡血熱，傅癰疽，解百毒。新補。

按：　金汁濁陰歸下竅，有降無升。入土既久，去濁留清。身中諸火逆上，仍用身中降火之品治之，此竹破須將竹補，抱雞還用卵為之法也。陽明實熱發狂，痘瘡紫黑乾枯，非此莫能治療。

明·顧逢柏《分部本草妙用》卷七兼經部·寒瀉　人中黃　苦，寒，無毒。　主治：　天行熱狂熱疾，中毒蕈毒，惡瘡熱毒濕毒，解五臟實熱。飯和丸，清痰，消食積，降陰火，勞復食復。年外者彌佳。（砂）〔妙〕方馬子痕，治小兒疳積如神。

明·李中梓《本草通玄》卷下　人中黃　即金汁也。　主熱病發狂，痘瘡血熱，勞極骨蒸，解一切毒。　用糉皮綿紙鋪黃土，澆糞淋土上濾取清汁，

入新甕內，椀覆，埋土中，經年取出。清如泉水，全無穢氣，年久者彌佳。

清・穆石匏《本草洞詮》卷一三　人中黃　一名黃龍湯。以竹筒塞口，納糞中，積年所得汁也。味苦，氣寒，無毒。療瘟病垂死者，皆瘥。

清・祁坤《外科大成》卷四　煉取諸藥法　【略】取金三十法：用大毛竹一連二節，用刀劈去外青，一半用磚扎節中，沉入大糞池內，一年後取起，以長流水浸一日，取起鑽開節孔，內蓄糞清磁罐收貯。凡遇有中砒毒、河鮋、傷寒陽毒發狂、疔瘡、痧症，毒氣入裏，煩燥口乾欲飲水，脉大有力者，並宜此藥。

清・郭章宜《本草匯》卷一八　人中黃　苦，寒，入足陽明經。止大熱狂渴，消痘瘡血熱。解百毒，降陰火。

按：人中黃，即金汁是也。耑治胃家熱毒有効。《經》曰：陽明實熱，則登高而歌，棄衣而走，宜用此苦寒者除之。若傷寒非胃家實熱，痘瘡非紫黑乾枯者，均禁。

用櫻皮綿紙，鋪黃土，澆糞淋土上，濾取清汁，入新甕內，椀覆埋土中，經年取出，清如泉水，全無穢氣，年久者彌佳。

清・王翃《握靈本草》卷一〇　人中黃製法：截淡竹，去青皮，浸滲取汁。一法：以甘草入竹筒中，以木塞兩頭，冬月浸糞缸中，立春取出，懸風處陰乾，取用。　主治：人中黃，苦，寒，無毒。主時行大熱狂走，解諸毒。

清・汪昂《本草備要》卷四　人中黃瀉熱。甘，寒，入胃。清痰火，消食積，大解五藏實熱。治天行熱狂，痘瘡血熱，黑陷不起。　內甘草末于竹筒，緊塞其孔，冬月浸糞缸中。至春取出洗，懸風處陰乾，取甘草用。亦有用皂莢末者。竹須削去青皮。　一云即糞缸多年黃垽，煅存性用。

糞清一名金汁。瀉大熱。　主治同人中黃。　用櫻皮棉紙，上鋪黃土，淋糞濾汁，入新甕，碗覆，埋土中一年，清若泉水，全無穢氣。用年久者彌佳。野間殘糞下土，篩敷癰疽，如冰着背。

清・王遜《藥性纂要》卷四　馬子鹼名人中黃。　取多年便桶內糞鹼，鑿下，用生者。清水洗淨，米泔浸七日，研細。有熟用者，水浸過，又火煅醋淬，研細。　東圃曰：《綱目》木部有古廁木，服器部有廁籌、尿桶，而未載糞鹼。然此物大為時用，治嬰兒熱疳，配入丸散內，及研末，俟兒睡時，摻口內，清熱頗效。又治鼓脹，肚大脚腫，用陳香圓、馬子鹼等分，為末，煎湯頻服有驗。又治腸紅，用人中黃二斤，醋煅研細，黑棗一斤，煑爛，去皮核取肉，搗和丸梧子大，每服三錢，早晚飢時，米湯服。蓋糞乃糟粕腐化，鹼屬積穢所成，復入於胃，味鹹趨下，能同藥走廻腸，從故道引其宿垢積熱，仍自大便出，而且不傷胃氣也。

清・顧靖遠《顧氏醫鏡》卷八　金汁即人中黃。苦，寒。入胃經。一法：用甕埋土中，棕皮綿紙紮口，上鋪黃土，糞汁澆土上，濾入甕內，盆覆蓋泥，一年取出，清如泉水，全無穢氣，年久彌佳。丹溪用甘草末入竹筒內，木塞口，冬浸糞坑內，立春取出，懸風中陰乾，破竹，取甘草，晒乾用。　治熱病狂渴，清痘瘡血熱。解百毒有效，中蕈毒、蟲毒、藥箭毒最效。封疔腫殊良。刮破熱糞封之，乾即易，一日疔根爛出。非陽明實熱勿用。

清・李熙和《醫經允中》卷二〇　人中黃　入足太陽經。冬月以竹一段，兩頭留節，上開竅，入甘草片填滿，復塞竅，加桐油灰封固，立冬日投廁，立春日取起，陰乾用。　苦，寒，無毒。主治天行熱狂，中毒蕈毒，惡瘡熱毒，解五臟實熱。飯和為丸，消痰消食，降陰火勞復、食復。年久者彌佳。糞蛆洗淨曝乾，和白术為丸，治小兒疳積如神。

清・张璐《本經逢原》卷四　金汁　苦，寒，無毒，臘月取糞置罈中，埋土內越三年，取出，如水者是。　發明：金汁得土氣最久，大解熱毒，故溫熱時行昏熱勢劇者，用以灌之，下咽其勢立減。初生小兒週時內毒邪不散，服一二合勝化毒丹，胎毒盡解，無痘疹患，此屢驗者。但胎稟虛寒、體瘦色白者不可誤用，誤用反奪天真，多致夭枉，不可不審。園叟用以灌諸草木，即花葉茂盛且無過壅傷花之患。　乾糞灰：鹹，平，無毒。　發明：人屎取乾者煅灰，治小兒痘瘡黑陷，解時行大熱狂走。蜜調塗疔腫，拔毒出根，總取解毒之迅耳。

清・张璐《本經逢原》卷四　人中黃　甘、鹹，寒，無毒。造法：用大竹截段，兩頭留節，削去外皮，傍鑽一孔，用甘草細末入滿於中，以蕉扇柄削圓塞孔，冬至浸大糞池內，立春後取出，懸風處晾乾，取用。又法：如前製竹，不入甘草，但用蕉扇柄或杉木塞孔，浸糞池中，以取其汁與金汁無異，僅供一時取用，不能久藏。糞清亦解瘟熱諸毒。又誤食毒菌、楓樹上菌，及過食銀杏脹悶欲死者，悉能解之。并解砒石、野葛、野芋等毒。即家芋三年不收、花開如蓮者亦能殺人，急取灌吐，方可得生。　發明：人中黃取糞土之精，以解天行狂熱、溫毒發斑最捷。然汁則性速而能下泄，甘草製者則性緩而能解

毒。兼治河豚菌毒，一切惡瘡災病，用人中黄、酒、大黄末等分，無灰酒服，須臾瀉利，毒即隨出。雖大渴不可飲水，飲水則毒邪不散而難救也。急切不可得，以糞坑垢代之。

清・朱純嘏《痘疹定論》卷三　人中黄論　冬至未交之前十日，以大茅竹或二尺長，或一尺六七寸不等，必取上下有節，鑿一小孔，納甘草去皮切成片者三五兩，入於竹筒之内，用桑樹削成木釘釘上，或杉木作釘亦可，除此二木，他木不合，用長草繩繫定，入於大糞缸内，泡至冬至後十五日，取出竹筒，慎勿啟木釘，再放於長流水内漂洗一日，外垢淨盡，然後懸於東屋角下，有風吹日照處，俟至來春燈節前後，啟釘視之，探其筒内甘草乾否，如未乾，再懸於原處，俟甘草自乾，要用取出應用。此人中黄，亦能解天行疫癘之氣，必於清毒活血湯内用之方有效。若非參耆以補氣，用之亦不效。此又後學之所當知也。

人糞論　無病小兒之糞，取來以陰陽瓦覆載之，擱於炭火上，仍用炭火上蓋之，令其上下有火，煅其煙盡為度，取出去火氣。長漿之際，以清水調末五七分，亦可解毒，亦可助其長漿。用之亦無效驗。

金汁論　糞缸内之糞汁，異其名而稱為金汁。亦能解天行疫癘之氣，如遇險逆等症，亦未見效。

清・黄元御《玉楸藥解》卷七　人中黄　性寒。入手少陰心、足少陽膽經。清瘟疫，止熱狂。人中黄寒涼泄火，治溫熱譫狂。即糞清也，名黄龍湯。乃庸工習用之物，甚不足取。

清・吴儀洛《本草從新》卷六　金汁一名糞清。　主治同人中黄。用椶皮棉紙，上鋪黄土，淋糞濾汁，入新甕，碗覆，埋土中一年，清若泉水，全無穢氣。勝於人中黄，年久彌佳。

人中黄（瀉熱。）甘，寒。入胃。清痰火，消食積，大解五臟實熱。治陽毒熱狂，痘瘡血熱黑陷不起。傷寒非陽明實熱，痘瘡非紫黑乾枯，均禁。用竹筒刮去青皮，納甘草末於中，亦有用皂莢末者。緊塞其孔，冬月浸糞缸中，至春取出，洗，懸風處陰乾取末。

清・汪紱《醫林纂要探源》卷三　人中黄　苦，鹹，寒。取糞缸中多年黄垽。煅存性。降心肺逆氣，燥脾胃濕熱。攻堅破積，解毒消痰。治天行狂熱，心腹實熱，消食積，起痘瘡黑陷，除痰火，解一切藥毒。　甘草黄：甘，苦，鹹，寒。為末，入竹筒，封固，冬浸糞缸，至春取出，洗懸風乾，用甘草末。功用略同。更能補中，解五臟熱。竹筒須去青皮，有用皂莢末者，功主消痰破瘀。

金汁　苦，鹹，寒。用椶皮加綿紙上，上加鋪黄土，置竹架上，下承以桶，淋糞濾汁，另入新甕，盌覆，埋土中，年久愈佳，清若泉水，全無穢氣。　功同人中黄而性尤寒。解熱毒如神。　糞下土：解熱毒。篩，傅癰疽疔毒甚良。

清・嚴潔等《得配本草》卷一〇　糞清名黄龍湯。　苦，寒。消食積，降陰火，大解五臟實熱。　臘月截淡竹，去青皮，浸滲取汁，名糞清。治天行熱病、中毒。　以竹筒入甘草末於内，用木塞緊，冬月浸糞缸中，立春取出，懸風處陰乾，破竹取甘草曬乾，名人中黄。治同糞清。

題清・徐大椿《藥性切用》卷八　金汁　性味苦寒，大解熱毒，治溫熱時行昏熱，勢劇者用以灌之。即糞清埋土化水，年久彌佳。

人中黄　甘鹹性寒，入胃而緩中，瀉熱解毒辟溫，治天行時熱，溫毒發狂。甘草入竹筒，浸糞坑而成。

清・黄宫繡《本草求真》卷六　金汁入解胃腑熱毒。　金汁耑入胃。係取糞入罈，埋於土内，三年取出，瑩清如水者是耳。味苦氣寒，置於土中，時久得其土氣最厚，故能入胃。大解熱毒，凡濕熱時行，毒勢衝迫，勢危莫制者，用此灌之，下咽稍減，以其氣味相投，故能直入其巢而破其毒耳的解。即初生小兒周時内毒氣方張，用此服一二分，既能化毒，且能免後痘疹，此最靈驗。但稟體氣寒，體瘦色白者，不可誤用，恐其反奪天真耳，不可不審。灌花用此最良。

清・黄宫繡《本草求真》卷八　人中黄入瀉腸胃實熱。　人中黄耑入腸胃。是用甘草末入於竹筒，塞孔，冬月置於糞缸之内，經春取出，懸掛風處，陰乾取用。味甘性寒。書載功耑入胃解毒，以其味甘故也。甘入中。其解五臟實熱，以其氣寒故也。寒勝熱。又治溫疫諸毒斑狂，及發瘡痘黑陷不起，以其臭與不正相類，故能以毒攻毒也。然遇急難得，可取坑垢以代。

清・羅國綱《羅氏會約醫鏡》卷一八人部　人中黄味甘，性寒，入胃經。解五臟實熱，治天行瘟疫熱狂如神，痘瘡血熱，黑陷不起。用竹去青皮，通空一頭，入甘草末，將竹一頭實者，立冬插廁，立春取來，置於有風無日處，陰乾半月，取甘草用。

清・黄凱鈞《藥籠小品》　金汁　入地愈久愈佳，瑩白者入藥，清血分熱

毒。大寒之品，無火者切忌。

人中黃　甘草為末，入竹筒中，瀝青封固，臘月浸於廁中，交春取出漂清，破竹懸風處陰乾，解血分毒。

清・陳啟運《痘科摘要》卷四　金汁一名糞清，一名黃金湯。　主治天行狂熱，痘瘡血熱，黑陷不起。皆由毒火鬱閉，血為毒瘀之故，可用金汁半盞，或一盞，徐徐服之，能使黑陷轉紅活。如偽造者勿用。人糞所造，乃為濁陰之品，人之五穀入胃，津液上升為氣血，糟粕下降為糞。本原已化，但存極苦大寒之氣味耳。　歌曰：　金汁一名黃金湯，氣味苦寒治熱狂。血熱黑陷痘不起，毒火鬱閉可通嘗。

清・葉桂《本草再新》卷一一　金汁味甘、鹹，性寒，無毒。入脾、胃二經。　瀉火升陽，解風狂煩渴，敗痘毒，托瘡疹。

人中黃味甘、苦，性寒，無毒。入肝、脾、肺三經。　清痰化熱，消濕散邪，托痘疹熱毒。

清・沈善謙《喉科心法》卷下製藥類　煉人中黃　將大毛竹筒一個，兩頭留節，鑿一圓眼，用大粉草不拘多少為末，填滿為度。用生漆將眼封好，刮去竹皮，抛入大坑中，十年，或六七年亦可。

清・趙其光《本草求原》卷二七人部　金汁即糞清。　功同人中黃，而苦寒，下泄更速。無甘草之緩也。凡溫瘟昏熱、中毒、惡瘡、胎毒、急症，一服立解，無痘症之患。胎稟虛寒，色白者忌用。　以棕皮、綿紙上鋪黃土，淋糞濾汁入新甕，盆覆埋土中一年，清若泉，無穢氣，用年久彌佳。　野間殘糞下土，篩敷癰疽，有如冰着背，塗丹毒，並服。

人中黃　濁陰皆歸下竅，而此為臟腑轉化之濁陰，入土既久，去濁留清。甘，寒，無毒。　大解胃腑五臟實熱、陰火燥、痰上逆。　治天行熱狂，罐固煆，新汲水下。骨蒸吐痰血，茜根汁、薑汁、竹瀝下。　托痘疹熱毒，止煩渴，解中諸毒，毒中臟腑，所化者治之以臟腑則脫化更神；　況久得土氣，毒入土而即化。　消食積、飯為丸。　惡瘡。

截竹，兩頭留節，去青，傍鑽一孔，入滿甘草末，以葵扇柄塞孔。冬月浸糞缸中，至春取出洗，懸風乾，取甘草用。　同酒、大黃等分，酒服，瀉解一切食毒、溫毒、發斑、惡瘡、災病。　大瀉後不可飲水，飲則毒邪不散。　急用，則以多年糞缸黃垢，煅存性代之。

清・文晟《新編六書》卷六《藥性摘錄》　金汁　取人糞入罈，埋土內三年，取出瑩清如水。　入胃腑，大解熱毒。　治溫熱時行，毒勢沖迫勢危莫制者。○體氣寒瘦而色(百)〔白〕者，切忌。

人中黃　用甘草末入竹筒，塞孔，冬月浸糞缸內，經春取出，懸掛當風處陰乾用。　味甘，性寒。　瀉胃實熱。　○又治瘟疫，諸毒斑狂，及發瘡痘黑陷不起。　若遇急難得，可取坑垢以代。

清・張仁錫《藥性蒙求・人部》　人中黃金汁五分　人中黃寒，金汁同功。　消痰解毒，實熱能鬆。　甘，寒。　入胃經。　大解五臟實熱，治陽毒熱狂，痘瘡血熱，黑陷不起，非實熱者不用。　以竹筒刮去青皮，納甘草末於中，緊塞其孔，冬月浸糞缸中，至春取出，洗，懸風處陰乾，取末，為人中黃。○金汁：　一名糞清。　主治同人中黃。　得土氣最久，大解熱毒，故溫熱時邪，昏熱勢劇者用之，則下咽立減。小兒遇時，內毒邪不散，服一二合，勝化丹毒，胎毒盡解，無痘疹患，此屢驗者。　若胎稟虛寒，體瘦色白者，切不可用。　其做金汁法：　用棕皮、棉紙上鋪黃土，淋糞，濾汁入新甕，碗覆埋土中一年，清若泉水，全無穢氣，勝於人中黃。　年久愈佳，臨服冲，或遲入煎。

清・戴葆元《本草綱目易知錄》卷七　人中黃葆補　甘淡而寒。　入手足陽明經。　降胃中伏火，解三焦實熱，治天行熱疾，大熱發狂，溫邪彌漫，神昏譫語，煩躁不眠，便閉自汗，鼻衄斑黃，湯飲。　嘔吐及痘瘡血熱毒盛，黑陷不起，癰疽惡瘡，疔腫發背，一切實熱之證。　功同糞清，得甘草之甘而不妨胃氣，然虛者亦慎用。【略】葆按：　糞清與人中黃，主治雖同，愚意度之，性稍有別。　糞清出於糞，又經埋土中，雖無氣味，性屬純陰，體實者固宜，稍涉虛者，有妨胃沉伏之患。　而人中黃須經糞浸，得甘草之甘，冬浸春取，濁陰未久，經風又曝，陰中化陽，體實固宜，稍涉虛者，無寒胃之患。《本草》未分別，故補之以候博考。

清・黃光霽《本草衍句》　人中黃　降心肺逆氣，破積攻堅。　燥脾胃濕熱，消痰解毒。　大解五臟實熱，能治天行熱狂。

清・陳其瑞《本草撮要》卷七　人中黃　味甘，寒，入手足陽明經。　功專清痰火，消食積，大解五臟實熱，治陽毒熱狂，痘瘡血熱黑陷不起。　傷寒非陽明實熱，痘瘡非紫黑乾枯，均禁。　金汁主治同人中黃。　一名糞清。

人屎

宋・唐慎微《證類本草》卷一五人部〔《別錄》〕　人屎　寒。　主療時行大熱狂走，解諸毒，宜用絕乾者擣末。　沸湯沃服之。

東向圊音青：　廁溺坑中青泥，療喉痹，消癰腫，若已有膿即潰。

〔梁・陶弘景《本草經集注》〕云：　交廣俚音里人用焦銅爲箭鏃射人，纔傷皮便死，

惟飲糞汁即差。而射猪、狗不死，以其食糞故也。時行大熱，飲糞汁亦愈。今近城寺别塞空甖口，内糞倉中，積年得汁，甚黑而苦，名爲黄龍湯，療溫病垂死皆差。〔唐・蘇敬《唐本草》〕注云：人屎，主諸毒，卒惡熱黄悶欲死者。新者最效，須與水和服之。其乾者燒之煙絶，水漬飲汁，名破棺湯。主傷寒熱毒，水漬飲彌善。破丁腫，開以新者封之，一日根爛。

〔宋・掌禹錫《嘉祐本草》〕按：日華子云：糞清，冷。臘月截淡竹，去青皮，浸滲取汁。治天行熱狂、熱疾、中毒，并惡瘡、蕈毒，取汁服。浸皂莢、甘蔗，治天行熱疾。

〔宋・唐慎微《證類本草》〕《外臺秘要》：治小兒陰瘡，燒灰傅之，差。又方：治骨蒸熱，非其人莫浪傳。取屎乾者，燒令外黑，内水中澄清，每旦服一小升，薄晚小便服一小升，以差爲度。既常服，新作大坑，燒二升，夜以水三升漬之，稍稍減服。小便用童子者佳。《千金方》：治産後陰下脱。人屎炒令赤，以酒服方寸匕，日三。又方：治山中樹木菌毒，以糞汁服之。又方：治蛇咬。以屎厚傅上，後帛裹之，即消。又方：治人癲狂不識人。燒屎灰，以酒服之。又方：治鬼舐頭。取兒糞，臘月猪脂和傅。《肘後方》：治發背欲死。燒屎作灰，醋和如泥，傅腫處，乾即易，良。《斗門方》：治熱病及時疾，心躁狂亂奔走，狀似癲癇，言語不定，久不得汗，及時疾不知人事者。以人中黄不以多少，入大罐内，以泥固濟，大火煅半日，去火，候冷取出，於地上以盆蓋之，又半日許，細研如麵。新汲水調下三錢。或未退再作，差。《姚氏方》：毒箭有三種。交廣夷州用燋銅作箭鏃。嶺北諸處以蛇毒螫物汁，著筒中漬箭鏃。此二種纔傷皮，便洪膿沸爛而死。若中之，便飲屎汁，并以傅之亦可療，惟此最妙。又一種用射菵以塗箭鏃，人中之亦困，若著實處不死，近腹亦宜急療。今葛氏方，是射菵者耳。又方：食鬱肉漏脯，此并有毒。燒屎灰，酒服方寸匕。《傷寒類要》：治天行〔時〕病六七日，熱盛心煩，狂見鬼者。絞人屎汁飲數合。又：治溫病勞復及食勞。燒屎灰，酒服方寸匕。《博物志》：楓樹上生菌，人食即令人笑不止。飲土漿、屎汁愈。

宋・孔平仲《續世説》卷一二　北齊和士開用事，人多附之。有一人名曾參。士開病，醫者云須服黄龍湯，士開有難色。參曰：此物甚易，王不須疑惑，請先嘗之。一舉而盡。士開深感其意，為之强服，遂得汗，病瘉。

宋・寇宗奭《本草衍義》卷一六　人屎　用乾陳者爲末，于陰地淨黄土中，作五六寸小坑，將末三兩匙於坑中，以新汲水調匀，良久，俟澄清，與時行大熱狂渴須水人飲之，愈。今世俗謂之地清，然飲之勿極意，恐過多耳。又治一切癰癤熱毒，膿血未潰，疼痛不任。用乾末、麝香各半錢，同研細，抄一豆大，津唾貼瘡心，醋麵錢子貼定，膿潰出，去藥。

宋・劉明之《圖經本草藥性總論》卷下　人屎　寒。主療時行大熱狂走，解諸毒。日華子云：截淡竹，去青皮，浸滲取汁，治天行熱狂疾，中毒，並惡瘡蕈毒。

宋・陳衍《寶慶本草折衷》卷一四　人屎糞清附。一名人中黄，其積年黑汁名黄龍湯。其為乾屎水漬名破棺湯，一名地清。○附：糞清，以臘月截淡竹段，去青皮浸糞中滲取。

味苦，寒。○主時行大熱狂走，解諸毒。乾者擣水，沸湯沃服。○《唐本》註云：主熱黄悶，新者水和服之。破丁腫，開以新者封之。○《千金方》：治木菌毒，以糞汁服之。○《姚氏方》：毒箭傷，飲屎汁，并傅妙。○寇氏曰：用乾陳者為末，於陰地黄土中，作坑，將末於坑中，以新汲水調勻，俟澄清，與時行大熱狂渴人飲，勿過多。又治癰癤膿血未潰，疼痛不作地，用乾末、麝香各半錢，同研細，抄壹豆大，津唾貼瘡心，膿潰出，去藥。

附：糞清。○冷。治熱狂，中毒，並惡瘡，蕈毒，並取服之。又治熱疾，浸皂莢、甘蔗飲。

明・王綸《本草集要》卷六　人屎　氣寒。主療時行大熱狂走，解諸毒。宜用絶乾者，擣末，沸湯沃服之。善破丁腫，開以新者封之，一日根爛。或燒灰，醋和如泥傅，乾即易。○糞清，臘月截淡竹去皮，浸滲取汁，治天行熱狂，熱疾中毒，并惡瘡，取汁服。

明・滕弘《神農本經會通》卷七　人屎　氣寒。《本經》云：主療時行大熱狂走，解諸毒。宜用絶乾者，擣末，沸湯沃服之。東向圊，廁溺坑中青泥，療喉痺，消癰腫。若已有膿，即潰。陶隱居云：今近城寺别塞空甖口，内糞倉中，清汁甚黑而苦，名為黄龍湯，療溫病垂死皆差。《唐本》注云：人屎，主諸毒，卒惡熱黄悶欲死者，新者最效。須與水和服之。其乾者，燒之烟絶，水漬飲汁，名破棺湯，主傷寒熱毒。水漬飲彌善。破丁腫開，以新者封之，一日根爛。日華子云：糞清，冷。臘月截苦竹，去青皮，浸滲取汁，治天行熱狂熱疾，中毒，并惡瘡蕈毒，取汁服。浸皂莢、甘蔗，治天行熱病。丹溪云：人中黄，性涼。治溫病，日華子有方。《局》云：古方人屎即人黄，大熱癲狂絞汁嘗。勞氣骨蒸燒末服，解消諸毒末諸湯。人糞汁，治熱病陽毒發狂。

明・劉文泰《本草品彙精要》卷二二　人屎無毒。附坑中青泥。

人屎：寒，主療時行大熱，狂走，解諸毒。宜用絕乾者，擣末，沸湯沃服之。〇東向圊音青。廁溺坑中青泥，療喉痹，消癰腫，若已有膿即潰。名醫所錄。

〔治〕療：陶隱居云：交、廣俚音里人用焦銅爲箭鏃，射人纔傷皮便死。惟飲糞汁即瘥，而射豬、狗不死，以其食糞故也。時行大熱，飲糞汁亦愈。今近城市人別塞空罌口，內糞倉中積年得汁，甚黑而苦，名爲黃龍湯。療溫病垂死，皆瘥。《唐本》注云：人屎，主諸毒，卒惡熱黃悶欲死，新者最效，與水和服之。其乾者燒之煙絕，水漬飲汁，名破棺湯。主傷寒熱毒，水漬飲彌善。破疔腫，開以新者封之，一日根爛。《衍義》曰：人屎，用乾陳者爲末，于陰地淨黃土中，作五六寸小坑。將末三兩匙於坑中，以新汲水調勻，良久，俟澄清，與時行大熱狂渴須水人飲之，愈。今世俗謂之地清，然飲之勿極意，恐過多耳。《別錄》云：治蛇咬，以屎厚傅上，後帛裹之即消。〇治小兒陰瘡，屎燒灰傅之，瘥。

〔合治〕糞清冷，臘月截淡竹去青皮，浸滲取汁，治天行熱狂，熱疾，中毒，並惡瘡，蕈毒，取汁服。浸皂莢、甘蔗，治天行熱疾。〇治產後陰下脫，人屎炒令赤，以酒服方寸匕，日三。〇骨蒸熱，取屎乾燒令外黑，內水中澄清，每旦服一小升，至晚，合小童便服一小升，以瘥爲度。

明・許希周《藥性粗評》卷四　狂熱求清於人糞。

人糞，無病人糞也，取用不同。味甘，性寒，無毒。主治時行瘟疫，大熱狂走，及解諸毒。以人糞和水取汁，或以乾者擣末，沸湯沃之。或煅過，以水漬之，取飲與服之，皆勝。

又方：發背諸瘡：凡患惡瘡腫毒，成瘓難愈者，以人糞燒灰，為末，傅之極妙。

明・陳嘉謨《本草蒙筌》卷一二　人糞　味苦，氣寒。疔腫口開，新糞敷一日根爛；傷寒熱毒。〇乾糞〔火〕燒存性研。水漬飲患除。〇古傳糞清，常宜備用。製造如式，效驗速臻。擇廁不雜污濁者為佳，按時須在寒冬月方妙。竹籮擱盆上，棕皮鋪籮中。加厚紙數層，入新土五寸。糞澆于土，汁淋在盆。新甕貯盛，麄碗覆蓋。鹽泥重固，埋地年深。取出自如清泉，開齅則無穢氣。治天行時熱彌善，療陰虛燥熱尤良。凡百瘡可敺，一切毒並解。一法：截淡竹削去青皮，浸糞中，取滲汁服。〇又地清一時造者，擇陰地淨黃土中。作五六寸小坑，入二三匙糞末。焙乾研細。汲新水攪濁，如造地漿相同。待頃刻澄清飲；勿極意過多，亦解大熱狂渴。〇人中黃性冷，丹溪方每加。截竹削青，兩間留節。上開竅，入甘草片填滿；復塞竅，加桐油灰固封。立冬日投廁，交春前取起。竪有風無日陰處，過十朝半月破開。取甘草曬乾，治疫毒任用。一法：冬月以竹一段，刮去青。留底一節，餘節打通，納大甘草於中，以木塞上竅。將留節一頭插糞內，一月取出曬乾，用浸久者愈佳。〇新生小兒糞若得，患瘡蝕瘜肉能除。亦能除面印字。〇撈起糞蛆，迎急流水漂淨；貯以穢桶，剖癩蝦蟆餵肥。洗淨穢桶二隻，將漂過蛆傾在一隻內，復以稻草作把引蛆升上，移抖另一隻中，則不潔粗細俱去盡矣。剖癩蝦蟆投內，二日使之肥滿。烈日曝蒸，蓋密即死。文火烘燥，研細任留。和白朮作散湯調，治小兒疳脹神效。〇蚘蟲亦從糞出，其性大寒；大者洗淨斷之，取汁流滴。多年赤眼，點入即差。經云：鹽能消蚘，功同蚯蚓。

明・王文潔《太乙仙製本草藥性大全》卷五《本草精義》　人屎　一名人糞。按：《衍義》曰：人屎用乾，其乾者燒之烟絕，水漬飲汁，名破棺湯。

糞清：古傳糞清常宜備用，製造如式，效驗速臻。擇廁不雜污濁者爲佳，按時須在寒冬月方妙。竹籮閣盆上，棕皮鋪籮中，加厚紙數層，入新土五寸，糞澆於上，汁淋在盆，新甕貯盛，麄碗覆蓋，鹽泥重固埋地，年深取出自如清泉，聞齅則無穢氣。一法截淡竹，削去青皮，浸糞中，取滲汁服。　人中黃：丹溪方：每加截竹削青，兩頭有節，上開竅入甘草片填滿，復塞竅加桐油灰固封，立冬日投廁，交春前取起，竪有風無日陰處，過十朝半月，破開取甘草晒乾，治疫毒任用。一法：冬月以竹一段，刮去青，留底一節，餘節打通，納甘草於中，以木塞上竅。將留節一頭插糞內，一月取出晒乾。用浸久者更佳。

明・王文潔《太乙仙製本草藥性大全》卷五《仙製藥性》　人屎即人之糞。

氣大寒，無毒。主治：新者主諸毒疔腫口開，敷置根立爛。治卒惡熱黃悶死，水和服即安。乾糞療時行大熱狂走，擣末沸湯沃服。治傷寒熱毒解毒，燒灰水漬尤良。補註：蛇咬，以屎厚傅上，後帛裹之即消。〇治小兒陰瘡，燒灰傅之。〇治骨蒸熱，非其人莫浪傳，取屎乾者，燒令外黑，入水中澄清，每旦服一小升，薄晚小便服一小升，以差爲度。既常服，新作大坑，燒三升，夜以水三升漬之，稍稍減服。小便用童子者佳。〇產後陰下脫，人屎炒令赤，以酒服方寸〔匕〕，日三服。〇治鬼舐頭，取兒糞，臘月猪脂和傅。〇治人顛狂不識人，燒屎灰，以酒服之。〇發背欲死，燒屎灰酢和如泥，傅腫處，乾即易良。〇食鬱肉漏脯，此並有毒，燒屎灰，酒服方寸〔匕〕。〇治天行

病六七日，熱盛心煩，狂見鬼者。絞人屎汁飲數合。〇治溫病勞復及食勞，燒屎灰，酒服方寸〔匕〕。〇毒箭有三種，交廣夷州用焦銅作箭鏃，嶺北諸處以蛇毒螫物汁著筒中漬箭鏃，此二種纔傷皮，便洪膿沸爛而死。若中之，便飲屎汁，并以傅之亦可療，惟此最妙。又有一種，用射罔以塗箭鏃，〔人中〕之亦困，若着實處不死，近腹亦宜急療，今葛氏方，是射罔者耳。〇治山中樹木菌毒，以糞汁服之。　糞清：氣極冷，無毒。　主治：治天行時熱彌善，療陰虚燥熱尤良。狂熱中毒可去，惡瘡蕈毒潛藏。凡百瘡可毆，一切毒並解。　地清：一時造者，擇陰地净黄土中，作五六寸小坑，入二三匙糞末，乾糞研細。汲新水攪濁，如造地漿相同。待頃刻澄清，飲勿極意過多。亦解大熱狂渴。　人中黄：性冷，無毒。　主治：治天行大熱尤良，主勞氣骨蒸大效。解諸毒熱病，退陽症發狂。諸熱堪除，疫毒任用。　補註：治熱病及時疾，心燥狂亂奔走，狀似癲癇，言語不定，久不得汗，及時疾不知人事者。以人中黄不拘多少，入大罐内，以泥固濟，大火煆半日，去火候冷，取出於地上以盆蓋之，又半日許，細研如麪，新汲水調下三錢，或未退再作，差。　新生小兒臍中屎：主瘡蝕，息肉能除。傅面印，字畫盡去。

明・皇甫嵩《本草發明》卷六　人糞氣寒。　疔腫口開，取新糞敷一日根爛。〇乾糞，燒存性，研末，清水調，療傷寒時行大熱狂走，解諸毒。　糞清，治天行時熱狂熱，并一切中毒及陰虚燥熱，凡百瘡毒。用竹籠一箇，擱盆上，椶皮鋪籠中，加厚帋數層，入新土五寸，糞澆于土，淋汁在盆，新甕貯盛，粗碗覆蓋，鹽泥重固埋地，年深取出，如清泉，無穢氣。〇一法：截淡竹，削去青，兩頭留節，浸糞中，臨時滲汁服，但有穢氣。

明・李時珍《本草綱目》卷五二人部　人屎《别録》。附人中黄。

〔釋名〕人糞《别録》　大便時珍曰：屎糞乃糟粕所化，故字從米，會意也。

〔氣味〕苦，寒，無毒。　〔主治〕時行大熱狂走，解諸毒，搗末，沸湯沃服之《别録》。傷寒熱毒，水漬飲之，彌善。新者，封疔腫，一日根爛蘇恭。骨蒸勞復，癰腫發背瘡漏，痘瘡不起時珍。

糞清　〔釋名〕黄龍湯弘景　還元水《菽園記》　人中黄弘景曰：近城市人以空罌塞口，納糞中，積年得汁，甚黑而苦，名爲黄龍湯，療温病垂死者皆瘥。大明曰：臘月截淡竹去青皮，浸滲取汁，治天行熱疾中毒，名糞清。浸皂莢、甘蔗，治天行熱疾，名人中黄。震亨曰：人中黄，以竹筒入甘草末於内，竹木塞兩頭，冬月浸糞缸中，立春取出，懸風處陰乾，破竹取草，曬乾用。汪機曰：用棕皮綿紙上鋪黄土，澆糞汁淋土上，濾取清汁，入新甕内，碗覆定，埋土中一年取出，清若泉水，全無穢氣，年久者彌佳，比竹筒滲法更妙。　〔主治〕天行熱狂熱疾，中毒，蕈毒，惡瘡大明。熱毒濕毒，大解五臟實熱。飯和作丸，清痰，消食積，降陰火震亨。

〔附方〕舊十三，新二十。　勞復食復：人屎燒灰，酒服方寸匕。《千金方》。

熱病發狂：奔走似癲，如見鬼神，久不得汗，及不知人事者。以人中黄入大罐内，以泥固濟，煆半日，去火毒，研末。新汲水服三錢。未退再服。《斗門方》。　大熱狂渴：乾陳人屎爲末，於陰地净黄土中作五六寸小坑，將末三兩匙於坑中，以新汲水調匀，良久澄清，細細與飲即解。世俗謂之地清。寇宗奭《衍義》。　勞極骨蒸：亦名伏連傳尸，此方甚驗。用人屎、小便各一升，新粟米飯五升，六月六日麴半餅，以瓶盛，封密室中，二七日並消，亦無惡氣。每旦服一合，午再服之，神效。張文仲《備急方》。　骨蒸熱勞：取人屎乾者，燒令外黑，納水中澄清。每旦服一小升，薄晚服童便一小升，以瘥爲度。既常服，可就作坑，燒屎三升，夜以水三升漬之，稍稍減服。此方神妙，非其人莫浪傳之。《外臺秘要》。　嘔血吐痰：心煩骨蒸者。人中黄爲末，每服三錢，茜根汁、竹瀝、薑汁和匀，服之。丹溪方。鼻衄不止：人屎尖燒灰，水服一二錢，並吹鼻中。《千金方》。　噎膈反胃：諸藥不效。真阿魏一錢，野外乾人屎三錢，爲末，五更以薑片蘸食，能起死人。乃趙玉淵方也。《永類鈐方》。　噎食不下：人屎入蘿蔔内，火煉三炷香，取研，每服三分，黄酒下，三服效。《海上名方》。　痘瘡不起：《儒門事親》：治痘瘡倒黶及灰白下陷。用童子糞乾者，新瓦煆過。每一兩入龍腦一分，研匀。每服半錢至一錢，蜜水調下。〇四靈無價散：治痘瘡黑陷，腹脹危篤者，此爲刼劑。用人糞、猫糞、犬糞等分，臘月初旬收埋高燥黄土窖内，至臘八日取出，砂罐盛之，鹽泥固濟，炭火煆令煙盡爲度。取出爲末，入麝香少許，研匀，瓷器密封收之。一歲一字，二歲半錢，三歲一錢，蜜水調下，須臾瘡起。此乃以毒攻毒。用火化者，從治之義也。　發背欲死：燒屎灰，醋和傅之，乾即易。《肘後方》。　一切癰腫：未潰。用乾人糞末、麝香各半錢，研匀，以豆大，津調貼頭外，以醋麪作錢護之。膿潰去藥。宗奭《衍義》。　疔腫初起：刮破，以熱屎尖傅之，乾即易。不過十五遍，即根出立瘥。《千金》。　五色丹毒：黄龍湯飲二合，並塗之，良。《千金方》。　九漏有蟲：乾人屎、乾牛屎，隔綿貼之，蟲聞其氣即出。若痒則易之，蟲盡乃止。《千金》。　疳蝕口鼻：唇頰穿者。綿裹人屎貼之，必有蟲出。《十便良方》。　小兒唇緊：人屎灰傅之。崔知悌方。　小兒陰瘡：人屎灰傅之。《外臺秘要》。　産後陰脱：人屎炒赤爲末，酒服方寸匕，日二服。《千金方》。　鬼舐頭瘡：取小兒糞，和臘猪脂傅之。《千金方》。金瘡腸出：乾人屎末粉之，即入。《千金方》。　針瘡血出：不止。用人屎燒研，傅

之。《千金方》。　馬血入瘡：　腫痛。用人糞一鷄子大服之，並塗之。《千金方》。　毒蛇咬螫：　人屎厚封之，即消。《千金》。　蠱毒百毒：　及諸熱毒，時氣熱病，口鼻出血。用人屎尖七枚燒灰，水調頓服，温覆取汗即愈，勿輕此方，神驗者也。《外臺秘要》。諸毒卒惡：　熱悶欲死者。新糞汁、水和服。或乾者燒末，漬汁飲，名破棺湯。唐蘇恭。解藥箭毒：　毒箭有三種：交廣夷人用焦銅作箭鏃，嶺北諸處以蛇毒螫物汁著筒中漬箭鏃，此二種纔傷皮肉，便洪膿沸爛而死。若中之，便飲汁並塗之，惟此最妙。又一種用射罔煎塗箭鏃，亦宜此方。姚僧坦《集驗方》。　野葛芋毒，山中毒菌：　欲死者。並飲糞汁一升，即活。《肘後方》。　漏肉脯毒：　人屎燒灰，酒服方寸匕。《肘後方》。　惡犬咬傷：　左盤龍，即人屎也，厚封之，數日即愈。藺氏《經驗方》。　心腹急痛：　欲死。用人屎同蜜擂勻，新汲水化下。《生生編》。

明・李中立《本草原始》卷一二　人屎　一名人糞。時珍曰：屎，糞，乃糟粕所化，故字從米，會意也。　人屎氣味：　苦，寒，無毒。　主治：　時行大熱狂走，解諸毒，擣末，沸湯沃服之。○傷寒熱毒，水漬飲之彌善。新者，封丁腫，一日根爛。○骨蒸勞復，癰腫發背，瘡漏，痘瘡不起。

明・繆希雍《本草經疏》卷一五　人屎　寒。主療時行大熱狂走，解諸毒。宜用絕乾者，擣末，沸湯沃服之。

【疏】人之五穀入胃，津液上升為氣血，糟粕下降而成糞。其本原以化過，但存極苦大寒之氣味耳。入足陽明經。《經》曰：陽明實熱，則登高而歌，棄衣而走。苦寒能除陽明之熱，故療時行大熱狂走也。凡毒必熱必辛，苦寒能除辛熱，故又主解諸毒也。蘇恭云：新者封疔腫，一日根爛。蓋疔腫乃風火之毒氣結成，得大寒極苦之氣，則風火散，根自爛也。今世人又以之治痘瘡血熱，紫黑倒靨者，殊效。　糞清：　臘月截淡竹，去青皮，塞口，納糞坑中，積年得汁，甚黑而苦。主天行熱狂，熱疾，中惡，蕈毒，惡瘡，瘟病垂死者，皆瘥，一名黃龍湯，俗名金汁。　人中黃：　即多年廁坑中，輒上所凝結黃垽是也。　藥性治療大約與人屎同，解胃家熱毒有効。

【主治參互】《斗門方》熱病發狂，奔走似癲，如見鬼神，久不得汗及不知人事者。以人中黃入大罐內，以泥固濟，煆半日，去火毒，研末。新汲水服三錢。未退再服。　寇宗奭《衍義》大熱狂渴，乾陳人屎，為末，於陰地淨黃土中作五六寸小坑，將末三兩匙於坑中，以新汲水調勻，良久澄清，細細與飲，即解。　《儒門事親》四靈無價散：　治痘瘡黑陷，腹脹危篤者，此為劫劑。用人糞、猫糞、猪犬糞等分，臘月初旬收埋高燥黃土窖內，至春取出，砂罐盛之，鹽泥固濟，炭火煆，令煙盡為度。取出為末，入麝香少許，研勻，瓷器密封收之，一歲一字，二歲半錢，三歲一錢，蜜水調下，須臾瘡起。《千金方》疔腫初起，刮破，以熱屎傅之，乾即易。　又方，五色丹毒，黃龍湯飲二合，并塗之良。　陶弘景解藥箭毒，交廣夷人用焦銅為箭鏃，更以毒藥物汁漬之，射人纔傷皮便死。惟飲糞汁即解。　【簡誤】傷寒、溫疫，非陽明實熱者不宜用。　痘瘡，非火熱鬱滯，因而紫黑乾陷倒靨者，不宜用，以其苦寒之極耳。

明・倪朱謨《本草彙言》卷一九　人屎　味苦，氣寒，無毒。　李氏曰：人屎乃飲食糟粕所化，故字從米，會意也。

人屎：　丹溪方解一切熱毒之藥也。釋醫臨水曰：　人食五穀入胃，津液上升而爲氣血，糟粕下降而成糞。醞釀變化，得脾土之氣，故色黃也。味苦、氣寒，故日華子主天行時疾，陽明熱狂，療癰疽發背，一切無名惡毒，及黃疸、身黃腹脹，或男婦一切心腹急痛，瘕疝攻痛，盤腸伏痞，一時攻發，連綿月餘不止者，并皆治之。雖係污穢不潔之物，如此急病投用，較諸藥獨靈。好仁居士當留意焉。

集方：　寇氏《衍義》治傷寒大熱狂渴。用人屎一塊，以新汲水調，澄清，灌之即解。○《秘要》治一切火毒疔毒，并時氣熱病，口鼻出血者。用乾人屎一大塊，火燒赤，水調頓服。○寇氏《衍義》治發背危急，并一切癰腫惡毒未潰時。用乾人屎三兩，醋和，加麝香五分，擂勻，圍毒四邊。如乾燥，以鵝羽蘸蜜水潤之。圍三日，大減毒勢。○金君實傳治黃疸身黃腹脹。用乾人糞一塊，火燒赤，研末，大人服一錢，小兒服五分，白湯調服，三次即退。○《經驗良方》治男婦積年心腹急痛，或疝瘕攻痛，或多年盤腸伏痞，一時攻發，米漿不入，連綿月餘不止者。用乾人屎三兩，火燒赤，研細末，配烏藥一兩爲細末，和勻，每蚤服二錢，白湯調服。○《千金方》治疔毒初起。刮破，以人屎乘熱敷之，乾即易。不過數十遍，疔根即出，立瘥。○《儒門事親》治痘瘡黑陷，腹脹危篤者。此爲劫劑。用人糞、猪糞、猫糞、犬糞各等分，布包，臘月初旬收埋高燥土中，至次年臘月八日取出，炒燥，傾銀大土罐盛之，鹽泥固濟，炭火煆令烟盡爲度。取出爲末，入麝香少許研勻，瓷器密封收之。一歲服三分，二歲六分，三歲一錢，蜜湯調下。須臾瘡起，此以毒攻毒。用火煆者，從治之

義也。

清・劉雲密《本草述》卷三二　人屎　氣味：苦，寒，無毒。主治：時行大熱狂走，解諸毒，療翻胃，及痘瘡黑陷。傅癰腫發背，瘡漏。新者封疔腫，一日根爛。

人中黄：即多年厠坑中甎上所凝結黄埿音吟，去聲，方言。垢凝曰埿。是也。藥性治療大約與人屎同，解胃家熱毒有效。

糞清一名黄龍湯，俗名金汁。取法：臘月截淡竹一段，去青留底二節，上節發竅，以大甘草納竹筒内，以木塞上竅，以留節一頭插於糞缸中，浸一月取出，曬乾，待用。又法：在寒冬月將竹籮閣盆上，用棕皮綿紙鋪籮中，上鋪黄土五寸，澆糞汁淋土上，濾取清汁，入新甕内，椀覆定，埋土中一年，取出清若泉水，全無穢氣，年久者彌佳，比竹筒滲法更妙。　主治：天行時熱彌善，療陰虚燥熱尤良。　中梓曰：按金汁濁陰歸下竅，有降無升，入土既久，去濁留清，身中諸火逆上，仍用身中降火之品治之，此竹破須將竹補，抱雞還用卵為之法也。陽明實熱發狂，痘瘡紫黑乾枯，非此莫能治療。　希雍曰：入足陽明經。《經》曰：陽明實熱，則登高而歌，棄衣而走。人糞苦寒，能除陽明之熱，故療時行大熱狂走也。凡毒必熱必辛，苦寒能除辛熱，故又主解諸毒。今人以之治痘瘡血熱，紫黑倒靨者殊效，及一切傅癰腫瘡漏，固皆取其苦寒，能散熱解毒，較於草木之味更有力也。

愚按：治陽明入府之實熱，即用陽明府轉化之濁陰，可謂善於對待矣。然何以别於小水之用乎？蓋緣雖同為濁陰，而此之濁更甚於小水，濁甚而氣之陰亦甚，故曰其氣味苦寒，與小水之鹹寒者不同也。濁陰皆歸下竅，而濁之甚者尤善降，此其異於小水之用者也。至解諸毒，如希雍所云以苦寒除辛熱，良然。第苦寒之味不少矣，何為臭穢之物較勝耶？蓋毒之傷人臟腑，即解以臟腑所轉化之苦寒，不更親切而善於脫化乎哉？

附方　熱病發狂奔走似癲，如見鬼神，久不得汗，及不知人事者，以人中黄入大罐内，以泥固濟，煅半日，去火毒，研末，新汲水服三錢，未退再服。　大熱狂渴，乾陳人屎為末，於陰地淨黄土中作五六寸小坑，將末三兩匙於坑中，以新汲水調勻，良久澄清，細細與飲即解。世俗謂之地清。　噎膈反胃，諸藥不效，真阿魏一錢，野外乾人屎三錢，為末，五更以薑片蘸食，能起死人。乃趙玉函方也。　蠱毒百毒，及諸熱毒時氣熱病，口鼻出血，用人屎尖七枚，燒灰，水調頓服，温覆取汗即愈。勿輕此方，神驗者也。　諸毒卒惡，熱悶欲死者，新糞汁，水和服。或乾者燒末漬汁飲，名破棺湯。　其治痘瘡黑陷，及癰腫瘡漏等證，見《幼科外證》。

希雍曰：傷寒温疫，非陽明實熱者不宜用。痘瘡非火熱鬱滞，因而紫黑乾陷倒靨者，不宜用。以其苦寒之極耳。

又治翻胃，唯結熱者宜。

清・馮兆張《馮氏錦囊秘録・雜症痘疹藥性主治合參》卷一二　人糞人之五穀入胃，津液上升為氣血，糟粕下降而成糞，本原已化，但存極苦大寒之氣味耳。入足陽明經。陽明實熱，則登高而歌，棄衣而走，苦寒能除陽明之熱，故療時行大熱狂走也。凡毒必熱，必辛，苦寒能除辛熱，故主解諸毒也。新者封疔腫，一日根爛，蓋疔腫乃風火之毒結成，得大寒極苦之氣，則風火散，根自爛也。乾者煅過，治黑靨血熱痘，亦此意耳。糞清，一名黄龍湯，又名金汁。乃截淡竹刮青塞口，納糞坑中，積年得汁，甚黑而苦，埋地年深，如泉清而無穢氣者，亦主天行狂熱，痘瘡血熱，中惡蕈毒，惡瘡瘟病，疔腫百毒，垂死皆療。人中黄即多年坑磚上所結黄，或人造甘草久浸而成，並解胃家熱毒及疫毒如神。又有地清，一時堪造，借水土之甘寒，專解陽明大熱狂渴。【略】　主治痘疹合參：乾人糞於臘月取東行極乾者，以火燒之，令烟盡，研細服之。主解諸毒，善治黑陷痘瘡，并時行大熱狂走。

清・浦士貞《夕庵讀本草快編》卷六　人屎《别録》　屎糞乃穀食所化，故字皆從米。　屎取野外乾糞，臭味不堪，不若缸傍厠桶，凝結如石，號人中黄者為勝也。若久埋土中，化濁澄清，名曰金汁，更近於潔矣。三者雖殊，其用則同。夫人五穀入胃，津液上升而為氣血，糟粕下降而成滓穢。本質化去，但存大寒大苦之性。故專能解五臟實熱，療時症狂走，勞極骨蒸，噎膈拒食，投之効速。葛芋蕈毒，絞汁灌之；毒蛇犬傷，敷塗瘡口。更可發痘瘡，散疔腫，所謂臭腐而建神奇之功者歟。

清・羅國綱《羅氏會約醫鏡》卷一八人部　人糞極苦大寒。　解諸毒，治疔腫。用新糞敷一日，根爛。　乾糞，燒烟盡，研細服。治痘瘡黑陷，并時行大熱狂走。　糞蛆，撈起漂淨，治小兒疳脹神方。　糞清，一名黄龍湯，一名金汁。截竹去青，入糞坑中，積年得汁，甚黑而苦，埋地年深，如泉清而無穢氣者。治天行熱狂、痘瘡熱陷，解惡瘡、瘟病、疔腫百毒。垂死皆療。又法：取汁，用棕上加棉帋，再鋪黄土，淋糞濾汁，入甕以碗覆之，埋土中一年用。　按：傷寒非陽明實熱、痘

瘡非紫黑乾枯者均禁。

清·楊時泰《本草述鉤元》卷三二 人屎 氣味苦寒。治時行大熱狂走，解諸熱毒，療反胃惟結熱者。及痘瘡黑陷，傅癰腫發背瘡漏，新者封疔腫一日，根爛。

人中黃：即多年廁坑中甎上所凝結黃垽也。性治約與人屎同，解胃家熱毒。又法：臘月截淡竹一段，去青，留上下二節，上節發竅，納大甘草於中以木塞上竅，插浸下節一頭於糞中，經月取出，曬乾待用。除瘟疫熱毒宜用此。

糞清：俗名金汁。取法：寒冬月將竹籮閣盆上，用棕皮、綿紙鋪籮底，上鋪黃土五寸，澆糞汁淋土上，濾取清汁，入新罋內，碗覆口，埋土中一年，取出清若泉水，全無穢氣，年久者彌佳，比竹筒滲進法更妙。苦寒能除辛熱，解諸毒，治時行大熱狂走，痘瘡紫黑乾枯，陰虛燥熱尤宜。傅一切熱毒癰腫瘡漏。

金汁濁陰歸下，有降無升，入土既久，去濁留清，身中諸火逆上，仍用身中降火之品治之，此亦竹破還將竹補法也土材。附方：熱病狂走，如見鬼神，久不得汗及不知人事者。人中黃入大罐內，用泥固濟，煅半日，去火毒，研末，新汲水服三錢，未退再服。大熱狂渴，乾陳人屎為末，於陰地淨黃土中作五六寸小坑，將末三兩匙置坑中，以新汲水調勻，良久澄清，與飲即解，世俗謂之地清。噎膈反胃，諸藥不效，真阿魏一錢、野外乾人屎三錢為末，五更以薑片蘸食，能起死人。蠱毒百毒及諸熱毒，時氣熱病，口鼻出血，用人屎尖七枚燒灰，水調頓服，溫覆取汗即愈，神驗。諸毒猝惡，熱悶欲死者，新糞汁水和服，或乾者燒末漬汁飲，名破棺湯。凡熱毒傷人臟腑，即解以臟腑所轉化之苦寒，較化藥自更親切而善於脱化也。

清·趙其光《本草求原》卷二七人部 乾糞灰 鹹，平，無毒。治大熱狂渴，和泥漿水澄清飲。骨蒸熱勞，入水中澄清，每旦飲一杯，晚服童便一杯，稍稍減服。或用新屎、童便各一升，飯五升，麯半斤，密封二七日取出，無穢氣，每旦、午各服一杯，神妙之極。鼻衄，吹之。結熱噎膈、反胃，同阿魏、生薑點食；或入蘿蔔煅三柱香，黃酒下，神效。痘瘡黑陷，或灰白陷，入麝蜜調下。或同豬、狗、貓屎陰乾，罐盛煅，和麝，蜜調下。刀傷血出。摻之。蜜調塗疔腫，癰疽發背，或加麝。陰瘡，小兒唇緊，此以苦寒攻毒，用火化者，從治之法也。乾屎末：引疳瘻蟲外出，綿包貼。治金瘡腸出，粉之即入。蛇蟲螫毒，塗之。蠱毒、百毒，取屎尖煅水調，頓服取汗神驗。藥箭毒。塗之，並飲金汁，新屎塗疔腫、蛇咬、箭毒更效。

小兒胎屎

宋·唐慎微《證類本草》卷一五人部〔唐·陳藏器《本草拾遺》〕 新生小兒臍中屎 主惡瘡，食瘜肉，除面印字盡。候初生，取胎中屎也。初生臍，主癨。燒爲灰，飲下之。

明·王文潔《太乙仙製本草藥性大全》卷五《本草精義》 小兒臍中屎 候初生取胎中屎也。初生臍主癨，燒爲灰存性，米飲調下效。

明·李時珍《本草綱目》卷五二人部 小兒胎屎《綱目》

【主治】惡瘡，食瘜肉，除面印字，一月即瘥藏器。治小兒鬼舐頭，燒灰和臘猪脂塗之時珍。

清·趙學敏《本草綱目拾遺》卷九獸部 犬豕胎糞 史長惺有不服藥而點眼發汗方：以初男胎糞煉而升之，加冰、麝，磁罌收。有當發汗者，男左女右，以乳點之，臥即汗出。本草所未載。《小識》云：犬、豕初生糞，皆可合煉，不必定嬰孩也。

婦人月水

宋·唐慎微《證類本草》卷一五人部〔宋·掌禹錫《嘉祐本草》〕 婦人月水 解毒箭并女勞復。新補。見陶隱居。

〔宋·唐慎微《證類本草》〕陳藏器云：經衣，主驚瘡血涌出，取衣熱炙熨之。又燒末傅虎、狼傷瘡，燒末酒服方寸匕，日三。主箭鏃入腹。《梅師方》：治丈夫熱病差後交接復發，忽卵縮入腸，腸中絞痛欲死。燒女人月經赤衣爲灰，熟水調方寸匕服。又方：治剝馬被骨刺破毒欲死。以月水傅瘡口，立效。孫真人：治霍亂困篤，取童女月經衣和血燒灰，和酒服方寸匕。又方：治聚血兼箭鏃在胸、喉，燒婦人月經衣酒服。又方：治馬血入瘡中，以婦人月經血塗之。扁鵲云：治陰陽易傷寒。燒婦人月經衣，熟水服方寸匕。《博物志》：交州夷人，以焦銅爲鏃，毒藥〔塗〕於鏃鋒上，中人即沸爛，須臾骨壞。以月水、屎汁解之。

明·滕弘《神農本經會通》卷七 婦人月水 《本經》云：解毒箭，并女勞復。《博物志》云：交州夷人，以焦銅為鏃，毒藥於鏃鋒上，中人即沸爛，須臾骨壞，以月水汁解之。

明·劉文泰《本草品彙精要》卷二二 婦人月水 解毒箭，並女勞復。名醫所錄。

【治】療：陳藏器云：經衣，主金瘡，血湧出，取衣熱炙熨之。又燒灰，傅虎、狼傷瘡。《別錄》云：女人月經赤衣，燒灰，熟水調服方寸匕，

治丈夫熱病瘥後交接復發，忽卵縮入腸，腸中絞痛欲死，立效。○月水，治剝馬被骨刺破毒欲死，傅瘡口，立效。○婦人月經衣和血，燒灰水調方寸匕，治陰陽易病。〔合治〕童女月經衣和血燒灰，合酒服方寸匕，治霍亂困篤，立愈。○婦人月經衣，燒灰合酒服方寸匕，治聚血兼箭鏃在胸喉間，效。

〔解〕月水同屎汁，解交州夷人以焦銅爲鏃，毒藥於鏃鋒上，中人即沸爛，須臾骨壞者，效。

明・鄭寧《藥性要略大全》卷九 經餘　治勞瘵骨蒸虛熱，胎生房勞，羸瘦百病及吐血咯血等症。　味鹹、辛，性溫平，無毒。　室女者尤佳。　即搵經水布也。

明・方穀《本草纂要》卷八 紅鉛　味鹹、淡，氣平，無毒。　紅鉛者，女子二七之首經也。　以紙收之，如桃花之片，日久不變其色，是真鉛也。　以火煉存性，好酒服，治男子陰虛不足，腿足無力，百節疼痛，腰背酸拆，頭眩眼花，自汗虛熱，欬嗽無痰，小便頻數；　或精神短少，遺精夢泄；　或魂魄飛揚，夢寐驚惕，是皆陰虛不足之症，用此真陰之劑補之。　大抵紅鉛補於陰，秋石補於陽。　陰有所虧，採陰之精而補之；　陽有所損，煉陽之精而實之，此全陰陽之大體也。　吾聞仙家有云：　採陰補陽真妙訣，紅鉛秋石爲奇藥，有人採煉得天真，壽延一紀不須說。

明・王文潔《太乙仙製本草藥性大全》卷五《仙製藥性》 婦人月水　解藥箭毒者塗之神效，中傷幾死者服即回生。　補註：　治馬血入瘡中，或被藥箭所傷，將欲骨爛，以婦人月經血塗之。○治剝馬被骨刺破，毒欲死，以月經血塗瘡口立效。○交州夷人以焦銅爲鏃，毒藥鏃鋒上，中之即死，月水汁解之。

明・皇甫嵩《本草發明》卷六 紅鉛一名先天。性溫、熱。　取童女首經為紗，一二三度者次之。　以法取煉，真能續命回元。合秋石製服，尤妙。

明・李時珍《本草綱目》卷五二人部 婦人月水宋《嘉祐》。附月經衣。

〔釋名〕月經《素問》　天癸《素問》　紅鉛時珍曰：　女子，陰類也，以血爲主。其血上應太陰，下應海潮。月有盈虧，潮有朝汐，月事一月一行，與之相符，故謂之月水、月信、月經。經者，常也，有常軌也。天癸者，天一生水也。邪術家謂之紅鉛，謬名也。女人之經，一月一行，其常也；　或先或後，或通或塞，其病也。復有變常而古人並未言及者，不可不知。有行期只吐血衄血，或眼出血者，是謂逆行。有三月一行者，是謂居經，俗名按季。有一年一行，是謂避年，有一生不行而受胎者，是謂暗經。有受胎之後，月月行經而產子者，是謂盛胎，俗名垢胎。有受胎數月，血忽大下而胎不隕者，是謂漏胎，此雖以氣血有餘不足言，而亦異於常矣。女子二七天癸至，七七天癸絕，其常也。有女年十二、十三而產子，如褚記室所載，平江蘇達卿女，十二受孕者。有婦年五十、六十而產子，如《遼史》所載，亟普妻六十餘，生二男一女者，此又異常之尤者也。學醫者之於此類，恐亦宜留心焉。

〔氣味〕鹹，平，無毒。　〔主治〕解毒箭并女勞復弘景。

月經衣　〔主治〕金瘡血涌出，炙熱熨之。　又主虎狼傷及箭鏃入腹藏器。

〔發明〕時珍曰：　女人入月，惡液腥穢，故君子遠之，爲其不潔，能損陽生病也。　煎膏治藥，出痘持戒，修煉性命者，皆避忌之，以此也。《博物志》云：　扶南國有奇術，能令刀斫不入，惟以月水塗刀便死。　此是穢液壞人神氣，故合藥忌觸之。　此說甚爲有據。　今有方士邪術，鼓弄愚人，以法取童女初行經水服食，謂之先天紅鉛，巧立名色，多方配合，謂《參同契》之金華，《悟真篇》之首經，皆此物也。　愚人信之，吞嚥穢滓，以爲秘方，往往發出丹疹，殊可嘆惡。　按蕭了真《金丹詩》云：　一等旁門性好淫，强陽復去採他陰。　口含天癸稱爲藥，似恁洳沮枉用心。　嗚呼！　人觀此，可自悟矣。　凡紅鉛方，今並不録。

〔附方〕舊七，新五。　熱病勞復：　丈夫熱病後，交接復發，忽卵縮入腸，腸痛欲死。　燒女人月經赤衣爲末，熟水服方寸匕，即定。　扁鵲方。　女勞黃疸：　氣短聲沉。　用女人月經和血衣燒灰，酒服方寸匕，一日再服，三日瘥。　孟詵《必效方》。　霍亂困篤：　童女月經衣和血燒灰，酒服方寸匕。　百方不瘥者用之。《千金方》。　小兒驚癇：　發熱。取月候血和青黛水調服一錢，入口即瘥。　量兒加減。《聖惠方》。　令婦不妒：　取婦人月水布裹蝦蟆，於厠前一尺，入地五寸埋之。　張華《博物志》。　癰疽發背：　一切腫毒，用胡燕窠土、鼠坌土、榆白皮、栝樓根，等分爲末，以女人月經衣，水洗取汁和傅腫上，乾即易之。　潰者封其四圍。　五日瘥。《千金方》。　男子陰瘡：　因不忌月事行房，陰物潰爛，用室女血衲，瓦上燒存性，研末，麻油調，傅之。　解藥箭毒：　交州夷人，以焦銅爲〔鏑〕，〔塗〕毒藥於鏃鋒上，中人即沸爛，須臾骨壞，但服月水、屎汁解之。《博物志》。　箭鏃入腹：　或肉中有聚血。　以婦人月經衣燒灰，酒服方寸匕。《千金方》。　馬血入瘡，剝馬刺傷：　以婦人月水塗之，神效。　姚僧坦《集驗方》。　虎狼傷瘡：　月經衣燒末，酒服方寸匕，日三。　陳藏器。

明・李中立《本草原始》卷一二 婦人月水　時珍曰：　婦人，陰類也，以血為主。　其血上應太陰，下應海潮。　月有盈虧，潮有朝汐。　月事一月一行，與之相符，故謂之月水、月信、月經。　經者，常也，有常軌也。《素問》名天癸，謂天一生水也。　邪術家謂之紅鉛，謬名也。

婦人月水：氣味：鹹，平，無毒。主治：解毒箭，并女勞復。

月經衣：主治：金瘡血湧出，炙熱熨之。又主虎狼傷，及箭鏃入腹。

《博物志》方：令婦不妬，取婦人月水布，裹蝦蟆于廁前一尺，入地五寸埋之。

《集驗方》：治剝馬刺傷，以婦人月水塗之，效。

女人之經，一月一行，其常也。或先或後，或通或塞，其病也。復有變常，而古人并未言及者，不可不知。有行期只吐血、衄血，或眼耳出血者，是謂逆行；有三月一行者，是謂居經，俗名按季；有一年一行，是謂避年；有一生不行而受胎者，是謂暗經；有受胎之後，月月行經而產子者，是謂盛胎，俗名垢胎；有受胎數月，血忽大下，而胎不隕者，是謂漏胎，此雖以氣血有餘、不足而言，則亦異于常矣。女子二七天癸至，七七天癸絕，其常也。有女年十二、十三而產子，如褚記室所載，平江蘇達卿女，十二受孕者。有婦年五十、六十而產子，如《遼史》所載，亟普妻六十餘，生二男一女。此人異常之尤者也。學醫者，于此類亦宜留心焉。

明・李中梓《藥性解》卷六　月水　性味經絡，諸書不載。主男子虛羸，中傷幾死，解藥箭毒，首經者猶屬純陽，能回生再造。　按：月水之補，實令人有起死之功，今時罕有能用之者，惜哉！

明・繆希雍《本草經疏》卷一五　婦人月水　解箭毒，并女勞復。陳藏器云：經衣，主金瘡血湧出，炙熱熨之。又燒灰傅虎狼傷瘡及箭鏃毒入腹。

〔疏〕《經》云：女子二七天癸至，任脈通，太衝脈盛，月事以時下。謂之天癸者，乃天一所生之水也。上應太陰，下應海潮，月有盈虧，潮有朝夕，故月事一月一行，與之相符也。其味鹹，鹹為水化，凡毒得水則解，故能解箭毒也。女勞復者，熱病新瘥後交感而得，其證發熱煩躁，少腹陰囊牽引而痛，以前病餘熱未除，陰精復損，故有是證。月水乃陰中有陽之物，能補陰除熱，故主之也。金瘡及虎狼傷瘡，皆血分受傷為病，以類相從，乃所以補其不足也。童女首經，名紅鉛，能回垂絕之陽氣，第一時難得耳。如女子自受胎時，算至十四歲足，即於是日是時經至者，此為正鼎，其經為上藥。用法招攝，於經將至時，真氣先到，采入身中，名得大藥，可以接命。即《首楞經》所載精仙是也。絕非入爐交感，亦非情想得通，故亦成仙道耳。

〔主治參互〕扁鵲方丈夫熱病後，交接復發，忽卵縮入腹，腹痛欲死。燒女人月經赤衣為末，熱水服方寸匕，即定。并治女勞色疸。《千金方》男子陰瘡，因不忌月事行房，陰物潰爛。用室女血衲，瓦上燒存性，研末，麻油調傅。《博物志》交廣夷人，以焦銅和毒藥於箭鏃上，中人即沸爛，須臾骨壞而死。但服月水、屎汁解之。

〔簡誤〕月水雖能治病，然穢汚不潔之物，故女子入月時，人宜遠之。其昇丹煎膏治藥及小兒出痘，切須避忌。如犯之，則藥不靈，痘變壞也。紅鉛，其性質乃陽氣凝結而成，火盛人不宜單服，須多服人乳，并入童溺乃佳。

明・倪朱謨《本草彙言》卷一九　紅鉛　味鹹，氣溫，有毒。門吉士曰：按李氏《綱目・發明》云：女人入月，血液腥穢，故君子遠之，爲其不潔，能損清貞之氣也。如煎膏煉藥，養痘燒鉛，出兵演武，持齋誦經，修心養性命者，咸避忌之。此屬污穢，能壞人神氣故也。今有妖妄邪術，鼓弄愚人。其法取童女初行經血，巧立名色，謂之先天紅鉛。多方配合，謂之《參同契》之金華，《悟真篇》之首經。愚人信之，吞噈滓穢，以爲秘方，往往發出丹疹惡毒，一切難以爲名之病。殊可嘆惜！　按蕭了翁《真金丹詩》云：一等愚人性好淫，强陽復去采他陰。口含天癸稱仙藥，恁你洳沮枉用心。嗚呼！愚人觀此，可自悟矣！

明・黄承昊《折肱漫録》卷三　鍊服紅鉛實為有益，予之得延藉力於此非淺。予往時病丹田氣怯不能言，百藥不效。遇一醫家，以五炁丹授予，纔兩三服即覺氣充能言，其效如此，是後自畜鼎器，廣收紅鉛製服，較之草根樹皮，功真倍蓰。烏衣巷聶遡元之五炁丹名聞海内，予曾服之，果效。李鴻臚進光廟之丹，予亦曾嘗。有友張中吳以紅鉛製為一粒丹，用乳調勻灌於鼻内，男左女右，以鼻孔向上仰承之，名為進大藥，密室中避風避勞，或三七，或二七日，淡味將理，斷慾百日，果有奇效，能回陽助元，予曾兩試之。

明・李中梓《醫宗必讀・本草徵要下》　紅鉛味鹹，熱，無毒。入心、肝、脾、腎四經。

坎宮一點，無端墮落塵寰；水裏真金，有法收來接命。蕭子真云：一等旁門性好淫，強陽復去採他陰。口含天癸稱為藥，似恁洳沮枉用心。此言金丹大道。惟虛極靜篤，採先天祖氣而矣。且不着沮四大，安可求於渣質哉？若夫却病延年，未有過於紅鉛者也。女子二七，天癸至，任脉通，太衝脉盛，月事以時下謂之天癸。乃天一所生之水，古人用之療金瘡、箭毒。并女勞復，皆崇其養陰之力也。童女首經，尤為神品，女子自受胎，以及長成，筭積五千四百之期。即於是日經至，更為難得。回垂絕之陽，有奪命之權。

若三日出庚之時，採藥接命，即《楞嚴經》所載精仙是也。絕非交媾，亦非口服，故成仙道。按：服紅鉛而熱者，惟童便、乳汁可以解之。

明・盧之頤《本草乘雅半偈》帙九　婦人月水宋《嘉祐》　氣味：鹹，平，無毒。　主治：主解毒箭，并女勞復。

覈曰：月水，《素問》謂之月經，又謂之天癸。丹家謂之月信，又謂之紅鉛。採取合法，成服食上丹，否則非徒無益，而又害之矣。女子二七，月事始以時下而有子。經行三日，時日不移者，為經，為常；或先，或後，或通，或塞者，為病，為變。三月一行者，謂之居經；一年一行者，謂之避年；一生不行而孕者，謂之暗經；受孕仍以時下者，謂之盛胎；受孕數月，經忽大下者，謂之漏胎；每月數至，或至無休息，或大下崩決者，謂之病經；十二而孕，六十尤乳者，謂之變生，皆非嘉品。採取上藥，須擇首經。一法，即收經水綿帛，或紙，用童溺漂洗即落，烏梅煮汁點之，鉛即澄淀于底，泌去黄水，淡灰裛乾，此屬下乘。一法，用黑鉛作偃月橐籥，經至繫之，滿則傾置盤內，以上乘秋石，少篩經水之上，即作薄衣，浮結于上，輕輕取起，隨篩隨結，以盡為度，此屬中乘。其最上乘者，俟女子二七，天癸將至，眉心先有紅氣，光艷奪目，丹家所謂上應星，下應潮者是也。其法亦用偃月橐籥，先以頭生男乳，晒取成粉，輕抹橐籥之內，次篩上乘秋石于乳粉之上，經至則繫之，經下遂結藥于橐籥之內矣。傾去黄水，隨篩隨繫，以竟為度。首經者，中結枚子，或一或二或三；次行者，僅有散砂，即無枚子。採得枚子，先煉五炁上丹，製一金丸，徑大九分，丸分兩開，中作子口，上下俱實五炁上丹。子口處，須令均平，次以極圓青豆，置于金丸之中，上下合成，則中有圓竅，即藏枚子于丹竅之內，以蜂蠟封固，子半之後，午半之前，護繫童女臍上；午半之後，子半之前，護繫童男臍上。滿四十九日，枚子遂長滿其竅，用時如法服食。不則仍如前法護繫，此得之異授，不敢自私，用公海內。

先人云：瀕湖未見神奇，徒自妄詆，若得童女首經，內含至藥。如不可得，即未經殘破女子者，亦堪服食。以天癸為生身之基，兩精相搏，便生一人，亦奇異矣。一法用紅鉛三兩，先以陽起石四兩，研細，置銀釜之底，次置經鉛于陽起之上，封固溫養，七日後，丹生其中，色如桃花，僅得百釐。每用一釐，重綿裹護，子寅二時，納左鼻孔，行數百息，即隨息入腦，盡此百釐，為反老還童，長生不死之至寶也。欲識神異，以死人脛骨，鏤一小孔，置數釐于孔內，仍埋土中過宿，至明起視，枯骨如生。或置分許于磁盤內，覆磁盃于丹上，水和麥麫，封固其口四圍，緩火炙之，麥麫焦黑，俟冷開視，其丹盡滲盃內，擊碎其砭，都成丹色，仍以盃砭研細，入釜溫養，丹復提出，毫末不減，此亦異術也。

条曰：服食家，擇處子相好端潔，生辰在仲秋者，稟太陰金水之一炁，作鼎甚良，俟其蒸變已足，黄道已歸，上應星，下應潮，天癸至，任脈通，太衝脈盛，月事以時下矣。《丹訣》云：三十時中兩日半，二十八九君當算，落紅滿地是佳期，金水過時空涸亂。故必三緣會合採取合宜，時中月望，乃結枚子如芥粒，不假人力為也，更鍊龍虎兩絃，退却陰符，進添陽火，候七七光生，食之接延壽命。即女子未經破殘，或生辰在四季餘月者，如法採取，亦可却病，豈小補云乎哉。近所尚者，先天一炁已失，僅取糟粕剩餘，不唯無補于形神，反致燎炎其焦府，既失授受之源，亦且擇非其鼎，宜乎見者聞者，棄之勿顧。

明・李中梓《本草通玄》卷下　紅鉛　味鹹，性溫。　救虛損，理沉疴，回生起死，返老還童，理女勞復，解箭瘡毒。　按：仙經云：男子初生，純乾體也，十六歲精通，則乾變而為離中虛。女子初生，純坤體也，十四歲經生，則坤變而為坎中滿。所以男子一身屬陽，惟精屬陰。女子一身屬陰，惟經屬陽。故曰取將坎位中心實，補却離宮腹裏虛，正謂是也。誠延齡至寶，却病神丹。然惟首經乃獲靈奇，若是常經，僅堪補益。蓋嘗論之，水穀入胃，泌別薰蒸，化煉精微，上奉於肺，流溢於中，布散於外。中焦受汁，變化成赤，行於隧道，以奉生身，是之謂血，命曰營氣。婦人之經，上應太陰，下應潮汐，故有月事之稱。又稱經水，經者常也。又稱天癸者，天一生水也。又稱紅鉛者，鉛於五金之中，獨應北方之水也。凡患虛勞風蠱，補氣敗壞，命如懸絲，百藥無功，獨有斯方，真堪奪命。世修煉有法，服食有度，非宿有因緣者，未易遇也。

清・穆石匏《本草洞詮》卷一三　月水　女子以血為主，上應太陰，下應海潮，故謂之月水。亦曰月信、月經。有變常而古人未言者，當行之期，吐血、衄血、眼耳出血者，是謂逆行。有三月一行者，是謂居經。有一年一行者，是謂避年。有一生不行而受胎者，是謂暗經。有受胎之後，月月行經而產子者，是謂盛胎。有受胎數月，血忽大下，而胎不隕者，是謂漏胎。女子二

七天癸至，七七天癸絕。有女年十二而產子，如褚澄所載蘇達卿女，年十二受孕者。有婦年六十而產子，如《金史》所載亟普妻六十餘生二男一女者。繇氣血壯盛，故不拘常理也。夫女人入月，君子遠之，為其不潔，能損陽生病也。煎膏治藥，出痘持戒，脩鍊性命者，皆避忌之。《博物志》載：扶南國有奇術，能令刀斫不入，以月水塗刀便死。此是穢液壞人神氣故也。今方士邪術，以法取童女初行經水服食，謂之先天紅鉛，巧立名色，謂《參同契》之金華，《悟真篇》之首經，皆是物也。愚人信之，吞嚥滓穢，以為秘方，往往發出丹瘮，殊可歎悼。蕭子真詩云：一等旁門性好淫，強陽復去採他陰。口含天癸稱為藥，似恁沮洳枉用心。（者）〔旨〕哉言矣！《別錄》載：月水解毒箭及女勞復，差可用耳。

清・劉雲密《本草述》卷三二　紅鉛　按此即《素問》所謂月經也。又謂天癸者，是指月經最初之精氣也。岐伯曰：女子七歲腎氣盛，齒更髮長，二七而天癸至，任脈通，大衝脈盛，月事以時下。夫天謂太一之天真，太一之氣，升而為任，降而為癸，是天一生水之義。第壬陽而癸陰也，女子坤道屬陰，故以天真之元氣專屬癸也。其謂任脈通，衝脈盛，月事以時下者，時下二字，為人身之陰陽，與天地合。女子屬陰，而象月之盈則虧，常以三旬為期，故名之曰月經。經者，以其為一小會之週天，是其常也。然又有三月一行，一年一行者，乃大會、中會之不同，雖盈虧之義究之則一，第已失其常度，殊非上應星，下應潮，與天地之氣合者同也。丹家采為紅鉛服食，及療虛損諸證，均勿取也。

氣味：鹹，平，無毒嘉祐。主治：男婦氣血衰弱，痰火上升，虛損，左癱右瘓，中風不語，肢體疼痛，飲食少進，女子經閉等證，服之神效。

盧復曰：瀕湖未見神奇，徒自妄詆。若得童女首經，內含至藥。如不可得，即未經殘破女子者，亦堪服食。以天癸為生身之基，兩精相搏便生一人，亦奇異矣。一法用紅鉛三兩，先以陽起石四兩，乳細，置銀釜之底，次置紅鉛於陽起之上，封固，温養七日後丹生，其中色如桃花，僅得百釐。每用一釐，重綿裹護，子寅二時，納左鼻孔，行數百息，即隨息入腦。盡此百釐，為反老還童，長生不死之至寶也。欲識神異，以死人脛骨鏤一小孔，置數釐於孔內，仍埋土中，過宿至明起視，枯骨如生。或置分許於磁盤內，覆磁盃於丹上，水和麥麪封固，其口四圍，緩火炙之，麥麪焦黑，俟冷開視，其丹盡滲盃內，擊碎其砭，都成丹色，仍以盃砭乳細入釜溫養，丹復提出，毫末不減，此亦異術也。　之頤曰：服食家擇處子相好端潔，生辰在仲秋者，稟太陰金水之一炁，作鼎甚良，俟其蒸變已足，黄道已歸，上應星，下應潮，天癸至，任脈通，大衝脈盛，月事以時下，而采取合宜食之，接延壽命。即女子未經破殘，或生辰在四季餘月者，如法采取亦可却病。豈小補云乎哉？近所尚者，先天一炁已失，僅取糟粕剩餘，不唯無補於形神，反致燎炎其焦府，既失授受之源，亦且擇非其鼎，宜乎見者聞者棄之勿顧。

愚按：《素問・天真論》云：女子二七天癸至，丈夫二八天癸至。是則男女真陰俱稱天癸也。第於女子則曰任脈通，大衝脈盛，月事以時下，故有子。而丈夫乃止言其精氣溢寫，陰陽和，故能有子。夫男女之脈在衝任無二也，何以女子之月事獨屬衝任而言哉？曰：《經》云女子胞為地氣之所生也。夫衝任之脈，皆起於胞中，若女子胞，固經所謂藏而不寫者也。昔哲曰，腎為至陰，陰形偶，故腎有兩，胞居兩形之間，出納腎臟之精血，以行坤土之化。然坤土不自司其職，司其職者，乃衝任二脈，起於胞中者，行其化也，此男女之所同。然坤道成女，坤體陽氣居下，故《經》曰女子胞為地氣之所生，所以衝任二脈，於女子生化之元，更為關切如斯。就二脈中，任為陰脈之海，是化育之原，而衝屬陰中之陽，又為任行其化者也。先天乾坤之位，而後天以坎離代居之，故乾主闢，坤主闔，而闔闢實互為根，以致其用，此離中有坎，坎中有離之義也。坎水屬坤之用，故曰水土合德。離火屬乾之用，故曰金火合德。坎離而致乾坤之用，故不惟水火互藏，即已闔闢互運，所以男子屬陽，而陽中之陰以陽為主，還歸於陰之靜者，以厚其氣，故曰二八腎氣盛，天癸至，精氣溢寫，陰陽和，故能有子，是由闢有闔之義也。其能化血為精者，正其氣之盛而能化陰也。女子屬陰，而陰中之陽以陰為主，不能化血，但即乘於陽之動者，以運其血，故曰二七而天癸至，任脈通，大衝脈盛，月事以時下，故有子，是由闔有闢之義也。其在上又能化血為乳者，以其切近於肺胃之陽也。即此参之，則月事以時下者，正至陰根於至陽，而其盈虧之數，有與天之太陰符合而不爽者也。如《内經》所云女子月事不來者，胞脈閉也。由於心氣不得下。更云胞脈者，屬心而絡於胞中。又云前有廣明，後有大衝，是皆陰根於陽之的證也。至於腎夾任脈，從陽交貫肝經藏血之室，統會胃經生血之源，乃男女之所同然，

又不必言矣。如時珍謂其惡液腥穢，能壞人神氣者，是其擇鼎無良，采合違法，全失太陰之精氣，之頤所云僅拾其糟粕者也，豈可為定論哉？此公之醫理未酣，固不止於此矣。三錫曰：大凡虛弱人，須以人補人，河車、人乳、紅鉛俱妙。然須緩心和氣人可用。

天真接命丹　用無病室女月經，首行者為最，二次者為中，四五次為下。如急用，但未點者俱可。取鉛打一具如黃衣月牙冠，俟月信動時，即以此具令老媼置陰戶上，用絹幅兜住，接取入磁器中，再取，俟經將衰，已過大半而止。澄沉底如硃砂子，乃真母氣。其面上黃色浮者挹去，却用極細白淨好茯苓為末，用熟水浮去木屑，取沉底曬乾，搗入紅鉛中如和麵然。多寡軟硬以意消息，打作薄薄餅子，陰乾待用。不可鐵犯，既乾研末，以麻黃洗淨，煎濃汁濾淨，和丸如綠豆大，以老坑辰砂飛過為衣，用銀礶盛之，以黃蠟收口。每服五十丸或七八十丸，靜坐無風處，見微汗為驗。藥性流行，充溢四肢經絡皮毛之間，如服後發熱躁渴，此元氣虛，藥性到也。須服乳汁數盞止之，服後三日內蔬食，不可吃油膩之物。此藥進二三次，或越三五年，又進二三次，立見氣力煥發，精神異常，草木之藥千百，不如此藥一二服。蓋人自十六已後，精氣漸減，不但男女聲色足以損敗，一與事應皆耗精氣之原，故禪宗面壁，仙家守丹，築基煉己苦行，以防耗此精神，便是長生之術。此藥采於人身，非若金石草木有偏勝之害，一於補益，功力到處自然外邪不侵，內神愈旺，功侔造化，壽等喬籛，養生者宜加珍重。三錫曰：後法是自然取下真鉛，以故每服一粒，此則加茯苓，錫恐此分兩太多，或服一半可也。然不如顧法妙。

至藥歌　至藥訣，至藥訣，神仙裁接人難說。真機發露有緣人，天律至嚴勿妄泄。勿妄泄，莫輕談，忠孝之人誓與傳。先積陰功在人世，却選賢良美少年。美少年方二七月，過十五，輝光熄。櫻桃小口石榴牙，目秀眉清膚似雪。五千四十莫遲延，緊看印堂光潤澤。光潤澤，驗遲早，精神變態人難曉。至藥初生五彩形，霞光萬道眉間遶。三尸六賊盡潛逃，聖母真金無價寶。無價寶，應天星，唇如血珀電光生。兩目瞳人如漆黑，五心煩熱藥將盈。藥將盈，須緊守，揵音乾。舉也，以肩舉物。唏俗嘑字，別作啼。真金勿馳走。勿馳走，五七九，鼎分厚薄先天有。寶殿初離地應潮，金爐煉就長生寶。長生寶，返人魂，色如琥珀石榴形。石榴形，賽火棗，鮮似日輪紅瑪瑙。紅瑪瑙，續命基，首男乳服最相宜。一日一粒週天遍，閉目澄心妄念除。靜室焚香守齋戒，防危慮險要扶持。要扶持，莫懈怠，切忌腥羶戒淫愛。七日混沌如分明，時時退火身康泰。旁門裁接不為奇，惟有此方功力大。得者珍藏勿妄傳，毋使井蛙笑無賴。

進藥歌　此藥進，此藥進，此藥進時人不信。微哉一點落黃庭，攪動一身天地震。衝開夾脊過三關，一氣氤氳布腎間。腎間冷痰走如飛，始信人間有殺機。胸前頭面汗若傾，頭似千斤足似蒸。涌泉趕出真陽氣，衝過元宮至頂門。誰肯信，甚分明，入骨穿皮處處尋。思量往日風寒溼，得遇元陽總是春。週察遍，上崑崙，纔到明堂好用心。雀橋有路休延滯，直下重樓見主人。主人乍見多疑惑，遙指黃庭是我親。取坎填離第一乘，一乘若是功怠惰，立地災殃生大禍。得者七日如暈醉，不宜行動只宜睡。三飡薄粥須當進，切忌淫心莫食鹽。將二七，始安然，方整衣冠出市廛。有人問汝玄中妙，可作磨兜莫妄傳。

取藥法　用豬尿泡一個，制度極乾淨，用軟鐵線圈起口來，如碾槽樣，用帶二條兜住，候至景象現，方用追攝法取藥。此藥屬陽，奇數，上等鼎器九粒，中等七粒，下等五粒，取下藥來，不可與孝服、女尼、猫鼠見之。

分藥口訣　此藥勿以漆器盛之，銀磁二器可用。此藥一至急，以真童便一甌傾入，雙手捧起，旋轉不定，童便與經俱出，少停，其藥沉定在底不動，銀匙取起，收貯聽用。內水銀四兩，薄荷葉洗淨待乾，蓋於藥上。四季通用水銀，塵穢不染。

服藥口訣　此藥取出異香為上，每至子丑寅三時可進。乃天地發生之際，用乳一酒盃，入藥一粒，配合聽用。先用乳香漱口淨後，乃捧起吞之，閉目靜坐片時，但丹田火熱，五心煩躁，渾身微汗。病者有大汗，腹中如雷鳴，身上如蟲行，勿得驚異，乃是此藥之靈驗。如此服後，煩渴須服乳數盃，五六度以退火，煩渴即解。此藥一進，人事昏沉，身體重墜，要人扶持，切勿動念勞碌，戒之。次日依法又進一粒。

擇乳口訣　凡用初生男乳，母必欲選擇二十上下方妙，雪白如銀香濃為上。仙書謂為蟠桃酒，血化為膏體似銀，蟠桃酒熟鎮長春是也。先預備乳母，然後服藥。乳如稀黃腥羶穢氣者，此婦有病，不可用。

驗藥口訣　鼎器有厚薄，十四歲乃仙方，所謂五千四十開黃庭是也。三十時中計取紅鉛，不前不後。氣厚者十三歲至者有之，氣薄者十五歲至者有

之，但是先天下分前後。但看歌中景象，天機妙用，即是藥候。有何難哉？有何難哉？此藥與我，已永配合成丹，精凝氣聚，永無漏泄之患。凡人得一度者，可延七七之壽，非人勿授。已上惠岩顧宗伯傳。

愚按：《八牋》云：古法五千四十八日，近有十三而來，有十六七而至，何也？皆因受父母精血厚薄，如得年月日應法，乃是真正至寶，為接命上品之藥。如前後不等，只作得首鉛初次，金鉛二次，紅鉛三次，以後皆屬後天紅鉛，只宜配合藥，不宜單服食，其製首經至寶法，將取的五千四十八日，真正初經，或器或帛，以一碗新解童便洗下，對清水十碗，進礬一錢，攪百十轉，澄定，湢去清水，再換清水十碗，仍打澄清，湢去清水淨，加頭生男嬌乳一鍾，同入金器內，紙糊三四遭，放在日色中曬三日，或用泥封口，入灰缸內，小頂火養三日，取出為末，再用乳熬膏子為丸，一個鼎的，分作九丸，或十五丸，用辰砂為衣。擇甲子庚申日，清靜身心，於子時更衣焚香，服三丸，以無灰酒或乳送下，服後靜坐片時，存神定意，如覺身熱時，取頭生乳一鍾服下，静坐即解。其製靈鉛法，所謂靈鉛者，即前云如前後不等，年月日不能應法者，只作首鉛、金鉛、紅鉛，以為服食之用也。其法曰：將前取紅鉛，或器或帛，量多少用燒酒一大碗洗下，旋轉百遭，置於靜處，待酒澄清，慢慢湢去酒，存住紅鉛，加酒一碗，仍打轉澄清，湢去酒，始加清水，逐去酒味，待水清，湢水盡，將鉛傾入大磁盤內，曬乾。其鉛胎色不變，如牛黃樣，不泄元靈之炁。將此鉛配金乳粉合成丸丹，每日五更，用酒吞服五分，自覺身輕體健，效不可述。丹書云：先補炁，後補血，補得丹田温温熱。上至頂門泥丸宮，下至脚板涌泉穴。一身四大俱補通，致使精神無露泄。誠哉是言也。即《八牋》分別以修合，大有精義，非漫然槩以為紅鉛，而其補益全無差等也。故得服首經至寶，謂非天真接命之丹乎？恐其難遘，則首鉛、金鉛、紅鉛，猶俱屬先天，資以服食，其於人身後天之虛損，補接亦豈渺小乎哉？尊生者所宜留意也。余家一女子年未及笄，月事已行而閉，閉久而頭兩太陽及渾身骨痛，手足軟乏力，用女子未破者之首經衣，燒灰調生酒服，服不再，而前證悉愈。況如首鉛，尤非經衣之比，其感效竟當何如也。即此以思其功，可謂不減丹丸矣。

製金乳粉法　製乳粉時，先擇美鼎，先看嬰童肥白有精神者，此是炁血盛，而乳可用。亦須頭生，年方二八、三七纔可，取下一碗或半碗，對露水均平攪百遭，過夜，其乳日分，逼去水，將乳入磁盤，曬乾，碾細成粉，積得半斤聽用。

月經衣：主治：熱病勞復，女勞黃疸，霍亂困篤，小兒驚癇。

附方　勞疸，丈夫熱病後，交接後發忽卵縮入腸，腸痛欲死，燒女人月經赤衣為末，熟水服方寸匕，即定。　女疸，氣短聲沉，用女人月經和血衣燒灰，酒服方寸匕。　霍亂，百方不效者，用童女月經衣和血燒灰，酒服方寸匕。　驚癇發熱，取月候血和清黛水，調服一錢，入口即瘥。量兒加減。

清·陳士鐸《本草新編》卷五　月水　婦人月水：治女勞復最神。經衣灰可止血。方士取首經，入之茯苓中，為延齡神藥，且能治勞損。至神之藥，至穢之物也。上士用之以得仙，非至神乎。凡世人修合丸散，與諸吉祥事，及小兒出痘生瘡，皆宜避忌。如犯之，吉變凶，藥不靈，瘡痘變壞，非至穢乎？然而至穢之物，出于至神之內也。蓋經水者，天癸之水也。女子二七而天癸至，任脉通，太衝脉盛，而經水時下。〔時下者，及其時而至也。故〕此水為天一所生，乃先天之氣所成，後天之氣所化，無形而變為有形也，所以上應月，下應潮，一月一行，與海與太陰相合也。陰中至陽，能補陰生陽。方士美其名曰紅鉛，其實即首經也。是至神之物，何以又成為至穢乎？蓋月水未出於兒門，則月水含至陽之氣。月水一出于兒門，則月水成至陰之形，純陽而變為純陰，全是殺氣而非生氣也。生氣可親，而殺氣難犯，又何疑乎。此所以成為穢物耳，非因其出于兒門而謂穢也。

或問：月水既是穢物，方士取入茯苓之中以接命，不知首經與尋常月水，又何以不同？蓋首經雖出兒門，而陽猶未化，不比尋常月水，盡化為陰，故可用之以接陽。且癆瘵微軀，往往多祟以憑其身，正欲借穢以逐祟，以祟最惡穢也，所以用之相宜耳。

或問：經水可治女勞之復，其義何居？曰：此前人之所未發也。女勞之復，熱毒而入于無病之人，原不可用風散解熱之品，以傷人之元氣。故用經水之布，浣其汁而飲之，引其熱下行，則其毒易出。蓋經水原是下行之物，不肯留住于腹中，引入下行，所以最速，非取其補陰中之精也。

或問：經水既是行物，何以又能止血耶？凡血得厭穢之物，皆能止。經水，正穢物也，故用之而效。金瘡箭鏃，古人皆用之，亦此意耳。

清·顧靖遠《顧氏醫鏡》卷八　婦人月水鹹，平。邪術家謂之紅鉛，不可信用。

女勞復病必用，熱病新瘥，交接復發，身熱煩躁，少腹陰囊牽引而痛，以餘熱未除，陰精復損之故。此能補陰除熱，故主之。俗所謂來處來，去處去也。女勞色疸亦投。取其以類相從，同氣相感。月經衣燒為末用。主用相同，兼敷男子陰瘡潰爛。污穢之物，合藥及出痘，俱宜避忌。

清・张璐《本經逢原》卷四　紅鉛　鹹，大溫，無毒。即室女初通經水中之結塊，如櫻桃者是也。發明：紅鉛，流穢之餘。其性大熱，峻補命門淫火。陳酒服一枚，少頃蒙昧如醉；若連服二枚，則邪火內拒，令人暴亡，壯火食氣之驗也。

清・浦士貞《夕庵讀本草快編》卷六　婦人月水宋《嘉祐》、月經衣　經，常也，謂無愆期也。女子屬陰，以血為主。其血上應太陰，下應海潮，月有盈虧，潮有朝汐，謂不失其度也。妄者以天癸呼之，失之過甚。若以月信為天癸，則《素問》云男子二八而天癸至，所致亦血耶？可心悟矣。夫經一月一行，其常也；或先或後，或通或否，其病也；或有將行而為吐衄，或眼耳出血者，謂之逆經；或三月一行，俗謂按季；或一年一行，謂之避年。更有一生不行而受胎者，謂之暗經；有受胎之後仍月月行者，謂之盛胎，又曰垢胎；有妊娠數月血忽大下而胎不殞者，謂之漏胎。此不可拘於氣血之盛衰而論也。但先賢惡其垢液腥穢，煎膏製丹，修煉之家，俱避忌之，恐其不潔，損人神氣，害於成也。幻術之士法取童女首經，號曰紅鉛。巧立名色，多方配合，鼓弄愚人，吞其滓穢，妄希長年，往往發出疔腫，殊可太息！蕭子真云：一等旁門性好淫，強陽復出採他陰。口含天癸稱為藥，似恁洳沮枉用心。觀此，能不警惕哉！座客避席曰：君之論快矣。《別錄》用其解毒箭并女勞復，可得解乎？予應曰：血與水同體，故其味鹹，善能解毒也。女勞復者，熱病新瘥，交感而得，或氣短聲沉，或睾丸入腹，少腹絞痛，緣前熱未盡，真精復損，故用月經赤衣燒灰水服，引陰出陽，乃扁鵲之卓見。仲景窺此意以立燒褌散，深得旨也。世多妬婦，悍夫蓄妾，密取其婦經布，裹一蝦蟆，懸廁前一尺，掘土五寸埋之，便可轉易性情，乃張華之博識也。予昔時覽盧不遠《芷園臆草》，心切企慕，後見其嗣子由《乘雅》述文，贊美紅鉛，反以瀕湖為妄詆。倘文果有此言，亦當刪去，方稱幹蠱。觀此知子由之不學也。更有龔雲林稱為還丹、大母。繆仲醇以《首楞嚴》金仙為喻，何啻夢中說夢，惑世甚矣！

清・王子接《得宜本草・下品藥》　天癸　味鹹。主治熱病勞復。人乳、童便滴入鼻內，治瞳神反背。

清・黃元御《玉楸藥解》卷八　經水　味鹹，氣平。入手太陰肺、足太陰脾、足厥陰肝經。退疸去黃，止血消腫。經水清熱去濕，治熱病勞復、女勞黃疸、癃疸，療虎狼藥箭諸傷。俗子以為紅鉛製煉服餌，愚謬不通。

清・吳儀洛《本草從新》卷六　月水　鹹熱而毒。《寓意草》中言服紅鉛傷腦，其熱而毒可知。士材曰：服紅鉛而熱者，飲童便、人乳即解。解毒箭，并女勞復。月經衣，治金瘡血涌出，炙熱熨之。又治虎狼傷及箭簇入腹。俱燒灰，酒服方寸匕，日三。《素問》謂之月經，又謂之天癸，邪術家謂之紅鉛。時珍曰：女子，陰類也，以血為主。其血上應太陰，下應海潮，月有盈虧，潮有朝夕，月事一月一行，與之相符，故謂之月水、月信、月經。經者，常也，有常軌也。天癸者，天一生水也。邪術家謂之紅鉛，謬名也。女人之經，或先或後，或通或塞者，其病也。復有變常，而古人并未言及者，不可不知也。有行期只吐血、衄血或眼耳出血者，是謂逆行；有三月一行者，是謂居經，俗名按季；有一年一行者，是謂避年；有一生不行而受胎者，是謂暗經；有受胎之後，月月行經而產子者，是謂盛胎，俗名垢胎；有受胎數月，血忽大下，而胎不隕者，是謂胎漏；此雖以氣血有餘不足言，而亦異於常矣。女子二七天癸至，七七天癸絕，其常也。有女年十二、十三而產子，如褚記室所載平江蘇達卿女，十二受孕者；有婦年五十、六十而產子，如《遼史》所載亟普妻六十餘，生二男一女者。此又異常之尤者也。學醫者之於此類，恐亦宜留心焉。女人入月，惡液腥穢，故君子遠之，謂其不潔，能損陽生病也。煎膏治藥、出痘、持戒修煉性命者，皆避忌之以此也。《博物志》云：扶南國有奇術，能令刀斫不入，唯以月水塗刀便死。此是穢液壞人神氣，故合藥忌觸之。此說甚為有據。今有方士邪術鼓弄愚人，以法取童子初行經水服食，謂之先天紅鉛，巧立名色，多方配合，謂《參同契》之金華，《悟真篇》之首經，皆此物也。愚人信之，吞咽穢滓，以為秘方，往往發出丹疹，殊可嘆惡！按《金丹詩》〔蕭了真《金丹詩》。〕云：一等旁門性好淫，強陽復去採他陰；口含天癸稱靈藥，似恁洳沮枉用心。嗚呼！愚人觀此，可以自悟矣。又邪術家以童婦女矯揉，取乳及造反經為乳諸說，巧立名謂，以弄貪愚，此皆妖人所為，王法所誅，君子斥之可也。士材濫誇紅鉛却病延年，乃不經之說也。

清・嚴潔等《得配本草》卷一〇　婦人月水　鹹，溫。入足厥陰、少陰經血分。治熱病勞復，女勞黃疸，解藥箭毒。初經屬純陽，有回生再造之功。室女月經，納瓦上，燒存性，研末，麻油調，敷男子陰瘡。

題清・徐大椿《藥性切用》卷八　紅鉛　即月水。醎熱有毒，解毒箭，女勞復。須閨女初經為良。月經之衣，熱熨金瘡血湧。(煎)〔箭〕簇入腹，虎狼所傷，俱燒灰酒服。

清・楊時泰《本草述鉤元》卷三二　紅鉛　此童女首經，內含至藥。如不可得，即未經殘破女子者亦堪服食。采服家擇貌好端潔處子、生辰在仲秋者，稟太陰金水之一炁。俟其蒸變已足，黄道已歸，采取合宜，服之能接延壽命。即女子未經殘破或生辰在四季餘月者，如法取服，亦堪却病。

氣味鹹平。主治男婦氣血衰弱，痰火上升，虚損，左癱右瘓，中風不語，肢體疼痛，飲食少進，女子經閉等證，服之神效。與河車、人乳，皆以人補人之品。然須緩心和氣人可用。

論：《素問》謂月經爲天癸，指最初之精氣也。女子二七天癸至，任脈通，太衝脈盛，月事以時下。夫天謂太一之天真，太一之氣升而爲壬，降而爲癸。此即天一生水之義，第壬陽而癸陰耳。女子坤道屬陰，故以天真之元氣專屬癸也。人身陰陽與天地合，月盈則虧，常以三旬爲期，女子屬陰，故象之。男女真陰俱稱天癸，第女子任脈通，大衝脈盛，月事以時下。夫男女之脈，在衝任無二也，何以女子月事獨屬衝任而言哉蓋衝任皆起於胞中。若女子胞固所謂藏而不瀉者，胞居兩腎之間，出納腎臟之精血，以行坤土之化。坤土不自司其職，司其職者乃衝任二脈，所以二脈於女子生化之元更爲關切。就二脈中，任爲陰脈之海，而衝屬陰中之陽，又爲任行其化者。夫先天乾坤之位，後天以坎離代居之。乾主闢，坤主闔，而闔闢實互爲根，以致其用。此離中有坎，坎中有離之義也。坎水屬坤之用，故曰水土合德；離火屬乾之用，故曰火金合德。坎離而致乾坤之用，不惟水火互藏，即闔闢亦已互運也。有如男子屬陽而陽中之陰以陽爲主，還歸於陰之静者，以厚其氣，是由闢有闔之義。故二八腎氣盛，天癸至。其能化血爲精者，正由氣之盛也。女子屬陰而陰中之陽，以陰爲主，不能化血，但即乘於陽之動者，以運其血，是由闔有闢之義。故二七天癸至，月事以時下，又能化血爲乳者，以切近於肺胃之陽也。即此參之，則月事之下，正至陰根於至陽，而其盈虧之數，有與天之太陰符合而不爽者。《內經》又云：女子月事不來者，胞脈閉也。由於心氣不得下。更云胞脈者屬心，而絡於胞中。又云前有廣明，後有大衝。凡此，皆陰根於陽之的證。至於腎夾任脈，從陽交貫，肝經藏血之室，統會胃經生血之源，乃男女之所同然，又不必言矣。一法用紅鉛三兩，先以陽起石四兩研細，置銀釜之底，次置紅鉛於陽起之上，封固溫養七日後，丹生其中，色如桃花，僅得百釐。每用一釐，重綿裹護，子寅二時納左鼻孔，行數百息，即隨息入腦。盡此百釐，爲返老還童，長生不死之至寶。欲識神異，以死人脛骨鏤一小孔，置數釐於孔內，仍埋土中，過宿起視，枯骨如生。或置分許於瓷盤內，覆瓷盃於丹上，水和麥麪封固其口，四園緩火炙之，至麥麪焦黑，俟冷，開視其丹，盡滲盃內，擊碎，其砼都成丹色，仍以盃砼研細入釜溫養，丹復提出，毫末不減。天真接命丹：用無病室女月經首行者爲最，二次者爲中，四五次爲下，如急用，但未點者俱可。先打鉛具如黄衣月牙冠，俟經信動，即以此具騎置胯下，用絹幅兜住，接取入磁器中，再取，俟經將衰，已過大半而止，澄底如硃砂子，乃真母氣。其面上黄色浮者挹去，却用白雲苓極細淨末，熟水浮去木屑，取沉底曬乾，搗入紅鉛中，如和麪然，多寡軟硬以意消息，打作薄薄餅子，陰乾待用，不可犯鐵。既乾，研末，以麻黄洗淨，濃煎濾汁，和丸如綠豆大，以真辰砂飛過爲衣，銀罐盛之，黄蠟封口，每服三四十丸，静坐無風處，見微汗爲驗。藥性流行，充溢四肢經絡皮毛之間，如發熱躁渴，此元氣虚藥性到也。須服乳汁數盞止之。服後三日內蔬食，勿食油膩。此藥進二三次，或越三五年，又進二三次，立見氣力煥發，精神異常。草木千百，不如此藥一二，緣采於人身，非若金石一切藥物有偏勝之害，功力到處，自然外邪不侵，內神愈旺，養生者宜加珍重。

顧惠岩宗伯采服法

至藥歌：　先積陰功貯世間，後選賢良美少年。五千四十莫遲延，緊看印堂光潤鮮。至藥初生五彩形，霞光萬道繞眉生。唇如血珀目瞳瑩，五心煩熱藥將盈。緊守真金五七九，鼎分厚薄先天有。石榴火棗日輪紅，一日一粒週天可。首男乳服最相宜，閉目澄心妄念除。静室焚香守齋戒，防危慮險要扶持。切忌腥羶戒淫愛，時時退火身康泰。旁門栽接不爲奇，惟有此方功力大。

進藥歌：　微哉一點落丹田，攪動身中天地旋。衝開夾脊過三關，一氣氤氲布腎間。汗從頭面淋胸前，頭重足蒸達涌泉。趕出真陽足底升，衝過元宫至頂門。入骨穿皮處處尋，思量往日六淫侵。得遇元陽總是春，取坎填離第一乘。功隳立地災殃生，服時七日暈如醒。只宜安睡莫動行，三飡薄粥淡明心，二七安然始出庭。

接藥法：　取猪尿泡一個，制度極淨，用軟鐵線圈起口來，如碾槽樣，擊帶二條兜住，候至景象現，方用追攝法取藥。此藥屬陽，奇數，上等鼎器九粒，中等七粒，下等五粒，取下藥，不可與孝服女尼猫鼠見之。

分藥訣：勿以漆器盛之，銀甆二器可用。得時急以真童便一甌，傾入，雙手捧起，旋轉不定，童便與經俱揾出。少停，其藥沉定在底不動，銀匙取起，收貯聽用。内水銀四兩，薄荷葉洗淨待乾蓋於藥上，四季通用水銀，塵穢不染。

服藥訣：此藥取出異香爲上，每至子丑寅三時可進，用乳一酒盃，入藥一粒，先用乳香(嫩)〔漱〕口淨，後乃捧起吞之，閉目靜坐片時，但丹田火熱，五心煩躁，渾身微汗，病者有大汗。腹中如雷鳴，身上如蟲行，弗得驚異。乃此藥靈驗也。煩渴須服乳數盃，五六度以退火，煩渴即解。此藥一進，人事昏沉，身體重墜，要人扶持，切勿動念勞碌。次日，依法又進一次。

擇乳訣：必擇二十上下初生男乳母，其乳雪白如銀，香濃者爲上。先預備乳母，然後服藥。如乳稀黃腥穢，此婦有病，不可用。

驗藥訣：鼎器有厚薄，十四歲乃仙方，所謂五千四十開黃庭是也。氣厚者十三歲即至，氣薄者十五六始至，但是先天不分遲早，三十時中計取紅鉛，不前不後。看歌中景象，天機妙用，即是藥候，有何難哉。凡人得一度服者，可延七七之壽，非人勿授。古法五千四十八日如得年月日符應者，乃真正至寶，爲接命之上藥。如前後不等，只作得首鉛。初次金鉛，二次紅鉛，三次以後皆屬後天紅鉛，只宜配合藥用，不宜單服食。

製首經至寶法：將取的五千四十八日真正初經，或器或帛，以一盌新鮮童便洗下，對清水十盌、礬一錢，攪百十轉，澄定滗去水，再換清水十盌，仍打澄清滗去水淨，加首生男嬌乳一鍾，同入金器内，紙糊三四遭，放日中曬三日，或用泥封口入灰缸内，小水養三日，取出爲末，再用乳熬膏子爲丸。一個鼎器分作九丸，或十五丸，辰砂爲衣，擇甲子庚申日，清靜身心，於子時更衣焚香，服三丸，以無灰酒或乳送下，服後存神定意，坐守如覺身熱，取頭生乳一鍾服下，靜坐即解。

製靈鉛法：靈鉛即所云前後不等年月日不能應時者，只作首鉛、金鉛、紅鉛以爲服食之用也。其法或器或帛，將鉛取下，量多少用燒酒一大盌洗下，旋轉百遭，置靜處，待酒澄清，慢慢滗去酒，存住紅鉛，加酒一盌，仍打轉澄清滗去酒，始加清水，逐去酒味。待水清，滗水盡，將鉛傾入大瓷盤内，曬乾，其鉛胎色不變如牛黃樣，不泄元靈之炁者爲佳。用金乳粉配合成丸丹，每日五更酒服五分，自覺身輕體健，效不可述。丹書云：先補炁，後補血，補得丹田溫溫熱。上至頂門泥丸宫，下至脚板涌泉穴。一身四大俱補通，致使精神無露泄。誠哉是言也。

製金乳粉法：先擇美鼎，看嬰童肥白有精神者，此是氣血盛而乳可用，亦須頭生年方二八三七纔可，取下一盌，或半盌，對露水均平，攪百遭，過夜其乳自分，撇去水，將乳入磁盤曬乾，研細成粉，積得半斤聽用。

月經衣：治熱病勞復，女勞黃疸，霍亂困篤，小兒驚癇。附方：勞疸，丈夫熱病後交接病發，卵忽縮入腸，痛欲死，燒女人月經赤衣爲末，熟水服方寸匕，即定。女疸氣短聲沉，用女人月經和血衣燒灰，酒服方寸匕。霍亂，百方不效者，用童女月經衣和血燒灰，酒服方寸匕。驚癇發熱，取月候血和青黛，水調服一錢，入口即瘥，量兒加減。

清・陳其瑞《本草撮要》卷七　天癸　味鹹，入足厥陰經，功專治熱病勞復。得人乳、童便滴入鼻内，治瞳神反背。

清・毛祥麟《對山醫話》卷四　方伎之流，以法取童女初行經水，謂之紅鉛。多方製煉以惑人，而尤盛行於明末。有術士制一粒丹，用乳調匀，使人仰卧，從鼻灌之，美其名曰進大藥，朝貴多趨之。李可灼紅丸之案，即此物也。按婦人月水，鹹熱有毒，服之傷腦。術士之言，豈足信哉！觀蕭了真《金丹詩》，亦可悟矣。

人血

宋・唐愼微《證類本草》卷一五人部〔唐・陳藏器《本草拾遺》〕　人血　主羸病人皮肉乾枯，身上麩片起。又狂犬咬，寒熱欲發者，並刺熱血飲之。

明・王文潔《太乙仙製本草藥性大全》卷五《仙製藥性・人部》　人血：主尫羸瘦人，皮肉乾枯，身上麩片起者。又狂犬咬，寒熱欲發者，並刺熱血飲之。

明・李時珍《本草綱目》卷五二人部　人血《拾遺》

【集解】時珍曰：血猶水也。水穀入於中焦，泌别熏蒸，化其精微，上注於肺。流溢於中，布散於外。中焦受汁，變化而赤，行於隧道，以奉生身，是之謂血，命曰營氣。血之與氣，異名同類；清者爲營，濁者爲衛；營行於陰，衛行於陽；氣主呴之，血主濡之。血體屬水，以火爲用，故曰氣者血之帥也。氣升則升，氣降則降；氣熱則行，氣寒則凝；火活則紅，火死則黑。邪犯陽經則上逆，邪犯陰經則下流。蓋人身之血，皆生於脾，攝於心，藏於肝，布於肺，而施化於腎也。仙家煉之，化爲白汁，陰盡陽純也。萇弘死忠，血化爲碧，人血入土，年久爲磷，皆精靈之極也。

〔氣味〕鹹，平，有毒。〔主治〕羸病人皮肉乾枯，身上麩片起，又狂犬咬，寒熱欲發者，並刺血熱飲之藏器。

〔發明〕時珍曰：肉乾麩起，燥病也，不可卒潤也。飲人血以潤之。人之血可勝刺乎？夫潤燥、治狂犬之藥亦夥矣，奚俟於此耶？始作方者，不仁甚矣，其無後乎？虐兵、殘賊，亦有以酒飲人血者，此乃天戮之民，必有其報，不必責也。諸方用血，惟不悖於理者，收附於下。

〔附方〕新六。吐血不止：就用吐出血塊，炒黑爲末。每服三分，以麥門冬湯調服。蓋血不歸元，則積而上逆；以血導血歸元，則止矣。吴球《諸證辨疑》。衄血不止：《聖濟總録》用白紙一張，接衄血令滿，於燈上燒灰，作一服，新汲水下。勿用病人知。○《儒門事親》：就用本衄血，紙撚蘸點眼內，左點右，右點左。此法大妙。金瘡內漏：取瘡中所出血，以水和，服之。《千金》。產乳血運：取釅醋，和產婦血如棗大，服之。《聖惠方》。小兒赤疵：針父脚中，取血貼之，即落。《千金方》。小兒疣目：以針決其四邊，取患瘡膿汁傅之。忌水三日，即潰落也。《千金方》。

明·王肯堂《肯堂醫論》卷中 雜記：果齋治婦人吐血盈盆，諸藥罔效。因思前哲有以血導血歸源法，囑其取吐出之血，瓦器盛之。候凝，銅鍋炒血黑色，以綿紙盛，放地上一週時，出火毒，研極細末，用鮮側柏葉五錢，麥冬一錢，煎湯調血炭末五分，二三服血自歸源。屢驗屢效。又治吐血宜用苦寒者，或戒用苦寒者，尤當隨症擇用，未可執一以誤人也。

明·倪朱謨《本草彙言》卷一九 人血 味鹹，有毒。李瀕湖曰：血猶水也。水穀入于中焦，泌別熏蒸，化其精微上注於肺，流溢于中，布散于外。中焦受汁，變化而赤。行于隧道，以奉生身，是謂之血，命曰營氣。血之與氣，異名同類。清者爲營，濁者爲衛。營行于陰，衛行于陽。氣主呴之，血主濡之。血體屬水，以火爲用，火活則紅，火死則黑，故曰氣者血之帥。氣升則升，氣降則降，氣熱則行，氣寒則凝。邪犯陽經則上逆，邪犯陰經則下流。蓋人身之血，生長于脾，統攝于心，藏受于肝，宣布于肺，而施化由於腎也。修養家煉之，化爲白汁，陰盡陽純也。萇弘死，一腔熱血，化爲碧雲，積精靈之所致也。凡人血入土，年久化爲磷燈，陰魄之所化也。

集方：吴球《諸證辨疑》治吐血不止，隨用吐出血塊，炒黑爲末，每服三分，以麥門冬湯調服。蓋血不歸元，則積而上逆。以血導血，歸元則止矣。治衄血不止，亦同法。○《聖惠方》治產後血暈。隨取本婦血一塊，炒焦，醋湯調服。

清·穆石匏《本草洞詮》卷一三 人血 水穀入於中焦，泌別薰蒸，化其精微，上注於肺，流溢於中，布散於外。中焦受汁，變化而赤，行於隧道，以奉生身，是之謂血，命曰營氣。血之與氣，異名同類，清者為營，濁者為衛，營行於陰，衛行於陽，氣主煦之，血主濡之。血體屬水，以火為用，故曰氣者，血之帥也。氣升則升，氣降則降，氣熱則行，氣寒則凝，火活則紅，火死則黑。邪犯陽經則上逆，邪犯陰經則下流。蓋人身之血，皆生於脾，攝於心，藏於肝，布於肺，而施化於腎也。仙家煉之，化為白汁，陰盡陽純也。萇弘死忠，血化為碧。人血入土，年久為燐，皆精靈之極也。陳藏器著血之用，言羸病人皮肉乾枯，身上麩起。又狂犬咬，寒熱欲發者，並刺血熱飲之。夫肉乾麩起，燥病也，不可卒潤也。飲人血以潤之，人之血可勝刺乎？且潤燥治狂犬之藥多矣，奚俟此耶？始作方者，其無後乎？

清·趙其光《本草求原》卷二七人部 人血 取本人所吐、衄及所出之血，炒黑，治吐血、衄血、水服，並以紙捻蘸血點眼，左衄點右，右點左。刀傷，水和服並塗。血暈，醋和服。是以血導血歸元也。

清·戴葆元《本草綱目易知錄》卷七 人血 鹹，平，有毒。刺人之血，補我羸瘦，仁者不為，能有益乎？治金瘡吐衄，產乳血運，俱取其所出之血，燒末服。勿令本人知。葆按：《神農本草·人部》惟髮一物，餘俱後醫補入。茲《本草》載：人血治羸瘦病，其人皮肉乾枯，身起麩皮，刺人血飲之。但此忍心害理，非仁者所為。是以人骨、天靈蓋，俱不載，意謂舍此數味，則不救人耶，而先受殘賊之害也！

人精

宋·唐慎微《證類本草》卷一五人部〔宋·掌禹錫《嘉祐本草》〕 人精 和鷹屎，亦滅瘢。新補，見陶隱居。

〔宋·唐慎微《證類本草》〕《千金方》：去面上靨。人精和鷹屎白，傅之三日愈，白蜜亦得。《肘後方》：治瘤。人精一合，半合亦得，青竹筒盛，火上燒炮之，以器承取汁，密置器中。數傅瘤上，良。又方：治湯火灼，令不痛，又速愈瑕痕。以人精和鷹屎白，日傅上，痕自落。孫真人：治金瘡血出不止，以精塗之。

明·劉文泰《本草品彙精要》卷二二 人精 和鷹屎，亦滅瘢。名醫所錄。

〔治〕療：《別錄》云：治金瘡，血不止，以精塗之。○治瘤，以精一合，或半合亦得，青竹筒盛火上燒炮之，以器承取汁，密置器中，數傅之，良。

『合治』人精合鷹屎白，去面上黶，傳之二日，愈。合白蜜亦得，及治湯火灼瘡，令不痛，速愈。

明・鄭寧《藥性要略大全》卷九　交餘　極治癆瘵，諸虚百損。主房勞百疾，吐血、咯血、唾血、嘔血、嗽血、痰中帶血，虛熱等症。　味鹹、辛，性溫，無毒。即男女交接時拭布也。一名精餘。

明・陳嘉謨《本草蒙筌》卷一二　人精　塗金瘡血出，和鷹屎滅瘢。

明・王文潔《太乙仙製本草藥性大全》卷五《仙製藥性》　人精　主湯火灼金瘡靈效，去面黶亦滅瘢痕。　補註：　去面上黶，人精和鷹屎白傳之，三日愈。白蜜亦得。〇治金瘡血出不止，以精塗之。〇治瘤，人精一合，半合亦得，青竹筒盛，火上燒炮之，以器盛取汁，密置器中，數傳瘤上良。〇治湯火灼，令不痛，又速愈。〇瑕痕，以鷹屎和人精，日日傅上，痕自落。

明・李時珍《本草綱目》卷五二人部　人精宋《嘉祐》

『集解』時珍曰：　營氣之粹，化而爲精，聚於命門。命門者，精血之府也。男子二八而精滿一升六合。養而充之，可得三升；　損而喪之，不及一升。謂精爲峻者，精非血不化也；　謂精爲寶者，精非氣不養也。故血盛則精長，氣聚則精盈。邪術家蠱惑愚人，取童女交媾，飲女精液；　或以己精和其天癸，吞嚥服食。呼爲鉛汞，以爲秘方，放恣貪淫，甘食穢滓，促其天年。吁！　愚之甚矣，又將誰尤？　按鮑景翔云：　神爲氣主，神動則氣隨；　氣爲水母，氣聚則水生。故人之一身，貪心動則津生，哀心動則淚生，愧心動則汗生，欲心動則精生。

『氣味』甘，溫。　『主治』和鷹屎，滅瘢弘景。塗金瘡血出、湯火瘡時珍。

『附方』舊三，新一。　面上黶子：　人精和鷹屎白塗之，數日愈。《千金方》。　身面粉瘤：　人精(一)合，青竹筒盛，於火上燒，以器承取汁，密封器中。數數塗之，取效止。《肘後方》。　瘰癧腫毒：　女人精汁，頻頻塗之。　湯火傷灼：　令不痛，易愈無痕。《肘後》用人精、鷹屎白，日日塗之。〇《千金》用女人精汁，頻頻塗之。

明・李中立《本草原始》卷一二　人精　時珍曰：　營氣之粹，化而為精，聚于命門。命門者，精血之府也。男子二八而精滿一升六合。養而充之，可得三升；　損而喪之，不及一升。謂精為峻者，精非血不化也。謂精為寶者，精非氣不養也。故血盛則精長，氣聚則精盈。邪術蠱惑愚人，取童女交媾，飲女精液，或以己精和其天癸，吞嚥服食，呼為鉛汞，以為秘方。放恣貪淫，甘食穢滓，促其天年，愚之甚矣！　按鮑景翔云：　神為氣主，神動則氣隨；　氣為水母，氣聚則水生。故人之一身，貪心動，則津生；　哀心動，則淚生；　愧心動，則汗生；　慾心動，則精生。　人精：　氣味：　甘，溫。主治：　和鷹屎，滅瘢。〇塗金瘡血出、湯火瘡。

湯火傷灼，用人精、鷹屎白，日日塗之。

清・穆石匏《本草洞詮》卷一三　人精　營氣之粹，化而為精，聚於命門。命門者，精血之府也。男子二八而精滿一升六合。養而充之，可得三升。損而喪之，不及一升。謂精為峻者，精非血不化也。謂精為寶者，精非氣不養也。故血盛則精長，氣聚則精盈。邪術家取童女交媾，飲女精液，或以己精和其天癸，吞嚥服食，呼為鉛汞，以為秘方。邪穢已甚，不足道也。

清・浦士貞《夕庵讀本草快編》卷六　人精宋《嘉祐》　由米穀之氣化血而成，故字從米。　精者營氣之粹也，聚於命門。命門者，精血之府。男子二八而精滿一升六合。養而充之，可得三升，損而喪之，不及一升。謂精為峻者，精非血不化也；　謂精為寶者，精非氣不養也。故血盛則精長，氣聚則精盈。術士取童女交姤，飲女精液，或以己精和其天癸，呼為鉛汞，以助淫慾，自促其天年耳。夫神為氣主，神動則氣隨；　氣為水母，氣聚則水生。故人貪心動則津生，哀心動則淚生，愧心動則汗生，慾心動則精生。豈可縱乎？

人膽

宋・唐慎微《證類本草》卷一五人部〔唐・陳藏器《本草拾遺》〕　人膽　主鬼氣，尸疰，伏連。

明・鄭寧《藥性要略大全》卷九　人膽　治鬼氣尸疰伏連。又治金瘡，極出箭鏃入肉，神效。

明・李時珍《本草綱目》卷五二人部　人膽《拾遺》

『氣味』苦，涼，有毒。　『主治』鬼氣，尸疰，伏連藏器。久瘧，噎食，金瘡時珍。

『發明』時珍曰：　北虜戰場中，多取人膽汁傅金瘡，云極效；　但不可再用他藥，必傷爛也。若先敷他藥，即不可用此。此乃殺場救急之法，收膽乾之亦可用，無害於理也。有等殘忍武夫，殺人即取其膽和酒飲之，云令人勇。是雖軍中謬術，君子不爲也。

『附方』新三。　久瘧連年，噎食不下：　用生人膽一個，盛糯米令滿，入麝香少許，突上陰乾。一半青者治瘧，一半黑者治噎，並爲末。每服十五粒，瘧用陳皮湯下，噎用通草湯下。俱出《普濟方》。　鬼瘧進退：　不定者。用人膽、朱砂、雄黃、麝香等分，爲末，

醋糊丸綠豆大。每綿裹一丸，納鼻中即瘥，男左女右，一丸可治二人。《聖惠方》。

清・戴葆元《本草綱目易知錄》卷七　人膽　【略】時珍曰：北虜戰場中，多取人膽汁傳金瘡，效。但不可用他藥，必傷爛。葆聞，髮〔逝〕〔逆〕剖人腹取膽，登時入紋銀錢許，內自化，封乾用之，可比熊膽；生吞之，勇健膽壯。此逆所為，非仁者所敢用也。姑誌之。而時珍集註，乃戰場中救急法，無傷於天理也。

人肉

宋・唐慎微《證類本草》卷一五人部〔唐・陳藏器《本草拾遺》〕　人肉　治瘵疾。

明・鄭寧《藥性要略大全》卷九　割股肉　治癆瘵病。

明・王文潔《太乙仙製本草藥性大全》卷五《仙製藥性》　人肉　治癆瘵如神。

明・李時珍《本草綱目》卷五二人部　人肉《拾遺》

〔主治〕瘵疾藏器。

〔發明〕時珍曰：張杲《醫説》言：唐開元中，明州人陳藏器著《本草拾遺》，載人肉療羸瘵。〔自此〕閭閻有病此者，多〔相效〕割股。按陳氏之先，已有割股割肝者矣，而歸咎陳氏，所以罪其筆之於書，而不立言以破惑也。本草可輕言哉。嗚呼！身體髮膚，受之父母，不敢毀傷。父母雖病篤，豈肯欲子孫殘傷其支體，而自食其骨肉乎？此愚民之見也。按何孟春《餘冬序録》云：江伯兒母病，割脇肉以進。不愈，禱於神，欲殺子以謝神。母愈，遂殺其三歲子。事聞太祖皇帝，怒其絶倫滅理，杖而配之。下禮部議曰：子之事親，有病則拜託良醫，至於呼天禱神，此懇切至情不容已者。若卧冰割股，事屬後世。乃愚昧之徒，一時激發，務爲詭異，以驚世駭俗，希求旌表，規避徭役。割股不已，至於割肝，割肝不已，至於殺子。違道傷生，莫此爲甚。自今遇此，不在旌表之例。嗚呼！聖人立教，高出千古，韙哉如此。又陶九成《輟耕録》載：古今亂兵食人肉，謂之想肉，或謂之兩脚羊。此乃盜賊之無人性者，不足誅矣。

口津唾

宋・唐慎微《證類本草》卷一五人部〔唐・陳藏器《本草拾遺》〕　人口中涎及唾，取平明未語塗癬疥良。新補見陳藏器。

宋・張杲《醫説》卷九　服玉泉　道人蒯京年百七十八而甚丁壯，言朝朝服玉泉琢齒。玉泉者，口中唾也。朝旦未起，早漱津令滿口，含之琢齒二七過，名曰練精《修真秘訣》。

宋・陳衍《寶慶本草折衷》卷一四　口涎及唾　又云：一名津唾。〇衆方用者，名津液。〇取平明未語者，塗癬疥良。

明・許希周《藥性粗評》卷四　臭涎夜抹於癰高。臭涎，半夜初醒時，口中涎唾也。取自己未語時氣全者佳。味苦，性寒，無毒。主治癰癤腫毒，初起焮痛者，夜間不時抹之，自消，屢試有驗。

明・王文潔《太乙仙製本草藥性大全》卷五《仙製藥性》　人津沫　取平明之時，塗瘡癤，消焮腫赤。

明・李時珍《本草綱目》卷五二人部　口津唾《綱目》

〔釋名〕靈液《綱目》　神水《綱目》　金漿《綱目》　醴泉時珍曰：人舌下有四竅：兩竅通心氣，兩竅通腎液。心氣流入舌下爲神水，腎液流入舌下爲靈液。道家謂之金漿玉醴。溢爲醴泉，聚爲華池，散爲津液，降爲甘露，所以灌溉臟腑，潤澤肢體。故修養家嚥津納氣，謂之清水灌靈根。人能終日不唾，則精氣常留，顔色不槁；若久唾，則損精氣，成肺病，皮膚枯涸。故曰遠唾不如近唾，近唾不如不唾。人有病，則心腎不交，腎水不上，故津液乾而真氣耗也。秦越人《難經》云：腎主五液。入肝爲淚，入肺爲涕，入脾爲涎，入心爲汗，自入爲唾也。

〔氣味〕甘、鹹，平，無毒。

〔主治〕瘡腫、疥癬、皶疱，五更未語者，頻塗擦之。又明目退翳，消腫解毒，辟邪，粉水銀時珍。

〔發明〕時珍曰：唾津，乃人之精氣所化。人能每旦漱口擦齒，以津洗目，及常時以舌舐拇指甲，揩目，久久令人光明不昏。又能退翳，凡人有雲翳，但每日令人以舌舐數次，久則真氣熏及，自然毒散翳退也。《范東陽方》云：凡人魘死，不得叫呼，但痛咬脚跟及拇指甲際，多唾其面，徐徐唤之，自省也。按黄震《日抄》云：晉時南陽宗定伯夜遇鬼，問之。答曰：我新死鬼也。問其所惡。曰：不喜唾耳。急持之，化爲羊。恐其變化，因大唾之，賣得千錢。乃知鬼真畏唾也。

〔附方〕新四。

代指腫痛：以唾和白硇砂，搜麪作碗子，盛唾令滿，著硇末少許，以指浸之，一日即瘥。《千金方》。

手足發疣：以白粱米粉，鐵鐺炒赤，研末，以衆人唾和，傅厚一寸，即消。《肘後方》。

腋下狐氣：用自己唾擦腋下數過，以指甲去其垢，用熱水洗手數遍，如此十餘日則愈。

毒蛇螫傷：急以小便洗去血，隨取口中唾，頻頻塗之。楊拱《醫方摘要》。

明・李詡《戒庵老人漫筆》卷四　服玉泉法　《千金方》中服玉泉法，去三尸，堅齒髮，除百病。玉泉者，舌下兩脈津液是也。每旦起坐，冥目絶慮，叩齒二七偏，經久自然如流水瀝瀝下坎澗之聲，如此則百脈和暢。所以《黄庭經》云玉池精水灌靈根，又曰漱咽靈液災不干。

明・李中立《本草原始》卷一二　口津唾　李時珍曰：人舌下有四竅，兩竅通心氣，兩竅通腎液。心氣流入舌下為神水，腎液流入舌下為靈液，道家謂之金漿玉醴。溢為醴泉，聚為華池，散為津液，降為甘露，所以灌溉臟腑，潤澤肢體。故修養家嚥津納氣，謂之清水灌靈根。人能終日不唾，則精氣常留，顏色不槁；若久唾，則損精氣成肺病，皮膚枯涸。故曰：遠唾不如近唾，近唾不如不唾。人有病，則心腎不交，腎水不上，故津液乾而真氣耗也。秦越人《難經》云：腎主五液，入肝為淚，入肺為涕，入脾為涎，入心為汗，自入為唾也。俗呼吐沫。

津唾：氣味：甘，鹹，平，無毒。主治：瘡腫疥癬，皶皰，五更未語者，頻塗擦之。又明目退翳，消腫解毒，辟邪，粉水銀。

《范東陽方》云：凡人魘死，不得叫呼，但痛咬腳跟及拇指甲際，多唾其面，徐徐喚之，自省也。

明・倪朱謨《本草彙言》卷一九　口津唾　味甘，鹹，無毒。　李氏曰：口津唾，乃人之精氣所化也。舌下有四竅，兩竅通心氣，兩竅通腎液。心氣流注舌下爲神水，腎液流注舌下爲靈液，聚于華池，泛爲津液，復使下嚥，所以灌溉藏府，潤澤肢體，濡養筋脉賴此也。故修養家嚥津納氣，謂之返元。人能終日不唾，則精氣常留，顔色不槁，若久唾則損精氣、成肺病而壽夭。故患天時熱疾人，則心腎不交，腎水不上，故真氣耗而精液乾，故渴也。《難經》云：腎主五液，入肝爲淚，入肺爲涕，入脾爲涎，入心爲汗，自入爲唾也。

口津唾：瀕湖消瘡痍、疥癬，皶皰腫毒之藥也。門吉士曰：須於五更未語時，頻塗擦之，極驗。眼科方每旦漱口擦齒，以水洗目，及常時以舌舐拇指甲揩目，久久令目光明不昏，又能退翳。楊氏方又治毒蛇咬傷，急以小便洗去毒血，隨取口中津唾，頻頻塗之即解。又治代指腫痛，以口津唾和硇砂數分，再加小麥麪少許，搜和作碗子，盛唾令滿，再著硇末數分，以指浸之，一日即瘥。

明・李中梓《醫宗必讀・本草徵要下》　津唾甘，平，無毒。　辟邪魔而消腫毒，明眼目而悅肌膚。津乃精氣所化。五更未語之唾，塗腫輒消，拭目去障，咽入丹田則固精而制火。修養家嚥津謂之清水灌靈根。人能終日不唾，收視返聽，則精氣常凝，容顏不槁；若頻唾則損精神，成肺病。仙家以於口水成活字，嚥津誠不死之方歟！

明・李中梓《本草通玄》卷下　津唾　主瘡腫疥癬，皶皰，五更未語者，頻塗擦之。又明目退翳，解毒辟邪。　人舌下有四竅，兩竅通心氣，兩竅通腎液。心氣流入舌下為神水，腎液流入舌下為靈液，溢為醴泉，聚為華池，散為津液，降為甘靈，所以灌溉臟腑，潤澤肢骸，故養生家嚥津納氣，謂之清水灌靈根。能終日不唾，則精氣常留，容顏不老。若多唾，則損精氣，成肺疾，皮膚枯涸，故曰遠唾不如近唾，近唾不如不唾。人有病，則心腎不交，腎水不上，故津液乾枯。《難經》云：腎主五液，入肝為淚，入肺為涕，入脾為涎，入心為汗，自入為唾也。　范東陽云：凡人魘死，不得叫呼，但痛咬腳跟及拇指甲際，多唾其面，徐徐喚之自省。　黃震云：宗定伯夜遇鬼，問其所畏。曰：惟畏唾耳。急持之，化為羊。恐其變化，因大唾之，賣獲千錢。故知鬼真畏唾也。

清・穆石匏《本草洞詮》卷一三　口津唾　人舌下有四竅，兩竅通心氣，兩竅通腎液。心氣流入舌下為神水，腎液流入舌下為靈液。道家謂之金漿玉醴，溢為醴泉，聚為華池，散為津液，降為甘露。所以灌溉臟腑，潤澤肢體，故脩養家嚥津納氣。人能終日不唾，則精氣嘗留，顏色不稿。若久唾則損精氣。故曰遠唾不如近唾，近唾不如不唾。人有病，則心腎不交，腎水不升，則津液乾而真氣耗也。津唾味甘鹹，氣平，無毒。每旦漱口擦齒，以津洗目，嘗時以舌舐指甲揩目，久久令人光明，亦能退瞖。凡人有目病，每日令人以舌舐數次，久則真氣熏及，毒散瞖退也。凡瘡腫疥癬，五更不語時，頻塗擦之亦瘥。范東陽云：凡人魘死，多唾其面，自省。晉時宗定伯夜遇鬼，問其所惡。曰：不喜唾耳。因大唾之，化為羊，賣得千錢。則鬼真畏唾也。

清・蔣居祉《本草擇要綱目・平性藥品》　口津唾　氣味：甘鹹，平，無毒。主治：瘡腫疥癬皶皰，五更未語者，頻塗擦之。又明目退瞖，消腫解〔毒〕，辟邪，粉水銀。

清・浦士貞《夕庵讀本草快編》卷六　口津唾《綱目》　源源之處謂之津。津唾者，乃人精氣所化也。人舌下有四竅，兩竅通心氣，兩竅通腎液。心氣流入舌下為神水，腎液泛入舌下為靈液。道家謂之金漿玉醴。溢為醴泉，聚為華池，散為津液，降為甘露，灌溉藏府，潤澤肌膚。故修養家嚥津納唾，謂之清水灌靈根。人能終日不唾，則精氣長留，顏色不槁。故曰遠唾不如近唾，近唾不如不唾為妙也。人能於平旦漱口擦齒，以津洗目，或以舌舐拇指

甲，擦目，不獨光明，且能去翳。又平時以唾擦瘡腫瘡皰，皆得旋消，解毒之効可知矣。范東陽云：凡人魘死，須咬脚跟及指，多唾其面，徐徐喚之，乃自醒也。黃震《日抄》云：晉時南陽宗定伯夜遇鬼，問其所惡。曰：不喜唾耳。急持而大唾之，則化為羊。二者觀之，不獨治病，更可辟邪也。

清・吳儀洛《本草從新》卷六　口津唾　甘，鹹，平。辟邪魔，鬼最畏唾。東陽方云：凡人魘死，不得叫呼，但痛咬脚跟及拇指甲際，多唾其面，徐徐喚之，自醒也。消腫毒，明眼目，時珍曰：津乃精氣所化，人能每旦漱口擦齒，以津洗目及常時以舌舐拇指甲揩目，久久令人光明不昏。又能退翳。凡人有雲翳，但每日令人以舌舐數次，久則真氣熏及，自然毒散而翳退矣。悅肌膚。五更未語之唾，塗腫輒消；拭目去障，咽入丹田則固精而制火。修養家咽津，謂之清水灌靈根。人能終日不唾，收視返聽則精氣常凝，容顏不槁；若久唾則損精神，成肺病，皮膚枯涸。故曰遠唾不如近唾，近唾不如無唾也。咽津不得法，最易成痰，亦宜知也。

清・汪紱《醫林纂要探源》卷三　上池津　甘，淡，平。口唾也。舌下有廉泉穴，通腎，渴時以舌餂上齶，則津液自生。人身之水液皆鹹，惟此水獨淡。修煉家常漱咽以灌溉五臟，因貴而稱之為上池之津。止渴明目，悅澤肌膚，殺蟲毒，辟鬼祟。清晨以擦面目，能悅顏色而明目。凡蟲螫毒，遽不得藥，則以己髮和口唾，用力擦之，毒自解。又鬼祟畏唾，小兒乍忤驚魘，唾其額而擦之，則安。

題清・徐大椿《藥性切用》卷八　口津唾　甘鹹性平，辟邪消毒，明目悅肌，好顏色。

清・吳鋼《類經證治本草・經外藥類》　津唾　【略】誠齋曰：以舌(呧)〔抵〕上腭，則舌底下水自生，細細嚥之，能安三味真火，使不泛上。道家謂之華池水也。

清・劉善述、劉士季《草木便方》卷二人禽獸部　人唾　口津甘鹹解百毒，瘡腫惡毒嚼藥塗。退瞖明目消毒腫，疥癬皶皰損傷除。

眼淚

明・李時珍《本草綱目》卷五二人部　眼淚《綱目》

【集解】時珍曰：淚者肝之液，五臟六腑津液皆上滲於目。凡悲哀笑咳，則火激於中，心繫急而臟腑皆搖，搖則宗脈感而液道開，津上溢，故涕泣出焉。正如甑上水滴之意也。

【氣味】鹹，有毒。凡母哭泣墮子目，令子傷睛生翳時珍。

清・穆石匏《本草洞詮》卷一三　眼淚　淚者，肝之液，五臟六腑皆上滲於目。凡悲哀笑欬，則火激於中，心系急，而臟腑皆搖，搖則宗脉感，而液道開，津上溢，故涕淚出焉。淚味鹹，有毒。凡母哭泣墮子目，令子傷睛生瞖。

清・王道純《本草品彙精要續集》卷四　眼淚有毒

眼淚：其母哭泣墮子目，令子傷睛生醫《本草綱目》。【地】李時珍云：淚者，肝之液，五臟六腑津液，皆上滲於目。凡悲哀笑欬，則火激於中，心系急而臟腑皆搖，搖則宗脈感而液道開，津上溢，故涕泣出焉。正如甑上水滴之意也。【味】鹹。

天靈蓋

宋・唐慎微《證類本草》卷一五人部〔宋・馬志《開寶本草》〕　天靈蓋　味鹹，平，無毒。主傳尸，尸疰，鬼氣伏連，久瘴勞瘧，寒熱無時者。此死人頂骨十字解者，燒令黑，細研，白飲和服，亦合諸藥爲散用之。方家婉其名爾今附。

〔宋・掌禹錫《嘉祐本草》〕按：日華子云：天靈蓋，治肺痿，乏力羸瘦，骨蒸勞及盜汗等，入藥酥炙用。

〔宋・唐慎微《證類本草》〕陳藏器云：彌腐爛者入用。有一片如三指闊，此骨是天生天賜，蓋押一身之骨，未合即未有，只有顖門。取得後，用煻灰火罨一夜。待腥穢氣出盡，卻用童兒溺，於甆鍋子中煮一伏時滿，漉出。於屋下掘一坑，可深一尺，置天靈蓋於中一伏時，其藥魂歸，神妙。陽人使陰，陰人使陽。《外臺秘要》：治犬咬，衆治不差，毒攻人煩亂，喚已作犬聲者。燒灰爲末，以水服方寸匕，以活止。《梅師方》：諸犬咬瘡不差，吐白沫者，爲毒入心，叫喚似犬聲。以髑髏骨燒灰，研，以東流水調方寸匕。

〔宋・陳承《重廣補注神農本草並圖經》〕《別說》云：謹按：天靈蓋，《神農本經》人部惟髮髲一物外，餘皆出後世醫家，或禁術之流，奇怪之論，殊非仁人之用心。世稱孫思邈有大功於世，以殺命治命，尚有陰責，沈於是也。近數見醫家用以治傳尸病，未有一效者。信《本經》不用，未爲害也。殘忍傷神，又不急於取效，苟有可易，仁者宜盡心焉。苟不以是說爲然，決爲庸人之所惑亂。設云非此不可，是不得已，則宜以年深塵泥所漬朽者爲良，以其絕屍氣也。

宋・劉明之《圖經本草藥性總論》卷下　天靈蓋　味鹹，平，無毒。主傳尸尸疰，鬼氣伏連，久瘴勞瘧，寒熱無時。此死人頂骨十字解者，燒令黑，細研，白飲和服。日華子云：治肺痿乏力，羸瘦骨蒸勞，及盜汗等。入藥酥炙用之。

元・李雲陽《用藥十八辨》〔見《秘傳痘疹玉髓》卷二〕　天靈蓋　黃帝嘗百草以療民疾，草木品味之多，奇方捷藥之廣，未聞鑿人之腦骨以醫人也。

文王治岐澤及枯骨，矧醫體天地好生之心，而惻隱恒存，豈欲救人之生，而先忍戕人之腦骨也。且痘最忌厭物，以死人之骨治痘，痘必隨厭而變，更不美矣。俗醫用此，以為表痘之奇藥。噫！幸而中爾。評曰：古道為醫德好生，忍將殘酷用天靈。雖然僥倖成功去，陰德如何積子孫？

元・尚從善《本草元命苞》卷七　天靈蓋　味鹹，平。主傳尸尸疰，鬼氣伏連。療久瘴勞瘧，寒熱無時。治肺痿乏力，醫羸瘦骨蒸。取頂骨十字解者，燒令黑，細研如泥，白飲和服。亦合諸藥，取年深泥漬析者，絕屍氣，用之為良。

明・滕弘《神農本經會通》卷七　天靈蓋　此死人頂骨十字解者。此骨是天生天賜，蓋壓一身之骨，陽人使陰，陰人使陽。　味鹹，氣平，無毒。《本經》云：主傳屍，屍疰，鬼氣伏連，久瘴，勞瘧，寒熱無時者。此死人頂骨十字解者，燒令黑，細研，白飲和服。亦合諸藥為散用之。方家婉其名爾。日華子云：治肺痿，乏力，羸瘦，骨蒸勞及盜汗等，入藥酥炙用。《別說》云：謹按天靈蓋，《神農本經》人部惟髮髲一物外，餘皆出後世醫家，或禁術之流，奇恠之論，殊非仁人之用。世稱孫思邈有大功於世，以殺命治命，尚有陰責，況於是也。近數見醫家用以治傳屍病，未有一效者，信《本經》不用，未為害也。殘忍傷神，又不急於取效，苟有可易，仁者宜盡心焉。苟不以是說為然，決為庸人之所惑亂，設云非此不可，是不得已，則宜以年深塵泥所漬污者為良，以其絕尸氣也。《局》云：天靈蓋骨味鹹平，主治傳尸病骨蒸。久療虛勞寒熱者，酥塗入藥效方成。天靈蓋，最主傳尸，久病虛勞，熱蒸在骨。

明・劉文泰《本草品彙精要》卷二二　天靈蓋　主傳屍，屍疰，鬼氣，伏連，久瘴，勞瘧，寒熱無時者，此死人頂骨十字解者，燒令黑，細研，白飲和服。亦合諸藥爲散用之。方家婉其名爾。名醫所錄。【味】鹹。【性】平，軟。【氣】氣之薄者，陽中之陰。【治】療：陳藏器云：彌腐爛者入用。有一片如三指闊，此骨是天生天賜蓋押一身之骨，未合即未有，只有顖門。取得後，用煻灰火罨一夜，待腥穢氣出盡，卻用童兒溺于瓷鍋子中煮一伏時，滿漉出，於屋下掘一坑，深一尺，置天靈蓋於中一伏時。其藥魂歸神效。陽人使陰，陰人使陽。日華子云：治肺痿乏力，羸瘦骨蒸勞，及盜汗等，入藥酥炙用。《別錄》云：治犬咬衆治不瘥，毒攻人煩亂，喚已作犬聲者，燒灰爲末，以水服方寸匕。諸犬咬瘡不瘥，吐白沫者，爲毒入心，叫喚似犬聲。以髑髏骨燒灰，研以東流水調方寸匕。按天靈蓋，《神農本經》人部惟髮髲一物，外餘皆出後世醫家，或禁術之流，奇怪之論，殊非仁人之用心。世稱孫真人有大功于世，以殺命治命，尚有陰責。何況於是乎？近數見醫家用以治傳屍病，未有一效者，信《本經》不用，未爲害也。殘忍傷神又不急於取效，苟有可見仁者宜盡心焉。苟不以是說爲然，決爲庸人之所惑亂。設云非此不可，是不得已，則宜以年深塵泥所漬朽者爲良，以其絕屍氣也。

明・俞弁《續醫說》卷一〇　天靈蓋　人頂骨謂之天靈蓋。《神農本經》不載，惟後世醫家好奇者為之，殊非仁人之心也。近一男子患楊梅瘡，結毒遍體，歲久不痊。傳海上人方用天靈蓋，密令家人往寺院停柩中取之，既而攜歸，病者倉忙發狂，自言曰：我商人某也，喪于吳，未能殯葬，汝何損壞骸骨，我當置汝不祥也，明日有報應。其家恐懼不已，復送頂骨原歸舊所，仍祭牲醴而獲安。噫！世稱孫真人有大功于世，以其《千金翼》中用虻蟲、水蛭之類，君子謂其損害物命，尚且不忍，況天靈蓋乎？仁者宜不用也。

明・許希周《藥性粗評》卷四　傳尸取蓋於天靈。

天靈蓋，骷髏頭頂骨也。人之初生，顖門未合，賴此骨日長以蓋之，然後一身之骨有主，可以馴成矣。取得煅為末，入藥用之。味鹹，性平，無毒。主治癆瘵尸蟲，傳染相疰，最為要藥。愚謂文王埋枯骨，千載稱其仁。《莊子》哭骷髏，當時贊其德，聖賢之心所以悲同類也。況遠庖廚者，以不忍之心，施於見聞之所及。廣兄弟者，以同胞之念，連於疏遠而不分。後之醫者，乃或取以為十藥之美談，術家或取以為異方之妙，托事之必濟。愚不敢知心之不仁，天已垂厭矣。粉同類以希名，傷太和以取快，不亦禽獸之心也哉？載之方中，述所傳也；戒之筆後，行吾願矣！

明・鄭寧《藥性要略大全》卷九　天靈蓋　最治傳屍鬼疰，虛勞骨蒸發熱，更却邪瘧。易老云：治肺痿乏力羸瘦，燒骨勞及盜汗。用年深陳久者佳。　味鹹，氣平，無毒。乃死人頂骨十字解者。陽人用陰，陰人用陽。須洗去泥土，童便煮過炙黃，為末入藥。

明・陳嘉謨《本草蒙筌》卷一二　天靈蓋俗呼靈山柴。　味鹹，氣平。無毒。此死人頂骨十字解者，乃天生蓋壓一身之骨，成名曰天靈蓋也。皂莢湯洗淨，酥油塗炙黃。少加麝香，研細入藥。療久發溫瘧寒熱，治傳屍癆瘵骨蒸。托黑陷痘瘡，辟昏迷鬼疰。　又燒死屍灰爐，亦主魘魔夢多，取置枕中，

是夜即止。

謨按：《別說》云：《神農本經》人部惟有髮髲一條，餘皆出後世醫家，或禁術之流，增補奇怪之論列，非仁人之用心也。世稱孫思邈有大功于世，謂以殺命治命，尚有陰責，況于是焉。近見用治傳屍病症，未有一效者，信《本經》不用未為害也。殘忍傷神，又不急於取効，苟有可易，仁者宜當盡心。語云非此不可，是不得已，須擇年深塵泥所漬朽者為良，以其絕屍氣也。

明·王文潔《太乙仙製本草藥性大全》卷五《本草精義》 天靈蓋 此死人頂骨十字解者，乃天生蓋壓一身之骨，故名曰天靈蓋也。陰人用陽，陽人用陰。取收須以皂莢湯洗净，去塵土，童便煮過，酥油塗炙黃，少加麝香研細入藥。

按：別說云：《神農本經》人部惟有髮髲一條，餘皆出後世醫家，或禁術之流增補奇怪之論，殆非仁人之用心也。世稱孫思邈有大功于世，謂以殺命治命尚有陰責，况于是焉！近見用治傳屍病症，未有一效者，信《本經》不用未爲害也。殘忍傷神，又不急於取效，苟有可易，仁者宜當盡心。設云非此不可，是不得已，須擇年深，塵泥所漬朽者爲良，以其絕屍氣也。

明·王文潔《太乙仙製本草藥性大全》卷五《仙製藥性》 天靈蓋俗呼靈山柴。 味鹹，氣平，無毒。 主治： 主肺痿乏力，補盜汗尫羸。療久發溫瘧寒熱，治傳屍癆瘵骨蒸。托黑陷痘瘡，辟昏迷鬼疰。 補註： 犬咬，衆治不差，毒攻人，煩亂，喚已作犬聲者。燒灰爲末，以水服方寸〔匕〕，以活止。〇諸犬咬瘡不差，吐白沫者，爲毒入心，叫喚以犬聲。以髑髏骨燒灰研，以東流水調方寸〔匕〕服。 太乙曰： 彌腐爛者入用，每一片有三指闊，此骨是天生賜，蓋押一身之骨，未合即未有，只有顖門。取得後用煻灰火罨一夜，待腥穢氣出盡，却用童兒溺於甆鍋子中煮一伏時滿，漉出，於屋下掘一坑，可深一尺，置天靈蓋於中一伏時，其藥魂歸神妙。陽人使陰，陰人使陽。

明·皇甫嵩《本草發明》卷六 天靈蓋乃死人頂骨，十字解者。 主傳屍尸疰，鬼氣伏連，久瘴癆瘧、寒熱無時者。又治肺痿，乏力羸瘦，骨蒸癆盜汗等候。入藥酥炙用。用陳腐者，如新得未久者，用煻灰火罨一夜，待腥穢氣出盡，却用童便于甆鍋內煮一伏時，漉出，屋下掘坑可一寸深，置靈蓋于中一伏時，其藥魂歸神妙。陽人用陰，陰人用陽，合諸藥為散用之。〇《梅師方》： 諸犬咬瘡不差，吐白沫者，為毒入心，叫喚似犬聲，以髑髏骨燒灰，研，以東流水調服灰方寸匕效。

明·李時珍《本草綱目》卷五二人部 天靈蓋宋《開寶》

〔釋名〕腦蓋骨《綱目》 仙人蓋《綱目》 頭顱骨志曰： 此乃死人頂骨十字解者，方家婉其名耳。 藏器曰： 此是天生天賜，蓋押一身之骨，顖門未合，即未有也。 時珍曰： 人之頭圓如蓋，穹窿象天，泥丸之宮，神靈所集。修煉家取坎補離，復其純乾，聖胎圓成，乃開顱顖而出入之，故有天靈蓋諸名也。

〔修治〕藏器曰： 凡用彌腐爛者乃佳。有一片如三指闊者，取得，用煻灰火罨一夜。待腥穢氣盡，却用童男溺，於瓷鍋子中煮一伏時，漉出。於屋下掘一坑，深一尺，置骨於中一伏時，其藥魂歸神妙。陽人使陰，陰人使陽。 好古曰： 方家有用檀香湯洗過，酥炙用，或燒存性者。男骨色不赤，女骨色赤，以此別之也。

〔氣味〕鹹，平，無毒。 時珍曰： 有毒。

〔主治〕傳尸尸疰，鬼氣伏連，久瘴勞瘧，寒熱無時者，燒令黑，研細，白飲和服，亦合丸散用《開寶》。 治肺痿，乏力羸瘦，骨蒸盜汗等，酥炙用大明。 退心經蘊寒之氣《本草權度》。

〔發明〕楊士瀛曰： 天靈蓋治尸疰。尸疰者，鬼氣也。伏而未起，故令淹纏，得枯骸枕骨治之，則魂氣飛越，不復附人，故得瘥也。 陳承曰： 《神農本經》人部惟髮髲一物，其餘皆出後世醫家，或禁術之流，奇怪之論耳。近見醫家用天靈蓋治傳尸病，未有一效。殘忍傷神，殊非仁人之用心。苟有可易，仁者宜盡心焉。必不得已，則宜以年深漬朽、絕尸氣者，可也。

〔附方〕舊一，新十。 天靈蓋散： 追取勞蟲。天靈二指大，以檀香煎湯洗過，酥炙，一氣咒七遍云： 雷公神，電母聖，逢傳尸，便須定，急急如律令。尖檳榔五枚，阿魏二分，麝香三分，辰砂一分，安息香三分，甘遂三分，爲末，每服三錢。用童便四升，入銀石器內，以葱白、薤白各二七莖，青蒿二握，甘草二莖，五寸長者，柳枝、桑枝、酸榴枝各二莖，七寸長，同煎至一升。分作二次，五更初，調服前藥一服； 蟲不下，約人行十里，又進一服； 天明再進。取下蟲物，名狀不一，急擒入油鐺煎之。其蟲觜青赤黃色可治，黑白色難治，然亦可斷傳染之患。凡修合，先須齋戒，於遠處净室，勿令病人聞藥氣，及鷄犬猫畜、孝子婦人、一切觸穢之物見之。蟲下後，以白粥補之。數日之後，夢人哭泣相別，是其驗也。《上清紫庭仙方》。

虛損骨蒸： 《千金方》用天靈蓋如梳大，炙黃，以水五升，煮取二升，分三服，起死神方也。〇張文仲《備急方》用人頭骨炙三兩，麝香十兩，爲末，搗千杵，丸梧子大。每服七丸，飲下，日再服。若胸前有青脈出者，以針刺看血色； 未黑者，七日瘥。 小兒骨蒸： 體瘦心煩。天靈蓋酥炙，黃連等分，研末，每服半錢，米飲下，日二服。《聖惠方》。 諸瘧寒熱： 天靈蓋煅研末，水服一字，取效。《聖惠方》。 膈氣不食： 天靈蓋七個，每個用黑豆四十九粒，層層隔封，水火升降，楊梅色，冷定取出，去豆不用，研末，每服一錢，温酒下。孫氏《集效方》。 青盲不見： 〔天靈蓋酥炙、龍膽各二兩，白龍腦一錢，爲末。取黑豆五升净淘，以水煮爛濾汁，却煉成煎拌藥，丸梧子大。每服温水下二十丸，日三。頻用新汲水洗

頭面。先令患人沐浴，及剃却頂心髮，静一室，令安止，晝夜不得見明，令滿百日，切忌羊血雜肉及動風壅滯熱物、喜怒房室等。《聖惠方》。〕 痘瘡陷伏： 灰平不長，煩躁氣急。用天靈蓋燒研，酒服三分。○一方入雄黃二分，其瘡自然起發。《痘疹經驗方》。 下部疳瘡： 天靈蓋煅研末，先以黃蘗湯洗浄摻之，神效。○又一方入紅褐小紅棗等分，同燒研。《劉氏經驗方》。 臁瘡濕爛： 人頂骨燒研二錢，龍骨三錢，金絲硫黃一錢，爲末。用冬蘿蔔芽陰乾，熬水洗之，乃貼。劉松石《保壽堂方》。 小兒白禿： 大豆、髑髏骨各燒灰等分，以臘猪脂和塗。姚僧坦《集驗方》。

明・梅得春《藥性會元》卷下 天靈蓋 味鹹，平，無毒。 主治傳屍尸疰，鬼氣伏連，久瘴勞瘧，寒熱無時者。此死人頂骨十字解者。燒令黑，細研，白飲和服； 亦可合諸藥為丸散用之。方家婉其名爾。入藥酥炙用。

明・李中立《本草原始》卷一二 天靈蓋 藏器曰： 此是天生，蓋押一身之骨。顖門未合，即未有也。志曰： 此乃死人頂骨十字解者，方家婉其名耳。俗呼腦蓋骨。 天靈蓋： 氣味： 鹹，平，無毒。 主治： 傳尸尸疰，鬼氣伏連，久瘴勞瘧，寒熱無時者，燒令黑，研細，白飲和服，亦合丸散用。○治肺痿，乏力羸瘦，骨蒸盜汗，酥炙用。○退心經蘊寒之氣。

明・李中梓《藥性解》卷六 天靈蓋 味醎，性平，無毒，所入經絡，諸書不載。主傳屍鬼疰，并療大傷，取得，用煻灰火罨一夜，待腥穢氣出盡，用童便于磁鍋內煮一伏時，埋于地下可深一尺亦一伏時，取出聽用。陽人使陰，陰人使陽。 按： 天靈蓋即頂蓋骨也，《神農本經》不載，後世醫家始用之。此本同類之物，見則當憐而悲之，乃取而食之，殊非仁人之用心，世稱孫思邈有大功于世，以殺命治命，尚有陰責，況於是乎？ 若必不得已而用之，當取年深漬汙者良，以其絕屍氣也。

明・繆希雍《本草經疏》卷一五 天靈蓋 味鹹，平，無毒。 主傳尸尸疰，鬼氣伏連，久瘴勞瘧，寒熱無時者。 燒令黑，細研，白飲和服，亦合丸散用。

〔疏〕天靈蓋，乃死人腦蓋骨也。 不用他骨，而用此者，以人生時，腦為諸陽之會，而此骨則一身眾骨之主也。 其主傳尸尸疰，鬼氣伏連者，取其同類之氣，引出邪魅，則其魂魄飛越，不復附人，故得瘥也。 久瘴勞瘧，寒熱無時者，亦邪惡之氣侵人也。 辟惡散邪是其能事，故亦主之。 【主治參互】 同牛黃、象牙末、蛀竹屑、血竭、乳香、沒藥、黃蠟、明礬、真珠，作丸。 治楊梅結毒。 《痘瘡經驗方》痘瘡陷伏，灰平不長，此係虛寒證。 用天靈蓋燒研，酒服三分。 附： 化屍場上人骨，取為細末，傅金瘡，止血長肉及惡瘡不收斂。 并能治打撲折傷，人受杖時服之，不痛，不腫，不爛。 【簡誤】天靈蓋治勞瘵者，以其有尸鬼勞蟲為害，取其逐散邪也。 今人虛損勞怯，皆係色欲過度，損傷真陰，實無鬼氣淹伏，何得用此幽暗不祥之物治之哉？ 其痘瘡虛寒陷伏，或為邪氣所觸發不出者，不過借其陽氣所結之餘，逐散其邪以發出耳，非正治也。 若血熱煩躁，瘡乾紫黑者，用之必致危殆不救。慎之！ 慎之！

明・李中梓《醫宗必讀・本草徵要下》 天靈蓋味鹹，平，無毒。 煎液吞嘗，傳屍滅影，包藏巔頂，瘧鬼潛踪。 神農未嘗收載，後世每每用之。 嗟乎！ 獸相食，且人惡之； 而人相食，慘惡極矣。 必不得已，或取年深絕屍氣者，然亦不可食，或包用，或煎湯，用畢，送還原處，報之以經懺，庶其可也。

明・李中梓《本草通玄》卷下 天靈蓋 治傳尸鬼疰，邪瘧。 古人以掩暴骨為仁厚，方士取人骨為藥餌，有仁心者固如是乎？ 犬且不食犬骨，而人食人骨可乎？ 且以他藥代之，何所不可？ 乃必欲用之，傷德甚矣。

清・穆石匏《本草洞詮》卷一三 天靈蓋 乃押一身之骨，顖門未合，尚未有也。 人之頭圓如蓋，穹窿象天，泥丸之宮，神靈所集，脩煉家取坎補離，復其純乾，聖胎圓成，乃開顱顖而出入之，故名天靈蓋也。 味鹹，氣平，無毒，一云有毒。 治傳尸尸疰。 尸疰者，鬼氣也。 伏而未起，故令淹纏，用枯骸枕骨治之，則魂氣飛越，不得附人，故瘥也。 夫以積朽之骨，救垂死之人，似無不可。 然用之亦鮮効，而殘忍傷人，苟有可易，仁者宜盡心焉。

清・郭章宜《本草匯》卷一八 天靈蓋 味鹹，氣平。 白湯煎液吞嘗，傳屍滅影。 紅絹包藏巔頂，瘧鬼潛踪。

按： 天靈蓋，即死人頂骨是也。 雖治傳屍鬼疰邪瘧，然古人以掩暴骨為仁厚，方士取人骨為藥餌，有人心者，固如是乎？ 犬且不食犬骨，而人食人骨，可乎？ 必不得已，或取年深絕屍氣者，然亦不可食，或包用，或煎湯，用畢送還原處，報之以經懺，庶其可也。

腐爛者佳。 方家有用檀香湯洗過，酥炙用，或燒存性用。 男骨色不赤，女骨色赤。

清・张璐《本經逢原》卷四　天靈蓋　鹹，溫，小毒。製法：以香水滌淨，酥炙，杵細，入藥或煎酒或煅末，隨證取用。忌鐵器。　發明：腦為髓海，諸陽之會。能辟一切陰邪不正之氣，故曰天靈。凡人身中氣血安和，諸邪不能侵犯。陰陽乖戾，則尸疰之氣得以乘虛襲入，是即瘵蟲之根氣也。若其人平昔陽衰，則蟲攻脊脈，脊中淫淫作癢，隱隱作痛，轉側不能自安，或時凜凜畏寒，或時翕翕發熱，手足四末常輕，脈來弦細乏力，非天靈蓋散不能療之。若其人素稟陰虛，則蟲蝕藏府，胸中嘈雜如飢，默默不知所苦，無處不苦，動則時欬時嘔，靜則善寐善忘，面上忽時烘熱，脈來弦勁搏指，此屬獺肝丸證，非天靈之所宜。其天靈散方用炙淨三指大一片，赤檳榔三枚，白甘遂、麝香、真安息各三分，阿魏二分，辰砂一分，擣羅為散，桃枝煎湯，五更調進一服，約人行十里頃，蟲不下，再進一服，天明進第三服，取下蟲物，急擒入油鐺熬之，其蟲嘴黄赤者，可卜病人，血氣未艾，治之可愈。青黑白者，血氣已竭，治之難已。然亦得斷傳染之患。凡修合，勿令病人知，擇僻淨處，忌雞、犬、婦人、孝服者見，蟲下後，忌肥鮮及鹽半月，白粥調養漸安。若病久不勝甘遂、阿魏等攻逐，只以天靈蓋香水滌淨，仰置銀缶器內，盛以醇酒，隔水煮一官香，酒耗旋添，候一炷香足，取酒服之，少頃頭旋顱脹，瘵蟲隨嘔吐出，即以燼火燎之，將養三日後，取前蓋骨製服如前，蟲盡，即以蓋骨仍埋舊處。其炙淨細末并治小兒痘瘡灰白陷伏不長，煩躁不寧，酒服四五分即起，然皆不得已而用之。至於傅下部疳，入枯痔散，乃以人之至高之骨置之汙下不潔之處，雖極其神驗，殊非仁人君子之用心，舍此豈無他藥可治乎。

清・浦士貞《夕庵讀本草快編》卷六　天靈蓋宋《開寶》　天生此（首）〔骨〕，蓋押一身，故名。　天靈蓋乃死人頂骨也。不使他骨而專用此者，謂人之頭固象天，泥丸之宮神靈所集。修煉家取坎補離，復其純乾，聖胎圓成，乃開顱顖而出入，故以天靈名之也。　味鹹氣平，似有微毒。所主傳尸尸疰，鬼氣伏連，久瘴勞瘧，肺痿羸瘦者，取其同類之物，引出邪魅，令其魂魄飛越，不復附人，故得瘥也。但今之虛勞，皆因酒色過度，傷損真陰者多，何必用此凶暗不祥之物耶？況古人以掩暴骨為仁，用者可不省哉？

清・吳鋼《類經證治本草・足厥陰肝臟藥類》　天靈蓋　【略】誠齋曰：鎮肝安魂，尸氣勞蟲，妖魅伏人身中至死者，雖有靈藥，未能甚效，必煎以天靈蓋湯，調靈藥服之，然後得直入邪深之處，而類逐之，庶乎可愈也。

清・趙其光《本草求原》卷二七人部　天靈蓋即腦囟骨。　腦為諸陽之會，能辟一切陰邪不正之氣。鹹，溫，有小毒。治陽虛、尸疰、勞蟲攻脊，脊中隱隱癢痛，轉側不能自安，時畏寒，時發熱，脈來弦細乏力。若陰虛，蟲食臟腑，胸中嘈雜如飢，默默不知所苦，無處不苦，動則時咳時嘔，靜則善寐善忘，面上忽時烘熱，脈多弦勁搏指，此又獺肝丸症，非天靈蓋所宜。方合檳榔、甘遂、麝香、安息、阿魏、辰砂為散，桃枝湯調，五更服，不下再進。如不勝攻下者，止以酒燉，飲其酒數次，俟蟲嘔盡乃止。然以人食人，究非仁人用心。不若以鹿茸代之。茲欲詳其陰陽尸疰之別，故附載之耳，而修治仍不敢志。

人骨

明・鄭寧《藥性要略大全》卷九　天生柴　最治打傷，生肌長肉止血。即孩兒骨。　此藥殘忍傷神，苟有可易之藥，仁者審之。

明・王文潔《太乙仙製本草藥性大全》卷五《仙製藥性》　天生柴即孩兒骨。　最治打撲跌傷秘旨，生肌止血長肉。

明・李時珍《本草綱目》卷五二人部　人骨《拾遺》

〔釋名〕時珍曰：許慎云：骨者，肉之核也。《靈樞經》云：腎主骨。有《骨度篇》，論骨之大小、長短、廣狹甚詳，見本書。

〔主治〕骨病，接骨，臁瘡，並取焚棄者藏器。

〔發明〕時珍曰：古人以掩暴骨爲仁德，每獲陰報，而方伎之流，心乎利欲，乃收人骨爲藥餌，仁術固如此乎？且犬不食犬骨，而人食人骨可乎？父之白骨，惟親生子刺血瀝之即滲入。又《酉陽雜俎》云：荆州一人損脛，張七政以藥酒，破肉去碎骨一片，塗膏而愈，二年復痛。張曰：所取骨寒也。尋之尚在牀下，以湯洗綿裹收之，其痛遂止。氣之相應如此，孰謂枯骨無知乎。仁者當悟矣。

〔附方〕新四。　代杖：燒過人骨爲末，空心酒服三錢，受杖不腫不作瘡，久服皮亦厚也。《醫林集要》。　接骨：燒過童子骨一兩，乳香二錢，喜紅絹一方，燒灰爲末，熱酒調服。先以桐木片扎定，立效。《醫林集要》。　臁瘡：燒過人骨，碎者，爲末，摻之。《壽域神方》。　折傷：死童子骨煅過，香瓜子仁炒乾，爲末。好酒下，止痛極速。《扶壽精方》。

明・倪朱謨《本草彙言》卷一九　人骨　許氏曰：腎主骨。骨者，肉之核也。《靈樞經》有《骨度篇》，論骨之大小、長短、廣狹甚詳。

人骨：接骨折，療撲打跌傷之藥也。計日聞曰：按《醫林集要》云：

治杖打傷損，用火燒過人骨五錢爲末，乳香三錢，瓦上焙出汗，共研勻，酒調服三錢。受杖者服此，不痛不腫。如撲打跌傷之人服此，先以杉木片，以軟絹紮定傷處，立效。

清・穆石匏《本草洞詮》卷一三　人骨　焚棄人骨為末，能接骨，治臁瘡，空心酒服三錢，受杖不腫，不作瘡，久服皮亦厚也。夫暴骨尚宜掩之，而收為藥餌。仁術固如此乎？且犬不食犬骨，而人食人骨，可乎？父之白骨，惟親生子刺血，瀝之即滲入。《酉陽雜俎》載：一人損脛，張子和飲以藥酒，去骨一片，塗膏而愈。二年復痛，張曰：所取骨寒也。尋之尚在，以湯洗綿裹收之，其痛遂止。氣之相應如此，孰謂枯骨無知乎？

清・王道純《本草品彙精要續集》卷四　人骨

人骨：主骨病，接骨，臁瘡，並取焚棄者《本草拾遺》。〔名〕李時珍云：許慎言：骨者，肉之核也。《靈樞經》云：腎主骨。有《骨度篇》論骨之大小、長短、廣狹，甚詳。〔治〕《醫林集要》方：治代杖，用燒過人骨爲末，空心酒服三錢，受杖不腫不作瘡。久服皮亦厚也。○《壽域神方》治臁瘡用燒過人骨碎者，爲末摻之。〔合治〕《醫林集要》方：治接骨，用燒過童子骨一兩，乳香二錢，喜紅絹一方，燒灰爲末，熱酒調服，先以桐木片劄定，立效。○《扶壽精方》：治折傷，用死童子骨煅過，香瓜子仁炒乾爲末，好酒下，止痛極速。〔禁〕李時珍云：古人以掩暴骨爲仁德，每獲陰報，而方技之流心乎利欲，乃收人骨爲藥餌，仁術固如此乎？且犬不食犬骨，而人食人骨，可乎？父之白骨，惟親生子刺血瀝之即滲入。又《酉陽雜俎》云：荊州一人損脛，張七政飲以藥酒，破肉去骨一片，塗膏而愈，二年復痛。張云所取出骨寒也，尋之尚在牀下，以湯洗綿裹收之，其痛遂止。氣之相應如此，孰謂枯骨無知乎？仁者當知所悟矣。

清・吳儀洛《本草從新》卷六　人骨　主治骨病，接骨，臁瘡。并取焚棄者。時珍曰：古人以掩暴骨為仁德，每獲陰報。而方伎之流，心乎利欲，乃收人骨為藥餌，仁術固如此乎？且犬不食犬骨，而人食人骨可乎？父之白骨，唯親生子刺血瀝之即滲入。又《酉陽雜俎》云：荊州一人損脛，張七政飲以藥酒，破肉去骨一片，塗膏而愈。二年復痛，張曰：所取骨寒也。尋之，尚在床下，以湯洗，綿裹收之，其痛遂止。氣之相應如此，孰謂枯骨無知乎？仁者當信矣！今人甚有合胎骨丸而賣者，尤非焚棄之骨可比。況有胎毒在內，服之必至傷生。洛目擊其受害者不可枚舉矣！〔今之用人骨者，大抵乘人家焚棺之後，掇拾殘骼以射利。因憶顧寧人《日知録》中有鬭火葬一則，特附録於人骨條下，以敬當世之主持風教者。〕火葬之俗盛行於江南，自宋時已有之。《宋史》紹興二十七年，監登聞鼓院范同言：今民俗有所謂火化者，生則奉養之具唯恐不至，死則燔爇而捐棄之。國朝著令，貧無葬地者，許以官地安葬。韓琦鎮并州，以官錢市田數頃，給民安葬，至今以為美談。然則承流宣化，使民不畔於禮法，正守臣之職也。事關風化，理宜禁止，仍飭守臣措置荒閑之地，使貧民得以收葬。從之。〔如謂家業蕭然，葬具莫辦，則即如孔子之說，懸棺而窆可也。懸棺而窆，謂掘地成坎，下棺而葬也。縱使身沒遠方，力難歸葬，即葬於其地，若延陵季子之葬子，誰曰非禮？設或遺命火厝，不過亂命，為子孫者正當自發良心，曲將孝思，何得謬為順從，妄云遺命當遵耶？魏文帝《終制略》曰：漢氏諸陵，無不發掘，乃至燒取玉押金鏤，骸骨并盡，是焚如之刑也。《周禮・秋官・掌戮》：凡殺其親者焚之。《天表經》云：燼葬之慘，乃佛氏之流禍也。〕景定二年，黄震為吳縣尉，乞免再起化人亭狀曰：照對本司久例，有行香寺曰通濟，久為焚人空亭以罔利。愚民悉為所誘，親死即舉而付之烈焰，餘骸不化，又投之深淵。哀哉！斯人何辜而遭此身後之大戮耶！震久切痛心，以人微位下，欲言未發。乃五月六日夜，風雨驟至，獨盡撤其焚人之亭而去之。意者，穢氣彰聞，冤魂共訴，皇天震怒，為絶此根。越明日，據寺僧發覺，陳狀為之備申使府，蓋亦幸此亭之壞爾。案吏何人，敢受寺僧之囑，行下本司，勒令監造。震竊謂此亭為焚人之親設也。人之焚其親，不孝之大者也。此亭其可再也哉！謹案古者自小斂、大斂以至殯葬，皆擗踴，為遷其親之屍而慟之也。況可得而火之耶？舉其屍而畀之火，慘虐之極，無復人道。雖蚩尤作五虐之法，商紂為炮烙之刑，皆施之生前，未至戮之死後也。展禽謂夏父弗忌必有殃。既葬，焚烟徹於上，或者天實災之。然謂之殃，則凶可知也。楚子期欲焚麇之師，子西戒不可。雖敵人之屍，猶有所不忍也。衛侯掘褚師定子之墓，焚之平莊之上，殆自古所無之事。田單守即墨之孤邑，積五年思，出萬死一生之計，以激其民，故襲用其毒，誤燕人掘齊墓燒死人，齊人望之涕泣，怒十倍而齊破燕矣。然則焚其先人之屍，為子孫者所痛憤而不自愛其身，故田單出此詭計以誤敵也。尉佗在粤，聞漢掘燒其先人冢，陸賈明其不然，與之要約，亦曰：反則掘燒其先人冢爾。舉至不可聞之事以相恐，非忍為之也。尹齊為淮揚都尉，所誅甚多。及死，仇家欲燒其屍，屍亡去，歸葬。說者謂其屍飛去。夫欲燒其屍，仇之深也。欲燒之而屍亡，是死而有靈，猶知燒之可畏也。漢廣川王去淫虐無道，其姬昭信共殺幸姬王昭平、王地餘及從婢三人。後昭信病，夢昭平等，乃掘其屍，皆燒為灰，去與昭信旋亦誅死。王莽作焚如之刑，燒陳良等，旋亦誅滅。東海王越亂，晉石勒剖其棺，焚其屍，曰：亂天下者此人，吾為天下報之。夫越之惡固宜至此，亦石勒之酷而忍為此也。王敦叛逆，有司出其屍於瘞，焚其衣冠斬之，所焚猶衣冠爾。唯蘇峻以反誅，焚其骨。楊玄感反隋，亦掘其父素冢，焚其骸骨。殘虐之門既開，因以施之極惡之人，然非治世法也。隋為仁壽宮，役夫死道上，楊素焚之，上聞之不悅。夫淫刑如隋文，且不忍焚人，則痛莫甚於焚人矣。蔣元暉瀆亂宮闈，朱全忠殺而焚之，一死不足以盡其罪也。然殺之者當刑，焚之者非法。非法之虐，且不可施之誅死之罪人，況可施之父母骨肉乎？世之施此於父母骨肉者，

又拾其遺燼而棄之水，則宋誅太子劭逆黨王鸚鵡、嚴道育，既焚而揚灰於河之故智也，慘益甚矣！而或者以焚人為佛法，然聞佛之說，戒火自焚也。今之焚者戒火耶？人火耶？自焚耶？其子孫耶？佛者，外國之法。今吾所處，中國耶？外國耶？有識者為之痛惋久矣。今通濟寺僧焚人之親以罔利，傷風敗俗，莫此為甚！天幸廢之，何可興之？望臺慈矜生民之無知，念死者之何罪，備榜通濟寺風雷已壞之焚人亭，不許再行起置，其於哀死慎終，實非小補。然自宋以來，此風日盛，國家雖有漏澤園之設，而地窄人多，不能徧葬，相率焚燒，名曰火葬，習以成俗。謂宜每里給空地若干，為義冢，以待貧民之葬，除其租稅而更為之嚴禁，焚其親者，以大不孝罪之。庶禮孝可興，民俗可厚也。

題清・徐大椿《藥性切用》卷八　人骨　主骨病，接骨。火葬之鄉，取焚棄者入藥。胎骨，有胎毒損人。然聖王之世，掩暴骨為仁德，每獲陰報，而方技心存利欲，敢取人骨為藥餌，仁術固如是乎？姑存卷末，以俟仁者之自裁。

齒涇

明・李時珍《本草綱目》卷五二人部　齒涇音居近切。○宋《嘉祐》。

【釋名】齒垢

【氣味】鹹，温，無毒。【主治】和黑蝨研塗，出箭頭及惡刺，破癰腫蘇恭。塗蜂螫時珍。

【附方】新二。竹木入肉：針撥不盡者。以人齒垢封之，即不爛也。葉氏《通變要法》。毒蛇螫傷：先以小便洗去血，次以牙涇封而護之，甚妙，且不痛腫。《醫方摘要》。

清・吳鋼《類經證治本草・經外藥類》　齒涇　鹹溫。同黑虱研，塗出箭頭惡刺，破癰腫、蟲傷。誠齋曰：牙黃也。凡疔瘡，迅速麻痒木痛，立時腫大。舟途旅次，不及備藥，取刮自己牙黃封之，立時消散。蜈蚣蛇蠍咬者，刺去惡血，塗之立差。識者記之，此人所不知者耳。

頭垢

宋・唐慎微《證類本草》卷一五人部〔《別錄》〕　頭垢　主淋閉不通。

〔梁・陶弘景《本草經集注》〕云：術云：頭垢浮針，以肥膩故爾。今當用悅澤人者，其垢可丸。又主噎，亦療勞〔復〕。

〔宋・掌禹錫《嘉祐本草》〕按：《藥性論》云：頭垢治噎。酸漿水煎膏，用之立愈。日華子云：温。治中蠱毒及蕈毒，米飲或酒化下，並得以吐爲度。

〔宋・唐慎微《證類本草》〕《外臺秘要》：〔治〕傷寒病，欲令不勞復。頭垢燒，水丸如梧桐子大，飲服一丸。《千金方》：治百邪鬼魅。水服頭垢一小豆大。故膩頭巾無毒。天行勞復，渴，浸取汁，暖服一升。又方：主食自死鳥獸肝中毒。取故頭巾垢一錢匕，熱湯中烊服之。三年頭㿀，主卒心痛，沸湯取汁飲，以頭㿀於閑處，椀覆之，同時開愈。頭㿀即縛髻帛也。《肘後方》：犬咬人重發瘡。以頭垢少許内瘡中，以熱牛屎傅之。葛稚川：治緊唇，以頭垢傅之。《梅師方》：治馬肝殺人。取頭垢一分，熟水調下。錢相公《篋中方》：治蜈蚣咬人。以頭垢膩和苦參末，酒調傅之。劉涓子：治竹木刺在肉中不出。以頭垢塗之即出。《傷寒類要》：傷寒天行病後勞復，含頭垢如棗核大一丸。《服氣精義》云：劉君安燒己髮合頭垢等分合服，如大豆許三丸。名曰還精，令頭不白。

宋・劉明之《圖經本草藥性總論》卷下　頭垢　主淋閉不通。《藥性論》云：治噎酸漿水〔煎〕。日華子云：溫。治中蠱毒及蕈毒，米飲或酒化下，並得以吐為度。

宋・張杲《醫説》卷五　頭垢治淋　頭垢主淋閉不通，又主噎，亦治勞復《本草》。

宋・陳衍《寶慶本草折衷》卷一四　頭垢　又云：一名頭篦垢。溫。○主淋閉不通。○陶隱居云：用悅澤人，亦療勞復。○《藥性論》云：治噎，酸漿水煎。○日華子云：治蠱毒、蕈毒，米飲或酒化下，以吐為度。○葛稚川方：治緊唇，以頭垢傅。○陳藏器餘云：主小兒惡氣霍亂，水和飲之。分梳篦條。

明・王綸《本草集要》卷六　頭垢　氣溫。主淋閉不通，傷寒勞復，丸服之，或浸取汁服。治噎，酸漿水煎膏服。又治中蠱毒及蕈毒，米飲或酒化下。竹木刺在肉中，塗之即出。百邪鬼魅，水服一小豆大。

明・滕弘《神農本經會通》卷七　頭垢　當用悅澤人者，其垢可丸。氣溫。《本經》云：主淋閉不通。陶隱居云：主噎，亦療勞復。《藥性論》云：治噎，酸漿水煎膏用之，立愈。日華子云：溫。治中蠱毒及蕈毒，米飲或酒化下并得，以吐為度。《肘後方》：犬咬人，重發瘡，以頭垢少許，内瘡中，以熱牛屎傅之。又治蜈蚣咬，以頭垢膩和苦參、水酒調，傅之。又治竹木刺在肉中不出，以頭垢塗之，即出。

明・劉文泰《本草品彙精要》卷二二　頭垢無毒

頭垢：主淋閉不通。名醫所錄。【治】療：陶隱居云：頭垢，爲丸

服之，治噎及勞復。用悅澤人者佳。《別錄》云：頭垢，燒熱水爲丸，如梧桐子大，飲服一丸，治傷寒病後，欲令不勞復，有驗。〇頭垢，水調服一小豆大，治百邪鬼魅。〇頭垢，治緊唇，傅之妙。〇頭垢一分，熟水調下，治馬肝殺人。〇頭垢，治竹木刺在肉中不出者，塗之即出。〇故膩頭巾，浸取汁，暖服一升，治天行勞復作渴。〇故頭巾垢一錢匕，熱湯中烊服之，主食自死鳥獸肝中毒。〇頭罤三年者，主卒心痛，沸湯煮取汁飲之，以頭罤於閑處碗覆之，周時開，即愈。〔合治〕頭垢合酸漿煎膏服之，治噎病立愈。〇頭垢少許，合熱牛糞，治犬咬人重發瘡者，效。〇頭垢，合苦參末酒調傅，治蜈蚣咬人痛不可忍者，立效。〔解〕蠱毒及蕈毒，米飲或酒化下，並以吐爲度。

明・許希周《藥性粗評》卷四　草木禽蟲之毒，消頭垢之一丸。

頭垢，頭上垢膩也。以肥澤無病人者，篦下揀去髮，取之。味苦，性微溫，無毒。主治中蠱并菌蕈等毒，米飲或酒化下。犬咬與蜈蚣諸蟲所傷，量口大小，以末罨之，或和苦參末調傅之。食自死鳥獸肝，并食馬肝中毒，以末一挑，熟水調下，或以舊頭巾有膩者，煮水服之亦可。竹木刺在肉中不出，以末塗之立出。百邪鬼魅，以末熟水調服自甦。天行時疫瘥後勞復，以一丸如羊矢大，含化立愈。或先以如梧桐子大者三丸，米飲送下，預防其害；或以舊頭巾有垢膩者，煮汁飲之亦可。此物乃血之餘膩，氣味亦厚，取之至近，而用之最高者也。劉安君《服氣精義》云：燒己髮和頭垢，等分，如大豆許三丸，溫酒送下，名曰還精，令頭不白。

明・鄭寧《藥性要略大全》卷九　頭垢　主淋閉不通，辟邪氣瘧疾。可吐痰瘧。

明・方穀《本草纂要》卷八　頭垢　味苦，氣溫，無毒。主解毒生肌，止血長肉。如刺入肉中，搽垢即出；刀傷皮膚，搽垢即合；惡毒攻心，服垢則平；瘡口腐爛，敷垢則痊，此治瘡之要藥也。大抵入膏藥內熬之最美，長肉生肌，立可得矣；行吐法內用之，亦可入腹即吐，毒自解矣。蓋人身之中，垢爲至陽之物，雖出乎頭，而頭爲諸陽之首，陽盛則生垢也。如瘡毒所生，皆因陰陽偏勝，血氣不和而有此症者也，治者欲拔毒長肉，必用垢而平之，垢則和陰陽，斂氣血，而爲生化之無窮矣。

明・王文潔《太乙仙製本草藥性大全》卷五《本草精義》　頭垢　一名百齒霜。《本經》文俱未載。頭垢，浮針以肥膩故爾。今當用悅澤人者，其垢可丸，又主噎，亦療勞復。〇劉君安燒己髮和頭垢等分，合服如大豆許三丸，名曰還精，令頭不白。

明・王文潔《太乙仙製本草藥性大全》卷五《仙製藥性》　頭垢　味鹹、苦，氣溫。　主治：治淋閉不通及傷寒勞復，調膏療吞嚥酸水，併百魅鬼邪。竹木刺在肉中，津和塗即出。飛絲眼，點兩眦立效。卒中酒毒、蕈毒，酒化服漸安。乳癰初起，酒服亦效。　補註：治百邪鬼魅，水服頭垢一小豆大。故膩頭巾，無毒，天行勞復渴，浸取汁，暖服一升。〇傷寒病欲令不勞復，頭垢燒，水丸如梧子大，飲服一丸。犬咬人，重發瘡，以頭垢少許入瘡中，用熱牛屎傅之。〇治緊唇，以頭垢傅之。〇治馬肝殺人，取頭垢一分，熟水調下。〇治噎，同酸漿水煎膏，用之立愈。〇治蜈蚣咬人，以頭垢膩和苦參末，酒調傅之。治竹木刺在肉中不出，以頭垢塗之即出。〇傷寒天行病後勞復，含頭垢如棗核大一丸。

明・皇甫嵩《本草發明》卷六　篦下頭垢名百齒霜。　主淋閉不通及傷寒勞復，為丸服之。用酸漿水煎膏，能止噎。中蠱毒及蕈毒，米飲或酒化下，以吐為度。治竹木刺肉中，津和塗，即出。

明・李時珍《本草綱目》卷五二人部　頭垢《別録》

〔釋名〕梳上者名百齒霜。弘景曰：術云頭垢浮針，以肥膩故耳。今當用悅澤人者，其垢可丸也。

〔氣味〕鹹、苦，温，有毒。　〔主治〕淋閉不通《別録》。療噎疾，酸漿煎膏用之，立愈。又治勞復弘景。中蠱毒、蕈毒，米飲或酒化下，並取吐爲度大明。

〔附方〕舊九，新十五。　天行勞復：含頭垢棗核大一枚，良。《類要》。　預防勞復：傷寒初愈，欲令不勞復者。頭垢燒研，水丸梧子大，飲服一丸。《外臺秘要》。　頭身俱痛：煩悶者。頭垢豆許，水服。囊盛蒸豆，熨之。《肘後》。　小兒霍亂：梳垢，水服少許。　小兒哭疰：方同上。　百邪鬼魅：方同上。並《千金》。　婦人吹乳：百齒霜，以無根水丸梧子大。每服三丸，食後屋上倒流水下，隨左右暖卧，取汗甚效。或以胡椒七粒，同百齒霜和丸，熱酒下，得汗立愈。《衛生寶鑑》。　婦人乳癤：酒下梳垢五丸，即退消。　婦人足瘡：經年不愈，名裙風瘡。用男子頭垢，桐油調作隔紙膏，貼之。並《簡便》。　臁脛生瘡：頭垢、枯礬研勻，猪膽調傅。《壽域》。　下疳濕瘡：蠶繭盛頭垢，再以一繭合定，煅紅，出火毒研，搽。楊氏。　小兒緊唇：頭垢塗之。《肘後方》。　菜毒脯毒：凡野菜、諸脯肉、馬肝、馬肉毒。以頭垢棗核大，含之嚥汁，能起死人。或白湯下亦可。《小品方》。　自死肉毒：故頭巾中垢一錢，熱水服，取吐。　猘

犬毒人：頭垢、猬皮等分燒灰，水服一杯，口噤者灌之。犬咬人瘡重發者，以頭垢少許納瘡中，用熱牛屎封之。　諸蛇毒人：梳垢一團，尿和傅之。仍炙梳出汗，熨之。並《千金》。　蜈蚣螫人：頭垢、苦參末，酒調傅之。《篋中》。　蜂蠆螫人：頭垢封之。　蟲蟻螫人：同上。並《集簡》。　竹木刺肉：不出。頭垢塗之，即出。《劉涓子》。　飛絲入目：頭上白屑少許，揩之即出。《物類相感志》。　赤目腫痛：頭垢一芥子，納入取淚。《摘玄方》。　噫吐酸漿：漿水煎頭垢豆許，服一杯效。《普濟方》。

明·梅得春《藥性會元》卷下　頭垢　性溫，無毒。　主溫中，通淋閉。止噫，用酸漿水煎膏，服之立愈。梳齒上垢：能消吹乳乳癰。

明·李中立《本草原始》卷一二　頭垢　乃梳上宿垢。一名百齒霜。頭垢：氣味：鹹、苦，溫，有毒。　主治：淋閉不通。〇療噎疾，酸漿煎膏用之，立愈。又治勞復。〇中蠱毒、蕈毒，米飲或酒化下，並取吐為度。

《類要方》：治天行勞復，用頭垢棗核大一枚，含之良。　《小品方》：治中野菜諸脯肉、馬肝馬肉毒，以頭垢棗核大，含之嚥汁，能起死人。或白湯下亦可。

明·張懋辰《本草便》卷二　頭垢　氣溫。　主淋閉不通，傷寒勞復。又治中蠱毒及蕈毒，米飲或酒化下。竹木刺在肉中，塗之即出。百邪鬼魅，水服一小豆大。

明·繆希雍《本草經疏》卷一五　頭垢　主淋閉不通。梳上者，名百齒霜。

〔疏〕頭垢，頭上垢膩也。其性滑潤而下走，故本經主淋閉不通，及弘景療噎疾。其味苦溫，能走陽明，故又主勞復及婦人吹乳也。　〔主治參互〕同白芷、貝母、半夏為丸，酒下。治婦人吹乳。

同山茨菰、橘葉、鼠糞、人爪、蒲公英、柴胡、山豆根、白芷、連翹、貝母、夏枯草、忍冬藤，治乳巖、乳癰，神効。　《類要方》天行熱病後勞復，含頭垢棗核大一枚，良。　《外臺秘要》預防勞復，傷寒初愈，欲令不勞復者，頭垢燒研，水丸梧子大，飲服一丸。　《衛生寶鑑》婦人吹乳，百齒霜，以無根水丸梧子大，每服三丸。　數條之外無別用，故不著簡誤。

明·倪朱謨《本草彙言》卷一九　頭垢　味苦、鹹，氣溫，有微毒。梳上者名百齒霜。

頭垢：《別錄》主小便淋閉不通，《簡便方》及婦人吹乳腫痛之藥也。陸平林曰：頭垢，頭上垢膩也。其性滑潤而下走，故陶氏《別錄》方治淋閉不通小便澀瀝，而楊起《簡便方》治婦人吹乳腫痛，并用白湯調服數分，咸取其滑潤而下泄、滑潤而腫消之意。

清·张璐《本經逢原》卷四　頭垢　鹹、苦，溫，小毒。　發明：頭垢乃相火之餘氣結成，專開鬱結之氣。乳癰初起，煅灰，酒服即消，以其善祛胃中積垢也。

清·趙其光《本草求原》卷二七人部　頭垢梳上者名百齒霜。　乃相火之餘氣所結。鹹，走下；苦溫，開結。專祛胃中積垢，治吹乳，同白芷、川貝、半夏，或同胡椒為丸，酒下取汗。乳癖，單用，酒下。乳癰，乳巖，上方加山慈菇、橘葉、鼠屎、人甲、忍冬、蒲公英、山豆根、柴胡、連翹、夏枯。淋閉，噎疾，勞復，燒研飲下。婦足瘡，桐油調敷。臁瘡，同枯礬、豬膽搽。下疳，蠶繭包燒搽。蛇犬咬、蜂蟻蜈蚣螫，封之。小兒緊唇。塗之。

耳塞

宋·唐慎微《證類本草》卷一五人部〔《日華子本草》〕　耳塞　溫。治癲狂鬼神及嗜酒。又名腦膏、泥丸脂。已上二種新分條。見日華子。

宋·邵博《河南邵氏聞見後錄》卷二九　鄭師甫云：嘗患足上傷瘡，水入，腫痛不可行步。有丐者，令以耳塞敷之，一夕水盡出，愈。

明·劉文泰《本草品彙精要》卷二二　耳塞無毒

耳塞：治顛狂，鬼神及嗜酒。名醫所錄。　〔名〕腦膏、泥丸脂。　〔性〕溫。　〔氣〕氣之厚者，陽也。

明·王文潔《太乙仙製本草藥性大全》卷五《仙製藥性》　耳塞　氣溫，無毒。　主治：治顛狂鬼神及嗜酒者良。又名腦膏、泥丸脂。

明·李時珍《本草綱目》卷五二人部　耳塞日華

〔釋名〕耳垢《綱目》　腦膏日華　泥丸脂時珍曰：《修真指南》云：腎氣從脾右畔上入於耳，化爲耳塞。耳者，腎之竅也。腎氣通則無塞，塞則氣不通，故謂之塞。

〔氣味〕鹹、苦，温，有毒。　〔主治〕顛狂鬼神及嗜酒大明。蛇、蟲、蜈蚣螫者，塗之良時珍。

〔附方〕新六。　蛇蟲螫傷：人耳垢、蚯蚓屎，和塗，出盡黃水，立愈。《壽域》。

破傷中風：用病人耳中膜，並刮爪甲上末，唾調，塗瘡口，立效。《儒門事親》方。

抓瘡傷水：腫痛難忍者。以耳垢封之，一夕水盡出而愈。鄭師甫云：余常病此，一丐傳此方。　疔疽惡瘡：生人腦，即耳塞也，鹽泥等分，研勻，以蒲公英汁和作小餅封之，大

有效。《聖惠》。　一切目疾：　耳塞曬乾。每以粟許，夜夜點之。《聖惠方》。　小兒夜啼：　驚熱。用人耳塞、石蓮心、人參各五分，乳香二分，燈花一字，丹砂一分，爲末。每薄荷湯下五分。《普濟》。

明・梅得春《藥性會元》卷下　耳塞　溫。主治癲狂鬼神及嗜酒。能令人失音。

明・李中立《本草原始》卷一二　耳塞　《修真指南》曰：　腎氣從脾右畔上入于耳，化為耳塞。耳者，腎之竅也。腎氣通則無塞，塞則氣不通，故謂之塞。又一名耳垢，一名腦膏，一名泥丸脂。

耳塞：　氣味：　鹹、苦，溫，有毒。　主治：　顛狂鬼神及嗜酒。○蛇蟲蜈蚣螫者，塗之，良。《壽域方》：　治蛇蟲蜈蚣螫傷者，人耳垢、蚯蚓屎，和塗，出盡黄水，立愈。

清・穆石匏《本草洞詮》卷一三　耳塞　《脩真指南》云：　腎氣從脾右畔上入於耳。耳者，腎之竅也。腎氣通則無塞，塞則氣不通，故謂之塞。味鹹苦，氣溫，有毒。治顛狂及嗜酒。蛇蟲蜈蚣螫者塗之良。

膝頭垢

明・李時珍《本草綱目》卷五二人部　膝頭垢《綱目》　【主治】唇緊瘡，以綿裹燒研傅之《外臺》。

人汗

明・李時珍《本草綱目》卷五二人部　人汗《綱目》　【集解】時珍曰：　汗出於心，在内則爲血，在外則爲汗。故曰奪汗者無血，奪血者無汗。　【氣味】鹹，有毒。飲食食之，令人生疔毒時珍。

清・王道純《本草品彙精要續集》卷四　人汗有毒

人汗入飲食，食之令人生疔毒《本草綱目》。　【地】李時珍云：　汗出於心，在内則爲血，在外則爲汗。故曰：　奪汗者無血，奪血者無汗。　【味】鹹。　【性】溫。

人氣

明・李時珍《本草綱目》卷五二人部　人氣《綱目》

【主治】下元虛冷，日令童男女，以時隔衣進氣臍中，甚良。凡人身體骨節痹痛，令人更互呵熨，久久經絡通透。又鼻衄金瘡，嘘之能令血斷時珍。

【發明】時珍曰：　醫家所謂元氣相火，仙家所謂元陽真火，一也。天非此火不能生物，人非此火不能有生。故老人、虛人，與二七以前少陰同寢，藉其熏蒸，最爲有益，杜甫詩云暖老須燕玉，正此意也。但不可行淫，以喪寶促生耳。近時術家，令童女以氣進入鼻竅、臍中、精門，以通三田，謂之接補。此亦小法，不得其道者，反以致疾。按謝承《續漢書》云：　太醫史循宿禁中，寒疝病發，求火不得。衆人以口更嘘其背，至旦遂愈。劉敬叔《異苑》云：　孫家奚奴治虎傷蛇噬垂死者，以氣禁之，皆安。又葛洪《抱朴子》云：　人在氣中，氣在人中，天地萬物，無不須氣以生。善行氣者，内以養身，外以却惡。然行之有法：　從子至巳爲生氣之時，從午至亥爲死氣之時，常以生氣時，鼻中引氣，入多出少，閉而數之，從九九、八八、七七、六六、五五而止，乃微吐之，勿令耳聞。習之既熟，增至千數，此爲胎息。或春食東方青氣，夏食南方赤氣，秋食西方白氣，冬食北方黑氣，四季食中央黄氣，亦大有效。故善行氣者，可以避飢渴，可以延年命，可以行水上，可以居水中，可以治百病，可以入瘟疫。以氣嘘水則水逆流，嘘火則火遥滅，嘘沸湯則手可探物，嘘金瘡則血即自止，嘘兵刃則刺不能入，嘘箭矢則矢反自射，嘘犬則不吠，嘘虎狼則伏退，嘘蛇蜂則不動。吴越有禁咒行氣之法，遇有大疫，可與同牀，不相傳染。遇有精魅，或聞聲，或現形，擲石放火，以氣禁之，皆自絶。或毒蛇所傷，嘘之即愈。若在百里之外，遥以我手嘘咒，男左女右，亦即可安。夫氣出於無形，用之其效至此，而況絶穀延年乎？　時珍按：　此即吾内浩然靈氣也。符篆家取祖氣即此，但彼徒皆氣餒，庸人依倣，安得驗哉？

明・繆希雍《本草經疏》卷三〇　人氣　主下元虛冷。日令童男女，以時隔衣進氣臍中及兩腰腎間，甚良。凡人身體骨節痹痛，令人更互呵熨，久久經絡通透。蓋氣屬陽，為一身之健運，即真火也。天非此火不能生物，人非此火不能有生。故老人、虛人，與二七以前少陰同寢，藉其熏蒸，最為有益。下元虛冷，火氣衰也，得外入之少火，乃所以補其不足。骨節疼痹，血泣不行也。血不自行，隨氣而行，故能使骨節通暢也。近時術士，令童女以氣進入鼻竅、臍中、精門，以通三田，謂之接補。此亦小法，不得其道者，反以致疾。

明・倪朱謨《本草彙言》卷一九　人氣　李氏瀕湖曰：　人氣，醫家所謂元氣、真火也。天非此火，不能生長萬物；　人非此火，不能存養生命。故老人及久病虛弱人，與二七以下童男或童女同寢，藉其熏蒸，最爲有益。此真氣，不熱不寒，溫潤培養。元氣衰弱之人，宜用此法。按謝承《續漢書》云：　太醫史循宿禁中，陡寒疝病發，求火不得，令衆人以口更嘘其背，至旦遂愈。又《抱朴子》云：　人在氣中，氣在人中。天地萬物，無不須氣以生。善行氣者，内以養身，外以却邪。然行之有法，從子至巳爲生氣之時，從午至亥爲死

氣之時。常以生氣時鼻中引氣，入多出少，閉而數之，從九九、八八、七七、六六、五五而止，乃微吐之，勿令耳聞。習之既熟，增至千數，此爲胎息。或春食東方青氣，夏食南方赤氣，秋食西方白氣，冬食北方黑氣，四季月食中央黃氣，亦大有效。故善行氣者，可以耐飢渴，可以延年命，可以行水上，可以居水中，可以治百病，可以驅瘟疫。以氣噓水，可便逆流；以氣噓火，可使撲滅。噓沸湯則手可探物，噓金瘡則血即自止，噓兵刃則刺不能入，噓箭矢則矢反逆回，噓犬則不吠，噓虎狼則退伏，噓蛇蜂則不能傷我。昔張三丰善得行氣之法，遇有大疫，可與同牀不相傳染。遇有精魅，或聞聲，或現形，或擲石放火，以氣禁之，皆自絕滅。若人在百里之外有難，以我手噓氣，男左女右，亦即可安。夫氣出于無形，用之其效至此，而況絕穀延年乎？按此即吾內養浩然之靈氣也。符篆家取祖氣即此，但彼徒皆氣餒，庸人依法行此，安能得其驗哉？

按：《養真方》治下元虛冷，日令童男女以時隔衣噓氣臍中，甚良。如身體骨節痹痛，令人更互呵痛處，久久經絡通透。又治鼻衄不止，令病人仰臥，于眉中間噓氣數十口即止。

明・李中梓《本草通玄》卷下　人氣主下元虛冷，胸腹不快，骨節痺痛，令人更互呵熨，甚良。　按：火即是氣，氣即是火，兩者同出而異名，故元氣為真火。天非此火不能生物，人非此火不能有生。故老人、虛人與少陰同寢，藉其薰蒸之益。杜詩云：暖老須燕玉。正此意也。但勿縱慾以喪寶耳。術家用童鼎數人，從鼻竅、臍中、精門三處，按法進氣，謂之龍來帳裏奪明珠，吐氣冲開九竅，虎到坐前施勇猛，巽風鼓動三關，起必死之沉痾，握長生之要道。《續漢書》云：史循宿禁中寒病發，求火不得。眾口更噓其背，尋愈。《抱朴子》云：人在氣中，氣在人中。天地萬物，無不需氣以生。善行氣者，內以養生，外以却惡。從子至巳為生氣之時，從午至亥為死氣之時。常于生氣時，鼻引清氣，入多出少，氣極乃微吐，勿令耳聞。習之無間，漸至口臭無氣，僅微微從臍中出入，此為胎息。善行氣者，可避飢渴，可永年命，可行水面，可入水中，可却百病。以氣噓水則水逆流，噓火則火遙滅，噓沸湯則手可探，噓金瘡則血自止，噓刃則鋒不能入，噓矢則簇不能傷，噓犬則不吠，噓虎則退伏。氣本無形，神奇若此。道家取先天祖氣，孟氏取善養浩然。氣之于人，大矣哉。

清・穆石匏《本草洞詮》卷一三　人氣　醫家所謂元氣相火，仙家所謂元陽真火，一也。天非此火不能生物，人非此火不能有生。故老人虛人，與二七以前少陰同寢，藉其薰蒸，最為有益。凡身體骨節痹痛，令人更互呵熨，久久經絡通透，自愈。下元虛冷之人，令童男女隔衣進氣臍中，甚良。近時術家以婦女氣進入鼻竅、臍中、精門，以通三田，謂之接補。此亦近理，但不得其道，反致疾耳。夫人在氣中，氣在人中，天地萬物，無不須氣以生。善行氣者，內以養身，外以却惡。每日從子至巳，為生氣之時。從午至亥，為死氣之時。嘗以生氣時，鼻中引氣，入多出少，閉而數之從九九、八八、七七、六六、五五而止，乃微吐之，勿令耳聞，習之既熟，增至千數，此為胎息。善行氣者可以避飢渴，可以延年命，可以居水中，可以治百病，可以入瘟疫。以氣噓水則水逆流，噓火則火遙滅，噓沸湯則手可探物，噓金瘡則血即自止，噓兵刃則刺不能入，噓箭矢則矢反自射，噓犬則不吠，噓虎狼則伏退，噓蛇蜂則不動。夫氣用之其効至此，而況絕穀延年乎？

清・浦士貞《夕庵讀本草快編》卷六　人氣《綱目》　人在天地運氣三者之中，賴氣以生，故《內經・生氣通天論》是也。　氣即人身溫暖之陽氣也，雖與火同體而實有別焉。夫沖和不息之謂氣，亢常擾亂之謂火。天非此氣則為枯槁之洪荒，地非此氣則為崩判之空壤。人非此氣，不能有生。故孟子養吾浩然之氣，書符篆者必取祖氣。修煉家謂之令陽，未盡則不死，則知惜氣、嗇氣不可忽也。凡人下元虛冷，日令童男女隔衣進氣臍中，或身體骨節痺痛，隨其經絡呵熨，無不良愈。杜甫詩云：暖老須燕玉。蓋謂老弱虛人，當與少陰同寢，藉其熏蒸，亦此意也。但不可行淫喪寶，以促生爾。抱朴子云：人在氣中，氣在人中，萬物無不須氣以生。善行氣者，內以養身，外可却惡。然行之有法：從子至巳為生氣之時，從午至亥為死氣之時。常以生氣時鼻中引氣，入多出少，閉而數之，或九九或七七，乃微吐之，勿令耳聞。習之既熟，增至千數，此為胎息。或按時吸各方之生氣，亦有大効。故善行氣者，可以避飢渴，可以延年命，可以行水上，可以居水中，可以治百病，可以伴瘟疫。以氣噓水則水逆流，噓火則火遙滅，噓沸湯則手可探，噓金瘡則血自止，噓兵刃則刺不入，噓箭矢則反自射，噓虎狼則退伏，噓蛇虺則不動，噓精魅則自滅。蓋氣雖出于無形，用之其効至此，故并附誌之。

清・王道純《本草品彙精要續集》卷四　人氣

人氣： 主下元虛冷，日令童男女以時隔衣，進氣臍中，甚良。凡人身體骨節痹痛，令人更互呵熨，久久經絡通透。又鼻衄、金瘡，噓之能令血斷《本草綱目》。【名】李時珍云： 醫家所謂元氣、相火，仙家所謂元陽、真火，一也。天非此火不能生物，人非此火不能有生耳。【時】採： 於春食東方青氣，于夏食南方赤氣，於秋食西方白氣，於冬食北方黑氣，四季食中央黃氣，亦大有效。【用】凡老人、虛人與二七以前少陰同寢，藉其熏蒸，最爲有益。杜甫詩云暖老須燕玉，正此意也。但不可行淫以喪寶促生耳。近時術家令童女以氣進入鼻竅、臍中、精門，以通三田，謂之接補，此亦小法。不得其道者，反以致疾，應宜慎之。【治】謝承《續漢書》云： 太醫史循宿禁中，寒疝病發，求火不得，衆人以口更噓其背，至旦遂愈。劉敬叔《異苑》云： 孫家奚奴治虎傷蛇噬垂死者，以氣禁之，皆安。【解】葛洪《抱朴子》云： 人在氣中，氣在人中，天地萬物無不須氣以生。善行氣者，內以養生，外以卻惡，然行之有法，從子至巳爲生氣之時，從午至亥爲死氣之時，常以生氣時鼻中引氣，入多出少，閉而數之，從九九、八八、七七、六六、五五而止，乃微吐之，勿令耳聞，習之既熟，增至千數，此爲胎息。故善行氣者，可以避饑渴，可以延年命，可以行水上，可以居水中，可以治百病，可以入瘟疫。以氣噓水則水逆流，噓火則火遙滅，噓沸湯則手可探物，噓金瘡則血即自止，噓兵刃則刺不能入，噓箭矢則矢自射，噓犬則不吠，噓虎狼則伏退，噓蛇蜂則不動。吳越有禁咒行氣之法，遇有大疫可與同牀不相傳染，遇有精魅或聞聲、或現形，擲石放火，以氣禁之，皆自絕。或毒蛇所傷，噓之即愈。若在百里之外，遙以我手噓咒，男左女右，亦即可安。夫氣出於無形，用之其效至此，而況絕穀延年乎？ 李時珍： 按此即吾內養浩然之氣也。符篆家取祖氣即此，但彼徒皆氣餒，庸人依仿，安得驗哉。

清・吳儀洛《本草從新》卷六　人氣　主治下元虛冷。日令童男女以時隔衣進氣臍中甚良。凡人身體、骨節痺痛，令人更互呵熨，久久經絡通透。又鼻衄金瘡，噓之能令血斷。 時珍曰： 醫家所謂元氣相火，仙家所謂元陽真火，一也。天非此火不能生物，人非此火不能有生。故老人、虛人與二七以前少陰同寢，借其熏蒸，最為有益。杜甫詩云暖老須燕玉，正此意也。但不可行淫，以喪寶促生爾。近時術家，令童女以氣進入鼻竅、臍中、精門，以通三田，謂之接補，此亦小法，不得其道者反以致疾。按《漢書》云： 太醫史循宿禁中，寒疝病發，求火不得，衆人以口更噓其背，至旦遂愈。《異苑》云： 孫家奚奴治虎傷蛇噬垂死者，以氣禁之皆安。又《抱朴子》云： 從子至巳為生氣之時，從午至亥為死氣之時。常以生氣時鼻中引氣，入多出少，閉而數之，從九九、八八、七七、六六、五五而止，乃微吐之，勿令耳聞，習之既熟，增至千數，是為胎息。凡驟脫之證，急令童男女以口接氣甚妙。老人陽氣驟脫，身冷息微，內服回陽藥，復令壯盛婦人數人臥於床，將病人臥在數婦身上作褥，頗有得生者。

題清・徐大椿《藥性切用》卷八　人氣　元神所屬，力能溫暖下元，漸除虛冷，日令童男童女呼氣，接之。

清・趙學敏《本草綱目拾遺》卷二火部　人身君火　即人元氣，能救卒死魘死，以口布氣度之即生，散鬼氣，呵氣吹之即滅。

發痘，凡陰寒不起不漿者，用壯健人氣呵之，即起發紅活，漿行而毒化。

止腹痛腹瀉，老年人多有氣弱受寒，患此者，用壯年人以手搓極熱，頻互掩其臍，使手中熱氣透入丹田自愈。此借君火之力也。

六天氣

宋・唐慎微《證類本草》卷五玉石部下品〔唐・陳藏器《本草拾遺》〕　六天氣　服之令人不飢，長年，美顏色，人有急難阻絕之處用之，如龜、蛇服氣不死，《陽陵子明經》言： 春食朝露，日欲出時向東氣也； 秋食飛泉，日沒時向西氣也； 冬食沆瀣，北方夜半氣也； 夏食正陽，南方日中氣也。并天玄地黃之氣，是爲六氣。亦言平明爲朝露，日中爲正陽，日入爲泉飛，夜半爲沆瀣，及天地玄黃爲六氣。皆令人不飢，延年無疾者。人有墮穴中，穴中有蛇，蛇每日作此氣服之。其人既見蛇如此，依蛇時節，飢時便服。又即傚蛇，日日如之，經久漸漸有驗，即體輕健，似能輕舉，啟蟄之後，人與蛇一時躍出焉。

人魄

明・李時珍《本草綱目》卷五二人部　人魄《綱目》

【集解】時珍曰： 此是縊死人，其下有物如麩炭，即時掘取便得，稍遲則深入矣。不掘則必有再縊之禍。蓋人受陰陽二氣，合成形體。魂魄聚則生，散則死。死則魂升於天，魄降於地。魄屬陰，其精沉淪入地，化爲此物。亦猶星隕爲石，虎死目光墜地化爲白石，人血入地爲磷爲碧之意也。

【主治】鎮心，安神魄，定驚怖顛狂，磨水服之時珍。

清・穆石鉋《本草洞詮》卷一三　人魄　凡縊死，人其下有物如麩炭，即時掘取便得，稍遲則深入矣。不掘則有再縊之禍。蓋人受陰陽二氣合成形

體，魂魄聚則生，散則死，死則魂升於天，魄降於地。魄屬陰，其精沉淪入地，化為此物，亦猶星隕為石。虎死目光墜地，化為白石。人血入地為燐、為碧，是也。人魄主鎮心安神，定驚悸顛狂，磨水服之。

清・浦士貞《夕庵讀本草快編》卷六 人魄《綱目》 魄與珀同，故月體黑，謂之死魄。 魄乃縊死之人，其下有物，隨即掘之，形如麩炭，稍遲則深入而不可得矣。他日必有再縊之禍。嚴切令人掘取，以杜後患。更可治疾。凡心神不寧，魂魄不定，驚作顛狂，磨水服之立愈。夫人受陰陽二氣合成形體，魂魄聚則生，散則死，死則魂升於天，魄降於地，化為此物，亦猶星隕為石，虎死目光墜地變為白石，人血入地為燐為碧，同一義也。

清・王道純《本草品彙精要續集》卷四 人魄

人魄： 主鎮心安神魄，定驚怖，顛狂，磨水服之《本草綱目》。 〔地〕李時珍云： 人受陰陽二氣，合成形體。魂魄聚則生，散則死。死則魂升於天，魄入於地。魄屬陰，其精沉淪入地，化爲此物，亦猶星隕爲石，虎死目光墜地化爲白石，人血入地爲磷爲碧之意也。 〔質〕此是縊死人處，其下有物如麩炭，即時掘取便得，稍遲則深入矣。 〔解〕不掘去則必有再縊之禍，雖不入藥用，亦宜速掘去，早解釋之，可也。

人勢

明・李時珍《本草綱目》卷五二人部 人勢《綱目》

〔釋名〕陰莖時珍曰： 人陰莖，非藥物也。陶九成《輟耕録》載： 杭州沈生犯姦事露，引刀自割其勢，流血經月不合。或令尋所割勢，搗粉酒服，不數日而愈。觀此則下蠶室者，不可不知此法也。故附於此云。

〔主治〕下蠶室，創口不合時珍。

清・王道純《本草品彙精要續集》卷四 人勢

人勢： 主下蠶室創口不合《本草綱目》。 〔名〕陰莖。 〔治〕李時珍云： 人陰莖，非藥物也。陶九成《輟耕錄》載： 杭州沈生犯奸事露，引刀自割，其勢流血，經月不合。或令尋所割勢，搗粉，酒服，不數日而愈。觀此則下蠶室者，不可不知此法也。故附於此云。

方民

明・李時珍《本草綱目》卷五二人部 方民《綱目》李時珍曰： 人稟性於乾坤，而圜形於一氣，橫目二足，雖則皆同，而風土氣習，自然不一。是故蝨處頭而黑，豕居遼而白。水食者腥，草食者膻。膏粱藜莧，腸胃天淵； 葛褐羅紈，肌膚玉石。居養所移，其不能齊者，亦自然之勢也。故五方九州，水土各異，其民生長，氣息亦殊。乃集方民，附於部末，以備醫診云。東方： 海濱傍水，魚鹽之地。其民食魚而嗜鹹，黑色疏理。其病多瘡瘍，其治宜砭石。○西方： 陵居多風，水土剛彊。其民不衣而褐薦，華食而肥脂，其病生於內，其治宜毒藥。○北方： 地高陵居，風寒冰冽。其民野處而乳食。其病臟寒生滿，其治宜灸焫。○南方： 地下，水土弱，霧露所聚。其民嗜酸而食胕，致理而赤色。其病多攣痹，其治宜微針。○中央： 地平濕。其民食雜而不勞，其病多痿躄，其治宜導引按蹻。出《素問》。九州殊題，水泉各異，風聲氣習，剛柔不同。青州： 其音角羽，其泉鹹以酸，其氣舒遲，其人聲緩。○荆揚： 其音角徵，其泉酸以苦，其氣慓輕，其人聲急。○梁州： 其音商徵，其泉苦以辛，其氣剛勇，其人聲塞。○兖豫： 其音宫徵，其泉甘以苦，其氣平静，其人聲端。雍冀： 其音商羽，其泉辛以鹹，其氣駃烈，其人聲捷。○徐州： 其音角宫，其泉酸以甘，其氣悍勁，其人聲雄。出《河圖括地象》。堅土之人剛，弱土之人懦，壚土之人細，息土之人美，耗土之人醜。出《孔子家語》。山林之民毛而瘦，得木氣多也。川澤之民黑而津，得水氣多也。丘陵之民團而長，得火氣多也。墳衍之民晳而方，得金氣多也。原隰之民豐而痹，得土氣多也。出《宋太史集》。荆州一男二女，揚州二男五女，青州二男二女，并州二男三女，幽州一男三女，兖州二男三女，豫州二男三女，雍州三男二女，冀州五男三女。出《周禮》。 土地生人，各以類應。故山氣多男，澤氣多女，水氣多瘖，風氣多聾，林氣多癃，木氣多傴，石氣多力，岸下氣多尰，險氣多癭，谷氣多痹，丘氣多狂，廣氣多仁，陵氣多貪。暑氣多夭，寒氣多壽，輕土多利，重土多遲，清水音小，濁水音大，湍水人〔輕，遲水人〕重，中土多聖賢。出《淮南子鴻烈解》。

清・浦士貞《夕庵讀本草快編》卷六 方民總論 按瀕湖曰： 夫人稟性於乾坤而固形於一氣，橫目二足，雖則皆同，而風土氣習不一，是故蝨處頭而黑，豕居遼而白。水食者腥，草食者羶。膏粱藜莧，腸胃天淵。葛褐羅紈，肌膚玉石，居養所移，其不能齊者，亦自然之勢也。故五方九州，水土各異。其民生長氣息亦殊。博識宏儒，能不辨哉？《素問》云： 東方海濱傍水，魚塩之地，其民食魚而嗜鹹，黑色疎理，其病多瘡瘍，其治宜砭石。西方陵居多風，水土剛強，其民不衣而褐華，食而肥脂，其病生於內，其治宜毒藥。北方地高陵居，風飈冰冽，其民野處而乳食，其病藏寒生滿，其治宜灸焫。南方地下水土弱，霧露所聚，其民嗜酸而食胕，緻理而赤色，其病多孿痺，其治宜微鍼。中央地平濕，其民食雜而不勞，其病多痿躄，其治宜導引按蹻。此蓋就其方土之高下寒燠，而立制治之法也。《括地象》云： 九州殊類，水泉各異。風聲氣習，剛柔不同。青州其音角羽，其泉鹹以酸，其氣舒遲，其人聲緩。荊

揚其音角徵，其泉酸以苦，其氣慓輕，其人聲急。梁州其音角徵，其泉苦以辛，其氣剛靜，其人聲塞。兗豫其音宮徵，其泉甘以苦，其氣平靜，其人聲端。雍冀其音商羽，其泉辛以鹹，其氣駃烈，其人聲捷。徐州其音角宮，其泉酸以甘，其氣悍勁，其人聲雄。此蓋以水泉合五宮，應於人之聲氣也。《宋太史集》云：山林之民毛而瘦，得木氣多也。川澤之民黑而津，得水氣多也，丘林之民團而長，得火氣多也。墳衍之民皙而方，得金氣多也。原隰之民豐而痺，得土氣多也。此蓋以居處定五行，授體易色也。《周禮》云：荆州一男二女，揚州二男五女，青州二男二女，兗州二男三女，幽州一男三女，并州二男三女，豫州二男三女，雍州三男二女，冀州五男三女。此蓋以陰陽之盈虧而定男女之多少也。《淮南子》云：山氣多男，澤氣多女，水氣多瘖，風氣多聾，林氣多癃，木氣多傴，石氣多力，下氣多尰，陰氣多癭，谷氣多痺，丘氣多狂，廣氣多仁，陵氣多貪，暑氣多夭，寒氣多壽，輕土多利，重土多遲，中土多聖賢。此蓋以土氣所稟而病亦從其類也。是以黄帝興四方之問，岐伯舉四治之能。風土所宜，藥石各異，司命之士，豈可一轍而論耶？如張子和處於山陝，用藥專於峻利；薛立齋生於吳越，方書皆用參芪，易地皆然。非可以偏執下之也。

木乃伊

明・李時珍《本草綱目》卷五二人部　木乃伊《綱目》

【集解】時珍曰：按陶九成《輟耕録》云：天方國有人年七八十歲，願舍身濟衆者，絶不飲食，惟澡身啖蜜，經月便溺皆蜜。既死，國人殮以石棺，仍滿用蜜浸之，鐫年月於棺，瘞之。俟百年後起封，則成蜜劑。遇人折傷肢體，服少許立愈。雖彼中亦不多得，亦謂之蜜人。陶氏所載如此，不知果有否。姑附卷末，以俟博識。

人傀

明・李時珍《本草綱目》卷五二人部　人傀公回切。怪異也。○《綱目》。李時珍曰：太初之時，天地絪緼。一氣生人，乃有男女。男女媾精，乃自化生。如草木之始生子，一氣而後有根及子，爲種相繼也。人之變化，有出常理之外者，亦司命之師所當知，博雅之士所當識，故撰爲人傀，附之部末，以備多聞眚咎之徵。《易》曰：一陰一陽之謂道。男女搆精，萬物化生。乾道成男，坤道成女。此蓋言男女生生之機，亦惟陰陽造化之良能焉耳。齊司徒褚澄言：血先至，裹精則生男；精先至，裹血則生女。陰陽均至，非男非女之身；精血散分，駢胎品胎之兆。道藏經言：月水止後一、三、五日成男，二、四、六日成女。東垣李杲言：血海始淨一二日成男，三、四、五日成女。《聖濟經》言：因氣而左動，陽資之則成男；因氣而右動，陰資之則成女。丹溪朱震亨乃非褚氏而是東垣，主《聖濟》左右之説而立論，歸於子宮左右之繫。諸説可謂悉矣。時珍竊謂褚氏未可非也，東垣未盡是也。蓋褚氏以精血之先後言，道藏以日數之奇偶言，東垣以女血之盈虧言，《聖濟》、丹溪以子宮之左右言，各執一見。會而觀之，理自得矣。夫獨男獨女之胎，則可以日數論；而駢胎品胎之感，亦可以日數論乎？稽之諸史，載一産三子、四子者甚多。其子有半男半女，或男多女少，男少女多。《西樵野記》載國朝天順時，揚州民家一産五男，皆育成。觀此，則一、三、五日爲男，二、四、六日爲女之説，豈其然哉？焉有一日受男而二日復受女之理乎？此則褚氏、《聖濟》、丹溪主精血子宮左右之論爲有見，而道藏、東垣日數之論爲可疑矣。王叔和《脈經》以脈之左右浮沉，辨猥生之男女；高陽生《脈訣》以脈之縱横逆順，別駢品之胎形。恐亦臆度，非確見也。王冰《玄珠密語》言：人生三子，主太平；人生三女，國淫失政；人生十子，諸侯競位；人生肉塊，天下饑荒。此乃就人事而論，則氣化所感，又別有所關也。夫乾爲父，坤爲母，常理也。而有五種非男，不可爲父；五種非女，不可爲母，何也？豈非男得陽氣之虧，而女得陰氣之塞耶？五不女：螺、紋、鼓、角、脈也。螺者，牝竅内旋，有物如螺也。紋者，竅小，即實女也。鼓者，無竅如鼓也。角者，有物如角，古名陰挺是也。脈者，一生經水不調，及崩帶之類是也。五不男：天、犍、漏、怯、變也。天者，陽痿不用，古云天宦是也。犍者，陽勢閹去，寺人是也。漏者，精寒不固，常自遺泄也。怯者，舉而不强，或見敵不興也。變者，體兼男女，俗名二形，《晉書》以爲亂氣所生，謂之人痾。其類有三：有值男即女、值女即男者，有半月陰、半月陽者，有可妻不可夫者。此皆具體而無用者也。胎足十月而生，常理也，而有七月、八月生者，十二三月生者，十四五月生者。或云：氣虛也。虞摶《醫學正傳》言，有十七八月至二十四五月而生；劉敬叔《異苑》言太原温磐石母，孕三年乃生，豈亦氣虛至於許久耶？今有孕七月而生子者，多可育；八月而生者，多難育。七變而八不變也。○《魏略》云：黄牛羌人孕六月而生。○《博物志》云：獠人孕七月而生。○《晉書》云：符堅母，孕十二月生。劉掤母，孕十三月生。○《漢書》云：堯及昭帝，皆以十四月生。○《三十國春秋》云：劉聰母，孕十五月乃生。《搜神記》云：黄帝母名附寶，孕二十五月而生帝。胞門子臟爲奇恒之府，所以爲生人之户，常理也；而有自脇産、自額産、自背産、自髀産者，何也？豈子臟受氣駁雜，而其繫有不同，如《宋史》所記男陰生於脊，女陰生於頭之類耶？《史記》云：陸終氏娶鬼方之女，孕而左脇出三人，右脇出三人。六人子孫，傳國千年。天將興之，必有尤物。如修己背坼而生禹，簡狄胸坼而生契也。○《魏志》云：黄初六年，魏郡太守孔羡表言：汝南屈雍妻王氏，以去年十月十二日生男兒，從右腋下、小腹上而出。其母自若，無他畏痛。今瘡已愈，母子全安。○《異苑》云：晉時，魏興李宣妻樊氏，義熙中懷孕不生，而額上有瘡。兒從瘡出，長爲軍將，名胡兒。○又云：晉時，常山趙宣母，妊

身如常，而髀上作痒，搔之成瘡。兒從瘡出，母子平安。○《野史》云：莆田尉舍之左，有市人妻生男，從股髀間出。瘡合，母子無恙。可證屈雍之事。浮屠氏言釋迦生於摩耶之右脇，亦此理也。○《嵩山記》云：陽翟有婦人，妊三十月乃生子。從母背上出，五歲便入山學道。○《琅琊〔漫〕鈔》云：我朝成化中，宿州一婦孕，脇腫如癰。及期兒從癰出，瘡痏隨合。其子名佛記兒。時珍曰：我明隆慶五年二月，唐山縣民婦有孕，左脇腫起，兒從脇生，俱無恙。

陽生陰長，孤陽不生，獨陰不長，常理也；而有思士不妻而感，思女不夫而孕；婦女生鬚，丈夫出湩，男子産兒者，何也？豈其氣脈時有變易，如女國自孕，雄鷄生卵之類耶？《史記》云：姜源見巨人跡，履之而生棄，有娀氏吞玄鳥卵而生契。皆不夫而孕也。○《宣政録》云：宋宣和初，朱節妻年四十一，夕頷痒，至明鬚長尺餘。○《草木子》云：元至正間，京師一達婦，髭鬚長尺餘也。○《漢書》云：南陽李元，全家疫死，止一孫初生數旬。蒼頭李善自哺乳之，乳爲生湩。《唐書》云：元德秀兄子襁褓喪親，德秀自乳之，數日乳中湩流，能食乃止。○《宋史》云：宣和六年，都城有賣青果男子，孕而生子，蓐母不能收，易七人，始免而逃去。○《西樵野記》云：明嘉靖乙酉，横涇傭農孔方，忽患膨脹，憒憒幾數月，自脇産一肉塊。剖視之，一兒肢體毛髮悉具也。男生而覆，女生而仰，溺水亦然，陰陽秉賦，一定不移，常理也；而有男化女、女化男者，何也？豈乖氣致妖，而變亂反常耶？《京房易占》云：男化爲女，宫刑濫也。女化爲男，婦政行也。《春秋潛潭（包）〔巴〕》云：男化女，賢人去位。女化男，賤人爲王。此雖以人事言，而其臟腑經絡變易之微，不可測也。《漢書》云：哀帝建平中，豫章男子化爲女子，嫁人生一子。○《續漢書》云：獻帝建安二十年，越雋男子化爲女子。李時珍曰：我朝隆慶二年，山西御史宋纁疏言：静樂縣民李良雨，娶妻張氏已四載矣，後因貧出其妻，自傭於人。隆慶元年正月，偶得腹痛，時作時止，二年二月初九日，大痛不止，至四月内，腎囊不覺退縮入腹，變爲女人陰户。次月經水亦行，始换女妝，時年二十八矣。○《洪範五行傳》云：魏襄王十三年，有女子化爲丈夫。○《晋書》云：惠帝元康中，安豐女周世寧，以漸化爲男子，至十七八而性氣成。○又孝武皇帝寧康初，南郡女子唐氏，漸化爲丈夫。《南史》云：劉宋文帝元嘉二年，燕有女子化爲男。○《唐書》云：僖宗光啓二年春，鳳翔郿縣女子朱齓，化爲丈夫，旬日而死。

人異於物，常理也；而有人化物、物化人者，何也？豈人亦太虛中一物，並囿於氣交，得其靈則物化人，失其靈則人化物耶？抑譚子所謂至淫者化爲婦人，至暴者化爲猛虎，心之所變，不得不變。孔子所謂物老則群精附之，爲五酉之怪者邪？譚子《化書》云：老楓化爲羽人，自無情而之有情也。賢婦化爲貞石，自有情而之無情也。○《世説》：武昌貞婦，望夫化而爲石。○《宋史》云：崑山石工採石，陷入石穴，三年掘出猶活，見風遂化爲石。○《幽冥録》云：陽羨小吏吳龕，於溪中拾一五色浮石，歸置牀頭，至夜化爲女子。○《左傳》云：堯殛鯀於羽山，其神化爲黄熊，入於淵，黄熊，龍類也。○《續漢書》云：靈帝時，江夏黄氏母，浴水化爲黿，入於淵。○《搜神記》云：魏文帝黄初中，清河宋士宗母，浴於室，化爲鱉，入於水，時復還家。○《異苑》云：宋文帝元嘉中，高平黄秀，入山經日，遂化爲熊。○《淮南子》云：牛哀病七日，化而爲虎，搏殺其兄。○《郡國志》云：藤州夷人，往往化貙。貙，小虎也，有五指。○《博物志》云：江漢有貙人，能化爲虎。○《唐書》云：武后時，郴州左史因病化虎，擒之乃止，而虎毛生矣。○又憲宗元和二年，商州役夫將化爲虎，衆以水沃之，乃不果。○顧微《廣州記》云：湞陽縣俚民，一兒年十五六，牧牛，牛忽舐兒甚快，舐處悉白，俄〔而〕兒病死，殺牛以供客。食此牛者，男女二十餘人，悉化爲虎。○《隋書》云：文帝七年，相州一桑門化爲蛇，繞樹自抽，長二丈許。○《抱朴子》云：狐、狼、猴、玃，滿三百歲，皆能變人。《參同契》云：燕雀不生鳳，狐兔不字馬，常理也；而有人産蟲獸神鬼、怪形異物者，何也？豈其視聽言動，觸於邪思，隨形感應而然耶？又有人生於卵、生於馬者，何也？豈有神異憑之，或因有感遘而然耶？《博物志》云：徐偃王之母，産卵棄之，孤獨老母取覆之，出一兒，後繼徐國。○《異説》云：漢末有馬生人，名曰馬異，及長，亡入胡地。人具四肢七竅，常理也；而荒裔之外，有三首、比肩、飛頭、垂尾之民。此雖邊徼餘氣所生，同於鳥獸，不可與吾同胞之民例論，然亦異矣。《山海經》云：三首國，一身三首，在崑崙東。○《爾雅》云：北方有比肩民，半體相合，迭食而迭望。○《〔南方〕異物志》云：嶺南溪峒中，有飛頭蠻，項有赤痕，至夜以耳爲翼，飛去食蟲物，將曉復還如故。《搜神記》載吳將軍朱桓一婢，頭能夜飛，即此種也。○《永昌志》云：西南徼外有濮人，生尾如龜，長三四寸，欲坐則先穿地作孔，若誤折之，便死也。是故天地之造化無窮，人物之變化亦無窮。賈誼賦所謂天地爲爐兮造化爲工，陰陽爲炭兮萬物爲銅，合散消息兮安有常則，千變萬化兮未始有極。忽然爲人兮何足控摶，化爲異物兮又何足患？此亦言變化皆由於一氣也。膚學之士，豈可恃一隅之見，而概指古今六合無窮變化之事物爲迂怪耶？

清·穆石匏《本草洞詮》卷一三　人傀　《易》曰：一陰一陽之謂道，男女搆精，萬物化生。齊司徒褚澄言：血先至，裹精則生男；精先至，裹血則生女；陰陽均至，非男非女之身；精血散分，駢胎品胎之兆。道藏言：月水止後，一三五日成男，二四六日成女。東垣言：血海始淨，一二日成男，三四五日成女。《聖濟經》言：因氣而左動則成男，因氣而右動則成女。諸家之論，可謂悉矣。諸史載一産三子、四子者甚多，有半男半女，或男多女少，男少女多。天順時揚州民家，一産五男皆育成，此於先後、奇偶、盈虧、左

右之說，主何理耶？ 夫乾為父，坤為母，嘗理也。而有五種男不父，五種女不母。五不母，螺紋皷角脉也。螺者，牝竅內旋有物如螺也。紋者，竅小，即實女也。皷者，無竅如皷也。角者，有物如角，古名陰挺是也。脉者，一生經水不調，及崩帶之類是也。五不父，天犍漏怯變也。天者，陽痿不用，古云天宦是也。犍者，陽勢閹去，寺人是也。漏者，精寒不固，嘗自遺洩也。怯者，舉而不強，或見敵不興也。變者，體兼男女，《晉書》以為亂氣所生。其類有三，有值男即女，值女即男者；有半月陰，半月陽者；有可妻不可夫者。此皆具體而無用者也。胎足十月而生，嘗理也。而有七八月生者，十二三月、十三四月生者，或云氣虛也。虞摶言有十七八月至二十四五月而生。溫磐石母孕三年乃生，豈氣虛至於許久耶？ 胞門子臟為奇恒之府，所以為生人之戶，嘗理也。而有自脇產、自頭產、自背產、自髀產者，豈子臟受氣駁雜，而系有不同？ 如《宋史》所記，男陰生於脊，女陰生於頭之類耶？ 陽生陰長，嘗理也。而有思士不妻而感，思女不夫而孕，婦女生鬚，丈夫出湩，男子產兒者，豈其氣脉時有變易？ 如女國自孕，雄雞生卵之類耶？ 陰陽秉賦，嘗理也。而有男化女，女化男者。《京房易占》云：男化女，宮刑濫也。女化男，婦政行也。《春秋潛潭巴》云：男化女，賢人去位；女化男，賤人為王。此雖以人事言，而臟腑經絡變易之微，不可解也。人異於物，嘗理也。而有人化物，物化人者。譚子所謂至淫者化為婦人，至暴者化為猛虎。孔子所謂物老則群精附之，為五酉之怪者耶？《參同契》云：燕雀不生鳳，狐兎不字馬，嘗理也。而有人產蟲獸、神鬼、怪形、異物者，豈其視聽言動，觸於邪思，隨形感應而然耶？ 人具四肢七竅，常理也。而荒裔之外，有三首、比肩、飛頭、垂尾之民，此雖邊徼餘氣所生，同於鳥獸，不可與吾同胞之民例論，然亦異矣，是故天地之造化無窮，人物之變化亦無窮。賈誼賦所謂：天地為爐兮，造化為工；陰陽為炭兮，萬物為銅；合散消息兮，安有嘗則？ 千變萬化兮，未始有極。膚學之士，豈可恃一隅之見，而概古今六合無窮之變耶？

清・浦士貞《夕庵讀本草快編》卷六 人傀論 人傀者，乃人中之怪異也。夫太初之時，天地絪緼，一氣生人，乃有男女。男女媾精，萬物化生。乾道成男，坤道成女，此蓋言男女生生之機，亦惟陰陽造化之良能焉耳。齊司徒褚澄言：血先至裹精則生男，精先至裹血則生女，陰陽均至非男非女之身，精血散分駢胎品胎之兆。道藏言：月水止後，一三五日成男，二四六日成女。東垣李杲言：血海始淨一二日成男，三四五日成女。《聖濟經》言：因氣而左動，陽資之則成男；因氣而右動，陰資之則成女。丹溪朱震亨乃非褚氏而是東垣，主《聖濟》左右之說而立論歸於子宮左右之系。諸說可謂悉矣。瀕湖謂褚氏未可非也，東垣未盡是也。蓋褚氏以精血之先後言，道藏以日數之奇偶言，東垣以女血之盈虧言，《聖濟》、丹溪以子宮之左右言，各執一見。會而觀之，理自得矣。夫獨男、獨女之胎，則可以日數論，而駢胎品胎之感亦可以日數論乎？ 稽之諸史載，一產三子四子者甚多，其子有半男半女，或男多女少，男少女多。《西樵野記》載，天順時揚州民家一產五男，皆育長成。觀此則一三五日為男，二四六日為女之說，豈其然哉？ 焉有一日受男而二日復受女之理乎！ 此則褚氏、《聖濟》、丹溪主精血、子宮左右之論為有見，而道藏、東垣日數之論為可疑矣。王叔和《脈經》以脈之左右浮沉，辨猥生之男女；高陽生《脈訣》以脈之縱橫逆順，別駢品之胎形。恐亦臆度，非確見也。王冰《玄珠密語》言：人生三子主太平，人生三女國淫失政。人生十子，諸侯競位。人生肉塊，天下饑荒。此乃就人事而論，則氣化所感，又別有所關也。夫乾為父，坤為母，常理也。而有五種非女不可為母：螺、紋、鼓、角、脉也。而有五種非男不可為父：天、犍、漏、怯、變也。豈非男得陽氣之虧而女得陰氣之塞耶？ 胎足十月而生，常理也。而有七月、八月生者，十二三月生者，十四五月生者，或云氣虛也。虞摶《醫學正傳》言有十七八月至二十四五月而生。劉敬叔《異苑》言：太原溫磐石母，孕三年乃生，豈亦氣虛至於許久耶？ 胞門子臟為奇恒之府，所以為生人之戶，常理也。而有自脇產，自額產，自背產，自髀產者，何也？ 豈子臟受氣駁雜而其系有不同？ 如《宋史》所記，男陰生於脊，女陰生於頭之類耶？ 陽生陰長，孤陽不生，獨陰不長，常理也。而有思士不妻而感，思女不夫而孕，婦女生鬚，丈夫出湩，男子產兒者，何也？ 豈氣脉時有變易，如女國自孕，雄雞生卵者耶？ 男生而覆，女生而仰，溺水亦然。陰陽秉賦，一定不移，常理也。而有男化女，女化男者，何也？ 豈乖氣致妖而變亂反常耶？《京房易占》云：男化為女，宮刑濫也；女化為男，婦政行也。《春秋潛潭巴》云：男化女，賢人去位；女化男，賤人為王。此雖以人事言，而其藏腑經絡變易之微，不可測也。人異於物，常理也。而有人化物，物化人者，何也？ 豈人亦太虛中一物，並囿於氣交，得其靈則物化人，失其靈則人化物耶？ 抑譚子所謂至姤者化為婦

人，至暴者化為猛虎，心之所變，不得不變；孔子所謂物老則群精附之，為五酉之怪者耶？《參同契》云：燕雀不生鳳，狐兔不字馬，常理也。而有人産蟲獸神鬼、怪形異物者，何也？豈其視聽言動，觸於邪思，隨形感應而然耶？又有人生於卵、生於馬者，何也？豈有神異憑之，或因有感遘而然耶？人具四肢七竅，常理也，而荒裔之外有三首、比肩、飛頭、垂尾之民，此雖邊徼餘氣所生，同於鳥獸，不可與吾同胞之民例論，然亦異矣。是故天地之造化無窮，人物之變化亦無窮。賈誼賦所謂天地為爐兮，造化為工；陰陽為炭兮，萬物為銅；合散消息兮，安有常則；千變萬化兮，未始有極；忽然為人兮，何足控摶；化為異物兮，又何足患。此亦言變化皆由於一氣也。膚學之士，豈可恃一隅之見，而概指古今六合無窮變化之事物為迂怪耶？

引用書目

說明：

一、各引用書名一般為該書正名，若書名過長，則取其約定俗成之簡稱。例如《經史證類備急本草》簡稱《證類本草》。

二、作者名一般取其正名（如取李杲，不取李東垣）。若以字行、或其字號多用者，則取號（如取王孟英，不取王士雄）。若作者系託名，或作者有疑誤，則在原書所載作者名前加『題』字以示區別（如『題明・薛己《本草約言》』）。

三、各引用書名大致按成書年為序排列。若無法確定成書準確年份，則或在可能的年份前加『約』字，或取最接近的時間（如某朝代、某朝代某年號間、某世紀等）。若屬偽書、或所題作者名與書中內容年代不符者，一般將此書仍置於所題作者生活年代範圍，但在年代前加『附於』二字。

四、版本以本分典實際取作底本者為准。底本一般選用最早或最佳的傳本，但若古代無佳本，亦選用近現代精校本或輯佚本為底本。

书名	作者	年代	版本
尚書	孔安國傳	戰國間	中華書局一九五七年排印《十三經注疏》
战国策	劉向集錄	戰國間	上海古籍出版社一九九八年排印本
周禮		戰國間	中華書局一九五七年排印《十三經注疏》
禮記		先秦	中華書局一九五七年排印《十三經注疏》
莊子	莊子	約前二八六	上海書店一九八六年影印《諸子集成》本
呂氏春秋	呂不韋	約前二三九	上海書店一九八六年影印《諸子集成》本
爾雅		約西漢初	中華書局一九五七年排印《十三經注疏》
淮南子	劉安	約前一二二	上海書店一九八六年影印《諸子集成》本
黃帝內經素問		約前二世紀	人民衛生出版社一九六三年排印本
靈樞		約前二世紀	人民衛生出版社二〇〇二年排印本
史記	司馬遷	約前九一	中華書局一九五九年點校本
列仙傳	劉向	約前六	民國六年潮陽鄭國勳刻《龍谿精舍叢書》本
漢書	班固	約九二	中華書局一九六二年點校本
武威漢代醫簡	佚名	約二五	文物出版社一九七五年影印注解本

說文解字	許慎	約一四七	上海教育出版社二〇〇三年排印本
三國志	陳壽	約二九七	中華書局一九八二年點校本
博物志	張華	約三〇〇	《四庫全書》本
抱朴子內篇	葛洪	約三六四	中華書局一九八五年《抱朴子內篇校釋》增訂本
南方草木狀	嵇含	三〇六	《中國食經叢書》日本書籍文物流通會一九七二年影印本
後漢書	范曄	約四四五	中華書局一九六五年點校本
宋書	沈約	約四九四	中華書局一九七四年點校本
本草經集注	陶弘景	約五〇〇	敦煌卷子縮微膠片，人民衛生出版社一九九四年《本草經集注》輯校本
水經注	酈道元	約五二七	《四庫全書》本
魏書	魏收	五五四	中華書局一九七四年點校本
藝文類聚	歐陽詢	六二四	上海古籍出版社影印四库全书本
南史	李延壽	約六二八	中華書局一九七五年點校本
晉書	房玄齡等	六四八	中華書局一九七四年點校本
五臟論	題張仲景	約六五〇	敦煌殘卷(伯二一一五)、《醫方類聚》日本江戶學訓堂活字本
千金要方	孫思邈	約六五二	人民衛生出版社一九五五年影印本
隋書	魏徵等	六五六	中華書局一九七三年點校本
故唐律疏議	長孫無忌、房玄齡等	六五一	中華書局一九八三年點校本
北史	李延壽	約六二八	中華書局一九七五年點校本
千金翼方	孫思邈	約六八二	人民衛生出版社一九五五年影印本
梁書	姚思廉	七〇六	中華書局一九七三年點校本
唐六典	題唐玄宗	七三八	中華書局一九九二年版
食療本草	孟詵、張鼎	約七四一	敦煌卷子本殘卷膠片
朝野僉載	張鷟	八世紀	文淵閣《四庫全書》子部小說家類
石藥爾雅	梅彪	八〇六	明汲古閣精抄本
大唐新語	劉肅	九世紀初	中華書局一九八四年點校本
柳宗元集	柳宗元	八一九	中華書局一九七九年版
唐國史補	李肇	九世紀初	上海古籍出版社一九五七年版
何首烏錄	李翺	八四〇	《說郛》宛委山堂本
明皇雜錄	鄭處誨	八五五	中華書局一九九四年版

酉陽雜俎	段成式	約八六〇	中華書局一九八一年版
資暇集	李匡乂	唐末	《四庫全書》子部雜家類
藥譜	侯寧極	約九二九	《説郛》宛委山堂本
舊唐書	劉昫	九四五	中華書局一九七五年版
北夢瑣言	孫光憲	五代末	中華書局二〇〇二年版
唐會要	王溥	約九六一	中華書局一九五五年版
五代會要	王溥	九六一	清嘉慶二十二年張海鵬輯《墨海金壺叢刊》本
舊五代史	薛居正等	九七四	中華書局一九七六年版
太平廣記	李昉等	宋太平興國間	中華書局一九六一年版
太平御覽	李昉	九八四	中華書局一九八五年印商務影印本
醫心方	日·丹波康賴	九八四	人民衛生出版社一九五五年影印日本弘玄院寫本
太平聖惠方	王懷隱	九九二	日本影宋抄本
太平寰宇記	樂史	約一〇〇七	《四庫全書》本
冊府元龜	王欽若	一〇一三	《四庫全書》本
唐大詔令集	宋敏求	一〇七〇	商務印書館一九五九年版
皇極經世書	邵雍	一〇七二	《四庫全書》本
新五代史	歐陽修	約一〇七二	《四庫全書》本
文昌雜錄	龐元英	十一世紀中	中華書局一九八五年《叢書集成初編》本
事物紀原	高承	約一〇八四	中華書局一九八九年版
東原錄	龔鼎臣	十一世紀中	清光緒十四年《十萬卷樓叢書》本
吳郡圖經續記	朱長之	一〇八六	民國十三年烏程蔣氏影宋刻本
涑水記聞	司馬光	十一世紀中	中華書局一九八九年版
蘇沈良方	沈括、蘇軾	十一世紀	明嘉靖刻本
夢溪筆談	沈括	約一〇九一	文物出版社一九七五年影印本
泊宅編	方勺	十一世紀末	中華書局一九八三年版
證類本草	唐慎微	約一〇九三	元張存惠晦明軒本　《重修政和經史證類備用本草》
王氏談錄	王欽臣	十一世紀末	民國影明《寶顏堂秘笈》本
澠水燕談錄	王闢之	十一世紀末	中華書局一九八一年版
格物粗談	題蘇軾	附於十世紀末	清道光十一年木活字排印《學海類編》本
傷寒總病論	龐安時	一一〇〇	清黃氏士禮居覆宋刻本

物類相感志	題蘇軾	附於十世紀末	中華書局一九七九年版
續世說	題孔平仲	約十二世紀初	臺灣商務印書館《宛委別藏》本
明道雜誌	張耒	約一一〇六	清道光十一年木活字排印《學海類編》本
彰明附子記	楊天惠	約一一一〇	《說郛》宛委山堂本
本草衍義	寇宗奭	一一一六	南宋刻本
聖濟總錄	趙佶敕編	約一一一七	日本江戶醫學館木活字聚珍版
聖濟經	趙佶	一一一八	人民衛生出版社一九九〇年點校本
千金寶要	郭思	約一一二四	清嘉慶十二年平津館刻本
宣和奉使高麗圖經	徐兢	約一一二五	清嘉慶己卯《知不足齋叢書》本
衛生家寶方	張永	一一二七	日本江户抄本
墨莊漫錄	張邦基	約一一二七	《四庫全書》本
傷寒發微論	許叔微	約一一三二	影宋抄本
雞峰普濟方	張鋭	一一三三	道光戊子重刊本藝芸書舍板
雞肋編	莊綽	十二世紀初	中華書局一九八三年版
鐵圍山叢談	蔡絛	約一一五〇	中華書局一九八三年版
幼幼新書	劉昉	約一一五〇	日本寬政三年據宋墨書真本影抄本
河南邵氏聞見前錄	邵伯温	約十一二世紀間	中華書局一九八三年版
紹興本草	王繼先	一一五九	人民衛生出版社二〇〇七年《南宋珍稀本草三種》本
通志·昆蟲草木略	鄭樵	一一六一	商務印書館萬有文庫《十通》本
東京夢華錄	孟元老	約十二世紀中	中華書局一九八二年《東京夢華錄注》（鄧之誠注）
宋朝事實類苑	江少虞	約十二世紀中	上海古籍出版社一九八〇年版
西溪叢語	姚寬	十二世紀上半葉	中華書局一九九三年版
宋大詔令集	佚名	十二世纪	中華書局一九六二年版
乾道臨安志	周淙	南宋乾道間	清光緒七年《武林掌故叢編》刻本
續資治通鑑長編	李燾	一一七四	中華書局一九九五年版
獨醒雜誌	曾敏行	約一一七五	上海古籍出版社一九八六年版
新安志	趙不悔、羅願	一一七五	清嘉慶十七年刻本
醫經正本書	程迥	一一七六	光緒五年刻《十萬卷樓書書初集》本
橘録	韓彥直	一一七八	文淵閣《四庫全書》子部譜錄類
癸辛雜識	周密	約一一七九	中華書局一九八八年版

蓼花洲閑錄	高文虎	十二世紀	商務印書館《叢書集成初編》
衛生家寶產科備要	朱端章	約一一八四	光緒三十年陸心源影宋刻本
嚴州圖經	董弅、陳公亮	一一八六	清光緒二十二年刻本
素問病機氣宜保命集	劉完素	約一一八六	明萬曆二十九年吳勉學刻《古今醫統正脈全書》本
淳熙三山志	梁克家	南宋淳熙間	明崇禎十一年刻本
老學庵筆記	陸遊	約一一九〇	中華書局一九七九年版
清波雜誌	周煇	一一六五	商務印書館一九三九年版
吳郡志	范成大、汪泰亨等	約一一九三	民國《擇是居叢書》刻本
十便良方	郭坦	一一九五	日本江戶抄本
重修琴川志	孫應時、鮑廉	一一九六	明末毛氏汲古閣刻本
夷堅志・甲志	洪邁	十二世紀末	中華書局一九八一年版
夷堅志・乙志	洪邁	十二世紀末	中華書局一九八一年版
夷堅志・丙志	洪邁	十二世紀末	中華書局一九八一年版
夷堅志・丁志	洪邁	十二世紀末	中華書局一九八一年版
夷堅志・戊志	洪邁	十二世紀末	中華書局一九八一年版
夷堅志・庚志	洪邁	十二世紀末	中華書局一九八一年版
夷堅志・辛志	洪邁	十二世紀末	中華書局一九八一年版
夷堅志・再補	洪邁	十二世紀末	中華書局一九八一年版
夷堅志・志補	洪邁	十二世紀末	中華書局一九八一年版
夷堅志・支景	洪邁	十二世紀末	中華書局一九八一年版
嘉泰會稽志	沈作濱、施宿等	南宋嘉泰間	清嘉慶十三年刻本
嘉泰吳興志	談鑰	南宋嘉泰間	民國三年刊本
西塘集耆舊續聞	陳鵠	十三世紀初	清嘉慶己卯《知不足齋叢書》
指南總論	許洪	約一二〇八	元刻本《和劑局方》後附
醫學啓源	張元素	約一一八六	人民衛生出版社一九七六年版任應秋輯本
潔古珍珠囊	張元素	約一二〇〇	元杜思敬《濟生拔粹》本
圖經本草藥性總論	劉明之	約一二一六	日本校刻《和劑局方》本
避暑漫抄	陸遊	約十三世紀初	中華書局一九八五年《叢書集成初編》本
剡錄	史安之、高似孫	一二一四	清道光八年刻本
履巉巖本草	王介	一二二〇	明初彩繪抄本

赤城志	黄㽦、齊碩、陳耆卿	南宋嘉定間	清嘉慶二十三年《台州叢書》刻本
痘疹論	聞人規	一二二三	萬曆間吳氏刊《痘疹大全八種》本
四朝聞見錄・丙集	葉紹翁	約一二二四	中華書局一九八九年版
醫説	張杲	一二二四	上海科技出版社一九八四年影印本
諸蕃志	趙汝适	一二二五	《四庫全書》本
遊宦紀聞	張世南	約十三世紀初	中華書局一九八〇版
寶慶會稽續志	張淏	南宋寶慶間	清嘉慶十三年刻本
備急灸法	聞人耆年	一二二六	清光緒十六年影宋刻本
寶慶四明志	胡榘、方萬里、羅濬	南宋寶慶間	清咸豐四年《宋元四明六志》刻本
儒門事親	張從正	約一二二八	明萬曆二十九年吳勉學刻《古今醫統正脈全書》本
澉水志	羅叔韶、常棠	一二三〇	清道光十九年刻本
内外傷辨惑論	李杲	約一二三一	明萬曆二十九年吳勉學刻《古今醫統正脈全書》本
劉河間傷寒醫鑒	馬宗素	一二三四	明萬曆二十九年吳勉學刻《古今醫統正脈全書》本
歸潛志	劉祁	一二三五	中華書局一九八三年版
婦人大全良方	陳自明	一二三七	元勤有书堂刻本
陰證略例	王好古	一二三七	大東書局一九三六年鉛印《中國醫書大成》本
賓退錄	趙與時	十二世紀初	上海古籍出版社一九八三年版
寶慶本草折衷	陳衍	一二四八	元刻本
脾胃論	李杲	約一二四九	明萬曆二十九年吳勉學刻《古今醫統正脈全書》本
玉峰志	項公澤、淩萬頃、邊實	南宋淳祐間	清宣統元年《匯刻太倉舊志五種》刻本
吹劍錄外集	俞文豹	一二五〇	清嘉慶己卯《知不足齋叢書》本
蘭室秘藏	李杲	約一二五一	明萬曆二十九年吳勉學刻《古今醫統正脈全書》本
小兒痘疹方論	陳文中	約一二五四	明萬曆二十九年吳勉學刻《古今醫統正脈全書》本
仙溪志	趙與泌、黄岩孫	約一二五六	清瞿氏鐵琴銅劍樓影抄本
續夷堅志	元好問	一二五七	上海古籍出版社一九九六年版
建康志	馬光祖、周應合	南宋景定間	清嘉慶六年金陵孫忠湣祠刻本
外科精要	陳自明	約一二六三	日本刻本津輕氏藏板
嶺南衛生方	僧繼洪補編	一二六四	日本天保十二年刻本
東垣試效方	李杲傳、羅天益編	約一二六六	上海科技出版社一九八四年影印明刻本
重修毗陵志	史能之	南宋咸淳間	清嘉慶二十五年刻本

咸淳臨安志	潛說友	南宋咸淳間	清道光十年錢塘汪氏振琦堂刻本
志雅堂雜抄	周密	十三世紀	清同治光緒間《粵雅堂叢書》本
齊東野語	周密	十三世紀	中華書局二〇〇四年版
走馬牙疳真方	題滕伯祥	附于一二七九	杭州三三醫社一九二四年鉛印《三三醫書》本
夢粱錄	吳自牧	一二七四	清光緒十六年嘉惠堂丁氏刻《武林掌故叢編》本
衛生寶鑑	羅天益	一二八三	明永樂十五年吳郡韓氏刻本
本草詩訣	周天錫	一二九四	日本抄本及人民衛生出版社二〇〇二年《海外回歸中醫善本古籍叢書》本
活幼口議	曾世榮	一二九四	中醫古籍出版社影印日本文政庚辰皮紙抄本
紫山先生大全集	胡祗遹	一二九五	上海古籍出版社文淵閣本《四庫全書》縮印本一九九〇年版
本草歌括	胡仕可	一二九五	明成化元年熊氏種德堂刻本
醫壘元戎	王好古	一二四三	明萬曆二十九年吳勉學刻《古今醫統正脈全書》本
風科本草治風藥品	左斗元	一二九八	江戶寫本
湯液本草	王好古	約一二九八	人民衛生出版社一九八七年點校本
大德昌國州圖志	郭薦、馮福京	元大德間	清咸豐四年《宋元四明六志》刻本
大德南海志	陳大震、呂桂孫	元大德間	元大德八年刻本
平江路新建惠民藥局記	湯彌昌	一三一八	文淵閣版《四庫全書》集部總集類明錢穀輯《吳都文萃續集》卷八
用藥十八辨	李雲陽	約一三三〇	元黃石峰《秘傳痘疹玉髓》卷二，見明代建邑書林余秀峰刻本影抄本
飲膳正要	忽思慧	一三三〇	涵芬樓一九三四年影印日本靜嘉堂文庫所藏明景泰間刊本
本草元命苞	尚從善	一三三一	清黃丕烈舊抄殘本
日用本草	吳瑞	約一三三一	明嘉靖四年吳鎮重刻本
至順鎮江志	脫因、俞希魯	元至順間	民國十二年重刻本
外科精義	齊德之	一三三五	明萬曆二十九年吳勉學刻《古今醫統正脈全書》本
至元嘉禾志	單慶、徐碩	元至元間	清道光十九年刻本
傷寒用藥說	蕭璜鳴	一三四一	清文淵閣版《四庫全書》子部醫家類《薛氏醫案》卷四十九《敖氏傷寒金鏡録》
金史	脫脫	一三四四	中華書局一九七五年校點本
宋史	脫脫	一三四五	中華書局一九七七年校點本

局方發揮	朱震亨	約一三四七	明萬曆二十九年吳勉學刻《古今醫統正脈全書》本
格致餘論	朱震亨	一三四七	明萬曆二十九年吳勉學刻《古今醫統正脈全書》本
至正四明續志	王元恭、王厚孫、徐亮	元至正間	清咸豐四年《宋元四明六志》刻本
至正金陵新志	張鉉	元至正間	清《四庫全書》本
本草衍義補遺	朱震亨	約一三五八	明嘉靖十五年刻本
秘傳痘疹玉髓	黃石峰	約一三六七	明建邑書林余秀峰刻本影抄本
珍珠囊	佚名	約一三六七	明經廠《醫要集覽》本
本草發揮	徐彥純	一三六八	上海中醫藥大學出版社一九九四年《歷代本草精華叢書》影印明刊本
心印紺珠經	李湯卿	約一三六八	明嘉靖壬寅邢氏刻於閩中之郡齋
藥性賦	題李東垣	附於一三六八	明經廠刻《醫要集覽》本
醫經溯洄集	王履	一三六八	明萬曆二十九年吳勉學刻《古今醫統正脈全書》本
元史	宋濂	一三六九	中華書局一九七六年點校本
大明律	朱元璋	一三七四	法律出版社一九九九年版
草木子	葉子奇	一三七八	中華書局一九五九年校點本
醫經小學	劉純	一三八八	人民衛生出版社一九八六年版《劉純醫學全書》本
普濟方	朱橚	一三九〇	清文淵閣版《四庫全書》子部醫家類
半軒集	王行	約一三九三	《四庫全書》本
銀海精微	佚名	約一四〇〇	人民衛生出版社二〇〇六年點校本
救荒本草	朱橚	一四〇六	明嘉靖四年刻本
樂清縣志	佚名	明永樂間	明永樂刻本
醫學碎金	周禮	一四一五	明胡文煥校刻本
秘傳音製本草大成藥性賦	徐鳳石	約一四二〇	明劉氏安正堂刊《醫學正傳》後附
金鏡內臺方議	許宏	一四二二	明刊本
慈濟方	釋景隆	一四三九	清宣統二年吳氏石蓮盦重刻本
推求師意	戴思恭	一四四三	清文淵閣版《四庫全書》子部醫家類
傷寒家秘的本	陶華	一四四五	人民衛生出版社一九九〇年點校《傷寒六書》本
傷寒證脈藥截江網	陶華	一四四五	人民衛生出版社一九九〇年點校《傷寒六書》本
殺車槌法	陶華	一四四五	人民衛生出版社一九九〇年點校《傷寒六書》本
傷寒明理續論	陶華	一四四五	人民衛生出版社一九九〇年點校《傷寒六書》本

傷寒瑣言	陶華	一四四五	明正德四年刻《明刊醫書四種》本
奇效良方	董宿、方賢	約一四四九	明成化七年太醫院刻本
滇南本草	蘭茂	附於一四四九	一九一四《雲南叢書》本
滇南本草	蘭茂撰、高喧校補	附於一四四九	清光緒十三年昆明刻務本堂本
滇南本草圖說	蘭茂撰、范洪等抄補	附於一四四九	清乾隆三十八年朱景陽遞抄本
醫學源流	熊宗立	約一四六五	日本寬永九年刻本
全幼心鑒	寇平	一四六八	明成化四年刻本
松厓醫徑	程玠	一四八四	明正德五年刻本
本草集要	王綸	一四九二	上海科技出版社一九八六年《珍本醫書集成》本
醫說續編	周恭	一四九三	明弘治刻本
活幼全書	錢大用	一四九五	明弘治八年中和堂刻本
復齋日記	許浩	一四九五	涵芬樓影印明刻《歷代小史》本
神農本經會通	滕弘	一四九六	萬曆四十五年滕萬里初刊本
弘治保定郡志	張才	明弘治間	明弘治刻本
弘治易州志	戴銑	明弘治間	明弘治刻本
句容縣志	陳文仲	明弘治間	明弘治刻本
弘治徽州府志	彭澤	明弘治間	明弘治刻本
黃州府志	盧希哲	明弘治間	明弘治刻本
偃師縣志	魏津	明弘治間	明弘治刻本
注解藥性賦	劉全備	一四九八	明正德四年刻本
寓圃雜記	王錡	十五世紀中	中華書局一九八四年版
大明會典	徐溥、刘健	一五〇二	上海古籍出版社二〇〇二年版《續修四庫全書》史部政書類
本草品彙精要	劉文泰	一五〇五	日本杏雨書屋二〇一一年影印弘治十八年原本
外科精要	陳自明著、薛己刪注	一五〇八	明嘉靖戊申刻本
大名府志	唐錦	明正德間	明正德刻本
正德潁州志	劉節	明正德間	明正德刻本
建昌府志	韓轍	明正德間	明正德刻本
南康府志	陳霖	明正德間	明正德刻本
袁州府志	徐璉	明正德間	明正德刻本
光化縣志	曹璘	明正德間	明正德刻本

汝州志	承天貴	明正德間	明正德刻本
夔州府志	吳潛	明正德間	明正德刻本
蒼生司命	虞摶	約一五一五	中醫古籍出版社一九八七年影印清還讀齋本
醫學正傳	虞摶	一五一五	人民衛生出版社一九五五年據上海會文堂本點校本
痘疹方論	蔡維藩	約一五一八	明萬曆間吳氏刊《痘疹大全八種》本
庚己編	陸粲	約一五一九	中華書局一九八七年版
石山醫案	汪機	約一五一九	明嘉靖十年陳桷刻《汪石山醫書八種》本
痘治理辨	汪機	約一五一九	明嘉靖十年陳桷刻《汪石山醫書八種》本
韓氏醫通	韓懋	一五二二	人民衛生出版社一九一九年點校本
續醫說	俞弁	一五二二	明嘉靖十六年序刻本
石山居士傳	李汛	約一五二三	明嘉靖十年陳桷校刻《石山醫案》本附錄
諸症辨疑	吳球	約一五二四	日本複製回歸潭邑書林秀峰余氏梓行，中醫古籍出版社一九九四年影印明刻本
外科心法	薛己	一五二八	清嘉慶十四年書業堂《薛氏醫案廿四種外科三種》本
救荒野譜	王西樓	約一五三〇	見崇禎十一年吳門書林刻《食物本草》卷首
明實錄	官修	約一五三四	臺灣中央研究院歷史語言研究所一九六一年校勘本
醫學統旨	葉文齡	一五三四	明隆慶六年鄔璉刻本
醫學統旨	葉文齡	一五三四	明隆慶六年鄔璉刻本
古庵藥鑒	方廣	約一五三六	明萬曆二十六年刻《醫經大旨》本
外科理例·續題	陳桷	一五四一	明嘉靖祁門朴墅汪氏刻本《外科理例》卷首
藥性粗評	許希周	一五四一	明嘉靖三十年刻本
藥性要略大全	鄭寧	一五四五	明嘉靖二十四年明德堂刻本
霸州志	高濬	明嘉靖間	明嘉靖刻本
河間府志	樊深	明嘉靖間	明嘉靖刻本
嘉靖隆慶志	謝庭桂	明嘉靖間	明嘉靖刻本
雄乘	王齊	明嘉靖間	明嘉靖刻本
高淳縣志	劉啟東	明嘉靖間	明嘉靖刻本
嘉靖崑山縣志	楊仁甫	明嘉靖間	明嘉靖刻本
江陰縣志	張袞	明嘉靖間	明嘉靖刻本
嘉靖池州府志	王崇	明嘉靖間	明嘉靖刻本

嘉靖壽州志	栗永祿	明嘉靖間	明嘉靖刻本
嘉靖宿州志	余鍧	明嘉靖間	明嘉靖刻本
嘉靖銅陵縣志	李士元	明嘉靖間	明嘉靖刻本
萊蕪縣志	陳甘雨	明嘉靖間	明嘉靖刻本
臨朐縣志	佚名	明嘉靖間	明嘉靖刻本
夏津縣志	易時中	明嘉靖間	明嘉靖刻本
莘縣志	諸忠	明嘉靖間	明嘉靖刻本
淄川縣志	王琮	明嘉靖間	明嘉靖刻本
淳安縣志	姚鳴鸞	明嘉靖間	明嘉靖刻本
海門縣志	崔桐	明嘉靖間	明嘉靖原刻萬曆增刻本
浦江志略	毛鳳韶	明嘉靖間	明嘉靖刻本
太平縣志	葉海峰	明嘉靖間	明嘉靖刻本
武康縣志	駱文盛	明嘉靖間	明嘉靖刻本
青州府志	劉應時、秦鈁	明嘉靖間	明嘉靖刻本
東鄉縣志	饒文壁	明嘉靖間	明嘉靖刻本
贛州府志	陳玒	明嘉靖間	明嘉靖刻本
九江府志	李汎	明嘉靖間	明嘉靖刻本
瑞金縣志	林有年	明嘉靖間	明嘉靖刻本
永豐縣志	管景	明嘉靖間	明嘉靖刻本
安溪縣志	林有年	明嘉靖間	明嘉靖刻本
建陽縣志	馮繼科	明嘉靖間	明嘉靖刻本
嘉靖建寧府志	夏玉麟	明嘉靖間	明嘉靖刻本
嘉靖建平縣志	連鑛	明嘉靖間	明嘉靖刻本
嘉靖延平府志	鄭慶雲	明嘉靖間	明嘉靖刻本
常德府志	陳洪謨	明嘉靖間	明嘉靖刻本
衡州府志	溫和	明嘉靖間	明嘉靖刻本
蘄州志	甘澤	明嘉靖間	明嘉靖刻本
應山縣志	陳之良	明嘉靖間	明嘉靖刻本
長垣縣志	劉芳等	明嘉靖間	明嘉靖刻本
鄧州志	高要潘	明嘉靖間	明嘉靖刻本

固始縣志	張梯、葛臣	明嘉靖間	明嘉靖刻本
光山縣志	沈紹慶	明嘉靖間	明嘉靖刻本
蘭陽縣志	李希程	明嘉靖間	明嘉靖刻本
魯山縣志	孫鐸	明嘉靖間	明嘉靖刻本
尉氏縣志	汪心	明嘉靖間	明嘉靖刻本
夏邑縣志	鄭相	明嘉靖間	明嘉靖刻本
許州志	佚名	明嘉靖間	明嘉靖刻本
痘疹格致要論	萬全	一五四九	明天啟序刊《痘疹心要》本
體仁彙編	彭用光	一五四九	明嘉靖二十八年南昌體仁堂本
明醫雜著	王綸著，薛己補注	一五〇〇	明嘉靖二十八年刻本
解圍元藪	沈之問	一五〇〇	嘉慶二十一年無錫孫敬德堂藏版
藥市賦	楊慎	一五〇〇	《升庵全集》商務印書館一九三九年《萬有文庫》版
食物本草	盧和、汪穎	約一五五〇	明隆慶四年庚午金陵仲氏後泉書室一樂堂刻本、萬曆胡文煥本
鄢陵志	劉訒	明嘉靖間	明嘉靖刻本
惠州府志	楊載鳴	明嘉靖間	明嘉靖刻本
仁化縣志	胡居安	明嘉靖間	明嘉靖藍絲欄抄本
欽州志	林希元	明嘉靖間	明嘉靖刻本
普安州志	沈勖	明嘉靖間	明嘉靖刻本
思南府志	鍾添	明嘉靖間	明嘉靖刻本
洪雅縣志	張可述	明嘉靖間	明嘉靖刻本
馬湖府志	余承勳	明嘉靖間	明嘉靖刻本
雲陽縣志	秦覺	明嘉靖間	明嘉靖刻本
食物本草	佚名畫師	十六世紀中	明宮廷彩繪本
尋甸府志	王尚用	明嘉靖間	明嘉靖刻本
略陽縣志	李遇春	明嘉靖間	明嘉靖刻本
寧夏新志	胡汝礪	明嘉靖間	明嘉靖刻本
太原縣志	高汝行	明嘉靖間	明嘉靖刻本
王公墓誌銘	劉世龍	一五五五	《浙江中醫雜誌》一九八七年七月號
醫經大旨	賀岳	約一五五六	明萬曆二十六年刻本

醫方藥性	羅必煒	一五五六	明末泰和堂本
醫方捷徑	羅必煒	一五五六	明末泰和堂本
古今醫統大全	徐春甫	一五五六	明隆庆四年陈长卿刻本
本草蒙筌	陳嘉謨	一五六二	書林劉氏閩山堂廷衢、劉氏本誠書刊行
本草纂要	方穀	一五六五	明萬曆十五年楊鶴泉抄本
食鑒本草	寧源	約一五六六	虎林胡氏文會堂萬曆二十年刻本
醫學經略	趙金	約一五六六	明刻本
識病捷法	繆存濟	約一五六七	明萬曆十一年刻本
瘡瘍經驗全書	題宋竇漢卿撰、竇夢麟續增	一五六九	清康熙五十六年浩然樓刻本
趙州縣志	蔡懋昭	明隆慶間	明隆慶刻本
海州志	張峰	明隆慶間	明隆慶刻本
儀真縣志	申嘉瑞	明隆慶間	明隆慶刻本
臨江府志	劉松	明隆慶間	明隆慶刻本
瑞昌縣志	劉儲	明隆慶間	明隆慶刻本
潮陽縣志	林大春	明隆慶間	明隆慶刻本
醫聖階梯	周禮	約一五七三	三衢吳興童子山梓行本
太乙仙製本草藥性大全	王文潔	約一五七三	明萬曆間積善堂刻本
周慎齋遺書	周之幹	一五七三	道光二十九年重刊本
醫旨緒餘	孫一奎	一五七三	康熙間翻印明刊本
赤水玄珠	孙一奎	一五七三	人民衛生出版社一九八六年點校《赤水玄珠全集》本
秘傳眼科龍木論	葆光道人	約一五七三	明萬曆大業堂刻本
痘疹秘要	支秉中	約一五七四	舊抄本
醫學鈎玄	杜大章	一五七五	明萬曆三年刻本
醫學入門	李梴	一五七五	明萬曆三年刻本
古今醫鑒	龔信	一五七六	明萬曆四年周庭槐萬卷樓刻本
醫門秘旨	張四維	一五七六	明同安張氏恒德堂本
本草發明	皇甫嵩	一五七八	明刻本
本草綱目	李時珍	一五七八	明萬曆二十一年金陵胡承龍刻本
本草綱目	李時珍	附於一五七八、一六四〇改圖	明崇禎十三年錢蔚起刻繪本
本草綱目	李時珍	附於一五七八、一八八五改圖	清光緒十一年張紹棠味古齋刻繪本

痘疹金鏡錄	翁仲仁	約一五七九	清乾隆二十八年書業堂梓
醫家赤幟益辨全書	吳文炳	約一五七九	明萬曆熊氏種德堂刻本
本草約言・藥性本草	題薛己	約一五八〇	明刻本
茹草編	周履靖	一五八二	明金陵荆山书院刻本
補遺本草歌訣雷公炮製	余應奎	約一五八三	明萬曆丙午陳氏積善堂刻本
仁術便覽	張潔	一五八五	明萬曆十三年冀州刻本
閩書・南產志	何喬遠	一五八六	日本寬延四年浪華書鋪刻本
藥證類明	張梓	一五八七	明胡文煥刻本
萬病回春	龔廷賢	約一五八七	朝鮮刊本
武林陳氏家傳仙方佛法靈壽丹	陳楚良	一五八八	萬曆十六年序刊本
萬姓統譜	淩迪知	十六世紀下半葉	《四庫全書》本
傷寒論條辨・本草抄	方有執	一五八九	明萬曆二十一年方氏刻本
醫方藥性・草藥便覽	佚名	約一五九〇	明萬曆余秀峰氏怡慶堂刻《醫方捷徑》本卷中
補遺雷公炮製便覽	佚名宫廷畫師	一五九一	明萬曆辛卯手繪本
精繪本草圖	佚名畫師轉繪	一五九一	日本杏雨書屋藏嘉慶以後節繪本
戒庵老人漫筆	李詡	十六世紀末	中華書局一九八二年版
幼幼集	孟繼孔	一五九三	萬曆二十三年錢塘胡文煥輯校刻本
本草藥性	楊盛明	約一五九三	明萬曆二十一年繡谷履素居書坊唐鯉飛刻本《幼幼集》後附
藥性會元	梅得春	一五九五	明刻本
通州志	沈明臣	明萬曆間	明萬曆刻本
黄巖縣志	袁應祺	明萬曆間	明萬曆刻本
新昌縣志	田琯	明萬曆間	明萬曆刻本
郴州志	胡漢	明萬曆間	明萬曆刻本
慈利縣志	陳光前	明萬曆間	明萬曆刻本
藥鑒	杜文燮	一五九八	明萬曆二十六年刻本
士林餘業醫學全書	葉雲龍	一五九八	明萬曆二十七年跋刊本
典故紀聞	余繼登	十六世紀末	清光緒五年定州王氏謙德堂《畿輔叢書》本
墨寶齋集驗方	鄭澤	一六〇〇	明刻本
痘疹寶鑑	佚名	一六〇一	明萬曆間吳勉學刊《痘疹大全八種》本
萬氏家抄濟世良方	萬表、萬邦孚	一六〇二	明萬曆三十年刻本

鬱岡齋筆麈	王肯堂	一六〇二	明刻本
肯堂醫論	王肯堂	一六〇二	上海科學技術出版社一九九〇年《中國醫學大成》本
瘍科證治準繩	王肯堂	一六〇二	上海衛生出版社一九五七—一九五九年據明萬曆刻本影印
傷寒證治準繩	王肯堂	一六〇二	上海衛生出版社一九五七—一九五九年據明萬曆刻本影印
本草真詮	楊崇魁	一六〇二	明怡慶堂刻本
秘傳眼科七十二症全書	袁學淵	約一六〇四	中醫古籍出版社一九八四年影印仁和鮑氏據楊春萊鐫梓本
百代醫宗	涂坤	一六〇七	明萬曆三十五年李潮刻本
瘴瘧指南	鄭全望	一六〇九	上海科學技術出版社一九八六年《珍本醫書集成》本
杏苑生春	芮經、紀夢德	一六一〇	中醫古籍出版社一九八五年據明金陵蔣氏刻本影印本
金陵瑣事	周暉	一六一〇	臺灣成文出版社一九七〇年《中國方志叢書》本
本草原始	李中立	一六一二	明刻本
醫宗粹言	羅周彥	一六一二	明萬曆四十年常郡書林何敬塘刻本
本草便	張懋辰	約一六一四	明刻本
壽世保元	龔廷賢	一六一五	人民衛生出版社一九九三年點校本
活幼心法	聶尚恒	一六一六	上海古籍出版社一九九五年影印本
外科正宗	陳實功	一六一八	明万曆四十五年刻本
醫學疑問	傅懋光	一六一七	明刊本
藥性全備食物本草	吴文炳	約一六一八	明末劉欽恩刻本
食物輯要	穆世錫	一六一九	明萬曆刻本
芷園臆草題藥	盧復	一六一九	日本抄本
萬曆野獲編	沈德符	一六一九	中華書局一九五九年版
上醫本草	趙南星	一六二〇	明趙悅學重刊本
焦氏筆乘	焦竑	約十七世紀初	明萬曆三十四年謝與棟刻本
濟陰綱目	武之望	一六二〇	清天德堂刻本
新鄉縣志	李錦	明代	明抄本
金石昆蟲草木略	文俶	一六二〇	臺灣故宫博物院藏明末彩繪本
醫四書·藥準	許兆楨	一六二〇	上海古籍出版社一九八〇年影印清順治十四年刻本
甦生的鏡	蔡正言	一六二一	明天啟間達生堂藏板
翁源縣志	佚名	明代	明烏絲欄抄本
焦氏筆乘·續集	焦竑	約十七世紀初	中華書局二〇〇八年版

炮炙大法	繆希雍授、莊繼光録	一六二二	明末莊繼光校刊本
藥性解	李中梓	一六二二	明天啟二年翁氏刻《雷公炮製藥性解》本
野菜博録	鮑山	一六二二	江蘇國學圖書館陶風樓一九三五年影印
明醫選要濟世奇方	沈應暘	一六二二	明天啟二年刻本
先醒齋廣筆記	繆希雍	一六二三	明天啟三年京口大成堂刻本
傷暑全書	張鶴騰	一六二三	上海科學技術出版社一九八六年《珍本醫書集成》本
福壽丹書	龔居中	一六二四	明天啟四年金陵書林周如泉刻本
食治廣要	應麐	一六二四	明天啟刻本
荅朝鮮醫問	王應遴	一六二四	日本享保五年刊本
本草彙言	倪朱謨	一六二四	清康熙間刻本
類經	張介賓	一六二四	人民衛生出版社一九八〇年點校本
宜麟策	張介賓	一六二四	清嘉慶十七年桂林賀廣文堂刻本
本草經疏	繆希雍	一六二四	明天啟五年毛氏緑君亭刻本，兼參明天啟四年朱之黠等刻本
五雜俎	謝肇淛	一六二四	中華書局一九五九年版
景岳全書·本草正	張介賓	一六二四	人民衛生出版社一九九一年點校本
食物本草	姚可成	一六二七	明崇禎十一年吳門書林刻本
痘科類編釋意	翟良	附於一六二八	清乾隆十五年緑野堂板
治痘十全	翟良	附於一六二八	清乾隆三十三年刻本
瘍科選粹	陳文治	一六二八	明崇禎元年刻本
簡明醫彀	孫志宏	一六二九	明崇禎三年刻本
分部本草妙用	顧逢柏	一六三〇	中醫古籍出版社據明崇禎三年刻本影印本
傷寒五法	陳長卿	一六三一	明崇禎五年十竹齋刻袖珍本
黴瘡秘録	陳司成	一六三二	清光緒十一年浦鑒庭摹日刻本
湧幢小品	朱國禎	一六三二	明天啟二年刻本
養生要括	孟笨	一六三四	明崇禎七年刻本
折肱漫録	黄承昊	一六三五	清乾隆五十九年修敬堂刻本
醫學正印種子編	皇甫嘉	一六三五	明崇禎九年繡谷三樂齋刻本
丹臺玉案	孫文胤	一六三七	明崇禎十年孫氏仁壽堂刻本
醫宗必讀·本草徵要	李中梓	一六三七	清光緒二十四年常郡宛委山莊刻本
仁壽堂藥鏡	鄭二陽	一六三八	明刻本

酌中志	劉若愚	明末	清道光二十五年《海山仙館叢書》本
痘疹幼幼心書	呂獻策	一六四一	明崇禎十四年刻本
藥鏡	蔣儀	一六四一	明刻本
審視瑤函	傅仁宇	一六四二	清掃葉山房刻本
瘟疫論	吳有性	一六四二	清康熙三十年金陵長慶堂刻本
刪補頤生微論	李中梓	一六四二	明崇禎十五年金閶付萬堂刻本
醫學秘奥	題宋高德因撰、明高夢麟編	約一六四三	清乾隆三年抄本影印本
異授眼科	佚名	一六四三	清康熙五十六年年希堯刻本
寓意草	喻昌	一六四三	清康熙刻本
仁端録痘疹	徐謙	約一六四四	清惜陰樓迎鶴軒抄本
軒岐救正論	蕭京	一六四四	清初蕭震氏刻本
理虛元鑑	汪綺石	約一六四四	清光緒十二年《世補齋醫書》山左書局刻本
三補簡便驗方	王象晉	一六四四	明崇禎十七年補刻本
裴子言醫	裴一中	約一六四四	明崇禎劍光閣刻本
本草醫旨·食物類	施永圖	約一六四四	明末清初刊本
藥品化義	賈九如	約一六四四	光緒三十二年北京郁文書局鉛印本
隨身備急方書	王者瑞	約一六四四	湘綺樓巾箱本
識小錄	徐樹丕	明末清初	民國涵芬樓秘笈本
本草圖譜	周淑祜、周淑禧	一六三七至清初	國家圖書館、中醫科學院圖書館藏彩繪本
血症全集	孫光裕	一六四五	江戶抄孤本
謏聞續筆	佚名(張怡)	清初	臺灣新文豐出版公司一九九九年《叢書集成三編》
本草乘雅半偈	盧之頤	一六四七	清初盧氏月樞閣刻本
醫燈續焰	潘楫	一六五〇	清順治九年陸地舟刻本
本草通玄	李中梓	一六五五	清康熙十七年雲南刻本
秘方集驗	王夢蘭	一六五七	清康熙四年醇祐堂刻本
眼科百問	王子固	一六五七	清光緒十年善成堂刻本
棗林雜俎	談孺木	清初	清抄本
醫門法律	喻昌	一六五八	清順治葵錦堂刻本
喻選古方試驗	喻昌	約一六五八	上海科技出版社一九八六年《珍本醫書集成》本
牧齋有學集	錢謙益	約一六六四	上海古籍出版社一九九六年本

本草彙箋	顧元交	一六六〇	清康熙五年龔耕堂刻本
本草洞詮	沈穆	一六六一	清順治十八年吳興沈氏家刻本
農經酌雅	黃山採藥翁	一六六一	清代秀野草堂抄本
醫衡	沈時譽	一六六一	清康熙六十年刻本
壽世秘典・類物	丁其譽	一六六一	清順治頤古堂十八年刻本
誠書痘疹	談金章	一六六一	清康熙施邑劉鍾甫刻《誠書》本後附
醫宗說約	蔣示吉	一六六二	清乾隆三十年麗正堂刻本
侶山堂類辨	張志聰	一六六三	清乾隆三十四年寶笏樓刻《醫林指月》本
本草述	劉雲密	一六六四	清康熙三十九年刻本忠救堂藏板
外科大成	祁坤	一六六五	清古雪堂刻本
本草綱目類纂必讀	何鎮	一六六六	清康熙十一年毓麟堂刻本
本草匯	郭章宜	一六六六	清康熙五年吳門郭氏梅花嶼刻本書業堂藏
尤氏喉科秘書	題・尤乘	附於一六六七	上海科學技術出版社一九九〇年《中國醫學大成》本
食鑒本草	尤乘	約一六六七	清善成堂刻《士材三書》本
壽世青編	尤乘	一六六七	清善成堂刻《士材三書》本
隘村醫訣	丘克孝	一六六九	清康熙八年刻本
經方衍義	史樹駿	一六七一	清康熙元年頤貞堂刻本
痘疹廣金鏡錄	汪琥	一六七二	清道光庚子存仁堂鴻城蕭新椿梓行
古今名醫彙粹	羅美	一六七五	清道光三年嘉興邵新南刊本
痧脹玉衡	郭志邃	一六七五	清康熙十四年書業堂刻本
癘瘍全書	釋傳傑	一六七六	清康熙刻本
飲食須知	朱本中	一六七六	清康熙二十八年古越吳興祚刻《貽善堂四種須知》本
白茅堂集	顧景星	約一六七八	《四庫未收書輯刊》本
本草擇要綱目	蔣居祉	一六七九	上海科技出版社一九八六年《珍本醫書集成》本
堅瓠秘集	褚人獲	清康熙中後期	上海古籍出版社二〇〇七年《清代筆記大觀》本
本草詳節	閔鉞	一六八一	清康熙二十年默堂主人刻
堅瓠餘集	褚人獲	清康熙中後期	上海古籍出版社二〇〇七年《清代筆記大觀》本
養生食鑒（增補食物本草備考）	何其言（克諫）	一六八一	清光緒二十年石印本
堅瓠續集	褚人獲	清康熙中後期	上海古籍出版社二〇〇七年《清代筆記大觀》本
醫學集要	劉璞	一六八二	清抄本

握靈本草	王翃	一六八二	清乾隆五年朱鐘勳补刻本
程氏易簡方論	程履新	一六八三	清嘉慶二十二年刻本
本草備要	汪昂	一六八三	清康熙二十二年刻本複製本
寶命真詮	吳楚	一六八三	清乾隆六十年刻本
堅瓠二集	褚人獲	清康熙中後期	上海古籍出版社二〇〇七年《清代筆記大觀》本
女科經綸	蕭壎	一六八四	清乾隆四十六年湖郡有鴻齋刻本
元素集錦	李世藻	一六八五	清康熙稿本
痧症全書	王凱	一六八六	清嘉慶十九年刻本棲雲山藏板
藥性纂要	王遜	一六八六	清康熙三十三年刻本
胎產指南	單南山	一六八六	上海科學技術出版社一九九〇年《中國醫學大成》本
吸毒石原由用法	比利時・南懷仁	一六八八	清康熙间刻本
本草新編	陳士鐸	一六八九	清康熙三十年刻本
食物本草會纂	沈李龍	一六九一	清蕭山裕文堂藏板
池北偶談	王士禛	一六九一	中華書局二〇〇六年版
顧氏醫鏡	顧靖遠	一六九二	民國掃葉山房石印本
醫經允中	李熙和	一六九三	清道光十一年刻本
嶺南雜記	吳震方	約一六九四	齊魯書社一九九七年版
馮氏錦囊秘錄・雜症大小合參	馮兆張	一六九四	清康熙四十一年刻本
馮氏錦囊秘錄・雜症痘疹藥性主治合參	馮兆張	一六九四	清康熙四十一年刻本
洞天奧旨	陳士鐸	一六九四	清乾隆五十五年山陰陳氏家刻本
幼科鐵鏡	夏鼎	一六九五	清刻本
本經逢原	張璐	一六九五	清嘉慶六年刻本
痘疹正宗	宋麟祥	一六九五	清永慶堂重刊本
廣陽雜志	劉獻廷	清康熙中後期	中華書局一九五七年版
廣東新語	屈大均	一六九六	中華書局一九八五年版
食物須知	汪啟賢等	一六九六	清康熙刻本
李氏醫鑒	李文來	一六九六	清康熙三十五年貽安堂刻本
嵩厓尊生全書	景日昣	一六九六	清乾隆五十五年重刻古吳致和堂刻本
證治大還	陳治	一六九七	清康熙雲間貞白堂刻本
本草補	泰西・石鐸琭	一六九七	清康熙間刻本

夕庵讀本草快編	浦士貞	一六九七	日本江户抄本
醫學真傳	高世栻	一六九九	清乾隆三十二年刻本
本草崇原	張志聰、高世栻	一六九九	清乾隆三十二年王琦校刻本
柳邊紀略	楊賓	一七〇〇	見遼海書社一九三六年版金毓紱主編《遼海叢書》第一集
本草品彙精要續集	王道純	一七〇一	上海商務印書館一九五六年版
香祖筆記	王士禛	一七〇三—一七〇四	上海古籍一九八二年版
修事指南	张叡	一七〇四	清雍正九年文光堂刻本
慈幼新書	程雲鵬	一七〇四	清乾隆十一年玉詔堂刻本
古今圖書集成・草木典	陳夢雷	一七〇六	上海文藝出版社一九九八年本
古今圖書集成・禽蟲典	陳夢雷	一七〇六	上海文藝出版社一九九八年本
經驗丹方彙編	錢峻	一七〇七	清乾隆十七年餘愛堂刻本
生草藥性備要	何諫	一七一一	清守經堂刻本
專治血症良方	潘為縉	一七一一	清光緒二十八年長沙葉氏刻本
痘疹定論	朱純嘏	一七一三	清乾隆三十四年沈大成刻本
亟齋急應奇方	亟齋居士	一七一七	清康熙五十六年抄本
醫權初編	王三尊	一七二一	上海科技出版社一九八六年《珍本醫書集成》本
藥性通考	劉漢基	一七二二	清道光二十九年京都刻本
眼科指掌	楊陳允	一七二二	清抄本
本草經解要	姚球	一七二四	清雍正二年稽古山房刊本
四明心法	高鼓峰	一七二五	清道光十年涵古堂刻本《醫宗己任編》本
幼科彙訣直解	魏鑒	一七二六	清雍正四年應世堂刻本
頤生秘旨	周垣綜	一七二九	清雍正七年姑蘇沈元瑞裕麟堂刻本
醫學讀書記	尤怡	一七二九	清光緒戊子行素草堂板
古今治驗食物單方	葉盛	一七二九	清雍正七年刻本姜問岐秋農藏板
胎產心法	閻純璽	一七三〇	清道光四年莊氏延慶堂刻
醫學心悟	程國彭	一七三二	清光緒二十一年學庫山房刻本
得宜本草	王子接	一七三二	清乾隆二年介景樓刻本
外科十法	程國彭	一七三二	清刻本
痘學真傳	葉大椿	一七三二	清嘉慶二十五年刻本
得宜本草分類	修竹吾廬主人	一七三二	清抄本

本草詩	趙瑾叔撰、陸文謨補	一七三六	清潘氏抄本
神農本草經百種錄	徐大椿	一七三六	文淵閣《四庫全書》子部醫家類
醫學秘笈	李言恭	一七三六	清抄本
本草詩箋	朱錀	一七三七	清道光九年明教堂藏版
不居集	吳澄	一七三九	上海中醫書局一九三五年鉛印本
明史	張廷玉	一七三九	中華書局一九七四年點校本
外科證治全生集	王維德	一七四〇	清咸豐十一年武昌節署重刊本
種痘新書	張琰	一七四〇	清文奎堂刻
大清律例	徐本等	一七四〇	法律出版社一九九九年版
目經大成	黃庭鏡	一七四一	清賓城述古堂刻本
醫學階梯	張叡	一七四二	清康熙四十三年刻本
宣化府志	吳廷華、王者輔等	一七四三	清乾隆八年修，二十二年補訂重刻本
醫學要則	沈懋官	一七四三	清乾隆四十三年湖城潘尚文錦葵堂刻本
麻科活人全書	謝玉瓊	一七四八	清光緒十九年刻
方氏脉症正宗	方肇權	一七四九	清乾隆十四年存仁堂刻本
醫碥	何夢瑤	一七五一	清乾隆十六年刻本
長沙藥解	黃元御	一七五三	清咸豐十年燮和精舍刻本
玉楸藥解	黃元御	一七五四	清咸豐十年燮和精舍刻本
仙拈集	李文炳	一七五四	清乾隆十九年刻本
痘科扼要	陳奇生	一七五五	清乾隆二十年刻本
醫學源流論	徐大椿	一七五七	文淵閣《四庫全書》子部醫家類
本草從新	吳儀洛	一七五七	人民衛生出版社一九九〇年點校本
喉科指掌	張宗良	一七五七	清聚德堂刻
口北三廳志	金志節、黃可潤	一七五八	清乾隆二十三年刻本
醫林纂要探源	汪紱	一七五八	道光二十九年遺經堂刻本
串雅外編	趙學敏	約一七五九	人民衛生出版社二〇〇七年《中醫臨床必讀叢書》本
瘍醫大全	顧世澄	一七六〇	清同治九年敦仁堂刻本
得配本草	嚴潔等	一七六一	清嘉慶九年小眉山館刻本
增廣大生要旨	唐千頃	一七六二	清光緒十年掃葉山房板
痘疹專門秘授	董維嶽	一七六二	清道光癸巳重刻

藥性切用	題徐大椿	附於一七六四	清光緒二十九年上海趙翰香居鉛印《徐靈胎醫略六書》本
人參譜	陸烜	一七六六	清乾隆丙戌刻本
隴州續志	吳炳	一七六六	清乾隆三十一年刻本
慎疾芻言	徐大椿	一七六七	上海迴瀾社一九二九年影印本
本草約編	王如鑒	一七六八	清抄本
本草求真	黄宫繡	一七六九	清光緒四年荊郡務本堂刻本
徵士洄溪府君自序	徐大椿、徐爔	一七七一	洄溪草堂家刻本
痘疹詩賦	張鑾	一七七二	清同治五年刻本
道古堂文集	杭世駿	一七七三	《續修四庫全書》影印本
要藥分劑	沈金鼇	一七七三	清乾隆四十九年無錫沈氏師儉堂刻本
外科選要	唐黌	一七七五	大東書局一九三六年鉛印《中國醫書大成》本
滇南新語	張泓	一七七五	中華書局一九八五年《叢書集成初編》本
人參考	唐秉鈞	一七七八	清嘉慶十年海陽吳振氏手抄本
食物小録	李文培	一七七八	清乾隆戊戌年鐫資生堂藏版
軒轅逸典	佚名	一七七九	清乾隆四十四年刻本
法古録	魯永斌	一七八〇	清乾隆四十五年稿本
蒲城縣志	張心鏡	一七八二	清乾隆四十七年重刻本
金臺醫話	俞廷舉	一七八三	清嘉慶年間抄本
傷寒瘟疫條辨	楊璿	一七八四	清乾隆五十年孫宏智校刻本
上海縣志	皇甫樞等	一七八四	清乾隆四十九年刻本
許氏幼科七種・橡村痘訣	許豫和	一七八五	清乾隆乙巳年刻本
許氏幼科七種・小兒諸熱辨	許豫和	一七八五	清乾隆乙巳年刻本
許氏幼科七種・怡堂散記	許豫和	一七八五	清乾隆乙巳年刻本
許氏幼科七種・散記續編	許豫和	一七八五	清乾隆乙巳年刻本
許氏幼科七種・橡村治驗	許豫和	一七八五	清乾隆乙巳年刻本
質問本草	琉球・吳繼志	一七八六	日本天保八年精刻本
婺源縣志	彭家桂、張圖南等	一七八七	清乾隆五十二年刻本
清朝通典	嵇璜、劉墉	一七八七	商務印書館一九三五年《萬有文庫》版
松峰說疫	劉奎	一七八九	清嘉慶四年刻本
羅氏會約醫鏡	羅國綱	一七八九	清乾隆五十四年大成堂刻本

本草輯要	林玉友	一七九〇	清道光十一年寸耕堂《本草傷寒輯要合編》刻本
解毒編	汪汲	一七九二	清乾隆五十九年古愚山房刻本
吴醫彙講	唐大烈	一七九二	清乾隆五十七年刻本
脉藥聯珠食物考	龍柏	一七九五	清嘉慶十三年刻本
脉藥聯珠藥性考	龍柏	一七九五	清嘉慶十三年刻本
醫學全書	劉常彦	一七九五	清光緒五年述古堂刊本
眼科總經藥論	佚名	一七九六	清抄本
醫論三十篇	韋協夢	一七九七	清道光間刻本
溫病條辨	吴瑭	一七九八	清嘉慶十八年問心堂刻本
醫醫病書	吴瑭	一七九八	紹興育新書局一九一五年石印《(增訂)醫醫病書》本
錦芳太史醫案求真初編	黄宫繡	一七九九	清嘉慶四年刻本
醫學精要	黄巖	一八〇〇	同治六年重刻廣州登雲閣藏板
辨疫瑣言	李炳	一八〇〇	世界書局一九三六年《珍本醫書集成》本
閱微草堂筆記	紀昀	一七九八	清嘉慶五年望益書屋刻本
救急備用經驗彙方	葉廷薦	一八〇一	清嘉慶六年刻本
嘉興府志	伊湯安等	一八〇一	清嘉慶六年刻本
衛生要訣	范在文	一八〇二	清嘉慶八年安懷堂刻本
神農本草經讀	陳修園	一八〇三	清嘉慶八年橦藹書屋刻本
山陰縣誌	徐元梅等	一八〇三	清嘉慶八年刻本
本草綱目拾遺	趙學敏	一八〇三	清同治十年錢塘張應昌吉心堂刻本
重樓玉鑰續編	鄭承瀚	一八〇四	杭州三三醫社一九二四年鉛印《三三醫書》本
齊氏醫案	齊秉慧	一八〇六	清嘉慶十一年聚奎堂《齊氏醫書四種》刻本
痘麻醫案	齊秉慧	一八〇六	清嘉慶十一年聚奎堂《齊氏醫書四種》刻本
齊氏家傳醫秘	齊秉慧	一八〇六	清嘉慶十一年聚奎堂《齊氏醫書四種》刻本
痢症匯參	齊秉慧	一八〇六	清嘉慶十一年聚奎堂《齊氏醫書四種》刻本
咽喉脉證通論	佚名	一八〇七	上海科學技術出版社一九九〇年《中國醫學大成》本
藥性歌	蔡恭	一八〇七	清同治八年筠溪灌蕙書屋刻
重慶堂隨筆	王學權	一八〇八	江蘇科技出版社一九八六年點校本
本草經疏輯要	吴世鎧	一八〇九	清嘉慶十四年書帶草堂刻本
銀海指南	顧錫	一八〇九	清同治六年掃葉山房刻本

目科捷徑	劉松巖	一八一〇	清光緒六年刻本盛京同文山房藏板
簷曝雜記	趙翼	一八一〇	中華書局一九八二年版
橘旁雜論	黄凱鈞	一八一二	上海科學技術出版社一九九〇年《中國醫學大成》本《友漁齋醫話》
痘疹衷要全書	嚴龍圖	一八一二	清嘉慶十七年稿本
藥籠小品	黄凱鈞	一八一二	上海科學技術出版社一九九〇年《中國醫學大成》本《友漁齋醫話》
上池涓滴	黄凱鈞	一八一二	上海科學技術出版社一九九〇年《中國醫學大成》本《友漁齋醫話》
調疾飲食辯	章穆	一八一三	清道光癸未經國堂梓行
上海縣志	王大同、李松林	一八一四	清嘉慶十九年刻本
本草纂要稿	王龍	一八一五	清抄殘本
傷科彙纂	胡廷光	一八一五	清嘉慶二十三年博施堂抄本
圖注喉科指掌	包永泰	一八一五	清大文堂刻本
醫略	錢一桂	一八一八	清嘉慶二十三年慎餘堂刻本
初月樓續聞見錄	吳德旋	一八一八	臺灣新文豐出版公司一九九九年《叢書集成三編》本
醫學匯海	孫德潤	一八二〇	清道光六年漢陽蕭氏刻本
眼科秘本	佚名	一八二〇	清抄本
中風論	熊慶笏	一八二一	清光緒十年醉經閣校刻本
筆花醫鏡	江涵暾	一八二四	清道光四年刻本
亳州志	任壽世、劉開、陳恩德	一八二五	清道光五年刻本
審病定經	張九思	一八二五	清道光十四年集賢堂刻本
方脉指迷	賀大文	一八二六	清道光六年醉百堂刻本忠信堂藏板
草藥圖經	莫樹蕃	一八二七	清道光十四年刊本
類經證治本草	吳鋼	一八二七	清抄本
本草正義	張德裕	一八二八	清道光八年刻本
本草述錄	張琦	一八二九	清抄本
藥達	顧以惔	一八三〇	清末殘抄本
周氏秘珍濟陰	周眙觀	一八三〇	清抄本
產孕集	張曜孫	一八三〇	清道光二十六年京師養閒草堂刻本

醫鈔類編·本草	翁藻	一八三〇	清光緒間奉新許氏刻本
醫鈔類編·痘麻	翁藻	一八三〇	清光緒間奉新許氏刻本
本草述鉤元	楊時泰	一八三二	清道光二十二年毘陵涵雅堂刻本
瘍醫雅言	曹禾	一八三二	清咸豐二年《雙梧書屋醫書四種》自刻本
壽身小補	黄兑楣	一八三二	清光緒十四年佛山鎮字林書局鉛印本
醫理發明	黄元吉	一八三三	清春林堂刻本
痘科摘要	陳啟運	一八三五	清道光十五年綠竹軒刻本
跌損妙方	異遠真人	一八三六	上海科學技術出版社二〇〇〇年《中國醫學大成續集》本
寒秀草堂筆記	姚衡	一八三六	商務印書館《叢書集成初編》本
本經序疏要	鄒澍	一八三七	清咸豐八年常郡韓文煥齋刻本
家藏蒙筌	王世鍾	一八三七	清道光甲辰文盛堂本
本經續疏	鄒澍	一八三七	清咸豐八年常郡韓文煥齋刻本
本經疏證	鄒澍	一八三七	清咸豐八年常郡韓文煥齋刻本
痘疹集成	朱楚芬	一八三七	清道光十七年破愚齋刻本
外科真詮	鄒岳	一八三八	清同治十一年杭城漱芳齋刻本
活人一術初編	孫德鍾	一八三八	清道光十八年湯陰刻本
壽世醫竅	佚名	約一八三八	清道光十八年錫羡堂刻本
本草分經	姚瀾	一八四〇	清刻本
兩般秋雨盦隨筆	梁紹壬	一八四〇	清道光振綺堂刻本
十劑表	包誠	一八四〇	清道光庚子刻本
本草再新	葉桂	一八四一	清道光二十一年白從瀛刻本
辨證求是	鄒承禧	一八四二	清咸豐十年刊本
素仙簡要	奎瑛	一八四二	清道光二十四年明道堂刻本
藥性集要便讀	岳昶	一八四三	清道光二十三年陶氏嵩陽書屋活字本
藥性簡要	廖雲溪	一八四四	清光緒六年《醫學五則》刻本
醫學考辨	羅紹芳	一八四四	清咸豐五年方亭羅氏粹白齋刻本
務中藥性	何本立	一八四四	清道光二十五年何懷仁堂刻本衡州何泰安堂藏板
醫談傳真	陳定泰	一八四四	清光緒元年刻本
青囊輯便	安懷堂主人	一八四六	清道光二十六年刻本
重論文齋筆錄	王端履	一八四六	清道光二十六年受宜堂刻本

植物名實圖考	吴其濬	一八四六	清道光二十八年蒙自陸應穀刻本
賽金丹	蘊真子	一八四七	清刊本
喉科心法	沈善謙	一八四七	清光緒三十年石印本
眼科切要	王錫鑫	一八四七	清道光二十七年古渝蔚文山房刻本
海昌備志	錢泰吉等	一八四七	清道光二十七年刻本
醫學指歸	趙術堂	一八四八	清同治元年高郵趙氏旌孝堂刻本
醫詩必讀	冉敬簡	一八四八	清光緒三十四年意誠堂刻本
本草求原	趙其光	一八四八	清道光二十八年遠安堂刻本影印本
知醫必辨	李文榮	一八四九	紹興醫藥學報社一九一八年刻本
浪跡叢談	梁章鉅	一八四六至一八四七	中華書局一九八〇年版
浪跡續談	梁章鉅	一八四八	中華書局一九八〇年版
浪跡三談	梁章鉅	一八四九	中華書局一九八〇年版
錦囊藥性賦	佚名	約一八五〇	清《靈蘭社稿》叢書本寫本
新編六書・藥性摘錄	文晟	一八五〇	清同治十一年安徽述古堂據同治四年萍鄉文氏延慶堂重刊本
神農本草經贊	葉志詵	一八五〇	清道光三十年粵東撫署刻漢陽葉氏叢書刻本
醫方易簡新編	龔自璋、黄統	一八五一	清同治十二年浙江溫處道署刻本
香遠居醫學舉要	周鉞	一八五一	周緝熙一九二三年鉛印本
竹葉亭雜記	姚元之	一八五二	中華書局一九八二年版
增刪喉科心法	劉序鵷	一八五三	清刻本
市隱廬醫學雜著	王德森	一八五三	上海科學技術出版社一九九〇年《中國醫學大成》本
本草明覽	劉東孟傳	一八五四	清抄本
歸硯錄	王孟英	一八五五	清咸豐九年刻本同治元年重印本歸硯草堂藏板
研經言	莫枚士	一八五六	清光緒五年月河莫氏刻本
藥性蒙求	張仁錫	一八五六	清抄本
治疹全書	佚名氏著、錢沛補	一八五八	清咸豐八年婺東趙月航長樂錢氏遺經堂刻本
冷廬醫話	陸以湉	一八五八	清光緒二十三年烏程龐氏刻本
分經本草	翁藻抄	一八六〇	清咸豐十年博古齋刻本
易簡方便醫書	周茂五	一八六一	清咸豐十一年石陽周日新堂刻本
隨息居飲食譜	王孟英	一八六一	清咸豐十一年刻本
醫原	石壽棠	一八六一	清光緒十七年鉛印本

本草害利	凌奂	一八六二	清抄本
隨息居重訂霍亂論	王士雄	一八六二	清同治二年上海陳氏崇本堂刻本
西溪書屋夜話	王泰林	約一八六二	上海千頃堂書局一九三四年石印《王旭高醫書六種》本
醫醇賸義	費伯雄	一八六三	清光緒三年丁丑刻本
經驗良方全集	姚俊	一八六三	同治四年惠謙堂刊
本草匯纂	屠道和	一八六三	清同治二年育德堂《醫學六種》刻本
分類主治	屠道和	一八六三	清同治二年育德堂《醫學六種》刻本
理瀹駢文	吴師機	一八六四	人民衛生出版社一九五五年影印本
醫燈集焰	嚴燮	一八六四	清光緒七年辛巳武林潘煦刻
醫宗會要	湛德芬	一八六四	清同治四年乙丑昌江魏謙吉堂刻本
冷廬雜識	陸以湉	約一八六五	清咸豐六年刻本
一囊春	徐炳章	一八六六	清同治五年刻本
痘疹簡明編	雙泰	一八六六	清抄本
本草二十四品	佚名氏撰、陸懋修、馮汝玖校注	一八六六	宣統間手抄本
秘傳眼科纂要	黄巖	約一八六七	上海千頃堂書局一九二一年石印本
溫病合編	石壽棠	一八六七	清同治六年抄本
溫病指南	王西林	一八六八	清木活字刻本
醫理真傳	鄭壽全	一八六九	清光緒十三年五福堂刻本
本經便讀	黄鈺	一八六九	清光緒十九年芸經堂刻本
草木便方	劉善述、劉士季	約一八七〇	清光緒刻本
南漘楛語	蔣超伯	十九世紀上半葉	清同治十年兩鬳山房刻本
儒門醫宗	熊煜奎	一八七一	清同治十年崇訓堂刻本
鄱陽縣志	陳志培、王廷鑑	一八七一	清同治十年刻本
樂只堂人子須知韻語	何夢瑤撰、僧互禪增補	約一八七二	清同治十一年百爽軒藏版
醫學集成	劉仕廉	一八七三	清同治十二年醉吟山房刻本
本草省常	田綿淮	一八七二	清同治十二年餘慶堂刻本
王氏醫存	王燕昌	一八七四	清同治十三年皖城黄竹友齋刻本
墨餘錄	毛祥麟	一八七四年重訂	清同治甲戌刻本
陽城縣志	賴昌期、潭澐、盧廷棻	一八七四	清同治十三年刻本
秘傳痘麻纂要	蘇氏輯、嚴炯訂	一八七四	抄稿本

白喉全生集	李紀方	一八七五	上海科學技術出版社二〇〇〇年《中國醫學大成續集》本
喉科白腐要旨	許佐廷	約一八七五	清光緒元年古歙芳遠堂刻本
天寶本草	佚名	約一八七六	清光緒二年重刊
諸症賦	李厚堃、曹伯玉	一八七七	清光緒三年范莘儒抄本
三指捷編	朱耀榮	一八七七	清光緒二十九年刻本
醫學求是	吳達	一八七九	江陰寶文堂書莊一九一九年刻本
痧麻明辨	華壎	一八七九	上海千頃堂書局一九二一年石印本
丹徒縣志	何紹章、楊履泰	一八七九	清光緒五年刻本
醫門八法	劉鴻恩	一八八〇	清光緒六年蓬池劉氏石印本
醫學辨正	張學醇	一八八〇	民國九年紹興醫學報社刊裘氏板
彭縣志	張龍甲、龔世瑩等	一八八〇	清光緒六年刻本
藥要便蒙新編	談鴻鋆	一八八一	清光緒九年岫雲書屋校刻本
存存齋醫話稿	趙晴初	一八八二	清光緒七年刻本
壽陽縣志	馬家鼎、張嘉言	一八八二	清光緒八年刻本
時病論	雷豐	一八八二	清光緒十年柯城雷慎修堂刻本
蠢子醫	龍之章	一八八二	上海科技出版社一九八六年《珍本醫書集成》本
華嶽志	李榕蔭	一八八三	清光緒九年刻本
醫家四要	程曦、江誠、雷大震	一八八四	清光緒十二年養鶴山房刊本
本草綱目易知錄	戴葆元	一八八五	清光緒十三年婺源思補山房刻本
本草衍句	黃光霽	一八八五	杭州三三醫社一九二四年鉛印《三三醫書》本
神農本草經指歸	戈頌平	一八八五	清宣統元年戈仁壽抄本
分經藥性賦	潘宗元	一八八六	民國舊抄本，德國藏竟成氏抄本
重訂理虛元鑒	陸懋修重訂	一八八六	上海中醫書局一九三四年鉛印本
閩產錄異	郭柏蒼	一八八六	光緒丙戌年刻本
醫方叢話	徐士鑾	一八八六	清光緒十五年徐氏蜨園刻本
本草撮要	陳其瑞	一八八六	清光緒二十八年資生堂刻本
黃氏青囊全集秘旨	黃廷爵	一八八六	清光緒十二年刻本金陵一得齋藏板
喉證指南	寄湘漁父	一八八七	清光緒十八年刻本
本草簡明圖說	高承炳	一八八七	清光緒十八年上海古香閣石印本
本草便讀	張秉成	一八八七	清光緒二十二年毗陵張氏刊本

平法寓言	與樵山客	一八八七	清光緒十三年湘潭郭氏校刻本
一得集	釋心禪	一八八九	清光緒十六年刻本永禪室藏板
醫綱總樞	陳珍閣	一八九〇	清光緒十八年醉經樓刻本
讀醫隨筆	周學海	一八九一	周氏醫學叢書本
馬培之醫案	馬文植	一八九二	江蘇科技出版社一九八五年點校《孟河四家醫集》本
脈症治三要	孔胤	一八九二	清光緒十八年長白山人隆竹軒抄本
醫家必閱	養晦齋主人	一八九三	清刻本
本草問答	唐宗海	一八九三	清善成裕記校刊本
鬱林州志	馮德材、文德馨	一八九四	清光緒二十年刻本
草木春秋	佚名	一八九四	萬壽堂一九三四年抄本
吉林外記	薩英額	一八九五	清光緒二十一年刻本
醫宗釋疑	高奉先	一八九五	清光緒乙未懷古堂刻本
藥性詩解	李桂庭	一八九五	民國乙卯抄稿本
疑難急症簡方	羅越峰	一八九五	上海科學技術出版社一九八六年《珍本醫書集成》本
本草韻語	陳明曦	一八九五	清光緒間撰者自刻本
霞外攟屑	平步青	約一八九六	民國六年刻香雪崦叢書本
醫粹精言	徐延祚	一八九六	清光緒二十二年《鐵如意軒醫書四種》本
醫宗簡要	任錫庚	約一八九六	抄本
藥性粗評全注	黄彝鬯	一八九六	清光緒二十三年鉛印本
醫學摘粹	慶恕	一八九六	清光緒二十九年刻本
醫醫瑣言	徐延祚	一八九六	清光緒二十二年《鐵如意軒醫書四種》本
醫意	徐延祚	一八九六	清光緒二十二年《鐵如意軒醫書四種》本
每日食物卻病考	吳汝紀	一八九六	清光緒二十二年上海書局石印本
增訂治疔彙要	過鑄	一八九六	清光緒二十四年武林刊本
本草擇要類編	王藎臣撰、韓鴻補編	一八九七	清光緒丁酉序稿本
白喉條辨	陳葆善	一八九七	清刻本
本草崇原集說	仲昴庭	一九〇〇	人民衛生出版社一九九七年點校本
見症知醫	丁肇鈞	一九〇〇	清江西丁攸芋堂刻本
茶香室叢鈔	俞樾	一八九九	清光緒二十五年刻春在堂全書本
茶香室續鈔	俞樾	一八九九	清光緒二十五年刻春在堂全書本

醫醫小草	寶輝	一九〇一	上海科學技術出版社一九八六年《珍本醫書集成》本
增訂偽藥條辨	鄭奮揚著、曹炳章注	一九〇一	紹興和濟藥局一九二七—一九二八年鉛印本
對山醫話	毛祥麟	一九〇二	上海科學技術出版社一九九〇年《中國醫學大成》本
外科明隱集	何景才	一九〇二	清光緒二十八年京都文光樓福善堂刻本
醫學探驪	康應辰	一九〇二	清光緒二十八年石印本
本草思辨錄	周巖	一九〇四	世界書局一九三六年《珍本醫書集成》本
黃氏醫緒	黃皖	一九〇四	清光緒三十三年經鏗家塾存幾堂刻本
綏德州志	孔繁業、高維嶽	一九〇五	清光緒三十一年刻本
藥方雜錄	唐成之	一九〇六	清末唐成之抄本
南亭筆記	李伯元	一九〇六	上海大東書局一九一九年版
雙燕草堂眼科	佚名	一九〇七	抄本
醫學折衷勸讀篇	黃傳祁	一九〇七	光緒三十四年贊化文社刻《中西醫學勸讀十二種》本
昌邑縣續志	陳嘉楷、韓天衢	一九〇七	清光緒三十三年刻本
管窺一得	杜鍾駿	一九〇八	京華印書局一九二〇年鉛印《杜鍾駿醫書五種》本
倚雲軒醫案醫話醫論	方仁淵	一九〇八	清蘭格稿本
要藥分劑補正	沈金鼇撰、劉鶚補正	一九〇八	抱殘守缺齋著書稿
九龍蟲治病方	永甯外史	一九〇八	清末抄本
祿勸縣志	全奐澤、許實	清末	民國十七年鉛印本
醫學啟蒙輯覽	王德宣	一九〇九	清宣統元年重慶廣益書局鉛印本
粟香隨筆	金武祥	約一九一〇	清光緒刻本
成都通覽	傅崇矩	一九一〇	巴蜀書社一九八七年版
長白徵存錄	張鳳臺	一九一〇	清宣統二年鉛印本
太倉州志	王祖畬	清末	民國八年刊本
清稗類鈔	徐珂	一九一六	中華書局一九八四年版
清史稿	趙爾巽	一九二九	中華書局一九七七年版

藥名索引

一畫

二畫

三畫

四畫

五畫

六畫

七畫

八畫

九畫

十畫

十一畫

十二畫

十三畫

十四畫

十五畫

十六畫

十七畫

十八畫

十九畫

二十畫

二十一畫

二十二畫

二十三畫以上

《中華大典》辦公室
主　　任：于永湛
副 主 任：伍　杰
　　　　　姜學中
工作人員：趙含坤
　　　　　崔望雲
　　　　　宋　陽
　　　　　周紅霞
　　　　　王　雁
封面裝幀設計：章耀達

《中華大典》四川編纂處
主　　任：段志洪
副 主 任：馮　杰
《中華大典·醫藥衛生典》
項目負責人：段志洪
　　　　　　林　建
項目組成員：李　嘉　白亞輝
　　　　　　徐慶豐　康麗華

圖書在版編目（CIP）數據

中華大典·醫藥衛生典·藥學分典 /鄭金生主編. —成都：巴蜀書社，2013.8

ISBN 978-7-5531-0288-7

Ⅰ.①中… Ⅱ.①鄭… Ⅲ.①百科全書—中國②中國醫藥學 Ⅳ.Z227②R2

中國版本圖書館 CIP 數據核字（2013）第 174452 號

中華大典·醫藥衛生典·藥學分典

編纂：《中華大典》工作委員會
《中華大典》編纂委員會

責任編輯：林 建 康麗華

特約編輯：郭鴻玲 李 科
陳憲良 靳雅婷

出版：四川出版集團·巴蜀書社
（四川省成都市槐樹街二號 郵政編碼 六一〇〇三一）

印刷：成都東江印務有限公司
（四川省成都市溫江區湧泉街道辦事處共耕工業園H-12
電話：八二六〇一五五一 郵政編碼 六一一一三〇）

經銷：新華書店

成品尺寸：一八五毫米×二六〇毫米 印張：六七九·三七五 字數：二一七〇〇千字

二〇一三年八月第一版 二〇一三年八月第一次印刷

定價（全十冊）：肆仟伍佰圓

本書如有印裝質量問題請與工廠聯繫調換

ISBN 978-7-5531-0288-7

書號：ISBN 978-7-5531-0288-7